十三經注疏

周禮注疏

［漢］鄭玄 注
［唐］賈公彦 疏
彭林 整理

上

上海古籍出版社

圖書在版編目(CIP)數據

周禮注疏/(漢)鄭玄注；(唐)賈公彦疏；彭林整理．—上海：上海古籍出版社，2010.10（2023.3重印）
（十三經注疏）
ISBN 978-7-5325-4851-4

Ⅰ.①周… Ⅱ.①鄭… ②賈… ③彭… Ⅲ.①禮儀—中國—古代 ②周禮—注釋 Ⅳ.①K224.06

中國版本圖書館CIP數據核字(2008)第008899號

本書出版得到國家古籍整理出版專項經費資助

十三經注疏
周禮注疏
(全三册)
[漢] 鄭玄注
[唐] 賈公彦疏
彭林整理
上海古籍出版社出版、發行
（上海市閔行區號景路159弄1–5號A座5F 郵政編碼201101）
(1) 網址：www.guji.com.cn
(2) E-mail：gujil@guji.com.cn
(3) 易文網網址：www.ewen.co
上海展强印刷有限公司印刷
開本 890×1240 1/32 印張 56.5 插頁 18 字數 1,682,000
2010年10月第1版 2023年3月第7次印刷
印數：4,801-5,400
ISBN 978-7-5325-4851-4

K·1058 平裝定價：238.00元

如發生質量問題，請與承印公司聯系
電話：021-66366565

十三經注疏整理本編纂委員會

顧　問（按姓氏筆畫爲序）
任繼愈　李學勤
湯志鈞　蔡尚思

主　編　張豈之

副主編　周天游　王興康　金良年

執行編輯　王立翔　吕　健

責任編輯 李祚唐
美術編輯 嚴克勤
技術編輯 富　强
校對人員 俞麗敏　侯奇偉　楊思華等

十三經注疏整理本序

張豈之　周天游

十三經是儒學的基本典籍，是中華傳統文化中影響至深至遠的重要文獻之一。在中國古代，堪與十三經比肩的唯有二十四史。面對這兩大文化支柱，無論是諸子還是詩文，其中雖不乏角立特出者，甚或是叛逆者，却往往只能站在歷史舞臺的邊緣，難以撼動其中心的地位。

如果説二十四史是以記實爲本，縱貫古今，鑒往説來，宣彰資治，更多發揮的是實用的鏡鑒的作用，那末十三經則是整個封建社會的靈魂。自漢武帝接納董仲舒「罷黜百家，獨尊儒術」的建議，設立五經博士，立於學官之後，直至清代，經學一直是歷代統治者製定國策的理論依據，是士農工商各色人等齊家立身的行爲規範。不僅如此，十三經還被法典化，於是有了「春秋斷獄」，「禮」成了「禮法」，而且是法上之法。它更被神化、宗教化，於是儒學成爲國學、國教。它不但堂而皇之地被推廣到所有官私學校之中，又潛移默化地影響着包括目不識丁之人在内的社會不同階層的人們的思想與行爲。所以每當社會發生重大變革之際，總有人視其爲障礙，爲糟粕，必欲除之而後快；相反，也有人尊之爲聖典，爲良方，藉其足以安邦定國。時至今日，似依然如故。

從這一意義上講，不了解十三經，就不可能真正了解中國傳統文化，了解中國。特別是上世紀喊出「打倒孔家店」的口號之後，客觀上的確起到了振聾發聵、除舊迎新的作用，經學的地位開始一落千丈。然而正如在倒掉髒水的同時也倒掉了嬰兒一樣，十三經中的精華也同糟粕一道被棄置，殊爲可惜。更爲可怕的是，其中的許多糟粕并未得到真正的清理，又往往借尸還魂，死灰復燃，爲害社會。所以隨着時代的發展，人們對中華文化遺産更加珍視，開始呼喚讀經，呼喚科學的讀經，呼喚經學研究者在嚴謹的批判與借鑒中，讀懂十三經，使經學中的合理内核與有益營養，跟現代社會達到真正的和諧與交融，發揮它應有的作用。正是基於此，我們才萌生出整理出版新版十三經注疏的最初願望。

「經」本指經綫，是布帛等織物的綱，並引申出提綱絜領、傳之久遠的含義。於是作爲基本典籍常相傳授的書，便被稱作「經」。「經」本非儒家典籍所專有。最早被稱爲「經」的書是墨經，也就是墨子。墨子有經上、經下、經説上、經説下四篇。此外，管子、韓非子也稱爲「經」。儒家之書被稱作「經」，也始於戰國，那就是「六經」。莊子天運篇曰：「孔子謂老聃曰：『丘治詩、書、禮、樂、易、春秋六經，自以爲久矣。』」又天下篇曰：「詩以道志，書以道事，禮以道行，樂以道和，易以道陰陽，春秋以道名分。其數散於天下而設於中國者，百家之學時或稱而道之。」湖北荆州郭店所出竹簡中所記「六經」經名與順序，證莊子所言不虛。這「六經」的順序保持到西漢前期。(二)

「六經」是夏商周三代禮制文明的結晶，大體成型於周代。春秋戰國時期，禮崩樂壞，上下陵替。隨着周王室的衰敗，「六經」也失去往日的榮耀，被棄之不用。而諸子百家乘勢而起，爲新興的貴族出謀劃策，變法圖强。孔子尊崇周制，潛心整理「六經」，試圖恢復周禮所提倡的等級秩序，以平息紛争，因逆潮流而動，便到處碰壁，甚至陷入「惶惶若喪家之犬」的境地。當時，儒學並非顯學，「六經」也不神聖。秦併六國，天下歸一。秦始皇以法立國，一度焚書坑儒，儒家又遭沉重打擊。幸賴秦博士所藏及民間所匿，於漢初衆經才得以復出，而樂經已亡，僅餘「五經」。漢武帝之時，國力達於極盛，新的統治秩序得以鞏固，赤裸裸的法治或清静無爲的黄老之學無法滿足新秩序的需要，從此神學化的儒學脱穎而出，登上獨尊的國教地位。兩漢之際，「六經」順序有了微妙變化。漢書藝文志中六藝略所刊爲：易、書、詩、禮、樂、春秋。這順序沿用至今。而之所以有此改變，可能與劉向、劉歆當年整理文獻排列諸經成書年代次序有關。東漢時，加入了論語、孝經，除去已佚的樂經爲「七經」。唐時有「九經」之説，未見確論。據晁公武郡齋讀書志所言，至唐文宗太和年間（八二七—八三五）刻「十二經」，立石國學」。這「十二經」有了實指，即易、書、詩、周禮、儀禮、禮記、春秋左氏傳、公羊傳、穀梁傳、論語、孝經、爾雅。到了宋代，經朱熹等理學家的推崇提倡，孟子進入「經」的行列，於是「十三經」始全。

十三經的成書年代，至今争論不休。然而易經、尚書形成於西周；詩經始於西周而成於春秋；儀禮、周禮、禮記基本編定於東周，漢代有所變更；左傳、論語、孟子、爾雅成書於戰國；孝經古本完成於戰國，而改定於漢初；公羊傳、穀梁傳寫定於漢代，基本内容源出於孔子弟子之説，還是大體可信的。

中國經學的研究，從漢初算起，至今已有二千二百年之久。西漢時期，今文經控制學壇。王莽代漢，古文經學抬頭。進入東漢，更一發不可收拾，經馬融、鄭玄等大家的推動，經今古文合流，但古文經處於上風。魏晉學術爲之一變，玄學成爲顯學。而到了唐代，漢學重新流行，並以古文經爲基礎。宋時疑古之風大盛，理學一統天下，至明而不墜。清代則提倡樸學，輕虛言，重實證，追本溯源，漢學由是復興，經學研究也達到頂峰。那時相關著作，接踵問世，如納蘭性德匯刻之通志堂經解、阮元輯刻之皇清經解、王先謙輯印之皇清經解續編，動輒收書數百種，總卷帙超千卷，其他專著則數不勝數。當然影響最大、流傳最廣且久的，仍當推阮元主持修訂的十三經注疏。

阮元字伯元，號芸臺，江蘇儀徵人。乾隆五十四年（一七八九）進士，歷任翰林院編修，浙江、河南、江西巡撫，湖廣、兩廣、雲貴總督，太子少保，體仁閣大學士。道光二十九年（一八四九）卒，享年八十六歲，謚文達。據清史稿阮元傳所載：「元博學淹通，早被知遇，勅編石渠寶笈，校勘石經。再入翰林，創編國史儒林、文苑傳。至爲浙江巡撫，始手成之。集四庫未收書一百七十二種，撰提要。」又曰：「歷官所至，振興文教。在浙江立詁經精舍」「在粵立學海堂」。「撰十三經校勘記、經籍籑詁、皇清經解百八十餘種，專宗漢學，治經者奉爲科律。」

阮元重刊宋本十三經注疏，始於嘉慶二十年（一八一五），刊成於二十一年（一八一六），可謂神速。不過其準備工作則在嘉慶四年（一七九九），在浙江創辦詁經精舍之時，當時他糾集段懋堂、何元錫、顧千里、徐新田、臧在東、孫雨人、李尚之、嚴厚民等知名學者，分撰十三經校勘記，奠定深厚基礎，所以新本一出，倍受歡迎，享譽至今。

阮刻本雖稱善本，却並非無懈可擊，其存在問題概括起來有以下四點：

一、選用底本不當。阮刻本以「重刻宋本」爲名，實際所用乃元刻明修之南雍本，此本雖原出宋季建刻附音本，遞經修補，續有糾謬，然轉相承訛之處多有，阮校因之失誤之例甚多，因此，實非整理首選。相反，始於南宋初年浙東茶鹽司刻本之周易、尚書、周禮三種，繼以紹熙中黄唐刻毛詩、禮記二種，因半葉八行，故稱八行本。而經注及義疏合刻始於是本，書名題有「注疏」之稱，亦始於是本，勘刻之精審遠在十行本之上。以周禮、禮記爲例，因十行本錯而八行本不誤，阮刻校勘記可以不出者，大約在三分之一以上。

二、分卷無例。如尚書依正義作二十卷，儀禮依正義作五十卷，而周易則依經注本作九卷，與正義作十六卷異。又毛詩也依經注本作二十卷，却非正義作四十卷之舊。或依或違，所爲無定，遂使唐宋義疏原卷不可得以詳。

三、主事者意見不合，各執己見，勢同水火，正確建議未能採納，而致謬種流傳。如顧千里與段懋堂之争，事涉臧在東、何元錫二人，以至顧氏出走，爲張古餘刻儀禮注疏，以成己志。

四、急於呈送，校對未精。因阮元陞任兩廣總督，江西之盧宣旬以「創始者樂於觀成，板甫就，急思印本呈制軍，以慰其遺澤西江之意。局中襄事者未及細校，故書一出，頗有淮風別雨之訛」。[二]

有鑒於此，西北大學與上海古籍出版社共同發起，於一九九二年成立了新版十三經注疏整理本的編纂委員會。編委會草擬了有關的方案與體例，並約請國内十餘名中青年才俊，參預點校整理工作。各經均追本溯源，詳加考校，或採用宋八行本爲底本，或以宋早期單注、單疏本重新拼接，或取晚出佳本爲底本，在盡量恢復宋本原貌的基礎上，整理出一套新的整理本，來彌補阮刻本的不足，以期對經學研究、對中國傳統文化研究能起到推動作用，滿足廣大讀者的需要。但由於種種原因，有關工作遷延至今，這是我們深爲遺憾之處。又當代缺乏經學大家，是客觀事實。今預役諸君各有特長，成果頗豐，但均有先天不足，不當之處，在所難免，望博雅君子，不吝賜教。

本項工作一直得到國家古籍整理出版規劃領導小組、全國高校古籍整理工作委員會以及上海古籍出版社的大力支持與幫助，在此一併致以誠摯的謝意。

二〇〇七年十一月

二〇〇八年八月修訂

〔一〕參閲蔣伯潛十三經概論、楊伯峻經書淺談導言、周予同經學歷史序言、李學勤經史總説，下同，恕不一一注明。

〔二〕見朱華臨重校宋本十三經注疏跋，載影印本十三經注疏第四頁，中華書局一九八〇年版。又參閲汪紹楹阮氏重刻宋本十三經注疏考，載文史第三輯。

校點前言

周禮一書，舊題周官，始出於西漢景、武之際。全書分爲天、地、春、夏、秋、冬六官（冬官原闕，時人以考工記補之），分掌治、教、禮、政、刑、事六典，經邦治國，燮理陰陽，堪稱文繁事富，體大思精，治術、學術無所不包。但是，此書在先秦典籍中不見徵引，所記制度也每每有與文獻抵牾之處，因而，關於它的真僞及其成書年代，成爲西漢以來聚訟不決的著名學術公案，或譽爲周公之典，或指爲戰國遺則，或斷爲秦漢之制，或貶爲新莽僞作，紛紛之論，莫衷一是。然而，論辨的諸家都不否認周禮的學術價值，因爲它最遲也是漢代的作品，材料之珍貴，自不待言，問題在於從什麽角度來使用它而已。

周禮屬於古文經，在今文經獨盛的西漢，它曾受到激烈的排斥。劉歆是治周禮的第一人，他認定此書是周公手澤。由於他的奮争，周禮在王莽時被列入禮經，取得了與儀禮等今文經平起平坐的地位。東漢初，劉歆的弟子杜子春設席授業，傳習周禮，其學大盛，注家蜂起，爲周禮作解詁的學者，如鄭興、鄭衆父子，以及衛宏、賈逵、馬融等，皆一時之選。到東漢末，經學已蹈入煩瑣之境，師法家法林立，學者分門角逐，「遂令經有數家，家有數説，章句多者，或乃百餘萬言，學徒勞而少功，後生疑而莫正」（後漢書鄭玄傳）。鄭有鑒於此，經學大師鄭玄乃會通今古文之説，删裁繁誣，刊改漏失，遍注羣經，周禮注就是其中的一種。鄭玄的周禮注，比勘今古文異本，審辨錯簡譌字，疏解名物，暢通經意，凡有異説處，必擇善而從，使學者知所歸往。全書簡約易守，體現了漢代周禮研究的最高成就，深爲學術界所推崇，其後，無論政權如何更替，學脈如何分派，它始終是周禮學的不祧之祖。

周禮學的另一位功臣，是周禮疏的作者賈公彦。賈公彦的生平，舊唐書儒學傳語焉不詳，只有寥寥數十字的記載，我們由此而知他是唐洺州永年（今河北永年）人，永徽中，官至太學博士。又據禮記正義序，孔穎達奉詔撰五經正義時，賈公彦曾參與禮記正義的撰寫。此外，他還主持完成了儀禮正義的撰作，足見他是一位精於三禮之學的學者。賈公彦對周禮學的貢獻主要有以下幾方面：第一，對六朝義疏的是非得失，作了系統的清理。六朝是禮學昌盛的時代，名家大著，層出不窮。禮學大師，南有雷次宗，北有徐遵明，聲名都堪與鄭玄相匹敵。崔靈恩的三禮義宗、戚衮的三禮義記、熊安生的周禮義疏、禮記義疏，劉獻之的三禮大義等，都是煌煌巨製。但是，諸家在對經注的理解上，也産生了新的分歧，并爲之紛争不已，影響了經學的發展。賈氏爬梳諸説，定於一尊，從而使學術思想得以統一。第二，鄭玄之注，語多簡略，又多夾雜漢制漢語，時移境遷，唐人已不易通讀，賈氏旁徵博引，窮本究源，一一疏通，對於充斥全書的器物度數之類，疏解也很明晰，因而有「發揮鄭學，最爲詳明」之譽。第三，對經注的難解之處，每每發凡起例，使讀者能持簡馭繁，以此概彼，而貫其會通。賈公彦的周禮疏取材宏富，取舍得當，體現了唐代經學的最高水平，因而歷來爲學者所重視。朱熹説「五經中，周禮疏最好」（朱子語類卷八六），是很中肯的。

順便要提及的是，馬端臨文獻通考引述董逌廣川藏書志之説，以爲賈疏源出於晉陳邵的周官禮異同評與梁沈重的周官禮義疏二書。陳、沈二氏的書目，見載於隋書經籍志，原書早已亡佚，僅有輯本，今已難以質證，姑録於此，聊備一説。

周禮鄭注、賈疏，是周禮學的雙璧，但直到北宋末，兩者一直是各自單獨刊行的。後唐長興三年（九三二），馮道主持刊刻五代監本九經，此書依唐開成石經句度移録而成，不含箋注，其中的周禮，是最早的「單經本」。到了宋代，開始出現經文下附有注文的「單注本」，以及只有疏文而没有經注的「單疏本」。岳珂九經三傳沿革例提到的京本、監本、蜀本、潭州本、婺州本、建州本等，都屬於單注本之列。宋室南渡之初，始有人將經注與疏合刻，以省兩讀，從此而有「注疏」之名。其後，又有將陸德明的經典釋文散附於各經之下的，故又有「附釋音注疏」之名，這種刻本極便於讀者，故流傳最廣。最早的附釋音周禮注疏，是南宋建刻附釋音十三經注疏本，因其版式爲每半葉十行，故又稱「十行本」。明嘉靖中，李元陽於閩中用十行本重刻十三經注疏，是爲「閩本」。萬曆中，北京國子監又用閩本翻刻，是爲明「北監本」。崇禎中，汲古閣毛氏又用北監本翻刻，是爲「毛本」。如此輾轉翻刻，魯魚亥豕，譌誤日甚。乾隆四年，武英殿參稽諸本，校刻十三經注疏，雖多所是正，但不能盡掃落葉。清代經學名臣阮元有感於此，遂會集有關學者，重行校刻十三經注疏，並於嘉慶二十年在南昌府學開雕，附釋音周禮注疏四十二卷即其一。阮氏以其文選樓舊藏南宋建本附釋音注疏（即「十行本」）爲底本（據日人長澤規矩也考證，阮氏所藏諸本非宋世原刻，皆係元代建刻坊本），十行本爲閩、監、毛諸本所自來，錯誤自然要少得多。阮本糾正了許多翻刻中出現的錯誤，又在考證的基礎上，訂正了原書中不少譌、脱、衍、倒的錯誤，使全書的面貌爲之一新。阮氏此舉頗有功於學界，阮本也因此成爲最通行、最有影響的版本。

遺憾的是，阮本并没有成爲嚴格意義上的善本，主要原因有兩方面。第一，校對不精。在阮本尚未校刻完竣之時，阮元即奉旨由江西巡撫調補河南巡撫，校書者遂生懈怠之心，以至出現了監、毛本不誤而阮本反誤的現象。校勘記的取舍也不盡得當。因此，阮元之子阮福説「家大人頗不以此刻本爲善也」（雷塘盦主弟子記）。可見，阮元本人也不滿意此本。其二，底本不善。阮元以家藏十行本爲底本，認定其爲「諸本最古之册」，其實不然。黄唐禮記正義跋云：「六經義疏，自京監、蜀本，皆省正文及注，又篇章散亂，閲者病焉。本司舊刊易、書、周禮，正經注疏，萃見一書，便於披繹。紹熙辛亥仲冬，唐備員司庾，遂取毛詩、禮記正義如前三經匯編。」紹熙辛亥爲一一九一年，此年黄唐萃刻毛詩、禮記兩經注疏。據黄跋可知，萃刻周禮等三經注疏早於此，刊印的具體時間未言及，版本學家多推定在高宗紹興年間，即宋室南渡之初，這是最早的正經注疏萃刻本。黄跋提到的刊刻周禮注疏等的部門是「本司」，即兩浙東路茶鹽司。兩浙東路茶鹽司本刻於浙江，故或稱「越本」；其版式爲每半葉八行，故又稱「八行本」。越刊八行本早於建刊十行本，另一個硬證是卷數的不同。新、舊唐志所録周禮疏（單疏）都是五十卷，郡齋讀書志、直齋書録解題所記皆同。南宋所刊單疏舊版，卷數都與北宋相合，八行本正作五十卷。十行本併爲四十二卷，且附陸氏釋音，足見其晚出。此外，八行本雖爲注疏合刻，而仍稱「周禮疏」，是注疏本初起，尚無「注疏」之名，故猶蒙單疏之名。首頁題「周禮疏賈公彦序」，不作大字，也是單疏本的舊貌。兩者相較，孰先孰後，毋須贅言。

今以八行本校阮本，阮校所訂之誤，而八行本不誤者，比比皆是。阮本校記繁冗，根本在底本不善。以八行本校諸本，時有諸本皆誤，而惟獨八行本不誤者，益見其可貴。

宋槧八行本周禮疏的書版，至元、明猶存，元西湖書院所藏「周禮注疏書版」，即此。明初，版入南雍，其間遞有修補，但印本傳世絶少。國家圖書館藏有宋、元遞修八行本周禮疏五十卷，原爲結壹廬朱氏舊藏。此本雖爲足本，而原非一帙，其中卷十八、廿一、廿三等三卷，紙色迥異於餘卷，上有朱色圈點，且有「晉府圖書」之印記，因知其本爲明初内府藏書。查文禄堂訪書記，有八行本周禮疏卷七、四十七、四十八等三卷，也有「晉府圖書」印記，可知此六卷本爲同帙，而從内府逸出者。清内府也藏有八行本周禮疏，康熙年間，何焯校周禮注疏時，「曾見内府藏宋版注疏本」（阮元周禮注疏校勘記），然而中祕森嚴，連顧廣圻、黄丕烈、阮元、錢大昕等都無緣一見。辛亥革命後，清内府藏本悉歸故宫博物院，一九四九年移往臺灣，不知何故，八行本周禮疏今已下落不明。所幸的是，一九三六年，董氏誦芬室曾從故宫借出此本影刻，斯文不滅，實屬萬幸。然董氏於文字時有訂改而無校勘記，稍失宋槧原貌，是其不足。此外，尚有李盛鐸藏殘本，僅存卷一至二、十三至十四、廾七至四十七、四十九至五十，共二十七卷，有「臣筠」、「三晉提刑」、「尚寶少卿袁氏忠徹印」、「尚寶少卿袁記」等印記。此本孫詒讓撰周禮正義時即已聞知，「德化李氏有宋刊八行本殘帙，遠出十行本之前，未能叚校也」（周禮正義略凡例十二），可見也秘不示人，世人不易得見，此本現歸北京大學圖書館。

本書以國家圖書館藏八行本周禮疏五十卷爲底本。此本爲足本，未經訂改，猶存宋槧規模及舊觀，版刻頗精。書中錯誤，大多出在補刻處。避諱字止於高宗構，而注疏中偶有及於孝宗慎者，日人加藤虎之亮認爲，避「慎」處皆補刻，書中「慎」字大多不闕末筆，故斷定此版刻於南宋孝宗朝。而中國學者多斷在高宗朝紹興年間。兩説相較，似以加藤説爲優。本書校勘記，儘可能吸收阮校成果，以存其是。經文的校勘，以唐石經及蜀石經殘本爲主，以諸宋單注本爲輔。鄭注的校勘，阮校本以嘉靖徐氏本爲主，徐氏有嘉靖三禮刻本，然而徐刻三禮以儀禮爲最善，周禮則錯誤甚多，前人已有定説。今以婺本、建本取代徐氏本。婺本即婺州市門巷唐宅刻本，因鐫刻精審，避諱謹嚴，且刻於南宋之初，版本家譽之爲「寶中之寶」，今國家圖書館藏其完帙一部，原爲海源閣楊氏藏宋槧「四經四史」之一。此本在清代已罕見於世，故博學如阮元也未曾得見，其版本價值遠高於徐氏本，自不待言。建本即南宋建安刻周禮鄭注十二卷，也是完帙，黄丕烈曾校正諸本周禮注之譌誤，驗之建本，則十之八九與黄説相合，彌足珍貴，此本也爲阮元所未見。賈公彦疏之校勘，則以阮本爲主，而以諸本參校。

八行本周禮疏原不附釋文，爲方便讀者計，今依阮本體例，將陸氏周禮音義二卷散附於經注之下，前用○號標示。陸氏釋文的傳刻本，流傳最廣的是徐乾學的通志堂本和盧文弨的抱經堂本，二本同出於明末的葉林宗鈔本，而葉本又出於錢謙益絳雲樓藏宋本。徐、盧二本雖經衆多學者訂正，仍有未盡之處，非最佳之本。今以國家圖書館所藏清内府藏宋槧元修本釋文爲底本，而參以徐、盧二本。國圖藏釋文，深藏天禄，清儒皆未之見。此本與錢氏絳雲樓藏本雖同爲宋本，而非出於一版，以之校徐、盧本，適足見其優於二本。陸德明作釋文時，所見周禮經注之本，與賈公彦所見之本不同，故文字每有歧異。宋人不明此理，遂妄加改易，以求統一，「非強彼以就此，即強此以就彼。欲省兩讀，翻致兩傷」(盧文弨重雕經典釋文緣起）。前車可鑒，今凡遇文字互歧處，一仍其舊，以存原貌。整理本書名，今用「周禮注疏」，以符合實情。

本書校勘凡例如下：

一、經注與疏、釋文原本別行，所據之本容有不同，故文字間有歧異，其是非每每有不能遽定者，凡此皆不作互校，以存舊貌。

一、底本恒、殷、玄、敬、徵等字皆避諱闕末筆，今皆逕改，不出校。

一、異體字、俗體字、通假字不出校。古今字凡不涉及今古文者不出校。

一、形近易譌之字，若戍戌、未末、凡几、官宫、王玉、今令、日曰、干于之類，底本時有混淆，凡顯誤者，逕改，不出校。

一、底本礻衤、木扌之類多不甚分辨，凡顯誤者，逕改，不出校。

一、句末語助，或有多寡之異，凡無關文義者，不出校。

一、阮元校勘記酌情選留，但不録全文，或節取或約意，以求簡明。引用他説者亦准此。欲深究原委者，可查檢原書。

一、賈疏引述其他著述，每每節略其文。爲便讀者，引文一般加引號，但不作校訂補正。

一、諸本文字或有互倒者，凡無關文義者，若「大小」「小大」、「兄弟」「弟兄」之類，不出校。

一、凡文字顯誤者，校語從簡。凡難斷是非者，則儘可能羅列各本異同，以供讀者裁定。

一、底本元人補刻處錯誤尤多，凡顯誤者逕改，不出校。

以下爲本書引據版本及簡稱：

唐石經　唐開成石壁十二經周禮十二卷　張宗昌皕忍堂覆刊本
釋文　陸德明經典釋文周禮音義二卷　國家圖書館藏宋刊遞修本
婺　周禮注十二卷　宋婺州市門巷唐宅刊本
建　周禮鄭注十二卷　南宋附釋音建本
余　周禮鄭注陸音義十二卷　南宋建安余仁仲萬卷堂刊本
宋　周禮注十二卷　錢孫保舊藏宋槧附釋音小字本
蜀石經　蜀石經周官禮秋官鄭氏注二卷　國家圖書館藏南宋拓本
岳　周禮注十二卷　元相臺岳氏家塾刊本
嘉靖　周禮鄭氏注十二卷　明嘉靖徐氏覆宋周禮　士禮居重雕校本
元　附釋音周禮注疏四十二卷　元刻明遞修本
正　附釋音周禮注疏四十二卷　明正德補刻宋槧十行本
閩　附釋音周禮注疏四十二卷　明嘉靖李元陽閩刻本
聞　周禮注疏四十二卷　明嘉靖應檟刻本　聞人銓校正
監　周禮注疏四十二卷　明萬曆國子監刊本
毛　周禮注疏四十二卷　明崇禎汲古閣毛氏刊本

殿　周禮注疏四十二卷　清乾隆武英殿刊本
惠校　周禮注疏四十二卷　清惠棟校正本
阮　重刊宋本周禮注疏四十二卷　清嘉慶南昌府學刻本
董　越本周禮疏（覆校本）五十卷　董康誦芬室影宋刻本

本書引用諸家目録有：

張　參五經文字三卷（後知不足齋叢書本）
唐玄度新加九經字樣一卷（後知不足齋叢書本）
王應麟新加漢制考四卷（文淵閣四庫全書本　玉海本）　困學紀聞二十卷（四部叢刊三編影元刻本）
岳　珂九經三傳沿革例一卷（粤雅堂叢書本）
顧炎武石經考一卷（清光緒尊經書局石經彙函本）　九經誤字一卷（文淵閣四庫全書本）
段玉裁周禮漢讀考六卷（續修四庫全書影印清嘉慶刻本）　説文解字注三十卷（清嘉慶二十年經韻樓刻本）
惠士奇禮説十四卷（皇清經解本）
浦　鏜撰沈廷芳審定十三經注疏正字周禮十卷（文淵閣四庫全書本）
嚴可均唐石經校文十卷（清光緒尊經書局石經彙函本）
馮登府石經補考十一卷（清光緒尊經書局石經彙函本）

彭元瑞石經考文提要十三卷（清光緒尊經書局石經彙函本）

臧　琳經義雜記三十卷（續修四庫全書影印嘉慶四年拜經堂刊本）

阮　元周禮校勘記（皇清經解本）

王引之經義述聞周官二卷（清道光七年刊本）

孫詒讓周禮正義八十六卷（民國二十年湖北篴湖精舍遞刻本）　十三經注疏校勘記周禮注疏（雪克輯校中華書局二〇〇九年）

俞　樾群經平議周官平議二卷　茶香室經說周禮二卷（清光緒二十五年刻春在堂全書本）

于　鬯香草校書周禮七卷（清光緒二十九年刊本）

黄　焯經典釋文彙校周禮音義二卷（中華書局一九八〇年）

加藤虎之亮周禮經注疏音義校勘記四十二卷（東京無窮會一九五八年）

在校勘中參合阮校、二王、孫詒讓、于鬯、俞樾諸人之說，經典釋文頗據黄焯彙校。

限於本人學力，本書的校點，錯誤在所難免，希望得到廣大讀者的指正。

整理者

目録

周禮注疏卷第十六……五三三

周禮正義序

唐朝散大夫行太學博士弘文館學士臣賈公彥等撰

夫天育蒸民，無主則亂。立君治亂，事資賢輔。但天皇地皇之日，無事安民。降自燧皇，方有臣矣。是以易通卦驗云：「天地成立，〔一〕君臣道生，君有五期，輔有三名。」注云：「三名，公、卿、大夫。」又云：「燧皇始出，握機矩，表計寘，其刻曰：〔二〕蒼牙通靈，昌之成，〔三〕孔演命，明道經。」注云：「拒燧皇，〔四〕謂人皇，在伏羲前，風姓，始王天下者。」斗機云：〔五〕「所謂人皇九頭，兄弟九人，別長九州者也。」是政教君臣，起自人皇之世，至伏羲因之，故文耀鉤云：「伏羲作易名官者也。」又案：論語撰考云：「黃帝受地形、象天文，以制官。」伏羲已前，雖有三名，未必具立官位。至黃帝，名位乃具。是以春秋緯命曆序云：「有九頭紀，時有臣，無官位尊卑之別。」〔六〕燧皇伏羲既有官，則其間九皇六十四民有官明矣，但無文字以知其官號也。案：左傳昭十七年云：「秋，郯子來朝，公與之宴。昭子問焉，曰：『少皞氏鳥名官，何故也？』」杜氏注云：「少皞，金天氏，黃帝之子，己姓之祖也。」「郯子曰：『吾祖也，我知之。昔者黃帝氏以雲紀，故爲雲師而雲名。』」注云：「黃帝，軒轅氏，姬姓之祖也。黃帝受命有雲瑞，故以雲紀事，百官師長皆以雲爲名號。縉雲氏蓋其一官也。」「炎帝氏以火紀，故爲火師而火名。」注云：「炎帝，神農氏，姜姓之祖也。亦有火瑞，以火紀事，名百官也。」「共工氏以水紀，故爲水師而水名。」注云：「共工，以諸侯霸有九州者，在神農前，大皞後。亦受水瑞，以水名官也。」「大皞氏以龍紀，故爲龍師而龍名。」注云：「大皞，伏羲氏，風姓之祖也。有龍瑞，故以龍命官也。」「我高祖少皞摯之立也，鳳鳥適至，故紀於鳥，爲鳥師而鳥名。」又云「鳳鳥氏，歷正」之類。又以五鳥、五鳩、九扈、五雉並爲官長，亦皆有屬官，但無文以言之。若然，則自上以來，所云官者，皆是官長，故皆云「師」以目之。又云：「自顓頊以來，不能紀遠，乃紀於近。」是以少皞以前，天下之號象其德，百官之號象其徵；顓頊以來，天下之號因其地，百官之號因其事，事即司徒、司馬之類是也。若然，前少皞氏言祝鳩氏爲司徒者，本名祝鳩，言司徒者，以後代官況之。自少皞以上，官數略如上說。顓頊及堯，官數雖無明說，可略而言之矣。案：昭二十九年，魏獻子曰：「社稷五祀，誰氏之五官？」蔡墨對曰：「少皞氏有四叔，曰重，曰該，曰脩，曰熙，實能金木及水。使重爲句芒，該爲蓐收，脩及熙爲玄冥。世不失職，遂濟窮桑，此其三祀也。」注云：「窮桑，帝少皞之號也。」〔七〕「顓頊氏有子曰犂，爲祝融，共工氏有子曰句龍，爲后土，此其二祀也。后土爲社。稷，田正也。有烈山氏之子曰柱，爲稷，自夏以上祀之。周棄亦爲稷，自商以來祀之。」故外傳犂爲高辛氏之火正。此皆顓頊時之官也。案：鄭語云：「重、犂爲高辛氏火正。」〔八〕故堯典注：「高辛氏之世，命重爲南正，司天；犂爲火正，司地。」以高辛與顓頊相繼無隔。故重犂事顓頊又事高辛，若稷、契與禹事堯又事舜。是以昭十七年服注「顓頊」之下云：「春官爲木正，夏官爲火正，秋官爲金正，冬官爲水正，中官爲土正。」高辛氏因之，故傳云「遂濟窮桑」。窮桑，顓頊所居，是度顓頊至高辛也。若然，高辛時之官，唯有重、犂及春之木正之等，不見更有餘官也。至於堯、舜，官號稍改。楚語云：「堯復育重、犂之後。」重、犂之後即羲、和也。是以堯典云：「乃命羲、和。」注云：「高辛之世，命重爲南正司天，黎爲火正司地。堯育重、黎之後羲氏、和氏之子賢者，使掌舊職天地之官。亦紀於近，命以民事。其時官名蓋曰稷、司徒。」是天官稷也，地官司徒也。又云「分命羲仲」、「申命羲叔」、「分命和仲」、「申命和叔」，使分主四方。注：「仲、叔亦羲、和之子。堯既分陰陽四時，又命四子爲之官，掌四時者字曰仲、叔，則掌天地者，其曰伯乎？」是有六官。案：下「驩兜曰『共工』」，注：「共工，水官也。」至下舜求百揆，禹讓稷、契暨咎繇，「帝曰：『棄，黎民阻饑，汝后稷播時百穀。』」注：「稷，棄也。初堯天官爲稷。」又云：「帝曰：『契，百姓不親，汝作司徒。』」又云：「帝曰：『咎繇，汝作士。』」此三官是堯時事。舜因禹讓，述其前功。下文云，舜命伯夷爲秩宗，舜時官也。以先後參之，唯無夏官之名，以餘官約之，夏傳云，司馬在前，又後代況之，則羲叔爲夏官，是司馬也。故分命仲、叔，注云：「官名，蓋春爲秩宗，夏爲司馬，秋爲士，冬爲共工，通稷與司徒，是六官之名見也。」鄭玄「分陰陽爲四時」者，非謂時無四時官，始分陰陽爲四時，但分高辛時重、黎之天地官，使兼主四時耳。而云「仲」、「叔」，故云「掌天地者，其曰『伯』乎」？若然，堯典云「伯禹作司空」，四時官不數之者，鄭云：「初，堯冬官爲共工。舜舉禹治水，〔九〕堯知其有聖德，必成功，故改命司空，以官名寵異之，非常官也。至禹登百揆之任，捨司空之職，爲共工與虞，故曰『垂作共工，益作朕虞』是也。」案：堯典又云：「帝曰：疇咨若時登庸？」鄭注云：「堯末時，羲和之子皆死，庶績多闕而官廢。當此之時，驩兜、共工更相薦舉。」下又云：「帝曰：四岳，湯湯洪水，有能俾乂？」鄭云：「四岳，四時之官，主四岳之事。始羲和之時，主四岳者謂之四伯。至其死，分岳事，置八伯，皆王官。其八伯唯驩兜、共工、放齊、鯀四人而已，其餘四人，無文可知。」案：周官云：「唐虞稽古，建官惟百。內有百揆、四岳。」則四岳之外，更有百揆之官者。但堯初天官爲稷，至堯試舜天官之任，謂之百揆。舜即真之後，命禹爲之，即天官也。案：尚書傳云：「惟元祀，巡狩四岳、八伯。」注云：「舜格文祖之年，堯始以羲、和爲六卿。春、夏、秋、冬者，并掌方岳之事，是爲四岳，出則爲伯。其後稍死，驩兜、共工求代，乃置八伯。」元祀者，除堯喪，舜即真之年。九州言八伯者，據畿外八州。鄭云：「畿內不置伯，鄉遂之吏主之。」案：明堂位云：「有虞氏官五十，夏后氏官百，殷二百，周三百。」鄭注云：「有虞氏官蓋六十，夏百二十，殷二百四十，周三百六十，不得如此記也。」昏義云：「三公、九卿、二十七大夫、八十一元士。」鄭云：「蓋夏制。」依此差限，故不從記文。但虞官六十，唐則未聞。堯、舜道同，或皆六十。并屬官言之，則皆有百。故成王周官云「唐虞建官惟百」也。若然，自高陽已前，官名略言於上。至於帝嚳官號，略依高陽，不可具悉。其唐、虞之官，惟四岳、百揆與六卿。又堯典有「典樂」、「納言」之職。至於餘官，未聞其號。夏官百有二十，公、卿、大夫、元士，具列其數。殷官二百四十，雖未具顯。案：下曲禮云「六大」、「五官」、「六府」、「六工」之等，鄭皆云殷法。至於屬官之號，亦蔑云焉。案：昏義云「三公、九卿」者，六卿并三孤而言九。其三公又下兼六卿，故書傳云：「司徒公、司馬公、司空公，各兼二卿。」案：顧命大保領冢宰，畢公領司馬，毛公領司空，別有芮伯爲司徒，彤伯爲宗伯，衛侯爲司寇，則周時三公各兼一卿之職，與古異矣。但周監二代，郁郁乎文。所以象天立官，而官益備。此即官號沿革，粗而言也。

序周禮廢興

周公制禮之日，禮教興行。後至幽王，禮儀紛亂，故孔子云：諸侯專行征伐，「十世希不失」。鄭注云：「亦謂幽王之後也。」故晉侯、趙簡子見儀，皆謂之「禮」，孟僖子又不識其儀也。至於孔子，更修而定之。時已不具，故儀禮注云：「後世衰微，幽厲尤甚，禮樂之書，稍稍廢棄。」孔子曰：「吾自衛反於魯，然後樂正，雅、頌各得其所。」謂當時在者而復重雜亂者也，惡能存其亡者乎？至孔子卒後，復更散亂。故藝文志云：「昔仲尼没，微言絶，七十二弟子喪，而大義乖。諸子之書，紛然散亂，至秦患之，乃燔滅文章，以愚黔首。」又云：「禮經三百，威儀三千。及周之衰，諸侯將踰法度，惡其周亡，滅去其籍，自孔子時而不具，至秦大壞。漢興，高堂生博士傳十七篇。孝宣世，后倉最明禮，戴德、戴聖、慶普，皆其弟子，三家立于學官。」案：儒林傳：「漢興，高堂生傳禮十七篇，而魯徐生善爲容。孝文時，徐生以容爲禮官大夫，而瑕丘蕭奮以禮至淮陽太守。孟卿，東海人也。事蕭奮，以授后倉。后倉説禮數萬言，號曰后氏曲臺記，授戴德、戴聖。」鄭云「五傳弟子」，則高堂生、蕭奮、孟卿、后倉、戴德戴聖，是爲五也。此所傳者，謂十七篇，即儀禮也。周官，孝武之時始出，祕而不傳。周禮後出者，以其始皇特惡之故也。是以馬融傳云：「秦自孝公已下，用商君之法，其政酷烈，與周官相反。故始皇禁挾書，特疾惡，欲絶滅之，搜求焚燒之獨悉，是以隱藏百年。孝武帝始除挾書之律，開獻書之路，既出於山巖屋壁，復入于祕府，五家之儒莫得見焉。至孝成皇帝，達才通人劉向子歆，校理祕書，始得列序，著于録、略。然亡其冬官一篇，以考工記足之。時衆儒並出共排，以爲非是。唯歆獨識，其年尚幼，務在廣覽博觀，又多鋭精于春秋。末年，乃知其周公致大平之迹，迹具在斯。奈遭天下倉卒，兵革並起，疾疫喪荒，弟子死喪。徒有里人河南緱氏杜子春尚在，永平之初，年且九十，家于南山，能通其讀，頗識其説，鄭衆、賈逵往受業焉。衆、逵洪雅博聞，又以經書記轉相證明爲解，〔一〇〕逵解行於世，〔一一〕衆解不行。兼攬二家，爲備多所遺闕。然衆時所解説，近得其實，獨以書序言成王既黜殷，還歸在豐，作周官，則此周官也，失之矣。逵以六鄉大夫，〔一二〕則冢宰以下及六遂，爲十五萬家，絙千里之地，甚謬焉。此比多多，吾甚閔之久矣。」六鄉之人，實居四同地，故云「絙千里之地」者，誤矣。又六鄉大夫，冢宰以下，所非者不著。又云「多多」者，如此解不著者多。又云：「至六十，爲武都守。郡小少事，乃述平生之志，著易、尚書、詩、禮傳，皆訖。惟念前業未畢者唯周官，年六十有六，目瞑意倦，自力補之，謂之周官傳也。」案：藝文志云：「成帝時，以書頗散亡，使謁者陳農求遺書于天下。詔光禄大夫劉向校書，經傳、諸子、詩賦。向輒條其篇目，撮其指意，録而奏之。會向卒，哀帝復使向子歆卒父業。歆於是總羣書，奏其七略，故有六藝，七略之屬。」歆之録，在於哀帝之時，不審馬融何云「至孝成皇帝，命劉向子歆，考理祕書，始得列序，著於録、略」者。成帝之時，蓋劉向父子並被帝命。至向卒，哀帝命歆卒父所脩者，故令文乖理則是也。故鄭玄序云：「世祖以來，通人達士大中大夫鄭少贛，名興，及子大司農仲師，名衆，故議郎衛次仲，侍中賈君景伯，南郡太守馬季長，皆作周禮解詁。」又云：「玄竊觀二三君子之文章，顧省竹帛之浮辭，其所變易，灼然如晦之見明，其所彌縫，奄然如合符復析，斯可謂雅達廣攬者也。然猶有參錯，同事相違，則就其原文字之聲類，考訓詁，捃祕逸。謂二鄭者，同宗之大儒，明理于典籍，觕識皇祖大經周官之義，存古字，發疑正讀，亦信多善，徒寡且約，用不顯傳于世。今讚而辨之，庶成此家世所訓也。〔一三〕其名周禮爲尚書周官者，周天子之官也。書序曰：『成王既黜殷命，滅淮夷，還歸在豐，作周官。』是言蓋失之矣。案：尚書盤庚、康誥、説命、泰誓之屬，三篇序皆云『某作若干篇』，今多者不過三千言。又書之所作，據時事爲辭，君臣相誥命之語。作周官之時，周公又作立政，上下之别，正有一篇。周禮乃六篇，文異數萬，終始辭句，非書之類，難以屬之。時有若茲，焉得從諸？」又云：「斯道也，文武所以綱紀周國，君臨天下；周公定之，致隆平龍鳳之瑞。」然則周禮起於成帝劉歆，而成于鄭玄。〔一四〕附離之者太半，故林孝存以爲武帝知周官末世瀆亂不驗之書，故作十論、七難以排棄之。何休亦以爲六國陰謀之書。唯有鄭玄遍覽羣經，知周禮者，乃周公致太平之迹，故能荅林碩之論、難，使周禮義得條通。故鄭氏傳曰，玄以爲「括囊大典，網羅衆家」，是以周禮大行，後王之法。易曰：「神而化之，存乎其人。」此之謂也。

校勘記

〔一〕天地成立　「立」，阮本作「位」，疑作「位」是。

〔二〕其刻曰　「曰」，阮本作「日」，今本易緯通卦驗作「白」。

〔三〕昌之成　阮校云：禮記禮運正義引易緯作「昌之成運」，此用靈、成、經爲韻語，「運」乃衍文。

〔四〕拒燧皇　浦鏜云：「拒」衍。

〔五〕斗機云　浦鏜云：疑作「運斗樞」。

〔六〕路史卷一〇引作「九頭紀時，有臣無官，但立尊卑之别」。

〔七〕帝少皞之號也　阮校云：杜注無「帝」字，此衍。

〔八〕重犂爲高辛氏火正　今本鄭語無「重」字。

〔九〕舜舉禹治水　「舉」字原脱，據阮本補。

〔一〇〕又以經書記轉相證明爲解　阮校云：「轉」當作「傳」。

〔一一〕逵解行於世　「逵解」二字原脱，據阮本補。

〔一二〕逵以六鄉大夫　阮本「以」下有「爲」字。

〔一三〕庶成此家世所訓也　盧文弨云：舊本此下皆圈隔，非，此段皆康成序。

〔一四〕而成于鄭玄　「玄」，原作「方」，據阮本改。

周禮注疏卷第一

天官冢宰第一

天官冢宰，鄭目録云：「象天所立之官。冢，大也。宰者，官也。天者，統理萬物，天子立冢宰，使掌邦治，亦所以摠御衆官，使不失職。不言司者，大宰摠御衆官，不主一官之事也。」〇本或作「冢宰上」，非，餘卷放此。

鄭云「象天」者，周天有三百六十餘度，天官亦摠攝三百六十官，故云象天也。云「官」者，亦是管攝爲號，故題曰天官也。鄭又云「冢，大。宰，官也」者，下注對大宰，則云「冢者，大之上」，〔一〕此不對大宰，故云「冢，大」也。宰者，調和膳羞之名，此冢宰亦能調和衆官，故號大宰之官。鄭又云「不言司者，大宰摠御衆官，不主一官之事」者，此官不言司，對司徒、司馬、司寇、司空皆云司，以其各主一官，不兼羣職，故言司。此天官則兼攝羣職，故不言司也。若然，則春官亦不言司者，以其祭祀鬼神，鬼神非人所主，故亦不言司也。其地官，鄭云「象地所立之官」。彼言象地，實主地事；此天官言天，直取摠攝爲言，全無天事。天事並入於春官者，言象天，自取摠攝爲名，象地自取掌物爲號，各取一邊爲義，理無嫌也。「第一」者，第，次也；一者，數之始也。次第之中處一，故爲第一也。〔二〕

鄭氏注

鄭氏者，漢大司農卿，〔三〕北海郡鄭沖之孫，〔四〕名玄，字康成。「注」者，於經之下，自注己意，使經義可申，故云注也。孔君、王肅之等則言「傳」，傳者，使可傳述。若然，或云「注」、或云「傳」〔五〕不同，立意有異，無義例也。

惟王建國，建，立也。周公居攝而作六典之職，謂之周禮。營邑於土中。七年，致政成王，以此禮授之，使居雒邑，治天下。〔六〕司徒職曰：「日至之景尺有五寸，謂之地中，天地之所合也，四時之所交也，風雨之所會也，陰陽之所和也，然則百物阜安，乃建王國焉。」○惟王，如字。干寶云：「王，天子之號，三代所稱。」雒，音洛，水名也，本作洛，後漢都洛陽，改爲雒。之景，京領反，下皆同。

「惟王建國」自此以下，至「以爲民極」五句，六官之首同此序者，以其建國設官爲民不異故也。王者臨統無邊，故首稱「惟王」，明事皆統之於王。王既位矣，當擇吉土以建國爲先，故次言「建國」。於中辯四方、正宫廟之位，復「體國經野」，自近及遠也。於是「設官分職」，助理天工，衆人取中，以爲治體，列文先後，次第應然。其實建國之初，豈未設官分職也？直以作序之意，主在設官分職，爲民極耳，故終言之。「惟王建國」者，言惟，謂若尚書云「惟三月」之類，皆辭，不爲義。建，立也。惟受命之王，乃可立國城於地之中。必居地中者，案尚書康誥云：「惟三月哉生魄，周公初基，作新大邑于東國洛。」鄭注云：「岐、鎬之域，處五岳之外，周公於政不均，〔七〕故東行於洛邑，令諸侯謀作天子之居。」〔八〕據鄭此言，則文、武所居，爲非地中，政教不均，故居地中也。案：桓二年左氏傳云「昔武克商，遷九鼎於洛邑」，則居洛本是武王之意。至成王周公時，恐天下爲疑，更與諸侯謀定之也。若然，五帝以降，堯治平陽，舜治安邑，唯湯居亳得地中，以外皆不得地中，而政令均、天下治者，其時雖不得地中，並在五嶽之內，又以民淳易治，故不要在地中。以周則不在五岳之內，故鄭云「岐、鎬處五岳之外」也。

注「建立」至「國焉」云「周公居攝而作六典之職，謂之周禮」者，案：禮記明堂位云：周公攝政六年，「制禮作樂，頒度量於天下」。又案：書傳亦云「六年制禮作樂」。所制之禮，則此周禮也。又云「而作六典」者，下文大宰之職，掌建邦之六典：天官治典，地官教典，春官禮典，夏官政典，秋官刑典，冬官事典。是六典之職也。又云「營邑於土中」者，即召誥云「王來紹上帝，自服於土中」是也。又云「七年致政成王」者，明堂位文。必七年者，洛誥云：「誕保文武受命，惟七年。」鄭注以文武受命，七年而崩，周公不敢過其數也。又云「以此禮授之，使居洛邑，治天下」者，〔九〕此鄭解周公制禮，必兼言建國於洛邑之意。案：尚書洛誥云：「周公曰：『孺子來相宅，亂爲四方新辟。』」是使居洛邑也。下云「惠篤敘，無有遘自疾」，是授以此禮，使行之也。又案：書傳云：「一年救亂，二年伐殷，三年踐奄，四年建侯衛，五年營成周，六年制禮作樂，七年致政成王。」鄭用此文，則四年封康叔於衛，爲「建侯衛」。案：康誥云：「周公初基，作新大邑洛。」謂初爲基阯之處。至五年，内營之，是以書傳云「五年營成周」。成周與王城同時營，則五年營洛邑，與孔安國爲營洛邑、封康叔、制禮作樂，同是攝政七年異。又引司徒職曰：「日至之景尺有五寸，謂之地中。」彼先鄭注云：「土圭之長，尺有五寸，以夏至之日，立八尺之表，其景適與土圭等，謂之地中。今潁川陽城地爲然。」「天地之所合」者，則禮記郊特牲云「天地合，萬物生」，謂天地配合，萬物以生是也。「四時交」者，〔一○〕則尚書云「宅南交」，孔云「夏與春交，舉一隅」。若然，則秋與夏交、冬與春交可知也。又云「風雨之所會」者，謂若禮記禮器云「風雨時」，即謂風雨會時也。「陰陽之所和」者，謂若昭四年申豐云「冬無愆陽，夏無伏陰」，二氣和順也。「然則百物阜安」者，阜，盛也；然，猶如是。如是於地中得所，故百物盛安也。「乃建王國」者，於百物盛安之處，乃立王國。王國，則洛邑王城是也。鄭引此者，破賈馬之徒建國爲諸侯國。此六官同序，皆云「建國」，豈王國未立，先建諸侯國乎？明不可也。

辨方正位， 辨，别也。鄭司農云：「别四方，正君臣之位，君南面，臣北面之屬。」玄謂考工：「匠人建國，水地以縣，置槷以縣，視以景。爲規識日出之景與日入之景。晝參諸日中之景，夜考之極星，以正朝夕。」是「别四方」。召誥曰：「越三日戊申，大保朝至于雒，卜宅，厥既得卜，則經營。越三日庚戌，大保乃以庶殷攻位於雒汭。越五日甲寅，位成。」正位謂此定宫廟。○辨，本亦作辯，徐邈、劉昌宗皆方免反，别也。一音平勉反。别也，彼列反，下同。以縣，音玄，下同。槷，魚列反，下同。召誥，上上詔反，下古報反。太保，音泰。汭，人鋭反。

「辨方正位」 謂建國之時。辨，別也。先須視日景，以別東、西、南、北四方，使有分別也。「正位」者，謂四方既有分別，又於中正宮室、朝庭之位，使得正也。

注「辨別」至「宮廟」 辨，別也。此直訓不釋者，司農云「別四方」，義當矣，故康成訓之也。鄭司農者，鄭衆，字仲師。但周禮之內，鄭康成所存注者有三家：司農之外，又有杜子春、鄭大夫。鄭大夫者，鄭少贛。二鄭皆康成之先，故言官，不言名字。杜子春非己宗，故指其名也。司農云「正君臣之位，君南面、臣北面之屬」者，案：易緯乾鑿度云：「不易者，天在上，地在下，君南面，臣北面，父坐子伏。」司農據而言焉。「玄謂」者，大略一部之內，鄭玄若在司農諸家上注者，是玄注可知，悉不言「玄謂」。在諸家下注者，即稱「玄謂」，以別諸家。又在諸家前注者，是諸家不釋者也。又在諸家下注者，或增成諸家義，則此司農云「別四方」，於文不足，引考工記以證之是也。或有破諸家者，則此司農正位謂正君臣面位，引召誥爲宮室朝廷之位破之是也。〔一一〕考工「匠人建國、水地以縣」者，謂水平之法，在地曰槷，以繩縣於槷上，然後從傍以水望縣，即知地之高下而平之也。又云「置槷以縣」者，既平得地，欲正其東、西、南、北之時，先於中置一槷，恐槷不正，〔一二〕先以縣正之，槷正，乃視以景。景謂於槷端自日出畫之，以至日入，即得景，爲規識之，故云「爲規識日出之景與日入之景」。規之交處，即東西正也。又於兩交之間中屈之指槷，又知南北正也。仍恐不審，晝參諸日中之景，夜考諸北極之星，以正朝夕，乃審矣。引召誥以下者，案：召誥：「惟大保先周公相宅。越若來三月，惟丙午朏，越三日戊申，大保朝至于洛汭，〔一三〕卜宅。」此言「越三日戊申」者，從三月丙午朏。朏，明生之名，月三日也，則「越三日戊申」，月五日，召公至洛汭也。又云「越三日庚戌，大保乃以庶殷，攻位于洛汭」，月七日也。「越五日甲寅，位成」，月十一日也。皆通本數之也。宮室朝廷之位皆成也。引之者，證「正位」謂此宮室位，破司農爲君臣父子之位，以其國家草創。下論體國經野，理應先定宮廟等位，豈有宮廟等位未成，先正君臣面位乎？又與匠人建國次第不合，故鄭依匠人之次及召誥之文，爲定宮室之位。案：左氏莊公傳云「水昬正而栽」，知是十月始興土功，今於三月爲洛邑者，左氏用十月，是尋常法。今建王城，遠述先君之志，是興作大事，不可以常法難之也。

體國經野，體猶分也，經謂爲之里數。鄭司農云：「營國方九里，國中九經九緯，左祖右社，面朝後市，野則九夫爲井，四井爲邑之屬是也。」○體國，鄭云：「體猶分也。」干寶云：「體，形體。」面朝，直遥反。

「體國經野」者，體猶分也。國謂城中也。分國城之中爲九經、九緯、左祖、右社之屬。經謂爲之里數，此「野」，謂二百里以外三等采地之中，有井田之法，九夫爲井，井方一里之等是也。

注「體猶」至「是也」 言「體猶分」者，謂若人之手足分爲四體，得爲分也。「經謂爲之里數」者，此據野中而有井方一里之等，故經爲里數解之。司農云「營國方九里」已下，並冬官考工記匠人文。彼云「營國方九里，旁三門」，旁，謂四方，方三門，則王城十二門。門有三道，三三而九，則九道。南北之道謂之經，東西之道謂之緯。經緯之道皆九軌。又云「左祖右社」者，此據中門外之左右。宗廟是陽，故在左；社稷是陰，故在右。「面朝後市」者，三朝皆是君臣治政之處，陽，故在前。三市皆是貪利行刑之處，陰，故在後也。又言「野則九夫爲井」，此是地官小司徒職文。彼云「乃井牧其田野，九夫爲井，四井爲邑，四邑爲丘，四丘爲甸，四甸爲縣，四縣爲都」也。井方一里，邑方二里，丘方四里，甸方八里，縣方十六里，都方三十二里。引彼文略，故云「之屬」兼之也。案：載師職云：「家邑任稍地，小都任縣地，大都任畺地。」若畿内鄉遂及四等公邑，(二四)皆爲溝洫法，無此方里爲井之事。家邑、小都、大都三等采地乃有方里爲井之屬。但郊外曰「野」，大揔言耳。散文，國外則曰野，故鄉大夫職云「國中七尺」、「野自六尺」，是城外，則經中「野」對「國」言之，謂國外則曰野，但鄭據小司徒成文而言。

設官分職，鄭司農云：「置冢宰、司徒、宗伯、司馬、司寇、司空，各有所職而百事舉。」

「設官分職」　既體國經野，此須立官以治民，故云「設官分職」也。

注「鄭司農」至「事舉」　此謂設天地四時之官，即六卿也。既有其官，須有司職，故云「各有所職」。職謂主也，天官主治，地官主教，春官主禮，夏官主政，秋官主刑，冬官主事。六官，官各六十，則合有三百六十官。官各有主，故云「百事舉」。

以爲民極。極，中也。令天下之人各得其中，不失其所。○令天，力呈反。

「以爲民極」　百人無主，〔一五〕不散則亂，是以立君治之。君不獨治也，又當立臣輔。〔一六〕極，中也。言設官分職者，以治民，令民得其中正，使不失其所故也。

注「極中也」至「其所」　「極，中也」，爾雅文。案：尚書洪範云：「皇建其有極，惟時厥庶民於汝極」，謂皇建其有中之道，庶民於之取中。案：尚書洪範云皇建其有極於下，〔一七〕人各得其中，不失所也。

乃立天官冢宰，使帥其屬而掌邦治，以佐王均邦國。掌，主也。邦治，王所以治邦國也。佐猶助也。鄭司農云：「邦治謂摠六官之職也，故大宰職曰『掌建邦之六典，以佐王治邦國』。六官皆摠屬於冢宰，故論語曰『君薨，百官摠己以聽於冢宰』。言冢宰於百官無所不主。爾雅曰：『冢，大也。』冢宰，大宰也。」○冢宰鄭云：「宰，主也。」干云：「濟其清濁，和其剛柔，而納之中和曰宰。」掌邦治，直吏反。注「邦治」、下「治官」皆同。大宰，音泰，注及後放此。

「乃立」至「邦國」　六官皆云「乃立」者，以作序之由，本序設官之意，故先云以爲民極，次云所設之官，故皆云「乃立」，騰上起下之辭也。「天官冢宰」者，據下注而言，則此言冢宰者，據摠攝六職，若據當職，則稱大宰也。「使帥其屬」，案：小宰六屬而言，則此屬唯指六十官之屬也。「掌邦治」者，掌，主也。言主治，則兼六官，以其五官，雖有教、禮、政、刑、事不同，皆是治法也。云「佐王均邦國」者，以大宰掌均節財用故也。周禮以邦、國連言者，據諸侯也。單言邦，單言國者，多據王國也。然不先均王國，〔一八〕而言均邦國者，王之冢宰，若言王國，恐不兼諸侯，今言邦國，則舉外可以包內也。

注「掌主」至「宰也」　玄云「邦治，王所以治邦國也」者，此即司農所引大宰職「佐王治邦國」一也。但司農雖引之，不指釋此經邦治，故玄就足之。司農引論語者，欲見天子冢宰兼百官之義。言「百」，則三百六十，一也。且論語言「君薨」，據諸侯，言冢宰、百官，據天子，互言之者，欲見天子、諸侯君死，世子居喪，使大臣聽政，同也。「冢宰，大宰」者，言不異人也。

治官之屬：大宰，卿一人；小宰，中大夫二人；宰夫，下大夫四人，上士八人，中士十有六人，旅下士三十有二人，〔一九〕變冢言大，進退異名也。百官摠焉則謂之冢，列職於王則稱大。冢，大之上也。山頂曰冢。旅，衆也。下士，治衆事者。自大宰至旅下士，轉相副貳，皆王臣也。王之卿六命，其大夫四命，士以三命而下爲差。○副貳，徐音二。

「治官」至「二人」　上經所陳立官，所掌有異，此經陳官有尊卑多少，轉相副貳之事也。言「治官之屬」者，此爲六十官之首，別言「治官之屬」一句，與下六十官爲目，以摠是治官，不得惟指此一經至旅下士三十有二人而已。凡官，尊者少，卑者多，以其卑者宜勞，尊者宜逸。是以下士稱旅，以其理衆事，故特言旅也。小宰與大宰同名，大小爲異，故鄭注禮記王制，引此六卿下中大夫十二人爲十二小卿，以其宰夫是大宰之考，謂若地官之考爲鄉師，春官之考爲肆師，夏官之考爲軍司馬，秋官之考爲士師，冬官之考爲匠師。以其掌事不與大官同，故異大官也。宰者，調和之名。夫者，治也，以其治此一官所主事也。

注「變冢」至「爲差」。「變冢言大」者，上唯云「冢宰」，此唯云「大宰」，是變冢言大也。云「進退異名」者，即「百官摠焉」，謂貳王治事，摠攝三百六十官，則謂之「冢」，是進異名也。「列職于王，則謂之大」者，不摠百官，與五卿並列，各自治六十官，則退異名也。若然，摠百官則稱「冢」，以其天官象天覆萬物。案：經大宰職曰：「凡邦之小治，冢宰聽之。」是專國小治而稱「冢」也。司書職曰：「掌六典、八法、八則之貳，以詔王及冢宰。」是貳王事摠衆職而稱「冢」也。又宰夫職曰：「乘其財用之出入，凡失財用、物辟名者，以官刑詔冢宰而誅之。」是摠衆官誅賞而稱「冢」也。又司會職曰：「以周知四國之治，以詔王及冢宰廢置。」是摠四國之治而稱「冢」也。若主當官，不兼他職，則言大者，謂若下文「大喪，贊贈玉、含玉」；賓客，「贊玉几、玉爵」；祀五帝則涖卜如此之類，與諸官並有事，則稱「大」也。云「冢，大之上也」者，以其大宰與五官同名「大」，今又別稱「冢」，是冢在大之上也。又引爾雅「山頂曰冢」者，欲見山則大矣，冢又在頂，證冢在大上之意也。又云「旅，衆也。下士，治衆事者」，欲見尊官逸、卑官勞之意也。又云「自大宰至旅下士，轉相副貳，皆王臣也」者，大卿一人，小卿則二人，已下皆去上一倍者，是轉相副貳也。言「王臣」者，自士以上，得王簡策命之，則爲王臣也，對下經府、史、胥、徒不得王命，官長自辟除者，非王臣也。又云「王之卿六命，其大夫四命」者，典命文。大夫無中下之別。案：序官則有中下大夫，則四命大夫自分爲中下，似若侯伯同七命，子男同五命，爵則有高下不同也。士以三命爲差，但典命直見公、卿、大夫命者，欲見有出封之事，故彼云「其出封皆加一等」，士爵卑，無出封之理，故不言也。彼士之命數既不言，知三命以下者，正見序官有上士、中士、下士三等。典命除六命、四命，無三命、二命、一命。鄭則約之，上士爲三命，中士爲再命，下士爲一命。若然，王朝三公八命，卿六命，大夫四命，皆爲陰爵，以待出封爲諸侯，乃爲陽爵九命、七命、五命。士既不得出封，故在王朝有三命、一命，亦爲陽爵，無嫌也。

府六人，史十有二人，府，治藏。史，掌書者。凡府史皆其官長所自辟除。〇府藏，才浪反，下同。官長，丁丈反，下皆同。自辟，必亦反，徐方狄反。

「府」至「二人」　府，治府藏。史，主造文書也。

注「府治」至「除」　案：下宰夫八職云：「五曰府，掌官契以治藏；六曰史，掌官書以贊治。」故鄭云：「府，治藏。史，掌書。」又云「官長所自辟除」者，官長，謂一官之長，若治官六十，其下府、史，皆大宰辟召，除其課役而使之，非王臣也。周禮之內，府、史大例，皆府少而史多，而府又在史上，唯有御史，百有二十人，特多而在府上。鄭云「以其掌贊書數多也。」又有府兼有史，以其當職事繁故也。或空有史而無府者，以其當職少，得史即足故也。至於角人、羽人等，直有府無史，以其當職文書少，而有稅物，須藏之，故直有府也。腊人、食醫之等，〔二〇〕府史俱無者，以其專行事，〔二一〕更無所須故也。周禮之內，唯有天府一官，特多於史，以其所藏物重故也。

胥十有二人，徒百有二十人。此民給徭役者，若今衛士矣。胥讀如諝，〔二二〕謂其有才知，爲什長。〇胥，鄭徐劉思敘反，戚思餘反，下皆同。徭役，音遥。諝，劉思敘反。

「胥十」至「十人」　胥有才智爲什長。徒給使役，故一胥十徒也。

注「此民」至「什長」　案：下宰夫八職云：「七曰胥，掌官敘以治敘；八曰徒，掌官令以徵令。」鄭云：「治敘，次序官中，如今侍曹伍伯傳吏朝也。徵令，趨走給召呼。」案：禮記王制云：「下士，視上農夫食九人，祿足以代耕。」則府食八人，史食七人，胥食六人，徒食五人祿，其官並亞士，故號「庶人在官者」也。鄭云「若今衛士」，亦給徭役，故舉漢法況之。又云「胥讀如諝，謂其有才智爲什長」者，案：周禮之內稱「胥」者多，〔二三〕謂若大胥、小胥、胥師之類，雖不爲什長，皆是有才智之稱。彼不讀從諝，從此讀可知。唯有追胥，胥是伺捕盜賊，非有才智也。易歸妹「六三以須」，〔二四〕注云：「須，才智之稱。」天文有須女，屈原之姊名女須。彼須字此與異者，蓋古有此二字通用，俱得爲有才智也。周禮上下文，有胥必有徒，胥爲什長故也。腊人之類，〔二五〕空有徒無胥者，得徒則足，不假長帥故也。食醫之類，胥徒並無者，以其專官行事，不假胥徒也。

宫正，上士二人，中士四人，下士八人，府二人，史四人，胥四人，徒四十人。正，長也。宫正，主宫中官之長。○宫正，此以下，鄭揔列六十職序，〔二六〕于注則各於其職前列之。

宫伯，中士二人，下士四人，府一人，史二人，胥二人，徒二十人。伯，長也。

「宫正」至「十人」 上大宰至旅下士，揔馭羣職，故爲上首。自此宫正已下，至夏采六十官，隨事緩急爲先後，故自宫正至宫伯二官，主宫室之事，安身先須宫室，故爲先也。自膳夫至腊人，皆供王膳羞、飲食、饌具之事，人之處世，在安與飽，故食次宫室也。自醫師已下至獸醫，主療疾之事，有生則有疾，故醫次食饌也。自酒正至宫人，陳酒飲肴羞之事，醫治既畢，須酒食養身，故次酒肴也。自掌舍至掌次，安不忘危，出行之事，故又次之。自大府至掌皮，並是府藏計會之事，既有其餘，理須貯積，或出或内，宜計會之，故相次也。自内宰至屨人，陳后夫人已下，内教婦功，婦人衣服之事，君子明以訪政，夜以安息，故言婦人於後也。夏采一職，記招魂，以其死事，故於末言之也。此宫正并下宫伯，雖俱訓爲長，其義則異。若宫正，則主任王宫卿大夫士之身，故爲宫中官之長，故其職云「以時比宫中之官府」，故宫伯所掌者亦掌之，故言「正，長也」。宫伯云長者，直主宫中卿大夫士之適子、庶子，行其秩敘，授其舍次之事，亦得爲長，故云「伯，長也」。宫正，上士二人，爲官首，中士四人，爲之佐，下士八人，理衆事，府二人主藏文書也，史四人主作文書，胥四人爲什長，徒四十人給徭役。諸官體例，言府史胥徒之義皆然，不可文文重釋，他皆放此。周禮之內，宗伯之類，諸言「伯」者，伯，長也，以尊長爲名。縣師之類，言「師」者，皆取可師法也。諸稱「人」者，若輪人、車人、腊人、鼈人之類，即冬官鄭云「其曰某人者，以其事名官」。言「氏」者有二種，謂若桃氏爲劍，築氏爲削之類，鄭注冬官「族有世業，以氏名官」。若馮相氏、保章氏、師氏、保氏之類，鄭注引春秋「官有世功，則有官族」是也。諸稱「司」，若司裘、司市之類，言司者，皆是專任其事，事由於己，故以司言之也。諸典婦功、典絲、典枲之類，言「典」者，出入由己，課彼作人，故謂之爲典也。諸稱職者，謂若職幣、職內、職歲，則不用久停，〔二七〕職之而已。凡云「掌」者，有三義：一者，他官供物，己則蹔掌之而已，若幕人供帷幕幄帟，掌次張之也。二則掌徵斂之官，若掌皮、掌染草之類是也。三者，掌非己所爲，則掌節、掌固、掌疆，本非己造，廢壞修之而已也。自外不稱「典」、「司」、「職」、「掌」者，皆是逐事立名，以義銓之可曉也。凡六官序官之法，其義有二：一則以義類相從，謂若宫正、宫伯，同主宫中事；膳夫、庖人、外内饔，同主造食。如此之類，皆是類聚羣分，故連類序之。二則凡次序六十官，不以官之尊卑爲先後，皆以緩急爲次第，故此宫正之等，〔二八〕士官爲前，内宰等大夫官爲後也。

膳夫，上士二人，中士四人，下士八人，府二人，史四人，胥十有二人，徒百有二十人。膳之言善也。今時美物曰珍膳。膳夫，食官之長也。鄭司農以詩説之曰「仲允膳夫」。○膳，上戰反。

注「膳之」至「膳夫」 言「膳夫，食官之長」者，謂與下庖人、内外饔、亨人等爲長也。司農引詩云者，是小雅刺幽王詩。膳夫，仲允爲之，引證與此膳夫爲一事也。

庖人，中士四人，下士八人，府二人，史四人，賈八人，胥四人，徒四十人。庖之言苞也。裹肉曰苞苴。賈主市買，知物買。○庖人，徐扶交反。賈八人，鄭徐音古，劉音嫁，下放此。裹肉，音果。苞苴，子餘反。物買，音嫁。

注「庖之」至「物買」　言「庖」者，今之廚，轉作包者，欲取庖人主六獸、六禽，以供庖廚，有裹肉之意也。又云「裹肉曰包苴」者，詩云「野有死麕，白茅包之」，禮記內則云：「炮，取豚若將，編萑以苴之」，皆是裹肉之物，故云「裹肉曰包苴」也。又云「賈市買，知物買」者，下文九職鄭注「行曰商，處曰賈」。賈乃在市而處者，故知物買。此特有賈人者，庖人牲當市之故也。

內饔，中士四人，下士八人，府二人，史四人，胥十人，徒百人。饔，割亨煎和之稱。內饔所主在內。○內饔，鄭於容反。之稱，尺證反。割亨，戚普庚反，劉普孟反。

注「饔割」至「在內」　饔，和也。熟食曰饔。熟食須調和，故號曰饔。其職云「掌王及后、世子之割亨」，割亨則須煎和，故云「割亨煎和之稱」。又云「所主在內」者，以其掌王及后、世子及宗廟，皆是在內之事。

外饔，中士四人，下士八人，府二人，史四人，胥十人，徒百人。外饔，所主在外。

注「外饔所主在外」　案：其職云「掌外祭祀及邦饗孤子耆老割亨」，皆是在外之事，故云「所掌在外」也。此饔有内外可對，故云内外饔。至於内宰、内竪、内司服，自掌婦人之事而稱内，不對外爲名也。

亨人，下士四人，府一人，史二人，胥五人，徒五十人。主爲外内饔煑肉者。○亨人，劉普庚反。主爲，于僞反，下爲主同。

注「主爲」至「肉者」 其職云「給外内饔亨事」，故云爲外内饔煑肉也。

甸師，下士二人，府一人，史二人，胥三十人，徒三百人。云郊外曰甸。(二九)師猶長也。甸師，主共野物官之長。○甸師，田遍反。主共，音恭，下皆同。

注「郊外」至「之長」 案：載師云「任近郊遠郊之地」，次即云「公邑之田任甸地」，甸地即在百里遠郊外，天子藉田，又在南方甸地，故稱此官爲甸師也。然此官主地事，不在地官者，以其供野之薦，又給薪蒸，以供亨飪，故在此，次亨人也。又云「主供野物官之長」，或云與地官掌葛、掌炭、掌蜃、委人等同掌供野物，故與彼官爲長。若然，彼屬地官，此屬天官，越分相領，恐理不愜。此甸師當與下獸人已下亦供野物爲長也。故下數職注不言長，明甸師與之爲長。但獸人等中士，此爲下士，下士得與中士爲長者，如大史下大夫，内史中大夫，鄭云「大史，史官之長」。彼下大夫與中大夫爲長，此下士亦與中士爲長，有何嫌也。徒三百人，特多者，天子藉田千畝。藉借此三百人耕耨，故多也。

獸人，中士四人，下士八人，府二人，史四人，胥四人，徒四十人。

「獸人」案：其職云「掌罟田獸。冬獻狼，夏獻麋」，供膳羞，故在此也。

𩿨人，中士二人，下士四人，府二人，史四人，胥三十人，徒三百人。○𩿨人，音魚，本又作魚，亦作𩿨，同，又音御。

「𩿨人」案其職云：「掌以時𩿨，爲梁。春獻王鮪。」亦供魚物，故在此也。徒亦三百人者，馬融云：「池塞苑囿，取魚處多故也。」

鼈人，下士四人，府二人，史二人，徒十有六人。○鼈人，必列反。

「鼈人」案：其職云：「祭祀，供蠯、蠃、蚳。」亦是供食物，故在此也。

腊人，下士四人，府二人，史二人，〔三〇〕徒二十人。腊之言夕也。○腊人，音昔。

「腊人」注「腊之言夕也」，乾曰腊，朝曝，於夕乃乾，故云腊之言夕。或作「久」字，久乃乾成，義亦通也。以其供

脯、腊、膴、胖食物，故亦在此色也。〔三一〕

醫師，上士二人，下士四人，府二人，史二人，徒二十人。醫師，衆醫之長。○醫師，意其反。

「醫師」案其職云：「掌醫之政令，聚毒藥，以供醫事。」諸醫皆在此者，醫有齊和飲食之類，〔三二〕故設在飲食之間也。

食醫，中士二人。食有和齊藥之類。○有和，胡卧反，又音禾。齊，才計反。

「食醫」其職云「春多酸，夏多苦」之等，皆須齊和，與藥同，故鄭云「食有和齊藥之類」，故在醫官之内也。

疾醫，中士八人。

「疾醫」案：其職云「掌養萬民之疾病」，故連類在此。

瘍醫，下士八人。瘍，創癰也。○瘍，音羊。瘍創，初良反。

「瘍醫」案：其職云「掌腫瘍、潰瘍」之等，故亦連類在此。

注「瘍創癰也」案：禮記上曲禮云「頭有創則沐，身有瘍則浴」。案：其職有「腫瘍」等四種之瘍。注：「潰則未必有膿也。」故亦連類在此也。

獸醫，下士四人。獸，牛馬之屬。〔三三〕

注「獸牛馬之屬」　案：爾雅「在野曰獸，在家曰畜」，畜獸異矣。而言「獸，牛馬」者，但此職云「主治牛馬」，未必治其野獸，而以牛馬爲獸者，對文則畜獸異，散文通。故爾雅又云「兩足而羽，謂之禽。四足而毛，謂之獸」。既不別釋畜，則獸中可以兼牛馬，是其牛馬亦有獸稱，故云「獸，牛馬」也。

酒正，中士四人，下士八人，府二人，史八人，胥八人，徒八十人。酒正，酒官之長。

「酒正」至「十人」　案：其職云「掌酒之政令，以式法授酒材」，與膳食相將，故在此。

注「酒正酒官之長」　此酒正與下酒人、漿人爲長。注雖不言漿，〔三四〕文略也。

酒人，奄十人，女酒三十人，奚三百人。奄，精氣閉藏者，今謂之宦人。月令，仲冬「其器閎以奄」。女酒，女奴曉酒者。古者從坐男女，没入縣官爲奴，其少才知，以爲奚，今之侍史官婢。或曰：「奚，宦女。」〔三五〕○奄，於檢反，謂精氣閉藏也，劉於驗反，徐於劒反。奚，如字，又胡禮反。從坐，才卧反。

「酒人」至「百人」　「奄十人」，以其與女酒及奚同職，故用奄人。奄不稱士，則此奄亦府史之類，以奄爲異也。言「女酒三十人」，則女酒與奚爲什長，若胥徒也。奚三百人，以其造酒，故須人多也。

注「奄精」至「宦女」　案：月令冬三月，皆云「其氣閎以奄」，〔三六〕獨引仲冬者，以其十一月一陽爻生，〔三七〕以其奄人雖精氣閉藏，猶少有精氣故也。又云「女酒，女奴曉酒者」云云，鄭依秋官司厲，從坐男女，没入縣官爲奴，則奴者，男女同名，以其曉解作酒，有才智，則曰「女酒」，其少有才智給使者，則曰「奚」。已下云「曉」者，謂曉解當職之物，不復重釋之也。「侍史官婢」，舉漢法言之。又云「或曰宦女」者，〔三八〕漢時有此別號。案：左氏晉惠公之女名妾，稱宦女，〔三九〕謂宦事秦公子，亦云「宦女」也。

漿人，奄五人，女漿十有五人，奚百有五十人。女漿，女奴曉漿者。○漿人，子良反。

「漿人」　漿人在下者，〔四〇〕案：其職云「掌供王之六飲，入于酒府」，飲是酒類，故在此也。

凌人，下士二人，府二人，史二人，胥八人，徒八十人。凌，冰室也。詩云：「二之日，鑿冰沖沖。三之日，納于凌陰。」○凌人，力證反，字從冰，〔四一〕或力升反。

「凌人」至「十人」　凌人在此者，案：其職云「掌冰」，「凡外内饔之膳羞，鑑焉」。以供爲膳羞，故連類在此也。

注「凌冰」至「凌陰」　引詩曰「二之日」者，案：詩之所釋，謂周之二月，夏之十二月之日。「鑿冰」者，謂於深山窮谷，固陰沍寒之處，於是乎取之。「沖沖」，鑿冰之意。「三之日」，謂周之三月，夏之建寅之正月，納冰於凌陰室中。案：彼又云：「四之日其蚤，獻羔祭韭。」啓冰之時也。鄭荅志以「夏十二月取冰，二月開冰，四月班冰，是其常也。藏之既晚，出之又早。晚者，建寅乃藏，與此周禮十二月藏冰校一月，故出之早者，四月，夏之二月出冰，與周禮同。今豳土寒，故納冰可用「夏正月」也。〔四二〕引之者，證凌陰即此冰室，爲一物也。

籩人，奄一人，女籩十人，奚二十人。竹曰籩。女籩，女奴之曉籩者。〔四三〕

「籩人」至「十人」　在此者，案：其職云「掌四籩之實」，亦是薦羞之事，故在此也。

注「竹曰」至「籩者」　知「竹曰籩」者，更無異文，見竹下爲之，即知以竹爲之，故云竹曰籩也。

醢人，奄一人，女醢二十人，奚四十人。醢，豆實也。不謂之豆，此主醢，豆不盡于醢也。〔四四〕女醢，女奴曉醢者。○醢人，呼在反。不盡，津忍反。

「醢人」至「十人」　案：其職云「掌四豆之實」，亦是薦羞，故在此也。

注「醢豆」至「醢者」　云「不謂之豆」者，決上籩人不以籩中之實爲名，而以籩爲官號，此即以豆中之實爲官號，不謂之豆人。此是問辭，鄭還自答。豆不盡於醢者，其豆之所盛，非止此職中四豆之實而已。天子豆百二十，上公豆四十，侯伯豆三十二，子男豆二十四，上大夫二十，下大夫十六，彼有膷臐膮胾炙膾之屬，其數甚多，是豆不盡盛醢而已。若言豆人，恐彼並掌之。此醢人惟掌此四豆之實而已，故不得言豆人而言醢人也。

醯人，奄二人，女醯二十人，奚四十人。女醯，女奴曉醯者。○醯人，本又作醓，呼西反。

「醯人」　醯人在此者，案：其職云「掌供五齊七菹」，以供醯物，則與醢人職通。醯人惟主作醯，但成齊菹，必須醢物乃成，故醢人兼言齊菹，而連類在此也。

鹽人，奄二人，女鹽二十人，奚四十人。女鹽，女奴曉鹽也。

「鹽人」在此者，案其職云：「掌鹽之政令，以供百事之鹽。」鹽所以調和上食之物，故亦連類在此也。

冪人，〔四五〕奄一人，女冪十人，奚二十人。以巾覆物曰冪。女冪，女奴曉冪者。○冪人，莫歷反。

「冪人」冪人在此者，案：其職云「掌供巾冪」，所以覆飲食之物，故次飲食後。

宮人，中士四人，下士八人，府二人，史四人，胥八人，徒八十人。

「宮人」宮人在此者，案：其職云「掌王之六寢之脩」，又供王沐浴、埽除之事，是安息王身，故在此也。

掌舍，下士四人，府二人，史四人，徒四十人。舍，行所解止之處。○解止，佳賣反。

「掌舍」至「十人」云在此者，案：其職云：「掌王之會同之舍。設梐枑再重。」亦是安王身之事，故亦在此。

注「舍行」至「之處」案：其職云設車宮、壇壝宮、帷宮之等，並是解脱止息之處，故云解止之處也。

幕人，下士一人，府二人，史二人，徒四十人。幕，帷覆上者。○幕，武博反。

「幕人」至「十人」　在此者，案：其職云「掌帷幕幄帟綬之事」，亦是安王身之事，故在此也。

注「幕帷覆上者」　案：下職中鄭注云：「在旁曰帷，在上曰幕。」是其幕乃帷之覆上者也。

掌次，下士四人，府四人，史二人，〔四六〕徒八十人。次，自脩正之處。

「掌次」至「十人」　在此者，案：其職云：「掌王次之法，以待張事。」幕人供之，掌次張之，故連類在此也。

注「次自脩正之處」　案：其職云「張大次，設重帟、重案」，皆是自脩正，故云自脩正之處也。

大府，下大夫二人，上士四人，下士八人，府四人，史八人，賈十有六人，胥八人，徒八十人。大府，爲王治藏之長，若今司農矣。

「大府」至「十人」　在此者，案：其職云「掌九貢、九賦，受其貨賄之入，頒其貨賄于諸府」之事。案：尚書洪範云：「一曰食，二曰貨。」已上皆言飲食，訖，次言貨賄，故大府在此也。有賈者，府官須有市買，并須知物貨善惡故也。

注「大府」至「農矣」　大府，與下諸府官爲長，故以大夫爲之。云「若今司農矣」者，漢時司農主府藏，故史游章云：「司農、少府國之淵。」

玉府，上士二人，中士四人，府二人，史二人，工八人，賈八人，胥四人，徒四十有八人。工，能攻玉者。

「玉府」至「八人」 玉府在此者，案其職云：「掌王之金玉、玩好、兵器，凡良貨賄之藏。」以玉爲主，故與大府同在此。有工八人者，以其使攻玉故也。有賈者，使辨玉之善惡、貴賤故也。

注「工能攻玉者」 工謂作工。案：詩云：「他山之石，可以攻玉。」故須工。

內府，中士二人，府一人，史二人，徒十人。內府，主良貨賄藏在內者。○賄，呼罪反。

「內府」 內府在此者，案：其職云：「掌九貢、九賦、九功之貨賄、良兵、良器。」故在此也。

外府，中士二人，府一人，史二人，徒十人。外府，主泉藏在外者。

「外府」至「十人」 外府在此者，案其職云：「掌邦布之出入，以共百事。」故在此也。

注「外府」至「外者」 泉布本是外物，無在內府，故對內府爲外也。

司會，中大夫二人，下大夫四人，上士八人，中士十有六人，府四人，史八人，胥五人，徒五十人。會，大計也。司會主天下之大計，計官之長，若今尚書。○司會，古外反，注同。鄭云：「主天下之大計。」尚書，音常。

「司會」至「十人」　在此者，案其職云：「掌邦之六典、八法、八則之貳，以逆邦國、都鄙、官府之治。」主天下大計，貨賄亦須計會，故與大府連類在此也。

注「會大」至「尚書」　言「會，大計」者，案：宰夫職「日計曰成，月計曰要，歲計曰會」，故知「會，大計也」。云「主天下之大計」者，其職云「逆邦國、都鄙、官府」，是句考遍天下。云「若今尚書」者，漢之尚書，亦主大計，故舉以況之也。

司書，上士二人，中士四人，府二人，史四人，徒八人。司書，主計會之簿書。○簿書，步古反，後簿書皆同。

注「司書」至「簿書」　司書在此者，會計之事，司書主之，故其職云「凡上之用財用，必考于司會」。故連類在此也。注言「簿書」者，古有簡策以記事。若在君前，以笏記事。後代用簿。簿，今手版。故云吏當持簿，簿則簿書也。

職内，上士二人，中士四人，府四人，史四人，徒二十人。職内，主入也，若今之泉所入謂之少内。○少内，詩詔反。

「職内」至「十人」　在此者，案：其職云「掌邦之賦入，辨其財用之物而執其揔」，〔四七〕入大府者，皆由職内，亦有府義，故鄭云「受藏之府若職内」，〔四八〕故其職在此也。

注「若今」至「少內」　漢之少內，亦主泉所入。案王氏漢官解云：「小官嗇夫，各擅其職，謂倉庫少內嗇夫之屬，各自擅其條理所職主。」由此言之，少內藏聚，似今之少府，但官卑職碎，以少爲名。

職歲，上士四人，中士八人，府四人，史八人，徒二十人。主歲計以歲斷。○歲斷，丁亂反。

「職歲」　在此者，案其職云：「掌邦之賦出，以貳官府都鄙之財，出賜之數，以待會計而考之。」捴斷一歲之大計，故與司會同在此也。

職幣，上士二人，中士四人，府二人，史四人，賈四人，胥二人，徒二十人。

「職幣」　在此者，案其職云「掌式法以斂官府、都鄙，與凡用邦財者之幣，以待上之賜予」，與職歲通職，故連類在此也。若然，此三職皆有府義，不得名府者，以財不久停故也。

司裘，中士二人，下士四人，府二人，史四人，徒四十人。

「司裘」　在此者，案其職云：「掌爲大裘。」并掌皮亦有此府義，(四九)故在此。

掌皮，下士四人，府二人，史四人，徒四十人。

「掌皮」在此者，案其職云：「掌秋斂皮，冬斂革，春獻之。」亦有府義，故連類在此也。

內宰，下大夫二人，上士四人，中士八人，府四人，史八人，胥八人，徒八十人。內宰，宮中官之長。

「內宰」至「十人」　名「內宰」者，對大宰治百官，內宰治婦人之事，故名內宰。〔五〇〕然則大宰不稱外者，爲兼統內也。案其職云「掌治王內之政令」，〔五一〕又教后已下婦德之事，以王事少暇，故次在此也。

注「內宰」至「之長」　內宰與下女史已下爲長，故鄭云「宮中官之長」。

內小臣，奄上士四人，〔五二〕史二人，徒八人。奄稱士者，異其賢。

「內小」至「八人」　在此者，案其職云：「掌王后之命，正其服位。」案夏官大僕職云：「出入王之大命，正其服位。」則此小臣侍后，職與大僕侍王同，亦是佐后之事，故在此。用奄者，以其所掌在內故。

注「奄稱士者異其賢」　案上酒人、漿人等奄並不稱士，則非士也。獨此云，以其有賢行，命爲士，故稱士也。案：詩巷伯，奄官也。注云：「巷伯，內小臣。小臣於宮中爲近，故謂之巷伯。」必知巷伯與小臣爲一人者，以其俱名奄。又言巷，亦宮中爲近。又稱伯，長也。內小臣又稱士，亦是長義，故知一人也。

閽人，王宮每門四人，囿游亦如之。閽人，司昏晨以啓閉者。刑人墨者使守門。囿，御苑也。游，離宮也。○閽，音昏。囿，音又。斿，本亦作游，音由。

「閽人」至「如之」 在此者，以其掌守中門之禁，王宮在此，故亦在此。周禮之內，有同官別職，則此閽人，每門及囿游，同名閽人而職別。山虞、澤虞云「每大澤大山，及川衡林衡」，亦是別職同官也。別官同職者，唯有官連耳。

注「閽人」至「宮也」 云「閽人，司昏晨以啓閉者」，此釋名閽人之意。昏時閉門，則此名閽人也。晨時啓門，則論語謂之晨人也。〔五三〕皆以時事爲名耳。又云「刑人墨者使守門」，此秋官掌戮職文。鄭彼注云：「黥者無妨於禁禦，欲使守門。」案其職云：「掌守中門之禁。」言中門，〔五四〕則唯雉門耳，而言每門者，彼言中門，據有禁守者言之。其實王之五門，皆使墨者守之。或解以爲王有五門，四面皆有中門，故言每門，義亦通也。案禮記云：「古者不使刑人守門。」彼鄭注謂夏殷時。公羊云：「閽殺吳子餘祭，近刑人，輕死之道。」彼據人君加之寵，故云近刑人，輕死之道。若君有防衛，不親近，則非近刑人。其劓者使守關，以其醜惡，遠之，不得約彼即以十二門皆使墨者也。詩云「昏椓靡共」，箋云「皆奄人」。彼據后宮門，故使奄者也。又云：「囿，御苑」者，案詩云：「王在靈囿。」注：「所以養禽獸，天子百里，諸侯四十里。」案孟子：齊宣王問孟子云：「文王之囿，方七十里，猶以爲小，寡人囿方四十里，猶以爲大，何也？」孟子荅：「文王之囿，芻蕘者往焉，雉兔者往焉，與民同之，故以爲小，不亦宜乎！君之囿，民殺其麋鹿者，如殺人之罪，民以爲大，不亦宜乎！」則文王之囿方七十里者，大於諸侯，小於天子故也。白虎通又云：「天子百里，大國四十里，次國三十里，小國二十里。」與孟子不同者，白虎通細別言之也。又云：「游，離宮」者，囿是大苑，其門皆使閽人守之也。此離宮，即囿游之獸禁，故彼鄭云，謂囿之離宮，小苑觀處也。或以爲游，亦謂城郭中與公所爲者也。

寺人，王之正内五人。寺之言侍也。詩云「寺人孟子」。正内，路寢。

「寺人」至「五人」 在此者，案其職云：「掌王之内人及女宫之戒令。」故在此。

注「寺之」至「路寢」 云「寺之言侍」者，欲取親近侍御之義。此奄人也。知者，見僖二十四年：晉文公既入，吕、郤欲焚公宫。寺人披請見，公使讓之，且辭焉。披曰：「齊桓公置射鉤而使管仲相，君若易之，行者甚衆，豈唯刑臣。」彼寺人披自稱刑人，明寺人奄人也。若然，寺人既掌内人，不掌男子，而秦詩云「欲見國君，先令寺人」，而掌男子者，彼秦仲，宣王命作大夫，始大，有車馬，其官未備，故寺人兼小臣，是以寺人得掌男子。詩云「寺人孟子」者，引證經寺人，孟子同也。又云「正内，路寢」者，寺人既不得在王之路寢，而云正内五人者，謂在后之路寢耳。若王之路寢，不得稱内，以后宫，故以内言之。故先鄭下注「后六宫」，前一後五，前一則路寢。

内豎，倍寺人之數。豎，未冠者之官名。○未冠，古亂反。

「内豎」至「之數」 在此者，案其職云：「掌内外之通令，凡小事。」故與寺人連類在此也。

注「豎未」至「官名」 春秋左氏傳：叔孫穆子幸庚宗婦人而生牛，以爲豎官。則亦童豎未冠者。必使童子爲之者，鄭於其職注云：「使童豎通王内外之命，給小事者，以其無與爲禮，出入便疾也。」

九嬪。嬪，婦也。昏義曰：「古者天子后立六宫，三夫人、九嬪、二十七世婦、八十一御妻，以聽天下之内治，以明章婦順，故天下内和而家理也。」不列夫人于此官者，夫人之於后，猶三公之於王，坐而論婦禮，無官職。

○嬪，符真反，婦也。内治，直吏反。

「九嬪」在此者，以其有婦德。其職云：「掌婦學之法，以教九御。」同是内宫之官，故亦在此。

注「嬪婦也」至「官職」　引昏義者，彼是周之婦官之數，與此經婦人數同，故引以爲證。案：禮記上檀弓云：「舜葬倉梧，蓋三妃未之從。」鄭注云：「帝嚳而立四妃，象后妃四星，其一明者爲正妃，其三小者爲次妃，帝堯因焉。至舜，不告而娶，不立正妃，但三夫人而已。夏后氏增以三三而九，爲十二人。殷人又增以三九二十七，合三十九人。周人上法帝嚳而立正妃，又三二十七，爲八十一人，以增三十九并后，合百二十一人。其位：后也，夫人也，九嬪也，二十七世婦也，八十一女御也。」又云「不列夫人于此」，惟有九嬪已下，是無三夫人之數也。又云「夫人之於后，猶三公之於王，坐而論婦禮，無官職」者，謂三百六十官無三公之官。案大司徒職云：「二鄉則公一人。」〔五五〕鄭注云：「三公者，内與王論道，中參六官之事，外與六鄉之教。」又案：冬官考工記云：「坐而論道，謂之王公。」注云：「天子、諸侯。」然則公中合有三公，坐而論道無正職，故云「中參」、「外與」而已。三夫人亦然，故云「坐而論婦禮，無官職」，〔五六〕故不列之也。

世婦。不言數者，君子不苟於色，有婦德者充之，無則闕。

注「不言」至「則闕」　在此者，案其職云：「掌祭祀、賓客、喪紀，帥女宫而濯概。」故亦在此。九嬪言數，而世婦、女御不言數者，君子不苟於色，有婦德乃充之。不言王而云君子者，謂君子爲王，乃能不苟色也。九嬪言數者，欲見世婦、女御，有德亦充。若九嬪，無德，亦與世婦女御同闕，故迴互其文，〔五七〕令義兩得見耳。

女御。昏義所謂御妻。御猶進也，侍也。

注「昏義」至「侍也」　彼不云「女御」而云「御妻」，猶進后法，〔五八〕故引爲一物也。又云「御猶進也，侍也」者，凡后下御，皆從后宫進往王寢侍息宴，〔五九〕故女御職云：「掌御敘于王之燕寢。」是以訓御爲進也、侍也。〔六〇〕

女祝四人，奚八人。女祝，女奴曉祝事者。○女祝，之六反，鄭徐之又反。

「女祝」至「八人」　在此者，案其職云：「掌王后之内祭祀，凡内禱祠之事。」故在此也。

注「女祝」至「事者」　言女奴曉事，〔六一〕謂識文者爲之也。

女史八人，奚十有六人。女史，女奴曉書者。

「女史」　在此者，案其職云「掌王后之禮職，内治之貳」，〔六二〕亦女奴識文者爲之。其職與王之大史掌禮同，故在此也。

典婦功，中士二人，下士四人，府二人，史四人，工四人，〔六三〕賈四人，徒二十人。〔六四〕典，主也。典婦功者，主婦人絲枲功官之長。

「典婦功」在此者，案其職云：「掌婦式之法，以授嬪婦及內人女功之事齎。」故鄭注云：「典，主也。典婦功者，主婦人絲枲功官之長。」其職中齎是也。云「賈四人」者，以其絲枲有善惡、貴賤之事，故須賈人也。

典絲，下士二人，府二人，史二人，賈四人，徒十有二人。

「典絲」至「二人」在此者，案其職云：「掌絲入而辨其物。頒絲于外內工，皆以物授之。」因婦功，亦在此也。

典枲，下士二人，府二人，史二人，徒二十人。○典枲，絲里反。

「典枲」枲，麻也。案：喪服傳云：「牡麻者，枲麻也。」則枲是雄麻，對苴是麻之有蕡實者也。在此者，與典婦功，亦連類在此也。

內司服，奄一人，女御二人，〔六五〕**奚八人。**內司服，〔六六〕主宮中裁縫官之長。有女御者，以衣服進，或當於王，廣其禮，使無色過。○裁縫，戚奉容反，徐扶用反，下同。

「內司」至「八人」以其掌后已下六服。言「內司服」者，非是對春官司服男子服爲內。但是男子之物不言外者，在外是其常也，故不須言外而外自顯。但以婦人在內，故婦人之事多言內。若不言內，無以得見婦人之物。不與春官司服同處者，以從內官之例，故在此。有「奄一人」者，以其衣服事多，須男子兼掌，以與婦人同處，故用奄也。

注「内司服」至「色過」　言「主宫中裁縫官之長」者，謂與下文縫人爲長。又云「有女御者，以衣服進，或當於王，廣其禮，使無色過」者，以此女御，還是女奴曉進御衣服者，故與女酒、女祝、女史同號女也。以衣服進，謂進衣于王。王見之，或當王意，廣其禮，得與八十一女御同名。欲見百二十人外，兼有此女御之禮，王合御幸之，使王無淫色之過，故云女御也。〔六七〕

縫人，奄二人，女御八人，女工八十人，奚三十人。女工，女奴曉裁縫者。○縫人，劉扶用反。

「縫人」至「十人」　在此者，案其職云：「掌王宫縫綫之事，以縫王及后之衣服。」故在此也。奄二人，亦是縫綫事多，須有男子故也。有女御者，義同於上也。有女工者，謂女奴巧者，鄭云「曉裁縫者」也。

染人，下士二人，府二人，史二人，徒二十人。○染人，如豔反，劉而險反。

「染人」　在此者，案其職云「掌染絲帛」，因婦人衣服，故亦連類在此也。

追師，下士二人，府一人，史二人，工二人，徒四人。追，治玉石之名。○追師，丁回反，治玉石之名，一曰雕。

「追師」至「四人」　在此者，職云：「掌王后之首服，爲副、編、次，追衡、笄。」亦因婦人衣服，連類在此也。

注「追治玉石之名」　詩云：「追琢其璋。」璋是玉爲之，則追與琢皆是治玉石之名也。若然，男子首服在夏官弁師者，以其男子是陽義，又取夏時萬物長大，長大乃冠，故在夏官。此婦人直取首服配衣，故與衣連類在此。若然，首反處下者，以冠履自相對，不與服爲先後，故不在上也。

屨人，下士二人，府一人，史一人，工八人，徒四人。

〇屨人，紀具反。

「屨人」在此者，案其職云：「掌王及后之服屨。」故從内官衣服，亦連類在此。若然，追師專掌婦人首服，此屨人兼男子，屨舄在下體，賤，故男子婦人同在此官也。

夏采，下士四人，史一人，徒四人。

夏采，夏翟羽色。禹貢：徐州貢夏翟之羽。有虞氏以爲緌，後世或無，故染鳥羽，象而用之，謂之夏采。〇夏，户雅反，注同。翟，雉名。采，如字，或作菜。夏翟，音狄。爲緌，如誰反。

「夏采」至「四人」在此者，其職云：「掌大喪，以冕服復于大祖，以乘車建綏復于四郊。」喪事是終，故在末職也。

注「夏采」至「夏采」案：爾雅云：「伊洛而南，素質，五采皆備成章，曰翬。江淮而南，青質，五采皆備成章，謂之鷂。」此則夏翟之羽色也。又案：禹貢徐州云：「羽畎夏翟。」是徐州貢夏翟之羽也。又云「有虞氏以爲緌」者，明堂位云：「有虞氏之旂，夏后氏之緌。」注云：「有虞氏當言『緌』，夏后氏當言『旂』。」彼據虞氏始有緌，故云有虞氏以爲緌也。又云「後世或無」者，案冬官考工記有「鍾氏染羽」，若有自然鳥羽，何須染之乎？故云「後世或無」，則據此周時而言也。故染鳥羽而用之，謂之「夏采」者，夏即五色也。此職中注及彼注，皆云「緌謂注旄於干首」，不云翟羽者，蓋注文不具耳。

校勘記

〔一〕冢者大之上　「大」，原作「天」，據阮本改。
〔二〕故爲第一也　惠校本同，阮本「爲」作「云」。
〔三〕漢大司農卿　阮本無「卿」字。
〔四〕北海郡鄭沖之孫　阮校云：後漢書本傳云「八世祖崇」，此誤記。
〔五〕或云傳　惠校本同，阮本「云」作「言」。
〔六〕使居雒邑治天下　阮校云：釋文：雒，水名也，本作洛，後漢都洛陽，改爲雒。段玉裁漢讀考云，豫州之川字作雒，雍州之浸字作洛，自魏以前劃然分别，魏文帝始亂之，其詳見尚書古文撰異。
〔七〕周公於政不均　阮校引孫志祖云，大司徒大司樂疏并引注云「周公爲其於政不均」，故疑此脱「爲其」二字。
〔八〕令諸侯謀作天子之居　孫詒讓云，「令」當作「合」。
〔九〕使居洛邑治天下者　「洛」，閩、阮本作「雒」。阮校云：此引注當作「雒」。
〔一〇〕四時交者　阮校云：當作「四時之所交者」。
〔一一〕引召誥爲宫室朝廷之位破之是也　「是」，原作「昰」，據阮本改。
〔一二〕恐槷不正　阮本「槷」下有「下」字，疑衍。
〔一三〕大保朝至于洛汭　浦鏜云：「汭」衍。
〔一四〕若畿内鄉遂及四等公邑　「若」，監、毛、殿、阮本作「是」，於義爲是。
〔一五〕百人無主　惠校本同，阮本「百」誤作「一日」。盧文弨曰：書大禹謨正義亦有「百人無主，不散則亂」之語。
〔一六〕又當立臣輔　惠校本同，阮本「臣」下有「爲」字。

〔一七〕庶民於之取中案尚書洪範云皇建其有極於下　阮校云：「案尚書」十一字複上文，當衍，讀「庶民於之取中於下」句絶。

〔一八〕然不先均王國　阮本同。阮校云：惠校本「先」作「言」，此誤，當訂正。

〔一九〕旅下士三十有二人　「三十」，唐石經作「卅」，下文「二十」，作「廿」。全書同，不更出校。

〔二〇〕腊人食醫之等　浦鏜云：「腊人食醫」當是「食醫疾醫」之誤。案浦鏜云此者，以腊人有「府二人，史二人」，不可謂「府史俱無」，下王引之説，則以爲此疏不誤。腊人「府二人史二人」爲衍文。王説似長。

〔二一〕以其專行事　阮本「專」下有「官」字，當是。

〔二二〕胥讀如諝　段玉裁漢讀考云：凡易其本字曰「讀爲」。此「讀爲」各本作「讀如」，誤。

〔二三〕案周禮之内稱胥者多　「禮」，殿本同，阮本作「室」，誤。

〔二四〕六二以須　衆本作「六二」，據易當作「六三」。

〔二五〕腊人之類　阮校云：惠校本「腊人」上有「鼈人」，此脱。

〔二六〕鄭揔列六十職序　「序」，原作「字」，據通志堂本釋文改。

〔二七〕則不用久停　惠校本同，阮本作「財不久停」。阮校引孫志祖云：下職幣疏亦有「財不久停」之語，文理本明，似不必改。

〔二八〕故此宫正之等　「等」，正、阮本作「弟」，誤。

〔二九〕云郊外曰甸　婺、建、岳本無「云」字。

〔三〇〕府二人史二人　王引之云：此六字衍。

〔三一〕故亦在此色也　孫詒讓云，「色」字疑衍。

〔三二〕醫有齊和飲食之類　阮本「醫」下有「亦」字。

〔三三〕獸牛馬之屬　「屬」，婺、建、余、岳、嘉靖本同，賈疏標注亦作「屬」，聞、閩、監、毛、殿、阮本作「類」。阮校云：疏中引注，但言「獸牛馬」，無下二字。

〔三四〕注雖不言漿　阮校云：「雖」當衍。

〔三五〕或曰奚宦女　「宦」，婺、余、嘉靖、閩、監、毛本同，建、正、聞本作「官」，誤。

〔三六〕其氣閡以奄　衆本皆同，禮記「氣」作「器」，此注亦作「器」。

〔三七〕以其十一月一陽爻生　「爻」，正、聞本同，閩、監、毛、殿本作「初」，疑作「初」是。

〔三八〕又云或曰宦女者　「宦」，閩、監、毛本同，正、聞、阮本作「官」，漢制考所引同，此引注，仍當作「宦」。

〔三九〕案左氏晉惠公之女名妾稱宦女　惠校本同，阮本「稱」下有「爲」字。

〔四〇〕漿人在下者　阮本無「漿人」二字，「下」作「此」。

〔四一〕字從冰　「冰」，原作「水」，據徐本、盧本及阮本改。

〔四二〕故納冰可用夏正月也　「冰」，原作「冢」，據阮本改。

〔四三〕女奴之曉籩者　阮校云：注上下文多云「女奴曉某者」，無「之」字，此衍。

〔四四〕豆不盡于醢也　「于」，賈疏述注引作「於」，阮以爲作「于」非，是也。黄丕烈云「于於古今字，經用古字當作于，注用今字當作於，本書往往互錯」。下同，不更出校。

〔四五〕冪人　唐石經、諸本同，説文引周禮作「幎人」。

〔四六〕府四人史二人　王引之云：天官掌次及春官鬱人、司尊彝、司几筵、司服磬師、典庸器等皆府多于史，不合大例，疑此數官府史人數皆上下互譌，唐石經已如是。俞樾云：掌次、鬱人、磬師、典庸器諸職府史人數，「二」誤「四」、「一」誤「二」，司尊彝、司几筵、司服闕疑。于鬯云：此掌次當作「府四人史四人」。

〔四七〕執其摠　「摠」，董本作「總」，與本職文合，是也。

〔四八〕故鄭云受藏之府若職内　孫詒讓云，「用」誤「藏」，見大府職注。

〔四九〕亦有此府義　殿、阮本同，浦鏜云：「此」字衍。

〔五〇〕故名内宰　「名」，原本作「主」，據阮本改。

〔五一〕掌治王内之政令　「王」，原本作「名」，據阮本改。

〔五二〕奄上士四人　阮本同。于鬯云：疑「奄」字衍。

〔五三〕則論語謂之晨人也　阮本同。浦鏜云：「門」誤「人」。

〔五四〕言中門　「中」，原作「之」，據阮本改。

〔五五〕二鄉則公一人　「鄉」，殿本同，閩、監、毛、阮本作「卿」。案作「鄉」是也。

〔五六〕故云坐而論婦禮無官職　阮本無「婦」字，阮校據此疑今注「婦」字爲衍文。今按：此本注及疏中兩引注文均有「婦」字，阮本注文有「婦」字，疏兩引注，「婦」字一有一無，明無「婦」者爲脱漏，阮説不可從。

〔五七〕故迴互其文　監、毛本同，阮、閩本「迴」作「特」。

〔五八〕猶進后法　惠校本「法」下有「也」字，阮本作「御進也」。阮校以爲惠本釋御爲進，釋妻爲后也，當據以訂正。今按諸宋本，惠本是也。

〔五九〕皆從后宮進往王寢侍息宴　「從」，殿本同，阮本作「是」，疑非。

〔六〇〕是以訓御爲進也侍也　「爲」，阮本作「云」，疑作「爲」是。

〔六一〕言女奴曉事　阮本同。浦鏜云：「曉」下脱「祝」。

〔六二〕内治之貳　阮本同。浦鏜云：「内」上脱「掌」。

〔六三〕史四人工四人　阮本同。于鬯云：「工」當爲「賈」，且「賈四人」當置典枲「史二人」之後。

〔六四〕徒二十人　此本與董本皆脱「典主也」等十六字注文，據婺、建、岳本補。

〔六五〕女御二人　沈彤云：「二人」當作「四人」，考女御之凡當七十二人，而内司服之女御於王后九嬪，外内命婦之服無不掌，則二人不足也。

〔六六〕内司服　「内」，原本作「自」，據婺、建本改。

〔六七〕故云女御也　「云」，董本作「名」，阮本同。

周禮注疏卷第二

大宰之職，掌建邦之六典，以佐王治邦國。一曰治典，以經邦國，以治官府，以紀萬民；二曰教典，以安邦國，以教官府，以擾萬民；三曰禮典，以和邦國，以統百官，以諧萬民；四曰政典，以平邦國，以正百官，以均萬民；五曰刑典，以詰邦國，以刑百官，以糾萬民；六曰事典，以富邦國，以任百官，以生萬民。大曰邦，小曰國，邦之所居亦曰國。典，常也，經也，法也。王謂之禮經，常所秉以治天下也；邦國官府謂之禮法，常所守以爲法式也。常者，其上下通名。〔一〕擾猶馴也。統猶合也。詰猶禁也，書曰「度作詳刑，以詰四方」。任猶傳也。生猶養也。鄭司農云：「治典，冢宰之職，故立其官，曰使帥其屬而掌邦治，以佐王均邦國；教典，司徒之職，故立其官，曰使帥其屬而掌邦教，以佐王安擾邦國；禮典，宗伯之職，故立其官，曰使帥其屬而掌邦禮，以佐王和邦國；政典，司馬之職，故立其官，曰使帥其屬而掌邦政，以佐王平邦國；刑典，司寇之職，故立其官，曰使帥其屬而掌邦禁，以佐王刑邦國。此三時皆有官，唯冬無官，又無司空。以三隅反之，則事典，司空之職也。司空之篇亡，小宰職曰：「六曰冬官，其屬六十，掌邦事。」〇邦國，鄭云：「大曰邦，小曰國，邦之所居亦曰國。」干云：「國，天子諸侯所理也；邦，疆國之境。」治典，直吏反，注、下治典、邦治、治官、治職之治皆同。以擾，而小反，鄭而昭反，徐李尋倫反。以諧，户皆反。以詰，起一反，禁也，干云「彈正糾察也」。馴也，似倫反。度作，待洛反。猶傳，側吏反，下同，猶立也。

「大宰」至「以生萬民」　自此已下至職末，分爲二段。從此職首至「以富得民」一段十條，明經國之大綱，治政之條目。自「正月之吉」以下至職末，明頒宣前法，依事而施。言「掌建邦之六典」者，謂大宰摠御羣職，故六典俱建也。「以佐王治邦國」者，以六典是王執治邦國，王不獨治，故云「佐王」也。「一曰治典，以經邦國」，至「六曰事典」，皆云「邦國」者，邦國皆謂諸侯之國。但治典云「經」者，所以經紀爲名，故云經。教典云「安」者，地道主安，故云安。禮典云「和」者，禮之用，和爲貴，故云和。政典云「平」者，司馬主六軍，以平定天下，故云平。刑典云「詰」者，以其刑者所以詰禁天下，〔二〕故云詰。事典云「富」者，作事所以富國家，故云富也。又治典、教典云「官府」，禮典已下四典皆云「百官」者，尊天地二官，不局其數，故不云「百官」而云「官府」也。若然，六官其屬各六十，得稱百官者，舉全數，故云「百官」也。且天官言「治官府」，地官云「教官府」，夏官云「以正百官」，秋官云「刑百官」，皆依本職而言之。至於春官主禮，不可云「禮百官」。禮所以統敍萬事，故云「統百官」也。冬官不可云「事百官」，故變事云「任」。任謂任使，任使即事也。又天官主治，治，所以紀綱天下，故云「紀萬民」也。地道主民，故云「擾萬民」，擾，則馴順之義也。春官主禮，禮所以諧和，故云「諧萬民」。夏官主政，九畿職方制其貢，有貢賦之事，故云「均萬民」。秋官主刑，刑者所以糾正天下，故云「糾萬民」也。冬官主事，作事者，所以生養萬民，故云「生萬民」也。然天子曰「兆民」，諸侯曰「萬民」。此天子之禮，不言兆民而言萬民者，但兆民據天子而言之。今言萬民，以畿外封諸侯，惟有畿内不封，故以畿内據近而言。

注「大曰」至「掌邦事」　周禮凡言邦國者，皆是諸侯之國。此言大曰邦、小曰國者，止據此文邦在上、國在下，故爲此解。案：儀禮覲禮云：「同姓大國」、「異姓小邦」。則邦國大小通也。又云「邦之所居亦曰國」，即據王國而言。故上云「惟王建國」，匠人「營國方九里」，與典命「國家」，皆是邦之所居亦曰國也。又云：「典，常也，經也，法也」者，爾雅釋詁云：「典，常也。」孫氏云「禮之常也」。釋言云：「典，經也。」又云法者，以其經常者即是法式。又云「王謂之」已下，鄭所解也。云「王謂之禮經，常所秉以治天下也」者，凡言經者，以經紀天下，故王言禮經，常所秉以治天下也。云「邦國官府謂之禮法」者，凡言法者，下法於上，故邦國官府謂之禮法，常所守以爲法式也。云「常者，上下通名」者，經據在上，法據在下，至於王與邦國官府俱有常義，故云常者上下通名也。又云「擾猶馴也」者，案：地官注訓擾爲安，此言馴，不同者，馴是順之義，順即安，義亦通也。云「統猶合也」者，統者，相統同，故爲合。「詰猶禁也」者，窮詰即禁止之義也。〔三〕引尚書曰「度作詳刑，以詰四方」，此尚書呂刑文。是呂侯訓夏贖刑以詳審詰禁四方，引證詰爲禁之義也。云「任猶傳也」者，傳猶立也，東齊人物立地中爲傳。蒯通説范陽令曰：「天下之人，所以不敢傳刃於公之腹者，畏秦法也，欲使百官皆立其功也。」云「生猶養也」者，若直云生萬民，則諸官皆生萬民，彼何異也？於義不安，故轉爲養。冬官主土地，所以養民故也。云「鄭司農云：治典，冢宰之職」者，及下教典司徒之職，禮典宗伯之職，六典皆言之職，此並是序官之下，次有此文，故立其官曰「使帥其屬而掌邦治」。此以下六者皆是，六官之首有此文，司農摠引以釋六典也。云「此三時皆有官，唯冬無官」者，謂各六十官，唯冬無。云「無司空」者，對餘官有大宰、司徒、宗伯、司馬、司寇，此則無司空卿也。云「以三隅反之」者，凡物不圓則方，方則四隅，既有三隅，明有四隅。以言既有春夏秋三時之官，明有冬時之官可知，則事典司空之職是也。云「司空之篇亡」者，謂六國時亡，其時以考工記代之。引小宰職者，欲見當有冬官之屬也。

以八灋治官府。一曰官屬，以舉邦治；二曰官職，以辨邦治；三曰官聯，以會官治；四曰官常，以聽官治；五曰官成，以經邦治；六曰官灋，以正邦治；七曰官刑，以糾邦治；八曰官計，以弊邦治。百官所居曰府。弊，斷也。鄭司農云：「官屬謂六官其屬各六十。若今博士、大史、大宰、大祝、大樂屬大常也。小宰職曰：『以官府之六屬舉邦治，一曰天官，其屬六十。』是也。官職謂六官之職，小宰職曰：『以官府之六職辨邦治，一曰治職，二曰教職，三曰禮職，四曰政職，五曰刑職，六曰事職。』官聯謂國有大事，一官不能獨共，〔四〕則六官共舉之。聯讀爲連，古書連作聯。聯謂連事通職，相佐助也。小宰職曰：『以官府之六聯合邦治，一曰祭祀之聯事，二曰賓客之聯事，三曰喪荒之聯事，四曰軍旅之聯事，五曰田役之聯事，六曰斂弛之聯事。』官常謂各自領其官之常職，非連事通職所共也。官成謂官府之成事品式也。小宰職曰：『以官府之八成經邦治，一曰聽政役以比居，二曰聽師田以簡稽，三曰聽閭里以版圖，四曰聽稱責以傅別，五曰聽禄位以禮命，六曰聽取予以書契，七曰聽賣買以質劑，八曰聽出入以要會。』官法謂職所主之法度，官職主祭祀、朝覲、會同、賓客者，〔五〕則皆自有其法度。小宰職曰：『以法掌祭祀、朝覲、會同、賓客之戒具。』官刑謂司刑所掌墨辠、劓辠、宫辠、刖辠、殺辠也。官計謂三年則大計羣吏之治而誅賞之。」玄謂官刑，司寇之職五刑，其四曰官刑，上能糾職。官計謂小宰之六計，所以斷羣吏之治。○灋，古法字。官聯，音連。以弊，必世反，斷也，鄭蒲計反，徐劉府世反。斷也，丁亂反，下同。斂弛，尸氏反。以比，毗志反，鄭房利反。簡稽，古奚反，鄭又音啓。以版，音板。傅別，音附，下彼列反。書契，苦計反。劑，子隨反，爾雅云：「劑，翦齊也。」以要，於妙反，徐於召反，後不音者放此。朝覲，直遥反，凡言朝覲皆同。辠，古罪字。劓，魚冀反。刖，音月，又五刮反。

「以八」至「邦治」　此八法雖不云建，亦有建義，故鄭注大史職云「六典、八法、八則，冢宰所建，以治百官，大史又建焉」，是也。上六典云治邦國，此八法云治官府，官府，在朝廷之官府也。　「一曰官屬，以舉邦治」，以下，皆單言邦，據王國而言之。言「官屬」者，謂六官各有六十官之屬也。長官有屬官，官事得舉，故云「以舉邦治」。　「二曰官職，以辨邦治」者，謂六官各有職，若天官治職之等，官各有職。辨，别也，官事有分别，故云「以辨邦治」也。　「三曰官聯，以會官治」者，聯，即連也。一官不能獨共，則衆官共舉之，然後事得合會，故云「以會官治」。　「四曰官常，以聽官治」者，官常非連事通職，各自於當官常職而聽治之，故云「以聽官治」也。　「五曰官成，以經邦治」者，官成者，謂官自有成事品式，依舊行之，以經紀邦治也。　「六曰官法，以正邦治」者，官法謂當職所主舊法度，將此法度，是正邦之治政也。　「七曰官刑，以糾邦治」者，言官刑，非尋常五刑，謂官中之刑，以糾察邦治。

「八曰官計，以弊邦治」者，官計，謂平治官府之計也。弊，斷也，謂就計會之中，有失者斷之，故云「弊邦治」也。此八法皆云邦治，官常、官聯二者不云邦而云官者，其官聯言官，欲取會合衆官，乃始得治；官常言官，欲取官有常職，各自治其官。故二者不言邦而云官也。及小宰還從治也。〔六〕

注「百官」至「之治」　言「百官所居曰府」者，欲以官府爲一事，解與上府史之府別，彼府主藏文書，此府是百官所居處，皆是府聚之義也。鄭司農引「官屬謂六官其屬各六十」，下引小宰所云者，是也。云「若今博士云云，屬大常也」者，司農據漢百官年表，漢始，叔孫通爲奉常，後改爲大常博士。〔七〕官刑，先鄭謂司刑所掌墨辠、劓辠、宫辠、刖辠、殺辠，此是正五刑，施于天下，非爲官中之刑，故後鄭不從之也。「官計謂三年大計羣吏之治而誅賞」者，此爲三年一考，乃一計之，此官計每歲計之，故後鄭亦不從之。「玄謂官刑，司寇之職五刑，其四曰官刑，上能糾職」。是專施于官府之中，於義爲當也。「官計謂小宰之六計，所以斷羣吏之治」，羣吏之治，即是官中之計，於義亦當矣，故引破司農也。

以八則治都鄙。一曰祭祀，以馭其神；〔八〕二曰灋則，以馭其官；三曰廢置，以馭其吏；四曰禄位，以馭其士；五曰賦貢，以馭其用；六曰禮俗，以馭其民；七曰刑賞，以馭其威；八曰田役，以馭其衆。都之所居曰鄙。則，亦法也。典、法、則，所用異，異其名也。都鄙，公卿大夫之采邑，王子弟所食邑，周、召、毛、聃、畢、原之屬在畿内者。祭祀，其先君、社稷、五祀。法則，其官之制度。廢猶退也，退其不能者，舉賢而置之。禄，若今月奉也。位，爵次也。賦，口率出泉也。貢，功也，九職之功所税也。禮俗，昏姻、喪紀舊所行也。鄭司農云：「士謂學士。」〇以馭，魚慮反。賦貢，鄭云「賦，口率出泉也。貢，功也」。干云：「賦，上之所下；貢，下之所納於上。」〔九〕采邑，音菜。周召，上照反。毛明，乃甘反。月奉，符用反，本或作俸。口率，徐劉音類，戚音律，一音所律反，下同。所稅，舒銳反。

「以八」至「其衆」　則亦法也。以八則治三等采地之都鄙也。　「一曰祭祀，以馭其神」者，采地之中，祭祀宗廟、社稷、五祀。下注云：「凡云馭者，所以敺之內之於善。」則於祭祀之中，宗廟先祖，則無可去取；至社稷配食者，若取句龍、后稷，上公有功，〔一〇〕是內之善也。　「二曰法則，以馭其官」者，法則，謂官之制度。制度與在官爲法則，使不僭差，〔一一〕亦所以敺之使入善也。　「三曰廢置，以馭其吏」者，謂有罪則廢退之，有賢則舉置而贊之，亦所以敺人於善也。　「四曰禄位，以馭其士」者，士謂學士。學士有賢行、學業，則詔之以爵位、禄賞，亦是敺之於善也。　「五曰賦貢，以馭其用」者，采地之民，口率出泉爲賦，有井田之法，一夫之田，稅入於官，官得之，節財用，亦是使人入善，故云「以馭其用」也。　「六曰禮俗，以馭其民」者，俗謂昏姻之禮，舊所常行者爲俗，還使民依行，使之入善，故云「以馭其民」。　「七曰刑賞，以馭其威」者，謂有罪刑之，有功賞之，使人入善畏威，故云「以馭其威」。　「八曰田役，以馭其衆」者，謂采地之中，得田獵使役於民，皆當不奪農時，使人入善，故云「以馭其衆」也。據此文，則卿大夫得田獵。故禮云「大夫不掩羣」，亦是常田。而春秋左氏傳鄭大夫豐卷請田，子產不許者，彼常田之外，臨祭取鮮，唯人君耳，大夫唯得常田。豐卷亦僭取鮮，故子產云：「唯君用鮮」，明大夫不合也。

注「都之」至「學士」　上言邦國，則諸經有邦、國別言之者，故解爲「大曰邦，小曰國」。此采地云都鄙，諸文無或言都、或言鄙別號，故鄭云「都之所居曰鄙」。大司徒云「凡造都鄙」，鄭云：「其界曰都；鄙，所居也。」春秋傳曰：「遷鄭焉而鄙留。」是鄙所居不遷也。云「則亦法也。典、法、則，所用異，異其名也」者，謂典、法、則三者相訓，其義既同。但邦國言典，官府言法，都鄙言則，是所用處異，故別言之，其實義通也。云「都鄙，公卿大夫之采邑」者，載師職云「家邑任稍地」，則大夫之采也；「小都任縣地」，則六卿之采也；「大都任畺地」，則三公之采也。云「王子弟所食邑」者，親王子、母弟，與公同處而百里，次疏者，與六卿同處而五十里，次疏者，與大夫同處二十五里。案：禮記禮運云：「天子有田以處其子孫。」鄭注中庸云：「同姓雖恩不同，義必同也。尊重其禄位，所以貴之，不必授以官守。」然則王子、母弟雖食采也，〔一二〕未必則有官，〔一三〕有官，則依公卿大夫食邑，不假別言也。云「周、召、毛、聃、畢、原之屬」者，僖二十四年左傳，召穆公云：〔一四〕「管、蔡、郕、霍、魯、衛、毛、聃、郜、雍、曹、滕、畢、原、酆、郇，文之昭也。邘、晉、應、韓，武之穆也。」今鄭直云「周、召、毛、聃、畢、原之屬在畿內者」，其餘或在畿外，故不盡言也。引之者，證王子弟有采邑也。云「祭祀其先君、社稷、五祀」者，案孝經大夫章不云社稷，則諸侯卿大夫也。若王子母弟及三公稱諸侯者，五廟、五祀、三社、三稷，故云祀先君、社稷、五祀也。云「法則，其官之制度」者，謂宫室、車旗、衣服之等，皆不得僭也。云「禄，若今月奉也」者，古者禄皆月別給之，漢之月奉，亦月給之，故云「若今月奉也」。云「位，爵次也」者，言朝位者，皆依爵之尊卑爲次，則經云位據立，〔一五〕故云「爵次也」。云「賦，口率出泉也」者，下文九職、九賦，職賦相繼而言，故知賦即九賦，口率出泉也。云「貢，功也，九職之功」者，亦約下文言。九賦上言九職，九職任之，九賦斂之，是以大府云九賦、九功。九功即九職之功，故鄭於此以貢爲功，是九職之功出税也。云「禮俗，昏姻喪紀」者，曲禮云：「君子行禮，不求變俗。」若不醴，醮用酒，是其一隅也。云「鄭司農云士謂學士」者，經云「禄位以馭其士」，使進受禄位，故知「士，學士」也。

以八柄詔王馭羣臣。一曰爵，以馭其貴；二曰禄，以馭其富；三曰予，以馭其幸；四曰置，以馭其行；五曰生，以馭其福；六曰奪，以馭其貧；七曰廢，以馭其罪；八曰誅，以馭其過。柄，所秉執以起事者也。詔，告也，助也。爵謂公、侯、伯、子、男、卿、大夫、士也。詩云「誨爾序爵」，言教王以賢否之第次也。班祿所以富臣下。書曰：「凡厥正人，既富方穀。」幸謂言行偶合於善，則有以賜予之，以勸後也。生猶養也。賢臣之老者，王有以養之。成王封伯禽於魯，曰「生以養周公，死以爲周公後」是也。五福，一曰壽。奪謂臣有大罪，没入家財者。六極，四曰貧。廢猶放也，舜殛鯀于羽山是也。〔一六〕誅，責讓也。曲禮曰：「齒路馬有誅。」凡言馭者，所以敺之内之於善。○八柄，兵命反。其行，下孟反，注同。極，紀力反。鮌，古本反。敺，起俱反。

「以八柄」至「其過」　大宰以此八柄，詔告于王馭羣臣，餘條皆不言詔，獨此與下八統言詔王者，餘並羣臣職務，常所依行，歲終致事，乃考知得失，此乃王所操持，王不獨執，羣臣佐之而已，故特言詔也。言「馭」者，此八者皆是敺羣臣入善之事，故皆言馭也。「一曰爵，以馭其貴」者，司士云：「以德詔爵。」有賢乃受爵，是馭之以貴也。「二曰祿，以馭其富」者，司士云：「以功詔祿。」祿所以富臣下，故云「以馭其富」。「三曰予，以馭其幸」，謂言語偶合于善，有以賜予之，故云「以馭其幸」。「四曰置，以馭其行」者，有賢行，則置之于位，故云「以馭其行」。「五曰生，以馭其福」者，生，猶養也。臣有大勳勞者，使子孫享養之，是福祐之道也，〔一七〕故云「以馭其福」。「六曰奪，以馭其貧」者，謂臣有大罪，有殺，奪其家資，〔一八〕故云「以馭其貧」。「七曰廢，以馭其辠」者，廢，放也，〔一九〕謂臣有大罪，君不忍刑殺，放之以遠，故云「以馭其辠」。「八曰誅，以馭其過」者，臣有過失，非故爲之者，誅，責也，則以言語責讓之，〔二〇〕故云「以馭其過也」。此經八事，自「五曰」已上，皆是善事，〔二一〕則大善者在前，小善者在後。自「六曰」已下，皆是惡事，〔二二〕則大惡者在前，小惡者在後。案内史亦言此八柄之事，唯「一曰爵，〔二三〕二曰祿」，與此同；「三曰廢，四曰置，五曰殺，六曰生，七曰予，八曰奪」，文亂，與此不同者，彼欲見事起無常，故所言不次也。又彼變誅言殺，欲見爲惡不止，則殺之，或可見此過失，則圜土之刑人也，出圜土則殺之，故内史變誅言殺也。且此中爵與祿、廢與置，皆別文，以王德爲大，能明辨之，四者設文有別。八則中，爵祿及廢置皆共文者，以其德小，不能辨故也。

注「柄所」至「於善」　柄者，謂八者若斧斤之柄，人所秉執以起事，故以柄言之也。云爵謂公侯已下者，欲見周法爵及命士。不言孤者，卿中含之，故考工記云：「外有九室，九卿朝焉。」九卿，謂三孤六卿，是卿中含孤也。引詩「誨爾序爵」者，大雅桑柔詩。序是先後次第之言。誨，教也。故鄭云言「教王以賢否之第次」也。又引書者，是尚書洪範之文。云「凡厥正人，既富方穀」者，厥，其也。方，道也。穀，善也。凡其正直之人，既以爵禄富之，又以善道接之引之者，證「以馭其富」也。云「成王封伯禽於魯，曰『生以養周公，死以爲周公後』是也」者，此並文公十三年公羊傳文。彼云「周公拜乎前，魯公拜乎後，曰：『生以養周公，死以爲周公主。』」此云「爲周公後」，不同者，鄭以義言之。又云「五福，一曰壽」者，此亦洪範文。引之者，證賢臣老，養之，是五福一曰壽，故曰「以馭其福」也。云「六極，四曰貧」，亦洪範文。引之者，證大罪奪之家資，以馭其貧也。云「廢猶放也，舜殛鯀于羽山」者，鯀治水九載，績用不成。殛，誅也。羽山，東裔也。云「曲禮曰『齒路馬有誅』」者，齒，謂年之。路馬，君之所乘馬。輒年之則有誅責。引之者，證誅爲言語責之，非有刑罪也。

以八統詔王馭萬民：一曰親親，二曰敬故，三曰進賢，四曰使能，五曰保庸，六曰尊貴，七曰達吏，八曰禮賓。統，所以合牽以等物也。親親，若堯親九族也。敬故，不慢舊也。晏平仲久而敬之。賢，有善行也。〔二四〕能，多才藝者。保庸，安有功者。尊貴，尊天下之貴者。孟子曰：「天下之達尊者三：曰爵也，德也，齒也。」祭義曰：「先王之所以治天下者五：〔二五〕貴有德，貴貴，貴老，敬長，慈幼。」達吏，察舉勤勞之小吏也。禮賓，賓客諸侯，所以示民親仁善鄰。

「以八統」至「禮賓」　鄭云「統，所以合牽以等物也」。此八者，民與在上同有。物，事也。謂牽下民，使與上合，皆有以等其事，上行之，下效之也。故以萬民爲主也。「一曰親親」者，君與民，俱親九族之親。「二曰敬故」者，君與民，皆須恭敬故舊朋友。「三曰進賢」者，有賢在下，君當招之，民當舉之，是君民皆進賢也。「四曰使能」

者，下有技能，君民共舉任之。　「五曰保庸」者，保，安也。庸，功也。有功者，上下俱賞之以禄，使心安也。「六曰尊貴」者，臣有貴者，君民共尊敬之。　「七曰達吏」者，吏勤勞在民間，在下位不能自達者，進之於上而用之也。　「八曰禮賓」者，天子待朝聘之賓，在下皆當禮於賓客。此八者，先親親，後賓客，亦是先後之次也。

注「統所」至「善鄰」　云「親親謂若堯親九族也」者，堯典云：「克明俊德，以親九族。」則堯能任用俊德之賢以自輔，乃能親九族，上至高祖，下及玄孫之親，旁及五服，民亦效之而親九族也。云「敬故，不慢舊也」，引晏平仲「久而敬之」者，謂他人久敬平仲，由平仲敬於他人，善在平仲。故親親引堯，敬故引平仲，欲見上下通有，是以伐木詩，是文王敬故也。云「賢，有善行也。能，多才藝者」，案鄉大夫云：「興賢者，『出使長之』；興能者，『入使治之』。」是賢，有六德、六行者。能者，直六藝而已。云「尊貴，尊天下之貴者」者，〔二六〕謂天下有貴，皆尊之。云「孟子曰：天下之達尊者三」，謂三者天下通達行之。三者，即爵、德、齒也。爵，即經云賢者爲大夫，能者爲士，皆是用德爲爵，證經任賢能也。云「齒也」者，謂若黨正飲酒之禮，六十已上在堂上，以齒，此連引之，於經無所當也。云祭義曰「先王之所以治天下者五」，「貴有德」者，即舉賢者也。「貴貴」，即尊貴也。「貴老」、「敬長」、「慈幼」者，三者於經無所當，亦連引之耳。云「達吏，察舉勤勞之小吏也」者，小吏在民間，謂若比長、閭胥之等，雖小吏，堪任大官，故察舉用之。云「禮賓，賓客諸侯」者，謂若大行人，上公、侯、伯、子、男之禮，皆爲等級以禮之，是賓客諸侯也。云「所以示民親仁善鄰」者，親仁善鄰，左氏隱公六年陳五父之辭。　親仁善鄰，則當禮賓，故引以證禮賓也。

以九職任萬民。一曰三農，生九穀；二曰園圃，毓草木；三曰虞衡，作山澤之材；四曰藪牧，養蕃鳥獸；五曰百工，飭化八材；六曰商賈，阜通貨賄；七曰嬪婦，化治絲枲；八曰臣妾，聚斂疏材；九曰閒民，無常職，轉移執事。任猶倳也。鄭司農云：「三農，平地、山、澤也。九穀，黍、稷、秫、稻、麻、大小豆、大小麥。八材，骨曰切，〔二七〕象曰瑳，玉曰琢，石曰磨，木曰刻，金曰鏤，革曰剥，羽曰析。閒民，謂無事業者，轉移爲人執事，若今傭賃也。」玄謂三農，原、隰及平地。九穀無秫、大麥，而有粱、苽。樹果蓏曰圃，園其樊也。虞衡，掌山澤之官，主山澤之民者。澤無水曰藪。牧，牧田，在遠郊，皆畜牧之地。行曰商，處曰賈。阜，盛也。金玉曰貨，布帛曰賄。嬪，婦人之美稱也。堯典曰：「釐降二女嬪于虞。」臣妾，男女貧賤之稱。晉惠公卜懷公之生，曰：「將生一男一女，男爲人臣，女爲人妾。」生而名其男曰圉，女曰妾。及懷公質於秦，妾爲宦女焉。疏材，百草根實可食者。疏不熟曰饉。○園圃，布古反，又音布。毓，古育字。藪，速苟反。牧，牧養之牧，徐音目，劉音茂。蕃鳥，扶元反。飭化，音勑。商賈，音古，行曰商，處曰賈，下注同。閒民，音閑。秫，音述。曰瑳，七何反。曰琢，陟角反。曰鏤，婁豆反。爲人，于僞反。傭，音容。賃，女鴆反。粱苽，音孤，雕胡也，字或作菰。果蓏，力果反。其樊，如字，又方元反。畜牧，許又反，又許六反。美稱，尺證反，下同。釐降，力之反。曰圉，魚呂反，養馬曰圉。質於，豬二反。疏不熟，色居反，菜也，劉音蘇。曰饉，其靳反。

「以九職」至「執事」　此九者，皆是民之職業，故云「任萬民」也。「一曰三農，生九穀」者，言三農，謂農民於原、隰及平地三處營種，故云「三農生九穀」也。「二曰園圃，毓草木」者，此圃，即載師所云「場圃任園地」，謂在田畔樹菜蔬果蓏者，故云「毓草木」也。「三曰虞衡，作山澤之材」者，謂任山澤之民，所作事業，材木而已。「四曰藪牧，養蕃鳥獸」者，謂任藪牧之民事業，使之長養蕃滋飛鳥走獸而已。「五曰百工，飭化八材」者，謂百種巧作之工，所爲事業，變化八材爲器物，而飭之而已。〔二八〕飭，勤也，勤力以化八材。「六曰商賈，阜通貨賄」者，謂商賈之家，所爲事業，通貨賄，使之阜盛。「七曰嬪婦，化治絲枲」者，嬪婦謂國中婦人有德行者。治理變化絲枲，以爲布帛之等也。「八曰臣妾，聚斂疏材」者，謂男女貧賤號爲臣妾者，所爲事業，聚斂百草根實而已。「九曰閒民，無常職，轉移執事」者，其人爲性不營己業，爲閒民而好與人傭賃，非止一家，轉移爲人執事，以此爲業者耳。

注「任猶」至「曰鍵」 云「任猶傳也」者，〔二九〕傳，謂立也，使民之業得立。云「鄭司農云『三農，平地、山、澤也』」者，以其積石曰山，水鍾曰澤，不生九穀，故後鄭不從之也。云「九穀，黍、稷、秫、稻、麻、大小豆、大小麥」者，此九者，後鄭以爲無秫、大麥而有粱、苽。八材云「珠曰切」之下，並爾雅文，皆是治器用之名也。然今爾雅云「骨曰切」者，蓋司農讀爾雅本作「珠」也。云「玄謂三農，原、隰及平地」者，爾雅「高平曰原，下濕曰隰」，原及平地，可種黍、稷之等，隰中，可種稻麥及苽也。云「九穀無秫、大麥而有粱、苽」者，以秫爲赤粟，與稷黏踈爲異，故去之。大麥所用處少，故亦去之。必知有粱苽者，下食醫云「凡膳食之宜」，有「犬宜粱」、「魚宜苽」，故知有粱苽也。且前七穀之中，依月令，麥屬東方，黍屬南方，麻屬西方，豆屬北方，稷屬中央，故知有黍、稷、麻、豆、麥。稻與小豆，所用處多，故知有稻、有小豆也。必知有大豆者，生民詩云「蓺之戎菽」。戎菽，大豆，后稷之所殖，故知有大豆也。云「樹果蓏曰圃，園其樊」者，案漢書食貨志云：「田中不得有樹，用妨五穀，環廬樹桑麻，菜茹、瓜瓠、果蓏。」應劭曰：「木曰果，草曰蓏。」張晏曰：「有核曰果，無核曰蓏。」臣瓚曰：「木上曰果，地上曰蓏。」劭與瓚義同，晏獨異也。案：載師云「場圃任園地」，則圃在園中，故鄭云「樹果蓏曰圃，園其樊」。是以詩云「折柳樊圃」，謂與圃爲樊，樊，其藩蔽也。云「虞衡，掌山澤之官，主山澤之民」者，案地官，掌山澤者謂之虞，掌川林者謂之衡，則衡不掌山澤。而云虞衡作山澤者，欲互舉，以見山澤兼有川林之材也。鄭既云虞衡掌山澤之官，復云山澤之民者，欲見虞衡是官，非出稅之人，以山澤之民無名號，故借虞衡之官以表其民。所任者，任山澤之萬民。山虞、澤虞之官，非是以任出稅之物，但主山澤之民也。云「澤無水曰藪」者，地官澤虞云大澤、大藪，藪、澤別言。詩云：「叔在藪，火烈具舉。」藪若有水，不得田獵，故知澤無水曰藪也。云「牧，牧田，在遠郊」，知者，見載師云「牧田、賞田任遠郊之地」。云「皆畜牧之地」者，謂藪牧皆是畜牧之地。案載師職鄭注：「牧田，畜牧者之家所受田也。」非畜牧之地。此解違者，但牧六畜之地無文。鄭約與家人所受田處，即有六畜之地，故云在遠郊也。云「行曰商，處曰賈」者，諸官之下，有賈人，無行法，故曰處。易復象曰：「至日閉關，商旅不行」，是行曰商也。云「金玉曰貨」者，案食貨志，王莽居攝，「更作金、銀、龜、貝、錢、布之器，名曰寶貨」。是自然之物曰貨也。聘禮曰「賄用束紡」，是人所爲曰賄也。若然，王制云「錦文珠玉，不粥于市」，此商賈得通之在市者，彼據珠玉有錦文者，或彼異代禮也。案左氏襄十五年，宋人獻玉于子罕，子罕寘諸其里，使玉人爲之攻之，富，而後使復其所。服氏云「富，賣玉得富」，是其得粥玉也云。「嬪，婦人之美稱也」者，此是國中婦人有德行，故稱嬪。引堯典「釐降二女嬪于虞」者，欲見嬪是婦人美稱之義耳。云「臣妾，男女貧賤之稱」者，或奴戮之餘胤，或背德之質子，晉衛之男女皆是，[三〇]故引晉惠以釋之也。云「晉惠已下，皆左氏傳。僖十七年，夏，晉太子圉爲質于秦，云「惠公之在梁，梁伯妻之。梁嬴孕，過期，卜招父與其子卜之。其子曰：『將生一男一女。』招曰：『然，男爲人臣，女爲人妾。』及生，男曰圉，女曰妾。」注：「養馬曰圉，不聘曰妾。」後子圉西質，妾爲宦女，是也。此鄭與文異者，鄭以義增之也。云「疏材，百草根實」者，百草或取根，謂若蔆芡之屬；或取實，謂若榛栗之屬，皆是根實可食也。云「疏不熟曰饉」者，爾雅云：「穀不熟爲饑，疏不熟爲饉，疏穀皆不熟，則曰大荒。」

以九賦斂財賄：一曰邦中之賦，二曰四郊之賦，三曰邦甸之賦，四曰家削之賦，[三一]五曰邦縣之賦，六曰邦都之賦，七曰關市之賦，八曰山澤之賦，九曰幣餘之賦。財，泉穀也。鄭司農云：「邦中之賦，二十而稅一，各有差也。幣餘，百工之餘。」玄謂賦，口率出泉也。今之筭泉，民或謂之賦，此其舊名與？鄉大夫以歲時登其夫家之衆寡，辨其可任者，國中自七尺以及六十，野自六尺以及六十有五，皆征之。遂師之職亦云「以徵其財征」，[三二]皆謂此賦也。邦中，在城郭者。四郊去國百里，邦甸二百里，家削三百里，邦縣四百里，邦都五百里。此平民也。關市、山澤謂占會百物，幣餘謂占賣國中之斥幣，皆末作，當增賦者，若今賈人倍筭矣。自邦中以至幣餘，各入其所有穀物，以當賦泉之數。每處爲一書，所待異也。○家削，本亦作稍，又作鄁，所教反，徐所召反。幣餘，鄭婢世反，干必世反。名與，音餘。鄉大夫，劉音香。每處，昌慮反，後可以意求。

「以九」至「之賦」　云「以九賦斂財賄」者，此賦謂口率出泉，其處有九，故云九也。既云賦得口率出泉，則財賄非泉。而云斂財賄者，計口出泉，無泉者取財賄，以當筭泉之賦，故云「斂財賄」也。　「一曰邦中之賦」者，謂國中之民出泉也。　「二曰四郊之賦」者，計遠郊百里之內，民所用出泉也。　「三曰邦甸之賦」者，謂郊外曰甸，百里之外、二百里之內，民所出泉也。　「四曰家削之賦」者，謂三百里之內，地名削，其中有大夫采地，謂之家，故名家削。大夫采地中，賦稅入大夫家。但大夫家采地外，其地爲公邑，公邑之內，其民出泉入王家，故舉家稍以表公邑之民也。　「五曰邦縣之賦」者，四百里地名縣，有小都，賦入采地之主。其中公邑之民，出泉入王家也。　「六曰邦都之賦」者，其五百里中有大都。大都采地，其賦入主。外爲公邑，其中民所出泉，入王家也。　「七曰關市之賦」者，王畿四面，皆有關門，及王之市廛二處，其民之賦口稅，所得之泉也。　「八曰山澤之賦」者，謂山澤之中財物，山澤之民，以時入而取之，出稅以當邦賦，所稅得之物，貯之而官未用，有人占會取之，爲官出息。此人口稅出泉，謂之山澤之賦也。　「九曰幣餘之賦」者，謂爲國營造，用物有餘，並歸之於職幣，得之不入府藏，則有人取之，爲官出泉，此人亦口稅出泉，謂之幣餘之賦。　然關市、山澤、幣餘，不出上六處，而特言者，以其末作，當增賦故也。

注「財泉」至「異也」　知財得爲泉者，見外府云「掌邦布之出入」，「賜予之財用」，以此知財中有泉也。　又知財中有穀者，案禮記喪大記云「納財，朝一溢米」，米即是穀，故知財中有穀也。云「鄭司農云邦中之賦，二十而稅一，各有差也」者，先鄭約載師園廛二十而一，近郊十一，遠郊二十而三，故云「各有差」。後鄭不從者，以關市、山澤、幣餘之賦，皆無地稅，即上云邦中四郊之等，亦非地稅，故不從也。　云「幣餘，百工之餘」，後鄭不從者，若是百工之餘，當歸之職幣，何有税乎？」云「玄謂賦，口率出泉也」者，案大府云九貢、九賦、九功各別。又見司會云「以九貢致邦國之財用，以九賦令田野之財用，以九功令民職之財用」，貢、賦及功各別，賦爲口泉也。是以鄭君引漢法：民年二十五已上至六十，〔三三〕出口賦錢，人百二十以爲筭。故鄭於此注亦云：「今之筭泉，民或謂之賦，此其舊名與？」又引鄉大夫「以歲時登其夫家」已下及遂師職者，欲見征賦爲一，皆是口率出泉，破司農爲地税也。云「邦中，在城郭」已下至五百里，此皆約載師所云遠郊、甸地、削地、縣地、畺地之等，遠近之差。云「此平民也」者，謂「六曰」已上，皆是平善之民，先王以農爲本，故謂之平民也。對「七曰」已下非農民者爲末作也。云「關市山澤謂占會百物」者，謂關上以貨出入，有税物；市，若泉府廛布總布之等，亦有税物；山澤，民人入山澤取材物，〔三四〕亦有税物。此人占會百物，爲官出息。「幣餘，謂占賣國中斥幣」，斥幣，謂此物不入大府，指斥出而賣之，故名斥幣。云「當增賦者」者，謂口率出泉增於上農民，故云「若今賈人倍筭矣」。云「自邦中以至幣餘，各入其所有穀物，以當賦泉之數」者，以經云斂財賄，財賄即是穀物，取之以當賦泉之數，若漢法人百二十。云「每處爲一書，所待異也」者，此九賦所得財物，給下九式之用，九式用處不同，故此九賦分爲九處，是以每一處爲一書，以待其出，式謂用財之節度，是所待異也。

以九式均節財用：一曰祭祀之式，二曰賓客之式，三曰喪荒之式，四曰羞服之式，五曰工事之式，六曰幣帛之式，七曰芻秣之式，八曰匪頒之式，九曰好用之式。式謂用財之節度。荒，凶年也。羞，飲食之物也。工，作器物者。幣帛，所以贈勞賓客者。芻秣，養牛馬禾穀也。鄭司農云：「匪，分也。頒讀爲班布之班，謂班賜也。」玄謂王所分賜羣臣也。好用，燕好所賜予。○羞服，干云：「羞，飲食也。服，車服也，服或作膳」。芻，初俱反。匪頒，鄭音班，徐音墳。好用，呼報反，注同。贈勞，力報反。

「以九」至「之式」　云「以九式均節財用」者，式，謂依常多少，用財法式也。「一曰祭祀之式」者，謂若大祭、次祭用大牢，小祭用特牲之類。「二曰賓客之式」者，謂若上公饔餼九牢、飧五牢、五積之類。「三曰喪荒之式」者，喪，謂若諸侯諸臣之喪，含襚贈奠賻賵之類。王家之喪，所用大，非此所共也。荒，謂凶年，穀不熟，有所施與也。「四曰羞服之式」者，謂王之膳羞衣服所用也。「五曰工事之式」者，謂百工巧作器物之法。「六曰幣帛之式」者，謂若贈勞賓客也。「七曰芻秣之式」者，謂牛馬禾穀也。「八曰匪頒之式」者，謂若分賜羣臣也。「九曰好用之式」者，燕好所施予也。此九者，亦依尊卑緩急，爲先後之次也。

注「式謂」至「賜予」　云「荒，凶年也」者，曲禮云「歲凶，年穀不登」，是凶年也。云「羞，飲食之物也」者，謂若膳夫飲用六清、食用六穀、醬用百有二十罋之類。云「工，作器物者」，若考工所作器物也。云「幣帛，所以贈勞賓客者」，謂若司儀職上公三問、三勞之等，皆有束帛。聘禮賄用束紡。云「芻秣，養牛馬禾穀者」，謂若聘禮致饔餼芻禾之等也。云「玄謂王所分賜羣臣」者，就足司農班賜之義也。云「好用，燕好所賜予」者，以其言好，則知是燕飲有所愛好，自因歡樂，則有賜予也。

以九貢致邦國之用：一曰祀貢，二曰嬪貢，三曰器貢，四曰幣貢，五曰材貢，六曰貨貢，七曰服貢，八曰斿貢，九曰物貢。嬪，故書作賓。鄭司農云：「祀貢，犧牲包茅之屬。賓貢，皮帛之屬。器貢，宗廟之器。幣貢，繡帛。材貢，木材也。貨貢，珠貝自然之物也。服貢，祭服。斿貢，羽毛。〔三五〕物貢，九州之外，各以其所貴爲摯。肅慎氏貢楛矢之屬是也。」玄謂嬪貢，絲枲。器貢，銀鐵石磬丹漆也。幣貢，玉馬皮帛也。材貢，櫄榦栝柏篠簜也。貨貢，金玉龜貝也。服貢，絺紵也。斿讀如囿游之游。游貢，燕好珠璣琅玕也。物貢，雜物魚鹽橘柚。○嬪貢，鄭音頻，司農音賓。爲摯，音至，本亦作贄。〔三六〕楛矢，音户。櫄，勑倫反。幹，古旦反。篠，西了反。簜，大黨反。絺，勑其反。紵，直吕反。璣，徐音饑，劉音其既反，一音機。琅，音郎。玕，音干。柚，羊救反，一音羊受反，或音喻。

「以九貢」至「物貢」　云「致邦國之用」者，謂此貢，諸侯邦國歲之常貢，則小行人云「令春入貢」是也。大行人云：「侯服歲一見，其貢祀物。」彼謂因朝而貢，與此别也。但諸侯國内得民税，大國貢半，次國三之一，小國四之一。所貢者，市取當國所出美物，則禹貢所云「厥篚」、「厥貢」之類是也。

注「嬪故」至「橘柚」　言「故書」者，鄭注周禮時有數本。劉向未校之前，或在山巖石室有古文，考校後爲今文。古今不同，鄭據今文注，故云「故書作賓」。此九貢，皆是諸侯賓之所貢，不得特以一事爲賓貢，賓貢者非也。若言嬪貢謂絲枲，堪爲婦人所作，是也。鄭司農云「祀貢，犧牲包茅之屬」者，案禮記禮器云「三牲、魚腊，九州之美物」，故知祀貢有犧牲也。案僖公四年，齊責楚「包茅不入，王祭不共，無以縮酒」，故知祀貢中有包茅。云「賓貢，皮帛之屬」，後鄭從嬪不從賓，如上釋也。云「器貢，宗廟之器」者，大行人因朝而貢者，得有成器，此歲之常貢，不得有成器，故後鄭不從也。云「幣貢，繡帛」者，禹貢有「厥篚織貝」，及「玄纖縞」之等，故知幣貢中有繡帛也。云「材貢，木材也」者，案禹貢中有「惟木」，故知材貢中有木材也。云「貨貢，珠貝自然之物也」者，亦據食貨志爲説。云「服貢，祭服」者，後鄭亦不從，以大行人因朝而貢，有祭服，此歲之常貢，不得有成服。云「斿貢，羽毛」者，亦不從者，以其斿據人宴好，不得據物上生稱，〔三七〕故不從也。云「物貢，九州之外，各以其所貴爲摯」，又引肅慎氏貢楛矢之屬，後鄭不從者，以其九州之外，世一見，無此歲之常貢之法也。云「玄謂嬪貢，絲枲」者，絲枲，青州所貢，此破先鄭爲賓貢。云「器貢，銀鐵石磬丹漆也」者，銀鐵，梁州所貢；漆，兖州所貢；石即礪砥，荆州所貢；磬即泗濱浮磬，徐州所貢。云「幣貢，玉馬皮帛也」者，禹貢堯時無貢馬法，覲禮諸侯享禮云「匹馬卓上，九馬隨之」，周則有之。玉，即瑓琳。〔三八〕皮，即熊羆狐狸，並雍州所貢。帛，即織貝之類，楊州所貢。此增成先鄭之義。云「材貢，櫄幹栝柏篠簜也」者，並荊州所貢。此亦增成先鄭之義。云「貨貢，金玉龜貝也」者，亦增成先鄭之義。龜，出九江，荊州所貢。玉，即球琳，亦雍州所貢。金，即金三品及貝，楊州所貢。云「服貢，絺紵也」者，豫州所貢。云「斿讀爲囿游之游。游貢，燕好珠璣琅玕也」者，此破先鄭物上生名爲羽毛也。珠，即蠙珠，徐州所貢。璣，即璣組，荊州所貢。〔三九〕琅玕，雍州所貢。云「物貢，雜物魚鹽橘柚者」，此亦破先鄭之義。魚，即暨魚，徐州所貢。鹽，青州所貢。橘柚，荊楊所貢。已上所貢之物，皆據禹貢而言。

以九兩繫邦國之民。一曰牧，以地得民；二曰長，以貴得民；三曰師，以賢得民；四曰儒，以道得民；五曰宗，以族得民；六曰主，以利得民；七曰吏，以治得民；八曰友，以任得民；九曰藪，以富得民。

兩猶耦也，所以協耦萬民。繫，聯綴也。牧，州長也。九州各有封域，以居民也。長，諸侯也，一邦之貴，民所仰也。師，諸侯師氏，有德行以教民者。儒，諸侯保氏，有六藝以教民者。宗，繼別爲大宗，收族者。鄭司農云：「主謂公卿大夫，世世食采不絕，民稅薄利之。」玄謂：利，讀如「上思利民」之利，謂以政教利之。吏，小吏在鄉邑者。友謂同井相合耦耡作者。孟子曰：「鄉田同井，出入相友，守望相助，疾病相扶持，〔四〇〕則百姓親睦。」藪亦有虞，掌其政令，爲之厲禁，使其地之民，守其材物，以時入于玉府，頒其餘於萬民。富謂藪中材物。○繫邦，音計。以治，直吏反，下注「王治」、「凡治」、「眡治」皆同。曰藪，干云：「宜作叟。」德行，下孟反。耡，音助。

「以九」至「得民」　言「邦國」，即據諸侯及萬民而言。謂王者於邦國之中立法，使諸侯與民相合耦而聯綴，不使離散，有九事，故云「以九兩繫邦國之民」也。「一曰牧，以地得民」者，謂畿外八州之中，州別立一州牧，使侯伯有功德者爲之，使統領二百一十國。以有一州土地，集安萬民，故云「牧，以地得民」也。「二曰長，以貴得民」者，謂一國立諸侯，與民爲君長，是一國之貴，民所仰放而民歸之，〔四一〕故云「以貴得民」也。「三曰師，以賢得民」者，謂諸侯已下，立教學之官爲師氏，以有三德、三行，使學子歸之，故曰「以賢得民」，〔四二〕民，則學子是也。「四曰儒，以道得民」者，諸侯師氏之下，又置一保氏之官，不與天子保氏同名，故號曰「儒」。掌養國子以道德，故云「以道得民」，民，亦謂學子也。「五曰宗，以族得民」者，謂大宗子，與族食族燕，序以昭穆，故云「以族得民」，民，即族人也。「六曰主，以利得民」者，主，謂大夫，宣君政教，以利得民，民，則采邑之民也。「七曰吏，以治得民」者，吏在民間，若比長、閭胥，有以治政之所得民。〔四三〕「八曰友，以任得民」者，言以任，則非同門之朋友，謂在田里之間相佐助，以相任使而得民，即鄰伍聚居者。「九曰藪，以富得民」者，以上八者皆據人而言，此一者不據人而言藪者，見民之所居之處，利益於人，澤藪之中，多有材物。以富得民，舉藪而言，則山澤十等，〔四四〕皆有材物，民居可知也。

注「兩猶」至「材物」 訓「兩猶耦」者，欲取在上與民相協耦聯綴，使不離散也。云「牧，州長也」者，禮記王制云「二百一十國以爲州，州有伯」。伯則長，故云「牧，州長」也。鄭注下曲禮云「選賢侯爲之」。云「九州各有封域以居民也」者，詩云「帝命式于九圍」，九圍，則九州，各有封域疆界也。言此者，證以地得民。云「長，諸侯也」者，對則大夫稱長，諸侯稱君。今此上言牧，下言長，故據諸侯也。云「師，諸侯師氏」者，此一經皆據諸侯。又經云「以賢得民」，是諸侯師氏也。云「有德行」者，師氏職云「以三德、三行教國子」，故知有德行也。云「儒，諸侯保氏有六藝」者，以經云「以道得民」，保氏職云「掌養國子以道，教之六藝」，故知諸侯保氏不可同天子之官，故變保言儒，儒亦有道德之稱也。「宗，繼別爲大宗，收族者」，見禮記大傳云「繼別爲大宗」，對「繼禰爲小宗」，故云大。又云「敬宗故收族」，族食、族燕，是所以收族也。鄭司農云「主謂公卿大夫，世世食采不絶，民税薄利之」者，先鄭意以薄税爲利。後鄭不從者，稅法有常，故孟子云「若輕之於堯舜，大貉、小貉；重之於堯、舜，大桀、小桀」，是不得有輕重，皆以什一爲正，何得薄稅以利民乎？故不從也。云「玄謂利讀如『上思利民』之利者，謂以故教利之」者，（四五）「上思利民，忠也」。此左氏傳隨季良之辭也。云「吏，小吏在鄉邑者」，謂若比長、閭胥，或在鄉，或在公邑、采邑，皆是。云「友謂同井相合耦耡作」者，鄭意非謂同師曰友，（四六）正是同在井邑之間共居，若里宰職「合耦于耡」，注云「合耦，使相佐助」者也。云「孟子曰：『鄉田同井，出入相友，守望相助，疾病相扶，則百姓親睦』」，引孟子「鄉田同井」者，以證友是同井之友，但鄉遂爲溝洫，不爲井田，而云鄉田同井者，鄉遂雖不爲井田，亦三三相任以出稅，與井田同，故云同井。或解同井水，義亦通也。云「藪亦有虞」者，地官澤虞職云：「每大澤、大藪，中士二人。」是藪有虞也。云「掌其政令」已下，皆澤虞職文。云「富謂藪中材物」者，謂有薪蒸蒲葦，藪中所有之物也。

正月之吉，始和布治于邦國都鄙，乃縣治象之灋于象魏，使萬民觀治象，挾日而斂之。正月，周之正月。吉謂朔日。大宰以正月朔日，布王治之事於天下，至正歲，又書而縣于象魏（四七），振木鐸以徇之，使萬民觀焉。小宰亦帥其屬而往，皆所以重治法、新王事也。凡治有故，言始和者，若改造云爾。鄭司農云：「象魏，闕也。故魯災，季桓子御公立于象魏之外，命藏象魏，曰舊章不可忘。」（四八）從甲至甲謂之挾日，凡十日。○乃縣，音玄，注同。挾日，子協反，字又作浹，同。干本作帀，子合反，十日也。木鐸，待洛反。以徇，辭俊反。

「正月」至「斂之」　自此已下，皆謂施前事條。謂「建子」，周之正月言之。「吉」，謂朔日也。始調和上六典、八法已下之事，和訖，當月即頒布此治職文書于諸侯邦國、卿大夫都鄙。言「乃縣」者，乃，緩辭。至建寅之正月，乃縣治象之法于雉門象魏，使萬民共觀治象。「挾日」者，從甲至甲，凡十日。斂，藏之于明堂，於後月月受而行之，謂之告朔也。

注「正月」至「十日」 知正月是周之正月者，下文「乃縣」，是建寅，明上云正月，是周正月。 知吉是朔日者，論語鄉黨云：「吉月，必朝服而朝。」是吉謂朔日。 禮記玉藻云：「諸侯皮弁聽朔于大廟。」或云吉，或云朔。 聽朔在月一日，是知吉爲朔日也。 云「大宰以正月朔日布王治之事于天下」者，言天下，即經邦國都鄙，是畿外畿内遍天下。即鄉大夫職云：「正月之吉，受法於司徒，〔四九〕退而頒之於其鄉吏。」是司徒布教法，從六鄉已下出，則此大宰布法，亦從六鄉已下出也。 云「至正歲又書而縣于象魏」者，此鄭釋經中「乃縣」。 必知乃縣是正歲建寅之月者，下小宰所以佐大宰，彼云正歲縣之，與此乃縣爲一事，故至正歲縣也。 鄭知振木鐸者，約小宰而知也。 云「凡治有故，言始和者，若改造云爾」者，上六典已下至九兩，國法常定，今云「始和」，似更新其事，改造云爾，其實不改。 鄭司農云「象魏，闕也」者，周公謂之象魏，雉門之外，兩觀闕高魏魏然。 孔子謂之觀，春秋左氏定二年夏五月，「雉門災，及兩觀」是也。〔五〇〕云觀者，以其有教象可觀望。 又謂之闕者，闕，去也。 仰視治象，闕去疑事。 或解闕中通門，是以莊二十一年云「鄭伯享王于闕西辟」，注「闕，象魏也」。 案：公羊傳云：「子家駒謂昭公云：『諸侯僭天子，大夫僭諸侯，久矣。』公曰：『吾何僭矣哉？』子家駒曰：『設兩觀，乘大路。』」何氏云：「天子兩觀，諸侯臺門，則諸侯不合有觀也。」若然，雉門災及兩觀，及禮運云「遊於觀之上」，有觀亦是僭也。 云「故魯災，季桓子御公立于象魏之外，命藏象魏，曰舊章不可忘」者，此哀公三年左氏傳辭。 案彼桓僖廟災，天火曰災，謂桓僖廟被天火所燒。舊章象魏，在大廟中，恐火連及，故命藏之。 若然，象魏縣教治也。 以其象魏建寅之月縣之十日，藏之大廟中，季桓子曰與公立於雉門象魏之外，〔五一〕覩舊縣之處，故命藏大廟中象魏。〔五二〕引之者，證象魏是教象之法。 又云「從甲至甲謂之挾日，凡十日」者，破諸家從甲至癸謂之挾日。 挾，通也。〔五三〕若從甲至癸，仍有癸日，不得通挾，故以從甲至甲言之。

乃施典于邦國，而建其牧，立其監，設其參，傅其伍，陳其殷，置其輔。乃者，更申勑之。以侯伯有功德者，加命作州長，謂之牧，所謂八命作牧者。監謂公侯伯子男各監一國。書曰「王啓監，厥亂爲民」。參謂卿三人，伍謂大夫五人。鄭司農云：「殷，治律。輔，爲民之平也。」玄謂殷，衆也，謂衆士也。王制，諸侯「上士二十七人」，(五四)其中士、下士，各居其上之三分。輔，府史，庶人在官者。○其參，七南反。鄭云：「卿三人也。」干云：「三公也。」傅其，戚音附，徐方慕反。各監，古銜反。爲民，于僞反。之平，音評。

「乃施」至「其輔」　上以言六典治邦國，更言施典于邦國，故鄭云「乃者，更申勑之」。所施者典，則「建其牧」已下是也。(五五)建，立也。每一州之中，立一牧。「立其監」者，每一國之中，立一諸侯，使各監一國。「設其參」者，謂諸侯之國，各立三卿。「傳其伍」者，謂三卿下，各立五大夫。「陳其殷」者，三卿下，各陳士九人，三九二十七。「置其輔」者，謂三卿下，各設府、史、胥、徒。

注「長謂」至「兩丞」　鄭云「以侯伯有功德者，加命作州長，謂之牧」者，案下曲禮云「州牧於外曰侯」，即是先取侯有功德者爲牧，若無賢侯，伯亦得，故連言侯伯有功德者。云「加命作州長」者，以其侯伯七命，州牧八命，故云「加命作州長」。云「所謂八命作牧」者，案：大宗伯職云：「七命賜國，八命作牧。」是也。若殷之牧下，(五六)天子使大夫三人爲三監。至周，使伯佐牧，不使大夫，故詩旄丘序云：「旄丘，責衛伯也。」鄭云：「衛康叔之封爵稱侯，今曰伯者，時爲州伯也。」周之法，使伯佐牧，即僖公四年「五侯九伯」。五侯是州牧，九伯是牧下之伯。云「監謂公侯伯子男各監一國」，引書曰「王啓監，厥亂爲民」者，此是尚書梓材之篇。周公封康叔而勑之，證監是諸侯之義也。云「參謂卿三人」者，案左氏傳杜泄云：「吾子爲司徒，夫子爲司馬，孟氏爲司空。」則諸侯三卿，司徒、司馬、司空也。云「伍謂大夫五人」者，謂司徒下二大夫，一大夫爲司徒大夫，一大夫爲大宰大夫。司空下二大夫，一大夫主司空事，一大夫爲司寇大夫。司馬事省，闕一大夫，故五人。鄭司農云「殷，治律，輔，爲民之平也」者，謂置官主法律。輔爲人之平者，謂置輔是平斷。此先鄭蓋是後代之法，故後鄭易之。云「玄謂殷，衆也，謂衆士」者，士稱殷，與旅同，並是衆義，故鄭玄謂衆士也。〔五七〕又引王制諸侯上士已下者，案彼注，大國之士爲上，次國之士爲中，小國之士爲下。言數各居其上之三分者，此謂盟會立位之序。大國之士爲上，北面，前行，上九、中九、下九。次國之士爲後行，上士當大國之中士，中士當大國之下士，下士當其空。小國之上士，當大國之下士，中士當次國之下士，下士當其空。故云「數各居其上之三分」，引之爲破司農殷爲治律。云「輔，府史庶人在官者」，破司農輔爲民之平。若然，建、立、陳、置，其義可知。其伍言傳者，謂大夫上有卿，下有士，受上政，傳於下，受下政，傳於上，故獨云傳。

乃施則于都鄙，而建其長，立其兩，設其伍，陳其殷，置其輔。長，謂公卿大夫、王子弟食采邑者。兩謂兩卿，不言三卿者，不足于諸侯。鄭司農云：「兩謂兩丞。」

「乃施」至「其輔」　上已言八則治都鄙，更令施則於都鄙，故言「乃」，亦是更申勑之義。「建其長」，謂公卿王子弟爲采邑之主，以是一邑之長，故言建其長。「立其兩」者，謂每采地之中，立其兩卿。「設其伍，陳其殷，置其輔」，義與上邦國同。

注「長謂」至「兩丞」　云「長，謂公卿大夫」者，案：典命云：「三公八命，其卿六命，其大夫四命。」案大宗伯云「六命賜官」，彼注：「王六命之卿，賜官者，使得自置其臣治家邑，如諸侯。」則此云長，唯據公卿已上。大夫四命，不合立官。此鄭云「長，謂公卿大夫」，并言大夫者，以其大夫雖立官不與公卿同，亦得稱長，是廣解長義。其實大夫不合有兩卿五大夫，當與諸侯之卿同，官事當相兼也。云「王子弟食采邑」者，謂親王子弟食邑與三公同，在五百里畺地，各百里。其次疏者，在四百里縣地，各五十里，與六卿同。已上二者，得立兩卿五大夫之等。其次更疏者，在三百里稍地，各食二十五里，與大夫同，不得立兩卿五大夫，亦職相兼也。云「兩謂兩卿，不言三卿者，不足於諸侯」者，以畿外諸侯，南面爲尊，故得申而立三卿。天子三公、六卿，雖尊，以其在天子之下，故屈而立兩卿，不足於諸侯。鄭司農云「兩謂兩丞」者，以其兩卿，丞副其長，先鄭以後代之官況之，故云兩丞也。此中唯有都鄙，無家邑之名，故都鄙中含有公卿大夫。春官都宗人、家宗人，都家並有，故公卿入都宗人中，大夫則入家宗人中。以其公卿雖有大都、小都之別，而同名都，故大夫不得都名，直有宗稱，〔五八〕故在家宗人也。至於夏官都司馬、家司馬，又與家宗人、都宗人異。故鄭注都司馬，唯云三公與王子弟，其卿又入家司馬中。以其司馬辨尊卑，六卿卑，又自使其臣爲司馬，若叔孫氏之名臣鬷戾，〔五九〕王家不爲之立司馬，故卿入中。若然，鄙都之內，〔六〇〕其號有三。若得諸侯之號，唯三公王子弟，故司裘「諸侯熊侯、豹侯，卿大夫麋侯」，是卿不入諸侯也。若立臣如諸侯，即此文卿與公同。若稱長可及大夫，亦此注含大夫是也。

乃施灋于官府，而建其正，立其貳，設其考，陳其殷，置其輔。正謂冢宰、司徒、宗伯、司馬、司寇、司空也。貳謂小宰、小司徒、小宗伯、小司馬、小司寇、小司空也。考，成也，佐成事者，謂宰夫、鄉師、肆師、軍司馬、士師也。司空亡，未聞其考。

「乃施」至「其輔」　案：上官府在都鄙上，此文在都鄙下者，欲見都鄙置臣，與諸侯同。又見諸侯下亦有都鄙之義，故進都鄙在上，使文丞邦國之下也。〔六一〕已上言「八法治官府」，今更言「施法于官府」。言「乃」者，亦是更申勑之也。「而建其正」，正，長也。亦是一官之長。若大宰之等。云「立其貳」者，謂小卿副貳大卿，即小宰之等。「設其考」者，考，成也。佐成事者。宰夫之等也。殷、輔，義與前同。

注「正謂」至「其考」　宰夫已下，並是五官之長。〔六二〕云「司空亡，未聞其考」者，案鄉師云「及葬，執纛以與匠師御匶」，注云：「匠師，事官之屬，其於司空，若鄉師之於司徒。」若然，鄉師是司徒之考，則匠師亦司空之考，而此云

「未聞」者，彼文以義約之，司空考匠師也，無正文，故此云未聞也。

凡治，以典待邦國之治，以則待都鄙之治，以灋待官府之治，以官成待萬民之治，以禮待賓客之治。成，八成。禮，賓禮也。

「凡治」至「之治」　以其天官主治，故以目之。六典本以治邦國，故云「以典待邦國之治」。八則本以治都鄙，故云「以則待都鄙之治」。八法本以治官府，故云「以法待官府之治」。八成本以治萬民，〔六三〕故云「以官成待萬民之治」。禮者本以接賓客，故云「以禮待賓客之治」。據上文，官成在八法治官府中，今特出之者，以其八成本待萬民，不待官府，若不特出之，則無此待萬民之事。在八法官府者，欲見官府執行。故禮記云「誰能秉國成」，成，則八成也。以禮待賓客，本在八統，今特見之者，以上親親、敬故、進賢、使能、保庸、尊貴、達吏，皆是王行之於朝，以示於民，使民觀之入善，不必更別有禮。唯禮賓特別有禮，若聘禮之類也。此皆言「以」者，當別有篇卷，使人執持施行之，知然者，以周禮六官皆邦國之治，則六官掌事，不可專主邦國，故知別有篇卷，但在三百之中亡逸也。

注「成八」至「禮也」　八成，小宰職掌。「禮，賓禮」者，若聘禮、覲禮、掌客之等，是也。

祀五帝，則掌百官之誓戒，與其具脩。祀五帝謂四郊及明堂。誓戒，要之以刑，重失禮也。明堂位所謂「各揚其職。百官廢職服大刑」是其辭之略也。具，所當共。脩，埽除糞灑。

○要之，一遥反。糞，弗運反。灑，色賣反。

「祀五」至「具脩」　「祀五帝，則掌百官之誓戒」者，謂祭前十日已前，誓戒百官，則大宰掌之。「與其具脩」者，使百官供祭祀之具及脩之埽除也。

注「祀五」至「糞洒」　五帝者，東方青帝靈威仰，南方赤帝赤熛怒，中央黃帝含樞紐，西方白帝白招拒，北方黑帝汁光紀。依月令，四時迎氣，及季夏六月迎土氣於南郊，其餘四帝各於其郊，并夏正祭所感帝於南郊，故云祀五帝於四郊也。鄭云「及明堂」者，揔饗五帝於明堂。依月令，秦用季秋。鄭云「未知周以何月」。案：下曲禮云「大饗不問卜」，鄭云：「祭五帝於明堂，莫適卜也。」彼明堂不卜，此下經云「帥執事而卜日」，則此祀五帝，不合有明堂。鄭云及明堂者，廣解祀五帝之處，其實此處無明堂。云「誓戒要之以刑，重失禮」者，言要之以刑，則服大刑是也。言「重失禮」者，以失禮爲重，故要之以刑。引明堂位，彼在祭祀之下陳之，謂祭日，此是未祭前，引之者，欲見祭前誓戒，還用祭日之辭以勑之，故或前或後，其辭同。云「是其辭之略」者，謂誓戒之時，其辭應多，不應唯有此言，故云辭之略也。又云「具，所當供」者，祭祀之連事，祭祀之具，百官共供，故云具謂所當供。又云「脩，埽除糞洒」者，案：宫人云「掌六寢之脩」，守祧云「其廟有司脩除之」，是其脩埽除糞洒也。

前期十日，帥執事而卜日，遂戒。前期，前所諏之日也。十日，容散齊七日，致齊三日。執事，宗伯、大卜之屬。既卜，又戒百官以始齊。○前期，如字，干本同，徐昨見反，本或作先，如字，又悉薦反。所諏，子須反，謀也。散齊，西但反，下惻皆反，下同。

「前期」至「遂戒」　「前期」者，謂祭日前夕爲期。云「前期十日」者，即是祭前十一日。大宰帥宗伯、大卜之屬執事之人而卜日。又言「遂戒」者，謂祭前十日，遂戒百官始齊。

注「前期」至「始齊」　云「前期，前所諏之日」者，此依少牢所諏之日，即祭日也。凡祭祀，謂於祭前之夕爲期，今言前期十日者，明祭前十一日卜，卜之後日遂戒，使散齊、致齊，故云「十日，容散齊七日，致齊三日」。案：禮記祭統云：「散齊七日以定之，致齊三日以齊之。」云「執事，宗伯、大卜之屬」者，大宗伯職云「凡祀大神、享大鬼、祭大示，帥執事而卜日」，謂宗伯涖卜。又案：大卜云：「大祭祀，視高命龜。」故知執事中有宗伯、大卜之屬。中含有小宗伯及卜師，故言「之屬」。但四時迎氣，冬至夏至郊天等，雖有常時常日，猶須審慎，仍卜日。故表記云「不犯日月，不違卜筮」，注：「日月，謂冬夏至、正月及四時也。所不違者，日與牲尸也。」假令不吉，改卜後日。故箴膏肓云：「天子郊，以夏正上旬之日。魯之卜，三正下旬之日。」是雖有常時常日，猶卜日也。

及執事，眡滌濯。〔六四〕執事，初爲祭事前祭日之夕。滌濯，謂溉祭器及甑甗之屬。○眡，音視〔六五〕，本又作視，後皆同。滌，直歷反。濯，直角反。溉，古愛反。甑甗，魚善反，徐音彦，一音言，本又作甗，音歷。

「及執事眡滌濯」 及，猶至也，謂至祭前夕，大宰眡滌濯。案：春官小宗伯「大祭祀眡滌濯」，大宗伯亦云「宿眡滌濯」，彼二官親眡滌濯，大宰尊，亦往涖之。

注「執事」至「之屬」 「執事，初爲祭事前祭日之夕」，知者，案下經及納亨者是祭日，此云眡滌濯，儀禮特牲亦云「前祭日之夕，視壺濯及豆籩」，士卑得與人君同。少牢大夫禮，當祭日摡祭器者，下人君也。注又云「滌濯，謂溉祭器及甑甗之屬」，知然者，案少牢，雍人摡鼎、匕、俎，廩人摡甑、甗，司宫摡豆、籩及勺、爵。〔六六〕此不言匕、俎、豆、籩、勺、爵者，「之屬」中含之。

及納亨，贊王牲事。納亨，納牲，將告殺。謂鄉祭之晨，既殺以授亨人。凡大祭祀，君親牽牲，大夫贊之。○納亨，普庚反，注同，劉普孟反。鄉祭，許亮反。

「及納」至「牲事」 及，猶至也。至納亨者，案禮記明堂位，君肉袒迎牲于門，卿大夫贊君，及殺訖，納與亨人，故言「納亨」。云「贊王牲事」者，即是卿大夫贊幣一人也。〔六七〕

注「納亨」至「贊之」 云「納亨，納牲，將告殺」者，謂牽牲入時也。禮器云「納牲詔于庭」，殺訖，毛以告純，血以告殺，腥其俎，肫解而腥之。〔六八〕以此訖，乃納與亨人，爓祭。此言納亨者，以牽牲也。云「謂饗祭之晨」者，案檀弓云「周人大事以日出」，故知納亨是饗祭之晨。此祭天，無祼，故先迎牲，若宗廟之祭，有祼，而後迎牲也。云「既殺以授亨人」者，案亨人職「職外内饔之爨亨」，謂腥其俎後。云「凡大祭祀君親牽牲，大夫贊之」者，此明堂位文。彼魯侯用天子禮，故還以引證天子法。

及祀之日，贊玉幣爵之事。日，旦明也。玉幣，所以禮神。玉與幣各如其方之色。爵，所以獻齊酒。不用玉爵，尚質也。三者執以從，王至而授之。○獻齊，才計反。

「及祀」至「之事」　及，猶至也。至祭日，謂質明。贊，助也。執此玉幣爵三者，助而授王也。

注「日旦」至「授之」　案特牲、少牢，皆質明行事，故知旦明。云「玉幣，所以禮神。玉與幣各如其方之色」者，上云祀五帝，以爲迎氣於四郊之等。〔六九〕案：大宗伯：「以玉作六器，以禮天地四方。」又云：「青圭禮東方，赤璋禮南方，白琥禮西方，玄璜禮北方。」季夏六月，迎土氣於南郊，亦用赤璋。下云牲幣，彼雖幣不是禮神之幣，亦云「各放其器之色」，是其禮神幣與玉，亦各如其方色也。云「爵所以獻齊酒」者，案：幂人云：「疏布幂八尊。」八尊者，五齊三酒之尊，以其祭天無祼，故無彝尊也。云「不用玉爵，尚質也」者，對下經享先王用玉爵，尚文；此祭天，不用玉爵，故云尚質。云「三者執以從，王至而授之」者，謂至此祀圓丘方澤祭所而授之，王親自執玉幣，奠於神坐，親酌以獻尸。

祀大神示亦如之。大神祇謂天地。○神示，本又作祇，音祇。〔七〇〕

「祀大」至「如之」　云「祀大神」，謂冬至祭天於圓丘。云「祀大祇」，謂夏至祭地於方澤。「亦如之」者，從掌百官誓戒已下，贊玉幣爵之事已上，〔七一〕皆如祀五帝之禮。〔七二〕

注「大神祇謂天地」 此天謂大天，對五帝爲小天。此地謂大地，對神州之神爲小地，故如天地也。

享先王亦如之，贊玉几、玉爵。玉几，所以依神。天子左右玉几。宗廟獻用玉爵。〇享先王，許兩反，劉音向，注「享幣」同。

「享先」至「玉爵」 「亦如之」，下別言贊玉几、玉爵，〔七三〕則天地不用玉几、玉爵。其言亦如之者，謂亦贊王牲事已上。不云大者，欲見宗廟六享同然。

注「玉几」至「玉爵」 云「天子左右玉几」者，此是司几筵文。彼所云者，謂王受諸侯朝覲會同所設。今此享先王鬼神之几，亦與王平生同，故引爲證。此享先王有玉几、玉爵，天地有爵，但不用玉飾。祭宗廟用玉几，天地亦應有質几，不言之者，文不具。云「宗廟獻用玉爵」者，案明堂位「獻用玉琖」，謂王朝踐饋獻酳尸時。若祼，則用圭瓚也。

大朝覲會同，贊玉幣、玉獻、玉几、玉爵。助王受此四者。時見曰會，殷見曰同。大會同或於春朝，或於秋覲，舉春秋則冬夏可知。玉幣，諸侯享幣也。其合亦如小行人所合六幣云。玉獻，獻國珍異，亦執玉以致之。玉几，王所依也。立而設几，優尊者。玉爵，王禮諸侯之酢爵。王朝諸侯，立依前，南面，其禮之於阼階上。〇時見，賢遍反，下同。春朝，直遥反，下文同。之酢，音昨。依前，於豈反，本亦作扆。

「大朝」至「玉爵」 諸侯四時常朝不稱大，今朝覲稱大者，諸侯爲大會同而來，故稱大朝覲。贊，助也，助王受此玉幣、玉獻、玉几、玉爵也。

注「助王」至「階上」 云「時見曰會」者，此大宗伯文。案彼注「時見」者，言無常期。諸侯有不順服者，其順服者皆來會京師，助王討之，故云「時見曰會」。云「殷見曰同」者，亦大宗伯職文。殷，猶衆也。謂十二歲王如不巡狩，諸侯衆來同見天子，故曰「殷見曰同」。云「大會同或於春朝，或於秋覲」者，大會雖無常期，當春來即是春朝，當秋來即是秋覲，當夏來即是夏宗，當冬來即是冬遇。若大同則有常期：春，東方六服盡來；夏，南方六服盡來；秋、冬可知。云「舉春秋即冬夏可知」者，〔七四〕經直云「大朝覲」，不言「宗遇」，有宗遇可知。在國行朝禮訖，乃皆爲壇於國外而命事焉。云「玉幣，諸侯享幣也」者，諸侯會同，皆依四時常朝，亦春、夏受贄于朝，受享幣者於廟，秋冬一受之於廟，受朝既訖，乃受享，獻國所有珍異，其行享之時，亦璧琮加束帛以致之。云「其合亦如小行人所合六幣云」者，案小行人所合六幣，圭以馬，璋以皮，璧以帛，琮以錦，琥以繡，璜以黼。據彼鄭注，五等諸侯享天子用璧以帛，享后用琮以錦，則圭以馬、璋以皮者，〔七五〕謂二王之後享天子用圭以馬，享后用璋以皮；〔七六〕則琥以繡、璜以黼者，子男自相享法。但小行人所云者，謂四時常朝，不見大朝覲會同法，約與四時常朝同，無正文，故言「云」也。「玉獻，獻國珍異，亦執玉以致之」者，謂三享之外，别有獻國珍異，亦如三享執玉以致之，故言玉獻，謂以玉致獻也。云「玉几，王所依也」者，謂王所馮依。云「立而設几，優尊者」，知立而設几者，案：司几筵云：「大饗射，凡封國，命諸侯，王位設黼依，依前南鄉，左右玉几。」是立而設几也。但春夏受享，〔七七〕秋冬一受之於廟，廟中則有扆前設几法。几爲坐設，今立而設几，故云優至尊也。云「玉爵，王禮諸侯之酢爵」者，案：大行人云：「上公再祼而酢，侯伯一祼而酢，子男一祼不酢。」此祼時大宗伯攝祼，非冢宰所贊。但諸侯酢王用玉爵，則冢宰贊王受之，故云贊玉爵。云「王朝諸侯，立扆前，南面」者，此約司几筵知之，謂秋冬朝時。云「其禮之於阼階上」者，言禮之，謂祼諸侯是也。知王在阼階上者，當依賓主之禮。案燕禮，主君在阼，賓在牖户之間，故知禮之王在阼階上也。

大喪，贊贈玉、含玉。助王爲之也。贈玉，既窆，所以送先王。含玉，死者口實，天子以玉。雜記曰「含者執璧將命曰：寡君使某含」，則諸侯含以璧。鄭司農云：「含玉，璧琮。」〇含玉，本又作唅，户暗反，後同。既窆，彼驗反，徐補贈反。璧琮，才宗反。

「大喪」至「含玉」　大喪謂王喪。〔七八〕贊王爲此二者也。

注「助王」至「璧琮」　大喪既是王喪，云「助王爲之也」者，謂助嗣王也。云「贈玉既窆所以送先王」者，案既夕士禮，既窆，謂下棺訖，主人贈用玄纁以入壙。王喪雖無文，應更有加，亦當以玄纁爲主也，所贈，亦既窆時也。云「含玉，死者口實」者，案士喪禮用貝三，鄭注：「左右齻及中央，象齧堅。」王含用玉，義亦然也。又檀弓云：「飯用米貝，不忍虚也。」故云「口實」也。云「天子以玉」者，此云含玉，玉府、典瑞皆直云「玉」，無異物之稱，對大夫已下不用玉，其實亦爲璧形。故引雜記，復引先鄭爲璧琮之形也。但含玉始死用之，贈玉於葬乃用。此文後云「含玉」者，用之則有先後，此作文先後，無義例。典瑞並云「飲玉」，〔七九〕此不云者，文不具也。

作大事，則戒于百官，贊王命。助王爲教令。春秋傳曰：「國之大事，在祀與戎。」

「作大」至「王命」　上已云祀五帝及大神祇，祭祀大事，戒百官訖，則此云「作大事，戒于百官」，唯戎事也。

注「助王」至「與戎」　春秋傳者，成十三年，劉康公、成肅公會諸侯伐秦，成子受脤于社，不敬，劉子曰：「國之大事，在祀與戎。祀有執膰，戎有受脤，神之大節也。今成子惰，棄其命矣，其不反乎？」引之者，證經大事是戎事，連引在祀耳。

王眡治朝，則贊聽治。治朝在路門外，羣臣治事之朝。王視之，則助王平斷。

注「治朝」至「平斷」　王有三朝，必知此是路門外朝者，但外朝是斷疑獄之朝，路寢庭朝，圖宗人、嘉事，二者並於事簡，非正朝，故知治朝是路門外，司士所掌者也。

眡四方之聽朝，亦如之。謂王巡守在外時。○巡守，音狩，本亦作狩，後巡狩皆放此。

注「謂王」至「外時」　經云四方聽朝，故知巡狩時。此鄭據依常者而言。征伐外亦有聽朝法，以非常法，故不言也。

凡邦之小治，則冢宰聽之。待四方之賓客之小治。大事決於王，小事冢宰專平。

「凡邦」至「聽之」 重出冢宰之名者，據百官摠焉，故特云冢宰也。

歲終，則令百官府各正其治，受其會，正，正處也。會，大計也。

注「正正」至「計也」 言「正，正處也」者，經云令百官府各正其治，謂正處其所治文書，大宰乃受其計會也。云「會，大計」者，一歲計會，即宰夫職云「歲計曰會」是也。

聽其致事，而詔王廢置。平其事來至者之功狀，而奏白王。

「聽其」至「廢置」 百官致其治政功狀，與冢宰聽斷其所置之功狀文書，而詔告于王。有功者置之，進其爵。有罪者廢之，退其爵也。

三歲，則大計羣吏之治，而誅賞之。事久則聽之：大無功，不徒廢，必罪之；大有功，不徒置，必賞之。鄭司農云「三載考績」。

「三歲」至「賞之」 三年一閏，天道小成，則大計會百官羣吏之治功文書。上計當年，已有廢置，今三年上大計，大無功，不徒廢，更加罪；大有功，不徒置，更加賞也。

注「鄭司」至「考績」 此尚書舜典文。彼云「三載考績，黜陟幽明」。彼三年一考，與此同，故引證三歲大計也。

校勘記

〔一〕常者其上下通名　阮本同。阮校云：疏中兩引此語，皆無「其」字。

〔二〕以其刑者所以詰禁天下　「所以」，阮本作「有所」。

〔三〕窮詰即禁止之義也　「窮」，殿本同，正、聞、閩、阮本作「弟」，監、毛本作「第」。疑作「窮」是。

〔四〕一官不能獨共　「共」，婺、岳本同，建本作「治」。

〔五〕官職主祭祀朝覲會同賓客者　「同」，原作「制」，據婺、建、岳本改。

〔六〕及小宰還從治也　閩、監、毛、阮本同。阮校云：此有誤。孫詒讓云：「從治」當作「從邦治」。

〔七〕後改爲大常博士　盧文弨云：「博士」二字衍，阮校云：漢制考引此疏無此二字。

〔八〕一曰祭祀以馭其神　俞樾云：「馭」當爲「治」。

〔九〕干云賦上之所下貢下之所納於上　上「所」字下，徐本、盧本及阮本有「求於」二字，疑是。

〔一〇〕上公有功　惠校本同，阮本「公」作「功」，誤也。

〔一一〕使不僭差　「僭」，原作「備」，據阮本改。

〔一二〕然則王子母弟雖食采也　「也」，殿本作「地」。阮校云：惠校本「也」作「邑」，當據以訂正。

〔一三〕未必則有官　「則」，阮本作「別」，當是。

〔一四〕召穆公云　孫詒讓云：「召穆公」當作「富辰」。

〔一五〕則經云位據立　盧文弨云：疑作「位據朝位」。

〔一六〕舜殛鯀于羽山是也　段玉裁尚書撰異云：古經典「殛」多作「極」。阮校云：今本此注皆改「殛」，非，當據釋文訂正。

〔一七〕是福祐之道也　「道」，原作「幽」，據阮本改。
〔一八〕謂臣有大罪有殺奪其家資　惠校本同。阮本下「有」字作「身」，當是。
〔一九〕廢放也　「放」，原作「明」，據阮本改。
〔二〇〕以言語責讓之　「言」，原作「理」，據阮本改。
〔二一〕皆是善事　「是」，原作「彖」，據阮本改。
〔二二〕皆是惡事　「事」，原作「象」，據阮本改。
〔二三〕唯一曰爵　「唯」，原作「象」，據阮本改。
〔二四〕賢有善行也　阮校云：疏引六德六行以釋此句，是賈疏「善行」本作「德行」。又以下句文法例之，「也」，當本作「者」。疏内同。
〔二五〕先王之所以治天下者五　「者」字原闕，據婺、建、岳本補。
〔二六〕尊貴尊天下之貴者者　「尊貴」下原無「尊」字，據阮本補。
〔二七〕骨曰切　「骨」，婺、建、岳、阮本作「珠」。據賈疏，作「珠」是也。
〔二八〕而飭之而已　惠校本同。阮本無上「而」字。
〔二九〕云任猶傳也者　「任」，原作「在」，據阮本改。
〔三〇〕晉衛之男女皆是　浦鏜云：「惠」誤「衛」。
〔三一〕四曰家削之賦　阮校云：據釋文及賈疏，經用古字作「家削」，注及疏用今字，作「家稍」，依説文，則當作「鄁」。
〔三二〕以徵其財征　浦鏜云：經無「其」字。

〔三三〕十五已上至六十　孫詒讓云：賈疏本衛宏漢舊儀彼云「十五已上至五十六」，當據彼改此。

〔三四〕民人入山澤取材物　「材物」，監、毛、殿本同，阮本作「財」，聞、閩本作「材」。

〔三五〕斿貢羽毛　「羽毛」，余、嘉靖、閩、監、毛、阮本同。段玉裁漢讀考改作「羽旄」，云今本作「毛」，誤。「旄」者，旄牛尾。

〔三六〕爲摯音至本亦作贄　宋本「摯」「贄」二字互易，據徐本正之。

〔三七〕以其斿據人宴好不得據物上生稱　「斿」，阮本作「游」；「物」原作「鳥」，據董、閩、監、毛、阮本改正。

〔三八〕玉即⿰王柬琳　「⿰王柬」，阮本作「球」，據禹貢及下疏疑作「球」是。

〔三九〕荊州所貢　「貢」，原作「言」，據阮本改。

〔四〇〕疾病相扶持　建、岳、殿本同，婺、正、聞本無「持」字，疏中引注亦無。孟子有「持」字。

〔四一〕民所仰放　「放」，阮本作「效」。

〔四二〕故曰以賢得民　「曰」，聞、閩本同，監、毛、殿、阮本作「云」。

〔四三〕有以治政之所得民　阮校云，疑當作「有政治之所以得民」。

〔四四〕則山澤十等　阮本同。阮校云，「十」當作「之」。

〔四五〕謂以故教利之者　「故」，阮本作「政」，當是。

〔四六〕鄭意非謂同師曰友　監、毛、殿本同，閩、阮本「鄭意」下有「經意」二字。

〔四七〕又書而縣于象魏　孫詒讓云「于」，嘉靖本作「於」是也。各本并誤。

〔四八〕曰舊章不可忘　諸本同，惠校本「忘」作「亡」。案惠依哀三年左傳文改字，未妥。

〔四九〕受法於司徒　諸本同。浦鏜云，「受」下脱「教」字。

〔五〇〕雉門災及兩觀是也　阮校云，春秋經作「雉門及兩觀災」。

〔五一〕季桓子曰與公立於雉門象魏之外，阮本同。浦鏜云，「曰」疑衍，「與」當作「御」。阮校云，「曰」當依左傳作「至」。

〔五二〕故命藏大廟中象魏　惠校本同，阮本無「故」字。

〔五三〕破諸家從甲至癸謂之挾日挾通也　董本同。阮本無下「挾」字，云：「通」字當衍。今案阮校非是。

〔五四〕上士二十七人　婺、岳本同，建本「十」下有「有」字。

〔五五〕所施者典則建其牧已下是也　「者」，殿本作「之」。浦鏜云，當作「之」。

〔五六〕若殷之牧下　諸本同。阮校云，「下」字誤。孫詒讓云，「下」字不誤。孫說蓋是。

〔五七〕故鄭玄謂衆士也　阮校云，「玄」爲「云」之誤。

〔五八〕直有宗稱　孫詒讓云：「宗」當作「家」。

〔五九〕若叔孫氏之名臣郈戾　「名臣」，正、閩本同，阮本作「臣名」。疑阮本爲是。

〔六〇〕鄙都之內　「鄙都」，阮本作「都鄙」。

〔六一〕使文丞邦國之下也　董本同，阮本作「承」，蓋是。

〔六二〕並是五官之長　聞、閩、監、毛本同，殿本「長」作「考」。阮校云，「長」當「考」之誤。

〔六三〕八成本以治萬民　諸本同。阮校云，疑作「八成本以經邦治」。

〔六四〕眡滌濯　「濯」下原無鄭注，婺、建本皆有「執事」等二十二字鄭注，據補。

〔六五〕眡音視　案「眡」當據徐本作「眡」。

〔六六〕司宮摡豆籩及勺爵　浦鏜云，儀禮無「及」字。

〔六七〕即是卿大夫贄幣一人也　「卿」，原作「即」，據阮本改。

〔六八〕肫解而腥之　「腥」，監、毛、殿本同，閩、阮本作「新」，非。

〔六九〕以爲迎氣於四郊之等　監、毛、殿本同。「等」，阮本作「外」。疑當作「等」是。

〔七〇〕音祇　「祇」，徐本、盧本及阮本作「畿」。阮校云：「閩、監、毛本亦作「畿」。

〔七一〕贄玉幣爵之事已上　「幣」，原作「别」，據阮本改。

〔七二〕皆如祀五帝之禮　「如」，原作「云」，據阮本改。

〔七三〕下别言贄玉几玉爵　「别」，原作「弊」，據阮本改。

〔七四〕秋冬可知云舉春秋即冬夏可知者　上「可知」，殿本同，阮本作「司農」，疑非。

〔七五〕則圭以馬璋以皮者　「圭」，原作「璧」，據阮本改。

〔七六〕享后用璋以皮　「璋」，原作「琮」，據阮本改。

〔七七〕但春夏受享　浦鏜云，當作「但春夏受摯於朝，受享於廟」，脱六字。

〔七八〕大喪謂王喪　上「喪」字原作「或」，據阮本改。

〔七九〕典瑞並云飲玉　「飲」，閩、阮本同，閩、監、毛、殿本作「飯」。阮校云，「飲」當作「飯」。

周禮注疏卷第三

小宰之職，掌建邦之宫刑，以治王宫之政令，凡宫之糾禁。杜子春云：「宫，皆當爲官。」玄謂宫刑，在王宫中者之刑。建，明布告之。糾猶割也，察也，若今御史中丞。○宫刑，鄭如字，謂宫中之刑也，干同，杜作官。

注「杜子春」至「中丞」 後鄭以宫刑宫中之刑，不從子春官刑者，見秋官司寇已云「四曰官刑」，此小宰不往貳之，則不須重掌。又見下文觀治象「乃退，以宫刑憲禁于王宫」，故知宫刑明矣。云「建，明布告之」者，上冢宰尊，所云「建六典」之等，爲建立之義；小宰卑，云「建」者，則明布告，使知而已。云「糾猶割也，察也」者，既言糾，謂糾舉其非。事已發者，依法斷割之；事未發者，審察之。云「若今御史中丞」者，應劭云：「秩千石，朝會獨坐，副貳御史大夫，内掌蘭臺圖籍，外督刺史，糾察百寮。」故舉漢法況之。

掌邦之六典、八灋、八則之貳，以逆邦國、都鄙、官府之治。逆，迎受之。鄭司農云：「貳，副也。」○之治，直吏反，下及注皆同。

「掌邦」至「之治」 大宰本以六典治邦國，今還以六典逆邦國之治，逆，謂迎受句考之也。大宰本以八法治朝廷官府，今還以八灋句考官府之治。大宰本以八則治都鄙，今還以八則句考都鄙之治。皆句考使知功過所在也。

執邦之九貢、九賦、九式之貳，以均財節邦用。

「執邦」至「邦用」 此三者，並大宰所掌者，以其家宰制國用，九貢、九賦斂財賄，九式用之事之大者，故小宰副貳之。然大宰有九職，小宰不貳之者，以其九職云「任萬民」，小宰若云貳，謂任使以貳之，故不言。其實九職任之使之出貢，用之，則小宰亦貳之，九貢中兼之矣。以其九職亦有九貢故也。「以均財節邦用者」，以九式並舊有法式，多少不得增減，故云均節也。

以官府之六敘正羣吏。一曰以敘正其位，二曰以敘進其治，三曰以敘作其事，四曰以敘制其食，五曰以敘受其會，六曰以敘聽其情。敘，秩次也，謂先尊後卑也。治，功狀也。食，禄之多少。情，争訟之辭。○争訟，争鬭之争。

「以官府」至「其情」 凡言「敘」者，皆是次敘。先尊後卑，各依秩次，則羣吏得正，故云正羣吏也。「一曰以敘正其位」者，謂若卿、大夫、士，〔二〕朝位尊卑次列。「二曰以敘進其治」者，謂卿、大夫、士，有治職功狀文書進于上，亦先尊後卑也。「三曰以敘作其事」者，謂有所執掌起事，亦先尊後卑也。「四曰以敘制其食」者，謂制禄依爵命授之，亦先尊後卑也。「五曰以敘受其會」者，謂歲終進會計文書，受之，亦先尊後卑也。「六曰以敘聽其情」者，情，謂情實。則獄訟之情，〔三〕受聽斷之時，亦先尊後卑也。

注「敘秩次也」 云「秩次」者，謂尊卑之常，各有次敘也。

以官府之六屬舉邦治。一曰天官，其屬六十，掌邦治，大事則從其長，小事則專達；二曰地官，其屬六十，掌邦教，大事則從其長，小事則專達；三曰春官，其屬六十，掌邦禮，大事則從其長，小事則專達；四曰夏官，其屬六十，掌邦政，大事則從其長，小事則專達；五曰秋官，其屬六十，掌邦刑，大事則從其長，小事則專達；六曰冬官，其屬六十，掌邦事，大事則從其長，小事則專達。大事從其長，若庖人、內外饔與膳夫共王之食。小事專達，若宮人、掌舍各爲一官。六官之屬三百六十，象天地四時日月星辰之度數，天道備焉。前此者，成王作周官，其志有述天授位之義，故周公設官分職以法之。○專達，干云：「達，決也。」

「以官府」至「專達」　「六屬舉邦治」者，謂官盛任使，(三)立長官，必當以屬官佐之，邦治得舉，是以六官各有其屬六十，故云官府之六屬舉邦治也。「一曰天官」，謂大宰之官。「其屬六十」，謂宮正至夏采，皆掌治職，故云掌治也。云「大事則從其長」者，謂若膳夫鄭注云「膳夫，食官之長也」。則下庖人、內外饔、亨人，有事皆來諮白膳夫，故云「大事從其長」也。「小事則專達」者，謂若宮人、掌舍，無大事，無長官可諮，自專行事。以下五官，皆此類也。

注「大事」至「法之」　云「大事從其長，若庖人、內外饔與膳夫共王之食」者，此並共王食，是同事，(四)故庖人已下，諮膳夫長官也。云「小事專達」者，若宮人、掌舍，直掌王之行，設梐枑之等，(五)二官並是小事，又不立長官，當官行事，故云各爲一官，是專達也。鄭直舉天官之內其事顯者，各言其一。餘官，若大府，鄭云「治藏之長」；市，鄭云「市官之長」；春官大司樂，鄭云「樂官之長」；夏官司甲，鄭云「兵戈盾官之長」：如此之類，其事甚多，不可具陳也。小事則專達，天官甚衆，〔六〕亦不可具言也。云「六官之屬三百六十，象天地四時日月星辰之度數」者，依周髀、七耀，皆云周天三百六十五度四分度之一，舉全數，亦得云三百六十也。言地則與天配合，四時言周天，亦是地之數。十二月，亦是周天之數。日，日行一度，月，日行十三度十九分度之七，日月所行，亦在周天之數。星辰，謂二十八宿十二次，亦在周天數内，皆不離三百六十五度四分度之一耳。天地四時日月星辰之度數，所從言之異耳。故尚書洪範云「五紀，一曰歲，二曰月，三曰日，四曰星辰」，皆別言之。下以歷數揔結之，亦是類也。云「天道備焉」者，以此三百六十官，是天道備矣。云「前此者，成王作周官，其志有述天授位之義」者，鄭依書傳云「周公攝政三年，踐奄」，與滅淮夷同時。又按：成王周官：「成王既黜殷命，滅淮夷，還歸在豐，作周官。」則成王作周官，在周公攝政三年時，周公制禮，在攝政六年時，故云前此者，謂成王前於此時作周官。其志，謂成王志意，有述天授位之義，即彼周官云：「唐虞稽古，建官惟百，夏商倍之。今予小子，訓迪厥官，以立大師、大傅、大保，兹惟三公，論道經邦，燮理陰陽。」下又云立三孤及天地四時之官，是其志有述天地三百六十官位之義。故周公設官分職法之也。此鄭義，不見古文尚書，故爲此解。若孔據古文尚書，多士已下，並是周公致政後成王之書。周公攝政時，淮夷、奄與管蔡同作亂，成王即政後，又叛，成王親征之，故云滅淮夷。還歸在豐，作周官用人之法，則彼周官在此周禮後，與鄭義異也。

以官府之六職辨邦治。一曰治職，以平邦國，以均萬民，以節財用；二曰教職，以安邦國，以寧萬民，以懷賓客；三曰禮職，以和邦國，以諧萬民，以事鬼神；四曰政職，以服邦國，以正萬民，以聚百物；五曰刑職，以詰邦國，以糾萬民，以除盜賊；六曰事職，以富邦國，以養萬民，以生百物。懷亦安也。賓客來，共其委積，所以安之。聚百物者，司馬主九畿，職方制其貢，各以其所有。○其委，於僞反，下「賙委」同。積，子賜反。

「以官」至「百物」 云「以官府六職辨邦治」者，六官者各有職，若天官治職，地官教職，其職不同，邦事得有分辨，故云「以辨邦治」也。 「一曰治職」者，謂以平爲義也。云「以節財用」者，亦以制國用故也。 「二曰教職，以安邦國，以寧萬民」者，安邦國，與教典同，彼云「擾萬民」，此云「寧萬民」，不同者，上擾爲馴，馴則寧，義無異也。云「懷賓客」者，以有委積，故賓客懷安也。 「三曰禮職，以和邦國，以諧萬民」者，此與上禮典同也。云「以事鬼神」者，以其主祭祀，當職之事也。 「四曰政職，以服邦國，以正萬民」者，上政典云「平邦國，均萬民」，不同者，服由平定使之然，則 亦平也，〔七〕均與正，義亦一也。云「以聚百物」者，鄭云「司馬主九畿，職方制其貢」，貢，即百物也。 「五曰刑職，以詰邦國，以糾萬民」，此與上刑典文同。云「除盜賊」者，有寇則罪之，盜賊得除，故云「除盜賊」也。 「六曰事職，以富邦國，以養萬民」者，上事典「以生萬民」，生，則養也，與上同。此六職不云官府百官，與六典不同者，以六職皆當職行事，義不及遠，故與六典文異也。

注「懷亦」至「所有」 教典共其委積者，大司徒下有遺人，掌十里有廬，廬有飲食之等，故云「共委積」也。云「司馬主九畿」，并引職方者，司馬直主九畿，無貢物之事，故引其屬職方也。

以官府之六聯合邦治：一曰祭祀之聯事，二曰賓客之聯事，三曰喪荒之聯事，四曰軍旅之聯事，五曰田役之聯事，六曰斂弛之聯事。〔八〕凡小事皆有聯。鄭司農云："大祭祀，大宰贊玉幣，司徒奉牛牲，宗伯視滌濯、涖玉鬯，省牲鑊，奉玉齍，司馬羞魚牲，奉馬牲，司寇奉明水火；大喪，大宰贊贈玉、含玉，司徒帥六鄉之衆庶，屬其六引，〔九〕宗伯爲上相，司馬平士大夫，司寇前王，此所謂官聯。"杜子春弛讀爲施。玄謂荒政弛力役，及國中貴者、賢者、服公事者、老者、疾者皆舍，不以力役之事。奉牲者，其司空奉豕與？○斂弛，尸氏反，劉本作施，音弛，杜作施。涖，音利，又音類。玉鬯，勑亮反。牲鑊，户郭反。玉齍，音資。六鄉，音香。屬其，音燭。六紖，徐音胤，劉音引，本或作引。上相，息亮反。豕與，音餘。

「以官府」至「有聯」 云「以官府之六聯合邦治」者，謂官府之中有六事，皆聯事通職，然後國治得會合，故云合邦治也。「一曰祭祀之聯事」，「三曰喪荒之聯事」，此二者，鄭注具，以其二者顯著，故特言之。「二曰賓客之聯事」者，鄭雖不言，案大宰「大朝覲、會同，贊玉幣玉獻」，大司徒「令野脩道委積」，大宗伯「朝覲、會同，則爲上相」，大司寇云「凡朝覲、會同，前王」，唯大司馬不見有事，司空又亡。「四曰軍旅之聯事」者，以六軍軍將皆命卿，田役亦然，且大司徒云：「大軍旅、大田役，以旗致萬民。」大司馬云：「大師，建大常，比軍衆。」「中春，教振旅之事」。「六曰斂弛之聯事」，並大宰任九職、九貢、九賦，司徒制貢，小司徒令貢賦，若通數小官，則多矣。云「凡小事皆有聯」者，謂司關云「掌國貨之節，以聯門市」之類，是也。

注「鄭司」至「豕與」 司農雖解祭祀及大喪二事，皆不言司空，司空亡故也。大祭祀，唯大宰尊，不奉牲，宗伯不言奉雞，司馬直言奉馬，不兼言奉羊，司寇不言奉犬，皆略不言可知。云「杜子春弛讀爲施」者，若依施，施是施惠，事不必連，〔一〇〕若爲弛，則於事廣矣。故後鄭不從之。「玄謂荒政弛力役」者，此經「三曰喪荒」，荒，謂年穀不熟。大司徒有荒政十二，其中「四曰弛力」。弛力役謂廩人歲不能人二釜，則令移民就穀，是時弛力役也。鄉大夫云「國中貴者」，謂有官爵者，「賢者」，謂有德行者，「服公事者」，謂若庶人在官者，「老」，謂國中六十者，「疾者」，謂癈疾不堪役者，皆舍，不以力役之事也。云「奉牲者，其司空奉豕與」者，司空雖亡，案五行傳云：「聽之不聰，時則有豕禍」，家屬北方。又説卦云「坎爲豕」，是豕屬水。故知司空奉豕。無正文，故云「與」，以疑之也。

以官府之八成經邦治：一曰聽政役以比居，二曰聽師田以簡稽，三曰聽閭里以版圖，四曰聽稱責以傅別，五曰聽禄位以禮命，六曰聽取予以書契，七曰聽賣買以質劑，八曰聽出入以要會。鄭司農云：「政謂軍政也。役謂發兵起徒役也。比居謂伍籍也。比地爲伍，因内政寄軍令，以伍籍發軍起役者，平而無遺脱也。簡稽士卒、兵器、簿書。〔一一〕簡猶閲也。〔一二〕稽猶計也，合也。合計其士之卒伍，閲其兵器，爲之要簿也。故遂人職曰『稽其人民，簡其兵器』。國語曰『黄池之會，吴陳其兵，皆官師擁鐸拱稽』。版，户籍。圖，地圖也。聽人訟地者，以版圖決之。司書職曰『邦中之版，土地之圖』。稱責，謂貸子。〔一三〕傅別，謂券書也。聽訟責者，以券書決之。傅，傅著約束於文書。〔一四〕別，別爲兩，兩家各得一也。禮命，謂九賜也。書契，符書也。質劑，謂市中平賈，今時月平是也。要會，謂計最之簿書，月計曰要，歲計曰會，故宰夫職曰『歲終，則令羣吏正歲會；月終，則令正月要』。」傅別，故書作「傅辨」。鄭大夫讀爲「符別」，杜子春讀爲「傅別」。玄謂政謂賦也。凡其字或作政，或作正，或作征，以多言之宜從征，如孟子「交征利」云。傅別，謂爲大手書於一札，中字別之。書契，謂出予受入之凡要。凡簿書之最目，獄訟之要辭，皆曰「契」。春秋傳曰「王叔氏不能舉其契」。質劑，謂兩書一札，同而別之，長曰質，短曰劑。傅別質劑，皆今之券書也，事異，異其名耳。禮命，禮之九命之差等。○政役，鄭音征，司農如字。以比，毗志反，注同。以傅，音附，注同。別，彼列反，注同。要會，古外反，凡「要會」、「會計」之字皆放此。士卒，子忽反，下同。簡閲，音悦。貸子，他代反。傅著，直略反。平賈，音嫁。月平，劉音病。

「以官」至「要會」　以官府之中有八事，皆是舊法成事品式，依時而行之，將此八者，經紀國之治政，故云「經邦治」

也。「一曰聽政役以比居」者，八事皆聽者，民事爭訟，當斷之也。〔一五〕政，謂賦稅。役，謂使役，民有爭賦稅使役，則以地比居者共聽之。「二曰聽師田以簡稽」者，稽，計也。簡，閱也。謂師出征伐及田獵，恐有違法，則當閱其兵器與人，并筭足否。「三曰聽閭里以版圖」者，在六鄉，則二十五家爲閭，在六遂，則二十五家爲里。閭里之中有爭訟，則以户籍之版、土地之圖聽決之。「四曰聽稱責以傅別」者，稱責，謂舉責生子，彼此俱爲稱意，故爲稱責，於官於民俱是稱也。爭此責者，則以傅別券書決之。「五曰聽祿位以禮命」者，謂聽時以禮命之其人策書之本，〔一六〕有人爭祿之多少，位之前後，則以禮命文書聽之也。「六曰聽取予以書契」者，此謂於官直貸不出子者，故云取予。若爭此取予者，則以書契券書聽之。「七曰聽賣買以質劑」者，質劑，謂券書。有人爭市事者，則以質劑聽之。「八曰聽出入以要會」者，歲計曰會，月計曰要。此出入者，正是官内自用物。有人爭此官物者，則以要會簿書聽之。

注「鄭司」至「差等」。政，軍政。後鄭不從者，若軍政，自在大司馬聽之，何得在此乎？云「比居謂伍籍也」者，即司徒職「五家爲比」，出軍即「五人爲伍」。云「因内政寄軍令」者，謂在家，五家爲比，五比爲閭，四閭爲族，五族爲黨，五黨爲州，五州爲鄉。若出軍，則家出一人，則還五人爲伍，是一比長，還爲伍長領之。〔一七〕二十五人爲兩，是一閭，閭胥即爲兩司馬領之。以此言之，至一鄉出一軍，軍將還是鄉大夫爲之。是因内政寄軍令。此管子文。彼云「作内政」，司農云「因内政」者，讀字不同。云「簡稽士卒、兵器、簿書」者，士卒，謂車別甲士三人，步卒七十二人。兵器，謂弓矢、殳、矛、戈、戟，皆有簿書，故引遂人以證之也。云「國語曰『黄池之會』」者，吴語吴晉爭長，吴人令曰：伏兵甲，陳士卒百人，爲徹行，頭官師，擁鐸拱稽，名籍也。先鄭爲計，計，謂據名籍計之，義合，故引之也。云「版，户籍」者，後鄭下注亦云「鄉户籍」。圖，謂民之地圖，故引司書版圖以證之。云「責謂貸子」者，謂貸而生子者，若今舉責，即地官泉府職云「凡民之貸者，以國服爲之息」。〔一八〕若近郊民貸，則一年十一生利之類，是也。云

「傅，傅著約束於文書。別者，各得其一」，二家別釋，後鄭不從者，名爲券書，即是傅著於文書可知。後鄭傅、別二字，共爲一事解之。云「禮命，謂九賜也」者，後鄭不從者，九賜之言，出自禮緯含文嘉。八命已上，乃有九賜，此所聽斷，何得取八命已上解之。云「書契，符書也」者，謂官券符璽之書，此據官子民物，〔一九〕何得爲符璽之書解之？故後鄭不從也。云「質劑謂市中平賈，今時月平是也」，後鄭不從者，地官質人云「大市曰質，小市曰劑」，若今月平賈，不合有兩名，故不從也。云「月計曰要，歲計曰會」者，官之出入，有要會簿書計管，故引宰夫證之也。鄭大夫讀傅別爲符別，後鄭不從。又云「傅別，故書作『傅辨』」，不從古書也。「玄謂政謂賦也」，賦，則口率出泉，且與役同文，皆是科稅之事也。〔二〇〕云「凡其字或作政」者，此經政役是也。「或作正」者，其字或有作正字者。「或作征」者，即孟子云「交征利」及鄉大夫云「皆征之」是也。云征處多，故鄭從征也。孟子「交征利」者，案孟子云：「孟子見梁惠王。王曰：『叟，不遠千里而來，亦將有以利吾國乎？』對曰：『何必曰利？亦有仁義而已矣。王則曰何以利吾國，大夫曰何以利吾家，士庶人曰何以利吾身。上下交征利則國危矣。』」引之，以證征是口稅之法。云「傅別，謂爲大手書于一札，中字別之」者，謂於券背上，大作一手書字札，字中央破之爲二段，別之。云「書契，謂出予受入之凡要」者，此予則取予，謂若泉府云「凡賒者，祭祀無過旬日，喪紀不過三月」，及旅師云「春頒秋斂」，賒取官物，後還，無生利之事。凡要，亦是簿書也。云「凡簿書之最目，〔二一〕獄訟之要辭，皆曰契」者，簿書之要目曰契，〔二二〕即取予以書契是也。獄訟之要辭曰契，即鄭引春秋傳者是也。其春秋王叔氏事在襄十年。彼云「王叔陳生與伯輿争政。晉侯使士匄平王室，使王叔氏與伯輿合要，王叔氏不能舉其契」。此即獄訟之要辭曰契。云「質劑，謂兩書一札，同而別之，長曰質，短曰劑」者，案：地官質人云「大市曰質，小市曰劑」，鄭注：「大市，人民馬牛之屬，用長券；小市，兵器珍異之物，用短券。」言兩書一札同而別之者，謂前後作二券，中央破之，兩家各得其一，背無手書字，〔二三〕異於傅別。故鄭云：「傅別、質劑，皆今之券書也。」云「禮命，禮之九命之差等」者，謂若大宗伯九儀，從一命受職，以至九命作伯，差等有九，是也。

以聽官府之六計，弊羣吏之治。一曰廉善，二曰廉能，三曰廉敬，四曰廉正，五曰廉灋，六曰廉辨。聽，平治也。平治官府之計有六事。弊，斷也。既斷以六事，又以廉爲本。善，善其事，有辭譽也。能，政令行也。敬，不解于位也。正，行無傾邪也。法，守法不失也。辨，辨然不疑惑也。杜子春云：「廉辨或爲廉端。」○弊羣，必世反。治也，如字，下文「治其弛舍」同。斷也，丁亂反，下同。不解，隹賣反。傾邪，似嗟反。

「以聽」至「廉辨」「言六計弊羣吏之治」者，六計謂善、能、敬、正、法、辨，六者不同，既以廉爲本，又計其功過多少而聽斷之，故云「六計，弊羣吏之治」也。

注「聽平」至「廉端」云「皆以廉爲本」者，此經六事，皆先言廉，後言善、能之等，故知將廉爲本。廉者，絜不濫濁也。云「善，善其事，有辭譽也」者，謂有善事，四方令聞辭譽也。云「能政令行也」者，謂雖無辭譽，所行政令得行也。云「敬不解于位也」者，謂敬其職位，恪居官次也。云「正行無傾邪也」者，以其行正直，言公正無私也。云「法，守法不失也」者，謂依法而行，無有錯失也。云「辨，辨然不疑惑也」者，謂其人辨然於事分明，無有疑惑之事也。「杜子春云廉辨或爲廉端」者，經本或爲廉端，後鄭不從者，若爲端，端亦正，與廉正爲重，故不從。引之在下者，不苟違之，亦得爲一義故也。

以灋掌祭祀、朝覲、會同、賓客之戒具，軍旅、田役、喪荒亦如之。法，謂其禮法也。戒具，戒官有事者所當共。

「以灋」至「如之」　言「以法掌祭祀」已下七者，皆是上六聯百官聯事通職者。以其衆官共，故經云「令百官府共其財用」也。然六聯之中，不言朝覲、會同者，以彼賓客中可以兼之，以其朝覲、會同，還是諸侯賓客之事。此七事不言斂弛，以其非七事中之大事，故退之在下。

注「法謂」至「當共」　言禮法，謂七者皆有舊法依行，若九式曰「祭祀之式」。云「戒具，戒官有事所當共也」者，此七事在大宰八法中。「六曰官法」，彼在「八曰官計」上者，以其彼有數，故在上；此官法無數，故退在六計下也。

七事者，令百官府共其財用，〔二四〕**治其施舍，聽其治訟。**七事，謂先四、如之者三也。施舍，不給役者。七事，故書爲「小事」。杜子春云：「當爲七事，書亦爲七事。」〔二五〕○共其，音恭，禮本「供」字皆作「共」，可以意求之。

注「七事」至「七事」　「七事」先四，謂從祭祀至賓客。云「如之者三也」者，從軍旅至喪荒也。云「施舍，不給役」者，上「六聯」注引鄉大夫「國中貴者、老者、疾者、服公事者」是也。云「七事，故書爲小事」者，與經不相當，故杜子春從經爲正也。

凡祭祀，贊王幣爵之事、〔二六〕**祼將之事。**又從大宰助王也。將，送也。祼送，送祼，謂贊王酌鬱鬯以獻尸謂之祼。祼之言灌也，明不爲飲，主以祭祀。唯人道宗廟有祼，天地大神至尊不祼，莫稱焉。凡鬱鬯，受，祭之，啐之，奠之。○祼將，古亂反。不爲，于僞反。莫稱，尺證反。啐之，寸對反。

注「又從」至「奠之」　案大宰職云「祀五帝贊王幣爵」，今此又云祭祀贊此三者，謂小宰執以授大宰，大宰執以授王，是相贊助，故云又從大宰助王也。云「將，送也。裸送，送裸，謂贊王酌鬱鬯以獻尸」者，上云「贊王幣爵」，據祭天，而下別云「裸將」，是據祭宗廟。且上大宰不言贊裸將，則大宰不贊之，故此注云贊王酌鬱鬯也。云「明不爲飲，主以祭祀」者，朝踐已後，尸乃飲，二裸爲奠，不飲，故云「不爲飲，主以祭祀」。云「唯人道宗廟有裸，天地大神至尊不裸」者，據大宰，祀五帝及大神示亦如之，皆不言裸，此文又裸將在王幣爵之下，明宗廟有裸，天地無裸。且大宗伯祀天言煙，祭社言血，享大神不灌者，〔二七〕不用降神，無妨用秬鬯。必若然，天地用八尊，直有五齊三酒，不言秬鬯尊者，以其冪人職天地八尊者以與宗廟六彝相對爲文。鬯人職秬鬯不入彝尊，則別有尊矣，不言者，略耳。不裸者，覆載之德，其功尤盛，欲報之德，明可稱焉，〔二八〕故無裸，直加敬而已。其牲用特，其器陶匏，皆是質略之事，故鄭云莫稱焉。云「凡鬱鬯，受，祭之，啐之，奠之」者，謂王以圭瓚酌鬱鬯獻尸，后亦以璋瓚酌鬱鬯獻尸，尸皆受，灌地降神，名爲祭之。〔二九〕向口啐之，啐之，謂入口，乃奠之於地也。祭天地既言無灌，案宗伯「涖玉鬯」，又案禮記表記云：「親耕粢盛，秬鬯，以事上帝」，上帝得有秬鬯者，案春官鬯人職「掌共秬鬯」，下所陳社稷山川等外神，皆用秬鬯，不用鬱。廟言灌，且亦天地無裸也。天地無人職用鬯者，〔三〇〕唯有宗廟，及裸賓客耳。

凡賓客，贊裸，凡受爵之事，凡受幣之事。唯裸助宗伯，其餘皆助大宰。王不酌賓客而有受酢。大宗伯職曰：「大賓客則攝而載裸。」〔三一〕

「凡賓」至「之事」　「凡賓客，贊裸」者，案大行人云：「上公再裸而酢，侯伯一裸而酢，子男一裸不酢。」謂諸侯來朝，朝享既畢，王禮之，有此灌酢之禮也。云「凡受爵之事」者，謂上公與諸侯酢主之爵，〔三二〕王受之。云「凡受幣之事」者，謂廟中行三享，享時，璧以帛，琮以錦，致享時有此受幣之事。皆言「凡」者，謂諸侯非一，故言凡，以廣之也。

注「唯祼」至「載祼」　言「唯祼助宗伯」者，後引宗伯職者是也。云「其餘皆助大宰」者，謂受爵幣二者，皆助大宰。賓客酢王之時，大宰於賓處受而授王，王飲訖，大宰受爵，以授小宰。受幣之時，亦王親受，受以授大宰，大宰以授小宰也。云「王不酌賓客而有受酢」者，案：燕禮使宰夫爲主人，是君不酌臣，於諸侯亦然。受酢，是飲酒之事，臣不可代君飲酒，故有受酢之事也。又引大宗伯職曰「大賓客則攝而載祼」者，案：彼鄭注云：「載，爲也。」言爲者，攝酌獻耳。拜送，則王也。若然，大宗伯非直攝王祼，若上公再祼，兼有后祼之時，大宗伯亦代后祼也。拜送，則后也。拜乃恭敬之事，亦不可使臣代之故也。

喪荒，受其含襚幣玉之事。春秋傳曰：「口實曰含，衣服曰襚。」凶荒有幣玉者，賓客所賙委之禮。○含襚，音遂。所賙，音周。

「喪荒」至「之事」　喪，謂王喪，諸侯、諸臣有致含襚幣玉之事。荒，謂凶年，諸侯亦有致幣玉之事。上大宰不言，則此小宰專受之。案：禮記少儀云：「臣致襚於君，則曰致廢衣於賈人。」則諸侯臣，皆得喪含襚也。〔三三〕

注「春秋」至「之禮」　云「春秋傳」者，公羊文。其含襚所用，在死之時，若既殯之後，亦容有致之法，故禮記雜記，殯後，諸侯遣使致含、襚、賵之禮，主人受之。雖不及事，容致厚意。是以春秋左氏「秦人來歸僖公成風之襚」，亦在踰年後，春秋不譏也。云「凶荒有幣玉者，賓客所賙委之禮」者，案：小行人云：「若國凶荒，則令賙委之。」彼謂王家賙委諸侯法，此謂諸侯賙委王家法也。

月終，則以官府之敘受羣吏之要。主每月之小計。

「月終」至「之要」　月計曰要，故每月月終，則使官府致其簿書之要。受之，當先尊後卑，故言敘。

注「主每月之小計」　言小計，對下經歲會爲大計也。若大會，則下文冢宰平之。

贊冢宰受歲會，歲終，則令羣吏致事。〔三四〕使齎歲盡文書來至，若今上計。○使齎，子兮反。今上，時掌反，下同。

「贊冢」至「致事」　贊，助也。歲計曰會，言冢宰，則據百官摠焉，謂助冢宰受一歲之計。云「歲終則令羣吏致事」者，謂使六官各致一年功狀，將來考之故也。

注「使齎」至「上計」　漢之朝集使，謂之上計吏，謂上一年計會文書及功狀也。

正歲，帥治官之屬而觀治象之灋，徇以木鐸，曰：「不用灋者，國有常刑。」正歲，謂夏之正月。得四時之正，以出教令者，審也。古者將有新令，必奮木鐸以警衆，使明聽也。木鐸，木舌也。文事奮木鐸，武事奮金鐸。○夏之，户雅反，後放此。

「正歲」至「常刑」　此則大宰周之「正月之吉，始和布之於天下」，至此建寅正歲之正月，懸之於象魏，其小宰亦助大宰帥治官六十官之屬及萬民，而觀治象之法，使知當年治政之法也。其時，小宰徇以木鐸以警衆曰：「不用法者，國有常刑。」欲使之用命，不犯刑也。

注「正歲」至「金鐸」　知正歲是夏之正月者，見凌人云「正歲十有二月，令斬冰」。若正歲是建子周正，即今之十月，冰未堅，不得斬之。言正歲「得四時之正」，周殷則不得。以此推之，諸言「正歲」者，皆四時之正，是建寅之月。云「古者將有新令，必奮木鐸以警衆」者，案：禮記檀弓云：自寢門至於庫門，振木鐸曰：「舍故而諱新。」彼及此文，皆是有命奮木鐸警衆，使明聽之事也。云「木鐸，木舌」者，鐸皆以金爲之，以木爲舌，則曰「木鐸」，以金爲舌，則曰「金鐸」也。云「文事奮木鐸」者，此文乃檀弓并明堂位曰「振木鐸於朝」，〔三五〕天子之禮皆是也。又云「武事奮金鐸」者，鼓人云「金鐸通鼓」，大司馬云「兩司馬振鐸」，是也。

乃退，以宮刑憲禁于王宮。憲謂表縣之，若今新有法令云。

注「憲謂」至「令云」　凡刑禁皆出秋官。今云「憲禁」者，與布憲義同，故小宰得秋官刑禁文書，表而縣之於宮内也。

令于百官府曰：「各脩乃職，考乃灋，待乃事，以聽王命。其有不共，則國有大刑。」乃猶女也。

「令于」至「大刑」　此經於職末當稟于大宰，而令百官謹于此數事，以結之也。

宰夫之職，掌治朝之灋，以正王及三公、六卿、大夫、羣吏之位，掌其禁令。治朝，在路門之外。其位，司士掌焉，宰夫察其不如儀。○掌治，直吏反，注及下之治、贊治、官掌縣治皆同。朝之，直遥反，後皆同。

「宰夫」至「禁令」　言「掌治朝之法，以正王及三公、六卿、大夫、羣吏之位」者，案：司士云：「正朝儀之位，辨其貴賤之等。王南鄉，三公北面東上，孤東面北上，卿大夫西面北上。王族、故士、虎士，在路門之右，南面東上；大僕從者在路門之左，南面西上。」此羣吏即羣士，是其位也。「掌其禁令」，即察其不如儀耳。

注「治朝」至「如儀」　知此治朝在路門外者，燕朝在路寢庭，外朝在庫門外，其事希簡，非常治正之所。此云治朝，是常治事之朝，故知是路門外，夏官司士所掌者。知「察其不如儀」者，宰夫與司士，俱是下大夫，非贊治朝。又見經云「禁令」，知直察其不如儀式者也。

敘羣吏之治，以待賓客之令，諸臣之復，萬民之逆。恒次敘諸吏之職事。三者之來，則應使辨理之。鄭司農云：「復，請也。逆，迎受王命者。宰夫主諸臣萬民之復逆，故詩人重之曰『家伯維宰』。」玄謂復之言報也，反也。反報於王，謂於朝廷奏事。自下而上曰逆，逆謂上書。

「敘羣」至「之逆」　此宰夫次敘羣吏、諸臣等之治職，即以待賓客已下三事，使之應荅，不闕於事也。言「以待賓客之令」，此一者，謂若大宗伯「朝覲會同則爲上相」，肆師云「大朝覲佐儐」，及大小行人、掌客、掌訝、委人、遺人之屬，皆是待賓客之官，使辨理之也。云「諸臣之復」，此其二者。案：夏官小臣職云：「掌三公及孤卿之復逆。」復逆並掌之。此不言逆者，但宰夫直次之，不掌事，故於文略也。又案：夏官大僕職云：「掌諸侯之復逆。」此諸臣中兼之。此宰夫恒敘大僕小臣等辨理此復逆之事也。云「萬民之逆」，此三也者。案：夏官御僕職「掌羣吏、庶民之復逆」。彼羣吏，與此經羣吏爲羣臣別，故鄭彼注「羣吏，府史以下」。此不言羣吏及復，亦是文略也。此宰夫次敘御僕，使辨理府史萬民復逆也。

注「恒次」至「上書」　鄭司農云「復，請也。逆，迎受王命」者，〔三六〕復，是報白之義，不得爲請，故後鄭不從。又王命既出，在下受而行之，不得云「逆」。逆者，向上之言，不爲向下之義，故後鄭亦不從。云「宰夫主諸臣萬民之復逆，故詩人重之曰『家伯維宰』」者，知彼宰非大宰，而當此宰夫者，維宰在司徒下、膳夫上，故知是宰夫也。此先鄭以官次第當宰夫。案：鄭彼注「冢宰掌建邦之六典，皆卿也」。不從司農者，諸經單稱宰者，皆大宰。若宰夫，無單言宰者，故爲大宰解之。若然，大宰在司徒下者，彼以權寵爲次，不以尊卑。故內史中大夫，在膳夫上士之下，師氏中大夫在趣馬下士之下。「玄謂復之言報也，反也」者，謂羣臣受王命，使臣行之訖，反報於王，故云「朝廷奏事」也。云「自下而上曰逆」者，謂自上而下曰「順」，故自下而上曰「逆」也。言上書者，則今之上表也。若然，據夏官諸侯諸臣萬民，皆復逆並有，則此亦皆有上書奏事耳。司農於此注復爲請，逆爲迎受王命，後鄭不從。及至夏官大僕先鄭注云「復謂奏事，逆謂受下奏」，即與後鄭義同，故彼後鄭從之。若然，是先鄭兩解也。案：内豎云「掌外内之通令，凡小事」，鄭注云：「内，后六宫。外，卿大夫也。使童豎通王内外之命。給小事者，以其無與爲禮，出入便疾。内外以大事聞王，則大事俟朝而自復。」若然，何須更有小臣等復逆乎？然者，一日萬機，〔三七〕或有俟朝自復，有大事急促，不得待朝，即須非時通傳，使聞徹在上者也。〔三八〕

掌百官府之徵令，辨其八職。一曰正，掌官灋以治要；二曰師，掌官成以治凡；三曰司，掌官灋以治目；四曰旅，掌官常以治數；五曰府，掌官契以治藏；六曰史，掌官書以贊治；七曰胥，掌官敘以治敘；八曰徒，掌官令以徵令。別異諸官之八職，以備王之徵召所爲。正，辟於治官，則冢宰也。治要，若歲計也。師，辟小宰、宰夫也。治凡，若月計也。司，辟上士、中士。治目，若今日計也。旅，辟下士也。治數，每事多少異也。治藏，藏文書及器物。贊治，若今起文書草也。治敘，次序官中，如今侍曹伍伯傳吏朝也。徵令，趨走給召呼。○治藏，才浪反，注「治藏」同。別異，彼列反。辟於，音譬，本亦作譬，下皆同。傳吏，直專反。

「掌百」至「徵令」　言「掌百官府之徵令，辨其八職」者，謂摠王朝三百六十官，以備王之所徵召及施令，若不分別其職，則徵召無所指斥，故須分辨三百六十職也。「一曰正」者，正，長也。六卿下各有屬六十，故六卿稱正也。云「掌官灋」者，掌當官之法也。「以治要」者，要，謂大計要也。

注「別異」至「召呼」　自「正」已下爲八職，皆備王召呼，則正亦備王召呼及所爲也。言「正，辟於治官，則冢宰也」者，以其六卿異目，或稱大宰，或稱司徒之等，尊卑相似。正，長也，每職各爲一官之長，故摠謂之正也。以其六者非一，相比辟，故以辟言之。今舉天官一官言之，餘可知。云「治要，若歲計也」者，案下文，歲終云會，月終云要，旬終云成。此歲云要者，但六卿下云要，不云會，以要當會處，故以治要爲歲計也。云「師，辟小宰宰夫也」者，以下文「四曰旅」，是下士諸官皆名旅。其下士之上，有上士、中士，向上差次，當「三曰司」。上士之上，向上差次，有小宰、宰夫，故知「二曰師」，當小宰、宰夫也。言辟者，亦是六卿之下，皆有此二者，若司徒之下，小司徒、鄉師之類，故亦言辟也。二者同名「師」者，亦是六者異目，尊卑相次，故同名師也。云「治凡，若月計」者，上要既當歲會，故治凡當「月計曰要」之處也。云「司，辟上士、中士」者，此亦是題目有異，若大司馬之下，上士曰輿司馬，中士曰行司馬，與諸官上士、中士不同，尊卑相似，故摠謂之司馬，以其各有職司也。六官之下同名司，故亦云辟也。云「治目若今日計也」者，從「治要」向下，以次差之，此治目當「日計曰成」之處，故云「今日計」也。云「旅，辟下士也」者，此下士既無所兼，故存本號曰旅，亦是六官下同號曰旅，故亦曰辟也。云「治數，每事多少異也」者，以上治目當日計，此治數無數，當下士稱旅，理衆事，故以治數爲每事多少解之。云「治藏，藏文書及器物」者，其名曰府，府者，主以藏物，故藏當司文書及當司器物也。云「贊治，若今起文書草也」者，起文書草，乃後判決，是爲贊治之法，故稱贊治也。云「治敘，次序官中」者，既有才智，爲什長，當次敘官中，須人驅役之處，則科次其徒，故云次敘官中也。云「如今侍曹伍伯傳吏朝也」者，漢時五人爲伍。伯，長也，是五人之長。言傳吏朝者，傳在朝羣吏諸官事務於朝也。胥爲什長亦然。故舉漢法況之也。云「徵令趨走給召呼」者，其徒止爲在朝趨走，供給官人召呼使役之事也。

掌治灋以考百官府、羣都縣鄙之治，乘其財用之出入。凡失財、用、物，辟名者，以官刑詔冢宰而誅之。其足用、長財、善物者，賞之。羣都，諸采邑也。六遂五百家爲鄙，五鄙爲縣。言縣鄙而六鄉州黨亦存焉。乘猶計也。財，泉穀也。用，貨賄也。物，畜獸也。辟名，詐爲書，以空作見，文書與實不相應也。官刑，在司寇五刑第四者。○辟名，徐芳石反，劉芳益反，干云：「不當也。」畜獸，許又反。作見，賢遍反。

「掌治」至「賞之」　宰夫是句考之官，故以治法考百官府及羣都縣鄙鄉遂之内治功善惡也。言「乘計其財用之出入」者，謂上數處用官物者，當乘計其用財之出入，知其多少。云「凡失財、用、物，辟名者」，謂失官家財及用與物三者，而辟名者，以官刑詔告冢宰長官，誅責之也。有足用，用之能足。長財，財又能長。善物，物又能善。如此者，賞之。

注「羣都」至「四者」　云「羣都，諸采邑也」者，謂大都、小都、家邑三處也。云「六遂，五百家爲鄙，五鄙爲縣」者，遂人文。云「六鄉州黨亦存焉」者，六遂在外，尚考之，六鄉在内，考之可知。不言者，舉外以包内也。云「乘猶計也」者，計者，筭法乘除之名，出於此也。云「財，泉穀也」者，上九賦斂財賄，已釋訖。云「用，貨賄也」者，案：内府云：「掌受九貢、九賦、九功之貨賄，以待邦之大用。」故知用中有貨賄也。云「物，畜獸也」者，案：獸人云：「掌罟田獸，辨其名物，及春秋獻獸物。」又牧人云：「掌牧六牲而阜蕃其物。」以此知物中有畜有獸也。云「辟名，詐爲書，以空作見，文書與實不相應也」者，其人失財用物者，則詐爲文書，以空物作見在，文書與實物不相應，是罪人也。云「官刑在司寇五刑第四」者，彼司寇掌五刑，其「四曰官刑，上能糾職」，是也。

以式灋掌祭祀之戒具與其薦羞，從大宰而眂滌濯。薦，脯醢也。羞，庶羞，内羞。

「以式」至「滌濯」　言「式法」者，謂祭祀大小，皆有舊法式，依而戒敕，使共具之。云「與其薦羞」者，謂亦戒具之也。云「從大宰而眂滌濯」者，上大宰職已云「祀五帝眂滌濯」，此宰夫又從大宰眂之也。

注「薦脯」至「内羞」　案：儀禮鄉飲酒、鄉射、燕禮諸單言「薦」者，皆是脯醢，故知此薦亦脯醢。云「羞，庶羞、内羞」者，庶羞，謂天子八豆、諸侯六豆之等。内羞，謂祭祀食後所加，言「内」者，少牢所謂「房中之羞」，糗餌粉餈是也。

凡禮事，贊小宰比官府之具。比，校次之。○比官，如字，注同，戚毗志反。

注「比校次之」　上小宰於七事，已言「以法掌戒具」，此宰夫贊小宰校次之，使知善惡是否也。

凡朝覲、會同、賓客，以牢禮之灋掌其牢禮、委積、膳獻、飲食、賓賜之飧牽，(三九)**與其陳數。**牢禮之法，多少之差及其時也。三牲牛羊豕具，爲一牢。委積，謂牢米薪芻給賓客道用也。膳獻，禽羞俶獻也。飲食，燕饗也。鄭司農云：「飧，夕食也。春秋傳曰：『飧有陪鼎。』牽牲，牢可牽而行者。春秋傳曰：『餼牽竭矣。』」玄謂飧，客始至所致禮。凡此禮陳數存可見者，唯有行人、掌客及聘禮、公食大夫。○委積，上於僞反，下子賜反，此二字相連，皆同此音。飲，鄭徐於鴆反，注同。食，音嗣，注「飲食」、「公食」同。賓賜之飧，音孫。牽，一本作「賓賜掌其飧牽」，干本同。俶獻，昌六反。

「凡朝」至「陳數」　上大宰云「大朝覲、會同」，彼言大，謂朝覲爲會同而來。今此朝覲不言大，則朝覲自是四時常朝，及會同，皆有賓客也。云「以牢禮之法」者，五等諸侯來朝，天子待之，自有常法，若大行人、掌客者也。云「掌其牢禮」者，下別言委積之等，則此牢禮，謂饔餼之禮。若然，委積是賓未至時，在道所設。聘禮云：「聘日致饔。」則饔餼是朝日致之矣。今在委積上者，以饔餼是禮之大者，故先言之。且委積非直賓來時共之，賓去亦共之，在下亦其宜。若然，飧牢皆殺，而云飧牽者，以掌客云「積視飧牽」，據積而言之也。

注「牢禮」至「大夫」云「牢禮之法，多少之差」者，案：大行人「上公饔餼九牢，饗禮九獻，食禮九舉」，此等，其侯伯降二等，以七爲節；子男又降二等，以五爲節也。又掌客云：「上公飧，五牢、五積。侯伯飧，四牢、四積。子男飧，三牢、三積。」是其數也。云「及其時也」者，案：聘禮云，賓至，「大夫帥至于館」，即言「宰夫朝服設飧」。又云，「聘日致饔」，即天子待諸侯亦然。其委積者，從來至去，在道而設之。並是時也。若然，此等之禮，並是掌客所主。今此復言之者，此宰夫雖非正職，以其主陳之，當知其數，故言之耳。云「三牲牛羊豕具爲一牢」者，此依聘禮：卿韋弁歸饔餼於館之時，有五牢：飪一牢，設於西階。腥二牢，設於東階。牽二牢，陳于門内之西，北首。以牛一、羊一、豕一，稱牢。此既以經牢禮爲饔餼，故還引聘禮順饔餼以證之也。云「委積，謂牢米薪芻，給賓客道用也」者，依掌客云積視牽，〔四〇〕飧有芻薪及米，明委積在道所設，亦有芻米薪蒸也。且地官遺人云：「十里有廬，廬有飲食；三十里有宿，宿有委；五十里有市，市有積。」是其委積，給客道用也。云「膳獻，禽羞俶獻也」者，此聘禮記文。彼注云「禽羞，謂成熟有齊和者。俶獻，四時珍美新物也。俶，始也。言其始可獻也」。聘義謂之「時賜」是也。云「飲食，燕饗也」者，鄭以燕饗解飲食，即是飲入燕饗中。不解經中食爲食禮者，經中言食，則食禮自明。今云「飲食燕」者，欲見飲入燕禮可知，饗中又兼燕與食，以其饗有米有酒故也。司農云「飧，夕食也」者，先鄭以飧字夕下爲之，即爲夕食，但客至即設，不要待夕，故後鄭不從也。云春秋傳曰「飧有陪鼎」者，左氏昭五年，楚薳啓彊曰「宴有好貨，飧有陪鼎」是也。云春秋傳曰「餼牽竭矣」者，左氏僖三十三年，鄭皇武子辭秦客杞子等云「唯是脯資餼牽竭矣」是也。「玄謂飧客始至所致禮」者，此易先鄭。案：聘禮，客始至，大夫帥至于館，宰夫朝服設飧，不待至夕也。云「凡此禮陳數存可見者，唯有行人、掌客及聘禮、公食大夫」者，以儀禮三千條内，具有諸侯之禮，但亡滅者多。今存可見者，周禮之内有大行人、掌客，是待諸侯之禮。儀禮之内有聘禮、公食大夫，是待聘客之法。

皆有陳數，考校可知也。

凡邦之弔事，掌其戒令，與其幣器財用凡所共者。弔事，弔諸侯、諸臣。幣，所用賻也。器，所致明器也。凡喪，始死弔而含襚，葬而賵贈，其間加恩厚，則有賻焉。春秋譏武氏子來求賻。○用賻，音附。而賵，孚仲反。

「凡邦」至「共者」　弔，謂王使人弔諸侯，自弔諸臣。須從王行者，并有贈喪之具。百官當共，故宰夫摠戒令之，與其幣器財用，凡所共者也。

注「弔事」至「求賻」　案：大宗伯云：「以喪禮哀死亡。」禮記檀弓曰：「君臨臣喪，巫祝桃茢執戈，惡之也。」天子之禮，弔諸臣之法。春秋左氏「王使榮叔歸含且賵」，是有弔法，故云「弔諸侯諸臣」也。云「幣，所用賻也」者，案公羊傳，口實曰含，車馬曰賵，衣服曰襚。幣不入含襚賵中，故知是賻也。云「器，所致明器也」者，〔四二〕案：儀禮既夕禮云「若就器，則坐奠于陳」，注云：「就，猶善也。贈無常，唯翫好。」則此贈與人，亦是賓客就器。而云明器者，相對言之。則檀弓云「竹不成用，瓦不成味，木不成斲，琴瑟張而不平」之等，是主人之明器。賓客所致者，謂之「就器」。就，成也。謂善作之，名爲就器。摠而言之，皆是神明死者之器，故此就器亦名明器也。云「凡喪，始死弔而含襚，葬而賵贈，其間加恩厚，則有賻焉」，言此者，欲見賻非正禮，其賻乃是於死者恩厚，乃加之。故禮記云「弔喪不能賻，不問其所費」，是恩厚之義也。云「春秋譏武氏子來求賻」者，隱公三年公羊文。案：公羊云：「武氏子來求賻，何以書？譏。何譏爾？喪事無求，求賻，非禮。」何休云：「禮本爲有財者制，有則送之，無則致哀而已。不當求，求則皇皇傷孝子心。」「蓋通於下」。何休云「云爾者，嫌天子財多，不當求，下財少，可求，故明皆不當求」。鄭引此者，見王於諸侯、諸臣有歸賻爾，諸侯、諸臣亦不得求也。顏路請子之車，孔子不與，亦是不合求，故抑之也。

大喪小喪，掌小官之戒令，帥執事而治之。大喪，王、后、世子也。小喪，夫人以下。小官，士也。其大官，則冢宰掌其戒令。治謂共辦。○共辦，簿莧反。

「大喪」至「治之」 其小官士以下，則此宰夫戒令諸官有事者也。

注「大喪」至「共辦」 大宰云：「大喪，贊贈玉、含玉。」宗伯云：「朝覲、會同，則爲上相。大喪亦如之。」鬱人、鬯人俱云「大喪之渳」，典瑞云：「大喪共飯玉、含玉。」彼皆據喪，（四二）唯司寇云「大喪，前王」，以爲嗣王。皆不爲后、世子喪者，彼皆不對小喪。此大喪對小喪，亦王所申服，（四三）故注爲王、后、世子也。此不言庶子，文不具。云「小官，士也」者，宰夫下大夫所掌，而言小官，明是士可知。云「其大官，則冢宰掌其戒令」者，冢宰不言者，文不具。云「治謂共辦」者，謂當職公共者，（四四）供辦之。

三公、六卿之喪，與職喪帥官有司而治之。凡諸大夫之喪，使其旅帥有司而治之。旅，冢宰下士。

「三公」至「治之」 三公六卿喪尊，故宰夫與春官職喪，帥其於喪家有事官有司而治之。治之，亦謂共辦之。大夫之喪卑，宰夫不自爲，使在己之下，其旅三十有二人，帥有事於喪家之有司而治之。治之亦謂共辦之也。

歲終則令羣吏正歲會，月終則令正月要，旬終則令正日成，而以

考其治。治不以時舉者，以告而誅之。歲終，自周季冬。〔四五〕正猶定也。旬，十日也。治不時舉者，謂違時令失期會。○期會，如字。

「歲終」至「誅之」 言周之歲終十二月，則令羣吏。羣吏，則六十官。「正歲會」，正，猶定也，謂一年會計文書，摠句考之。歲計曰會也。「月終則令正月要」者，謂每月終，則令羣吏正其月要。月要，謂「月計曰要」也。「旬終」，謂每旬終，則令羣吏正其日成。日成，謂「日計曰成」也。云「而以考其治」者，言會要成，摠考之。云「治不以時舉」者，謂文書稽滯者。故鄭云「違時令失期會」也。云「以告而誅之」者，謂告冢宰而誅責之也。

注「歲終」至「期會」 知歲終是周之季冬者，以其正月之吉始和，彼正月是周之正月，始和布治于天下，至今歲終考之，是一歲之終，故知非夏之歲終也。云「正猶定」者，以其文書定，乃可考之，故爲定也。云「旬，十日也」者，上文云「前期十日」，少宰云「旬有一日」，旬與十日正同，故知旬十日也。

正歲，則以灋警戒羣吏，令脩宮中之職事。警，勑戒之言。鄭司農云：「正歲之正月，以法戒勑羣吏。」○警戒，京領反。

「正歲」至「職事」 正歲乃夏之正月，是其歲始，故以法警戒羣吏，令脩宮中之職事，以謹勑之也。

書其能者與其良者，而以告于上。良猶善也。上謂小宰、大宰也。鄭司農云：「若今時舉孝廉、賢良、方正、茂才異等。」

「書其」至「于上」 上云「令脩宮中之職事」，則此謂宮中諸吏也。正歲之正月，則豫選之，擬至歲終當舉之也。

注「良猶」至「異等」 知上是小宰、大宰者，以其承上又歲始，〔四六〕未是賞時，且長自告于王，知上非王，是小宰、大宰。先鄭云「若今舉孝廉」者，謂孝弟、廉絜。「賢良」，即經中「良者」，謂有賢行而良善也。云「方正」者，人雖無別行，而有方幅正直者也。云「茂才」者，漢光武諱秀，時號爲「茂才」，即經云「能者」也。云「異等」者，四科不同，等級各異，故云「異等」。此經據宫中子弟，先鄭所云不要宫中之人，引之況義耳。

宫正，掌王宫之戒令、糾禁。糾猶割也，察也。

注「糾猶」至「察也」　案：下經王宫中有官府，故掌王宫之戒令之事。有過失者，已發則糾而割察之，其未發則禁之也。

以時比宫中之官府次舍之衆寡，時，四時。比，校次其人之在否。官府之在宫中者，若膳夫、玉府、内宰、内史之屬。次，諸吏直宿，若今部署諸廬者。〔四七〕舍，其所居寺。

○比宫，徐方履反，一音毗志反，注下並同。直宿，戚如字，劉息就反，下同。

「以時」至「衆寡」　以四時校比宫中見住在王宫中者之官府，及宿衛者次舍之衆寡也。

注「時四」至「居寺」　此時是尋常事，故爲四時解之。案：地官鄉師云：「以歲時巡國及野，而賙萬民之囏阨。」鄭彼注：「時，隨其事之時。」不爲四時解者，彼據囏阨非常，故爲隨其事之時，不得爲四時也。云「官府之在宫中者，若膳夫、玉府等」者，以其言在「宫中之官府」，是執掌重事、美物及飲食，乃得在王宫，故知是此人等。云「次，諸吏直宿，若今時部署諸廬者」，此次，謂若匠人云「外有九室，九卿治之」，即詩云「適子之館兮」，鄭云：「卿士所之之館，在天子之宫中，如今部署諸廬。」彼二者，與此次爲一物，此據宫中之官府。下宫伯云「授八次八舍」，鄭注：「衛王宫者。」彼據宫中官府子弟。云「舍，其所居寺」者，寺，即舍也，是官府退息之處。

爲之版以待，鄭司農云：「爲官府次舍之版圖也。待，待比也。」玄謂版其人之名籍。待，待戒令及比。〔四八〕

「爲之版以待」

注「鄭司農」至「及比」　版，謂宿衛人名籍，謂宮正執籍校比之也。〔四九〕先鄭於「八成」注云：「版，名籍。圖，地圖。」此注連言圖，其版即名籍，與後鄭義同。後鄭以爲人名籍者，增成先鄭義也。

夕擊柝而比之。夕，莫也。莫行夜以比直宿者，爲其有解惰離部署。鄭司農云：「柝，戒守者所擊也。易曰：『重門擊柝，以待暴客。』春秋傳曰：『魯擊柝，聞於邾。』」〇柝，吐各反。夕莫，音暮，本亦作暮。行夜，下孟反。爲其，于僞反，下注皆同。有解，佳賣反。惰，徒臥反。離部，力智反。重門，直龍反。聞於，音問，又如字。

「夕擊柝而比之」　既得名籍，至夕暮擊柝校比之，恐其懈惰也。

注「夕莫」至「於邾」　後鄭云「莫行夜以比直宿者」，謂直宿，即坐持更之人，則行夜者，擊柝校比直宿人。故先鄭云：「柝，戒守者所擊也。」「易曰」者，是易繫辭文。彼又云「蓋取諸豫」，〔五〇〕鄭玄注云：「豫，坤下震上。九四體震，又互體有艮。艮爲門，震日所出，亦爲門，重門象。艮又爲手。巽爻也，應在四，皆木也，手持二木也。手持二木以相敲，是爲擊柝，擊柝爲守備警戒也。四又互體爲坎，坎爲盜，〔五一〕五離爻爲甲冑戈兵。盜，謂持戈兵，〔五二〕是暴客也。又以其卦爲豫，有守備，則不可自逸。」是也。云「春秋傳曰者」，左氏哀七年，秋，魯伐邾。茅成子請告于吳，不許，曰：「魯擊柝，聞於邾，吳二千里，不三月不至，何及於我。」〔五三〕引之，證擊柝之義也。

國有故，則令宿，其比亦如之。鄭司農云：「故謂禍災。令宿，宿衛王宮。春秋傳曰：『忘守必危，況有災乎。』」玄謂故，凡非常也。文王世子曰：「公有出疆之政，庶子以公族之無事者守於公宮，正室守大廟，諸父守貴宮、貴室，諸子、諸孫守下宮、下室。」此謂諸侯也。王之庶子職「掌國子之倅」，「國有大事則帥國子而致於大子，唯所用之」者。令宿之事，蓋亦存焉。〇忘守，手又反，又音手，下文同。出疆，居良反。之倅，七内反。

「國有」至「如之」　有故，有災禍，及王時出行不在，皆是也。云「則令宿，其比亦如之」者，亦如上夕擊柝已上之事，與平常同也。

注「鄭司」至「存焉」　先鄭引春秋傳者，左氏昭十八年，夏，五月，宋、衛、陳、鄭災。子產授兵登陴，子大叔曰：「晉無乃討乎？」子產曰：「小國忘守則危，況有災乎！」彼爲「則」，先鄭云「必」，讀字不同也。「玄謂故，凡非常也。文王世子曰『公有出疆之政』者，（五四）謂出朝覲也。云「庶子以公族之無事者守於公宮」者，此言與下爲目。庶子，謂諸侯庶子之官，掌卿大夫士之適子，并掌公家之事。云「正室守大廟」者，謂公族之内，適子名爲正室，使守大廟。大廟尊故也。云「諸父守貴宮、貴室」者，謂同族諸爲父行者。貴宮、貴室，同爲路寢。路寢對大廟，生人之尊也。云「諸子、諸孫」者，亦謂同族之内，諸爲子行孫行者也。云「守下宮、下室」者，下宮，謂親廟四。下室，謂燕寢也。云「此謂諸侯也」者，謂文王世子文是諸侯法也。云「王之庶子職掌國子之倅」已下者，是夏官諸子職文。鄭注「倅，謂副倅之倅；國子，謂諸侯卿大夫士之子也」。云「國有大事則帥國子而致於大子，唯所用之」者，彼云大事，寇戎之事，卿大夫士之子屬大子，故唯大子所使用也。彼是甲兵，不云宿衛，故鄭云「令宿之事蓋亦存焉」。存焉者，宿衛之事，亦在唯所用中。引之者，欲見國有故中，有王出疆巡守征伐，皆須令宿，增成先鄭義也。

辨外内而時禁，鄭司農云：「分別外人内人，禁其非時出入。」○分別，彼列反。

「辨外内而時禁」　先鄭云「分別外人、内人，禁其非時出入」者，謂住在王宮中，有卿大夫士等，外人謂男子，内人謂婦女，皆是也。此男女自相對爲外人、内人。其内人，非謂内宰職所云内人，是刑女在宮中者也。

稽其功緒，糾其德行。〔五五〕稽猶考也，計也。功，吏職也。緒，其志業。○德行，下孟反。

「稽其」至「德行」　緒，業也。宮正考計其宮中卿大夫士功狀，〔五六〕及職業多少，糾察其在身爲德，施之爲行二者也。〔五七〕

幾其出入，均其稍食，鄭司農云：「幾其出入，若今時宮中有罪，禁止不得出，亦不得入，及無引籍不得入宮司馬殿門也。」玄謂幾苛其衣服、持操及疏數者。〔五八〕稍食，禄稟。○苛其，呼何反，又音何。持操，七曹反。疏數，音朔。禄稟，彼錦反。

注「鄭司」至「禄稟」　先鄭引「今時」者，謂漢法。言「引籍」者，有門籍及引人，乃得出入也。〔五九〕又云「司馬殿門」者，漢宮殿門，每門皆使司馬一人守門，比千石，皆號司馬殿門也。「玄謂幾呵其衣服持操及疏數」者，案：閽人云：「喪服凶器不入宮，潛服賊器不入宮，奇服怪民不入宮。」司門云：「幾出入不物者。」謂衣服視占不與衆同，〔六〇〕及所操物不如品式者。職雖不同，皆是守禁。此經直云幾其出入，明知兼有此呵其衣服持操及疏數，此增成司農義也。云「稍食，禄稟」者，言稍，則稍稍與之，則月俸是也。則下士九人，中士倍下士，上士倍中士，大夫倍上士之類。其禄與之米稟，故云禄稟也。

去其淫怠與其奇衺之民，〔六一〕民，宮中吏之家人也。淫，放濫也。怠，解慢也。奇衺，譎觚非常。○去其，起吕反。其奇，音羈，徐去宜反。衺，似嗟反，亦作邪。譎，古穴反。觚，音孤。

注「民宮」至「非常」　此一經並是吏之民。云「淫，放濫也。怠，解慢也」，爲此惡行也。云「民，宮中吏之家人也」者，吏即宅在宮中卿、大夫、士，其家人爲此惡行也者，使之不爲，即是去也。此民，謂若秋官隸民之類。云「奇衺譎觚非常」者，兵書有譎觚之人，謂譎詐桀出，觚角非常也。

會其什伍而教之道藝。五人爲伍，二伍爲什。會之者，使之輩作輩學相勸帥，且寄宿衛之令。鄭司農云：「道謂先王所以教道民者，藝謂禮樂射御書數。」○會其什，如字，注同。教道，徒報反，下道導同。

注「五人」至「書數」　宫正掌宫中卿大夫士，亦兼掌子弟。會，謂會合其宫中子弟，使之以五人爲伍，二伍爲什。必會合之者，欲使之宿衛時，語言相體，服容相識，是其輩作也。及其學問，又相親及切瑳琢磨，是其輩學。揔是相勸帥也。云「且寄宿衛之令」者，管子云「因内政，寄軍令」，在家時五家爲比，在軍還五人爲伍之類。此亦五人爲伍，二伍爲什，使之輩學，似若在家也，因使之宿衛，似寄軍令也。〔六二〕先鄭云「道謂先王所以教道民者」，謂若保氏云「掌養國子以道，而教之六藝」。道，則師氏「三德」、「三行」也。藝，謂禮樂射御書數，亦保氏職文也。

月終則會其稍食，歲終則會其行事。行事，吏職也。

「月終」至「行事」　稍食，謂宫中官府等月禄，故至月終會計之。歲終則會計行事吏職，當考知功過也。

凡邦之大事，令于王宫之官府次舍，無去守而聽政令。使居其處待所爲。

「凡邦」至「政令」　「邦有大事」，謂「國之大事，在祀與戎」，則令于王宫之官府次舍。「無去守」，謂使之皆在次舍，不得去部所守而聽待政令，須有所爲。

春秋以木鐸脩火禁。火星以春出，以秋入，因天時而以戒。

「春秋」至「火禁」　春，謂季春。秋，謂季秋。二時火星出入之時。以木鐸警衆，使脩火禁也。

注「火星」至「以戒」　火星，則心星也，公羊謂之大辰。服注：「春秋云：『火出於夏爲三月，於商爲四月，於周爲五月。』」故云「以春出」也。季秋昏時伏於戌，火星入，故云「以秋入」。云「因天時而以戒」者，此火謂陶冶鑄錮之火，〔六三〕因天出火民則爲之，因天内火，民則休之，故云「因天時戒之」也。此施火，謂宫正於宫中，特宜慎火，故脩火禁。夏官司爟云「掌行火之政令，四時變國火以救時疾」。下又云「時則施火令」。爲焚萊之時，故脩火禁也。秋官司烜云：「中春，以木鐸脩火禁于國中。」注云：「爲季春將出火也。」火禁，謂用火之處，及備風燥。」是二月預脩之，三月重掌事，各有所爲，不相妨也。

凡邦之事蹕宫中廟中，則執燭。鄭司農讀火絶之，云「禁凡國之事蹕，〔六四〕國有事，王當出，則宫正主禁絶行者，若今時衛士填街蹕也。宫中廟中則執燭，宫正主爲王於宫中廟中執燭」。〔六五〕玄謂事，祭事也。邦之祭社稷、七祀於宫中，祭先公、先王於廟中，隸僕掌蹕止行者，宫正則執燭以爲明。春秋傳曰「有大事於大廟」，又曰「有事於武宫」。○蹕，音畢，徐又音痹。讀火，戚如字，徐音豆。填，音田。街，音佳。

「凡邦」至「執燭」　「凡邦之事」，謂祭祀之事，王當出入來往時，隸僕與王蹕止行人於宫中及廟中也。王出向二處，當侵晨而行，爾時則宫正爲王執燭爲明也。

注「鄭司」至「武宫」　先鄭「讀火絶之」，則火字向上爲句也。其「禁」自與「凡邦之事蹕」共爲一句。宫正既不掌蹕事，若如先鄭所讀，則似宫正爲王蹕，非也。云「宫中廟中則執燭」者，若不以邦之事與此宫中爲一事，則宫中廟中，何爲事而遣宫正執燭乎？〔六六〕亦非也。又云「若今時衛士填街蹕也」者，漢儀：大駕行幸，使衛士填塞街巷，以止行人，備非常也。「玄謂：事，祭事也」者，謂在宫中、廟中二處，皆有祭事也。云「邦之祭社稷七祀於宫中」者，小宗伯云：「左宗廟，右社稷。」在宫中中門之外也。依祭法，「王爲羣姓立七祀，曰司命，曰中霤，曰國行，曰國門，曰泰厲，曰户，曰竈」。案：司門云：「凡歲時之門受其餘。」則此七祀等，是爲羣姓所立者，不在宫中也。祭法又云「王自爲立七祀」者，此則禱祀在宫中者也。云「春秋傳曰：有大事于大廟」者，左氏文二年，「秋，八月丁卯，大事于大廟」，是也。云「又曰有事于武宫」者，昭十五年，「春，二月，癸酉，有事于武宫。」鄭引此者，欲見隸僕蹕于宫中，亦得兼廟中，故公羊云：「魯公稱世室，羣公稱宫，則天子之廟，亦有宫稱也。」

大喪，則授廬舍，辨其親疏貴賤之居。廬，倚廬也。舍，堊室也。親者貴者居倚廬，疏者賤者居堊室。雜記曰：「大夫居廬，士居堊室。」○倚廬，於綺反。

「大喪」至「之居」　大喪，謂王喪，臣子皆爲之斬衰，則同。廬舍所居，則異也。云「授廬舍」者，摠諸臣而辨其親疏貴賤之居異也。

注「廬倚」至「堊室」　「廬，倚廬也」者，謂於路門之外東壁，倚木爲廬。云「舍，堊室也」者，舍對廬，故爲堊室。堊室者，兩下爲之，與廬異，故名堊室也。云「親者、貴者居倚廬」者，親，謂大功已上，貴，謂大夫已上者，〔六七〕居倚廬。云「疏者、賤者居堊室」者，疏，謂小功緦麻；賤，謂士，二者居堊室。知義如此者，以其經云「辨其親疏貴賤」，明當如此解之也。又引雜記者，彼是諸侯之臣，其大夫居廬，士居堊室，彼注「士舍堊室，〔六八〕亦謂邑宰也。朝廷之士亦居廬」，引之者，證貴者居廬，賤者居堊室，一邊之義耳。其實彼諸侯禮，〔六九〕不辨親疏貴賤，而別其遠近，並爲天子之臣也。

宫伯，掌王宫之士庶子，凡在版者。鄭司農云：「庶子，宿衛之官。版，名籍也，以版爲之。今時鄉户籍謂之户版。」玄謂王宫之士，謂王宫中諸吏之適子也。〔七〇〕庶子，其支庶也。○適子，丁歷反。

「宫伯」至「版者」　宫伯掌王宫中卿大夫之適子庶子、士之適子也。「凡在版者」，子弟皆有名籍，以擬校比也。

注「鄭司」至「庶也」　「鄭司農云：庶子，宿衛之官」，謂若夏官諸子職，後鄭不從者，彼諸子是下大夫，此宫伯中士，不合掌之，故不從也。「玄謂王宫之士，謂宫中諸吏之適子也」者，吏，謂卿大夫士之揔號。云「庶子，其支庶也」者，以其宫正掌宫中官府，宫伯掌其子弟故也。案：大司馬云：「王弔勞其士庶子。」文與此同。鄭彼注云：「弔其死者，勞其傷者。庶子，卿大夫之子從軍者。」彼士爲卿大夫士，庶子爲卿大夫之子，則兼適庶，與此不同者，彼更無弔勞卿大夫士身，故上爲卿大夫，〔七二〕庶子中兼適庶，是鄭望文以爲義，故注與此不同也。

掌其政令，行其秩敘，作其徒役之事，秩，禄禀也。敘，才等也。作徒役之事，大子所用。

「掌其」至「之事」　宫伯既掌士庶子，所以有政令盡掌之也。「行其秩敘」者，秩，謂依班秩受禄；敘者，才藝高下爲次第。「以作其徒役」者，士庶子屬大子，隨其所用，使役之也。

授八次八舍之職事。衛王宫者，必居四角四中，於徼候便也。鄭司農云：「庶子衛王宫，在内爲次，在外爲舍。」玄謂次，其宿衛所在。舍，其休沐之處。○於徼，古弔反。候便，婢面反。

注「衛王」至「之處」　言「衛王宫者，必居四角四中」者，以其言八，似若八方爲四方四維然，以四角四中解之，必於八所以爲次舍者，相徼察來往候望皆便，故次舍皆八也。司農云「庶子衛王宫，在内爲次，在外爲舍」者，庶子義上已破訖，先鄭意内次外舍，有所隔絶，故後鄭不從也。「玄謂次，其宿衛所在」者，謂宿衛之處稍在前爲之館也。舍者，若掌舍之舍，亦舍息休止之處，故鄭爲休沐之處也。

若邦有大事作宫衆，則令之。謂王宫之士庶子，於邦有大事，或選當行。

「若邦」至「令之」　事，亦謂寇戎之事。作，起也。謂起宫中之衆，使士庶子行，則宫伯戒令之。

月終則均秩，歲終則均敘。以時頒其衣裘，掌其誅賞。頒讀爲班。班，布也。衣裘，若今賦冬夏衣。○頒其，音班。

「月終」至「誅賞」　「月終則均其秩」，秩，禄稟，則與宮正「均稍食」亦一也。「歲終則均敘」，與宮正則異，彼宮中官府，故會其行事，此其子弟，故均其敘。敘，即上注「才等」也。「以時頒其衣裘」，夏時班衣，冬時班裘。「掌其誅賞」者，士庶子有功則賞之，有罪即誅之也。

注「頒讀」至「夏衣」　賦，班也。班之與賦，皆賜授之義。

校勘記

〔一〕謂若卿大夫士　「謂」，原作「諸」，據阮本改。

〔二〕則獄訟之情　「情」，原作「積」，據阮本改。

〔三〕謂官盛任使　「盛」阮本同。董本作「勝」。

〔四〕此並共王食是同事　諸本同。阮校云：「同」爲「大」之誤。

〔五〕設梐枑之等　「枑」，原作「柭」，據阮本改。

〔六〕天官甚衆　諸本同。浦鏜云：「天」當「六」之誤。

〔七〕則　亦平也　「則」下空闕一字，監、毛、殿、阮本補以「服」字。

〔八〕六曰斂弛之聯事　阮校云：據釋文，經文本作「斂施」，有杜子春、劉宗昌本可據，劉音弛，從注讀，淺人遂以「弛」改經之「施」。小司徒、遂人、遂師、遂大夫、土均之「施舍」注皆云「施讀爲弛」，可證。段玉裁漢讀考云：蓋杜易「施」爲「弛」，鄭發明其義。今本恐是依注改經作「弛」，復依經改注作「弛讀爲施」耳。

〔九〕屬其六引　「引」，婺本嘉靖本同，建、岳、余、閩、監、毛、阮本皆作「紖」。釋文：六紖，徐音允，劉音引，或本作引，今案：大司徒職及鄭司農注作「六引」。

〔一〇〕事不必連　阮本同。阮校云，下當脱「斂」。

〔一一〕簡稽士卒兵器簿書　「簿」，婺、建、岳本同，阮本作「薄」，誤，下同。

〔一二〕簡猶閱也　阮校云，釋文出「簡閱」二字，則陸本無「猶」字。

〔一三〕稱責謂貸子　諸本作「貸予」，釋文亦作「予」。阮校云，「予」當爲「子」之誤，是也。此八行本正作「子」。

〔一四〕傳傳著約束於文書　阮校疑注本無「束」字。今案：此八行本及董氏影八行本引注有「束」字，阮説似非。

〔一五〕民事争訟當斷之也　「民」，監、毛、殿本同，正、聞、閩、阮本作「舊」。疑作「民」是。

〔一六〕謂聽時以禮命之其人策書之本　諸本同。浦鏜云，上「之」字疑在「其人」下。

〔一七〕還爲伍長領之　「伍」，原作「五」，據阮本改。

〔一八〕以國服爲之息　「國」，原作「圖」，據阮本改。

〔一九〕此據官子民物　「子」，阮本作「予」，當是。

〔二〇〕皆是科税之事也　「科」，監、毛、殿本同，正、聞、閩、阮本作「利」。

〔二一〕云凡簿書之最目　「目」，原作「自」，據阮本改。

〔二二〕簿書之要目曰契　「要」，聞本同，閩、監、毛、殿本作「最」。阮校云，當從注作「最」。

〔二三〕背無手書字　「背」，董本同，諸本作「皆」，蓋作「背」是也。

〔二四〕七事者令百官府共其財用　俞樾云，「七事」當從故書作「小事」。曾釗説同。

〔二五〕書亦爲七事　漢讀考云，當作「書亦或爲七事」。

〔二六〕凡祭祀贊王幣爵之事　「王」，唐石經、嘉靖本、閩、監、毛本同，婺、建、余、阮本作「玉」。岳珂九經三傳沿革例、彭元端石經考文提要皆以爲作「王」者是。段玉裁云，此「玉幣爵」即大宰之祀五帝贊玉幣爵，故注云「又從大宰助王」，疏云「贊此三者」，作「王」者非也。阮元、黄丕烈、孫詒讓説同。則下疏「上云贊王幣爵」、「此文又裸將在王幣爵之下」，「王」皆當作「玉」。

〔二七〕且大宗伯祀天言煙祭社言血享大神不灌者　孫詒讓云，「享」字下蓋奪「廟言灌是亦天地無灌也天地」十二字，而誤錯入後文，又誤「是」爲「且」，文義遂不相承接，末「天地」二字屬下「大神不灌者」爲句。「煙」，阮本作「禋」，當是。

〔二八〕明可稱焉　「明」，阮本作「無」，當是。

〔二九〕名爲祭之　「名」，阮本作「明」，當是。

〔三〇〕廟言灌且亦天地無裸也天地無人職用鬯者　孫詒讓云，「廟言」以下十二字，係上文，錯寫於此，「無人職用鬯者」當作「鬱人職用鬱鬯者」。

〔三一〕大賓客則攝而載裸　「裸」，阮本同。浦鏜云，經作「果」，注「果」讀爲「裸」。阮校云，鄭既於彼注改讀，故於此引經，竟從其所讀，三禮注皆如是。

〔三二〕謂上公與諸侯酢主之爵　「主」，阮本作「王」，當是。

〔三三〕皆得喪含襚也　「喪」，正、聞、閩，阮本作「致」，當是。「襚」，監、毛、殿本同，阮本無。

〔三四〕贊冢宰受歲會歲終則令羣吏致事　王引之云，「歲終」當在「贊冢宰」之前。

〔三五〕此文乃檀弓并明堂位曰　浦鏜改「乃」爲「及」，孫詒讓從之。

〔三六〕逆迎受王命者　「王」，原作「三」，據阮本改。

〔三七〕然者一日萬機　阮校云，惠校本「然」下有「王」，此脱。

〔三八〕使聞徹在上者也　「聞」，阮本作「間」，非。

〔三九〕賓賜之飧牽　「飧」，原作「飱」，唐石經、通志堂本釋文作「飧」，阮本經注疏及所據釋文并作「飱」，從歺。此本注疏内，飧、飧混用。今案：説文：「飧，餔也，從夕食。」則字當作「飧」，從改。宋本釋文作「飱」，亦當從改。

〔四〇〕依掌客云積視牽　阮本「視」下有「飧」字，當是。

〔四一〕云器所用致明器也者　「用」字孫詒讓以爲涉上句注文而衍。

〔四二〕彼皆據喪　諸本同。阮校云，「據」下當脱「王」。

〔四三〕亦王所申服　「申」，閩本同，監、毛、殿、阮本作「由」，疑非。

〔四四〕謂當職公共者　「公」，阮本作「合」，當是。

〔四五〕歲終自周季冬　浦鏜云「是」誤「自」，阮校云，此字衍。

〔四六〕以其承上又歲始　「又」，阮本作「文」，當是。

〔四七〕若今部署諸廬者　阮校云，疏引注作「若今時部署諸廬者」，「時」字當有，注中屢言「若今時」。

〔四八〕待戒令及比　「比」，婺、岳本同，建本作「此」，誤。

〔四九〕謂宫正執籍校比之也　「謂」，閩、閩、監、殿本同，毛、阮本作「爲」。

〔五〇〕蓋取諸豫　「豫」，原本作「像」，據阮本改。

〔五一〕四又互體爲坎坎爲盗　兩「坎」字原作「次」，據阮本改。

〔五二〕盗謂持戈兵　「謂」，原作「諸」，據阮本改。

〔五三〕何及於我　「及」，原作「夜」，據阮本改。

〔五四〕公有出疆之政者　「政」原作「故」，據諸本及注文改。

〔五五〕糾其德行　「糾」，原作「糾」，據唐石經、婺、建、岳、阮本改。

〔五六〕宫正考計其宫中卿大夫士功狀　下「宫」字原作「官」，據阮本改。

〔五七〕在身爲德施之爲行二者也　孫詒讓云，「身」當爲「心」，此二語本師氏注「在心爲德，施之爲行」。

〔五八〕玄謂幾荷其衣服持操及疏數者　「荷」，婺、建、余、岳、嘉靖本同，監、毛本作「呵」。阮校云，葉鈔釋文、漢制考皆作「荷」，是。

〔五九〕乃得出入也　「乃」，漢制考、惠校本同，阮本作「皆」，疑非。

〔六〇〕謂衣服視占不與衆同　「占」，閩、監、毛、殿本同，正、閩，阮本作「古」，誤。

〔六一〕去其淫怠與其奇衺之民　阮校云，釋文衺亦作邪。案經作「衺」，注作「邪」。

〔六二〕似寄軍令也　「似」，阮本作「以」，當是。

〔六三〕此火謂陶冶鑄錮之火　「錮」，阮本作「銅」，當是。

〔六四〕云禁凡國之事蹕　「國」，婺、建、嘉靖本、惠校本同，余、岳、阮本作「邦」。

〔六五〕宫正主爲王於宫中廟中執燭　阮校云，嘉靖本「執燭」上有「則」。案，嘉靖本疑涉經文而衍。

〔六六〕何爲事而遣宫正執燭乎　盧文弨云，「何爲」疑當作「爲何」。

〔六七〕謂大夫已上者　孫詒讓云，「已上」下疑有「二」字，屬下句。

〔六八〕士舍堊室　「舍」，阮本作「居」，與鄭注合。

〔六九〕其實彼諸侯禮　「彼」，阮本作「爲」，疑非。

〔七〇〕謂王宫中諸吏之適子也　阮校云，疏引注無「王」，此衍。孫詒讓云，疏述注間有省文，此校不確，外饔疏引此注仍有「王」字。

〔七一〕故上爲卿大夫　阮本同。阮校云，惠校本「上」作「士」，此誤。

周禮注疏卷第四

膳夫，掌王之食飲膳羞，以養王及后、世子。食，飯也。飲，酒漿也。膳，牲肉也。羞，有滋味者。凡養之具，大略有四。○之食，音嗣，飯也，注及下「食用」、「公食」同。食飯，扶萬反，依字作飤。

「膳夫」至「世子」 云「膳夫掌王之食飲」者，此一經以其職首，故略舉其目，下别敘之。云「以養王及后、世子」者，舉尊者而言，其實羣臣及三夫人已下亦養之。

注「食飯」至「有四」 云「食飯也」者，即下文云「食用六穀」是也。云「飲酒漿也」者，即下文「飲用六清」是也。下文不言酒，文略也。云「膳牲肉也」者，即下文云「膳用六牲」是也。云「羞有滋味」者，即下文云「羞用百有二十品」是也。下文仍有「珍用八物，醬用百有二十罋」，不言之者，此舉大者。珍醬是饋之小者，略而不言。故鄭云「凡養之具，大略有四」，是舉以爲目也。

凡王之饋，食用六穀，膳用六牲，飲用六清，羞用百有二十品，〔一〕珍用八物，醬用百有二十罋。進物於尊者曰饋。此饋之盛者，王舉之饌也。六牲，馬牛羊豕犬雞也。羞，出於牲及禽獸，以備滋味，謂之庶羞。公食大夫禮、內則下大夫十六，上大夫二十，其物數備焉。天子諸侯有其數，而物未得盡聞。珍謂淳熬、淳母、炮豚、炮牂、擣珍、漬、熬、肝膋也。醬謂醯醢也。王舉則醢人共醢六十罋，以五齍、七醢、七菹、三臡實之。醯人共齍菹醯物六十罋。鄭司農云：「羞，進也。六穀，稌、黍、稷、粱、麥、苽。苽，彫胡也。六清，水、漿、醴、䣼、醫、酏。」○二十甕，徐劉音瓮，屋貢反。之饌，仕眷反。盡聞，津忍反。淳，之純反，下同。熬，五刀反。淳母，莫胡反，一音武由反。炮，步交反。牂，作郎反。擣珍，丁老反。膋，了彫反。五齏，作西反。三臡，劉奴兮反，徐耳齊反。稌，音杜，徐他古反。苽，古吳反。䣼，本又作涼，力羊反，徐力放反。醫，於美反，徐於計反。酏，以支反，劉書支反。

注「進物」至「醫酏」　鄭云「進物於尊者曰饋」者，據此文云王之饋，及少牢、特牲皆云饋食，是進物於尊者曰饋。鄭注玉府云「通行曰饋」者，彼對獻是進物於尊，則饋是通行也。云「此饋之盛者，王舉之饌」者，下文云「王日一舉，鼎十有二」，是王舉之饌也。云「六牲，馬牛羊豕犬雞」者，此依爾雅釋畜，亦是將用之曰牲也。云「羞出於牲及禽獸」者，釋經「羞用百有二十品」，此羞庶羞，皆出於牲及禽獸。案公食大夫，下大夫十六豆中，從膷臐膮已下，皆出於牲，不見有出禽獸者。上大夫加以雉、兔、鶉、鴽，此則出禽獸也。以其有牲及禽獸，故云備滋味謂之庶羞也。引公食大夫禮及內則二文，俱言十六豆，是下大夫禮。內則云「雉、兔、鶉、鴽」，四豆，添前十六，則二十，是上大夫禮。云「其物數備焉」者，〔二〕此上下大夫禮，其物備有焉。云「天子諸侯有其數」者，此經云百有二十者，是天子有其數。掌客云：「上公食四十，侯伯三十二，子男二十四。」是諸侯有其數也。又云「而物未得盡聞」者，言未盡聞，則少有聞，所聞者，謂天子諸侯之數，皆從上大夫二十豆上加之，則二十豆聞之矣。內則云「牛脩及爵、鷃、蜩、范、芝栭」已下三十一物，鄭注云：「皆人君燕食所加庶羞也。」周禮天子羞用百有二十品，記者不能次録，亦是有其物未盡聞也。云「珍謂淳熬」已下，皆內則文。案：內則：「淳熬，煎醢加于陸稻上，沃之以膏，曰淳熬。淳母，煎醢加于黍食上，沃之以膏，曰淳母。母，模也。炮，取豚若牂，刲之刳之，實棗於其腹中，編萑以苴之，塗之以墐塗，〔三〕炮之。塗皆乾，擘之，濯手以摩之，去其皽。爲稻粉，糔溲之以爲酏，以付豚，煎諸膏，膏必滅之。鉅鑊湯，以小鼎薌脯於其中，使其湯毋滅鼎，三日三夜毋絶火，而後調之以醯醢。擣珍，取牛羊麋鹿麕之肉，必脄，每物與牛若一。捶反側之，去其餌，孰出之，去其皽，柔其肉。漬，取牛羊肉，〔四〕必新殺者，薄切之，必絶其理，湛諸美酒，期朝而食之，以醢若醯醢。爲熬，捶之，去其皽，編萑，布牛肉焉，屑桂與薑，以洒諸上而鹽之，乾而食之。施羊亦如之。肝膋，取狗肝一，幪之以其膋，濡炙之，舉焦其膋，〔五〕不蓼也。」是爲八珍。彼有糝與酏，〔六〕彼是羞豆之實，非珍，故不取。云「醬謂醯醢也」者，醬是揔名。知醬中兼有醯醢者，經云百有二十罋，醢人共醢六十罋，醯人共醯物六十罋，故鄭注醢人醯人兼引之。其五齏、七醢等，就醢人具釋。鄭司農云六穀，知有稌黍稷粱麥苽者，據食醫而知。云「苽雕胡也」者，南方見有苽米，一名雕胡，異方語。云「六清，水漿醴涼醫酏」者，漿人文也。

王日一舉，鼎十有二，物皆有俎。殺牲盛饌曰舉。王日一舉，以朝食也。后與王同庖。鼎十有二，牢鼎九，陪鼎三。物謂牢鼎之實，亦九俎。〇朝食，如字，下「奉朝」同。陪鼎，徐蒲來反。

「王日」至「有俎」　言王日一舉者，謂一日一大牢。云「鼎十有二」者，案：禮記郊特牲「鼎俎奇而籩豆耦」者，謂正鼎九、陪鼎三，即是奇數。揔而言之即十二。云「物皆有俎」者，俎據正鼎，而鼎各一俎。

注「殺牲」至「九俎」　「殺牲盛饌曰舉」，知非舉樂者，以其言鼎十有二，膳夫主飯食，故知舉是殺牲盛饌。云「王日一舉，以朝食也」者，一日食有三時，同食一舉。案：玉藻云：「皮弁以日視朝，遂以食，日中而餕。」餕者，餕朝之餘，則遂以食之，謂朝之食。明知先朝食，〔七〕次乃日中而餕。云「后與王同庖」，案：玉藻云「夫人與君同庖」，鄭注云：「不特殺」。明后亦與王同庖可知。云「鼎十有二，牢鼎九，陪鼎三」者，案：聘禮「致饔餼」注云：〔八〕「飪一牢，鼎十有二。」是也。牢鼎九，在西階前。云牛、羊、豕、魚、腊、腸胃同鼎、〔九〕膚，鮮魚、鮮腊。云「陪鼎三」者，「當內廉膷、臐、膮，〔一〇〕並陪牛、羊、豕鼎後」，是也。云「物謂牢鼎之實」者，言實，即牛羊豕之類也。云「亦九俎」者，陪鼎三膷臐膮者，謂庶羞在於豆，唯牢鼎之物各在俎，故云亦九俎。案：趙商問：「王日一舉，鼎十有二，是爲三牲備焉。商案：玉藻『天子日食少牢，朔月大牢』，禮數不同，請聞其說。」鄭荅云：「禮記，後人所集，據時而言。或以諸侯同天子，或以天子與諸侯等，禮數不同，難以據也。王制之法，與禮違者多，當以經爲正。」若然，此周禮周公大平法，玉藻據衰世，或是異代，故與此不同。

以樂侑食，膳夫授祭，品嘗食，王乃食。侑猶勸也。祭謂刌肺、脊也。禮，飲食必祭，示有所先。品者，每物皆嘗之，道尊者也。○授祭品，鄭云：「禮，飲食必祭，示有先也。」干云：「祭五行六陰之神與民起居。」刌，寸本反，劉音忖，沈寸没反，徐倉典反。

「以樂」至「乃食」　上言王日一舉，此云以樂侑食，即是王制云「天子食，日舉以樂」。案：論語微子云亞飯、三飯、四飯，鄭云皆舉食之樂。彼諸侯禮，尚有舉食之樂，明天子日食有舉食之樂可知。案：大司樂云：「王大食，皆令奏鍾鼓。」彼大食自是朔食。日舉之樂，大司樂或不令奏，故不言之矣，無妨日食自有舉食之樂。云「膳夫授祭」者，謂王將食，必祭先，膳夫授之。云「品嘗食」者，玉藻云「火孰者先君子」，鄭注云：「備火齊不得也。」故膳夫品物皆嘗之，王乃食也。

注「侑猶」至「者也」　殷祭肝，周祭肺，但祭肺有二種：一者，名爲舉肺，亦名離肺，此爲食而有也。二者，名爲祭肺，亦名刌肺，此爲祭而有也。但舉肺離而不絕。祭肺則絶之。今此膳夫授祭，爲食而授，即舉肺也。鄭云「祭謂刌肺脊也」者，以經直云祭，不言舉，又不言離，直云祭，故鄭云祭謂刌肺也。以優至尊，故與祭祀同刌肺也。若然，鄉飲酒、鄉射無連言脊，今兼言脊者，依士虞、特牲皆言授肺脊，故鄭依之而言。云「禮飲食必祭示有所先」者，凡祭，皆祭先造食者，曲禮云：「殽之序，徧祭之。」今徒言祭肺者，略舉其首者也。

卒食，以樂徹于造。造，作也。鄭司農云：「造謂食之故所居處也。已食，徹置故處。」

「卒食」至「于造」　卒，終也。天子食終，徹器之時，作樂以徹之。但天子祭祀，歌雍以徹，徹食器之時，樂章未聞也。

注「造作也」至「故處」　後鄭云「造作也」，先鄭云「徹置故處」，二鄭義同，皆謂造食之處，即廚是也。案：内則云：「天子之閣，左達五，右達五。」彼亦是置食處。今此不徹於閣者，但閣内別置新饌。案：文王世子「未有原」，〔一一〕即此，亦不重進，故徹于造。

王齊，日三舉。 鄭司農云：「齊必變食。」

「王齊日三舉」　齊，謂散齊、致齊。齊必變食，故加牲體，至三大牢。案玉藻云：朔食，加日食一等，〔一二〕則於此朔食當兩大牢。不言之者，文不具。齊時不樂，故不言以樂侑食也。〔一三〕「齊必變食」，論語文。

大喪則不舉，大荒則不舉，大札則不舉，天地有烖則不舉，邦有大故則不舉。 大荒，凶年。大札，疫癘也。天烖，日月晦食。地烖，崩動也。大故，寇戎之事。鄭司農云：「大故，刑殺也。春秋傳曰：『司寇行戮，君爲之不舉。』」○大札，側八反，徐音截，疫癘也。杜注左傳「大死曰札」。有烖，音災。疫，音役。癘，音厲。君爲，于僞反。

「大喪」至「不舉」　臣子一，皆爲王喪啜粥，故大喪不舉也。「大荒則不舉」已下，皆爲自貶損。

注「大荒」至「不舉」　言「大荒凶年」者，則曲禮云「歲凶，年穀不登，君膳不祭肺」是也。云「大札疫癘也」者，即春秋：「夭昬札瘥，民有疫癘，爲之不舉，自貶也。」云「天烖日月晦食」者，月食在望，日食在晦朔。今揔云日月晦食者，案春秋唯書日食，故以是不言月之望食。日食由月，故連言月也。云「地烖崩動也」者，左氏書地震及梁山崩是也。云「大故寇戎之事」者，據此經唯言大喪、大荒、大札、天地有災，故知大故是寇戎。先鄭云「大故刑殺」，引之在下者，欲見大故中含有刑殺之事。春秋傳曰「司寇行刑」者，案：莊公二十年，「王子頹享五大夫，樂及徧舞」。又云「王子頹歌舞不倦，是樂禍也。夫司寇行戮，君爲之不舉」。不舉者，謂不舉樂，此經數事不舉，司農意亦謂不舉樂，故引以爲證。但此膳夫云不舉，在食科之中，不舉即是不殺牲。引司農義在下者，不舉之中，含有不舉樂。

王燕食，則奉膳贊祭。燕食，謂日中與夕食。奉膳，奉朝之餘膳。所祭者牢肉。

「王燕」至「贊祭」　案上「王日一舉」，鄭云謂朝食，則此云燕食者，謂日中與夕，相接爲三時。云「奉膳」者，奉朝之餘膳。云「贊祭」者，助王祭牢肉。

注「燕食」至「牢肉」　案玉藻，天子與諸侯，相互爲三時食，故燕食以爲日中與夕。云「奉膳奉朝之餘膳」者，則一牢分爲三時，故奉朝之餘餕也。云「所祭者牢肉」者，案玉藻，諸侯云「夕深衣，祭牢肉」，鄭注云：「天子言日中，諸侯言夕，天子言餕，諸侯言祭牢肉，互相挾。」則天子、諸侯朝皆祭肺，日中與夕皆祭牢肉，故言所祭者牢肉也。

凡王祭祀、賓客食，〔一四〕**則徹王之胙俎。**膳夫親徹胙俎，胙俎最尊也。其餘則其屬徹之。賓客食而王有胙俎，王與賓客禮食，主人飲食之俎皆爲胙俎，〔一五〕見於此矣。○見，賢遍反，下文及注同。

「凡王」至「胙俎」　云凡王祭祀，謂祭宗廟。有胙俎者，謂若特牲、少牢「主人受尸酢，户東西面，設主人俎於席前」。王受尸酢，禮亦當然。賓客食，謂王與賓客禮食於廟，賓在户牖之間，王在阼階上，各有饌，皆設俎，故亦有胙俎。此二者皆名胙俎，膳夫徹之，故云則徹王胙俎也。

注「膳夫」至「此矣」　云「膳夫親徹胙俎胙俎最尊也」者，以其胙者，酢也。王與尸賓相荅酢，故遣膳夫親徹。云

「其餘則其屬徹之」者，以其經膳夫徹王之胙俎，明非王胙俎，則其屬徹之可知。膳夫是上士，則其屬中士已下是也。云「賓客食而王有胙俎王與賓客禮食」者，以其賓客與祭祀同科，故知是禮食，非是凡平燕食。案公食大夫，主君與聘大夫禮食，賓前有食，君前無食，退俟於廂。今此天子與諸侯禮食，王前有食俎者，天子於諸侯，其禮異於諸侯與聘大夫，故王前有俎。云「主人飲食之俎皆爲胙俎，見於此矣」者，案特牲、少牢，主人之俎雖爲胙俎，直是祭祀，不兼賓客；此則祭祀、賓客俱有，故云主人飲食之俎皆爲胙俎，見於此。飲據祭祀，食據賓客，故雙言之也。

凡王之稍事，設薦脯醢。鄭司農云：「稍事，謂非日中大舉時而間食，〔二六〕謂之稍事，膳夫主設薦脯醢。」玄謂稍事有小事而飲酒。○而閒，劉古莧反，戚如字。

「凡王」至「脯醢」　案下經燕飲酒，謂大事與臣飲酒，則此云王之稍事，是王小事而飲酒，故空設薦脯醢。若大飲與食，則有牲體。

注「鄭司農」至「飲酒」　先鄭云：「稍事，謂非日中大舉時而間食，謂之稍事，膳夫主設薦脯醢」者，先鄭意，旦起，日中食牲牢，日中後空食脯醢。後鄭不從者，玉藻諸侯猶云「夕深衣祭牢肉」，則天子夕食牢肉可知。又脯醢者，是飲酒肴羞，非是食饌，若大夫已下燕食，有脯無膾，設脯無嫌，若王之日食，不得空薦脯醢，故以爲小事飲酒。

王燕飲酒，則爲獻主。鄭司農云：「主人當獻賓，則膳夫代王爲主，君不敵臣也。燕義曰：『使宰夫爲獻主，臣莫敢與君亢禮。』」

「王燕」至「獻主」　謂王與臣以禮燕飲，則膳夫爲獻主。案儀禮，使宰夫爲主人，此天子使膳夫爲獻主，皆是飲食之官，代君酌臣。

注「鄭司」至「亢禮」　言當獻賓則膳夫代王爲主，此約燕禮而知。案燕禮，主人酌酒獻賓，賓酢主人，主人酌酒獻君，君酢主人，主人酬賓以後，爲賓舉旅。又引燕義「臣莫敢與君亢禮」者，飲酒之禮，使大夫爲賓，遣宰夫爲主人，獻酢相亢荅。若君爲主人，則是臣與君相亢，故云臣莫敢亢禮。

掌后及世子之膳羞。亦主其饌之數，不饋之耳。

「掌后」至「膳羞」　上云「王日一舉」，注「后與王同庖」。不言世子，則世子與王別牲，亦膳夫所掌，故云掌后及世子之膳羞。

注「亦主」至「之耳」　案：上文「凡王之饋食用六穀」已下言饋，則膳夫親饋之，故云品嘗食。案内饔「共后及世子之膳羞」，則是后、世子，内饔饋之，故鄭云「亦主其饌之數，不饋之耳」。

凡肉脩之頒賜皆掌之。鄭司農云：「脩，脯也。」

「凡肉」至「掌之」　謂王以肉及脩脯頒賜羣臣，則膳夫皆掌之。

注「鄭司」至「脯也」　言「脩脯也」者，謂加薑桂鍛治者，謂之脩；不加薑桂，以鹽乾之者，謂之脯。則脩脯異矣。先鄭云脩脯者，散文言之，脩脯通也。

凡祭祀之致福者，受而膳之，致福，謂諸臣祭祀，進其餘肉，歸胙于王。鄭司農云：「膳夫受之，以給王膳。」

「凡祭」至「膳之」　云凡祭祀者，言「凡」，則諸臣自祭家廟。祭訖，致胙肉於王，謂之致福，膳夫受之，以爲王膳，故云受而膳之。

注「致福」至「王膳」　云「致福者謂諸臣祭祀進其餘肉歸胙于王」者，案：禮記少儀云：「膳于君子曰膳。」案玉藻，「膳於君，葷、桃、茢」。彼謂諸侯之臣禮，此王之臣，亦應云致膳，而云致福者，凡祭祀，主人受福，若與王受福然，故云致福。知諸臣有致胙法者，案：春秋左氏昭十六年，子產云「祭有受脤歸脤」，彼注云：「受脤，謂君祭，以肉賜大夫。歸脤，謂大夫祭，歸肉於公也。」今彼雖據諸侯禮，王之臣致胙亦然，故云歸胙於王也。

以摯見者亦如之。鄭司農云：「以羔鴈雉爲摯見者，亦受以給王膳。」

「以摯」至「如之」 謂卿大夫以下新任爲臣者，〔一七〕卿執羔、大夫執鴈、士執雉，來見王，故云「以摯見者」。言「亦如之」者，先鄭云亦受以給王膳也。

歲終則會，唯王及后、世子之膳不會。不會計多少，優尊者。其頒賜諸臣則計之。

「歲終」至「不會」 此膳夫所掌，膳羞是其正，故世子亦不會。至下庖人「王及后不會」，則世子會之。彼禽獻是其加，故會之。

注「不會」至「計之」 依宰夫職，會是歲計，故云不會計多少。云優尊者，謂若計，則似限尊者有多少。若不計，則任所用，故云不會是優尊者也。云「其頒賜諸臣則計之」者，經云「王及后世子不會」，則上經「肉脩之頒賜」諸臣，則計之可知。

庖人，掌共六畜、六獸、六禽，辨其名物。六畜，六牲也。始養之曰畜，將用之曰牲。春秋傳曰：「卜日曰牲。」鄭司農云：「六獸，麋、鹿、熊、麕、野豕、兔。六禽，鴈、鶉、鷃、雉、鳩、鴿。」玄謂獸人冬獻狼，夏獻麋。又内則無熊，則六獸當有狼，而熊不屬。六禽於禽獻及六摯，宜爲羔、豚、犢、麛、雉、鴈。凡鳥獸未孕曰禽。司馬職曰「大獸公之，小禽私之」。○六畜，許又反，注同，即六牲也。六獸，司農云：「麋、鹿、熊、麕、野豕、兔。」鄭云有狼無熊。干注麕作麞，熊作狟。六禽，鄭云：「羔、豚、犢、麛、雉、鴈也。」司農及干鴈、鶉、雉、鳩、鴿、鷃。麢，本又作麋，亦作麕，居倫反，麞也。鶉，音純。鷃，於諫反。鴿，古合反。麛，音迷，鹿子。未孕，以證反，一音乘。

「庖人」至「名物」　云掌共六畜者，馬、牛、羊、豕、犬、鷄。謂夏官校人、地官牛人、春官鷄人、秋官犬人、冬官豕人，揔送六畜與此庖人。六獸、六禽，即下獸人送之。此庖人得此六畜、六獸、六禽，共與膳夫、内外饔，故云掌共六畜、六獸、六禽。此禽獸等，皆有名號物色，故云辨其名物。

注「六畜」至「私之」　云「六畜六牲也」者，謂雖此云六畜，即是膳夫六牲，一也。所以彼言牲此言畜者，鄭即解其不同之意，始養之曰畜，將用之曰牲，膳夫共王之膳羞，即是將用之，故言牲。云春秋傳曰者，此是左氏僖公三十一年傳辭，彼經云「四卜郊，不從，乃免牲」。未卜日曰牛，卜得吉日，乃號爲牲。僖公既卜得吉日，名牛作牲，乃更卜可郊以否，不從乃免牲，是其怠慢。引之者，證將用曰牲。鄭司農云「六獸麋鹿熊麢野豕兔，六禽鴈鶉鷃雉鳩鴿」者，此先鄭意取爾雅文「四足而毛謂之獸，兩足而羽謂之禽」，故爲此解。玄謂獸人冬獻狼，又内則爲餰食有狼臅膏，故云「當有狼而熊不屬」。此破司農有熊無狼。云「六禽於禽獻及六摯宜爲羔豚犢麛雉鴈」者，下文禽獻之内，取羔豚犢麛，大宗伯六摯之内，亦取羔及雉鴈，破司農六畜之内，〔一八〕有鶉鷃鳩鴿四者，於經無所據。司農雉鴈，即六摯雉鴈同，故從之不破。云「凡鳥獸未孕曰禽」，鄭言此者，見爾雅「四足而毛曰獸，兩足而羽曰禽」，是對文例，若散文則通。其獸未孕時，雖曰四足，亦曰禽，是以名爲禽獻，其中亦有羔豚犢麛。又云以禽作六摯，禽中亦有羔，是其未孕者也，謂若爾雅「飛曰雄雌，走曰牝牡」，亦是對文。案詩云「雄狐綏綏」，走亦曰雄。尚書云「牝雞無晨」，飛亦曰牝，並是散文通義。云「司馬職曰大獸公之，小禽私之」者，欲見雖曰四足而毛，未孕亦曰禽。此並破司農禽中不得有四足之義。

凡其死生鱻薧之物，以共王之膳與其薦羞之物及后、世子之膳羞。凡，計數之。薦亦進也。備品物曰薦，致滋味乃爲羞。王言薦者，味以不褻爲尊。鄭司農云：「鮮謂生肉，薧謂乾肉。」○鱻，悉然反，生肉也。薧，苦老反，乾肉也。計數，色柱反，下「校數」同。不褻，息列反。

「凡其」至「之膳」　云「凡其死生鱻薧之物」者，此四者，或死或生，新殺爲鱻，乾者爲薧，並獸人以與膳夫、内外饔，以共王之膳。云「與其薦羞之物」者，薦，進也。謂羞之所進，即備品物曰薦，亦進于王耳。及后、世子之膳羞者，此共后、世子之羞，故不言薦而言膳，是致滋味者也。

注「凡計」至「乾肉」　云「凡計數之」者，上經云「治要」、「治凡」，並是計筭之稱。此凡，亦是計數之名。死生鱻薧，須知其數，故言凡揔計之。云「備品物曰薦」者，以經羞言薦，對后、世子羞言膳，故云備品物曰薦，致滋味乃爲羞。〔一九〕以其不言薦，即是致滋味之羞。若然，備品物者，謂王舉則共醢六十罋，以五齏、七醢、七菹、三臡實之。醢人共齏菹醢六十罋，〔二〇〕是其備品物，及三牲之俎，皆是也。致滋味乃爲羞百有二十品者，故鄭云「羞出於牲及禽獸，以備滋味，謂之庶羞」。故公食云：「宰夫自東房薦豆六。」又云：「士羞庶羞。」云「王言薦者味以不褻爲尊」者，對后、世子不言薦，是其褻味者也。

共祭祀之好羞，謂四時所爲膳食，若荆州之鮺魚，青州之蟹胥，雖非常物，進之孝也。○好羞，呼報反。鮺，側雅反。蟹，户買反。胥，息徐反，劉音素，字林先於反，蟹醬也。

「共祭祀之好羞」　尋常所共者，並在内外饔。今言好羞，則是非常之物，謂美魚之屬也。

注「謂四時」至「孝也」　云「四時所爲膳食」者，謂四時之間，非常美食。云「若荆州之鮺魚，青州之蟹胥」者，鄭見當時有之，又見禮記禮器云「大饗其王事與，三牲、魚腊，四海九州之美味」，苟可薦者，莫不咸在，且禹貢徐州貢蠙珠暨魚，荆州無魚文，是文不備，是知好羞皆是魚也。

共喪紀之庶羞，賓客之禽獻。喪紀，喪事之祭，謂虞祔也。禽獻，獻禽於賓客。獻，古文爲獸。杜子春云：「當爲獻。」

「共喪」至「禽獻」　凡喪，未葬已前，無問朝夕奠及大奠，皆無薦羞之法。今言共喪紀庶羞者，謂虞祔之祭乃有之。云「賓客之禽獻」者，謂若掌客上公乘禽日九十雙，侯伯七十雙，子男五十雙之類，是也。

注「喪紀」至「爲獻」　云「喪紀，喪事之祭，謂虞祔也」者，天子九虞後，作卒哭祭，虞、卒哭在寢，明日祔於祖廟。今直云虞祔，不言卒哭者，舉前後虞祔，則卒哭在其中，共庶羞可知。云「獻，古文爲獸，杜子春云當爲獻」者，但賓客之禽，由主人獻之，若直言賓客禽獸，於義無取也。

凡令禽獻，以灋授之，其出入亦如之。令，令獸人也。禽獸不可久處，賓客至，將獻之，庖人乃令獸人取之，必書所當獻之數與之。及其來致禽，亦以此書校數之。至于獻賓客，又以此書付使者，展而行之。掌客：乘禽於諸侯，各如其命之數。聘禮：乘禽於客，日如其饔餼之數。士中日則二雙。○乃令，力呈反。付使，所吏反。乘禽，繩證反，下同。

「凡令」至「如之」　凡朝聘賓客至，並致館與之。賓客既在館，此庖人乃書所共禽獻之數，令於獸人，以數授之，故云凡令禽獻以法授之也。云「其出入亦如之」者，既以數授獸人，依數以禽入庖人，是入也。庖人得此禽，還依數付使者送向館，是出也。亦如之者，亦依法授之，故云其出入亦如之。若然，入先出後，不言入出而言出入者，便文也。

注「令令」至「二雙」　知令獸人者，案：獸人云：「凡祭祀、喪紀、賓客，共其死獸生獸。」故知令獸人。云「禽獸不可久處」以下，至「與之」以上，解經令禽以法授之。〔一二〕云「及其來致禽亦以此書校數之」，解經入亦如之。云「至于獻賓客，又以此付使者，〔一三〕展而行之」，解經出亦如之。言展而行之者，展，猶省視也。行，去也。謂將向客館之時，省視禽牲，然後去。云「掌客，乘禽於諸侯，各如其命之數」者，謂上公九命，日九十雙之等。又引「聘禮乘禽於客，日如其饔餼之數」者，言此臣禮，不依命數。公侯伯之卿三命，子男之卿再命，皆以爵卿也。饔餼五牢，日五雙，故言日如其饔餼之數。云「士，中日則二雙」者，謂作介時，士爵一日則一雙，禽獻不以命數，中，間也，故言間日則二雙。言此者，釋經以法授之，法則數也。

凡用禽獻，春行羔豚，膳膏香；夏行腒鱐，膳膏臊；〔二三〕**秋行犢麛，膳膏腥；冬行鱻羽，膳膏羶。**用禽獻，謂煎和之以獻王。鄭司農云：「膏香，牛脂也，以牛脂和之。腒，乾雉。鱐，乾魚。膏臊，豕膏也，以豕膏和之。」杜子春云：「膏臊，犬膏。膏腥，豕膏也。鮮，魚也。羽，鴈也。膏羶，羊脂也。」玄謂膏腥，雞膏也。羔豚，物生而肥。犢與麛，物成而充。〔二四〕腒、鱐，暵熱而乾。魚，鴈，水涸而性定。此八物者，得四時之氣尤盛，爲人食之弗勝，是以用休廢之脂膏煎和膳之。牛屬司徒，土也。雞屬宗伯，木也。犬屬司寇，金也。羊屬司馬，火也。○膏香，牛脂也，禮記作薌，音同。腒，其居反，乾雉也。鱐，所留反，乾魚也。臊，素刀反，杜云：「犬膏也」，司農及干云：「豕膏也」。腥，音星，杜云：「豕膏」，鄭干云：「雞膏也」。或作雉膏。鱻羽，鄭云：「鮮，魚也；羽，鴈也。」杜云：「鮮羽，鴈也。」羶，書然反，羊脂也。煎和，胡臥反，下文同。暵熱，呼旱反，劉呼旦反。水涸，胡洛反，徐户格反。爲人，于僞反。

「凡用」至「膏羶」　言「凡用禽獻」者，四者不同，故言凡也。煎和謂之用，故言凡用禽獻也。云「春行羔豚，膳膏香」者，言行者，義與用同。春用羔豚者，草物始生，羔豚食而肥。膳膏香者，謂牛膏。春，木王，火相，土死，羔豚爲其大盛，牛屬中央土，故以死之脂膏殺其氣。「夏行腒鱐，膳膏臊」者，腒，謂乾雉。鱐，謂乾魚。膏臊，犬膏。腒鱐，夏之暵熱而乾，故食之，爲其大盛，夏時金死，犬屬西方金，故用死之脂膏煎和之。云「秋行犢麛，膳膏腥」者，秋時草物有實，犢麛食之而肥，故秋用犢麛。膏腥，謂鷄膏。鷄屬東方木，時木死，故用死之脂膏煎和之。云「冬行鱻羽，膳膏羶」者，鱻，謂魚。羽，謂鴈。冬，魚之性定，鴈又新來，故用食之。膏羶，謂羊膏。羊屬南方火。冬時火死，魚鴈食之大盛，故用死之脂膏煎和之。五行不言北方豕之脂膏者，以其中央土王，分於四時，土賊水，但無中央食法，故不言豕之脂膏也。

注「用禽」至「火也」　云「用禽獻，謂煎之以獻王」者，〔二五〕殺牲謂之用，煎和謂之膳。用膳相將之言，故以煎和解用。上言賓客之禽獻，此用禽以王爲主，故言獻王。「鄭司農云膏香牛脂也」者，案：內則鄭注：「釋者曰膏，凝者曰脂。」彼是相對之義，通而言之，脂膏一也，故司農以脂解膏。云「腒，乾雉」者，以士相見云「冬用雉，夏用腒」，故知腒乾雉也。云「鱐，乾魚」者，籩人職云「魚鱐」。此鱐腒同是夏用之，腒既是乾雉，明鱐是乾魚。云「膏臊，豕膏也」者，經云「夏行腒鱐，膳膏臊」，此經四時所膳者，皆取所賊死之脂膏。火賊金即膏臊犬膏也，不得云北方之膏。〔二六〕又杜子春云「膏臊犬膏」者，於義是也。云「膏腥，豕膏也」者，於義非也，以其秋行犢麛，秋時金王，金剋木，鷄屬東方木，則膏腥雞膏也，不得爲豕膏。云「鮮，魚也，羽，鴈也」者，尚書益稷云：「與稷決川而鮮食」。鮮出於川，故知鮮魚也。又此鮮對羽，故知鮮是魚。知羽是鴈者，以其禽摯中有羔、雉、鴈，此禽獻中已有羔雉，明亦有鴈，故以羽爲鴈也。「玄謂膏腥雞膏也」者，破子春豕膏。云「魚鴈水涸而性定」者，依周語云「天根見而水涸」，鄭注月令云「天根見，九月末」，是水涸在九月末、十月初。云「是以用休廢之脂膏」者，五行王相相剋。春木王，火相，土死，金囚，水爲休廢。夏火王，土相，金死，水囚，木爲休廢。已下推之可知。王所勝者死，相所勝者囚，新謝者爲休廢。若然，向來所膳膏者，皆是死之脂膏。鄭云休廢者，相對死與休廢別，散則死亦爲休廢，故鄭以休廢言之也。云「牛屬司徒土也」者，鄭於司徒注云「牛能任載地」之類，故屬土。云「雞屬宗伯木也」者，雞爲貌，雞又知時，象春，故屬木。云「犬屬司寇金也」者，金爲言，犬亦言，屬金。云「羊屬司馬火也」者，火爲視，羊亦視，故屬火。

歲終則會，唯王及后之膳禽不會。膳禽，四時所膳禽獻。加世子可以會之。

注「膳禽」至「會之」　上膳夫職所掌者是其正，此禽獻者是其加。世子可以會，故歲終則唯王及后之膳不會，世子則會之矣。

內饔，掌王及后、世子膳羞之割亨煎和之事，辨體名肉物，辨百品味之物。割，肆解肉也。亨，煑也。煎和，齊以五味。體名，脊、脅、肩、臂、臑之屬。肉物，胾燔之屬。百品味，庶羞之屬。言百，舉成數。○割亨，普庚反，注及下同。肆解，託歷反。齊以，才細反。胾，側吏反。膰，音燔，本亦作燔。

注「割肆」至「成數」　知「割肆解肉」者，謂士虞禮云「四肆去蹄」，〔二七〕此明割是肆解肉。云「煎和，齊以五味」者，凡言和者，皆用酸苦辛鹹甘。云「體名，脊脅肩臂臑之屬」者，案少牢，解羊豕，前體肩、臂、臑，後體膊、骼，又有正脊、脡脊、橫脊，又有短脅、正脅、代脅，是其體二十一體。云「肉物胾燔之屬」者，案公食大夫禮，十六豆有胾，胾，謂切肉。又案少牢，主婦獻尸以燔從，傳火曰燔。云「百品味，庶羞之屬」，案膳夫職，庶羞百有二十品，今言百，故鄭云舉成數。

王舉，則陳其鼎俎，以牲體實之。取於鑊以實鼎，取於鼎以實俎，實鼎曰脀，實俎曰載。○脀，職升反。

「王舉」至「實之」　言「陳其鼎俎」者，陳鼎有二處，初陳鼎於鑊西，後陳鼎於阼階下，其俎皆陳於鼎西南。云「以牲體實之」者，其牲體入鑊時，已解訖，今言實者，有兩處：一者，取於鑊，實於鼎，據在鑊所；二者，取於鼎，實於俎。

注「取於」至「曰載」　「實鼎曰脀」者，脀，升也。案少牢「司馬升羊，實於一鼎」，是實鼎曰脀。案：特牲云：「卒載，加匕於鼎」，〔二八〕是其實俎曰載。案：少牢云：「升羊，載右胖，升豕，其載如羊。」又有司徹亦云「乃升」，鄭云：「升牲體於俎。」若然，實鼎，唯有升名，無載稱，若實俎，升載兩有。

選百羞、醬物、珍物以俟饋。先進食之時，恒選擇其中御者。

「選百」至「俟饋」 百羞者，則庶羞百二十。醬物者，即醬用百二十甕。珍物者，諸八珍之類。俟，待也。內饔恒預選，知當王意所欲者，以待饋王。〔二九〕

共后及世子之膳羞。膳夫掌之，是乃共之。

「共后」至「膳羞」 后、世子直言共，不言饋者，膳夫饋王，不饋后、世子；此內饔言共，是親饋，故鄭云膳夫掌之，是乃共之。

辨腥臊羶香之不可食者。牛夜鳴則庮；羊泠毛而毳，羶；犬赤股而躁，臊；鳥皫色而沙鳴，貍；豕盲眡而交睫，腥；馬黑脊而般臂，螻。〔三〇〕腥臊羶香可食者，是別其不可食者，則所謂者，皆臭味也。泠毛，毛長總結也。〔三一〕皫，失色不澤美也。〔三二〕沙，澌也。交睫腥，腥當爲星，〔三三〕聲之誤也，肉有如米者似星。〔三四〕般臂，臂毛有文。鄭司農云：「庮，朽木臭也。螻，螻蛄臭也。」杜子春云：「盲眡，當爲望視。」○庮，音由，徐餘柳反，干云：「病也。」司農云：「朽木臭也。」泠毛，音零，徐郎年反。而躁，早到反。犥，本又作皫，芳表反，又苻表反，又芳老反，徐又孚趙反。而沙，如字，一音所嫁反，或蘇他反。貍，音鬱，徐於弗反。豕盲，亡亮反。眡，視二反，又音視。睫，音接，一音將業反。而般，音班。臂，如字，徐本作辟，音方紙反。螻，音樓，如螻蛄蟲臭也，干音漏，內病也，此依禮記文。是別，彼列反。澌也，音西。蛄，音姑。

「辨腥」至「臂螻」 言「辨腥臊」者，〔三五〕依庖人職注，腥，謂雞也。臊，謂犬也。羶，謂羊也。香，謂牛也。以腥臊羶香表見，云牛羊犬雞也。〔三六〕言「不可食者牛夜鳴則庮」者，其牛無事夜鳴，其肉必庮。庮，惡臭也。云「羊泠毛

「而毳羶」者，泠毛，謂毛長也。而毳，謂毛別聚結者，此羊肉必羶也。云「犬赤股而躁臊」者，言赤股者，股裏無毛，謂之赤股，非謂肉赤。謂若禮記檀弓流矢在白肉，非謂肉白，而走又躁疾，犬有如此者，其肉必臊，故云「而躁臊」。云「鳥皫色而沙鳴貍」者，皫，失色也。沙，澌也。鳥毛失色，而鳴又澌，其肉氣必鬱。鬱，謂腐臭。云「豕盲眂而交睫腥」者，豕乃聽物，不合望眂，此豕眼睫毛交，故云豕望眂而交睫，豕有如此，其肉必如星。腥當爲星，其肉如米然，驗當時有如此者也。云「馬黑脊而般臂螻」者，謂馬脊黑，前脛般般然。其馬如此，其肉螻蛄臭。此一經，皆是不利人，故禁之也。

注「腥臊」至「望視」　云「腥臊羶香可食者」，即上庖人職所云是也。云「是別不可食者」，則此是也。〔三七〕「則所謂者皆臭味也」者，言所謂者，所謂論語鄉黨「色惡不食，臭惡不食」。云「交睫腥，腥當爲星，聲之誤也」者，此經腥有二字，鄭不破腥臊之腥，宜破交睫腥之腥，〔三八〕故連取交睫以解。云「般臂，臂毛有文」者，鄭荅泠剛，童牛之牿。牛在手曰牿，〔三九〕牛無手，以前足當之，此馬亦然。故言般臂。「鄭司農云：庮，朽木臭也」者，驗今朽木，其氣實臭，故云朽木臭也。案：内則注引左氏春秋「一薰一蕕」，此司農以其朽木臭，即與一薰一蕕同，故鄭不引之。云「螻，螻蛄臭也」者，以内則螻爲漏脱字，於義無所取，故轉爲螻蛄字，螻蛄則有臭。「杜子春盲視當爲望視」者，以其盲，則無所覩見，不得視，内則爲遥望之字，故子春從内則爲正也。

凡宗廟之祭祀，掌割亨之事。凡燕飲食亦如之。凡掌共羞、脩、刑、膴、胖、骨、鱐，〔四〇〕以待共膳。　掌共，共當爲具。羞，庶羞也。脩，鍛脯也。胖，如脯而腥者。鄭司農云：「刑膴謂夾脊肉，或曰膺肉也。骨鱐謂骨有肉者。」玄謂刑，鉶羹也。膴，牒肉大臠，所以祭者。骨，牲體也。鱐，乾魚。○掌共羞，共依注音具。膴，火吴反，徐凶武反。胖，普半反。鍛，丁亂反。鉶羹，音刑。牒肉，直輒反，又之涉反。〔四一〕大臠，力轉反。

「凡宗」至「共膳」　內饔不掌外神，故云宗廟之祭祀。言凡者，謂四時及祫禘并月祭等，皆在其中，掌其割亨之事。上王后言煎和，此不言煎和者，鬼神尚質，不貴褻味，故不言煎和。云「燕飲食亦如之」者，謂王及后、世子自燕飲食，皆須割亨，故云亦如之。

注「掌共」至「乾魚」　云「掌共，共當爲具」者，據經共字有二，以待共膳，不破；掌共，其字〔四二〕則破之矣，故云掌共共當爲具。言具者，具羞脩刑膴已下。云「羞，庶羞也」者，庶羞則百二十品，是也。云「脩，鍛脯也」者，謂加薑桂鍛治之。若不加薑桂不鍛治者，直謂之脯。云「胖如脯而腥」者，乾則爲脯，不乾而腥，則謂之胖。鄭司農云「刑膴謂夾脊肉」者，刑膴爲二物，有明文，先鄭以爲刑膴夾脊肉，故後鄭不從。云「或曰膺肉也」者，無所出，後鄭亦不從。云「骨鱐謂骨有肉者」，骨自是牲體，鱐自是乾魚，先鄭合爲一，故後鄭亦不從。「玄謂刑，鉶羹也」者，案：特牲有鉶羹，謂鉶器盛豕膮，設於薦南，故名鉶羹。云「膴，牒肉大臠，所以祭者」，膴，魚肉揔有也。公食大夫禮云庶羞皆有大，謂大臠，據肉而言。案：有司徹云：「主人亦一魚，加膴祭于其上。」此據魚而言也。膴又詁爲大，故云膴，牒肉大臠，所以祭者也。云「骨，牲體也」者，謂若體解二十一，雖據骨而言，皆擬所食，故云骨有肉。云「鱐，乾魚」者，前云「夏行腒鱐」，與彼同，故爲乾魚。

凡王之好賜肉脩，則饔人共之。好賜，王所善而賜也。〇好賜，呼報反，注同。

「凡王」至「共之」　言好賜者，謂羣臣王所愛好，則賜之肉脩，饔人共之。

外饔，掌外祭祀之割亨，共其脯、脩、刑、膴，陳其鼎俎，實之牲體、魚、腊。凡賓客之飧饔、饗食之事亦如之。飧，客始至之禮。饔，既將幣之禮。致禮於賓客，〔四三〕莫盛於饔。〇饗食，音嗣。

「外饔」至「如之」 云「掌外祭祀之割亨」者，謂天地、四望、山川、社稷、五祀、外神，皆掌其割亨。云「共其脯脩刑膴」者，如上釋。云「陳其鼎俎，實之牲體、魚、腊」者，謂若鼎十有二者也。云「凡賓客之飧饔、饗食之事，亦如之」者，謂所陳之數，如宰夫職所云者。皆以外饔共之，故言亦如之。

注「飧客」至「於饔」 言「飧，客始至之禮」者，宰夫職以釋訖。云「饔，既將幣之禮」者，案：聘禮記云「聘日致饔」，鄭注云：「急歸大禮。」鄭云將幣者，即是聘享也。若諸侯來朝，亦朝日致之也。云「致禮於賓客，莫盛於饔」者，以其饔之中有飪、有腥、有牽，又有酒、有米，兼燕與食，其中芻、薪、米、禾又多，故朝聘之日致之，是以鄭云急歸大禮，故云莫盛於饔也。

邦饗耆老、孤子，則掌其割亨之事。饗士庶子亦如之。 孤子者，死王事者之子也。士庶子，衛王宫者。若今時之饗衛士矣。王制曰：「周人養國老於東膠，養庶老於虞庠。」

「邦饗」至「如之」 云「邦饗耆老」者，謂死事者之父祖，兼有國老庶老。云孤子者，謂死王事者之子。云「饗士庶子」者，謂若宫伯注云「士，謂王宫中諸吏之適子也。庶子，其支庶也」。云饗者，即鄭云「士庶子衛王宫者，若今時之饗衛士矣」是也。

注「孤子」至「虞庠」 死事者之子，謂若左氏哀公二十三年，晉知伯親禽顔庚。至二十七年，齊師將興，陳成子屬孤子，三日朝，設乘車兩馬，繫五邑焉，召顔庚之子而賜之。是其禮孤子之法。云「王制曰：周人養國老於東膠，養庶老於虞庠」者，周立大學王宫之東膠，膠之言糾也，所以糾察王事。周立小學於西郊，爲有虞氏之庠制，故曰虞庠。國老，謂卿大夫致仕者。庶老，謂士之致仕者。經直言耆老，對孤子，則耆老者，死事者之父祖可知。但此不見饗國老庶老之文，故鄭解耆老謂國老、庶老。

師役，則掌共其獻、賜脯肉之事。獻謂酌其長帥。○長帥，色類反。

「師役」至「之事」　云師役者，謂出師征伐及巡狩田獵。掌共其獻者，謂獻其將帥，并賜酒肉之事，並掌之。

注「獻謂」至「長帥」　以經獻謂獻酒非獻肉，故鄭謂「酌其長帥」。長帥，軍將已下至五長。〔四四〕有功者饗獻之。

凡小喪紀，陳其鼎俎而實之。謂喪事之奠祭。

「凡小喪」至「而實之」　言小喪紀者，謂夫人已下之喪。云「陳其鼎俎」者，謂其殷奠及虞祔之祭，皆有鼎俎，故鄭云喪事之奠祭也。

亨人，掌共鼎鑊以給水火之齊。鑊，所以煑肉及魚、腊之器。既孰，乃脀于鼎。齊，多少之量。○之齊，才細反，注同。

注「鑊所」至「之量」　云「鑊，所以煑肉及魚腊之器」者，案少牢，爨在廟門外之東。大夫五鼎，羊、豕、腸胃、魚、腊，各異鑊。鑊別有一鼎，鑊中肉孰，各升一鼎，故鄭云「既孰，乃脀于鼎」。云「齊，多少之量」者，此釋經「給水火之齊」，謂實水於鑊，及爨之以火，皆有多少之齊。

職外内饔之爨亨煑，〔四五〕辨膳羞之物。職，主也。爨，今之竈。主於其竈煑物。○爨，七亂反。

「職外」至「之物」　亨人主外内饔爨竈亨煑之事。云「辨膳羞之物」者，膳羞，則牛鼎之物是也。

注「職主」至「煑物」　云「爨，今之竈」者，周禮、儀禮皆言爨，論語王孫賈云「寧媚於竈」，禮記祭法天子七祀之中亦言竈。若然，自孔子已後皆言竈，故鄭云爨今之竈。

祭祀，共大羹、鉶羹。賓客，亦如之。大羹，肉湆。鄭司農云：「大羹，不致五味也。鉶羹加鹽菜矣。」○大羹，音庚，又音衡，下同。肉湆，去及反。

「祭祀」至「如之」　云「祭祀共大羹」者，大羹，肉湆，盛於登，謂大古之羹，不調以鹽菜及五味，謂鑊中煑肉汁，一名湆，故鄭云「大羹，肉湆」。云「鉶羹」者，謂是陪鼎膷臐膮，牛用藿，羊用苦，（四六）豕用薇，調以五味，盛之於鉶器，即謂之鉶羹。若盛之於豆，即謂之庶羞，即公食大夫十六豆膷臐膮是也。（四七）云「賓客亦如之」者，謂若致饔餼及飧禮，皆有陪鼎，則鉶羹也。饗食亦應有大羹，故云賓客亦如之。

甸師，掌帥其屬而耕耨王藉，以時入之，以共齍盛。其屬，府史胥徒也。耨，芸芓也。（四八）王以孟春躬耕帝藉，天子三推，三公五推，卿諸侯九推，庶人終於千畝。庶人謂徒三百人。藉之言借也。王一耕之，而使庶人芸芓終之。齍盛，祭祀所用穀也。粢，稷也。（四九）穀者稷爲長，是以名云。在器曰盛。○耕耨，乃豆反。齍盛，音資。芸，音云，徐音運，本或作耘。芓，音子，徐音兹。三推，出誰反，又他回反。

「甸師」至「齍盛」　言「掌帥其屬」者，謂除府史，有胥三十人，徒三百人，而耕種耘耨於王之藉田。言「以時入之」者，謂麥則夏孰，禾黍秋孰，則十月穫之，送入地官神倉，故云以時入之。云「以共齍盛」者，六穀曰粢，在器曰盛，以共祭祀，故云以共粢盛。

注「其屬」至「曰盛」　云「其屬，府史胥徒也」者，叙官知之。云「耨，芸芓也」者，詩云「或芸或芓」，芸，莇。芓，擁本是也。云「王以孟春」至「諸侯九推」，並是月令文。言「躬耕帝藉」者，天子親耕三推，是也。言「帝藉」者，藉田之穀，衆神皆用，獨言帝藉者，舉尊言之。云「天子三推」者，三推而一發。〔五〇〕云「三公五推」者，五推而三發。卿諸侯九推者，九推而五發。故周語云「王耕一發，班三之」。云「庶人終於千畝」，亦周語文。天子藉田千畝，在南郊，自天子三推已下，示相恭敬鬼神之法。〔五一〕又示帥先天下，故暫時耕，終之者，庶人也。鄭解周語庶人者，謂此序官徒三百人也。云「粢，稷也」者，爾雅文。云「穀者稷爲長，是以名云」者，此釋經及爾雅「特以粢爲號」。知稷爲五穀長者，案：月令中央土云「食稷與牛」，五行土爲尊，故知稷爲五穀長。及爾雅以稷爲粢，通而言之，六穀皆是粢，故小宗伯云「辨六粢之名物」，是也。

祭祀，共蕭茅，鄭大夫云：「蕭字或爲茜，茜讀爲縮。束茅立之祭前，沃酒其上，酒滲下去，若神飲之，故謂之縮。縮，浚也。故齊桓公責楚不貢包茅，王祭不共，無以縮酒。」杜子春讀爲蕭。〔五二〕蕭，香蒿也。玄謂詩所云「取蕭祭脂」。郊特牲云「蕭合黍稷，臭陽達於牆屋。故既薦然後焫蕭合馨香」。合馨香者，是蕭之謂也。茅以共祭之苴，亦以縮酒，苴以藉祭。縮酒，泲酒也。醴齊縮酌。○茜，所六反。酒滲，所鴆反。浚也，荀閏反，劉思順反。焫，如悅反。苴，音租，又子餘反。以藉，在夜反。泲酒，子禮反。醴齊，才細反。

「祭祀共蕭茅」　此祭祀共蕭茅者，蕭，謂香蒿，據祭祀宗廟時有之。若共茅，外内之神俱用，故云祭祀共蕭茅也。

注「鄭司農」至「縮酌」　鄭大夫云「蕭字或爲茜，茜讀爲縮」，鄭大夫必讀爲縮者，欲以蕭茅共爲一事解之。云「束茅立之祭前」者，此鄭大夫之意，取士虞禮「束茅立几東」，所以藉祭。此義蕭茅共爲一，則不可。若束茅立之祭前，義得通。又引齊桓公責楚，謂左氏僖公四年傳辭，彼齊桓使管仲責楚云：「爾貢包茅不入，王祭不共，無以縮酒，寡人是徵。」楚伏其罪，云「敢不共給」，是也。杜子春讀爲蕭，於義爲是，故後鄭從之。云「玄謂詩所云取蕭祭脂」，見用蕭之時有脂。又引郊特牲者，欲見非直有脂，亦有黍稷。云「臭陽達於墻屋」者，謂饋獻之後，陰厭之節，取蕭與脂及黍稷焫燒之，取香氣上聞，故云「既薦然後焫蕭合馨香」。云「茅以共祭之苴」者，則士虞禮「束茅長五寸，立於几東，謂之苴者」是也。云「亦以縮酒」者，左氏管仲辭是也。云「苴以藉祭」者，亦指士虞禮也。云「縮酒，泲酒也」者，鄭君解義語。云「醴齊縮酌」者，司尊彝職文。此官共茅。司巫云：「祭祀共葅館。」茅以爲葅。兩官共共者，謂此甸師共茅與司巫，司巫爲苴以共之。此據祭宗廟也。鄉師又云「大祭祀共茅葅」者，謂據祭天時，亦謂甸師氏送茅與鄉師，爲苴以共之。若然，甸師氏直共茅而已，不供苴耳。

共野果蓏之薦。甸在遠郊之外，郊外曰野。果，桃李之屬。蓏，瓜瓞之屬。○蓏，力果反。瓞，大結反。

注「甸在」至「之屬」 鄭言「甸在遠郊之外」者，案載師，公邑之田任甸地，在二百里中。司馬法百里爲遠郊。今言甸在遠郊外，則是二百里中。云「郊外曰野」者，釋經野，野在郊外。云「果，桃李之屬。蓏，瓜瓞之屬」者，案食貨志，臣瓚以爲在樹曰果，在地曰蓏，不辨有核無核。張晏以有核曰果，無核曰蓏。今鄭云果桃李之屬，即是有核者也。蓏瓜瓞之屬，即是無核者也。此從張晏之義。

喪事，代王受眚裁。粢盛者，祭祀之主也。今國遭大喪，若云此黍稷不馨，使鬼神不逞于王。既殯，大祝作禱辭授甸人，使以禱藉田之神。受眚裁，弭後殃。○受眚，生景反。

「喪事」至「眚裁」 言「喪事」者，謂王喪既殯後，甸師氏於大祝取禱辭，禱藉田之神。眚，過也。代王受過災云。若云黍稷不香，(五三)使鬼神不逞，故令王死，故喪事代王受災。此禱事於死王無益，欲止後殃，故爲此禱也。

注「粢盛」至「後殃」 言「粢盛者，祭祀之主也」者，以其遭王喪，遣甸師氏禱，意甸師種粢盛，祭祀之具，以黍稷爲主，故云「今國遭大喪，若云此黍稷不馨」。逞，快也。使鬼神不快於王，今使王死。(五四)云「既殯，大祝作禱辭，授甸人」者，知大祝作禱辭在既殯後者，見大祝職云授甸人禱辭，在大斂後，大斂則殯，故知在既殯後。

王之同姓有辠，則死刑焉。鄭司農云：「王同姓有罪當刑者，斷其獄於甸師之官也。文王世子曰『公族有死罪，則磬於甸人』。又曰『公族無宮刑，獄成，致刑于甸人』。又曰『公族無宮刑，不踐其類也。刑于隱者，不與國人慮兄弟』。」○斷其，丁亂反。不踐，音翦。

「王之」至「刑焉」　周姓姬，言同姓者，絶服之外同姓姬者。有辠者，謂凡五刑，則刑殺不於市朝，於此死刑焉。謂死及肉刑在甸師氏。必在甸師氏者，甸師氏在壃埸，〔五五〕多有屋舍，以爲隱處，故就而刑焉。案：掌囚云：「凡有爵者，與王之同族，奉而適甸師氏，以待刑殺。」此中不云其凡有爵者，文不具。

注「鄭司」至「兄弟」　云「王同姓有罪當刑者，斷其獄於甸師之官」者，此斷獄，自是秋官，罪定斷訖，始適甸師氏而刑殺之。若然，斷獄不在甸師。後鄭不破之者，案：掌囚云：「凡有爵者，與王之同族，奉而適甸師氏，以待刑殺。」此經亦云死刑焉。甸師氏不斷獄顯然。不破之者，見司農引文王世子爲證，於義是，故不復於中破之。文王世子已下云「公族有死罪，則磬於甸人」者，鄭彼注云「懸縊殺之曰磬」。云「又曰公族無宮刑，獄成，致刑於甸人。又曰公族無宮刑，不踐其類也」者，覆解上公族無宮刑之義。云「刑于隱者，不與國人慮兄弟」者，若刑兄弟於市朝，則是與國人慮兄弟。今於隱處者，則是不使國人慮兄弟。彼是諸侯法，引之，以證王之同姓刑於甸師，亦是刑隱者也。

帥其徒以薪蒸役外内饔之事。役，爲給役也。木大曰薪，小曰蒸。

「帥其」至「之事」　其徒三百人，耕耨藉田千畝，其事至閑，故兼爲外内饔所役使，共其薪蒸。

注「木大曰薪，小曰蒸」　此纂要文。又左氏傳云「其父析薪」，即大木可析曰薪，自然小者曰蒸也。

獸人，掌罟田獸，辨其名物。罟，罔也。以罔搏所當田之獸。○掌罟，音古。搏所，音博，劉音付，後同。

「獸人」至「名物」　云「掌罟田獸」者，罟，罔也。謂以罔搏取當田之獸。云「辨其名物」者，野獸皆有名號物色。案夏官，四時田獵，春用火，夏用車，秋用羅，冬用徒。四時各有其一以爲主，無妨四時兼有罔，取當田之獸。

冬獻狼，夏獻麋，春秋獻獸物。狼膏聚，麋膏散，聚則温，散則涼，以救時之苦也。獸物，凡獸皆可獻也，及狐狸。

「冬獻」至「獸物」　云「冬獻狼」者，狼，山獸。山是聚，故狼膏聚，聚則温，故冬獻之。云「夏獻麋」者，麋是澤獸，澤主銷散，故麋膏散，散則涼，故夏獻之。云「春秋獻獸物」者，春秋寒温適，故獸物皆獻之。

注「狼膏」至「狐狸」　云「以救時之苦」者，夏苦其大熱，故獻麋。冬苦其大寒，故獻狼。案：內則取稻米與狼臅膏以爲餰。狼之所用，唯據取膏爲餰食，若麋之所用，則多矣。云「及狐狸」者，案內則，狐去首，狸去正脊。二者並堪食之物，故知獸物中兼獻。

時田，則守罟。備獸觸攫。○觸攫，俱縛反，又俱碧反，又作擭，華霸反。

「時田則守罟」　守罟者，謂四時田獵，獸人守罟。「備獸觸攫」者，防備獸時觸罔而攫者，則取之。

及弊田，令禽注于虞中。弊，仆也。仆而田止。鄭司農云：「弊田，謂春火弊，夏車弊，秋羅弊，冬徒弊。虞中，謂虞人釐所田之野，〔五六〕及弊田，植虞旗於其中，致禽而珥焉。獸人主令田衆得禽者，置虞人所立虞旗之中，當以給四時社廟之祭。故曰『春獻禽以祭社，夏獻禽以享禴，秋獻禽以祀祊，〔五七〕冬獻禽以享烝』。又曰『大獸公之，小禽私之』。公之謂輸之於虞中。珥焉者，取左耳以致功，若斬首折馘。故春秋傳曰『以數軍實』。」○弊田，如字，徐蒲計反。注于，之樹反。仆也，普卜反，一音芳豆反。又音赴。釐所，音來，本亦作萊。植虞，直吏反，又時力反，徐音栽。而珥，徐如志反。以享，許丈反，劉音向，後皆放此。禴，由若反。祀祊，音方。折，之設反。馘，古獲反。以數，色主反，一音所。

「及弊」至「虞中」　「及弊田」者，弊，仆也，謂田止。「令禽注於虞中」者，田止，虞人致旌旗於田處之中央。注，猶聚也。獸人則令所田之衆，大獸公之，小禽私之者，輸之，聚於旌旗之所，故言注於虞中。

注「弊仆」至「軍實」　鄭司農云「弊田，謂春火弊，夏車弊，秋羅弊，冬徒弊」，並大司馬職文。引之者，證弊田爲田止之事。云「虞中謂虞人釐所田之野」已下，地官山虞職文。言虞人萊所田之野者，謂於教戰之所，芟治草萊。云「及弊田，植虞旗於其中」者，熊虎爲旗。山多虎，故用熊虎。及弊田，田止，虞人植虞旗於中。引之者，證經虞中之事。云「致禽而珥焉」者，謂田衆大獸公之者，各割取左耳，以擬效功。云「春獻禽以祭社」至「小禽私之」，亦司馬職文。言春獻禽以祭社者，鄭彼注：「春土方施生。」云「夏獻禽以享禴」者，夏陰氣始起，鄭云：「象神之在内。」云「秋獻禽以祀祊」者，鄭注：「祊當爲方，謂祭四方之神。」云「冬獻禽以享烝」者，冬陽氣始起，亦象神之在内。此祭並非四時常祭，以田獵得禽牲，因享祭之耳。云「大獸公之」者，謂已孕曰獸，輸之於公。「小禽私之」者，未孕曰禽，謂田衆得之以自入。云「若斬首折馘」者，田獵象戰伐，田獵之時，取禽左耳以效功；若征伐之時，於陳斬首折取左耳，謂之馘，亦以擬效功，故云若斬首折馘。又引春秋傳曰者，案：襄二十四年，「楚薳啓彊如齊聘。齊侯祭社，蒐軍實，使客觀之」。注云：「蒐，數軍實，兵甲器械，與隱公傳三年而治兵，數軍實，一也。」引之者，證斬首折馘爲軍實。若然，注傳兵甲器械，與斬首折馘不同者，兵甲器械，自爲軍實，至於斬首折馘，亦是軍實，仍於生執囚俘，〔五八〕亦爲軍實，是以僖公三十三年晉捨秦囚，先軫曰「墮軍實」是也。

凡祭祀、喪紀、賓客，共其死獸生獸。共其完者。

凡獸入于腊人，〔五九〕當乾之。

「凡祭」至「腊人」　凡此所共者，於庖人云「凡其死生鱻薧之物，以共王之膳」。

注「共其完者」　知其完全者，下經云「凡獸入於腊人」，是其不完者，故知此是完者。

皮毛筋角入于玉府。給作器物。○筋角，音斤。

「皮毛」至「玉府」　獸人所得禽獸，其中皮毛筋角，擇取堪作器物者，送入於玉府，擬給百工，飾作器物。

凡田獸者，掌其政令。

「凡田」至「政令」　謂田獵取獸禽者，所有政令，獸人掌之，以其知田獵之法故也。

䱷人，掌以時䱷爲梁。月令季冬「命漁師爲梁」。鄭司農云：「梁，水偃也。〔六〇〕偃水爲關空，以笱承其空。詩曰：『敝笱在梁。』」○水偃，於建反，徐本作匽，一返反。關空，戚音孔，下同。

「䱷人」至「爲梁」　言以時漁爲梁者，謂一歲三時取魚，皆爲梁，以時取之，故云以時漁爲梁。

注「月令」至「在梁」　案：月令季冬云：「命漁師始魚，〔六一〕天子親往。」此注云「季冬命漁師爲梁」，文句不同者，鄭以此經有梁字，故於月令以義取之，非是月令正文。鄭司農「梁，水偃也。偃水爲關空，以笱承其空」者，謂偃水兩畔，中央通水爲關孔。笱者，葦簿。〔六二〕以簿承其關孔。魚過者，以簿承取之。故詩云「敝笱在梁」。彼齊詩云：「弊敗之笱，在於魚梁。其魚唯唯，過者無制。」彼喻文姜與襄公淫通，來往不制。又魚麗詩云「魚麗于罶，鱨鯊」，注云：「罶，曲梁。寡婦之笱」，笱即曲簿也。引之者，證梁以笱爲之。

春獻王鮪。王鮪，鮪之大者。月令：季春「薦鮪于寢廟」。○王鮪，位軌反。

「春獻王鮪」　謂季春三月，春鮪新來。言王鮪，鮪之大者。云獻者，獻於廟之寢，故鄭注引月令云「薦鮪於寢廟」。

取魚之法，歲有五。案：月令孟春云「獺祭魚」，此時得取矣，一也。季春云「薦鮪於寢廟」，即此所引者，二也。又案：鼈人云：「秋獻龜魚」。三也。王制云「獺祭魚，然後虞人入澤梁」，與孝經緯援神契云「陰用事，木葉落，獺祭魚」同時，是十月取魚，四也。獺則春冬二時祭魚也。案：潛詩云「季冬薦魚」，與月令季冬漁人始魚同，五也。是一歲三時五取魚，唯夏不取。案：魯語云「宣公夏濫於泗淵」，〔六三〕以其非時，里革諫之，乃止。

辨魚物，爲鱻薧，以共王膳羞。鮮，生也。薧，乾也。○鱻薧，本又作槁，苦老反。

「辨魚」至「膳羞」　此所共者，共於膳夫以共王。

凡祭祀、賓客、喪紀，共其魚之鱻薧。凡𩫏者，掌其政令。凡𩫏征，入于玉府。鄭司農云：「漁征，漁者之租稅，漁人主收之，入于玉府。」

「凡祭」至「玉府」　云「凡祭祀賓客喪紀，共其魚之鱻薧」者，此所共者，共内外饔，以其膳夫即不掌祭祀之事。云「凡𩫏者，掌其政令」者，凡取魚者所有政令，皆漁人掌之，以其知取之時節及處所。云「凡漁征，入于玉府」者，言漁征者，謂近川澤之民，於十月獺祭魚之時，其民亦得取魚、水族之類。其中須骨之事，堪飾器物者，所有征稅，漁人主收之，送入于玉府，以當邦賦也。

鼈人，掌取互物，鄭司農云：「互物，謂有甲蒳胡龜鼈之屬。」○取互，户故反，干云對也。蒳，莫干反。

注「鄭司」至「之屬」　此文與下爲目，所取之物者，即下經所云是也。

以時簎魚鼈龜蜃，凡貍物。蜃，大蛤。鄭司農云：「簎謂以杈刺泥中搏取之。貍物，龜鼈之屬，自貍藏伏於泥中者。」玄謂貍物亦謂鱴刀含漿之屬。○簎，戚勑角反，劉倉伯反，徐倉格反，沈槍昔反。案莊子云：「冬則擉鼈於江。」擉音叉角反，義與此同，今從彼讀。蜃，上軫反，鄭云：「大蛤也。」干云：「鰌類。」貍物，莫皆反。以杈，音叉。

「以時簎魚鼈」 言以時者，即下經春獻鼈蜃。若然，簎魚鼈據所取，下經據所獻，其時一也。

注「蜃大」至「之屬」 「蜃大蛤」者，即月令云「雉入大水化爲蜃」者是也。對雀入大水化爲蛤，爲小蛤。鄭司農云「簎謂以杈刺泥中搏取之」者，司農意以簎爲刺。此經魚鼈龜蜃，皆在泥水中，〔六四〕故須以杈刺取之。「貍物，龜鼈之屬」者，案：經龜鼈自顯，別言貍物。司農貍物中更言龜鼈者，但經意所言貍物者，捴龜鼈之等，故司農重以龜鼈爲貍物。玄謂貍物亦謂鱴刀含漿之屬者，案爾雅「鮤，鱴刀也。〔六五〕蜌，含漿。」觀此，鄭意鱴刀爲一物，蜌爲含漿，亦一物。孫氏注爾雅，刀魚與鱴別，非鄭意。

春獻鼈蜃，秋獻龜魚。此其出在淺處可得之時。魚亦謂自貍藏。

注「魚亦謂自貍藏」 鄭云「魚亦謂自貍藏」者，若不自貍藏，則在上，漁人取之矣。故知此魚與龜鼈是自埋藏者也。

祭祀，共蠯、蠃、蚳，以授醢人。蠃，螔蝓。鄭司農云：「蠯，蛤也。」杜子春云：「蠯，蜯也。蚳，蛾子。國語曰：『蟲舍蚳蝝。』」○共蠯，薄佳反，徐又父幸反。蠃，郎戈反。蚳，直其反，徐長梨反，蚍蜉子。螔，音夷，又音移。蝓，音由，又音榆。蜯，字又作蚌，蒲項反，又蒲杏反。蛾子，宜綺反。蟲舍，音捨。蚳蝝，悅全反，字林允絹反。

「祭祀」至「醢人」 案：醢人有蠯醢、蠃、蚳醢，〔六六〕故以此三者授醢人。

注「贏蜿」至「蚳蝝」　「贏，蜿蝓」者，一物兩名。司農云「蠯，蛤也」者，杜子春云「蠯，蜯也」者，蜯即蛤也，亦一物。云「蚳，蛾子」者，謂蟻之子，取白者以爲醢。「國語曰蟲舍蚳蝝」者，此亦是國語諫宣公之言，〔六七〕謂夏蟲内捨去蚳蝝。蚳，此經蚳也。蝝，謂蝗也，與蚳別，連引之也。

掌凡邦之籍事。

腊人，掌乾肉，凡田獸之脯腊膴胖之事。〔六八〕大物解肆乾之，謂之乾肉，若今涼州烏翅矣。〔六九〕薄析曰脯，捶之而施薑桂曰鍛脩。腊，小物全乾。○解肆，勑歷反。捶，之蘂反。

「腊人」至「之事」　云掌乾肉已下文者，並是獸人所共，〔七〇〕獸人云「凡獸入於腊人」。

注「大物」至「全乾」　云「若今涼州烏翅」者，解肉乾之狀也。云「小物全乾」者，案：特牲云：「陳鼎于門外，棜在其南，南順，實獸于上。」又云：「宗人舉獸尾，告備。」是其全者，士用兔，是其小物全乾。少牢用麋，不云舉獸尾，則未全。若然，則天子諸侯之所用，雖無文，其獸必大，亦不必全。今云全者，據有全者耳。趙商問：「腊人掌凡乾肉而有膴胖何？」鄭荅：「雖鮮，亦屬腊人。」

凡祭祀，共豆脯，薦脯、膴、胖，凡腊物。脯非豆實，豆當爲羞，聲之誤也。鄭司農云：「膴，膺肉。」鄭大夫云：「胖讀爲判。」杜子春讀胖爲版，又云：「膴胖皆謂夾脊肉。」又云：「禮家以胖爲半體。」玄謂公食大夫禮曰「庶羞皆有大」，有司曰主人亦一魚，「加膴祭于其上」，內則曰「麋鹿田豕麕皆有胖」，足相參正也。大者，胾之大臠。膴者魚之反覆。膴又詁曰大，二者同矣，則是膴亦膜肉大臠。胖宜爲脯而腥，胖之言片也，析肉意也。禮固有腥腍爓，雖其有爲孰之，皆先制乃亨。○豆脯，豆音羞，出注。胖，普半反，杜音版。夾脊，戚古洽反，劉古協反。公食，音嗣。豕臠，京倫反。反覆，芳服反。腍，而甚反。爓，徐廉反。乃亨，普庚反。

注「脯非」至「乃亨」 知「脯非豆實」者，案：籩人職有栗脯，則脯是籩實，故云脯非豆實也。知豆當爲羞者，案：籩人職云：「凡祭祀，共其籩薦羞之實。」鄭云：「未飲未食曰薦，已飲已食曰羞。」羞薦相對，下既言薦脯，明上當言羞脯也。鄭司農云「膴，膺肉」，鄭大夫「胖讀爲判」，杜子春讀胖爲版，又云「膴胖皆謂夾脊肉」，〔七一〕又云「禮家以胖爲半體」者，文無所出，皆非也。玄謂公食大夫禮曰「庶羞皆有大」者，此據肉之所擬祭者也。又引有司曰「主人亦一魚，加膴祭於其上」者，此據主人擬祭者也，膴與大亦一也。內則曰「麋鹿田豕麕皆有胖」，足相參正者，引有司并公食大夫二處，證膴是大臠，引內則，明胖與膴不同，故云足相參正。云「大者，胾之大臠」者，重解公食大夫。云「膴者，魚之反覆」者，反覆，謂魚生時在腹下，今加之於上。云「膴又詁曰大」者，據爾雅釋詁文。云「二者同矣」者，大共膴同是一，則膴是牒肉大臠，同將祭先也。云「胖宜爲脯而腥」，謂肉薄不炙者。云「胖之言片，析肉意」者，此解胖是薄義。云「禮固有腥腍爓，雖其有爲孰之」者，祭祀之禮，肫解而腥之，又有體解而爓之，又有薦孰之禮。禮經固有此三者，〔七二〕皆當先制爲胖。言此者，證胖與膴不同，破諸家之意。

賓客、喪紀，共其脯腊，凡乾肉之事。

「賓客」至「之事」 此所共者，共內外饔也。

校勘記

〔一〕 羞用百有二十品 婺、建、余、岳、嘉靖、毛本同，正、聞、閩、監、殿、阮本脫「有」字。

〔二〕云其物數備焉者　「數備」，阮本作「備數」，與鄭注不合。孫詒讓以爲阮本「備」、「數」誤倒。

〔三〕塗之以墐塗　「墐」，原作「瑾」，據閩、殿本改。

〔四〕漬取牛羊肉　阮本同。阮校云，今内則無「羊」字。

〔五〕舉焦其膂　「焦」，正、聞本同，閩、監、毛本作「燋」，今内則同。

〔六〕彼有糝與餰　阮本同。浦鏜云，内則「餰」作「酏」，注云「此酏當從餰」。阮校云，醢人注引内則已作「餰」。

〔七〕明知先朝食　阮校云，惠校本「明」作「則」，孫詒讓云，「明」不誤，惠校臆改。

〔八〕案聘禮致饔餼注云　浦鏜云，「注」衍。

〔九〕云牛羊豕魚腊腸胃同鼎　阮校云，「云」當衍。

〔一〇〕當内廉臑臐膮　「廉」，正、聞本同，與儀禮合。閩、監、毛、殿、阮本作「兼」。孫詒讓以爲作「廉」者是。

〔一一〕案文王世子末有原　「末」，閩、殿本同，聞、監、毛、阮本作「未」。阮校云，嘉靖本禮記釋文、正義皆作「末」。

〔一二〕案玉藻云朔食加日食一等　盧文弨云，此約玉藻文，「云」當衍。

〔一三〕齊時不樂故不言以樂侑食也　浦鏜云，「者」誤「時」，從儀禮經傳通解續校。孫詒讓以爲「時」不誤，不必改「者」。

〔一四〕凡王祭祀賓客食　王引之云，「食」上當脱「饗」字。

〔一五〕主人飲食之俎皆爲胙俎　阮校云，「爲」，當從宋本作「有」。今案：賈疏引注均作「爲」。

〔一六〕稍事謂非日中大舉時而間食　「謂」，建、岳、嘉靖本同，聞、閩、監、毛、殿、阮本作「爲」，依疏則作「謂」是。

〔一七〕謂卿大夫以下新任爲臣者　孫詒讓云，「任」當爲「仕」。

〔一八〕破司農六畜之内　「畜」，殿本作「禽」。阮校云，「畜」爲「禽」之誤。

〔一九〕致滋味乃爲羞　「乃」，原作「及」，據阮本改。

〔二〇〕醓人共韲菹醓六十罋　「菹」，原作「蒩」，據阮本改。

〔二一〕解經令禽以法授之　浦鏜云，「禽」下脱「獻」。

〔二二〕又以此付使者　浦鏜云，「此」下脱「書」。

〔二三〕夏行腒鱐膳膏臊　漢讀考云説文「鱐」作「䐹」，「臊」，所據古文本作「鱢」。

〔二四〕犢與麋物成而充　「麋」，婺本同，建、岳本作「麛」，疏中亦作「麛」，當是。

〔二五〕謂煎之以獻王者　「王」，閩、閩、監、毛、殿本同，正、阮本作「主」，依鄭注當作「王」。

〔二六〕不得云北方之膏　「之」，阮本作「豕」，疑作「豕」是。

〔二七〕謂士虞禮云四肆去蹄　阮本同。閩本無「禮云」二字。大司徒注引作「士喪禮曰：肆解去蹄」。

〔二八〕加匕於鼎　「匕」，原作「上」，據閩、監、阮本改。

〔二九〕以待饋王　「待」，阮用底本原作「得」，改爲「待」，並出校：此「得」爲「待」之誤。

〔三〇〕馬黑脊而般臂螻　阮校云，唐石經、諸本同，釋文「臂」，徐本作「辟」，惠校本「般」作「股」，以意改非。于鬯云，「臂」，即爲「辟」。

〔三一〕泠毛毛長總結也　「總」，岳、嘉靖本同。阮校云，此「絲總」字，與「皆揔」字有别，閩、監、毛本「揔」、「總」二字並改作「總」，非。

〔三二〕鱅失色不澤美也　「不」，原作「而」，據婺、建、岳本改。

〔三三〕腥當爲星　漢讀考云，説文以「胜」爲周禮「腥臊」之正字，「腥」爲「肉有如米者曰星」之正字，許所見周禮與鄭不同。

〔三四〕肉有如米者似星　漢讀考云，「似星」當作「曰星」。阮校云，「星」之正字當作「腥」。

〔三五〕言辨腥臊者　浦鏜云，脱「羶香」二字。

〔三六〕以腥臊羶香表見云牛羊犬雞也　阮校云，「云」衍。

〔三七〕云是別不可食者則此是也　浦鏜云，「別」下脱「其」。

〔三八〕宜破交睫腥之腥　「宜」，殿本作「直」。浦鏜云，「宜」當「直」字誤。

〔三九〕牛在手曰梏　浦鏜云，「木」誤「牛」。

〔四〇〕凡掌共羞脩刑膴胖骨鱐　阮校云，許慎讀「胖」爲「判」，以爲半體肉，鄭大夫讀同，鄭玄云「胖」之言「片」也，皆與「判」義相近。

〔四一〕鉶羹音刑䐑肉直輒反又之涉反　宋本、葉鈔本「鉶羹」條在「䐑肉」條下。阮云誤倒。今據徐本正之。

〔四二〕掌共其字　「其」，阮本作「共」。

〔四三〕致禮於賓客　余、岳、阮本脱「賓」字。

〔四四〕軍將已下至五長　浦鏜云，「五」當「伍」誤。

〔四五〕職外内饔之爨亨煮　王引之云，「煮」字爲後加。

〔四六〕羊用若　「若」，阮本作「苦」，當是。

〔四七〕膷臐膮是也　「是」，阮本作「等」，疑誤。

〔四八〕耨芸芓也　「芸」，婺、岳本同，建本作「耘」。阮校云，釋文作「芸」，或本作「耘」，賈疏作「耘」。今本注疏皆作「芸」，係依釋文改。

〔四九〕齍盛祭祀所用穀也粢稷也　阮校云，「齍」亦當爲「粢」。經當作「齍盛」，注皆作「粢盛」。此及舂人注同經作「齍」，非。

〔五〇〕三推而一發　「發」，閩、監、毛、殿本同，正本作「癈」，通解作「撥」。浦鏜云，「撥」誤「發」。孫詒讓云，「發」是，周語「撥」，賈逵本作「發」，月令疏引亦作「發」。説文無「撥」字。

〔五一〕示相恭敬鬼神之法　「相」，惠校本同，阮本作「有」。

〔五二〕杜子春讀爲蕭　漢讀考云，「爲」當作「從」，凡二本字異，而用一廢一曰「從」。

〔五三〕若云黍稷不香　董本「香」作「馨」。

〔五四〕今使王死　惠校本同。阮本作「令」。

〔五五〕甸師氏在壃場　「壃」，阮本作「疆」。

〔五六〕謂虞人釐所田之野　阮校云，釋文「釐」或作「萊」，山虞職作「萊山田之野」，此作「釐所」，蓋以義引之，作「萊」者，依彼經所改，賈疏本作「萊」。

〔五七〕夏獻禽以享禴秋獻禽以祀祊　浦鏜云，大司馬職「禴」作「礿」，下「獻」作「叙」。

〔五八〕仍於生執囚俘　「執」，阮本作「孰」，誤。

〔五九〕凡獸入于腊人　原本此下有鄭注「共其完者」，婺、建、岳本均將此四字置於經文「共其死獸生獸」下，此下有鄭注「當乾之」三字，依婺、建、岳本改。

〔六〇〕梁水偃也　阮校云，釋文水堰，徐本作「匽」，據説文，則「匽」爲「水偃」之正字。

〔六一〕命漁師始魚　浦鏜云，「始漁」誤「始魚」，下疏同。

〔六二〕笱者葦簿　阮校云，閩、監、毛本「簿」作「薄」，下「曲簿」同。今案：疑作「薄」是。

〔六三〕案魯語云宣公夏濫於泗淵　「云」，原作「二」，據阮本改。

〔六四〕皆在泥水中　閩、監、毛、殿本同，正、閩、阮本「泥」下有「中」字，疑衍。
〔六五〕𪏭鱴刀也　「𪏭」，阮本作「刀魚」，誤。
〔六六〕案醢人有蠯醢蠃蚳醢　浦鏜云，「蠃」下脱「醢」。
〔六七〕此亦是國語諫宣公之言　「國語」，諸本同，殿本作「里革」，當是。
〔六八〕凡田獸之脯腊膴胖之事　阮校云，唐石經諸本同，「膴胖之事」四字，疑是衍文。
〔六九〕若今涼州烏翅矣　諸本及漢制考同。惠士奇云，「烏」當作「鳥」。盧文弨云，士冠禮「加爵弁如初儀」疏引此注作「鳥翅」，乃誤本。
〔七〇〕並是獸人所共　「共」，殿本同，阮本作「法」，疑誤。
〔七一〕膴胖皆謂夾脊肉　「脊」，原作「有」，據阮本改。
〔七二〕禮經固有此三者　「經」，原作「堅」，據閩、監、毛、阮本改。

周禮注疏卷第五

天官冢宰下

本亦作天官冢宰下。○天官下，本亦作「天官冢宰下」。

醫師，掌醫之政令，聚毒藥以共醫事。毒藥，藥之辛苦者，藥之物恒多毒。孟子曰：「藥不瞑眩，厥疾無瘳。」○瞑，眠見反，徐亡千反。眩，玄見反，徐音玄，劉虎縣反。無瘳，勑留反。

［疏］「醫師」至「醫事」　醫師者，衆醫之長，故掌醫之政令。言聚毒藥以共醫事者，謂所有藥物並皆聚之，以供疾醫、瘍醫等，故言以供醫事。

注「毒藥」至「無瘳」　言「毒藥，藥之辛苦者」，細辛，苦參，雖辛苦而無毒，但有毒者多辛苦，故云「毒藥藥之辛苦者」。又云「藥之物恒多毒」者，藥中有毒者，謂巴豆、狼牙之類，是也。藥中有無毒者，謂人參、芎藭之類，是也。藥之無毒亦聚之。直言聚毒藥者，以毒爲主，故鄭云「藥之物恒多毒」。又引孟子者，案孟子，「滕文公爲世子，將之楚，過宋，見孟子」。而謂之云：「今滕國，絶長補短，將五十里，可以爲善國乎？書曰：『藥不瞑眩，厥疾不瘳。』」注云：「逸書也。藥使人瞑眩悶亂，乃得瘳愈，猶人敦德惠乃洽也。」引之者，證藥中有毒之意。此是古文尚書説命之篇，高宗語傅説之言也。不引説命而引孟子者，鄭不見古文尚書故也。

凡邦之有疾病者、疕瘍者造焉，[一]則使醫分而治之。疕，頭瘍，亦謂禿也。身傷曰瘍。分之者，醫各有能。○疕，戚匹婢反。徐芳鄙反，劉芳指反，一音芳夷反，頭瘍也，亦禿也。瘍，音羊，身創也。造焉，七報反。

「凡邦」至「治之」 國中有疾病者，謂若疾醫所云者是也。疕瘍者，謂若瘍醫所云者是也。云「造焉」者，此二者皆來造醫師也。云「醫師則使醫分而治之」者，疾病者付疾醫，疕瘍者付瘍醫，故云分而治之。下有食醫、獸醫，亦屬醫師，不來造醫師者，食醫主齊和飲食，不須造醫師；獸醫，畜獸之賤，便造獸醫，故亦不須造醫師。

注「疕頭」至「有能」 言「疕，頭瘍」者，案：下瘍醫腫瘍等不言疕，此特言疕者，腫瘍等可以兼之，故云疕頭瘍，謂頭上有瘡含膿血者。又云「亦謂禿也」者，禿含膿血者，則入疕中；禿而不含膿血者，疕中可以兼之，故云亦謂禿也。云「身傷曰瘍」者，曲禮云「身有瘍則浴」是也，即瘍醫所云腫瘍已下，亦是。云「分之者，醫各有能」者，疾醫知疾不知瘍，瘍醫知瘍不知疾，故云醫各有能。

歲終，則稽其醫事以制其食。十全爲上，十失一次之，十失二次之，十失三次之，十失四爲下。食，禄也。全猶愈也。以失四爲下者，五則半矣，或不治自愈。○則稽，古兮反，考也，後皆放此。

「歲終」至「爲下」 言「歲終」者，謂至周之歲終。云「則稽其醫事」者，謂疾醫等歲始已來，治病有愈有不愈，並有案記。今歲終，揔考計之，故言稽其醫事。云「以制其食」，據所治愈不愈之狀而制其食禄，而制五等之差。云「十全爲上」者，謂治十還得十，制之上等之食。云「十失一次之」者，謂治十得九，制禄次少於上者。云「十失二次之」者，謂治十得八，制禄次少於九者。「十失三次之」者，謂治十得七，制禄次少於八者。「十失四爲下」者，謂治十得六，制禄次於得七者。

注「食禄」至「自愈」 「食，禄也」者，食即月俸，故以禄解食。依序官，疾醫中士，瘍醫下士。案禮記王制，下士視上農夫，食九人禄；中士倍下士，十八人禄。若然，中士禄食有常，今差爲五等者，但功適中者守本禄，功高者益之，功下者損之，欲勉勵醫者，故爲此五等之差。云「失四爲下者，五則半矣，或不治自愈」者，案：漢書藝文志云：「神農、黄帝食藥七卷」，〔二〕云「寒温疾病之淺深，辨五苦六辛，致水火之齊，以通開結，反之於此，乃失其宜者，〔三〕以熱益熱，以寒益寒，積氣内傷，〔四〕是以獨失，故諺云『有病不治，恒得中醫』」。若然，此經失四之類，亦是以寒益寒，以熱益熱。言有病不治，恒得中醫，故鄭云五則半矣，或不治自愈，釋經所以不言十失五之意。

食醫，掌和王之六食、六飲、六膳、百羞、百醬、八珍之齊。 和，調也。○六食，音嗣，下「食齊」同。之齊，才細反，下皆同，徐蔣細反。

「食醫」至「之齊」 言掌和王之六食以下者，此等並是膳夫所掌，此食醫調和而已。其六食、六飲等之義，並在膳夫。

凡食齊眡春時， 飯宜温。○眡，音視。 **羹齊眡夏時，** 羹宜熱。 **醬齊眡秋時，** 醬宜涼。 **飲齊眡冬時。** 飲宜寒。

「凡食」至「冬時」 言「凡食齊眡春時」者，言「凡」者，揔與下四時爲目，故言凡以該之。言食者，即上六食，則内則所云食齊，一也，言飯之齊和。眡，猶比也。四時常温，比於春時，故鄭云飯宜温。「羹齊眡夏時」者，謂大羹、鉶羹、菜羹等，其所齊和，四時常熱，故云眡夏時，羹宜熱故也。云「醬齊眡秋時」者，案：醢人、醯人唯有醯醢，不言醬，即豆醬也。案：公食大夫「公親設醬」。醬者，食之主。言醬，則該諸豆實。四時皆須涼，故言醬齊眡秋時。

又云「飲齊眡冬時」者，謂若漿人六飲水漿之等。四時皆須寒，故言飲齊眡冬時，飲宜寒故也。

凡和，春多酸，夏多苦，秋多辛，冬多鹹，調以滑甘。各尚其時味，而甘以成之，猶水火金木之載於土。內則曰：「棗栗飴蜜以甘之，堇荁枌榆娩槁滫瀡以滑之。」[五]○凡和，胡卧反。飴蜜，以之反。堇，音謹。荁，音丸。枌，符云反。娩，音問。槁，苦老反。滫，劉思酒反，徐相幼反。瀡，相蘂反。

「凡和」至「滑甘」　言凡和者，亦與下四時爲目。言「春多酸」者，東方木，味酸，屬春，謂和食，酸多於餘味一分，故云春多酸。云「夏多苦」者，南方火，味苦，屬夏，夏時調和食，苦亦多於餘味一分，故云夏多苦。「秋多辛」者，西方金，味辛，屬秋，秋時調和食，辛亦多於餘味一分，故云秋多辛。「冬多鹹」者，北方水，味鹹，屬冬，冬時調和食，鹹亦多於餘味一分，故言冬多鹹。「調以滑甘」者，中央土，味甘，屬季夏，金木水火，非土不載，於五行，土爲尊；於五味，甘爲上，故甘揔調四味。滑者，通利往來，亦所以調和四味，故云調以滑甘。此五味之言，出洪範及月令。

注「各尚」至「滑之」　言「各尚其時味」者，多一分者也，必多其時味者，所以助時氣也。又引「內則曰棗栗飴蜜以甘之」者，證經甘之所用物也。又云「堇荁枌榆娩槁滫瀡以滑之」者，證經滑之所用之物。鄭君注內則：「荁，堇類。榆白曰枌。娩，新生者。槁，乾也。齊人溲曰滫。秦人滑曰瀡。」[六]謂將此堇已下，和溲以滑之。

凡會膳食之宜，牛宜稌，羊宜黍，豕宜稷，犬宜粱，鴈宜麥，魚宜苽。會，成也，謂其味相成。鄭司農云：「稌，稉也。爾雅曰：『稌，稻。』苽，彫胡也。」○宜稌，音杜，又他杜反。宜苽，音孤。稉，本亦作秔，音庚。彫胡，劉本作凋，音彫。

「凡會」至「宜苽」　「凡會膳食之宜」者，謂會成膳食相宜之法。言「牛宜稌」者，依本草、素問，牛味甘平，稻味苦而又溫，甘苦相成，故云牛宜稌。「羊宜黍」者，羊味甘熱，黍味苦溫，亦是甘苦相成，故云羊宜黍。「豕宜稷」者，豵豬味酸，牝豬味苦，稷米味甘，亦是甘苦相成，故云豕宜稷。「犬宜粱」者，犬味酸而温，粱米味甘而微寒，亦是氣味相成，故云犬宜粱。又云「鴈宜麥」者，鴈味甘平，大麥味酸而温，小麥味甘微寒，亦是氣味相成，故云鴈宜麥。云「魚宜苽」者，魚味寒，魚族甚多，寒熱酸苦兼有，而云宜苽，或同是水物相宜，故云魚宜苽。

注「會成」至「胡也」　云「稌，稉也」者，亦方俗異名。云「爾雅曰稌稻也，苽，彫胡也」者，今南方見有苽米，是也。

凡君子之食恒放焉。放猶依也。○恒放，甫往反。

「凡君」至「放焉」　上六食六飲一經，據共王，不通於下。「凡食春多酸」已下，至「魚宜苽」已上，齊和相成之事，雖以王爲主，君子大夫已上，亦依之，故云「恒放焉」。

疾醫，掌養萬民之疾病。四時皆有癘疾：春時有痟首疾，夏時有痒疥疾，秋時有瘧寒疾，冬時有嗽上氣疾。〔七〕癘疾，氣不和之疾。痟，酸削也。首疾，頭痛也。嗽，咳也。上氣，逆喘也。五行傳曰：「六癘作見。」○痟，音消。痒，以掌反。疥，音介。嗽，西豆反，本亦作欶。上氣，時掌反，注同。欬也，苦代反。喘，昌兖反。作見，賢遍反，下同。

「疾醫」至「氣疾」　言「掌養萬民之疾病」者，〔八〕此主療治疾病，而云養者，但是療治，必須將養，故以養言之。疾病兩言之者，疾輕，病重，故注論語云「疾甚曰病」。謂疾病俱療，故兩言之。此直言萬民，不言王與大夫，醫師雖不言，或可醫師治之。云「四時皆有癘疾」者，此言亦與下爲目。云「春時有痟首疾」者，春是四時之首，陽氣將盛，惟金沴木，故有頭首之疾。言痟者，謂頭痛之外，別有酸削之痛。云「夏時有痒疥疾」者，四月純陽用事，五月已後陰氣始起，惟水沴火，水爲甲，疥有甲，故有疥痒之疾。云「秋時有瘧寒疾」者，秋時陽氣漸銷，陰氣方盛，惟火沴金，〔九〕兼寒兼熱，故有瘧寒之疾。云「冬時有嗽上氣疾」者，冬時陰氣盛，陽氣方起，惟土沴水，〔一〇〕以土壅水，其氣不通，故有嗽上氣之疾。

注「癘疾」至「作見」　言「癘疾，氣不和之疾」者，癘，謂癘疫。人君政教失所，則有五行相剋，氣敘不和，癘疫起，故云氣不和之疾。云「痟，酸削也」者，人患頭痛，則有酸嘶而痛，酸削，則酸嘶也。云「嗽，欬也」者，謂若内則不敢噦欬之欬，故言嗽欬也。云「上氣，逆喘也」者，向上喘息謂之逆喘。引「五行傳曰六癘作見」，案：五行傳云：「五福乃降，用彰於下，六沴作見。一曰：貌之不恭，是謂不肅，惟金沴木。」又曰：「言之不從，是謂不乂，惟火沴金。」又曰：「眂之不明，是謂不哲，惟水沴火。」又曰：「聽之不聰，是謂不謀，惟土沴水。」又曰：「思之不睿，是謂不聖，惟木金水火沴土。」此其五沴也。言六沴者，天雖無沴，案洪範六極，又案：書傳致六極之由，皆由身之五事。一曰凶短折，思不睿之誅；二曰疾，眂不明之誅；三曰憂，言不從之誅；四曰貧，聽不聰之誅；五曰惡，貌不恭之誅；六曰弱，皇不極之誅。據此六極，皇極爲屬天，王者不極，亦有痾疾病，併前五者爲六沴。彼言沴，此鄭注言癘者，言沴，謂五行相乖沴；此言癘，癘氣與人爲疫，故不同。若據五事所置言之，〔一一〕四時之疾，皆據眂之不明者也。

以五味、五穀、五藥養其病，養猶治也。病由氣勝負而生，攻其贏，〔一二〕養其不足者。五味，醯酒飴蜜薑鹽之屬。五穀，麻黍稷麥豆也。五藥，草木蟲石穀也。其治合之齊，則存乎神農、子儀之術云。○其贏，音盈，後不音者同。治合，如字，又音閤，下同。

注「養猶」至「術云」　言「養猶治也」者，病者須養之，故云養猶治也。云「病由氣勝負而生」者，假令夏時熱，病者體寒即是水，水贏而勝也，火氣負而不足也，故言由氣勝負而生。云「攻其贏，養其不足」者，夏時病者，則五味中食甘，五穀中食稷，以甘稷是土之穀味，土所剋水，是攻其贏也。土生於火，土是火之子，食甘稷，爲子養母之道，故云養其不足也。云「五味，醯酒飴蜜薑鹽之屬」者，醯則酸也，酒則苦也，飴蜜即甘也，薑即辛也，鹽即鹹也，此即五味酸苦辛鹹甘也。鄭不言五味酸鹹等，而言醯酒之屬者，當時醫方，見用醯酒之等，故舉以言焉。又云「五穀，麻黍稷麥豆也」者，此依月令五方之穀。此五穀，據養疾而食之，非必入於藥分。又云「五藥，草木蟲石穀也」者，草，謂麻黄勺藥之類是也。木，謂厚朴杜仲之類是也。蟲，謂吴公贏鼈之類是也。石，謂磁石白石之類是也。穀，謂五穀之中麻豆之等有入藥分者是也。云「其治合之齊，則存乎神農、子儀之術云」者，案：劉向云：「扁鵲治趙太子暴疾尸蹷之病，使子明炊湯，子儀脉神，子術案摩。」又中經簿云：「子義本草經一卷。」儀與義，一人也。若然，子義亦周末時人也。並不説神農，案張仲景金匱云「神農能嘗百藥」，則炎帝者也。〔二〕言此二人，能合和此術耳。

以五氣、五聲、五色眡其死生。三者劇易之徵，見於外者。五氣，五藏所出氣也。肺氣熱，心氣次之，肝氣涼，脾氣温，腎氣寒。五聲，言語宫商角徵羽也。五色，面貌青赤黄白黑也。察其盈虚休王，吉凶可知。審用此者，莫若扁鵲、倉公。○劇易，以豉反。五藏，才浪反，下文及注同。角徵，張里反。休王，往況反。扁，本亦作鶣，蒲典反，徐扶忍反。鵲，漢書音義云：「扁鵲，魏桓侯時醫人。」史記云：「姓秦，名少齊，越人。」倉公，史記云：「姓淳于，名意，臨淄人，爲齊太倉令，漢文帝時人。」

「以五」至「死生」　上文三五，所以治療，此經三五，觀其死生，故曰眡其死生。

注「三者」至「倉公」　云「三者劇易之徵，見於外者」，此經三者，並是人之病者氣與聲色。其病在内，人所不覩，見其聲色，則知增劇及簡易，故云劇易之徵見於外者也。云「五藏所出氣也」者，言五藏，謂氣之所藏，故知五氣出於五藏。云「肺氣熱」者，此已下並據月令「牲南首」而言。肺在上，當夏，故云肺氣熱。云「心氣次之」者，心在肺下，心位當土，心氣亦熱，故言次之。云「肝氣涼」者，肝在心下，近右，其位當秋，故云肝氣涼。此三藏並在膈上。云

「脾氣温」者，於藏值春，故云温。云「腎氣寒」者，腎位在下，於藏值冬，故言寒。此二者在膈下。此五藏寒熱等，據月令成文而説。及其醫方之術，心屬南方，肝屬東方，肺屬西方，脾屬中央，腎屬北方，此並據五色而言，不據氣之寒熱也。云「五聲，言語宫商角徵羽也」者，宫數八十一，配中央土。商數七十二，配西方金。角數六十四，配東方木。徵數五十四，配南方火。羽數四十八，配北方水。此五聲，數多者聲濁，數少者聲清，人之言語似之，故云言語宫商角徵羽也。云「五色，面皃之青赤黄白黑也」者，此據五方，東方木色青，南方火色赤，中央土色黄，西方金色白，北方水色黑，病者面色似之。云「察其盈虚休王，吉凶可知」者，假令冬時面色黑，〔一四〕其氣寒，聲應羽，此是盈而王，吉可知。若冬時其色黄，其氣熱，聲應宫，此得中央土來剋己，此是虚而休，凶可知。若得東方青色等，則子來助己，亦吉。云「審用此者，莫若扁鵲、倉公」者，依漢書藝文志，大古有岐伯、榆柎，〔一五〕中世有扁鵲、秦和，漢有倉公。若然，扁鵲在周時，倉公在漢世，此二人，知氣色之候者也。

兩之以九竅之變，參之以九藏之動。兩參之者，以觀其死生之驗。竅之變，謂開閉非常。陽竅七，陰竅二。藏之動，謂脉至與不至。正藏五，又有胃、旁胱、大腸、小腸。脉之大候，要在陽明、寸口，能專是者，其唯秦和乎。岐伯、榆柎則兼彼數術者。○九竅，苦弔反。秦和，左傳昭元年，「晉平公疾，秦伯使醫和爲之。」即此人也。岐伯，其宜反。榆，羊朱反，本亦作俞。柎，劉音附，徐音鈇。岐伯、揄柎皆黄帝時醫人。

「兩之」至「之動」　上經觀其氣色，此經驗其脉候，故以參兩言之。

注「兩參」至「術者」　云「參兩之者，觀其死生之驗」者，言兩者，謂九竅與所眡爲兩，兩與九藏爲參。云「竅之變謂開閉非常」者，九竅之開，是其常，或開或閉，即是非常，故云開閉非常也。云「陽竅七」者，在頭露見，故爲陽也。陰竅二者，在下不見，故爲陰。云「藏之動謂脉至與不至」者，謂九藏在内，其病難知。但診脉至與不至，即知九藏之動，故云藏之動謂脉至與不至也。又云「正藏五」者，謂五藏，肺心肝脾腎，並氣之所藏，故得正藏之稱。不數之者，上已有注。云「又有胃、旁胱、大腸、小腸」者，此乃六府中取此四者以益五藏，爲九藏也。六府，胃、小腸、大腸、旁胱、膽、三焦。以其受盛，故謂之爲府。亦有藏稱，故入九藏之數。然六府取此四者，案：黄帝八十一難經説胃爲水穀之府，小腸爲受盛之府，大腸爲行道之府，〔一六〕旁胱爲津滴之府。氣之所生，下氣象天故，故寫而不實，〔一七〕實不滿。若然，此則正府也，故入九藏。其餘，膽者清浄之府，三焦爲孤府，非正府，故不入九藏也。云「脉之候要在陽明、寸口」者，但醫者診脉，諸脉皆可據。若脉之大候，取其要者，在於陽明、寸口二處而已。陽明者，在大拇指本骨之高處與第二指間。寸口者，大拇指本高骨後一寸是也。云「能專是者，其唯秦和乎」者，秦和在中世，如前説。云「岐伯、榆柎則兼彼數術」者，此二人在大古，如前説。但上神農、子儀、扁鵲、倉公、秦和等，各專一能，此二人兼上數術耳。

凡民之有疾病者，分而治之。死終，則各書其所以，而入于醫師。 少者曰死，老者曰終。所以，謂治之不愈之狀也。醫師得以制其禄，且爲後治之戒。〇少者，詩照反。

「凡民」至「醫師」　以疾醫中士二人，〔一八〕醫各有能，故使分治之也。云死終者，謂民之有病，不問老少皆治之。不愈，少死則曰死，似不得壽終然。少曰死，〔一九〕老者則曰終，謂雖治不愈，似得壽終，故曰終也。云「則各書其所以」者，謂書録其不愈之狀。云「而入于醫師」者，醫師得之以制其禄，則上「十全爲上」已下是也。

瘍醫，掌腫瘍、潰瘍、金瘍、折瘍之祝藥劀殺之齊。 腫瘍，癕而上生創者。潰瘍，癕而含膿血者。金瘍，刃創也。折瘍，踠跌者。祝當爲注，讀如注病之注，聲之誤也。注謂附著藥。劀，刮去膿血。〔二〇〕殺謂以藥食其惡肉。〇折瘍，劉本作斬，同時設反。之祝，之樹反，出注。劀，音刮，徐工滑反。之齊，才細反。生創，初良反。踠，於阮反，徐烏卧反。跌，待結反，徐徒紇反，劉徒没反。附著，徐豬略反。刮去，羌呂反。

「瘍醫」至「之齊」　瘍醫掌腫瘍已下四種之瘍瘡而含膿血者。祝，注也。注藥於瘡，乃後刮殺。而言齊者，亦有齊量之宜也。

注「腫瘍」至「惡肉」　「腫瘍，癰而上生瘡」者，謂癰而有頭未潰者。潰瘍，癰而含膿血已潰破者。云「祝當爲注讀」者，疾醫非主祝説之官，爲祝，則義無所取，故破從注。注，謂注藥於中，食去膿血耳。

凡療瘍，以五毒攻之，止病曰療。攻，治也。五毒，五藥之有毒者。今醫方有五毒之藥，作之，合黄堥，置石膽、丹沙、〔一〕雄黄、礜石、慈石其中，燒之三日三夜，其煙上著，以雞羽掃取之。以注創，惡肉破，骨則盡出。○黄堥，本又作蝥，劉音武，又音無，徐音毋，又音務，沈武侯反。礜，音豫。上著，直略反。

「凡療」至「攻之」　言凡，則兼上四瘍，故云凡療瘍以五毒攻治之也。

注「止病」至「盡出」　言「止病曰療」者，治病之名，言治之則病止，故云止病曰療也。言「合黄堥」者，案：内則有「敦堥卮匜」，鄭注云：「敦堥，黍稷器。」不言黄。此言黄者，見今時合和丹藥者，皆用黄瓦甂爲之亦名黄堥，事出於古也。

以五氣養之，以五藥療之，以五味節之。殺而攻盡其宿肉，〔二〕乃養之也。五氣當爲「五穀」，字之誤也。節，節成其藥之力。○五氣，氣音穀，出注。

「以五」至「節之」　云「以五穀養之」者，亦當據病所宜，擇善而用之，故云以五穀養之。云「以五藥療之」者，義如前注。「以五味節之」者，五味，亦酸苦辛鹹甘，亦當據病所宜食之，以節成藥力者也。

注「既刮」至「之力」　鄭云「既刮殺而攻之盡其宿肉，乃養之也」者，以經五藥在五穀之下，恐人以五穀養之，乃用五藥療之，故鄭解之。若然，此五藥在五穀下者，以上已言五毒攻之，用此五穀養之，則此五穀，爲前五毒攻之，乃後用五穀養之，於理爲順。此文重言五藥者，爲下五味節成此藥，故須更言五穀也。〔二三〕云「五氣當爲五穀」者，以其氣非養人之物，又疾醫之有五味、五藥、五穀，相將之物，故破氣從穀也。云「節，節成其藥之力」者，即下文「以酸養骨」之類是也。

凡藥，以酸養骨，以辛養筋，以鹹養脉，以苦養氣，以甘養肉，以滑養竅。以類相養也。酸，木味，〔二四〕木根立地中，似骨。辛，金味，金之纏合異物，似筋。鹹，水味，水之流行地中，〔二五〕似脉。苦，火味，火出入無形，似氣。甘，土味，土含載四者，似肉。滑，滑石也。凡諸滑物，通利往來，似竅。

「凡藥」至「養竅」　上云「以五味節之」，即此經酸苦之等，是也。今云凡藥以酸養骨，藥味合言者，欲見五味節成五藥，故上注云節成藥力，故合言之。

注「以類」至「似竅」　云「以類相養也」者，謂若酸與骨、辛與筋之等，是也。云「酸，木味」之等，並依洪範及月令爲說也。云「木立地中，似骨」者，謂似人之骨立肉中者，故以酸養之。云「辛，金味，金之纏合異物，似筋」者，人之筋亦纏合諸骨，故云似筋，而以辛養之也。云「鹹，水味，水之流行地中，似脉」者，血脉在人，亦流行不定，故云似脉，而以鹹養之也。云「苦，火味，〔二六〕火出入無形，似氣」者，火乃人所覩見，似若有形，攬之不得，亦是無形，故云似氣，故以苦養之也。「甘，土味，土含載四者，似肉」者，金、木、水、火，非土不載，故云含載四者。似人之肉，亦含載筋骨氣脉，故云似肉也，故以甘養之也。云「滑，滑石」者，以五味酸、苦、辛、鹹、甘，養骨、筋、氣、脉與肉，相配訖。前食醫云「調以滑甘」，平常服食，五味之外有滑，似滑用堇荁粉榆。〔二七〕今此養病，五味之外亦宜有滑，但於藥分之中慎滑，則不得如平常用堇荁等，故以滑石解之。凡諸滑物，通利往來似竅，故以滑養之也。若然，此經五味，不以生成爲次，而以木金與火水相對者，此若洪範以木曰曲直、金曰從革、火曰炎上、水曰潤下，以類相對而言也。

凡有瘍者，受其藥焉。

「凡有」至「藥焉」　藥，即上五藥是也。凡國中有瘍，不須身來者，並於瘍醫取藥焉。

獸醫，掌療獸病，療獸瘍。畜獸之疾病及瘍，療同醫。○畜獸，許又反，下同。

注「畜獸」至「同醫」　此醫唯療家畜，不療野獸，但畜獸義通，今以畜解獸，故畜獸連言之也。云「畜獸之疾病及瘍，療同醫」者，以上之人，疾與瘍別醫，今此畜，病之與瘍同在一醫者，重人賤畜，故略同在一醫也。

凡療獸病，灌而行之以節之，以動其氣，觀其所發而養之。療畜獸必灌行之者，爲其病狀難知，灌以緩之，且強其氣也。節，趨聚之節也。氣謂脉氣，既行之，乃以脉視之，以知所病。○爲其，于僞反。〔一八〕趨聚，本亦作驟，同仕救反。

「凡療」至「養之」　獸必先灌之者，鄭云爲其病狀難知，故先灌而知緩之；〔一九〕以其瘦弱，且強其氣力也。

凡療獸瘍，灌而劀之，以發其惡，然後藥之，養之，食之。亦先攻之而後養之。○食之，音似。

注「亦先」至「養之」　亦上瘍醫以五穀養之義。彼注先刮殺盡，乃養之，此亦然，故云亦先攻而後養之也。

凡獸之有病者、有瘍者，使療之，死則計其數，以進退之。

「凡獸」至「退之」　上醫師云十全爲上者，唯據疾醫與瘍醫，不據獸醫，故此云計其數而進退之。進退，亦謂據功過進退其祿也。

酒正，掌酒之政令，以式灋授酒材。〔三〇〕式法，作酒之法式。作酒既有米麴之數，又有功沽之巧。月令曰：「乃命大酋，秫稻必齊，麴糵必時，湛饎必絜，水泉必香，陶器必良，火齊必得。」鄭司農云：「授酒材，授酒人以其材。」〔三一〕○功沽，音古。大酋，將由反，下同。秫稻，音述。必齊，戚才細反，下皆同，一讀此，如字。麴糵，魚列反。湛，接廉反。饎，昌志反。

「酒正」至「酒材」　酒正辨四飲，則漿之政令亦掌之。今直言掌酒之政令，不言漿之政令者，但據酒之尊者而言，其實漿亦掌之。云「以式法授酒材」者，式法，謂造酒法式，謂米麴多少及善惡也。酒材，謂米麴糵，授與酒人，使酒人造酒。既言兼掌漿人，則漿之法式及漿材亦授之。不言者，亦舉尊言也。

注「式法」至「其材」　云「作酒既有米麴之數」者，謂此爲法式也。云「又有功沽之巧」者，功沽謂善惡，善惡亦是法式者也。引月令者，十一月之令。言乃命大酋監之者，彼注「酒孰曰酋。於周禮則爲酒人」。案：下注「昔酒，今之酋久白酒」，則酋者久遠之稱，則是久孰是善，〔三二〕故名酒官爲大酋。若然，彼注爲酒人，此酒正引之者，此酒正以法式及酒材授與酒人，使造酒，故引酒人。云「秫稻必齊」者，必使齊孰。「麴糵必時」者，造之必得時。「湛饎必絜」者，湛，漬。饎，炊也。謂漬米炊釀之時，〔三三〕必須絜淨。「水泉必香」者，謂漬麴漬米之水，必須香美。「陶器必良」者，酒甕，陶中所燒器者必須成孰不津。云「火齊必得」者，謂釀之時，生孰必宜得所也。

凡爲公酒者亦如之。謂鄉射飲酒以公事作酒者，亦以式法及酒材授之，使自釀之。○自釀，女亮反。

「凡爲」至「如之」　言「凡爲公酒」者，謂爲公事而作酒。言凡，非一，謂若鄉飲酒、鄉射之等。言「亦如之」者，亦以式法授酒材。

注「謂鄉」至「釀之」 言「鄉射飲酒」者，謂鄉飲酒、鄉射飲酒。鄉飲酒中，有黨正飲酒，賓賢能飲酒。鄉射飲酒中，有州長春秋習射於序，又有鄉大夫三年賓賢能後，以五物詢衆庶，用州長射禮，並是鄉射飲酒。若然，州長、黨正飲酒而謂之鄉者，或是鄉大夫所居州黨，或是鄉大夫親來臨禮，並得鄉名，故謂之鄉。此數事者，皆爲國行禮，不可橫斂於民，故得公酒。其百家爲族，不得公酒，族祭步神之時，合錢飲酒。

辨五齊之名，一曰泛齊，二曰醴齊，三曰盎齊，四曰緹齊，五曰沈齊。泛者，成而滓浮泛泛然，如今宜成醪矣。醴猶體也，成而汁滓相將，如今恬酒矣。盎猶翁也，成而翁翁然，葱白色，如今酇白矣。緹者，成而紅赤，如今下酒矣。沈者，成而滓沈，如今造清矣。自醴以上尤濁，縮酌者。盎以下差清。其象類則然，古之法式未可盡聞。杜子春讀齊皆爲粢。又禮器曰：「緹酒之用，〔三四〕玄酒之尚。」玄謂齊者，每有祭祀，以度量節作之。○泛，芳劒反。盎，烏浪反。緹，音體。醪，魯刀反。猶翁，嗚動反，下同，一音於勇反。酇白，即今之白醝酒也，宜作醝，作酇，假借也，在何反。差清，初賣反。

「辨五」至「沈齊」 言「辨五齊之名」者，酒正不自造酒，使酒人爲之。酒正直辨五齊之名，知其清濁而已。云「一曰泛齊」者，泛，讀如「泛泛楊舟」之泛。言泛者，謂此齊孰時，滓浮在上泛泛然。「二曰醴齊」者，醴，體也。此齊孰時，上下一體，汁滓相將，故名醴齊。又此醴齊作時，恬於餘齊，與酒味稍殊，故亦入於六飲。「三曰盎齊」已下，其類可知。

注「泛者」至「作之」 言「泛者，成而滓浮」者，此五齊皆言成者，謂酒孰曰成。云「如今宜成醪矣」者，宜成，説以爲地名，故曹植酒賦曰：「宜成醴醪，蒼梧縹清。」若馬融所云「今之宜成，會稽稻米，清似宜成」，以爲酒名。故劉杳要雅，亦以宜成爲酒名。二者未知孰是。今鄭云宜成醪矣，亦未知鄭意酒名地名。類下酇白，則爲地名。云「如今恬酒矣」者，但於五齊中爲恬，故以恬酒況之。云「如今酇白矣」者，漢時蕭何所封南陽地名酇。云「如今下酒矣」者，下酒，謂曹床下酒，其色紅赤，故以緹名之。案：鄭下注「五伯緹衣」，〔三五〕亦赤黑色也。云「如今造清矣」

者，漢時造清，孰則滓沈，故以況沈齊也。云「自醴已上尤濁，縮酌者」，言自醴以上，唯有泛齊。泛齊滓浮，則濁于醴齊汁滓相將者。此二者皆以茅泲之，故司尊彝云：「醴齊縮酌。」郊特牲云：「縮酌用茅，明酌也。」謂以事酒之上清明者和醴齊，以茅泲之，使可酌。鄭彼注云「泛從醴」，是二者皆縮酌，故云自醴已上尤濁縮酌也。云「盎以下差清」者，案：司尊彝云「盎齊涚酌」，鄭注：「涚，清也。」謂以清酒泲之，則不用茅，以其盎已清故也。鄭彼注又云「泛從醴，緹沈從盎」，則亦用清酒泲之。云「其象類則然」者，謂五者皆舉漢法況之，是其象類則然者也。云「古之法式未可盡聞」者，雖舉漢法，漢承周後，多得古之法，只可略聞，故云未可盡聞也。「杜子春讀齊皆爲粢。云禮器曰緹酒之用，玄酒之尚」者，子春意，見禮運云「粢醍在堂」，又見禮器云「醴酒之用」，又粢榖爲醍酒，則其餘四齊皆以粢榖爲之，故讀齊皆爲粢。「玄謂齊者，每有祭祀，以度量節作之」，謂祭有大小，齊有多少，謂若祫祭備五齊，禘祭備四齊，時祭備二齊，是以度量節作之。不從子春爲粢者，禮運唯有醍齊稱粢，於此五者皆稱齊，子春破五齊從一粢，於義不可，故鄭於禮運注「粢當爲齊」，破一粢從五齊，於義可也。此五齊與下三酒及春官鬯人所造鬯酒所以異者，五齊三酒，俱用秫稻麴蘖，又三酒味厚，人所飲者也，五齊味薄，所以祭者也，是以下經鄭注云：「祭祀必用五齊者，至敬不尚味而貴多品」。五齊對三酒，酒與齊異；通而言之，五齊亦曰酒，故禮坊記云：「醴酒在室，醍酒在堂。」是也。其鬯酒者，自用黑黍爲之，與此別也。

辨三酒之物，一曰事酒，二曰昔酒，三曰清酒。鄭司農云：「事酒，有事而飲也。昔酒，無事而飲也。清酒，祭祀之酒。」玄謂事酒，酌有事者之酒，其酒則今之醳酒也。昔酒，今之酋久白酒，所謂舊醳者也。清酒，今中山冬釀，接夏而成。○醳，音亦，徐音昔。

「辨三酒」至「清酒」　辨者，豫先之名。物者，財也。〔三六〕以三酒所成有時，故豫給財，令作之也。言「一曰事酒」者，此三酒並人所飲，故下云共王四飲三酒也。但事酒，酌有事人飲之，故以事上名酒也。「二曰昔酒」者，久釀乃孰，故以昔酒爲名。酌無事之人飲之。「三曰清酒」者，此酒更久於昔，故以清爲號。祭祀用之。此昔酒、清酒，皆以酒上爲名也。

注「鄭司」至「而成」　先鄭云「有事而飲」者，謂於祭祀之時，乃至卑賤執事之人，祭末，並得飲之。昔酒，無事而飲者，亦於祭末，羣臣陪位不得行事者，並得飲之。清酒，祭祀之酒者，亦於祭祀之時，賓長獻尸，尸酢賓長，不敢與王之臣共器尊，同酌齊，〔三七〕故酌清以自酢，故云祭祀之酒。故司尊彝云：「皆有罍，諸臣之所酢。」此三酒皆盛於罍尊在堂下。但此清酒受尸酢，故以祭祀言之。「玄謂事酒，酌有事者之酒」者，先鄭云「有事而飲」，據有事時飲之。後鄭云：「酌有事者之酒」，請有事之人，〔三八〕但是有事之人雖不當祭時，亦酌酒與之。是就足先鄭義也。云「其酒則今之醳酒」者，〔三九〕事酒，冬釀春成，以漢之醳酒況之。云「昔酒，今之酋久白酒」者，言昔爲久，酋亦遠久之義，故以漢之酋久白酒況之。但昔酒對事酒爲清，若對清酒則爲白，故云酋久白酒也。故晉語云「味厚寔昔毒」，酒久則毒也。云「所謂舊醳」者，案禮記郊特牲云：「猶明清與醆酒于舊醳之酒也。」彼上注云：「明酌者，事酒之上也。」醆酒盎齊，涗于舊醳之酒。三酒除事酒、清酒，則云舊醳，是昔酒可知也。對事酒爲新醳，昔酒爲舊醳，清酒不得醳名。云「清酒，今中山冬釀，接夏而成」者，以昔酒爲久，冬釀接春，明此清酒久於昔酒，自然接夏也。中山，郡名，故魏都賦云：「醇酎中山，沈湎千日。」

辨四飲之物，一曰清，二曰醫，三曰漿，四曰酏。清，謂醴之泲者。醫，内則所謂「或以酏爲醴」。凡醴濁，釀酏爲之，則少清矣。醫之字，從殹從酉省也。漿，今之䣪漿也。酏，今之粥。内則有黍酏。酏飲，粥稀者之清也。鄭司農説以内則曰「飲重醴，稻醴清𦵔，黍醴清𦵔，粱醴清𦵔，或以酏爲醴，漿、水、醷」。后致飲于賓客之禮，有醫酏糟。糟音聲與𦵔相似，醫與醷亦相似，〔四〇〕文字不同，記之者各異耳，此皆一物。○曰醫，於已反，徐於計反，注同。酏，以支反。泲者，子禮反，下同。從殹，烏兮反，徐烏例反，本或作毉。省也，所景反。䣪，昨再反。之粥，之六反，劉音育。稀者，音希。清𦵔，音糟，下同，沈子由反。醷，本又作醷，於紀反，徐於力反。即今薄粥也。

「辨四」至「曰酏」　案：漿人有六飲，此言四者，以漿人注「酒正不辨水涼者，無厚薄之齊」，故此唯辨四飲之物也。云「一曰清」，則漿人云「醴，清也」。「二曰醫」者，謂釀粥爲醴則爲醫。「三曰漿」者，今之截漿。「四曰酏」者，即今薄粥也。

注「清謂」至「一物」　言清謂醴之泲者，〔四二〕此鄭據漿人解之。漿人云醴，此云清，故云「清謂醴之泲者」。云「醫，內則所謂或以酏爲醴」者，案內則，上言飲，下云重醴清糟，又云或以酏爲醴，彼酏爲醴，在飲中，而在清糟下，此醫又在清下，故知酏爲醴，當此醫。云「凡醴濁，釀酏爲之，則少清矣」者，謂經中醫，釀粥爲之，與醴少異也。又云「醫之字，從殹，從酉省也」者，從殹省者去羽，從酉省者去水，故云從殹從酉省也。云「漿，今之截漿也」者，此漿亦是酒類，故其字亦從截從酉省。截之言載，米汁相載，漢時名爲截漿，故云今之截漿也。云「酏，今之粥。內則有黍酏。酏飲，粥稀者之清也」者，案內則，黍酏在飲中，故知此酏當內則黍酏。以其爲飲，故知粥稀者之清也。鄭司農說以內則曰「飲重醴，稻醴清」至「或以酏爲醴」，揔當此經一曰清。云漿，當此經中漿。水，於此經無所當，連引之耳。醷，當此經中醫。云「后致飲于賓客之禮，有醫酏糟」，此引下文，欲取「糟」與內則「湆」一物，故云糟音聲與湆相似。云「醫與醷亦相似」者，與此經醫爲一物。云「文字不同，記之者各異耳，此皆一物」者，內則彼云「湆」，此云「糟」，〔四三〕內則云「醷」，此云「醫」，是其文字不同，皆一物也。內則云重醴者，清糟並設，則稻醴清糟、黍醴清糟、粱醴清糟，是其重醴也，向者後鄭解或以酏爲醴爲醫，今先鄭以爲醴，共重醴爲一物。又後鄭於內則注醷爲梅漿，亦與先鄭不同，以無正文，故引之在下，亦得爲一義故也。

掌其厚薄之齊，以共王之四飲三酒之饌，及后、世子之飲與其酒。后、世子不言饌，其饋食不必具設之。五齊正用醴爲飲者，取醴恬與酒味異也。其餘四齊，味皆似酒。

「掌其」至「其酒」 言「掌其厚薄之齊」者，從五齊已下，非酒正所造，並是酒人、漿人所作，故云直辨其厚薄之齊。云「以供王之四飲、三酒之饌」者，謂饌陳具設之也。云「及后、世子之飲與其酒」者，不言四飲、三酒，直言飲與酒，復不言饌，鄭云「不必具設之」，是以不言饌與數也。

注「后世」至「似酒」 云「五齊正用醴爲飲者，取醴恬與酒味異也」者，鄭意五齊之中，不用餘四齊，以其醴恬，故取入六飲。「其餘四齊味皆似酒」者，三酒味厚，五齊味薄，故言似酒。醴恬，全與酒味别也。

凡祭祀，以灋共五齊三酒，以實八尊。大祭三貳，中祭再貳，小祭壹貳，皆有酌數。唯齊酒不貳，皆有器量。酌，器所用注尊中者，數量之多少未聞。鄭司農云：「三貳，三益副之也。大祭天地，中祭宗廟，小祭五祀。齊酒不貳，爲尊者質，不敢副益也。」杜子春云：「齊酒不貳，謂五齊以祭不益也。其三酒，人所飲者，益也。弟子職曰：『周旋而貳，唯嗛之視。』」玄謂大祭者，王服大裘、袞冕所祭也。中祭者，王服鷩冕、毳冕所祭也。小祭者，王服希冕、玄冕所祭也。三貳再貳一貳者，謂就三酒之尊而益之也。禮運曰：「玄酒在室，醴醆在户，粢醍在堂，澄酒在下。」澄酒是三酒也。益之者，以飲諸臣，若今常滿尊也。祭祀必用五齊者，至敬不尚味，而貴多品。○三貳，徐音二，下同。爲尊，于僞反。唯嗛，苦簟反。袞，古本反。鷩，必列反，徐劉方利反。毳，充芮反。希冕，本又作絺，同張里反。醆，側産反。粢，才計反。醍，音體，本亦作緹。以飲，於鴆反。

「凡祭」至「器量」 言「凡祭祀」者，謂天地及宗廟等，〔四三〕揔目之言。云「以法共五齊三酒」者，但祭有小大，齊有多少，各有常法，故云以法共五齊、三酒。云「以實八尊」者，五齊五尊，三酒三尊，故云以實八尊。此除明水、玄酒，若五齊加明水，三酒加玄酒，此八尊爲十六尊。不言之者，舉其在尊而言也。〔四四〕云「大祭三貳」者，大祭，謂王服大裘、衮冕所祭者也。三貳者，貳，副也。就三酒人所飲者，三度副益之。云「中祭再貳」者，中祭謂王服鷩冕、毳冕所祭者也。再貳，亦謂就三酒之中再度益之。云「小祭壹貳」者，小祭，謂王服希冕、玄冕所祭者也。云「皆有酌數」者，謂三等之祭，副益酒尊，皆有酌器，盛酒益尊，故言皆有酌。〔四五〕云數者，謂多少之數。言「唯齊酒不貳」者，〔四六〕齊酒所祭祀，非人所飲，故不副益。云「皆有器量」者，器，謂酌齊酒注於尊中。量，謂皆有多少之量。注「酌器」至「多品」 云「酌器」者，釋經皆有酌器二者，所用注五齊三酒於尊中。云「數量之多少未聞」者，數之與量，皆是多少之言，但未聞升數耳。鄭司農云「三貳三益副之也」者，先鄭之意，注酒於尊中爲副，子春、後鄭亦與之同。云「大祭天地」等者，先鄭意，天地爲大祭，宗廟爲中祭，五祀爲小祭。其實天地自有大祭小祭，宗廟亦有次小。云「齊酒不貳，爲尊者質，不敢副益也」者，以其主獻尸，所用少，故不副益。杜子春引弟子職者，是管子書弟子職篇，謂弟子事師，師飲酒之時，〔四七〕弟子來往周旋而貳者〔四八〕，欲副益酒尊之時，嗛，謂不滿，唯酒尊不滿者，視之更益。「玄謂大祭者，王服大裘衮冕所祭」已下至「玄冕所祭」，並據司服六冕差之。冕服有六，天地宗廟，各有三等，故以六冕配之。案司服，王祀昊天上帝，則服大裘而冕，祀五帝，亦如之。祀先王，則衮冕。祭地，亦用大裘。是天地宗廟，亦有大祭，〔四九〕一也。云「中祭者，王服鷩冕毳冕所祭也」者，〔五〇〕案司服，先公則鷩冕，〔五一〕四望山川則毳冕，是地與宗廟次祭，二也。但天之次祀不見衣服者，日月是天之次祀，以其大報天，主日，配以月，服大裘；故春分朝日，秋分夕月，兼服玄冕，故天之次祀中不見衣服。云「小祭者，王服希冕玄冕所祭也」者，案司服，「社稷五祀則希冕，羣小祀則玄冕」，鄭彼注：「山林川澤之屬。」鄭雖不言風師、雨師等，「之屬」中兼之也。唯見天地小祭，不見宗廟小祭者，馬融以爲宗廟小祭，謂祭殤是也。祭殤之時，或可亦用玄冕。若然，案：禮器云〔五二〕「一獻質」，謂祭羣小祀，當玄冕。「三獻文」，謂祭社稷五祀，當希冕。「五獻察」，謂祭四望山川，當毳冕。「七獻神」，謂祭先公，當鷩冕。雖不言九獻，下云「大饗，其王事與」？大饗，謂祫祭先王，爲九獻，當衮冕。禮器下文云「大饗不足以大旅」。大旅當大裘。據此一獻至九獻，以此獻數約之，故六服差爲三。案司服，四望山川服毳冕五獻，〔五三〕社稷服希冕三獻，社稷在山川下。案大宗伯「以血祭祭社稷、五祀、五嶽」，而社稷在五嶽上者，五嶽與土地異形，若畿外諸侯，服獻則尊於王朝之臣；社稷號曰土神，似若王朝之臣，服獻則卑於五嶽，而在五嶽上者，似若王人雖微，猶敘諸侯之上。案：王制「宗廟之牛角握」，國語「山川之牛角尺」。社稷尊於五嶽者，彼自從國中之神，莫貴於社，故與宗廟同用握。〔五四〕引「禮運曰玄酒在室」者，謂鬱鬯在室中。而玄酒即明水也，配鬱鬯，故在室。「醴醆在户」者，醴，謂醴齊。醆，謂盎齊，〔五五〕並在户也。「粢醍在堂」者，粢，當爲齊，齊醍在堂也。澄酒在下者，澄，謂沈齊，酒謂三酒，二者並在堂下也。云「澄酒是三酒也」者，案鄭志，趙商問禮運注澄是沈齊，今此注澄酒是三酒，何？鄭荅：「今解可去澄字。」若然，鄭本於此注時，直云酒是三酒，無澄字，有澄字者誤，當云酒是三酒。云「益之者以飲諸臣」者，言益之，解經中貳。案：司尊彝云：「皆有罍，諸臣之所酢。」是飲諸臣也。云「若今常滿尊也」者，言益之，故常滿，故以漢法況之。云「祭祀必用五齊者，至敬不尚味，而貴多品」者，鄭意五齊味薄於三酒而數多，但鬼神亨德不亨味，故須至極敬而已。是以引郊特牲云至敬不尚味而貴多品也。

共賓客之禮酒，共后之致飲于賓客之禮醫酏糟，皆使其士奉之。禮酒，王所致酒也。王致酒，后致飲，夫婦之義。糟，醫酏不泲者。泲曰清，不泲曰糟。后致飲，無醴，醫酏不清者，與王同體，屈也，亦因以少爲貴。士謂酒人、漿人，奄士。

「共賓」至「奉之」　云「共賓客之禮酒」者，謂王有故，不親□□，〔五六〕使人致酒於客館。〔五七〕云「共后之致飲于賓客之禮醫酏糟」者，言致飲之中，取一飲以致之。〔五八〕云醫酏糟者，謂醫酏不泲者也。云「皆使其士奉之」者，酒使酒人，漿使漿人，皆奄士，故云使其士奉之。

注「禮酒」至「奄士」　言「禮酒，王所致酒也」者，下酒人云：「賓客之陳酒」。彼言陳，謂若致饔餼，〔五九〕列陳於客館中。言禮酒不言陳，謂饗燕之酒，王當親饗燕，王有故，則使人就館，以酬幣致之。云「王致酒，后致飲，夫婦之義」者，酒是陽，故王致之。飲是陰，故后致之。是陰陽相成，故云夫婦之義。云「后致飲，無醴，醫酏不清者，與王同體，屈也」者，言后致飲無醴醫酏不清者，對下漿人「共夫人致飲於賓客之禮，清、醴、醫、酏、糟而奉之」，謂夫人卑於后，致三飲醫酏糟上，加之以清醴。今后尊，唯有醫酏二飲，無清醴。既無清醴，醫酏當清，今皆不清者，以其后尊，夫妻片合，〔六〇〕與王同體，故屈。夫人卑，與王不同體，得申，故加之以清醴也。云「亦因以少爲貴」者，案禮器云：「有以少爲貴者，天子無介，祭天特牲。」是以少爲貴。則夫人三飲，后二飲，是因以少爲貴。云「士謂酒人、漿人，奄士」者，案序官，酒人，奄十人，漿人，奄五人。皆不言士。此經注皆士者，爲官首當是士。但非賢，故不言士。内小臣是奄而稱士，鄭云異其賢。

凡王之燕飲酒，共其計，酒正奉之。〔六一〕共其計者，獻酬多少，度當足也。故書「酒正」無酒字。鄭司農云：「正奉之，酒正奉之也。」○度當，徒洛反。

「凡王」至「奉之」　謂王與羣臣燕飲之酒。共其計者，謂計羣臣多少，以足爲度。酒正奉之者，以其共王，故酒正自奉之。

凡饗士庶子，饗耆老孤子，皆共其酒，無酌數。要以醉爲度。

「凡饗」至「酌數」　言饗士庶子，謂若宮伯宿衛王宮者。士，適子。〔六二〕庶子，其支庶。云「饗耆老孤子」者，謂外饔注：耆老謂國老，孤子者，謂死王事之子。王皆饗養之，則共其酒。

掌酒之賜頒，皆有灋以行之。法，尊卑之差。

「掌酒」至「行之」　云「賜頒皆有法以行之」者，謂以酒頒羣臣也。皆有法以行之者，尊者得多，卑者得少，多少皆有常法。言以行之者，謂依法給之。

凡有秩酒者，以書契授之。鄭司農云：「有秩酒者，給事中予之酒。秩，常也。常受酒者，國語曰：『至于今秩之。』」玄謂所秩者，謂老臣。王制曰：「七十不俟朝，八十月告存，九十日有秩。」○俟朝，直遥反。

「凡有」至「授之」　秩，常也。謂若老臣年九十已上，常與之酒。云「以書契授之」者，謂酒正授使者酒，書之多少，以爲契要而與之，故云以書契授之。

注「鄭司」至「有秩」　鄭司農云「有秩酒者，給事中予之酒。秩，常也。常受酒者」，司農之意，謂在朝羣臣，親近於王，揔名給事中，王常以酒與之，故云常受酒者。又引國語者，案楚語云，鬭且廷見令尹子常，聞子常畜貨聚馬，鬭且廷以爲非，遂陳令尹子文之行，云：「昔鬭子文三舍令尹，無一日之積。成王聞子文行，於是每朝設脯一束、糗一篚，以羞子文。至於今秩之。」後鄭皆不從之者，給事中與之酒，不言秩；因朝而羞子文，又非酒，故不從之矣。引王制曰「七十不俟朝」者，謂不待朝事畢即去。「八十月告存」者，謂月月使報告老人存否。「九十日有秩」者，謂日日有秩膳，即此經秩酒是也，故引以爲證。

酒正之出，日入其成，月入其要，小宰聽之。出謂授酒材及用酒之多少也。受用酒者，日言其計於酒正，酒正月盡言於小宰。

「酒正」至「聽之」　言「酒正之出」者，謂授酒材與酒人，及出酒與人。云「日入其成」者，謂酒人用多少，日計所用酒，以此成入於酒正。云「月入其要」者，謂酒正得酒人日計文書，日計其月要，至月盡，以月計文書入於小宰，故云月入其要。小宰聽之者，小宰得酒正文書，聽斷之，知其得失。

注「出謂」至「小宰」　言「出謂授酒材」者，謂授酒人以其材，酒正職首所言者是也。「及用酒之多少」者，謂若共五齊三酒以下是也。云「受用酒者，日言其計於酒正」者，受用酒，謂用酒多少，是酒人也，故曰言其計於酒正也。云「酒正月盡言於小宰」者，釋經月入其要。

歲終則會，唯王及后之飲酒不會。以酒式誅賞。誅賞作酒之善惡者。

「歲終」至「誅賞」　直言「唯王及后不會」，不云世子，以其酒與膳異。膳羞食之正，則世子亦不會。膳禽食之加，世子會之。酒亦爲加，故亦會之。「以酒式誅賞」者，作酒有舊法式，依法善者則賞之，惡者則誅責之。

酒人，掌爲五齊三酒，祭祀則共奉之，以役世婦。世婦謂宫卿之官，掌女宫之宿戒，及祭祀，比其具。酒人共酒，因留與其奚爲世婦役，亦官聯。○比其，戚必履反，又毗志反，徐扶利反。

「酒人」至「世婦」　言「爲五齊三酒」者，爲，猶作也。云「祭祀則共奉之」者，謂酒人共而奉之。云「以役世婦」者，屬春官宫卿官也。酒人以奚送酒至世婦，因爲世婦所役使。

注「世婦」至「官聯」　云「世婦謂宫卿之官」者，所謂春官云「每宫卿一人」，故云世婦謂宫卿之官也。云「掌女宫之宿戒」者，此亦世婦職文。引此者，其職云「及祭，比其具」，則此酒等是，故送酒以往，爲世婦所役。言「亦官聯」者，即小宰云祭祀之聯事是也。

共賓客之禮酒、飲酒而奉之。酒正使之也。禮酒，饗燕之酒。飲酒，食之酒。此謂給賓客之稍，王不親饗燕，不親食，而使人各以其爵，以酬幣侑幣致之，則從而以酒往。○親食，音嗣。侑，音又。

「共賓」至「奉之」　云「共賓客之禮酒飲酒」者，此二者，酒正使酒人奉授賓客。

注「酒正」至「酒往」　知酒正使之者，酒正云「共賓客之禮酒，使其士奉之。」士，即此酒人也。彼不言飲酒者，禮酒中可以兼之矣。云「禮酒，饗燕之酒」者，謂饗燕食賓之酒也。云「飲酒，食之酒」者，謂食時有酒者。曲禮云「酒漿處右」，則此非獻酬酒，是酳口之酒也。云「此謂給賓客之稍」者，此禮酒飲酒，揔言王若不親燕飲食，則使人致之於客館，任賓客稍稍用之，故云給賓客之稍。云「王不親饗燕，不親食」者，謂王有故，不得速賓，親行此三者。云「使人各以其爵，以酬幣侑幣致之」者，此並聘禮文。案彼云：「若不親食，使大夫各以其爵，朝服致之，以侑幣。致饗以酬幣，亦如之。」彼雖無致燕法，案鹿鳴燕羣臣嘉賓，有實幣帛，則致燕亦以酬幣致之，與饗同。云各以其爵者，則諸侯來朝，遣三公致饗；卿來聘，遣卿大夫致饗。燕以酬幣，致食以侑幣，故云酬幣侑幣致之。云「則從而以酒往」者，謂酒人以酒從使人欲往客館，〔六三〕授與賓客。

凡事，共酒而入于酒府。入于酒正之府者，是王燕飲之酒，酒正當奉之。

「凡事」至「酒府」　此謂酒正所奉者，則酒正云「凡王之燕飲酒，酒正奉之」。并共王之四飲三酒之饌，亦是酒正奉之。以其事非一，故言凡事共酒入於酒正之府。

凡祭祀，共酒以往。不言奉，小祭祀。

「凡祭」至「以往」　上云祭祀共奉之，謂大祭、次祭。此不言奉，謂小祭祀，王玄冕所祭者，故云共酒以往。

賓客之陳酒亦如之。謂若歸饔餼之酒，亦自有奉之者，以酒從往。

「賓客」至「如之」 謂上公饔餼九牢之等。案：聘禮云，卿韋弁歸饔餼牲牢，及芻薪米禾等，並歸於客館。彼八壺設於西序，北上。天子致禮於諸侯，亦當陳於西序，故云賓客之陳酒。亦如之者，亦以酒從使人往。

注「謂若」至「從往」 經直云賓客陳酒，不指斥言饔餼，鄭不敢正言，故言若饔餼之酒。云「亦自有奉之者」，謂使卿韋弁歸之者是也。云「以酒從往」者，謂卿韋弁歸饔餼等之時，亦使人以此酒從往致之。

漿人，掌共王之六飲，水、漿、醴、涼、醫、酏，入于酒府。王之六飲，亦酒正當奉之。醴，醴清也。鄭司農云：「涼，以水和酒也。」玄謂涼，今寒粥，若糗飯雜水也。酒正不辨水涼者，無厚薄之齊。○若糗，丘酉反，又昌紹反。

「漿人」至「酒府」 言入於酒府者，亦入於酒正之府，與三酒同，以其酒正奉之故也。

注「王之」至「之齊」 云「王之六飲，亦酒正當奉之」者，亦如酒人共酒入於酒府，酒正奉之，故此云亦酒正當奉之。言當者，酒正所云有不自奉者，唯共王乃奉之，故云當。云「醴，醴清也」者，酒正辨四飲，言清不言醴，彼鄭云：清，醴之泲者。此漿人六飲言清，謂醴之不泲，清濁雖殊，本是一物，故云醴清也。鄭司農云「涼，以水和酒也」者，〔六四〕和水非人所飲。又且若以酒和水，即是厚薄之齊，酒正何因不辨之乎，故後鄭不從。「玄謂涼，今寒粥，若糗飯雜水也」者，案內則，飲內有濫無涼，彼鄭云：「以周禮六飲校之，則濫，涼也。紀、莒之間，名諸爲濫」，言諸者，非一之義。內則名涼爲濫，參驗相當，故鄭云：涼，今寒粥，若糗飯雜水也。云「酒正不辨水涼者，無厚薄之齊」者，此文六飲，并有水涼。酒正辨四飲無水涼，〔六五〕以其水則臨時取用，涼則至用乃和，二者並不須豫辨，故言無厚薄之齊。

共賓客之稍禮。稍禮，非飧饔之禮，留間，王稍所給賓客者。漿人所給亦六飲而已。○留間，如字，徐音澗。

注「稍禮」至「而已」　云「稍禮，非飧饔之禮，留間，王稍所給賓客者」，謂賓未去，留間，王稍稍所給賓者也，故以稍言之。云「漿人所給亦六飲而已」者，漿人不主酒齊，唯主飲，故知此稍禮所給，六飲而已。

共夫人致飲于賓客之禮，清醴醫酏糟，而奉之。亦酒正使之。三物有清有糟。夫人不體王，得備之。禮，飲醴用柶者糟也，不用柶者清也。○用柶，音四。

「共夫」至「奉之」　夫人，謂三夫人。致飲於賓客之禮，助王養賓，亦致於客館。清醴醫酏糟者，清，醴之泲者，即酒正所云「一曰清」，是也。醫酏糟者，謂醫酏不泲者。此二飲與后同。而奉之者，亦使漿人奄士奉之。

注「亦酒」至「清也」　云「亦酒正使之」者，亦謂酒正使酒人、漿人奄士也。故酒正云：「醫酏，使其士奉之。」〔六六〕彼注：「士，酒人、漿人，奄士。」故知亦酒正使之。云「三物有清有糟。夫人不體王，得備之」者，對后體王，屈，故醫酏糟而無清醴也。云「禮，飲醴用柶者糟也」者，案士冠禮「禮，子用醴有柶」，是用柶者糟也。但柶只爲糟設，醴既泲而清，則不假柶，則此經清醴是也，故云不用柶者清也。

凡飲共之。謂非食時。

「凡飲共之」　上共王六飲，食時以共訖，此又云凡飲共之，故云謂非食時。

凌人，掌冰，正歲十有二月，令斬冰，〔六七〕三其凌。

正歲季冬，火星中，大寒，冰方盛之時。春秋傳曰：「火星中而寒暑退。」凌，冰室也。三之者，爲消釋度也。故書正爲政。鄭司農云：「掌冰政，主藏冰之政也。」杜子春讀掌冰爲主冰也。政當爲正。正謂夏正。三其凌，三倍其冰。

「凌人」至「其凌」　言掌冰者，謂凌人揔掌藏冰出冰之事，故云掌冰也。云「正歲十有二月令斬冰」者，正歲，謂夏之建寅爲正。十有二月，謂建丑之月。冰堅腹厚之時，令入山斬冰。「三其凌」者，凌，謂冰室之中，三倍納冰，備消釋度故也。

注「正歲」至「其冰」　云「正歲季冬」者，周雖以建子爲正，行事皆用夏之正歲。若據殷周，則十二月冰未堅。若據夏之十二月，冰則堅厚，故正歲據夏也。云「火星中，大寒，冰方盛之時」者，火星中，謂十二月平旦火星中，於十二月小寒節大寒中，是冰方盛之時也。引「春秋傳曰火星中而寒暑退」者，此左氏昭公三年鄭游吉如晉，送少姜之葬。張趯見之，云：「自今，子其無事矣，譬如火焉，火中而寒暑乃退。」注云：「火星，季冬十二月平旦，正在南，大寒退。季夏六月黄昏，火中，暑退。此其極也，能無退乎？」引此者，證十二月寒退之時，冰最盛，故取之。云「故書正爲政」者，政，是政教字，故先鄭從之，云「掌冰政，主藏冰之政」，後鄭不從先鄭，故引子春讀掌冰爲主冰，言正謂夏正，於下還從經正歲向下爲義。後鄭依子春改者，若歲字向下，即是周之十二月，冰未厚，故從子春也。又云「三其凌，三倍其冰」者，謂應十石，加至四十石，〔六八〕即是三倍其冰也。

春始治鑑。

鑑，如甀，大口，以盛冰，置食物于中，以禦温氣。春而始治之，爲二月將獻羔而啓冰。

○治鑑，胡暫反，本或作監，音同。如甀，直僞反，與縋音同。盛冰，音成。爲二，于僞反。

「春始治鑑」　春，謂正月。「始治鑑」者，鑑，是盛冰之器，春豫治之，爲二月將出冰。

注「鑑如」至「啓冰」　「鑑如甀」者，漢時名爲甀，即今之甕，是也，故云「如甀，大口，以盛冰。」云「春而始治之，爲二月將獻羔而啓冰」者，案：月令仲春云：「獻羔而開冰，先薦寢廟」。七月詩亦云：「四之日其蚤，獻羔祭韭。」是二月出冰者，公始用之。

凡外内饔之膳羞，鑑焉。凡酒漿之酒醴亦如之。酒醴見温氣亦失味。酒漿，酒人、漿人也。

「凡外」至「如之」　言「凡外内饔之膳羞鑑焉」者，謂王后及世子，并饗耆老孤子之等。以下文云祭祀，此經直云膳羞，明非祭祀也。二月之後，皆須鑑以盛冰，故云鑑焉。云「凡酒漿之酒醴」者，酒，謂酒人之酒，謂三酒五齊，舉酒而言。漿人之醴，謂六飲，舉醴而言。云「亦如之」者，亦以鑑盛冰。

祭祀，共冰鑑；賓客，共冰。不以鑑往，嫌使停膳羞。

「祭祀」至「共冰」　此云「祭祀」者，謂天地、社稷及宗廟之等，皆共鑑。云「賓客，共冰」者，謂諸侯來朝，王禮之以飧及饔餼，直共冰以往，無鑑也。

注「不以」至「膳羞」　冰若有鑑，則冰不銷釋，食得停久，故鄭云不以鑑往，嫌使停膳羞。

大喪，共夷槃冰。夷之言尸也。實冰于夷槃中，置之尸牀之下，所以寒尸。尸之槃曰夷槃，牀曰夷牀，衾曰夷衾，移尸曰夷于堂，皆依尸而爲言者也。漢禮器制度，大槃廣八尺，長丈二尺，深三尺，漆赤中。○廣八尺長丈二尺深三尺，凡度長短曰長，直亮反；度淺深曰深，尸鴆反；度廣狹曰廣，光曠反；度高下曰高，古倒反；相承用此音，或皆依字讀，後放此。漆赤中，用朱漆其中。

「大喪共夷槃冰」　亦謂三月已後，遭大喪，則共夷槃及冰，舉王喪共，后、世子，及三夫人已下小喪亦共之。但王及后有夷槃。自外當與諸侯已下同大槃等，其世婦已上有冰，則與大夫同，女御與士同，無冰，見賜乃有也。

注「夷之」至「赤中」　喪大記云：「君設大盤造冰焉，大夫設夷盤造冰焉，士併瓦盤，無冰。」下又云：「設牀襢第，有枕。含一牀，襲一牀。」是實冰置尸牀之下，以寒尸也。云「牀曰夷牀」者，儀禮既夕禮文。云夷衾者，喪大記云「自小斂已後，用夷衾」是也。云「移尸曰夷於堂」者，亦喪大記云：「既小斂，男女奉尸夷于堂」。是皆依尸而爲言也。云「漢禮器制度」云云者，叔孫通前漢時作漢禮器制度，多得古之周制，故鄭君依而用之也。依制度云：「天子大槃，廣八尺，〔六九〕長丈二尺，深三尺，漆赤中。」此經雖云夷槃，無形制，故依焉。若然，此周謂之夷槃，漢謂之大槃，是別代異名。〔七〇〕案喪大記「君設大盤」者，彼諸侯，不敢與天子同名夷盤，故名大盤。彼大夫云夷盤者，卑不嫌得與天子同名，其制則小也。

夏頒冰，掌事。

暑氣盛，王以冰頒賜，則主爲之。春秋傳曰：「古者日在北陸而藏冰，西陸朝覿而出之。」○朝覿，直歷反。

「夏頒冰掌事」 「夏頒冰」者，據頒賜羣臣言。「掌事」者，謂主此賜冰多少，合得不合得之事。

注「暑氣」至「出之」 謂二月之時，蠅蟲已生，公始用之。四月已後，暑氣漸盛，則賜及羣下。云春秋傳曰者，左氏昭四年正月，大雨雹，季武子問于申豐曰：〔七一〕「雹可禦乎？」對曰：「聖人在上，無雹。雖有，不爲災。古者日在北陸而藏冰，〔七二〕西陸朝覿而出之。其藏之也，深山窮谷，固陰沍寒，於是乎取之。其出之也，朝之祿位，賓食喪祭，於是乎用之。其藏之也，黑牡秬黍，以享司寒。其出之也，桃弧棘矢，以除其災。其出入也時，食肉之祿，冰皆與焉。大夫命婦，喪浴用冰。祭寒而藏之，獻羔而啓之，公始用之。火出而畢賦。」服氏云：「火出，於夏爲三月，於商爲四月，於周爲五月。」「自命夫命婦，至於老疾，無不受冰。」爾雅云：「北陸，虚也。」服氏云：「陸，道也。北陸言在，謂十二月日在危一度。西陸朝覿不言在，則不在昴，謂二月在婁四度，謂春分時，奎婁晨見東方而出冰，是公始用之。」今此鄭注引朝覿而出之，謂經夏頒冰，則西陸，爾雅曰：「西陸，昴也。」朝覿而出冰，羣臣用之。若然，日體在昴，在三月内，得爲夏頒冰者，據三月末之節氣，故證夏頒冰。此言夏，據得夏之節氣。春秋言火出者，據周。至於七月詩「二之日鑿冰，三之日納於凌室，四之日其蚤，獻羔祭韭」，孫皓問：「藏之既晚，出之又早，何？」鄭答：「豳土晚寒，故夏正月納冰。夏二月仲春，大蔟用事，陽氣出地，始温，故禮應開冰，先薦寢廟，是公始用之也。」

秋，刷。刷，清也。鄭司農云：「刷除冰室，當更内新冰。」玄謂秋涼，冰不用，可以清除其室。○秋刷，所劣反。清也，如字，又才政反，下同。

注「刷清」至「其室」 先鄭云「刷除凌室，當更納新冰」者，先鄭直至除舊納新，不言秋涼而冰不用，於理未當經旨，故後鄭云秋涼，冰不用，可以清除其室。至十二月，自然更納新冰也。

籩人，掌四籩之實。籩，竹器如豆者，(七三)其容實皆四升。

「籩人」至「之實」 言四籩，謂下經朝事、饋食、加籩、羞籩，是也。云「之實」，籩竹掌此四種籩中所實之物，(七四)麷蕡白黑之等，是也。

注「籩竹」至「四升」 鄭知籩是竹器者，籩之字竹下爲之，(七五)亦依漢禮器制度而知也。云「如豆」者，皆面徑尺，柄尺，亦依漢禮知之也。云「其容實皆四升」者，據其籩之所受，則曰容；據其所實麷蕡等，則曰實。故云「容實皆四升」，亦約與豆四升同也。

朝事之籩，其實麷、蕡、白、黑、形鹽、膴、鮑魚、鱐。蕡，枲實也。鄭司農云：「朝事謂清朝未食，先進寒具口實之籩。熬麥曰麷，麻曰蕡，稻曰白，黍曰黑。築鹽以爲虎形，謂之形鹽，故春秋傳曰：『鹽虎形。』」玄謂以司尊彝之職參之，朝事謂祭宗廟薦血腥之事。形鹽，鹽之似虎者。膴，牒生魚爲大臠。鮑者，於楅室中糗乾之，出於江淮也。鱐者，析乾之，出東海。王者備物，近者腥之，遠者乾之，因其宜也。今河間以北，煑穜麥賣之，名曰逢。燕人膾魚方寸，切其腴以啗所貴。○麷，芳弓反，徐又芳勇反，或郎第反。蕡，符文反，徐蒲悶反。膴，火吴反。鱐，所求反。枲，思里反。膘，戚章涉反，又直輒反。稫，皮逼反，本又作煏，同。糗幹，音乾，又作乾，「析幹」同。穜，直龍反，又音童。其腴，音臾。以啗，劉徒覽反，徐徒暫反。

「朝事」至「魚鱐」 此言朝事，謂祭宗廟，二灌之後，祝延尸於户外，后薦此八籩。八籩者，則麷，爲熬麥，一也；蕡，爲麻子，二也；白，爲熬稻米，三也；黑，爲熬黍米，四也；形鹽，鹽似虎形，五也；膴，以魚肉爲大臠，六也；鮑，以魚於稫室糗乾之，七也；鱐，爲乾魚，八也。

注「蕡枲」至「所貴」 云「蕡，枲實也」者，案：喪服云「苴絰」，子夏傳云：「苴，麻之有蕡。」蕡，是麻之子實也。又案：「疏衰裳齊，牡麻絰」，子夏傳云：「牡麻者，枲麻也。」則枲麻謂雄麻也。若然，枲麻無實，而解蕡爲枲實者，舉其類耳，謂若圓曰簞，方曰笥，不同。鄭注論語云：「簞笥舉類，義同也。」鄭司農云「朝事謂清朝未食，先進寒具口實之籩」者，此先鄭不推上下文勢祭祀爲義，直以爲生人所食解之，故後鄭不從也。云「熬麥曰麷」，字從麥，知麷爲熬麥也。云「麻曰蕡」者，已釋訖。云「稻曰白」者，以其稻米見白。云「黍曰黑」者，爾雅有秬黑黍，故知黑是黍，二者亦皆熬之乃可也。已上後鄭從之。云「築鹽以爲虎形」，又引春秋傳曰者，左氏僖三十年冬，王使周公閱來聘，饗，有昌歜、白黑形鹽。服氏云：「昌歜，昌本之菹。」辭曰：「國君文足昭也，武可畏也，則有備物之饗，以象其德，薦五味，羞嘉穀，鹽虎形。」服云「剋形」，非是築剋爲之，〔七六〕故後鄭不從也。「玄謂以司尊彝之職參之，朝事謂祭宗廟薦血腥之事」者，案司尊彝職，除二灌有朝踐饋獻，〔七七〕爲食前二節，彼又有朝獻再獻，食後酳尸，爲一節。又參少牢，主人酬尸，宰夫羞房中之羞，復爲一，摠四節，亦據祭宗廟，故鄭云然也。祭宗廟無血，鄭云薦血腥者，鄭注論語亦云：「禘祭之禮，自血腥始。」皆謂毛以告純，血以告殺。是爲告殺時有血，與朝踐薦腥同節，故連言血耳，非謂祭血也。云「形鹽，鹽之似虎形」者，以爲自然似虎形，此破先鄭築鹽爲虎形也。云「膴，膘生魚爲大臠」

者，牒已釋訖。云「鮑者，於楅室中糗乾之，出於江淮也」者，鄭以目驗知之。言楅室者，謂楅土爲室。云「鱐者，析乾之，出東海」者，上云「夏行腒鱐」鱐，已釋訖。言出東海者，亦目驗知之。云「王者備物，近者腥之」，膴是也。「遠者乾之」，鮑及鱐是也。「因其宜」者，近宜濕，遠宜乾也。若然，經鮑鱐一者，〔七八〕魚在於中，明二物皆魚。云「今河間以北，煮穜麥賣之，〔七九〕名曰逢」，引漢法，證麷亦是熬煮之麥。云「燕人膾魚方寸，切其腴以啗所貴」者，亦引時事證膴。膴亦是腹腴，以擬祭，與啗貴者同也。

饋食之籩，其實棗、㮚、桃、乾䕩、榛實。〔八〇〕饋食，薦孰也。今吉禮存者，特牲、少牢，諸侯之大夫士祭禮也。不祼、不薦血腥，而自薦孰始，是以皆云饋食之禮。乾䕩，乾梅也。有桃諸、梅諸，是其乾者。榛，似栗而小。○乾䕩，音老，徐力到反。榛，側巾反，劉士隣反。少牢，詩詔反，凡言「少牢」皆放此。不祼，古亂反。

「饋食」至「榛實」　此謂朝踐薦腥後，堂上更體其犬豕牛羊，亨孰之時，后先，〔八一〕謂之饋食之籩也。其八籩者，其實棗一也，栗二也，桃三也，乾䕩謂乾梅，四也，榛實五也。其於八籩，仍少三。案乾䕩既爲乾梅，經中桃是濕桃，既有濕桃，乾梅，明別有乾桃，則注引內則桃諸，鄭云是其乾者。既有濕桃，明有濕梅可知。以乾桃濕梅二者，〔八二〕添五者爲七籩。案桃梅既並有乾濕，則棗中亦宜有乾濕，復取一，添前爲八也。必知此五者之中有八者，案儀禮特牲、少牢，士二籩二豆，大夫四籩四豆，諸侯宜六，天子宜八。醢人饋食之豆有八，此饋食之籩言六，不類。又上文朝事之籩言八，下加籩亦八，豈此饋食在其中六乎？數事不可，故以義參之爲八。若不如此，任賢者裁之也。

注「饋食」至「而小」　云「饋食，薦孰也」者，謂於堂上饋孰之時，后薦之。云「今吉禮存者」，吉禮，謂祭祀，以其天子諸侯祭祀之禮亡，故云存者。云「特牲、少牢，諸侯之大夫士祭禮也」者，以天子大大夫牢祭，〔八三〕今用特牲、少牢，故知諸侯大夫士祭禮也。云「不祼、不薦血腥」者，若天子諸侯，則有室中二祼、堂上朝踐薦血腥之禮，大夫則無此二者也。云「而自薦孰始，是以皆云饋食之禮」者，天子諸侯大夫士，雖同名饋食，仍有少別。何者，天子諸侯尸食前，仍有饋獻二，是饋孰陰厭，〔八四〕陰厭後，尸入室食，乃獻。大夫士則饋孰與黍稷爲陰厭，陰厭前無饋獻，以此爲異耳。云「乾䕩，乾梅也」者，以經乾䕩上有桃，故知乾䕩乾梅也。云「有桃諸、梅諸」者，内則文。而鄭引之者，證乾䕩中有乾桃、乾梅，故云是其乾者。云「榛似栗而小」者，今居山者見食之，似栗而小，亦目驗知之。

加籩之實，蔆、芡、㮚、脯，蔆、芡、㮚、脯。加籩，謂尸既食，后亞獻尸所加之籩。重言之者，以四物爲八籩。蔆，芰也。芡，雞頭也。栗與饋食同。鄭司農云：「蔆芡脯脩。」〔八五〕○蔆，音陵。芡，音儉。㮚，古栗字。重言，直用反。蔆芰，其寄反。

「加籩」至「㮚脯」　此加籩，當尸食後。王酳尸，后亞王酳尸，於時薦之。四物重言之，則八籩。

注「加籩」至「脯脩」　知籩是尸既食，后亞獻尸所加之籩者，案：春官内宗云：「掌宗廟之祭祀，薦加豆籩。」以其内宗所薦，明主於后。又見特牲主婦獻尸云：「宗婦執兩籩於户外，主婦受，設於敦南。」主人獻尸之時，不見有設籩之事，故知唯主於后也。少牢主婦不設籩者，以其當日賓尸故也。其下大夫不賓尸者，亦與士同也。云「蔆芰也」者，屈到嗜芰，即蔆角者也。云「芡，雞頭也」者，俗有二名，今人或謂之鴈頭也。先鄭云「蔆芡脯脩」者，先鄭意怪饋食重言，故爲脩替栗，得爲一義，故引之在下也。

羞籩之實，糗餌、粉餈。羞籩，謂若少牢主人酬尸，宰夫羞房中之羞于尸、侑、主人、主婦，皆右之者。故書餈作茨。鄭司農云：「糗，熬大豆與米也。粉，豆屑也。茨字或作餈，謂乾餌餅之也。」玄謂此二物皆粉稻米黍米所爲也。合蒸曰餌，餅之曰餈。糗者，擣粉熬大豆，爲餌餈之黏著，以粉之耳。餌言糗，餈言粉，互相足。○餌，而志反。餈，財資反。餌餅，必領反。爲餌，于僞反，下文同。黏，女廉反。著，直略反。

「羞籩」至「粉餈」　此當王酬尸，内饔進之於尸侑等者也。云「糗餌粉餈」者，此爲二籩，糗與粉爲一物，恐餌餈黏著籩，故分于二籩之下。

注「羞籩」至「相足」　言「羞籩，謂若少牢主人酬尸，宰夫羞房中之羞于尸、侑、主人、主婦，皆右之者」，天子祭祀之禮亡，故取少牢大夫禮解之。案有司徹，上大夫當日賓尸，正祭不設内羞，故於賓尸設之。此天子之禮，賓尸在明日，則祭祀日當設之。案少牢，下大夫不賓尸者，賓長致爵文酢，〔八六〕云宰夫羞房中之羞，司士羞庶羞于尸、祝、主人、主婦，内羞在右，庶羞在左。天子之禮，賓長受酢後，亦當設此内羞、庶羞于尸祝及王與后。然鄭不引不賓尸，而引賓尸者，以其設内羞之禮同，故秖引其一。但正祭設於祝，賓尸設於侑，〔八七〕又賓尸主人酬尸後，正祭賓長受酢後，爲異耳。云「故書餈作茨」者，此宜從食不得從草，故先鄭破之，從經爲正。鄭司農云「糗，熬大豆與米也。粉，豆屑也」，並於義是，但於義不足，故後鄭增成之。云「茨字或作餈」者，謂故書亦有作次下食者。云「謂乾餌餅之也」者，餅之曰餈，未正乾之言，故後鄭不從。「玄謂此二物皆粉稻米黍米所爲」者，據當時目驗而知。云「合蒸曰餌，餅之曰餈」者，謂粉稻米黍米合以爲餌，餌既不餅，明餅之曰餈。今之餈餻皆解之，名出於此。〔八八〕云「糗者，擣粉熬大豆」者，此與司農義同。司農不言擣，故後鄭增成之。云「餌言糗，餈言粉，互相足」者，此本一物，餌言糗，謂熬之，亦粉之，餈言粉，擣之，亦糗之。凡言互者，據兩物相互。今一物之上自相互，直是理不足明，故言互相足。内則注：「擣，熬穀。」穀則大豆也。穀，揔名也。

凡祭祀，共其籩薦羞之實。薦、羞，皆進也。未食未飲曰薦，既食既飲曰羞。

「凡祭」至「之實」　祭祀言凡者，謂四時禘祫祭，皆共其籩。籩則薦羞之實是也。

注「薦羞」至「曰羞」　云「未食未飲曰薦」者，先薦後獻，祭祀也。據朝踐饋獻時，未獻前所薦籩豆，朝事饋食之籩是也。云「既食既飲曰羞」者，謂尸食後，酳尸訖，所進羞，即加籩之實是也。

喪事及賓客之事，共其薦籩羞籩。喪事之籩，謂殷奠時。

「喪事」至「羞籩」 喪事，謂大奠時。賓客之事，謂饗燕時。亦共其薦籩羞籩。

注「喪事」至「奠時」 殷，猶大也。〔八九〕大奠，朔月、月半、薦新、祖奠、遣奠之類也。

爲王及后、世子共其内羞。凡籩事，掌之。於其飲食以共房中之羞。

注「於其」至「之羞」 言凡共后、世子飲食之時，用房中之羞。

校勘記

〔一〕凡邦之有疾病者疕瘍者造焉 唐石經作「有疕瘍者」，石經考文提要云，依下獸醫文例，當疊「有」字。王引之云，「疕」前脱「有」字。

〔二〕神農黄帝食藥七卷 浦鏜云，「禁」誤「藥」。

〔三〕以通開結反之於此乃失其宜者 盧文弨云，「閉」誤「開」，下脱「解」，「半」誤「此」，「及」誤「乃」。惠棟云，宋本誤皆同。案漢書「半」作「平」，阮校誤刻。

〔四〕積氣内傷 阮校云，漢書「積」作「精」，此誤。

〔五〕菫荁枌榆娩槁滫瀡以滑之 浦鏜云，「娩槁」，内則作「免薨」。阮校云，賈所見内則釋文作「娩橋」。

〔六〕齊人溲曰滫秦人滑曰瀡 阮校云，今禮記注「齊」、「秦」字互易，非。

〔七〕冬時有嗽上氣疾 「嗽」，阮本作「漱」。阮校云，説文無「嗽」字，釋文嗽本亦作「欶」，當以「欶」爲是。

〔八〕言掌養萬民之疾病者 阮本「之」下有「有」字，衍。

〔九〕惟火沴金　盧文弨云，「火」當作「木」，此是衡氣，不論生尅，當以本書及漢五行志正之。孫詒讓云，賈云以火沴金，兼寒兼熱，意謂火熱金寒也。若作木沴金，則與寒熱意乖，盧校未塙。

〔一〇〕惟土沴水　盧文弨云，「土」當作「火」。孫詒讓云，賈云「以土壅水」，則當作「土」明矣。盧校非。又大祝疏引五行傳同此疏。

〔一一〕若據五事所置言之　浦鏜云，「置」當「致」誤。

〔一二〕攻其羸　「羸」，余本及釋文作「羸」，是。下「水羸」同。

〔一三〕則炎帝者也　浦鏜云，「者」當「是」之誤。

〔一四〕假令冬時面色黑　「假」，原作「飲」，據阮本改。

〔一五〕大古有岐伯揄柎　「揄柎」，閩、監、毛本作「榆柎」，阮本作「揄附」。浦鏜云，漢志作「俞拊」。

〔一六〕大腸爲行道之府　阮校云，素問「行道」作「傳導」。孫詒讓云，難經三十五難云：「大腸者，傳寫行道之府也。」作「行道」不誤，不必別據内經校。

〔一七〕下氣象天故故寫而不實　惠校本、阮本同，閩本上「故」原闕，監、毛本作「○」。

〔一八〕以疾醫中士二人　阮本同。浦鏜云，「八」誤「二」。

〔一九〕似不得壽終然少曰死　阮本同。浦鏜云，「少」當「故」字誤。

〔二〇〕劀刮去膿血　「劀」，原作「刮」，據建、岳、閩、監、毛、殿本改。

〔二一〕合黄埶置石膽丹沙　「沙」，建、岳、阮本作「砂」。

〔二二〕殺而攻盡其宿肉　婺、建、岳本「殺」上有「既刮」二字。

〔二三〕故須更言五穀也　孫詒讓云，「穀」疑「藥」之誤。

〔二四〕酸木味　「木味」，原作「味木」，婺、建、岳本乙正。

〔二五〕水之流行地中　「之」原作「中」，據婺、建、岳本改。

〔二六〕苦火味　「苦」，原作「若」，據阮本改。

〔二七〕似滑用菫黄粉榆　阮本「似」作「彼」，「黄粉」作「荁枌」。

〔二八〕爲于僞反　「僞」原作「爲」，據徐本、盧本及阮本改。

〔二九〕故先灌而知緩之　阮本同，殿本「知」作「和」。浦鏜云：「知」當「和」字誤。

〔三〇〕以式灋授酒材　「授」，原作「受」，據唐石經、婺、建、岳本改。

〔三一〕鄭司農云授酒材授酒人以其材　余、建、岳、嘉靖本同，正、聞、閩、監、毛、殿、阮本無「授酒材」三字。阮校云，宋本亦無。

〔三二〕則是久孰是善　下「是」字，阮本作「者」。

〔三三〕謂漬米炊釀之時　「漬」，阮本作「清」。

〔三四〕又禮器曰緹酒之用　浦鏜云，禮器「緹」作「醍」。

〔三五〕案鄭下注五伯緹衣　浦鏜云：「伍」誤「五」。

〔三六〕物者財也　浦鏜云：「財」疑「材」之誤，下「給財」同。

〔三七〕不敢與王之臣共器尊同酌齊　孫詒讓云：「臣」字誤，此約司尊彝注「諸臣獻者，酌罍以自酢，不敢與王之神靈共尊」，則「臣」即「神」之誤。

〔三八〕請有事之人　「請」，阮本作「謂」，於文義爲長。

〔三九〕云其酒則今之醳酒者　「醳」，原作「酢」，據阮本及鄭注改。

〔四〇〕醫與醷亦相似　阮本同。阮校云：宋本無「亦」字。

〔四一〕言清謂醴之泲者　「謂」，原作「與」，據阮本改。

〔四二〕內則彼云湎此云糟　阮校云：當作「內則彼云糟此云湎」。孫詒讓云：賈云「彼云湎」者，據先鄭引內則文作「湎」也；云「此云糟」者，謂下文后致飲於賓客之禮作「糟」也。阮校誤。

〔四三〕謂天地及宗廟等　「等」，阮本作「祭」，疑非。

〔四四〕舉其在尊而言也　惠校本同，阮本「在」作「正」，當是。

〔四五〕故言皆有酌　惠校本同，阮本脱「有」字。

〔四六〕言唯齊酒不貳者　「言唯」，阮本作「有口」，闕一字，正、聞、閩本同。

〔四七〕謂弟子事師師飲酒之時　「事師師」，監、毛、殿本同，聞、閩、阮本闕如。

〔四八〕弟子來往周旋而貳者　惠校本同，阮本「來往」作「用注」，亦可通。

〔四九〕是天地宗廟亦有大祭　「亦」，阮本作「皆」，於文義爲長。

〔五〇〕王服鷩冕毳冕所祭也者　「鷩」，原作「鼈」，據阮本改。「者」，阮本作「是」。

〔五一〕先公則鷩冕　「公」，原作「父」，據阮本及司服職文改。

〔五二〕若然案禮器云　「案」，阮本作「則」，殆非。

〔五三〕案司服四望山川服毳冕五獻　惠校本同，阮本無「四望」二字。

〔五四〕故與宗廟同用握　「用握」，惠校本作「角握」，當是。

〔五五〕醆謂盎齊　「盎」，原作「益」，據阮本改。

〔五六〕謂王有故不親□□　「親」下原缺二字，阮本作「饗燕」。

〔五七〕使人致酒於客館　「使」，阮本作「傳」，疑誤。

〔五八〕取一飲以致之　「一」，阮本作「二」，殆是。

〔五九〕謂若致饔餼　「饔」，原作「饗」，據阮本改。

〔六〇〕夫妻片合　阮本同。阮校云，此語本喪服傳，今本作「牉合」，乃俗人合片半二字而爲之，非。

〔六一〕共其計酒正奉之　于鬯云，「酒」字當上讀爲「共其計酒，正奉之」。

〔六二〕宿衛王宫者士適子　「者」，原作「皆」，據阮本改。

〔六三〕謂酒人以酒從使人欲往客館　阮本同。浦鏜云，「欲」疑「而」字誤。

〔六四〕涼以水和酒也者　「涼」，阮本作「凉」，誤。

〔六五〕酒正辨四飲無水涼　「飲」，原作「飯」，據阮本改。

〔六六〕醫酏使其士奉之　浦鏜云，「醫酏」下脱「糟皆」二字。孫詒讓以爲疏省文，非奪也。

〔六七〕掌冰正歲十有二月令斬冰　俞樾云，「正」乃「政」，當讀「掌冰正」爲句。

〔六八〕謂應十石加至四十石　阮校云，案注「三倍其冰」，則十石三倍之爲三十石，此云「四十石」，誤。孫詒讓以爲賈義亦得通。

〔六九〕天子大槃廣八尺　「廣」，閩、監、毛、殿本同，正、聞、阮本作「度」，非。

〔七〇〕是別代異名　「代」，阮本作「大」，殆非。

〔七一〕季武子問于申豐曰　「于」，原作「不」，據阮本改。

〔七二〕古者日在北陸而藏冰　「者」，原作「月」，據阮本改。

〔七三〕籩竹器如豆者　「籩竹」，原作「以其」，據婺、建、岳本改。

〔七四〕云之實籩竹掌此四種籩中所實之物　「籩竹」，阮本作「者謂」，殆是。

〔七五〕籩之字竹下爲之　「籩之」，阮本作「以其」，當是。

〔七六〕服云剋形非是築剋爲之　阮校云，此處有譌。孫詒讓云，「非是」云云，乃賈駁服語，此無誤。

〔七七〕除一灌有朝踐饋獻　「一」，阮本作「二」，疑作「三」是。

〔七八〕經鮑鱐一者　「一」，阮本作「二」。

〔七九〕𧶠穜麥賣之　「𧶠」，閩、監、毛、殿本同，阮本作「灸」，下同。阮校云，「灸」當「炙」字之誤，賈疏所據注蓋本作「炙穜麥」也。

〔八〇〕其實棗㮚桃乾䕩榛實　于鬯云，「桃」當與「乾䕩」連讀。

〔八一〕后先　孫詒讓云，「先」當作「薦」。

〔八二〕以乾桃濕梅二者　「桃」，阮本作「梅」，疑非。

〔八三〕以天子大大夫牢祭　「大大夫」，阮本作「大夫大牢」，當是。

〔八四〕仍有饋獻二是饋孰陰厭　浦鏜云，「一」譌「二」。

〔八五〕鄭司農云，蔆芡脯脩　漢讀考云，司農云下脱「當言」二字，謂「蔆芡栗脯」當作「蔆芡脯脩」，栗與饋食複，故易之。

〔八六〕賓長致爵文酢　「文」，阮本作「受」，當是。

〔八七〕賓尸設於侑　「設」，原作「故」，據閩、監、毛、殿、阮本改。

〔八八〕今之餈餻皆解之名出於此　段玉裁云，「解」當「餅」字之誤。

〔八九〕殷猶大也　「猶」，殿本同，阮本作「尤」，殆非。

周禮注疏卷第六

醢人，掌四豆之實。朝事之豆，其實韭菹、醓醢，昌本、麋臡，菁菹、鹿臡，茆菹、麇臡。[一]醓，肉汁也。昌本，昌蒲根，切之四寸爲菹。三臡亦醢也。作醢及臡者，必先膊乾其肉，乃後莝之，雜以粱麴及鹽，漬以美酒，塗置甀中百日則成矣。鄭司農云：「麋臡，麋骭髓醢。或曰麋臡，醬也。有骨爲臡，無骨爲醢。菁菹，韭菹。」[二]鄭大夫讀茆爲茅。茅菹，茅初生。或曰茆，水草。杜子春讀茆爲卯。玄謂菁，蔓菁也。茆，鳧葵也。凡菹醢皆以氣味相成，其狀未聞。○韭，音久。菹，莊魚反。醓，吐感反，本又作盜，或一音昌審反。麋臡，乃兮反，又人齊反。菁，作寧反，又音精。茆，音卯，北人音柳。麇，京倫反。膊乾，普博反。莝，倉卧反。骭，户諫反，徐户幹反。蔓，音万，又莫干反，徐音蠻。

「醢人」至「麋臡」　言「四豆之實」者，豆與籩並設，節數與四籩同時，亦謂朝事、饋食、加豆、羞豆之實是也。言朝事之豆者，亦謂朝踐節。云「其實韭菹醓醢」者，於豆内韲菹之類，菜肉通全物，若牒爲菹，細切爲韲。又不言菹者，皆是韲，則昌本之類是也。言「昌本」，本，根也，昌蒲根爲韲。言「麋臡」者，以麋肉爲醢，以其并骨爲之則曰臡。菁菹、鹿臡，茆菹、麇臡，爲八豆，並后設之。

注「醓肉」至「未聞」　言「醓，肉汁」者，醓者，以肉爲之，醓汁即是肉汁。云「昌本，昌蒲根」者，本訓根。云「切之四寸爲菹」者，但菹四寸無正文，蓋以一握爲限，一握則四寸也，即是全物若牒。云「作醢及臡」已下者，鄭以當時之法解之。案：王制云「一爲乾豆」，鄭注云：「謂腊之以爲祭祀豆實也。」脯非豆實，亦謂作醢，始得在豆，與此先膊乾其肉義合。鄭司農云「麋臡，麋骭髓醢」，此義後鄭不從。云「或曰麋臡，醬也。有骨爲臡，無骨爲醢」，後鄭從之。又「菁菹，韭菹」者，以菁爲韭菁，於義不可，後鄭不從。若爲菲字，菲則蔓菁，於義爲是。後鄭不應破之，明本作韭，不作菲也。「鄭大夫讀茆爲茅。茅菹，茅初生」者，茅草非人可食之物，不堪爲菹。或曰茆，水草，後鄭從之。「杜子春讀茆爲卯」，於義亦是。「玄謂菁，蔓菁」者，破司農爲韭菁。云「茆，鳧葵也」者，增成子春等義。云「凡菹醢皆以氣味相成，其狀未聞」者，經云韭菹醓醢已下，〔三〕兩兩相配者，皆是氣味相成之，狀不可知，故云其狀未聞。

饋食之豆，其實葵菹、蠃醢，脾析、蠯醢，蜃、蚳醢，豚拍、魚醢。 蠃，螔蝓。蜃，大蛤。蚳，蛾子。

鄭司農云：「脾析，牛百葉也。蠯，蛤也。」鄭大夫、杜子春皆以拍爲膊，謂脅也。或曰豚拍，肩也。今河間名豚脅聲如鍛鎛。〔四〕○蠃，力禾反。脾，婢支反，徐蒲佳反。析，星歷反。蠯，蒲佳反，徐薄鷄反。蜃，市軫反。豚拍，音博。螔，音移，又音夷。蝓，音榆，又音由。大蛤，音閤。蛾子，魚綺反。爲膊，音博，下鎛同。

「饋食」至「魚醢」。言「饋食之豆」者，亦與饋食之籩同時而薦。「其實葵菹蠃醢」者，此八豆之内，脾析、蜃、豚拍，三者不言菹，皆齏也。

注「蠃螔」至「鍛鎛」。言「蠃，螔蝓，蜃，大蛤，蚳，蛾子」，皆爾雅文。鄭司農云「脾析，牛百葉也」者，無正文可破，故後鄭從之。云「蠯，蛤也」者，謂小蛤，亦於鼈人釋訖。「鄭大夫、杜子春皆以拍爲膊，謂脅也」者，此釋經「豚拍」，謂豚脅也。云「或曰豚拍，肩也」者，謂豚肩也。云「今河間名豚脅聲如鍛鎛」者，此子春等二人，雖復爲豚肩解之，仍從前豚脅爲義，故云聲如鍛鎛。

加豆之實，芹菹、〔五〕兔醢，深蒲、醓醢，箈菹、〔六〕鴈醢，筍菹、魚醢。 芹，楚葵也。

鄭司農云：「深蒲，蒲蒻入水深，故曰深蒲。或曰深蒲，桑耳。醓醢，肉醬也。箈，水中魚衣。」故書鴈或爲鶉。杜子春云「當爲鴈」。玄謂深蒲，蒲始生水中子。箈，箭萌。筍，竹萌。○芹，音勤，徐又音謹，説文作莣，云：「菜類蒿也，音謹。」箈，音追，鄭云：「箭萌也。」爾雅作篙，同。鄭司農云：「水中魚衣也。」當徒來反，沈云：「北人音秃改反，又丈之反。」未知所出。笱，息尹反。蒲蒻，音若。

「加豆」至「魚醢」　此加豆之實，亦與加籩之實同時設之。「深蒲醓醢」者，深蒲，謂蒲入水深，以爲葅，醓醢，與朝事之豆同。「箈菹」者，謂以箈箭萌爲菹也。云「筍菹」者，謂竹萌爲菹也。

注「芹楚」至「竹萌」　「芹，楚葵」，出爾雅。「鄭司農云深蒲，蒲蒻入水深，故曰深蒲」者，史游急就章云：「蒲蒻，藺席。」蒲蒻只堪爲席，不可爲菹，故後鄭不從。云「或曰深蒲，桑耳」者，既名爲蒲，何得更爲桑耳？故後鄭亦不從。云「箈，水中魚衣」者，此箈字既竹下爲之，非是水物，不得爲魚衣，故後鄭不從。「玄謂深蒲，蒲始生水中子」者，此後鄭以時事而知，破先鄭也。云「箈，箭萌」者，一名篠者也。「筍竹萌」者，一名蕩者也。萌，皆謂新生者也，見今皆爲菹。

羞豆之實，酏食、糝食。鄭司農云：「酏食，以酒酏爲餅。糝食，菜餗蒸。」玄謂酏，餈也。內則曰：「取稻米舉糔溲之，小切狼臅膏，以與稻米爲餈。」又曰：「糝，取牛羊豕之肉三如一，小切之，與稻米，稻米二肉一，合以爲餌，煎之。」○酏食，音嗣，下同。糝，素感反。餗，音速。餈，之然反。糔，思柳反，劉相早反，徐相幼反。溲，所柳反。臅，昌蜀反，一音粟。

「羞豆」至「糝食」　此羞豆之實，亦與羞籩之實同時設之。言酏食者，謂餈與糝食爲二豆。

注「鄭司」至「煎之」　司農云「酏食，以酒酏爲餅」者，酏，粥也。以酒酏爲餅，若今起膠餅。文無所出，故後鄭不從。云「糝食，菜餗蒸」者，若今煑菜，謂之蒸菜也。亦文無所出，後鄭亦不從。「玄謂酏，餈也」者，案：雜問志云：內則餈次糝，周禮酏次糝。又酏在六飲中，不合在豆。且內則有餈無酏，周禮有酏無餈，明酏餈是一也。故破酏從餈也。又引「內則曰取稻米舉糔溲之」者，案彼上注，舉，猶皆也。糔溲，博異語，謂取稻米皆粳之。云「小切狼臅膏」者，鄭彼注：「狼，臅膏，臆中膏也。」云「以與稻米爲餈」者，彼鄭云「若今膏餈」。云「又曰糝，取牛羊豕之肉三如一」者，三肉等分。云「小切之」者，謂細切之。云「與稻米，稻米二肉一」者，謂米二分，肉一分，合以爲餌，煎之也。餈糝二者皆有肉，〔七〕內則文，故不從先鄭。然則上有糗餌，彼餌無肉，則入籩。此餌米肉俱有，名之爲糝，即入豆。案：易鼎卦九四：「鼎折足，覆公餗，其形渥，凶。」〔八〕鄭注云：「糝謂之餗。震爲竹。竹萌曰筍。筍者，餗之爲菜也，是八珍之食。臣下曠官，失君之美道，當刑之於屋中。」案上膳夫注，八珍取肝膋，不取糝；鄭注易，糝又入八珍中者，以其糝若有菜，則入八珍，不須肝膋；若糝無菜，則入羞豆，此文所引是也。八珍則數肝膋，故注不同。

凡祭祀，共薦羞之豆實，賓客、喪紀亦如之。爲王及后、世子共其內羞。王舉，則共醢六十甕，以五齊、七醢、七菹、三臡實之。齊當爲齏。五齏，昌本、脾析、蜃、豚拍、深蒲也。七醢，醓、蠃、蠯、蚳、魚、兔、鴈醢。七菹，韭、菁、茆、葵、芹、箈、筍菹。三臡，麋、鹿、麇臡也。凡醢醬所和，細切爲齏，全物若䐑爲菹。少儀曰：「麋鹿爲菹，野豕爲軒，皆䐑而不切。麇爲辟雞，〔九〕兔爲宛脾，皆䐑而切之。切葱若薤實之，醯以柔之。」由此言之，則齏菹之稱，菜肉通。○爲王，于僞反。五齊，徐、劉千西反，下同，沈才細反。若䐑，直輒反。少儀，詩照反。爲軒，音獻。皆䐑，之涉反，本或作𦢊，下同。爲辟，必亦反，又音檗。爲宛，於阮反，又於月反。之醯，呼兮反。之稱，尺證反。

「凡祭」至「實之」　凡祭至共其內羞，一與籩人同，上已釋訖。云「王舉則共醢六十甕」，此已下與籩人異，以其王舉，不共籩實，唯有豆實。王舉，謂王日一舉，鼎十有二，則醢人共醢六十甕，以醢爲主，其實有五齏、七菹等。

注「齊當」至「肉通」　「五齏」，昌本至深蒲，此據豆內。不言菹者皆是齏，以次數之，有此五而已。「七醢」，從醓醢至鴈醢，加豆朝事，醓醢有二，唯取一，則合此七也。「七菹」者，亦從朝事至加豆，已上有七。「三臡」者，唯朝事之豆有此三。云「凡醢醬所和」者，據此五齏、七菹，皆須醢醬所和，據醢人所掌，五齏、七菹是也。云「細切爲齏，全物若牒爲菹」者，據上朝事饋食加豆之內，有齏菹不同，鄭君欲引少儀爲證，故先言此。云「少儀曰麋鹿爲菹，野豕爲軒，皆牒而不切」者，既言牒而不切，則野豕爲軒，亦菹類。云「麇爲辟雞，兔爲宛脾，皆牒而切之」者，此謂報切，即皆齏類。〔一〇〕云「切葱若薤實之，醯以柔之」者，〔一一〕謂殺其氣。云「由此言之，則齏菹之稱，菜肉通」者，鄭案三豆之內，七菹皆菜無肉。五齏之內，菜肉相兼。若據少儀，齏菹之稱，菜肉通也。

賓客之禮，共醢五十罋。致饔飧時。

凡事，共醢。

「賓客」至「共醢」　賓客，謂五等諸侯來朝也。天子致饔飧，與之醢，故鄭云致饔飧時也。案掌客，上公之禮，醯醢百有二十罋，侯伯百罋，子男八十罋。此共醢五十罋，并醯人所共醢五十罋，共爲百罋。此據侯伯饔飧之禮，舉中言之，明兼有上公與子男。若然，上公百二十罋，與王數同者，據二王之後，王所尊敬者而言。其同姓諸侯，唯魯得與二王後同，其餘同姓，雖車服如上公，從侯伯百罋而已。又案掌客，上公已下，並是諸侯自相待法，天子待諸侯，亦與之同。又案：聘禮待聘臣，亦云醯醢百罋，得與諸侯同者，彼別爲臣禮，禮有損之而益，故子男之卿百罋，其數多於君。

醯人，掌共五齊七菹，凡醯物。以共祭祀之齊菹，凡醯醬之物。賓客亦如之。齊菹醬屬醯人者，皆須醯成味。○五齊，子兮反，下「之齊」、「共齊」、「醬齊」皆同。

王舉，則共齊菹醯物六十罋，共后及世子之醬齊菹。賓客之禮，共醯五十罋。凡事，共醯。○云「掌共五齊七菹，凡醯物」者，此乃是醯人所掌豆實。今在此者，鄭云「齊菹醬皆須醯成味」，故與醯人共掌。云「以共祭祀之齊菹，凡醯醬之物」者，醯人連言醬者，并豆醬亦掌。言「賓客亦如之」者，下經云賓客之禮，〔一二〕據饔餼，此云賓客，據饗食致之。云「王舉，則共齊菹醯物六十罋」者，并醯人六十罋，即膳夫醬用百有二十罋是也。云「共后及世子之醬齊菹」者，案醯人，共其内羞，不言齊菹，此云齏菹，以其與醯人共掌，齏菹須醯，故就醯人爲言。云「賓客之禮，共醯五十罋」者，與醯人五十罋，揔共爲百罋，亦據侯伯，舉中言之。

鹽人，掌鹽之政令，以共百事之鹽。政令謂受入教所處置，求者所當得。

注「政令」至「當得」　政令，謂受入教所處置者。謂四方鹽來，鹽有數種，處置不同，故云「受入教所處置」也。

祭祀，共其苦鹽、散鹽。杜子春讀苦爲盬，謂出鹽直用不湅治。鄭司農云：「散鹽，湅治者。」玄謂散鹽，鬻水爲鹽。○苦鹽，音盬，工户反，出注。散鹽，悉但反，下同。不湅，音練，下同。

「祭祀」至「散鹽」　苦當爲盬。盬，謂出於鹽池，今之顆鹽是也。散鹽，煑水爲之，出於東海。

注「杜子」至「爲盬」　「杜子春讀苦爲盬」者，鹽鹹非苦，故破苦爲盬，見今海傍出鹽之處謂之盬。云「直用不湅治」者，對下經鬻鹽是湅治者也。鄭司農云「散鹽，湅治者」，下經自有鬻鹽是湅治，故後鄭不從。

賓客，共其形鹽、散鹽。形鹽，鹽之似虎形。

注「形鹽」至「虎形」　此形鹽，即左氏傳「鹽虎形」是也。籩人已釋訖。

王之膳羞，共飴鹽，后及世子亦如之。飴鹽，鹽之恬者，今戎鹽有焉。

注「飴鹽」至「有焉」　言飴鹽，故云鹽之恬者。云「今戎鹽有焉」者，即石鹽是也。

凡齊事，鬻鹽以待戒令。齊事，和五味之事。鬻鹽湅治之。○齊事，才細反。鬻，音煑。盬，音古。

注「齊事」至「治之」　言齊事者，謂若食醫春多酸、夏多苦之類，是也。今湅治鹽以待戒令，則齊和之。

冪人，掌共巾冪。共巾可以覆物。○冪人，莫歷反。

「冪人掌共巾冪」　巾者，則下經「王巾皆黼」是也。冪者，則冪八尊之類，是也。

注「共巾可以覆物」　據經巾、冪俱有，鄭唯言共巾可以覆物，不言冪者，但冪唯秖覆物，其巾，則兼以拭物，故特解巾可以覆物者也。

祭祀，以疏布巾冪八尊，以疏布者，天地之神尚質。

「祭祀」至「八尊」　祭天無灌，唯有五齊三酒，實於八尊。疏布者，大功布，爲冪覆此八尊，故云疏布冪八尊。此據正尊而言。若五齊加明水，三酒加玄酒，則十六尊，皆以疏布冪之也。

注「以疏」至「尚質」　鄭知此經祭祀是天地之神者，以其下經畫布冪六彝，是宗廟之祭用六彝，即知此疏布冪八尊，無灌，是天地可知。又見禮器云：「大路素而越席，疏布冪。」彼皆據祭天，則疏布是祭天地可知。舉天地則四望、山川、社稷、林澤，皆用疏布，皆是尚質之義也。

以畫布巾冪六彝。宗廟可以文。畫者，畫其雲氣與？○氣與，音餘。

「以畫」至「六彝」 言「六彝」者，雞彝、鳥彝、斝彝、黄彝、虎彝、蜼彝。此六彝，皆盛鬱鬯，以畫布冪之，故云畫布冪六彝。此舉六彝，對上經八尊無鬱鬯，以言宗廟有鬱鬯。其實天地亦有秬鬯之彝，用疏布，宗廟亦有八尊，亦用畫布，互舉以明義也。

注「宗廟」至「氣與」 言「宗廟可以文」者，以其用畫布，對上疏布爲質，故言宗廟可以文。云「畫者，畫其雲氣與」者，二禮通例，〔一三〕所言畫者，解畫，皆以爲畫雲氣，謂畫爲五色之雲。俱無正文，故言「與」以疑之。

凡王巾，皆黼。四飲三酒皆畫黼。周尚武，其用文德則黻可。○皆黼，音甫。

「凡王巾皆黼」 凡王之覆物之巾，皆用黼文覆之。言「凡」，非一，四飲三酒之外，籩豆俎簋之屬，〔一四〕皆用之。

注「四飲」至「黻可」 言「四飲三酒皆畫黼」者，鄭據酒正之文而言，其實酒飲之外，巾皆用黼。黼者，白與黑作斧文，取今斧斷割之義。〔一五〕云「周尚武」者，周以武得天下，故云尚武，故用黼也。云「其用文德則黻可」者，謂若夏以揖讓得天下，是文是天下，〔一六〕則當用黑與青謂之黻，兩已相背也。若然，易云「湯武革命」，殷亦以武得天下，則亦用黼耳。

宮人，掌王之六寢之脩，六寢者，路寢一，小寢五。玉藻曰：「朝，辨色始入。君日出而視朝。退適路寢聽政。使人視大夫，大夫退，然後適小寢，釋服。」是路寢以治事，小寢以時燕息焉。春秋書魯莊公薨于路寢，僖公薨于小寢，是則人君非一寢明矣。○之脩，劉音修，本亦作修。朝，直遥反，下同。辨色，如字，本又作別，彼列反。

雖不主脩，亦是埽除。

「宫人」至「之脩」　案：守祧職：「其廟，則有司脩除之，其祧，則守祧黝堊之」。鄭注云：「脩除黝堊，互言之。」此

注「六寢」至「明矣」　云「六寢者，路寢一，小寢五」者，路寢制如明堂以聽政。路，大也，人君所居皆曰路。又引「玉藻曰：朝，辨色始入」者，謂羣臣昧爽至門外，辨色始入應門。云「君日出而視朝」者，尊者體盤，故日出始出路門而視朝。「退適路寢聽政」者，謂路門外朝罷，乃退適路寢以聽政。云「使人視大夫，大夫退，然後適小寢，釋服」者，朝罷，君退適路寢之時，大夫各鄉治事之處。君使人視大夫，大夫退還舍，君然後適小寢，釋去朝服，服玄端。又引春秋者，左氏莊公三十二年：「公薨于路寢」，得其正。僖公三十三年：「公薨于小寢。」譏其即安。云「是則人君非一寢明矣」，言此者，時有不信周禮，故引諸文以證之。若然，所引者皆諸侯法。天子六寢，則諸侯當三寢，亦路寢一，燕寢一，側室一，内則所云者是也。

爲其井匽，除其不蠲，去其惡臭。井，漏井，所以受水潦。蠲猶絜也。詩云「吉蠲爲饎」。鄭司農云：「匽，路厠也。」玄謂匽豬，謂霤下之池，受畜水而流之者。○井匽，於建反，徐音偃。不蠲，音圭，又古玄反，絜也。去其，起吕反。爲饎，尺志反。謂霤，力救反。受畜，勑六反。

「爲其」至「惡臭」　謂於宫中爲漏井，以受穢。又爲匽豬，使四邊流水入焉。井匽二者，〔一七〕皆所以除其不蠲絜，又去其惡臭之物。

注「井漏」至「之者」　引「詩云吉蠲爲饎」，案：秋官蜡氏云：「大祭祀，令州里除不蠲。」注云：「蠲讀如『吉圭惟饎』之圭。圭，絜也。」此云蠲，彼注云圭，不同者，彼蓋是三家詩，故與此不同。司農云「匽，路厠」，後鄭不從者，以

其匽字與規匽豬同，故不從。後鄭以爲霤下之池，受畜水，乃後流去之。

共王之沐浴。沐浴所以自絜清。○絜清，戚才性反，本亦作清。

「共王之沐浴」宫人掌絜清之事。沐用潘，浴用湯，亦是自絜清之事。

凡寢中之事，埽除、執燭、共鑪炭，凡勞事。勞事，勞褻之事。〔一八〕

四方之舍事亦如之。從王適四方及會同所舍。

「四方」至「如之」爲王巡守、征伐及會同所舍之處。言「亦如之」者，亦如上掌凡勞褻之事。

掌舍，掌王之會同之舍。設梐枑再重。故書枑爲拒。〔一九〕鄭司農云：「梐，榱梐也。拒，受居溜水涑槖者也。」杜子春讀爲梐枑，梐枑謂行馬。玄謂行馬再重者，以周衛有外内列。○梐，步禮反。枑，户故反。再重，直龍反，下同。爲拒，音矩，下同，徐胡故反。榱，音衰，戚疏顯反。居，舉慮反。溜，力救反。水涑，徐、劉色遘反，戚色胄反。槖，當路反。

「掌舍」至「再重」言「掌王之會同之舍」者，王會同者，謂時見曰會，殷見曰同，皆爲壇於國外，與諸侯相見，而命以政禁之事焉。〔二〇〕王至壇所舍息也。云「設梐枑再重」者，梐枑，謂行馬。再重者，謂外内兩重設之。

注「故書」至「内列」掌舍，掌閑衛，不掌絜净之事。又行止之處，未即有蟲可涑。〔二一〕先鄭輒依故書拒而爲溜水涑槖，又拒非必是受溜水之物，於義未可，故後鄭不從，從子春爲行馬也。案：虎賁氏云：「舍則守王閑」。注云：「閑，梐枑。」此梐枑，是周衛之具耳。此梐枑所施，唯據下文車宫壇宫止宿而言。其帷宫無宫，暫止之間，未必有此梐枑也。

設車宮、轅門，謂王行止宿阻險之處，〔二二〕備非常。次車以爲藩，則仰車以其轅表門。○爲藩，方元反。

「設車宮轅門」 鄭云「王行止宿阻險之處，備非常。次車以爲藩，則仰車以其轅表門」，鄭知在險阻之處者，下文「爲壇壝宮」，是平地有土可掘，則爲壝宮。明此無土可以爲壝，故知此山間險阻，爲此車宮也。言仰車以其轅表門者，謂仰兩乘，車轅相向，以表門，故名爲轅門。

爲壇壝宮，棘門。謂王行止宿平地，築壇，又委壝土起堳埒以爲宮。鄭司農云：「棘門，以戟爲門。」杜子春云：「棘門或爲材門。」○壝，戚唯季反，劉欲鬼反，徐羊誰反，一音待果反，又時累反。埒，徐音劣。

注「謂王」至「材門」 知王行止宿平地者，以下文二者非止宿之事，唯有此壝宮及上文車宮爲止宿，但險阻平地，二所不同，故知是止宿平地也。云「委壝上起堳埒」者，止宿之間，不可築作墻壁，〔二三〕宜掘塹爲宮。〔二四〕土在坑畔而高，則堳埒也。鄭司農云「棘門，以戟爲門」，知棘是戟者，見左氏隱十一年：「鄭欲伐許，授兵于大宮。子都與潁考叔争車，子都拔棘以逐之。」故知棘即戟也。杜子春云「棘門或爲材門」者，閔二年，衛文公居楚丘，國家新立，齊桓公共門材，先令豎立門户。故知棘門亦得爲材門，即是以材木爲門也。

爲帷宮，設旌門。謂王行晝止，有所展肆若食息，張帷爲宮，則樹旌以表門。

注「謂王」至「表門」 知「王行晝止，有所展肆」者，見下曲禮云「君命大夫與士肄」。鄭云：「肄，習也。」君有命，大夫則與士展習其事。則此亦王與羣臣晝止，有所展習。云「若食息」者，非直有展習，亦有食息之時，則張帷爲宮，樹立旌旗以表門。案：司常云：「會同賓客，置旌門。」注引此掌舍「爲帷宮設旌門」，則旌門司常置之，掌舍主當之。〔二五〕若然，則轅門之等，皆彼他官置之，掌舍直主當取。其云旌門，則司常所云析羽爲旌者也。

無宫則共人門。謂王行有所逢遇，若住遊觀，陳列周衛，則立長大之人以表門。○遊觀，工喚反，一音官。

注「謂王」至「表門」○釋曰：鄭知此是「王行有所逢遇」者，一則據上三者見夜宿晝止訖，今復云無宫共人門，是非常之事。二則云無宫及人門是暫駐之事，非久停止，此知是有所逢遇。若有住游觀陳列周衛，非如上三者爲宫，則立長大之人以表門也。

凡舍事，則掌之。王行所舍止。

幕人，掌帷幕幄帟綬之事。王出宫則有是事。在旁曰帷，在上曰幕。幕或在地，展陳于上。帷幕皆以布爲之。四合象宫室曰幄，王所居之帳也。鄭司農云：「帟，平帳也。綬，組綬，所以繫帷也。」玄謂帟，王在幕若幄中，坐上承塵。幄帟皆以繒爲之。凡四物者以綬連繫焉。○幄，烏學反。帟，音亦。綬，音受。

「幕人掌」至「之事」○釋曰：云掌王帷，在傍施之，像土壁也。幕則帷上張之，像舍屋也。幄，帷幕之内設之。帟者，在幄幕内之承塵。綬者，條也，以此條繫連帷幕。幕人掌此五者，王出宫，則送與掌次張之。

注「王出」至「繫焉」○釋曰：言「在旁曰帷，在上曰幕」，則帷在下，幕在上，共爲室。今之設幕，則無帷在下爲異也。云「或在地展陳於上」者，案：聘禮云，管人布幕，官陳幣，史展幣，皆於幕上。聘禮又賓入境，至館，皆展幕。〔二六〕是幕在地，展陳於上。又云「帷幕皆以布爲之」，知者，案：既夕禮云「明衣裳用幕布」，其帷在幕下，明亦用布，故知二者皆用布。至於覆棺之幕，則用繒，故禮記檀弓云：「布幕，衛也。綃幕，魯也。」〔二七〕明天子亦用繒覆棺，不張設，故用繒也。云「四合象宮室曰幄」，知四合象宮室不上屬，據帷幕爲句者，見顔延之纂要云〔二八〕「四合象宮曰幄」，故四合向下據幄爲句也。鄭司農云「帟，平帳」，後鄭不從者，見下王喪張帟三重之等，皆據承塵。又幄已是帳，又言帟，明帟非帳也。先鄭又云「綬，組綬，所以繫帷」者，此語未足，故後鄭增成其義。「玄謂帟，王在幕若幄中，坐上承塵」者，云在幕，謂下掌次云「師田則張幕，設重帟」，是王在幕設帟之事。若幄中有帟者，掌次云：「朝日，祀五帝，則張大次、小次，設重帟。」次，即幄，是幄中坐上有承塵也。云「幄帟皆以繒爲之」者，以其在帷幕之內，宜細密。又案：喪大記有素錦褚，褚即幄。彼喪用錦，明此用繒可知。云「凡四物者以綬連繫焉」者，此增成先鄭也。

凡朝覲、會同、軍旅、田役、祭祀，共其帷幕幄帟綬。共之者，掌次當以張。

「凡朝」至「帟綬」　此一經皆供與掌次，使張之。此云朝覲會同，即掌次云「諸侯朝覲會同」是也。此云軍旅田役，即掌次云「師田」，彼師即此軍旅，彼田即此田役，是也。此云祭祀，即掌次云「大旅及朝日祀五帝」，是也。此數事，皆共帷幕幄帟綬與掌次，是以鄭云共之者，掌次當以張也。

大喪，共帷幕帟綬。爲賓客飾也。帷以帷堂，或與幕張之於庭。帟在柩上。

注「爲賓」至「柩上」　云「爲賓客飾」者，王喪而有賓客者，謂若顧命成王喪，諸侯來朝，而遇國喪。故康王之命云：「畢公率東方諸侯入應門右，召公率西方諸侯入應門左。」并有二王之後，皆是賓客，故爲之飾也。云「帷以帷堂」者，謂若喪大記及士喪禮始死帷堂，小斂徹之，及殯在堂，亦帷之也。云「或與幕張之於庭」者，案尚書顧命云「出綴衣於庭」，鄭云：「連綴小斂大斂之衣於庭中。」爾時在庭，應設此帷幕，無正文，故云或也。有解者云「爲王襲經在庭，故有帷幕」。案喪大記，諸侯踊阼階下，襲經於序東，雖王禮亦當哭踊在阼階下，何因反來庭中襲經乎？恐不可也。云「帟在柩上」者，即掌次云「凡喪，王則張帟三重」是也。

三公及卿大夫之喪，共其帟。唯士無帟，王有惠則賜之。檀弓曰：「君於士有賜帟。」

注「唯士」至「賜帟」　掌次云「諸侯再重，孤卿大夫不重」，則此云三公，不云諸侯與孤，掌次云諸侯與孤，不云三公者，三公即是諸侯再重。此不云孤，孤與卿大夫同不重。幕人不張，故略不言。鄭云唯士無帟者，此經及掌次俱不云士有帟，明無也。引檀弓者，欲見有賜則有帟，非常法。

掌次，掌王次之灋，以待張事。法，大小丈尺。○張事，劉音帳，戚如字，下「邦之張事」同。

「掌次」至「張事」　言「掌王次之法」者，次者，次則舍也。言次，謂次止。言舍，謂舍息。言「以待張事」者，王出宮，則幕人以帷與幕等，送至停所，掌次則張之，故云以待張事。

注「法大小丈尺」　言「法大小」者，下文有大次小次是也。云「丈尺」者，既言大小，當時應有丈尺之數，但其未聞。

王大旅上帝，則張氈案，設皇邸。大旅上帝，祭天於圓丘。國有故而祭亦曰旅。此以旅見祀也。張氈案，以氈爲牀於幄中。鄭司農云：「皇，羽覆上。邸，後版也。」玄謂後版，屏風與？染羽象鳳皇羽色以爲之。○皇邸，徐當禮反，一本作皇羽邸。後版，徐音板。屏風，薄刑反。

「王大」至「皇邸」　云「王大旅上帝」者，謂冬至祭天於圓丘。「則張氈案」者，案，謂牀也。牀上著氈，即謂之氈案。「設皇邸」者，邸，謂以版爲屏風，又以鳳皇羽飾之。此謂王坐所置也。

注「大旅」至「爲之」　大旅上帝，祭天於圓丘，知者，見下經别云祀五帝，則知此是昊天上帝，即與司服及宗伯昊天上帝一也，即是大司樂冬至祭天於圓丘之事也。云「國有故而祭亦曰旅」者，案大宗伯，國有大故，則旅上帝及四望，是國有故而祭謂之旅。云「此以旅見祀」者，但此下文五帝見正祀，其旅見於大宗伯。大宗伯昊天不云旅，故此見。此文不言正祀，故鄭以因旅見之。欲見有故，昊天亦旅之，故云以旅見祀。云「張氈案，以氈爲牀於幄中」者，據鄭云於幄中，則知不徒設氈案皇邸而已，明知并有大次小次之幄，與下祀五帝互見之也。司農云「皇羽覆上」者，見經皇是鳳皇之字，故知以皇羽覆邸上。「玄謂後版，屏風與」者，此增成司農義。言後版者，謂爲大方版於坐後，畫爲斧文。言屏風者，據漢法況之，無正文，故言「與」以疑之。云「染羽象鳳皇羽色以爲之」者，案尚書禹貢「羽畎夏翟」，謂羽山之谷，貢夏翟之羽。後世無夏翟，故周禮鍾氏染鳥羽，象鳳皇色以爲之，覆於版上。明堂位及司几筵皆云「黼扆」，此不在寢廟，無扆，故不得云黼扆，故别名皇邸。

朝日、祀五帝，則張大次、小次，設重帟重案。合諸侯亦如之。朝日，春分拜日於東門之外。祀五帝於四郊。次謂幄也。大幄，初往所止居也。小幄，既接祭退俟之處。祭義曰：「周人祭日，以朝及闇。」雖有強力，孰能支之，是以退俟與諸臣代有事焉。合諸侯於壇，王亦以時休息。重帟，複帟。〔二九〕重案，牀重席也。鄭司農云：「五帝，五色之帝。」○朝日，直遥反，注「朝日」同。重帟，直龍反，注下同。

「朝日」至「如之」　言「朝日」者，謂春分朝日。「祀五帝」者，謂四時迎氣。「則張大次小次」者，次，謂幄帳也。大幄小幄。但幄在幕中，既有幄，明有帷幕可知。「設重帟」者，謂於幄中設承塵。云「重案」者，案則牀也。牀言重，謂牀上設重席。不言氈及皇邸，亦有可知。上氈案不言重席，亦有重席可知。互見爲義。云「合諸侯亦如之」者，謂諸侯會同，亦張大次已下，〔三〇〕故云「亦如之」。

注「朝日」至「之帝」　知「朝日春分」者，祭義云：「祭日於東。」故鄭約用春分也。云「拜日於東門之外」者，謂在東郊，覲禮文。云「祀五帝於四郊」者，案：小宗伯「兆五帝於四郊」，是也。此謂四時迎氣。案月令，立春於東郊，立夏於南郊，季夏六月迎土氣，〔三二〕亦於南郊，立秋於西郊，立冬於北郊，謂祭靈威仰之屬。云「次謂幄也。大幄，初往所止居也。小幄，既接祭退俟之處」者，必兩處設幄者，大幄，謂王侵晨至祭所，祭時未到，去壇壝之外遠處設大次，王且止居，故云大幄初往所止居也。接祭者，與羣臣交接，相代而祭，去壇宜近，置一小幄，退俟之處。云「祭義曰周人祭日，以朝及闇」，引此已下者，欲見王與臣接祭之時，須有小幄也。言「孰能支之」者，謂一日之間，雖有強力，誰能支持乎？云「合諸侯於壇」者，案司儀，合諸侯爲壇三成，是也。云「重帟，複帟」者，謂兩重爲之。云「重案，牀重席」者，司几筵「莞筵繅席，次席三重」。此言重席，亦當有此三重，與重帟不同。〔三三〕鄭司農云「五帝，五色之帝」者，謂東方青帝靈威仰，南方赤帝赤熛怒，中央黃帝含樞紐，西方白帝白招拒，北方黑帝汁光紀。並依文耀鉤所說。

師田，則張幕，設重帟重案。不張幄者，於是臨誓衆，王或迴顧占察。

「師田」至「重案」　言師田者，謂出師征伐及田獵。則張幕者，爲王設坐。不言帷者，亦有可知。重帟重案者，如上說。

諸侯朝覲會同，則張大次、小次。大次，亦初往所止居。小次，即宮待事之處。

「諸侯」至「小次」　此謂與諸侯張之，若四時常朝在國內。今言朝覲會同，爲會同而來，故在國外，與大宰大朝覲會同一也，言「則張大次小次」者，亦如上文大小次，丈尺則減耳，故鄭云「大次亦初往所止居，小次即宮待事之處」。鄭云初往止居者，謂宮外也。即宮者，應是宮內。〔三三〕言宮，即司儀所云「宮方三百步，壝土爲之」，是也。〔三四〕言待事者，欲於幄中待事辦否，及時節。〔三五〕

師田，則張幕設案。鄭司農云：「師田謂諸侯相與師田。」玄謂此掌次張之，諸侯從王而師田者。

「師田」至「設案」　文承上諸侯，謂諸侯從王師田，即張幕設案者也。不言重，則無重席，亦應有單席於牀也。

注「鄭司」至「田者」　後鄭不從先鄭者，以其天子掌次，不合與諸侯國內張幕，故云掌次張之，以明非諸侯相與師田也。此上下所云次者，〔三六〕謂以繒爲幄帳。〔三七〕案聘禮記所云次，或以帷，或以席，〔三八〕皆得，與此掌次所云次別也。

孤卿有邦事，則張幕設案。有邦事，謂以事從王，若以王命出也。孤，王之孤三人，副三公論道者。不言公，公如諸侯禮。從王祭祀合諸侯，張大次小次，師田亦張幕設案。

「孤卿」至「設案」　與上諸侯所設同。

注「有邦」至「設案」　言「有邦事，謂以事從王」者，謂若上王大旅上帝、朝日、祀五帝、合諸侯及師田等數事，王親行，則從王往也。云「若以王命出」者，若祭祀，則容王有故不視，羣臣攝之。若諸侯使臣時聘殷，〔三九〕王不親行，則於國外使羣臣受之，是王命出也。云「孤，王之孤三人，副三公論道者」，案：尚書成王周官云：「立大師、太傅、太保，茲惟三公，論道經邦，燮理陰陽。」又云：「立少師、少傅、少保，曰三孤。貳公弘化，寅亮天地。」是副三公論道者也。云「不言公，公如諸侯禮」者，謂如上諸侯之禮，中唯有會同師田，無言祭祀，鄭云祭祀者，王於會同，與祭祀同，云「亦如之」，則諸侯從王祭祀，亦與會同同。若然，三公從王祭祀，亦與從王會同同也。

凡喪，王則張帟三重，諸侯再重，孤卿大夫不重。張帟，柩上承塵。

「凡喪」至「不重」　喪言「凡」者，以其王以下至孤卿大夫，兼有后及三夫人已下，故言凡以廣之也。后與王同三重，世子、三夫人與諸侯再重，九嬪二十七世婦與孤卿大夫同不重，一而已。八十一御妻與士同無帟，有賜乃得帟也。此諸侯，謂三公、王子母弟。若畿外諸侯，掌次不張之。

注「張帟柩上承塵」　鄭知帟柩上承塵者，見上文帟皆在幄中爲承塵。此言喪，王則張帟三重，明是張於柩上也。

凡祭祀，張其旅幕，張尸次。旅，衆也。公卿以下即位所祭祀之門外以待事，爲之張大幕。尸則有幄。鄭司農云：「尸次，祭祀之尸所居更衣帳。」〇爲之，于僞反。

「凡祭」至「尸次」　祭祀言「凡」者，天地宗廟外内祭祀，皆有羣臣助祭，其臣既多，不可人人獨設，故張旅幕。旅，衆也，謂衆人共幕。諸祭皆有尸，尸尊，故别張尸次。

注「旅衆」至「衣帳」　鄭云「公卿以下即位所祭祀之門外以待事」者，若宗廟自有廟門之外，若外神於郊，則亦有壝宫之門，門外並有立位。言「爲之張大幕」者，以其言旅，故知大幕也。司農云更衣帳者，未祭，則常服；至祭所，乃更去常服，服祭服也，故言更衣。

射則張耦次。耦，俱升射者。次在洗東。大射曰：「遂命三耦取弓矢于次。」

「射則張耦次」　天子大射六耦，在西郊。賓射亦六耦，在朝。燕射三耦，在寢。此六耦、三耦，據諸侯射者，若衆耦則多，但無常數耳。

注「耦俱」至「于次」　「耦，俱升射者」，案大射、鄉射，耦皆兩兩揖讓，升自西階，鄉兩楹之間，〔四〇〕履射物，南面而射。射訖，又兩兩揖讓，降自西階。云「次在洗東」者，大射文。〔四一〕又引「大射曰遂命三耦取弓矢于次」者，證次中有弓矢，其耦立位，在次北，西面。至射，乃命三耦入次，取弓矢。引之者，以天子之次無文，雖六耦不同，設次則

與諸侯同也。儀禮鄉射乃是州長射，士禮，其中兼有鄉大夫詢衆庶之射，並無次，故堂西北耦也。〔四二〕

掌凡邦之張事。

大府，掌九貢、九賦、九功之貳，以受其貨賄之入，頒其貨于受藏之府，頒其賄于受用之府。九功謂九職也。受藏之府，若内府也。受用之府，若職内也。凡貨賄皆藏以給用耳，良者以給王之用，其餘以給國之用。或言受藏，或言受用，又雜言貨賄，皆互文。○受藏，才浪反，注「受藏」、「言受藏」同。

「大府」至「之府」　言「掌九貢、九賦之貳」者，大宰掌其正，此官掌其副貳者，以其物入大府故也。九功之貳者，謂九職之功，大宰以九職任之。成孰，斂其稅，則是九功也。亦大宰掌其正，物入太府，故亦掌其副貳也。云「以受其貨賄之入」者，九貢，謂諸侯九貢，自然有金玉曰貨，布帛曰賄。九賦，謂畿内之九賦，〔四三〕口率出泉。九職，如三農園圃之類。亦有不出貨賄者，皆言受其貨賄之入者，雖以泉穀爲主，民欲得出貨賄者，則取之，以當邦賦之數，故大宰云「九賦斂財賄」，是其不要取泉也。「頒其貨于受藏之府」者，言大府雖自有府，其物仍分置於衆府。受藏之府者，鄭云謂若内府是也。「頒其賄於受用之府」者，鄭云謂若職内是也。

注「九功」至「互文」　九功謂九職也者，以其九職任萬民，謂任之使有職事，故大宰云九職。大府斂貨賄，據成功言之，故云九功。其本是一，故云九功九職也。云「受藏之府，若内府也」者，以其經云「頒其貨于受藏之府」，金玉曰貨，物之善者，藏之於内府，近王，掌之以給王用故也。云「受用之府，若職内也」者，府不在内，經云「頒其賄于受用之府」，賄賤於貨，故知入職内，以給國家所用。云「凡貨賄皆藏以給用耳」者，鄭欲以藏用互文，貨言藏者，以其善物；賄言用者，以其賤物。其實皆藏皆用，故言凡貨賄皆藏以給用耳。云「良者以給王之用」者，覆解入内府意。云「其餘以給國之用」者，覆解入職内意。云「或言受藏，或言受用，又雜言貨賄，皆互文」者，言受藏謂内府，言受用謂職内，皆藏以給用。言藏亦用，言用亦藏，是互文也。雜言貨賄者，言貨兼有賄，言賄亦兼有貨，亦是互文。但二者善惡不同，故别言之耳。

凡官府都鄙之吏及執事者，受財用焉。

「凡官」至「用焉」　言「凡官府」者，謂王朝三百六十官，有事須用官物者。云「都鄙之吏」者，謂三等采地吏，謂羣臣等有事須取官物者。「及執事者」，謂爲官執掌之事，須有營造，合用官物者。皆來於大府處受財用焉。

凡頒財，以式灋授之。關市之賦以待王之膳服，邦中之賦以待賓客，四郊之賦以待稍秣，家削之賦以待匪頒，邦甸之賦以待工事，邦縣之賦以待幣帛，邦都之賦以待祭祀，山澤之賦以待喪紀，幣餘之賦以待賜予。待猶給也。此九賦之財給九式者。膳服，即羞服也。稍秣即芻秣也，謂之稍，稍用之物也。喪紀即喪荒也。賜予即好用也。鄭司農云：「幣餘，使者有餘來還也。」玄謂幣餘，占賣國之斥幣。○稍秣，音末。好用，呼報反，下同。使者，色吏反。斥幣，音尺，徐蚩柘反。

「凡頒」至「賜予」　言「凡頒財」者，大宰云九賦斂財賄，九式用之。此大府頒與九式用之，但事相因，故二處别言九賦之物也。此所頒之財，即大宰斂財賄，一也。云「以式法授之」者，謂以舊法式多少，授與九式，故云以式法授之。云「關市之賦以待王之膳服」者，自此已下，並與九式事同，但文有交錯，與九賦不次。案九賦先邦中之賦，次四郊，次邦甸，次家稍，次邦縣，次邦都，次關市，次山澤，次幣餘，此先言關市，在邦中上，此家稍，又在邦甸上。所以次第不同者，見事起無常。

注「待猶」至「斥幣」　云「待猶給也」者，謂大宰斂得九賦之財，大府以九賦之財，給九式之用，待來則給之，故云待猶給，非是訓待爲給。　云「此九賦之財給九式者」，以其此經九事，與大宰九式相當，此九賦，又與大宰九賦一也，故云九賦之財給九式也。云「膳服，即羞服也」者，此言膳服，大宰九式云羞服，膳羞是一，故云膳服即羞服也。自此已下事，與九式是一，但文有不同，皆就九式合而解之，故云稍秣即芻秣也。　謂之「稍，稍用之物也」者，彼九式云芻秣，此改芻爲稍，以其稍稍用之故也。此云喪紀，即九式喪荒，一也。此云賜予，即九式好用，一也。「鄭司農云幣餘，使者有餘來還也」者，案：大宰司農注「幣餘，百工之餘」，與此注不同者，蓋是司農互舉以相足。後鄭不從者，聘使之物，禮數有限，何得有餘來還？又且有餘來還，何得有賦？故後鄭不從。「玄謂幣餘，占賣國之斥幣」者，後鄭之意，百官所用官物不盡歸入職幣，職幣得之，不入本府，恐久藏朽蠹，則有人占賣，依國服出息。謂之斥幣者，謂指斥與人，故謂之斥幣也。

凡邦國之貢以待弔用。此九貢之財所給也。給弔用，給凶禮之五事。

「凡邦」至「弔用」　上文大府掌九貢、九賦、九功，受得三者之財，各各用之。上文九式，已用九賦之財訖，故此云邦國之九貢以待給於弔用，下文「萬民之貢以充府庫」，即上九功也。

注「給凶禮之五事」　云「給凶禮之五事」者，案：大宗伯云：「凶禮，哀邦國之事。」下云有喪禮、荒禮、弔禮、禬禮、恤禮，五禮皆須以財貨哀之，故云給凶禮之五事。

凡萬民之貢以充府庫，此九職之財。充猶足。

注「此九職」至「猶足」　知此萬民之貢是九職者，案：大宰云九職任萬民，此上文又云九功，此貢即是九職之功所税，故知此是九職之財也。案大行人，六服諸侯因朝所貢之物，與大宰九貢，歲之常貢，雖曰時節不同，貢物有異，要六服之貢與九貢多同，亦入弔用之數。又且九貢言入弔用，九賦言入九式，有餘財，亦入府庫，是以上文掌九貢九賦，受其貨賄，頒於受藏受用之府也。

凡式貢之餘財以共玩好之用。謂先給九式及弔用，足府庫而有餘財，乃可以共玩好，明玩好非治國之用。言式、言貢，互文。

「凡式」至「之用」　式，謂九式。貢，謂九貢及萬民之貢。有餘財，以供玩好器物之用。

注「謂先」至「互文」　經言餘財，明知先給九式及弔用，足府庫之餘也。經言式貢者，式，即上文九賦之財，給九式之餘也。貢，即上文邦國之貢及萬民之貢也。「言式言貢互文」者，式謂九賦，貢謂九貢及萬民之貢。但賦言式，據用而言，其實亦有賦，貢據貢上爲名，亦有用，故云互文也。

凡邦之賦用，取具焉。賦用，用賦。

「凡邦」至「具焉」　上有九貢、九賦、九功，此特言賦，明兼有九貢九功，亦取具焉。

歲終，則以貨賄之入出會之。

「歲終」至「會之」　貨賄之入者，謂九貢、九賦、九功，入來至大府。言出者，大府以貨賄分置於衆府，及給九式之用，亦是至歲終摠會計之。

玉府，掌王之金玉、玩好、兵器，凡良貨賄之藏。良，善也。此物皆式貢之餘財所作。其不良，又有受而藏之者。○玩好，呼報反，及內府皆同。之藏，才浪反，注同。

「玉府」至「之藏」　云「掌王之金玉玩好兵器」者，言玉府以玉爲主，〔四四〕玉外所有美物，亦兼掌之。

注「良善」至「之者」　言「此物皆式貢之餘財所作」者，案：上大府云「式貢之餘財以共玩好之用」，彼玩好之中，兼有金玉、兵器，故知式貢餘財也。云「其不良，又有受而藏之者」，即上大府云「受藏受用之府」是也。

共王之服玉、佩玉、珠玉。佩玉者，王之所帶者。玉藻曰：「君子於玉比德焉。天子佩白玉而玄組綬。」詩傳曰：「佩玉，上有葱衡，下有雙璜、衝牙，蠙珠以納其間。」鄭司農云：「服玉，冠飾十二玉。」○蠙珠，劉薄田反，徐音頻，一音父賓反。

注「佩玉」至「二玉」　佩玉者，王之所帶者，謂佩於革帶之上者也。玉藻曰「君子於玉比德焉」者，詩云「言念君子，温其如玉」，是比德於玉。引此者，證王必服玉之意。云「天子佩白玉而玄組綬」者，此亦玉藻文。所佩白玉，謂衡、璜、琚、瑀。玄組綬者，用玄組條穿連衡璜等，使相承受。引詩傳曰，謂是韓詩。「佩玉上有葱衡」者，衡，横也，謂葱玉爲横梁。「下有雙璜、衝牙」者，謂以組懸於衡之兩頭，兩組之末皆有半璧曰璜，故曰雙璜。又以一組懸於衡之中央，於末著衝牙，使前後觸璜，故言衝牙。案毛詩傳，衡璜之外別有琚瑀。其琚瑀所置，當於懸衝牙組之中央，又以二組穿於琚瑀之内角，斜繫於衡之兩頭，於組末繫於璜。云「蠙珠以納其間」者，蠙，蚌也。珠出於蚌，故言蠙珠。納其間者，組繩有五，皆穿珠於其間，故云以納其間。鄭司農云「服玉，冠飾十二玉」者，案弁師，掌五冕，衮冕十二旒，鷩冕九旒，毳冕七旒，絺冕五旒，玄冕三旒，旒皆十二玉。冕則冠也。弁師又有皮弁、韋弁、冠弁，亦皆十二玉，故云冠飾十二玉也。

王齊，則共食玉。玉是陽精之純者，食之以禦水氣。鄭司農云：「王齊當食玉屑。」

「王齊則共食玉」　謂王祭祀之前，散齊七日，致齊三日，是時則共王所食玉屑。

注「玉是」至「玉屑」　知玉是陽精之純者，但玉聲清，清則屬陽。又案：楚語云：「王孫圉與趙簡子言曰：玉足以庇廕嘉穀，使無水旱之災，則寶之。珠足以禦火，則寶之。」服氏云：「珠，水精，足以禁火。」如是，則玉是火精可知。云「食之以禦水氣」者，致齊時，居於路寢，思其笑語，思其志意之類，恐起動多，故須玉以禦水氣也。鄭司農云「王齊當食玉屑」者，其玉屑研之乃可食，故云當食玉屑也。

大喪，共含玉、復衣裳、角枕、角柶。角枕以枕尸。鄭司農云：「復，招魂也。衣裳，生時服，招魂復魄于大廟，至四郊。角柶，角匕也，以楔齒。士喪禮曰：『楔齒用角柶。』楔齒者，令可飯含。」玄謂復於四郊以綏。(四五)○含玉，户暗反。枕尸，之鴆反。楔，先結反。令可，力呈反。飯唅，扶晚反。

「大喪」至「角柶」　大喪，謂王喪。共含玉者，含玉，璧形而小，以爲口實。此不言贈玉、飯玉者，文不備。復衣裳者，王始死，招魂復魄之衣裳不在司服者，司服所掌，是尋常衣服，玉府所掌，皆王之美物。其衣服美者，亦玉府掌之。但所復衣裳，用死者上服，故玉府供之。角枕者，所以枕尸。角柶者，將以楔齒。

注「角枕」至「以綏」　鄭司農云「復，招魂也」者，人之死者，魂氣上歸於天，形魄仍在，欲招取其魂，復於魄内，故離騷有招魂篇。云「招魂復魄于太廟，至四郊」者，王有七廟及寢，皆復焉，獨言大廟，語雖不足，義猶可。又言至四郊，後鄭不從之。云「角柶，角匕也」者，案：既夕禮「楔貌如軛，上兩末」，狀如枇杷，拔屈中央楔齒。「玄謂復於四郊以綏」者，案：夏采云：「以冕服復於大廟，(四六)以乘車建綏，復於四郊。」故鄭云復於四郊以綏。言此者，破先鄭於四郊亦以衣服。

掌王之燕衣服、衽、席、牀、笫，凡褻器。燕衣服者，巾絮、寢衣、袍襗之屬，皆良貨賄所成。笫，簀也。鄭司農云：「衽席，單席也。褻器，清器，虎子之屬。」○衽，而甚反，又而鴆反。牀笫，側美反，徐側敏反。袍襗，劉音澤，徐待各反。簀也，音責。

「掌王」至「褻器」 言「掌王之燕衣服」者，謂燕寢中所有衣服之屬。「衽席」者，亦燕寢中臥席。「牀笫」者，謂燕寢中牀簀也。「凡褻器」者，亦謂燕寢中，以燕字爲目，衣服已下至褻器，皆是燕。

注「燕衣」至「之屬」 云「燕衣服者，巾絮」者，案內則「左佩紛帨」，紛帨即巾也。又婦事舅姑，佩有線纊，此絮，則纊也。云「寢衣」者，論語鄉黨云：「必有寢衣，長一身有半。」鄭注云：「今之臥被。」是也。又言袍襗之屬者，案：毛詩云：「豈曰無衣，與子同袍。」「與子同襗。」是也。言「之屬」者，寢衣之內，所言不盡，故言之屬以廣之。云「皆良貨賄所成」者，見上文云「凡良貨賄之藏」，故知此良貨賄所成。鄭司農云「衽席，單席也」者，案：曲禮云：「請衽何趾。」鄭注云：「衽，臥席。」又案：斯干詩云：「下莞上簟。」內則云：「斂枕篋、簟席、襡器而藏之。」司農云「單席，則臥之簟席。」云「褻器，清器，虎子之屬」者，既在燕寢之中私褻之器，故知清器虎子之屬。案：內豎：「及葬，執褻器以從遣車。」彼褻器，振飾頮沐之器，彼褻器與此注不同。彼從葬於死者，不用清器，故爲頮沐之器。

若合諸侯，則共珠槃、玉敦。(四七)敦，槃類，珠玉以爲飾。古者以槃盛血，以敦盛食。合諸侯者，必割牛耳，取其血，歃之以盟。珠槃以盛牛耳，尸盟者執之。故書珠爲夷。鄭司農云：「夷槃或爲珠槃。玉敦，歃血玉器。」○玉敦，音對，徐丁雷反，注同。盛血，音成，下同。歃之，色洽反，徐霜獵反。

「若合」至「玉敦」 合諸侯者，謂時見曰會，若司儀所云「爲壇十有二尋，王與諸侯殺牲歃血而盟」，則供珠槃玉敦。

注「敦槃」至「玉器」　言「敦，槃類」者，案：明堂位「有虞氏之兩敦」，鄭玄云：「制之異同未聞。」此云槃類者，以經云玉敦，與珠槃相將之物，故云槃類。其制猶自未聞也。云「珠玉以爲飾」者，此槃敦應以木爲之，將珠玉爲飾耳。云「古者以槃盛血，以敦盛食」者，案特牲、少牢，皆敦盛黍稷。以槃盛血雖無文，郊血，及血以告殺，當以槃盛血也。云「合諸侯者，必割牛耳，取其血，歃之以盟。珠槃以盛牛耳」者，祭祀之時有黍稷，故敦中盛黍稷。今盟無黍稷，敦中宜盛血，牛耳宜在槃。云「尸盟者執之」者，案：左氏哀公十七年：「公會齊侯盟于蒙。孟武伯問於高柴曰：『諸侯盟，誰執牛耳？』季羔曰：『鄫衍之役，吴公子姑曹，發陽之役，衛石魋。』武伯曰：『然則彘也。』」注云：「彘，武伯名也。魯於齊爲小國，故曰彘也。」是盟小國執牛耳。尸，猶主也。小國主盟，故使執牛耳也。知此珠槃玉敦爲盟而設者，案戎右云：「盟則以玉敦辟盟，遂役之，贊牛耳。〔四八〕桃茢。」彼注云：「役之者，傳敦血，授當歃者，割牛耳取血，助爲之。及血在敦中，以桃茢拂之。」是以知珠槃玉敦爲盟而設。若然，執牛耳是小國尸盟者也。若以歃血，則大國在先，故哀公十三年吴晉争先，〔四九〕國語曰：「吴公先歃，晉亞之。」既言争先，是以知大國當在先。若諸侯相與盟，則大國戎右贊牛耳也。〔五〇〕

凡王之獻金玉、兵器、文織、良貨賄之物，受而藏之。〔五一〕謂百工爲王所作，可以獻遺諸侯。古者致物於人，尊之則曰獻，通行曰饋。春秋曰「齊侯來獻戎捷」，尊魯也。文織，畫及繡錦。○文織，音志，一音如字，劉音至。爲王，于僞反。獻遺，唯季反，下同。

「凡王」至「藏之」　言「凡王之獻金玉」者，此金玉已下皆是擬王獻遺諸侯，故云受而藏之。

注「謂百」至「繡錦」　云「謂百工爲王所作」者，謂金玉已下，皆是百工爲王所作者，可以獻遺諸侯也。云「古者致物於人，尊之則曰獻」者，若正法，上於下曰賜，下於上曰獻。若尊敬前人，雖上於下亦曰獻，是以天子於諸侯云獻。案：月令「后妃獻繭」，鄭注：「謂獻於后妃。」知此「王之獻金玉」非是獻金玉於王者。案下内府職，「凡四方之幣獻之金玉」，彼是諸侯獻王，入内府藏之，不得在此，故知金玉是獻遺諸侯者也。況諸侯中，兼有二王之後。二王之後，王所尊敬，自然稱獻也。若王肅之義，取家語曰：「吾聞之，君取於臣曰取，與於臣曰賜，臣取於君曰假，與於君謂之獻。」以此難鄭君。鄭君弟子馬昭之等難王肅：「禮記曰『尸飲五，君洗玉爵獻卿。』況諸侯之中，有二王之後，何得不云獻也？」云「通行曰饋」者，言通行者，上於下，下於上，及平敵相於，皆可云饋。康子饋藥，陽貨饋孔子豚，皆是上於下曰饋。膳夫職云：「王饋用六穀。」及少牢、特牲稱饋食之禮，並是於尊者曰饋。朋友之饋，雖車馬不拜，是平敵相饋。故鄭云通行曰饋。「春秋曰齊侯來獻戎捷，尊魯也」者，案：莊公三十一年公羊云：「齊侯來獻戎捷。齊，大國也，曷爲親來獻戎捷？威我也。」左氏云：「非禮也。凡諸侯有四夷之功，則獻于王。中國則否。」穀梁云：「齊侯來獻捷者，内齊侯也。」注云：「泰曰：齊桓，内救中國，外攘夷狄，親倚之情，不以齊爲異國，故不稱使，若同一國也。」〔五二〕然三傳皆不解獻義，今鄭引者，以齊大於魯，言來獻，明尊之則曰獻，未必要卑者於尊乃得言獻。

凡王之好賜，共其貨賄。

「凡王」至「貨賄」　此謂王於羣臣有恩好，因燕飲而賜之貨賄者也。

内府，掌受九貢九賦九功之貨賄、良兵、良器，以待邦之大用。大用，朝覲之班賜。

「内府」至「大用」　「掌受九貢九賦九功」者，此九貢以下而言受，即是大府所云「九貢已下，頒之於受藏之府」，是也。故彼注云「受藏之府，若内府也」，則此九貢等，由大府而來，〔五三〕此内府受藏之也。云「良兵良器」者，此是冬官百工所作，亦由大府而來。良兵，謂弓矢殳矛戈戟五兵之良者。良器，謂車乘及禮樂器之善者。云「以待邦之大用」者，謂諸侯來朝覲，所頒賜者也。

注「大用」至「頒賜」　常給九式及弔用，〔五四〕是大府所給也；玩好之用，玉府所給也。〔五五〕此又言以待邦之大用，明是朝覲頒賜可知。

凡四方之幣獻之金玉、齒革、兵器，凡良貨賄入焉。諸侯朝聘所獻國珍。

「凡四」至「入焉」　云「凡四方之幣獻」者，謂四方諸侯來朝覲，及遣卿大夫來聘問，將幣三享，貢獻珍異，有此金玉及齒革之等。金者，謂若禹貢「惟金三品」之類。玉者，謂若禹貢「球琳琅玕」之類。齒，謂若象牙之類。革，謂若犀皮之類。兵器者，禹貢無貢兵器之法，此周時有之。「凡良貨賄」，其不良者，入於職內，給國之用。此良者，入內府，以給王之用。

注「諸侯」至「國珍」　「諸侯朝聘所獻國珍」者，覲禮所云「一馬卓上，九馬隨之，龜金竹箭，分爲三享」，是也。〔五六〕諸侯遣臣聘所獻國珍者，謂若聘禮束帛加璧，庭實乘皮之等，是也。此因朝聘而貢，先入於掌貨賄，入其要於大府，乃始通之於內府也。

凡適四方使者，共其所受之物而奉之。王所以遺諸侯者。○使者，所吏反。

「凡適」至「奉之」　言凡適四方使者，謂使公卿已下聘問諸侯，若大行人所云「間問省覜」之等。共其所受之物，謂使者受將行之物，則內府奉而與之。

注「王所」至「侯者」　即上王之獻金玉兵器已下是也，彼據藏之，此據用之。

凡王及冢宰之好賜予，則共之。冢宰待四方賓客之小治，或有所善，亦賜予之。○小治，直吏反。

注「冢宰」至「予之」　云「冢宰待四方賓客之小治」者，大宰職文，〔五七〕「大事決於王，小事冢宰專平之」，〔五八〕以其冢宰貳王治事，或有所善，亦得賜予之。云所善，釋經中「好」也。

外府，掌邦布之入出，以共百物，而待邦之用，凡有灋者。布，泉也。布讀爲宣布之布。其藏曰泉，其行曰布，取名於水泉，其流行無不徧。入出，謂受之復出之。共百物者，或作之，或買之。待猶給也。有法，百官之公用也。泉始蓋一品，周景王鑄大泉而有二品。後數變易，不復識本制。至漢唯有五銖久行。王莽改貨而異作，泉布多至十品，今存於民間多者，有貨布、大泉、貨泉。貨布長二寸五分，廣寸，首長八分有奇，廣八分；其圜好徑二分半，足枝長八分，其右文曰貨，左文曰布，重二十五銖，直貨泉二十五。大泉徑一寸二分，重十二銖，文曰大泉，直十五貨泉。貨泉徑一寸，重五銖，右文曰貨，左曰泉，〔五九〕直一也。○不徧，古遍字，下同。復出，扶又反，徐音服。後數，音朔。有奇，紀宜反。足枝，如字，一音奇。

「外府」至「灋者」　云「掌邦布之入出」者，邦，國也。布，泉也。謂國之所有泉，皆來入外府，是其邦布之入也；國之用泉者皆外府出與之，是邦布之出也，故摠云邦布之入出。此言與下爲目。云「以共百物」者，謂共國家器物之泉也。「而待邦之用」者，謂國家非常所用，亦出泉與之也。「凡有法者」，謂在朝官府，依常法用之者，亦出泉與之。

注「布泉」至「一也」　布，泉也者，此言布，地官泉府云泉，是布泉一也。云「布讀爲宣布之布」者，此讀如秋官布憲，被布是宣布之布，〔六〇〕此布亦是宣布，故讀從之。云「其藏曰泉，其行曰布」者，此鄭欲解泉布一物兩名之意。地官泉府不言外，不言布，據其所藏爲名。此官言外，言布，取名於其流行而外爲稱，故鄭即云取名於水泉其流行無不徧。無不徧，即布之義也。云「共百物者，或作之，或買之」者，或作之，謂出物使百工所營作，或買之，以充國用也。云「泉始蓋一品」者，即此經泉布是也。云周景王已下，並漢書食貨志文。案彼，周景王時，患泉輕，將更鑄大泉，單穆公曰不可，王不聽。鑄大泉，文曰「寶貨」。漢興，爲秦泉重，難用，更令民鑄榆莢錢。至孝文，有司言榆莢三銖輕，〔六一〕易姦詐，請鑄五銖。至王莽居攝，變漢制，更造大泉，徑寸二分，重十二銖，文曰「大泉」，直五十。又造契刀，形如刀，直五百。又造錯刀，以黃金錯其文曰「一刀直五千」。與五銖錢凡四品並行。至莽即真，罷五銖錢，異作泉布，〔六二〕多至十品。其布有大布、次布、〔六三〕弟布、壯布、中布、差布、厚布、幼布、幺布、小布，〔六四〕是爲貨十品也。其泉十品者，莽居攝，作大泉、錯刀、契刀。即真，作小錢、幺錢、幼錢、中錢、壯錢。元鳳年，〔六五〕更造貨布，與貨錢爲十品。莽以劉有金刀，罷契刀、錯刀。若然，鄭云後數變易，不復識本制者，據秦漢至莽已前而言也。云「唯有五銖久行」者，從漢孝文作五銖錢，至莽，世數既多，故云久行也。云「今存於民間多者，有貨布大泉」已下者，是從莽至漢末鄭君時，見行此三者，故云今存於民間也。案彼文，其貨布，直云長二寸五分，廣寸，首長八分，圜好徑二分，無「有奇廣八分半足支長八分」等十一字。今鄭言之者，此並鄭君目所覿見，以義增之耳。〔六六〕又案彼大泉直五十，不云五十言十五者，亦誤。當從五十爲正也。且王莽之大泉，蓋與景王所鑄大泉亦異也。

共王及后、世子之衣服之用。凡祭祀、賓客、喪紀、會同、軍旅，共其財用之幣齎、賜予之財用。○齎，行道之財用也。聘禮曰：「問幾月之齎。」鄭司農云：「齎或爲資，今禮家定齎作資。」玄謂齎資同耳。其字以齊次爲聲，從貝變易，古字亦多或。○幣齎，音咨，注同，一音祖係反。問幾，徐舉豈反。

「共王」至「財用」　從王至軍旅，所須財用，皆外府供其泉也。云幣齎之財用，謂王使公卿已下，聘問諸侯之行道所用，則曰幣齎。云「賜予之財用」者，謂王於羣臣，有所恩好，賜予之也。

注「齎行」至「多或」「問幾月之齎」者，案：聘禮記：「使者既受行出，遂見宰，問幾月之資。」注云：「資，行用也。古者君臣謀密草創，未知所之遠近，問行用，當知多少而已。」是其問幾月之資。鄭司農云「齎或爲資，今禮家定齎作資」者，齎資義一，何得言禮家定作資，故後鄭不從。齎資兩字，直是齊次爲聲，從貝變易耳。

凡邦之小用，皆受焉。皆來受。

「凡邦」至「受焉」　但外府所納泉布，所積既少，有小用則給之，若大用即取餘府。

歲終，則會，唯王及后之服不會。

「歲終」至「不會」　言王及后不會，以衣服異於膳羞與所加禽獻，故通世子可以會之也。

司會，掌邦之六典、八灋、八則之貳，以逆邦國都鄙官府之治。逆受而鉤考之。

○司會，古外反，下同。之治，直吏反，注同。

「司會」至「之治」　云「掌六典八法八則之貳」者，案大宰云：「六典治邦國，八法治官府，八則治都鄙。」但司會是鉤考之官，還以六典逆邦國之治，八法逆官府之治，八則逆都鄙之治。逆，皆謂鉤考，知得失。

以九貢之灋致邦國之財用，以九賦之灋令田野之財用，以九功之灋令民職之財用，以九式之灋均節邦之財用。掌國之官府、郊野、縣都之百物財用。凡在書契版圖者之貳，以逆羣吏之治，而聽其會計。郊，四郊，去國百里。野，甸稍也。甸去國二百里，稍三百里，縣四百里，都五百里。書謂簿書。契，其最凡也。版，户籍也。圖，土地形象，田地廣狹。

「以九」至「會計」　言「以九貢之法致邦國之財用」者，九貢，即是大宰九貢，其所貢之物，出於諸侯邦國。言之法者，謂諸侯於其民，〔六七〕什一取之。既取得民物，大國貢半，次國三之一，小國四之一。所貢之物，皆市取土毛，貢於天子，則禹貢所云「厥篚厥貢」是也，故云致邦國之財用。此即小行人云「春令入貢」，〔六八〕是謂歲之常貢。大行人因朝而貢者，所貢無常，不應使司會致之。云「以九賦之法，令田野之財用」者，此九賦，即大宰所云「九賦斂財賄」是也。言法者，謂口率出錢，多少有其定法。令田野之財用者，九賦之內，唯有關市、幣餘，國中非田野，自外四郊、邦甸、家稍、邦縣、邦都、山澤，盡是田野，據多言之，故言令田野之財用。云「以九功之法令民職之財用」者，九功，即是大宰九職之功所税。言之法者，亦是税法什一爲常。言令民職之財用者，以其九職任萬民，使之出税，故云令民職之財用。云「以九式均節邦之財用」者，九式所以用九賦，使均平有節，故云均節邦之財用。云「掌國之官府」者，案：大宰九賦，一曰邦中，二曰四郊，此不言邦中而言官府者，以官府在邦中，故舉官府以表邦中。其實官府不出賦也。云「郊野、縣都之百物財用」者，以其民之出賦，不必皆使出泉，以百物當之亦得，故大宰云「九賦斂財賄」，則此百物財用一也。但九式用九賦，大宰均節而用之，此司會主鉤考，故亦言之矣。「凡在書契版圖者之貳」者，此書契版圖，下文司書掌其正，此司會主鉤考，故掌其副貳。云「以逆羣吏之治」者，羣吏謂朝廷官府，下及羣都縣鄙羣臣之治，〔六九〕皆逆而鉤考之。云「而聽其會計」者，謂羣吏以會計文書送於司會者，司會皆聽斷之。

注「郊四」至「廣狹」 此九式用九賦，故以郊野已下，依記大宰九賦次第以釋之。〔七〇〕彼九賦一曰邦中之賦，當此官府。此郊，當彼四郊之賦。據遠郊言之，故云去國百里。郊外曰野，大揔之言，故此野當彼三曰邦甸，去國二百里，又當彼四曰家稍，故鄭云甸去國二百里，稍三百里也。此經縣，當彼五曰邦縣之賦，故云縣四百里。此經都，即彼六曰邦都之賦，故云都五百里。云「書謂簿書」者，漢時以簿書記事，至於餘物記事，亦謂之簿書，故舉漢法而言也。「契，其最凡也」者，此之書契，即小宰八成取予以書契之類。最凡，謂計要之多少，以爲契要。云「版，户籍也」者，漢之户籍，皆以版書之，故以漢法況。云「圖，土地形象，田地廣狹」者，下司書云「土地之圖，有其形象」，即是民之田地、廣狹多少，皆在於圖也。

以參互攷日成，以月要攷月成，以歲會攷歲成。參互謂司書之要貳，與職内之入，職歲之出。故書互爲巨。杜子春讀爲參互。○攷，音考。

「以參」至「歲成」 「以參互考日成」者，司會鉤考之官，以司書之等，相參交互，考一日之成。一日之中，計筭文書也。以月要考月成者，月計曰要，亦與諸職參互，考一月成事文書也。以歲會考歲成者，歲計曰會，以一歲之會計，考當歲成事文書。〔七一〕

注「參互」至「爲參互」 言「參互謂司書之要貳」者，案：司書職云：「凡税斂掌事者受法焉，及事成，則入要貳焉。」又案職内云：「掌邦之賦入。」又案職歲云：「掌邦之賦出。」云參互鉤考，明知有此二官，〔七二〕出内事，共鉤考之。

以周知四國之治，以詔王及冢宰廢置。周猶徧也。言四國者，本逆邦國之治，亦鉤考以告。

「以周」至「廢置」　周，徧也。四國，謂四方諸侯之國。徧知諸侯之治者，以是鉤考之官，須知諸侯得失，以此治職文書，以詔王及冢宰，有功者升進而置之，有罪者黜退以廢之。所詔告及冢宰者，以其冢宰者副貳王之治事，故并告之。

注「周猶」至「以告」　言「四國者，本逆邦國之治」者，案：上云「掌邦之六典，以逆邦國之治」，逆，即鉤考也，故云亦鉤考以告也。

校勘記

〔一〕茆菹麋臡　「麋」，原作「糜」，據唐石經、釋文及阮本改。下同。

〔二〕菁菹韭菹　阮校云，「韭」下奪「菁」字，説文「菁，韭華也」，韭華謂之韭菁，故先鄭以「韭菁菹」釋「菁菹」。

〔三〕經云韭菹醓醢已下　「菹」，原作「配」，據阮本改。

〔四〕今河間名豚脅聲如鍛鏄　「鏄」，釋文作「膊」。

〔五〕芹菹　阮校云，説文引周禮作「菦菹」，是故書作「菦」，今本省作「芹」。

〔六〕箈菹　阮校云，唐石經諸本同。「箈」，釋文引爾雅作「篙」。漢讀考謂經及司農作「菭」，後鄭忽易爲「篙」，注應有「菭當爲篙」四字。「箈」字最譌。

〔七〕饔糝二者皆有肉　孫詒讓云，「肉」字疑衍。

〔八〕其形渥凶　案王易作「形渥」，鄭易作「刑剭」，阮本作「刑渥」，必誤一字。

〔九〕麋爲辟雞　「麋」，建、岳、嘉靖本作「糜」，非。

〔一〇〕此謂報切即皆壟類　「即」，殿本同，阮本作「節」，疑非。

〔一一〕醢以柔之者　「醢」，阮本作「醓」，與鄭注、少儀文合。

〔一二〕下經云賓客之禮　阮本同。浦鏜云：「上」誤「下」。

〔一三〕二禮通例　「二」，閩本同。阮本作「三」，當是。

〔一四〕籩豆俎簋之屬　浦鏜云：「俎」當「簠」字誤。孫詒讓云：「俎」可通，不必改。

〔一五〕取今斧斷割之義　孫詒讓云：「今」疑「金」字之誤。

〔一六〕是文是天下　下「是」字，閩本同，阮本作「定」，疑作「定」是。

〔一七〕井匽二者　「井」，阮本作「非」，誤。

〔一八〕勞事勞褻之事　「褻」，建、余、嘉靖本同，岳、阮本作「褻」誤。

〔一九〕故書柜爲拒　阮本「拒」作「柜」，非。

〔二〇〕而命以政禁之事焉　「政」，殿本同，阮本作「致」，非。「政禁之事」，見大行人注。

〔二一〕未即有蟲可涑　阮校云：此本及閩本「蟲」字剜改，蓋本作「螙」，釋文本作「涑櫜」，賈疏本作「涑螙」。

〔二二〕謂王行止宿阻險之處　「止」，原作「上」，據婺、建、岳本改。

〔二三〕不可築作墻壁　「壁」，原爲墨釘，據阮本補。

〔二四〕宜掘塹爲宫　惠校本同。阮本「塹」剜改作「地」。

〔二五〕掌舍主當之　浦鏜云：「當」蓋「掌」字誤，下「當取」同。

〔二六〕至館皆展幕　孫詒讓云：「展幕」當爲「展幣」。

〔二七〕綃幕魯也　浦鏜云：「綃」，檀弓作「繆」，注「繆讀如綃」。

〔二八〕顔延之纂要云　「纂」，原作「幕」，據閩、監、毛、殿、阮本改。

〔二九〕重帟複帟　「複」，建、余、岳本同，正、聞、閩、監、毛、殿、阮本作「復」，疑非。

〔三〇〕亦張大次已下　此六字阮本作「亦設重帟重案」。

〔三一〕季夏六月迎土氣　阮本「夏」下有「於」字。

〔三二〕與重帟不同　「與」，阮本作「帟」，誤。

〔三三〕即宫者應是宫内　上「宫」字，阮本作「居」，疑誤。

〔三四〕壝土爲之是也　「壝」，阮本作「曠」，誤。

〔三五〕欲於幄中待事辦否及時節　「及時節」，阮本作「及府」。浦鏜云「及府」當衍。

〔三六〕此上下所云次者　「上」，阮本作「至」。

〔三七〕謂以繒爲幄帳　「幄」，阮本作「帷」，疑誤。

〔三八〕案聘禮記所云次或以帷或以席　「或以席」，阮本作「或及席」。阮校云，上「或」字，「或及席」閩本實闕，阮本據監、毛本補。

〔三九〕若諸侯使臣時聘殷　阮本「殷」下有「覜」字。

〔四〇〕鄉兩楹之間　「鄉」，阮本作「履」，疑非。

〔四一〕云次在洗東者大射文　阮校云，此大射注。

〔四二〕故堂西北耦也　「北」，阮本作「比」，疑作「比」是。

〔四三〕九賦調畿内之九賦　「調」，阮本作「謂」，當是。

〔四四〕言玉府以玉爲主　上「玉」字原作「外」，據阮本改。

〔四五〕玄謂復於四郊以綏　段玉裁云，「綏」，鄭當作「緌」。

〔四六〕以冕服復於大廟　浦鏜云，「廟」，經作「祖」。

〔四七〕則共珠槃玉敦　于鬯云，此「珠」字當依故書作「夷」，讀爲鐵。

〔四八〕遂役之贊牛耳　「贊」，阮本作「替」，誤。

〔四九〕故哀公十三年吴晉爭先　阮校云，依左傳當是「十七年」。

〔五〇〕則大國戎右贊牛耳也　「贊」，阮本作「執」。

〔五一〕凡王之獻金玉兵器文織良貨賄之物受而藏之　王引之云，「王之」二字衍。

〔五二〕若同一國也　「一」，阮本作「二」，誤。

〔五三〕由大府而來　惠校本「由」下有「此」。

〔五四〕常給九式及弔用　「常」，阮本作「掌」。疑作「掌」是。

〔五五〕玩好之用玉府所給也　孫詒讓云，玩好之用亦大府所給，「玩好」疑「好賜」之誤。

〔五六〕覲禮所云一馬卓上九馬隨之龜金竹箭分爲三享是也　浦鏜云，經「一」作「匹」，「龜金」以下，約覲禮四享節注。

〔五七〕大宰職文　監、毛本「文」作「云」。阮本「文」下有「云」字。

〔五八〕大事決於王小事冢宰專平之　惠校本「小事」下多「則」字。「大事」至「小事」，阮本作「凡邦之小治則」，阮校云，有脱文。

〔五九〕右文曰貨左曰泉　阮本「左」下有「文」字。阮校云，此蒙上，故云「右曰貨左曰泉」，二「文」字皆衍。孫詒讓云，檀弓疏亦作「右文曰貨左曰泉」。

〔六〇〕被布是宣布之布　「被」，阮本作「彼」，當據改。
〔六一〕至孝文有司言榆莢三銖輕　阮校云：漢制考云武帝鑄五銖，此疏謂孝文作五銖，誤。
〔六二〕異作泉布　阮本同。阮校云：惠校本「異」作「直」，當訂正，漢制考亦誤。
〔六三〕其布有大布次布　「其布」，阮本作「其中」。阮校云：漢制考「中」作「布」。
〔六四〕幼布幺布小布　「幺」，閩、監、毛本同，阮本作「公」，誤。
〔六五〕元鳳年　阮本同。阮校云：惠校本、漢制考「元」作「天」，此誤。
〔六六〕此並鄭君目所覿見以義增之耳　「君」，殿本同，阮本作「言」，殆誤。
〔六七〕言之法者謂諸侯於其民　「法者」，阮本作「財用」。阮校云：「法者」非，下文「故云致邦國之財用」，承此言之。
〔六八〕此即小行人云春令入貢　「春令」，正、閩、殿本同，惠校本作「令春」。
〔六九〕下及羣都縣鄙羣臣之治　正、閩、惠校本同，閩、監、毛、殿本上「羣」字作「郡」，疑作「羣」是。
〔七〇〕依記大宰九賦次第以釋之　「記」，阮本作「此」，疑作「此」是。
〔七一〕考當歲成事文書　「當」，原作「富」，依阮本改。
〔七二〕明知有此二官　「二」，阮本作「三」，疑作「三」是。

周禮注疏卷第七

司書，掌邦之六典、八灋、八則、九職、九正、九事邦中之版，土地之圖，以周知入出百物，以敍其財，受其幣，使入于職幣。九正謂九賦九貢。正，稅也。九事謂九式，變言之者，重其職。明本而掌之，非徒相副貳也。敍猶比次也，謂鉤考其財幣所給，及其餘見，爲之簿書。故書受爲授。鄭司農云：「授當爲受，謂受財幣之簿書也。」玄謂亦受錄其餘幣，而爲之簿書，使之入于職幣。〔一〕幣物當以時用之，久藏將朽蠹。○九正，音征，注同。猶比，毗志反。餘見，賢遍反，下同。之簿，步故反，下同。朽蠹，都路反。

「司書」至「職幣」　言「掌邦之六典」已下，至「周知入出百物」已上，所掌與司會同者，以其司會主鉤考，司書掌書記之，司書所記，司會鉤考之，故二官所掌，其事通焉。　九職，即司會九功也。九正，即司會九賦九貢也。九事，即司會九式也。　邦中之版、土地之圖，即司會版圖也。「周知入出百物」者，即司會百物財用，一也。　云「以敍其財」者，敍，謂比次其財，知用多少。　云「受其幣」者，百官所用餘財，送來與司書，司書受其幣，使入於職幣之官，不入本府。

注「九正」至「朽蠹」　知九正謂九賦、九貢者，案上司會有九賦、九貢，此司書則有九正，無九賦、九貢，故知九正則是九賦、九貢也。　言九正者，謂此二者之財，皆出於正稅，故鄭云正稅也。　又云「九事謂九式」者，云九式，據用財言之；〔二〕九事，據用財所爲之事，其理一也。　云「變言之者，重其職」，謂變九賦、九貢言九正，變九式言九事也，重以其職。明本而掌之，非徒相副貳也，其相副貳者，謂司會八法、八則之貳，是也。云「所給及其餘見爲之簿書」者，司書周知入出百物，以叙其財，明知叙其財者，所給諸官餘不盡者，即以餘見爲之簿書，擬與司會鉤考之。「玄謂亦受録其餘幣，而爲之簿書」者，此增成先鄭受謂受財幣之簿書。「幣物當以時用之，久藏將朽蠹」者，釋經百官餘幣不入於本府，而入於職幣之意。若入本府，即是久藏，將恐朽爛蠹敗，故入職幣，使人占賣之，中正生利也。〔三〕

凡上之用財用，必攷于司會。〔四〕上謂王與冢宰。王雖不會，亦當知多少而闕之。司會以九式均節邦之財用。

注「上謂」至「財用」　知上謂王與冢宰者，案：内府職云：「凡王及冢宰賜與，則共之」。明此上中有冢宰可知。云「王雖不會，亦當知多少而闕之」者，案：上膳夫、庖人及外府等，皆言王及后不會。此經上之用財，必考於司會者，此之所考，但知多少而闕之，非是會計與王爲限。云「司會以九式均節邦之財用」者，欲見司書用財，必考於司會之意。

三歲，則大計羣吏之治，以知民之財器械之數，〔五〕**以知田野夫家六畜之數，以知山林川澤之數，以逆羣吏之徵令。**械猶兵也。逆，受而鉤考之。山林川澤童枯則不税。○器械，户戒反。六畜，許又反。

「三歲」至「徵令」　言三歲者，三年一閏，天道小成。考校羣吏，須有黜陟，故云三歲則大計羣吏之治。羣吏，則百官也。「以知民之財用器械之數」者，民之財用，謂幣帛多少；器，謂禮樂之器；械，謂兵器，弓矢戈殳戟矛。此等，則器械之數皆知之。「以知田野」，謂百畝之田在野。「夫家」者，謂男夫婦女。「六畜」者，謂馬牛羊豕犬雞之數。又云「以知山林川澤之數」者，案大司徒，地有十等，不言丘陵、墳衍、原隰者，略言之也。又云「以逆羣吏之徵令」者，逆，謂鉤考也。此司書知民之財器已下，川澤已上，恐其羣吏濫徵斂萬民，故知此本數，乃鉤考其徵令也。注「械猶」至「不税」「山林川澤童枯則不税」者，山林不茂爲童，川澤無水爲枯。所税者，税其有。今山林不茂，則無林木；〔六〕川澤無水，則無魚鼈、蒲葦，故不税之。

凡税斂，掌事者受瀍焉。及事成，則入要貳焉。法猶數也，應當税者之數。成猶畢也。○税斂，力驗反。

「凡税」至「貳焉」 言「凡税斂」者，謂若地官閭師、旅師徵斂之官。所欲税斂，掌事者皆來司書處受法焉。及事成，收斂畢入要，謂寫一通副貳文書，〔七〕名爲要，入司書。故云入要貳焉。必來受法，又入要貳者，以司書知財器已下之數，擬後鉤考之也。注「法猶」至「畢也」 云「應當税者之數」者，即上田野夫家之等，是其本出税者之數也。

凡邦治，攷焉。考其法於司書。

「凡邦治考焉」 邦之所治有善惡，皆來考於司書者，以司書大計羣吏之治，知其功過故也。

職內，掌邦之賦入，辨其財用之物而執其總，以貳官府都鄙之財入之數，以逆邦國之賦用。辨財用之物，處之，使種類相從。總謂簿書之種別與大凡。官府之有財入，若關市之屬。○種，章勇反。

「職內」至「賦用」 云「掌邦之賦入」者，謂九職、九貢、九賦之税入皆掌之。獨云賦入者，賦是摠名，下言賦者，皆此類也。辨其財用之物，凡所税入者，種類不同，須分別之。「而執其總」者，總，謂税入多少總要簿書。又云「以貳官府都鄙之財入之數」者，官府財入，謂若關市之稅。都鄙之財入，都鄙，謂三等采地，采地之稅，四之一。言「貳」者，謂職内受取一通副貳文書，擬鉤考。「以逆邦之賦用之」者，職内既知財入之數，鉤考用賦多少，知其得失。

注「辨財」至「之屬」　言「辨財用之物，使種類相從」者，但賦之所入，先由職内，始至大府，大府分致於衆府，以是分別，使衆類相從。云「官府之有財入，若關市之屬」者，司關、司市皆屬地官。關市皆有出稅，故知官府之有財入若關市也。言「之屬」者，兼有城十二門，亦有稅入。

凡受財者，受其貳令而書之。受財，受於職内以給公用者。貳令者，謂若今御史所寫下本奏，王所可者。書之，若言某月某日某甲，詔書出某物若干，給某官某事。○寫下，户嫁反。

「凡受」至「書之」　其有官府合用官物而受財者，並副寫一通勑令文書與職内，然後職内依數付之，故云受其貳令書之。〔八〕

注「受財」至「某事」　云「貳令，謂若今御史所寫下本奏，王所可者」，案：御史職云「掌贊書」，彼注云：「王有令，〔九〕則以書致之。」則贊爲辭，若今尚書作詔文，是其用官財者，先奏白於王，王許可，則御史贊王爲辭。下職内，是其貳令，職内則書之爲本案，然後給物與之。若然，職内主入，職歲主出。職内分置於衆府，所以得有物出與入者，〔一〇〕職内雖分置衆府，職内亦有府，貨賄留之者，故得出給，故大府職云：「頒其賄於受用之府。」鄭注云：「受用之府，若職内是也。」

及會，以逆職歲與官府財用之出，亦參互鉤考之。

「及會」至「之出」　言「會」者，〔一一〕謂至歲終會計。「以逆職歲」者，逆，謂鉤考也。職歲主出，職内主入，以已之入財之數，鉤考職歲出財之數。又云「與官府財用之出」者，謂職歲出財，與官府所用之數，並鉤考之。

注「亦參互鉤考之」　鄭云「參互鉤考」者，案：司會「以參互考之成」，彼注云：「參互謂司書之要貳，職內之入，職歲之出」，以三官相鉤考。此職內逆職歲，明兼有司書之要貳，故言參互。言「亦」者，亦如大府也。

而敘其財以待邦之移用。亦鉤考今藏中餘見，爲之簿。移用謂轉運給他。〔二三〕○藏中，才浪反。

「而敘」至「移用」　案：司書云：「以敘其財。」鄭彼注云：「敘，猶比次，謂鉤考其財幣所給及其餘見，爲之簿書，入職幣也。」此言敘財，亦謂比次職內藏中餘見，爲簿書，以待邦之移用，更給他官。若然，職內既非常府，其所藏者，唯當歲所用，故用不盡者，移用之也。

職歲，掌邦之賦出，以貳官府都鄙之財出賜之數，以待會計而攷之。以貳者，亦如職內書其貳令而編存之。○而編，必緜反，又必連反，一音方千反。

「職歲」至「攷之」　云「掌邦之賦出」者，職內主入，職歲主出。職內所入於衆府，所用之多少，皆主之，故云掌邦之賦出。但九貢、九賦、九功之用皆主之，特言賦者，亦如職內云賦，賦是揔稱也。云「以貳官府都鄙之財出賜之數」者，職內云：「以貳官府都鄙之財入之數。」此職歲以貳官府都鄙之財出賜之數，二官一入一出，皆書其貳，共相鉤考，故職內云：「以逆邦之賦用。」此職歲云「以待會計而考之」，其事通也。

注「以貳」至「存之」　云「亦如職內書其貳令而編存之」者，職內云「凡受財者，受其貳令而書之」。此官主出，所出，亦皆由上令。所出前後不同，亦皆書其貳令，編存爲案，以待會計而考之也。

凡官府都鄙羣吏之出財用，受式灋于職歲。百官之公用式法多少，職歲掌出之舊用事存焉。

「凡官」至「職歲」　官府都鄙出財用，皆來受法者，以其出財用皆爲有事，事有舊法，用有常，職歲出財，皆有舊法式在於職歲，故須受法於職歲也。

凡上之賜予，以叙與職幣授之。叙受賜者之尊卑。

「凡上」至「授之」　上，謂王與冢宰。所有小賜予之事，則職幣所云「小用賜予」是也，故云以叙與職幣授之。

及會，以式灋贊逆會。助司會鉤考羣吏之計。

「及會」及「逆會」　案：司會以逆羣吏之治，而聽其會計，此官主式法出財用。及，至也。至歲終會計之時，〔一三〕則以式法贊助司會鉤考會計之事，故云以式法贊逆會。

職幣，掌式灋以斂官府都鄙與凡用邦財者之幣，幣謂給公用之餘。凡用邦財者，謂軍旅。

「職幣」至「之幣」　職幣主餘幣，給諸官之用，亦依法式與之，故云掌式法以斂官府已下之幣。幣，則餘幣也。注「幣謂」至「軍旅」　云「幣謂給公用之餘」者，以其此官主斂餘幣，故知幣謂給公用之餘。知凡用邦財是軍旅者，見經斂官府都鄙，別言用邦財，故知用邦財謂國之大事，唯有軍旅。

振掌事者之餘財，振猶抍也，檢也。〔一四〕掌事謂以王命有所作爲。先言斂幣後言振財，互之。○抍也，音拯。

「振掌」至「餘財」　振者，抍也，檢也。以財與之謂之抍，知其足剩謂之檢。掌事奉王命有所造爲，故職幣檢掌事者。有餘則受取，故云振掌事者之餘財。

注「振猶」至「互之」　知「掌事謂以王命有所作爲」者，以其上經官府已下，是其國家常事，此別言掌事，是王命有所作爲。又云「先言斂幣，後言振財，互之」者，凡用國家財物，皆先振而後斂。今於上文直言斂，不言振，亦振之，下言振財有餘，亦斂之可知，故言互之也。

皆辨其物而奠其録，以書楬之，以詔上之小用賜予。奠，定也。故書録爲禄。杜子春云：「禄當爲録，定其録籍。」鄭司農云：「楬之，若今時爲書以著其幣。」○楬之，其列反。以著，直略反，徐張恕反。

「皆辨」至「賜予」　上經既斂得幣，皆當辨其物，知其色類及善惡。「而奠其録」者，謂定其所録簿書色別，各入一府。「以書楬之」者，謂府別各爲一牌，書知善惡價數多少，謂之楬。又云「以詔上之小用賜予」者，詔，猶告也。職幣既知府内，則告上之王與冢宰小用賜予之事，此謂常賜予。玉府所云「凡王之好賜共其貨賄」，及内府云「凡王冢宰之好賜」，此二者非常賜與。外府及典絲枲三官言賜予者，與此職幣同，亦是國家常賜予。

歲終，則會其出。凡邦之會事，以式灋贊之。

「歲終則會其出」　以其職幣主出，故歲終與司會會之。下贊之，亦謂贊司會會之事也。

司裘，掌爲大裘，以共王祀天之服。鄭司農云：「大裘，黑羔裘，服以祀天，示質。」

「司裘」至「之服」　言爲大裘者，謂造作黑羔裘。裘言大者，以其祭天地之服，故以大言之，非謂裘體侈大，則義同於大射也。云「以共王祀天之服」者，謂四時所有祀天之事皆共之，不限六天之大小。直言祀天，案孝經緯鉤命決云：「祭地之禮與天同。」牲玉皆不同。言同者，唯據衣服，則知崐崘神州亦用大裘可知。

注「鄭司」至「示質」　先鄭知大裘黑羔裘者，祭服皆玄上纁下，明此裘亦羔裘之黑者，故知大裘黑羔裘。又云「服以祀天示質」者，以其衮已下皆有采章，爲此大裘，〔一五〕更無采章，故云質。案：鄭志「大裘之上又有玄衣，與裘同色」，亦是無文采。

中秋獻良裘，〔一六〕**王乃行羽物。**良，善也。中秋鳥獸毴毨，〔一七〕因其良時而用之。鄭司農云：「良裘，王所服也。行羽物，以羽物飛鳥賜羣吏。」玄謂良裘，玉藻所謂黼裘與？此羽物，小鳥鶉雀之屬，鷹所擊者。中秋鳩化爲鷹，中春鷹化爲鳩，順其始殺，與其將止，而大班羽物。○中秋，音仲，注同。毴，音毛。毨，先典反。裘與，音餘。鶉，音淳。

「中秋」至「羽物」　良，善也。仲秋所獻善裘者，爲八月誓獮田所用，故獻之。王乃行羽物者，行，賜也。以羽鳥之物賜羣臣，以應秋氣也。

注「良善」至「羽物」　云「仲秋鳥獸毴毨」者，此是尚書堯典文。案彼注：「毨，理也，毛更生整理。」引之者，證仲秋有良裘意，故鄭云「因其良時而用之」也。司農云「良裘，王所服」者，先鄭意，良裘王所服，故仲秋獻之，羣臣所服裘，在下經「季秋獻功裘」，是也。後鄭不從之者，月令云：「孟冬，天子始裘」，此良裘若是王之所服裘，何得在仲秋？故後鄭不從。「玄謂良裘，玉藻所謂黼裘與」者，案：彼文云：「唯君有黼裘以誓獮。」〔一八〕獮，是仲秋田獵之名，彼獮田用黼裘，與此仲秋獻良裘同時，皆不爲寒設，故知此良裘，則與彼黼裘一也。但無正文，約與之同，故言「與」以疑之也。言黼裘者，白與黑謂之黼，謂狐白與黑羔，合爲黼文，故謂之黼裘。秋氣嚴猛，取斷割之義，故用黼。謂之良裘者，下經功裘之等，臣所服，見人功麤。良裘與大裘，皆君所服，針功細密，故得良裘之名。又云「此羽物，小鳥鶉雀之屬，鷹所擊者」，案：夏官羅氏「仲春，羅春鳥，行羽物」，彼注云：「羽物，若今南郡黃雀之屬。」彼黃雀即此雀之屬。此鶉與雀，亦是鷹所擊，故連言鶉也。云「仲秋鳩化爲鷹，仲春鷹化爲鳩」者，此並月令文。引此者，證此仲秋行羽物，與月令仲秋鳩化爲鷹，殺物之時，是順其始殺也，故行羽物。又云仲春鷹化爲鳩者，證羅氏仲春行羽物，與月令仲春鷹化爲鳩，止殺之時，故云與其將止。云班羽物者，揔結春秋二時，皆大班行羽物。

季秋，獻功裘，以待頒賜。功裘，人功微麤，謂狐青麛裘之屬。鄭司農云：「功裘，卿大夫所服。」○麛，音迷。

「季秋」至「頒賜」　案：詩云「七月流火，九月授衣」，此季秋，則是九月授衣之節。季秋獻功裘，以待頒賜者，功裘之內，有羣臣所服之裘，故言以待頒賜。

注「功裘」至「所服」　言「功裘，人功微麤」者，此對良裘與大裘人功微密，此裘人功麤，故名功裘。又云「謂狐青麛裘之屬」者，案：玉藻：「君子狐青裘，豹褎；麛裘，青豻褎。」彼云君子，鄭云「君子，大夫士也。」以其彼云豹褎、青豻褎，褎用雜，故爲大夫士。若君則用純。引此者，證功裘中有此狐青麛裘，以待頒賜。玉藻仍有羔裘、狐裘，亦是臣之所服裘，不引之者，「之屬」中含之矣。若然，狐青裘者，鄭玉藻注云：「蓋玄衣之裘。」天子下士玄端之服皆服之。〔一九〕又云麛裘者，鄭彼注引孔子素衣麛裘，謂是君臣視朔之服。彼云羔裘，注引孔子緇衣羔裘。鄭注論語云：「君之視朝之服，亦卿大夫士祭於君之服。」若然，卿大夫助祭用冕服，士用爵弁。君朝服冕服羔裘，卿大夫士弁冕用羔裘。至於朝服亦用羔裘，即是君臣祭服朝服，同服羔裘也。又云狐裘者，鄭注玉藻引孔子黃衣狐裘，謂是十月農功畢，臘祭先祖之服。據鄉來所解四種之裘，君臣同有，以其經云「以待頒賜」，唯據其臣。若據天子諸侯，除大裘之外，亦入此功裘之中。案玉藻仍有狐白裘，〔二〇〕據天子之朝，大夫已上所服，亦入此功裘之中。鄭司農云「功裘卿大夫所服」者，先鄭之意，以良裘王所服，故此功裘是卿大夫所服。後鄭引之在下者，經云「以待頒賜」，據臣而言，司農云功裘卿大夫所服，得爲一義，故引之在下。

王大射，則共虎侯、熊侯、豹侯，設其鵠。諸侯則共熊侯、豹侯，卿大夫則共麋侯，皆設其鵠。大射者，爲祭祀射，王將有郊廟之事，以射擇諸侯及羣臣與邦國所貢之士可以與祭者。射者可以觀德行，其容體比於禮，其節比於樂，而中多者，得與於祭。諸侯，謂三公及王子弟封於畿內者。卿大夫亦皆有采地焉，其將祀其先祖，亦與羣臣射以擇之。凡大射各於其射宮。侯者，其所射也。以虎熊豹麋之皮飾其側，又方制之以爲臯，〔二二〕謂之鵠，著于侯中，所謂皮侯。王之大射：虎侯，王所自射也；熊侯，諸侯所自射；豹侯，卿大夫以下所射。諸侯之大射：熊侯，諸侯所自射；豹侯，羣臣所射。卿大夫之大射，麋侯，君臣共射焉。凡此侯道，虎九十弓，熊七十弓，豹麋五十弓。列國之諸侯大射，大侯亦九十，參七十，干五十，〔二三〕遠尊得伸可同耳。所射正謂之侯者，天子中之則能服諸侯，諸侯以下中之則得爲諸侯。鄭司農云：「鵠，鵠毛也。方十尺曰侯，四尺曰鵠，二尺曰正，四寸曰質。」玄謂侯中之大小，取數於侯道。鄉射記曰：「弓二寸以爲侯中。」則九十弓者，侯中廣丈八尺；七十弓者，侯中廣丈四尺；五十弓者，侯中廣一丈。尊卑異等，此數明矣。考工記曰：「梓人爲侯，廣與崇方，參分其廣而鵠居一焉。」然則侯中丈八尺者，鵠方六尺；侯中丈四尺者，鵠方四尺六寸大半寸；侯中一丈者，鵠方三尺三寸少半寸。謂之鵠者，取名於鳱鵠。鳱鵠小鳥而難中，是以中之爲儁。亦取鵠之言較，較者直也，射所以直已志。用虎熊豹麋之皮，示服猛討迷惑者。射者大禮，故取義衆也。士不大射，士無臣，祭無所擇。故書「諸侯則共熊侯虎侯」，杜子春云：「虎當爲豹。」○其鵠，古毒反。爲祭，于僞反。可以與，音預，下「得與」同。德行，下孟反。比於，毗志反，下同。而中，丁仲反，〔二三〕下「天子中之」、「以下中之」、「而難中」、「以中」皆同。所射，食亦反，下「自射」、「所射」、「共射」皆同。爲臯，諸允反，本亦作準。著於，直略反，又張略反。參七，素感反。干五，五旦反，劉音鴈，本又作犴。遠尊，于万反。射正，音征，下同。鳱，音干，劉音鴈，一音岸。

「王大」至「其鵠」　言「王大射」者，王將祭祀，選助祭之人，故於西郊小學之中，王與諸侯及羣臣等行大射之法，故云王大射也。「則共虎侯熊侯豹侯」者，虎侯者，謂以虎皮飾其側。九十步之侯，王自射之也。熊侯者，以熊皮飾其側。七十步之侯，諸侯射之也。豹侯者，謂以豹皮飾其側。五十步之侯，孤卿大夫已下射之也。云「設其鵠」者，其鵠還以虎熊豹皮爲之。方制之，三分其侯，鵠居其一，故云設其鵠也。云「諸侯則共熊侯」者，謂畿内諸侯、三公、王子、母弟熊侯，亦如王之熊侯，諸侯自射之。豹侯者，亦如王之豹侯，羣臣共射之也。卿大夫者，謂王朝卿大夫。「則共麋侯」者，亦五十步，以麋皮飾其側，君臣共射之。云「皆設其鵠」者，熊侯已下亦以熊豹麋之皮爲鵠，三分其侯，鵠居一焉，故云設其鵠也。

注「大射」至「爲豹」　知大射爲祭祀射者，見禮記射義云：「天子大射謂之射侯。」既云天子將祭，〔二四〕必先習射，故知大射是將祭而射也。云「王將有郊廟之事」者，郊，謂祭五天帝於四郊。不言圜丘祭昊天，亦有可知。廟，謂祭先王先公皆是也。云「以射擇諸侯」至「得與於祭」，皆禮記射義文。案：彼云「天子以射選諸侯、卿大夫、士」，〔二五〕即云是故古者，天子之制，諸侯歲獻貢士於天子，試之射宫，其容體比於禮，其節比於樂，而中多者，得與於祭。而中少者，不得與於祭。是其大射擇諸侯之事也。云「諸侯謂三公及王子弟封於畿内者」，若六命賜官，及建其長，立其兩，可得及卿，此經卿與大夫同麋侯，明諸侯之内，唯有三公王子弟也。言封畿内者，此謂王子弟無官，直得采地而已。言封畿内者，對魯、衛、晉、鄭之等封在外爲諸侯者也。云「卿大夫亦皆有采地焉」者，案：載師「大都任畺地」，是此諸侯也。又云「小都任縣地，家邑任稍地」，是其卿大夫亦皆有采地焉。云「其將祀其先祖，亦與其羣臣射以擇之」者，諸侯亦與畿外諸侯同五廟，卿大夫亦三廟。此經不云孤，孤六命，亦與卿同，是其祀先祖之事也。云「凡大射各於其射宫」者，謂從王已下至大夫，大射，各自於其西郊之學，射宫之中。知然者，案：儀禮大射云「公入，驁」，自外而來入，明王已下皆於郊學也。云「侯者，其所射也」者，以其雖有正鵠之别，侯是摠名，故云侯者所射也。云「以虎熊豹麋之皮飾其側」者，〔二六〕侯中上下，俱有布一幅夾之，所飾者唯有兩傍之側，故云飾其側也。云「又方制之以爲辜，謂之鵠，著于侯中」者，梓人爲侯，廣與崇方，故云「方制之」。

質者正也，所射之處，故名爲質。三分其侯，鵠著於侯中。〔二七〕云「王之大射，虎侯，王所自射也」者，遠近三等，人有尊卑，分爲三節，尊者射遠，卑者射近，故知王射虎侯。諸侯卑於天子，其自射射熊侯，明助王祭亦射熊侯。卿大夫卑於諸侯，以其自家射，射麋侯五十步，明助王亦射豹侯五十步，故知射豹侯。卿大夫更言已下者，兼有士，亦射豹侯。諸侯之大射，熊侯諸侯所自射，豹侯羣臣所射，以其唯有二侯，故分爲二等。云「卿大夫之大射，麋侯，君臣共射焉」者，以其唯有一侯故也。云「凡此侯道，虎九十弓」至「五十弓」，並約鄉射記。案：鄉射記云：「鄉侯侯道五十弓。」案：大射大侯、糝侯、豻侯，直言九十、七十、五十，不云弓，故注鄉射記云：「大侯九十弓，糝侯七十弓，豻侯五十弓。」並約鄉侯有弓字，則大射所云九十者，九十弓；七十者，七十弓；五十者，五十弓，可知也。天子三侯，與彼畿外諸侯同，但用皮別耳，故此注虎侯九十弓，熊侯七十弓，豹麋五十弓。云「列國之諸侯大射，大侯亦九十，參七十，干五十」者，大射所云者是也。鄭注大射云：「大侯者，熊侯也。糝侯者，糝雜也。豹鵠而麋飾，下天子大夫也。豻侯者，豻鵠豻飾也。」云「遠尊得伸可同耳」者，對此經畿内諸侯之近尊，不得同於天子三侯。云「所射正謂之侯者，天子中之」已下，皆禮記射義文。鄭司農云「鵠，鵠毛也」者，先鄭意以鵠字與「鴻鵠」字同，故爲鵠毛解之。案：梓人云「張皮侯而棲鵠。」毛非可棲之物，故後鄭不從。云「方十尺曰侯」者，此先鄭之意，見鄉射鄉侯「五十弓，〔二八〕弓二寸，以爲侯中，侯中一丈」，故云十尺。此先鄭唯解五十步侯，於義則可。若九十、七十、五十，其侯揔方一丈，則不可，故後鄭不從。云「四尺曰鵠」者，案：梓人「三分其侯，鵠居一焉」，則無此方四尺曰鵠，故後鄭亦不從。云「二尺曰正」者，案：梓人「張皮侯而棲鵠」，大射之侯也。又云「張五采之侯，遠國屬」，賓射之侯也。若然，賓射射正，大射射鵠。此既大射，正鵠雜言，故後鄭亦不從也。云「四寸曰質」者，言質，即詩云「發彼有的」。及鵠皆是一物，其鵠不止四寸而已。故後鄭亦不從。「玄謂侯中之大小取數於侯道」者，其侯道則去侯遠近之道，故引鄉射記。鄉射記曰「弓二寸以爲侯中」者，二寸，據把中側骨中身也。弓别取二寸以爲侯身也。「則九十弓者，侯中廣丈八尺」者，據虎侯也。又云「七十弓者，侯中廣丈四尺」者，據熊侯也。「五十弓者，侯中廣一丈也」者，據豹侯麋侯也。云「尊卑異等，此數明矣」者，破司農揔方十尺曰侯之言。云「考工記曰梓人爲侯，廣與崇方」者，崇，高也。上下爲崇，横度爲廣，如鄉者侯中，丈八、丈四、一丈，皆方，故云廣與崇方也。云「參分其廣鵠居一焉」者，謂三分丈八、丈四、一丈之侯，各取一分而爲鵠，故云三分其廣鵠居一焉。又云「然則侯中丈八尺者，鵠方六尺」。自此已下，皆重釋鵠居一焉之義。以其侯中丈八，三六十八，故鵠居六尺。「侯中丈四尺者，鵠方四尺六寸大半寸」者，以其侯中丈四尺，取丈二尺，三四十二，得四尺；有二尺在，又取尺八寸，三六十八，又得六寸；有二寸在，寸各爲三分，二寸併爲六分；取二分，名爲三分寸之二，即是大半寸也，故云鵠方四尺六寸大半寸也。「侯中一丈者，鵠方三尺三寸少半寸」者，一丈取九尺，三三而九，得三尺。一尺在，又取九寸，得三寸；仍有一寸，分爲三分，得一分，名爲少半寸，故云鵠方三尺三寸少半寸。云「謂之鵠者」，此鄭釋鵠還是虎豹等皮名爲鵠意，故云「謂之鵠者，取名於鳱鵠」，鳱鵠者，案：淮南子「鳱鵠知來」。俗云鳱鵠是小鳥捷黠者也，故云「鳱鵠小鳥而難中」。云「亦取鵠之言較，較者直也，射所以直己志」者，案禮記射義云：「循聲而發，不失正鵠。」若然，正鵠相對之物，若鵠爲鳥，正亦爲鳥；若鵠爲直，正則爲正直之正，故射義云：「射者内志正，外體直。」是正鵠之名，各有二義。又云：「用虎熊豹麋之皮，示伏猛討迷惑者。」虎熊豹是猛獸，將以爲侯。侯，則諸侯也，是示能伏得猛厲諸侯。麋者，迷也，將以爲侯，示能討擊迷惑諸侯。云「射者大禮，故取義衆也」者，以其祭者是大事，射者觀德，故爲大禮，故於三侯之上，取義衆多。云「士不大射，士無臣，祭無所擇」者，案：孝經云天子諸侯大夫皆言争臣，士則言争友，是無臣也。大射者，所以擇臣，士則無臣可擇，故經不言士之大射，士自無大射之禮。得與天子大射者，以其得助祭故也。是以鄭注云：「豹侯，卿大夫已下所射。」已下，即士也。至於賓射，士自爲賓射，故射人云「士豻侯，二正」，不得與天子賓射，是以鄭射人注云「此與諸侯射，士不與」，是也。云「故書諸侯則共熊侯虎侯，杜子春云虎當爲豹」，不從故書者，虎侯是天子大侯，不宜在諸侯熊侯之下，故不從也。

大喪，廞裘，飾皮車。皮車，遣車之革路。故書廞爲淫。鄭司農云：「淫裘，陳裘也。」玄謂廞，興也，若詩之興，謂象似而作之。凡爲神之偶衣物，必沽而小耳。〔二九〕○廞，許金反，徐又火飲反。遣車，弃戰反。興也，虚譍反，下同。

「大喪」至「皮車」　大喪，謂王喪。廞，猶興也。興象生時裘而爲之，謂明器中之裘，即上良裘功裘等。云「飾皮車」者，亦謂明器之車，以皮飾之。

注「皮車」至「小耳」　「皮車，遣車之革路」者，案：冬官考工記：「飾車欲侈，棧車欲弇。」除棧車之外，皆用革鞔，即此皮車，非專革路。鄭特云皮車革路者，此司裘所飾，唯革路而已。云「故書廞爲淫，鄭司農云淫裘陳裘也」者，此周禮一部之內，稱廞者衆多，故書皆爲淫，先鄭皆爲陳，後鄭皆破從興。興，謂興象生時之物而作之。必知爲陳非，爲興是者，車僕云：「大喪，廞革車。」圉人云：「廞馬亦如之。」即是所廞車馬。又禮記檀弓云：「竹不成用，瓦不成味，琴瑟張而不平，竽笙備而不和」，皆是興象所作。明器非陳設之理，故不從先鄭。「玄謂廞興也，若詩之興，謂象似而作之」者，象似生時而作，但麤惡而小耳。云「凡爲神之偶衣物，必沽而小耳」者，案：禮記檀弓孔子云：「謂爲俑者不仁。」鄭以俑爲偶也，故鄭云神之偶衣，謂作送死之衣，與生時衣服相似。又云物沽而小者，沽，麤也。謂其物沽略而又小，即木不成用，瓦不成味是也。

凡邦之皮事，掌之。歲終則會，唯王之裘與其皮事不會。

掌皮，掌秋斂皮，冬斂革，春獻之。皮革踰歲乾久乃可用。獻之，獻其良者於王，以入司裘，給王用。

「掌皮」至「獻之」　云「秋斂皮，冬斂革，春獻之」者，許氏說文：「獸皮治去其毛曰革。」秋斂皮者，鳥獸毛毨之時，其皮善，故秋斂之。革乃須治，用功深，故冬斂之。乾久成善乃可獻，故春獻之也。

注「皮革」至「王用」　知良者入司裘者，以其司裘掌爲王大裘以下，故知良者入司裘也。

遂以式灋頒皮革于百工。式法，作物所用多少故事。

「遂以」至「百工」　上文獻良者入司裘，其餘入百工。因上事，故云「遂」也。百工者，即冬官六十官，主作器物，若裘氏、韋氏、函人之類，用皮者也。

注「式法」至「故事」　云「式法，作物所用多少故事」者，作，若裘氏作裘，函人作甲冑，謂皮革皆有用物多少之數，有舊法者也。

共其毳毛爲氈，以待邦事。當用氈則共之。毳毛，毛細縟者。○毳，尺鋭反。縟，音辱。

「共其」至「邦事」　鄭云「當用氈則共之」，謂若掌次張氈案，是當其用氈，則掌皮共毳毛與冬官，使作氈與掌次也。

歲終，則會其財齎。財，斂財本數及餘見者。齎，所給予人以物曰齎。[三〇]今時詔書或曰齎計吏。鄭司農云：「齎或爲資。」○餘見，賢遍反。

「歲終」至「財齎」　歲終，周之十二月，則會計其皮之本數之財，及出與人物之齎，[三一]計知多少也。

注「財斂」至「爲資」　「財，斂財本數」者，經云財與齎二者，並據皮革而言也。言斂財本數者，謂四方所有皮革之入掌皮之數，是本數也。云「及餘見」者，謂出給不盡，見在庫者也。云「予人以物曰齎」者，齎有兩義，上外府注「行道曰齎」，〔三三〕此皮革無行道所用之義，故齎爲出給與人物解之也。云「今時詔書或曰齎計吏」者，漢時考使謂之計吏，有詔賜與之，則曰齎。引之，證齎是與人物也。鄭司農云齎或爲資，先鄭意，一部書齎或爲資也。〔三三〕

内宰，掌書版圖之灋，以治王内之政令，均其稍食，分其人民以居之。版謂宫中閽寺之屬及其子弟録籍也。圖，王及后、世子之宫中吏官府之形象也。政令謂施閽寺者。稍食，吏禄稟也。人民，吏子弟。分之使衆者就寡，均宿衛。

注「版謂」至「宿衛」 内宰既職當内事，與大宰主外事相似，故知版之所書者，謂宫中閽寺之屬，并宫中官之子弟，皆屬内宰，書之於版焉。既主内事，故知所圖者，不出王及后、世子之宫中吏官府之形象也。又知「政令謂施閽寺者」者，以其閽人主中門之禁，寺人掌王之内人之戒令，内宰爲之長，故知政令者，施之於閽人寺人也。不言内小臣及内豎者，蓋亦施之也。云「稍食，吏禄稟也」者，吏，即閽寺弟子宿衛后宫者，〔三四〕宫正所均，謂宿衛王宫者，以米稟爲禄之月俸。均之者，當知見在空闕也。云「人民，吏子弟」者，以其所均稍食，是吏之子弟，明所分宿衛，還是吏之子弟也。

以陰禮教六宫，鄭司農云：「陰禮，婦人之禮。六宫後五前一，王之妃百二十人：后一人，夫人三人，嬪九人，世婦二十七人，女御八十一人。」玄謂六宫，謂后也。婦人稱寢曰宫。宫，隱蔽之言。后象王，立六宫而居之，亦正寢一，燕寢五。教者，不敢斥言之，謂之六宫，若今稱皇后爲中宫矣。昬禮：「母戒女曰：夙夜毋違宫事。」

「以陰禮教六宫」 先鄭意以陰禮婦人之禮，教六宫之人，自后已下至女御。後鄭意以婦人之禮教后一人，六宫即后也。

注「鄭司」至「宮事」　先鄭知陰禮婦人之禮者，以其將用教婦人，故知陰禮是婦人之禮也。云「六宮，後五前一」者，天子謂之六寢，宮人所云者是也。后亦象王，立宮亦後五前一，在王六寢之後爲之，南北相當耳。云「王之妃百二十人」，至「八十一人」，此是禮記昏義之文，彼據周法。引之者，先鄭意，欲見內宰教此六宮之人也。「玄謂六宮謂后」，不從先鄭者，若此文兼后至女御，應言及與凡殊之，下別自教三夫人已下。此文既在於上，明專教后一人而已。云「若今稱皇后爲中宮矣」者，漢舊儀有此事也。引昏禮者，證婦人稱宮之意也。

以陰禮教九嬪，教以婦人之禮。不言教夫人、世婦者，舉中，省文。○省文，所景反。

注「教以」至「省文」　司農意，上文教六宮之人訖，此復教九嬪者。先鄭意，以九嬪掌婦學之法，使之教九御，故內宰特更別教之也。〔三五〕後鄭意，下文別教九御，故知此教三夫人已下。不言三夫人、世婦者，舉中以見上下，省文。

以婦職之灋教九御，使各有屬以作二事，正其服，禁其奇衺，展其功緒。婦職，謂織紝、組紃、縫線之事。九御，女御也，九九而御于王，因以號焉。使之九九爲屬，同時御又同事也。正其服，止踰侈。奇衺，若今媚道。〔三六〕展猶録也。緒，業也。故書二爲三，杜子春云：「當爲二，二事謂絲枲之事。」○其奇，紀宜反。衺，似嗟反，本亦作邪。紝，女金反。組，音祖。紃，似倫反。縫線，仙戰反，字亦作綫。

「以婦」至「功緒」　內宰以婦人職業之法教九御。上文世婦已上，皆直言陰禮，不言職，此言職者，以其世婦以上貴，無絲枲等職業之法故也。云「使各有屬」者，女御八十一人，九人爲一屬，屬，猶聚也。九人同時御，又同爲絲枲之事。

注「婦職」至「之事」 婦職，謂織紝。織紝爲一事，組紃又爲一事，縫線又爲一事，三者皆婦職也。案：詩注云：「王后織玄紞，公侯夫人紘綖，卿之内子大帶，大夫命婦成祭服，士妻朝服，庶士以下，各衣其夫。」貴賤皆有職者，彼示雖貴無得遊手，率先之意，〔三七〕非如此絲枲二事，責其功緒也。又云「九御，女御也」者，序官云女御，故就而釋之也。云「九九而御于王，因以號焉」者，案：下女御職云：「掌御叙于王之燕寢。」此云九御，是九九而御于王，因以號焉。云「使之九九爲屬，同時御又同事也」者，此鄭釋九人爲屬之意也。云「正其服，止踰侈」者，女御緣衣是正，不得踰侈，服展衣以上也。云「奇衺，若今媚道」者，案漢書，漢孝文時，婦人蠱惑媚道，更相呪詛，作木偶人埋之於地。漢法又有宫禁，〔三八〕云「敢行婦道者」。〔三九〕若然，媚道，謂道妖衺巫術以自衒媚，〔四〇〕故鄭舉漢法證經奇衺也。

大祭祀，后祼獻，則贊，瑶爵亦如之。〔四一〕謂祭宗廟，王既祼而出迎牲，后乃從後祼也。祭統曰：「君執圭瓚祼尸，大宗執璋瓚亞祼。」此大宗亞祼，謂夫人不與而攝耳。獻謂王薦腥薦孰，后亦從後獻也。瑶爵，謂尸卒食，王既酳尸，后亞獻之，其爵以瑶爲飾。○后祼，古亂反。瑶爵，音遥。不與，音預。酳，士靳反，劉俟吝反，〔四二〕又音胤。

「大祭」至「如之」 大祭祀，謂祭宗廟也。后祼者，謂室中二祼，后亞王祼尸。獻，謂朝踐饋獻，后以玉爵亞王而獻尸。則贊者，此三事内宰皆佐后。祼時以璋瓚授后，獻時以玉爵授后，故云「則贊」也。「瑶爵亦如之」者，謂尸卒食，王酳尸，后亞王而酳尸，則内宰以瑶爵授后，后親酌盎齊以酳尸，云瑶爵亦如之者，亦贊之也。

注「謂祭」至「爲飾」 以其天地、山川、社稷等外神，后夫人不與。又天地無祼，此云祼，故知經云大祭祀者，據宗廟而言也。但宗廟之祭，四時與禘祫六享，皆有此祼獻瑶爵之事，故揔言宗廟也。云「王既祼而出迎牲，后乃從後祼也」者，案：郊特牲云：「既灌而出迎牲。」彼據君而言，則知王既祼而出迎牲，后乃從祼也。案：司尊彝注「后亞王灌訖，乃出迎牲」者，以郊特牲云既灌而出迎牲，以既灌之中，不言無后灌，是以鄭云后灌後乃迎牲。此云迎牲後后乃裸，鄭以迎牲是王事，欲取王事自相亞，故退后裸於迎牲後也。又引祭統已下者，彼雖諸侯禮，欲見后有從王亞裸之事，與諸侯同也。又云「獻謂王薦腥薦孰，后亦從後獻也」者，案：禮記禮運云「腥其俎，孰其殽」，鄭云：「腥其俎謂豚解而腥之，孰其殽謂體解而爓之」。〔四三〕是其薦腥薦孰也。此二者，是堂上朝踐饋獻之節，室中二灌訖，王出迎牲時，祝延尸於户外之西，南面，后薦八豆八籩，王牽牲入，以血毛告訖，以此腥其俎薦於神前，王以玉爵酌醴齊以獻尸，后亦以玉爵酌醴齊以獻尸也。朝踐訖，乃孰其殽，薦於神前，王以玉爵酌盎齊以獻尸，后亦玉爵酌盎齊以獻尸，名爲饋獻。云「瑶爵，謂尸卒食，王既酳尸，后亞獻之」者，案：儀禮鄭注云：「諸侯尸十三飯，天子尸十五飯。」尸食後，王以玉爵酌朝踐醴齊以酳尸，謂之朝獻。后亦於後以瑶爵酌饋獻時盎齊以酳尸，謂之再獻，故云后亞獻也。云「其爵以瑶爲飾」者，鄉來所解知后以瑶爵亞酳尸者，約明堂位云「爵用玉琖仍彫，加以璧散、璧角。」食後稱加，彼魯用王禮，即知王酳尸亦用玉琖，后酳尸用璧角，賓長酳尸用璧散。彼云璧，此云瑶，不同者，瑶，玉名，瑶玉爲璧形，飾角口，則曰璧角，角受四升，爵爲揔號，故鄭云其爵以瑶爲飾也。

正后之服位而詔其禮樂之儀。薦徹之禮當與樂相應。位謂房中、户内及阼所立處。

「正后」至「之儀」　云「正后之服位」者，服，謂若内司服褘衣已下六服。皆正之，使服當其用。位，謂后助祭之位，正之使不失其所。而詔其禮樂之儀者，后之行禮之時，皆合于樂節，各當其威儀，皆内宰告后，使依於法度，故云詔其禮樂之儀也。

注「薦徹」至「立處」　案：九嬪職云「贊后薦徹豆籩」，是后薦徹也。天子之禮，薦時歌清廟，及徹歌雍，是薦徹皆有樂節。但内宰所詔，唯詔禮耳。經兼云樂者，禮樂相應也。云「位謂房中户内及阼所立處」者，但天子諸侯祭禮亡，今云位謂房中者，案：儀禮特牲云：「主婦亞獻尸，尸拜受，主婦北面拜送。」主婦北面拜者，避内子。及尸酢主婦，主婦適房中，南面祭酒。及主人致爵于主婦，亦於房中南面拜受爵。至於少牢，主婦入户，西面獻尸，及酢，主婦無入房之文，即此云位謂房中户内者，據特牲士禮而言也。云「及阼所立處」者，案：少牢有司徹云：「主人位于阼階上，獻尸侑訖，「主婦乃洗爵于房中，出實爵，尊南西面獻尸，尸拜于筵上受，主婦西面，于主人席北拜送爵。」云主人席北，即當阼階，故云阼所立處。此約有司徹而言也。

贊九嬪之禮事。助九嬪贊后之事。九嬪者贊后薦玉齍，薦徹豆籩。○玉齍，音咨。

注「助九」至「豆籩」　贊，助也。鄭云助九嬪贊后之事者，以經云贊九嬪之禮事，則助九嬪，經自明矣。知九嬪贊后者，即鄭所引九嬪職，贊后，爲后薦玉齍，薦徹豆籩等，是九嬪贊后之事，即是内宰助九嬪，九嬪贊后也。

凡賓客之祼獻、瑤爵，皆贊。謂王同姓及二王之後來朝覲爲賓客者。祼之禮，亞王而禮賓。獻謂王饗燕，亞王獻賓也。瑤爵，所以亞王酬賓也。坊記曰：「陽侯殺穆侯而竊其夫人，故大饗廢夫人之禮。」

「凡賓」至「皆贊」　賓客則王同姓及二王後。以其非一，故云「凡」以廣之。云「祼」者，謂行朝覲禮訖，即行三享之禮，享訖，乃禮賓於户牖之間。獻，謂饗燕賓客，后亦助王獻賓。瑤爵，謂王饗燕酬賓時，后亦助王酬賓。皆贊助于后也。

注「謂王」至「之禮」　鄭知賓客是王同姓及二王之後者，見大行人云「上公之禮，再祼而酢，侯伯一祼而酢，子男一祼不酢」，則是上公乃有再祼，王先一祼，次后再祼。案：孝經緯云「二王之後稱公」，則知二王之後，有后祼也。又案：巾車云「同姓金路」，鄭云：「王子母弟雖爲侯伯，畫服如上公。」(四四)則此云王之同姓，亦謂爲侯伯，得與上公同再祼，亦有后祼可知。若同姓爲子男者，則與異姓同一祼，無后祼也。故鄭云「謂王同姓及二王之後來朝覲爲賓客者。」但裸時大宗伯代后，至于拜送則后，則内宰亦贊后拜送爵。云「裸之禮，亞王而禮賓」者，案：聘禮有以醴禮賓之言，故鄭依而言之。若據大行人，則云裸也。云「獻謂王饗燕亞王獻賓也」者，后之裸者，饗燕亦與焉。案：大行人云，上公三饗、〔四五〕三食、三燕，侯伯再饗、再食、再燕，子男一饗、一食、一燕。無飲酒之禮，唯有饗燕耳。饗者，亨大牢以飲賓。立行禮，在廟，獻依命數，爵盈而不飲。燕禮，其牲狗，行一獻之禮，四舉旅，降，〔四六〕脱屨升坐，其爵以醉爲度。饗燕皆有獻賓酬賓，后亦助王獻賓酬賓之事，内宰皆贊后也。引坊記者，陽國之侯來朝於穆侯，穆侯饗陽侯之時，穆侯夫人亦助君獻酬于賓。其時陽侯見穆侯夫人色美，遂殺穆侯而竊其夫人歸國，故大饗廢夫人之禮。引之者，證古者諸侯夫人助君饗賓，明天子后亦有助王饗燕賓，故經云「后裸獻之事也」。

致后之賓客之禮。謂諸侯來朝覲及女賓之賓客。

注「謂諸」至「賓客」　「致后之賓客之禮」者，謂若酒正云「致后之賓客之禮」。其掌客致夫人之禮，彼諸侯夫人致禮于賓客法，明后亦致牢禮於賓。〔四七〕鄭注掌客「凡夫人禮，皆使下大夫致之」，則此内宰亦下大夫也。云「女賓之賓客」者，謂畿内同姓諸侯夫人，有會見王后之法，故亦致禮焉。

凡喪事，佐后使治外内命婦，正其服位。使，使其屬之上士。内命婦謂九嬪、世婦、女御。鄭司農云：「外命婦，卿大夫之妻，王命其夫，后命其婦。」玄謂士妻亦爲命婦。

「凡喪」至「服位」　喪言「凡」，則王及后、世子已下皆是，以其皆有服位，故云凡以廣之。凡有喪事，内宰皆佐后，使其屬官治外内之命婦，正其服之精麤，位之前後也。

注「使使」至「命婦」　以外内命婦卑，故内宰不自治之，故經云使，明使其屬之上士治之。云「内命婦，謂九嬪世婦女御」者，以其對外命婦，故知内命婦是九嬪已下可知也。不言三夫人者，三夫人從后，不在治限，故不言也。司農云「王命其夫，后命其婦」者，先鄭見禮記玉藻云「君命屈狄」，是子男夫人，彼是后命之，明王朝之臣，亦王命其夫，后命其婦可知。「玄謂士妻亦爲命婦」者，夏、殷之禮，爵命不及於士。周之禮，上士三命，中士再命，下士一命，夫尊于朝，妻榮于室，明士妻亦爲命婦可知。若然，喪服命夫命婦皆據大夫，不含士者，彼據降服不降服爲説，〔四八〕故唯據大夫爲命夫，其妻爲命婦，不及士也。

凡建國，佐后立市，設其次，置其叙，正其肆，陳其貨賄，出其度、量、淳、制，祭之以陰禮。市朝者，君所以建國也。建國者必面朝後市，王立朝而后立市，陰陽相成之義。次，思次也。〔四九〕叙，介次也。陳猶處也。度，丈尺也。量，豆區之屬。鄭司農云：「佐后立市者，始立市，后立之也。祭之以陰禮者，市中之社，先后所立社也。」故書淳爲敦，杜子春讀敦爲純，純謂幅廣也，制謂匹長。玄謂純制，天子巡守禮所云「制幣丈八尺，純四䊷」與？〔五〇〕陰禮，婦人之祭禮。○淳，劉諸允反，注皆同，徐音純。市朝，直遥反，下同。介次，音界，或作分，非。爲純，諸允反，下同。四䊷，音紙。與，音餘。

「凡建」至「陰禮」　王者建國，非定一所，隨世而遷，謂若自契至湯八遷，大王遷岐，文王遷豐，武王遷鎬，成王營洛，皆是建國，故云「凡」以該之也。凡建國，内宰佐后立市。設其次，謂司市所居。置其叙，謂胥師、賈師等所居。正其肆，謂諸行列肆之等。陳其貨賄，貨賄爲有諸物，皆陳列之也。出其度量，謂内宰佐后，出度之丈尺、量之斗斛，及出淳之幅廣狹，并制之丈八尺。又於市中祭之以陰禮，謂婦人之祭禮也。

注「市朝」至「祭禮」　云「市朝者，君所以建國也」者，謂建國必須有市朝，故鄭即覆釋云：「建國者必面朝後市。」面朝後市，乃冬官匠人文。云「王立朝」者，即三朝皆王立之也。而后立市者，即此文是也。云「陰陽相成之義」

者，朝是陽，王立之。市是陰，后立之。獨陽不生，獨陰不成，故云陰陽相成之義也。云「次，思次也」者，地官司市云：「思次介次。」彼注破思爲司字解之。云「叙，介次也」者，亦司市文。介，副也，謂若胥師、賈師等所居也。案：司市注：「次，謂吏所治舍，思次、介次也，若今市亭然。叙肆，行列也。」與此注不同者，鄭望文解之。彼經無肆文，故以叙爲行列，并思次、介次共爲一所解之。此文自有肆文，故分思次、介次别釋也。云「陳猶處也」者，謂處置其貨賄也。云「度，丈尺也」者，律曆有分、寸、尺、丈、引五度，今只言丈尺，略言之也。云「量，豆區之屬」者，此案左氏昭公傳，晏子云：「齊舊四量，豆、區、釜、鍾。」又案律曆「五量，籥、合、升、斗、斛」。〔五二〕此獨言豆區者，「之屬」中含之。又云「祭之以陰禮者，市中之社，先后所立社也」者，市乃先后所立，故以陰禮，爲市中之社，亦先后所立社也。云「故書淳爲敦，杜子春讀敦爲純，純謂幅廣也，制謂匹長。玄謂純制，天子巡守禮所云制丈八尺，純四抧與」，此二者並增成子春義。趙商問云：「天子巡守禮，制丈八尺，純四抧，何？」荅云：「巡守禮：制丈八尺，咫八寸，四咫三尺二寸。又大廣，四當爲三，三八二十四，二尺四寸，幅廣也。古三四積畫，是以三誤爲四也。」

中春，詔后帥外内命婦始蠶于北郊，以爲祭服。蠶于北郊，婦人以純陰爲尊。郊必有公桑蠶室焉。○中春，音仲。

「中春」至「祭服」 云「中春，詔后帥外内命婦始蠶于北郊」者，内宰以仲春二月詔告也，告后帥領外命婦、諸臣之妻、内命婦、三夫人已下，始蠶於北郊。云「以爲祭服」者，禮記祭義亦云：「蠶事既畢，遂朱緑之，玄黄之，以爲祭服。」此亦當染之以爲祭服也。

注「蠶于」至「室焉」 云「蠶於北郊，婦人以純陰爲尊」者，案：禮記祭統云：「天子親耕於南郊。」鄭以諸侯爲少陽，是天子以純陽爲尊，則后蠶于北郊，純陰爲尊也。云「郊必有公桑蠶室焉」者，案月令，三月，后妃親東鄉躬桑。此云二月，與彼不同者，案：馬質云「禁原蠶者」，彼注：「天文，辰爲馬。」引蠶書曰：「蠶爲龍精，月值大火，則浴

其種。是蠶與馬同氣。」故此亦仲春始蠶。蠶者，亦謂浴種。至三月臨生蠶之時，又浴種，乃生之，故設文有異也。〔五二〕

歲終，則會內人之稍食，稽其功事。內人，主謂九御。

「歲終」至「功事」　歲終，亦謂周之季冬，內宰則會計內人女御之稍食。稍食，則月請是也。〔五三〕云「稽其功事」者，稽，計也。又當計女御絲枲二者之功事，以知多少。

注「內人主謂九御」　知內人主是女御者，案：典婦功「授嬪婦及內人女功之事齎」。嬪婦既是九嬪世婦，明內人是九御也。

佐后而受獻功者，比其小大與其麤良而賞罰之。獻功者，九御之屬。鄭司農云：「烝而獻功。」玄謂典婦功曰：「及秋獻功。」

「佐后」至「罰之」　佐后而受獻功者，謂內宰佐助后，而受女御等獻絲枲之功布帛等。云「比其小大與其麤良」者，布帛之等，縷小者則細良，縷大者則麤惡。今言麤不云惡，言良不云細者，互見爲義也。云「而賞罰之」者，良則賞之，麤則罰之，以示懲勸也。

注「獻功」至「秋獻功」　鄭知獻功是九御之屬者，上文云「以婦職之法教九御」，明所受獻功，還是九御之屬可知。司農云「烝而獻功」，謂冬獻功。玄引典婦功職秋獻功。不從先鄭者，以其內宰佐后受，明是婦官所造，還是典婦功、女御等秋獻功也。

會內宮之財用。計夫人以下所用財。

「會内功之財用」 以其云内宮，是揔六宮之内，所有用財皆會計之，故鄭云計夫人以下所用財也。

正歲，均其稍食，施其功事，憲禁令于王之北宮而糾其守。均猶調度也，施猶賦也。北宮，后之六宮。謂之北宮者，繫于王言之，明用王之禁令令之。守，宿衛者。○調度，徒弔反，下待洛反，或如字。

「正歲」至「其守」 正歲，謂建寅之月，歲始，故揔均宮中所受稍食月俸之人，因歲始，人於其女功絲枲之事，〔五四〕「憲禁令于王之北宮」者，亦以歲始。憲謂表縣禁令于王之北宮。北宮則后宮。「而糾其守」者，謂宿衛之子弟，糾其惰慢者也。

注「均猶」至「衛者」 鄭以均爲調度者，受月請者，尊卑各有常度。今均之者，謂調之使依常度。云「謂之北宮者，繫於王言之，明用王之禁令令之」者，欲見王有六寢，后有六宮，名自不同。〔五五〕必繫王而言者，婦人有三從之義，后雖自有六宮，必資王之禁令，故繫王而言也。云「守，宿衛者」，謂若宮伯所掌士庶子者也。

上春，詔王后帥六宮之人而生穜稑之種，而獻之于王。六宮之人，夫人以下分居后之六宮者。古者使后宮藏種，以其有傳類蕃孳之祥。必生而獻之，示能育之，使不傷敗，且以佐王耕事共禘郊也。鄭司農云：「先種後孰謂之穜，後種先孰謂之稑，王當以耕種于藉田。」玄謂詩云「黍稷穜稑」是也。夫人以下分居后之六宮者，每宮九嬪一人，世婦三人，女御九人；其餘九嬪三人，世婦九人，女御二十七人，從后唯其所燕息焉。從后者五日而沐浴，其次又上十五日而徧云。夫人如三公，從容論婦禮。○穜，直龍反，本或作重，〔五六〕音同。先種後孰曰穜。案，如字書禾旁，作重是種稑之字，作童是穜殖之字，今俗則反之。稑，音六，後種先孰曰稑，本又作穋，同。之種，章勇反，注「藏種」同。傳類，直宣反，下同。番，音煩。孳，音兹，本又作滋。又上，時掌反。而徧云，音遍，絶句。從容，如字。

「上春」至「于王」 「上春」者，亦謂正歲。以其春事將興，故云上春也。内宰以上春建寅之月，又詔告王后，帥領六宫之人而生穜稑之種。「而獻之于王」者，一則助王耕事，二則示於宫内，無傷敗之義也。

注「六宫」至「婦禮」　云「古者使后宫藏種，以其有傳類蕃孳之祥」者，王妃百二十人，使之多爲種類。藏種者，亦是種類蕃孳之祥，故使藏種也。云「必生而獻之，示能育之，使不傷敗」者，生此種乃獻之，非直道此種不傷敗，示於宫内懷孕者，亦不傷也。云「且以佐王耕事」者，王親耕，后親蠶，皆爲祭事。今后雖不耕，藏種獻之者，亦是佐王耕事。云「共禘郊也」者，禘謂祭廟，郊謂祀天，舉尊言之，其實山川社稷等，皆用之也。鄭司農云「先種後孰謂之穜，後種先孰謂之稑」者，今世見有此先種後孰，後種先孰，目驗可知也。「玄謂詩云黍稷穜稑是也」，〔五七〕此增成先鄭義，亦以其先鄭直云先種後種，不見穀名，後鄭意黍稷皆有穜稑。云「夫人以下分居后之六宫」者，此已下亦是增成鄭義。〔五八〕所分居者，唯據九嬪以下，三夫人不分居。而云三夫人以下，則除三夫人，〔五九〕亦得爲三夫人以下也。云「每宫」者，后六宫，故云每。此言與下爲目也。「九嬪一人」者，九嬪九人，六宫各一人，則三人在也。「世婦三人」者，世婦二十七人，六宫每宫三人，則九人在也。「女御九人」者，女御八十一人，六宫宫各九人，餘二十七人在也。其餘，謂不分者，故云「其餘九嬪三人、世婦九人、女御二十七人」也。云「從后唯其所燕息焉」者，后不專居一宫，須往即停，故云唯其燕息焉。云「從后者五日而沐浴」者，凡侍尊者須絜浄，故須沐髮浴身體也。「其次又上十五日而徧云」者，鄉所分居六宫，九嬪以下皆三分之，一分從后，兩分居宫。假令月一日，一分從后，至月五日，從后者五日滿，則右邊三宫之中舊居宫者，來替此從后者，從后者又來入右邊三宫，從后者至十日又滿，則左邊三宫者來替此從后者，從后者來居左邊三宫，又至十五日，則三番揔徧，故云十五日而徧。「云」者，無正文，鄭以意配之，故言云以疑之。云「夫人如三公，從容論婦禮」者，王后六宫，夫人有三，分居不遍，因即尊之。三公坐與王論道，三夫人尊卑與三公同。三公侍王，三夫人亦侍后，故取並焉者，以證三夫人不分居宫之義也。

内小臣，掌王后之命，正其服位。命謂使令所爲。〔六〇〕或言王后，或言后，通耳。○使令，力呈反。

「内小」至「服位」 叙官云：「奄上士四人。」案：夏官大僕云：「掌正王之服位，出入王之大命」。則大僕掌王命及服位；此小臣亦云「掌王后之命，正其服位」，則小臣侍后，與大僕侍王同也。注「命謂」至「通耳」 云「命謂使令所爲」者，以其后無外事，明云命者，是使令所爲。云「或言王后，或言后，通耳」者，以此經及上經皆云王后，下文則皆云后，鄭恐人以爲别有義意，故云通耳，無義例也。

后出入，則前驅。道之。○道之，音導。

「后出」至「前驅」 此小臣是奄人，與后導道，是其常也。

若有祭祀、賓客、喪紀，則擯，詔后之禮事，相九嬪之禮事，正内人之禮事，徹后之俎。擯，爲后傳辭，有所求爲。詔、相、正者，異尊卑也。俎，謂后受尸之爵，飲于房中之俎。○相九，息亮反，注同。爲后，于僞反。

「若有」至「之俎」 云「若有祭祀賓客喪紀則擯」者，此三者事至無常，故云若，若，不定之辭也。則擯者，此三者后皆有事，九嬪以下，從后往也。三事皆與后爲擯贊也。云「詔后之禮事，相九嬪之禮事，正内人之禮事」者，詔、相、正，皆是上擯，但據尊卑不同，故以詔相别之。云「徹后之俎」者，謂后於東房中受尸酢之俎，内小臣徹之。注「擯爲」至「之俎」 言「擯爲后傳辭，有所求爲」者，后爲上三事須物，則小臣擯贊而傳辭，與諸司求物，供所爲也。云「詔、相、正者，異尊卑也」者，后尊云詔，詔，告而已。九嬪稍卑，則言相，相，佐助之言也。女御卑，直正之而已。云「俎謂后受尸之爵，飲於房中之俎」者，天子諸侯祭禮亡，案特牲，薦俎，乃受尸之酢，次主婦酳尸，尸酢主婦，於東房中受尸之酢，亦有薦俎。后之俎，小臣所徹，亦約與士禮主婦之俎同也。

后有好事于四方，則使往；有好令於卿大夫，則亦如之。后於其族親所善者，使往問遺之。○好事，呼報反，下同。問遺，唯季反。

注「后於」至「遺之」「后於其族親」者，后有族親在四方，謂畿外諸侯於王有親，謂若魯、衛、晉、鄭之等也。於卿大夫，亦謂同姓族在朝廷者也。王后意有所善，遺小臣往以物問遺之。四方諸侯言事，卿大夫言令者，后雖無正令施與卿大夫，時有言教至焉，故云令也。后於畿外全無言教所及，故以事言之也。

掌王之陰事陰令。陰事，羣妃御見之事。若今掖庭令晝漏不盡八刻，白録所記，推當御見者。陰令，王所求爲於北宫。○御見，賢遍反，下同。掖庭，劉音亦。

注「陰事」至「北宫」云「陰事，羣妃御見之事」者，謂若九嬪職後鄭所云者是也。又云「陰令，王所求爲於北宫」者，王於北宫求爲，謂若縫人、女御，爲王裁縫衣裳，及絲枲織紝之等，皆是王之所求索，王之所造爲者也。言北宫者，對王六寢在南，以后六宫在北，故云北宫也。

閽人，掌守王宫之中門之禁，中門，於外内爲中，若今宫闕門。鄭司農云：「王有五門，外曰皋門，二曰雉門，三曰庫門，四曰應門，五曰路門。路門一曰畢門。」玄謂雉門，三門也。春秋傳曰：「雉門災，及兩觀。」○兩觀，古喚反。

「閽人」至「之禁」言「閽人」者，墨者使守門。閽人守王宫中門耳。「中門」者，王有五門，雉門爲中門。掌守雉門

之禁，譏其出入之者也。〔六一〕

注「中門」至「兩觀」 「中門於外内爲中」者，雉門外有臯、庫，内有應、路，故云於外内爲中也。鄭司農云「王有五門」，庫門在雉門内，爲中門。「路門一曰畢門」者，取尚書顧命云：「二人爵弁，立於畢門之内。」言路門者，路，大也。人君所居皆曰路，以大爲名。言畢門者，從外而入，路門爲終畢。「玄謂雉門，爲三門」者，破先鄭雉門爲二門。必知雉門爲中門者，凡平諸侯三門，有臯、應、路，詩云：「乃立臯門，臯門有亢。乃立應門，應門將將」者，是也。若魯三門則有庫、雉、路，故明堂位説魯制三兼四，〔六二〕云「庫門，天子臯門」，則庫門向外兼臯門矣。又云「雉門，天子應門」，則雉門向内兼應門矣。既言庫門向外兼臯門，雉門向内兼應門，則天子五門，庫門在雉門外明矣。又引春秋傳者，定公二年：「夏五月壬辰，雉門及兩觀災。」公羊傳曰：「曷爲不言雉門災及兩觀？主災者兩觀也。主災者兩觀，則曷爲後言之？不以微及大也。」今鄭所引，不與彼傳同者，鄭勦傳，非彼正文也。引之者，證魯有三門，雉門有兩觀爲中門，則知天子五門，雉門亦爲中門有兩觀矣。

喪服、凶器不入宫，潛服、賊器不入宫，奇服怪民不入宫。喪服，衰絰也。〔六三〕凶器，明器也。潛服，若衷甲者。〔六四〕賊器，盜賊之任器。兵物皆有刻識。奇服，衣非常。春秋傳曰：「尨奇無常，怪民狂易。」〇衰絰，徐音崔。刻識，式志反，又音式。尨，亡江反。狂易，以豉反，徐音陽。

注「喪服」至「狂易」 鄭云「喪服，衰絰也」者，案：下曲禮云：「苞屨，扱衽，厭冠不入公門。」苞屨，謂杖齊衰。扱衽，斬衰初死服。厭冠，緦、小功冠。檀弓云：「士唯公門脱齊衰。」服問云：「大功免絰。」〔六五〕鄭云「衰絰」，義出於彼也。云「凶器，明器也」者，案士喪禮，主人所造曰明器，賓客所致曰就器。此經凶器，亦應兼有就器，而云凶器明器者，以主人明器爲主也。云「潛服，若衷甲」者，謂若襄公二十七年「將盟于宋西門之外，楚人衷甲」是也。云「兵物皆有刻識」者，案：定十年，侯犯以郈叛，叔孫氏之甲有物是也。云「奇服，衣非常。春秋傳曰尨奇無常」

者，案：閔二年，晉使大子申生伐東山皋落氏，衣以偏衣，佩之金玦。罕夷曰：「尨奇無常，金玦不復。」先丹木曰「狂夫阻之」是也。

凡内人、公器、賓客，無帥則幾其出入。三者之出入，當須使者符節乃行。鄭司農云：「公器，將持公家器出入者。幾謂無將帥引之者，則苛其出入。」○無帥，色類反，注同。使者，色吏反。將帥，子匠反。苛，本又作呵，呼河反，又音何，徐黑嗟反。

注「三者」至「出入」　云「當須使者符節」者，道路用旌節，乃得行耳。

以時啓閉。時，漏盡。

注「時漏盡」　漏盡者，謂若夏至，晝則日見之漏六十刻，夜則四十刻。冬至，晝則日見漏四十刻，夜則六十刻。就時之間，大判九日校一刻。

凡外内命夫命婦出入，則爲之闢。辟行人，使無干也。内命夫，卿大夫士之在宫中者。○則爲，于僞反。之闢，本又作辟，婢亦反，避也，注同。

注「辟行」至「中者」　「内命夫，卿大夫士之在宫中者」，謂若宫正所掌者也，對在朝卿大夫士爲外命夫。鄭雖不解外内命婦，其外命婦，則揔外内命夫之妻；内命婦，即三夫人已下也。

掌埽門庭。門庭，門相當之地。○掌埽，素報反。

注「門庭」至「之地」　閽人掌中門，則門相當之地，唯中門外之地，謂之門庭也。若餘門庭，則各有守門者埽之也。

大祭祀、喪紀之事，設門燎，蹕宮門、廟門。〔六六〕燎，地燭也。蹕，止行者。廟在中門之外。○門燎，力召反，又力弔反。

「大祭」至「廟門」　喪紀，設門燎，蹕宮門廟門者，大喪以下，朝廟及出葬之時，宮中及廟門皆設門燎，蹕，止行人也。

注「燎地」至「之外」　「燎，地燭也」者，燭在地曰燎，謂若天子百，公五十，侯伯子男皆三十，所作之狀，蓋百根葦皆以布纏之，以蜜塗其上，若今臈燭矣。對人手執者爲手燭，故云地燭也。又云「廟在中門之外」者，謂若小宗伯云：「左宗廟，右社稷。」

凡賓客亦如之。

「凡賓」至「如之」　賓客在宮中廟中，〔六七〕謂若饗食在廟，燕在寢，皆爲設門燎及蹕止行人。

寺人，掌王之内人及女宫之戒令，相道其出入之事而糾之。〔六八〕内人，女御也。女宫，刑女之在宫中者。糾猶割察也。○相，息亮反，下及注同。道，徒報反，後同。

注「内人」至「察也」　女宫，刑女之在宫中者，謂男女没入縣官爲奴者也。

若有喪紀、賓客、祭祀之事，則帥女宫而致於有司，有司謂宫卿世婦。

注「有司」至「世婦」　知有司是宫卿世婦者，案：春官宫卿世婦云：「掌女宫之宿戒，〔六九〕及祭祀，比其具。」此既言致於有司，明是男子官宮卿所掌女官也，〔七〇〕非是下文世婦之帥女宮者也。

佐世婦治禮事。世婦，二十七世婦。

注「世婦」至「世婦」　上云有司是宮卿世婦，恐此亦是彼世婦，故鄭云二十七世婦。以寺人是奄者，故得佐世婦治禮事。禮事，即世婦所掌祭祀、賓客、喪紀之事是也。

掌内人之禁令，凡内人弔臨于外，則帥而往，立于其前而詔相之。從世婦所弔，若哭其族親。立其前者，賤也。賤而必詔相之者，出入於王宮，不可以闕於禮。○弔臨，良鴆反，後同。

注「從世」至「於禮」　鄭知從世婦，不自弔臨者，此直言凡内人弔臨于外，不指斥其事，故知不自弔臨。案：世婦職云「掌弔臨于卿大夫之喪」，故内人得從之也。云「若哭族親」者，世婦所掌弔，唯云弔卿大夫。云哭族親，據理而言，王后有哭族親之法，則内人女御，亦往哭之。

内豎，掌内外之通令，凡小事。内，后六宮。外，卿大夫也。使童豎通王内外之命給小事者，以其無與爲禮，出入便疾。内外以大事聞王，則俟朝而自復。○便疾，婢面反。俟朝，直遥反，下同。

注「内后」至「自復」　鄭知豎是童子者，謂若春秋左氏，叔孫穆子於庚宗婦人生牛，牛能奉雉，使爲豎也。又知童子無與爲禮者，案禮記玉藻云：「童子無事，則立於主人之南，北面。」〔七一〕云「内外以大事聞王，則俟朝而自復」

者，經云凡，通小事。復，白也，明大事待朝自復，不使内豎也。

若有祭祀、賓客、喪紀之事，則爲内人蹕。内人，從世婦有事於廟者。内豎爲六宮蹕者，以其掌内小事。○則爲，于僞反，注下同。

「若有」至「人蹕」 此豎爲祭祀、賓客、喪紀三事，爲内人蹕者，皆謂在廟時。若然，祭祀在廟，謂禘祫四時之祭祀也。賓客在廟，謂饗食時也。喪紀在廟，謂喪朝廟，爲祖奠、遣奠時也。皆爲内人蹕止行人也。

注「内人」至「小事」 鄭知内人從世婦者，内人卑，不專行事。案：下世婦職云，掌祭祀已下三事，與此經三事同。明此内人從世婦而濯概及爲粢盛也。云「内豎爲六宮蹕者，以其掌内小事」者，以其蹕止行人，既是小事，故還使内豎掌小事者蹕也。

王后之喪遷于宮中，則前蹕。及葬，〔七二〕**執褻器以從遣車。**喪遷者，將葬，朝于廟。褻器，振飾頮沐之器。○遣車，弃戰反，後「遣車」皆放此。頮沐，呼内反。

「王后」至「遣車」 后喪遷於宮中，謂七月而葬，將葬而朝七廟，則亦使内豎在車前，蹕止行人也。云「及葬，執褻器以從遣車」者，謂朝七廟訖，且將行，在大祖廟中爲大遣奠，苞牲取下體。天子大牢苞九个，遣車九乘，后亦同。使人持之，往如墓，則此内豎執褻器從遣車之後。以其遣車載牲體，鬼神依之，故使執褻器從之，若生時亦執褻器從也。

注「喪遷」至「之器」 鄭知喪遷是將葬朝於廟者，以其喪柩遷在宮中，唯有朝廟時，故禮記檀弓云「周朝而遂葬」，是也。云「褻器，振飾頮沐之器」者，以其從遣車，若生時從后。后之私褻小器，唯有振飾頮沐之器，故爲此解也。若然，玉府云「凡褻器」，鄭注以爲清器虎子，不爲振飾頮沐器者，彼據生時，故與牀笫等連文。但死者器物，雖皆不用，仍法其威儀者，故此注褻器爲振飾頮沐之器，不爲清器虎子也。知有振飾頮沐器者，案特牲，爲尸而有槃匜，并有簞巾，巾爲振飾，槃匜爲盥手，明其頮面沐髮亦有之，故既夕禮用器之中有槃匜，是送葬之時有褻器也。

校勘記

〔一〕使之入于職幣　「于」，嘉靖本作「於」，孫詒讓以爲當據正。

〔二〕云九式據用財言之　閩、監、毛、阮本脱「九」字。

〔三〕中正生利也　「中正」，惠校本同，阮本作「本在」。

〔四〕凡上之用財用，必攷于司會　王引之云，下「用」字衍。于鬯云，「用」字當在下文「民之財」之下。

〔五〕三歲則大計羣吏之治以知民之財器械之數　王引之云，「財」下脱「用」字。

〔六〕則無林木　「林」，阮本作「材」。

〔七〕謂寫一通副貳文書　惠校本同，阮本無「謂」字。

〔八〕故云受其貳令書之　浦鏜云，「令」下脱「而」。

〔九〕彼注云王有令　盧文弨云，御史注「令」作「命」。

〔一〇〕所以得有物出與入者　盧文弨云，「入」，當作「人」。

〔一一〕言會者　阮本同。阮校云，惠校本「言」作「及」，此誤。

〔一二〕移用謂轉運給他　「他」，建本作「也」。阮校云，「轉運給他」，疏引作「更給他官」。

〔一三〕及至也至歲終會計之時　惠校本無「至也」二字。

〔一四〕振猶抍也檢也　阮校云，宋本、嘉靖本「檢」作「撿」，唐人書「檢」字多從手，此作木旁，蓋由近人所改。孫詒讓以爲作「檢」者是。

〔一五〕爲此大裘　阮本同。阮校云，惠校本「爲」作「惟」，此誤。

〔一六〕中秋獻良裘　嚴可均唐石經校文云，「仲」當作「中」，各本作「中」。

〔一七〕中秋鳥獸毴毨　「中」，阮本作「仲」。與尚書堯典文合，下疏引注亦作「仲」。阮校引九經古義，「毴」當爲「髦」之誤。

〔一八〕唯君有黼裘以誓獮　浦鏜云，玉藻「獮」作「省」，注云「省」當爲「獮」。

〔一九〕天子下士玄端之服皆服之　孫詒讓云，「下士」當云「下至士」，謂天子諸侯卿大夫士，凡玄端皆青裘也。

〔二〇〕玉藻仍有狐白裘　「仍」，阮本作「乃」，殆非。

〔二一〕又方制之以爲𩏂　阮校云，「𩏂」，説文作「𡏙」，正字也。

〔二二〕參七十干五十　監、毛本「參」作「糝」，「干」作「豻」，非。

〔二三〕中丁仲反　「丁」原作「于」，據徐本、盧本及阮本改。

〔二四〕既云天子將祭　浦鏜云，「即」誤「既」。

〔二五〕案彼云天子以射選諸侯卿大夫士　「選」，惠校本同，阮本作「擇」。今案：射義云「天子將祭，必先習射於澤。澤者，所以擇士也。」據此，作「擇」義長。

〔二六〕云以虎熊豹麋之皮飾其側者　「皮」，阮本作「故」，誤。

〔二七〕鵠著於侯中　「著」，聞、閩、殿本同，監、毛、阮本作「者」，誤。

〔二八〕見鄉射鄉侯五十弓　監、毛本同，聞、閩、阮本無「鄉射」二字。

〔二九〕凡爲神之偶衣物必沽而小耳　賈疏讀「凡爲神之偶衣」句絶，「物必沽而小耳」句絶。惠士奇云，「物」當屬上句。此從惠説。

〔三〇〕齎所給予人以物曰齎　「予」，岳本同，婺、建本作「于」。

〔三一〕及出與人物之齎　「人」，原作「入」，據阮本改。

〔三二〕行道曰齎　浦鏜云，「行道」下脱「之財用」三字。

〔三三〕一部書齎或爲資也　阮校云，「書」下當脱「内」。

〔三四〕吏即閽寺弟子宿衛后宫者　「弟子」，正、閩、監、毛、殿、阮本同，惠校本作「子弟」，是。

〔三五〕故内宰特更别教之也　「特」，閩、阮本闕，監、毛本補作「特」，阮校云當是「復」字。

〔三六〕若今媚道　「道」，婺、岳本同，建本作「近」，非。

〔三七〕彼示雖貴無得遊手率先之意　「手」，殿本同，閩、阮本作「乎」。

〔三八〕漢法又有官禁　「官」，閩、阮本及漢制考同，閩、監、毛、殿本作「宫」，疑作「宫」是。

〔三九〕云敢行婦道者　阮本同。孫詒讓云，「媚」誤「婦」，當據閩本正。

〔四〇〕謂道妖衺巫術以自衒媚　「術」，漢制考同，阮本作「蠱」。

〔四一〕大祭祀后祼獻則贊瑶爵亦如之　唐石經重「贊」字。阮校云，下云「亦如之」者，亦贊也，若「瑶」上復有「贊」字，則不可通，唐石經非。嚴可均唐石經校文云，各本不叠「贊」字，是。

〔四二〕劉俟吝反　「俟」，諸本作「侯」，黄焯云，二字皆可通。

〔四三〕孰其殺謂體解而爓之　「爓」，阮本作「孰」。今案：禮運鄭注作「爓」。

〔四四〕晝服如上公　「晝服」，今巾車注同，惠校本作「車服」，蓋誤。

〔四五〕案大行人云上公三饗　浦鏜云，「掌客」誤「大行人」。
〔四六〕四舉旅降　浦鏜云，「四」疑「至」字誤。今案：燕義有四舉之文，浦説非。
〔四七〕明后亦致牢禮於賓　阮校云，惠校本「賓」下有「客」，此脱。
〔四八〕彼據降服不降服爲説　「説」，監、毛、殿本同，閩、閩、阮本作「識」。疑作「説」是。
〔四九〕陰陽相成之義次思次也　婺、建、余、岳、嘉靖本同，阮本「成」作「承」，「思」作「司」。
〔五〇〕純四㲨與　「㲨」，岳本、武英殿本鄭志同，婺、建本作「㲨」。
〔五一〕五量籥合升斗斛　「籥」，阮本同。阮校云，惠校本「籥」作「龠」，此誤。今案漢書律曆志作「龠」。
〔五二〕故設文有異也　惠校本同，阮本無「有」字。
〔五三〕稍食則月請是也　阮校云，「月請」乃「月俸」之誤。
〔五四〕人於其女功絲枲之事　「人於」，阮本作「又施」，當是。
〔五五〕名自不同　「名」，阮本作「各」，當是。
〔五六〕穜直龍反本或作重　詩七月正義引先鄭正作「重」，與釋文或本同。
〔五七〕黍稷穜稑是也　「黍」，原作「恭」，據阮本改。
〔五八〕此已下亦是增成鄭義　阮校云，「鄭」上當脱「先」字。
〔五九〕則除三夫人　「除」，監、毛、殿本同，正、閩、閩、阮本作「餘」，似非。
〔六〇〕命謂使令所爲　「令」，婺、岳本同，建本作「命」。
〔六一〕譏其出入之者也　孫詒讓云，「之」字疑衍。
〔六二〕故明堂位説魯制三兼四　孫詒讓云，「三」當爲「二」。

〔六三〕喪服衰絰也　「喪」，婺、岳本同，阮本作「衰」，非。

〔六四〕潛服若衷甲者　「衷」，岳本同，婺、建本作「裹」。「甲」，原作「申」，據婺、建、岳本改。

〔六五〕服問云大功免絰　孫詒讓云，「大功免絰」，服問注，「云」上疑奪「注」字。

〔六六〕蹕宮門廟門　「蹕」，唐石經、諸本同，說文作「趩」，周禮皆作「蹕」，唯大司寇釋文作「趩」。

〔六七〕賓客在宮中廟中　正、閩、闕、阮本無下「中」字。

〔六八〕相道其出入之事而糾之　「道」，婺、建、岳本同，唐石經作「導」。

〔六九〕掌女宮之宿戒　「女」，惠校本同，阮本作「樂」，非。

〔七〇〕明是男子官宮卿所掌女官也　阮本下「官」字作「宮」，當是。

〔七一〕則立於主人之南北面　浦鏜云，「南」「北」字互倒。孫詒讓云，既夕疏引論語鄭注述玉藻亦作「南北」，王念孫謂玉藻元文當作「主人之南，北面」，則此疏不誤。王說見禮記述聞。

〔七二〕及葬　「及」，原作「乃」，據唐石經，婺、建、岳本改。

周禮注疏卷第八

九嬪，掌婦學之灋，以教九御婦德、婦言、婦容、婦功，各帥其屬而以時御叙于王所。婦德謂貞順，婦言謂辭令，婦容謂婉娩，婦功謂絲枲，自九嬪以下，九九而御於王所。九嬪者，既習於四事，又備於從人之道，是以教女御也。教各帥其屬者，使亦九九相與從於王所息之燕寢。御猶進也，勸也，進勸王息。亦相次叙。凡羣妃御見之法，月與后妃其象也。卑者宜先，尊者宜後。女御八十一人當九夕，世婦二十七人當三夕，九嬪九人當一夕，三夫人當一夕，后當一夕，亦十五日而徧云。自望後反之。孔子云：「日者天之明，月者地之理。陰契制，故月上屬爲天，使婦從夫放月紀。」○婉，於阮反。娩，音晚。御見，賢遍反。月上，時掌反。放月，方往反。

「九嬪」至「王所」　云「掌婦學之法」者，謂婦人所學之法，即婦德已下，是也。言「以時御叙于王所」者，謂月初卑者爲始，望後尊者爲先，是也。

注「婦德」至「月紀」　鄭知婦德謂貞順已下，義如此者，但此經雖有四事之言，無事别目。案：内則云：「姆教婉娩聽從；執麻枲，治絲繭，織紝組紃。」故鄭此注婦德謂貞順，當彼聽從；此云婦容謂婉娩，還當彼婉娩也；此云婦功謂絲枲，還當彼執麻枲已下。惟婦言注與彼少異。此注以婦言謂辭令，彼内則注以婉爲言語，娩之言媚也，謂容貌也。不同者，以彼經無四事之言，故分婉娩爲二事，以充四德，此有四事之言，故并婉娩爲容貌，别以辭令解婦言。然彼以婉娩亦兼婦言者，以其言語婉順亦得爲容貌故也。云「自九嬪以下，九九而御於王所」者，欲見三夫人及后各當一夕，不爲九御也。言此者，釋經稱女御爲九御之意。云「九嬪者，既習於四事，又備於從人之道，是以教女御也」者，釋經使九嬪教女御之意。云既習於四事，即經婦德之等，是也。云又備於從人之道，謂御序之事，即經各帥其屬，以時御叙於王所，是也。云「各帥其屬」者，使亦九九相與從於王所息之燕寢者。此釋經以時御叙于王所之事。〔一〕云亦九九相與從王者，亦上居宮及以作二事，皆九人相配，故以亦之也。云「御猶進也，勸也，進勸王息」者，案：左傳云：「君子晝以訪問，夜以安身。女者定男於夜，節宣其氣。」故云勸王息也。云「亦相次叙」者，亦上居宮有次叙也。云「凡羣妃御見」已下，無正文，鄭以意消息。婦人者，陰象月紀，故月與后妃其象也。云「卑者宜先，尊者宜後」者，案：禮運云：「三五而盈，三五而闕。」后以下法之，故從微嚮著，卑者宜先；後著嚮微，卑者宜後也。云「亦十五日而徧云」者，言亦者，亦上居宮。言「云」者，亦無正文，故以「云」疑之也。云孔子云已下者，孝經援神契文。但彼是孔子所作，故言孔子云也。云「日者天之明」者，本合在天。云「月者地之理」者，本合在地。今以陽尊而陰卑，月乃爲天契制所使，故云陰契制。上屬爲天使，是以月上屬於天，隨日而行。云「婦從夫放月紀」者，解后已下就王燕寢而御之意。

凡祭祀，贊玉齍，贊后薦徹豆籩。玉齍，玉敦受黍稷器。后進之而不徹。故書「玉」爲「王」，杜子春讀爲玉。○玉齍，音咨，劉祖稽反。玉敦，音對。

「凡祭」至「豆籩」　言凡祭祀者，后無外事，唯有宗廟禘祫與四時月祭等，故云凡祭祀。贊玉齍者，但祭祀之時，男子進俎，婦人設豆籩簠簋。〔二〕贊，助也，助后薦玉齍也。云「贊后薦徹豆籩」者，豆籩之薦與徹，皆助后也。

注「玉齍」至「爲玉」　云「玉齍，玉敦受黍稷器」者，案：明堂位云「有虞氏之兩敦，周之八簋」，則周用簋。特牲、少牢大夫士用敦。今周天子用玉敦者，明堂位賜魯得兼用四代之器，〔三〕用敦，明天子亦兼用可知。云玉敦者，謂以玉飾敦，謂若玉府云「珠槃玉敦」。但彼以珠槃盛牛耳，玉敦盛血，此玉敦盛黍稷爲異耳。云「后進之而不徹」，知者，豆籩云贊薦徹，玉齍直贊，不云薦徹，明直贊進之而已。案：禮器云「管仲鏤簋」，注云：「天子飾以玉。」此直云玉敦，則簋亦飾以玉。而不云者，但玉敦后親執而設之，故特言之。其簋，則九嬪執而授后，后設之。若少牢主婦親受韭菹醓醢，其餘婦贊者授主婦，主婦設之，故不言也。

若有賓客，則從后。當贊后事。

注「當贊后事」 后之有事於賓客者，唯有諸侯來朝，王親饗燕，后當助王饗燕，時九嬪從后往也。

大喪，帥叙哭者亦如之。亦從后。帥猶道也。后哭，衆之次叙者乃哭。〔四〕

「大喪」至「如之」 大喪，謂王喪。帥叙哭者，謂若外内命婦，哭時皆依尊卑命數，在后後，爲前後列位哭之，故須帥導，使有次叙也。

世婦，掌祭祀、賓客、喪紀之事，帥女宫而濯摡，爲齍盛。摡，拭也。爲猶差擇。○摡，古愛反，拭也。拭，音式，清也。

「世婦」至「齍盛」 此婦人所掌，祭祀，謂祭宗廟。賓客，謂饗食諸侯在廟。喪紀，謂大喪朝廟、設祖奠與大遣奠時。爲此三事，則帥女宫而濯摡。案少牢，饔人摡鼎俎，廩人摡甑甗，司宫摡豆籩，皆使男子官。不使婦人者，彼以大夫家無婦官，及無刑女，故并使男子官。此天子禮，有刑女及婦官，故與彼異也。

注「爲猶差擇」 祭祀黍稷，舂人舂之，饎人炊之，〔五〕皆不使世婦，故此爲。非舂非炊，是差擇可知也。

及祭之日，涖陳女宮之具，凡内羞之物。涖，臨也。内羞，房中之羞。○涖陳，音利，又音類。

「及祭」至「之物」　案春官世婦宫卿云「掌女宫之宿戒及祭祀，比其具」。此官直臨之而已。云「凡内羞之物」者，謂糗餌粉餈。案少牢，皆從房中而來，故名爲内羞。是以鄭云：「内羞，房中之羞也。」

掌弔臨于卿大夫之喪。王使往弔。

注「王使往弔」　案：内宗云：「凡卿大夫之喪，掌其弔臨。」注云：「王后弔臨諸侯而已。是以言掌卿大夫云。」文同而注異者，彼上文云：「王后有事則從，大喪序哭者。哭諸侯亦如之。」彼文與后事相連，彼主於后。此上文無后，故知此王使往可知也。(六)若然，后無外事，彼弔諸侯，謂三公、王子母弟。若畿外諸侯，則后不弔。以其王爲三公六卿錫衰，諸侯緦衰，后不弔。畿外諸侯既輕於王之卿，卿既后不親弔，畿外諸侯不親弔可知。若然，喪大記諸侯夫人弔卿大夫士之喪者，以其諸侯臣少，故不分別尊卑，夫人皆弔之也。案司服，公卿大夫，皆王親弔之。此文使世婦往弔者，(七)此蓋使世婦致禮物，但弔是大名，雖致禮亦名爲弔，是以大僕云：「掌三公六卿之弔勞」。(八)注云：「王使往。」小臣云「掌士大夫之弔勞」，注云：「致禮同名爲弔。」是其事也。此所弔不言三公與孤者，文不具也。

女御，掌御叙于王之燕寢。言掌御叙，防上之專妬者。于王之燕寢，則王不就后宫息也。

注「言掌」至「息也」　鄭云「掌御叙，防上之專妬者」，鄭解不使九嬪世婦掌房之意。若使在上掌之，則有妬疾自專之事。〔九〕今使女御掌之，官卑，不敢專妒故也。云「于王之燕寢，則王不就后宮息」者，破舊説云「王就后宮」者，故鄭云此也。

以歲時獻功事。絲枲成功之事。

注「絲枲成功之事」上内宰云「教九御，使各有屬以作二事」，即此獻功之事，故知此經獻功事，是絲枲爲布帛，成而獻之也。

凡祭祀，贊世婦。助其帥涖女宮。

注「助其帥涖女宮」上世婦職云：「掌祭祀、賓客、喪紀帥女宮，及祭之日，涖女宮之具。」〔一〇〕故知此贊者，助其涖女宮也。

大喪，掌沐浴。王及后之喪。

注「王及后之喪」王及后喪，沐用潘，浴用湯，始死，爲之於南牖下。〔一一〕但男子不死於婦人之手，今王喪亦使女御浴者，案士喪禮，浴時男子抗衾，則不使婦人。今王喪，沐或使婦人，而浴未必婦人，或亦供給湯物而已，亦得謂之掌也。

后之喪，持翣。翣，棺飾也。持而從柩車。○持翣，所甲反。

「后之喪持翣」案：禮器云：「天子八翣。」又漢制度皆戴璧，后喪亦同，將葬向壙之時，使此女御持之，左右各四人，故鄭云持而從柩車也。

從世婦而弔于卿大夫之喪。從之數蓋如使者之介云。○如使，所吏反。之介，音界。

注「從之」至「介云」　王之妃妾，三夫人象三公，九嬪爲孤卿，〔一二〕二十七世婦象大夫，女御象元士。但介數依命數爲差，則王之大夫四命，世婦之從亦四人。以無正文，故言「蓋」言「云」以疑之也。

女祝，掌王后之内祭祀，凡内禱祠之事。内祭祀，六宫之中竈、門、户。禱，疾病求瘳也。祠，報福。○禱祠，丁考反，一音都報反。

注「内祭」至「報福」　依祭法，王立七祀，有户、竈、中霤、門、行、泰厲、司命，后亦與王同。今鄭直云内祭祀竈、門、户者，以其婦人無外事，無行與中霤之等，其竈與門户，人所出入，動作所由，后亦當祀之，故言竈與門户也。案月令，春祀户，夏祀竈，秋祀門。〔一三〕后祀之時，亦當依此也。云「禱，疾病求瘳也。祠，報福」者，以其后無外事，禱祠又是非常之祭，故知唯有求瘳、報福之事也。

掌以時招、梗、襘、禳之事，以除疾殃。鄭大夫讀梗爲亢，謂招善而亢惡去之。杜子春讀梗爲更。玄謂梗，禦未至也。除災害曰襘，襘猶刮去也。卻變異曰禳，禳，攘也。四禮唯禳其遺象今存。○梗，古猛反，徐依鄭音亢。襘，古外反，又户外反。禳，如羊反。去之，起吕反，下同。

「掌以」至「疾殃」　云「掌以時招梗襘禳」者，此四事，並非常求福去殃之事。云以時者，謂隨其事時，不必要在四時也。云招者，招取善祥。梗者，禦捍惡之未至。襘者，除去見在之災。禳者，推卻見在之變異。此四者，皆與人爲疾殃，故云以除疾殃也。

注「鄭大」至「今存」　鄭大夫以梗爲亢惡去之，玄不從，以爲禦未至者，以禬禳二者已是去惡，復以梗爲亢惡去之，文煩，而無禦未至之事，故不從鄭大夫爲亢惡也。鄭大夫云招善者，玄從之也。杜子春云讀梗爲更，義無所取，玄亦不從之也。云「四禮唯禳其遺象今存」者，此四禮至漢時，招梗及禬不行，唯禳一禮漢日猶存其遺象，故云遺象今存也。

女史，掌王后之禮職，掌内治之貳，以詔后治内政。内治之法，本在内宰，書而貳之。○治之，直吏反，注同。

「女史」至「内政」　案：上敘官鄭注云：「女史，女奴曉書者。」是以掌王后禮之職事。

注「内治」至「貳之」　云「内治之法本在内宰」者，案：内宰職云：「掌書版圖之法，以治王内之政令。」今此云掌内治之貳，故知内治之法，本在内宰掌，此女史書而貳之也。

逆内宮，鉤考六宮之計。

「逆内宮」　逆，謂逆而鉤考之。言内宮，亦對王之六寢爲内宮。謂六宮所有費用財物及米粟，皆當鉤考之也。

書内令。后之令。

注「后之令」　内令，亦對王令爲内，故鄭云「后之令」，謂書而宣布於六宮之中也。

凡后之事，以禮從。亦如大史之從於王。

注「亦如」至「於王」　案：大史職云：「大會同朝覲，以書協禮事；及將幣之日，執書以詔王。」鄭注云：「告王以禮事。」此女史亦執禮書以從后，故云如大史之於王。

典婦功，掌婦式之灋，以授嬪婦及内人女功之事齎。婦式，婦人事之模範。法，其用財舊數。嬪婦，九嬪、世婦。言「及」以殊之者，容國中婦人賢善工於事者。事齎，謂以女功之事來取絲枲。故書齎爲資，杜子春讀爲資。〔一四〕鄭司農云：「内人謂女御。女功事資，謂女功絲枲之事。」○事齎，音咨，本亦作粢。

注「婦式」至「之事」　云「法，其用財舊數」者，此即典絲、典枲所授絲枲多少，並有舊數，依而授之。云「嬪婦，九嬪、世婦」者，案：内宰以作二事及婦功，唯據九御而言，不見九嬪世婦有絲枲之事。此言嬪婦者，但三夫人無職，九嬪已下皆有之。但女御四德不備，須教之；九嬪世婦素解，不須教之，其實有婦職也。是以魯語云：「王后織玄紞，公侯夫人紘綖，卿之内子大帶。」則貴賤皆職事也。云「言及以殊之者，容國中婦人賢善工於事」者，案：下内司服注：「言及言凡，殊貴賤也。」此云言及，容國中婦人者。此云及，非直殊貴賤，亦含國中婦人，故云容也。必知有國中婦人者，以下典絲云「頒絲于外内工」，注云：「外工，外嬪婦也。」故大宰九職云：「嬪婦化治絲枲。」是其國中婦人有嬪婦之稱也。云「事齎，謂以女工之事來取絲枲」者，以其行道曰齎，經云女功事齎，故知以女功之事來取絲枲也。「故書齎爲資，杜子春讀爲資」，案：上玄注以齊次爲聲，從貝變易，則兩字俱得。今不破子春者，從上注義可知，不復重言也。

凡授嬪婦功，及秋獻功，辨其苦良、比其小大而賈之，物書而楬之。授，當爲受，聲之誤也。國中嬪婦所作成即送之，不須獻功時。賈之者，物不正齊，當以泉計通功。鄭司農「苦讀爲盬。謂分別其縑帛與布紵之麤細，皆比方其大小，書其賈數而著其物，若今時題署物。」〔一五〕○凡授，音受，出注。其苦，音古。而賈，音嫁，注下同。

而楬，其列反。分別，彼列反。布紵，音佇。而著，直略反，徐張庶反。

注「授當」至「署物」　鄭知授當爲受者，以其上文已授女功，故知此爲受。云「國中嬪婦所作成即送之，不須獻功時」者，以其經受嬪婦功在秋獻功上，故不待秋獻功也。云「賈之者，物不正齊，當以泉計通功」者，婦人雖等受絲枲，作有麤細善惡，故以泉計而通爲功。布絹惡者，盡其材猶不充功；布絹善者，少送以充功直，故云泉計通功也。司農云「苦讀爲盬」已下云云者，司農之意，以典婦功是都司摠掌，故分別布帛。其典絲即唯主絲，絲爲良者也。典枲唯主布，布爲苦者也。若後鄭之義，即以典婦功主良，典絲、典枲主苦者。又以絲枲之中，各自有苦良。若然，經云苦，謂就良中苦者也。云「皆比方其大小」者，謂比方其細小者，復比方其麤大也。

以共王及后之用，頒之于内府。

「以共」至「内府」　此於典絲、典枲處受其良好者，入此典婦功藏之，以待王及后之用，故藏之於内府也。

典絲，掌絲入而辨其物，以其賈楬之。絲入，謂九職之嬪婦所貢絲。

「典絲」至「楬之」　云辨其物者，典絲唯受絲入，而云辨其物，謂絲有善惡麤細不同，非謂別有餘物也。

注「絲入」至「貢絲」　后宮所蠶之絲，自於后宮用之，以爲祭服，不入典絲。其歲之常貢之絲，若禹貢兖州貢漆絲之等，且餘官更無絲入之文，亦當入此典絲也。

掌其藏與其出，以待興功之時。絲之貢少，藏之出之可同官也。時者，若温煖宜縑帛，清涼宜文繡。

注「絲之」至「文繡」　案：經餘官内府、玉府等，皆不云掌其藏與其出，此官獨云掌其藏與其出，故云絲之貢少，藏之出之可同官也。云「時者，若温煖宜縑帛，清涼宜文繡」者，鄭以目驗知之。文繡必於清涼者，以其文繡染絲爲之，若於夏暑損色，故待秋涼爲之也。

頒絲于外内工，皆以物授之。外工，外嬪婦也。内工，女御。

「頒絲」至「授之」　言以物授之者，若縑帛則授之以素絲，〔一六〕若文繡則授之以綵絲，故以物而言也。

注「外工」至「女御」　上典婦功云「凡授嬪婦功」，并有九嬪世婦。此注内工不言嬪婦，〔一七〕直云女御者，案：内宰職教女御以作二事，及九嬪職教九御以婦職，則女御專於絲枲也。九嬪世婦，四德自備，不常爲絲枲。假使爲之，以其善事所造，唯典婦功，以共王及后所用，不在典絲典枲，故鄭注内工中不言也。

凡上之賜予，亦如之。王以絲物賜人。

「凡上」至「如之」　云亦如之者，亦以物授之，謂王以絲物賜人者也。

及獻功，則受良功而藏之，辨其物而書其數，以待有司之政令，上之賜予。良當爲苦，字之誤。受其麤盬之功，以給有司之公用。其良功者，典婦功受之，以共王及后之用。鄭司農云：「良功，絲功，縑帛。」○受良，良音古，出注。

注「良當」至「縑帛」　鄭破良爲苦者，以其典絲、典枲授絲枲，使外内工所造縑帛之等，良者入典婦功，以共王及后之用，故典枲直有苦者而無良者，明典絲亦不得有良者，故破良爲苦。必從苦者，見典婦功有良苦之字，故破從苦。苦即麤盬者也。先鄭言「良功絲功縑帛」者，先鄭之意，以爲絲功爲良，枲功爲盬，故不破良爲苦。玄既不從，引之在下者，亦得爲一義故也。

凡祭祀，共黼畫組就之物。以給衣服冕旒及依盥巾之屬。白與黑謂之黼。采色一成曰就。○及依，於豈反。盥巾，音管。

「凡祭」至「之物」　言凡祭祀者，謂祭祀天地、宗廟、社稷、山川之等，故言「凡」以廣之。云「共黼畫」者，凡祭服皆畫衣繡裳，但裳繡須絲，衣畫不須絲，而言共絲者，大夫已上，裳皆先染絲，則玄衣亦須絲爲之，乃後畫，故兼衣畫而言之也。「組就」者，謂以組爲冕旒之就，故組就連言之。云「之物」者，謂絲之物色共之。

注「以給」至「曰就」　云「以給衣服」者，經云「共」，據王而言，注云「給」，據臣而言。鄭欲見尊卑皆授絲物也。言衣物，釋經黼畫，〔一八〕但周之冕服九章，衣五章，裳四章。龍袞已下直言黼者，據美者而言，謂若詩云「玄袞及黼」，商書云「麻冕黼裳」之類。云「冕旒」者，釋經組就，謂若弁師云十二就之等。云「及依」者，亦釋經黼，此據祭祀，謂若掌次「大旅上帝設皇邸」，邸即屏風，爲黼文。云「盥巾」者，亦釋經黼，謂若幂人職云「王巾皆黼」之類。云「之屬」者，殯有加斧於椁上及綃黼丹朱之類也。云「白與黑謂之黼」者，繢人職文。云「采色一成曰就」者，謂若典瑞云「五采五就」，弁師十二就之等，皆是采色一成爲就也。

喪紀，共其絲纊組文之物。以給線縷，著盱口綦握之屬。青與赤謂之文。○線，似戰反。纊，音曠，劉古曠反。著，直略反，下同，徐豬略反。盱口，香于反。綦，劉音其，沈音忌。握，烏學反，劉烏豆反。

注「以給」至「之文」　此鄭並據士喪禮而言。云「以給線縷」者，謂所裁縫，皆用線縷，釋經絲也。云「著盱口綦握之屬」者，釋經纊組。案：士喪禮：「握手，玄纁裏，著組繫。」案喪大記：「屬纊以俟絶氣。」內則云「屨著綦」，鄭云「綦，屨繫」。是用纊組之事也。云「青與赤謂之文」，繢人職文。繡之屬亦用絲，故連言也。

凡飾邦器者，受文織絲組焉。謂茵席屏風之屬。○文織，音志。茵，音因。

注「謂茵」至「之屬」　上既言祭祀喪紀所用絲纊訖，今復云飾邦器，故知此據生人所飾器物言。茵者，謂若少儀云「枕几茵穎之等」，鄭云「茵，著褥」是也。云席者，謂席之四緣，若司几筵云紛純、畫純、黼純之等是也。屏風者，即上文注黼依也。重言之者，上據祭祀時，此據爲王所用，謂若司几筵云扆前者，是也。〔一九〕云「之屬」者，謂國家所用文織絲組處皆受之，故云「之屬」以廣之。

歲終，則各以其物會之。種別爲計。鄭司農云：「各以其所飾之物，計會傳著之。」○會之，舊古外反，戚户外反。傳著，音附。

注「種別」至「著之」　言「種別爲計」者，自上經所用，掌其藏與其出，及黼畫已下，各別爲計。故司農云「各以其所飾之物，計會傳著」者，謂此物之多少，作文書使相傳著，共一簿也。

典枲，掌布緦縷紵之麻草之物，〔二〇〕以待時頒功而授齎。緦，十五升布抽其半者。白而細疏曰紵。雜言此數物者，以著其類衆多。草，葛蕡之屬。故書齎作資。○數物，色主反，一音所。蕡，苦迥反，又口潁反，劉枯熒反。

「典枲」至「授齎」　云「掌布緦縷紵之麻草之物」者，欲見布緦縷用麻之物，紵用草之物，布中可以兼用葛蕡之草爲之。云「以待時頒功而授齎」者，上典絲鄭注解時者，用絲有四時之別，此鄭不解，麻草所爲，四時皆得，故不釋也。云「授齎」者，亦如典婦功注，謂以女功事來取者。

注「緦十」至「作資」　鄭知緦十五升布抽其半者，禮記雜記文。白而細疏曰紵者，鄭目驗而知之。

及獻功，受苦功，以其賈楬而藏之，以待時頒。其良功亦入於典婦功，以共王及后之用。鄭司農云：「苦功謂麻功布紵。」○苦功，音古。

「及獻」至「時頒」　獻功者，即上典婦功云「秋獻功」是也。云「以待時頒」者，即下文頒衣服及賜予是也。

注「其良」至「布紵」　云「其良功亦入於典婦功」者，亦欲見典絲、典枲良功皆入典婦功，苦功自入，故此與典絲同爲此解也。司農云「苦功謂麻功布紵」者，先鄭意，絲功爲良，故彼注不破良字，云「良功絲帛也」。此典枲云苦功，謂麻功爲盬麤之功。玄引之在下，亦見得通一義也。

頒衣服，授之，賜予亦如之。授之，授受班者。帛言待有司之政令，布言班衣服，互文。

注「授之」至「互文」　言授受班者，謂王賜無常。云「帛言待有司之政令，布言班衣服」者，帛謂典絲，布謂典枲，據成而言。知爲互文者，以其典絲、典枲俱不爲王及后之用，皆將頒賜，故知互見爲義也。

歲終，則各以其物會之。

「歲終」至「會之」　鄭無注者，以其義與典絲同，彼已注，故於此略也。

内司服，掌王后之六服，褘衣，揄狄，闕狄，鞠衣，展衣，緣衣，素沙。鄭司農云：「褘衣，畫衣也。祭統曰：『君卷冕立于阼，夫人副褘立于東房。』揄狄，闕狄，畫羽飾。展衣，白衣也。喪大記曰：『復者朝服，君以卷，夫人以屈狄，世婦以襢衣。』屈者音聲與闕相似，襢與展相似，皆婦人之服。鞠衣，黃衣也。素沙，赤衣也。」玄謂狄當爲翟。翟，雉名，伊雒而南，素質，五色皆備成章曰翬；江淮而南，青質，五色皆備成章曰摇。王后之服，刻繒爲之形而采畫之，綴於衣以爲文章。褘衣畫翬者，揄翟畫摇者，闕翟刻而不畫，此三者皆祭服。從王祭先王則服褘衣，祭先公則服揄翟，祭羣小祀則服闕翟。今世有圭衣者，蓋三翟之遺俗。鞠衣，黄桑服也，色如鞠塵，象桑葉始生。月令：「三月薦鞠衣于上帝，告桑事。」展衣以禮見王及賓客之服，字當爲襢，襢之言亶，亶，誠也。詩國風曰「玼兮玼兮，其之翟也」，下云「胡然而天也，胡然而帝也」，言其德當神明。又曰「瑳兮瑳兮，其之展也」，〔二一〕下云「展如之人兮，邦之媛也」，言其行配君子。二者之義與禮合矣。雜記曰：「夫人復税衣、揄狄。」又喪大記曰：「士妻以褖衣。」言褖者甚衆，〔二二〕字或作税。此緣衣者，實作褖衣也。褖衣，御于王之服，亦以燕居。男子之褖衣黑，則是亦黑也。六服備於此矣。禕、揄、狄、展，聲相近，緣，字之誤也。以下推次其色，則闕狄赤，揄狄青，禕衣玄。婦人尚專一，〔二三〕德無所兼，連衣裳不異其色。素沙者，今之白縛也。六服皆袍制，以白縛爲裏，使之張顯。今世有沙縠者，名出于此。○禕衣，音暉。揄狄，音遥。鞠衣，居六反，又丘六反。展衣，張彦反，注同。緣衣，或作褖，同吐亂反。君卷，古本反，下同。朝服，直遥反。屈狄，音闕。襢衣，張彦反。翬，音暉。見王，賢遍反。言亶，丹但反。玼，音此，劉倉我反，本亦作瑳，與下瑳字同〔二四〕倉我反。展，如字。媛也，音援。〔二五〕其行，下孟反。作税，劉吐亂反。白縛，劉音絹，聲類以爲今作絹字，説文云：「鮮色也，居援反。」徐升卷反，沈升絹反。張顯，如字，徐音帳。

「内司」至「素沙」　云「掌王后之六服」者，自禕衣至緣衣是六。禕衣者，亦是翟。〔二六〕而云衣者，以其衣是服之首，故目言衣也。〔二七〕禕當爲翬，即翬雉，其色玄也，揄狄者，揄當爲摇，狄當爲翟，則摇雉，其色青也。闕狄者，其色赤。上二翟，則刻繒爲雉形，又畫之。此闕翟，亦刻爲雉形，不畫之爲彩色，故名闕狄也。此三翟，皆祭服也。鞠衣者，色如鞠塵色，告桑之服也。展衣者，色白，朝王及見賓客服。緣當爲褖，褖衣者，色黑，御於王服也。素沙者，此非服名。六服之外别言之者，此素沙與上六服爲裏，使之張顯。但婦人之服不殊裳，上下連，則此素沙亦上下連也。王之吉服有九，韋弁已下，常服有三，與后鞠衣已下三服同。但王之祭服有六，后祭服唯有三翟者，天地山川社稷之等，后夫人不與，故三服而已。必知外神后夫人不與者，案：内宰云：「祭祀裸獻則贊。」天地無裸，言裸唯宗廟。又内宗、外宗佐后，皆云宗廟，不云外神，故知后於外神不與。是以白虎通云：「周官祭天，后夫人不與者，〔二八〕以其婦人無外事。」若然，哀公問云「夫人爲天地社稷主」者，彼見夫婦一體而言也。

注「鄭司」至「于此」　司農云「禕衣，畫衣也」者，先鄭意，禕衣不言狄，則非翟雉。知畫衣者，以王之冕服而衣畫，故知后衣畫也。又引祭統者，彼據二王後，夫人助祭服褘衣，與后同也。「揄狄闕狄畫羽飾」者，以其言狄是翟羽故也。云「展衣，白衣也」者，見鞠衣黄，以土色，土生金，金色白，展衣文承鞠衣之下，故知展衣白也。引喪大記，證闕狄與展衣爲婦人服故也。彼君以卷，據上公而言。夫人以屈翟，據子男夫人復時，互見爲義。云世婦以襢衣者，彼亦據諸侯之世婦，用襢衣，復之所用也。云「鞠衣，黄衣也。素沙，赤衣也」者，先鄭意以素沙爲服名，又以素沙爲赤色，義無所據，故後鄭不從之。「玄謂狄當爲翟」者，破經二狄從翟雉之翟也。伊洛而南已下至曰摇，皆爾雅文。言伊水而南有雉，素白爲質，兼青赤黄黑，五色皆備，成其文章，曰翬雉。云「江淮而南，青質，五色皆備有以成文章曰摇雉」，玄引此者，證褘揄爲雉也。又云「翬衣畫翬者」，以先鄭褘衣不言翟，故增成。摇狄畫摇者，亦就足先鄭之義。云「闕翟刻而不畫」者，此無正文，直以意量之。言翟而加闕字，明亦刻繒爲雉形，但闕而不畫五色而已。云「此三者皆祭服」者，對鞠衣已下非祭服也。云「從王祭先王則服褘衣，祭先公則服揄翟，(二九)祭羣小祀則服闕翟」，鄭言此者，欲見王后無外事，唯有宗廟分爲二，與王祀先王衮冕、先公鷩冕同差。羣小祀，王玄冕，故后服闕翟也。云「今世有圭衣者，蓋三翟之遺俗」者，漢時有圭衣，刻爲圭形，綴於衣，是由周禮有三翟，别刻繒，綴於衣，漢俗尚有，故云三翟遺俗也。云「鞠衣黄桑服也」者，謂季春將蠶，后服之，告先帝養蠶之服。云「色如鞠塵」者，麴塵，不爲麴字者，古通用。云「象桑葉始生」者，以其桑葉始生即養蠶，故服色象之。引月令者，證鞠衣所用之事，故云告桑事也。云「展衣以禮見王及賓客之服」，知義然者，以其鞠衣在上，告桑之服，褖衣在下，御於王之服，展衣在中，故以爲見王及賓客之服。但后雖與王體敵，夫尊妻卑，仍相朝事與賓同，諸侯爲賓客於王，后助王灌饗賓客，則后有見賓客之禮，是以亦服展衣也。云「字當爲襢，襢之言亶，亶，誠也」者，案禮記作襢，詩及此文作展，皆是正文。鄭必讀從襢者，二字不同，必有一誤，襢字衣傍爲之，有衣義；且爾雅展亶雖同訓爲誠，展者言之誠，亶者行之誠，貴行賤言，襢字以亶爲聲，有行誠之義，故從襢也。又引詩者，鄘風刺宣姜淫亂不稱其服之事。

云「其之翟也」，「胡然而天也，胡然而帝也」，言其德當神明，又曰「其之展也」，「展如之人兮，邦之媛也」，言其行配君子，云「二者之義與禮合矣」者，言服翟衣，尊之如天帝，比之如神明，此翟與彼翟，俱事神之衣。服展則邦之爲媛助，〔三〇〕展衣朝事君子之服，是此禮見王及賓客服，故云二者之義與禮合。若然，内則注夫人朝於君次而褖衣也者，彼注謂御朝也。引雜記及喪大記者，欲破緣衣爲褖衣之事。云「字或作稅」者，或雜記文。故雜記云「夫人稅衣」，又云「狄稅素沙」，並作稅字，亦誤矣。故云「此緣衣者，實褖衣也。」云「褖衣御于王之服，亦以燕居」者，案尚書多士傳云：「古者后夫人侍於君，前息燭，後舉燭，至於房中，釋朝服，然後入御於君。」注云：「朝服，展衣。君在堂。」「大師雞鳴于簷下，〔三一〕然後后夫人鳴珮玉于房中，告燕服入御」。以此而言，云釋展衣朝服，告以燕服，然後入御，明入御之服，與燕服同褖衣，以其展衣下唯有褖衣，故知御與燕居同褖衣也。以其御與燕居同是私褻之處，故同服。〔三二〕云「男子之褖衣黑，則是亦黑也」者，男子褖衣黑，禮雖無文，案士冠禮，陳服於房，爵弁服、皮弁服、玄端服；至於士喪禮，陳襲事于房，亦云爵弁服、皮弁服、褖衣。褖衣，當玄端之處，變言之者，冠時玄端衣裳別，及死襲時，玄端連衣裳，與婦人褖衣同，故雖男子之玄端，亦名褖衣。又見子羔襲用褖衣纁袡，〔三三〕譏襲婦服，纁袡與玄衣相對之物，則男子褖衣黑矣。男子褖衣既黑，則是此婦人褖衣亦黑可知。鄭言此者，以六服之色無文，欲從此向上推次其色，〔三四〕以此爲本，故言之也。云「六服備於此矣」者，經傳云婦人之服多矣，文皆不備，言六服，唯此文爲備，故言六服備於此矣。鄭言此者，亦欲推次六服之色故也。云「禕揄狄展聲相近」者，禕與翬，揄與搖，狄與翟，展與襢，四者皆是聲相近，故云誤也。云「緣，字之誤也」者，緣與褖不得爲聲相近，〔三五〕但字相似，故爲字之誤也。云「以下推次其色，則闕翟赤，揄翟青，禕衣玄」者，王后六服，其色無文，故須推次其色。言推次者，以鞠衣象麴塵，其色黃，褖衣與男子褖衣同，其色黑，二者爲本。以五行之色，從下向上，以次推之。水色既黑，褖衣象之。水生於金，褖衣上有展衣，則展衣象金色白，故先鄭亦云「展衣，白衣也」。金生於土，土色黃，鞠衣象之。土生於火，火色赤，鞠衣上有闕翟，則闕翟象之赤矣。火生於木，木色青，闕翟上有揄翟象之，青矣。五行之色已盡，六色唯有天色玄，褘衣最在上，象天色玄。是其以下推次其色也。云「婦人尚專一，德無所兼，連衣裳不異其色」者，案喪服上云「斬衰裳」，下云「女子髽衰三年」，直言衰，不言裳，則連衣裳矣。又昏禮云「女次純衣」，亦不言裳，是其婦人連衣裳。裳衣既連，則不異其色。必不異色者，爲婦人尚專一，德無所兼故也。云「素沙者，今之白縳也」者，素沙爲裏無文，故舉漢法而言。謂漢以白縳爲裏，以周時素沙爲裏耳。云「六服皆袍制，以白縳爲裏，使之張顯」者，案：雜記云：「子羔之襲繭衣裳，則是袍矣。」男子袍既有衣裳，今婦人衣裳連，則非袍。而云袍制者，正取衣複不單，與袍制同，不取衣裳別爲義也。云「今世有沙縠者，名出于此」者，言漢時以縠之衣，有沙縠之名，出於周禮素沙也。

辨外內命婦之服，鞠衣，展衣，緣衣，素沙。內命婦之服：鞠衣，九嬪也；展衣，世婦也；緣衣，女御也。外命婦者：其夫孤也，則服鞠衣；其夫卿大夫也，則服展衣；其夫士也，則服緣衣。三夫人及公之妻，其闕狄以下乎？侯伯之夫人揄狄，子男之夫人亦闕狄，唯二王後褘衣。

「辨外」至「素沙」　上言王后六服，此論外內命婦不得有六服，唯得鞠衣已下三服，尊卑差次服之而已。亦以素沙爲裏，故云素沙也。

注「內命」至「褘衣」　鄭以內命婦無過三夫人已下，外命婦無過三公夫人已下。但經云鞠衣以下，則三夫人三公夫人同，皆得闕狄以下，則此命婦之中無三夫人及三公夫人矣，故內命婦從九嬪爲首也。鄭必知九嬪已下服鞠衣以下者，但九嬪下有世婦、女御三等，鞠衣已下服亦三等，故知鞠衣以下九嬪也，展衣以下世婦也，褖衣女御也。云「外命婦者：其夫孤也則服鞠衣，其夫卿大夫也則服展衣，其夫士也則服褖衣」者，此約司服，孤絺冕，（三六）卿大夫同玄冕，士皮弁，三等而言之。孤已下妻，其服無文，故以此三等之服，配三等臣之妻也。孤妻亦如九嬪，三服俱得也，卿大夫妻亦如世婦，展衣、褖衣俱得也，士妻褖衣而已。但司服孤卿大夫士，文承諸侯之下，皆據諸侯之臣而言。若然，諸侯之臣妻，亦以次受此服。是以玉藻云：「君命闕狄，再命褘衣，一命襢衣，士褖衣。」注云：「此子男之夫人及其卿大夫士之妻命服也。褘當爲鞠。諸侯之臣，皆分爲三等，其妻以次受此服。」若然，五等諸侯之臣，命雖不同，有孤之國，孤絺冕，卿大夫同玄冕；無孤之國，則卿絺冕，大夫玄冕。其妻皆約夫而服此三等之服。其天子之臣服無文，亦得與諸侯之臣服同，是以此外命婦服，亦得與諸侯臣妻服同也。云「三夫人及公之妻，其闕狄以下乎」者，婦人之服有六，從下向上差之；內命婦三夫人當服闕狄，外命婦三公夫人亦當闕狄。若三夫人從上向下差之，則當揄狄。是以玉藻云：「王后褘衣，夫人揄狄」，注「夫人，三夫人」。若三公夫人，不得過闕狄。知者，射人云「三公執璧」，與子男執璧同，則三公亦毳冕。玉藻「君命屈狄」，據子男夫人，則三公之妻當闕狄。三夫人其服不定，三公夫人又無正文，故揔云「乎」以疑之也。云「侯伯之夫人揄狄，子男夫人亦闕狄，唯二王之後褘衣」者，玉藻云：「夫人揄狄。」夫人，三夫人，亦侯伯之夫人。鄭必知侯伯夫人揄翟者，以玉藻云「君命闕狄，再命鞠衣，一命襢衣」，夫並是子男之國，闕翟既當子男夫人，以上差之，侯伯夫人，自然當揄翟；二王後夫人，當褘衣矣。案：喪大記云「復，君以卷」，注云：「上公以袞，則夫人用褘衣。」又案：隱五年公羊云：「諸公者何？天子三公稱公。」若然，天子三公有功，加命服袞冕，其妻亦得服褘衣矣。此注直云二王後，不云三公之內上公夫人者，以其八命則毳冕，夫人服闕翟，不定，故不言。若然，喪大記注云「公之夫人」，容三公夫人，兼二王後夫人矣。明堂位云「夫人副褘」，是魯之夫人亦得褘衣，故彼鄭注「副褘，王后之上服，唯魯及王者之後夫人服之」。以此而言，則此注亦含有九命上公夫人，與魯夫人同也。

凡祭祀、賓客，共后之衣服；及九嬪世婦凡命婦，共其衣服。共喪衰亦如之。凡者，凡女御與外命婦也。言「及」言「凡」，殊貴賤也。春秋之義，王人雖微者，猶序乎諸侯之上，所以尊尊也。臣之命者，再命以上受服，則下士之妻不共也。外命婦，唯王祭祀、賓客，以禮佐后，得服此上服，自於其家則降焉。○喪衰，七雷反。以上，時掌反。

「凡祭」至「如之」 上陳尊卑以次受服之事，此文陳所用之時。云「凡祭祀」者，婦人無外事，言凡祭祀，唯據宗廟大小祭祀。云賓客者，謂后助王灌饗諸侯來朝者。云「共后之衣服」者，祭祀共三翟，賓客共展衣。云「九嬪世婦」者，謂助后祭祀賓客時。云「凡命婦」者，兼外內命婦也。云「喪衰亦如之」者，外命婦喪衰，謂王服齊衰，於后無服。若九嬪已下及女御，於王服斬衰，於后服齊衰也。

注「凡者」至「降焉」 鄭知凡中內命婦唯有女御者，據上文外內命婦服，唯有鞠衣已下，此經上已云九嬪、世婦，則內命婦中唯有女御也。其外命婦中，則有孤妻以下。云「言及言凡，殊貴賤也」者，言及者，欲見九嬪賤於后，言凡者，欲見外命婦及女御賤於世婦也。云「春秋之義，王人雖微者，猶序於諸侯之上，所以尊尊也」者，以其內命婦中，女御卑於世婦，可以言凡以殊之。於外命婦中，有公孤卿大夫之妻，尊於女御，而使外命婦揔入女御中，言凡以殊之者，案：僖公八年，「春王正月，公會王人、齊侯、宋公以下盟於洮」。傳曰：「王人者何？微者也。曷爲序乎諸侯之上，先王命也。」是以微者即士。以其天子中士已上，於經見名氏，天子下士，名氏不見。今直云人，是天子下士。序在諸侯上，是尊王命。若九嬪雖卑於三公夫人，世婦卑於孤卿妻，言凡以殊之在上，亦是尊尊。〔三七〕此王之嬪婦也。云「臣之命者，再命以上受服，則下士之妻不共也」者，此約大宗伯男子之服。彼云「一命受職，再命受服」，則天子上士三命、中士再命，乃受服，天子下士一命，則不受，故鄭云下則不共也。云「外命婦唯王祭祀賓客以禮佐后，得服此上服」者，案此上經，士妻褖衣，大夫妻展衣。案特牲「主婦纚笄綃衣」，〔三八〕少牢「主婦髮鬄衣侈袂」，士妻不衣褖衣，大夫妻侈綃衣袂，不衣展衣。如其夫自於家祭降服，是自於其家則降。上經祭祀、賓客共后之服，是外命婦助后祭祀賓客，乃服上服也。

后之喪，共其衣服，凡内具之物。内具，紛帨、線纊、鞶袠之屬。○紛，本又作帉，芳云反。帨，始鋭反，佩巾，徐音歲。鞶，步干反。袠，陳乞反。

「后之」至「之物」　后喪所共衣服者，正謂襲時十二稱，小斂十九稱，大斂百二十稱，及内具之物。

注「内具」至「之屬」　知内具之物是紛帨線纊鞶袠之屬者，案：内則婦事舅姑，有紛帨、線纊、鞶袠，故死者入壙，亦兼有數物。言「之屬」者，案：内則更有刀礪小觿之等，故云之屬以揔之也。

縫人，掌王宫之縫線之事，以役女御，以縫王及后之衣服。女御裁縫王及后之衣服，則爲役助之。宫中餘裁縫事則專爲焉。鄭司農云：「線，縷。」

「縫人」至「衣服」　云「掌王宫之縫線之事」者，謂在王宫須裁縫者，皆縫人縫之。「以役女御，以縫王及后之衣服」者，役女御，謂爲女御所使役，而縫王及后衣服也。

注「女御」至「線縷」　云「女御裁縫王及后之衣服，則爲役助之」者，釋經「以役女御，縫王及后之衣服」之文也。云「宫中餘裁縫事則專爲焉」者，釋經「掌王宫之縫線之事」也。〔三九〕

喪，縫棺飾焉，孝子既啓，見棺猶見親之身，既載，飾而以行，遂以葬。若存時居于帷幕而加文繡。喪大記曰：「飾棺，君龍帷，三池，振容，黼荒，火三列，黻三列，素錦褚，加僞荒，纁紐六，齊五采，五貝，黼翣二，黻翣二，畫翣二，皆戴圭，魚躍拂池。君纁戴六，纁披六。」此諸侯禮也。禮器曰：「天子八翣，諸侯六翣，大夫四翣。」漢禮器制度：飾棺，天子龍火黼黻皆五列，又有龍翣二，其戴皆加璧。故書焉爲馬。杜子春云：「當爲焉。」○錦褚，張吕反。僞荒，鄭注禮記改「僞」爲「帷」。纁，許云反。翣，本又作篓，所甲反。纁披，彼僞反。

「喪縫棺飾焉」　此喪以王爲主，但是王家后、世子已下，亦縫棺飾焉。

注「孝子」至「爲焉」　云「孝子既啓，見棺猶見親之身」者，鄭欲釋與棺爲飾之意。云「既載，飾而以行，遂以葬」者，案既夕禮，日側，遂匠納車於階間，卻柩而下，載之於蜃車之上，乃加帷荒。飾棺訖，乃還車向外，移柩車去載處。設祖奠。明日旦，乃更徹祖奠，設遣奠。苞牲，取下體，乃引向壙，故云既載飾而以行，遂以葬也。云「若存時居於帷幕而加文繡」者，幕人「共帷幕幄帟綬」，鄭注云：「在傍曰帷，在上曰幕。」是存時居於帷幕。而云加文繡者，生時帷幕無文繡，今死，恐衆惡其親，更加文繡，即所引喪大記已下是也。云「君龍帷」者，鄭彼注「畫龍爲帷」。云「三池」者，鄭云：「象生時有承霤，以竹爲之，闕於天子。」故有前及左右而已。云「振容」者，謂於竹池之内，畫摇雉於絞繒之上，垂之於下，車行振動，以爲容儀。云「黼荒」者，鄭云：「荒，蒙也。」謂車上蒙覆之。黼，白黑文，於荒之四畔也。火三列，黻三列，黑與青謂之黻，兩已相背，火形如半環然。列，行也。爲火形三行，謂兩已相背三行。〔四〇〕云「素錦褚」者，謂幄帳。諸侯以素錦爲幄帳，以覆棺上。云「加僞荒」者，僞即帷也。既覆棺以褚，乃加帷加荒於其上。云「纁紐六」者，紐，謂繫連帷荒，以纁色爲之。左右各三紐，并之六耳。云「齊五采五貝」者，謂於荒之中央，以五采繒爲之，綴貝絡其上，形如瓜瓣然。黼翣二，黻翣二，畫翣二者，案彼注引漢禮「翣，方扇，以木爲匡，廣三尺，兩角高二尺四寸，柄長五尺，以布覆之。爲白黑文則曰黼翣，以青黑文則曰黻翣，〔四一〕爲雲氣則曰畫翣也。」云「皆戴圭」者，謂置圭於翣之兩角爲飾也。云「魚躍拂池」者，謂於池内懸銅魚，車行，振動以拂池。云「纁戴六，纁彼六」者，謂於車輿兩廂各竪三隻軨子。戴，值也。謂以纁爲值，絣其軨子，各使相值，因而繫前後披，兩廂各使人持制之，以備車之傾側也。其實兩廂各三，而云六者，人君禮文，圍數而傍言六耳。云「此諸侯禮也」者，天子無文，故取諸侯法以推天子禮也。云「禮器天子八翣」已下者，欲明天子加數之意。云「漢禮器制度」者，亦明天子加數，〔四二〕與喪大記不同之義也。

衣翣柳之材。〔四三〕必先纏衣其木，〔四四〕乃以張飾也。柳之言聚，諸飾之所聚。書曰「分命和仲，度西曰柳穀」。故書「翣柳」作「接櫎」。〔四五〕鄭司農云：「接讀爲翣，櫎讀爲柳，皆棺飾。檀弓曰：『周人牆置翣。』春秋傳曰：『四翣不蹕。』」○衣翣，於既反，注同。度西，音宅，古文宅與度字相似，因此而誤。接櫎，劉上所甲反，下音柳。翣，所甲反，一音所立反。

「衣翣柳之材」　翣，即上注方扇是也。柳，即上注引喪大記帷荒是也。二者皆有材，〔四六〕縫人以采繒之纏之，〔四七〕乃後張飾於其上，故云衣翣柳之材也。

注「必先」至「不蹕」　云「柳之言聚，諸飾之所聚」者，即龍帷、黼荒、火三列、黻三列之屬是也。「書曰」者，是濟南伏生書傳文，故云「度西曰柳穀」，見今尚書云「宅西曰昧谷」，度，亦居也。柳者，諸色所聚。日將没，其色赤，兼有餘色，故云柳穀。引之者，見柳有諸色。又云春秋襄二十五年左氏傳「齊崔杼弒莊公，側之於北郭。丁亥，葬諸士孫之里，四翣，不蹕，下車七乘」。是也。引之者，證有翣義也。

掌凡内之縫事。

染人，掌染絲帛。凡染，春暴練，夏纁玄，秋染夏，冬獻功。暴練，練其素而暴之。故書纁作⿱穴纁。鄭司農云：「⿱穴纁讀當爲纁，纁謂絳也。夏，大也，秋乃大染。」〔四八〕玄謂纁玄者，謂始可以染此色者。玄纁者，天地之色，以爲祭服。石染當及盛暑熱潤始湛研之，三月而后可用。〔四九〕考工記鍾氏則染纁術也。〔五〇〕染玄則史傳闕矣。染夏者，染五色，謂之夏者，其色以夏狄爲飾。禹貢曰「羽畎夏狄」，〔五一〕是其揔名。其類有六：曰翬，曰搖，曰𠷎，曰甾，曰希，曰蹲。其毛羽五色皆備成章，染者擬以爲深淺之度，是以放而取名焉。○春暴，步卜反，劉步落反，注同。秋染，如琰反，注「染夏」同。夏，户雅反，後除「春夏」之字皆同，可以意求，不復重出。作⿱穴纁，音勳，一音鬱。始湛，徐子廉反，劉慈鴆反。羽畎，古犬反。曰𠷎，直劉反，劉音壽，徐音酬。曰蹲，音存，徐祖混反，一音遵。曰希，如字，劉張履反。以放，方往反。

「染人」至「獻功」 云「凡染，春暴練」者，以春陽時陽氣燥達，故暴曬其練。「夏纁玄」者，夏暑熱潤之時，以朱湛丹秫易可和釋，故夏染纁玄而爲祭服也。「秋染夏」者，夏，謂五色，至秋氣涼，可以染五色也。「冬獻功」者，纁玄與夏揔染，至冬功成，並獻之於王也。

注「暴練」至「名焉」 云「暴練，練其素而暴之」者，素，即絹也，先練乃暴之。此謂國家須練而用者，非謂祭服。若祭服，則先染絲乃織之，不得爲練也。司農云「纁謂絳也」者，絳即爾雅及鍾氏所云「三入爲纁」者，是也。云「夏，大也，秋乃大染」，後鄭不從者，下文有夏采，及禹貢「羽畎夏狄」，皆謂夏爲五色之翟。玄謂纁玄者，謂始可以染此色者，以其石染當及夏日乃可爲之，〔五二〕故云始可也。云「玄纁，天地之色」者，案：易九事章云：「黄帝堯舜垂衣裳。」蓋取諸乾坤，乾坤即天地之色。但天玄地黄，而玄纁者，土無正位，託位南方火，火色赤，與黄共爲纁也。凡六冕之服，皆玄上纁下，故云以爲祭服。即祭義云「玄黄之」者，是也。云「石染當及盛暑熱潤始湛研之，三月而后可用」者，並約考工記鍾氏職而言，故彼云以朱湛丹秫，三月而熾之，是以鄭云「考工記鍾氏則染纁術也」。鄭意以染纁，鍾氏有其法術，欲推出染玄無正文，故云染玄則史傳闕矣。染玄雖史傳闕，推約則有之，故鄭注鍾氏及士冠禮云「玄則六入與」，是也。云「染夏者，染五色」者，謂夏即與五色雉同名夏，故知染五色也。故鄭即云「謂之夏者，其色以夏狄爲飾」。是以繢人職云：「五色備謂之繡也。」引禹貢曰以下者，畎，谷也。羽山之谷有夏之五色之翟雉貢焉。云夏狄是其揔者，〔五三〕直云夏狄，不別云雉名，故知是其揔也。云「其類有六」以下者，是爾雅釋鳥文。云「其毛羽五色，皆備成章」者，即爾雅云：「伊洛之南，素質五色皆備成章，曰翬；江淮之南，青質五色皆備成章，曰搖。」舉比二者，餘四者亦然，是其五色皆備成章也。云「染者擬以爲深淺之度，是以放而取名焉」者，但夏狄五色，是自然之色，今染五色者，準擬以爲深淺之度，染五色與雉同名，故云是放而取名也。

掌凡染事。

追師，掌王后之首服，爲副、編、次，追衡、笄，爲九嬪及外内命婦之首服，以待祭祀、賓客。鄭司農云：「追，冠名。士冠禮記曰：『委貌，周道也。章甫，殷道也。牟追〔五四〕，夏后氏之道也。』追師，掌冠冕之官，故并主王后之首服。副者，婦人之首服。祭統曰：『君卷冕立于阼，夫人副禕立于東房。』衡，維持冠者。春秋傳曰：『衡紞紘綖。』」玄謂副之言覆，所以覆首爲之飾，其遺象若今步繇矣，服之以從王祭祀。編，編列髮爲之，其遺象若今假紒矣，服之以桑也。〔五五〕次，次第髮長短爲之，所謂髲髢，服之以見王。王后之燕居，亦纚笄總而已。追猶治也。詩云「追琢其璋」。王后之衡笄皆以玉爲之。唯祭服有衡，垂于副之兩旁，當耳，其下以紞縣瑱。詩云：「玼兮玼兮，其之翟也。〔五六〕鬒髮如雲，不屑髢也，玉之瑱也。」是之謂也。笄，卷髮者。外内命婦衣鞠衣、襢衣者服編，衣褖衣者服次。外内命婦非王祭祀賓客佐后之禮，自於其家則亦降焉。少牢饋食禮曰「主婦髲鬄衣移袂」，特牲饋食禮曰「主婦纚笄宵衣」是也。昏禮女次純衣，攝盛服耳。主人爵弁以迎，移袂，褖衣之袂。凡諸侯夫人於其國，衣服與王后同。○追師，丁回反，下及注同。編，步典反，又必先反，注同。冠禮，古亂反，後「冠禮」同。毋追，音牟。君卷，古本反。紞，丁敢反。紘，音宏。綖，以然反，徐羊戰反。步繇，以招反，本或作搖。假紒，音計。髲，皮寄反。髢，本又作鬄，大計反，劉音地。以見，賢遍反。亦纚，所買反，又所綺反。追琢，丁角反。以縣，音玄。瑱，它見反。鬒，之忍反。屑髢，大計反，下同，沈音剃。卷髮，卷免反，劉羌權反。衣鞠，於既反，下「衣褖」同。移袂，昌氏反，下同。純衣，側其反，徐如字。

「追師」至「賓客」 云「掌王后之首服」者，對夏官弁師掌男子之首服。首服，則副編次也。云「追衡笄」者，追，治玉石之名。謂治玉爲衡笄也。云「爲九嬪及外内命婦之首服」者，此云「及」則與上内司服同，亦是言及殊貴賤。九嬪下不言世婦，文略，則外命婦中，有三公夫人，卿大夫等之妻；内命婦中，唯有女御也。云「以待祭祀賓客」者，亦謂助后而服之也。〔五七〕

注「鄭司」至「后同」 司農云「追，冠名」者，見士冠禮，夏后氏牟追，故引士冠爲證。云「追師，掌冠冕之官，故并主王后之首服」者，此鄭意以追師掌作冠冕，弁師掌其成法，若縫人掌縫衣，別有司服、內司服之官相似，故有兩官共掌男子首服也。後鄭不從者，此追師若兼掌男子首服，亦當如下屨人職云「掌王及后之服屨」，兼王爲文。今不云王，明非兩官共掌，此直掌后已下首服也。又引祭統者，證副是首飾。又引春秋者，是桓二年臧哀伯辭。彼云「衡紞紘綖」，則據男子之衡。引證此者，司農意男子婦人皆有衡，後鄭意亦爾。但後鄭於此經無男子耳。「玄謂副之言覆，所以覆首爲之飾」者，副者，是副貳之副，故轉從覆爲蓋之義也。云「其遺象若今步繇矣」，漢之步繇，謂在首之時，行步繇動。此據時目驗以曉古，至今去漢久遠，亦無以知之矣。案：詩有「副笄六珈」，謂以六物加於副上，未知用何物，故鄭注詩云：「副既笄而加飾，古之制所有，未聞。」是也。云「服之以從王祭祀」者，鄭意，三翟皆首服副。祭祀之中，含先王、先公、羣小祀，故以祭祀摠言之也。云「編，編列髮爲之」者，此鄭亦以意解之，見編是編列之字，故云編列髮爲之。云「其遺象若今假紒矣」者，其假紒，亦是鄭之目驗以曉古，至今亦不知其狀也。云「服之以桑也」者，上注鞠衣以告桑，此下注及鄭荅志皆云：展首服編，此直據鞠衣服之以桑，不云展衣者，文略。其編亦兼於展衣也。云「次，次第髮長短爲之」者，此亦以意解之。見其首服而云次，明次第髮長短而爲之。云「所謂髲髢」者，所謂少牢主婦髲髢，即此次也。言髲髢者，鬄髮也，謂剪鬄取賤者刑者之髮而爲髢。鄭必知三翟之首服副，鞠衣展衣首服編，褖衣首服次者，王之祭服有六，首服皆冕，則后之祭服有三，首服皆副可知。昏禮「女次純衣」，純衣則褖衣，褖衣而云次，則褖衣首服次可知。其中唯有編，〔五八〕明配鞠衣、展衣也。云「服之以見王」者，上注展衣，云「以禮見王」，則展衣首服編，以禮見王。此又云次以見王者，則見王有二：一者以禮朝見於王，與見賓客同，則服展衣與編也；一者褖衣首服次，接御見王，則褖衣與次，則此注見王是也。故二者皆云見王耳。云「王后之燕居亦纚笄總而已」者，案：士冠禮，纚長六尺以韜髮。笄者，所以安髮，總者，既繫其本，又總其末。燕居，謂不至王所，自在燕寢而居時也。案：雞鳴詩云：「東方明矣，朝既昌矣。」毛云：「東方明，則夫人纚笄而朝。」但諸侯夫人於國，衣服與王后同，而得服纚笄而朝者。此經云副編次以待祭祀賓客，明燕居不得著次，自然著纚笄。而毛云著纚笄朝者，毛更有所見，非鄭義。若然，彼鄭不破之者，以其纚笄燕居，無正文，故且從毛也。其實朝王時，首服編也。引詩「追琢其章」者，證追是治玉石之名。云「王后之衡笄皆以玉爲之」者，以弁師王之笄以玉，故知后與王同用玉也。弁師云：「諸公用玉爲瑱。」詩云：「玉之瑱也。」據諸侯夫人，夫人與君同用玉瑱，明衡笄亦用玉矣。其三夫人與三公夫人同服翟衣，明衡笄亦用玉矣。其九嬪命婦等，當用象也。云「唯祭服有衡」，知者，見經后與九嬪以下別言，明后與九嬪以下差別，則衡笄唯施於翟衣，取鞠衣以下無衡矣。〔五九〕又見桓二年哀伯云：〔六〇〕「衮冕黻珽，帶裳幅舄，衡紞紘綖。」並據男子之冕祭服而言，明婦人之衡亦施於三翟矣，故鄭云唯祭服有衡也。鞠衣已下雖無衡，亦應有紞以懸瑱，是以著詩云充耳以素，以青，以黄，是臣之紞以懸瑱，則知婦人亦有紞以懸瑱也。云「垂于副之兩旁，當耳，其下以紞懸瑱」者，傳云「衡紞紘綖」，與衡連，明言紞爲衡設矣。笄既橫施，則衡垂可知。若然，衡訓爲橫，既垂之，而又得爲橫者，其笄言橫，據在頭上横貫爲横，此衡在副旁當耳，據人身豎爲從，此衡則爲横，其衡下乃以紞懸瑱也。引詩者，彼鄘風注云：「玼，鮮明貌。鬒，黑髮。如雲，言美長也。屑，用也。髢，髮也。」引之者，證服翟衣首有玉瑱之義，故云是之謂也。其紞之采色、瑱之玉石之別者，婦得服翟衣者，紞用五采，瑱用玉；自餘鞠衣以下，紞則三采，瑱用石。知義然者，案著詩云：「充耳以素。」鄭彼注云：「謂從君子而出，至於著，君子揖之時也。我視君子，則以素爲充耳，謂所以懸瑱者，或名爲紞，織之，人君五色，臣則三色而已。〔六一〕此言素者，目所先見而云。」下云「尚之以瓊華」，注云「美石」。彼下經又云「充耳以青」「充耳以黄」，據臣三色，故云人君五色矣。詩云「玉之瑱」，據君夫人。云用玉，則臣之妻與夫同美石。彼毛注以素爲象瑱，鄭不從者，若素是象瑱，又何以更云瓊華瓊英之事乎？〔六二〕故鄭以爲紞也。云「笄，卷髮者」，鄭注喪服小記亦云：「笄帶所以自卷持。」云「外内命婦衣鞠衣、襢衣者服編，〔六三〕衣褖衣者服次」，知者，案：昏禮云：「女次純衣。」純衣則褖衣。據士服爵弁親迎攝盛，則士之妻服褖衣首服次，亦攝盛。褖衣既首服次，三翟首服副，則鞠衣襢衣首服編可知。云「外内命婦非王祭祀賓客佐后之禮，自於其家則亦降焉」，知者，大夫妻服襢衣首服編，士妻服褖衣首服次。少牢、特牲是大夫士妻，特牲云「主婦纚笄宵衣」，少牢云「主婦髲鬄衣移袂」，但大夫妻移袂爲異，又不服編，故知自於其家則降。是以即引少牢爲證耳。云「移袂，褖衣之袂」者，此鄭覆解少牢主婦衣移袂者，是移褖衣之袂。上既云移袂，今又云移褖衣之袂，不同者，但士之妻，服綃服褖衣助祭，及嫁時，不移其袂。今大夫妻，綃衣移而以褖衣袂者，以大夫妻與士妻綃衣名同，不得言移於綃衣之袂，故取褖衣也。云「凡諸侯夫人於其國，衣服與王后同」者，以其諸臣之妻，有助后與夫人祭之事。諸侯夫人，無助后之事，故自於本國，衣服得與王后同也。所同者，上公夫人，得禕衣已下至褖衣，禕衣從君見大祖，褕翟從君祭羣廟，闕翟從君祭群小祀，鞠衣以告桑，展衣以禮見君及賓客，褖衣以接御。侯伯夫人得褕翟已下，褕翟從君見大祖及羣廟，闕翟已下，與上公夫人同。子男夫人，得闕翟已下，闕翟從君見大祖及羣廟與羣小祀，鞠衣已下，與侯伯同。並纚笄綃衣以燕居也。二王之後與魯夫人，亦同上公之禮，故明堂位云：「季夏六月，以禘禮祀周公於大廟，夫人禕衣」。是也。

喪紀，共笄經，亦如之。

屨人，掌王及后之服屨。爲赤舄、黑舄，赤繶、黄繶；青句，〔六四〕素屨，葛屨。屨自明矣，〔六五〕必連言服者，著服各有屨也。複下曰舄，禪下曰屨。古人言屨以通於複，今世言屨以通於禪，俗易語反與？舄屨有絇、有繶、有純者，飾也。鄭司農云：「赤繶黄繶，以赤黄之絲爲下緣。士喪禮曰：『夏葛屨，冬皮屨，皆繶緇純。』禮家説繶亦謂以采絲礫其下。」玄謂凡屨舄，各象其裳之色。士冠禮曰玄端、黑屨、青絇繶純，素積、白屨、緇絇繶純，爵弁、纁屨、黑絇繶純是也。王吉服有九，舄有三等。赤舄爲上冕服之舄。詩云「王錫韓侯，〔六六〕

玄衮赤舄」，則諸侯與王同。下有白舄、黑舄。王后吉服六，唯祭服有舄。玄舄爲上，褘衣之舄也。下有青舄、赤舄。鞠衣以下皆屨耳。句當爲絇，聲之誤也。絇繶純者同色，今云赤繶、黄繶、青絇，雜互言之，明舄屨衆多，反覆以見之。凡舄之飾，如繢之次。赤繶者，王黑舄之飾；黄繶者，王后玄舄之飾；青絇者，王白舄之飾。言繶必有絇純，言絇亦有繶純，三者相將。王及后之赤舄皆黑飾，后之青舄白飾。凡屨之飾，如繡次也。黄屨白飾，白屨黑飾，黑屨青飾。絇謂之拘，著舄屨之頭以爲行戒。〔六七〕繶，縫中紃。純，緣也。天子諸侯吉事皆舄，其餘唯服冕衣翟著舄耳。士爵弁纁屨，黑絇繶純，尊祭服之屨飾，從繢也。素屨者，非純吉，有凶去飾者。言葛屨，明有用皮時。○繶，於力反。青句，音劬，一音姜踰反。著服，徐丁庶反，一知略反。反與，音餘。有絇，音劬。有純，章允反，下同。下緣，悦面反，下同。礫，音歷。反覆，芳服反。以見，賢遍反。之救，戚如字，劉音拘。著舄，知略反，又直略反。中紃，音巡。衣翟，於既反。非純，如字。去飾，起吕反，下皆同。

「屨人」至「葛屨」　云「掌王及后之服屨」者，但首服在上，尊，又是陽，多變，是以追師與弁師，男子婦人首服，各别官掌之。屨舄在下，卑，又是陰，少變，故男子婦人，同官掌之也。云「爲赤舄」以下，謂掌而營造之，故云爲也。赤舄者，男子冕服，婦人闕翟之舄也。黑舄者，天子諸侯玄端服之舄。赤繶已下，〔六八〕云繶云句者，欲言繶絇以表見其舄耳。赤繶者，是天子諸侯黑舄之飾；黄繶者，與婦人爲玄舄之飾也。青句者，與王及諸侯爲白舄之飾。凡屨舄，皆有絇繶純，三者相將，各言其一者，欲互見其屨舄，故多舉一邊而言也。素屨者，大祥時所服，去飾也。葛屨者，自赤舄以下，夏則用葛爲之，若冬則用皮爲之。在素屨下者，欲見素屨亦用葛與皮故也。

注「屨自」至「皮時」　云「屨自明矣，必連言服者，著服各有屨也」者，屨舄從裳色，裳既多種，故連言服也。云「複下曰舄，禪下曰屨」者，下，謂底。複，重底，重底者名曰舄，禪底者名曰屨也。無正文，鄭目驗而知也。云「古人言屨以通於複」者，首直云屨人，不言舄，及經舄屨兩有，是言屨通及舄。周公即古人也，故云古人言屨以通於複也。云「今世言屨以通於禪」者，謂漢時爲今世。但漢時名複下者爲屨，并通得下禪之屨，故云俗易語反與。云「與」者，無正文，鄭以意解之，故云與以疑之也。云「舄屨有絇、有繶、有純者，飾也」者，言繶，是牙底相接之縫，綴絛於其中。言約，謂屨頭以絛爲鼻。純，謂以絛爲口緣。經不云純者，文略也。鄭司農云「赤繶黄繶，以赤黄之絲爲下緣」者，此即牙底相接之縫也。「玄謂凡屨舄各象其裳之色」者，屨舄與裳俱在下體，其色同，制舄屨，與裳色同也。緇純，純用緇，則繶約亦用緇色也。引士喪禮者，證繶爲下緣。云「皆繶緇純」者，葛屨皮屨，皆有繶也。引士冠禮者，證屨同裳色。云「玄端黑屨」者，凡玄端，有上士玄裳，中士黄裳，下士雜裳。今云黑屨者，據玄裳爲正也。云「青約繶純」者，屨飾從繢次也。云「素積白屨」者，皮弁服，素積以爲裳，故曰屨也。〔六九〕云「緇約繶純」者，亦飾從繡次也。云「爵弁纁屨黑約繶純」者，鄭云：「尊祭服，飾從繢次。」言是也者，是屨從裳色之義也。云「王吉服有九」者，則司服六冕，與韋弁、皮弁、冠弁，是也。云「舄有三等」者，謂赤舄、黑舄、白舄也。云「赤舄爲上冕服之舄」者，〔七〇〕此經先言赤舄，是舄中之上，是六冕之舄也。引詩者，是韓侯之詩也。玄衮者，冕服皆玄上纁下，而畫以衮龍。〔七一〕云「赤舄」者，象纁裳故也。引之者，證諸侯得與王同有三等之舄，赤舄爲上也。云「下有白舄黑舄」者，白舄配韋弁、皮弁，黑舄配冠弁服。案：司服注：「韋弁，以韎韋爲弁，又以爲衣裳。」則韋弁其裳以韎之赤色韋爲之。今以白舄配之，其色不與裳同者，鄭志及聘禮注韋弁服，皆云以素爲裳。以無正文，鄭自兩解不定，故得以白舄配之。冠弁服，則諸侯視朝之服，是以燕禮記云「燕朝服」，鄭云：「諸侯與其羣臣日視朝之服也。」謂冠玄端、緇帶、素韠、白屨也。白屨即與皮弁素積白屨同，今以黑舄配之，不與裳同色者，朝服與玄端大同小異，皆玄冠緇布衣，〔七二〕而裳有異耳。若朝服，則素裳白屨。若玄端之裳，則玉藻云「韠，君朱，大夫素，士爵韋」。是韠從裳色，則天子諸侯朱裳，大夫素裳，皆不與裳同色者，但天子諸侯，舄有三等，玄端既不得與祭服同赤舄，若與韋弁、皮弁同白，則黑舄無所施。故從上士玄裳爲正而黑舄也。大夫玄端素裳，亦從玄裳黑屨矣。云「王后吉服六，唯祭服有舄」者，以王舄有三，后舄不得過王，故知后舄亦三等。但冕服有六，其裳同，故以一舄配之。后翟三等，連衣裳而色各異，故三翟，三等之舄配之。云「玄舄爲上，褘衣之舄也，下有青舄、赤舄」者，玄舄配褘衣，則青舄配摇翟，赤舄配闕翟可知。云「鞠衣以下皆屨耳」者，六服三翟，既以三舄配之，且下文命夫命婦唯言屨，不言舄，故知鞠衣以下皆屨也。云「句當爲絇」，知者，以此屨舄無取句之義，案：士冠禮皆云絇，故知當爲絇。云「絇繶純者同色」，知者，案士冠禮，三冠絇繶純各自同色故也。云「今云赤繶黄繶青絇，雜互言之，明舄屨衆多，反覆以見之」者，以其男子有三等屨舄，婦人六等屨舄，若具言其屨舄，於文煩，故雜互見之，明其衆多也。云「凡舄之飾如繢之次」者，無正文，此約皮弁白屨，黑絇繶純，白黑比方爲繡次；〔七三〕爵弁纁屨，黑絇繶純，黑與纁南北相對，尊祭服，故對方爲繢次也。以此而言，則知凡舄皆不與屨同，而爲繢次可知。云「赤繶者，王黑舄之飾」者，以其舄飾從繢之次，赤是南方火色，與北方黑對方，更無青屨取赤爲繶，知是王黑舄之飾也。云「黄繶者，王后玄舄之飾」者，以其天玄與地黄相對，爲繢次，故知是王后玄舄之飾也。上公夫人得服褘衣者，亦得玄舄也。云「青絇者，王白舄之飾」者，亦以對方飾之，亦得與褖衣黑屨爲飾。但據舄尊者而言，王亦與諸侯白舄爲飾也。云「言繶必有絇純，言絇亦有繶純，三者相將」者，以士冠禮，三冠各有絇繶純，故知三者相將。但經互見，故各偏舉其一耳。云「王及后之赤舄皆黑飾，后之青舄白飾」者，以舄皆對方，以繢次爲飾，故義然也。云「凡屨之飾如繡次也」者，〔七四〕亦約士冠禮白屨黑絇繶純之等而知也。云「黄屨白飾，白屨黑飾，黑屨青飾」者，此據婦人之屨，鞠衣已下之屨，故有黄屨、黑屨也。以屨從繡次爲飾，故知義然也。云「絇謂之拘，著於舄屨之頭以爲行戒」者，鄭注士冠亦云：「絇之言拘也，以爲行戒，狀如刀衣鼻，在屨頭。」言拘取自拘持爲行戒者，謂使低目，〔七五〕不妄顧視也。云「其餘唯服冕衣翟著舄耳」者，服冕謂后以下婦人也。〔七六〕云「素屨者，非純吉，有凶去飾者」，下經注散屨與此素屨，同是大祥時；則大祥除衰杖後，身服素縞麻衣，而著此素屨，故云非純吉。言去飾者，經素屨不云繶純，〔七七〕故知去飾無絇繶純也。云「言葛屨明有用皮時」者，士冠禮云：「夏葛屨，冬皮屨。」此經云葛屨，據夏而言。若冬明用皮，故鄭云有用皮時也。

辨外内命夫命婦之命屨、功屨、散屨。

命夫之命屨，纁屨。命婦之命屨，黄屨以下。功屨，次命屨，於孤卿大夫則白屨、黑屨；九嬪、内子亦然；世婦、命婦以黑屨爲功屨。女御、士妻命屨而已。士及士妻謂再命受服者。散屨，亦謂去飾。○散屨，素但反，注同。

「辨外」至「散屨」　上明王及后等尊者舃屨訖，此明臣妻及嬪已下之屨也。言外内命夫，案：肆師職云：「禁外内命男女之衰不中法者。」鄭彼注：「外命男，六鄉以出也。内命男，朝廷卿大夫士也。其妻爲外命女。」彼外内命男，則此外内命夫。若然，此外内命夫，〔七八〕其妻爲外命婦，鄭雖不注，亦與彼同也。内命婦，自是九嬪以下也。

注「命夫」至「去飾」　云「命夫之命屨」者，以其經不云舃，唯云屨，大夫以上衣冠，則有命舃，無命屨，故知命屨中唯有屨而已。士之命服，爵弁則纁屨，故云命屨纁屨而已。云「命婦之命屨，黄屨以下」者，以其外命婦孤妻已下，内命婦九嬪已下，不得服舃，皆自鞠衣以下，〔七九〕故云黄屨以下。言以下者，兼有卿大夫妻，及二十七世婦，皆展衣白屨，士妻與女御，皆褖衣黑屨，故云以下以廣之。云「功屨，次命屨，於孤卿大夫則白屨、黑屨」者，案司服，孤希冕，〔八〇〕卿大夫玄冕，皆以赤舃爲命舃，以下仍有韋弁白屨、冠弁黑屨，故云次命屨。命屨，據婦人而言，其實孤卿大夫身則功屨次命舃也。云「九嬪内子亦然」者，九嬪與孤妻内子，既以黄屨爲命屨，功屨之中，有襢衣白屨、褖衣黑屨，故云亦然。云「世婦以黑屨爲功屨」者，以其皆以褖衣白屨爲命屨，其功屨唯有褖衣黑屨也。云「女御、士妻命屨而已」者，以二者唯有褖衣黑屨爲命屨，故云命屨而已。云「士及士妻謂再命受服者」，案大宗伯云：「一命受職，再命受服」，但公侯伯之士一命，子男之士不命，及王之下士，皆受職不受服。王之中士再命，上士三命已上，乃受服。受服則并得此屨，故云再命受服者也。云「散屨，亦謂去飾」者，據臣言散，即上之素，皆是無飾，互换而言，故云謂去飾者也。鄭志趙商問：「司服王后之六服之制，自不解，〔八一〕請圖之。」荅曰：「大裘、衮衣、鷩衣、毳衣、絺衣、玄衣，〔八二〕此六服，皆纁裳赤舃。韋弁衣以韎，皮弁衣以布，此二弁，皆素裳白舃。冠弁服，黑衣裳而黑舄。冠弁玄端。禕衣玄舄，首服副，從王見先王。褕翟青舄，首服副，從王見先公。闕翟赤舄，首服副，從王見羣小祀。鞠衣黃屨，首服編，以告桑之服。襢衣白屨，首服編，以禮見王之服。褖衣黑屨，首服次，以御於王之服。后服六，翟三等，三舄，玄、青、赤。鞠衣以下，三屨，黃、白、黑。婦人質，不殊裳，屨舄皆同裳色也。」

凡四時之祭祀，以宜服之。祭祀而有素屨散屨者，唯大祥時。

「凡四」至「服之」　言「以宜服之」者，謂各以尊卑所宜之服服之。

注「祭祀」至「祥時」　鄭知此經四時祭祀含有素屨散屨者，以此經四時祭祀，摠結上文諸屨，故知有此二屨也。云「唯大祥時」者，此據外內命夫爲王斬衰而言。〔八三〕初死著菅屨，卒哭與齊衰初死同疏屨，既練與大功初死同繩屨，大祥與小功初死同吉屨無絇，吉屨無繶純，是以上經注云非純吉，故云唯大祥時也。但上經據卑云散，散與素一也。

夏采，掌大喪以冕服復于大祖，以乘車建綏復于四郊。求之王平生常所有事之處。乘車，玉路。於大廟以冕服，不出宮也。四郊以綏，〔八四〕出國門，此行道也。鄭司農云：「復謂始死招魂復魄。士喪禮曰：『士死于適室，復者一人以爵弁服，升自東榮，中屋北面，招以衣，曰臯某復，三，降衣于前，受用篋，升自阼階，以衣尸。』喪大記曰：『復，男子稱名，婦人稱字，唯哭先復。』言死而哭，哭而復，冀其復反，故檀弓曰：『復，盡愛之道也。望反諸幽，求諸鬼神之道也。北面，求諸幽之義也。』檀弓又曰：『君復於小寢、大寢，小祖、大祖，庫門、四郊。』喪大記又曰：『復者朝服，君以卷，夫人以屈狄，大夫以玄赬，世婦以襢衣，士以爵弁，士妻以稅衣。』雜記曰：『諸侯行而死於館，則其復如於其國；如於道，則升其乘車之左轂，以其綏復。大夫死於館，則其復如於家；死於道，則升其乘車之左轂，以其綏復。』喪大記又曰：『爲賓則公館復，私館不復。』夏采天子之官，故以冕服復于大祖，以乘車建綏復于四郊，天子之禮也。大祖，始祖廟也。」故書綏爲禮，杜子春云：「當爲綏，〔八五〕禮非是也。」玄謂明堂位曰「凡四代之服器，魯兼用之」。「有虞氏之旂，夏后氏之綏」。〔八六〕則旌旂有是綏者，〔八七〕當作緌，字之誤也。緌以旄牛尾爲之，〔八八〕綴於橦上，所謂注旄於干首者。王祀四郊，乘玉路，建大常，今以之復，去其旒，異之於生，亦因先王有徒緌者。士冠禮及玉藻冠緌之字，故書亦多作緌者，〔八九〕今禮家定作蕤。○以乘，繩證反，注「乘車」皆同。建綏，而誰反，注下同，依字作緌，誤作綏耳。適室，丁歷反。東榮，如字，劉音營。衣尸，於既反。復反，扶又反。朝服，直遥反。以卷，古本反。屈狄，音闕。玄禎，敕貞反。爲禮，音維，徐音遂。於橦，直江反。

「夏采」至「四郊」　大喪謂王喪也。云「以冕服復于大祖」者，謂初死屬纊絶氣之後，即以冕服，自衮冕以下六冕及爵弁皮弁之等復，謂招魂。復者各依命數，天子則十二人，各服朝服而復於大祖之廟，當升自東霤，北面，履危西上，云「皐天子復」，如是者三，乃卷衣投於前，有司以篋受之，升自阼階，入，衣於尸。復而不蘇，乃行死事也，故云復於大祖也。云「以乘車建綏復於四郊」者，以冕服不出宮，旌旗之綏〔九〇〕，又是行道之物，故乘玉路之乘車，建綏而復於四郊也。必於大祖、四郊者，欲死者復蘇，故於平生有事之處皆復也。

注「求之」至「作蕤」　云「求之王平生常所有事之處」者，鄭欲廣解所復之處，故云「平生」以摠之。天子七廟，此經直云大祖，大祖，則后稷廟也。〔九一〕餘六廟此不云復，案：祭僕云「大喪復于小廟」，注云：「小廟，高祖以下。」是親廟四也。其五寢，則隷僕復，故隷僕職云：「大喪復於小寢大寢。」注：「小寢，高祖以下廟之寢也。始祖曰大寢。」唯二祧無復文者，案祭法，親廟四與大祖皆月祭，二祧享嘗乃止，無月祭，則不復也。禮記檀弓云：「復於小祖、大祖、庫門、四郊。」周禮不言五門者，〔九二〕文不具。云「乘車玉路」者，案：巾車云「玉路以祀」，祭天地於郊用玉路，〔九三〕明於四郊復乘玉路可知。云于四郊者，實小宗伯云：〔九四〕「兆五帝於四郊。」平生在四郊郊事神之處，故復之也。云「於大廟以冕服，不出宮也」者，鄭欲見於四郊不用冕服之意也。云「四郊以綏，出國門，行道也」者，案：巾車云：「一曰玉路，建大常，十有二斿，以祀。」故云以綏出國門。此行道對在廟用冕也。鄭司農云「復謂始死招魂復魄」者，精氣爲魂，耳目聰明爲魄。人死魂氣上去，故招之而復之於魄也。自「士喪」以下至「私館不復」，引此諸文者，先鄭意禮記諸言復，皆與此經復事同，故皆引爲證也。云「士死於適室」者，適室，則適寢也。大夫士謂之寢，天子諸侯謂之路寢也。云「復者一人」者，命士不命之士，皆一人，若大夫以上，皆依命數也。云「以爵弁」者，凡復者皆用上服，故用士助祭之服。云「升自東榮」者，升屋從東榮而上，天子諸侯言東霤。皐，謂長聲而言。又引喪大記「復，男子稱名，婦人稱字」者，男子稱名，據大夫、士。若天子稱天子復，諸侯稱某甫，臣不名君故也。引喪大記云「君以卷，夫人以屈狄」者，彼注云：「君以卷，謂上公也。夫人以屈狄，謂子男夫人。」若上公夫人用褘衣，子男則用毳，互見之者，欲揔五等諸侯及夫人也。云「大夫以玄赬，世婦以褘衣」者，赬，赤也。謂纁裳，則玄冕也。世婦謂君之世婦。不言命婦與姪娣，亦互見爲義也。玄謂引明堂位「凡四代之服器，魯兼用之」者，鄭欲推出緌是有虞氏旌故也。云「有虞氏之旂，夏后氏之緌」者，彼注云：「有虞氏當言緌，夏后氏當言旂。」云「則旌旂有是綏者，當作緌，字之誤也」者，旌旂有是綏，謂糹傍著妥。此非字之體，故破之。云當作緌，爲糸傍著委，故云字之誤也。云「緌以旄牛尾爲之，綴於橦上，所謂注旄於干首者」，爾雅云「注旄於干首」是也。案：鍾氏染鳥羽，以爲王后之車飾，亦爲旌旗之緌，則旌旗亦有鳥羽。獨云旄牛尾，舉一邊而言，其實兼有也。云「王祀四郊，乘玉路，建大常」者，此巾車文。云「今以之復，去其旒，異於生」者，〔九五〕生時九旗，有緌有旒，今死去旒是異。有虞氏也。徒，空也。有虞氏空緌，未有在下旂旐，故云徒緌也。云「士冠禮及玉藻冠緌之字」者，欲見二冠緌之字，與此旌旗之緌字同也。云「故書亦多作緌者」，謂作糹傍委也。云「今禮家定作蕤」者，謂今説禮之家定作蕤，謂爲蕤賓之蕤。必定緌作蕤者，蕤賓在午月，一陰爻生，陰氣委蕤於下，故旌旗之緌，亦定作蕤也。

校勘記

〔一〕此釋經以時御敘于王所之事　「王」，阮本作「三」，非。

〔二〕婦人設豆籩簠簋　「簠」，監、毛、殿本同，聞、閩、阮本作「齍」，誤。

〔三〕明堂位賜魯得兼用四代之器　「賜」，閩、監、毛、殿、阮本作「盟」，誤。

〔四〕衆之次敘者乃哭　「敘」，婺、余、岳本同，嘉靖本作「序」，阮校云，經作「敘」，注作「序」，須人易曉是也。

〔五〕饎人炊之　「饎」，元、閩、監、毛、殿本同，正、聞、阮本作「饌」，誤。

〔六〕故知此王使往可知也　浦鏜云，「可知」衍。

〔七〕此文使世婦往弔者　浦鏜云，「又」誤「文」，非也。

〔八〕掌三公六卿之弔勞　浦鏜云，經作「孤卿」。

〔九〕則有妬疾自專之事　阮校云，「疾」當「嫉」字誤。

〔一〇〕涖女宮之具　浦鏜云，「涖」下脱「陳」。

〔一一〕爲之於南牗下　「牗」，阮本作「牖」，當是。

〔一二〕九嬪爲孤卿　「爲」，元、正、聞本同，閩、監、毛、殿、阮本作「象」，疑作「象」是。

〔一三〕秋祀門　「祀」，原作「犯」，阮本作「祀」，月令同，據改。

〔一四〕故書齎爲資杜子春讀爲資　漢讀考云，此故書作資，子春易爲齎，而鄭君從之也。今本作「杜子春讀爲資」，誤。

〔一五〕若今時題署物　「署」，原作「者」，據婺、建、岳、阮本改。

〔一六〕若縑帛則授之以素絲　「則」，原作「財」，據阮本改。

〔一七〕此注内工不言嬪婦　「工」，元、閩、閩、監、毛、殿本同，阮本作「功」，注内作「工」，當作「工」是。

〔一八〕言衣物釋經黼畫　「言」，元、閩、閩、監、毛、阮本同，惠校本作「云」。

〔一九〕謂若司几筵云扆前者是也　浦鏜云，經「扆」作「依」。

〔二〇〕典枲掌布緦縷紵之麻草之物　「緦」，婺、岳本同，唐石經作「絲」。嚴可均唐石經校文云，「絲」當作「緦」，各本作「緦」。聶崇義三禮圖云，「絲」「緦」二字古通。

〔二一〕又曰瑳兮瑳兮其之展也　阮本原無「又曰」二字，後剜擠入。

〔二二〕言褖者甚衆　阮本原無「衣」字。阮校云，詩緑衣正義引作「言褖衣者甚衆」，此脱「衣」字。孫詒讓云，此不必增「衣」字，下云「字或作税」，則此不當有「衣」明矣。

〔二三〕婦人尚專一　阮校云，「一」當作「壹」。

〔二四〕與下瑳字同　「瑳」原作「如」，據徐本、盧本及阮本改。

〔二五〕媛也音棳　「棳」，徐本、盧本及阮本作「援」，下「居棳反」同。

〔二六〕褘衣者亦是翟　元、閩、閩、阮本同，監、毛、殿本「翟」作「翬」，殆非。

〔二七〕故目言衣也　「目」，元、閩、閩、監、毛、殿本同，阮本誤作「自」。

〔二八〕后夫人不與者　盧文弨云，今白虎通無此語。

〔二九〕祭先公則服揄翟　「揄」，原作「摇」，阮本作「揄」，與注合，據改。

〔三〇〕服展則邦之爲媛助　阮本同。阮校云，「媛」，當作「援」。

〔三一〕大師雞鳴于簷下　浦鏜云：「雞」上脱「奏」。

〔三二〕故同服　「同」，原作「司」，據阮本改。

〔三三〕又見子羔襲用褖衣纁袡　「袡」，阮本作「袖」，下「纁袡」同。今案：雜記作「袡」，阮本誤。

〔三四〕欲從此向上推次其色，「此」，元本同，閩、閩、監、毛、殿、阮本作「下」。

〔三五〕云緣字之誤也者，緣與褖不得爲聲相近　阮本同。盧文弨云，二「緣」字皆當作「綠」。

〔三六〕孤絺冕　浦鏜云，經「絺」作「希」，注「希讀爲絺」。

〔三七〕亦是尊尊　元、正、閩、閩、監、毛、殿本同，阮校云，宋本「尊」字不複，此衍。

〔三八〕案特牲主婦纚笄綃衣　「主」，原作「生」，據阮本改。「綃衣」，惠校本作「宵衣」。

〔三九〕釋經掌王宮之縫線之事也　「掌」，阮本作「云」。疑作「掌」是。

〔四〇〕謂兩已相背三行　「謂」，元、閩、閩、監、毛本同，殿本作「爲」。浦鏜云，「爲」誤「謂」。

〔四一〕以青黑文則曰黻翣　「以」，殿本、惠校本同，阮本作「爲」。疑作「爲」是。

〔四二〕亦明天子加數　「亦」，元、閩、閩、監、毛、殿本同，正、阮本作「以」。疑作「亦」是。

〔四三〕衣翣柳之材　阮校云，經文「翣」字當作「翜」，而後人改爲「翣」。

〔四四〕必先纏衣其木　宋本、嘉靖本、閩本同，監本、毛本「木」作「材」。

〔四五〕故書翣柳作接櫝　「椄」，婺、建、岳本皆作「接」，釋文同。下同。

〔四六〕二者皆有材　「有」，董本作「木」，文義較長。

〔四七〕縫人以采繒之纏之　「繒之」，阮本作「繒衣」，當據改。

〔四八〕秋乃大染　「乃」，建、岳本同，婺、阮本作「方」。

〔四九〕三月而后可用　「后」，建、嘉靖本同，阮本作「後」。阮校云，注當用「後」字。

〔五〇〕考工記鐘氏則染纁術也　「鐘」，阮本作「鍾」。「鍾鼎」字，依説文當作「鐘」，周禮但用「鍾」字。

〔五一〕禹貢曰羽畎夏狄　「畎」，釋文作「畎」，阮本同。

〔五二〕以其石染當及夏日乃可爲之　阮本無「之」字。

〔五三〕云夏狄是其揔者　阮本同。浦鏜云「揔」下脱「名」。

〔五四〕牟追　諸本同。釋文云「毋追，音牟」，則陸本作「毋追」。士冠禮釋文亦作「毋追音牟」。

〔五五〕服之以桑也　阮本同。阮校云，詩君子偕老正義及雞鳴正義皆引作「服之以告桑也」，此脱「告」字。

〔五六〕詩云玼兮玼兮其之翟也　「玼兮」原不重，據阮本增。

〔五七〕亦謂助后而服之也　阮本同。阮校云，惠校本「后」上有「王」，此脱。

〔五八〕其中唯有編　「唯」，元本、惠校本同，閩、監、毛、殿、阮本作「亦」。疑作「唯」是。

〔五九〕取鞠衣以下無衡矣　浦鏜云，「取」當「餘」字誤。

〔六〇〕又見桓二年哀伯云　阮本同。阮校云，惠校本「哀」上有「臧」，此脱。

〔六一〕臣則三色而已　「三」，原作「二」，阮本作「三」，與今毛詩鄭注合，從改。

〔六二〕又何以更云瓊華瓊英之事乎　「又」，阮本作「文」，誤。

〔六三〕襢衣者服編　阮本無「者」字。

〔六四〕赤繶黄繶青句　于鬯云，據鄭注「赤繶」本作「赤純」。

〔六五〕屨自明矣　婺、建、岳、阮本同。阮校云，宋本「自」作「目」，是「屨目」即經之某舄某屨也。孫詒讓云，阮説未然，作「自」是也。

〔六六〕詩云王錫韓侯　「錫」，岳、元、聞、閩、監、毛、殿、阮本同，建、嘉靖本作「賜」。阮校云，作「錫」者，依今詩所改。

〔六七〕著爲屨之頭以爲行戒　「著」，建、岳本同，婺、阮本作「着」。
〔六八〕天子諸侯玄端服之舄赤繶已下　阮本「舄」「赤」誤倒，當據此本、閩本乙正。
〔六九〕故曰屨也　「曰」，阮本作「白」，當據改。
〔七〇〕云赤舄爲上冕服之舄者　「上」，原作「正」，據阮本改。
〔七一〕而畫以衮龍　「畫」，原作「晝」，據阮本改。
〔七二〕皆玄冠緇布衣　「冠」，阮本作「端」。疑作「冠」是。
〔七三〕白黑比方爲繡次　「比」，閩、殿本同，監、毛、阮本作「北」，元、正、聞本作「此」，作「比」是。
〔七四〕云凡屨之飾如繡次也者　「飾」，阮本作「節」，誤。
〔七五〕謂使低目　「低」，阮本作「抵」，疑作「低」是。
〔七六〕服冕謂后以下婦人也　孫詒讓云，此九字有奪誤，疑當作「服冕謂卿大夫以下，衣翟謂后以下婦人也」。
〔七七〕經素屨不云繶純　浦鏜云，「繶」上脱「絇」。
〔七八〕彼外内命男則此外内命夫若然此外内命夫　浦鏜云，三「内」字衍，據儀禮續通解校。
〔七九〕皆目鞠衣以下　「目」，阮本作「自」，當是。
〔八〇〕案司服孤希冕　「希」，元、正、聞本同，閩、監、毛、殿本作「絺」。
〔八一〕自不解　「自」，元、殿本同，聞、閩、監、毛、阮本作「目」。武英殿本鄭志作「目」。
〔八二〕大裘衮衣鷩衣毳衣絺衣玄衣　「裘」，阮本作「喪」，誤。
〔八三〕此據外内命夫爲王斬衰而言　阮本同。浦鏜云，「命夫」下脱「命婦」。
〔八四〕四郊以綏　「綏」，原作「緌」，據婺、建、岳本改。

〔八五〕故書綏爲禮杜子春云當爲綏　二「綏」字，原均作「緌」，據婺、岳本改。

〔八六〕夏后氏之綏　「綏」，原作「緌」，婺、岳本作「綏」，與明堂位合，據改。又下云「當作緌」，與明堂位注「綏當爲緌」亦合，作「綏」明矣。

〔八七〕則旌旂有是綏者　「是」，婺、建、岳本同，漢讀考作「徒」，云「徒緌，去旒也」，即下注「亦因先王有徒緌者」。

〔八八〕緌以旄牛尾爲之　阮校云，宋本「旄」作「毛」。

〔八九〕故書亦多作緌者　「緌」，宋、岳、嘉靖本同，閩、監、毛、阮本作「綏」，漢讀考云，作「緌」誤。孫詒讓云，賈疏已誤作「緌」。

〔九〇〕旌旗之綏　「綏」，阮本作「緌」，下「建綏而復於四郊也」，同，皆誤。

〔九一〕大祖則后稷廟也　「祖」，閩本同，元、閩、監、毛、殿、阮本作「廟」，非。

〔九二〕周禮不言五門者　「五」，元、正、閩本同，阮本作「庫」，疑作「庫」是。

〔九三〕祭天地於郊用玉路　阮本同。浦鏜云，「地」衍。

〔九四〕實小宗伯云　「實」，殿本作「案」。浦鏜云，「實」當「案」字誤。

〔九五〕異於生者　阮本「異」下有「之」字。

周禮注疏卷第九

地官司徒第二

鄭目録云：「象地所立之官。司徒主衆徒。地者載養萬物，天子立司徒掌邦教，亦所以安擾萬民。」既言象地所立，則此六十官皆法地，與天官言象天義異矣。

惟王建國，辨方正位，體國經野，設官分職，以爲民極。六官皆有此叙者，欲見六官所主雖異，以爲民極是同故也。

乃立地官司徒，使帥其屬而掌邦教，以佐王安擾邦國。教所以親百姓，訓五品。有虞氏五，而周十有二焉。擾亦安也，言饒衍之。

「乃立」至「邦國」　此經所云爲立官之意，六官亦同有此語，唯地官司徒與安擾之字不同，欲見所主雖曰有殊，佐王之事是一故也。

注「教所」至「衍之」　云「教所以親百姓」者，案：尚書舜典云：「帝曰：契，百姓不親，五品不遜，汝作司徒，敬敷五教，在寬。」彼舜欲使契布五教，親百姓，遜五品，是鄭君所取義也。但五教據所施而言，五品據人品列有五，所從言之異，其義一也。云「有虞氏五，而周十有二焉」者，有虞氏五，即舜典所云「敬敷五教」。又文十八年云：「舜臣堯，舉八元，使敷五教于四方，父義、母慈、兄友、弟恭、子孝。」是也。「而周十有二」者，據司徒之職云「一曰以祀禮教敬」以下是也。案：成王周官云「司徒敷五典，擾兆民」，則周亦有五教。而云至周十有二者，鄭據此周禮之文，言十二，以對於虞，其實五中雖不含十二，〔一〕亦含有五。云「擾亦安也，言饒衍之」者，以言饒益衍長，亦是安義。以其民爲邦本，不安則散，特須安而復安，故云「擾亦安也」。案：天官教典鄭注「擾爲馴」者，以其司徒主教，教使馴順，馴亦是安之義也。

教官之屬：大司徒，卿一人。小司徒，中大夫二人。鄉師，下大夫四人。上士八人，中士十有六人，旅下士三十有二人。府六人，史十有二人，胥十有二人，徒百有二十人。師，長也。司徒掌六鄉，鄉師分而治之，二人者共三鄉之事，相左右也。○鄉師，音香，下以意求之。師長，丁丈反，後皆同。相左，音佐。右，音又。

「教官」至「十人」　上經說立官之意，此經說立官尊卑相副貳。云「教官之屬」者，自此以下至稾人，揔六十官，皆是教官之屬。若然，教官揔目於下也。云大司徒卿一人，六命；小司徒中大夫二人，四命；鄉師下大夫四人，與小司徒同四命，分爲中下；上士八人，三命；中士十有六人，再命；旅下士三十有二人，一命；自此已上，皆得王命，謂之王臣。以卑佐尊，尊少卑多，各與上一倍。云府六人，主藏文書，史十有二人，主作文書，胥十有二人，爲什長，徒百有二十人，給徭役，此四者皆不得王命，官長所自辟除者也。

注「師長也」至「右也」　此鄉師，司徒之老〔二〕，謂之鄉師者，謂佐司徒主六鄉。亦與在下民臣爲長，故云「師，長也」。云「司徒掌六鄉」者，案下云「鄉老，二鄉則公一人」已下，是主六鄉之事。云「鄉師分而治之」者，以其鄉師佐司徒主六鄉，故言分而治之。以鄉有六，其人有四，故二人共三鄉。云「相左右」者，左右助也。以其二人共主三鄉，不得各專其鄉事，故相助而已。

鄉老，二鄉則公一人。鄉大夫，每鄉卿一人。州長，每州中大夫一人。黨正，每黨下大夫一人。族師，每族上士一人。閭胥，每閭中士一人。比長，五家下士一人。老，尊稱也。王置六鄉，則公有三人也。三公者，內與王論道，中參六官之事，外與六鄉之教，其要爲民，是以屬之鄉焉。州、黨、族、閭、比，鄉之屬別。正、師、胥，皆長也。正之言政也。師之言帥也。胥，有才智之稱。載師職曰：「以官田、牛田、賞田、牧田任遠郊之地。」司勳職曰：「掌六鄉之賞地。」六鄉地在遠郊之內，則居四同。鄭司農云：「百里內爲六鄉，外爲六遂。」〇比長，毗志友，徐扶二反，注下同。稱也，尺證反，下同。爲民，于僞反。言帥，所類反。才知，音智。

「鄉老」至「下士一人」　鄉老者，謂三公。案下曲禮，三公於諸侯曰天子之老。此鄭注云「老，尊稱」，未必是年老。「二鄉則公一人」者，〔三〕在朝三公，八命，即典命云「三公八命」是也。分陝而治，則九命，則大宗伯云「九命作伯」是也。「鄉大夫，每鄉卿一人」者，六鄉，則卿六人，各主一鄉之事，然揔屬司徒，非六官典兼鄉大夫。知者，以鄭注大司馬云：「軍吏選於六官六鄉之吏爲之。」既六官六鄉並言，故知別置。「州長每州中大夫一人」者，每鄉有五州，州長以中大夫爲之，亦四命。「黨正每黨下大夫一人」者，五黨爲州，黨正使下大夫爲之，亦四命。「族師每族上士一人」者，五族爲黨，族師使上士一人爲之，亦三命。「閭胥每閭中士一人」者，四閭爲族，巷門爲閭。胥，有才智之稱。閭胥使中士一人爲之，亦再命。「比長五家下士一人」者，五比爲閭，比長使下士一人爲之，亦一命。特言五家者，明閭胥已上至鄉，皆有家數。故其職云：「五家爲比，五比爲閭，四閭爲族，五族爲黨，五黨爲州，五州爲鄉。」從少至多，故於比言五家爲本也。

注「老尊」至「六遂」 言「老，尊稱也」者，以其天子所父事三老者同名，故云「老，尊稱也」。云「王置六鄉則公有三人也」者，於周禮不見公之人數，六鄉之數。周禮有其文，此經云「二鄉則公一人」，明知公有三人。案：成王周官「立大師、大傅、大保，兹惟三公」，亦是公有三人之事。云「三公者内與王論道」者，成王周官云：「兹惟三公，論道經邦。」考工記云：「坐而論道，謂之王公。」鄭雖言「天子諸侯」，公中亦含三公，是其内與王論道也。云「中參六官之事」者，案：書傳云：「天子三公，一曰司徒公，二曰司馬公，三曰司空公。」彼注云：「周禮，天子六卿，與大宰、司徒同職者，則謂之司徒公，與宗伯、司馬同職者，則謂之司馬公，與司寇、司空同職者，則謂之司空公。一公兼二鄉，舉下以爲稱。」是其中參六官之事。云「外與六鄉之教」，即此經是也。云「其要爲民，所以屬之鄉焉」者，(四)三公無正職，是以三百六十官之中，不見三公之任，唯此六鄉之内而言三公，故云屬之鄉焉。不言三孤者，以其佐公論道，三公有事之所，亦有三孤，故不言之。云「州黨族閭比，鄉之屬别」者，五者皆屬於鄉，而名號有别也。云「正師胥皆長也」者，自州已下至比長五官，州比自稱長矣。唯有黨正、族師、閭胥不言長，故鄭云正師胥皆長也。云「正之言政也」者，取施政教者先自正故也。云「師之言帥也」者，以其帥領百家，故言帥也。云「胥有才智之稱」者，此釋閭胥，以其有才智，故爲中士，以領一閭，雖不稱長，亦有長義。引載師職云「賞田任遠郊之地」，又引司勳職言「掌六鄉之賞地」者，欲見賞地在六鄉之中，同在遠郊之内。云「六鄉地在遠郊之内，則居四同」者，案：司馬法「王城百里爲遠郊」。於王城四面，則方二百里。開方之，二二如四，故云居四同。言此者，破賈、馬六鄉之地在遠郊五十里内，五十里外置六遂。鄭司農云「百里内爲六鄉，外爲六遂」者，司徒掌六鄉，在百里内，上以釋訖。百里外爲六遂。以其遂人掌六遂，案：遂人職云「掌邦之野」，郊外曰野，故知百里外爲六遂。

封人，中士四人，下士八人，府二人，史四人，胥六人，徒六十人。聚土曰封，謂壝堳埒及小封疆也。○堳，音眉。埒，音劣。封疆，居良反。

「封人」至「十人」　封人在此者，以其掌設王之社壝及畿封，又大司徒設社稷壝相左右，故在地官而爲職首也。胥徒多者，以其畿封事廣故也。

鼓人，中士六人，府二人，史二人，徒二十人。

「鼓人」　鼓人在此者，以其主教六鼓四金，以是教官，故在此也。

舞師，下士二人，胥四人，舞徒四十人。舞徒，給繇役能舞者以爲之。○繇役，音遥。

「舞師」至「十人」　舞師在此者，以其主教野人之舞，亦是教官之類故也。若然，樂師亦教舞，不在此者，彼教國子學樂，必須合於禮，故入春官也。

注「舞徒」至「爲之」　餘官直言徒，此官徒言舞者，徒是給繇役之人，今兼云舞，即徒中，使能舞者以充徒數也。

牧人，下士六人，府一人，史二人，徒六十人。牧人，養生於野田者。〔五〕詩云：「爾牧來思，何蓑何笠，或負其餱，三十維物，爾牲則具。」○牧人，牧養之牧，徐音目。何，胡可反，又音河，下同。蓑，素禾反。何笠，音立。其糇，音侯，乾食。

「牧人」至「十人」 牧人在此者，以其掌牧六牲以供祭祀，亦是地事故也。

注「牧人」至「則具」 鄭云「養牲於野田者」，對充人養牲於國中。又引詩曰者，〔六〕謂無羊詩，美宣王之事也，「爾王牧人來之時，荷揭蓑之與笠，蓑所以禦雨，笠所以禦暑，或負其餱糧也，「三十唯物」，物，色也，異毛色者三十，爾宣王牲則備矣。引之者，以證牧人牧六牲之事也。

牛人，中士二人，下士四人，府二人，史四人，胥二十人，徒二百人。主牧公家之牛者。詩云：「誰謂爾無牛，九十其犉。」犉者九十，其餘多矣。○其犉，而純反，一音而專反，黃牛黑脣曰犉。

注「主牧」至「多矣」 「主牧公家之牛者」，亦是地事，又鄭下注云「牛能任載地之類」，故在此也。詩云者，亦無羊詩。言誰謂爾宣王無牛，九十其犉。黃牛黑脣曰犉。云「犉者九十，其餘多矣」者，證經牛多，故徒有二百人牧之也。

充人，下士二人，史二人，胥四人，徒四十人。充猶肥也，養繫牲而肥之。

「充人」至「十人」　祭祀之牲，本以諸官堪入祭祀者，送付牧人，至祭前三月，選入充人，芻之，使之肥充。故其職云「祀五帝則繫于牢，芻之三月」，故與牧人連類在此也。

載師，上士二人，中士四人，府二人，史四人，胥六人，徒六十人。載之言事也，事民而稅之。禹貢曰「冀州既載」。載師者，閭師、縣師、遺人、均人官之長。○遺人，維季反，注「饋遺」同，司農音維。

「載師」至「十人」　案其職云：「掌任土之法以物地事。」皆是土地之事，故在此。

注「載之」至「之長」　鄭知「事民而稅之」者，案：其職上云任土之法，下云近郊什一之等，是其任民而稅之者也。云禹貢曰「冀州既載」，引之者，彼是禹治洪水，訖事而稅之，引之，證此事民之類也。云「載師者，閭師、縣師、遺人、均人官之長」者，以其閭師、縣師，徵斂之官，所斂之賦，有入遺人者。均人，主當地守地職，〔七〕皆與載師事通，故載師與之爲長。

閭師，中士二人，史二人，徒二十人。主徵六鄉賦貢之稅者。鄉官有州、黨、族、閭、比，〔八〕正言閭者，徵民之稅宜督其親民者。凡其賦貢入大府，穀入倉人。

注「主徵」至「倉人」　知主徵六鄉賦貢之稅者，案：其職云：「任農以耕事，貢九穀；任圃以樹事，貢草木。」六鄉之內，有二十五家爲閭，今以閭爲名，故知閭師主徵六鄉賦貢者也。云「鄉官有州、黨、族、閭、比，正言閭者，徵民之税宜篤其親民」者，〔九〕鄉官有五者之名，正取二十五家爲閭以爲徵斂之官號者，徵民之税，恐不能細委其民，故以近民之官爲號。云「凡其賦貢」者，此貢非是大宰九貢，正是九職之貢，即其職云「任農以耕事，貢九穀」之類是也。此云賦，謂大宰九賦之内，則國中、四郊二者是也。故其職云「掌國中及四郊之人民六畜之數」。又云「凡無職者出夫布」。是其九職之内，故云「凡其賦貢入大府」。故大府職云「掌九賦九貢九功之貳，〔一〇〕以受其貨賄之入焉」。云「穀入倉人」者，案：倉人云「掌粟入之藏」，故知穀入倉人也。

縣師，上士二人，中士四人，府二人，史四人，胥八人，徒八十人。主天下土地人民已下之數，徵野賦貢也。名曰縣師者，自六鄉以至邦國，縣居中焉。鄭司農云：「四百里曰縣。」

注「主天」至「曰縣」　「主天下土地人民已下之數」者，案：其職云「掌邦國、都鄙、稍甸、郊里之地域，辨其夫家、六畜、車輦」，是其主天下土地人民已下之數。人民之外仍有六畜、車輦，故言「已下」。云「徵野賦貢也」者，案：其職云：「以歲時徵野之賦貢。」郊外曰野。以其二百里外至邦國，以其地廣，縣師徵之，旅師斂之，徵斂別官；百里之内，六鄉之中，閭師徵之，閭師斂之，以其地狹，徵斂同官。又云「名曰縣師者，自六鄉以至邦國，縣居中焉」，自百里以至邦國分爲五等，二百里曰甸，三百里曰稍，四百里曰縣，五百里曰都，〔一一〕畿外邦國，是其縣居中焉。以其徵外内之賦，舉中爲名。鄭雖言自六鄉，六鄉仍舊郊内，據六鄉已外而言。鄭司農云「四百里曰縣」者，據載師職，小都任縣地，在四百里中，故云「四百里曰縣」。此縣師與閭師並在此者，以其徵斂地税，故與載師連類在此。

遺人，中士二人，下士四人，府二人，史四人，胥四人，徒四十人。鄭司農云：「遺讀如詩曰『棄予如遺』之遺。」玄謂以物有所饋遺。

「遺人」至「十人」　在此者，案：其職云「掌邦之委積，以待施惠」，故與徵斂之官連類在此。

注「鄭司」至「饋遺」　先鄭云「遺讀如詩曰『棄予如遺』之遺」者，此小雅谷風詩，彼謂朋友道絶，相棄如遺忘物。「玄謂以物有所饋遺」者，此是將物與人，非是遺忘之事，故不從先鄭也。

均人，中士二人，下士四人，府二人，史四人，胥四人，徒四十人。均猶平也。主平土地之力政者。

「均人」至「十人」　均人在此者，案：其職云「掌均地政，均地守，均地職」，皆是土地之事，〔一二〕故在此。

注「均猶」至「政者」　知「平土地之力政」者，案：其職「均地職」已下，更有均人民、牛馬、車輦之力政，是其平土地力政者也。

師氏，中大夫一人，上士二人，府二人，史二人，胥十有二人，徒百有二十人。師，教人以道者之稱也。保氏、司諫、司救官之長。鄭司農云：「詩云：『楀維師氏。』」○楀維，俱禹反。

「師氏」至「十人」　師氏在此者，以其主教，與地官掌十二教同，故亦在此。以其教國子有道藝，故使中大夫尊官爲之也。其徒百有二十人者，以其國子人多，〔一三〕使役處衆，故其徒多矣。

注「師教」至「師氏」　案：其職云「以三德教國子：一曰至德，以爲道本」，是其教人以道者爲稱也。〔一四〕云「保氏、司諫、司救官之長」者，以其保氏佐師氏教國子，以其司諫諫萬民，司救救萬民，皆是教之義，故師氏與爲長。鄭司農云「詩云楀惟師氏」者，此詩小雅刺幽王之詩。其臣氏曰楀者，惟作師氏之官。引之者，證與此師氏同也。

保氏，下大夫一人，中士二人，府二人，史二人，胥六人，徒六十人。保，安也，以道安人者也。書敘曰：「周公爲師，召公爲保，相成王，爲左右。」聖賢兼此官也。○召公，上照反。相成，息亮反。

「保氏」至「十人」　保氏在此者，以其佐師氏教國子，亦是教官，故在此。既與師氏同教國子官，與府史別者，以其教國子雖同，館舍別所，故置官有異。

注「保安」至「官也」　云「以道安人者也」者，人，則是國子也。案：其職云：「掌教國子以道。」〔一五〕人有道則安，故云以道安人者也。此師氏、保氏皆稱氏者，案：鄭下注云：「官有世功，則以官族。」此二官，父祖以來皆以道教國子，世爲師氏、保氏之官，則賜之以氏，曰師氏、保氏。自此已下官稱氏者，皆此類也。云「書叙曰周公爲師，〔一六〕召公爲保，相成王，爲左右」者，此是尚書君奭篇叙。云「聖賢兼此官也」者，召公爲賢，周公爲聖，此二人爲三公，分陝。以其周公聖，〔一七〕下兼此師氏官，召公爲賢，下兼此保氏官，故云聖賢兼此官。此鄭君之意，謂三公之號，無師保之名，兼此二官，得師保之稱。鄭志趙商問：「案成王周官，『立大師、大傅、大保，茲惟三公』。即三公之號，自有師保之名。成王周官，是周公攝政三年事，此周禮，是周公攝政六年時，則三公自名師保，起之在前，何也？」鄭荅曰：「周公左，召公右，兼師保，初時然矣。」若如此解，周公兼師在成王周官前，故成王周官稱三公爲大師、大傅、大保。若然，大傅者，畢公爲之，兼世子之官，故稱大傅。是以文王世子云「大傅在前，少傅在後」。若孔君之義，三公之號，自名師保，不由兼師氏保氏。

司諫，中士二人，史二人，徒二十人。諫猶正也，以道正人行。○人行，下孟反。

「司諫」至「十人」 司諫在此者，案：其職云：「掌糾萬民之德，勸之朋友，正其行，而強之道藝。」此官則主諫萬民，亦是教之義。此官徒二十人，無胥者，以得徒則了，不假長帥。〔一八〕上下文有徒無胥者，皆此類。故無胥也。

注「諫猶」至「人行」 鄭訓諫爲正，言「以道正人行」者，案：其職云「正其行」，故鄭就而解之。

司救，中士二人，史二人，徒二十人。救猶禁也，以禮防禁人之過者也。

注「救猶禁也以禮防禁人之過者也」 案：其職云：「掌萬民之衺惡過失而誅讓之，以禮防禁而救之。」是其以禮防禁人之過者，亦是教之類，故在此。

調人，下士二人，史二人，徒十人。調猶和合也。

「調人」 言調人者，鄭云「調猶和合也」，人相殺傷，共其難者，此調人和合之。在此者，會赦之後，設教使之相避，是教官之類，故在此。

媒氏，下士二人，史二人，徒十人。媒之言謀也，謀合異類，使和成者。〔一九〕今齊人名麴𪎊曰媒。○媒氏，劉音梅。麴，起六反。𪎊，魚列反，又五結反，徐去穢反。

「媒氏」至「十人」　媒氏在　者，〔二〇〕集略云：「配儷男女，取地道生息。」故在此也。

注「媒之」至「曰媒」　言「謀合異類，使和成者」，異類，謂別姓。三十之男，二十之女，和合使成婚姻。云「今齊人名麴𪎊曰媒」者，麴𪎊和合，得成酒醴，名之曰媒。言此者，欲見媒合異姓，得名爲媒之意。

司市，下大夫二人，上士四人，中士八人，下士十有六人，府四人，史八人，胥十有二人，徒百有二十人。司市，市官之長。

「司市」至「十人」　案：其職云：「掌市之治教、政刑、量度、禁令。」以其事治教，即教官之類；又市以聚人，猶地之容衆，故在此。以其市官之長，經紀事大，故使下大夫尊官爲之也，屬官及胥徒又衆也。

注「司市市官之長」　市官，謂質人已下至泉府，司市與之爲長也。

質人，中士二人，下士四人，府二人，史四人，胥二人，徒二十人。質，平也。主平定物賈者。○物賈，音嫁，下物賈及賈八人同。

「質人」 在此者，案：其職云：「掌成市之貨賄、人民、牛馬。」鄭彼注：「成，平也。」此注：「質，平也。主平定物賈者。」故亦與司市連類在此。

廛人，中士二人，下士四人，府二人，史四人，胥二人，徒二十人。故書廛爲壇，杜子春讀壇爲廛，說云「市中空地」。玄謂廛，民居區域之稱。○廛人，直連反，徐長戰反。

「廛人」至「十人」 在此者，案：其職云：「掌斂市之絘布、總布、質布、罰布、廛布。」五種之泉，入于泉府，故與司市連類在此也。

注「故書」至「之稱」 子春讀壇爲廛，不從故書，於義是也。又「說云市中空地」，以解廛，則於義非也，故後鄭不從。「玄謂廛，民居區域之稱」者，見遂人云「夫一廛田百畮」及載師「廛里任國中之地」，皆是民之所居區域。又其職有廛布，謂貨賄停儲邸舍之稅，即市屋舍名之爲廛，不得爲市中空地。

胥師，二十肆則一人，〔三〕皆二史。

「胥師二十肆則一人皆二史」 自胥師至司稽，皆是府史之類，非是命士已上。其職云：「平其貨賄。」胥者，有才智之稱。師，長也。肆，謂行列。胥師，二十肆則一人，皆有二史副之，助作文書。

賈師，二十肆則一人，皆二史。司虣，十肆則一人，司稽，五肆則一人。胥，二肆則一人。肆長，每肆則一人。自胥師以及司稽，皆司市所自辟除也。胥及肆長，市中給繇役者。胥師領羣胥，賈師定物賈，司暴禁暴亂，司稽察留連不時去者。○賈師，音古。自辟，必亦反，徐方歷反。[二二]

「賈師」至「每肆則一人」　賈師，知物價者。其職云：「凡國之賣儥，各帥其屬而嗣掌其月。」亦二十肆則一人，亦二史副之。司虣，司，猶主也。主在市虣亂。十肆則一人。司稽，司，主也。主在市稽留之人不時去者，五肆則一人。胥二肆則一人者，此謂市中給繇役少有才智者，屬胥師。肆長，謂行頭，每肆則一人，亦是市中給繇役者。注「自胥」至「去者」　知胥師及司稽皆司市所自辟除者，以其胥師越賈師等領羣胥，則知胥師等並非官。賈師與胥師，同二十肆則一人二史，賈師非官，明胥師亦非官也，故知皆司市所自辟除也。又知胥及肆長是給繇役者，以其司稽已上，是府史之類，明此二者與胥徒同是給繇役者也。又知胥師領羣胥者，以其同名爲胥；二肆則一人，其數衆多，明有所屬，故知胥爲胥師所領也。[二三]

泉府，上士四人，中士八人，下士十有六人，[二四]府四人，史八人，賈八人，徒八十人。鄭司農云：「故書泉或作錢。」

「泉府」至「十人」　在此者，案：其職云「掌以市之征布」，故與司市連類在此。

注「鄭司」至「作錢」　泉與錢，今古異名，故後鄭引之，得通一義。

司門，下大夫二人，上士四人，中士八人，下士十有六人，府二人，史四人，胥四人，徒四十人。每門下士二人，府一人，史二人，徒四人。司門，若今城門校尉，主王城十二門。○校尉，胡孝反。

「司門」至「徒四人」　司門在此者，案：其職云「正其貨賄，凡物犯禁者舉之」。以其掌貨賄，與司市相連，故亦在此。

注「司門」至「二門」　案：經有每門下士二人，據在門開閉者。此司門，鄭云「若今城門校尉」，則是都司揔監十二門官，故舉漢法況之。知王城有十二門者，案：匠人云：「營國九里，旁三門。」四面各三門，是有十二門。鄭注云：「十二門以通十二子」，十二子，則十二辰也。

司關，上士二人，中士四人，府二人，史四人，胥八人，徒八十人。每關下士二人，府一人，史二人，徒四人。關，界上之門。

「司關」至「徒四人」　在此者，案：其職云「掌國貨之節，以連關市」，〔二五〕故司與市連類在此。此司關，亦是揔檢校十二關，所司在國內。下云每關下士二人者，自在關門開閉。

注「關界上之門」　王畿千里，王城在中，面有五百里，界首面置三關，則亦十二關，故云「關，界上門」也。

掌節，上士二人，中士四人，府二人，史四人，胥二人，徒二十人。節，猶信也。行者所執之信。

「掌節」至「十人」　案：其職云：「掌守邦節，辯其用。」在此者，以其節連於門市，故亦連類在此。

注「節猶」至「之信」　案：其職云：「邦國之使節，山國虎節。」凡節者，皆行道所用，無節者不達，有節乃得行。故云「行者所執之信」。

遂人，中大夫二人。

遂師，下大夫四人，上士八人，中士十有六人，旅下士三十有二人，府四人，〔二六〕史十有二人，胥十有二人，徒百有二十人。遂人，主六遂，若司徒之六鄉也。〔二七〕六遂之地，自遠郊以達于畿，中有公邑、家邑、小都、大都焉。鄭司農云：「遂謂王國百里外。」

「遂人」至「十人」　遂人主六遂，如司徒主六鄉，但官卑校一節。司徒六命卿一人，小司徒中大夫二人，鄉師下大夫四人。此遂人中大夫二人，當小司徒處，遂師下大夫四人，當鄉師處，但無六命卿一人。以其六鄉爲正，六遂爲副，故尊卑不同；以主事相似，故上士已下，其數與司徒同。自此已下至旅師，皆是地事，故在此。

注「遂人」至「里外」　鄭知「遂人主六遂，若司徒之於六鄉」者，既名遂人，下文承以遂大夫遂官之等，似若大司徒下即有鄉大夫鄉官之等，故知遂人主六遂，若司徒之於六鄉也。云「六遂之地自遠郊以達于畿」者，案：其職云「遂人掌邦之野」，下文「以達于畿」，是其義也。云「中有公邑、家邑、小都、大都焉」，但六遂之地，只在二百里内，亦有公邑，故載師職云「公邑之田任甸地」。其公邑，自二百里以出至五百里皆有焉。家邑，大夫采地，在稍地三百里。小都，卿之采地，在縣地四百里。大都，三公王子弟，在畺地五百里。故載師職云：「家邑任稍地，小都任縣地，大都任畺地。」遂人雖專六遂，以其言掌野，郊外曰野，大摠之言，以言達于畿，故知兼掌此等焉。鄭司農云「遂謂王國百里外」者，以其在二百里中，〔二八〕故知百里外。

遂大夫，每遂中大夫一人。縣正，每縣下大夫一人。鄙師，每鄙上士一人。酇長，每酇中士一人。里宰，每里下士一人。〔二九〕鄰長，五家則一人。縣、鄙、酇、里、鄰，遂之屬別也。○酇長，作管反。

「遂大」至「則一人」　此遂大夫於六遂各主一遂，以鄉大夫各主一鄉，〔三〇〕但遂大夫已下，其官皆卑於鄉官，命數皆減一等。是以遂大夫每遂中大夫一人，不使卿爲之。差次至鄰長，五家則一人者，是不命之士爲之；其鄉内比長，亦五家一人，彼使下士爲之。

注「縣鄙」至「別也」　以其鄰長已上至縣正，皆屬於遂大夫，故言遂之屬別，與上文州、黨、族、閭、比，鄉之屬別相似。

旅師，中士四人，下士八人，府二人，史四人，胥八人，徒八十人。主斂縣師所徵野之賦穀者也。旅猶處也。六遂之官，里宰之師也。正用里宰者，亦斂民之稅，宜督其親民。

「旅師」至「十人」 六鄉之內，所有賦稅，閭師徵之，閭師斂之。此二百里以外至五百里，其地廣，故縣師徵之，旅師斂之，徵斂別官，故官屬與胥徒多也。

注「主斂」至「親民」 案：其職云：「掌聚野之鋤粟、屋粟、間粟。」言野，故知主斂縣師所徵野之賦穀者也。云「旅猶處也。六遂之官，里宰之師也」者，里訓爲居，旅者，衆也，衆之所處，即與里義同，故鄭云里宰之師也。遂官之內，縣鄙已下，正用里宰爲徵斂之官名者，亦是斂民之稅，宜督其親民。似若六鄉之中，〔三一〕取閭名爲徵斂之官，故鄭云「亦」，謂亦閭師也。

稍人，下士四人，史二人，徒十有二人。主爲縣師令都鄙丘甸之政也。距王城三百里曰稍。家邑、小都、大都自稍以出焉。〔三二〕○主爲，于僞反。丘甸，繩正反，〔三三〕又如字。

「稍人」至「有二人」 其官在此者，其職云：「掌令丘乘之政令。」言丘乘，〔三四〕即三等采地也，故與縣師、遂人等連類在此。

注「主爲」至「出焉」 云「主爲縣師令都鄙丘甸之政也」者，案：其職云「若有會同、師田、行役之事，則以縣師之法」，故云主爲縣師令都鄙丘甸之政也。云「距王城三百里曰稍」者，案載師，家邑任稍地，在三百里内，故知三百里曰稍。云「家邑、小都、大都自稍以出焉」者，以其家邑在三百里，小都在四百里，大都在五百里。從三百里向外，故言自稍以出。

委人，中士二人，下士四人，府二人，史四人，徒四十人。主斂甸稍芻薪之賦，以共委積者也。○委人，烏僞反，注同。

注「主斂」至「者也」　案：其職云「掌斂野之賦斂薪芻，凡疏材木林，凡畜聚之物」，故鄭云「主斂甸稍薪芻之賦」。共與遺人，在道以供賓客，故云「以供委積者也」。亦與徵斂之官，連類在此。

土均，上士二人，中士四人，下士八人，府二人，史四人，胥四人，徒四十人。均猶平也。主平土地之政令者也。

「土均」至「十人」　土均在此者，案：其職云「掌平土地之政，均地守，均地事，均地貢」，並是徵斂土地之事，故在此宜也。

注「均猶」至「者也」　案：其職云「掌平土地以均地守」，故云「均猶平也」，是主平土地之政令也。

草人，下士四人，史二人，徒十有二人。草，除草。

「草人」　草人在此者，案：其職云「掌土化之法，以物地，相其宜而爲之種」，又云「凡糞種，騂剛用牛」之等，皆是土地之事，故在此宜也。案：其職唯有糞種之文，無殺草之事。鄭云「草，除草」者，但糞種者，〔三五〕殺草然後種之。職雖不言殺草，名爲草人，明知除草，故鄭云除草也。

稻人，上士二人，中士四人，下士八人，府二人，史四人，胥十人，徒百人。

「稻人」　在此者，案：其職云：「掌稼下地。」又云：「澤草所生，種之芒種。」是土地之事，故在此。胥徒多者，以其并遺營種稻田。

土訓，中士二人，下士四人，史二人，徒八人。鄭司農云：「訓讀爲馴，謂以遠方土地所生異物告道王也。爾雅云：訓，道也。」玄謂能訓説土地善惡之勢。○土訓，如字，司農音馴。爲馴，似遵反，劉音訓，徐餘倫反。告道，音導。

「土訓」至「八人」　在此者，案：其職云：「掌道地圖，以詔地事。」亦是土地之事，故在此。

注「鄭司」至「之勢」　司農云「訓讀爲馴」，又引爾雅「訓道也」，玄謂能訓説土地善惡之勢，不從先鄭者，案：其職云「道地圖，道地慝」，道自是道説，不得更訓以爲道，故後鄭以爲訓説土地善惡。

誦訓，中士二人，下士四人，史二人，徒八人。能訓説四方所誦習及人所作爲久時事。

「誦訓」至「八人」　在此者，案：其職云：「掌道方志，以詔觀事，以知地俗。」亦是土地之事，故在此。

注「能訓」至「時事」　知「能訓説四方所誦習事」者，其職云「掌道方志」，謂所識四方久遠之事，是其能訓説四方所誦習者也。云「及人所作爲久時事」者，案：其職云「以知地俗」，鄭注云：「博事也。」謂博知古事，是其人所作爲久時事者也。

山虞：每大山中士四人，下士八人，府二人，史四人，胥八人，徒八十人；中山下士六人，史二人，胥六人，徒六十人；小山下士二人，史一人，徒二十人。虞度也，度知山之大小及所生者。○虞度，徒洛反，下同。

「山虞」至「十人」　山虞在此者，案：其職云：「掌山林之政令，物爲之厲而爲之守禁。」山林亦是土地之事，在此宜也。

注「虞度也」至「生者」　言「度知山之大小」者，但山之大小里數，雖曰無文，據當時量度，知其大小，然後設官分職，使掌之。經文有中山，鄭唯言大小者，略言之耳。云「及所生者」，山中所出金玉錫石禽獸草木，或有或無是也。

林衡：每大林麓下士十有二人，史四人，胥十有二人，徒百有二十人；中林麓如中山之虞；小林麓如小山之虞。衡，平也。平林麓之大小及所生者。竹木生平地曰林，山足曰麓。○麓，本亦作禁，音鹿。

「林衡」至「小山之虞」　云「大林麓下士十有二人」者，案：上山虞，中士四人，下士八人，相併亦十二人。但山虞尊，使中士爲官首，下士爲之佐；此林衡卑，故下士自爲官首。胥徒多於山虞者，以其林麓在平地，盜竊材木多者，〔三六〕故須巡行者衆，以是胥徒特多也。「中林麓如中山之虞，小林麓如小山之虞」，胥徒不多者，以其大林麓據特大者，故胥徒特多，中小已下自如尋常法，故如山虞。自此已下至澤虞，皆是地事，故在地官。注「衡平也」至「曰麓」　云「衡，平也。平林麓之大小」者，經有中林麓，鄭不言者，亦略言也。云「竹木生平地曰林」者，對山中之林，自是山虞掌，此別言林衡，故知竹木生平地者。云「山足曰麓」者，爾雅文。〔三七〕山足亦有林木，與山虞別官。

川衡：每大川下士十有二人，史四人，胥十有二人，徒百有二十人；中川下士六人，史二人，胥六人，徒六十人；小川下士二人，史一人，徒二十人。川，流水也。禹貢曰：「九川滌源。」〔三八〕○滌源，徒歷反。

「川衡」至「十人」　川衡者，平知川之遠近、寬狹，及物之所出。官及胥徒多者，以其川路長遠，巡行勞役故也。中川小川之等，自若常法，故差少。

注「川流」至「滌源」　言「川，流水也」者，對澤爲停水。又引禹貢「九川滌源」者，爲禹治洪水已訖，九州之川，已滌除泉源無壅塞矣。引之者，證川是流水。

澤虞：每大澤大藪中士四人，下士八人，府二人，史四人，胥八人，徒八十人；中澤中藪如中川之衡；小澤小藪如小川之衡。澤，水所鍾也。水希曰藪。禹貢曰：「九澤既陂。」爾雅有八藪。○大藪，素口反。既陂，彼宜反。

「澤虞」至「小川之衡」　虞，亦度也，度知澤之大小，及物之所出。用中士，尊於川衡者，以其澤之所出物衆多。胥徒少者，以其巡行處近，故也。中澤小澤已下皆如川衡者，自是常法。

注「澤水」至「八藪」　「澤，水所鍾」者，鍾，聚也。謂聚水於其中，更無所注入。案：周語虞太子晉云：〔三九〕「山，土之聚。澤，水之鍾。」纂要亦云：「水所鍾曰澤。」故知澤，水所鍾也。云「水希曰藪」者，希，乾也。案：鄭詩云：「叔在藪，火烈具舉。」舉藪中田獵，明知無水。又案：爾雅，藪在釋地之篇，不入釋水，故知水希曰藪。以其藪與澤地，〔四〇〕有水無水爲異，故於經別立官掌之。案：職方「澤藪曰具區」之類，及毛傳云「藪澤皆同爲一」者，以其有水則爲澤，無水則爲藪，元是一物，故同解之。引禹貢曰「九澤既陂」者，亦謂禹治洪水既訖，九州之澤既已陂障，無決溢矣。引爾雅有八藪者，禹貢九澤，通畿内一州則有九；爾雅云八藪，除畿内一州而言。引此一文者，〔四一〕證藪澤有異。案：爾雅釋有十者，以其周秦同在雍州，秦有楊紆，周有焦穫，一州有二，故十。又爾雅秦有楊陓，職方冀州有楊紆，蓋異所而同名也。

迹人，中士四人，下士八人，史二人，徒四十人。迹之言跡，知禽獸處。

注「迹之」至「獸處」　案：其職云：「掌邦田之政。」亦是地事，故在此。

卝人，中士二人，下士四人，府二人，史二人，胥四人，徒四十人。卝之言礦也。金玉未成器曰礦。〇卝人，徐音礦，號猛反，劉侯猛反。礦，號猛反。金玉未成器。

注「卝之」至「曰礦」　經所云卝，是揔角之卝字。此官取金玉，於卝字無所用，故轉從石邊廣，以其金玉出於石，左形右聲，從礦字也。云「金玉未成器曰礦」，以其此官不造器物，直取金錫玉石，以供冬官百工，故言金玉未成器曰礦。金玉之等出於地，故在此也。

角人，下士二人，府一人，徒八人。

「角人」　案：其職：〔四二〕「掌以時徵齒角凡骨物於山澤之農。」以其是徵斂之官，故亦在此。

羽人，下士二人，府一人，徒八人。

「羽人」案：其職云：「掌以時徵羽翮之政于山澤之農。」亦是徵斂之官，故在此。

掌葛，下士二人，府一人，史一人，胥二人，徒二十人。

「掌葛」案：其職云：「掌以時徵絺綌之材于山農。」〔四三〕亦是徵斂之事，故在此。

掌染草，下士二人，府一人，史二人，徒八人。染草，藍、蒨、象斗之屬。○藍蒨，千見反。象斗，本或作橡，音同。

注「染草」至「之屬」案：其職「掌以春秋斂染草之物」，亦徵斂之官，故在此。藍以染青，蒨以染赤，象斗染黑。案：其職注云：「染草，茅蒐、橐蘆、豕首、紫茢之屬。」二注不同者，染草既多，言不可盡，故互見，略言耳。

掌炭，下士二人，史二人，徒二十人。

「掌炭」案：其職：「掌灰物炭物之徵令，以時入之。」以其徵斂之官，故亦在此。

掌荼，下士二人，府一人，史一人，徒二十人。荼，茅莠。○掌荼，音徒，徐音餘。茅莠，劉音酉，毛詩注作秀。

注「荼茅莠」　案：其職云：「掌以時聚荼，以共喪事，徵野疏材。」以其徵斂之官，故亦在此。

掌蜃，下士二人，府一人，史一人，徒八人。蜃，大蛤。月令「孟冬，雉入大水爲蜃」。○掌蜃，上忍反。大蛤，古荅反。

注「蜃大」至「爲蜃」　案：其職云：「掌斂互物蜃物，以共闉壙之蜃。」亦徵斂之官，故在此。言「蜃，大蛤」者，對雀入大水化爲蛤者，爲小蛤。引月令「雉入大水爲蜃」者，案國語「大水，淮也。」

囿人，中士四人，下士八人，府二人，胥八人，徒八十人。囿，今之苑。○囿人，音又。

「囿人」至「十人」　案：其職云：「掌囿游之獸禁。」囿是地之用，故在此。

注「囿今之苑」　此據漢法以況古，古謂之囿，漢家謂之苑。

場人，每場下士二人，府一人，史一人，徒二十人。場，築地爲墠。季秋除圃中爲之。詩云：「九月築場圃，十月納禾稼。」○爲墠，音善。圃中，音補，又音布。

「場人」至「十人」　言「每場」者，以其九穀別場，故言「每」以殊之。場亦地之用，故在此。

注「場築」至「禾稼」　除地曰墠，築堅始得爲場，故云「場築地爲墠」也。云「季秋除圃中爲之」者，以其春夏爲圃，以種采蔬，〔四四〕至季秋始爲場。引詩曰「九月築場圃，十月納禾稼」者，此七月詩，引之，證圃中爲場之意。

廩人，下大夫二人，上士四人，中士八人，下士十有六人，府八人，史十有六人，胥三十人，徒三百人。藏米曰廩。廩人，舍人、倉人，司禄官之長。○廩，力甚反，倉也。盛米，音成。

「廩人」至「百人」　此官使下大夫爲官首，徒三百人又多者，以其米廩事重，出納又多故也。故其職云：「掌九穀之數。」以其米穀地之所長成，故在此。

注「藏米」至「之長」　「藏米曰廩」者，對下倉人藏穀曰倉。云「廩人，舍人、倉人，司禄官之長」者，以其舍人已下，同掌米穀之事，皆以士爲之，故廩人下大夫，與之爲長。

舍人，上士二人，中士四人，府二人，史四人，胥四人，徒四十人。舍猶宫也，主平宫中用穀者也。

「舍人」至「十人」　在此者，案：其職云：「掌平宫中之政，分其財守，以法掌其出入。」謂平宫中米穀多少，故與廩人、倉人連類在此。

注「舍猶」至「者也」　鄭訓舍爲宫者，案：其職云「掌平宫中之政」，故就職内主平宫中用穀解之。

倉人，中士四人，下士八人，府二人，史四人，胥四人，徒四十人。

「倉人」 倉人在此者，〔四五〕案：其職云：「掌粟入之藏。」如廩人，米粟地之所成，故也。

司禄，中士四人，下士八人，府二人，史四人，徒四十人。主班禄。

注「主班禄」 在此者，其職既闕，未知所掌云何。但班禄者，用粟與之。司禄職次倉人，明是班多少之官，故鄭云主班禄也，故與倉人連類在此。

司稼，下士八人，史四人，徒四十人。種穀曰稼，如嫁女以有所生。〔四六〕

注「種穀」至「所生」 云「種穀曰稼」者，對「收斂曰穡」也。在此者，其職云：「巡野觀稼，出斂法。」亦是徵斂地事，故連類在此。

舂人，奄二人，女舂抌二人，奚五人。女舂抌，女奴能舂與抌者。抌，抒臼也。詩云：「或舂或抌。」○奄二，於檢反，劉於驗反。抌二，音由，又音揄，或羊笑反。抒臼，時女反。

「舂人」至「五人」 有奄者，以其與女奴同處故也。在此者，與倉人、廩人、饎人連事，故亦連類在此。其職云：「掌祭祀、賓客牢禮之米。」所共多矣，而舂人少者，蓋舉其能者，亦應兼有別奚於其中矣。

注「女舂」至「或抌」 引詩「或舂或抌」者，彼生民詩。引之，證經舂抌之事也。

饎人，奄二人，女饎八人，奚四十人。鄭司農云：「饎人，主炊官也。」特牲饋食禮曰：「主婦視饎爨。」故書饎作𩞄。〔四七〕○饎人，尺志反，注𩞄同。爨，七亂反。

「饎人」至「十人」　在此者，其職云：「凡祭祀，共盛，共王及后之六食。凡賓客，共其簠簋。」不在天官而在此者，以其因春人，又因地道之成，故在此。

稾人，奄八人，女稾每奄二人，奚五人。鄭司農云：「稾讀爲犒師之犒。主冗食者，故謂之犒。」○槁人，注音犒，同苦報反。主冗，如勇反。

「稾人」至「五人」　案：其職云：「掌共外内朝冗食者之食。」所共處多，故有奄八人，女稾每奄二人，奚五人也。

注「鄭司」至「之犒」　案：左氏春秋僖三十三年，秦人將襲鄭。鄭商人弦高將市於周，遇之，以乘韋先，牛十二頭，犒秦師，遂詐之，云：「鄭使我犒勞軍師。」引之者，以在朝之人不得歸家，亦枯槁，〔四八〕以須犒勞之，故名其官爲犒人。〔四九〕亦同廩人連類在此。

大司徒之職，掌建邦之土地之圖與其人民之數，以佐王安擾邦國。土地之圖，若今司空郡國輿地圖。

「大司」至「邦國」　司徒既欲佐王安擾邦國，故先須知土地之圖、人民之數。

注「土地」至「地圖」　案：漢蕭何收秦圖籍。以知天下阸塞廣遠，至後漢，乃有司空郡國地圖。輿者，車輿，其前开曲。〔五〇〕地形不可正方，故云輿地圖也。案：職方亦云「掌天下之圖」，注直云「如今司空輿地圖」，不云郡國者，彼以司馬主九畿，并夷狄而言，故不得云郡國；此經云主人民之數，則唯據九州之中，郡國在九州之内，故此注云郡國也。

以天下土地之圖，周知九州之地域廣輪之數，辨其山林川澤丘陵墳衍原隰之名物。〔五一〕周猶徧也。九州，楊、荆、豫、青、兖、雍、幽、冀、并也。輪，從也。積石曰山，竹木曰林，注瀆曰川，水鍾曰澤，土高曰丘，大阜曰陵，水崖曰墳，下平曰衍，高平曰原，下濕曰隰。名物者，十等之名與所生之物。○廣輪，古曠反。墳衍，扶云反。原，本又作邍。猶徧，音遍。兖雍，於用反。輪從，子容反。

「以天」至「名物」　上經云土地之圖，爲人民之數而言之；此經云土地圖，據十等土地而説也，故云「周知九州之地域廣輪之數」。馬融云：「東西爲廣，南北爲輪。」案：王制，南北，兩近一遥；東西，兩遥一近。是南北長，東西短，謂知此數也。又辯其山林川澤以下十等形狀名號，〔五二〕及所出之物也。

注「周猶」至「之物」　九州揚、荆以下，據職方周之九州而言，故有幽、并，無徐、梁；禹貢據夏以前九州，故有徐、梁，無幽、并也。云「輪，從也」者，據南北，義與馬同，不釋廣者，東西可知。云「積石曰山」者，案：詩云：「節彼南山，維石巖巖。」鄭云：「巖巖，積石貌。」鄭據此而言。案：爾雅山丘別釋，則丘是純土，其山皆石，亦有兼土者，故曰「石戴土謂之崔嵬」。又周語云：「夫山，土之聚。」是其山有土也。云「竹木曰林」者，謂生平地。以其山林川澤別官，故知竹木生平地曰林。云「注瀆曰川」者，案：釋水云：「注川曰谿，注谿曰谷，注谷曰溝，注溝曰澮，注澮曰瀆。」彼注云：「皆以小注大，大小異名。」言注澮曰瀆者，謂以澮中水注入瀆中，使有所去。此云注瀆曰川者，爾雅無此言，鄭以義增之耳，謂以瀆中水注入川。案職方，九州皆有川，故知從瀆入川。此瀆與四瀆義異。四瀆則亦川，故職方云「其川三江」、「其川江漢」也。云「水鍾曰澤」者，周語虞大子晉之言也。云「土高曰丘」者，爾雅山丘別釋，則丘無石者也。云「大阜曰陵」者，案：爾雅釋地云：「高平曰陸，大陸曰阜，大阜曰陵，大陵曰何，〔五三〕可食者曰原。」是陵與丘，高下異稱，皆無石者也。其有石者亦曰陵，故左氏僖三十二年云：「殽有二陵。南陵，夏后皋之墓也；其北陵，文王之所避風雨。」是有石者也。云「水崖曰墳」者，案：爾雅云：「重崖岸，〔五四〕墳大防。」是墳爲崖岸之峻者，故知水崖曰墳。故詩云：「遵彼汝墳。」是汝水之大防，亦是水崖曰墳也。云「下平曰衍」者，此十地皆兩兩相對爲名，墳既水崖而高，明衍爲下平。此下平，又與下濕曰隰者別也。云「高平曰原」者，案：爾雅云：「廣平曰原，高平曰陸。」不云高平曰原。此言高平曰原者，對下濕曰隰而言。其實高平即廣平者也。爾雅「高平曰陸」者，據山傍平者，故下云「可食者曰原」也。云「下濕曰隰」者，爾雅釋地文。若然，禹貢云「大陸既作」，注：「大陸地者。」爾雅釋地八藪，晉有大陸，彼是藪澤之地稱，與高平曰陸者別也。云「十等之名」者，山林以下，十等名異也。云「與所生之物」者，即下文土會之法以下是也。

而辨其邦國都鄙之數，制其畿疆而溝封之，設其社稷之壝而樹之田主，各以其野之所宜木，〔五五〕**遂以名其社與其野。**千里曰畿。疆猶界也。春秋傳曰「吾子疆理天下」。溝，穿地爲阻固也。封，起土界也。社稷，后土及田正之神。壝，壇與堳埒也。田主，田神，后土、田正之所依也。詩人謂之田祖。所宜木，謂若松柏栗也。若以松爲社者，則名松社之野，以別方面。○之壝，維癸反。別方，彼列反，下同。

「而辨」至「其野」　云「辨其邦國」者，謂分別畿外諸侯邦國多少之數，謂若王制云畿外八州，州二百一十國也。云

「辨其都鄙之數」者，謂分別畿内三等采地之數，謂若王制畿内九十三國也。云「制其畿疆」者，王畿内千里，中置王城，面有五百里，其邦國都鄙，亦皆有畿界也。云「而溝封之」者，謂於疆界之上設溝，溝爲封樹，〔五六〕以爲阻固也。云「設其社稷之壝」者，謂於中門之外右邊，設大社、大稷、王社、王稷。又於廟門之屏，設勝國之社稷。其社稷外，皆有壝埒於四面也。云「而樹之田主」者，謂藉田之内依樹木而爲田主。云「各以其野之所宜木」者，王之田主，唯一而已，不得云各。今云各者，揔據邦國都鄙，并王者而言也。云「遂以名其社與其野」者，謂假令以松爲社，則名松社之野，餘皆放此也。

注「千里」至「方面」 云「千里曰畿」者，職方文。云「春秋傳曰，吾子疆理天下」者，案：左氏傳成二年，鞌之戰，齊侯使國佐賂晉師，晉人不許，曰：「使齊之封内，盡東其畝。」國佐對云：「先王疆理天下，物土之宜。故詩云：『我疆我理，南東其畝。』今吾子疆理諸侯。」彼云先王疆理天下，又云吾子疆理諸侯，此云吾子疆理天下，不同者，鄭以義言之，非傳之正文也。云「溝，穿地爲阻固也」者，謂穿地爲深溝，即是阻固也。云「封，起土界也」者，穿溝出土於岸，即皆爲封，封即起土界也。云「社稷，后土及田正之神」者，鄭義依孝經緯。社者，五土之揔神。以句龍生時爲后土官，有功於土，死配社而食。稷是原隰之神，宜五穀。五穀不可徧舉，稷者，五穀之長，立稷以表神名，故號稷。棄爲堯時稷官，立稼穡之事，有功於民，死乃配稷而食，名爲田正也。故云社稷后土及田正之神，雙言之耳。云「壝，壇與堳埒也」者，經直云壝，壝即堳埒。〔五七〕不云壇，以壝在壇之四面爲之，明中有壇可知，故鄭兼云壇也。案：禮記郊特牲云：「君南面於北墉下。」〔五八〕鄭注云：「北墉，社内北牆。」彼社雖無室，壇外四面有壁，壁外乃有壝耳。若然，封人云「設王之社壝」者，彼官卑，主設之，此大司徒尊官，直主其制度而已。云「田主，田神，后土田正之所依也」者，此田主當在籍田之中，依樹木而爲之，故云各以其野所宜木。云田主田神者，謂郊特牲云「先嗇」，與神農一也。若然，鄭意以田主爲神農，則無后土及田正之神，直以神農爲主。祭尊可以及卑，故使后土田正二神憑依之，同壇共位耳。田正，則郊特牲所云司嗇，一也。又引「詩人謂之田祖」者，詩云「以御田祖」，毛云：「田祖，先穡。」籥章亦云「凡國祈年于田祖」，鄭云：「田祖，始耕田者，謂神農也。」引之者，證田主是神農也。云「所宜木，謂若松柏栗也」者，是論語哀公問社於宰我，對云：「夏后氏以松，殷人以柏，周人以栗。」彼三代所都異處，所宜之木不同。夏居平陽，宜松；殷居亳，宜柏；周居鎬京，宜栗。此經雖據周一代而言，其邦國都鄙異處，所宜之木亦復不同，故云若松柏栗也。云「若以松爲社者，則名松社之野」者，此取松爲社，假設而言耳。云「以別方面」者，但四方宜木，面各不同，或一方宜松，則以松爲社，以別餘之方面耳。

以土會之灋辨五地之物生。一曰山林，其動物宜毛物，其植物宜皁物，其民毛而方。二曰川澤，其動物宜鱗物，其植物宜膏物，其民黑而津。三曰丘陵，其動物宜羽物，其植物宜覈物，其民專而長。四曰墳衍，其動物宜介物，其植物宜莢物，其民晳而瘠。五曰原隰，其動物宜贏物，其植物宜叢物，〔五九〕其民豐肉而庳。會，計也。以土計貢稅之法，因別此五者也。毛物，貂狐貒貉之屬，縟毛者也。鱗物，魚龍之屬。津，潤也。羽物，翟雉之屬。核物，李梅之屬。專，圜也。介物，龜鼈之屬，水居陸生者。莢物，薺莢王棘之屬。晳，白也。瘠，臞也。贏物，虎豹貔貙之屬，淺毛者。叢物，萑葦之屬。豐猶厚也。庳猶短也。杜子春讀生爲性。〔六〇〕鄭司農云：「植物，根生之屬。皁物，柞栗之屬，今世間謂柞實爲皁斗。膏物謂楊柳之屬，理致且白如膏。」玄謂膏當爲櫜，字之誤也。蓮芡之實有櫜韜。○土會，古外反，計也，注同。早物，音皁，本或作皁，注同。鱗物，劉本作麟，音鱗。而津，如字，一本作濜，音同，潤也。覈物，音核。民專，徒丸反，注同。而長，如字，下注長於土圭同。介物，音界。莢，古協反。皙而，音錫，白色也。贏物，力果反。叢物，才東反。豐肉，如字，劉而樹反。而庳，音婢。貂，音彫。貒，吐官反。貉，胡洛反，依字作貈。縟毛，音辱，一音如勇反。專圜，音圓，又徒丸反。臞，其俱反，又作臞，音稍，與考工記燿後音同。貔，音毗，一音房私反。貐，勑宜反。萑，音丸。葦，于鬼反。柞栗，子洛反。理致，直記反。爲橐，古毛反，劉古到反。蓮芡，音儉。韜，吐刀反。

「以土」至「而庳」　云「會」，計也。以土地計會所出貢稅之法。　貢稅出於五地，故須說五地所生不同也，故云以土會之法也。　云「辨五地之物生」者，但天之所覆，地之所載。　地有五等，所生無過動植及民耳，故云辨五地之物生。上經云十等，此云五地。不同者，上經細別而言，則十等，以類相并而言，故五等，其實一也。「一曰山林」者，此五地，以高下相對，故一曰山林。山林，高之極者。「二曰川澤」，川澤，下之極者，故以爲對也。又五地之內，以民之資生，取於動植之物，故先言動植，後言民也。　山林之中，其動物宜毛物，其植物宜皁物，其民毛而方，此五地人物之等，皆方以類聚，物以羣分。　及民之所生，皆因地氣所感不同，故使形類有異也。

注「會計」至「橐韜」　案：宰夫職云：「歲計曰會。」故云「會，計也」。　鄭知以土計貢稅之法者，以五地中而云會計者，唯有貢稅之法，故鄭云「以土計貢稅之法，因別此五者也」。　云「毛物，貂狐貒貉之屬」者，依爾雅而言耳。　案：爾雅云：「貍狐貒貉同文。」此云貂狐，不言貍者，鄭君所讀爾雅者，爲貂不爲貍也。　言「之屬」者，山林之中，毛者甚衆，故以之屬惣之也。　言「縟毛者」，謂毛之細縟者也。　云「鱗物，魚龍之屬」者，案：月令春云「其蟲鱗」。　鄭云蛇，不言魚者，有足曰蟲，無足曰豸。　經云其蟲鱗，魚無足，故不言魚。　其實魚入鱗內可知也。　此經云「川澤宜鱗物」，鱗物以魚爲主，有魚龍，有蛇可知，故不言蛇也。　云「津，潤也」者，以其民居澤近水，故有津潤。　但入水見日則黑，故民黑津也。　云「羽物，翟雉之屬」者，案：禹貢，徐州貢「羽畎夏翟」，則翟雉也。　以雉乃羽中之貴物，故丘陵所宜羽物者，是翟雉也。　云「核物，李梅之屬」者，鄭以丘陵阪險，宜棗杏及李梅等，目驗可知，故云李梅之屬。　中有棗杏也。　云「專，圜也」者，此丘陵地氣使之然也。　云「介物，龜鼈之屬，水居陸生者」，此陸生，謂陸地生子，及生訖，即入水而居，故云水居陸生也。五行傳云：「貌之不恭，則有鼅蠥。」注云：「鼅，蟲之生於水者。」亦謂生居在水中，非謂初生在水，彼生與此鄭云陸生之生義異也。又云「莢物，薺莢王棘之屬」者，薺莢，即今人謂之皁莢。蓋誤云皁，當言薺也。王棘即士喪禮云「王棘若擇棘」者是也。棘雖無莢，蓋樹之枝葉，與薺莢相類，故并言之也。云「晳，白也」者，此民居於墳衍，地氣宜白。又見詩云「楊且之晳」，晳爲白可知也。云「瘠，臞也」者，案：爾雅釋言云：「臞、脙，瘠也。」注云：「齊人謂瘠瘦爲脙。」則臞爲瘦小之貌，故鄭云瘠也。云「贏物，虎豹貔貙之屬」者，考工記梓人職説大獸，而云「厚脣，弇口，出目，短耳，大胷，燿後，若是者謂之贏屬」。又爾雅有虎有豹，故知贏物有虎豹也。但爾雅及諸經不見有貙，曲禮云「載貔貅」，此鄭云「貔貙」，貙即貅也。云淺毛者，若以淺毛言之，則入贏蟲中，故月令中央土「其蟲贏」。鄭云「虎豹之屬恒淺毛」。若據有毛言之，即爲毛蟲，故白虎入西方，毛蟲之長也。云「叢物，萑葦之屬」者，詩云：「萑葦淠淠。」是二者各以類聚也。杜子春讀生爲性，性亦訓爲生。義既不殊，故後鄭不破之也。鄭司農云：「植物，根生之屬」，先鄭對動非植生爲號也。「皁物，柞栗之屬」者，柞實之皮得染皁，故引今世猶謂柞實爲皁斗爲證。其栗雖不得染皁，其皮亦皁斗之類，故與柞同爲皁物也。云「膏物，謂楊柳之屬，理致且白如膏」者，先鄭以物色上解之。後鄭不從者，以其上下云植物者，〔六二〕皆不以色上爲名，先鄭獨此一者取義於色，故後鄭易之。「玄謂膏當爲櫜」者，經云膏是脂膏之膏，於殖物義無所取，〔六三〕直是字誤，故破從櫜也。云「蓮芡之實有櫜韜」者，以其是川澤所生，故知是蓮芡之實，皆有外皮櫜韜其實者也。案：大司樂：「一變而致川澤之示。」先言川澤，後云山林者，彼取神之易致爲先，故先言川澤；此取尊卑高下相對，故先言山林也。又彼云「五變而致土示」，注云：「土祇，原隰及平地。」此中不見平地者，亦原隰中可以兼之也。

因此五物者民之常，而施十有二教焉。一曰以祀禮教敬，則民不苟；二曰以陽禮教讓，則民不爭；三曰以陰禮教親，則民不怨；四曰以樂禮教和，則民不乖；〔六三〕五曰以儀辨等，則民不越；六曰以俗教安，則民不愉；七曰以刑教中，則民不虣；八曰以誓教恤，則民不怠；九曰以度教節，則民知足；十曰以世事教能，則民不失職；十有一曰以賢制爵，則民慎德；十有二曰以庸制禄，則民興功。陽禮謂鄉射飲酒之禮也。陰禮謂男女之禮。昏姻以時則男不曠，女不怨。儀謂君南面臣北面，父坐子伏之屬。俗謂土地所生習也。愉謂朝不謀夕。恤謂灾危相憂。民有凶患，憂之則民不解怠。度謂宫室車服之制。世事謂士農工商之事。少而習焉，其心安焉，因教以能，不易其業。慎德謂矜其善德，勸爲善也。庸，功也。爵以顯賢，禄以賞功。故書儀或爲義。杜子春讀爲儀，謂九儀。○不爭，爭鬭之爭。不愉，音偷，又音榆。不虣，薄報反。不解，佳買反。少而，詩照反。

「因此」至「興功」　上經云五地之物生，動植及民生處不同，是其常法。今此十二教，亦因民之所常生之處施之，故云因此五物者之常而施十二教也。云「一曰以祀禮教敬，則民不苟」者，凡祭祀者，所以追養繼孝，事死如事生。但人於死者，不見其形，多有致慢，故禮云「祭，極敬也」。是以一曰以祀禮教敬，死者尚敬，則生事其親，不苟且也。「二曰以陽禮教讓，則民不爭」者，謂鄉飲酒之禮，〔六四〕酒入人身，散隨支體，與陽主分散相似，故號鄉射飲酒爲陽禮也。鄉飲酒，即黨正飲酒之類是也。黨正飲酒之時，五十者堂下，六十者堂上，皆以齒讓爲禮，則無爭。故云以陽禮教讓，則民不爭也。「三曰以陰禮教親，則民不怨」者，以陰禮謂昏姻之禮，不可顯露，故曰陰禮也。男女本是異姓，冕而親迎，親之也。親之也者，親之也。使之親已，是昏禮相親之義。昏姻及時，則男女無有怨曠。故云以陰禮教親，則民不怨也。「四曰以樂禮教和，則民不乖」者，自一曰至三曰已上，皆有揖讓周旋升降之禮。此樂亦云禮者，謂饗燕作樂之時，舞人周旋，皆合禮節，故樂亦云禮也。凡人乖離，皆由不相和合，樂主和同民心，故民不乖也。「五曰以儀辨等，則民不越」者，儀，謂以卑事尊。上下之儀有度，以辨貴賤之等，故云以儀辨等也。民知上下之節，不敢踰越，故云則民不越也。「六曰以俗教安，則民不愉」者，俗，謂人之生處習學不同。若變其舊俗，則民不安，而爲苟且。若依其舊俗化之，則民安其業，不爲苟且，故云以俗教安則民不愉。愉，苟且也。「七曰以刑教中，則民不虣」者，刑者，禁民虣亂。今用刑得所，〔六五〕民得中正，不爲虣亂。故云以刑教中則民不虣也。「八曰以誓教恤，則民不怠」者，民有厄喪，教之使相憂恤，則民不懈怠也。「九曰以度教節，則民知足」者，度，謂衣服宫室之等，尊卑不同，以此法度教之，使知節數。民知禮節，自知以少爲足。故云則民知足也。「十曰以世事教能，則民不失職」者，父祖所爲之業，子孫述而行之，不失本職。故云以世事教能，則民不失職也。「十有一曰以賢制爵，則民慎德」者，人有賢行，制與之爵，民皆謹慎，矜矜於善德，以求榮寵。故云以賢制爵，則民慎德也。「十有二曰以庸制禄，則民興功」者，庸，功也。人有功，則制禄與之，民皆興其功業。故云則民興功也。此十二教，以重急者爲先，輕緩者爲後。

注「陽禮謂鄉射飲酒之禮也陰禮謂男女之至九儀」云「陽禮謂鄉射飲酒之禮」者，以是陽禮而云教讓，其鄉射，是州長射禮；鄉飲酒，是黨正飲酒，皆有正齒位。飲酒爲敬讓之事，故知陽禮是二事。若然，鄉中有鄉射、鄉飲酒，以其州長、黨正皆屬於鄉大夫，或鄉大夫所居州黨，故雖州長射，黨正飲酒，亦號曰鄉也。云「陰禮謂男女之禮」者，以其言陰，又云不怨，故知是男女昏姻之禮也。云「昏姻以時，則男不曠、女不怨」者，此約雄雉詩序云：〔六六〕「軍旅數起，大夫久役，男女怨曠。」注云：「國人久處軍役之事，故男多曠，女多怨也。〔六七〕男曠而苦其事，女怨而望其君子。」此經直云不怨，據女而言，文不具顯，故鄭兼言曠也。若然，彼詩據舊成夫婦，此文據配合得時，時雖不同，若失時，怨曠不異，故引爲證也。云「儀謂君南面臣北面、父坐子伏之屬」者，案：易乾鑿度云：「不易也者，其位，天在上，地在下，君南面，臣北面，父坐子伏，此其不易也。」鄭依此言其不易也。仍有天地不易不言，故云「之屬」以兼之也。云「俗謂土地所生習也」者，謂若下曲禮云：「君子行禮，不求變俗。居喪之禮，哭泣之位，皆如其國之故，而審行之。」是其故俗所習也。云「愉謂朝不謀夕」者，案：春秋左氏襄公三十一年，穆叔至自會。見孟孝伯，語之曰：「趙孟將死矣。其語偷。」又孝伯曰：「人生幾何，誰能無偷？朝不及夕，將焉用樹？」〔六八〕穆叔出而告人曰：「孟孫將死矣。吾語諸趙孟之偷也，而又甚焉。」昭元年，天王使劉定公勞趙孟於潁，館於洛汭。劉子曰：「美哉禹功！明德遠矣。微禹，吾其爲魚乎！吾與子，弁冕、端委以治民、臨諸侯，禹之力也。子盍遠績禹功而大庇民乎！」對曰：「老夫罪戾是懼，焉能恤遠？吾儕偷食，朝不謀夕，何其長也？」劉子歸，以語王曰：「諺所謂老將智而耄及之者。」〔六九〕以此而言之，鄭似依昭元年傳也。云「恤謂灾危相憂。民有凶患，憂之則不解怠」者，〔七〇〕灾危凶憂，謂若遭水旱之灾。歲凶，年穀不登，有無相濟，是其相憂，令不解怠也。云「度謂宮室車服之制」者，謂若典命云，上公九命，国家、宮室、車旗、衣服、禮儀，及侯伯子男已下，各依命數，是其制度也。云「世事謂士農工商之事。少而習焉，其心安焉，因教以能，不易其業」者，案：齊語云：「桓公曰：『成民之事若何？』管子曰：『四民者，勿使雜處，雜處則亂。昔聖王處士就閑燕，處工就官府，〔七一〕處商就市井，處農就田野。』」又云：「士之子恒爲士，工之子恒爲工，商之子恒爲商，農之子恒爲農。少而習焉，其心安焉，是世事也。」云「慎德謂矜其善德勸爲善」者，民能矜矜然求其善德，又相勸爲善也。云「庸，功也」者，此經云「以庸制禄」，司士云「以功詔禄」。庸即功，其理同也。云「故書儀或爲義，杜子春讀爲儀」者，不從故書讀，從大宗伯九儀，一命至九命作伯也。

以土宜之灋辨十有二土之名物，以相民宅，而知其利害，以阜人民，以蕃鳥獸，以毓草木，以任土事。十二土分野十二邦，上繫十二次，各有所宜也。相，占視也。阜猶盛也。蕃，蕃息也。育，生也。任謂就地所生，因民所能。

○以相，息亮反，注同。以毓，音育。分野，扶問反。

「以土」至「土事」　云「以土宜之法，辨十有二土之名物」者，十二土各有所宜不同，所出之物及名皆異，故云以土宜之法辨十有二土之名物也。云「以相民宅」者，謂既知十二土之所宜，〔七二〕以相視民居，使之得所也。云「而知其利害」者，十二土之中，利處居之，害處遠之。以阜盛人民，以蕃息鳥獸，以毓生草木者，皆由知利害使之然也。云「以任土事」者，辨十有二土，任人性居之。

注「十二」至「所能」　「十二土分野十二邦，上繫十二次，各有所宜也」者，案：保章氏「以星土辨九州之地」。注云：「星土，星所主土也。」又云：「大界則曰九州。州中諸國之封域，於星亦有分焉。」其書亡矣，堪輿雖有郡國所入度，非古數也。今其存可言者，十二次之分也。星紀，吴越也。玄枵，齊也。娵訾，衛也。降婁，魯也。大梁，趙也。實沈，晉也。鶉首，秦也。鶉火，周也。鶉尾，楚也。壽星，鄭也。大火，宋也。析木，燕也。如是，天有十二次，日月之所躔，地有十二土，王公之所國。又周語，伶州鳩云：「昔武王伐商，歲在鶉火。」又云：「歲之所在，則我之分野。」故知分野十二邦，上繫十二次，各有所宜也。若然，唐虞及夏萬國，殷周千七百七十三國，皆依附十二邦以繫十二次，若吴、越同次之類也。凡繫星之法，皆因王者所命屬焉。故昭元年左傳云：「晉侯有疾，鄭公孫僑如晉聘，且問疾。叔向問焉，曰：『寡君之疾病，卜人曰：實沈、臺駘爲祟。史莫之知，敢問此何神也？』子産曰：『昔高辛氏有二子，伯曰閼伯，季曰實沈，居於曠林，不相能也，日尋干戈，以相征討。后帝不臧，遷閼伯於商丘，主辰，商人是因，故辰爲商星。遷實沈於大夏，主參，唐人是因，以服事夏商。』」又云：「及成王滅唐而封大叔焉，故參爲晉星。」又襄九年，晉士弱云：「陶唐氏之火正閼伯，居商丘，祀大火，相土因之，故商主大火。」是皆先王命祀之法也。案：元命包云：「國君王者封，上應列星之位。」注云：「若角、亢爲鄭，房、心爲宋。比其餘小國不中星者，以爲附庸。」若然，附庸不繫星，其餘皆繫星也。又云「任謂就地所生，〔七三〕因民所能」者，地之所生，出物不同。民之所資，事業有異。謂若居山者，利其金玉、錫石、禽獸、材木。居澤者，利其魚鹽。居陸者，利其田蠶。是其任謂就地所生，因民所能而居之也。

辨十有二壤之物，而知其種，以教稼穡樹蓺。壤亦土也，變言耳。以萬物自生焉則言土，土猶吐也，以人所耕而樹蓺焉則言壤，壤，和緩之貌。詩云「樹之榛栗」。又曰「我蓺黍稷」。蓺猶蒔也。○其種，章勇反。榛栗，側人反。猶蒔，時至反。

「辨十」至「樹蓺」　此十二壤，即上十二土。上經論居人物之事，此經辨其種殖所宜，故變其文。云「辨十二壤之物」者，分別物之所生，而知其所殖之種，遂即以教民春稼秋穡，以樹其木，以蓺其黍稷也。

注「壤也」至「蒔也」　上經既欲居民，不必皆須樹蓺，故云土，取萬物自生爲名。此經據樹蓺而言，故變云壤，取和緩爲義。故鄭云「變言」耳。詩云「樹之榛栗」，是定之方中詩。引之，證經樹是殖木。又曰「我蓺黍稷」，是楚茨之詩。引之，證經蓺是黍稷也。

以土均之灋辨五物九等，制天下之地征，以作民職，以令地貢，以斂財賦，以均齊天下之政。均，平也。五物，五地之物也。九等，騂剛赤緹之屬。征，稅也。民職，民九職也。地貢，貢地所生，謂九穀。財謂泉穀。賦謂九賦及軍賦。○騂剛，雖營反。

赤緹，音低。

「以土」至「之政」　「以土均之法辨五物」者，即上山林川澤之等是也。云「九等」者，據五地之內，分爲九等之地，騂剛赤緹之屬，糞種所宜不同也。云「制天下之地征」者，言天下，則并畿外邦國所稅入天子而言也。此地征，與下爲目也。「以作民職」者，民有職業，乃可稅之。云「以令地貢」者，地貢，即九職之稅也。云「以斂財賦」者，斂財，即大宰「九賦斂財賄」，一也。既言財，又別言賦者，欲見財既爲九賦斂財，賦中又兼有軍賦，故財賦殊言之。云「以均齊天下之政」者，大司徒以法均齊之，天下皆使依法。故云均齊天下之政也。

注「均平」至「軍賦」　九等知是騂剛之屬者，但地或云十等，或云五地，或云十二土，皆無云九等者。案：草人職云，騂剛、赤緹之屬，有九等，皆是地勢所宜糞種之法。故鄭以騂剛、赤緹之屬解之。云「地貢，貢地所生，謂九穀」者，案：大宰以九職任萬民，即云「一曰三農生九穀」，此經云「以作民職」，爲九職，即云「令地貢」，明貢是九穀可知。云「財謂泉穀」者，案大宰云「以九賦斂財賄」。彼注亦云「財，泉穀」。則以泉穀當賦泉之數也。云「賦謂九賦及軍賦」者，以經云財賦，不得爲一事解之。今鄭以賦爲軍賦者，則賦中兼軍賦，謂甲士三人、步卒七十二人之等。

校勘記

〔一〕其實五中雖不含十二　浦鏜云，下當脱「十二中」三字。

〔二〕此鄉師司徒之老　盧文弨云，「老」，當作「考」。

〔三〕二鄉則公一人者　惠棟云，此下有脱文。

〔四〕云其要爲民所以屬之鄉焉者　阮校云：注「所以」作「是以」。

〔五〕養生於野田者　「生」，婺、建、岳本作「牲」，當是。

〔六〕又引詩曰者　「引」，閩、監、毛、殿本同，阮本作「云」。

〔七〕主當地守地職　孫詒讓云「當」疑「掌」之誤。

〔八〕鄉官有州黨族閭比　建本「鄉官」下衍「時」字，阮校云：岳本「鄉官」下有「則」字。今案：岳本無「則」字。

〔九〕徵民之税宜篤其親民者　「篤」，元、閩本同，閩、監、毛、殿、阮本作「督」，疑作「督」是。

〔一〇〕掌九賦九貢九功之貳　「九功」，原作「者功」，依阮本改。

〔一一〕四百里曰縣五百里曰都　阮本「四百」、「五百」下均無「里」字。

〔一二〕皆是土地之事　「土」，監、毛、殿本同，元、閩、閩、阮本作「均」，疑作「土」是。

〔一三〕以其國子人多　阮校云：惠校本、閩本同，監、毛本「多」作「衆」，與下句複。

〔一四〕是其教人以道者爲稱也　「爲」，殿本作「之」，浦鏜云：「之」誤「爲」。

〔一五〕掌教國子以道　阮本同，浦鏜云：「養」誤「教」。

〔一六〕云書叙曰周公爲師　「公」，原作「云」，據阮本改。

〔一七〕以其周公聖　阮校云：「聖」上脱「爲」。

〔一八〕不假長帥　「帥」，阮本誤作「師」。

〔一九〕使和成者　建、岳本同，婺本無「和」字。

〔二〇〕媒氏在　者　「在」下所闕之字，阮本作「此」。

〔二一〕二十肆則一人　俞樾云：「二」爲「五」之誤。于鬯云：俞説非，市肆之制以二十爲界，原文不誤。

〔二二〕徐方歷反　「方」原作「力」，據徐本、盧本及阮本改。

〔二三〕故知胥爲胥師所領也　「知」，阮本作「一」，疑作「知」是。

〔二四〕下士十有六人　王引之云，此句衍。

〔二五〕以連闠市　「連」，閩、監、毛本作「聯」，非。

〔二六〕府四人　于鬯云，據賈疏「四」當作「六」。

〔二七〕若司徒之六鄉也　婺本同，建、岳本「之」下有「於」字。

〔二八〕以其在二百里中　「二」，阮本作「一」，疑非。

〔二九〕每里下士一人　「一人」，婺、建、岳本同，唐石經作「二人」，阮校云，石經誤。

〔三〇〕以鄉大夫各主一鄉　阮本同，浦鏜云，「以」當「似」之誤。

〔三一〕似若六鄉之中　「似若」，殿本同，阮本作「若似」。

〔三二〕大都　自稍以出焉　「都」下，建、岳本不闕，婺本有「在」字。

〔三三〕甸繩正反　「正」，徐本、阮本同，盧本作「證」。黄云：「證」字是，此讀「甸」爲「乘」也。

〔三四〕言丘乘　「言」，阮本作「音」，疑作「言」是。

〔三五〕但糞種者　「但」，阮本作「無」，疑作「但」是。

〔三六〕盜竊材木多者　惠校本同，阮本「材」作「林」。浦鏜云，「多者」二字誤倒。

〔三七〕云山足曰麓者爾雅文　浦鏜云，爾雅無文，見劉氏釋名。孫詒讓：汪云，載師疏云，爾雅釋山「山足曰麓」，林衡疏、柞氏疏皆云「山足曰麓」，「爾雅文」，蓋賈所據爾雅有之。

〔三八〕九川滌源　「滌」，建、岳本同，婺本作「條」，疑誤。

〔三九〕案周語虞太子晉云　閩、阮本同，惠校本無「虞」字，浦鏜云，「虞」疑衍。孫詒讓，汪云，惠校以意删，非也。大司徒疏云『水所鍾曰澤』者，周語虞太子晉之言也」，則虞字非衍，然太子晉稱虞，其説未聞。

〔四〇〕以其藪與澤地　「地」，阮本作「也」，阮校云，「也」當「有」字之誤。

〔四一〕引此一文者　「一」，阮本作「二」，疑作「二」是。

〔四二〕案其職　阮本「職」下有「云」字。

〔四三〕掌以時徵絺綌之材于山農　「材」，閩、監、毛、殿本同，阮本作「林」。掌葛職作「材」，當據正。

〔四四〕以種采蔬　「采」，阮本作「菜」，當是。

〔四五〕倉人在此者　殿本同，阮本無此句。

〔四六〕如嫁女以有所生　浦鏜云，「之」譌「以」，從洪範疏校。孫詒讓云，「以」不誤，書疏不足據。

〔四七〕故書饎作饎　漢讀考云，説文「饎」或從「配」作「饎」，疑今周禮「配」下譌多「火」也。

〔四八〕亦枯槁　「槁」，元、閩、閩、阮本作「槁」。

〔四九〕故名其官爲槁人　「槁」，元、閩本同，監、毛本作「槁」，阮校云，當從閩本作「槁」。

〔五〇〕其前开曲　「开」，元本及漢制考同，阮本作「牙」。疑作「牙」是。

〔五一〕辨其山林川澤丘陵墳衍原隰之名物　釋文「原」本亦作「邍」，阮校云，周禮「原隰」字多作「邍」，此當本作古字，因注作「原」而改。

〔五二〕又辯其山林川澤以下十等形狀名號　監本「號」作「貌」，疑誤。

〔五三〕大陵曰何　「何」，阮本作「阿」，今爾雅作「阿」。

〔五四〕重崖岸　孫詒讓云，「崖」，爾雅作「厓」。

〔五五〕設其社稷之壝而樹之田主各以其野之所宜木　于鬯云：「田主」當屬下讀。

〔五六〕溝爲封樹　阮本同，惠校本「溝」下有「上」字。

〔五七〕壝即埒埒　「壝」，阮本作「壇」。阮校云：「壇」亦作「壝」。

〔五八〕君南面於北墉下　浦鏜云：「鄉」誤「面」。阮校云：「面」或「向」之譌。

〔五九〕其植物宜叢物　唐石經作「蘩物」。嚴可均云：「蘩」當作「叢」。底本不誤。

〔六〇〕杜子春讀生爲性　「性」，婺、建、岳本同，阮本作「牲」，疑非，下疏同。

〔六一〕以其上下云植物者　阮本「云」下有「動」字。

〔六二〕於殖物義無所取　「殖」，元、閩本同，閩、監、毛、殿、阮本作「植」。

〔六三〕四曰以樂禮教和則民不乖　王引之引王念孫云：「禮」字誤衍。

〔六四〕謂鄉飲酒之禮　浦鏜云：「鄉」下脱「射」。

〔六五〕今用刑得所　「用」，元、殿本同，閩、監、毛、阮本作「明」，疑作「用」是。

〔六六〕此約雄雉詩序云　「云」，阮本作「文」。

〔六七〕故男多曠女多怨也　阮本作「故男女多怨曠也」。案此本與毛詩文合。

〔六八〕將焉用樹　「焉」，元、閩本同，閩、監、毛、殿本作「安」。與左傳文合。

〔六九〕諺所謂老將智而耄及之者　「耄」，毛本作「髦」。

〔七〇〕憂之則不解怠者　阮校云：注作「則民不解怠」，賈本注蓋無「民」字。

〔七一〕昔聖王處工就閑燕處士就官府　阮本作「處士就閑燕，處工就官府」。與國語文合。

〔七二〕謂既知十二土之所宜　「土」原作「士」，據阮本改。

〔七三〕又云任謂就地所生　「地」，阮本作「能」，非。

周禮注疏卷第十

以土圭之灋測土深，正日景，以求地中。日南則景短，多暑；日北則景長，多寒；日東則景夕，多風；日西則景朝，多陰。土圭，所以致四時日月之景也。測猶度也，不知廣深故曰測。故書求爲救。〔一〕杜子春云：「當爲求。」鄭司農云：「測土深，謂南北東西之深也。日南謂立表處大南，近日也。日北謂立表處大北，遠日也。景夕謂日跌景乃中，〔二〕立表處大東，〔三〕近日也。景朝謂日未中而景中，立表處大西，遠日也。」玄謂晝漏半而置土圭，表陰陽，審其南北。景短於土圭謂之日南，是地於日爲近南也。景長於土圭謂之日北，是地於日爲近北也。東於土圭謂之日東，是地於日爲近東也。西於土圭謂之日西，是地於日爲近西也。如是則寒暑陰風偏而不和，是未得其所求。凡日景於地，千里而差一寸。○土深，尺鴆反。日景，如字，本或作影，非，下及注同。猶度，待洛反，下同。近日，附近之近，下同。遠日，于万反。日跌，待結反。

「以土」至「多陰」　案：玉人職云：「土圭尺有五寸。」周公攝政四年，欲求土中而營王城，〔四〕故以土圭度日景之法。測，度也，度土之深。深，謂日景長短之深也。「正日景」者，夏日至，晝漏半，表北得尺五寸景，正與土圭等，即地中。故云正日景以求地中也。「日南則景短多暑」者，周公度日景之時，置五表。五表者：於潁川陽城置一表，爲中表。中表南千里，又置一表。中表北千里，又置一表。中表東千里，又置一表。中表西千里，又置一表。今言日南景短多暑者，據中表之南表而言，亦晝漏半，立八尺之表，表北得尺四寸景，不滿尺五寸，不與土圭等，是其日南，是地於日爲近南，景短多暑，不堪置都之事也。〔五〕云「日北」者，據中表之北表而言，亦晝漏半，表北得尺六寸景，是地於日爲近北，是其景長多寒之事也。云「日東則景夕多風」者，據中表之東表而言，亦於晝漏半中表景得正時，東表日已跌矣。是地於日爲近東，〔六〕晝漏半已得夕景，故云「景夕多風」。云「日西則景朝多陰」者，據中表之西表而言，是地於日爲近西，亦於晝漏半，中表景得正時，西表日未中，仍得朝時之景，故云日西則景朝多陰。此經皆未得所求耳。解洪範之義，依五行傳風屬中央，雨屬東方。今西方云多陰，東方云多風者，土爲木妻，木爲金妻，從妻所好。故月離於箕，風揚沙；月離於畢，俾滂沱。故此東方多風，西方多陰。陰，即雨也。

注「土圭」至「一寸」　案：馮相氏云：「冬夏致日，春秋致月。」皆以土圭度之。是以冬官考工記云：「土圭尺有五寸以致日。」鄭云：「土圭，所以致四時日月之景也。」云「測猶度也，不知廣深，故曰測」者，廣深喻遠近。以經云測土深，故鄭云廣深也。鄭司農云「測土深，謂南北東西之深也」者，先鄭據經云日南日北日東日西，皆以土圭測度之。先鄭又云「日南謂立表處大南近日」云云。先鄭之意，日於地中而在南，故以南表爲近日，北表爲遠日；日出東方而西流，故以東表爲近日，西表爲遠日。云「景夕謂日跌景乃中」者，於晝漏半，東表日跌，中表景乃中。又云「景朝謂日未中而景中」者，亦於晝漏半，西表日未中，而中表景乃中也。「玄謂晝漏半而置土圭，表陰陽，審其南北」者，後鄭釋景長短之意。度景之法，冬至夏至，皆可爲之。皆據晝漏半者，以取日正午，乃得其端直也。云「表陰陽」者，東方西方是陰陽，故別云審其南北也。又云：「景短於土圭，謂之日南，是地與日爲近南」云云，〔七〕後鄭之義，與先鄭不殊。更云「是地於日爲近南」已下者，先鄭云近日遠日，恐人以爲南方東方地高爲近日，北方西方地下爲遠日，有此地高下之嫌。故後鄭增成先鄭之義，取云是地於日爲近北，〔八〕於日爲近東，於日爲近西。四方之表，皆去中表千里，而云〔九〕是立表之處，其地於天下之日爲近南、爲近北、爲近東、爲近西也。云「如是則寒暑陰風偏而不和，是未得其所求」者，此言對下經地中是陰陽風雨和會，爲得所求也。云「凡日景於地千里而差一寸」者，案：三光考靈耀云：「四游升降於三萬里中。」下云：「日至之景尺有五寸，謂之地中。」則是半三萬里而萬五千里，與土圭等，是千里差一寸，筭法亦然。言此者，欲見經日南日北之等，皆云中表千里爲術，〔一〇〕景長景短皆差一寸耳。知表皆高八尺，而以晝漏半者，以其通卦驗云「冬日至，樹八尺之表，日中視其晷」，是以知用八尺表，而以晝漏半度景也。

日至之景尺有五寸，謂之地中，天地之所合也，四時之所交也，風雨之所會也，陰陽之所和也，然則百物阜安，乃建王國焉，制其畿方千里而封樹之。景尺有五寸者，南戴日下萬五千里，地與星辰四遊升降於三萬里之中，是以半之得地之中也。畿方千里，取象於日一寸爲正。樹，樹木溝上，所以表助阻固也。鄭司農云：「土圭之長尺有五寸，以夏至之日，立八尺之表，其景適與土圭等，謂之地中。今潁川陽城地爲然。」

「日至」至「樹之」　上經置五表，於四方四表，未得所求。今於中表，夏日至，亦晝漏半，立八尺之表，表北得景尺有五寸，景與土圭等，謂之地中。於此地中之所。「天地之所合也」者，天地不合，萬物不生。天地合配，（一）萬物乃生。故樂記云：「天地訢合。」是也。「四時之所交也」者，即尚書所云「宅南交」。孔云：「言夏與春交。」舉一隅以見之，則秋與夏交，冬與秋交，春與冬交可知，故云四時所交也。「風雨之所會也」者，風雨所至，會合人心。謂若禮器云「饗帝於郊，風雨節，寒暑時」是也。「陰陽之所和也」者，謂若昭四年左氏，申豐云：「冬無愆陽，夏無伏陰。」是其陰陽和也。「然則百物阜安」者，摠結上句所合已下。然猶如是。阜，盛也。如是四事得所，則百物盛安也。「乃建王國焉」者，建，立也。於此盛安之處，乃立王之國城焉。「制其畿方千里」者，王畿千里，以象日月之大。中置國城，面各五百里，制畿界。「而封樹之」者，於畿疆之上，而作深溝。土在溝上，謂之爲封。封上樹木，以爲阻固，故云而封樹之。

注「景尺」至「爲然」　云「景尺有五寸者」，欲釋經景尺有五寸得地中之意。云「南戴日下萬五千里」者，景一寸差千里，故於地中尺五寸景，去南戴日下萬五千里。云「地與星辰四游升降於三萬里之中」者，考靈耀文。言四游升降者，春分之時，地與星辰復本位；至夏至之日，地與星辰東南游萬五千里，下降亦然；至秋分還復正；至冬至，地與星辰西北游亦萬五千里，上升亦然；至春分還復正。進退不過三萬里，故云地與星辰四游升降於三萬里之中。是以半之得地之中也。云「畿方千里，取象於日一寸爲正」者，鄭注王制「象日月之大，亦取晷同」，此云取象於日一寸爲正，不言象日月之大者，略不言之矣。云「一寸爲正」者，即是景一寸地千里，與王制注「晷同」一也。案：元命包云：「日圓，望之廣尺，以應千里。」故鄭注王制云：「象日月之大也。」又案：考靈耀曰：「從上臨下八萬里，天以圓覆，地以方載。」河圖括地象曰：「天不足西北，地不足東南。西北爲天門，東南爲地户。天門無上，地户無下。」又云：「極廣長，南北二億三萬一千五百里，東西二億三萬三千里。」又云：「天左動，起於牽牛。地右動，起於畢。」廣雅云：「天圜，南北二億三萬三千五百里七十五步。〔一二〕東西，短減四步，周六億十萬七百里二十五步。從地至天，億一萬六千七百八十七里半。下度地之厚，與天高等。」天度云：「東方七宿，七十五度。南方七宿，百一十二度。西方七宿，八十度。北方七宿，九十八度四分度之一。四方，三百六十五度四分度之一。度，二千九百三十二里。二十八宿間相距，積百七萬九百一十三里。徑，三十五萬六千九百七十里。」鄭司農云「潁川陽城地爲然」者，潁川郡陽城縣，是周公度景之處，古跡猶存，故云地爲然也。案：春秋左氏，武王克商，遷九鼎於洛邑，欲以爲都。不在潁川地中者，武王欲取河洛之間形勝之所，洛都雖不在地之正中，潁川地中，仍在畿內。若然，武王已遷鼎於洛，欲以爲都。周公又度景求地中者，武王雖定鼎訖，周公更度之者，所以審慎故。案書傳云：「四年建侯衛，五年營成周。」建侯衛者，在尚書康誥封康叔是也。案：康誥云：「惟三月，才生魄，〔一三〕周公初基，作新大邑于東國洛，四方之民大和會。」注云：「岐鎬之域，處五岳之外，周公爲其於政不均，故東行於洛邑，合諸侯，謀作天子之居，四方民聞之，同心來會，樂即功作，効其力焉。是時周公居攝四年也。」又案：召誥

「惟三月丙午朏」，注云：「是時周公居攝五年。」「越三日戊申，大保朝至於洛，卜宅。厥既得卜，則經營之。」若然，洛邑在攝政四年，初爲基止，至五年，乃正營之也。

凡建邦國，以土圭土其地而制其域。諸公之地，封疆方五百里，其食者半；諸侯之地，封疆方四百里，其食者參之一；諸伯之地，封疆方三百里，其食者參之一；諸子之地，封疆方二百里，其食者四之一；諸男之地，封疆方百里，其食者四之一。土其地猶言度其地。鄭司農云：「土其地，但爲正四方耳。其食者半，公所食租税得其半耳，其半皆附庸小國也，屬天子。參之一者亦然。故魯頌曰：『錫之山川，土田附庸，[二四]奄有龜蒙，遂荒大東，至于海邦。』論語曰：『季氏將伐顓臾，孔子曰：先王以爲東蒙主，且在邦域之中，是社稷之臣。』此非七十里所能容。然則方五百里、四百里，合於魯頌、論語之言。諸子諸男食者四之一，[二五]適方五十里，獨此與今五經家説合耳。」玄謂其食者半、參之一、四之一者，土均均邦國地貢輕重之等。其率之也，公之地以一易，侯伯之地以再易，子男之地以三易，必足其國禮俗、喪紀、祭祀之用，乃貢其餘，若今度支經用，餘爲司農穀矣。大國貢重，正之也。小國貢輕，字之也。凡諸侯爲牧正帥長及有德者，乃有附庸，爲其有禄者當取焉。公無附庸，侯附庸九同，伯附庸七同，子附庸五同，男附庸三同。進則取焉，退則歸焉。魯於周法不得有附庸，故言錫之也。地方七百里者包附庸，以大言之也。附庸二十四，言得兼此四等矣。○封疆，居良反，下同。顓，之宣反。臾音榆。其率，音律，又音類，後注同。正之，音征。字之，如字，一音滋。爲其，于僞反。

「凡建」至「之二」　上經既陳天子之國，并畿内千里，此經説諸侯邦國，故云「凡建邦國，以土圭土其地」。土，猶度也，以土圭度其地。假令封上公五百里，國北畔，立八尺之表，夏至晝漏半，得尺五寸景，與土圭等，南畔，得尺四寸五分。其中減五分，一分百里，五分，則五百里。減四分，則四百里，封侯。減三分，則三百里，封伯。減二分，則二百里，封子。減一分，則一百里，封男。是土其地之法。「而制其域」者，自上公五百里已下，境界皆有營域封圻。云「諸公之地，封疆方五百里，其食者半」者，言天子封公以五百里之地，其一國之稅，天子食其半。云「諸侯之地，封疆方四百里，其食者參之一」者，謂三分之，天子食其一分。云「諸伯之地，封疆方三百里，其食者參之一」者，亦與侯同。云「諸子之地，諸男之地皆云四之一」者，謂摠得一國之稅，四分之，天子食其一分，故云其食者四之一。其天子所食者，皆謂諸侯市取美物，以貢天子，即大宰九貢是也。其公之稅有半，侯伯有三之二，子男有四之三，皆自入，充國家畜積、禮俗、喪紀之用也。

注「土其」至「等矣」「土其地猶言度其地」者，案：上經以土圭之法測土深。測，猶度也。此經云以土圭土其地。以土正當測處，故云土其地猶言度其地也。司農云「土其地但爲正四方耳」者，司農意，案：上經天子度取土中，此封諸侯，但正曰方而已，〔一六〕不求土中，故云但爲正四方。謂五百里四百里之等。云「其食者半，公所食租稅得其半耳，其半皆附庸小國也，屬天子。參之一亦然」者，司農意，以經云其食者半，與參之一、四之一，皆自食，其餘並入天子，故云其食者半，公所食租稅得其半耳，其半皆附庸小國也，屬天子。參之一亦然也。先鄭雖不云四之一，司農意，亦四分分之，三分入天子，一分自食。司農之義，於經文雖似通。若然，則大國貢輕，次國小國貢重，非字小之法，於義不可。故後鄭不從。引魯頌曰「錫之山川」已下，至「社稷之臣」，此司農之意，上公已下，盡有附庸，魯雖侯爵，受五百里之國。明堂位云七百里者，五百里外並是附庸，即公五百里者亦半爲附庸。故上注云「其半皆附庸」，是也。云「此非七十里所能容」者，司農之意，見孟子何休之徒，言周之制，無五百里、四百里國，魯國唯有七十里而已，故破諸家。據魯頌、論語，非七十里之所能容也。云「然則方五百里、四百里合於魯頌、論語之言」者，司農據此經公五百里、侯四百里，與魯頌、論語合，亦是破諸家之意。云「諸男食者四之一，適方五十里」

者，司農意，男國百里，開方得五十里者四。經云其食者四之一，謂三分入天子，一分自食，所食者唯有五十里。云「獨此與今五經家説合耳」者，五經家，謂若張苞、何休、孟子等，皆以爲周法公侯方百里，伯七十里，子男五十里。子男五十里，故男食五十里，是與五經家説合。若自子已上，以百里、七十里國，於此經二百里已上四之一、三之一不合，故直舉男地而言。「玄謂其食者半、參之一、四之一者，土均均邦國地貢輕重之等」者，〔一七〕案：下土均云：「均地貢」，均，即此所均征税邦國地貢輕重，是也。云「其率之也，公之地以一易，侯伯之地以再易，子男之地以三易」者，其民受地，有一易、再易，故此諸侯之地，據貢入天子，似耕之者，〔一八〕入諸侯者，似易而不耕者。故以公之地貢半，似二百畝佃半也；侯伯之地，三之一貢入天子，似家三百畝，佃百畝，留二分，似荒廢者；子男之地，以三易，四之一貢與天子，似家得四百畝，佃百畝，留三分，似三百畝不耕者也。民但家無三易之地，直以況義耳。云「必足其國禮俗、喪紀、祭祀之用，乃貢其餘」者，後鄭意，釋公國貢半，已下漸少之意。言公受地廣，税物多，但留半自用，即足其國禮俗、喪紀及畜積之用，故以半爲餘，貢入天子。其侯伯受地差少，則其税亦少，故三分之二留自用，乃足其國，以一分爲餘，貢入天子。其子男受地又少，其税轉少，故四分之乃足其國，亦以一分爲餘，貢入天子。注雖不言畜積，但言足其國，明畜積在中，乃得云足。故王制云：「國無九年之畜曰不足。」是也。云「若今度支經用，餘爲司農穀矣」者，度支經用，似國家喪紀所用；餘爲司農穀矣者，入天子，故據漢法以況之。云「大國貢重，正之也」者，謂若四之一，是也。小國貢輕，字之也。字，愛也。謂愛小國之法。若然，三之一者，是不輕不重。後鄭言此者，破先鄭其食者四之一，三分貢與天子；三之一者，二分貢與天子，非字小之法。又見采地之税四之一，一分貢與天子，故不從先鄭之義。云「凡諸侯爲牧正帥長及有德者，乃有附庸」者，案：王制云：「五國以爲屬，屬有長；十國以爲連，連有帥；三十國以爲卒，卒有正；二百一十國以爲州，州有伯。」伯，即牧也。此牧正帥長，皆是有功諸侯乃得爲之，有功即有附庸。又諸侯有德，雖不爲牧正帥長，亦得有附庸，故鄭揔云諸侯牧正帥長，及有德者，乃有附庸焉。云「爲其有禄者當取焉」者，謂取閒田爲附庸，以爲禄也。云「公無附庸」者，以其天子畿方千里，上公五百里，地極，故無附庸也。云「侯附庸九同」者，以其侯有功，進受公地，但公五百里，開方之，方百里者五五二十五；侯四百里，開方之，四四十六，加九同，則爲二十五同，與公等，故知侯附庸九同。云「伯附庸七同」者，伯地三百里，三三而九，加七同，則爲十六同，與侯等，故知伯附庸七同也。云「子附庸五同，男附庸三同」者，以其子有功進受伯地，加五同，與伯等；男有功，受子地，男本一同，加三同，與子等。開方之，皆可知。云「進則取焉，退則歸焉」者，進則取焉，謂附庸者，退則歸焉者，謂爲閒田者也。故王制一州之内二百一十國，其餘以爲附庸閒田，併言之矣。云「魯於周法不得有附庸，故言錫之也」者，魯雖爲侯爵，以其王子母弟，雖爲侯伯，畫服如上公，受五百里之地，與上公等。成王以周公制典法之勳，賜魯以侯伯子男四等附庸，故明堂位云地方七百里。鄭云「方七百里者，包附庸，以大言之也」。又云「附庸二十四，言得兼此四等矣」者，魯本五百里，四面各加百里，四五二十，即二十同，四角又各百里，爲四同，故云附庸二十四。言周公有德，兼侯九同、伯七同、子五同、男三同，故云兼此四等矣。凡言同者皆百里，地百里則爲國，周法，不滿百里乃爲附庸。今皆名附庸爲同者，但附庸實不滿百里，積集附庸成同，并數之矣。假令男附庸三同，附庸國則多矣，據成同而言三耳。〔一九〕自餘五同七同已上，其義可知也。

凡造都鄙，制其地域而封溝之。以其室數制之。不易之地家百晦，一易之地家二百晦，再易之地家三百晦。都鄙，王子弟、公卿大夫采地。其界曰都；鄙，所居也。王制曰：「天子之縣内，方百里之國九，七十里之國二十有一，五十里之國六十有三。」此蓋夏時采地之數，周未聞矣。春秋傳曰：「遷鄭焉而鄙留。」城郭之宅曰室。詩云：「嗟我婦子，曰爲改歲，入此室處。」以其室數制之謂制丘甸之屬。王制曰：「凡居民，量地以制邑，度地以居民，地邑民居，必參相得。」鄭司農云：「不易之地，歲種之，地美，故家百畮。一易之地，休一歲乃復種，地薄，故家二百畮。再易之地，休二歲乃復種，故家三百畮。」〇百畝，本亦作古畮字。丘甸，劉常證反。乃復，扶又反，下同。

「凡造」至「百畮」 一言王畿及諸侯邦國，〔二〇〕至此更言畿内都鄙三等采地。云「凡造都鄙制其地域」者，案：載師職：「家邑任稍地，小都任縣地，大都任畺地。」又下文小司徒職云：「四丘爲甸，四甸爲縣，四縣爲都。」家邑二十五里，小都五十里，大都百里，是造都鄙制其地域也。云「而封溝之」者，謂三等采地，四境界上，皆有溝，封而樹之，以爲阻固。云「以其室數制之」者，其室在都邑之内，而云制之者，依其城内室數，於四野之中，制地與之。謂若九夫爲井，四井爲邑，四邑爲丘，四丘爲甸，四甸爲縣，四縣爲都之等，是也。云「不易之地家百畮」者，此謂上地，年年佃之，故家百畮。云「一易之地家二百畮」者，謂年别佃百畮，廢百畮。云「再易之地家三百畮」者，以其地薄，年年佃百畮，廢二百畮，三年再易乃徧，故云再易也。

注「都鄙」至「百畮」 言「都鄙，王子弟、公卿大夫采地」者，公在大都，卿在小都，大夫在家邑，其親王子母弟，與公同在大都。次疏者，與卿同在小都。次更疏者，與大夫同在家邑。故揔云都鄙王子弟公卿大夫采地也。云「其界曰都；鄙，所居也」者，三等采地皆有城郭，是其鄙所居也；據其四境即是其界曰都。又引王制曰「天子之縣内方百里之國九」云云，又云「此蓋夏時采地之數」者，案：殷周皆稱畿内，王制云「縣内」，疑是夏時，故云此蓋夏時采地之數也。云「周未聞矣」者，案：洛誥傳云：「天下諸侯入來，〔二一〕進受於周，〔二二〕退見文武之尸者，千七百七十三諸侯。」注云：「八州，州立二百一十國，畿内九十三國。」云畿内九十三國，即此都鄙之數，有文矣，而云未聞者，以無正文，故疑焉。或未可聞其大國、次國、小國各有幾國，〔二三〕故云未聞，其實揔數則聞之矣。云「春秋傳曰遷鄭焉而鄙留」者，案：桓十一年夏五月，鄭伯寤生卒。秋七月，葬鄭莊公。九月，宋人執鄭祭仲。公羊云：「祭仲者何？鄭相也。何以不名？賢也。何賢乎祭仲？〔二四〕以爲知權也。其爲知權奈何？古者鄭國處於留，先鄭伯有善於鄶公者，通乎夫人，以取其國，而遷鄭焉，而野留。莊公死，已葬，祭仲將往省于留，塗出於宋，宋人執之。謂之曰：『爲我出忽而立突。』祭仲不從其言，則君必死，國必亡；從其言，則君可以生易死，國可以存易亡，是以謂之權也。」野鄙不同者何？鄭所見傳異也。案玄發墨守云：「鄭始封君曰桓公者，周宣王之母弟，國在宗周畿內，今京兆鄭縣是也。桓公生武公，武公在莊公，遷居東周畿內，國在虢鄶之間，今河南新鄭是也。武公生莊公，因其國焉。留乃在陳宋之東，鄭受封至此適三世，安得古者鄭國處於留，祭仲將往省留之事乎？」是鄭君不從公羊。引之者，直取鄙所居爲義也，其鄭居留之事，猶自不取也。所謂文取而義不取也。云「城郭之宅曰室」。又引詩者，是七月詩。取證室在城內，於其室數，制城外井邑。又云「制之謂制丘甸之屬」者，案：下小司徒云四井爲邑，以至丘甸縣都，是也。又引王制者，欲見邑在城外，居在城內，外內多少，必參相得之事。

乃分地職，奠地守，制地貢，而頒職事焉，以爲地灋，而待政令。分地職，分其九職所宜也。定地守，謂衡麓虞候之屬。制地貢，謂九職所稅也。頒職事者，分命使各爲其所職之事。○奠地，劉音定。

注「分地」至「之事」。「分地職，分其九職所宜也」者，上經既授上中下地，此經云分地職，故知分地職者是分九職所宜。九職，則大宰云「一曰三農生九穀」是也。所宜，謂若孝經注高田宜黍稷，下田宜稻麥之類，是也。云「定地守，謂衡麓虞候之屬」者，案：昭二十年左氏傳，晏子云：「山林之木，衡鹿守之；澤之萑蒲，舟鮫守之；藪之薪蒸，虞候守之；海之鹽蜃，祈望守之。」注云：「衡鹿、舟鮫、虞候、祈望，皆官名也。守之，令民不得取之，不共利。」時景公設此守以致疾，故晏子所非，非其不與民同。鄭引之者，以證地守之官。若然，此地官唯有衡虞，無舟鮫、祈望者，此周禮舉其大綱，左氏言其細別，故詳略不同。云「制地貢，謂九職所稅也」者，此地貢，文承地職之下，明非諸侯九貢，是其九職任之、九稅斂之。若三農生九穀，則稅九穀，園圃毓草木，則稅草木之類，是也。云「頒職事者，分命使各爲其所職之事」者，分命之言，案：尚書堯典「分命羲仲宅嵎夷，申命羲叔宅南交，分命和仲宅西曰昧谷，申命和叔宅朔方。」此間頒職事，亦是分命，使各爲其所職之事。典田之官各有所掌。

以荒政十有二聚萬民：一曰散利，二曰薄征，三曰緩刑，四曰弛力，五曰舍禁，六曰去幾，七曰眚禮，八曰殺哀，九曰蕃樂，十曰多昏，十有一曰索鬼神，十有二曰除盜賊。荒，凶年也。鄭司農云：「救飢之政，〔二五〕十有二品。散利，貸種食也。薄征，輕租税也。弛力，息繇役也。去幾，關市不幾也。眚禮，掌客職所謂凶荒殺禮者也。多昏，不備禮而娶昏者多也。索鬼神，求廢祀而修之，雲漢之詩所謂『靡神不舉，靡愛斯牲』者也。除盜賊，急其刑以除之，饑饉則盜賊多，不可不除也。」杜子春讀蕃樂爲藩樂，謂閉藏樂器而不作。玄謂去幾，去其税耳。舍禁，若公無禁利。眚禮，謂殺吉禮也。殺哀，謂省凶禮。○弛力，式氏反。舍禁，音捨，注同。去幾，羌吕反，注及下注去蹄同。眚禮，所景反，注省同。〔二六〕殺哀，所界反，徐所例反，注同。蕃樂，方袁反，注同。餘文注皆音煩。種食，章勇反。

「以荒」至「盜賊」 言「以荒政十有二」者，上經見分地職，則有年穀不熟之時，恐民離散，故以救荒之政十有二條，以聚萬民，使不離散。「一曰散利」者，謂豐時聚之，荒時散之。積而能散，使民利益，故云一曰散利。「二曰薄征」者，薄，輕也。征，税也。謂輕其税。「三曰緩刑」者，謂凶年犯刑，緩縱之。「四曰弛力」者，弛放其力役之事。「五曰舍禁」者，山澤所遮禁者，舍去其禁，使民取蔬食。「六曰去幾」者，幾，謂呵禁，謂關市去税而幾之。「七曰眚禮」者，謂吉禮之中，眚其禮數。「八曰殺哀」者，謂凶禮之中，殺其禮數。「九曰蕃樂」者，蕃，謂閉藏樂器而不作。「十曰多昏」者，謂凶荒殺禮，昏者多。「十有一曰索鬼神」者，謂凶年禱祈，搜索鬼神而禱祈之。「十有二曰除盜賊」者，凶年盜賊多，急其刑以除之。

注「荒凶」至「凶禮」。下曲禮云：「歲凶年穀不登。」即此荒，一也。故云「荒，凶年也。」鄭司農云「救飢之政十有二品」者，年穀不熟而民飢，故設政教以救之。故云救飢之政十有二品。十二品，即十二條，各有品列而不同。云「散利，貸種食也」者，謂豐時斂之，凶時散之，其民無者，從公貸之。或爲種子，或爲食用，至秋熟還公。據公家爲散，據民往取爲貸，故云散利貸種食。云「薄征輕租稅也」者，案：司稼云：「巡野，觀稼出斂法。」注云：「豐年從正，儉有所殺，若今十傷二三，實除減半。」是輕租稅也。云「弛力，息繇役也」者，案：均人云：「豐年，則公均用三日。中年，則公均用二日。無年，則公均用一日。」此云弛力，謂人食不能二鬴之歲，則移民就穀，無力役之事。故均人又云：「凶札則無力政財賦。」是也。云「去幾，關市不幾」者，此後鄭不從，以其雖凶年，猶幾呵，但去稅而已。云「眚禮，掌客職所謂凶荒殺禮者也」者，此後鄭不從者，〔二七〕掌客所云「凶荒殺禮」，其揔目語，無所指斥，故鄭以爲眚吉禮。云「多昏，不備禮而娶昏者多也」者，昏禮有六，并有玄纁束帛。凶荒爲昏，不可備行此禮，使有女之家，得減口數，有男之家，易得其妻，故娶昏者多也。云「索鬼神，求廢祀而脩之」者，年有凶災，鬼神不祐。經云索鬼神，謂搜索鬼神而祭之，明是求廢祀而脩之。〔二八〕求廢祀而脩之，即雲漢之詩「靡神不舉」，是也。連引「靡愛斯牲」者，見索鬼神是祈禱之事，須牲體以薦之。案：左氏莊二十五年傳云：「天災，有幣無牲。」此詩云「靡愛斯牲」者，若天災之時，祈禱無牲，災成之後，即有牲體，故云靡愛斯牲。云「除盜賊，急其刑以除之，饑饉則盜賊多，不可不除也」者，上文既言緩刑，其除盜賊用急刑，〔二九〕乃上下文爲妨，故鄭云饑饉則盜賊多，不可不除，故須急其刑以除之。杜子春云「讀蕃樂爲藩樂，謂閉藏樂器而不作」者，經云蕃者，是蕃育之字，故讀從藩，是藩閉之字。案：大司樂云：「大凶大烖令弛縣。」注云：「弛，釋下之，若今休兵鼓之爲。」彼又云：「日月食，四鎮五嶽崩，諸侯薨，令去樂。」注云：「去樂，藏之。」引春秋傳曰：「壬午猶繹，萬入去籥。」萬言入，則去者不入，藏之可知。彼之二文，云令弛縣，據路寢常縣之樂，釋下之；去樂，據廟中祭時暫縣之樂，去而藏之。此云藩樂，謂閉藏樂器，據廟中祭祀，藏去樂器而不作。若然，祭祀不作，明路寢常縣亦釋下之，互見其義。「玄謂去幾，去其税耳」者，破先鄭之義全不幾。後鄭必知直去其税猶幾之者，〔三〇〕案：司關云：「國凶札，則無門關之征，猶幾。」明知司農之義非。云「舍禁，若公無禁利」者，案左傳，襄公九年冬，公會晉侯伐鄭，同盟于戲。「晉侯歸，謀所以息民。魏絳請施舍，輸積聚以貸，自公以下，苟有積者，盡出之。國無滯積，亦無困人，公無禁利。」杜注云「與民共」是也。云「眚禮謂殺吉禮也」。云「殺哀謂省凶禮」者，此破司農之義。司農引掌客職「凶荒殺禮」證眚禮。後鄭之意，凶荒殺禮，是摠目之言，不專於吉禮。鄭知眚禮專是吉禮者，以其下有殺哀，與眚禮相對，故知眚禮專是吉禮也。案：襄公二十四年，冬，大饑，穀梁傳云：「五穀不升，爲大饑。一穀不升，謂之嗛。二穀不升，謂之饑。三穀不升，謂之饉。四穀不升，謂之康。五穀不升，謂之大侵。」大侵即大饑，一也。又案：廩人云：「人食四鬴，上也。三鬴，中也。二鬴，下也。若食不能人二鬴，則令移民就穀。」不能人二鬴之歲，即是大饑年也。此云荒政者，亦據大凶年爲義。案：均人云：「凶札無力政財賦。」此既據大饑，猶云薄征者，此經雖主大饑，兼記一穀二穀不熟之歲，故有輕税也。此鄭云荒，凶年，則荒與凶一也。案：大司樂大札大荒大凶，荒凶別者，其實凶荒是一。故宗伯云：「以荒禮哀凶札。」是凶荒不異。司樂凶荒別文者，以凶爲凶年，以荒爲荒亂，兼見斯義，故凶荒別文也。

以保息六養萬民：一曰慈幼，二曰養老，三曰振窮，四曰恤貧，五曰寬疾，六曰安富。保息，謂安之使蕃息也。慈幼，謂愛幼少也。產子三人與之母，二人與之餼，十四以下不從征。養老，七十養於鄉，五十異粻之屬。振窮，抍捄天民之窮者也。窮者有四：曰矜，曰寡，曰孤，曰獨。恤貧，貧無財業稟貸之。寬疾，若今癃不可事，不筭卒，可事者半之也。安富，平其繇役，不專取。○幼少，詩照反。抍，音拯。捄，音救，本亦作拯救。曰矜，古頑反。今癃，音隆。筭卒，子忽反。

「以保」至「安富」 上經既陳凶荒不安之事，故此經陳安養萬民之道。云「以保息六養萬民」者，民不安，即不得蕃息，安則蕃息。保，安也。民使蕃息有六條，以養萬民，故云以保息六養萬民也。

「保息」至「專取」 云「產子三人與之母，二人與之餼」，皆是越語。范蠡欲速報吳，爲此權禮，使國民衆多。故令國人「壯者無取老婦，老者無取壯妻。女子十七不嫁，父母有罪；丈夫二十不娶亦罪其父母。生丈夫，二壺酒，一犬；生女子，一壺酒，一豚。〔三一〕生三人，公與之母；生二人，與之餼。」引之者，見其愛幼少之法，不必盡如其禮。云「十四以下不從征」者，案鄉大夫職，國中七尺，野自六尺，皆不從征。〔三二〕案：論語云：「可以託六尺之孤。」注云：「六尺，謂年十五。」則十五從征，十四以下不從征可知。亦是愛幼之事也。云「養老，七十養於鄉」者，案王制云：「五十養於鄉，六十養於國，七十養於學。」彼謂大夫士也。王制又云：「凡三王養老，皆引年。」注云：「已而引户校年，當行復除也。老人衆多，非賢者不可皆養。」故食貨志云：「七十已上，所養也。」〔三三〕此云七十養於鄉，亦謂有賢行者也。云「五十異粻之屬」者，是王制文。禮記常法，庶人食稷，士兼食黍，大夫又加以粱。今雖庶人，至五十，或與士大夫同食黍粱，故云異粻。云「振窮，抍救天民之窮者也。窮者有四：曰矜，曰寡，曰孤，曰獨」者，案：王制云：「老而無妻者謂之矜，老而無夫者謂之寡，少而無父者謂之孤，老而無子者謂之獨。」鄭依此而言。此四者，天民之窮而無告者也，皆有常餼，故曰振窮。云「恤貧，貧無財業稟貸之」者，案：旅師云：「凡用粟，春頒而秋斂之。」注云：「困時施之，饒時收之。」是其恤貧之法，故云無財業稟貸之。云「寬疾，若今癃不可事，不筭卒」者，漢時癃病不可給事，不筭計以爲士卒，若今廢疾者也。云「可事者半之也」者，謂不爲重役，輕處使之，取其半功而已，似今殘疾者也。是其寬饒疾病之法。云「安富，平其繇役，不專取」者，言繇役均平，又不專取，則富者安，故云安富也。

以本俗六安萬民：一曰媺宮室，二曰族墳墓，三曰聯兄弟，四曰聯師儒，五曰聯朋友，六曰同衣服。本猶舊也。美，善也。謂約椓攻堅，風雨攸除，各有攸宇。族猶類也。同宗者，生相近，死相迫。連猶合也。兄弟，昏姻嫁娶也。師儒，鄉里教以道藝者。同師曰朋，同志曰友。同猶齊也。民雖有富者，衣服不得獨異。○媺，音美。聯兄弟，一本作聚兄弟。約椓，陟角反。

「以本」至「衣服」 上經陳養萬民之法，此經説安民庶之道。「以本俗六安民」者，本，舊也。不依舊俗創立制度，民心不安，若依舊俗，民心乃安，故以本俗六條以安民也。

注「本猶」至「獨異」 云「謂約椓攻堅，風雨攸除，各有攸宇」者，此斯干美宣王之詩也。案：彼詩云：「約之閣閣」，約，謂搯土。〔三四〕「椓之橐橐」，椓，謂築之。橐橐，用力。是其約椓攻堅。攸，所也。能使風雨所除。宇，居也。君子小人，各有所居。引之者，證美宮室也。經云「媺宮室」，明不使華美，故以攻堅解之。云「族猶類也。同宗者，生相近，死相迫」者，案：左氏傳云：「非我族類，其心必異。」族、類是一，故云族猶類也。經云「族墳墓」，是死相迫，明生時居住相近可知。故鄭云同宗者生相近，死相迫也。云「連猶合也。兄弟，昏姻嫁娶也」者，案：爾雅釋親云：「父之黨爲宗族，母與妻黨爲兄弟。」則兄弟之名，施於外親爲正。又案：喪服記「兄弟皆在外邦」及「與兄弟居」，彼皆據同宗小功已下。知此兄弟是昏姻，非是同宗者，見上云「族墳墓」是同宗，明此兄弟施於外姓昏姻，故爾雅又云「婦之黨爲昏兄弟。」夫婦相名，亦爲兄弟，故曾子問曰：「不得嗣爲兄弟。」是以知兄弟是昏姻也。云「師儒鄉里教以道藝」者，以其鄉立庠，州黨及遂皆立序，致仕賢者，使教鄉閭子弟。鄉閭子弟，皆相連合，同就師儒，故云連師儒也。又案保氏職「掌養國子以道」，故云教以道藝也。云「同師曰朋，同志曰友」者，案：學而云：「有朋自遠方來。」是「朋」者在學之稱。此友與朋連文，則亦是在學之稱。且此朋友之文，復在師儒之下。

但朋疏而多，友親而少，故云同師曰朋，同志曰友。此朋友據在學。案：尚書泰誓，武王云：「我友邦冢君。」是謂諸侯爲友。洛誥云：「孺子其朋。」謂羣臣爲朋，朋友之文，所施廣矣。鄭君皆望文爲義，是以所注不同也。云「同猶齊也。民雖有富者，衣服不得獨異」者，士已上衣服皆有采章，庶人皆同深衣而已。故云民雖有富者，衣服不得獨異，並皆齊等也。

正月之吉，始和布教于邦國都鄙，乃縣教象之灋于象魏，使萬民觀教象，挾日而斂之，乃施教灋于邦國都鄙，使之各以教其所治民。正月之吉，周正月朔日也。司徒以布五教，〔三五〕至正歲又書教法而縣焉。○乃縣，音玄，注同。挾日，子協反。

「正月」至「治民」 「正月之吉」者，謂建子之月一日也。「始和」者，從十二教已下，於此月之時，始調和也。政教皆有故法，依舊而行之，言始和者，若改造云爾，其實不改造也。始以對終，對下縣之，是在建寅之月，爲終也。云「布教於邦國都鄙」者，於此正月之時，調和教典訖，即布於邦國諸侯，及畿內都鄙公卿大夫等。〔三六〕云「乃縣教象之法於象魏」者，言乃者，緩辭。是建寅之月，乃縣教象之法於象魏闕上。云「使萬民觀教象」者，謂使萬民來就雉門象魏之處，觀教象文書，使知一年教法。云「挾日而斂之」者，縣之從甲至甲，爲挾日，而後斂藏之於明堂，月月乃更受而行之，〔三七〕謂之聽朔者也。云「乃施教法于邦國都鄙」者，案大宰六典、八法、八則之等，正月前陳之。正月之下，不復言施之者，以其並是當職之事，故不復言所施。且直言施教法於邦國都鄙，則亦含上數事可知。云「使之各以教其所治民」者，若據邦國，使諸侯教所治民，若據都鄙，則使公卿大夫教所治民。

注「正月」至「縣焉」　言正月朔日者，周禮凡言正歲者，則夏之建寅正月；直言正月者，則周之建子正月也。吉者，月朔也。故云正月之吉，周正月朔日也。「司徒以布五教」者，案：大宰注云：「布王治之事於天下。」此不言天下，注文略。邦國、都鄙，則亦天下也。云「至正歲，又書教法而縣焉」者，釋經「乃縣」，是正歲縣之。必知縣在正歲者，亦取義於小司徒云「正歲，則帥其屬而觀教法之象」，故知縣在正歲也。

令五家爲比，使之相保；五比爲閭，使之相受；四閭爲族，使之相葬；五族爲黨，使之相救；五黨爲州，使之相賙；五州爲鄉，使之相賓。此所以勸民者也。使之者，皆謂立其長而教令使之。保猶任也。救，救凶災也。賓，賓客其賢者。故書受爲授，杜子春云：「當爲受，謂民移徙所到則受之，所去則出之。」又云：「賙當爲糾，謂糾其惡。」玄謂受者，宅舍有故，相受寄託也。賙者，謂禮物不備相給足也。閭二十五家，族百家，黨五百家，州二千五百家，鄉萬二千五百家。○爲比，毗志反，下同。相賙，音周。給足，劉子喻反。

「令五」至「相賓」　此經說大司徒設比閭至於州鄉等第家數，各立其官長，教勸於民。大司徒主六鄉，故令六鄉之內，使五家爲一比，則有下士爲比長主之，使五家相保，不爲罪過。「五比爲閭」者，二十五家爲一閭，立中士爲閭胥。「使之相受」者，閭胥使二十五家有宅舍破損者受寄託。「四閭爲族，使之相葬」者，百家立一上士爲族師，使百家之內有葬者，使之相助益，故云使之相葬。「五族爲黨，使之相救」者，五百家立一下大夫爲黨正，民有凶禍者，使民相救助，故云使之相救。「五黨爲州，使之相賙」者，二千五百家爲州，立一中大夫爲州長，民有禮物不備，使賙給之。「五州爲鄉，使之相賓」者，萬二千五百家爲鄉，立一六命卿爲鄉大夫，鄉內之民有賢行者，則行鄉飲酒之禮，賓客之，貢舉也，〔三八〕故云使之相賓。

注「此所」至「百家」　云「此所以勸民者也」者，此經相保、相受、相救、相賙、相賓等，〔三九〕皆是民間之事，故云所以勸民也。云「使之者，皆謂立其長而教令使之」者，民不獨治，必須君長，故云皆謂立其長而教令使之。立長，謂若比長、閭胥至鄉大夫等。「杜子春云：當爲受，謂民移徙所到則受之，所去則出之」者，案：比長職云：「五家相受相和親」，與此文同，皆謂一閭之內，無出入之法。比長職又云：「徙於國及郊，則從而授之。」注云：「徙，謂不便其居也。或國中之民出徙郊，或郊民入徙國中。」彼是出鄉閭外，與此閭內自相容受不同，故後鄭易之，以爲宅舍有故，相受寄託解之。子春又云：「賙當爲糾，謂糾其惡。」後鄭不從者，此一經相保相受之等，皆是相勸爲善，無相糾惡之事。故後鄭存賙字，謂禮物不備，相給足解之。云「閭二十五家」云云，知之者，案此經五家爲比，五州爲鄉，轉相增，故其家數可知。

頒職事十有二于邦國都鄙，使以登萬民。一曰稼穡，二曰樹蓺，〔四〇〕三曰作材，四曰阜蕃，五曰飭材，六曰通財，七曰化材，八曰斂材，九曰生材，十曰學藝，十有一曰世事，十有二曰服事。鄭司農云：「稼穡，謂三農生九穀也。樹蓺，謂園圃育草木。〔四一〕作材，謂虞衡作山澤之財。〔四二〕阜蕃，謂藪牧養蕃鳥獸。飭材，謂百工飭化八材。通財，謂商賈阜通貨賄。化財，謂嬪婦化治絲枲。〔四三〕斂材，謂臣妾聚斂疏材。生材，謂閒民無常職，轉移執事。學藝，謂學道藝。世事，謂以世事教能，則民不失職。服事，謂爲公家服事者。」玄謂生材，養竹木者。○飭材，音敕，注同。商賈，音古。閒民，音閑。

「頒職」至「服事」 大司徒主天下人民之數，故頒下民之職事十有二條於天下邦國及畿內都鄙，使以登成萬民。此經不言鄉遂及公邑者，舉外以包內，司徒親主鄉遂公邑，頒之可知。云「一曰稼穡」已下，至「八曰斂材」已上，即大宰九職中八者，是也。大宰既掌之，此又重掌者，以大宰尊官，揔知其事，〔四四〕此司徒是主民之官，親自頒行，義各有異也。云「一曰稼穡」者，種之曰稼，斂之曰穡。「二曰樹蓺」者，樹，謂植木，謂若樹之榛栗。蓺，謂種黍稷，謂若「蓺麻如之何」，「我蓺黍稷」之類，是也。案大宰有九職，此「八曰斂材」已上，與大宰同。大宰有九，此唯八者，大宰言任萬民，隨意所云，故有九。九曰閒民，無常職，轉移執事。此司徒云頒職事，不可頒之使民轉移執事，故闕之，唯有八也。「九曰生材」已下，加此四事者，以其司徒主民，此四事者，是民之事業及學問，故别增之也。

注「鄭司」至「木者」　鄭司農云「稼穡謂三農生九穀也」者，自此已下至聚斂疏材，皆與大宰同，但文有詳略，其言異耳。九穀須稼穡，故變言稼穡耳。樹蓺與園圃毓草木者同，草木須樹蓺，故亦變言樹蓺耳。云「作材謂虞衡作山澤之材」者，此文有詳略耳。云「阜蕃謂藪牧養蕃鳥獸」者，但養蕃不言阜，此言阜字者，欲見非直蕃息，又使阜盛。云「飭材謂百工飭化八材」者，此亦文有詳略耳。云「通財謂商賈阜通貨賄」者，貨賄，即財也，亦文有詳略耳。云「斂材謂臣妾聚斂疏材」者，此亦文有詳略耳。此八者之義，以具釋於大宰，故此亦不復重言。云「生材謂閒民無常職，轉移執事」者，司農之意，此閒民在第九，當大宰「九曰閒民無常職」，故以閒民解生材也。但周公制禮，大宰任民無常職，於此頒職事，不可頒無常職，使民行之，故後鄭易之，〔四五〕以爲養竹木解之。云「學藝謂學道藝」者，案：保氏職云：「掌養國子以道，乃教之六藝。」故以藝中兼有道也。云「世事謂以世事教能，則民不失職」者，案：管子書云：「工之子恒爲工，士之子恒爲士，商之子恒爲商，農之子恒爲農。」是以世事教民能，則民不失職也。云「服事謂爲公家服事」者，謂若府史胥徒庶人在官者，是公家服事者也。「玄謂生材養竹木者」，此後鄭破司農之義。案：大宰事典云「以生萬民」，小宰事職云「以養萬民」，則知生爲養。山虞、林衡别官，則知此生材養竹木在於平地，林衡所掌是也。

以鄉三物教萬民而賓興之。一曰六德，知、仁、聖、義、忠、和；二曰六行，孝、友、睦、婣、任、恤；三曰六藝，禮、樂、射、御、書、數。物猶事也，興猶舉也。民三事教成，鄉大夫舉其賢者能者，以飲酒之禮賓客之，既則獻其書於王矣。知，明於事。仁，愛人以及物。聖，通而先識。義，能斷時宜。忠，言以中心。和，不剛不柔。善於父母爲孝，善於兄弟爲友。睦，親於九族。婣，親於外親。〔四六〕任，信於友道。恤，振憂貧者。〔四七〕禮，五禮之義。樂，六樂之歌舞。射，五射之法。御，五御之節。書，六書之品。數，九數之計。○六行，下孟反。睦婣，音因。

「以鄉」至「書數」　物，事也。司徒主六鄉，故以鄉中三事教鄉内之萬民也。興，舉也。三物教成，行鄉飲酒之禮，尊之以爲賓客而舉之。三物者，則下一曰、二曰、三曰是也。

注「民三」至「之計」　云「民三事教成，鄉大夫舉其賢者能者，以飲酒之禮賓客之，既則獻其書於王矣」者，此並鄉大夫職文。云「知，明於事」者，謂於前事不惑，若四十而不惑也。云「仁，愛人以及物」者，仁者，内善於心，外及於物，謂若行葦詩美成王，云「敦彼行葦，牛羊勿踐履」。是愛人及於葦，葦即物也。云「聖，通而先識」者，案：襄二十二年，「臧武仲如晉，雨，過御叔，御叔在邑，將飲酒，曰：焉用聖人。」何休云：「説左氏傳者曰：『春秋之志，非聖人孰能脩之。』言夫子聖人，乃能脩之。御叔謂臧武仲爲聖人，是非獨孔子。」玄箴之曰：「武仲者，述聖人之道，魯人稱之曰聖。今使如晉，過御叔，御叔不説學，見武仲而雨行，傲之云『焉用聖人爲』。左氏傳載之者，非御叔不説學，不謂武仲聖與孔子同。」若然，此云聖，亦與武仲同，皆是述聖人之道。〔四八〕云「義，能斷時宜」者，義，宜也，謂斷割合當時之宜也。云「忠，言以中心」者，此以字解之，如心曰恕，如下從心。中心曰忠，中下從心。謂言出於心，皆有忠實也。云「和，不剛不柔」者，謂寬猛相濟者也。云「善於父母爲孝，善於兄弟爲友」者，案：爾雅云：「張仲孝友，善父母爲孝，善兄弟爲友。」彼不言「於」，此鄭云善於父母、善於兄弟，言「於」者，凡言孝友，非直甘肴先奉，昏定晨省而已。謂若禮記祭義云：「孝者，先意承志，喻父母於道。〔四九〕國人稱之曰：『幸哉，有子若是，如此美行。』」乃所爲父母兄弟所善，故鄭云善於父母爲孝，善於兄弟爲友也。云「睦，親於九族」者，堯典云「九族既睦」，是睦親於九族也。九族者，上至高祖，下至玄孫，旁及緦麻之内也。云「姻，親於外親」，知姻是親於外親者，上云睦施於九族，明此姻是親於外親也。左傳云「士踰月，外姻至」，亦據外親之等。外親者，則妻族、母族是也。此姻對睦，施於外親，若不對睦，亦施於内親。故論語云：「因不失其親。」喪服傳云：「與因母同。」此皆施於内親也。云「任，信於友道」者，謂朋友有道德，則任信之，故論語云「信則人任焉」是也。云「恤，振憂貧者」者，恤訓爲憂，振訓爲救，故知恤振憂貧者也。云「禮，五禮之義」，自此已下至九數，皆取義於保氏。案：保氏職：「掌養國子以道，教之六藝：一曰五禮，二曰六樂，三曰五射，四曰五御，五曰六書，六曰九數。」案：彼注云：「五禮者，玄謂吉、凶、賓、軍、嘉。六樂者，玄謂雲門、大咸、大韶、大夏、大濩、大武。五射者，先鄭云：『白矢、參連、剡注、襄尺、井儀。』五御者，先鄭云：『鳴和鸞、逐水曲、過軍表、舞交衢、逐禽左。』六書者，先鄭云：『象形、會意、轉注、處事、假借、諧聲。』九數者，先鄭云：『方田、粟米、差分、少廣、商功、均輸、方程、贏不足、〔五〇〕旁要，此九章之術是也。』」彼注又云：「今有重差、夕桀、句股。」此經直陳六藝，保氏各有其數，故注保氏具釋之。注此，直取保氏經以釋之。五禮言義者，以其吉凶之等，各有其義。樂言歌舞者，以其作樂時，有升歌下舞。射言法者，以其有升降揖讓之法。御言節者，四馬六轡，有進退之節。書言品者，形聲處事，差品不同。數言計者，有多少筭計。各逐義強生稱。

以鄉八刑糾萬民：一曰不孝之刑，二曰不睦之刑，三曰不婣之刑，四曰不弟之刑，五曰不任之刑，六曰不恤之刑，七曰造言之刑，八曰亂民之刑。糾猶割察也。不弟，不敬師長。造言，訛言惑衆。亂民，亂名改作，〔五二〕執左道以亂政也。鄭司農云：「任謂朋友相任，恤謂相憂。」○不弟，音悌，注同。

「以鄉」至「之刑」 上設三物教萬民，民有不從教者，則設刑以刑之，故言以鄉八刑糾萬民也。云「一曰不孝之刑」者，有不孝於父母者，則刑之。孝經不孝不在三千者，深塞逆源，此乃禮之通教。「二曰不睦之刑」者，不相親睦，亦刑之。「三曰不婣之刑」者，不親，兼戒凡品，故不孝有刑也。〔五三〕於外親亦刑之。「四曰不弟之刑」者，謂不敬師長，亦刑之。「五曰不任之刑」者，謂不信任於朋友，亦刑之。「六曰不恤之刑」者，謂見災危而不憂恤，亦刑之。「七曰造言之刑」者，有造浮僞之言者，亦刑之。「八曰亂民之刑」者，謂執左道亂政，則刑之。

注「糾猶」至「相憂」 云「糾猶割察也」者，謂察取鄉中八種之過，斷割其罪。云「不弟，不敬師長」者，此不弟，即上六行友，是也。上文在睦姻之上，此變言弟，退在睦姻之下者，上言友，專施於兄弟；此變言弟，兼施於師長，故退在睦姻之下。云「造言，訛言惑衆」者，案：王制「行僞而堅，言僞而辯」，與此造言一也，是訛言惑衆也。云「亂民，亂名改作，執左道以亂政也」者，亂名已下，皆王制文。案：彼注亂名改作，謂變易官與物之名，更造法度。左道，若巫蠱及俗禁，並是亂政之民也。上三物有六德、六行、六藝，六德、六藝不設刑，獨於六行設刑者，鄭注師氏云：「在身爲德，施之爲行。」德爲在身，不施於物，六藝亦是在身之能，不施於人，故二者不設刑。其行並是施之於人，故禁其恐有愆負，故設刑以防之也。造言亂民，民中特害，故六行之外，別加此二刑。

以五禮防萬民之僞而教之中，禮所以節止民之侈僞，使其行得中。鄭司農云：「五禮謂吉凶賓軍嘉。」

「以五」至「之中」 「以五禮防萬民之僞而教之中」者，案：禮記樂記云：「禮者，著誠去僞。」故以禮防萬民之僞，而教之使得中正也。

注「禮所」至「軍嘉」　禮者，辨尊卑，別貴賤，皆有上下之宜，不得奢侈僭僞，故云禮所以節止民之侈僞也。使其行得中者，上不逼下，下不僭上，得其中正是也。鄭司農云「五禮謂吉凶賓軍嘉」者，春官大宗伯文也。

以六樂防萬民之情，而教之和。樂所以蕩正民之情思，使其心應和也。鄭司農云：「六樂謂雲門、咸池、大韶、大夏、大濩、大武。」○情思，悉吏反。心應，應對之應。大招，上朝反，本亦作韶。大濩，音護，本亦作護。

「以六」至「之和」　案：樂記云：「大樂與天地同和。」孝經云：「移風易俗，莫善於樂。」故大司徒以六樂防萬民之情，而教之使應和也。

注「樂所」至「大武」　案：樂記云：「在閨門之内，父子兄弟同聽之，莫不和親。」故云樂所以蕩正民之情思，使其心應和也。「鄭司農云六樂雲門」已下，皆大司樂文，至彼具釋。案前云六藝，禮、樂、射、御、書、數，而獨申禮、樂二事，但化民以禮樂爲急。故樂記云：「心中斯須不和不樂，而鄙詐之心入之矣；外貌斯須不莊不敬，而易慢之心入之矣。故樂也者，動於内者也；禮也者，動於外者也。」是致禮樂以治外内之急也。又孝經云：「安上治民，莫善於禮。移風易俗，莫善於樂。」是禮樂爲化民之急也。故特言禮樂耳。

凡萬民之不服教而有獄訟者，與有地治者聽而斷之，其附于刑者，歸于士。不服教，不厭服於十二教，(五三)貪冒者也。爭罪曰獄，爭財曰訟。有地治者，謂鄉州及治都鄙者也。附，麗也。士，司寇士師之屬。鄭司農云：「與有地治者聽而斷之，與其地部界所屬吏共聽斷之。士謂主斷刑之官。春秋傳曰：『士榮爲大士。』或謂歸于圜土，圜土謂獄也，獄城圜。」○地治，直吏反，注及下正治并注同。而斷，丁亂反，注同。不厭，於涉反，或於驗反。

「凡萬」至「于士」　上以禮樂化民，而萬民不猒服十二教，則鬭争起，有獄訟者，將斷割之時，恐其獄訟不審，故與其有地治者，謂治民之官，共聽而斷之。若有小罪，則司徒決之，其附於五刑，則歸於士，使秋官士師之等斷之。

注「不服」至「城圜」　云「不服教，不猒服於十二教，貪冒者也」者，上以十二教教民，使不貪冒。其民有不猒服於十二教，即是貪冒之人也。猒有二種，有嫌猒，有猒飫之猒，謂若祭禮有陰猒之類，是也。此言不猒服十二教者，謂不猒飫服行十二教也。又云「争罪曰獄，争財曰訟」者，案：秋官大司寇云：「以兩造禁民訟，以兩劑禁民獄。」獄訟相對，故獄爲争罪，訟爲争財。若獄訟不相對，則争財亦爲獄，其義具在秋官釋之。云「有地治者，謂鄉州及治都鄙者也」者，司徒主六鄉，明知有鄉州也。案：上經布教於都鄙，明地治之内，兼有都鄙可知。云「附，麗也」者，案：秋官云：「麗於法。」案尚書吕刑「越兹麗刑」。故以附爲麗。云「士，司寇士師之屬」者，案：秋官有士師、鄉士、遂士、縣士，並主獄訟之事，故云士師之屬也。司農云「春秋傳曰」者，僖公二十八年，衛侯出奔。及其反國，誤射殺弟叔武，元咺訴於晉，衛侯與元咺訟。晉使士榮爲大士而聽斷之。引此者，欲見有獄必有訟，有訟者不必有獄。故彼是争罪之事，而言衛侯與元咺訟。云「或謂歸於圜土，圜土謂獄也」者，司農之意，此經士或爲土字，因即解土爲圜土。圜土即獄也。云「獄城圜」者，更解圜土之意。圜土之義，具在秋官司圜職也。

祀五帝，奉牛牲，羞其肆，牛能任載，地類也。奉猶進也。鄭司農云：「羞，進也。肆，陳骨體也。」玄謂進所肆解骨體，士喪禮曰「肆解去蹄」。」○其肆，託歷反，注肆解、肆去同，司農音四，注肆陳同。

「祀五」至「其肆」 云「祀五帝」者，謂五時迎氣於四郊，及摠享五帝於明堂，即大司徒奉牛牲。又云「羞其肆」者，羞，進也。肆，解也。謂於俎上之所解牲體於神坐前。〔五四〕

注「牛能」至「去蹄」 鄭解司徒奉牛之意，故云「牛能任載，地類也」，故屬地官司徒。鄭司農云「羞，進也。肆，陳骨體也」者，骨體，肩臂脊脅之屬。司農以肆爲四音讀之，故云肆陳也。謂陳牲體於俎上，即體解折節爲二十一體，是也。故云陳骨體也。「玄謂進所肆解骨體」者，後鄭之意，以肆爲摘音讀之，肆解骨體者，爲七體解之，故引士喪禮曰「肆解去蹄」。案：士喪禮曰：「特豚四鬄，去蹄。」彼注云：「四解之，殊肩髀。」彼言殊肩髀，與此骨體一也；但彼云四鬄，此云四解。其字不同者，鄭直以義讀之，非彼正文，此云肆，當彼鬄也。後鄭必不從先鄭爲肆陳骨體爲二十一體者，案：禮運云：「腥其俎，孰其殽。」彼注云：「腥其俎，謂豚解而腥之也。孰其殽，謂體解而爓之。」祭祀之法，先豚解，後體解。經云「奉牛牲」，謂初牽入時，即言羞其肆，〔五五〕明先豚解。又案：國語，郊之事，〔五六〕則有全烝，明知不得先有體解。若然，則禘郊之事，先全烝，始後豚解也。若宗廟之祭，則無全烝，先豚解，次體解，禮運所云者是也。

享先王亦如之。

「享先」至「如之」 享先王，不辨祭之大小，彼大宗伯，四時及禘祫六者皆稱享。云「亦如之」者，亦如上「祀五帝，奉牛牲，羞其肆」。又不言祭地者，祭地之禮與天同。

大賓客，令野脩道委積。令，令遺人使爲之也。少曰委，多曰積，皆所以給賓客。

「大賓」至「委積」 案：大行人，諸侯朝稱賓，卿大夫來聘稱客。彼對文例，散文賓客通。此云大賓客者，唯據諸侯來朝，大司徒令遺人於野路之上，脩治道塗及委積芻薪米禾之等，以待賓客。

注「令令」至「賓客」　「令，令遺人使爲之也。少曰委，多曰積」者，案：遺人云：「十里有廬，廬有飲食。三十里有宿，宿有路室，路室有委。五十里有候館，候館有積。」故知義然也。

大喪，帥六鄉之衆庶，屬其六引，而治其政令。衆庶，所致役也。鄭司農云：「六引，謂引喪車索也。六鄉主六引，六遂主六紼。」○六引，如字，又音胤。六紼，音弗。

「大喪」至「政令」　大喪，謂王喪。至七月而葬，大司徒帥六鄉之衆庶，取一千人屬其六引，挽柩鄉壙。而治其政令者，大司徒則檢校挽柩之事。

注「衆庶」至「六紼」　云「衆庶，所致役也」者，但六鄉七萬五千家，唯取一千人致之，使爲挽柩之役。故云所致役也。司農云「六鄉主六引」，則此經是也。云「六遂主六紼」者，案：遂人職云：「大喪，帥六遂之役而致之，掌其政令。及葬，帥而屬六綍。」在棺曰紼，見繩體，行道曰引，見用力，主文以見義也。〔五七〕

大軍旅，大田役，以旗致萬民，而治其徒庶之政令。旗，畫熊虎者也。徵衆，刻日樹旗，期於其下。

「大軍」至「政令」　凡征伐田獵所用民徒，先起六鄉之衆，故云大軍旅，大田役，以旗致萬民。司徒主六鄉，田即治其徒庶之政令。

注「旗畫」至「其下」　案司常云：「熊虎爲旗。」故鄭云「旗，畫熊虎者也。」云「徵衆，刻日樹旗，期於其下」者，凡起徒役，不令而誅，謂之虐。故徵衆庶，預刻集日，至日樹旗，期民於其下，衆皆至，弊旗，誅後至者也。

若國有大故，則致萬民於王門，令無節者不行於天下。大故，謂王崩及寇兵也。節，六節。有節乃得行，防奸私。

「若國」至「天下」　「若國有大故」者，大故是非常之事，故言「若」也。「則致萬民於王門」者，以待任用故也。云「令無節者不行於天下」者，大故之時，恐有奸寇。節者，用爲行道之信。故無節者不行於天下，所以防奸私也。

注「大故」至「奸私」　言大故，知是王崩及寇兵者，下經別云大荒、大札，故知大故中有王崩、寇兵二事也。云「節，六節」者，案：掌節「山國用虎節，土國用人節，澤國用龍節，門關用符節，貨賄用璽節，〔五八〕道路用旌節」也。

大荒、大札，則令邦國移民、通財、舍禁、弛力、薄征、緩刑。 大荒，大凶年也。大札，大疫病也。移民，辟灾就賤。其有守不可移者，則輸之穀。春秋定五年，夏，歸粟於蔡是也。○大札，側八反。

「大荒」至「緩刑」　大荒，謂大凶年。大札，謂大疫病。「則令邦國」者，謂令天下諸侯邦國也。「移民、通財」者，此謂兩事。移民，謂分口往就賤。財，是米穀也。其有留守不得去者，則賤處通穀米與之。「舍禁」者，謂山澤之內，舊遮禁不聽人入者，今皆舍而不禁，〔五九〕容民取蔬食也。「弛力」者，謂弛力役之事。「薄征」者，若據大荒，則全無征稅。今言薄征者，容有小荒，仍有征稅。案：司稼注云：「豐年從正，儉有所殺，若今十傷二三，實除減半」者也。「緩刑」者，謂有刑罰，寬而放之。

注「大荒」至「是也」　「大荒，大凶年也」者，謂若曲禮云：「歲凶年穀不登。」言大者，穀梁云：「五穀不熟，謂之大侵」，與此一也。「大札大疫病也」者，謂若左氏傳云：「天昬札瘥。」云「其有守不可移者，則輸之穀」者，釋經通財也。又引「春秋定五年，夏，輸粟於蔡是也」者，案：彼傳定四年，楚人伐蔡，〔六〇〕五年夏，歸粟於蔡。〔六一〕彼雖非荒札之事，直取歸粟一道，證經通財之義。

歲終，則令教官正治而致事。歲終，自周季冬也。〔六二〕教官，其屬六十。正治，明處其文書。致事，上其計簿。○上其，時掌反。計簿，蒲户反，後同。

「歲終」至「致事」　「歲終則令教官」者，其屬六十官也。云「政治而致事」者，〔六三〕謂正直治理其文書，不得濫失，以爲公狀，然後致其職事，以待考。

注「歲終」至「計簿」　知歲終是周季冬者，以其正月之吉始和，是周之歲始，明此致事之時，亦是周之歲終。云「致事，上其計簿」者，漢時考吏謂之計吏。計吏，據其使人也。此言計簿，據其文書也。

正歲，令于教官曰：「各共爾職，脩乃事，以聽王命。其有不正，則國有常刑。」正歲，夏正月朔日。

「正歲」至「常刑」　「正歲令于教官」者，〔六四〕以其歲始當除舊布新，各共爾之職，脩汝之事。爾、乃，皆汝也。「以聽王命」者，聽，待也。「其不正，則國有常刑」者，謂文書不正直而濫失，則有常刑。常刑者，謂二千五百條，各依輕重而受刑法。

注「正歲」至「朔日」　周禮上下凡言「正歲」者，皆是夏之正月。又知是朔日者，以其正月之吉是朔日，此雖不言之吉，亦是朔日爲始可知也。

校勘記

〔一〕故書求爲救　阮校云，九經古義云「救」當作「捄」，古文「求」字皆作「捄」。

〔二〕景夕謂日跌景乃中　「跌」，董本作「昳」，下同。

〔三〕立表處大東　婺、建、岳本同，阮校、閩、監、毛、阮本「表」下有「之」字，嘉靖本無「處」字，阮校云：「處」字誤衍。

〔四〕欲求土中而營王城　「土」，董本作「地」，文義較長。

〔五〕不堪置都之事也　「也」，阮本作「北」，疑非。

〔六〕是地於日爲近東　「東」，阮本作「亦」，屬下讀，疑非。

〔七〕是地與日爲近南云云　阮本「與」作「於」，「云」字不重。

〔八〕取云是地於日爲近北　惠校本「取」作「而」，殆是。「北」，原作「此」，據阮本改。

〔九〕皆去中表千里而云　浦鏜云：「而」疑「故」字誤。

〔一〇〕皆云中表千里爲術　「云」，阮本作「去」，當是。

〔一一〕天地合配　「合配」，諸本同，殿、阮本作「配合」。

〔一二〕天圜南北二億三萬三千五百里七十五步　浦鏜云：「圍」誤「圜」。孫詒讓引汪氏云「圜」不誤，困學紀聞引此同。

〔一三〕才生魄　「才」，阮本作「哉」，與康誥文合。

〔一四〕錫之山川土田附庸　「田」，婺、建、岳、嘉靖本同，余、閩、監、毛、殿、阮本作「地」。今案：魯頌作「田」。

〔一五〕諸子諸男食者四之一　岳、惠校本同，婺、建、阮本無「諸子」二字。

〔一六〕但正日方而已　「日」，阮本作「四」，當是。

〔一七〕土均均邦國地貢輕重之等者　「土」，阮本作「上」，誤。

〔一八〕據貢入天子似耕之者　「似」，元、閩、監、毛、殿本同，聞、阮本作「以」，下「似易而不耕者」同，疑作「似」

者是。

〔一九〕據成同而言三耳　「同」，殿本同，阮本作「周」，誤。

〔二〇〕一言王畿及諸侯邦國　「一」，阮本作「上」，疑作「上」是。

〔二一〕天下諸侯入來　孫詒讓云，「入」當據儀禮疏作「之」。

〔二二〕進受於周　阮本「受」下有「命」字。

〔二三〕或未可聞其大國次國小國各有幾國「或未可聞」，孫詒讓云「未可」二字當乙。「幾」，阮本作「畿」，非。

〔二四〕何以不名賢也何賢乎祭仲　與公羊傳文合，阮本作「何以不名賢乎祭仲」。蓋有奪文。

〔二五〕救飢之政　「飢」，婺、建、岳本同，嘉靖本作「饑」。阮校云，依說文，則「年饑」字從「幾」，「飢餓」字作「飢」。此當作「饑」。

〔二六〕注省同　徐本、盧本無「省」字。

〔二七〕掌客職所謂凶荒殺禮者也者此後鄭不從者　阮本「也」下無「者」，「此」作「則」，當作「此」是。

〔二八〕明是求廢祀而脩之　阮本脫「明」字。

〔二九〕其除盜賊用急刑　「除」，阮本作「餘」，誤。

〔三〇〕後鄭必知直去其稅猶幾之者　阮本無「知」字，疑非。

〔三一〕生丈夫三壺酒一犬生女子一壺酒一豚　孫詒讓以爲「三壺酒」「一壺酒」皆當據越語作「二壺酒」。

〔三二〕皆不從征　孫詒讓云，「不」字衍，當删。

〔三三〕七十已上所養也　孫詒讓以爲「上」字當據漢志重文。

〔三四〕約謂搯土　孫詒讓云，鄭箋「約謂縮板，椓謂搯土」。

〔三五〕司徒以布五教　「五」，岳、嘉靖本同，婺、建、閩、監、毛、阮本作「王」，下疏引注同。

〔三六〕及畿内都鄙公卿大夫等　「都」，元、殿本同，阮本作「二」，誤。

〔三七〕月月乃更受而行之　「月月」，董本作「月朔」。

〔三八〕賓客之貢舉也　「貢舉」，阮本作「舉貢」。

〔三九〕此經相保相受相救相賙相賓等　孫詒讓云，「相受」下奪「相葬」二字。

〔四〇〕二曰樹蓺　「蓺」，婺、建、余、岳、嘉靖本同，唐石經作「藝」。阮校云，按唐人之例，「樹蓺」如是作，「道藝」、「六藝」如此作。

〔四一〕樹蓺謂園圃育草木　「圃」，婺、岳本同，建本作「囿」，殆誤；「育」，婺、建、嘉靖本同，余、岳本作「毓」，阮校云「毓」、「育」亦經用古字、注用今字之證。

〔四二〕謂虞衡作山澤之財　「財」，婺、建、岳、阮本作「材」，疑作「材」是。

〔四三〕化財謂嬪婦化治絲枲　「財」，婺、建、岳、阮本作「材」，經亦作「材」，是。

〔四四〕揔知其事　「事」，聞、閩、監、毛、殿本同，阮本作「數」。疑當作「事」。

〔四五〕故後鄭易之　「鄭」，原作「略」，據阮本改。

〔四六〕親於外親　上「親」字原作「新」，據婺、建、岳、阮本改。

〔四七〕恤振憂貧者　建本「振」下有「於」字，惠校本同。

〔四八〕皆是述聖人之道　「皆是」，阮本作「是皆」。

〔四九〕喻父母於道　「喻」，惠校本同，閩、監、毛本作「諭」。

〔五〇〕羸不足　惠校本同，閩、監、毛、阮本作「嬴」。

〔五一〕亂民亂名改作　諸本同，惠校本「名」一作「民」。

〔五二〕兼戒凡品故不孝有刑也　孫詒讓云，此十字當在「此乃禮之通教」下，錯寫於此，義不可通，各本并誤，今當迻正。

〔五三〕不厭服於十二教　「厭」，婺、建、岳、阮本同，阮校云，此本疏中引注「厭」作「猒」，是賈氏所據鄭注作「猒」，依說文，「猒飫」如此作，「厭服」如此作，此當從「厂」，音於輒切。

〔五四〕謂於俎上之所解牲體於神坐前　「之」，阮本作「進」，當是。

〔五五〕即言羞其肆　惠校本「言」作「云」。

〔五六〕案國語郊之事　阮本「郊」上有「禘」字，當是。

〔五七〕主文以見義也　阮本同，浦鏜云，「互」誤「主」。

〔五八〕貨賄用璽節　「賄」，監、毛、殿本同，閩、聞、阮本作「財」。案此當依掌節作「賄」。

〔五九〕今皆舍而不禁　「令」，元本同，閩、監、毛、殿、阮本作「令」，殆誤。

〔六〇〕楚人伐蔡　阮本「人」作「瓦」，謂楚囊瓦。

〔六一〕歸粟於蔡　「粟」，原作「栗」，據阮本改。

〔六二〕歲終自周季冬也　婺、建、岳本同，「自」，盧文弨疑「目」，阮校疑「者」。孫詒讓云，「自」字不誤，天官宰夫職注可證。

〔六三〕云政治而致事者　「政」，阮本作「正」，與經文合，當是。

〔六四〕正歲令于教官者　「于」，原作「示」，據阮本改。

周禮注疏卷第十一

小司徒之職，掌建邦之教灋，以稽國中及四郊都鄙之夫家九比之數，〔一〕以辨其貴賤、老幼、廢疾，凡征役之施舍，與其祭祀、飲食、喪紀之禁令。稽猶考也。夫家猶言男女也。鄭司農云：「九比謂九夫爲井。」玄謂九比者，冢宰職出九賦者之人數也。貴謂爲卿大夫。賤謂占會販賣者。廢疾謂癃病也。施當爲弛。○九比，毗志反，注下皆同。施舍，式氏反。

「小司徒」至「禁令」　小司徒副貳大司徒之事，大司徒已掌十二教，故此小司徒又掌建邦之教法。言「建」者，非但副貳大司徒，亦得專其事。云「以稽國中及四郊都鄙」者，大司徒掌邦國都鄙，此小司徒亦掌之。稽，考也。故亦考其國中及四郊，但國中與四郊，皆是六鄉之民所居也。併言都鄙者，司徒是主土地之官，故亦兼主采地之法。云「之夫家九比之數」者，謂國中及四郊都鄙之內，夫家男女九賦，校比人民之數。云「辨其貴賤、老幼、廢疾」者，辨，猶別也。謂別其貴賤、老幼、廢疾，合科役者科役之。云「凡征役之施舍」者，征，謂稅之。役，謂繇役。施舍者，貴與老幼廢疾不科役，故言弛也。云「與其祭祀」者，謂鄉中州祭社，黨祭禜，族祭步。飲食者，謂若行鄉飲酒及族食。喪紀者，謂若四閭爲族，使之相葬之等。禁令者，祭祀已下，皆有禁令，不使失禮法。

注「稽猶」至「爲弛」　「夫家猶言男女」者，夫是丈夫，則男也。春秋傳曰：「云男有室，女有家。」婦人稱家，故以家爲女。鄭司農云「九比，謂九夫爲井」，後鄭不從者，〔二〕以經掌國中及四郊，即是六鄉之內。但鄉與公邑並爲溝洫，無井田之法，故後鄭不從。「玄謂九比者，冢宰職出九賦者之人數也」者，案：大宰云：「九賦斂財賄：〔三〕一曰邦中之賦，二曰四郊之賦，三曰邦甸之賦，四曰家稍之賦，五曰邦縣之賦，六曰邦都之賦。」與此文國中四郊都鄙，其事相當，故知此九比出九賦者之人數。云「貴謂爲卿大夫，賤謂占會販賣者」，鄭解諸文貴賤相對，皆以爲貴謂卿大夫，賤謂士，獨此賤爲占會販賣者。以其此經論九賦之事。案大宰九賦有幣餘之賦，幣餘，謂占賣國之斥幣。此經貴與老幼廢疾，皆弛舍無賦，唯此賦當彼幣餘之賦，故爲販賣者解之。云「施當爲弛」者，周禮上下，但言爲「弛舍」者，皆經爲施字，鄭皆破從弛。

乃頒比灋于六鄉之大夫，使各登其鄉之衆寡、六畜、車輦，辨其物，以歲時入其數，以施政教，行徵令。登，成也，成猶定也。衆寡，民之多少。物，家中之財。歲時入其數，若今四時言事。○六畜，許又反，後六畜皆同。

「乃頒」至「徵令」　言「乃頒比法于六鄉之大夫」者，比法，謂若下經「五人爲伍，五伍爲兩」，是也。六鄉大夫皆六命卿爲之。小司徒爲校比之法，頒與六鄉大夫。又云「使各登其鄉之衆寡、六畜、車輦」者，衆寡，據人民。六畜者，馬牛羊豕犬鷄。車，謂革車及大車。輦，人挽行。又「辨其物」者，謂辨其家中財物多少，以歲之四時，具録其數，入小司徒。〔四〕「以施政教」者，小司徒所施政教，依其數而施行之。云「以行徵令」者，以徵索於民，及所施政令，亦據民物等數而行之，故云行徵令也。

注「登成也」至「言事」　云「登，成也，成猶定也」者，人畜衆寡，其數不恒，家家條録，數而比之，則得成，故登爲成也、定也。云「衆寡，民之多少」者，謂六口已上爲多，五口已下爲少。云「物，家中之財」者，經既言六畜、車輦，下別云辨其物，明物是家中之財。云「歲時入其數，若今四時言事」者，漢承周後，皆四時入其數，今時白役簿，〔五〕皆在於冬，代異時殊，故有革別也。

及三年，則大比，大比則受邦國之比要。大比，謂使天下更簡閱民數及其財物也。受邦國之比要，則亦受鄉遂矣。鄭司農云：「五家爲比，故以比爲名，今時八月案比是也。要謂其簿。」

「及三」至「比要」　三年一閏，天道有成。及，至也。每至三年，則大案比户口。大比之時，則天下邦國送要文書，來入小司徒，故大比則受邦國之比要也。

注「大比」至「其簿」　云「大比，謂使天下更簡閱民數及其財物也」者，上經頒比法，每歲之四時，簡閱衆寡及其物等。此經三年大比，并天下邦國而言。故鄭云大比，謂使天下更簡閱民數及其財物。鄭不言六畜車輦者，文略，亦簡閱可知。云「受邦國之比要，則亦受鄉遂矣」者，此經但受邦國比要，上經直言頒比法於六鄉，以歲時入其數，不言三年大比，故知此文含鄉遂也，故云亦受鄉遂矣。鄭司農云「五家爲比故以比爲名」者，凡言「比」者，是校比之言。但五家爲比者，案比之法，從少至多，以五家爲始，故以比爲名。云「今時八月案比是也」者，漢時八月案比而造籍書，周以三年大比，未知定用何月，故司農以漢法八月況之。云「要謂其簿」者，謂若今之造籍，户口地宅，具陳於簿也。

乃會萬民之卒伍而用之。五人爲伍，五伍爲兩，四兩爲卒，五卒爲旅，五旅爲師，五師爲軍。以起軍旅，以作田役，以比追胥，以令貢賦。用，謂使民事之。伍、兩、卒、旅、師、軍，皆衆之名。兩二十五人，卒百人，旅五百人，師二千五百人，〔六〕軍萬二千五百人。此皆先王所因農事而定軍令者也。欲其恩足相恤，義足相救，服容相别，音聲相識。作，爲也。役，功力之事。追，逐寇也。春秋莊十八年夏，公追戎于濟西。胥，伺捕盜賊也。貢，嬪婦百工之物。賦，九賦也。鄉之田制與遂同。○之卒，子忽反，注及下皆同。相別，彼列反。

「乃會」至「貢賦」　小司徒佐大司徒以掌六鄉，六軍之士出自六鄉，故預配卒伍。百人爲卒，五人爲伍也。「而用之」者，即軍旅、田役，是也。「五人爲伍」者，下文云：「凡起徒役，無過家一人。」六鄉之内，有比閭族黨州鄉，一鄉出一軍，六鄉還出六軍。今言「五人爲伍」者，五家爲比，家出一人，則是一比也。在家爲比，在軍爲伍。伍者，聚也。「五伍爲兩」者，在鄉五比爲閭，閭，二十五家也。在軍五伍爲兩，兩，二十五人也。「四兩爲卒」者，在鄉四閭爲族，族，百家也。在軍四兩爲卒，卒，百人也。「五卒爲旅」者，在鄉五族爲黨，〔七〕黨，五百家。在軍五卒爲旅，旅，五百人也。「五旅爲師」者，在鄉五黨爲州，州，二千五百家。在軍亦五旅爲師，師亦二千五百人也。「五師爲軍」者，在鄉五州爲鄉，鄉萬二千五百家；在軍五師爲軍，軍亦萬二千五百人也。「以起軍旅」者，謂征伐也。「以作田役」者，謂田獵役作皆是也。「以比追胥」者，追，謂逐寇。胥，謂伺捕盜賊。「以令貢賦」者，依鄉中家數而施政令，以貢賦之事。

注「用」至「遂同」　「用謂使民事之」者，謂使人爲事，即軍旅田役是也。云「兩二十五人」已下，案：經五人爲伍，轉相增數，從五人爲伍至五師爲軍，數可知也。云「此皆先王所因農事而定軍令者也」者，案：管子書云：「因内政寄軍令。」謂在鄉，五家爲比，以營農事，比長領之。及其出軍，家出一人，五人爲伍，則爲伍長領之。在家閭胥領一閭，在軍則爲兩司馬領之。在家爲族師，在軍爲卒長。在家爲黨正，在軍爲旅師。在家爲州長，在軍爲師帥。在鄉爲大夫，在軍爲軍將。自伍長已上，全與此文不同者，鄭君以義言之，非彼正文也。云「欲其恩足相恤」，至「音聲相識」，言此者，解「因内政寄軍令」之意，不使異人間雜於中也。云「役，功力之事」者，鄭意欲解經文役與田不同也。云「追逐寇也」，又引「春秋莊公十八年，夏，公追戎于濟西」者，案：彼傳，戎侵魯，魯公追之出境。服氏云：「桓公爲好，莊公獨不能脩而見侵。濟西，曹地。」穀梁云：「其不言戎之伐我，何也？以公之追之，不使戎邇於我也。于濟西者，大之也。」引之者，證追是逐寇也。云「胥，伺捕盜賊也」者，以追既爲逐寇，胥爲伺捕盜賊可知。云「貢，嬪婦百工之物」者，案：大宰九職之貢有九，〔八〕此貢獨云嬪婦、百工二者，此六鄉之貢，不論地事，則所令之貢，亦不及地貢也，故以此二事當之。云「賦，九賦也」者，案：大宰九賦，一曰邦中，二曰四郊，二者之賦，在六鄉之内。此經既論六鄉之賦，不得有三曰邦甸已下。若然，此唯有二賦，而云九賦者，二賦是九賦中物，故揔云九賦也。云「鄉之田制與遂同」者，此經之内不見田制。案：遂人職云：「夫間有遂，遂上有徑；十夫有溝，溝上有畛；百夫有洫，洫上有涂；千夫有澮，澮上有道；萬夫有川，川上有路。」是其遂制也。故云鄉之田制與遂同。案：鄭注遂之軍法如六鄉者，以其遂内不見出軍之法，唯有田制而已，故知遂之軍法如六鄉。若然，彼此各舉一邊，互見爲義。

乃均土地以稽其人民而周知其數。上地家七人，可任也者家三人；中地家六人，可任也者二家五人；下地家五人，可任也者家二人。均，平也。周猶徧也。〔九〕一家男女七人以上，則授之以上地，所養者衆也。男女五人以下，則授之以下地，所養者寡也。正以七人六人五人爲率者，有夫有婦然後爲家，自二人以至於十，爲九等，七六五者爲其中。可任謂丁強任力役之事者。出老者一人，其餘男女強弱相半，其大數。○猶徧，音遍。七人以上，時掌反。

「乃均」至「二人」，言「乃均土地」者，以其佐大司徒掌其土地人民之教，〔一〇〕故制上地下地等，使得均平，故云均土地也。云「以稽其人民」者，既給土地，則據土地計考其人民可任不可任之事。云「而周知其數」者，而周遍知其人數。云「上地家七人」者，凡給地有九等。此據中地三等，而中地之上，所養者七人。云「可任也者家三人」者，七人之中，一人爲家長，餘六人在，強弱半，強而可任使者家三人。云「中地家六人」者，此謂中地之中，所養者家六人。云「可任也者二家五人」者，六人之内，一人爲家長，餘五人在，強弱半，不可得言可任者二人半，故取兩家併言，可任者二家五人。云「下地家五人」者，謂中地之下，所養者五人。云「可任也者家二人」者，五人之内，一人爲家長，餘四人在，強弱半，故云可任者家二人。

注「均平」至「大數」　云「正以七人、六人、五人爲率者，有夫有婦然後爲家，自二人以至於十，爲九等，七、六、五者爲其中」者，案：王制百畝之分，上農夫食九人，其次食八人，其次食七人，其次食六人，其次食五人。彼言五等，此云七、六、五三等，其人不同，故鄭爲九等計之。此經皆云家，故鄭云有夫有婦乃成家。從此二人爲一等，至十人則爲九等。自二人、三人、四人，是下地之三等也。五人、六人、七人，是中地之三等。八人、九人、十人，是上地之三等。此經唯言七六五者，據中地之三等，則知有上地、下地之三等，故鄭云：「七、六、五者爲其中。」若然，王制不云上上之地食十人，又不云其次食四人，其次食三人，其次食二人，直言自九以至五，不言九等者，彼欲取下士視上農夫食九人，自府、史、胥、徒四者，食八人、七人、六人、五人，五等人，與此五等農夫相當，故不言其餘四者。又襄公二十五年，楚蔿掩書土田：〔二〕度山林，鳩藪澤，辨京陵，表淳鹵，數疆潦，規偃豬，町原防，牧隰皋，井衍沃，以授子木，禮也。此九等，是楚之地善惡有九等，與此不同。鄭注尚書云：「賦之差，上上出九夫税，上中出八夫税。」爲九等者，以九州出賦多少不同，有九等，故鄭君以井田美惡爲九等託之，〔三〕非是貢地之差也。云「出老者一人，其餘男女強弱相半，其大數」者，但一家之内二人至十人，或男多女少，或女多男少，不可齊準，今皆以強弱半者，周公設法據其大數，故鄭云其大數也。

凡起徒役，毋過家一人，以其餘爲羨，唯田與追胥竭作。鄭司農云：「羨，饒也。田謂獵也。追，追寇賊也。竭作，盡行。」○毋過，音無。爲羨，錢面反。

「凡起」至「竭作」 云「凡起徒役，毋過家一人」者，謂起民徒役作之，毋過家一人。「以其餘爲羨」者，一家兄弟雖多，除一人爲正卒，正卒之外，其餘皆爲羨卒。云「唯田與追胥，竭作」者，田謂田獵。追，謂逐寇。胥，謂伺捕盜賊。竭，盡也。作，行也。非直正卒一人，羨卒盡行，以其田與追胥之人多故也。此謂六鄉之內，上劑致甿，一人爲正卒，其餘皆爲羨卒。若云遂之內，（二三）以下劑致甿，一人爲正卒，一人爲羨卒，其餘皆爲餘夫，饒遠故也。

凡用衆庶，則掌其政教與其戒禁，聽其辭訟，施其賞罰，誅其犯命者。命，所以誓告之。

「凡用」至「命者」 言「凡用衆庶」者，則上經所云是也。其衆庶皆是六鄉之民，小司徒主教六鄉，六鄉衆是己民，故用衆庶之時，則掌其政教，與其戒禁，又聽斷其賞罰，又誅責犯命者。注「命所以誓告之」 所誓告者，謂若大司馬羣吏聽誓於陳前，司徒北面以誓之，小子斬牲，左右以徇陳，曰「不用命者斬之」。是其誓告之事也。

凡國之大事，致民；大故，致餘子。大事謂戎事也，大故謂災寇也。鄭司農云：「國有大事，當徵召會聚百姓，則小司徒召聚之。餘子謂羨也。」玄謂餘子，卿大夫之子當守於王宮者也。

「凡國」至「餘子」　「凡國之大事」者，謂有兵戎之大事，出征之時。云「致民」者，謂有兵戎大事，於六鄉之内，發起民徒。云「大故致餘子」者，謂有災寇之事。餘子，卿大夫之子弟。當大故之時，則致餘子與大子，使宿衛也。

注「大事」至「者也」　知大事謂戎事者，見左氏成公傳云：「國之大事，在祀與戎。」此言致民，明非祭祀，是戎事可知，故云大事謂戎事也。云「大故謂災寇也」者，經云致餘子，明大故非王喪，是水火之災及其兵寇。司農云「餘子謂羨也」者，以其羨卒，唯田與追胥竭作乃使之，此經大故，不合使羨，故鄭不從之。〔一四〕「玄謂餘子，卿大夫之子當守於王宮者也」，知義然者，以經云「大故當宿衛王宮」。案書傳云：「餘子皆入學。」則餘子不得爲羨，是宿衛之人，故云餘子，卿大夫之子，當守於王宮者也。是破司農之義。

乃經土地而井牧其田野，九夫爲井，四井爲邑，四邑爲丘，四丘爲甸，四甸爲縣，四縣爲都，以任地事而令貢賦，凡稅斂之事。此謂造都鄙也。采地制井田，異於鄉遂，重立國。小司徒爲經之，立其五溝五塗之界，其制似井之字，因取名焉。孟子曰：「夫仁政必自經界始。經界不正，井田不均，貢祿不平，是故暴君姦吏必慢其經界。經界既正，分田制祿可坐而定也。」鄭司農云：「井牧者，春秋傳所謂井衍沃、牧隰皋者也。」玄謂隰皋之地，九夫爲牧，二牧而當一井。今造都鄙，授民田，有不易，有一易，有再易，通率二而當一，是之謂井牧。昔夏少康在虞思，有田一成，有衆一旅。一旅之衆而田一成，則井牧之法先古然矣。九夫爲井者，方一里，九夫所治之田也。此制小司徒經之，匠人爲之溝洫，相包乃成耳。邑丘之屬相連比，以出田稅。溝洫爲除水害。四井爲邑，方二百里。〔一五〕四邑爲丘，方四里。四丘爲甸，甸之言乘也，讀如衷甸之甸，甸方八里，旁加一里，則方十里，爲一成。積百井，九百夫。其中六十四井，五百七十六夫，出田稅；三十六井，三百二十四夫，治洫。四甸爲縣，方二十里。四縣爲都，方四十里。四都方八十里，旁加十里，乃得方百里，爲一同也。積萬井，九萬夫。其四千九十六井，三萬六千八百六十四夫，出田稅；二千三百四井，二萬七百三十六夫，治洫；三千六百井，三萬二千四百夫，治澮。井田之法，備於一同。今止於都者，采地食者皆四之一。其制三等：百里之國凡四都，一都之田稅入於王；五十里之國凡四縣，一縣之田稅入於王；二十五里之國凡四甸，一甸之田稅入於王。地事謂農牧衡虞也，〔一六〕貢謂九穀山澤之材也，賦謂出車徒給繇役也。司馬法曰：「六尺爲步，步百爲畮，畮百爲夫，夫三爲屋，屋三爲井，井十爲通。通爲匹馬，三十家，士一人，徒二人。通十爲成，成百井，三百家，革車一乘，士十人，徒二十人。十成爲終，終千井，三千家，革車十乘，士百人，徒二百人。十終爲同，同方百里，萬井，三萬家，革車百乘，士千人，徒二千人。」○爲甸，繩證反，出注，注同。夫仁音扶。少康，詩照反。溝洫，況逼反。爲除，于僞反。言乘，繩證反，下同。治澮，古外反。

「乃經」至「之事」 此小司徒佐大司徒掌其都鄙，都鄙則三等采地是也。匠人營溝洫於田，掌其經界，故云乃經土地。經，謂爲之里數，在上地之中立其里數，謂井方一里，邑方二里之等，是也。〔一七〕云「而井牧其田野」者，井方一里，兼言牧地，是次田二牧，當上地一井。授民田之時，上地不易，家百畝；中地一易，家二百畝；下地再易，家三百畝。通率三家受六夫之地，一家受二夫，與牧地同，故云井牧其田野。此與下爲惣目。云「九夫爲井」者，井方一里，九夫之田。「四井爲邑」者，邑方二里。「四邑爲丘」者，丘方四里。「四丘爲甸」者，甸方八里，旁加一里，則爲十里之成。今不言十里成，而言八里甸者，〔一八〕成閒有洫，井閒有溝，旁加一里者，使治溝洫，不出稅。舉其八里之甸，據實出稅者而言。「四甸爲縣」者，縣方十六里。「四縣爲都」，都方三十二里。「以任地事」者，謂若大宰九職任萬民，謂任役萬民，使營地事。云「而令貢賦」者，貢，則九職之貢，賦，謂軍賦，出車徒之等。云「凡稅斂之事」者，采地之中，皆爲井田之法，一井之田，一夫稅入於官，故云稅斂之事。

注「此謂」至「千人」 鄭知此謂造都鄙者，鄉遂公邑之中，皆爲溝洫之法，此經爲井田之法，故知謂造都鄙也。云「采地制井田，異於鄉遂」者，案：遂人「夫閒有遂」之等，是溝洫法，鄉田之制與遂同。此經與匠人爲井田法，其制與鄉遂不同，故云采地制井田異於鄉遂也。此雖不言異於公邑，公邑亦與遂同，故注匠人云「異於鄉遂及公邑」，是也。云「重立國，小司徒爲經之，立其五溝五塗之界」者，此鄭意匠人於都鄙之中營造溝洫，此小司徒又經之，立五溝五塗之界，則經丘甸縣都，並據境界而言。但此都鄙是畿内之國，小司徒與匠人共掌之。云「其制似井之字，因取名焉」者，此解經井字。謂正方一里之内，方三百步，百步爲一截，縱亦三截，横亦三截，則爲九夫，夫各百步，其中爲井字，故云似井字，因取名焉，名爲井田也。云「孟子曰」已下至「坐而定也」者，案：孟子，滕文公使大夫畢戰問孟子井田之法，孟子對此辭。孟子云經界者，則此經「九夫爲井」已下，「四縣爲都」以上。故引以證之。「鄭司農云：井牧者，春秋傳所謂井衍沃、牧隰皋者也」，司農引春秋者，襄公二十五年，楚蔿掩書土田之事。井衍沃者，衍沃謂上地。下平曰衍，饒沃之地，九夫爲一井。牧隰皋者，下濕曰隰，近皋澤之地。司農之意，經有井牧，故引以當之。「玄謂隰皋之地，九夫爲牧，二牧而當一井。今造都鄙，授民田，有不易者家百畝，有一易家二百畝，有再易者家三百畝。通率二而當一」者，是三家受六夫之地。是隰皋之地，二牧始當一井，故云二而當一。云「是之謂井牧」者，此就足司農之義。云「昔夏后少康在虞思，有田一成，有衆一旅」者，此是哀公元年左氏傳，伍員云：「昔過澆滅夏后相，后緡方娠，逃出自竇，歸於有仍，生少康焉。爲仍牧正。澆使椒求之，逃奔有虞，爲之庖正，虞思於是妻之以二姚，而邑諸綸，有田一成，有衆一旅。」是其事也。言有田一成，有衆一旅，則地以上中下爲率者，以爲其成方十里，九百夫之地，一旅五百夫，故知是通率之。通率之法，正應四百五十人，言一旅，舉成數也，亦容不易者多。云「一旅之衆而田一成，則井牧之法先古然矣」者，鄭言此者，井牧之法，自夏而有，非秖於周。云「九夫爲井者，方一里，九夫所治之田也」者，一井之内，地有九夫，假令盡是上地不易，家有百畝，中一夫入於公，四畔八夫，家治百畝，尚無九夫所治。況其中或有一易、再易，所取數更少。今鄭云方一里，九夫所治之田，鄭據地有九夫而言，非謂有九家也。云「此制小司徒經之」者，即此文「乃經土地」是也。云「匠人爲之溝洫」者，案：

匠人云：「井間有溝，成間有洫，同間有澮。」是匠人爲之溝洫也。云「相包乃成耳」者，司徒立其界，匠人爲其溝，相包含乃成其事耳。云「邑丘之屬」者，「之屬」中含有甸及縣都。云「相連比以出田稅」者，從井邑至縣都，從内向外，界相連比，井稅一夫，故言以出田稅。云「溝洫爲除水害」者，尚書益稷云：「濬畎澮距川。」是其從畎遂溝洫，次第入澮、入川，故云爲除水害也。云「四井爲邑，方二里。四邑爲丘，方四里。四丘爲甸，甸之言乘也」者，欲見甸中出長轂一乘。云「讀如衷甸之甸」者，案：哀十七年「衛侯爲虎幄於藉圃，成，求令名者而與之始食焉。大子請使良夫。良夫乘衷甸兩牡，紫衣狐裘而至，袒裘，不釋劍而食。大子數之三罪而殺之。」鄭依此而言也。引之者，證甸得爲乘之義。云「甸方八里，旁加一里，則方十里，爲一成」者，欲就匠人解之。匠人云成方十里，此言四丘爲甸，甸與成，其實一也，故鄭覆解成與甸相表裏之意。云「積百井，九百夫」者，但一成之内方十里，開方之，得百井，井有九夫，故云九百夫。云「其中六十四井，五百七十六夫，出田稅」者，此就甸方八里而言。八里之内，開方之，八八六十四，故云六十四井。井有九夫，故五百七十六夫。井稅一夫，故云出田稅。云「三十六井，三百二十四夫，治洫」者，此據甸方八里之外，四面加一里爲成而言。成有百井，中央八里，除六十四井，餘有三十六井。井有九夫，故三百二十四夫，治洫不使稅。鄭言此者，見經四丘爲甸，據實出稅而言，故不言成也。若然，方里爲井，井間有溝，溝廣四尺，深四尺；方十里爲成，成間有洫，廣八尺，深八尺。治溝洫者皆不出稅。獨言治洫者，據外而言。其實治溝亦不出稅，揔在六十四井之内，以洫言之矣。云「四甸爲縣，方二十里」者，甸方八里，縣應方十六里。云方二十里，據通治洫，旁加一里爲成而言。云「四縣爲都，方四十里」者，縣方二十里，四縣爲都，故方四十里。云「四都方八十里」者，自此已上並據通治洫而言。云「旁加十里，乃得方百里爲一同也」者，案匠人「方百里爲同，同間有澮」，今言乃得方百里爲一同者，就匠人爲同解之。云「積萬井，九萬夫」者，據百里開方而言。百里者，縱横各百，一行方一里者百，百行故萬井，一井有九夫，故有九萬夫。云「其四千九十六井，三萬六千八百六十四夫，出田稅」者，此據從甸方八里出田稅，四甸爲縣，縣方十六里；四縣爲都，都方三十二里；四都方六十四里。據六十四里之内開方之，縱横各一里一截，爲六十四截；行別有六十四井，六十四行，計得四千九十六井；井有九夫，四千九十六井計得三萬六千八百六十四夫，是實出田稅者。云「二千三百四井，二萬七百三十六夫，治洫」者，此據甸方八里，旁加一里爲成，是不出稅治洫之夫而言之也。從四成，積爲一縣，縣方二十里；四縣爲都，都方四十里。四都方八十里，開方之，縱横各一里一截，爲八十截。一行八十井，八八六十四，爲六千四百井。就裹除四千九十六井，其餘二千三百四井在。井有九夫，二千三百四井爲二萬七百三十六夫，不出稅，使之治洫也。云「三千六百井，三萬二千四百夫，治澮」者，此據四成爲縣，縣方二十里，二十里更加五里，即爲大夫家邑也。縣方二十五里，四縣是小都，五十里，是六卿之采地。四都爲方百里，一同，即爲三公、王子母弟之大都也。但據百里開方之，即爲萬井；就萬井之内，除去六千四百井，其餘三千六百井在。井有九夫，則爲三萬二千四百夫，不出稅，使之治澮。云「井田之法，備於一同」者，案：匠人云：「井間有溝，成間有洫，同間有澮。」是井田之法，備於一同也。云「今止於都者，采地食者皆四之一」者，解此四縣爲都，據小都五十里而言，是止於都也。以其采地食者皆四分之一稅入天子，故云采地食者皆四之一也。案上諸男之地亦四之一，故云采地食者皆四之一。云「其制三等」者，謂家邑、小都、大都。云「百里之國凡四都，一都之田稅入於王」者，百里國，謂大都也。四都，謂方五十里者。四小都成一大都。一都之田，稅入王，其餘三都留自入。云「五十里之國凡四縣，一縣之田稅入於王」者，五十里之國謂小都。一縣田稅入於王，餘三縣留自入。云「二十五里之國凡四甸，一甸之田稅入於王」者，二十五里之國，謂家邑也。四甸之中，以一甸之稅入於王，其餘三甸留自入。鄭具言此者，欲見四丘爲甸是家邑，據稅於王者而言；〔一九〕四甸爲縣是小都，亦據一縣稅入於王者而言；四縣爲都是大都，亦據一都稅入於王者而言。故鄭云井田之法備於一同。〔二〇〕今止於都者，采地之稅四之一，故以此解之。云「地事謂農牧衡虞也」者，謂采地之中，亦有九職。農，則三農生九穀。牧，則藪牧以蕃鳥獸。衡虞，則虞衡作山澤之材。九職唯言此三者，以其經言地事，故舉以言之，其餘六者，略而不言矣。云「貢謂九穀山澤之材也」者，此貢還出於農衡，地事既無九職，則貢中亦無九貢也。云「賦謂出車徒給繇役也」者，以其采地之內，無口賦出錢入天子之法，故以賦爲軍賦解之。若然，大宰九賦，四曰家稍之賦、五曰邦縣之賦、六曰邦都之賦者，謂三等采地之外，皆有公邑，公邑之內，口率賦錢，入於王家。但公邑無名，故借三等之號以表之，〔二一〕故禮雜問志云：「稍縣都鄙，地有公邑之民，口率出泉於王也。邦國都無口率之賦，唯有軍賦，革車匹馬士徒而已。」是也。故此鄭引司馬法證之。司馬法者，齊景公時，大夫田穰苴作司馬法。至六國時，齊威王大夫等追論古法，又作司馬法，附於穰苴。言「晦百爲夫」，謂一夫之地方百步。「夫三爲屋」，屋，且也，具出穀税。〔二二〕「屋三爲井」者，謂九夫爲井，似井字。〔二三〕云「井十爲通」者，據一成之內，一里一截，從横各十截，爲行一行，十井十行，據一成一畔通頭，故名井十爲一通。「通爲匹馬」者，十井之內，井有九夫，十井爲九十夫之地，宫室塗巷，三分去一，唯有六十夫地在。不易、一易、再易，通率三夫受六夫之地，三十夫受六十夫之地，唯三十家，使出馬一匹，故云通爲匹馬。〔二四〕云「士一人，徒二人」，三十家出三人。士，謂甲士。徒，謂步卒。云「通十爲成，成百井，三百家，革車一乘，士十人，徒二十人」者，一成之内有十通，言三百家者，亦如前通率法。一成之内，地有九百夫，宫室塗巷，三分去一，不易、一易、再易，通率二而當一，故一成唯有三百家，革車一乘，士十人，徒二十人。此謂天子畿内采地法。鄭注論語「道千乘之國」，亦引司馬法，彼是畿外邦國法。彼革車一乘，甲士三人，步卒七十二人，甲士少，步卒多。此士十人，徒二十人，比畿外甲士多，步卒少，外内有異故也。云「十成爲終」者，謂同方百里之内，十里一截，爲縱横各十截爲十行，行別十成。言十成爲終，據同一畔終頭而言。云「終千井」者，十成，成百井，故千井，三千家，革車十乘，士百人，徒二百人。云「十終爲同，同方百里」者，謂之爲同者，取象雷震百里所聞同，故名百里爲同。故云十終爲同。同方百里，萬井也。云「三萬家，革車百乘，士千人，徒二千人」者，所計皆如上一成爲法，其餘可知。凡出軍之法，先六鄉。賦不止，次出六遂。賦猶不止，徵兵於公邑及三等采。賦猶不止，乃徵兵於諸侯，大國三軍，次國二軍，小國一軍，此軍等，皆出於鄉遂。賦猶不止，則諸侯有遍境出之法，則千乘之賦是也。

乃分地域而辨其守，施其職而平其政。分地域謂建邦國，造都鄙，制鄉遂也。辨其守謂衡虞之屬。職謂九職也。政，稅也。政當作征。故書域爲邦，杜子春云：「當爲域。」○其政，依注音征。

「乃分」至「其政」　小司徒佐大司徒主土地。言「分地域」者，謂建邦國之等，各有營域，遠近疆界。「辨其守」者，謂邦國都鄙之內，所有山川，使衡虞守之，故云辨其守也。「施其職」者，謂施民者之職［二五］「平其政」者，天下所有征稅，皆平均之。

注「分地」至「爲域」　鄭知分地域謂建邦國、造都鄙、制鄉遂者，案：大司徒職「掌天下土地之圖，周知人民之數」，小司徒佐之，明分地域者，亦普及天下也。是以知分地域之中，有畿外邦國、畿內都鄙，及六鄉、六遂。鄭雖不言公邑，地域之中，亦含有四等公邑可知。云「辨其守謂衡虞之屬」者，以其山川林澤，皆使其地之民守之，故其官川衡、林衡、山虞、澤虞之官主當。［二六］云「職謂九職」者，此經皆論地事，故知職是九職任萬民者也。云「政，稅也」者，以其經文承九職之下而云平其政者，即是平九職之稅，故云政稅也。但經云政教之政，故云政當作征，以爲征字也。云「故書域爲邦，杜子春云當爲域」者，［二七］故書云分地邦，非其義意，故子春還從域。

凡小祭祀，奉牛牲，羞其肆。小祭祀，王玄冕所祭。○其肆，託歷反。

「凡小」至「其肆」　大司徒云：「祀五帝，奉牛牲，羞其肆。」今於小祭祀，則小司徒奉牛牲，羞其肆。

注「小祭」至「所祭」　案：司服職云：「羣小祀則玄冕。」彼注云：「小祭祀，林澤百物。」其於天神，亦有小祀，則風師雨師之等。小祭祀既用牛，則王之祭祀，無不用牛者。案：酒正注以六冕差之，絺冕所祭，亦入小祀中。今鄭不言之者，以其社稷五祀，於祭饌之事，入次祀中，故宗伯云：「血祭社稷、〔二八〕五祀、五嶽。」故於此奉牛牲，不言絺冕矣。

小賓客，令野脩道委積。小賓客，諸侯之使臣。○使臣，所吏反。

「小賓」至「委積」　案：大司徒職「大賓客，令野脩道委積」，謂五等諸侯來朝者。此小賓客，諸侯使卿大夫來聘，故小司徒令野脩道委積。大司徒注：「令，令遺人。」此雖無注，亦與彼同。

大軍旅，帥其衆庶；帥，帥而致於大司徒。〔二九〕

注「帥帥」至「司徒」　案：大司徒職「大軍旅，以旗致萬民」，明此大軍旅帥其衆庶者。小司徒於六鄉之內，師其衆庶，〔三〇〕致與大司徒可知。

小軍旅，巡役，治其政令。巡役，小力役之事則巡行之。○脩行，下孟反。〔三一〕

「小軍」至「政令」　案：大司徒大軍旅大田役而治其徒庶之政令，故此小軍旅、巡役，小司徒治其政令。

注「巡役」至「行之」　此經小軍旅，謂使臣征伐，對大軍旅天子親行。此經「巡役」文承小軍旅下，故知小功役之事。〔三二〕則巡行之。若大功役，則大司徒巡行之。

大喪，帥邦役，治其政教。喪役，正棺、引窆、復土。○引窆，彼驗反，劉補鄧反。復土，劉音福，一音服。

［疏］「大喪」至「政教」　云「大喪」者，謂王喪。「帥邦役」者，邦，國也。帥領國民，謂六鄉衆庶役使之事，因即治其政教。

注「喪役」至「復土」　鄭解經大喪所役，不據初死，以其初死所役無多，故據葬時而言。言「正棺」者，謂若七月而葬，朝廟之時，正棺於廟。引，謂葬時引柩車，自廟至壙。窆，謂下棺於坎。天子六綍四碑，背碑挽引而下棺。云「復土」者，掘坎之時，掘土向外；下棺之後，反復此土，以爲丘陵，故云復土也。

凡建邦國，立其社稷，正其畿疆之封。畿，九畿。

［疏］「凡建」至「之封」　言「邦國」者，謂立畿外諸侯邦國。「立其社稷」者，諸侯亦有三社、三稷，謂國社、侯社、勝國之社，皆有稷配之。言立其社稷，謂以文書法度與之，不可國國身往也。正其畿疆者，謂九畿畿上，皆有疆界，封樹以爲阻固也。

注「畿九畿」　案：司馬，除王畿以外，仍有九畿，謂侯、甸、男、采、衛、要，以内六服爲中國；其外更言夷、鎮、蕃，〔三三〕三服爲夷狄。王畿四面，皆有此九畿，相去各五百里，故云畿謂九畿。

凡民訟，以地比正之；鄭司農云：「以田畔所與比，正斷其訟。」○斷其，丁亂反。

［疏］「凡民」至「正之」　民訟，六鄉之民有爭訟之事，是非難辨，故以地之比鄰知其是非者，共正斷其訟。

地訟，以圖正之。地訟，争疆界者。圖謂邦國本圖。

注「地訟」至「本圖」　言「地訟争疆界」者，謂民於疆界之上，横相侵削者也。「圖謂邦國本圖」者，凡量地以制邑，初封量之時，即有地圖，在於官府，於後民有訟者，則以本圖正之。

歲終，則攷其屬官之治成，而誅賞，治成，治事之計。○治成，直吏反，注治成及下文同。

「歲終」至「誅賞」　「歲終」者，謂周之歲終，建亥之月。「則考其屬官之治成」者，屬官，謂教官六十。成，謂計簿。正所治計會文書。「而誅賞」者，據其考狀，有罪則誅責之，有功則賞賜之。〔三四〕

注「治成治事之計」　知治成是治事之計者，案宰夫職，「歲計言會，月計言要，日計言成」，故知此成是治事之計也。

令羣吏正要會而致事。云「令羣吏正要會」者，羣吏，謂當職六十官。此亦是歲終之時。正要會而致事者，上經成，據日小成之計，此言要會，謂是月計、歲計，揔爲簿書，而致其事之功狀，以待考也。

正歲，則帥其屬而觀教灋之象，徇以木鐸曰：「不用灋者，國有常刑。」

令羣吏憲禁令，脩灋糾職以待邦治。憲，表縣之。

「正歲」至「邦治」　大司徒以正月之吉始和十二教之等，正歲建寅之月懸之。此小司徒佐大司徒，於正歲懸教象之時，率其六十官之屬，於雉門之外，而觀教法之象也。徇以木鐸已下者，謂觀教象之時，恐衆人雜合，不聽用其教，而徇行振以木鐸，使静聽之。告之曰：「不用法者，國有常刑。」言此者，使人懼而用之。又令羣吏憲禁令者，謂禁人使行不爲非。憲，謂表懸之也。謂若小宰懸禁令文書，使百官用。云「脩灋糾職」者，謂脩其法制，〔三五〕糾察職事。「以待邦治」者，以待國家有治則供之。

注「憲表縣之」　此憲與布憲之字同，彼是表縣刑禁以示人，此憲亦是將以示人，故云「憲表縣之」也。

及大比六鄉四郊之吏，平教治，正政事，攷夫屋及其衆寡、六畜、兵器，以待政令。四郊之吏，吏在四郊之内主民事者。夫三爲屋，屋三爲井，出地貢者三三相任。

「及大」至「政令」　言「及大比」者，亦是三年大校比户口。云「六鄉四郊之吏」者，謂是六鄉之内，比長閭胥已上，布列在於四郊。云「平教治」者，以其三年大比之時，大黜陟之禮，故斷其教治文書。「正政事」者，復須正直其政事公狀。「考夫屋」者，考練其三夫爲屋，出地貢之時，以相保任，不得隱誤。「及其衆寡」者，謂人民多少。「六畜兵器」者，謂民之資生及征伐之器。「以待政令」者，以待國家政令所須，則供之也。

注「四郊」至「相任」　「四郊之吏，吏在四郊之内主民事者」，遠郊之外爲六遂，内爲六鄉。六鄉之民，非直在城中，亦在四郊，故比長、閭胥，六鄉之吏等，布在四郊之内，主民事者也。云「夫三爲屋，屋三爲井」者，鄉遂之内，既不爲井田而爲溝洫之法，今云夫三爲屋屋三爲井者，以其溝洫雖爲貢，出貢之時，亦三三相保任，以出穀税，故鄭云「出地貢者三三相任」也。一井之内九夫，三夫爲屋，是一屋三夫，自相保任，故　三三相任，〔三六〕據一井而言也。似井田之法，亦八家耡一夫，入於公，〔三七〕相保任以出穀者也。

校勘記

〔一〕掌建邦之教灋以稽國中及四郊都鄙之夫家九比之數　王引之云，「九比」爲「人民」之誤。

〔二〕後鄭不從者　「不從者」，原作「在從之」，據阮本改。

〔三〕案大宰云九賦斂財賄　「案」原作「亲」，「斂」原作「飯」，均據阮本改。

〔四〕入小司徒　「入」，阮本作「人」，誤。

〔五〕今時白役簿　阮校云，惠校本、宋本同，閩、監、毛本「白」作「目」，是也。

〔六〕師二千五百人　「千」，原作「十」，據婺、建、岳本改。

〔七〕五卒爲旅者在鄉五族爲黨　「旅」，阮本誤作「族」。「族」，原作「旅」，據阮本改。

〔八〕案大宰九職之貢有九　「職」，閩、監、毛、殿本同，元、聞、阮本作「賦」，疑作「職」是。

〔九〕周猶徧也　「徧」，原作「福」，據婺、建、岳本改。

〔一〇〕以其佐大司徒掌其土地人民之教　「教」，阮本作「數」，疑作「數」是。

〔一一〕楚蔿掩書土田　「土」，原作「上」，據阮本改。

〔一二〕爲九等託之　「託」，元、聞本同，阮本作「計」，疑作「計」是。

〔一三〕若云遂之内　「云」，阮本作「六」，當是。

〔一四〕故鄭不從之　惠校本「故」下有「後」字。

〔一五〕四井爲邑方二百里　婺、建、岳、阮本皆無「百」字，是也。

〔一六〕地事謂農牧衡虞也　「衡虞」，諸本同，惠校本作「虞衡」。孫詒讓云，載師、均人注并作「衡虞」，惠校誤乙。

〔一七〕邑方二里之等是也　「方」，原作「云」，據阮本改。

〔一八〕而言八里甸者　「八」原作「入」，據阮本改。

〔一九〕據稅於王者而言　惠校本作「據一丘稅入於王者而言」。

〔二〇〕故鄭云井田之法備於一同　「井」，阮本作「非」，誤。

〔二一〕故借三等之號以表之　「借」，元本同，閩、監、毛、阮本作「甕」，阮校云，「甕」疑「舉」之譌。

〔二二〕屋且也具出穀稅　「且」，阮本作「具」，疑作「具」是。

〔二三〕謂九夫爲井似井字　「似」，元、閩、監、毛、殿本同，聞、阮本作「以」，誤。

〔二四〕使出馬一匹故云通爲匹馬　「匹」，原作「四」，「通」原作「迎」，據阮本改。

〔二五〕謂施民者之職　浦鏜云，「者之」疑「之九」誤。阮校云，注云「職謂九職也」。孫詒讓云，「者之」可通，不必改「之九」。

〔二六〕澤虞之官主當　浦鏜云，「當」疑「掌」誤。

〔二七〕杜子春云當爲域者　惠校本同，阮本「當」作「讀」。

〔二八〕血祭社稷　阮本「祭」下有「祀」字，依經文則當重「祭」字。

〔二九〕帥帥而致於大司徒　建、岳本同，婺本下「帥」作「師」。浦鏜云，「帥師」誤「帥帥」。孫詒讓讀上「帥」字絶句，謂「帥而致於大司徒」釋「帥」字，此本不誤。

〔三〇〕師其衆庶　「師」，阮本作「帥」，當是。

〔三一〕脩行下孟反　「脩行」，阮校云，蓋「循行」之誤，徐盧本作「巡行」。「下」原作「丁」，據徐本、盧本及阮本改。

〔三二〕故知小功役之事　浦鏜云，「力役」誤「功役」。孫詒讓云，下云「大功役」，則「功」不誤。

〔三三〕其外更言夷鎮蕃　浦鏜云，「言」當「有」字誤。

〔三四〕有功則賞賜之　惠校本同，阮本無「賜」字。

〔三五〕云脩瀍糾職者謂脩其法制　「脩瀍」阮本作「修法」，非，下同。

〔三六〕故　三三相任　「故」下闕一字，阮本作「云」。

〔三七〕似井田之法亦八家耡一夫入於公　阮本「似」下有「一」字，「夫」下闕字爲「税」。

周禮注疏卷第十二

鄉師之職，各掌其所治鄉之教，而聽其治。聽謂平察之。○其治，直吏反，下六鄉之治同。

「鄉師」至「其治」 云「各掌其所治鄉之教」者，鄉師四人，其鄉有六，二人共主三鄉，故言各掌其所治鄉之教也。云「而聽其治」者，自鄉大夫以下至伍長，各自聽斷其民。今鄉師又聽其治者，恐鄉官有濫失，審察之，故鄭云「聽謂平察之。」

以國比之灋，以時稽其夫家衆寡，辨其老幼、貴賤、癈疾、馬牛之物，辨其可任者與其施舍者，掌其戒令糾禁，聽其獄訟。施舍，謂應復免，不給繇役。○復免音福。

「以國」至「獄訟」 云「以國比之法」者，案：小司徒職云：「九比之數，以辨其貴賤老幼癈疾。」此鄉師以小司徒國比之法。云「以時稽其夫家衆寡」者，謂四時稽考其夫家男女衆寡多少。云「辨其可任」者，謂上地家七人，可任者家三人之等。云「與其施舍」者，鄭云謂應復免不給繇役，即上云癈疾老幼者是也。

大役，則帥民徒而至，治其政令；既役，則受州里之役要，以攷司空之辟，以逆其役事。而至，至作部曲也。既，已也。役要，所遣民徒之數。辟，功作章程。逆猶鉤考也。鄭司農云：「辟，法也。」○之辟，婢亦反。

「大役」至「役事」　言「大役」者，謂築作堤防城郭等。大役使其民，鄉師則於當鄉之内，帥民徒而至。至，謂至作所也。云「治其政令」者，於所帥民徒之中政令也。云「既役，則受州里之役要」者，所役之民，出於州里，今欲鉤考作所功程，須得所遣民徒木數，〔二〕故云既役則受州里之役要。役要，則役人簿要。云「以考司空之辟」者，辟，謂功程。司空主役作，故將此役要以鉤考司空之功程。云「以逆其役事」者，逆，則鉤考也。鉤考役事者，恐有濫失。

注「而至至作部曲也」至「法也」　云「而至，至作部曲也」者，所營作之處，皆有部曲分別，故云部曲也。云「辟，功作章程」者，功作之事，日日録其程限，謂之章程。鄭司農云「辟，法也」，考功作章程，則是法，於義得通，故引之在下。

凡邦事，令作秩叙。事，功力之事。秩，常也。叙猶次也。事有常次，則不偪匱。〇不偪，鄙力反。匱，其位反。

「凡邦」至「秩叙」　邦，國也。凡國家有功作之事，故云邦事也。「令作秩叙」者，秩，常也。功作之處，皆出政令，使多少有常，事有次叙，故云令作秩叙。

注「事功」至「偪匱」　言「事有常次，則不偪匱」者，謂營作之事，多少有常，事有次叙，則民不爲偪迫，又不匱乏，故云不偪匱。

大祭祀，羞牛牲，共茅蒩。杜子春云：「蒩當爲菹，以茅爲菹，若葵菹也。」鄭大夫讀蒩爲藉，謂祭前藉也。易曰：「藉用白茅，無咎。」玄謂蒩，士虞禮所謂「苴刌茅，長五寸，束之」者是也。祝設于几東席上，命佐食取黍稷，祭于苴，三，取膚祭，祭如初。此所以承祭，既祭蓋束而去之。守祧職云「既祭藏其隋」是與？〇茅蒩，子都反，一音子餘反，或云杜側魚反，鄭將吕反。爲菹，側魚反。爲藉，慈夜反，下皆同，或云此如字，下皆慈夜反。苴，子都反，又將吕反。刌，音忖。而去，羌吕反。守祧，他彫反。其隋，戚吁恚反，劉相恚反。是與，音餘。

「大祭」至「茅蒩」　案：大司徒職云「奉牛牲」，此又云「羞牛牲」者，鄉師佐大司徒，故此云羞牛牲也。云「共茅蒩」者，案：甸師職「共蕭茅」，彼直共茅與此鄉師，〔二〕鄉師得茅，束而切之，長五寸，立之祭前以藉祭，故云茅蒩也。

注「杜子」至「是與」　「杜子春云：蒩當爲菹。以茅爲菹，若葵菹」者，但茅草不堪食，故後鄭不從。鄭大夫讀蒩爲藉，謂祭前藉，此後鄭從之。又引易曰「藉用白茅，無咎」者，大過初六爻辭。引之者，證蒩爲藉之義。「玄謂蒩士虞禮所謂苴刌茅，長五寸，束之者是也」，引之者，欲見其蒩爲祭之藉。此增成鄭大夫之義。又云「祝設于几東」至「所以承祭」，解所以藉祭之意。云「既祭蓋束而去之」，并引守祧職者，欲見此是祭神之餘，不可虛棄，必當藏之。所藏者，即守祧職「既祭藏其隋」是也。言隋者，謂祭黍稷三，及膚祭如初，皆隋減以祭之，故名爲隋。以其無正文，故言「蓋」、「與」以疑也。

大軍旅會同，正治其徒役與其輂輦，戮其犯命者。輂，駕馬。輦，人輓行。所以載任器也，止以爲蕃營。司馬法曰：「夏后氏謂輦曰余車，殷曰胡奴車，周曰輜輦。輦一斧，一斤，一鑿，一梩，一鋤。周輦加二版二築。」又曰：「夏后氏二十人而輦，殷十八人而輦，周十五人而輦。」故書輦作連。鄭司農云：「連讀爲輦。」〇輂，九玉反。人輓音晚。一梩，里其反。

「大軍」至「命者」　云「大軍旅」者，謂王行征伐。云「大會同」者，謂王於國外與諸侯行時會殷同也。云「正治其徒役」者，謂六軍之外，別有民徒使役，皆出於鄉，故鄉師治其徒役。云「與其輂輦」者，輂，駕馬所以載輜重。輦，所以載任器。亦鄉師治之，故云與其輂輦也。云「戮其犯命」者，謂徒役之中有犯教命者，亦鄉師刑戮之。

注「輂駕」至「爲輦」　知輂是駕馬者，以其輦是人輓行，故輂是駕馬可知。知輂不駕牛者，以其牛唯駕大車、柏車等。云「所以載任器也」者，謂任使之器，則司馬法所云者是也。引司馬法曰「夏后氏謂輦曰余車，殷曰胡奴車」者，胡則北狄是也。「周曰輜輦」，以其載束輜重。云「一梩」者，或解以爲插也，或解以爲鍬也，鍬插亦不殊。云「周輦加二版二築」者，築者，築杵也，謂須築軍壘壁。又曰「夏后氏二十人而輦」以下，亦是司馬法文。以上說所載任器，以下説輓人多少。前代寛質，無版築，輓人多；後代狹劣，〔三〕加版築，輓人少。引之者，證周輦即此經輦，一也，又并見所載之器。

大喪用役，則帥其民而至，遂治之。治謂監督其事。

注「治謂監督其事」　言「大喪用役」，謂若喪時輓六引之等。〔四〕鄉之大夫既主鄉民，役用鄉民之時，鄉師遂治之。云「治謂監督」者，謂監當督察其事。

及葬，執纛以與匠師御匶而治役。匠師，事官之屬，其於司空若鄉師之於司徒也。鄉師主役，匠師主衆匠，共主葬引。雜記曰：「升正柩，諸侯執綍五百人，四綍，皆銜枚，司馬執鐸，左八人，右八人，匠人執翿以御柩。」天子六引，禮依此云。鄭司農云：「翿，羽葆幢也。〔五〕爾雅曰：『纛，翳也。』以指麾輓柩之役，正其行列進退。」○執纛，桃報反，〔六〕劉音毒。御匶，音舊。執綍，音弗。執翿，劉音桃，戚徒報反。羽葆，音雨。幢也，直江反。其行，户剛反，下行列同。

「及葬」至「治役」　言「及葬」者，及至葬，引向壙。「執纛」者，纛，謂葆幢也。鄉師執葆幢，卻行在柩車之前，以與匠師御柩。謂在路恐有傾覆，故與匠師御正其柩。「而治役」者，亦謂監督役人也。

注「匠師」至「進退」　「匠師事官之屬」者，以其事官是主工匠之職，此官又名匠師，故知匠師事官之屬官也。云「其於司空若鄉師之於司徒也」者，地官之考稱鄉師，春官之考稱肆師，秋官之考稱士師，唯有天官之考稱宰夫，夏官之考稱軍司馬，自外皆稱師。此經鄉師是司徒考，明匠師亦是司空考，故云其於司空若鄉師之於司徒。案：天官註：「冬官亡，未聞其考。」此云匠師冬官考者，彼據冬官亡，故云未聞其考；此據匠師與鄉師相對，以義約之，故云匠師冬官考也。云「鄉師主役，匠師主衆匠，共主葬引」者，冬官亡，雖無文，以其主匠，即知共葬也。「雜記曰升正柩」者，案：彼注謂將葬朝於祖，正棺於廟。云「諸侯執綍五百人」，鄭彼注云：「一黨之民。」云「四綍皆銜枚」者，謂引之時，銜枚，所以止讙囂。云「執鐸，左八人，右八人」者，謂夾柩車，匠師執翿羽葆幢，〔七〕此諸侯之禮。引之者，以天子無文，引以況天子之法。案：彼鄭注「天子千人與？」言執翿羽葆幢者，彼文唯有執翿，無羽葆幢之言，今云「羽葆幢」者，鄭因釋翿是羽葆幢。又引爾雅曰「纛翳也」。以指麾輓柩之役，正其行列進退者，天子六綍，千人輓之。執翿者，柩車恐傾側，執翿者指麾輓柩之役人。役人，治喪者。使柩車令不傾側。又千人輓柩，以持六綍，恐行列進退失所，皆以翿指麾之，故云「正其行列進退」也。雜記諸侯禮，匠師執翿，此天子禮，鄉師執翿，尊卑不同也。

及窆，執斧以涖匠師。匠師主豐碑之事，執斧以涖之，使戒其事。故書涖作立。鄭司農云：「窆謂葬下棺也。春秋傳曰『日中而傰』，禮記所謂封者。立讀爲涖，涖謂臨視也。」〇而傰，補鄧反。謂封，彼驗反。

「及窆」至「匠師」　及，至也。窆，是下棺也。至壙下棺之時，鄉師執斧以涖匠師。匠師主衆匠，恐下棺不得所，須有用斧之事，故執斧以臨視之。

注「匠師」至「視也」　云「匠師主豐碑之事」者，案：檀弓云：「公室視豐碑，三家視桓楹。」鄭彼注：「天子斲大木爲之。」豐，大也。天子六繂四碑，前後各一碑，各重鹿盧；兩畔各一碑，皆單鹿盧。天子千人，分置於六綍，皆背碑負引，擊鼓以爲縱舍之節。匠師主當之，故云匠師主豐碑之事也。云「執斧以涖之，使戒其事」者，鄉師執斧以臨之者，恐匠師不戒其事，須有用斧之處，故執斧助之，使匠師戒其事。又云「故書涖作立」者，於義無取，〔八〕後鄭讀還從涖。司農云「窆謂葬下棺也」者，三禮及諸文，但言窆者皆是下棺，故收春秋傳也。〔九〕案：左氏昭十二年：「三月，鄭簡公卒。將葬，司墓之室，有當道者。毀之，則朝而塴；弗毀，則日中而塴。子大叔請毀之，子產遂不毀，日中而葬。」又引禮記所謂封者，案：王制「庶人縣封而葬」，喪大記亦云「以鼓封」，皆爲封字。塴、封及此經窆字雖異，皆是下棺之事。云「立讀爲涖，涖謂臨視也」者，謂臨視匠師也。

凡四時之田，前期，出田灋于州里，簡其鼓鐸、旗物、兵器，脩其卒伍；田法，人徒及所當有。

「凡四時」至「卒伍」　言「四時之田」者，謂春蒐、夏苗等。凡田獵，人徒等皆出於州里，故未田獵之前，須鼓鐸旗物之器，故預簡閱。云「脩其卒伍」者，謂百人爲卒，五人爲伍，皆須脩治，預爲配當。

注「田法人徒及所當有」　云「人徒」者，即經卒伍是也。「及所當有」者，則經鼓鐸、旗物、兵器是也。

及期，以司徒之大旗致衆庶，而陳之以旗物，辨鄉邑而治其政令刑禁，巡其前後之屯而戮其犯命者，斷其爭禽之訟。司徒致衆庶者，以熊虎之旗，此又以之，明爲司徒致之。大夫致衆，當以鳥隼之旟。陳之以旗物，以表正其行列。辨，別異也。故書巡作述，屯或爲臀。鄭大夫讀屯爲課殿，杜子春讀爲在後曰殿，謂前後屯兵也。玄謂前後屯，車徒異部也。今書多爲屯，從屯。○斷其，丁亂反。明爲，于僞反，下爲州長、爲鄉大夫、爲州黨同。鳥隼，雖允反。之旟音餘。別異，彼列反。課殿，都遍反，下同。

「及期」至「之訟」　云「及期」者，謂至田獵之期日。云「以司徒之大旗致衆庶」者，鄉師爲司徒致衆庶，故還用司徒之大旗。言致衆庶者，謂植旗期民於其下。云「而陳之以旗物」者，陳列衆庶之時，亦植旗於行首。云「辨鄉邑」

者，田獵之時，非直有六鄉之衆，亦有公邑之民，分別之。云「而治其政令及刑禁」者，鄉師治其民庶政令及刑禁等。云「巡其前後之屯」者，謂兵衆屯聚，各有車徒，各於前後而巡行之。「而戮其犯命者」，但民庶之等，各有軍將教命，犯命者則戮之。又云「斷其爭禽之訟」者，田獵得大獸，公之；小禽，私之。有爭禽之訟，鄉師斷之。

注「司徒」至「從屯」　云「司徒致衆庶者，以熊虎之旗」者，司常職云：「熊虎爲旗。」此經云司徒大旗，故知司徒自致衆庶，以熊虎爲旗也。云「此又以之，明爲司徒致之」者，此，鄉師也。經云以司徒大旗，明用司徒大旗，故知爲司徒致之也。云「大夫致衆當以鳥隼之旟」者，案：司常陳九旗之次，云：「日月爲常，交龍爲旂，通帛爲旜，雜帛爲物，熊虎爲旗，鳥隼爲旟。」又云：「孤卿建旜，大夫士建物。」大司徒既是卿官，尋常建旜，在軍建熊虎。卿既是大夫官，〔一〇〕尋常建物，在旜下，明在軍當以鳥隼之旟，在熊虎下可知。云「鄭大夫讀屯爲課殿」者，未知鄭大夫所讀更出何文。或謂當時俗有課殿之語，故讀從之。云「杜子春讀爲在後曰殿」者，謂軍在前曰啓，在後曰殿。「玄謂前後屯兵也」者，〔一一〕屯兵，則是殿兵也。「玄謂前後屯，車徒異部也」者，謂大司馬云：「險野，人爲主；易野，車爲主。」是車徒異部也。云「今書多爲屯，從屯」者，謂故書之内，爲殿者少，爲屯者多，以多言之，宜從屯。

凡四時之徵令有常者，以木鐸徇於市朝。徵令有常者，謂田狩及正月命脩封疆，二月命雷且發聲。○市朝，直遥反，下同。

「凡四」至「市朝」　云「凡四時徵令有常者」，鄉師各於其鄉内，以木鐸警戒，巡於市朝，使民知之。

注「徵令」至「發聲」　徵令有常者，謂田狩，春蒐、夏苗、秋獮、冬狩。四時田獵獨言狩者，略舉冬言之。云「及正月命脩封疆」者，案：月令，孟春之月，命脩封疆，謂田之界分也。云「二月命雷且發聲」者，案：月令，仲春之月「先雷三日，奮木鐸以令兆民，曰：『雷將發聲，有不戒其容止者，生子不備，必有凶災。』」言此等政令皆有常時，故引之以證徵令有常者也。

以歲時巡國及野，而賙萬民之囏阨，以王命施惠。歲時者，隨其事之時，不必四時也。囏阨，飢乏也。〔一二〕鄭司農云：「賙讀爲周急之周。」○之囏，古艱字，本亦作艱。

「以歲」至「施惠」　以歲之困阨之時，鄉師巡於國，及至野外，賙給萬民之有囏阨者。云「以王命施惠」者，言於其時，以王命施布恩惠於下民也。

注「歲時」至「之周」　言「歲時者，隨其事之時，不必四時也」者，鄭知不是四時者，以其艱阨是非常之事，故不得爲四時解之。「鄭司農云賙讀爲周急之周」者，讀從論語「周急不繼富」之周。

歲終，則攷六鄉之治，〔一三〕以詔廢置。

云「歲終」者，謂周之季冬。云「則攷六鄉之治」者，謂鄉師責其治政文書，考其功過。云「以詔廢置」者，有功則置之，有過則廢之。詔，告也。告王與冢宰廢置之。

正歲，稽其鄉器，比共吉凶二服，閭共祭器，族共喪器，黨共射器，州共賓器，鄉共吉凶禮樂之器。吉服者，祭服也。凶服者，弔服也。比長主集爲之。祭器者，簠簋鼎俎之屬，閭胥主集爲之。喪器者，夷槃、素俎、揭豆、〔一四〕輁軸之屬，族師主集爲之。此三者民所以相共也。射器者，弓矢楅中之屬，黨正主集爲之，爲州長或時射於此黨也。賓器者，尊俎笙瑟之屬，州長主集爲之，爲鄉大夫或時賓賢能於此州也。吉器，若閭祭器者也；凶器，若族喪器者也；禮樂之器，若州黨賓射之器者。鄉大夫備集此四者，爲州黨族閭有故而不共也。此鄉器者，旁使相共，則民無廢事，上下相補，則禮行而教成。○揭豆，苦瞎反。輁，九勇反。軸音逐。楅，音福，又音逼。

「正歲」至「之器」　「正歲稽鄉器」者，此一句與下爲揔目。正歲，謂建寅之月。稽，考也。鄉師各自考校當鄉之器服。云「比共吉凶二服」者，五家爲比，比長一人，主集合五家相共吉凶二服。云「閭共祭器」者，二十五家爲閭，閭胥一人，主集合祭器使相共。云「族共喪器」者，百家爲族，族師一人，主集合喪器，使相共。云「黨共射器」者，五百家爲黨，黨正一人，主集合射器，以共州長之射。云「州共賓器」者，二千五百家爲州，州長一人，主集合賓器，以共鄉大夫行鄉飲酒之禮。〔一五〕云「鄉共吉凶禮樂之器」者，萬二千五百家爲鄉，鄉大夫主集此四器，恐州黨已下有故不能自共，即旁相共也。

注「吉服」至「教成」　云「吉服者，祭服也」者，當比內無祭事。其於族祭酺、黨祭禜、州祭社之等，無過用朝服。又知凶服是弔服者，若人衰裳是常服，主人自共；其弔服是暫服，可以相共，故知是弔服。其庶人弔服，無過素冠與深衣而已。云「比長主集爲之」者，雖五家之內，亦當有官首，若非比長主集，民不自課，故知比長主集爲之。云「祭器者簠簋」者，案：特牲同姓用簠，少牢皆用敦，同姓者乃用簠。今言簠者，況義耳。云「喪器者，夷槃」者，案喪大記，士併瓦盤，大夫乃用夷盤。今庶人實不得用夷盤，引之者，以況喪器，非謂庶人得用夷盤也。云「素俎楬豆」者，案士喪禮，小斂有素俎，大斂有楬豆，兩籩無縢。此不言籩無縢者，文略也。云「輁軸之屬」者，案既夕禮，士朝廟，用輁軸以載柩，此庶人，無輁軸。引之者，亦以況義。知非族內有大夫士得用夷盤輁軸者，以其大夫自有禄位，不在共限，故知引以況義。不言棺槨，亦主人自共之也，故閭師云：「不樹者無槨。」此三者，並是罰物所爲。知者，案：載師職云：「宅不毛者有里布，田不耕者有屋粟。」鄭玄云：「罰之以共吉凶二服及喪器。」鄭不云祭器，文略，有祭器可知。鄭知必用罰物，不用官物爲之者，以其不爲官事，明不用官物可知。云「射器者，弓矢楅中之屬」者，案：鄉射、大射皆云執張弓，挾乘矢，楅在庭中。射訖，命弟子取矢置于楅，以八筭置于中，士則鹿中之等，是也。云「之屬」者，之屬中容有侯、乏等。云「爲州長或時射于此黨也」者，一州管五黨，州長春秋二時射於序學，要在一黨之中，〔一六〕故云或時射於此黨。又云「賓器者尊俎笙瑟之屬」者，案鄉飲酒，三年貢士之時，行飲酒之禮。即有酒尊俎實，二人鼓瑟在堂，笙入在於堂下，故言尊俎笙瑟。言之屬者，更有籩豆之等。云「爲鄉大夫或時賓賢能於此州也」者，一鄉管五州，鄉大夫行鄉飲酒之時，必在一州之内，此州則共之。故云或時賓賢能於此州也。云「吉器若閭祭器者也，凶器若族喪器者也」者，以其鄉大夫備集此四器，恐閭族已下，有故不得自共，故知還是閭族黨州所當共者也。故云吉器若閭祭器者也，凶器若族喪器者也。云「禮樂之器，若州黨賓射之器」者，連州黨并言之者，以其州黨射器賓器二者，皆有禮器樂器，故州黨并言之。自射器已下，皆爲國行禮，得官物所爲，不出民物。故酒正云「凡爲公酒者亦如之」。注云：「謂鄉射飲酒以公事作酒者，亦以式法及酒材授之，使自釀之。」酒材尚得公物，明此器等亦出官物可知，以其爲官行禮故也。云「上下相補」者，自比共吉凶二服，至州共賓器已上，是下之相補；鄉共吉凶禮樂之器者，是上之相補，故云上下相補。云「禮行而教成」者，庶民乏於財物，闕於禮儀，教化不成。今以器服共之，即禮行而教成也。

若國大比，則攷教、察辭、稽器、展事，以詔誅賞。考教，視賢能以知道藝與不。察辭，視吏言事，知其情實不。展猶整具。

「若國」至「誅賞」　「若國大比」者，謂三年大比之時，則鄉師考教學之官，知其道藝進不。云「察辭」者，視官中之吏，辭之虚實。云「稽器」者，謂考鄉中禮器兵器之等。〔一七〕云「展事」者，謂行事展省視之，知其善惡，詔告之在上。善者賞之，惡者誅之。

鄉大夫之職，各掌其鄉之政教禁令。鄭司農云：「萬二千五百家爲鄉。」

「鄉大」至「禁令」　六鄉大夫各掌其鄉之政令及十二教，與五禁號令皆掌之。

注「鄭司」至「爲鄉」　案：上文五州爲鄉，故知萬二千五百家爲鄉。

正月之吉，受教灋于司徒，退而頒之于其鄉吏，使各以教其所治，以攷其德行，察其道藝。其鄉吏，州長以下。〔一八〕○所治，直吏反，下考治、下治所治處同。德行，下孟反，下及注德行之行、六行皆同。

「正月」至「道藝」　言「正月之吉」者，謂建子之月，月朔之日。云「受灋於司徒」者，謂若大司徒職十二教已下，其法皆受於司徒而來。云「退而頒之于其鄉吏」者，謂已於司徒受得教法，遂分與州長已下至比長。云「使各以教其所治」者，亦謂州長已下至比長，各教所治也。云「攷其德行」者，謂鄉大夫以鄉三物教萬民，遂考校其萬民有六德六行之賢者。云「察其道藝」者，謂萬民之中有六藝者，並擬賓之。

注「其鄉吏州長以下」　以其比長以上至州長，皆屬鄉大夫，故知鄉吏，州長以下至比長。

以歲時登其夫家之衆寡，辨其可任者。國中自七尺以及六十，野自六尺以及六十有五，皆征之。其舍者，國中貴者、賢者、能者、服公事者、老者、疾者皆舍。以歲時入其書。登，成也，定也。國中，城郭中也。晚賦稅而早免之，以其所居復多役少。野早賦稅而晚免之，以其復少役多。鄭司農云：「征之者，給公上事也。舍者，謂有復除舍不收役事也。貴者，謂若今宗室及關内侯皆復也。服公事者，謂若今吏有服除也。〔一九〕老者，謂若今八十九十復羡卒也。疾者，謂若今癃不可事者復之。」玄謂入其書者，言於大司徒。○復多，音福，下同。

「以歲」至「其書」云「以歲時」者，謂歲之四時。登，猶成也，定也。夫家，謂男女。謂四時成定其男女多少。云「辨其可任者」，謂分辨其可任使者。云「國中自七尺以及六十」者，七尺，謂年二十。〔二〇〕知者，案：韓詩外傳「二十行役」，〔二一〕與此國中七尺同，則知七尺謂年二十。云「野自六尺以及六十有五」者，六尺，謂年十五，故論語云「可以託六尺之孤」，鄭注云：「六尺之孤，年十五已下。」彼六尺亦謂十五，鄭言已下者，正謂十四已下亦可以寄託，非謂六尺可通十四已下。鄭必知六尺年十五者，以其國中七尺爲二十，對六十；野云六尺，對六十五，晚校五年，明知六尺與七尺，早校五年，故以六尺爲十五也。云「皆征之」者，所征税者，謂築作、挽引、道渠之役，及口率出錢。若田獵，五十則免，是以祭義云：「五十不爲甸徒。」若征伐，六十乃免，是以王制云：「六十不與服戎。」彼二者，並不辨國中及野外之别。云「其舍者」，謂不給繇役，則國中貴者已下是也。云「以歲時入其書」者，此上所云，皆歲之四時，具作文書，入於大司徒，故云歲時入其書也。

注「登成也」至「司徒」云「登，成也，定也」者，以其夫家衆寡，若不作文書，則多少齒歲不定，若作文書，多少成定，故云：登，成也、定也。云「國中城郭中也」者，以其對野，故知國中是城郭中也。云「晚賦税而早免之」者，以其經云七尺及六十，對野中六尺至六十五，是其晚賦税而早免之。云「以其所居復多役少」者，以此經云國中貴者至疾者皆舍，據國中而言，是其國中復多役少也。鄭司農云四事皆若今者，並舉漢法況之。「玄謂入其書者，言於大司徒。」知者，以其上云受法於司徒，故知入其書者言於大司徒。

三年則大比，攷其德行道藝，而興賢者能者，鄉老及鄉大夫帥其吏與其衆寡，〔二二〕以禮禮賓之。賢者，有德行者。能者，有道藝者。衆寡，謂鄉人之善者無多少也。鄭司農云：「興賢者，謂若今舉孝廉。興能者，謂若今舉茂才。賓，敬也，賓所舉賢者、能者。」〔二三〕玄謂變舉言興者，謂合衆而尊寵之，以鄉飲酒之禮，禮而賓之。

「三年」至「賓之」　三年一閏，天道小成，則大案比當鄉之内。云「考其德行道藝」者，德行，謂六德六行。道藝，謂六藝。云「而興賢者」，則德行之人也；「能者」，則道藝之人也。云「鄉老及鄉大夫帥其吏」者，謂州長以下。云「與其衆寡」者，謂鄉中有賢者，皆集在庠學。云「以禮禮賓之」者，以，用也。用鄉飲酒之禮，以禮賢者能者，賓客舉之。〔二四〕

注「賢者」至「賓之」　云「賢者，有德行者」，欲見賢與德行爲一。在身爲德，施之爲行，内外兼備，即爲賢者也。云「能者，有道藝者」，鄭亦見道藝與能爲一。上注云「能者，政令行，以其身有道藝」，則政教可行，是能者也。云「衆寡，謂鄉人之善者無多少也」者，案：鄉飲酒，堂上堂下皆有衆賓，不言其數。此經衆寡兩言，無問多少，皆來觀禮，故云無多少也。鄭司農云若今舉孝廉及茂才者，孝悌廉絜，人之德行，故以孝廉況賢者；茂才，則秀才也。才，人之技藝，故以況能者也。「玄謂變舉言興者」，案：禮記文王世子云：「或以事舉，或以言揚。」故今貢人皆稱舉，今變舉言興。云「謂合衆而尊寵之」者，合衆即此經云鄉老及鄉大夫已下是也。云「鄉飲酒之禮」者，則儀禮篇飲酒賓舉之法是也。

厥明，鄉老及鄉大夫、羣吏獻賢能之書于王，王再拜受之，登于天府，内史貳之。厥，其也。其賓之明日也。獻猶進也。王拜受之，重得賢者。王上其書於天府。天府，掌祖廟之寶藏者。内史副寫其書者，當詔王爵禄之時。○上其書，時掌反。寶藏，才浪反。

「厥明」至「貳之」　厥明者，謂今日行鄉飲酒之禮也，至其明日，表奏於王。

注「厥其」至「之時」　云「天府，掌祖廟之寶藏」者，是春官天府職文也。引之者，欲見天府掌寶物，賢能之書亦是寶物，故藏於天府。云「内史副寫其書」者，貳，副也。内史副寫一通文書，擬授爵禄。案：内史職有策命諸侯羣臣之事，故使内史貳之。

退而以鄉射之禮五物詢衆庶：一曰和，二曰容，三曰主皮，四曰和容，五曰興舞。○以，用也。行鄉射之禮，而以五物詢於衆民。鄭司農云：「詢，謀也。問於衆庶，寧復有賢能者。和謂閨門之内行也。容謂容貌也。主皮謂善射，射所以觀士也。」故書舞爲無。杜子春讀和容爲和頌，謂能爲樂也；無讀爲舞，謂能爲六舞。玄謂和載六德，容包六行也。庶民無射禮，因田獵分禽則有主皮。主皮者，張皮射之，無侯也。主皮、和容、興舞，則六藝之射與禮樂與？當射之時，民必觀焉，因詢之也。孔子射於矍相之圃，蓋觀者如堵牆。射至於司馬，使子路執弓矢，出誓射者。又使公罔之裘、序點揚觶而語。詢衆庶之儀若是乎？○寧復，扶又反，下猶復同。張皮射之，食亦反。樂與，音餘。矍，俱縛反，本或作瞿，音同。相，息亮反。如堵，丁古反。揚觶，支豉反。

「退而」至「興舞」　言退者，謂獻賢能之書於王，退來鄉内。云「以鄉射之禮」者，州長春秋二時習射於序，名爲鄉射。今鄉大夫還用此鄉射之禮。云「五物詢衆庶」者，物，事也，「一曰」、「二曰」已下，是也。

注「以用也」至「是乎」　「行鄉射之禮」者，案：今儀禮鄉射云：「豫則鉤楹内，堂則由楹外。」又云：「序則物當棟，堂則物當楣。」堂，謂鄉學，據鄉大夫所行射禮也。豫，謂州長春秋二時習射於序。司農云「和謂閨門之内行也」者，以其父子主和，故和謂閨門之内行也。云「容謂容貌也」者，以其容是容儀，故知容貌也。後鄭不從此義。「杜子春讀和容爲和頌，謂能爲樂也」者，興舞即舞樂，今又以和容謂能爲樂，故後鄭亦不從。「玄謂和載六德，容包六行也」者，破司農子春之義。案：大司徒「以鄉三物教萬民，教成則興之」。明此詢者，還是三物之内，不是三物之外別有和容。又且主皮興舞，是六藝之内，明此和容是六德六行之中。在下謂之載，和在六德之下，故云和載六德。云「容包六行」者，在上謂之包，容則孝也，孝在六行之上，故云容包六行。必知容得爲孝者，案：漢書「高堂生善爲容」，容則禮也。善爲孝者，必合於禮之容儀，故以孝爲容者也。云「庶民無射禮」者，天子至士，有大射、燕射、賓射之等，庶人則無此射禮，故云無射禮也。云「因田獵分禽則有主皮」者，案大司馬職，大獸公之，小禽私之者。至舍，更與在田之人。射則取之，則有云主皮。「主皮者，張皮射之，無侯也」者，自士已上，張皮侯、采侯、獸侯，庶人主射此皮，故云主皮無侯也。云「主皮、和容、興舞，則六藝之射與禮樂與」者，以此三者當之，故以主皮當射，和容當禮，興舞當樂。若然，三物之中，其事一十有八。今六德之中唯問和，六行之中唯問容，六藝之中唯問禮樂。獨問此者，既貢賢於王，其餘則未能盡備，故略舉五者以問之。六德是其大者，故問下之和者；六行是其小者，故問上之孝者也。六藝之中，禮以安上治民，樂以移風易俗。男子生，設弧於門左，射是男子之事，此者人行之急，故特言之，自餘略而不説。又云「當射之時，民必觀焉，因詢之也」者，案：鄉射記：「唯君有射于國中，其餘則否。」注云：「臣不習武事於君側。」以其鄉射在城外，衆庶皆觀焉，故得詢此五物。云「孔子射於矍相之圃」已下者，此是禮記射義文。天子諸侯射，先行燕禮。卿大夫士射，先行鄉飲酒之禮。時孔子爲鄉大夫鄉射之禮，先行飲酒禮，故云「孔子射於矍相之圃」。矍相，地名。以其臣不得在國射，故射於矍相之圃。「蓋觀者如堵墻」者，以其鄉内衆庶皆集在射所，故云觀者如堵墻。云「射至於司馬」者，以其飲酒之禮，必立司正，於將射，變司正爲司馬也。案鄉射、大射，司射執弓矢。今此云子路執弓矢，則子路爲司射也。云「子路出誓」者，以其衆庶多，不可盡與之射，故誓去之。云「又使公罔之裘、序點揚觶而語」者，案鄉飲酒之禮，一人舉觶，爲旅酬始。二人舉觶，爲無筭爵始，射在無筭爵前。今誓在無筭爵後者，但射實在無筭爵前，今未射之前，用此無筭爵禮，二人舉觶之法，以誓衆庶耳，非謂此射在無筭爵後。云「詢衆庶之儀若是乎」者，孔子爲諸侯鄉大夫，〔一五〕此經是天子鄉大夫，引彼以證此，故云「乎」以疑之。

此謂使民興賢，出使長之；使民興能，入使治之。言是乃所謂使民自舉賢者，因出之而使之長民，教以德行道藝於外也。使民自舉能者，因入之而使之治民之貢賦田役之事於内也。言爲政以順民爲本也。書曰：「天聰明自我民聰明，天明威自我民明威。」老子曰：「聖人無常心，以百姓心爲心。」如是則古今未有遺民而可爲治。

「此謂」至「治之」　言「此謂使民興賢者」，謂上經賓舉者，皆民中舉之，還使治民，故云此謂使民興賢。「出使長之」，謂使鄉外與民爲君長。云「使民興能，入使治之」者，謂能者復來入鄉中，治民之貢賦。

注「言是」至「爲治」　云「使民自舉賢者，因出之而使之長民，教以德行道藝於外也」者，以賢者德大，故遣出外，或爲都鄙之主，或諸侯，皆可也。以其自有德行道藝，故還使之教民以德行道藝。云「使民自舉能者，因入之而使之治民之貢賦田役之事於内也」者，以其能者德小，不可以爲大夫諸侯等，故還入鄉中，量德大小，以爲比長鄰長已上之官，〔二六〕治民之貢賦田役於内也。云「言爲政以順民爲本也」者，禮記云：「上酌民言，則下天上施。上不酌民言，則不下天上施。」〔二七〕故言爲政以順民爲本也。書曰「天聰明」已下，是尚書咎繇篇之文也。自，用也。言天雖聰明，視聽既遠，不自用己之聰明，用民之聰明。民之歸者，則授之以天位，謂若湯武是也。天明威自我民明威者，威，畏也。天雖明察可畏，不自用己之明威，用我民明威。民所叛者則討之，謂若桀紂是也。云「老子曰聖人無常心，以百姓心爲心」者，但聖人形如枯木，心若死灰，空洞無我，故無常心，以百姓之心爲心。引之者，證順民爲本之意。云「如是則古今未有遺民而可爲治」者，〔二八〕天聰明是古，老子與此文爲今，皆順民爲治，故云古今未有遺民而可爲治也。

歲終，則令六鄉之吏皆會政致事。會，計也。致事，言其歲盡文書。

「歲終」至「致事」　年終將考其得失，則令六鄉之吏，州長已下，皆計會教政之功狀，致其所掌之事於鄉大夫。鄉大夫得之，致與大司徒，〔二九〕然後考之。

正歲，令羣吏攷灋于司徒，以退，各憲之於其所治。〔三〇〕

「正歲」至「所治」　正歲，建寅之月，鄉大夫令州長已下羣吏，令使考法於司徒。正謂受而考量行之，故云「以退，各憲之於其所治」。憲者，表縣之也。

國大詢于衆庶，則各帥其鄉之衆寡而致於朝。大詢者，詢國危，詢國遷，詢立君。鄭司農云：「大詢于衆庶，洪範所謂『謀及庶民』。」

「大詢」至「於朝」　國有大事，必順於民心，故與衆庶詢謀，則六鄉大夫各帥其鄉之衆寡而致於朝，謂外朝三槐九棘之所，共詢謀之。

注「大詢」至「庶長」　知大詢，詢國危、詢國遷、詢立君者，案：小司寇職云，「掌外朝之政，以致萬民而詢焉，一曰詢國危」已下，此亦云〔三二〕「國大詢于衆庶而致於朝」，故知大詢者，詢國危之等。此三者，皆是國之大事，故稱大詢。小司寇雖不云大，大卜云，大貞，即此詢國危之等也。鄭司農云「大詢於衆庶」，引洪範所謂「謀及庶民者」，彼謀及庶民，即大詢於衆庶，一也，故引爲證。

國有大故，則令民各守其閭，以待政令。使民皆聚於閭胥所治處。

「國有」至「政令」　大故，謂災變寇戎之等。警急須人，故鄉大夫令州長已下，使民各守其閭胥所治處，以待國之政令。

注「使民」至「治處」　二十五家爲閭，中士爲閭胥，則有治政之處以聚其民。

以旌節輔令，則達之。民雖以徵令行，其將之者無節，則不得通。

「以旌」至「達之」　國有大事故，恐有姦寇，故使民徵令出入來往，皆須得旌節，輔此徵令文書，乃得通達使過。故鄭云：「民雖以徵令行，其將之者無節，則不得通。」

州長：各掌其州之教治政令之灋。鄭司農云：「二千五百家爲州。論語曰：『雖州里行乎哉！』春秋傳曰：『鄉取一人焉以歸，謂之夏州。』」

「州長」至「之灋」　一鄉管五州，中大夫一人爲州長，故云州長各掌其州之教也。教，謂十二教。云「治政令之法」者，謂十二教之外，所施政令皆治之。

注「鄭司」至「夏州」　「二千五百家爲州」者，雖無正文，約則有之。案：上文五家爲比，五比爲閭，四閭爲族，五族爲黨，五黨爲州，州二千五百家也。又引「春秋傳曰」已下者，案：左氏宣公十一年傳曰：「楚子伐陳，遂入陳，殺夏徵舒，因縣陳。申叔時諫，乃復封陳，鄉取一人焉以歸，謂之夏州。」注云：「言取討夏徵舒之州。」引此者，以證有州之義也。

正月之吉，各屬其州之民而讀灋，以攷其德行道藝而勸之，以糾其過惡而戒之。屬猶合也，聚也。因聚衆而勸戒之者，欲其善。○各屬，音燭，合也，聚也，注下皆同。

「正月」至「戒之」　謂建子之月一日也。「各屬其州之民」者，屬，猶含也，〔三〕聚也，謂合聚一州之民也。「而讀法」者，謂對衆讀一年政令及十二教之法，使知之。云「以考其德行道藝而勸之」者，謂考量民之六德六行及六藝之道藝，而勸勉之，使之勸脩。云「以糾其過惡而戒之」者，民有過惡，糾察，與之罪而懲戒之。

注「屬猶」至「其善」　言「因聚衆而勸戒之者」，謂欲勸戒之，必須聚衆，故言因聚衆而勸戒之，欲其善也。

若以歲時祭祀州社，則屬其民而讀灋，亦如之。春秋以禮會民而射于州序。序，州黨之學也。會民而射，所以正其志也。射義曰：「射之爲言繹也。繹者，各繹己之志。」○會民，如字，注同。

「若以」至「州序」　上云歲時，皆謂歲之四時；此云歲時，唯謂歲之二時春秋耳。春祭社以祈膏雨，望五穀豐熟。秋祭社者，以百穀豐稔，所以報功。故云祭祀州社也。云「則屬其民而讀法，亦如之」者，凡讀法，皆因節會以聚民。今既祭，因聚民而讀法，故云亦如之。云「春秋以禮會民而射于州序」者，州長因春秋二時，皆以禮會聚其民，而行射禮于州之序學中。言「以禮」者，亦謂先行鄉飲酒之禮，乃射，故云以禮也。

注「序州」至「之志」　此知序州黨學者，〔三三〕案：下黨正亦云「飲酒于序」，故知州黨學同名爲序。若鄉則立庠，故禮記鄉飲酒義云：「主人迎賓于庠門之外」。彼鄉大夫行賓賢能，非州長黨正所行，故知庠則鄉學也。云「會民而射，所以正其志也」者，凡禮射，皆須存其志意，故鄭即引射義曰「射之爲言繹也。繹者，各繹己之志」。繹，陳也。言各陳己志者，謂若射義云：「射者，内志正，外體直，乃能中之」，是也。

凡州之大祭祀、大喪，皆涖其事。大祭祀，謂州社稷也。大喪，鄉老、鄉大夫於是卒者也。涖，臨也。

「凡州」至「其事」　云「凡」者，以其大祭大喪非一，故云凡也。云「州之大祭祀、大喪」者，則非國家祭祀喪事。謂州之大祭，唯有春秋祭社也。州之大喪者，三公鄉大夫之喪也。云「皆涖其事」者，二者州長皆臨其事也。

注「大祭」至「臨也」　言「大祭祀，謂州社稷」者，以上文云「歲時，祭祀州社」，此經又因言州之大祭祀，故知還是上文州社也。知有稷者，以其天子諸侯三社，皆稷對之，故知兼有稷也。言「州社」者，若言大社國社之類，又對黨祭禜、族祭酺，故此特言州社也。云「大喪，鄉老鄉大夫」者，以其遠郊之内置六鄉，鄉老與鄉大夫死，不出六鄉，要在一鄉、一州、一黨、一族、一閭之内。今據州而言，故云於是卒者也。

若國作民而師田行役之事，則帥而致之，掌其戒令與其賞罰。致之，致之於司徒也。掌其戒令賞罰，則是於軍因爲師帥。

「若國」至「賞罰」　言「若」者，不定之辭。若，如也。如有國家作起其民。師，謂征伐。田，謂田獵。行，謂巡狩。役，謂役作。此數事者，皆須徵聚其民。州長則各帥其民而致之于司徒也。云「掌其戒令與其賞罰」者，州長既致其民，還自領己民爲師帥，故還使州長掌之也。

注「致之」至「師帥」　云「致之於司徒也」者，謂州長致與小司徒，小司徒乃帥而致與大司徒，〔三四〕故小司徒職云「大軍旅，帥其衆庶」是也。云「因爲師帥」者，〔三五〕若衆屬軍吏，別有軍吏掌之，何得還自掌之，故知因爲師帥也。但在鄉爲州長，已管其民，在軍還領己民爲師帥，即是因内政寄軍令也。

歲終，則會其州之政令；正歲，則讀教灋如初。雖以正月讀之，至正歲猶復讀之，因此四時之正重申之。○重申，直用反。

「歲終」至「如初」　既不言正歲之終，周禮之内直言歲終者，皆是周之歲終也。言「則會其州之政令」者，謂會計當州黨正已下政令文書，將以考課也。〔三六〕云「正歲，則讀教法如初」者，以其建寅之月，得四時之正，於教令審，故又讀教法。言如初者，亦當屬民讀之也。

三年大比，則大攷州里以贊鄉大夫廢興。廢興，所廢退，所興進也。鄭司農云：「贊，助也。」

「三年」至「廢興」　州長至三年大案比之日，則大考州里者，謂年年考訖，至三年則大考之。言「大」者，時有黜陟廢興故也。

黨正：各掌其黨之政令教治。鄭司農云：「五百家爲黨。論語曰：『孔子於鄉黨。』又曰：『闕黨童子。』」○教治，直吏反，族師治令同。

「黨正」至「教治」　言「各」者，一鄉有二十五黨，故各掌其黨之政令，及十二教與治職文書。

注「鄭司」至「童子」　先鄭知五百家爲黨者，以其五家爲比，五比爲閭，四閭爲族，五族爲黨，故知也。引論語者，證有黨義也。

及四時之孟月吉日，則屬民而讀邦灋，以糾戒之。以四孟之月朔日讀法者，彌親民者於教亦彌數。○彌數，所角反。

「及四」至「戒之」　及，至也。黨正四時孟月吉日則屬民而讀邦法者，因糾戒之，如州長之爲也。

注「以四」至「彌數」　云「以四孟之月朔日讀法者，彌親民者於教亦彌數」者，上文州長，唯有建子、建寅及春秋祭社四度讀法。此黨正，四孟及下文春秋祭禜，并正歲，一年七度讀法者，以其鄉大夫管五州，去民遠，不讀法；州長管五黨，去民漸親，故四讀法；黨正去民彌親，故七讀法。鄭云彌親民者，則非直徒解黨正而已。案：下族師十四度讀法，彌多於此，故鄭揔釋云：彌親民者於教亦彌數也。

春秋祭禜，亦如之。禜謂雩禜水旱之神。蓋亦爲壇位，如祭社稷云。○祭禜，榮敬反。

「春秋」至「如之」　黨正不得與州同祭社，故亦春秋祭禜神也。

注「禜謂」至「稷云」　鄭知「禜謂雩禜水旱之神」者，〔三七〕案禮記祭法云：「雩禜祭水旱。」案：昭公元年左氏傳子產云：「水旱癘疫之不時，於是乎禜之。」皆是禜祭水旱神也。云「蓋亦爲壇位如祭社稷云」者，以其大司徒及封人等，皆云社稷有壝，又祭法王宮祭日及雩禜祭水旱等，皆是壇名，故知亦如社稷有壇位。無正文，故言「云」以疑之也。

國索鬼神而祭祀，則以禮屬民，而飲酒于序以正齒位：壹命齒于鄉里，再命齒于父族，三命而不齒。國索鬼神而祭祀，謂歲十二月大蜡之時，建亥之月也。正齒位者，鄉飲酒義所謂「六十者坐，五十者立侍。六十者三豆，七十者四豆，八十者五豆，九十者六豆」是也。必正之者，爲民三時務農，將闕於禮，至此農隙而教之尊長養老，見孝弟之道也。黨正飲酒禮亡，以此事屬於鄉飲酒之義，微失少矣。凡射飲酒，此鄉民雖爲鄉大夫，〔三八〕必來觀禮，鄉飲酒、鄉射記「大夫樂作不入，士既旅不入」是也。齒于鄉里者，以年與衆賓相次也。齒于父族者，父族有爲賓者，以年與之相次；異姓雖有老者，居於其上。不齒者，席于尊東，所謂遵。○大蜡，仕詐反，依字作䄍。爲民，于僞反。農隙，去逆反，本又作郤。孝弟，音悌，下同。

「國索」至「不齒」　黨正行正齒位之禮，在十二月建亥之月爲之，非蜡祭之禮。而此云國索鬼神而祭祀者，以其正齒位禮在蜡月，故言之以爲節耳。當國索鬼神而祭祀之時，則黨正屬聚其民，而飲酒于序學中，以行正齒位之法。當正齒位之時，民内有爲壹命已上，〔三九〕必來觀禮，故須言其坐之處。云「壹命齒于鄉里」者，此黨正是天子之國黨正，則壹命亦天子之臣。若有壹命之人來者，即于堂下鄉里之中爲齒也。云「再命齒于父族」者，謂父族爲賓，即與之爲齒，年大在賓東，年小在賓西。「三命而不齒」者，若有三命之人來者，縱令父族爲賓，亦不與之齒。若非父族，是異姓爲賓，灼然不齒，位在賓東，故云不齒也。若然，典命雖不見天子之士命數，序官有上士、中士、下士，則上士三命，中士二命，下士壹命，則此壹命謂下士，再命謂中士，三命謂上士也。

注「國索」至「謂遵」　云「國索鬼神而祭祀，謂歲十二月大蜡之時」，是禮記郊特牲文。「建亥之月」者，是鄭君解義語。言此者，謂行正齒位之禮，亦在此月也。云「正齒位者，鄉飲酒義所謂六十者坐」至「六豆」者，並是彼文。案：彼文謂「五十者立侍」，六十者乃於堂上而坐。禮，年六十已上，籩豆有加，故不得籩豆耦。而云「六十者三豆，七十者四豆，八十者五豆，九十者六豆」，若然，則堂下五十立者二豆而已。引之者，證此經與彼，同是正齒位之法也。云「必正之者，爲民三時務農，將闕於禮，至此農隙而教之尊長養老，見孝弟之道也」者，春夏秋三時，務在田野，闕於齒序之節。隙，閑也。至此十月，農事且閑，而教之。言尊長養老，即五十已上至九十正齒位是也。但孝弟施于家内。今行尊長養老，則是孝弟之道通達于外者也。云「黨正飲酒禮亡」者，儀禮篇卷並在之日，別有黨正飲酒之禮，見今十七篇内無黨正飲酒之禮，故云亡也。云「以此事屬于鄉飲酒之義，微失少矣」者，但儀禮未亡之時，篇内論正齒位之禮，其義具悉。今將此經之事，連屬於鄉飲酒義，則鄉飲酒義唯有五十已上豆數之言，此經唯有壹命已下觀禮之事，[四〇]二處相兼，比於儀禮篇中鄉飲酒法，義理乃未足，微失於少，故云微失少矣。云「凡射飲酒」者，謂州長春秋行社，[四一]黨正十二月行飲酒，二事俱同，故兼言射也。云「此鄉民雖爲卿大夫，必來觀禮」者，證此經壹命以至三命，齒與不齒之人，來在位之法也。又引鄉飲酒鄉射記者，證二事俱有壹命已下，觀禮來入時節。案：彼經鄉大夫皆作樂前入，士未旅前入，故云：「大夫樂作不入」。鄭彼注云：「後樂賢也」。云「士既旅不入」，注云：「後正禮也。」若然，大夫士來觀禮者，皆爲樂賢行禮而至，故大夫樂作不入，士既旅不入也。云「齒于鄉里者，以年與衆賓相次也」者，謂在堂下，與五十已下衆賢賓客相次。以其壹命，若據天子之國，壹命爲下士；若據諸侯之國，壹命爲公侯伯之士；若據子男之士，不命，固在堂下，以其士立于下故也。云「齒于父族者，父族有爲賓者，以年與之相次」者，以其賓在户牖之間，南面，若賓是同姓父族，則與之齒也。云「異姓雖有老者，居於其上」者，既言齒于父族，明異姓非父族，不齒可知。云「不齒者，席于尊東，所謂遵」者，案：鄉飲酒、鄉射皆酒尊在室户東，房户西，賓主夾之。鄉人爲卿大夫來觀禮，[四二]爲鄉人所遵法，謂之爲遵，席位在酒尊東，公三重，大夫再重，故知不齒者席于尊東也。云「所謂遵」者，所謂鄉射、鄉飲酒之遵也。案：鄭注鄉飲酒，云「此篇無正齒位之事焉」者，彼是三年一貢士，直行飲酒之禮，賢者爲賓，其次爲介，其次又爲衆賓，賓而貢之，如此，無黨正正齒位之事。案：彼注又云：「天子之國，三命者不齒。於諸侯之國，爵爲大夫則不齒矣」者，以其賓賢能，年幾必小於卿大夫等，是以天子之國三命士，及公侯伯之卿三命、大夫二命，〔四三〕子男之卿再命、大夫壹命，但是大夫已上，無問命數，皆不齒，以其大夫已上爵尊故也。但諸侯之卿，當天子之上士，故天子之國三命乃不齒，〔四四〕天子士再命已下，及諸侯之士，則皆齒。以其士卑，立于下，故在堂下與鄉人立者齒也。彼是賓賢能禮。若黨正飲酒之禮，則此文是天子黨正飲酒法，則壹命齒于鄉里，在堂下與鄉人齒；再命齒于父族，父族爲賓在堂上，則天子再命之士亦在堂上。與彼賓賢能鄉飲酒義異者，案：鄉射記云：「大夫與，則公士爲賓。」則此黨正飲酒，有壹命已上觀禮，則亦以公士爲賓。但公家之士，其年必大，故天子之士再命者，亦與之齒。若然，賓賢能，天子之士再命不齒者，彼賓賢能，非正齒位法，別爲一禮，故與黨正正齒位禮異也。

凡其黨之祭祀、喪紀、昏冠、飲酒，教其禮事，掌其戒禁。其黨之民。○昏冠，古亂反。

「凡其」至「戒禁」　此一經，並是民之所行，上州之祭祀、大喪義異。〔四五〕此祭祀已下，雖是民之所行，民者冥也，非教不可，故黨正皆教其禮事也，因掌其戒命督禁之。

注「其黨之民」　經云「凡其黨之祭祀」之等，言「凡」，是廣及之言，故云其黨之民也。

凡作民而師田、行役，則以其灋治其政事。亦於軍因爲旅帥。〔四六〕

注「亦於」至「旅帥」　此亦如上釋，非衆屬軍吏者。黨正在鄉，各管五百家，出軍之時，家出一人，則五百人爲旅，黨正還爲旅帥，亦如州長因爲師帥也。

歲終，則會其黨政，帥其吏而致事。

「歲終」至「致事」　黨正以一黨之內有族師以下諸官等，故歲終則會計一黨政治功狀，則帥其族師以下之吏，致其所掌之事於州長，州長又致與鄉大夫，鄉大夫致與大司徒，而行賞罰也。

正歲，屬民讀灋而書其德行道藝。書，記之。

注「書記之」 黨正於正歲建寅朔日，聚衆庶讀法，因即書其德行道藝。 鄭解書「書記之」者，以其三年乃一貢，今每年正歲，皆書記勸勉之，〔四七〕三年即貢之也。

以歲時涖校比，涖，臨也。鄭司農云：「校比，族師職所謂『以時屬民，而校登其族之夫家衆寡，辨其貴賤老幼廢疾可任者，及其六畜車輦』。如今小案比。」

「以歲時涖校比」 案：族師職「以歲之四時校比」。 此黨正管五族，至校比之時，黨正往臨之，恐其有差失故也。

注「涖臨」至「案比」 鄭司農所云者，並族師職文。 以其黨正所臨，臨族師，故還引族師校比之法，以證成其義也。 云「如今小案比」者，此舉漢法，言「小案比」，對三年大比爲小耳。

及大比，亦如之。及，至也。族師至三年大案比，黨正亦涖之。

校勘記

〔一〕須得所遣民徒木數 「木」，阮本作「本」。疑作「本」是。

〔二〕彼直共茅與此鄉師 「彼」，原作「被」，據阮本改。

〔三〕後代狹劣 「狹」，阮本作「挾」。

〔四〕謂若喪時輓六引之等 阮本「等」字重。

〔五〕翿羽葆幢也　「幢」，婺、建、岳本同，阮校云，當從葉鈔釋文作「橦」。

〔六〕執纛桃報及　「纛」，汪校本同，諸本作「纛」，嚴校以爲作「纛」是，「纛」俗字。

〔七〕匠師執翿羽葆幢　阮校云，經義雜記曰「匠人」作「匠師」，譌，當改正。下引雜記同誤。

〔八〕於義無取　殿本同。阮本脱「無」字。

〔九〕故收春秋傳也　「收」，阮本作「引」，當是。

〔一〇〕卿既是大夫官　孫詒讓據汪文臺說，以爲「卿」爲「卿師」之誤。

〔一一〕玄謂前後屯兵也者　「玄」，漢制考同，殿本作「云」，阮校云，首一字當衍。汪文臺、孫詒讓皆以爲當作「云」。

〔一二〕鱚阨飢之也　「飢」，婺、建、岳本同，嘉靖本作「饑」。阮校云，「饑」是。

〔一三〕歲終則攷六鄉之治　王引之云，「六」當爲「亣」，「亣」古「其」字也。鄉大夫職「歲終則令六鄉之吏」之「六」字同。

〔一四〕揭豆　「揭」，婺本同，建、岳、阮本作「楬」，是。

〔一五〕以共鄉大夫行鄉飲酒之禮　「鄉」，殿本同，阮本作「卿」，誤。

〔一六〕要在一黨之中　「在」，閩本同，阮本作「有」，孫詒讓以爲作「在」是也。

〔一七〕謂考鄉中禮器兵器之等　惠校本同，阮本「禮器」作「禮樂」，汪文臺云，謂禮、樂、兵三者之器。

〔一八〕其鄉史州長以下　「史」，婺、建、岳、阮本作「吏」，當是。

〔一九〕謂若今吏有服除也　「服」，婺、建、岳、阮本作「復」。

〔二〇〕七尺謂年二十　「二」，原作「一」，據阮本改。

〔二一〕案韓詩外傳二十行役　「案」，原作「衆」，據阮本改。浦鏜云，「從」誤「行」。

〔二二〕鄉老及鄉大夫帥其吏與其衆寡　俞樾云，「寡」字衍，下「則各帥其鄉之衆寡而至于朝」之「寡」同。

〔二三〕賓所舉賢者能者　「賓」，婺、建、岳本同，余、元、聞、殿、阮本作「敬」。阮校云「敬」是。

〔二四〕賓客舉之　「舉之」，監、毛、殿本同，元、正、聞、閩、阮本作「之舉」，阮校云，此本「舉」字剜擠。蓋本作「賓客之」，無「舉」字。

〔二五〕孔子爲諸侯鄉大夫　「爲」，阮本作「謂」，疑作「爲」是。

〔二六〕以爲比長鄰長已上之官　「鄰」，阮本作「鄰」，疑作「鄰」是。

〔二七〕上不酌民言則不下天上施　「不下」，阮本作「下不」，當是。

〔二八〕云如是則古今未有遺民而可爲治者　「今」，閩、監、毛、殿本同，元、正、阮本作「人」。疑作「今」是。

〔二九〕致與大司徒　「徒」，殿本同，阮本作「農」，誤。

〔三〇〕各憲之於其所治　閩、毛、阮本「治」下有「之」字，婺、建、岳、嘉靖本無。阮校云，唐石經「於其所」下損闕三字，以字數計之，當有「之」字。石經考文提要無「之」字。嚴可均云，沿革例謂諸善本并無「之」字，說是。

〔三一〕一曰詢國危已下此亦云　「下此亦」，元、正、聞、殿、阮本作「安庶民」，疑非。

〔三二〕屬猶含也　「含」，阮本作「合」，當是。

〔三三〕此知序州黨學者　「此知」，阮本同，殿本作「知此」。浦鏜云，「此知」字疑誤倒。

〔三四〕小司徒乃帥而致與大司徒　「而致」，原闕，據阮本補。

〔三五〕云因爲師帥者　「師」，原作「帥」，據阮本改。

〔三六〕將以考課也　「考」，原作「者」，據阮本改。

〔三七〕鄭知禜謂雩禜水旱之神者　上「禜」字，阮本作「祭」。阮校云，惠校本「祭」下有「禜」，此脱。

〔三八〕此鄉民雖爲鄉大夫　「此」，婺、建、岳、嘉靖本同，余、閩、阮本作「比」，非。「鄉大夫」，阮本作「卿大夫」，與賈疏引注合，是。

〔三九〕民内有爲壹命已上　「壹」，惠校本同，阮本作「一」，下同。

〔四〇〕此經唯有壹命已下觀禮之事　「下」，元、正、閩、閩、毛、殿本同，阮本作「上」，當是。下「證二事俱有壹命已下」同。

〔四一〕謂州長春秋行社　「社」，諸本皆同，孫詒讓云「社」當爲「射」。

〔四二〕鄉人爲卿大夫來觀禮　「卿」，元、正、閩、監、殿本同，毛、阮本作「鄉」，非。

〔四三〕大夫二命　「二」，正、殿本同，元、閩、閩、監、毛、阮本作「一」，疑作「二」是。

〔四四〕故天子之國三命乃不齒　「三」，殿本同，元、閩、閩、監、毛、阮本作「一」，非。

〔四五〕上州之祭祀大喪義異　阮本同，浦鏜云，「上」疑「與」字誤。

〔四六〕亦於軍因爲旅帥　「帥」，建、岳、阮本同，婺本作「師」，誤。

〔四七〕皆書記勤勉之　「勤」，毛、阮本作「勸」。疑作「勸」是。

周禮注疏卷第十三

族師，各掌其族之戒令政事。政事，邦政之事。鄭司農云：「百家爲族。」

「族師」至「政事」　云「各掌其族之戒令政事」者，以其族師主百家，各自受法于上，而掌其族戒令政事也。注「政事」至「爲族」　云「政事，邦政之事」者，謂國之征役皆是也。先鄭云「百家爲族」者，亦約五家爲比，五比爲閭，四閭爲族，故知族百家也。

月吉，則屬民而讀邦灋，書其孝弟睦婣有學者。月吉，每月朔日也。故書上句或無「事」字。杜子春云：當爲「正月吉」。書亦或爲「戒令政事，月吉則屬民而讀邦法」。

「月吉」至「學者」　此族師亦聚衆庶而讀法，因書其孝弟睦婣有學者。黨正直書，〔一〕德行道藝具言。此云孝弟睦姻，惟據六行之四事。有學，即六藝也。計族師所書，亦應不異黨正。但文有詳略，故所言有異。但族師親民，故析别而言耳。

注「月吉」至「邦法」　云「月吉，每月朔日也」者，以其彌親民，教亦彌數，故十二月朔皆讀之。云「故書上句或無『事』字」者，則月與上政字連，政又爲正字，故杜子春云當爲正月吉。但族師親民，讀法宜數，若爲正月之吉，則與黨正同，〔二〕於義不可。云「書亦或爲戒令政事，月吉則屬民而讀邦法」者，此義還與經同，於義爲得，後鄭從之，故引之在下也。

春秋祭酺，亦如之。酺者，爲人物烖害之神也。故書酺或爲步，杜子春云：「當爲酺。」玄謂校人職又有冬祭馬步，則未知此世所云蝝螟之酺與？人鬼之步與？蓋亦爲壇位如雩禜云。族長無飲酒之禮，因祭酺，而與其民以長幼相獻酬焉。○祭酺，音步，或音蒲。校人，户教反。蝝，悦全反。螟，覓經反。酺與，音餘，下步與同。雩禜，榮敬反，本亦作榮，下黨禜同。

「春秋祭酺亦如之」　族師於春秋祭祀酺神之時，亦如上月朔讀法也。

注「酺者」至「酬焉」　鄭知酺者爲人物烖害之神者，凡國之祈祭者，皆恐與人物爲烖害。謂若州長黨正所祭社禜，亦爲水旱與人物爲烖害，〔三〕明此亦是恐與人物爲烖害之神也。云「故書酺或爲步，杜子春云當爲酺」者，校人職云「馬步」，亦爲行步之字，而子春破之從酺者，子春亦無正文，至以此經今文爲正，〔四〕故依之也。「玄謂校人職又有冬祭馬步」者，彼是與馬爲害，故祭之。引之者，證此酺亦與人物爲害。云「則未知此世所云蝝螟之酺與？人鬼之步與」者，但此經云酺，不知何神，故舉漢法以況之。但漢時有蝝螟之酺神，又有人鬼之步神，未審此經酺定當何酺，故兩言之。以無正文，故皆云「與」以疑之也。云「蓋亦爲壇位如雩禜云」者，上黨祭雩禜，〔五〕鄭云蓋亦爲壇位，如祭社稷云，已疑禜爲壇位。今此文約與雩禜同，故言云以疑之。云「族長無飲酒之禮」者，案：上州長，春秋習射，有飲酒禮。黨正十月農功畢，亦有飲酒禮，皆得官物爲之。今此族卑，不得官物爲禮，故云族無飲酒禮也。云「因祭酺而與其民以長幼相獻酬焉」者，鄭必知因祭酺有民飲酒之禮者，案：禮記禮器云：「周旅酬六尸，曾子曰：周禮其猶醵與？」鄭注彼云：「合錢飲酒爲醵，旅酬相酧，似之也。」即引明堂禮：「乃命國醵。」鄭據禮器、明堂禮皆有醵法，醵即合錢飲酒，以不得官酒，故須合錢耳。

以邦比之灋，帥四閭之吏，以時屬民而校，登其族之夫家衆寡，辨其貴賤、老幼、廢疾、可任者，及其六畜車輦。登，成也，定也。

「以邦」至「車輦」　云「以邦比之法」者，案比之法，國家有常，故據其常法以案比之，故云以邦比之法也。云「帥四閭之吏」者，族師管四閭，閭胥皆中士，又有二十比，比長皆下士，是帥四閭之吏也。云「以時屬民而校」者，謂屬聚其民而校比之也。云「登其族之夫家衆寡」者，夫家，即男女也，有夫有婦乃成家，自二人以至十人爲九等，七六五者爲其中。若然，則六口爲中，七口已上爲衆，五口已下爲寡。云「辨其貴賤老幼」者，貴謂卿大夫，賤謂占賣國之斥幣，販易之人也。廢疾，謂廢於人事疾病，若今癃不可事者也。云「可任者」者，謂若國中七尺以及六十，野自六尺以及六十五，皆征之，則可任者也。及其六畜，馬牛羊豕犬鷄。車，駕牛馬。輦，人挽行，皆辨之也。

五家爲比，十家爲聯；五人爲伍，十人爲聯；〔六〕四閭爲族，八閭爲聯：使之相保相受，刑罰慶賞相及相共，以受邦職，以役國事，以相葬埋。〔七〕相共，猶相救相賙。○葬，如字，劉才郎反。埋，本或作貍，莫皆反。

「五家」至「葬埋」　云「五家爲比，十家爲聯」，又云「五人爲伍，十人爲聯」者，在家惟有五家爲比，〔八〕比長領之，無十家爲聯相管之法。今云十家爲聯者，以在軍之時，有十人爲什，本出於在家，故并二比爲十家爲聯。擬入軍時相并，故覆云五人爲伍、十人爲聯，明是在軍法耳。云「四閭爲族，八閭爲聯」者，張逸問：「族百家，安得有八閭？」鄭答：「并之爲聯耳。」若然，亦如二比爲聯之類也。云「使之相保」者，謂相保不爲衍負。云「相受」者，謂宅舍有故，相受寄託。〔九〕云「刑罰慶賞相及」者，案：趙商問：「族師之義，鄰比相坐；康誥之說，門内尚否。書禮是錯，未達旨趣。」鄭答：「族師之職，周公新制禮，使民相共勑之法。康誥之時，周法未定，又新誅三監，務在尚寬，以安天下。先後異時，各有云爲，乃謂是錯。」

注「相共」至「相賙」　案：大司徒職云：「五族爲黨，使之相救；五黨爲州，使之相賙。」此所戒勑，亦與彼同，故引爲證也。

若作民而師田行役，則合其卒伍，簡其兵器，以鼓鐸旗物帥而至，掌其治令、戒禁、刑罰。亦於軍因爲卒長。

「若作」至「刑罰」　「若作民而師田行役，則合其卒伍」者，族師主百家，家出一人，即爲一卒，卒長還使族師爲之，故鄭言亦因爲卒長也。〔一〇〕云「簡其兵器」者，在軍即有弓矢殳矛戈戟。云「以鼓鐸旗物」者，案：大司馬：「春辨鼓鐸：王執路鼓，諸侯執賁鼓，軍將執晉鼓，師帥執提，旅帥執鼙，卒長執鐃，兩司馬執鐸，公司馬執鐲。」又司常云「王建大常」已下，是鼓鐸旗物也。「帥而至」者，族師以帥士卒具備，帥至於鄉師，以致司徒也。注「亦於軍因爲卒長」者，亦釋經掌其治令已下，亦非衆屬軍吏，還是自爲卒長者也。

歲終，則會政致事。

閭胥，各掌其閭之徵令。鄭司農云：「二十五家爲閭。」

注「鄭司」至「爲閭」　先鄭知二十五家爲閭者，以其五家爲比，五比爲閭，故知閭二十五家也。而云「各掌其閭之徵令」者，徵令即下文歲時以下之事是也。

以歲時各數其閭之衆寡，辨其施舍。凡春秋之祭祀、役政、喪紀之數，〔一一〕聚衆庶；既比，則讀灋，書其敬敏任恤者。祭祀，謂州社、黨禜、族酺也。役，田役也。政若州射黨飲酒也。喪紀，大喪之事也。四者及比皆會聚衆民，因以讀法以勑戒之。故書既爲暨，〔一二〕杜子春讀政爲征，暨爲既。○各數，色主反。政役，如字，杜音征。皆會，如字，下會同。爲暨，其器反，又斤乙反。

「以歲」至「恤者」　言「以歲時」者，謂歲之四時。云「各數其閭之衆寡」者，閭胥各自數當閭之内户口多少。云「辨其施舍」者，亦謂國中七尺以及六十，野自六尺以及六十有五，皆征之，已外施舍不役。云「凡春秋之祭祀、役政、喪紀之數，聚衆庶」者，謂州長、黨正、族師祭祀及役政，與王家喪紀，閭胥皆爲之聚衆庶，以待驅使也。云「既比則讀法」者，上族師已上官尊，讀法雖稀稠不同，皆有時節；但閭胥官卑，而於民爲近，讀法無有時節，但是聚衆庶比之時，即讀法，故云既比則讀法。云「書其敬敏任恤者」者，以上書其德行道藝。今此閭胥，親民更近，故除任恤六行之外，兼記敬敏者也。

注「祭祀」至「爲既」　知「祭祀謂州社、黨禜、族酺」者，以其黨鄉之内，所有祭祀，無過此三者而已，故知義然也。云「役，田役也」者，上文師田行役並言，則役是役作。但田是國之常事，田重於功作，此文不云田，故知役是田役也。知政是州射黨飲酒者，政與上祭祀連文，聚衆庶，故知若州射及黨飲酒也。云「喪紀，大喪之事也」者，此大喪，王之喪也。知者，以其聚衆庶，明非上「州之大喪」，故以王之喪解之。

凡事，掌其比觵撻罰之事。觵撻者，失禮之罰也。觵用酒，其爵以兕角爲之。撻，扑也。故書或言「觵撻之罰事」。杜子春云：「當言觵撻罰之事。」○觵，古横反。撻，吐達反。扑也，普卜反。

「凡事」至「之事」　言「凡」，非一，則是鄉飲酒及鄉射飲酒，有失禮者，須罰之，故云「凡事」。云「掌其比」者，人聚則有校比之法，皆掌之。云「觵撻罰之事」者，凡有失禮者，輕者以觵酒罰之，重者以楚撻之，故雙言觵撻罰之事。

注「觵撻」至「之事」　鄭知觵用酒者，以其古者失禮之罰，罰用酒。又知其爵以兕角爲之者，見詩云「兕觵其觩」，故知用兕牛角爲觵爵也。云「撻，扑也」，尚書云：「扑作教刑。」孔云：「扑，榎楚。」故知此撻亦扑也。云「故書或言『觵撻之罰事』，杜子春云『當言觵撻罰之事』」者，子春之意，以「觵罰」在「之」上，〔一三〕於義爲切，故從經爲正也。

比長，各掌其比之治。五家相受相和親，有辠奇衺，則相及。衺猶惡也。○之治，直吏反。有辠，本亦作罪。衺，似嗟反。

「比長」至「相及」　比長管五家，下士爲之。家數雖少，亦有治法，故各掌其比之治。云「五家相受」者，宅舍有故崩壞，相寄託。云「相和親」者，案：尚書云：「爾室不睦，爾惟和哉。」五家之內，有不和親，則使之自相和親。云「有辠奇衺則相及」者，五家有罪惡則連及，欲使不犯，故注云「衺猶惡」也。〔一四〕

徙于國中及郊，則從而授之。徙謂不便其居也。或國中之民出徙郊，或郊民入徙國中，皆從而付所處之吏，明無罪惡。○不便，婢面反。

「徙于」至「授之」　五家之內，人有不便其居，須徙者，則使伍長從而授之。

注「徙謂」至「罪惡」　云「徙謂不便其居也」者，古者三歲大比之年，民有願猒於本居之處不便，則任民遷徙，故云不便其居也。周法，遠郊百里內并國中，共爲六鄉，此國中及郊所徙者，並不離當鄉之內。言「或國中之民出徙郊」者，先從近向遠，釋經徙于郊之文也。云「或郊民入徙國中」者，卻釋經徙于國中之文也。云「皆從而付所處之吏，明無罪惡」者，釋經「則從而授之」之文也。若有罪惡，則下文「無授無節，圜土內之」。其人私逃，有何付授之也。今伍長自往付授，明無罪惡，直是不便其居耳。

若徙于他，則爲之旌節而行之。徙於他，謂出居異鄉也。授之者有節乃達。

「若徙」至「行之」　上經是當鄉之內遷徙，直須伍長送付彼吏；今此經言徙于他，是出向外鄉，則當爲旌節乃行之。

注「徙於」至「乃達」　言「徙于他」，對上經直言國中及郊爲鄉內，此言徙于他，明是出居異鄉也。云「授之者，有節乃達」者，鄭欲見上經鄉內徙者，有授無節。此徙外鄉，非直有有授，兼亦有節乃可行，故鄭言此有節，亦授之者也。此節，即道路用旌節，一也。

若無授無節，則唯圜土內之。鄉中無授，出鄉無節，過所則呵問，〔一五〕繫之圜土，考辟之也。圜土者，獄城也。獄必圜者，規主仁，以仁心求其情，古之治獄，閔於出之。○則荷，呼何反，又音何。

「若無」至「內之」　揔結上二經，故鄭云鄉中無授，出鄉無節，此皆罪人，故當唯圜土內之也。

注「鄉中」至「出之」　上釋出鄉，有授兼節，此注釋鄉中無授、出鄉無。〔一六〕似出鄉空有節而全無授者，〔一七〕以其出鄉雖兼有授，直舉有節，以對鄉內有授也。〔一八〕何妨有節兼有授也。若直有節而無授，何以分別罪惡之人。云「過所則呵問，繫之圜土，考辟之也」者，謂所過之官司，見即呵問之。必知有呵問之者，若不呵問窮詰，則虛實難明，故知呵問也。繫之圜土，考辟之者，謂繫在獄中。辟，法也。考量以法，推問無授無節之由也。云「圜土者，獄城也。獄必圜者，規主仁，以仁心求其情」者，案：禮記深衣有規矩權衡，規配東方仁，矩西方義。但斷獄之法，〔一九〕有義有仁，雖以義斷使合宜，仍以仁恩閔念，求得情實。閔念出之，故獄城圜也。

封人，掌設王之社壝，爲畿封而樹之。壝謂壇及堳埒也。畿上有封，若今時界矣。不言稷者，稷，社之細也。

「封人」至「樹之」　云「掌設王之社壝」者，謂王之三社三稷之壇，及壇外四邊之壝，皆設置之。直言壝，不云壇，舉外以見内，内有壇，可知也。云「爲畿封而樹之」者，謂王之國外，四面五百里，各置畿限，畿上皆爲溝塹，其土在外而爲封，又樹木而爲阻固，故云爲畿封而樹之。

注「壝謂」至「細也」　「壝謂壇及堳埒也」者，堳埒即壝，經不言壇，故鄭兼見之也。云「畿上有封，若今時界矣」者，漢時，界上有封樹，故舉以言之。云「不言稷者，稷，社之細也」者，案：大司徒及下文皆社稷俱言，此獨言社不言稷，故解之。案孝經緯，社，是五土揔神；稷，是原隰之神。原隰即是五土之一耳，故云「稷，社之細」。舉社，則稷從之矣，故言社不言稷也。稷既是原隰之神，但原隰宜五穀，五穀不可遍敬，稷又爲五穀之長，故立稷以表名。孝經注直云「社謂后土」者，舉配食者而言耳。

凡封國，設其社稷之壝，封其四疆。封國，建諸侯，立其國之封。

「凡封」至「四疆」　言「凡封國」者，封五等之國非一，故云「凡」以廣之。云「設其社稷之壝」者，案：禹貢，徐州貢五色土。孔注云：「王者封五色土爲社，建諸侯，則各割其方色土與之，使立社。燾以黄土，苴以白茅。茅取其絜，黄取王者覆四方。」是封乎諸侯立社稷之法也。〔一〇〕云「封其四疆」者，諸侯百里以上至五百里，四邊皆有封疆而樹之，故云封其四疆也。

注「封國」至「之封」　「封國，建諸侯」者，若典命云：「三公八命，其卿六命，大夫四命；其出封皆加一等。」是建諸侯也。云「立其國之封」者，封則經云四疆是也。

造都邑之封域者亦如之。

「造都」至「如之」　云「造都邑」者，謂大都、小都、家邑三等采地，有百里、五十里、二十五里，皆有四邊封域，故云之封域也。云「亦如之」者，亦如上諸侯有四疆也。

令社稷之職。〔二一〕將祭之時，令諸有職事於社稷者也。郊特牲曰：「唯爲社事單出里，唯爲社田國人畢作，唯爲社丘乘共粢盛，所以報本反始也。」○唯爲，于僞反，下同。單出，音丹。丘乘，繩證反。

「令社稷之職」　春秋祭社，皆有職事，令之者，使各依職司而行，故須令之也。

注「將祭」至「始也」　言「將祭之時」者，春秋祭社，日皆用甲。未祭之前，令諸有職事于社稷者也。云「唯爲社事單出里」者，〔二二〕單，盡也。盡往助祭于州長。此據六鄉之中。又云「唯爲社田國人畢作」者，畢，亦盡也。國人盡行。鄭云非徒羨，謂在六遂之中，以下劑致甿，當家之内，一人爲正卒，一人爲羨卒，其餘爲餘夫。但田與追胥竭作，餘夫亦行，故云非徒羨也。云「唯爲社丘乘共粢盛」者，此據三等采地之中，故有丘甸井田之法。案：小司徒職云：「九夫爲井，四井爲邑，四邑爲丘，四丘爲甸。」甸方八里，旁加一里，則爲一成。成百井，九百夫。一井之地九夫，八家各治一夫自入，共治一夫稅入於君，以共粢盛而祭社，故云丘乘共粢盛也。云「所以報本反始也」者，社稷爲土神，是民之本；句龍后稷是民之始。反亦報也。命民共之者，所以報本反始也。引之者，證祭社各有職事。

凡祭祀，飾其牛牲，設其楅衡，置其絼，共其水稾，飾謂刷治絜清之也。鄭司農云：「楅衡，所以楅持牛也。絼，著牛鼻繩，所以牽牛者，今時謂之雉，與古者名同。皆謂夕牲時也。」〔二三〕杜子春云：「楅衡所以持牛，令不得抵觸人。」玄謂楅設於角，衡設於鼻，如椵狀也。水稾，給殺時洗薦牲也。絼字當以豸爲聲。○其楅，音福。置絼，本又作紖，持忍反。水稾，古老反。絜清，如字，又才性反。著牛，直略反。令不，力呈反。得抵，丁禮反。如椵，音加，沈一音瑕。以豸，直氏反。

「凡祭」至「水稾」　言「凡祭祀」，謂王之天地宗廟，先大次小之祭祀非一，故云「凡」以廣之。云「飾其牛牲」者，祭祀尚絜浄，故飾治使浄也。「設其楅衡」者，恐觝觸人，故須設楅于角。牽時須易制，故設衡于鼻。置絼，當牽行，故亦置之于鼻也。須洗薦牲體，故共其水稾也。

注「飾謂」至「爲聲」　司農云「楅衡，所以楅持牛也」者，司農意，以衡爲持，故云「所以楅持牛」。以楅衡共一物解之，與子春同。後鄭不從之矣。云「絼，著牛鼻繩，所以牽牛者，今時謂之雉，與古者名同」者，若然，自漢以前，皆謂之絼。案：禮記少儀云：「牛則執紖。」紖則絼之別名，今亦謂之爲紖也。云「皆謂夕牲時也」者，夕牲在祭前之夕，〔二四〕正祭在厥明，二時皆有此事，明據在前夕牲時而言也。杜子春云「楅衡所以持牛，令不得抵觸人」者，子春意，楅衡唯設于角，與司農義同，後鄭亦不從也。「玄謂楅設于角」者，楅者，相楅迫之義。〔二五〕故知設於角。云「衡設於鼻」者，衡者，横也。謂横木於鼻，今之駞猶然，故知設於鼻，破先鄭子春之義。云「如椵狀」者，漢時有，置于犬之上，謂之椵，〔二六〕故舉以之爲況衡者也。〔二七〕云「水稾，給殺時洗薦牲也」者，其牛將殺，不須飼之。又充人已飼三月，不得將殺始以水稾飲飼。水所以洗牲，稾所以薦牲，故雙言洗薦牲也。云「絼字當以豸爲聲」者，爾雅：「有足曰蟲，無足曰豸。」但牛紖以麻爲之，從絲爲形，以豸爲聲，故云絼字當以豸爲聲。

歌舞牲及毛炮之豚。謂君牽牲入時，隨歌舞之，言其肥香以歆神也。毛炮豚者，爓去其毛而炮之，以備八珍。鄭司農云：「封人主歌舞其牲，云博碩肥腯。」○毛炮，薄交反。爓，似鹽反。去其，起呂反。肥腯，徒忽反。

「歌舞」至「之豚」　言「歌舞牲」者，謂君牽牲入時，封人隨後歌舞，云博碩肥腯也。云「及毛炮之豚」者，謂造炮豚之時，則燭去其毛以炮之也。

注「謂君」至「肥腯」　案：禮記祭義云：「君牽牲，穆荅君，卿大夫序從。」是君牽牲入時也。云「隨歌舞之，言其肥香以歆神也」者，解封人隨牲後歌舞之時節，及使神歆享之意。云「毛炮豚者，爓去毛而炮之」者，經直云毛炮，恐人以并毛炮之。案：禮記內則有炮豚、炮牂，皆編萑以苴之，塗之以墐塗，孰乃擘去之。〔二八〕彼雖炮，亦不言去毛炮之。鄭知去毛者，牂豚之毛，於牲無用，空以汙損牲體，故知凡炮者皆去毛也。云「以備八珍」者，彼內則，八珍之中有炮豚，此炮豚與彼同，故知此炮豚以備足八珍也。「鄭司農云：封人主歌舞其牲，云博碩肥腯」者，此左氏桓公傳，隨季良之辭，彼云：「奉牲以告，曰博碩肥腯。」引之者，證封人歌舞牲時，有此辭也。

凡喪紀、賓客、軍旅、大盟，則飾其牛牲。大盟，會同之盟。

「凡喪」至「牛牲」　言「凡」，凡此下四事。王之喪紀有牲者，除朝夕奠用脯醢以外，大小斂、朔月、月半、薦新奠、祖奠、大遣等，皆有牲牢。賓客有殺牲之者，〔二九〕唯據致飧及饔餼饗食，皆有殺牲之事。軍旅殺牲者，謂饗獻軍吏。大盟，謂天子親往臨盟。此一經皆用牛牲，故揔云飾其牛牲也。

注「大盟會同之盟」　案：覲禮及司儀，諸侯時見曰會，殷見曰同，王皆爲壇于國外，行盟誓之法，故鄭依而言焉。

鼓人，掌教六鼓四金之音聲，以節聲樂，以和軍旅，以正田役。音聲，五聲合和者。

「鼓人」至「田役」　言掌教者，必教他官。案：眡瞭職發言云：〔三〇〕「掌凡樂事，播鼗，擊頌磬、笙磬。」下又云：「掌大師之縣鼙，愷獻亦如之。」雖不云擊鼓，上下文參之，其五鼓是眡瞭擊之，則此所教者，當教眡瞭也。其晉鼓，當教鎛師，故其職云「掌金奏之鼓」。此下文云「以晉鼓鼓金奏」，故彼鄭注云：「主擊晉鼓。」是也。又云「六鼓四金之音聲」者，六鼓四金，與音聲和合，故連言音聲也。云「以節聲樂」者，下云雷鼓、靈鼓、路鼓、晉鼓，皆是也。「以和軍旅」者，下云「以鼖鼓鼓軍事」，是也。云「以正田役」者，下云「以鼛鼓鼓役事」，是也。田獵所以習戰，則田鼓當與軍事同。〔三一〕案：大司馬云：「王執路鼓，諸侯執賁鼓，軍將執晉鼓」之等，是也。此一經，是與下爲揔目之語也。〔三二〕

注「音聲五聲合和者」　案：禮記學記云：「鼓無當於五聲，五聲不得不和。」則五聲須鼓乃和，故鄭云五聲合和者。鄭不解「音」者，單出曰聲，雜比曰音，〔三三〕音聲相將之物，故釋五聲則合得音，〔三四〕故不重云音也。

教爲鼓而辨其聲用，教爲鼓，教擊鼓者大小之數，又別其聲所用之事。○又別，彼列反。

注「教爲」至「之事」　鄭云「教爲鼓，教擊鼓者大小之數」者，則雷鼓八面之等。云「而辨其聲用」。鄭云：「又別其聲所用之事。」則下文雷鼓及四金聲之所用各不同，是也。

以雷鼓鼓神祀，雷鼓，八面鼓也。神祀，祀天神也。

「以雷」至「神祀」　天神稱祀，地祇稱祭，宗廟稱享。案：下靈鼓鼓社祭，又案：大司樂，以靈鼓祭澤中之方丘，大地祇與社同鼓，則但是地祇，無問大小，皆用靈鼓，則此雷鼓鼓神祀，但是天神，皆用雷鼓也。

注「雷鼓」至「神也」　鄭知雷鼓八面者，雖無正文，案：韗人爲臯陶，有晉鼓、鼖鼓、臯鼓，三者非祭祀之鼓，皆兩面，則路鼓祭宗廟，宜四面。靈鼓祭地祇，尊於宗廟，宜六面。雷鼓祀天神，又尊於地祇，宜八面。故知義然也。

以靈鼓鼓社祭，靈鼓，六面鼓也。社祭，祭地祇也。

「以靈鼓鼓社祭」郊特牲云：「社祭土，神地之道。」則孝經緯云「社是五土之揔神」是地之次祀，故舉社以表地祇。大宗伯亦云：「血祭，祭社稷五祀」，亦舉社以表地祇，其實地之大小之祭，皆用靈鼓也。

以路鼓鼓鬼享，路鼓，四面鼓也。鬼享，享宗廟也。○鬼享，許丈反，劉虛讓反，牛人職同。

「以路鼓鼓鬼享」案：大宗伯，宗廟有六享，則禘祫及四時皆言享先王，則皆是大祭。縱有享先公爲之祀，〔三五〕祭殤爲小祀，皆用此路鼓，以其天地神祇大小同鼓，故也。

以鼖鼓鼓軍事，大鼓謂之鼖，鼖鼓長八尺。○鼖，扶云反。

「以鼖鼓鼓軍事」案：大司馬云：「春執鼓鐸，〔三六〕王執路鼓，諸侯執鼖鼓，軍將執晉鼓。」鄭注云：「王不執鼖鼓，尚之於諸侯。」則在軍以鼖爲正，無妨兼有路鼓、晉路之等也。

注「大鼓」至「八尺」云「大鼓謂之鼖」，是訓鼖爲大。此唯兩面而已，而稱大者，此不對路鼓已上，以其長八尺，直對晉鼓六尺六寸者爲大耳。「鼖鼓長八尺」，韗人文。

以鼛鼓鼓役事，〔三七〕鼛鼓長丈二尺。○鼛，音羔，長丈二尺。

「以鼛鼓鼓役事」案：緜詩云：「鼛鼓弗勝。」鄭云：「鼛鼓不能止之。」此云「鼓役事」，謂擊鼓起役事。與彼不同者，但起役止役，皆用鼛鼓，兩處義得相兼耳。

注「鼛鼓長丈二尺」「丈二尺」，韗人文。此既丈二尺，大於鼖鼓，不得大名者，但鼖鼓長八尺，尚對晉鼓爲鼖，明鼛鼓亦大可知。不可同名爲鼖，故别以鼛鼓爲號也。

以晉鼓鼓金奏，晉鼓長六尺六寸。金奏謂樂作擊編鍾。○編鐘，必仙反。

「以晉鼓鼓金奏」　凡作樂，皆先擊鍾，故鍾師以鍾鼓奏九夏。鄭云「先擊鍾，次擊鼓」。金則鍾也，奏則擊也，則是擊鍾後即擊鼓，故云晉鼓鼓金奏。

注「晉鼓」至「編鍾」　「晉鼓長六尺六寸」，亦韗人文。云「金奏謂樂作擊編鍾」者，案：磬師云「擊編鍾」，鄭注云：「磬亦編，於鍾言之者，鍾有不編，不編者鍾師擊之。」若然，則磬師擊編鍾，鍾師擊不編鍾。又案：鎛師云「掌金奏之鼓」，鄭注云：「主擊晉鼓。」則此晉鼓和金奏。但鍾之編與不編，作之皆是金奏，晉鼓皆和之矣。鄭唯言編鍾，據磬師而言。其實不編者，亦以晉鼓和之。故鍾師云：「以鍾鼓奏九夏。」鄭云：「先擊鍾，次擊鼓。」是不編之鍾亦有鼓，鼓即晉鼓也。

以金錞和鼓，錞，錞于也。圜如碓頭，大上小下。樂作，鳴之與鼓相和。○錞，音淳，錞，錞于也。碓頭，音對，本又作椎，直追反。

「以金錞和鼓」　謂作樂之時，以此金錞和於鼓節也。

注「錞錞」至「相和」　「錞，錞于也」者，錞于之名出于漢之大予樂官。并云其形圜如碓頭，大上小下，並出彼文而知之也。又云「樂作，鳴之與鼓相和」，此鄭以意解之。案：下三金皆大司馬在軍所用，有文。此金錞，不見在軍所用，明作樂之時，與鼓相和，故云和鼓也。

以金鐲節鼓，鐲，鉦也，形如小鍾，軍行鳴之，以爲鼓節。司馬職曰：「軍行鳴鐲。」○鐲，直角反，鉦也。鉦，音征。

「以金鐲節鼓」　此謂在軍之時所用。節鼓，與鼓爲節也。

注「鐲鉦」至「鳴鐲」　鄭云「鐲，鉦也」者，案：詩有「鉦人伐鼓」，就而解之，彼注「鉦以静之」。此解以爲軍行所用。不同者，義亦一也，以其動静俱用故也。云「形如小鍾」者，亦據漢法而言也。云「軍行鳴之，以爲鼓節」，此依大司馬文而釋，故引彼文云「軍行鳴鐲」，對上金錞作樂爲節。案彼是公司馬所執也。

以金鐃止鼓，鐃如鈴，無舌有秉，執而鳴之，以止擊鼓。司馬職曰：「鳴鐃且卻。」○鐃，女交反。有秉，兵政反，本又作柄，下同。且卻，起略反。

「以金鐃止鼓」　此案：春秋左氏傳：「曹劌云，一鼓作氣，再而衰，三而竭。」哀公傳：「陳書曰：吾聞鼓而已，不聞金矣。」是進軍之時擊鼓，退軍之時鳴鐃。

注「鐃如」至「且卻」　云「鐃如鈴，無舌」者，亦約漢法而知也。云「有秉執而鳴之」者，案：大司馬云：「卒長執鐃」，故知執而鳴之也。又引司馬職「鳴鐃且卻」者，欲見軍卻退時鳴之，是止鼓時所用也。

以金鐸通鼓。鐸，大鈴也。振之以通鼓。司馬職曰：「司馬振鐸。」○鐸，待洛反，大鈴。大鈴，音零。

「以金鐸通鼓」　此是金鈴金舌，故曰金鐸。在軍所振，對金鈴木舌者爲木鐸，施令時所振。言「通鼓」者，兩司馬振鐸，軍將已下即擊鼓，故云通鼓也。

注「鐸大」至「振鐸」　「鐸，大鈴」，亦約漢法知之。引司馬職者，案彼兩司馬執鐸，所引「司馬振鐸」，即兩司馬也。

凡祭祀百物之神，鼓兵舞帗舞者。兵謂干戚也。帗，列五采繒爲之，有秉。皆舞者所執。○帗，音拂，劉音弗。

「凡祭」至「舞者」　上文神祀、社祭、鬼享，文局不及小神，故此更廣見小神之事，故云凡祭祀百物之神也。云「鼓兵舞帗舞者」，天地之小神，所舞不過此兵舞帗舞二事。案：下舞師，山川用兵舞，社稷用帗舞。今此小神等，若義近山川者舞兵舞，義近社稷者舞帗舞，故六舞之中，唯言此二舞而已。

注「兵謂」至「所執」　「兵謂干戚也」者，案：司兵云：〔三八〕「祭祀授舞者兵。」鄭亦云：「授以朱干玉戚。」必知兵舞是干戚者，見禮記樂記云：「干戚之舞非備樂。」祭統又云「朱干玉戚」，並是大武之舞。是知兵舞干戚也。又知「帗舞，列五采繒爲之，有秉」者，案：樂師注「帗，析五采繒。今靈星，舞子持之」，是舉今以曉古，故知之也。

凡軍旅，夜鼓鼜，鼜，夜戒守鼓也。司馬法曰：「昏鼓四通爲大鼜，夜半三通爲晨戒，旦明五通爲發昫。」○鼜，千歷反。發昫，本又作眗，亦作煦，休具反，劉休武反，或況冢反。

「凡軍旅夜鼓鼜」　在軍警戒，急在於夜，故軍旅於夜鼓其鼜鼓以警衆也。

注「鼜夜」至「發昫」　言鼜者，聲同戚戚，取軍中戚懼之意，故名戒守鼓爲鼜也。引司馬法曰「昏鼓四通爲大鼜」者，欲取從初夜即爲警戒之意，故擊鼓四通，使大戚戚也。云「夜半三通爲晨戒」者，警衆豫使嚴備，侵早當行。云「旦明五通爲發昫」者，旦明五通，晨昫之時當發，故云發昫也。

軍動，則鼓其衆，動，且行。〔三九〕

「軍動則鼓其衆」　尋常在道，欲行之時所擊之鼓，則上注「五通發昫」是也。今別言軍動，則據將臨陳之時，軍旅始動，則擊鼓以作士衆之氣，故曹劌云：「一鼓作氣。」鄭云：「動且行。」謂行前向陳時也。

田役亦如之。

「田役亦如之」　田獵圍合之時，必擊鼓，象對敵，故大司馬職云：「鼓遂圍禁。」是也。

救日月，則詔王鼓，救日月食，王必親擊鼓者，聲大異。春秋傳曰：「非日月之眚，不鼓。」○之眚，生領反。

「救日」至「王鼓」　謂日月食時，鼓人詔告于王擊鼓，聲大異以救之。案：大僕職云：「軍旅田役贊王鼓。」鄭注云：「佐擊其餘面。」又云：「救日月食亦如之。」大僕亦佐擊其餘面。鄭既云「佐擊其餘面」，則非只兩面之鼓。案：上解祭日月與天神同用雷鼓，則此救日月亦宜用雷鼓八面，故大僕與戎右俱云「贊王鼓」，得佐擊餘面也。案：莊二十五年左氏傳：「夏六月辛未，朔，日有食之。鼓，用牲于社，非常也。唯正月之朔，慝未作，日有食之，於是乎用幣于社，伐鼓于朝。」若然，此救日食用鼓，惟據夏四月陰氣未作，純陽用事，日又太陽之精，於正陽之月，被食爲災，故有救日食之法，他月似無救理。(四〇)尚書胤征季秋九月日食，救之者，上代之禮，不與周同。諸侯用幣于社，伐鼓于朝，退自攻責。若天子法，則伐鼓于社。昭十七年，昭子曰：「日食，天子伐鼓于社。」是也。

注「救日」至「不鼓」　「救日月食，王必親擊鼓者，聲大異」，言聲大異者，但日月食，始見其微兆，未有災驗，故云異也。引春秋傳者，亦莊二十五年傳辭，彼傳云：「秋，大水，鼓，用牲于社、于門，亦非常也。凡天災，有幣無牲。非日月之眚不鼓。」譏其爲大水用鼓。引之，證其日月得有用鼓法。春秋不記救月食者，但日食是陰侵陽，臣侵君之象，故記之。月食是陽侵陰，君侵臣之象，非逆事，故略不記之也。

大喪，則詔大僕鼓。始崩及窆時也。

注「始崩及窆時也」　案：大僕職云：「大喪始崩，戒鼓，傳達于四方，窆亦如之。」是鄭所據也。

舞師，掌教兵舞，帥而舞山川之祭祀；教帗舞，帥而舞社稷之祭祀；教羽舞，帥而舞四方之祭祀；教皇舞，帥而舞旱暵之事。羽，析白羽爲之，形如帗也。

四方之祭祀，謂四望也。旱暵之事，謂雩也。暵，熱氣也。鄭司農云：「皇舞，蒙羽舞。書或爲䍿，〔四一〕或爲義。」玄謂皇，析五采羽爲之，亦如帗。○旱暵，呼但反。爲䍿，音皇。

「舞師」至「之事」　云「掌教兵舞」，謂教野人使知之。國有祭山川，則舞師還帥領往舞山川之祀，已下皆然。案：春官樂師有六舞，并有旄舞，施于辟雍，人舞，施于宗廟。此無此二者，但卑者之子，不得舞宗廟之酎，祭祀之舞，亦不得用卑者之子。彼樂師教國子，故有二者，此教野人，故無旄舞、人舞。

注「羽析」至「如帗」　但羽舞用白羽，帗舞用五色繒，用物雖異，皆有柄，其制相類，故云「形如帗」也。云「四方之祭祀謂四望也」，知者，若以四方連百物，則四方不止四方。〔四二〕今單云四方，四望。五岳四瀆亦布在四方，故知四方即四望也。云「旱暵之事謂雩也」者，春秋所云雩者，皆釋旱。又祭法云：「雩禜，祭水旱。」故知旱暵謂雩祭也。云「暵，熱氣也」者，以其旱時多熱氣；又此暵字，以日爲形，以漢爲聲省，故知暵，熱氣也。鄭司農云「皇舞，蒙羽舞」者，先鄭之意，蓋見禮記王制「有虞氏皇而祭」，皇是冕，爲首服，故以此皇爲鳳皇羽蒙于首，故云「蒙羽舞」。自古未見蒙羽于首，故後鄭不從之矣。云「書或爲䍿或爲義」者，禮本不同，故或爲䍿，或爲義。皆不從之矣。「玄謂皇，析五采羽爲之，亦如帗」者，鍾氏染鳥羽，象翟鳥鳳皇之羽，皆五采，此舞者所執，亦以威儀爲飾。言皇是鳳皇之字，明其羽亦五采，其制亦如帗舞。若然，帗舞、羽舞、皇舞，形制皆同也。

凡野舞，則皆教之。野舞，謂野人欲學舞者。

「凡野」至「教之」　案序官，舞徒四十人，其數有限。今云「皆教之」者，數雖四十，餘者有能學，皆教之，以待其闕耳。

凡小祭祀，則不興舞。小祭祀，王玄冕所祭者。〔四三〕興猶作也。

注「小祭」至「作也」　案：上文云：「凡祭祀百物之神，鼓兵舞帗舞。」又案：司服云「羣小祀，則玄冕」，注云：「羣小祀，林澤墳衍、四方百物之屬。」如是，則小祭祀有兵舞，帗舞。而云不興舞者，小祭祀雖同玄冕，若外神林澤之等，則有舞，若宫中七祀之等，則無舞，此文是也。

牧人，掌牧六牲而阜蕃其物，以共祭祀之牲牷。

六牲謂牛、馬、羊、豕、犬、鷄。鄭司農云：「牷，純也。」玄謂牷，體完具。○阜蕃，音煩。牲牷，音全。

「牧人」至「牲牷」　云「掌牧六牲而阜蕃其物」者，阜，盛也。蕃，息也。物，謂毛物。言使肥盛蕃息，各有毛物。謂五官各有牛人、羊人、犬人、豕人之等，擇取純毛物者以供牧人，牧人又供與充人，芻之三月以祭祀，故云以共祭祀之牲牷也。

注「六牲」至「完具」　案：爾雅所釋六畜，有馬、牛、羊、豕、犬、鷄，故鄭依而釋之。案：膳夫供六牲，鄭注云：「始養之曰畜，將用之曰牲。」〔四四〕則此云牲，亦據將用爲言也。司農云「牷，純也」，後鄭不從者，尚書云犧牷，對犧，不得爲純色，其純，下文毛之者是也。故玄易之云：「牷，體完具也。」

凡陽祀，用騂牲毛之；陰祀，用黝牲毛之；望祀，各以其方之色牲毛之。

騂牲，赤色。毛之，取純毛也。陰祀，祭地北郊及社稷也。望祀，五嶽、〔四五〕四鎮、四瀆也。鄭司農云：「陽祀，春夏也。黝讀爲幽。幽，黑也。」〔四六〕玄謂陽祀，祭天於南郊及宗廟。○黝，於糾反，司農音幽。

「凡陽」至「毛之」　言「凡」，與下陽祀、陰祀、望祀等爲目，故云凡以廣之也。

注「騂牲」至「宗廟」　騂牲知是赤色者，見明堂位「周人騂剛」，檀弓云「周人牲用騂」，周尚赤而云用騂，故知騂是赤也。云「毛之，取純毛也」者，對下文云「尨是雜色」，則此經云毛之者，皆是取純毛也。云「陰祀，祭地北郊及社稷也」，并「陽祀，祭天於南郊及宗廟」者，但天神與宗廟爲陽，地與社稷爲陰。案：大宗伯云：「蒼璧禮天，黄琮禮地。」謂圓丘方澤。下云：「牲幣各放其器之色。」則昊天與崐崘，牲用蒼用黄，四時迎五方天帝，又各依其方色，牲則非此騂牲黝牲。惟有郊天及宗廟、社稷一等，不見牲色，在此陽祀陰祀之中可知。案：郊特牲云：「郊之祭也，大報天而主日。兆于南郊，就陽位也。牲用騂。」是南郊用騂也。檀弓云：「殷尚白，周尚赤。」是祭宗廟用赤也。據此而言，則祭天於南郊及宗廟用騂也。郊特牲云：「社祭土而主陰氣也。」是社稱陰。孝經緯鉤命決云：「祭地于北郊，就陰位。」彼對郊天就陽位，則是神州之神，在北郊而稱陰，以是知陰祀中有祭地于北郊及社稷也。不從先鄭「陽祀，春夏」者，周祭宗廟，四時同用騂，夏至祭地方澤，牲用黄。春夏迎氣，牲各隨方之色，明不得同用騂，故不從也。又知望祀是四望者，以其言望，與四望義同，故知是四望五嶽等也。云「黝讀爲幽。幽，黑也」者，以其幽是北方，故從幽爲黑也。後鄭先解陰祀，後釋陽祀者，陽祀待先鄭釋訖，隨後破之，故也。

凡時祀之牲，必用牷物。時祀，四時所常祀，謂山川以下至四方百物。

「凡時」至「牷物」　時言「凡」者，〔四七〕山川已下非一，故亦言凡以廣之也。必用牷物者，對上方色是隨其方色，下用尨，尨是雜色，則此牷物者，非方非雜，雖不得隨方之色，要於一身之上，其物色須純，其體須完，不得雜也。假令東方，或純黄、純黑，南方或純白、純青，皆得也。

注「時祀」至「百物」　知時祀是山川以下至四方百物者，案：司服，山川羣小祀，林澤四方百物在四望下。此上文云「天地四望」，此「時祀」又在「四望」下，又四方山川之等，亦依四時而祀，故知時祀是山川至百物，鄭唯據地之時祀。若天之時祀，日月已下，亦在此時祀中也。

凡外祭毁事，用尨可也。外祭謂表貉及王行所過山川用事者。故書毁爲甈，尨作龍。杜子春云：「甈當爲毁，龍當爲尨。尨謂雜色不純，毁謂副辜侯禳毁除殃咎之屬。」〔四八〕○尨，亡江反。表貉，莫霸反。爲甈，丘例反。副，普逼反。辜音孤。禳，如羊反。

「凡外」至「可也」　外祭毁事，其神非一，故云「凡」以廣之也。

注「外祭」至「之屬」　知外祭中有表貉者，據上文外神之中，已云天地至四方百物，依時而祭者已盡，此别言外祭，則外祭中唯有表貉之等。案：大司馬，田獵之時，立表而貉祭。司几筵亦云：「貉用熊席。」又知外祭中有王行所過山川用事者，〔四九〕案：校人云：「凡將事于四海山川，則飾黄駒。」大祝云：「大會同，過大山川，則用事焉。」亦是非常外祭之事。若然，此云尨，校人用黄駒者，從地色黄，亦據尨中有黄色者用之，不必純黄。〔五〇〕云「毁謂副辜侯禳毁除殃咎之屬」者，此文承子春之下，不言「玄謂」，當是子春所解也。案：宗伯云：「疈辜祭四方百物。」而引九門磔禳。又案：小祝職云：「將事侯禳。」皆是禱祈除殃咎，非常之祭，用尨之類，故引以爲證也。

凡祭祀，共其犧牲，以授充人繫之。犧牲，毛羽完具也。授充人者，當殊養之。周景王時，賔起見雄雞自斷其尾，曰「雞憚其爲犧」。○憚其，待旦反。

「凡祭」至「繫之」　牧人養牲，臨祭前三月，授與充人繫養之，故云「凡祭祀，共其犧牲，以授充人繫之」。

注「犧牲」至「爲犧」　云「犧牲，毛羽完具也」者，云犧牲不云牷，則惟柬純毛者。〔五一〕而鄭云完具者，祭祀之牲，若直牷，未必純犧，若犧，則兼牷可知，故鄭以完具釋犧。云「授充人者，當殊養之」者，牧人之牲，未用祭者，揔在一處不殊，今將以祭者，則殊别繫養之。云「周景王時」者，此春秋左氏傳昭二十二年：「王子朝、賔起有寵於景王，王與賔孟説之，欲立之。」又云：「賔孟適郊，見雄雞自斷其尾，問之，侍者曰：『自憚其犧也。』遽歸，告王，且曰：

『雞其憚爲人用乎？人異於是。』」注：「犧者，以喻人之有純德，實宜爲君。」彼直云「自憚其犧」不云「雞」，鄭以義增之耳。引之者，證犧是純色之意也。

凡牲不繫者，共奉之。謂非時而祭祀者。

注「謂非」至「祀者」 云「不繫者」，謂若上文凡外祭毀事用尨可也，是非時而祭祀者也。

牛人，掌養國之公牛以待國之政令。公猶官也。

「牛人」至「政令」 云「掌養國之公牛以待國之政令」者，政令，則諸侯所須牛，及牧人之事，則供送之也。

注「公猶官也」 訓公爲官者，恐有公君之嫌，但王家之牛，若公廨之牛，故須訓公爲官，是官牛也。

凡祭祀，共其享牛、求牛，以授職人而芻之。鄭司農云：「享牛，前祭一日之牛也。求牛，禱於鬼神，祈求福之牛也。」〔五二〕玄謂享，獻也。獻神之牛，謂所以祭者也。求，終也。終事之牛，謂所以繹者也。宗廟有繹者，孝子求神非一處。職讀爲樴。樴謂之杙，可以繫牛。樴人者，謂牧人、充人與？芻，牲之芻。牛人擇於公牛之中而以授養之。○職人，戚音特，或餘式反，劉之式反，注樴同。以繹，音亦，徐音夕。之杙，餘式反，劉餘則反。

「凡祭」至「芻之」 云「凡祭祀」者，祭祀非一，〔五三〕故亦言「凡」以廣之。云「享牛」者，〔五四〕謂正祭之牛。云「求牛」者，謂繹祭之牛。云「以授職人而芻之」者，謂授充人繫養者也。

注「鄭司」至「養之」 先鄭云「享牛，前祭一日之牛也」者，若此以爲祭前一日夕牲時而言，仍是正祭牛，則不應以正祭而云前祭一日。若不據祭祀，以爲齊時所食，齊則十日，不應惟止一日而已。其言無據，故後鄭不從也。云「求牛禱於鬼神祈求福之牛也」者，案：上文「凡牲不繫者共奉之」，謂非時而祭，則不繫之。此經授職人繫之，明非禱祈非時祭者，〔五五〕故後鄭亦不從也。「玄謂享，獻也。獻神之牛，謂所以祭者也」者，以其宗伯祭宗廟六者皆云享，則享是正祭可知，破先鄭爲前祭一日之牛也。云「求，終也。終事之牛，謂所以繹也」者，今日正祭于廟，明日繹祭在門外之西室，故鄭云「孝子求神非一處」，以解求牛爲繹祭之牛也。故郊特牲云：「祭于祊，尚曰求諸遠者與？」是名繹祭爲求也。云「職讀爲樴」者，凡官皆有職，直云職人，無所指斥，但職、樴聲相近，誤爲職，故讀從樴。充人置樴，入地之時，樴樴然作聲，故以聲名其官也。云「樴謂之杙」者，爾雅釋宫文。郭注云：「橜也。」云「樴人者，謂牧人充人與」者，與，疑辭。疑之者，凡牲堪祭祀者，則牛人選入牧人。臨祭之前，牧人乃授充人，充人乃繫養之。今若即以樴人爲充人，則隔牧人，故連牧人而言之。明先至牧人，乃至充人，經據後而言之中耳。〔五六〕云「牛人擇於公牛之中而以授養之」者，鄭直言養之者，則養者之中，還兼有牧人、充人也。

凡賓客之事，共其牢禮積膳之牛；牢禮，飧饔也。積，所以給賓客之用，若司儀職曰「主國五積」者也。膳，所以閒禮賓客，若掌客云「殷膳太牢」。○積膳，子賜反，注同。飧，音孫。

「凡賓」至「之牛」　言「凡賓客」者，謂五等諸侯來朝，兼有臣來聘，皆共牢禮積膳之牛也。

注「牢禮」至「太牢」　鄭知牢禮飧饔者，此一經皆謂致與賓客者。下云饗食，是速賓之禮也。案：大行人、掌客皆云：「上公，飧五牢，饔餼九牢，五積。侯伯，飧四牢，饔餼七牢，四積。子男，飧三牢，饔餼五牢，三積。」積之多少，各視飧牢，其膳，則五等諸侯皆大牢，故云牢禮飧饔也。云「積，所以給賓客之用」者，謂行道之用，遺人所云者是也。又引司儀職曰「主國五積」者，〔五七〕據上公而言也。云「膳所以閒禮賓客」者，謂賓客未去之閒致禮也。又引掌客云「殷膳大牢」，彼注云：「殷，中也，中間未去。」即是問禮賓客也。

饗食、賓射，共其膳羞之牛； 羞，進也，所進賓之膳。燕禮，小臣請執冪者與羞膳者，至獻賓而膳宰設折俎。王之膳羞亦猶此。○食也，〔五八〕音嗣，下文同。執冪，民狄反。折俎，之設反。

「饗食」至「之牛」　饗者，亨大牢以飲賓，獻依命數。食者，亦亨大牢以食，食禮九舉、七舉、五舉，亦依命數，無酒獻酬耳。皆在於廟以速賓。射者，謂大射，及與賓客射于朝。天子諸侯射，先行燕禮，皆有殽俎，故有牛也。云「共其膳羞之牛」者，謂獻賓時，宰夫所進俎，是也。

注「羞進」至「猶此」　引「燕禮，小臣請執冪者與羞膳者，至獻賓而膳宰設折俎」者，案：燕禮，立賓後，公卿大夫升就席，小臣阼階下，北面，請執冪者與羞膳者。注云：「執冪者，執瓦大之冪也。方圜壺無冪。羞膳者，羞於公，謂庶羞」云云。至主人獻賓，「賓西階上拜，筵前受爵，反位，主人賓右拜送爵。膳宰薦脯醢。賓升筵，膳宰設折俎」。此王與賓饗及賓射，設俎時節及設人無文，故云王之膳羞亦猶此也。若然，饗食有牛俎。至於射禮，天子諸侯皆先行燕禮，其牲狗得有牛者。〔五九〕但天子諸侯雖用燕禮，直取一獻之禮，未旅而行射節。其用牲，則左傳云：「公當饗。」雖然，燕禮亦用牛，與饗同。若然，云膳羞則庶羞也，不言正俎之牛者，據庶羞而言，其實兼正俎矣。

軍事，共其犒牛； 〔六〇〕鄭司農云：「犒師之牛。」○犒牛，苦報反，注同。

「軍事共其犒牛」　謂將帥在軍枯犒之賜牛，謂之犒牛也。

注「鄭司」至「之牛」　案：左氏傳僖公三十三年，秦師襲鄭，鄭商人弦高將市於周，遇之，以乘韋先，牛十二犒師。雖非己之軍師，亦是犒師之牛，故引以爲證也。

喪事，共其奠牛。 謂殷奠、遣奠也。喪所薦饋曰奠。○遣奠，弃戰反。

注「謂殷奠遣奠也」　喪中自未葬已前無尸，飲食直奠，〔六二〕停置于神前，故謂之爲奠。朝夕之奠，無尊卑，皆脯醢酒而已，無牲體。殷，大也。唯有小斂、大斂，朔月、月半、薦新、祖奠，及遣奠時，有牲體。大遣奠非直牛，亦有馬牲耳，故鄭云「謂殷奠、遣奠也」。鄭云「喪所薦饋曰奠」，以無尸故也。

凡會同、軍旅、行役，共其兵車之牛，與其牽徬，以載公任器。牽徬，在轅外輓牛也。人御之，居其前曰牽，居其旁曰徬。任猶用也。○牽徬，薄浪反，注同。

「凡會」至「任器」　會同軍旅，兼言行役，謂王行巡守，皆六軍從也。云「共其兵車之牛」者，但兵車駕四馬之外，別有兩轅駕牛，以載任器者，亦謂爲之兵車，故云兵車之牛也。

注「牽徬」至「用也」　云「牽徬在轅外輓牛也」者，上云「兵車之牛」，據在轅内者，別言「與其牽徬」，故云在轅外輓牛也。若然，轅外在前者曰牽，在旁者曰徬，故鄭覆云「人御之，居其前曰牽，居其旁曰徬」。言人御之者，以其在轅外，將御爲難，故特言人御之也。云「任猶用也」者，謂在軍所須之器物，皆是也。

凡祭祀，共其牛牲之互與其盆簝，以待事。鄭司農云：「互謂楅衡之屬。盆簝皆器名。盆所以盛血，簝受肉籠也。」玄謂互，若今屠家縣肉格。○之互，劉音護，徐音牙。盆簝，音老，劉魯討反，受肉籠也。以盛，音成。縣肉，音玄。

注「鄭司」至「肉格」　先鄭上文楅衡共爲一物，後鄭已不從。今以互與楅衡共一，彌不可。「玄謂互若今屠家縣肉格」，其義可知。但祭祀殺訖，即有薦爓薦孰，何得更以肉縣于互乎？然當是始殺解體未薦之時且縣于互，待解訖乃薦之，故得有互以懸肉也。故詩云：「或剥或亨，或肆或將。」注云：「肆，陳也。」謂陳於互者也。

充人，掌繫祭祀之牲牷。祀五帝，則繫于牢，芻之三月。牢，閑也。必有閑者，防禽獸觸齧。養牛羊曰芻。三月，一時，節氣成。

「充人」至「三月」　云「充人掌繫祭祀之牲牷」者，但祭祀之牲，皆體牷具，故以牷言之也。云「祀五帝」者，上云掌繫祭祀之牲牷，則摠養天地宗廟之牲。下別言祀五帝，則略舉五帝而已。其實昊天及地祇，與四望社稷之等外神，皆繫之也。

注「牢閑」至「氣成」　云「牢，閑也」者，校人養馬，謂之閑，此養牛羊，謂之爲牢。言閑，見其閑衛。言牢，見其牢固。〔六二〕所從言之異，其實一物也。云「必有閑者，防禽獸觸齧」者，案：春秋有郊牛之口傷，鼷鼠食其角，自外恐更有禽獸觸齧，故鄭摠云焉。云「養牛羊曰芻」者，此經云繫于牢芻之，惟據牛羊。若犬豕則曰豢，又不繫之矣。云「三月，一時，節氣成」者，釋必以三月之意。案：宣三年公羊云：「帝牲在于滌三月。」何休云：「滌，宫名，養帝牲三牢之處也。三牢者，各主一月，取三月一時，足以充天牲。」是其三月之義也。

享先王，亦如之。

「享先王亦如之」　上經天地外神，已別于上，故今以先王亦如之，亦繫于牢，芻之三月也。

凡散祭祀之牲，繫于國門，使養之。散祭祀，謂司中、司命、山川之屬。國門，謂城門司門之官。鄭司農云：「使養之，使守門者養之。」○散祭，素但反，注同。

「凡散」至「養之」　云「散祭祀之牲」，直言「繫于國門使養之」，不言三月，則或一旬之内而已，不必三月也。案：

楚昭王問于觀射父曰：「芻豢牲則不必三月，其諸侯祭祀養牲幾何？」〔六三〕對曰：「遠不過三月，近不過浹日。」孔注云：「遠，牛羊豕。近，犬雞之屬。」則諸侯祭祀養牲，亦得三月，及旬，則天子亦有浹日之義。若然，此散祭祀，亦可浹日而已。

注「散祭」至「養之」　鄭知散祭祀謂司中司命山川之屬者，見上文陽祀、陰祀、望祀皆云「毛之」，社稷、四望，已入毛之科內。下別云凡時祀用牷物，其中無社稷、四望，唯有天神司中司命以上，地神山川以下，此散祭祀，則上時祀之神也。故知散祭祀是司中以下。言「之屬」者，其中兼有林澤百物之等也。云「國門謂城門司門之官」者，司門揔主王城十二門，皆別有下士及府、史、胥、徒。今養牲者是十二門，而云司門之官者，揔官首而言之，其實非司門自養，則先鄭云「使守門者養之」是也。

展牲，則告牷；鄭司農云：「展，具也。具牲，若今時選牲也。充人主以牲牷告展牲者也。」玄謂展牲，〔六四〕若今夕牲也。特牲饋食之禮曰：「宗人視牲告充，舉獸尾告備。」近之。○近之，附近之近。

注「鄭司」至「近之」　先鄭以爲選牲時，後鄭不從者，若是選牲時，應在牧人，牧人選訖，始付充人。今既在繫養之下，乃言「展牲則告牷」，明非初選牲，故不從。「玄謂展牲，若今夕牲也」者，此舉漢法以況之。又引特牲禮者，以其天子禮亡，故舉以言焉。案：彼宗人視牲告充，亦謂祭前之夕夕牲時。云「舉獸尾」者，士用兔腊。〔六五〕言獸尾，止謂兔也。言近之者，彼謂士禮，引證天子法，故云近之。

碩牲，則贊。贊，助也。君牽牲入，將致之，助持之也。〔六六〕春秋傳曰：「故奉牲以告曰，博碩肥腯。」〔六七〕

「碩牲則贊」　上經夕牲時，此經據正祭時。言「碩牲」者，〔六八〕謂君牽牲入廟，卿大夫贊幣而從，皆云博碩肥腯。此充人既是養牲之官，當助持牛紖而牽之。

注「贊助」至「肥腯」 鄭知有君牽牲者，見祭義云：「君牽牲，穆荅君，卿大夫序從。」天子亦當然。又引春秋傳者，比春秋左氏傳，〔六九〕楚武王侵隨。隨少師請追楚師，季梁止之，曰：「天方授楚，楚之羸，其誘我也。臣聞小之能敵大也，小道大淫。〔七〇〕又云：「今民餒而君逞欲，〔七一〕祝史矯舉以祭，臣不知其可也。」公曰：「吾牲牷肥腯，粢盛豐備，何則不信？」對曰：「夫民，神之主也，是以聖王先成民而後致力於神。故奉牲以告，曰：『博碩肥腯』，謂民力之普存也。」是其事也。

校勘記

〔一〕黨正直書　「直」，殿本作「所」。浦鏜云：「直」，疑「所」字誤。

〔二〕則與黨正同　元、聞、閩、監、毛、殿本同。阮校云：「黨正」爲「州長」之誤。

〔三〕亦爲水旱與人物爲裁害　阮本脱「人」字。

〔四〕至以此經今文爲正　「至」，監、毛、殿、阮本作「直」；「正」，閩本作「酺」，誤。

〔五〕上黨祭雩禜　「祭」，阮本作「正」，當是。

〔六〕五人爲伍十人爲聯　俞樾云，當作「五比爲閭，十比爲聯」。于鬯云，原文不誤，俞説非。

〔七〕以相葬埋　「埋」，唐石經、諸本同。阮校云，經當用古字「貍」。

〔八〕在家惟有五家爲比　「惟」，元、聞、閩、監、毛、殿本同，阮本作「爲」，誤。

〔九〕相受寄託　「託」，阮本作「記」，誤。

〔一〇〕故鄭言亦因爲卒長也　「言」，惠校本同，元、聞、閩、監、毛、殿、阮本作「云」。

〔一一〕凡春秋之祭祀役政喪紀之數　王引之云，「數」當「事」之誤。

〔一二〕故書既爲暨　漢讀考作「故書暨爲既」，下作「杜子春讀既爲暨」，經「既比」作「暨比」。今本係以注改經文，又以經改注，誤甚。阮校云，注以「及」訓「暨」，則段玉裁是。「既」不訓「及」。

〔一三〕以櫕罰在之上　元、正、聞、阮本同。阮校云，疑「櫕」衍。閩、監、毛本增作「櫕撻罰」。

〔一四〕故注云衺猶惡也　「注」，阮本作「法」，誤。

〔一五〕過所則呵問　阮本同，阮校云，葉鈔釋文「呵」作「苛」，嘉靖本剜改，蓋本作「苛」。

〔一六〕出鄉無　阮本「無」下有「節」字，是也。

〔一七〕似出鄉空有節而全無授者　「似」，阮本作「以」。

〔一八〕直舉有節以對鄉内有授　「以」，阮本作「似」。

〔一九〕矩西方義但斷獄之法　阮本「矩」下有「配」字；「但」，監、毛、殿本同，元、正、聞、閩、阮本「但」下有「獄」字，疑衍。

〔二〇〕是封乎諸侯立社稷之法也　「乎」，元、正、聞、閩、監、毛、殿、阮本同。阮校云，宋本無「乎」，此衍。

〔二一〕令社稷之職　于鬯云，此「令」當讀爲總領之領。

〔二二〕云唯爲社事單出里者　「里」，阮本作「理」，疑非。

〔二三〕皆謂夕牲時也　「夕」，婺、岳、阮本同，建本作「久」，誤。

〔二四〕夕牲在祭前之夕　元、正、聞、閩、監、毛、殿、阮本「夕」上有「但」字。

〔二五〕楅者相楅迫之義　阮校云，「楅迫」當爲「逼迫」。孫詒讓云，「楅迫」猶上文云「楅持」，不必改爲「逼」。詩閟宮疏亦有「楅迫」之語。

〔二六〕謂之棍　阮校云，漢制考此句下有「音加」二小字，當亦賈疏本文。孫詒讓云，「音加」出陸音，非賈疏本文，阮誤。

〔二七〕故舉以之爲況衡者也　元、正、聞本同，閩、監、毛、殿本「以之」作「之以」。阮校云，「爲」字疑衍。

〔二八〕孰乃擘去之　孫詒讓云，「孰」，依内則當作「乾」。

〔二九〕賓客有殺牲之者　殿本無「之」字，浦鏜云，「之」當衍字。

〔三〇〕案眂瞭職發言云　「言」，宋本同，元、聞、閩、監、毛、殿、阮本作「首」。

〔三一〕則田鼓當與軍事同　正、元、聞、殿本同。閩、監、毛本「事」作「士」，誤。

〔三二〕是與下爲揔目之語也　「爲」，阮本作「文」，疑非。

〔三三〕雜比曰音　「雜」，元、閩、監、毛、殿本同，正、聞、阮本作「和」，疑誤。

〔三四〕五聲則合得音　「合」，元、正、聞本同，閩、監、毛、殿、阮本作「含」。

〔三五〕縱有享先公爲之祀　「之」，阮本作「次」，當是。

〔三六〕春執鼓鐸　孫詒讓云，「執」疑當爲「辨」。

〔三七〕以鼛鼓鼓役事　阮校云，説文引作「皐鼓」。

〔三八〕案司兵云　「兵」，阮本作「馬」，誤。

〔三九〕動且行　「且」，婺、建、岳本同，余、嘉靖、閩、監、毛、阮本作「旦」，疑非。

〔四〇〕故有救日食之法他月似無救理　「他」，諸本同，阮本誤作「也」。

〔四一〕皇舞蒙羽舞書或爲翌　阮本同，漢讀考作「翌舞蒙羽舞書或爲皇」。

〔四二〕則四方不止四方　下「四方」，元、正、聞本同，閩、監、毛、殿、阮本作「四望」。疑作「四望」。

〔四三〕王玄冕所祭者　建、岳、阮本同，婺本無「所」字。

〔四四〕始養之曰畜將用之曰牲　孫詒讓云，「始養之曰畜」二句爲庖人注，此引作膳夫注，非。

〔四五〕望祀五嶽　阮本同，阮校云，賈疏本「望祀」下有「四望」二字。

〔四六〕黝讀爲幽幽黑也　漢讀考作「幽讀爲黝黝黑也」，經「黝牲」作「幽牲」，今本是經注互改之故。

〔四七〕時言凡者　孫詒讓云，「時」下當有「祀」字。

〔四八〕毁謂副辜侯禳毁除殃咎之屬　「禳」，建、岳、阮本同，婺本作「穰」。

〔四九〕又知外祭中有王行所過山川用事者　「川」，原作「州」，據阮本改。

〔五〇〕不必純黄　「黄」，元、聞、閩、阮本作「注」，疑非。

〔五一〕則惟束純毛者　「束」，監、毛本同，元、正、聞、閩、阮本作「據」。

〔五二〕祈求福之牛也　「祈」，婺、岳本同，建本作「所」。阮校云，當作「所」。孫詒讓以爲「祈」字不誤，是也。

〔五三〕祭祀非一　「祀非」，原作「以給」，據阮本改。

〔五四〕云享牛者　「云享」，原作「曰主」，據阮本改。

〔五五〕明非禱祈非時祭者　阮校云，此本此句剜擠，當有誤。孫詒讓云，此無誤。

〔五六〕經據後而言之中耳　阮本無「中」字，阮校云，「中」蓋涉下之「中」誤衍。

〔五七〕又引司儀職曰主國五積者　「儀」，阮本作「徒」，誤。

〔五八〕食也　案此當據徐本作「饗食」。

〔五九〕其牲狗得有牛者　「狗」，元、正、閩本同，阮本作「猶」，疑作「狗」是。

〔六〇〕軍事共其犒牛　「犒」，婺、建、岳本同，唐石經、余、阮本作「槁」，阮校云，經注皆當作「槁」。

〔六一〕喪中自未葬已前無尸飲食直奠　閩、監、毛本同，阮本誤複「飲食」二字。
〔六二〕言牢見其牢固　「見」，監、毛、殿本同，元、正、聞、閩、阮本作「是」，疑作「見」是。
〔六三〕楚昭王問于觀射父曰芻豢牲則不必三月其諸侯祭祀養牲幾何　孫詒讓云，此行譌舛不可讀，今以楚語校之，疑當作「其諸侯祭祀養牲，案楚昭王問于觀射父曰：『芻豢幾何？』」依此校乙，文義始可通，其「牲則不必三月」六字，乃涉上文誤衍。
〔六四〕玄謂展牲　「玄」原作「立」，據婺、建、岳本改。
〔六五〕士用兔腊　「兔腊」，原作「免道」，據阮本改。
〔六六〕助持之也　「持」，岳、嘉靖、元、閩、監、毛、殿、阮本同，婺、建、正、聞本作「特」，誤。
〔六七〕博碩肥腯　「腯」，婺、岳、阮本同，建本作「循也」。
〔六八〕言碩牲者　「牲」，原作「我」，據阮本改。
〔六九〕比春秋左氏傳　「比」，阮本作「此」，殆是。
〔七〇〕小道大滛　「小」，原作「少」，據阮本改。
〔七一〕今民餒而君逞欲　「餒」，原作「餒」，據阮本改。

周禮注疏卷第十四

地官司徒下

載師，掌任土之灋，以物地事，授地職，而待其政令。任土者，任其力勢所能生育，且以制貢賦也。物，物色之，以知其所宜之事，而授農牧衡虞，使職之。

「載師」至「政令」　此經與下經爲目。言「任土之法」者，任，謂任其力勢所能生育，即下經云「廛里任國中之地」以下，是也。云「以物地事」者，此文還於任其力勢而物色之，知其種植所宜何種。云「授地職」者，既知地勢所宜，而授有職事於地者。云「而待其政令」者，謂因其職事，使出賦貢，即下經「園廛二十而一」以下是。

注「任土」至「職之」　云「任土者，任其力勢所能生育」者，力勢生育，即下文物色是也。云「且以制貢賦也」者，地勢所能生育，本以字民。但百姓足，君孰與不足，故因民九職以制貢，故云且以制貢賦也。但地之所出，唯貢而已，口率出錢及軍法，乃名賦。鄭并言賦者，以民有地貢，即有錢賦及軍賦，故鄭兼言賦也。且禹貢地貢亦名賦，故名「厥賦惟上上」之等也。〔二〕云「物，物色之，以知其所宜之事」者，此言出於孝經緯。故孝經緯援神契云：「五岳藏神，四瀆含靈，五土出利，以給天下。黃白宜種禾，黑墳宜種麥，蒼赤宜種菽，洿泉宜種稻。」所宜處多，故鄭云「之屬」也。但草人所云物地者，據觀形色布種所宜，故二處皆云物地也。云「而授農牧衡虞使職之」者，既物地知所宜，須有職事。案：大宰職，九職皆主營地以出貢，山虞、澤虞、川衡、林衡，亦主地以出税，故知授地職中，有此農牧衡虞之等，但九職中略舉農牧二者。案：小司徒職云：「分地域而辯其守，施其職。」彼守職文具，故彼鄭注：「守，謂衡虞。職，謂九職。」此經無守，惟有地職，故鄭以地職中兼見衡虞之守也。

以廛里任國中之地，以場圃任園地，以宅田、士田、賈田任近郊之地，以官田、牛田、賞田、牧田任遠郊之地，以公邑之田任甸地，以家邑之田任稍地，〔二〕以小都之田任縣地，以大都之田任畺地。故書廛或作壇，郊或爲蒿，稍或作削。〔三〕鄭司農云：「壇讀爲廛。廛，市中空地未有肆，城中空地未有宅者。民宅曰宅。宅田者，以備益多也。士田者，士大夫之子得而耕之田也。賈田者，吏爲縣官賣財與之田。官田者，公家之所耕田。牛田者，以養公家之牛。賞田者，賞賜之田。牧田者，牧六畜之田。司馬法曰：王國百里爲郊，二百里爲州，三百里爲野，四百里爲縣，五百里爲都。」杜子春云：「蒿讀爲郊。五十里爲近郊，百里爲遠郊。」玄謂廛里者，若今云邑居里矣。〔四〕廛，民居之區域也。里，居也。圃，樹果蓏之屬，季秋於中爲場。樊圃謂之園。〔五〕宅田，致仕者之家所受田也。士相見禮曰：「宅者在邦則曰市井之臣，在野則曰草茅之臣。」士讀爲仕。仕者亦受田，所謂圭田也。孟子曰：「自卿以下，必有圭田，圭田五十畮。」〔六〕賈田，在市賈人其家所受田也。官田，庶人在官者其家所受田也。牛田、牧田，畜牧者之家所受田也。公邑，謂六遂餘地，天子使大夫治之，自此以外皆然。二百里、三百里，其大夫如州長；四百里、五百里，其大夫如縣正。是以或謂二百里爲州，四百里爲縣云。遂人亦監焉。家邑，大夫之采地。小都，卿之采地。大都，公之采地，王子弟所食邑也。畺，五百里王畿界也。皆言任者，地之形實不方平如圖，受田邑者，遠近不得盡如制，其所生育賦貢，取正於是耳。以廛里任國中，如遂人職授民田，〔七〕夫一廛，田百畮，是廛里不謂民之邑居在都城者與？凡王畿内方千里，積百同，九百萬夫之地也。有山陵、林麓、川澤、溝瀆、城郭、宫室、涂巷，三分去一，餘六百萬夫。又以田不易、一易、再易上中下相通，定受田者三百萬家也。遠郊之内，地居四同，三十六萬夫之地也。三分去一，其餘二十四萬夫。六鄉之民七萬五千家，通不易、一易、再易，一家受二夫，則十五萬夫之地，其餘九萬夫。廛里也，場圃也，宅田也，士田也，賈田也，官田也，牛田也，賞田也，牧田也，九者亦通受一夫焉，則半農人也，定受田十二萬家也。食貨志云：「農民戶一人已受田，其家衆男爲餘夫，亦以口受田如比。士工商家受田，五口乃當農夫一人。」今餘夫在遂地之中，如此則士工商以事入在官，而餘夫以力出耕公邑。甸稍縣都合居九十六同，八百六十四萬夫之地。城郭宮室差少，涂巷又狹，於三分所去六而存一焉，以十八分之十三率之，則其餘六百二十四萬夫之地，通上中下六家而受十三夫，定受田二百八十八萬家也。其在甸七萬五千家爲六遂，餘則公邑。○廛里，直連反。以場，直良反。圃，布古反，又音布。賈田，音古，注同。畺地，居良反。吏爲，于僞反。果蓏，力果反。州長，丁丈反，後皆同。亦監，古銜反。盡如，津忍反。者與，音餘。林麓，音鹿。涂巷，音徒。去一，起呂反，下同。如比，徐方二反。率之，音律，又音類。

「以廛」至「畺地」 此一經，論任土之法。但天子畿内千里，中置國城，四面至畺各五百里，百里爲一節，封授不同。今則從近向遠，發國中爲始也。但自遠郊百里之内，置六鄉，七萬五千家，自外餘地，有此廛里以至牧田九等所任也。云「以公邑之田任甸地」者，郊外曰甸。甸在遠郊之外，其中置六遂，七萬五千家，餘地既九等之人所受，〔八〕以爲公邑也。但自此以至畿畺，四處皆有公邑，故據此而言也。云「以家邑之田任稍地」者，謂天子大夫，各受采地二十五里，在三百里之内也。云「以小都之田任縣地」者，謂天子之卿，各受五十里采地，在四百里縣地之内也。云「以大都之田任畺地」者，謂三公及親王子母弟，各受百里采地，在五百里畺地之中也。名三百里地爲「稍」者，以大夫地少，稍稍給之，故云稍也。四百里爲「縣」者，以四百里采地之外，地爲公邑，主之者尊卑如縣正，〔九〕故司馬法亦名四百里爲縣也。五百里爲「畺」者，以外畔至五百里畿畺，故以畺言之。

注「故書」至「公邑」 云「故書廛或作壇」已下，先鄭及子春等不從故書者，以其壇與萬、削義無所取故也。鄭司農云「廛，市中空地未有肆，城中空地未有宅」，後鄭不從者，以其廛者，廛縣於中，里又訓爲居，不得爲空地。若空地，何因有二十而稅乎？且司農又不釋里之與廛義異，故後鄭以爲民居之區域，與孟子「五畝之宅」及遂人「夫一廛」，一物解之也。司農云「民宅曰宅。宅田以備益多也」者，司農意，以宅本一夫受一區，恐後更有子弟，國中不容，故别受宅田於近郊，以備於後子弟益多，出往居之。後鄭不從者，依士相見禮，致仕者有宅在國、宅在野二者，依彼稱宅，與此宅田文同，故不從先鄭，依彼解之。司農云「士田者，士大夫之子得而耕之田也」，後鄭不從者，以此士字言之，不得兼大夫。又禮記，士之子不免農，大夫之子免農矣，不得爲大夫子得而耕之田，故後鄭破此士爲仕。仕，謂卿大夫已下，仕宦得田，依孟子圭田解之。司農云「賈田者，吏爲縣官，賣財與之田」，後鄭不從者，依周禮之内云「賈人」者，皆仕在官，府史之屬，受禄於公家，何得復受田乎？故後鄭以爲賈人其家所受田也。司農云「官田者，公家之所耕田」，後鄭不從者，下云近郊十一，皆據此士官田之等。若官田是公家所耕，何得有税乎？故後鄭以爲府史之等仕在官，家人所受田也。司農云「牛田者，以養公家之牛」，後鄭不從者，若是養公家牛，何得下文有税？故後鄭亦爲牛人之家所受田也。司農云「賞田者，賞賜之田」，此即夏官司勳云賞田，〔一〇〕一也，故後鄭從之。司農云「牧田者，牧六畜之田」，司農意，此即牧人掌牧六牲者也。後鄭不從者，若是牧人牧六牲，則是公家放牧之地，何得下文有税乎？故後鄭亦云牧人家人所受田也。司農引司馬法已下者，證經遠郊百里，四百里爲縣，五百里畺，畺即都，一也。無取於州與野之義，連引之耳。子春云「五十里爲近郊」，後鄭義亦然，故書序云：「周公既没，命君陳分正東郊成周。」鄭注云：「天子之國，五十里爲近郊，今河南洛陽，相去則然。」是近郊五十里之驗也。子春又云遠郊百里，此與司馬法同，故後鄭從之也。「玄謂里，居也」，案：爾雅釋言云：「里，邑也。」今云里居者，但里居城邑之中，故爾雅云里邑，不謂訓里爲邑，故鄭云里，居也。云「圃，樹果蓏之屬」者，此謂田首之界，家有二畝半，以爲井竈葱韭者，故得種樹果蓏之屬。云「季秋於中爲場」者，七月詩云「九月築場圃」是也。云「樊圃謂之園」者，大宰九職有園圃毓草木，並園言之，詩「折柳樊圃」，故云樊圃謂之園也。引士相見者，破先鄭以爲宅田爲民宅之義也。〔一一〕云「士讀爲仕」者，後鄭之意，單士恐不兼卿大夫，故破從仕官之仕。〔一二〕云「所謂圭田也」

者，所謂王制「夫圭田無征」，復是殷法，故圭田無稅入天子法，故言無征；此是周法，故有近郊十一而稅。引孟子者，證圭田卿大夫士皆有之義也。云「賈田」已下至「畜牧者之家所受田也」者，皆是不從司農之義。云「公邑謂六遂餘地」者，欲見六鄉之外，〔一二〕有九等之田，無公邑之意。云「天子使大夫治之」者，以其四等公邑非鄉遂，又非采地，不見有主治之。以司馬法云「二百里曰州，四百里曰縣」言之，故知天子使大夫治之也。云「自此以外皆然」者，以大宰九賦有邦甸家稍邦都之賦，非采地，是公邑可知。又三百里以外，其地既廣，三等采地所受無多，故唯九十三國，明自外皆是餘地爲公邑也。若然，是公邑之地有四處也。云「二百里、三百里，其大夫如州長；四百里、五百里，其大夫如縣正」者，此約司馬法「二百里曰州，四百里曰縣」而言，則從二百里向外，有四百里，二百里爲一節。故二百里、三百里，大夫治之，尊卑如州長中大夫也。四百里、五百里，尊卑如縣正下大夫也。云「是以或謂二百里爲州，四百里爲縣云」者，此還據司馬法而言，無正文，約與彼同，故言「或」，又言「云」，以疑之也。云「遂人亦監焉」者，案：遂人云「掌野」，鄭云「郊外野」。大摠言之，則自百里外置六遂爲野，自百里外至五百里畿皆曰野，是以彼下又云「夫間有遂」云云，而言「以達于畿」。但鄉遂及公邑，皆爲溝洫法，是以遂人亦監焉。云「家邑，大夫之采地。小都，卿之采地，大都，公之采地」者，此經有家邑、小都、大都之文，小司徒有四丘爲甸，四甸爲縣，四縣爲都。彼據稅入天子而言，此總據采地大小而言，則家邑二十五里，〔一三〕大都百里，通治溝洫及澮而言也。云「王子弟所食邑也」者，王子弟者，據春秋之義，凡言弟者，皆王之同母弟。則母弟與王之庶子，與公同食百里，地在畺。稍疏者，與卿同食五十里，地在縣。又疏者，與大夫同食二十五里，地在稍。故在下別言王子弟所食邑。云「皆言任者，地之形實不方平如圖」者，上經注任土者，〔一四〕任其力勢所能生育，彼并言土，故云任，言任其生育。此經皆單言任，故以任其曲直高下形實解之，言任義得兩含也。云「受田邑者，遠近不得盡如制」者，地既不可方平如圖，明受田受邑者不得盡如制。制，還是圖也。云「其所生育賦貢，取正於是耳」者，此鄭還釋任義，非

直任其形實，亦兼解任其生育貢賦取正也。〔一五〕是以上注云：「任其生育，且以制貢賦也。」云「以廛里任國中，而
遂人職授民田，夫一廛，田百畮」，引之者，覆破司農謂廛爲空地，故云「是廛里不謂民之邑居在都城者與」，言正是
民之邑居在都城者，聲解之也。云「凡王畿內方千里」者，〔一六〕據大司徒、大司馬皆云王畿千里而言也。云「積百
同」者，王畿千里，開方之，方千里爲方百里者百，百里爲一同，故云積百同。云「九百萬夫之地也」者，一同百成，
成九百夫，十成九千夫，百成九萬夫，百同，故九百萬夫之地也。云「有山陵、林麓、川澤、溝瀆、城郭、宫室、涂巷，
三分去一，餘六百萬夫」者，案：大司徒注：「積石曰山，大阜曰陵，注瀆曰川，水鍾曰澤。」爾雅釋山：「山足曰
麓。」此瀆非四瀆，其溝亦非田間廣深四尺之溝，〔一七〕直是通水之溝瀆也。城，謂方十二里。郭，謂郛郭。宫室，謂
城郭之内官民宫室。涂巷，謂城内九經九緯，及民間街巷之等。三分去一，謂九百萬夫之中，三分去一，故云餘六
百萬夫也。案：洛邑，千里之中，山林之等多於平地，而鄭以三分去一，據大較而言也。云「又以田不易、一易、
再易上中下相通」者，此相通三家受六夫之地也。云「定受田者三百萬家也」者，亦據六百萬夫相通而言也。云
「遠郊之內，地居四同，三十六萬夫之地也」者，以其遠郊百里，內置六鄉，四面相距二百里，二二而四，故四同。每
同有九萬夫，四九三十六，故知三十六萬夫之地。云「三分去一，其餘二十四萬夫」者，前文摠據畿內方千里，三分
去一，此更據四同之內，山陵之等，三分去一，〔一八〕故其餘二十四萬夫也。云「六鄉之民七萬五千家」者，鄉有萬二
千五百家，六鄉，故七萬五千家。云「通不易、一易、再易，一家受二夫，則十五萬夫之地」者，此亦相通而言也。云
「其餘九萬夫」者，據二十四萬夫，除十五萬夫，故餘九萬夫也。云「廛里」已下至「半農人」也，鄭意九者未畢各整
萬家，以大抵九者各爲萬家解之，據整數而言耳。云「亦通受一夫焉」者，其中亦有不易、一易、再易，相通而各受
一夫焉。云「半農人也」者，農人相通，各受二夫之地，此受一夫，故云半農人也。云「定受田十二萬家也」者，此鄭
摠計六鄉七萬五千家，此九者，二夫爲一夫，九萬爲四萬五千。四萬五千，添七萬五千，爲十二萬夫。據實受地爲

定數，故云定也。云「食貨志云：農民户一人已受田，其家衆男爲餘夫，亦以口受田如比」，引之者，證六鄉七萬五千家，家爲七夫爲計，〔一九〕餘子弟多，三十壯有室，其合受地，亦與正夫同，故遂人云：「夫一廛，田百畮，餘夫亦如之。」是其餘衆男爲餘夫，亦以口受田，如正夫之比類。若然，案：孟子云：「圭田五十畝，餘夫二十五畝。」彼餘夫與正夫不同者，彼餘夫是年二十九已下，未有妻，受口田，故二十五畝。若三十有妻，則受夫田百畝。故鄭注内則云：「三十受田，給征役。」鄉大夫注亦云：「有夫有婦乃成家。」何休亦云：「一夫一婦，受井田百畝。」云「士工商家受田，五口乃當農夫一人」者，此謂士與工商之家，丈夫成人受田，各受一夫，則上云半農人者是也。其家内無丈夫，其餘家口，不得如成人，故五口乃當農夫一人矣。云「今餘夫在遂地之中」者，謂百里内置六鄉，以九等受地，皆以一夫爲計，其地則盡。至於餘夫，無地可受，則六鄉餘夫等，並出耕在遂地之中，百里之外。其六遂之餘夫，並亦在遂地之中受田矣，故揔云今餘夫在遂地之中也。云「如此則士工商以事入在官，而餘夫以力出耕公邑」者，案：食貨志「士農工商，四民有業。學以居位曰士，闢土殖穀曰農，作巧成器曰工，通財鬻貨曰商。聖王量能授事，四民陳力受職，故地無曠土」。又云「農民户一人已受田，其家衆男爲餘夫，亦以口受田如比」。又云，「士工商家受田，五口乃當農夫一人。此謂平土可以爲法」。又見齊語管子對桓公亦云：「皆者聖王，〔二〇〕處士以閑燕，處工就官府，處商就市井，處農就田野」。皆云「少而習焉，其心安焉」。據此二文，皆有四民，但民農已於上鄉遂公邑受地，故此唯説士工商三者也。其身得禄免農，其子不免農，故禮記「問士之子，長，曰『能耕矣』」。大夫已上之子，則免農矣，故禮運云：「大夫有田，以處其子孫。」然士既有禄，沾及子弟，故其家田亦五口乃當農夫一人也。其工商比農民爲賤，故其家人亦五口乃當農夫一人。此工商，則與上賈人別，彼賈人仕在官若府史，但異名耳。此工商，有事時復爲官所使，故云以事入在官。云「餘夫以力出耕公邑」者，還是五口之内有丈夫，非士工商之身，即曰餘夫。百里内既置六鄉及九等，無地可居，故知亦出耕公邑也。云「甸稍縣都合居九十六同，八百六十四萬夫之地」者，經有任甸稍縣都，遠郊之内，已入六鄉與九等，故此特據甸地已外至五百里。但王畿千里，揔計有百同，已取四同爲百里内，故餘有九十六同，同有九萬夫，百同則九百萬夫。其中除四同三十六萬夫，故餘爲九十六同，八百六十四萬夫之地也。云「城郭宫室差少，涂巷又狹」者，鄭欲解於三分所去而存一之意。〔一二〕但百里之外，雖有公邑采地，城郭宫室，比百里之内爲狹少耳。云「於三分所去六而存一焉，以十八分之十三率之」者，但百里之内，則三分所去，六不存一，〔一三〕今於此三分所去之中，六内而存取其一，則十八分之，十三率之，是也。言十八分之、十三率之者，若不六而存一，則十八分之，三六十八，去一分，有十二存。今於所去六中，存取其一，以益十二，則所去者五，所存者十三，故云十八分之，十三率之也。案：張逸問：「注十八分之，十三率之，何謂？」鄭荅曰：「六鄉之民，上地不易，家百畝，一易家二百畝，再易家三百畝，相通三夫六百畝。六遂之民，上地家百畝，萊五十畝。中地家百畝，萊百畝。下地家百畝，萊二百畝。相通三夫而六百五十畝。以三分去一之法，當餘十二。遂地以有五十畝萊，於三分去一，乃得十三。」若據此而言，則於三分所去，六而存一，唯據上地有萊五十畝而説。而鄭云城郭宫室差少涂巷又狹者，但六而存一，指據六夫受十三夫地而言，今言城郭少涂巷狹者，鄭意遠郊外，上地有萊五十畝，故言於城郭少涂巷狹中，出此萊地焉。云「則其餘六百二十四萬夫之地，通上中下六家而受十三夫，定受田二百八十八萬家也」者，〔一四〕三分所去六而存一之法，即於同上計之。先取九十同，更別借取九十同，添爲百八十同，是十八分之十三率之，所得者百三十，所去者五十。向者借半，今於百三十中還半，餘有六十五同存。仍有六同未分。於六同別借取十二同，添六爲十八同，三分所去六而存一，則得十三同，所去者五同。向借十二同，是三分借二分，今還他二分，則十三同中，取十二同，還他八同，得四同。一同者分爲九萬夫，還他六萬夫，得三萬夫。將此四同三萬夫，添前六十五同，揔爲六十九同三萬夫矣。一同九萬夫，取六十同，六九五十四，爲五百四十萬夫。又有九同，同有九萬夫，九九八十一，又爲八十一萬夫。通前三萬夫，爲八十四萬夫。

又添五百四十萬夫，摠爲六百二十四萬夫之地，故云十八分之十三率之，則其餘六百二十四萬夫也。云上中下者，上地家百畝，萊五十畝。中地家百畝，萊百畝。下地家百畝，萊二百畝。云六家而受十三夫者，以上地有萊五十畝，故三夫受六夫半，六夫受十三夫矣。云「定受田者，二百八十八萬家也」者，以六家受十三夫，則六十萬家，受百三十萬夫。百二十萬家，受二百六十萬夫之地。又倍之，二百四十萬家，受五百二十萬夫之地。餘有四十八萬家，於上借十二萬家，爲六十萬家，是五分借一，整數計之，則六十萬家，受百三十萬夫之地。向五分借一，今還五分除一，六十除十二，餘有四十八萬家在。地亦五分除一，百三十除二十六萬夫，餘有一百四萬夫地在。將此四十八萬家，添前二百四十萬，爲二百八十八萬家。又將此一百四萬夫地，添前五百二十萬夫，摠爲六百二十四萬夫矣。云「其在甸七萬五千家爲六遂，餘則公邑」者，鄭既摠計畿内遠郊之外訖，〔二四〕別更計二百里之中者，以三百里已外，封三等采地。采地多少不定，不可計。其六遂與六鄉相對，故特計之，以其六遂家數，與六鄉相似。但六鄉之内餘地，有九等所居，六遂餘地既無九等，〔二五〕故以餘地爲公邑也。但邦畿千里，唯民所止，若東都地中言之，東面雖有平地，至於三面，山林徧有。〔二六〕今鄭所計，雖三分去一，〔二七〕豈有二分平土乎？且六鄉之民猶可以數計之，其九等之地，豈各萬夫爲定乎？但鄭欲以開悟後人，聊以整數爲筭法耳。

凡任地，國宅無征，園廛二十而一，近郊十一，遠郊二十而三，甸稍縣都皆無過十二，唯其漆林之征二十而五。〔二八〕征，稅也。言征者，以共國政也。鄭司農云：「任地，謂任土地以起稅賦也。國宅，城中宅也。無征，無稅也。」故書「漆林」爲「桼林」，杜子春云：「當爲漆林。」玄謂國宅，凡官所有宮室，吏所治者也。周稅輕近而重遠，近者多役也。園廛亦輕之者，廛無穀，園少利也。古之宅必樹，而畺場有瓜。〔二九〕○桼林，本又作漆，音七，劉本作桼，字之變也，音同。畺場，音亦。

「凡任地」至「十而五」　上經言任地所在，此經言出稅多少不同之事。云「國宅無征」者，征，稅也。謂城內官府治處無稅也。云「園廛二十而一」者，園，即上經場圃任園地。廛，即上經廛里任國中之地。并言之者，以其出稅同故也。云「近郊十一」者，即上經宅田、士田、賈田，任在近郊者，同十一而稅也。云「遠郊二十而三」，即上經官田、牛田、賞田、牧田，任遠郊之地，同二十而稅三也。云「甸稍縣都皆無過十二」者，即上經公邑之田任甸地已下，至任畺地四處，皆無過十而稅二。但此四處，出稅不同。據上文直言公邑之田任甸地，則甸地之中，兼有六遂矣。其稍縣都，上文惟言家邑，〔三〇〕小都、大都三等采地，爲井田鋤法，不見公邑，則三者之中，皆有公邑，故上注云：「自此已外皆然。」若然，則此云十二者，除三等采地而言，以其鄉遂公邑，皆爲夏之貢法故也。云「漆林之征二十而五」者，上之三等，爲輕近重遠法。此漆林之稅特重，以其漆林自然所生，非人力所作故也。

注「征稅」至「有瓜」　司農云：「國宅，城中宅也。無征，無稅也」者，先鄭意，廛既爲空地，非民宅。則此國宅城中宅，謂民宅也。後鄭不從者，後鄭意以廛里既爲民宅，則此國宅非民宅，是以爲官府治事處解之。「玄謂國宅，凡官所有宮室吏所治者也」者，吏，即卿大夫等。則匠人云「外有九室，九卿治之」，是也。故無征也。云「周稅輕近而重遠，近者多役也」者，以其城內及城外近城者給公家使役多，〔三一〕於稅上輕而優之。遠城者役少，故於稅上重而苦之，故不依十一而稅。唯近郊之內當十一耳。云「園廛亦輕之者，廛無穀，園少利也」者，以其廛，則五晦之宅在園中〔三二〕，則孟子云：「五晦之宅，樹之以桑麻。」是廛無穀也。園少利者，此園則百晦田畔，家各二晦半，以爲井竈，種葱、韭及瓜。是園少利，故亦輕之。云「古之宅必樹」者，即孟子桑麻是也。云「畺場有瓜」者，是信南山詩，云「中田有廬，畺場有瓜」。鄭云：「中田，田中，作廬，以便其事。於其畔種瓜，瓜成又入其稅，天子剝削淹漬以爲菹，獻之皇祖。」〔三三〕是其園廛皆有稅之事也。異義第五田稅：「今春秋公羊說十一而稅，過於十一，大桀小桀；減於十一，大貉小貉。十一稅，天子之正，〔三四〕十一行而頌聲作。故周禮國中園廛之賦，二十而稅一，近郊十而稅一，〔三五〕遠郊二十而稅三。有軍旅之歲，一井九夫，百畮之賦，出禾二百四十斛，芻秉二百四十六，〔三六〕釜米十六斗。案：公羊十一稅，遠近無差。漢制收租，田有上中下，與周禮同義。玄之聞也，周禮制稅法，輕近而重遠者，爲民城道溝渠之役，近者勞，遠者逸故也。其授民田，家所養者多，與之美田。所養者少，則與之薄田。其調均之而足，〔三七〕故可以爲常法。漢無授田之法，富者貴美且多，貧者賤薄且少，美薄之收不通相倍從，而上中下也，〔三八〕與周禮同義，未之思也。又周禮六篇，無云軍旅之歲，一井九夫百畮之稅，出禾芻秉釜米之事，何以得此言乎？」若然，周禮稅法，據王畿，公羊稅法，據諸侯邦國。諸侯邦國無遠近之差者，以其國地狹少，役賦事暇，故無遠近之差也。

凡宅不毛者，有里布；凡田不耕者，出屋粟；凡民無職事者，出夫家之征。鄭司農云：「宅不毛者，謂不樹桑麻也。里布者，布參印書，廣二寸，長二尺，以爲幣，貿易物。詩云『抱布貿絲』，抱此布也。或曰：布，泉也。春秋傳曰：『買之百兩一布。』又廛人職：『掌斂市之次布、儳布、質布、罰布、廛布。』孟子曰：『廛無夫里之布，則天下之民皆說而願爲其民矣。』故曰宅不毛者有里布，民無職事出夫家之征，欲令宅樹桑麻，民就四業，則無稅賦以勸之也。故孟子曰：『五畮之宅，樹之以桑，則五十者可以衣帛。』不知言布參印書者何，見舊時說也。」玄謂宅不毛者，罰以一里二十五家之泉，空田者罰以三家之稅粟，以共吉凶二服及喪器也。民雖有閒無職事者，猶出夫稅家稅也。夫稅者，百畮之稅。家稅者，出士徒車輦，給繇役。○儳布，劉音讒，徐才鑒反。皆說，音悦。欲令，力呈反。以衣，於既反，下同。有閒，音閑。

「凡宅」至「之征」　以草木爲地毛。〔三九〕民有五畮之宅，廬舍之外不樹桑麻之毛者，罰以二十五家之稅。布，謂口率出泉。漢法口百二十也。云「凡田不耕者，出屋粟」者，夫三爲屋。民有百畮之田，不耕墾種作者，罰以三夫之稅粟。〔四〇〕云「凡民無職事者，出夫家之征」者，此則大宰「閒民無常職，轉移職事」之人，雖不事當家田宅，無可賦税，仍使出夫税家税之征，以勸之使樂業也。

注「鄭司」至「繇役」　先鄭云「不毛者謂不樹桑麻」，據孟子爲説也。云「里布」至「抱此布」，此説非，故先鄭自破之也。云「或曰布泉」以下至「廛布」，此説合義也。云「春秋傳曰：買之百兩一布」，此昭公二十六年左氏傳文。案：彼文，齊侯以師欲納昭公。申豐從女賈，以幣錦二兩，〔四二〕以適齊師。謂子猶之人高齮：「能貨子猶，爲高氏後。」高齮以錦示子猶，子猶欲之。齮曰：「魯人買之，百兩一布。」杜注云：「言魯人買此甚多，布陳之，以百兩爲數。」杜以爲布爲陳，不爲布泉。此先鄭以彼布與此布及外府邦布皆爲泉，與杜義異也。云「廛人職掌斂市之次布」已下，彼注，先鄭云：「次布，列肆之税布總布。」後鄭云：「總，讀如租穗之穗。穗布，謂守斗斛銓衡之布。質布，謂貿人所罰犯質劑者之布。罰布者，謂犯市令者之泉。廛布者，貨賄諸物邸舍之税。」彼諸布皆是泉，故引以爲證也。引孟子「廛無夫里之布」，亦謂口率出泉。宅不毛，無一里之罰布，天下民願爲之民矣。云「欲令民就四業，則無税賦以勸之」者，案閭師，四業，畜也、耕也、樹也、蠶也。或説以四時之業也。「玄謂宅不毛者，罰以一里二十五家之泉」者，此就足司農之義。「空田者，罰以三家之税粟」者，以夫三爲屋，以三夫解屋也。云「以共吉凶二服及喪器也」者，案：鄉師職云：「比共吉凶二服，閭共祭器，族共喪器，黨共射器，州共賓器。」但射器、賓器等，爲國行禮，故出官物爲之。惟吉凶二服及喪器，是民自共用，不可出官物，故比族主集此罰物爲之。故鄭唯據此二事而言也。云「夫税者，百畮之税」，知者，以家税爲士徒，故知是一夫之田所税粟也。云「家税者，出士徒車輦，給繇役」，知者，案：縣師云：「若將有軍旅會同，作其衆庶，及馬牛車輦。」故知家税是士徒車輦也。趙商問：「載師職，凡宅不毛，乃罰以一里布。田不耕者，罰屋粟。商以田不耕，其罪莫重，宅不毛，其罰當輕。宅不毛乃罰以二十五家之布，田不耕則罰之三夫之税粟。未達罰之云爲之旨，輕重之差。」鄭荅：「此法各當罰其事於當其有故，何以假他輕重乎！」

以時徵其賦。

「以時徵其賦」 閭師徵斂六鄉之賦貢，遂師、旅師斂六遂已外之賦貢，自有常官。但徵斂事重，以載師既掌畿内地事，因亦徵其賦，相左右也。案：下閭師注：「賦謂九賦及九貢。」則此賦貢含有也。至於里布、屋粟，及閒民夫家之征，亦可徵之。（四二）

閭師，掌國中及四郊之人民、六畜之數，以任其力，以待其政令，以時徵其賦。國中及四郊，是所主數六鄉之中，（四三）自廛里至遠郊也。掌六畜數者，農事之本也。賦謂九賦及九貢。

「閭師」至「其賦」 閭師徵斂百里内之賦貢，故云掌國中及四郊之人民及六畜之數。以其人民是出賦之數，（四四）其六畜是營作之本，故須知數也。云「以任其力」者，謂以人民六畜任使其力也。云「以待其政令」者，政令，謂賦役皆是也。「以時徵其賦」者，賦貢所徵，當順其四時，故云以時也。

注「國中」至「九貢」 云「國中及四郊是所主數」者，以其六鄉之民，居在國中及四郊，其政教自有鄉大夫以下施之。今閭師主徵斂，直知其人數而已，故云是主數也。云「六鄉之中自廛里至遠郊也」者，此鄭重解國中及四郊之義。據上文，（四五）廛里至任遠郊之地，其中含有六鄉七萬五千家，故鄭指六鄉而言也。云「掌六畜數者，農事之本也」者，六畜謂馬牛羊豕犬鷄，則唯牛可爲農事。而鄭揔云農事之本者，羊馬犬鷄雖不用爲農事，皆是人之相資藉以爲用，故揔入農事之中。是以閭師主徵斂，亦揔知其數也。云「賦謂九賦」者，（四六）案：下又陳貢，故知賦中兼有貢。經直言賦者，以賦爲主耳。賦，謂口率出泉。若然，案：大宰九賦，從邦中以至幣餘爲九等，此國中及四郊，於九賦之中惟有二賦，而言九賦者，亦大摠而言也。其九貢又與大宰別。彼九貢者，與小行人「春入貢」爲一，謂諸侯之九貢。即大宰九職之貢，〔四七〕與下文貢九穀之等是一也。

凡任民：任農以耕事，貢九穀；任圃以樹事，貢草木；任工以飭材事，貢器物；任商以市事，貢貨賄；任牧以畜事，貢鳥獸；任嬪以女事，貢布帛；任衡以山事，貢其物；任虞以澤事，貢其物。貢草木，謂葵韭果蓏之屬。○以飭，音勑。以畜，許又反，下同。

「凡任」至「其物」　案：大宰「以九職任萬民」，謂任使萬民，各有職事。有職事必有功，有功即有貢，故此論貢之法也。言「凡任民」，謂任使萬民使出貢，與下爲目。云「任農以耕事，貢九穀」者，案：大宰職云：「一曰三農，生九穀。」故此還使貢九穀。九穀之數，大宰已注訖。云「任圃以樹事，貢草木」者，大宰云：「二曰園圃，毓草木。」故還使貢草木。謂菜蔬果蓏之屬。云「任工以飭材事，貢器物」者，大宰云：「五曰百工，飭化八材。」但八材飭治以爲器物，〔四八〕故此還使貢之也。云「任商以市事，貢貨賄」者，大宰云：「六曰商賈阜通貨賄。」故還使貢貨賄也。云「任牧以畜事，貢鳥獸」者，大宰云：「四曰藪牧，養蕃鳥獸。」故還使貢鳥獸也。云「任嬪以女事，貢布帛」者，大宰云：「七曰嬪婦，化治絲枲。」故還使貢布帛。女即彼嬪婦也。云「任衡以山事，貢其物」者，大宰云：「三曰虞衡，作山澤之材。」材即物也。以其山澤所出物多，故云物，若禹貢云「海物」然也。序官山澤稱虞，川林稱衡。此文云「任衡以山事」，山不稱虞者，欲見山中可以兼川林，亦貢物，故互見爲義也。此文次第，與大宰不同者，彼依事大小爲次。此不依彼爲次者，欲見事無常故也。且彼有九職，仍并山澤爲一。此文分山澤爲二，唯有八者，但九職有臣妾及閒民，〔四九〕此無者，以周公設經任之，則有臣妾，使得自生。若責稅則無，〔五〇〕以其聚斂疏材，無可稅故也。其閒民，載師已見出夫家之征，故於此不言之矣。其分山澤爲二者，以山澤出貢不同，〔五一〕故分爲二以充八，通閒民爲九耳。

注「貢草」至「之屬」　案：大宰注：「疏材，百草根實。」與此注不同者，但百草根實，即葵韭果蓏，百草中可以兼木矣。

凡無職者出夫布。獨言無職者，掌其九賦。

「凡無」至「夫布」　無職非一，故言「凡」。此無職，即大宰「閒民無常職轉移執事」者也。轉移執事，即是有職，而言無職者，爲有職者執事，當家廛地不事，即無職也。云「出夫布」者，亦使出一夫口稅之泉也。

注「獨言」至「九賦」　云「獨言無職者，掌其九賦」者，上皆論貢，不言賦，惟此無職之人言夫布，夫布即賦也。以其掌九賦者，上雖直云貢，九賦亦掌之，故云掌其九賦。案：劉琰問：「載師職云：『凡民無職事者，出夫家之征。』閭師職云：『凡無職者出夫布。』夫家之征與夫布，其異如何？」〔五二〕鄭荅云：「夫家之征者，田稅，如今租矣。夫布者，如今筭斂，在九賦中者也。」以此言之，若今租即夫征，不得兼言家。鄭連言家，挾句耳。劉琰又問：「閭師職云：『凡任民，任農以耕事，貢九穀。』下至任虞，凡八貢，不道九賦。下言『凡無職者出夫布』，注云：『獨言無職者，掌其九賦。』若此者，豈上八貢者，復出八賦，與無職所出夫布，凡爲九？將自布賦不同，重計八貢？未之能審也。」鄭荅曰：「讀天官冢宰職，則審矣。無職在九賦中。今此不言其餘，獨言此者，此官掌斂賦，嫌無職者不審出筭，故言耳。」鄭云讀天官冢宰則審者，案冢宰職，九職九賦別，九賦自邦中以至邦都，六也，加以關市、山澤及幣餘爲九。九職不言服數，或一服之中而有職，安得八賦依八貢出之乎？言審矣者，審八賦不依九職爲九可知，故云審矣。若然，無職在賦中，其句下讀爲義，不連於上也。欲明無職之人，非直在九職中，亦在九賦中，故云無職在九賦中也。

凡庶民，不畜者祭無牲，不耕者祭無盛，不樹者無椁，不蠶者不帛，不績者不衰。掌罰其家事也。盛，黍稷也。椁，周棺也。不帛，不得衣帛也。不衰，喪不得衣衰也。皆所以恥不勉。○不衰，七回反，下同。

「凡庶」至「不衰」　云「庶人不畜者祭無牲者」，案：孟子云：「庶人五母鷄，二母彘，無失其時。」是以不畜者當罰之，故死後祭無牲也。庶人用牲之法，若王制云：「韭以卵，麥以魚，黍以豚，稻以鴈。」注云：「庶人無常牲，取以新物相宜而已。」是也。云「不耕者祭無盛」者，黍稷曰盛。耕者所以殖黍稷。今惰農自安，不殖黍稷，故死後祭之無盛也。云「不樹者無椁」者，庶人五畮之宅，樹以桑麻。今宅不毛，非直罰以里布，死後又無五寸之椁也。云「不蠶者不帛」者，蠶則得帛。孟子云：「五十可以衣帛。」以不蠶，故身不得衣帛。云「不績者不衰」者，緝績者得布。其衰裳以布爲之，其婦人不績其麻者，死則不爲之著衰裳，以罰之也。

縣師，掌邦國都鄙稍甸郊里之地域，而辨其夫家、人民、田萊之數及其六畜車輦之稽。三年大比，則以攷羣吏而以詔廢置。郊里，郊所居也。自邦國以及四郊之内，是所主數周天下也。萊，休不耕者。郊内謂之易，郊外謂之萊，善言近。○大比，毗志反，後放此。

「縣師」至「廢置」　云「掌邦國」，據畿外諸侯言。都鄙，據畿内五百里四百里大都小都言。稍，據三百里家邑言。

甸，據二百里六遂言。郊里，據從遠郊至國中，六鄉之民也，從外向内而説之。言「地域」者，從邦國至六鄉，各有地域廣狹。云「而辨其夫家人民田萊之數」者，夫家，猶言男女。人民，謂奴婢。田萊，見田及荒不耕者之萊。其數皆知，故云之數也。云「及其六畜車輦之稽」者，六畜，馬牛羊豕犬鷄。車，所以駕馬。輦，人挽行之。稽，計也。謂所計之數皆知之。云「三年大比，則以攷羣吏而以詔廢置」者，古者亦三年一大案比户口，則考校主民之羣吏，校其功過，以詔告在上。有功者置之以進爵位，有過者廢退之。

注「郊里」至「言近」　云「郊里，郊所居也」者，謂六鄉之民，布在國中，外至遠郊，故有居在郊者也。案：遺人云：「鄉里之委積。」又云：「郊里之委積。」彼云鄉里，據國中。云郊里，據在郊。與此同也。必知鄉民有居在郊者，見比長云：「徙于國中及郊，則從而授之。若徙于他，則爲之旌節而行之。」國中及郊不云他，明郊與國中，同是鄉民也。云「自邦國以及四郊之内是所主數」者，其義若閭師耳。云「周天下也」者，邦國則六服，四郊則兼國中，故云周徧天下也。云「萊，休不耕者」，詩云：「田卒汙萊。」注云：「下者汙，高者萊。」是萊，謂草萊之地，〔五三〕若上地萊五十晦之類也。云「郊内謂之易，郊外謂之萊，善言近」者，郊外言萊，即此經田萊，據郊而言，遂人亦云萊五十晦百晦之類，是萊是草萊穢惡之稱也。〔五四〕郊内謂之易，無文。案：大司徒云：「凡造都鄙，制其地域」，云上地不易，中地一易，下地再易。司徒主六鄉，則六鄉之地從易可知。不言萊直言易者，善言近也。

若將有軍旅、會同、田役之戒，則受灋于司馬，以作其衆庶及馬牛車輦，會其車人之卒伍，使皆備旗鼓兵器，以帥而至。受法於司馬者，知所當徵衆寡。○之卒，子忽反。

「若將」至「而至」　云「若將有軍旅」者，言若，謂若有若無，不定之辭。將有，謂事未至。軍旅，謂征伐。會同，謂時見、殷見。田役，謂四時田獵。之戒，有此數事，〔五五〕則豫戒令之。云「受法于司馬」者，司馬主將事，故先於司馬處，受出軍多少及法式也。云「以作其衆庶」者，謂於司馬處得法，乃作起其庶衆已下。云「會其車人之卒伍」者，謂會合車人。人則百人爲卒，五人爲伍，車亦有卒伍。云「使皆備旗鼓兵器」者，旗，謂若司馬云「秋辨旗物，王載大常」已下。鼓，謂司馬云「春辨鼓鐸，王執路鼓」已下。兵器，謂弓矢、殳、矛、戈、戟也。「以帥而至」者，鄉師云：「以旗致萬民。」此云而至者，謂帥而至鄉師也。

凡造都邑，量其地，辨其物，而制其域。物謂地所有也。名山大澤不以封。○量其，音良。

「凡造」至「其域」　言造都，謂大都、小都。邑，謂家邑也。云「量其地」者，家邑二十五里，大都百里，小都五十里也。云「辨其物」者，三等之地，所有不同。云「制其域」者，即疆域大小是也。〔五六〕

注「物謂」至「以封」　云「物謂地所有也」者，若地物無所有，不得耕墾若山澤者，不授之，故引王制云，「名山大澤不以封」也。

以歲時徵野之賦貢。野謂甸稍縣都也。所徵賦貢與閭師同。

「以歲」至「賦貢」　以郊内賦貢，閭師徵斂。郊外曰野，所有賦貢，縣師徵之，遂師、旅師斂之，故云徵野之賦貢。

注「野謂」至「師同」　知野含有甸稍縣都者，以其縣師并掌天下，既邦國與畿内不同，明野中唯含有此四者也。云「所徵賦貢與閭師同」者，但閭師徵六鄉賦貢，并斂之，此縣師所徵四處賦貢，與閭師同。若斂野之賦貢，〔五七〕是遂師、旅師也，故直云徵之同，明斂則異也。

遺人，掌邦之委積，以待施惠。鄉里之委積，以恤民之囏阨；門闕之委積，以養老孤；郊里之委積，以待賓客；野鄙之委積，以待羈旅；縣都之委積，以待凶荒。委積者，廩人、倉人計九穀之數足國用，以其餘共之，所謂餘法用也。職内邦之移用，亦如此也，皆以餘財共之。少曰委，多曰積。鄉里，鄉所居也。艱阨猶困乏也。門關以養老孤，人所出入，易以取餼廩也。羈旅，過行寄止者。待凶荒，謂邦國所當通給者也。故書「艱阨」作「槿阨」，〔五八〕「羈」作「寄」。杜子春云：「槿阨當爲艱阨，寄當爲羈。」○遺人，唯季反，劉音遂。施惠，式豉反，後施惠皆同。廩人，良甚反。易以，以豉反。作槿，音艱，又音謹。

「遺人」至「凶荒」 此官主施惠，故掌邦之委積，以待施惠。此與下爲揔目也。云「鄉里之委積，以恤民之艱阨」者，此下數者，皆謂當年所税多少，揔送帳於上。在上商量，計一年足國用外，則隨便留之，以爲恤民之艱阨之等也。艱阨，謂年穀不孰，民有困乏，則振恤之。云「門關之委積，以養老孤」者，門，謂十二國門。關，謂十二關門。出入皆有税，所税得者，亦送帳多少，足國用之外，留之以養老孤。故司門云：「以其財養死政之老與其孤。」注云：「財，所謂門關之委積也。」是其所留之財也。云「郊里之委積，以待賓客」者，里，居也。郊民所居，即六鄉之民所居郊者。其委積留之以待賓客者，其賓客至郊，與主國使者交接，因即與之廩餼，便欲以待賓客也。云「野鄙之委積，以待羈旅」者，上既言郊里據遠郊，則此野鄙據六遂。在郊外曰野，六遂中有五百家鄙，故以鄙表六遂耳。則野鄙中，可以兼得公邑在甸地者也。旅，客也。謂客有羈縶在此未得去者，則於此惠之。但羈旅處處皆有，獨於此見惠者，但甸地在二百里中，於外内有羈旅，皆得取之，故獨見於此也。云「縣都之委積，以待凶荒」者，縣，謂四百里。都，謂五百里。不見稍三百里，則縣都中可以兼之。凶荒謂，年穀不孰，則曲禮云「歲凶年穀不登」是也。特於此三處見凶荒者，〔五九〕凶荒，則畿内畿外皆有。若畿外凶荒，則入向畿内取之。畿内凶荒，則向畿外取之。是以鄭君通給解之，故於近畿三百里以外，〔六〇〕言待凶荒之事也。

注「委積」至「爲羇」　倉人主藏穀，廩人主藏米。自「計九穀之數」至「餘法用」，皆約倉人文。案：倉人云：「辨九穀之物，以待邦用。若穀不孰，〔六一〕則止餘法用。有餘，則藏之，以待凶而頒之。」注：「止，猶殺。〔六二〕餘法用，謂道路之委積，所以豐優賓客之屬。」又案：廩人云：「掌九穀之數，以待國之分頒。」謂若委人之職，諸委積，以稍聚待賓客，以甸聚待羇旅，是廩人亦云委積。若然，穀不足止餘法用，則此鄉里已下，皆無入委積之事，故云止餘法用也。雖無新物以入委積，其舊委積所藏者，則給囏阨老孤之等，故倉人云：「藏之以待凶而頒之。」掌客云：「凶荒則殺禮者。」謂除道路委積之外也。云「職内邦之移用，亦如此也」者，職内所云，亦謂本司所用有餘，乃移於他處，故云亦如此也。云「少曰委，多曰積」者，據此文三十里言委，五十里言積，相對而言。若散文，則多亦曰委，委人所云「薪蒸亦曰委」是也。云「囏阨猶困乏也」者，案：書傳云：「行而無資謂之乏，居而無食謂之困。」

凡賓客、會同、師役，掌其道路之委積。凡國野之道，十里有廬，廬有飲食；三十里有宿，宿有路室，路室有委；五十里有市，市有候館，候館有積。廬，若今野候，徒有庌也。宿，可止宿，若今亭，有室矣。候館，樓可以觀望者也。二市之間，〔六三〕有三廬一宿。○有庌，劉音雅。

「凡賓」至「有積」　上經委積，隨其所須之處而委積。此經所陳委積，據會同、師役行道所須，故分布於道路。遠處須多，故有積。近處須少，故有飲食及委也。

注「廬若」至「一宿」　云「廬，若今野候，徒有庌也」者，〔六四〕此舉漢法以況義。漢時野路候迎賓客之處，皆有庌舍，與廬相似。云「宿，可止宿，若今亭，有室矣」者，案：漢法，十里有亭，有三老，〔六五〕人皆有宮室，故引以爲況也。云「一市之間有三廬一宿」者，十里二十里有廬，三十里有宿，四十里又有一廬，五十里有市，是其一市之間三廬一宿。凡廬有四義：十里有廬，一也；中田有廬，二也；易剥之上九云：「君子得輿，小人剥廬。」注云：「小人傲很，〔六六〕當剥徹廬舍而去。」三也，公劉詩云：「於時廬旅。」鄭云：「廬舍安民，館舍施教令。」四也。

凡委積之事，巡而比之，以時頒之。

「凡委」至「頒之」　言凡委積，上二文委積之事是也。以時頒之，則以待者是也。

均人，掌均地政，均地守，均地職，均人民、牛馬、車輦之力政。政讀爲征。地征謂地守地職之税也。地守，衡虞之屬。地職，農圃之屬。力征，人民則治城郭、涂巷、溝渠，牛馬車輦則轉委積之屬。○地政，音征，出注，下同。

「均人」至「力政」　均人所均地政已下，摠均畿内鄉遂及公邑。云「均地政」者，謂均地守地職二者之税，使皆十一而出税，又均人民已下力征之事也。

注「政讀」至「之屬」　鄭破政爲征者，以經政是政教之政，非征税之征，故破之也。鄭又知地征是地守地職之税者，以其出税無過地守地職二者，故知之也。云「地守，衡虞之屬」者，亦謂畿内川衡、林衡、山虞、澤虞，皆遣其地之民守護之。及其入山林川澤取之者，使出税以當邦賦。云「地職農圃之屬」者，此即大宰九職云「一曰三農」、「二曰園圃」之屬。以九職任之，因使出税也。云力征已下并車輦，並是力之征税。若然，土均云：「掌平地之政，以均地守，以均地事，以均地貢。」注云「所平之税，邦國都鄙也」，與此鄉遂及公邑别。彼又云「地貢」，鄭云「謂諸侯之九貢」，與此九職之貢又不同也。

凡均力政，以歲上下。豐年則公旬用三日焉，中年則公旬用二日焉，

無年則公旬用一日焉。豐年，人食四鬴之歲也。人食三鬴爲中歲。人食二鬴爲無歲，歲無贏儲也。公，事也。旬，均也。讀如「畇畇原隰」之畇。易「坤爲均」，〔六七〕今書亦有作旬者。○上下，時掌反。四鬴，房甫反。〔六八〕畇畇，音均，又舒均反，又音旬，聶氏常純反。

「凡均」至「日焉」 此所均力政者，即上人民之力征，不通牛馬車輦，故禮記王制云：「用民之力，歲不過三日。」是此亦據人而言也。云「以歲上下」者，上即豐年，下即儉年也。「豐年則公旬用三日」者。公，事也。旬，均也。謂爲事均用三日也。

注「豐年」至「旬者」 鄭知豐年人食四鬴已下者，案：廩人云：「人四鬴上也，人三鬴中也，人二鬴下也。」而知之。彼又云：「不能人二鬴，則令邦移民就穀。」此時則無力征矣。若然，此食二鬴而言無年。無年者，鄭云「無贏儲」，仍未移民就賤。此無年與彼不能人二鬴之歲不同，彼不能人二鬴，自然無贏儲也。云「公，事也」者，此天子之法，非諸侯之禮，不得爲公君解之，故從公事而釋也。云「旬，均也」者，王制既云「用民歲不過三日」，明不得爲旬十日解之，故破從均。恐不平，故云均也。云「讀如『畇畇原隰』之畇」者，彼詩畇畇，是均田之意，故讀從之。云「易『坤爲均』，今書亦有作旬者」，彼易，坤爲地，地德均平，是以均爲義。今書，今易書，有作旬字者。旬與均俱有均平之意，故引爲證也。

凶札則無力政，無財賦，無力政，恤其勞也。無財賦，恤其乏困也。財賦，九賦也。

「凶札」至「財賦」 凶，謂年穀不孰；札，謂天下疫病，則無此力征及財賦二事。此即廩人云不能人二鬴之歲。

注「無力」至「賦也」 云「財賦九賦也」者，此即大宰九賦，謂口率出泉。知賦中惟是九賦者，以下文有地守地職，故此惟有九賦也。若然，上均地政，不言均九賦，亦均之可知。

不收地守、地職，不均地政。不收山澤及地税，亦不平計地税也。非凶札之歲當收税，乃均之耳。

三年大比，則大均。有年無年，大平計之。若久不脩，則數或闕。

注「有年」至「或闕」　經既云大均，明知有年及無年，皆須大平均計之也。云「久不脩則數或闕」者，三年一闕，是其久久不脩，謂不大平計，則其中間不知其數。不知其數，則是數闕也。

校勘記

〔一〕故名厥賦惟上上之等也　「名」，惠校本同，阮本作「云」，阮校云：「名」蓋「言」之誤。

〔二〕以家邑之田任稍地　阮校云：此「稍」字當以從邑作「䣑」爲正，「稍」，其義訓也。

〔三〕稍或作削　阮校云：疑「削」即「䣑」之訛。

〔四〕若今云邑居里矣　「邑居里」，婺、岳、嘉靖本同，建、阮本作「邑里居」，阮校云：當作「邑居」，「里」爲衍文，下云「民之邑居在都城者」可證。孫詒讓云：王制疏亦引作「邑居里」。則此本不誤。

〔五〕樊圃謂之園　「謂」，原作「誰」，據婺、建、岳、阮本改。

〔六〕圭田五十晦　阮本同，阮校云：宋本「晦」作「畞」，注當用「晦」字，不當岐出。

〔七〕如遂人職授民田　「如」，婺、建、余、岳本均作「而」，疑作「而」是。

〔八〕餘地既九等之人所受　浦鏜云：「既」當「即」字譌。

〔九〕主之者尊卑如縣正　「主」，阮本作「王」，非。

〔一〇〕此即夏官司勳云賞田　孫詒讓云，司勳「賞田」當作「賞地」。

〔一一〕故破從仕官之仕　「官」，元、正、閩、閩、監、毛、殿本同，阮本作「宦」。阮校云，「宦」是，上云「仕宦得田」可證。

〔一二〕欲見六鄉之外　孫詒讓云，「外」當作「内」。

〔一三〕則家邑二十五里　孫詒讓云，下據小司徒注當補「小都五十里」五字。

〔一四〕上經注任土者　「注」，原作「土」，據阮本改。

〔一五〕亦兼解任其生育貢賦取正也　阮本無「亦」字。

〔一六〕聲解之也云凡王畿内方千里者　「聲」，惠校本同，閩、監、毛、阮本作「并」，阮校云「聲」字疑誤。「云」原作「玄」，據阮本改。

〔一七〕其溝亦非田間廣深四尺之溝　下「溝」字原作「港」，據阮本改。

〔一八〕山陵之等三分去一　「二」，原作「三」，據阮本改。

〔一九〕家爲七夫爲計　上「爲」字阮本作「以」，殆是。

〔二〇〕皆者聖王　「者」，阮本作「昔」，殆是。

〔二一〕三分所去而存一之意　「一」，元、閩、監、毛、殿本同，正、聞、阮本作「二」，疑作「二」是。

〔二二〕則三分所去六不存一　閩、監、毛、阮本同。浦鏜云，「而」譌「不」。孫詒讓云，「不」字是。

〔二三〕定受田二百八十八萬家也者　「八十八」，阮本作「八十三」，非。

〔二四〕鄭既揔計畿内遠郊之外訖　惠校本同，阮本無「既」字。

〔二五〕六遂餘地既無九等　惠校本同，阮本無「既」字。

〔二六〕山林偏有　「偏」，元、惠校本同，閩、監、毛、殿、阮本作「雜」。

〔二七〕今鄭所計雖三分去一　監、毛、殿本同，元、正、聞、閩本「三」作「二」，阮本脱「一」字，當作「三分去一」是。

〔二八〕唯其漆林之征二十而五　唐石經、諸本同。釋文「桼林，本又作漆」，段玉裁漢讀考云，經當作「桼林」，注當作「故書『桼林』爲『漆林』，杜子春云『當爲桼林』」。

〔二九〕而量場有瓜　「場」，婺、岳、阮本作「埸」，與釋文合，是。

〔三〇〕上文惟言家邑　「惟」，元、殿本同，聞、閩、監、毛、阮本作「推」，非。

〔三一〕近城者給公家使役多　「家」，元、閩、監、毛、殿本同，聞、阮本作「吏」。

〔三二〕則五畮之宅在園中　阮校云，宋本作「園中」，與此本合。諸本作「國中」，疑作「國」是也。

〔三三〕天子剥削淹漬以爲菹獻之皇祖　原本「菹」作「殖」，「皇」作「鼻」，據阮本改。

〔三四〕天子之正　陳壽祺云，當作「天下之中正」。孫詒讓云，此本公羊宣十五年傳。

〔三五〕故周禮國中園廛之賦二十而稅一近郊十而稅一　「故」，陳壽祺改「古」。「國」，原作「園」，據阮本改。下「而」字阮本作「二」，誤。

〔三六〕芻秉二百四十六　陳壽祺校改「六」爲「觔」。

〔三七〕其調均之而足　「足」，閩、監、毛本同。正、阮本作「是」，非。

〔三八〕不通相倍從而上中下也　「從」，元、正、閩、監、毛、殿本同，聞、惠校本作「徙」。疑「而」下脱「云」，「也」衍。

〔三九〕以草木爲地毛　「地」，原作「民」，據阮本改。

〔四〇〕罰以三夫之稅粟　「夫」，監、毛本同，閩、阮本作「家」。下「罰之三夫之稅粟」同。

〔四一〕以幣錦二兩　「兩」，閩、監、毛本同，阮本作「端」。案左傳作「二兩」。

〔四二〕亦可徵之　「徵」，元、閩、監、毛、殿本同，正、聞、阮本作「斂」。疑作「徵」是。

〔四三〕是所主數六鄉之中　「主」，建、岳、阮本同，婺本作「王」，元、正、閩本作「生」，疑作「主」是。

〔四四〕以其人民是出賦之數　「數」，原作「敷」，據監、毛、殿、阮本改。

〔四五〕據上文　「文」，元、監、殿、毛本同，正、聞、閩、阮本作「言」，疑作「文」是。

〔四六〕云賦謂九賦者　浦鏜云，「九賦」下當脱「及九貢」三字。

〔四七〕即大宰九職之貢　孫詒讓云，「即」上疑奪「此」字。

〔四八〕但八材飭治以爲器物　「但」，元本同，惠校本作「旦」，聞、閩、監、毛、阮本作「故」。疑作「但」是。

〔四九〕但九職有臣妾及閒民　「但」，毛、阮本作「任」，誤。

〔五〇〕若責稅則無　「責」，元、正本同，阮本作「貢」。疑作「貢」是。

〔五一〕以山澤出貢不同　「出」，元、殿本同，聞、閩、監、毛、阮本作「山」，疑作「出」是。

〔五二〕其異如何　「如何」，阮本同，漢制考作「何如」。

〔五三〕是萊謂草萊之地　「地」，惠校本同，聞、閩、監、毛、殿、阮本作「萊」，疑作「地」是。

〔五四〕是萊是草萊穢惡之稱也　阮本下「是」作「爲」，「穢惡」作「污穢」，惠校本作「污惡」。毛本作「穢污」。孫詒讓云，阮本疏内仍作「穢污」，閩本同。

〔五五〕之戒有此數事　閩、監、毛、殿、阮本「戒」下有「者謂」二字。阮校云，有「者謂」者是。

〔五六〕即疆域大小是也　惠校本同，阮本「即」上有「域」字。

〔五七〕若斂野之賦貢　「斂」，阮本作「徵」。案上疏云遂師旅師斂之，則作「斂」是也。

〔五八〕故書艱阨作槿阨　「槿」，婺、岳、嘉靖本同，建、閩、監、毛、阮本作「墐」，與釋文合，是。

〔五九〕特於此三處見凶荒者　「者」，元、正、閩、閩本同，阮本作「其」，屬下讀非。

〔六〇〕故於近畿三百里以外　「以」，阮本作「之」。

〔六一〕若穀不孰　浦鏜云，「足」誤「熟」。

〔六二〕止猶殺　監、毛、殿本同，元、正、閩、閩、阮本作「止年穀」，誤。

〔六三〕二市之間　「二」，婺、建、阮本作「一」。疑作「一」是也。

〔六四〕徒有庌也者　「徒」，元本同，閩、閩、監、毛、殿、阮本作「徙」，疑作「徙」是。

〔六五〕十里有亭有三老　阮本重「亭」字，疑是。

〔六六〕小人儌佷　「佷」，阮本作「狠」。

〔六七〕易坤爲均　阮本同，阮校云，監本「坤」字空闕。

〔六八〕甫房甫反　「房」原作「戾」，據徐本、盧本及阮本改。

周禮注疏卷第十五

師氏，掌以媺詔王。告王以善道也。文王世子曰：「師也者，教之以事而諭諸德者也。」○以媺，音美。

「師氏」至「詔王」　媺，美也。師氏掌以前世美善之道，以詔告於王，庶王行其美道也。

注「告王」至「者也」　引文王世子者，彼是師氏教世子禮。引爲詔王者，但詔王以道無文，彼教世子，與教王同，故取以爲證也。　諭，曉也。諸，於也。彼謂教世子以君臣父子長幼之事，而曉之以德。今詔王亦曉之以德也。

以三德教國子：一曰至德，以爲道本；二曰敏德，以爲行本；三曰孝德，以知逆惡。教三行：一曰孝行，以親父母；二曰友行，以尊賢良；三曰順行，以事師長。德行，內外之稱。在心爲德，施之爲行。至德，中和之德，覆燾持載含容者也。孔子曰：「中庸之爲德，其至矣乎！」敏德，仁義順時者也。說命曰：「敬遜務時敏，厥脩乃來。」孝德，尊祖愛親，守其所以生者也。孔子曰：「武王、周公其達孝矣乎！夫孝者，善繼人之志，善述人之事者也。」孝在三德之下，三行之上，德有廣於孝，而行莫尊焉。國子，公卿大夫之子弟，師氏教之，而世子亦齒焉，學君臣、父子、長幼之道。○行本，下孟反，下及注同。以知音智。之稱，尺證反。覆燾，徒報反。說命，音悅。敬孫，音遜。夫孝，音扶。

「以三」至「師長」　以此三德教國子，王大子已下至元士之適子也。云「一曰至德，以爲道本」者，至德，謂至極之德，以爲行道之本也。「二曰敏德，以爲行本」者，謂敏達之德，以爲行之本也。「三曰孝德，以知逆惡」者，善父母爲孝，以孝德之孝以事父母，則知逆惡不行也。此上三德皆在心，而行不見，故鄭云「在心爲德」也。云「一曰孝行，以親父母」者，行善事父母之行，則能親父母。冬温夏凊，昏定晨省，盡愛敬之事也。云「二曰友行，以尊賢良」者，此行施於外人，故尊事賢人良人有德行之士也。云「三曰順行，以事師長」者，此亦施於外人，行遜順之行，事受業之師及朋友之長也。

注「德行」至「之道」　云「德行，外内之稱。在心爲德，施之爲行」者，案：禮記云：「恥有其德而無其行。」則德在内，行在外也。又見經至德敏德，道行爲本，道行是施之於外之名。又孝德云知逆惡，亦是在外之事。則知三德皆在內，與外行爲本。又三行云親父母之等，故云施之爲行也。云「至德，中和之德」者，案：禮記中庸云：「致中和，天地位焉。」故知至德是中庸之德也。云「覆燾持載含容者也」者，此至德，即中庸所云「至誠」，一也。彼説「至誠無息。不息則久，久則徵，徵則悠遠，悠遠則博厚，博厚則高明。博厚所以載物，高明所以覆物」。是至德若天地覆燾持載含容者也。云「孔子曰：中庸之爲德，其至矣乎」者，此是論語雍也之文。引之者，證此至德，與中庸之德爲一之意。云「敏德，仁義順時者也」者，人君施政，春夏行賞爲仁，秋冬行罰爲義，是仁義順時，敏疾爲德者也。又引「説命曰：敬遜務時敏，厥脩乃來」者，尚書説命之篇，傅説告高宗以學問之事。遜，順也。〔一〕敏，疾也。厥，其也。爲君之法，當恭敬順道，務在順時，疾而行之，則其德之脩，乃從學而來。引之者，證仁義順時之義也。云「孝德尊祖愛親，守其所以生者也」者，孝德不如上二德，直能善父母爲孝，施德於親而已，故云守其所以生者也。又引「孔子曰：武王、周公，其達孝矣乎」至「之事」，是禮記中庸文，言二人通達行孝者也。云「夫孝者，善繼人之志，善述人之事」者，案：中庸上文云：「無憂者，其惟文王乎！父作之，子述之」，則善繼人之志。據周公以武王時未大平，不得制禮作樂。周公攝政六年，大平，乃制作禮樂，爲善繼文王之志，則尚書云「考朕昭于刑，〔二〕乃單文祖德」是也。善述人之事者，據武王能述父以伐紂之事，則尚書序云「惟十有一年，武王伐殷」是也。

云「孝在三德之下，三行之上，德有廣於孝，而行莫尊焉」者，欲見至德、敏德，五帝已上所行，直明在心爲德而已，不見其行。孝德，是三王已下所行，德行兼見之矣，故三德以孝德爲下，故云「德有廣於孝」。則至德敏德，是二德廣於孝德也。而行莫尊焉者，三行之中，孝行施於父母爲上，順行、友行施於外人爲下，故云而行莫尊焉。莫，無也，無尊於事父母也。云「國子，公卿大夫之子弟」者，此經直言國子。案：禮記王制云：「春秋教以禮樂，冬夏教以詩書。」下文云：「王大子、王子、羣后之大子、卿大夫元士之適子，皆造焉。」故知國子之中，有卿大夫之子也。鄭不言王大子及元士之適子者，略言之，其實皆有也。王制惟言大子、適子，不言弟，鄭知兼有弟者，大司樂及此下文皆云「教國子弟」，連弟而言，故鄭兼言弟也。云「師氏教之，而世子亦齒焉，學君臣、父子、長幼之道」者，此約文王世子文也。案：彼云「行一物而三善皆得者，惟世子而已，其齒於學之謂也。故世子齒於學，國人觀之，曰：『將君我而與我齒讓，何也？』曰：『有父在，則禮然。』然而衆知父子之道矣。其二曰：『將君我而與我齒讓，何也？』曰：『有君在，則禮然。』然而衆著於君臣之義也。其三曰：『將君我而與我齒讓，何也？』曰：『長長也。』然而衆知長幼之節矣。」是世子與國人學生齒焉之事。案：此經有至德敏德孝德，老子亦有三等之德。案：老子道經云：「道可道，非常道。」河上公云：「謂經術政教之道，非自然長生之道。常道當以無爲養神，無事安民，含光藏曜，滅跡匿端，不可稱以道。」又案：德經云：「上德不德，是以有德。」〔三〕河上公注云：「上德，大古無名號之君，德大無上，〔四〕故言上德。不德，言不以德教民，因循自然，其德不見，故言不德，是以有德者也。」又云：「下德不失德，是以無德。」注云：「下德，謂號謚之君，德不及上德，故言不失德。以其德見，其功稱，是以謂之無德。」又云：「失道而後德，失德而後仁，失仁而後義，失義而後禮。」注云：「道衰德化，德衰而仁愛見，仁衰而忿爭明，義衰而聘行玉帛。」又案握河紀，堯曰：「皇道帝德，非朕所專。」又中候義明云：「洞五九，禮閼郵。」注云：「閼，止。郵，過。言五帝後洞三王之世，其治各九百歲，當以禮止過也。」案此諸文言之，此至德，覆燾持載含容之德，同於天地，與老子「常道」，及「上德不德」爲一物，皆是燧皇已上無名號之君所行。故河上公云：「上德，無名號之君所行也。」此敏德，則老子云「可道之道非常道」、「下德不失德」之德亦一也。故河上公云：「政教經術，有名號之君所行。」以其三皇五帝爲政，皆須仁義順時，故鄭云：「敏德仁義順時也。」若然，老子云「失道而有德，失德而有仁」者，是三皇行可道之道。五帝行下德不失德之德，即堯云「皇道帝德」，亦謂此道德，於此經同爲敏德也，其三王同行孝德耳。其老子又云：「失德而有仁，失仁而有義，失義而有禮。」禮專據三王之時，故云「洞五九，禮閼郵」。若然，仁義在禮前德後，則五帝與三王俱有仁義。故禮記云：「堯、舜率天下以仁而民從之。」又云：「禹立三年，百姓以仁遂焉。」是以仁義闕在五帝三王之間者也。若然，禮記云：「生乎今之世，反古之道。」謂不行今之法，全行古之道，故非之也。

居虎門之左，司王朝。虎門，路寢門也。王日視朝於路寢門外，畫虎焉以明勇猛，於守宜也。司猶察也。察王之視朝，若有善道可行者，則當前以詔王。○王朝，直遥反，注及下皆同。

「居虎」至「王朝」　言師氏之官，既知三德、三行，故居路門之左，畫虎之處，司察王朝，若有善事可行者，則前告王，有所改爲也。

注「虎門」至「詔王」　鄭知虎門是路寢門者，其路寢庭朝，及庫門外之朝，非常朝之處，司士所掌路門外是常朝日所朝之所。經云司王朝，明據此朝，故鄭以路寢門外解之。此即上文以美詔王之義也。

掌國中失之事，以教國子弟。教之者，使識舊事也。中，中禮者也。失，失禮者也。故書中爲得，杜子春云：「當爲得，記君得失，若春秋是也。」○國中，鄭丁仲反，注中中禮者同，杜音得。

「掌國」至「子弟」　以其師氏知德行，識其善惡得失，故掌國家中禮失禮之事，以教國之子弟。國之子弟，即王大子已下，言弟，即王庶子。以其諸侯已下，皆以適子入國學，庶子不入，故知也。

注「教之」至「是也」　云「教之使識舊事也」者，即中失之事是也。云「中，中禮也」，又引子春之義，從「古書中爲得」，得謂得禮者，中與得，俱合於義，故兩從之。言若春秋者，玉藻云：「動則左史書之，言則右史書之」，是記君得失之事，故云若春秋也。此春秋，即魯史是也，謂記君之事也。

凡國之貴遊子弟，學焉。〔五〕貴遊子弟，王公之子弟。遊，無官司者。杜子春云：「遊當爲猶，言雖貴猶學。」

「凡國」至「學焉」　言「凡國之貴游子弟」，即上國之子弟。言游者，以其未仕而在學，游暇習業。

注「貴遊」至「猶學」　云「王公之子弟」者，此即王制云：「王大子、王子、羣后之大子、卿大夫元士之適子。」公，即三公，羣后卿大夫元士之子略言之也。云「游，無官司者」，官司則事繁，不得爲游，故鄭以無官司解之。鄭既以游爲無官司，又引子春「游當爲猶，言雖貴猶學」者，亦義得兩通，故引之在下也。

凡祭祀、賓客、會同、喪紀、軍旅，王舉則從。舉猶行也。故書舉爲與，杜子春云：「當爲『與』」，謂王與會同喪紀之事。○則從，才用反，下同。爲與，音預，下同。

「凡祭」至「則從」　祭祀，則郊廟及山川社稷揔是也。賓客，謂諸侯及卿大夫來朝聘，或在朝，或在廟。會同，亦或在畿內，或在畿外。軍旅，謂出畿外征伐。王舉者，舉，行也。此數事，王行之時，師氏則從，以王所在，皆須詔王以美道故也。

注「舉猶」至「之事」　既訓舉爲行，又引子春從故書爲「與」者，亦義得兩通，故亦引之在下也。

聽治亦如之。謂王舉於野外以聽朝。○聽治，直吏反，下同。

「聽治亦如之」　即上數事，王所在皆有朝，以聽治之，故從王。亦如上虎門之左同，故云「亦如之」。

使其屬帥四夷之隸，各以其兵服守王之門外，且蹕。兵服，旃布弓劍不同也。門外，中門之外。蹕，止行人不得迫王宮也。故書隸或作肄，鄭司農云：「讀爲隸。」○且蹕，音畢。

「使其」至「且蹕」　云「使其屬」者，屬，即序官師氏中大夫之下，有屬官上士二人，并有府史胥徒之等。使此人帥四夷之隸，若秋官蠻隸之等，各使四夷隸，以其本國之兵器及其服，以守王之門外以衛王，并使蹕止行人，故云且蹕也。

注「兵服」至「爲隸」　云「兵服，旃布及弓劍」者，東方、南方，其服布，其兵劍。西方、北方，其服旃，其兵弓矢。云「門外，中門之外」者，案：閽人「掌中門之禁」，則中門內也，人不得入，明在中門之外。

朝在野外，則守内列。内列，蕃營之在内者也。其屬亦帥四夷之隸守之，如守王宮。

「朝在」至「内列」　云「朝在野外」，即上文聽治是也。

注「内列」至「王宮」　云「内列，蕃營之在内者」，言蕃營之在内，謂若司戈盾云「及舍設藩盾」者也。案：司隸職云：「守野舍之厲禁。」上文云：「使其屬帥四夷之隸。」則三處皆帥四夷隸守之，〔六〕故云其屬亦帥四夷之隸守之，如守王宮也。

保氏，掌諫王惡。諫者，以禮義正之。文王世子曰：「保也者，慎其身以輔翼之，而歸諸道者也。」

「保氏掌諫王惡」「掌諫王惡」者，師氏掌三德、三行，以美道詔王；保氏以師氏之德行審喻王，王有惡則諫之，故云掌諫王惡。

注「諫者」至「者也」 云「諫者，以禮義正之」者，君臣主義，故知諫者以禮義諫正王也。引文王世子者，彼亦是教世子法，以教世子法，保護王身同，故引之。以其保者是保安之義，故使王謹慎其身而歸於道。

而養國子以道：乃教之六藝，一曰五禮，二曰六樂，三曰五射，四曰五馭，五曰六書，六曰九數；乃教之六儀，一曰祭祀之容，二曰賓客之容，三曰朝廷之容，四曰喪紀之容，五曰軍旅之容，六曰車馬之容。養國子以道者，以師氏之德行審諭之，而後教之以藝儀也。五禮，吉、凶、賓、軍、嘉也。六樂，雲門、大咸、大韶、大夏、大濩、大武也。鄭司農云：「五射，白矢、參連、剡注、襄尺、井儀也。五馭，鳴和鸞、逐水曲、過君表、〔七〕舞交衢、逐禽左。六書，象形、會意、轉注、處事、假借、諧聲也。九數，方田、粟米、差分、少廣、商功、均輸、方程、嬴不足、旁要。今有重差、夕桀、句股也。〔八〕祭祀之容，穆穆皇皇；賓客之容，嚴恪矜莊；朝廷之容，濟濟蹌蹌；喪紀之容，涕涕翔翔；軍旅之容，闞闞仰仰；車馬之容，顛顛堂堂。」玄謂祭祀之容，齊齊皇皇；賓客之容，穆穆皇皇；朝廷之容，濟濟翔翔；喪紀之容，纍纍顛顛；軍旅之容，暨暨詻詻；車馬之容，匪匪翼翼。○五馭，音御。德行，下孟反，下文及注同。剡，羊冉反。注，之樹反，下同。襄尺，音讓，本作讓，諸音非。差分，初佳反，又初宜反，下同。重差，直龍反。夕桀，音的，沈祥易反，此二字非鄭注。嚴恪，如字，又音儼。濟濟，子禮反。蹌蹌，七良反。闞，呼檻反。仰仰，本又作卬，五剛反。濟濟皇皇，上子禮反，又音齊；下于況反，又音往。纍纍顛顛，上律悲反，下音田，又如字。暨暨，其器反。詻詻，五格反。匪匪，芳非反。

「而養」至「教之」　此道，即上師氏三德、三行，故鄭云「以師氏之德行審喻之」。乃教之六藝已下，此乃保氏所專教也。

注「養國」至「翼翼」　案：文王世子云：「太傅審父子君臣之道以示之，少傅奉世子以觀大傅之德行而審喻之。師也者，教之以事而喻諸德者也。保也者，慎其身以輔翼之而歸諸道者也。」不云保氏以師氏之德行審喻之者，鄭以義約之，少傅既以大傅之德審喻之，明保氏亦以師氏之德行審喻之可知，故鄭言之耳。云「五禮，吉凶賓軍嘉」，大宗伯文。「六樂雲門」已下，大司樂文。「先鄭云五射白矢」已下，無正文，或先鄭別有所見，或以義而言之。云「白矢」者，矢在侯而貫侯過，見其鏃白。云「參連」者，前放一矢，後三矢連續而去也。云「剡注」者，謂羽頭高鏃低而去，剡剡然。云「襄尺」者，臣與君射，不與君並立，襄君一尺而退。云「井儀」者，四矢貫侯，如井之容儀也。云「五馭」者，馭車有五種。云「鳴和鸞」者，和在式，鸞在衡。案：韓詩云：「升車則馬動，馬動則鸞鳴，鸞鳴則和應。」先鄭依此而言。云「逐水曲」者，無正文。先鄭以意而言，謂御車隨逐水勢之屈曲，而不墜水也。云「過君表」者，謂若毛傳云：「褐纏旃以爲門，裘纏質以爲槸，間容握，驅而入，擊則不得入。」〔九〕穀梁亦云：「艾蘭以爲防，置旃以爲轅門，以葛覆質以爲槷，流旁握，御轚者不得入。」是其過君表即褐纏旃是也。云「舞交衢」者，衢，道也，謂御車在交道，車旋應於舞節。云「逐禽左」者，謂御驅逆之車，逆驅禽獸，使左當人君以射之，人君自左射，故毛傳云：「故自左膘而射之，達于右腢，爲上殺。」又禮記云：「佐車止，則百姓田獵。」是也。云「六書象形」之等，皆依許氏說文。云「象形」者，日月之類是也，象日月形體而爲之。云「會意」者，武信之類是也，人言爲信，止戈爲武，會合人意，故云會意也。云「轉注」者，考老之類是也，建類一首，文意相受，左右相注，故名轉注。云「處事」者，上下之類是也，人在一上爲上，人在一下爲下，各有其處，事得其宜，故名處事也。云「假借」者，令長之類是也，一字兩用，故名假借也。六曰云「諧聲」者，即形聲一也，江河之類是也，皆以水爲形，以工可爲聲。但書有六體，形聲實多，若江河之類，是左形右聲。鳩鴿之類，是右形左聲。草藻之類，是上形下聲。婆娑之類，是上聲下形。圍國之類，〔一〇〕是外形內聲。闤闠衡銜之類，〔一一〕是外聲內形。此聲形之等有六也。依鄭義，案：孝經緯援神契，三皇無文，則五帝已下始有文字，故說者多以蒼頡爲黃帝史而造文字，起在黃帝，於後滋益而多者也。云「九數」者，方田已下，皆依九章筭術而言。云「今有重差、夕桀、句股也」者，此漢法增之。馬氏注以爲今有重差夕桀，夕桀，亦是筭術之名，與鄭異。案：今九章以句股替旁要，則旁要，句股之類也。云「祭祀之容穆穆皇皇」至「堂堂」者，皆是先鄭以意所釋，不依經典，故後鄭不從。後鄭云「祭祀之容齊齊皇皇，賓客之容穆穆皇皇，朝廷之容濟濟翔翔」，已上皆禮記少儀文。「喪紀之容纍纍顛顛，軍旅之容暨暨詻詻」，禮記玉藻之文。「車馬之容匪匪翼翼」，亦少儀文。故鄭少儀注，還引此六儀以證彼也。

凡祭祀、賓客、會同、喪紀、軍旅，王舉則從。聽治亦如之。使其屬守王闈。 闈，宮中之巷門。○王闈，音韋，宮中巷門。

「凡祭」至「王闈」　言「亦如之」已上，與師氏同從王之事。其屬守王闈者，亦謂在國，其師氏守中門外，此保氏守王闈門。

司諫，掌糾萬民之德而勸之朋友，正其行而強之道藝，巡問而觀察之，〔一二〕以時書其德行道藝，辨其能而可任於國事者。 朋友，相切磋以善道也。強猶勸也。學記曰：

「強而弗抑則易。」巡問，行問民間也。可任於國事，任吏職。○而強，其丈反，注同。則易，以豉反。

「司諫」至「事者」　「以時書其德行道藝」者，此萬民時所習，即大司徒所云「以鄉三物教萬民，一曰六德，知、仁、聖、義、忠、和。二曰六行，孝、友、睦、婣、任、恤」。此德行也。彼又云：「三曰六藝，禮、樂、射、御、書、數。」即此道藝也。云「辨其能而可任於國事」者，案：卿大夫職云：「興賢者、能者。」賢，謂德行。能，謂道藝。彼則賢能俱興，此直云辨其能可任於國事，不言賢者，既辨其能，則賢者自然亦辨而舉之可知也。

注「朋友」至「吏職」　案：鄭注論語：「同門曰朋，同志曰友。」則彼其共在學者，切磋以道義。此勸萬民爲友朋，則若孟子所云「守望相助，出入相友」者同，故鄭云切磋以善道也。云「任吏職」者，案：鄉大夫所舉者，謂鄉民之有德行道藝。云「辨其能爲吏職」者，亦謂以入治之。〔一三〕若然，任吏職者，謂使爲比長、閭胥、〔一四〕族師之類是也。

以攷鄉里之治，以詔廢置，以行赦宥。因巡問勸強萬民，而考鄉里吏民罪過，以告王所當罪不。○以行，如字，下注同。

注「因巡」至「罪不」　司諫考鄉里之治者，由上文巡問，即察官民善不也。云「而考鄉里吏民罪過」者，以巡問觀察萬民，則知吏之治不，故鄭兼吏民揔言之。

司救，掌萬民之衺惡過失而誅讓之，以禮防禁而救之。衺惡，謂侮慢長老，〔一五〕語言無忌而未麗於罪者。過失亦由衺惡酗醟好訟，若抽拔兵器，誤以行傷害人麗於罪者。誅，誅責也。古者重刑，且責怒之，未即罪也。○司救，如字，劉音拘。之衺，似嗟反，〔一六〕注作邪，同。酗，況付反。醟，音詠。好訟，呼報反。

「司救」至「救之」　云「掌萬民之衺惡過失而誅讓之」者，此經與下文二經爲摠目也。則云衺惡，謂坐嘉石之罷民，不入圜土者。過失，謂不坐嘉石，入圜土者也。云而誅讓之者，即下二文三讓是也。云「以禮防禁而救之」者，此衺惡及過失，皆去冠飾，其過失者，又使入圜土耳。云救之者，皆使困苦，而令改惡從善，是救之也。

注「衺惡」至「罪也」　衺惡云「未麗於罪」者，謂未附於圜土之罪也。云「酗醟」者，孔注尚書云：〔一七〕「以酒爲凶曰酗。」此據字酒旁爲凶，是因酒爲凶者也。若然，醟者，榮下作酉，小人飲酒，一醉曰富，亦因酒爲榮。俱是酒之省水之字也。云「麗於罪者」，謂附圜土罪者也。云「古者重刑，且責怒之，未即罪也」者，鄭云古者重刑者，據周時爲古。云「責」，解經「誅」，「怒」之解經「罰」也。云「未即罪」者，各有所對，此圜土對五刑之刑人，則異未即罪也。〔一八〕以其未入五刑之罪，且役之耳。鄭必知過失亦由衺惡者，司寇職云：「以嘉石平罷民。」又云：「圜土收教罷民。」二者同名罷民，以其爲惡大者皆因小以致大，故知過失之重，亦因衺惡之輕也。

凡民之有衺惡者，三讓而罰，三罰而士加明刑，恥諸嘉石，役諸司空。罰謂撻擊之也。加明刑者，去其冠飾，而書其衺惡之狀，著之背也。嘉石，朝士所掌，在外朝之門左，使坐焉以恥辱之。既而役諸司空，使事官作之也。坐役之數，存於司寇。○去其，起吕反。著之，直略反，一音丁略反。

「凡民」至「司空」　此一經，論衺惡嘉石之罷民也。云「三讓而罰」者，凡欲治罰人者，皆先以言語責讓之，乃行治罰。云「三罰而士加明刑」，三罰既訖，乃送司寇，使朝士於外朝坐嘉石恥之也。云「役諸司空」者，坐訖，乃送司空，使役之也。

注「罰謂」至「司寇」　云「加明刑者，去其冠飾」者，案：司圜云：「凡害人者，弗使冠飾。」彼據過失入圜土者。使冠尊，不居肉袒之體，〔一九〕豈嘉石之罷民而著冠乎？明其去冠飾也。知書其罪狀者，以其稱明刑，既不虧體，明知書其罪狀著於背爲明刑也。云「嘉石朝士」至「外朝之門左」，並朝士職文。故彼云：「左嘉石，平罷民也。」云「役諸司空，使事官作之也」者，以其司空主事故也。云「坐役之數存於司寇」者，司寇云：「重罪，旬有三日坐，朞役。其次，九日坐，九月役。其次，七日坐，七月役。其次，五日坐，五月役。其下罪三日坐，三月役。」是其坐役之數也。

其有過失者，三讓而罰，三罰而歸于圜土。圜土，獄城也。過失近罪，晝日任之以事而收之，夜藏於獄，亦加明刑以恥之。不使坐嘉石，其罪已著，未忍刑之。○近罪，附近之近。

「其有」至「圜土」　此經論圜土之刑人。云「三讓而罰」者，亦如上三度責讓，乃治罰之，三罰訖，乃歸與司寇，使納之圜土也。

注「圜土」至「刑之」　云「過失近罪」者，謂對衺惡未近罪，此圜土之刑人，近五刑之罪，故入圜土也。云「晝日任之以事」者，亦使司空使之。云「收之」者，以其罪重，使人收斂之，不使漫游。云「夜藏於獄」者，此與嘉石者異。云「亦加明刑」者，亦如嘉石以書其罪狀著於背以恥之。云「不使坐嘉石，其罪已著」者，彼坐嘉石者，罪輕未著，須坐嘉石，使衆人知之。此等罪重已著，不須坐嘉石也。云「未忍刑之」者，比五刑之罪又輕，故未忍刑之也。

凡歲時有天患民病，則以節巡國中及郊野，而以王命施惠。天患，謂裁害也。節，旌節也。施惠，賙恤之。

注「天患」至「恤之」　「天患，謂裁害也」者，謂天與人物爲裁害，謂水旱之裁，及疫病之害也。知節是旌節者，道路用旌節，此經巡國及郊野，是道路之事，故知旌節也。

調人，掌司萬民之難而諧和之。難，相與爲仇讎。諧猶調也。○之難，乃旦反，注及下同。

「調人」至「和之」 此一經，與下經爲揔目。言「萬民之難」，即下經「凡和難」已下是也。

注「難相與爲仇讎」 言仇讎者。案：左氏桓公傳云：「怨耦曰仇。」則仇是怨也。讎，謂報也，即下文父之讎已下，皆是怨當報之，故云仇讎也。

凡過而殺傷人者，以民成之。過，無本意也。成，平也。鄭司農云：「以民成之，謂立證佐成其罪也。一説以鄉里之民共和解之，春秋傳曰『惠伯成之』之屬。」○共和，並如字。

「凡過」至「成之」 此謂非故心，是過誤，或殺或傷於人者。[二〇]成，平也。既非故心，故共鄉里之民，共和解之。

注「過無」至「之屬」 先鄭雖爲兩説，後鄭以後説爲是，故下注云：「上説立證佐成其罪，似非也。」此過失，即司刺云「再宥曰過失」是也。引春秋者，左氏文七年傳云：「魯穆伯娶於莒，曰戴己，其娣聲己。戴己卒，又聘於莒，莒人以聲己辭，則爲襄仲聘焉。」又云：「且爲仲迎，及鄢陵，登城見之，美，自爲娶之。仲請攻之，公將許之，叔仲惠伯諫曰：『臣聞兵作於内爲亂，於外爲寇。寇猶及人，亂自及也。今臣作亂而君不禁，以啓寇讎，若之何？』公止之，惠伯成之。」注云：「平二子，使仲舍之，公孫敖反之，復爲兄弟如初。」是其事也。

鳥獸亦如之。過失殺傷人之畜産者。○之畜，許又反。

「鳥獸亦如之」 亦謂過誤殺傷人之鳥獸，若鷹隼牛馬之屬，亦以民平和之。案今殺傷人牛馬之等，償其價直耳。和之使辟於此，不得就而仇之。

凡和難，父之讎辟諸海外，兄弟之讎辟諸千里之外，從父兄弟之讎不同國，君之讎眡父，師長之讎眡兄弟，主友之讎眡從父兄弟。和之使辟於此，不得就而仇之。九夷、八蠻、六戎、五狄，謂之四海。主，大夫君也。春秋傳曰：「晉荀偃卒而視不可含，宣子盥而撫之曰：事吳敢不如事主。」○辟諸，音避，下同。從兄，才用反。眡父，音視。盥而，音管。

「凡和」至「兄弟」　云「父之讎辟諸海外」已下，皆是殺人之賊，王法所當討，即合殺之。但未殺之間，雖以會赦，猶當使離鄉辟讎也。是以父之讎辟之海外，兄弟之讎辟諸千里之外，從父兄弟之讎不同國，別國即得。云「君之讎眡父」者，謂同國人殺君，眡，猶比，比父亦辟之海外。云「師長之讎眡兄弟」者，師長，謂見受業師，與兄弟同。云「主友之讎眡從父兄弟」者，注云：「主，大夫君也。」此經略言，其不言者，皆以服約之：伯叔父母、姑姊妹、女子子在室，及兄弟子、衆子，一與兄弟同。其祖父母、曾祖父母、高祖父母，其孫承後，皆斬衰，皆與父同。其不承後者，祖與伯叔同，曾祖、高祖，齊衰三月，皆與從父兄弟同，以其同繩屨故也。自外不見者，據服爲斷也。其兄弟，及從父兄弟、師長、主友，皆爲無子，復無親於己者，故據己親疎爲遠近。若有子及親於己，則自從親爲斷。

注「和之」至「事主」　云「和之使辟於此」者，此，謂海外千里外之等。云「九夷」之等，據職方、明堂位而言。案：漢時徐州刺史荀文若問玄：「周禮父之讎辟之海外，今青州人讎在遼東，可以王法縱不討乎？」當問之時，玄已年老，昏旄，意忘九夷、八蠻、六戎、五狄謂之四海。然則周禮謂在四海之外辟之，〔二二〕如是亦是遠矣。近則青州、遼東作難，未達周公聖意所趣。若文若之難，海水爲四海，故今辨之。然讎近東夷之人，當辟之西戎，餘者放此。〔二三〕引春秋者，襄十八年左氏，晉荀偃伐齊，十九年，反。荀偃癉疽，生瘍於頭。濟河，及著雍，病，目出。士匄請見，不納。請後，曰：「鄭甥可。」甲寅，卒而視，不可含。宣子盥而撫之，曰：「事吳敢不如事主。」是也。趙商問：「調人職稱父之讎辟諸海外，君亦然。注：『使辟於此，不得就而讎之。』商以春秋之義，子不復讎非子，臣不討賊非臣。楚勝之徒，猶言『鄭人在此，讎不遠矣』。不可以見讎而不討，於是伐之。臣感君恩，孝子思其親，不得不報，和之而已。子夏曰：『居父母之仇如之何？』孔子曰：『寢苦枕干，不仕，不與共天下，遇諸市朝，不反兵。』天下尚不反兵，海内何爲？和之豈宜，不達二禮所趣？小子曰惑，少蒙解説。』鄭荅曰：「讎在九夷之東，八蠻之南，六戎之西，五狄之北，雖有至孝之心，能往討不乎？子之所云，徧於此義。」案：楚勝，平王之孫，子木之子。平王爲子木聘女於秦，而自納之，子木奔鄭，子木爲鄭人殺之。案：哀十六年云：「子木，其子勝在吴，子西召之，使處境爲白公。請伐鄭，子西曰：『楚未節也，不然，吾不忘也。』他日又請，許之。未起師，晉人伐鄭，楚救之，與盟。勝怒曰：『鄭人在此，讎不遠矣。』」又云：「秋七月，殺子西子期于朝。」是其事也。若然，鄭云「雖有至孝之心，能往討之不乎」者，欲明孝子雖會赦，恒有復讎之心，故迸之海外，〔二三〕使絶忠臣孝子心，使無往之緣。其孔子云「寢苦枕干不仕」者，可通之會赦之後恒然，其君亦然，恐來入中國，則殺之也。復讎之法，依異義古周禮説，復讎可盡五世，五世之内。五世之外，施之於已則無義，施之於彼則無罪。所復者，惟謂殺者之身乃在，被殺者子孫，可盡五世得復之，鄭從之也。

弗辟，則與之瑞節而以執之。瑞節，玉節之剡圭也。〔二四〕和之而不肯辟者，是不從王命也。王以剡圭使調人執之，治其罪。

「弗辟」至「執之」　此經使辟者，其人戀鄉不肯辟，是違王命之人，〔二五〕則在上與調人瑞節，執而付秋官，與之罪也。

注「瑞節」至「其罪」　鄭知瑞節是琰圭者，〔二六〕案：典瑞云：「琰圭以和難。」故知是琰圭也。鄭又知使調人執瑞節，不使死家執之者，此王法治之，〔二七〕明使調人之官執之也。

凡殺人有反殺者，使邦國交讎之。反，復也。復殺之者，此欲除害弱敵也。邦國交讎之，明不和，諸侯得者即誅之。鄭司農云：「有反殺者，謂重殺也。」○謂重，直用反。

「凡殺」至「讎之」　云「有反殺者」，反，復也，謂既殺一人，其有子弟，復殺之，恐後與己爲敵而害己，故鄭云「欲除害弱敵」也。云「邦國交讎之」者，其殺人者，或逃向鄰國，所之之國，得則讎之，故云邦國交讎之也。

凡殺人而義者，不同國，令勿讎，讎之則死。義，宜也。謂父母兄弟師長嘗辱焉而殺之者，如是爲得其宜，雖所殺者人之父兄，不得讎也。使之不同國而已。

注「義宜」至「而已」　論語云：「見義不爲，無勇也。」彼義，則此有義者也，故云「義，宜也」。謂父母、兄弟、師長三者嘗辱焉，子弟及弟子則得殺之，是得其宜也。云「雖所殺者人之父兄，不得讎也」者，直言父兄，不言子弟，略之也。古者質，故三者被辱，即得殺之也。

凡有鬭怒者，成之；不可成者，則書之，先動者誅之。鬭怒，辯訟者也。不可成，不可平也。書之，記其姓名，辯本也。鄭司農云：「成之謂和之也。和之，猶今二千石以令解仇怨，後復相報，移徙之。〔二八〕此其類也。」玄謂上言「立證佐成其罪」，似非。○後復，扶又反，下不復聽同。

「凡有」至「誅之」　言「鬭怒」，則是言語忿爭，未至毆擊，故成之。若相毆擊，則當罪之也。故鄭云「鬭怒，謂辯訟也」。

注「玄謂」至「似非」　云「上言立證」者，即經云「過而殺傷人者以民成之」。司農於彼注兩解之，初解，成謂立證佐成其罪；復一解，成爲平和之義。〔二九〕此注先鄭復云成之謂和之，以和解成。則上文云「立證佐成其罪」似非，取此以破前也。

媒氏，掌萬民之判。判，半也。得耦爲合，主合其半，成夫婦也。喪服傳曰：「夫妻判合。」鄭司農云：「主萬民之判合。」

注「判半」至「判合」 云「得耦爲合」者，始雖以萬民爲主，上至天子，皆得耦爲合，主於萬民而言。但士以上，兼妾媵爲異耳。引喪服傳者，證判爲合義。

凡男女，自成名以上，皆書年月日名焉。鄭司農云：「成名謂子生三月，〔三〇〕父名之。」○以上，時掌反。

「凡男」至「名焉」 此經論媒氏之官。合男女，必先知男女年幾，故萬民之男女，自三月父名之以後，皆書年月日及名，以送與媒氏。媒氏官得之，以勘男三十、女二十，配成夫婦也。

注「成名」至「名之」 「子生三月，父名之」，禮記内則文。案内則，三月之末，父執子右手，孩而名之。又云：「夫告宰名，宰辯告諸男名，書曰：某年某月某日某生。而藏之。」注引「桓六年，九月丁卯，子同生」，是也。

令男三十而娶，女二十而嫁。二三者，天地相承覆之數也。易曰「參天兩地而倚數」焉。〔三一〕○奇數，於綺反，本或作倚，音同。

注「二三」至「數焉」 云「二三者，天地相承覆之數也」者，此二十女，三十男，〔三二〕法天地相承覆之數也。云「易曰『參天兩地而奇數』焉」者，案：易繫辭云：「天一地二，天三地四，天五地六。」是就生數之中，〔三三〕天三度生，地二度生。象天三覆地二，故云天地相承覆之數也。

凡娶判妻入子者，皆書之。書之者，以别未成昏禮者。鄭司農云：「入子者，謂嫁女者也。」玄謂言入子者，容媵姪娣不聘之者。○以别，彼列反，下同。

「凡娶」至「書之」 云「凡」者，以其此經揔説天子已下娶妻及媵之事，故云凡以廣之。

注「書之」至「之者」　媒氏以男女既有未成昏之籍，書其已成昏者，以別未昏，以待後昏也。先鄭云：「入子者謂嫁女」，後鄭不從者，經判妻，已是嫁女，後更言入子，明非嫁女也，故後鄭云「玄謂言入子者，容媵姪娣不聘之者」也。案成公九年春二月，伯姬歸于宋。夏，晉人來媵。是媵也。姪娣而書者，謂待年於父母者也。隱二年冬，伯姬歸于紀。七年春三月，叔姬歸于紀。何休云：「叔姬者，伯姬之媵也。至是乃歸者，待年父母國也。婦人，八歲備數，十五從嫡，二十承事君子。媵賤，書者，後爲嫡，終有賢行。」鄭君或與何休異。如是言娶判妻，姪娣後去者則存焉，故入子謂媵與姪娣後去者也。案：昏禮云：「雖無娣，媵先。」則媵與姪娣一也。此鄭云媵姪娣，不正是一者，〔三四〕既言媵，又云姪娣，故知別。且媵與姪娣相對，則姪娣無媵稱。故莊公十九年秋，公子結媵陳人之婦于鄄。公羊云：「媵者何？諸侯娶一國，則二國往媵之，以姪娣從。」是其義也。媒氏掌萬民之判，得有媵與姪娣者，庶人或無妾，亦容有者。且媒氏所掌，雖以萬民爲主，亦容有尊者娶法，故鄭云容媵姪娣不聘也。知不聘者，見內則云「聘則爲妻，奔則爲妾」故也。王肅曰：「周官云：『令男三十而娶，女二十嫁』，謂男女之限，嫁娶不得過此也。三十之男，二十之女，不待禮而行之，所奔者不禁。娶何三十之限，前賢有言，丈夫二十，不敢不有室，女子十五不敢不有其家。家語，魯哀公問於孔子：『男子十六精通，女子十四而化，是則可以生民矣。聞禮男三十而有室，女二十而有夫，豈不晚哉？』孔子曰：『夫禮言其極，亦不是過。男子二十而冠，有爲人父之端；女子十五許嫁，有適人之道。於此以往，則自昏矣。』然則三十之男，二十之女，中春之月者，〔三五〕所謂言其極法耳。」昭曰：「禮記本命曰：『中男三十而娶，〔三六〕女二十而嫁，合於中節。大古，男五十而有室，女三十而嫁。』尚書大傳曰：『孔子曰：男三十而娶，女二十而嫁，通於織紝紡績之事，黼黻文章之美，不若是，則上無以孝於舅姑，而下無以事夫養子。』穀梁傳曰：『男子二十而冠，冠而列丈夫，三十而娶。』尹更始云：『男三十而娶，女十五許嫁，笄，二十而嫁。』曲禮：『三十曰壯，有室。』盧氏云：『三十盛壯，可以取女。』內則：『三十而有室，始理男事。女子十五笄，二十而嫁，有故，二十三而嫁。』經有『夫婦之長殤』，舊說，三十而娶，而有夫婦長殤者，何關盛衰。一說關畏猷溺而殤之。〔三七〕盧氏以爲衰世之禮也。張融從鄭及諸家說。又春秋外傳，越王句踐蕃育人民，以速報吴，故男二十而娶，女子十七而嫁，如是，足明正禮男不二十娶、女不十七嫁可知也。」

中春之月，令會男女，中春，陰陽交，以成昏禮，順天時也。

「中春」至「男女」　王肅論云：「吾幼爲鄭學之時，爲謬言，尋其義，乃知古人可以於冬。〔三八〕自馬氏以來，乃因周官而有二月。詩『東門之楊，其葉牂牂』，毛傳曰：『男女失時，不逮秋冬。』三星，參也，十月而見東方，時可以嫁娶。」又云：「時尚暇務，須合昏因，萬物閉藏於冬，〔三九〕而用生育之時，娶妻入室，長養之母，亦不失也。孫卿曰：『霜降逆女，冰泮殺止。』詩曰：『將子無怒，秋以爲期。』韓詩傳亦曰：『古者霜降逆女，冰泮殺止，士如歸妻，迨冰未泮。』爲此驗也。而玄云：『歸，使之來歸於己，謂請期時。』來歸之言，非請期之名也。或曰：親迎用昏，而曰『旭日始旦』，何用哉？詩以鳴鴈之時納采，以感時而親迎，〔四〇〕而周官中春，合會男女之無夫家者，〔四一〕於是時奔者不禁，則昏姻之期，非此日也。孔子家語曰：『霜降而婦功成，嫁娶者行焉；冰泮而農業起，昏禮殺於此。』又曰：『冬合男女，秋班時位也。』」〔四二〕詩曰：「『有女懷春，〔四三〕吉士誘之』；『春日遲遲，女心傷悲』；『綢繆束芻，三星在隅』；『我行其野，蔽芾其樗』；『倉庚于飛，熠燿其羽』。詩殷頌曰：『天命玄鳥，降而生商。』月令：『仲春，玄鳥至之日，以大牢祠于高禖，天子親往。』玄鳥生乳之月，以爲嫁娶之候，天子重之而祀焉。」凡此皆與仲春嫁娶爲候者也。夏小正曰：「二月，冠子、嫁女、娶妻之時。」〔四四〕秋以爲期，此淫奔之時。〔四五〕夏小正曰：「二月，綏多士女，〔四六〕交昏於仲春。」易泰卦：「六五，帝乙歸妹，以祉元吉。」鄭說，之五爻，辰在卯，〔四七〕春爲陽中，萬物以生，生育者，嫁娶之貴，仲春之月，嫁娶男女之禮，福禄大吉。易之咸卦，柔上剛下，二氣感應以相與。皆說男下女。召南草蟲之詩，夫人待禮，隨從在塗，見采鼈者，〔四八〕以詩自興。又云「士如歸妻，迨冰未泮。」舊詩云：〔四九〕士如歸妻，我尚及冰未定納。〔五〇〕其篇義云：嫁娶以春，陽氣始生萬物，嫁娶亦爲生類，故管子篇時令云：〔五一〕「春以令男女。」〔五二〕融謹案：春秋魯送夫人、嫁女，四時通用，無譏文。然則孔子制素王之法，以遺後世，男女以及時盛年爲得，不限以日月。家語限以冬，不附於春秋之正經，如是，則非孔子之言。嫁娶也以仲春，著在詩、易、夏小正之文，且仲春爲有期之言；秋冬春三時嫁娶，〔五三〕何自違也。家語冬合男女，窮天數之語。〔五四〕詩易禮傳所載，咸、泰、歸妹之卦，國風行露、綢繆「有女懷春」、「倉庚于飛，熠燿其羽」、「春日遲遲」、「樂與公子同歸」之歌，〔五五〕小雅「我行其野，蔽芾其樗」之歎，此春娶之證也。禮，諸侯越國娶女，仲春及冰未散請期，乃足容往反也。秋如期往，淫奔之女，不能待年，故設秋迎之期。摽有梅之詩，殷紂暴亂，娶失其盛時之年，習亂思治，故戒文王能使男女得及其時。陳、晉棄周禮，爲國亂禮傷，〔五六〕故刺昏姻不及仲春。玄説云：「嫁娶以仲春」，既有羣證，故孔晁曰：「『有女懷春』，毛云：『春不暇待秋。』『春日遲遲，女心傷悲』，謂蠶事始起，感事而出。〔五七〕『蔽芾其樗』，喻愚惡夫。〔五八〕『熠燿其羽』，喻嫁娶之盛飾。『三星在隅』，孟冬之月，參見東方，舉正昏以刺時。」此雖用毛義，未若鄭云『用仲春爲正禮』爲密也。是以詩云：「匏有苦葉，濟有深涉。」箋云：「匏葉苦而渡處深，謂八月時，時陰陽交會，始可以爲昏禮，納采問名。」又云：「士如歸妻，迨冰未泮。」箋云：「歸妻，使之來歸於己，謂請期，冰未散，正月中以前，二月可以爲昏。」然則以二月爲得其實，惟爲有故者，得不用仲春。

於是時也，奔者不禁。重天時，權許之也。

注「重天」至「之也」。云「於是時」，謂是仲春時。此月既是娶妻之月，〔五九〕若有父母不娶不嫁之者，自相奔就，亦不禁之。但人而無禮，胡不遄死。以當禮，乃可得爲配。言「奔者不禁」者，鄭云「權許之」，其實非正禮也。

若無故而不用令者，罰之。無故，謂無喪禍之變也。有喪禍者娶，得用非中春之月。雜記曰：「已雖小功，既卒哭，可以冠子娶妻。」○冠子，古喚反。

注「無故」至「娶妻」　言「令」者，即上中春之月，令會男女。男女有喪禍之故，得不用中春，今無故不用令，則罪罰之也。注引雜記者，證喪禍之故，於月數滿，雖非中春，可以嫁娶也。云「已雖小功」者，彼上文有父小功之末可以冠娶，故云已雖小功也。

司男女之無夫家者而會之。司猶察也。無夫家，謂男女之鰥寡者。

「司男」至「會之」　上文已云令會男女，謂無夫家者也。今又言司察男女無夫家，是嘗已有匹配，故鄭云無夫家謂男女之鰥寡者也。

凡嫁子娶妻，入幣純帛，無過五兩。純，實緇字也。古緇以才爲聲。納幣用緇，婦人陰也。凡於娶禮，必用其類。五兩，十端也。必言兩者，欲得其配合之名。十者，象五行十日相成也。士大夫乃以玄纁束帛，天子加以穀圭，諸侯加以大璋。雜記曰：「納幣一束，束五兩，兩五尋。」然則每端二丈。○純帛，側其反，依字從糸才。

注「純實」至「二丈」　凡嫁子娶妻，含尊卑，但云緇帛，文主庶人耳。注「純實緇字也，古緇以才爲聲」者，緇以絲爲形，才爲聲，故誤爲純字。但古之緇有二種：其緇布之緇，糸旁甾，後不誤，故禮有緇布冠、緇布衣，存古字；若以絲帛之緇，則糸旁才，此字諸處不同。絲理明者，即破爲色，此「純帛」及祭義「蠶事以爲純服」，〔六〇〕故論語云：〔六一〕「麻冕，禮也，今也純，儉。」如此之類，皆絲理自明，即爲色解之。昏禮云：「女次純衣。」鄭云：「純衣，絲衣。」以昏禮直云純衣，絲理不明，故爲絲衣解之也。云「五兩，十端」者，古者二端相向卷之，共爲一兩，五兩故十端也。云「十者，象五行十日相成」者，左傳云：「天有六氣。」降生五行，行各有二日。東方木爲甲乙，南方火爲丙丁，中央土爲戊己，西方金爲庚辛，北方水爲壬癸，是十日。言相成者，木八爲金九妻，火七爲水六妻，土十爲木八妻，金九爲火七妻，水六爲土五妻，所剋者爲妻，是夫妻相成之數。云「士大夫乃以玄纁束帛」者，案：士昏禮玄纁束帛，大夫昏禮而有改娶者，依此禮用玄纁，故云士大夫用玄纁。云「天子加以穀圭，諸侯加以大璋」者，玉人文。謂加於玄纁束帛之上以行禮。引雜記者，證五兩，兩五尋四十尺之意。云「納幣一束，束五兩，兩五尋」者，尋八尺，則一兩四十尺。五兩，四五二十，揔二百尺，故鄭玄云：「然則每端二丈。」若餘行禮，則用制幣丈八尺，取儉易共。此昏禮，每端二丈，取誠實之義，故以二丈整數爲之也。

禁遷葬者與嫁殤者。遷葬，謂生時非夫婦，死既葬，遷之使相從也。殤，十九以下未嫁而死者。生不以禮相接，死而合之，是亦亂人倫者也。鄭司農云：「嫁殤者，謂嫁死人也。今時娶會是也。」

「禁遷」至「殤者」　遷葬，謂成人鰥寡，生時非夫婦，死乃嫁之。嫁殤者，生年十九已下而死，死乃嫁之。不言殤娶者，舉女殤，男可知也。

凡男女之陰訟，聽之于勝國之社；其附于刑者，歸之于士。陰訟，爭中冓之事以觸法者。勝國，亡國也。亡國之社，奄其上而棧其下，使無所通。〔六二〕就之以聽陰訟之情，明不當宣露。其罪不在赦宥者，直歸士而刑之，不復以聽。士，司寇之屬。詩云：「牆有茨，不可埽也。中冓之言，不可道也。所可道也，言之醜也。」○中冓，古候反。而棧，士板反，劉才產反，或士諫反。有茨，疾私反。

注「陰訟」至「醜也」　云「陰訟，爭中冓之事」者，謂若詩之中冓以觸法也。云「勝國，亡國也」者，此社有四名。若此往勝得彼國，將社來，謂之勝國，即此文是也。若據彼國喪亡，則謂之亡國之社，引公羊傳者是也。又名喪國之社，郊特牲云：「喪國之社必屋之。」是也。據其地，則曰亳社，則左傳云「亳社烖」是也，故云勝國亡國也。故鄭引公羊傳云勝國亡國也。云「亡國之社」者，公羊傳文。云「奄其上」者，即郊特牲「屋之不受天陽者」是也。云「棧其下」者，謂於下著柴以棧之，使不通陰故也，故云「使無所通」也。云「就之以聽陰訟之情，明不當宣露」者，以其勝國社上下不通，是不宣露；中冓之言亦不宣露，故就而聽之也。若然，案詩，召伯聽男女之訟於小棠之下，不在勝國社者，彼謂周公未制禮前，此據制禮之後，故不同。云「其罪不在赦宥者，直歸士而刑之，不復以聽」，釋經「附於刑者歸於士」。若然，在赦宥者媒氏聽之。云「士，司寇之屬」者，案：司寇有士師之等屬司寇，故云之屬。是以鄭注詩亦云：「士師所當審也。」詩者，邶詩，刺衛宣公之詩。引之者，證經所聽者是中冓之言也。

司市，掌市之治、教、政、刑、量度、禁令。量，豆、區、斗、斛之屬。〔六三〕度，丈尺也。○之治，直吏反，〔六四〕下及大治小治同。豆區，烏侯反。

「司市」至「禁令」　此經與下文爲揔目。云「掌市之治」者，下文云「聽大治小治」是也。教，即此下文「以次叙分地」之等，謂教之處置貨物是也。政者，即下文云「以政令禁物靡」等是也。刑者，即下文云「以刑罰禁虣」是也。量度，即下文云「以量度成賈」是也。禁令者，即下文云「以賈民禁僞」是也。

注「量豆」至「尺也」　「豆、區、斗、斛之屬」者，豆、區，即昭三年晏子云「齊舊四量，豆、區、釜、鍾」是也。云「斗、斛」，即律曆志云「龠合升斗斛」是也。此不言釜鍾與龠升者，「之屬」中兼之也。

以次叙分地而經市，次謂吏所治舍，思次、介次也。若今市亭然。叙，肆行列也。經，界也。○行列，户剛反，下行列同。

「以次」至「經市」　司市之官次叙二事，〔六五〕分地而置之，而以經界其市，使各處所，〔六六〕不相雜亂也。

注「次謂」至「界也」　云「次謂吏所治舍」者，吏，即下文司市、賈師涖思次、介次者是也。云「若今市亭然」者，舉漢法而言。云「叙，肆行列也」者，以其言叙即行肆之列，故爲行列解之。案：内宰職云：「設其次，置其叙，正其肆。」注云：「次，思次。叙，介次。」不爲行列，與此注違者，彼文次與叙，下更云「正其肆」，則肆爲行列，故分次爲思次，以叙爲介次也。此文不具，直有次叙，無言正其肆，故并思次同名爲次，〔六七〕叙爲行列，此鄭望文爲義，故注不同。

以陳肆辨物而平市，陳猶列也。辨物，物異肆也。肆異則市平。

「以陳」至「平市」　陳，列也，謂行列其廛肆而辨其物。物異則市賈平，故云平市也。

以政令禁物靡而均市，物靡者，易售而無用，禁之則市均。鄭司農云：「靡謂侈靡也。」○者易，以豉反，下之易同。售，受又反。

司市出政令，而禁其物貨細靡者。但物貨細靡，人買之有多，貴而無用，令使麤物買之者少而賤，使市賈不平，令禁之，則市物均平，故曰「均市」也。

以商賈阜貨而行布，通物曰商，居賣物曰賈。阜猶盛也。鄭司農云：「布謂泉也。」○商賈，音古，注曰賈，下商賈、賈師皆同。

「以商」至「行布」　鄭知「通物曰商」者，易云：「至日閉關，商旅不行。除至之日，商旅則行。」故鄭注大宰云：「行曰商。」行商，則是通物者也。鄭知居賣物曰賈者，商既通物，明賈者在市而居賣物者也。故鄭注大宰云：「處曰賈也。」由此二等之人，或通貨，或在市賣之，故貨賄阜盛而布泉得行，故云「阜貨而行布」也。

以量度成賈而徵儥，徵，召也。儥，買也。物有定賈則買者來也。○成賈，音嫁，注下不音者皆同，聶氏及沈云：成賈、定賈、奠物賈、其賈、平賈、大賈、小賈、賈賤、恒賈、而故賈，凡十二音嫁，餘音古。徵儥，劉音育，聶氏音笛，字林他竺反。

「以量」至「徵債」　量，以量穀粱之等。度，以度布絹之等。成，定也。二物以量度以定物賈。徵，召也。債，買之。物賈定，則召買者來，故云徵債也。

注「徵召也債買也物有定賈則買者來也」　知債爲買者，以言徵召買者，故以債爲買。此字所訓不定。案：下文所云「貴債者」，鄭注：「貴賣之。」鄭亦望文爲義，故注不同也。

以質劑結信而止訟，質劑，謂兩書一札而別之也。若今下手書，言保物要還矣。鄭司農云：「質劑，月平。」○質劑，子隨反。月平，皮命反，下月平同。

「以質」至「止訟」　質劑，謂券書，恐民失信，有所違負，故爲券書結之，使有信也。民之獄訟，本由無信，既結信則無訟，故云「止訟」也。

注「質劑」至「月平」　下質人云：「大市以質，小市以劑。」故知質劑是券書。是以鄭云「兩書一札而別之」。古者未有紙，故以札書。小宰職注云：「兩書一地，同而別之。」〔六八〕此不云同，明亦有同義也。鄭云「若今下手書」者，漢時下手書，即今畫指券，與古質劑同也。先鄭云「質劑月平」，小宰先鄭注亦如此解，以爲月平，若今之市估文書，亦得爲一義，故後鄭每引之在下也。

以賈民禁僞而除詐，賈民，胥師、賈師之屬。必以賈民爲之者，知物之情僞與實詐。○賈民，劉音嫁，聶沈音古，注賈民同。

「以賈」至「除詐」　司市之官，用賈民知物真僞者，使禁物之僞，而除去人之詐虛也。

注「賈民」至「實詐」　知賈民是胥師、賈師之屬者，案：下胥師職云：「察其詐僞飾行價慝者，而誅罰之。」故知此賈民禁僞，是胥師賈師之屬。謂屬胥師賈師，受其役使也。云「知物之情僞與實詐」者，直依經解之。情，則真也。情僞既據物而言，則言實詐，據人而說也。

以刑罰禁虣而去盜，刑罰，憲、徇、扑。○禁虣，薄報反。而去，起呂反。扑也，普卜反，下文同。

「以刑」至「去盜」　刑期於無刑，以殺止殺，故以刑罰禁虣亂之人。又去其相盜竊也。

注「刑罰憲徇扑」　知刑罰是憲徇扑者，司市所施，惟施於市中者，故下云：「小刑憲罰，中刑徇罰，大刑扑罰，其附於刑者歸於士。」故知惟有此三者也。

以泉府同貨而斂賒。同，共也。同者，謂民貨不售，則爲斂而買之；民無貨，則賒貰而予之。〔六九〕○斂賒，傷蛇反。同共，如字。則爲，于僞反，下爲民同。賒貰，音世，貸也，劉傷夜反，一時夜反。

「以泉」至「斂賒」　下文有泉府職掌於市之罰布之等藏之，〔七〇〕今司市之官，以泉府所藏之布物，與民同行其貨，而民無財者，賒而予之，後斂取其直，故云「同貨而斂賒」也。

注「同共」至「予之」　云「同者，謂民貨不售，則爲斂而買之」者，民賣物不售，則以泉府之物買取之，釋經同貨也。「民無貨，則賒貰而予之」者，此謂所買得之物，民有急須而無貨者，則貰予之，有時斂取其直，釋經斂賒也。但賒貰二字通用也。

大市，日昃而市，〔七一〕**百族爲主；朝市，朝時而市，商賈爲主；夕市，夕時而市，販夫販婦爲主。**日昃，昳中也。市，雜聚之處。言主者，謂其多者也。百族必容來去，商賈家於市城，販夫販婦朝資夕賣，因其便而分爲三時之市，所以了物極衆。鄭司農云：「百族，百姓也。」○昃，音側，本又作昃。販夫，方万反。其便，婢面反。

「大市」至「爲主」　案：下文「市朝一夫，各方百步」。就百步而分爲三時之市，恐不可。若然，則一夫者，據市亭置次與敘，〔七二〕司市及賈師、胥師聽事之處，取其列行肆之處，則居地多矣。今經有三時之市，不先言朝市、夕市，而先言日仄者，據向市人多而稱大市，故先言之。此三市，皆於一院內爲之，大市於中，朝市於東偏，夕市於西偏，郊特牲所云是也。

注「日仄」至「姓也」　云「仄日，昳中也」者，仄者，傾側之義。昳者，差昳之言，故以昳解仄也。是以尚書無逸云：「文王至於日中仄，不遑暇食。」是中後稱仄也。云「市，雜聚之處。言主者，謂多者也」者，謂言百族爲主，則兼有商賈販夫販婦。云商賈爲主，則兼有百族、販夫、販婦，云販夫、販婦爲主，則兼有百族與商賈也。云「百族必容來去」者，百族或在城內，或在城外者，容其來往，故於日仄以後主之。云「商賈家於市城」者，行曰商，居曰賈，即賈家於市。今并言者，其商雖行通物，亦容於市也。云「朝資夕賣」者，資，若冬資絺、夏資裘之類，則資者，朝買資之，至夕乃賣，故以資言之。云「所以了物極衆」者，以分爲三市者，欲了其所賣之物，極盡其衆也。先鄭云「百族，百姓也」者，欲見此百族〔七三〕異於秋官司寇「戒於百族」。彼百族，是府史以下。此據市人稱百族，明據天下百姓，亦非百官百姓。對則正姓與氏族異，通而言之，氏族則庶姓，故以百姓爲百族。

凡市入，則胥執鞭度守門。市之羣吏平肆展成奠賈，上旌于思次以令市，市師涖焉，而聽大治大訟；胥師、賈師涖于介次，而聽小治小訟。凡市入，謂三時之市市者入也。胥，守門察僞詐也。必執鞭度，以威正人衆也。度謂殳也，因刻丈尺耳。羣吏，胥師以下也。平肆，平賣物者之行列，使之正也。展之言整也。成，平也，會平成市物者也。奠讀爲定，整勑會者，〔七四〕使定物賈，防誑豫也。上旌者，以爲衆望也，見旌則知當市也。思次，若今市亭也。市師，司市也。介次，市亭之屬別，小者也。故書涖作立。杜子春云：「奠當爲定。」鄭司農云：「思，辭也。次，市中候樓也。立當爲涖。涖，視也。」玄謂「思」當爲「司」字，聲之誤也。○奠賈，音定，又田見反。上旌，時掌反，注同。〔七五〕殳也，音殊。防誑，九況反。

注「凡市」至「誤也」　鄭知凡市入是上三時之市者，以其言「凡」，明揔三時之市。云「胥，守門察僞詐也」者，以其執度之故也。云「必執鞭度，以威正人衆也」者，鞭以威人衆，度以正人衆，故并言之也。云「度謂殳也」者，案：下文廬人云：「毄兵同強。」注云：「改句言毄，容殳無刃。」此文鞭度連言，則一物以爲二用，若以繫鞘於上，則爲鞭；以長丈二因兗丈尺，〔七六〕則爲度。知羣吏胥師以下者，見下司稽職云：「執鞭度而巡其前。」此亦執鞭度，故知是胥師以下。敘官云：「胥師二十肆則一人，胥二肆則一人。」鄭云：「胥師領羣胥。」則胥師已下，非直巡行肆，亦更來守門，故鄭揔云：「胥師以下。」知「平肆是平賣物者之行列，使之正」者，以是經直云平肆，肆是行列，恐其行肆不正，以正之也。云「展之言整也。成，平也，會平成市物者也」。云「奠讀爲定」者，鄭以爲平成市，整敕會者，使定物價，恐有豫爲誑欺，故云「防誑豫」。先鄭云「思，辭也」，後鄭以爲思則司字聲之誤也者，下云「介次」，不爲辭，明「思」不得爲辭，直是思司聲同，故誤爲思也。此思司聲同，不得爲字誤。今有本云「字，聲之誤」，兼有「字」者，讀當云「思當爲司字」，字絶讀之，乃合義也。

凡萬民之期于市者，辟布者、量度者、刑戮者，各於其地之敘。期，謂欲賣買期決於市也。量度者，若今處斗斛及丈尺也。故書辟爲辭。鄭司農云：「辭布，辭訟泉物者也。」玄謂辟布，市之羣吏考實諸泉入及有遺忘。

「凡萬」至「之敘」　云「凡萬民之期于市」，有此已下三事，有辟布者、度量者、刑戮者。「各於其地之敘」，則諸物行肆之所也。

注「期謂」至「遺忘」　云「期決於市也」者，謂人各自爲期限，使了市事於市也。云「若今處斗斛及丈尺」者，謂斗斛處置於米粟之肆，處置丈尺於絹布之肆。案：前注「量，豆、區、斗、斛」，此中不云豆、區，前注廣解量名，此略云市所用，故注不同。案律歷志，度量衡皆起於黄鍾之律，故彼云：「以子穀秬黍中者，一黍一分，九十黍黄鍾之長，則一黍爲一分，十黍爲寸，十寸爲尺，十尺爲丈，十丈爲引，五度審矣。」又云：「子穀秬黍中者，千二百黍，〔七七〕其實一籥，合籥爲合，〔七八〕十合爲升，十升爲斗，十斗爲斛，五量審矣。」先鄭從故書辟布爲辭訟之布。後鄭不從，而爲羣吏考實諸泉入者，若辭訟之布，當歸其本主，何得各有地之叙乎？明不得爲辭訟之布也。云考實諸泉入者，辟，法也，謂民將物來於肆賣者，肆長各考量物數得實，稅入於市之泉府。知民將物來於市有稅者，案下文云：「國凶荒，市無征」，明不凶荒有征矣。其實者則宜置於地之叙，欺者沒入官，是其法也。云「及有遺忘」者，謂羣吏考實泉之處，有遺忘者，便歸令本主識認之。下文得貨賄六畜之等，是依列肆失者，與此文别也。

凡得貨賄六畜者亦如之，三日而舉之。得遺物者，亦使置其地，貨於貨之肆，馬於馬之肆，則主求之易也。三日而無識認者，舉之沒入官。

「凡得」至「舉之」　此謂在列肆遺忘闌失者，使各歸本肆，使主識認取之。〔七九〕

凡治市之貨賄、六畜、珍異，亡者使有，利者使阜，害者使亡，靡者使微。利，利於民，謂物實厚者。害，害於民，謂物行沽者。〔八〇〕使有使阜，起其賈以徵之也。使亡使微，抑其賈以卻之也。侈靡細好，使富民好奢，微之而已。鄭司農云：「亡者使有，無此物則開利其道，使之有。」〇物行，遐孟反，又如字，聶胡剛反。苦者，音古。以卻，起略反。好奢，呼報反。

注「利利」至「之有」　云「使有使阜」者，摠釋經亡者利者。云「起其賈」者，謂增起其賈，引物自然來，故使有使阜盛也。云「微之而已」，謂少抑其價，使微少，不絕而已。先鄭云「亡者使有，無此物，則開利其道，使之有」，與後鄭起其賈義異。引之者，義得兩通，故後鄭亦從之也。

凡通貨賄，以璽節出入之。璽節，印章，如今斗檢封矣。使人執之以通商。以出貨賄者，王之司市也；以內貨賄者，邦國之司市也。

「凡通」至「入之」　金玉曰貨，布帛曰賄。其璽節，餘物亦通，而直云通貨賄者，以物之貴，及民之所用多者，莫過貨賄，故舉以言之，無妨餘物亦通之。

注「璽節」至「市也」　云「璽節，印章，如今斗檢封矣」者，〔八一〕案漢法，斗檢封，其形方，上有封檢，其內有書；則周時印章上書其物，識事而已。云「使人執之以通商」者，以其商旅主通貨賄，故知執璽節者是通商也。云「出貨賄者，王之司市也」者，以其商旅買貨賄於市，以出向邦國，故知是王之司市給璽節也。云「內貨賄者，邦國之司市也」者，以其貨賄從邦國來，當入王畿，故知還是邦國之司市給璽節也。此經直云入之，鄭雖云「內貨賄者，邦國之司市」，亦容有從畿內入市者，故下掌節云：「貨賄用璽節。」鄭云：「變司市言貨賄者，貨賄非必由市，或資於民家。」若然，商資於民家，得出向邦國。若資於民家，亦容入來向王市賣之，則璽節受之於門關矣。

國凶荒札喪，則市無征，而作布。有災害，物貴，市不稅，爲民乏困也。〔八二〕金銅無凶年，因物貴，大鑄泉以饒民。

「國凶」至「作布」　凶荒，謂年穀不孰。札，謂疫病。喪，謂死喪。恤其乏困，故市無征也。

注「金銅無年」　以其凶年穀則貴，金銅凶年亦賤，故云無凶年。是以諺云「豐年粟，儉年玉」。因云物貴者，〔八三〕其物止謂米穀，餘物並賤也。

凡市僞飾之禁，在民者十有二，在商者十有二，在賈者十有二，在工者十有二。鄭司農云：「所以俱十有二者，工不得作，賈不得粥，商不得資，民不得畜。」玄謂王制曰：「用器不中度，不粥於市；兵車不中度，不粥於市；布帛精麤不中數，幅廣狹不中量，〔八四〕不粥於市；姦色亂正色，不粥於市；

五穀不時，果實未熟，不粥於市；木不中伐，不粥於市；禽獸魚鼈不中殺，不粥於市。」亦其類也。於四十八則未聞數十二焉。○在賈，音古，注同。得粥，音育，下同。中度，丁仲反，下同。廣夾，音洽。數十二，色主反。

「凡市」至「有二」　云「凡僞飾之禁」，此與在民以下爲揔目，故云「凡」以廣之。

注「鄭司」至「二焉」　先鄭云「所以俱十有二者，工不得作」以下云云，謂民與商賈及工四者皆同十二。云「工不得作」者，工匠主營作，故云不得作。云「賈不得粥」者，以其處曰賈，賈主賣粥，故云不得粥。云「商不得資」者，商主通貨賄，貨賄皆當豫資貯，故云不得資。云「民不得畜」者，萬民非作、非粥、非資，故以畜聚而言也。「玄謂王制曰，用器不中度，不粥於市」者，案：彼鄭注云：「用器，弓矢、耒耜。」耒耜長六尺，弓長六尺六寸之等，矢長三尺之類，皆有長短度數也。云「兵車不中度，不粥於市」者，案考工記，輪人爲兵車、乘車之輪，崇六尺六寸。成出革車一乘，出於民間，故民亦有粥兵車之法。云「布帛精麤不中數，幅廣狹不中量，〔八五〕不粥於市」，布之精麤，謂若朝服十五升，斬衰三升。齊衰有三等，或四升，或五升，或六升。大功已下，有七升、八升、九升。小功有十升、十一升、十二升。緦麻有十五升抽去半。其帛之升數，禮無明文。云「廣狹不中量」者，布幅則廣二尺二寸。其繒幅，則依朝貢禮，廣二尺四寸。云「姦色亂正色，不粥於市」者，論語孔子「惡紫之奪朱」，則朱是南方正色，紫是北方姦色。紫奪朱色，是姦色亂正色，故孔子惡之。若然，自餘四方，皆有姦色正色，若紅緑及碧等，皆有亂正色之義也。云「五穀不時，果實未熟，不粥於市」，鄭彼注云：「皆謂不利人。」「木不中伐，不粥於市」者，鄭彼注引山虞職云「仲冬斬陽木，仲夏斬陰木」以爲證，是非此時，則木不中伐。云「禽獸魚鼈不中殺，不粥於市」者，案：鼈人職云：「秋獻鼈蜃，冬獻龜魚。〔八六〕」案：禮記王制云：「獺祭魚，然後虞人入澤梁。豺祭獸，然後殺。」是殺禽獸魚鼈之時，得粥於市，非此時，則不可也。云「其類也」者，〔八七〕王制所云不中度之類，是在工者。〔八八〕不中數，不中量，姦色亂正色，是在商者。不時及未孰，是在農者。此等亦兼有在賈者，故云亦其類也。云「於四十八則未聞數十二」者，王制之文，從用器爲一，兵車爲二，布三，帛四，姦色五，五穀六，果實七，木八，禽九，獸十，魚十一，黿十二，是聞之十二矣。於四十八，則未聞三十云，〔八九〕故云未聞數十二也。

市刑，小刑憲罰，中刑徇罰，大刑扑罰，〔九〇〕其附于刑者，歸于士。徇，舉以示其地之衆也。扑，撻也。鄭司農云：「憲罰，播其肆也。」故書附爲拊，〔九一〕杜子春云：「當爲附。」○爲柎，劉方符反，沈音附。

「市刑」至「于士」　「附于刑者歸于士」者，此刑各有所對言之。市刑雖輕，亦名爲刑，若對五刑，則五種者爲刑，故云附於刑歸於士。士，謂秋官士師、鄉士、遂士之屬。其人屬彼者，各歸之，使刑官斷之也。

注「徇舉」至「爲附」　「徇，舉以示其地之衆也」者，徇者，徇列之名。故知舉其人以示其地肆之衆，使衆爲戒也。云「扑，撻也」者，大射云：「司射搢扑。」尚書云：「扑作教刑。」皆是笞撻爲扑，故云扑撻也。先鄭云「憲罰，播其肆也」者，憲是表顯之名。徇既將身以示之，則此憲，是以文書表示於肆，若布憲之類也。

國君過市則刑人赦，夫人過市罰一幕，世子過市罰一帟，命夫過市罰一蓋，命婦過市罰一帷。謂諸侯及夫人、世子過其國之市，大夫、內子過其都之市也。市者，人之所交利而行刑之處，君子無故不遊觀焉。若遊觀則施惠以爲說也。國君則赦其刑人。夫人、世子、命夫、命婦則使之出罰，異尊卑也。所罰謂憲徇扑也。〔九二〕必罰幕帟蓋帷，市者衆也。此四物者，在衆之用也。此王國之市而說國君以下過市者，諸侯之於其國，與王同，以其足以互明之。○一幕，劉音莫。一帟，音亦。游觀，古喚反，下同，或音官。爲說，如字，解說也，聶如銳反。〔九三〕

注「謂諸」至「明之」　云「大夫、內子」者，大夫中含有卿，內子，卿之妻，含大夫之妻命婦也，故經云命婦，注云內子也。若然，此經大夫命婦，是諸侯科中，不見天子卿大夫，則天子卿大夫與諸侯卿大夫及命婦，亦是互見爲義也。云「所罰謂憲徇扑也」者，〔九四〕其憲徇，刑之輕者，而赦之使出帷幕難備之物者，出物雖重而無恥，憲徇雖輕而有愧，故以出物爲輕也。案：幕人云：「掌供帷幕幄帟綬。」帷幕用布，幄帟用繒。在上曰幕，在旁曰帷。帟，承塵。其蓋，當是於衆中障暑雨之蓋，未必是輪人所作蓋，弓二十有八，在車者也。云「諸侯之於國與王同，以其足以互明之」者，此王國之市，若直見王后世子過市，則不見諸侯已下。今以王國之市而見諸侯已下過市，足得互見王已下過市，故云互明之也。

凡會同師役，〔九五〕**市司帥賈師而從，治其市政，掌其賣儥之事。**市司，司市也。儥，買也。會同師役必有市者，大衆所在，來物以備之。

「凡會」至「之事」　王與諸侯行會同，及師役征伐之等，或在畿内，或在畿外，皆有市，則市司帥賈師而從，以其知物買，故使從。不帥胥師者，胥師不知物儥，於事緩，故不從也。

校勘記

〔一〕遜順也　「遜」，元、監、毛、殿本同，阮本作「孫」。

〔二〕則尚書云考朕昭于刑　「于」，元、殿、阮本作「子」，是。

〔三〕上德不德是以有德　「是」，阮本作「凡」，誤。

〔四〕德大無上　「大」，元、監、毛、殿本同，正、聞、閩、阮本作「有」，誤。

〔五〕凡國之貴遊子弟學焉　于鬯云，「子弟」二字衍。

〔六〕則三處皆帥四夷隸守之　「三」，阮本作「二」。疑作「二」是。

〔七〕過君表　諸本同。浦鏜云，「軍」誤「君」，疏同。孫詒讓云，「君」不誤。

〔八〕今有重差夕桀句股也　釋文云，「夕桀」二字非鄭注。阮校云，後人據賈疏本校釋文，知鄭注無「夕桀」，乃附著之，非陸語。今注疏中「句股」上有「夕桀」，乃又後人據釋文所加。

〔九〕轚則不得入　「轚」，正、閩、閩、殿、監本同，毛、阮本作「擊」，是。下「御擊者不得入」同。

〔一〇〕圍國之類　「圍」，元本同，閩、閩、監、毛、殿、阮本作「圁」。

〔一一〕闕闠衡衕之類　「闠」，元、監、毛、殿本同，正、閩、閩、阮本作「闕」。「闕闠」二字汪文臺、孫詒讓以爲當在「圁國」下。

〔一二〕掌糾萬民之德而勸之朋友正其行而强之道藝巡問而觀察之　于鬯云，此句當斷作「掌糾萬民之德而勸之，朋友正其行而强之，道藝巡問而觀察之」。

〔一三〕亦謂以入治之　「入」，元、正、閩、閩、殿本同，監、毛、阮本作「人」，非。

〔一四〕謂使爲比長閭胥　「閭」，原作「間」，據阮本改。

〔一五〕衺惡謂侮慢長老　阮校云，釋文出經「之衺」二字，并云「注作邪」。據此，可知經當用古字「衺」，注當用今字「邪」。今本則皆依經改作「衺」，非。下「過失亦由衺惡」，嘉靖本作「邪」是也。

〔一六〕衺似嗟反　「嗟」原作「差」，據徐本、阮本改。

〔一七〕孔注尚書云　「云」，惠校本同，阮本作「曰」。

〔一八〕則異未即罪也　「異」，阮本作「是」。疑作「是」是。

〔一九〕使冠尊不居肉袒之體　「使」，監、毛、殿本同，正、聞、閩、阮本作「但」。疑作「使」是。

〔二〇〕或殺或傷於人者　上「或」字，監、毛、殿本同，正、聞、閩、阮本作「攻」。疑作「或」是。

〔二一〕然則周禮謂在四海之外辟之　阮本無「謂」字，「辟」作「釋」。

〔二二〕餘者放此　「者」，阮本作「皆」。

〔二三〕故迸之海外　「迸」，殿本同，元、聞、閩、監、毛、阮本作「逆」。浦鏜云，「逆」當「避」字誤。

〔二四〕玉節之剡圭也　阮校云，「剡圭」當依典瑞玉人作「玉圭」，此非經用古字注用今字例，直是僞字，下「王以剡圭」同。

〔二五〕是違王命之人　「人」，元、監、毛、殿本同，正、聞、閩、阮本作「大」。

〔二六〕鄭知瑞節是琰圭者　「琰」，元、正、聞本同，閩、阮本作「玉」。阮校云，疏内三「剡」字皆當作「玉」。

〔二七〕此王法治之　「治」，元、監、毛、殿本同，正、聞、閩、阮本作「知」。疑作「治」是。

〔二八〕後復相報移徙之　「徙」，原作「徒」，據婺、建、岳、阮本改。

〔二九〕復一解成爲平和之義　「平和」，阮本作「和平」。

〔三〇〕成名謂子生三月　「子」，原作「始」，據婺、建、岳、阮本改。

〔三一〕易曰參天兩地而倚數焉　「倚」，婺、阮本同，建、岳本作「奇」，阮校云，「倚」非。

〔三二〕此二十女三十男　「此」，元、聞、殿本同，閩、監、毛、阮本作「比」，非。

〔三三〕是就生數之中　「生」，殿本同，阮本作「奇」，非。

〔三四〕不正是一者　「正」，元、正、閩本同，聞、監、毛、殿、阮本作「止」。

〔三五〕然則三十之男二十之女中春之月者　浦鏜云，「中春之月」四字疑衍。孫詒讓云，此四字非衍文，兼駁下注中春昏期也。

〔三六〕中男三十而娶　阮校云，經義雜記曰「中」下脱「古」字，據大戴禮記補。

〔三七〕一説鬬畏獸溺而殤之　「殤」，阮本作「傷」，殆非。

〔三八〕乃知古人可以於冬　孫詒讓云，「可以於冬」當從臧琳校作「皆以秋冬」。

〔三九〕又云時尚暇務須合昏因萬物閉藏於冬　孫詒讓云，當依通典引作「三時務業，因向休息而合昏姻」。

〔四〇〕以感時而親迎　阮校云，經義雜記作「以昏時」，「感」字誤。

〔四一〕合會男女之無夫家者　「合」，阮本作「令」。

〔四二〕秋班時位也　阮校云，經義雜記作「春班爵位」，云舊作「秋班時位」，誤也。

〔四三〕詩曰有女懷春　「詩」，原作「昭」，元、正、閩本同，非。據阮校改。

〔四四〕夏小正曰二月冠子嫁女娶妻之時　阮校云，經義雜記云「曰」字疑衍，今夏小正無「嫁女」，「娶妻」作「娶婦」。

〔四五〕此淫奔之時　「時」，阮本作「詩」，非。

〔四六〕二月綏多士女　「綏」，阮本作「緩」，誤。

〔四七〕鄭説之五爻辰在卯　阮校云，通典嘉禮四引作「舊説六五爻辰在卯」，此誤。

〔四八〕見采鼈者　「鼈」，元、正、閩、閩本同，監、毛、殿、阮本作「蕨」，草蟲詩作「蕨」，傳箋訓作「鼈」。

〔四九〕舊詩云　阮校云，經義雜記作「舊説云」，此誤。

〔五〇〕我尚及冰未定納　阮校云，經義雜記作「及冰未泮」，此脱「泮」字。

〔五一〕故管子篇時令云　阮校云，經義雜記曰，當作「時令篇云」，今管子闕。孫詒讓云，此管子幼官篇文，臧失檢。

〔五二〕春以令男女　孫詒讓云，「令」當據管子文作「合」。

〔五三〕且仲春爲有期之言秋冬春三時嫁娶　阮校云，經義雜記曰，當作「無仲春爲期盡之言，又春秋四時嫁娶」。

〔五四〕何自違也家語冬合男女窮天數之語　阮校云，經義雜記曰「也」字當在「之語」下。

〔五五〕樂與公子同歸之歌　「之」，原作「云」，據阮本改。

〔五六〕爲國亂禮傷　「禮」，閩、監、毛、殿、阮本作「悲」，非。

〔五七〕感事而出　阮校云，經義雜記作「感事而悲」，此誤。

〔五八〕喻愚惡夫　孫詒讓云，「愚」通典引作「遇」。

〔五九〕此月既是娶妻之月　「妻」，阮本作「女」。

〔六〇〕此純帛及祭義蠶事以爲純服　孫詒讓云，「祭義」當作「祭統」，士冠禮疏與此文略同，亦作祭統，可證。

〔六一〕故論語云　浦鏜云，「故」當「又」之誤。

〔六二〕使無所通　「所」，原作「听」，據婺、建、岳、阮本改。

〔六三〕量豆區斗斛之屬　「斗」，原作「升」，據婺、建、岳、阮本改。

〔六四〕治直吏反　「吏」原作「史」，據徐本、盧本及阮本改。

〔六五〕司市之官次叙二事　阮本「次」上有「以」字。

〔六六〕使各處所　阮本「各」下有「有」字。

〔六七〕故并思次同名爲次　阮校云，「思次」當爲「思介」。

〔六八〕兩書一地同而別之　「地」，阮本作「札」，疑作「札」是。

〔六九〕則賒貰而予之　「貰」，原作「貫」，據婺、建、岳、阮本改。下同，不更出校。

〔七〇〕於市之罰布之等藏之　浦鏜云，「以」誤「於」，「征」誤「罰」。

〔七一〕大市日昃而市　「昃」，原作「𠩄」，據唐石經、建、岳、阮本改。

〔七二〕據市亭置次與釵　「釵」，阮本作「敘」，當是。

〔七三〕欲見此百族　「族」，阮本作「姓」，誤。

〔七四〕奠讀爲定整勑會者　阮校云，宋本「定」下一字空闕。

〔七五〕上旌時掌反　「時」原作「皆」，據徐本、盧本及阮本改。

〔七六〕以長丈二因剋丈尺　監、毛本「剋」作「刻」。

〔七七〕子穀秬黍中者千二百黍　「千」，毛、阮本作「十」，誤。

〔七八〕其實一籥合籥爲合　上「合」字，阮本作「十」。據漢書律曆志，作「合」是也。

〔七九〕使各歸本肆使主識認取之　二「使」字，阮本均作「吏」，殆非。

〔八〇〕謂物行沽者　「沽」，岳、嘉靖本同，婺、建、元、聞、閩、監、毛、殿、阮本作「苦」。

〔八一〕如今斗檢封矣者　「今」，阮本作「金」，誤。

〔八二〕爲民乏困也　「乏」，原作「之」，據婺、建、岳、阮本改。

〔八三〕因云物貴者　浦鏜云，「因云」字當誤倒。

〔八四〕幅廣狹不中量　「狹」，原作「夾」，據婺、建、岳、阮本改。

〔八五〕幅廣狹不中量　阮本無「幅」字。

〔八六〕秋獻鼈蜃冬獻龜魚　孫詒讓云，鼈人職作「春獻鼈蜃，秋獻龜魚」。

〔八七〕云其類也者　阮本「云」下有「亦」。
〔八八〕是在工者　「工」，阮本作「上」，誤。
〔八九〕則未聞三十云　「云」，阮本作「六」，殆是。
〔九〇〕大刑扑罰　「扑」，唐石經作「朴」，是也。說文無「扑」字。
〔九一〕故書附爲柎　「柎」，婺、建、余、岳、嘉靖、阮本作「柎」，宋本載音義同，閩、監本作「袝」。
〔九二〕所罰謂憲徇扑也　「所罰」，孫詒讓云，當作「所赦」，各本并誤。
〔九三〕解說也聶如鋭反　徐本、盧本及阮本同。吴承仕經籍舊音辨證云：「如」爲「始」之形譌。吴說是。
〔九四〕所罰謂憲徇扑也者　「扑」，原作「科」，據阮本改。
〔九五〕凡會同師役　「役」，原作「殺」，據唐石經、婺、建、岳、阮本改。

質人，掌成市之貨賄、人民、牛馬、兵器、珍異。成，平也。會者平物賈而來，主成其平也。人民，奴婢也。珍異，四時食物。

「質人」至「珍異」　此質人，若今市平準，故掌成平市之貨賄已下之事。

注「成平」至「食物」　云「會者平物賈而來，主成其平也」者，會，謂市人會聚買賣，止爲平物而來，質人主爲平定之，則有常估，不得妄爲貴賤也。此知人民奴婢也者，〔二〕以其在市，平定其賈，故知非良人，是奴婢也。云「珍異，四時食物」者，見下廛人云「凡珍異之有滯者，斂而入于膳府」，即果實及謂食物，〔三〕依四時成熟者也。

凡賣儥者質劑焉，大市以質，小市以劑。鄭司農云：「質劑，月平賈也。質大賈，劑小賈。」玄謂質劑者，爲之券藏之也。大市，人民、馬牛之屬，用長券；小市，兵器、珍異之物，用短券。○用長，如字。

注「鄭司」至「短券」　先鄭以質劑爲月平大小賈，若今市估文書。先鄭注小宰「聽賣買以質劑」，亦如此解。後鄭以爲券書者，上文成市之貨賄之等，已是市平文書，則此經云「大市以質，小市以劑」，及小宰云「聽賣買以質劑」，文勢不得爲月平，故以券書可知也。「玄謂大市人民馬牛」已下，鄭以意分之爲大小。就大者而言，若人民則未成齓已下，牛馬未著齒已前，亦得爲小者也。

掌稽市之書契，同其度量，壹其淳制，巡而攷之，犯禁者舉而罰之。稽猶考也，治也。書契，取予市物之券也。其券之象，書兩札刻其側。杜子春云：「淳當爲純。純謂幅廣，制謂匹長也。皆當中度量。」玄謂淳讀如「淳尸盥」之淳。○其淳音準。〔三〕幅廣，光曠反。匹長，直亮反。當中，丁仲反。淳尸，劉章純反，下同。

注「稽猶」至「之淳」　云「稽猶考也，治也」者，并取治質劑并解之，故兼云治也。「書契，取予市物之券」者，并案：小宰職云「聽取予以書契」。經既云書契，故知與彼同，非上質劑之市買者也。云「其券之象，書兩札刻其側」者，小宰注云：「兩書一札，同而別之。」云刻其側，若今畫指也。杜子春云：「淳當爲純，純謂幅廣，制謂匹長也」者，即丈八尺。後鄭從之。後鄭不從杜子春純者，純正可爲絲爲緇，〔四〕不得爲幅廣狹，故讀從士虞禮「淳尸盥」之淳。故内宰注：「依巡守禮淳四咫。」鄭荅志：「咫，八寸。四當爲三，三咫，謂二尺四寸也。」

凡治質劑者，國中一旬，郊二旬，野三旬，都三月，邦國朞。〔五〕期内聽，期外不聽。謂齎券契者來訟也，以期内來則治之，後期則不治，所以絶民之好訟，且息文書也。郊，遠郊也。野，甸稍也。都，小都、大都。○國基，如字，本或作朞，同。之好，呼報反。

注「謂齎」至「大都」　云「謂齎券契者來訟也」者，云此經總上質劑與書契來訴者。知郊是遠郊者，以其内有國中，外云野，野，遠郊之外，明知郊是遠郊也。知野是甸稍者，郊外曰野，是大摠之言。下有都，都是四百、五百里，明此是二百里甸、三百里稍可知。又知都中合大都、小都者，〔六〕此質人揔聽畿外，明此都兼大小二都可知。

廛人，掌斂市絘布、〔七〕總布、質布、罰布、廛布，而入于泉府。布，泉也。鄭司農云：「絘布，列肆之税布。」杜子春云：「總當爲儳，謂無肆立持者之税也。」玄謂總讀如租穇之穇。〔八〕穇布謂守斗斛銓衡者之税也。〔九〕質布者，質人所罰犯質劑者之泉也。〔一〇〕罰布者，犯市令者之泉也。廛布者，貨賄諸物邸舍之税。○絘布，音次，本或作次。

總布，劉依杜音讒，鄭音揔。爲儳，音讒。租稯，音揔。

注「布泉」至「之税」 知布泉一物者，此布皆入泉府，故知泉布一也。是以外府云「掌布」，注云：「取其水泉流通無不徧也。」先鄭云「絘布，列肆之税布」者，謂在行肆坐賣物之常税也。杜子春云「總當爲儳，謂無肆立持者之税也」者，後鄭不從，爲「守斗斛銓衡者之税也」者，此經廛人掌依行肆者，故不得爲無肆立持，故破從租稯之稯，稯布，是守斗斛銓衡之税。下肆長云：「斂其總布」，是無肆立持，故注從子春，總當爲儳也。云「質布者，質人所罰犯質劑者之泉也」者，謂犯質劑，違券書罰泉也。云「罰布者，犯市令者之泉也」者，謂司市有教令，其人犯之，使出泉。云「廛布者，貨賄諸物邸舍之税」者，謂在行肆，官有邸舍，人有置物於中，使之出税，故云廛布也。

凡屠者，斂其皮角筋骨，入于玉府。以當税，給作器物也。其無皮角及筋骨不中用，亦税之。

「凡屠」至「玉府」 云屠者，謂屠殺豕羊之類，其人亦有地税。因其屠，即取皮角筋骨堪飾器物者，使入玉府也。

注「以當」至「税之」 知以當税者，謂若山虞澤虞之等所出税，皆云以當邦賦，邦賦，即地税之類是也。云「無皮角及筋骨不中用，亦税之」，謂若羊牛有皮角及筋骨，其豕則無之類，是不中用，亦使出物之税，以當邦賦之處。

凡珍異之有滯者，斂而入于膳府。故書滯或作廛。鄭司農云：「謂滯貨不售者，官爲居之。貨物沈滯於廛中，不決，民待其直以給喪疾，而不可售賈賤者也。廛謂市中之地未有肆而可居以畜藏貨物者也。孟子曰：『市廛而不征，法而不廛，則天下之商皆説而願藏於其市矣。』謂貨物儲藏於市中而不租税也，故曰『廛而不征』。其有貨物久滯於廛而不售者，官以法爲居取之，故曰『法而不廛』。」玄謂滯讀如沈滯之滯。珍異，四時食物也。不售而在廛，久則將瘦臞腐敗。〔一二〕爲買之入膳夫之府，所以紓民事而官不失實。○官爲，于僞反，下同。以畜，勑六反。皆説，音悦。儲，知吕反，本或作貯，又作褚，皆同。藏於，如字，劉本作葬，音同。瘦，本又作膄，所又

反。臞，其俱反，又作臞，音稍。以紓，音舒，劉常汝反。〔一二〕

「凡珍」至「膳府」　云「凡珍異之有滯者」，謂四時珍美異味，買者遂少，沈滯不售者也。云「斂而入于膳府」者，謂官以泉府之財買取之，入於膳夫之府，以共官食。〔一三〕

注「故書」至「失實」　先鄭云：「謂滯貨不售者，官爲居之。」經直爲珍異，非貨物，先鄭以貨物解之，故後鄭不從也。先鄭又云：「廛謂市中之地未有肆而可居以畜藏貨物者。」但廛雖非肆，是官之邸舍，不得爲空地，故後鄭不從。引孟子「市廛而不征」者，周則廛有征，上文廛布是也。云不征者，非周法。又云「法而不廛」，則與此經同，故先鄭引之，後鄭增成其義也。云「久則將瘦臞腐敗」者，考工記梓人云：「大胷臞後。」臞，是細小之義，故云瘦臞腐敗，是以爲買之。

胥師，各掌其次之政令，而平其貨賄，憲刑禁焉。憲，表縣之。○表縣，音玄。

「胥師」至「禁焉」　案：序官云：「胥師二十肆則一人」，故云「各掌其次之政令」。云「憲刑禁焉」者，刑，謂市中之刑，憲、徇、扑。禁，謂市中之禁。謂市司當時設禁令，〔一四〕非士師五禁也。鄭云憲謂表縣之，則經憲非爲憲徇扑之憲。〔一五〕

察其詐僞、飾行、儥慝者，而誅罰之。鄭司農云：「儥，賣也。慝，惡也。謂行且賣姦僞惡物者。」玄謂飾行儥慝，謂使人行賣惡物於市，巧飾之，令欺誑買者。○飾行，下孟反。慝者，他得反，惡也。巧飾，苦教反，又如字。令欺，力呈反，下文同。

注「鄭司」至「買者」　鄭云「儥賣也」者，此經云「飾行儥慝」，明儥爲賣，不得爲買。上文每云賣儥，儥不得爲賣，故爲買，是鄭望文爲義，故不定也。先鄭云：「謂行且賣姦僞惡物。」以「且」間之，則行是「行步」之行，不爲「行濫」之行，故後鄭不從，以爲「行濫」解之。

聽其小治小訟而斷之。〇小治，直吏反，下之治同。而斷，丁亂反。

「聽其」至「斷之」　上司市已云：「胥師、賈師涖於介次，而聽小治小訟。」上揔言之，此止〇職，〔一六〕故申叙之也。

賈師，各掌其次之貨賄之治，辨其物而均平之，展其成而奠其賈，然後令市。辨，別也。〇賈師，音古，下注賈師同。而奠，音定。別也，彼列反。

「賈師」至「令市」　案：序官云：「賈師二十肆則一人。」與胥師數同，故云各掌其次之貨賄之治也。云「辨其物而均平之」，此若與胥師所掌同。〔一七〕云「展其成而奠其賈」者，則與胥師異，以其知物價故也。

凡天患，禁貴儥者，使有恒賈，恒，常也。謂若賭米穀棺木，而睹久雨疫病者貴賣之，因天災害阨民，使之重困。〇重困，直用反。

注「恒常」至「重困」　鄭云「謂若賭米穀棺木」者，以其天患無過凶荒礼喪，故鄭知富人豫賭米穀以擬凶荒，豫賭棺木以擬死，而睹久雨疫病賣之也。

四時之珍異亦如之。薦宗廟之物。

「四時」至「如之」　此珍異亦是富人賤時豫貯，而後貴時賣之。

注「薦宗廟之物」　案月令，四時有珍異之物，皆云先薦寢廟，故鄭以爲薦宗廟，舉重而言也。

凡國之賣儥，各帥其屬而嗣掌其月。儥，買也。故書賣爲買。鄭司農云：「謂官有所斥賣，賈師帥其屬而更相代直月，爲官賣之，均勞逸。」○而更，音庚。爲官，于僞反。

注「儥買」至「勞逸」　先鄭云「謂官有所斥賣」者，〔一八〕斥，謂指斥出之。故鄭注大宰亦云：「幣餘，謂占賣國之斥幣。」義與此同也。云「賈師帥其屬而更相代」者，賈師之下有羣賈，亦二肆則一人者，使之更互相代也。

凡師役會同，亦如之。

「凡師」至「如之」　此亦從行所在當直，爲官賣買也。

司虣，掌憲市之禁令，禁其鬭囂者與其虣亂者，出入相陵犯者，以屬遊飲食于市者。囂，讙也。鄭司農云：「以屬遊飲食，羣飲食者。」○鬭囂，五羔反，讙也；又許驕反。〔一九〕讙，音歡。

注「囂讙」至「食者」　此屬遊飲食，謂聚而羣遊飲食者禁之。若不羣遊，則得飲。

若不可禁，則搏而戮之。○則搏，音博，下同。

司稽，掌巡市，而察其犯禁者與其不物者而搏之，不物，衣服視占不與衆同及所操物不如品式。○所操，七曹反。

注「不物」至「品式」　案大司徒，民當同衣服。今有人衣服不與衆人同，又視占亦不與衆人同，及所操物不如品式，此皆違禁之物，故搏之也。

掌執市之盜賊，以徇，且刑之。○以徇，辭俊反。

「掌執」至「刑之」　上司市市中之刑，無過憲徇扑，附於刑者歸於士。此掌執市之盜賊以徇且刑之，亦無過小盜，徇扑而已，故云以徇且刑之。若直徇者，不必有刑，其刑者必徇，故徇刑兩言之也。

胥，各掌其所治之政，執鞭度而巡其前，掌其坐作出入之禁令，襲其不正者。作，起也。坐起禁令，當市而不得空守之屬。故書襲爲習，杜子春云：「當爲襲，謂掩捕其不正者。」

「胥各」至「正者」　案序官，「胥二肆則一人」，故亦云「各掌其所治之政」，則一人掌二肆者也。云「執鞭度而巡其前」者，此鞭度，亦如上文守門者，謂以殳爲鞭而量物也。

注「作起」至「正者」　杜子春從襲不從古書習者，習是習學之習，襲是掩襲之義，故從襲。是以左氏、公羊皆有「不聲鍾鼓爲襲」，是掩其不備也。

凡有罪者，撻戮而罰之。罰之使出布。

注「罰之使出布」　此罰布，即上廛人職云「罰布」，一也。故彼注云：「罰布者，犯市令之布也。」

肆長，各掌其肆之政令。陳其貨賄，名相近者相遠也，實相近者相爾也，而平正之。○爾亦近也。俱是物也，使惡者遠善，善自相近。鄭司農云：「謂若珠玉之屬，俱名爲珠，俱名爲玉，而賈或百萬，或數萬，恐農夫愚民見欺，故別異令相遠，使賈人不得雜亂以欺人。」

○相近，附近之近，下及注同。相遠，于万反，注同。或數，色主反。故別，彼列反。令相，力呈反。賈人，音古。

「肆長」至「正之」　此肆長，謂一肆立一長，使之檢校一肆之事，若今行頭者也。

注「爾亦」至「欺人」　云「俱是物也」者，即司農云「俱名爲珠，俱名爲玉」之類是也。云「使惡者遠善」者，釋經「名相遠者相遠也」。[二〇]云「善自相近」者，釋經「實相近者相爾也」。「先鄭云謂若珠玉之屬」已下，直釋經名相近者相遠，不釋實相近者，其義可知故也。先鄭雖舉珠玉貴者，而餘物亦爾。

斂其總布，掌其戒禁。杜子春云：「總當爲僡。」

注「杜子」至「爲僡」　此肆長各主一肆，故罰其無肆立持之布，故後鄭引而從之也。

泉府，掌以市之征布，斂市之不售貨之滯於民用者，以其賈買之，物楬而書之，以待不時而買者。買者各從其抵，都鄙從其主，國人郊

人從其有司，然後予之。故書滯爲癉，杜子春云：「癉當爲滯。」鄭司農云：「物楬而書之，物物爲揃書，書其賈，楬著其物也。不時買者謂急求者也。抵，故賈也。主者，別治大夫也。然後予之，爲封符信，然後予之。」玄謂抵實柢字，柢，本也。〔二一〕本謂所屬吏主有司是也。○楬而，音竭。其抵，音帝，本也，又都禮反。爲癉，音旦，又丁左反。揃，音牋，又倉廉反。著其，直略反。別治，直吏反。

「泉府」至「予之」　云「掌以市之征布」者，即上廛人欽布已下之布，並入泉府而藏之，故摠云征布也。云「各從其抵」者，抵，謂本主所屬之吏乃付之，即都鄙從其主，國人郊人是也。〔二二〕云「都鄙」者，可兼大小都及家邑。云「國人」者，謂住在國城之內，即六鄉之民也。云「郊人」者，即遠郊之外，六遂之民也。

注「故書」至「是也」　先鄭云「抵，故賈也」，後鄭不從者，假令官前買時貴，後或賤，今依故賈與之，即損民，故不得依故賈以解抵也。先鄭云「主者，別治大夫也」者，義或然，以其公卿大夫常在王朝，其都鄙別遣人治之，〔二三〕若季氏費宰公山弗擾之輩。天子都鄙蓋亦然。先鄭云「爲封符信，然後予之」者，封符信，謂有符信文書，皆封題之。計買者得主及有司然後賣，不須封信文書。但於理無害，故後鄭不破之也。後鄭破抵從柢者，經是抵欺之抵，故破從木傍柢，柢得爲本義也。云「本謂所屬吏主有司是」者，鄭欲解柢與主有司爲一，云主有司是也。〔二四〕

凡賖者，祭祀無過旬日，喪紀無過三月。鄭司農云：「賖，貰也。以祭祀、喪紀，故從官貰買物。」

注「鄭司」至「買物」　先鄭之意，以祭祀、喪紀二者事大，故賖與民，不取利。

凡民之貸者，與其有司辨而授之，以國服爲之息。有司，其所屬吏也。與之別其貸民之物，定其賈以與之。鄭司農云：「貸者，謂從官借本賈也，故有息，使民弗利，以其所賈之國所出爲息也。假令其國出絲絮，則以絲絮償；其國出絺葛，則以絺葛償。」玄謂以國服爲之息，以其於國服事之稅爲息也。於國事受園廛之田而貸萬泉者，則朞出息五百。王莽時民貸以治產業者，但計贏所得受息，無過歲什一。○之貸，音特，注不出者同。别其，彼列反。貸民，吐代反。本賈，音嫁，一音古。所賈，音古。假令，力呈反。償，時亮反。

「凡民」至「之息」　貸者，即今之舉物生利，與上文不同。云「與其有司辨而授之」者，謂别其所授之物以與之。云「以國服爲之息」者，所出之利，各依國服而爲息也。〔二五〕

注「有司」至「什一」　云「有司其所屬吏也」者，此則上文有司，一也。若然，此經不言都鄙主者，有司中兼之，故上注亦云本所屬吏，是柢本中兼二者。云「與之别其貸民之物」者，但泉府中所藏之物，種類不同，欲授民之時，先當分别，又當定其賈數，以與之。先鄭「以所賈之國所出爲息」已下，後鄭不從者，凡言服者，服事爲名，此經以民之服事唯出税是也。則載師云「二十而一」已下是也。是以鄭引載師「受園廛之田而貸萬泉者，則朞出息五百」。萬泉出息五百，計當二十而取一。若然，近郊十一者，萬泉朞出息一千。遠郊二十而三者，萬泉朞出息一千五百。甸稍縣都之氏，〔二六〕萬泉朞出息二千。鄭直云園廛者，略舉以言之也。云「王莽時民貸以治産業者，但計贏所得受息，無過歲什一」者，此則與周少異。周時不計其贏所得多少，據本徵利。王莽時，雖計本多少爲定，及其徵科，唯據所贏多少。假令萬泉，歲還贏萬泉，徵一千，贏五千，徵五百，餘皆據利徵什一也。

凡國事之財用取具焉，〔二七〕歲終，則會其出入而納其餘。會，計也。納，入也。入餘於職幣。○則會，古外反，後放此。

「凡國」至「其餘」　云「凡國事之財用取具焉」者，言事，謂有司爲國家之事，興作用財物者，皆來向泉府取財爲具焉。泉府財盡，乃於餘府别取焉。云「歲終則會其出入」，出，謂出府會計用財。入，謂於廛人斂取絘布已下。〔二八〕云「納其餘」者，若國家來取財，不盡而有餘，則納與天官職幣，職幣别出與人，故云納其餘也。

司門，掌授管鍵，以啓閉國門。鄭司農云：「鍵讀爲蹇。〔二九〕管謂籥也。鍵謂牡。」○管鍵，其展反，又其偃反，司農音蹇，居免反。籥，羊略反。

「司門」至「國門」　云「掌授管鍵，以啓閉國門」者，謂用管籥以啓門，用鍵牡以閉門，故雙言以啓閉。國門，則王城十二門者也。

注「鄭司」至「謂牡」　先鄭讀鍵爲蹇者，欲取其蹇澁之意。云「管謂籥也」者，即月令注「管籥，搏鍵器」是也。云「鍵謂牡」者，以入爲牡，容者爲牝者，若爾雅「走曰牝牡」也。

幾出入不物者，正其貨賄，凡財物犯禁者舉之，不物，衣服視占不與衆同及所操物不如品式者。正讀爲征。征，税也。犯禁，謂商所不資者，舉之没入官。○正其，音征。

注「不物」至「入官」　鄭知不物是衣服之等者，見王制云「關執禁以幾，禁異服，識異言」，閽人云「潛服賊器不入宫，奇服怪民不入宫」，明此司門亦然，故鄭以不物衣服之等解之。但鄭釋不物之中有三事，一者衣服，二者占視，皆不與衆同，三者手所操持，不如尋常品式。以其特異於人，此三者，皆須訶問所以也。云「正讀爲征。征，税也」者，下文云「國凶札，無關門之征」，〔三〇〕明無凶札之時有征税，故讀從征税之字也。云「犯禁者謂商所不資者」，商所資者，謂若國語云「冬資絺，夏資緜」之類，是商所豫資，待時而賣者，乃不爲犯。其商所不資，謂非民常用之物，則舉之没入官也。

以其財養死政之老與其孤。財，所謂門關之委積也。死政之老，死國事者之父母也。孤，其子。

注「財所」至「其子」　云「財所謂門關之委積也」者，即上遺人云：「門關之委積以養老孤。」云「死政之老，死國事者之父母也。孤，其子」者，即外饔云：「邦饗耆老孤子。」義與此同。

祭祀之牛牲繫焉，監門養之。監門，門徒。○毄，音計，本入作繫。監門，古銜反，注同。

注「監門門徒」　牧人六牲，至祭前三月，則使充人繫而養之。若天地宗廟，則繫於牢，芻之三月。若其散祭祀之牲，則不在牢，遣此監門門徒養之，不必三月也。

凡歲時之門，受其餘。鄭司農云：「受祭門之餘。」

「凡歲」至「其餘」　「凡歲時之門」者，歲之四時，祭門非一，故云「凡」以揔之。若月令秋祭門者，是祭廟門。此門，亦謂國門十二者，除四時祭外，仍有爲水祈禱，故左氏莊公二十五年，〔三一〕秋，大水，有用牲于門之事。

凡四方之賓客造焉，則以告。造，猶至也。告，告於王而止客以俟逆。○造焉，七到反，注同。

「凡四」至「以告」　謂四方諸侯來朝覲，至關，關人告王。至郊，郊人告王。至國門，門人告王。王得告，皆遣人往迎，故先鄭云「止客以俟逆」也。〔三二〕

司關，掌國貨之節，以聯門市。貨節，謂商本所發司市之璽節也。自外來者，則案其節，而書其貨之多少，通之國門，國門通之司市。自內出者，司市爲之璽節，通之國門，國門通之關門。參相聯以檢猾商。〔三三〕○猾商，音滑。

注「貨節」至「猾商」　案：下文掌節云：「貨賄用璽節」，則璽節主通貨賄。若然，璽節亦可先從王司市而出。鄭今解經璽節，先從邦國向内而言者，以其司關在境，而先云掌國貨之節，後云以聯門市，是從外向内之言，故鄭亦順經先從邦國司市解之也。云「案其節而書其貨之多少，通之國門，國門通之司市」者，將送商人而執節者，別有過所文書，若下文節傳，當載人年幾及物多少，至關至門，皆別寫一通，入關家門家，乃案勘而過。其自内出者，義亦然。云「參相連以檢猾商」者，司市與關及門，三處相連，恐姦猾商人或以多爲少，或隱而不出而避税，故相連以檢括之也。其遠郊近郊，雖不置官掌之，亦應有人幾問，但無税法，故不言耳。

司貨賄之出入者，掌其治禁與其征廛。征廛者，貨賄之税與所止邸舍也。關下亦有邸客舍，〔三四〕其出布如市之廛。○其治，直吏反。

「司貨」至「征廛」　司，主也。主貨賄出入，謂上經以聯門市者是也。云「與其征廛」者，征，謂税。廛，謂邸舍，一事雙言也。

注「征廛」至「之廛」　云「關下亦有邸客舍，其出布如市之廛」者，案上文廛人有廛布，鄭云「廛，邸舍」。此關旁亦有邸舍，〔三五〕商人於關停止則有税，故云如市之廛也。

凡貨不出於關者，舉其貨，罰其人。不出於關，謂從私道出辟税者，則没其財而撻其人。○辟税，音辟，一音芳益反。

注「不出」至「其人」　注云「没其財」者，解經舉其貨。「撻其人」者，解經罰其人。案上憲罰之等，皆是撻，但舉其貨，已是罰物，故知罰其人，是撻之可知也。

凡所達貨賄者，則以節傳出之。商或取貨於民間，無璽節者至關，關爲之璽節及傳出之。其有璽節亦爲之傳。傳如今移過所文書。○節傳，張戀反，注下皆同。

「凡所」至「出之」　此文重釋上國貨之節。上直云璽節，此經兼有傳，傳則過所文書。

注「商或」至「文書」　鄭云「商或取貨於民間，無璽節者至關，關爲之璽節」者，若本由王市而出，則司市爲之璽節。商或於民間者，或在郊內、關內民間買得物貨，不得向司市取璽節，故因向關外，則便於關取節而出。若在城內民間資貨者，司門爲璽節以出之。〔三六〕授節者，即授傳與之。

國凶札，則無關門之征，猶幾。鄭司農云：「凶，謂凶年飢荒也。〔三七〕札，謂疾疫死亡也。越人謂死爲札。春秋傳曰『札瘥夭昏』。」無關門之征者，出入關門無租稅。猶幾，謂無租稅猶苛察，不得令姦人出入。孟子曰：『關幾而不征，則天下之行旅皆說而願出於其塗。』○凶札，側八反，又音截。札瘥，才何反，病也。猶苛，呼多反，又音何。令姦，力呈反。皆說，音悅。

「國凶」至「猶幾」　此司關所掌，兼言門者，門關同類，無征是同，司門既不言，故於關并言門也。

注「鄭司」至「其塗」　上注札爲疫病，此司農以札爲死，則札因病而死，義得兩兼。是以引越人謂死爲札也。云春秋傳者，昭十九年左氏云：「鄭駟偃卒。其父兄立子瑕。〔三八〕子產曰：『寡君之二三臣札瘥夭昏。』」注云：「大死曰札，小疫曰瘥，短折曰夭，未名曰昏。」又洪範云：「六極，一曰凶短折。」注云：「未齔曰凶，未冠曰短，未昏曰折。」並無正文，望經爲說耳。引春秋者，證札爲大疫也。引孟子者，案：孟子云：「尊賢使能，俊傑在位，則天下之士皆說而願立於朝矣。市，廛而不征，法而不廛，則天下之商，皆說而願藏於市矣。關，幾而不征，則天下之行旅，皆說而願出於其塗矣。耕者助而不稅，則天下之民皆說而願耕於其野矣。廛而無夫里之布，〔三九〕則天下之民皆說而願爲之民矣。信能行此五者，則鄰國之民，仰之如父母矣。率其子弟，以攻其父母，自有生民已來，未有能濟者也。如是，則無敵於天下。無敵於天下，然而不王者，未之有也。」此陳正法，與周異。引之者，彼正法不征商旅則有說，此經有故不征，亦所以說民，故取一邊爲證也。

凡四方之賓客敂關，〔四〇〕則爲之告。謂朝聘者也。叩關，猶謁關人也。鄭司農說以國語曰：「周之秩官有之曰：『敵國賓至，關尹以告，行理以節逆之。』」○敂關，音叩，苦狗反。則爲，于僞反。謂朝，直遥反。

「凡四」至「之告」　敂，猶至也。畿外諸侯來朝，使卿大夫來大聘、小聘，但至關門，皆先謁關人。關人止客，則奔告王。王使小行人逆勞於畿也。

注「謂朝」至「逆人」　案：小行人云：「凡諸侯入，王則逆勞於畿。」聘禮，使者至，謁關人。此經亦揔云「賓客敂關則爲之告」。是以鄭云謂朝聘者也。云「叩關，猶謁關人」者，猶聘禮謁關人也。〔四一〕先鄭說以國語曰「周之秩官有之」者，案國語，定王使單襄公聘於宋。遂假道於陳，以聘楚。侯不出疆，司空不視塗。單子歸，告於王曰：「陳侯不有大咎，國必亡矣。」又云：「周之秩官有之曰：敵國賓至，關尹以告，〔四二〕行理以節逆之。」韋昭注云：「理，吏也。行理，小行人。」「掌國賓客禮，以待四方，使逆賓客，「候人爲導，卿出郊勞，司里授館」。引之者，國語云「關尹以告」，則此經司關爲之告也。〔四三〕云行理以節逆之者，證關尹告王，王使小行人以節迎之也。

有外内之送令，則以節傳出内之。有送令，謂奉貢獻及文書，以常事往來。環人之職，所送迎通賓客。來至關，則爲之節與傳以通之。

「有外」至「内之」　此雙言之。云有外之送令者，則以節傳内之，謂從諸侯之國畿外而入者，則關人以節及傳内之至王。又云「有内之送令，則以節傳出之」者，謂有王命，從王國而出，則亦以節傳出之，送至畿上也。

注「有送」至「通之」　案：秋官環人職云：「掌送逆邦國之通賓客，以路節達諸四方。」注云：「路節，旌節也。四方，圻上。」與此義同，故引以言之。

掌節，掌守邦節而辨其用，以輔王命。邦節者，珍圭、牙璋、穀圭、琬圭、琰圭也。〔四四〕王有命，則別其節之用，以授使者。輔王命者，執以行爲信。○則別，彼列反，下相別同。使者，所吏反，下之使，注使節、使者同。

［疏］「掌節」至「王命」 此一經，論王國之節，對下文邦國是諸侯，故此王國文單言邦也。

注「邦節」至「爲信」 云「邦節者，珍圭」之等，皆約典瑞言之。案：典瑞云：「珍圭以徵守，以恤凶荒。牙璋以起軍旅，以治兵守。穀圭以和難，以聘女。琬圭以治德，以結好。琰圭以易行，以除慝。」是其邦節也。不數自外璧羨以起度之等，〔四五〕以其彼是王國所用，非使者之節，故不言之。云「王有命，則別其節之用，以授使者」，此釋經「而辨其用」，故典瑞注亦皆云「王使之瑞節」也。

守邦國者用玉節，〔四六〕**守都鄙者用角節。**謂諸侯於其國中，公卿大夫、王子弟於其采邑，有命者亦自有節以輔之。玉節之制，如王爲之，以命數爲小大。〔四七〕角用犀角，其制未聞。

注「謂諸」至「未聞」 云「謂諸侯於其國中」者，釋經「守邦國者用玉節」。云「公卿大夫、王子弟於其采邑」者，釋經「守都鄙者用角節」。畿内公卿大夫，亦是畿内之國，但對畿外諸侯爲尊，故公卿已下言都鄙也。云「有命者亦自有節以輔之」者，亦如上文王有命有節以輔之。云「玉節之制，〔四八〕如王爲之，以命數爲小大」者，以邦國與王同稱玉節，故知邦國亦有數等之節，亦皆以玉爲之。以其諸侯國内，亦有徵守、好難、起軍旅之等，故知與王同。知以命數爲小大者，以其命圭之等依命數，故知亦以九、以七、以五爲節也。其天子玉節，自以大小爲數，故琬圭、琰圭，俱同九寸，穀圭、牙璋，俱七寸，唯有珍圭無文，鄭云：「大小當與琬、琰相依。」云「角用犀角」者，案：釋獸云：「犀似家。」注云：「角在鼻上。」犀角是角中之貴，故知不得用玉者當用犀角。云「其制未聞」者，以其邦國之玉節，可約王之玉節，都鄙之角節，無可依約，既無舊制，故云其制未聞。此云都鄙用角節，注謂公卿大夫王子弟於其采邑，是都鄙之主。案小行人，都鄙用管節，注謂「公之子弟，及卿大夫之采地之吏也」，故用管節，與此不同。彼諸侯采地亦同用管節，亦異外内也。若天子公卿大夫采邑之吏，下注約入道路用旌節。

凡邦國之使節，山國用虎節，土國用人節，澤國用龍節，〔四九〕**皆金也，以英蕩輔之。**〔五〇〕使節，使卿大夫聘於天子諸侯，行道所執之信也。土，平地也。山多虎，平地多人，澤多龍。以金爲節，鑄象焉。必自以其國所多者，於以相別，爲信明也。今漢有銅虎符。杜子春云：「蕩當爲帑，謂以函器盛此節。或曰：英蕩，畫函。」○英蕩，如字，又吐黨反。爲帑，吐黨反。盛此，音成。

注「使節」至「畫函」 云「使節，使卿大夫聘於天子諸侯，行道所執之信也」者，大聘使卿，小聘使大夫，或於天子，或於諸侯，故並言之也。云「土，平地也」者，對山澤非平地也。云「山多虎」者，若晉國之類也。云「平地多人」者，若衛國之類也。云「澤多龍」者，若鄭國之類也。云「以金爲節，鑄象焉」者，釋經「皆金也」。云「必自以其國所多者，於以相別，爲信明也」者，山澤與平地，人虎龍皆雜有，今言山國用虎，澤國用龍，土國用人，皆據多者，相別爲信，以自明也。引漢有銅虎符者，證周時節用銅之意也。杜子春云「蕩當爲帑」者，音以湯蕩反之，今人猶言帑也。帑則函，故云：「謂以函器盛此節也。」云「或曰：英蕩，畫函」者，其函猶是蕩，但以英華，有畫義，故更云畫函也。經云「輔之」者，以函輔此法，使不壞損也。案：昭二十九年，公在鄆，賜公衍羔裘，使獻龍輔於齊侯。注：「龍輔，玉名。所以輔龍節。」與此別也。

門關用符節，貨賄用璽節，道路用旌節，皆有期以反節。門關，司門、司關也。貨賄者，主通貨賄之官，謂司市也。道路者，主治五涂之官，謂鄉遂大夫也。凡民遠出至於邦國，邦國之民若來，入由門者司門爲之節，由關者司關爲之節，其商則司市爲之節，其以徵令及家徒，則鄉遂大夫爲之節。唯時事而行不出關，不用節也。變司市言貨賄者，璽節主以通貨賄，貨賄非必由市，或資於民家焉。變鄉遂言道路者，容公邑及小都大都之吏皆主治五涂，亦有民也。符節者，如今宫中諸官詔符也。〔五一〕璽節者，今之印章也。旌節，今使者所擁節是也，將送者執此節以送行者，皆以道里日時課，如今郵行有程矣。以防容姦，擅有所通也。凡節有法式，藏於掌節。○郵行，音尤，字從垂，作卸誤。

注「門關」至「掌節」　鄭知門關是司門、司關者，以其人之出入，必由門由關，而授節者，非門關之官不可輒授，故知主守門及關者，故以司門、司關解之也。云「貨賄者，主通貨賄之官，謂司市也」者，以其貨賄所得，皆由於市，乃得通之於外，亦非官不可輒授，故知貨賄用璽節，必是王之司市也。云「道路者，主治五溝五涂之官，謂鄉遂大夫也」，謂以其授節，〔五二〕非官不可。言路，即遂人「徑畛涂道路」之涂也。鄉之田制，與遂同，故知旌節是鄉遂大夫所授也。云「凡民遠出至於邦國，邦國之民若來入，由門者司門爲之節，由關者司關爲之節」者，據此注，凡民出至邦國，若宅在國城中，先由門，則司門授之節。若宅在關内者，則由關，司關授之節也。若邦國之民來入，則先由關，司關授之節。若然，邦國之民入，其節直由關，不由門；亦云由門者，因王國之民出由門，故揔言之，於義無妨也。云「其商則司市爲之節」者，此王之掌節，而言貨賄用璽節，明是王之司市，非邦國之司市。其實商徒從邦國來，即邦國司市爲節，故上司關注云：「貨節，謂商本所發司市之璽節。自外來者，即案其節。」是邦國之璽節也。云「其以徵令及家徒，則鄉遂大夫爲之節」者，知徵令有節者，見鄉大夫云：「國有大故，以旌節輔令則達之。」注云：「民雖命行，其將之者無節，不得通。」是徵令有節之事。又知家徒有節者，見比長云：「若徒於他，則爲之旌節而行之。」是家徒有節也。又云「唯時事而行，不出關，不用節也」者，時事行，若比長云徒於郊，徒於國，當鄉徒，及非徵令，皆不須節。兼言不出關者，關内當都當邑當行不出關，皆不須節也。云「變司市言貨賄者」，司市本出璽節授商，今不言市而變言貨賄，故鄭云：「璽節主以通貨賄，貨賄非必由市，或資於民家。」則由門者司門與之節，由關者司關授之節，故變言貨賄也。云「變鄉遂言道路者，容公邑及小都大都之吏皆主治五涂，亦有民也」者，鄉遂公邑爲溝洫法，三等采地爲井田法，井田與溝洫雖俱爲溝洫，稀稠有異。皆有五涂，以官主當，其民出入，皆授旌節，〔五三〕故變鄉遂而言道路，以容此等之官。云「之吏」者，以其都鄙之主在王朝，唯吏在都鄙，故以吏言之也。云符節已下，周法無文，故皆約漢法況之。案：大史公本紀：「漢文帝二年，九月，初與郡國守相爲銅虎符、竹使符。」應劭曰：「銅虎符，第一至第五，國家當發兵，遣使者至郡國合符，符合乃聽受之。竹使符者，皆以竹箭五枚，長五寸，鐫刻篆書，第一至第五。」張晏曰：「符，以代古之圭璋，從簡易也。」鄭引之者，欲明漢時銅虎符本出於此也。

凡通達於天下者，必有節，以傳輔之。必有節，言遠行無有不得節而出者也。輔之以傳者，節爲信耳，傳説所齎操及所適。

「凡通」至「輔之」 此經摠解上經門關諸有節，并有傳輔成信驗。或有節無傳，或有傳無節，或節傳俱無，則不得通達於天下也。

無節者，有幾則不達。圜土内之。

「無節」至「不達」 此亦摠解上門關已下應有節傳。今無節者，非直被幾，又不通達前所也。注「圜土内之」 知圜土内之者，見比長云「無節無授，圜土内之」故也。

遂人，掌邦之野。郊外曰野。此野謂甸、稍、縣、都。

注「郊外」至「縣都」 遂在遠郊百里之外，即遂人所掌之野，在郊外曰野之中，故鄭云「郊外曰野」。鄭又知此野謂甸、稍、縣、都者，從二百里至五百里皆名野者，此遂人不言掌遂，又見下文云「以達于畿」，明遂人掌野通至幾疆也。但遂人雖專掌二百里之中，乃兼掌三百里以外，其有溝洫井田之法，皆知之也。

以土地之圖經田野，造縣鄙形體之灋。五家爲鄰，五鄰爲里，四里爲酇，五酇爲鄙，五鄙爲縣，五縣爲遂，皆有地域，溝樹之，使各掌其政令刑禁，〔五四〕以歲時稽其人民，而授之田野，簡其兵器，教之稼穡。經、形體，皆謂制分界也。鄰、里、酇、鄙、縣、遂，猶郊內比、閭、族、黨、州、鄉也。〔五五〕鄭司農云：「田野之居，其比伍之名，與國中異制，故五家爲鄰。」玄謂異其名者，示相變耳。遂之軍法，追胥起徒役，如六鄉。○爲酇，作管反，後同。制分，扶問反，又如字，下分制同。比閭，毗志反，下同。追胥，如字，劉張類反。

「以土」至「稼穡」 遂人以土地之圖，據圖以經界其田野。田野，謂田在百里之外野中。所經界者，即造縣鄙已下是也。云「造縣鄙」者，此與下五家爲鄰之等爲揔目。五家已下有六等，略言二者耳。云「皆有地域，溝樹之」者，從五家已下，據地境界，四邊營域爲溝，溝上而樹之也。云「使各掌其政令刑禁」者，五家則鄰長施政令，五鄰則里宰施政令，已上皆施之。云「以歲時稽其人民」者，稽，計也。人民，猶言夫家。夫家，男女也。以歲之四時，計其所管男女多少而損益之。云「授之田野」者，若下文「一廛，田百晦」。云「簡其兵器」者，若族師旗鼓兵革。云「教之稼穡」者，亦若計耦耕事。

注「經形」至「六鄉」 云「經、形體，皆謂制分界也」者，以田野云經，縣鄙云造形體之法，明是爲田野云經緯，爲縣鄙云形體，二者同實而異名，明俱爲分界處所也。云「鄰、里、酇、鄙、縣、遂，猶郊内比、閭、族、黨、州、鄉」，以家數相對是同，故云「猶郊内」也。先鄭云「田野之居，其比伍之名，與國中異制」者，田野之居，釋經「經田野」。比伍之名，謂夫一廛田百晦也。言比伍，則經中言五皆是也。〔五六〕名與國中異，制亦異，以其六遂之内，上地有萊五十晦，并下劑致甿並異也。「玄謂異其名者，示相變耳」者，此後鄭直增成先鄭家數雖同，其名異之意。云「遂之軍法，追胥起徒役，如六鄉」者，案：小司徒云：「乃會萬民之卒伍而用之，五人爲伍，五伍爲兩，四兩爲卒，五卒爲旅，五旅爲師，五師爲軍。以起軍旅，以作田役，以比追胥，以令貢賦。」注云：「鄉之田制與遂同。」但彼鄉中，唯見出軍，無田制，此遂人唯見田制，無出軍法，故鄭彼注云：「鄉之制與遂同。」此遂之軍法、追胥起役，如彼六鄉，互見其義，明彼此皆有也。但彼此雖相如，據大較而言。細論之，仍有少異，以其六鄉上劑致民，六遂下劑致甿，六鄉上地無萊，六遂上地有萊，有萊，〔五七〕是其稍異也。

凡治野，以下劑致甿，〔五八〕以田里安甿，以樂昏擾甿，以土宜教甿稼穡，以興耡利甿，〔五九〕以時器勸甿，以彊予任甿，以土均平政。變民言甿，異外内也。甿猶懵，無知皃也。致猶會也。民雖受上田、中田、下田，及會之以下劑爲率，謂可任者家二人。樂昏，勸其昏姻，如媒氏會男女也。擾，順也。時器，鑄作耒耜錢鎛之屬。彊予，謂民有餘力，復予之田，若餘夫然。政讀爲征。土均掌均平其稅。鄭大夫讀耡爲藉。杜子春讀耡爲助，謂起民人令相佐助。○致呡，亡耕反。興耡，音助，李又音鉏。以疆，其良反。懵懵，本又作懜，莫崩反，又音蒙，李武冰反。猶會，古外反，下一字同。爲率，音律，又音類。錢，音翦，劉音踐。鎛音博。復予，扶又反。令相，力呈反。

「凡治」至「平政」 云「以下劑致甿」者，對六鄉之中，其家一人爲正卒，已下皆爲羨卒。此六遂之中，家一人爲正卒，第二者爲羨卒，〔六〇〕自外並爲餘夫，家取二人，爲下劑致甿也。云「以田里安甿」者，田則爲百晦之田，里則五晦之宅，民得業則安，故云安甿也。「以樂昏擾甿」者，男女人所樂，故云樂昏。飲食男女，人之大欲存焉，故配以婚姻，即順民意也。「以土宜教甿稼穡」者，高田種黍稷，下田種稻麥，是教之稼穡。云「以興耡利甿」者，耡，助也。興起其民，以相佐助，是與民爲利，故云利甿也。

注「變民」至「佐助」　此案：大司徒、小司徒主六鄉，皆云民，不言甿。此變民言甿者，直是異外內而已，無義例。以其民者冥也，甿者懵懵，皆是無知之皃也。云「雖受上田、中田、下田」者，即此下文「夫一廛」以下是也。云「以下劑爲率，謂可任者家二人」者，則其外爲餘夫是也。云「耒耜錢鎛之屬」者，詩云「庤乃錢鎛，仍有茲基」之等，故云之屬。鄭大夫讀耡爲藉，藉，借也，謂借民力。所治之田，民相於無此事，故後鄭謂相佐助，從子春也。

辨其野之土，上地、中地、下地，以頒田里。上地，夫一廛，田百畮，萊五十畮，餘夫亦如之；中地，夫一廛，田百畮，萊百畮，餘夫亦如之；下地，夫一廛，田百畮，萊二百畮，餘夫亦如之。萊，謂休不耕者。鄭司農云：「戶計一夫一婦而賦之田，其一戶有數口者，餘夫亦受此田也。廛，居也。楊子雲有田一廛，謂百畮之居也。」玄謂廛，城邑之居，孟子所云「五畮之宅，樹之以桑麻」者也。六遂之民奇受一廛，雖上地猶有萊，[六一]皆所以饒遠也。王莽時，[六二]城郭中，宅不樹者爲不毛，出三夫之布。○百畮，音畝。萊音來。有數，色主反。奇受，居宜反。

「辨其」至「如之」　此據在六遂之中爲野，故以野言之。并上地、中地、下地以頒其田里，此皆與已下爲揔目也。此直言上中下地，亦當如小司徒云「上地家七人，中地家六人，下地家五人」也。

注「萊謂」至「之布」　案：詩云：「田卒汙萊。」注：「高者萊，下者汙。」是萊謂休不耕者也。先鄭引「楊子雲有田一廛，謂百畮之居也」，後鄭不從，以爲廛與孟子「五畮之宅」同者，此經上中下地，皆云「夫一廛，田百畮」，百畮與一廛別言之，則此廛與廛人，皆謂廛縣於其中，則此乃是廛里任國中之地，一也，不得同爲百畮之田。詩所云「三百廛兮」者，自是三百家之税，故亦以廛表税也。〔六三〕云「六遂之民奇受一廛」者，釋經「餘夫亦如之」，則餘夫皆有田有廛，是餘夫奇别更受廛，備後離居之法，故奇受一廛也。云「雖上地猶有萊」者，對六鄉不言餘夫之廛，上地又無萊，故云皆所以饒遠也。引王莽時事者，證廛是城郭中言。

凡治野，夫間有遂，〔六四〕遂上有徑；十夫有溝，溝上有畛；百夫有洫，洫上有涂；千夫有澮，澮上有道；萬夫有川，川上有路，以達于畿。十夫，二鄰之田。百夫，一酇之田。千夫，二鄙之田。萬夫，四縣之田。遂、溝、洫、澮，皆所以通水於川也。遂，廣深各二尺，溝倍之，洫倍溝。澮，廣二尋，深二仞。徑、畛、涂、道、路，皆所以通車徒於國都也。徑容牛馬，畛容大車，涂容乘車一軌，道容二軌，路容三軌。都之野涂與環涂同，可也。萬夫者，方三十三里少半里，九而方一同。以南畮圖之，則遂從溝横，洫從澮横，九澮而川，周其外焉。去山陵、林麓、川澤、溝瀆、城郭、宫室、涂巷三分之制，其餘如此，以至于畿，則中雖有都鄙，遂人盡主其地。○有畛，之忍反，劉音真。有洫，況域反。有澮，古外反。乘車，繩證反。遂從，子容反，下同。去山，起吕反。盡主，津忍反。

「凡治」至「于畿」　遂人所掌，即六遂之中爲溝洫之法。遂地在郊外田野之中，〔六五〕故云「凡治野」。云「夫間有遂」已下五溝，所以通水入川，五涂，所以通道向都及國城也。

注「十夫」至「其地」　云「十夫，二鄰之田」已下，以遂之中有鄰里酇鄙縣遂，故十夫以下，還以鄰酇鄙縣地當之。鄭知「遂廣深各二尺，溝倍之，洫倍溝，澮廣二尋，深二仞」者，此雖溝洫法，與井田異制，其遂溝洫澮廣深，亦與井田溝澮廣深同，故鄭還約匠人井田之法而言也。鄭知徑容牛馬之等，義如此者，此從川上有路差之，凡道皆有三塗，川上之路則容三軌，道容二軌，塗容一軌，軌皆廣八尺。其畛宜差小，〔六六〕可容大車一軌，軌廣六尺。〔六七〕自然徑不容車軌，而容牛馬及人之步徑，是以春秋有「牽牛蹊」，蹊，即徑也。云「都之野涂與環涂同，可也」者，案：匠人云：「環涂以爲諸侯經涂，野涂以爲都經涂。」鄭注云：「經，亦謂城中道，諸侯環涂五軌，其野涂及都環涂，皆三軌。」彼注亦與注此同，〔六八〕皆以爲都之野涂與環涂同。依内則云：「道有三涂，男子由右，女子由左，車從中央。」是以鄭解川上之路，及都之野涂，皆容三軌也。云「萬夫者，方三十三里少半里」者，此解經「萬夫有川」之意。從西北隅北畔至東頭，有十洫，一洫百夫，十洫千夫，千夫萬步，萬步有三十三里百步，百步是少半里，以九澮摠而言之，則萬夫矣。故言萬夫者三十三里少半里矣。云「九而方一同」者，案：匠人云：「廣尺深尺謂之甽。」以至「方百里爲同，同間廣二尋，深二仞」。彼井田法，溝澮稀少，而云同。此雖溝洫法，溝澮稠多，與彼井田相準擬而言也。云「以南畮圖之，遂從溝橫，洫從澮橫，九澮而川，周其外焉」者，案：詩有「今適南畝」，又云「南東其畝」，故以南畮圖之。其田南北細分者，是一行隔爲一夫，十夫，則於首爲橫溝。十溝，即百夫，於東畔爲南北之洫。十洫，則於南畔爲橫澮。九澮，則於四畔爲大川。此川亦人造，雖無丈尺之數，蓋亦倍澮耳。此川與匠人澮水所注川者異，彼百里之間一川，謂大川也。云「去山林之等，其餘如此」者，鄭注載師，亦以此等三分去一，皆大判而言之耳。是以田之法，一成九百夫，亦三分去一，以其餘通計出税，故每云三百家也。云「以至于畿，則中雖有都鄙，遂人盡主其地」者，遂人主六遂，與司徒主六鄉同，唯在二百里以内。今經云「以達于畿」，明畿以内之中，雖有都鄙作井田之法，遂人亦盡主其地，明不可細主井田，尚主公邑之中，爲溝洫之法，與鄉遂人盡主之可知也。〔六九〕

以歲時登其夫家之衆寡及其六畜車輦，辨其老幼廢疾與其施舍者，〔七〇〕以頒職作事，以令貢賦，以令師田，以起政役。登，成也，猶定也。夫家，猶言男女也。施讀爲弛。職，謂民九職也。分其農牧衡虞之職，使民爲其事也。載師職云「以物地事授地職」，互言矣。貢，九貢也。賦，九賦也。政役，出士徒役。○施舍，式氏反，下施舍皆同。政役，音征，注同。

「以歲」至「政役」　云以歲時以主其夫家已下，亦如族師所云「以歲之四時，成定男女」之等。

注「登成」至「徒役」　云「施讀爲弛」者，以其文承老幼廢疾之下，下又別云「以起政役」，明此不得爲施政役。破施爲弛，謂弛捨其政役也。云「職，謂民九職也」者，以其頒職而作事，是民之九職，使之作事而遣出九貢也。云「分其農牧衡虞之職」者，農，即三農。牧，即藪牧。衡虞，即虞衡作山澤之材。不言商賈、嬪婦、臣妾之等者，略之也。云「載師職云『以物地事授地職』，互言矣」者，彼云物地事，不云貢，此云令貢賦，不云物地事，地事貢賦當相互皆有也。云「貢，九貢也」者，即九職之九貢，非諸侯之九貢也。賦者，即亦大宰九賦，一曰邦中之賦，二曰四郊之賦之等，是也。云「政役出士徒役」者，即上注「遂之軍法加六鄉者」是也。〔七一〕

若起野役，則令各帥其所治之民而至，以遂之大旗致之，其不用命者誅之。役，謂師田，若有功作也。遂之大旗，熊、虎。

「若起」至「誅之」　此文起野役，若小司徒「凡起徒役，毋過家一人」之類也。云「則令各帥其所治之民而至」者，謂令縣正已下。縣正云：「若將用野民師田、行役、移執事，則帥而至，治其政令。」是縣正受遂人之令也。云「以遂之大旗致之」者，以其遂人雖是大夫，合用鳥隼之旗致衆，〔七二〕今遂人掌衆，與大司徒同，故致衆得用熊虎爲旗也。

注「役謂」至「熊虎」　知役謂師田，若功作也者，以其縣正所云「用野民師田行役移執事」，爲此事致之，明此役與彼同。其云功作，則移執事之等是也。云「大旗，熊、虎」者，司常職文。

凡國祭祀，共野牲，令野職。〔七三〕共野牲，入於牧人以待事也。野職，薪炭之屬。

注「共野」至「之屬」　云「共野牲，入於牧人以待事也」者，謂牛羊豕在六遂者，故曰野牲。牧人云：「掌牧六牲，以待祭祀」，故知此野牲亦入牧人以待事也。〔七四〕云「野職，薪炭之屬」者，此官令之，委人斂之，故下委人云：「掌斂野之賦。」又云：「斂薪芻，凡疏材木材，凡畜聚之物。」言之屬者，兼此諸物也。

凡賓客，令脩野道而委積。委積於廬宿市。

「凡賓」至「委積」　案大司徒云：「令野脩道委積。」彼謂揔令遺人。此於百里外野道，又令之，故注云「委積於廬宿市」，是亦令遺人也。

大喪，帥六遂之役而致之，掌其政令。及葬，帥而屬六綍。及窆，陳役。致役，致於司徒，給墓上事及竁也。綍，舉棺索也。葬舉棺者，謂載與説時也。用綍旁六執之者，〔七五〕天子其千人與？陳役者，主陳列之耳，匠師帥監之，鄉師以斧涖焉。大喪之正棺、殯、啓、朝及引，六鄉役之；載及窆，六遂役之，亦即遠相終始也。鄭司農云：「窆，謂下棺時。遂人主陳役也。禮記謂之封，春秋謂之堋，皆葬下棺也。聲相似。」〇而屬，音燭。六綍，音弗。及竁，劉昌絹反，穿也，本作窆，戚彼驗反，與注相應。與説，始鋭反。千人與，音餘。啓朝，直遥反。之封，彼驗反，或如字。之堋，補鄧反。

注「致役」至「相似」　鄭知「致役致於司徒，給墓上事及竁也」者，以其殯及引，皆六鄉役之。其墓上事及竁等，六遂役之。故知致役給墓上。墓上，則説載下棺之等。竁，謂穿壙之等。不言在廟載事，亦六遂役之。不言者，略也。必致於司徒者，司徒雖主六鄉，以其地官之卿，掌徒庶之役，亦兼掌六遂之役故也。云「綍，舉棺索」者，以其經據在棺則曰綍，據在道則曰引。六遂之役不在道，故據在棺而言綍也。云「葬舉棺者，謂載與説時也」者，以其云「屬六綍」，不據在道，故知在廟載時，及在壙説時也。云「用綍旁六執之者，天子其千人與」者，案雜記，諸侯，執綍五百人。大夫，三百人。以此約之，天子千人。無正文，故云「與」以疑之。云「陳役者，主陳列之耳」者，以其經云及窆，窆，謂下棺。下棺之時，千人執綍，背碑負引，須陳列其人，故知謂陳列之也。云「匠師帥監之，鄉師以斧涖焉」者，案其鄉師職知之。云「大喪之正棺、殯、啓、朝及引，六鄉役之，載及窆，六遂役之」，知義然者，案：大司徒職云：「大喪，帥六鄉之衆庶，屬其六引。」此遂人云：「帥六遂之役，屬六綍，及窆陳役。」鄭據此二文言之。以六鄉近，使主殯及啓朝，爲始；在祖廟之中將行，載棺於蜃車，屬六綍，則六遂爲終也。至於在道言引，則還使六鄉爲始。至壙窆之下棺，則還使六遂爲終。以二處各自共爲終始，〔七六〕故云即遠相終始也。是以大司徒注云：「六鄉主六引，六遂主六綍」也。云「禮記謂之封」者，據檀弓云：「庶人縣棺而封」，及喪大記下棺亦云封，是也。「春秋謂之塴」者，左氏「葬鄭簡公，有司墓之室當道，毀之，則朝而塴」，是也。窆、塴、封，三者字雖不同，皆是下棺也。云「聲相似」者，窆、封、塴，皆以去聲言之，故云聲相似也。

凡事，致野役，而師田作野民，帥而至，掌其政治禁令。〇政治，直吏反，下治訟皆同。

「凡事」至「禁令」 此居職末，揔結之言也。

遂師，各掌其遂之政令戒禁。以時登其夫家之衆寡、六畜、車輦，辨其施舍與其可任者。經牧其田野，辨其可食者，周知其數而任之，以徵財征。作役事則聽其治訟。〔七七〕施讀亦弛也。〔七八〕經牧，制田界與井也。可食，謂今年所當耕者也。財征，賦税之事。

「遂師」至「治訟」 以遂師下大夫四人所掌六遂，亦如鄉師主六鄉，亦二人共主三遂，故云「各掌其遂之政令戒禁」。并「以時登其夫家衆寡、六畜」已下，皆如鄉師之職。但鄉師云「輂」，〔七九〕又云「老幼貴賤廢疾」，此不言之。此云「經牧其田野」之等，彼不言之。皆是互換爲義，故設文不同也。云「周知其數而任之，以徵財征」者，謂周徧知其夫家六畜及田野之等，任之據人民之數，徵財征，據田野之數也。云「作役事則聽其治訟」者，役事中可兼軍役、田獵、功作之等，皆聽其治訟也。

注「施讀」至「之事」　云「施讀亦弛也」者，此注與鄉師同。以其與其可任者對而言，明施不得爲施功之事，故讀爲弛，與舍同爲捨放之事。云「經牧，制田界與井也」者，但六遂制溝洫法，上文所云者是，今以爲制界與井也。又爲井田法者，以其遂人兼掌采地，故上云掌野鄙，兼言稍縣都，以采地有井田法，故此經云經牧其田野，與小司徒文同，故鄭亦兼言井也。云「可食，謂今年所當耕者也」者，六遂以外，上地亦有萊，中下之地，自然皆有萊不耕者，故云今年所當耕者也。云「財征，賦税之事」者，征，是賦税。財，是地税。故云財征賦税之事也。雖以地税爲正，其中亦兼有口率出泉也。

巡其稼穡，而移用其民，以救其時事。移用其民，使轉相助，救時急事也。四時耕耨斂艾芟地之宜，晚早不同，而有天期地澤風雨之急。○耨，奴豆反。斂艾，音刈。

「巡其」至「時事」　遂師各自巡。其春種曰稼，秋斂曰穡。

注「移用」至「之急」　云「地之宜，晚早不同」者，其地有宜早種早收，有宜晚種晚收，故云晚早不同。云「而有天期地澤風雨之急」者，山出雲雨，大風有隧，皆由天期而有，故以天期而言。此並須移用其民，救其時事，故并言之也。

凡國祭祀，審其誓戒，共其野牲。審亦聽也。

「凡國」至「野牲」 案：冢宰職云：「大祭祀，掌百官之誓戒。」大司寇涖誓百官，并戒百族。此官主審其戒，戒遂之民，故不同也。

入野職、野賦于玉府。民所入貨賄，以當九職、九賦，中玉府之用者。

注「民所」至「用者」 云野職，謂民九職之貢。野賦，謂民九賦，自邦甸家稍縣都之等，口率出泉。以其在遠郊之外，故皆以野言之也。云「中玉府之用者」，亦是遂師自當徵其穀稅泉，以入大府，分之衆府也。若然，案：大府職云：「式貢之餘財，以共玩好之用，入於玉府。」彼入玉府者，是式貢之餘財，財之美者，由大府乃入玉府。此徑入玉府者，非財之美，不堪王之玩好者也。

賔客，則巡其道脩，庀其委積。〔八〇〕巡其道脩，行治道路也。故書庀爲比。鄭司農云：「比讀爲庀。」庀，具也。○庀其，又作庀，匹爾反，具也，劉副美反，一音芳米反。脩行，下孟反。

「賔客」至「委積」 「巡其道脩」者，大司徒云：「野脩道委積。」據國外曰野，在六鄉之中者。此據六遂之中者。

大喪，使帥其屬以幄帟先，道野役；及窆抱磨，〔八一〕**共丘籠及蜃車之役。**使以幄帟先者，大宰也。其餘司徒也。幄帟先，所以爲葬窆之間先張神坐也。道野役，帥以至墓也。丘籠之役，竁復土也。其器曰籠。蜃車，柩路也。柩路載柳，四輪迫地而行，有似於蜃，因取名焉。行至壙，乃說，更復載以龍輴。蜃，禮記或作「槫」，或作「輇」。役，謂執紼者。鄭司農云：「抱磨，磨下車也。」玄謂磨者，適歷執紼者名也。遂人主陳之，而遂師以名行校之。○抱磨，劉音歷。丘籠，力董反。及蜃，市軫反。以爲，于僞反。神坐，才卧反。復土，音服，或音福。乃說，始鋭反，或吐活反。更復，扶又反。龍輴，勑倫反。作槫，市專反，李徒官反。作輇，市專反。適歷，音的，又音釋。

「大喪」至「之役」　大喪，謂王喪也。云「使帥其屬以幄帟先」者，謂大宰官使其屬以幄帟先行至壙。云「道野役」者，謂司徒導引野中之役，出國城至壙。云「及窆，抱磨」者，及，至也，謂柩車至壙。窆，下棺也。下棺之時，遂師帥其執紼者之人名歷適，而校數之也。云「共丘籠」者，土曰丘，〔八二〕謂共爲丘之籠器，以盛土也。云「及蜃車之役」者，謂在祖廟中將行，共蜃車以載柩之役人也。

注「使以」至「校之」　知使以幄帟先是大宰者，以其天官幕人掌共帷幕幄帟綬，屬大宰，故知使幕人以幄帟先是大宰也。云「其餘司徒也」者，以其司徒主衆庶，故知野役之徒，皆司徒令之也。云「幄帟先，所以爲葬窆之間先張神坐也」者，謂柩至壙，脱載除飾，柩則在地，未葬窆之間，須有凶靈神坐之以，〔八三〕故知大幕之下，宜有幄之小帳，小帳之内，而有帟之承塵，以爲神坐也。云「道野役，帥以至墓也」者，以其云「導」，導是帥引之言，故知從廟帥引，往至墓所也。云「丘籠之役，竁復土也」者，竁，謂穿地。復土，謂下棺之後，以壙上土反復，而爲丘壟。皆須籠器以盛土也。云「蜃車，柩路也」者，人君所居皆曰路，故云柩路也。云「柩路載柳，四輪迫地而行」者，謂在祖廟中，遂匠納車於階間，卻而上載之，乃加帷荒。帷荒，即柳也。四輪迫地而行，即輇車以二軸而貫四輪。四輪，即許氏説文云「無輻曰輇」者也。云「似於蜃，因取名焉」者，〔八四〕此解名爲蜃車之意。云「行至壙，乃説，更復載以龍輴」者，以其天子諸侯殯時用輴車，即檀弓所云「菆塗龍輴，天子之禮」是也。諸侯不龍其輴而已。殯既用輴，明葬時用輴可知。云「蜃，禮記或作槫，或作輇」者，案：雜記云：「載以輲車。」鄭注云：「輲讀爲輇，或作槫。」〔八五〕彼經作輇，〔八六〕一部禮記作輇，或作槫，彼經不爲輇者，但輲輇字雖異，其義同，故此云或作輇也。但爲槫者，非車之體，不從之，取其輲字。或有作團字，團又轉誤爲國字者，故既夕記云：「遂匠納車於階間。」注云：「車，載柩車，周禮謂之蜃車，雜記謂之團車，喪大記又謂之國車也。」先鄭云「抱磨，磨下車也」者，於義無所當，故後鄭不從也。後鄭云「適歷執綍者名也」者，謂天子千人，分布於六綍之上。謂之適歷者，分布稀疏得所，名爲適歷也。云「遂人主陳之」者，案：上遂人云：「及窆陳役。」是也。云「而遂師以名行校之」者，但執綍之人，背碑負引而退行，遂師抱持版之名字，巡行而校録之，以知在否，故云抱磨也。

軍旅田獵，平野民，掌其禁令，比敍其事而賞罰。平，謂正其行列部伍也。鄭司農云：「比讀爲庀。」○比敍，匹爾反，出注。行列，户剛反。

「軍旅」至「賞罰」　軍旅，謂征伐。田獵，謂四時田。云「平野民」者，謂遂師平正六遂之民，故云平野民也。云「比敍其事而賞罰」者，遂師校比次敍其行伍，而行賞罰也。

注「平謂」至「爲庀」　周禮之内云比者，後鄭皆爲校比，先鄭皆爲庀。庀爲具，得通一義，故引之在下也。

遂大夫，各掌其遂之政令。以歲時稽其夫家之衆寡、六畜、田野，辨其可任者與其可施舍者，以教稼穡，以稽功事，掌其政令、戒禁，聽其治訟。施讀亦爲弛。功事，九職之事，民所以爲功業。

「遂大」至「治訟」　此一經，與遂師職意同，但互見其義耳。

注「施讀」至「功業」　云「功事，九職之事，民所以爲功業」者，大宰「以九職任萬民」，彼云任，即此功事，謂任之使有功者也。

令爲邑者，歲終則會政致事。不言其遂之吏，而言爲邑者，容公邑及卿大夫王子弟之采邑政令戒禁，遂大夫亦施焉。

注「不言」至「施焉」　言之者，若直言遂之吏，則不容公邑與采邑。今遂大夫不言遂之吏，變云「爲邑」，則遂中可以兼公邑采邑二者，故云「政令戒禁遂大夫亦施焉」。以其遂人云「掌野」，又云「以達于畿」，故知亦施政令戒禁。

正歲簡稼器，脩稼政。簡，猶閱也。稼器，耒耜鎡其之屬。稼政，孟春之月令所云皆脩封疆，審端徑術，善相丘陵阪險原隰土地所宜，五穀所殖，以教道民，必躬親之。〔八七〕○徑術，音遂。善相，息亮反。道民，音導。

注「簡猶」至「親之」　云「稼器，耒耜鎡其之屬」者，其器中含有錢鎛之等，故云「之屬」也。云「稼政，孟春之月令所云皆脩封疆」者，此是月令，鄭注彼封疆，謂田首之分界也。云「審端徑術」者，鄭彼注：「術當爲遂。」即引遂人職云「夫間有遂，遂上有徑」，當審之使脩理也。云「善相丘陵阪險原隰」者，土之高者曰丘，大阜曰陵，坡者曰阪險，下濕者曰隰，高平曰原也。云「土地所宜」者，即丘陵已下，若高田種黍稷，下田種稻麥，丘陵阪險種桑棗是也。云「以教道民，必躬親之」者，彼約束典田大夫，必身親檢校之，以證稼政之事。

三歲大比，則帥其吏而興甿，明其有功者，屬其地治者。興甿，舉民賢者能者，如六鄉之爲也。興猶舉也，屬猶聚也。又因舉吏治有功者，而聚勑其餘以職事。○大比，毗志反，下徵比及注同。屬其，音燭，聚也，注同。地治，直吏反。

「三歲」至「治者」　云「三歲大比」已下，若鄉大夫三歲大比，興賢者能者，其義同，變之耳。云「帥其吏」者，則遂大夫已下，縣正至鄰長。

注「興甿」至「職事」 云「興甿，舉民賢者能者，如六鄉之爲也」者，此文不具，故鄭就鄉大夫解之。彼以鄉飲酒興賢能者，厥明，獻賢能之書於王，王拜而受之，登於天府，内史貳之。此職亦然也。云「興猶舉也，屬猶聚也」者，謂當興舉之時，因舉治民之吏，鄰長以上吏之有功者而升之。又聚其地治鄰長以上，勑之以職事，使之不慢也。

凡爲邑者，以四達戒其功事，而誅賞廢興之。四達者，治民之事，大通者有四：夫家衆寡也，六畜車輦也，稼穡耕耨也，旗鼓兵革也。

「凡爲」至「興之」 此言爲邑者，義如上。不言遂之吏，而言爲邑者，容公邑及采邑也。云「以四達戒其功事」者，達，通也。謂將四通之事，以戒勑其功事。功事，即上注九職之功業也。云「而誅賞廢興之」者，此亦如天官注：「大有功不徒興，又賞之。大無功，不徒廢，又誅之。」故誅賞廢興，連言之也。

注「四達」至「革也」 鄭知四達是夫家已下者，此無正文，唯約上下文而知義爾。案：遂師云：「夫家衆寡六畜車輦。」此遂大夫亦云夫家衆寡，以教稼穡。鄰長云：〔八八〕「以旗鼓兵革帥而至。」又云：「趨其耕耨。」鄭據而言，故以四事當此四達。

縣正，各掌其縣之政令徵比，以頒田里，以分職事，掌其治訟，趨其稼事而賞罰之。徵，徵召也。比，案比。○趣其，如字，李倉苟反，本又作趨，音促。

「縣正」至「罰之」 以一遂有五縣，故云各掌其縣之政令徵比者，謂政教號令、徵發校比之等也。云「以頒田里」者，亦如上文「夫一廛田百畮」也。云「以分職事」者，即九職之功事也。

若將用野民師田、行役、移執事，則帥而至，治其政令。移執事，移用其民。鄭司農云：「謂轉相佐助。」

「若將」至「政令」　云「若將用野民」者，言將事未至之時，預徵召野民也。言師田，謂出師征伐及田獵也。〔八九〕言行役，謂若巡狩及功役。言移執事，謂移徙用民以執事也。

既役，則稽功會事而誅賞。

「既役」至「誅賞」　此經結上文功役之事，事訖乃稽考其功多少，當計會其事之可否，而有功者賞，無功者誅也。

鄙師，各掌其鄙之政令、祭祀。祭祀，祭禜也。○禜也，音詠。

「鄙師」至「祭祀」　五鄙爲縣，五百家爲鄙，故云各掌其鄙之政令也。

注「祭祀祭禜也」　知鄙祭禜者，鄙與六鄉黨同，黨祭禜，故知此鄙所祭祀謂祭禜也。

凡作民，則掌其戒令。作民，謂起役也。

注「作民謂起役也」　知作民是起役者，案下鄰長云：「若作其民而用之，則以旗鼓兵革帥而至。」又上文每云野役，故知此作民亦是起役事也。

以時數其衆庶，而察其媺惡而誅賞。時，四時也。○數其，色主反，下同。其媺，音美。

注「時四時也」　知「時，四時」者，見鄉師職云「凡四時之徵令」，則凡言歲時者，皆是四時。唯鄉師云「賙萬人之囏阨」，而云「歲時巡國及野」者，鄭注云：「隨其事之時，不必四時，囏阨非常故也。」

歲終，則會其鄙之政而致事。

校勘記

〔一〕此知人民奴婢也者　浦鏜云：「此知」二字當誤倒。阮校云：「人民」下當脱「爲」。

〔二〕即果實及謂食物　「謂」，阮本作「諸」，當是。

〔三〕淳音準　「準」原作「淮」，據徐本、盧本改。

〔四〕純正可爲絲爲緇　「正」，元、正、聞本同，閩、監、毛、殿、阮本作「止」，疑作「止」是。

〔五〕邦國朞　「朞」，唐石經、諸本同。阮校云：釋文作「基，本或作朞」，士虞禮注云「古文朞皆作基」，周禮古文與儀禮正同，此當從陸本。

〔六〕又知都中合大都小都者　「合」，阮本作「含」。

〔七〕掌斂市絘布　王引之引王念孫云：「市」下脱「之」字。

〔八〕玄謂總讀如租稯之稯　漢讀考云：「租稯」當是「組總」之譌，見巾車職。

〔九〕稯布謂守斗斛銓衡者之税也　「斗」，婺、岳本同，建本作「升」。

〔一〇〕質布者質人所罰犯質劑者之泉也　阮本「質人」下有「之」字，余、閩、監、毛本同，婺、建、岳、嘉靖本無。阮校云：賈疏引注亦無「之」字，有者衍文。

〔一一〕久則將瘦⿰月翟腐敗　「⿰月翟」，婺、建、岳、阮本作「臞」。阮校云：賈疏本作「⿰月翟」。今案：疑作「臞」是。

〔一二〕音紓劉常汝反　「常」原作「當」，據徐本、盧本改。

〔一三〕入於膳夫之府以共官食　「入」，阮本作「人」，非。

〔一四〕謂市司當時設禁令　元、聞、正、閩、阮本無「市」字。

〔一五〕非爲憲徇扑之憲　「徇」，阮本作「狗」，誤。

〔一六〕此止○職　「○」，元、聞、監、毛、阮本作「當」，浦鏜云：「止」蓋「正」之誤。

〔一七〕此若與胥師所掌同　阮本無「若」字，當是。

〔一八〕先鄭云謂官有所斥賣者　「官」，原作「宫」，據阮本改。

〔一九〕又許驕反　「又」原作「反」，據徐本、盧本改。

〔二〇〕名相遠者相遠也　上「遠」字，阮本作「近」，疑是。

〔二一〕玄謂抵實柢字柢本也　婺、岳、嘉靖、元、聞、閩、監、毛、殿、阮本同，建本「柢」字均作「抵」。

〔二二〕國人郊人是也　孫詒讓云：「郊人」下疑有脱字。今案「郊人」下疑脱「從其有司」四字。

〔二三〕其都鄙別遣人治之　「別遣」，阮本作「則遺」，疑非。

〔二四〕云主有司是也　殿本「云」上有「故」字。

〔二五〕各依國服而爲息也　「依」，阮本作「以」。

〔二六〕甸稍縣都之氏　「氏」，阮本作「民」。

〔二七〕凡國事之財用取具焉　唐石經、婺、建、嘉靖、殿本同，岳、元、聞、閩、阮本無「事」字。

〔二八〕謂於廛人斂取紱布已下　「紱」，阮本作「紋」。今案，疑阮本誤引，當作「絘」。

〔二九〕鍵讀爲蹇　漢讀考云，經本作「蹇」，注本作「蹇讀爲鍵」，此以注改經復以經改注之一也。阮校云，此易蹇爲鍵，故下云「鍵謂牡」，賈疏云「先鄭讀爲蹇者，欲取其蹇澁之意」。然則唐初本已誤。

〔三〇〕下文云國凶札無關門之征　「札」，原作「礼」，據阮本改。下「凶札」同。
〔三一〕故左氏莊公二十五年　閩、閩、監、毛本「氏」作「傳」。
〔三二〕故先鄭云止客以俟逆也　孫詒讓云，注不言「司農云」而疏云「先鄭云」，疑有奪衍。
〔三三〕參相聯以檢猾商　阮校云，注當用「連」，此改「聯」，非。
〔三四〕關下亦有邸客舍　段玉裁云，「客舍」當作「舍客」，謂以邸舍客也。
〔三五〕此關旁亦有邸合　阮本脱「旁」字，又「合」作「舍」，當是。
〔三六〕司門爲璽節以出之　「門」，元、正、閩本同，閩、監、毛、殿、阮本作「關」。作「門」是。
〔三七〕凶謂凶年飢荒也　「飢」，婺、建、岳、嘉靖本同，阮本作「饑」，阮校云「飢」非。
〔三八〕其父兄立子瑕　「兄」，原作「只」，據阮本改。
〔三九〕廛而無夫里之布　阮本無「而」字，當是。
〔四〇〕凡四方之賓客敂關　「賓」，原作「實」，據唐石經、婺、建、岳本改。
〔四一〕猶聘禮謁關人也　阮本無「謁」字，疑非。
〔四二〕敵國賓至關關尹以告　阮本同。阮校云，惠校本無上「關」字，此衍。
〔四三〕則此經司關爲之告也　惠校本同，阮本「也」上有「一」。
〔四四〕琬圭瑗圭也　「瑗」，婺、建、岳本作「琰」，阮本作「琰」。
〔四五〕不數自外璧羨以起度之等　「壁」，阮本作「璧」，是。
〔四六〕守邦國者用玉節　説文引作「守國者用玉卪」，云「卪象相合之形」。
〔四七〕玉節之制如王爲之以命數爲小大　阮校云，「王」，嘉靖本作「玉」，浦鏜亦改作「玉」，誤。

〔四八〕亦如上文王有命有節以輔之云玉節之制　「云」，元、正、閩、闕、監、殿本同，毛、阮本作「者」，疑作「云」是。

〔四九〕凡邦國之使節山國用虎節土國用人節澤國用龍節　阮校云，説文引此語「國」字皆作「邦」。

〔五〇〕以英蕩輔之　「蕩」，通典卷七十五引作「簜」，是。

〔五一〕如今宫中諸官詔符也　「宫」，婺、岳、阮本同，建本作「官」。疑作「宫」是。

〔五二〕謂以其授節　浦鏜云，此「謂」字當作「者」，屬上讀。

〔五三〕皆授旌節　「授」，阮本作「受」。

〔五四〕使各掌其政令刑禁　「使」，原作「便」，據唐石經、婺、建、岳、阮本改。

〔五五〕猶郊内比閭族黨州鄉也　「族黨」，建、阮本同，婺本作「黨族」，岳本誤作「旅黨」。

〔五六〕言比伍則經中言五皆是也　「伍」，阮本作「五」，非。

〔五七〕六遂上地有萊有萊　盧文弨曰，下「有萊」疑衍。

〔五八〕以下劑致甿　漢讀考云，宋本周禮音義、詩衛風正義、白帖宋刻廿二、廿三，引周禮，「甿」皆作「氓」，知開成石經作「甿」，以「氓」爲亡民而改之也。

〔五九〕以興耡利甿　阮校云，鄭大夫訓耡爲藉，與説文訓耡爲藉意同。

〔六〇〕第一者爲羨卒　「一」，元、正、閩、闕本同，阮本作「二」，疑作「二」是。

〔六一〕上地猶有萊　「地」，建、岳、阮本同，婺本作「也」，誤。

〔六二〕王莽時　「王」，婺、岳、阮本同，建本作「至」，亦可通。

〔六三〕故亦以廛表税也　殿本無「故」字，阮本無「以」字。

〔六四〕凡治野夫閒有遂　王引之引王念孫云，「野」下脱「田」字。

〔六五〕遂地在郊外田野之中　孫詒讓曰，閩本「田」作「曰」。案作「曰」似長。

〔六六〕其畛宜差小　殿本同。阮本無「宜」字。

〔六七〕軌廣六尺　「六」，元、閩本同，聞、監、毛、殿、阮本作「八」。孫詒讓以爲作「六」是也。

〔六八〕彼注亦與注此同　「注此」，元、正、聞、閩本同，監、毛、殿、阮本作「此注」。

〔六九〕與鄉遂人盡主之可知也　孫詒讓云，「與鄉」下，當有「遂同」二字。

〔七〇〕以歲時登其夫家之衆寡及其六畜車輦辨其老幼廢疾與其施舍者　王引之云，「與其施舍者」上脱「可任者」三字。

〔七一〕即上注遂之軍法加六鄉者是也　「加」，阮本作「如」，疑作「如」是。

〔七二〕合用鳥隼之旗致衆　孫詒讓云，「旟」誤「旗」。

〔七三〕凡國祭祀共野牲令野職　俞樾云，「令」乃「入」之誤。

〔七四〕故知此野牲亦入牧人以待事也　阮本此句下有「牧人云掌牧六牲以待祭祀故知此野牲」十六字。孫詒讓云，此十六字衍。

〔七五〕用紼旁六執之者　「六」，建、岳、阮本同，婺本作「大」，非。「之」，建、岳、阮本同，婺本無。

〔七六〕以二處各自共爲終始　「各」，元、正、聞、閩、監、殿本同，毛、阮本作「合」。疑作「各」是。

〔七七〕作役事則聽其治訟　婺、建、岳、阮本同，唐石經「作」上有「以」字。嚴可均云，各本奪。孫詒讓云，疏述經亦無「以」字，疑石經誤，非今本奪。

〔七八〕施讀亦弛也　阮校云，「亦」下當脱「爲」字。

〔七九〕但鄉師云輂　「輂」，元、殿本同。聞、閩、監、毛、阮本作「輦」。疑作「輂」是。

〔八〇〕庬其委積　「庬」，婺、建、岳、阮本同，唐石經作「庇」。段玉裁云，説文有「庇」，無「庬」，疑「庇」、「庬」一字。

〔八一〕及窆抱磨　「磨」，建、岳、阮本同，唐石經、婺、余、嘉靖本作「磨」。阮校云，葉鈔釋文及困學紀聞引此語皆作「磨」，當從之。

〔八二〕云共丘籠者土曰丘　「土」，原作「王」，元、正、聞、閩本同，據監、毛、殿、阮本改。

〔八三〕須有凶靈神坐之以　「以」，阮本作「所」，當是。

〔八四〕云似於屨因取名焉者　「因」，阮本作「田」，誤。浦鏜云，「似」上脱「有」字。

〔八五〕或作輇　案鄭彼注云「或作槫」，與此異。

〔八六〕彼經作輇　「輇」，阮本作「輲」，殆是。

〔八七〕以教道民必躬親之　「必躬」，原作「徑術」，據婺、建、岳、阮本改。

〔八八〕鄭長云　「長」，原作「是」，據阮本改。

〔八九〕言師田謂出師征伐及田獵也　「謂」，原作「調」，據阮本改。

周禮注疏卷第十七

鄰長，各掌其鄰之政令，以時校登其夫家，比其衆寡，以治其喪紀、祭祀之事。校猶數也。

「鄰長」至「之事」　以其一鄙五鄰，故云各掌其鄰之政令也。云「以治其喪紀」者，謂民之喪紀，若鄉師所云「族共喪器」之類。治其祭祀者，謂若族祭酺之類。若然，縣當祭社，與州同。縣正、鄙師、鄰長皆不言所祭神者，〔一〕六遂與六鄉，互見其義也。

若作其民而用之，則以旗鼓兵革帥而至。若歲時簡器，與有司數之。簡器，簡稼器也。兵器亦存焉。有司，遂大夫。

「若作」至「數之」　言「作其民而用之」者，謂師田及巡守之等。直言以旗鼓兵革，不言車輦，文不具。注「簡器」至「大夫」　云「簡器，簡稼器也」者，見遂大夫職云：「正歲，簡稼器，脩稼政。」則此官與遂大夫共簡之，故注云：「有司，遂大夫也。」知兵器亦存焉者，以遂大夫云「簡稼器」。此不言稼，直云器，故知器中兼有兵器，旗鼓、兵革，亦存在其中也。〔二〕

凡歲時之戒令皆聽之，趨其耕耨，稽其女功。聽之，受而行之也。女功，絲枲之事。

「凡歲」至「女功」　此鄰長彌親民，故趨其耕耨，并稽考女功之等。〔三〕

注「聽之受」至「之事」　鄭知聽之爲受而行之，非聽斷之者，以鄰長中士官，惟承受遂人已下之事，不得專聽斷，故知聽謂受德而行之也。知「女功，絲枲」者，按禮記内則論女功云：「執麻枲，治絲繭。」故知女功亦治絲枲以爲布帛。

里宰，掌比其邑之衆寡與其六畜、兵器，治其政令。邑，猶里也。

「里宰」至「政令」　里宰二十五家，不言「各」者，文承遂師以下，皆言各掌，此亦各掌可知。

注「邑猶里也」　邑是人之所居之處，里又訓爲居，故云邑猶里也。

以歲時合耦于耡，以治稼穡，趨其耕耨，行其秩敘，以待有司之政令，而徵斂其財賦。考工記曰：「耜廣五寸，二耜爲耦。」此言兩人相助耦而耕也。鄭司農云：「耡讀爲藉。」杜子春云：「耡讀爲助，謂相佐助也。」玄謂耡者，里宰治處也，若今街彈之室。於此合耦，使相佐助，因放而爲名。季冬之月令：「命農師計耦耕事，脩耒耜，具田器。」是其歲時與？合人耦，則牛耦亦可知也。秩敘，受耦相佐助之次第。○治處，直吏反。今街音佳。彈，如字，一音丹。因放，沈方往反。

「以歲」至「財賦」　云「歲時」者，亦謂歲之四時。云「合耦于耡」者，耡，助也。謂合兩兩相佐助於里宰處。云「以治稼穡」者，謂治理其民，使爲春稼秋穡之事。云「趨其耕耨」者，謂使民趨時以春耕夏耨。云「行其秩敘」者，謂使民行其合耦，〔四〕使有次第。云「以待有司之政令而徵斂其財賦」者，以六遂之賦稅，縣師徵之，旅師斂之。則此財賦言待有司徵斂者，謂縣師、旅師也。

注「考工」至「次第」　鄭引考工記者，欲證合耦爲二人共發一尺之地，乃成甽以通水之意也。先鄭云「耡讀爲藉」者，藉，借也，非相佐助之義，故後鄭不從之也。杜子春讀耡爲助，謂相佐助也，於義合，但文今不足，故後鄭增其義也。〔五〕「玄謂耡者，里宰治處也，若今街彈之室」者，鄭以漢法況之。漢時在街置室，檢彈一里之民，於此合耦，使相助佐，〔六〕因放而名耡也。引月令者，證歲時合耦之事。秦周政令或異，故云是其歲時與，言「與」以疑之也。云「合人耦，則牛耦亦可知也」者，周時未有牛耦耕，至漢時，搜粟都尉趙過始教民牛耕。今鄭云合牛耦可知者，或周末兼有牛耦，至漢趙過，乃絶人耦，專用牛耦，故鄭兼云焉。云「秩敘，受耦相佐助之次第」者，或家有一夫，二夫共耦，若長沮、桀溺耦而耕，或先後次第相佐助爲之也。

鄰長，掌相糾相受。相糾，相舉察。

「鄰長」至「相受」　鄰長，不命之士爲之，各領五家，使五家有過，各相糾察，宅舍有故，又相容受也。

凡邑中之政相贊。長短使相補助。

「凡邑」至「相贊」　云邑中者，亦謂一里之内。有上政令徵求，則五鄰共相贊助。此則以長補短，故鄭云長短使相補助也。

徙于他邑，則從而授之。從猶隨也。授猶付也。

「徙于」至「授之」　古者三年大比，民或於是徙，謂不便其居，則徙於他。遷向他遂，非直從授之，明無罪過，亦當以旌節將行，如六鄉比長云「徙於他，則以旌節而行之。出鄉無節，則唯圜土內之」。是也。

旅師，掌聚野之耡粟、屋粟、間粟野，謂遠郊之外也。耡粟，民相助作，一井之中所出九夫之稅粟也。屋粟，民有田不耕，所罰三夫之稅粟。間粟，閒民無職事者所出一夫之征粟。○閒粟，音閑，注同。

「旅師」至「間粟」　此旅師斂六遂之稅，六遂在野，故云掌聚野之耡粟之等。

注「野謂」至「征粟」　云「野，謂遠郊之外也」者，按鄉大夫「野自六尺」，彼野謂城外，此野據遠郊之外，六遂之中也。云「耡粟，民有相助作，一井之中所出九夫之稅粟也」者，六鄉、六遂與公邑三處，皆爲溝洫法，三等采地乃爲井田。今此六遂之中，鄭云「一井之中出九夫之稅粟」，以爲井田，與例違者，但鄉遂之中，雖爲溝洫法，及其出稅，亦爲井田稅之。是以小司徒職云「考夫屋」，注云：「夫三爲屋，屋三爲井，出地貢者，三三相任。」是出地稅，亦取井有九夫，三三相保而稅之，故以井言之。云「屋粟，民有田不耕，所罰三夫之稅粟。間粟，間民無職事者所出一夫之征粟」者，此並載師職文。但彼云「出夫家之征」，彼注云：「夫稅者，百畮之稅。家稅者，出士徒車輦。」此經云粟，無取於家征之義，故略不言也。

而用之，以質劑致民，平頒其興積，施其惠，散其利，而均其政令。而讀爲若，〔七〕聲之誤也。若用之，謂恤民之艱阨，委積於野，如遺人於鄉里也。以質劑致民，案入稅者名，會而貸之。興積，所興之積，謂三者之粟也。平頒之，不得偏頗有多少。縣官徵聚物曰興，今之「軍興」是也。〔八〕是粟縣師徵之，旅師斂之而用之。以賙衣食曰惠，以作事業曰利。均其政令者，皆以國服爲之息。○而用，而音若，出注。興積，子賜反，注同。

「而用」至「政令」　「若用」，謂用上者之粟也。

注「而讀」至「之息」　鄭必讀而爲若者，所聚之粟，民有艱阨乃用之，無則貯待凶年，則「若」，爲不定之辭，其「而」字無義例，故鄭轉爲「若」也。云「若用之，謂恤民之艱阨」者，按：遺人云：「鄉里之委積，以恤民之囏阨。」此六遂即鄉里也，故鄭云：「委積於野，如遺人之於鄉里也。」云「以質劑致民，按入税者名，會而貸之」者，所聚之粟，還擬凶年，振恤所輸入之人。〔九〕欲與之粟，還按入税者之人名，會計多少以貸之。簿書若市券有長短，故云質劑也。云「縣官徵聚物曰興」者，六遂已外，縣師徵之，故云縣官徵聚物曰興。云「今云『軍興』是也」者，鄭舉漢法况之，興，皆是聚積之義也。云「是粟縣師徵之」者，按：上縣師職云：「歲時徵野之賦貢。」故知也。云「旅師斂之」者，即上文聚三等粟是也。云「而用之」，則若用之是也。云「以賙衣食曰惠」，知者，以衣食先當時用，不生其利，故云惠。所爲事業，後即有利，故云利。此對文，惠利兩有，故爲此釋。若通而言之，惠利爲一，故論語孔子云：「因民所利而利之，不亦惠而不費。」是惠利通也。云「均其政令者，皆以國服爲之息」者，亦如泉府「凡民之貸者，以國服爲之息」。鄭彼注云：「以其於國服事之税而出息也。於國事受園廛之田，而貸萬泉者，則朞出息五百。」若然，近郊之田，貸萬泉，朞出息一千，已外遠郊、甸、稍、縣、都，皆依國可知。

凡用粟，春頒而秋斂之。困時施之，饒時收之。

「凡用」至「斂之」　上經所云，是貸而生利，此經所云，是直給不生利也。官得舊易新，民得濟其困乏，官民俱益之也。

凡新甿之治皆聽之，使無征役，以地之媺惡爲之等。新甿，新徙來者也。治，謂有所求乞也。使無征役，復之也。王制曰：「自諸侯來徙於家，〔一〇〕期不從政。」以地美惡爲之等，七人以上授以上地，六口授以中地，五口以下授以下地，與舊民同。旅師掌斂地税，而又施惠散利，是以屬用新民焉。○之治，直吏反，注同。復之，音福。期不，音基。以上，時掌反。

注「新甿」至「民焉」　云「新甿，新徙來者也」者，即上徙於他者是也。云「治，謂有所求乞也」者，此無正文，鄭以意解之。以其無征役可治，又新來未有業次，故知治是求乞也。引王制「自諸侯來徙於家，期不從政」者，彼仍有「自家徙於諸侯，三月不從政」，不不引之者，〔一一〕略引之，以證有復除之法。云「以地美惡爲之等，七人以上授之以上地」已下者，此皆據小司徒職文。此三等，據中地而言，故注云：「有夫有婦乃成家，自二人以至十人爲九等，七六五者爲其中。」但彼六鄉，上地無萊，此據六遂，上地有萊五十晦，已外中地下地，外内同，皆三百晦耳。

稍人，掌令丘乘之政令。

丘乘，四丘爲甸。甸讀與「惟禹敶之」之敶同，其訓曰乘，由是改云。是掌令都鄙脩治井邑丘甸縣都之溝涂。云丘甸者，舉中言之。溝涂之人名，井別邑異，則民之家數存焉。○丘乘，繩證反，注丘乘曰乘，丘甸并爲甸，甸讀禹敶之敶，皆同音。

「稍人」至「政令」　云「掌令丘乘之政令」者，四井爲邑，四邑爲甸，甸出長轂一乘，故云丘乘。不言令井邑者，舉中而言也。言令者，謂三等采地之中，爲溝塗之法耳。

注「丘乘」至「存焉」　「丘乘，四丘爲甸」，據小司徒而言之也。云「甸讀與惟禹敶之之敶同」者，按：毛詩云：「惟禹甸之。」不爲敶者，〔一二〕鄭先通韓詩，此據韓詩而言敶。敶是軍陳，故訓爲乘。言「由是改云」者，由甸出車一乘，可以爲軍，故改云乘，不爲甸也。云「是掌令都鄙脩治井邑丘甸縣都之溝涂。云丘甸者，舉中言之」者，此據小司徒職云「四井爲邑，四邑爲丘，四丘爲甸，四甸爲縣，四縣爲都」而言也。知直令爲溝涂者，以下文云「若有會同，則以縣師之法作其同徒」。彼是令軍法，明此惟令治溝涂而已。云「溝涂之人名，井別邑異，則民之家數存焉」者，謂甸方八里，其中六十四井，使出田税。外加一里，三十六井，使治溝洫，不出税。云民之家數存者，假令上地一井，地有九夫，中央一夫，助入公，傍八夫各治一夫以自入，則一井地有九夫，家則有八。四井爲邑，三十二家。據一成而言，則三十六井，使治溝涂，各有人名，故云溝涂之人名，井别邑異，民之家數存，在於一成之中矣。

若有會同、師田、行役之事，則以縣師之灋作其同徒、〔一三〕輂輦，帥而以至，治其政令，以聽於司馬。有軍旅、會同、田役之戒，縣師受法於司馬，邦國都鄙稍甸郊里，唯司馬所調。以其法作其衆庶及馬牛車輦，會其車人之卒伍，使皆備旗鼓兵器，以帥而至，是以書令之耳。其所調若在家邑、小都、大都，則稍人用縣師所受司馬之法作之，帥之以致於司馬也。同徒，司馬所調之同。凡用役者，不必一時，皆徧以人數調之，使勞逸遞焉。○輂輦，居録反。卒伍，子忽反。所調，徒弔反，下同。皆徧音遍。遞焉，徒禮反，又音弟，本又作適，音釋。

「若有」至「司馬」　云「若」者，此等或有或無，故云「若」，爲不定之辭也。云「會同」者，謂時見曰會，殷見曰同。云「師田」者，謂出師征伐及田獵。云「行役」者，謂巡守及興役。云「則以縣師之法作其同徒」者，稍人屬縣師，縣師屬大司馬。大司馬得王進止，縣師即受法於司馬。縣師既得法，稍人又受法於縣師，故云以縣師之法作其同徒也。既作同徒，乃致與大司馬，故云「以聽於司馬也」。

注「有軍」至「遞焉」　「有軍旅、會同、田役之戒，縣師受法於司馬，邦國都鄙稍甸郊里，唯司馬所調」者，縣師注云：「郊里，郊所居也。」謂六鄉之民，布在國中，外至遠郊，故有居在郊者也。云「以其法作其衆庶及馬牛車輦，會其車人之卒伍，使皆備旗鼓兵器，以帥而至」者，並縣師職文。〔一四〕其間云「縣師及邦國都鄙稍甸郊里，唯司馬所調以其法」，並鄭所加。加之者，欲見縣師受法於司馬，稍人又受法於縣師之意也。云「是以書令之耳」者，此鄭君之言，是以此稍人書而令作其同徒之事。云「其所調若在家邑、小都、大都，則稍人用縣師所受司馬之法作之，帥之以致於司馬也」者，此鄭取縣師之文。合於此經，共釋此稍人受法於縣師，所受司馬之法。〔一五〕云「同徒，司馬所調之同」者，此即縣師受法於司馬者也。云「凡用役者，不必一時」已下，此釋其同徒同其勞逸。遞，等也。

大喪，帥蜃車與其役以至，掌其政令，以聽於司徒。蜃車及役，遂人共之。稍人者野監，是以帥而致之。既夕禮曰：「既正柩，賓出，遂匠納車于階間。」則天子以至于士，柩路皆從遂來。

「大喪」至「司徒」　此經釋天子之喪。將葬，使稍人帥蜃車及役人使至之事。云「以聽於司徒」者，以其司徒地官卿，掌徒庶之政令，故稍人帥衆以聽於司徒也。

注「蜃車」至「遂來」　鄭知蜃車及役，遂人共之者，按：遂人職云：「大喪，帥六遂之役而致之。」又云：「及葬，帥而屬六綍。」又遂師職亦共丘籠及蜃車之役，故知遂人共之也。云「稍人者野監，是以帥而致之」者，此欲釋得在稍人之意。以其監三等采地，是野監，故得并監六遂蜃車之事也。云「天子以至于士，柩路皆從遂來」者，此經上舉天子，既夕下舉士，則其中有諸侯、卿大夫之喪，蜃車柩路，皆從遂人而來可知。

委人，掌斂野之賦，斂薪芻，凡疏材、木材，凡畜聚之物。野，謂遠郊以外也。所斂野之賦，謂野之園圃、山澤之賦也。凡疏材，草木有實者也。凡畜聚之物，瓜瓠葵芋，禦冬之具也。野之農賦，旅師斂之。工商、嬪婦，遂師以入玉府。其牧，則遂師又以共野牲。○賦斂，力豔反。凡畜，勑六反，注同。葵芋，于附反。

注「野謂」至「野牲」　委人所斂，皆據六遂以外至王畿，故鄭云「野謂遠郊以外」，揔言之也。云「所斂野之賦，謂野之園圃山澤之賦也」者，此則九職所出貢，貢賦通言之。九職之中，有園圃毓草木，又有虞衡作山澤之材，故以園圃山澤言之也。云「凡疏材，草木有實者也」者，疏是草之實，材是木之實，故鄭並言之。九職中有臣妾聚斂疏材，鄭彼注云：「疏材，百草根實。」不以木解材，文略也。彼臣妾聚斂，雖無貢法，要知此疏材，亦是草木有根實者，鄭不言根，亦略言之也。云「凡畜聚之物，瓜瓠葵芋，禦冬之具也」者，七月詩有「八月斷壺」。壺，瓠也，有甘可食者。信南山詩：「疆埸有瓜。」士喪禮又有「葵菹芋」，故知畜聚物中有瓜瓠葵芋之等。但士喪禮籩豆差之，葵菹芋，芋爲長菹，不得爲芋子，其南方有芋子堪食，與士喪禮芋别也。云「野之農賦，旅師斂之」者，即上旅師所云「聚野之耡粟之等」是也。云「工商、嬪婦，遂師以入玉府」者，案：遂師云：「入野職野賦于玉府。」雖不言工商、嬪婦，但遂師既入野之賦貢，明嬪婦工商之賦也。知者，以其玉府掌玩好之物，其工商嬪婦所作，堪爲玩好，故入玉府者，工商嬪婦也。云「其牧，則遂師又以共野牲」者，上遂師云：「凡國祭祀，共其野牲。」是知九職之中藪牧養鳥獸者，遂師共之也。

以稍聚待賓客，以甸聚待羈旅，聚，凡畜聚之物也。故書羈作奇。杜子春云：「當爲羈。」○稍聚，俗裕反，下文同。

「以稍」至「羈旅」 「委人掌斂野賦，故以三百里稍地之聚，二百里甸之聚，以待羈旅過客之等。

注「聚凡」至「爲羈」 鄭知聚是凡畜聚者，見上文凡畜聚之物，故知此聚，亦是畜聚之物。

凡其余聚以待頒賜。余當爲餘，聲之誤也。餘謂縣都畜聚之物。

注「余當」至「之物」 知餘聚是縣都者，以其委人掌斂野物，從二百里至王畿，上已云甸稍，明此言餘聚，是縣四百里、都五百里中畜聚之物，如上稍甸畜聚之物也。

以式灋共祭祀之薪蒸木材；賓客，共其芻薪；喪紀，共其薪蒸木材；

軍旅，共其委積薪芻凡疏材；共野委兵器，與其野囿財用。式法，故事之多少也。薪蒸，給炊及燎。麤者曰薪，細者曰蒸。木材給張事。委積薪芻者，委積之薪芻也。軍旅又有疏材以助禾粟。野委，謂廬宿止之薪芻也。其兵器，謂守衛陳兵之器也。野囿之財用者，苑囿藩羅之材。〔一六〕○藩蘿，音羅，本亦作羅。

「以式」至「財用」　此一經，以委人掌斂野賦，故所有委積皆供之。

注「式法」至「之材」　云「式法，故事之多少也」者，摠此一經，皆當依舊法式用之，故以式法目之也。〔一七〕云「薪蒸，給炊及燎」者，以其祭祀所用薪蒸，無過炊米與燔燎也。知「麤者曰薪，細者曰蒸」者，左氏傳云：「其父析薪。」薪既云析，明其大者曰薪。其蒸不言析，明其細也。云「木材給張事」者，以其祭祀而云木材等，更無用木材之處。案：掌次云「張大次、小次及幕」，並須木材，明據此所用，故云給張事。云「委積薪芻者，委積之薪芻也」者，案：大行人、掌客，皆有委積，委積之中，有牲牢米禾薪芻之等，委人所供，唯供薪芻。鄭恐委積之中有米牲牢，亦供之，故云委積薪芻。是委積之中供薪芻，以别之也。云「軍旅又有疏材以助禾粟」者，以其疏材是百草根實，可得助禾粟，以供馬牛，故云助禾粟也。云「野委，謂廬宿止之薪芻也」者，案：遺人云：「十里有廬，廬有飲食。三十里有宿，宿有委。五十里有市，市有積。」委積之中有芻薪，在野外，故云野委也。其六鄉之廬宿委積薪芻，自六鄉供之。云「其兵器，謂守衛陳兵之器也」者，其文承野委之下，〔一八〕明與野委同爲賓客所用，故知是守衛賓客陳兵之器也。云「野囿之財用者，〔一九〕苑囿藩羅之材」者，委人所爲，皆據二百里，上經稍聚待賓客，據二百里。〔二〇〕此囿，故知在野，故鄭以野囿言之。古者田獵皆在囿，故書傳云：「嚮之取於囿，是勇力取。今之取於澤，是揖讓取。」若然，田在澤，澤中有囿。田在山，山中有苑。其苑囿藩羅以遮禽獸，故云野囿財用也。〔二一〕

凡軍旅之賓客館焉。館，舍也。必舍此者，就牛馬之用。

「凡軍」至「館焉」　言軍旅賓客者，謂諸侯以軍旅助王征討者，故謂之軍旅之賓客也。

土均，掌平土地之政，以均地守，以均地事，以均地貢。政讀爲征。所平之稅，邦國都鄙也。地守，虞衡之屬。地事，農圃之職。地貢，諸侯之九貢。○之政，音征，出注。

注「政讀」至「九貢」　鄭破政爲征者，不取於政教之政，故破從征稅之征也。云「所平之稅，邦國都鄙也」者，案下文云「以和邦國都鄙」者，故知此平者亦據邦國都鄙。若六鄉六遂及公邑征稅，自均人平之。云「地守，虞衡之屬」者，案：下文山虞、澤虞、川衡、林衡之屬，皆云守，故知地守是虞衡之屬也。云「地事，農圃之職」者，九職任萬民，使民事之，故知地事是九職三農園圃之職也。云「地貢，諸侯之九貢」者，此土均邦國都鄙，而云均地貢，明據大宰九貢而言。但諸侯九貢是歲之常貢，則小行人春令入貢者是也。其諸侯九貢，皆民之地稅，不貢王，市取美物，若禹貢「厥篚厥貢」之類是也。

以和邦國都鄙之政令刑禁與其施舍，禮俗、喪紀、祭祀，皆以地媺惡爲輕重之灋而行之，掌其禁令。施，讀亦爲弛也。禮俗，邦國都鄙民之所行，先王舊禮也。君子行禮不求變俗，隨其土地厚薄，爲之制豐省之節耳。禮器曰：「禮也者，合於天時，設於地財，順於鬼神，合於人心，理萬物。」○爲之，于僞反。豐省，所景反。

「以和」至「禁令」　土均主調，即是和義，故土均以和畿外邦國、畿內都鄙之政令，及五刑五禁，與其弛舍不役之等，〔二三〕並須調和之，使之得所也。云「禮俗、喪紀、祭祀，皆以地媺惡爲輕重之法而行之」者，自禮俗、喪紀、祭祀三事，皆以地之美惡輕重者。地美，則重行之。地惡，則輕行之。以其禮許儉，不非無故也。云「掌其禁令」者，恐有僭踰與下逼，故禁令也。

注「施讀」至「萬物」　云「施，讀亦爲弛也」者，上遂人注已云「施讀爲弛」，故此云「亦」。云「禮俗，邦國都鄙民之所行，先王舊禮也」者，此土均和邦國都鄙，俗者，續也，續代不易，是知先王舊禮，故引曲禮「君子行禮不求變俗」以證之。謂若周公封康叔於殷墟，其民還行殷之禮俗者也。云「隨其土地厚薄，爲之制豐省之節耳」者，以以厚薄解經媺惡，〔三〕豐省解經爲輕重之法也。云「禮器曰：禮也者，合於天時」者，天有四時，四時生者則將爲禮，是合於天時也。云「設於地財」者，土地有財爲禮，是所設依於地之財也。云「順於鬼神」者，鬼神享德不享味，若不合天時，不設地財而爲禮，則鬼神不享。若能合天時、設地財，則鬼神享之，是順於鬼神也。云「合於人心」者，若不合天時，不設地財，則不合人心；若合天時、設地財，則合人心也。云「理萬物」者，若順鬼神，合人心，則萬物得其道理，故可以理萬物也。引之，證行禮依地美惡之義。

草人，掌土化之灋以物地，相其宜而爲之種。土化之法，化之使美，若氾勝之術也。以物地，占其形色爲之種，黄白宜以種禾之屬。○相其，息亮反。之種，章勇反，注除種禾以外並同。氾勝，芳劍反，李又音凡。

「草人」至「之種」　掌土化之法者，即下經所云「糞種」，是化土使和美。

注「土化」至「之屬」　云「化之使美」者，謂若騂剛用牛糞種，化騂剛之地，使美也。云「若氾勝之術也」者，漢時農書有數家，氾勝爲上，故月令注亦引氾勝，故云氾勝之術也。云「黄白宜以種禾之屬」者，鄭依孝經緯援神契而言也。

凡糞種，騂剛用牛，赤緹用羊，墳壤用麋，渴澤用鹿，鹹潟用貆，勃壤用狐，埴壚用豕，彊㯺用蕡，輕爂用犬。〔二四〕凡所以糞種者，皆謂煮取汁也。赤緹，縓色也。渴澤，故水處也。潟，鹵也。貆，貒也。勃壤，粉解者。埴壚，黏疏者。彊㯺，強堅者。輕爂，輕脃者。故書騂爲挈，墳作盆。杜子春挈讀爲騂，謂地色赤而土剛強也。鄭司農云：「用牛，以牛骨汁漬其種也，謂之糞種。墳壤，多盆鼠也。〔二五〕壤，白色。蕡，麻也。」玄謂墳壤，潤解。〔二六〕○凡糞，粉運反，本亦作糞。赤緹，音低，李他奚反，聶吐弟反。墳壤，符粉反。用麋，音眉。渴澤，其列反。鹹潟，音昔，一音鵲。用貆，呼丸反，又音丸，李一音喜元反。埴，時力反，一音職。壚，音盧，李一音閭。彊，其兩反，注同。㯺，本又作墪，呼覽反，劉音檻。用蕡，扶云反，一音蒲悶反。輕爂，孚照反，李音婦堯反。縓色，七絹反。潟鹵，音魯。貒也，他官反。粉解，胡買反，下同。作盆，符粉反。

「凡糞」至「用犬」 案：禹貢，冀州云白壤，青州云白墳，兖州云黑墳，徐州云赤埴墳，揚州、荆州云塗泥，豫州云墳壚，梁州云青黎，雍州云黃壤，九等。與此騂剛之屬爲九等不同者，以禹貢自是九州大判，各爲一等，此九等者，無妨一州即有此九等之類，故不同也。

注「凡所」至「潤解」 云「凡所以糞種者，皆謂煮取汁也」者，雖無正文，以意量之。用牛羊之類不可以肉骨，明煮取汁和種也。云「赤緹，縓色也」者，爾雅云：「一染謂之縓。」故以縓赤當之也。〔二七〕云「渴澤，故水處也」者，以水鍾曰澤，今澤云渴，明是故時停水，今乃渴，故云故水處也。云「潟，鹵也」者，近水之處，〔二八〕水以寫去，其地爲鹹鹵，故云潟鹵也。云「貆，貒也」者，案：爾雅云：「豿子貒，或曰貆。」故以貆貒爲一也。云「勃壤，粉解者」，壤是和緩，故爲粉解也。云「埴壚，黏疏者」，以埴爲黏，以壚爲疏，故云黏疏也。云「彊㯺，彊堅者」，以㯺爲監，〔二九〕故爲彊堅。云「輕爂，輕脆者」，爂脆聲相近，故知爂即脆也。先鄭云「用牛，以牛骨汁漬其種也」者，此與後鄭義合也。云「墳壤，多盆鼠也。壤，白色」，後鄭皆不從者，餘八等之地皆據地之形色，唯此墳壤以盆鼠外物爲名，於義不可，故還從墳爲正，謂潤解也。又禹貢有黃壤，則此壤不得專據色白解之，〔三〇〕故不從壤白色也。

稻人，掌稼下地。以水澤之地種穀也。謂之稼者，有似嫁女相生。

「稻人掌稼下地」以下田種稻麥，故云稼下地。

以豬畜水，以防止水，以溝蕩水，以遂均水，以列舍水，以澮寫水，以涉揚其芟作田。鄭司農說豬防以春秋傳曰「町原防，規偃豬」。以列舍水，列者非一，道以去水也。以涉揚其芟，以其水寫，故得行其田中，舉其芟鉤也。杜子春讀蕩爲和蕩，謂以溝行水也。玄謂偃豬者，畜流水之陂也。防，豬旁隄也。遂，田首受水小溝也。列，田之畦埒也。澮，田尾去水大溝。作，猶治也。開遂舍水於列中，因涉之，揚去前年所芟之草，而治田種稻。○畜水，勑六反，注同。蕩水，如字，李吐黨反。以列，禄計反，注同。以澮，古外反。寫水，戚如字，劉殤故反。其芟，所銜反。町原，徒頂反。以去，起吕反，下同。之畦，劉音圭，又下圭反。埒也，音劣。

「以豬」至「作田」所爲防豬之法，皆具鄭注。

注「鄭司」至「種稻」春秋傳者，事在襄二十五年，楚蔿掩書土田法以授子木之事。彼云：「町原防，規偃豬。」是楚之惡地，有防豬之法，與此防偃同，故引爲證也。先鄭云「以列舍水，列者非一，道去水也」者，以舍爲舍去之舍。後鄭以爲止舍之舍，以澮是寫去水，以舍爲止水於其中，故不從先鄭也。

凡稼澤，夏以水殄草而芟荑之。〔三一〕殄，病也，絶也。鄭司農說芟荑以春秋傳曰「芟荑藴崇之」。今時謂禾下麥爲荑下麥，〔三二〕言芟刈其禾，於下種麥也。玄謂將以澤地爲稼者，必於夏六月之時，大雨時行，以水病絶草之後生者，至秋水涸，芟之，明年乃稼。〇薙之，音夷。〔三三〕薀崇，紆粉反，或憂羣反。水涸，胡洛反。

注「殄病」至「乃稼」　春秋傳者，隱六年五月，鄭伯侵陳，大獲。往歲，鄭伯請成於陳，陳侯不許，五父諫云：「周任有言曰：爲國家者見惡，如農夫之務去草焉，芟夷薀崇之。」注云：「芟，刈。薀，積。崇，聚也。」「絶其本根勿使能殖。」引之者，證芟薙爲刈殺之義也。「玄謂必於夏六月之時，大雨時行」者，此月令文。引之，證經夏以水殄草之義也。云「至秋水涸，芟之」者，解經芟薙之義也。

澤草所生，種之芒種。鄭司農云：「澤草之所生，其地可種芒種。芒種，稻麥也。」〇芒種，章勇反，注芒種同。

「澤草」至「芒種」　「澤草所生，種之芒種」者，但水鍾曰澤，有水及鹹鹵，皆不生草，即不得芒種，故云草所生。

旱暵，共其雩斂。稻人共雩斂，稻急水者也。鄭司農云：「雩事所發斂。」〇旱暵，呼旦反。雩斂，戚力驗反，注同。

「旱暵共其雩斂」　此旱雩，據夏五月已後脩雩。云暵者，旱之熱氣。若四月龍見而雩，未必旱暵也，然二種雩，皆供雩斂也。

注「稻人」至「發斂」　鄭意，餘官不言共雩斂，於此官特言共者，以稻是水穀，急須水，故旱時特使共雩之發斂也。

喪紀，共其葦事。葦以闉壙，禦濕之物。〇以闉，音因。

注「葦以」至「之物」　春秋左氏有「井闉」〔三四〕，闉，塞也。鄭知葦以闉壙，所以約之爲塞壙。言禦水之物，則在棺下用之。或以抗席，即是禦土，與禦水義乖，恐非也。

土訓，掌道地圖，以詔地事。道，説也。説地圖，九州形勢山川所宜，告王以施其事也。若云荆揚地宜稻，〔三五〕幽并地宜麻。○宜麻，如字，一本作糜，李及聶氏亡皮反，劉、沈皆作麇，音紀倫反。案注辨土所宜荆揚皆言穀，幽并不應論獸，紀倫之音恐非。

注「道説」至「宜麻」　其九州地圖，乃是諸國所獻，以入職方。今土訓乃於職方取九州地圖，依而説向王，〔三六〕使依而責其貢獻之物。云「若云荆揚地宜稻，幽并地宜麻」者，案：職方，荆揚之州實宜稻，幽并之州並不言宜麻者，鄭以目驗見宜麻，職方不言麻，乃非民所要用故也。

道地慝，以辨地物而原其生，以詔地求。地慝，若障蠱然也。〔三七〕辨其物者，別其所有所無。原其生，生有時也。以此二者告王之求也。地所無及物未生，則不求也。鄭司農云：「地慝，地所生惡物害人者，若虺蝮之屬。」○地慝，他得反。別其，彼列反。虺，虚鬼反。蝮，孚目反。

注「地慝」至「之屬」　云「若障蠱然也」者，謂土地所生惡物。障，即障氣，出於地也。蠱，即蠱毒，人所爲也。云「別其所有所無」者，〔三八〕若職方九州所有所無也。云「原其生，生有時也」者，雖是當州所有，而生有時也。云「以此二者告王之求也」者，謂辨地物原其生者，告王求地所有也。地所無及物未生，則不求也。先鄭云「地慝，所生惡物害人者，若虺蝮之屬」者，此與後鄭障蠱義不同。引之在下，亦得爲一義也。

王巡守，則夾王車。巡守，行視所守也。天子以四海爲守。○行視，下孟反。

注「巡守」至「爲守」　夾王車者，亦在國掌道地圖已下之事。鄭云「行視所守也」者，此解諸侯爲天子守土。云「天子以四海爲守」者，此解天子自守天下之義。若巡守之中，含此二義。

誦訓，掌道方志，以詔觀事。

説四方所識久遠之事，以告王觀博古。所識若魯有大庭氏之庫，殽之二陵。

「誦訓」至「觀事」　云「掌道方志」者，志，即今之識也。謂道四方所記識久遠之事，以告王也。云「以詔觀事」者，謂告王觀博古之事也。

注「説四」至「二陵」　左氏傳昭十八年：「宋、衛、陳、鄭皆火，梓慎登大庭氏之庫以望之。」注云：「大庭氏，古亡國之君，在黄帝前。其處高顯。」殽之二陵，僖三十二年：「秦之蹇叔子見師襲鄭，哭而送之曰：晉人禦師必於殽，殽有二陵焉。其南陵，有夏后皋之墓也；其北陵，文王之所避風雨也。」並所識久遠之事，故引之以證方志之義。

掌道方慝，以詔辟忌，以知地俗。

方慝，四方言語所惡也。不辟其忌，則其方以爲苟於言語也。知地俗，博事也。鄭司農云：「以詔辟忌，不違其俗也。曲禮曰：『君子行禮，不求變俗。』」○辟忌，音避，注同。所惡，烏路反。

「掌道」至「地俗」　誦訓又掌説四方言語所惡之事，以詔告令王避其忌惡。所以然者，使王博知地俗、言語之事，故鄭云博事也。

注「方慝」至「變俗」　引曲禮「君子行禮，不求變俗」者，上土均云禮俗，注亦引此文，彼謂先王舊俗，是禮事不變之，此引不求變俗，謂不變其鄉俗所嫌惡。皆是不求變俗，各證一邊之義，故不同也。

王巡守，則夾王車。

「王巡」至「王車」　此亦與土訓同，各以所掌以告王也。

山虞，掌山林之政令，物爲之厲而爲之守禁。物爲之厲，每物有蕃界也。爲之守禁，爲守者設禁令也。守者，謂其地之民占伐林木者也。鄭司農云：「厲，遮列守之。」○爲守者，于僞反，下爲久同。

「山虞」掌至「守禁」　案：下文林自有衡官掌之，今山虞兼云林者，彼林是竹木生平地者，林衡掌之。此山林并云者，自是山内之林，即山虞兼掌之。

注「物爲」至「守之」　但山内林木、金玉、錫石、禽獸，所有不同，每物各有藩界，設禁亦不同。云「守者，謂其地之民占伐林木者也」者，案：下澤虞職云：「使其地之人，守其財物，以時入之于玉府，頒其餘于萬民。」彼是其地之民占取澤物者守之，明此山虞所守亦然。是以此下文亦「令萬民時斬材，有期日」，明是守山林之人也。

仲冬斬陽木，仲夏斬陰木。鄭司農云：「陽木，春夏生者。陰木，秋冬生者，若松柏之屬。」玄謂陽木，生山南者；陰木，生山北者。冬斬陽，夏斬陰，堅濡調。○堅濡，戚如兖反，又音柔。

注「鄭司」至「濡調」　先鄭云：「陽木，春夏生者。陰木，秋冬生者，若松柏之屬。」後鄭不從，以爲山南爲陽木，北爲陰木者。案月令，十一月日短至，伐木取竹箭。竹箭秋冬生，不用仲夏斬之，故知先鄭之義非也。

凡服耜，斬季材，以時入之。季猶穉也。服與耜宜用穉材，尚柔刃也。服，牝服，車之材。○柔忍，音刃。

「凡服」至「入之」　服，謂牝服，即車平較，皆有鑿孔，以軨子貫之，故謂之牝服也。耜，謂耒耜，隨曲長六尺六寸，車人所造者。二木皆須堅刃，故斬季材少木爲之。云「時入」者，以其須堅刃，〔三九〕故須依上文仲冬、仲夏之時也。

令萬民時斬材，有期日。時斬材，斬材之時也。有期日，入出有日數，爲久盡物。

「令萬」至「期日」　案：禮記王制云：「草木零落，然後入山林。」彼據萬民伐木之時，謂十月之中；此云萬民時斬材，亦謂十月時。

注「時斬」至「盡物」　鄭云「時斬材，斬材之時也」者，正在十月也。云「有期日，入出有日數，爲久盡物」者，經直云有期日，鄭云有日數，蓋當有日數多少，但無文，不知幾日爲限也。

凡邦工入山林而掄材，不禁。掄猶擇也。不禁者，山林國之有，不拘日也。○掄材，魯門反，又音倫。不拘，音俱，本亦作佝，音同。

「凡邦」至「不禁」　上文云「仲冬斬陽木，仲夏斬陰木」，彼據堅刃之極時。但國家須材，不要在仲冬、仲夏，故此邦工入山林不禁。又不言時節，須即取足之故也。

注「掄猶」至「日也」　此對萬民不得非時入，入又有日數。

春秋之斬木不入禁，非冬夏之時，不得入所禁之中斬木也。斬四野之木可。

注「非冬」至「木可」　上經云：「邦工入山林不禁。」此又云：「春秋之斬木不入禁。」與上違者，上文據國家使工取擇木，故非冬夏亦得入山林。此據萬民取木，故十月入山，春秋之斬木不入禁。故鄭云「斬四野之木可」。雖斬四野木，至於三月，不得伐桑柘，故月令季春云：「無伐桑柘。」彼注：「愛蠶食也。」

凡竊木者，有刑罰。竊，盜也。

「凡竊」至「刑罰」　此謂非萬民入山之時，而民盜山林之木，與之以刑罰。

若祭山林，則爲主，而脩除且蹕。爲主，主辨護之也。脩除，治道路場壇。○場壇，徒丹反，或音禪。

「若祭」至「且蹕」　此山林在畿内王國四方，各依四時而祭。云「則爲主」者，謂主當祭事者也。「而脩除」者，謂掃除糞灑。云「且蹕」者，且復蹕止行人也。

注「爲主」至「場壇」　云「爲主，主辨護之也」者，案：中候握河紀「堯受河圖云：「帝立壇，磬折西向，禹進迎，舜契陪位，稷辨護。」注云：「辨護者，供時用，相禮儀。」則此云辨護者，亦謂共時用相禮儀者也。云「脩除，治道路場壇」者，案：守祧職云：「其廟則有司脩除之。」鄭云「有司恒主脩除」。謂埽除糞灑。場，謂墠，即除地之處。壇，神位之所也。

若大田獵，則萊山田之野，及弊田，植虞旗于中，致禽而珥焉。萊，除其草萊也。弊田，田者止也。植，猶樹也。田上樹旗，〔四〇〕令獲者皆致其禽而校其耳，以知獲數也。山虞有旗，以其主山，得畫熊虎，其仞數則短也。鄭司農云：「珥者，取禽左耳，以效功也。大司馬職曰：獲者取左耳。」○植虞，時力反，又音值。而珥，如志反，又音耳。

「若大」至「珥焉」　言大田獵者，謂王親行。若田在山，則山虞芟萊草木於可陳之處，故云「萊山田之野」。又「及弊田，植虞旗于中」，使民得禽牲者望見之，致禽於其所而珥焉。珥當爲衈，謂輪禽者，割取左耳以效功也。

注「萊除」至「左耳」　云「萊，除其草萊也」者，謂於防南擬教戰之處，芟去草萊。南北二百五十步，東西步數雖未聞，廣狹可容六軍，三三而居一偏耳。云「山虞有旗，以其主山，得畫熊虎，其仞數則短也」者，案：司常云：「師都建旗，大夫建物。」此山虞是士，不建物而建旗者，以其主山，山多熊虎，故得有旗。禮緯：「旌旗之杠，天子九仞，諸侯七仞，大夫五仞，士三仞。」若軍吏是卿大夫，則杠長五仞。今山虞是士，雖有熊虎爲旗，仞數則短，宜三仞。必取左耳者，以其聽鄉任左，故皆取左耳也。

林衡，掌巡林麓之禁令，而平其守，平其守者，平其地之民，守林麓之部分。○林麓，音鹿。部分，扶問反，下同。

「林衡」至「其守」　此林衡兼麓者，以爾雅山足曰麓，雖連於山，山虞不掌，以麓上有林，故屬林衡也。

注「平其」至「部分」　經直言平其守，明不平其稅，而平均其守而已，故云「平其地之民」。「守林麓之部分」，謂部伍有多少遠近之分也。

以時計林麓而賞罰之。計林麓者，計其守之功也。林麓蕃茂，民不盜竊則有賞，不則罰之。○蕃茂，扶袁反。

「以時」至「罰之」　此時考校而計林麓以行賞罰者，林衡之官，既平民之守護林麓，而會計民有功者賞之，損麓之財者罰之，故注云「不則罰之也」。

若斬木材，則受灋于山虞，而掌其政令。法，萬民入出時日之期。

「若斬」至「政令」　上山虞官尊，故設之，是以此林衡若斬木材，則於虞邊受焉。〔四一〕

注「法萬」至「之期」　案：山虞云，仲冬、仲夏及春秋，是時之期，號令萬民，斬材有期日。是日之期也。

川衡，掌巡川澤之禁令，而平其守，以時舍其守，犯禁者執而誅罰之。舍其守者，時案視守者，於其舍申戒之。

「川衡」至「罰之」　川，注瀆者皆是也。水鍾曰澤，澤與川不同官，今川衡兼云澤者，澤與川連者，則川衡兼掌之。謂若濟水溢爲滎澤，滎澤則與濟連，則管濟川者兼滎澤掌之，如此之類皆是。

注「舍其」至「戒之」　此舍其守，謂川衡之官，時復巡行所守之民，當案視其所守守人，當於其舍，申重戒敕之也。

祭祀賓客，共川奠。川奠，籩豆之實，魚鱐蜃蛤之屬。○川奠，音電，下同。魚鱐，所留反。蜃，上忍反。蛤，古荅反。

注「川奠」至「之屬」　鄭此注皆據醢人及籩人而言。案：籩人職云：「朝事之籩，有麷蕡、白黑形鹽、膴鮑魚鱐。」醢人云：「饋食之豆，有蜃醢蠯醢。」蜃蠯是蛤，則魚鱐及蜃，皆川中所生之物，故引爲證川奠也。言「之屬」者，具有蠃醢，亦是川奠，故云之屬。

澤虞，掌國澤之政令，爲之厲禁，使其地之人守其財物，以時入之于玉府，頒其餘于萬民。其地之人占取澤物者，因以部分使守之。以時入之于玉府，謂皮角珠貝也。入之以當邦賦，然後得取其餘以自爲也。入出亦有時日之期。○以當，丁浪反，後文皆同。自爲，于僞反，下注同。

「澤虞」至「萬民」　案：上山虞、林衡、川衡，皆不言國，獨澤虞云「國澤」者，周公設經，二虞二衡，文有不同，皆是互見爲義故也。此澤虞云「以時入之于玉府，頒其餘于萬民」，亦據中所出，入玉府者多，故特言之，無妨山虞川衡之等，亦入玉府，亦是互見其義也。

注「其地」至「之期」　「以時入之于玉府」者，但萬民入澤，雖無正文，案王制「獺祭魚，然後虞人入澤梁」；草木零落，然後入山林」，則萬民入澤可同時。云「謂皮角珠貝也」者，澤中所出無過此四物。皮，謂犀皮。角，麋角、犀角。珠出於蚌蛤，蚌蛤在澤，其貝亦出澤水，故知之也。云「入出亦有時日之期」者，亦如山虞職所云也。

凡祭祀賓客，共澤物之奠。澤物之奠，亦籩豆之實，芹茆蔆芡之屬。○芹，音勤。茆，音卯。蔆，音陵。芡，音儉。

注「澤物」至「之屬」 案：籩人職，加籩之實有蔆芡，朝事之豆有茆菹，〔四二〕加豆之實有芹菹，是皆澤中所出，故引證澤物之奠也。言「之屬」者，兼有深蒲、昌本之等，故云之屬。

喪紀，共其葦蒲之事。葦以闉壙，蒲以爲席。

注「葦以」至「爲席」 「蒲以爲席」者，謂抗席，及禮記云「虞卒哭，苄翦不納」者，是也。

若大田獵，則萊澤野，及弊田，植虞旌以屬禽。屬禽，猶致禽而珥焉。澤虞有旌，以其主澤，澤鳥所集，故得注析羽。

「若大」至「屬禽」 萊所田之野，一如山虞之職也。

注「屬禽」至「析羽」 云「屬禽，猶致禽」者，案：山虞「致禽」之義，謂輸之於公，當致之於虞旗之中，而珥焉以效功。此云屬禽者，謂百姓致禽訖，虞人屬聚之，別其等類，每禽取三十焉。若然，則致禽與屬不同。而鄭云屬禽猶致禽者，鄭欲明山虞、澤虞，文皆不足，故互見爲義。彼此有其事，故云「屬禽，猶致禽而珥焉」。云「澤虞有旌，以其主澤，澤鳥所集，故得注析羽」者，以澤是鳥之所集，故得建析羽之旌。

迹人，掌邦田之地政，爲之厲禁而守之。田之地，若今苑也。

「迹人」至「守之」　迹人主迹，知禽獸之處，故云「掌邦田之地政」。〔四三〕云「爲之厲禁而守之」者，有禽獸之處，則爲苑囿，以材木爲藩羅，使其地之民，遮厲守之，故鄭云：「田之地，若今苑也。」

凡田獵者受令焉。令，謂時與處也。

注「令謂時與處也」　云「時與處」者，謂若仲春、仲夏、仲秋、仲冬，是其時。云處者，謂山澤也。其受令者，謂夏官主田獵者。

禁麛卵者與其毒矢射者。爲其夭物且害心多也。麛，麋鹿子。○麛，音迷。卵，力管反。

注「爲其」至「多也」　此謂四時常禁。案：月令孟春云：「不麛不卵。」又王制云〔四四〕「國君春田不圍澤，大夫不掩羣，士不麛不卵」者，彼以春時生乳，〔四五〕特禁之。其月令季春云「餧獸之藥，毋出九門」者，彼亦禁其春時。彼鄭注云：「凡諸罝及毒藥，禁其出九門。」明其常有，時不得用耳。云「爲其夭物」，釋經禁麛卵者。且害心多，釋毒矢射者也。

卝人，掌金玉錫石之地，而爲之厲禁以守之。錫，鈏也。○卝人，華猛反，〔四六〕又虢猛反，劉侯猛反，沈工猛反。錫石，星歷反。鈏也，以忍反，劉常忍反。

「卝人」至「守之」　此金玉錫石四者，皆在於山，言地者，即山也。爲之厲禁，亦謂使其地之民遮護守之。

若以時取之，則物其地，圖而授之。物地，占其形色，知鹹淡也。授之，教取者之處。○啖，直覽反，本亦作淡。

「若以」至「授之」 取此四者，雖無四時之文，當取之日，應亦有時，故云以時取之。

注「物地」至「之處」 經云物，故以占其形色言之。云「知鹹淡」者，鄭以當時有人採者，嘗知鹹淡，即知有金玉，故以時事言之也。

巡其禁令。行其禁，明其令。〔四七〕

角人，掌以時徵齒角凡骨物於山澤之農，以當邦賦之政令。山澤出齒角骨物，大者犀象，其小者麋鹿。

「角人」至「政令」 角人止應徵角物，兼言齒骨者，以其齒骨並是角類，以細小之事，因類兼掌之。云「以當邦賦」者，言農，則皆有夫田出稅。今以此農近山澤，山澤有此骨角及齒，此三者國之所須，故使以時入採而稅之，以當地稅。民益國之事者，〔四八〕自此已上，皆不言以當邦賦者，皆文不具，舉此一事，餘可知，並是省文之義也。〔四九〕

注「山澤」至「麋鹿」 鄭言齒角骨物者，欲見不言川林，直言山澤，以其不出川林，故特言山澤也。云「大者犀象，其小者麋鹿」者，無正文，鄭以意目驗而知之。犀牛有角，而象有牙，是其大者也。月令十一月麋角解，五月鹿角解，是其小者也。

以度量受之，以共財用。骨入漆浣者，〔五〇〕受之以量。其餘以度度所中。○漆浣，户翫反。以度度，上如字，下待洛反。

羽人，掌以時徵羽翮之政于山澤之農，以當邦賦之政令。翮，羽本。○羽翮，户革反。

「羽人」至「政令」　此羽人所徵羽者，當入於鍾氏，染以爲后之車飾，及旌旗之屬也。

凡受羽，十羽爲審，百羽爲摶，十摶爲縳。審、摶、縳，羽數束名也。爾雅曰：「一羽謂之箴，十羽謂之縳，百羽謂之緷。」其名音相近也。一羽則有名，蓋失之矣。○爲摶，除轉反，注同，劉徒端反。爲縳，劉古本反，沈除轉反。之箴，之林反。之緷，古本反，劉音渾，一音户本反，李又基遠反。相近，附近之近。

注「審摶」至「之矣」　鄭引爾雅説，乃云「名音相近也。一羽則有名，蓋失之矣」者，規爾雅誤意，所以爾雅一羽則有名者，只由一者十數之始，十爲百數之始，是名相近，既有十百，故誤一羽遂有名也。

掌葛，掌以時徵絺綌之材于山農，凡葛征，徵草貢之材于澤農，以當邦賦之政令。草貢出澤，萴紵之屬可緝績者。○萴紵，苦迥反。可緝，七入反。

「掌葛」至「政令」　所以徵絺綌於山農者，以其葛出於山故也。凡葛征者，其徵絺綌之材，即葛是也。又云「凡葛征」者，摠結之也。云「徵草貢之材于澤農」者，以萴紵出於澤故也。經直言草貢，不言萴紵者，設文以互換爲義。故以其絺綌亦以葛草，草貢亦是萴紵者也。

以權度受之。以知輕重長短也。故書受或爲授，杜子春云：「當爲受。」

「以權度受之」 上角人齒骨與角不須稱，直言度量，此經葛草等不須量，故以權度受之，便知斤兩長短故也。〔五一〕

掌染草，掌以春秋斂染草之物，染草，茅蒐、橐蘆、豕首、紫茢之屬。○茅，如字，劉音妹。蒐，所留反，茅蒐，蒨也。橐，音託，又音妒。紫茢，音列，劉閭計反，或音例。

注「染草」至「之屬」 案：爾雅「茹藘，茅蒐」，郭注云：「今之蒨也，可以染絳。」橐蘆者，爾雅無文。〔五二〕豕首者，爾雅云：「茢薽，豕首。」郭注云：「本草曰『彘盧，一名蟾蠩蘭』。今江東呼豨首，可以燭蠶蛹。」郭氏雖有此注，不言可染何色，則此橐蘆豕首，未審鄭之所據也。紫茢者，爾雅云：「藐，茈草。」郭注云：「可以染紫，一名茈䓞。」廣雅云：「即此紫茢也。」言之屬者，更有藍皁、象斗之等衆多，故以「之屬」兼之也。

以權量受之，以待時而頒之。權量，以知輕重多少。時，染夏之時。○染夏，如琰反。

注「時染夏之時」 案：天官染人云：「春暴練，夏纁玄，〔五三〕秋染夏。」夏爲五色，至秋染五色，故鄭云：「染夏之時。」時，謂秋時也。

掌炭，掌灰物炭物之徵令，以時入之。灰、炭，皆山澤之農所出也。灰給澣練。炭之所共多。

注「灰炭」至「所出」 灰炭既出山澤，不云徵于山澤之農者，義可知，經略而不言也。

以權量受之，以共邦之用，凡炭灰之事。

掌荼，掌以時聚荼，以共喪事。共喪事者，以著物也。既夕禮曰：「茵著用荼。」

注「共喪」至「用荼」　云「共喪事者，以著物也」者，以著物也者，即引既夕禮「茵著用荼」是也。案既夕禮，爲茵之法，用緇翦布。謂淺黑色之布，各一幅，合縫，著以荼。柩未入壙之時，先陳於棺下，縮二於下，横三於上，乃下棺於茵上是也。

徵野疏材之物，以待邦事，凡畜聚之物。荼，茅莠，疏材之類也，因使掌焉。徵者，徵於山澤，入於委人。○畜聚，勑六反。茅莠，音秀，劉音酉。

注「荼茅」至「委人」　知掌荼所徵入委人者，以其委人掌斂野之賦，凡疏材木材，所斂者衆，故知此掌荼所徵，亦入委人也。

掌蜃，掌斂互物蜃物，以共闉壙之蜃。互物，蚌蛤之屬。闉，猶塞也。將井椁，先塞下以蜃，禦濕也。鄭司農説以春秋傳曰「始用蜃炭」，言僭天子也。○互物，户故反。蚌蛤，蒲項反。御濕，魚巨反，本亦作禦。

「掌蜃」至「之蜃」　「斂互物」者，以其互物是蜃之類，故因類使兼掌之。又云「蜃物」者，共百事之蜃，與下共闉壙之蜃别。

注「互物」至「子也」　云「互物，蚌蛤之屬」者，案：鼈人云「掌取互物」，先鄭云：「互物，謂有甲𤔲胡，龜鼈之屬。」此後鄭解互物爲蚌蛤者，〔五四〕彼下文別有蠯，蠯即蛤，故從先鄭爲龜鼈，至此別爲蚌蛤，亦是有甲𤔲胡故也。云「將井槨，先塞下以蜃禦濕也」者，案：士喪禮，筮宅，還井槨於殯門之外。注云：「既哭之，則往施之竁中。」是未葬前井槨材乃往施之壙中，則未施槨前，已施蜃灰於槨下，以擬禦濕也。引春秋者，是成公二年，「宋文公卒，始厚葬，用蜃炭」。雖二王之後，不得純如天子，亦用蜃，故被譏。引之者，證天子之宜也。

祭祀，共蜃器之蜃。飾祭器之屬也。鬯人職曰：「凡四方山川用蜃器。」春秋：定十四年秋，「天王使石尚來歸蜃。」蜃之器以蜃飾，因名焉。鄭司農云：「蜃可以白器，令色白。」○以白器，如字，劉薄霸反。

注「飾祭」至「色白」　經直云蜃器之蜃，鄭揔云祭器之屬，不辨宗廟及社稷之器，則宗廟社稷皆用蜃飾之。知義然者，案：此注引左氏云：「石尚來歸蜃。」公羊以爲宜社之肉，以蜃器而盛肉，故名肉爲蜃，是祭社之器爲蜃也。大行人云：「歸脤以交諸侯之福。」彼則宗廟社稷之器物，謂之爲脤。是其宗廟、社稷之器，皆蜃灰飾之事也。

共白盛之蜃。盛，猶成也。謂飾牆使白之蜃也。今東萊用蛤，謂之义灰云。

注「盛猶」至「灰云」　言白成，〔五五〕謂飾牆使白之蜃也，案：爾雅云：「地謂之黝，〔五六〕牆謂之堊。黝，黑也。堊，白也。」若然，此經所云白盛，主於宗廟堊牆也。云「今東萊用蛤謂之义灰云」者，蜃蛤在泥水之中，東萊人义取以爲灰，故以蛤灰爲义灰云也。

囿人，掌囿游之獸禁，囿游，囿之離宮小苑觀處也。養獸以宴樂視之。禁者，其蕃衛也。鄭司農云：「囿游之獸，游牧之獸。」○苑觀，古亂反。燕樂，音洛。

注「囿游」至「之獸」 鄭云「囿游，囿之離宫小苑觀處也」者，案：孟子「文王之囿七十里，芻蕘者往焉」，天子之囿百里，並是田獵之處。又書傳云：「鄉之取於囿，是勇力取；今之取於澤，是揖讓取。」是爲蒐狩之常處也。今此云禁，故知非大囿，是小苑觀處也。云「禁者，其蕃衛也」者，即非守門者也。其守門則墨者，故閽人云：「王宫每門四人，囿游亦如之。」鄭云「墨者使守門」，是也。言離宫者，謂於王宫之外，於苑中離别爲宫，故名離宫。以宫外爲客館，亦名離宫也。先鄭云「囿游之獸，游牧之獸」者，此與後鄭義異，謂獸之游，非人游觀。引之在下，亦得爲一義故也。

牧百獸。備養衆物也。今掖庭有鳥獸，自熊虎孔雀，至於狐狸鳧鶴備焉。○鳧鶴，户各反，又作鶴，古亂反。

「牧百獸」 此於小囿中牧養百獸。言百者，舉成數而言。雖以百獸爲主，其中亦有飛鳥，故鄭注引漢之「掖庭有鳥獸，自熊虎孔雀至於狐狸鳧鶴備焉」爲證也。

祭祀、喪紀、賓客，共其生獸、死獸之物。

場人，掌國之場圃，而樹之果蓏珍異之物，以時斂而藏之。果，棗李之屬。蓏，瓜瓠之屬。珍異，蒲桃、枇杷之屬。○枇，蒲梨反，或房迷反。杷，白加反。

「場人」至「藏之」 場圃連言，場圃同地耳。春夏爲圃，秋冬爲場，其場因圃而爲之，故並言之也。

注「果棗」至「之屬」 張晏云：「有核曰果，無核曰蓏。」臣瓚以爲在地曰蓏，在樹曰果，則不辨有核無核。則鄭不指定言，不知義從何者。案：閭師云：「任圃以樹事，貢草木。」此場人又掌之者，此據祭祀、喪紀、賓客者，場人徵斂藏之，其餘，則閭師徵斂之也。

凡祭祀、賓客，共其果蓏，享亦如之。享，納牲。○享亦，許丈反，劉凡享皆音向，後放此。

注「享納牲」　享納牲，謂祭祀宗廟，二灌後，君迎牲納之於庭時，后夫人薦朝事之豆籩，豆籩中有果蓏之物，故云享亦如之。若然，上言祭祀，餘祭祀也。

廩人，掌九穀之數，以待國之匪頒、賙賜、稍食。匪讀爲分。〔五七〕分頒，謂委人之職諸委積也。賙賜，謂王所賜予，〔五八〕給好用之式也。稍食，禄廩。〔五九〕○匪頒，上音分，亦如字；下音班。稍食，音嗣，注同。好用，呼報反。

「廩人」至「稍食」　廩人掌米，倉人掌穀。今廩人云九穀者，以廩人雖專主，〔六〇〕亦兼主穀，故以九穀言之也。

注「匪讀」至「禄廩」　破匪爲分者，米穀非是匪所盛之物。又以爲廬宿市在道，分頒義合，故不爲匪也。云「分頒，謂委人之職諸委積也」者，委人委積之文具於彼。云「賙賜，謂王所賜予，給好用之式也」者，此即九式之中，「九曰好用之式」是也。故彼注：「好用，燕好所賜予也。」云「稍食，禄稟」者，此即司士「以功詔禄」。又王制云「下士視上農夫九人禄，中士倍下士」之類，是也。凡廩法有數名，〔六一〕春秋桓十四年，八月，御廩災，天子亦有御廩。單云廩，則平常藏米之廩。此不言御廩，則廩中可以兼之矣。明堂位魯有米廩，有虞氏之學。以有虞氏尚孝，合藏粢盛之委，故名學爲米廩，非廩稱也。詩云：「亦有高廩。」又云：「萬億及秭。」注云：「廩，所以藏粢盛之穗。」以其萬億及秭數多，非藏米之數，故以藏穗言之，與常廩、御廩又異。

以歲之上下數邦用，以知足否，以詔穀用，以治年之凶豐。數，猶計也。○上下，時掌反，司稼職同。數邦，色主反，注同。

「以歲」至「凶豐」　上下，即豐凶。廩人之官，以歲之豐凶，得稅物多少之帳，計國之用，以知足否。若歲凶，稅物少而用多，則不足。廩人既知多少足否，乃詔告在上用穀之法，以治年之凶豐。此則王制云「制國用，必於歲之抄」者是也。〔六二〕

凡萬民之食食者，人四鬴，上也；人三鬴，中也；人二鬴，下也。此皆謂一月食米也。六斗四升曰鬴。

「凡萬」至「下也」　此謂給萬民糧食之法，故云凡萬民之食食者。謂民食國家糧食者，人四鬴上也。上，謂大豐年也。人食三鬴中也，謂中豐年。人食二鬴下也，謂少儉年。此雖列三等之年，以中年是其常法。鬴當今六斗四升，即今給請亦然。

注「此皆」至「曰鬴」　知此皆謂一月食米者，計中歲頒祿，人食三鬴，不得爲數月。古今皆月月給請，故知此皆一月食米也。「六斗四升曰鬴」，昭公傳晏子辭。

若食不能人二鬴，則令邦移民就穀，詔王殺邦用。就穀，就都鄙之有者。殺，猶減也。〔六三〕○殺邦，所界反，下注同。殺，減也。

「若食」至「邦用」　此即穀梁傳所云：「五穀不熟謂之大侵。」謂大凶年之時，用如此法也。

注「就穀」至「有者」　知就都鄙之有者，此據天子畿內，六鄉六遂及公邑，純屬天子，與三等采地不同。若民有不能人二鬴之歲，移民就賤，當先嚮都鄙三等采地之中，都鄙亦凶，乃出嚮畿外也。故知就都鄙之有者也。

凡邦有會同師役之事，則治其糧與其食。行道曰糧，謂糒也。止居曰食，謂米也。○糒也，音備。

「凡邦」至「其食」　此會同師役，皆有軍人，給糧食，故須治之，使均給之也。

注「行道」至「米也」　案：書傳云：「行而無資，謂之乏。居而無食，謂之困。」是止居曰食，謂此廩人米也。詩云：「乃裹餱糧。」是行道曰糧，謂糒也者。即尚書費誓云「峙乃糗糧」，即糒也。

大祭祀，則共其接盛。〔六四〕接讀爲「壹扱再祭」之「扱」。〔六五〕扱以授舂人舂之。大祭祀之穀，藉田之收藏於神倉者也，不以給小用。○則椄，依注音扱。一扱，初洽反，劉初輒反，又差及反，李、聶創涉反。

注「接讀」至「小用」　此即廩人兼掌御廩所藏籍田之收，以共祭祀之用者也。鄭必讀接爲「壹扱再祭」之「扱」者，此麤米與舂人舂之，當須扱與舂人，無取於接義，故讀如特牲、少牢。云「藏於神倉者也」者，據月令而言。知不給小用者，祭義云：「天子藉田千畝，諸侯藉田百畝，以事天地、社稷、先公，敬之至也。」是不給小用也。

舍人，掌平宮中之政，分其財守，以灋掌其出入。政謂用穀之政也。分其財守者，計其用穀之數，分送宮正、內宰，使守而頒之也。而行出於廩人，其有空缺，則計之還入。

「舍人」至「出入」　舍人揔主給米之事，而掌平王宫中之政，謂平其給米多少，不得特多特少也。云「分其財守」者，財，即米也，故喪大記云：「納財，朝一溢米。」亦謂米爲財。謂分米與宫正、内宰守禁之所，使頒與所使守之人。云「以法掌其出入」者，出，謂米出於廩人，以出給。入，謂其有空缺，則還入廩人。皆當以法，不可虚也。

注「政謂」至「還入」　必送米與宫正、内宰者，此二官皆有宿衛之人，須米料之數故也。

凡祭祀，共簠簋，實之，陳之。方曰簠，圓曰簋，盛黍稷稻粱器。○簠，音甫，或音蒲，李又方于反。

「凡祭」至「陳之」　祭祀言「凡」，則天地宗廟、大次小祭，皆有黍稷於簠簋實之陳之，故云凡以廣之也。

注「方曰」至「粱器」　云「方曰簠，圓曰簋」，皆據外而言。案：孝經云「陳其簠簋」，注云：「内圓外方，受斗二升者。」直據簠而言。若簋則内方外圓。知皆受斗二升者，旊人云：「爲簋，實一觳。」豆實三而成觳，豆四升，三豆，則斗二升可知。但外神用瓦簋，宗廟當用木，故易損卦云：「二簋可用享。」損卦以離巽爲之，離爲日，日圓，巽爲木，木器圓，簋象，是用木明矣。云「盛黍稷稻粱器」者，案公食大夫，簠盛稻粱，簋盛黍稷，故鄭揔云黍稷稻粱器也。

賓客，亦如之，共其禮，車米、筥米、芻禾。禮，致饔餼之禮。○筥米，姜吕反，又音吕。

「賓客」至「芻禾」　云「亦如之」者，亦有簠簋實之陳之事，故亦如祭祀也。言實之陳之，則據饔餼及饗食之時也。云「共其禮，車米、筥米、芻禾」者，鄭云「禮，致饔餼之禮」。案：聘禮曰：「致饔，使卿韋弁歸饔餼，米百筥，設于中庭。車米三十車，陳於門外。禾三十車，芻薪倍禾。」案掌客，〔六六〕上公米百有二十筥，車米四十車，禾五十車，芻薪倍禾。侯伯，米百筥，車米三十車，禾四十車，芻薪倍禾。子男，米八十筥，車米二十車，禾三十車，芻薪倍禾。

皆言陳，是其饔餼車米、莒米、〔六七〕芻禾所陳多少之事。

喪紀，共飯米、熬穀。飯所以實口，不忍虛也。君用粱，大夫用稷，士用粱，〔六八〕皆四升，實者唯盈。熬穀者，錯于棺旁，所以惑蚍蜉也。喪大記曰：「熬，君四種八筐，大夫三種六筐，士二種四筐，加魚腊焉。」〔六九〕○飯米，扶晚反，注同。熬穀，五羔反。錯于，七故反。蚍，鼻夷反。蜉音孚。四種，章勇反，下同。

注「飯所」至「腊焉」 云「飯所以實口，不忍虛也」者，案檀弓云：「飯用米貝，不忍虛也，不以食道，用美焉爾。」故云不忍虛也。云「君用粱，〔七〇〕大夫用稷，士用粱」者，此喪大紀文。彼據沐時所用，今引證飯者，但飯米、沐米，與重鬲所盛用米皆同，是以士喪禮云：「貝三，實于笲。稻米一豆，實於筐。」據飯含所。〔七一〕下即云：「祝淅米，〔七二〕管人受潘，煑于垼，外御者沐。」又云：「鬻餘，〔七三〕盛以二鬲。」是其三者用米同，故引沐法以證飯也。但喪大記注：「士沐粱，蓋天子之士。」以其士喪禮諸侯之士沐稻。喪大記注又云：「差率而上，天子沐黍與」則天子飯用黍也。云「皆四升」者，用米不同，別貴賤，但人口大小同，故知皆四升也。云「實者惟盈」者，士喪禮文。故彼云：「主人左扱米，實于右三，實一貝。左中亦如之。」又「實米惟盈」是也。云「熬穀者，錯于棺旁，所以惑蚍蜉也」者，解穀所以熬之，將殯設之者，將熬穀以惑蚍蜉。又有魚腊香，蚍蜉欲向棺，值此惑之，故云所以惑蚍蜉也。引喪大記者，見尊卑用筐穀多少不同之意。云「熬，君四種八筐，大夫三種六筐，士二種四筐，加魚腊焉」，鄭彼注引士喪禮曰「熬，黍稷各二筐」，又曰：「設熬，旁一筐，大夫三種，加以粱。君四種，加以稻。四筐則首足皆一，其餘設於左右。」若然，天子當加麥苽，六種十筐，首足亦各一筐，其餘亦設於左右也。

以歲時縣穜稑之種，以共王后之春獻種。縣之者，欲其風氣燥達也。鄭司農云：「春王當耕于藉，則后獻其種也。后獻其種，見內宰職。」○縣，音玄，注下同。穜稑，直龍反，下音六，司稼職同。見內，賢遍反。

「以歲」至「獻種」　內宰注云：「先種後熟謂之穜，後種先熟謂之稑。」彼內宰，上春后獻種，示不敗壞，且助王耕事。此云「歲時縣」者，從納禾治得子，即縣之，以至春獻之，是以先鄭云：「春王當耕于藉，則后獻其種也。」

掌米粟之出入，辨其物。九穀六米別爲書。

「掌米」至「其物」　大宰九職有九穀，月令有五穀。今正言粟者，粟，即粢也，爾雅釋草：「粢，稷也。」稷皆五穀之長，〔七四〕故特舉以配米也，其實九穀皆有。

注「九穀」至「爲書」　九穀之名，已見大宰注。今云六米者，九穀之中，黍、稷、稻、粱、苽、大豆，六者皆有米，麻與小豆、小麥，三者無米，故云九穀六米別爲書，釋經辨其物也。

歲終，則會計其政。政，用穀之多少。

倉人，掌粟入之藏。九穀盡藏焉，以粟爲主。

注「九穀」至「爲主」　案：月令「首種不入」。鄭注引舊記，〔七五〕首種謂稷，即種粟，是五穀之長。下文辨九穀，此云粟，是以粟爲主也。

辨九穀之物，以待邦用。若穀不足，則止餘灋用；有餘，則藏之，以待凶而頒之。止，猶殺也。殺餘法用，謂道路之委積，所以豐優賓客之屬。

注「止猶」至「之屬」　知殺餘法用是道路之委積者，案：上遺人注：「委積者，廩人、倉人計九穀之數足國用，以其餘共之，所謂餘法用也。」則彼委積是法用，以此餘者爲之，是豐優賓客者。今倉人穀不足，故止彼餘法用，故鄭據遺人而言焉。鄭云「之屬」者，彼遺人注云：「職内邦之移用，亦如此也。」今穀不足，亦止之，故云之屬。

凡國之大事，共道路之穀積、食飲之具。大事，謂喪、戎。

注「大事謂喪戎」　案：左氏成公傳：「國之大事，在祀與戎」，不言喪事。今此喪戎不言祀者，此經云共道路，惟軍戎及喪在外，行於道路，故據而言焉。祭祀遠無過在近郊之内，無在道共糧之事，故不言祭祀也。

司禄，闕。

司稼，掌巡邦野之稼，而辨穜稑之種，周知其名與其所宜地，以爲灋，而縣于邑閭。周，猶徧也。徧知種所宜之地，縣以示民，後年種穀用爲法也。○之種，章勇反，注知種同。猶徧，音遍，下同。

「司稼」至「邑閭」　云「巡邦野之稼」者，謂秋熟之時觀之矣。若然，春稼秋穡，不云穡而云稼者，穡由稼而有，故本之言稼也。

巡野觀稼，以年之上下出斂灋。斂法者，豐年從正，凶荒則損。〔七六〕若今十傷二三，實除減半。○出斂，力驗反，注同。

「巡野」至「斂灋」　此觀稼，亦謂秋熟時觀稼善惡，則知年上下豐凶，以此豐凶而出稅斂之法。

注「斂法」至「減半」　鄭云「豐年從正」者，年雖豐，與中平一，皆從正法，十一而稅之也。云「凶荒則損」者，凶荒，謂年穀不熟，則減於十一而稅之。云「若今十傷二三，實除減半」者，鄭舉漢法以況義。十傷二三者，謂漢時十分之內，傷二分三分，餘有七分八分在。實除減半者，謂就七分八分中爲實在，仍減去半不稅，於半內稅之，以凶荒所優饒民法也。

掌均萬民之食，而賙其急，而平其興。均，謂度其多少。賙，稟其艱阨。興，所徵賦。○度平，徒洛反。

詩云：「缾之罄矣，維罍之恥。」詩刺王不能富分貧。以是司稼既知民之禾稼多少，則使之均萬民之食，減取多者，以賙給其急困者。云「平其興」者，興謂徵賦。當各計十一而稅，不得特多特少，是平其興也。

舂人，掌共米物。米物，言非一米。

案：上文倉人廩人言物者，據米穀多者而言，故鄭言「米物，言非一米」，是也。

祭祀，共其齍盛之米，齍盛，謂黍稷稻粱之屬，〔七七〕可盛以爲簠簋實。○其齍，音資，注同，本亦作粢。

器實曰齍，則黍稷稻粱是也。在器曰盛，則簠簋是也。故鄭摠言「齍盛，謂黍稷稻粱之屬」。屬中兼有麥苽，可盛以爲簠簋之實也。

賓客，共其牢禮之米，謂可以實筐筥。

下別言「饗食」，則此言牢禮，謂饔餼之米。鄭云「實筐筥」，知非車米者，以其公車米四十，侯伯車米三十，子男車米二十，非春人所供，故知惟謂筐筥者也。若然，車米出於民税，故禹貢云：「五百里納米。」是也。

凡饗食，〔七八〕共其食米。饗有食米，則饗禮兼燕與食。○饗食，音嗣，注燕與食及饎人職同。燕禮無食米，食禮無飲酒。若饗禮，有飲酒，有食米。故云饗禮兼燕與食也。若然，經云其食米，則饗禮俱供食米也。

掌凡米事。

饎人，掌凡祭祀共盛。炊而共之。○饎人，昌志反。

鄭知炊而共之者，以其饎人主以炊米而盛之，共王及后之六食於器，〔七九〕今云「共盛」，明炊而共之。

共王及后之六食。六食，六穀之飯。

案：膳夫云：〔八〇〕「和王六食。」六食，即飯也。膳夫云「饋六穀」。六穀，即六食，故鄭合而解之。

凡賓客，共其簠簋之實。謂致飧饔。○致飧，音孫。

鄭知是致飧饔者，下云「饗食亦如之」，故知此是飧饔也。

饗食亦如之。

槀人，掌共外内朝冗食者之食。外朝，司寇斷獄弊訟之朝也。今司徒府中，有百官朝會之殿，云天子與丞相舊決大事焉。是外朝之存者與？内朝，路門外之朝也。冗食者，謂留治文書，若今尚書之屬，諸直上者。○槁人，苦報反。内朝，直遥反，注同。宂食，如勇反。之食，音嗣。斷獄，丁亂反。弊訟，必世反。丞相，息亮反。者與，音餘。尚書，音常，又時掌反。直上，時掌反。

天子三朝，路寢庭朝，是圖宗人嘉事之朝，太僕掌之。又有路門外朝，是常朝之處，司士掌之。又有外朝在皋内、庫門外，三槐九棘之朝，是斷獄弊訟之朝，朝士掌之。今言外内朝，明據三槐與路門外二者，以其路寢庭非常朝之處也。鄭引今司徒府已下，説義也。云「冗食者，謂留治文書，若今尚書之屬諸直上者」者，亦引漢法説之，謂以次當直，留在朝宿不還，須以食供之。〔八一〕冗食者，冗，散也，外内朝上直諸吏，謂之冗吏，亦曰散吏。以上直不歸家食，槀人供之，因名冗食者。

若饗耆老、孤子、士庶子，共其食。士庶子，卿大夫、士之子弟宿衛王宫者。

耆老，謂死王事者之父。孤子，謂死王事者之子。國家春饗孤子，秋食耆老及士庶子。謂若宫正、宫伯士謂適子、庶子，其支庶宿衛王宫者，國家饗養之，則亦槀人供其食也。

掌豢祭祀之犬。養犬豕曰豢。不於饎人言，其共至尊，〔八二〕雖其潘瀾、戔餘，不可褻也。○掌豢，音患。其潘，芳袁反，本或作蕃，音同。瀾，魯旦反。戔餘，音殘，〔八三〕本亦作殘。可褻，息列反。

養犬曰豢，此經是也。知養豕亦曰豢者，見禮記樂記云：「豢豕作酒，非以爲禍。」是養豕曰豢也。云「不於饎人言其共至尊，雖其潘瀾、戔餘，不可褻也」者，以其饎人所炊米，爲祭祀，及其王與后，并是至尊，故雖米之潘瀾戔餘，亦不得褻之與犬，故於此言之也。

校勘記

〔一〕縣正鄉師鄭長皆不言所祭神者　「鄉」，阮本作「鄙」，疑作「鄙」是。

〔二〕亦存在其中也　「存」，元本同，聞、閩、監、毛、殿、阮本作「有」，疑作「存」是。

〔三〕并稽考女功之等　惠校本同。阮本「等」作「事」，非。

〔四〕謂使民行其合耦　「使民」，阮本作「民使」，疑非。

〔五〕但文今不足故後鄭增其義也　阮校云「文今」疑誤。閩、監、毛本「增」改「從」。

〔六〕使相助佐　「助佐」，元、正、聞本同，閩、監、毛、殿、阮本作「佐助」。

〔七〕而讀爲若　「爲」，原作「實」，據婺、建、岳、阮本改。

〔八〕今之軍興是也　「之」，婺、建、岳、阮本作「云」。

〔九〕遷擬凶年振恤所輸入之人　阮本同，浦鏜云「遷」當「還」之誤。

〔一〇〕自諸侯來徙於家　閩、殿、阮本無「於」字。

〔一一〕二月不從政不不引之者　阮本「二」作「三」，「不」字不重。疑阮本是。

〔一二〕不爲嗽者　「爲」，阮本作「言」。

〔一三〕則以縣師之灋作其同徒　俞樾云「同徒」乃「調徒」之誤。

〔一四〕並縣師職文　「文」，阮本作「云」，非。

〔一五〕共釋此稍人受法於縣師所受司馬之法　「釋」，惠校本同，元、聞、閩、監、毛、阮本作「文」。疑作「釋」是。

〔一六〕苑囿藩羅之材　「羅」，婺、余、嘉靖及賈疏同，岳、建本作「蘿」。釋文作「藩蘿」，云「本亦作羅」。

〔一七〕故以式法目之也　「式法」，阮本作「法式」，殆非。

〔一八〕其文承野委之下　「其」原作「兵」，據阮本改。

〔一九〕云野囿之財用者　「財」，元、正、聞、殿本同，閩、監、毛本作「材」。

〔二〇〕據二百里　阮校云，「二」當作「三」。

〔二一〕故云野囿財用也　「財」，阮本作「野」，誤。

〔二二〕與其弛舍不役之等　「弛」，阮本作「施」。

〔二三〕以以厚薄解經媺惡　阮本「以」字不重，當是。

〔二四〕輕㚐用犬　「㚐」，唐石經、諸本同，阮校云，當從釋文作「㚐」。

〔二五〕墳壤多蚠鼠也　漢讀考作「蚠壤」，云司農依故書作「蚠」，如其字解之，故云「多蚠鼠」。今各本云「墳壤」，誤，鄭君則依今書作「墳」。

〔二六〕玄謂墳壤潤解　「潤」，婺、岳、阮本同，建、宋本作「閏」，非。

〔二七〕故以縓赤當之也　阮本同，浦鏜云，「赤」當「色」字誤。

〔二八〕近水之處　「近」，監、殿本同，元、聞、閩本作「逆」，毛、阮本作「送」，作「近」是也。

〔二九〕以檿爲監　段玉裁云，「監」當作「𣑃」。孫詒讓云，「𣑃」蓋「堅」之誤。今案，孫說是也，董影宋八行本正作「堅」。

〔三〇〕則此壤不得專據色白解之　惠校本同，阮本「色白」作「白色」。

〔三一〕夏以水殄草而芟荑之　「荑」，唐石經、建、余、岳、嘉靖、閩、監、毛本同，宋本、阮本作「夷」。阮校云，秋官薙氏經注皆作「夷」，漢制考引此經「芟夷」，注爲「夷」，皆與宋本同。下「芟荑」同，不更出校。

〔三二〕今時謂禾下麥爲夷下麥　「夷」，婺、建、岳、嘉靖本同，阮本作「荑」。

〔三三〕荑之音夷　「音夷」二字原脱，據徐本、盧本及阮本補。

〔三四〕春秋左氏有井闉　孫詒讓云，襄廿五年傳作「堙」不作「闉」。今案此蓋以義引之，以就注文。

〔三五〕若云荆揚地宜稻　「揚」，婺、余、岳、嘉靖本同，建、閩、監、毛本作「楊」。

〔三六〕依而説向王　「王」，殿本同，元、聞、閩、監、毛、阮本作「正」。作「王」是也。

〔三七〕地慝若障蠱然也　婺、建、余、岳、嘉靖本同，宋本、閩、監、毛本「障」改「瘴」。

〔三八〕云别其所有所無者　「云」，原作「二」，據阮本改。

〔三九〕以其須堅刃　阮本無「刃」字。

〔四〇〕田上樹旗　「上」，婺、建、余、岳、嘉靖本作「止」，疑作「止」是。

〔四一〕則於虞邊受焉　「則」，元、閩、監、殿本同，聞、毛、阮本作「期」，疑作「則」是。

〔四二〕朝事之豆有茆菹　孫詒讓云，「朝事之豆」上疑奪「醢人」二字。「豆」，阮本作「主」，非。

〔四三〕故云掌邦田之地政　「云」，惠校本同，元、聞、閩、監、毛、阮本作「知」。疑作「云」字是。

〔四四〕又王制云　孫詒讓云，此曲禮下文，賈誤。

〔四五〕彼以春時生乳　「生」，阮本作「先」，誤。

〔四六〕卝人華猛反　「華」，徐本、盧本及阮本作「革」。阮校云，作「華」非。黄焯云，依劉讀侯猛反，則作「華」未爲非也。

〔四七〕明其令　「其」，婺、岳、阮本同，建本作「真」，誤。

〔四八〕以當地税民益國之事者　阮本同。阮校云，此句當有脱誤。

〔四九〕並是省文之義也　「省」，阮本作「言」，殆非。

〔五〇〕骨入漆浣者　阮本同。段玉裁云「浣」乃「垸」之譌。
〔五一〕便知斤兩長短故也　「便」，惠校本同，阮本作「使」。
〔五二〕橐蘆者爾雅無文　「蘆」，阮本作「盧」。
〔五三〕夏纁玄　「纁玄」，阮本作「纁玄」，是。
〔五四〕此後鄭解互物爲蚌蛤者　阮本無「解」字，蓋脫。
〔五五〕言白成　「成」，元、閩本同。閩、監、毛、殿本作「盛」。
〔五六〕地謂之黝　「黝」，阮本作「黝」，下同，今爾雅作「黝」。
〔五七〕匪讀爲分　「匪」，原作「賜」，據婺、建、岳、阮本改。
〔五八〕謂王所賜予　「王」，婺、岳、阮本同，建本作「三」，誤。
〔五九〕稍食禄廩　「廩」，諸本同。嘉靖本作「稟」，疏引注亦作「稟」，阮本云當據正。
〔六〇〕以廩人雖專主　董本同，阮本「主」下有「米」字，蓋是。
〔六一〕凡廩法有數名　阮本「凡廩」二字原闕。
〔六二〕此則王制云制國用必於歲之抄者是也　「抄」，閩、監、毛本同，元、殿、阮本作「杪」，浦鏜云「杪」是。
〔六三〕殺猶減也　「殺」，原作「敘」，據婺、建、岳、阮本改。
〔六四〕大祭祀則共其接盛　阮校云，釋文「則椄，依注音扱」，案陸本，則「共其」二字爲衍。「接」，釋文作「椄」。
〔六五〕接讀爲壹扱再祭之扱　「壹」，婺、岳、余、嘉靖本同，阮本作「一」，阮校云，作「壹」非，鄭於注中皆不用古字，釋文作「一扱」可證。下同。
〔六六〕案掌客　阮本「案」上有「又」字。

〔六七〕是其餥飹車米莒米　「莒」，阮本作「筥」，當是。
〔六八〕士用粱　「粱」，岳本作「稻」，殆誤。
〔六九〕加魚腊焉　「腊」，婺、岳本同，建本作「錯」，殆誤。
〔七〇〕云君用粱　「云」，殿本同，阮本作「故」，殆誤。
〔七一〕據飯含所　「所」下空闕一字，阮本作「用」。
〔七二〕祝淅米　「淅」，阮本作「淅」，蓋是。
〔七三〕又云鬻餘　「餘」下空闕一字，阮本作「飯」。
〔七四〕稷皆五穀之長　「皆」，阮本作「爲」。
〔七五〕鄭注引舊記　阮校云，「記」當「説」之誤。
〔七六〕凶荒則損　諸本同。浦鏜云，大司徒職疏兩引，皆作「儉有所殺」。
〔七七〕齍盛謂黍稷稻粱之屬　阮校云，經作「齍」，注作「粢」，此當作「粢」。
〔七八〕凡饗食　唐石經、婺、建、岳本同，阮本無「食」字。
〔七九〕共王及后之六食於器　孫詒讓云，「共王及后之六食」七字疑涉下經文而衍。
〔八〇〕醫師云　孫詒讓云，「醫師」當作「食醫」。
〔八一〕不還須以食供之　漢制考「還」作「復」。
〔八二〕不於饎人言其共至尊　「其」，監、毛、殿、阮本同，岳、嘉靖本作「者」，是。婺、建本「言」上有「言其」二字。
〔八三〕㦰餘音殘　「殘」原作「淺」，據徐本、盧本及阮本改。

語珍錢三十

十三經注疏

周禮注疏

［漢］鄭　玄　注
［唐］賈公彦　疏
彭　林　整理

中

上海古籍出版社

周禮注疏卷第十八

春官宗伯第三

鄭目録云：「象春所立之官也。宗，尊也。伯，長也。春者，出生萬物。天子立宗伯，使掌邦禮，典禮以事神爲上，亦所以使天下報本反始。不言司者，鬼神示，人之所尊，不敢主之故也。」

惟王建國，辨方正位，體國經野，設官分職，以爲民極。乃立春官宗伯，使帥其屬而掌邦禮，以佐王和邦國。禮謂曲禮五，吉凶軍賓嘉，(一)其別三十有六。鄭司農云：「宗伯，主禮之官，故書堯典曰：『帝曰：「咨！四岳，有能與朕三禮？」僉曰：「伯夷。」帝曰：「俞，咨伯，汝作秩宗。」』宗官又主鬼神，故國語曰：『使名姓之後，能知四時之生，犧牲之物，玉帛之類，采服之宜，彝器之量，次主之度，屏攝之位，壇場之所，上下之神祇，氏姓之所出，而率舊典者爲之宗。』春秋『禘於大廟，躋僖公』，而傳曰『夏父弗忌爲宗人』，又曰『使宗人釁夏獻其禮』。禮特牲曰(二)：『宗人升自西階，視壺濯及豆籩。』然則唐虞歷三代，以宗官典國之禮與其祭祀，漢之大常是也。」○僉，七潛反，皆也。曰俞，羊朱反，然也。李一音由。女秩，音汝。氏姓，如字，劉音紙。大廟，音泰，下放此。躋，本又作躋，子兮反，升也。夏父，音甫。釁夏，虛覲反。

「惟王」至「邦國」 云「掌邦禮以佐王和邦國」者，樂主和同，禮主簡別。案：樂記云：「樂勝則流，禮勝則離。」鄭云：「離，謂析居不和，恐其不和，是以禮言和。論語云『禮之用，和爲貴』也。」

注「禮謂」至「是也」　云「禮是曲禮五」者，〔三〕案：禮序云：「禮者，體也，履也。」一字兩訓，蓋有以也。統之於心名爲體，周禮是也。踐而行之名曰履，儀禮是也。既名「儀禮」，亦名「曲禮」，故禮器云：「經禮三百，曲禮三千。」鄭玄云：「經禮，謂周禮也。曲，猶事也。事禮，謂今禮也，其中事儀三千。」若然，則儀禮爲曲禮。今此鄭云「禮謂曲禮五」者，對文，則儀禮是曲禮，周禮是經禮；散文，此周禮亦名曲禮。是以藝文志云：「帝王世有損益，至周曲爲之防。」是指此周禮爲曲禮也。云「吉凶軍賓嘉，其別三十有六」者，並據下文而知。「鄭司農云宗伯主禮之官」，而引書堯典帝曰者，謂舜咨四岳，曰：「有能典朕三禮？」三禮者，謂天地人之禮也。云「僉曰伯夷」者，四岳同辭而對，共舉伯夷也。云「帝曰俞」者，俞，然也。然其所舉。云「咨，伯，女作秩宗」者，帝舜命伯夷使爲秩宗。秩，次也。言宗伯主次序鬼神之事。案：彼虞書云「脩五禮」，下又云「典朕三禮」，三五不同者，鄭義，上云「脩五禮」，與下「五玉」連文，五玉是諸侯所執玉，則五禮非吉凶賓軍嘉之五禮，故鄭云：「五禮，公侯伯子男之禮。」是以禮論云「唐虞有三禮，至周分爲五禮」。若然，云三禮不言五禮，則三禮中含有五禮矣。引國語者，是楚昭王問於觀射父，觀射父對此辭。言「名姓之後」者，孔、服注，以爲聖人大德之後。云「能知四時之生，犧牲之物」者，孔、服皆以爲，生謂粢盛，犧謂純毛色，牲謂牛羊豕。云「玉帛之類」者，孔、服皆以爲禮神玉帛，謂若宗伯云「蒼璧黄琮，牲幣各放其器之色」，是也。云「采服之宜」者，服氏云：「祭祀之所服色，謂若司服衮冕以下。」是也。云「彝器之量」者，服云：「量，數也。祭祀之器，皆當其數。」云「次主之度」者，服云：「次廟主之尊卑先後遠近之度。」云「屏攝之位」者，服氏云〔四〕：「屏，猶并也，謂攝主不備，并之，其位不得在正主之位。」即引曾子問云：「若宗子有罪，居於他國，庶子爲大夫，其祭也，祝曰：孝子某使介子某執其常事。」又云：「攝主不厭祭，不旅，不假，不綏祭，不配。」是其攝主并之事。左氏昭十八年，夏五月，宋衛陳鄭災，時鄭子産使子寬、子上巡羣屏攝。彼鄭司農云：「束茅以爲屏蔽，祭神之處，草易然，故巡行之。」此「屏攝」義，與國語異。云「壇場之所」者，孔云：「去廟爲祧，去祧爲壇，去壇爲墠。」孔又云：「場，祭道神，曾子問『道而出』，是也。」云「上下之神祇」者，孔氏云：「上，謂凡在天之神，天及日月星。下，謂凡在地之神，謂地、山林、川谷、丘陵也。」云「氏姓之所出，而率舊典者爲之宗」者，孔氏云：「既非先聖之後，又非名姓之後，但氏姓所出之後，子孫而心常能循舊典者，則爲大宗。大宗者，於周爲宗伯。」云「春秋禘於大廟」者，是文二年秋八月，公羊云：「大事者何？大祫也。大祫者何？合祭也。其合祭奈何？毀廟之主，陳於大祖；未毀廟之主，皆升，合食於大祖。」列昭穆，序父子。云「躋僖公」者，案：左氏云「逆祀也」。時夏父弗忌爲宗人。逆祀者，弗忌云「吾見新鬼大，故鬼小」。躋，升也。謂升僖公主於閔公之上。引之者，證宗是宗人主鬼神也。云「又曰使宗人釁夏獻其禮」者，此哀公二十四年，公子荆之母嬖，將以爲夫人，使宗人釁夏獻其立夫人之禮。對曰「無之」。公怒曰：「汝爲宗司，立夫人，國之大禮也，何故無之？」對曰：「周公及武公娶於薛，孝、惠娶於商，自桓以下娶於齊，此禮也則有。若以妾爲夫人，則固無其禮也。」公卒立之。引之者亦證宗人主禮也。又引禮特牲者，此特牲饋食禮，是宿賓之明夕，視濯，主人與衆兄弟及賓入，即堂下位。宗人升自西階，視壺濯及豆籩，反，降，東北面，告濯具。注云：「東北面告，緣賓意欲聞也。」引此者，亦證宗人主禮也。云「唐虞歷三代，以宗官典國之禮與其祭祀」者，所云虞書是虞法，並云唐者，堯舜道同，故引虞，則唐亦與虞同也。言歷三代者，上舉唐虞，下舉周法，則其中夏殷亦宗官掌禮可知，故揔以三代言之也。云「則漢時大常是也」者，以代異法殊，禮有沿革，故至漢時祭祀之禮，使大常主之，故云漢之大常是也。但此宗伯主禮，並下文主鬼神，自分明，必引諸文爲證者，當時張包、周孟子、何休等，不信周禮是周公所制，以爲六國時陰謀之書，故先鄭以諸文爲證也。

禮官之屬：大宗伯，卿一人；小宗伯，中大夫二人；肆師，下大夫四人，上士八人，中士十有六人，旅下士三十有二人，府六人，史十有二人，胥十有二人，徒百有二十人。肆猶陳也。肆師佐宗伯，陳列祭祀之位及牲器粢盛。

「肆師」至「十人」　此一經與下五十九官爲長。此官大宗伯、小宗伯、肆師並別職。上士已下，即三職同有此官，可謂別職同官者也。〔五〕大宗伯則揔掌三十六禮之等，小宗伯副貳大宗伯之事，肆師主陳祭位之等，此並亦轉相副貳之事也。

注「肆猶」至「粢盛」　鄭知「肆師佐宗伯，陳列祭祀之位」者，案：小宗伯云「掌建邦之神位」，肆師云「立大祀，用玉帛牲牷」之等，故知佐宗伯陳列祭祀之位也。知亦陳牲器粢盛者，案：其職云「大祭祀，展犧牲，繫於牢，頒於職人」，又云「祭之日，表齍盛，告絜，展器，陳告備」，是其陳牲器粢盛之事也。

鬱人，下士二人，府二人，史一人，徒八人。鬱，鬱金香草，宜以和鬯。○鬱人，於物反。

注「鬱鬱」至「和鬯」　凡敘官不以官尊爲先後，直以緩急，〔六〕急者爲先。鬱人爲首者，祭祀宗廟先灌，灌用鬱，故其職云「掌祼器」，〔七〕故宜先陳也。鄭云「鬱，鬱金香草」者，王度記謂之鬯，鬯即鬱金香草也。云「宜以和鬯」者，鬯人所掌者，是秬米爲酒，不和鬱者。若祭宗廟及灌賓客，則鬯人以鬯酒入鬱人，鬱人得之，築鬱金草煑之，以和鬯酒，則謂之鬱鬯也。

鬯人，下士二人，府一人，史一人，徒八人。鬯，釀秬爲酒，芬香條暢於上下也。秬如黑黍，一稃二米。○鬯人，勑亮反。秬，其許反，李其虛反。一稃，音孚。

注「鬯釀」至「二米」　「鬯人」在此者，案：其職云「掌共秬鬯」，〔八〕祭社禜門先用鬯，故宜先言。未有鬱，〔九〕條暢得名。云「條暢於上下也」者，若宗廟及賓客以灌地，此雖無鬱，至於下經用鬯祭祀者，亦尸所飲以灌地。灌地者，其汁下入於地，其氣上升於天，故云條暢於上下也。云「秬如黑黍，一稃二米」者，案：爾雅云：「秬，黑黍。秠，一稃二米。」此爾雅上文云「秬黑黍」，是一米之秬，直以秬爲名。下文云「秠一稃二米」，亦是黑黍，但無黑黍之名，但二米之秬貴。此鬯酒用二米者，故鄭云「秬如黑黍」，此據爾雅下文二米之秬，其狀如上文黑黍者。若然，爾雅云「秠，一稃二米」，不言黑黍者，爾雅主爲釋詩。案：生民詩云：「維秬維秠。」爾雅云「秬，黑黍」，即是「維秬」者；爾雅云「秠，一稃二米」，即是「維秠」者也。若然，爾雅及詩云秠者，即黑黍之皮，以皮而見秬。是以鄭志張逸問云：「鬯人職注云『秬如黑黍，一稃二米』。案爾雅『秠，一稃二米』。未知二者同異？」鄭荅云：「秠即其皮，稃亦皮。爾雅重言以曉人，更無異稱也。」鄭云重言者，秠既是皮，復云稃亦皮，是重言也。恐人不知秠是皮，故重言稃，稃秠是一，還是秬，故云更無異稱也。

雞人，下士一人，史一人，徒四人。

「雞人」　「雞人」在此者，案：雞人職云：「共雞牲，大祭祀，夜呼旦。」雞又屬木，在春，故列職於此也。

司尊彝，下士二人，府四人，史二人，胥二人，徒二十人。彝亦尊也。鬱鬯曰彝。彝，法也，

言爲尊之法也。〔一〇〕

「司尊彝」在此者，案：職云：「掌六彝、六尊之位。」尊彝是祭祀之事，故列職於此也。

注「彝亦」至「法也」「彝亦尊」者，以其同是酒器，但盛鬱鬯，與酒不同，故異其名耳。云「鬱鬯曰彝。彝，法也」者，祭宗廟，在室先陳，後乃向外陳齊酒之尊，以彝爲法，故名此鬱鬯曰彝也。是以鄭云「言爲尊之法」也。

司几筵，下士二人，府二人，史一人，徒八人。筵亦席也。鋪陳曰筵，〔一一〕藉之曰席。然其言之筵席通矣。○鋪之，普吳反，〔一二〕又音孚。藉之，在夜反。

「司几筵」在此者，凡祭祀，先設席，故其職云「掌五几、五席，辨其用，與其位」，故列職於此也。

注「筵亦」至「通矣」云「鋪陳曰筵，藉之曰席」者，設席之法，先設者皆言筵，後加者爲席。故其職云：「設莞筵紛純，加繅席畫純。」假令一席在地，或亦云筵，儀禮少牢云「司宫筵於奧」，是也。是先設者爲鋪陳曰筵，藉之曰席也。云「然其言之筵席通矣」者，所云筵席，惟據鋪之先後爲名，其筵席止是一物，故云然其言之筵席通矣。

天府，上士一人，中士二人，府四人，史二人，胥二人，徒二十人。府，物所藏。言天者，尊此所藏，若天物然。

「天府」天府在此者，其職云：「掌祖廟之守藏，大祭祀，則出而陳於廟庭。」故亦列職於此也。注「府物」至「物然」云「府物所藏」者，鄭揔解府義。府，聚也。凡物所聚皆曰府，官人所聚曰官府。在人身中，飲食所聚，謂之六府。詩云：「叔在藪，火烈具舉。」注：「藪，澤，禽之府也。」大府、玉府、外内府、泉府，皆是藏財貨，鄭云「藏財貨曰府」，亦是物所藏也。云「言天者，尊此所藏，若天物然」者，案：其職云：「凡國之玉鎮大寶器藏焉」，是尊此所藏若天物然，故名此府爲天府也。

典瑞，中士二人，府二人，史二人，胥一人，徒十人。瑞，節信也。典瑞若今符璽郎。〔一三〕

「典瑞」在此者，案：其職云：「掌玉瑞、玉器之藏。」下又云：「王搢大圭，執鎮圭以朝日。」則是玉瑞，祭時所執玉器，所以禮神。雖有餘事，以事神爲主，在此宜也。

注「瑞節」至「璽郎」云「瑞，節信也」者，其天子所執者，若受天之應瑞然，其諸侯所執者，若受得玉瑞，亦如天之應瑞，故云節信也。云「典瑞若今符璽郎」者，鄭意周時典瑞，似漢時符璽郎，故舉漢法而況之。

典命，中士二人，府二人，史二人，胥一人，徒十人。命，謂王遷秩羣臣之書。

「典命」在此者，案：其職云：「掌諸侯之五儀，諸臣之五等之命。」凡官之所屬，義有多種，以宗伯主禮及祭祀之事，故凡是祭祀及禮事皆屬焉。此典命遷秩羣臣，亦是禮事。又爵命屬陽，故禮記云：「古者於禘也，發爵賜服。」賞以春夏，不於夏官者，貴始，故於春見之在此。

注「命謂」至「之書」　凡言「命」者，皆得簡策之命。秩，次也。命出於王，故云命。謂王遷秩羣臣之書，書即簡策是也。

司服，中士二人，府二人，史一人，胥一人，徒十人。

「司服」　在此者，案：其職云：「掌王之吉凶衣服。」公羊傳云：「命者何？加我服也。」再命已上，得命即得服，故司服列職於典命之下也。

典祀，中士二人，〔一四〕下士四人，府二人，史二人，胥四人，徒四十人。

「典祀」　在此者，案：其職云：「掌外祭祀之兆守，皆有域，掌其禁令。若以時祭祀，則帥其屬而脩除。」以其職祭事，故列職於此也。

守祧，奄八人，女祧每廟二人，奚四人。遠廟曰祧，周爲文王、武王廟，遷主藏焉。奄，如今之宦者。女祧，女奴有才知者。天子七廟，三昭三穆。奚，女奴也。○守祧，他堯反。奄八人，於檢反，劉於驗反。周爲，于僞反。才知，音智。三昭，上招反，説文作佋。

「守祧」　遠廟爲祧。案：其職掌先王先公之廟祧。若將祭祀，則各以其服授尸，故列職在此。有「奄八人」者，以其與女祧及奚婦人同處，故須奄人。通姜嫄爲八廟，廟一人，故八人也。

注「遠廟」至「奴也」 「遠廟曰祧」者，案：祭法云：「遠廟爲祧，有二祧，享嘗乃止。」鄭云「祧之言超也，超上去意也」。云「周爲文王、武王廟，遷主藏焉」者，案：王制及祭法云「王立七廟」，有「二祧」之文，鄭知周之二祧是文武者，鄭義二祧則祖、宗是也。故祭法云「祖文王而宗武王」。鄭云「祖宗通言爾」。是祖其有德，宗其有功，其廟不毁，故云祧也。知遷主藏焉者，以其顯考已下，其廟毁，不可以藏遷主。文武既不毁，明當昭者藏於武王廟，當穆者藏於文王廟可知，故云遷主藏焉。若文武已上，父祖不可入下子孫之廟，宜藏於后稷之廟。但文武既爲二祧，后稷爲大祖廟，不可復稱祧，故不變本名，稱大祖也。諸侯既不可與天子同有二祧，其遷主則揔藏於大祖廟，則謂大祖廟爲祧，故聘禮云「不腆先君之祧，既拚以俟矣」，是也。云「奄如今之宦者」，漢以奄人爲內宦〔一五〕，則名奄人爲宦，故舉以況之也。云「女祧，女奴有才智者」，亦若天官云女酒、女漿、女祝，下文云女史之類，皆女奴有才智者爲之。無才智者，即入奚類也。云「天子七廟」已下，並王制文。七廟者，據周而言若。殷人已下依禮緯。唐人五廟，夏亦五廟，殷六廟，與周不同也。

世婦，每宮卿二人，下大夫四人，中士八人，女府二人，女史二人，奚十有六人。世婦，后宮官也。王后六宮。漢始大長秋、詹事、中少府、大僕亦用士人。女府、女史，女奴有才知者。○少府，詩照反。

「世婦」 名「世婦」者，以其主婦人之事，王后已下至女御，言世婦，舉中以爲名也。在此者，案：其職云「掌女宮之宿戒，及祭祀，比其具」，是祭事〔一六〕，故列職於此也。云「每宮卿二人」者，王后有六宮，每宮卿二人，則十二人也。此主婦人，則卿大夫士，並奄人爲之。若然，天官云：「內小臣，奄上士四人。」鄭云：「奄稱士，異其賢。」似卿大夫不用奄人者。案：彼天官之内職，内有婦人者，皆用奄人，獨此宫卿大夫士，與下女府、女史、奚同居，不用奄，非其宜。但此經不言奄，故鄭亦不言奄，其實是奄可知，是以賈、馬皆云「奄卿也」。然鄭云「漢治大長秋」，〔一七〕亦見周時用奄之義也。但天官惟有小臣是上士，用奄人，鄭即云「奄稱士異其賢」也。若然，小臣上士言奄，此不言奄者，但上天官共婦人同職，皆已言奄，於此略而不言耳。案王之六卿皆六命，十二小卿皆四命。此六宫十二卿，不言命數，亦可當小宰小司徒等十二小卿，同用四命中大夫爲之，以其同十二人故也。

内宗，凡内女之有爵者。内女，王同姓之女，謂之内宗。有爵，其嫁於大夫及士者。凡，無常數之言。

「内宗」在此者，案：其職云：「掌宗廟之祭祀，薦加豆籩。」並是助祭之人，故列職於此也。

注「内女」至「之言」 言「内女」，明是王之族内之女，故云王同姓之女爲内宗也。云「有爵，其嫁於大夫及士者」，但婦人無爵，從夫之爵。今言内女有爵，明嫁與卿大夫及士。周之法，爵亦及士，故兼言士也。不言數而言凡，故鄭云「凡，無常數之言」，以其王之族内之女無定數故也。

外宗，凡外女之有爵者。外女，王諸姑姊妹之女，謂之外宗。

「外宗」在此者，案：其職云「掌宗廟之祭祀，佐王后薦玉豆，眡豆籩」，亦是助祭祀之人，故亦列職於此也。

注「外女」至「外宗」 鄭知外宗是王諸姑姊妹之女者，以其稱「外」，明非己族，故稱外宗外女也。鄭不解有爵者，已於内宗注訖，明此亦是嫁與大夫及士，可知也。言「凡」，亦是無常數之言也。

冢人，下大夫二人，中士四人，府二人，史四人，胥十有二人，徒百有二十人。冢，封土爲丘壟，象冢而爲之。

「冢人」在此者，案：其職云「掌公墓之地，辨其兆域，以昭穆爲左右」。雖非祭祀，亦是禮事，故亦列職於此也。注「冢封」至「爲之」「冢，封土爲丘壟」者，案：其職云：「以爵等爲丘封之度。」注云：「王公曰丘，諸臣曰封。」此臣云丘〔一八〕，不言封，亦有封可知。案：禮記云：「適墓不登壟。」是聚土亦爲壟，故兼云壟也。又禮記云「古者墓而不墳」，又有墳稱。秦漢已下，天子之丘，亦謂之陵也。云「象冢而爲之」者，案：爾雅「山頂冢」〔一九〕，故云象冢而爲之也。若然，云丘陵，亦是象丘陵爲之也。

墓大夫，下大夫二人，中士八人，府二人，史四人，胥二十人，徒二百人。墓，冢塋之地，孝子所思慕之處。○冢塋，音營。

「墓大夫」案：其職云「掌凡邦墓之地域，令國民族葬」，是掌天下萬民之墓地也。不云「冢」，云「墓」者，禮記云「庶人不封不樹」，故不言冢而云墓。墓即葬地。故鄭云「墓，冢塋之地，孝子所思慕之處」也。在此者，死，葬之以禮，亦是禮事，故列職於此也。

職喪，上士二人，中士四人，下士八人，府二人，史四人，胥四人，徒四十人。職，主也。

「職喪」以其主公卿大夫之喪，亦是禮事，故列職於此也。

大司樂，中大夫二人；樂師，下大夫四人，上士八人，下士十有六人，府四人，史八人，胥八人，徒八十人。大司樂，樂官之長。○之長，丁丈反，後皆放此。

「大司樂」大司樂掌教國子六樂、六舞等。在此者，以其宗伯主禮，禮樂相將，是故列職於此。但樂師教國子小舞，與大司樂職別，而同府史，亦謂別職同官者也。

注「大司」至「之長」以其與樂師已下，至鞮鞻氏已上爲長者。

大胥，中士四人，小胥，下士八人，府二人，史四人，徒四十人。胥，有才知之稱。禮記文王世子曰：「小樂正學干，〔二〇〕大胥佐之。」○之稱，尺證反。

「大胥」在此者，案：其職云「掌學士之版，以待致諸子」，與大司樂教樂同類，是亦禮事，故列職在此。但小胥掌樂縣之法，亦與大胥別職而同官者也。

大師，下大夫二人；小師，上士四人；瞽矇，上瞽四十人，中瞽百人，下瞽百有六十人；眡瞭三百人；府四人，史八人，胥十有二人，徒百有二十人。〔二一〕凡樂之歌，必使瞽矇爲焉。命其賢知者以爲大師、小師。晉杜蒯云：「曠也，大師也。」眡讀爲虎眡之眡。〔二二〕瞭，目明者。鄭司農云：「無目眹謂之瞽，有目眹而無見謂之矇，〔二三〕有目無眸子謂之瞍。」○矇，音蒙。眡，音視，鄭常至反。瞭，音了，又力小反，字林同云明也。杜蒯，如字，劉音屠，下苦怪反。目眹，直忍反，本又作眒，或作暎，劉又音瞚。之瞍，本又作瞜，素口反，説文云「無目也。」字林云「目有眹無珠子也」。先玄反。〔二四〕

「大師」案：其職云「掌六律六同」之等，亦是樂事，故在此。此下直云瞽矇三百人，無府史胥徒者，以其無目，不須人使，是以有眡瞭三百人而已。

注「凡樂」至「之瞍」云「凡樂之歌，必使瞽矇爲焉」者，此鄭欲解作樂使瞽矇之意，以其無目，無所覩見，無所覩見則心不移於音聲，〔二五〕故不使有目者爲之也。云「命其賢知者以爲大師小師」者，此乃師曠之徒，亦無目者，故引爲證也。就瞽之中，命大賢知爲大師，其次賢知小者爲小師也，其餘爲瞽矇也。云「眡讀爲虎眡之眡」者，易頤卦六四云：「虎眡眈眈，其欲逐逐，無咎。」是也。「眡瞭，目明」者，以其扶工，故使有目者爲之也。「先鄭云無目眹謂之瞽」已下，案：詩有矇瞍，案：尚書有瞽瞍，於此文有瞽矇，〔二六〕據此三文，皆文不具，司農參取三處而爲三等解之。諸文皆瞽在上而矇瞍在下，先鄭即以瞽爲無目眹當第一。無目眹，謂無目之眹脉，謂之瞽。「有目眹而無見謂之矇」，謂矇矇然有眹脉而無見也。云「有目無眸子謂之瞍」者，謂目精黑白分明，而無眸子人者，謂之瞍。案其職，大師、少師及瞽矇、眡瞭，四者皆別職，又無府史，而並言之者，以其大師、少師爲長，故連類言之。

典同，中士二人，府一人，史一人，胥二人，徒二十人。同，陰律也。不以陽律名官者，因其先言耳。

書曰：「協時月，正日，同律度量衡。」大師職曰：「執同律以聽軍聲。」

「典同」在此者，案：其職云「掌六律、六同」以爲樂器，亦是樂事，故列職於此。注「同陰」至「軍聲」「同，陰律也」者，對律而爲陽律也。云「不以陽律名官者」，謂其官不名「典律」，而云「典同」也。云「因其先言耳」者，謂諸文皆先云同、後云律，若陰陽亦先云陰之類，故以同名官也。引「書曰」者，堯典之篇。彼據舜之巡守於方岳之下，命史官協時月者。協，合也，謂合四時節氣之早晚，及月之大小定分。云「正日同律度量衡」者，謂正定日之甲乙、陰同陽律之長短，及正度之丈尺、量之斗斛、衡之斤兩，六者皆正定之，使依法。又引大師職曰「執同律以聽軍聲」者，所引之文，皆證同在律上之義。若然，無取於時月日及度量衡，〔二七〕連文引之耳。案：孔注尚書「律爲法制當齊同之」，則同不爲陰律，與鄭義別也。

磬師，中士四人，下士八人，府四人，史二人，胥四人，徒四十人。

「磬師」在此者，案：其職云：「掌教擊磬、擊編鍾。」並「教縵樂」，亦是樂事，故列職於此也。

鍾師，中士四人，下士八人，府二人，史二人，胥六人，徒六十人。

「鍾師」在此者，案：其職云：「掌金奏而奏九夏。」以其樂事，故列職於此也。

笙師，中士二人，下士四人，府二人，史二人，胥一人，徒十人。

「笙師」在此者，案：其職云「掌教吹竽、笙、塤、籥」已下，亦是樂事，故列職在此。

鎛師，中士二人，下士四人，府二人，史二人，胥二人，徒二十人。鎛，如鍾而大。○鎛師，音博。

「鎛師」在此者，案：其職云：「掌金奏之鼓。」亦是樂事，故亦列職在此。

注「鎛如鍾而大」「如鍾而大」者，以其形如鍾而大，獨在一簴。

韎師，下士二人，府一人，史一人，舞者十有六人，徒四十人。鄭司農說以明堂位曰「韎東夷之樂」，〔二八〕讀如「味食飲」之味。〔二九〕杜子春讀韎爲「菋荎著」之菋。玄謂讀如「韎韐」之韎。○韎師，劉莫拜反，劉李音妹。味食飲之味，如字，又莫介反。菋，莫戒反，又音味。荎，直基反，劉直棃反，李音姪。著，直居反，李張慮反。韎韐，古洽反，又音閤。

「韎師」在此者，案：其職云「掌教韎樂」，亦是樂事，故列職於此也。案：鞮鞻氏掌四夷之樂，今此特掌韎樂，是周以木德王。又見樂爲陽，春是陽長養之方，故特建此一官也。

注「鄭司」至「之韎」引明堂位者，證韎是東夷之樂。云「讀如味食飲之味」。杜子春讀韎爲菋荎著之菋」者，讀從爾雅也。此後鄭皆不從之。後鄭云「讀爲韎韐之韎」者，欲取韎爲赤色，是以禮記檀弓云周人「大事斂用日出」。鄭云「日出時亦赤」，則東夷之樂名「韎」者，取色赤，東方之意。

旄人，下士四人，舞者衆寡無數，府二人，史二人，胥二人，徒二十人。旄，旄牛尾，舞者所持以指麾。

「旄人」在此者，案：其職云：「掌教舞散樂、舞夷樂。」亦是樂事，故列職於此也。此經云「舞者衆寡無數」，〔三〇〕其職云：「凡四方之以舞仕者屬焉。」以其能爲四夷之舞者即爲之，故無數也。注「旄旄」至「指麾」案山海經，有獸如牛，四節有毛，是也。其牛尾可爲旌旗之旄也。云「舞者所持以指麾」者，案：樂師掌小舞，有旄舞，是舞者所持以指麾，則此旄人舞夷樂，而云旄人，是亦舞者所持以指麾者。若然，下鞮鞻氏云「主四夷之樂」，兩官共掌者，但鞮鞻氏掌而不教，此旄人教而不掌，故二官共其事也。

籥師，中士四人，府二人，史二人，胥二人，徒二十人。籥，舞者所吹。春秋：「宣八年，壬午，猶繹，萬入去籥。」傳曰：「去其有聲者，廢其無聲者。」詩云：「左手執籥，右手秉翟。」○籥師，餘若反。猶繹，音亦，祭之明日又祭也。字書作「禪」。去籥，起吕反，下同。

「籥師」在此者，案：其職云：「掌教國子舞羽吹籥。」則此籥師所掌以教國子文樂，左手執籥，右手秉翟，故名官爲籥師也。

注「籥舞」至「秉翟」 案：公羊宣八年，傳云〔三一〕：「辛巳，有事於大廟，仲遂卒於垂。壬午，猶繹，萬入，去籥。」傳曰：「去其有聲者，廢其無聲者。」張逸問：「籥師注：春秋傳曰『去其有聲者，廢其無聲者』，何謂？」鄭荅：「廢，置也。於去者爲廢，故曰廢。」若然，辛巳日，有事於大廟，仲遂卒。卿佐卒，輕於正祭則重於繹祭，則不停正祭，合停繹祭。至於明日壬午，仍爲繹祭，故孔子爲經加「猶」以尤之，但宣公乃有慙心，於作樂之時，去其有聲者，用其無聲者也。詩云：「左手執籥，右手秉翟。」引傳與詩者，證樂師教國子舞羽吹籥之事也。

籥章，中士二人，下士四人，府一人，史一人，胥二人，徒二十人。籥章，吹籥以爲詩章。

「籥章」 在此者，案：其職云「掌土鼓豳籥」，亦是樂事，故列職於此。

注「籥章」至「詩章」 案：其職有豳詩、豳雅、豳頌，是吹籥以爲詩章，故官名籥章也。

鞮鞻氏〔三二〕，下士四人，府一人，史一人，胥二人，徒二十人。鞻，讀如屨也。〔三三〕鞮屨，四夷舞者所屝也。〔三四〕今時倡蹋鼓沓行者，自有屝。○鞮，丁兮反，許慎云：「履也。」鞻，九具反，又力異反，〔三五〕吕忱云：鞮，革履也。鞻者，靬鞻。所屝，房味反。蹋鼓，徒臘反，李吐臘反。沓行，他荅反，又如字。

「鞮鞻氏」 在此者，案：其職云「掌四夷之樂與其聲歌」，亦是樂事，故列職在此也。〔三六〕

注「鞻讀」至「有屝」 此鄭讀從屨人之屨也。案：鄭注曲禮云：「鞮鞻，無絇之菲也。」〔三七〕此鞮鞻亦是無絇之屝。彼爲大夫欲去國行喪禮之屨，此爲四夷舞者所屝，其屨無絇，一也。云「今時倡蹋鼓沓行者，自有屝」者，謂漢時倡優作樂蹋地之人，並擊鼓沓沓作聲者，行自有屝屨。引之者，證四夷舞者亦自有屝，與中國不同也。

典庸器，下士四人，府四人，史二人，胥八人，徒八十人。庸，功也。鄭司農云：「庸器，有功者鑄器銘其功。春秋傳曰：『以所得於齊之兵，作林鐘而銘魯功焉。』」

「典庸」在此者，案：其職「掌藏樂器庸器」，亦是樂事，故列職於此。

注「庸功」至「功焉」 先鄭所引春秋者，左氏襄十九年，季武子與晉師伐齊，以所得齊之兵，作林鍾而銘魯功焉。臧武仲謂季孫曰：「非禮也。夫銘，天子令德。諸侯言詩計功，大夫稱伐。今稱伐則下等也，計功則借人也，言時則妨民多矣，何以爲銘？」引之者，見其庸器之義。

司干，下士二人，府二人，史二人，徒二十人。干，舞者所持，謂盾也。春秋傳曰：「萬者何？干舞也。」○謂楯，食允反，又音允。

「司干」在此者，案：其職云：「掌舞器。祭祀，授舞器。」亦是樂事，故列職於此也。

注「干舞」至「舞也」 云「干，舞者所持」者，謂若樂師所云「干舞」，〔三八〕則小舞也。其夏官司兵云「掌五兵，祭祀授舞者兵」。則五兵俱掌，但無干耳。然彼注云「謂朱干玉戚」者，鄭連言朱干耳。

大卜，下大夫二人；卜師，上士四人；卜人，中士八人，下士十有六人，府二人，史二人，胥四人，徒四十人。問龜曰卜。大卜，卜筮官之長。

「大卜」此大卜有卜師及卜人，皆士官。而卜人無別職者，以其助大卜卜師行事故也。其卜師則與大卜別職，亦是別職同官。在此者，案：其職曰「掌三兆、三易」之等，但蓍龜卦兆有生數成數之鬼神，是鬼神之事，故列職於此也。

注「問龜」至「之長」卜，赴也，赴來者之心，故曰卜。對筮問也，謂有疑來問於蓍。二者互見爲義。〔三九〕卜言赴來問之心，亦先問乃赴。筮言問者，後亦赴來者之心也。云「卜筮官之長」者，謂與下龜人、菙氏、占人、筮人等爲之長也。

龜人，中士二人，府二人，史二人，工四人，胥四人，徒四十人。工，取龜攻龜。

「龜人」在此者，與卜人連類在此。

注「工取龜攻龜」案：其職云「取龜用秋時」，甲成之時也。「攻龜用春時」，風氣燥達之時故也。

菙氏，下士二人，史一人，徒八人。燋焌用荆，菙之類。○菙氏，時髓反。燋，哉約反。焌，音俊，又子寸反。

「菙氏」在此者，鑽龜用燋焌，故與大卜連類在此。

注「燋焌用荆菙之類」案：其職云「掌共燋契」，即士喪禮云「楚焞」是也。楚即荆，故云「用荆」。云「菙之類」者，菙，所以棰笞人馬，用荆竹爲之。此亦用荆，故云菙之類也。

占人，下士八人，府一人，史二人，徒八人。占蓍龜之卦兆吉凶。○問蓍，音尸。

「占人」在此者，案：其職云「掌占龜筮」，亦卜筮之類，〔四〇〕故列職於此也。

簭人，中士二人，府一人，史二人，徒四人。問蓍曰簭，其占易。

「簭人」在此者，案：其職云「掌九簭」，簭有生成數之鬼神，故亦列職在此。

注「問蓍曰筮其占易」云「問蓍曰筮」者，鄭意以筮爲問，故易蒙卦云：「初筮告，再三瀆，瀆則不告。」是筮爲問也。云「其占易」，即易之九六爻辭是也。

占夢，中士二人，史二人，徒四人。

「占夢」在此者，案：其職云：「以日月星辰占六夢之吉凶。」夢是精神所感，並日月星辰等，是鬼神之事，故列職於此。

眡祲，中士二人，史二人，徒四人。祲，陰陽氣相侵，漸成祥者。魯史梓慎云：「吾見赤黑之祲。」○眡祲，子鴆反，李且袵反。

「眡祲」在此者，案：其職云：「掌十煇之法，以觀妖祥，辨吉凶。」亦是陰陽鬼神之事，故列職於此。

大祝，下大夫二人，上士四人。小祝，中士八人，下士十有六人，府二人，史四人，胥四人，徒四十人。大祝，祝官之長。

「大祝」　大祝與小祝，别職而同官，故共府史胥徒。在此者，案其職云：「掌六祝之辭以事鬼神示。」亦是事鬼神之法，故列職於此也。

注「大祝祝官之長」　以其與下小祝、喪祝、甸祝、詛祝等爲長也。

喪祝，上士二人，中士四人，下士八人，府二人，史二人，胥四人，徒四十人。

「喪祝」　在此者，案：其職云：「掌大喪勸防之事。及辟，令啓。」亦是禮事及事鬼神之法，故列職於此也。

甸祝，下士二人，府一人，史一人，徒四人。甸之言田也，田狩之祝。○甸祝，音電，後不音者同。

「甸祝」　在此者，案：其職云：「掌四時之田表貉之祝號。」〔四一〕事鬼神之事，故列職於此。

詛祝，下士二人，府一人，史一人，徒四人。詛謂祝之使沮敗也。○詛祝，側慮反。謂祝之，之又反。使沮，在吕反，沈音叙。

「詛祝」在此者，案：其職云：「掌盟詛類造攻説禬禜之祝號。」亦事鬼神，故列職於此。注云「詛謂祝之使沮敗也」者，凡言盟者，盟將來。詛者，詛往過，故云「祝之使沮敗」也。

司巫，中士二人，府一人，史一人，胥一人，徒十人。司巫，巫官之長。

「司巫」在此者，案：其職云：「若國大旱，則帥巫而舞雩。」亦是事鬼神之事，故列職於此。注「司巫巫官之長」案：其職云「掌羣巫之政令」，與下男巫、女巫、神士等爲師，故云巫官之長。

男巫，無數。女巫，無數。其師，中士四人，府二人，史四人，胥四人，徒四十人。巫，能制神之處位次主者。

注「巫能」至「主者」巫與神通，亦是鬼神之事，故列職於此。案：神士職云：「凡以神仕者〔四二〕，掌三辰之法，以猶鬼神示之居。」注引孝經緯及國語，並是制神之處位，及次第主之事，神仕還是男巫爲之，故引彼以解此。

大史，下大夫二人，上士四人；小史，中士八人，下士十有六人，府四人，史八人，胥四人，徒四十人。大史，史官之長。〔四三〕

「大史」在此者，案：其職云：「讀禮書，祭之日，執書以次位常。」是禮事及鬼神之事也，故列職於此也。小史與大史別職而同官，故共府史也。

注「大史史官之長」 謂與下內史、外史、御史等爲長。若然，內史中大夫，大史下大夫，大史得與內史爲長者，以大史知天道，雖下大夫，得與內史中大夫爲長，是以稱大也。

馮相氏，中士二人，下士四人，府二人，史四人，徒八人。馮，乘也。相，視也。世登高臺，以視天文之次序。天文屬大史。月令曰：「乃命大史，守典奉法，司天日月星辰之行，宿離不貸。」〔四四〕

○馮，音憑。相氏，息亮反，注同。宿，劉息就反，一音夙。離，力計反。不貣，吐得反，或音二。

「馮相」 在此者，以其與大史同主天文，故其職云掌歲月日辰之位，〔四五〕故與大史連類在此。

注「馮乘」至「不貸」 云「世登高臺，以視天文之次序」者，以其官有世功，則以官名氏，故云也。其天子有靈臺，諸侯有觀臺，皆所以視天文，故云登高臺也。云「之次序」者，馮相氏掌天文不變，保章氏掌天文之變，變則不依次序，不變則如常有次序，故以次序言之也。云「天文屬大史」者，案：周語，單子謂魯成公曰：「吾非瞽史，焉知天道。」是大史知天道之事。引月令曰「乃命大史」者，證大史掌天文之事。云「宿離不貸」者，鄭彼注云：「離，耦也。」謂其屬馮相氏、保章氏掌天文者也。謂其相與宿耦，當審候伺，不有差忒。

保章氏，中士二人，下士四人，府二人，史四人，徒八人。保，守也。世守天文之變。

「保章氏」 在此者，案：其職云：「掌天星，以志星辰日月之變動，以觀天下之遷。」故與馮相氏連類在此也。

注「保守」至「之變」 以其稱氏也，故稱世守天文之變也。

內史，中大夫一人，下大夫二人，上士四人，中士八人，下士十有六人，府四人，史八人，胥四人，徒四十人。

「內史」在此者，案：其職云：「掌八枋，執國法及國令之貳，策命羣臣。」皆禮事，故列職於此也。

外史，上士四人，中士八人，下士十有六人，胥二人，徒二十人。

「外史」在此者，案：其職云：「掌書外令及三皇五帝之書。」亦禮書之類，故列職於此。

御史，中士八人，下士十有六人，其史百有二十人，府四人，胥四人，徒四十人。御，猶侍也，進也。其史百有二十人，以掌贊書人多也。

「御史」在此者，案：其職云：「掌贊書，凡數從政者。」皆亦禮事，故列職於此也。注「御猶」至「多也」其職云：「凡治者受法令焉，並掌贊書。」故其史特多，復在府上也。

巾車，下大夫二人，上士四人，中士八人，下士十有六人，府四人，史八人，工百人，胥五人，徒五十人。巾猶衣也。巾車，車官之長。○巾車，如字，劉居覲反。猶衣，於既反。

「巾車」 在此者，案：其職云：「掌公車之政令，辨其用，與其旗物。」皆是禮事，故列職於此也。

注「巾猶」至「之長」 「巾猶衣也」者，謂玉金象革等，以衣飾其車，故訓巾猶衣也。云「巾車，車官之長」者，謂與下典路、車僕等爲長也。

典路，中士二人，下士四人，府二人，史二人，胥二人，徒二十人。路，王之所乘車。

「典路」 在此者，案：其職云：「掌王及后之五路。」亦是禮事，故列職於此也。

注「路王」至「乘車」 路，大也。若人君所居皆稱路，故有路寢、路門、路馬之等，皆稱路也。

車僕，中士二人，下士四人，府二人，史二人，胥二人，徒二十人。

「車僕」 在此者，案其職，五戎之倅，各有差等，亦是禮事，故亦列職於此也。

司常，中士二人，下士四人，府二人，史二人，胥四人，徒四十人。司常，主王旌旗。

「司常」 在此者，案：其職云「掌九旗之物名」，亦各有差等，亦是禮事，故亦列職於此也。

注「司常主王旌旗」 九旗之别，自王已下，尊卑所建不同，不專主於王。鄭云「司常主王旌旗」者，以王爲主，何妨尊卑皆掌。

都宗人，上士二人，中士四人，府二人，史四人，胥四人，徒四十人。都謂王子弟所封及公卿所食邑。

「都宗人」在此者，案：其職云：「掌都祭祀之禮，凡都祭祀，致福於國。」皆是事鬼神及禮事，〔四六〕故列職於此。注「都謂」至「食邑」。案：載師云「家邑任稍地，小都任縣地，大都任畺地」。則大夫采地不得稱都，故據大都小都而言之。下文家，據大夫而説也。此既掌祭祀，不云伯而云宗人者，避大官名。夏官都家稱司馬，得與大官同名者，以其軍事是重，故與大官同名也。秋官都家以稱士者，以其主都家萬民之獄訟，以告方士，故謂之士。士者，察也，取其察審之義也。

家宗人，如都宗人之數。家謂大夫所食采地。〔四七〕

「家宗人」在此者，案：其職云：「掌家祭祀之禮。凡祭祀，致福。」亦是共鬼神之事，〔四八〕故亦列職於此。

凡以神士者無數，以其藝爲之貴賤之等。以神士者，男巫之俊，有學問才知者。藝謂禮樂射御書數。高者爲上士，次之爲中士，又次之爲下士。

「凡以」至「之等」　此神士，還是上羣巫中有學問者，抽入神士。以其能處置神位，故以神爲名。無數者，有即入之，故無常數。在都家之下者，欲見都家神亦處置之。在此者，案其職云「掌三辰之法」，當處置神之位次，故列職於此。

大宗伯之職，掌建邦之天神、人鬼、地示之禮，〔四九〕**以佐王建保邦國。**建，立也。立天神地祇人鬼之禮者，謂祀之、祭之、享之。禮，吉禮是也。保，安也。所以佐王立安邦國者，主謂凶禮、〔五〇〕賓禮、軍禮、嘉禮也。自吉禮於上，〔五一〕承以立安邦國者，互以相成，明尊鬼神，重人事。○地示，音祇，本或作祇，下神示、地示之例皆放此，下卷亦然。佐王，本或作左，音同。享之，許丈反，後不音者同。

「大宗」至「邦國」　大宗伯之職者，以上列其官，此列其職也。云「掌建邦之天神人鬼地示之禮」者，單言邦，據王爲言也。云「以佐王建保邦國」者，邦國連言，據諸侯爲説也。

注「建立」至「人事」　云「立天神、地祇、人鬼之禮者，謂祀之，祭之，享之」者，經先云人鬼，後云地祇，鄭則先云地祇，後云人鬼者，經先云人鬼，欲見天在上，地在下，人藏其間；鄭後云人鬼者，據下經陳吉禮十二，先地祇，後人鬼，據尊卑爲次故也。云「禮，吉禮是也」者，案下云以吉禮事邦國之鬼神示，則此亦吉禮，故云禮吉禮是也。云「保，安也。所以佐王立安邦國者，主謂凶禮、賓禮、軍禮、嘉禮也」者，鄭知建保邦國中有凶禮已下者，案：下文其次有五禮具，此經直云天神、人鬼、地示，吉禮而已。又邦國之上，空云建保，故知建保中有四禮也。〔五二〕是以鄭即云「目吉禮於上，承以立安邦國者，互相成」也。互相成者，王國云吉禮，亦有凶禮已下。邦國云四禮，明亦有吉禮矣。以其神非人不事，人非神不福，故又云「明尊鬼神，重人事」也。尊鬼神者，據王國特云吉禮；重事人者，〔五三〕據諸侯特言凶禮已下。各舉一邊，欲見五禮皆重故也。

以吉禮事邦國之鬼神示，事，謂祀之，祭之，享之。故書吉或爲告，杜子春云：「書爲告禮者，非是。當爲吉禮，書亦多爲吉禮」。吉禮之别十有二。

「以吉」至「神示」　此已下敘五禮，先以吉禮爲上。云「事邦國之鬼神示」者，據諸侯邦國而言者也。以其天子宗伯，若還據天子，則不見邦國。若以天子宗伯而見邦國，則有天子可知，故舉邦國以包王國。

注「事謂」至「有二」　云「事謂祀之祭之享之」者，還據已下所陳先後爲次。若然，經先云鬼，與上下體例不同者，欲見逢時則祭，事起無常，故先云人鬼也。云「吉禮之别十有二」者，從此下經以禋祀血祭二經，天地各有三，享人鬼有六，故十二也。

以禋祀祀昊天上帝，以實柴祀日、月、星、辰，以槱燎祀司中、司命、飌師、雨師。禋之言煙，周人尚臭，煙，氣之臭聞者。槱，積也。詩曰：「芃芃棫樸，薪之槱之。」三祀皆積柴實牲體焉，或有玉帛，燔燎而升煙，所以報陽也。鄭司農云：「昊天，天也。上帝，玄天也。昊天上帝，樂以雲門。實柴，實牛柴上也。故書實柴或爲『賓柴』。司中，三能三階也。司命，文昌宫星。風師，箕也。雨師，畢也。」玄謂昊天上帝，冬至於圜丘所祀天皇大帝。星謂五緯，辰謂日月所會十二次。司中、司命，文昌第五第四星，或曰中能上能也。祀五帝亦用實柴之禮云。○以禋，音因，李又音煙。以槱，羊九反，本亦作楢，音同積也。燎，良召反。飌師，音風。芃芃，薄工反，一音房逢反。棫，音域。樸，音卜。三能，他來反，下同。圜丘，于權反。

「以禋」至「雨師」　此祀天神之三禮，以尊卑先後爲次，謂歆神始也。

注「禋之」至「禮云」　案：尚書洛誥「予以秬鬯二卣明禋」，注云：「禋，芬芳之祭。」又案：國語云「精意以享謂之禋」，〔五四〕義並與煙得相叶也。但宗廟用煙，則郊特牲云「臭陽達於牆屋」，是也。天神用煙，則此文是也。鄭於禋祀之下，正取義於煙，故言禋之言煙也。云「周人尚臭，煙氣之臭聞者」，此禮記郊特牲之文也。彼云殷人尚聲，周人尚臭。尚臭者，取煙氣之臭聞於天。引之者，證煙義也。云「槱，積也，詩云『芃芃棫樸，薪之槱之』」者，此大雅棫樸之篇。引之，證槱得爲積也。云「三祀皆積柴實牲體焉，或有玉帛，燔燎而升煙」者，此司中司命等言槱燎，則亦用煙也。於日月言實牲，至昊天上帝言煙祀，則三祀互相備矣。但先積柴，次實牲，後取煙，事列於畢祀，義全於昊天，作文之意也。但云或有玉帛，則有不用玉帛者。肆師職云：「立大祀，用玉帛牲牷。立次祀，用牲幣。立小祀，用牲。」彼雖摠據天地宗廟諸神，今以天神言之，則二大小次祀皆有也。以肆師言之，煙祀中有玉帛牲牷三事，實柴中則無玉，唯有牲幣，槱燎中但止有牲，故鄭云實牲體焉。據三祀有其玉帛，惟昊天具之，實柴則有帛無玉。是玉帛於三祀之內，或有或無，故鄭云或耳。云「燔燎而升煙，所以報陽也」者，案：郊特牲云：「升首於室，以報陽。」彼論宗廟之祭，以首報陽。今天神是陽，煙氣上聞，亦是以陽報陽，故取特牲爲義也。鄭司農云「昊天，一也」者，〔五五〕案：孝經云：「郊祀后稷以配天。」典瑞亦云：「四圭有邸以祀天。」故云昊天天也。云「上帝，玄天也」者，案：廣雅云：「乾玄天。」易文言云：「夫玄黄者，天地之雜也，天玄而地黄。」以天色玄，故謂玄名天，先鄭蓋依此而讀之，則二者異名而同實也。若然，則先鄭與王肅之等，同一天而已，似無六天之義，故以天解昊天上帝爲一也。云「昊天上帝，樂以雲門」者，先鄭既無六天，大司樂分樂而序之，及六變俱有雲門，不知定取何者以祀天。云「實柴，實牛柴上也」者，案肆師職，此三者皆實牲，先鄭直據實柴爲實牛者，偏據一邊而言耳，其實皆牛也。云「故書實柴或爲賓柴」者，賓柴無義，後鄭雖不破，當還從實柴也。先鄭云「司中，三能三階也」者，案：武陵大守星傳云：「三台，一名天柱。上台司命爲大尉，中台司中爲司徒，下台司禄爲司空。」云「司命，文昌宮星」者，亦據星傳云：「文昌宮第四曰司命，第五曰司中。」二文俱有司中、司命，故兩載之。云「風師，箕也」者，春秋緯云：「月離於箕，風揚沙。」故知風師箕也。云「雨師，畢也」者，詩云：「月離於畢，俾滂沱矣。」是雨師畢也。若左氏傳云「天有六氣，降生五味」。五味，即五行之味也。是陰陽風雨晦明六氣，下生金木水火土之五行。鄭義大陽不變，〔五六〕陰爲金，雨爲木，風爲土，明爲火，晦爲水。若從妻所好言之，則洪範云「星有好風，星有好雨」。鄭注云：「箕星好風，畢星好雨。是土十爲木八妻，〔五七〕木八爲金九妻。」故東方箕星好風，西方畢星好雨。以此推之，則北宫好奧，南宫好暘，中央四季好寒也。皆是所剋爲妻，是從妻所好之義也。「玄謂昊天上帝，冬至於圓丘所祀天皇大帝」者，案：大司樂下文「凡樂圜鍾爲宫」云云，「冬日至，於地上之圜丘奏之。若樂六變，則天神皆降」，是也。引之，以破先鄭昊天上帝與五天爲一之義。云「星謂五緯」者，五緯，即五星，東方歲星，南方熒惑，西方大白，北方辰星，中央鎮星。言緯者，二十八宿隨天左轉爲經，五星右旋爲緯。案：元命包云：「文王之時，五星以聚房也。」星備云：「五星初起牽牛。」此云星，明是五緯。又案：星備云：「歲星，一日行十二分度之一，十二歲而周天。熒惑，日行三十三分度之一，三十三歲而周天。鎮星，日行二十八分度之一，二十八歲而周天。大白日行八分度之一，八歲而周天。辰星，日行一度，一歲而周天。」是五緯所行度數之事。且諸文皆星辰合解之。故尚書堯典云「歷象日月星辰」，洪範「五紀」，亦云星辰。鄭皆星辰合釋者，餘文於義不得分爲二，故合釋。此文皆上下不見祭五星之文，故分星爲五緯，與辰别解。若然，辰雖據日月會時而言，辰即二十八星也。案：昭七年左氏傳：「晉侯問伯瑕曰：『何謂六物？』對曰：『歲、時、日、月、星、辰是謂也。』公曰：『多語寡人辰而莫同，何謂辰？』對曰：『日月之會是謂辰，故以配日。』」是其事。但二十八星，面有七，不當日月之會，直謂之星。若日月所會，則謂之宿，謂之辰，謂之次，亦謂之房。故尚書胤征云「辰弗集於房」。孔注云：「房，日月所會。」是也。云「司中、司命，文昌第五第四星」者，此破先鄭也。何則？先鄭以爲司中是三台，司命是文昌星。今案：三台與文昌，皆有司中、司命，何得分之？故後鄭云「文昌第五第四星」。必先言第五後云第四者，案：文昌第四云司命，第五云司中；此經先云司中，後云司命，後鄭欲先説司中，故先引第五證司中，後引第四證司命，故文倒也。案：武陵大守星傳云：「文昌宫六星，第一曰上將，第二曰次將，第三曰貴相，第四曰司命，第五曰司中，第六曰司祿。」是其本次也。云「或曰中能」者，亦據武陵大守星傳而言。云三台，一名天柱。上台司命爲大尉，中台司中爲司徒，下台司禄爲司空。引此，破先鄭也。云「祀五帝亦用實柴之禮云」者，案：禮記祭義云：「大報天而主日，配以月。」祭天以日爲主，故知五帝與日月同用實柴也。若然，五帝與昊天，其服同大裘，其牲同繭栗，於燔柴退與日月等者，禮有損之而益，亦如社稷服絺冕，及其血祭，即在五嶽之上，亦斯類也。案：春秋緯運斗樞云：「大微宫有五帝坐星」，即春秋緯，文耀鉤云：「春起青受制，其名靈威仰。夏起赤受制，其名赤熛怒。秋起白受制，其名白招拒。冬起黑受制，其名汁光紀。季夏六月火受制，其名含樞紐。」〔五八〕又元命包云「大微爲天庭五帝以合時」，此等是五帝之號也。又案：元命包云：「紫微宫爲大帝。」又云：「天生大列爲中宫大極星，其一明者，〔五九〕大一常居，傍兩星巨辰子位，〔六〇〕故爲北辰，以起節度，亦爲紫微宫，紫之言中〔六一〕此宫之中，天神圖法，陰陽開閉，皆在此中。」又文耀鉤云：「中宫大帝，其北極星下一明者，爲大一之先，合元氣以斗布，常」。〔六二〕是天皇大帝之號也。又案：爾雅云：「北極謂之北辰。」鄭注云：「天皇北辰耀魄寶。」又云：「昊天上帝，又名大一常居。」〔六三〕以其尊大，故有數名也。其紫微宫中皇天上帝，亦名昊天上帝，得連上帝而言。至於單名皇天，單名上帝亦得。故尚書君奭云：「公曰：君奭，我聞在昔，成湯既受命，時則有若伊尹，格於皇天。」鄭注云：「皇天，北極大帝。」又掌次云：「張氈案，設皇邸，以旅上帝。」上帝，即大帝。堯典云：「欽若昊天。」皆是大帝單名之事。〔六四〕月令更無祭五帝之文，故季夏云「以供皇天上帝」。鄭分之：皇天，北辰耀魄寶。上帝，大微五帝，亦是大帝單號之事。若然，大帝得單稱，與五帝同，五帝不得兼稱皇天、昊天也。異義天號等六：〔六五〕「今尚書歐陽説曰：『欽若昊天，〔六六〕夏曰蒼天，秋曰旻天，冬曰上天，摠爲皇天。』爾雅亦然。故尚書説云：〔六七〕『天有五號，各用所宜稱之。尊而君之，則曰皇天。元氣廣大，則稱昊天。仁覆愍下，則稱旻天。自上監下，則稱上天。據遠視之蒼蒼然，則稱蒼天。』

謹案：尚書『堯命羲和，欽若昊天』，摠勑四時，知昊天不獨春。春秋左氏曰：『夏四月己丑，孔子卒。』稱旻天不弔，時非秋天。」「玄之聞也，爾雅者，孔子門人作，以釋六藝之文，言蓋不誤矣。春氣博施，故以廣大言之。夏氣高明，故以遠言之。秋氣或殺或生，故以旻天言之。冬氣閉藏而清察，以監下言之。昊天者，其尊大號。六藝之中，諸稱天者，以己情所求言之，非必正順於時解。浩浩昊天，求之博施。蒼天求之高明。旻天不弔，則求天殺生當得其宜。上天同雲，求之所爲當順於時。此之求，猶人之説事，各從主耳。若察於時，所論從四時，天各云所别，故尚書所云者，論其義也。二者相須乃足，此名非必紫微宫之正，直是人逐四時五稱之。」〔六八〕鄭云皇天者，其尊大之號，不逐四時爲名，似本正稱。此經星辰與司中、司命、風師、雨師，鄭君以爲六宗。案：尚書堯典「禋於六宗」。但六宗之義，有其數，無其名，故先儒各以意説，鄭君則以此星也、〔六九〕辰也、司中也、司命也、風師也、雨師也，六者爲六宗。案：異義：「今歐陽、夏侯説：『六宗者，上不及天，下不及地，傍不及四時，〔七〇〕居中央，恍惚無有，神助陰陽變化，有益於人，故郊祭之。』古尚書説：『六宗，天地神之尊者，謂天宗三，地宗三。天宗，日、月、星辰。〔七一〕地宗，岱山、河、海。日月屬陰陽宗，北辰爲星宗，岱爲山宗，河爲水宗，海爲澤宗。祀天則天文從祀，祀地則地理從祀。』謹案：夏侯、歐陽説云，宗實一而有六，名實不相應。春秋『魯郊祭三望』。言郊天，日、月、星、河、海、山，凡六宗。魯下天子，不祭日、月、星，但祭其分野星，其中山川，〔七二〕故言三望，六宗與古尚書説同。」「玄之聞也，書曰：『肆類於上帝，禋於六宗，望於山川，徧於羣神。』此四物之類也，禋也，望也，徧也，所祭之神各異。六宗言禋，山川言望，則六宗無山川明矣。周禮大宗伯曰：『以禋祀祀昊天上帝，以實柴祀日月星辰，以槱燎祀司中、司命、風師、雨師。』凡此所祭，皆天神也。禮記郊特牲曰：『郊之祭也，迎長日之至也，大報天而主日也。兆於南郊，就陽位也。埽地而祭，於其質也。』祭義曰：『郊之祭，大報天而主日，配以月。』則郊祭並祭日月可知。〔七三〕其餘星也、辰也、司中、司命、風師、雨師，此之謂六宗，亦自明矣。」禮論：「王莽時，劉歆、孔昭以爲易震、巽等六子之卦爲六宗。漢武即位，依虞書，禋於六宗，禮用大社。〔七四〕至魏明帝時，詔令王肅議六宗，取家語宰我問六宗，孔子曰：『所宗者六，埋少牢於大昭，祭時相近。於坎壇祭寒暑，王宫祭日，夜明祭月，幽禜祭星，雩禜祭水旱。』〔七五〕孔安國注尚書與此同。張融許從鄭君，於義爲允。」案：月令孟冬云「祈來年於天宗」，鄭云：「天宗，日月星辰。」若然，星辰入天宗，又入六宗。其日月入天宗，即不入六宗之數也。以其祭天主日配以月，日月既尊如是，故不得入宗也。

校勘記

〔一〕吉凶軍賓嘉　惠校本同，婺、建、余、岳、阮本「軍賓」作「賓軍」。阮校云，依大宗伯職經文次第，先賓後軍，則作「賓軍」是也。

〔二〕禮特牲曰　「禮」，原作「郊」，婺、建本同誤，據岳、阮本改。

〔三〕云禮是曲禮五者　「是」，元、正、聞、閩本同，阮本作「謂」，與注合。

〔四〕服氏云　「氏」，原作「以」，據阮本改。

〔五〕可謂別職同官者也　阮本同，浦鏜云，「可」疑「所」字誤。

〔六〕直以緩急　「直」，元、監、毛、殿本同，正、聞、閩、阮本作「有」。

〔七〕故其職云掌裸器　「裸」，元、殿本同，聞、閩、阮本作「陳」，誤。

〔八〕案其職云掌共秬鬯　「共」，元、正、聞本同，殿、阮本作「其」，殆非。

〔九〕未有鬱　「未」，阮本作「米」，疑誤。

〔一〇〕言爲尊之法也　「也」，岳本同，嘉靖本作「正」，婺、建本無「也」字。

〔一一〕鋪陳曰筵　阮校云，釋文作「鋪之」，按釋曰「所云筵席惟據鋪之先後爲名」，則賈本亦作「鋪之」矣，今本作「陳」非。孫詒讓云，賈疏兩見「鋪陳」，此説未塙。

〔一二〕鋪之普吴反　「吴」原作「具」，據徐本、盧本及阮本改。

〔一三〕若今符璽郎　「郎」，婺、岳本同，建本作「節」，疑作「郎」是。

〔一四〕中士二人　于鬯云，此四字衍。

〔一五〕漢以奄人爲内宦　「宦」，元本同，閩、閩、殿，阮本作「官」，疑作「宦」是。

〔一六〕是祭事　「事」，元、正、閩、閩本同，阮本作「祀」。

〔一七〕然鄭云漢治大長秋　「治」，元、正、閩、閩，阮本作「始」，當是。

〔一八〕此臣云丘　「臣」，元、閩、閩本同，惠校本作「直」，疑作「直」是。

〔一九〕案爾雅山頂冢　元、正、閩、閩、阮本「頂」下有「曰」字，疑衍。

〔二〇〕小樂正學干　「干」，婺、岳本同，建本作「于」，誤。

〔二一〕眡瞭三百人府四人史八人胥十有二人徒百有二十人　建、岳、嘉靖、閩、監、毛本同，唐石經此段全缺。彭元瑞、馮登府、于鬯以「府」以下四句爲衍文，阮校云，此四句非衍也。

〔二二〕眡讀爲虎眡之眡　「爲」，建、余、嘉靖、閩、監、毛、阮本同，岳本作「如」。

〔二三〕無目眹謂之瞽有目眹而無見謂之矇　「眹」，余、岳本同，建本作「朕」，嘉靖本作「眣」，當以作「眹」是。

〔二四〕瞍字林云先玄反　「玄」，徐本、盧本及阮本作「久」。黄焯云字當作「么」。

〔二五〕無所覩見則心不移於音聲　元、正、閩、閩、阮本無「無所覩見」四字。

〔二六〕於此文有瞽矇　「文」，元本同，閩、閩、殿、阮本作「云」。

〔二七〕無取於時月日及度量衡　「及」，殿本同，元、閩、閩、阮本作「又」，疑作「及」是。

〔二八〕鄭司農説以明堂位曰韎東夷之樂　「説」，婺、建、岳本同，阮本作「云」。「韎」，建、岳本同，婺、嘉靖本作「味」。

〔二九〕讀如味食飲之味　「食飲」，婺、建、岳、嘉靖本同，阮本作「飲食」。下「味」字，岳、余、嘉靖本同，建本作「未」。

〔三〇〕此經云舞者衆寡無數　元、正、閩、閩、阮本無「此」字。

〔三一〕傳云　「云」，元本同，閩、閩、殿、阮本作「文」，疑誤。

〔三二〕鞮鞻氏　唐石經、諸本同。阮校云，「鞮鞻」，説文作「趧婁」。

〔三三〕鞻讀如屨也　「如」，婺、建、余、嘉靖、阮本同，岳本作「爲」，當是。

〔三四〕鞮屨四夷舞者所扉也　「屨」，婺、建、岳本同，阮本作「履」。阮校云，文選魏都賦注引此無「所」字，自是古本。段玉裁漢讀考、孫詒讓説同。

〔三五〕鞻又力異反　「異」，徐本、盧本及阮本作「具」，當據改。

〔三六〕故列職在此也　「在」，阮本作「於」。

〔三七〕鞮鞻無絇之菲也　孫詒讓云，「鞻」當依曲禮作「屨」。「菲」，阮本作「扉」，是也。

〔三八〕謂若樂師所云干舞　監、毛、殿本同，元、正、閩、閩、阮本脱「所」字。

〔三九〕二者互見爲義　元、正、閩、阮本、惠校本同，閩、監、毛本「爲」改「其」。

〔四〇〕亦卜筮之類　「卜」，殿本同，正、閩、閩、阮本作「占」。

〔四一〕掌四時之田表貉之祝號　「號」，阮本作「從」，誤。
〔四二〕凡以神仕者　「仕」，惠校本同，閩、監、毛本作「士」。下「神仕」同。
〔四三〕大史史官之長　「大」上原有「注」字，據婺、建、岳、阮本删。
〔四四〕宿離不貸　阮校云，「貸」，當從釋文作「貣」。
〔四五〕故其職云掌歲月日辰之位　「日」，阮本作「星」。依職文，則當爲「歲、月、辰、日、星」。
〔四六〕皆是事鬼神及禮事　阮本無「神」字，浦鏜疑脱。
〔四七〕家謂大夫所食采地　「地」，建、嘉靖本同，婺、余、岳、閩、監、毛本作「邑」。
〔四八〕亦是共鬼神之事　監、毛、殿本同，阮本無「神」字。
〔四九〕掌建邦之天神人鬼地示之禮　阮校云，經作「示」，注作「祇」，通書準此。
〔五〇〕主謂凶禮　「主」，建、岳本同，婺本作「王」，疑非。
〔五一〕自吉禮於上　「自」，建、岳、嘉靖本同，婺、余、閩、監、毛、阮本作「目」，阮校云，作「目」是。
〔五二〕故知建保中有四禮也　「知」，阮本作「云」。
〔五三〕重事人者　「事人」，元、正、閩本同，阮本作「人事」。
〔五四〕國語云精意以享謂之禋　「國」，元、正、閩、阮本作「周」。
〔五五〕昊天一也者　「一」，元、正、閩、阮本作「天」，當是。
〔五六〕鄭義大陽不變　惠棟云，依詩正義，「大陽」當作「天陽」。
〔五七〕是土十爲木八妻　惠棟云，據三統曆，此當云「土十爲木三妻」，「八」與「十」皆地數，不得爲耦也。
〔五八〕季夏六月火受制其名含樞紐　孫詒讓云，「火受制」，當作「黄受制」。穀梁傳僖三十一年引此作「黄帝受制，王四季，其名含樞紐」。

〔五九〕天生大列爲中宫大極星其一明者　孫詒讓云，據史記天官書，「大極」當爲「天極」。元、正、閩、阮本重「星」字，誤。

〔六〇〕大一常居傍兩星巨辰子位　浦鏜云「巨」疑「距」字誤。

〔六一〕紫之言中　浦鏜云，當作「紫之言此宫之言中」，脱四字。孫詒讓云，浦校是也。史記天官書索隱引元命包可據校此。

〔六二〕文耀鉤云中宫大帝其北極星下一明合爲大一之先合元氣以斗布常　孫詒讓云，史記天官書索隱引文耀鉤云「中宫大帝，其精北極星，含元出氣」，據彼，則此「北極」上疑奪「精」字，「合」疑「含」之誤。

〔六三〕又名大一常居　惠校本同。閩、監、毛本「常居」作「帝君」。孫詒讓云，「大一常居」見史記天官書。

〔六四〕皆是大帝單名之事　「大」，元、正、閩、閩、阮本作「上」。疑作「大」是。

〔六五〕異義天號等六　「等」，陳壽祺謂當作「第」，孫詒讓説同。

〔六六〕欽若昊天　阮校云，此下當脱「春曰昊天」四字。

〔六七〕故尚書説云　「故」當作「古」，陳壽祺據毛詩王風正義校正。

〔六八〕直是人逐四時五稱之　「五」，元、閩、閩、阮本同，殿本作「互」。浦鏜云，「五」疑「互」字譌。汪文臺云，古尚書説天有五號，「五」字非訛。孫詒讓云，汪説是也。又此上五經異義、駁五經異義文亦見毛詩王風、書堯典正義所引，當參正。

〔六九〕君則以此星也　阮本「此」作「北」，誤。

〔七〇〕傍不及四時　「四時」，陳壽祺以爲當據禮記祭法正義作「四方」。

〔七一〕天宗日月星辰　「星辰」，陳壽祺謂當據祭法正義作「北辰」。

〔七二〕其中山川　陳壽祺云，「其中」當作「其國」。

〔七三〕則郊祭並祭日月可知　浦鏜云，禮記疏作「郊祭天並祭日」。孫詒讓云，祭法疏引作「則郊天並祭日月」，浦引亦誤。

〔七四〕禮論王莽時劉歆孔昭以爲易震巽等六子之卦爲六宗漢武即位依虞書禋於六宗禮用大社　孫詒讓云，「孔昭」依王莽傳當作「孔光」，祭法正義作「孔鼂」，則魏人，非王莽時。漢武不聞有六宗之祭，續漢書祭祀志云「安帝即位，元初六年初夏立六宗，祀於雒陽，禮比太社也」，則「漢武」當作「漢安」，「禮用大社」，「用」疑「同」字之誤。

〔七五〕幽禜祭星雩禜祭水旱　汪文臺云「禜」皆當作「宗」，王肅讀祭法如字，不得用鄭義改作「禜」也。案此疑賈用鄭讀，而忘王、鄭異讀也。

周禮注疏卷第十九

以血祭祭社稷、五祀、五嶽，以貍沈祭山林、川澤，以疈辜祭四方百物，

不言祭地，此皆地祇，祭地可知也。陰祀自血起，貴氣臭也。社稷，土穀之神，有德者配食焉，共工氏之子曰句龍，食於社；有厲山氏之子曰柱，食於稷。湯遷之而祀棄。故書祀作禩，疈爲罷。鄭司農云：「禩當爲祀，書亦或作祀。五祀，五色之帝於王者宮中，曰五祀。罷辜，披磔牲以祭，若今時磔狗祭以止風。」玄謂此五祀者，五官之神在四郊，四時迎五行之氣於四郊，而祭五德之帝，亦食此神焉。少昊氏之子曰重，爲句芒，食於木；該爲蓐收，食於金；脩及熙爲玄冥，食於水。顓頊氏之子曰黎，爲祝融，后土，食於火土。五嶽，東曰岱宗，南曰衡山，西曰華山，北曰恒山，中曰嵩高山。不見四竇者，四竇，五嶽之匹，〔一〕或省文。祭山林曰埋，川澤曰沈，順其性之含藏。疈，疈牲胷也。疈而磔之，謂磔禳及蜡祭。郊特牲曰：「八蜡以記四方，〔二〕四方年不順成，八蜡不通，以謹民財也。」又曰：「蜡之祭也，主先嗇而祭司嗇也，祭百種以報嗇也。〔三〕饗農及郵表畷、禽獸，仁之至義之盡也。」○以貍，亡皆反，劉莫拜反。沈，如字，劉直蔭反。疈，孚逼反，一音方麥反。共工，音恭。句龍，古侯反，下同。厲山，如字，本或作烈。爲禩，音祀，又作祀。爲罷，如字，一音芳皮反。披磔，張格反。亦食此，音嗣，下食宗族同。少昊，詩照反，下少昊同。曰重，直龍反。該，古來反。蓐收，音辱。不見，賢遍反，此内不音者同。四竇，音獨，本亦作瀆，下同。省文，所景反。磔禳，如羊反。及蜡，士詐反。百種，章勇反。及郵，有牛反。畷，音綴，井田間道。左思吳都賦云「畛畷無數」，又陟劣反。

「以血」至「百物」　此一經言祭地示三等之禮，尊卑之次，亦是歆神始也。云「以血祭祭社稷、五祀、五嶽」者，此皆地之次祀，先薦血以歆神，已下二祀，不復用血也。

注「不言」至「盡也」　云「不言祭地，此皆地祇，祭地可知也」者，此經對上經祭天，天則大次小三者具。此經雖

見三祀，唯有次小祀而已，以其方澤與昊天相對。此經方澤不見者，此血祭下，仍有貍沈與疈辜二祀，三祀具，得與上天神三者相對，故闕大地也。且社稷亦土神，故舉社以表地示。鼓人職亦云「靈鼓鼓社祭」，亦舉社以表地，此其類也。若大地方澤，當用瘞埋，與昊天煙相對。故鄭云不言祭地，此皆地祇，祭地可知也。云「陰祀自血起」者，對天爲陽祀自煙起，貴氣臭同也。云「社稷，土穀之神」者，案：孝經緯援神契云：「社者，五土之揔神。稷者，原隰之神。五穀，稷爲長，五穀不可徧敬，故立稷以表名。」郊特牲亦云：「社者，神地之道。」社者，土之神。稷者，穀之神。故云土穀之神也。云「有德者配食焉」云云至「而祀棄」，案：左氏昭公二十九年傳云：「共工氏有子曰句龍，爲后土，后土爲社。」則是死乃配社食之。云「有厲山氏之子曰柱，食於稷。湯遷之而祀棄」者，案：左傳云：「有烈山氏之子曰柱，爲稷。」案：祭法云：「厲山氏之有天下也，其子曰農，能殖百穀。夏之衰也，周棄繼之，故祀以爲稷。」若然，稷祀棄，實在湯時。云夏之衰者，遷柱由旱，欲見旱從夏起，故據夏而言也。是以書序云「湯既勝夏，欲遷其社，不可，作夏社」。注云：「犧牲既成，粢盛既潔，祭以其時，而旱暵水溢，則變置社稷。當湯伐桀之時，旱致災，明法以薦，而猶旱至七年，故湯遷柱而以周棄代之。欲遷句龍，以無可繼之者，於是故止。」其旱在夏之時驗也。先鄭云「五祀，五色之帝於王者宫中，曰五祀」者，先鄭意，此五祀即掌次云祀五帝，一也。故云五色之帝。後鄭不從者，案：司服云，祀昊天與五帝，皆用大裘，當在圜丘與四郊上，今退在社稷之下於王者宫中，失之遠矣。且五帝天神，當在上經陽祀之中，退在陰祀之内，一何陋也。云「罷辜，披磔牲以祭」者，此先鄭從古書罷，於義未可，故後鄭不從罷，從經疈爲正，其云「披磔牲以祭」，仍從之矣。云「若今時磔狗祭以止風」者，此舉漢法以況疈辜爲磔之義。必磔狗止風者，狗屬西方金，金制東方木之風，故用狗止風也。「玄謂此五祀者，五官之神在四郊」者，生時爲五官，死乃爲神，配五帝在四郊。知在四郊者，鄭即引月令四時四立之日，迎氣在四郊，并季夏迎土氣，是五迎氣，故鄭云四時迎五行之氣於四郊也。云

「而祭五德之帝，亦食此神焉」者，但迎氣迎五方天帝，雖不言祭人帝，案月令，四時皆陳五德之帝，大昊、炎帝、黄帝、少昊、顓頊等五德之帝，並五人神於上，明知五人神爲十二月聽朔及四時迎氣而陳，故鄭此注，及下青圭赤璋之下注，皆云迎氣時，並祭五人帝、五人神也。云「少昊氏之子曰重」已下，案：昭二十九年，魏獻子問蔡墨曰：「社稷五祀，誰氏之五官？」對曰：「少皞氏有四叔，曰重，曰該，曰脩，曰熙，實能金木及水。使重爲句芒，該爲蓐收，脩及熙爲玄冥，世不失職，遂濟窮桑，此其三祀也。顓頊氏有子曰犂，爲祝融，共工氏有子曰句龍，爲后土，此其二祀也。后土爲社，稷爲田正。有烈山氏之子曰柱，爲稷。」趙商問：「春秋昭二十九年左傳曰：『顓頊氏之子犂，爲祝融。共工氏有子曰句龍，爲后土。』其二祀五官之神及四郊合爲犂食后土。祭法曰：『共工氏霸九州也，其子曰后土，能平九州，故祀以爲社。』社即句龍。」荅曰：「犂爲祝融，句龍爲后土。左氏下言后土爲社，謂暫作后土，無有代者，(四)故先師之説，犂兼之，因火土俱位南方。」此注云犂爲祝融，后土食於火土，亦惟見先師之説也。云「五嶽，東曰岱宗，南曰衡山，西曰華山，北曰恒山，中曰嵩高山」者，此五嶽所在，據東都地中爲説。案：大司樂云：「四鎮五嶽崩。」注云：「華在豫州，嶽在雍州。」彼據鎬京爲説。彼必據鎬京者，彼據災異，若據洛邑，則華與嵩高並在豫州，其雍州不見有災異之事，故注有異也。案：爾雅，江河淮濟爲四瀆爲定，五岳不定者，周國在雍州，時無西嶽，故權立吳嶽爲西嶽，非常法。爾雅不載，以東都爲定，故爾雅載之也。若然，此南嶽衡。案：爾雅霍山爲南嶽者，霍山即衡山也。故地理志楊州霍山爲南嶽者山，今在廬江，(五)彼霍山與冀州霍山在嵩華者别。云「不見四竇者，四竇，五嶽之匹，或省文」者，五嶽、四瀆相對若天地，故設經省文，惟見五嶽也。若然，下云貍沈祭山林川澤，五嶽歆神，雖與社稷同用血，五嶽四瀆，山川之類，亦當貍沈也。爾雅云「祭山曰庪縣」者，或異代法耳。若然，庪縣既非周法，而校人云「凡將事於四海山川，則飾黄駒」。注云：「王巡守過大山川，則有殺駒以祈沈，禮與？」玉人云「天子以巡守，宗祝以前馬」。注云：「其祈沈以馬，宗祝亦執勺以先之」，彼亦言祈沈者，祈沈雖非周法，引以況義，無嫌也。云「祭山林曰埋，川澤曰沈，順其性之含藏」者，經埋沈祭山林川澤揔言，不析別而説，故鄭分之。以其山林無水，故埋之，川澤有水故沈之，是其順性之重藏也。〔六〕云「疈，疈牲胷也」者，無正文，蓋據當時疈磔牲體者，脩從胷臆解析之，〔七〕故以胷言之。云「謂磔禳及蜡祭」者，案：禮記月令云九門磔禳，又十二月大儺時亦磔禳，是磔牲禳去惡氣之禮也。云「及蜡祭」者，案：彼云「蜡也者，索也」。歲十二月，合聚萬物而索享之，謂天子於周之十二月，建亥之月，於郊而爲蜡法，此所引郊特牲曰「八蜡」已下，彼據諸侯行蜡法。彼云「八蜡以記四方」，不作祀。作祀者誤。云八蜡以記四方者，謂八蜡之禮，以記四方諸侯，知順成不順成。若年不順成，則八蜡不通，以謹民財也。若四方諸侯年穀有不順四時成熟者，其八蜡不得與四方成熟之處，通祭八蜡也。云「以謹民財」者，八蜡既不通，明民不得行黨正飲酒奢侈之事，故云以謹民。謹民，謂謹節民之用財之法也。「又曰蜡之祭也。主先嗇而祭司嗇」者，彼注云：「先嗇，若神農者。司嗇，后稷是也。」云「祭百種以報嗇也」者，謂合聚萬物而索享之，以報收嗇之功，故云祭百種以報嗇也。云「享農及郵表畷」者，彼注云，農謂田畯，典田大夫。郵表畷，畷，止也。謂田畯督約百姓於井間之處也。是郵行往來，立表畷止於其下，是止息之處有神，亦祭之。云「禽獸，仁之至義之盡也」者，八蜡者，案彼祭有先嗇一也，司嗇二也，農三也，郵表畷四也，猫虎五也，坊六也，水庸七也，昆蟲八也。蜡之中有猫虎，是禽獸也。云「仁之至」者，據饗先嗇司嗇及農，是仁恩之至。義之盡者，據饗猫虎坊與水庸郵表畷之等，是義之盡。引之者，證祭亦磔牲之事也。

以肆獻祼享先王，以饋食享先王，以祠春享先王，以禴夏享先王，以嘗秋享先王，以烝冬享先王。宗廟之祭，有此六享。肆獻祼，饋食，在四時之上，則是祫也，禘也。肆者，進所解牲體，謂薦孰時也。獻，獻醴，謂薦血腥也。祼之言灌，灌以鬱鬯，謂始獻尸求神時也。郊特牲曰：「魂氣歸於天，形魄歸於地，故祭所以求諸陰陽之義也。殷人先求諸陽，周人先求諸陰。」灌是也。祭必先灌，乃後薦腥薦孰。於祫逆言之者，與下共文，明六享俱然。祫言肆獻祼，禘言饋食者，著有黍稷，互相備也。魯禮，三年喪畢，而祫於大祖；明年春，禘於羣廟。自爾以後，五年而再殷祭，〔八〕一祫一禘。○以肆，他歷反，解骨體。祼，古亂反。以禴，餘若反。以烝，之承反。是祫，户夾反。率五，音律，又音類。

「以肆」至「先王」 此一經，陳享宗廟之六禮也。此經若細而言之，即有六禮，揔而言之，則亦有三等之差。肆獻祼是祫之大祭，以饋食是禘之次祭，以春享以下是時祭之小祭。若以揔用衮冕大牢言之，此亦皆爲大祭也。故酒正注云「大祭者，王服大裘衮冕所祭」，是也。此六者皆言「享」者，對天言祀、地言祭，故宗廟言享。享，獻也，謂獻饌具於鬼神也。

注「宗廟」至「一禘」 云「宗廟之祭，有此六享」者，此則吉禮十二之中處其六也。云「肆獻祼、饋食，在四時之上，則是祫也，禘也」者，但周法有三年一祫，則文二年大事於大廟。公羊傳云：「大事者何？大祫也。大祫者何？合祭也。毁廟之主陳於大祖，未毁廟之主皆升合食於大祖。」列昭穆，序父子，是祫之義也。若殷則祫於三時，周則秋祫而已。又有五年一禘，禘則各於其廟。爾雅云「禘，大祭」者，禘是揔名。祭法：「祭天圜丘亦曰禘。」大傳云：「王者禘其祖之所自出。」謂夏正郊天亦曰禘，夏殷四時之祭，夏祭亦曰禘，但於周宗廟之祭，則有五年禘。禘雖小於祫，大於四時，亦是大祭之名也。云「肆者，進所解牲體，謂薦孰時也」者，薦孰，當朝踐後爓祭時，故禮運云：「腥其俎，孰其殽。」鄭云：「孰其殽，謂體解而爓之。」是其饋獻，獻以盎齊之節，故云薦孰時。但體解之時，必肆解以爲二十一體，故云肆也。云「獻，獻醴，謂薦血腥也」者，此是朝踐節，當二灌後，王出迎牲，祝延尸出户，坐於堂上，南面。迎牲入，豚解而腥之，薦於神坐，以玉爵酌醴齊以獻尸，后亦以玉爵酌醴齊以獻尸，故云謂薦腥也。云「祼之言灌」者，經云祼者，是古之祼字，取神示之義，故從示。鄭轉從灌者，以鬱鬯灌地降神，取澆灌之義，故從水。言「灌以鬱鬯，謂始獻尸求神時也」者，凡宗廟之祭，迎尸入户，坐於主北。先灌，謂王以圭瓚酌鬱鬯以獻尸，尸得之，瀝地祭訖，啐之，奠之，不飲。尸爲神象，灌地所以求神，故云始獻尸求神時也。言始獻，對後朝踐、饋獻、酳尸等爲終，故此稱始也。「郊特牲曰魂氣歸於天，形魄歸於地，故祭所以求諸陰陽之義也」者，人之歔吸出入之氣爲魂，耳目聰明爲魄。人死，魂氣歸於天爲陽，形魄歸於地爲陰。祭時作樂爲陽，是求諸陽。灌地爲陰，是求諸陰。故云求諸陰陽之義也。云「殷人先求諸陽，周人先求諸陰」者，此二代自相對，殷人先求諸陽，謂未灌先合樂。周人先求諸陰，謂未合樂先灌。故云求諸陰灌是也。引之者，欲見周人祭先灌之意。云「祭必先灌乃後薦腥薦孰，於祫逆言之者，與下共文，明六享俱然」者，如向所説，具先灌訖，王始迎牲，次腥其俎。腥其俎訖，乃爓。爓祭訖，始迎尸入室，乃有黍稷，是其順也。今此經先言肆，肆是饋獻節。次言獻，是朝踐節。〔九〕後言灌，灌是最在先之事，是於祫逆言之也。言「與下共文，明六享俱然」者，既從下向上爲文，即是於下五享與上祫祭，〔一〇〕皆有灌獻肆三事矣，故云六享俱然。云「祫言肆獻灌，禘言饋食者，著有黍稷，互相備也」者，祫言肆獻灌，明禘亦有之。禘言饋食，食是黍稷，則祫亦有黍稷矣。著，明也。明有黍稷互相備矣。云「魯禮，三年喪畢而祫於大祖」者，此以周衰禮廢，無文可明。春秋左氏傳云「周禮盡在魯」，即以春秋爲魯禮。今言魯禮者，指春秋而言也。春秋三年喪畢而祫於大祖，謂若文公二年秋八月，大事於大廟也。〔一一〕僖公以僖三十三年薨，〔一二〕至文二年秋八月，於禮雖少四月，猶是三年喪畢而爲祫祭也。是魯禮，三年喪畢而祫於大祖。大祖，謂周公廟，周公廟中而爲祫祭也。云「明年春，禘於羣廟」者，此明年春禘雖無正文，約僖公宣公得知矣。案：僖公八年及宣公八年皆有禘文，則知僖公宣公三年春有禘可知。何者？以文公二年祫，則知僖公宣公二年亦有祫。僖公宣公二年既爲祫，則明年是三年春禘，四年五年六年秋祫。是三年祫，更加七年八年添前爲五年禘，故僖公宣公八年皆有禘，是明年春禘明矣。故云明年春禘於羣廟也。云「自爾以後，五年而再殷祭」者，公羊傳文。殷，大也。除明年春，從四年已後，四年、五年、六年、七年、八年，八年之中，四年、五年、六年爲三年祫，七年、八年添前爲五年禘，是五年再殷祭也。云「一祫一禘」者，是禮讖文。謂五年之中爲一禘一祫也。鄭言此者，欲見肆獻祼及饋食三者爲祫禘，從三年喪畢後爲始之意也。從禋祀已下至此吉禮十二，皆歆神始。何者？案：大司樂分樂而序之云「乃奏黄鍾，歌大吕，舞雲門，以祀天神」已下。下復云「圜鍾爲宫，若樂六變，天神皆降。若樂八變，地示皆出。若樂九變，人鬼可得而禮」。鄭云：「天神則主北辰，地祇則主崐崘，人鬼則主后稷。先奏是樂以致其神，禮之以玉而祼焉。」彼先奏是樂以致其神，則天神、地示、人鬼，皆以樂爲下神始也。彼鄭云「禮之以玉」，據天地，「而祼焉」，據宗廟。則此上下天神言煙，地示言血，此宗廟六享言祼，是其天地宗廟，皆樂爲下神始，煙血與祼爲歆神始也。又案：禮器與郊特牲，皆言「郊血，大享腥，三獻爓，一獻孰」者，皆是薦饌始也。以其郊是祭天而言用血，大享是祫祭先王而言用腥，三獻是社稷而言用爓，一獻是祭羣小祀而言用熟與？此是其先，彼是其後，後爲薦饌可知，故郊言血，大享言腥，三獻言爓，一獻言熟也。

以凶禮哀邦國之憂，

哀謂救患分烖。凶禮之别有五。

「以凶」至「之憂」　此凶禮之目也。邦國者，亦如吉禮，舉外以包内之義。凡言哀者，皆謂彼凶災〔一三〕，從後以物哀之也。

注「哀謂」至「有五」　云「哀謂救患分烖」者，此據左氏僖元年夏六月，「邢遷於夷儀，諸侯城之，救患也。凡侯伯救患，分災討罪，禮也」。引之者，證哀者從後往哀之義。言救患分災討罪者，救患即邢有不安之患，諸侯城之，是救患也。分災，謂若宋災，諸侯會於澶淵，謀歸宋財，是分災也。討罪，謂諸侯無故相伐，是罪人也，霸者會諸侯共討之，是討罪也。三者皆是相哀之法，故並引之。〔一四〕

以喪禮哀死亡，哀謂親者服焉，疏者含襚。○含，户暗反，本亦作唅。襚，音遂。

注「哀謂」至「含襚」　諸經云「亡」者，多是逃亡。此經鄭不解亡，則亡與喪爲一，以其逃亡無可哀故也。云「哀謂親者服焉」者，據上文云「哀邦國之憂」，則此亦據諸侯邦國之内而言。但天子諸侯絶傍期，傍期已下無服。若始封之君不臣諸父昆弟，亦有服。今鄭云親者服焉疏者含襚者，鄭廣解哀義，不專據天子諸侯之身也。案：士喪禮「親者不將命」。注云：「大功已上，有同財之義，無歸含法。」鄭云親者服焉，據大功親以上，直有服，無含法。若小功以下，有含並有服也。若然，此據大夫已下而説。天子諸侯雖無服，其含襚則有之。故春秋「王使榮叔歸含且賵」，士喪禮「君使人襚」，明天子諸侯於臣子，皆有含襚也。

以荒禮哀凶札，荒，人物有害也。曲禮曰：「歲凶，年穀不登，君膳不祭肺，馬不食穀，馳道不除，祭事不縣，大夫不食粱，士飲酒不樂。」札讀爲截，截謂疫厲。○凶札，如字，又音截。不縣，音玄。

注「荒人」至「疫厲」　云「荒，人物有害」者，經云「荒」以爲目，下云「凶札」，則荒中有凶，是物有害。荒中兼有札，是人有害。案：司服云「大札大荒則素服」。注云「札，疫病。荒，飢饉」者，彼不以荒爲目，以荒替凶處，故彼注荒爲飢饉，不爲物有害也。「曲禮曰」以下，案：彼注「不祭肺，則不殺也。馳道不除，爲妨民取蔬食也」。皆自貶損。若然，君言不祭肺，馬不食穀，祭事不縣，則大夫士亦然。大夫言不食粱，粱加穀，士飲酒不樂，則人君日食黍稷稻粱亦貶，於飲酒亦不樂，君臣互見爲義也。云「札讀爲截，截謂疫厲」者，鄭讀從截絶之義故也。春秋有天昬札瘥，是厲鬼爲疫病之事，故云謂疫厲也。

以弔禮哀禍烖，禍烖謂遭水火。「宋大水，魯莊公使人弔焉，曰：天作淫雨，害於粢盛，如何不弔」。「廄焚，孔子拜鄉人爲火來者，拜之，士一，大夫再。亦相弔之道」。○爲火，于僞反，下荀偃爲同。

注「禍烖」至「之道」　禍烖，謂遭水火。鄭知義然者，以上下文驗之，此禍災，當水火，故引水火二事爲證也。〔一五〕案莊十一年秋，宋大水，魯人使弔之，傳例，雨三日已上爲淫。廄焚，孔子拜鄉人爲火來者，事見禮記雜記。云「亦相弔之道」者，謂亦如魯莊公弔宋事也。

以禬禮哀圍敗，同盟者合會財貨，〔一六〕以更其所喪。春秋襄三十年冬，會於澶淵，宋災故，是其類。○以禬，劉户外反，徐古外反。以更，音庚，下同。所喪，息浪反。于澶，善然反。

注「同盟」至「其類」　此經本不定。若馬融以爲「國敗」，正本多爲「圍敗」，謂其國見圍入，而國被禍敗，喪失財物，則同盟之國會合財貨歸之，以更其所喪也。必知禬是會合財貨，非會諸侯之兵救之者，若會合兵，當在軍禮之中，故知此禬是會合財貨以濟之也。故大行人云「致禬以補諸侯之災」，小行人亦云「若國師役，則命犒禬之」，是其有財貨相補之驗，故引左氏澶淵之會爲證也。案：左氏傳「爲宋災，諸侯之大夫謀歸宋財，是以冬十月，叔孫豹會晉趙武、齊公孫蠆、宋向戌、衛北宫佗、鄭罕虎，及小邾之大夫，會於澶淵，既而無歸於宋，故不書其人。君子曰：『信其不可不慎。』『澶淵之會，卿不書，不信也』」。又云「書曰某人某人，尤之也」。若然，既而無歸宋財。引者，此取本謀歸宋財一邊，義無嫌也。

以恤禮哀寇亂。恤，憂也。鄰國相憂。兵作於外爲寇，作於内爲亂。

注「恤憂」至「爲亂」　云「鄰國相憂」者，亦上云哀邦國之憂，據諸侯爲説，故鄭以鄰國解之。云「兵作於外爲寇，作於内爲亂」者，案：文公六年，魯惠伯云：〔一七〕「兵作於内爲亂，於外爲寇。」又成公十七年，長魚矯曰：「臣聞亂在外爲姦，在内爲軌。御姦以德，御軌以刑。」據此文既言寇亂，當據惠伯之言爲義也。而云哀之者，既不損財物，當遣使往諮問安不而已。

以賓禮親邦國：親，謂使之相親附。賓禮之别有八。

注「親謂」至「有八」　經既云「親邦國」，故鄭還以使諸侯相親附解之，即下文相朝聘之義是也。賓禮之别有八者，即下文八者皆以曰間之者是也。

春見曰朝，夏見曰宗，秋見曰覲，冬見曰遇，時見曰會，殷見曰同。此六禮者，以諸侯見王爲文。六服之内，四方以時分來，或朝春，或宗夏，或覲秋，或遇冬，名殊禮異，更遞而徧。朝猶朝也，欲其來之早。宗，尊也，欲其尊王。覲之言勤也，欲其勤王之事。遇，偶也，欲其若不期而俱至。〔一八〕時見者，言無常期，諸侯有不順服者，王將有征討之事，則既朝覲，王爲壇於國外，合諸侯而命事焉。春秋傳曰「有事而會，不協而盟」是也。殷猶衆也。十二歲王如不巡守，則六服盡朝，朝禮既畢，王亦爲壇，合諸侯以命政焉。所命之政，如王巡守。殷見，四方四時分來，終歲則徧。○曰朝，直遥反，注下不出者，皆同。更遞，音弟。而徧，音遍，下同。猶朝也，張遥反。

注「此六」至「則徧」　云「此六禮者，以諸侯見王爲文」者，案：此經文皆云「見」，是下於上稱見，故云諸侯見王爲文也。秋官大行人云「春朝諸侯」之等，皆云朝覲諸侯，是王下見諸侯爲文，故彼注云「王見諸侯爲文」。二者相對，爲文不同。以彼是天子見諸侯之義，故圖天下之事，以比邦國之功，皆據天子爲主，故以天子見諸侯爲文。此則諸侯依四時朝天子，故以諸侯見天子爲文。云「六服之内，四方以時分來，或朝春，或宗夏，或覲秋，或遇冬」者，諸要服以内，〔一九〕侯甸男采衛要之等。云四時分來，春，東方六服當朝之歲盡來朝。夏，南方六服當宗之歲盡來宗。秋，西方六服當覲之歲盡來覲。冬，北方六服當遇之歲盡來遇。是其或朝春，或宗夏，或覲秋，或遇冬之事也。云「朝之言朝也，欲其來之早。宗，尊也，欲其尊王。覲之言勤也，欲其勤王之事。遇，偶也，欲其若不期而俱至」者，此鄭解其名也。四方諸侯來朝覲天子，豈有别意乎？明各舉一邊，互見爲義耳。云「時見者，言無常期」者，非謂時常月，〔二〇〕直是事至之時，故云時者，言其無常期也。言諸侯有不順服，此解時之義也。云「王將有征討之事」者，諸侯既不順服，明知有征討之事也。〔二一〕云「則既朝覲，王爲壇於國外，合諸侯而命事焉」者，此司儀及覲禮所云爲壇合諸侯是也。云「命事」者，謂命以征討之事，即大行人云「時會以發四方之禁」，禁是九伐之法也。云「春秋傳曰，有事而會，不協而盟」者，此昭三年，鄭子大叔曰：「文襄之霸也，其務不煩諸侯，令諸侯三歲而聘，五歲而朝，有事而會，不協而盟。」引之者，證時會之義。但是霸者會盟諸侯，非王者法。引之者，取一邊證爲壇會盟之事同。若然，當諸侯有不順王命者不來，其順服者皆來朝覲天子，一則顯其順服，二則欲助天子征討，故來也。云「既朝覲」者，若不當朝之歲，則不須行朝覲於國中，直壇朝而已；其當朝之歲者，則於國中春夏行朝宗於王朝，受享於廟，秋冬則一受之於廟也。故鄭云「既朝覲，王爲壇於國外」也。云「殷猶衆也。十二歲王如不巡守，則六服盡朝，朝禮既畢，王亦爲壇，合諸侯以命政焉」，鄭知十二歲者，案大行人云：「十二歲，王乃巡守殷國。」若王無故，則巡守，王制及尚書所云者是也。若王有故，則此云「殷見曰同」，及大行人云殷國是也。云殷同者，六服衆皆同來。言殷國者，衆來見於王國。其事一也。鄭知爲壇於國外者，覲禮云：「諸侯覲於天子，爲宫，方三百步，四門，壇十有二尋，深四尺，加方明於其上。」鄭注云：「四時朝覲，受之於廟，此謂時會殷同也。」明知諸侯殷見，亦爲壇於國外。若巡守至方嶽然。云「所命之政，如王巡守」者，巡守命政，則王制所云「命典禮、考禮、命市納價」之類。又尚書所云「歲二月，東巡守」已下，脩王禮五玉，及協時月正日之等，皆是也。云「殷見，四方四時分來，終歲則徧」者，若四時服數來朝，則當朝之歲。大行人所云侯服年年朝，甸服二年朝，男服三年朝，采服四年朝，衛服五年朝，要服六年朝，各隨其年而朝。若殷見曰同，春則東方六服盡來，夏則南方六服盡來，秋則西方六服盡來，冬則北方六服盡來，故云四方四時分來，終歲則徧矣。

時聘曰問，殷覜曰視。時聘者，亦無常期，天子有事乃聘之焉。竟外之臣，既非朝歲，不敢瀆爲小禮。殷覜，謂一服朝之歲，以朝者少，諸侯乃使卿以大禮衆聘焉。一服朝在元年、七年、十一年。○殷覜，他弔反，一音他堯反。竟外，音境。

注「時聘」至「一年」。此經二者，〔三〕是諸侯遣臣聘問天子之事。鄭知時聘是無常期者，以其與上文時見同言時，則知此時聘亦無常期也。云「天子有事乃聘之焉」者，上時是當方諸侯不順服，其順服者，當方盡朝，無遣臣來之法，其餘三方諸侯不來。諸侯聞天子有征伐之事，則遣大夫來問天子，故云天子有事乃聘之焉。云「竟外之臣，既非朝歲，不敢瀆爲小禮」者，瀆，數也。天子無事，不敢數遣大夫聘問天子，以是故有事，乃遣大夫問也。必知時聘遣大夫不使卿者，以其經稱「問」。案：聘禮：「小聘曰問，使大夫。」此經云「曰問」，明使大夫也。云「殷覜謂一服朝之歲，以朝者少」者，以其周法，依大行人諸侯服數來朝，則有一服朝之歲，諸侯既不自朝，明使卿來聘天子，故稱殷。殷，衆也，若殷見然。云朝者少，卿來則衆也。云「諸侯乃使卿以大禮衆聘焉」者，鄭知使卿以大禮者，見聘禮大聘使卿，此既諸侯使臣代己來，明不得使大夫，故知使卿以大禮衆聘焉。使卿爲大禮，對使大夫爲小禮也。云「一服朝在元年、七年、十一年」者，鄭約大行人要服之内諸侯服數來朝，一服朝當此三年，以其侯服年年朝，甸服二年朝、四年朝、六年朝、八年朝、十年朝，十二年從天子巡守，是甸服於元年、七年、十一年無朝法，是使卿殷覜也。男服三年朝、六年朝、九年朝，十二年從天子巡守，於元年、七年、十一年亦無朝法，是亦使卿以大禮聘天子也。采服四年朝、八年朝，十二年從天子巡守，則元年、七年、十一年，亦無朝天子之法，是亦使卿以大禮聘天子也。衛服五年朝、十年朝，則元年、七年、十一年亦無朝天子法，是亦使卿以大禮聘天子也。要服六年朝，十二年從天子巡守，則元年、七年、十一年亦無朝法，是亦使卿以大禮聘也。故知一服朝在元年、七年、十一年也。

以軍禮同邦國：同謂威其不協僭差者。軍禮之别有五。○僭，子念反，沈創林反。差，初佳反，沈初宜反。

注「同謂」至「有五」　既云「同邦國」，則使諸侯邦國和同，故鄭云「同謂威其不協僭差者」，使之和協不僭差。僭差，謂若禮記郊特牲云宫縣、白牡、朱干、設錫之類，皆是諸侯之僭禮也。

大師之禮，用衆也；用其義勇。

注「用其義勇」　云「大師」者，謂天子六軍，諸侯大國三軍，次國二軍，小國一軍。出征之法用衆。鄭云「用其義勇」者，論語云：「見義不爲，無勇也。」見義，謂見君有危難，當致身授命以救君，是見義而爲，故勇義兼言，若朋友推刃，是不義而勇也。

大均之禮，恤衆也；均其地政、地守、地職之賦，所以憂民。

注「均其」至「憂民」　此大均，亦據邦國徧天下皆均之，故云大均。不患貧而患不均，不均則民患，故大均之禮，所以憂恤其衆也。鄭約地官均人云「掌均地政，均地守，均地職」。彼注云：「政，讀爲征。地征，謂地守、地職之税也。地守，衡虞之屬。地職，農圃之屬。」若然，地征者，與下地守、地職爲目也。此云「之賦」，即彼注「之税」，一也。此大均必在軍禮者，謂諸侯賦税不均者，皆是諸侯僭濫無道，致有不均之事，當合衆以均之，故在軍禮也。

大田之禮，簡衆也；〔三三〕古者因田習兵，閲其車徒之數。○閲衆，音悦。

注「古者」至「之數」　此謂天子諸侯親自四時田獵。簡，閲也。謂閲其車徒之數也。云「古者因田習兵」者，案：

書傳云：「戰者男子之事。因蒐狩以閱之。」閱之者，串之。大司馬田法引論語「不教民戰，是謂棄之」，以證因田獵爲習兵之事。云「閱其車徒」者，田獵之時，有車徒旗鼓甲兵之事，故云閱其車徒也。

大役之禮，任衆也；築宮邑，所以事民力強弱。

注「築宮」至「強弱」　鄭知有築宮邑者，詩云「築室百堵，西南其户」，是築宮也。詩又云「築城伊匹」，是築邑也。其靈臺隄防之等，皆役民力，鄭略之也。云「事民力強弱」者，論語云「爲力不同科」，是事民力之強弱也。

大封之禮，合衆也。正封疆溝塗之固，所以合聚其民。○封疆，居良反。

注「正封」至「其民」　知大封爲正封疆者，謂若諸侯相侵境界，民則隨地遷移者，則民庶不得合聚，〔二四〕今以兵往正之，〔二五〕則其民合聚。故云「大封之禮合衆也」。鄭兼言溝塗者，古境界皆有溝塗，而樹之以爲阻固，則封人云「掌畿封而樹之」者，〔二六〕是也。

以嘉禮親萬民：嘉，善也。所以因人心所善者而爲之制。嘉禮之别有六。

「以嘉禮親萬民」　餘四禮皆云「邦國」，獨此云「萬民」者，餘四禮，萬人所行者少，〔二七〕故舉邦國而言。此嘉禮六者，萬民所行者多，故舉萬人，其實上下通也。

注「嘉善」至「有六」　云「所以因人心所善者而爲之制」者，案：禮運云「飲食男女，人之大欲存焉」。此嘉禮有飲食男女之等，皆是人心所善者，故設禮節以裁制之，即下經所云者皆是也。

以飲食之禮親宗族兄弟，親者，使之相親。人君有食宗族飲酒之禮，所以親之也。文王世子曰：「族食世降一等。」大傳曰：「繫之以姓而弗別，綴之以食而弗殊，百世而昏姻不通者，周道然也。」○不別，彼列反。

「以飲」至「兄弟」　此經云飲食，亦尊卑通有。下文別有饗燕，則經云飲者，非饗燕，是私飲酒法，其食可以通燕食俱有，以其下不別云食故也。

注「親者」至「然也」　言「使之相親」者，止謂與族人行飲食，即是相親也。云「人君有食宗族飲酒之禮，所以親之也」者，謂人君與族人行食禮，並飲酒之禮，故並言之。「文王世子曰族食世降一等」者，鄭彼注云：「親者稠，疏者稀。」假令親兄弟歲四度，從父昆弟歲三度，從祖昆弟歲二度，族昆弟歲一度，是其一世降一等。云「大傳曰繫之以姓而弗別」者，子孫雖有氏族不同，皆繫之以正姓，若魯姓姬，子孫氏曰仲孫、叔孫、季孫之屬，氏族雖異，同是姓姬，故云繫之以姓而不別也。云「綴之以食而弗殊」者，謂繼別爲大宗者，與族人行食禮，相連綴，序以昭穆，而不可殊異也。云「百世而昏姻不通」者，以繫之以正姓，雖氏族異，昏姻不得通行也。云「周道然也」者，對殷道則不然。以其殷道氏族異則得昏姻也。引之者，證此經以飲食相親之事。鄭注引文王世子，據人君法。引大傳，據大夫士法，則萬民亦有此飲食之禮也。

以昏冠之禮親成男女，親其恩，成其性。○昏冠，古亂反。

「以昏」至「男女」　此一節陳昏姻冠笄之事。上句直言昏冠，專據男而言，亦有姻笄，故下句兼言男女也。若然，則昏姻之禮，所以親男女，使男女相親，三十之男，二十之女，配爲夫妻是也。冠笄之禮，所以成男女，男二十而冠，女子許嫁，十五而笄，不許亦二十而笄，皆責之以成人之禮也。

注「親其恩成其性」　案昏義，壻親迎，御輪三周。是壻親之。親之也者，使之親己，是親其恩也。云「成其性」者，〔二八〕冠義云，禮始於冠。既冠，責以爲人父、爲人子、爲人臣之禮。又內則云，二十敦行孝弟。是成其性也。

以賓射之禮，親故舊朋友，

射禮，雖王，亦立賓主也。王之故舊朋友，爲世子時，共在學者。天子亦有友諸侯之義。武王誓曰「我友邦冢君」是也。司寇職有議故之辟，議賓之辟。

「以賓」至「朋友」　言「以賓射之禮」者，謂若射人，王以六耦射三侯，三獲，三容，五正，是賓射之侯也。以此賓射之禮者，謂行燕飲之禮，乃與之射，所以申歡樂之情，故云親故舊朋友也。

注「射禮」至「之辟」　云「射禮，雖王，亦立賓主也」者，案大射禮，以大夫爲賓主。案：此云王以賓射之禮，既行燕飲之禮，明知王亦立賓主也。云「王之故舊朋友，爲世子時共在學者」，若據即位爲王已後，〔二九〕亦有以臣爲朋友，不得云故舊。今云故舊朋友，明據未爲王時。案文王世子，周公居攝，成王與伯禽在學，與學子同居。又王制有王大子，是爲世子時共在學者也。云「天子亦有友諸侯之義」，即所引泰誓「武王誓曰，我友邦冢君」，是天子有友諸侯之義。言此者，欲見經云朋友，亦含諸侯在其中。案洛誥，周公謂成王云「孺子其朋」，彼以成王以臣爲朋友，則此朋友之中可以兼之矣。引「司寇職有議故之辟，議賓之辟」者，證諸侯爲賓，及王之故舊，皆在議限，與此經故舊朋友，並得爲賓射相親之事也。

以饗燕之禮，親四方之賓客，

賓客，謂朝聘者。

注「賓客謂朝聘者」　此經饗燕並言，殊食於上者，食無獻酢之法，故別言於上，與私飲同科。此饗燕，謂大行人云〔三〇〕「上公三饗三燕，侯伯再饗再燕，子男一饗一燕」。饗，亨大牢以飲賓，獻依命數，在廟行之。燕者，其牲狗，行一獻四舉旅，降脱屨，升坐，無筭爵，以醉爲度，行之在寢。此謂朝賓若聘客，則皆一饗，其燕與時賜無數，是親四方賓客也。

以脤膰之禮，親兄弟之國，脤膰，社稷宗廟之肉，以賜同姓之國，同福禄也。兄弟，有共先王者。魯定公十四年，天王使石尚來歸脤。○脤，上忍反。膰，音煩。

注「脤膰」至「歸脤」　兄弟之國，謂同姓諸侯，若魯衛晉鄭之等，凡受祭肉者，受鬼神之祐助，〔三二〕故以脤膰賜之，是親之同福禄也。鄭揔云脤膰社稷宗廟之肉，分而言之，則脤是社稷之肉，膰是宗廟之肉。是以成十三年：「公及諸侯朝王，遂從劉康公、成肅公會晉侯伐秦。成子受脤於社，不敬。」注云：「脤，宜社之肉也。盛以蜃器，故曰脤。」劉子曰：「國之大事，在祀與戎。祀有執膰，戎有受脤。」注云：「膰，祭肉。」又案：異議左氏說：「脤，社祭之肉，盛之以蜃。宗廟之肉名曰膰。」以此言之，則宗廟之肉曰膰，社稷之肉曰脤之驗也。而公羊、穀梁皆云「生居俎上曰脤，熟居俎上曰膰」，非鄭義耳。對文脤爲社稷肉，膰爲宗廟肉，其實宗廟社稷，器皆飾用蜃蛤，故掌蜃云「祭祀，共蜃器之蜃」。注云：「飾祭器。」是其祭器皆飾以蜃也。云「兄弟，有共先王者」，謂若魯與周同承文王，鄭與周同承厲王，如此之輩，與周同立廟，是共先王也。云「定公十四年，天王使石尚來歸脤」者，石尚，天子之上士，故稱名氏。言來者，自外之辭。歸者，不反之稱。是天子祭社，使來歸脤。引之，證同姓有歸脤之事。此文雖主兄弟之國，至於二王後及異姓有大功者，得與兄弟之國同，故僖九年夏，王使宰孔賜齊侯胙，曰：「天子有事於文武，使孔賜伯舅胙。」注云：「胙，膰肉。」周禮以脤膰之禮，親弟兄之國，不以賜異姓，敬齊侯，比之賓客。」又僖公二十四年，宋成公如楚，還，入於鄭。鄭伯將享之，問禮於皇武子，對曰：「宋，先代之後也，於周爲客，天子有事膰焉，有喪拜焉。」是二王後，及異姓有大功者，亦得脤膰之賜，是以大行人直言「歸脤以交諸侯之福」。不辨同姓異姓，是亦容有非兄弟之國，亦得脤膰也。

以賀慶之禮，親異姓之國。異姓，王昏姻甥舅。

「以賀」至「之國」　言「賀慶」者，謂諸侯之國有喜，可賀可慶之事，王使大夫往以物賀慶之，〔三二〕可施及異姓之國，所以親之也。雖主異姓，其同姓有賀慶可知，故舉異姓包同姓也。是以大行人云「賀慶以贊諸侯之喜」，不別同姓異姓，則兼同姓可知。

注「異姓」至「甥舅」　若據男女身，則男曰昏，女曰姻。若以親言之，則女之父曰昏，壻之父曰姻。言甥舅者，嫁女與之則爲甥，王娶女來則爲舅，揔是昏姻之國也。

以九儀之命，正邦國之位：每命異儀，貴賤之位乃正。春秋傳曰：「名位不同，禮亦異數。」

「以九」至「之位」　此一經，與下文爲揔目，以其大宗伯掌五禮，禮所以辨尊卑，故以九儀之命正諸侯邦國之位，使之不有僭濫也。〔三三〕

注「每命」至「異數」　云「每命異儀，貴賤之位乃正」者，下文從一命以至九命，各云所受賜貴賤不同，即此經以九儀之命正邦國之位，事義相成，故云貴賤之位乃正。正則不僭濫也。引春秋傳曰「名位不同，禮亦異數」者，證每命異儀。

壹命受職，始見命爲正吏，謂列國之士，於子男爲大夫，王之下士亦一命。鄭司農云：「受職，治職事。」○見命，如字，下士相見同。

注「始見」至「職事」　云「始見命爲正吏」者，對府史胥徒非正吏。以其府史胥徒，皆官長所自辟除，未得王之命，故以士得王命者爲正吏也。云「謂列國之士」者，謂公侯伯爲列國，下云七命賜國。鄭注孝經云：「列土封疆，謂之諸侯。」〔三四〕亦據公侯伯七命賜國，則子男不得爲列國也。典命「公侯伯之士一命」，故鄭以列國之士解之也。

云「於子男爲大夫」者，典命「子男大夫一命」，是也。云「王之下士亦一命」者，無正文，直以序官有上士、中士、下士之名，又典命大夫四命之下空文，宜有三命、二命、一命，故以王之下士一命解之。若然，典命不見王之士三命已下者，以其四命已上有出封之理，故下云其出封皆加一等。士無出封之理，故不言。以義推之，則士有三命已下也。先鄭云「受職治職事」者，設官分職，止爲治事，故以治職事解之也。

再命受服，鄭司農云：「受服，受祭衣服，爲上士。」玄謂此受玄冕之服，列國之大夫再命，於子男爲卿。卿大夫自玄冕而下，如孤之服。王之中士亦再命，則爵弁服。〔三五〕

注「鄭司」至「弁服」 先鄭云「受服受祭衣服，爲上士」者，祭衣服，雖不指斥服名，以義推之，先鄭云「爲上士」，則服爵弁服也。言爲上士者，上一命，先鄭雖不言王之中士、下士同一命，此言再命爲上士，則王之中士、下士同一命可知也。「玄謂此受玄冕之服」者，以司服云，孤絺冕，卿大夫同玄冕，此云再命受服，明據玄冕也。云「列國之大夫再命」者，亦據典命公侯伯之大夫同再命而知。云「於子男爲卿」者，亦據典命而言也。云「卿大夫自玄冕而下，如孤之服」者，此亦據司服之文。案：玉藻注云：「諸侯之臣，皆分爲三等，其妻以次受此服。」則公之有孤之國，孤絺冕，卿大夫同玄冕。若無孤之國，則公侯伯子男卿絺冕，大夫玄冕，士皆爵弁。若然，此注云「於子男爲卿」，卿當絺冕矣。鄭云「卿大夫自玄冕而下，如孤之服」者，據司服之成文而言也。云「王之中士亦再命」者，上文已差訖。云士則爵弁服者，凡言士者，無問天子士、諸侯士，例皆爵弁以助祭也。若然，司服不見爵弁者，以其王吉服有九，自公已下轉相如。其爵弁，於天子諸侯非吉所用，故不言。案士冠禮皆有爵弁服，是士之助祭服，故士以爵弁爲正也。案：先鄭解此九儀，皆先言王臣，後鄭皆諸侯爲首，以王臣亦之者，後鄭見上云正邦國之位，故以諸侯爲首，後以王臣亦之，得其理也。

三命受位，鄭司農云：「受下大夫之位。」玄謂此列國之卿，始有列位於王，爲王之臣也。王之上士亦三命。

注「鄭司」至「三命」　先鄭云「受下大夫之位」，先鄭意以上士二命，下大夫三命，上大夫四命。案：王制云：「次國之下卿，位當大國之上大夫；小國之下卿，位當大國之下大夫。」則諸侯之五大夫有上下。案：序官有中大夫、下大夫，則中大夫亦得名爲上大夫矣。故先鄭以下大夫三命，上大夫四命，即典命大夫四命者，是上大夫也。後鄭不從者，以侯伯子男名位不同，侯伯猶同七命，子男猶同五命，況中大夫、下大夫名位既同，何嫌不得同命也。是以典命唯見大夫四命，是兼中下大夫，故不從先鄭也。「玄謂此列國之卿，如有列位於王，〔三六〕爲王之臣」者，諸侯之卿大夫，皆得聘天子，今於三命乃云始有列位於王，爲王之臣者，以其再命已下卑，雖得聘天子，不得言位於王朝，是以據列國之卿而言。故曲禮云：「列國之大夫，入天子之國，曰某士。」注引春秋晉士起，亦據晉國之卿三命，而於天子稱士，與天子三命之士同稱士，即爲王臣也。

四命受器，鄭司農云：「受祭器爲上大夫。」玄謂此公之孤始得有祭器者也。禮運曰：「大夫具官，祭器不假，聲樂皆具，非禮也。」王之下大夫亦四命。

注「鄭司」至「四命」　先鄭云「受祭器爲上大夫」，上已破訖。「玄謂此公之孤始得有祭器者也」者，曲禮云：「大夫有田者，先爲祭服，後爲祭器。」則儀禮少牢用成牲，皆是有地大夫，則自得造祭器。今云公之孤四命始得有祭器者，但未四命已前，有地大夫雖得造祭器，祭器未具，猶假之使足，至四命即具有，言始有祭器者，據始得具祭器而言。引禮運者，證未四命已前祭器須假之意。云「王之下大夫亦四命」者，約典命文。

五命賜則，鄭司農云：「則者，法也。出爲子男。」玄謂則，地未成國之名。王之下大夫四命，出封加一等，五命，賜之以方百里、二百里之地者，方三百里以上爲成國。〔三七〕王莽時以二十五成爲則，方五十里，合今俗説子男之地，獨劉子駿等識古有此制焉。○以上，時掌反。

注「鄭司」至「制焉」　先鄭云「出爲子男」者，司農據典命而言。「玄謂則地未成國之名」者，對下文「七命賜國」是成國，此五命子男言「則」，是未成國。但成國之賦有三：若以出軍言之，春秋襄公傳云「成國不過半天子之軍」，謂據公五百里而言，以其侯伯爲次國二軍故也。若以執圭爲成國而言，可及伯，即下經「七命賜國」者是也。若以千乘爲成國言之，唯公及侯，以其伯三百里不得出千乘，故鄭注論語云「公侯之封，乃能容之」，是也。「王之下大夫四命，出封加一等，五命」，亦是典命文。云「賜之百里二百里之地」者，大司徒職文。云「方三百里以上爲成國」者，此據下文七命賜國而言也。云「王莽時以二十五成爲則」者，此舉後代以況義。二十五成，與夏殷五十里國，亦與周時百里、二百里之國同名則，故云則方五十里。云「合今俗説子男之地」者，時有孟子、張、包、周及何休等，並不信周禮有五百里已下之國，以王制百里、七十里、五十里等爲周法，故鄭指此等人爲俗説也。云「獨劉子駿等識古有此制焉」者，言劉子駿等，則有馬融、鄭司農及杜子春等，皆信周禮有五百里已下之國，周公大平制禮所定法，故云識古有此制也。引此諸文者，證時有解則爲五十里者故也。

六命賜官，鄭司農云：「子男入爲卿，治一官也。」玄謂此王六命之卿賜官者，使得自置其臣，治家邑如諸侯。春秋襄十八年冬，晉侯以諸侯圍齊，荀偃爲君禱河，既陳齊侯之罪，(三八)而曰曾臣彪將率諸侯以討焉，(三九)其官臣偃實先後之。○彪，甫休反。實先，悉薦反，下先時同。後之，胡豆反。

注「鄭司」至「後之」　先鄭云「子男入爲卿，治一官」，此後鄭不從者，案：典命唯有出封加一等，無入加之文，則出有加，入無加。今以子男五命入加一等，爲王朝六命卿，於理不可，且凡此上下文所言賜受者，皆是自外之事，今言賜官，則是此六命之人使已有之，今以賜官爲賜當身治一官，亦不可，故後鄭皆不從也。先鄭之義，出加入亦加。若毛君之義出加入減，故晉詩云「豈曰無衣六兮」，毛傳云：「天子之卿六命，車旗衣服以六爲節。」是出加入減也。後鄭不從者，諸侯入爲王卿大夫，其尊如故，以爲榮，何得入則減之乎？指如鄭武公、桓公，並入爲王之司徒，詩人美之，若減，何美之有乎？明入不減。鄭君之義，出加入不減，依於在國。若言六兮者，以晉侯入爲王卿，謙不敢必當七命之服，故云六兮耳。「玄謂此六命之卿賜官者，使得自置其臣，治家邑如諸侯」者，案：載師有小都、大都。大都，謂三公、王子母弟所食邑。小都，王之卿六命所食邑。如此六命已上賜之官，使得自置其臣，治家邑如諸侯。此則大宰云「施則於都鄙，建其長，立其兩」已下。是三公、王子母弟得立官，如畿外諸侯，但少一卿，不足於諸侯而已。言家邑，雖與大夫家邑同名，此則大都、小都也。卿大夫稱家，故言家邑，以表大小都耳。引春秋者，證諸侯以臣爲官，故荀偃自於晉侯稱官，畿内諸侯臣亦稱官，此經是也。荀偃對河神，故稱其君名，諸侯於外事皆稱曾臣。言「先後」者，先後，謂左右，謂荀偃左右晉侯也。

七命賜國，王之卿六命，出封加一等者。鄭司農云：「出就侯伯之國。」

注「王之」至「之國」　此後鄭、先鄭所云，皆據典命而言，以其王之卿六命，出封加一等，即七命，是侯伯之國者也。

八命作牧，謂侯伯有功德者，加命得專征伐於諸侯。鄭司農云：「一州之牧。王之三公亦八命。」

注「謂侯」至「八命」　案：曲禮云，牧於外曰侯。是牧本爵稱侯矣。一州二百一十國，選賢侯爲牧。今鄭兼言伯者，牧用侯伯不定，其牧若有賢侯，則用侯；若無賢侯，則用伯可也。故鄭兼言伯，其牧下二伯，亦或用侯，或用伯，故詩旄丘「責衛伯」。鄭云衛康叔之封爵稱侯，今曰伯，時爲州伯，是牧下二伯亦用侯也。云「加命得專征伐於諸侯」者，侯伯七命，今云八命作牧，明是侯伯加命也。云得專征伐者，案：王制云「諸侯賜弓矢，然後專征伐」，並據州牧而言。以其弓矢之賜，州内有臣殺君，子殺父，不請於天子，得專征伐之。先鄭云「一州之牧」，牧，養也，即大宰「一曰牧，以地得民」，是也。云「王之三公亦八命」，典命文。

九命作伯。上公有功德者，加命爲二伯，得征五侯九伯者。鄭司農云：「長諸侯爲方伯。」

注「上公」至「方伯」　典命云：「王之三公八命」，是上公矣，今云九命，明有功德加一命，爲二伯也。「二伯」之文，出於曲禮。案：曲禮云：「五官之長曰伯，是職方。」鄭引公羊傳云：「自陝以東，周公主之；自陝以西，召公主之。」是東西二伯也。云「得征五侯九伯者」，僖公四年左氏傳云：「昔召康公命我先君大公曰：五侯九伯，汝實征之，以夾輔周室。」賈、服之等諸侯，九州之伯。〔四〇〕若然，與天子何殊，而爲夾輔乎？故鄭以爲五侯者，九州有九牧，牧即侯，但二伯共分，各得四侯半，侯不可分，故二伯皆言五侯也。言九伯者，九州有十八伯，各得九伯，故云九伯也。此二伯，其有違逆者，各征半天下，故云五侯九伯，汝實征之也。引之者，證二伯尊，得征半天下之事也。先鄭云「長諸侯爲方伯」者，公羊傳云，上無明天子，下無賢方伯。方伯可及州牧並二伯，故云方伯。伯，長也，是一方之長也。

以玉作六瑞，以等邦國；等猶齊等也。

注「猶齊等也」　此經與下爲揔目，有此王之鎮圭，〔四一〕而言邦國者，以邦國爲主也。言「等猶齊等」者，案禮記雜記，贊大行云：「博三寸，厚半寸，剡上，左右各寸半。」其長短，即玉人所云皆依命數，是其圭法也。既命諸侯，當齊等之，使不違法也。

王執鎮圭，鎮，安也，所以安四方。鎮圭者，蓋以四鎮之山爲瑑飾，〔四二〕圭長尺有二寸。○瑑，直轉反。

注「鎮安」至「二寸」　此鎮圭，王祭祀時所執，故典瑞云：「王晉大圭，執鎮圭，繅藉五采五就以朝日」，則餘祭祀亦執之。云「鎮，安也，所以安四方」者，以職方九州，州有一大山，以爲其州之鎮，此鎮圭亦所以鎮安四方也。云「鎮圭者，蓋以四鎮之山爲瑑飾」者，以其諸侯圭皆以類爲瑑飾，此字爲四鎮之字，明以四鎮之山爲瑑飾也。無正文，故云「蓋」以疑之。四鎮者，謂揚州之會稽，青州之沂山，幽州之醫無閭，冀州之霍山，是也。云「圭長尺二寸」者，案：玉人云「鎮圭尺有二寸天子守之」，是也。

公執桓圭，公，二王之後及王之上公。雙植謂之桓。桓，宮室之象，所以安其上也。桓圭蓋亦以桓爲瑑飾，圭長九寸。

注「公二」至「九寸」 此所執謂朝時。案聘禮、禮記及典瑞所云者，是已下皆據朝時也。云「公，二王之後」者，案：孝經援神契云：「二王之後稱公，大國稱侯，皆千乘。」是二王後稱公。云「及王之上公」者，典命「上公之禮」及此上之「九命作伯」，皆是王之上公也。云「雙植謂之桓」者，桓，謂若屋之桓楹。案：檀弓云：「三家視桓楹。」彼注四植謂之桓者，彼據柱之豎者而言。桓若豎之，則有四稜，故云四植，植，即稜也。此於圭上而言，下二稜著圭不見，唯有上二稜，故以雙言之也。云「桓，宮室之象，所以安其上也」者，以其宮室在上，須得桓楹乃安，若天子在上，須諸侯衛守乃安，故云安其上也。云「桓圭蓋亦以桓爲瑑飾」者，以無正文，故亦云「蓋」也。云「圭長九寸」者，案：玉人云「桓圭九寸，公守之」，是也。

侯執信圭，伯執躬圭，「信」當爲「身」，聲之誤也。身圭、躬圭，蓋皆象以人形爲瑑飾，文有麤縟耳。欲其慎行以保身。圭皆長七寸。○信圭，音身。麤縟，音辱。慎行，下孟反。

注「信當」至「七寸」 鄭必破「信」爲「身」者，古者舒申字皆爲信，故此人身字亦誤爲信，故鄭云聲之誤也。云「身圭、躬圭，蓋皆象以人形，爲瑑飾」者，以其字爲身躬，故鄭還以人形解之。云「文有麤縟耳」者，縟，細也。以其皆以人形爲飾，若不麤縟爲異，則身躬何殊而別之？故知文有麤縟爲别也。云「欲其慎行以保身」者，此鄭約上下圭爲義，〔四三〕既以人身爲飾，義當慎行保身也。云「圭皆七寸」者，案：玉人云「信圭躬圭七寸，侯伯守之」，是也。

子執穀璧，男執蒲璧。穀所以養人，蒲爲席，所以安人。二玉蓋或以穀爲飾〔四四〕，或以蒲爲瑑飾。璧皆徑五寸。不執圭者，未成國也。

注「穀所」至「國也」「穀所以養人，蒲爲席，所以安人。二玉蓋或以穀爲飾，或以蒲爲瑑飾」者，此亦無正文，故亦言「蓋」以疑之。言「或」者，非疑，以其二玉用物不同，故云或耳。云「璧皆徑五寸」者，案：玉人爛脱，大行人有五寸之文也。云「不執圭者，未成國也」者，據上文「五命賜則」，是未成國也。

以禽作六摯，以等諸臣：摯之言至，所執以自致。○六摯，音至，本或作贄。

注「摯之」至「自致」此亦與下爲揔目。案：下文有「孤執皮帛」，而此云「以禽」者，據羔已下，以多爲主也。案莊公傳，「男贄，大者玉帛，小者禽鳥」。尚書五玉亦云贄，則玉亦是贄。此上下文玉爲瑞，禽云摯者，此以相對爲文，故王以下言瑞。天子受瑞於天，諸侯受瑞於天子，諸臣無此義〔四五〕，故以摯爲文。鄭云「摯之言至，執之以自致」者，案：士相見〔四六〕，新升爲士，皆執摯乃相見，卿大夫亦然。至於五等諸侯朝聘天子，及相朝聘，皆執摯以自致，乃得見主人，故以「至」解摯也。

孤執皮帛，卿執羔，大夫執鴈，士執雉，庶人執鶩，工商執雞。皮帛者，束帛而表以皮爲之飾。皮，虎豹皮。帛，如今璧色繒也。羔，小羊，取其羣而不失其類。鴈取其候時而行。雉取其守介而死，不失其節。鶩取其不飛遷。雞取其守時而動。曲禮曰「飾羔鴈者以繢」，謂衣之以布而又畫之者。自雉以下，執之無飾。士相見之禮，卿大夫飾摯以布，不言繢。此諸侯之臣與天子之臣異也。然則天子之孤飾摯以虎皮，公之孤飾摯以豹皮與？此孤卿大夫士之摯，皆以爵，不以命數。凡摯無庭實。○鶩，音木。守介，音界，或作分，扶問反。以繢，胡對反。衣之，於既反。皮與，音餘。

注「皮帛」至「庭實」　凡此所執，天子之臣尊，諸侯之臣卑，雖尊卑不同，命數有異，爵同則摯同。此文雖以天子之臣爲主，文兼諸侯之臣〔四七〕，是以士相見，卿大夫士所執，亦與此同，但飾有異耳。鄭云「皮帛者，束帛而表以皮爲之飾」者，案：聘禮「束帛如璧」，又云「束帛乘馬」，故知此帛亦束。束者，十端，每端丈八尺，皆兩端合卷，摠爲五匹，故云束帛也。言表以皮爲之飾者，凡以皮配物者，皆手執帛以致命，而皮設於地，謂若小行人圭以馬，璋以皮，皮馬設於庭，而圭璋特達，以升堂致命也。此言以皮爲之飾者，孤相見之時，以皮設於庭，手執束帛而授之，但皮與帛爲飾耳。云「皮虎豹皮」，知者，見禮記郊特牲云「虎豹之皮，示服猛」，且皮中之貴者，勿過虎豹，故知皮是虎豹皮也。云「帛，如今璧色繒也」者，但玉有五色，而言璧色繒，蓋漢時有璧色繒，故鄭舉以言之，〔四八〕故云如今璧色繒。其璧色繒，未知色之所定也。云「羔，小羊，取其羣而不失其類」者，凡羊與羔，皆隨羣而不獨，故卿亦象焉而不失其類也。云「鴈取其候時而行」者，其鴈以北方爲居，但隨陽南北。木落南翔，冰泮北徂，其大夫亦當隨君無背。云「雉取其守介而死，不失其節」者，但雉性耿介，不可生服，其士執之，亦當如雉耿介，爲君致死，不失節操也。云「鶩取其不飛遷」者，庶人府史胥徒，新升之時執鶩，鶩即今之鴨。是鶩既不飛遷，執之者，象庶人安土重遷也。云「雞取其守時而動」者，但工或爲君興其巧作，商或爲君興販來去，故執雞，象其守時而動。云「曲禮曰飾羔鴈者以繢，謂衣之以布，而又畫之者」，鄭意以經所執，天子之臣與諸侯之臣同，欲見飾之有異耳。云「自雉以下執之無飾」者，〔四九〕欲見天子士諸侯士同，皆無布飾，以其士卑，故不異。又引士相見已下者，欲以天子諸侯卿大夫飾摯者異，明天子孤、諸侯孤，皮亦不同。此約卿大夫以明孤，無正文，故言「與」，以疑之也。云「此孤卿大夫士之摯，皆以爵，不以命數」者，但天子孤卿六命，大夫四命，上士三命，中士再命，下士一命。諸侯孤四命。公侯伯卿三命，大夫再命，士一命。子男卿再命，大夫一命，士不命。但爵稱孤皆執皮帛，爵稱卿皆執羔，爵稱大夫皆執鴈，〔五〇〕爵稱士皆執雉。庶人已下，雖無命數及爵，皆執鶩。天子諸侯下皆同，故云皆以爵不以命數也。云「凡摯無庭實」者，案：士相見，皆不見有庭實，對享、私覿、私面之等有庭實，故此言無也。

校勘記

〔一〕五嶽之匹　「匹」，婺、岳本同，建本作「四」。疑作「匹」是。

〔二〕八蜡以記四方　「記」，婺、建、余、岳、嘉靖本同，閩、監、毛本作「祀」，阮校云：「祀」誤。

〔三〕祭百種以報嗇也　「種」，婺、岳、阮本同，建本誤作「貍」。

〔四〕謂暫作后土無有代者　孫詒讓云：「暫作后土」下，據詩甫田疏有「后土轉爲社」五字，此删去，文義遂不可解。

〔五〕今在廬江　「江」，元、正、聞本同，監、毛、阮本作「山」。

〔六〕是其順性之重藏也　「其順」，惠校本作「順其」。「重」，阮本作「含」，當是。

〔七〕脩從胷臆解析之　「脩」，阮本作「皆」，當是。

〔八〕五年而再殷祭　建、嘉靖本同，余、岳、閩、監、毛、阮本「五」上有「率」字。阮校云，依釋文則有「率」字，依賈疏則無。孫詒讓云，王制注亦無「率」字。

〔九〕次言獻是朝踐節　盧文弨云，當從通考重一「獻」字。

〔一〇〕即是於下五享與上祫祭　元、正、聞、閩、阮本脱「是」字。

〔一一〕大事於大廟也　「也」，元、正、聞本同，閩、監、毛、殿、阮本作「躋」，屬下讀。

〔一二〕僖公以僖三十三年薨　惠校本同。阮本無「以」字。

〔一三〕皆謂彼凶災　「彼」，元、正、聞本同，閩、監、毛、殿、阮本作「被」。疑作「被」是。

〔一四〕故並引之　元、閩、閩、阮本「并」下衍「代」字。
〔一五〕故引水火二事爲證也　阮本無「故引水火」四字。
〔一六〕同盟者合會財貨　「合會」，婺、建、余、岳、嘉靖本同，閩、監、毛本作「會合」，與賈疏同。
〔一七〕文公六年魯惠伯云　孫詒讓云，叔仲惠伯語見文七年，此誤。
〔一八〕欲其若不期而俱至　「俱」，婺、建、余、岳、嘉靖本同，與賈疏引注合，閩、監、毛本作「偶」。
〔一九〕諸要服以内　「諸」，阮本作「謂」。
〔二〇〕非謂時常月　阮校云，疑當作「謂非常時月」。
〔二一〕明知有征討之事也　監、毛本「討」改「伐」。
〔二二〕此經二者　元、正、閩、阮本作「此二經者」，疑誤。
〔二三〕大田之禮簡衆也　阮校云，唐石經、諸本同，釋文「閱衆音悦」。釋曰：「簡閱也。」此或音注「閱其車徒之數」而誤涉經文。孫詒讓云，此蓋注「閱其」作「閱衆」。
〔二四〕則民庶不得合聚　「則」，阮本作「其」，閩本剜改「其」爲「則」，監、毛本承之。
〔二五〕今以兵往正之　「往」，阮本作「而」，閩、監、毛本「而」改「往」。
〔二六〕則封人云掌畿封而樹之者　「掌」，閩、阮本作「爲」。
〔二七〕萬人所行者少　「人」，元、正、閩本同，監、毛、殿、阮本作「民」。下疏「萬人」同。
〔二八〕云成其性者　「性」，阮本作「姓」，誤。
〔二九〕若據即位爲王已後　惠校本同，元、正、閩、阮本脱「即」字。
〔三〇〕謂大行人云　孫詒讓云，此掌客文，賈疏誤。

〔三一〕受鬼神之祐助　「祐」，元本同，閩、閩、殿、阮本作「佑」。

〔三二〕王使大夫往以物賀慶之　「大夫」，阮本作「人異」。阮校云，「異」字誤，閩本改「夫」，監、毛本「人異」改「大夫」。疑作「大夫」是。

〔三三〕使之不有僭濫也　「濫」，元、正、閩、阮本作「差」。

〔三四〕列土封疆謂之諸侯　「土」，閩、監、阮本同，毛本作「士」。阮校云，依賈疏，此當作「列士」，謂列國之士，則毛本是。

〔三五〕則爵弁服　浦鏜云，「則」上脱「士」字。阮校云，據賈疏，亦當有「士」字。

〔三六〕如有列位於王　「如」，阮本作「始」，與注同，當是。

〔三七〕賜之以方百里二百里之地者方三百里以上爲成國　臧禮堂云，春秋襄十四年正義引此注云：「賜之以方百里、二百里、三百里之地者，方四百里以上爲成國」，今本「二百里」下脱「三百里」三字，「四百里」作「三百里」，誤甚，當據此訂正。

〔三八〕既陳齊侯之罪　「既」，嫈、岳本同，建本作「曰」。

〔三九〕而曰曾臣彪將率諸侯以討焉　「曾」，原作「魯」，建本同誤，據嫈、岳、阮本改。

〔四〇〕賈服之等諸侯九州之伯　阮校云，閩本上「之」字剜擠作「云五」二字，監、毛本承之。孫詒讓云，杜注曰「五等諸侯，九州之伯」，當即本賈、服，蓋「云」誤「之」，「五」字奪。

〔四一〕有此王之鎮圭　元、正、閩、閩、阮本同，監、毛、殿本「有此」作「此有」。

〔四二〕蓋以四鎮之山爲瑑飾　「瑑」，嫈、嘉靖本同，建、岳、阮本作「琢」。此卷内同，不復出校。

〔四三〕此鄭約上下圭爲義　「鄭」，元本同，閩、閩、殿、阮本作「則」，疑作「鄭」是。

〔四四〕二玉蓋或以穀爲飾　段玉裁云，「爲」下脱「瑑」字。案，疏引注亦無此字，段説未塙。

〔四五〕諸臣無此義　「諸」，閩、監、毛本同，正、閩、阮本作「謂」，疑誤。

〔四六〕案士相見　「相」，元本同，正、聞、阮本作「謁」。當作「相」是。

〔四七〕文兼諸侯之臣　殿本「文」作「又」。浦鏜云，「文」當「亦」字譌，或改作「又」。

〔四八〕故鄭舉以言之　漢制考「以」作「而」。

〔四九〕云自雉以下執之無飾者　殿本同，元、聞、閩、阮本無「以」字。

〔五〇〕爵稱大夫皆執鴈　惠校本同，阮本脱「稱」字。

周禮注疏卷第二十

以玉作六器，以禮天地四方：禮，謂始告神時薦於神坐。書曰「周公植璧秉圭」是也。○神坐，才臥反，後神坐放此。植璧，音值，又時力反，一音置。

注「禮謂」至「是也」　言「作六器」者，此據禮神則曰器，上文人執則曰瑞，對此文義爾。若通而言之，禮神雖不得言瑞，人執者亦曰器，故聘禮云：「圭璋璧琮，凡四器者，唯其所寶，以聘可也。」尚書亦以五瑞爲五器，卒乃復，是其人執亦曰器也。云「禮，謂始告神時薦於神坐」者，此以玉禮神，在作樂云作後，〔一〕故鄭注大司樂云：「先奏是樂，以致其神，禮之以玉而裸焉。」是其以玉禮神，與宗廟裸同節。若然，祭天當實柴之節也。「書曰周公植璧秉圭是也」者，〔二〕此金縢文。彼以周公請天代武王死之說，爲三壇同墠，又爲壇於南方，周公於前也焉，〔三〕告大王、王季、文王，故植璧於三王之坐，手秉桓圭。〔四〕引之者，證植璧於神坐之側事也。

以蒼璧禮天，以黄琮禮地，以青圭禮東方，以赤璋禮南方，以白琥禮西方，以玄璜禮北方。此禮天以冬至，謂天皇大帝，在北極者也。禮地以夏至，謂神在崐崘者也。禮東方以立春，謂蒼精之帝，〔五〕而大昊、句芒食焉。禮南方以立夏，謂赤精之帝，而炎帝、祝融食焉。禮西方以立秋，謂白精之帝，而少昊、蓐收食焉。禮北方以立冬，謂黑精之帝，而顓頊、玄冥食焉。禮神者必象其類：璧圜，象天；琮八方，象地；圭鋭，象春物初生；半圭曰璋，象夏物半死；琥猛象秋嚴；半璧曰璜，象冬閉藏，地上無物，唯天半見。○黄琮，才宗反。赤璋，音章。白琥，音虎。玄璜，音黄。混，户本反，本又作崑，音昆。淪，音倫，本又作崙，魯門反。

注「此禮」至「半見」　云「此禮天以冬至，謂天皇大帝在北極者也」者，青圭已下有五天，明此蒼璧禮天者，是冬至祭圓丘者。案：大司樂云：「以雷鼓雷鼗，雲門之舞，冬日至，於地上之圓丘奏之，若樂六變，則天神皆降，」〔六〕是也。云「禮地以夏至，謂神在崐崘者也」者，崐崘與昊天相對，蒼璧禮昊天，明黄琮禮崐崘大地可知，故大司樂云：「以靈鼓靈鼗，夏日至，於澤中之方丘奏之，若樂八變，則地示皆出，」是也。故鄭彼云：「天神則主北辰，地示則主崐崘。」是即與此同也。云「禮東方以立春，謂蒼精之帝」者，此已下，皆據月令四時迎氣，皆在四立之日，故以立春、立夏、立秋、立冬言之也。知皆配以人帝人神者，亦據月令四時十二月，皆陳人帝人神。彼止爲告朔於明堂，及四時迎氣配天帝而言。告朔於明堂，告五人帝，告五人神，配以文王、武王。必知迎氣亦有五人帝、五人神者，以其告朔入明堂，〔七〕至秋揔享五帝於明堂，皆以五人帝、五人神配天。若然，迎氣在四郊，還是迎五天帝，明知五人帝、五人神亦配祭可知。以其自外至者無主不止，故皆以人帝、人神爲配也。言蒼精、赤精、白精、黑精者，皆據春秋緯運斗樞云，大微宫有五帝坐星。文耀鉤亦云靈威仰之等而説也。云「禮神者必象其類」者，即璧圜已下，是象其類也。案：爾雅云：「肉倍好謂之璧，好倍肉謂之瑗，〔八〕肉好若一謂之環」。是璧圜也。云「琮八方象地」者，天圜以對地方，地有四方，是八方也。云「圭鋭，象春物初生」者，雜記贊大行云：「圭剡上，左右各寸半」，是圭鋭也。云「半圭曰璋」者，案：典瑞云：〔九〕「四圭有邸以祀天，兩圭有邸以祀地。」兩圭半四圭。又云：「圭璧以祀日月」，是一圭半兩圭。又云：「璋邸射，以祀山川。」是璋又半一圭。故云半圭曰璋。公羊傳亦云：「寶者何，璋判白。」亦半圭曰璋。云「象夏物半死」者，〔一〇〕夏時薺麥死，是半死。云「琥猛象秋嚴」者，謂以玉爲琥形，〔一一〕猛屬西方，是象秋嚴也。云「半璧曰璜」者，逸禮記文。似半圭曰璋也。云「冬閉藏，地上無物，唯天半見」者，列宿爲天文，〔一二〕草木爲地文。冬時草木枯落，唯天上列宿仍在，故云唯天半見，故用半璧曰璜也。此六玉所用，則上璧下琮。案：覲禮加方明，東方圭，南方璋，西方琥，北方璜，與此同。唯上圭下璧，與此違者，鄭彼注云：〔一三〕「上宜以蒼璧，下宜以黄琮，而不以者，則上下之神非天地之至貴者也。」〔一四〕彼上下之神是日月，故陳玉與此不同也。〔一五〕此經神不見中央含樞紐者，〔一六〕此四時迎氣，皆在四郊，小宗伯云「兆五帝於四郊」，鄭注云「黄帝亦於南郊」，是也。〔一七〕易云：「天玄而地黄。」今地用黄琮，依地色，而天用玄者，〔一八〕蒼玄皆是天色，故用蒼也。

皆有牲幣，各放其器之色。幣以從爵，若人飲酒有酬幣。○各放，方往反。

「皆有」至「之色」　言「皆」，則上六玉所禮者，皆有牲與幣也。言「各放其器之色」，則上蒼璧等六器，所有牲幣，各放此器之色。〔一九〕

注「幣以」至「酬幣」　知幣是從爵，非禮神者，若是禮神，當在牲上，以其禮神幣與玉俱設。〔二〇〕若肆師云：「立大祀，用玉帛牲牷。」是帛在牲上。今在下，明非禮神者也。云「若人飲酒有酬幣」者，獻尸從爵之幣無文，故以生人飲酒之禮況之。案聘禮，饗時有酬幣，明此幣既非禮神之幣，則獻尸後酬尸時，亦有幣之從爵也。

以天產作陰德，以中禮防之。以地產作陽德，以和樂防之。鄭司農云：「陰德，謂男女之情，天性生而自然者。過時則奔隨，先時則血氣未定，聖人爲制其中，令民三十而娶，女二十而嫁，以防其淫泆，令無失德。情性隱而不露，故謂之陰德。陽德，謂分地利以致富。富者之失，不驕奢則吝嗇，故以和樂防之。樂所以滌蕩邪穢，〔二一〕道人之正性者也。一說：地產謂土地之性各異，若齊性舒緩，楚性急悍，則以和樂防其失，令無失德，樂所以移風易俗者也。此皆露見於外，故謂之陽德。陽德陰德不失其正，則民和而物各得其理，故曰以諧萬民，以致百物。」玄謂天產者動物，謂六牲之屬；〔二二〕地產者殖物，謂九穀之屬。陰德，陰氣在人者。陰氣虚，純之則劣，故食動物，作之使動，過則傷性，制中禮以節之。陽德，陽氣在人者。陽氣盈，純之則躁，故食殖物，作之使静，過則傷性，制和樂以節之。如是然後陰陽平，情性和，而能育其類。○爲制，于僞反。其中，丁仲反，又如字。令民，力呈反，下同。淫失，如字，本亦作佚。蕩滌，徒歷反。邪穢，似嗟反。道人，音導。急悍，户幹反，劉音旱。戚，胡板反。

注「鄭司」至「其類」　天産地産與陰德陽德，無正文，故先鄭、後鄭各以意解之。不從先鄭天産是天生自然者，以其天産地産相對，産，生也。天生，謂陰陽配合而生，不由人之營造，當是六牲。地生，謂由人營種，即植物九穀之屬是也。故天産地産皆不從先鄭也。其陰德陽德後鄭又不從先鄭者，但言德者，謂在身爲德，今先鄭以陽德爲分地利以致富，以身外解之，與陰德爲不露見自相違，即知陰德爲男女之情亦非。故後鄭皆據人身陰陽之氣解之。先鄭一説地産謂土地之性，此説地産與天産天性而自然何異？故後鄭亦不從也。先鄭又云「故曰以諧萬民，以致百物」者，取下文釋此也。「玄謂天産者動物，謂六牲之屬」者，馬、牛、羊、豕、犬、雞，並自然陰陽配合而生，故謂之天産。然萬物蠢動者，皆自然配合，獨言六牲者，但以此經云以天産作陰德，據人所膳食，作動身中陰德，故據六牲而言也。云「地産者殖物，謂九穀之屬」者，九穀並是人所種植，故云植物。然草木皆地産，今獨言九穀，亦據此經云作陽德，謂食之作動人身中陽德，故據九穀而言也。云「陰德，陰氣在人者。陰氣虚，純之則劣，故食動物，作之使動」者，以其陰主消物，是虚，純虚則劣。動物是陽，故須食動物六牲，作之使動也。云「過則傷性，制中禮以節之」者，過，謂氣大過。大過則傷性，傷性則奢泰僭濫，故制中禮以防之。禮言中者，凡人奢則僭上，儉則逼下，禮所以制中，使不奢不逼，〔一三〕故以禮爲中也。云「陽德，陽氣在人者。陽氣盈，純之則躁，故食殖物，作之使静」者，案：禮記玉藻云「顛實陽休」，是陽主盈滿，故云陽氣盈。純之則躁者，陽氣主動，不兼陰氣，純之則躁，故食殖物，作之使静。知植物爲陰者，見聘禮致饔餼，醯在碑東，醢在碑西。醯是穀之所爲，是穀物爲陽之義也。而此云植物陰者，此以動植相對，故動爲陽，植爲陰。彼以醯醢相對，故醯爲陽，醢爲陰也。云「過則傷性」者，謂大静爲傷性，樂爲陽，故制和樂以節之。陽氣盈，案：樂記云：「樂盈而反，以反爲文。」故樂能損盈。陰氣虚，樂記云：「禮減而進，以進爲文」，故禮能濟虛。云「如是然後陰陽平、情性和」者，謂陰氣虛，濟之使盈，陽氣盈，損之使虛，故云陰陽平、情性和也。云「而能育其類」者，即下文「合天地之化」已下是也。

以禮樂合天地之化、百物之產，以事鬼神，以諧萬民，以致百物。禮濟虛，樂損盈，並行則四者乃得其和。能生非類曰化，生其種曰產。○其種，章勇反。

「以禮」至「百物」　上文云中禮和樂，是禮樂教世法，故此經以禮樂並行以教，使之得所，萬物感化，則能合天地之化，謂能生非類也。又能生其種，故云百物之產。又以禮樂事鬼神，則尚書云「祖考來格」之等是也。云「以諧萬民」者，則尚書云「庶尹允諧」是也。〔二四〕云「以致百物」者，則尚書云「百獸率舞」之等是也。

注「禮濟」至「曰產」　「禮濟虛，樂損盈」，此樂記所云「禮減而進，以進爲文」者，是禮濟虛。進，謂濟益，是禮當濟益其虛，使之實滿。又云「樂盈而反，以反爲文」者，是樂損盈，反，謂自抑止，是樂當自抑止，使盈而不放溢也。云「並行則四者乃得其和」者，言並行，謂禮樂並行以教世，則天地之間，使不盈不虛，折中得所，則四者乃得其和也。云言四者，謂天地之化、百物之產共爲一，以事鬼神爲二，以諧萬民爲三，以致百物爲四也。知化產共爲一者，以其化與產氣類相似，故爲一也。云「能生非類曰化」者，凡言變化者，變化相將，先變後化，故中庸云：「動則變，變則化。」鄭云動，動人心也。變，改惡爲善也。變之久，則化而性善也。又與鳩化爲鷹之等，皆謂身在而心化。若田鼠化爲鴽，雀雉化爲蛤蜃之等，皆據身亦化，故云能生非類曰化也。易云「乾道變化」，亦是先變後化，變化相將之義也。云「生其種曰產」者，卵生胎生，及萬物草木，但如本者，皆曰產也。

凡祀大神、享大鬼、祭大示，帥執事而卜日，〔二五〕宿，眡滌濯，涖玉鬯，省牲鑊，奉玉齍，詔大號，治其大禮，詔相王之大禮。執事，諸有事於祭者。宿，申戒也。滌濯，溉祭器也。玉，禮神之玉也。始涖之，祭又奉之。鑊，亨牲器也。大號，六號之大者，以詔大祝，以爲祝辭。治，猶簡習也。豫簡習大禮，至祭，當以詔相王。羣臣禮爲小禮。〔二六〕故書「涖」作「立」。鄭司農讀爲「涖」。涖，視也。○省牲，本義作眚，同息井反，後省牲鑊皆同。鑊，户郭反。玉齍，音咨，下同。詔相，息亮反，注下同，後詔相皆放此。溉祭，古愛反，本或作摡。亨牲，普庚反。

「凡祀」至「大禮」　此亦法三才，故享大鬼在其中。「帥執事而卜日」者，謂祭三者鬼神之時，祭前十日，大宗伯先帥執事有事於祭者，共卜取吉日，乃齊。云「宿，眡滌濯」者，謂祭前一宿，視所滌濯祭器，看絜浄以否。云「涖玉鬯」者，天地有禮神之玉，無鬱鬯。宗廟無禮神之玉，而有鬱鬯。但宗廟雖無禮神玉，仍有圭瓚璋瓚，亦是玉，故曲禮云「玉曰嘉玉」，郊特牲云「用玉氣」，是也。云「省牲鑊」者，當省視亨牲之鑊。云「奉玉齍」者，此玉還是上文所涖者。齍，謂黍稷。天地當盛以瓦簋，但齍與上鬯互見爲義，皆始時臨之，祭又奉之。「詔大號」者，謂大宗伯告大祝出祝辭也。云「治其大禮」者，謂天地人之鬼神祭禮，王親行之爲大禮，對下小宗伯治小禮爲小也。「詔相王之大禮」者，謂未至之時，詔告之，及其行事，則又相之。

注「執事」至「視也」　案：大宰云：「祀五帝，前期十日，〔二七〕帥執事而卜日。」注云：「執事，宗伯大卜之屬。」此注云：「執事，諸有事於祭者。」二注不同者，以其大宰不掌祭事，故云執事，大宗伯、大卜之等，卜日而已。此大宗伯主祭祀之事，故揔諸有事於祭者也。云「滌濯，溉祭器也」者，此滌濯止是蕩滌，以少牢有摡祭器，故據而言之。摡，即拭也。云「玉，禮神之玉也」者，即蒼璧、黄琮、青圭、赤璋之等，及四圭、兩圭之類皆是，禮神置於神坐也。案：九嬪職云「贊玉齍」，注云：「玉齍，玉敦，盛黍稷。」與此注玉爲禮神之玉，齍即非玉敦所飾。注不同者，彼九嬪所贊，贊后設之，據宗廟。宗廟無禮神玉，則玉齍不得别解，故爲玉敦。此據天地爲主，有禮神玉，故與齍别釋也。大宰云「祀五帝，〔二八〕贊玉幣爵之事。」注云：「三者執以從王，至而授之。」彼所執，據五帝。此所奉，據昊天與崐崘，故不同。云「始涖之，祭又奉之」者，鄭據上云涖，涖，臨視也，直視看而已。下云奉，據手執授王，故云祭又奉之。云「鑊，亨牲器也」者，案特牲少牢，鑊即爨，在廟門之外東壁也。云「大號，六號之大」者，謂若大祝云「辨六號，一曰神號，二曰示號，三曰鬼號〔二九〕，四曰牲號，五曰齍號，六曰幣號」之等，是六號之大者也。云「以詔大祝，以爲祝辭」者，經云詔大號，大祝是事神之人，又辨六號，故知所詔，是詔大祝爲祝辭，祝辭，則祝版之辭是也。云「羣臣禮爲小禮」者，則小宗伯、小祝行者是也。

若王不與祭祀，則攝位。王有故，代行其祭事。○不與，音預，下同。

注「王有」至「祭事」　攝訓爲代。有故者，謂王有疾及哀慘皆是也。量人云：「凡宰祭，與鬱人受嘏，歷而皆飲之。」注云：「言宰祭者，冢宰佐王祭，亦容攝祭。」此宗伯又攝者，冢宰貳王治事，宗伯主祭事，容二官俱攝，故兩言之。

凡大祭祀，王后不與，則攝而薦豆籩，徹。〔三〇〕薦徹豆籩，王后之事。

「凡大」至「籩徹」　天地及社稷外神等，后夫人不與。此言「凡大祭祀王后不與」，謂后應與而不與。又云「大祭祀」，明非羣小祀，則大祀者唯宗廟而已。「則攝而薦豆籩徹」者，鄭云：「薦徹豆籩，王后之事。」是王后有故，宗伯攝爲之。凡祭祀，皆先薦後徹，故退徹文在下也。

大賓客，則攝而載果。載，爲也。果讀爲祼。代王祼賓客以鬯。君無酌臣之禮，言爲者，攝酌獻耳，拜送則王也。鄭司農云：「王不親爲主。」○載果，音祼，古亂反，出注。小宗伯職放此。

「大賓」至「載果」　此大賓客，對文則賓客異，散文則通。故大司徒云：「大賓客，令野脩道委積。」是賓客爲諸侯通也。大行人云：「大賓，爲五等諸侯。大客，即謂其臣。」是賓客異也。案：大行人云：「上公之禮，再祼而酢。」此再祼者，有后祼，則亦攝爲之，内宰贊之。侯伯一祼而酢，子男一祼不酢。此皆無后祼，王不親酌，則皆使大宰、宗伯攝而爲之。

注「載爲」至「爲主」　知「代王祼賓客以鬯」者，見鬱人宗廟及賓客，皆以鬱實彝而陳之，即大行人所云祼，與此祼皆用鬱鬯也。云「君無酌臣之禮」者，見燕禮、大射諸侯禮，皆使大夫爲賓，宰夫爲主人，是諸侯君不酌臣。此大賓客，遣大宗伯代祼，是天子君亦不酌臣也。云「言爲者，攝酌獻耳，拜送則王」者，以其言代而爲祼，即是直祼不拜。案鄉飲酒、燕禮、大射，賓主獻酢皆拜送，其送是王自爲之，以其恭敬之事，不可使人故也。引司農在下者，不親爲主，即君不酌臣，義合，故引之在下也。

朝覲會同，則爲上相。大喪，亦如之。王哭諸侯，亦如之。相，詔王禮也。出接賓曰擯，〔三二〕入詔禮曰相。相者五人，卿爲上擯。大喪，王后及世子也。哭諸侯者，謂薨於國，爲位而哭之。檀弓曰：「天子之哭諸侯也，爵弁絰，紂衣。」〔三三〕○曰儐，必刃反，本或作賓，同。純衣，側其反。

朝覲至如之　朝覲會同，即兼四時朝覲。云「則爲上相」者，此則大行人云：「上公之禮，擯者五人，侯伯四人，子男三人」，是也。云「大喪亦如之」者，后及世子喪，王爲此主哭及拜賓，則宗伯亦爲上相也。云「哭諸侯亦如之」

者，謂諸侯薨於本國，赴告天子，天子爲位哭之，大宗伯亦爲上相，與王爲擯耳。

注「相詔」至「紂衣」 云「相，詔王禮也」者，經三事爲相，皆是詔告王禮也。云「出接賓曰擯」者，據大行人云擯者五人、四人、三人而言也。云「入詔禮曰相」者，此據司儀云，每門止一相，及廟，唯上相入，是入廟詔禮曰相，此對文義爾。通而言之，出入皆稱擯也。云「相者五人，卿爲上擯」者，依大行人據上公而言，此大宗伯爲上擯。若大朝覲，則肆師爲承擯。四時來朝，小行人爲承擯。案：覲禮，嗇夫爲末擯。若待子男，則三人足矣。若侯伯四人者，加一士。上公五人者，加二士。今鄭云「相者五人，卿爲上擯」，據此，大宗伯是卿，故指此上擯而言也。云「大喪，王后及世子也」者〔三三〕，以其與王爲上相，則王在矣。而云大喪，明是王后及世子矣〔三四〕。亦得見大喪所前或嗣王，〔三五〕則大喪中兼王喪也。云「哭諸侯者，謂薨於國，爲位而哭之」者，若來朝，薨於王國，則王爲之緦麻，不應直哭之而已。故引檀弓云「天子之哭諸侯也，爵弁絰，紂衣」。案：彼注云：「麻不加於采。絰，衍字。」以其遥哭諸侯，著爵弁紂衣而已，不合加麻絰於紂衣爵弁之上也。

王命諸侯，則儐。 儐，進之也。王將出命，假祖廟，立依前，南鄉。儐者進，當命者延之，命使登。內史由王右以策命之。降，再拜稽首，登，受策以出。此其略也。諸侯爵禄其臣，則於祭焉。○假祖，音格，至也。立依，於豈反。南鄉，許亮反。以筴，初革反。

注「儐進」至「祭焉」 云「儐，進之也」者，以命諸侯，故知儐謂進使前以受策也。云「王將出命，假祖廟」者，若諸侯命臣，則因祭宗廟命之，則祭統十倫之義，五曰「見爵賞之施焉」。〔三六〕故祭之日，一獻，君降立於阼階之南，南鄉，所命者再拜受書以歸。又云「古者於禘也，發爵賜服，順陽義」。皆諸侯命臣，〔三七〕必於祭時。若天子命臣，不要在祭時。欲命臣，當特爲祭以命之〔三八〕。故洛誥成王命周公後，云：「烝祭歲，文王騂牛一，武王騂牛一，王命作策逸祝策，惟告周公其後。」注云：「告神周公宜立後，謂封伯禽。」是非時而特假祖廟，故文武各特牛也。云「立依前，南鄉」者，此案：司几筵云：「大朝覲、大饗射，凡封國命諸侯，王位設黼依，依前南鄉。」是立依前南鄉之事也。云「儐者進，當命者延之，命使登。內史由王右以策命之。降，再拜稽首，登，受策以出」者，史由王右以策命之者，此案覲禮，天子使公與史，就館賜侯氏命服時，史由公右，執策命之。又案：祭統云：「祭之日，一獻，君降立於阼階之南，南鄉，所命北面。史由君右，執策命之，再拜稽首，受書以歸。」天子無降立之事，其餘則同。命諸侯之史，當王右，以策命之。云「降，再拜稽首，登，受以出」，約僖二十八年王命晉侯之事。案彼傳云，王命內史叔興父策命晉侯爲侯伯，當時晉侯降，再拜稽首，登，受策以出。據彼文也。云「此其略也」者，但命諸侯，其時威儀更有委曲，今所言不盡，〔三九〕故云「略」也。云「諸侯爵祿其臣，則於祭焉」者，祭統所云者是也。

國有大故，則旅上帝及四望。故，謂凶烖。旅，陳也。陳其祭事以祈焉，禮不如祀之備也。上帝，五帝也。鄭司農云：「四望，日月星海。」玄謂四望，五嶽、四鎮、四瀆。

注「故謂」至「四瀆」。此旅是祈禱之名，是以知是凶烖。凶，謂年穀不熟。烖，謂水火也。云「旅，陳也。陳其祭事以祈焉，禮不如祀之備」者，但祈謂祈請求福，得福，乃祠賽之。祠賽則備，而與正祭同，故知禮不如祀之備也。云「上帝，五帝也」者，案：禮器云：「祀帝於郊，而風雨寒暑時。」風雨寒暑，非一帝之所能爲，此祈請亦是求風雨寒暑時，非一帝，故知是五帝也。鄭司農云：「四望，日月星海。」後鄭不從者，禮無祭海之文。又山川稱「望」，故尚書云「望秩於山川」，是也。「玄謂四望，五嶽、四鎮、四瀆」。知者，祭山川既稱望，案大司樂有四鎮五嶽崩，四瀆又與五嶽相配，故知四望中有此三者。言四望者，不可一往就祭，當四向望而爲壇遥祭之，故云四望也。

王大封，則先告后土。后土，土神也，黎所食者。

注「后土」至「食者」。大封，謂若典命公八命，卿六命，大夫四命，其出封皆加一等。是其大封之事，對封公卿大夫爲采邑者爲小封。云「則先告后土」者，封是土地之事，故先以禮告后土神，然後封之也。注云「后土，土神也，黎所食者」，言后土有二。若五行之官，東方木官句芒，中央土官后土，此等后土，土官也。黎爲祝融兼后土，故云黎所食者。若左氏傳云「君戴皇天而履后土」，彼爲后土神，與此后土同也。若句龍生爲后土官，死配社，即以社爲后土，其實社是五土揔神，非后土，但以后土配社食，世人因名社爲后土耳。此注本無言后土社，寫者見孝經及諸文注多言社后土，因寫此云后土社。故鄭荅趙商云：「句龍本后土，後遷爲社，王大封，先告后土。玄云后土土神，不言后土社也。」鄭又荅田瓊云：「后土，古之官名，死爲社而祭之，故曰后土社。句龍爲土官，後轉爲社，世人謂爲后土，無可怪。」此中后土不得爲社者，聖人太平制禮，豈得以世人之言著大典，明后土土神，不得爲社也。

乃頒祀於邦國、都家、鄉邑。「頒」讀爲「班」。班其所當祀及其禮。都家之鄉邑，謂王子弟及公卿大夫所食采地。○乃頒，音班。

注「頒讀」至「采地」　云「頒讀爲班」者，鄭於周禮所有「頒」，皆讀爲「班」。班，謂布也。云「班其所當祀及其禮」者，但名位不同，禮亦異數。既班其祀，明亦班禮與之，故連言禮也。班禮，謂若諸侯不得祭天地，唯祭社稷、宗廟、五祀之等。二王後與魯，唯祭天，仍不得祭地。大都亦與外諸侯同其禮者，若獻尸，上公九，侯伯七，子男五，皆大牢之屬，是也。其小都與家，則依卿大夫之獻，亦大牢也。云「都家之鄉邑，謂王子弟」以下者，鄭恐經鄉邑六鄉六遂，非都家之内鄉邑，故以明之，謂都家之内鄉邑耳。其都家之内鄉邑，未必一如六鄉六遂家數，但采邑之内，亦有二十五家爲里以上，以相統領。故一成之内，得有革車一乘，士十人，徒二十人，發兵及出稅之法，即謂之鄉邑也。謂王子弟者，以親疎分於大都、小都、家邑三處食采地。言及公卿大夫采地者，謂若載師職公大都、卿小都、大夫家邑也。

小宗伯之職，掌建國之神位，右社稷，左宗廟。庫門内雉門外之左右。故書「位」作「立」。鄭司農立讀爲位〔四〇〕，古者立位同字。古文春秋經「公即位」爲「公即立」。

「小宗」至「宗廟」　建，立也。言立邦之神位者，從内向外，故據國中神位而言，對下經在四郊等爲外神也。言「右社稷，左宗廟」者，案：匠人亦云「左宗廟，右社稷」。彼掌其營作，此掌其成事位次耳。案禮記祭義注云：「周尚左。」又案：桓公二年，「取郜大鼎，納於大廟」。何休云：「質家右宗廟，尚親親。文家右社稷，尚尊尊。」若然，周人右社稷者，地道尊右，故社稷在右，是尚尊尊之義。此據外神在國中者，社稷爲尊。故鄭注郊特牲云：「國中神莫大於社。」祭義注周尚左者，據内神而言。若據衣服尊卑，先王衮冕，先公鷩冕，亦貴於社稷，故云「周尚左」。各有所對，故注不同也。

注「庫門」至「即立」　鄭知「庫門内雉門外」者，後鄭義，以雉門爲中門，周人外宗廟，故知雉門外庫門内之左右也。先鄭云「古者立位同字」者，是古者假借字同也。云「古文春秋」者，藝文志云春秋古經十二卷，是此古文經所藏之書。文帝除挾書之律，此本然後行於世，故稱古文。

兆五帝於四郊，〔四一〕**四望四類亦如之。**兆，爲壇之營域。五帝，蒼曰靈威仰，大昊食焉；赤曰赤熛怒，炎帝食焉；黄曰含樞紐，黄帝食焉；白曰白招拒，少昊食焉；黑曰汁光紀，顓頊食焉。黄帝亦於南郊。鄭司農云：「四望，道氣出入。四類，三皇、五帝、九皇、六十四民咸祀之。」玄謂四望，五嶽、四鎮、四竇。四類，日月星辰，運行無常，以氣類爲之位。兆日於東郊，兆月與風師於西郊，兆司中司命於南郊，兆雨師於北郊。○威仰，如字，劉五郎反。熛怒，必消反。含樞，昌朱反。紐，女九反。招拒，居禹反，沈又音巨。汁光，音叶，劉子集反。

「兆五」至「如之」 自此以下云外神。從尊至卑，故先云五帝。此不云大帝者〔四二〕，此文上下，唯論在四郊，以對國中右社稷、左宗廟，其大帝與崐崘自相對，而在四郊之內，有自然之圓丘，及澤中之方丘，以其不在四郊，故不言也。

注「兆爲」至「北郊」 云「兆，爲壇之營域」者，案：封人云「社稷之壝」，謂壝土爲之，即此壇之營域，一也。不言壇者，舉外營域，有壇可知。云「五帝，蒼曰靈威仰」之等，此於大宗伯釋訖，但彼據禮神玉幣而言，此據壇域處所而説，故兩處各言之也。司農云「四望，道氣出入」者，案上注，司農以爲日月星海，後鄭不從矣。今此云道氣出入，與上注不同者，以無正文，故兩注有異。若然，云道氣出入，則非日月星海，謂五嶽之等也。故後鄭就足之，還爲五嶽之屬解之。先鄭云「四類，三皇、五帝、九皇、六十四民咸祀之」者，案：史記云：「九皇氏没，六十四民興。六十四民没，三皇興。」彼雖無三王五帝之文，先鄭意，三皇已祀之，明并祭五帝三王可知。〔四三〕後鄭不從者，以其兆五帝已下，皆據外神大昊、句芒等配祭而已，今輒特祭人帝於其中，非所宜，故不從。是以取五嶽之屬易之也。後鄭注云「四類，日月星辰」者，以其言「類」，明以氣類而爲位以祭之，故知是日月之等。知「兆日於東郊」者，案：祭義云「大明生於東」，故覲禮亦云「拜日於東郊」，玉藻又云「朝日於東門之外」也。又知「兆月於西郊」者，月生於西，知風師亦於西郊者，以其五行金爲暘，土爲風，風雖屬土，秋氣之時，萬物燥落由風〔四四〕，故風亦於西郊也。云「兆司中司命於南郊」者，以其南方盛陽之方，司中、司命又是陽，故司中、司命在南郊也。云「兆雨師於北郊」者，以其雨是水，宜在水位，故知雨師在北郊。天子四望，諸侯三望，境内山川。案：僖三十一年，夏四月，猶三望。服氏云：「三望，分野星，國中山川。」又上文先鄭云：「四望，日月星海」，後鄭必知望祭中無天神者。案：哀六年云：「初，楚昭王有疾。卜曰，河爲祟。王弗祭。大夫請祭諸郊。王曰：三代命祀，祭不越望。江、漢、睢、漳，楚之望也。」爾雅又云「梁山，晉望」。又案：尚書云「望於山川」。則知望祭中無天神可知，若天神日月之等，當入四類之内也。若然，尚書云「望於山川」，必知四望非山川，是五嶽四瀆者，(四五)以其下云兆山川丘陵之等，山川既在下，故知此四望是五嶽之屬，山川之大者也。

兆山川、丘陵、墳衍，各因其方。順其所在。

「兆山」至「其方」 案大司徒職，地有十等，此不言林澤原隰，亦順所在可知，(四六)故略不言也。

掌五禮之禁令與其用等。用等，牲器尊卑之差。鄭司農云：「五禮，吉、凶、賓、軍、嘉。」

注「用等」至「軍嘉」 云「用等，牲器尊卑之差」者，謂若天子大夫已上大牢，士少牢，諸侯之大夫少牢，士特牲之等。其器，謂若少牢四敦，特牲二敦，士二豆三俎，(四七)大夫四豆五俎，諸侯六豆七俎，天子八豆九俎。其餘尊罍爵勺，及饗食之等，各依尊卑之差。先鄭云「五禮，吉凶賓軍嘉」者，大宗伯職文。

辨廟祧之昭穆。祧，遷主所藏之廟。自始祖之後，父曰昭，子曰穆。○之跀，常遥反。

「辨廟祧之昭穆」 案：禮記王制云：「天子七廟，三昭三穆，與大祖之廟而七。諸侯二昭二穆，與大祖之廟而五。大夫一昭一穆，與大祖之廟而三。士一廟。」案：祭法：「適士二廟。」(四八)王制不言之者，取自上而下，降殺以兩，故略而不言二廟者，故此揔云廟祧之昭穆。諸侯無二祧，謂始封大祖廟爲祧，故聘禮云「不腆先君之祧」，是大祖爲祧也。

注「祧遷」至「曰穆」 案祭法注，祧之言超，超然上去意。以其遠廟爲祧，故云上去意也。周以文、武爲二祧，文王第稱穆，武王第稱昭。當文武後，穆之木主入文王祧，昭之木主入武王祧，故云遷主所藏之廟曰祧也。云「自始祖之後，父曰昭，子曰穆」者，周以后稷廟爲始祖，特立廟不毀，即從不窋已後爲數，不窋父爲昭，鞠子爲穆。從此以後，皆父爲昭，子爲穆，至文王十四世，文王第稱穆也。

辨吉凶之五服、車旗、宮室之禁。五服，王及公、卿、大夫、士之服。

「辨吉」至「之禁」 云「吉凶之五服」者，皆據人數而云五也。又云「車旗、宮室之禁」者，謂若典命云：「國家宮室、車旗、衣服、禮儀，以九以七以五爲節。」言禁令者，謂五服及車旗宮室，皆不得上僭下逼，當各依品命爲法。

注「五服」至「之服」 案：尚書云「五服五章才。」〔四九〕鄭注云：「十二也，九也，七也，五也，三也。」又云「予欲觀古人之象，日月星辰。」注云：「此十二章，天子備有。公自山而下。」孝經云「非先王之法服」。注云：「先王制五服，日月星辰服，〔五〇〕諸侯服山龍」云云，皆據章數而言。今此注五服，以爲王及公卿大夫士之服，不據章數爲五者，以其喪服，自天子達於士，唯一而已，不得數服爲五，即知吉之五服，〔五一〕亦不得數服，故皆據人爲五也。

掌三族之别，以辨親疏。其正室皆謂之門子，掌其政令。三族，謂父子孫，人屬之正名。喪服小記曰：「親親以三爲五，以五爲九。」正室，適子也，將代父當門者也。政令，謂役守之事。○適子，丁歷反。

「掌三」至「政令」 此三族，謂父子孫舉本而言，〔五二〕推此而往，其中則兼九族矣。云「辨親疏」者，據己上至高祖，下至玄孫，傍至緦麻，重服者則親，輕服者則疏也。云「正室皆謂之門子」者，還據九族之内，但是適子正體主，皆是正室，亦謂之門子。

注「三族」至「之事」　云「三族謂父子孫」者，此據已上親父，下親孫，是父子孫，此即親親以三是也。云「以三爲五」者，謂此父子孫之三，以父親祖，以子親孫，則五也。云「以五爲九」者，謂以祖親曾高，以孫親曾玄，即是以五爲九也。若然，不言以五爲十〔五三〕乃云以五爲九者，齊衰三月章云「爲曾祖」，鄭注云：「服之數盡於五，則高祖宜緦麻，曾祖宜小功也。據祖期，則曾祖宜大功，高祖宜小功也。高祖曾祖皆有小功之差，則曾孫玄孫爲之服同也。重其衰麻，尊尊也。減其日月，恩殺也。」以此而言，曾祖高祖，服同齊衰三月，則爲曾孫玄孫，服同緦麻三月。以尊卑服同，故經云以五爲九，不須言以五爲七也。云「政令，役守之事」者，案諸子職云：「掌國子之倅，若有甲兵之事，致於大子，惟所用之。」是其役事。案：宫伯職云「掌士庶子」，又有八次八舍宿衛之事，是其守之事，故摠云政令役守之事也。

毛六牲，辨其名物，而頒之於五官，使共奉之。

毛，擇毛也。鄭司農云：「司徒主牛，宗伯主雞，司馬主馬及羊，司寇主犬，司空主豕。」○毛六牲，戚如字，劉莫報反。

「毛六」至「奉之」　言「辨其名物」者，若六牲皆有名，若馬牛羊豕犬雞。物，色也，皆有毛色，若宗廟用騂之等。云「頒之於五官」者，六卿應言六官，而云五者，以其大官貳王治事，尊而不使奉牲，故五官也。云「使共奉之」者，謂充人養之，至祭日之旦，在廟門之前，頒與五官，使共奉之，助王牽入廟，即祭義所云「卿大夫贊幣而從之」。彼雖諸侯法，可況天子也。

注「毛擇」至「主豕」　先鄭云司徒奉牛已下，皆案職知之，若大司徒有牛人，即云奉牛牲；宗伯職有雞人，即云共雞牲；司馬職有羊人，校人掌馬，即云共羊牲奉馬牲；司寇職有犬人，即云奉犬牲。是以先鄭依而用焉。唯司空職亡，先鄭知主家者，五行傳「聽之不聰，〔五四〕則有家禍」，是家屬北方，司空冬官，故奉家牲也。

辨六齍之名物與其用，使六宮之人共奉之。「齍」讀爲「粢」。六粢，謂六穀：黍、稷、稻、粱、麥、苽。○苽也，音孤。

「辨六」至「奉之」　六穀云名物者，謂六穀各有名，其色異，故云名物也。云「與其用」者，六穀所用，若六牲六彝，所用不同，故須辨之。云「使六宮之人共奉之」者，黍稷簠簋，是婦人所奉之事，故使六宮之人奉之。六宮之人，謂若世婦職云女宮之宿戒者也。

注「齍讀」至「麥苽」　讀齍爲粢者，爾雅釋草：「粢，稷也。」粢字從米，以次爲聲，其齍字從皿，以齊爲聲，從皿不如從米，故讀粢也。云「六粢，黍、稷、稻、粱、麥、苽」者，約食醫和王六食云黍稷稻粱麥苽而言。

辨六彝之名物，以待果將。六彝，雞彝、鳥彝、斝彝、黄彝、虎彝、蜼彝。「果」讀爲「祼」。○斝彝，音假，又音嫁。蜼，音誄，又以水反。

注「六彝」至「爲祼」　上二經，皆云「使共奉之」，此及下經，不云「使共奉之」，而云「以待」，文不同者，上二者官衆，故云使共奉；此及下文，並是司尊彝一職之事，又是春官當司所主，故直云「以待」也。祼言「將」者，將，送也。謂以圭瓚酌之，送與尸及賓，故云將。六彝之名，出司尊彝也。云「果，讀爲祼」者，諸文皆云祼，故讀從之，其實祼更讀爲灌。

辨六尊之名物，以待祭祀、賓客。待者，有事則給之。鄭司農云：「六尊，獻尊、象尊、壺尊、著尊、大尊、山尊。」○獻尊，素何反。著尊，直略反。大尊，音泰。

「辨六」至「賓客」　案：司尊彝唯爲祭祀陳六彝、六尊，不見爲賓客陳六尊，此兼言賓客，則在廟饗賓客時陳六尊，亦依祭禮四時所用。唯在外野饗，不用祭祀之尊，故春秋左氏傳云「犧象不出門」也。〔五五〕若然，案：鬱人云：「掌裸器，凡祭祀賓客之裸事。」則上六彝，亦爲祭祀賓客而辨之。而不言祭祀賓客者，舉下以明上，故略而不言。

注「待者」至「山尊」　云「待者，有事則給之」者，所須則祭祀賓客是也。上經六彝，亦云「以待」，鄭不言者，上經不言祭祀賓客，先鄭亦略而不言，亦就此以待祭祀賓客而解之。先鄭解六尊，亦據司尊彝而言也。

掌衣服、車旗、宫室之賞賜。王以賞賜有功者。書曰：「車服以庸。」

「掌衣」至「掌賜」　衣服，謂若司服衮冕以下。唯有大裘不可以賞賜，以其諸侯不合用之。是以魯祭天用衮冕，則二王後祭天，亦不得用大裘也。云「車旗」者，謂若巾車金路、象路、革路、木路，及夏篆已下，亦得依所乘者賜之。唯玉路不得賜，與大裘同，是以魯用殷之大路也。

注「王以」至「以庸」　引書者，尚書舜典文。孔云：「賜以車服，旌其能用。」

掌四時祭祀之序事與其禮。序事，卜日、省牲、視滌、濯饔爨之事，次序之時。

注「序事」至「之時」　云「序事，卜日、省牲」之等者，此以經云「掌四時祭祀之序事」，〔五六〕謂次第先後，故取上大宗伯「凡祀大神，享大鬼，祭大祇，帥執事而卜日」已下之事，下亦有省牲已下，故取以證序事。唯饔爨之言，出於特牲，即大宗伯云「牲鑊」，一也。

若國大貞，則奉玉帛以詔號。號，神號，幣號。鄭司農云：「大貞，謂卜立君，卜大封。」

「若國」至「詔號」　此國大貞，則大卜所云凡國大貞，卜大遷之等〔五七〕，視高作龜者是也。

注「號神」至「大封」　此言卜事而云「神號」者，案大祝有神號、幣號。又案：下天府職云：「季冬陳玉，以貞來歲之媺惡。」鄭云：「問事之正曰貞。謂問於龜，大卜職大貞之屬。陳玉，陳禮神之玉。龜有天地四方，則玉有六器者與？」此既言玉帛，明亦有六幣以禮神也。先鄭云「大貞謂卜立君卜大封」，大卜文。不言大遷者，引文略也。

大祭祀，省牲，眡滌濯。祭之日，逆齍，省鑊，告時於王，告備於王。逆齍，受饎人之盛以入。省鑊，視亨腥熟，時薦陳之晚早。備謂饌具。○饎人，昌志反。視亨，〔五八〕普庚反，劉普孟反。

「大祭」至「於王」　此云「省牲、眡滌濯、省鑊」，與大宗伯文同，謂佐大宗伯。其大宰省牲者，〔五九〕察其不如法。其逆齍，即大宗伯涖玉齍者是也。大宗伯涖之，小宗伯迎之，是相佐也。其告時、告備，是其專職耳。

注「逆齍至饌具」　知「齍受饎人之盛以入」者，案：少牢饎爨在廟門之外，明天子諸侯饎爨亦在廟門外。今言迎齍，明於廟門之外迎入，向廟堂東，實之於簠簋也。云「省鑊，視亨腥熟」者，案：禮運云：「腥其俎，熟其殽。」鄭云：「腥其俎豚，解而腥之；熟其殽，體解而爓之。」此謂祭宗廟朝踐饋獻節，彼下文更有體其犬豕牛羊，謂室中饋熟，亦須鑊，鄭不言，略也。云「時薦陳之晚早」者，陳，謂祭前陳饌於堂東。薦，謂薦之於神坐，皆有晚早。云「備謂饌具」者，此饌具，即堂東所陳。陳備即告，告王祭時已至，當行事也。

凡祭祀、賓客，以時將瓚果。將，送也，猶奉也。祭祀，以時奉而授王，賓客，以時奉而授宗伯。天子圭瓚，諸侯璋瓚。○將瓚，才但反。

注「將送」至「璋瓚」　云「祭祀，以時奉而授王」者，案：小宰職云：「凡祭祀，贊玉幣爵之事，祼將之事。」注云：

「又從大宰助王也。將，送也。裸送，送裸〔六〇〕，謂贊王酌鬱鬯以獻尸，以人道宗廟有裸。」〔六一〕此小宗伯又奉而授王者，此據授王。彼小宰據授尸，謂瓚既在王手，小宰乃贊王授尸，故二官俱言也。云「賓客，以時奉而授宗伯」者，大宗伯云「大賓客攝而載裸」者是也。云天子用圭瓚者，玉人云「裸圭尺有二寸」者是也。云諸侯用璋瓚者，此謂未得圭瓚之賜者。故王制云：「諸侯賜圭瓚，然後爲鬯。未賜圭瓚，則資鬯於天子。」是用璋瓚，謂未得圭瓚賜者也。是以祭義云：「君用圭瓚灌，大宗用璋瓚亞灌。」鄭云：「大宗亞灌，容夫人有故。」是諸侯亦用圭瓚也。若然，天子用圭瓚，則后亦用璋瓚也。其諸侯未得圭瓚者，君與夫人同用璋瓚也。

詔相祭祀之小禮。凡大禮，佐大宗伯。小禮，羣臣之禮。

「詔相」至「宗伯」　云「詔相祭祀之小禮」者，謂王有故，不親行事，使臣攝祭，則爲小禮，故鄭云羣臣之禮。云「凡大禮，佐大宗伯」者，大宗伯所云者，小宗伯佐之也。此經所云，既未至職末，輒言此者，此已下，皆小宗伯專行事，不佐大宗伯，故於中言之，以結上也。

賜卿、大夫、士爵，則儐。賜猶命也。儐之，如命諸侯之儀。春秋文元年，天王使毛伯來錫公命。傳曰：「錫者何？賜也。命者何？加我服也。」

「賜卿」至「則儐」　諸侯尊，故大宗伯儐。卿大夫士卑，故小宗伯儐之。

注「賜猶」至「服也」　云「賜猶命也」者，但命，謂以簡策，以辭命之，并加以服。賜，自是以車馬賜之，則賜、命別矣。而言賜猶命者，欲見賜命相將之物，故覲禮賜侯氏以車馬，及命書，與篋服同時也。云「如命諸侯之儀」者，儀法雖同，禮數則異也。引公羊傳者，欲見賜命相將之事。

小祭祀，掌事，如大宗伯之禮。

「小祭」至「之禮」　小祭祀謂王玄冕所祭，則小宗伯專掌其事，其法如大宗伯也。

大賓客，受其將幣之齎。謂所齎來貢獻之財物。○之齎，子兮反，本又作賫。

注「謂所」至「財物」　此謂諸侯來朝覲，禮畢，每國於廟貢國所有，行三享之禮。諸侯以玉幣致享，既訖，其庭實之物，則小宗伯受之以東，故云「受其將幣之齎」也。

若大師，則帥有司而立軍社，奉主車。有司，大祝也。王出軍，必先有事於社及遷廟，而以其主行。社主曰軍社，遷主曰祖。春秋傳曰：「軍行祓社釁鼓，祝奉以從。」曾子問曰：「天子巡守，以遷廟主行，載於齊車，言必有尊也。」書曰：「用命賞於祖，不用命戮於社。」社之主蓋用石爲之。奉謂將行。○祓社，孚物反，劉音廢。以從，才用反。齊車，側皆反。

「若大」至「主軍」　言「大師」者，大起軍師以征伐。云「帥有司而立軍社」者，謂小宗伯帥領有司大祝而立軍社，載於齊車以行。云「奉主車」者，謂遷廟主亦載於齊車以行也。〔六二〕

注「有司」至「將行」　鄭知有司是大祝者，見大祝職云「大師設軍社」，故也。鄭知「王出軍必先有事於社及遷廟，而以其主行」者，見大誓及王制，將出軍，皆云類於上帝，宜於社。又曾子問云：「以遷廟主行，載於齊車。」故知也。云「社主曰軍社」者，以其載社在於軍中，〔六三〕故以軍社言之。云「遷主曰祖」者，此經直云奉主車，雖不云祖，鄭意欲取尚書「賞於祖」爲證，故先言遷主曰祖也。引春秋者，定四年召陵之會。將會，衛子行敬子言於靈公曰：「會同難，其使祝佗從。」祝佗曰：「君以軍行，祓社釁鼓，祝奉以從。若君行師從，卿行旅從，祝不出境。」祝佗言此者，欲見召陵之會，是朝聘吉行，大祝有合行意〔六四〕。時靈公抑遣行，祝佗遂行。引者欲見此經有司立軍社，是大祝之事也。引曾子問者，欲見軍行，天子諸侯皆用遷廟木主行之意也。尚書者，是甘誓，啓與有扈戰於甘之野，誓士衆之辭。引之者，欲見軍行須軍社遷主也。云「社之主蓋用石爲之」者，案：許慎云：「今山陽俗祠有石主。」

彼雖施於神祠〔六五〕，要有石主，主類其社，其社既以土爲壇，石是土之類，故鄭云社主蓋以石之。〔六六〕無正文，故云「蓋」以疑之也。云「奉謂將行」者，以曾子問云「載於齊車」，又尚書「用命賞於祖」，故知奉謂將行也。

若軍將有事，則與祭有司將事於四望。〔六七〕軍將有事，將與敵合戰也。鄭司農云：「則與祭，謂軍祭表禡軍社之屬，小宗伯與其祭事。」玄謂與祭有司，謂大祝之屬，蓋司馬之官實典焉。○則與，音預，注則與、與其祭、與祭、與執事同。

「若軍」至「四望」　其「四望」者，謂五嶽、四鎮、四瀆。王軍將有事與敵合戰之時，則小宗伯與祭有司大祝之等，祭四望之神以求福。但四望之神，去戰處遠者，不必祭之。王之戰處，要有近之者，祭之，故以四望言之也。

注「軍將」至「典焉」　先鄭以「與祭」以上絕讀之，若然，則與祭者與祭何神乎？其有司將事於四望，則有司自有事於四望矣，不干小宗伯，輒於此言之，見何義也？於義不然，故鄭合爲一事解之也。鄭知有司是大祝者，案：大祝職云「大師，國將有事於四望」。與此義同，故知有司大祝。知司馬實典之者，以其軍事是司馬所掌，故知司馬實典主其事也。無正文，故云「蓋」以疑之也。

若大甸，則帥有司而饁獸於郊，遂頒禽。「甸」讀曰「田」。有司，大司馬之屬。饁，饋也。以禽饋四方之神於郊，郊有羣神之兆。頒禽謂以予羣臣。詩傳曰：「禽雖多，擇取三十焉，其餘以予大夫士，以習射於澤宮而分之。」○大甸，音田，出注下甸役同。而饁，于輒反，劉于法反。

「若大」至「頒禽」　言「大甸」者，天子四時田獵也。云「則帥有司而饁獸於郊」者，謂田在四郊之外，田訖，以禽獸饋於郊者，將入國，過四郊，四郊皆有天地日月山川之位，便以獸薦於神位以歆神。非正祭，直是野饁獸於郊。云「遂頒禽」者，因事曰遂，以在郊饁獸訖，入至澤宮中，而射以主皮，行班餘獲射之禮，故云遂頒禽。

注「甸讀曰田有司大司馬之屬鰪饋也以禽饋」至「分之」　甸者，以郊外曰甸，獵在甸地，故云甸。今讀曰「田」者，義將兩兼，非直獵在甸地，亦得取田義，以其似治田去不秀實，故以田言之。云「有司，大司馬之屬」者，以其軍事是司馬之事，故大司馬職云「徒弊致禽，鰪獸於郊」，故知大司馬之屬。但小宗伯不可帥大司馬身，故知所帥者司馬之屬官，故以「之屬」言之也。云「四方之神」者，即天地山川之等。云「郊有羣神之兆」者，上文兆五帝於四郊，四類四望亦如之，兆山川丘陵各於其方，是羣神之兆也。引詩傳者，證頒禽之義，書傳亦云焉。

大烖，及執事禱祠於上下神示。執事，大祝及男巫、女巫也。求福曰禱，得求曰祠。讄曰「禱爾於上下神祇」。鄭司農云：「小宗伯與執事共禱祠。」〇讄曰，音誄。

「大烖及執事禱祠於上下神示」　云「大烖」者，謂國遭水火，及年穀不熟，則禱祠於上下天地神祇。注「執事大祝及男巫女巫」至「禱祠」　鄭知執事之中大祝及男巫女巫者，見大祝職云「國有大故、天烖，則彌祀社稷」；司巫云「國大烖，則帥巫而造巫恒」。男巫職中雖無事，其司巫所帥者，即帥男巫也。女巫職云：「凡邦之大烖，歌哭而請。」是以鄭君歷而言焉，以充事也。云「求福曰禱，得求曰祠」兩言之者，欲見初禱，後得福則祠之也。

王崩，大肆以秬鬯渳；鄭司農云：「大肆，大浴也。」杜子春讀「渳」爲「泯」。以秬鬯，浴尸。」玄謂大肆，始陳尸，伸之。〇鬯渳，亡婢反，杜音泯，亡忍反，李亡辨反。

注「鄭司」至「伸之」　先鄭與子春所解，皆不釋肆字，故後鄭就足之。特解肆爲「始陳尸伸之」者，肆，訓爲陳，爲伸故也。必用秬鬯者，以死者人所惡，故以秬鬯浴尸，使之香也。大祝職云：「大喪，始崩，以肆鬯渳尸。」小祝又云：「大喪，贊渳。」彼二官已掌之，此言之者，察其不如儀也。

及執事涖大斂、小斂，帥異族而佐。執事，大祝之屬。涖，臨也。親斂者蓋事官之屬爲之。喪大記曰：「小斂，衣十九稱，君大夫士一也。大斂，君百稱，大夫五十稱，十三十稱。」異族佐斂，疏者可以相助。

○大斂，力豔反，下及注同。九稱，尺證反。

注「執事」至「相助」。○鄭知執事是大祝之屬者，〔六八〕案：大祝職云：「大喪贊斂。」明大祝執事，小宗伯涖之。云「親斂者，蓋事官之屬爲之」者，以其諸處更不見主斂事者，事官又主工巧之事，以無正文，故疑事官之屬爲之也。云引喪大記者，以天子之喪，大小斂稱數無文，故約諸侯法，推出天子斂之稱數也。案：喪大記注：「小斂十九稱，法天地之成數。」〔六九〕故尊卑同。至於襲與大斂乃異，大斂五等諸侯同百稱，天子蓋百二十稱也。天子大夫士，約與諸侯之卿大夫士同，以其執贄同，故禄與廟數，及襲斂，亦無嫌也。云「異族佐斂，疏者可以相助」者，此異族，據姓而言之。

校勘記

〔一〕在作樂云作後　「云作」，元、正、閩、阮本作「下神」，當是。

〔二〕書曰周公植璧秉圭是也者　元、正、閩本同，監、毛、殿、阮本「書」上有「云」字。

〔三〕周公於前也焉　「也」，元、正、閩、阮本作「立」，當是。

〔四〕手秉桓圭　阮本無「手」字。阮校云，補毛本「桓」作「植」，非。

〔五〕爲蒼精之帝　「爲」，阮本作「謂」，與疏引注同，殆是。

〔六〕別大神皆降　「別大」，元、正、閩、阮本作「則天」。

〔七〕以其告朔入明堂　「入」，原作「人」，據阮本改。

〔八〕好倍肉謂之瑗　「瑗」，原作「環」，據阮本改。

〔九〕案典瑞云　「典」，原作「與」，據阮本改。

〔一〇〕云象夏物半死者　「夏」，阮本同，正、聞、閩、阮本作「萬」，疑作「夏」是。

〔一一〕謂以玉爲琥形　孫詒讓云，「琥形」當爲「虎形」。

〔一二〕列宿爲天文　「天」，原作「又」，據阮本改。

〔一三〕鄭彼注云　「鄭」，原作「鄁」，據阮本改。

〔一四〕非天地之至貴者也　「地」，原作「也」，據阮本改。

〔一五〕故陳玉與此不同也　「故」，原作「扶」，據阮本改。

〔一六〕此經神不見中央含樞紐者　「紐」，原作「細」，據阮本改。

〔一七〕亦於南郊是也　「南郊」，原作「郊鄭」，據阮本改。

〔一八〕而天用玄者　孫詒讓云，「天」下當有「不」字。

〔一九〕各放此器之色　殿本「此」作「其」。聞、閩、阮本「器」作「幣」，殆非。

〔二〇〕以其禮神幣與玉俱設　惠校本同。阮本無「禮」字。

〔二一〕樂所以滌蕩邪穢　諸本同。阮校云，釋文作「蕩滌」，今本誤倒。

〔二二〕謂六牲之屬　「牲」，原作「往」，據婺、建、岳、阮本改。

〔二三〕使不奢不逼　孫詒讓云「不奢不逼」當作「不僭不過」。

〔二四〕則尚書云庶尹允諧是也　「尹」，原作「民」，據阮本改。

〔二五〕帥執事而卜日　唐石經，婺、岳本同。建本「帥」作「師」，誤。

〔二六〕羣臣禮爲小禮　漢讀考云，「羣臣」乃「羣神」之誤，對大神、大鬼、大祇言也，小宗伯注云「小禮羣神之禮」亦可證。賈疏依誤立説不可從。

〔二七〕前期十日　「十」，阮本作「卜」，非。

〔二八〕祀五帝　「祀」，阮本作「祝」，誤。

〔二九〕二曰示號三曰鬼號　浦鏜云，今經文「示」、「鬼」字互易。

〔三〇〕凡大祭祀王后不與則攝而薦豆籩徹　王引之引王念孫云，「薦豆籩徹」當爲「薦徹豆籩」。

〔三一〕出接賓曰擯　「擯」，婺、岳本同，建本作「儐」。

〔三二〕爵弁經紂衣　「紂」，婺、岳、建本同，阮本作「紂」，疑非。

〔三三〕王后及世子也者　「后及」，元、閩、閩、阮本作「及后」，誤倒。

〔三四〕明是王后及世子矣　元本及惠校本同。正、閩、閩、阮本「明」作「則」，疑非。

〔三五〕亦得見大喪所前或嗣王　「前」，元、正、閩、閩本同，監、毛、殿、阮本作「相」。

〔三六〕則祭統十倫之義五曰見爵賞之施焉　孫詒讓云，「見爵賞之施」在祭統十倫爲六，此云「五」，誤。

〔三七〕皆諸侯命臣　「皆」，阮本作「者」，屬上讀。

〔三八〕當特爲祭以命之　「特」，元、閩、殿本同，正、閩、阮本作「時」，誤。

〔三九〕今所言不盡　「盡」，元、殿本同，正、閩、阮本作「載」，疑作「盡」是。

〔四〇〕鄭司農立讀爲位　婺、建、嘉靖本同。岳、阮本「農」下有「云」字。

〔四一〕兆五帝於四郊　阮校云，説文引此語，「兆」作「垗」，非改字，今亦未辨「兆」爲故書與今書，不可臆決。漢讀考云，「於」，當作「于」。

〔四二〕此不云大帝者　「大」，阮本作「五」，誤。

〔四三〕明并祭五帝三王可知　元、正、閩、阮本同，盧文弨云，「三王」二字當衍。

〔四四〕萬物燥落由風　「燥」，閩、阮本同，惠校本作「躁」，誤。

〔四五〕是五嶽四瀆者　「瀆」，阮本作「竇」，非。

〔四六〕亦順所在可知　監、毛、殿本同，阮本脱「在」字。

〔四七〕十二豆三俎　惠校本及閩、阮本同。監、毛本「三」改「四」，誤。

〔四八〕適士二廟　「士」，原作「土」，據阮本改。

〔四九〕案尚書云五服五章才　阮本無「云」字。阮校云，「才」，古「哉」字，閩、監、毛本改「哉」。

〔五〇〕日月星辰服　孫詒讓云，據書鈔百廿八衣冠部引鄭孝經注，此句當作「天子服日月星辰」。

〔五一〕即知吉之五服　「即」，元、閩、殿本同，正、閩、阮本作「則」。

〔五二〕謂父子孫舉本而言　「舉」，元本同，閩、殿、阮本作「一」，疑作「舉」是。

〔五三〕不言以五爲十　「十」，阮本作「七」，疑作「七」是。

〔五四〕聽之不聰　「聰」，元、正、閩、閩本同，阮本作「聽」，疑誤。

〔五五〕故春秋左氏傳犧象不出門也　元、正、閩、阮本無「氏」字。

〔五六〕此以經云掌四時祭祀之序事　「序事」，元本同，閩、閩、阮本作「事序」，誤。

〔五七〕則大卜所云凡國大貞卜大遷之等　盧文弨云，通考引作「大封」，此作「大遷」，誤。阮校云，今疏不誤，通考誤也。大卜本職可證，況下文云，「不言大遷者，文略也」。

〔五八〕視亨　「亨」，原作「享」，據徐本、盧本改。

〔五九〕其大宰省牲者　盧文弨云，大宰無「省牲」之文，疑是「大宗伯」之誤。
〔六〇〕祼送送祼　「送」，原作「迭」，據阮本改。
〔六一〕以人道宗廟有祼　孫志祖云，據小宰注，「以」當作「惟」。
〔六二〕謂遷廟主亦載於齊車以行也　惠校本同，阮本無「廟」字。
〔六三〕以其載社在於軍中　元、閩、閩、殿、阮本同。阮校云，「在」疑是「主」之誤。
〔六四〕大祝有合行意　阮本「有」作「不」，疑是。
〔六五〕彼雖施於神祠　「彼」，原作「被」，據阮本改。
〔六六〕故鄭云社主蓋以石之　「云」，惠校本同，阮本作「注」。閩、監、毛、阮本「石」下有「爲」字。
〔六七〕若軍將有事則與祭有司將事於四望　王引之云，「於四望」三字當在「若軍將有事」之下。俞樾云，「有司將事」四字衍。
〔六八〕鄭知執事是大祝之屬者　「知」，監、毛本同，元、閩、閩、阮本作「注」。
〔六九〕法天地之成數　孫詒讓云，「成」，喪大記注作「終」。

周禮注疏卷第二十一

縣衰冠之式於路門之外。制色宜齊同。○縣，音玄。衰冠，七雷反。

「縣衰」至「之外」 式，謂制及色，故鄭云「制色宜齊同」。知式中兼有色者，案：禮記問喪云：〔一〕「斬衰貌若苴，齊衰貌若枲。」齊斬之衰，其色亦如貌，故鄭知式中兼有色也。但冠不據色，是以喪服傳云「冠六升，鍛而勿灰」。明不色如苴也。縣衰冠，大僕云「縣喪首服之法於宫門」。注云：「首服，謂免髽笄總，廣狹長短之數。」與此不同，故彼別縣之也。

及執事眡葬獻器，〔二〕遂哭之。執事，蓋梓匠之屬。至將葬，獻明器之材，又獻素獻成，皆於殯門外。王不親哭，有官代之。

「及執」至「哭之」 此文承衰冠之下，卜葬之上，謂既殯之後事，故禮記檀弓云：「既殯，旬而布材與明器。」云「執事眡葬獻器，遂哭之」，謂獻明器之時，小宗伯哭此明器，哀其生死異也。

注「執事」至「代之」 鄭知執事是梓匠之屬者，以其明器所爲是工巧之事。梓人、匠人見主工巧，故知是梓匠也。言「之屬」者，冬官摠主人工事，故以之屬兼之。但無正文，故云「蓋」以疑之也。云「至將葬，獻明器之材」者，亦約檀弓云「既殯旬而布材」，故知將葬獻材也。又知「獻素獻成皆於殯門外」者，見士喪禮云：「獻材於殯門外，西面北上，綪，主人徧視之，如哭椁，獻素、獻成亦如之。」注云：「形法定爲素，飾治畢爲成。」是其事也。云「王不親哭，有官代之」者，案士喪禮，〔三〕主人親哭，以無官。此王不親哭，以其有官。有官，即小宗伯哭之是也。

卜葬兆，甫竁，亦如之。兆，墓塋域。甫，始也。鄭大夫讀「竁」皆爲「穿」，杜子春讀「竁」爲「毳」，〔四〕皆謂葬穿壙也。今南陽名穿地爲竁，聲如腐脃之脃。〔五〕○甫竁，昌絹反，李依杜昌鋭反，鄭大夫音穿。腐，房甫反。脃之脃，七歲反，舊作脺，誤。劉清劣反，或倉没反，字書無此字，但有膬字，音千劣反，今注本或有作膬字者，則與劉音爲協，沈云字林有脺，音卒，脺者，牛羊脂，膬者，耎易破。恐字誤。案：如沈解義則可通，聲恐未協，脺已下皆非鄭義。

「卜葬」至「如之」　王喪七月而葬。將葬，先卜墓之塋兆，故云「卜葬兆」也。云「甫竁」者，既得吉，而始穿地爲壙，故云甫竁也。云「亦如之」者，亦如上明器哭之。但明器材哭於殯門外，此卜葬地在壙所，則哭亦與在殯所哭之相似，故云亦如之。

注「兆墓」至「之脺」　孝經云：「卜其宅兆。」注「兆」以爲龜兆解之。此兆爲墓塋兆者，彼此義得兩合，〔六〕相兼乃具，故注各據一邊而言也。「鄭大夫讀竁皆爲穿」，此經唯有一竁，而云「皆」，并下冢人甫竁皆爲穿也。〔七〕杜子春讀竁爲毳，毳，亦是穿，當時有此語。後鄭從之，故云皆謂葬穿壙也。云「今南陽名穿地爲竁，聲如腐脃之脺」者，時南陽郡人名穿地爲竁，竁之聲如腐脃之脺，則以竁爲脃也。

既葬，詔相喪祭之禮。喪祭，虞祔也。檀弓曰：「葬日虞，弗忍一日離也。是日也，以虞易奠。卒哭曰成事，是日也，以吉祭易喪祭。明日祔於祖父。」〔八〕○離也，力知反。

注「喪祭」至「祖父」　鄭知喪祭是虞祔也者，以文承卜葬之下，成葬之上，其中唯有虞祔而已，故以虞祔解之也。「檀弓曰，葬日虞，弗忍一日離也」者，自始死至葬前，未忍異於生，故無尸而設奠，象生時薦羞於坐前也。既葬，送形而往，迎魂而反，日中而虞。虞者，鄭注士虞禮云「虞，安也，所以安神」是也。葬之朝，爲大遺奠，反，日中而虞，是不忍一日使父母精神離散，故云不忍一日離也。云「是日也，以虞易奠」者，以士虞禮云「男，男尸。女，女尸。爲神象鬼事之」。是以虞易奠也。云「卒哭日成事，是日也，以吉祭易喪祭」者，案：士虞禮：「三虞卒哭，他用剛日。」〔九〕云哀薦成事，故檀弓記人解士虞禮云「卒哭日成事」。祭以吉爲成，故云是日也。以吉祭易喪祭，虞祭是也。云「明日祔於祖父」者，引之，證經喪祭爲虞祭，又爲祔祭。士之禮，葬用柔日，假令丁日葬，葬日第一虞，隔戊日，己日爲第二虞，後虞改用剛，用庚日。卒哭亦用剛日，隔辛日，壬日爲卒哭祭。其祔祭又用柔日，則癸日爲祔祭，是士從始虞至祔日，揔用七日。以此差之，大夫五虞，諸侯七虞，天子九虞，相次日數可知耳。此喪中自相對，虞爲喪祭，卒哭即爲吉祭，以其卒去無時哭，〔一〇〕哀殺，故爲吉祭。若喪中對二十八月復平常爲吉祭，則禫祭已前，皆爲喪祭也。若然，喪中自相對，虞爲喪祭，卒哭爲吉祭。而鄭云「喪祭虞祔」，并祔祭亦爲喪祭者，此鄭欲引檀弓并祔祭揔釋，故喪中之祭，揔爲喪祭而言。其實卒哭既爲吉祭，祔祭在卒哭後，是吉祭可知也。

成葬而祭墓，爲位。成葬，丘已封也。天子之冢，蓋不一日而畢。位，壇位也。先祖形體託於此地，祀其神，以安之。冢人職曰：「大喪既有日，請度，甫竁遂爲之尸。」

「成葬」至「爲位」 云「成葬」者，謂造丘墳已訖，以王之靈柩託於此土，故祭后土之神，使安祐之。當設祭位於墓左也。

注「成葬」至「之尸」 「成葬，丘已封也」者，案：冢人以爵等爲丘封之度，據彼有丘封之文，故依而言之。云「天子之冢，蓋不一日而畢」者，案：檀弓云：「有司以几筵舍奠於墓左，反，日中而虞。」注云：「所使奠墓有司來歸，乃虞也。」則虞祭在奠墓後。以其士之墳蓋高四尺，故日中虞祭，待奠墓有司來歸。此上文既云「詔相喪祭」，則虞祭訖矣。於下乃云「成葬祭墓爲位」，則虞祭不待奠墓有司來歸者，由天子之冢高大，蓋不一日而畢，故設經喪祭在成葬之上也。引冢人職者，證祭墓爲位時，冢人爲尸，以祭后土也。

凡王之會同、軍旅、甸役之禱祠，肄儀爲位。肄，習也。故書「肄」爲「肆」，「儀」爲「義」。杜子春讀「肆」當爲「肄」，〔一一〕「義」爲「儀」，謂若今時肄司徒府也。小宗伯主其位。○肄，以志反，習也，沈音四，李又似二反。

「凡王」至「爲位」　言王有會同、軍旅、甸役之事，皆有禱祠之法。云「肄儀爲位」者，數者禱祠，皆須豫習威儀乃爲之，故云肄儀也。當習威儀之時，則小宗伯爲位也。

國有禍烖，則亦如之。謂有所禱祈。

「國有」至「如之」　禍烖，謂國遭水火凶荒，則有禱祈之事，故云「亦如之」。

凡天地之大烖，類社稷宗廟，則爲位。禱祈禮輕。類者，依其正禮而爲之。

「凡天」至「爲位」　天烖，謂日月食、星辰奔殞。地災，謂震裂，則類祭社稷及宗廟。則亦小宗伯爲位祭之。注「禱祈」至「爲之」　凡言「類」者，皆謂依事類而爲之。但求福曰禱，禮輕〔一二〕。得求曰祠，祠禮重。則祠者，依正祭之禮也。則禱禮輕者，雖依正禮，祭饌略少。

凡國之大禮，佐大宗伯。凡小禮，掌事，如大宗伯之儀。

「凡國」至「之儀」　凡言「大禮」者，王親爲之者。「小禮」者，羣臣攝而爲之者。小禮，小宗伯專掌其事，其法如大宗伯之儀，〔一三〕但非王親行，則謂之小禮也。

肆師之職，掌立國祀之禮，以佐大宗伯。佐，助也。

「肆師」至「宗伯」。釋曰：肆師是宗伯之考，每事皆佐宗伯，此經與下爲目，其立國祀之禮，則下經所云「立大祀」已下，是也。

立大祀，用玉帛、牲牷。立次祀，用牲幣。立小祀，用牲。鄭司農云：「大祀，天地。次祀，日月星辰。小祀，司命已下。」玄謂大祀又有宗廟，次祀又有社稷、五祀、五嶽，小祀又有司中、風師、雨師、山川、百物。○牲牷，音全。

「立大」至「用牲」。釋曰：此則佐宗伯之事。案：大宗伯有禋祀已下，并宗廟六享之事，此肆師陳用玉帛牲牷之等。注「鄭司」至「百物」。釋曰：司農云「大祀天地」至「司命」以下，先鄭據大宗伯直據天神大次小而言，唯天神中兼言地而已。其於地示，不言次小，人鬼之中又不言大次小，故後鄭就足之耳。後鄭云「大祀又有宗廟」者，以其先鄭於大祀中無人鬼，故後鄭特舉之。云「次祀又有社稷、五祀、五嶽」者，此後鄭特舉社稷已下者，以先鄭次祀中，不言血祭社稷已下故也。云「小祀又有司中、風師、雨師、山川、百物」者，此後鄭見先鄭天神小祀中，唯云司命以下，其言不備，故具之，山川百物，就足先鄭地示小祀耳。若然，後鄭直云「大祀又有宗廟」，更不言宗廟次小祀者，但宗廟次祀，即先公是也。不言之者，已於酒正云「次祀，鷩冕毳冕所祭」，已具於彼故也。〔一四〕又不言宗廟小祀者，宗廟小祀，其神不明，馬君雖云「宗廟小祀，殤與無後」，無明文，故後鄭亦不言也。經言立大祀用玉帛牲牷者，〔一五〕天神中，非直有升煙玉帛牲，亦有禮神者也。地示中，非直瘞埋中有玉帛牲，亦兼有禮神玉帛牲也。宗廟中，無煙瘞埋，〔一六〕直有禮神幣帛與牲，又不見有禮神之玉，或可以灌圭爲禮神之玉，亦通一塗。「立次祀用牲幣」者，天神日月星辰，地示血祭社稷五祀五岳是也。宗廟次祀已下，與大祀同，亦直有禮神幣帛而已。

以歲時序其祭祀及其祈珥。序，第次其先後大小。故書「祈」爲「幾」。杜子春讀「幾」當爲「祈」，「珥」爲「餌」。〔一七〕玄謂「祈」當爲「進機」之「機」，「珥」當爲「衈」。機衈者，釁禮之事。雜記曰：「成廟則釁之。雍人舉羊升屋，自中，中屋南面，刲羊，血流於前，乃降。門夾室皆用雞，〔一八〕其衈皆於屋下。割雞，門當門夾，室中室。」然則是機謂羊血也。小子職曰「掌珥於社稷，祈於五祀」是也。亦謂其宮兆始成時也。春秋僖十九年夏，「邾人執鄫子，用之」。傳曰：「用之者何？蓋叩其鼻以衈社也。」〔一九〕○及其祈，析及注機同，巨既反，〔二〇〕或巨依反。珥，而志反，注衈同。刲羊，苦圭反。俠室，古洽反，劉古協反。

［疏］「以歲」至「祈珥」　言「歲時序其祭祀」者，即上立大祀已下至小祀，皆依歲之四時，次序其大小先後也。及其刉珥，謂釁禮之事，用毛牲即曰刉，用羽牲即曰衈。

注「序第」至「社也」　云「序，第次其先後」者，不必先大後小，天地人之鬼神，各有大次小，或小而應先，或大而應後，各自當其時以祭之，故云第次其先後也。云「故書祈爲幾。杜子春讀幾當爲祈，珥爲餌」者，皆無義所取，故鄭不從之也。「玄謂祈當爲進機之機」者，案：禮記玉藻，沐畢云「進機」，鄭以爲沐而飲酒曰機，彼機爲機福之義，此直取音讀，不取其義。云「珥當爲衈」者，經言珥是玉珥，非取血之義，故讀從雜記下血傍爲之也。云「雜記曰，成廟則釁之。雍人舉羊升屋，自中」者，謂升上其屋，當屋脊之中央。云「門夾室皆用雞」者，謂廟門，及兩廂夾室，三處皆用雞。「其衈皆於屋下」者，謂三處皆不升屋，而在屋下殺雞也。云「割雞，門當門夾，室中室」者，中，謂當室中央。云「然則是機謂羊血也」者，鄭既引雜記之衈，欲破經珥及子春餌之意也。云「小子職曰，掌珥於社稷，祈於五祀是也」者，引證血傍爲之，以證衈義也。其「祈」字猶不從，故彼注引秋官士師曰「凡刉衈則奉犬牲」，「毛牲曰刉，羽牲曰衈，此刉衈正字與？」若然，刉既正字而讀從進機者，且從故書幾音耳。〔二一〕至士師別爲正解也。云「春秋傳曰」者，公羊傳文。引之者，謂證衈是取血以釁之事。

大祭祀，展犧牲，繫於牢，頒於職人。展，省閲也。「職」讀爲「樴」。樴，可以繫牲者。此樴人謂充人及監門人。〔二二〕○職人，劉之弋反，戚音弋，注樴同。監門，古銜反。

「大祭」至「職人」 肆師以將有天地宗廟大祭祀，牧人以牲與充人之時，肆師省閲其牲，看完否及色堪爲祭牲，及繫於牢，頒付於職人也。

注「展省」至「門人」 鄭讀職爲樴者，但三百六十官皆有職司，若言職則無所指斥，若爲樴爲聲，〔二三〕謂置臬之時，樴樴然作聲，故讀從樴，可以繫牲者也。云「此樴人謂充人及監門人」者，案：充人云：「祀五帝，繫於牢，芻之三月。凡散祭祀之牲，繫於國門使養之。」故知樴人是此二官也。言此樴人，對彼樴人，不要是充人監門人也。牛人所云「樴人」者，彼鄭注充人，并牧人在其中矣。此有監門人者，謂兼祭諸神司中之等。

凡祭祀之卜日、宿、爲期，詔相其禮，眡滌濯亦如之。宿，先卜祭之日。〔二四〕

「凡祭」至「如之」 言「凡祭祀之卜日」，謂天地、宗廟之等，將祭前，有散齊七日、致齊三日，十日矣。若然，卜日吉，則齊。今云「祭祀之卜日，宿，爲期」，則是卜前之夕，與卜者及諸執事者，以明日爲期也。云「詔相其禮」者，謂肆師詔告相助其卜之威儀，及齊戒之禮。云「眡滌濯亦如之」者，謂祭前之夕，視滌濯祭器，亦詔相其禮，故云「亦如之」。

祭之日，表齍盛，告絜；展器陳，告備；及果，築鬻。相治小禮，誅其慢怠者。粢，六穀也，在器曰盛。陳，陳列也。果築鬻者，所築鬻以祼也。故書「表」爲「剽」。剽表皆謂徽識也。鄭司農云：「築煑，築香草，煑以爲鬯。」○及果，古亂反，下同。鬻，音煑。相治，息亮反，下相其禮反，注同。爲剽，芳遥反，或方遥反。徽識，式志反，又昌志反。

「祭之」至「怠者」　云「祭之日，表齍盛，告絜」者，當祭之日，且其黍稷等，〔二五〕盛於簠簋，陳於廟堂東，又以徽識表之名，〔二六〕又告絜浄。云「展器陳，告備」者，謂祭日旦，於堂東陳祭器實之。〔二七〕既訖，則又展省視之，而告備具，故云展器陳告備也。云「及果，築鬻」者，謂於宗廟有祼。案禮記雜記，築鬱「臼以椈，杵以梧」，而築鬱金，煮以和秬鬯之酒以泲之，而祼矣。云「相治小禮」者，謂羣臣行事，則肆師相治之。云「誅其慢怠」者，謂執事之人，有惰慢懈怠者，則誅責之。

注「粢六」至「爲鬯」　爾雅云：「粢，稷也。」彼特訓粢爲稷者，以稷爲五穀之長，其揔而言之，六穀皆是粢，故此經揔六穀爲粢，〔二八〕故鄭云「粢，六穀也」。案：食醫和王六食：黍、稷、稻、粱、麥、苽。六食，即膳夫云六穀，一物。故鄭云六穀也。鄭司農云「築煮，築香草，煮以爲鬯」者，此言築鬻。鬱人云「祼事和鬱鬯」，謂取鬱金煮和秬鬯之酒，泲以祼神及賓客，故二鄭俱言之。云「皆謂徽識也」者，以剽、表，字雖不同，俱是徽識也。於六粢之上，皆爲徽識小旌，書其黍稷之名以表之。餘饌不表，獨此表之者，以其餘器所盛名異，覩器則知其實；此六穀者，簠盛稻粱，簋盛黍稷，皆有會蓋覆之，〔二九〕覩器不知其實，故特須表顯之也。但鬱人自掌鬱，此又掌之者，彼官正職，此肆師察其不如儀者也。

掌兆中、廟中之禁令。兆，壇塋域。

「掌兆」至「禁令」　案：小宗伯云「兆五帝於四郊」已下，則四郊之上，神兆多矣。皆掌不得使人干犯神位〔三〇〕，七廟亦然，故云掌其禁令也。

注「兆壇塋域」　凡爲壇者，四面皆塋域圍之，若宫牆然，故云「兆，壇塋域」也。

凡祭祀禮成，則告事畢。

大賓客，涖筵几，築鬻，此王所以禮賓客。

「大賓」至「築鬻」　案：大行人云：「上公再祼而酢，侯伯一祼而酢，子男一祼不酢。」大宗伯云：「大賓客，攝而載祼。」則此官主以築鬱金煑之，和鬯酒也。筵几云臨，〔三〕謂司几筵設之，肆師臨之也。

注「此王」至「賓客」　言此以對彼，彼，則上經築鬻，禮宗廟神也。

贊果將。酌鬱鬯，授大宗伯載祼。

注「酌鬱」至「載祼」　此據大宗伯職而言。案小宰亦云「賓客贊祼」者，容有故相代也。

大朝覲，佐儐。爲承儐。

注「爲承儐」　此言大朝覲爲承儐，謂大會同朝覲時。若四時常朝，則小行人爲承儐，小行人所云者是也。

共設匪罋之禮。設於賓客之館。公食大夫禮曰：「若不親食，使大夫以侑幣致之。豆實實於罋，簋實實於筐。」「匪」，其「筐」字之誤與？「禮不親饗，則以酬幣致之」，或者匪以致饔。○匪罋，於貢反。公食，音嗣，下同。誤與，音餘，下侯與同。

「共設」至「之禮」　此肆師不掌飲食而共設者，肆師主禮事，謂依禮使掌客之等及諸官告設之也。

注「設於」至「致饗」　鄭知設於賓客之館者，凡待賓客之禮，饗食在廟，其器不用匪𦉍。今言共設匪𦉍，〔三二〕明是王不親饗食，於賓館設之可知。引公食禮者，欲見此經與彼同，同是不親食之事，又欲破「篚」從「筐」之事也。云「字之誤與」者，無正文，約同彼，故云「與」以疑之也。云「禮不親饗則以酬幣致之」者，此亦公食大夫禮文。〔三三〕云「或者匪以致饗」者，鄭君向引公食大夫，須破「匪」從「筐」，又言饗禮者，饗禮亡，無妨致饗時用匪不用筐，但無正文，故云「或」以疑之也。

饗食，授祭。授賓祭肺。

注「授賓祭肺」　饗者，亨大牢以飲賓，〔三四〕獻依命數。食者，亦亨大牢以食賓，舉依命數。云「授祭」者，祭，謂祭先造食者。案：膳夫云「授王祭」，則此授祭者非授王可知，故鄭云「授賓祭肺」也。必知祭肺者，有虞氏祭首，夏后氏祭心，殷祭肝，周祭肺。肺，周所祭，故知祭者祭肺也。

與祝侯禳於畺及郊。侯禳，小祝職也。〔三五〕畺五百里，遠郊百里，近郊五十里。

「與祝」至「及郊」　侯者，候迎善祥。禳者，禳去殃氣。故肆師與小祝爲此侯禳二事於畺及郊。凡侯禳從內向外，應先言郊，後言畺。今先言畺，到言之者，可遠則遠，可近則近，任當時之宜，故到文以見義也。

注「侯禳」至「十里」　知「畺五百里」者，王畿千里中，置國城，面五百里，故大司馬云「方千里曰國畿」也。知「遠郊百里」者，司馬法文。知近郊五十里者。案：尚書君陳序云「分正東郊成周」。鄭彼注云：「成周在近郊五十里。今河南、洛陽相去則然」。以其漢法，於王城置河南縣，於成周置洛陽縣，相去見五十里，是近郊五十里，故云東郊也。

大喪，大渳以鬯，則築鬻。築香草，煮以爲鬯，以浴尸。香草，鬱也。

「大喪」至「築鬻」 上小宗伯「大喪以鬯渳」，則肆師與之築鬱金香草，和鬯酒以浴尸，使之香也。

令外内命婦序哭。序，使相次秩。

「令外」至「序哭」 案下注，六鄉以出，及朝廷卿大夫妻，皆爲外命婦，其内命婦，即下經内命女是也，謂三夫人已下至女御也。

注「序使相次秩」 哭法以服之輕重爲先後。若然，則内命婦爲王斬衰，居前，諸臣之妻從服齊衰者，居後也。

禁外内命男女之衰不中灋者，且授之杖。外命男，六鄉以出也。内命男，朝廷卿大夫士也。其妻爲外命女。喪服，爲夫之君齊衰不杖。内命女，王之三夫人以下。不中法，違升數與裁制者。鄭司農云：「三日授子杖，五日授大夫杖，七日授士杖，此舊説也。喪大記曰：『君之喪，三日，子、夫人杖，五日既殯，授大夫、世婦杖。』無七日授士杖文。」玄謂授杖日數，〔三六〕王喪依諸侯與？七日授士杖，四制云。○之衰，七雷反，注同。不中，丁仲反，注同。爲夫，于僞反，下爲取同。

「禁外」至「之杖」 外内命男女爲王，雖有齊斬不同，其衰皆有升數多少，及裁制，故禁之使依法也。云「且授之杖」者，外内命男及内命女，皆爲王斬者，有杖授之。其外命女，爲王齊衰，無杖，故云「且」，見不定之義也。

注「外命」至「制云」 云内外男女者，無正文，鄭以意言之。以王宫爲正，朝廷在王宫内，爲内命男，故以六鄉六遂及公邑大夫等，皆爲外命男。其妻揔爲外命女者，此對三夫人已下既爲内命女，則此朝廷及六鄉以外卿大夫妻，爲外命女可知。云「喪服爲夫之君齊衰不杖」者，是喪服不杖齊衰章文。云「内命女，王之三夫人以下」者，通九嬪、二十七世婦、八十一御妻，皆爲王斬衰而杖也。云「不中法違升數與裁制」者，諸臣妻爲夫之君義服衰六升。諸臣爲王義服斬衰，衰三升半，冠六升。三夫人已下爲王正服斬衰，衰三升。是其數也。言「裁制」者，據喪服云「凡衰外削幅，裳内削幅，幅三袧」已下，具有裁制。司農所云「三日授子杖，五日授大夫杖，七日授士杖」，雖云舊說，仍是四制之文也。玄謂王喪依諸侯者，王喪，諸臣等無授杖之日數，以諸侯之臣與王之臣同斬衰杖竹，故授杖日數亦宜同也。以檀弓云「天子崩，三日，祝先服」，鄭注云：「祝佐含斂，先病。」〔三七〕明子與夫人亦服矣，則天子之子及后亦服矣。「五日官長服」，注：「官長，大夫士。」明天子三公已下及三夫人已下亦服矣。但服杖俱時，有服即杖矣，唯天子服，授杖亦當七日矣。是以王喪約同諸侯之法也。

凡師甸，用牲於社宗，則爲位。社，軍社也。宗，遷主也。尚書傳曰：「王升舟入水，鼓鐘亞，觀臺亞，將舟亞，宗廟亞。」故書「位」爲「涖」。杜子春云：「涖當爲位，書亦或爲位。」宗謂宗廟。○師甸，音田，下大甸同。

「凡師」至「爲位」　師，謂出師征伐。甸，謂四時田獵。二者在外，或有祈請，皆當用牲社及宗，時皆肆師爲位祭也。

注「社軍」至「宗廟」　云「社，軍社也」者，在軍不用命戮於社，又君以軍行，祓社釁鼓，故名軍社也。鄭知宗遷主者，曾子問云師行必以遷廟主行，載於齊車，故知遷主也。尚書傳曰「王升舟」已下者，謂說武王於文王受命十一年觀兵之時，武王於孟津渡河，升舟入水在前〔三八〕，鼓鐘亞，亞王舟後。觀臺亞者，觀臺可以望氣祥，〔三九〕亞鼓鐘後。將舟亞者，以社主主殺戮，而軍將同，故名社主爲將，將舟在亞觀臺後。〔四〇〕宗廟亞者，宗廟，則遷主也，亞在將舟後。引之者，證在軍有社及宗之意也。異義：「公羊説，天子有三臺：有靈臺，所以觀天文。有時臺，以觀四時施化。有囿臺，所以觀鳥獸魚鼈。諸侯卑，無靈臺，不得觀天文，有時臺、囿臺。左氏説，天子有靈臺，諸侯有觀臺。」若然，文王時已有靈臺，今武王而曰觀臺者，鄭君之意，觀臺則靈臺，對文有異，散文則通。

類造上帝，封於大神，祭兵於山川，亦如之。造猶即也。爲兆以類禮即祭上帝也。類禮，依郊祀而爲之者。封謂壇也。大神，社及方嶽也。山川，蓋軍之所依止。〔四一〕大傳曰：「牧之野，武王之大事也。既事而退，柴於上帝，祈於社，設奠於牧室。」○類造，七報反，注造猶同。牧之，戚音目，劉音茂。

「類造」至「如之」 上經「用牲於社宗」，據在軍。下云「師不功」，據敗退後，即此經，據尅勝後，事告天及社之事。

注「造猶」至「牧室」 諸文皆云「造於禰，類於上帝」。造屬於禰。此以類造同云於上帝，則造與類同屬於上帝，故鄭云造猶即，與造門之造同也。云「爲兆以類禮即祭上帝」者，若依國四郊，則自有尋常兆域，今戰訖而祭，故須新爲壇兆，故鄭云爲兆也。鄭知類禮依郊祀而爲之者，此直是告祭非常，非是禱祈之祈祭〔四二〕，故知依正禮郊祀而爲之。謂四時迎氣於四郊，皆是也。云「大神，社及方岳也」者〔四三〕，以其命所報告，皆是出時告者，以出時類於上帝，宜於社，造於禰，今「大神」文在「上帝」下，而云封祭之，明是社也。知兼有方岳者，見小宗伯云「軍將有事於四望」，謂將戰時。今戰訖所告，明兼祭方岳，方岳，即四望也。云「山川蓋軍之所依止」者，以其山川衆多，不可並祭，軍旅思險阻，軍止必依山川，故知祭軍所依止者也。云大傳者，禮記大傳篇。云「牧之野，武王之大事也」者，牧誓序云：「時甲子昧爽，武王與受戰於牧野。」鄭注云：「紂近郊三十里名牧。」是武王伐紂之事，故云大事。云「既事而退」者，武王與紂於牧地戰，紂敗退，入紂都，自焚於宣室。武王入紂都，既封建，乃退向牧地。而柴於上帝者，以實柴祭帝，即此經類於上帝，一也。云「祈於社」者，即此經封於大神，一也。云「設奠於牧室」者，謂祭行主文王於牧野之室，於此文無所當，連引之者，欲見此經亦當有祭行主。不言者，文不備也。

凡師不功，則助牽主車。助，助大司馬也。故書「功」爲「工」。鄭司農「工」讀爲「功」。〔四四〕古者工與功同字。謂師無功，肆師助牽之，恐爲敵所得。

「凡師」至「主車」　「師不功」，謂戰敗。云「助牽主車」者，主中有二，爲社之石主，遷廟木主也。

注「助助」至「所得」　知「助，助大司馬也」者，案：大司馬職云：「若師不功，則厭而奉主車。」故知此肆師助大司馬也。若然，案：小宗伯云「立軍社，奉主車」，謂未敗時，若敗，即大司馬奉之。

凡四時之大甸獵，祭表貉，則爲位。〔四五〕貉，師祭也。貉讀爲十百之百。〔四六〕於所立表之處，爲師祭造軍法者，〔四七〕禱氣勢之增倍也。其神蓋蚩蚘，或曰黄帝。○表貉，莫駕反，鄭陌，後表貉皆同。蚩蚘，音尤。

「凡四」至「爲位」　案大司馬，仲冬教大閲，教戰訖，入防。將田，既陳，乃設驅逆之車。有司馬表貉於陳前，此時肆師爲位而祭也。

注「貉師」至「黄帝」　知「貉，師祭也」者，爾雅云「是類是禡」，故知貉爲師祭也。云「貉讀爲十百之百」者，鄭以聲讀之，必名此祭爲貉者，以其取應十得百，爲十倍之義。云「祭造軍法」者，凡言祭者祭先，明是先世創首造軍法者也。云「禱氣勢之增倍也」者，謂禱祈使師有氣勢，望得所獲增益十倍，還釋貉字之意也。云「其神蓋蚩尤，或曰黄帝」者，案史記，黄帝與蚩尤戰於涿鹿之野，俱是造兵之首。案：王制云「天子將出，類乎上帝」，注云：「帝謂五德之帝。」是黄帝以德配類，〔四八〕則貉祭祭蚩尤。是以公羊説曰：「師出曰祠，兵入曰振旅。祠者，祠五兵矛、戟、劍、楯、弓、鼓及祠蚩尤之造兵者。」謹案：三朝記曰「蚩尤，庶人之強者」，何兵之能造？故鄭云或曰黄帝也。故禮説云：「黄帝以德行。」蚩尤與黄帝戰，亦是造兵之首，故漢高亦祭黄帝、蚩尤於沛庭也。

嘗之日，涖卜來歲之芟。芟，芟草，除田也。古之始耕者，除田種穀。嘗者，嘗新穀，此芟之功也。卜者，問後歲之芟不。〔四九〕詩云：「載芟載柞，其耕澤澤。」○之芟，色銜反。載柞，側百反。

「嘗之」至「之芟」 秋祭曰嘗，以其物新熟可嘗而爲祭名也。正當嘗祭日，肆師涖卜來歲之芟者，以其餘事卜，則大宗伯涖卜，或大卜涖卜，此及下三事，皆肆師涖卜也。則陳龜、貞龜、命龜、示高、作龜，使卜師、卜人之等爲之。

注「芟芟」至「澤澤」 芟，芟草。對柞是殺木。引詩者，欲見載芟即此經芟也。云「載柞」者，柞是除木。於經雖無所當，欲見有草則芟之，有木則柞之，皆是治田以稼種，故并言之也。云「其耕澤澤」者，既除草木，則耕之，澤澤，和柔也。

獮之日，涖卜來歲之戒。秋田爲獮，始習兵，戒不虞也。卜者，問後歲兵寇之備。○獮，息淺反。

「獮之」至「之戒」 謂肆師正當出獮田之日，則卜來歲之戒不虞之事。

注「秋田」至「之備」 「秋田曰獮」，大司馬職文。云「始習兵，戒不虞」者，鄭解不於春芟夏苗涖卜來歲之戒，必於秋獮之日爲戒者，以其春教振旅，夏教茇舍，非正習兵，秋教治兵之日，故於是戒不虞世。〔五〇〕言不虞者，虞，度也，以兵寇之事，來否不可億度，當豫戒備之，故鄭云「卜者問後歲兵寇之備」也。

社之日，涖卜來歲之稼。社祭土，爲取財焉。卜者，問後歲稼所宜。

「社之」至「之稼」 類上文嘗獮是秋，則此社亦是秋祭社之日也。言「涖卜來歲之稼」者，祭社有二時，謂春祈秋報。報者，報其成熟之功。今卜者，來歲亦如今年宜稼以不。但春稼秋穡，不言穡而言稼者，秋穡由於春稼，故據稼而言之。

注「社祭」至「所宜」　案：郊特牲云：〔五二〕「社祭土而主陰氣也。取財於地，取法於天。」又孝經緯云：「社者，五土之揔神。」故云「社祭土而取財焉」。

若國有大故，則令國人祭。大故，謂水旱凶荒。所令祭者，社及禜酺。○及禜，音詠。酺也，音蒲，又音步。

注「大故」至「禜酺」　知大故是水旱凶荒者，以其命國人祭，明大故是天下皆有，故知水旱凶荒。凶荒，謂年穀不熟。知所命祭是社及禜酺者，經云命國人祭，案地官，州祭社，黨祭禜，族祭酺。於六遂之中，亦縣祭社，鄙祭禜，酇祭酺。皆是國人所祭之事也。

歲時之祭祀亦如之。月令仲春「命民社」，此其一隅。

「歲時」至「如之」　云「歲時之祭祀」者，上經據禱祈，非時祭，故此經見其常祭也。云「亦如之」者，亦命國人祭也。

注「月令」至「一隅」　凡言「歲時」者，謂歲之四時。月令唯見一時，故鄭云此其一隅也。若然，月令唯言春者，特舉春祈而言，舉一隅可以三隅反，則餘三時亦祭也。

凡卿大夫之喪，相其禮。相其適子。

注「相其適子」　鄭知相適子者，庶子無事，適子則有拜賓送賓之事。且卿大夫適子，〔五三〕爲天子斬衰，故知所相者適子也。

凡國之大事，治其禮儀，以佐宗伯。治，謂如今每事者更奏白王，禮也。故書「儀」爲「義」。鄭司農「義」讀爲「儀」。古者書「儀」但爲「義」，今時所謂「義」爲「誼」。

「凡國」至「宗伯」 案：小宗伯已云「佐宗伯」，此又言之者，但肆師與小宗伯，中下大夫，命數是一，故二人同佐宗伯無嫌也。案：大宗伯云「治其大禮」，小宗伯云「相治小禮」，此又云「治其禮儀」者，謂佐大小宗伯治之，謹習其事也。

凡國之小事，治其禮儀而掌其事，如宗伯之禮。

「凡國」至「之禮」 此一經，於職末摠結之也。

鬱人，掌祼器。〔五三〕祼器，謂彝及舟與瓚。

注「祼器」至「與瓚」 知祼器中有彝及舟者，此經下文云：「和鬱鬯以實彝。」又見司尊彝云：「春祠夏禴，祼用雞彝、鳥彝，皆有舟。」秋冬及追享朝享皆云焉，故知有彝舟也。知有瓚者，案：禮記王制云：「諸侯賜圭瓚，然後爲鬯。」尚書序云：「平王錫晉文侯秬鬯圭瓚。」皆與秬鬯相將，即下文祼玉是也。故知祼器中有瓚，瓚，則兼圭瓚、璋瓚也。

凡祭祀、賓客之祼事，和鬱鬯，以實彝而陳之。築鬱金，煮之以和鬯酒。鄭司農云：「鬱，草名，十葉爲貫，百二十貫爲築，以煮之鐎中，〔五四〕停於祭前。鬱爲草若蘭。」○焦中，子遥反，劉似消反，本又作鐎，音同，李元即脩反。〔五五〕

「凡祭」至「陳之」　天地大神，至尊不祼。至於山川及門社等事，在鬯人亦無祼事。此云祭祀，唯據宗廟耳。其賓客祼，則大行人云「公再祼」之等，是也。云「和鬱鬯」者，謂和鬯人所造秬黍之鬯酒也。爲宗廟賓客用鬱者，則肆師築鬱金草煑之，以和鬯酒，更和以盎齊，泲之以實彝，陳於廟中饗賓客及祭宗廟之處也。

注「築鬱金煑之以和鬯酒」至「若蘭」　鄭知築鬱金草煑之者，見肆師云「築鬻」，故知之也。司農云「十葉爲貫，百二十貫爲築」者，未知出何文。云「以煑之鐎中，停於祭前」者，此似直煑鬱停之，無鬯酒者，文略，其實和鬯酒也。云「鬱爲草若蘭」者，蘭，則蘭芝，以其俱是香草，故比類言之。案：王度記云：「天子以鬯，諸侯以薰，大夫以蘭芝，士以蕭，庶人以艾。」此等皆以和酒。諸侯以薰，謂未得圭瓚之賜，得賜則以鬱耳。王度記云「天子以鬯」，及禮緯云「鬯草生庭」，皆是鬱金之草，以其和鬯酒，因號爲鬯草也。

凡祼玉，濯之陳之，以贊祼事。祼玉，謂圭瓚、璋瓚。

「凡祼玉濯之陳之以贊祼事」　此祼玉，即圭璋是也。故玉人、典瑞皆云祼圭尺有二寸。〔五六〕禮記郊特牲云：「灌以圭璋，用玉氣也。」

注「祼玉謂圭瓚璋瓚」　案：禮記祭統云：「君用圭瓚祼尸，大宗用璋瓚亞祼。」鄭云大宗亞祼，容夫人有故攝焉。若然，王用圭瓚，后用璋瓚可知，故鄭并言之也。

詔祼將之儀與其節。節，謂王奉玉送祼早晏之時。

「詔祼」至「其節」　云「祼將之儀」者，即是奉玉送祼之威儀。云「節」者，即早晚時節。故兩言之。

注「節謂」至「之時」　云「奉玉」，謂王與后祼時，奉瓚而酌鬱鬯。云「送祼」者，謂送之以授尸，尸得祭之，嚌之，奠之，不飲，故上文司農云「停於祭前」也。

凡祼事，沃盥。 凡，言非一。若賓客，則大宗伯祼。若祭祀，王及后祼。皆鬱人沃以水，盥手及洗瓚也。

「凡祼事沃盥」

大喪之渳，共其肆器； 肆器，陳尸之器。喪大記曰：「君設大盤造冰焉，大夫設夷盤造冰焉，士併瓦盤，無冰，設牀襢第，有枕。」此之謂肆器。天子亦用夷盤。○造冰，七報反，下同。士併，薄令反。襢，章善反，沈又音但。第，側几反。

注「肆器」至「夷盤」 肆訓爲陳，故鄭云謂陳尸之器也。云「喪大記云君設大盤造冰焉，大夫設夷盤造冰焉」者，此謂二月已後至八月，鄭注喪大記「造，猶内」也。引漢禮，大盤廣八尺，長丈二，深三尺，赤中。夷盤小焉。云「士併瓦盤無冰」者，則盛水以寒尸。士喪禮君賜冰，用夷盤。云「設牀襢第有枕」者，此謂陳尸之牀，設冰於其下。云「天子亦用夷盤」者，凌人職云：「大喪共夷盤冰。」此夷盤則諸侯大盤之類，與大夫夷盤同名耳，大小則異也。

及葬，共其祼器，遂貍之。 遺奠之彝與瓚也，貍之於祖廟階間，明奠終於此。○遂貍，亡皆反。遺奠，弃戰反。

注「遺奠」至「於此」 知葬共祼器據遺奠時者，以葬時不見有設奠之事，祖祭已前奠小，不合有彝器。奠之大者，唯有遺奠，故知於始祖廟中，厥明將葬之時，設大遺奠，有此祼器也。此即司尊彝云「大喪存奠彝」者，是也。以奠無尸，直陳之於奠處耳。言「貍之於祖廟階間」者，此案曾子問，無遷主者，以幣帛皮圭以爲主，命行，反，遂貍之於祖廟兩階之間。此大遺奠，在始祖廟，事訖，明亦貍之於階間也。云「明奠終於此」者，自此已前，不忍異於生，設奠食象生而無尸。自此已後，葬訖反，日中而虞，則有尸，故士虞禮云「男，男尸。女，女尸」。以神事之謂之祭，異於生，故云「明莫終於此」也。

大祭祀，與量人受舉斝之卒爵而飲之。斝，受福之嘏，聲之誤也。王酳尸，尸嘏王，此其卒爵也。少牢饋食禮：「主人受嘏詩懷之，卒爵，執爵以興，出。宰夫以籩受嗇黍，主人嘗之，乃還獻祝。」此鬱人受王之卒爵，亦王出房時也。必與量人者，鬱人贊祼尸，量人制從獻之脯燔，事相成。○斝之，古雅反。之嘏，古雅反。王酳，侯吝反，又音胤。脯燔，音煩。

「大祭」至「飲之」　此大祭祀云受嘏，謂祭宗廟者也。云「與量人受舉嘏之卒爵而飲之」者，謂王酳尸後，尸嘏王之節也。

注「斝受」至「相成」　鄭知斝是受福之嘏，非天子奠斝散爵名者，案：郊特牲云：「舉斝角，詔妥尸。」其時無鬱人、量人受爵飲之法，唯有受嘏時，受王卒爵飲之禮，故破斝爲受福之嘏也。云「王酳尸，尸嘏王，此其卒爵也」者，此約少牢特牲禮，故鄭即引少牢以爲證也。云「少牢饋食禮主人受嘏詩懷之，卒爵」者，天子諸侯，祭有二灌，朝踐、饋獻，大名二獻之事，乃有陰厭，迎尸入户，尸食訖，王酳尸，大夫士無饋獻已前之事，直有陰厭已後酳尸之事，天子諸侯祭禮亡，故陰厭已後，取少牢特牲續之。今獻鬱人量人之節，當大夫獻祝及佐食之時。云「主人受嘏詩懷之」者，謂陰厭後，迎尸入，升席，坐，尸食訖，主人酳尸，尸酢主人，在户東西面受尸酢，時尸命祝嘏主人以大福，遂以黍稷肺授主人。詩，承也。主人承之，内於懷中，挂於季指，乃拜而飲卒爵也。云「執爵以興，出。宰夫以籩受嗇黍」者，嗇黍，即所斂聚黍稷肺授之者也。云「主人嘗之，乃還獻祝。此鬱人受王之卒爵，亦王出房時也」者，大夫士有獻祝及佐食，無獻鬱人、量人法，天子有獻鬱人、量人之禮，無獻祝及佐食之事。〔五七〕但其節同，故引爲證也。云「必與量人者，鬱人贊祼尸」者，即上文「贊祼事，詔祼將之儀」，是也。云「量人制從獻之脯燔」者，案：量人云：「凡祭祀、饗賓，制其從獻脯燔之數量，」是也。云「事相成」者，前祼後獻，祭事乃成，故云事相成也。

鬯人，掌共秬鬯而飾之。秬鬯，不和鬱者。飾之，謂設巾。

「鬯人」至「飾之」云「掌共秬鬯」者，此直共秬黍之酒，無鬱也，故注云「不和鬱者」也。鄭知飾之謂設巾者，此上下雖無設巾之事，案：冪人云：「以疏布巾冪八尊，以畫布巾冪六彝。凡王巾皆黼。」凡尊皆有巾冪，明秬鬯之酒尊，亦設巾可知。故知所飾者，設巾也。

凡祭祀，社壝用大罍，壝，謂委土爲墠壇，所以祭也。大罍，瓦罍。○社壝，唯癸反，劉欲鬼反。大罍，音雷，或郎追反。壇墠，音善，或音禪。

注「壝謂」至「瓦罍」「壝，謂委土爲墠壇，〔五八〕所以祭」者，謂四邊委土爲壝，於中除地爲墠，墠内作壇，謂若三壇同墠之類也。此經云「社壝」，謂若封人及大司徒皆云「社壝」，皆直見外壝而言也。〔五九〕知大罍是瓦罍者，旊人爲瓦簋，據外神，明此罍亦用瓦，取質略之意也。

禜門用瓢齎，禜，謂營酇所祭。門，國門也。春秋傳曰：「日月星辰之神，則雪霜風雨之不時，於是乎禜之；山川之神，則水旱厲疫之不時，於是乎禜之。」魯莊二十五年秋，大水，鼓用牲於社於門〔六〇〕。故書「瓢」作「剽」。鄭司農讀「剽」爲「瓢」。杜子春讀「齎」爲「粢」。〔六一〕瓢，謂瓠蠡也。粢，盛也。玄謂齎讀爲齊，取甘瓠，割去柢，以齊爲尊。○禜門，音詠。用瓢，婢遥反。齎，音齊，在兮反，杜音資。營酇，作管反。作剽，匹召反。蠡也，力兮反，或郎戈反。割去，起吕反。柢，音帝。

注「禜謂」至「爲尊」鄭知禜謂營酇者，欲見祭神非一，取營酇而祭之義故也。鄭知門是國門者，禮記祭法云「天子祭七祀」，有國門，故知也。春秋傳者，昭元年子産辭。彼先云山川，後云日月。此先云日月者，鄭君所讀春秋先日月，與賈、服傳不同故也。彼無不時，此有之者，鄭以義增之，非傳文。引之者，證禜是營酇而祭之義。引莊二十五年傳者，證有門之義。但彼譏伐鼓用牲，其大水祭門是也。「玄謂齎讀爲齊」者，以其割齊爲尊，亦取質略之意，故不從子春也。

廟用脩。凡山川四方用蜃，凡祼事用概，凡疈事用散。祼，當爲「埋」字之誤也。〔六二〕故書「蜃」或爲「謨」。〔六三〕杜子春云：「謨當爲蜃，書亦或爲蜃，蜃，水中蜃也。」鄭司農云：「脩、謨、概、散，皆器名。」玄謂廟用脩者，謂始禘時，自饋食始。脩、蜃、概、散，皆漆尊也。「脩」讀曰「卣」。卣，中尊，謂獻象之屬。尊者彝爲上，罍爲下。蜃，畫爲蜃形。蚌曰合漿。〔六四〕尊之象。概，尊以朱帶者。無飾曰散。○用脩，音卣，羊久反，又音由，中罇也。凡祼，音埋，出注。用摡，古愛反。凡疈，孚逼反。用散，素旱反，注及下注同。獻象，素何反。蚌，步項反。曰合，音含，本亦作含。將，如字，本又作漿。

注「祼當」至「曰散」　鄭破祼爲埋者，若祼則用鬱，當用彝尊，不合在此而用概尊，故破從埋也。埋，謂祭山林。則山川用蜃者，大山川。「司農云脩、謨、概、散，皆器名」者，先鄭從古云謨，後鄭亦不從之矣。「玄謂廟用脩者，謂始禘時」者，謂練祭後遷廟時。以其宗廟之祭，從自始死已來無祭，今爲遷廟，以新死者木主入廟，特爲此祭，故云始禘時也。以三年喪畢，明年春禘爲終禘，故云始也。云「自饋食始」者，天子諸侯之祭自灌始，有朝踐、饋獻，乃有饋食進黍稷。大夫士禮無饋獻已前事，直有饋食始，即特牲、少牢皆云饋食之禮是也。今以喪中爲吉祭，不可與吉時同，故略同大夫士禮。且案大宗伯，宗廟六享，皆以祼爲始，當在鬱人用彝，今不用鬱，在鬯人用卣尊，故知略用饋食始也。若然，鄭知義遷廟在練時者，案：文二年穀梁傳云：「作主壞廟有時日，於練焉壞廟。壞廟之道，易檐可也，改塗可也。」爾時木主新入廟，〔六五〕禘祭之。是以左氏說，凡君薨，祔而作主，特祀主於寢，畢三時之祭，朞年然後烝嘗禘於廟。許慎云左氏說與禮同。鄭無駮，明用此禮同，義與穀梁傳合。賈、服以爲三年終禘，遭烝嘗則行祭禮，與前解違，非鄭義也。鄭知「脩、蜃、概、散，皆漆尊也」者，以稱散，凡物無飾曰散，直有漆，明概蜃之等，漆外別有飾，故知皆尊也。鄭以脩從卣者，詩與尚書及爾雅皆爲卣，脩字於尊義無所取，故從卣也。云「卣中尊謂獻象之屬」者，案：下司尊彝職云：「春祠夏禴，祼用雞彝、鳥彝，朝踐用兩獻尊，饋獻用兩象尊，皆有罍。諸臣之所酢。」是尊者彝爲上，罍爲下，獻象之屬在其中，故云中尊獻象之屬。更云「彝爲上，罍爲下」者，欲推出卣爲中尊之意也。云「之屬」者，秋冬及追享朝享，皆彝爲上罍爲下，著尊、壺尊之等在其中也。云「蜃畫爲蜃形」者，亦謂漆畫之。云「蚌曰含漿，尊之象」者，蚌蛤，一名含漿。含漿，則是容酒之類，故畫爲蜃而尊名也。云「概尊以朱帶」者，玄纁相對，既是黑漆爲尊，以朱帶落腹，故名概。概者，横概之義，故知落腹也。云「無飾曰散」者，以對概蜃獻象之等，有異物之飾，此無，故曰散。云「疈事」者，即大宗伯云「疈辜祭四方百物」者也。

大喪之大渳，設斗，共其釁鬯。斗，所以沃尸也。釁尸以鬯酒，使之香美者。鄭司農云：「釁讀爲徽。」○設斗，音主，注同。

注「斗所」至「爲徽」　鄭云「釁尸以鬯酒，使之香美」者，案肆師云「大喪築鬻」，則此鬯酒中兼有鬱金香草，故得香美也。司農云「釁讀爲徽」者，以鬯釁尸，故以徽爲莊飾義也。

凡王之齊事，共其秬鬯。給淬浴。○給淬，七内反。

注「給淬浴」　鄭知王齊以鬯爲洗浴，以其鬯酒非如三酒可飲之物，大喪以鬯浴尸，明此亦給王洗浴，使之香美也。

凡王弔臨，共介鬯。〔六六〕以尊適卑曰臨。春秋傳曰：「照臨獘邑。」鄭司農云：「鬯，香草，王行弔喪被之，故曰介。」玄謂曲禮曰：「贄，天子鬯。」王至尊，介爲執致之以禮於鬼神與？〔六七〕檀弓曰：「臨諸侯，畛於鬼神，曰有天王某父。」此王適四方，舍諸侯祖廟，祝告其神之辭，介於是進鬯。○共介，音界。被之，普皮反，又皮寄反。爲執，于僞反。神與，音餘。畛於，之忍反，致也。某父，音甫，本又作甫。

「凡王」至「介鬯」　介，副也。王弔臨諸臣，則有副使從行者。天子所往，停在諸侯之廟，祝致辭告廟，介使則進此鬯於神前，故云介鬯。

注「以尊」至「進鬯」　云「以尊適卑曰臨」者，欲解臨非如雜記云「上客臨」，彼謂哭臨也。此王弔諸侯、諸臣，故以「以尊適卑」解之。引春秋者，昭三年齊晏嬰辭〔六八〕。引之者，證以尊適卑稱臨之義。司農云「鬯，香草」者，見王度記云：「天子以鬯，諸侯以薰。」禮緯亦云：「鬯草生庭。」故知鬯香草也。此直是秬鬯，無香草，故後鄭不從也。云「王行弔喪被之，故曰介」者，先鄭之意，以介爲被，似若春秋被練之義，故云被之。後鄭亦不從。「玄謂曲禮曰」者，下曲禮文。云「摯，天子鬯」者，彼摯，下與天子鬯、諸侯圭、卿羔已下爲目，此天子以鬯爲摯，若卿羔之類，但天子至尊不自執，使介爲摯。「致之以禮於鬼神與」者，無正文，蓋置於神前，故云「與」以疑之。云「檀弓曰」者，此亦下曲禮文。言檀弓者，誤。案：彼注云：「畛，致也。」謂使祝告至於鬼神，王至尊，臣不名君，故云「某父」，且字也。

雞人，掌共雞牲，辨其物。物謂毛色也。辨之者，陽祀用騂，陰祀用黝。○用黝，於糾反。

注「物謂」至「用黝」　「陽祀用騂，陰祀用黝」者，牧人文。彼注云：「陽祀，祭天於南郊及宗廟。陰祀，祭地於北郊及社稷也。」〔六九〕鄭舉此二者，其望祀各以其方色牲，及四時迎氣皆隨其方色，亦辨其毛物可知也。

大祭祀，夜嘑旦以嘂百官。夜，夜漏未盡，雞鳴時也。呼旦，以警起百官，使夙興。○嘑旦，火吴反，本又作呼。以嘂，古弔反。以警，音景。

注「夜夜」至「夙興」　漏未盡者，謂漏未盡三刻已前，仍爲夜，則呼旦也。漏刻之義，具挈壺氏。

凡國之大賓客、會同、軍旅、喪紀，亦如之。凡國事爲期，則告之時。象雞知時也。告其有司主事者。少牢曰：「宗人朝服北面曰〔七〇〕：『請祭期。』主人曰：『比於子。』〔七一〕宗人曰：『旦明行事。』」告時者，至此旦，明而告之。○朝服，直遥反。比於，毗志反。

注「象雞」至「告之」　引「少牢曰」者，謂祭前之夕，宗人主禮官，請主人祭期。主人曰「比於子」者，謂次比其日數時節由子。子則宗人也。宗人即告期曰「旦明行事」。其實，祭期由宗人，宗人請主人者，敬主人，若不敢自由然，故讓之也。案：庭燎詩注：「王有雞人之官，凡國事爲期，則告之以時，王不正其官，而問夜早晚，非也。」案：齊詩東方未明序云：「東方未明，刺無節也。朝庭興居無節，號令不時，挈壺氏不能掌其職焉。」注云：「挈壺氏，掌漏刻者。」彼不云雞人者，案：挈壺氏云「凡軍事懸壺」。無告期之事，則天子備官，挈壺直掌漏刻之節，雞人告期〔七二〕。彼齊詩是諸侯兼官，故挈壺氏兼告期也。

凡祭祀，面禳，釁，共其雞牲。釁，釁廟之屬。釁廟以羊，門、夾室皆用雞。鄭司農云：「面禳，四面禳也。釁讀爲徽。」○禳，如羊反。

「凡祭」至「雞牲」　云「凡祭祀面禳」者，祭祀，謂宗廟之屬。面禳，謂祈禱之屬。

注「釁釁」至「爲徽」　鄭云「釁，釁廟之屬」者，言「之屬」，則釁鼓、釁甲兵，皆在其中。「釁廟以羊」已下，雜記文。司農云「面禳，四面禳」，則侯禳。禳，謂禳去惡祥也。云「釁讀爲徽」者，亦謂以徽爲飾治之義也。

校勘記

〔一〕禮記問喪云　孫詒讓云，此禮記間傳文，賈誤。

〔二〕及執事眡葬獻器　于鬯云，此句當以「及執事視」爲讀，「葬」爲讀。

〔三〕案士喪禮 「案」，原作「決」，據阮本改。
〔四〕杜子春讀竈爲毳 漢讀考作「讀毳爲竈」，謂經文亦本作「甫毳」。
〔五〕聲如腐脃之脺 余、閩、監、毛本同，岳、嘉靖本「脺」作「脃」，阮校云，作「脺」誤。
〔六〕彼此義得兩合 孫詒讓云，「合」疑「含」之誤。
〔七〕并下冢人甫竁皆爲穿也 「并」，元、殿本同，閩、閩，阮本作「在」。疑作「并」是。
〔八〕明日祔於祖父 婺、岳本同，建本「祔」作「拊」，「父」作「廟」。
〔九〕他用剛日 「他」，元、正、殿本同，閩、監、毛、阮本作「俱」。疑作「俱」是。
〔一〇〕以其卒去無時哭 阮本無「其」字。惠校本無「卒」字。
〔一一〕杜子春讀肄當爲肆 上「肄」字阮本作「肆」，當據改。
〔一二〕但求福曰禱禮輕 阮本「禮」作「禱」。
〔一三〕其法如大宗伯之儀 「其」，元、閩、殿本同，正、閩，阮本作「是」。疑作「其」是。
〔一四〕已具於彼故也 「具」，阮本誤作「其」。
〔一五〕經言立大祀用玉帛牲牷者 「牷」，阮本誤作「拴」。
〔一六〕宗廟中無煙瘞埋 孫詒讓云，「無煙」似當作「無升煙」。
〔一七〕珥爲餌 禮説云，雜志「衅廟衈於屋下」，東山經曰「祠毛用一犬祈聥」，注云「聥音餌以血涂祭爲聥也」；公羊傳「蓋叩其鼻以聥社」，今本公羊誤作「血社」，穀梁作「衈社」；周禮皆作「珥」，古文少，假借多。
〔一八〕門夾室皆用雞 「夾」，建、岳、阮本同，葉鈔釋文、余本載音義作「俠」。
〔一九〕蓋叩其鼻以衈社也 「衈」，原作「衂」，據婺、建、岳、阮本改。

〔二〇〕巨既反　「反」原作「友」，據徐本、盧本及阮本改。

〔二一〕且從故書幾音耳　「幾」，元、殿本同，阮本作「禨」。

〔二二〕此職人謂充人及監門人　「職」，婺、建、嘉靖、惠校本同，賈疏引注亦同，余、岳、閩、監、毛、阮本作「職」，誤。

〔二三〕若爲樴爲聲　阮校云，「樴爲聲」上當有「從木從戠」四字。

〔二四〕宿先卜祭之日　「日」，婺、建、岳、阮本作「夕」。

〔二五〕旦其黍稷等　「旦」，殿本同，元、正、閩本作「且」，閩本作「具」，阮本作「其」。疑作「具」是。

〔二六〕又以徽識表之名　「之」，元、正、閩本同，閩、殿、阮本作「其」。

〔二七〕謂祭日旦於堂東陳祭器實之　元、閩、閩、阮本「旦」作「且」。

〔二八〕故此經揔六穀爲粢　「揔」，元本同，閩、閩、阮本作「據」，疑誤。

〔二九〕皆有會蓋覆之　「會」，元、正、閩本同，閩、殿、阮本作「盒」。作「會」是也。

〔三〇〕皆掌不得使人干犯神位　「干」，阮本誤作「于」。

〔三一〕筵几云臨　「臨」，元、正、閩本同。阮本作「涖」。

〔三二〕今言共設匪罋　「匪」，毛本同，阮本作「篚」。下「破篚」毛本亦作「匪」。

〔三三〕此亦公食大夫禮文　孫詒讓云，此聘禮文，賈誤。

〔三四〕饗者亨大牢以飲賓　阮本無「者亨」二字。

〔三五〕小祝職也　「祝」，原作「祀」，據婺、建、岳、阮本改。

〔三六〕玄謂授杖日數　「授」，婺、建、岳本同，阮本作「受」。

〔三七〕祝佐含歛先病　阮本同，浦鏜云，「服」誤「病」。孫詒讓云，檀弓注是「先病」，浦校誤。

〔三八〕入水在前　「入」，元、殿本同，正、聞、閩、阮本作「大」。疑作「入」是。
〔三九〕觀臺可以望氣祥　元、正、聞、阮本同。阮校云，閩、監、毛本「氣」作「氛」，是。
〔四〇〕將舟在亞觀臺後　「在亞」，元、正、聞、閩本同，監、毛、殿、阮本作「亞在」。疑「亞在」是。
〔四一〕蓋軍之所依止　「止」，婺、岳本同，建本誤作「土」。
〔四二〕非是禱祈之祈祭　「祈」，元、正、聞、閩本同，監、毛、殿、阮本作「所」，疑作「所」是。
〔四三〕云大神社及方岳也者　「也」，監、毛、殿本同，元、正、聞、阮本作「知」。
〔四四〕鄭司農工讀爲功　婺、岳本同。建本「工」作「云」，非。
〔四五〕凡四時之大甸獵祭表貉則爲位　王引之云，「祭」字乃注文「爲師祭祭造軍法者」誤入。
〔四六〕貉讀爲十百之百　孫詒讓云，「讀爲」，王制疏引作「讀如」，亦可通。
〔四七〕爲師祭造軍法者　孫志祖云，爾雅疏引注重一「祭」字，較明。孫詒讓云，詩桓疏引亦重「祭」字，皇矣疏引「祭造軍法者」以「祭」屬下，明當有二「祭」字，王制疏引不重。
〔四八〕是黄帝以德配類　「帝以德」，原作「德帝以」，元、正、聞本同誤，據阮本改。
〔四九〕問後歲之芟不　「之」，婺、建、岳、阮本作「宜」，當是。
〔五〇〕故於是戒不虞世　元、正、聞、阮本同。浦鏜云，「也」誤「世」。
〔五一〕案郊特牲云　監、毛、殿本同，元、正、聞、阮本脱「牲」字。
〔五二〕且卿大夫適子　「且」，原作「旦」，據阮本改。
〔五三〕鬱人掌祼器　阮校云，唐石經諸本同。按大宗伯、小宗伯、肆師三職，皆經作「果」，注作「祼」。此處乃淺人據注改經，誤。

〔五四〕十葉爲貫百二十貫爲築以煮之鐎中　「鐎」，岳本同，建本作「焦」，釋文作「焦中」，云「本又作鐎」。漢讀考云，說文「鬱」字下曰「芳艸，十葉爲貫，百廿貫，築以煮之爲鬱」，許說同。先鄭此「築」上「爲」字誤衍。

〔五五〕本又作鐎李元即脩反　「又」原作「人」，據阮本改。「元」，徐本、盧本及阮本作「又」。

〔五六〕故玉人典瑞皆云祼圭尺有二寸　「典」，阮本作「與」，誤。

〔五七〕無獻祝及佐食之事　殿本同，元、閩、閩、阮本脫「獻」字。

〔五八〕壝謂委土爲墠壇　阮校云，釋文作「壇墠」，此倒。

〔五九〕皆直見外壝而言也　「見」，元本同，閩、閩、殿、阮本作「據」。

〔六〇〕鼓用牲於社於門　婺、建、岳、阮本無「於社」二字。

〔六一〕杜子春讀齎爲粢　阮校云，釋文「齎，杜音資」。漢讀考云，據釋文，則知注本作「資」，「資盛也」者，資取藉意，謂藉以盛酒也。

〔六二〕祼當爲埋字之誤也　「埋」，婺、岳、嘉靖本同，建本誤作「理」。

〔六三〕故書蜃或爲謨　王引之云，「謨」當「謓」之誤。

〔六四〕蚌曰合漿　婺、建、余、岳、嘉靖本同。釋文作「合將」，云「本又作合漿」。賈疏、今爾雅、惠校本均作「合漿」。

〔六五〕爾時木主新入廟　元、正、閩、惠校本同，閩、監、毛、殿本「爾」改「是」。

〔六六〕凡王弔臨共介鬯　俞樾云，「介」乃「亓」之誤，亦爲古寫「其」字。

〔六七〕介爲執致之以禮於鬼神與　建本，嘉靖本「介」上有「以」字。「執」，岳本同，建、嘉靖本作「摯」。阮校云，「以」字衍，「摯」字誤。疏中亦當作「執」。

〔六八〕昭三年齊晏嬰辭　「三」，殿本同，元、正、閩、阮本作「二」。當作「三」是。

〔六九〕祭地於北郊及社稷也　殿本同，閩、闔、阮本無「於」字。

〔七〇〕宗人朝服北面曰　婺、岳本同。建本「北」作「比」。岳本「曰」作「白」，疑皆誤。

〔七一〕主人曰比於子　「比」，婺、岳本同，建本誤作「此」。

〔七二〕雞人告期　「期」，阮本作「斯」，誤。

周禮注疏卷第二十二

司尊彝，掌六尊、六彝之位，詔其酌，辨其用與其實。位，所陳之處。酌，泲之使可酌，各異也。用，四時祭祀所用亦不同。實，鬱及醴齊之屬。○泲之，子禮反，下同。醴齊，才計反，下文注除齊語、齊人並同。

「司尊」至「其實」　此經與下文爲目，直云六彝六尊。案下兼有罍尊，不言者，文略也。注「位所」至「之屬」　云「位，所陳之處」者，此下經不見陳尊之處。案：禮運云：「玄酒在室，醴醆在户，齊醍在堂。」彼是禘祭陳四齊，此下時祭陳二齊，設尊亦依此也。云「酌，泲之使可酌，各異也」者，此下文鬱齊獻酌醴齊縮酌之等，是各異也。云「用，四時祭祀所用亦不同」者，即下文「春祠夏禴」已下，所用不同是也。云「實，鬱及醴齊之屬」者，醴齊之中有三酒也。

春祠夏禴，祼用雞彝、鳥彝，皆有舟；其朝踐用兩獻尊，其再獻用兩象尊，皆有罍，諸臣之所昨也。秋嘗冬烝，祼用斝彝、黄彝，皆有舟；其朝獻用兩著尊，其饋獻用兩壺尊，皆有罍，諸臣之所昨也。凡四時之間祀追享朝享，祼用虎彝、蜼彝，皆有舟；其朝踐用兩大尊，其再獻用兩山尊，皆有罍，諸臣之所昨也。裸，謂以圭瓚酌鬱鬯，始獻尸也。后於是以璋瓚酌亞裸。郊特牲曰：「周人尚臭，灌用鬯臭，鬱合鬯臭，陰達於淵泉，灌以圭璋，用玉氣也。〔一〕既灌，然後迎牲，致陰氣也。」朝踐，謂薦血腥、酌醴，始行祭事。后於是薦朝事之豆籩，既又酌獻。其變朝踐爲朝獻者，尊相因也。朝獻，謂尸卒食，王酳之。再獻者，王酳尸之後，后酌亞獻，諸臣爲賓，又次后酌盎齊，〔二〕備卒食三獻也。於后亞獻，內宗薦加豆籩。其變再獻爲饋獻者，亦尊相因。饋獻，謂薦孰時。后於是薦饋食之豆籩。此凡九酌，王及后各四，諸臣一，祭之正也。以今祭禮特牲、少牢言之，二裸爲奠，而尸飲七矣，王可以獻諸臣。祭統曰：「尸飲五，君洗玉爵獻卿。」是其差也。明堂位曰：「灌用玉瓚大圭，爵用玉琖，加用璧角、璧散。」又鬱人職曰：「受舉斝之卒爵而飲之。」則王酳尸以玉爵也。王酳尸用玉爵，而再獻者用璧角璧散可知也。雞彝、鳥彝，謂刻而畫之爲雞鳳皇之形。皆有舟，皆有罍，言春夏秋冬及追享朝享有之同。「昨」讀爲「酢」，字之誤也。諸臣獻者，酌罍以自酢，不敢與王之神靈共尊。鄭司農云：「舟，尊下臺，若今時承槃。『獻』讀爲『犧』。犧尊，飾以翡翠。象尊以象鳳皇，或曰以象骨飾尊。明堂位曰：『犧象，周尊也。』春秋傳曰：『犧象不出門。』尊以裸神。罍，臣之所飲也。詩曰：『缾之罄矣，維罍之恥。』『斝』讀爲『稼』。稼彝，畫禾稼也。黃彝，黃目尊也。明堂位曰：『夏后氏以雞彝，殷以斝，周以黃目。』爾雅曰：『彝、卣、罍，器也。』著尊者，著略尊也，或曰著尊，著地無足。明堂位曰：『著，殷尊也。』壺者，以壺爲尊。春秋傳曰：『尊以魯壺。』追享，朝享，謂禘祫也。在四時之間，故曰間祀。蜼，讀爲『蛇虺』之『虺』，〔三〕或讀爲『公用射隼』之『隼』。大尊，大古之瓦尊。山尊，山罍也。明堂位曰：『泰，有虞氏之尊也。山罍，夏后氏之尊。』故書『踐』作『餞』，杜子春云『餞當爲踐』。」玄謂黃目，以黃金爲目。郊特牲曰：「黃目，鬱氣之上尊也。黃者，中也。目者，氣之清明者也。言酌於中而清明於外。」追享，謂追祭遷廟之主，以事有所請禱。朝享，謂朝受政於廟。春秋傳曰：「閏月，不告朔，猶朝於廟。」蜼，禺屬，卬鼻而長尾。山罍，亦刻而畫之，爲山雲之形。○兩獻，本或作戲，注作犧，同素何反，注及下注汁獻同。斝彝，音嫁。兩著，直略反，注同。朝享，直遥反，注朝享、朝受政、猶朝及下注朝用同。蜼，音誄，又以水反。兩大，音泰，注同。酌盎，烏浪反。玉琖，莊産反。爲酢，才洛反。彝卣，音酉，又音由，本亦作攸。蛇虺，上蚍，下許偉反。射隼，食亦反，下荀尹反。〔四〕禺屬，音遇，劉音禺。〔五〕卬鼻，魚丈反，又五剛反。

「春祠」至「昨也」 此六者，皆據宗廟之祭，但春夏同陽，秋冬同陰，其追享朝享，又是四時之間祀，以類附從，故可同尊也。彝與齊尊各用二者，鬱鬯與齊，皆配以明水，三酒配以玄酒。故禮記郊特牲云：「祭齊加明水，三酒加玄酒。」依鄭志云「一雞彝盛明水，鳥彝盛鬱鬯」，是以各二尊。罍尊不言數者，禘祫與時祭、追享、朝享等，皆同用三酒，不別數可知也。若然，依酒正云：「大祭祀，備五齊。」據大祫，通鬱鬯與三酒并配尊，則尊有十八。禘祭四齊，闕二尊，則尊有十六。此經時祭二齊，闕六尊，則尊十有二矣。其祫在秋，禘在夏，則用當時尊，重用取足而已。此經彝下皆云「舟」，尊與罍下皆不云所承之物，則無物矣。故禮器云：「天子諸侯廢禁」，其此之謂也。

注「祼謂」至「之形」　言「祼謂以圭瓚酌鬱鬯，始獻尸也」者，宗廟之祭，先作樂下神，則大司樂云：「若樂九變，人鬼可得而禮。」鄭注云：「先奏是樂而祼焉。」是祼有二，此言圭瓚者，據王而言，故鄭即云「后於是以璋瓚酌亞祼」，是也。后祼之時，內宰贊之，故內宰職云：「后祼獻，則贊，瑤爵亦如之。」若然，非直贊祼而已。至於后之朝踐、饋獻，及酳用瑤爵，皆贊之。引郊特牲者，證祼以鬱鬯，又用圭璋也。云「既灌，然後迎牲，致陰氣也」者，祼是陰氣，故郊特牲又云「周人先求諸陰」，求諸陰，灌是也。此注引郊特牲后亞王祼後，王乃出迎牲。案：內宰注云「王既祼」，與此違者，彼注取王事自相亞，故先言王既祼出迎牲，后乃後祼，其實以此注爲正也。王出迎牲之時，祝延尸，向户外户牖之間，南面，后於是薦朝事八豆、八籩。王迎牲入廟，卿大夫贊幣而從，牲麗於碑，王親殺，大僕贊王牲事，取血以告殺，取毛以告純，解而腥之爲七體，〔六〕薦於神坐訖，王以玉爵酌醴齊以獻尸，后亦以王爵酌醴齊以獻尸。〔七〕此謂經朝踐用兩獻尊也。禮器云「郊血，大饗腥」，則享祭宗廟無血。此云「薦血腥」者，謂肉，非謂如別薦血也。云「后於是薦朝事之豆籩，既又酌獻」者，先薦後獻，祭禮也。其實薦豆籩在王獻前，今在王獻後乃言后薦豆籩者，鄭欲説王事訖，乃説后事，故後言薦豆籩也。云「變朝踐言朝獻者，尊相因也。朝獻，謂尸卒食，王酳之」者，此朝獻，於經當秋冬之祭，鄭既未解春夏再獻，先釋秋冬朝獻者，以其朝獻是王酳尸，因朝踐之尊、醴齊，故鄭先通解之。云「再獻者，王酳尸之後，后酌亞獻，諸臣爲賓，又次后酌盎齊，備卒食三獻也」者，此言再獻，即經春夏之祭云「再獻用兩象尊」。尸食後陰厭，王酳尸，后與賓長爲再獻。此亦在饋獻後，先言再獻者，后與賓酳尸，因饋獻盎齊之尊，故變饋獻云再獻。云「內宗薦加豆籩」者，案：醢人及籩人有朝事之豆籩，有饋食之豆籩，有加豆籩之實，故鄭於此，取朝事當朝踐節，饋食當饋獻節，食後重加，故加豆加籩當酳尸節。案：內宰職云：〔八〕「贊后薦加豆籩」，故知內宗薦之。云「其變再獻爲饋獻者，亦尊相因。饋獻，謂薦熟時」者，此言饋獻，當經秋冬祭之節。其春夏言再獻，至此秋冬言饋獻，據文爲先後，故云變再獻言饋獻。其實先饋獻後再獻也。以其饋獻在朝踐後，亦在當尸未入室，再獻是王酳尸後節也，是以云饋獻謂薦熟時也。此即禮運云「熟其殽」，鄭注云：「體解而爓之」是也。云「后於是薦饋食之豆籩」者，此即醢人、籩人饋食之豆籩者也。云「此凡九酌，王及后各四，諸臣一」者，九，謂王及后祼各一，朝踐各一，饋獻各一，酳尸各一，是各四也。諸臣酳尸一，并前八爲九。云「祭之正也」者，此九獻是正獻。案特牲、少牢仍有衆賓長、兄弟之長、嗣子舉奠，上利洗散爲加獻，彼並非正，故此云祭之正也。云「以今祭禮特牲、少牢言之」者，天子諸侯祭禮亡，雖檢禮記及周禮而言，其文不具，故取特牲、少牢見在禮而言。以其特牲、少牢，惟有酳尸後三獻，天子諸侯酳尸後亦三獻，與彼同，故取以爲說也。云「二祼爲奠，而尸飲七矣，王可以獻諸臣」者，王獻諸臣無文，此又約祭統而言，故即引祭統曰「尸飲五，君洗玉爵獻卿，是其差也」者，彼據侯伯禮，宗廟七獻，二祼爲奠不飲，朝踐已後，有尸飲五，獻卿。即天子與上公同九獻，二祼爲奠不飲，是尸飲七，可以獻諸臣。若然，子男五獻者，二祼爲奠不飲，是尸飲三，可以獻卿，故鄭云「是其差」。皆當降殺以兩，大夫士三獻，無二祼，直有酳尸三獻獻祝是也。云「明堂位曰灌用玉瓚大圭，爵用玉琖，加用璧角、璧散」者，彼賜魯侯祭周公用天子之禮，故以爲證。言灌用玉瓚者，謂以玉飾瓚，以大圭爲柄。此大圭，非謂玉人大圭長三尺者，直是以圭爲柄，〔九〕謂之大圭也。爵用玉琖者，謂君與夫人，朝踐饋獻時所用獻也。加用璧角璧散者，此即內宰所云瑤爵，一也。以瑤玉爲璧形，以飾角散。爵是通名，故得瑤爵璧角璧散之名也。又鬱人職曰「受舉斝之卒爵而飲之」

者，引之，欲證王酳尸與前同用玉爵之意也。云「則王酳尸以玉爵也。王酳尸用玉爵，而再獻者用璧角璧散可知也」者，再獻，謂后與諸臣，亦以明堂位云「爵用玉琖加用璧角璧散」差之，推次可知也。云「雞彝、鳥彝，謂刻而畫之爲雞鳳皇之形」者，案尚書云：「鳴鳥之不聞。」彼鳴鳥是鳳皇，則此鳥亦是鳳皇，故云畫雞鳳皇之形也。云「皆有舟，皆有罍，言春夏秋冬及追享朝享有之同」者，即文自具，故知有之同也。云「昨讀曰酢」者，主人主婦賓長獻尸，皆有酢報，不得爲昨日之字，故從酬酢之字也。云「諸臣獻者，酌罍以自酢，不敢與王之神靈共尊」者，王酳尸因朝踐之尊醴齊，〔一〇〕尸酢王還用醴齊。后酳尸用饋獻之尊盎齊，尸酢后還用盎齊。以王與后尊，得與神靈共尊。今賓長臣卑，酳尸雖得與后同用盎，及尸酢，賓長即用罍尊三酒之中清酒以自酢，是不敢與王之神靈共酒尊故也。鄭司農云「舟，尊下臺，若今時承槃」者，漢時酒尊下槃，象周時尊下有舟，故舉以爲況也。云「獻讀爲犧。犧尊，飾以翡翠」者，翡赤翠青爲飾，象尊以鳳皇，此二者於義不安，故更解以象骨飾尊。此義後鄭從之，其云飾以翡翠，後鄭猶不從之矣。引明堂位「犧象周尊也」者，證飾尊有非周制者。引春秋傳者，是左氏定十年夾谷之會，孔子之言。引之者，證犧象是祭祀之尊，不合爲野饗之義也。〔一一〕云「尊以裸神」者，司農解犧象不出門之意。其實獻尸而云裸神者，尸神象，尸飲即是裸神，若云奉觴賜灌之類，非謂二灌用鬱鬯也。云「罍，臣之所飲也」者，經云「皆有罍，諸臣之所酢」，故知諸臣所飲者也。引詩者，證罍是酒尊之義。云「斝讀爲稼，稼彝，畫禾稼也」者，以諸尊皆異物爲飾，〔一二〕今云斝，於義無取，故破從稼也。云「黃彝，黃目尊也」者，依明堂位文。引明堂位者，〔一三〕證雞彝是夏法，斝彝是殷法，黃彝是周法。引爾雅者，欲見此經有彝爲上，卣即犧象之屬，〔一四〕爲中，罍爲下，與爾雅同也。云「著尊者，著略尊也」者，義不安，云「著地無足」，於義是也。云春秋傳者，昭十五年左傳云：「六月乙丑，王太子壽卒，秋八月戊寅，王穆后崩，十二月晉荀躒如周，葬穆后，籍談爲介。以文伯宴，尊以魯壺。」是其義也。引之者，證壺是祭祀酒尊。司農云「追享朝享，謂禘祫也。在四時之間，故曰間祀」者，案大宗伯，祫禘在四時之上，當如酒正大祭祀備五齊，何得在四時之下？故後鄭不從也。「鄭司農讀蜼爲蛇虺之虺，或讀爲公用射隼之隼」者，無所依據，故後鄭皆不從也。又云「大尊，大古之瓦尊」者，此即有虞氏之大尊，於義是也。故皆以明堂位爲證也。「玄謂黄目以黄金爲目」者，無正文，鄭以目既爲眼目，黄又與黄金字同，〔一五〕故爲黄金釋之也。引郊特牲者，解黄目之義也。云「追享，謂追祭遷廟之主，以事有所請禱」者，此追享知祭遷廟主者，案：祭法云：「去廟爲壇，去壇爲墠。壇墠有禱焉祭之，無禱乃止。」是追祭遷廟之主，故知也。云「朝享，爲朝受政於廟」者，〔一六〕謂天子告朔於明堂，因即朝享。朝享，即祭法謂之月祭，故祭法云：「考廟、王考廟、皇考廟、顯考廟、祖考廟，皆月祭之。二祧，享嘗乃止。」諸侯告朔於大廟，因即朝享。祭法云：「諸侯考廟、王考廟、皇考廟，皆月祭之。顯考、祖考，享嘗乃止。」告朔，天子用牛，諸侯用羊。月祭，皆大牢也。春秋傳者，文公六年左氏傳云：「閏月不告朔，猶朝於廟。」若然，天子告朔於明堂，則是天子受政於明堂。而云受政於廟者，謂告朔自是受十二月政令，故名明堂爲布政之宮。以告朔訖，因即朝廟，亦謂之受政，但與明堂受朔別也。春秋者，彼譏廢大行小。引之者，見告朔與朝廟別，謂若「不郊猶三望」，與郊亦別也。云「蜼，禺屬，卬鼻而長尾」者，案雞彝、鳥彝，相配皆爲鳥，則虎彝、蜼彝，相配皆爲獸，故爾雅在釋獸中。爾雅云：「蜼，禺屬。」彼注云：「蜼似獮猴而大，黄黑色，尾長數尺，似獺，尾末有岐，〔一七〕鼻露向上。雨即自懸於樹，以尾塞鼻，或以兩指。今江東人亦取養之，爲物捷健。」云「山罍，亦刻而畫之，爲山雲之形」者，罍之字，於義無所取，字雖與雷別，以聲同，故以雲雷解之。以其雷有聲無形，但雷起於雲，雲出於山，故本而釋之，以爲刻畫山雲之形也。〔一八〕異義第六罍制：「韓詩説：金罍，大器，〔一九〕天子以玉，諸侯大夫皆以金，士以梓。古廷説：罍器，〔二〇〕諸臣之所酢，人君以黄金飾尊，大一石，金飾口目，〔二一〕蓋取象雲雷之象。謹案：韓詩説，天子以玉，經無明文。罍者，取象雲雷，故從人君下及諸臣同如是。經文惟有詩云：〔二二〕『我姑酌彼金罍』，古廷説云『人君以黄金』，則其餘諸臣直有金，〔二三〕無黄金飾也。若然，向來所説雞彝、鳥彝等，皆有所出。其虎彝、蜼彝，當是有虞氏之尊，故鄭注尚書云：『宗彝，宗廟之中鬱尊。』虞氏所用，故曰『虞夏以上，虎蜼而已』也。」

凡六彝六尊之酌，鬱齊獻酌，醴齊縮酌，盎齊涚酌，凡酒脩酌。故書「縮」爲「數」，「齊」爲「齏」。〔二四〕

鄭司農云：「『獻』讀爲『儀』。儀酌，有威儀多也。涚酌者，涚拭勺而酌也。〔二五〕脩酌者，以水洗勺而酌也。齏讀皆爲『齊和』之齊。」杜子春云：「『數』當爲『縮』，『齊』讀皆爲『粢』。」〔二六〕玄謂禮運曰：「玄酒在室，醴醆在户，粢醍在堂，澄酒在下。」以五齊次之，則醆酒盎齊也。郊特牲曰：「縮酌用茅，明酌也。醆酒涚於清，汁獻涚於醆酒，猶明清與醆酒於舊澤之酒也。」此言轉相泲成也。「獻」讀爲「摩莎」之莎，齊語聲之誤也。煮鬱和秬鬯，〔二七〕以醆酒摩莎泲之，出其香汁也。醴齊尤濁，和以明酌，泲之以茅，縮去滓也。盎齊差清，和以清酒，泲之而已。其餘三齊，泛從醴，緹、沈從盎。凡酒，謂三酒也。「脩」讀如「滌濯」之滌。〔二八〕滌酌，以水和而泲之，今齊人命浩酒曰滌。〔二九〕明酌，酌取事酒之上也。「澤」讀曰「醳」。明酌、清酒、醆酒，泲之，皆以舊醳之酒。凡此四者，裸用鬱齊，朝用醴齊，饋用盎齊，諸臣自酢，用凡酒。〔三〇〕唯大事於大廟，備五齊三酒。○獻酌，素何反，司農音儀。涚酌，舒鋭反，李一音雪。脩酌，直歷反，注同。爲數，音朔，下同。爲齏，子兮反。涚飾，舒鋭反，飾或作拭。〔三一〕勺而，上酌反，下同。齊和，胡卧反。醴醆，莊産反。粢，才計反，記作齊，音同。緹，音體。舊澤，音亦，下曰醳，音同。摩沙，素何反。去滓，起吕反。浩酒，胡老反，或古老反。

「凡六」至「脩酌」 云凡六彝之酌，與鬱齊爲目，六尊之酌與醴齊、盎齊爲目。下有凡酒滌酌，上不言罍者，亦是文不具也。凡言酌者，皆是泲之使可酌也。

注「故書」至「三酒」 司農云「獻讀爲犧」已下，後鄭皆不從者，此經爲泲酒之法，而司農皆不爲泲酒法，其言無所據依，故皆不從也。司農云「齊讀皆爲齊和之齊」，鄭注酒正爲度量解之，則齊和義亦通也。子春爲粢，於義不可，後鄭於酒正已破訖。玄謂引禮運者，欲破彼醆，從此盎也。彼云「玄酒在室」者，據配鬱鬯之尊，故在室，若配鬱鬯。當云明水，而云玄酒者，散文通。云「以五齊次之，則醆酒盎齊也」者，於此經及酒正言之，盎次醴，禮運醆次醴，以醆當盎處，即一物，明醆酒盎齊也。盎齊云酒，則酒齊亦通。引郊特牲曰「縮酌用茅明酌」至「醆酒」者，彼記人意以經泲酒法難解，故釋此經泲酒之法也。此云醴齊縮酌，彼記人取此縮酌二字，於彼重解之。云此言縮酌者，縮酌當用茅也。又云「明酌」者，醴齊濁，還用事酒之清明者和醴齊，然後用茅泲之使可酌，故云明酌也。〔三二〕云「醆酒涗於清」者，醆酒，即盎齊。盎齊差清，亦不言縮，則不用茅。涗，謂新，亦謂泲之也。彼記人亦取此經涗酌解之，以盎齊欲泲之時，則以清酒和而泲涗，使可酌，故直云涗於清也。云「汁獻涗於醆酒」者，記人亦取此鬱齊獻酌釋之。云「汁獻」者，獻讀摩莎之莎也。云「涗於醆酒」者，以鬱鬯尊，不用三酒，而用五齊中盎齊差清者，和鬱鬯泲之，故云涗於醆酒也。云「猶明清與醆酒於舊醳之酒也」者，此記人復恐不曉古之泲酒之法，故舉當時泲酒之法以曉人也。〔三三〕云「明清」者，明，謂事酒。清，謂清酒。醆，謂盎齊也。三者皆於舊醳之酒中泲之，但云醳酒，即事酒也。今云舊醳，則醳中之舊冬釀，接春而成，故云舊，是昔酒也。云「此言轉相泲成」已下，皆鄭重釋記人之言也。云「醴齊尤濁，和以明酌泲之」者，醴齊對盎齊已下三者爲尤濁，上仍有泛齊，更濁於醴齊也。「盎齊差清，和以清酒，泲之而已」者，以不用茅，故云泲之而已。云「其餘三齊，泛從醴，緹沈從盎」者，以泲三者無文，故鄭約同此二齊，〔三四〕以泛齊濁，不過與醴齊同，緹沈清，無過與盎同，〔三五〕故略爲二等泲五齊也。云「凡酒謂三酒也」者，以上文列彝、卣、罍三等之尊，此見泲鬱，與二齊，凡酒，事相當，故凡酒謂三酒，非一，故稱凡也。云「脩讀爲滌濯之滌」者，讀從宗伯視滌濯之滌，欲解滌爲水之意。必知以水者，曲禮曰「水曰清滌」。且鬱鬯用五齊，五齊用三酒，三酒用水，差次然也。云「明酌，酌取事酒之上也」者，重解縮酌用茅明酌也。云「澤讀曰醳，明酌、清酒、醆酒，泲之皆以舊醳之酒」者，重解當時之法以曉人者也。云「凡此四者，裸用鬱齊，朝用醴齊，饋用盎齊，諸臣自酢用凡酒」者，此以上列尊及泲酒次第爲先後，祭禮有裸，有朝踐、饋獻、酳尸，次第爲先後，推此可知也。〔三六〕云「唯大事於大廟，備五齊三酒」者，此據酒正云「祭祀共五齊三酒」，下有大祭、中祭、小祭。此時祭用二齊，禮運「四齊」據禘祭，〔三七〕明大事祫祭，備五齊三酒可知。三酒時祭亦備之，〔三八〕亦於大事言之者，連言挾句耳。文二年「大事於大廟」，公羊傳：「大事者何？大祫也。」即此大事，是祫可知也。

大喪，存奠彝，存，省也。謂大遣時奠者，朝夕乃徹也。〔三九〕

注「存省」至「徹也」 大喪之奠，有彝尊盛鬱鬯，唯謂祖廟厥明將向壙，爲大遣奠時有之，故鄭云謂大遣時。云「奠朝夕乃徹也」者，此大奠徹之早晚無文。案檀弓云：「朝奠日出，夕奠逮日。」則朝奠至夕徹之，夕奠至朝乃徹，是朝夕乃徹。其大遣亦朝設，至夕乃徹。言此者，欲見所奠彝尊，朝夕酒存省之意也。

大旅亦如之。旅者，國有大故之祭也。亦存其奠彝，則陳之，不即徹。

注「旅者」至「即徹」 鄭知旅是大國有故之祭者，〔四〇〕見宗伯云：「國有大故，則旅上帝及四望」，故知也。云「亦存其奠彝」者，以其祭云「亦如之」，明亦如大遣奠存省之。云「則陳之，不即徹」者，云不即徹，則與上注「奠者朝夕乃徹」義異。但上經據人鬼，日出逮日，放其去來於陰陽；此天神無此義，但不即徹，不必要至夕也。且案小宰注「天地至尊不裸」，此得用彝者，此告請非常，亦如大遣，奠之而已，亦非裸耳。

司几筵，掌五几、五席之名物，辨其用與其位。五几，左右玉、彫、彤、漆、素。五席，莞、藻、次、蒲、熊。〔四一〕用位，所設之席及其處。○彤，徒冬反。莞，音官，又音丸。藻，本文作繅，音早。

注「五几」至「其處」 云「五几，左右玉、彫、彤、漆、素」者，其「玉彫」已下，數出於下文。云「左右」者，唯於王馮及鬼神所依，皆左右玉几。下云「左右玉几，祀先王，昨席亦如之」，但受酢席未必有几，故不云几筵。其彫几已下，非王所馮，生人則几在左，鬼神則几在右。是以下文，諸侯祭祀云「右彫几」，國賓云「左彤几」。諸侯自受酢亦無几，故不言几也。漆素並云右，俱是爲神也。〔四二〕云「五席，莞、繅、次、蒲、熊」者，亦數出下文。仍有葦萑席，不入數者，以喪中非常，故不數，直取五席與五几相對而言耳。云「用位，所設之席」者，即下「凡大朝覲」已下是也。云「及其處」者，王受朝覲，席在廟牖間。大射，席在虞庠。祀先王，在廟奥及堂。酢席，在廟室西面。〔四三〕自諸侯已下，亦皆在廟，惟熊席漆几，設在野所征之地耳。經云名物，鄭不解之者，義在可知，故略之也。

凡大朝覲、大饗射，凡封國、命諸侯，王位設黼依，依前南鄉，設莞筵紛純，〔四四〕**加繅席畫純，加次席黼純，左右玉几。**斧謂之黼，其繡白黑采，〔四五〕以絳帛爲質。依，其制如屏風然。於依前爲王設席，左右有几，優至尊也。鄭司農云：「紛讀爲豳，又讀爲『和粉』之粉，謂白繡也。純讀爲『均服』之均。〔四六〕純，緣也。繅讀爲『藻率』之藻。次席，虎皮爲席。書顧命曰：『成王將崩，命大保芮伯、畢公等被冕服，馮玉几。』」玄謂紛如綬，有文而狹者。繅席，削蒲蒻，展之，編以五采，若今合歡矣。畫，謂雲氣也。次席，桃枝席，有次列成文。○朝覲，直遥反，下注來朝、朝者同，後朝觀、朝見之類放此。黼，音甫。依，於豈反，下及注同。南鄉，許亮反，下及注同。紛純，章允反，劉之閏反，司農音均，下同。爲王，于僞反，下爲布同。爲豳，彼貧反。緣也，悦絹反。藻率，音律，下同。馮玉，皮冰反。蒲蒻，音弱。編以，必緜反。

「凡大」至「玉几」　此經及下文，見王有事設席三重之義。言凡大朝覲，非四時常朝。常朝則春夏受贄於朝，秋冬受贄於廟，不常在廟也。此朝覲言大，則因會同而行朝覲之禮，謂春秋來時。若冬夏來，則曰大宗遇也。云「大饗」者，謂王與諸侯行饗禮於廟，即大行人云「上公三饗」之屬是也。大射，謂王將祭祀，擇士而射於西郊小學虞庠中。云「凡封國命諸侯」者，此即典命云「其出封，皆加一等」之屬是也。云「王位設黼依」者，案爾雅，牖户之間曰扆。於扆之處設黼，黼即白黑文而爲斧形。此斧以大板爲邸，即掌次「皇邸」，一也。故鄭彼注云「邸，後板」。以此斧板置於扆，即以黼扆爲揔名也。云「依前南鄉設莞筵」已下，以席三重也。凡敷席之法，初在地者一重，即謂之筵，重在上者，即謂之席，已下皆然。故鄭注序官云：「敷陳曰筵，藉之曰席。」

注「斧謂」至「成文」　鄭云「斧謂之黼」者，案：禮記明堂位云：「天子負斧扆。」彼及諸文多爲斧字者。若據繢人職，則云「白與黑謂之黼」，據采色而言之。若據繡於物上，則爲金斧文。近刃白，近銎黑，則曰斧，取金斧斷割之義，故鄭以斧釋黼。云「其繡白黑文」者，繢人職文。鄭知以絳帛爲質者，鄉射記云：「凡畫者丹質。」此黼畫之，故知絳帛。絳帛，即丹質也。云「其制如屏風然」者，屏風之名，出於漢世。鄭以今曉古，故舉屏風爲況也。孔注顧命，其置竟户牖間。竟，終也。户牖間狹，故置之終滿户牖閒也。云「左右有几，優至尊也」者，此經所云，王皆立不坐。既立，又於左右皆有几。故鄭注大宰云「立而設几，優至尊」，據立而言。此據「左右皆有」而言，故注相兼乃具也。司農云「紛讀爲豳」，於義不安，故更云又讀爲和粉之粉，謂白繡也。純讀爲均服之均者，案僖五年左傳，卜偃云「均服振振，取虢之旂」。賈、服、杜君等皆爲均，均，同也。但司農讀爲均，均即準，音與純同。故云純緣也。云「繅讀爲藻率之藻」者，讀從桓二年臧哀伯云：「藻率鞞鞛，鞶厲斿纓。」此並取彼義也。云「次席，虎皮爲席」者，此見下有熊席，故爲虎皮，後鄭不從也。引尚書者，證王馮玉几之義也。玄謂紛如綬有文而狹者，此見漢世綬是薄帔，有文章而狹，以爲席之緣，故言之也。鄭知「繅席削蒲蒻展之，編以五采，若今合歡矣」者，漢有合歡席如此，故還舉漢法況之也。云「畫謂雲氣也」者，鄭於經但單言畫，皆以畫雲氣解之，蓋五色雲爲之文也。云「次席，桃枝席，有次列成文」者，鄭亦見漢世以桃枝竹爲席，次第行列，有成其文章，(四七)故言之也。

祀先王、昨席，亦如之。鄭司農云：「昨席，於主階設席，王所坐也。」玄謂「昨」讀曰「酢」，謂祭祀及王受酢之席。尸卒食，王酳之，卒爵，祝受之，又酌授尸，(四八)尸酢王，於是席王於户內，后、諸臣致爵，乃設席。

「祀先」至「如之」　「祀先王」，謂宗廟六享，皆用上三種席。酢席，謂王酳尸，尸酢王，王受酢之席，亦如上三種席，故云「亦如之」。

注「鄭司農」至「設席」　司農云「酢席，於主階設席，王所坐也」者，此約鄉飲酒禮，主人在阼階，賓在户牖間，〔四九〕主人受酢。王行飲酒禮亦然。此酢文承「祀先王」下，即是祭禮受尸酢，不得爲凡常飲酒禮，故後鄭不從也。後鄭知王有授尸酢法者，謂若鬱人注引特牲、少牢，此注亦取彼義，故云「尸卒食，王酳之，卒爵，祝受之，又酌授尸，尸酢王，於是席王於户内」也。案：特牲、少牢，主人受酢之時，未設席，夫婦致爵，乃設席。今王於受酢即設席者，優至尊，與大夫士禮異。知席王在户内者，約特牲主人受酢時，在户内之東，西南也。〔五〇〕云「后諸臣致爵乃設席」者，此亦約特牲夫婦致爵之時有席。若然，王於酢有席與彼異，至於后即與彼同者，禮有損之而益，故后不得與王同，宜同士禮。案：特牲無致爵於賓長之法，而此言諸臣致爵者，此王於諸臣亦無致爵禮。此致爵，謂酳尸訖，主人獻賓長於西階之上，謂之致爵也。特牲主人致爵於主婦，席於東房中，此后亦然。其諸臣，案特牲，獻賓長於西階上，無席。獻訖，以薦俎降，降設於西階下，亦無席。此諸臣有席者，亦是王之臣尊，宜設席，乃以薦俎降，設於席東也。

諸侯祭祀席蒲筵繢純，加莞席紛純，右雕几。繢，畫文也。不莞席加繅者，繅柔𦈖，〔五一〕不如莞清堅，又於鬼神宜。○繢，胡内反。柔𦈖，本或作懦，又作擩，同如兗反。

「諸侯」至「雕几」　此經論諸侯禘祫，及四時祭祀之席，皆二種席也。

注「繢畫」至「神宜」 上文畫純者畫雲氣，此云繢，即非畫雲。案：繢人職：「對方爲次，畫於繒帛之上，與席爲緣也。」云「不莞席加繅者，繅柔礝，不如莞清堅，又於鬼神宜」者，案：上文天子祭祀席與酢席同。此下文諸侯受酢席，下莞上繅。今祭祀席，下蒲上莞，以是，故鄭以下文決此。今諸侯祭祀席，不亦如下文莞席加繅者，以其繅柔礝，不如莞清堅，於鬼神宜，即於生人不宜，故下文生人繅在上爲宜也。又不以繅在莞下者，繅尊，不宜在莞下，故用蒲替之也。

昨席莞筵紛純，加繅席畫純。筵國賓於牖前亦如之，左彤几。昨讀亦曰酢。鄭司農云：「禮記：國賓，老臣也。爲布筵席於牖前。」玄謂國賓，諸侯來朝，孤卿大夫來聘。後言几者，使不蒙「如」也。朝者雕几，聘者彤几。

「昨席」至「彤几」 諸侯酳尸，尸酢主君，亦於户内之東，西面，設此二席。及筵國賓在牖前亦如之，亦如同二種席也。几席雖同，但上文鬼神則右几，此文生人則左几也。又別云「左彤几」者，謂國賓之中有諸侯來朝，亦有孤卿大夫來聘，若朝者則雕几，蒙亦如之；聘者席雖與同，几則用彤，故別云左彤几，使不蒙如也。

注「昨讀」至「雕几」 先鄭云「禮記國賓，老臣也」者，案：禮記王制有四代養國老、庶老於學之事。彼國老，謂卿大夫致仕。庶老，謂士之致仕者。先鄭據此文而言國賓老臣也。後鄭不從者，未見朝聘之賓，而言己國老臣，於義不可，故不從也。「玄謂國賓諸侯來朝，孤卿大夫來聘」者，案大、小行人及司儀，賓，謂諸侯；客，謂其臣。今此經唯云賓而兼云孤卿大夫者，對文，賓客異；通而言之，賓客一也。以大司徒云「大賓客，令野脩道委積」，小司徒云：「小賓客，令野脩道委積。」是賓客通用之義也。案：公食大夫禮云：「司宫具几與蒲筵，加萑席。」又云：「上大夫蒲筵，加萑席，其純皆如下大夫。」彼注云：「謂公食上大夫，孤爲賓，則莞筵紛純，加繅席畫純。」聘禮，將賓，宰夫徹几改筵。注云：「徹神几，改神席，更布也。賓席東上。」又引公食大夫云云，此筵上下大夫也。

又引此「筵國賓」下至「彤几」，云「筵孤彤几，卿大夫其漆几與？」以此而言，則筵諸侯與孤，用莞筵繅席，而卿大夫則用蒲筵萑席。今揔云國賓孤卿大夫同莞繅者，此廣解國賓之義，其實如公食大夫及聘禮之注也。若然，此注云朝者彫几，聘者彤几，彤几亦謂孤也。依彼聘禮注，卿大夫用漆几者，以其天子用玉，諸侯用彫，孤用彤，卿大夫用漆几，差次然也。案：禮記禮器云：「天子之席五重，諸侯三重。」今天子唯三重，諸侯二重者，彼云五重者，據天子大祫祭而言。若禘祭當四重，時祭當三重，皆用此三重席耳。故此唯見三重席也。〔五二〕諸侯三重，上公當四重，亦謂大祫祭時。若禘祭，降一重，諸侯二重，禘與時祭同。卿大夫已下，特牲、少牢唯見一重耳。若爲賓饗，則加重數，非常法，故不與祭祀同也。

甸役，則設熊席，右漆几。謂王甸有司祭表貉所設席。○甸役，音田，注同。

「甸役」至「右漆几」　甸役，謂天子四時田獵。案大司馬大閱禮，教戰訖，入狩田，既陳，有司表貉於陳前，是時設熊席，右漆几也。

凡喪事，設葦席，右素几。其柏席用萑黼純，諸侯則紛純，每敦一几。喪事，謂凡奠也。萑，如葦而細者。鄭司農云：「柏席，迫地之席，葦居其上。或曰柏席，載黍稷之席。」玄謂柏，槨字磨滅之餘。槨席，藏中神坐之席也。敦讀曰燾。燾，覆也。棺在殯則槨燾，既窆則加見，皆謂覆之。周禮，雖合葬及同時在殯，皆異几，體實不同。祭於廟，同几，精氣合。○其柏，鄭音槨，劉依司農音迫。用萑，音丸。每敦，音道，劉音疇。藏中，才浪反。曰燾，音導。

注「喪事」至「氣合」　云「喪事，謂凡奠也」者，以其言「凡」，非一之義。士喪禮始死之奠，乃至小斂之奠，亦設於地，未有席。至大斂奠乃有席。殯後則有朝夕奠，朔月奠。大夫已上，兼有月半奠，并有薦新奠。葬時又有遷奠、祖奠、大遣奠。葬乃廢奠而虞祭也。故鄭云謂凡奠也。云「萑如葦而細」者，詩云「萑葦淠淠」，同類之物，但麤細爲異耳。先鄭以柏席爲迫地，或爲載黍稷，其言無所依據，故後鄭不從也。「玄謂柏，椁字磨滅之餘。椁席，藏中神坐之席也」者，謂於下帳中坐設之。云「敦讀曰燾。燾，覆也」者，謂若覆燾持載者也。云「棺在殯則椁燾」者，檀弓云：「天子菆塗龍輴以椁」，是也。云「既窆則加見」者，既夕禮下棺訖，則加見。見，謂道上帳帷荒，將入藏，以覆棺。言見者，以其棺不復見，唯見帷荒，故謂之見也。云「皆謂覆之」者，此解經敦字，以其二處皆當覆，故云敦也。云「周禮，雖合葬」者，檀弓云：「古者不合葬，周公蓋附。」附，謂合葬，是周禮合葬也。云「及同時在殯」者，禮記曾子問云：「父母之喪偕。」鄭云：「同月死。」是同時在殯也。云「皆異几，體實不同」者，解經每敦一几之義。云「祭於廟，同几，精氣合」者，案：禮記祭統云：「敷筵，設同几。」鄭云：「同之言詷，謂言語相詷之詷，即共詷也。」故破從詷，則以某妃配某氏，以其精氣合故也。言祭於廟者，謂吉祭時。以其禫月吉祭猶未配，故知至二十八月乃設同几也。

凡吉事變几，凶事仍几。故書「仍」爲「乃」。鄭司農云：「變几，變更其質，謂有飾也。乃讀爲仍，仍，因也，因其質，謂無飾也。爾雅曰：『儴，仍，因也。』書顧命曰：『翌日乙丑，成王崩。癸酉，牖間南嚮，〔五三〕西序東嚮，東序西嚮，皆仍几。』」玄謂吉事，王祭宗廟，裸於室，饋食於堂，繹於祊，每事易几，神事文，示新之也。凶事，謂凡奠几，朝夕相因，喪禮略。○翌日，音翼，劉音育。於祊，補庚反。

注「故書」至「禮略」　先鄭云「變更其質謂有飾」，又以仍几爲因其質謂無飾。後鄭不從者，以司農就几體解之。所引尚書仍几，乃是前後相因，不得爲几體，故不從也。且上文云右素几，於凶几無飾已有文，何須此亦云仍几爲無飾乎？皆其言不經，故不從也。引顧命者，按：彼經云：「牖間南嚮，華玉仍几。西序東嚮，文貝仍几，東序西嚮，彫玉仍几，西夾南嚮，漆仍几。」孔云：「因生時几，皆有飾。」而先鄭引之者，先鄭意直取仍因之義，不須無飾也。玄謂吉事祭宗廟裸於室者，洛誥云：「王入大室裸」，是也。云「饋食於堂，繹於祊」者，案：禮器云：「設祭于堂，爲祊于外。」(五四)是直云「饋食於堂」，謂饋獻節。據有熟，故言饋食，其實未有黍稷。又不言朝踐者，朝踐與饋獻同在堂，故略而不言也。又饋獻後，更延尸入室，進黍稷，尸食之事，不言者，以其還依祼於室之几，故亦略而不言也。云「凶事，謂凡奠」者，即上文「凡喪事右素几」是也。此文見凡奠几相因不易之意。案：檀弓云「虞而立尸，有几筵」者，據大夫士而言。案士喪禮，大斂即有席，而云虞始有筵者，以其几筵相將連言，其實虞時始有几，其筵大斂即有也。天子諸侯禮大，初死几筵並有，故上云「凡喪事，設葦席，右素几」也。凡几之長短，阮諶云：「几長五尺，高二尺，(五五)廣二尺。」馬融以爲長三尺，舊圖以爲几兩端赤，中央黑也。

天府，掌祖廟之守藏與其禁令。祖廟，始祖后稷之廟。其寶物世傳守之，若魯寶玉、大弓者。○守藏，手又反，下才浪反。世傳，直專反。

「天府」至「禁令」　所守藏者，即下文「玉鎮」已下是也。禁令，謂禁守不得使人妄入之等也。

注「祖廟」至「弓者」　案：王制云：「天子七廟，三昭三穆，與大祖之廟而七。」大祖，即始祖廟也。周立后稷廟爲始祖，以其最尊，故寶物藏焉。云「其寶物世傳守之，若魯寶玉大弓」者，案：春秋定八年：「盜竊寶玉大弓。」公羊傳云：「寶者何？璋判白，弓繡質。」是世傳守者也。

凡國之玉鎮、大寶器藏焉。若有大祭、大喪，則出而陳之；既事，藏之。玉鎮大寶器，玉瑞玉器之美者，禘祫及大喪，陳之以華國也。故書「鎮」作「瑱」。鄭司農云：「瑱讀爲鎮。書顧命曰：『翌日乙丑，王崩。丁卯，命作册度。越七日癸酉，陳寶：赤刀、大訓、弘璧、琬、琰，在西序。大玉、夷玉、天球、河圖，在東序。胤之舞衣、大貝、鼖鼓，(五六)在西房。兑之戈、和之弓、垂之竹矢，在東房。』此其行事見於經。」○玉鎮，珍忍反，又音珍。作瑱，他見反。琬，於阮反。琰，以冉反。天球，音求。賁鼓，扶云反。兑之，徒外反。垂之，如字，劉音瑞。見於，賢遍反。

「凡國」至「藏之」云「玉鎮大寶器藏焉」者，若典瑞掌其凡瑞器，故典瑞云：「掌玉瑞玉器之藏，辨其名物，與其用事，設其服飾。」其美者天府掌之。

注「玉鎮」至「於經」鄭知玉鎮大寶器，是玉瑞玉器之美者，此云玉鎮，即太宗伯云「以玉作六瑞」，鎮圭之屬，即此寶鎮也。彼又云「以玉作六器」，蒼璧禮天之屬，即此實器也。知是美者，以別入此天府，故知簡取美者來入也。鄭知禘祫者，經云「大祭祀」，故知也。先鄭云「顧命曰翌日乙丑，王崩」者，謂上文云「甲子，王被冕服，馮玉几。」出顧命。下云「翌日乙丑」，是甲子明日也。云「丁卯，命作册度」者，謂乙丑至丁卯，是三日小斂之日也。大保命史官作册書法度，擬傳顧命之事。云「越七日癸酉」者，越，於也。於丁卯後七日，則通死日乙丑爲九日，是除死日，七日大斂之明日，揔九日也。云「陳寶：赤刀、大訓、弘璧、琬、琰，在西序」者，陳寶，是揔目語，即「赤刀」已下是也。赤刀者，鄭注云：「武王誅紂刀，赤爲飾。(五七)大訓者，禮法先王禮教，即虞書典謨是也。弘璧，弘，大也。大璧、琬、琰，皆尺二寸者。」云「大玉、夷玉、天球、河圖」者，鄭云：「大玉，華山之球。夷玉，東北之璞。天球，雍州所貢之玉，色如天。三者皆璞，未見琢治，故不以器名之。河圖，圖出於河水，帝王聖者所受。」云「胤之舞衣、大貝、鼖鼓、兑之戈、和之弓、垂之竹矢」者，鄭注云：「胤也，和也，垂也，皆古人造此物者之名。鼖鼓，大鼓也。此鼖非謂考工記鼖鼓長八尺者，若是周物，何須獨寶守，明前代之物，與周鼖鼓同名耳。大貝者，書傳曰『散宜生之江淮之浦，取大貝如車渠』是也。」云「此其行事見於經」者，此經云「大喪，出而陳之」，不見行事，故引顧命爲行事見於經也。此經有大祭祀出寶器，無行事見於經，故不引也。

凡官府、鄉州及都鄙之治中，受而藏之，以詔王察羣吏之治。察，察其當黜陟者。鄭司農云：「治中，謂其治職簿書之要。」○之治，直吏反，下及注同。中，丁仲反，下注同。

「凡官」至「之治」　此自王國以至四疆，皆有職司治事文書，不言六遂及四等公邑之官者，於文略，其實皆有也。都鄙則三等采地。云「詔王察羣吏之治」者，告王據此治中文書而行黜陟也。

注「察察」至「之要」　云「治職簿書之要」者，謂各有職掌，皆同有文書。〔五八〕案簿書功狀之要，故據而告王也。經雖言治中，兼有不中在其間，中者陟之，不中黜之，經直言中，偏舉一邊而言也。

上春，釁寶鎮及寶器。上春，孟春也。釁，謂殺牲以血血之。鄭司農云：「釁讀爲徽，或曰釁鼓之釁。」

注「上春」至「之釁」　云「上春，孟春也」者，謂建寅之月也。殺牲取血釁之，若月令上春釁龜筴等也。云「釁讀爲徽」者，周禮先鄭皆讀釁爲徽，徽取飾義。云「或曰釁鼓之釁」者，讀從定四年祝佗云「君以軍行，祓社釁鼓」，釁皆以血血之也。

凡吉凶之事，祖廟之中沃盥，執燭。吉事，四時祭也。凶事，后王喪朝于祖廟之奠。○沃盥，音管。朝于，直遥反。

注「吉事」至「之奠」　謂他官在祖廟中沃盥夙興時，則天府之官，與之執燭爲明。他官在祖廟中沃盥者，謂小祝云：「大祭祀，沃尸盥」，小臣：「大祭祀，沃王盥。」此二官所沃盥在祖廟中，則天府爲之執燭。其若士師云「祀五帝沃尸盥」，非祖廟事，則不與執燭也。云「吉事謂四時祭也」者，略言之，禘祫亦在焉。云「凶事，后王喪朝於祖廟之奠」者，〔五九〕王及后喪，七月而葬。將葬，當朝六廟，後乃朝祖廟。祖廟中日側爲祖奠，厥明將去，爲大遣奠，皆有沃盥之事，故鄭云焉。

季冬，陳玉，以貞來歲之媺惡。問事之正曰貞。問歲之美惡，謂問於龜，大卜職大貞之屬。陳玉，陳禮神之玉。凡卜筮實問於鬼神，龜筮能出其卦兆之占耳。龜有天地四方，則玉有六器者與？〔六〇〕言陳者，既事藏之，不必貍之也。鄭司農云：「貞，問也。易曰『師，貞，丈人吉』。問於丈人。國語曰：『貞於陽卜。』」〇者與，音餘。

「季冬」至「媺惡」　季冬，謂夏之季冬。歲終當除舊布新，故此時當有卜筮來歲之美惡者。將卜筮之時，先陳玉以禮神，然後卜筮也。

注「問事」至「陽卜」　云「問事之正曰貞」者，禮記少儀云：「問卜筮，曰義與？志與？」注云：「義，正事也。志，私意也。」是問卜筮有不正之事，故云問事之正曰貞，即此經云貞者問事之正也。云「問歲之美惡，謂問於龜，大卜職，大貞之屬」者，彼大貞之屬，即卜立君、卜大遷、卜大封是也。今此卜來歲之美惡亦彼類，故云「之屬」，兼此也。云「陳玉，陳禮神之玉」者，玉於卜筮無所施，明以禮神也。云「凡卜筮實問於鬼神，龜筮能出其卦兆之占耳」者，案：易繫辭云：「精氣爲物，游魂爲變，是故知鬼神之情狀，與天地相似。」注云：「精氣謂七八，游魂謂九六。」則筮之神自有七八九六成數之鬼神。〔六一〕春秋左氏傳云「龜象筮數」，則龜自有一二三四五生數之鬼神。則知吉凶者，自是生成鬼神，龜筮直能出卦兆之占耳。〔六二〕案易繫，蓍龜神物，士冠禮注云：「筮不於廟堂者，〔六三〕嫌蓍之靈由廟神。」若然，蓍龜亦自有神，而云出卦兆者，但所禮者，禮生成之鬼神，神之尊者，無妨蓍龜亦自有神也。云「龜有天地四方，則玉有六器者與」者，龜有天地四方，龜人職文。龜既有六，明玉亦有六，無正文，故云「與」以疑之。六器之言，若大宗伯云「以玉作六器」之類，故以六器言之也。云「言陳者，既事藏之，不必貍之也」者，七八九六，及一二三四五之鬼神，並非天地之鬼神，故云「陳」。言陳，則藏之，不必貍也。先鄭云「貞，問也」者，亦是問事之正曰貞也。云「易曰『師，貞丈人吉』。問於丈人」者，此師卦彖辭。彼云：「師，貞丈人吉，無咎。」注云：「丈之言長，能御衆，有朝正人之德，〔六四〕以法度爲人之長，吉而無咎。」謂天子諸侯主軍者。云「國語曰貞於陽卜」者，此吳語黄池之會，董褐云：「周室既卑，諸侯失禮於天子，請貞於陽卜，收文武之諸侯。」注云：「貞，正也。問卜，内曰陰，外曰陽。言吴以諸侯失禮於天子，當問於龜，言我當收文武之諸侯矣。」引此二文者，證「問事之正曰貞」也。

若遷寶，則奉之。奉猶送也。

「若遷寶則奉之」　此遷寶，謂王者遷都，若平王東遷，則寶亦遷，天府奉送之於彼新廟之天府，藏之如故也。

若祭天之司民、司禄而獻民數、穀數，則受而藏之。司民，軒轅角也。司禄，文昌第六星，或曰下能也。禄之言穀也。年穀登乃後制禄。祭此二星者，以孟冬既祭之，而上民穀之數於天府。

○數穀數，上所主反，下所具反。下能，他來反。而上，時掌反。

「若祭」至「藏之」　此主祭祀者，祭天之司民、司禄，在孟冬之時，則主民之吏獻民數、穀數，則小司寇受而獻之於王，王得之，登於天府，受而藏之。

注「司民」至「天府」　云「司民，軒轅角也」者，案：武陵太守星傳云：「軒轅十七星，如龍形，有兩角，角有大民、小民。」傳又云：「文昌宫有六星，第一爲上將，第二爲次將，第三爲貴相，第四爲司命，第五爲司中，第六爲司禄。」是其司民在軒轅角，司禄在文昌第六星也。「或曰下能也」者，此案：石氏星傳云：「上能司命爲太尉，中能司中爲司徒，下能司禄爲司寇。」是司禄在下能也。以其二處並有司禄，故舉二文以見義也。云「禄之言穀也，年穀登乃後制禄」，言此者，欲見祭司禄在孟冬，則制禄之意也。鄭知祭此二星在孟冬者，見月令孟冬云「祈來年於天宗」，即日月星，是知祭在孟冬也。其獻穀數者，則小司寇職也。

典瑞，掌玉瑞、玉器之藏，辨其名物與其用事，設其服飾。人執以見曰瑞，禮神曰器。瑞，符信也。服飾，服玉之飾，謂繅藉。○之藏，才浪反。以見，賢遍反，下見於、時見、殷見同。繅藉，在夜反，下同。

「典瑞」至「服飾」　言「掌玉瑞、玉器之藏」者，玉之美者入天府藏之，凡平者仍在典瑞藏之，故亦言藏也。人執之則曰瑞，即下文鎮圭之等是也。禮神曰器，則下文四圭之等是也。云「辨其名物」者，圭璧之等各有名，并物色有異。云「與其用事」者，爲事而用圭璧，謂朝聘朝日祭祀之等皆是也。云「設其服飾」者，謂繅藉在玉，若人之衣服之飾也。

注「人執」至「繅藉」　「人執以見曰瑞，禮神曰器」者，據此文及大宗伯相對而說，散文則人執亦名器，故聘禮記云：「圭璋璧琮，凡此四器者，唯其所寶，以聘可也。」又尚書云：「五器卒乃復。」皆是人執而名器也。云「瑞，符信也」者，若天子受瑞於天，諸侯不得受瑞於天，唯受瑞於天子，故名瑞。瑞即符信者也。云「繅藉」，即下文繅五采五就之等也。

王晉大圭，執鎮圭，繅藉五采五就，以朝日。繅有五采文，所以薦玉，木爲中榦，用韋衣而畫之。就，成也。王朝日者，示有所尊，訓民事君也。天子常春分朝日，秋分夕月。覲禮曰「拜日於東門之外」。故書「鎮」作「瑱」。鄭司農云：「晉，讀爲『搢紳』之搢，謂插之於紳帶之間，(六五)若帶劍也。瑱讀爲鎮。玉人職曰：『大圭長三尺，杼上，終葵首，天子服之。』鎮圭尺有二寸，天子守之。」繅讀爲『藻率』之藻。五就，五帀也。一帀爲一就。」○以朝，直遥反，注及後放此。韋衣，於既反。薦申，如字，下同，一音箭。謂臿，初洽反，或初輒反。杼上，除汝反。

「王晉」至「朝日」　晉，插也。謂插大圭長三尺玉笏於帶間，手執鎮圭尺二寸。「繅藉五采五就」者，謂以五采就繅藉玉也。「以朝日」者，謂以春分朝日於東郊也。

注「繅有」至「一就」　云「繅有五采文」者，釋「繅」字。以其繅者雜采之名，故云繅有五采文，所以薦玉也。云「木爲中幹，用韋衣而畫之。就，成也」者，鎮圭尺二寸，廣三寸，則此木版亦長尺二寸，廣三寸，與玉同，然後用韋衣之，乃於韋上畫之。一采爲一帀，五采則五帀，一帀爲一就。就，成也。是采色成者也。案：聘禮記云：「絢組尺。」彼組不問尊卑，皆用五采長尺以爲繫，所以束玉，使不落。絢組繫亦名繅藉者，則曲禮云：「其有藉者則裼。」聘禮云「上介屈繅以授賓」。是亦名繅藉者也。云「王朝日者，示有所尊，訓民事君也」者，王者父天母地、兄日姊月，故春分朝日，秋分夕月。以王者至尊，猶朝日夕月，况民得不事君乎？是訓民事君也。云「天子常春分朝日，秋分夕月」，知者，案祭義云：「祭日於東，祭月於西」，又玉藻云：「玄端而朝日於東門之外」，又覲禮：「春拜日於東門之外」，既春拜日於東，明秋夕月於西，故知春分朝日，秋分夕月也。司農云「晉讀爲搢紳之搢」者，漢有搢紳之士，亦謂搢笏於紳，故讀從之。云「謂插之於紳帶之間」者，凡帶有二者。大帶，大夫已上用素，士用練，即紳也。又有革帶，所以珮玉之等。今插笏者，插於紳之外、革之內，故云紳帶之間也。云「若帶劒也」者，劒在紳帶之間，同處也。云「玉人職曰大圭長三尺，杼上終葵首，天子服之」者，案：彼注云：「杼，殺也。〔六六〕終葵首，謂大圭之上，近首殺去之，留首不去處爲椎頭，齊人名椎爲終葵，故名圭首爲椎頭者爲終葵首也。」案玉藻云：「天子搢珽，方正於天下」，即此大圭也。云「鎮圭尺有二，天子守之」者，〔六七〕亦玉人文。引之，證經大圭與鎮圭之義也。云「繅讀爲藻率之藻」者，桓二年臧哀伯諫辭也。藻是水草之文，故讀從之也。云「五就，五帀也。一帀爲一就」者，下文有三采者，亦一采爲一就。下云二采一就者，據臣行聘不得與君同，是以二采，采爲一行，二采共爲一就。凡言「就」者，或兩行名爲一就，即此上下文是也。或一帀二行爲二就。就即等也，故聘禮記云：「所以朝天子，圭與繅皆九寸。」又云：「繅三采六等，朱白蒼。」注云：「以三色再就。」謂三色，色爲再就。就亦等也，三色即六等。禮記雜記亦云「三采六等」，注云：「三六等，〔六八〕以朱白蒼畫之再行，行爲一等。」是等爲一行，行亦爲就，據單行言之也。各有所據，故其文有異也。

公執桓圭，侯執信圭，伯執躬圭，繅皆三采三就。子執穀璧，男執蒲璧，繅皆二采再就。以朝、覲、宗、遇、會、同於王。三采，朱、白、蒼。二采，朱、緑也。鄭司農云：「以圭璧見於王，覲禮曰『侯氏入門右，坐奠圭，再拜稽首』。侯氏見於天子，春曰朝，夏曰宗，秋曰覲，冬曰遇，時見曰會，殷見曰同。」○信圭，音身。

注「三采」至「曰同」　鄭知「三采，朱白蒼。二采，朱緑也」者，聘禮記文。司農引覲禮曰「侯氏入門右，坐奠圭，再拜稽首」者，彼謂秋覲禮，受贄受享，皆在文王廟中，侯氏入門右者，諸侯不敢自同賓客，故入門右。行臣禮，侯擯辭之，〔六九〕乃更向門左，升自西階，授玉。云「春曰朝」已下，皆大宗伯文。義具於彼也。

諸侯相見，亦如之。鄭司農云：「亦執圭璧以相見，故邾隱公朝於魯，春秋傳曰：『邾子執玉高，其容仰。』」

注「鄭司」至「容仰」　先鄭云「亦執圭璧以相見」者，亦如上文「公執桓圭」以下。案大行人云：「諸侯之邦交，歲相問，殷相聘，世相朝。」即司儀所云，凡諸侯相爲賓，侯伯子男之相爲賓，如公之儀。又諸公之臣相爲國客，伯子男之臣云「亦如之」。若不敵，則有小國朝大國，大國聘小國，皆是諸侯相朝之法。故邾隱公朝於魯。引春秋傳者，左氏傳云，「邾子執玉高，其容仰。魯侯執玉卑，其容俯。高仰，驕也；卑俯，替也。」此二君不獲朝容之正。引之，以證諸侯相朝，有執玉之法也。

瑑圭、璋、璧、琮，繅皆二采一就，以覜聘。璋以聘后夫人，以琮享之也。大夫衆來曰覜，寡來曰聘。鄭司農云：「瑑有圻鄂瑑起。」○瑑圭，直轉反。

以覜，他弔反。有圻，魚斤反。鄂，魚各反。

注「瑑圭」至「覜聘」　此遣臣行聘問之所執者。若本君親自朝所執，上文桓圭之等是。若遣臣聘，不得執君之圭璧，無桓信躬與蒲穀之文，〔七〇〕直瑑之而已，故云「瑑圭璋璧琮」，此謂公侯伯之臣也。若子男之臣，豈得過本君用以圭璋乎？明子男之臣，亦用瑑璧琮也。云「皆二采一就，以覜聘」者，謂朱緑二采，共爲一就也。

注「璋以」至「瑑起」　云「璋以聘后夫人，以琮享之也」者，鄭見欲此經遣臣聘法，〔七一〕有聘天子，并有自相聘，二者俱見，故云璋以聘后夫人而琮享之也。明知圭以聘天子與諸侯，而璧享之。鄭不言圭璧於天子諸侯者，以聘后夫人文隱，故特舉以言之，天子諸侯可知也。云「大夫衆來曰覜，寡來曰聘」者，此亦據大宗伯云「殷覜曰視」，謂一服朝之歲，即此覜也，故云衆來。彼又云「時聘曰問」，亦無常期，即此聘也，故云寡來曰聘也。司農云「瑑有沂鄂瑑起」，是不爲桓信躬等之文也。

四圭有邸，以祀天、旅上帝。鄭司農云：「於中央爲璧，圭著其四面，一玉俱成。爾雅曰：『邸，本也。』圭本著於璧，故四圭有邸，圭末四出故也。或説四圭有邸有四角也。邸讀爲抵欺之抵。上帝，玄天。」玄謂祀天，夏正郊天也。上帝，五帝，所郊亦猶五帝，殊言天者，尊異之也。大宗伯職曰：「國有大故，則旅上帝及四望。」○有邸，丁禮反，又音帝。著其，直略反。

「四圭」至「上帝」　此祀天，謂夏正郊天也。旅上帝者，上帝，五帝也。國有故而祭，故稱旅也。

注「鄭司農」至「四望」　司農云「於中央爲璧，圭著其四面，一玉俱成」者，云於中央爲璧，謂用一大玉，〔七二〕琢出中央，爲璧形，亦肉倍好爲之。四面琢，各出一圭。璧之大小、圭之長短無文，天子以十二爲節。蓋四廟圭各尺二寸，與鎮圭同。其璧爲邸，蓋徑六寸。揔三尺，與大圭長三尺又等，故云一玉俱成也。云「或説四圭有邸有四角也」者，此説四角，角即短矣。〔七三〕以無正文，故兩釋之也。云「邸讀爲抵欺之抵」，音讀之也。云「上帝，玄天」者，與大宗伯注同。司農意與孔王等，無六天之義也。「玄謂祀天，夏正郊天也」者，凡天有六，案大宗伯云「蒼璧禮天」，據冬至祭昊天於圓丘者也。彼又云「青圭禮東方，赤璋禮南方，白琥禮西方，玄璜禮北方」。據四時迎氣，及摠享於明堂之等，祭五方天也。彼惟不見夏正郊所感帝，故知此四圭是夏正郊天。易緯云「三王之郊，一用夏正，各郊所感帝」，即郊特牲云「兆日於南郊，就陽位，於郊，故謂之郊」，是也。云「上帝，五帝」者，案宗伯青圭之等，已見祭五方天帝，此又言者，彼據常祭，此據國有故而祭曰旅，用玉與郊天同四圭有邸，故言之也。云「所郊亦猶五帝，殊言天者，尊異之也」者，王者各郊所感帝，若周之靈威仰之等，即是五帝。而殊言天，是尊異之，以其祖感之而生故也。引大宗伯者，證旅上帝是國有故而祭也。但旅四望，下文與地同用兩圭，今此言之者，連引之耳。

兩圭有邸，以祀地、旅四望。兩圭者，以象地數二也。僢而同邸。祀地，謂所祀於北郊神州之神。○僢而，昌絹反。同柢，音帝。

注「兩圭」至「之神」　云「僢而同邸」者，案王制注：「卧則僢。」彼僢，謂兩足相向。此兩圭亦兩足同邸，是足相向之義，故以僢言之。則上四圭同邸者，亦是各自兩足相向，但就此兩足相向而言之也。云「地謂所祀於北郊神州之神」者，以其宗伯所云「黄琮禮地」，謂夏至祭崑崙大地，明此兩圭與上四圭郊天相對，是神州之神。案河圖括地象：「崑崙東南萬五千里神州」，〔七四〕是也。但三王之郊，一用夏正，未知神州用何月祭之。或解郊用三陽之月，神州既與郊相對，宜用三陰之月，當七月祭之。

祼圭有瓚，以肆先王，以祼賓客。鄭司農云：「於圭頭爲器，可以挹鬯祼祭，謂之瓚。故詩曰：『卹彼玉瓚，〔七五〕黄流在中。』國語謂之鬯圭。以肆先王，灌先王祭也。」玄謂肆解牲體以祭，因以爲名。爵行曰祼。漢禮，瓚槃大五升，口徑八寸，下有槃，口徑一尺。〔七六〕○以肆，如字，又他歷反，注同。以挹，於十反，又於集反。卹彼，音毖，又作邲。

「祼圭」至「賓客」　祼圭，即玉人所云「祼圭尺有二寸」者也。「以肆先王」，謂祭先王，則宗伯六享皆是也。以祼賓客者，則大行人云，上公再祼、侯伯一祼之等是也。

注「鄭司」至「一尺」　先鄭云「於圭頭爲器」，器即瓚是也。云「可以挹鬯祼祭，謂之瓚」者，鬯，即鬱鬯也。言祼言祭，則祼據賓客，祭據宗廟也。詩曰「卹彼玉瓚，黄流在中」者，彼詩是美王季爲西伯，受殷王圭瓚之賜。言黄流在中，即與玉人云「黄金勺鼻」等同也。云「國語謂之鬯圭」者，案國語云：「臧文仲以鬯圭與磬如齊告糴」，是也。云「以肆先王，灌先王祭也」，先鄭不解「肆」字，故後鄭釋之。「玄謂肆解牲體以祭，因以爲名」者，案大司徒云「祀五帝，奉牛牲，羞其肆」，是祭時肆解牲體，因即以肆爲祭名也。云「爵行曰祼」者，此周禮祼，皆據祭而言。至於生人飲酒亦曰祼，故投壺禮云「奉觴賜灌」，是生人飲酒爵行亦曰灌也。云「漢禮瓚槃大五升，口徑八寸，下有槃，口徑一尺」者，此漢禮器制度文，〔七七〕叔孫通所作。案玉人職云大璋、中璋、邊璋，下云「黄金勺，青金外，朱中，鼻寸，衡四寸」。鄭注云：「三璋之勺，形如圭瓚。」玉人不見圭瓚之形，而云「形如圭瓚」者，鄭欲因三璋勺見出圭瓚之形，但三璋勺雖形如圭瓚，圭瓚之形，即此漢禮文，其形則大，三璋之勺徑四寸，所容蓋似小也。

圭璧，以祀日月星辰。圭其邸爲璧，取殺於上帝。○取殺，色界反，劉色例反，下同。

「圭璧」至「星辰」　祭日月，謂若春分朝日，秋分夕月，并大報天主日，配以月。其星辰所祭，謂小宗伯四類亦如之，注云：「禮風師雨師於郊之屬。」又月令云「祈來年於天宗」，鄭云「天宗，日月星」，亦是也。其祭法，埋少牢已下，祭日月星辰，謂禱祈而祭，亦用此圭璧以禮神也。

注「圭其」至「上帝」　云「圭其邸爲璧」者，上文四圭兩圭，及下璋邸，皆言邸。鄭皆以邸爲璧，但此圭云璧不言邸，故鄭還以邸解璧也。云「取殺於上帝」者，但郊天及神州之神雖相對，但天尊地卑，故四二有異，〔七八〕鄭直云象，不言殺也。今日月星天神，故以殺言之也。言殺者，取降殺以二爲節也。

璋邸射，以祀山川，以造贈賓客。璋有邸而射，取殺於四望。鄭司農云：「射，剡也。」○邸射，食亦反，注同。以造，七報反。射剡，以冉反，或因冉反。〔七九〕

「璋邸」至「賓客」　此祀山川，謂若宗伯云「兆山川、丘陵各於其方」，亦隨四時而祭。則用此璋邸以禮神，玉人云「璋邸射素功，以祀山川，以致稍餼」。注云：「邸射，剡而出也。致稍餼，造賓客納稾食也。」先鄭云：「素功，無瑑飾也。」以此而言，則造贈賓客，謂致稍餼之時，造館贈之。言贈，則使還之時，所贈賄之等，亦執以致命耳。

土圭以致四時日月，封國則以土地。以致四時日月者，度其景至不至，〔八〇〕以知其行得失也。冬夏以致日，春秋以致月。土地，猶度地也。封諸侯以土圭度日景，觀分寸長短，以制其域所封也。鄭司農說以玉人職曰：「土圭尺有五寸，以致日，以土地。」所求地中，〔八一〕故謂之土圭。〔八二〕○度其，待洛反，下度地、度日同。地中，如字，劉丁仲反。

注「以致」至「土圭」　鄭云「以致四時日月者，度其景至不至，以知其行得失也」，又引馮相氏云「冬夏致日，春秋致月」者，依通卦驗，冬至，立八尺之表，晝漏半度之，表北得丈三尺景。又依大司徒云：「日至之景，尺有五寸，謂之地中」，是其景至也。若不依此，或長或短，則爲不至也。云「以知其行得失也」者，景之至否，皆由人君之行所致。若景不依道，度爲不至，是人君之行失。若景依道，度爲至。是人君之行得，故云知行得失。若春秋致月之法，亦於春分秋分，於十五日而望，夜漏半而度之，但景之長短，自依二分爲長短，不得與冬夏日景同，景之至否，亦知行之得失也。云「以土圭度日景，觀分寸長短，以制其域所封也」者，日景一寸，其地千里，則一分百里。今封諸侯，無過五百里已下，止可言分，而言寸者，語勢連言之，其實不合有寸也。先鄭引玉人職而云「以求地中，故謂之土圭」者，〔八三〕所用惟置洛邑而求地中，自餘或致四時之景，或封諸侯所用，不必要求地中，而先鄭言求地中者，據大司徒而言耳。

校勘記

〔一〕用玉氣也　「玉」原作「王」，據婺、建、岳、阮本改。

〔二〕又次后酌盎齊　「盎」，原作「益」，元、正、閩本同誤，據婺、建、岳、阮本改。

〔三〕蜼讀爲蛇虺之虺　婺、建本同，岳本「爲」作「曰」。

〔四〕射隼下荀尹反　「下荀尹反」，原作「下亦尹反荀」，據徐本、盧本及阮本乙改。

〔五〕禺劉音禺　下「禺」字，徐本、盧本及阮本作「隅」。

〔六〕解而腥之爲七體　孫詒讓云：「『解』上當有『肫』字，蓋涉『純』字而奪。」

〔七〕后亦以王爵酌醴齊以獻尸　阮本「王」作「玉」，當是。

〔八〕案内宰職　浦鏜云：「『内宗』誤『内宰』。」

〔九〕直是以圭爲柄　「圭」，元、正、閩、闔本同，阮本作「玉」。

〔一〇〕王酳尸因朝踐之尊醴齊　浦鏜云：「『用』誤『因』。」孫詒讓云：「『因』字義通，不必與下文一律也。」

〔一一〕不合爲野饗之義也　「饗」，惠校本同，阮本作「享」，非。

〔一二〕以諸尊皆異物爲飾　惠校本同，元、正、閩、闔、阮本脱「異」字。

〔一三〕引明堂位者　「者」，原作「皆」，元、正、閩、闔本同誤，據阮本改。

〔一四〕卣即犧象之屬　「即」，元、正、閩、闔本同，阮本作「是」。

〔一五〕黄又與黄金字同　「與」，元、正、閩、閩本同，阮本誤作「爲」。

〔一六〕朝享爲朝受政於廟者　「爲」，殿本同，元、正、閩、閩、阮本作「謂」。

〔一七〕尾末有岐　「岐」，阮本作「跂」，孫詒讓云，當據爾雅注作「岐」。

〔一八〕以爲刻畫山雲之形也　正、閩、阮本無「爲」，「也」上有「者」，元、閩、監、毛、殿本無「者」字。

〔一九〕金罍大器　孫詒讓云，據詩卷耳正義，「大器」當作「大夫器」。

〔二〇〕古廷説罍器　阮校云，詩卷耳正義作「古毛詩説」，爾雅釋器正義同，此作「廷」，誤。下「古廷説」同。

〔二一〕金飾口目　「口」，元、正、閩、阮本作「亡」。阮校云，詩正義作「龜目」，「口」、「亡」均非。

〔二二〕經文惟有詩云　「惟」，元、閩、殿本同，正、閩、阮本作「雖」。阮校云「惟」誤。

〔二三〕則其餘諸臣直有金　阮校云，詩正義「金」作「罍」，此誤。

〔二四〕齊爲齍　阮校云，葉鈔釋文作「爲賫」。

〔二五〕涚拭勺而酌也　「涚拭」，岳本、嘉靖本同，建、余本作「挩拭」，閩、監、毛、阮本作「帨栻」。釋文作「挩飾」，云「本或作拭」。阮校云，作「挩拭」是。孫詒讓云，「涚」與經文同，似是。

〔二六〕齊讀皆爲粢　漢讀考「齊」作「齍」，本故書。

〔二七〕煮鬱和秬鬯　婺、建、岳本同，阮本「秬」作「相」，非。

〔二八〕脩讀如滌濯之滌　諸本同。阮校云，賈疏引注作「讀爲」，漢制考同，當訂正。

〔二九〕今齊人命浩酒曰滌　婺、岳本同。建本「浩」作「誥」，誤。

〔三〇〕用凡酒　「凡」，婺、岳本同，建本作「允」。

〔三一〕飾或作拭　阮本同，阮云，十行本、閩、監、毛本并同。「飾」字，徐本、盧本作「本」，盧本「本」上有「下」字。

〔三二〕故云明酌也　殿本同，元、閩、閩、阮本「云」作「爲」，疑誤。

〔三三〕故舉當時泲酒之法以曉人也　殿本同，元、閩、閩、阮本「當」作「常」，疑誤。

〔三四〕故鄭約同此三齊　「三」，阮本作「三」，疑誤。下「與三齊」同。

〔三五〕無過與盎同　元、正、閩、閩、阮本同。阮校云，惠校本「盎」下有「齊」。

〔三六〕推此可知也　惠校本同。元、正、閩、閩、阮本「此」作「次」。

〔三七〕禮運四齊據禘祭　「四」，原作「曰」，據阮本改。

〔三八〕三酒時祭亦備之　惠校本同，阮本無「之」字。

〔三九〕朝夕乃徹也　婺、岳本同，建本「朝」下有「奠」字。

〔四〇〕鄭知旅是大國有故之祭者　元、正、閩、阮本同。殿本「大」字當在「故」上，浦鏜云，殿本是。

〔四一〕莞藻次蒲熊　阮校云，釋文「莞藻，本又作繅」。按經作「繅」，司農讀爲「藻」，鄭君則仍用「繅」字，今本作「藻」，非。

〔四二〕漆素並云右俱是爲神也　阮本「右俱」作「俱右」，疑非。

〔四三〕酢席在廟室西面　元、正、閩、閩、阮本「席」下有「王」字，疑衍。

〔四四〕依前南鄉設莞筵紛純　「筵」，婺、建、岳本同，唐石經作「席」。阮校云，石經涉下文而誤。嚴可均云，各本「席」誤「筵」。通典卷七十四、初學記卷二十五皆引作「席」，不誤。

〔四五〕其繡白黑采　婺、建、余、岳、嘉靖、監、毛本同，閩本「采」作「文」，阮校云，賈疏引注亦作「文」。

〔四六〕純讀爲均服之均　漢讀考云，此「讀如」擬其音，今本作「讀爲」，誤。阮校云，賈疏亦云「均」即「準」音，與「純」同。

[四七] 有成其文章　盧文弨云，通考無「其」字。

[四八] 又酌授尸　「授」，原作「受」，據婺、建、岳、阮本改。疏「王有受尸酌法」同。

[四九] 賓在户牖間　元、正、聞、閩、阮本脱「間」字。

[五〇] 西南也　「南」，殿本同，元、正、聞、閩、阮本作「面」。疑作「面」是。

[五一] 繅柔韋需　「韋需」，建、余、岳、嘉靖本同，阮本作「嚅」，誤。

[五二] 皆用此三重席耳故此唯見三重席也　孫詒讓云，「二「三重」當據文義改爲「三種」。

[五三] 牖間南嚮　孫詒讓云，「嚮」與賈疏引書文合，阮本作「鄉」，當據此本正之。

[五四] 爲祊于外　「于」，元、正、聞、閩、阮本作「乎」，與今禮器同。

[五五] 高二尺　元、聞、閩、殿本同。阮本「二」作「三」，誤。

[五六] 鼖鼓　阮校云，釋文「鼖」作「賁」。

[五七] 武王誅紂刀赤爲飾　殿本同。元、聞、閩、阮本「刀赤」作「赤刀」。疑誤。

[五八] 皆同有文書　殿本同，元、正、聞、閩、阮本「同」作「司」，疑誤。

[五九] 云凶事后王喪朝於祖廟之奠者　阮本「后王」作「王后」，疑誤。

[六〇] 則玉有六器者與　婺、建、岳本同，阮本「玉」作「主」，誤。

[六一] 則筮之神自有七八九十六成數之鬼神　阮本無「十」字，當是。

[六二] 龜筮直能出卦兆之占耳　「卦」，阮本作「外」。案作「卦」是也。

[六三] 筮不於廟堂者　「於」，元、正、聞、閩、監本同。毛、阮本作「以」。

[六四] 能御衆有朝正人之德　阮本重「衆」字，非。阮校云，「朝」當「幹」字誤。

〔六五〕晉讀爲搢紳之搢謂插之於紳帶之間　岳、嘉靖本同，余、閩、監、毛、阮本「插」下無「之」字。「搢紳」，建本作「搢納」，釋文作「薦中」，又「插」作「臿」。阮校云，賈疏引注有「之」字，「插」爲正字，「臿」爲假借字。

〔六六〕杼殺也　阮本「杼」作「抒」。

〔六七〕云鎮圭尺有二天子守之者　浦鏜云，「二」下脱「寸」字。

〔六八〕注云三六等　元、正、閩、阮本「三」下有「采」字，當是。

〔六九〕侯擯辭之　「侯」，殿本同。閩、監、阮本作「候」，元、閩本作「侯」，疑作「侯」是。

〔七〇〕無桓信躬與蒲穀之文　「穀」，阮本作「璧」。加藤虎之亮云，「蒲璧」當作「穀蒲」。

〔七一〕鄭見欲此經遺臣聘法　「見欲」，阮本作「欲見」，當是。

〔七二〕謂用一大玉　元、閩、閩、殿本同。阮本「玉」作「圭」，疑誤。

〔七三〕角即短矣　「短」，元、閩、監、毛本同，閩、阮本作「桓」，殿本作「邸」。未知孰是。

〔七四〕崑崙東南萬五千里神州　汪文臺云，「萬」當作「方」，鄭注書引地記書云「崑崙山東南地方五千里名曰神州」，初學記引括地象亦同，此誤寫作「萬」，大司樂疏同誤。又「五千里」下當據大司樂引括地象補「曰」字。

〔七五〕鄭彼玉瓚　「瓚」，建、岳、嘉靖本同，阮本作「瓚」，疑非。釋文「邮」又作「邲」，阮校云，説文「邮」、「邲」皆從「卩」。

〔七六〕下有槃口徑一尺　嘉靖本「一」作「二」，疑誤。孫詒讓云，漢書揚雄傳張晏注亦作「一尺」，御覽引三禮圖及聶圖并同。則作「一」是也。

〔七七〕此漢禮器制度文　「漢」，殿本同，元、閩、閩、阮本作「據」。阮校云，漢制考「禮」作「漢」。

〔七八〕故四二有異　「二」，殿本同，元、正、閩、閩、阮本作「玉」。疑作「二」是。

〔七九〕 剡或因冉反　「因」原作「囙」，徐本同，此據盧本改。

〔八〇〕 度其景至不至　「至」，婺、岳本同，建本作「行」，誤。

〔八一〕 所求地中　婺、嘉靖本同，建、岳、阮本「所」作「以」。

〔八二〕 故謂之土圭　婺、岳本同，建本「土」作「上」，誤。

〔八三〕 先鄭引玉人職而云以求地中故謂之土圭者　殿本同，元、正、閩、閩、阮本無「引」字。

珍圭以徵守，以恤凶荒。杜子春云：「『珍』當爲『鎮』，書亦或爲『鎮』。以徵守者，以徵召守國諸侯，若今時徵郡守以竹使符也。鎮者，國之鎮，諸侯亦一國之鎮，故以鎮圭徵之也。凶荒則民有遠志，不安其土，故以鎮圭鎮安之。」玄謂珍圭，王使之瑞節，制大小當與琬琰相依。王使人徵諸侯、憂凶荒之國，則授之，執以往，致王命焉，如今時使者持節矣。恤者，闓府庫振救之。凡瑞節，歸又執以反命。○徵守，劉守又反，注徵守同。王使之，所吏反，下令使者、亦王使、於使者皆同。闓府，音開。

注「杜子」至「反命」。子春云「鎮者，國之鎮」者，若職方每州皆云其山鎮，是國之鎮，據山而言。玄謂珍圭，王使之瑞節，謂若掌節云山國土國，有人節、虎節，是諸侯使人之瑞節，此珍圭等，是王使之瑞節也。云「制大小當與琬琰相依」者，案玉人，琬圭九寸。〔二〕此珍圭，玉人不言，故約與琬琰同。鄭云「如今時使者持節矣」者，即子春所云：「竹，使符也。」云「恤者，闓府庫振救之」者，凶荒年穀不熟，百姓困乏，故知開府庫振救之。府庫所以藏財貨，故禮記大學云：「未有府庫財，非其財者也。」若然，開府庫出賞，明亦開倉廩出米粟，出，給之也。云「凡瑞節，歸又執以反命」者，此無正文，要王使人執瑞節往，反須反命於王，明此已致命，乃歸還典瑞也。

牙璋以起軍旅，以治兵守。鄭司農云：「牙璋，瑑以爲牙。牙齒，兵象，故以牙璋發兵，若今時以銅虎符發兵。」玄謂牙璋，亦王使之瑞節。兵守，用兵所守，若齊人戍遂，諸侯戍周。

注「鄭司農」至「戍周」。先鄭云「牙璋，瑑以爲牙。牙齒，兵象，故以牙璋發兵」者，此無正文，以意言之，以其言牙，即以牙齒解之。云「若今時以銅虎符發兵」者，案漢文帝本紀云：「二年九月，初與郡國守爲銅虎符、竹使符。」應劭曰：「銅虎符，從第一至第五，國家當發兵，遣使者，至郡國合符，符合，乃聽受之。竹使符，皆以竹箭五枚，長五寸，鐫刻篆書，第一至第五。」張晏曰：「以代古圭璋，從簡易，便其事也。」然銅虎竹使符，漢時皇帝使者之瑞節，則司農之意，鎮圭牙璋之等，亦王使之瑞節也。但先鄭不言之，故後鄭皆云「王使之瑞節」，增成之也。云「節」者，即掌節云：「守邦國者用玉節。」則王用玉節可知。玉人云「璋邸射素功以祀山川，以致稍餼」，與此中所用同，明此牙璋亦素功。若然，案玉人云：「牙璋，中璋七寸，射二寸，厚寸，以起軍旅，以治兵守。」此不云中璋者，中璋比於牙璋殺文飾，揔而言之，亦得名爲牙璋，以其鉏牙同也。以此而言，此文見牙璋，〔二〕亦兼中璋矣。若然，大軍旅用牙璋，小軍旅用中璋矣。云「若齊人成遂」者，莊公十三年春，齊侯會諸侯於北杏。夏六月，齊人滅遂。傳曰「遂人不至。夏，齊人滅遂而戍之」也。云「諸侯戍周」者，昭二十七年十二月，晉籍秦致諸侯之戍於周。是其事也。

璧羨以起度。 鄭司農云：「羨，長也。此璧徑長尺，以起度量。玉人職曰：『璧羨度尺以爲度。』」玄謂羨，不圓之貌。蓋廣徑八寸，袤一尺。○袤，音茂。

注「鄭司」至「一尺」 先鄭云「羨，長也。此璧徑長尺」，其義是也。但語不足，故後鄭增成其義也。「玄謂羨，不圓之貌，蓋廣徑八寸，袤一尺」者，案爾雅「肉倍好謂之璧」，則璧體圓矣。今云璧羨，羨是引聲而言，是爲長意，故先鄭、後鄭皆爲不圓也。云「蓋」者，此璧本徑九寸，今言羨，則減傍一寸以益上下，故玉人以爲上下一尺，則橫徑八寸矣。無正文，故云「蓋」以疑之也。

駔圭、璋、璧、琮、琥、璜之渠眉，疏璧琮以斂尸。 鄭司農云：「駔，外有捷盧也。駔讀爲『駔疾』之駔。疏讀爲沙。謂圭、璋、璧、琮、琥、璜，皆爲開渠爲眉瑑，沙除以斂尸，令汁得流去也。」玄謂以斂尸者，於大斂焉加之也。駔讀爲組，與組馬同，聲之誤也。渠眉，玉飾之溝瑑也。以組穿聯六玉溝瑑之中，以斂尸，圭在左，璋在首，琥在右，璜在足，璧在背，琮在腹，蓋取象方明，神之也。疏璧琮者，通於天地。○駔圭，音祖。以斂，力驗反，注同。令汁，力呈反，下令爲同。

注「鄭司農」至「天地」　先鄭讀駔爲「駔牙」之駔，〔三〕故云「外有捷盧」。捷盧，若鋸牙然，後鄭不從之也。云「駔讀爲駔疾之駔」，此蓋當時有駔疾之語，故言焉。云「疏讀爲沙」已下，後鄭皆不從者，以其王之襲斂，百五十稱有餘，何得更有使汁流去乎？「玄謂以斂尸者，於大斂焉加之也」者，以其六玉所與王爲飾，明在衣裳之外，故知在大斂後也。「駔讀爲組，與組馬同，聲之誤也」者，詩有「執轡如組」，聲之誤爲駔。若然，後鄭讀駔，本與組同聲，不爲駔牙之音，故得爲聲誤。若本爲駔牙之音，與組聲異，何得爲駔也？云「渠眉，玉飾之溝瑑也」者，此六玉兩頭皆有孔，又於兩孔之間爲溝渠，於溝之兩畔稍高爲眉瑑，故云「以組穿聯六玉溝瑑之中以斂尸」也。云「圭在左」已下，皆約大宗伯云「青圭禮東方」之等，以尸南首而置此六玉焉。云「蓋取象方明，神之也」者，案覲禮，設方明，上圭下璧，無璧琮。此云「象」者，彼注上下之神，非天地至貴，謂日月之神，故上下不用璧琮。此中有璧琮者，象天地。若然，此言象方明者，直取置六玉於六處，不取玉形之義。又案宗伯，璧禮天，琮禮地，今此璧在背在下，琮在腹在上，不類者，以背爲陽，腹爲陰，隨尸腹背而置之，故上琮下璧也。云「疏璧琮者，通於天地」者，天地爲陰陽之主，人之腹背象之，故云疏之通天地也。

穀圭以和難，〔四〕以聘女。

穀圭，亦王使之瑞節。穀，善也。其飾若粟文然。難，仇讎。和之者，若春秋宣公及齊侯平莒及郯，晉侯使瑕嘉平戎於王。其聘女則以納徵焉。○和難，乃旦反，注同。及郯，音談。叚嘉，音遐，本又作瑕，亦作假，皆同。

注「穀圭」至「徵焉」　難，謂兩諸侯相與爲怨仇，王使人和之，則執以往也。穀，善也。故執善圭和之使善也。聘女亦是和好之事，故亦用善圭也。知「飾若粟文」者，以其稱穀，若穀粟然也。云「難，仇讎」者，仇爲怨，讎爲報，有怨當報，若調人和仇讎之類也。云「若春秋宣公及齊侯平莒及郯」者，時莒與郯不和，宣公四年左氏云「公及齊侯平莒及郯」是也。云「晉侯使瑕嘉」者，成公元年左氏傳云：「晉侯使瑕嘉平戎於王」，是也。其聘女則以納徵焉，昏禮有六，五禮用鴈，納徵不用鴈，以其有束帛可執。媒氏職庶民用緇帛五兩，士昏禮用三玄二纁。天子加穀圭，諸侯加以大璋，大夫與士同，故知納徵也。昏禮言納徵，徵，成也。納此則昏禮成。春秋謂之納幣，以春秋通異代，指幣體以質之言也。

琬圭以治德，以結好。琬圭，亦王使之瑞節。諸侯有德，王命賜之。及諸侯使大夫來聘，既而爲壇會之，使大夫執以命事焉。大行人職曰：「時聘以結諸侯之好。」鄭司農云：「琬圭無鋒芒，故治德以結好。」〔五〕○結好，呼報反，注同。

注「琬圭」至「結好」　云「亦王使之瑞節」，亦上文也。云「諸侯有德，王命賜之」者，解經「治德」也。云「及諸侯使大夫來聘，既而爲壇會之，使大夫執以命事焉」者，〔六〕解經「結好」也。此即大宗伯時聘無常期，一也。〔七〕故引大行人時聘以結諸侯之好以證之。若時見曰會，諸侯來與之會。時聘，使大夫來，王還使大夫往會焉。先鄭云「琬圭無鋒芒」者，對下文「琰圭有鋒芒」者也。

琰圭以易行，以除慝。琰圭，亦王使之瑞節。鄭司農云：「琰圭有鋒芒，傷害征伐誅討之象，故以易行除慝。易惡行令爲善者，以此圭責讓喻告之也。」玄謂除慝，亦於諸侯使大夫來覜，既而使大夫執而命事於壇。大行人職曰：「殷覜以除邦國之慝。」○易行，下孟反，注同。除慝，吐得反。

注「琰圭」至「之慝」　「玄謂除慝，亦於諸侯使大夫來覜，既而使大夫執而命事於壇」者，此即大宗伯云「殷覜曰視」，謂一服朝之歲也。故引大行人云「殷覜以除邦國之慝」爲證也。但上文治德，與此經易行，據諸侯自有善行惡行，王使人就本國治易之，結好與除惡，皆諸侯使大夫來聘，亦王使大夫爲壇命之，爲異也。鄭知使大夫來皆爲壇者，約君來時會殷國爲壇，明臣來爲壇可知也。

大祭祀、大旅，凡賓客之事，共其玉器而奉之。玉器，謂四圭裸圭之屬。

「大祭」至「奉之」 大祭祀，兼有天地宗廟。大旅中，兼有上帝四望等。故鄭云「四圭裸圭」。「凡賓客」，謂再裸一裸之等，亦云「奉之」者，送向所行禮之處也。

注「玉器」至「之屬」 鄭知「玉器，謂四圭裸圭」者，上已釋。禮神曰器，經云「玉器」，故知非瑞，是禮神者也。云「之屬」者，兼有兩圭璧圭璋邸之等也。

大喪，共飯玉、含玉、贈玉。飯玉，碎玉以雜米也。含玉，柱左右䫌及在口中者。〔八〕雜記曰「含者，執璧將命」，則是璧形而小耳。贈玉，蓋璧也。贈有束帛，六幣璧以帛。○飯玉，扶晚反，注同。含玉，户暗反。柱左，張注反。右顛，如字，儀禮作䫌，音同。

「大喪」至「贈玉」 大喪，謂王喪，兼有后、世子在其中，以其更不見共后、世子之故也。飯玉者，天子飯以黍，諸侯飯用粱，大夫飯用稷。天子之士飯用粱，諸侯之士飯用稻。其飯用玉，亦與米同時，此即禮記檀弓云「飯用米貝，不以食道」。鄭云「食道褻，米貝美」，是也。含玉者，則有數有形。雜記云「天子飯九貝，諸侯七，大夫五，士三貝」者，鄭云夏時禮，以其同用貝故也。周天子諸侯皆用玉，亦與飯俱時行之。贈玉者，案既夕禮，葬時，柩入坎，贈用玄纁束帛。即天子加以玉，是贈先王之物也。

注「飯玉」至「以帛」 鄭知「飯玉，碎玉以雜米」者，以其與米同内於口中，故知碎之與米同。知含玉，柱左右䫌及在口中者，案士喪禮云：「主人飯米，置尸三加貝，左中，亦如之。」既言左右及中，明知柱左右䪼及口中。鄭彼注「象生時齹堅」。以此而言，士喪禮用三，復以雜記差之，則天子用九玉，諸侯用七玉，大夫用五玉。若然，大夫已上，不徒柱左右與中央耳。云「雜記曰含者執璧將命，則是璧形而小耳」者，彼是諸侯薨，鄰國遣大夫來弔，并行含襚賵之禮。〔九〕諸侯用璧，天子雖用玉，其形無文，故取諸侯法以況之，天子亦爲璧形而小，以其入口，故知小也。云「賵玉，蓋璧也」者，以既夕禮云「士賵用束帛」，明天子亦有束帛也。而小行人「合六幣璧以帛」，故知賵既用帛，明以璧配之。鄭言此者，恐天子與士異，士用帛，天子用玉，嫌不用帛，故言之也。案玉府已云「大喪共含玉」，此又言之者，蓋玉府主作之，此官主其成事而共之。

凡玉器出，則共奉之。玉器出，謂王所好賜也。奉之，送以往。遠則送於使者。

注「玉器」至「使者」　云「玉器出謂王所好賜也」者，天府云「遷寶」，謂徙國都，此不言遷，直言出，故知王所好賜之者也。云「遠則送於使者」者，謂王使人就國賜之，則往就使者付之，故云送於使者也。

典命，掌諸侯之五儀、諸臣之五等之命。五儀，公侯伯子男之儀。五等，謂孤以下四命、三命、再命、一命、不命也。或言儀，或言命，互文也。故書「儀」作「義」，鄭司農「義」讀爲「儀」。

注「五儀」至「爲儀」　云「五儀，公侯伯子男之儀」者，此五儀有三等之命，命雖有同者，其儀皆異。若然，大宗伯注云：「每命異儀，貴賤之位乃正。」是命異儀即異。此則命同儀有異，於義乖者，但大宗伯經云「九儀之命」，據九等之命爲九儀，故注每命異儀，是命異儀即異。經云「掌諸侯之五儀」，即是據五等之爵爲五儀，是以命同儀有異。

此乃各有所據，於義無乖也。云「五等，謂孤以下四命、三命、再命、一命、不命也」，鄭知義然者，此經諸臣五等在諸侯之下，則還據諸侯之下臣有五等而言。諸侯之下，既無一命以至五命，〔一〇〕明臣有五等，通不命也。是以諸侯及諸臣，皆據下文諸侯諸臣，而充此上之數也。故下文諸侯下，說大國孤四命，其卿三命，大夫再命，士一命。侯伯之卿已下，如公國五命三等。云「或言儀，或言命，互文也」者，謂或言儀者，亦有命，此則諸侯之命也。或言命者，亦有儀，此乃臣之儀也。〔一一〕今若據爵而言，則孤卿大夫士四等之儀也。若據命而說，則通不命爲五儀。

上公九命爲伯，其國家、宮室、車旗、衣服、禮儀，皆以九爲節。侯伯七命，其國家、宮室、車旗、衣服、禮儀，皆以七爲節。子男五命，其國家、宮室、車旗、衣服、禮儀，皆以五爲節。上公，謂王之三公有德者，加命爲二伯。二王之後，亦爲上公。國家，國之所居，謂城方也。公之城蓋方九里，〔一二〕宮方九百步；侯伯之城蓋方七里，宮方七百步；子男之城蓋方五里，宮方五百步。大行人職則有諸侯圭藉、冕服、建常、樊纓、貳車、介、牢禮、朝位之數焉。○樊纓，畔干反。介牢，音界。

注「上公」至「數焉」 鄭云「上公謂王之三公有德者，加命爲二伯」者，案下文三公八命，出封皆加一等，謂若周公大公有德，封於齊魯。雖身在王朝，〔一三〕使其子就國，亦是出封加命爲上公九命者，此上公則爲二伯分陝者也。故大宗伯云「九命作伯」，是也。云「二王之後亦爲上公」者，案孝經緯援神契云：「二王之後稱公，大國稱侯。」故知也。若然，宋公爲殷之後，稱公。春秋之代，杞爲夏後，或稱侯，或稱伯，或稱子者，杞君無道，或用夷禮，故貶之而不稱公也。若虞公、虢公，非王之三公出封，亦得稱公者，此殷時稱公，武王滅殷，虞、虢無過可退，無功可進，雖周之親戚，仍守百里之地而稱公也。自外雖是周之同族有出封，惟稱侯伯而已，是以魯、晉、鄭、衛等皆稱侯伯。鄭注巾車云「王子母弟，雖爲侯伯，畫服如上公，乘金路」，是也。云「國家，國之所居，謂城方也」者，若孝經諸侯稱國，大夫稱家，今此文無卿大夫，則國家揔據諸侯城方者也。二云「公之城蓋方九里」云云，此經國家及宫室車旗以下，皆依命數而言。既言國家宫室以九、以七、以五爲節，以天子城方十二里而言，此九七五，亦當爲九里七里五里爲差矣。但無正文，故言「蓋」以疑之也。案書無逸傳云：「古者百里之國，九里之城。」玄或疑焉。〔一四〕周禮匠人：「營國方九里」，謂天子之城，今大國與之同，非也。然大國七里，〔一五〕次國五里，小國三里之城，爲近可也。或者天子實十二里之城，諸侯大國九里，次國七里，小國五里。如是，鄭自兩解不定。鄭必兩解者，若案匠人營國方九里，據周天子而言，則公宜七里，侯伯宜五里，子男宜三里，爲差也。若據此文，九命者以九爲節，七命者以七爲節，五命者以五爲節。又案：文王有聲箋云：「築城伊洫，適與成方十里等，小於天子，大於諸侯。」以其雖改殷制，仍服事殷，未敢十二里。據此二文而言，則周之天子城方十二里，公宜九里，侯伯宜七里，子男宜五里也。若周天子十二里，則匠人云九里，或據異代法，以其匠人有夏殷法故也。鄭不言異代者，以其無正文，不敢斥言也。是以隱公元年祭仲云「都城不過百雉」。雉長三丈，百雉五百步，大都三之一，則鄭是伯爵，城有千五百步爲五里。是公七里，侯伯五里，子男三里矣。此賈、服、杜君等義，與鄭玄一解也。鄭又云：「鄭伯之城方七里，大都三之一，方七百步，實過百雉矣。而云都城不過百雉，舉子男小國之大都，以駮京城之大，其實鄭之大都過百雉矣。」又是天子城十二里而言也。引大行人之職者，經云「國家、宫室」，鄭已解訖。其云「車旗、衣服、禮儀」，不可具言，故引大行人爲證。欲見彼具見車旗以下之數也。案大行人云上公之禮，執桓圭九寸，繅藉九寸，〔一六〕冕服九章，建常九斿，樊纓九就，貳車九乘，介九人，禮九牢，其朝位賓主之間九十步。侯伯於上公降殺以兩，子男比於侯伯，又降殺以兩爲差耳。故鄭云數焉。

王之三公八命，其卿六命，其大夫四命。及其出封，皆加一等。其國家、宫室、車旗、衣服、禮儀亦如之。四命，中下大夫也。出封，出畿内封於八州之中。加一等，褒有德也。大夫爲子男，卿爲侯伯，其在朝廷則亦如命數耳。王之上士三命，中士再命，下士一命。

「王之」至「如之」　云「王之三公八命，其卿六命，其大夫四命」，皆是在朝者。云「及其出封，皆加一等」者，三公八命者爲九命上公，六命卿爲七命侯伯，四命大夫爲五命子男。云「其國家、宮室、車旗、衣服、禮儀亦如之」者，亦如上經以命數爲差也。

注「四命中」至「一命」　云「四命，中下大夫也」者，見序官有中下大夫，於此唯見四命大夫，是知中下大夫同四命也。云「出封，出畿内封於八州之中」者，其王朝公卿大夫，亦有舊在畿内有采地之封，是封畿内者也。今乃封於畿外，在八州之中諸侯也。云「加一等，褒有德也」者，王朝公卿大夫，無功可進、無過可退者，不得出封，以知加一等爲南面之君者，是褒有德也。卿爲侯伯，大夫爲子男也。鄭不言三公者，雖出封加命，爵仍是公，不異，故不言也。云「其在朝廷則亦如命數耳」者，若先鄭，出加入亦加。若毛君，則出加入減。若鄭君，出加入則不加不減。其義已備宗伯職也。云「王之上士三命，中士再命，下士一命」者，經既不言，而鄭言之者，此典命所以主命數。序官有三等之士，此文不見，故以意推之。必知士有三命以下者，見經大夫四命，四命以下，唯有三等之命。序官有上士、中士、下士，故以三等之命而説之也。然公卿大夫以八命六命四命爲陰爵者，一則擬出封加爲陽爵，二則在王下爲臣，是陰官不可爲陽爵故也。士下既無出封之理，又極卑賤，故有三命一命爲陽爵無嫌也。

凡諸侯之適子，誓於天子，攝其君，則下其君之禮一等；未誓，則以皮帛繼子男。誓猶命也。言誓者，明天子既命以爲之嗣，樹子不易也。春秋桓九年，曹伯使其世子射姑來朝，行國君之禮是也。公之子如侯伯而執圭，侯伯之子如子男而執璧，子男之子與未誓者，皆次小國之君，執皮帛而朝會焉，其賓之皆以上卿之禮焉。○適子，丁歷反。則下，遐嫁反。射姑，音亦。

注「誓猶」至「禮焉」　鄭以誓爲命者，諸侯世子皆往朝天子，天子命之爲世子，故以誓爲命也。云「言誓者，明天子既命以爲之嗣，樹子不易也」者，實是命，而經云「誓」者，謂既命以爲繼嗣，使爲樹子，不可改易。義取公羊僖公三年，齊桓公會於陽穀，管仲命諸侯云「無易樹子，無以妾爲妻」，是也。引「桓九年，曹伯使其世子射姑來朝，行國君之禮」者，以其稱「朝」，是行國君之禮，引者，證經誓於天子，攝其君事也。云「公之子如侯伯而執圭，侯伯之子如子男而執璧」者，以其上公九命，侯伯七命，子男五命，經云下其君一等，明依命數爲降，以知義然也。若公之子如侯伯，在侯伯下。侯伯子如子男，在子男下也。云「子男之子與未誓者，皆次小國之君，執皮帛」者，以經云下一等，子男身五命執璧，明子雖得誓，以下父一等，自然與公侯伯子男子未誓者同執皮帛朝會可知也。云「其賓之皆以上卿之禮焉」者，此亦約曹世子射姑來朝，賓之以上卿之禮而言之也。若行朝禮，擯介依諸侯法，其饔餼饗，一與卿同也。此經誓與未誓，皆據父在而言。若父卒後，得誓者皆得與諸侯序，〔一七〕以無父得與正君同故也。是以雜記云：「君薨，大子號稱子，待猶君也。」注引春秋葵丘之會，宋襄公稱子而與諸侯序。又定四年二月癸巳，陳侯吴卒，三月，公會劉子、晉侯、宋公、蔡侯、衛侯、陳子、鄭伯以下於召陵。陳子在鄭伯上，則是得誓者與諸侯序也。若未誓，則亦當執皮帛也。

公之孤四命，以皮帛眡小國之君，其卿三命，其大夫再命，其士壹命，其宫室、車旗、衣服、禮儀各眡其命之數。侯伯之卿、大夫、士亦如之。子男之卿再命，其大夫壹命，其士不命，其宫室、車旗、衣服、禮儀，各眡其命之數。視小國之君者，列於卿大夫之位而禮如子男也。鄭司農云：「九命上公，得置孤卿一人。春秋傳曰：『列國之卿，當小國之君，固周制也。』」玄謂王制曰：「大國三卿，皆命於天子，下大夫五人，上士二十七人。次國三卿，二卿命於天子，一卿命於其君，下大夫五人，上士二十七人。小國二卿，皆命於其君，下大夫五人，上士二十七人。」

注「視小」至「七人」 云「視小國之君者，列於卿大夫之位而禮如子男也」，知義然者，案大行人云：「大國之孤，執皮帛以繼小國之君，〔一八〕出入三積，不問，壹勞，朝位當車前，不交擯，廟中無相，以酒禮之，其佗皆眡小國之君。」鄭注云：「此以君命來聘者也。孤尊，既聘享，更自以其贄見，執束帛而已，豹皮表之爲飾。繼小國之君，言次之也。其他，謂貳車，及介、牢禮、賓主之間擯、〔一九〕將幣、祼酢、饗食之數。」以此而言，則以皮帛者，亦是更以贄見，若正聘，當執圭璋也。〔二〇〕若然，彼云繼小國之君，謂執皮帛次小國君後，則與此注列於卿大夫位一也。此言眡小國之君，注云而禮如子男，則彼其佗眡小國君，并彼注貳車及介以下是也。司農云「九命上公，得置孤卿一人」。春秋傳曰『列國之卿，當小國之君，固周制也』」者，案昭二十三年左傳云：「叔孫婼爲晉所執，晉人使與邾大夫坐訟。叔孫曰：『列國之卿，當小國之君，固周制也。』寡君命介子服回在。」是其事也。若然，先鄭引魯之卿以證孤者，孤亦得名卿，故匠人云「外有九室，九卿朝焉」，是并六卿與三孤爲九卿。〔二一〕亦得名卿者，以其命數同也。魯是侯爵，非上公，亦得置孤者，魯爲州牧，立孤與公同。若然，其孤則以卿爲之，故叔孫婼自比於孤也。「玄謂王制曰，大國三卿皆命於天子」以下者，案王制之文，多據夏殷，此命卿亦是夏殷法。故彼下文「大國之卿不過三命，下卿再命，小國之卿與下大夫一命」，鄭注云：「不著次國之卿者，以大國之下互明之。此卿命則異，大夫皆同。」以此言之，則大國卿三命，次國卿與大國下卿同再命，小國卿與大夫同一命，彼注即引此周禮命卿大夫之法，以證與古不同之義。若然，此引彼夏殷命臣法。周禮諸侯卿大夫，命雖與古不同，五等諸侯國，〔二二〕國皆有三卿，得天子命者，與夏殷同，故引之。若然，云大國三卿，皆命於天子者，上卿則命數足矣。中卿天子再命，己君加一命，亦爲三命。下卿天子一命。若夏殷，己君加一命，二命足矣。周則己君加二命，爲三命，命足矣。〔二三〕云下大夫五人，不言命數者，並不得天子命，夏殷並己君加一命，周則大國之大夫再命也。云「上士二十七人」者，夏殷之士不命。其二十七士，亦應有上九、中九、下九，而皆云上士者，亦是勉人爲高行，故揔以上士言之也。云「次國三卿，二卿命於天子」者，上卿天子二命，己君不加，中卿天子一命，己君加一命，下卿天子不命，己君亦加二命爲再命，故云一卿命於其君，是次國之卿皆再命也。若周禮，次國卿並三命，亦下大夫五人，上士二十七人，義與大國同也。云「小國二卿，皆命於其君」者，案彼鄭注云「此文似誤脱」者，類上文大國次國，則此小國亦當有三卿，一卿命於天子，二卿命於其君，則是脱「亦三卿，一卿命於天子」九字矣。云「誤」者，次國云「二卿命於天子」，不言「皆」，此小國云「二卿皆命於其君」，而言「皆」，是誤，故云蓋誤也。若依此三卿解之，則三卿之内，一卿命於天子爲一命，二卿命於其君亦各一命，亦下大夫五人，上士二十七人，義與上同也。若周禮，小國三卿皆再命，亦一卿命於天子一命，己君加一命爲再命，二卿命於其君，不得天子命，並己君再命矣。又周法，次國五大夫，亦與大國五大夫同再命，小國下大夫五人，各一命。其士，公侯伯之士同一命，子男之士不命，與夏殷同，此文是也。大司馬云「大國三軍，次國二軍，小國一軍，軍將皆命卿」者，謂得天子之命者得爲軍將也。若然，諸侯之臣有四命、三命、再命、一命、不命，而經云「各眡其命數」者，謂宫室之等，四命者四百步，貳車四乘，旗四斿，冕服四章。三命者以三爲節，再命、一命者，亦以命數爲降殺也。但大夫玄冕，一命者一章，裳上刺黻而已，衣無章，故得玄名也，則冕亦象衣無旒。其士服爵弁，〔二四〕並無章飾，是以變冕言爵弁也。諸侯之大夫，一命已上，即有貳車，士雖一命，亦無貳車。天子之士，再命已上，〔二五〕可有貳車也。

司服，掌王之吉凶衣服，辨其名物與其用事。用事，祭祀、視朝、甸、凶、弔之事，衣服各有所用。

「司服」至「用事」　此一經與下文爲揔目。王吉服有九，大裘已下是也。凶服，即下文凶事與弔是也。云「辯其名物」者，衣服有名，則物色有異同也。

注「用事」至「所用」　云「用事，祭祀、視朝、甸、凶、弔之事」者，是其事各異。云「衣服各有所用」者，謂若祀昊天用大裘之等是也。

王之吉服，祀昊天、上帝，則服大裘而冕，祀五帝亦如之。享先王，則袞冕。享先公、饗、射，則鷩冕。祀四望、山川，則毳冕。祭社稷、五祀，則希冕。祭羣小祀，則玄冕。六服同冕者，首飾尊也。先公，謂后稷之後，大王之前，不窋至諸盩。饗射，饗食賓客與諸侯射也。羣小祀，林澤、墳衍、四方百物之屬。鄭司農云：「大裘，羔裘也。袞，卷龍衣也。鷩，裨衣也。毳，罽衣也。」玄謂書曰：「予欲觀古人之象，日、月、星辰、山、龍、華蟲作繢，宗彝、藻、火、粉米、黼、黻希繡。」此古天子冕服十二章，舜欲觀焉。華蟲，五色之蟲。繢人職曰「鳥獸蛇雜四時五色以章之謂」是也。希讀爲絺，或作「黹」，字之誤也。〔二六〕王者相變，至周而以日月星辰畫於旌旗，所謂「三辰旂旗，昭其明也」。而冕服九章，登龍於山，登火於宗彝，尊其神明也。九章，初一曰龍，次二曰山，次三曰華蟲，次四曰火，次五曰宗彝，皆畫以爲繢；次六曰藻，次七曰粉米，次八曰黼，次九曰黻，皆希以爲繡，則袞之衣五章，裳四章，凡九也。鷩畫以雉，謂華蟲也，其衣三章，裳四章，凡七也。毳畫虎蜼，謂宗彝也，其衣三章，裳二章，凡五也。希刺粉米，無畫也，其衣一章，裳二章，凡三也。玄者衣無文，裳刺黻而已，是以謂玄焉。凡冕服皆玄衣纁裳。○鷩，必滅反，劉府弊反。毳，昌銳反，劉清歲反。希冕，本又作絺，陟里反，劉猪履反，注下皆同。不窋，張律反。諸盩，直留反，或音冑。裨衣，婢支反，又方支反。罽衣，居例反。作繢，胡對反。作黹，張里反。希刺，七亦反，劉七賜反，沈此擊反，下同。

「王之」至「玄冕」　王之吉服，并下三者亦是。令尊其祭服，〔二七〕且言六矣。

注「六服」至「纁裳」　云「六服同冕者，首飾尊也」者，六服，服雖不同，首同用冕，以首爲一身之尊，故少變同用冕耳。下經五服同名弁，亦是首飾尊，鄭不言者，義可知也。冕名雖同，其旒數則亦有異，但冕名同耳。云「諸公謂后稷之後，〔三八〕大王之前，不窋至諸盩」者，但后稷雖是公，不謚爲王，要是周之始祖，感神靈而生，文武之功，因之而就，故特尊之與先王同，是以尚書武成云「先王建邦啓土」。尊之亦謂之先王也。是以鄭云后稷之後，大王之前，不數后稷。不窋，后稷子，諸盩，大王父。二者之間，並爲先公矣。周本紀云：「后稷卒，子不窋立。不窋卒，子鞠立。鞠卒，子公劉立。卒，子慶節立。卒，子皇僕立。卒，子差弗立。卒，子毁榆立。卒，子公非立。卒，子高圉立。卒，子亞圉立。卒，子公祖類立。卒，子古公亶父立。」古公亶父，則大王亶父也。公祖類，即紺，亦曰諸盩也。大祫於大祖后稷廟中，尸服衮冕，王服亦衮冕也。案中庸注云：「先公，組紺以上至后稷。」天保詩注「先公，謂后稷至諸盩。」天作詩注云：「先公，謂諸盩至不窋。」經皆云先公，注或言后稷，或不言后稷者，中庸云：「周公成文武之德，追王大王、王季，上祀先公以天子之禮。」后稷既不追王，故注先公中有后稷也。天保詩云「禴祠烝嘗」，是四時常祭，故注先公中有后稷。天作詩是祫之祭禮，在后稷廟中，不嫌不及后稷，故注不言后稷。各有所據，故注不同也。云「饗射，饗食賓客與諸侯射也」者，饗食，則大行人云「上公三饗三食」之等，是也。但饗食在廟，故亦服鷩冕也。與諸侯射者，此大射在西郊虞庠中，亦服鷩冕也。若燕射在寢，則朝服。若賓射，在朝，則皮弁服。云「羣小祀，林澤、墳衍、四方百物」者，此據地之小祀。以血祭社稷爲中祀，埋沈已下爲小祀也。若天之小祀，則司中、司命、風師、雨師，鄭不言者，義可知。鄭司農云「大裘，羔裘也」者，司裘文。先鄭注云：「大裘，黑羔裘。」然則凡祭之皆同羔裘，義具於司裘也。云「衮卷，龍衣也」者，鄭注禮記云：「卷，俗讀，其通則曰衮。」故先鄭衮卷并言之也。云「鷩，裨衣也」者，案禮記曾子問云「諸侯裨冕」，覲禮「侯氏裨冕」，鄭注云：「裨之言埤也。天子大裘爲上，其餘爲裨。」若然，則裨衣自衮以下皆是，先鄭獨以鷩爲裨衣，其言不足矣。云「毳，罽衣也」者，案爾雅云「毛毳謂之罽」，則績毛爲之，〔二九〕若今之毛布，但此毳則宗彝，謂虎蜼。而先鄭以爲罽衣，於義不可，故後鄭不從也。「玄謂書曰」至「希繡」，而云「此古天子冕服十二章，舜欲觀焉」者，欲明舜時十二章，至周無十二章之意也。然古人必爲日月星辰於衣者，取其明也。山取其人所仰，龍取其能變化，華蟲取其文理。作繢者，繢，畫也。衣是陽，陽至輕浮，畫亦輕浮，故衣繢也。宗彝者，據周之彝尊有虎彝、蜼彝，因於前代，則虞時有蜼彝、虎彝可知。若然，宗彝是宗廟彝尊，非蟲獸之號，而言宗彝者，以虎、蜼畫於宗彝，則因號虎、蜼爲宗彝，其實是虎、蜼也。但虎、蜼同在於彝，故此亦并爲一章也。虎取其嚴猛。蜼取其有智，以其卬鼻長尾，大雨則懸於樹，以尾塞其鼻，是其智也。藻，水草，亦取其有文，象衣上華蟲。火，亦取其明。粉米共爲一章，取其絜，亦取養人。黼，謂白黑，爲刑則斧文，〔三〇〕近刃白，近上黑，取斷割焉。黻，黑與青，爲形則兩已相背，〔三一〕取臣民背惡向善，亦取君臣有合離之義、去就之理也。希繡者，孔君以爲細葛上爲繡，鄭君讀希爲黹，黹，紩也，謂刺繒爲繡次。但裳主陰，刺，亦是沈深之義，故裳刺也。云「華蟲，五色之蟲」，孔君注以爲華，象草華。蟲，雉也。義亦通，以其草華有五色，故引繢人鳥、獸、蛇、雜四時五色以章之爲證也。華蟲名鷩者，以其頭似鷩，以有兩翼，即曰鳥，〔三二〕以其體有鱗似蛇則曰蛇，以其有五色成章則曰雉，故鄭注考工記云：「蟲之毛鱗有文采者也。」云「希讀爲絺，或作黹，字之誤也」者，本有此二文不同，故云誤。當從絺爲正也。云「王者相變，至周而以日月星辰畫於旌旗」者，若孔君義，虞時亦以日月星畫於旌旗，與周同。鄭意虞時無日月星畫於旌旗，若虞時日月星畫於旌旗，則衣無日月星也。云「所謂三辰旂旗，昭其明也」者，所謂桓公二年哀伯辭。彼三辰，則此日月星辰。旂旗者，謂交龍爲旂，〔三三〕熊虎爲旗，不畫日月星，連引之耳。引之者，證周世日月星畫於旌旗之意也。云「而冕服九章」者，據周法而言，既去日月星三章，明有九章在也。云「登龍於山，登火於宗彝，尊其神明也」者，鄭知登龍於山者，周法皆以蟲獸爲章首，〔三四〕若不登龍於山，則當以山爲章首，何得猶名衮龍乎？明知登龍於山，取其神也。又知登火於宗彝者，宗彝則毳也，若不登火在於宗彝上，則毳是六章之首，不得以毳爲五章之首，故知登火於宗彝，取其明也。云「九章，初一曰龍」，至「凡五也」。〔三五〕此無正文，並鄭以意解之，以其衣是陽，從奇數，裳是陰，從耦數。〔三六〕云「希刺粉米，無畫也」者，衣是陽，應畫。今希冕三章在裳者，自然刺繡，但粉米不可畫之物，今雖在衣，亦刺之不變，故得希名，故鄭特言粉米也。然則毳冕之粉米亦刺之也。云「玄者衣無文，裳刺黻而已」者，以其祭服衣本是玄，今玄冕一章，仍以玄爲名，明衣上無畫。一章者，刺黻於裳而已。是以謂玄焉。云「凡冕服，皆玄衣纁裳」者，六冕皆然，故云「凡」以該之。知玄衣纁裳者，見易繫辭。黄帝、堯、舜垂衣裳，蓋取諸乾坤，乾爲天，其色玄，坤爲地，其色黄，但土無正位，託於南方，火赤色，赤與黄即是纁色，故以纁爲名也。

凡兵事，韋弁服。韋弁，以韎韋爲弁，又以爲衣裳。春秋傳曰「晉郤至衣韎韋之跗注」是也。今時伍伯緹衣，〔三七〕古兵服之遺色。○以韎，劉音妹，又莫拜反。衣韎，於既反。之跗，方符反，又音附。注，之樹反。緹衣，音體，戚音提。

「凡兵」至「弁服」　以兵事有侵戰伐圍入滅，非一，故云「凡」。云「韋弁服」者，以韋爲冕，〔三八〕又以爲服，故云韋弁服。

注「韋弁」至「遺色」　韎是蒨染，〔三九〕謂赤色也。以赤色韋爲弁。云「又以爲衣裳」者，左氏傳成十六年，楚子曰「韎韋之跗注，君子也」。使工尹襄問郤至以弓。若賈、服等説，跗謂足跗，注，屬也。袴而屬於跗。若據鄭雜問志，則以跗爲幅，注亦爲屬，以韎韋幅如布帛之幅，而連屬以爲衣，而素裳。既與諸家不同，又與此注裳亦用韎韋有同者異者，〔四〇〕鄭君兩解，此注與賈、服同，裳亦用韎韋也。至彼雜問志裳用素者，從白舄之義。若然，案聘禮云「卿韋弁，歸饔餼」。注云：「韋弁，韎韋之弁，蓋韎布爲衣而素裳。」與此又不同者，彼非兵事，入廟不可純如兵服，故疑用韎布爲衣也。言素裳者，亦從白屨爲正也。以其屨從裳色，天子諸侯白舄，大夫士白屨，皆施於皮弁故也。云「今時伍伯緹衣，古兵服之遺色」者，鄭取韎爲赤色韋，猶以爲疑，故舉漢事以爲況。言伍伯者，伍，行也。伯，長也。謂宿衛者之行長，見服纁赤之衣，是古兵服赤色，遺象至漢時，是其兵服赤之驗也。

眡朝，則皮弁服。視朝，視内外朝之事。皮弁之服，十五升白布衣，積素以爲裳。王受諸侯朝覲於廟，則衮冕。○眡朝，音視。

注「視朝」至「衮冕」　天子三朝，外朝一，内朝二，二皆用皮弁，故經揔云「眡朝則皮弁服」也。知「皮弁之服，十五升白布衣，積素以爲裳」者，案禮記雜記云：「朝服十五升。」士冠禮云「皮弁素積」，故知義然也。云「王受諸侯朝覲於廟，則衮冕」者，案覲禮云：「天子衮冕，負黼扆。」節服氏云：「祭祀朝覲，衮冕六人維王之大常。」注云：「服衮冕者，從王服。」故知朝覲在廟，王服衮冕。若然，春夏受贄在朝，則是眡朝皮弁服也。其受享於廟，與覲同衮冕，故於廟連言朝也。

凡甸，冠弁服。甸，田獵也。冠弁，委貌，其服緇布衣，亦積素以爲裳。諸侯以爲視朝之服。詩國風曰「緇衣之宜兮」，謂王服此以田。王卒食而居則玄端。○凡甸，音田，注同。

注「甸田」至「玄端」　言「凡」者，田獵非一，故以凡廣之。不言事者，朝是朝日，〔四一〕比於田獵爲數，故凡事皆不言也。云「冠弁，委貌」者，士冠禮及郊特牲皆云「委貌，周道」。鄭注士冠云：「委，猶安也，言所以安正容貌。」〔四二〕故云委貌。若以色言，則曰玄冠也。云「其服緇布衣，亦積素以爲裳」者，士冠禮云「主人玄冠朝服，緇帶素韠」。注云：「衣不言色者，衣與冠同。」裳又與韠同色，是其朝服緇布衣，亦如皮弁積素以爲裳也。云「諸侯以爲視朝之服」者，士冠禮云「玄冠朝服」。注云：「天子與其臣玄冕以視朔，皮弁以日視朝。諸侯與其臣皮弁以視朔，朝服以日視朝」，是也。引「詩國風曰」者，是鄭緇衣之詩，引之，證鄭伯是諸侯，服緇衣爲朝服之義也。云「王卒食而居則玄端」者，案玉藻：「韠，君朱，大夫素，士爵韋。」鄭注云：「天子諸侯玄端朱裳。」以其云朱韠，韠同裳色故也。鄭因朝服而説玄端者，以朝服與玄端大同小異。以其玄冠緇布衣，皆有正幅爲端則同，但易其裳耳，故因説玄端也。若然，大夫素韠則素裳。其士韠言爵，爵是不純之名，以其士冠禮，上士玄裳，中士黄裳，下士雜裳。雜裳者，前三幅玄，後四幅黄，故爵韠也。言凡甸冠弁服，據習兵之時。若正四時則當戎服。是以月令：「季秋，天子乃教於田獵，以習五戎。司徒搢扑，北面以誓之，天子乃厲飾，執弓挾矢以獵。」注云：「厲飾，謂戎服，尚威武也。」以此觀之，習五戎司徒誓之，不戎服，著冠弁可知。是以襄十四年夏四月左傳云：「衛獻公戒孫文子、寧惠子食，而射鴻於囿，二子從之，公不釋皮冠。」則皮弁韋弁同，但色異耳，〔四三〕故以韋弁爲皮弁，是其正田用韋弁也。

凡凶事，服弁服。服弁，喪冠也。其服，斬衰、齊衰。○斬衰，七雷反，下皆同。齊，音咨。

注「服弁喪」至「齊衰」　服弁於上下文不類者，〔四四〕以是喪服，故變其文也。天子諸侯絶傍期，正統之期猶不降，故兼云齊衰。其正服大功，亦似不降也。又服問云：「君所主，夫人妻、大子嫡婦。」既言君所主，服不降也。如是，則爲適孫之婦，又當小功。今注止云斬衰、齊衰者，以其正服齊衰，是不降之首。然則王爲適子斬衰，其爲適孫、適曾孫、適玄孫、適來孫，則皆齊衰。不杖章云「適孫」，傳曰：「何以期也？不敢降其適也。」有適子者無適孫，孫婦亦如之。」玄謂「凡父於將爲後者，非長子，皆期」，然則王禮亦適子死，有適孫。適孫死，有適曾孫。向下皆然也。又案喪服傳云：「始封之君，不臣諸父、昆弟。封君之子，不臣諸父而臣昆弟。」天子之義亦當然，若虞舜之與漢高，皆庶人起爲天子，蓋亦不臣諸父昆弟而有服也。

凡弔事，弁絰服。弁絰者，如爵弁而素加環絰。論語曰：「羔裘玄冠不以弔。」絰大如緦之絰。其服錫衰、緦衰、疑衰。諸侯及卿大夫亦以錫衰爲弔服。喪服小記曰「諸侯弔必皮弁錫衰」，則變其冠耳。喪服舊説，以爲士弔服素委貌冠，朝服，此近庶人弔服，而衣猶非也。士當事弁絰疑衰，變其裳以素耳。國君於其臣弁絰，他國之臣則皮弁。大夫士有朋友之恩，亦弁絰。故書弁作「絣」。鄭司農絣讀爲弁。弁而加環絰，〔四五〕環絰即弁絰服。○此近，附近之近。作絣，音弁。

「凡弔事弁絰服」　弔事言「凡」者，以其弔事非一，故亦云凡以廣之也。弁絰，其服則錫衰緦衰之等也。

注「弁絰」至「絰服」　云「弁絰者，如爵弁而素」者，爵弁之形，以木爲體，廣八寸，長尺六寸，以三十升布染爲爵頭色，赤多黑少。今爲弁絰之弁，其體亦然，但不同爵色之布而用素爲之，故云如爵弁而素。云「加環絰」者，凡五服之絰，皆兩股絞之。今言環絰，即與絞絰有異矣。謂以麻爲體，又以一股麻爲體，糾而横纏之如環然，故謂之環絰，加於素弁之上，故言加環絰也。云「論語曰羔裘玄冠不以弔」者，彼謂小斂之後，主人已改服，客則不用玄冠羔裘朝服以弔之。引之者，證凡弔服及弁絰，皆施之於小斂已後也。云「絰大如緦之絰」者，弔服環絰，大小無文。但五服之絰，緦絰最小，弔服之絰，亦不過之，是以約同緦絰，故云絰大如緦之絰也。云「其服錫衰、緦衰、疑衰」者，此文弔事之絰，下文陳三等弔服，錫衰以下，明上下相成，故據下文而説也。云「諸侯及卿大夫亦以錫衰爲弔服」，知者，案服問云：「君爲卿大夫錫衰，當事則弁絰，大夫相爲亦然。」故知之也。云「喪服小記曰，諸侯弔必皮弁錫衰，則變其冠耳」者，不言君而言諸侯，則是弔異國之臣法。不著弁絰而云皮弁，故云變其冠耳。云「喪服舊説，以爲士弔服，素委貌冠朝服，此近庶人弔服，而衣猶非也」者，此引舊説而破之。庶人弔服，首服素冠而素裳，其衣裳當疑衰，〔四六〕故喪服鄭注云「士疑衰素裳，冠則皮弁之絰。〔四七〕庶人不爵弁，則其弔冠素委貌」也。若然，士與庶人服同，冠弁則異也。云「國君於其臣弁絰」者，服問云「當事則弁絰」是也。云「佗國之臣則皮弁」者，喪服小紀文是也。云「大夫士有朋友之恩亦弁絰」者，喪服記云「朋友麻」，故知大夫於士、士自相於，有朋友之恩者，服麻也。大夫相於，不假朋友恩，以其服問卿大夫相爲亦錫衰弁絰，不言朋友也。凡弔服，天子之服，於此上下文具矣。其諸侯弔服，亦應三衰俱有，知者，以天子自大裘以下至素服，上公自衮冕以下如王之服，侯伯自鷩冕而下如公之服，子男自毳冕而下如侯伯之服，皆相如，明諸侯三衰皆有。但所用，據文唯有服問云：「爲卿大夫錫衰以居，出亦如之，當事則弁絰。」其用緦衰、疑衰，則文王世子注：「同姓之士緦衰，異姓之士疑衰。」以其卿大夫已用錫衰，故以二衰施於同姓異姓之士也。案：士喪禮注云「君弔必錫衰」者，蓋士有朋友之恩者，加之，與大夫同用錫衰耳。大夫相於必用錫衰者，以大夫雖以降服，仍有小功降至緦麻，則不得以緦衰爲弔，緦衰既不弔，明疑衰亦不可爲，故以錫衰爲弔服也。士之弔服不用錫衰者，避大夫，疑衰不用疑裳者，鄭注喪服云「避諸侯也」。凡弔服，皆既葬除之。其大夫妻亦與大夫同，故喪服云「大夫弔於命婦錫衰，命婦弔於大夫亦錫衰」，注云：「弔於命婦，命婦死也」，是也。服問云「爲其妻出則不弔」，與大夫小異耳。

凡喪，爲天王斬衰，爲王后齊衰。王后，小君也。諸侯爲之不杖期。○爲天，于僞反，下及注除爲害一字皆同。

注「王后」至「杖期」　云「凡喪」者，諸侯諸臣，皆爲天王斬衰，王后齊衰，故云「凡」以廣之。鄭云「王后，小君也」者，解經「臣爲王后著齊衰」之意。鄭又云「諸侯爲之不杖期」者，案喪服不杖章云「爲君之母、妻」。傳曰：「何以期也？從服也。」但諸臣亦爲王斬衰，爲后期，鄭特言諸侯者，以喪服斬衰章云：「臣爲君，諸侯爲天子。」及至不杖章，直云「爲君之母、妻」，不別見諸侯爲后之文，故鄭解之。本不見諸侯爲后者，以其諸侯爲后，與臣爲之同，故不別見也。其卿大夫適子爲君夫人，亦與諸臣同。士之子賤無服，當從庶人禮。服問云「諸侯之世子，不爲天子服」。注云：「遠嫌也。與畿外之民同服。」〔四八〕服問又云「大夫之適子，爲君夫人、大子，如士服」。注：「大夫不世子，不嫌也。士爲國君斬，小君期。大子，君服斬，臣從服期。」天子卿大夫適子亦當然，故云如士服也。

王爲三公六卿錫衰，爲諸侯緦衰，爲大夫、士疑衰，其首服皆弁絰。君爲臣服弔服也。鄭司農云：「錫，麻之滑易者，十五升去其半，有事其布，無事其縷。緦亦十五升去其半，有事其縷，無事其布。疑衰，十四升衰。」玄謂無事其縷，哀在內；無事其布，哀在外。疑之言擬也，擬於吉。○滑易，以豉反。去其，起吕反，下同。

「王爲」至「弁經」　天子臣多，故三公與六卿同錫衰，諸侯五等同緦衰，大夫與士同疑衰。不見三孤者，與六卿同。又不辨同姓異姓，亦以臣故也。云「首服皆弁經」者，三衰同，皆弁經。

注「君爲」至「於吉」　「君爲臣服弔服也」者，欲見臣爲君斬，君爲臣無服，直弔服，既葬，除之而已。鄭司農解錫衰緦衰者，喪服傳文。其緦衰疑衰無文，〔四九〕先鄭當更有所見，後鄭皆從，但增成其義耳。鄭注喪服，破升皆爲登。布八十縷爲登，登，成也。今云十五升，則千二百縷，去其半，則六百縷也。〔五〇〕云「有事其縷」，及「有事其布」者，皆謂以水濯治，去其垢者也。玄謂「疑之言擬也，擬於吉」者，以其吉服十五升，今疑衰十四升，少一升而已，故云擬於吉者也。凡弔皆不見婦人弔服者，以婦與夫同，故喪服云：「大夫弔於命婦錫衰，命婦弔於大夫錫衰。」是婦與夫同。其首服，即鄭注喪服云：「凡婦人弔服，吉笄無首，素緫」，是也。

大札、大荒、大烖，素服。

大札，疫病也。大荒，饑饉也。大烖，水火爲害。君臣素服縞冠，若晉伯宗哭梁山之崩。○縞冠，古老反，劉剛操反。

注「大札」至「之崩」　知大札疫病者，以春秋傳有「天昏札，瘥」之文，故知札爲疫病也。云「大荒，饑饉也」者，爾雅「穀不熟曰饑，蔬不熟曰饉」，即曲禮云「歲凶年穀不登」，是也。云「大烖，水火爲害」者，謂若春秋宋災，謂有水災爲害。又孔子世家云：「哀三年，孔子云桓僖災。」又公羊云「雉門災」之類，皆火災也。云「君臣素服縞冠，若晉伯宗哭梁山之崩」者，事在成五年。引之者，證服此素服首服縞冠之意。若然，梁山崩，非大札、大荒、大烖，引爲證者，欲見山崩與大札大荒服同，是以大司樂云：「凡日月食，四鎮五嶽崩，令去樂。」下文云：「大札、大凶、大烖令弛縣。」弛縣與去樂互相明，則去樂是同，梁山崩又是四鎮五嶽之類，則大札大荒素服縞冠，與哭梁山崩同可知。

若然，此言素服，案玉藻云：「年不順成，則天子素服，乘素車，食無樂。」義與此合。彼又云：「年不順成，大夫不得造車馬，君衣布，搢本。」義與此違者，彼衣布謂常服，謂禱祈，義與此同也。

校勘記

〔一〕琬圭九寸　孫詒讓云，「琬圭」下疑脱「琰圭」二字。

〔二〕此文見牙璋　「見」，阮本作「云」。

〔三〕先鄭讀駔爲駔牙之駔　漢讀考云，當作「鉏牙之鉏」，玉人注牙璋有鉏牙之飾。

〔四〕穀圭以和難　諸本同。唐石經脱「以」。嚴可均云，「圭」下當有「以」字。

〔五〕故治德以結好　婺、建本同，岳本作「以治德結好」。

〔六〕使大夫執以命事焉者　「以」，惠校本同，閩、監、毛本作「而」。

〔七〕大宗伯時聘無常期一也　閩、阮本同，監、毛本「一」作「故」，疑非。

〔八〕柱左右顛及在口中者　「顛」，婺、建、余、岳、嘉靖、惠校、阮本同，監、毛本作「顛」。阮校云，「顛」字不古，當作「顛」，謂齒之盡處牙車也。

〔九〕并行含襚贈之禮　「贈」，阮本作「賵」，當是。

〔一〇〕既無一命以至五命　殿本同，元、閩、閩、阮本「一」作「四」，疑誤。

〔一一〕此乃臣之儀也　阮本同。浦鏜云，「乃」下疑脱「諸」。

〔一二〕公之城蓋方九里　「九」，原作「五」，據婺、建、岳、阮本改。

〔一三〕雖身在王朝　「雖身」，元、正、聞、閩、阮本作「身雖」。

〔一四〕玄或疑焉　孫詒讓云，「玄或」上當有「注」字，以下并據大傳注。

〔一五〕然大國七里　孫詒讓云，「然」下當據文王有聲疏引書傳注補「則」字。

〔一六〕繅藉九寸　「藉」，原作「籍」；「寸」，原作「可」，據殿本改。

〔一七〕得誓者皆得與諸侯序　「與」，元、正、聞、閩、殿本同，阮本作「以」。

〔一八〕執皮帛以繼小國之君　「繼」，元、殿本同，聞、閩、阮本作「禮」，疑作「繼」是。

〔一九〕賓主之問擯　「問」，元、正、聞、阮本作「間」，當是。

〔二〇〕當執圭璋也　元、正、聞、惠校本同，閩、監、毛、殿本「執」改「以」。

〔二一〕六卿與三孤爲九卿　「三」，原作「二」，據阮本改。

〔二二〕五等諸侯國　「國」，監、毛、殿本同，正、聞、閩、阮本作「同」。阮校云，作「同」是。

〔二三〕爲三命命足矣　諸本同。下「命」字阮校疑衍，殿本作「亦」。

〔二四〕其士服爵弁　「士」，元、殿本同，正、聞、閩、阮本作「上」，疑作「士」是。

〔二五〕再命已上　「再」，阮本作「司」，誤。

〔二六〕希讀爲絺或作黹字之誤也　阮校云，賈疏引書注：「鄭君讀希爲黹，紩也。」漢讀考據此謂當云「希讀爲黹，或作絺，字之誤也」。以作「絺」爲字誤，鄭所不從。下文「希以」、「希刺」二希皆當作「黹」。

〔二七〕令尊其祭服　阮本「令」作「今」，疑是。

〔二八〕云諸公謂后稷之後　阮本「諸」作「先」，與注同，當是。

〔二九〕案爾雅云毛氂謂之罽則續毛爲之　孫詒讓云，釋言云「氂，罽也」，孫炎云「毛氂爲罽」。此蓋檃括孫注，又

「續」疑爲「績」。

〔三〇〕爲刑則斧文　阮本「刑」作「形」，當是。

〔三一〕爲形則兩已相背　阮本「已」作「色」，誤。「已」，原作「巳」，諸本多同誤，據閩本正。

〔三二〕以有兩翼即曰鳥　閩、監、毛、殿本「即」改「則」。

〔三三〕謂交龍爲旂　「交」，阮本作「蛟」，非。

〔三四〕周法皆以蟲獸爲章首　「法」，阮本作「注」，疑誤。

〔三五〕至凡五也　孫詒讓云，「五」當爲「九」。

〔三六〕從耦數　「耦」，元、正、閩、殿、阮本作「偶」。

〔三七〕今時伍伯緹衣　「伍」，余、嘉靖本同，閩、監、毛本改「五」，阮校云，賈疏本作「伍」。孫詒讓云，宋本左傳正義僖五年、聘禮疏引作「五」。

〔三八〕以韋爲冕　孫詒讓云，「冕」當爲「弁」。

〔三九〕韎是蒨染　「蒨」，殿本同，元、正、閩、闖、阮本作「舊」，孫詒讓云，詩箋「韎，茅蒐染也」，韋昭云「茅蒐，今之蒨也」。作「蒨」是。

〔四〇〕又與此注裳亦用韎韋有同者異者　孫詒讓云，「同者」二字衍。

〔四一〕朝是朝日　孫詒讓云，「朝日」當作「日朝」。

〔四二〕言所以安王容貌　「王」，殿本同，元、正、閩、闖、阮本作「正」。疑作「正」是。

〔四三〕但色異耳　「但」，殿本同，元、正、閩、闖、阮本作「且」。作「但」是也。

〔四四〕服弁於上下文不類者　「服弁」，元、正、閩、闖、阮本作「弁服」。孫詒讓云，「弁服」疑當作「服弁」，所謂「於上下文不類」者，孫說是也。

〔四五〕鄭司農絻讀爲弁弁而加環絰　婺、建、岳、嘉靖本同，元、正、閩、閩、阮本「弁」字不重。

〔四六〕其衣裳當疑衰　孫詒讓以爲「裳」字衍文。

〔四七〕冠則皮弁之絰　孫詒讓云，當作「冠則皮弁弁絰」。

〔四八〕與畿外之民同服　孫詒讓云，「同服」蓋當作「同不服」，服問注本作「不服與畿外之民同也」。

〔四九〕其緦衰疑衰無文　孫詒讓云，「緦衰」二字涉上而衍。

〔五〇〕則六百縷也　「六」，原作「云」，據阮本改。

周禮注疏卷第二十四

公之服，自衮冕而下如王之服。侯伯之服，自鷩冕而下如公之服。子男之服，自毳冕而下如侯伯之服。孤之服，自希冕而下如子男之服。卿大夫之服，自玄冕而下如孤之服，其凶服加以大功小功。士之服，自皮弁而下如大夫之服，其凶服亦如之。其齊服有玄端、素端。自公之衮冕，至卿大夫之玄冕，皆其朝聘天子及助祭之服。諸侯非二王後，其餘皆玄冕而祭於己。雜記曰：「大夫冕而祭於公，弁而祭於己。士弁而祭於公，冠而祭於己。」大夫爵弁自祭家廟，唯孤爾，其餘皆玄冠，與士同。玄冠自祭其廟者，其服朝服玄端。諸侯之自相朝聘，皆皮弁服，此天子日視朝之服。喪服，天子諸侯齊斬而已，卿大夫加以大功小功，士亦如之，又加緦焉。〔一〕士齊有素端者，亦爲札荒有所禱請。變素服言素端者，明異制。鄭司農云：「衣有襦裳者爲端。」玄謂端者，取其正也。〔二〕士之衣袂，皆二尺二寸，而屬幅，是廣袤等也。其袪尺二寸。大夫已上侈之。〔三〕侈之者，蓋半而益一焉。半而益一，則其袂三尺三寸，袪尺八寸。○其齊，側皆反，注士齊同。有襦，音儒，本亦作襦。而屬，音燭。是廣，古曠反，後廣袤同。其袪，起吕反。以上，時掌反。袳之，昌氏反。

「公之」至「素端」　陳天子吉凶之服訖，自此已下，陳諸侯及其臣之服，貴賤不同之事也。但上具列天子之服，此文以上公自衮冕以下差次如之，上得兼下，下不得僭上也。大夫云凶服加以大功小功者，天子諸侯自旁期已下，皆絶而不爲服，大夫加以大功小功，謂本服大功小功者，其降一等，小功降仍有服緦者，其本服之緦，則降而無服。云「士之服，自皮弁而下」者，士之助祭服爵弁，不言爵弁者，以其爵弁之服，惟有承天變時，及天子哭諸侯乃服之，所服非常，故列天子吉服不言之。今以次轉相如，不得輒於士上加爵弁，故以皮弁爲首，但皮弁亦是士助君視朔之服也。云「其凶服亦如之」者，亦如大夫有大功小功，但士無降服，則亦有緦服，故鄭增之也。其齊服有玄端者，則士冠上士玄裳，中士黄裳，下士雜裳，特牲士之享祭之服也。素端者，即上素服，爲札荒祈請之服也。

注「自公」至「八寸」云「自公衮冕至卿大夫之玄冕，皆其朝聘天子及助祭之服」者，此上公衮已下，既非自相朝聘之服，又非己之祭服。案曾子問云：「諸侯裨冕出視朝」。鄭云：「爲將廟受，謂朝天子時也。」春夏受享於廟，秋冬一受之於廟，是受享受言皆在廟。〔四〕是受朝之事及助祭在廟，理當裨冕也。若卿大夫聘天子，受牛在廟，〔五〕及助祭，亦用冕服可知，故鄭君臣朝聘並言也。云「諸侯非二王後，其餘皆玄冕而祭於己」，知之者，案玉藻云「諸侯玄端而祭」，注云「端」當爲「冕」，是諸侯玄冕自祭於己也。案玉藻云「諸侯祭宗廟之服，惟魯與天子同」。〔六〕此注云：「諸侯非二王後，其餘皆玄冕祭於己。」彼不言二王後，此不言魯者，彼此各舉一邊而言，其實相兼乃具也。魯雖得與天子同，惟在周公、文王廟中得用衮冕，故明堂位云：「季夏六月，以禘禮祀周公於大廟。」云天子之禮是也。若餘廟亦玄冕，或可依公羊傳云：「白牡，周公牲。〔七〕騂犅，魯公牲。羣公不毛。」魯公既與羣公別牲而用騂犅，則其服宜用鷩冕可也。其二王後，惟祭云命王得用衮冕，〔八〕其餘廟亦得用玄冕也。云「雜記曰大夫冕而祭於公，弁而祭於己。士弁而祭於公，冠而祭於己。大夫爵弁自祭家廟，惟孤爾，其餘皆玄冠，與士同」者，鄭引雜記者，上已説諸侯祭於己訖，更明孤已下自祭，不得由上服之意也。〔九〕云「其餘皆玄冠，與士同」者，諸侯除孤用爵弁之外，卿大夫等皆用玄冠，〔一〇〕與士同，故少牢是上大夫祭，用玄冠朝服，特牲是士禮，用玄冠玄端，是其餘皆玄冠，與士同也。其天子大夫四命，與諸侯之孤同，亦以爵弁自祭。天子之士，宜與諸侯上大夫同用朝服也。云「玄冠自祭其廟者，其服朝服玄端」者，朝服據少牢大夫禮，玄端據特牲士禮而言也。云「諸侯之自相朝聘皆皮弁服」者，欲見此經上服惟施於入天子廟，不得入諸侯廟之意。必知諸侯自相朝聘用皮弁者，見聘禮主君及賓皆皮弁，諸侯相朝，其服雖無文，聘禮主君待聘者皮弁，明待諸侯朝亦皮弁可知。且曾子問云「諸侯朝天子，冕而出視朝」，爲將廟受。及彼下文諸侯相朝云：「朝服而出視朝」，鄭云「爲事」。故據此上下而言，明自相朝不得與天子同，即用皮弁可知也。云「此天子日視朝之服」者，此解皮弁非諸侯常服之物，惟於朝聘乃服之意也。云「喪服，天子諸侯齊斬而已」者，欲見大夫言大功小功，天子諸侯不言之意也。天子諸侯絕旁期，此云齊者，據爲后夫人而言。若然，天子於適孫承重亦期。周之道，有適子無適孫，若無適子，自然立適孫。若無適孫，立適曾孫，亦期，及至適玄孫皆然也。既爲適孫有服，而適子之婦大功，若於適孫已下之婦承重者，皆小功矣。今特言齊者，舉后夫人重者而言。云「卿大夫加以大功小功」者，是據正服大功小功，若緦則降而無服，故不言。云「士亦如之，又加緦焉」者，士不降服，明知更加緦也。云「士齊有素端者，亦爲札荒有所禱請」者，然上文已云素服，士既轉相如，已有素服矣。今於經別云玄端素端，爲士設文者，〔一二〕以其大夫已上侈袂同，惟士不得侈袂，以端爲之，故經別見端文也。若然，士之素端言齊者，見禱請也，則上文素服，亦是齊服禱請可知也。云「變素服言素端者，明異制」者，鄭解士別見文素意也。鄭司農云「衣有襦裳者爲端」者，此端據正幅，不據襦裳，故後鄭不從也。玄謂端者，取其正也者，端，正也，故以正幅解之也。云「士之衣袂，皆二尺二寸而屬幅，是廣袤等也」者，云衣袂二尺二寸，喪服記文。故彼云「衣二尺有二寸」。注云：「此謂袂中也。言衣者，明與身參齊。」是玄端之身，長二尺二寸。今兩邊袂亦各屬一幅，幅長二尺二寸，上下亦廣二尺二寸，故云屬幅廣袤等，袤則長也。言「皆」者，皆玄端素端，二者同也。云「其袪尺二寸」者，據玉藻深衣之袪尺二寸而言也。云「大夫已上侈之。侈之者，蓋半而益一焉。半而益一，則其袂三尺三寸，袪尺八寸」者，此亦無正文。案禮記雜記云「凡弁經服，其衰侈袂」。少牢主婦衣綃衣，亦云侈袂。侈，大也。鄭以侈爲大，即以意爲半而益一以解之也。孔子大袂單衣，亦如此也。凡天子冕服有章者，舊說天子九章，據大章而言，其章別小章，章依命數，則皆十二爲節，上公亦九章，與天子同，無升龍，有降龍，其小章章別皆九而已，自餘驚冕毳冕以下皆然。必知有小章者，若無小章，絺冕三章，則孤有四命六命，卿大夫玄冕一章，卿大夫中則有三命二命一命，天子之卿六命，大夫四命，明中有小章，乃可得依命數。

凡大祭祀、大賓客，共其衣服而奉之。〔一二〕奉猶送也。送之於王所。

注「奉猶」至「王所」　云「大祭祀」，則中兼有次小祭祀，以其皆是王親祭，故舉大而言。賓客言「大」者，據諸侯來朝也。王者不敢遺小國之臣，則其臣來聘，亦有接待之法。亦略舉大而言，皆當奉衣服而送之於王，王服之以祭祀及接賓客也。

大喪，共其復衣服、斂衣服、奠衣服、廞衣服，皆掌其陳序。奠衣服，今坐上魂衣也。故書「廞」爲「淫」。鄭司農云：「淫讀爲廞，廞，陳也。」玄謂廞衣服，所藏於椁中。○斂衣，力驗反。廞衣，虚今反。

「大喪」至「陳序」　云大喪，王喪，其中兼小喪也。復衣服，謂始死招魂復魄之服。案雜記云：復者升屋西上。則皆依命數，天子則十二人，諸侯九人、七人、五人，大夫士亦依命數，人執一領。天子衮冕已下，上公亦皆用助祭之上服。云「斂衣服」者，小斂皆十九稱。大斂，則士三十稱。大夫五十稱，諸侯皆百稱，天子蓋百二十稱。

注「奠衣」至「椁中」　云「奠衣服，今坐上魂衣也」者，案下守祧職云「遺衣服藏焉」。鄭云：「大斂之餘也。」至祭祀之時，則出而陳於坐上，則此奠衣服者也。〔一三〕云「玄謂廞衣服，所藏於椁中」者，此則明器之衣服，亦沽而小者也。

典祀，掌外祀之兆守，皆有域，掌其禁令。外祀，謂所祀於四郊者。域，兆表之塋域。〔一四〕

「典祀」至「禁令」云「掌外祭祀之兆守，皆有域，掌其禁令」者，謂遮列不得有人來入域中，故云禁令也。

注「外祀」至「塋域」云「所祀於四郊者，域，兆表之塋域」者，此即小宗伯所云「兆五帝於四郊，四類四望亦如之，兆山川丘陵」已下，皆是典祀掌之也。言兆域，據壇外爲溝渠，爲表塋域者也。

若以時祭祀，則帥其屬而脩除，徵役于司隸而役之。屬，其屬，胥徒也。脩除，芟埽之。徵，召也。役之，作使之。

「若以」至「役之」云「以時祭祀」者，謂天地山川，祭祀皆有時也。

注「屬其」至「使之」鄭知其屬是胥徒者，以其典祀身是下士，其下惟有胥徒，故知也。不言府史者，府史非役者也。徵，召也。以其司隸衆隸，〔一五〕主供役使，故云「作使之」也。

及祭，帥其屬而守其厲禁而蹕之。鄭司農云：「遮列禁人，不得令入。」○而蹕，音畢。遮列，章奢反。令入，力呈反。

注「鄭司」至「令入」其屬還是胥徒，厲是遮列，蹕是止行人，故云「遮列禁人不得令入」也。

守祧，掌守先王先公之廟祧，其遺衣服藏焉。廟，謂大祖之廟及三昭三穆。遷主所藏曰祧。先公之遷主，藏于后稷之廟。先王之遷主，藏于文武之廟。遺衣服，大斂之餘也。故書「祧」作「濯」。鄭司農「濯」讀爲「祧」。〔一六〕此王者之宮而有先公，謂大王以前爲諸侯。

注「廟謂」至「諸侯」云「廟謂大祖之廟及三昭三穆」者，王制云：「天子七廟，三昭三穆，與大祖之廟而七。」又祭法云：「王立七廟，曰考廟，曰王考廟，曰皇考廟，曰顯考廟，曰祖考廟，皆月祭之。有二祧，享嘗乃止。」據周而言，是知廟祧中有三昭、三穆，與大祖之廟也。云「遷主所藏曰祧」者，以祭法云「遠廟爲祧，去祧爲壇」。既言去祧爲壇，明遷主先入祧乃至壇耳，故知祧是遷主所藏。云「先公之遷主，藏于后稷之廟」者，先公，謂諸盩已前，不追謚爲王者。先公之主，不可下入子孫廟，故知向上入后稷廟。案聘禮云：「不腆先君之祧，既拚以俟。」諸侯無二祧，先祖之主，皆藏於大祖廟，故名祧。若然，后稷廟藏先公，不名祧者，以有太祖廟名，又文武已名祧，故后稷不名祧也。若然，大王、王季之主，不可入文武祧，亦當藏於后稷廟也。云「先王之遷主藏于文武之廟」者，當周公制禮之時，文武本親廟四之内，〔一七〕未毁，不得爲祧。然文武雖未爲祧，已立其廟，至後子孫，文武應遷而不遷，乃爲祧也。其立廟之法，后稷廟在中央，當昭者處東，當穆者處西，皆别爲宫院者也。案：孔君、王肅之義，二祧乃是高祖之父、高祖之祖，與親廟四，皆次第而遷，文武爲祖宗不毁矣。鄭不然者，以其守祧有奄八人，守七廟，并姜嫄廟，則足矣。若益二祧，則十廟矣，奄八人何以配之，明其義非也。云「遺衣服，大斂之餘也」者，案士喪禮云：「小斂十九稱，不必盡服。」則小斂亦有餘衣，必知據大斂之餘者，小斂之餘，至大斂更用之。大斂餘，乃留之。故知此遺衣服無小斂餘也。〔一八〕先鄭云「此王者之宫而有先公，謂大王以前爲諸侯」者，謂不窋已後諸盩已前爲諸侯者，后稷雖不謚爲王，以其爲始祖，故祫祭在焉，從先王例也。

若將祭祀，則各以其服授尸。尸當服卒者之上服，以象生時。

注「尸當」至「生時」　尸服卒者之上服，士虞記文，鄭引之者，欲見天子已下，凡尸皆服死者大斂之遺衣。其不服者，以爲奠衣服者，以鄭云「象生」也。既言卒者上服，則先王之尸服衮冕，先公之尸服鷩冕也。若然，士爵弁以助祭，祭宗廟服玄端，而士虞、特牲尸不服爵弁者，爵弁是助祭諸侯廟中乃服之，士尸還在士廟，故尸還服玄端爲上服也。曾子問云：「尸弁冕而出，卿大夫士皆下之。」注云：「弁冕者，君之先祖，或有爲大夫士者。」則是先君之先祖爲士，尸服卒者上服，不服玄端而服爵弁者，爵弁本以助祭在君廟，君先祖雖爲士，今爲尸，還在君廟中，故服爵弁，不服玄端。

其廟，則有司脩除之；其祧，則守祧黝堊之。廟，祭此廟也。祧，祭遷主。〔一九〕有司，宗伯也。脩除黝堊互言之，有司恒主脩除，守祧恒主黝堊。鄭司農云：「黝讀爲幽。幽，黑也。〔二〇〕堊，白也。爾雅曰：『地謂之黝，牆謂之堊。』」○黝，於糾反，司農音幽。堊，烏路反，或烏洛反，本或作惡，同。

注「廟祭」至「之堊」　云「廟，祭此廟也」者，凡廟舊皆脩除黝堊，祭更脩除黝堊，示新之，敬也。今將祭而云脩除，知祭此廟也。云「祧，祭遷主」者，以遷主藏於祧故也。案：上司尊彝有追享，鄭云「追祭遷廟之主，謂禱祈」。則此祭遷主之謂也。云「有司，宗伯也」者，以其宗伯主立國祀，又涖滌濯，脩除亦是絜靜之事，故知有司是宗伯爲之。云「脩除黝堊互言之」者，鄭以二者廟祧並有，而經廟直言脩除，直言黝堊，〔二一〕故互而通之，明皆有也。以鄭云有司恒主脩除，祧亦脩除之。守祧恒主黝堊，廟亦黝堊之。先鄭讀黝爲幽，幽是北方，北方其色黑，欲見地謂之幽，取黑義也。知堊是白者，以其堊與幽，黑白相對，故知堊是白，即掌蜃之白盛之蜃，故引爾雅證之。

既祭，則藏其隋與其服。鄭司農云：「隋，謂神前所沃灌器名。」玄謂隋，尸所祭肺脊黍稷之屬。藏之以依神。○其隋，許恚反，劉相恚反。

注「鄭司」至「依神」　案特牲、少牢及曾子問，皆有隋祭之事，〔二二〕今先鄭以隋爲神前沃灌器，故後鄭不從也。玄謂隋尸所祭肺脊黍稷之屬者，案特牲禮：「祝命挼祭，尸取菹，擩于醢，祭于豆間，佐食取黍稷肺祭授尸，尸祭之」。注云：「肺祭，刌肺。」〔二三〕是其隋者。彼不言脊，似誤。所以誤有脊者，特牲禮云：「佐食舉肺脊以授尸，尸受振祭，嚌之。」是以於此誤有脊。但彼是尸食而舉者，故有脊，此隋祭不合有也。云「藏之以依神」者，此義與祭地埋之同，故云依神也。

世婦，掌女宮之宿戒，及祭祀，比其具。女宮，刑女給宮中事者。宿戒，當給事豫告之齊戒也。比，次也。具，所濯摡及粢盛之爨。〔二四〕鄭司農：「比讀爲庀。庀，具也。」○比其，本亦作庀，鄭毗志反，注及下同，司農匹氏反，劉芳美反，沈又上二反。

注「女宮」至「具也」　此世婦是宮卿之官也。言「女宮刑女給宮中之事者」，古者從坐男女，没入縣官，男子爲奴隸，女子入宮，給使役，故云刑女也。云「宿戒，當給事豫告之齊戒也」者，此亦祭前十日，〔二五〕戒之使齊，祭前三日，又宿之，故宿戒並言。知比具所濯摡及粢盛之爨者，濯摡粢盛，皆婦人之事。二十七世婦職云「帥女宮而濯摡，爲齍盛」。儀禮特牲云：「主婦視饎爨。」饎爨亦女宮之事，故知也。先鄭云「庀，庀具也」者，先鄭周禮内有比，皆爲庀具釋之。

詔王后之禮事。薦徹之節。

注「薦徹之節」　知此詔王后之禮事是薦徹之節者，見外宗云「佐王后薦徹」，〔二六〕故知詔告是薦徹籩豆之節。

帥六宮之人共齍盛。帥世婦、女御。○齍盛，音咨，下文同。

注「帥世婦女御」　知帥六宮之人是世婦女御者，案二十七世婦職云：「帥女宮爲齍盛。」女御職云「凡祭祀贊世婦」，鄭注云：「助其帥涖女宮。」是以知齍盛，世婦、女御之事也。

相外内宗之禮事。同姓異姓之女有爵佐后者。○相外，息亮反。

注「同姓」至「后者」　鄭以同姓異姓之女有爵以解外内宗者，序官云：「内宗，凡内女之有爵者。」是同姓之女有爵。又云：「外宗，凡外女之有爵者。」是異姓之女有爵。故知之也。知相是佐后者，外宗云：「佐后薦徹豆籩。」内宗云：「及以樂徹則佐傳豆籩。」注云「佐外宗」，故知外内宗轉相佐后，此官相之也。

大賓客之饗食，亦如之。比帥詔相其事同。

「大賓」至「如之」　賓客饗食，王后亦有助王禮賓之法。故内宰「凡賓客之祼獻瑶爵，皆贊」。注云：「謂王同姓及二王之後來朝覲爲賓客者，祼之禮，亞王而禮賓。獻，謂王饗燕，亞王獻賓也。瑶爵，所以亞王酬賓也。」是其饗有后事也。彼不言食，〔二七〕食之禮，亦當有后助王之事，故此言之也。

注「比帥」至「事同」　此揔説上文四經，所云比帥詔相，言雖不同，其事則同，〔二八〕故云亦如之耳。

大喪，比外内命婦之朝莫哭不敬者，而苛罰之。苛，譴也。○朝莫，音暮，下同。而呵，胡何反。譴也，弃戰反。

「大喪」至「罰之」　大喪謂王喪。王喪，則殯後有朝夕哭事。外命婦，朝廷卿大夫士之妻，内命婦，九嬪已下，以尊卑爲位而哭。而有不敬者，則呵責罰之。

凡王后有擇事於婦人，則詔相。鄭司農云：「謂爵婦人。」玄謂拜，拜謝之也。喪大記曰「夫人亦拜寄公夫人於堂上」。

注「鄭司」至「堂上」　先鄭云「謂爵婦人」者，此經自以爲一義，不達上大喪之事。言爵婦人者，天子命其臣，后亦命其婦，是爵命婦人也。言王后有拜事於婦人，謂受爵命之時，有拜謝王后也。後鄭不從者，上言大喪，下言后之拜事，則所拜者爲大喪而拜，故引喪大記爲證。但喪大記所云者，是諸侯之喪。主人拜寄公於門西，夫人亦拜寄公夫人於堂上，其寄公與主人體敵故也。明知天子之喪，世子亦拜二王後於堂下，后亦拜二王後夫人於堂上可知。是以僖公二十四年左氏傳云，宋公過鄭，鄭伯問禮於皇武子，武子對曰：「宋於周爲客，天子有事膰焉，有喪拜焉。」謂王喪，二王後來奔，嗣王拜之，明二王後夫人來弔，后有拜法。若然，二王後夫人得有赴王喪者，〔二九〕或夫人家在畿內，來歸寧，值王喪，則弔赴也。

凡内事有達於外官者，世婦掌之。主通之，〔三〇〕使相共授。

注「主通」至「共授」　王后六宫之内，有徵索之事，須通達於外官者，世婦宫卿主通之，使相共給付授之也。

内宗，掌宗廟之祭祀，薦加豆籩。加爵之豆籩。故書爲籩豆。鄭司農云：「謂婦人所薦。」杜子春云：「當爲豆籩。」

「内宗」至「豆籩」　婦人無外事，惟有宗廟祭祀薦加豆籩。以豆籩是婦人之事，故薦之。

注「加爵」至「豆籩」　鄭知加豆籩是加爵之豆籩者，以其食後稱加，特牲、少牢食後三獻爲正獻，其後皆有加爵。今天子禮，以尸既食，后亞獻尸爲加，〔三一〕此時薦之，故云加爵之豆籩，即醢人、籩人加豆加籩之實是也。

及以樂徹，則佐傳豆籩。佐傳，佐外宗。○佐傳，直專反，注同。

注「佐傳佐外宗」　鄭知佐外宗者，見外宗云：「佐王后薦玉豆籩。」故云佐外宗也。但豆籩后於神前徹之，傳與外宗，外宗傳與内宗，内宗傳與外者，故知佐傳也。

賓客之饗食，亦如之。

「賓客至如之」 饗食賓客俱在廟，饗食訖，徹器，與祭祀同，亦后徹，外内宗佐傳，故云亦如之。

王后有事，則從。

「王后有事則從」 内宗於后有事皆從，故於此摠結之也。〔三二〕

大喪，序哭者。次序外内宗及命婦哭王。○則從，才用反。

注「次序」至「哭王」 知次序外内宗者，見外宗云：「大喪，則敘外内朝莫哭者。」故知所次序有外内宗也。知有命婦者，上世婦職已云：「大喪比外内命婦之朝莫哭者。」故序哭中有命婦也。

哭諸侯亦如之。

「哭諸侯亦如之」 此諸侯來朝，薨於王國，王爲之緦衰者也。若檀弓云：「以爵弁純衣哭諸侯。」彼謂薨於本國，王遥哭之，則婦人不哭之，婦人無外事故也。

凡卿大夫之喪，掌其弔臨。王后弔臨諸侯而已，是以言掌卿大夫云。

注「王后」至「夫云」 云「王后弔臨諸侯而已，是以言掌卿大夫云」者，諸侯爲賓，王后弔臨之。卿大夫已臣輕，故王后不弔，故遣内宗掌弔臨之事，明爲后掌之。若然，天官世婦云「掌弔臨于卿大夫之喪」者，彼爲王，故彼注云

「王使往弔」也。此后不弔臨大夫之喪。案喪大記，諸侯夫人弔臨卿大夫者，諸侯臣少故也。

外宗，掌宗廟之祭祀，佐王后薦玉豆，眡豆籩，及以樂徹，亦如之。視，視其實。〔三三〕

○羞齍，音咨。

「外宗」至「如之」　云「佐王后薦玉豆」者，凡王之豆籩，皆玉飾之，餘文豆籩不云玉者，文略，皆有玉可知。若然，直云薦豆不云籩者，以豆云玉，略籩不言，義可知也。云「眡豆籩」者，謂在堂東未設之時，眡其實也。云「及以樂徹亦如之」者，亦佐后也，猶仍有内宗佐傳也。

王后以樂羞齍，則贊。贊猶佐也。

「王后」至「則贊」　羞，進也。齍，黍稷也。后進黍稷之時，依樂以進之。言「則贊」者，亦佐后進之。案九嬪職云「凡祭祀，贊玉齍，贊后薦徹豆籩。」則薦徹俱言，〔三四〕玉齍，玉敦，盛黍稷，言贊不言徹，則后薦而不徹也。其徹諸官爲之，故楚茨詩云：「諸宰君婦，廢徹不遲。」黍稷，宰徹之。若然，豆籩與齍，此官已贊，九嬪又贊者，以籩豆及黍稷器多，故諸官共贊。

凡王后之獻，亦如之。獻，獻酒於尸。

注「獻獻酒於尸」　云「獻，獻酒於尸」者，則朝餞、〔三五〕饋獻及酳尸，以食後酳尸亦是獻，獻中可以兼之，亦贊可知也。

王后不與，則贊宗伯。后有故不與祭，宗伯攝其事。○不與，音預，注同。

注「后有」至「其事」 案宗伯云：「凡大祭祀，王后不與，則攝而薦徹豆籩。」若然，宗伯非直攝其祼獻而已，於后有事豆籩及簠簋等，盡攝之耳。

小祭祀，掌事。賓客之事，亦如之。小祭祀，謂在宮中。

注「小祭」至「宮中」 知小祭祀謂在宮中者，以其后無外事，故知謂宮中。宮中小祭祀，則祭法王立七祀，七祀之中行、中霤、司命、大厲是外神，后不與，惟有門、户、竈而已。案小司徒云「小祭記奉牛牲」。注云：「小祭祀，王玄冕所祭者。」彼兼外如，（三六）故以玄冕該之也。云「賓客之事亦如之」者，饗食亦掌事，如小祭祀也。

大喪，則敘外内朝莫哭者。哭諸侯亦如之。内，内外宗及外命婦。

注「内内」至「命婦」 經直云外内。鄭云内外宗及外命婦，則内中以兼外宗，外中不兼内命婦也。經不云内外宗、内外命婦者，意欲見内是内宗，舉内以見外，其外中則不得舉外以見内，以其内命婦九嬪敘之也。故九嬪職云「大喪帥敘哭者」。注云：「后哭，衆乃哭。」是内命婦九嬪敘之，故鄭亦不書内命婦也。

冢人，掌公墓之地，辨其兆域而爲之圖。先王之葬居中，以昭穆爲左右。公，君也。圖，謂畫其地形及丘壟所處而藏之。先王，造塋者。昭居左，穆居右，夾處東西。○夾處，古洽反，劉古協反。

注「公君」至「東西」　訓公爲君者，言公則諸侯之通稱，言君則上通天子，此既王之墓域，故訓爲君也。云「圖謂畫其地形及丘壟所處而藏之」者，謂未有死者之時，先畫其地之形勢，豫國出其丘壟之處。〔三七〕丘壟之言，即下文丘封是也。既爲之圖，明藏掌，後須葬者，依圖置之也。云「先王造塋」者，但王者之都，有遷徙之法，若文王居豐，武王居鎬，平王居於洛邑，所都而葬，即是造塋者也。若文王在豐，葬於畢，子孫皆就而葬之，即以文王居中，文王第當穆，則武王爲昭居左，成王爲穆居右，康王爲昭居左，昭王爲穆居右，已下皆然。至平王東遷死葬，即又是造塋者，子孫據昭穆夾處東西。若然，兄死弟及俱爲君，則以兄弟爲昭穆，以其弟已爲臣，臣子一列，則如父子，故別昭穆也。必知義然者，案文二年秋八月，「大事于大廟，躋僖公」，謂以惠公當昭，隱公爲穆，桓公爲昭，莊公爲穆，閔公爲昭，僖公爲穆，今升僖公於閔公之上爲昭，閔公爲穆，故云逆祀也。知不以兄弟同昭位，〔三八〕升僖公於閔公之上爲逆祀者，案定公八年，經云：「從祀先公」，傳曰：「順祀先公而祈焉。」若本同倫，以僖公升於閔公之上，則以後諸公，昭穆不亂，何因至定八年始云順祀乎？明本以僖閔昭穆別，故於後皆亂也。若然，兄弟相事後，事兄爲君，則昭穆易可知。但置塋以昭穆夾處，與置廟同也。

凡諸侯居左右以前，卿、大夫、士居後，各以其族。子孫各就其所出王，以尊卑處其前後，而亦併昭穆。○亦併，薄冷反。

「凡諸侯居」至「其族」　言「凡」者，以其非一，故升卿大夫以凡之。〔三九〕此因上而言。以其王之子孫，皆適爲天子，庶爲諸侯、卿大夫、士。若出封畿外爲諸侯、卿、大夫、士者，因彼國葬而爲造塋之主。〔四〇〕今言諸侯卿大夫士者，謂上文先王子孫，爲畿内諸侯、王朝卿、大夫、士。死者則居先王前後之左右。言居左右者，若父爲先王是昭，〔四一〕則子爲穆居右。若父是穆，則子爲昭居左。爲卿大夫居後亦然。但昭穆不定，故左右俱言，謂一父之前後左右並有也。云「各以其族」者，謂次第，假令同昭穆，兄當近王墓，弟則遠王墓，爲次第。諸侯言左右，卿大夫士下云各以其族，互相通也。

注「子孫」至「昭穆」　言子孫者，據造塋者所生爲子，已後左右王之所生累世皆是孫。言以尊卑處其前後者，尊謂諸侯，卑謂卿大夫士。云「亦併昭穆」者，謂兄弟同倫，當昭自與昭併，當穆自與穆併，不謂昭穆併有也。

凡死於兵者，不入兆域。戰敗無勇，投諸塋外以罰之。

注「戰敗」至「罰之」　曲禮云「死寇曰兵」。注云：「當饗祿其後。」即下文云「凡有功者居前」是也。此是戰敗，故投之塋外罰之也。

凡有功者，居前。居王墓之前，處昭穆之中央。

注「居王」至「中央」　云居前，則不問爲諸侯與卿大夫士，但是有功，則得居王墓之前，〔四二〕以表顯之也。此則曲禮云「死寇曰兵」，兼餘功，若司勳王功、事功、國功之等皆是也。言「處昭穆之中央」者，上云「諸侯居左右已前」，即是昭居左，穆居右。今云昭穆之中央，謂正當王冢前，由其有功，故特居中顯異之也。

以爵等爲丘封之度與其樹數。別尊卑也。王公曰丘，諸臣曰封。〔四三〕漢律曰：「列侯墳高四丈，關内侯以下至庶人各有差。」○別尊，彼列反。

「以爵」至「樹數」　此文自王已下皆有，而云爵等爲丘封之度，則天子亦是爵號也。雖云度與樹數，天子已下，無差次之文。

注「別尊」至「有差」　云別尊卑，尊者丘高而樹多，卑者封下而樹少，故云別尊卑也。鄭知王公曰丘，諸臣曰封者，此無正文。爾雅云，土之高者曰丘。高丘曰阜。是自然之物，故屬之王公也。聚土曰封，人所造，故屬之諸臣。

若然，則公中可以兼五等也。鄭引漢律者，周禮丘封高下樹木之數無文，以漢法況之也。若然，案春秋緯云：「天子墳高三仞，樹以松。諸侯半之，樹以柏。大夫八尺，樹以欒草。〔四四〕士四尺，樹以槐。庶人無墳，樹以楊柳。」鄭不引之者，以春秋緯或説異代，多與周禮乖，故不引，或鄭所不見也。王制云「庶人不封不樹」，而春秋緯云「庶人樹以楊柳」者，以庶人禮所不制，故樹楊柳也。

大喪既有日，請度甫竁，遂爲之尸。甫，始也。請量度所始竁之處地。爲尸者，成葬爲祭墓地之尸也。鄭司農云：「既有日，既有葬日也。始竁時，祭以告后土，冢人爲之尸。」○請度，待洛反，注量度同。

「大喪」至「之尸」　大喪，謂王喪。有日，謂葬日。天子七月而葬，〔四五〕葬用下旬。云「請度甫竁」者，謂冢人請於冢宰，量度始穿地之處也。言遂爲尸者，因事曰遂。初請量度，至葬訖祭墓，故冢人遂爲尸也。

注「甫始」至「之尸」　先鄭以「遂爲之尸」，據始穿時祭墓地，冢人爲之尸。後鄭據始穿時無祭事，至葬訖成墓，乃始祭墓，故冢人爲尸。不從先鄭者，見小宗伯云：「卜葬兆，甫竁哭之。」又云：「既葬，詔相喪祭之禮。」喪祭，謂虞祔。下乃云：「成葬而祭墓爲位。」據彼文，則初穿地時，無祭墓地之事，葬訖乃有祭墓地，即此遂爲之尸，一也。故後鄭不從先鄭。若然，引之在下者，小宗伯雖無初祭墓地之事，亦得通一義，故引之在下。

及竁，以度爲丘隧，共喪之窆器。隧，羨道也。度丘與羨道廣袤所至。窆器，下棺豐碑之屬。喪大記曰：「凡封，用綍，去碑，負引，君封以衡，大夫以咸。」○之窆，彼驗反，又補鄧反。去碑，起呂反。以咸，本又作緘，同古鹹反。

「及竁」至「窆器」　上經已甫竁祭墓訖，此經復云及竁以度爲丘隧者，此更本初欲竁之時，先量度作丘作隧道之處廣狹長短，故文重耳。

注「隧羡」至「以咸」　以案僖二十五年左傳云：「晉文公請隧，不許。王曰：未有代德，而有二王。」則天子有隧，諸侯已下有羡道。隧與羡異者，隧道則上有負土，謂若鄭莊公與母掘地隧而相見者也。羡道上無負土。若然，隧與羡別，而鄭云「隧，羡道」者，對則異，散則通，故鄭舉羡爲況也。云「下棺豐碑之屬」者，此案檀弓，公肩假云：〔四六〕「公室視豐碑，三家視桓楹。」鄭注云：「豐，大也。天子斲大木爲碑，形如石碑，前後重鹿盧。」是大碑之事。言之屬者，仍有六綍之等，故引喪大記也。凡封者，封即窆，謂下棺。云「執綍去碑負引」者，謂天子千人分執六綍，諸侯五百人分執四綍。其棺當於壙上，執綍者皆負綍背碑，以鼓爲節而下之。云「君封以衡，大夫以咸」者，衡，横也。謂以木横之於棺傍，乃以綍繫木下棺。大夫以咸者，大夫卑，不得以木横之，直有棺傍咸耳，以綍繫之而下棺也。彼諸侯及大夫法，但天子無文，故引之，以爲證天子之法耳。

及葬，言鸞車象人。鸞車，巾車所飾遣車也，亦設鸞旗。鄭司農云：「象人，謂以芻爲人。言，言問其不如法度者。」玄謂言猶語也。語之者，告當行，若於生存者，於是巾車行之。孔子謂爲芻靈者善，謂爲俑者不仁，非作象人者，不殆於用生乎。○巾車，如字，劉居覲反。猶語，魚據反，下同。俑者，音勇。

「及葬」至「象人」　及，至也，謂至葬，冢人語巾車之官，將明器鸞車及象人，使行向壙。

注「鸞車」至「生乎」　云「鸞車，巾車所飾遣車也」者，巾車職云：「大喪飾遣車。」遣車則明器，遣送死者之車也。云「亦設鸞旗」者，以其遣車有鸞和之鈴，兼有旌旂，經直云鸞車不言鸞旗，故鄭言之，以其旂旗在車所建，〔四七〕故知有車亦有旗。先鄭云「象人謂以芻爲人」者，後鄭不從，以其上古有芻人，至周不用，而用象人，則象人與芻靈別也。云「言，言問其不如法度」者，此後鄭亦不從，以其臨葬，不得始問其不如法度。玄謂「語之者，告當行，若於生存者，於是巾車行之」者，遣車之數，依檀弓云：「諸侯七乘，大夫五乘。」鄭云：「天子九乘。」遣車所載所苞大遣奠，大夫苞五個，諸侯七個，天子當九個，令向壙，巾車抱之而行也。云「孔子謂爲芻靈者善，謂爲俑者不仁，非作象人者，不殆於用生乎」者，此檀弓文。彼鄭云「俑，偶人也」。謂以爲木人，與生人相對，偶有似於人，此則不仁。又云：「非作象人不殆於用生乎哉。」是記人釋孔子語。殆，近也。言用象人，不近於生人乎？是孔子善古而非周人也。鄭引此者，破先鄭以芻靈與象人爲一。〔四八〕若然，則古時有塗車芻靈，至周仍存塗車，唯改芻靈爲象人。

及窆，執斧以涖。臨下棺也。○以涖，音利，又音類。

「及窆執斧以涖」　案鄉師云：「執斧以涖匠師。」則此亦臨匠師。兩官俱臨者，葬事大，故二官共臨也。

遂入，藏凶器。凶器，明器。

注「凶器明器」　因上文窆下棺訖，即遂入壙藏明器。明器，即檀弓云：「木不成斲，瓦不成味，琴瑟張而不平，竽笙備而不和。神明死者之器者也。」

正墓位，蹕墓域，守墓禁。位，謂丘封所居前後也。禁，所爲塋限。

「正墓」至「墓禁」　墓位，即上文昭穆爲左右，是須正之，使不失本位。墓域，即上文兆域是也，謂四畔溝兆。蹕，謂止行人不得近之中。〔四九〕墓禁，謂禁制不得漫入也。

注「位謂」至「塋限」　云「丘封所居前後」者，即上文爲諸侯及有功者居前，爲卿大夫士者居後是也。云「禁所爲塋限」者，謂禁者，以塋域爲限而禁之。

凡祭墓，爲尸。祭墓爲尸，或禱祈焉。鄭司農云：「爲尸，冢人爲尸。」

注「祭墓」至「爲尸」 後鄭知此祭墓爲禱祈者，上文「遂爲尸」，是墓新成，祭后土。此文云「凡」，非一，故知謂禱祈也。先鄭云「爲尸，冢人爲尸」者，上文祭墓，謂始穿地時，此文據成墓爲尸。後鄭以此亦得通一義，故引之在下。是以禮記檀弓云：「有司舍奠於墓左。」彼是成墓所祭，亦引此「凡祭墓爲尸」，證成墓之事也。

凡諸侯及諸臣葬於墓者，授之兆，爲之蹕，均其禁。

「凡諸」至「其禁」 上文惟見王及子孫之墓地，不見同姓異姓諸侯之墓地，故此經揔見之。若然，此墓地舊有兆域，今新死者，隨即授之耳。

墓大夫，掌凡邦墓之地域，爲之圖。凡邦中之墓地，萬民所葬地。〔五〇〕

注「凡邦」至「葬地」 鄭知邦中之墓地是萬民葬地者，以其冢人掌王墓地，下文云「令國民族葬」，非有爵者，故知經邦墓是萬民。若然，下云「掌其度數」，鄭云「度數，爵等之大小」，而見有爵者，謂本爲庶人設墓，其有子孫爲鄉大夫士，〔五一〕其葬不離父祖，故兼見卿大夫士也。

令國民族葬，而掌其禁令。族葬，各從其親。〔五二〕

注「族葬各從其親」 經云「族葬」，則據五服之内親者共爲一所而葬，異族即别瑩。知族是五服之内者，見左傳哭諸侯之例云：〔五三〕「異姓臨於外，同姓於宗廟，同宗於祖廟，同族於禰廟。」故知族是服内，是以鄭云「各從其親」也。

正其位，掌其度數，位，謂昭穆也。度數，爵等之大小。

注「位謂」至「大小」　凡萬民墓地，亦如上文豫有昭穆爲左右，故云「正其位」。云「度數，爵等之大小」者，亦如冢人云「丘封之度與其樹數」也。

使皆有私地域。古者萬民墓地同處，分其地使各有區域，得以族葬後相容。

注「古者至相容」　知古者墓地同處者，上文云族葬，是同處。云「使相容」者，釋經私地域也。

凡争墓地者，聽其獄訟。争墓地，相侵區域。

帥其屬而巡墓厲，居其中之室以守之。厲，塋限遮列處。鄭司農云：「居其中之室，有官寺在墓中。」

「帥其」至「守之」　云「帥其屬」者，墓大夫帥下屬官也。云「巡墓厲」者，謂墓大夫帥其屬巡行遮列之處。云「居其中之室以守之」者，謂萬民墓地，族葬地中央爲室，而萬民各自守之。注先鄭云「官寺」，寺則室也。

職喪，掌諸侯之喪及卿、大夫、士凡有爵者之喪，以國之喪禮涖其禁令，序其事。國之喪禮，喪服、士喪、既夕、士虞今存者，其餘則亡。事，謂小斂、大斂、葬也。

「職喪」至「其事」　言諸侯者，謂畿内王子母弟得稱諸侯者，若司裘云「諸侯共熊侯豹侯」者也。言「凡有爵者」，還是卿大夫士，言「凡」以該之耳。云「序其事」者，謂若襲斂殯葬先後之事。

注「國之」至「葬也」 云「國之喪禮，喪服、士喪既夕、士虞今存」者，此據儀禮之内見在者而言，故云今存者。但士喪禮，始死時事；既夕，葬時事；士虞，葬訖及日中而虞事也。云「其餘則亡」者，但儀禮本事義三千條，其時有天子諸侯卿大夫士喪，與既夕、及虞、卒哭，與祔、小祥、大祥禮皆有，遭暴秦而亡。漢興，惟得十七篇。高堂生所傳，即今儀禮是也，故云其餘則亡。云「事謂小斂、大斂、葬也」者，舉大事而言，其間仍有襲事，亦掌之，下文別見祭，故此不兼也。

凡國有司以王命有事焉，則詔贊主人。有事，謂含襚贈賵之屬。〔五四〕詔贊者，以告主人，〔五五〕佐其受之。鄭司農云：「凡國，謂諸侯國。有司，謂王有司也。以王命有事，職喪主詔贊主人。」玄謂凡國有司，有司從王國以王命往。○贈賵，芳鳳反。

注「有事」至「命往」 知「有事謂含襚贈賵之屬」者，春秋云：「王使榮叔歸含且賵。」又兩小傳皆言：「衣被曰襚，貨財曰賻，車馬曰賵，珠玉曰含。」明知有含襚贈賵之屬。又案士喪禮兼有贈賵無常，〔五六〕惟翫好，是也。不言賻者，賻施於生者，故亦不言也。先鄭云：「凡國謂諸侯國，有司謂王有司也。」後鄭不從者，下文云「公有司」，豈得公分之爲諸侯有司、爲王有司乎？明此國有司亦不得分之也，故後鄭云：「國有司，有司從王國以王命往，」向喪家者也。

凡其喪祭，詔其號，治其禮。鄭司農云：「號謂謚號。」玄謂告以牲號、〔五七〕齍號之屬，當以祝之。〔五八〕○齍號，音咨。

「凡其」至「其禮」 喪祭餘文皆爲虞，此言「凡」者，以其喪中自相對，則虞爲喪祭，卒哭爲吉祭。若對二十八月爲吉祭，則祥禫已前皆是喪祭，故言凡以該之，是以鄭亦不言喪祭爲虞也。云「治其禮」者，案大宗伯亦云「治其禮」，鄭云「謂簡習其事」。此治其禮，義亦然也。

注「鄭司」至「祝之」　先鄭云「號謂謚號」，後鄭不從者，小宗伯云「小喪賜謚讀誄」，不在此。故後鄭云「告以牲號、齍號之屬，當以祝之。」有牲號、齍號，謂若特牲少牢云：「柔毛，剛鬣，嘉薦，普淖」，皆是祝辭，故云當以祝之也。

凡公有司之所共，職喪令之，趣其事。令，令其當共物者給事之期也。有司，或言公，或言國。言國者，由其君所來。居其官曰公。謂王遣使奉命有贈之物，各從其官出，職喪當催督也。

注「令令」至「督也」　云「令，令其當供物者給事之期也」者，此謂諸官依法，合供給喪家者，不待王命，職喪遣令之，〔五九〕使相供。云「有司，或言公或言國。言國者由其君所來」者，解稱國之意，君則王也。云「居其官曰公」者，謂不須王命，自居其官之職。往供則曰公，公，謂官之常職也。

校勘記

〔一〕　又加緦焉　婺、岳本同。建本「焉」作「麻」，疑誤。

〔二〕　取其正也　建、岳本同，婺本「正」作「工」，疑誤。

〔三〕　大夫已上侈之　葉鈔釋文作「以上袳之」。

〔四〕　是受享受言皆在廟　「言」，元、正、閩、闕、阮本作「覲」。

〔五〕　受牛在廟　「牛」，元、正、閩、闕、阮本作「之」，當是。

〔六〕　案玉藻云　諸侯祭宗廟之服惟魯與天子同　孫詒讓云，此二句爲玉藻注文。

〔七〕白牡周公牲　「牡」，殿本同，元、正、聞、閩、阮本作「牲」。疑作「牡」是。

〔八〕惟祭云命王得用衮冕　「云」，元、正、聞、閩、殿、阮本作「受」，當是。

〔九〕不得由上服之意也　「由」，阮本作「申」，殿本作「用」，疑作「申」是。「上」，董本作「士」，殆非。

〔一〇〕卿大夫等皆用玄冠　「等」，元、正、聞、閩本同。阮本作「祭」，疑作「祭」是。

〔一一〕爲士設文者　「士」，阮本作「上」，疑誤。

〔一二〕共其衣服而奉之　「共」，阮本作「其」，誤。

〔一三〕則此奠衣服者也　「者也」，阮本作「也者」，浦鏜云，疑作「是也」。

〔一四〕兆表之塋域　「域」，婺、建、岳本同。阮本作「城」，疑誤。

〔一五〕以其司隸　衆隸　上「隸」下原闕一字，阮本作「主」。

〔一六〕鄭司農濯讀爲祧　阮本「農」下有「云」字。

〔一七〕文武本親廟四之内　「本」，元、正、聞、閩、阮本作「在」。

〔一八〕故知此遺衣服無小斂餘也　阮本「此」作「其」，疑誤。

〔一九〕祧祭遷主　「遷」，元、正、聞、閩本同，阮本作「還」，疑誤。

〔二〇〕黝讀爲幽幽黑也　諸本同。漢讀考謂當作「幽讀爲黝黝黑也」，以上經注「黝」字皆當作「幽」。

〔二一〕直言黝堊　阮本「直」上有「祧」字，當是。

〔二二〕皆有墮祭之事　「墮」，元、正本同，閩、殿、阮本作「隋」。

〔二三〕肺祭刌肺　「刌」，殿本同，元、正、聞、阮本作「則」，疑作「刌」是。

〔二四〕具所濯摡及粢盛之爨　「摡」，余、嘉靖、阮本同，婺、建、岳本作「概」。

〔二五〕此亦祭前十日　阮本「十」作「卜」，疑誤。

〔二六〕見外宗云佐王后薦徹　「佐」，殿本同，元、閩、閩、阮本作「爲」。

〔二七〕彼不言食　「食」，元、正、閩、殿本同，閩、阮本作「饗」，誤。

〔二八〕言雖不同其事則同　元、正、閩、閩、阮本「雖」作「相」，「不」作「取」，誤。

〔二九〕二王後夫人得有赴王喪者　阮本同。阮校云，此本「王」字剜擠。

〔三〇〕主通之　婺、岳本同。建本「主」作「王」，誤。

〔三一〕后亞獻尸爲加　「后」，元、正、閩、閩本同，阮本作「後」，誤。

〔三二〕故於此揔結之也　元、正、閩、惠校本同，閩、監、毛、殿本「於」改「以」。

〔三三〕視視其實　建、余、岳、嘉靖、阮本同，閩、監、毛、殿上「視」作「眡」。

〔三四〕則薦徹俱言　孫詒讓云，「則薦」上當重「豆籩」二字。

〔三五〕則朝餞　孫詒讓云，「餞」當作「踐」。

〔三六〕彼兼外如　「如」，阮本作「神」，當是。

〔三七〕豫國出其丘壟之處　「國」，元、正、閩、閩、阮本作「圖」，當是。

〔三八〕知不以兄弟同昭位　「兄」，原作「足」，據阮本改。

〔三九〕故升卿大夫以凡之　「升」，元、正、閩、閩本同，殿、阮本作「并」，當是。

〔四〇〕因彼國葬而爲造塋之主　殿、阮本同，元、正、閩、閩「主」作「王」，誤。惠棟云，「主」，一本作「祖」。

〔四一〕若父爲先王是昭　「先」，殿本同，閩、阮本作「天」。當作「先」是。

〔四二〕則得居王墓之前　閩、閩、殿、阮本「則」下有「皆」字。

〔四三〕諸臣曰封　婺、岳本同。建本「封」作「列」，誤。

〔四四〕樹以藥草　惠校本作「樹以欒」。阮校云，「藥」乃「欒」之誤，「草」衍字，説文亦曰「大夫欒」。孫詒讓云，白虎通引含文嘉與此春秋緯文同，彼云「大夫以欒」，足證此「藥草」之訛。

〔四五〕天子七月而葬　元、正、聞、閩、阮本「七」作「十」，誤。

〔四六〕此案檀弓公肩假云　阮本同。阮校云，此本「此」字剜擠，當衍。

〔四七〕以其旍旗在車所建　元、正、聞、惠校本同，閩、監、毛、殿本「旍」改「旌」。

〔四八〕破先鄭以芻靈與象人爲一　惠校本同。元、正、聞、閩、阮本「破」上有「欲」字。

〔四九〕謂止行人不得近之中　「中」，阮本作「守」，屬下讀，是也。

〔五〇〕萬民所葬地　婺、建、嘉靖本同，余、岳、阮本「地」作「也」。阮校云，作「地」是。

〔五一〕其有子孫爲鄉大夫士　「鄉」，元、正、聞、閩、阮本作「卿」，疑是。

〔五二〕族葬各從其親　諸本同，惠校本「葬」下有「謂」。

〔五三〕見左傳哭諸侯之例云　元、正、聞、閩、阮本脱「侯」字。

〔五四〕謂含襚贈賵之屬　「賵」原作「贈」，據建、岳、阮本改。下同，不更出校。

〔五五〕以告主人　「主」，婺、岳本同，建本作「王」，誤。

〔五六〕又案士喪禮兼有贈賵無常　浦鏜云，「幣」誤「賵」。

〔五七〕玄謂告以牲號　建、岳、阮本同。婺本「告」作「祭」，疑誤。

〔五八〕當以祝之　「祝」，原作「税」，據婺、建、岳、阮本改。

〔五九〕職喪　遺令之　惠校本作「職喪遺令之」。阮本「喪」下闕字之處及「遣」字作「依式」。

周禮注疏卷第二十五

春官宗伯下

大司樂，掌成均之灋，以治建國之學政，而合國之子弟焉。鄭司農云：「均，調也。樂師主調其音，大司樂主受此成事已調之樂。」玄謂董仲舒云：「成均，五帝之學。」成均之法者，其遺禮可法者。國之子弟，公卿大夫之子弟，當學者謂之國子。文王世子曰：「於成均以及取爵於上尊。」然則周人立此學之宮。

「大司」至「弟焉」 云「掌成均之灋，以治建國之學政」者，成均，五帝學名。建，立也。周人以成均學之舊法式，以立國之學内政教也。云「而合國之子弟焉」者，大司樂合聚國子弟，將此以教之。

注「鄭司」至「之宫」 先鄭云「均，調也。樂師主調其音，大司樂主受此成事已調之樂」者，案：樂師惟教國子小舞，大司樂教國子大舞，其職有異，彼樂師又無調樂音之事。而先鄭云「樂師主調其音，大司樂主受其成事」，義理不可，且董仲舒以成均爲五帝學，故依而用之。玄謂董仲舒云「成均，五帝之學」者，前漢董仲舒作春秋繁露。繁，多。露，潤。爲春秋作義，潤益處多。彼云：「成均，五帝學也。」云「成均之法者，其遺禮可法者」，鄭見經「掌成均之法」，即是有遺禮可法效，乃可掌之，故知有遺禮也。云「國之子弟，公卿大夫之子弟，當學者謂之國子」者，案王制云：「王大子、王子、公卿大夫元士之適子、國之俊選，皆造焉。」此不言王大子、王子與元士之子及俊選者，引文不具。此云弟者，則王子是也。自公已下，皆適子乃得入也。云「文王世子曰：『於成均以及取爵於上尊。』」

者，案彼文上云：「或以德進，或以事舉，或以言揚。」又云：「曲藝皆誓之，以待又語。三而一有焉，乃進其等。」注云「進於衆學」者，又云：「以其序，謂之郊人，遠之，於成均以及取爵於上尊也。」彼鄭注云：「董仲舒曰『五帝名大學曰成均』，則虞庠近是也。天子飲酒於虞庠，則郊人亦得酌於上尊以相旅。」鄭引之者，證成均是學意。若如先鄭以義解之，何得於中飲酒，故知先鄭之義非也。云：「然則周人立此學之宮」者，即虞庠之學是也。若然，案王制，有虞氏名學爲上庠、下庠，至周立小學在西郊者，曰虞庠。堯已上，當代學亦各有名，無文可知，但五帝揔名成均，當代則各有別稱，謂若三代天子學，揔曰辟雍，當代各有異名也。

凡有道者、有德者，使教焉，死則以爲樂祖，祭於瞽宗。 道，多才藝者。德，能躬行者。若舜命夔典樂教冑子是也。〔一〕死則以爲樂之祖，神而祭之。鄭司農云：「瞽，樂人，樂人所共宗也。或曰：祭於瞽宗，祭於廟中。明堂位曰：『瞽宗，殷學也，泮宮，周學也。』以此觀之，祭於學宮中。」○瞽宗，音古，瞽宗，殷學。命夔，求龜反。育子，音冑，本亦作冑。泮宮，音判，本亦作頖，同。

注「道多」至「宮中」 經直言道，鄭知是多才藝者，以其云道，通物之名。是已有才藝通教於學子，故知此人多才藝耳。但才藝與六藝少別，知者，見雍也云：「求也藝」，鄭云：「藝，多才藝」。又憲問云：「冉求之藝，文之以禮樂。」禮樂既是六藝，明上云「藝」非六藝也，此教樂之官，不得以六藝解之。故鄭云道，多才藝也。云「德，能躬行」者，案師氏注，德行，外內之稱，在心爲德，施之爲行。彼釋三德三行爲外內。此云「德能躬行」，則身內有德，又能身行。尚書傳説云：「非知之艱，行之惟艱。」則此人非直能知，亦能身行，故二者皆使教焉。「死則以爲樂之祖，神而祭之」。先鄭云「瞽，樂人」者，序官上瞽、中瞽、下瞽，皆是瞽矇掌樂事，故云瞽，樂人，樂人所共宗也。云「或曰：祭於瞽宗，祭於廟中」者，此説非，故引明堂位爲證，是殷學也。祭樂祖，必於瞽宗者，案文王世子云：「春誦夏弦，大師詔之瞽宗。」以其教樂在瞽宗，故祭樂祖還在瞽宗。彼雖有學干戈在東序，〔二〕以誦弦爲正。文王世子云：「禮在瞽宗，書在上庠。」鄭注云：「學禮樂於殷之學，功成治定，與己同。」則學禮樂在瞽宗，祭禮先師亦在瞽宗矣。若然，則書在上庠，書之先師亦祭於上庠。其詩則春誦夏弦在東序，則祭亦在東序也。故鄭注文王世子云：「禮有高堂生，樂有制氏，詩有毛公，書有伏生，億可以爲之也。」是皆有先師當祭可知也。祭義云：「祀先賢於西學，所以教諸侯之德。」是天子親祭之，不見祭先聖者，文不備，祭可知。

以樂德教國子：中、和、祗、庸、孝、友。中，猶忠也。和，剛柔適也。祗，敬。庸，有常也。善父母曰孝，善兄弟曰友。

「以樂」至「孝友」 此必使有道有德者教之，此是樂中之六德，與教萬民者小別。

注「中猶」至「曰友」 此六德，其中和二德，取大司徒六德之下；孝友二德，取大司徒六行之上；其祗庸二德與彼異，自是樂德所加也。云「中，猶忠也。和，剛柔適也」，注大司徒與此同。「祗，敬。庸，有常也」，並訓而見其義也。「善父母曰孝，善兄弟曰友」，爾雅釋親文也。〔三〕

以樂語教國子：興、道、諷、誦、言、語，興者，以善物喻善事。道，讀曰導。導者，言古以剴今也。倍文曰諷，〔四〕以聲節之曰誦，發端曰言，荅述曰語。○興道，許應反。劉虛甑反，注同。下音導。諷誦，方鳳反。以剴，古愛反，劉古哀反。倍文，音佩。

注「興者」至「曰語」 此亦使有道有德教之。云「興者，以善物喻善事」者，謂若老狼興周公之輩，亦以惡物喻惡事，不言者，鄭舉一邊可知。云「道，讀曰導」者，取導引之義，故讀從之。云「導者，言古以剴今也」者，謂若詩陳古以刺幽王、厲王輩皆是。云「倍文曰諷」者，謂不開讀之。云「以聲節之曰誦」者，此亦皆背文，但諷是直言之，無吟詠，誦則非直背文，又爲吟詠以聲節之爲異。文王世子「春誦」注「誦謂歌樂」，歌樂即詩也。以配樂而歌，故云歌樂，亦是以聲節之。襄二十九年，季札請觀周樂，而云「爲之歌齊」、「爲之歌鄭」之等，亦是不依琴瑟而云歌，此皆是徒歌曰謡，亦得謂之歌。若依琴瑟謂之歌，即毛云「曲合樂曰歌」是也。云「發端曰言，荅述曰語」者，詩公劉云：「于時言言，于時語語。」毛云：「直言曰言，荅述曰語。」許氏説文云：「直言曰論，荅難曰語。」論者，語中之別，與言不同，故鄭注雜記云：「言，言己事。爲人説爲語。」

以樂舞教國子舞雲門、大卷、大咸、大磬、〔五〕大夏、大濩、大武。此周所存六代之樂。黄帝曰雲門、大卷，黄帝能成名萬物，以明民共財，言其德如雲之所出，民得以有族類。大咸、咸池，堯樂也。堯能殫均刑法以儀民，〔六〕言其德無所不施。大磬，舜樂也。言其德能紹堯之道也。大夏，禹樂也。禹治水傅土，言其德能大中國也。大濩，湯樂也。湯以寬治民，而除其邪，言其德能使天子得其所也。〔七〕大武，武王樂也。武王伐紂以除其害，言其德能成武功。○大卷，大劉皆音泰，咸如字，卷音權，又眷勉反，又居遠反，沈又居勉反。大磬，上昭反。大濩，户故反。共財，音恭。能禪，時戰反。傅土，音孚，或音附。其邪，似嗟反。

「以樂」至「大武」　此大司樂所教是大舞，樂師所教者是小舞。案内則云：「十三舞勺，成童舞象。」舞象，謂戈，皆小舞。又云：「二十舞大夏」，即此六舞也。特云大夏者，鄭云：「樂之文武中」，〔八〕其實六舞皆樂也。保氏云「教之六樂」，二官共教者，彼教以書，此教以舞，故共其職也。

注「此周」至「武功」　案下文以六舞云大合樂，明此舞是六代樂，必知此六舞雲門已下是黄帝堯舜夏殷周者，並依樂緯及元命包。彼云雲門，黄帝樂。以下及堯舜等皆陳，故知黄帝已下也。云「黄帝曰雲門、大卷，黄帝能成名萬物，以明民共財」者，祭法文。彼云百物，不云萬物，萬物即百物。云「言其德如雲之所出，民得以有族類」者，鄭釋此雲門、大卷二名。云「德如雲之所出」解雲門。云「民得以有族類」，解大卷。卷者，卷聚之義，即族類也。故祭法云「正名百物以明民」是也。云「大咸，咸池，堯樂也。堯能殫均刑法以儀民」者，祭法文，〔九〕彼云「義終」，此云「儀民」，引其義不引其文。云「言其德無不施」者，解咸池之名。咸，皆也。池，施也。言堯德無所不施者，案祭法注云：「賞，賞善，謂禪舜封禹稷等也。」義終，謂既禪二十八載乃死是也。云「大磬，舜樂也。言其德能紹堯之道也」者，元命包云：「舜之民，樂其紹堯之業。」樂記云：「韶，繼也。」注云「言舜能繼紹堯之德」，是也。云「大夏，禹樂也。禹治水傅土，言其德能大中國也」者，案禹貢云「敷土」，敷，布也，布治九州之水土，是敷土之事也。樂記云：「夏，大也。」注云：「禹樂名。禹能大堯舜之德。」大中國，即是大堯舜之德也。元命包云：「禹能德並三聖。」德並三聖，即是大堯舜之德，亦一也。云「大濩，湯樂也。湯以寬治民而除其邪」者，亦祭法文，彼云「除其災」。災即邪，〔一〇〕亦一也。或本作「邪」也。云「言其德能使天下得其所也」者，言護者，即救護也，救護使天下得其所也。云「大武，武王樂也。武王伐紂，以除其害」者，亦祭法文，彼云「災」，災即害，一也。云「言其德能成武功」者，此即「克定禍亂曰武」也。案元命包云：「文王時，民樂其興師征伐，故曰武。」又詩云：「文王受命，有此武功」，如是，則大武是文王樂名，〔一一〕而云武王樂者，〔一二〕但文王有此武功，不卒而崩，武王卒其伐功以誅虐紂，是武王成武功，故周公作樂，以大武爲武王樂也。案樂記云：「大章，章之也。」注云：「堯樂名也。周禮闕之，或作大卷。」又云：「咸池，備矣。」注云：「黄帝所作樂名也。堯增脩而用之。周禮曰大咸。」與此經注樂名不同者，本黄帝樂名曰咸池，以五帝殊時，不相沿樂，堯若增修黄帝樂體者，存其本名，猶曰咸池，則此大咸也。若樂體依舊，不增脩者，則改本名，名曰大章。故云大章堯樂也。周公作樂，更作大卷，大卷，則大章，章名雖堯樂，〔一三〕其體是黄帝樂，故此大卷一爲黄帝樂也。〔一四〕周公以堯時存黄帝咸池爲堯樂名，則更與黄帝樂名立名，名曰雲門，〔一五〕則雲門與大卷爲一名，〔一六〕故下文分樂而序之，更不序大卷也。必知有改樂名之法者，按條牒論云：「班固作漢書，高帝四年，作武德之樂，」又云：「高帝廟中奏武德、文始。」注云「舜之韶舞名。」秦始皇二十六年，改名五行舞。注云：「五行，本周舞，高帝六年，改名文始五行之舞。」案此知有改樂之法也。案孝經緯云：「伏犧之樂曰立基，神農之樂曰下謀，祝融之樂曰屬續。」〔一七〕又樂緯云：「顓頊之樂曰五莖，帝嚳之樂曰六英。」注云：「能爲五行之道立根莖，六英者，六合之英。」皇甫謐曰：「少昊之樂曰九淵」，則伏犧已下皆有樂。今此惟存黄帝堯舜禹湯者，案易繫辭云：「黄帝堯舜垂衣裳。」鄭注云：「金天、高陽、高辛遵黄帝之道，無所改作，故不述焉。」則此所不存者，義亦然也。然鄭惟據五帝之中而言，則三皇之樂不存者，以質故也。

以六律、六同、五聲、八音、六舞，大合樂以致鬼神示，以和邦國，以諧萬民，以安賓客，以説遠人，以作動物。六律，合陽聲者也。六同，合陰聲者也。此十二者以銅爲管，轉而相生。黄鍾爲首，其長九寸，各因而三分之，上生者益一分，下生者去一焉。國語曰：「律所以立均出度也。古之神瞽，考中聲而量之，以制度律均鍾。」言以中聲定律，以律立鍾之均。大合樂者，謂徧作六代之樂，以冬日至作之，致天神人鬼；以夏日至作之，致地祇物鬽。動物，羽蠃之屬。虞書云：「夔曰：戛擊鳴球，搏拊，琴瑟以詠，祖考來格，虞賓在位，羣后德讓，下管鼗鼓，合止柷敔，笙鏞以閒，〔一八〕鳥獸牄牄，簫韶九成，鳳皇來儀。」夔又曰：「於！予擊石拊石，百獸率舞，庶尹允諧。」此其於宗廟九奏效應。○以説，音悦。其長，如字。上生，時掌反。後上生皆同。去一，起吕反，下文去樂及注同。度律，待洛反。謂徧，音遍。物鬽，眉冀反。羽蠃，力果反，下蠃物同。戛擊，居八反，劉古八反。鳴球，音求。搏，音博。拊，芳甫反。鼗，徒刀反。柷，昌六反。敔，本又作梧，魚吕反。以閒，閒廁之閒。牄牄，本又作蹌，七羊反。於予，上如字，劉音烏，下羊汝反。效應，應對之應，後皆同，不更音。

「以六」至「動物」　鄉來説大司樂教國子以樂，自此已下，論用樂之事也。云「以六律、六同」者，此舉十二管以表其鍾，樂器之中不用管也。云「大合樂」者，據薦腥之後，合樂之時用之也。此所合樂，即下云「若樂六變」、「若樂八變」、「若樂九變」之等，彼據祭天下神，此據正祭合樂。若然，合樂在下神後，而文退下神樂在後者，以下神用一代樂，此用六代，六代事重，故進之在上。若然，下神不亞合樂而隔分樂之後者，以分樂序之，皆用一代，此三禘下神亦用一代，若不隔分樂，恐其相亂，且使一變二變之等，與分樂所用樂同，故三神在下也。云「以致鬼神示」者，是據三禘而言。云「以和邦國」已下，亦據三禘之祭各包此數事，故鄭引虞書以證宗廟。注「六律合陽者也」至「奏效應」云「六律，合陽聲者也。六同，合陰聲者也」者，案大師云：「掌六律六同，以合陰陽之聲」，是以據而言焉。云「此十二者以銅爲管」者，案典同先鄭云：「陽律以竹，陰律以銅」，後鄭云：「皆以銅爲」，與此注義同也。云「轉而相生」已下，據律歷志而言，子午已東爲上生，子午已西爲下生。上生爲陽，陽主息，故三分益一；下生爲陰，陰主減，故三分去一。案律歷志，黄鍾爲天統，律長九寸。林鍾爲地統，律長六寸。大蔟爲人統，律長八寸。又云：十二管相生皆八八，上生下生，盡於中吕。陰陽生於黄鍾，始而左旋。〔一九〕八八爲位者。假令黄鍾生林鍾，是歷八辰，自此已下皆然，是八八爲位，蓋象八風也。國語者，案：彼景王將鑄無射，問律於泠州鳩，〔二〇〕鳩對曰：「律，所以立均出度。古之神瞽，考中聲而量之，以制度律均鍾，百官軌儀。」〔二一〕鄭引之者，欲取以六律六同均之，以制鍾之大小，須應律同也。故鄭云言以中聲定律，以律立鍾之均也。云中聲，謂上生下生，定律之長短。度律，以律計自倍半，而立鍾之均，均，即是應律長短者也。云「大合樂者，謂徧作六代之樂」者，此經六樂，即上六舞，故知徧作六代之樂。言徧作樂，不一時俱爲，待一代訖，乃更爲。故云徧作也。云「以冬日作之」至「物䰠」，皆神仕職文。案彼注，致人鬼於祖廟，致物䰠於墠壇，蓋用祭天地之明日。若然，此經合樂，據三禘正祭天，而引彼天地之小神及人鬼在明日祭之者，但彼明日所祭小神用樂無文，〔二二〕彼神既多，合樂之時，當與此三禘正祭合樂同，故彼此文同稱致。但據彼正祭祭天地大神，無宗廟之祭，祭天明日，兼祭人鬼，與此爲異也。云「動物羽贏之屬」者，鄭不釋邦國之等，直釋動物者，以尚書不言動物，故釋訖，乃引尚書鳥獸之等證之也。虞書者，案古文在舜典，是舜祭宗廟之禮。案彼鄭注：「戛，櫟也。櫟擊鳴球已下數器。」〔二三〕鳴球，即玉磬也。搏拊，以韋爲之，裝之以糠，所以節樂。云「以詠」者，謂歌詩也。云「祖考來格」者，謂祖考之神來至也。云「虞賓在位」者，謂舜以爲賓，即二王後丹朱也。云「羣后德讓」者，謂諸侯助祭者以德讓。已上皆宗廟堂上之樂所感也。

云「下管鼗鼓」已下，謂舜廟堂下之樂，故言下。云「合止柷敔」者，合樂用柷，柷狀如漆筩，中有椎，摇之所以節樂。敔，狀如伏虎，背有刻，以物櫟之，所以止樂。云「笙鏞以閒」者，東方之樂謂之笙，笙，生也。東方生長之方，故名樂爲笙也。鏞者，西方之樂謂之鏞。庸，功也。西方物熟有成功，亦謂之頌，頌，亦是頌其成也。以閒者，堂上堂下，閒代而作。云「鳥獸牄牄」者，謂飛鳥走獸，牄牄然而舞也。云「簫韶九成，鳳皇來儀」者，韶，舜樂也。若樂九變，人鬼可得而禮，故致得來儀。儀，匹。謂致得雄曰鳳、雌曰皇，來儀止巢而乘匹。案此下文六變致象物，象物，有象在天，謂四靈之屬。四靈，則鳳皇是其一。此六變，彼九成者，其實六變致之，而言九者，以宗廟九變爲限，靈鳥又難致之物，故於九成而言耳。云「夔又曰：於！予擊石拊石，百獸率舞」者，此於下文别而言之，故云「又曰」。夔語舜云，磬有大小，予擊大石磬，拊小石磬，則感百獸相率而舞。云「庶尹允諧」者，庶，衆也。尹，正也。允，信也。言樂之所感，使衆正之官，信得其諧和。云「此其於宗廟九奏之效應」者，此經揔言三禘大祭。〔二四〕但天地大祭效驗無文，所引尚書，惟有宗廟，故指宗廟而言也。然尚書云祖考，即此經致鬼也。虞賓，即此經以安賓客。羣后德讓，即此經邦國也。鳥獸鳳皇等，即此經動物也。庶尹允諧，即此經以諧萬民，以説遠人也。

乃分樂而序之，〔二五〕以祭，以享，以祀。分，謂各用一代之樂。

注「分謂」至「之樂」　此與下諸文爲揔目。上揔云六舞，今分此六代之舞，尊者用前代，卑者用後代，使尊卑有序，故云序。若然，經所先云祭地，後云祀天者，欲見不問尊卑，事起無常，故倒文以見義也。

乃奏黄鍾，歌大吕，舞雲門，以祀天神。以黄鍾之鍾、大吕之聲爲均者，黄鍾，陽聲之首，大吕爲之合，奏之，以祀天神，尊之也。天神，謂五帝及日月星辰也。王者又各以夏正月祀其所受命之帝於南郊，尊之也。孝經説曰「祭天南郊，就陽位」是也。○夏正，音征。

「乃奏」至「天神」　此黄鍾言奏、大吕言歌者，云奏，據出聲而言，云歌，據合曲而説，其實歌、奏通也。知不言歌，歌據堂上歌詩，〔二六〕合大吕之調，謂之歌者，春秋左氏傳云：「晉侯歌鍾二肆，取半以賜魏絳，魏絳於是有金石之樂。」彼據磬列肆而言，是不在歌詩，亦謂之歌，明不據偏歌毛詩也。〔二七〕襄四年，晉侯饗穆叔云，奏肆夏，歌文王、大明、緜，亦此類也。

注「以黄」至「是也」　云「以黄鍾之鍾、大吕之聲」者，以經云奏，奏者，奏擊以出聲，故據鍾而言。大吕，經云歌，歌者，發聲出音，故據聲而説，亦互而通也。言爲均者，案下文云「凡六樂者，文之以五聲，播之以八音」。鄭云：「六者言其均，皆待五聲八音乃成也。」則是言均者，欲作樂，先擊此二者之鍾，以均諸樂。是以鍾師云：「以鍾鼓奏九夏。」鄭云：「先擊鍾，次擊鼓。」論語亦云：「始作，翕如也。」鄭云：「始作，謂金奏。」是凡樂皆先奏鍾以均諸樂也。必舉此二者，以其配合。是以鄭云黄鍾，陽聲之首，大吕爲之合也。言合者，此據十二辰之斗建，與日辰相配合，皆以陽律爲之主，陰吕來合之，是以大師云：「掌六律、六同，以合陰陽之聲。」注云「聲之陰陽各有合，黄鍾，子之氣也，十一月建焉，而辰在星紀。大吕，丑之氣也，十二月建焉，而辰在玄枵。大蔟，寅之氣也，正月建焉，而辰在娵訾。應鍾，亥之氣也，十月建焉，而辰在析木。」已後皆然，是其斗與辰合也。云「奏之，以祀天神，尊之也」者，以黄鍾律之首，雲門又黄帝樂，以尊祭尊，故云尊之也。云「天神謂五帝及日月星辰也」者，案下云「若樂六變，天神皆降」，是昊天。則知此天神非天帝也，是五帝矣。知及日月星者，案大宗伯，昊天在禋祀中，日月星在實柴中，鄭注云：「五帝亦用實柴之禮」，則日月星與五帝同科。此下文又不見日月星别用樂之事，故知此天神中有日月星辰可知。其司中已下在槱燎中，則不得入天神中，故下文約與四望同樂也。云「王者又各以夏正月祀其所受命之帝於南郊，尊之也」者，案易緯乾鑿度云：「三王之郊，一用夏正」。郊特牲云：「兆日於南郊，就陽位。」大傳云：「王者，禘其祖之所自出，以其祖配之」，若周郊東方靈威仰之等，是王者各以夏正月祀其所受命之帝於南郊，特尊之也。云「孝經説」者，説，即緯也。時禁緯，故云説。引之，證與郊特牲義同，皆見郊所感帝，用樂與祭五帝不異，以其所郊天亦是五帝故也。

乃奏大蔟，歌應鍾，舞咸池，以祭地示。大蔟，陽聲第二，應鍾爲之合。咸池，大咸也。地祇，所祭於北郊，謂神州之神及社稷。○大蔟，音太，下七豆反，下同。

「乃奏」至「地示」　地祇卑於天神，故降用大蔟陽聲第二及咸池也。

注「大蔟」至「社稷」　云「大蔟，陽聲第二，應鍾爲之合」者，以黄鍾之初九，下生林鍾之初六，林鍾之初六，上生大蔟之九二，是陽聲之第二也。大蔟，寅之氣也，正月建焉，而辰在娵訾。應鍾，亥之氣也，〔二八〕而辰在析木，是應鍾爲之合也。云「咸池，大咸也」者，此云咸池，上文云大咸，以爲一物，故云大咸也。云「地祇，所祭於北郊，謂神州之神」者，以其下文若樂八變者，是崐崘大地，即知此地祇非天地也，〔二九〕是神州之神可知。案河圖括地象云：「崐崘東南萬五千里曰神州」，〔三〇〕是知神州之神也。知祭於北郊者，孝經緯文，以其與南郊相對故也。知及社稷者，以六冕差之，社稷雖在小祀，若祭祭言之，〔三一〕大宗伯云「以血祭祭社稷、五祀、五嶽」，用血與郊同，又在五嶽之上，故知用樂亦與神州同，謂若日月星與五帝同也。

乃奏姑洗，歌南吕，舞大磬，以祀四望。姑洗，陽聲第三，南吕爲之合。四望，五嶽、四鎮、四竇。此言祀者，司中、司命、風師、雨師。或亦用此樂與？○四竇，本又作瀆，同音獨。樂與，音餘。

「乃奏」至「四望」　四望又卑於神州，故降用陽聲第三，〔三二〕及用大磬也。

注「姑洗」至「樂與」　云「姑洗，陽聲第三，南吕爲之合」者，以其南吕上生姑洗之九三，〔三三〕是陽聲第三也。沽洗，辰之氣也，〔三四〕三月建焉，而辰在大梁。南吕，西之氣也，八月建焉，而辰在壽星。是南吕爲之合也。云「四望，五獄、四鎮、四竇」者，以大宗伯五嶽在社稷下，山川上，故知四望是五嶽、四鎮、四竇也。云「此言祀者，司中、司命、風師、雨師，或亦用此樂與」者，以此上下更不見有司中等用樂之法，又案大宗伯，天神云祀，地祇云祭，人鬼云享，四望是地祇而不云祭，而變稱祀，明經意本容司中等神，故變文見用樂也。無正文，故云「或」、「與」以疑之也。

乃奏蕤賓，歌函鍾，舞大夏，以祭山川。蕤賓，陽聲第四，函鍾爲之合。函鍾一名林鍾。○蕤賓，人誰反。函鍾，胡南反，函鍾，林鍾也。

注「蕤賓」至「林鍾」 云「蕤賓，陽聲第四」者，應鍾之六三，上生蕤賓之九四，是陽聲第四也。云「函鍾爲之合」者，蕤賓，午之氣也，五月建焉，而辰在鶉首。函鍾，未之氣也，六月建焉，而辰在鶉火，是函鍾爲之合也。〔三五〕云「函鍾一名林鍾」者，此周禮言函鍾，月令云林鍾，故云一名林鍾也。

乃奏夷則，歌小呂，舞大濩，以享先妣。夷則，陽聲第五，小呂爲之合。小呂一名中呂。先妣，姜嫄也。姜嫄履大人跡，感神靈而生后稷，是周之先母也。周立廟自后稷爲始祖，姜嫄無所妃，是以特立廟而祭之，謂之閟宮。閟，神之。○中呂，音仲，亦如字，後同。姜嫄，音元，本亦作原。所妃，音配，本亦作配。閟宮，音祕。

注「夷則」至「神之」 案祭法：「王立七廟，考廟、王考廟、皇考廟、顯考廟、祖考廟，皆月祭之，二祧，享嘗乃止」。不見先妣者，以其七廟外非常，故不言，若祭當與二祧同，亦享嘗乃止。若追享自然及之矣。云「夷則，陽聲第五」者，以其大呂之六四，下生夷則之九五，〔三六〕是陽聲第五也。云「小呂爲之合」者，以其小呂，巳之氣也，四月建焉，而辰在實沈。夷則，申之氣也，七月建焉，〔三七〕而辰在鶉尾，是其合也。云「小呂一名中呂」者，此周禮言小呂，月令言中呂，故云一名中呂也。云「先妣，姜嫄也。姜嫄履大人跡，感神靈而生后稷」者，詩云「履帝武敏歆」，毛君義與史記同，以爲姜嫄，帝嚳妃。履帝武敏歆，謂履帝嚳車轍馬跡，生后稷，后稷爲帝嚳親子。鄭君義依命歷序，帝嚳傳十世乃至堯，后稷爲堯官，則姜嫄爲帝嚳後世妃，而言「履帝武敏歆」者，帝，謂天帝也。是以周本紀云：「姜嫄出野，見聖人跡，心悦，忻然踐之，始如有身動而孕，居期生子。」是鄭解聖人跡與毛異也。云「是周之先母」者，〔三八〕生民詩序云「生民，尊祖」也。后稷生於姜嫄，文武之功起於后稷，是周之子孫功業由后稷，欲尊其祖，當先尊其母，故云周之先母也。云「周立廟自后稷爲始祖，姜嫄無所妃」者，凡祭以其妃配，周立七廟，自后稷已下，不得更立后稷父廟，故姜嫄無所妃也。云「是以特立廟而祭之」者，以其尊敬先母，故特立婦人之廟而祭之。云「謂之閟宫，閟，神之」者，案閟宫詩云：「閟宫有侐，實實枚枚」，毛云：「在周常閉而無事」，與此祭先妣義違，故後鄭不從，是以鄭云特立廟而祭之。但婦人稱宫，處在幽静，故名廟爲閟宫。據其神則曰閟神也。若然，分樂序之，尊者用前代，其先妣先祖服衮冕，山川百物用玄冕。今用樂山川在先妣上者，以其山川外神，是自然之神，先祖生時曾事之，故樂用前代無嫌。

乃奏無射，歌夾鍾，舞大武，以享先祖。無射，陽聲之下也，夾鍾爲之合，夾鍾一名圜鍾。先祖，謂先王先公。○無射，音亦，注下同。夾鍾，古洽反。圜鍾，于權反。

注「無射」至「先公」　云「無射，陽聲之下也」者，以其夾鍾之六五，下生無射之上九，〔三九〕是陽聲之下也。云「夾鍾爲之合」者，以其夾鍾，卯之氣也，二月建焉，而辰在降婁。無射，戌之氣也，九月建焉，而辰在大火。亦是其合也。云「夾鍾一名圜鍾」者，下文云圜鍾爲宫，是一名圜鍾也。云「先祖謂先王先公」者，鄭據司服而言。但司服以先王先公服異，故别言，此則先王先公樂同，〔四〇〕故合説，以其俱是先祖故也。

凡六樂者，文之以五聲，播之以八音。六者，言其均，皆待五聲八音乃成也。播之言被也。故書播爲藩，杜子春云：「藩當爲播，讀如后稷播百穀之播。」○被也，皮寄反。

注「六者」至「之播」 云「六者，言其均」者，謂若黄鍾爲宫，自與已下徵商羽角等爲均，其絲數，五聲各異也。或解以爲均謂樂器八音之等。若然，何得先云「言其均」，始云「皆待五聲八音」乎。明言其均者，以爲六者各據爲首，〔四一〕與下四聲爲均，故云皆待五聲八音乃成也。云「播之言被也」者，謂若「光被四表」，是取被及之義也。「子春云播爲后稷播百穀之播」者，讀從詩云「其始播百穀」，是后稷之事也。

凡六樂者，一變而致羽物及川澤之示，再變而致蠃物及山林之示，三變而致鱗物及丘陵之示，四變而致毛物及墳衍之示，五變而致介物及土示，六變而致象物及天神。變猶更也。樂成則更奏也。此謂大蜡索鬼神而致百物，六奏樂而禮畢。東方之祭則用大蔟、姑洗，南方之祭則用蕤賓，西方之祭則用夷則、無射，北方之祭則用黄鍾爲均焉。每奏有所感，致和以來之。凡動物敏疾者，地祇高下之甚者易致，羽物既飛又走，川澤有孔竅者，蛤蟹走則遲，墳衍孔竅則小矣，是其所以舒疾之分。土祇，原隰及平地之神也。象物，有象在天，所謂四靈者。天地之神，四靈之知，非德至和則不至。禮運曰：「何謂四靈？麟鳳龜龍謂之四靈。龍以爲畜，故魚鮪不淰；鳳以爲畜，故鳥不獝；麟以爲畜，故獸不狘；龜以爲畜，故人情不失。」○介物，音界。大蜡，士嫁反。易致，以豉反。孔竅，苦弔反。蛤蟹，古荅反。〔四二〕之分，扶問反。之知，音智。爲畜，許又反，下同。魚鮪，于軌反。不淰，音審。不獝，休律反，本又作獝，亦作䬅，同。不狘，休越反。

「凡六」至「天神」 此一變至六變不同者，據難致、易致前後而言。案大司徒五地之物，生動植俱有。此但言動物，〔四三〕不言植物者，據有情可感者而言也。

注「變猶」至「不失」 云「變猶更也」者，燕禮云終，尚書云成，此云變。孔注尚書云：「九奏而至不同者，〔四四〕凡樂曲成則終更變也。〔四五〕終則更奏，各據終始而言。」是以鄭云樂成則更奏也。云「此謂大蜡索鬼神而致百物」者，案郊特牲云「蜡也者，索也，歲十二月，合聚百物而索饗之也。」鄭云：「歲十二月，周之正數，謂建亥之月也。五穀成於神，有功，故報祭之。」鄭必知此據蜡祭者，此經揔祭百神，與蜡祭合聚萬物之神同，故知蜡也。云「六奏樂而禮畢」者，下云「若樂六變，則天神皆降」。此經亦六變致天神，故云六奏樂而禮畢也。云「東方之祭則用大蔟」云云，此鄭知四方各別祭用樂不同者，以郊特牲云「八蜡以記四方」，又云「四方年不順成，八蜡不通。順成之方，其蜡乃通」。是四方各有八蜡，故知四方用樂各別也。云「每奏有所感，致和以來之」者，揔釋地祇與動之神，來雖有遲疾，(四六)皆由樂和感之。(四七)云「凡動物敏疾者，地祇高下之甚者易致」者，言此欲見先致者，皆由其神易致故也。云「羽物既飛又走，川澤有孔竅者」者，此經羽物共川澤一變致之，是其羽物飛，川澤有孔竅故也。自樂再變已下差緩。云「蛤蟹走則遲，墳衍孔竅則小矣」者，以其墳衍在丘陵後，介物在毛物後，由是走遲竅小故也。云「是其舒疾之分」者，謂就此羽物以下，介物以上，先致者疾之分，後致者舒之分，故有前後也。云「土祇，原隰及平地之神也」者，此已下説天地及四靈，非直以樂，(四八)兼有德民和乃致也。鄭知土祇中有原隰者，案大司徒有五地，山林已下有原隰，今此則經上已説川澤山林丘陵及墳衍訖，惟不言原隰，故此土祇中有原隰可知也。又土祇中有平地者，案大宰九職云：「一曰三農生九穀。」後鄭以三農者，原隰及平地，以其生九穀，故知此土祇中非直有原隰，亦有平地之神也。若然，彼不言原隰而乃云土祇者，(四九)欲見原隰中有社稷。故鄭君駁異義云：「五變而致土祇，土祇者，五土之揔神，謂社。」是以變原隰言土祇。郊特牲云：「社祭土而主陰氣。」是社稱土祇，故鄭云土神也。云「象物，有象在天，所謂四靈者」，以其天神同變致之，象者，有形象在天。物者，與羽蠃等同稱物，故知有象在天四靈等也。云「天地之神，四靈之知」者，天則天神，地則土祇。故云天地之神，四靈之知也。云「非德至和則不至」者，欲見介物已上，皆以樂和感之，未必由德。此天地四靈，非直須樂，要有德至和，乃致之也。云禮運已下者，欲見象物則彼四靈也。云「何謂四靈」者，記人自問自荅。案彼注云：「淰之言閃也。」言魚鮪不閃，閃畏人也。

獝狘，飛走之貌。二者皆據魚鮪不淰，不可於䶂更言魚鮪，以䶂知人情，故變言人情不失也。案大司徒，山林宜毛物，川澤宜鱗物，丘陵宜羽物，墳衍宜介物，原隰宜𧊒物。此經則以羽物配川澤，𧊒物配山林，鱗物配丘陵，毛物配墳衍，介物配土祇。與大司徒文不類者，彼以所宜而言，此據難致、易致而説，故文有錯綜不同也。案月令孟冬云：「祈來年於天宗。」鄭注云：「此周禮所謂蜡也。」天宗，日月星，鄭以月令祈於天宗謂之蜡，則此天神亦是日月星辰，非大天神。以蜡祭所祭衆神，祭卑不可援尊，地神惟有土祇，是以知無天地大神也。又尚書云：〔五〇〕「簫韶九成，鳳皇來儀。」九成乃致象物者。鄭以儀爲匹，謂止巢而孕乘匹，故九變乃致，此直據致其神，故與大天神同六變也。

凡樂，圜鍾爲宮，黄鍾爲角，大蔟爲徵，沽洗爲羽，靁鼓靁鼗，孤竹之管，雲和之琴瑟，雲門之舞，冬日至，於地上之圜丘奏之，若樂六變，則天神皆降，〔五一〕可得而禮矣。凡樂，函鍾爲宮，大蔟爲角，姑洗爲徵，南吕爲羽，靈鼓靈鼗，孫竹之管，空桑之琴瑟，咸池之舞，夏日至，於澤中之方丘奏之，若樂八變，則地示皆出，可得而禮矣。凡樂，黄鍾爲宮，大吕爲角，大蔟爲徵，應鍾爲羽，路鼓路鼗，陰竹之管，龍門之琴瑟，九德之歌，九罄之舞，〔五二〕於宗廟之中奏之，若樂九變，則人鬼可得而禮矣。此三者，皆禘大祭也。天神則主北辰，地祇則主崐崘，人鬼則主后稷，先奏是樂以致其神，禮之以玉而祼焉，乃後合樂而祭之。大傳曰：「王者必禘其祖之所自出。」祭法曰：「周人禘嚳而郊稷。」謂此祭天圜丘，以嚳配之。圜鍾，夾鍾也。夾鍾生於房心之氣，房心爲大辰，天帝之明堂。函鍾，林鍾也。林鍾生於未之氣，未坤之位，或曰天社在東井輿鬼之外，天社，地神也。黄鍾生於虚危之氣，虚危爲宗廟。以此三者爲宫，用聲類求之，天宫夾鍾，陰聲，其相生從陽數，其陽無射。無射上生中吕，（五三）中吕與地宫同位，不用也。中吕上生黄鍾，黄鍾下生林鍾，林鍾地宫，又不用。林鍾上生大蔟，大蔟下生南吕，南吕與無射同位，又不用。南吕上生姑洗。地宫林鍾，林鍾上生大蔟，大蔟下生南吕，南吕上生姑洗。人宫黄鍾，黄鍾下生林鍾，林鍾地宫，又辟之。林鍾上生大蔟，大蔟下生南吕，南吕與天宫之陽同位，又辟之。南吕上生姑洗，姑洗南吕之合，又辟之。姑洗下生應鍾，應鍾上生蕤賓，蕤賓地宫，林鍾之陽也，又辟之。蕤賓上生大吕。凡五聲，宫之所生，濁者爲角，清者爲徵羽。此樂無商者，祭尚柔，商堅剛也。鄭司農云：「雷鼓、雷鼗，皆謂六面有革可擊者也。雲和，地名也。靈鼓、靈鼗，四面。路鼓、路鼗，兩面。（五四）九德之歌，春秋傳所謂水、火、金、木、土、穀謂之六府，正德、利用、厚生謂之三事。六府三事謂之九功，九功之德皆可歌也，謂之九歌也。」玄謂雷鼓、雷鼗八面，靈鼓、靈鼗六面，路鼓、路鼗四面。孤竹，竹特生者。孫竹，竹枝根之末生者。陰竹，生於山北者。雲和、空桑、龍門皆山名。「九磬」讀當爲「大韶」，字之誤。

○爲角，如字，古音鹿。爲徵，張里反，下同。靁，音雷。九磬，依字，九音大，諸書所引皆依字。崐崘，本又作混淪，各依字讀。而祼，古亂反。嚳，苦篤反。大辰，如字，劉音泰。與鬼，音餘，本亦作輿。辟之，音避，下同。

「凡樂」至「禮矣」　此三者，皆用一代之樂，類上皆是下神之樂。列之在下文者，以分樂而序之，據天地之次神，故陳彼天地已下之神并蜡祭訖，乃列陳此三禘，恐與上雜亂故也。言六變八變九變者，謂在天地及廟庭而立四表，舞人從南表向第二表爲一成，一成則一變。從第二至第三爲二成，從第三至北頭第四表爲三成。舞人各轉身南向，於北表之北，還從第一至第二爲四成，從第二至第三爲五成，從第三至南頭第一表爲六成，則天神皆降。若八變者，更從南頭北向第二爲七成，又從第二至第三爲八成，地祇皆出。若九變者，又從第三至北頭第一爲九變，人鬼可得禮焉。此約周之大武，象武王伐紂，故樂記云：「且夫武始而北出，再成而滅商。三成而南，四成而南國是疆，五成而分陝，周公左，召公右，六成復綴以崇。」其餘大護已上，〔五五〕雖無滅商之事，但舞人須有限約，亦應立四表，以與舞人爲曲別也。禮天神必於冬至，禮地祇必於夏至之日者，以天是陽，地是陰，冬至一陽生，夏至一陰生，是以還於陽生陰生之日祭之也。至於郊天必於建寅者，以其郊所感帝以祈穀實，取三陽爻生之日，萬物出地之時。若然，祭神州之神於北郊，與南郊相對，雖無文，亦應取三陰爻生之月，萬物秀實之時也。言圜丘者，案爾雅，土之高者曰丘，取自然之丘，圜者，象天圜，既取丘之自然，則未必要在郊，無問東西與南北方皆可。地言澤中方丘者，因高以事天，故於地上；因下以事地，故於澤中。取方丘者，水鍾曰澤，不可以水中設祭，故亦取自然之方丘，〔五六〕象地方故也。宗廟不言時節者，天地自相對而言，至此宗廟無所對，謂祫祭也。但殷人祫於三時，周禮惟用孟秋之月爲之，則公羊云「大事者何？大祫也。毁廟之祖陳于大祖，〔五七〕未毁廟之主皆升合食于大祖」，是也。天用雲門，地用咸池，宗廟用大韶者，還依上分樂之次序，尊者用前代，卑者用後代，爲差也。宗廟用九德之歌者，以人神象神生以九德爲政之具，故特異天地之神也。天地及宗廟，並言皆降、皆出、皆至者，以祭尊可以及卑，故禮記云：「大報天而主日，配以月」，是其神多，故云皆也。天神六變，地祇八變，人鬼九變者，上文四變已上，所致有先後者，動物據飛走遲疾，地神有孔竅大小，其土祇及天神有靈智，故據至德至和乃可以致，今此三者，六變已上，則據靈異而言。但靈異大者易感，小者難致，故天神六變，人鬼九變也。

注「此三至「之誤」云「此三者，皆禘大祭也」者，案爾雅云：「禘，大祭」，不辨天神、人鬼、地祇，則皆有禘稱也。祭法云禘黄帝之等，皆據祭天於圜丘。大傳云「王者禘其祖之所自出」，據夏正郊天。論語「禘自既灌」，據祭宗廟。是以鄭云三者皆禘大祭也。云「天神則主北辰，地祇則主崐崘，人鬼則主后稷」者，此三者，則大宗伯云：「祀之、享之、祭之」。又大宰云：「祀大神祇及大享，亦一也。」三者恒相將，故鄭據此三者之神也。云「先奏是樂以致其神」者，致神則下神也。用之禮，〔五八〕凡祭祀，皆先作樂下神，乃薦獻。薦獻訖，乃合樂也。云「禮之以玉而祼焉，乃後合樂而祭之」者，云禮之以玉，據天地，而祼焉，據宗廟。以小宰注：「天地大神，至尊不祼」。又玉人、典瑞、宗伯等不見有宗廟禮神之玉，是以知禮之以玉據天地，則「蒼璧禮天，黄琮禮地，」是也。而祼焉據宗廟，肆獻祼是也。云「大傳曰，王者必禘其祖之所自出」者，謂王者皆以建寅之月，郊所感生帝，還以感生祖配之。若周郊以后稷配之也。引之者，證郊與圜丘俱是祭天之禘。郊之禘以后稷配，圜丘禘以嚳配。故引祭法禘嚳而郊稷爲證。云「圜鍾，夾鍾也」者，即上文夾鍾也。云「夾鍾生於房心之氣」至「明堂」者，案春秋緯文耀鉤，及石氏星經天官之注云：「房心爲天帝之明堂，布政之所出。」又昭十七年，「冬，有星孛於大辰。」公羊傳云：「大辰者何？大火也。大火爲大辰，伐爲大辰，北辰亦爲大辰」。夾鍾房心之氣爲大辰，天之出日之處爲明堂，故以圜鍾爲天之宫。云「函鍾，林鍾也」者，月令謂之林鍾是也。云「林鍾生於未之氣，未，坤之位」者，林鍾在未，八卦坤亦在未，故云坤之位。云「或曰天社在東井輿鬼之外」者，案星經「天社六星，輿鬼之南」，是其輿鬼外也。天社坤位，皆是地神，故以林鍾爲地宫也。云「黄鍾，生於虚危之氣」者，以其黄鍾在子，子上有虚危，故云虚危之氣也。云「虚危爲宗廟」者，案星經，虚危主宗廟，故爲宗廟之宫也。云「以此三者爲宫，用聲類求之」者，若十二律相生，終於六十，即以黄鍾爲首，終於南事。今此三者爲宫，各於本宫上相生爲角徵羽，麤細須品，或先生後用，或後生先用，故云聲類求之也。云「天宫夾鍾陰聲，其相生從陽數」者，其夾鍾，與無射配合之物。夾鍾是吕，陰也。無射是律，陽也。天是陽，故宫後歷八相生，還從陽數也。云「無射上生中吕，中吕與地宫同位，不用也」者，地宫是林鍾，林鍾自與蕤賓合，但中吕與林鍾同在南方位，故云同位。以天尊地卑，故嫌其同位而不用之也。中吕上生黄鍾，黄鍾爲角也。黄鍾下生林鍾，林鍾地宫又不用，亦嫌不用也。林鍾上生大蔟，大蔟爲徵也。大蔟下生南吕，與無射同位又不用。南吕上生沽洗，沽洗爲羽，祭天四聲足矣。地宫林鍾，林鍾上生大蔟，大蔟爲角。大蔟下生南吕，南吕爲羽，先生後用也。南吕上生沽洗，沽洗爲徵，後生先用，〔五九〕四聲足矣。人宫黄鍾，黄鍾下生林鍾，林鍾爲地宫，又避之不取也。林鍾上生大蔟，大蔟爲徵，先生後爲用也。〔六〇〕大蔟下生南宫，南吕與天宫之陽同位，又避之。南吕上生沽洗，沽洗南吕之合，又避之。沽洗下生應鍾，應鍾爲羽，應鍾上生蕤賓，蕤賓地宫之陽，以林鍾是地宫，與蕤賓相配合，故又避之。蕤賓上生大吕，大吕爲角，以絲多，後生先用也。四聲足矣。凡言不用者，卑之。凡言避之者，尊之。天宫既從陽數，故於本宫之位，人地皆不避之。至於南吕沽洗合地於天，雖有尊卑、體敵之義，故用沽洗天宫之陽所合，但人於天，尊卑隔絶，故避沽洗天宫之陽所合也。鄭必知有避之及不用之義者，以其天人所生，有取有不明，〔六一〕知之不取者，是嫌不用，人鬼不敢者，是尊而避之也。云「凡五聲，〔六二〕宫之所生，濁者爲角，清者爲徵羽」者，此揔三者宫之所生，以其或先生後用，謂若地宫所生沽洗爲徵，後生先用，南吕爲羽，先生後用。人宫所生，大吕爲角，後生先用，大蔟爲徵，先生後用，以其後生絲多用角，先生絲少用徵，故云凡宫之所生，濁者爲角，清者爲徵羽也。云「此樂無商者，祭尚柔，商堅剛也」者，此經三者皆不言商，以商是西方金，故云祭尚柔，商堅剛不用。若然，上文云此六樂者，皆文之以五聲，並據祭祀，而立五聲者，〔六三〕凡音之起，由人心生，單出曰聲，雜比曰音。泛論樂法，以五聲言之，其實祭無商聲。鄭司農云「雷鼓、雷鼗皆六面，靈鼓、靈鼗皆四面，路鼓、路鼗皆兩面」者，以此三者皆祭祀之鼓。路鼗不合與晉鼓等同兩面，故後鄭不從也。云「九德之歌，春秋傳」云云，此文七年，趙宣子曰：〔六四〕「勸之以九歌，九功之德，皆可歌也，謂之九歌。六府、三事，謂之九功。水、火、金、木、土、穀，謂之六府。正德、利用、厚生，謂之三事。」注云：「正德，人德。利用，地德。厚生，天德。」此本尚書大禹謨之言。〔六五〕賈、服與先鄭並不見古文尚書，故引春秋也。玄謂雷鼓已下八面、六面、四面者，雖無正文，以鼖鼓、〔六六〕晉鼓等非祭祀鼓，皆兩面，宗廟尊於晉鼓等，故知加兩面爲四面。祭地尊於宗廟，故知更加兩面爲六面。祭天又尊於祭地，知更加兩面爲八面。是以不從先鄭也。云「孤竹，竹特生」者，謂若嶧陽孤桐。云「孫竹，竹枝根之末生」者，案詩毛傳云：「枝，幹也。」幹即身也。以其言孫若子孫然。知枝根末生者。云「陰竹生於山北」者，爾雅云：「山南曰陽，山北曰陰。」今言陰竹，故知山北者也。〔六七〕云「雲和、空桑、龍門皆山名」者，以其禹鑿龍門，見是山，即雲和與空桑亦山可知，故不從先鄭「雲和，地名也」。云「九磬讀當爲大韶」者，上六樂無九韶而有大韶，故破從大韶也。

凡樂事，大祭祀，宿縣，遂以聲展之。叩聽其聲，具陳次之，以知完不。○宿縣，音玄，下樂縣之類，皆放此。

「凡樂」至「展之」　凡樂事，言「凡」，語廣，則不徒大祭祀而已。而直言大祭祀者，舉大祭祀而言，其實中祭祀亦宿縣也。但大祭祀中，有天神、地祇、人鬼。中小祭祀亦宿縣，至於饗食燕賓客有樂事，亦兼之矣。言宿縣者，皆於前宿豫縣之。遂以聲展之者，謂相扣使作聲，而展省聽之，知其完否善惡也。〔六八〕

王出入，則令奏王夏，尸出入則令奏肆夏，牲出入則令奏昭夏。〔六九〕三夏，皆樂章名。○屍出，音尸，本亦作尸。

「王出」至「昭夏」　云「王出入」者，據前文大祭祀而言。王出入，謂王將祭祀，初入廟門，升祭訖，〔七〇〕出廟門，皆令奏王夏也。尸出入，謂尸初入廟門，及祭祀訖，出廟門，皆令奏肆夏。牲出入者，謂二灌後，王出迎牲，及爓肉，與體其犬豕，是牲出入，皆令奏昭夏。先言王，次言尸，後言牲者，亦祭祀之次也。

注「三夏皆樂章名」　此三夏，即下文九夏，皆是詩。詩與樂爲篇章，〔七一〕故云樂章名也。

帥國子而舞。當用舞者帥以往。

注「當用」至「以往」　凡興舞，皆使國之子弟爲之，但國子人多，不必一時皆用，當遞代而去，故選當用者，帥以往爲舞之處也。

大饗不入牲，其他皆如祭祀。大饗，饗賓客也。不入牲，牲不入，亦不奏昭夏也。其他，謂王出入、賓客出入亦奏王夏、肆夏。

「大饗」至「祭祀」　凡大饗有三：案禮器云：「郊血，大饗牲」。(七二)鄭云「大饗，祫祭先王」。一也。彼又云：「大饗，尚腶脩」，謂饗諸侯來朝者，二也。曲禮下云：「大饗不問卜」。謂摠饗五帝於明堂，三也。此經云大饗，與郊特牲「大饗尚腶脩」爲一物。言不入牲，謂饗亦在廟，其祭祀則君牽牲入殺，今大饗亦在廟，諸侯其牲在廟門外殺，因即亨之，升鼎乃入，故云不入牲也。

注「大饗」至「肆夏」　鄭知此大饗是饗賓客者，以其不入牲。若祭祀大饗，牲當入，故知饗賓客、諸侯來朝者也。云「其他謂王出入、賓客出入亦奏王夏、肆夏」者，則據賓客與尸同奏肆夏。案禮器云：「大饗其王事與？」又云：「其出也肆夏而送之」。鄭注云：「肆夏，當爲陔夏。」彼賓出入奏肆夏，與此大饗賓出入肆夏同。而破「肆夏」爲「陔夏」者，彼鄭注大饗爲祫祭先王，祭未有燕而飲酒，有賓醉之法，與鄉飲酒賓醉而出奏陔夏同，故破肆夏爲陔夏。此大饗，饗諸侯來朝，則左傳云「饗以訓恭儉」，「設几而不倚，爵盈而不飲」，獻依命數，賓無醉理，故賓出入奏肆夏，與尸出入同也。

大射，王出入，令奏王夏；及射，令奏騶虞。騶虞，樂章名，在召南之卒章。王射以騶虞爲節。○騶虞，側留反。召南，上照反，下召南同。

「大射」至「騶虞」　大射，謂將祭祀，擇士而射於西郊虞庠學中。王有入出之時，(七三)奏王夏。及射，奏騶虞之詩爲射節。

注「騶虞」至「爲節」　云「騶虞，樂章名，在召南之卒章」者，召南卒章云：「一發五豝，于嗟乎騶虞。」以言君一發其矢，虞人驅五豝獸而來，喻得賢者多，故下樂師注引射義云：「騶虞者，樂官備也。」是故天子以備官爲節，是也。

詔諸侯以弓矢舞。舞，謂執弓挾矢揖讓進退之儀。○挾矢，子協反，又音協。

「詔諸」至「矢舞」　此諸侯來朝將助祭，預天子大射之時，則司樂詔告諸侯射之舞節。

注「舞謂」至「之儀」　案大射云：「命三耦取弓矢於次，三耦皆次第各與其耦執弓，搢三挾一個，〔七四〕向西階前，當階揖，升揖，當物揖，射訖，降揖，如升射之儀。」是其舞節也。

王大食，三宥，皆令奏鍾鼓。大食，朔月月半以樂宥食時也。〔七五〕宥猶勸也。○三宥，音又，勸也。

注「大食」至「勸也」　鄭知「大食，朔月加牲」者，案玉藻，天子諸侯皆朔月加牲體之事。〔七六〕又知月半者，此無正文，約士喪禮月半不殷奠，則大夫已上，有去半殷奠法，〔七七〕則知生人亦有月半大食法。既言大食令奏，若凡常日食，則大司樂不令奏鍾鼓，亦有樂侑食矣。知日食有樂者，案膳夫云「以樂侑食」，是常食也。

王師大獻，則令奏愷樂。大獻，獻捷於祖。愷樂，獻功之樂。鄭司農說以春秋晉文公敗楚於城濮，傳曰「振旅，愷以入于晉」。○敗楚，必邁反。城濮，音卜。

注「大獻」至「于晉」　案鄭志，趙商問：「大司馬云：『師有功，則愷樂獻于社。』春官大司樂云：『王師大獻，則令奏愷樂。』注云：『大獻，獻捷於祖。』不達異意。」答曰：「司馬云師大獻則獻社，以軍之功，故獻於社。大司樂，宗伯之屬，宗伯主於宗廟之禮，故獻於祖也。」云「愷樂，獻功之樂」者，則晉之振旅愷是也。故取先鄭所引於下。案僖二十八年，晉敗楚於城濮，晉振旅，愷以入于晉，是所據也。

凡日月食，四鎮、五嶽崩，大傀異烖，〔七八〕諸侯薨，令去樂。四鎮，山之重大者，謂楊州之會稽，青州之沂山，幽州之醫無閭，冀州之霍山。五嶽，岱在兖州，衡在荆州，華在豫州，嶽在雍州，恒在并州。傀猶怪也。大怪異烖，謂天地奇變，若星辰奔霣及震裂爲害者。去樂，藏之也。春秋傳曰：「壬午，猶繹，萬入去籥。」萬言入，則去者不入，藏之可知。○大傀，劉九靡反，舊音怪，説文以爲傀偉之字解，引此文。字林公回反，李一音杜回反。會稽，古外反。沂山，魚依反。雍州，於用反。奔霣，于敏反。猶繹，音亦。

注「四鎮」至「可知」 鄭知四鎮山之重大者，以職方九州，州各有鎮山，皆曰其大者以爲一州之鎮，故云山之重大者也。但五州五鎮得入嶽名，餘四州不得嶽名者，仍依舊爲鎮號，故四鎮也。自五嶽已下，亦據職方而言。以周處鎬京，在五嶽外，故鄭注康誥云：「岐鎬處五嶽之外，周公爲其於正不均，故東行於洛邑，合諸侯，謀作天子之居。」是西都無西嶽，權立吴嶽爲西嶽。爾雅「嵩高爲中嶽，華山爲西嶽」者，據東都地中而言，即宗伯注是也。以嵩與華山俱屬豫州，雍州無嶽名。此經欲見九州俱有災變之理，故注據西都吴嶽爲西嶽而説耳。案爾雅，霍山爲南嶽。案尚書及王制注，皆以衡山爲南嶽，不同者，案郭璞注云：「霍山今在廬江潛縣西南，潛水出焉，别名天柱山。武帝以衡山遼遠，因讖緯皆以霍山爲南嶽，故移其神於此，今其土俗人皆謂之南嶽。南嶽本自以兩山爲名，非從近來。」如郭此言，即南嶽衡山自有兩名。若其不然，則武帝在爾雅前乎？明不然也。案潛縣霍山，一名衡陽山，則與衡嶽異名實同也。或可荆州之衡山，〔七九〕亦與廬江潛縣者别也。云「大怪異烖，謂天地奇變」者，此奇變，與星辰已下爲德之語也。〔八〇〕云「若星夜奔霣」者，〔八一〕謂若左氏云：「歲在星紀而淫於玄枵」，是其奔。霣石於宋五，及星霣而雨，是其霣也。云「及震裂爲害」者，謂若左氏云地震之類。云「去樂，藏之也」者，以其樂器不縣，則藏之。今云去樂，明知還依本藏之也。云春秋傳曰，〔八二〕宣八年左氏云：「辛巳，有事干大廟，仲遂卒於垂。壬午，猶繹，萬入去籥。」但卿佐卒，輕於正祭，故辛巳日不廢正祭，重於繹祭，當廢之。宣公不廢繹，故加「猶」以尤之。籥有聲音不入用。〔八三〕是以公羊傳云：「去其有聲，廢其無聲。」鄭荅趙商云：「於去者爲廢，」是去者不用，廢者入用，即

「萬入」是也。故鄭云：「萬言入，則去者不入，〔八四〕藏之可知。」以其彼云去其有聲，與此經去樂藏之同，故引以爲證也。

大札、大凶、大烖、大臣死，凡國之大憂，令弛縣。札，疫癘也。〔八五〕凶，凶年也。烖，水火也。弛，釋下之。若今休兵鼓之爲。○大札，側八反，鄭音截。令弛，式氏反。

「大札」至「弛縣」　大札，疫癘，則左氏傳「天昏札瘥」是也。大凶，則曲禮云：「歲凶，年穀不登，」是也。大災，水火，則宋大水及天火曰災之類是也。大臣死，則大夫已上是也。凡國之大憂者，謂若禮記檀弓云「國亡大縣邑」及戰敗之類是也。令弛縣，謂大司樂令樂官弛常縣之樂也。

注「札疫」至「之爲」　「札，疫癘也」者，凡疫病皆癘鬼爲之，故言疫癘也。云「弛，釋下之。若今休兵鼓之爲」者，樂縣在於虡，釋下之，與兵鼓縣之於車上，休亦釋下之義相似，故舉今以況古。但上文云「去樂」，〔八六〕據廟中其縣之樂，〔八七〕去而藏之而不作。〔八八〕此文據路寢常縣之樂，弛其縣，互文以見義也。去者藏之，亦先弛其縣。弛縣，亦去而藏之，但路寢常縣，故以縣言之也。

凡建國，禁其淫聲、過聲、凶聲、慢聲。淫聲，若鄭衛也。過聲，失哀樂之節。凶聲，亡國之聲，若桑間、濮上。慢聲，惰慢不恭。〔八九〕○哀樂，音洛。

注「淫聲」至「不恭」　經云「建國」，謂新封諸侯之國，樂者移風易俗，先當用其正樂以化民，故禁此四者也。云「淫聲，若鄭衛也」，樂記文。鄭則緇衣之詩，説婦人者九篇，衛則三衛之詩，云「期我於桑中」之類是也。云「過聲，失哀樂之節」者，若玉藻云：「御瞽幾聲之上下」。上下，謂哀樂，瞽人歌詩以察樂之哀樂，使得哀樂之節。若失哀樂之節，則不可也。云「凶聲，亡國之聲，若桑間濮上」者，亦樂記文。鄭彼注云：「濮水之上，地有桑間者，亡國之音，於此之水出也。」又引史記昔武王伐紂，師延東走，自沈於濮水。衛靈公朝晉，過焉，夜聞，使師涓寫之。至晉，晉侯燕之，謂晉平公曰：「寡人聞新聲，爲公鼓之。」遂使師涓鼓之。晉侯使師曠坐而聽之，撫而止之曰：「昔紂使師延作靡靡之樂，武王伐紂，師延東走，自沉於濮水。」此淫聲，非新聲，是其義也。云「慢聲，惰慢不恭」者，謂若樂記子夏對魏文侯云：「齊音傲僻憍志。」即是惰慢不恭者。

大喪，涖廞樂器。涖，臨也。廞，興也。臨笙師、鎛師之屬，興樂器也。興謂作之也。○廞樂，許金反。興也，許應反，後皆放此。鎛師，音博。

注「涖臨」至「之也」 鄭知臨笙師、鎛師者，案笙鎛師皆云「喪廞，其樂器奉而藏之」，故知也。云「之屬」者，籥師亦云「大喪廞，其樂器奉而藏之」，司干亦云「大喪廞舞器」，〔九〇〕此不言之，即屬中兼之也。

及葬，藏樂器，亦如之。

「及葬」至「如之」 此臨藏樂器，還臨笙師、鎛師等，故彼皆云奉而藏之也。

校勘記

〔一〕若舜命夔典樂教冑子是也　阮校云，釋文作「育子」，云「本亦作冑」。九經古義云，説文引虞書曰「教育子」。按注當與説文同，作「教育子」，陸本是也。

〔二〕彼雖有學干戈在東序　元、正、閩、閩，阮本無「彼」字。

〔三〕爾雅釋親文也　「親」，阮本作「訓」。孫志祖云，監、毛「訓」誤「親」。

〔四〕倍文曰諷　阮校云，釋文亦作「倍文」，賈疏作「背文」，瞽矇疏引注同。按：此注用古字，疏用今字之證。

〔五〕大磬　漢讀考云，經典舜樂字皆作「韶」，説文革部「鞀」或作「鞉」，或作「鼗」，籀文作「磬」，是則周禮爲古文假借字。

〔六〕堯能殫均刑法以儀民　「殫」，建、閩、監、毛本同，余、岳、嘉靖本作「禪」，葉鈔釋文同。阮校云，作「禪」是。賈疏本作「殫」。

〔七〕言其德能使天子得其所也　婺、建、岳、阮本「子」作「下」，是。

〔八〕云樂之文武中　孫志祖云，内則「中」作「備」。

〔九〕堯能殫均刑法以儀民者祭法文　孫詒讓云，此魯語文，賈疏云祭法文，非也。「殫」，魯語作「單」，祭法作「賞」，王念孫以爲「賞」爲「亶」之誤，與「單」通。

〔一〇〕彼云除其災災即邪　元、正、閩本同，閩、殿、阮本「災」作「虐」。阮校云，「虐」是。

〔一一〕則大武是文王樂名　「文王」，原作「之武」，據阮本改。

〔一二〕而云武王樂者　「云」，原作「亡」，據阮本改。

〔一三〕章名雖堯樂　阮校云，經義雜記作「大章名雖堯樂」，此脱一「大」字。

〔一四〕故此大卷一爲黄帝樂也　經義雜記曰，「一」當作「亦」。

〔一五〕則更與黄帝樂名立名名曰雲門　孫詒讓云，「立」上「名」字疑衍。

〔一六〕則雲門與大卷爲一名　元、正、閩、閩、阮本脱「門」字。

〔一七〕案孝經緯云伏犧之樂曰立基神農之樂曰下謀祝融之樂曰屬續　孫詒讓云，樂記疏引此作鉤命決，「屬續」作「祝屬」。

〔一八〕笙鏞以閒　阮校云，漢讀考作「笙庸」，賈本鄭注，本亦作「庸」。

〔一九〕始而左旋　殿本同。元、聞、閩、阮本「而」作「於」，疑非。

〔二〇〕問律於泠州鳩　元、正、閩、阮本「泠」作「伶」，當是。

〔二一〕百官執義　孫詒讓云：「執義」當從國語作「軌儀」。

〔二二〕但彼明日所祭小神用樂無文　浦鏜云：「日」誤「旦」。

〔二三〕櫟擊鳴球已下數器　元、閩、殿本同，閩、阮本「櫟」作「戛」。

〔二四〕此經揔言三禘大祭　元、正、閩、閩、阮本「禘」作「祀」，疑誤。

〔二五〕乃分樂而序之　婺、建、岳本同。阮校云：唐石經「乃分樂而」以下闕，石經考文提要云：宋本九經、宋纂圖互注本、宋附釋音本、余仁仲本皆作「乃分樂而序之」。

〔二六〕知不言歌歌據堂上歌詩　孫詒讓云：「歌歌」疑當作「升歌」。

〔二七〕明不據偏歌毛詩也　元、正、聞、阮本無「毛」字。

〔二八〕應鍾亥之氣也　閩、監、毛、殿本下有「十月建焉」四字。

〔二九〕即知此地祇非天地也　元、正、聞、閩、阮本「天」作「大」，當是。

〔三〇〕案河圖括地象云崐崘東南萬五千里曰神州　孫詒讓云：「萬」當據曲禮下疏、文選魏都賦、初學記、御覽百五十七引改「方」，汪文臺亦據鄭書注引地記文校改爲「方」。

〔三一〕若祭祭言之　阮本上「祭」作「薦」，當是。惠校本無「薦」字。

〔三二〕故降用陽聲第二　阮本「二」作「三」，當是。

〔三三〕以其南吕上生姑洗之九三　閩、阮本同。監、毛、殿本「吕」下增「六二」二字。

〔三四〕沽洗辰之氣也　阮本「沽」作「姑」，當是。全書如此。

〔三五〕是函鍾爲之合也　殿本同。元、聞、閩、阮本「爲之」作「之爲」，疑誤。

〔三六〕下生夷則之九五　惠校本「下生」作「上生」，疑誤。

〔三七〕七月建爲　元、正、聞、閩、阮本「爲」作「焉」，當是。

〔三八〕是周之先母者　殿本同。元、聞、閩、阮本「母」作「祖」，疑非。

〔三九〕下生無射之上九　「下生」，惠校本作「上生」，疑非。

〔四〇〕此則先王先公樂同　殿本同。元、正、聞、阮本「則」下衍「知」字。

〔四一〕以爲六者各據爲首　閩、監、毛、阮本下「爲」字作「其」，惠校本同。

〔四二〕蛤蟹古荅反　「荅」原作「苔」，據徐本、盧本及阮本改。

〔四三〕此但言動物　殿本同。元、正、聞、閩、阮本「但」作「俱」，疑誤。

〔四四〕九奏而至不同者　惠校本同。元、正、聞、閩、阮本「至」作「致」。

〔四五〕更變也　諸本「更變」作「變更」。

〔四六〕來雖有遲疾　監、毛本同，閩、阮本「來」作「物」。阮校云，作「來」誤。

〔四七〕皆由樂和感之　元、正、聞、閩、阮本「由」下有「以」字。

〔四八〕非直以樂　元、正、聞、閩、阮本「以」作「有」。阮校云，作「以」誤。

〔四九〕彼不言原隰而乃云土祇者　殿本同。元、正、聞、閩、阮本無「彼」、「乃」二字。阮校云，「彼」、「乃」衍。

〔五〇〕又尚書云　監、毛、殿本同，元、正、聞、閩、阮本「又」作「云」。

〔五一〕若樂六變則天神皆降　于鬯云，「六」當作「七」，與上下文「六變」、「八變」通。

〔五二〕九磬之舞　阮校云，釋文「九磬，依字九音大，諸書所引皆依字」。山海經、史記、吕氏春秋所引作「九招」。

〔五三〕無射上生中呂　浦鏜云，「上」誤「下」。孫詒讓云，「上」字不誤，浦誤糾。

〔五四〕兩面　岳、阮本同，婺、建本「兩」前有「皆」字。

〔五五〕其餘大護已上　「大護」，董本同，依經文，諸本當爲「大濩」。

〔五六〕故亦取自然之方丘　「方丘」，原作「丘方」，據阮本改。

〔五七〕毁廟之祖陳于大祖　阮本上「祖」字作「主」，是也。

〔五八〕用之禮　浦鏜云，「周」誤「用」。

〔五九〕沽洗爲徵後生先用　閩、殿本同。元、正、聞、阮本「生先」作「先生」，殆非。

〔六〇〕大蔟爲徵先生後爲用也　元、正、聞、閩、阮本同，監、毛、殿本無下「爲」字。

〔六一〕有取有不明　元、正本同。聞、閩、監、毛、阮本「明」作「敢」。

〔六二〕云凡五聲　監、毛、殿本同，元、正、聞、閩、阮本無「凡」字。

〔六三〕而立五聲者　孫詒讓云，「立」疑「云」之誤。

〔六四〕趙宣子曰　孫詒讓云，此郤缺告趙宣子語，疏徑作宣子語，誤。

〔六五〕此本尚書大禹謨之言　「大」，原作「云」，據阮本改。

〔六六〕以鼖鼓　元、閩、殿本同，聞、阮本「鼖」作「鼗」，疑誤。

〔六七〕故知山北者也　「北」，原作「比」，據阮本改。

〔六八〕知其完否善惡也　「完」，原作「宅」，據阮本改。

〔六九〕牲出入則令奏昭夏　王引之云，「牲出入」當作「牲入」，「出」字衍。

〔七〇〕升祭訖　盧文弨曰，通考「升」作「及」。

〔七一〕詩與樂爲篇章　監、毛、殿本同，元、正、閩、閩、阮本「篇」作「之」。
〔七二〕大饗牲　元、正、閩、閩、阮本「牲」作「腥」，與禮器文合。
〔七三〕王有入出之時　「入出」，元、正、閩、阮本同，閩、監、毛、殿本作「出入」。
〔七四〕搢三挾一個　元、正、閩、閩本同，監、毛、阮本「個」作「矢」，疑誤。
〔七五〕朔月月半以樂宥食時也　嘉靖本「朔月」作「朔日」。浦鏜云，「朔月」下疑脱「加牲」二字。孫詒讓云，「朔月」本玉藻，嘉靖本非，「加牲」二字賈疏所加，不可據以補注，玉藻疏引此注亦作「朔月」。
〔七六〕天子諸侯皆朔月加牲體之事　浦鏜云，「皆」疑「有」字誤。
〔七七〕有去半殷奠法　阮本「去」作「月」，當是。
〔七八〕大傀異烖　于鬯云，説文引此無「烖」字，此衍。孫詒讓云，説文繫傳仍作「大傀異災」，則此不誤。
〔七九〕或可荆州之衡山　元、正、閩、閩本同，監、毛、殿、阮本「可」作「曰」。
〔八〇〕與星辰已下爲德之語也　阮本「德」作「揔」，當是。
〔八一〕若星夜奔霣者　阮本「夜」作「辰」，當是。
〔八二〕云春秋傳曰　元、正、閩、阮本「曰」作「者」。
〔八三〕籥有聲音不入用　元、正、閩、閩、阮本「音」作「者」。
〔八四〕則去者不入　元、閩、毛、阮及惠校本同。閩、監本「入」改「用」，疑誤。
〔八五〕疫癘一　婺、建、岳、阮本「一」作「也」。
〔八六〕但上文云去樂　殿本同，元、閩、閩、阮本「但」作「且」，疑誤。
〔八七〕據廟中其縣之樂　浦鏜云，「其」疑「所」之譌。

〔八八〕 去而藏之而不作　殿本同，元、正、閩、閩、阮本上「而」字作「其」，殆非。

〔八九〕 惰慢不恭　婺、建、岳、嘉靖、閩本同。余、阮本「惰」作「隋」，疑誤。

〔九〇〕 司干亦云大喪廞舞器　「司干」，原作「師于」，據阮本改。

周禮注疏卷第二十六

樂師，掌國學之政，以教國子小舞。謂以年幼少時教之舞，內則曰：「十三舞勺，成童舞象，二十舞大夏。」

「樂師」至「小舞」　此樂師教小舞，即下文帗舞已下是也。此言小舞，即大司樂教雲門已下爲大舞也。

注「謂以」至「大夏」　云「謂以年幼少時教之舞」，對二十已後學大舞，鄭知者，所引內則文是也。云「十三舞勺」者，案彼上文云「十年出就外，傳」又云「十三舞勺」，勺即周頌酌。序云：「酌，告成大武也，言能酌先祖之道以養天下也。」鄭注云「周公居攝六年所作，」是也。云「成童舞象」者，即周頌序云「維清，奏象舞」。注云「象舞，象用兵時刺伐之舞，武王制焉」，是也。此皆詩，詩爲樂章，與舞人爲節，故以詩爲舞也。此勺與象皆小舞所用，幼少時學之也。云「二十舞大夏」者，人年二十，加冠成人，而舞大夏。大夏，夏禹之舞。雖舉大夏，其實雲門已下六舞皆學。以其自夏以上揖讓而得天下，自夏以下征伐而得天下，夏爲文武中，故特舉之，可以兼前後也。

凡舞，有帗舞，[一]**有羽舞，有皇舞，有旄舞，有干舞，有人舞。**故書皇作「翌」。鄭司農云：「帗舞者，全羽；羽舞者，析羽。皇舞者，以羽冒覆頭上，衣飾翡翠之羽。旄舞者，氂牛之尾。干舞者，兵舞。人舞者，手舞。社稷以帗，宗廟以羽，四方以皇，辟廱以旄，兵事以干，星辰以人舞，翌讀爲皇，書亦或爲皇。」玄謂帗，析五采繒，今靈星舞子持之是也。皇，雜五采羽如鳳皇色，持以舞。人舞無所執，以手袖爲威儀。四方以羽，宗廟以人，山川以干，旱暵以皇。○幼少，詩照反。舞勺，章略反。帗，音拂，一音弗。作翌，音皇。析羽，星歷反，下同。氂牛，舊音毛，劉音來，沈音狸，或音茅。字或作犛，或作氂，皆同。旱暵，呼且反。

「凡舞」至「人舞」　此六舞者，即小舞也。若天地宗廟正祭用大舞，即上分樂序之是也。此小舞，案舞師亦陳此小舞，云教皇舞，帥而舞旱暵之事，即皆據祈請時所用也。

注「故書」至「以皇」　故書皇作䍿，鄭司農破䍿爲皇也。先鄭云「帗舞者，全羽」者，先鄭意，以司常有「全羽爲旞，析羽爲旌」，相對，即以此帗舞爲全羽，羽舞爲析羽對解之。後鄭破帗舞，不破羽舞也。云「皇舞以羽冒覆頭上，衣飾翡翠之羽」者，此後鄭亦不從之。云「旄舞者，氂牛之尾」者，案山海經云：「潘侯之山，有獸如牛，而節有毛，其名曰旄牛。」〔二〕注云：「今旄牛髀脚胡尾，〔三〕皆有長毛。」故先鄭據而言之。云「干舞者，兵舞」者，此有干舞，舞師有兵舞。先鄭以干戈兵事所用，故以干舞爲兵舞。後鄭亦從之也。云「人舞者，手舞」者，後鄭亦從之矣。自「社稷以帗」已下，至「星辰以人舞」，後鄭從其二不從其四者，社稷以帗，依舞師。辟廱以旄，以無正文。後鄭從之。後鄭云「帗析五采繒」，不從司農者，若今者可以言古，以漢時有靈星舞子持之而舞，故知帗舞亦析五色繒爲之也。云「皇，雜五采羽如鳳皇色，持以舞」者，案山海經，鳳皇出丹穴山，形似鶴，首文曰德，背文曰義，翼文曰順，腹文曰信，膺文曰仁。又案京房易傳云：「鳳皇麟前、鹿後、蛇頸、龜背、魚尾、雞喙，〔四〕鸛翼，五采，高二尺。」漢内鳳皇數出，〔五〕五色，今皇舞與鳳皇之字同，明雜以五采羽如鳳皇色，持之以舞。故不從先鄭以羽覆頭上，衣飾翡翠之羽也。云「人舞無所執，以手袖爲威儀」者，此就足先鄭手舞，手舞用袖爲威儀也。云「四方以羽」者，依舞師。云「宗廟以人」者，雖無文，宗廟是人鬼，故知用人也。云「山川以干」者，干舞即兵舞，舞師云：「教兵舞，帥而舞山川之祭祀」，是也。旱暵以皇，亦依舞師也。

教樂儀，行以肆夏，趨以采薺，〔六〕車亦如之。環拜，以鍾鼓爲節。〔七〕教樂儀，教王以樂出入於大寢朝廷之儀。故書趨作跢。鄭司農云：「跢當爲趨，書亦或爲趨。肆夏、采薺皆樂名，或曰皆逸詩。謂人君行步，以肆夏爲節；趨疾於步，則以采薺爲節。若今時行禮於大學，罷出，以鼓陔爲節。環謂旋也。拜，直拜也。」玄謂行者，謂於大寢之中，趨謂於朝廷。爾雅曰：「堂上謂之行，門外謂之趨。」然則王出既服，至堂而肆夏作，出路門而采薺作。其反，入至應門路門亦如之。此謂步迎賓客。王如有車出之事，登車於大寢西階之前，反降於阼階之前。尚書傳曰：「天子將出，撞黃鍾之鍾，右五鍾皆應；入則撞蕤賓之鍾，左五鍾皆應，大師於是奏樂。」○趨以，劉清須反。采齊，本又作薺，徐私反。朝廷，直遥反，下同。作跢，倉付反。鼓陔，改才反。撞黃，直江反。

「教樂」至「爲節」　此王行迎賓，若春夏受贄於朝無迎法。受享於廟則迎之。若秋冬一受之於廟，並無迎法。若饗食在廟，燕在寢，則皆有迎法。〔八〕若然，鄭此注據大寢而言，則是燕時，若享食在廟，則與此大寢同也。

注「教樂」至「奏樂」　鄭知「教王以樂出入於大寢之儀」者，此經先言行，後言趨，又云環拜，據從内向外而言，是出時也。禮記玉藻云：「趨以采薺，行以肆夏。」先言趨，後言行，據從外向内，是入時也。樂節是同，故鄭出入並言也。先鄭云「肆夏、采薺皆樂名」者，案襄四年，穆叔如晉，晉侯饗之，金奏肆夏。杜亦云：「肆夏，樂曲名。」案鍾師注，九夏皆詩之大者，載在樂章，樂崩從而亡，以此言之，肆夏亦詩篇名。先鄭云「或曰皆逸詩」，得通一義也。案玉藻注，「齊」，讀如楚茨之「茨」，此齊讀亦從茨可知也。玄謂引爾雅者，行是門内，〔九〕趨是門外之事也。案爾雅云：「室中謂之時，堂上謂之行，堂下謂之步，門外謂之趨，中庭謂之走，大路謂之奔。」但庭中走，大路奔，據助祭者而言，故詩云駿奔走在廟也。今摠言行者，謂大寢之中，不言堂下步者，人之行必由堂下始，與行小異大同。故略步而言其行也。云「然則王出既服，至堂而肆夏作」者，是行以肆夏，出路門而采薺作，是趨以采薺也。云「其反入至應門路門亦如之」者，反入至應門，即是路門外，當奏采薺也，入至路門，即是門内行肆夏也。〔一〇〕但王有五門，外仍有臯、庫、雉三門，經不言樂節，鄭亦不言，故但據路門外内而言。若以義量之，既言趨以采薺，即門外謂之趨，可摠該五門之外，皆於庭中遥奏采薺矣。云「此謂步迎賓客」者，以其言行與趨，是步迎之法可知也。云「王如有車出之事」者，則經「車亦如之」是也。但車無行趨之法，亦於門外奏采薺，門内奏肆夏。鄭知有「登車於大寢西階之前，反降於阼階之前」者，以書傳云：「天子將出，撞黃鍾之鍾。」明知出入升降，皆在階前可知。出必撞黃鍾之鍾者，黄鍾在子，是陽生之月，黄鍾又陽聲之首，陽主動，出而撞之。云「右五鍾」者，謂林鍾至應鍾。右是陰，陰主静，恐王大動，故以右五鍾應黄鍾，〔一二〕是動以告静者。云「入則撞蕤賓之鍾，左五鍾皆應」者，蕤賓在午，五月陰生之月，陰主静，入亦是静，故撞蕤賓之鍾。左五鍾，謂大吕至中吕，左是陽，陽主動，入静以告動也。云「大師於是奏樂」者，謂王有此出入之時，則大師於時奏此采薺、肆夏也。案曲禮云：「國君下卿位」，彼注云：「出過之而上車，入未至而下車。」彼謂諸侯禮，與天子禮異，不得升降於階前也。

凡射，王以騶虞爲節，諸侯以貍首爲節，大夫以采蘋爲節，士以采蘩爲節。騶虞、采蘋、采蘩皆樂章名，在國風召南。唯貍首在樂記。射義曰：「騶虞者，樂官備也。貍首者，樂會時也。采蘋者，樂循法也。采蘩者，樂不失職也。是故天子以備官爲節，諸侯以時會爲節，卿大夫以循法爲節，士以不失職爲節。」鄭司農説以大射禮曰：「樂正命大師曰：『奏貍首，間若一。』大師不興，許諾，樂正反位，奏貍首以射。」貍首，曾孫。○采蘋，音頻。采蘩，音煩。

「凡射」至「爲節」　凡此爲節之等者，無問尊卑，人皆四矢，射節則不同，故射人云，天子九節，諸侯七節，大夫士皆五節。〔一三〕尊卑皆以四節爲乘矢拾發，其餘天子五節，諸侯三節，大夫士一節，皆以爲先以聽。先聽，未射之時作之，使射者預聽，知射之樂節，以其射法，須其體比於禮，其節比於樂。而中多者，乃得預於祭，故須預聽。但優尊者，故射前節多也。

注「騶虞」至「曾孫」　鄭知云「騶虞、采蘋、采蘩皆樂章名」者，以其詩爲樂章故也。云「在國風召南」者，見關雎已下爲周南，鵲巢已下爲召南，三篇見在召南卷内也。云「唯貍首在樂記」者，案樂記云：「左射貍首，右射騶虞」，是也。案射義亦云：「貍首曰，曾孫侯氏，四正具舉，小大莫處，御於君所。」不引之者，鄭略引其一以證耳。云射義已下者，證用此篇之義也。先鄭引大射者，證大師用樂節之事。云「間若一」者，謂七節五節之間，緩急稀稠如一。

彼諸侯禮，故有樂正命大師，此天子禮，故樂師命大師也。云「貍首，曾孫」者，貍首是篇名，「曾孫」章頭，即燕義所云是也。〔一三〕

凡樂，掌其序事，治其樂政。序事，次序用樂之事。

「凡樂」至「樂政」 云「凡樂」者，謂凡用樂之時也。云「掌其敘事」者，謂陳列樂器，及作之次第，皆序之，使不錯謬。云「治其樂政」者，謂治理樂聲，使得其正，不淫放也。

凡國之小事用樂者，令奏鍾鼓，小事，小祭祀之事。

「凡國」至「鍾鼓」 此小事，鄭云小祭祀之事。謂王玄冕所祭，則天地及宗廟，皆有鍾鼓，樂師令之。若大次二者之樂，大司樂令之也。此小祭有鍾鼓，但無舞，故舞師云：「小祭祀，不興舞」，是也。

凡樂成，則告備。成，謂所奏一竟。書曰「簫韶九成」。燕禮曰「大師告于樂正曰，正歌備」。

注「成謂」至「歌備」 云「成，謂所奏一竟」者，竟，則終也。所奏八音俱作，一曲終，則爲一成，則樂師告備，如是者六，則六成，餘八變九變亦然。故鄭引書「簫韶九成」爲證也。又引燕禮者，欲見彼諸侯燕禮，大師告於樂正，樂正告於賓與君，此天子祭禮，亦大師於樂成之時，則大師告樂師，樂師乃告王。彼據燕禮，此據祭禮，事節相當，故引爲證也。

詔來瞽皐舞，鄭司農云：「瞽當爲鼓，皐當爲告，呼擊鼓者，又告當舞者持鼓與舞俱來也。鼓字或作瞽，詔來瞽，或曰：來，勑也。勑爾瞽，率爾衆工，奏爾悲誦，肅肅雍雍，毋怠毋凶。」玄謂詔來瞽，詔視瞭扶瞽者來入也。皐之言號，告國子當舞者舞。○毋怠，音無，下同。視瞭，音了。

「詔來瞽皐舞」到讀之云詔瞽來，謂詔告視瞭，扶瞽人來入升堂作樂也。皐舞者，謂號呼國子舞者，使當舞。注「鄭司」至「者舞」先鄭破瞽爲鼓，後鄭從字或爲瞽，於義是，但文不足，後鄭增成之耳。云「或曰來勑」已下，但瞽人無目。而云「勑爾瞽，率爾衆工」，於義不可，且「奏爾悲誦」等，似逸詩，不知何從而出，故後鄭不從之。玄謂詔來瞽者，以來爲入。案大祝云：「來瞽令皐舞。」注云：「來嗥者，皆謂呼之入。」彼來爲呼之者，以彼來上無詔字，〔一四〕故以來爲呼之義，與此無異也。

及徹，帥學士而歌徹，學士，國子也。鄭司農云：「謂將徹之時自有樂，故帥學士而歌徹。」玄謂徹者歌雍，雍在周頌臣工之什。

「及徹」至「歌徹」此亦文承祭祀之下，亦謂祭末至徹祭器之時，樂師帥學士而歌徹。但學士主舞，瞽人主歌，今云帥學士而歌徹者，此絶讀之，然後合義。歌徹之時，歌舞俱有，謂帥學士使之舞，歌者，自是瞽人歌雍詩也，徹者，主宰君婦耳。

注「學士」至「之什」鄭云「學士，國子也」者，此學士即下大胥職云：「掌學士之版，以待致諸子。」故知學士是國子，國子即諸子是也。「玄謂徹者，歌雍」者，見論語云「三家者以雍徹，孔子云：『相維辟公，天子穆穆，奚取於三家之堂。』」若然，要有辟公助祭，并天子之容穆穆，乃可用雍詩徹祭器，是大夫及諸侯皆不得用雍，故知此云「歌徹」者，歌雍詩也。又云「雍在周頌臣工之什」者，從清廟已下皆用頌，〔一五〕但此雍在臣工之什內，云「之什」者，謂聚十篇爲一卷，故云之什也。

令相。令視瞭扶工。鄭司農云：「告當相瞽師者，言當罷也，瞽師、盲者皆有相道之者。故師冕見，及階曰階也，及席曰席也，皆坐，曰某在斯，某在斯。曰相師之道與？」○令相，息亮反，注及下同。冕見，賢遍反，下注同。

注「令視」至「道與」　此令相之文，在祭祀歌徹之下者，欲見大小祭祀皆有令相之事，故於下揔結之。鄭知「令相，令視瞭扶工」者，見儀禮。扶工者，皆稱相，以其瞽人無目而稱工，故云「令視瞭扶工」也。先鄭引論語者，亦見相是扶工也。

饗食諸侯，序其樂事，令奏鍾鼓，令相，如祭之儀。○饗食，音嗣，下注疏「食」同。凡言「饗食」，皆放此。〔一六〕

「饗食」至「之儀」　言「如祭之儀」者，非直序樂、令鍾鼓、令相，其中詔來鼓、歌徹等，皆如之。〔一七〕但祭祀歌雍而徹，饗食徹器亦歌雍。知者，下大師與此文，皆云大饗亦如祭祀登歌下管，故知皆同也。

燕射，帥射夫以弓矢舞。射夫，衆耦也。故書「燕」爲「舞」，「帥」爲「率」，「射夫」爲「射矢」。鄭司農云：「舞當爲燕，率當爲帥，〔一八〕射矢書亦或爲射夫。」

注「射夫衆耦也」　凡射有三番。又天子六耦，畿内諸侯四耦，畿外諸侯三耦。前番直六耦三耦等射，所以誘射故也。第二番六耦與衆耦俱射，第三番又兼作樂。經直云射夫，鄭知衆耦者，以其三番射皆弓矢舞，若言六耦等，不兼衆耦。若言衆耦，則兼三耦，故鄭據衆耦而言也。言執弓矢舞，謂射時執弓挾矢及發矢，其體比以禮，〔一九〕其節比於樂。節，相應於樂節也。

樂出入，令奏鍾鼓。〔二〇〕樂出入，謂笙歌舞者及其器。

注「樂出」至「其器」　鄭知樂是笙歌已下者，案禮樂記，單出曰聲，雜比曰音。又云，雜以干戚、羽毛謂之樂，〔二一〕凡此笙，弁瞽人歌者、〔二二〕及國子舞者、及器，皆須出入。故知樂中兼此數事也。

凡軍大獻，教愷歌，遂倡之。故書「倡」爲「昌」，鄭司農云：「樂師主倡也。昌當爲倡，書亦或爲倡。」○遂倡，昌亮反。

「凡軍」至「倡之」　軍事言「凡」者，有大軍旅王自行，小軍旅遣臣去，故言凡以該之。云「大獻」者，謂師克勝，獻捷於祖廟也。云「教愷歌」者，愷，謂愷詩，師還未至之時，預教瞽矇入祖廟，遂使樂師倡道爲之，故云「遂倡之」。

凡喪，陳樂器，則帥樂官，帥樂官往陳之。

「凡喪」至「樂官」　喪言「凡」者，王家有大喪小喪，皆有明器之樂器，故亦然言凡以該之。明器之樂器者，謂若檀弓云：「木不成斲，瓦不成味，琴瑟張而不平，竽笙備而不和，」是也。注「帥樂官往陳之」　樂官，亦謂笙師、鎛師之屬，廞樂藏之者也。云「往陳之」者，謂如既夕禮，陳器於祖廟之前庭，及壙道東者也。

及序哭，亦如之。哭此樂器亦帥之。

注「哭此」至「帥之」　案小宗伯云：「及執事眡葬獻器，遂哭之。」注云：「至將葬，獻明器之材，又獻素獻成，皆於殯門外，王不親哭，有官代之。」彼據未葬獻材時，小宗伯哭之。此序哭明器之樂器，文承陳樂器之下，而云序哭，謂使人持此樂器向壙，及入壙之時，序哭之也。

凡樂官，掌其政令，聽其治訟。○治訟，直吏反。

「凡樂」至「治訟」　「凡樂官」，謂此已下大胥至司干，皆無聽訟之事，則皆樂師聽之耳。

大胥，掌學士之版，以待致諸子。鄭司農云：「學士，謂卿大夫諸子學舞者。版，籍也。今時鄉户籍，世謂之户版。大胥主此籍，以待當召聚學舞者卿大夫之諸子，則案此籍以召之。漢大樂律曰：『卑者之子不得舞宗廟之酎。除吏二千石到六百石，及關内侯到五大夫子，先取適子，高七尺已上，年十二到年三十，〔二三〕顔色和順，身體脩治者，以爲舞人。』與古用卿大夫子同義。」○之版，音板。之酎，直救反。適子，丁歷反。以上，時掌反，下六上同。

注「鄭司」至「同義」　先鄭知學士謂卿大夫諸子者，案夏官諸子職云「掌國子之倅」，則國中兼有元士之適子。不言者，以其漢法，卑者之子不得舞宗廟之酎，則元士之子不入，故知卿大夫之諸子也。知學舞者，下云「入學合舞」，故知也。云「不得舞宗廟之酎」者，案月令四月云：「天子與羣臣飲酎。」鄭注云：「酎之言酎，〔二四〕謂重釀之酒，春酒至此始成。」作此酎，亦謂重釀之酒，祭宗廟而用之，祭末有相飲之法，以宗廟言之。云「除吏二千石」已下，在前漢紀，注云：「漢承秦，爵二十等，五大夫九爵，關内侯十九爵，列侯二十爵。」宗廟舞人用貴人子弟，與周同，故先鄭引以爲證也。既云取七尺以上，而云十二到三十，則「十二」者誤，當云「二十至三十」。何者？案鄉大夫職云：「國中自七尺以及六十，野自六尺以及六十有五，皆征之。」案韓詩，二十從役，與國中七尺同，是七尺爲二十矣，明不得爲十二也。

春，入學，舍采，〔二五〕合舞。春始以學士入學官而學之。合舞，等其進退，使應節奏。鄭司農云：「舍采，謂舞者皆持芬香之采。〔二六〕或曰，古者士見於君，以雉爲摯。見於師，以菜爲摯。菜直謂疏食菜羹之菜。或曰，學者皆人君卿大夫之子，衣服采飾，舍采者，減損解釋盛服，以下其師也。月令，仲春之月上丁，命樂正習舞，釋采，仲丁又命樂正入學習樂。」玄謂舍即釋也，采讀爲菜。始入學必釋菜，禮先師也。菜，蘋蘩之屬。○舍采，音釋下音菜，注同。疏食，所居反，劉音蘇。以下，户嫁反。

注「春始」至「之屬」　云「春始以學士入學」者，歲初，貴始。云「學宫」者，則文王世子云「春誦夏弦，皆於東序」，是也。云「合舞，等其進退，使應節奏」者，謂等其舞者，或進或退，周旋使應八音，奏樂之節合也。〔二七〕案月令注「春合舞」者，象物出地鼓舞也。先鄭解舍采三家之説，後鄭皆不從者，案王制有釋菜奠幣，〔二八〕文王世子又云：「始立學釋菜，不舞，不授器。」舍，即釋也。采，即菜也。故以爲學子始入學子始入學釋采禮先師也。〔二九〕但學子始入學釋菜禮輕，故不及先聖也。其先師者，鄭注文王世子云：「若漢，禮有高堂生，樂有制氏，詩有毛公，書有伏生。」知菜是蘋蘩之屬者，詩有采蘋、采蘩，皆采名。〔三〇〕言「之屬」者，周禮又有芹茆之等，亦菜名也。

秋，頒學，合聲。春使之學，秋頒其才藝所爲。合聲，亦等其曲折，使應節奏。○曲折，之設反。

「秋頒學合聲」　春物生之時，學子入學。秋物成之時，頒，分也，分其才藝高下。故鄭云「春使之學，秋頒其才藝所爲」也。云「合聲」者，春爲陽，陽主動，舞亦動，春合舞，象物出地鼓舞。秋爲陰，陰主靜，聲亦靜，故秋合聲，象秋靜也。但舞與聲遞相合，故鄭云合聲，亦等其曲折，使應節奏也。

以六樂之會正舞位，大同六樂之節奏，正其位，使相應也。言爲大合樂習之。○爲大，于僞反。

「以六」至「位」　六樂者，即六代之樂，六舞雲門之等是也。

注「大同」至「習之」　云「大同」者，解經中「會」，會合，即大同也。云「大同六樂之節奏」者，謂六代之舞，一一作之，使節奏大同而無錯謬。故云正其位使相應也。云「爲大合樂習之」者，案月令，仲春上丁，命樂正習舞釋采，〔三一〕季春云「大合樂」，則此云六樂之會，爲季春大合樂習之也。若然，此六樂之會，與上春入學舍采合舞者別矣。案文王世子云：「凡大合樂，必遂養老。」注：「大合樂，謂春入學舍采合舞，秋頒學合聲」。則是合舞合聲，與大合樂又爲一者。季春大合樂，與合舞合聲實別，但春合舞，秋合聲，對春大合樂不爲大，然於四時而言，亦爲大合樂。何者？文王世子云：「凡大合樂，必遂養老」。其中含有合舞合聲，必知含此二者，以其言凡，非一。案月令，仲春「習舞釋采，天子親往視之」，季春云「大合樂，天子親往視之」。至仲秋合聲，〔三二〕雖不云天子親往視之，視之可知。若然，三者天子親往視之同，則皆有養老之事，則春合舞，秋合聲，皆得爲大合樂，文王世子以大合樂爲合舞合聲解之也。

以序出入舞者，以長幼次之，使出入不紕錯。○不紕，匹毗反，劉博鷄反。

注「以長」至「紕錯」　凡在學，皆以長幼爲齒。令爲舞者八八六十四人，所須爲舞之處，皆當以長幼出入。若使幼者在前，則爲紕錯，故云「使出入不紕錯」也。

比樂官，比猶校也。杜子春云：「次比樂官也。」鄭大夫讀比爲庀，庀，具也，録具樂官。○比樂，鄭如字，下同。比，校也，杜毗志反，次比也，鄭大夫匹婢反，具也。爲庀，匹婢反。

注「比猶」至「樂官」　杜子春云「次比樂官也」者，與後鄭同，鄭大夫以比爲庀，録具樂官者，雖與後鄭不同，得爲一義，故引之在下也。

展樂器。展謂陳數之。○陳數，所主反。

注「展謂陳數之」　樂器，謂鼓鍾笙磬柷敔之等，皆當陳列校數。

凡祭祀之用樂者，以鼓徵學士。擊鼓以召之。文王世子曰：「大昕鼓徵，所以警衆。」○大昕，音欣。

「凡祭」至「學士」　祭祀言「凡」者，則天地宗廟之祀，用樂舞之處，以鼓召學士，選之，當舞者往舞焉。舞師云：

「小祭祀不興舞。」注：「小祭祀，〔三三〕王玄冕所祭。」則亦不徵學士也。

序宮中之事。

小胥，掌學士之徵令而比之，觵其不敬者。比猶校也。不敬，謂慢期不時至也。觵，罰爵也。詩云「兕觵其觩」。○觵，古横反，本或作觥，同。兕，徐履反。其觩，巨樛反。

「小胥」至「敬者」　大胥掌學士之版，以待召聚舞者，小胥贊大胥爲徵令校比之，知其在不，仍觥其不敬者也。

注「比猶」至「其觩」　引詩者，是周頌絲衣之篇。祭末飲酒，恐有過失，故記罰爵。〔三四〕其時無犯非禮，角爵觩然陳設而已。〔三五〕引之者，證觥是罰爵也。

巡舞列而撻其怠慢者。撻猶抶也。抶以荆扑。○而撻，吐達反。抶也，勑乙反，又勑栗反。荆扑，普卜反。

注「撻猶」至「荆扑」　案文十八年，齊懿公爲公子也，與邴歜之父争田，不勝。〔三六〕及即位，乃掘而刖之，而使歜僕，納閻職之妻，而使職驂乘。公遊於申池，二人浴于池，歜以扑抶職，職怒，歜曰：「人奪汝妻而不怒，一抶汝，庸何傷。」是抶爲撻，以荆，故云「扑」也。

正樂縣之位，王宮縣，諸侯軒縣，卿大夫判縣，士特縣，辨其聲。樂縣，謂鍾磬之屬縣於筍虡者。鄭司農云：「宮縣四面縣，軒縣去其一面，判縣又去其一面，特縣又去其一面，四面象宮室四面有牆，故謂之宮縣。軒縣三面，其形曲，故春秋傳曰『請曲縣繁纓以朝』，諸侯之禮也。故曰唯器與名不可以假人。」玄謂軒縣去南面，辟王也。判縣左右之合，又空北面。特縣縣於東方，或於階間而已。〇士犆，音特，本亦作特。筍，息允反。簴，〔三七〕音巨。去其，起吕反，下同。繁纓，步干反。以朝，直遥反。辟王，音避。

注「樂縣」至「而已」　云「樂懸，謂鍾磬之屬縣於簨簴者」，凡縣者，通有鼓鎛，亦縣之，鄭直云鍾磬者，據下成文而言。先鄭云軒縣判縣特縣，皆直云去一面，不辯所去之面，故後鄭增成之也。所引春秋傳者，案成二年，左氏傳云：「衛孫良夫將侵齊，與齊師遇，敗。仲叔于奚救孫桓子，桓子是以免。既，衛人賞之以邑，辭，請曲縣、繁纓以朝，許之。仲尼聞之曰：惜也，不如多與之邑。唯器與名，不可以假人。」注云：「諸侯軒縣，闕南方。形如車輿，是曲也。」引之者，證軒爲曲義也。玄謂軒縣去南面，避王也。若然，則諸侯軒縣三面，皆闕南面，是以大射云：「樂人宿縣于阼階東，笙磬西面，其南笙鍾，其南鑮，皆南陳。」「西階之西，頌磬東面，其南鍾，其南鑮，皆南陳。」又云「一建鼓在西階之東，南面」。注云：「言面者，國君於其臣，備三面爾。〔三八〕無鍾磬，有鼓而已。」其爲諸侯，則軒縣」。是其去南面之事也。以諸侯大射，於臣備三面唯有鼓，則大夫全去北面爲判縣可知。云「特縣縣於東方，或於階間而已」者，案鄉飲酒記云：「磬階間，縮霤」。注云：「縮，從也，霤以東西爲從。」是其階間也。案鄉射云：「縣於洗東北，西面」。〔三九〕注云：「此縣，謂縣磬也。縣於東方，避射位也。」是其東方也。云「而已」者，言其少耳。

凡縣鍾磬，半爲堵，全爲肆。

鍾磬者，編縣之二八十六枚，而在一虡，謂之堵。鍾一堵，磬一堵，謂之肆。半之者，謂諸侯之卿大夫士也。諸侯之卿大夫，半天子之卿大夫，西縣鍾，東縣磬，士亦半天子之士，縣磬而已。鄭司農云：「以春秋傳曰：〔四〇〕歌鍾二肆。」〇爲堵，丁古反。

「凡縣」至「爲肆」　云「凡縣鍾磬」，揔目語也。所縣者，則半之爲堵，全之爲肆，是也。云「堵」者，若牆之一堵。肆者，行肆之名，二物乃可爲肆。半者，一堵半其一肆，故云半爲堵，全爲肆也。

注「鍾磬」至「二肆」　經直言鍾磬，不言鼓鎛者，周人縣鼓與鎛之大鍾，唯縣一而已，不編縣，故不言之。其十二辰頭之零鍾，亦縣一而已。今所言縣鍾磬者，謂編縣之二八十六枚，共在一簴者也。鄭必知有十六枚在一簴者，案左氏隱五年，考仲子之宫，初獻六羽。衆仲云：「夫舞，所以節八音而行八風，故以八爲數。」樂縣之法，取數於此，又倍之爲十六，若漏刻四十八箭，亦倍十二月二十四氣，故以十六爲數也。是以淮南子云「樂生於風」，亦是取數於八風之義也。案昭二十年，晏子云「六律七音」，服注云：「七律爲七器音，黄鍾爲宫，林鍾爲徵，大簇爲商，南吕爲羽，沽洗爲角，應鍾爲變宫，蕤賓爲變徵。外傳曰：『武王克商，歲在鶉火，月在天駟，日在析木之津，辰在斗柄，星在天黿。』鶉火及天駟，七列也。南北之揆，七月也。〔四一〕鳧氏爲鍾，以律計自倍半，一縣十九鍾，鍾七律。十二縣，二百二十八鍾，爲八十四律。此一歲之閏數。」此服以音定之，以一縣十九鍾，十二鍾當一月，十二月十二辰，辰加七律之鍾則十九鍾。一月有七律，當一月之小餘，十二月八十四小餘，故云一歲之閏數。案大射，笙磬西面，頌磬東面，皆云其南鍾，其南鎛，北方直有鼓，無鍾磬，避射位，則三面鍾磬鎛。天子宫縣，四面鍾磬鎛而已，不見有十二縣。服氏云十二縣，非鄭義也。云「半之」者，謂諸侯之卿大夫士也。又云「諸侯之卿大夫，半天子之卿大夫，西縣鍾，東縣磬」者，天子諸侯，縣皆有鎛，今以諸侯之卿大夫士，半天子之卿大夫士言之，則卿大夫士直有鍾磬無鎛也。若有鎛，不得半之耳。必知諸侯卿大夫分鍾磬爲東西者，以其諸侯卿大夫亦稱判縣，故知諸侯卿大夫，以天子卿大夫判縣之一肆分爲西東也。〔四二〕云「士亦半天子之士」者，天子之士，直有東方一肆二堵，諸侯之士半之，謂取一堵，或於階閒，或於東方也。先鄭引春秋者，襄十一年，鄭賂晉侯歌鍾二肆，晉侯以樂之半賜魏絳，魏絳於是乎始有金石之樂，禮也。案彼鄭賂晉侯，止有二肆，當天子卿大夫判縣，故取半賜魏絳，魏絳得之，分爲左右，故云始有金石之樂。引之者，證諸侯之卿大夫判縣，有鍾磬之義也。

大師，掌六律、六同，以合陰陽之聲。陽聲：黄鍾、大蔟、姑洗、蕤

賓、夷則、無射。陰聲：大呂、應鍾、南呂、函鍾、小呂、夾鍾。皆文之以五聲：宮、商、角、徵、羽。皆播之以八音：金、石、土、革、絲、木、匏、竹。以合陰陽之聲者，聲之陰陽各有合。黃鍾，子之氣也，十一月建焉，而辰在星紀。大呂，丑之氣也，十二月建焉，而辰在玄枵。大蔟，寅之氣也，正月建焉，而辰在娵訾。應鍾，亥之氣也，十月建焉，而辰在析木。沽洗，辰之氣也，三月建焉，而辰在大梁。南呂，酉之氣也，八月建焉，而辰在壽星。蕤賓，午之氣也，五月建焉，而辰在鶉首。林鍾，未之氣也，六月建焉，而辰在鶉火。夷則，申之氣也，七月建焉，而辰在鶉尾。中呂，巳之氣也，四月建焉，而辰在實沈。無射，戌之氣也，九月建焉，而辰在大火。夾鍾，卯之氣也，二月建焉，而辰在降婁。辰與建交錯貿處如表裏然，是其合也。其相生，則以陰陽六體爲之。黃鍾初九也，下生林鍾之初六，林鍾又上生大蔟之九二，大蔟又下生南呂之六二，南呂又上生姑洗之九三，姑洗又下生應鍾之六三，應鍾又上生蕤賓之九四，蕤賓又上生大呂之六四，大呂又下生夷則之九五，夷則又上生夾鍾之六五，夾鍾又下生無射之上九，無射又上生中呂之上六。同位者象夫妻，異位者象子母，所謂律取妻而呂生子也。黃鍾長九寸，其實一籥，下生者三分去一，上生者三分益一，五下六上，乃一終矣。大呂長八寸一百四十三分寸之一百四；〔四三〕大蔟長八寸；夾鍾長七寸二千一百八十七分寸之千七十五；姑洗長七寸九分寸之一；中呂長六寸萬九千六百八十三分寸之萬二千九百七十四；蕤賓長六寸八十一分寸之二十六；林鍾長六寸；夷則長五寸七百二十九分寸之四百五十一；南呂長五寸三分寸之一；無射長四寸六千五百六十一分寸之六千五百二十四；應鍾長四寸二十七分寸之二十。文之者，以調五聲，使之相次，如錦繡之有文章。播猶揚也，揚之以八音，乃可得而觀之矣。金，鍾鎛也。石，磬也。土，塤也。革，鼓鼗也。絲，琴瑟也。木，柷敔也。匏，笙也。竹，管簫也。○匏，白交反。玄枵，虛驕反。娵，子榆反。訾，子斯反。大梁，如字，劉音泰。降婁，户江反。貿處，音茂。取妻，七喻反。土塤，虛袁反。

注「以合」至「籥也」 此大師無目，於音聲審，故使合六律六同及五聲八音也。鄭云「以合陰陽之聲者，聲之陰陽各有合」者，六律爲陽，六同爲陰，兩兩相合，十二律爲六合，故云各有合也。云「黃鍾，子之氣也，十一月建焉，而辰在星紀」者，以經云「以合陰陽之聲」，即言陽聲黃鍾大蔟沽洗等，據左旋而言；云陰聲大吕應鍾南吕等，據右轉而說。其左右相合之義，案斗柄所建，十二辰而左旋，日體十二月與月合宿而右轉。但斗之所建，建在地上十二辰，故言子丑之等。辰者，日月之會，會在天上十二次，故言娵訾、降婁之等，以十二律是候氣之管，故皆以氣言之耳。以黃鍾律之首，與大吕合，故先言之。云「辰與建交錯貿處如表裏然，是其合」者，貿，易也，謂若詩云「抱布貿絲」，是貿易也。十二月皆先言建，後言辰，皆覆之，亦先言建，後言辰，是辰與建交錯貿易處，互爲先後，(四四)如似有表裏然，是其交合也。假令十一月先舉黃鍾，後言星紀，覆之則先舉大吕，後言玄枵，十二月皆然，義可知也。云「其相生，則以陰陽六體爲之」者，向上所說，順經六律左旋，六同右轉，以陰陽左右爲相合。若相生，則六律六同皆左旋，以律爲夫，以同爲婦，婦從夫之義，故皆左旋。鄭知有陰陽六體法者，見律歷志云「黃鍾初九，律之首，陽之變也。因而六之，以九爲法，得林鍾。林鍾初六，吕之首，陰之變也。皆三天地之法也」。(四五)是其陰陽六體。其黃鍾在子，一陽爻生，爲初九，林鍾在未，二陰爻生，得爲初六者，以陰故，退位在未，故曰乾貞於十一月子，坤貞於六月未也。云「同位者象夫妻，異位者象母子」者，同位，謂若黃鍾之初九，下生林鍾之初六，俱是初之第一，夫婦一體，是象夫婦也。異位象子母，謂若林鍾上生大蔟之九二，二於第一爲異位，象母子。但律所生者爲夫婦，吕所生者爲母子。十二律吕，律所生者常同位，吕所生者常異位，故云律取妻而吕生子也。故曰黃鍾爲天統，律長九寸。林鍾爲地統，律長六寸。大蔟爲人統，律長八寸。林鍾位在未，得爲地統者，以未衝丑故也。志又云：「十二管相生，皆八八，上生下生，盡於中吕，陰陽相生，自黃鍾始，而左旋，八八爲伍。」又云：「皆參天兩地之法也」。注云：「三三而九，二三而六」。上生下生，皆以九爲法。九六，陰陽夫婦子母之道，律取妻而吕生子，天地之情也。六律六吕，而十二辰立矣。五聲清濁，而十日行矣。鄭注皆取義於名也。(四六)云「黃鍾長九寸，其實一籥」者，亦律歷志文。案彼云子穀秬黍中者，千有二百，其實一籥。彼又云黃鍾者，律之實也。(四七)云「下生者三分去一，上生者三分益一」者，子午已東爲上生，子午已西爲下生。東爲陽，陽主其益，西爲陰，陰主其減，故上生益，下生減。必以三爲法者，以其生，故取法於天之生數三也。云「大吕長八寸二百四十三分寸之一百四」者，以黄鍾之律爲本，以八相生，下生林鍾，林鍾上生大蔟，大蔟下生南吕，已後皆然，以此爲次。今鄭以黄鍾、大吕、大蔟等相比爲次第，不依相生爲次第者，鄭意既以上生下生得寸數長短，乃依十二辰次第而言耳。此之寸數所生，以黄鍾長九寸，下生林鍾，三分減一，去三寸，故林鍾長六寸。林鍾上生大蔟，三分益一，六寸益二寸，故大蔟長八寸。此三者以爲三統，故無餘分。大蔟下生南吕，三分減一，八寸取六寸，減二寸，得四寸在，餘二寸，寸爲三分，合爲六分，去二分，四分在，取三分爲一寸，添前四寸爲五寸，餘一分在，是南吕之管長五寸三分寸之一也。南吕上生姑洗，三分益一，五寸取三寸，益一寸爲四寸，又餘二寸者爲十八分，又以餘一分者爲三分，添前十八分爲二十一分，益七分爲二十八分，取二十七分爲三寸，添前四寸爲七寸，餘一分在，是爲姑洗之管長七寸九分寸之一。沽洗下生應鍾，三分去一，取六寸去二寸，得四寸，又以餘一寸者爲二十七分，餘一分者爲三分，添二十七分，爲三十分，減十分，餘二十分，應鍾之管長四寸二十七分寸之二十。自此已下相生，皆以爲三分數，而爲減益之法，其義可知，故不具詳也。云「文之者，以調五聲，使之相次，如錦繡之有文章」者，謂據律吕以謂五聲，〔四八〕相次如錦繡有文章，故名五聲爲文也。此即八十一絲爲宫，七十二絲爲商之等是也。又云「播猶揚也，揚之以八音，乃可得而觀之矣」者，五聲以律吕調之，其八音亦使與律吕相應，八音亦合五聲，則絲是一。但其聲發揚出聲，故云播揚也。云可得觀者，義取左氏季札請觀周樂，故以「觀」言之也。云「金鍾鎛」已下，鄭以義約之。案下瞽矇職云：「播鼗、柷敔、塤、簫、管、弦、歌」，眡瞭職云：「掌擊頌磬、笙磬」，磬師掌擊編鍾，鼓人掌教六鼓，笙師掌教吹笙，是樂器中有此鍾磬等八者。鍾鎛以金爲之，磬以石爲之，塤以土爲之，鼓鼗以革爲之，柷敔以木爲之。笙以插竹於匏，但匏、笙一也，故鄭以笙解匏。簫管以竹爲之。故以鍾磬等釋金石等八音。但匏笙亦以竹爲之，以經别言匏，故匏不得竹名也。

教六詩：曰風，曰賦，曰比，曰興，曰雅，曰頌，教，教瞽矇也。風，言賢聖治道之遺化也。賦之言鋪，直鋪陳今之政教善惡。比，見今之失，不敢斥言，取比類以言之。興，見今之美，嫌於媚諛，取善事以喻勸之。雅，正也，言今之正者，以爲後世法。頌之言誦也，容也，誦今之德，廣以美之。鄭司農云：「古而自有風雅頌之名，故延陵季子觀樂於魯時，孔子尚幼，未定詩書，而曰『爲之歌邶鄘衛』，〔四九〕曰『是其衛風乎』，又爲之歌小雅、大雅，又爲之歌頌。論語曰：『吾自衛反魯，然後樂正，雅頌各得其所。』時禮樂自諸侯出，頗有謬亂不正，孔子正之。曰比曰興，比者，比方於物也。興者，託事於物。」○曰興，虛應反，注皆同。治道，直吏反，下治功皆同。言鋪，普吳反，又音孚。爲之，于僞反，下爲之爲作皆同。歌邶，步内反。

「教六」至「曰頌」　案詩上下唯有風、雅、頌，是詩之名也。但就三者之中，有比、賦、興，故揔謂之「六詩」也。

注「教教」至「於物」　鄭知此「教」是教瞽矇者，案下瞽矇職云「諷誦詩」，故知教者，教瞽矇也。云「風，言賢聖治道之遺化也」者，但風是十五國風，從關雎至七月，則是揔號，其中或有刺責人君，或有褒美主上。今鄭云言賢聖治道之遺化者，鄭據二南正風而言，周南是聖人治道遺化，召南是賢人治道遺化，自邶、鄘已下，是變風，非賢聖之治道者也。云「賦之言鋪，直鋪陳今之政教善惡」者，凡言賦者，直陳君之善惡，更假外物爲喻，故云鋪陳者也。云「比，見今之失，不敢斥言，取比類以言之。興，見今之美，嫌於媚諛，取善事以喻勸之」者，謂若關雎興后妃之類是也。云「雅，正也，言今之正者，以爲後世法」者，謂若鹿鳴、文王之類是也。云「頌之言誦也，容也，誦今之德，廣以美之」者，凡言頌者，美盛德之形容，以其成功告於神明，謂若清廟頌文王之樂歌之類是也。鄭司農云「古而自有風、雅、頌之名」已下，後鄭從之，故不破。若然，此經有風、雅、頌，則在周公時，明不在孔子時矣。而先鄭引春秋爲證者，以時人不信周禮者，故以春秋爲證，以與春秋同，明此是周公所作耳。案襄二十九年，季札聘魯，請觀周樂，爲之歌邶、鄘、衛、小雅、大雅及頌等。」先鄭彼注云：「孔子自衛反魯，然後樂正，雅、頌各得其所。」自衛反魯，在哀公十一年，當此時，雅頌未定，而云爲歌大雅、小雅、頌者，傳家據已定録之言，季札之於樂，與聖人同。與此注違者，先鄭兩解，雖然，據此經是周公時已有風、雅、頌，則彼注非也。

以六德爲之本，所教詩必有知、仁、聖、義、忠、和之道，乃後可教以樂歌。〔五〇〕○知仁，音智。

注「所教」至「樂歌」　凡受教者，必以行爲本，故使先有六德爲本，乃可習六詩也。案大司徒職云：「以鄉三物教萬民，一曰六德，知、仁、聖、義、忠、和。」又案師氏，以三德教國子，至德、敏德、孝德，此既教瞽矇，故取教萬民之六德以釋之耳。

以六律爲之音。以律視其人爲之音，知其宜何歌。子貢見師乙而問曰：「賜也聞樂歌各有宜，若賜者宜何歌？」此問人性也。本人之性，莫善於律。

注「以律」至「於律」　鄭云「以律視其人爲之音，知其宜何歌」者，則大師以吹律爲聲，又使其人作聲而合之。聽人聲與律呂之聲合，謂之爲音。或合宮聲，或合商聲，或合角徵羽之聲。聽其人之聲，則知宜歌何詩。若然，經云以六律爲之音，據大師吹律，共學者之聲合，乃爲音，似若曲合樂曰歌之類也。云「子貢」已下，樂記文。師乙，乃魯之大師，瞽之無目知音者也，故子貢不自審，就師乙而問之。云「此問人之性」者，謂子貢所問，問人之性。性，即性宜見於聲氣，故云「本人之性，莫善於律」也。引之者，證以六律爲音。〔五一〕本人性所宜之事也。

大祭祀，帥瞽登歌，令奏擊拊，〔五二〕擊拊，瞽乃歌也。故書拊爲付，鄭司農云：「登歌，歌者在堂也。付字當爲拊，書亦或爲拊。樂或當擊，或當拊。登歌下管，貴人聲也。」玄謂拊形如鼓，以韋爲之，著之以穅。○擊拊，音撫。

「大祭」至「擊拊」　謂凡大祭祀之時，大師有此一事。言「帥瞽登歌」者，謂下神合樂，皆升歌清廟。故將作樂時，大師帥取瞽人登堂，於西階之東，北面坐而歌者，與瑟以歌詩也。「令奏擊拊」者，拊所以導引歌者，故先擊拊，瞽乃歌也。歌者出聲謂之奏，故云奏也。

注「擊拊」至「以糠」　鄭云「擊拊，瞽乃歌也」者，見經云「令奏擊拊」，故知擊拊乃歌也。「先鄭云，樂或當擊，或當拊」者，先鄭之意，擊拊謂若尚書云「擊石拊石」，皆是作用之名，拊非樂器。後鄭不從者，北擊拊，謂若下文鼓朄及擊應鼙之類，彼朄鼙是樂器，則知此拊亦樂器也。「玄謂拊形如鼓，以韋爲之，著之以糠」者，此破先鄭拊非樂器。知義如此者，約白虎通引尚書大傳云「拊革，裝之以糠」。今書傳無者，在亡逸中。

下管，播樂器，令奏鼓朄。鼓朄，管乃作也。特言管者，貴人氣也。鄭司農云：「下管，吹管者在堂下。朄，小鼓也。先擊小鼓，乃擊大鼓。小鼓爲大鼓先引，故曰朄。讀爲道引之引。」〔五三〕玄謂鼓朄猶言擊朄，詩云「應朄縣鼓」。○鼓朄，音胤，小鼓也。道，音導。引之引，並音胤。

「下管」至「鼓朄」　凡樂，歌者在上，匏竹在下，故云「下管播樂器」。樂器，即笙簫及管皆是。出聲曰播，謂播揚其聲。令奏鼓朄者，奏即播，亦一也。欲令奏樂器之時，亦先擊朄導之也。

注「鼓朄」至「縣鼓」　鄭云「鼓朄，管乃作也」者，亦如上注擊拊瞽乃歌。云「特言管者，貴人氣也」者，以管簫皆用氣，故云貴人氣。若然，先鄭云「登歌下管，貴人聲」，此後鄭云「特言管者，貴人氣」，不同者，各有所對。若以歌者在上，對匏竹在下，歌用人，人聲爲貴，故在上。若以匏竹在堂下，對鍾鼓在庭，則匏竹用氣，貴於用手，故在階間也。後鄭云「鼓朄猶言擊朄」者，此上下文拊與鼓皆言擊，則此鼓謂出聲，亦擊之類也。詩「應朄縣鼓」，〔五四〕周頌有瞽篇也。

大饗，亦如之。

「大饗亦如之」　此大饗，謂諸侯來朝，〔五五〕即大行人上公三饗、侯伯再饗、子男一饗之類。其在廟行饗之時，作樂與大祭祀同，亦如上大祭祀帥瞽登歌，〔五六〕下管樂器，〔五七〕令奏，皆同，故云「亦如之」。凡祭祀、大饗及賓射，升歌、下管，一皆大師令奏，小師佐之。其鍾鼓，則大祝令奏，故大祝云：「隨釁、逆尸，〔五八〕令鍾鼓侑，亦如之。」〔五九〕若賓射及饗，鍾鼓亦當大祝令之，與祭祀同也。其小祭祀及小賓客文不見，或無升歌之樂。其外祭祀山川社稷，皆準大祭祀令奏也。

大射，帥瞽而歌射節。射節，王歌騶虞。

注「射節王歌騶虞」　言射節者，謂若射人所云樂以騶虞九節，貍首七節，采蘋、采蘩五節之類，則大師爲之歌也。

大師，執同律以聽軍聲，而詔吉凶。大師，大起軍師。兵書曰：「王者行師出軍之日，授將弓矢，士卒振旅，將張弓大呼，大師吹律合音。商則戰勝，軍士强；角則軍擾多變，失士心；宫則軍和，士卒同心；徵則將急數怒，軍士勞；羽則兵弱，少威明。」鄭司農説以師曠曰：「吾驟歌北風，又歌南風，南風不競，多死聲，楚必無功。」〇授將，子匠反，下同。士卒，子忽反，下同。大呼，火故反。數怒，所角反。

注「大師」至「無功」　兵書者，武王出兵之書。云「合音，商則戰勝，軍士强」者，商屬西方金，金主剛斷，故兵士强也。多「角則軍擾多變，〔六〇〕失士心」者，東方木，木主曲直，故軍士擾多變，失士心。「宫則軍和，士卒同心」者，中央土，土主生長，又載四行，故軍士和而同心。「徵則將急數怒，軍士勞」者，南方火，火主熛怒，故將急數怒。「羽則兵弱，少威明」者，北方水，水主柔弱，又主幽闇，故兵弱少威明也。先鄭引「師曠曰」者，案襄公十八年，楚子使子庚帥師侵鄭，左傳曰：「甚雨及之，楚師多凍，役徒幾盡。晉人聞有楚師，師曠曰：『不害，吾驟歌北風，又歌南風，南風不競，多死聲，楚必無功。』」注云「北風」，夾鍾無射以北，〔六一〕「南風」，沽洗南呂以南。南律氣不至，故死聲多。吹律而言歌與風者，出聲曰歌，以律是候氣之管，氣則風也，故言歌風。引之者，證吹律知吉凶之事也。

大喪，帥瞽而廞；〔六二〕**作匶，謚。**廞，興也，興言王之行，謂諷誦其治功之詩。故書廞爲淫，鄭司農云：「淫，陳也。陳其生時行迹，爲作謚。」

「大喪」至「匶謚」　大喪言「凡」，則大喪中兼王后。雖婦從夫謚，亦須論行乃謚之。言「帥瞽」者，即帥瞽矇歌王治功之詩。「廞作匶謚」者，匶，即柩也，古字通用之。以其興喻王治功之詩，爲柩作謚。故云「廞作柩謚」，是以瞽矇職云：「諷誦詩」，謂作謚時。

注「廞興」至「作謚」　云「廞，興也」者，先鄭以從古書「廞」作「淫」。淫，陳也。周禮之内，先鄭皆從淫爲「陳」，後鄭皆爲「興」，引之在下者，以無正文，亦得爲一義故也。凡作謚，謂將葬時，故檀弓云：「公叔文子卒，其子戍請於君曰：日月有時，將葬矣，請所以易其名者。」曾子問云：「賤不誄貴，幼不誄長，天子稱天以誄之。」引公羊傳，〔六三〕制謚於南郊是也。

凡國之瞽矇，正焉。從大師之政教。○之行，下孟反，下同。

注「從大師之政教」　大師是瞽人之中樂官之長，故瞽矇屬焉，而受其政教也。

校勘記

〔一〕有帗舞　漢讀考云，「帗」，説文作「翇」，疑今注有脱誤，當云「故書帗作翇，皇作翌。鄭司農云，翇舞者，全羽，社稷以翌」。蓋先鄭從故書與許同，後鄭從今書作「帗」，地官舞師職當亦然。

〔二〕而節有毛其名曰旄牛　孫詒讓云，山海經「有毛」作「生毛」，「其名」無「其」字。

〔三〕今旄牛髀脚胡尾　孫詒讓云，今本山海經注「髀脚」作「背膝」，下又有「及」字。

〔四〕雞啄　宋本同。元、正、閩、閫、阮本「啄」作「喙」，當是。

〔五〕漢内鳳皇數出　元、閩、閫本同。殿、阮本「内」作「世」，當是。

〔六〕趨以采薺　唐石經、諸本同，釋文作「采齊」，云「本又作薺」。

〔七〕環拜以鍾鼓爲節　俞樾云，「拜」當爲「佩」。

〔八〕則皆有迎法　監、毛、殿本同，元、正、閩、閫、阮本脱「有」字。

〔九〕行是門内　殿本「行」上有「證」字。阮本「内」作「門」，誤。

〔一〇〕即是門内行肆夏也　元、正、閩、閫、阮本「行」下有「以」字，當是。

〔一一〕故以右五鍾應黄鍾　殿本同，元、閩、閫、阮本脱「應」字。

〔一二〕大夫士皆五節　殿本同，元、正、閩、閫、阮本脱「皆」字。

〔一三〕即燕義所云是也　元、正、閩、閫、惠校、阮本同。監、毛、殿本「燕」作「射」，當是。

〔一四〕以彼來上無詔字　阮本「詔」字竄入下經文「及徹」前，它本均不誤。

〔一五〕從清廟已下皆用頌　阮本「用」作「周」，當是。

〔一六〕食音嗣下注疏食同凡言饗食皆放此　此句阮本誤置於下經「燕射帥射夫以弓矢舞」下。

〔一七〕其中詔來鼓歌徹等皆如此　元、正、閩、閫、阮本「鼓」作「瞽」，與經文合。

〔一八〕率當爲帥　漢讀考云，「率」與「帥」，今人混用，而漢人分別，周禮「帥」字，故書當作「率」。

〔一九〕其體比以禮　阮本「以」作「於」，當是。

〔二〇〕樂出入令奏鍾鼓　俞樾云，「樂」乃「王」之誤。

〔二一〕雜以干戚羽毛謂之樂　阮本同。浦鏜云，「旄」譌「毛」。

〔二二〕弁瞽人歌者　阮本「弁」作「并」，疑是。

〔二三〕年十二到年三十一　「十二」，婺、建本及漢制考所引同，余、岳、嘉靖本作「二十」，阮校云，作「二十」是。

「三十一」，諸本皆作「三十」，是。

〔二四〕酎之言酎　阮本下「酎」字作「醇」，與今月令鄭注同。

〔二五〕舍采　「舍」，原作「合」，據唐石經、婺、建、岳、阮本改。

〔二六〕謂舞者皆持芬香之采　漢讀考云，「采」，當作「菜」。

〔二七〕奏樂之節合也　孫詒讓云，「合」字當與「奏」字上下互易。

〔二八〕案王制有釋菜奠幣　孫詒讓云，此王制注文。

〔二九〕故以爲學子始入學子始入學釋采禮先師也　阮本「子始入學」四字不重。

〔三〇〕皆采名　孫詒讓云，「采」當爲「菜」。

〔三一〕命樂正習舞釋采　「采」，阮本作「菜」，與月令文合，當據改。

〔三二〕至仲秋合聲　元、正、閩、閩、阮本「秋」作「春」，疑誤。

〔三三〕注小祭祀　宋本同。元、正、閩、閩、阮本「注」下有「云」字。

〔三四〕故記罰爵　元、正、閩、阮本「記」作「設」，當是。

〔三五〕角爵觩然陳設而已　阮本「角」作「用」，「觩」作「觥」，誤。

〔三六〕不勝　阮本「不」作「弗」。

〔三七〕簴　葉鈔本同，徐本作簾。

〔三八〕備三面爾　閩、監、毛本同。元、正、閩、阮本「三」作「二」，誤。今大射鄭注作「三」。

〔三九〕西面　元、閩、閩、阮本「面」作「南」，誤。今鄉射禮作「西面」。

〔四〇〕鄭司農云以春秋傳曰　段玉裁云，當作「鄭司農説」。

〔四一〕南北之揆七月也　孫詒讓云，「月」，據周語當爲「同」，魏書樂志引服注作「同」。

〔四二〕以天子卿大夫判縣之一肆分爲西東也　元、正、閩、閩本同。毛、阮本「西東」作「東西」，疑作「東西」爲是。

〔四三〕大呂長八寸一百四十三分寸之一百四　婺、岳、阮本上「一」字作「二」，建本作「三」，疑作「二」是。

〔四四〕互爲先後　「互」，原作「與」，據阮本改。

〔四五〕皆三天地之法也　浦鏜云，當作「皆參天兩地」。

〔四六〕鄭注皆取義於名也　元、正、閩、閩、阮本「名」作「此」，疑是。

〔四七〕彼又云黄鍾者律之實也　孫詒讓云，「黄鍾者律之實也」，當依漢志作「籥者黄鍾律之實也」。

〔四八〕據律呂以謂五聲　阮本「謂」作「調」，疑是。

〔四九〕而曰爲之歌邶鄘衛　婺、余、岳、嘉靖、惠校本同，建、閩、監、毛、阮本「曰」作「因」。

〔五〇〕乃後可教以樂歌　婺、建、余、岳、嘉靖本同，閩、監本「乃」作「然」。

〔五一〕證以六律爲音　阮本脱「六」字。

〔五二〕令奏擊拊　浦鏜云，此「令」及下「令奏鼓朄」之「令」字，鄭注樂記「會守拊鼓」下引作「合」。阮校云，宋本禮記注疏二「合」字皆改作「令」，非。孫詒讓云，「令」字不誤，禮記亦當作「令」，胡氏研六室文鈔辨之詳矣。

〔五三〕故曰輴讀爲道引之引　婺、建、岳、阮本「輴」字重。

〔五四〕詩應輴縣鼓　元、正、閩、閩、阮本「詩」下有「云」字，當是。

〔五五〕此大饗謂諸侯來朝　孫詒讓云：「『諸侯來朝』上當有『饗』字。」

〔五六〕亦如上大祭祀帥瞽登歌　元、閩、殿本同，正、閩、阮本「帥」作「師」，誤。

〔五七〕下管樂器　阮本「管」下有「播」字，與上經文合。

〔五八〕隨釁逆尸　殿本同，元、正、閩、閩、阮本「逆」上有「逆牲」二字。

〔五九〕令鍾鼓侑亦如之　阮本「侑」作「又」。婺、建、岳本大祝職文「侑」作「右」，鄭注：「右讀亦當爲侑。」

〔六〇〕多角則軍擾多變　元、正、閩、閩、阮本無上「多」字，疑此字當作「云」。

〔六一〕交鍾無射以北　元、正、閩、閩、阮本「交」作「夾」，當是。

〔六二〕大喪帥瞽而廞　于鬯云：據賈疏，「大喪」前當有「凡」字。

〔六三〕引公羊傳　孫詒讓云：「『公羊傳』當依禮記注作『公羊説』，傳無此文。」

周禮注疏卷第二十七

小師，掌教鼓鼗、柷、敔、塤、簫、管、弦、歌。教，教瞽矇也。出音曰鼓。鼗如鼓而小，持其柄摇之，旁耳還自擊。塤，燒土爲之，大如雁卵。簫，編小竹管，〔一〕如今賣飴餳所吹者。〔二〕弦，謂琴瑟也。歌，依詠詩也。鄭司農云：「柷如漆筩，〔三〕中有椎。敔，木虎也。塤，六孔。管如篪，六孔。」玄謂管如篴而小，〔四〕併兩而吹之，〔五〕今大子樂官有焉。〔六〕○摇之，音遥，本亦作摇。〔七〕飴，以之反。餳，辭盈反，李音唐。漆筩，音動。有椎，直追反。六空，音孔。篪，音馳。篴，音狄。併而，薄冷反。

注「教教」至「有焉」。鄭知教瞽矇者，案瞽矇所作樂器，與此所要者同，明此教，教瞽矇也。鄭知此經鼓非六鼓之鼓者，案鼓人云「掌教六鼓」，眡瞭職云「掌大師之縣」，又云「賓射皆奏其鍾鼓」，則六鼓鼓人教之，眡瞭擊之，非此小師教。又瞽矇所作不言鼓，明此鼓既在鼗已下諸器之上，是出聲爲鼓也。後鄭解鼗，依漢法而知。「塤，燒土爲之，大如雁卵」，先鄭云「塤，六孔」者，案廣雅云：「塤象秤錘，以土爲之，六孔」，故二鄭爲此解也。云「簫，編小竹」者，案通卦驗云：「簫長尺四寸。」注云：「簫，管形，象鳥翼。鳥爲火，火成數七，〔八〕生數二，二七一十四，簫之長由此。」廣雅云：「簫，大者二十四管，小者十六管，有底。」三禮圖云：「簫長尺四寸，頌簫長尺二寸。」此諸文簫有長短不同，古者有此制也。云「管，如今賣飴餳所吹者」，先鄭云：「管如篪，六孔。」案廣雅云：「管象簫，〔九〕長尺，圍寸，八孔，無底。」八孔者，蓋轉寫誤，〔一〇〕當從六孔爲正也。云「弦謂琴瑟也，歌依詠詩也」者，謂工歌詩，依琴瑟而詠之詩，此即詩傳云「曲合樂曰歌」，亦一也。故鄉飲酒之屬，升歌皆有瑟，依詠詩也。若不依琴瑟，即爾雅「徒歌曰謡」也。先鄭云「柷，狀如漆筩，中有椎。敔，木虎」者，書云：「合止柷敔。」注云：「柷，狀如漆筩而有椎，〔一一〕

合之者投椎其中而撞之。敔，狀如木虎，〔一二〕背有刻，所以鼓之以止樂。」爾雅注云：「柷，如漆桶，方二尺四寸，深一尺八寸。敔，如伏虎，背上有二十七鉏鋙刻，以木長尺櫟之。」「玄謂管如篴而小，併兩而吹之，今大子樂官有焉」者，觀後鄭意，似不與諸家同，〔一三〕故引漢法大子樂官爲況也。

大祭祀，登歌，擊拊，亦自有拊擊之，佐大師令奏。鄭司農云：「拊者擊石。」○令奏，力呈反。

注「亦自」至「擊石」　鄭知小師亦自擊拊，不共大師同擊拊者，見大師下管鼓朄，此小師下管別自擊應鼙，不同，明擊拊亦別可知。但小師佐大師耳。引先鄭拊爲擊石者，先鄭上注已解拊與擊同，後鄭不從，今引之在下者，以無正文，引之，或得爲一義故也。

下管，擊應鼓，應，鼙也。應與朄及朔，皆小鼓也。其所用別未聞。○應鼙，薄西反。

注「應鼓」至「未聞」　鄭知應是應鼙，及有朔鼙者，案大射「建鼓在阼階西，南鼓，應鼙在其東」，以是知應是應鼙。彼又云「一建鼓在西階之西，朔鼙在其北」，是知有朔鼙也。知皆小鼓者，擊鼓者即事之漸，先擊小，後擊大，故大射云：「應鼙在其東，朔鼙在其北，鼙者皆在人右。」鄭彼注云：「便其先擊小，後鼙大。」既便其事，是鼙皆小鼓也。云「其所用別未聞」者，此上下祭祀之事，有應，有朄，無朔。大射有朔，有應，無朄。凡言「應」者，應朔鼙，祭祀既有應，明有朔，但無文，不可强定之，故云用別未聞也。

徹，歌。於有司徹而歌雍。

注「於有」至「歌雍」　鄭知徹祭器歌詩者，〔一四〕見論語八佾云：「三家者以雍徹，孔子云：『相維辟公，天子穆穆，奚取於三家之堂。』以三家無辟公助祭，又無天子之容，則諸侯亦不得用，唯天子得用之，是天子之容，則徹器用徹詩，故云歌雍也。

大饗，亦如之。

「大饗亦如之」 其大饗，饗諸侯之來朝者，徹器亦歌雍。若諸侯自相饗，徹器即歌振鷺。故仲尼燕居云「大饗有四焉」，云「徹以振羽」，振羽當爲振鷺，是其事也。

大喪，與廞。從大師。○喪與，音預。

注「從大師」 知從大師者，見大師職云「廞作匶謚」，此言與，謂與在廞中，明從大師也。

凡小祭祀、小樂事，鼓朄。如大師。鄭司農云：「朄，小鼓名。」

掌六樂聲音之節與其和。和，錞于。○其和，户卧反，注同。錞于，音淳，本或作淳。

注「和錞于」 鄭知和是錞于者，見鼓人云「金錞和鼓」，故知和是錞于也。

瞽矇，掌播鼗、柷、敔、塤、簫、管、弦、歌。播謂發揚其音。

「瞽矇」至「弦歌」 此八者，皆小師教此瞽矇，令於作樂之時，播揚以出聲也。

諷誦詩，世奠繫，鼓琴瑟。諷誦詩，謂闇讀之，不依詠也。故書奠或爲帝。〔一五〕鄭司農云：「諷誦詩，主誦詩以刺君過，故國語曰『瞍賦矇誦』，謂詩也。杜子春云：『帝讀爲定，其字爲奠，書亦或爲奠。世奠繫，謂帝繫，諸侯卿大夫世本之屬是也。小史主次序先王之世，〔一六〕昭穆之繫，述其德行。瞽矇主誦詩，并誦世繫，以戒勸人君也。故國語曰「教之世，爲之昭明德而廢幽昏焉，以怵懼其動」。』」〔一七〕玄謂諷誦詩，主謂廞作柩謚時也。諷誦王治功之詩，以爲謚。世之而定其繫，謂書於世本也。雖不歌，猶鼓琴瑟，以播其美，音之。〔一八〕○世奠，音定。繫，户計反，注同。以刺，七賜反。瞍賦，素口反。德行，下孟反。怵懼，勑律反，北本作休。

「諷誦」至「琴瑟」　諷誦詩，謂於王喪將葬之時，則使此瞽矇諷誦王治功之詩，觀其行以作謚，葬後當呼之。云「世奠繫」者，奠，定也。謂辨其昭穆，以世之序而定其繫。繫，即帝繫，世本是也。鼓琴瑟者，詩與世本二者，雖不歌詠，猶鼓琴瑟而合之，以美之也。

注「諷誦」至「美之」　案上注云「背文曰諷，以聲節之曰誦」，别釋之。此總云「闇讀之不依詠」者，語異義同。背文與以聲節之，皆是闇讀之，不依琴瑟而詠也，直背文闇讀之而已。故雖有琴瑟，猶不得爲曲合樂曰歌，是以鄭云「雖不歌，猶鼓琴瑟以播其音美之」也。若然，誦則以聲節之，兼琴瑟則爲歌矣，而得不爲歌者，此止有諷，而言誦者，諷、誦相將，連言誦耳。先鄭云：「諷誦詩，主誦詩以刺君過」，并引國語，皆是諫諍人君法度。鄭不從，而爲廞作柩謚時者，以其與世繫連文，皆是王崩後事，不得爲諫諍，是以大師廞作柩謚，此瞽矇諷詩，事相成故也。子春與先鄭同，但兼解世繫耳。帝繫據王，即經繫也，諸侯卿大夫謂之世本，即經世也。云「小史主次序先王之世，昭穆之繫」者，小史職云：「奠繫世，辨昭穆。」故知小史次序之。云「述其德行」者，取義於國語云「爲之昭明德」，是也。子春之意，與先鄭同爲諫諍之事，後鄭亦不從也。國語者，案楚語云：「莊王使士亹傳太子箴，〔一九〕辭，王卒使傳之。問於申叔時，申叔時曰：『教之春秋，而爲之聳善而抑惡焉，以戒勸之。教之世，而爲之昭明德而廢幽昏焉，以怵懼其動。』」注云：「先王之繫世本，使知有德者長，無德者短。」子春引之者，證帝繫、世本之事。後鄭云

「世之而定其繫」，謂書於世本」，以世與繫爲一事解之，〔二〇〕又對文言之，王謂之帝繫，諸侯卿大夫謂之世本。散則通，故云書於世本。世本，即王帝繫也。〔二一〕

掌九德、六詩之歌，以役大師。役，爲之使。

眂瞭，掌凡樂事播鼗，擊頌磬、笙磬。視瞭播鼗又擊磬。磬在東方曰笙，笙，生也；在西方曰頌，頌或作庸，庸，功也。大射禮曰：「樂人宿縣于阼階東，笙磬西面，其南笙鍾，其南鑮，皆南陳。」又曰：「西階之西，頌磬東面，其南鍾，其南鑮，皆南陳。」○擊頌，衆家不音，當依字，戚音容。

「眂瞭」至「笙磬」 案序官，眂瞭三百人，皆所以扶工。以其扶工之外無事，而兼使作樂，故云「掌凡樂事」，則「播鼗」已下至職末，皆是也。

注「視瞭」至「南陳」 云「視瞭播鼗又擊磬」者，案小師教鼓鼗，注云「教，教瞽矇」。瞽矇云「掌播鼗」，今視瞭亦掌播鼗，但有目，不須小師教之耳，故鄭云「視瞭播鼗又擊磬」，是眂瞭兼掌鼗也。云「磬在東方謂之笙，笙，生也。在西方曰頌，頌或云庸，〔二二〕庸，功也」者，以東方是生長之方，故云笙。西方是成功之方，故云庸，庸功也。謂之頌者，頌者美盛德之形容，以其成功告於神明，故云頌。言「或作庸」者，尚書云「笙庸以間」，孔以庸爲大鍾，鄭云：「庸即大射頌，一也。」引大射者，證東方之磬爲笙，西方之磬爲頌之事也。

掌大師之縣。大師當縣則爲之。〔二三〕

注「大師」至「爲之」 案大司樂有宿縣之事，小胥正樂縣之差，〔二四〕大師無縣樂之事。此大師之縣者，〔二五〕大師掌六律六同、五聲八音，以其無目，於音聲審，本職雖不言縣樂器，文寄於此，明縣之可知。言「當縣則爲之」者，以其有目故也。

凡樂事，相瞽。相謂扶工。○相瞽，息亮反，注同。

注「相謂扶工」　能其事曰工，故樂稱工，是以儀禮鄉飲酒、鄉射、燕禮、大射皆言工。相者，以視瞭有目，瞽人無目，須人扶侍故也。

大喪，廞樂器，大旅亦如之。旅，非常祭。於時乃興造其樂器。

注「旅非」至「樂器」　大喪，廞樂器，謂明器，故檀弓云：「木不成斲，瓦不成味，竹不成用，琴瑟張而不平，竽笙備而不和。」是沽而小耳，是臨時乃造之。大旅非常祭，亦臨時乃造，故云「亦如之」。旅不用尋常祭器者，以其旅是非常，則其器亦如明器沽而小，故文承明器而云「亦如之」也。

賓射，皆奏其鍾鼓。擊𣝏以奏之。其登歌，大師自奏之。

注「擊𣝏」至「奏之」　鄭知「擊𣝏以奏之」者，見大師職云「下管令奏鼓𣝏」，以其鍾鼓與管俱在下，管既擊𣝏令奏，則鍾鼓亦擊𣝏奏之可知。云「其登歌，大師自奏之」者，大師職，見大祭祀，登歌擊拊，雖不言賓射，賓射登歌，自然大師令奏擊拊也。若然，大射之時，鍾鼓眡瞭擊𣝏，登歌亦大師自奏也。

鼜、愷獻，亦如之。愷獻，獻功愷樂也。杜子春讀鼜爲憂戚之戚，謂戒守鼓也。擊鼓聲疾數，故曰戚。○鼜，音戚。愷樂，音洛。疾數，音朔。

「鼜愷獻亦如之」　鼜，謂夜戒守之鼓。愷獻，謂戰勝獻俘之時作愷樂。二者皆視瞭奏其鍾鼓，故云「亦如之」也。

典同，掌六律、六同之和，以辨天地四方陰陽之聲，以爲樂器。陽聲屬天，陰聲屬地，天地之聲，布於四方。爲，作也。故書同作銅。鄭司農云：「陽律以竹爲管，陰律以銅爲管，竹陽也，銅陰也，各順其性，凡十二律，故大師職曰『執同律以聽軍聲』。」〔二六〕玄謂律，述氣者也。同助陽宣氣，與之同。皆以銅爲。

注「陽聲」至「銅爲」　云「陽聲屬天，陰聲屬地，天地之聲布於四方」者，此典同既云「掌六律六同」，即覆云「以辨天地四方陰陽之聲」，明天地四方陰陽之聲，還是六律六同也。但於十二辰，在陽辰爲律，屬天。在陰辰爲同，屬地。十二律布在四方，方有三也。此即大師所云六律左旋，六同右轉，陰陽相合者也。先鄭云：「陽律以竹爲管，陰律以銅爲管，竹陽也，銅陰也，各順其性」，并大師執同，亦爲銅字解之。後鄭不從之，故云「律，述氣者也。同，助陽宣氣，與之同。皆以銅爲之」。鄭知義然者，案律歷志云：「律有十二，陽六爲律，陰六爲吕，有三統之義焉。」其傳曰：「黄帝之所作也。黄帝使泠綸，自大夏之西。」〔二七〕應劭曰：「大夏，西戎之國也。崐崘之陰，取竹之解谷。」孟康曰：「解，脱也。谷，竹溝也。取竹之脱無溝節者也。〔二八〕一説，崐崘之北，谷名也。」生其竅均厚者，〔二九〕無兩節間而吹之，〔三〇〕以爲黄鍾之宫。制十二筩以聽鳳之鳴，〔三一〕其雄鳴爲六，雌鳴亦六。此則上古用竹。又案律歷志云：「度者，分、寸、尺、丈、引也，所以度長短也。本起黄鍾之長，一黍爲一分，十分爲寸，十寸爲尺，十尺爲丈，十丈爲引，而五度審矣。」其法用銅，是陽律用銅可知，是後世用銅之明證也。

凡聲，高聲碮，正聲緩，下聲肆，陂聲散，險聲斂，達聲贏，微聲韽，回聲衍，侈聲筰，弇聲鬱，薄聲甄，厚聲石。故書碮或作硍，〔三二〕杜子春讀碮爲鏗鎗之鏗，〔三三〕高謂鍾形容高也，韽讀爲闇不明之闇，筰讀爲行扈唶唶之唶，石如磬石之聲。鄭大夫讀硍爲衮冕之衮，陂讀爲人短罷之罷，䪗讀爲鶉䪗之䪗。〔三四〕鄭司農云：「鍾形下當倠。〔三五〕正者，不高不下。鍾形上下正傭。」玄謂高，鍾形大上，上大也。高則聲上藏，衮然旋如裏。〔三六〕正謂上下直正，則聲緩無所動。下謂鍾形大下，下大也。下則聲出去放肆。陂讀爲險陂之陂，陂謂偏侈，陂則聲離散也。險謂偏弇也，險則聲斂不越也。達謂其形微大也，達則聲有餘若大放也。微謂其形微小也。䪗讀爲飛鉆涅䪗之䪗，〔三七〕䪗聲小不成也。回謂其形微圜也，回則其聲淫衍無鴻殺也。侈謂中央約也，侈則聲迫窄出去疾也。弇謂中央寬也，弇則聲鬱勃不出也。甄讀爲甄燿之甄，〔三八〕甄猶掉也。鍾微薄則聲掉，鍾大厚則如石，叩之無聲。○聲硍，古本反，或胡本反。陂聲，彼義反。聲䪗，劉音闇，又於贍反，鄭於貪反，戚於感反，李烏南反。侈聲，昌氏反，又式氏反。窄，側百反。弇，沈、戚音掩，劉於驗反。甄，音震，注同。作䃶，音艱，又苦耕反，字林音限，云石聲。鏗，苦耕反。鎗，初衡反，劉初耕反。啀啀，側百反。短罷，皮買反，字或作㼿，音同。桂林之間謂人短爲㼿矲，矲音苦買反。〔三九〕鶉，烏南反。當倠，音婢，李又孚葵反，一音豐巳反，或音蒲年反。正傭，勑龍反。形大上，大音泰，下形大、下大厚同，舊菟佐反。上音時掌反。飛鉆，張林反，又其廉反，戚或音沾，劉又渠金反。説文云鐵鉆也。〔四〇〕一曰膏車鐵鉆。鉆音竹涉反。涅，乃結反，劉其兼反。鴻殺，色介反，舊色例反。約也，舊如字，戚於教反。掉也，徒弔反，劉奴較反。

注「故書」至「無聲」　此十二種，並是鍾之病。此職掌十二律之鍾，是十二辰之零鍾，非編者，直言病鍾者，欲見除此病外，即是鍾之善者，故言病鍾而已。杜子春讀硍爲鏗鎗之鏗者，讀從樂記「鍾聲鏗，鏗以立號」，是鏗鎗之鏗，後鄭不從。又讀「窄」爲「行扈啀啀」之「啀」，讀從左氏傳「少皥以鳥名官，有行扈啀啀」，後鄭亦不從也。云「石如磬石之聲」者，磬用石者，故讀從磬聲。後鄭增成之。鄭大夫讀「硍」爲衮冕之「衮」，取音同。後鄭從之。「陂」讀爲人短罷之「罷」，從俗語讀之。後鄭不從。「䪗」讀爲鶉䪗之「䪗」，讀從孝經緯。〔四一〕後鄭亦不從此讀。鄭司農云下謂鍾形下當倠。後鄭不從，云「正者，不高不下。鍾形上下正傭」，後鄭增成其義。「玄謂高，鍾形大上，上大也。〔四二〕高則聲上藏，衮然旋如裏」者，言旋如裏，謂聲周旋如在裏。云「正謂上下直正，則聲緩無所動」者，由無鴻殺故也。云「下謂鍾形大下，下大也。下則聲出去放肆」者，由下大故也。鄭知上是上大，下是下大者，以其正是上下直，則上是上大，下是下大可知，故爲此解。云「陂讀爲險陂之陂」者，讀從詩序「險詖私謁之心」，陂是偏私之意，故爲偏侈也。云「險謂偏弇也」者，此險與陂相對，〔四三〕陂既爲偏侈，故險爲偏弇也。云「達謂其形微大也」者，凡物大則疏達，故爲微大，對高爲上大，故此達爲微大，微大則聲有餘，若大放也。云「微謂其形微小也」者，此微對達，達爲微大，則微爲微小矣。云「韽讀爲飛鉗涅韽之韽」者，謂鬼谷子有飛鉗、揣摩之篇，皆言從横辯説之術。飛鉗者，言察是非語，飛而鉗持之。揣摩者，云揣人主之情而摩近之。云「韽聲小不成也」者，飛鉗涅韽，使之不語，此鍾聲韽，亦是聲小不成也。云「回謂其形微圜也」者，凡鍾依鳧氏所作，若鈴不圜，今此回而微圜，故聲淫衍無鴻殺也。云「侈謂中央約也」者，此非偏侈，謂鍾口揔寬，則聲迫筰出去疾，由口寬故也。云「弇謂中央寬」者，此與侈相對，侈既口揔寬，則弇是口揔狹，是中央寬也。云「弇則聲鬱勃不出也」者，由口寵故也。云「甄讀從甄燿之甄」者，讀從春秋緯甄燿度之篇名。云「甄猶掉也，鍾微薄則聲掉」者，由薄故也。云「鍾大厚則如石」者，案鳧氏爲鍾云：「鍾已厚則石，已薄則播，是故大鍾十分其鼓閒，以其一爲之厚。小鍾十分其鉦閒，以其一爲之厚。」是厚薄得中也。

凡爲樂器，以十有二律爲之數度，以十有二聲爲之齊量。數度，廣長也。齊量，侈弇之所容。○之齊，才計反，注同。廣，古曠反。長也，音亮反。

注「數度」至「所容」 樂器，據典同所作，謂鍾也。云「以十有二律爲之度數」者，〔四四〕依律歷志云，古之神瞽，度律均鍾，以律計倍半。假令黄鍾之管長九寸，倍之爲尺八寸，又九寸得四寸半，揔二尺二寸半，以爲鍾口之徑，及上下之數。自外十二辰頭，皆以管長短計之可知。故云度數廣長也。廣則口徑，長則上下也。云「以十有二聲爲之齊量」者，十二聲，則十二辰零鍾，鍾則聲也。十二鍾皆有所容多少之齊量。故云「侈弇之所容」者，上文侈弇雖是鍾病，所容多少則依法，故舉侈弇見文而言也。

凡和樂亦如之。和謂調其故器也。

注「和謂」至「器也」　鄭知調故器者，上文凡爲樂器，是新造者，今更言和樂，明是調故器，知聲得否及容多少，當依法度也。

磬師，掌教擊磬，擊編鍾。教，教視瞭也。磬亦編，於鍾言之者，鍾有不編，不編者鍾師擊之。杜子春讀編爲編書之編。

注「教教」至「之編」　鄭知教，教視瞭者，視瞭職云：「掌播鼗，擊笙磬、頌磬。」若然，視瞭不言擊鍾，知亦教視瞭擊編鍾者，以磬是樂縣之首，故特舉此言，其實編鍾亦視瞭擊之，故鎛師注云：「擊鍾者亦視瞭」也。(四五)云「磬亦編，於鍾言之者，鍾有不編，不編者鍾師擊之」者，鄭知鍾有不編者，以此經云擊磬不言編，則磬無不編，以其無可對，故不言編。鍾言編，則對不編者，故鄭云磬亦編，於鍾言之者，鍾有不編，不編者，鍾師自擊之也。鄭必知鍾有不編，使鍾師自擊者，以其言教視瞭擊編鍾，明不編者不教視瞭，不教者自擊之可知，是以鍾師云「掌金奏」，又云「以鍾鼓奏九夏」，明是鍾不編者，十二辰零鍾也。若書傳云「左五鍾，右五鍾」也。「杜子春讀編爲編書之編」者，案史記，孔子讀易，韋編三絕。是古者未有紙，皆以韋編竹簡，此鍾磬亦編之，十六枚在一簴，故讀從之也。

教縵樂、燕樂之鍾磬。杜子春讀縵爲怠慢之慢。玄謂縵讀爲縵錦之縵，謂雜聲之和樂者也。學記曰：「不學操縵，不能安弦。」燕樂，房中之樂，所謂陰聲也。二樂皆教其鍾磬。○教縵，莫半反，杜音慢。學操，七曹反。

注「杜子」至「鍾磬」 子春讀「縵」爲「慢」，後鄭不從之也。「玄謂縵讀爲縵錦之縵」者，時有縵錦之言，依俗讀之也。云「謂雜聲之和樂者也」者，謂雜弄調和，引學記爲證。案彼鄭注云「操縵，雜弄」，即今之調辭曲，若不學調弦，則不能安意於弦也。云「燕樂，房中之樂」者，此即關雎、二南也。謂之「房中」者，房中，謂婦人。后妃以風喻君子之詩，故謂之房中之樂。

凡祭祀，奏縵樂。

鍾師，掌金奏。金奏，擊金以爲奏樂之節。金謂鍾及鎛。

注「金奏」至「及鎛」 此即鍾師自擊不編之鍾。凡作樂，先擊鍾，故鄭云「金奏，擊金以爲奏樂之節」。是以下云「以鍾鼓奏九夏」，亦先云鍾也。鄭云「金謂鍾及鎛」者，以其二者皆不編，〔四六〕獨縣而已。

凡樂事，以鍾鼓奏九夏：王夏、肆夏、昭夏、納夏、〔四七〕**章夏、齊夏、族夏、祴夏、**〔四八〕**驁夏。**〔四九〕以鍾鼓者，先擊鍾，次擊鼓以奏九夏。夏，大也，樂之大歌有九。故書納作內，杜子春云：「內當爲納，祴讀爲陔鼓之陔。王出入奏王夏，尸出入奏肆夏，牲出入奏昭夏，四方賓來奏納夏，臣有功奏章夏，夫人祭奏齊夏，族人侍奏族夏，客醉而出奏陔夏，公出入奏驁夏。肆夏，詩也。春秋傳曰：『穆叔如晉，晉侯享之，金奏肆夏三，〔五〇〕不拜；工歌文王之三，又不拜；歌鹿鳴之三，三拜，曰：『三夏，天子所以享元侯也，使臣不敢與聞。』肆夏與文王、鹿鳴俱稱三，謂其三章也。以此知肆夏詩也。國語曰：『金奏肆夏、繁遏、渠，天子所以享元侯。』肆夏、繁遏、渠，所謂三夏矣。」呂叔玉云：「肆夏、繁遏、渠，皆周頌也。肆夏，時邁也。繁遏，執競也。〔五一〕渠，思文也。肆，遂也。夏，大也。言遂於大位，謂王位也，故時邁曰『肆于時夏，允王保之』。繁，多也。遏，止也。言福祿止於周之多也，故執競曰『降福穰穰，降福簡簡，福祿來反』。渠，大也，言以后稷配天王道之大也。故思文曰『思文后稷，克配彼天』。故國語謂之曰『皆昭令德以合好也』。」玄謂以文王、鹿鳴言之，則九夏皆詩篇名，頌之族類也。此歌之大者，載在樂章，樂崩亦從而亡，是以頌不能具。○夏納，本或作納夏。齊夏，側皆反，本又作齋。祴夏，音陔，古哀反。驁夏，五羔反，劉五到反。使臣，色吏反。與聞，音預。繁遏，於葛反。執傹，音競，詩作競。穰穰，如羊反。合好，呼報反。

注「以鍾」至「能具」 云「以鍾鼓者，先擊鍾，次擊鼓」者，鍾師直擊鍾，不擊鼓，而兼云鼓者，凡作樂，先擊鍾，次擊鼓，欲見鼓鍾先後次第，故兼言之也。鍾中得奏九夏者，謂堂上歌之，堂下以鍾鼓應之，故左氏傳云「晉侯歌鍾二肆」，亦謂歌與鍾相應而言也。云「夏大也」者，欲明此九夏者皆詩之大者，故云「樂之大歌有九」。杜子春云「祴讀爲陔鼓之陔」者，漢有陔鼓之法，故樂師先鄭云「若今時行禮於大學，罷出，以鼓陔爲節」，故讀從之也。云「王出入奏王夏，尸出入奏肆夏，牲出入奏昭夏」者，皆大司樂文。云「四方賓來奏納夏，臣有功奏章夏，夫人祭奏齊夏，族人侍奏族夏」者，此四夏皆無明文，或子春别有所見，故後鄭從之。云「賓醉而出奏陔夏」者，賓醉將出奏之，恐其失禮，故陔切之，使不失禮。〔五二〕是以鄉飲酒、鄉射、燕禮、大射，賓醉將出之時，皆云奏陔。云「公出入奏驁夏」者，案大射云「公入，奏驁夏」，是諸侯射於西郊，自外入時奏驁夏。不見出時，而云出者，見樂師云：「行以肆夏，趨以采茨」。〔五三〕出入禮同，則驁夏亦出入禮同，故兼云出也。此九夏者，惟王夏，惟天子得奏，諸侯已下不得。其肆夏，則諸侯亦得用，〔五四〕故燕禮奏肆夏，大夫已下者不得，故郊特牲云：「大夫之奏肆夏，由趙文子始」，明不合也。其昭夏已下，諸侯亦用之。其驁夏，天子大射入時無文，故子春取大射「公入驁」，以明天子亦用也。云「肆夏，詩也」者，子春之意，九夏皆不言詩，是以解者不同，故杜注春秋云肆夏爲樂曲名。今云肆夏詩，則九夏皆詩。後鄭從之。「春秋傳曰」已下，襄公四年傳文。云「俱稱三，謂其三章」者，此皆篇而云章者，子春之意，以章名篇耳。引國語曰「金奏肆夏、繁遏、渠，天子所以享元侯」者，歌詩尊卑各别，若天子享元侯，升歌肆夏頌，合大雅。享五等諸侯，升歌大雅，合小雅。享臣子，歌小雅合鄉樂。若兩元侯自相享，與天子享已同。五等諸侯自相享，亦與天子享已同。諸侯享臣子，亦與天子享臣子同。燕之用樂與享同，故燕禮燕臣子，升歌鹿鳴之詩三篇。〔五五〕襄四年，晉侯享穆叔，爲之歌鹿鳴。云「君所以嘉寡君」，是享燕同樂也。云「所謂三夏矣」者，即上引春秋「肆夏三不拜」，三是三夏，故云三夏。吕叔玉者，是子春引之者，子春之意與叔玉同，三夏並是在周頌篇，故以時邁、執競、思文三篇當之。後鄭不從者，見文王、大明、緜，及鹿鳴、四牡、皇皇者華，皆舉見在詩篇名，及肆夏與繁遏、渠，舉篇中義意，故知義非也。「玄謂以文王、鹿鳴言之，則九夏皆詩篇名」者，以襄四年，晉侯享穆叔，奏肆夏，與文王、鹿鳴同時而作，以類而言，文王、鹿鳴等既是詩，明肆夏之三亦是詩也。肆夏既是詩，則九夏皆詩篇名也。云「頌之族類也」者，九夏並是頌之族類也。云「此歌之大者」，以其皆稱夏也。云「載在樂章」者，此九夏本是頌，以其大而配樂歌之，則爲樂章，載在樂章也。云「樂崩亦從而亡，是以頌不能具」者，樂崩在秦始皇之世，隨樂而亡，頌内無，故云頌不能具也。

凡祭祀、饗食，奏燕樂。以鍾鼓奏之。

注「以鍾鼓奏之」 饗食，謂與諸侯行饗食之禮。在廟，故與祭祀同樂，故連言之。知「以鍾鼓奏之」者，以其鍾師奏九夏用鍾鼓，故知此燕樂亦用鍾鼓奏之可知也。

凡射，王奏騶虞，諸侯奏貍首，卿大夫奏采蘋，士奏采蘩。鄭司農云：「騶虞，聖獸。」

「凡射」至「采蘩」 言「凡射」，〔五六〕射、賓射等，同用此爲射節，故言凡。射人與樂師辨其節數，於此見其作樂人爲之，故數職重言。

注「騶虞聖獸」 案異義，今詩韓魯説，「騶虞，天子掌鳥獸官」。古毛詩説，「騶虞，義獸，白虎黑文，食自死之肉，不食生物，人君有至信之德則應之。周南終麟止，召南終騶虞，俱稱嗟嘆之，皆獸名。」謹案古山海經、鄒書云〔五七〕「騶虞，獸」，説與毛詩同。是其聖獸也。

掌鼙，鼓縵樂。鼓讀如莊王鼓之鼓。〔五八〕玄謂作縵樂，擊鼙以和之。○和之，胡卧反。

注「鼓讀」至「和之」　鼓讀如莊王鼓之鼓者，讀從左氏傳「莊王親鼓」之鼓。「玄謂作縵樂，擊鼙以和之」者，此官主擊鼙，於磬師作縵樂，則鍾師擊鼙以和之。

笙師，掌教龡竽、笙、塤、籥、簫、篪、篴、管，舂牘、〔五九〕應、雅，以教祴樂。教，教視瞭也。鄭司農云：「竽，三十六簧。笙，十三簧。篪，七空。〔六〇〕舂牘，以竹大五六寸，長七尺，短者一二尺，其端有兩空，髤畫，以兩手築地。應長六尺五寸，其中有椎。雅，狀如漆筩而弇口，大二圍，長五尺六寸，以羊韋鞔之，有兩紐，疏畫。」〔六一〕杜子春讀篴爲蕩滌之滌，〔六二〕今時所吹五空竹篴。〔六三〕玄謂籥如篴，三空。祴樂，祴夏之樂。牘應雅教其舂者，謂以築地。笙師教之，則三器在庭可知矣。賓醉而出，奏祴夏，以此三器築地，爲之行節，明不失禮。○龡，昌垂反。竽，音于。舂牘，音獨，或大録反。七空，音孔，下同。髤，香牛反，或七利反。鞔之，莫干反。

注「教教」至「失禮」　此樂器，瞽矇有，視瞭無。所以知不教瞽矇者，案小師云：「教鼓鼗、柷敔、塤、簫、管、弦、歌。」注云：「教，教瞽矇也。」以小師在瞽矇之上，又瞽矇所作與小師同，故知小師所教瞽矇。笙師所教，文在視瞭之下，不可隔視瞭教瞽矇，其視瞭雖不云其器，明所教教視瞭也。先鄭云「竽三十六簧，笙十三簧」者，案通卦驗「竽長四尺二寸。」注云：「竽，管類，用竹爲之，形參差象鳥翼。鳥，火禽，火數七，冬至之時吹之。冬，水用事，水數六，六七四十二，竽之長蓋取於此也。」笙十三簧，廣雅云：「笙以匏爲之，十三管，宫管在左方。竽，象笙三十六管，宫管在中央。」禮圖云「竽長四尺二寸」，此竽三十六簧，與禮圖同。云「篪，七空」者，廣雅云：「篪，以竹爲之，長尺四寸，八孔，一孔上出，寸三分。」禮圖云：「篪，九空。」司農云七孔，蓋寫者誤，當云八空也。或司農別有所見。云「舂牘以竹大五六寸，長七尺，短者一二尺，其端有兩空，髤畫，以兩手築地。應長六尺五寸，其中有椎。雅狀如漆筩而弇口，大二圍，長五尺六寸，以羊韋鞔之，有兩紐，疏畫」者，此皆約漢法知之而言。鄭注巾車「髤，赤多黑少之色，疏畫」者，長疏而畫之。子春讀篴爲蕩滌之滌，讀從郊特牲「臭味未成，滌蕩其聲」之滌。云「今時所吹五空竹篴」，後鄭從之也。玄謂「祴樂，祴夏之樂」者，以其鍾師有祴夏，此祴樂與之同，故知此所教祴樂，是鍾師所作祴夏者也。云「笙師教之，則三器在庭可知矣」者，以其笙管在堂下，近堂，則三者亦在堂下，遠堂，在庭可知。云「賓醉而出，奏祴夏」者，此則鄉飲酒及鄉射之等，賓出奏陔是也。云「以此三器築地，爲之行節，明不失禮」者，三器言舂，舂是向下之稱，是其築地，與祴樂連文，明與祴樂爲節可知也。經中樂器不解塤與簫管者，上文已釋也。

凡祭祀、饗、射，共其鍾笙之樂，鍾笙，與鍾聲相應之笙。

注「鍾笙」至「之笙」 鄭爲此解者，以其笙師不掌鍾而兼言鍾，故知義然也。

燕樂亦如之。

「燕樂亦如之」 言亦如之者，謂作燕樂，亦如上共其鍾笙之樂也。

大喪，廞其樂器；及葬，奉而藏之。廞，興也，興謂作之。奉猶送。

注「廞興」至「猶送」 此所興作，即上竽笙已下皆作之，送之於壙而藏之也。

大旅，則陳之。陳於饌處而已，不涖其縣。

注「陳於」至「其縣」　此經直言陳之，明陳於饌處而已，不臨其縣。其臨縣者大司樂，故大司樂云：「大喪，臨歞樂器。」注云：「臨笙師鎛師之屬，」是也。

鎛師，掌金奏之鼓。謂主擊晉鼓，以奏其鍾鎛也。然則擊鎛者亦視瞭。

「鎛師」至「之鼓」　鎛師不自擊鎛，使視瞭擊之，但擊金奏之鼓耳。

注「謂主」至「視瞭」　知金奏之鼓是主擊晉鼓者，〔六四〕鼓人職云「以晉鼓鼓金奏」，故知之也。金奏謂奏金。金，即鍾鎛。鍾鎛以金爲之，故言金。云「然則擊鎛者亦視瞭」者，案視瞭職云：〔六五〕「樂作擊編鍾」，不言鎛，鎛與鍾同類，大小異耳。既擊鍾，明亦擊鎛，故云亦視瞭也。

凡祭祀，鼓其金奏之樂，饗食、賓射，亦如之。軍大獻，則鼓其愷樂。凡軍之夜三鼜，皆鼓之，守鼜亦如之。守鼜，備守鼓也。鼓之以鼖鼓。杜子春云：「一夜三擊，備守鼜也。春秋傳所謂賓將趨者，音聲相似。」〇以鼖，扶云反。將趨，左傳作掫，音莊九反，杜注云行夜。

「凡祭」至「如之」　云「鼓其金奏之樂」者，金奏之樂者，即八音是也，亦以晉鼓鼓之。饗食，謂饗食來朝諸侯。賓射，亦謂與來朝諸侯射於朝。皆鼓其金奏之鼓也。軍大獻，謂獻捷於祖，作愷歌，亦以晉鼓鼓之。云「凡軍之夜三鼜，皆鼓之，守鼜亦如之」者，亦鼓之也。

注「守鼜」至「相似」　鄭知用鼖鼓者，鼓人職云：「鼖鼓鼓軍事。」此並軍事，故知用鼖鼓也。子春云「一夜三擊，備守鼜也」者，鼓人注引司馬法云：「昏鼓四通爲大鼜，夜半三通爲晨戒，旦明五通爲發昫。」是一夜三擊備守鼜也。春秋傳者，昭二十年，衛侯如死鳥，齊侯使公孫青聘衛，賓將掫。〔六六〕注云，掫謂行夜。子春云：「賓將趨」，讀人音異。云「音聲相似」者，「趨」與「鼜」，音聲相似，皆是夜戒守也。

大喪，廞其樂器，奉而藏之。

「大喪」至「藏之」　此官所廞，謂作晉鼓鼖鼓而已，以其當職所擊者也。

韎師，掌教韎樂。祭祀，則帥其屬而舞之。舞之以東夷之舞。

注「舞之」至「之舞」　知舞之以東夷之舞者，以其專主夷樂，則東夷之樂曰「韎」是也。凡舞夷樂，皆門外爲之。

大饗，亦如之。

旄人，掌教舞散樂，舞夷樂，散樂，野人爲樂之善者，若今黄門倡矣，自有舞。夷樂，四夷之樂，亦皆有聲歌及舞。

「旄人」至「夷樂」　云「掌教舞散樂，舞夷樂」者，旄人教夷樂而不掌，鞮鞻氏掌四夷之樂而不教，二職互相統耳。旄人加以教散樂，〔六七〕鞮鞻氏不掌之也。

注「散樂」至「及舞」　云「散樂，野人爲樂之善者」，〔六八〕以其不在官之員内，謂之爲「散」，故以爲野人爲樂善者也。云「若今黄門倡矣」者，漢倡優之人，亦非官樂之内，故舉以爲説也。云「夷樂，四夷之樂」者，即孝經緯云：「東夷之樂曰韎，南夷之樂曰任，西夷之樂曰株離，北夷之樂曰禁。」知亦皆有聲歌及舞者，此經有舞，下鞮鞻氏云「掌四夷之樂，爲其聲歌」，是也。〔六九〕

凡四方之以舞仕者屬焉。

「凡四」至「屬焉」　云「凡四方之以舞仕者屬焉」者，此即野人能舞者，屬旄人，選舞人，當於中取之故也。

凡祭祀、賓客，舞其燕樂。

「凡祭」至「燕樂」　賓客，亦謂饗燕時。「舞其燕樂」，謂作燕樂時，使四方舞士舞之以夷樂。

籥師，掌教國子舞羽歈籥。文舞有持羽吹籥者，所謂籥舞也。文王世子曰：「秋冬學羽籥。」詩云：「左手執籥，右手秉翟。」〔七〇〕

注「文舞」至「秉翟」　此籥師掌文舞，故教羽籥。若武舞，則教干戚也。故云「文舞有持羽吹籥者」也。云「所謂籥舞也」者，所謂詩頌，籥舞笙鼓，彼亦文舞也。文王世子曰：「秋冬學羽籥。」彼對「春夏學干戈」，陽時學之，法陽動。秋冬學羽籥，陰時學之，法陰静。詩云「左手執籥，右手秉翟」者，邶風簡兮之篇。引此二文者，證皆文舞所執之器也。此官所教，當樂師教小舞，互相足。故文王世子云：「小樂正學干，大胥贊之。籥師學戈，籥師丞贊之。」注云：「四人皆樂官之屬也，通職。秋冬亦學以羽籥。小樂正，樂師也。」

祭祀，則鼓羽籥之舞。鼓之者，恒爲之節。

注「鼓之」至「之節」　祭祀先作樂下神，及合樂之時，則使國子舞。鼓動以羽籥之舞，與樂節相應，使不相奪倫，故鄭云「鼓之者，恒爲之節」。

賓客、饗食，則亦如之。

「賓客」至「如之」　亦鼓之以羽籥之舞，與祭祀同。以其俱在廟，故樂亦同也。

大喪，廞其樂器，奉而藏之。

「大喪」至「藏之」　此所廞作，惟羽籥而已，不作餘器。

籥章，掌土鼓、豳籥。

杜子春云：「土鼓，以瓦爲匡，以革爲兩面，可擊也。」鄭司農云：「豳籥，豳國之地竹，豳詩亦如之。」玄謂豳籥，豳人吹籥之聲章，明堂位曰：「土鼓蒯桴葦籥，伊耆氏之樂。」○豳，彼貧反，注邠同。蒯，苦對反，劉苦壞反。桴，音浮。伊者，又作帆、阢，二皆音者。

注「杜子」至「之樂」　子春云：「土鼓以瓦爲匡，以革爲兩面，可擊也。」後鄭不從者，土鼓因於中古，神農之器，黄帝已前，未有瓦器，故不從也。先鄭云：「豳籥，豳國之地竹，豳詩亦如之。」後鄭不從者，案下文吹豳詩、吹豳雅、吹豳頌，更不見豳籥，則是籥中吹豳詩及雅、頌，謂之豳籥，何得有豳國之地竹乎？若用豳國之地竹，當云之籥，故後鄭云豳人吹籥之聲章。云「豳人吹籥」，其義難明，謂作豳人吹籥之聲章，商祝、夏祝之類。聲章，即下文豳詩之等是也。明堂位曰：「土鼓、蒯桴、葦籥，伊耆氏之樂」者，鄭注禮運云：「土鼓，築土爲鼓也。蒯桴，桴，謂擊鼓之物，以土塊爲桴。」引之者，破子春土鼓用瓦。

中春，晝擊土鼓，歙豳詩，以逆暑。豳詩，豳風七月也。吹之者，以籥爲之聲。七月言寒暑之事，迎氣歌其類也。此風也，而言詩，詩揔名也。迎暑以晝，求諸陽。○中春，音仲，下同。

「中春」至「逆暑」　中春，二月也。言迎暑者，謂中春晝夜等，已後漸暄，故預迎之耳。

注「豳詩」至「諸陽」　鄭知吹之者，以籥爲之聲者，以發首云「掌土鼓豳籥」，故知詩與雅、頌，皆用籥吹之也。云「七月言寒暑之事」者，七月云「一之日觱發，二之日栗烈」，七月流火之詩，是寒暑之事。云「迎氣歌其類也」者，解經吹豳詩逆暑，及下迎寒，皆當歌此寒暑之詩也。云「此風也，而言詩，詩揔名也」者，對下有雅、有頌，即此是風，而言詩揔名，〔七一〕含豳風矣，故云詩不言風也。「迎暑以晝，〔七二〕求諸陽」者，對下迎寒以夜，求諸陰也。

中秋，夜迎寒，亦如之。迎寒以夜，求諸陰。

「中秋」至「如之」　言「亦如之」，亦當擊土鼓，歙豳詩也。

凡國祈年于田祖，歙豳雅，擊土鼓，以樂田畯。祈年，祈豐年也。〔七三〕田祖，始耕田者，謂神農也。豳雅，亦七月也。七月又有于耜舉趾，饁彼南畝之事，是亦歌其類。謂之雅者，以其言男女之正。鄭司農云：「田畯，古之先教田者。」爾雅曰：「畯，農夫也。」○以樂，音洛。田畯，音俊。饁，于輒反，劉于法反。

「凡國」至「田畯」　此祈年於田祖，并上迎暑迎寒，並不言有祀事。既告神，當有祀事可知。但以告祭非常，故不言之耳。若有禮物，不過如祭法埋少牢之類耳。此田祖與田畯，所祈當同曰，但位別禮殊，樂則同，故連言之也。

注「祈年」至「夫也」　「祈年，祈豐年也」者，義取小祝求豐年，俱是求甘雨，使年豐，故引彼解此也。云「田祖，始耕田者，謂神農也」者，此即郊特牲云「先嗇」，一也，故甫田詩云：「琴瑟擊鼓，以御田祖，以祈甘雨，以介我稷黍。」毛云：「田祖，先嗇也。」云「七月，又有于耜舉趾，饁彼南畝之事，是亦歌其類」者，〔七四〕案彼七月云：「三之日于耜，四之日舉趾，同我婦子，饁彼南畝，田畯至喜。」並次在寒暑之下，彼爲風，此爲雅者也。云「謂之雅者，以其言男女之正」者，先王之業，以農爲本，是男女之正，故名雅也。司農云「田畯，古之先教田者」，此即月令命田舍東郊。鄭云：「田，謂田畯。」是也。「爾雅曰，畯，農夫也」者，以其教農，故號農夫。

國祭蜡，則歈豳頌，擊土鼓，以息老物。故書蜡爲蠶。〔七五〕杜子春云：「蠶當爲蜡。郊特牲曰：『天子大蜡八，伊耆氏始爲蜡。歲十二月，而合聚萬物而索饗之也。蜡之祭也，主先嗇而祭司嗇也。』『黃衣黃冠而祭，息田夫也。』『既蜡而收，民息已。』」玄謂十二月，建亥之月也。求萬物而祭之者，萬物助天成歲事，至此爲其老而勞，乃祀而老息之，於是國亦養老焉，月令「孟冬，勞農以休息之」是也。豳頌，亦七月也。七月又有「穫稻作酒，躋彼公堂，稱彼兕觵，萬壽無疆」之事，〔七六〕是亦歌其類也。謂之頌者，以其言歲終人功之成。○而索，色白反。爲其，于僞反。勞農，力報反。穫稻，户郭反。躋堂，子兮反。無疆，居良反。

「國祭」至「老物」　此祭蜡直擊土鼓，案明堂位云：「土鼓、葦籥，伊耆氏之樂」，即此，亦各有葦籥可知。〔七七〕言「以息老物」者，謂息田夫萬物也。

注「故書」至「之成」　子春引郊特牲，後鄭從之，增成其義耳，故還引郊特牲而解之。云「求萬物而祭之」者，即合聚萬物而索饗之是也。云「乃祀而老息之」者，老，即老物，蜡祭是也。息之者，即息田夫，臘祭宗廟是也。云「於是國亦養老焉」者，即所引月令「孟冬，勞農以休息之」是也。云「豳頌，亦七月也。七月又有『穫稻作酒』等至之事，是亦歌其類也」者，其類，謂「穫稻」已下是也。云「謂之頌者，以其言歲終人功之成」者，凡言頌者，頌美成功之事，故於七月風詩之中，亦有雅頌也。鄭注郊特牲云：「歲十二月，周之正數。」故此鄭云「建亥」解之。知非夏十二月者，以其建亥，萬物成，故月令祈來年，及臘先祖之等，皆在孟冬月，是十二月據周，於夏爲建亥十月也。

鞮鞻氏，掌四夷之樂與其聲歌。四夷之樂，東方曰韎，南方曰任，〔七八〕西方曰株離，北方曰禁。詩云「以雅以南」是也。王者必作四夷之樂，一天下也。言與其聲歌，則云樂者主於舞。○曰任，音任，下同。

注「四夷」至「於舞」　四夷樂名，出於孝經緯鉤命決，故彼云：「東夷之樂曰韎，持矛助時生。南夷之樂曰任，持弓助時養。〔七九〕西夷之樂曰株離，持鉞助時殺。北夷之樂曰禁，持楯助時藏。皆於四門之外，右辟」是也。案明堂位，亦有東夷之樂曰昧，南夷之樂曰任。又案虞傳云：「陽伯之樂舞株離」，則東夷之樂亦名株離者，東夷樂有二名，亦名株離。鄭注云：「株離，舞曲名。言象萬物生株離。〔八〇〕若詩云『彼黍離離』，是物生亦曰離。」云「王者必作四夷之樂，一天下也」者，案白虎通云「王者制夷狄樂，不制夷狄禮」者，所以均中國。〔八一〕不制禮，恐夷人不能隨中國禮也。〔八二〕四夷之樂誰謂舞，使國之人也。〔八三〕云「與其聲歌，則云樂者主於舞」者，凡樂止有聲歌及舞，既下別云聲歌，明上云樂主於舞可知也。案月令仲春云：「命樂正入，學習樂。」注云：「歌與八音。」知非舞。以其下季春云「大合樂」，明所合多，故知非直舞，而有歌與八音也。

祭祀，則龡而歌之，燕亦如之。吹之以管籥爲之聲。

注「吹之」至「之聲」　知「吹之以管籥爲之聲」者，以其歌者在上，管籥在下，既言吹之用氣，明據管籥爲之聲可知，是以笙師教吹籥管之等。

典庸器，掌藏樂器、庸器。庸器，伐國所獲之器，若崇鼎、貫鼎及以其兵物所鑄銘也。

注「庸器」至「銘也」 庸，功也。言功器者，伐國所獲之器也。云「若崇鼎、貫鼎」者，明堂位文。云「及以其兵物所鑄銘也」者，謂左氏傳，季氏以所得齊之兵，作林鍾而銘魯功，是經中樂器也。彼既譏其非時征伐，又籍晉之功。〔八四〕引之，取一邊證鑄作銘功之事耳。

及祭祀，帥其屬而設筍虡，陳庸器。設筍虡，視瞭當以縣樂器焉。陳功器，以華國也。杜子春云：「筍讀爲博選之選，橫者爲筍，從者爲鐻。」〔八五〕○博選，胥兖反。從者，子容反。爲鐻，音距，舊本作此字，今或作虡。

注「設筍」至「爲鐻」 鄭知此「設筍虡，視瞭當以縣樂器焉」者，案視瞭職云：「掌大師之縣」，此直云設筍虡，明是視瞭縣之可知。子春云「筍讀爲博選之選」者，此當俗讀，當時語者有博選之言，故讀從之也。

饗食、賓射，亦如之。大喪，廞筍虡。廞，興也，興謂作之。

注「廞興」至「作之」 案檀弓有鍾磬而無筍虡，鄭注云「不縣之」，彼鄭注見此文有筍虡，明有而不縣，以喪事略故也。

司干，掌舞器。舞器，羽籥之屬。

注「舞器羽籥之屬」 鄭知司干所掌舞器是羽籥，以其文武之舞，所執有異，則二者之器，皆司干掌之。言司干者，周尚武，故以干爲職首。其籥師教而不掌。若然，干與戈相配，不言戈者，下文云「祭祀，授舞器」，則所授者，授干與羽籥也。案司戈盾亦云：「祭祀，授旅賁殳，故士戈盾，〔八六〕授舞者兵。」云舞者兵，惟謂戈，其干亦於此官授之。司兵云「祭祀授舞者兵」，鄭注云：「授以朱干玉戚。」謂授大武之舞，與此授小舞干戈別也。

祭祀，舞者既陳，則授舞器，既舞則受之。既，已也。受取藏之。

賓、饗亦如之。大喪，廞舞器，及葬，奉而藏之。

「大喪」至「藏之」　此官云干盾及羽籥，及其所廞，廞干盾而已。其羽籥，籥師廞之，故其職云：「大喪，廞其樂器。及葬，奉而藏之。」其視瞭所廞者，謂鼓與磬，鍾師不云廞，則鍾亦視瞭廞之。如是，瞽矇及大師、小師皆不云廞者，以其無目。其瞽矇所云柷、敔、塤、簫、管及琴瑟，皆當視瞭廞之。不云奉而藏之，文不具。笙師云「竽笙」已下，則笙師自廞之，故其職云廞藏。鎛師云擊晉鼓，〔八七〕則晉鼓鎛師廞之。其兵舞所廞入五兵中，故司兵云「大喪廞五兵」。凡廞樂器，皆大司樂臨之，故其職云「大喪臨廞樂器」。典同不云廞者，以其律呂與鍾器等爲制度，不掌成器，故不云廞。韎師、旄人、鞮鞻氏等不云廞者，死後無一天下之事，故不云廞也。典庸器不云廞者，以其庸器非常，故不廞也。以其樂師非一，故諸官各廞不同。

校勘記

〔一〕　簫編小竹管　孫詒讓云，此當讀「編小竹管」爲句，賈疏云「管，如今賣飴餳，所吹者」則讀「管」下屬爲句，大誤，周頌有瞽可證。

〔二〕　如今賣飴餳所吹者　婺、建、余、嘉靖、監本同，岳、閩、毛、阮本「餳」作「錫」，阮校云，從「昜」是也。下同，不更出校。

〔三〕柷如漆筩　孫詒讓云，賈疏述注作「柷狀如漆筩」。

〔四〕玄謂管如篴而小　孫志祖云，詩周頌有瞽疏引鄭注，「而」作「形」。

〔五〕併兩而吹之　惠校本無「兩」字。孫詒讓云，釋文作「併而」，無「兩」，詩有瞽箋云「併而吹」亦無「兩」字，而孔疏引此注有「兩」字。

〔六〕今大子樂官有焉　嘉靖、閩、監、毛、阮本同，婺、建、余、岳「子」作「予」，阮校云，作「予」是。

〔七〕摇本亦作摇　下「摇」字，徐本、阮本同，盧本改作「遥」。黄云，盧本非。

〔八〕鳥爲火火成數七　阮本同。阮校云，此本剜擠二「火」字，閩、監、毛本排入。

〔九〕管象篪　孫詒讓云，此當依廣雅作「象䶵」，管、篪形制絶異。

〔一〇〕蓋轉寫誤　阮本「轉」作「傳」。

〔一一〕狀如漆筩而有椎　孫詒讓云，「而」當依詩疏引作「中」，與此注同。

〔一二〕敔狀如木虎　諸本同。浦鏜云，「伏」誤「木」。

〔一三〕似不與諸家同　阮本「似」作「以」。

〔一四〕鄭知徹祭器歌詩者　「詩」，元、正、閩、閩、殿本同，惠校本、阮本作「雍」，疑作「雍」是。

〔一五〕故書奠或爲帝　婺、建本同，岳本「爲」作「作」。

〔一六〕小史主次序先王之世　「主」，原作「王」，據婺、建、岳、阮本改。

〔一七〕以怵懼其動　婺、建、岳本同。釋文「怵懼，北本作休」，阮校云，國語楚語亦作「休」，韋昭訓「嘉」，北本是。下疏同，不更出校。

〔一八〕以播其美音之　婺、建、岳、阮本「美音」作「音美」。

〔一九〕莊王使士亹傳太子箴　「傳」，阮本作「傅」；「箴」，阮本作「箴」，與國語文合，當據改。

〔二〇〕以世與繫爲一事解之　「解」，監、毛、殿本同，元、正、聞、閩、阮本作「用」。

〔二一〕即王帝繫也　宋本同。元、正、聞、閩、阮本「王帝」作「帝王」。

〔二二〕頌或云庸　元、正、聞、閩、阮本「云」作「作」，當是。

〔二三〕大師當縣則爲之　婺、建、岳、阮本同，余本「當」作「掌」。盧文弨云，按疏是「當」字。

〔二四〕小胥正樂縣之差　毛、殿、阮本「差」作「位」，當是。

〔二五〕此大師之縣者　殿本同。元、正、聞、閩、阮本「縣」作「樂」，誤。

〔二六〕執同律以聽軍聲　阮校云，漢讀考「同」作「銅」，此據先鄭本耳，今大師職作「同」，從後鄭本也。

〔二七〕黄帝使泠綸自大夏之西　惠校本「綸」作「淪」。

〔二八〕取竹之脱無溝節者也　阮本同。阮校云，惠校本無「取」，此衍。孫詒讓云，漢志有「取」字，非衍文。

〔二九〕生其竅均厚者　諸本同。惠校本「均厚」作「厚均」。案「厚均」與漢志文合。

〔三〇〕無兩節間而吹之　元、正、聞、閩、阮本「無」作「斷」，當是。

〔三一〕聽鳳之鴻　元、正、聞、閩、阮本「鴻」作「鳴」，當是。

〔三二〕故書硍或作硍　建、岳、阮本同，婺本「作」作「爲」。

〔三三〕杜子春讀硍爲鏗鎗之鏗　漢讀考「硍」作「硍」，云「此杜從作硍之本，而易爲鏗字，今本讀硍誤」。

〔三四〕鶬讀爲鶉鶬之鶬　婺、建、岳、阮本下兩「鶬」字作「鶬」，下疏同。漢讀考云，「爲」當作「如」。

〔三五〕鍾形下當脾　建、岳、閩、監、毛本同，婺、余、嘉靖、阮本「脾」作「踔」，阮校云，「踔」是。釋文作「踔」。

〔三六〕 衮然旋如裹　岳、惠校本同，婺、建、余、嘉靖、阮本「裹」作「裏」。阮校云，「衮」、「裹」一聲之轉，故讀從之。「衮」亦與「卷」通，卷旋即裹義也，蓋作裹是。賈本作「裹」字。下疏同，不更出校。

〔三七〕 韽讀爲飛鉆涅韽之韽　阮校云，釋文作「飛鉆」，賈疏作「飛鉗」，集韻引鬼谷篇有「飛鉆涅闇」，段玉裁云，集韻所本是。孫詒讓云，集韻二十一侵「鉆」字仍作「飛鉆涅韽」，則段説未塙。

〔三八〕 甄讀爲甄燿之甄　婺、建、岳本同，余、嘉靖、阮本「燿」作「濯」，賈疏本作「燿」。阮校云，「甄燿」即「震燿」，古人「震」多讀平聲，古本作「濯」者，亦當讀爲「燿」。

〔三九〕 罷或作矲謂人短爲矲矲雉雉音苦買反　宋本同。上「矲」字，盧本作「燿」，阮本作「罷」。兩「雉」字，徐本、盧本及阮本作「矮」。「苦」，阮本同，徐、盧本作「古」。阮校以宋本爲是。

〔四〇〕 鉆説文云鐵鉗也　「鐵」原作「鍾」，據徐本、盧本及説文改。阮本「鐵」作「鏗」。

〔四一〕 讀從孝經緯　「緯」，原作「編」，據阮本改。

〔四二〕 上大也　阮本「上」作「下」，誤。

〔四三〕 此險與陂相對　惠校本「陂」作「詖」。

〔四四〕 云以十有二律爲之度數者　孫詒讓云，「度數」，當作「數度」。

〔四五〕 故鎛師注云擊鍾者亦視瞭也　孫詒讓云，「擊鍾」當據鎛師注作「擊鎛」。

〔四六〕 以其二者皆不編　阮本「其」作「是」。

〔四七〕 納夏　唐石經諸本同，釋文作「夏納」，云「本或作納夏」。阮校云，春秋正義及左傳釋文皆作「夏納」，阮本云，今周禮作「納夏」，非也。

〔四八〕 祴夏　「祴」，原作「裓」，與唐石經同。阮校云，當依説文作「祴」。從改。

〔四九〕凡樂事以鍾鼓奏九夏王夏肆夏昭夏納夏章夏齊夏族夏祴夏驁夏　于鬯云，「王夏」至「驁夏」，「夏」字皆當在前。

〔五〇〕金奏肆夏三　浦鏜云，「夏」下脱「之」。

〔五一〕繁遏執競也　余、岳本同，婺、建、阮本「競」作「傹」，與釋文同，阮校云作「傹」是。

〔五二〕故陔切之使不失禮　孫詒讓云，「陔切」當作「戒切」。

〔五三〕趨以采茨　元、正、閩本同，閩、監、毛、殿、阮本「茨」作「薺」。

〔五四〕則諸侯亦得用　元、正、閩、閩、阮本「得」作「當」，疑誤。

〔五五〕升歌鹿鳴之詩三篇　阮本「詩」作「等」。

〔五六〕言凡射　元、正、閩、閩、阮本「射」下有「則大」二字。

〔五七〕鄒書云　孫詒讓云，「鄒」當爲「周」，謂周書王會也。詩疏引鄭志亦據王會爲説。

〔五八〕鼓讀如莊王鼓之鼓　漢讀考云，依宣十二年公羊傳，當云「莊王鼓之之鼓」，今脱一「之」字。

〔五九〕春牘　唐石經，婺、建、岳、阮本「春」作「舂」，下「三器言春」同。

〔六〇〕篪七空　婺、建、岳本同，余本「空」作「孔」，下仍作「空」。阮校云，當并作「孔」。釋文「七空，音孔」，經注本作「空」者，據釋文本改也。賈疏作「空」，孫詒讓云，空孔古今字，似當以作「空」爲是。

〔六一〕有兩紐疏畫　「紐」，閩本同，阮本作「組」，誤。

〔六二〕杜子春讀篴爲蕩篠之篠　漢讀考云，「爲」，當作「如」。

〔六三〕今時所吹五空竹篴　建、岳、阮本同，婺本「吹」作「推」。

〔六四〕知金奏之鼓是主擊晉鼓者　元、正、閩、閩、阮本「是」作「謂」。

〔六五〕 案視瞭職云　元、正、閩、闕、阮本「職」作「直」。

〔六六〕 賓將掫　阮本「掫」作「棷」，似誤。

〔六七〕 旄人加以教散樂　阮本「旄」上有「但」字。

〔六八〕 野人爲樂之善者　元、正、阮本脱「野」字。

〔六九〕 爲其聲歌是也　各本同。浦鏜云，「與」誤「爲」。

〔七〇〕 右手乘翟　婺、建、岳、阮本「乘」作「秉」，疑作「秉」是。

〔七一〕 而言詩揔名　元、正、閩、闕、阮本重「詩」字，當是。

〔七二〕 迎暑以晝　元、正、閩、闕、阮本「迎」上有「云」字，當是。

〔七三〕 祈年祈豐年也　孫詒讓云，「祈」，詩甫田疏引作「求」。

〔七四〕 是亦歌其類者　阮本「是亦」作「亦是」。

〔七五〕 故書蜡爲蠶　王引之云，「蠶」「蜡」形聲俱不相近，蓋「蜡」之古文作「蟗」，故譌爲「蠶」。

〔七六〕 七月又有穫稻作酒躋彼公堂稱彼兕觥萬壽無疆之事　阮校云，據釋文，則陸本作「躋堂稱觵萬壽無疆之事」，注約舉其事，非引詩全文。惠校本删「彼公」、「彼兕」四字。「觵」，今毛詩作「觥」，彼釋文云「本亦作觵」。案當以作「觥」爲是。

〔七七〕 亦各有葦籥可知　元、閩、闕、阮本無「亦」字。浦鏜云，「各」疑「合」字誤。孫詒讓云，「各」不誤。

〔七八〕 南方曰任　阮校云，釋文曰「任音壬」，葉鈔本作「音任」，則陸本注當作「南方曰壬」。

〔七九〕 持弓助時養　諸本同。浦鏜云，「羽」誤「弓」，從白虎通校。阮校云，此等未可臆定爲誤。

〔八〇〕 言象萬物生株離　惠校本「生株離」作「生離根株也」。

〔八一〕所以均中國　殿本「所」上有「禮者」二字。元、聞、閩、阮本「均」作「拘」。

〔八二〕恐夷人不能隨中國禮也　元、正、聞、閩、阮本「禮」下有「故」字。

〔八三〕四夷之樂誰謂舞使國之人也　阮本「誰」作「雖」，閩本同，監、毛本删「謂」。阮校云，「謂」疑當作「爲」。孫詒讓云，當作「四夷之樂誰爲舞，使中國之人也」。

〔八四〕又籍晉之功　聞、閩本同。元、殿本「籍」作「藉」。浦鏜云，「藉」是。

〔八五〕從者爲鐻　阮校云，經當作「虡」，注當作「鐻」，此亦段玉裁經作古字，注作今字之證也。

〔八六〕故士戈盾　元、聞、殿本同，正、聞、阮本「士」作「主」，誤。

〔八七〕鎛師云擊晉鼓　浦鏜云，「主」誤「云」。

周禮注疏卷第二十八

大卜，掌三兆之灋，一曰玉兆，二曰瓦兆，三曰原兆。兆者，灼龜發於火，其形可占者。其象似玉瓦原之舋罅，〔一〕是用名之焉。上古以來，作其法可用者有三。〔二〕原，原田也。杜子春云：「玉兆，帝顓頊之兆。瓦兆，帝堯之兆。原兆，有周之兆。」〇三𠧞，音兆，亦作兆。之舋，舊許靳反，沈依聶氏音問，云「依字，作璺」，璺，玉之坼也。龜兆文似之，占人注同。

「大卜」至「原兆」　大卜所掌，先三兆，後三易，次三夢者，筮短龜長，夢以叶卜筮，故以先後爲次。

注「兆者」至「之兆」　云「兆者，灼龜發於火」者，此依下文華氏云「凡卜，以明火爇燋，遂龡其焌契」，是以火灼龜，其兆發於火也。云「其形可占」者，則占人云「君占體，大夫占色」之等，彼不云占玉瓦原，體色中含之，是其形可占也。云「象似玉瓦原之舋罅」，謂破而不相離也。謂似玉瓦原之破裂，或解以爲玉瓦原之色。云「是用名之焉」者，謂用是似玉瓦原，名之爲玉兆、瓦兆、原兆也。云「上古以來，作其法可用者有三」者，但卜筮是先聖王之所作，蓋伏犧時已有，其時未有此玉瓦原之名，至顓頊以來，始有此名，故云然也。云「原，原田也」者，謂若左氏僖二十八年傳云「原田每每」，以其原與原田字同，故爲此傳解也。子春云「玉兆，帝顓頊之兆，瓦兆，帝堯之兆，原兆有周之兆」者，趙商問此，并問下文：「子春云連山宓戲，歸藏黃帝。今當從此説以不？敢問杜子春何由知之？」鄭荅云：「此數者非無明文，〔三〕改之無據，故著子春説而已。近師皆以爲夏殷周。」鄭既爲此説，故易贊云：「夏曰連山，殷曰歸藏」。又注禮運云「其書存者有歸藏」。如是，玉兆爲夏，瓦兆爲殷可知，是皆從近師之説也。案今歸藏，坤開筮，帝堯降二女以舜妃，〔四〕又見節卦云：「殷王其國常毋谷。」若然，依子春之説，歸藏黃帝，得有帝堯及殷王之事者。蓋子春之意，宓戲、黄帝造其名，夏殷因其名以作易，故鄭云改之無據，是以皇甫謐記亦云「夏人因炎帝曰連山，殷人因黄帝曰歸藏」。雖炎帝與子春黄帝不同，是亦相因之義也。

其經兆之體，皆百有二十，其頌皆千有二百。頌謂繇也。三法體繇之數同，其名占異耳。百二十每體十繇，體有五色，又重之以墨坼也。五色者，洪範所謂曰雨、曰濟、曰圛、曰蟊、曰尅。○呼，劉火嫁反，又音呼坼之呼。謂繇，直又反，下同。又重，直用反。坼也，勑白反。曰濟，節細反，又才禮反。曰圛，音亦。曰蟊，音濛，劉莫遘反，沈音謀。

「其經」至「二百」　云「經兆」者，謂龜之正經。云「體」者，謂龜之金木水火土五兆之體。云經兆之體，名體爲經也。云「皆百有二十」者，三代皆同，百有二十，若經卦皆八然也。若然，龜兆有五，而爲百二十者，則兆別分爲二十四分。云「其頌千有二百」者，每體十繇，故千二百也。

注「頌謂」至「曰尅」　云「頌謂繇」者，繇之説兆，若易之説卦，故名占兆之書曰繇。云「三法體繇之數同」者，上云三代兆有異，此云皆百有二十，皆千有二百，故云體繇之數同也。云「其名占異」者，上云玉瓦，原是名異，其云占異者，三代占兆無文，異否不可知。但三易名異，占亦異，則三兆名異，占亦異可知。故鄭云名占異也。云「百二十，每體十繇」者，此鄭欲解體有百二十而繇有千二百之意。(五)體既有百二十，每體十繇，則得千有二百也。云「體有五色，又重之以墨坼也」者，案占人云：「君占體，大夫占色，史占墨，卜人占坼。」彼注云：「體，兆象。色，兆氣。墨，兆廣。坼，兆璺。」(六)若然，體色墨坼各不同，今鄭云體有五色，又重之以墨坼，則四者皆相因而有也。何者？以其有五行兆體，體中有五色，既有體色，則因之以兆廣狹爲墨，又因墨之廣狹，支分小璺爲坼，是皆相因之事也。今每體有十繇，其體有五色，曰雨曰濟之等，其色統得體，每色皆有墨坼，則五色中各有五墨坼，含得五色，不復別云五色。似若八卦，卦別重得七，通本爲八卦，摠云八八六十四卦，不復別云八卦，以其六十四卦含有八卦故也。云「洪範所謂曰雨、曰濟、曰圛、曰蟊、曰尅」者，彼鄭注云：「曰雨者，兆之體氣如雨氣然。曰濟者，兆之光明如雨止。曰蝨者，氣不澤，鬱冥也。曰圛者，色澤者。曰剋者，氣色相犯入。」此鄭義。若孔注，則云「有似雨者，有似雨止者。蝨，謂陰闇。圛，氣落圛不連屬。〔七〕剋，兆相交錯」。與鄭異也。

掌三易之灋，一曰連山，二曰歸藏，三曰周易。易者，揲蓍變易之數，可占者也。名曰連山，似山出内氣也。〔八〕歸藏者，萬物莫不歸而藏於其中。杜子春云：「連山，宓戲。歸藏，黄帝。」○揲，時設反，劉音舌。虙，音服。戲，本又作虧，音羲。

注「易者」至「黄帝」　云「易者，揲蓍變易之數可占者也」者，案易繫辭云：「分之爲二以象兩，掛一以象三，揲之以四以象四時，歸奇於扐以象閏。」此是揲蓍變易之數，可占者也。就易文卦畫七八，爻稱九六，用四十九蓍。三多爲交錢，六爲老陰也。三少爲重錢，〔九〕九爲老陽也。兩多一少爲單錢，〔一〇〕七爲少陽也。兩少一多，八爲少陰也。〔一一〕夏殷易以七八不變爲占，周易以九六變者爲占。案襄九年左傳云：「穆姜薨於東宫，始往而筮之，遇艮之八。」注云：「爻在初六、九三、六四、六五、上九，唯六二不變。連山、歸藏之占，以不變者爲正。但周易占九六，而云遇艮之八。」是據夏殷不變爲占之事。云「名曰連山，似山出内氣也」者，此連山易，其卦以純艮爲首，艮爲山，山上山下，是名連山。雲氣出内於山，故名易爲連山。歸藏者，萬物莫不歸而藏於其中者，此歸藏易，以純坤爲首，坤爲地，故萬物莫不歸而藏於中，故名爲歸藏也。鄭雖不解周易，其名周易者，連山、歸藏，皆不言地號，以義名易，則周非地號。以周易以純乾爲首，乾爲天，天能周帀於四時，〔一二〕故名易爲周也。必以三者爲首者，取三正三統之義。故律歷志云：「黄鍾爲天統，黄鍾子爲天正。林鍾爲地統，未之衝丑，故爲地正。大蔟爲人統，寅爲人正。」周以十一月爲正，天統，故以乾爲天首；殷以十二月爲正，地統，故以坤爲首。夏以十三月爲正，人統，人無爲卦首之理，艮漸正月，故以艮爲首也。杜子春云「連山宓戲，歸藏黄帝」者，鄭志荅趙商云：「非無明文，改之無據，且從子春，近師皆以爲夏殷也。」

其經卦皆八，其別皆六十有四。三易卦別之數亦同，其名占異也。每卦八，別者，重之數。○重之，直龍反。

「其經」至「有四」　云經卦皆八者，謂以卦爲經，即易上經下經是也。皆八者，連山歸藏周易，皆以八卦乾、坤、震、巽、坎、離、艮、兑爲本，其別六十四，鄭云，謂重之數，通本相乘數之，爲六十四也。

注「三易」至「之數」　云「三易卦別之數亦同」者，三代易之卦皆八，而別皆六十四，亦如上三兆體別之數，故云「亦同」。云「其名占異也」者，其名，謂連山、歸藏、周易，是名異也。占異者，謂連山、歸藏占七八，周易占九六，是占異也。云「每卦八別者，重之數」者，據周易以八卦爲本，是八卦重之，則得六十四。何者？伏犧本畫八卦，直有三爻，法天地人。後以重之。重之法，先以乾之三爻爲下體，上加乾之三爻爲純乾卦。又以乾爲下體，以坤之三爻加之，爲泰卦。又以乾爲本，上加震之三爻於上，爲大壯卦。又以乾爲本，上加巽於上，爲小畜卦。又以乾爲本，上加坎卦於上，爲需卦。又以乾爲本，上加離卦於上，爲大有卦。又以乾爲本，上加艮於上，爲大畜卦。又以乾爲本，加兑卦於上，爲夬卦。此是乾之一重得七爲八。又以坤之三爻爲本，上加坤，爲純坤卦。〔一三〕又以坤爲本，上加乾爲否卦。又以坤爲本，上加震，爲豫卦。又以坤爲本，上加巽爲觀卦。又以坤爲本，上加坎，爲比卦。又以坤爲本，上加離爲晉卦。又以坤爲本，上加艮，爲剥卦。又以坤爲本，上加兑爲萃卦。是亦通本爲八卦也。〔一四〕自震、巽、坎、離、艮、兑，其法皆如此，則爲八八六十四，故鄭云別者重之數。後鄭等以爲伏犧畫八卦，〔一五〕神農重之。諸家以爲伏犧畫八卦，還自重之。

掌三夢之灋，〔一六〕一曰致夢，二曰觭夢，三曰咸陟。夢者，人精神所寤可占者。致夢，言夢之所至，夏后氏作焉。咸，皆也。陟之言得也，讀如「王德翟人」之德。言夢之皆得，周人作焉。杜子春云：「觭讀爲奇偉之奇，其字直當爲奇。」玄謂觭讀如諸戎掎之掎，〔一七〕掎亦得也。亦言夢之所得，殷人作焉。○三𦵏，音夢，本多作夢。觭夢，居綺反，注椅同，又紀宜反，杜其宜反。咸陟，如字，或音得。

注「夢者」至「作焉」 云「夢者，人精神所寤可占」者，謂人之寐，形魄不動，而精神寤見。覺而占之，故云精神所寤可占者也。云「致夢，言夢之所至」者，訓「致」爲「至」，故云夢之所至也。云「夏后氏作焉」者，上文三兆、三易有子春所解，且從子春。至於餘文正解，即從近師所說。此三夢子春等不說，故即從近師爲夏殷周也。云「讀如王德翟人之德」者，案僖二十四年左傳云：「王德翟人，以其女爲后。」德亦爲得義，故讀從之。故杜子春讀「觭」爲奇偉之「奇」，讀從家語。「玄謂觭讀如諸戎掎之掎，掎亦得也」者，案襄十四年左傳云：「戎子駒支曰：秦師不復，我諸戎實然。譬如捕鹿，晉人角之，諸戎掎之。」是掎爲得也。

其經運十，其別九十。運或爲緷，當爲煇，(一八)是視祲所掌十煇也。王者於天，日也。夜有夢，則書視日旁之氣，以占其吉凶。凡所占者十煇，每煇九變。此術今亡。○作緷，胡本反，字林云：「大束也。」說文音運，云緯也。聶音徽。爲煇，音運。視祲，子鴆反。

注「運或」至「今亡」 「運」或作「緷」者，此經運，一部周禮或作緷字，並不從，故云當爲「煇」，讀從視祲十煇之煇，故引視祲所掌十煇爲證也。云「王者於天，日也。夜有夢，則書視日旁之氣，以占其吉凶」者，此案占夢云：「以日月星辰，占六夢之吉凶。」注引趙簡子夜夢，旦而日食。(一九)史墨占之。又視祲有十煇之法，五曰闇，先鄭云：「謂日月食。」餘九煇皆日旁氣，故以日旁氣解之。云「凡所占者十煇，每煇九變」者，此類上三兆、三易，皆有頌別之數，此經煇十，其別有九十，以義言之，明一煇九變，故爲九十解之。云「此術今亡」者，數見十煇爲九十變，此術今亡，未知其義耳。

以邦事作龜之八命，一曰征，二曰象，三曰與，四曰謀，五曰果，六曰至，七曰雨，八曰瘳。國之大事待蓍龜而決者有八。定作其辭，於將卜以命龜也。鄭司農云：「征謂征伐人也。象謂災變雲物，如衆赤烏之屬有所象似。易曰『天垂象見吉凶』，春秋傳曰『天事恒象』，皆是也。與謂予人物也，謀謂謀議也，果謂事成與不也，至謂至不也，雨謂雨不也，瘳謂疾瘳不也。」玄謂征亦云行，巡守也。象謂有所造立也，易曰「以制器者尚其象」。與謂所與共事也。果謂以勇決爲之，若吴伐楚，楚司馬子魚卜戰，令龜曰「鮒也以其屬死之，楚師繼之，尚大克之」吉，是也。○曰瘳，勑留反。以命龜，命亦作令。謂菑，音灾。見吉，賢遍反。鮒也，音附，左傳作魴。

「以邦」至「曰瘳」　云「以邦事」者，謂國家有大事須卜，故特作龜而命之，其事有八。

注「國之」至「是也」　云「國之大事待蓍龜而決者有八」者，謂此八者皆大事，除此八者即小事，入於九筮也。若然，大事卜，小事筮，此既大事而兼言筮者，凡大事皆先筮而後卜，故兼言蓍也。云「定作其辭，於將卜以命龜也」者，凡命龜辭，大夫已上有三，命筮辭有二，士命龜辭有二，命筮辭一。知者，案士喪禮「命筮者，命曰『哀子某，爲某父某甫筮宅，[三〇]度茲幽宅兆基，無有後艱』。筮人許諾，不述命」。注云：「既命而申之曰述。不述者，士禮略。凡筮，因會命筮爲述命。」及卜葬日，云：「涖卜，命曰：『哀子某，來日某，卜葬其父某甫，考降無有近悔。』許諾，不述命，還即席，乃西面坐，命龜。」注云：「不述命，亦士禮略。凡卜，述命命龜異，龜重，威儀多也。」命筮云不述，下無西面命筮，明命共述命作一辭，不述命，則其所命龜筮辭兼在其中，故曰因命也。卜云不述命，猶有西面命龜，則知命龜與述命異，故曰述命命龜異，龜重威儀多。是士禮命龜辭有二，命筮辭有一之事。大夫已上命筮辭有二，令龜辭有三者，案少牢云：「史執策受命於主人，[三一]曰：『孝孫某，來日丁亥，用薦歲事於皇祖伯某，[三二]以某妃配某氏，尚饗。』史曰諾。」又述命，曰「假爾大筮有常，孝子某」已下，與前同。[三三]以其述命述前辭，以命筮冠述命首。大夫筮既得述命，即卜亦得述命也，是知大夫以上命龜有三，[三四]命筮有二也。先鄭云「征謂征伐人也」，後鄭從之。云「象謂災變雲物，如衆赤鳥之屬有所象似」者，案哀六年，楚子卒。是歲有雲如衆赤鳥，夾日以飛三日，使問諸周大史。史曰：「其當王身乎！若禜之，可移令尹、司馬。」是赤鳥之事。云「易曰『天垂象見吉凶』，春秋傳曰『天事恒象』」者，昭十七年冬，有星孛於大辰，西及漢。申須曰「彗所以除舊布新也。天事恒象」。是也。此所解，後鄭不從之。「與謂予人物」，後鄭亦不從。云「謀謂謀議」，後鄭從之。「果謂事成與不」，後鄭亦不從。云「至謂至不也，雨謂雨不也，瘳謂疾瘳不也」，此後鄭皆從也。「玄謂征亦云行，巡守也」者，增成先鄭義。知征兼有巡守者，左氏傳鄭良霄云：「先王卜征五年，歲襲其祥。」是征亦得爲巡狩之事也。云「易曰『以制器者尚其象』」者，上繫辭文。注云：「此者存於器象，可得而用」，一切器物及造立皆是。云「與謂所與共事」，不從先鄭予人物者，與物，情義可知，不須卜。與人共事，得失不可知，故須卜也。云「果，謂以勇決爲之，若吴伐楚」者，昭十七年，吴人伐楚，陽匄爲令尹，〔二五〕卜戰，不吉。司馬子魚曰：「我得上流，何故不吉，且楚故，司馬令龜，我請改卜。」令曰：「魴也以其屬死之，楚師繼之，尚大克之。」吉。戰於長岸，〔二六〕子魚先死，楚師繼之，大敗吴師。是果決之事也。

以八命者贊三兆、三易、三夢之占，以觀國家之吉凶，以詔救政。鄭司農云：「以此八事，命卜筮蓍龜，參之以夢，故曰以八命者贊三兆、三易、三夢之占。春秋傳曰：『筮襲於夢，武王所用。』」玄謂贊，佐也。詔，告也。非徒占其事，吉則爲，否則止，又佐明其繇之占，演其意，以視國家餘事之吉凶，凶則告王救其政。○演其，以善反。

「以八」至「救政」　云「以八命者贊三兆、三易、三夢之占」者，以上文八事命龜之辭。贊，佐也。佐明三兆、三易、三夢之占辭，將此辭演出其意，以觀國家之吉凶。詔，告也。凶則告凶，救其政，使王改過自新。

注「鄭司」至「其政」　先鄭云「以此八事，命卜筮蓍龜參之以夢」者，先筮後卜，聖人有大事必夢，故又參之以夢。云「故曰以八命者贊三兆、三易、三夢之占」者，此先鄭不釋贊意，後鄭增成其義。云「春秋傳曰『筮襲於夢，武王所用』者，案昭七年左傳云，衞靈公之立，成子以周易筮之，遇屯之比，以示史朝，史朝曰：「元亨，又何疑焉。」又云：「筮襲於夢，武王所用也，弗從何爲。」外傳曰「大誓曰：『朕夢協朕卜，襲於休祥，戎商必克。』」此外、内傳相包乃具，引之者，證夢與卜筮相參也。「玄謂非徒占其事，吉則爲，否則止」者，此解以八命命龜之常事也。云「又佐明其繇之占，演其意，以視國家餘事之吉凶」者，以釋八命者贊三兆、三易、三夢之占，以觀國家之吉凶也。

凡國大貞，卜立君，卜大封，則眡高作龜。卜立君，君無冢適，卜可立者。卜大封，謂竟界侵削，卜以兵征之，若魯昭元年秋，叔弓帥師疆鄆田是也。視高，以龜骨高者可灼處示宗伯也。大事宗伯涖卜，卜用龜之腹骨，骨近足者其部高。鄭司農云：「貞，問也。國有大疑，問於蓍龜。作龜，謂鑿龜令可爇也。」玄謂貞之爲問，問於正者，必先正之，乃從問焉。易曰：「師貞，丈人吉。」作龜，謂以火灼之，以作其兆也。春灼後左，夏灼前左，秋灼前右，冬灼後右。士喪禮曰：「宗人受卜人龜，示高涖卜，受視反之。」又曰：「卜人坐作龜。」○視高，音示，下同。冢適，丁歷反。竟界，音境。疆，居良反。鄆田，音運。骨近，附近之近。令可，力呈反。爇也，人悦反。

「凡國」至「作龜」　言「凡國大貞」者，言「凡」非一。貞，正也。凡國家有大事，正問於龜之事有二，則卜立君，〔二七〕卜大封是也。云「則眡高作龜」者，凡卜法，在禰廟廟門閾外闑西南，北面，有席。先陳龜於廟門外之西塾上。又有貞龜，貞龜，謂正龜於閾外席上。又有涖卜、命龜、眡高、作龜，六節。尊者宜逸，卑者宜勞，從下向上差之，作龜、眡高，二者勞事。以大貞事大，故大卜身爲勞事，則大宗伯臨卜，其餘陳龜、貞龜，皆小宗伯爲之也。

注「卜立」至「作龜」　鄭云君無冢適，卜可立者，若然，君無冢適，則有卜法。案昭二十六年，王后無適，則擇立長。年鈞以德，德鈞以卜。王不立愛，公卿無私，古之制也。休以爲：〔二八〕「春秋之義，三代異，建適勝，別貴賤，〔二九〕有姪娣以辨親疏。〔三〇〕立適以長不以賢，立子以貴不以長。王后無適，明尊之敬之，義無所卜筮。不以賢者，人狀難別，嫌有所私，故絶其怨望，防其覬覦。今如左氏言，云『年鈞以德，德鈞以卜』。君之所賢，下必從之，〔三一〕豈復有卜？隱桓之禍，皆由是興。乃曰古制，不亦謬哉！又大夫不世，如并爲公卿通計嗣之禮，〔三二〕左氏爲短。」玄箴之曰：「立適固以長矣，無適而立子，固以貴矣。今言無適則擇立長，謂貴均如立長，王不特立愛之法。〔三三〕年均，則會羣臣、羣吏、萬民如詢之，〔三四〕有司以序進而問，大衆之中，〔三五〕非君所能掩，是王不得立愛之法也。禮有詢立君，示義在此，距之言謬，〔三六〕失春秋與禮之義矣。公卿之世立者有功德，先王之命，有所不犯。〔三七〕如是，此中卜立君，〔三八〕亦是年均德均也。」云「卜大封謂竟界侵削，卜以兵征之，若魯昭元年秋，叔弓帥師疆鄆田是也」，案彼莒魯争鄆，故魯叔弓往定其疆界，以其出兵，故須卜知吉凶也。云「視高，以龜骨高者可灼處示宗伯也」者，以鄭言示宗伯，則「示」字不得爲「視」，但古字通用，以目視物，以物示人，同爲視也。知「大事宗伯臨卜」者，〔三九〕案大宗伯云：「祀大神，享大鬼，祭大示，帥執事而卜日。」官尊，故知涖卜也。云大事宗伯臨，則小事不使宗伯，故下文云「凡小事涖卜」，是大卜臨之也。云「卜用龜之腹骨，骨近足者其部高」者，言龜近四足其卜腹骨，部然而高，高處灼之也。先鄭云「貞，問也」者，謂正意問龜，非謂訓貞爲問也。云「國有大疑，問於蓍龜」者，義取尚書洪範云：「女則有大疑，謀及乃心，謀及卜筮」，是也。云「作龜，謂鑿龜可爇也」者，〔四〇〕案下菙氏云：「凡卜，以明火爇燋。」鑿即灼也，故云令可爇也。玄謂易曰「師貞，丈人吉」者，此師卦繇辭。丈人者，嚴莊之辭。則法須嚴莊則吉。云「作龜，謂以火灼之，以作其兆也」者，作，謂發使璺坼。〔四一〕云「春灼後左」已下，並取義於禮記中庸，故彼云「國家將興亡，見於蓍龜，動於四體」。鄭注云：「四體，龜之四足。」亦云：「春占後左，夏占前左，秋占前右，冬占後右。」彼云占，此云灼，即灼而占之，亦一也。云士喪禮者，彼謂卜葬日，引之，證有示高作龜之事。彼云士，〔四二〕宗族長尊，故云臨卜也。

大祭祀，則眡高命龜。命龜，告龜以所卜之事。不親作龜者，大祭祀輕於大貞也。士喪禮曰：「宗人即席西面坐，命龜。」

「大祭」至「命龜」　云「不親作龜者，大祭祀輕於大貞也」者，大貞之內，有立君、大封，大卜作龜不命龜。此大祭祀不作龜，進使命龜，〔四三〕作龜是勞事，故云大祭祀輕於大貞也。引士喪禮「宗人即席西面坐，命龜」者，證天子命龜處所，與士禮同。

凡小事，涖卜。代宗伯。

「凡小事涖卜」　凡大事卜，小事筮。若事小，當入九筮，不合入此大卜。大卜云小事者，此謂就大事中差小者，非謂筮人之小事也。小事既大卜涖卜，則其餘仍有陳龜已下，則陳龜、貞龜、命龜、視高，皆卜師爲之。其作龜，則卜人也。大宗伯六命卿，小宗伯四命中大夫，大卜亦四命下大夫。卜師上士。卜人中士。其大宗伯涖卜，大卜視高作龜，其中陳龜、貞龜、命龜，皆小宗伯爲之。下文大遷、大師，大卜貞龜。貞龜上有涖卜，亦大宗伯爲之，陳龜亦宜小宗伯也。其命龜、視高，卜師。作龜，卜人。次下云「凡旅陳龜」，則涖卜，仍是大宗伯。貞龜、命龜、視高，皆卜師，亦卜人作龜。次下云「凡喪事命龜」，命龜之上，有陳龜、貞龜，亦小宗伯，涖卜還是大宗伯，視高、作龜，卜師也。

國大遷、大師，則貞龜。正龜於卜位也。士喪禮曰「卜人抱龜燋，先奠龜，西南」是也。〔四四〕又不親命龜，亦大遷、大師輕於大祭祀。○龜燋，哉約反。

「國大」至「貞龜」　正龜於卜位，卜位，即闑外席上也。故引士喪禮爲證也。云「又不親命龜，亦大遷、大師輕於大祭祀」者，以命龜在貞龜後而爲勞，故云輕於大祭祀也。

凡旅，陳龜。陳龜於饌處也。士喪禮曰「卜人先奠龜於西塾上，南首」是也。不親貞龜，亦以卜旅祭非常，輕於大遷大師。○西塾，音孰，舊音育。

「凡旅陳龜」　云「陳龜於饌處也」者，饌處，謂在西塾南首，故引士喪禮爲證也。云「亦以卜旅祭非常，輕於大遷大師」者，案大宗伯：「國有故，旅上帝及四望。」則祀天亦是大祭祀，而輕於大遷、大師退在下者，鄭以旅爲非常祭故也。

凡喪事，命龜。重喪禮，次大祭祀也。士喪禮則筮宅、卜日，天子卜葬兆。凡大事，大卜陳龜、貞龜、命龜、視高，其他以差降焉。

「凡喪事命龜」云「重喪禮，次大祭祀也」者，大祭祀，大卜非直命龜，兼視高。此喪事亦命龜，與大祭祀同，但不兼視高，即輕於大祭祀也。但以喪事爲終，故文退在「凡旅」下也。云「士喪禮則筮宅、卜日，天子卜葬兆」者，欲見此經天子法，卜葬日與士同，其宅亦卜之，與士異。孝經云「卜其宅兆」，亦據大夫已上，若士則筮宅也。云「凡大事，大卜陳龜、貞龜、命龜、視高」者，據此大卜所掌，皆是大事，故大卜或陳龜，或貞龜，或視高。雖不言作龜，於大貞亦作龜，不言之者，在其他以差降之中。云「其他以差降」者，更有臨卜已下至作龜，官之尊卑以次爲之，是也。案上所解陳龜在前，重於命龜，而士喪禮「卜人卑而陳龜，宗人尊而令龜在後」者，士之官少，〔四五〕故所執不依官之尊卑也。

卜師，掌開龜之四兆，一曰方兆，二曰功兆，三曰義兆，四曰弓兆。開，開出其占書也。〔四六〕經兆百二十體，此言四兆者，〔四七〕分之爲四部，若易之二篇。書金縢曰「開籥見書」，是謂與？其云方、功、義、弓之名，未聞。○謂與，音餘。

「卜師」至「弓兆」　云「開，開出其占書也」者，鄭意兆出於龜，其體一百二十。〔四八〕今云用龜之四兆，謂開出其占兆之書，分爲四部，若易之二篇，故引金縢爲證也。云「開籥見書」，謂啓匱以籥，乃見其書。云「是謂與」者，但開出占兆書爲卜兆，〔四九〕以意言，無正文，故云是謂與，以疑之。云「其云方功義弓之名，未聞」者，但名此四部爲方功義弓，必有其義，但無文，以言疑事無質，故云未聞也。

凡卜事，眡高，示涖卜也。

「凡卜事眡高」　案上大卜而言，則大貞使大卜眡高。今云「凡卜眡高」者，謂大卜不眡高者，皆卜師眡高，以龜高處示臨卜也。

揚火以作龜，致其墨。揚猶熾也。致其墨者，孰灼之，明其兆。

「揚火」至「其墨」　「致其墨者，孰灼之，明其兆」者，案占人注：「墨，兆廣也。墨大，坼明，則逢吉。」坼稱明，墨稱大。今鄭云「孰灼之，明其兆」，以解墨者，彼各偏據一邊而言，其實墨大兼明，乃可得吉，故以明解墨。

凡卜，辨龜之上下、左右、陰陽，以授命龜者而詔相之。所卜者當各用其龜也。大祭祀、喪事，大卜命龜，則大貞小宗伯命龜，其他卜師命龜，卜人作龜。卜人作龜，〔五〇〕則亦辨龜，以授卜師。上，仰者。下，俯者也。左，左倪也。右，右倪也。陰，後弇也。陽，前弇也。詔相，告以其辭及威儀。○辨龜，如字，劉皮勉反。左倪，五計反，又五未反。後弇，於檢反。

「凡卜」至「相之」　卜師辨此龜上下左右陰陽六種，授命龜者，據大卜，命龜之人無定，俱是命龜，〔五一〕即辨而授之。

注「所卜」至「威儀」　云「所卜者當各用其龜也」者，即上下左右陰陽者是也。云「大祭祀、喪事」已下，皆據大卜而言。鄭知大貞小宗伯命龜者，以其大貞，大卜下大夫視高，視高之上有命龜、貞龜、陳龜，小宗伯中大夫，尊於大卜，卑於大宗伯，故知大貞小宗伯命龜也。云「其他卜師命龜」者，其他，謂凡小事，大卜臨卜，大遷，大師、大卜貞龜，凡旅，大卜陳龜；〔五二〕如此之輩，則卜師命龜。卜師命龜，則卜人作龜。卜人灼龜，則亦辨龜以授卜師。案序官，卜人中士八人，於此不列其職者，以其與卜師同職，不見之也。云「上仰者也」者，爾雅云：「仰者謝。」言此經「上」，即爾雅云「仰者」也。此已下皆據爾雅及下文而言。案爾雅云：「龜，俯者靈，行頭低。仰者謝，行頭仰。前弇諸果，甲前長。後弇諸獵，甲後長。左倪不類，行頭左庳。右倪不若，行頭右庳。」故鄭據而言焉。云「詔相，告以其辭及威儀」者，辭，謂命龜之辭。威儀者，謂若士喪禮，卜日在廟門外，臨卜在門東西面，龜在闑外席上西首，執事者門西東面，行立皆是威儀之事也。

龜人，掌六龜之屬，各有名物。天龜曰靈屬，地龜曰繹屬，東龜曰果屬，西龜曰靁屬，南龜曰獵屬，〔五三〕北龜曰若屬。各以其方之色與其體辨之。屬，言非一也。色，謂天龜玄，地龜黄，東龜青，西龜白，南龜赤，北龜黑。龜俯者靈，仰者繹，前弇果，後弇獵，左倪靁，右倪若，是其體也。東龜南龜長前後，在陽，象經也。西龜北龜長左右，在陰，象緯也。天龜俯，地龜仰，東龜前，南龜卻，西龜左，北龜右，各從其耦也。杜子春讀果爲贏。○繹，音亦。果，魯火反，注贏同。靁，力胄反，〔五四〕又如字。龜卻，起略反。

「龜人」至「辨之」　云「各有名物」，物，色也。六方之龜各有其名，其色各異也。

注「屬言」至「爲贏」　云「龜俯者靈」已下，鄭亦取爾雅云「俯者靈」，此云天龜曰靈屬，爲一物。但天在上，法之，故向下低也。爾雅云「仰者繹」，此云地龜曰繹，同稱，故爲一物。但地在下，法之故向上仰。爾雅云「前弇果」，此云「東龜曰果」，同稱果，故爲一物，但在陽方，故甲向前長而前弇也。云「後弇獵」者，爾雅云「後弇獵」，此云「南龜曰獵」，故爲一物，亦在陽方，故甲後長而後弇。云「左倪靁」者，爾雅云「左倪不類」，不類即雷，一也。以其在陰方，故不能長前後，而頭向左相睥睨然。云「右倪若」者，爾雅云「右倪不若」，不若即若也。同稱若，故爲一物。亦在陰方，故亦不長前後，而頭向右睥睨然。云「是其體也」者，體有二法，此經體，據頭甲而言，占人云「君占體」，體，謂兆象，與此異也。云「東龜南龜長前後，在陽，象經也」者，據甲而言。凡天地之間，南北爲經，東西爲緯。云「西龜北龜長左右，在陰，象緯也」者，據頭爲説。此解稱果獵之意。云「天龜俯，地龜仰，東龜前，南龜卻，西龜左，北龜右，各從其耦」者，此鄭解兩兩相對，爲長短低仰之意也。杜子春讀「果」爲「贏」者，此龜前甲長，後甲短，露出邊爲贏露，得爲一義，故鄭引之在下。

凡取龜用秋時，攻龜用春時，各以其物入於龜室。六龜各異室也。秋取龜，及萬物成也。攻，治也。治龜骨以春，是時乾解不發傷也。○乾解，音蟹，一音佳買反。

注「六龜」至「傷也」 云「各以其物入於龜室」，龜有六室。物，色也。六龜各入於一室。以其蓍龜歲易，秋取春攻訖，即欲易去前龜也。

上春釁龜，祭祀先卜。釁者，殺牲以血之，神之也。鄭司農云：「祭祀先卜者，卜其日與其牲。」玄謂先卜，始用卜筮者，言祭言祀，尊焉天地之也。世本作曰「巫咸作筮」。卜，未聞其人也。是上春者，夏正建寅之月，月令孟冬云「釁祠龜策」，相互矣。秦以十月建亥爲歲首，則月令秦世之書，亦或欲以歲首釁龜耳。○釁龜，許靳反。

注「釁者」至「龜耳」 云「釁者殺牲以血之，神之也」者，謂若禮記雜記云「廟成則釁之」，廟用羊，門夾室用雞之類，皆是神之，故血之也。先鄭云：「祭祀先卜者，卜其日與其牲。」後鄭不從者，以其此官不主卜事，故不從也，故解先卜始用卜筮者。云「言祭言祀，尊焉天地之也」者，案大宗伯，天稱禋祀，地稱血祭，是天地稱祭祀，今此先卜是人，應曰享，而云祭祀，與天地同稱，故云尊焉天地之也。〔五五〕云「世本作曰『巫咸作筮』，卜，未聞其人也」者，曲禮云「卜筮者，先聖王之所以信時日」。其易所作，即伏犧爲之矣。但未有揲蓍之法，至巫咸乃教人爲之，故巫咸得作筮之名。未聞其源。世本又不言其人，故云未聞其人也。云「是上春者，夏正建寅之月，月令孟冬云『釁祠龜策』，相互矣」者，然周與秦各二時釁龜策，月令孟冬釁，則周孟冬亦釁之。周以建寅上春釁，秦亦建寅上春釁之，故云相互也。云「秦以十月建亥爲歲首，則月令秦世之書，亦或欲以歲首釁龜耳」者，據此注，則周秦各一時釁，此鄭兩解。案月令注云：「周禮龜人上春釁，〔五六〕謂建寅之月。秦以其歲首使大史釁龜策，與周異矣。」彼注與此後注義同也。

若有祭祀，〔五七〕則奉龜以往。奉猶送也。〔五八〕送之所當於卜。

「若有」至「以往」　此云祭祀，不辨外内，則外内俱當卜，皆奉龜以往所當卜處。

旅亦如之，喪亦如之。

「旅亦」至「如之」　旅，謂祈禱天地及山川。喪，謂卜葬宅及日。皆亦奉龜往卜處也。案爾雅有十龜，一曰神龜，龜之最神明者。二曰靈龜，涪陵郡出大龜，甲可以卜，緣中文似瑇瑁，俗呼爲靈龜，即今大觜蠵龜也。一曰靈蠵，〔五九〕能鳴也。三曰攝龜，小龜也，腹甲曲折，解能自張閉，〔六〇〕好食蛇，江東呼爲陵龜也。四曰寶龜，大寶龜也。五曰文龜，甲有文采者也，河圖曰：「靈龜負書，丹甲青文。」六曰筮龜，〔六一〕常在蓍叢下也。〔六二〕七曰山龜，八曰澤龜，九曰水龜，十曰火龜。山澤水火，皆説生出之處所也。火龜，猶火鼠也。

菙氏，掌共燋契，以待卜事。杜子春云：「燋讀爲細目燋之燋，或曰如薪樵之樵，〔六三〕謂所爇灼龜之木也，故謂之燋。契謂契龜之鑿也。詩云：『爰始爰謀，爰契我龜。』」玄謂士喪禮曰：「楚焞置於燋，在龜東。」楚焞，即契所用灼龜也。燋謂炬，其存火。○𦾔氏，本又作華，同時髓反。燋，哉約反，李又祖堯反，一音哉益反。契，苦計反，劉苦絜反。薪樵，在消反。楚焞，吐敦反，又徒敦反，又在悶反，又祖悶反，一音純，李一音祖館反。謂炬，其呂反。

「𦾔氏」至「卜事」　子春讀「燋」、「樵」二者，皆依俗讀爲柴樵之樵，後鄭不從，依音爲雀，意取莊子爝火之義，熒熒然也。「玄謂士喪禮曰，楚焞置於燋，在龜東」者，謂陳龜於西塾上，龜南首，燋在龜東，置楚焞於上。〔六四〕言楚焞者，謂荆爲楚，用之焞龜開兆，故云楚焞也。

凡卜，以明火爇燋，遂歈其焌契，〔六五〕以授卜師，遂役之。杜子春云「明火，以陽燧取火於日。焌讀爲英俊之俊。書亦或爲俊。」玄謂焌讀如戈鐏之鐏，謂以契柱燋火而吹之也。契既然，以授卜師，用作龜也。役之，使助之。○焌，音俊，又存悶反，又祖悶反，〔六六〕李祖館反。戈鐏，存悶反，劉祖悶反。契柱，張主反。

「凡卜」至「役之」　云「遂吹其焌契，以授卜師」者，謂若大卜視高已上，則卜師作龜，故以焌契授卜師。若差次使卜人作龜，則授卜人。言「遂役之」者，因事曰遂。以因授契訖，即受卜師所役使也。

注「杜子」至「助之」　子春云「明火，以陽燧取火於日」者，此秋官司烜氏職文。謂將此明火，以燒爇燋使然也。云「焌讀爲英俊之俊」者，意取荆燋之中英俊者爲楚焞，用之灼龜也。後鄭讀焌爲戈鐏之鐏者，讀從曲禮云「進戈者前其鐏」，意取鋭頭以灼龜也。云「謂以契柱燋火而吹之也」者，解經「遂吹其焌契」，謂將此焌契以柱於燋火，吹之使熾也。

占人，掌占龜，以八簭占八頌，以八卦占簭之八故，以眂吉凶。占人亦占筮，言掌占龜者，筮短龜長，主於長者。以八筮占八頌，謂將卜八事，先以筮筮之。言頌者，同於龜占也。以八卦占筮之八故，謂八事不卜而徒筮之也。其非八事，則用九筮，占人亦占焉。〇八簭，音筮。龜長，如字，下同。

「占人」至「吉凶」 云「占人亦占筮，言掌占龜者，筮短龜長，主於長者」，占筮即此經云「以八筮占八頌」，又云「以八卦占筮之八故」，並是占筮，故首云掌占龜，不云占筮，故云主於長者也。鄭知筮短龜長者，案左氏僖四年傳云：「初，晉獻公欲以驪姬爲夫人，卜之不吉。筮之，吉。公從筮。卜人曰：『筮短龜長，不如從長。』」是龜長筮短之事。龜長者，以其龜知一二三四五天地之生數，知本。易知七八九六之成數，知末。是以僖十五年傳，韓簡云：「龜，象也。筮，數也。物生而後有象，象而後有滋，滋而後有數。」故象長。如易，歷三聖而成，〔六七〕窮理盡性。云短者，以其易雖窮理盡性，仍六經並列。龜之繇辭，譬若讖緯圖書，不見，不可測量，故爲長短。馬融曰云「筮史短，龜史長」者，非鄭義也。云「以八筮占八頌，謂將卜八事，先以筮筮之」者，凡大事皆先筮而後卜，此八者，還是上文大事之八也。凡筮之卦，自用易之爻占之。龜之兆，用頌辭占之。今言八筮占八頌者，鄭云「同於龜占也」，以其吉凶是同，故占筮之辭亦名頌，故云同於龜占，則繇辭是也。〔六八〕云「以八卦占筮之八故，謂八事不卜而徒筮之也」者，此出人君之意。此八事即大卜大事之八故，令先筮後卜，今人君欲得徒筮吉凶，吉則行之，〔六九〕不假更卜，故云占筮之八故。云「非八事，則用九筮，占人亦占焉」者，此云九筮，即下筮人所云九筮是也。知占人亦占焉者，以其占人於此占筮，明下九筮亦占可知也。

凡卜簭，君占體，大夫占色，史占墨，卜人占坼。 體，兆象也。色，兆氣也。墨，兆廣也。坼，兆璺也。體有吉凶，色有善惡，墨有大小，坼有微明。尊者視兆象而已，卑者以次詳其餘也。周公卜武王，占之曰「體，王其無害」。凡卜象吉，〔七〇〕色善，墨大，坼明，則逢吉。

「凡卜」至「占坼」 此君占體已下，〔七一〕皆據卜而言，而兼云筮者，凡卜皆先筮，故連言之。云「體，兆象也」者，謂金木水火土五種之兆。言體言象者，謂兆之墨縱橫，其形體象似金木水火土也。〔七二〕凡卜欲作龜之時，灼龜之四足，依四時而灼之。其兆：直上向背者爲木兆，直下向足者爲水兆，邪向背者爲火兆，邪向下者爲金兆，橫者爲土兆，是兆象也。云「色，兆氣也」者，就兆中視其色氣，似有雨及雨止之等，是兆色也。「墨，兆廣也」者，據兆之正釁處爲兆廣。「坼，兆釁」者，就正墨旁有奇釁罅者，爲兆釁也。云「體有吉凶，色有善惡，墨有大小，坼有微明」者，據鄭後云：「象吉，色善，墨大，坼明，則逢吉。」若然，則此四者，各舉一邊而言，則善與大及明皆是吉，惡小及微皆凶也。引周公卜武王，是尚書金縢。彼爲武王有疾，不愈，恐死，周公欲代武王死，爲三壇，因告大王、王季、文王以請天，未知天之許不，故壇所即卜，云「三龜一習吉，〔七三〕啓籥見書，乃并是吉，周公曰：『體，王其無害。』」引之者，證君占體之事也。

凡卜筮，既事，則繫幣以比其命。歲終，則計其占之中否。杜子春云：「繫幣者，以帛書其占，繫之於龜也。」玄謂既卜筮，史必書其命龜之事及兆於策，繫其禮神之幣，而合藏焉。書曰：「王與大夫盡弁，開金縢之書，乃得周公所自以爲功，代武王之說。」是命龜書。○則毄，音係。以比，毗志反，一音必履反。中否，丁仲反。

「凡卜」至「中否」　「既事」者，卜筮事訖。卜筮皆有禮神之幣，及命龜筮之辭。書其辭及兆於簡策之上，并繫其幣，合藏府庫之中。至歲終，摠計占之中否，而句考之。

注「杜子」至「龜書」　子春云「繫幣者，以帛書其占，繫之於龜也」者，後鄭不從。云「書其命龜之事及兆於策」者，云既卜筮，即筮亦有命筮之辭及卦，不言者，舉龜重者而略筮，不言可知。或可筮短龜長，〔七四〕直據龜而言，其筮則否。「書曰」已下，亦金縢文。案彼武王崩後，周公將攝政，遭管蔡流言，成王未寤，遭雷風之變，王與大夫盡弁。弁，謂爵弁，應天變之服。以啓金縢之書，乃得周公所自以爲功之事也，事，謂請命之事，故云代武王之說，是命龜書也。引之，證比其命藏之事也。

簭人，掌三易，以辨九簭之名，一曰連山，二曰歸藏，三曰周易。九簭之名，一曰巫更，二曰巫咸，三曰巫式，四曰巫目，五曰巫易，六曰巫比，七曰巫祠，八曰巫參，九曰巫環，以辨吉凶。此九巫讀皆當爲筮，字之誤也。更，謂筮遷都邑也。咸猶僉也，謂筮衆心歡不也。式，謂筮制作法式也。目，謂事衆筮其要所當也。易，謂民衆不說，筮所改易也。比，謂筮與民和比也。祠，謂筮牲與日也。參，謂筮御與右也。環，謂筮可致師不也。○巫更，九巫皆音筮，出注。巫比，毗志反，注同。僉也，七廉反。不說，音悅，下同。

「簭人」至「吉凶」　此筮人掌三易者，若卜用三龜，此筮人用三易，故云掌三易也。

注「此九」至「不也」　鄭破巫爲筮者，此筮人掌筮，不主巫事，故從筮也。云「更謂筮遷都邑也」者，此遷都，謂公卿大夫之都邑。鄭荅趙商，若武王遷洛，盤庚遷殷之等，則卜，故大卜有卜大遷之事。云「咸猶僉也，謂筮衆心歡不也」者，謂國有營建之事，恐衆心不齊，故筮之也。云「式謂筮制作法式也」者，式是法式，故知制作法式也。云「目謂事衆筮其要所當也」者，是要目之事，故論語顔回云「請問其目」。鄭云「欲知其要」。顔回意，以禮有三百三千，卒難周備，故請問其目。此云事衆，故亦筮其要目所當者也。云「易謂民衆不說，筮所改易」者，改易之事，上既有更爲遷都邑，故以此易爲民衆不和說，須筮改易政教之事。云「比謂筮與民和也」者，比是相親比之事，故比卦云：「建萬國，親諸侯。」故知比爲筮與民和比。云「祠謂筮牲與日也」者，案大卜：「大祭祀而卜之。」今此祀，不卜而筮者，彼大祀用卜，此謂小祭祀，故用筮也。云「參謂筮御與右也」者，云參謂參乘之事，故知是御及車右勇力與君爲參乘，故筮之也。云「環謂筮可致師不」者，此環與環人字同。彼環人主「致師」，〔七五〕引宣公十二年，楚許伯御樂伯，攝叔爲右，以致晉師之事，明此經筮環，亦是主致師以不之事也。〔七六〕趙商問：「僖十五年，秦晉相戰，晉卜右，慶鄭吉。襄二十四年，晉致楚師，求御於鄭，鄭人卜宛射犬，吉。〔七七〕皆用卜。今此用筮何？」鄭荅：「天子具官，有常人，非一人，致筮可使者，諸侯兼官，〔七八〕無常人，故臨時卜之也。」且此云筮，是國之大事，先筮而後卜，曲禮注引春秋，獻公卜娶驪姬，不吉。公曰：「筮之，請明所據。」又尚書，「龜從」。

凡國之大事，先簭而後卜。當用卜者，先筮之，即事漸也。〔七九〕於筮之凶，則止不卜。

注「當用」至「不卜」　此大事者，即大卜之八命，及大貞大祭祀之事。大卜所掌者，皆是大事，皆先筮而後卜。故鄭云「當用卜者，先筮之，即事漸也」者，筮輕龜重，賤者先即事，故云即事漸也。〔八〇〕云「於筮之凶則止」者，曲禮云「卜筮不相襲」。若筮不吉而又卜，是卜襲筮，故於筮凶，則止不卜。案洪範云「龜從筮逆」，又云「龜筮共違於人」。彼有先卜後筮，筮不吉又卜，與此經違者，彼其箕子所陳，〔八一〕用殷法，殷質，故與此不同。

上春，相簭。相謂更撰擇其蓍也。〔八二〕蓍龜歲易者與？○相簭，息亮反，注同。者與，音餘。

注「相謂」至「者與」　上春，謂建寅之月歲之始，除舊布新，故更選擇其蓍，易去其舊者。據此，則蓍歲易也。兼云龜者，龜人云「攻龜用春時」，明亦以新易故，故知龜亦歲易。此龜之歲易者，謂龜人天地四時之龜。若大寶龜等，非常用之龜，不歲易。

凡國事，共簭。

占夢，掌其歲時，觀天地之會，辨陰陽之氣，其歲時，今歲四時也。天地之會，建厭所處之日辰。陰陽之氣，休王前後。○占夢，本又作瘳，音同。建厭，於琰反。休王，於況反。

注「其歲」至「前後」　鄭云「其歲時，今歲四時也」者，但天地之會，陰陽之氣，年年不同。若今歷日，今歲亦與前歲不同，故云今歲四時也。云「天地之會，建厭所處之日辰」者，建，謂斗柄所建，謂之陽建，故左還於天。厭，謂日前一次，謂之陰建，故右還於天。故堪輿天老曰：「假令正月，陽建於寅，陰建在戌。（八三）日辰者，日據幹，辰據支。云「陰陽之氣，休王前後」者，案春秋緯云：「王者休，（八四）王所勝者死，相所勝者囚。」假令春之三月，木王，水生木，水休。木勝土，土死。木王，火相，王所生者死。（八五）相所勝者囚，火勝金，春三月金囚。以此推之，火王金王水王義可知。觀此建厭所在，辨陰陽之氣，以知吉凶也。

以日、月、星、辰占六夢之吉凶。日月星辰，謂日月之行及合辰所在。春秋昭三十一年，十二月辛亥朔，日有食之，是夜也，晉趙簡子夢童子倮而轉以歌，旦而日食，占諸史墨。對曰：「六年及此月也，吳其入郢乎，終亦弗克。入郢必以庚辰，日月在辰尾。庚午之日，日始有適。火勝金，故弗克。」此以日月星辰占夢者。其術則今八會其遺象也，用占夢則亡。○倮，魯火反。而轉，如字，又張戀反。入郢，以井反，劉餘政反。有適，直革反。

「以日」至「吉凶」　六夢者，即下云「一曰」、「二曰」是也。以日月星辰占知者，謂夜作夢，旦於日月星辰，以占其夢，以知吉凶所在。

注「日月」至「則亡」　張逸問：「占夢注云：『春秋昭三十一年，十二月辛亥朔，日有食之。是夜也，趙簡子夢童子倮而轉以歌，旦而日食，占諸史墨。對曰：「六年及此月也，吳其入郢乎，終亦弗克。入郢必以庚辰，日月在辰尾。庚午之日，日始有謫。火勝金，故弗克。」此以日月星辰占夢者。』不知何術占之，前問不了。」荅曰：「日月在辰尾，夏之九月，辰在房，未有尾星。建戌厭寅，寅與申對，辰與戌對，申近庚，辰與戌對，故知庚辰。辰下爲主人，故干爲主人。〔八六〕金侵火，故不勝。雖不勝，即復，故云弗克。日有適氣，時九月節者，以庚午在甲子篇，辛亥在甲辰篇也。中有甲戌、甲申、甲午，成一月也。從庚午以下四日，從甲辰至辛亥八日，并之十二日，通同四十二日。」如是，庚午之日，當在八月十九日，故言時得九月節也。言雖不勝即復者，以其庚金午火位相連，故云雖不勝即復也。言雖不勝者，吳君臣爭宮，秦救復至，不能定楚，是其不勝。不能損吳，是其即復也。〔八七〕問曰：「何知有此厭對之義乎？」答曰：「案堪輿黃帝問天老事云：『四月，陽建於巳，破於亥。陰建於未，破於癸。』是爲陽破陰，陰破陽，故四月有癸亥，爲陰陽交會。十月丁巳，爲陰陽交會。言未破癸者，即是未與丑對，而近癸也。交會，惟有四月、十月也。若有變異之時，十二月皆有建厭，對配之義也。」云「則今八會其遺象也」者，案堪輿，大會有八也，小會亦有八。服氏云「是歲，歲在析木，後六年在大梁，大梁水宗。十一月，日在星紀，爲吳國分。楚之先，顓頊之子老童。老童，楚象，行歌，〔八八〕象楚走哭姬姓日，月在星紀，〔八九〕星紀之分，姬姓，吳也。楚衰則吳得志，吳世世與楚怨。楚走去其國，故曰吳其入郢。吳屬水，水數六，十月水位，故曰六年及此月也。有適而食，故知吳終亦不克」。又彼注云：「後六年，定四年。十一月閏，餘十七閏在四月後。其十一月晦，晦庚辰。吳入郢，在位東後，〔九〇〕復此月也。十二月辛亥，日月會於龍尾而食。庚午日初有適，故曰庚辰。一曰，日月在辰尾，尾爲亡臣，是歲吳始用子胥之謀以伐楚，故天垂象。」又注云：「午火庚金也，火當勝金而反有適，故爲不克。晉，諸侯之霸，與楚同盟。趙簡子爲執政之卿，遠夷將伐同盟，日應之食，故夢發簡子。」服氏以庚午之日，日始適，火勝金，故不克。入楚，必以庚辰。此與鄭義別，其餘略相依也。問曰：「周之十二月，夏之十月，日夏體正應在析木，而云在星紀何？」答曰：「據此月中有十一月節，故舉言之。」成長以爲誤也。此六夢，蓋三王同有六夢法也。

一曰正夢，無所感動，平安自夢。

注「無所」至「自夢」　鄭知「無感動平安自夢」者，以其言正，是平安之義，故知無所感動，平安自夢。

二曰噩夢，〔九一〕杜子春云：「噩當爲驚愕之愕，〔九二〕謂驚愕而夢。」○噩，五各反，注鄂同。

注「杜子」至「而夢」　以其言噩，噩是驚愕之意，故子春讀噩從驚愕解之。

三曰思夢，覺時所思念之而夢。○覺時，古孝反，下同。

注「覺時」至「而夢」　以其思是思念之意，故解云「覺時所思念而夢」也。

四曰寤夢，覺時道之而夢。〔九三〕○寤，本又作蘁，五故反。

注「覺時道之而夢」　以其字爲覺寤之字，故知覺寤時道之，睡而夢也。

五曰喜夢，喜説而夢。

注「喜説而夢」　以其字爲喜説之字，故知未睡心説，睡而爲夢。

六曰懼夢。恐懼而夢。

注「恐懼而夢」　以其字爲恐懼之字，故云恐懼而夢。

季冬，聘王夢，獻吉夢於王，王拜而受之。聘，問也。夢者，事之祥。吉凶之占，在日月星辰。季冬，日窮於次，月窮於紀，星迴於天，〔九四〕數將幾終，於是發幣而問焉，若休慶之云爾。因獻羣臣之吉夢於王，歸美焉。詩云「牧人乃夢，衆維魚矣，旐維旟矣」。此所獻吉夢。○幾終，如字，又音祈。

「季冬」至「受之」　季冬，歲終除舊惡，擬來歲布新善，故問王夢之善惡。夢惡者贈去之。下文是也。獻善夢於王者，〔九五〕歸美於王。

注「聘問」至「吉夢」　云「夢者，事之祥」者，若對文，禎祥是善，妖孽是惡。散文，祥中可以兼惡。夢者有吉有惡，故云夢者事之祥也。云「吉凶之占，在日月星辰」者，即上文以日月星辰占六夢之吉凶是也。云「季冬，日窮於次，月窮於紀，星迴於天，數將幾終」者，皆月令文。日窮於次者，次，謂日辰所在。季冬日月會於玄枵，是日窮於次。月窮於紀，謂星紀，日月五星會聚之處。月，謂斗建所在。十二月斗建丑，故云月窮於紀。〔九六〕星迴於天者，星，謂二十八宿，十三月復位。此十二月未到本位，故直云星迴於天。數將幾終者，幾，近也。至此十二月，歷數將終。云「於是發幣而問焉，若休慶之云爾」者，鄭以禮動不虛，必以幣帛行禮，乃始問王，故云發幣而問焉。休，美也。問王夢若美慶云爾。云「因獻羣臣之吉夢於王，歸美焉」者，君吉夢由於羣臣。君統臣功，故獻吉夢歸美於王也。詩云「牧人乃夢」，是無羊美宣王詩也。牧人乃夢「衆維魚矣，旐維旟矣」者，牧人，謂牧牛羊之人。彼注「衆維魚矣」，〔九七〕豐年之祥，旐旟所以聚衆。引之者，證獻吉夢之事。〔九八〕

乃舍萌於四方，以贈惡夢，

杜子春讀萌爲明，又云：「其字當爲明。明謂毆疫也。謂歲竟逐疫，置四方。書亦或爲明。」玄謂舍讀爲釋，舍萌猶釋采也。古書釋采釋奠多作舍字。萌，菜始生也。贈，送也。欲以新善去故惡。○乃舍，音釋，注舍萌同。萌，亡耕反。去故，起呂反。

注「杜子」至「故惡」　子春之説，舍萌爲毆疫。案下文自有毆疫，於此以舍萌爲之，其義不可，〔九九〕故後鄭不從。玄謂「舍萌猶釋采也」者，案王制有釋采奠幣之事，故從之。云「萌，菜始生也」者，案樂記「區萌達」，鄭注云：「屈生曰區，芒而直出曰萌。」故知萌，菜始生者。云「欲以新善去故惡」者，舊歲將盡，新年方至，故於此時贈去惡夢。

遂令始難毆疫。令，令方相氏也。難，謂執兵以有難卻也。方相氏蒙熊皮，黃金四目，玄衣朱裳，執戈揚盾，帥百隸爲之毆疫癘鬼也。故書難或爲儺。杜子春儺讀爲難問之難，其字當作難。月令：季春之月，命國儺，〔一〇〇〕九門磔禳，以畢春氣。仲秋之月，天子乃儺，以達秋氣。季冬之月，命有司大儺，旁磔，出土牛，以送寒氣。○始難，戚乃多反，劉依杜乃旦反，注以意求之，難字亦同。〔一〇一〕磔，陟百反。禳，如羊反。

「遂令始難毆疫」　因事曰遂，上經贈惡夢，遂令方相氏始難毆疫。

注「令令」至「寒氣」　云「令，令方相氏」，〔一〇二〕以方相氏專主難者，〔一〇三〕故先令方相氏。〔一〇四〕云「難，謂執兵以有難卻也」者，所引方相氏以下是也。杜子春云「儺讀爲難問之難」者，以其難去疫癘，故爲此讀。又引月令云「季春之月，命國儺」。案彼鄭注，「此月之中，日行歷昴，昴有大陵積尸之氣，氣佚則癘鬼隨而出行」，〔一〇五〕故難之。云「命國難」者，唯天子、諸侯有國者令難。云「九門磔攘」者，九門，依彼注，路門、應、雉、庫、皋、國、近郊、遠郊、關。張磔牲體攘去惡氣也。云「以畢春氣」者，畢，盡也。季春行之，故以盡春氣。云「仲秋之月，天子乃儺，以達秋氣」者，案彼鄭注云「陽氣左行，〔一〇六〕此月宿直昴畢，昴畢亦得大陵積尸之氣，氣佚則癘鬼亦隨而出行」，故難之以通達秋氣，此月難陽氣，故唯天子得難。云「季冬之月，命有司大難，旁磔出土牛，以送寒氣」者，案彼鄭注：「此月之中，日歷虛危，虛危有墳墓四司之氣，爲癘鬼將隨强陰出害人也。」故難之。命有司者，謂命方相氏。言大難者，從天子下至庶人皆得難。言旁磔者，謂四方，於四方之門，皆張磔牲體。云「出土牛，以送寒氣」者，鄭彼注云：〔一〇七〕「出，猶作也。作土牛者，丑爲牛，牛可牽可止。〔一〇八〕送，猶畢也。」故作土牛以送寒氣。此子春所引，雖引三時之難，唯即季冬大難。知者，此經始難文承季冬之下，是以方相氏亦據季冬大難而言。

眡祲，掌十煇之灋，以觀妖祥，辨吉凶。妖祥，善惡之徵，鄭司農云：〔一〇九〕「煇謂日光炁也。」○十煇，音運。炁也，音氣，本亦作氣。

「眡祲」至「吉凶」　案下十等，唯一曰言祲，故據一曰以爲官首。言掌十煇之法者，「一曰」以下十等，多是日旁之氣。言煇亦是日旁煇光，故揔以煇言之。

注「妖祥」至「炁也」　云「妖祥，善惡之徵」者，祥是善之徵，妖是惡之徵，故言善惡之徵。此妖祥相對。若散文，祥亦是惡徵，「亳有祥桑」之類是也。鄭司農云「煇謂日光氣也」者，就十等之中，五曰闇，闇，謂日食，則無光氣。而云十煇皆謂日光氣者，〔一一〇〕據多而言。

一曰祲，二曰象，三曰鑴，四曰監，五曰闇，六曰瞢，七曰彌，八曰敘，九曰隮，十曰想。故書彌作「迷」，隮作「資」。鄭司農云：「祲，陰陽氣相侵也。象者，如赤鳥也。〔一一一〕鑴，謂日旁氣四面反鄉，如煇狀也。〔一一二〕監，雲氣臨日也。闇，日月食也。瞢，日月瞢瞢無光也。彌者，白虹彌天也。敘者，雲有次序如山在日上也。隮者，升氣也。想者，煇光也。」玄謂鑴讀如「童子佩鑴」之鑴，謂日旁氣刺日也。監，冠珥也。彌，氣貫日也。隮，虹也。詩云「朝隮於西」。想，雜氣有似可形想。○曰鑴，鄭許規反，劉思隨反，或下圭反。曰瞢，亡鄧反。曰隮，子兮反。反鄉，許亮反。如暈，音運，本亦作煇，音同。白虹，音洪，又古巷反，劉古項反。

注「故書」至「形想」　此經十事，〔一一三〕先鄭皆解之，後鄭從其六，不從其四。先鄭云「祲，陰陽氣相侵也」者，赤雲爲陽，黑雲爲陰，如春秋傳云：「赤黑之祲在日旁。」云「象者，如赤鳥也」者，楚有雲，如衆赤鳥在日旁者也。云「鑴，謂日旁氣四面反鄉，如煇狀也」者，後鄭不從。云「監，雲氣臨日也」者，後鄭亦不從。云「闇，日月食也」者，以其日月如光消，故闇朦也。云「瞢，日月瞢瞢無光也」者，以其瞢瞢，無光之貌，故知無光。云「彌者，白虹彌天也」者，此從故書爲「迷」，後鄭不從。云「敘者，雲有次敘如山在日上也」者，以其此十煇皆在日旁，敘爲次敘之字，故知敘者，雲氣次敘如山在日上。云「隮者，升氣也」者，以其隮訓爲升，故隮者是升氣也。此後鄭不破，增成其義。云「想者，煇光」，此後鄭亦不從。「玄謂鐫讀如『童子佩鐫』之鐫，謂日旁氣刺日也」者，此讀從芄蘭詩：〔一一四〕「童子佩鐫，能不我知」，鐫是錐類，故爲雲氣刺日。云「監，冠珥也」者，謂有赤雲氣在日旁，如冠耳。珥，即耳也，今人猶謂之日珥。云「彌，氣貫日也」者，以其言彌，故知雲氣貫日而過。云「隮，虹也」者，即爾雅「螮蝀，謂之虹」，日在東，則西邊見。日在西，則東邊見。故引詩云「朝隮於西」爲證也。云「想，雜氣有似可形想」者，以其雲氣雜有所象似，故可形想。

掌安宅敘降。

宅，居也。降，下也。人見妖祥則不安，主安其居處也。次序其凶禍所下，謂禳移之。

注「宅居」至「移之」　掌，主也。此官主安居者，人見妖祥，則意不安，主安居其處，〔一一五〕不使不安。故次敘其凶禍所下之地，禳移之，其心則安。

正歲則行事，

占夢以季冬贈惡夢，此正月而行安宅之事，所以順民。

注「占夢」至「順民」　民心欲得除惡樹善，占夢之官，以季冬贈去惡夢，至此歲之正月，行是安宅之事，順民心也。

歲終則弊其事。

弊，斷也，謂計其吉凶然否多少。○則弊，必世反，下注同。斷，丁亂反。

注「弊斷」至「多少」　占夢之官，見有妖祥，則告之，吉凶之事，其吉凶或中或否，故至歲終斷計其吉凶也。云「然否多少」者，然，謂中也，知中否多少，而行賞罰。

校勘記

〔一〕其象似玉瓦原之璺罅　「璺」，監、毛本作「舋」，按阮校云釋文作「舋」，云「依字作璺」，則本不作「舋」。可知，「罅」，婺本同。建、岳、阮「罅」作「鏬」，葉鈔釋文作「呼」。

〔二〕上古以來作其法可用者有三　阮校云，賈疏引注作「上古以來，其作法可用者有三」，讀亦異。孫詒讓云，士喪禮疏引仍作「其法」。

〔三〕此數者非無明文　孫詒讓云，「非」疑當作「並」。

〔四〕帝堯降二女以舜妃　元、正、閩、闞本同，殿、阮本「以」作「爲」，當是。

〔五〕此鄭欲解體有百二十而繇有千二百之意　阮本無「此」字，「有百」倒。

〔六〕坼兆璺　孫詒讓云，「璺」誤「舋」，占人疏述作「釁」，則不作「舋」可知。

〔七〕圛氣落圛不連屬　阮校云，「落圛」當作「驛」。

〔八〕似山出内氣也　婺、建、岳、余、嘉靖本同，闞、阮本「氣」下有「變」字。臧禮堂云，春秋襄九年正義引此注作「出内雲氣也」，今本作「氣變」，誤。阮校云，據賈疏文意，其本本亦作「雲氣」，當據正。

〔九〕三少爲重錢　「重錢」，元、正、閩、殿本同，闞、監、毛本作「單錢」。孫詒讓云，「重錢」是。

〔一〇〕兩多一少爲單錢　阮本「單」作「交」，誤。

〔一一〕兩少一多八爲少陰也　孫詒讓云，「兩少一多」下當據士冠禮疏補「爲拆錢」三字。

〔一二〕天能周帀於四時　「帀」，原作「市」，元、正、閩本同誤。據阮本改。

〔一三〕爲純坤卦　殿本同。元、正、閩、闞、阮本脱「坤」字。

〔一四〕是亦通本爲八卦也　元、正、閩、闞、殿本同。阮本「亦」作「以」。

〔一五〕後鄭等以爲伏犧畫八卦　元、正、聞本同。閩、殿、阮本「等」作「專」，當是。

〔一六〕掌三夢之灋　唐石經、諸本同。阮校云，據説文，「瘳」爲正字，「夢」則假借字也。

〔一七〕玄謂觭讀如諸戎掎之掎　漢讀考作「讀爲諸戎掎之之掎」。阮校云，今本作「讀如」，非。

〔一八〕運或爲緷當爲煇　婺、建、岳、阮本同。阮校云，釋文出「作緷」、「爲煇」四字，則上「爲」當是「作」。

〔一九〕旦而日食　殿本同，元、正、聞、閩、阮本「旦」作「日」，誤。

〔二〇〕爲某父某甫筮宅　元、正、聞、閩、阮本「某父」作「其父」，當是。

〔二一〕史執策受命於主人　孫詒讓云，「策」當據少牢文作「筮」。

〔二二〕用薦歲事於皇祖伯某　元、正、聞、閩、阮本脱「歲」字。

〔二三〕孝子某已下與前同　殿本「子」作「孫」。浦鏜云，「孫」誤「子」。

〔二四〕是知大夫以上命龜有三　阮本「龜」作「筮」，疑誤。

〔二五〕陽匄爲令尹　元、正、殿本同，聞、阮本「匄」作「晉」。今左傳作「匄」。

〔二六〕吉戰於長岸　阮本「吉」作「言」，疑誤。

〔二七〕正問於龜之事有二則卜立君　阮本「有二則」三字重，監、毛本删一「有二則」，閩本上「則」字作「其」。

〔二八〕休以爲　孫詒讓云，此何氏左氏膏肓語，亦見左傳昭二十六年疏，此「休」上奪「何」字。

〔二九〕適勝别貴賤　元、正、聞、閩、阮本「勝」作「媵」，當是。

〔三〇〕有姪娣以辨親疏　元、殿本同，聞、閩、阮本「辨」作「廣」，殆非。

〔三一〕下必從之　元、殿本同。聞、閩、阮本「下」作「人」，疑誤。

〔三二〕如并爲公卿通計嗣之禮　殿本「計」作「繼」。浦鏜云，「計」疑「繼」字誤。孫詒讓云，此據左傳正義正之。

〔三三〕王不特立愛之法　元、正本同。閩、閩、殿、阮本「特」作「得」，疑是。
〔三四〕萬民如詢之　元、正、閩、閩本同。殿、阮本「如」作「而」。
〔三五〕大衆之中　孫詒讓云，「中」當依左傳正義作「口」。
〔三六〕距之言謬　孫詒讓云，「距」當爲「短」，因何言左氏義短，故駮之。
〔三七〕有所不犯　孫詒讓云，「犯」當據詩文王疏作「絶」。
〔三八〕此中卜立君　元本同。閩、閩、阮本「此」作「宅」，誤。
〔三九〕知大事宗伯臨卜者　閩、監、毛、殿本「臨」改「涖」。
〔四〇〕謂鑿龜可爇也者　阮本「龜」作「令」。疑當作「謂鑿龜令可爇也者」。
〔四一〕作謂發使墨坼　諸本「坼」作「拆」。
〔四二〕彼云士　殿本同，元、正、閩、閩、阮本「士」作「事」，疑誤。
〔四三〕進使命龜　殿本「進使」作「惟」。元、正、閩、閩、阮本「龜」下有「作龜」二字，疑誤。
〔四四〕先奠龜西南是也　岳本同。婺、建、阮本「南」作「面」。今案：「南」當據士喪禮作「首」。
〔四五〕士之官少　阮本「士」作「上」，誤。
〔四六〕開開出其占書也　婺、建、岳、阮本同，余本不重「開」字，阮校云，余本爲是。孫詒讓云，詩緜疏引此注作「開謂出其占書」，余本未必勝阮本，可不删。
〔四七〕此言四兆者　婺、建、岳、余、嘉靖本同，閩、監、毛、阮本「此」作「今」。
〔四八〕其體一百二十　「百」，原作「者」，據阮本改。
〔四九〕但開出占兆書爲卜兆　阮本「卜」作「四」，當是。

〔五〇〕卜人作龜卜人作龜　婺、建、岳本同，余本脱一「卜人作龜」。

〔五一〕命龜之人無定俱是命龜　殿本同，元、正、閩、闔、阮本脱「人」字。孫詒讓云，「俱」疑「但」之誤。

〔五二〕大卜陳龜　元、正、閩、闔、阮本脱「大卜」二字。

〔五三〕西龜曰靁屬南龜曰獵屬　于鬯云，「西」、「南」二字疑互誤。

〔五四〕靁力胄反　「胄」，徐本、盧本及阮本作「胃」，吴承仕云，北宋本作力胄反，作力胃反者亦可通，要非古本耳。

〔五五〕故云尊焉天地之也　「云」，原作「曰」，據阮本改。

〔五六〕龜人上春釁　元、正、閩、闔、殿、阮本「釁」下有「龜」字。

〔五七〕若有祭祀　唐石經、婺、建、岳、阮本「祀」作「事」，當從之。下疏同。

〔五八〕奉猶送也　建、岳、阮本同，婺本「猶」作「由」，非。

〔五九〕一曰靈蠵　阮本「曰」作「名」，疑非。

〔六〇〕解能自張閉　「閉」，原作「閑」，據阮本改。

〔六一〕六曰筮龜　殿本同，元、正、閩、闔、阮本「筮」作「蓍」。阮校云，作「蓍」義長。

〔六二〕常在蓍叢下也　阮校云，閩、監、毛、殿本「也」改「潛伏」二字。

〔六三〕燋讀爲細目燋之燋或曰如薪樵之樵　漢讀考云，「爲」當作「如」，「細目燋」讀同「焦」，其字不當從火；「曰如」當作「讀爲」。

〔六四〕置楚焞於上　阮本「上」作「左」，疑非。

〔六五〕遂龡其焌契　阮校云，「龡」字依説文當作「龡」。

〔六六〕又祖悶反　「祖」原作「祖」，據徐本、盧本及阮本改。

〔六七〕歷三聖而成　阮本脱「成」字。
〔六八〕故云同於龜占則繇辭是也　阮本重「龜占」二字。
〔六九〕吉則行之　阮本「吉」作「占」，非。
〔七〇〕凡卜象吉　諸本同。浦鏜云，「體」誤「象」，疏同。孫詒讓云，士喪禮疏引正作「體」，則此爲傳本之誤。
〔七一〕此君占體已下　元、正、聞、閩、阮本脱「占」字。
〔七二〕其形體象似金木水火土也　元、殿本同。阮本「似」作「以」。
〔七三〕故壇所即卜云三龜一習吉　浦鏜云，「三」疑衍。
〔七四〕或可筮短龜長　元、正、聞、閩、阮本「可」作「有」。
〔七五〕彼環人主致師　元、正、聞、閩、殿、阮本「主」作「注」，誤。
〔七六〕亦是主致師以不之事也　元、正本同，聞、閩、殿、阮本「不」作「卜」，當是。
〔七七〕鄭人卜宛射犬吉　「犬」，原作「大」，據阮本改。
〔七八〕諸侯兼官　元、殿本同。聞、閩、阮本「兼」作「患」，誤。
〔七九〕即事漸也　婺、建、岳本「事」下有「有」字。
〔八〇〕故云即事漸也　殿本同。元、正、聞、閩、阮本「云」作「卜」，誤。
〔八一〕彼其箕子所陳　元、正、聞、閩、阮本「其」作「是」，當是。
〔八二〕相謂更撰擇其蓍也　「撰」，婺、建、岳、阮本作「選」，疑作「選」是。
〔八三〕陰建在戊　元、正、聞本、漢制考同。閩、殿、阮本「戊」作「戌」，當是。
〔八四〕春秋緯云王者休　諸本同。阮校云，「王」上當脱「生」。

〔八五〕王所生者死　元、正、閩、闞、殿、阮本「死」作「相」，當是。

〔八六〕故干爲主人　阮本「干」作「于」，闞、毛本作「知」，阮校云，皆「午」之譌。

〔八七〕是其即復也　阮本「其」作「明」。

〔八八〕老童楚象行歌　惠校本「老童」作「童子」，疑是。

〔八九〕姬姓日月在星紀　董本作「日在星紀」，是也。諸本皆誤「月」，「姬姓日」左傳文。

〔九〇〕在位東後　元、正、闞本同。閩、殿、阮本「位東」作「立冬」，當是。

〔九一〕二曰噩夢　説文引此語，「噩夢」作「㖾㝱」。阮校云：「㖾」即今「咢」字，杜云「驚愕」是也。

〔九二〕噩當爲驚愕之愕　葉鈔釋文「愕」作「鄂」。阮校云，釋文是也。

〔九三〕覺時道之而夢　阮校云，廣韻引此，「時」下有「所」字，與上「思夢」注合，此脱。

〔九四〕星迴於天　孫詒讓云：「迴」，月令注作「回」。

〔九五〕獻善夢於王者　閩本同，閩、殿、阮本「善」作「吉」。

〔九六〕故云月窮於紀　「於」，原作「放」，據阮本改。

〔九七〕彼注衆維魚矣　元、闞、殿本同，正、閩、阮本「彼」作「故」，疑誤。

〔九八〕證獻吉夢之事　元、正、閩、阮本「夢」作「慶」，疑非。

〔九九〕其義不可　殿本同。元、正、閩、闞、阮本「可」作「同」。

〔一〇〇〕命國儺　婺、建、余、岳、嘉靖、阮本同。阮校云，閩、監、毛本「儺」作「難」，當據以訂正。下疏同。

〔一〇一〕難字亦同　「難」，徐本、盧本及阮本作「儺」。

〔一〇二〕云令令方相氏　「云」，原作「先」，據阮本改。

〔一〇三〕專主難者　「者」，原作「去」，元、正、閩、閩本同誤，據阮本改。

〔一〇四〕故先令方相氏　元、正、閩本同。阮校云，閩本「先」作「云」，當據正。

〔一〇五〕氣佚則癘鬼隨而出行　阮本「癘」作「厲」，當是。下「癘鬼」同。

〔一〇六〕案彼鄭注云陽氣左行　元、正、閩、閩、阮本脱「云」字。

〔一〇七〕鄭彼注云　阮本「鄭彼」作「彼鄭」，「注」作「往」。

〔一〇八〕丑爲牛牛可牽可止　孫詒讓云，月令注作「可牽止」。

〔一〇九〕鄭司農云　「司」字原脱，據婺、建、岳、阮本補。

〔一一〇〕而云十煇皆謂日光氣者　元、殿本同。閩、閩、阮本「煇」作「等」，疑誤。

〔一一一〕象者如赤鳥也　婺、建、岳本同。嘉靖本「鳥」作「烏」，非也，哀六年左傳、太史職注并作「鳥」。

〔一一二〕如煇狀也　阮校云，釋文「如暈，本亦作煇，音同」。案當作「暈」，今本作「煇」，非。

〔一一三〕此經十事　元、殿本同。正、閩、閩、阮本「十」作「上」，誤。

〔一一四〕此讀從芄蘭詩　元、殿本同。監、毛、阮本「芄」作「芃」，誤。

〔一一五〕主安居其處　殿本「居其」作「其居」。浦鏜云，「其居」是。

周禮注疏卷第二十九

大祝，掌六祝之辭，以事鬼神示，祈福祥，求永貞。一曰順祝，二曰年祝，三曰吉祝，四曰化祝，五曰瑞祝，六曰筴祝。永，長也。貞，正也。求多福，歷年得正命也。鄭司農云：「順祝，順豐年也。年祝，求永貞也。吉祝，祈福祥也。化祝，弭災兵也。瑞祝，逆時雨、寧風旱也。筴祝，遠罪疾。」○六祝，之秀反，後除大祝、宗祝，諸官皆同，以意求之。永長，如字。遠罪，于萬反。

「大祝」至「筴祝」　云「掌六祝之辭」者，此六辭，皆是祈禱之事，〔一〕皆有辭説以告神，故云六祝之辭。云「以事鬼神示」者，此六祝，皆所以事人鬼及天神地祇。云「祈福祥，求永貞」者，禱祈者，皆所以祈福祥求永貞之事。案：「一曰」已下，其事有六，祈福祥即「三曰吉祝」是也。求永貞，「二曰年祝」是也。今特取此二事爲揔目者，〔二〕欲見餘四者，亦有此福祥永貞之事故也。

注「永長」至「罪疾」　云「求多福，歷年得正命也」者，經「祈福祥，求永貞」，祈，亦求也。今鄭云求多福，即經祈福祥也。歷年得正命，即經求永貞也。歷年之上宜有求，鄭不言之者，多福之上一求，鄭則該此二事，故鄭歷年之上，略不言求。鄭司農云「順祝順豐年」已下，皆約小祝而説，小祝有順豐年，此言順祝，故知當小祝順豐年也。云「年祝，求永貞也」者，以祈求貞是命年之事，故知年祝當求永貞也。云「吉祝，祈福祥也」者，以其小祝有祈福祥之事，此上揔目亦有祈福祥，福祥是吉慶之事，故知吉祝當祈福祥也。云「化祝，弭災兵也」者，弭，安也。安去災兵，是化惡從善之事，小祝有弭災兵，故知化祝當之。云「瑞祝，逆時雨、寧風旱也」者，小祝有逆時雨、寧風旱，此逆時雨即寧風旱，寧風旱即逆時雨，對則異，理則通，此二者，似若天之應瑞，故摠謂之瑞祝。云「筴祝，遠罪疾」者，自此已上，差次與小祝不同，唯有筴祝與小祝「遠罪疾」相當，宜爲一也。此六祝有求永貞，小祝不言之者，大祝已見，故小祝略不言也。此六祝「一曰順祝」已下，差次與小祝次第不同者，欲見事起無常，故先後有異。

掌六祈，以同鬼神示，一曰類，二曰造，三曰禬，四曰禜，〔三〕五曰攻，六曰説。祈，嘄也，謂爲有災變，號呼告神以求福。天神、人鬼、地祇不和，則六癘作見，故以祈禮同之。故書造作竈，杜子春讀竈爲造次之造，書亦或爲造，造祭於祖也。鄭司農云：「類、造、禬、禜、攻、説，皆祭名也。類祭於上帝，詩曰『是類是禡』，爾雅曰：『是類是禡，師祭也。』又曰『乃立冢土，戎醜攸行』，爾雅曰：『起大事，動大衆，必先有事乎社而後出，謂之宜。』故曰『大師宜於社，造於祖，設軍社，類上帝』。司馬法曰：『將用師，乃告於皇天上帝、日月星辰，以禱於后土、四海神祇、山川冢社，乃造於先王，然後冢宰徵師於諸侯曰：某國爲不道，征之，以某年某月某日，師至某國。』禜，日月星辰山川之祭也。春秋傳曰：『日月星辰之神，則雪霜風雨之不時，於是乎禜之；山川之神，則水旱癘疫之災，〔四〕於是乎禜之。』」玄謂類造，加誠肅，求如志。禬禜，告之以時有災變也。攻説，則以辭責之。禜，如日食以朱絲縈社，攻如其鳴鼓然。董仲舒救日食，祝曰「炤炤大明，瀸滅無光，奈何以陰侵陽，以卑侵尊」，〔五〕是之謂説也。禬，未聞焉。造類禬禜皆有牲，〔六〕攻説用幣而已。○曰造，七報反，注下皆同。禬，戚古外反，劉音會。禜，音詠。祈嘄，音叫，劉音禱。爲有，于僞反。號，户羔反。呼，火故反。作見，賢遍反。是禡，莫駕反。縈社，烏營反。炤炤，章揺反。瀸滅，子廉反。

「掌六」至「曰説」　上經六祝，此云六祈，皆是祈禱之事，別見其文者，案小祝重掌六祝。云「將事侯禱祠之祝號」，〔七〕鬼神雖和同，爲事禱請，此六祈，爲百神不和同，即六癘作見，而爲祈禱，故云以同鬼神祇，是以別見其文。

注「祈嘄」至「而已」　云「謂爲有災變，號呼告神以求福」者，鄭知號呼者，見小祝云「掌禱祠之祝號」，故知此六祈，亦號呼以告神。云「天神、人鬼、地祇不和，則六癘作見，故以祈禮同之」者，鄭知鬼神祇不和者，見經云「掌六祈以同鬼神祇」，明是不和，設六祈以和同之。案：五行傳云「六沴作見」，云：「貌之不恭，惟金沴木。視之不明，惟水沴火。言之不從，惟火沴金。聽之不聰，惟土沴水。思之不睿，惟金木水火沴土。」五行而沴有六者，除本五，外來沴已則六。彼云沴，此云癘者，沴有六，則癘鬼作見，故變沴言癘。杜子春云，造謂造祭於祖，知者，禮記云「造於祖」，故後鄭從之。先鄭云「類、造、禬、禜、攻、説，皆祭名」者，以其祈禱皆是祭事。案：後鄭「類造禬禜皆有牲，攻説用幣而已」，用幣非祭，亦入祭科之中。云「類，祭於上帝」知者，禮記王制及尚書泰誓皆云「類於上帝」，故知類祭上帝也。引「詩云」已下，至「師至某國」，以類造爲出軍之祭。後鄭皆不從矣。所以不從者，但出軍之祭，自是求福，此經六祈，皆爲鬼神不和同，設祈禮以同之，不得將出軍之禮以解之，故後鄭不從。先鄭引大雅皇矣詩，即引爾雅者，所以釋此詩故也。云「又曰乃立冢土，戎醜攸行」者，大雅緜詩。云「爾雅曰起大事」以下，亦釋此詩故也。「又曰乃立」，引以相副。〔八〕故「大事宜於社，造於祖，設軍社，類於上帝」，並是此大祝下文。云「司馬法曰『將用師』」三字，司農語。云「禜，日月星辰山川之祭也」者，引春秋爲證，春秋傳曰者，昭元年，左氏傳云，鄭子産聘晉，晉侯有疾，問於子産，子産對此辭。案彼傳文，「癘疫之災，於是乎禜之」，此云「不時」者，鄭君讀傳有異。「玄謂類造，加誠肅，求如志」者，欲明天神人鬼地祇不得同名類造，故云加誠肅，求如志。云「禬禜，告之以時有災變也」者，春秋所云雪霜風雨水旱癘疫之不時，於是乎禜之。禬雖未聞，禬是除去之義，故知禬亦災變。云「攻説，則以辭責之」者，引論語及董仲舒，皆是以辭責之。云「禜，如日食以朱絲禜社」者，〔九〕案：莊公二十五年六月，「辛未朔，日有食之，鼓用牲於社」。公羊傳云：「日食則曷爲鼓用牲於社？求乎陰之道也。以朱絲禜社，或曰脅之，或曰爲闇，恐人犯之，故禜之。」何休云：「朱絲禜之，助陽抑陰也。或曰爲闇者，恐人犯歷之，故禜之。然此説非也。記或傳者，示不欲絶異説爾。先言鼓後言用牲者，明先以爲尊命責之，〔一〇〕後以臣子禮接之，所以爲順也。」鄭引公羊傳者，欲見禜是禜之義。云「攻，如其鳴鼓然」者，此是論語先進篇。孔子責冉有爲季氏聚斂之臣，故云小子鳴鼓而攻之可。彼是以辭攻責之，此攻責之亦以辭責，故引以爲證。引董仲舒者，是漢禮救日食之辭，以證經説是以辭責之。云「禬，未聞焉」者，經傳無文，不知禬用何禮，故云未聞。鄭知「類造禬禜皆有牲」者，案：禮記祭法云：「埋少牢於泰昭，〔一一〕祭時也」，下云「幽禜祭星，雩禜祭水旱」，鄭注云：「凡此以下，皆祭用少牢。」禜既用牲，故知類造皆亦有牲，故云皆有牲也。云「攻説用幣而已」者，知攻説用幣者，是日食伐鼓之屬，天災有幣無牲，故知用幣而已。既云天災有幣無牲，其類禮以亦是天災，得有牲者，災始見時無牲，及其災成之後即有牲，故詩云「靡愛斯牲」，是也。

作六辭，以通上下、親疏、遠近，一曰祠，〔一二〕二曰命，三曰誥，四曰會，〔一三〕五曰禱，六曰誄。

鄭司農云：「祠當爲辭，謂辭令也。命，論語所謂爲命卑諶草創之。誥，謂康誥、盤庚之誥之屬也。盤庚將遷於殷，誥其世臣卿大夫，道其先祖之善功，故曰以通上下親疏遠近。會，謂王官之伯，命事於會，胥命於蒲，主爲其命也。禱，謂禱於天地、社稷、宗廟，主爲其辭也。春秋傳曰，鐵之戰，衛大子禱曰：『曾孫蒯聵敢昭告皇祖文王、烈祖康叔、文祖襄公：鄭勝亂從，晉午在難，不能治亂，使鞅討之。蒯聵不敢自佚，備持矛焉。敢告無絶筋，無破骨，無面夷，無作三祖羞。大命不敢請，佩玉不敢愛。』若此之屬。誄，謂積累生時德行，以賜之命，〔一四〕主爲其辭也。春秋傳曰：『孔子卒，哀公誄之曰：閔天不淑，不憖遺一老，俾屏余一人以在位，嬛嬛予在疚。〔一五〕嗚呼哀哉尼父！無自律。』此皆有文雅辭令，難爲者也，故大祝官主作六辭。或曰誄，論語所謂『誄曰禱爾於上下神祇』。」杜子春云：「誥當爲告，書亦或爲告。」玄謂一曰祠者，〔一六〕交接之辭。春秋傳曰「古者諸侯相見，號辭必稱先君以相接」。辭之辭也。會，謂會同盟誓之辭。禱，賀慶言福祚之辭。晉趙文子成室，晉大夫發焉。張老曰：「美哉輪焉！美哉奐焉！歌於斯，哭於斯，聚國族於斯。」文子曰：「武也得歌於斯，哭於斯，聚國族於斯，是全要領以從先大夫於九京也。」北面再拜稽首，君子謂之善頌善禱。禱是之辭。〔一七〕○四曰會，如字，注同。卑，婢支反。諶，市林反。蒯，苦怪反。聵，五怪反。在難，乃旦反。自佚，音逸。德行，下孟反。閔天，音旻，武巾反。不憖，魚覲反。嬛嬛，求營反。在疚，九又反。尼父，音甫。奐焉，音喚。九京，音原。

「作六」至「曰誄」　此六者，唯一曰稱「辭」，自餘二曰已下皆不稱辭。而六事皆以辭目之者，二曰已下雖不稱辭。命誥之等，亦以言辭爲主，故以辭苞之。云「以通上下親疏遠近」者，此六辭之中，皆兼苞父祖子孫，上則疏而遠，下則親而近，故云以通上下親疏遠近也。

注「鄭司」至「之辭」　先鄭破「祠」爲「辭」，謂辭令者，一以其目云六辭，明知爲言辭之字，不得爲禱祠。言爲辭令者，則玄謂增成之，云「交接之辭」是也。云「命，謂論語所謂爲命卑諶草創之。誥，謂康誥、盤庚之誥之屬也」者，盤庚雖不言誥，亦是誥臣遷從之事，故同爲誥。又云「盤庚將遷於殷，誥其世臣卿大夫，道其先祖之善功」者，即盤庚云「乃祖乃父，世選爾勞」，是也。此命誥之議，〔一八〕後鄭從之。云「會，謂王官之伯，命事於會，胥命於蒲，主爲其命也」者，後鄭不從之者，案：公羊傳云：「胥命者何，相命也。何言乎相命，近正也。此其爲近正奈何，古者不盟，結言而退。」又見昭四年，楚椒舉云：「商湯有景亳之命，周穆王有塗山之會」，以此觀之，胥命於蒲，與會有異，今先鄭以胥命解會，於義不可，故不從。云「禱，謂禱於天地社稷宗廟，主爲其辭也」，又引春秋鐵之戰，事在哀二年。案：哀二年，衛靈公卒，六月乙酉，晉趙鞅納衛大子於戚。秋八月，齊人輸范氏粟，鄭子姚、子般送之。趙鞅禦之，衛大子爲右，衛爲大子禱而爲此辭。〔一九〕言「曾孫」者，凡祭外神，皆稱曾孫。言「昭告於皇祖文王」，皇，君也。衛得立文王廟，故云君祖文王。烈祖康叔者，衛之始封君，有功烈之祖。云「鄭勝亂從」者，勝，鄭伯名，助范氏亂，故云亂從。云「晉午在難」者，午，晉定公名，范氏等作亂，與君爲難，故云在難。云「備持矛焉」者，蒯聵與趙鞅爲車右，車右執持戈矛，故云備持矛焉。云「無作三祖羞」者，三祖，謂文王、康叔、襄公。戰不克，則以爲三祖羞辱。先鄭此義，後鄭皆不從之者，此六辭皆爲生人作辭，無爲死者之事，故不從。云「誄，謂積累生時德行，以賜之命」，而引「春秋傳曰」者，哀公十六年傳辭，此義後鄭從之。引論語者，爲孔子病，子路請禱，孔子問曰：「有諸？」子路對此辭。生人有疾亦誄，列生時德行而爲辭，與哀公誄孔子意同，故引以相續。玄謂一曰辭者，司農云「謂辭令」，無所指斥，故後鄭相事而言。引「春秋傳曰」者，案莊四年，公羊傳云：「古者諸侯必有會聚之事，相朝聘之道，號辭必稱先君以相接。」是此之辭也。彼無相見二字，鄭以義增之。云「會，謂會同盟誓之辭」，會中兼有誓盟者，以其盟時皆云「公會某侯」、「某侯盟於某」，以此出會中含有盟。其誓必因征伐。案：春秋征伐皆云「公會案侯某侵某」。〔二〇〕既有士卒，當有誓辭，故出會中兼有誓也。云「禱，賀慶言福祚之辭」者，破先鄭禱鬼神之事。云「晉趙文子成室者」，禮記檀弓文。案：彼文云「晉獻文子成室」。鄭注云：「獻，猶賀也。」晉君賀文子成室，此言晉趙文子成室，引文略。趙文子，則趙武也。晉大夫發焉，見文子室成，卿大夫皆發幣以往慶賀之。張老者，亦晉大夫。云「美哉輪焉」者，謂輪囷高大。〔二一〕云「美哉奂焉」者，謂奂爛有文章。云「歌於斯」者，斯，此也，謂作樂饗宴之處。云「哭於斯」，謂死於適寢之處。「聚國族於斯」，謂與族人族食宴之處。張老言此者，譏其奢泰。一室兼此數事，防其更爲。云「文子曰武也」者，武，文子名。謂武得歌於斯，哭於斯，聚國族於斯，是全要領以從先大夫於九京也。古者有要斬、領斬，故要、領並言。案彼注，九京當爲九原，晉卿大夫之墓地在九原，故言以從先大夫於九原。云「北面再拜稽首」者，平敵相於並列，則頓首。臣於君，作稽首，今文子作稽首者，時晉君在焉，北面向君拜，故作稽首。云「君子謂之善頌善禱」者，君子，謂知禮之人。彼注云：「善頌，謂張老之言。善禱，謂文子之言。」云「是之辭」者，〔二二〕是經禱之辭也。此六者，皆以辭解之。

辨六號，一曰神號，二曰鬼號，三曰示號，四曰牲號，五曰齍號，六曰幣號。號，謂尊其名，更爲美稱焉。神號，若云皇天上帝。鬼號，若云皇祖伯某。祇號，若云后土地祇。幣號，若玉云嘉玉，幣云量幣。鄭司農云：「牲號，爲犧牲皆有名號。〔二三〕曲禮曰：『牛曰一元大武，豕曰剛鬣，羊曰柔毛，雞曰翰音。』粢號，謂黍稷皆有名號也。曲禮曰：『黍曰香合，〔二四〕粱曰香萁，稻曰嘉疏。』少牢饋食禮曰『敢用柔毛剛鬣』，士虞禮曰『敢用絜牲剛鬣香合』。」○齍號，音咨。美稱，尺證反。大武，如字，劉音泰。剛鬣，力輒反。香萁，音基。嘉疏，所魚反，劉音蘇。

注「號謂」至「香合」　云「號謂尊其名，更爲美稱焉」者，謂若尊天地人之鬼神示，不號爲鬼神示，而稱皇天后土及牲幣等，皆別爲美號焉。云「神號，若云皇天上帝」者，月令季夏云：「以養犧牲，以供皇天上帝。」皇天，謂北辰曜魄寶。上帝，謂大微五帝。云「鬼號，若云皇祖伯某」者，謂若儀禮少牢、特牲祝辭，稱皇祖伯某。云「祇號，若云后土地祇」者，左氏傳云：「君戴皇天而履后土。」地祇，謂若大司樂云「若樂八變，地祇皆出」。云「幣號，若玉云嘉玉，幣云量幣」，此並曲禮文。經無玉號，鄭兼言玉者，祭祀禮神有玉，曲禮亦有玉號。案：小行人合六幣，圭以馬，璋以皮，玉得與幣同號，故鄭兼言玉也。先鄭云「牲號，爲犧牲皆有名號」，〔二五〕引曲禮曰「牛曰一元大武」者，鄭彼注：「元，頭也。武，迹也。」一頭大迹。「豕曰剛鬣」者，豕肥，則鬣鬣剛强。「羊曰柔毛」者，羊肥，則毛柔潤。「雞曰翰音」者，翰，長也，音，鳴也，謂長鳴雞。齍號，謂黍稷皆有名號，引曲禮「黍曰香合」者，言此黍香合以爲祭。云「粱曰香萁」者，鄭注云：「萁，辭也。」言此粱香可祭。云「稻曰嘉疏」者，言稻下萊地所生，嘉，善也，疏，草也，言此稻善疏草可祭。云「少牢饋食禮云『敢用柔毛剛鬣』」者，大夫少牢祭，故號此二牲。云「士虞禮曰『敢用絜牲剛鬣』」者，士祭用特豕，故號一牲。言「香合」者，據曲禮「黍之號也」，故彼鄭注云：「黍也，大夫士於黍稷之號，合言普淖而已。」此言香合，蓋記者誤耳。此連引之耳，無所取證，此士虞記文，而云禮者，記亦是禮。

辨九祭，一曰命祭，二曰衍祭，三曰炮祭，四曰周祭，五曰振祭，六曰擩祭，〔二六〕**七曰絶祭，八曰繚祭，九曰共祭。**杜子春云：「命祭，祭有所主命也。振祭，振讀爲慎，禮家讀振爲振旅之振。擩祭，擩讀爲虞芮之芮。」〔二七〕鄭司農云：「衍祭羨之道中，如今祭殤，無所主命。〔二八〕周祭，四面爲坐也。炮祭，燔柴也。爾雅曰：『祭天曰燔柴。』擩祭，以肝肺菹擩鹽醢中以祭也。繚祭，以手從肺本，〔二九〕循之至於末，乃絶以祭也。絶祭，不循其本，直絶肺以祭也。重肺賤肝，故初祭絶肺以祭，謂之絶祭，至祭之末，禮殺之後，但擩肝鹽中振之，擬之若祭狀，弗祭，謂之振祭。特牲饋食禮曰：『取菹擩於醢，祭於豆間。』鄉射禮曰：『取肺坐，絶祭。』鄉飲酒禮曰：『右取肺，左卻手執本，坐，弗繚，右絶末以祭。』少牢曰：『取肝擩於鹽，振祭。」玄謂九祭，皆謂祭食者。命祭者，玉藻曰「君若賜之食，而君客之，則命之祭，然後祭」是也。衍字當爲「延」，炮字當爲「包」，聲之誤也。延祭者，曲禮曰「客若降等，執食興辭，主人興辭於客，然後客坐，主人延客祭」是也。包猶兼也。兼祭者，有司曰「宰夫贊者取白黑以授尸，尸受兼祭於豆祭」是也。周猶徧也。徧祭者，曲禮曰「殽之序，徧祭之」是也。振祭、擩祭本同，不食者擩則祭之，將食者既擩必振乃祭也。絶祭、繚祭亦本同，禮多者繚之，禮略者紀則祭之。〔三〇〕共猶授也。王祭食，宰夫授祭。孝經説曰：「共綏執授。」○衍祭，音延。炮祭，百交反，兼也，劉依司農白交反。擩祭，而泉反，一音而劣反，劉又而誰反。繚祭，音了，劉音料。共祭，音恭，注同。虞芮，人劣反，又而歲反，下同。爲坐，才卧反。從持胏，劉、沈皆子容反，今本或無「持」字，從則如字。禮殺，色界反，劉色例反。左卻，去逆反，又起略反。執食，音嗣。猶徧，音遍，下同。

「辨九」至「共祭」　此九祭，先鄭自周祭已上，皆是祭鬼神之事。振祭已下，皆是生人之祭食之禮。後鄭不從之者，祭天神、地祇、人鬼，大祝不須别列，且生人祭食，不合與祭鬼神同科，故皆以爲生人祭食法。

注「杜子」至「執授」　杜子春云「命祭，祭有所主命也」者，凡祭祀，天子諸侯木主，大夫士有幣帛主其神。曾子問以幣帛皮圭以爲主命，當主之處。此子春之意，亦當以幣帛謂之主命。但此經文皆是祭食法，不得爲主命，故後鄭不從之。又讀「振」爲「慎」，或爲振旅之「振」，或讀「擩」爲虞芮之「芮」，此讀皆無義意，故後鄭皆不從之。鄭司農云「衍祭羨之道中，如今祭殤，無所主命」者，此據生人祭食法，而云「如今祭殤」，故後鄭亦不從之。云「周祭，四面爲坐也」，謂若祭百神，四面各自爲坐。炮祭燔柴，以其炮是燔燒之義，故爲燔柴祭天。此皆生人祭食法，非祭鬼神，故後鄭亦不從之。云「擩祭，以肝肺菹擩鹽醢中，以祭也」者，案特牲、少牢，墮祭之時，皆有以菹擩醢中以祭。主人獻尸時，賓長以肝從，尸以肝擩鹽中以祭。故先鄭云：「以肝肺菹擩鹽醢中以祭」，彼無云用肺擩鹽醢中，〔三一〕先鄭連引之耳。案：彼肝擩鹽中以振祭，嚌之加於肵俎，此則是振祭，司農云以初時擩於鹽，〔三二〕即同擩祭解之，於義不可。云「繚祭，以手從肺本，循之至於末，乃絶以祭也」者，此據鄉飲酒而言。云「絶祭，不循其本，直絶肺以祭也」者，據鄉射而言。云「重肺賤肝，故初祭絶肺以祭，謂之絶祭；至祭之末，禮殺之後，但擩肝鹽中振之，擬之若祭狀，弗祭，謂之振祭」，云重肺者，此繚祭、絶祭二者，皆據肺而言，周貴肺，故云重肺。云賤肝者，司農意，上云以肝擩於鹽據特牲、少牢，尸食後，賓長以肝從之意。云「故初祭絶肺以祭謂之絶祭」者，此絶祭，依特牲、少牢，無此絶祭之事，於義不可。云「至祭之末，禮殺之後，但擩肝鹽中振之，擬之若祭狀」者，此還據少牢擩肝祭，而云若祭狀弗祭，於義不可。引特牲饋食禮曰「取菹擩於醢，祭於豆閒」者，此據授祭而言也。〔三三〕引鄉射禮及鄉飲酒禮，證有絶祭之事。引少牢禮，證有振祭之事。此先鄭所引四文，後鄭皆從，故增成其義。但先鄭所引特牲、少牢，皆據一邊而言。案，特牲、少牢皆擩祭、振祭兩有。「玄謂九祭皆謂祭食」者，謂生人將食，先以少許祭先造食者，故謂之祭食。命祭引玉藻，彼注云，侍食不祭，其侍食之人而君賓客之，雖得祭，待君命之祭，然後祭，是命祭也。云「衍字當爲延，炮字當爲包」者，衍與炮於義無所取，故破從延與包。延祭者，曲禮曰「賓若降等，〔三四〕執食興辭」。鄭彼注云：「辭者，辭主人之臨己食，若欲食於堂下然。」云「有司曰『宰夫贊者，取白黑以授尸』」者，彼注云，白謂稻，黑謂黍。又引「曲禮曰：『殽之序，徧祭之』是也」者，凡祭者，皆盛主人之饌，故所設殽羞，次第徧祭。案公食大夫，唯魚腊湆醬不祭，以其薄故也。其餘皆祭，故謂之周祭。云「振祭，擩祭本同」者，皆擩，但振者先擩復振，擩者不振。言「不食者擩則祭之」者，特牲、少牢皆有授祭。授祭，未食之前，以菹擩於醢，祭於豆閒。是不食者，擩則祭之。云「將食者既擩必振乃祭也」者，特牲、少牢皆有主人獻尸，賓長以肝從，尸右取肝，擩於鹽，振祭，嚌之，加於菹豆，是謂振祭。言將食者，振訖嚌之，是將食也。云「絶祭、繚祭亦本同」者，同者絶之，但絶者不繚，繚者亦絶，故云本同。云「禮多者繚之」者，此據鄉飲酒，鄉大夫行鄉飲酒，賓賢能之禮，故云禮多。所繚之法，即司農所引「右取肺」已下是也。云「禮略者絶則祭之」者，此據鄉射，州長射則士禮，故云禮略者絶則祭之。祭法，即上先鄭引所鄉射禮「取肺坐，〔三五〕絶祭」是也。云「共猶授也。王祭食，宰夫授祭」者，此則膳夫職云「王祭食則授」，是也。王謂之膳夫，而謂之宰夫者，據諸侯是宰夫。云「孝經説曰，共綏執授」者，〔三六〕孝經緯文。漢時禁緯，故云「説」。云「共綏執授」者，謂將綏祭之時，共此綏祭以授尸。〔三七〕引之者，證共爲授之義。

辨九㩜，一曰稽首，二曰頓首，三曰空首，四曰振動，五曰吉㩜，六曰凶㩜，七曰奇㩜，八曰褒㩜，九曰肅㩜，以享右祭祀。稽首，拜頭至地也。頓首，拜頭叩地也。空首，拜頭至手，所謂拜手也。吉拜，拜而後稽顙，謂齊衰不杖以下者。言吉者，此殷之凶拜，周以其拜與頓首相近，故謂之吉拜云。凶拜，稽顙而後拜，謂三年服者。杜子春云：「振讀爲振鐸之振，動讀爲哀慟之慟，〔三八〕奇讀爲奇偶之奇，謂先屈一膝，今雅拜是也。或云：奇讀曰倚，倚拜謂持節、持戟拜，身倚之以拜。」鄭大夫云：「動讀爲董，書亦或爲董。振董，以兩手相擊也。〔三九〕奇拜，謂一拜也。褒讀爲報，報拜，再拜是也。」鄭司農云：「褒拜，今時持節拜是也。肅拜，但俯下手，今時撎是也。介者不拜，故曰『爲事故，敢肅使者』。」玄謂振動，戰栗變動之拜。書曰「王動色變」。〔四〇〕一拜，荅臣下拜。再拜，拜神與尸。享，獻也，謂朝獻饋獻也。右讀爲侑。侑勸尸食而拜。○九㩜，音拜，下同。䭬首，音啓，本又作稽。振動，如字，李依大夫音董，杜徒弄反，今俗人拜，以兩手相擊，如鄭大夫之説，蓋古之遺法。奇㩜，紀宜反。褒㩜，音報。享右，音又，勸也。相近，附近之近。哀慟，徒弄反。倚拜，於綺反，下同。撎，於至反，即今之揖。爲事，於僞反。使者，所吏反。朝獻，直遥反。

「辨九」至「祭祀」　此九拜之中，四種是正拜，五者逐事生名，還依四種正拜而爲之也。一曰稽首，二曰頓首，三曰空首，此三者相因而爲之。空首者，先以兩手拱至地，乃頭至手，是爲空首也。以其頭不至地，故名空首。頓首者，爲空首之時引頭至地，首頓地即舉，故名頓首。一曰稽首，其稽，稽留之字，〔四一〕頭至地多時，則爲稽首也。此三者，正拜也。稽首，拜中最重，臣拜君之拜。二曰頓首者，平敵自相拜之拜。三曰空首拜者，君荅臣下拜。知義然者，案：哀十七年，公會齊侯盟於蒙，孟武伯相。齊侯稽首，公則拜。齊人怒。武伯曰：「非天子，寡君無所稽首。」公如晉，孟獻子相。公稽首。知武子曰：「天子在，而君辱稽首，寡君懼矣。」孟獻子曰：「以敝邑介在東表，密邇仇讎，寡君將君是望，敢不稽首。」郊特牲曰：「大夫之臣不稽首，非尊家臣，以避君也。」如是相禮，諸侯於天子，臣於君，稽首，禮之正。然諸相於大夫之臣，及凡自敵者，皆當從頓首之拜也。如是差之，君拜臣下，當從空首拜，其有敬事亦稽首，故大誓云「周公曰：都懋哉，予聞古先哲王之格言以下，〔四二〕大子發拜手稽首」，是其君於臣稽首事。洛誥云「周公拜手稽首，朕復子明辟」。成王拜手稽首，公不敢不敬天之休」者，〔四三〕此即兩相尊敬，故皆稽首。九曰肅拜者，拜中最輕，唯軍中有此肅拜，婦人亦以肅拜爲正。其餘五者，附此四種正拜者，四曰振動附稽首，五曰吉拜附頓首，六曰凶拜亦附稽首，七曰奇拜附空首，八曰褒拜亦附稽首。以享侑祭祀者，享，獻也。謂朝踐獻尸時拜，侑，侑食，侑勸尸食時而拜。此九拜不專爲祭祀，而以祭祀結之者，祭祀事重，故舉以言之。

注「稽首」至「而拜」「稽首，拜頭至地，頓首，拜頭叩地也」者，二種拜，俱頭至地，但稽首至地多時，頓首至地則舉，故以叩地言之，謂若以首叩物然。云「空首，拜頭至手，所謂拜手也」者，即尚書拜手稽首。云「吉拜，拜而後稽顙，謂齊衰不杖以下」者，此謂齊衰已下喪拜，而云吉者，對凶拜爲輕。此拜先作稽首，後作稽顙。顙還是頓首，〔四四〕但觸地無容，則謂之稽顙。云「齊衰不杖已下」者，以其杖齊衰入凶拜中，故雜記云：「父在，爲妻不杖，不稽顙。」明知父沒，爲妻杖而稽顙，是以知此吉拜謂齊衰不杖已下。云「言吉者，此殷之凶拜」者，案：檀弓云：「拜而後稽顙，頽乎其順也。稽顙而後拜，頎乎其至也。三年之喪，吾從其至者。」鄭注云：「自期如殷可」，言自期，則之齊衰不杖已下，〔四五〕用殷之喪拜，故云此殷之凶拜也。云「周以其拜與頓首相近，故謂之吉拜」者，言相近者，非謂文相近，〔四六〕是拜體相近。以其先作頓首，後作稽顙，稽顙還依頓首而爲之，是其拜體相近，以其約義，故言「云」以疑之。云「凶拜，稽顙而後拜，謂三年服」者，此雜記云：「三年之喪，即以喪拜。非三年喪，以其吉拜。」又檀弓云：「稽顙而後拜，頎乎其至，孔子云『三年之喪，吾從其至者』。」若然，上吉拜齊衰不杖已下，則齊衰入此凶拜中。鄭不言之者，以雜記云「父在，爲妻不杖，不稽顙」。父卒，乃稽顙，則是適子爲妻，有不得稽顙時，故略而不言。但適子妻，父爲主，故適子父在不稽顙，則衆子爲妻，父在亦稽顙。不據衆子常稽顙者，〔四七〕據雜記成文。杜子春云「振讀爲振鐸之振」者，讀從小宰職「振木鐸於朝」之振。云「動讀爲哀慟之慟」者，謂從孔子哭顔回哀慟之慟。云「奇讀爲奇耦之奇」者，謂從郊特牲「鼎俎奇，籩豆耦」之奇。〔四八〕已上讀字，後鄭皆從之。云「先屈一膝，今雅拜是也。或云：奇讀曰倚，倚拜謂持節、持戟拜，身倚之以拜」，此二者後鄭皆不從之。鄭大夫云「動讀爲董，書亦或爲董振之董」者，此讀從左氏「董之以威」，是董振之董。云「以兩手相擊」，此後鄭皆不從。〔四九〕云「奇拜，謂一拜也」，一拜者，謂君拜臣下。案：燕禮、大射有一拜之時，君荅一拜，後鄭從之。云「褒讀爲報，報拜謂再拜是也」，後鄭亦從。鄭司農云「褒拜，今之持節拜是也」者，後鄭不從。云「肅拜，但俯下手，今時撎是也」，案儀禮鄉飲酒，賓客入門，有撎入門之法。推手曰揖，引手曰撎。云「介者不拜，故曰爲事故，敢肅使者」，案：成十六年，晉楚戰於鄢陵，楚子使工尹襄問郤至以弓。郤至見客，免胄承命。又云「不敢拜命」，注云：「介者不拜。」又云「君命之辱，爲事故，敢肅使者，三肅使者而退」，是軍中有肅拜法。案：成二年鞌之戰，獲齊侯，晉郤至投戟，〔五〇〕逡巡，再拜稽首。軍中得拜者，公羊之義，將軍不介胄，故得有拜法。「玄謂振動戰栗變動之拜，書曰王動色變」，案：中候我膺云：「季秋七月甲子，〔五一〕赤雀銜丹書入酆，至昌户，再拜稽首受。」案今文大誓，得火烏之瑞，「使上附以周公書，報誥於王，王動色變」。雖不見拜文，與文王受赤雀之命，同爲稽首拜也。云「一拜，荅臣下拜。再拜，拜神與尸」，此二者，增鄭大夫之義。知再拜拜神與尸者，案特牲禮，祝酌奠於鉶南，主人再拜，祝在左也。再拜於尸，謂獻尸，尸拜受，主人拜送，是也。天子諸侯亦當然。或解一拜荅臣下，亦據祭祀時，以其宴禮，君荅拜臣，或再拜時故也。云「享，獻也，謂朝獻饋獻也」者，以祭祀二灌之後，唯有朝踐饋獻稱獻，故知享獻據朝踐饋獻時也。云「右讀爲侑。侑勸尸食而拜」者，案：特牲「尸食，祝侑，主人拜」，少牢「主人不言拜侑」，故知侑尸時有拜。

凡大禋祀，肆享、祭示，則執明水火而號祝。明水火，司烜所共日月之氣，以給烝享。執之如以六號祝，明此圭絜也。禋祀，祭天神也。肆享，祭宗廟也。故書祇爲祊，杜子春云「祊當爲祇」。○大禋，音因。司烜，況彼反。爲祊，必庚反。

注「明水」至「爲祇」 知「明水火，司烜所共日月之氣」者，案：司烜氏職云「以夫遂取明火於日，以鑒取明水於月」。彼雖不云氣，此水火皆由日月之氣所照得之，故以氣言之。云「以給烝享，執之如以六號祝，明此圭絜也」者，經云「執明水火而號祝」，明知六號皆執之明絜也。號祝，執明水火，明主人圭絜之德。云「禋祀，祭天神也」者，大宗伯昊天稱禋，日月稱實柴，司中之等稱槱燎。通而言之，三者之禮，皆有禋義，則知禋祀天神，〔五二〕通星辰已下。云「肆享，祭宗廟也」者，案宗伯，宗廟之祭，六等皆稱享，則此含六種之享。〔五三〕杜子春云「祊當爲祇」，宗伯血祭已下是也。

隋釁、逆牲、逆尸，令鍾鼓，右亦如之。隋釁，謂薦血也。凡血祭曰釁。既隋釁，後言逆牲，容逆鼎。右讀亦當爲侑。○隋釁，許規反，又思恚反，後同。右亦，音又。

注「隋釁」至「爲侑」 鄭云「隋釁謂薦血也」。賈氏云「釁，釁宗廟」。馬氏云「血以塗鍾鼓」。鄭不從而以爲薦血祭祀者，下文云「既祭令徹」，則此上下皆是祭祀之事，何得於中輒有釁廟塗鼓？直稱釁，何得兼言隋？故爲祭祀薦血解之。鄭云「凡血祭曰釁」者，此經文承上「禋祀、肆享、祭祀」之下，即此血祭之中，含上三祀。但天地薦血於座前，宗廟即血以告殺，故言凡血祭曰釁。云「既隋釁，後言逆牲，容逆鼎」者，凡祭祀之法，先逆牲，後隋釁。今隋釁在前，逆牲在後者，以其鼎在門外，薦血後乃有爛孰之事，〔五四〕逆鼎而入，故云容鼎。〔五五〕知鼎在門外者，案中霤禮，竈在廟門外之東，主人迎鼎事。云「右讀亦爲侑」者，亦上九拜之下享右之字，皆爲侑。

來瞽，令臯舞。臯讀爲卒嗥呼之嗥。來，嗥者皆謂呼之入。○令臯，臯音嗥，户高反，劉户報反。爲卒，劉子忽反。嗥呼，火故反。

注「臯讀」至「之八」　「臯讀爲卒嗥呼之嗥」者，依俗讀。云「來嗥者皆謂呼之入」者，經云瞽人，擬升堂歌。舞，謂學子舞人。瞽人言「來」，亦呼之乃入，臯舞令呼亦來入，故鄭云來嗥皆謂呼之入也。

相尸禮。延其出入，詔其坐作。○相屍，息亮反，下同。

「延其」至「坐作」　凡言相尸者，諸事皆相，故以出入作解之。〔五六〕尸出入者，謂祭初延之入，二灌訖，退出，坐於堂上，南面。朝踐饋獻訖，又延之入室。言詔其坐作者，郊特牲云：「詔祝於室，坐尸於堂。」饋獻訖，又入室。坐言作者，凡坐皆有作，及與主人荅拜，皆有坐作之事，故云詔其坐作也。

既祭，令徹。

「既祭令徹」　祭訖，尸謖之後，大祝命徹祭器。即詩云「諸宰君婦，廢徹不遲」，是也。

大喪，始崩，以肆鬯渳尸，相飯，贊斂，徹奠，肆鬯，所爲陳尸設鬯也。〔五七〕鄭司農云：「渳尸，以鬯浴尸。」○渳，彌爾反。相飯，扶晚反。贊斂，力驗反。

「大喪」至「徹奠」　此經皆是大祝之事。云「始崩，以肆鬯渳尸」者，肆，陳也。渳，浴也。王喪始崩，陳尸，以鬯浴尸，取其香美。云「相飯」者，浴訖，即飯含，故言相飯也。不言相含者，大宰云「大喪，贊贈玉含玉」，此故不言。云「贊斂」者，小斂十九稱，在户內。大斂，百二十稱，在阼階。冬官主斂事，大祝贊之。徹者，小祝注云：「奠，奠爵也。」謂正祭時。此文承大喪之下，故奠爲始死之奠。小斂、大斂奠，並大祝徹之。

言甸人讀禱；付、練、祥，掌國事。鄭司農云：「甸人主設復梯，〔五八〕大祝主言問其具梯物。」玄謂言猶語也。禱，六辭之屬禱也。甸人喪事代王受眚災，大祝爲禱辭語之，使以禱於藉田之神也。付當爲祔，祭於先王，以祔後死者。掌國事，辨護之。○付練，付音附，出注。復梯，他兮反。猶語，魚據反，下同。

「言甸」至「國事」既殯之後，大祝爲禱辭與甸人。言，猶語也，故言語甸人讀禱辭，代王受眚災。云「付、練、祥，〔五九〕掌國事」者。祔，謂虞卒哭後，祔祭於祖廟。練，謂十三月小祥練祭。祥，謂二十五月大祥除衰杖。此三者，皆以國事大祝掌之，故云掌國事也。

注「鄭司」至「護之」先鄭云「甸人主設復梯，大祝主言問其具梯物」者，此文承「賛斂」之下，則是既殯之事，始云設復梯者，故後鄭不從。「玄謂禱，六辭之屬禱也」者，此經讀禱，則六辭之中五曰禱，故云六辭之禱也。云「甸人喪事代王受眚災」者，案：甸人職云「喪事代王受眚災」，案彼注云：「粢盛者，祭祀之主也。今國遭大喪，若云此黍稷不馨，使鬼神不逞於王。既殯，大祝作禱辭授甸人，使以禱藉田之神，〔六〇〕受眚災，弭後殃。」彼注與此意同。言「弭後殃」者，今王已崩，雖無救，爲後王而謝過，故云弭後殃。鄭知既殯後者，此文承「賛斂」之下，斂訖則殯，故知此讀禱在既殯之後也。云「付當爲祔，祭於先王，以祔後死者」，案：喪服小記，以孫祔於相，以其昭穆同，先王即祖也。故云祭於先王，祔後死者。云「掌國事，辨護之」者，辨護之，中候文。案：中候握河紀云：「堯受河圖時，伯禹進迎，舜契陪位，稷辨護。」注云：「進迎，接神也。稷，官名，謂棄。辨護者，供時用，相禮儀。」引之以證掌國事。則此大祝於祔、練、祥之時，共其祭用之物，及相其禮儀也。

國有大故、天烖，彌祀社稷，禱祠。大故，兵寇也。天烖，疫癘水旱也。彌猶徧也。徧祀社稷及諸所禱，既則祠之以報焉。

注「大故」至「報焉」　鄭知「大故，兵寇也」者，下列云「天災」，〔六一〕故知大故直是兵寇也。知「天烖，疫癘水旱」者，見宗伯云：「以荒禮哀凶札。」鄭注云：「荒，人物有害。」又云「弔禮哀禍災」，注云：「禍災，謂水火。」此皆是天災流行，故云天災謂疫癘水旱。云「弭猶徧也，徧祀社稷及諸所禱」，案：小祝云「弭災兵」，弭爲安，此弭爲徧，不同者，義各有所施。彼是災兵之事，故弭爲安。此禱祀之事，靡神不舉，以彌爲徧。云「既則祠之以報焉」者，以其始爲曰禱，得求曰祠，故以報賽解祠。

大師，宜於社，造於祖，設軍社，類上帝，國將有事於四望，及軍歸獻於社，則前祝。鄭司農說設軍社以春秋傳曰，所謂「君以師行，祓社釁鼓，祝奉以從」者也。則前祝，大祝自前祝也。玄謂前祝者，王出也，歸也，將有事於此神，大祝居前，先以祝辭告之。○祓社，芳弗反，劉音廢。以從，才用反，一音如字，下注同。

「大師」至「前祝」　此經六事，皆大祝所掌。言大師者，王出六軍，親行征伐，故曰大師。云「宜於社」者，軍將出，宜祭於社，即將社主行，不用命戮於社。云「造於祖」者，出必造，即七廟俱祭，取遷廟之主行，用命賞於祖，皆載於齊車。云「設軍社」者，此則據社在軍中，故云設軍社。云「類上帝」者，非常而祭曰類，軍將出，類祭上帝，告天將行。云「國將有事於四望」者，謂軍行所過山川，造祭乃過。「及軍歸，獻於社」者，謂征伐有功，得囚俘而歸，獻捷於社。案：王制云：「出征，執有罪反，以釋奠於學。」注云：「釋菜奠幣，禮先師也。」引詩「執訊獲醜」，則亦獻於學。云「則前祝」者，此經六事，皆大祝前辭。

注「鄭司」至「告之」　司農引春秋傳者定六年左氏傳，〔六二〕案：彼祝佗云「君以軍行」者，師則軍也，故尚書云「大巡六師」，詩云「六師及之」，皆以師名軍。引之者，證社在軍，謂之軍社之事。「玄謂前祝者，王出也，歸也，將有事於此神」，據此經四望已上爲出時，獻於社爲歸時。皆大祝前祝，以辭告之。案尚書武成，「丁未祀於周廟，〔六三〕庚戌柴望」，皆是軍歸告宗廟、告天及山川，即此經出時告之，歸亦告之。此經上帝四望不見歸時告，〔六四〕故鄭揔云「王出也，歸也，而將有事於此神」，以該之。

大會同，造於廟，宜於社，過大山川，則用事焉；反行，舍奠。用事，亦用祭事告行也。玉人職有宗祝以黄金勺前馬之禮，是謂過大山川與？曾子問曰：「凡告必用牲幣，反亦如之。」○舍奠，音釋，一音赦。山川與，音餘。

「大會」至「舍奠」　「大會同」者，王與諸侯時見曰會，殷見曰同，或在畿内，或在畿外，亦告廟而行。云「造」者，以其非時而祭，造次之意，即上文「造於祖」，一也。云「反行，舍奠」者，曲禮云：「出必告，反必面。」據生時人子出入之法。今王出行時，造於廟，將遷廟主行，反行，還祭七廟，非時而祭曰奠。故云反行舍奠也。〔六五〕

注「用事」至「如之」　言「用事亦用祭事告行也」者，言亦如上經大師用祭事告行。引玉人職者，案：玉人職：「大璋中璋九寸，邊璋七寸，射四寸，厚寸，黄金勺，青金外，天子以巡守，宗祝以前馬。」此云：「有宗祝以黄金勺前馬之禮」，非是彼正文義，略言之耳。云「是謂過大山川與」者，彼不云過山川，此言過大山川，此不言用黄金勺，彼言以黄金勺，以義約爲一，故言「與」以疑之。彼注云：「大山川用大璋，中山川用中璋，小山川用邊璋。」此直見過大山川，不見中小者，〔六六〕欲見中小山川共大山川一處，直告大山川，不告中小，故不見中小山川。各自别處，則用中璋邊璋。此所過山川，非直用黄金勺酌獻而已，亦有牢，故校人職云：「將有事於四海山川，則飾黄駒。」注云：「四海，猶四方。王廵守過大山川，則有殺駒以祈沈之禮與？」是其牲牢也。引曾子問曰「凡告必用牲幣，反亦如之」者，案：彼注破「牲」爲「制」，此用牲幣，不破之者，彼文不取牲義，直取出告反亦告而已，故破牲爲制。於此經皆用牲，知者，王制云「歸假於祖禰，用特」，堯典亦云「歸格於藝祖，用特」，校人有「飾黄駒」之文，則知此經出入皆有牲禮，故不破牲爲制。

建邦國，先告后土，用牲幣。后土，社神也。

注「后土社神也」　案：大宗伯「王大封則先告后土」，注云：「后土，土神。」則社神也。〔六七〕案：孝經緯云：「社者，五土之摠神。」郊特牲云「社祭土而主陰氣」，故名社爲土神。勾龍生爲后土之官，死則配社，故舉配食人神以言社，其實告社神也。以其建邦國土地之事，故先告后土。雖告祭非常，有牲有幣，禮動不虚故也。

禁督逆祀命者。督，正也。正王之所命，諸侯之所祀。有逆者，則刑罰焉。

「禁督逆祀命者」　王者有命，命諸侯祭祀之事，不使上僭下逼，謂之禮。若有違者，即謂之逆命。大祝掌鬼神之官，故禁正逆祀命也。

注「督正」至「罰焉」　經直云「禁督逆祀命」，鄭以諸侯解之者，承上建邦國，故知據諸侯。云「有逆者，則刑罰焉」者，大祝主諸侯逆祀，告上與之刑罰，不得自施刑罰。

頒祭號於邦國都鄙。祭號，六號。

注「祭號六號」　邦國，謂畿外諸侯。都鄙，畿内三等采地。大祝主祭號，故大祝頒之。六號之中，兼有天地。諸侯不得祭天地，而鄭云「祭號六號」，鄭據大祝掌六號，據上成文而言，魯與二王之後得祭所感帝，兼有神號。

小祝，掌小祭祀將事侯、禳、禱、祠之祝號，以祈福祥，順豐年，逆

時雨，寧風旱，彌烖兵，遠辠疾。侯之言候也，候嘉慶，祈福祥之屬。禳，禳卻凶咎，寧風旱之屬。順豐年而順爲之祝辭。逆，迎也。彌讀曰敉。敉，安也。○彌烖，依注音敉，亡爾反，下注同。遠辠，於万反。

「小祝」至「疾」　「掌小祭祀」者，即是「將事侯禳」已下禱祠之事是也。小祭祀與將事侯禳已下作目，將事侯禳禱祠祝號，又與祈福祥、順豐年已下爲目。祈福祥、順豐年、逆時雨，三者皆是侯。寧風旱、彌烖兵、遠辠疾，三者即是禳。求福謂之禱，報賽謂之祠。皆有祝號。故摠謂之禱祠之祝號。〔六八〕「祈福祥」已下不言「一曰」、「二曰」者，大祝已言訖，小祝佐大祝行事，故略而不言，亦欲見事起無常，故不言其次第。

注「侯之」至「安也」　「侯之言候也，候嘉慶，祈福祥之屬」者，「之屬」中兼有順豐年、逆時雨。嘉，善也。此三者皆是善慶之事。故設祈禱候迎之。云「禳，禳卻凶咎，寧風旱之屬」者，「之屬」中兼有彌災兵、遠辠疾，三者是凶咎之事，故設禱祠禳卻之。云「順豐年而順爲之祝辭」者，案：管子云：「倉廩實，知禮節。〔六九〕衣食足，知榮辱。」意皆欲如此，是豐年順民意也。故設祈禮，以求豐年而順民，故云爲之祝辭也。云「彌讀曰敉。敉，安也」者，案洛誥云：「亦未克敉公功。」注云：「敉，安也。」故知此彌讀曰敉。敉，安也。

大祭祀，逆齍盛，送逆尸，沃尸盥，贊隋，贊徹，贊奠。隋，尸之祭也。奠，奠爵也。祭祀奠先徹後，反言之者，明所佐大祝非一。

「大祭」至「贊奠」　云「逆齍盛」者，祭宗廟，饋獻後，尸將入室食，小祝於廟門外，迎饎人之齍盛，於廟堂東實之，薦於神座前。「送逆尸」者，爲始祭迎尸而入，〔七〇〕祭末送尸而出。祭義云「樂以迎來，哀以送往」，是也。云「沃尸盥」者，尸尊不就洗。案特牲、少牢，尸入廟門，盥於盤，其時小祝沃水。云「贊隋」者，案特牲、少牢，尸始入室，拜妥尸，尸隋祭，以韭菹擩於醢，以祭於豆閒，小祝其時贊尸以授之。云「贊徹」者，大祝云：「既祭，命徹。」諸宰君婦徹時，小祝贊之。云「贊奠」者，大祝酌酒，奠於鉶南，〔七一〕則郊特牲注「天子奠斝，諸侯奠角」，小祝其時贊之。

注「隋尸」至「非一」　主人受尸酢時，亦有隋祭。但此經「贊隋」，文承逆尸沃尸之下，故隋是尸之祭也。云「奠，奠爵也」者，則特牲「祝酌奠於鉶南」是也。云「祭祀奠先徹後」者，奠爵在尸食前，徹在尸謖後，故云奠先徹後。云「反言之」者，經先言徹，後言奠，反言之者，欲見所佐大祝非一，故倒文以見義。

凡事，佐大祝。唯大祝所有事。

注「唯大祝所有事」　經云「凡事」，諸有事皆佐大祝，故鄭云「唯大祝所有事」。乃佐之。據大祝職不言之者，或佐餘官，或小祝專行之也。若然，佐大祝不在職末言之，於此見文者，欲自此已上，〔七二〕有佐大祝者；自此已下，唯大喪贊渳佐大祝；設熬以下，小祝專行。

大喪，贊渳，故書渳爲攝，杜子春云：「當爲渳，渳謂浴尸。」

設熬，置銘。銘，今書或作名。鄭司農云：「銘，書死者名於旌，〔七三〕今謂之柩。士喪禮曰：『爲銘，各以其物。亡則以緇，長半幅，䞓末，長終幅，廣三寸。書名於末，曰某氏某之柩。竹杠長三尺，置於西階上。』重木置於中庭，參分庭一在南。粥餘飯，盛以二鬲，縣於重，冪用葦席。取銘置於重。」杜子春云：「熬謂重也。檀弓曰：『銘，明旌也。以死者爲不可別，故以其旗識之，〔七四〕愛之斯録之矣，敬之斯盡其道焉爾。重主道也。殷主綴重焉，周主徹重焉，奠以素器，以主人有哀素之心也。』」玄謂熬者，棺既蓋，設於其旁，所以惑蚍蜉也。喪大記曰：「熬，君四種八筐，大夫三種六筐，士二種四筐，加魚腊焉。」士喪禮曰：「熬，黍稷各二筐，有魚腊，饌於西坫南。」又曰：「設熬，旁一筐，乃塗。」〇熬，五羔反。爲名，音銘，下取名同。䞓末，勑貞反。竹杠，音江。重木，直龍反，下同。粥，之六反，又音育。盛以，音成。二鬲，音歷。可別，彼列反。識識，並傷志反，一讀下識如字。斯盡，津忍反。蚍，音毗。蜉，音浮。四種，章勇反，下同。西坫，丁念反。

「設熬置銘」　熬，謂熬穀。殯在堂時，設於棺旁，所以惑蚍蜉。云「置銘」者，銘，謂銘旌，書死者名。既殯，置於階西上，〔七五〕所以表柩。

注「銘今」至「乃塗」「銘，今書或作名」者，非古書出，見今周禮或作名，以其銘書死者名，亦得通一義，故司農以名解之。司農云「銘，書死者名於旌，今謂之柩」者，銘所以表柩，故漢時謂銘爲柩。士喪禮曰：「爲銘各以其物」者，謂爲銘旌，用生時旌旗，但沽而小。案士喪禮注，王則大常，諸侯則建旂，孤卿建旜，大夫士建物。云「亡則以緇，長半幅」者，亡，無也，爲生時無旌旗，子男之士不命是也。生時無旌旗，故用緇，長半幅，長一尺。云「赬末，長終幅，廣三寸」者，依爾雅，一入赤汁謂之縓，再入謂之赬。赬，赤色繒也。長終幅，長二尺。云「書名於末」者，書死者名於赬末之上。云「曰某氏某之柩」者，某氏是姓，下某是名。此謂士禮。案：喪服小記云，周天子諸侯大夫書銘，並與士同。云「竹杠長三尺」者，依禮緯，天子旌旗之杠九仞，諸侯七仞，大夫五仞，士三仞。令士三尺者，〔七六〕則天子以下皆以尺易仞。云「置於西階上」者，始死，即作銘，倚於重。殯訖，置於西階上屋宇下。云「重木」以下，亦士喪禮文。經雖不言重，士喪禮有「取銘置於重」，是以因銘兼解重。言「粥餘飯」者，飯米與沐米同。案：喪大記：「君沐粱，大夫沐稷，天子之士沐粱，諸侯士沐稻。」天子當沐黍，飯米之餘以爲粥，成以二鬲。〔七七〕案鄭注士喪禮，鬲與簋同差，天子八，諸侯六，大夫四，士二。云「取銘置於重」者，謂未殯以前。殯訖，則置於西階上是也。杜子春云「熬謂重也」者，以士喪禮云「取銘置於重」，與此經云「設熬置銘」，亦謂設熬訖，置銘於熬上，〔七八〕事相當。故以熬爲重，故鄭以熬與重所設不同，故不從也。引檀弓者，子春既解熬爲重，遂引銘與重爲證耳。云「銘，明旌也」者，謂神明死者之旌，故云明死者之銘。云「愛之斯録之矣，敬之斯盡其道焉爾」，鄭彼注謂重與奠，則斯録之據重，斯盡其道據奠。以是子春引證重，則取愛之斯録之，不取敬之斯盡其道，連引之耳。云「重，主道也」者，始死作重，葬後乃有主，是始死雖未有主，其重則是木主之道，故云重主道也。云「殷主綴重焉」者，鄭彼注云：「殷人作主，而聯其重，懸諸廟也。去顯考乃埋之。」謂始死作重之時，至葬後作木主，乃綴連重之鬲，懸於祖廟。大祥遷廟，乃埋重於廟門外之左。故云殷主綴重焉。云「周主徹重焉」者，周人不綴重，亦死始作重，至葬朝廟，重先柩從入祖廟。朝廟訖，明旦將葬，重先出，倚於道左。葬後既虞，埋於所倚之處。故鄭注云，周人作主，徹重埋之。云「奠以素器，以主人有哀素之心也」者，杜子春連引，於經無所當。「玄謂熬者，棺既蓋，設於其旁」者，約士喪禮而知。云「所以惑蚍蜉也」者，無正文，鄭君以意解之，以其熬穀似蚍蜉，蚍蜉見之，不至棺旁，故言惑。云「喪大記曰熬君四種八筐」者，黍、稷、稻、粱各二筐。云「大夫三種六筐」者，黍、稷、粱各二筐。云「士二種四筐」者，黍、稷各二筐。云「加魚腊焉」者，君、大夫、士同。云「士喪禮曰熬，黍稷各二筐，有魚腊，饌於西坫南」者，堂西南隅謂之坫。饌於此者，據未用時加之，蓋後設於棺旁。云「又曰設熬，旁一筐，乃塗」者，此皆所設之處。言旁一筐，則首足各一筐。大夫亦旁各二筐，首足各一筐。君八筐，左右各二筐，首足亦各二筐。鄭君引此者，將以破子春爲重。

及葬，設道齎之奠，分禱五祀。杜子春云：「齎當爲粢。〔七九〕道中祭也。漢儀每街路輒祭。」玄謂齎猶送也。送道之奠，謂遣奠也。分其牲體以祭五祀，告王去此宮中，不復反，故興祭祀也。王七祀，祀五者，司命、大厲，平生出入不以告。○道齎，音咨。遣奠，棄戰反。

「及葬」至「五祀」　齎，送也。送道之奠，謂將葬，於祖廟之庭，設大遣奠。遣送死者，故謂之送道之奠，〔八〇〕因分此奠以告五祀，〔八一〕言王去此宮中也。

注「杜子」至「以告」　「子春云，讀齎爲粢，粢謂黍稷以爲道中祭也」者，引漢法爲證。後鄭不從者，案既夕禮，祖廟之庭禮，道中無祭法。〔八二〕「玄謂齎猶送也，送道之奠，謂遣奠也」者，案既夕禮，祖廟之庭，厥明設大遣奠，包牲取下體，是也。云「分其牲體以祭五祀，告王去此宮中，不復反」者，言分牲體者，包牲而取其下體，下體之外，分之爲五處祭也。云「王七祀」者，祭法文。云「司命、大厲，平生出入不以告」者，案月令，春祀户，夏祀竈，季夏祀中霤，秋則祀門，冬則祀行。此並是人之以所由從之處，非直四時合祭，所以出入亦宜告之。案祭法，王七祀之中有司命、大厲。此經五祀與月令同，月令不祭司命及大厲之等，此不祭則可知。既夕，士禮，亦云「分禱五祀」者，鄭注云「博求之」。依祭法，士二祀。

大師，掌釁祈號祝。〔八三〕鄭司農云：「釁謂釁鼓也。春秋傳曰：君以軍行，祓社釁鼓，祝奉以從。」

「大師」至「號祝」 言「掌釁」者，據大師氏之文而言耳，〔八四〕則唯爲以血釁鼓。「祈號祝」者，將出軍禱祈之禮，皆小祝號以讀祝辭，蓋所以令將軍祈而請之也。此皆小事，故大師用小祝以讀祝耳。

注「鄭司」至「以從」 引「春秋傳曰」者，定四年祝佗辭。引之者，證軍師有釁鼓之事。所引之辭者，將以登軍師有必取威於天下，欲使敵人畏之也。所以必有征伐四方之事，故須用血以釁於鼓，故有釁鼓之事。

有寇戎之事，則保郊，祀於社。故書祀或作禩。鄭司農云：「謂保守郊祭諸祀及社，無令寇侵犯之。」杜子春讀禩爲祀，書亦或爲祀。玄謂保祀互文，郊社皆守而祀之，彌烖兵。

○作禩，音祀。無令，力呈反，下令可同。

注「故書」至「烖兵」 先鄭云「謂保守郊祭諸祀及社」者，先鄭之義，經之祀，謂祀神，故云祭諸祀及社。後鄭不從者，以其經祀爲諸祀，祀與社文孤，〔八五〕不見祭事，故祀於社，共爲一事解之。「玄謂保祀互文」者，郊言保守，亦祀。社言祀，亦保守。故云郊社皆守而祀之。云「彌烖兵」者，經言有寇戎之事，則一是烖兵，〔八六〕故引小祝「彌烖兵」而解之。

凡外內小祭祀、小喪紀、小會同、小軍旅，掌事焉。

「凡外」至「事焉」。「外内小祭祀」者，案：小司徒「小祭祀奉牛牲」，鄭注云：「小祭祀，王玄冕所祭。」案：司服「羣小祀用玄冕」，鄭注云：「小祭祀，謂林澤四方百物。」是外小祭祀也。其内小祀，謂宫中七祀之等。「小喪紀」者，王后以下之喪。「小會同」，謂諸侯遣臣來，王使卿大夫與之行會同之禮。「小軍旅」者，王不自行，遣卿大夫征伐，「掌事」者，此數事皆小祝專掌其事也。

校勘記

〔一〕此六辭皆是祈禱之事　盧文弨云，通考「六辭」作「六祝」。

〔二〕今特取此二事爲揔目者　元、正、閩、闞、阮本脱「此」字。

〔三〕四曰禜　阮校云，唐石經「禜」字闕。

〔四〕則水旱癘疫之災　孫志祖云，據賈疏，當作「則水旱癘疫之不時」，兼有鬯人注可證。今本作「災」，是後人據左傳改。段玉裁説同。

〔五〕奈何以陰侵陽以卑侵尊　婺、建、岳、嘉靖本同。漢制考無下「以」字。

〔六〕造類禬禜皆有牲　孫詒讓云，「造類」，賈疏引注作「類造」，禮記祭法疏引此注同，與經文次敘合，疑今本誤。

〔七〕云將事侯禱祠之祝號　元、正、閩、闞、阮本「侯」下有「禳」字。

〔八〕又曰乃立引以相副　元、正、閩、闞、阮本同，監、毛本「立」作「竝」。

〔九〕如日食以朱絲禜社者　諸本「禜」作「縈」，疑是。

〔一〇〕明先以爲尊命責之　浦鏜云，「爲」字衍。

〔一一〕埋少牢於泰昭　元、正、聞、阮本「埋」作「理」，非。

〔一二〕一曰祠　諸本同，唐石經闕。漢讀考云，「祠」當是「詞」之誤。故書「辭」作「詞」。

〔一三〕四曰會　王引之云，疑「會」爲「譮」之假借，「譮」古「話」字，與「誥」相近。

〔一四〕誄謂積累生時德行以賜之命　婺、余、岳、嘉靖本同，建、閩、監、毛、阮本「賜」作「錫」。案疏中引注作「賜」，孫詒讓云，左傳襄十六年疏引亦作「賜」。

〔一五〕嬛嬛予在疚　阮校云，釋文出「嬛嬛」、「在疚」，是陸本無「予」字。按左傳，「予」作「余」，此注「余一人」亦作「余」。孫詒讓云，説文女部「嬛」字注引作「嬛嬛在疚」，無「予」字。

〔一六〕玄謂一曰祠者　阮校云，賈疏引此，「祠」作「辭」，按鄭君從司農，故「祠」爲「辭」，故下云「辭之辭也」，此仍作「祠」，非。

〔一七〕禱是之辭　婺、建、余、嘉靖本同，岳、閩、監、毛本「禱是」作「是禱」。

〔一八〕此命誥之議　浦鏜云，「義」誤「議」，從儀禮通解續校。

〔一九〕衛爲大子禱而爲此辭　浦鏜云，上「爲」字衍。

〔二〇〕公會案侯某侵某　元、正、聞、阮本「案」作「某」，當是。

〔二一〕謂輪困高大　阮本「困」作「囷」，當是。

〔二二〕云是之辭者　浦鏜云，「是」下脱「禱」。

〔二三〕爲犧牲皆有名號　阮本同。阮校云，賈疏引注「爲」作「謂」，此誤。

〔二四〕黍曰香合　婺、建、余、岳、嘉靖本同，閩、監、毛「香」改「薌」，下句「香」字及疏同，不更出校。

〔二五〕爲犧牲皆有名號　孫詒讓云「爲」，閩本作「謂」。

〔二六〕六曰擩祭　漢讀考「擩」字經注皆作「抰」，是。下同，不更出校。

〔二七〕擩讀爲虞芮之芮　婺、建、岳、嘉靖、阮本同。漢讀考云，此「讀爲」當作「讀如」，擬其音如「芮」耳。

〔二八〕如今祭殤無所主命　漢讀考云，「殤」當讀爲「禓」，説文訓「道上祭也」，正司農所謂「羙之道中無所主命」也。

〔二九〕以手從肺本　「肺」，阮本誤作「胏」。阮校云，釋文出「從持肺」三字，云「今本或無『持』字」。按賈疏本亦無「持」字。

〔三〇〕禮略者紀則祭之　「紀」，當據婺、建、岳、阮本改「絶」。

〔三一〕彼無云用肺擩鹽醢中　「用」阮本作「肝」，非也。

〔三二〕司農云以初時擩於鹽　阮校云，「云」疑衍。「時」，元、殿本同，閩、閩、毛、阮本作「祭」。

〔三三〕此據挼祭而言也　「祭」，元、殿本同。阮本作「義」，疑誤。

〔三四〕曲禮曰賓若降等　孫詒讓云，「賓」依注及曲禮當爲「客」。

〔三五〕即上先鄭引所鄉射禮取肺坐　阮本「引所」作「所引」，當是。

〔三六〕共綏執授者　正、閩、閩，阮本「綏」作「授」，誤。

〔三七〕共此綏祭以授尸　阮本「綏」作「綍」，誤。

〔三八〕動讀爲哀慟之慟　婺、建、岳本同。阮校云，葉鈔釋文作「哀動」，余本載音義同，今通志堂本作「哀慟」。

〔三九〕書亦或爲董振董以兩手相擊也　「擊」，原作「繫」，據婺、建、岳、阮本改。阮校云，疏云「書亦或爲董振之董」者，讀從左氏「董之以威」是董振之董。漢讀考云，「書亦或作董」句絶，疏誤。

〔四〇〕王動色變　婺、建、岳本同，余本「色變」作「變色」。

〔四一〕其稽稽留之字　浦鏜云，當從儀禮經傳通解作「稽是稽留之義」。

〔四二〕予聞古先哲王之格言以下　元、聞、閩、阮本「予」作「子」，誤。

〔四三〕公不敢不敬天之休者　阮本無「公」字。

〔四四〕此拜先作稽首後作稽顙顙還是頓首　孫詒讓云，「先作稽首」當作「先作頓首」，下文亦曰「先作頓首，後作稽顙」，「顙還」上當依下文增「稽」字。

〔四五〕則之齊衰不杖已下　元、正、聞、閩、殿、阮本「之」作「是」，當是。

〔四六〕非謂文相近　浦鏜云，「義」誤「文」，從儀禮通解續校。

〔四七〕不據衆子常稽顙者　「常」，元、正、聞本同，閩、監、毛、殿本作「當」。

〔四八〕籩豆耦之奇　「籩」，原作「邊」，據阮本改。

〔四九〕以兩手相擊此後鄭皆不從　「擊此」，原作「繫之」，據阮本改。

〔五〇〕晉郤至投戟　孫詒讓云，此成二年公羊傳文，「郤克」涉上作「郤至」。

〔五一〕中候我膺云：季秋七月甲子　孫詒讓云，「我膺」，詩文王疏、公羊隱元年疏並作「我應」，「七月」並作「之月」，當據孔、徐疏正。

〔五二〕則知禋祀天神　元、正、聞、閩、阮本「祀」字重，殿本下「祀」字作「祭」。

〔五三〕則此含六種之享　殿本同，元、正、聞、阮本「享」作「號」，疑誤。

〔五四〕薦血後乃有爛孰之事　元、正、聞、閩、阮本「爛」作「燗」，當是。

〔五五〕故云容鼎　孫詒讓云，「容鼎」當作「容逆鼎」。

〔五六〕故以出入作解之　元、正、聞、閩、阮本「入」下有「坐」字，當是。

〔五七〕肆邑所爲陳尸設邑也　「爲」，婺、建、岳、阮本同，惠校本作「謂」。
〔五八〕甸人主設復梯　婺、建、余、岳、嘉靖本同，閩、監、阮本「梯」作「袳」。
〔五九〕付練祥　元、正、閩、閩、殿、阮本「付」作「祔」。
〔六〇〕使以禱藉田之神　「藉」，原作「籍」，據阮本改。
〔六一〕下列云天災　孫詒讓云：「列」當爲「則」。
〔六二〕定六年左氏傳　元、正、閩、閩、阮本「六」作「四」，當是。
〔六三〕丁未祀於周廟　元、正、閩、閩、阮本「祀」作「祖」，非。
〔六四〕此經上帝四望不見歸時告　元、正、閩、閩、阮本「時」下有「所」字，當是。
〔六五〕故云反行舍奠也　殿本同。元、正、閩、阮本無此七字。
〔六六〕不見中小者　阮本「見」作「是」，疑誤。
〔六七〕云后土土神則社神也　阮本「土神」二字重。
〔六八〕故揔謂之禱祠之祝號　元、殿本同，正、閩、閩、阮本「號」作「辭」，疑非。
〔六九〕倉廩實知禮節　阮本「知」上有「而」字，疑衍。
〔七〇〕爲始祭迎尸而入　浦鏜云：「爲」當「謂」字。
〔七一〕奠於鉶南　阮本「鉶」作「銅」，誤。
〔七二〕欲自此已上　殿本「欲」下有「見」字，浦鏜云是。
〔七三〕銘書死者名於旌　漢讀考「銘」作「名」，云此司農從今書作「名」也，今本作「銘」，非是。
〔七四〕故以其旗識之　阮校云：釋文「旗」下重「識」字。漢讀考云：子春所引檀弓與鄭注士喪，皆云「故以旗識識之」，今本周禮脱一「識」字。

〔七五〕既殯置於階西上　浦鏜云，「階西」字誤倒。

〔七六〕令士三尺者　「令」，阮本作「今」，當據改。

〔七七〕成以二鬲　元、正、閩本同，閩、監、阮本同，閩、毛本「上」作「二」，則下屬「二事相當」爲句。

〔七八〕置銘於𦤎上　閩、監、阮本同，閩、殿、阮本「成」作「盛」，當是。

〔七九〕齎當爲粢　「齎」，原作「齊」，據婺、建、岳、阮本改。

〔八〇〕放謂之送道之奠　阮本「放」作「故」，當是。

〔八一〕因分此奠以告五記　元、正、閩、閩、阮本「記」作「祀」，當是。

〔八二〕既夕禮祖廟之庭禮道中無祭法　孫詒讓云，「既夕禮祖廟之庭」七字，或涉下文而衍，賈疏「禮道中無祭法」文義已足。

〔八三〕大師掌釁祈號祝　于鬯云，「號祝」誤倒，當作「祝號」。

〔八四〕據大師氏之文而言耳　阮本同。浦鏜云，「氏」當衍文，阮校云，或「職」之誤。

〔八五〕祀與社文孤　元、正、閩、閩本同。監、毛、阮本「孤」作「此」。浦鏜云，「此」當「比」之誤。

〔八六〕則一是裁兵　元、正、閩本同，閩、殿、阮本「一」作「亦」。

周禮注疏卷第三十

喪祝，掌大喪勸防之事。鄭司農云：「勸防，引柩也。」杜子春云：「防當爲披。」玄謂勸猶倡帥前引者，防謂執披備傾虧。〔一〕○爲披，彼寄反，下同。倡帥，昌亮反。傾戲，音虧。

注「鄭司」至「傾虧」 先鄭云「勸防，引柩」，後鄭不從者，但引者，天子千人執六引，在柩車前。防，謂披，在柩車傍，備傾虧。二者別，司農共爲一，故不從。子春云「防當爲披」，義無所取，故不從。「玄謂勸猶倡帥前引」者，即下經御柩，一也。謂執纛居柩路前，却行左右，車脚有高下，則以纛詔告執披者，使持制之，不至傾虧。倡，先也，故云倡帥前引者。云「防謂執披備傾虧」者，案夏官司士，作六軍之執披，〔二〕故以執披解防，恐柩車傾側，故云備傾虧。此經勸防，因言所掌事及其行事，下文及朝御柩是也。

及辟，令啓。鄭司農云：「辟謂除菆塗椁也。令啓，謂喪祝主命役人開之也。檀弓曰：『天子之殯也，菆塗龍輴以椁，加斧于椁上，畢塗屋，天子之禮也。』」○菆塗，才官反。龍楯，勑倫反。

注「鄭司」至「禮也」 先鄭云「辟謂除菆塗椁也」者，天子七月而葬，七日殯，殯時以椁，菆塗其棺，及至葬時，故命役人開之。引「檀弓曰天子之殯也，菆塗龍輴以椁」者，天子諸侯殯用輴車。天子畫轅爲龍，先置龍輴於西階之上。又置四重棺於輴車之中。大斂於阼階訖，奉尸入棺，加蓋，乃置熬於棺傍。乃於椁攢其四面，〔三〕與棺平。乃加斧於棺上以覆，棺上更加之以椁材。乃畢塗之，如四面霤屋。故云「菆塗龍輴以椁，加斧於上，〔四〕畢塗屋，天子之禮也」。加斧於椁上者，案：檀弓云：「布幕衛，綃幕魯。」布幕，諸侯法。綃幕，天子禮。刺以黼文，謂之斧者，形如大斧文。言上者，加斧訖，乃攢塗其上，故言加斧於椁上。

及朝，御匶，乃奠。鄭司農云：「朝謂將葬，朝於祖考之廟而後行，則喪祝爲御柩也。檀弓曰：『喪之朝也，順死者之孝心也。其哀離其室也，故至於祖考之廟而後行。殷朝而殯於祖，周朝而遂葬。』故春秋傳曰：『凡夫人不殯于廟，不祔于姑，則弗致也。』『晉文公卒，將殯于曲沃』，就宗廟。晉宗廟在曲沃，故曰『曲沃，君之宗也』。又曰『丙午，入于曲沃，丁未，朝于武宮』。」玄謂乃奠，朝廟奠。○及朝，直遥反，注皆同。御匶，音舊。離其，力智反，下同。

「及朝御匶乃奠」 言「及朝」者，及，猶至也。謂侵夜啓殯，昧爽朝廟，故云及朝。云「御柩」者，發殯宫輴車載至廟，其時喪祝執纛居前，以御正柩也。云「乃奠」者，案既夕禮，朝廟之時，重先，奠從，燭從，柩從。彼奠昨夜夕奠，至廟，下棺於廟兩楹之間，西設此宿奠。〔五〕至明，徹去宿奠，乃設此朝廟之奠於柩西，故云乃奠。

注「鄭司」至「廟奠」 先鄭解朝廟法，後鄭皆從之不改。引檀弓云「殷朝而殯於祖」者，殷人殯於廟，始死斂訖，即以柩朝廟而殯之。故云殷朝而殯於祖。云「周朝而遂葬」者，周人不殯於廟，故始死殯於路寢，七月而葬，以次朝七廟，先禰而後祖，廟别一宿，後朝始祖廟，遂出葬於墓，故云周朝而遂葬。云「故春秋傳曰『凡夫人不殯于廟』」者，此僖八年左氏傳。「秋七月，禘于大廟，用致夫人。」傳曰：「秋禘，而致哀姜焉，非禮也。凡夫人，不薨于寢，不殯于廟，不赴于同，不祔于姑，則弗致也。」注云：「寢，小寢。同，同盟。」言諸侯夫人有罪，不以禮終，不當致。云「晉文公卒，將殯于曲沃」，此左氏僖公三十二年，「晉文公卒，庚辰，將殯於曲沃」。「就宗廟」已下，鄭君解義語。晉宗廟在曲沃者，晉承桓叔之後，桓叔本在曲沃，故晉宗廟在曲沃。云「故曰曲沃君之宗也」者，莊二十八年，左氏傳，「驪姬欲立其子，賂外嬖梁五與東關嬖五，使言於公曰：『曲沃，君之宗也，不可以無主。』夏，大子居曲沃」，是也。又曰「丙午入于曲沃，丁未朝于武宮」。此僖二十四年，「二月子寅，公子重耳入於晉。丙午，入曲沃。丁未，朝於武宮」。案：趙商問：「周朝而遂葬，則是殯于宫，葬乃朝廟。案：春秋『晉文公卒，殯于曲沃』，是爲去絳就祖殯，與禮記義異，未通其記。」〔六〕荅曰：「葬乃朝廟，當周之正禮也。其末世諸侯國，何能同也。傳合不合，當解傳耳，不得難經。」何者？既夕「將葬，遷于祖，用軸」。既夕是周公正經，朝廟乃葬，故云不得難經。孔子發凡，言不薨于寢，不殯于廟，不祔于姑，則不致。明正禮約殯于廟，發凡則是闕異代。何者？孔子作春秋，以通三王之禮。先鄭引之者，欲見春秋之世，諸侯殯于廟，亦當朝廟乃殯。「玄謂乃奠，朝廟奠」者，以經文奠在朝下，明不據初來宿奠，是據厥明所設朝廟之奠。

及祖，飾棺，乃載，遂御。

〔七〕鄭司農云：「祖，謂將葬祖於庭，象生時出則祖也，故曰事死如事生，禮也。檀弓曰：『飯於牖下，小斂於户内，大斂於阼，殯於客位，祖於庭，葬於墓，所以即遠也。』」玄謂祖爲行始。飾棺，設柳池紐之屬。其序，載而後飾，既飾當還車鄉外，喪祝御之。御之者，執翿居前，郤行爲節度。○飯於，扶晚反。還車，音旋，一音回。鄉外，許亮反。執翿，音導。

祖時，喪祝主飾棺乃載，遂御之，喪祝爲柩車御也。或謂及祖，至祖廟也。

「及祖」至「遂御」　言「及祖」者，及，至也。初朝禰，次第朝親廟四，次朝二祧，〔八〕次朝始祖后稷之廟。至此廟中設祖祭。案：既夕禮「請祖期，曰日側」，是至祖廟之中而行祖。祖，始也，爲行始。言「飾棺乃載」者，既載乃飾。案既夕禮，遂匠納車於階間，却柩而下棺，乃飾棺，設帷荒之屬。飾訖，乃還車向外，移柩車去載處，至庭中，車西設祖奠。天子之禮亦是先載乃飾棺，此先云飾棺後言乃載者，直取便文，非行事之次第。云「遂御」者，加飾訖，移柩車，喪祝執纛却行，御正柩，故云遂御之。

注「鄭司」至「節度」　先鄭解祖及飾棺，其義是，故後鄭從之，增成其義。云「將葬祖於庭」者，檀弓文。云「象生時出則祖也」者，詩云「仲山甫出祖」是也。云「故曰事死如事生，禮也」者，案：祭義云：「文王之祭也，事死如事生。」義出於彼。以其生時出有祖，故死亦有祖。檀弓曰「飯於牖下」至「即遠也」，案檀弓，曾子弔於負夏氏，〔九〕主人既祖，奠徹，推柩而反之，曾子從者，怪主人推柩而反，問於曾子。曾子對曰：「胡爲其不可。」從者問子游，子游對此辭，云「飯於牖下」者，謂始死於北墉下，遷尸於南牖下，沐浴訖，即飯含，故云飯於牖下。「小斂於户内」，小斂十九稱，在户内。「大斂於阼」者，士三十稱，大夫五十稱，諸侯百稱，天子百二十稱，皆於阼階，故言大斂於阼。「殯於客位」者，夏后氏殯於阼階，殷人殯兩楹間，周人殯於西階，故云殯於客位。「祖於庭」者，行祖祭在祖廟之庭。「葬於墓」者，行祖祭訖，至明旦行大遣奠，既奠，引柩向壙，故云葬於墓。「所以即遠也」者，此子游之意，從「飯於牖下」至「葬於墓」，即，就也，節級皆是就遠，不合反來。引之者，證此經祖是爲行始向遠之義。云「祖時，喪祝主飾棺乃載」者，重解祖及飾載之事。云「遂御之，喪祝爲柩車御也」者，後鄭增成之。云「或謂及祖至祖廟也」者，以其飾載在祖廟中，故以祖爲祖廟解之，後鄭雖不從，亦通一義。「玄謂祖爲行始」，此後鄭增成先鄭前解祖也。云「飾棺設柳池紐之屬」者，喪大記文，柳者，諸色所聚。帷荒之屬是。池紐者，〔一〇〕「君三池，纁紐六」之屬」是也。〔一一〕司士云「作六軍之士執披」，彼引喪大記具，〔一二〕於此略言也。云「其序」者，鄭見經先言飾棺，後言乃載車向外，於文到，故依既夕禮，先載而後飾，當還車向外，以其載時車北向，飾訖，當還車向外，喪祝御之。「御之」者，執纛居前，郤行爲節度」者，恐柩車傾虧，以纛告之，故云爲節度也。

及葬，御匶，出宮乃代。喪祝二人相與更也。○與更，音庚。

注「喪祝」至「更也」　及，至也，謂於祖廟厥明大奠後，引柩車出，喪祝於柩車前郤行御柩車出宮。「乃代」者，案：序官云「喪祝上士二人」，故鄭云「二人相與更也」。

及壙，説載，除飾。鄭司農云：「壙，謂穿中也。説載，下棺也。除飾，去棺飾也。四翣之屬。令可舉移安錯之。」玄謂除飾，便其窆爾。周人之葬，牆置翣。○説載，吐活反，注同，劉詩悦反。去棺，起吕反。四翣，所甲反，本亦作篓。安錯，七故反。便其，婢面反。窆，彼驗反，劉補鄧反。

「及壙説載除飾」　及，至也。至壙脱載，謂下棺於地。「除飾」，謂除去帷荒，下棺於坎訖，其帷荒還入壙，張之於棺。

注「鄭司」至「置翣」　云「四翣之屬」者，案：襄公二十五年，齊崔杼弑莊公，不以君禮葬之。案喪大記及禮器，士二翣，大夫四翣，諸侯六翣，天子八翣。今用四翣，是不成君禮也。云「令可舉移安錯之」者，除去棺飾者，令可舉移安錯於壙中。「安錯」之言，出孝經。玄謂「周人之葬，牆置翣」者，檀弓云：「殷人棺椁，周人牆置翣。」牆，謂帷荒，與柩爲鄣。若牆然，故謂之牆。言「置翣」者，翣在道柩車傍，人執之入壙，置之於椁傍，故置也。〔一三〕引之者，證飾既除。還入壙設之義也。

小喪，亦如之。

「小喪亦如之」　小喪，王后、世子已下之喪。自掌勸防已下至除飾，皆據王喪。其小喪亦有勸防已下之事，故云亦如之。

掌喪祭祝號。喪祭，虞也。檀弓曰：「葬日虞，不忍一日離也，是日也，以虞易奠。卒哭曰成事，是日也，以吉祭易喪祭。」

注「喪祭虞也」至「祭易喪祭」　引檀弓云「葬日虞，不忍一日離也」者，葬日設大遣奠而出，葬，訖反，日中而虞，送形而往，迎魂而反。虞者，安也。葬日虞祭，所以安神，不使父母一日離散，故設虞祭也。云「是日也，以虞易奠」者，葬日反，日中而虞。奠者，自未葬已前始死之後皆是。今既葬，是以虞易奠也。云「卒哭曰成事，是日也，以吉祭易喪祭」者，喪中自相對，虞爲喪祭，卒哭爲吉祭。士虞禮，始虞曰哀薦祫事，再虞曰哀薦虞事，〔一四〕三虞曰哀薦成事。卒哭祝辭亦稱成事也。祭以吉爲成，故云是日也，以吉祭易喪祭。引之者，證經喪祭是虞也。

王弔，則與巫前。鄭司農云：「喪祝與巫以桃厲執戈在王前。檀弓曰：『君臨臣喪，以巫祝桃茢執戈，〔一五〕惡之也，所以異於生也。』春秋傳曰：『楚人使公親襚，公使巫以桃茢先祓殯，楚人弗禁，既而悔之。』君臨臣喪之禮，故悔之。」〇桃厲，劉音例，記作茢，黍苕穰也，音例，亦音列。惡之，烏路反。

「王弔則與巫前」　王弔者，諸侯諸臣死，王就室弔之，喪祝與男巫在王前也。

注「鄭司」至「悔之」　先鄭云「喪祝與巫以桃厲執戈在王前」者，桃者，鬼所惡。茢，苕帚，所以埽不祥。桃、茢二者，祝與巫執之。執戈者是小臣也。案：喪大記「小臣二人執戈立於前，二人立於後」，彼是諸侯法，王弔亦然，故兼言執戈。檀弓曰「君臨臣喪，以巫祝桃茢執戈，惡之」，是天子之禮，故引之。言「惡之也，所以異於生也」者，死者之傍，有凶邪之氣，故須桃茢以惡之，是異於生。「春秋傳曰」者，是襄二十九年，左傳文。案傳，襄公朝於荆，康王卒，楚人使公襚。襚者，臣子之事，〔一六〕欲使公行臣禮，公使巫以桃茢祓殯。「楚人弗禁」者，〔一七〕不知禮，故不禁。「既而悔之」者，後覺始悔，是君臨臣喪之禮，故悔之。引之者，證經喪祝與巫前，有桃茢之事。案：檀弓云「使公襲」，左傳云「襚」，不同者，襚即襲也。襲時未殯，而云祓殯者，名尸爲殯耳。

掌勝國邑之社稷之祝號，以祭祀禱祠焉。

勝國邑，所誅討者。社稷者，若亳社是矣。存之者，重神也。蓋奄其上而棧其下，爲北牖。○亳社，步博反。而棧，劉才産反，一音士諫反。

「掌勝」至「祠焉」　以祭祀禱祠者，祭祀，謂春秋正祭。禱祠，謂國有故。〔一八〕祈，請求福曰禱，得福報賽曰祠。

注「勝國」至「北牖」　云「勝國邑，所誅討者」，古者不滅國，有違逆被誅討者，更立其賢子弟，還得事其社稷。今云「勝國之社稷」者，爲據武王伐紂，取其社稷而事之，故云「若亳社是矣」也。據其地則曰亳，據彼國喪亡，即爲亡國之社稷。此注勝之，即爲勝國之社稷。是以郊特牲云「喪國之社」，春秋謂之「亳社」也。云「存之者，重神也」者，君自無道被誅，社稷無罪，故存之，是重神也。云「蓋奄其上而棧其下，爲北牖」者，案：哀公四年，夏六月辛丑，亳社災，公羊傳曰「亡國之社，蓋揜其上而柴其下。」〔一九〕「爲北牖」者，郊特牲文。郊特牲：「喪國之社必屋之，爲北牖，不受天陽，使陰明。」公羊云「揜其上」，即「屋之」，一也。〔二〇〕棧其下者，非直不受天陽，亦不通地陰。

凡卿、大夫之喪，掌事，而斂飾棺焉。

「凡卿」至「棺焉」　言掌事者，雖禮有降殺，勸防以下皆掌之，兼主斂事，故摠云掌事而斂飾棺焉。

甸祝，掌四時之田表貉之祝號。杜子春讀貉爲「百爾所思」之百，書亦或爲禡。貉，兵祭也。甸以講武治兵，〔二〕故有兵祭。詩曰「是類是禡，師祭也」。玄謂田者，習兵之禮，故亦禡祭，禱氣埶之十百而多獲。○表貉，莫駕反，注禡同。甸以，音田，下文同。

「甸祝」至「祝號」　言「掌四時之田表貉之祝號」者，四時田，即大司馬所云春蒐、夏苗、秋獮、冬狩。案：大司馬大閱禮云：「既陳，乃設驅逆之車，有司表貉於陳前。」當此貉祭之時，田祝爲號。

注「杜子」至「多獲」　子春云讀「貉」爲「百爾所思」之百，讀從毛詩，後鄭從之，增成其義。云「書亦或爲禡」者，毛詩、爾雅皆爲此字。云「貉，兵祭也」者，爾雅云：「禡，師祭是也。」引詩云「是類是禡」者，大雅皇矣之詩也。「玄謂田者，習兵之禮，故亦禡祭」者，詩與爾雅禡出征之祭，〔三〕田是習兵，故亦禡祭。云「禱氣埶之十百而多獲」者，應十得百，望多獲禽牲，此解禡字之意。

舍奠于祖廟，禰亦如之。舍讀爲釋。釋奠者，告將時田，若將征伐。鄭司農云：「禰，父廟。」○舍奠，音釋，下同。

「舍奠」至「如之」　天子將出，告廟而行。言釋奠於祖廟者，非時而祭即曰奠，以其不立尸。奠之言停，停饌具而已。七廟俱告，故祖禰并言。

注「舍讀」至「父廟」　「舍讀爲釋」者，周禮、禮記多爲舍字，鄭讀皆爲釋。云「釋奠者，告將時田若將征伐」者，此經上下唯言時田，不言征伐。案：大祝「大師造于祖，大會同造于廟」，皆造祖禰，故兼言征伐。

師甸，致禽于虞中，乃屬禽。及郊，饁獸，舍奠于祖禰，乃斂禽。〔二三〕禂牲、禂馬，皆掌其祝號。師田，謂起大衆以田也。致禽於虞中，使獲者各以其禽來致于所表之處。屬禽，別其種類。饁，饋也。以所獲獸饋於郊，薦于四方羣兆，入又以奠于祖禰，薦且告反也。斂禽，謂取三十入腊人也。杜子春云：「禂，禱也。爲馬禱無疾，爲田禱多獲禽牲。詩云『既伯既禱』，爾雅曰：『既伯既禱，馬祭也。』」玄謂禂讀如伏誅之誅，今侏大字也。〔二四〕爲牲祭，求肥充；爲馬祭，求肥健。○乃屬，音燭。饁，于輒反。禂牲，音誅，一音禱。別其，彼列反。爲馬，于僞反，下同。今侏，音誅，字林音朱。

注「師田」至「肥健」。云「致禽於虞中，使獲者，各以其禽來致於所表之處」者，若田獵在山，山虞植旗；田獵在澤，澤虞植旌，名旌旗爲表。〔二五〕故解致禽于虞中者，使獲者各以其禽來致於所表之處也。云「屬禽，別其種類」者，禽獸既致於旌旗之所，甸祝分別其種類，麋鹿之類，各爲一所。云「饁，饋也。以所獲獸饋於郊，薦於四方羣兆」者，案：小宗伯：「兆五帝於四郊，四類四望亦如之，兆山川丘陵，各於其方。」是其四郊皆羣神之兆。〔二六〕今田獵在四郊之外，還國必過羣兆，故將此禽獸薦於羣兆，直以禽祭之，無祭事。云「入又以奠於祖禰，薦且告反也」者，上經舍奠於祖廟，謂出時，今此舍奠在饁獸之下，是告反也。言薦者，又以所獲禽牲薦廟也。云「斂禽，謂取三十」者，案穀梁「每禽擇取三十」。知入腊人者，案：腊人云：「掌凡田獸之脯腊。」案：王制：「一爲乾豆，二爲賓客，三爲充君之庖。」此入腊人者，據上殺者乾之，以爲豆實，供祭祀，其餘入賓客庖厨。直入腊人者，據祭祀重者而言。脯非豆實，而言乾豆者，以脯爲醢，故醢人注云「作醢及臡者，先膊乾其肉，乃後莝之，雜以粱麴及鹽，漬以美酒，塗置甀中，百日則成矣」是也。杜子春云「禂，禱也。爲馬禱無疾」已下，後鄭皆不從者，以凡言牲者，卜日曰牲，據祭祀之牲，不得據田獵之獸。又禂不得爲禱祈字。「玄謂禂讀如伏誅之誅」者，此俗讀也。時有人甘心惡伏誅，故云伏誅之誅，此從音爲誅。云「今侏大字也」者，今漢時人傍侏是侏大之字，此取肥大之意，故云「爲牲祭，求肥充」，解經「禂牲」。云「爲馬祭，求肥健」，釋經「禂馬」。鄭既解禂爲大，知此皆有祭者，以其言「皆掌其祝號」，是有祭事。

詛祝，掌盟、詛、類、造、攻、説、禬、禜之祝號。八者之辭，皆所以告神明也。盟詛主於要誓，大事曰盟，小事曰詛。

注「八者」至「曰詛」 此八者之内，「類造」已下，是大祝六祈，大祝不掌祝號，故此詛祝與盟同爲祝號。秋官自有司盟之官，此詛祝兼言之者，司盟直掌盟載之法，不掌祝號與載辭，故使詛祝掌之。云「大事曰盟，小事曰詛」者，盟者，盟將來。春秋諸侯會，有盟無詛。詛者，詛往過，不因會而爲之。故云大事曰盟，小事曰詛也。

作盟詛之載辭，以叙國之信用，以質邦國之劑信。載辭，爲辭而載之於策，坎，用牲，加書于其上也。國，謂王之國；邦國，諸侯國也。質，正也，成也。文王脩德而虞、芮質厥成。鄭司農云載辭以春秋傳曰：〔二七〕「使祝爲載書。」

「作盟」至「劑信」 云「作盟詛之載辭」者，爲要誓之辭，載之於策，人多無信，故爲辭對神要之，使用信。故云以叙國之信用。云「以質邦國之劑信」者，質，正也，成也。亦爲此盟詛之載辭，以成正諸侯。邦國之劑，謂要券，故對神成正之，使不犯。

注「載辭」至「載書」 言「爲辭而載之于策」者，若然，則策載此辭謂之載。云「坎用牲，加書于其上也」者，案：襄二十六年左氏傳云，「宋寺人伊戾，坎用牲，加書，爲世子痤僞與楚客盟」。司盟注具引此文，於此注略也。引春秋者，據載書而言，〔二八〕知者，案：司盟「掌盟載之法」，彼注云：「載，盟辭也。盟者，書其辭於策。」即是此載辭也。

又注云：「殺牲取血，坎其牲，加書於上而埋之，謂之載書。」即引春秋宋寺人之事，明此坎用牲加書於其上，據載書而言。以此言之，則書辭於策，謂之載辭。加書於牲上，謂之載書。司盟掌載書，詛祝掌載辭。此注兼言坎用牲加書之事者，事相因，故兼解之。云「國，謂王之國，邦國，諸侯國也」者，周禮體例，單言國者，皆據王國。邦國連言者，皆據諸侯，故爲此解。云「文王脩德而虞、芮質厥成」者，大雅文王詩也。彼訓質爲成，成爲平，謂成其平和之事。引之者，證質爲成義。先鄭引春秋傳曰者，案：哀二十六年左氏傳云：「宋大尹使祝爲載書。」司農之意，以載辭與載書爲一，得通一義，故引之在下。

司巫，掌羣巫之政令。若國大旱，則帥巫而舞雩。

雩，旱祭也。天子於上帝，諸侯於上公之神。鄭司農云：「魯僖公欲焚巫尪，以其舞雩不得雨。」○巫尪，烏黄反。

「司巫」至「舞雩」　「掌羣巫之政令」者，下文男巫女巫皆掌之。云「若國大旱，則帥巫而舞雩」者，謂帥女巫已下，是以女巫職云「旱暵則舞雩」，亦據脩雩而言也。

注「雩旱」至「得雨」　言「雩，旱祭也」者，〔二九〕經云國大旱而舞雩，明雩是旱祭，是以春秋緯考異郵云：「雩者，呼嗟求雨之祭。」云「天子於上帝，諸侯於上公之神」，知者，案：禮記月令「大雩帝，習盛樂」，據天子雩五帝。案：彼下文「命百縣，雩祀百辟卿士」，百縣，謂畿内鄉遂，明畿外諸侯亦雩祀百辟卿士，即古上公句龍、柱、棄之等。〔三〇〕是天子祀上帝，諸侯祀上公。若魯與二王後得祀天者，〔三一〕亦得雩祭天。鄭司農云「魯僖公欲焚巫尪，〔三二〕以其舞雩不得雨」者，案：僖二十一年，夏，大旱，公欲焚巫尪。尪不必舞雩，故檀弓云，魯穆公云：「吾欲暴尪而奚若？」又云：「吾欲暴巫而奚若？」縣子曰：「天則不雨，而暴人之疾子，虐，無乃不可與。」鄭注云：

「尪者，面鄉天，覬天哀而雨之。」明非舞雩之人。司農兼引尪者，挾句連引之，其實非舞者。若四月正雩，非直有男巫、女巫。案論語，曾晳云：「春服既成，童子六七人，冠者五六人」，兼有此等，故舞師云「教皇舞，帥而舞旱暵之祀」。舞師謂野人能舞者，〔三三〕明知兼有童子、冠者可知。

國有大裁，則帥巫造巫恒。杜子春云：「司巫帥巫官之屬，會聚常處以待命也。」〔三四〕玄謂恒，久也。巫久者，先巫之故事。造之當案視所施爲。

注「杜子」至「施爲」 子春之意，帥巫者，巫則女巫。「恒」訓爲「常」，故云「會聚常處」。後鄭不從，「玄謂恒，久也。巫久者，先巫之故事」。後鄭之意，以恒爲先世之巫，久故所行之事。今司巫見國大裁，則帥領女巫等，往造所行之事，案視舊所施爲而法之。

祭祀，則共匰主及道布及蒩館。杜子春云：「蒩讀爲鉏。〔三五〕匰，器名。主，謂木主也。道布，新布三尺也。鉏，藉也。館，神所館止也。書或爲蒩館，或爲租飽。或曰：布者，以爲席也。租飽，茅裹肉也。」玄謂道布者，爲神所設巾，中霤禮曰「以功布爲道布，屬于几」也。蒩之言藉也，祭食有當藉者。館所以承蒩，謂若今筐也。主先匰，蒩後館，互言之者，明共主以匰，共蒩以筐，大祝取其主、蒩，陳之，器則退也。士虞禮曰：「苴刌茅長五寸，實于筐，饌于西坫上。」又曰：「祝盥，取苴降，洗之，升，入設于几東席上，東縮。」○共匰，音丹。及蒩，子都反。爲鉏，子都反，下同。鉏藉，慈夜反，下同。租飽，劉上音緅，又音卷。下音苞，又音弭。沈租音子餘反。茅裹，音果。爲神，于僞反。刌茅，音忖。

注「杜子」至「東縮」 子春所解及讀字，唯解「匰器名」一事，後鄭從之，自餘並義無所取，後鄭不從。「玄謂道布者，爲神所設中」，即引中霤禮「以功布爲道布，屬於几」是也。云「蒩之言藉也，祭食有當藉」者，謂常藉所當之食。云「館所以承蒩，謂若今筐也」者，筐，所以盛蒩者也。云「主先匰，蒩後館，互言之」者，謂主先匰，器在上者，欲見以匰器盛主，來向祭所，大祝取得主，匰器即退。葙後言館器，欲見大祝取得葙館器退，明亦初以館盛葙來。〔三六〕互言之，是以鄭云「明共主以匰，共葙以筐，大祝取其主、葙，陳之，器則退也」。二事雙解之。引士虞禮曰「苴，刌茅長五寸，實於筐，饌于西坫上」者，刌，切也，切之長五寸。又東之西坫者，〔三七〕堂西南隅謂之坫。饌陳於此，未用前。又曰「祝盥，升取苴降，洗之，升，入設於几東席上，東縮」者，士虞禮設席於奧禮神，東面右几，放設于几東席上。東縮，縮，縱也。據神東面爲正，東西設之，故言東縮。引之者，見苴是藉祭之物。

凡祭事，守瘞。瘞，謂若祭地祇有埋牲玉者也。守之者，以祭禮未畢，若有事然。祭禮畢則去之。○守瘞，於例反。

注「瘞謂」至「去之」　案：爾雅「祭天曰燔柴，祭地曰瘞埋」，又案肆師立大祀，用玉帛牲牷，故鄭云「瘞謂若祭地祇有埋牲玉者也」。鄭不言帛，亦有帛可知。云「守之者，以祭禮未畢，若有事然」者，但祭地埋牲，與禋祀同節，作樂下神之後，即有埋牲之事，以後更有祭祀之節事，故使司巫守埋，是以鄭云「有祭事然」。〔三八〕云「祭祀畢即去之」者，〔三九〕以其無事，故去之不復守也。

凡喪事，掌巫降之禮。降，下也。巫下神之禮。今世或死既斂，就巫下禓，〔四〇〕其遺禮。○下禓，音傷。

注「降下」至「遺禮」　人死，骨肉下沈於地，精魂上歸於天，天地與神人通，故使巫下神。云「今世或死既斂，就巫下禓，其遺禮」者，案：郊特牲「鄉人禓」，鄭注云：「禓，彊鬼。」彼逐疫癘之事，故以禓爲彊鬼。此禓，當家之鬼，非彊鬼也。

男巫，掌望祀、望衍授號，旁招以茅。杜子春云：「望衍，謂衍祭也。授號，以所祭之名號授之。旁招以茅，招四方之所望祭者。」玄謂衍讀爲延，聲之誤也。望祀謂有牲粢盛者，延，進也。謂但用幣致其神。二者詛祝所授類造攻説禬禜之神號，男巫爲之招。○望衍，依注音延。爲之，于僞反。

「男巫」至「以茅」 云「望祀」者，類造禬禜，遥望而祝之。云「望衍」者，衍，延也。是攻説之禮。遥望延其神，以言語責之。云「授號」者，此二者皆詛祝授以神號。云「旁招以茅」者，旁，謂四方，此男巫於地官祭此神時，〔四一〕則以茅招之於四方也。

注「杜子」至「之招」 子春所云，皆無依據，故後鄭不從。「玄謂破衍爲延」者，衍字於六祈義無所取，故破從延。云「望祀，謂有牲粢盛」者，注大祝已云「類造禬禜皆有牲，攻説用幣而已」。有牲則有黍稷，故此兼云粢盛者也。云「延，進也，謂但用幣致其神」者，此即攻説用幣而已是也。云「二者詛祝所授類造攻説禬禜之神號，男巫爲之招」者，以其授號文承二者之下，故知此六神皆授之號之。授號知是詛祝者，案詛祝而知也。

冬堂贈，無方無筭。故書贈爲矰，杜子春云：「矰當爲贈。堂贈，謂逐疫也。無方，四方爲可也。無筭，道里無數，遠益善也。」玄謂冬歲終，以禮送不祥及惡夢，皆是也。其行必由堂始。巫與神通言，當東則東，當西則西，可近則近，可遠則遠，無常數。○爲矰，音曾。

注「故書」至「常數」 子春以堂贈爲逐疫，後鄭不從者，逐疫方相氏及占夢，不合在此，不從。〔四二〕云「無筭，道里無數，遠益善也」，後鄭不從者，既言無數，遠近由人，不得云遠益善，故不從。玄謂知堂贈是送不祥及惡夢者，見占夢云：「舍萌于四方，以贈惡夢」，故知。鄭云：「當東則東，當西則西」，不言南北，舉東西可知，此解無方。「可近則近，可遠則遠，無常數」，此解無筭。

春招弭，以除疾病。招，招福也。杜子春讀弭如彌兵之彌。玄謂弭讀爲敉，〔四三〕字之誤也。敉，安也，安凶禍也。招、敉，皆有祀衍之禮。○彌兵，與弭同，及下「敉」，皆亡氏反。

注「招招」至「之禮」　子春讀「弭」如彌兵之「彌」，讀從小祝「彌災兵」之「彌」。玄謂弭讀爲敉，字之誤也。案：小祝後鄭注「彌讀曰敉」，於此云爲敉，從子春之説。云「敉，安也，安凶禍也」者，以經云「除疾病」，故知所安者凶禍。知「招、敉皆有祀衍之禮」者，〔四四〕此招、敉爲招福安禍，與侯禳意同，侯禳在六祝有祭之法，故知此二者，亦有望祝、望衍之禮可知。

王弔，則與祝前。巫祝前王也。故書前爲先。鄭司農云：「爲先，非是也。」

注「巫祝」至「是也」　案：上喪祝云：「王弔，則與巫前」，此男巫與祝前，故二官俱在王前。

女巫，掌歲時祓除、釁浴。歲時祓除，如今三月上巳如水上之類。釁浴，謂以香薰草藥沐浴。○上巳，音祀。

注「歲時」至「沐浴」　歲時祓除者，非謂歲之四時，唯謂歲之三月之時，故鄭君云「如今三月上巳」解之。一月有三巳，據上旬之巳而爲祓除之事，見今三月三日水上戒浴是也。云「釁浴，謂以香薰草藥沐浴」者，若直言浴，則唯有湯，今兼言釁，明沐浴之物必和香草，故云以香薰草藥。經直云浴，兼言沐者，凡絜静者沐浴相將，故知亦有沐也。

旱暵，則舞雩。使女巫舞旱祭，崇陰也。鄭司農云：「求雨以女巫，故檀弓曰：歲旱，繆公召縣子而問焉，曰：『吾欲暴巫而奚若？』曰：『天則不雨，而望之愚婦人，無乃已疏乎！』」○旱暵，呼旱反。繆公，音穆。縣子，音玄。暴巫，蒲卜反。

「旱暵則舞雩」　此謂五月已後脩雩，故有旱暵之事。旱而言暵者，暵，謂熱氣也。

注「使女」至「疏乎」　司農引繆公者，魯繆公，春秋後事。縣子者，魯大夫。欲暴巫者，以其舞雩不得雨。引之者，證使女巫舞雩之事。

若王后弔，則與祝前。女巫與祝前后，如王禮。

「若王」至「祝前」　此女巫云「與祝前」，則與天官女祝前后。

注「女巫」至「王禮」　云「女巫與祝前后，如王禮」者，案：前男巫與喪祝前王，執桃茢。此女巫與女祝前后，亦巫執桃，祝執茢，故云如王禮。

凡邦之大烖，歌哭而請。有歌者，有哭者，冀以悲哀感神靈也。

「凡邦」至「而請」　大烖言歌哭而請，則大烖謂旱暵者。

注「有歌」至「靈也」　案：林碩難曰：「凡國有大烖，歌哭而請。魯人有日食而哭，傳曰非所哭。哭者，哀也。歌者，是樂也。有哭而歌，是以樂烖。烖而樂之，將何以請？哀未失所，（四五）禮又喪矣。孔子曰：『哭則不歌。』歌哭而請，道將何爲。」玄謂日食異者也，於民無困，哭之爲非。其所烖害，不害穀物，故歌必禮也。董仲舒曰：「雩，求雨之術，呼嗟之。」歌國風周南、小雅鹿鳴、燕禮、鄉飲酒、大射之歌焉。然則雲漢之篇，亦大旱之歌。考異郵曰集二十四旱志「立服而緩雲刑理察，（四六）挺罪赦過，呼嗟哭泣，以成發氣」。此數者，非大烖歌哭之證也。多烖，哀也。歌者，樂也。今喪家輓歌，亦謂樂非。「孔子哭則不歌」，是出何經？論語曰：「子於是日哭則不歌。」謂一日之中，既以哀事哭，又以樂而歌，是爲哀樂之心無常，非所以譏此禮。若然，此云歌者，憂愁之歌，若雲漢之詩是也。

大史，掌建邦之六典，以逆邦國之治。掌灋以逆官府之治，掌則

以逆都鄙之治。典、則，亦法也。逆，迎也。六典、八法、八則，冢宰所建，以治百官，大史又建焉，以爲王迎受其治也。大史，日官也。春秋傳曰：「天子有日官，諸侯有日御，日官居卿以厎日，禮也。日御不失日，以授百官于朝。」居猶處也。言建六典以處六卿之職。○之治，直吏反，下及注「其治」同。爲王，于僞反，下「爲有」同。厎日，音旨。于朝，直遥反，下同。

注「典則」至「之職」　云「典則亦法也」者，案：大宰注：「典、法、則，所用異，異其名也。」其實典則與法，一也，故云典則亦法也。云「六典、八法、八則，冢宰所建，以治百官」者，冢宰職八法云治官府是也。云「大史又建焉，以爲王迎受其治也」者，鄭言此者，欲見大史重掌此三者，非是相副貳，大宰既掌此，大史迎其治職文書。云「大史，日官也」者，以其掌曆數，故云日官。引春秋傳者，桓十七年「冬十月朔，日有食之。不書日，官失之。天子有日官，諸侯有日御」，服氏注云：「日官、日御，典曆數者也。」「日官居卿以厎日，禮也。日御不失日，以授百官于朝」。服注云：「是居卿者，使卿居其官以主之，重曆數也。」案：鄭注「居猶處也」，言建六典以處六卿之職，與服不同。服君之意，大史雖下大夫，使卿家居之，〔四七〕治大史之職，與堯典云「乃命羲和，欽若昊天曆象日月星辰」，是卿掌曆數，明周掌曆數，亦是日官。鄭意以五帝殊時，三王異世，文質不等，故設官不同。五帝之時使卿掌曆數，至周使下大夫爲之，故云「建六典處六卿之職」以解之。〔四八〕

凡辨灋者攷焉，不信者刑之。謂邦國、官府、都鄙以法争訟來正之者。○攷焉，音考。争訟，争鬭之争。

「凡辨」至「刑之」　案上文，大史既受邦國官府都鄙治職文書，其三者之内，有争訟來正之者，大史觀其辨法得理，考之。「不信者刑之」者，事理妄冒不信者，刑罰之。

注「謂邦」至「之者」　鄭知此事是邦國官府都鄙者，以其文承上文三者之下，故知之。

凡邦國都鄙及萬民之有約劑者，藏焉，以貳六官，六官之所登。〔四九〕約劑，要盟之載辭及券書也。貳猶副也。藏法與約劑之書，〔五〇〕以爲六官之副。其有後事，六官又登焉。

「凡邦」至「所登」 上文邦國、官府、都鄙三者俱充此約，不言府官者，此舉邦國都鄙及萬民在外者而言，其實官府約劑亦藏之。云「以貳六官」者，六官各有一通，〔五一〕此大史亦副寫一通，故云以貳六官。云「六官之所登」者，約劑相續不絶，在後六官更有約劑，皆副寫一通，上於大史以藏之。

注「約劑」至「登焉」 鄭知「約劑，要盟之載辭及券書」者，案：司盟：「凡邦國有疑，會同，則掌其盟約之載。」故知約劑中有盟要之載辭。言及券書者，此經萬民約劑，無盟要載辭，唯有券書，故别言券書。鄭知所藏之中有法者，案：司盟云「掌盟載之法」，下又云「及其禮儀，北面詔明神」，此既掌辭，明并法亦藏之。

若約劑亂，則辟灋，不信者刑之。謂抵冒盟誓者。辟法者，考案讀其然不。○則辟，婢亦反，劉芳益反，注同。抵冒，丁禮反。

「若約」至「刑之」 盟誓要辭，藏在府庫，在後抵冒其事，不依要辭，謂之約劑亂也。則辟法者，辟，開也。法，則約劑也。則爲之開府庫，考案其然否。不信者，不依約劑，與之刑罪，故云不信者刑之。

正歲年以序事，頒之于官府及都鄙，〔五二〕中數曰歲，朔數曰年。中朔大小不齊，正之以閏，若今時作曆日矣。定四時，以次序授民時之事。春秋傳曰：「閏以正時，時以作事，事以厚生，生民之本，於是乎在。」○中數，所主反，下同。

「正歲」至「都鄙」 云「正歲年」者，謂造歷正歲年以閏，則四時有次序，依歷授民以事，故云以序事也。云「頒之于官府及都鄙」者，官府據在朝，都鄙據三等采地。先近及遠，故先言官府，次言都鄙，下乃言邦國。

注「中數」至「乎在」　云「中數曰歲，朔數曰年」者，一年之内有二十四氣，正月立春節，啓蟄中。二月雨水節，春分中。三月清明節，穀雨中。四月立夏節，小滿中。五月芒種節，夏至中。六月小暑節，大暑中。七月立秋節，處暑中。八月白露節，秋分中。九月寒露節，霜降中。十月立冬節，小雪中。十一月大雪節，冬至中。十二月小寒節，大寒中。皆節氣在前，中氣在後。節氣一名朔氣，朔氣在晦，則後月閏。中氣在朔，則前月閏。節氣有入前月法，中氣無入前月法。中氣帀則爲歲，朔氣帀則爲年。假令十二月中氣在晦，則閏十二月，十六日得後正月立春節，此即朔數曰年。至後年正月一日，得啓蟄中，此中氣帀，此即是中數曰歲。云「中朔大小不齊，正之閏」者，〔五三〕周天三百六十五度四分度之一。日一日行一度，月一日行十三度十九分度之七。二十四氣通閏分之，一氣得十五日，二十四氣分得三百六十度，仍有五度四分度之一。一度更分爲三十二，五度爲百六十。四分度之一者，又分爲八分，通前爲百六十八分。二十四氣分之，氣得七分。若然，二十四氣，氣有十五日七分。五氣得三十五分，取三十二分爲一日，餘三分推入後氣，即有十六日。氣者十五日七分者，故云中朔大小不齊。「正之以閏」者，月有大小，一年三百五十四日而已，自餘仍有十一日，是以三十三月已後，中氣有晦，不置閏則中氣入後月，後須置閏以補之，〔五四〕故云正之以閏。是以云「若今時作曆日矣」。云「定四時，以次序」者，堯典以閏月定四時，解經中「序」，故云定四時以次序。云「授民時之事」者，亦取堯典「敬授民時」，解經中「事」。「春秋傳曰」者，文公六年冬，「閏月不告朔，非禮也。閏以正時，時以作事，事以厚生，生民之道，於是乎在矣。不告閏朔，棄時正也，何以爲民」？彼譏文公不告閏朔，引之者，證閏歲年之事也。

頒告朔于邦國。天子班朔于諸侯，諸侯藏之祖廟，至朔，朝于廟，告而受行之。鄭司農云：「頒讀爲班。班，布也。以十二月朔，布告天下諸侯，故春秋傳曰『不書日，官失之也』。」

注「天子」至「之也」　鄭云「天子班朔於諸侯，諸侯藏之於祖廟」者，案：禮記玉藻：「諸侯皮弁聽朔於大祖。」大祖，即祖廟也。〔五五〕「至朔，朝於廟，告而受行之」者，諸侯約天子，故縣之於中門，帀日斂之，藏之於祖廟，月月用羊，〔五六〕告而受行之。此經及論語稱告朔，玉藻謂之聽朔，春秋謂之視朔。視者，人君入廟視之。告者，使有司讀祝以言之。聽者，聽治一月政令。所從言之異耳。鄭司農云「以十二月朔，布告天下諸侯」者，言朔者，以十二月曆及政令，若月令之書，但以受行，號之爲朔。故春秋傳曰者，還是桓十七年傳文，春秋之義，天子班曆於諸侯，日食書日。不班曆於諸侯，則不書日。其不書日者，猶天子日官失之不班曆。〔五七〕引之，證經天子有班告朔之事。

閏月，詔王居門終月。

〔五八〕門，謂路寢門也。鄭司農云：「月令十二月分在青陽、明堂、總章、玄堂左右之位，唯閏月無所居，居于門，故於文『王』在『門』謂之閏。」

「閏月」至「終月」　明堂、〔五九〕路寢及宗廟，皆有五室、十二堂、四門。十二月聽朔於十二堂，閏月各於時之門，〔六〇〕故大史詔告王居路寢門。若在明堂告事之時，立行祭禮，無居坐之處。若在路寢堂與門，聽事之時，各居一月，故立居門終月。〔六一〕

注「門謂」至「之閏」　鄭知此經「門」是路寢門者，案：玉藻云：「閏月，則闔門左扉，立於其中。」不云「居」，又不云「終月」，此終言「居門終月」，故知路寢門。先鄭云：「月令十二月」，據月令而言。案：月令是秦時書，明堂路寢有九室，大室在中央，四角各有二堂，隔之爲个堂。大室正東之堂謂之青陽，正南之堂謂之明堂，正西之堂謂之總章，正北之堂謂之玄堂。云「左右之位」者，青陽、明堂、總章、玄堂，各有左右之位，月令謂之左右个。故月令孟春云「青陽左个」，〔六二〕仲春居青陽，季春云「居青陽右个」。孟夏云「明堂左个」，仲夏居明堂，季夏云「居明堂右个」。孟秋云「居總章左个」，仲秋居總章，季秋云「居總章右个」。孟冬居玄堂左个，仲冬居玄堂，〔六三〕季冬居玄堂右个。月令皆云「居」，故鄭以大寢解之。是以先鄭引之，證此大寢之禮。云「唯閏月無所居，居於門」者，以其十二月居十二堂，故云閏月無所居，居於門。云「故於文王在門謂之閏」者，解閏字之意，以閏月王在門中，故制文字，亦王在門中，謂之閏也。

大祭祀，與執事卜日。執事，大卜之屬。與之者，當視墨。

注「執事」至「視墨」　知「執事，大卜之屬」者，大卜掌卜事，故知執事是大卜。言之屬者，兼有卜師及卜人。知「當視墨」者，案：占人云：「君占體，大夫占色，史占墨，卜人占坼。」〔六四〕彼言史者，即此大史，故知當視墨。

戒及宿之日，與羣執事讀禮書而協事。協，合也。合謂習録所當共之事也。故書協作叶，杜子春云：「叶，協也。書亦或爲協，或爲汁。」〔六五〕○作叶，音協。爲汁，音執，又音協，劉子集反。

「戒及」至「協事」　「戒及宿之日」者，戒謂散齊七日，宿，謂致齊三日。云「與羣執事讀禮書而協事」者，當此二日之時，與羣執事預祭之官，讀禮書而協事，恐事有失錯，物有不供故也。

祭之日，執書以次位常，謂校呼之，〔六六〕教其所當居之處。

「祭之」至「位常」　言「執書」者，謂執行祭祀之書，〔六七〕若今儀注。「以次位常」者，各居所掌位次。常者，此禮一定，常行不改，故云常也。

辨事者攷焉，不信者誅之。謂抵冒其職事。

注「謂抵冒其職事」　此謂助祭之人。大史掌禮，知行事得失。所行依注謂之事，〔六八〕則與人考焉。抵冒職事、詐欺不信者，刑誅之。

大會同、朝覲，以書協禮事。亦先習録之也。

「大會同朝至禮事」 天子與諸侯不録。

及將幣之日，執書以詔王。將，送也。詔王，告王以禮事。〔六九〕

「及將」至「詔王」 「將幣之日」者，則上經所習會同之事，至此得朝覲之時，則有三享之禮。將，送也。幣，謂璧帛之等。故云將幣之日。云「執書以詔王」者，王與諸侯行禮之時，大史執禮書以告王，使不錯誤。

大師，抱天時，與大師同車。鄭司農云：「大出師，則大史主抱式，以知天時，處吉凶。史官主知天道，故國語曰『吾非瞽史，焉知天道』。春秋傳曰『楚有雲如衆赤鳥，夾日以飛，楚子使問諸周大史』。大史主天道。」〔七〇〕玄謂瞽即大師，大師瞽官之長。○與大師，音泰，注大師同。抱式，劉音勑，令俗音如字。焉知，於虔反。夾日，古洽反，劉古協反。

「大師」至「同車」 云「大師」者，大起軍師也。云「抱天時」者，大師知天道。〔七一〕天時，謂天文見時候者。史抱此天時，與大師、瞽人知天道者，同在一車之上，共察天文，故同車也。

注「鄭司」至「之長」 先鄭云「大出師，則大史主抱式，以知天時，處吉凶」者，云抱式者，據當時占文謂之式。以其見時候有法式，故謂載天文者爲式。知天時，處吉凶者，候天時，知吉凶，以告王，故云處吉凶。國語者，案周語，單于謂魯成公：「吾非瞽史，焉知天道。」春秋傳者，在哀六年。玄謂瞽即大師者，此足先鄭之義。周語云瞽者，即此經大師，一也。云「大師瞽官之長」者，案：春官瞽人之內，立其賢者爲大師之官，故云瞽官之長。

大遷國，抱灋以前。法，司空營國之法也。抱之以前，當先王至，知諸位處。〇當先，悉薦反。

大喪，執灋以涖勸防，鄭司農云：「勸防，引六紼。」

遣之日，讀誄。遣謂祖廟之庭大奠，將行時也。人之道終於此。累其行而讀之，大師又帥瞽廞之而作謚。瞽史知天道，使共其事，言王之誄謚成於天道。〇遣之，棄戰反，注同。其行，下孟反。

注「遣謂」至「天道」　遣謂大遣奠，故以遣謂祖廟之奠。云「人之道終於此」者，以其未葬已前，孝子不忍異於生，仍以生禮事之。至葬，送形而往，迎魂而反，則以鬼事之，故既葬之後當稱謚，故誄生時之行而讀之，此經誄即累也。云「大師又帥瞽廞之而作謚」者，案大師職，凡大喪，帥瞽而廞作柩謚。云「言王之誄謚成於天道」者，案：禮記曾子問「唯天子稱天以誄之」，注云「以其無尊焉」。彼又引公羊傳「制謚於南郊」。瞽史既知天道，又於南郊祭天之所稱天以誄之，是王之謚成於天道也。若然，先於南郊制謚，乃於遣之日讀之，葬後則稱謚。

凡喪事，攷焉。爲有得失。

小喪，賜謚。小喪，卿大夫也。

注「小喪卿大夫也」　大史雖賜之謚，不讀，使小史讀之，故小史職云「卿大夫之喪，賜謚讀誄」。彼注云：「其讀誄，亦以大史賜謚爲節，事相成。」其卿大夫將作謚之時，其子請於君，君親爲之制謚。謚成，使大史將往賜之，小史至遣之日，往爲讀之。知義然者，見禮記檀弓云：「公叔文子卒，其子戍請謚於君曰：『日月有時，將葬矣，請所以易其名者。』君曰：『昔者夫子脩其班制，以與四鄰交，衛國之社稷不辱，不亦文乎。』」是其事也，明主禮亦當然。〔七二〕其諸侯之法，案：曾子問云：「賤不誄貴，幼不誄長。諸侯相誄，非禮。」春秋之世，卑謚於尊，不得如禮。案：曲禮「言謚曰類」，以其象聘問之禮，見天子乃使大史賜之謚，小史不讀之，以其諸侯自有史。若然，此直言小喪賜之謚，則三公諸侯亦在焉。

凡射事，飾中，舍筭，執其禮事。舍讀曰釋。鄭司農云：「中，所以盛筭也。」玄謂設筭於中，以待射時而取之，中則釋之。鄉射禮曰：「君國中射則皮豎中，於竟則虎中。大夫兕中，士鹿中。」天子之中，未聞。○舍筭，音釋。以盛，音成。中則釋，丁仲反。於竟，音境。

「凡射」至「禮事」 言「凡射事」者，則大射、賓射、燕射之等，皆使大史爲此三事。飾中者，謂飾治使絜静。舍筭者，射有三番，第一番三耦射，不釋筭。第二第三番射，乃釋筭。執其禮事者，大史主禮者，天子諸侯射，先行燕禮，後乃射。其中禮事，皆大史掌之。

注「舍讀」至「未聞」 先鄭云「中，所以盛筭也」者，司農之意，所有射筭，皆盛於中，故後鄭不從。「玄謂設筭於中，以待射時而取之，中則釋之」者，案鄉射、大射，筭皆於中西，設八筭於中内，偶升將射，大史取中之八筭執之，待射中，則更設於中，待第二耦射，第三耦已下皆然。鄉射禮曰已下，是鄉射記文。云「君國中射皮豎中」者，謂燕射在寢，則以皮豎獸形爲中。云「於郊則閭中」者，謂大學之射。云「於竟則虎中」者，謂與鄰國君射也。云「大夫兕中，士鹿中」者，大夫士各一中，故大夫以兕獸爲中，士以鹿獸爲中。云「天子之中，未聞」者，經記不言故也。

小史，掌邦國之志，奠繫世，辨昭穆。〔七三〕**若有事，則詔王之忌諱。**

鄭司農云：「志謂記也，春秋傳所謂周志，國語所謂鄭書之屬是也。史官主書，故韓宣子聘于魯，觀書大史氏。繫世，謂帝繫、世本之屬是也。小史主定之，瞽矇諷誦之。先王死日爲忌，名爲諱。」故書奠爲帝，杜子春云：「帝當爲奠，奠讀爲定，書帝亦或爲奠。」玄謂王有事祈祭於其廟。○奠，音定。繫世，户計反，注同。昭穆，如字，或作佋，音韶。

「小史」至「忌諱」　「小史掌邦國之志」者，邦國連言，據諸侯。志者，記也。諸侯國内所有記録之事皆掌之。云「奠繫世」者，謂定帝繫、世本。云「辨昭穆」者，帝繫、世本之上，皆有昭穆親疏，〔七四〕故須辨之。云「若有事」者，謂在廟中有祈祭之事。云「則詔王之忌諱」者，謂小史告王以先王之忌諱也。

注「鄭司」至「其廟」　古者記識物爲志。春秋傳所謂周志者，皆是。左氏傳殽之役，晉襄公縛秦囚，來駒失戈，〔七五〕狼瞫取戈斬囚，遂爲車右。箕之役，先軫黜之，而立續簡伯。其友曰：「盍死之？」瞫曰：「吾未獲死所。」其友曰：「吾與汝爲難。」瞫曰：「周志有之：勇則害上，不登於明堂。」引之者，證志爲記識之義也。引韓宣子者，案：昭公二年左氏傳，「晉韓起來聘，觀書於大史氏，見易象與魯春秋」。引之者，證史官掌邦國之志。此經小史掌志，引大史證之者，大史，史官之長，共其事故也。云「繫世，謂帝繫、世本之屬是也」者，天子謂之帝繫，諸侯謂之世本。云「瞽矇諷誦之」者，案：瞽矇職云「掌諷誦詩，世奠繫，鼓琴瑟」是也。云「先王死日爲忌，名爲諱」者，告王當避此二事。

大祭祀，讀禮灋，史以書叙昭穆之俎簋。〔七六〕讀禮法者，大史與羣執事。史，此小史也。〔七七〕言讀禮法者，小史叙俎簋以爲節。故書簋或爲几。鄭司農云：「几讀爲軌，〔七八〕書亦或爲簋，古文也。〔七九〕大祭祀，小史主叙其昭穆，以其主定繫世。祭祀，史主叙其昭穆，次其俎簋，故齊景公疾，欲誅於祝史。」玄謂俎簋，牲與黍稷，以書次之，校比之。○校比，毗志反。

「大祭」至「俎簋」　此言叙昭穆之俎簋，則非外神耳。則大祭祀，唯謂祭宗廟三年一祫之時，有尸主，兼序昭穆俎簋也。

注「讀禮」至「比之」　鄭知讀禮法是大史與羣執事者，大史職云：「大祭祀，戒及宿之日，與羣執事讀禮書而協事。」彼云禮書，即此禮法也。云「言讀禮法者，小史叙俎簋以爲節」者，謂大史讀禮法之時，小史則叙昭穆及俎簋，當依禮出之節校比之，〔八〇〕使不差錯，故俎及簋云爲節也。齊景公事在昭二十年左氏傳，彼傳公有疾，〔八一〕語晏子曰：「據與款謂寡人能事鬼神，故欲誅於祝史。」是其事也。

大喪、大賓客、大會同、大軍旅，佐大史。凡國事之用禮灋者，掌其小事。

「大喪」至「小事」　此數事，皆大史掌之，小史得佐之。

卿大夫之喪，賜謚，讀誄。其讀誄亦以大史賜謚爲節，事相成。

注「其讀」至「相成」　案：大史云：「小喪賜謚。」注云：「小喪，卿大夫之喪。」注取此文。彼不云讀誄，今此云「卿大夫之喪賜謚讀誄」，賜謚是大史之事，非小史，但小史於大史賜謚之時，須誄列生時行跡而讀之，故云其讀誄亦以大史賜謚爲節。云「事相成」者，謚法依誄爲之，故云事相成。

馮相氏，掌十有二歲、十有二月、十有二辰、十日、二十有八星之位，辨其叙事，以會天位。歲，謂大歲。歲星與日同次之月，斗所建之辰。樂說說歲星與日常應大歲月建以見，然則今曆大歲非此也。歲日月辰星宿之位，謂方面所在。辯其叙事，謂若仲春辯秩東作，〔八二〕仲夏辯秩南僞，〔八三〕仲秋辯秩西成，仲冬辯在朔易。會天位者，合此歲月日辰星宿五者，以爲時事之候，若今曆日大歲在某月某日某甲朔日直某也。國語曰：「王合位于三五。」孝經說曰：「故勑以天期四時，節有晚早，趣勉趣時，無失天位。」皆由此術云。○馮相氏，音憑，下息亮反。以會，如字，注同。以見，賢遍反，下皆同。南僞，五和反。直某，音值。

「馮相」至「天位」　云「十有二歲」者，歲，謂大歲左行於地，行於十二辰，〔八四〕一歲移一辰者也。云「十有二月」者，謂斗柄月建一辰，十二月而周，故云十有二月。云「十有二辰」者，謂子、丑、寅、卯之等，十有二辰也。「十日」者，謂甲、乙、丙、丁之等也。云「二十八星」者，東方角、亢、氐、房、心、尾、箕，北方斗、牛之等，爲二十八星也。若指星體而言，謂之星。日月會於其星，即名宿，亦名辰，亦名次，亦名房。云「之位」者，摠五者皆有位處也。云「辨其叙事」者，謂五者皆與人爲候之，以爲事業次叙，而事得分辨，故云辨其序事也。「以會天位」者，五者在天會合而爲候也，此謂之五者也。

注「歲謂」至「術云」　云「歲，謂大歲，歲星與日同次之月，斗所建之辰」者，此大歲在地，與天上歲星相應而行。歲星爲陽，右行於天，一歲移一辰，又分前辰爲一百三十四分而侵一分，〔八五〕則一百四十四年跳一辰，十二辰帀，則摠有千七百二十八年，十二跳辰帀，以此而計之，十二歲一小周，謂一年移一辰故也。千七百二十八年一大周，十二跳帀故也。歲左行於地，一與歲星跳辰年數同，〔八六〕此則服虔注春秋龍度天門是也。以歲星本在東方謂之龍，以辰爲天門，故以歲日跳辰爲龍度天門也。〔八七〕云「歲星與日同次之月，斗所建之辰」者，以歲星爲陽，人之所見。大歲爲陰，人所不覩。既歲星與大歲，雖右行左行不同，要行度不異，故舉歲星以表大歲。言歲星與日同次之月，十一年之中，惟於一辰之上爲法。若元年甲子朔旦冬至，日月五星，俱赴於牽牛之初，〔八八〕是歲星與日同次之月，十一月斗建子，子有大歲。至後年，星移向子上，十二月日月會於玄枵，十二月斗建丑，丑有大歲，自此已後皆然。引樂説者，證大歲在月建之義也。云「然則今曆大歲非此也」，以今曆大歲歲星北辰，〔八九〕大歲無跳辰之義，非此經大歲者也。云「歲日月辰星宿之位，謂方面所在」者，此五物皆依四方四面十二辰而見，故云方面所在。云「謂若仲春辯秩東作」已下者，案：尚書皆作「平秩」，不爲「辯秩」。今皆云辨秩，據書傳而言，辯其平也。注引國語者，周語文。云「王合位于三五」者，案：彼武王伐紂之時，歲在鶉火，月在天駟，日在析木之津，辰在斗柄，星在天元。〔九〇〕引之者，證經五者各於其位。

冬夏致日，春秋致月，以辯四時之叙。冬至，日在牽牛，景丈三尺；夏至，日在東井，景尺五寸，此長短之極。極則氣至，冬無愆陽，夏無伏陰。春分日在婁，秋分日在角，而月弦於牽牛、東井，亦以其景知氣至不。春秋冬夏氣皆至，則是四時之叙正矣。

「冬夏」至「之叙」　此經欲知人君政之得失之所致，觀日月之景，以辨四時之叙，若政教得所，則四時之景依度。若依度，則四時之叙得正矣。必冬夏致日，春秋致月者，以日者，實也，故於長短極時致之也。月者，闕也，故於長短不極時致之也。

注「冬至」至「正矣」　鄭知「冬至，景丈三尺」者，案：易緯通卦驗云：「冬至日，置八神，樹八尺之表，日中視其影，如度者，歲美人和，晷不如度者，歲惡人僞，言政令之不平。」〔九一〕法：「神讀如引。〔九二〕言八引者，樹杙於地，四維四中，引繩以正之，故因名之曰引。立表者，先正方面，於視日審矣。晷進則水，晷退則旱。進尺二寸則月食，退尺二寸則日食。〔九三〕注云晷進，謂長於度，日之行黄道外，則晷長，晷長者陰勝，故水。晷短於度者，日之行入進黄道内，故晷短，晷短者陽勝，是以旱。進尺二寸則月食者，月以十二爲數，以勢言之，宜爲月食。退尺二寸則日食者，日之數備于十，晷進爲盈，晷退爲縮，冬至晷長丈三尺。注云「所立八尺之表，陰長丈三尺，〔九四〕長之極」。彼雖不言夏至尺五寸景，以冬至影丈三尺反之，〔九五〕致夏唯尺五寸景也。是以鄭注考靈耀云：「日之行，冬至之後，漸差向北，夏至之後，漸差向南。日差大分六，小分四。大分六者，分一寸爲十分，分小分四者，〔九六〕分一寸爲十分。〔九七〕一寸千里，則差六百四十里。」案：大司徒職云：「日至之景，尺有五寸，謂之地中。從夏至之後差之，至冬至，得丈三尺景。」又案天文志，春秋分，日在婁而晷中。〔九八〕立八尺之表，而晷景長七尺三寸六分。云「極則冬無愆陽，夏無伏陰」者，愆陽伏陰者，昭四年申豐辭。以其德政所致，而四時之景合度，故陰陽和也。云「春分日在婁，秋分日在角，而月弦於牽牛、東井，亦以其景知氣至不」者，案：通卦驗云：「夫八卦氣驗，常不在望，以入月八日，不盡八日，候諸卦氣。」注云：「入月八日不盡八日，陰氣得正而平。」以此而言，明致月景亦用此日矣。若然，春分日在婁，其月上弦在東井，圓於角，下弦於牽牛；秋分日在角，上弦於牽牛，圓於婁，下弦東井。故鄭并言月弦於牽牛、〔九九〕東井，不言圓望，義可知也。此以三月諸星復，若不在三月，則未到本位，大判皆以合昬星體在西而言。以其二月春分，婁星昬在西，秋分角星昬亦在西，以是推之，皆可知。案：天文志云：「月有九行」，云：〔一〇〇〕「黑道二，出黃道北。赤道二，出黃道南。白道二，出黃道西。青道二，正出黃道東。立春、春分，月東從青道云云，然則用之，決房中。〔一〇一〕赤青出陽道，白黑出陰道。月失節度而行，出陽道則旱風，出陰道則雨。」〔一〇二〕此云九行，則通數黃道也。進入黃道南，別謂之赤道。夏時月在黃道南，謂之赤道，進入黃道北，謂之黑道。東西自相對，春時月行黃道東，謂之青道，進入黃道西，謂之白道。秋時月在黃道西，謂之白道，進入黃道東，謂之青道。此皆不得其正，故曰出陽道則旱風，出陰道則雨。若在黃道，是其正，亦如日然。故星備云：「明王在上，則日月五星皆乘黃道。」又云：「黃帝占曰：天道有三，黃道者，日月五星所乘。」問曰：「案鄭駮異義云，三光考靈耀書云『日道出于列宿之外，萬有餘里』。謂五星則差在其內，何得與日同乘黃道？」及問曰：〔一〇三〕「日何得在婁、角、牽牛、東井乎？」答曰：「黃道數寬廣，雖差在內，猶不離黃道，或可以上下爲外內。」又案：天文志云：「春秋分，日在婁、角，去極中，而晷中，立八尺之表，而晷景長七尺三寸六分也。」若然，通卦驗云「春秋晷長七尺二寸四分」者，謂晷表有差移，故不同也。

校勘記

〔一〕防謂執披備傾虧　「虧」，建本及賈疏引注同，婺、岳、阮本及釋文作「戲」。

〔二〕作六軍之執披　元、正、聞、閩、阮本同。浦鏜云，「之」下脱「士」，當是。

〔三〕乃於椁攢其四面　殿本同，元、聞、閩、阮本「攢」作「欑」，疑作「攢」是。下同，不更出校。

〔四〕加斧於上　元、正、聞、閩、阮本「於」下有「椁」字，疑是。

〔五〕兩楹之間西設此宿奠　元、正、聞、閩、殿、阮本「西」上有「棺」字，當是。

〔六〕未通其記　元、正、聞、閩、阮本同。浦鏜云，「記」當「説」字誤。

〔七〕及祖飾棺乃載遂御　王引之引王念孫云，「御」下當有「之」字，唐石經始誤。

〔八〕次朝二祧　「朝」，原作「廟」，據阮本改。

〔九〕案檀弓曾子弔於負夏氏　孫詒讓云，檀弓「負夏」下無「氏」字，彼注「負夏，衛地」，則不當有「氏」字明矣。

〔一〇〕池紐者　「池」，元、聞、殿本同，阮本作「也」，誤。「紐」，閩本作「組」，誤。

〔一一〕纁紐六之屬是也　阮本「紐」作「組」，誤。「纁紐六」，喪大記文。

〔一二〕彼引喪大記具　殿本同，聞、閩、阮本「具」作「其」，疑誤。

〔一三〕故置也　元、正、聞、閩、阮本「故」下有「云」字，當是。

〔一四〕再虞曰哀薦虞事　下「虞」原作「成」，據阮本改。

〔一五〕以巫祝桃茢執戈　段玉裁云，此及下二「茢」字當本同上作「厲」。釋文出「厲」，又云「記作茢」，明此注不同也。

〔一六〕臣子之事　閩、殿、阮本「子」作「賤」。

〔一七〕楚人弗禁者 「禁」，原作「楚」，據阮本改。

〔一八〕謂國有故 「故」，原作「國」，據阮本改。

〔一九〕蓋揜其上而柴其下 阮本「揜」作「奄」，「柴」作「棧」。阮校云，此注作「棧」，公羊傳作「柴」，「柴」亦「棧」也。

〔二〇〕即屋之一也 元本同，閩、殿、阮本「一」作「是」。

〔二一〕甸以講武治兵 孫詒讓云，「甸」，周頌恒疏引作「田」。

〔二二〕詩與爾雅禡出征之祭 元、殿本同，聞、閩、阮本「禡」作「據」。

〔二三〕乃斂禽 「斂」字原脱，據唐石經、婺、建、岳、阮本補。

〔二四〕今侏大字也 阮校云，説文無「侏」字，當是「侜」之異體。

〔二五〕名旌旗爲表 元本同。阮本「名旌」作「各植」。

〔二六〕是其四郊皆羣神之兆 元本同，正、聞、閩、阮本「其」作「以」。

〔二七〕鄭司農云載辭以春秋傳曰 阮校云，「云」當作「説」。

〔二八〕據載書而言 「書」，原作「出」，據阮本改。

〔二九〕言雩旱祭也者 阮本「言」作「舞」，疑誤。

〔三〇〕杜棄之等 「杜」，原作「杜」，據阮本改。

〔三一〕若魯與二王後得祀天者 元、正、聞、閩、殿、阮本「王」下有「之」字。

〔三二〕魯僖公欲焚巫尪 「焚」，原作「楚」，據阮本改。

〔三三〕舞師謂野人能舞者 「師」，原作「帥」，據阮本改。阮校云，「謂」當「誨」字之誤。

〔三四〕會聚常處以待命也 「待」，原作「侍」，據婺、建、岳、阮本改。

〔三五〕 蒩讀爲鉏　漢讀考作「鉏讀爲蒩」，云經文作「鉏」，杜子春易爲「蒩」，今本以注改經，復以經改注，非。

〔三六〕 明亦初以館盛蒩來　「明」，原作「門」，據阮本改。

〔三七〕 又束之西坫者　元本同，閩、殿、阮本「束」作「陳」，當是。

〔三八〕 是以鄭云有祭事然　阮校云：「有祭事然」，注作「若有事然」。

〔三九〕 云祭祀畢即去之者　阮校云：「祀」當作「禮」。

〔四〇〕 就巫下禓　「禓」，閩本同，婺、建、岳、阮本及釋文皆作「禓」。

〔四一〕 此男巫於地官祭此神時　孫詒讓云：「地」疑「他」之誤。

〔四二〕 不合在此不從　元、正、閩、閩、阮本「不」上有「故」字，當是。

〔四三〕 杜子春讀弭如彌兵之彌玄謂弭讀爲敉　漢讀考云：「如」，當作「爲」，「讀爲」應作「當爲」。

〔四四〕 招敉皆有祀衍之禮者　阮本「衍」作「敉」，誤。

〔四五〕 哀未失所　孫詒讓云：「哀未」，當作「哀樂」。

〔四六〕 考異郵曰集二十四旱志立服而緩雲刑理察　孫詒讓云，集二十四旱志是考異郵篇名，義詳禮記月令仲夏疏。「曰」字疑當在「志」下，「立服而緩雲」當作「玄服而雩緩」。

〔四七〕 使卿家居之　阮本「家」作「來」，疑是。

〔四八〕 故云建六典處六卿之職以解之　浦鏜云：「以」當在「六卿」上。孫詒讓云，唐人文例如此，不必乙。

〔四九〕 以貳六官六官之所登　俞樾云，下「六官」當作「六府」。鄭注斷句亦誤，當依「以貳六官六府之所登」。

〔五〇〕 藏法與約劑之書　「與」，原作「有」，據婺、建、岳、阮本改。

〔五一〕 六官各有一通　「官」字原脱，據阮本補。

〔五二〕正歲年以序事頒之于官府及都鄙　俞樾云：「年」字衍。
〔五三〕正之閏者　元、正、閩、閩、阮本「之」下有「以」字，當是。
〔五四〕後須置閏以補之　元、正、閩、閩、阮本「後」作「故」，當是。
〔五五〕諸侯皮弁聽朔於大祖大祖即祖廟也　「大祖」，玉藻原文作「大廟」。
〔五六〕月月用羊　「月月」，阮本同，董本作「月朔」，當是。
〔五七〕猶天子日官失之不班曆　殿本「猶」作「由」，疑是。
〔五八〕詔王居門終月　說文引此，「門」下有「中」字。
〔五九〕明堂　「明」，原作「門」，據阮本改。
〔六〇〕閏月各於時之門　「各」，原作「冬」，據阮本改。
〔六一〕故立居門終月　孫詒讓云：「立」當爲「云」。
〔六二〕故月令孟春云青陽左个　阮校云：「云」當「居」字之誤，下孟夏同。
〔六三〕仲冬居居玄堂　阮本「居」字不重。
〔六四〕卜人占拆　元、正、閩、阮本「拆」作「坼」，是。
〔六五〕或爲汁　婺、建、余、岳本同，嘉靖、監本「汁」作「叶」，釋文作「爲汁」。
〔六六〕謂校呼之　阮校云，毛本「校」作「挍」，六經正誤云，「校」當作「挍」，考挍之挍從手，欄校之校從木。
〔六七〕謂執行祭祀之書　元、閩、殿本同，正、閩、阮本「祀」作「禮」，疑誤。
〔六八〕所行依注謂之事　殿本「依」作「儀」。疑是。
〔六九〕告王以禮事　「事」，原作「畢」，據婺、建、岳、阮本改。

〔七〇〕大史主天道　「大」字原空闕，據婺、建、岳、阮本補。

〔七一〕大師知天道　阮本「師」作「史」，當是。

〔七二〕明主禮亦當然　殿本「主」作「王」，元、正、閩、闞、阮本無「主」字，疑作「王」是。

〔七三〕辨昭穆　唐石經諸本同。阮校云，釋文「昭穆，或作卲，音韶」，小宗伯「辨廟祧之昭穆」，葉鈔釋文亦作「卲」，周禮古文經當并作「卲」，因注作「昭」，遂據以改經。「卲」，説文作「卲」。

〔七四〕帝繫世本之上皆有昭穆親疏　「上」，元、閩、闞、殿本同，正、阮本作「中」。闞、阮本「皆」下有「自」字，疑衍。

〔七五〕來駒失戈　殿本「來」作「萊」，疑是。

〔七六〕史以書叙昭穆之俎簋　漢讀考云，「簋」，當作「軌」。

〔七七〕史此小史也　惠校本「史此」作「此史」。

〔七八〕故書簋或爲几鄭司農云几讀爲軌　漢讀考云，當作「故書軌爲九，鄭司農云，九讀爲軌」。

〔七九〕書亦或爲簋古文也　漢讀考云，「或爲」下當有「軌」字，句絶，「簋古文也」四字句絶，謂此軌字乃簋之古文，不徑易「九」「軌」者，「簋」，秦時小篆，必從周人作「軌」也。

〔八〇〕當依禮出之節校比之　「出」，元、正本同，阮本作「法」。

〔八一〕彼傳公有疾　元、正、閩、闞、阮本「傳」下有「云」字。

〔八二〕辯其叙事謂若仲春辯秩東作　孫詒讓云，「辯」當據嘉靖本作「辨」，下同。

〔八三〕仲夏辯秩南僞　婺、建、岳、阮本「僞」作「譌」。阮校云，葉鈔釋文作「南僞」，余本載音義同，此本及闞、監本「譌」字皆剜改，蓋本作「僞」。

〔八四〕行於十二辰　元、正、閩、闞本同。阮本「於」作「有」，疑誤。

〔八五〕又分前辰爲一百三十四分而侵一分　孫詒讓云：「一百三十四分」當作「一百四十四分」。

〔八六〕一與歲星跳辰年數同　元、正、閩、閩、殿本同。阮本「數」作「歲」。

〔八七〕故以歲日跳辰爲龍度天門也　殿本「日」作「星」。阮本「辰」作「度」。

〔八八〕俱赴於牽牛之初　「赴」，元、正、閩、閩本同。浦鏜云：「起」誤「赴」。

〔八九〕以今曆大歲歲星北辰　孫詒讓云：「北辰」，「北」疑「比」之誤，「比辰」即不超辰也。

〔九〇〕星在天元　元、正、閩、閩、殿、阮本同。浦鏜云：「黿」誤「元」。

〔九一〕言政令之不平　孫詒讓云：「政令」下奪「爲」字，據永樂大典本增。

〔九二〕法神讀如引　浦鏜云：「注」誤「法」。

〔九三〕進尺二寸則月食退尺二寸則日食　孫詒讓云：永樂大典本作「退尺則日食」，無「二寸」，與下説月數十二、日數十合。下同。

〔九四〕注云所立八尺之表陰長丈三尺　浦鏜云：「景」誤「陰」。

〔九五〕以冬至影丈三尺反之　元、正、閩、閩、殿、阮本「影」下有「長」字，當是。

〔九六〕分一寸爲十分分小分四者　諸本「十分」下不重「分」字。

〔九七〕分一寸爲十分　浦鏜云：「一分」誤「一寸」。

〔九八〕日在婁而晷中　孫詒讓云：「婁」下當據漢書天文志補「角」字。

〔九九〕故鄭并言月弦於牽牛　「并」，元、閩、阮本作「井」，閩、毛本作「升」，殿本作「月」。阮校云：「月」是。

〔一〇〇〕天文志云月有九行云　孫詒讓云：下「云」字疑當據漢志作「者」。

〔一〇一〕然則用之決房中　孫詒讓云：漢志作「然用之，一決房中道」。宋祁校本引朱子文説謂「房」當作「於」是也。據此則唐本漢志已誤。

〔一〇二〕 出陰道則雨　惠校本「雨」上有「陰」字。

〔一〇三〕 及問曰　殿本「及」作「又」。浦鏜云：「又」是。

周禮注疏卷第三十一

保章氏，掌天星，以志星辰日月之變動，以觀天下之遷，辨其吉凶。志，古文識，識，記也。星謂五星。辰，日月所會。五星有贏縮圜角，日有薄食暈珥，月有虧盈朓側匿之變。七者右行列舍，天下禍福變移所在皆見焉。○文識，音志，又音試，又如字，下同。運，本又作煇，又作暈，音同。朓，他了反，晦而月見西方。側匿，女力反，劉吐則反，朔而月見東方，曰側。匿亦名朒，朒，女六反。

［疏］「保章」至「吉凶」　上馮相氏掌日月星辰不變依常度者，此官掌日月星辰變動，與常不同，以見吉凶之事。

注「志古」至「見焉」　云「志，古文識，識，記也」者，古之文字少，志意之志與記識之志同，後代自有記識之字，不復以志爲識，故云志，古文識，識即記也。云「星謂五星」者，案：天文志謂東方歲，南方熒惑，西方太白，北方辰，中央鎮星。云「辰，日月所會」者，左氏傳士文伯對晉侯之辭也。云「五星有贏縮」者，案：天文志云「歲星所在，其國不可以伐人。起舍如前出爲贏，贏爲客，〔一〕晚出爲縮，縮爲主人。故人有言曰：『天下大平，五星循度，亡有逆行。日不蝕朔，月不蝕望。』」云「圜角」者，星備云：「五星更王相休廢，其色不同。王則光芒，相則内實，休則光芒無角，不動摇，廢則少光，色順四時，其國皆當也。」又云：「立春，歲星王七十二日，其色有白光，角芒，土王三月十八日，其色黄而大，休則圓，廢則内虚。立夏，熒惑王七十二日，色赤角芒，土王六月十八日，其色黄而大。立秋，大白王七十二日，光芒無角，土王九月十八日，其色黄而大。立冬，辰星王七十二日，其色白芒角，土王十二月十八日，其色黄而大。星當王相不芒角，其邦大弱，强國取地。大弱，失國亡土也。」云「日有薄蝕暈珥」者，此則視祲職具釋其事也。云「月有虧盈」者，此則禮運所云「三五而盈，三五而闕」也。云「朓則匿之變」者，〔二〕案：尚書五行傳云：「晦而月見西方謂之朓，朔而月見東方謂之側匿。側匿則侯王其肅，朓則侯王其舒。」云「七者右行列舍」者，七，謂日月五星，皆右行於天，留伏順逆，以見吉凶，故云天下禍福變移所在皆見焉。若然，經有辰，鄭云「日月所會」，直釋辰名，不解辰之禍福者，但辰與二十八星隨天左行，非所以見吉凶。已見馮相氏，而此言之者，星辰是相將之物，扶句而言，〔三〕故鄭不釋爲禍福之事也。

以星土辨九州之地，所封封域，皆有分星，以觀妖祥。星土，星所主土也。封猶界也。鄭司農說星土以春秋傳曰「參爲晉星」，「商主大火」，國語曰「歲之所在，則我有周之分野」之屬是也。玄謂大界則曰九州，州中諸國中之封域，於星亦有分焉。其書亡矣。堪輿雖有郡國所入度，非古數也。今其存可言者，十二次之分也。星紀，吴越也；玄枵，齊也；娵訾，衛也；降婁，魯也；大梁，趙也；實沈，晉也；鶉首，秦也；鶉火，周也；鶉星，楚也；壽星，鄭也；大火，宋也；析木，燕也。此分野之妖祥，主用客星彗孛之氣爲象。○有分，扶問反，注同。參爲，所林反。娵訾，上子須反，下子斯反。降婁，户江反。彗，似歲反，又息遂反。孛，音佩。

「以星」至「妖祥」　此經論北斗及二十八宿所主九州及諸國封域之妖祥所在之事。故云以星土也。云「辨九州之地」者，據北斗而言。云「所封封域」者，據二十八星而說。云「皆有分星」者，摠解九州及諸國也。云「以觀妖祥」者，據星見徵應所在，以觀妖祥之事也。

注「星土」至「爲象」　先鄭所引春秋傳者，案：昭元年左氏傳，鄭子産云：「辰爲商星，參爲晉星。」又襄九年左氏傳云「辰爲商主大火」，此所引及國語，皆據諸國而言，故增成其義，并釋九州之土也。後鄭云「大界則曰九州」者，此解經「九州之地」，案：春秋緯文耀鉤云：「布度定記，分州繫象。華岐以龍門、積石，〔四〕至三危之野，雍州，屬魁星。則大行以東，至碣石、王屋、砥柱，〔五〕冀州，屬樞星。〔六〕三河、雷澤，東至海岱以北，兖州、青州，屬機星。〔七〕蒙山以東，至南江、〔八〕會稽、震澤，徐揚之州，屬權星。大别以東，至雷澤、九江、〔九〕荆州，屬衡星。荆山西南至岷山，北嶇鳥鼠，梁州，屬開星。〔一〇〕外方、熊耳以至泗水、陪尾，豫州，屬摇星。〔一一〕此九州屬北斗。星有七，州有九，但兖、青、徐、揚，并屬二州，故七星主九州也。周之九州差之，義亦可知。云「州中諸國」已下，别釋經「所封封域」，古黄帝時堪輿亡，故其書亡矣。云「堪輿雖有郡國所入度，非古數」者，謂後代有作堪輿者，非古數。雖非古數，時有可言者，故云「今其存可言者，十二次之分也」者。但吴越在南，齊魯在東，今歲星或北或西，〔一二〕不依國地所在者，此古之受封之日，歲星所在之辰，國屬焉故也。吴越二國同次者，亦謂同年度受封，故同次也。云「此分野之妖祥，主用客星彗孛之氣爲象」者，案：公羊傳昭十七年「冬，有星孛于大辰。孛者何？彗星也。」何休云：「孛彗者，邪亂之氣，掃故置新之象。」左氏申繻曰：「彗所以除舊布新。」如是，彗、孛一也。時爲宋、衛、陳、鄭裁。天文志彗長丈二。言用客星者，彗非位，奔賈而入他辰者也。

以十有二歲之相，觀天下之妖祥。歲謂大歲。歲星與日同次之月，斗所建之辰也。〔一三〕歲星爲陽，右行於天，太歲爲陰，左行於地，十二歲而小周。其妖祥之占，甘氏歲星經，其遺象也。鄭司農云：「太歲所在，歲星所居。春秋傳曰『越得歲而吴伐之，必受其凶』之屬是也。」〇之相，息亮反，下同。

「以十」至「妖祥」　此經又以大歲以觀妖祥之異耳。

注「歲謂」至「是也」　云「歲謂大歲」者，上文已説五星訖，以文次而推知非歲星，故知是在地之大歲也。其推大歲所在以下，〔一四〕於上馮相氏釋訖，鄭恐人不曉，故重言之也。先鄭云：「大歲所在，歲星所居」者，亦欲見推大歲之處。云歲星所居，亦是歲星與日同次之月也。大歲所在，亦是斗所建之辰下有大歲也。云「越得歲而吴伐之，必受其凶之屬」者，案：昭三十二年「夏，吴伐越。史墨曰：不及四十年，越其有吴乎！越得歲而吴伐之，必受其凶。」案：昭十三年，〔一五〕蔡復之歲，歲在大梁，至昭三十二年，正應在析木。而越得歲者，案彼服注，歲星在星紀，吳、越之分野。蔡復之歲，歲在大梁，距此十九年。昭十五年，有事於武宫之歲，龍度天門。龍，歲星也。天門在戌，〔一六〕是歲越過，故使今年越得歲。龍，東方宿，天德之貴神，其在所之國，〔一七〕兵必昌，向之以兵則凶。吳越同次，吳先奉兵，〔一八〕故凶也。或歲星在越分中，故云得歲。史墨知不及四十年越有吳者，以其歲星十二年一周天，存亡之數，不過三紀。三者，天地人之數，故歲星三周星紀至玄枵。哀二十二年，越滅吳，至此三十八年。鄭君之義則不然，故春秋志云：「五星之期各用數，有氣者期遠而禍大。無氣者，期近而禍小。吳越以夏，周之孟夏建卯，仲夏建辰，木用事之時。木數三，木用事則歲星王，當從遠期，以三乘十二爲三十六。歲星復其所，而三十七過其次，而歲星去矣，故伐越亦後。至哀二十二年，積三十八年，〔一九〕冬十一月丁亥，而越滅吳。案：越興在哀二十年，吳惡未周，故不滅也。」此鄭義與服小異大同也。案括地象「天不足於西北」，則西爲天門。昭十五年，歲星正應在鶉首，越一次當在鶉火，是以昭三十二年得在星紀。若然，天門不在戌者，但龍度天門，正應在五月，日體在鶉首，與歲星同次，日没於戌，歲星亦應没，由度戌至酉上，見而不没，故云龍度天門。

以五雲之物，辨吉凶、水旱降豐荒之祲象。

物，色也。視日旁雲氣之色。降，下也，知水旱所下之國。鄭司農云：「以二至二分觀雲色，青爲蟲，白爲喪，赤爲兵荒，黑爲水，黄爲豐。故春秋傳曰：『凡分至啓閉，必書雲物，爲備故也。』故曰凡此五物，以詔救政。」

「以五」至「祲象」　物，色也。此五色之雲，以辨吉凶也。云「水旱降豐荒」者，水旱降爲荒，凶也。風雨降爲豐，吉也。云「之祲象」者，祲，謂日旁雲氣，以見五色之雲，則知吉凶也。

注「物色」至「救政」　鄭知「視日旁雲氣之色」者，以其視祲職十者皆視日旁雲氣之色，此云祲象，故知所視五雲，亦視日旁雲氣之色也。鄭知「水旱所下之國」者，以其云降，明據日旁雲氣，則知當十二辰之分野所下之國有豐荒也。鄭以二至二分觀雲色者，即所引春秋者是，云「青爲蟲」已下，蓋據陰陽書得知。案：僖五年左氏傳云：「春，王正月辛亥朔，日南至。公既視朔，遂登觀臺以望，而書，禮也。凡分、至、啓、閉，必書雲物，爲備故也。」注云：「分，春秋分。至，冬夏至。啓，立春立夏。閉，立秋立冬。」據八節而言也。先鄭引下文凡此五物者，欲見春秋與此相當故也。

以十有二風察天地之和，命乖别之妖祥。十有二辰皆有風，吹其律以知和不，其道亡矣。春秋襄十八年，楚師伐鄭，師曠曰：「吾驟歌北風，又歌南風，南風不競，多死聲，楚必無功。」是時楚師多凍，其命乖别審矣。

「以十」至「妖祥」　此一經欲見十二辰頭律氣，〔二〇〕以知妖祥之事。

注「十有」至「審矣」　鄭知十二風是十二辰氣爲風者，師曠云「歌北風、南風」，皆據十二辰之氣爲風，故知風即氣也。云「吹其律以知和不，其道亡」者，鄭亦案師曠吹律，而知此氣亦當吹律也。今無吹律之法，故云其道亡。引襄十八年者，是時鄭屬晉，不復事楚，楚師伐之，晉爲盟主，欲救之，故師曠吹律，以觀楚强弱。案：彼服注「北風無射夾鍾以北。南風，沽洗以南」。〔二一〕云「命乖别審矣」者，以南風弱，即知楚無功，是其命楚師乖離别審矣。案：考異郵曰：「陽立于五，極于九，五九四十五，且變以陰合陽，〔二二〕故八卦主八風，距同各四十五日。艮爲條風，震爲明庶風，巽爲清明風，離爲景風，坤爲涼風，兑爲閶闔風，乾爲不周風，坎爲廣莫風。」案：通卦驗云：「冬至廣莫風，十二月大寒小寒，皆不云風至，立春條風至，雨水猛風至，二驚蟄不見風，〔二三〕至春分，明庶風至，清明雷鳴雨下，清明風至，玄鳥來，穀雨不見風，立夏清明風至，小滿不見風，五月芒種不見風，大暑不見風，〔二四〕立秋，涼風至，處暑不見風，白露不見風，秋分涼風至，〔二五〕寒露、霜降，皆不見風，立冬不周風至，小雪、大雪皆不見風。」

如是，無十二風，何云十二月皆有風乎？案通卦驗云，三月六月九月十二月皆不見風，惟有八以當八卦。八節云十一月者，則乾之風漸九月，坤之風漸八月，艮之風漸十二月，巽之風漸三月。故清明節次云清明風，立夏復云清明風，是清明風主三月，復主四月，則其餘四維之風主兩月可知。雨水猛風與條風俱在正月，則猛風非八卦之風，亦不如之。〔二六〕

凡此五物者，以詔救政，訪序事。〔二七〕訪，謀也。見其象則當豫爲之備，〔二八〕以詔王救其政，且謀今歲天時占相所宜，次序其事。

「凡此」至「序事」　此經揔計上五經文。云「凡此五物」者，謂從「掌天星」以下五經，並是已見之物，有此五事。云「詔」者，詔，告也，告王改脩德政，以備之以救止前之惡政。云「訪序事」者，謂事未至者，預告王，訪設今年天時也相所宜，〔二九〕次叙其事，使不失所也。

內史，掌王之八枋之灋，以詔王治。一曰爵，二曰禄，三曰廢，四曰置，五曰殺，六曰生，七曰予，八曰奪。大宰既以詔王，內史又居中貳之。○八柄，本又作枋，兵病反。王治，直吏反，下同。

「內史」至「曰奪」　案：大宰有誅無殺，此有殺無誅者，誅與殺相因，欲見爲過不止則殺之。假令過失已麗於法內之圜土。司圜職云「掌收教罷民」，又云「不能改而出圜土者，殺之」，是因過而致殺也。八者不與大宰次第同者，亦欲見事起無常，故不依本也。

執國灋及國令之貳，以攷政事，以逆會計。國法，六典、八法、八則。

「執國灋及國令」至「政事以逆會計」　以内史掌爵禄殺生之事，故執國法及國令之貳者。國法，大宰掌其正。國令，謂若凡國之政令，故亦掌其貳，國即句考其政事及會計，〔三〇〕以知得失善惡而誅賞也。

注「國法」至「八則」　案大宰，則皆訓爲法，故知國法中含有六典、八法、八則也。

掌叙事之灋，受納訪，以詔王聽治。叙，六叙也。納訪，納謀於王也。六叙六曰以叙聽其情。

注「叙六」至「其情」　云「叙，六叙也」者，案：小宰職有六序。六序之内云「六曰以序聽其情」，是其聽治之法也。

凡命諸侯及孤卿、大夫，則策命之。鄭司農説以春秋傳曰「王命内史興父策命晉侯爲侯伯」。策謂以簡策書王命。其文曰：「王謂叔父，敬服王命，以綏四國，糾逖王慝。」晉侯三辭，從命，受策以出。○興父，音甫。逖，吐歷反。王慝，吐得反。

「凡命」至「命之」　周法爵及士，餘文更不見命士之法，明士亦内史命之。不言者，以其賤，略之也。

注「鄭司」至「以出」　此事見僖二十八年左氏傳。以晉文公敗楚於城濮，王命爲侯伯之辭。〔三一〕案：曲禮云：「大國曰伯父，州牧曰叔父」。晉既大國而云叔父者，王以州牧之禮命之故也。

凡四方之事書，内史讀之。若今尚書入省事。

「凡四」至「讀之」　言「四方之事書」者，諸侯爲事，〔三二〕有書奏白於王，内史讀示王。

注「若今」至「省事」　漢法，奏事讀之，故舉以況之也。

王制禄，則贊爲之，以方出之。贊爲之，爲之辭也。鄭司農云：「以方出之，以方版書而出之。上農夫食九人，其次食八人，其次食七人，其次食六人，下農夫食五人。庶人在官者，其禄以是爲差。諸侯之下士視上農夫，禄足以代其耕也。中士倍下士，上士倍中士，下大夫倍上士，卿四大夫禄，君十卿禄。」杜子春云：「方，直謂今時牘也。」玄謂王制曰：「王之三公視公侯，卿視伯，大夫視子男，元士視附庸。」○食九，音嗣，下同。牘也，音獨。

注「贊爲」至「附庸」　先鄭云「上農夫」已下，皆禮記王制文。案彼所釋，凡地有九等。案：遂人注：〔三〕「有夫有婦乃成家。自二人以至十人，爲九等。」則地有上上、上中、上下、中上、中中、中下、下上、下中、下下。若然，上地之中有上上之地食十人，上中食九人。今言上農夫食九人，不言上上食十人者，欲取下士食九人禄，與上中之地食九人同，故據上中已下而言也。云「其次食八人」，據上下之地。云「其次食七人」者，據中上之地。云「其次食六人」者，據中中之地。云「其次食五人」者，據中下之地。又不言下上之地食四人以下者，欲見八人以下至五人有四等，當庶人在官者，有府史胥徒，其禄以是爲差，故不言四人以下也。若然，則府食八人，史食七人，胥食六人，徒食五人，故云庶人在官者其禄以是爲差也。云「諸侯之下士視上農夫，禄足以代其耕也」者，欲見從下士以上禄轉多，故以此爲本以增之。杜子春云「方，直謂今時牘也」者，古時名爲方，漢時名爲牘，故舉以説之。「玄謂王制曰」已下，以先鄭不言者，故引之以增成其義，欲見此經所云據王臣爲本，故先鄭、後鄭内外兼見。

賞賜，亦如之。

「賞賜亦如之」　此謂王以恩惠賞賜臣下之禄，亦以方書贊爲之辭。案司勳職，凡賞無常，輕重視功，功多則多，功少則少耳。

内史掌書王命，遂貳之。副寫藏之。

「内史」至「貳之」　謂王有詔勑頒之事，則當副寫一通藏之，以待勘校也。

外史，掌書外令，王令下畿外。○令下，户嫁反。

注「王令下畿外」　經典凡言四方及外者，據畿外而言，經言外，故知王下畿外之命也。〔三四〕

掌四方之志，志，記也。謂若魯之春秋，晉之乘，楚之檮杌。○之乘，繩證反。檮，徒刀反。杌，五忽反。

注「志記」至「檮杌」　謂若魯之春秋之等，孟子文。名春秋者，謂四時之書，春爲陽之首，秋爲陰之先，故舉春秋以苞四時也。云「晉謂之乘」者，春秋爲出軍之法，甸方八里，出長轂一乘，故名春秋爲乘也。云「楚謂之檮杌」者，檮杌，謂惡獸。春秋者，直史，不避君之善惡，事同檮杌，故謂春秋爲檮杌也。皆是國異，故史異名也。引之者，欲見春秋是記事，云與四方之志爲一故也。

掌三皇五帝之書，楚靈王所謂三墳、五典。○三墳，扶云反。

注「楚靈」至「五典」　案：孝經緯云：「三皇無文，五帝畫象，三王肉刑。」又世本作云「蒼頡造文字」，蒼頡，黄帝之史，則文字起於黄帝。今此云五帝之書爲可，而云三皇之書者，三皇雖無文，以有文字之後，仰録三皇時事，故云掌三皇之書也。案：昭十二年，楚靈王謂左史倚相能讀三墳、五典、八索、九丘。彼三墳，三皇時書。五典，五帝之常典。八索，三王之法。〔三五〕九丘，九州亡國之戒。下有延叔堅馬季長等，所説不同，惟孔安國尚書序解三墳、五典與鄭同。以無正文，故所解有異。

掌達書名于四方。謂若堯典、禹貢，達此名使知之。或曰：古曰名，今曰字，使四方知書之文字，得能讀之。

注「謂若」至「讀之」　尚書有堯典、舜典、禹貢之等，是書之篇名。聘禮記云：「百名以上，書之於策。不滿百名，書之於方。」是文字之書名俱是書名，此經直云書名，未知何者之書名，故鄭兩解之。云「古曰名，今曰字」，古者之文字少，直曰名，後代文字多則曰字。字者，滋也，滋益而名，故更稱曰字，正其名字，使四方知而讀之也。

若以書使于四方，則書其令。書王令以授使者。○使于，所吏反，注同。

御史，掌邦國、都鄙及萬民之治令，以贊冢宰。王所以治之令，冢宰掌王治。○之治，直吏反，注及下凡治同。

「御史」至「冢宰」　天官冢宰，六典治邦國，八則治都鄙及畿内萬民之治。令此御史亦掌之以贊佐，故同其事。

凡治者受灋令焉。爲書寫其治之法令，來受則授之。

「凡治」至「令焉」　言「凡」，語廣，謂外内官所有治職者，皆御史書王之法令，授與受者，故言凡以該之也。

掌贊書。王有命，當以書致之，則贊爲辭，若今尚書作詔文。

注「王有」至「詔文」　謂若今出詔勑之書，是王有命頒下於外，其詔勑書，則御史贊王爲此書，故云「掌贊」也。

凡數從政者。〔三六〕自公卿以下至胥徒凡數，及其見在空缺者。鄭司農讀言「掌贊書數」。書數者，經禮三百，曲禮三千，法度皆在。玄以爲不辭，故改之云。○數凡，所主反。見在，賢遍反。

「凡數從政者」自公卿已下至胥徒在王朝者，皆是凡數。又是從政之人，故云「凡數從政者」也。先鄭所云以「掌贄書數」爲句讀之。「玄以爲不辭，故改之云」者，掌贄書數，[三七]書數既爲三百、三千，有何可贊也。且書數得三百、三千，下別言從政者，有何義意乎？故後鄭以爲不辭而改之也。

巾車，掌公車之政令，辨其用與其旗物而等叙之，以治其出入。公猶官也。用謂祀賓之屬。旗物，大常以下。等叙之，以封同姓異姓之次叙。

「巾車」至「出入」云「公車之政令」者，以下辨其用，及等叙出入，皆是政令，故先言其摠也。出入，謂若下文「凡車之出入則會之」。冬官造車訖，來入巾車，又當出封同姓之等亦是也。

注「公猶」至「次叙」云「公猶官也」者，謂若言公，似據三公及諸侯，若言官，則王家皆是，故從官也。云「用謂祀賓之屬」者，其中仍有朝及田戎之等，故言之屬以摠之。云「大常以下」，仍有大旂、大赤、大白、大麾之等，故云以下。云「等叙之，以封同姓異姓之次叙」者，周人先同姓，次異姓，後云四衛、蕃國以下，故云次叙也。

王之五路：一曰玉路，鍚，樊纓十有再就，建大常十有二斿，以祀；王在焉曰路。玉路，以玉飾諸末。鍚，馬面當盧刻金爲之，所謂鏤鍚也。樊讀如鞶帶之鞶，謂今馬大帶也。鄭司農云：「纓謂當胷，士喪禮下篇曰『馬纓三就』。禮家說曰：纓當胷，以削革爲之；三就，三重三匝也。」玄謂纓，今馬鞅，玉路之樊及纓，皆以五采罽飾之十二就。就，成也。大常，九旗之畫日月者，正幅爲縿，[三八]斿則屬焉。○鍚，音陽。樊纓，步干反，下同。二斿，音留。鞶，步干反。三重，直龍反。罽，居例反。爲縿，所銜反，又所廉反。則屬，音燭。

「王之」至「以祀」　云「王之玉路」，〔三九〕此言與下爲摠目，「一曰」已下，析別言之。云「以祀」者，以下諸路皆非祭祀之事，則一名外內大小祭祀，皆用此一路而已。

注「王在」至「屬焉」　言「王在焉曰路」者，謂若路門、路寢、路車、路馬，皆稱路，故廣言之。云王在焉曰路，路，大也。王之所在，故以大爲名，諸侯亦然。左氏義以爲行於道路，故以路名之。若然，門寢之等，豈亦行於路乎？云「玉路，以玉飾諸末」者，凡言玉路、金路、象路者，皆是以玉、金、象爲飾，不可以玉、金爲路，故知玉、金等飾之。言諸末者，凡車上之材，於末頭皆飾之，故云諸末也。云「錫，馬面當盧，刻金爲之」者，眉上曰錫，故知當額盧。案：韓奕詩「鉤膺鏤錫」，金稱鏤，故知刻金爲之，故鄭引詩云「所謂鏤錫也」。彼詩毛傳亦云「金鏤其錫」，鄭箋云：「眉上曰錫，刻金飾之。」云「樊讀如鞶帶之鞶」者，案：易訟卦上九云「或錫之鞶帶」，注云：「鞶帶，佩鞶之帶。」但易之鞶謂鞶囊，即內則云「男鞶革」是也。此鞶謂馬大帶，音字同，故讀從之，是以鄭即云馬大帶也。先鄭云纓謂當胷，引士喪禮下篇馬纓以削革爲之。賈、馬亦云鞶纓，馬飾，在膺前，十有二帀，以毛牛尾，〔四〇〕金塗十二重。後鄭皆不從之者，以鞶爲馬大帶，明纓是夾馬頸，故以今馬鞅解之也。後鄭云「玉路之樊及纓，皆以五采罽飾之」者，案：爾雅釋言云：「氂，罽也。」郭氏云：「毛氂所以爲罽。」如是罽染毛爲之，鄭必知罽飾之者，蓋以今時所見擬之。必知用五采者，案：典瑞云「鎮圭繅五采五就」，則知王者就飾用五采。惟有外傳小采以朝月者用三采耳。繅藉五采，即云五就，則一采一帀爲一就。此中樊纓十二就之屬，就數雖多，亦一采一帀爲一就，如玉藻十二就然。大常九旗之畫日月者，案：司常云「日月爲常」，是也。云「正幅爲縿」者，爾雅文。知「斿則屬焉」者，爾雅云「纁帛縿，練旒九」，縿旒用物不同，旒又有數，明知別屬可知也。

金路，鉤，樊纓九就，建大旂，以賓，同姓以封；金路，以金飾諸末。鉤，婁頷之鉤也。金路無錫有鉤，亦以金爲之。其樊及纓以五采屬飾之而九成。大旂，九旗之畫交龍者。以賓，以會賓客。同姓以封，謂王子母弟率以功德出封。雖爲侯伯，其畫服猶如上公，〔四一〕若魯、衛之屬。其無功德，各以親疏食采畿内而已。故書鉤爲拘，杜子春讀爲鉤。○大旂，其依反。以賓，如字，劉、沈方刃反。婁頷，户感反。率以，音律，又音類。

「金路」至「以封」　上玉路云一曰，〔四二〕此已下皆不云二曰、三曰之等者，若據王而言，玉路言一曰，則金路已下二曰、三曰之等可知。若據諸侯言之，從此金路已下，所受得各自爲上，故此已下，略不言二曰、三曰之等也。云「同姓以封」者，周人先同姓，故得金路。賜異姓已下，則用象路之等。同姓雖尊，仍不得玉路。玉路以祭祀，故不可分賜。

注「金路」至「爲鉤」　云「金路，以金飾諸末」者，亦如玉路所飾也。云「鉤，婁頷之鉤也」者，詩云「鉤膺鏤錫」，鉤連言膺，明鉤在膺前。以今驗古，明鉤是馬婁頷也。云「金路無錫有鉤」者，以玉路、金路二者相參知之。何者？玉路云錫，金路云鉤，明知金路有鉤無錫。上得兼下言之，則玉路直言錫，兼有鉤可知。云「亦以金爲之」者，錫用金，明鉤亦用金爲飾也。云「九成」者，亦如上，一采屬爲一成，凡九就九成也。云「大旂，九旗之畫交龍」者，司常職文。云「以賓，以會賓客」者，案：齊右會同賓客，前齊車，故知以賓是以會賓客。至於載主亦同焉，故曾子問云：「天子巡守，以遷廟主行，載于齊車。」注云：「齊車，金路。」若王弔，亦乘金路，是以士喪禮注云「君弔蓋乘象路」，謂得金路之賜者，弔時降一等乘象路。明知王有玉路，弔時降一等乘金路可知。云「同姓以封，謂王子母弟率以功德出封，雖爲侯伯，其畫服猶如上公，若魯、衛之屬」者，周之法，二王之後稱公，王之同姓例稱侯伯而已。若魯、衛稱侯，鄭稱伯，故兼云雖爲侯伯也。知畫服如上公者，典命云「上公九命，車旗衣服，以九爲節」，是上公九命服衮冕。又云「侯伯七命，車旗衣服，以七爲節」，則服鷩冕爲異姓侯伯。若魯、衛、鄭雖爲侯伯，則服衮，受五百里之封，是以明堂位魯侯服衮冕，是雖爲侯伯，服如上公也。言此者，欲見二王後上公，雖是異姓、庶姓，乘金路。

今同姓王子母弟以衣服與上公同，明乘金路亦同矣。云「其無功德，各以親疏食采畿而已」者，天工不可私，非其才，其無功德，不可輒授之以職。禮運云「天子有田，以處其子孫」，故封之於畿内而已。是以司裘云「諸侯則共熊侯、豹侯」，是王子母弟封於畿内者也。言親疏食采者，案載師職，家邑任稍地，小都任縣地，大都任疆地，其中非直有公卿大夫食采，若親王母弟，則與公同食大都百里。稍疏者，與卿同食小都五十里。更疏者，與大夫同食二十五里耳，故云各以親疏食采畿内而已。

象路，朱，樊纓七就，建大赤，以朝，〔四三〕異姓以封；象路，以象飾諸末。象路無鉤，以朱飾勒而已。其樊及纓以五采罽飾之而七成。大赤，九旗之通帛。以朝，以日視朝。異姓，王甥舅。○以朝，直遥反，注皆同。

注「象路」至「甥舅」　象路以象飾諸末者，此所飾亦如玉金矣，但用象爲異也。〔四四〕云「象路無鉤，以朱飾勒而已」者，經不云鉤，明無鉤。經直云朱，鄭知以朱飾勒者，見下文革路云龍勒，明知此朱同爲飾勒也。云「大赤，九旗之通帛」者，司常職文。以日視朝者，謂於路門外常朝之處乘之。〔四五〕此雖據常朝而言，至於三朝皆乘之。案：司常云：「道車建旞。」鄭注云：「道車，象路也，王以朝夕燕出入。」乘此象路，則建旞。若在朝廷，大赤也，其車則同也。云「異姓，王甥舅」者，謂先王及今王有舅甥之親，若陳國、杞國，則别於庶姓，故乘象路之車也。

革路，龍勒，條纓五就，建大白，以即戎，以封四衛；革路，鞔之以革而漆之，無他飾。龍，駹也。以白黑飾韋雜色爲勒。條讀爲絛。其樊及纓，以絛絲飾之而五成。不言樊字，蓋脱爾。以此言絛，知玉路、金路、象路飾樊纓皆不用金玉象矣。大白，殷之旗，猶周大赤，蓋象正色也。即戎，謂兵事。四衛，四方諸侯守衛者，蠻服以内。○龍勒，如字，戚音尨。條纓，依注作絛，他刀反。鞔，莫干反。

注「革路」至「以内」　云「革路，鞔之以革而漆之，無他飾」者，自玉路、金路、象路四者，皆以革鞔，則冬官云「飾車欲侈」者也。但象路以上，更有玉金象爲飾，謂之他物，則得玉金象之名。此革路亦用革鞔，以無他物飾，則名爲革路也。鄭知駹是白黑飾韋雜色爲勒者，以繢人云「白與黑謂之黼」，黑白相形之物，且下有駹車，邊側有黑漆爲駹，此革路既素，又有大白之旗，故以白黑駹爲雜也。云「以此言絛，知玉路、金路、象路飾樊纓皆不用金玉象矣」者，上玉路鞶纓十有二就，馬氏以爲旄牛尾，金塗十二重，有此嫌，故微破之也。云「大白，殷之旗，猶周大赤，蓋象正色也」者，明堂位云：「殷之大白，周之大赤。」相對而言，故云猶周大赤。周以十一月爲正，物萌色赤。殷以十二月爲正，物牙色白。是象正色，無正文，故云「蓋」。云「即戎，謂兵事也」者，司服「兵事，韋弁服」，車服相配，俱是即戎，故云謂兵事也。趙商問：「巾車職云『建大白以即戎』，注云『謂兵事』。司馬職，仲秋辨旗物以治兵，王載大常。下注云『凡班旗物，以出軍之旗則如秋』。不知巾車『大白以即戎』爲在何時？」答曰：「殷之正色者，〔四六〕或會事，或勞師，〔四七〕不親將，故建先王之正色，異於親自將。」又案：司馬法云：「章，夏以日月，上明。殷以虎，上威。周以龍，上文。」不用大常者，周雖以日月爲常，以龍爲章，故郊特牲云「龍章而設日月」。又案：周本紀「武王遂入，至紂之死所，王射之，三發，而后下車，以輕劍斬紂頭，懸於大白之旗」。不用大常者，時未有周禮，故武王雖親將，猶用大白也。云「四衛，四方諸侯守衛者，蠻服以内」者，此四衛，非謂在衛服者。以其諸侯非同姓，與王無親，即是庶姓，在四方六服已内，衛守王。大司馬以要服爲蠻服，故云蠻服以内也。

木路，前樊鵠纓，建大麾，以田，以封蕃國。木路，不鞔以革，漆之而已。前，讀爲緇翦之翦。翦，淺黑也。木路無龍勒，以淺黑飾韋爲樊，鵠色飾韋爲纓。〔四八〕不言就數，飾與革路同。大麾不在九旗中，以正色言之則黑，夏后氏所建。田，四時田獵。蕃國，謂九州之外夷服、鎮服、蕃服。杜子春云：「鵠或爲結。」○前樊，依注作翦，子踐反，淺也。鵠纓，户篤反。

注「木路」至「爲結」　鄭知「木路，不鞔以革」者，以其言木，則木上無革可知。必知有漆者，以其喪車尚有漆者，況吉之乘車，有漆可知。云「前，讀爲緇翦之翦」者，讀從既夕文也。彼爲「加茵，用疏布，緇翦，有幅，亦縮二横三。」鄭云：「翦，淺也。」此前亦取淺義，故讀從之。知「木路無龍勒」者，以經不云勒，明降於革路，無龍勒可知。云「大麾不在九旗中」者，〔四九〕上大白亦不在九旗之中，而不言者，九旗之中，雖無大白，仍有雜帛爲物，兼有殷正色，〔五〇〕故此特言之。云「以正色言之則黑，夏后氏所建」者，此亦以正色言之，上文大赤據周，大白據殷，則此大麾當夏之正色黑，故言夏后氏所建也。案：明堂位「有虞氏之旂，夏后氏之綏」，鄭注云：「有虞氏當言綏，夏氏當言旂。」若然，則夏后氏有旂無綏，今此大麾則綏，而爲夏后氏所建者，彼以前代質後代文差之，則綏當有虞氏，旂當夏后氏。但旌旂皆上有綏，夏之旂去旒旐而用之即是綏，〔五一〕故以正色推之當夏也。云「田，四時田獵」者，趙商問：「巾車職曰『建大麾以田』，注云『田，四時田獵。』商案：大司馬職曰，四時皆建大常，今又云建大麾以田何？」荅曰：「麾，夏之正色。雖習戰，春夏尚生，其時宜入兵，夏本不以兵得天下，故建其正色以春田。〔五二〕秋冬出兵之時，乃建大常。故雜問志云『四時治兵，王自出』，禮記『天子殺，則下大綏』，司馬職『王建大常』，足相參正。」云「蕃國，謂九州之外夷服、鎮服、蕃服」者，案司馬職，要服已内爲九州，其外更有三服，夷、鎮、蕃，揔而言之，皆號蕃國。是以此文及大行人謂之蕃國也。杜子春云「鵠或爲結」者，案馬氏云，前樊結纓，謂再重，樊纓在前，有結在後，往往結革以爲堅，且飾節良，以爲樊纓，皆有采就，則前與鵠亦可以爲飾。而賈氏謂前纓有結，其義非。今子春爲結，後鄭引之在下，得通一義故也。凡五等諸侯所得路者，在國祭祀及朝天子皆乘之。但朝天子之時，乘至天子館，則舍之於館，是以覲禮記云「偏駕不入王門」。謂舍之於客館，乘墨車龍旂以朝。鄭云：「在旁與己同曰偏。」若兩諸侯自相朝，亦應乘之。若齊弔及朝，并朝夕燕出入，可降一等。若在軍，皆乘廣車。若以田以鄙，則乘木路也。若五等諸侯親迎，皆乘所賜路。以其士親迎攝盛，乘大夫車，則大夫已上，尊則尊矣。不可更攝盛轉乘在上之車，當乘所賜車，與祭祀同，則王乘玉路可也。若然，同姓金路無鍚。韓侯受賜，得有鏤鍚者，正禮雖不得，後有功特賜有之也。若如鄭注，同姓雖爲侯伯，畫服如上公，得乘金路。若爲子男，似不得當與異姓同乘象路也。異姓象路，則降上公，以其上公雖庶姓，亦乘金路。其異姓侯伯子男，皆乘象路也。言四衛革路者，亦謂庶姓侯伯子男。蕃國木路者，夷狄惟有子男，同木路也，無問祀賓已下皆乘之。

王后之五路：重翟，鍚面朱總；厭翟，勒面繢總；安車，彫面鷖總，皆有容蓋。重翟，重翟雉之羽也。厭翟，次其羽使相迫也。勒面，謂以如王龍勒之韋，爲當面飾也。彫者，畫之，不龍其韋。安車，坐乘車，凡婦人車皆坐乘。故書朱總爲䌲，鷖或作緊。鄭司農云：「鍚，馬面鍚。䌲當爲總，書亦或爲總。鷖讀爲鳧鷖之鷖。〔五三〕鷖總者，青黑色，以繒爲之，總著馬勒直兩耳與兩鑣。容謂幨車，山東謂之裳幃，或曰潼容。」玄謂朱總、繢總，其施之如鷖總，車衡輨亦宜有焉。繢，畫文也。蓋，如今小車蓋也。皆有容有蓋，則重翟厭翟謂蔽也。重翟，后從王祭祀所乘。厭翟，后從王賓饗諸侯所乘。安車無蔽，后朝見於王所乘，謂去飾也。詩國風碩人曰「翟蔽以朝」，謂諸侯夫人始來，乘翟蔽之車，以朝見於君，盛之也。此翟蔽蓋厭翟也。然則王后始來乘重翟乎？○重翟，直龍反，注同。朱總，作動反。厭翟，於涉反，注同。繢，户對反。鷖，烏兮反，劉烏計反。坐乘，繩證反，下皆坐乘同，或如字。爲䌲，戚云検字林、蒼雅及説文皆無此字，衆家亦不見。有音者，唯昌宗音廢，以形聲、會意求之，實所未了，當是廢而不用乎，非其音也。李兵廢反，〔五四〕本或作緦，恐是意改也。作緊，烏兮反。著馬，直略反。兩鑣，表驕反。幨車，昌廉反。潼容，本亦作潼，詩注作童，皆音同。衡輨，劉音管，一音胡瞎反。謂蔽，劉音弗，下及文並同，一音必世反。見於，賢遍反，下同。去飾，起呂反，下去戈、去毛同。

「王后」至「爲蓋」 言王后之五路，亦是揔目之言也。凡言「翟」者，皆謂翟鳥之羽，以爲兩旁之蔽。言「重翟」者，皆二重爲之。「厭翟」者，謂相次以厭其本，下有翟車者，又不厭其本也。凡言「總」者，謂以總爲車馬之飾，若婦人之總，亦既繫其本，又垂爲飾，故皆謂之總也。案下翟車尊於安車，而進安車在上者，以其翟車有幄無蓋，安車重翟，同無幄而有容蓋，故進安車與重厭之車同在上也。

注「重翟」至「翟乎」　云「勒面，謂以如王龍勒之韋，〔五五〕爲當面飾也」者，案：上龍勒不言面，此勒言面，則所施之處不同。則上言勒者，馬之轡飾，皆是不在面，此言勒面，則在面矣。用物則同，故鄭引龍勒以釋此也。云「安車，坐乘車。凡婦人車皆坐乘」者，案：曲禮上云「婦人不立乘」，是婦人坐乘，男子立乘。曲禮上「大夫七十而致事，若不得謝，則必賜之几杖，乘安車」，則男子坐乘，亦謂之安車也。若然，此王后五路，〔五六〕皆是坐乘，獨此得安車之名者，以餘者有重翟、厭翟、翟車、輦車之名可稱，此無異物之稱，故獨得安車之名也。云「鷖讀爲鳧鷖之鷖」者，從毛詩鳧鷖之篇名。鷖者，取鳥之鷖色青黑爲義。知「以繒爲之，總著馬勒直兩耳與四鑣」者，〔五七〕先鄭蓋見當時以況古也。云「容謂幨車，山東謂之裳幃，或曰潼容」者，案：昏禮云：「婦車亦如之，有裧。」注元「聚，〔五八〕車裳幃，周禮謂之容。」又衛詩云「漸車幃裳」，毛氏亦云，童容，是容潼容，與幨及裳幃爲一物也。「玄謂朱總、縜總，其施之如鷖總，車衡輨亦宜有焉」者，後鄭取先鄭「總著馬勒直兩耳與兩鑣」爲本，其於車之衡輨亦宜有焉，以其皆是革飾之事，故兼施於車也。云「蓋，如今小車蓋也」者，此舉漢法小車有蓋以況周。凡蓋所以表尊，亦所以禦雨，故三者皆有之也。云「皆有容有蓋，則重翟厭翟謂蔽也」者，案：馬氏等云「重翟爲蓋，今之羽蓋是也」。爲有此嫌，故微破之。若重翟厭翟是蓋，何須下文云皆有容蓋乎？是以後鄭約下王之喪車王乘皆有蔽，〔五九〕明后之車言翟者，亦謂蔽也。云「重翟，后從王祭祀所乘」者，此約王之五路，則重翟當王路。〔六〇〕后無外事，惟祭先王、先公，羣小祀，皆乘此重翟也。云「厭翟，后從王賓饗諸侯所乘」者，案：内宰職云：「賓客之祼獻瑤爵，皆贊。」注云：「謂王同姓及二王之後，王祼賓客，亞王而禮賓。獻，謂王饗燕，亞王獻賓也。」此時后則乘厭翟，故云從王賓饗諸侯也。不言祼者，文略耳。云「安車無蔽，后朝見於王所乘，謂去飾也」者，以其安車不言翟，明無蔽。以其朝王質，故去飾也。引「詩國風碩人曰『翟蔽以朝』，謂諸侯夫人始來，乘翟蔽之車，以朝見於君，盛之也。此翟蔽蓋厭翟也」者，彼是衛侯之夫人，當乘厭翟，則上公夫人亦厭翟。以其王姬下嫁於諸侯，車服不繼於其夫，〔六一〕下王后一等，不得乘重翟，則上公與侯伯夫人，皆乘厭翟可知。若子男夫人，可以乘翟車，至於祭祀及嫁皆乘之。云「然則王后始來乘重翟乎」者，王姬下嫁，下后一等，及諸侯夫人，皆乘厭翟，則王后自然始來乘重翟可知。若然，王之三夫人與三公夫人同乘翟車，九嬪與孤妻同乘夏篆，二十七世婦與卿妻同乘夏縵，女御與大夫妻同乘墨車，士之妻攝盛亦乘墨車，非嫁攝盛，則乘棧車也。諸侯已下夫人，祭祀、賓饗、出桑、朝君，差之皆可乘不。〔六二〕若然，諸侯夫人亦當有安車以朝君也。

翟車，貝面，組總，有握；〔六三〕翟車，不重不厭，以翟飾車之側爾。貝面，貝飾勒之當面也。有握，則此無蓋矣，如今軿車是也。后所乘以出桑。○有握，劉音屋，下馬皆作幄，烏學反。沈云劉音非。軿車，薄經反。

「翟車」至「有握」　上言朱總、繢總、鷖總，彼皆以繒爲之。今此言組總，則以組絛爲之。總亦施於勒及兩耳兩鑣，并車衡輨焉。

注「翟車」至「出桑」　翟車，不重不厭，明以翟飾車之側可知。云「貝面，〔六四〕貝飾勒之當面也」者，貝，水物，謂餘泉、餘蚳之貝文，以飾勒之當面者也。云「有握，〔六五〕則此無蓋矣」者，但蓋所以禦雨，無幄乃施之。今既有幄，故知無蓋矣。云「如今軿車是也」者，漢法軿車無蓋，故舉以況之。云「后所乘以出桑」者，案：月令「三月薦鞠衣於先帝」，又「后妃親桑於東郊」，二者后皆乘此翟車。以其告先帝非祀，親桑又非大事，故知乘翟車也。

輦車，組輓，〔六六〕**有翣，羽蓋。**輦車不言飾，后居宮中從容所乘，〔六七〕但次之而已。爲輇輪，人輓之以行。有翣，所以禦風塵。以羽作小蓋，爲翳日也。故書翣爲毦，杜子春云：「當爲翣，書亦或爲𦓱。」○連車，音輦，本亦作輦。組，音祖。輓，音晚。有翣，所甲反。從容，七容反。爲輇，市專反。爲翳，烏帝反。爲毦爲𦓱，並音獵毦，或音毛。

注「輦車」至「爲翣」　輦車不言飾者，以其不言翟，又不言面緫之等，是不言飾也。此無所供事，直是后居宫中從容所乘車也。知漆之者，凡吉之車器之等皆漆之。〔六八〕明此亦有漆也。知爲輇輪者，案：禮記云「載以輲車」。輲車，載柩之車，則地官蜃車，人輓之以行。此輦車組輓，亦是人輓行者。案：雜記注引許氏說文解字曰：「有輻曰輪，無輻曰輇。」則人輓行者，皆是無輻曰輇。案：上雜記注「輇崇，蓋半乘車之輪」，乘車高六尺六寸，則此當三尺三寸。云「有翣，所以禦風塵」者，翣，即扇也。扇所以爲障蔽，亦所以禦風塵也。云「以羽作小蓋，爲翳日也」者，翣既禦風塵，明羽蓋所以翳日可知也。

校勘記

〔一〕案天文志云歲星所在其國不可以伐人起舍如前出爲贏贏爲客　孫詒讓云，此當據天文志校正爲「歲星所在，其國不可伐，可以伐人，超舍而前爲贏，退舍爲縮，凡五星，早出爲贏，贏爲客」。

〔二〕眺則匿之變者　元、正、閩、闞、阮本「則」作「側」，當是。

〔三〕扶句而言　元、正、閩、闞、阮本「扶」作「挾」，當是。

〔四〕華岐以龍門積石　元、閩、闞、阮本同。殿本「以」下有「西」字，阮校云，有「西」字是。孫詒讓以開元占經石氏中官占篇引文耀鉤校此，「以」下當補「北」字，「石」下當補「西」字。下以孫校出之。

〔五〕則大行以東至碣石王屋砥柱　元、正、閩、闞、阮本同，監、毛、殿本删「則」。孫校亦謂無「則」。

〔六〕屬樞星　孫校云，「樞星」，占經引作「璇星」。

〔七〕兖州青州屬機星　孫校云，「兖州青州」，占經引作「兖青之州」。又，「機」作「璣」。

〔八〕蒙山以東至南江　孫校云，此當作「蒙山以東至羽山，南至江」。

〔九〕大别以東至雷澤九江　孫校云，此當作「大别以東至雲澤、九江衡山」。

〔一〇〕北嶇鳥鼠梁州屬開星　孫校云，此當作「北距鳥鼠」。「開星」，占經引作「陽星」。

〔一一〕外方熊耳以至泗水陪尾豫州屬摇星　孫校云，「以」下當補「東」字，「摇星」，占經引作「杓星」。

〔一二〕今歲星或北或西　孫詒讓云，「歲」當作「分」。

〔一三〕斗所建之辰也　「建」，原作「達」，據婺、建、岳本改。

〔一四〕其推大歲所在以下　元、正、聞、閩、殿、阮本「推」作「惟」，當是。

〔一五〕案昭十三年　元、正、聞、閩、阮本「三」作「二」，誤。

〔一六〕天門在戌　「戌」，原作「成」，據阮本改。

〔一七〕其在所之國　「在所」，元、正、聞、閩、阮本同，殿本作「所在」，當是。

〔一八〕吴先奉兵　元、正、聞、閩、阮本「奉」作「舉」，當是。

〔一九〕亦後至哀二十二年積三十八年　阮本「積」作「猶」，疑誤。殿本作「以後積三十八年至哀二十二年」。

〔二〇〕頭律氣　元、閩本同，聞、殿、阮本「頭」作「順」，當是。

〔二一〕南風沽洗以南　孫詒讓云，此當作「南風沽洗南吕以南」，見前大師職疏。

〔二二〕五九四十五且變以陰合陽　阮校云，惠校本作「五九四十五日一變風」，此誤并「日」、「一」作「且」，又脱「風」。

〔二三〕二驚蟄不見風　元、正、聞、閩本同。殿本「二」下有「月」字，疑是。

〔二四〕大暑不見風　孫詒讓云，此上當補「夏至景風至，小暑」七字。

〔二五〕秋分涼風至　孫詒讓云，此當作「秋分閶闔風至」。
〔二六〕亦不如之　惠校本作「亦可知之」，當是。
〔二七〕訪序事　唐石經、諸本同。阮校云，「序」當作「叙」。
〔二八〕則當豫爲之備　婺、建、余、岳、嘉靖本同，閩、監、毛本「豫」改「預」。
〔二九〕訪設今年天時也相所宜　元、正、閩、閩、阮本「設」作「謀」，「也」作「占」，當是。
〔三〇〕國即句考其政事及會計　孫詒讓云，「國即」當作「因即」。
〔三一〕王命爲侯伯之辭　元本同，正、閩、閩、阮本「辭」作「長」，疑誤。
〔三二〕諸侯爲事　元本同，閩、殿、阮本「爲」作「凡」，疑誤。
〔三三〕遂人注　孫詒讓云，此小司徒注，賈疏非。
〔三四〕故知王下畿外之命也　元、殿本同，閩、閩、阮本「故」作「固」。
〔三五〕三王之法　殿本同，元、正、閩、閩、阮本「三」作「二」。孫詒讓云，當據左傳正義引賈逵説作「八」。
〔三六〕凡數從政者　唐石經、諸本及賈疏同。釋文「凡數」作「數凡」。于鬯云，「凡數」當作「數凡」。
〔三七〕故改之云者掌贊書數　閩、阮本「改之」作「鄭後」，監本作「故從之云者賓」，阮校云，當作「故從之云言掌贊書數」，文理乃順。毛本與此本文同，孫詒讓以爲文義較長。
〔三八〕正幅爲縿　婺、建、岳、阮本同。葉鈔釋文作「爲幓」。
〔三九〕云王之玉路　「玉」，阮本作「五」，當據改。
〔四〇〕以毛牛尾　「毛」當爲「旄」，下「革路」疏引馬氏文作「旄」。
〔四一〕其畫服猶如上公　孫志祖云，詩無衣正義引注「畫服」作「車服」，是。

〔四二〕上玉路云一曰　元、正、閩、閩、阮本「玉」作「五」，誤。殿本同。

〔四三〕象路朱樊纓七就建大赤以朝　俞樾云，「朝」下當有「夕」字。

〔四四〕但用象爲異也　元、正、閩、閩、阮本「也」作「此」，屬下讀，疑誤。

〔四五〕謂於路門外常朝之處乘之　「門」，原作「明」，據阮本改。

〔四六〕殷之正色者　孫詒讓云，此當依大司馬疏引鄭志作「白者殷之正色」。

〔四七〕或會事或勞師　諸本同。浦鏜云，「命將」誤「會事」。孫詒讓云，浦據大司馬疏校，是也。

〔四八〕鵠色飾韋爲纓　「鵠」，原作「鶮」，據婺、建、岳、阮本改。

〔四九〕大麾不在九旗中者　「麾」字原空闕，據阮本補。

〔五〇〕兼有殷正色　殿本同。阮本「有」作「在」，疑誤。

〔五一〕夏之旂去旐旐而用之即是綏　孫詒讓云，「旐」，據明堂位疏當作「緌」。

〔五二〕故建其正色以春田　孫志祖云，大司馬疏「春」下有「夏」字。

〔五三〕鷖讀爲鳧鷖之鷖　漢讀考上「鷖」作「緊」，云「今本誤」。

〔五四〕李兵廢反　王引之云，「兵廢反」當作「北廢反」，自丁度脩集韻時已誤，見宋士犖周禮故書疏證。

〔五五〕謂以如王龍勒之韋　元、閩、閩、殿本同。阮本「王」作「玉」，誤。

〔五六〕此王后五路　阮本「此」作「則」。

〔五七〕總著馬勒直兩耳與四鑣者　元、正、閩、閩、阮本「四」作「兩」，當是。

〔五八〕注元聚　元、正、閩、閩、阮本「元聚」作「云裧」，當是。

〔五九〕是以後鄭約下王之喪車王乘皆有蔽　元、正、閩、閩、阮本「王乘」作「五乘」，疑是。

〔六〇〕則重翟當王路　閩、閩、監、阮本同，元、毛、殿本「王路」作「玉路」，疑是。

〔六一〕車服不繼於其夫　元、正、閩、閩本同。殿、阮本「繼」作「繫」。

〔六二〕差之皆可乘不　阮本「乘不」作「知也」，當是。

〔六三〕組總有握　唐石經、諸本同。釋文「有握」，干、馬皆作「幄」。漢讀考云，說文有楃字，訓「木帳」，楃字蓋出巾車職，各本從手，非。

〔六四〕貝面　阮本「面」作「而」，誤。

〔六五〕有握　「握」，原作「幄」，據阮本改。

〔六六〕輂車組輓　唐石經、諸本同。阮校云，釋文作「連車」，云「音輂，本亦作輂」。說文「連，負車也」。古經當以「連」爲「輂」，後人援注改之。

〔六七〕后居宮中從容所乘　「宮」，原作「官」，據婺、建、岳、阮本改。

〔六八〕凡吉之車器之等皆漆之　元、殿本同。閩、閩、阮本「吉」作「古」，疑誤。

王之喪車五乘：木車，蒲蔽，犬𧜀尾櫜，〔一〕疏飾，小服皆疏；木車，不漆者。鄭司農云：「蒲蔽，謂贏蘭車以蒲爲蔽，天子喪服之車，漢儀亦然。犬𧜀，以犬皮爲覆笭。」故書疏爲揟，杜子春讀揟爲沙。玄謂蔽，車旁禦風塵者。犬，白犬皮，既以皮爲覆笭，又以其尾爲戈戟之弢。麤布飾二物之側爲之緣，若攝服云。服讀爲箙，〔二〕小箙，刀劍矩兵之衣。此始遭喪所乘，爲君之道尚微，備姦臣也。書曰「以虎賁百人逆子釗」，亦爲備焉。○五乘，繩證反，下五乘同。犬𧜀，莫歷反。尾櫜，沈音羔，劉姑道反。謂贏，魯火反，劉又音果。覆笭，力丁反，劉又音泠。爲揟，本又作偦，同思如反。之弢，吐刀反。之緣，悦絹反，下同。攝箙，音服。虎賁，音奔。子釗，古堯反，又音昭。

注「木車」至「備焉」 云「木車不漆者」，喪中無飾，後至禫，乃漆之。此明木車及下素車等皆未漆也。若然，上王之木路，鄭注云「不革輓，漆之而已」，彼亦稱木，而有漆者，彼此各有所對，上文木路對革路有革又有漆，則木路漆之而已，〔三〕據吉時言耳。此木路對禫始有漆，〔四〕明此木路不漆飾，指木體而言也。先鄭云「謂贏蘭車」者，〔五〕此舉漢時有贏長蘭乘不善之車，故舉以説之也。云「犬𧜀，以犬皮爲覆笭」者，古者男子立乘，須凴軾，軾上須皮覆之，故云犬𧜀。子春讀「揟」爲「沙」，〔六〕於義無所取，故不從也。「玄謂蔽，車旁禦風塵」者，上文重翟、厭翟之等爲蔽，皆是禦風塵，故知此蔽亦是禦風塵也。云「犬，白犬皮」者，以喪無飾，明用犬之白者，是以士喪記「主人乘惡車，白狗幦」，是也。云「既以皮爲覆笭，又以其尾爲戈戟之弢」者，〔七〕以經云犬𧜀尾櫜，明𧜀與櫜共用犬，〔八〕櫜則弢也。云「麤布飾二物之側爲之緣」者，案喪服，齊衰已下皆稱疏。禮之通例，凡言疏布者，皆據大功布而言。若然，此則以八升布爲二物之緣也。云「若攝服」者，案：既夕記云「貳車白狗攝服」，注云：「攝，猶緣也。狗皮緣服，差飾。」引之者，證此二物爲緣之事也。〔九〕「小菔，刀劒短兵之衣」者，此小菔，既既夕記云「主人乘惡車，白狗幦，蒲蔽犬服」。鄭彼注云「笭間兵服，以犬皮爲之」是也。云「此始遭喪所乘」者，此喪車五乘，貴賤皆同乘之，是以士喪禮「主人乘惡車」，鄭注引雜記曰「端衰喪車皆無等，然則此惡車，王喪之木車也」。是其尊卑同也。云「爲君之道尚微，備姦臣也」者，案士喪有大服，〔一〇〕則此小服亦是其常。今言爲君之道尚微，備姦臣者，此言非爲小兵服，以戈戟人君乃有之。然則備姦臣，爲尾櫜戈戟而言也。引「書曰」者，顧命文。彼以成王崩，子釗，康王也，康王常在户所，以爲適子，故使康王出鄉門外，以虎賁百人，更以大子之禮迎之，别於庶子。必用虎賁，備姦臣。引之者，證人君有戈戟，亦是備姦臣。

素車，棼蔽，犬褔素飾，小服皆素；素車，以白土堊車也。棼讀爲蕡。蕡麻以爲蔽。其褔服以素繒爲緣。此卒哭所乘，爲君之道益著，在車可以去戈戟。〇棼蔽，扶云反。堊車，烏路反，又烏洛反。爲蕡，扶文反。

注「素車」至「戈戟」　鄭知素車以白土堊者，以上有木車，下有漆車，中有駹藻素，三者非漆非木，皆以所飾爲名，〔一一〕明素是白土飾之也。爾雅釋宫云「地謂之黝，牆謂之堊」，堊謂以白土爲飾，〔一二〕則此素車亦白土爲飾可知。云「棼讀爲蕡，蕡麻」者，棼字非所以飾物之事，故破棼爲蕡，義取用麻爲蔽之意。云「其褔服以素繒爲緣」者，禮之通例，素有二種。其義有色飾者，以素爲白土，義有以繒爲飾者，即以素爲繒，故鄭釋二素，以白繒别釋之也。云「此卒哭所乘」者，案士虞禮，卒哭，「大夫説絰帶于廟門外，〔一三〕婦人説首絰，不説帶」，是卒哭變服，變服即易車。案：喪服大功章注云：「凡天子、諸侯、卿大夫既虞，士卒哭而受服。」此鄭云卒哭，據士而言也。云「爲君之道益著，在車可以去戈戟」者，以經不云尾櫜，明去戈戟，故爲此解也。

藻車，藻蔽，鹿淺𧝬，革飾； 故書藻作轋，杜子春轋讀爲華藻之藻，〔一四〕直謂華藻也。玄謂藻，水草，蒼色。以蒼土堊車，以蒼繒爲蔽也。鹿淺𧝬，以鹿夏皮爲覆笭，〔一五〕又以所治去毛者緣之，此既練所乘。○作轋，音揔，又音藻，李一音倉會反。

注「故書」至「所乘」 後鄭云「藻，水草」者，就足子春藻爲華藻也。鄭爲蒼色者，上文素車爲白色，下文駹車邊側有漆，差之，此當蒼色，且藻之水草，見爲蒼艾色也。云「鹿淺𧝬，以鹿夏皮爲覆笭」者，夏時鹿毛新生爲淺毛。故鄭云鹿夏皮爲覆笭也。云「又以所治去毛者緣之」者，以經云「革飾」，皮去毛曰革，故以去毛言之。云「此既練所乘」者，王喪十三月練，是變除之節，故知此即既練所乘也。

駹車，萑蔽，〔一六〕**然𧝬，髤飾；**〔一七〕故書駹作龍，髤爲軟。〔一八〕杜子春云：「龍讀爲駹，〔一九〕軟讀爲桼垸之桼，直謂髤桼也。」玄謂駹車，邊側有漆飾也。萑，細葦席也。以爲蔽者，漆則成蕃，〔二〇〕即吉也。然，果然也。髤，赤多黑少之色韋也。此大祥所乘。○萑，音丸。髤飾，香求反。爲軟，音次。爲桼，音七。垸之，胡翫反。

注「故書」至「所乘」 故書「駹」作「龍」，上文龍勒，後鄭以破龍爲白黑之色，故此注從子春爲駹。髤爲軟，於義無所取，故不從。子春以軟爲桼，亦不從也。後鄭知駹爲邊側之飾者，以下文漆車全有漆，則此時未全爲漆，故知駹是邊側少有漆也。云「漆則成藩」者，下文藩蔽者，因此舊蔽而漆之，則藩者以此爲本，故云漆則成藩也。云「然，果然也」者，果然，獸名，是以賈氏亦云然，獸名也。云「髤，赤多黑少之色韋也」，知色如此者，案下注「雀，黑多赤少」，故知此髤是赤多黑少者也。云「此大祥所乘」者，以二十五月大祥除服之節，故知此車是大祥所乘也。

漆車，藩蔽，豻𧝬，雀飾。 漆車，黑車也。藩，今時小車藩，漆席以爲之。豻，胡犬。雀，黑多赤少之色韋也。此禫所乘。○豻𧝬，五旦反，胡犬也。此禫，直感反。

注「漆車」至「所乘」　知漆是黑者，凡漆不言色者皆黑。且大夫所乘黑車，及篆縵之飾，直得黑名，是凡車皆黑漆也。鄭知「漆席以爲之」者，以其席即上文雀，〔二二〕上注云「漆即成藩」是也。云「豻，胡犬」者，謂胡地之野犬。或作「狐」字者，謂狐與犬合所生之犬也。云「雀，黑多赤少之色韋也」者，鄭以目驗雀頭黑多赤少，雀即緅也。此禫所乘者，以二十七月釋祥之節，素縞麻衣，而服禫服朝服縿冠，故知當禫所乘也。案下文大夫乘墨車，士乘棧車，皆吉時所乘之車。既言天子至士喪車五乘，尊卑等，則大夫士禫亦得乘漆車，所以大夫士禫即乘漆車，與吉同者，禮窮則同也。

服車五乘：孤乘夏篆，〔二三〕卿乘夏縵，大夫乘墨車，士乘棧車，庶人乘役車。服車，服事者之車。故書夏篆爲夏緣，〔二三〕鄭司農云：「夏，赤也。〔二四〕緣，緣色。或曰：夏篆，篆讀爲圭瑑之瑑，〔二五〕夏篆，轂有約也。」玄謂夏篆，五采畫轂約也。夏縵，亦五采畫，無瑑爾。墨車不畫也。棧車不革鞔而漆之。〔二六〕役車，方箱，可載任器以共役。○夏篆，音瑑，直轉反。縵，莫干反。棧車，才産反，又仕板反。有約，如字，又於兒反，下同。方箱，息羊反。

注「服」至「共役」　云「服車，服事者之車」者，其孤卿以下，皆是輔佐之臣，服事於上，故以服事之車解之也。先鄭云「夏，赤也。緣，緣色」，後鄭不從者，夏翟是采，五采備乃爲夏，而以夏爲赤，而從古書篆爲色，於義不可，故後鄭解之以夏爲五采也。云「或曰：夏篆，篆讀爲圭瑑之瑑」者，以篆爲轂約。後鄭從之。云「夏縵，亦五采畫，無瑑爾」者，言縵者，亦如縵帛無文章。故云無瑑也。以其篆爲轂約，則言謾者無約也。云「墨車不畫也」者，言墨，漆革車而已，故知不畫也。「棧車，不革鞔而漆之」者，此則冬官棧車欲弇，恐有坼壞，是不革鞔者也。此已上尋常所乘，若親迎，則士有攝盛，故士昏禮主人乘墨車，婦車亦如之，有裧爲異耳。王后別見車五乘，此卿孤已下不見婦人車者，婦人與夫同，故昏禮云「婦車，亦如之」。但大夫以上，尊則尊矣，親迎不假攝盛，轉乘上車也。知士車有漆飾者，案：唐傳云：「古之帝王必有命，民於其君，得命，然後得乘飾車駢馬，衣文駢錦。」注云：「飾，漆之。駢，併也。」是其事。云「役車，方箱，可載任器以共役」者，庶人以力役爲事，故名車爲役車。知方箱者，案：冬官乘車田車，横廣，前後短，大車柏車羊車皆方，故知庶人役車亦方箱，是以唐傳云：「庶人木車，單馬，衣布帛。」此役車亦名棧車，以其同無革輓故也，是以何草不黄詩云：〔二七〕「有棧之車，行彼周道」。注云：「棧車，役車是也。」

凡良車、散車不在等者，其用無常。給遊燕及恩惠之賜。不在等者，謂若今輜車後户之屬。作之有功有沽。○散車，素旱反。輜車，側其反。有沽，音古。

「凡良」至「無常」　云「凡」者，以其衆多故也。此良車、散車二者，皆不在於服車五乘之等列。作之有精麤，故有良散之名。〔二八〕

注「給游」至「有沽」　云「給遊燕及恩惠之賜」者，君臣遊燕歡樂，或有賜言及恩惠之賜，雖非遊燕，君於臣有恩好而惠及之者，亦有賜。此釋經「其用無常」。云「不在等者，謂若今輜車後户之屬」者，漢時輜車，與古者從軍所載輜重財貨之車，皆車後開户，故舉以説之。云「作之有功有沽」者，釋經良車散車，精作爲功，則曰良。麤作爲沽則曰散也。

凡車之出入，歲終則會之，計其完敗多少。

「凡車」至「會之」　車之出，謂出給官用。車之入，謂用罷歸官。於當時録爲簿帳。至歲終，則摠會計完敗多少，以入計會也。

凡賜闕之，完敗不計。

注「完敗不計」　以其賜人以後，完敗隨彼受賜之人，在官不復須知，故闕之不計會。

毀折，入齎于職幣。計所傷敗入其直。杜子春云：「齎讀爲資。資謂財也。乘官車毀折者，入財以償繕治之直。」○入齎，音咨。以償，時讓反。

注「計所」至「之直」　謂乘官車者，毀損有折壞，其車不堪乘用者，或全輸價直入官，或計所損處酬其價直入官，皆入其資，資即貨物也。以此貨物入於職幣，職幣主受給官物所用之餘，此之財物，亦授之。職幣既得此物，還與冬官繕治之，故鄭云以償繕治之直也。

大喪，飾遺車，遂廞之，行之；廞，興也。謂陳駕之。行之，使人次舉之以如墓也。〔二九〕遺車一曰鸞車。○遺車，弃戰反，注同。

「大喪」至「行之」　大喪，謂王喪。遺車，謂將葬遺送之車入壙者也。言飾者，還以金象革飾之，如生存之車，但麤小爲之耳。

注「廞興」至「鸞車」　後鄭訓「廞」爲「興」，即言謂陳駕之者，解廞爲陳駕也。案：下車僕云「大喪廞革車」，彼廞謂作之。此文既言飾遺車，已是作，更言遂廞之，故以陳駕解廞也。云「行之，使人以次舉之以如墓也」者，案：檀弓云：「諸侯大牢苞七个，遣車七乘，大夫亦大牢苞五个，遣車五乘。」鄭注云：「諸侯不以命數，喪數略。天子當大牢苞九个，遣車九乘。」此時當在朝廟之時，於始祖廟陳器之明旦大遣奠之後，則使人以次抗舉，人各執其一以如墓也。云「遺車一曰鸞車」者，案：冢人云：〔三〇〕「及葬，言鸞車象人。」是名遺車爲鸞車，以其遺車亦有鸞鈴故也。

及葬，執蓋從車，持旌；從車，隨柩路。持蓋與旌者，王平生時車建旌，雨則有蓋。今蜃車無蓋，執而隨之，象生時有也。所執者銘旌。○從車，才用反，注同。

「及葬」至「執旌」　及葬者，謂至葬時將向壙。云「執蓋從車」者，謂此巾車之官，執蓋以隨柩車之後。云「持旌」者，亦使巾車之官執持銘旌。此在柩車之前，而文在下者，以執蓋是巾車，因言持旌耳，非謂持旌亦從車也。以車銘旌表柩，象殯時在柩前。是以既夕禮云「祝取銘置于茵」，注云：「以重不藏，故於此移銘加於茵上。」若然，茵既行時，在柩車前，明銘旌亦與茵同在柩車前可知也。

注「從車」至「銘旌」　云「從車，隨柩路」者，鄭欲以經「車爲蜃車柩路」解之。云「今蜃車無蓋，執而隨之，象生時有也」者，蓋所以表尊，亦執而隨之，所以禦雨。今蜃車既設帷荒，不得設蓋，是以執而隨柩車，雖無用，但象生時有也。云「所執者銘旌」者，將葬之旌，士有二旌。大夫已上皆有三旌。知者，以既夕禮是士禮，而有乘車所建旃，是攝盛，故用孤卿所建通帛之旃也。又有銘旌，以其士無遣車，故無廞旌也。大夫以上，有乘車所建旌，卿已上尊矣，無攝盛，以尋常所建旌。王則大常，孤卿建旃，大夫亦應攝盛用旃，是一也。又有廞旌，又有銘旌也。

及墓，嘑啓關，陳車。關，墓門也。車，貳車也。士喪禮下篇曰：「車至道左，北面立，東上。」

注「關墓」至「東上」　鄭知車是貳車者，以其遣車在明器之中，案既夕，陳明器，在道東西面，此不言明器，而別陳車，是貳車可知。天子貳車，象生時當十二乘也。士喪禮下篇曰者，是既夕禮也。而言士喪禮下篇者，以其士喪禮論初死并在殯之事，既夕禮論葬時事。既夕之下同有一記，記士喪及既夕不備之事，惣爲一記，故鄭以既夕連士喪而言下篇也。此所引者，引記。彼云「車至道左，北面立，東上」者，士無貳車，惟據乘車、道車、稾車三乘，此王禮亦有此三乘車，於後別有貳車十二乘。若然，則此車非止二車而已。鄭直云貳車者，舉其士喪禮不見者而言耳。

小喪，共匶路與其飾。匶路，載柩車也。飾，棺飾也。

注「柩路」至「飾也」 言小喪者，上言大喪據王。不別言后與世子，則此小喪中可以兼之。鄭云「柩路，載柩車也」者，即蜃車也。云「飾，棺飾也」者，即帷荒、柳翣、池紐之屬，皆是棺之飾。

歲時更續，共其弊車。〔三一〕故書「更續」爲「受讀」，杜子春云：「受當爲更，讀當爲續，更續更受新。共其弊車，歸其故弊車也。」玄謂俱受新耳。更，易其舊。續，續其不任用。共其弊車，巾車既更續之，取其弊車，共於車人，材或有中用之。○敝車，婢世反。不任，音壬。

注「故書」至「用之」 言「歲時更續」者，謂一歲四時皆有受官車。更，謂車雖未破，日月已久，舊畫者更易以新者。〔三二〕續，謂雖未經久，其有破壞不中用者，復以新車續之。云「共其弊車」者，此言爲二者而設，以其既易續以新車，其本或舊或壞，皆是弊車，巾車受取，以共冬官車人耳。子春以爲更續謂更受新。若然，則更續共爲一事，不當經旨。故後鄭不從也。云「共其弊車，歸其故弊車」者，此言亦不從也。後鄭以爲俱受新者，謂更與續二者，於彼用車之人俱受其新車也。云「更易其舊」者，釋更也。云「續，續其不任用」者，别釋續也。云「共於車人」者，此巾車，不專主車人所造大車、柏車而已，兼主輪人、輿人所造乘車、兵車，而云共車人者，則車人謂造車之人，兼輪人、輿人等造車人也。

大祭祀，鳴鈴以應雞人。雞人主呼旦，鳴鈴以和之，聲且警衆。〔三三〕必使鳴鈴者，車有和鸞相應和之象。故書鈴或作軨，杜子春云「當爲鈴」。○以和，相卧反，下相應和同。警衆，音景。爲軨，音零，劉音領。

注「雞人」至「爲鈴」 云「雞人主呼旦」，雞人職文。案：韓詩云：「升車則馬動，馬動則鸞鳴，鸞鳴則和應。」是車有和鸞相應之象，故鳴鈴以應雞人。

典路，掌王及后之五路，辨其名物與其用說。用，謂將有朝祀之事而駕之。鄭司農云：「說，謂舍車也。春秋傳曰：『雞鳴而駕，日中而說。』用謂所宜用。」○用說，書鋭反，舍車也。注及下駕説并注同。有朝，直遥反，下同。

「典路」至「用説」　上巾車已主王后之五路，今此又掌之者，以其冬官造得車訖，以授巾車，飾以玉金象之等，其王及后所乘者，又入典路别掌之。

注「用謂」至「宜用」　此經雖不言所用之處，典路所掌，還依巾車朝祀所用，故鄭依巾車而言也。先鄭所引春秋者，在左氏傳宣十二年，楚與晉戰於邲之事。云「用謂所宜用」者，還是朝祀之等也。

若有大祭祀，則出路，贊駕說。出路，王當乘之。贊駕説，贊僕與趣馬也。○趣馬，倉口反。

注「出路」至「馬也」　案：上巾車「玉路以祀」，此云「若有大祭祀，則出路」，鄭云「王當乘之」，惟出玉路也。案：下文「大喪、大賓客亦如之」，注云「亦出路，當陳之」，不言王乘之者，以此惟云「大祭祀則出路」，據王所乘之，亦當陳之爲華國。下注云「當陳之」，謂陳之以華國，亦有當乘之法，但大賓客，王乘金路也。其大喪，則無乘吉時路，故注爲陳之而説也。知「贊僕與趣馬」者，夏官大馭、戎僕、齊僕之等，及趣馬之官，主駕説，故知所贊駕説者，贊僕與趣馬也。

大喪、大賓客，亦如之。亦出路當陳之。鄭司農説以書顧命曰：「成王崩，康王既陳先王寶器，又曰：『大路在賓階面，贊路在阼階面，先路在左塾之前，次路在右塾之前。』漢朝上計律，陳屬車於庭。故曰大喪、大賓客亦如之。」○贅路，章鋭反，又作綴，張衛反。左塾，音孰。上計，時掌反。屬車，音燭。

注「亦出」至「如之」　先鄭引顧命云「康王既陳先王寶器」者，案：彼上文云「陳寶及列王五重大訓之等，乃陳車乘，故云既陳先王寶器。云「又曰大路在賓階面」，注云：「大路，玉路。」云「贅路在阼階面」，注云：「贅次，次在玉路後。」謂玉路之貳也。云「先路在左塾之前」，注云：「先路，象路。門側之堂謂之塾。」謂在路門内之西，北面，與玉路相對也。云「次路在右塾之前」，注云：「象路之貳，與玉路之貳相對，在門内之東，北面。」云「漢朝上計律，陳屬車於庭」者，漢朝集使上計律法，謂上計會之法。禮記射義注亦謂之計。然大祭祀亦陳車乘。但古典無陳列之事，故不引之也。

凡會同、軍旅、弔于四方，以路從。王出於事無常，王乘一路，典路以其餘路從行，亦以華國。○路從，才用反，注及下注同。

注「王出」至「華國」　鄭云「王出於事無常，王乘一路，典路以其餘路從行」者，案經，會同、軍旅及弔有三事，則是衣裳之會及弔，王乘金路，兵車之會及軍旅，王乘革路，是王出於事無常也。王雖乘一路，典路以其餘路皆從，惟玉路祭祀之車，尊不出，其餘皆出以華國也。

車僕，掌戎路之萃，廣車之萃，闕車之萃，苹車之萃，輕車之萃。萃，猶副也。此五者皆兵車，所謂五戎也。戎路，王在軍所乘也。廣車，横陳之車也。闕車，所用補闕之車也。苹猶屏也，〔三四〕所用對敵自蔽隱之車也。輕車，所用馳敵致師之車也。春秋傳曰「公喪戎路」，又曰「其君之戎，分爲二廣」，則諸侯戎路、廣車也。又曰「帥斿闕四十乘」。孫子八陳有苹車之陳，又曰「馳車千乘」。五者之制及萃數，未盡聞也。書曰「武王戎車三百兩」。故書「苹」作「平」，杜子春云：「苹車當爲軿車。〔三五〕其字當爲萃，〔三六〕書亦或爲萃。」○之萃，七内反，副也，下及注同。廣車，古曠反，注同。苹車，薄經反，又薄田反。輕車，遣政反，注同。横陳，直刃反，下同。猶屏，并領反，又薄經反。公喪，息浪反。四十乘，繩證反，下千乘、乘車同。爲軿，薄經反。

注「萃猶」至「爲萃」　云「此五者皆兵車」者，以其廣闕之等，皆在軍所用，故知皆兵車。云「所謂五戎也」者，凡言所謂者，謂他成文。檢諸文，不見更有五兵車爲五戎之文。惟有月令季秋云「以習五戎」，鄭彼注以五戎爲弓矢、殳、矛、戈、戟，不爲五兵車解之，則未知鄭所謂五戎者，所謂何文。或可鄭解彼五戎，或爲此五兵解之，〔三七〕以五戎之事無正文，故鄭兩解之也。云「戎路，王在軍所乘也」者，此言戎路，則中車所云革路即戎路，故知戎路是王在軍所乘也。若然，此車僕惟掌五戎之萃，其五戎之正不言所掌者，巾車雖掌五戎之一，其下四戎之正，亦巾車掌之矣。其廣車、闕車、苹、輕四者，所解無正文，皆鄭據字以意釋之也。云「春秋傳」者，是莊九年，齊魯戰於乾時，我師敗績，公喪戎路，傳乘而歸。「又曰」下，是宣十二年，楚與晉戰於邲，楚子爲乘廣三十乘，分爲左右，右廣雞鳴而駕，日中而説，左則受之，日入而説。楚子使潘黨率游闕四十乘，〔三八〕從唐侯爲左拒。欒武子曰「楚，其君之戎，分爲二廣」，是也。云「則諸侯戎路，廣車也」者，以時楚雖僭號，其兵車仍號爲廣，故知餘諸侯兵車，並以廣車爲之，避天子，不得以戎路也。〔三九〕云「又曰帥游闕四十乘」者，即是潘黨所帥者也。云「孫子八陳有苹車之陳」者，是孫子兵法有此言也。云「又曰馳車千乘」者，亦是兵書之言，引之以證廣、闕、苹、輕爲兵車之義也。云「五者之制及萃數，未盡聞也」者，〔四〇〕言未盡聞，則亦有聞者，其游闕四十乘，及馳車千乘并戎車三百兩等，略得少聞之，其餘未聞，故云未盡聞也。書曰者，是牧誓武王伐紂，戰於牧野之事也。

凡師，共革車，各以其萃，

五戎者共其一，以爲王，優尊者所乘也。而萃各從其元焉。

注「五戎」至「元焉」　知戎惟共其一者，案巾車，王所乘惟革路而已，即此上文戎路是也。是王惟乘一路耳。今此經不云革路，總云「共革車」，則革車之言所含者多，五戎皆是，則王雖乘一路，四路皆從，是優尊所乘也。云「而萃各從其元」者，元即五戎車，之下皆云之萃，明萃皆從其元可知。

會同，亦如之。巡守及兵車之會，則王乘戎路。乘車之會，王雖乘金路，猶共以從，不失備也。

注「巡守」至「備也」　釋曰：鄭知巡守及兵車之會，王乘戎路者，以戎僕云「掌馭戎車，凡巡守及兵車之會亦如之」。云「乘車之會，王雖乘金路，猶共以從，不失備也」者，上經凡師，揔云「共革車」，此文亦云共，明無問巡守乘車之會皆從，以不失備故也。

大喪，廞革車。言興革車，則遣車不徒戎路，廣、闕、苹、輕皆有焉。

注「言興」至「有焉」　釋曰：經不云戎路革路，而云革車，〔四一〕亦是五戎之揔名，故知不徒戎路，廣、闕、苹、輕皆有可知。若然，王喪遣車九乘，除此五乘之外，加以金、玉、象、木四者，則九乘矣。

大射，共三乏。鄭司農云：「乏讀爲匱乏之乏。」

注「鄭司」至「之乏」　釋曰：乏一名容，則射人云「三獲三容」是也。以其爲革車用皮，其乏亦用皮，故因使爲之。若然，直云大射共乏，至於賓射、燕射之等，則亦使共乏矣，舉大射尊者而言。先鄭讀乏爲匱乏之乏者，以其矢於侯，匱乏不去，故讀從之。

司常，掌九旗之物名，各有屬，以待國事。日月爲常，交龍爲旂，通帛爲旜，〔四二〕雜帛爲物，熊虎爲旗，鳥隼爲旟，龜蛇爲旐，全羽爲旞，

析羽爲旌。物名者，所畫異物則異名也。屬，謂徽識也，大傳謂之徽號。今城門僕射所被及亭長著絳衣，皆其舊象。通帛謂大赤，從周正色，無飾。雜帛者，以帛素飾其側。白，殷之正色。全羽、析羽，皆五采繫之於旞旌之上，所謂注旄於干首也。凡九旗之帛皆用絳。○爲旜，之然反。鳥隼，息允反。爲旟，音餘。爲旐，音兆。爲旞，音遂。徽識，式志反，又音志，又昌志反，下同。所被，普皮反，又皮寄反。著絳，丁略反，又直略反。

注「物名」至「用絳」　鄭云「所畫異物則異名也」者，案：九旂之中有旃物旌旞之等不畫異物，而鄭所揔云畫異物者，鄭據名者而揔言之，(四三)非謂九旂皆畫異物也。云「屬，謂徽識也」者，謂在朝在軍所用小旌，故以屬言之。鄭引大傳者，欲見此屬與大傳徽識爲一物，則詩所云「識文鳥章」，(四四)亦一物。引今漢法，欲見古有此物，遺及漢時也。云「通帛謂大赤」者，巾車及明堂位皆明大赤也。(四五)云「從周正色，無飾」者，以周建子，物萌色赤，今旌旂通體盡用絳之赤帛，是用周之正色，無他物之飾也。云「雜帛者，以帛素飾其側。白，殷之正色」者，殷以建丑爲正，物牙色白，今用帛素飾其側者，明以先王正道佐職，故兼用白雜之也。云「全羽、析羽皆五采繫之於旞旌之上」者，案：序官夏采注云「夏采，夏翟羽色。禹貢，徐州貢夏翟之羽，有虞氏以爲綏。後世或無，故染鳥羽象而用之，謂之夏采。」若然，冬官鍾氏染鳥羽，是周法染鳥羽爲五色，故鄭云皆五采羽繫之於旞旌之上。云「所謂注旄於干首也」者，言所謂者，謂爾雅之文也。若然，則此旞旌非直有羽，亦有旄，故鄭引爾雅「注旄」以證旞旌，明其兩有。是以干旄詩云「孑孑干旄」「孑孑干旌」。鄭彼注云：「周禮，孤卿建旃，大夫建物，首皆注旄焉。」明干首旄羽皆有之。此雖據旞旌旄羽並有，至於大常已下，首皆有旄羽，故衛之臣子，雖旃物而有旄羽，則大常已下皆有明矣。故夏采云「乘車建綏，復於四郊」。注：「綏以旄牛尾爲之，綴於橦上，王祀四郊，乘玉路，建大常，今以之復，去其旒，異之於生。」是其旌首皆有旄之驗也。云「九旗之帛皆用絳」者，以周尚赤，故爾雅云「纁帛縿」也。案：全羽、析羽，直有羽而無帛，而鄭云九旗之帛者，據衆有者而言。或解以爲旞旌之下，亦有旌旒而用絳帛也。其旌之下，旆似不用絳，故爾雅云「緇，廣充幅，長尋曰旐，繼旐曰旆」。詩云「白旆中央」，旆即左氏定四年傳云：「分康叔以少帛、綪茷、旃旌。」是旌旆色異也。爾雅別云：「素錦綢杠，素陞龍，練旒九」，彼施於喪葬之旂也。

及國之大閱，贊司馬頒旗物：王建大常，諸侯建旂，孤卿建旜，大夫、士建物，師都建旗，〔四六〕**州里建旟，縣鄙建旐，道車載旞，斿車載旌，**〔四七〕仲冬教大閱，司馬主其禮。自王以下治民者，旗畫成物之象。王畫日月，象天明也。諸侯畫交龍，一象其升朝，一象其下復也。孤卿不畫，言奉王之政教而已。大夫士雜帛，言以先王正道佐職也。師都，六鄉六遂大夫也。謂之師都，都，民所聚也。畫熊虎者，鄉遂出軍賦，象其守猛，莫敢犯也。州里、縣鄙，鄉遂之官，互約言之。鳥隼，象其勇捷也。〔四八〕龜蛇，象其扞難辟害也。道車，象路也。王以朝夕燕出入。斿車，木路也。王以田以鄙。全羽析羽五色，〔四九〕象其文德也。大閱，王乘戎路，建大常焉。玉路金路不出。○大閱，音悅。升朝，直遥反。下朝各就同。扞難，乃旦反。辟害，音避。

「及國」至「載旌」　案：大司馬仲春教振旅，仲夏教茇舍，仲秋教治兵，仲冬教大閱。大閱，謂仲冬無事，大簡閱軍禮。司常主旗物，故贊司馬頒旗物也。〔五〇〕此九旗發首，雖摠爲大閱，而言其道車載旞，斿車載旌，非爲軍事也。

注「仲冬」至「不出」　案：大司馬云「主四時軍法」，故云司馬主其禮也。云「王畫日月，象天明也」者，聖人與日月齊其明，故旌旗畫日月象之。云「自王以下治民者，旗畫成物之象」者，謂自王以下至諸侯并鄉遂之官是也。案：桓二年，臧哀伯云：「三辰旂旗，昭其明也。」三辰，日月星，則此大常之畫日月者也。此直言日月不言星者，此舉日月，其實兼有星也。云「諸侯畫交龍，一象升朝，一象下復也」者，以衣服不言交龍，直云衮龍，則衣服直有升龍，無降龍。以其天子之衣無日月星，直有龍。龍有升龍降龍，則諸侯不得與天子同，故直有升龍也。至於天子，旌旂有日月星辰，故諸侯旌旂無日月星，故龍有升降也。象升朝天子，象下復還國也。云「孤卿不畫」者，謂不畫異物帛而已。云「言奉王之政教而已」者，以其直有時王政教，故云奉王之政教而已。云「大夫士雜帛」者，謂中央赤，旁邊白。白是先王殷之正色，而在旁，故云以先王正道佐職也。云「師都，六鄉六遂大夫也。謂之師都，都，民之所聚也」者，以師，衆也，都，聚也，主鄉遂民衆所聚，故謂之師都也。六鄉大夫皆卿，六遂大夫皆大夫也。卿合建旃，〔五二〕大夫合建物，今揔建旗，以其領衆在軍爲將，故同建熊虎之旗。故鄭云「畫熊虎者，鄉遂出軍賦，象其守猛，莫敢犯也」。云「州里、縣鄙，鄉遂之官」者，州是鄉之官，里與縣鄙是遂之官，故揔言鄉遂之官。云「互約言之」者，遂之里是下士，得與鄉之州中大夫同建旟，則知鄉之閭亦得與遂之縣同建旐也。遂之鄙得與縣同建旐，鄉之黨亦得與州同建旟可知，是互也。言「約」者，鄉之族上從黨同建旟，比上從閭同建旐也。遂之鄰上從鄙同建旐，〔五三〕鄰上從里同建旟，是約也。但族師已下〔五三〕并鄙師已下，〔五四〕皆是士官，雖與在上大夫同建，其刃數則短，當三刃已下。云「鳥隼，象其勇捷也」者，熊虎龜蛇，皆二物相對，則此鳥隼亦別物。若然，則鄭以勇解隼，故王制云「鷹隼擊，〔五五〕然後罻羅設」，是隼勇也。以捷解鳥，鳥亦謂捷疾者也。云「龜蛇，象其扞難避害也」者，龜有甲，能扞難，蛇無甲，見人避之，〔五六〕是避害也。云「道車，象路也」者，案巾車云「象路建大赤以朝，朝所以行道」，故謂象路爲道車。是以士冠記及郊特牲皆云：「牟追，夏后氏之道。章甫，殷道。委貌，周道。」是與在朝服乘者皆從道，〔五七〕故知道車是象路，但在朝則建大赤，今以朝夕燕出入，則建旞也。鄭知斿車是木路者，〔五八〕巾車云「木路以田」，是斿樂之所。囿人掌囿斿之獸禁，是知斿車是木路也。但正田獵時建大麾，〔五九〕今以小小田獵及巡行縣鄙，則建旌爲異耳。云「全羽析羽五色，象其文德也」者，此羽是鍾氏所染鳥羽，象翟羽而用，故知皆五色，以象文德也。云「大閱，王乘戎路，建大常焉，玉路金路不出」者，鄭據此文大閱之時，王乘戎路，金玉之路不出，其祀帝於郊及乘車之會，金路玉路皆出也。

皆畫其象焉，官府各象其事，州里各象其名，家各象其號。事、名、號者，徽識，所以題別衆臣，〔六〇〕樹之於位，朝各就焉。覲禮曰：「公、侯、伯、子、男，皆就其旂而立。」此其類也。或謂之事，或謂之名，或謂之號，異外內也。三者旌旗之細也。士喪禮曰：「爲銘，各以其物。亡則以緇長半幅，赬末長終幅，廣三寸，書名於末。」此蓋其制也。徽識之書，則云某某之事，某某之名，某某之號。今大閱禮象而爲之。兵，凶事，若有死事者，亦當以相別也。杜子春云：「畫當爲書。」玄謂畫，畫雲氣也。異於在國，軍事之飾。○題別，彼列反。下相別同。亡則音無。

「皆畫」至「其號」　上云旌旗之大，此言旌旆之細者也。〔六一〕云「皆畫其象焉」，與下爲目，此則官府已下三象是也。

注「事名」至「之飾」　鄭云「事、名、號者，徽識」者，大傳云「殊徽號」，昭公二十一年，宋廚人濮曰：「揚徽者，公徒也」，是名徽也。詩六月云「識文鳥章」，箋云「識，徽識」，是名識也。今鄭合而言之，故云徽識也。云「所以題別衆臣」者，此經雖爲軍事而言，而云題別衆臣者，亦據在朝位而言也。故鄭即言「樹之於位，朝者各就焉」，而引覲禮爲證也。案覲禮，秋覲在廟，諸侯前期，皆受舍於朝。文王廟外，上介樹君之旂於位。明日公侯伯子男入，〔六二〕各就其旂而立，即此經象，故云此其類。云「或謂之事，或謂之名，或謂之號，異外內也」者，官府在朝，是內，其州里在百里、二百里，家在三百、四百里、〔六三〕五百里，並是外也。云「三者旌旗之細也」者，對上大常已下，爲旌旗之大者也。云「士喪禮曰，爲銘各以其物」者，謂爲銘旌，各以生時物，王則大常已下爲之。云「亡則以緇長半幅」者，謂不命之士，生時無旌旗者，故云亡也。以緇縿長半幅，長一尺也。云「赬末長終幅，廣三寸」者，以赤縿爲之，長二尺，廣三寸。云「書名於末」者，書死者名於廣三寸之上。云「此蓋其制也」者，此在朝表朝位，其銘旌制亦如此。案：禮緯云：「天子之旌高九刃，諸侯七刃，大夫五刃，士三刃。」案士喪禮「竹杠長三尺」，則死者以尺易刃，天子九尺，諸侯七尺，大夫五尺，士三尺，其旌身亦以尺易刃也。若然，在朝及在軍，綴之於身亦如此，故云蓋其制也。云「徽識之書，則云某某之事」者，官府天官在軍，當云大宰之下，某甲之事。地官之下，當云大司徒之下，某甲之事。餘四官之下皆然。云「某某之名」者，此據州里而言，假令六鄉之下，則言某鄉之下某甲之名。若六遂之下，當云某遂之下某甲之名也。云「某某之號」者，此據都家之內，假令三百里大夫家之下，當云某家之下某甲之號。

此三者則徧其畿内矣。云「今大閲禮象而爲之」者，此在軍之旌，綴於身，大小象銘旌及在朝者爲之。〔六四〕云「兵，凶事」者，隱公傳云：「兵，凶器。戰，危事」，危事亦是凶事也。〔六五〕杜子春破「畫」爲「書」，後鄭不從，還從畫雲氣者，案：鄉射記云：「凡畫者丹質，則射侯之等，皆有畫雲氣之法。」明此經所云畫者，畫雲氣也。云「異於在國，軍事之飾」者，覲禮及銘旌皆不云畫，以其在國，質故也。惟在軍畫之，故云軍事之飾，文也。

凡祭祀，各建其旗。王祭祀之車則玉路。

注「王祭」至「玉路」　鄭云「王祭祀之車則玉路」者，偏據王而言。云乘玉路，則建大常。經云各建其旗，則諸侯已下所得路各有旗。案上文，諸侯建旂，大行人云「建常九斿」，雖言常，皆是交龍爲旂。散文通，故名旂爲常。孤卿則旜，大夫則物，故言各建其旗也。

會同、賓客，亦如之，置旌門。賓客、朝覲、宗遇，王乘金路，巡守、兵車之會，王乘戎路，皆建其大常。掌舍職曰「爲帷宮，設旌門」。

注「賓客」至「旌門」　鄭知「賓客、朝覲、宗遇，王乘金路」者，見齊僕云「掌馭金路以賓」，又齊右亦云「會同賓客前齊車」，齊車即金路。朝覲宗遇即會同，故揔以金路解之也。知「巡守、兵車之會，王乘戎路」者，以其同是軍事，故知亦皆乘戎路也。知「皆建其大常」者，此大閲禮王建大常，即知巡守、兵車之會皆建大常也。云「掌舍職曰，爲帷宮，設旌門」者，彼注云「謂王行晝止」，〔六六〕「則樹旌以爲門」。彼官樹之，此官供旌。

大喪，共銘旌，銘旌，王則大常也。士喪禮曰「爲銘各以其物」。

建廞車之旌，及葬，亦如之。葬云建之，則行廞車解說之。○解說，吐活反。

「建旞」至「如之」　此謂在廟陳時建之，謂以旞旌建於遣車之上。及葬亦如之，此謂入壙亦建之。

注「葬云」至「説之」　鄭云「葬云建之，則行旞車解説之」者，此釋經「及葬亦如之」，在廟陳時云建，葬時亦建，則惟有在道去之，使人各執遣車，又當各執旞旌，是行旞車解説之也。

凡軍事，建旌旗；及致民，置旗，弊之。始置旗以致民，民至仆之，誅後至者。○弊之，婢世反，劉薄計反。仆之，薄北反，一音赴。

「凡軍」至「弊之」　云「凡軍事，建旌旗」者，當大司馬欲致衆之時，司常建之，此言爲及致而設。

注「始置」至「至者」　云「始置旗以致民」者，解經「及致民，置旗」也。又云「民至仆之，誅後至者」，釋經「弊之」。

甸，亦如之。○甸亦，音田。

「甸亦如之」　上云軍事，謂出軍征戰。今此云「甸」，謂四時田獵。言「亦如之」者，亦如上建旌及致與弊之也。

凡射，共獲旌。獲旌，獲者所持旌。○獲旌，如字，李一音胡霸反。

「凡射共獲旌」　言「凡射」者，言大射、賓射及燕射皆共之。

注「獲旌」至「持旌」　謂若大射，服不氏唱獲所持之旌，三侯皆有獲旌也。

歲時共更旌。取舊予新。

「歲時共更旌」　謂受官旌旗用之者，歲之四時來换易，則司常取彼之舊與此之新也。

都宗人，掌都祭祀之禮。凡都祭祀，致福于國。都或有山川及因國無主九皇六十四民之祀，王子弟則立其祖王之廟，其祭祀王皆賜禽焉。主其禮者，〔六七〕警戒之，糾其戒具，其來致福，則帥而以造祭僕。

注「都或」至「祭僕」　知都有山川者，見祭法云：「山川丘陵能興雲雨，諸侯在其地則祭，〔六八〕無其地則不祭。」都祀畿內諸侯，〔六九〕明亦祭境內山川也。云「及因國無主九皇六十四民之祀」者，案：王制云：「天子諸侯，祭因國之在其地而無主後者。」注云：「謂所因之國，先王先公有功德，宜享世祀，今絕無後，爲之祭主者。」案史記，伏羲已前，九皇六十四民，並是上古無名號之君。〔七〇〕絕世無後，今宜主祭之也。云「王子弟則立其祖王之廟」者，左氏傳莊二十八年云：「邑，有先君之主曰都。」明天子禮亦然。故知都內王子弟有祖王之廟也。〔七一〕云「其祭祀王皆賜禽焉」者，見祭僕云「王所不與，則賜之禽，都家亦如之」。玄謂「王所不與，同姓有先王之廟」。是賜禽法。云「其來致福，則帥而造祭僕」知者，見祭僕云：「凡祭祀致福者，展而受之。」是造祭僕之事。

正都禮與其服。禁督其違失者。服謂衣服及宮室車旗。

注「禁督」至「車旗」　鄭云「禁督其違失者」，解經「正都禮」，禮中所含者多，故揔以違失解之。云「服謂衣服及宮室車旗」者，解經「與其服」，鄭并言宮室車旗者，經雖直舉其服，服中可以兼宮室車旗，是以下文家宗人兼言宮室車旗之禁，明衣服之外，〔七二〕揔須正之。

若有寇戎之事，則保羣神之壝。守山川、丘陵、墳衍之壇域。○壝，唯癸反，劉欲鬼反。

注「守山」至「壇域」　此經所云，據寇戎從外而入，故先保在郊之神位而言，是以鄭云「守山川、丘陵、墳衍之壇域」

也。案小宗伯云「兆山川丘陵於四郊」，彼雖不言壝衍，壝衍之位，亦在四郊，皆須保之。言「壝」者，謂於中爲壇，四畔爲壝，舉壝則壇見矣。

國有大故，則令禱祠；既祭，反命于國。令，令都之有司也。祭謂報塞也。反命，還白王。○禱祠，本亦作禱，丁老反，一音丁報反。報塞，西代反。

注「令令」至「白王」　鄭知所令，令有司者。此都宗人是王家之官，王命使禱祠，是都内之事，明所令，令都内之有司，有事於神者也。云「祭謂報塞也」者，凡祈福曰禱，至於得福則曰祭，當與正祭同名祭，則是經言祭，據報塞而言也。云「反命，還白王」者，本以禱祠爲奉王命，今祭訖，反以王命還白於王，故言還白王也。

家宗人，掌家祭祀之禮。凡祭祀，致福。大夫采地之所祀，與都同。若先王之子孫，亦有祖廟。

注「大夫」至「祖廟」　鄭云「大夫采地之所祀」者，則家止謂大夫，不通公卿也。故載師職云：「家邑任稍地，小都任縣地，大都任畺地。」是大夫采地稱家，在三百里之内。卿爲小都，在四百里。公爲大都，在五百里。則上都宗人所主是也。言「所祀，與都同」者，據山川、九皇六十四民在其地者。云「若先王之子孫，亦有祖廟」者，亦如上都宗人，但天子與諸侯禮異。諸侯之卿大夫同姓，邑有先君之主則曰都，無曰邑。天子之臣，同姓大夫，雖有先君之主，亦曰邑也。此不言凡家祭祀致福于國者，舉都而言，此家從可知。

國有大故，則令禱祠，反命。祭亦如之。以王命令禱祠，歸白王；〔七三〕於獲福，又以王命令祭之，還又反命。

「國有」至「如之」　云「則令禱祠，反命」者，王以命令禱祠，禱祠訖，反命於王，〔七四〕則與上文都宗人既祭反命于國爲一也。此更言「祭亦如之」者，與上異，則此是禱祠訖，王復更有命祭，祭訖，亦反命。然彼此無異，但文有詳略，則彼亦有此王命更祭之法，文不具也。

掌家禮與其衣服、宫室、車旗之禁令。掌亦正也。不言寇戎保羣神之壝，則都家自保之，都宗人所保者謂王所祀，明矣。

注「掌亦」至「明矣」　云「掌亦正」者，都宗人云「正」，故知此「掌」與彼「正」同。云「不言寇戎保羣神之壝，則都家自保之」者，此鄭都家自解者，〔七五〕鄭欲釋經二處互見其文。何者？彼經言「若有寇戎之事，則保羣神之壝」者，據王所命祀者而言，則此家宗人亦有王所命祀者，家宗人亦保之可知。此家宗人不言寇戎保羣神之壝者，是王所不祀，家宗人自保之，則都宗人亦有王不祀者，都宗人自保之可知，故鄭二者雙言之。云「都宗人所保者，謂王所祀明矣」者，以王所不祀，宗人不保之，明宗人保者，王所祀也。

凡以神仕者，〔七六〕掌三辰之灋，以猶鬼神示之居，辨其名物。猶，圖也。居謂坐也。天者，羣神之精，日月星辰其著位也。以此圖天神人鬼地祇之坐者，謂布祭衆寡與其居句。孝經説郊祀之禮曰：「燔燎埽地，祭牲繭栗，或象天酒旗坐星，厨倉具黍稷布席，極敬心也。」言郊之布席，象五帝坐。〔七七〕禮祭宗廟，序昭穆，亦又有似虚危。則祭天圜丘象北極，祭地方澤象后妃，及社稷之席皆有明法焉。國語曰：「古者民之精爽不攜貳者，而又能齊肅中正，其知能上下比義，其聖能光遠宣朗，其明能光照之，其聰能聽徹之，如是則神明降之，在男曰覡，在女曰巫，是之使制神之處位次主，而爲之牲器時服。」巫既知神如此，又能居以天法，是以聖人用之。〔七八〕今之巫祝，既闇其義，何明之見？何法之行？正神不降，或於淫厲，苟貪貨食，遂誣人神，〔七九〕令此道滅，痛矣。○居句，紀慮反，下紀具反。繭栗，工典反。齊肅，側皆反。其知，音智。曰覡，胡歷反，李音胡隔反。令此，力呈反。

「凡以」至「名物」　序官注云：「神士者，男巫之俊。」知是巫者。此中掌三辰之法，以猶鬼神祇之居。案：外傳云：「在男曰覡，在女曰巫。」使制神之處位次主之度，與此文合，故知此神仕是巫。

注「猶圖」至「痛矣」　云「天者，羣神之精，日月星辰其著位也」者，鄭以經直見三辰，不言天者，天體無形，人所不覩，惟覩三辰，故鄭云天者羣神之精，日月星辰是其著位者也。云「以此圖天神人鬼地祇之坐」者，謂布祭衆寡與其居句者，鄭意鬼神祇之居止，是布祭於神，神有衆寡多少，或居方爲之，或句曲爲之也。引孝經説郊祀者，援神契文。敢問章云：「周公郊祀后稷以配天。」云「郊祀之禮，燔燎埽地」已下至「敬心」之言，釋之也。「言郊之布席」已下，是鄭君語。云「郊之布席，象五帝坐」者，案天文有五帝坐星，東方蒼帝靈威仰，南方赤帝赤熛怒，中央黄帝含樞紐，西方白帝白招拒，北方黑帝汁光紀。各於其面，是布神坐也。云「禮祭宗廟，序昭穆」者，文二年，〔八〇〕「大事於大廟」，毁廟之主陳於大祖，未毁廟之主皆升合食。昭南面，穆北面，是人鬼之席坐也。云「亦又有似虚危」者，虚危有墳墓四司，又爲宗廟，布席象之，故云又有似虚危也。云「則祭天圜丘象北極」者，北極有三星，則中央明者爲大一常居，傍兩星爲臣子位焉。云「祭地方澤象后妃」者，天有后妃四星。天子象天，后象地，后妃是其配合也。云「及社稷」者，天有天社之星，〔八一〕祭社之位象焉，故云「及社稷之席」。「之席」之言，結五帝已下也。孝經説云「祭牲繭栗」者，據祭地，「或象天酒旗坐星」。酒旗，星名。云「厨倉具黍稷」者，厨倉亦星名。言厨倉所以具黍稷以祭祀。云「布席，〔八二〕極敬心也」者，揔結語也。「國語曰」以下者，欲見巫能制神之處位者，心由精爽之意。云「精爽不携貳」者，言其專一也。云「上下比義」者，上謂天神，下謂地神，〔八三〕能比方尊卑大小之義，言聖能通知神意。云「神明降之」者，正謂神來降於其身。言「在男曰覡，在女曰巫」者，男子陽，有兩稱，名巫，名覡。女子陰不變，直名巫，無覡稱。言「今之」已下，欲言今世邪巫誑惑世間之事，故鄭痛之。

以冬日至致天神人鬼，以夏日至致地示物鬽，以禬國之凶荒、民之札喪。天、人，陽也。地、物，陰也。陽氣升而祭鬼神，陰氣升而祭地祇物鬽，所以順其爲人與物也。致人鬼於祖廟，致物鬽於墠壇，蓋用祭天地之明日。百物之神曰鬽。春秋傳曰「螭鬽魍魎」。杜子春云：「禬，除也。」玄謂此禬讀如潰癰之潰。〔八四〕

○物鬽，眉祕反。以禬，依注胡對反，劉又户外反。之札，側八反，又音截。於墠，音善。螭鬽，勑知反。

「以冬」至「札喪」 言以冬日至、夏日至，此則大司樂云「冬日至，於地上之圜丘奏之，若樂六變，天神皆降。夏日至，於澤中之方丘奏之，地祇皆出」，是也。但其時天之神地之祇皆降，仍於祭天之明日，更祭此等小神祇，故於此別之也。

注「天人」至「之潰」 鄭云「天人，陽也」者，此解冬日至祭天神人鬼之意。以其陽，故十一月一陽生之月，當陽氣升而祭之也。云「地物，陰也」者，此解夏日至祭地示之意。以其陰，故五月一陰生之日，當陰氣升而祭之也。云「所以順其爲人與物也」者，各順陰陽而在冬夏至也。云「致人鬼於祖廟，致物鬽於墠壇」，此鄭惟釋人鬼物鬽，不言致天神之處者，文略。亦當在墠壇也。云「蓋用祭天地之明日」者，當冬至夏至之日，正祭天地之神示，事繁，不可兼祭。此等，雖無正文，〔八五〕鄭以意量之，故云蓋用祭天地之明日也。云「百物之神曰鬽。春秋傳曰『螭鬽魍魎』」者，案：左氏宣公三年，楚子問鼎之大小輕重，王孫滿對曰：「夏之方有德也，遠方圖物，貢金九牧，鑄鼎象物。故民入川澤山林，不逢不若。螭魅罔兩，莫能逢之。」服氏注云：「螭，山神，獸形。〔八六〕魅，怪物。罔兩，木石之怪。」文十八年注：「螭，山神，獸形。或曰如虎而噉虎。或曰魅，人面獸身而四足，好惑人，山林異氣所生，爲人害。」如賈、服義，與鄭異。鄭君則以螭鬽爲一物。故云百物之神曰鬽。引春秋螭鬽以證之。經無魍魎，連引之，以國語「木石之怪夔魍魎」，賈、服所注是也。杜子春云：「禬，除也。」後鄭云「此禬讀如潰癰之潰」者，就足子春之義。以其癰潰則濃血除，故讀從之。云此「禬」讀從「潰」，言此以對彼。彼大祝云「類造禬禜」之禬，禬爲會合之義，不爲潰也。

校勘記

〔一〕木車蒲蔽犬褀尾櫜　「褀」，唐石經、婺、建、阮本同，釋文及余本作「複」。阮校云，説文引此，「褀」作「幦」，禮注、既夕禮記、玉藻、少儀皆同。蓋故書作「褀」，今書作「幦」，鄭從故書，許從今書也。

〔二〕服讀爲菔　婺、余、岳、嘉靖本同，建、阮本「菔」作「箙」。漢讀考云，刀劒短兵之衣字正當作「服」，既夕記「犬服」、「攝服」字祇作「服」是也。

〔三〕則木路漆之而已　阮本「已」作「盡」，誤。

〔四〕此木路對禫始有漆　「禫」，原作「禪」，據阮本改。

〔五〕先鄭云謂羸蘭車者　元、殿本同，正、閩、閩、阮本「羸」作「贏」。

〔六〕子春讀揟爲沙　阮本「讀」作「續」，誤。

〔七〕又以其尾爲戈戟之弢者　「弢」原作「彼」，據阮本改，下同。

〔八〕明褀與櫜共用犬　「犬」，原作「大」，據阮本改。

〔九〕證此二物爲緣之事也　元、殿本同。阮本「此」作「其」，疑非。

〔一〇〕案士喪有大服　孫詒讓云，「大服」疑「犬服」之誤，或以大小對言之。

〔一一〕皆以所飾爲名　「名」，原作「多」，據阮本改。

〔一二〕堊謂以白土爲飾　「白」，本作「句」，據阮本改。

〔一三〕大夫説經帶于廟門外　元、正、閩、閩、阮本同。浦鏜云：「丈」誤「大」。

〔一四〕杜子春轅讀爲華藻之藻　漢讀考云，疑當作「讀爲藻率之藻」，與典瑞、司几筵繅注同。下文直謂「華藻」，乃竟伸其義。

〔一五〕以鹿夏皮爲覆笭　「皮」，原作「反」，據婺、建、岳、阮本改。

〔一六〕駹車雚蔽　婺、建、岳、阮本同。阮校云，唐石經原刻「雚」，後磨改「萑」，釋文「雚」，葉鈔本作「萑」。

〔一七〕然複髤飾　漢讀考作「桼飾」，云古音次同桼，列女傳「漆室之女」或作「次室」，故書作「軟」，蓋本無車傍，轉寫誤加耳。杜氏易「次」爲「桼」，乃以髤桼訓其義。淺人改經作「髤」，誤。

〔一八〕髤爲軟　嘉靖、閩、監、毛本同，婺、建、余、岳、阮本「軟」作「軟」。阮校云「軟」誤。

〔一九〕龍讀爲駹　説文引此，「龍」作「駹」，與杜讀同。

〔二〇〕漆則成蕃　婺、建、嘉靖本同，余本「蕃」作「藩」，岳本作「藩」。阮校云，當從余本作「藩」。

〔二一〕以其席即上文雀　「雀」，閩、阮本同，監、毛本作「雚」。阮校云，「雀」蓋「萑」之譌。

〔二二〕孤乘夏篆　説文引此，「篆」作「軔」。

〔二三〕故書夏篆爲夏緣　漢讀考云，故書「夏緣」當作「夏緑」。下「緣，緣色」，亦當作「緑，緑色」。

〔二四〕夏赤也　諸本同。阮校云，「也」當「色」之譌。

〔二五〕篆讀爲圭瑑之瑑　漢讀考云，疑「讀爲」當作「讀如」。

〔二六〕棧車不革輓而漆之　婺、建、余、岳本同，嘉靖本「輓」作「鞔」，阮校云「鞔」是。

〔二七〕是以何草不黄詩云　「草」，原作「車」，據阮本改。

〔二八〕凡良至無常云凡者以其衆多故也此良車散車二者皆不在於服車五乘之等列作之有精麤故有良散之名　此一節四十三字，原闕，據阮本補。

〔二九〕使人次舉之以如墓也　婺、建、岳、阮本「人」下有「以」字，殆是。

〔三〇〕案冢人云　「冢」，原作「家」，據阮本改。

〔三一〕共其弊車　諸本同。葉鈔釋文「弊」作「敝」。

〔三二〕舊畫者更易以新者　「畫」，元、正、閩本同，閩、監、毛、阮本作「壞」。

〔三三〕聲且警衆　段玉裁云，「且」當「旦」之誤。

〔三四〕苹猶屏也　「屏」，原作「并」，據婺、建、岳、阮本改。

〔三五〕苹車當爲軿車　建、岳、阮本同，婺本「軿」作「駢」。

〔三六〕其字當爲萃　「萃」，婺、建、岳、阮本同。阮校云，此經五「萃」字皆當本作「卒」。

〔三七〕或爲此五兵解之　孫詒讓云，「五兵」下當有「車」字。

〔三八〕楚子使潘黨率游闕四十乘　「游」，元、阮本同，閩、殿本作「斿」，疑當作「遊」。

〔三九〕故知餘諸侯兵車並以廣車爲之避天子不得以戎路也　監、毛、殿本同，元、正、閩、閩、阮本無「廣車爲之」四字。

〔四〇〕未盡聞也者　「者」，原作「㚾」，據阮本改。

〔四一〕經不云戎路革路而云革車　監、毛、殿本同，元、閩、閩、阮本無「革車」二字。

〔四二〕通帛爲旜　説文引此作「通帛爲旃」，云「旃」或從亶作「旜」。

〔四三〕鄭據名者而揔言之　孫詒讓云，「名」當爲「多」。

〔四四〕則詩所云識文鳥章　孫詒讓云：「識」當爲「號」。

〔四五〕巾車及明堂位皆明大赤也　元、正、閩、閩、殿、阮本同。浦鏜云：「明」當「名」誤。

〔四六〕師都建旗　唐石經諸本同。説文引此，作「率都建旗」。漢讀考云：作「率」者故書，作「帥」者今書。王引之引王念孫云：「師」乃「帥」字之譌，下大司馬「師都載旜」亦當爲「帥都」。

〔四七〕斿車載旌　説文引作「游車載旌」。

〔四八〕象其勇捷也　「捷」，原作「揵」，據婺、建、岳、阮本改。

〔四九〕全羽析羽五色　下「羽」字原作「月」，據婺、建、岳、阮本改。

〔五〇〕故贊司馬頒旗物也　元、正、閩、閩、阮本脱「旗」字。

〔五一〕卿合建旃　「旃」，阮本同，閩、監、毛、殿本作「旐」，閩本作「旂」。案作「旃」是。

〔五二〕遂之鄰上從鄙同建旐　「鄰」，阮本作「粼」，非也，當據此正。

〔五三〕但族師以下　「但」，監、毛、殿本同，元、正、閩、閩、阮本作「俱」。當作「但」是。

〔五四〕并鄙師已下　元、殿本同。正、閩、閩、阮本「鄙師」作「都鄙」，疑誤。

〔五五〕故王制云鷹隼擊　閩、閩、阮本「鷹隼擊」作「鳩化鷹」，疑誤。

〔五六〕見人避之　元、閩、殿本同。正、閩、阮本「避」作「退」，疑誤。

〔五七〕是與在朝服乘者皆從道　「與」，原作「其」；「服」原作「股」，據阮本改。

〔五八〕鄭知斿車是木路者　「斿」，元、殿本同。阮本「斿」作「游」，此疏下同。

〔五九〕但正田獵時建大麾　元、閩、殿本同，正、閩、阮本「時」作「所」，疑誤。

〔六〇〕所以題别衆臣　盧文弨云，詩六月正義引此作「衆官」，「官」字是。孫詒讓云，「題」，詩疏作「顯」，「官」字未必是。

〔六一〕此言旌旆之細者也　元、正、閩、閩本同，毛、阮本「旆」作「旗」。

〔六二〕明日公侯伯子男入　阮本「入」作「人」，誤。

〔六三〕家在三百四百里　阮本「四」上有「里」字，當是。

〔六四〕大小象銘旌及在朝者爲之　「小」，原作「山」，據阮本改。

〔六五〕危事亦是凶事也　元、正、閩、閩、阮本無「危事」二字。

〔六六〕謂王行晝止　「晝」，原作「畫」，據毛本改。

〔六七〕主其禮者　「主」，原作「生」，據婺、建、岳、阮本改。

〔六八〕諸侯在其地則祭　元、閩、殿本同。閩、阮本「在」作「有」。疑誤。

〔六九〕都祀畿内諸侯　孫詒讓云，「祀」當爲「是」。

〔七〇〕並是上古無名號之君　「是」，原作「已」，據阮本改。

〔七一〕故知都内王子弟有祖王之廟也　「内」，原作「知」，據阮本改。

〔七二〕明衣服之外　「明」，原作「注」，據阮本改。

〔七三〕歸白王　「白」，原作「曰」，據婺、建、岳、阮本改。

〔七四〕王以命令禱祠禱祠訖反命於王　阮本「禱祠」二字原不重。

〔七五〕此鄭都家自解者　盧文弨云，「自」疑當作「揔」。

〔七六〕凡以神仕者　諸本同，唐石經「仕」作「士」。阮校云，作「仕」是，序官作「士」亦誤。

〔七七〕象五帝坐　「坐」，嘉靖本同。閩、阮本作「座」，疑非。

〔七八〕是以聖人用之　「用」，嘉靖本同，閩、阮本作「祭」，殆非。

〔七九〕遂誣人神　「遂誣」原倒，據婺、建、岳、阮本正。

〔八〇〕云禮祭宗廟序昭穆者者文二年　阮本「者」字不重，是也。

〔八一〕天有天社之星　上「天」字原作「又」，據阮本改。

〔八二〕云布席　「布」，原作「在」，據阮本改。

〔八三〕下謂地神　元、正、閩本同。閩、監、毛、殿本「神」作「祇」。

〔八四〕玄謂此禬讀如潰癰之潰　「癰」，嘉靖本同，余、閩、監、毛、阮本作「癰」。孫詒讓云，瘍醫、庶氏注「癰」亦并作「癰」，漢人隸變之字也。漢讀考云，「讀如」，疑當作「讀爲」。

〔八五〕雖無正文　殿本同。元、正、閩、閩、阮本無「正」字。

〔八六〕螭山神獸形　殿本同。元、正、閩、閩、阮本「形」作「彪」屬下讀，疑誤。

周禮注疏卷第三十三

夏官司馬第四

鄭云：「象夏所立之官。馬者，武也，言爲武者也。夏整齊萬物，天子立司馬，共掌邦政，政可以平諸侯，正天下，故曰統六師平邦國。」

惟王建國，辨方正位，體國經野，設官分職，以爲民極。乃立夏官司馬，使帥其屬而掌邦政，以佐王平邦國。政，正也，政所以正不正者也。孝經說曰：「政者，正也，正德名以行道。」

注「政正」至「行道」 爲正者，取平正之義。大司馬主六軍，所以正諸侯違王命不正者，故鄭云「所以正不正」，是以康子問政，孔子云：「子帥以正，孰敢不正。」云「孝經說」者，是孝經緯文。云「政者，正也，正德名以行道」者，亦是正者先自正已之德名以行道，則天下自然正。引之，以證正不正之事。

政官之屬：大司馬，卿一人。小司馬，中大夫二人。軍司馬，下大夫四人。輿司馬，上士八人。行司馬，中士十有六人，旅下士三十有二人。府六人，史十有六人，〔一〕胥三十有二人，徒三百有二十人。輿，衆也。行謂軍行列。晉作六軍而有三行，取名於此。○輿司馬，音餘，衆也。行司馬，户剛反，注同。行，行列也。

［疏］「政官」至「十人」　此序官從大司馬至府六人，其數與諸官同。自史以下則異，諸官皆云：「史十二人，胥十二人，徒百二十人。」獨此官「史十有六人，胥三十二人，徒三百二十人」。與諸官異者，以大司馬大摠六軍，軍事尚嚴，特須監察，故胥徒獨多。是以襄公三年六月，晉悼公會諸侯，盟于雞澤。〔二〕秋，晉侯之弟揚干亂行於曲梁，魏絳戮其僕。晉侯怒，對曰：「使臣斯司馬，臣聞師衆以順爲武。」是其尚嚴也。

注「輿衆」至「於此」　「輿，衆」者，案：左氏傳僖二十八年「晉侯聽輿人之誦」，是輿爲衆之義也。云「行謂軍行列」者，詩云「寘彼周行」，是行得爲行列。云「晉作六軍而有三行，取名於此」者，左氏僖二十八年云：「晉侯作三行以禦狄。」注云：「晉置上中下三軍，今復增置三行，避天子六軍之名。」以所加三軍者，謂之三行。彼名軍爲行，取於此行司馬之名也。

凡制軍，萬有二千五百人爲軍。王六軍，大國三軍，次國二軍，小國一軍。軍將皆命卿。二千有五百人爲師，師帥皆中大夫。〔三〕五百人爲旅，旅帥皆下大夫。百人爲卒，卒長皆上士。二十五人爲兩，兩司馬皆中士。五人爲伍，伍皆有長。軍、師、旅、卒、兩、伍，皆衆名也。伍一比，兩一閭，卒一族，旅一黨，師一州，軍一鄉，家所出一人。將、帥、長、司馬者，其師吏也。言軍將皆命卿，則凡軍帥不特置，選於六官、六鄉之吏。自鄉以下，德任者使兼官焉。鄭司農云：「王六軍，大國三軍，次國二軍，小國一軍，故春秋傳有大國、次國、小國。又曰：『成國不過半天子之軍。』周爲六軍，諸侯之大者三軍可也。」詩大雅常武曰：『赫赫明明，王命卿士，南仲大祖，大師皇父，整我六師，以脩我戎，既儆既戒，惠此南國。』大雅文王曰：『周王于邁，六師及之。』此周爲六軍之見于經也。春秋傳曰：『王使虢公命曲沃伯以一軍爲晉侯。』此小國一軍之見于傳也。百人爲卒，二十五人爲兩，故春秋傳曰『廣有一卒，卒偏之兩』。〔四〕○軍將，子匠反，凡軍將、將帥之類放此。師帥，所類反，下將帥之字皆同。爲卒，子忽反，後皆同。卒長，丁丈反，卷内不出者放此。一比，毗志反。大祖，音泰，下大師及下文大僕同。皇父，音甫。既儆，本亦作敬，京領反。見於，賢遍反，下同。廣有，光浪反。

「凡制」至「有長」　云此大國、次國、小國者，皆以命數同者軍數則同，則上公爲大國，侯伯爲次國，子男爲小國也。魯是侯爵，而魯頌云「公徒三萬」，注云：「萬二千五百人爲軍，大國三軍，合三萬七千五百人。言三萬者，舉成數也。」然當公之時，〔五〕其實二軍，故襄公十一年「作三軍」，則前無三軍矣。若僖公時有三軍，則中間應有合文。〔六〕注詩爲三軍者，作詩之人舉魯盛時而言。若然，魯公伯禽之時則三軍矣。魯語季武子爲三軍，叔孫昭子曰「不可」，〔七〕又云「今我小侯也」。明大侯之時有三軍矣。鄭荅林碩爲二萬之大數者，〔八〕以實言之也。此言「軍將皆命卿」，及「師帥皆中大夫」，「旅帥皆下大夫」，「卒長皆上士」，「兩司馬皆中士」，「伍皆有長」者，皆據在鄉爲鄉大夫、州長、黨正、族師、閭胥、比長時尊卑命數而言。伍皆有長，是比長下士，不言皆下士者，以衆多官卑，故略而不言也。

注「軍師」至「之兩」　鄭以經伍兩卒旅師軍皆據在鄉内民數而言者，以其凡出軍，皆據六鄉爲數，是以小司徒云「凡起徒役無過家一人」，是以鄭據在鄉之數，而以家出一人結之也。鄭云「言凡軍將皆命卿，則凡軍帥不特置，選於六官、六鄉之吏」者，〔九〕鄭言選於六官者，〔一〇〕謂王朝六卿，此六軍之將，還選六卿中有武者爲軍將也。又別言六鄉之吏者，據六鄉大夫及州長、〔一一〕黨正、族師、〔一二〕閭胥、比長中有武者，今出軍之時，〔一三〕還遣在鄉所管之長爲軍吏也。鄭必知還遣本長爲軍吏者，見管子云「因内政寄軍令」，且經並據在鄉時尊卑而言，故知因遣其鄉之官而領之也。是以州長職注云：「掌其戒令賞罰，則是於軍因爲師帥。」〔一四〕自黨已下，注皆云「因爲旅帥」、「因爲卒長」。閭胥已下，雖不言「因」，爲義可知。又云「自鄉已下，德任者使兼官焉」者，案：大司馬云「師都載旜，鄉遂載物」，鄭云：「鄉遂大夫，或載旜，或載物，衆屬軍吏，無所將。」則自鄉已下至伍長，有武德堪任爲軍之吏者，乃兼官。兼官者，在鄉爲鄉官，在軍爲軍吏。若無武德不堪任爲軍吏者，則衆屬他軍吏，身不得爲軍吏，是無所將也。是以詩云「韎韐有奭，以作六師」，鄭云「諸侯世子，除三年之喪，未遇爵命，服士服而來，時有征伐之事，天子以其賢，〔一五〕任爲軍將。」是代爲軍將之事。則王朝之官有武德者，皆可代爲軍吏也。先鄭云：「王六軍」已下復引諸文者，以當時有不信周禮者，故引爲證。言春秋有大國、有次國、有小國者，此非春秋正文。〔一六〕成三年：「冬十一月，晉侯使荀庚來聘，衛侯使孫良夫來聘，公問諸臧宣叔曰：『中行伯之於晉，其位在三。孫子之於衛也，位爲上卿，將誰先？』對曰：『次國之上卿，當大國之中，中當其下，下當其上大夫。小國之上卿，當大國之下卿，中當其上大夫，下當其下大夫。上下如是，古之制也。衛在晉，不得爲次國。晉爲盟主，其將先之。』丙午盟晉，丁未盟衛。」蓋指此爲大國、次國、小國也。云「又曰成國不過半天子之軍，〔一七〕周爲六軍，諸侯之大者三軍可也」者，襄十四年：「晉侯舍新軍，禮也。成國禮不過半天子之軍，周爲六軍，諸侯之大者三軍可也。」晉雖爲侯爵，以其爲霸主，〔一八〕得置三軍，故爲禮也。云「此周爲六軍之見于經也」者，此引春秋及大雅常武與文王，皆是正經，故云之見于經也。此經言「軍」，而詩云「師」者，此皆軍也。故鄭荅林碩云：「軍者，兵之大名，軍禮重言軍，爲其大悉，故春秋之兵，雖有累萬之衆，皆稱師。詩云『六師』，即六軍也。」然軍旅卒兩皆衆名，獨舉師者，案：易師彖云：〔一九〕「師貞，丈人吉，無咎」。軍二千五百人爲師，丈之言長也，以法度爲人之長，故吉無咎。謂天子諸侯而主軍，軍將皆命卿，天子六軍，兵衆之名移矣。正言師者，出兵而多，以軍爲名，次以師名，少旅爲名，言衆，舉中言之也。〔二〇〕由此言之，故以師爲大名。不言軍，爲其大悉。不言旅，爲其中。故以師表名，見其得中以兼上下言。軍以軍爲名，[一二]謂征伐。次以師爲名，謂君行師從。少以旅爲名，謂卿行旅從之時也。云「春秋傳曰：『王使虢公命曲沃伯以一軍爲晉侯。』此小國一軍之見於傳」者，莊十六年傳文。以其新并晉國，雖爲侯爵，以小國軍法命之，故一軍也。云「故春秋傳曰『廣有一卒，卒偏之兩。』」者，宣十二年，欒武子説楚之軍法云「其君之戎，分爲二廣」，服氏云：「左右廣各十五乘」。「廣有一卒」，服氏云：「百人爲卒，言廣有一卒爲承也。」[一三]「卒偏之兩」，服氏云：「五十人曰偏，二十五人曰兩。廣既有一卒爲承，承有偏，偏有兩，故曰卒偏之兩。」引之，以證卒是百人、兩爲二十五人意也。

一軍則二府，六史，胥十人，徒百人。

「一軍」至「百人」　此非常也，[一三]有軍則置之，無則已。府史不言府二人、史六人，而逆言其數者，欲見所置非常，故到言以見義也。

司勳，上士二人，下士四人，府二人，史四人，胥二人，徒二十人。故書勳作勛。鄭司農云：「勛讀爲勳。勳，功也。此官主功賞，故曰掌六鄉賞地之法以等其功。」○作勛，香云反。劉音訓。

「司勳」至「十人」　此已下六十官，以大司馬主軍法，所有軍事及武勇、官爵、賞賚、整齊之等皆屬焉。序官前後，亦不據尊卑，直取事急者居前，事緩者居後。是以司勳及馬質已下，皆士官而居前，射人、諸子、司士之等，大夫官而居後也。但司馬主征伐，軍無賞，士不往，凡軍以賞爲先。故僖二十八年秋，十月，[一四]晉文公獻俘、授馘、飲至、大賞。武王入殷，封功臣謀士，師尚父爲首，故司勳列位在前。上士二人爲官，下士四人爲之佐。府二人主藏文書，史四人作文書草。胥二人爲十長，徒二十人給徭役。

注「故書」至「其功」　先鄭不從古書「勛」而從「勳」者，勛是古字，從今之勳也。云「掌六鄉賞地之法以等其功」者，司勳職文。

馬質，中士二人，府一人，史二人，賈四人，徒八人。質，平也。主買馬，平其大小之賈直。〇賈四，音嫁，注及下同。

注「質平」至「賈直」　司馬者，主以供軍之用，馬質主平馬賈買之，故亦列職居前也。然不使與校人相近而在此者，平馬大小賈直，故使與量人相近故也。以其主司馬，故屬夏官。

量人，下士二人，府一人，史四人，徒八人。量猶度也，謂以丈尺度地。〇量人，音亮，或音良，下同。猶度，待洛反，下同。

注「量猶」至「度地」　在此者，以其掌營軍之壘舍，量其市朝州塗軍社之所里，〔二五〕其中雖有餘事，要以軍事爲重，故亦列職於此也。

小子，下士二人，史一人，徒八人。小子主祭祀之小事。

注「小子」至「小事」　在此者，以其職有掌小祭祀，羞羊肆、釁軍器、師田，掌斬牲徇陳之事，故屬此也。

羊人，下士二人，史一人，賈二人，〔二六〕徒八人。

「羊人」　羊久在此者，以其職有掌羊牲，及祭祀割牲等之事，羊屬南方火，司馬火官，故在此。案：説卦云「兑爲羊」，注云：「其畜好剛鹵。」又易説云：「大山失金雞，西嶽亡玉羊。」〔二七〕玉羊者，西嶽之精，而羊不在西方者，羊有二義。案：五行傳云：「視之不明，則有羊禍。」注云：「羊，畜之遠視者，屬視。」故列在夏官，兑爲羊，又屬西方也。

司爟，下士二人，徒六人。故書爟爲燋。杜子春云：「燋當爲爟，書亦或爲爟，爟爲私火。」玄謂爟讀如予若觀火之觀。今燕俗名湯熱爲觀，〔二八〕則爟火謂熱火與。○司爟，古喚反。爲燋，哉約反，李又音灼。若觀，古喚反，下同。火與，音餘。

注「故書」至「火與」　在此者，案：其職有行火之政令，火屬南方，故在此也。子春不從古書「燋」，還從「爟」。「爟爲私火」者，民間理爨之火爲私火，亦如後鄭爲熱火也。後鄭「讀如予若觀火」者，盤庚告其羣臣不欲從而匿情者，予若觀熱也。我有刑罰如熱火可畏。故引燕俗以湯熱爲觀，亦取熱火之義。後鄭云「謂熱火與」者，對秋官司烜氏「以夫燧取火於日」，中爲明者，爲冷火，破字爲疑，故云「與」也。孔安國以觀爲視，「我觀汝情如視火」，與鄭義異也。若然，司烜氏不在此者，彼取金義，故在秋官也。

掌固，上士二人，下士八人，府二人，史四人，胥四人，徒四十人。固，國所依阻者也。國曰固，野曰險。易曰：「王公設險，以守其國。」〔二九〕

注「固國」至「其國」　釋曰：云「固，國所依阻者也」者，欲見固據在國而言。云「國曰固，野曰險」者，對下文司險是在野之義也。以其掌固職云「掌脩城郭、溝池、樹渠之固」，並據國而言，司險職云「周知山林川澤之阻，而達其道路」，皆據在野而言，故知在野曰險。又引易者，易坎卦彖云：「天險，不可升。地險，山川丘陵，王公設險，以守其國。」引之證固是在國，王公設之以守國。若然，易云「王公設險」，〔三〇〕險即此固，以其言王公設之，非是在野自然之險者也。是對之則險固異，〔三一〕散則險固通名也。掌固、司險在此者取整齊之義故也。

司險，中士二人，下士四人，史二人，徒四十人。

掌疆，中士八人，史四人，胥十有六人，徒百有六十人。疆，界也。〇掌疆，居良反，注及後同。

「掌疆」至「十人」　釋曰：在此者，案：其職闕，雖未知其事，蓋掌守疆界，亦是禁戒之事，故在此也。

候人，上士六人，下士十有二人，史六人，徒百有二十人。候，候迎賓客之來者。

注「候候」至「來者」 在此者，案：其職云：「各掌其方之道治，與其禁令，以設候人。」是候迎賓客之事。故詩云「彼候人兮，荷戈與祋」，亦是武事，故在此也。

環人，下士六人，史二人，徒十有二人。環猶卻也，以勇力卻敵。○環人，户關反，劉户串反。郤也，起略反，下同。

注「環猶」至「卻敵」 在此者，案：其職云「掌致師，察軍慝」，皆是軍師之事也，故在此也。

挈壺氏，下士六人，史二人，徒十有二人。挈，讀如絜髮之絜。壺，盛水器也。世主挈壺水以爲漏。○挈壺，劉苦結反，一音結，又户結反。盛水，音成。

注「挈讀」至「爲漏」 在此者，案：其職云：「掌挈壺以令軍井，挈轡以令舍，挈畚以令糧。」又云：「凡軍事，懸壺，以序聚欜。」皆爲軍事，故在此也。鄭讀「挈」如絜髮之「絜」者，詩云「總角之宴」，毛傳云：「總角，結髮。」此鄭依毛傳絜即結之義也。鄭云「世主挈壺水以爲漏」者，以其稱「氏」，此則官有世功，則以官爲氏，故以世主解之也。

射人，下大夫二人，上士四人，下士八人，府二人，史四人，胥二人，徒二十人。

「射人」在此者，以其主射事。射即武事，故在此也。

服不氏，下士一人，徒四人。服不，服不服之獸者。

注「服不」至「獸者」在此者，以其服不服之獸，象王者伐叛柔服之義，故在此也。

射鳥氏，下士一人，徒四人。○射鳥氏，食亦反。

「射鳥氏」在此者，案：其職云：「掌射鳥。」亦是武事，在此宜也。

羅氏，下士一人，徒八人。能以羅罔捕鳥者。郊特牲曰：「大羅氏天子之掌鳥獸者。」○搏鳥，音博，一音付，本又作捕，音步。

注「能以」至「獸者」在此者，案：其職云：「掌羅烏鳥。」亦是武事，故在此也。引郊特牲云「大羅氏，天子之掌鳥獸者」，案：彼云：「大羅氏，天子之掌鳥獸者，諸侯貢屬焉。」彼大羅氏則此羅氏，爲一。彼稱大，對諸侯，此直曰羅氏，此無所對，故不稱大。此職唯羅鳥，不主獸，彼兼言獸者，諸侯所貢，鳥獸屬焉，則兼掌所貢之獸也。

掌畜，下士二人，史二人，胥二人，徒二十人。畜謂斂而養之。○掌畜，許六反，注同，劉許又反。

注「畜謂斂而養之」在此者，案：其職云：「掌養鳥而阜蕃教擾之。」〔三二〕是專養鳥，其職注謂「鵝鶩之屬」，是斂而養之。鳥是羽蟲，屬南方，故在此也。

司士，下大夫二人，中士六人，下士十有二人，府二人，史四人，胥四人，徒四十人。

「司士」在此者，以其職云「掌以德詔爵，以功詔祿」，與大司馬云「進賢興功」同，故列職於此也。

諸子，下大夫二人，中士四人，府二人，史二人，胥二人，徒二十人。諸子，主公卿大夫士之子者，或曰庶子。

注「諸子」至「庶子」在此者，案：其職云：「若有甲兵之事，則授之車甲。」故亦在此也。鄭云：「諸子，主公卿大夫士之子者。」案：其職云：「掌國子之倅。」倅，副代父者，是公卿大夫士之適子皆是倅，故鄭歷言之。云「或曰庶子」者，案：禮記燕義稱此諸子爲庶子，故言或曰，以其燕禮有庶子執燭之事，彼據諸子謂之庶子，〔三三〕故燕義兼説天子諸子之事，諸庶爲一，皆掌公卿大夫士之適，故通謂之庶子也。

司右，上士二人，下士四人，府四人，史四人，胥八人，徒八十人。右謂有勇力之士，充王車右。

注「右謂」至「車右」 在此者，王車之右，執干戈以衛王，亦是武事，故在此也。鄭知勇力者，其職云：「國之勇力之士能用五兵者屬焉。」鄭云：「選右當於中。」是用勇力充之者也。

虎賁氏，下大夫二人，中士十有二人，府二人，史八人，胥八十人，虎士八百人。不言徒，曰虎士，則虎士徒之選有勇力者。○虎賁，音奔，下同。

注「不言」至「力者」 在此者，亦衛守王，在此宜也。鄭云「不言徒曰虎士，則虎士徒之選有勇力者」，〔三四〕以其在胥下，例皆是徒，今不言徒而曰虎士，明先是徒之選有勇力者乃爲之，以當徒處。

旅賁氏，中士二人，下士十有六人，史二人，徒八人。

「旅賁氏」 在此者，案：其職云：「掌執戈盾，夾王車而趨，左八人，右八人，車止則持輪。」言旅，見其衆，言賁，見其勇。亦是衛守王事，故在此也。

節服氏，下士八人，徒四人。世爲王節所衣服。○世爲，于僞反。

注「世爲」至「衣服」 在此者，案：其職云：「郊祀，二人執戈，送逆尸，從車。」亦是武事，故在此也。鄭云「世爲王節所衣服」者，以其著服與王爲節而稱「氏」，故知官有世功則曰官族。然凡稱「氏」者，鄭雖不釋爲世功，但注有詳略，從可知也。

方相氏，狂夫四人。方相猶言放想，可畏怖之貌。○放想，方丈反，本或作旊，音同。

注「方相」至「之貌」 在此者，案：其職云：「蒙熊皮，黄金四目，玄衣朱裳，執戈揚盾。」可畏怖，亦是武事，故在此也。鄭云「方相猶言放想」者，漢時有此語，是可畏怖之貌，故云方相也。

大僕，下大夫二人；小臣，上士四人；祭僕，中士六人；御僕，下士十有二人，府二人，史四人，胥二人，徒二十人。僕，侍御於尊者之名，大僕其長也。

注「僕侍」至「長也」 在此者，凡言僕御者，是武衛之事。又大僕職「凡軍旅田役贊王鼓」，是凡僕御皆連類在此也。大僕已下四官因仍同府史之等者，大僕已下至御僕，乃是別職同官，故同府史也。小臣其職云：「掌王之小命，詔相王之小法儀。」祭僕其職云：「掌受命於王以視祭祀。」御僕其職云：「掌羣吏之逆及庶民之復。」大僕爲長，故連類在此。若然，府、史、胥、徒在御僕下者，是四官別職同官，故共府史胥徒也。

隸僕，下士二人，府一人，史二人，胥四人，徒四十人。此吏而曰隸，以其事褻。○事褻，息列反。

注「此吏」至「事褻」　在此者，以僕皆在此，故亦在此。但所掌事褻，故别官職，不屬大僕。鄭云「此吏而曰隸，以其事褻」者，此經言下士二人，即是吏。案：秋官有「罪隸」已下，是奴稱隸，以其掌褻，故與賤同稱隸也。

弁師，下士二人，工四人，史二人，徒四人。弁者，古冠之大稱。委貌、緇布曰冠。○弁師，皮彦反。大稱，尺證反。

「弁師」至「四人」　在此者，以夏物長大而盛壯，人年長大乃冠，以象夏，故不同司服在春官，而在此也。

注「弁者」至「曰冠」　案：禮記郊特牲及士冠記，〔三五〕皆云夏收、殷冔、周弁，三代皆祭冠，則弁亦冕也。即是六冕皆得稱弁。若然，皮弁、爵弁自然是弁，故鄭云「弁者，古冠之大稱」也。云「委貌、緇布曰冠」者，此二者對皮弁、爵弁、六冕唯曰冠。若散文亦得言弁，故司服云：「凡田冠弁服，凶事服弁服。」皆得言弁也。

司甲，下大夫二人，中士八人，府四人，史八人，胥八人，徒八十人。甲，今之鎧也。司甲，兵戈盾官之長。也○鎧也，苦愛反。戈盾，常允反，又音允。

注「甲今」至「之長」　在此者，其職雖闕，但甲者軍師所用，在此宜也。言「甲今之鎧」者，今古用物不同，其名亦異。古用皮謂之甲，今用金謂之鎧，從金爲字也。云「司甲兵戈盾官之長」者，以其此官下大夫，又在上，已下皆士官，故云長也。

司兵，中士四人，府二人，史四人，胥二人，徒二十人。

「司兵」 在此者，案：其職云：「掌五兵、五盾，及授兵，從司馬之法。」此亦爲軍事，在此宜也。

司戈盾，下士二人，府一人，史二人，徒四人。戈，今時句孑戟。○句子，古侯反，下音結。

「司戈」至「四人」 在此者，案：其職云：「祭祀，授旅賁殳、故士戈盾，授舞者兵。」皆武事，故在此也。

注「戈今時句孑戟」 案：冬官冶氏「爲戈戟」，戈則兩刃，長六尺六寸。戟則三刃，長丈六尺。形既不同，鄭云「戈句孑戟」而爲一物解之者，鄭舉漢法以況之，漢時見戈有旁出者爲句孑，亦名胡孑，〔三六〕故號戈爲句孑戟也。

司弓矢，下大夫二人，中士八人，府四人，史八人，胥八人，徒八十人。司弓矢，弓弩矢箙官之長。〔三七〕○矢箙，音服。

注「司弓」至「之長」 在此者，案：其職云：「掌六弓、四弩、八矢。」給武之所用，在此宜也。云「司弓矢，弓弩矢箙官之長」者，司弓矢下大夫，已下繕人、稾人皆士官，故得與之爲長也。鄭云：「司弓弩，即繕人也。」

繕人，上士二人，下士四人，府一人，史二人，胥二人，徒二十人。繕之言勁也，善也。

注「繕之」至「善也」　在此者，案：其職云：「掌王之用弓、弩、矢、箙。」亦是武事，故在此也。云「繕之言勁也，善也」者，以其所掌弓弩有堅勁而善，堪爲王用者，乃入繕人以共王，〔三八〕故鄭爲此解之也。

稾人，中士四人，府二人，史四人，胥二人，徒二十人。鄭司農云：「稾，讀爲芻稾之稾，箭幹謂之稾。」此官主弓弩箭矢，故謂之稾人。」○稾人，古老反。箭幹，如字，沈古旱反。

注「鄭司」至「稾人」　在此者，職云：〔三九〕「掌六弓、八矢、四弩。」是軍事所用，故在此也。先鄭云「箭幹謂之稾」，案：冬官矢人云：「以其笴厚，爲之羽深。」後鄭云：「笴讀爲稾，謂矢幹，古文假借字。」則此稾人非直掌矢稾，兼主弓弩矢服等，而云稾人者，以稾爲主耳。故云此官主弓弩箭矢，故謂之稾人。

戎右，中大夫二人，上士二人。古者，參乘。〔四〇〕此充戎路之右，田獵亦爲之右焉。○參乘，繩證反。

注「古者」至「右焉」　此戎右并下僕馭在此者，皆是防衛之官，故皆在此。云「古者參乘」者，若在軍爲元帥，則將居鼓下，將在中，御者在左。若凡平兵車，則射者在左，〔四一〕御者居中。若在國，則尊者在左，御者亦中央。其右是勇力之士，執干戈，常在左右。〔四二〕故云古者參乘也。云「此充戎路之右，田獵亦爲之右」者，案：巾車玉路有五，〔四三〕案：下文僕亦有五，唯此戎右已下有三，不見玉路祀之右，〔四四〕又不見木路田路之右，故以田戎相類，齊祀相因，故以類相兼，故戎右兼田右，齊右兼祀右。若然，僕有五，不兼者，僕難於右，是以六藝之中有五御，而不言右也。案巾車，玉路居前，戎路在後。此右在前，又戎右大夫，〔四五〕齊右下大夫，道右上士，戎右官人尊者，〔四六〕夏官主事尚威武，故戎右居前，使官尊也。

齊右，下大夫二人。充玉路金路之右。○齊右，側皆反，下齊僕并注同。

注「充玉路之右」充金路爲主，〔四七〕故云齊。案：曲禮云「立如齊」，注「齊謂祭祀時」。則齊雖施於祭前，當祭時亦名齊，故得兼金玉二路。而鄭不言，亦以其齊同故也。

道右，上士二人。充象路之右。

注「充象路之右」在朝所以行道，是以名車爲道車。以巾車五路差之，〔四八〕上已有玉、金、革、木之等，此道右，當充象路之右可知。不兼而官卑者，以其上四事行事簡，〔四九〕故使兼。此道右，日日視朝，〔五〇〕行事繁，故不兼。以其事卑於齊戎之等，故官亦卑也。〔五一〕

大馭，中大夫二人。馭之最尊。○大馭，音御。

注「馭之最尊」在此者，亦是衛守之事，在此宜也。云「馭之最尊」者，以其御玉路以祀，故云最尊。以是特尊，不與下同名僕，而謂之大馭也。若然，戎右在前，尚威武，此戎僕在前者，〔五二〕以其僕雖駕馭爲難，仍非武事，故退戎僕於後，進大馭於前也。仍尊戎僕在齊僕之上，而使中大夫爲之，與戎右尊卑同也。

戎僕，中大夫二人。馭言僕者，此亦侍御於車。〔五三〕

注「馭言」至「於車」　上大僕已下言「僕」，並是侍御之官稱僕。今此馭車之人亦言「僕」者，在車亦是侍御之類，故云「亦侍御於車」也。

齊僕，下大夫二人。古者王將朝覲會同，必齊，所以敬宗廟及神明。○朝覲，直遥反，後朝覲皆同。

注「古者」至「神明」　齊而敬神明者，案：曲禮下注云：「春夏受贄於朝，受享於廟，秋冬一受之於廟。」是朝覲敬宗廟。案覲禮及司儀，會同之時，設方明於壇上，設六玉以禮方明之神，是會同敬神明。巾車云：「金路，建大旂以賓。」則金路主爲賓路。賓路則諸侯與王行朝覲會同之禮，故鄭以朝覲會同以釋齊也。

道僕，上士十有二人。王朝朝莫夕，主御王以與諸臣行先王之道。○朝朝，上如字，下直遥反。莫夕，音暮。

注「王朝」至「之道」　案：上「齊右」已下至「齊僕」，皆二人，〔五四〕唯戎右與道僕人數多者，則戎右有所斬殺，故左氏傳晉縛秦囚，萊駒爲右，使萊駒斬之，故人多也。道僕所以特多者，以朝夕在朝，來往駕脱，難而且煩，故人最多也。鄭云「王朝朝莫夕主御」者，此釋人多之意。云「王以與諸臣行先王之道」者，此釋稱道之言也。

田僕，上士十有二人。

「田僕」人亦多者，王有四時之田，兼有園囿遊獵及取鮮獸之等，亦是事繁而難，故亦特多也。

馭夫，中士二十人，下士四十人。

「馭夫」案：其職云「掌馭貳車、從車、使車」之等，馭僕之類，故亦在此。馭夫摠六十人，案校人，「三乘爲皁，皁一趣馬。三皁爲繫，繫一馭夫。」則馬三十六匹一馭夫，計良二千一百六十匹，則六十馭夫。又駑六麗一師，六師一趣馬，六趣馬一馭夫，則一馭夫主四百三十二匹。駑千二百九十六匹，則馭夫三人，并前六十三人，與此不合者，蓋此序官脱三人也。

校人，中大夫二人，上士四人，下士十有六人，府四人，史八人，胥八人，徒八十人。校之爲言校也，（五五）主馬者必仍校視之。校人，馬官之長。○校人，户教反，字從木，若從手旁作，是比挍之字耳。今人多亂之，注校之、校人同。

「校人」至「十人」在此者，以馬共軍所用，故其職云：「凡軍事，物馬而頒之。」故在此。官特尊而多者，以王馬多故也。

注「校之」至「之長」　云「校之爲言校也」者，讀從曲禮與少儀效馬、效羊，取效見義，以其養官畜者必效見之。故鄭云：「主馬者必仍校視之。」仍者，相仍有時數數程見之也。〔五六〕云「校人馬官之長」者，與下趣馬至圉人爲長，有事皆取長官法度。

趣馬，下士，皁一人，徒四人。趣馬，趣養馬者也。鄭司農說以詩曰「蹶惟趣馬」。○趣馬，七口反，劉清須反，注同。皁一，才早反。趣養，清須反，又七口反，一音七句反。蹶惟，居衛反。

注「趣馬」至「趣馬」　在此者，案：其職云「掌正良馬而齊其飲食」，是以鄭云「趣馬趣養馬者」，故在此也。先鄭說以詩云「蹶惟趣馬」者，彼詩是剩幽王之詩，其詩臣名蹶，〔五七〕唯作趣馬之官，權寵之例，引以證趣馬是官名也。

巫馬，下士二人，醫四人，府一人，史二人，賈二人，徒二十人。巫馬，知馬祖、先牧、馬社、馬步之神者。馬疾若有犯焉則知之，是以使與醫同職。

「巫馬」至「十人」　巫知馬祟，醫知馬病，故連類在此也。有賈者，治馬死生，須知馬價，故有賈人也。

注「巫馬」至「同職」　「馬祖」之等，並在下文。有人犯者與爲祟，巫則知之，爲之謝過。必與醫同職者，巫言無祟，則是時氣及損傷，付醫治之，故二官同職也。

牧師，下士四人，胥四人，徒四十人。主牧放馬而養之。〔五八〕〇牧師，舊音目，劉音茂，沈音木。

注「主牧放馬而養之」 在此者，案：其職云「掌牧地」，是放馬，故與校人連類在此也。

廋人，下士，閑二人，史二人，徒二十人。廋之言數。〇廋人，所求反。數也，色主反，數之同。

注「廋之言數」 在此者，案：其職云「掌十有二閑之政，阜馬、佚特」之等，故與馬官連類在此也。

圉師，乘一人，徒二人。圉人，良馬匹一人，駑馬麗一人。養馬曰圉。四馬爲乘。良，善也。麗，耦也。〇圉師，魚呂反。乘一人，繩證反，注同。麗一人，如字，耦也。

「圉師」至「一人」 在此者，以其掌養馬也。

注「養馬」至「耦也」 在此者，案：其職云掌養馬芻牧之事，以役圉師，亦是爲馬，故亦連類在此也。

職方氏，中大夫四人，下大夫八人，中士十有六人，府四人，史十有六人，胥十有六人，徒百有六十人。職，主也，主四方之職貢者。職方氏，主四方官之長。

注「職主」至「之長」　在此者，司馬主九畿，職方制其貢，事相成，故在此。官尊而人多，以其主天下人民貢賦之事，事繁故也。云「主四方官之長」者，與下諸言方者爲長也。

土方氏，上士五人，下士十人，府二人，史五人，胥五人，徒五十人。土方氏主四方邦國之土地。

注「土方」至「土地」　在此者，案：其識云：「以土地相宅，而建邦國都鄙。」與職方連類在此也，故主四方邦國之土地。

懷方氏，中士八人，府四人，史四人，胥四人，徒四十人。懷，來也，主來四方之民及其物。

注「懷來」至「其物」　在此者，案：其職云：「掌來遠方之民，致方貢，致遠物。」故與職方連類在此也。

合方氏，中士八人，府四人，史四人，胥四人，徒四十人。合方氏主合同四方之事。

注「合方」至「之事」　在此者，案：其職云：「掌達天下之道路，通其財利，同其數器。」故注云「主合同四方之事」，故亦連類在此也。

訓方氏，中士四人，府四人，史四人，胥四人，徒四十人。訓，道也，主教道四方之民。○訓道，音導，下同。

注「訓道」至「之民」 在此者，案：其職云：「掌道四方之政事，與其上下之志，誦四方之傳道。」故注云「教導四方之民」，故連類在此也。

形方氏，中士四人，府四人，史四人，胥四人，徒四十人。形方氏，主制四方邦國之形體。

注「形方」至「形體」 在此者，案：其職云：「掌制邦國之地域，而正其封疆。」故注云「主制四方邦國之形體」，故其類在此。〔五九〕

山師，中士二人，下士四人，府二人，史四人，胥四人，徒四十人。

「山師」 在此者，案：其職云：「掌山林之名，辨其物與其利害，而頒之于邦國，使致其珍異之物。」案：王制云：「名山大澤不以封。」故天子立山師，以遥掌之，使貢，故與職方亦連類在此也。

川師，中士二人，下士四人，府二人，史四人，胥四人，徒四十人。

「川師」在此者，案：其職與山師同，故亦連類在此。

邍師，中士四人，下士八人，府四人，史八人，胥八人，徒八十人。邍，地之廣平者。○邍，音原。

注「邍地之廣平者」在此者，案：其職云：「掌四方之地名，辨其丘陵、墳衍、原隰之名。」故連類在此也。注云「邍，地之廣平者」，爾雅文也。

匡人，中士四人，史四人，徒八人。匡，正也，主正諸侯以法則。〔六〇〕

「匡人」至「八人」在此者，案：其職云：「掌達法則、匡邦國而觀其慝，使無敢反側，以聽王命。」注云「主正諸侯以法則」，故連類在此也。

撢人，中士四人，史四人，徒八人。撢人，主撢序王意，以語天下。○撢人，他南反，與探同。以語，魚據反。

注「撢人」至「天下」在此者，案：其職云：「掌誦王志，道國之政事，以巡天下之邦國而語之。」故注云：「主撢序王意，以語天下。」故連類在此也。

都司馬，每都上士二人，中士四人，下士八人，府二人，史八人，胥八人，徒八十人。都，王子弟所封及三公采地也。司馬主其軍賦。

「都司」至「十人」 言「每都上士二人」已下者，此王自以臣爲司馬，遥掌都内。故其職云：「掌都之士庶子及其衆庶、車馬、兵甲之戒令，聽於國司馬」，既是軍，故在此也。

注「都王」至「軍賦」 鄭據何知都唯有王子弟所封及三公采地，不通卿大夫者，案：司裘云：「諸侯則共熊侯、豹侯，卿大夫則共麋侯。」卿不入諸侯之中，故知義然。云「司馬主其軍賦」者，即司馬法云「成出士十人，徒二十人」之等，並是都司馬所主也。

家司馬，各使其臣，以正於公司馬。〔六一〕家，卿大夫采地。正猶聽也，公司馬，國司馬也。卿大夫之采地，王不特置司馬，各自使其家臣爲司馬，主其地之軍賦，往聽政於王之司馬。王之司馬其以王命來有事，則曰國司馬。

注「家卿」至「司馬」 云「家卿大夫采地」者，案：載師職「家邑任稍地」，謂大夫采地，「小都任縣地」，謂卿之采地；「大都任畺地」，謂三公采地。則卿入小都中。今此經直言「家」，而小都入家中，不在上都中者，司馬主軍事，嚴凝爲主，須辨尊卑，故依司裘卿與大夫不得稱諸侯者爲家，又不使王臣爲之也。若然，都宗人、家宗人及都士、家士皆使王臣爲之者，都家宗人有祖王之廟，九皇六十四民，王所當祭，故使王臣爲之。都家之士，以獄訟刑罪，王政之重，非王臣不決，故亦使王臣爲之，但非嚴凝，故卿入都耳。云「王之司馬其以王命來有事，則曰國司馬」

者，其職云「以聽於國司馬」，對此從下向上，則曰公司馬。

大司馬之職，掌建邦國之九灋，以佐王平邦國。平，成也，正也。

「大司」至「邦國」　此「九法」已下，皆言「邦國」，則施於諸侯爲主，故云邦國也。云「以佐王平邦國」者，九法以糾察諸侯，使之成正，故以平言之也。但此九法，據殷同之時建之，故大行人云「殷同以施天下之政」，注云：「政，謂邦國之九法。」則殷同之時，司馬明布告之，故云建也。

制畿封國，以正邦國。封，謂立封於疆爲界。○制畿，音祈。

「制畿」至「邦國」　謂制諸侯五百、四百里之等，各有封疆，界分乃得正，故云「以正邦國」。

設儀辨位，以等邦國。儀，謂諸侯及諸臣之儀。辨，别也，别尊卑之位。○别也，彼列反，下皆同。

注「儀謂」至「之位」　鄭知儀中有諸侯及諸臣者，以此經云等邦國。案：大行人云：「以九儀辨諸侯之命，等諸臣之爵。」鄭云：「九儀，謂命者五，公侯伯子男也；爵者四，孤卿大夫士也。」知九儀中唯有諸侯諸臣，無天子之臣。案大宗伯云「以九儀之命，正邦國之位」，注云「每命異儀」，則九儀之中，謂八命以至九命之儀。〔六一〕其中有六命、八命并九命作伯，兼有王臣，則與此異也。

進賢興功，以作邦國。興猶舉也。作，起也。起其勸善樂業之心，使不惰廢。○樂業，如字，又音洛。一音五教反。〔六二〕

「進賢」至「邦國」 「進賢」，謂臣舊在位，〔六四〕有德行者，在草萊有德行未遇爵命者，〔六五〕進之，使稱才任用。興，舉也。臣有功者，舉之亦使任用。行，起也。〔六六〕以臣有賢有功，舉之與官，則起邦國之內勸善樂業之心，使不惰廢善業也。

建牧立監，以維邦國。牧，州牧也。監，監一國，〔六七〕謂君也。維猶聯結也。○監國，古銜反。

「建牧」至「邦國」 二百一十國以爲州，州有牧，使維持諸侯。人一國立一監，〔六八〕以監察一國，上下相維，故云「以維邦國」也。此則大宰云「建其牧，立其監」，亦一也。

制軍詰禁，以糾邦國。詰猶窮治也。糾猶正也。○詰禁，去吉反。

「制軍」至「邦國」 案上文，大國三軍，次國二軍，小國一軍也。詰禁者，案：士師有「五禁」，天子禮。此諸侯國，亦當有五禁以相窮治、相糾正，故云「以糾邦國也」。

施貢分職，以任邦國。職謂賦稅也。〔六九〕任猶事也。事以其力之所堪。

「施貢」至「邦國」 施貢多少，據國地大小，故地官大國貢半，次國三之一，小國四之一，皆由天子施之。此大宰九貢，并小行人春令入貢，皆是歲之常貢，與大行人因朝而貢者異也。〔七〇〕分職者，即大宰所云九職是也。彼據畿內，此據諸侯。諸侯邦國亦由天子分之，使民有職業，因使稅之。所稅者市之以充貢。若然，言貢，據向天子而言；云稅，據民所爲爲說。事相因，皆所以任邦國，故云「以任邦國」也。

簡稽鄉民，以用邦國。簡謂比數之。稽猶計也。○鄉民，許亮反。

「簡稽」至「邦國」　注云「簡謂比數之，稽猶計也」，謂比數計會鄉民而用之，故云以用邦國也。

均守平則，以安邦國。諸侯有土地者均之，尊者守大，卑者守小。則，法也。

「均守」至「邦國」　言「均守」，謂五等諸侯有五等受地，「五百里」已下是均守也。「平則」者，則，法也，謂五等職貢之等，皆有常法，則邦國獲安，〔七一〕故云「以安邦國」。

比小事大，以和邦國。〔七二〕比猶親。使大國親小國，小國事大國，相合和也。易比象曰：「先王以建萬國，親諸侯。」○比小，毗志反，注同親也。

注「比猶」至「諸侯」　案司儀，有五等諸侯自相爲賓，亦有五等諸侯之臣相爲國客。案春秋，有小國朝大國，大國聘小國。故鄭云「使大國親小國」，釋經比小也。云「小國事大國」，釋經事大，使相合和，故云以和邦國也。引易比象者，其卦坤下坎上，坤爲土，坎爲水，水得土而流，土得水而柔，是水土和合。故象先王建萬國，親諸侯，謂法卦行事，使諸侯相親。引之者，證比小事大之義。

以九伐之灋正邦國；諸侯有違王命，則出兵以征伐之，所以正之也。諸侯之于國，〔七三〕如樹木之有根本，是以言伐云。○九伐，如字，劉扶發反。

注「諸侯」至「伐云」　鄭云「諸侯有違王命，則出兵以征伐之，所以正之也」者，此經與下文爲目，則下九者，皆是違王命者也。若然，案：下文九者，唯有「賊賢害民」一者稱「伐」，其餘八者皆不言伐。此經摠言伐者，侵、滅二者，亦是伐之例，其餘六者，皆先以兵加其境，服乃眚之、墠之、削之、正之、殘之、杜之，故皆以「伐」言之。云「諸侯之於國，如樹木之有根本，是以言伐云」者，案：月令孟夏云「無伐大樹」，孔子云：「伐一木，不以其時，非孝子。」是樹木稱伐。此九伐施於邦國，在於時會之時，是以大行人云：「時會以發四方之禁。」注云：「禁，謂九伐之法。」是當時會者也。

馮弱犯寡則眚之，〔七四〕馮猶乘陵也。言不字小而侵侮之。眚猶人眚瘦也。〔七五〕王霸記曰：「四面削其地。」○馮弱，皮冰反，馮猶乘陵。眚之，所景反。瘦，所又反。

注「馮猶」至「其地」 云「馮弱」，據以强陵弱。云「犯寡」，據以大侵小。如此者，眚瘦其地，使不得强大也。引「王霸記」者，其記王及霸事者。云「四面削其地」者，對下文削之者不四面削之爲異也。〔七六〕

賊賢害民則伐之，春秋傳曰：「粗者曰侵，精者曰伐。」又曰：「有鍾鼓曰伐。」則伐者，兵入其竟，鳴鍾鼓以往，所以聲其罪。○粗者，音麤，本亦作麤。其竟，音境。

注「春秋」至「其地」 云「賊賢」者，亂王所任，任同己者，〔七七〕如此，則賊虐諫輔，故云賊賢也。云「害民」者，以君臣俱惡，重賦多傜，其民被害，故曰害民。如此者，則聲鍾鼓伐之也。引「春秋傳」者，案：莊十年：「二月，公侵宋。」公羊傳曰：「觕者曰侵，精者曰伐。」何休云：「觕，麤也。」彼不言粗，此言粗者，鄭讀傳與何異，觕即粗，義亦同也。又曰「有鍾鼓曰伐」者，此莊二十九年夏，「鄭人侵許」，左氏傳曰：「凡師有鍾鼓曰伐，無曰侵。」引此二者，皆證侵輕伐重之義也。

暴内陵外則壇之，内謂其國，外謂諸侯。壇讀如同墠之墠。〔七八〕王霸記曰：「置之空墠之地。」鄭司農云：「壇讀從『憚之以威』之憚，〔七九〕書亦或爲墠。」玄謂置之空墠，以出其君，更立其次賢者。○則壇，依注作墠，音善。憚之以，徒旦反，下同，本或無之者。

「暴内」至「壇之」 「暴内」，即上云「賊賢害民」是也。「陵外」，即上云「馮弱犯寡」是也。上二文各有其一，故伐之、眚之，不奪其位。此則外内之惡兼有，〔八〇〕故壇之，奪其位，立其次賢。

注「内謂」至「賢者」　鄭云「讀如同墠之墠」，從金縢「三壇同墠」之墠。取其除地曰墠，謂置之空地。先鄭讀從「憚之以威」之憚，此罪既重，而直憚之，於義不可。故後鄭還從王霸記爲正。鄭知立其次賢者，以其古者不滅國，故知更立次已下賢子弟。

野荒民散則削之，荒，蕪也，田不治，〔八一〕民不附，削其地，明其不能有。○荒蕪，音無。

「野荒民散則削之」　古者量地以制邑，度地以居民。地邑民居，必參相得，無曠土，無遊民。今言「野荒民散」，由君政惡，民並適彼樂國，故民散而野荒，是其君不能有，故削之。

負固不服則侵之，負猶恃也。固，險可依以固者也。不服，不事大也。侵之者，兵加其竟而已，用兵淺者。詩曰：「密人不恭，敢距大邦。」

「負固不服則侵之」　謂倚恃險固，不服事大國，則以兵侵之，使弱其勢也。

注「負猶」至「大邦」　云「固，險可依以固者也」者，謂若僖四年，楚屈完云：「楚國方城以爲城，漢水以爲池，雖君之衆，〔八二〕無所用之。」是其負固不服也。云「不服，不事大」，即上云「比小事大」，是其服者也。云「用兵淺者」，對伐是用兵深者，以其罪輕，直侵之而已也。詩云者，大雅皇矣篇，引之者，證不服也。

賊殺其親則正之，正之者，執而治其罪。王霸記曰：「正，殺之也。」春秋僖二十八年冬，晉人執衛侯歸之于京師，坐殺其弟叔武。○坐殺，才卧反。

注「正之」至「叔武」　鄭云「正之者執而治其罪」者，其正未必即是殺，但賊殺其親，其罪尤重，故以正爲殺解之，是以王霸記以正爲殺也。引晉人執衛侯歸于京師，京師據洛邑而言也。云「坐殺其弟叔武」者，案彼傳，晉侯伐衛，衛侯出奔楚，〔八三〕晉侯敗楚於城濮。其弟以受盟，既受盟，國則無罪。衛侯即入，將入，與弟叔武爲期，衛侯先期入。叔武將沐，聞君至，喜，捉髮走出，前驅歂犬，射而殺之。衛侯知其無罪，枕之股而哭之。元咺舊在國，是叔武黨，見衛侯殺弟，遂訴衛侯於晉，晉以衛侯有罪，諸侯不相治罪，遂執衛侯歸於京師。時使醫衍酖衛侯，甯俞貨醫衍，薄其酖，不死。是坐殺弟，合正之事也。

放弒其君則殘之，放，逐也。殘，殺也。王霸記曰：「殘滅其爲惡。」○放弒，本又作殺，同音試。

注「放逐」至「爲惡」　鄭以逐解放，則若季氏逐昭公之類是也。鄭雖不解弒，弒其君，則若慶父弒二君，及崔杼弒君之類是也。鄭云「殘，殺」者，以殺解殘也。經本不云殺，不云滅，（八四）云殘者，蓋取殘賊殺之，殺之苦毒。故尚書梓材云「戕敗人宥」，注「戕，殘也」。又云「無胥戕，無胥虐」，注云「無相殘賊，無相暴虐」。是戕爲殘賊也。異義鄭君以爲左氏宣十八年秋七月，云「邾人戕鄫子于鄫」，傳曰「凡自內虐其君曰弒，自外曰戕」，即邾人戕鄫子是也。自內弒其君曰弒者，晉人弒其君州蒲是也。雖他國君，不加虐亦曰殺。若加虐殺之，乃謂之戕之，取殘賊之意也。若自上殺下及兩下自相殺之等，皆曰殺。若然，此經云殘者，是加虐殺之。雖非他國君，至於賊臣，亦云殘也。

犯令陵政則杜之，令猶命也。王霸記曰：「犯令者，違命也。陵政者，輕政法，不循也。」杜之者，杜塞使不得與鄰國交通。

注「令猶」至「交通」　鄭訓「令」爲「命」者，欲就王霸記之命解之爲王命之意也。但「犯命陵政」，是不受上命，不通之事。故還杜塞之，使不與四鄰交通。

外內亂，鳥獸行，則滅之。王霸記曰：「悖人倫，外內無以異于禽獸，不可親百姓，則誅滅去之也。」曲禮曰：「夫唯禽獸無禮，故父子聚麀。」○獸行，下孟反。悖人，必內反。去之，起呂反。夫唯，音符。聚麀，於牛反，牝鹿也。

注「王霸」至「聚麀」　外亂，謂若齊襄公淫於妹魯桓夫人文姜之等是也。〔八五〕内亂，謂家内，若衛宣公上烝父妾，下納子妻之等是也。引「曲禮」者，鹿之父子聚麀，獸之亂，不言鳥之亂，義可知，故略而不言也。案春秋公羊、左氏説，凡征戰有六等，謂侵、戰、伐、圍、入、滅。用兵麤觕，不聲鍾鼓，入境而已，謂之侵。侵而不服則戰之，謂兩陳交刃。戰而不服則伐之，謂用兵精而聲鍾鼓。伐而不服則圍之，謂帀其四郭。〔八六〕圍而不服則入之，謂入其四郭，取人民，不有其地。入而不服則滅之，謂取其君。此皆舉重而言，假令先入後滅，書入舉重，已外盡然。

正月之吉，始和布政于邦國都鄙，乃縣政象之灋于象魏，使萬民觀政象，挾日而斂之。以正月朔日布王政於天下，至正歲又縣政法之書。挾日，十日也。○乃縣，音玄，注同。治象，直吏反。挾日，子協反。

「正月」至「斂之」　「正月」，謂周正建子之月。「之吉」，謂朔日。「始和」，凡政有故，言始和者，若改造云耳。「布政于邦國都鄙」者，謂上九法、九伐，并下「凡令」以下，皆此時布之。邦國據畿外，都鄙據畿内。不言鄉遂及公邑布政可知，此則徧天下也。云「乃縣」已下，亦謂正歲乃縣之，一與大宰同，不復具釋也。

乃以九畿之籍，施邦國之政職。方千里曰國畿，其外方五百里曰侯畿，又其外方五百里曰甸畿，又其外方五百里曰男畿，又其外方五百里曰采畿，又其外方五百里曰衛畿，又其外方五百里曰蠻畿，又其外方五百里曰夷畿，又其外方五百里曰鎮畿，又其外方五百里曰蕃畿。畿猶限也，自王城以外五千里爲界，〔八七〕有分限者九。籍，其禮差之書也。政職，所共王政之職，謂賦稅也。故書畿爲近。鄭司農云：「近當言畿。春秋傳曰：『天子一畿，列國一同。』詩殷頌曰：『邦畿千里，維民所止。』」○有分，苻問反。所共，音恭。凡供字皆作共，後放此。

「乃以」至「藩畿」　「乃以九畿之籍」者，謂以面五千里爲九畿，皆有典籍之書，今大司馬以此籍書，施其政職之事於邦國諸侯也。云「方千里曰國畿」者，此據王畿內千里而言，非九畿之畿。但九畿以此國畿爲本，向外每五百里加爲一畿也。云「侯」者，候也，爲天子伺候非常也。云「甸」者，爲天子治田，以出賦貢。云「男」者，任也，任王者之職事。云「采」者，采取美物以共天子。云「衛」者，爲天子衛守。云「蠻」者，縻也，以近夷狄，縻繫之以政教。自此已上六服，是中國之九州。自此已外，是夷狄之諸侯。此蠻服，與大司徒云要服，亦一也。〔八八〕言「要」者，亦見要束以文教也。云「夷」者，以夷狄而得夷稱也。云「鎮」者，去中國稍遠，理須鎮守。云「蕃」者，以其最遠，故得蕃屏之稱。此三服揔號蕃服，故大行人云「九州之外謂之蕃國，世一見」，指此三服也。此九者，〔八九〕衛服之內各舉一邊而言，其實通稱，唯蠻服以外，直據彼爲號，不通中國之名也。

注「畿猶」至「所止」　云「王城以外五千里爲界」者，兩面相距，則方萬里，此則易之「一君二民」之地。若然，堯舜之時，固應萬里，而五服面二千五百里，兩面相距，止有五千里。無萬里者，此據未治洪水時，服各五百里。至禹治洪水之後，弼成五服，服加五百，則亦萬里。若孔君義則不然。若據鳥飛直路，此周之九服，亦止五千。若隨山川屈曲，則禹貢亦萬里，彼此不異也。云「九籍，其禮差之書也」者，〔九〇〕諸侯賦貢，多少有常，則大國貢半，次國三之一，小國四之一，是其禮差也。云「政職，所共王政之職，謂賦稅也」者，案：大宰云「以九職任萬民」，據畿內。此九職亦施與邦國，〔九一〕則此政職也。但施職事與之，使萬民勤職而出賦稅，諸侯得之，以半與三之一四之一，市取土毛以貢之，則禹貢「篚貢」是也。據民而出謂之賦稅，據諸侯所送謂之貢也。引春秋傳者，案：襄二十五年，鄭子産對晉云：「昔天子之地一圻，列國一同，今大國多數圻矣，若無侵小，何以至焉？」殷頌「邦畿千里」，是殷頌玄鳥詩之言，引此二者，證王畿千里之義。

凡令賦，以地與民制之。上地食者參之二，其民可用者家三人；中地食者半，其民可用者二家五人；下地食者參之一，其民可用者家二人。賦，給軍用者也。令邦國之賦，亦以地之美惡、民之衆寡爲制，如六遂矣。鄭司農云：「上地，謂肥美田也。食者參之二，假令一家有三頃，歲種二頃，休其一頃。下地食者參之一，田薄惡者所休多。」〇假令，力呈反。

「凡令」至「二人」　此文承上邦國之下而云「令賦」，是還據邦國諸侯而說也。此經有三等之地，案：小司徒注云：「有夫有婦，然後爲家。自二人以至於十人爲九等，七六五者爲其中。則地有上中下，各分爲三等。九等，則十口食上上，九口食上中，八口食上下，七人食中上，六人食中中，五人食中下，四人食下上，三人食下中，二人食下下。」又案：遂人，上地夫一廛，田百晦，萊五十晦，中地家二百晦，下地家三百晦，與此上地食者參之二合，故鄭云邦國如六遂矣。若然，則上地是上下之地，應家八人，一人爲家長，可任者當二家七人，〔九二〕今云家三人者，經欲互舉以明義，故以中地之上家七人，見出上地之下八人者，明亦有上地之中、上地之上。又言「下地食者參之一，其民可用者家二人」，地即據下地之上，人即據中地之下，家五人者，亦是互舉以明義，故地舉其下，人舉其中，欲見亦有下内三等其地及人也。先鄭云「食者參之二，假令一家有三頃，歲種二頃，休其一頃」者，舉上地，只應云一頃五十晦，而云三頃者，直取參之二，舉整言之，或并二家而說也。

中春，教振旅，司馬以旗致民，平列陳，如戰之陳。以旗者，立旗期民於其下也。兵者，守國之備。孔子曰：「以不教民戰，是謂棄之。」兵者凶事，不可空設，因蒐狩而習之。凡師出曰治兵，入曰振旅，皆習戰也。四時各教民以其一焉。春習振旅，兵入收衆專於農。平猶正也。○中春，音仲，下放此。列陳，直覲反，下之陳、可陳、陳前、徇陳、行陳、巡陳皆同，餘以意求之。蒐狩，所留反。

注「以旗」至「正也」 鄭云：「以旗者，立旗期民於其下也」者，謂大司馬素有田獵之期日，今至期日，立熊虎之旗於期處以集衆，故云期民其下。云「兵者，守國之備」者，鄭欲解田獵者所以習兵，故云兵是守國之備。〔九三〕引孔子語，欲見須田獵以教戰。云「兵者凶事」者，隱公傳文。〔九四〕云「不可空設，因蒐狩而習之」者，蒐狩，是田獵之名。欲行蒐狩，先芟草萊，教戰訖，乃入防田獵，故云因蒐狩而習之，是以書傳文：〔九五〕「戰鬭不可空習，故於蒐狩以閑之。」閑之者，習之。是其習兵因蒐狩也。云「凡師出曰治兵，入曰振旅，皆習戰」者，案：莊公八年正月，師次於郎，甲午，祠兵。公羊傳曰：「祠兵者何？出曰祠兵。」注云：「禮，兵不徒使，故將出兵，必祠於近郊，陳兵習戰，殺牲饗士卒。」又曰：「入曰振旅，其禮一也，皆習戰也。」左氏說「治兵於廟，禮也」，注云：「三年而治兵，與秋同名。兵革將出，故曰治兵。」穀梁傳亦云：「出曰治兵，習戰也。入曰振旅，習戰也。」鄭玄於異義駁不從公羊云祠兵，故云：「祠兵者，公羊字之誤，因而作説之。」亦不從左氏説治兵爲授兵於廟。云：「於周司馬職曰，仲夏教茇舍，仲秋教治兵，其下皆云如戰之陳。仲冬教大閱，脩戰法，虞人萊所田之野，乃爲之。如是，治兵之屬，皆習戰，非授兵於廟，又無祠五兵之禮。」是以爾雅釋天云：「出爲治兵，尚威武也。入爲振旅，反尊卑也。」言反尊卑者，出則壯者在前，老弱在後；入則壯者在後，老弱在前。是以鄭此云「振旅，兵入收衆專於農」也。云「四時各教民以其一焉」者，春教振旅，夏教茇舍，秋教治兵，至冬大閱，是各教民以一也。

辨鼓鐸鐲鐃之用，王執路鼓，諸侯執賁鼓，軍將執晉鼓，師帥執提，旅帥執鼙，卒長執鐃，兩司馬執鐸，公司馬執鐲。鼓人職曰：「以路鼓鼓鬼享，以賁鼓鼓軍事，〔九六〕以晉鼓鼓金奏，以金鐃止鼓，以金鐸通鼓，以金鐲節鼓。」鄭司農云：「辨鼓鐸鐲鐃之用，謂鉦鐸之屬。鐲讀如濁其源之濁。鐃讀如讙嘵之嘵。提讀如攝提之提，謂馬上鼓，有曲木提持鼓立馬髦上者，〔九七〕故謂之提。」杜子春云：「公司馬，謂五人爲伍，伍之司馬也。」玄謂王不執賁鼓，尚之於諸侯也。伍長謂之公司馬者，雖卑同其號。〔九八〕○辨鼓，如字，劉方免反。鐸，直各反。鐲，直角反。鐃，女交反。賁鼓，扶云反。將軍，如字，本或作軍將。執提，徒兮反。鼙，薄兮反。謂鉦，音征。讙，火官反。嘵，女交反。攝提，爾雅云：「大歲在寅曰攝提格。」

「辨鼓」至「執鐲」　此春夏秋三時各教其一，必春辨鼓鐸者，鼓，雷之類，象仲春雷發聲於外。言「辨鼓鐸鐲鐃之用」者，此句與下文爲揔目也。

注「鼓人」至「其號」　鄭引鼓人職者，欲見鼓人有六鼓四金，據本各依所用。今此所用，或有不依本者，以其唯賁鼓鼓軍事，是依本。王執路鼓，軍將執晉鼓等，並不依本用，而在軍兼用也。先鄭云「辨鼓鐸鐲鐃之用，謂鉦鐸之屬」者，案：司馬法云：「十人之長執鉦，百人之師執鐸，千人之師執鼙，〔九九〕萬人之主執大鼓。」義與此同，故引之爲證也。云「鐲讀如濁其源之濁」者，此讀取音同之義。濁其源者，淮南子云「濁其源，其流不清」，故讀從之。云「鐃讀如讙嘵之嘵」者，從毛詩云：「以謹讙嘵。」云「提讀如攝提之提」者，從爾雅云「寅爲攝提格」，取音同而已。云「提謂馬上鼓」者，此先鄭蓋據當時已有單騎，舉以況周。其實周時皆乘車，無輕騎法也。後鄭云「王不執賁鼓尚之於諸侯也」者，案鼓人職，賁鼓鼓軍事，計王在軍自爲元帥，〔一〇〇〕自合執賁鼓。今不執賁鼓者，見諸侯因朝而來，與王爲賓客，故讓之使執賁鼓，故云尚之於諸侯。王既不用賁鼓而用路鼓者，以其雷鼓、靈鼓，祭天地之鼓，不敢用，故用祭宗廟之路鼓也。軍將用晉鼓者，是鼓，金奏與諸相應故也，不用鼖鼓者，鼓役事之鼓，故不用。云「伍長謂之公司馬者，雖卑同其號」者，案諸官，大夫乃與大官同號，宰夫已下，并上士、中士、下士，皆不得與大官同號。今於序官大司馬之下，上士得號行司馬，及在軍二十五人長中士號兩司馬，五人長下士號公司馬，皆與大官同號者，以司馬主軍，軍事主嚴，雖卑得同號也。

以教坐作進退疾徐疏數之節，習戰法。○疏數，音朔，下注疏數同。

「以教」至「之節」 案：下大閱禮，備軍法，虞人萊所田之野，下又云「中軍以鼙令鼓，〔一○一〕鼓人皆三鼓」，已下有此坐作進退疾徐疏數之節。彼大閱具言，於此略說有此坐作之法。此於教戰之處爲之，故鄭云「習戰法」也。

遂以蒐田，有司表貉，誓民，鼓，遂圍禁，火弊，獻禽以祭社。春田爲蒐。有司，大司徒也，掌大田役治徒庶之政令。〔一○二〕表貉，立表而貉祭也。誓民，誓以犯田法之罰也。誓曰：「無干車，〔一○三〕無自後射，立旌遂圍禁，旌弊爭禽而不審者，罰以假馬。」禁者，虞衡守禽之厲禁也。既誓，令鼓而圍之，遂蒐田。火弊，火止也。春田主用火，因焚萊除陳草，皆殺而火止。獻猶致也，屬也。田止，虞人植旌，衆皆獻其所獲禽焉。詩云：「言私其豵，獻豜于公。」〔一○四〕春田主祭社者，土方施生也。鄭司農云：「貉讀爲禡。禡謂師祭也。書亦或爲禡。」○表貉，莫駕反，注同。火弊，婢世反，劉薄計反。後射，食亦反，下王射同。其豵，子工反。獻肩，詩作豜，音同。施生，式豉反。爲禡，莫駕反。

「遂以」至「祭社」 案：下大閱禮，「遂以狩田」以下云以旌爲左右和之門，羣吏各帥其車徒，以敘和出，左右陳車徒，有司平之，「既陳，乃設驅逆之車，有司表貉于陳前」。此亦當如彼，但春非大備，故亦略言也。言「誓民」者，即下大閱禮「羣吏聽誓於陳前」，鄭引月令「司徒北面誓之」，是也。云「鼓」者，即下文「中軍以鼙令鼓，鼓人皆三鼓」

已下，是也。云「遂圍禁」者，既誓，令鼓而圍之。云「火弊」者，謂田止也。云「獻禽以祭社」者，此因田獵而祭，非月令仲春祭社也。

注「春田」至「爲禡」　云「春田爲蒐」者，蒐，搜也，春時鳥獸孚乳，搜擇取不孕任者，故以蒐爲名。云「有司大司徒也」者，即大司徒職云「大田役治其徒庶之政令」，故知有司是大司徒也。云「表貉，立表而貉祭也」者，此即詩及爾雅云「類也禡也，師祭」是也。云「誓民，誓以犯田法之罰也」者，當司徒北面誓之時，小子斬牲，以左右巡陳也。云「誓曰無干車無自後射」者，此據漢田律而言。無干車，謂無干犯他事。〔一〇五〕無自後射，象戰陳不逐奔走。又一解云：「前人已射中禽，後人不得復射。」彼又云「無面傷」之等，象降者不逆擊之。云「立旌遂圍禁」者，旌，則下文大閱禮云「旗居卒間」者是也。云「旌弊」者，弊仆也，田止旌則仆。云「爭禽而不審者，罰以假馬」者，謂獲禽所筭之籌。罰者，謂效功時爭禽不審，即罰去其籌。云「禁者，虞衡守禽之厲禁也」者，案：山虞皆云：〔一〇六〕「使地之民，守其厲禁」，謂遮厲之禁，不得非時入也。若然，案地官川衡，小田獵之所，無厲禁之事。言「衡」者，川林或有與山澤連者，則亦有厲禁之事，故連言之也。

校勘記

〔一〕府六人史十有六人　于鬯云，依周禮府數半史數之例，「六」當作「八」。

〔二〕盟于雞澤　「于」原作「乎」，據阮本改。

〔三〕帥皆中大夫　唐石經「帥」上有「師」字，婺、建、岳、阮本同，當是。

〔四〕卒偏之兩　「兩」下原衍「下」字，據婺、建、岳、阮本删。

〔五〕然當公之時　元、閩、監、毛、殿、阮本同。浦鏜云，「公」上當脱「僖」字。

〔六〕則中間應有合文　閩、阮本同，阮校云，「合」當爲「舍」之譌。

〔七〕叔孫昭子曰不可　阮本同。浦鏜云，「穆」誤「昭」。

〔八〕鄭荅林碩爲二萬之大數者　盧文弨云，詩閟宫正義「二萬」作「二軍」，是。

〔九〕選於六官六鄉之吏者　「六」字原脱，據阮本補。

〔一〇〕鄭言選於六官者　阮本「言」作「云」。

〔一一〕據六鄉大夫及州長　元、監、毛、殿本同，正、聞、閩、阮本據作「整」，疑誤。

〔一二〕黨正族師　元、殿本同，阮本「族」作「六」，疑誤。

〔一三〕今出軍之時　元、殿本同，聞、閩、阮本「時」作「爵」。

〔一四〕則是於軍因爲師帥　「帥」上七字，監、毛、阮本空闕，正、聞、閩本僅殘留一「軍」字。

〔一五〕天子以其賢　阮本「賢」作「吏」。今本鄭箋作「賢」。

〔一六〕此非春秋正文　元、監、殿本同，聞、閩、阮本「非」作「亦」，疑作「非」是。

〔一七〕成國禮不過半天子之軍　孫詒讓云，當依左傳删「禮」字。

〔一八〕以其爲霸主　元、殿本同，聞、閩、阮本「其」作「世」，疑作「其」是。

〔一九〕案易師彖云　聞、閩、阮本「案」作「故」，疑作「案」是。

〔二〇〕言衆舉中言之也　盧文弨云，「言衆」當作「言師」。

〔二一〕軍以軍爲名　浦鏜云，上「軍」爲「多」之誤。

〔二二〕言廣有一卒爲承也　殿本同，元、聞、閩、阮本脱「一」字。

〔二三〕此非常也　閩、監、毛、阮本「常」作「掌」，誤。

〔二四〕故僖二十八年秋十月　「十月」，阮本作「七月」，與左傳文合，是也。

〔二五〕量其市朝州塗軍社之所里　閩、監、毛、阮本「里」作「理」，疑誤。

〔二六〕賈二人　婺、建、岳、阮本同，唐石經「二」作「一」。

〔二七〕西嶽亡玉羊　「亡」原作「云」，據阮本改。

〔二八〕今燕俗名湯熱爲觀　阮本同。阮校云「觀」當作「爟」。

〔二九〕王公設險以守其國　阮校云，玉海職官部引此作「守其固」，監本疏中此「國」字剜改。丁傑、張惠言鄭易注此條亦據玉海改「固」，又引魏書高閭傳亦云「易稱王公設險以守其固」。孫詒讓云，今案疏云「易云王公設險，險即此固」，則賈所見本作「國」不作「固」明矣。魏書作「固」，亦北監本之誤，不足取證。

〔三〇〕易云王公設險　「王」原作「主」，據阮本改。

〔三一〕是對之則險固異　監、毛本同。阮本「之」作「文」，義較長。

〔三二〕掌養鳥而阜蕃教擾之　阮本同。阮校云，毛本作「阜藩」，當據正。

〔三三〕彼據諸子謂之庶子　惠校本同，阮本「據」作「稱」。

〔三四〕則虎士徒之選有勇力者　阮本無「有」字。

〔三五〕案禮記郊特牲及士冠記　惠校本作「士冠禮」，又云宋本是「記」字。阮校云，今見儀禮士冠記中。

〔三六〕亦名胡孑　「孑」原作「子」，正、閩本同誤。據阮本改。

〔三七〕司弓矢弓弩矢箙官之長　「司」下原脱「弓」字，據婺、建、岳、阮本補。

〔三八〕乃入繕人以共王　「共」原作「失」，據阮本改。

〔三九〕在此者職云　正、閩、阮本同，閩本「者」下剜擠「按其」二字。疑閩本是。

〔四〇〕古者參乘　「古」，余、嘉靖、毛本同，閩、監、阮本作「右」。

〔四一〕則射者在左　惠校本同，閩、閩、殿、阮本「者」下無「在」字，疑非。

〔四二〕常在左右　「左」字疑衍文。

〔四三〕案巾車玉路有五　阮本同。浦鏜云：「王」誤「玉」。

〔四四〕不見玉路祀之右　孫詒讓云：「玉路祀」下當奪「路」字。

〔四五〕又戎右大夫　元、正、閩、阮本同。浦鏜云：「大夫」上脱「中」字。

〔四六〕戎右官人尊者　孫詒讓云：「官人尊」，「人」當爲「又」。

〔四七〕充金路爲主　「金路」，閩、阮本同，監、毛本作「玉路」，是也，當據正。

〔四八〕以巾車五路差之　閩、建、毛、阮本「巾」作「中」，誤。

〔四九〕以其上四事行事簡　殿本同，阮本「事」下無「行事」二字，疑非。

〔五〇〕此道右日日視朝　正、閩、殿本同，閩、建、毛、阮本上「日」字作「每」。

〔五一〕故官亦卑也　閩、建、毛、殿、阮本「亦」作「職」，疑非。

〔五二〕此戎僕在前者　孫詒讓云：「前」當作「後」。

〔五三〕此亦侍御於車　婺、岳本同，建本「侍」作「待」。

〔五四〕皆二人　阮本「二」作「三」，非。

〔五五〕校之爲言校也　婺、建、岳本同，余本下「校」字作「挍」，下「校視」同。案余本蓋從釋文改，盧本亦改作「挍」。

〔五六〕相仍有時數數程見之也　孫詒讓云：「程」當作「呈」，曲禮注云「效猶呈見」，即賈所本。是也。

〔五七〕其詩臣名蹶　孫詒讓云：「詩」，當作「時」。

〔五八〕主牧放馬而養之　「主」字原脱，據婺、建、岳、阮本補。

〔五九〕故其類在此　阮本「其」作「連」。

〔六〇〕主正諸侯以法則　婺、建、岳本同，阮本「主」作「王」，疑誤。

〔六一〕各使其臣以正於公司馬　沈彤周官禄田考云，序官家司馬「各使其臣以正於公司馬」句當移置都司馬本職後，都司馬本職後「家司馬亦如之」句當移置序官都司馬後。蓋此本與春官家宗人、秋官家士二目同例，而其簡舉職互錯也。

〔六二〕謂八命以至九命之儀　阮本「八」作「二」，當是。

〔六三〕樂如字一音五教反　「字」原作「二」，「一」原作「下」，據徐本、盧本改。

〔六四〕進賢謂臣舊在位　元、殿本同，閩、閩、阮本「謂」作「諸」，疑作「謂」是。

〔六五〕在草萊有德行未遇爵命者　監、殿本同，元、閩、閩、阮本「在」作「并」。疑作「在」是。

〔六六〕行起也　阮本「行」作「作」，依注則「作」是。

〔六七〕監監一國　婺、建、余、岳、嘉靖本同。阮校云，釋文出「監國」二字，則「一」爲衍文，當删正。

〔六八〕人一國立一監　阮本「人」作「又」，疑作「又」是。

〔六九〕職謂賦税也　「賦税」，宋、余、嘉靖同，阮本作「職税」。

〔七〇〕與大行人因朝而貢者異也　「人」字原闕，據阮本補。

〔七一〕則邦國獲安　阮本無「則」字。

〔七二〕比小事大以和邦國　「大」原作「火」，據唐石經改。

〔七三〕諸侯之于國　孫詒讓云，「于」當據嘉靖本作「於」。

〔七四〕馮弱犯寡則眚之　禮説云，「眚」，公羊作「省」，「省」與「眚」通。阮校云，字書、韻書無「眚」字。

〔七五〕眚猶人眚瘦也　「瘦」，婺、建、岳、阮本作「瘦」。

〔七六〕對下文削之者不四面削之爲異也　阮本「不」作「示」，疑誤。

〔七七〕亂王所任任同己者　殿本同，元、正、閩、阮本「任」字不重，疑非。

〔七八〕壇讀如同墠之墠　漢讀考「讀如」作「讀爲」。

〔七九〕壇讀從憚之以威之憚書亦或爲墠　岳本同，婺、建本上「憚」字作「墠」。漢讀考作「書亦或爲憚」，云今本作「墠」誤。阮校云「憚之以威」，見左傳昭公十三年。

〔八〇〕此則外内之惡兼有　元、正、閩、殿、阮本同，閩、監、毛本「外内」作「内外」。

〔八一〕田不治　「田」，原作「曰」，據婺、建、岳、阮本改。

〔八二〕雖君之衆　孫志祖云，左傳無「君之」二字。阮校云，詩殷武疏有「君之」二字，疑今本左傳有脱文。

〔八三〕衛侯出奔楚　元、正、閩、閩本同。阮本「侯」作「公」。阮校云，疑「公」上脱「成」字。

〔八四〕經本不云殺不云滅　閩、阮本同，監、毛本「云」改「言」。

〔八五〕謂若齊襄公淫於妹魯桓夫人文姜之等是也　惠校本同。閩、閩、阮本「妹」作「外」，疑非。

〔八六〕謂市其四郭　正、閩、阮本「市」作「市」，誤。

〔八七〕自王城以外五千里爲界　婺、建、岳、阮本及賈疏同。段玉裁云，「五千里」當作「五百里」。孫詒讓云，段校非是。

〔八八〕與大司徒云要服亦一也　阮本「與」作「出」，疑誤。大司徒職無「要服」，疑「大司徒」當作「大行人」。

〔八九〕此九者　元、殿本同，閩、閩、阮本「九」作「云」，疑作「九」是。

〔九〇〕云九籍其禮差之書也者　孫詒讓云，注「有分限者九」句斷，賈讀「九籍」相屬，失之。

〔九一〕此九職亦施與邦國　浦鏜云「與」疑「於」字誤。孫詒讓云，「與」不誤。

〔九二〕可任者當二家七人　元本同，監、毛、殿、阮本「二」作「云」，非，當據此本正之。

〔九三〕故云兵是守國之備　阮本「是」作「者」。

〔九四〕隱公傳文　孫詒讓云，春秋三傳并無此文，此與春官司常疏同誤。

〔九五〕是以書傳文　浦鏜云，「文」當「云」字誤。

〔九六〕以賁鼓鼓軍事　原脱一「鼓」字，據婺、建、岳、阮本補。

〔九七〕有曲木提持鼓立馬髦上者　阮校云，通典引此注無「鼓」字。

〔九八〕雖卑同其號　「號」下原有「一」字，據婺、建、岳、阮本删。阮校云，通典「卑」下有「亦」，此脱。孫詒讓云，通典肊增，此無奪文。

〔九九〕百人之師執鐸千人之師執鼙　孫詒讓云，此二「師」字皆作「帥」，左傳襄十三年疏引司馬法作「帥」可證。

〔一〇〇〕計王在軍自爲元帥　阮本「計」作「注」，鼓人注無此語，阮本非。

〔一〇一〕中軍以鼙令鼓　浦鏜云「鼙」誤「舉」。

〔一〇二〕掌大田役治徒庶之政令　婺、岳本同，建本「大」作「火」。

〔一〇三〕無干車　「干」原作「千」，據婺、建、岳本改。

〔一〇四〕獻豜于公　監本同，婺、建、岳本「豜」作「肩」。阮校云，釋文云「獻肩，詩作豜」，知禮注無作「豜」者。

〔一〇五〕謂無干犯他事　「事」，閩、阮本同。監、毛本作「車」，是也。

〔一〇六〕案山虞皆云　浦鏜云，「虞」下當脱「林衡」二字。

中夏，教茇舍，如振旅之陳。羣吏撰車徒，讀書契，辨號名之用，帥以門名，縣鄙各以其名，家以號名，鄉以州名，野以邑名，百官各象其事，以辨軍之夜事。其他皆如振旅。茇讀如萊沛之沛。茇舍，草止之也。〔一〕軍有草止之法。撰讀曰算。算車徒，謂數擇之也。讀書契，以簿書校録軍實之凡要。〔二〕號名者，徽識所以相別也。鄉遂之屬謂之名，家之屬謂之號，百官之屬謂之事。在國以表朝位，在軍又象其制而爲之，被之以備死事。帥，謂軍將及師帥、旅帥至伍長也。以門名者，所被徽識如其在門所樹者也。凡此言以也、象也，皆謂其制同耳。軍將皆命卿，古者軍將，蓋爲營治於國門，魯有東門襄仲，宋有桐門右師，皆上卿爲軍將者也。縣鄙，謂縣正、鄙師至鄰長也。家，謂食采地者之臣也。鄉以州名，亦謂州長至比長也。野，謂公邑大夫。百官，以其職從王者。此六者皆書其官與名氏焉。門則襄仲、右師明矣。鄉則南鄉甀、東鄉爲人是也。其他象此，云某某之名，某某之號，某某之事而已，未盡聞也。鄉遂大夫，文錯不見，以其素信于民，不爲軍將，或爲諸帥，〔三〕是以闕焉。夜事，戒夜守之事。草止者慎於夜，於是主別其部職。〔四〕〇茇舍，蒲末反。撰車，息轉反，又仕轉反，注音算，息緩反。萊沛，步未反，一音貝，又普貝反。謂數，色主反。簿書，步古反，後簿書皆放此。徽識，音志，一音試，下同。朝位，直遥反。被之，皮僞反，下同。治於，直吏反。至比，毗志反。鄉甀，直僞反。不見，賢遍反。

「中夏」至「振旅」。「如振旅之陳」者，四時各教其一。故春教振旅，夏教茇舍，但設經不可文文具設，故云如振旅之陳，皆轉相如也。云「羣吏撰車徒」者，羣吏，謂軍將至伍長，各有部分，皆選擇其在車甲士三人，步徒七十二人之等。云「讀書契」者，書契，謂兵士簿書之要契，此小宰之八成云「師田以簡稽」，一也。云「辨號名」者，此帥「以門名」已下是也。

注「茇讀」至「部職」「茇讀如萊沛之沛」者，案：王制云「居民山川沮澤」，注云：「沮，謂萊沛。」時俗有水草謂之萊沛，故讀從之也。云「茇舍草止之也」者，以草釋茇，以止釋舍，故即云軍有草止之法。云「數擇之也」者，以解撰爲數擇取其善者。云「軍實之凡要」者，凡軍有三種：〔五〕或以俘囚爲軍實，或以戈盾弓矢爲軍實，或以禽牲爲軍實。今此所云軍實者，據兵器爲軍實。凡要，即名籍之揔名也。云「號名者徽識」者，即上注「三者旌旗之細者也」。云「所以相别也」者，皆綴之於膊上，以别死者也。云「鄉遂之屬謂之名」者，言之屬，即經云「縣鄙」，是遂之屬，從縣鄙至鄰里，州是鄉之屬，從州至比長，故言之屬以揔之。云「家之屬謂之號」者，謂都家之内，從大夫至士。云「百官之屬謂之事」者，從王朝六卿已下至下士。野以邑名，鄭雖不言，亦在鄉遂之例。以其同是溝洫之人，出軍出貢又等，故知亦入名中也。其號也，名也，事也，三者據經而言。云「在國以表朝位」者，即覲禮云「上介各奉其君之旂置于宫」者是也。云「凡此言以也、象也，皆謂其制同耳」者，以，謂若經云「帥以門名」已下，至「野以邑名」已上，五者皆言以也。惟百官云象。是以也、象也，此六者，以象雖異，其制則同，皆小旌旗也。云「軍將皆命卿」者，欲解帥以門名之意，止由卿居於國門，使爲軍將，故軍將得以門爲名。云「古者軍將蓋爲營治於國門」者，此解軍將得以門爲名者，只由非常之急要在於門，故使卿在門住，而營治其門故也。云「魯有東門襄仲」者，案：昭三十二年左傳云：「魯文公薨，而東門遂殺適立庶，魯君於是乎失國。」公子遂，字襄仲，號爲東門，只由居東門。宋有桐門右師者，案：春秋左氏傳：「昭二十五年春，叔孫婼聘於宋，桐門右師見之。」注云：「右師，宋卿樂大心也。〔六〕其室居桐門，故曰桐門右師。」是宋有桐門右師也。引之，證將帥得以門名之事。經直云「縣鄙」，鄭知鄰長者，以其在軍之時，從遂大夫已下至鄰長，皆在。今略言縣鄙，明皆有也。云「家謂食采地者之臣也」者，食采地，是公卿大夫，其身在朝，其臣在采地，若公山弗擾之類。今隨主在軍，〔七〕故以其號爲名也。〔八〕「鄉以州名，亦謂州長至比長」者，亦如六遂。自鄉大夫已下，至比長皆在。今略舉州爲首也。云「野，謂公邑大夫」者，謂爲四等公邑，若載師職，公邑自甸以出至五百里，其長二百里、三百里如州長，四百里、五百里如縣正，長下皆有屬官，在軍者皆以邑爲名。云「百官以其職從王」者，謂三百六十官，各以其職事從王在軍，若大宰下六十官，隨其長從王，皆以事爲號也。云「此六者皆書其官與名氏焉」者，六者，謂經五以一象。假令爲官，則云大司徒下某官姓名某也。云「門則襄仲右師明矣」者，經直云師以門名，〔九〕恐直以門爲名，不加官與名字。諸官皆須名氏，明門亦有官與氏名，故云明矣。云「鄉則南鄉甀、東鄉爲人是也」者，甀與爲人，皆當時鄉名，故舉以爲況。云「其他象此」者，此鄭略舉門名與鄉名，其他仍有縣鄙與家、野、百官，亦依此而稱焉。云「某某之名」者，即經云門、縣鄙、鄉、野四者，皆是某某之名，謂若門名，當云桐門右師之下某官某姓某甲之名，三者皆放此。云「某某之號」者，即經云「家以號名」是也。謂若魯之費邑，即云費邑之下某官某姓某甲之號。云「某某之事」者，即經云「百官各象其事」，謂若地官之下，則云大司徒之下某官某姓某甲之事。云「未盡聞也」者，鄉未所釋六者，〔一〇〕略聞帥以門名，鄉以州名，舉以爲況，其餘未聞，故云未盡聞也。云「鄉遂大夫，文錯不見」者，此經六遂直云縣鄙，不言遂；六鄉言以州名，雖見鄉，亦不見鄉大夫之身。其文交錯，不見鄉遂大夫，故云文錯不見也。云「以其素信於民」者，兵書孫子云「素信者，〔一一〕與衆相得」，是也。舊素與民相信者，必情義相得，故鄉遂之官，還使爲軍吏。云「不爲軍將，或爲諸帥，是以闕焉」者，孟子云「因內政寄軍令」，〔一二〕則鄉遂大夫已下，至比長、鄰長，皆因爲軍吏以領本民。在上或別使人爲軍將，則鄉遂大夫，別領人爲師帥、旅帥以下，經在軍吏帥以門名之內，故闕鄉遂大夫也。必知有別使人爲軍將法者，見外傳穆叔云「天子作師，公帥之以征不德」，詩曰「周公東征，四國是遑」，此並上公爲軍將。詩云「韎韐有奭，以作六師」，此乃諸侯世子爲軍將。田獵亦容如此，於是時鄉遂大夫則爲諸帥也。若然，案下文云「師都載旜，鄉遂載物」，注云「鄉遂大夫或載旜，或載物，衆屬軍吏，無所將也」者，謂鄉遂大夫全無武用，則諸帥亦不爲，則是衆屬他軍吏，已身全無所將，故或載旜，或載物，不載旗，義與此不違也。云「於是主別其部職」者，釋經以辨軍之夜事，分別其當部當職，不與外交雜也。

遂以苗田，如蒐之灋，車弊獻禽以享礿。夏田爲苗。擇取不孕任者，若治苗去不秀實者。云車弊，驅獸之車止也。夏田主用車，示所取物希，皆殺而車止。王制曰：「天子殺則下大綏，諸侯殺則下小綏，大夫殺則止佐車，佐車止則百姓田獵。」礿，宗廟之夏祭也。冬夏田主于祭宗廟者，陰陽始起，象神之在內。○享礿，餘若反。〔一三〕不孕，羊證反。去不，起吕反。大綏，而誰反，下同。

「遂以」至「享礿」　在教戰之處辨號名，既訖，遂入防，行苗田之法。云「如蒐之法」者，如上蒐時有司表貉、誓民、令鼓、遂圍禁之等。云「車弊」及「以享礿」，二者則與春異，以其春時火弊祭社，此時車弊享礿也。

注「夏田」至「在内」　以其春夏爲陽，主其生長，故春田爲蒐，搜取不孕任者。夏田爲苗，若治苗云不秀實者。〔一四〕其義但春時主孚乳，故以不孕任解之也。云「車弊，驅獸之車止也」者，「夏田主用車示所取物希」者，春秋左氏傳云：「彼徒我車，懼其侵軼我也。」是車行遲，取獸少，故知用車示取物希也。引王制曰「天子殺則下大綏」已下，據殺訖而言，毛詩傳云「天子發抗大綏，諸侯發抗小綏」者，據始殺而言也。云「大夫殺則止佐車」，王制注：「佐車，驅逆之車。」案：田僕云：「掌佐車之，〔一五〕設驅逆之車。」佐車似與驅逆之車別者，但王制佐車，與田僕驅逆之車爲一。其田僕佐車自是田車之貳曰佐。佐，文雖同，其義則異也。若然，驅逆之車言佐者，能逐禽，故以佐言之。云「礿，宗廟之夏祭也」者，大宗伯文。云「冬夏田主於祭宗廟，陰陽始起，〔一六〕象神之在内」者，仲冬一陽生，仲夏一陰生，是陰陽在内，故神象之而行祭也。此祭因田獵獻禽爲祭，若正祭自在孟月。

中秋，教治兵，如振旅之陳。

「中秋」至「之陳」　言「教治兵」者，凡兵，出曰治兵，入曰振旅。春以入兵爲名，尚農事。秋以出兵爲名，秋嚴尚威故也。云「如振旅之陳」者，如春振旅時坐作、進退、疾徐、疏數之法也。

辨旗物之用，王載大常，諸侯載旂，軍吏載旗，師都載旜，鄉遂載物，(一七)**郊野載旐，百官載旟，各書其事與其號焉。其他皆如振旅。**軍吏，諸軍帥也。師都，遂大夫也。鄉遂，鄉大夫也。或載旜，或載物，衆屬軍吏，無所將也。郊，謂鄉遂之州長、縣正下也。(一八)野，謂公邑大夫。載旐者，以其將羨卒也。百官，卿大夫也。(一九)載旟者，以其屬衛王也。凡旌旗，有軍衆者畫異物，無者帛而已。書當爲畫，事也，號也，皆畫以雲氣。○各書，音畫，出注。雲氣，本或作气同。

「辨旗」至「振旅」　案下文注，以出軍之旗則如秋，則此經是在軍旌旗也。云「各書其事與其號焉」者，此二者，即是仲夏百官各象其事及號名之等，此秋雖不具辨號名，亦略舉之，(二〇)見四時皆有此物也。云「其他皆如振旅」者，亦謂坐作、進退、疾徐之法，如振旅之陳也。

注「軍吏」至「雲氣」　云「軍吏，諸軍帥也」者，(二一)亦謂從軍將至下伍長，皆是軍吏也。云「師都，遂大夫也。鄉遂，鄉大夫也」者，案：司常云：「孤卿建旜，大夫士建物。」則鄉大夫是卿，建旜是其常。師都載旜，不嫌無鄉大夫，故鄭直舉遂大夫也。云「鄉遂，鄉大夫」者，以其遂大夫是中大夫，建物是其常。今鄉遂建物，不嫌無遂大夫，故鄭直舉鄉大夫也。云「或載旜，或載物，衆屬軍吏，無所將也」者，鄉遂大夫若爲軍將，則在軍吏載旗，軍中領衆來時亦載旗。今載旜載物，不載旗，故知已之所管之衆，屬他軍吏，已無所將。以其已無武用，非直不爲軍將，亦不爲諸帥，故全無所將，以是載旜載物而已。若然，既不爲軍吏，遂大夫上得與卿同載旜，鄉大夫則是卿，下得與大夫同載物也。以鄉遂大夫掌衆同，故同載物也。俱兩載者，以其不爲軍將，又不任鄉職，卿大夫尊卑之常，當載旜載物而已，故容其兩載也。云「郊謂鄉遂之州長、縣正以下也」者，郊内有六鄉，州長已下。郊外有六遂，縣正已下。故知言郊有此二等人也。云「野謂公邑大夫」者，案：載師職云：「公邑之田任甸地。」郊外曰甸，甸則郊外曰野，故以野言之。但公邑自甸以出至彊五百里，有四等公邑，皆有大夫治之，故司馬法云：「二百里如州長，〔二二〕四百里、五百里如縣正。」是公邑大夫也。云「載旐者，以其將羨卒也」者，以其六鄉之内，上劑致民，一家一人爲正卒，其餘皆爲羨卒。六遂之内，下劑致甿，〔二三〕家一爲正卒，〔二四〕一人爲羨卒，其餘爲餘夫。正卒既屬軍吏，其餘羨卒，使此州長已下等不爲軍吏者領之。但公邑之内，雖不見有出軍之法，若出軍，亦當與鄉遂同，以其得爲溝洫法故也。若出軍，亦正卒使大夫等爲軍吏，其餘羨卒，亦使不爲軍吏者領之。云「百官，卿大夫也，載旟者，以其屬衛王也」者，以其天地四時之卿大夫，其屬各六十，有選當行衛守王者，即是有衆，故載鳥隼之旟。云「凡旌旗，有軍衆者畫異物」者，即經天子、諸侯、軍吏、郊野、百官是也。云「無者，帛而已」者，鄉遂載旜物是也。云「書當爲畫，事也，號也，皆畫以雲氣」者，者事，即上百官言事。〔二五〕號，即上家言號。不言名，此亦有名，文略耳。云「畫以雲氣」者，鄭解經典言畫者，皆以雲解之，謂畫五色雲也。

遂以獮田，如蒐田之灋，〔二六〕羅弊致禽以祀祊。秋田爲獮。獮，殺也。羅弊，罔止也。秋田主用罔，中殺者多也。皆殺而罔止。祊當爲方，聲之誤也。秋田主祭四方，報成萬物，詩曰「以社以方」。○獮田，息淺反。祀祊，音方，出注。皆殺，如字，劉色界反。

「遂以」至「祀祊」　上文教戰班旗物訖，〔二七〕遂入防行獮田之禮，其法如蒐田之法。云「羅弊致禽以祀祊」者，秋田主用羅。羅止田畢，入國過郊之神位，乃致禽以祀四方之神。

注「秋田」至「以方」云「祊當爲方，聲之誤也」者，以祊乃是廟門之外内，惟因祭宗廟及明日繹祭，乃爲祊祭。今既因秋田而祭，當是祭四方之神，故云誤也。云「秋田主祭四方，報成萬物」者，以秋物成，四方神之功，故報祭之。云「詩曰以社以方」者，詩大雅。〔二八〕引之，證方是四方之神也。

中冬，教大閱。春辨鼓鐸，夏辨號名，秋辨旗物，至冬大閱，簡軍實。凡頒旗物，以出軍之旗則如秋，以尊卑之常則如冬，司常佐司馬時也。〔二九〕大閱備軍禮，而旌旗不如出軍之時，空辟實。○大閱，音悦。空辟，音避。

「中冬教大閱」以冬時農隙，故大簡閱軍實之凡要也。

注「春辨」至「辟實」云「春辨鼓鐸」已下，欲見春夏秋各教其一，至冬大閱之時揔教之。故云：「至冬大閱軍實。」云「凡頒旗物，以出軍之旗則如秋，以尊卑之常則如冬，司常佐司馬時也」者，以其王與諸侯所建，秋冬同，又秋云「軍吏建旗，師都載旜，鄉遂載物，郊野載旐，百官載旟」。不言旞、旌二者，以其是出軍之法，故不言道車游車所載。大閱之時，見尊卑之常，故司常云：「孤卿建旜，大夫士建物，師都建旗，州里建旟，縣鄙建旐，道車載旞，游車載旌。」此爲異也。鄭云：「大閱備軍禮，而旌旗不如出軍之時，空辟實」者，大閱雖備禮，是教戰，非實出軍法，是其空也。秋教治兵，治兵是出軍法，故寄出軍之旗於彼。是冬之空，辟實出軍法者也。趙商問：「巾車職『建大麾以田』，注『田，四時田獵』。商案大司馬職，四時皆建大常何？」鄭荅曰：「麾，夏之正色。田雖習戰，春夏尚生，其時宜入兵，夏本不以兵得天下，故建其正色以春夏田。至秋冬出之時，乃建大常。」趙商又問：「巾車職曰『建大白以即戎』，注云『謂兵車』。〔三〇〕司馬職『仲秋辨其物以治兵，王建大常』，〔三一〕注『凡頒旗物，〔三二〕以出軍之旗則如秋』。不知大白以即戎爲何時？」荅曰：「白者，殷之正色。王即戎者，或命將，或勞師，不自親將，故建先王之正色，異於親自將也。」

前期，羣吏戒衆庶脩戰灋。羣吏，鄉師以下。

注「羣吏鄉師以下」　言「前期」者，謂若大宰職云「前期十日」。此亦在教戰前，不必要十日前也。知「羣吏，鄉師以下」者，見鄉師職云：「凡四時之田，前期，出田法于州里，簡其鼓鐸、旗物、兵器，脩其卒伍。」是其事也。言「鄉師以下」，則不及鄉，鄉是鄉大夫，則卿也；則可及州長，故州長職云：「若國作民，而師田行役之事，則帥而致之，掌其戒令，與其賞罰。」黨正云：「凡作民而師田行役，則以其法治其政事。」族師亦云：「若作民而師田行役，〔三三〕則合其卒伍，簡其兵器，以鼓鐸旗物帥而至。」是其以下之事也。

虞人萊所田之野，爲表，百步則一，爲三表，又五十步爲一表。田之日，司馬建旗于後表之中，羣吏以旗物鼓鐸鐲鐃，各帥其民而致。質明弊旗，誅後至者。乃陳車徒如戰之陳，皆坐。鄭司農云：「虞人萊所田之野，芟除其草萊，令車得驅馳。」詩曰：「田卒汙萊。」玄謂萊，芟除可陳之處。後表之中五十步，表之中央。表，所以識正行列也。四表積二百五十步。〔三四〕左右之廣當容三軍，步數未聞。致，致之司馬。質，正也。弊，仆也。皆坐，當聽誓。○芟除，所銜反。令車，力呈反，下令走同。田卒，子恤反。汙萊，音烏。正行，户剛反，下行列、行陳皆同。仆也，音赴。

「虞人」至「皆坐」　虞人者，若田在澤，澤虞；若田在山，山虞。謂使其地之民，於可陳之處，芟除草萊。故云：「萊所田之野。」云「爲表，百步則一，爲三表」者，案：下注引月令「司徒北面以誓之」，此經云「司馬建旗於後表之中，車徒皆坐」，則此於司陳之中，〔三五〕從南頭立表，以北頭爲後表也。

注「鄭司」至「聽誓」　先鄭云「虞人萊所田之野，芟除其草萊，令車得驅馳」者，謂芟除其田獵之處，故云令車得驅馳。引詩者，證田處草萊。案：王制云：「昆蟲未蟄，不以火田。」則仲冬之時，放火田獵，何須芟除草萊？是以車攻詩毛傳云：「大艾草以爲防，然後焚而射焉。」是田處不得芟草萊，故後鄭易之，以爲芟除可陳之處。云「後表之中五十步，表之中央」者，謂後南表至北表。云「表，所以識正行列也」者，於可陳之中央，立此四表，表兩相各有三軍之衆，〔三六〕至表則閒一而坐，坐而更起，是表正行列也。云「積二百五十步」者，以三表之閒有二百步，又加一表五十步，故揔爲二百五十步也。云「左右之廣當容三軍」者，天子六軍，左右之地，各容三軍，此鄭據天子六軍整數而言。其實兼羨卒之等，故小司徒職云：「凡起徒役，無過家一人，惟田與追胥竭作」。鄭云「國人盡行」，是非止六鄉之民六軍而已。云「步數未聞」者，但先南北二百五十步，東西不言步數，故云未聞也。云「皆坐，當聽誓」者，下文即云「聽誓於陳前」，故先當聽誓也。

羣吏聽誓于陳前，斬牲以左右徇陳，曰「不用命者斬之」。羣吏，諸軍帥也。陳前，南面鄉表也。月令：「季秋，天子教于田獵，以習五戎，司徒搢扑，北面以誓之。」此大閱禮實正歲之中冬，而說季秋之政，於周爲中冬，爲月令者失之矣。斬牲者，小子也。凡誓之大畧，甘誓湯誓之屬是也。○鄉表，許亮反。搢，劉如字，又音箭，一音初洽反。扑，普卜反。甘誓，如字，劉胡甘反。

「羣吏」至「斬之」　云「羣吏聽誓於陳前」者，士卒皆於後表北面坐，羣吏諸軍帥皆在士卒前南向立，〔三七〕以聽誓。云「斬牲以左右徇陳」者，從表左右向外以徇陳。

注「羣吏」至「是也」　云「羣吏，諸軍帥」者，從軍將以至伍長，謂象軍吏建旗者也。〔三八〕引月令者，證所誓者是司徒。使司徒誓者，此軍吏及士，本是六鄉之民，今雖屬司馬，猶是己之民衆，故使司徒誓之也。云「此大閱禮實正歲之中冬」者，周雖建子爲正，及其行事，皆用夏之正歲，則此經中夏、中春、中秋、中冬，皆據夏法也。云「而説季秋之政，於周爲中冬，爲月令者失之矣」，呂不韋作月令者，以爲此經中冬爲周之中冬，當夏之季秋，故説於季秋，是失之矣。案：月令季秋云「是月也，天子乃教於田獵，以習五戎，班馬政」云云，注引「中秋教治兵法，王載大常」已下爲證，不云失；至此乃以月令是中冬教大閱法，而言爲月令者失。〔三九〕鄭君兩解之，以其彼云司徒誓衆，與此誓衆之等同，故爲大閱。彼爲治兵法者，以彼文授車以等級，及命主祠祭于四方，〔四〇〕文與中秋治兵者同，〔四一〕故彼爲治兵法也。云「斬牲」者，小子職云：「凡師田，斬牲以左右徇陳」，是也。云「凡誓之大略，甘誓湯誓之屬是也」者，甘誓是啓與有扈戰，湯誓是湯伐桀誓衆辭，言「之屬」者，仍有泰誓柴誓之等，〔四二〕故云之屬。

中軍以鼙令鼓，鼓人皆三鼓，司馬振鐸，羣吏作旗，車徒皆作；鼓行，鳴鐲，車徒皆行，及表乃止；三鼓，摝鐸，羣吏弊旗，車徒皆坐。中軍，中軍之將也。天子六軍，三三而居一偏。羣吏既聽誓，各復其部曲。中軍之將令鼓，鼓以作其士衆之氣也。鼓人者，中軍之將、師帥、旅帥也。〔四三〕司馬，兩司馬也。振鐸以作衆。作，起也。既起，鼓人擊鼓以行之，伍長鳴鐲以節之。伍長一曰公司馬。及表，自後表前至第二表也。三鼓者，鼓人也。鄭司農云：「摝讀如弄。」玄謂如涿鹿之鹿。掩上振之爲摝。摝者，止行息氣也。司馬法曰：「鼓聲不過閶，鼙聲不過闒，〔四四〕鐸聲不過琅。」○摝，音鹿，李扶表反。鐸，待洛反。涿鹿，丁角反，沈音濁，劉音獨。過閶，吐剛反。闒，吐臘反，劉湯荅反。過琅，音郎。

「中軍」至「皆坐」　此經摠説聽誓既已，將欲向南第二表，象戰陳初發面敵，此即仲春振旅疾徐坐作之事，一也。

注「中軍」至「過琅」　「中軍，中軍之將也」者，此六軍，三軍居一偏，皆自有中軍也。是以鄭云「天子六軍，三三而居一偏」也。言三三者，非謂如筭法。云三三而九者，直是兩箇三，爲三而復三而已也。云「羣吏既聽誓，命各復其部曲」者，（四五）軍吏本各主其部分曲別，謂若伍長主五人，兩司馬主二十五人，卒長主百人之等，皆是部曲。至於誓之時，出向衆前聽誓訖，各復其部伍本處，故云復其部曲也。云「中軍之將令鼓」者，經云「中軍以鼙令鼓」，故知中是中軍之將也。云「鼓以作其士衆之氣」者，春秋左氏，曹劌云：「一鼓作氣，再而衰，三而竭。」是鼓以作士衆之氣也。云「鼓人者，中軍之將、師帥、旅帥也」者，案：左氏成二年傳，晉與齊戰于鞌，郤克傷於矢，曰：「余病矣。」張侯曰：「師之耳目，在吾旗鼓，進退從之。」於是右援枹而鼓之。（四六）時郤克擊鼓。哀二年左傳，鐵之戰，趙簡子云：「伏弢嘔血，鼓音不衰。」是皆將居鼓下。知兼有師帥、旅帥者，（四七）案上文春辨鼓鐸云「軍將執晉鼓，師帥執提，旅帥執鼙」，（四八）皆是鼓人，故知是軍將、師帥、旅帥也。其卒長執鐃已下，皆金，非鼓也。云「司馬，兩司馬也」者，以其上文云「兩司馬執鐸」，故知此經云「司馬振鐸」者，是兩司馬也。云「以作衆」者，金雖非鼓，振之者，亦是以作衆也。云「作，起也。既起，鼓人擊鼓以行之」者，釋經車徒皆作鼓行也。云「伍長鳴鐲以節之」者，上文云「公司馬執鐲」，鼓人職云「金鐲節鼓」，故云伍長鳴鐲以節之也。云「伍長一曰公司馬」者，上文云「公司馬執鐲」，是伍長，故云一曰公司馬也。先鄭云「摝讀如弄」者，直以摝弄聲相近，以振鐸謂之弄也。玄謂「如涿鹿之鹿」者，謂從史記黃帝與蚩尤戰于涿鹿之鹿，直取音同，不從義也。此是鹿鹿然作聲也。云「掩上振之」者，以手在上，向下掩而執之。云「止行息氣也」者，案：鼓人云：「金鐸通鼓，金鐃止鼓。」則金鐸是通鼓，而云止行息氣者，經云摝鐸，即云羣吏弊旗，故知金鐸亦得止行息氣也。司馬法「鼓聲不過閶」以下者，證鼓鼙與鐸聲之有異也。

又三鼓，振鐸，作旗，車徒皆作。鼓進，鳴鐲，車驟徒趨，及表乃止，坐作如初。趨者，赴敵尚疾之漸也。春秋傳曰：「先人有奪人之心。」及表，自第二前至第三。（四九）〇車驟，在救反，劉才遺反。先人，悉薦反。

注「春秋」至「之心」　昭二十一年：「冬十月，華登以吳師救華氏。宋廚人濮曰：『軍志有之：先人有奪人之心。』」注云：「戰氣未定故也。」「後人有待其衰」注云：「待敵之衰乃攻。」是其事也。

乃鼓，車馳徒走，及表乃止。及表，自第三前至前表。

鼓戒三闋，車三發，徒三刺。鼓戒，戒攻敵。鼓壹闋，〔五〇〕車壹轉，徒壹刺，三而止，象服敵。○三闋，苦穴反。

注「鼓戒」至「服敵」　經并言三闋、三發、三刺，鄭歷言鼓一闋、車一轉、徒一刺，三而止者，鄭據實而言，非是一時而三故也。

乃鼓退，鳴鐃且卻，及表乃止，坐作如初。鐃所以止鼓。軍退，卒長鳴鐃以和衆，鼓人爲止之也。退，自前表至後表。鼓鐸則同，習戰之禮，出入一也；異者，廢鐲而鳴鐃。○且卻，起略反。以和，胡臥反。爲止，于僞反，下爲相疑同。

「乃鼓」至「如初」　此言「乃鼓退」者，謂至南表，軍吏及士卒迴身向北，更從南爲始也。云「鳴鐃且卻」者，此鳴鐃且卻，據初至南表退軍之時，象在軍，軍退亦鳴鐃。是以左氏哀公傳，鐵之戰，陳子云「吾聞鼓不聞金」，亦是鳴鐃退軍法。〔五一〕及其向北，即更爲習戰之事，故云及表乃止，坐作如初。故鄭云「習戰之禮，出入一也」。

注「鐃所」至「鳴鐃」　云「鐃所以止鼓」者，鼓人職云「金鐃止鼓」，是也。知「卒長鳴鐃」者，春辨鼓鐸云「卒長執鐃」，是也。云「退，自前表至後表」者，經略言表，則「及表乃止，坐作如初」者，摠向北三表，故鄭云自前表至後表也。云「鼓鐸則同」者，鼓人三鼓，兩司馬執鐸，與向南時同，以其習戰之禮，出入一也。云「異者，廢鐲而鳴鐃」者，前向南時云「鼓行鳴鐲」，此北向，不言鳴鐲而言鼓退鳴鐃，以其雖習戰出入一，猶衆退軍，〔五二〕故鳴鐃也。

遂以狩田，以旌爲左右和之門，羣吏各帥其車徒以叙和出，左右陳車徒，有司平之。旗居卒間以分地，〔五三〕前後有屯百步，有司巡其前後。險野，人爲主；易野，車爲主。冬田爲狩，言守取之，無所擇也。軍門曰和，今謂之壘門，立兩旌以爲之。叙和出，用次第出和門也。左右，或出而左，或出而右。有司平之，鄉師居門，正其出入之行列也。旗，軍吏所載。分地，調其部曲疏數。前後有屯百步，車徒異羣相去之數也。車徒畢出和門，鄉師又巡其行陳。鄭司農云：「險野人爲主，人居前；易野車爲主，〔五四〕車居前。」○以分，扶問反，又如字，注同。易野，以豉反，注同。壘門，力軌反。

「遂以」至「爲主」　此一節揔論教戰訖，入防田獵之事，故云「遂以狩田」也。云「以旌爲左右和之門」者，六軍分三軍，各處東西爲左右，各爲一門。云「以叙和出」者，以教戰處内，故以田處出。云「旗居卒間」者，軍吏各領己之士卒，執旗以表之，故旗居卒間也。

注「冬田」至「居前」　云「冬田爲狩，言守取之，無所擇」者，對春夏言蒐，言苗，有所釋。〔五五〕又秋名獮，〔五六〕中殺者多，對此圍守之，此又多於獮，故得守名也。云「軍門曰和」者，左氏傳云「師克在和，不在衆」，田獵象戰伐，故其門曰和門也。云「今謂之壘門」者，漢時軍壘爲門，名曰壘門，與古和門同，故舉爲説。云「立兩旌以爲之」者，昭八年穀梁傳云：「秋，蒐於紅，正也。」又云：「刈蘭以爲防，置旃以爲轅門，以葛覆質以爲槷。」注云：「質，椹也。槷，門中臬。」又云：「流旁握，御轚者不得入。」注：「流旁握，謂車兩轊頭，各去門邊容握。握四寸也。」〔五七〕又車攻詩傳云：「大艾草以爲防，或舍其中，褐纏旃以爲門，裘纏質以爲槸。〔五八〕門容握，驅而入，轚則不得入。〔五九〕左者之左，右者之右，然後焚而射焉。」又云：「古者戰不出頃，田不出防。」是其事也。云「有司平之，〔六〇〕鄉師居門，正其出入之行列也」者，案：鄉師職云：「巡其前後之屯，而戮其犯命者，斷其爭禽之訟。」故知此經云「有司」，皆是鄉師也。〔六一〕云「車徒異羣」者，出軍之時，一車甲士三人，〔六二〕步卒七十二人，車徒同羣。今在軍行列之時，則車徒異羣，故車人有異也。

既陳，乃設驅逆之車，有司表貉于陳前。驅，驅出禽獸使趨田者也。逆，逆要不得令走。設此車者，田僕也。○驅逆，起具反，又如字。逆要，於遥反。

「既陳」至「陳前」　前經論陳車徒訖，〔六三〕故此云「既陳」。〔六四〕云「乃設驅逆之車」設訖，即爲表貉之祭於陳前也。

注「驅驅」至「僕也」　云「驅，驅出禽獸使趨田」者，案：王制云「天子發，諸侯發」，皆不云佐車者，其實天子諸侯田時，皆有驅逆之佐車。直於大夫言之者，據終而言也。知設此車是田僕者，見田僕職云：〔六五〕「設驅逆之車」，故知也。

中軍以鼙令鼓，鼓人皆三鼓，羣司馬振鐸，車徒皆作。遂鼓行，徒銜枚而進。大獸公之，小禽私之，獲者取左耳。羣司馬，謂兩司馬也。枚如箸，銜之，有繣結項中。軍法止語，爲相疑惑也。進，行也。鄭司農云：「大獸公之，輸之於公；小禽私之，以自畀也。詩云：『言私其豵，獻肩于公。』一歲爲豵，二歲爲豝，三歲爲特，四歲爲肩，五歲爲慎。此明其獻大者於公，自取其小者。」玄謂慎讀爲麎，爾雅曰：「豕生三曰豵，豕牝曰豝，麎牝曰麎。」〔六六〕獲，得也。得禽獸者取左耳，當以計功。○如箸，直慮反。有繣，户卦反，劉又胡麥反，或音卦。自畀，必二反，與也。爲豝，音巴，本亦作巴。爲慎，如字，亦音辰。麎，音辰，又音腎，止尸反。麎，麋牝也。曰豵，本亦作豵，子工反。

「中軍」至「左耳」　此令鼓之事，與上文教戰時大同，惟徒銜枚爲異。

注「羣司」至「計功」　鄭知「羣司馬謂兩司馬」者，上文春辨鼓鐸，云兩司馬振鐸，故知之也。云「枚如箸，銜之，有繣結項中」者，雖無正文，以意言之。繣即兩頭繫也。既有兩繫，明於項後中央結之。先鄭引詩云「言私其豵，獻肩于公」，一歲爲豵已下，鄭皆不從者，豳詩毛傳云「三歲曰豜」，此云四歲爲肩，爾雅云：「豕生一曰特，二曰師，三曰豵。」又爾雅云：「麋牝曰麎。」無五歲爲慎。又魏詩云：「三歲曰特。」先鄭皆無可依據，故不從也。若然，豜還是鹿之絶有力者也。

及所弊，鼓皆駴，車徒皆譟。鄭司農云：「及所弊，至所弊之處。」玄謂至所弊之處，〔六七〕田所當於止也。天子諸侯蒐狩有常，至其常處，吏士鼓譟，象攻敵尅勝而喜也。疾雷擊鼓曰駴。譟，讙也。書曰「前師乃鼓鼖譟」，亦謂喜也。○皆駴，本亦作駭，胡楷反，李一音亥。皆譟，素報反。鼓鼖，音符，又芳甫反。

「及所」至「皆譟」　云「及所弊」者，各徒弊止之處，〔六八〕謂百姓獵止。

注「鄭司」至「喜也」　引「書曰」者，書傳文。彼説武王伐紂時事。

徒乃弊，致禽饁獸于郊，入獻禽以享烝。徒乃弊，徒止也。冬田主用衆，物多，衆得取也。致禽饁獸于郊，聚所獲禽，因以祭四方神於郊。〔六九〕月令「季秋，天子既田，命主祠祭禽四方」是也。入又以禽祭宗廟。○饁獸，于輒反，劉于法反。享烝，之升反，後皆放此。

「徒乃」至「享烝」　云「致禽饁獸于郊」者，亦謂因田過郊之神位而饋之。

注「徒乃」至「宗廟」　「月令季秋天子既田」云云者，證彼祭禽于四郊，與此饁獸于郊爲一物。其實彼一解以爲是仲秋祭禽以祠祊爲一也。〔七〇〕

及師，大合軍，以行禁令，以救無辜，伐有罪。師，所謂王巡守若會同，司馬起師合軍以從，所以威天下、行其政也。不言大者，未有敵，不尚武。○以從，才用反，下同。

注「師所」至「尚武」云「師，所謂王巡守若會同」者，以對下文云「若大師」是出軍法，故鄭云未有敵，不尚武也。

若大師，則掌其戒令，涖大卜，師執事涖釁主及軍器。〔七一〕大師，王出征伐也。涖，臨也。臨大卜，卜出兵吉凶也。司馬法曰：「上下謀，是謂參之。」主，謂遷廟之主及社主在軍者也。軍器，鼓鐸之屬。凡師既受甲，迎主于廟。及社主，祝奉以從，殺牲以血塗主及軍器，皆神之。〔七二〕

注「大師」至「神之」　鄭知臨大卜者，案：大卜云：「掌龜之八命，一曰征。」故知也。云「司馬法曰『上下謀，是謂參之』」者，卜，在廟，又龜有神，故云上卜。謀，人在下，故云下謀。君居其中，故云參也。云「主謂遷廟之主及社主在軍也」者，曾子問云：「軍行則以遷廟之主行。」左傳祝佗云：「軍行，祓社釁鼓，祝奉以從。」尚書云：「用命賞于祖，不用命戮于社。」皆是在軍者也。

「若大」至「軍器」　云「師執事涖釁主及軍器」者，案：小子職云「釁邦器及軍器」，彼官釁之，而大司馬臨之。

及致，建大常，比軍衆，誅後至者。比或作庀。〔七三〕鄭司農云：「致，謂聚衆也。庀，具也。」玄謂致，鄉師致民於司馬。比，校次之也。○比軍，必履反，注同，或毗志反，劉方旨反。作庀，匹是反，劉芳美反，具也，沈方二反。

注「比或」至「之也」　先鄭云「庀，具也」者，先鄭從古書庀，後鄭不從，以爲校次者，凡物有數者，皆須校次乃知具不，故不從具也。「玄謂致，鄉師致民於司馬」者，據鄉師職知之，且司馬用王大常者，〔七四〕以上文大師，王親御六軍，故司馬用王之大常致衆。若王不親，則司馬自用大旗致之。

及戰，巡陳，眡事而賞罰。事，謂戰功也。○眡，音視。

「及戰」至「賞罰」 「巡陳」者，司馬當戰，對陳之時，巡軍陳，眡其戰功之事，知其有功無功，而行賞罰也。

若師有功，則左執律，右秉鉞，以先愷樂獻于社。功，勝也。律所以聽軍聲，鉞所以爲將威也。先猶道也。兵樂曰愷。獻于社，獻功于社也。司馬法曰：「得意則愷樂，愷歌，示喜也。」鄭司農云：「故城濮之戰，春秋傳曰，振旅愷以入于晉。」○秉鉞，音越。猶道，音導。城濮，音卜。

「若師」至「于社」 云「若師有功，則左執律，右秉鉞，以先」者，謂戰陳知有勝，功訖乃執律者，示此律聽軍聲剋勝耳。右秉鉞，示威也。

注「功勝」至「于晉」 云「律所以聽軍聲」者，大師職文。彼初出軍時，大師執聽，至此剋勝，司馬執之。先鄭引城濮之戰者，僖二十八年，晉文公敗楚於城濮，兵入曰振旅，整衆而還，歌愷樂而入晉，彼諸侯法，與此天子禮同，故引爲證也。趙商問：「夏官，師有功則獻于社。春官大司樂『王師大獻，則令奏愷樂』，注云：『大獻，獻捷於祖。』不達異意。」〔七五〕鄭荅曰：「司馬主軍事之功，故獻於社。大司樂，宗伯之屬。宗伯主宗廟，故獻于祖。」若然，軍有功，二處俱獻，以其出軍之時告于祖，宜于社，故反必告也。

若師不功，則厭而奉主車。鄭司農云：「厭，謂厭冠，喪服也。軍敗則以喪禮，故秦伯之敗於殽也，春秋傳曰：『秦伯素服郊次，鄉師而哭。』」玄謂厭，伏冠也。奉猶送也。送主歸於廟與社。○則厭，於涉反，李一音於入反，注同。於殽，户交反，劉音豪。鄉師，許亮反。

注「鄭司」至「于社」 春秋秦伯事，左傳僖三十三年，秦師襲鄭之事。案彼僖三十年，秦、晉圍鄭，鄭使燭之武説秦伯，秦師退，使杞子、逢孫、楊孫戍鄭。至僖三十三年，秦使孟明視、白乙丙、西乞術襲鄭，將至鄭，逢商人弦高將市于周，詐之，秦師還至殽。晉師與姜戎敗之，獲三帥，囚之於晉，晉舍三帥還，秦伯素服郊次，鄉師而哭之，是其事也。玄謂「厭，伏冠也」者，案：下曲禮云：「厭冠不入公門。」彼差次當緦小功之冠，以義言之，五服之冠皆厭，以其喪冠反。吉冠於武上向内縫之，〔七六〕喪冠於武下向上縫之，以伏冠在武，故得厭伏之名。案：檀弓注「厭冠，喪冠，其服亦未聞。」若然，先鄭引秦伯素服者，彼據在國向外哭，此則從外向内，不同，故云其服未聞。後鄭不破者，已有檀弓注，此從破可知。

王弔勞士庶子，則相。師敗，王親弔士庶子之死者，勞其傷者，則相王之禮。庶子，卿大夫之子從軍者，或謂之庶士。○弔勞，老報反，注同。則相，息亮反，注同。

注「師敗」至「庶士」　案：宫伯云「掌宫中士庶子」，注「士，適子。庶子，其支庶」，與此注云「庶子爲卿大夫之子」，適庶俱兼，則經中士爲卿大夫士之身。與宫伯注不同者，彼宫正掌卿大夫士身，宫伯别掌士庶子，士庶子爲適子支子明矣。此惟一文。云「弔勞士庶子」，不見别有弔勞卿大夫士身，故分之。鄭望經爲注，故不同也。若然，此注不云士之子者，〔七七〕以其卿大夫之適子，爲王與后與士同，故親弔勞之。士之子如衆人，不得爲王及后如士，故不弔勞之也。

大役，與慮事屬其植，受其要，以待攷而賞誅。大役，築城邑也。鄭司農云：「國有大役，大司馬與謀慮其事也。植，謂部曲將吏。故宋城，春秋傳曰：『華元爲植巡功。』屬謂聚會之也。要者，簿書也。考，謂考校其功。」玄謂慮事者，封人也。於有役，司馬與之。植，築城楨也。〔七八〕屬，賦丈尺與其用人數。○與慮，音預，又如字，注與謀同。屬其，音燭，注同。植，直吏反，注同。華元，户化反。楨也，音貞。

「大役」至「賞誅」　此謂築城邑之時封人慮事計功，大司馬雖不掌徒役，亦得與謀也。「屬其植」者，屬，謂屬聚徒役，計其人數，賦其丈尺，以課其功也。植者，版榦之屬，計其人數，各使備足也。

注「大役」至「人數」　先鄭以爲與慮事，大司馬與在謀慮其事中，後鄭從之，增成其義。案：宣十一年，〔七九〕：「楚令尹蔿艾獵城沂，〔八〇〕使封人慮事，以授司徒。」注云：「封人，司徒之屬官。」是封人慮事，司馬與在謀慮中也。春秋宋華元者，案：宣二年，左氏傳云：「宋城，華元爲植，巡功。」注云：「植，將主也。」先鄭云：「植，謂部曲將吏。屬，謂聚會之。」後鄭不從，以爲植築城楨也。「屬，賦丈尺與其用人數」者，案：昭三十二年，「晉士彌牟營成周，計丈數，揣高卑，度厚薄，仞溝洫。」又云：「以令役於諸侯，屬役賦丈。」又宣十一年，〔八一〕計慮用人功之數。以此屬謂賦丈尺與人數也。〔八二〕

大會同，則帥士庶子而掌其政令。帥，帥以從王。

注「帥師以從王」　知「帥，帥以從王」者，案：諸子職云「若會同賓客，作羣子從」，注云「從，從王」。是其事也。

若大射，則合諸侯之六耦。大射，王將祭，射于射宫，以選賢也。王射三侯，以諸侯爲六耦。

「若大」至「六耦」　王大射之時，有諸侯來朝，在京師者，大司馬令之爲六耦。

注「大射」至「六耦」　云「大射，王將祭，射于射宫，以選賢也」者，案：禮記射義云：「古者天子之制，諸侯歲獻貢士於天子，天子試之於射宫，而中多者得與於祭。」大射禮亦射於郊學宫中，皆是爲祭選士，故云選賢也。云「王射三侯」者，司裘云「王大射，則共虎侯、熊侯、豹侯」，是也。此大射是將祭而射，故用諸侯爲六耦。若賓射，射人亦用六耦，但不用諸侯，當用卿大夫爲之。燕射三耦，自然用卿大夫已下爲之。

大祭祀、饗食，羞牲魚，授其祭。牲魚，魚牲也。祭，謂尸賓所以祭也。鄭司農云：「大司馬主進魚牲。」○饗食，音嗣，後饗食皆放此。

「大祭」至「其祭」　大祭祀，謂天地宗廟。此大祭，據宗廟而言，其中小之祭祀，亦爲之矣。饗食，謂諸侯來朝，上公三饗三食之等，行之在廟，故與大祭祀同。皆羞進魚牲。

注「牲魚」至「魚牲」　云「祭，謂尸賓所以祭也」者，大祭祀授尸祭，饗食授賓祭。祭者，魚之大臠，即少牢下篇云：「主人、主婦、尸、侑各一魚，加膴，祭於其上。」膴，謂魚之反覆者。公食大夫亦云「授賓祭」。故云祭謂尸賓所以祭。若王祭，則膳夫云「授王祭」是也。先鄭云「大司馬主進魚牲」者，必使司馬進之者，司馬夏官，夏陰氣所起，魚水物，亦陰類，故使司馬進之也。

大喪，平士大夫。鄭司農云：「平，一其服也。」玄謂平者，正其職與其位。

「大喪平士大夫」　必使司馬平之者，司馬之屬有司士主羣吏。今王喪，不得使司士，〔八三〕故司馬平之。

注「鄭司」至「其位」　先鄭云「平，一其服也」者，後鄭不從者，小宗伯已懸衰冠，故後鄭以爲平者正其職與其位也。

喪祭，奉詔馬牲。王喪之以馬祭者，蓋遣奠也。奉猶送也，送之至墓，告而藏之。○遣奠，弃戰反，後遣奠、遣車之類皆同。

注「王喪」至「藏之」　鄭知喪祭是大遣奠者，以其喪奠、反虞、卒哭祭之等，無奉送詔告，惟有大遣奠。入壙之時，有奉送之事，故知喪祭是大遣奠耳。

小司馬之職，掌〔八四〕此下字脱滅，札爛又闕，〔八五〕漢興，求之不得，遂無識其數者。

注「此下」至「數者」 鄭知「脱滅，札爛又闕」者，見天官小宰、地官小司徒、春官小宗伯之等，職掌下其文多矣。凡小祭祀之言，皆是於下摠結，以此下脱滅札爛又闕也。〔八六〕言脱滅者，直據職掌下一經脱滅。札爛又闕者，以其下經簡札，爲韋編折爛闕落，知「漢興求之不得」者，此闕與冬官所亡同日，皆爲遭暴秦燔滅典籍，漢興購求遺書不得也。〔八七〕云「遂無識其數」者，以其無文，遂無記識職掌以下之數耳。

凡小祭祀、會同、饗射、師田、喪紀，掌其事，如大司馬之灋。

「凡小」至「之灋」 云「小祭祀」已下至「喪紀」，皆蒙此「小」字，對大司馬「大祭祀」之等。大司馬之小會同，謂諸侯使卿大夫來聘，王使卿大夫與之會同。言「饗射、師田」，皆是諸侯卿大夫來聘，王還使卿大夫與饗燕及射、師田之等也。小喪紀者，三夫人已下。云「掌事，如大司馬之法」，亦如大司馬羞魚牲，授其祭之等也。

軍司馬闕。

輿司馬闕。

行司馬闕。

「軍司馬輿司馬行司馬」 軍司馬，當宰夫、肆師之等，皆下大夫，四人。輿司馬，當上士，八人。行司馬，當中士十六人。餘官皆無異稱，此獨有之者，以軍事是重，故特生别名。此等皆與上同闕落之。

校勘記

〔一〕草止之也　孫詒讓云，詩車攻正義引無「之」字，疑不當有。

〔二〕以簿書校録軍實之凡要　婺、建、岳本同，嘉靖本「簿」改「薄」。阮校云，釋文作「簿」，蓋亦本作「薄」。

〔三〕或爲諸帥　婺、岳本同，建本「帥」作「師」。

〔四〕於是主別其部職　婺、岳本同，建本「主」作「王」。

〔五〕凡軍有三種　元、正、閩、阮本同。浦鏜云，「軍」下當脱「實」。

〔六〕宋卿樂大心也　阮本「卿」作「師」，誤。

〔七〕今隨主在軍　元、正、閩本同，阮本「主」作「王」。

〔八〕故以其號爲名也　監、殿本同，元、閩、閩、阮本「其」作「家」。

〔九〕經直云師以門名　阮本「師」作「帥」，當是。下「師以門名之内」同。

〔一〇〕鄉未所釋六者　阮本「未」作「來」。疑作「來」是。

〔一一〕兵書孫子云素信者　孫詒讓云，孫子行軍篇作「素行」，蓋誤，當據此正。

〔一二〕孟子云因内政寄軍令　阮校云，「孟子」當從毛本作「管子」。

〔一三〕衻餘若反　「若」原作「共」，據徐本、盧本及阮本改。

〔一四〕若治苗云不秀實者　阮本「云」作「去」，當是。

〔一五〕田僕云掌佐車之　孫詒讓云，「之」下奪一「政」字，當據田僕職補。

〔一六〕陰陽始起　阮本「起」作「报」，疑誤。

〔一七〕鄉遂載物　唐石經「遂」作「家」。漢讀考云，此當從石經作「鄉家」，假令是「鄉遂」，則注不得云「鄉大夫」

也。嚴可均云，石經本作「遂」，磨改作「家」。各本作「遂」，疑作「家」是。

〔一八〕縣正下也　婺、建、岳本「正」下有「以」字。

〔一九〕百官卿大夫　婺、岳本同，建本「卿」作「鄉」。

〔二〇〕亦略舉之　監、毛本同，閩、阮本亦作「以」。

〔二一〕云軍吏諸軍帥也者　「帥」，原作「師」，據阮本改。

〔二二〕二百里如州長　諸本同，殿本「二百里」下有「三百里」三字，當從之。

〔二三〕下劑致氓　阮本「氓」作「民」。

〔二四〕家一爲正卒　阮本「一」下有「人」字，當是。

〔二五〕者事即上百官言事　阮本無「者」字。

〔二六〕遂以獮田如蒐田之灋　諸本同，唐石經無下「田」字。阮校云，中夏云「遂以苗田如蒐之灋」，無下田字，則此爲衍文無疑。

〔二七〕上文教戰班旗物訖　閩、閩、阮本「旗」下有「旜」，疑衍。

〔二八〕云詩曰以社以方者詩大雅　諸本同，浦鏜云，「大雅」爲「小雅」之譌。

〔二九〕司常佐司馬時也　「佐」，嘉靖、毛本同，余、閩、監、阮本作「左」，孫詒讓據賈疏述注以爲作「佐」是也。

〔三〇〕注云謂兵車　阮校云，惠校本「車」作「事」，此誤。

〔三一〕仲秋辨其物以治兵王建大常　諸本同。惠校本「其」作「旗」，「建」作「載」，疑是。

〔三二〕凡頒旗物　阮本「頒」下脱「旗」字。

〔三三〕若作民而師田行役　「而師」，原作「師而」，據阮本乙正。

〔三四〕四表積二百五十步　浦鏜云：「三百」誤「二百」。汪文臺、孫詒讓皆以爲浦校非。孫云詩車攻孔疏引此注作「二百」，孔説鄭義尤明斷。

〔三五〕則此於司陳之中　阮本「司」作「可」，當是。

〔三六〕表兩相各有三軍之衆　阮本同，浦鏜云：「相」當「廂」字誤。

〔三七〕在士卒前南向立　沅、正、閩、阮本「向」作「面」。

〔三八〕謂象軍吏建旗者也　孫詒讓云：「象」疑「衆」之誤。

〔三九〕而言爲月令者失　阮本「失」作「先」，誤。

〔四〇〕及命主祠祭于四方　阮本「及」作「乃」，疑作「及」是。

〔四一〕文與中秋治兵者同　阮本「文」作「又」，疑非。

〔四二〕仍有泰誓柴誓之等　「柴誓」，阮本作「費誓」，當據正。

〔四三〕師帥旅帥也　建、岳本同。婺本「師」作「帥」，誤。

〔四四〕聾聲不過闋　婺、建、岳本「聾」作「鼙」。

〔四五〕云羣吏既聽誓命各復其部曲者　阮校云：注無「命」字。

〔四六〕於是右援抱而鼓之　阮校云：「抱」字當依説文作「枹」。

〔四七〕知兼有師帥旅帥者　「旅帥」，原作「旅師」，據阮本改。

〔四八〕旅帥執鼙　阮本「帥」作「師」，誤。

〔四九〕自第二前至第三　諸本同，阮校云：通典「三」下有「表」字。

〔五〇〕鼓壹闋　諸本同。阮校云：注中不當用古字，「壹」當作「一」。

〔五一〕亦是鳴鐃退軍法　元、正、殿本同，聞、閩、監、毛、阮本「法」作「注」，非。

〔五二〕以其雖習戰出入一猶衆退軍　孫詒讓云「衆」當作「象」。

〔五三〕旗居卒間以分地　婺、建、岳、阮本同，唐石經無「居」字。

〔五四〕易野車爲主　「主」原作「王」，據婺、建、岳、阮本改。

〔五五〕有所釋　阮本「釋」作「擇」。

〔五六〕又秋名獮　閩、監、阮本同，阮校云，「又」當從毛本作「及」。孫詒讓云，「又」不誤，賈疏文例往往如此。

〔五七〕四寸也　「寸」原作「十」，據阮本改。

〔五八〕裘纏質以爲槸　「槸」原作「槷」，據阮本改。

〔五九〕鼜則不得入　「鼜」原作「鼙」，閩、監、阮本同誤，據惠校本改。

〔六〇〕有司平之　「司」原作「同」，據阮本改。

〔六一〕皆是鄉師也　阮本「皆」作「曰」，疑誤。

〔六二〕一車甲士三人　阮本「車」作「與」，誤。

〔六三〕前經論陳車徒訖　「車」原作「東」，據阮本改。

〔六四〕故此云既陳　阮本「此」作「祭」，誤。

〔六五〕見田僕職云　阮本「云」作「六」，誤。

〔六六〕麋牝曰麎　婺、阮本同，建、岳本「牝」作「牡」，今爾雅作「牝」。

〔六七〕玄謂至所弊之處　此句原脱，據婺、建、岳、阮本補。

〔六八〕各徒弊止之處　殿本同，元、聞、閩、阮本「各」作「冬」。

〔六九〕因以祭四方神於郊 阮校云，通典「四方」下有「之」字。孫詒讓云，月令季冬疏引無「之」字。

〔七〇〕以爲是仲秋祭禽以祠祊爲一也 阮本「祊」作「昉」。

〔七一〕師執事涖釁主及軍器 唐石經、婺、建、岳、阮本「師」作「帥」，當從。

〔七二〕皆神之 阮校云，通典作「皆神明之」。

〔七三〕比或作庀 阮校云，葉鈔釋文「庀」作「庇」，余本載音義同。

〔七四〕且司馬用王大常者 「且」，阮本作「具」，殿本作「其」，疑作「其」是。

〔七五〕不達異意 閩、監、毛、殿本同，元、正、閩、阮本「達」作「違」。案作「達」是也，大司樂疏引鄭志正作「不達」。

〔七六〕以其喪冠反吉冠於武上向内縫之 孫詒讓云，「吉冠」二字當重，「喪冠反吉冠」句斷。

〔七七〕此注不云士之子者 阮本「士」作「王」，誤。

〔七八〕植築城楨也 「楨」，余、嘉靖本同，宋本、葉鈔釋文同，閩、監、毛、阮本作「槇」，非，當據此正。

〔七九〕案宣十一年 阮本「一」作「二」，誤。

〔八〇〕楚令尹蔿艾獵城沂 「沂」，阮本作「所」，浦鏜云，「沂」誤「所」。

〔八一〕屬役賦丈又宣十一年 阮本「又」作「尺」，誤。

〔八二〕以此屬謂賦丈尺與人數也 阮本「此」下有「知」。

〔八三〕今王喪不得使司士 「得」字原闕，據阮本補。

〔八四〕小司馬之職掌 于鬯云，「小司馬之職掌」六字乃漢人據例補入，實闕。

〔八五〕此下字脱滅札爛又闕　「又」，嘉靖本同，余、毛、阮本作「文」，阮校據賈疏以爲作「又」是也，「字」亦爲衍文。

〔八六〕以此下脱滅札爛又闕也　阮本「此」下有「知」字。

〔八七〕漢興購求遺書不得也　阮本「興」上無「漢」，「遺」作「遺」。當作「遺」是。

周禮注疏卷第三十五

司勳，掌六鄉賞地之灋，以等其功。賞地，賞田也。在遠郊之内，屬六鄉焉。等猶差也，以功大小爲差。

注「賞地」至「爲差」　知賞地是賞田在遠郊之内者，以載師職云「牛田賞田，任遠郊之地」，故知也。知「屬六鄉」者，以其遠郊内置六鄉故也。云「以功大小爲差」者，〔一〕以下文云「輕重視功」，則賞地大小不定，故知以功大小爲差。

王功曰勳，輔成王業，若周公。〔二〕

「輔成王業若周公」　知據王業者，以其言王，繼王身而言，〔三〕明據王之位業而説耳。以周公攝政，相幼君，致大平，還政成王，是輔成王業之事，故以周公託之。〔四〕但經之所云，不得專爲周公、伊尹之等，故皆云「若」，比擬之耳。

國功曰功，保全國家，若伊尹。

注「保全國家若伊尹」　鄭知「保全國家」者，以其言國，繼國而言，故知是保全國家者也。以伊尹比之者，以湯時天下大平，湯崩，孫大甲即位，不明政事，伊尹爲數篇書以諫之，諫既不入，乃放之桐宮。三年思庸，復歸於亳，國家得全，故以伊尹擬之耳。

民功曰庸，法施於民，若后稷。

「法施於民若后稷」　知「法施於民」者，以其言民，繼民言之。先王之業，以農爲本，以后稷比之者，周之先祖棄，爲堯之稷官，農人植嘉穀，天下爲烈，豈一手一足哉？庸，亦功也，以法施於民有功，故以后稷擬之。

事功曰勞，以勞定國，若禹。

「以勞定國若禹」　知「以勞定國」者，以其言勞，據勤勞施國而言。堯遭洪水，下民昏墊，國家不定，命禹治之，手足胼胝，三過門不入，弼成五服，國乃獲安，故以禹擬之也。

治功曰力，制法成治，若咎繇。○治功，直吏反，注同。若咎，音羔。繇，音遥。

「制法成治若咎繇」　以其言「治」、言「力」，故知制法成治，出其謀力。案虞書，帝謂咎繇云：「蠻夷猾夏，寇賊姦宄，〔五〕汝作士，五刑有服。」是咎繇制其刑法，國家治理，故以咎繇擬之。

戰功曰多。尅敵出奇，若韓信、陳平。司馬法曰：「上多前虜。」

注「尅敵」至「前虜」　知多是「尅敵出奇」者，以其言多，是於衆之中比校多少之事，故知是尅敵出奇，比彼爲多者也。漢之二將，是尅敵出奇之人，故以擬之耳。云「司馬法曰上多前虜」者，彼亦是戰以功多爲上，居於陳前，虜獲俘囚，故引以證多爲戰功者也。此上六者，皆對文爲義。若散文則通。是以春秋左氏云「舍爵策勳」，彼戰還而飲至，不云「舍爵策多」，是通也。明堂位云：「周公爲有勳勞於天下。」是周公德大，有勳兼勞者也。

凡有功者，銘書於王之大常，祭於大烝，司勳詔之。銘之言名也。生則書于王旌，以識其人與其功也。死則於烝先王祭之。詔，謂告其神以辭也。盤庚告其卿大夫曰「茲予大享于先王，爾祖其從與享之」是也。〔六〕今漢祭功臣於廟庭。○以識，音志。般庚，步干反。從與，音預。

「凡有」至「詔之」　云「凡有功」，謂上六者，故云「凡」以該之。使司勳詔之者，以其司勳知功之有無大小故也。詔之，謂詔司常書之，又以辭使春官告神。

注「銘之」至「廟庭」　言「生則書於王旌，以識其人與其功也」者，以王建大常，故云王旌。必於王旌識功與人者，王旌，車上建之，就旌上書之，欲取表顯示人故也。引「盤庚告其卿大夫」者，盤庚，殷王，欲遷往亳，殷臣民有不肯者，故告之，云「我不掩爾善」，所以者何？「茲予大享於先王」之時，爾祖其從先王」。與在享祭之中，況爾見在，不掩可知，何不從我遷乎？引漢法，欲見古者祭功臣在廟庭也。必祭功臣在冬之蒸祭者，蒸者，衆也，冬時物成者衆，故祭功臣。案：彼書注以大享爲蒸嘗者，此舉冬祭物成者衆而言，其嘗時亦祭之也。或可周時直於蒸時祭功臣，殷時蒸嘗俱祭，禮異故也。

大功，司勳藏其貳。貳猶副也。功書藏於天府，又副於此者，以其主賞。

注「貳猶」至「主賞」　鄭知功書藏於天府者，天府職文也。

掌賞地之政令，政令，謂役賦。

注「政令謂役賦」　鄭以「政」爲「征」，征，稅也。賞地在六鄉之內，亦從溝洫貢天子法，〔七〕其民亦從鄉之徭役之法。

凡賞無常，輕重眡功。無常者，功之大小不可豫。

注「無常」至「可豫」　賞地在遠郊之内，有疆界，未給者，空之待有功，乃隨功大小給之，故云「不可豫」也。

凡頒賞地，參之一食，鄭司農云：「不以美田爲采邑。」玄謂賞地之稅，參分計稅，王食其一也，二全入於臣。

注「鄭司」至「於臣」　先鄭意以參之一食者，謂以下地可食三之一，似下地再易，家得三頃，歲種一頃食之，故云「不以美田爲采邑」。又以賞田與采邑爲一物，後鄭不從者，不以美田爲采邑，亦無文以言之。又案載師職，家邑任稍地，小都任縣地，大都任疆地，自三百里已外爲之，其賞田任在遠郊之内，何得爲一物，故鄭不從也。後鄭云「賞地之稅，參分計稅，王食其一也，二全入於臣」者，采地之稅四之一，與小國入天子同。今賞田三之一，一分入天子，與次國三之一入天子同。

唯加田無國正。加田，既賞之，又加賜以田，所以厚恩也。鄭司農云：「正謂稅也。祿田亦有給公家之賦貢，若今時侯國有司農少府錢穀矣。獨加賞之田無正耳。」○國正，音征，注同，本亦作征。少府，詩照反。

「唯加田無國正」　言「無國征」，〔八〕無稅入天子法，其民出稅入主則有之。但加田未知所在，或可與賞田同處，以其仕田在近郊，加田在遠郊可知也。

注「加田」至「正耳」　知「加田，既賞之，又加賜以田」者，以其文承賞田之下，即云加田，故知賞田之外，所加賜之田可知。先鄭云「祿田亦有給公家之賦貢」，舉漢法，「侯國有司農少府錢穀」者，漢法，穀入司農，錢入少府，故舉以爲況。祿田，即采地之稅及賞田之等是也。加田，是加恩厚，又不稅入天子。凡大夫士賜地有四種：大夫已上有采，家邑任稍地之等是也；又有賞田及加田；載師又有仕田，及王制圭田，圭田即仕田，是有四種。禮記王制云：「大夫士有田則祭，無田則薦。」少牢、特牲是大夫有田者，是知士亦有田之法也。

馬質，掌質馬。馬量三物，一曰戎馬，二曰田馬，三曰駑馬，皆有物賈。此三馬，買以給官府之使，無種也。鄭司農曰：「皆有物色及賈直。」〔九〕○物賈，音嫁，注及下同。無種，章勇反，下同。

「馬質」至「物賈」　云「馬質」者，質，平也，主平馬力及毛色與賈直之等。

注「此三」至「賈直」　云「此三馬，買以給官府之使，無種」者，馬有六種，此三者無種。買以給官府，餘三者，仍有種馬、齊馬、道馬。其齊馬、道馬亦無種，不買之者，其種馬上善似母者。其齊馬、道馬，雖非上善似母者，亦容國家所蕃育，不買之也。

綱惡馬。鄭司農云：「綱讀爲『以亢其讎』之亢，書亦或爲亢。亢，御也，禁也，禁去惡馬不畜也。」玄謂綱，以縻索維綱狎習之。○以亢，苦浪反，又音剛，下同。御也，魚呂反，本亦作禦，下同。禁去，起呂反，小子注去之同。以縻，亡皮反。

注「鄭司」至「習之」　先鄭讀爲「以亢其讎之亢」者，案：僖二十八年，晉子犯曰「背惠食言，以亢其讎」，是也。謂禁去惡馬不畜，後鄭不從者，此馬質所掌，皆買之無種，何有惡馬禁去之類，故不從也。

凡受馬於有司者，書其齒毛與其賈，馬死，則旬之內更，旬之外入馬耳，以其物更，其外否。鄭司農云：「更謂償也。」玄謂旬之內死者，償以齒毛與賈，受之日淺，養之惡也。旬之外死，入馬耳，償以毛色，不以齒賈，任之過其任也。其外否者，旬之外踰二十日而死，不任用，非用者罪。○內更，音庚，下及注同，償也。不任用，音壬，又而鴆反。

注「鄭司」至「者罪」　後鄭云「旬内死者，償以齒毛與賈，受之日淺，養之惡也」者，所受之馬，謂給公家之使，旬之内，雖任之過其任，若養之善，未能致死，以其日少故也。若養之惡，雖不重任，亦能致死。云「旬之外死，入馬耳，償以毛色，不以齒賈，任之過其任也」者，以其筋力既竭，雖善養之，任載過多，可以致死，故云過其任也。云「其外否者，旬之外踰二十日死，不任用，非用者罪」者，以其行使二十日以外，馬力既竭，雖齊其任養之善，容得致死，故不償。鄭見有三等之法，下復云「以任齊其行」，以意量之，以爲此解。

馬及行，則以任齊其行。識其所載輕重及道里，齊其勞逸，乃復用之。○乃復，扶又反。

注「識其」至「用之」　鄭知「識其所載輕重及道里」者，以其經云馬及行，明授行者所載輕重及道里，須齊勞逸，乃復用之，不得并其勞逸也。

若有馬訟，則聽之。訟，謂賣買之言相負。

注「訟謂」至「相負」　知「賣買之言」者，以馬質主買馬，故知之也。

禁原蠶者。原，再也。天文，辰爲馬。蠶書，蠶爲龍精。月直大火，則浴其種，是蠶與馬同氣。物莫能兩大，禁再蠶者，爲傷馬與？○月直，音值。爲傷，于僞反。

注「原再」至「馬與」　云「天文，辰爲馬」者，辰則大火，房爲天駟，故云辰爲馬。云「蠶書，蠶爲龍精。月值大火，則浴其種」者，月值大火，謂二月。則浴其種，則内宰云「仲春，詔后帥外内命婦始蠶于北郊」，是也。若然，祭義云「大昕之朝，奉種浴於川」，〔一〇〕注云「大昕，季春朔日之朝」，是建辰之月，又浴之者，蓋蠶將生，重浴之，故彼下文即云「桑於公桑之事」，是也。云「是蠶與馬同氣」者，以其俱取大火，是同氣也。云「物莫能兩大」者，此莊二十二年左傳文。案：彼陳敬仲奔齊，齊侯使敬仲爲卿。敬仲，其少也，周史有以周易見陳侯者，陳侯使筮之，遇觀之否，曰「是謂『觀國之光，利用賓于王』，此其代陳有國乎？不在此，其在異國乎？」下云「若在異國，必姜姓也。姜，大嶽之後也。山嶽則配天，物莫能兩大，陳衰，此其昌乎？」引此者，是無並大之義也。云「禁再蠶者，爲傷馬與」者，二者既同氣，不可兩大，而禁再蠶，明恐傷馬，無正文，故云「與」以疑之也。

量人，掌建國之灋，以分國爲九州，〔一二〕營國城郭，營后宮，量市朝道巷門渠。造都邑亦如之。建，立也。立國有舊法式，若匠人職云。分國，定天下之國分也。后，君也。言君，容王與諸侯。〔一三〕○市朝，直遥反，下及注同。國分也，扶問反。

「量人」至「如之」 云「掌建國之法」者，以其建國，當先知遠近廣長之數故也。云「以分國爲九州」者，分國謂分諸侯之國爲九州，假令土廣萬里，中國七千，七七四十九，方千里者四十九，其一爲畿內，其餘四十八，八州各得方千里者六，是爲九州也。至於中平，通夷狄七千，中國五千，衰世通夷狄五千，中國三千，計皆可知，故分國爲九州。州各有疆界，故詩云「帝命式於九圍」，是州各有圍限也。云「營國城郭」者，即匠人云「營國方九里」之類也。云「營后宮」者，謂若典命注「公之宫方九百步，天子千二百步」之類也。云「量市朝道巷」者，謂若匠人云「市朝一夫」，「經塗九軌」。巷及門渠亦有尺數，謂若門容二轍三个之等。云「造都邑亦如之」者，謂造三等采地，亦有城郭、宫室、市朝之等，故云如之。但與之制度大小，未必身往耳。

注「建立」至「諸侯」 云「立國有舊法式，若匠人職云」者，案：匠人有營國方九里，夏后氏世室及左祖右社，面朝後市，市一夫之等。〔一三〕云「分國，定天下之國分也」者，以經云分國，謂爲諸侯國，諸侯國有五百里、四百里已下。言爲州，謂九州有分界也。云「后，君也」，知非王后之宫者，以其不得先言后，故以后爲君也。云「言君，容王與諸侯」者，以其言分國，是諸侯；若云王，即不容諸侯，故變王云后，欲容王與諸侯兩含故也。

營軍之壘舍，量其市朝、州、涂、軍社之所里。軍壁曰壘。鄭司農云：「量其市朝州涂，還市朝而爲道也。」玄謂州，一州之衆，二千五百人爲師，每師一處，市也，朝也，州也，皆有道以相之。軍社，社主在軍者。里，居也。○州涂，本又作塗。還市，如字，劉户串反。

「營軍」至「所里」　此爲出軍之時所營量度之事。

注「軍壁」至「居也」　云「軍壁曰壘」者，軍行之所擬停之處，皆爲壘壁，恐有非常，故云軍壁曰壘也。先鄭云「量其市朝州塗，還市朝而爲道也」者，先鄭意還市朝而爲道，不釋州義，故後鄭不從，以一州則一師，每一帥各自一處，各立市朝。州即師也，師皆有道以相湊之。若然，未必環遶爲路也。云「軍社，社主在軍者。里，居也」者，在軍，不用命戮於社，故將社之石主而行，所居，皆有步數，故職在量人。

邦國之地與天下之涂數，皆書而藏之。書地，謂方圜山川之廣狹；書涂，謂支湊之遠近。○支湊，七豆反。

注「書地」至「遠近」　鄭以地中有平廣，兼山川之等，故云「書地謂方圜山川之廣狹」也。云「書涂，謂支湊之遠近」者，支，謂支分。湊，謂臻湊。道塗有支分，及相臻湊遠近也。

凡祭祀饗賓，制其從獻脯燔之數量。鄭司農云：「從獻者，肉殽從酒也。」玄謂燔，從於獻酒之肉炙也。〔一四〕數，多少也。量，長短也。○肉炙，章夜反。

「凡祭」至「數量」　云「凡」者，以其天地宗廟饗食事廣，故云凡以該之。饗賓，謂若大行人上公三饗九獻之等。饗賓，獻有脯從，若燕行獻賓薦脯醢是也。〔一五〕祭禮獻以燔從，故摠之言也。

注「鄭司」至「短也」　先鄭云「從獻者，肉殽從酒也」，後鄭不從者，以肉殽從酒，禮所不言。案特牲少牢云：「主人獻尸以肝從，主婦獻尸以燔從」，故後鄭據此，以爲從獻以燔。詩云「載燔載烈」，毛云：「傅火曰燔。〔一六〕貫之加於火曰烈。」燔雖不貫，亦是炙肉，故鄭云炙肉。「數，多少也。〔一七〕量，長短也」者，案：儀禮「脯十脡，各長尺二寸」，是多少長短。燔之數量未聞。

掌喪祭奠竁之俎實。竁亦有俎實，謂所包遣奠。士喪禮下篇曰「藏苞筲於旁」。○奠竁，昌絹反。〔一八〕苞筲，所交反。

「掌喪」至「俎實」　諸於喪祭，多據虞祭而言。此「喪祭」文連「奠竁」，竁是壙内，故鄭以喪祭爲大遣奠解之。是以大司馬喪祭亦爲遣奠也。

注「竁亦」至「於旁」　案：冢人云「請度甫竁」，竁，穿壙之名。此言奠竁，則奠入於壙，是以云「所包遣奠」也。引「士喪禮下篇」者，即既夕禮是也。云「藏包筲於旁」者，包，謂包牲取下體，葦包二是也。〔一九〕藏筲者，即既夕禮云「筲三，黍稷麥」，並藏之於棺旁。引之者，證喪祭奠入壙之事也。

凡宰祭，與鬱人受斝歷而皆飲之。言宰祭者，冢宰佐王祭，亦容攝祭。鄭司農云：「斝讀如嫁娶之嫁。斝，器名。明堂位曰：『爵，夏后氏以琖，殷以斝，周以爵。』」玄謂斝讀如嘏尸之嘏。〔二〇〕宰，冢宰。〔二一〕○斝歷，古雅反，劉依司農音嫁。琖，側產反，劉本作湔，音同。之嘏，古雅反。

「凡宰」至「飲之」　云「凡宰祭」者，冢宰攝祭非一，故云凡也。

注「言宰」至「冢宰」　鄭云「冢宰，佐王祭，亦容攝祭」者，義得兩含。案大宗伯云：「若王不與祭祀，則攝位。」注云：「王有故，代行其祭事。」重掌者，此據宗伯亦有故，則冢宰攝之。先鄭云「斝讀如嫁娶之嫁」，直取音同。引明堂位者，證斝是器名，周獻用玉爵，無用斝，故後鄭云「斝讀如嘏尸之嘏」，讀從少牢尸嘏主人。郊特牲云：「嘏者，長也，大也。」謂使主人受長大之福，疏已具於鬱人職，但此有歷字者，謂鬱人與量人，歷皆飲之也。

小子，掌祭祀羞羊肆、羊殽、肉豆。鄭司農云：「羞，進也。羊肆，體薦、全烝也。羊殽，體解節折也。肉豆者，切肉也。」玄謂肆讀爲鬄。羊鬄者，所謂豚解也。○羊肆，依注音鬄，他歷反，一音餘四反。節折，之設反。

注「鄭司」至「解也」　先鄭云「羊肆，體薦、全烝也」者，既不爲豚解，則先鄭讀爲肆陳之肆，又爲賜音也。先鄭爲體薦全烝，後鄭不從者，以此經祭用羊，是用大牢，爲宗廟之祭，非祭天。案：外傳云：「禘郊之事，則有全烝。王公立飫，則有房俎。」是以知宗廟之祭不得全烝也。是故禮運云「腥其俎，孰其殽」，注云：「腥其俎，豚解而腥之。孰其殽，體解而爓之。」又云：「退而合亨，體其犬豕牛羊。」是祭宗廟不得有全烝也。是以後鄭讀肆從鬄，「羊鬄者，所謂豚解也。」所謂者所謂士虞禮記云：「主人不視豚解。」豚解之法，則士喪禮「特豚，四鬄去蹄」，謂四段解之，〔三〕殊肩髀如解豚，故名豚解。若然，大夫士祭，自饋孰始，正祭即體解，爲二十一體。喪事略，則有豚解。其天子諸侯之祭，有腥，有爓，有孰，故初朝踐，有豚解而腥之。饋獻，則有體解而爓之。酳尸乃有孰，與大夫士不同也。

而掌珥于社稷，祈于五祀。故書祀作禩。鄭司農云：「禩讀爲祀，書亦或爲祀。珥社稷，以牲頭祭也。」玄謂珥讀爲衈。祈或爲刉。刉衈者，釁禮之事也。用毛牲曰刉，羽牲曰衈。衈刉社稷五祀，謂始成其宫兆時也。春官肆師職「祈」或作「幾」。秋官士師職曰：「凡刉珥則奉犬牲。」此刉衈正字與？○掌珥，依注音衈，而志反，後同，一音仍。祈于，音機。作禩，音祀。爲刉，音機，字書云劃也，一曰斷也，或古愛反，又公内反。字與，音餘。

注「故書」至「字與」　先鄭云珥以牲頭祭，漢時祈禱，有牲頭祭，後鄭不從者，案：禮記雜記釁廟之禮云「門、夾室用雞，其衈皆於屋下。」衈既爲釁禮，此刉與衈連文，則刉亦是釁禮，非祭祀之法，何得爲牲頭祭乎？是以後鄭爲釁法解之。玄謂「珥讀爲衈。祈或爲刉」者，以釁法無取於玉珥及祈禱之義，故依士師刉衈爲正也。鄭知刉衈爲釁禮之事，約雜記而知也。云「用毛牲曰刉，羽牲曰衈」者，此相對而言，雜記廟用羊，門用雞，皆云衈，散文通也。知「刉衈是社稷五祀，始成其宮兆時也」者，凡物須釁者，皆謂始成時，是以雜記云「廟成則釁之」，是也。云「春官肆師職祈或作畿」者，鄭欲見字有參差非一之義。云「秋官士師職曰『凡刉衈則奉犬牲』」，此刉衈正字與」者，刉從刀，衈從血，於義合，故以此爲正字也。

凡沈辜侯禳，飾其牲。鄭司農云：「沈謂祭川。爾雅曰：『祭川曰浮沈。』辜，謂磔牲以祭也。月令曰：『九門磔禳以畢春氣。』侯禳者，侯四時惡氣，禳去之也。」○侯禳，如羊反。謂磔，陟格反。

注「鄭司」至「之也」　先鄭云「沈謂祭川」，是以引爾雅爲證。案：爾雅云：「祭山曰庪縣，〔二三〕祭川曰浮沈。」此浮沈之祭，當祭天之煙，祭社之血，亦謂歆神節。先鄭引月令季春令者，證辜是辜磔牲體之義。鄭彼注九門者，王之五門外，有國門、近郊門、遠郊門、關門，〔二四〕爲九。云「侯禳」者，謂侯四時惡氣，禳除去之也。

釁邦器及軍器。邦器，謂禮樂之器及祭器之屬。雜記曰：「凡宗廟之器，其名者成，則釁之以豭豚。」○以豭，音家。

注「邦器」至「豭豚」　鄭以軍器別言，即云邦器者是禮樂之器也。鄭云禮器者，即射器之等，樂器即鍾鼓之等，祭器即籩、豆、俎、簋、尊、彝器皆是。引雜記宗廟器成，釁之以豭豚者，證此等所釁亦用豭豚也。

凡師田，斬牲以左右徇陳。示犯誓必殺之。○徇陳，辭俊反。

「凡師」至「徇陳」　此即上文誓衆之時，斬牲以左右徇陳，是此職也。

祭祀，贊羞，受徹焉。

「祭祀」至「徹焉」　贊羞謂若上文大司馬職云「祭祀羞魚牲」之等，此官即贊之。云「受徹焉」者，謂祭畢，諸宰君婦廢徹之時，則此官受之。

羊人，掌羊牲。凡祭祀，飾羔。羔，小羊也。〔二五〕詩曰：「四之日其早，獻羔祭韭。」

「羊人」至「飾羔」　凡正祭皆用成牲，今言「祭祀飾羔」，則非正祭用羔，是以鄭引詩爲證。云「四之日」者，謂用建子爲正，至建卯四月，夏之二月之日，公始用冰，欲開冰之時，先獻羔祭韭而啓冰室，乃出冰也。

祭祀，割羊牲，登其首。登，升也。升首，報陽也。升首于室。

注「登升」至「于室」　知「升首於室」者，見郊特牲云：「用牲於庭，升首於室。」注云：「制祭之後，升牲首於北墉下。」云「報陽」者，首爲陽，對足爲陰。祭祀之時，三牲之首俱升，此特言羊者，以其羊人所升，不升餘牲，故言羊也。

凡祈珥，共其羊牲。共猶給也。

「凡祈」至「羊牲」　犬人共犬，此云共羊，或羊或犬，俱得爲釁，故兩職各共之也。〔二六〕

賓客，共其灋羊。灋羊，飧饔積善之羊。〔二七〕○食饔，音嗣，本又作飧饔。

注「灋羊」至「之羊」　鄭知法羊是爲此等者，以其言法，即是依法度多少，送於賓館及道路，是以掌客致於賓館，有上公飧五牢、饔餼九牢，及殷膳大牢。致於道路，有五積之等。其饗食及燕速賓，自饌陳者，不言之也。

凡沈辜、侯禳、釁、積，共其羊牲。積，故書爲眦。鄭司農云：「眦讀爲漬，謂釁國寶、漬軍器也。」玄謂積，積柴，禋祀、槱燎、實柴。○爲眦，徐賜反，與漬同。槱，羊久反。燎，良召反。

注「積故」至「實柴」　先鄭不從故書「眦」，故讀從「水漬」。後鄭不從漬軍器者，以此羊人所共，共小子職，彼云「釁邦器及軍器」，以此知不得爲漬軍器也。後鄭云「積，積柴，禋祀、槱燎、實柴」，歷言此三者，以互而相通，皆須積柴，實牲幣，煙氣上聞故也。但祭天用犢，其日月已下有用羊者，故我將詩云「惟牛惟羊，惟天其祐之」，彼亦據日月以下及配食者也。

若牧人無牲，則受布于司馬，使其賈買牲而共之。布，泉。○其賈，音古。

司爟，掌行火之政令，四時變國火，以救時疾。行猶用也。變猶易也。鄭司農說以鄹子曰：「春取榆柳之火，夏取棗杏之火，季夏取桑柘之火，秋取柞楢之火，冬取槐檀之火。」○柞，子洛反。楢，羊久反，又音由。

「司爟」至「時疾」　云「掌行火之政令」者，即四時變國火，及季春出火等，皆是也。云「四時變國火，以救時疾」者，火雖是一，四時以木爲變，所以禳去時氣之疾也。

注「行猶」至「之火」　先鄭引鄹子書，論語注引周書，不同者，鄹子書出於周書，其義是一，故各引其一。言「春取榆柳」之等，舊師皆以爲取五方之色同，故用之。今案：棗杏雖赤，榆柳不青，槐檀不黑，其義未聞。

季春出火，民咸從之；季秋内火，民亦如之。火所以用陶冶，民隨國而爲之。鄭人鑄刑書，火星未出而出火，後有災。鄭司農云：「以三月本時昏，心星見于辰上，使民出火。九月本黄昏，心星伏在戌上，〔二八〕使民内火。故春秋傳曰『以出内火』」。○見於，賢遍反。

注「火所」至「内火」　鄭知出火内火據陶冶火者，以其上經四時變國火據食火，明此春秋據陶冶，故引春秋傳爲證也。云「民隨國而爲之」者，釋民咸從之義。云「鄭人」已下，案：左氏昭六年，「三月，鄭人鑄刑書。士文伯曰：『火見，鄭其災乎！火未出而作火。』六月丙戌，鄭災。」是其後有災。昭十七年，梓慎曰：「火出，於夏爲三月，於商爲四月，於周爲五月。夏數得天正。」先鄭云「三月本時昏，心星見於辰上，使民出火。九月本昏，心星伏在戌上，使民内火」者，心星則大火辰星是也。三月諸星復在本位，心星本位在卯，三月本之昏，心星始時未必出見卯南，九月本始之黄昏，心星亦未必伏在戌上，皆據月半後而言。云「春秋傳曰『以出内火』」者，左氏傳襄公九年文。

時則施火令。焚萊之時。〔二九〕

注「焚萊之時」　上言行火政，此又言施火令，則不掌火禁，故鄭云「焚萊之時」。其火禁者，則宫正云「春秋以木鐸脩火禁」，注云：「火星以春出，以秋入，因天時而以戒。」司烜亦云：「仲春，以木鐸脩火禁于國中。」彼二官直掌火禁，不掌火令。

凡祭祀，則祭爟。報其爲明之功，禮如祭爨。

注「報其」至「祭爨」　鄭云「禮如祭爨」者，祭爨，祭老婦也，則此祭爟，謂祭先出火之人。

凡國失火，野焚萊，則有刑罰焉。野焚萊，民擅放火。

注「野焚」至「放火」　「國失火」謂在國中民，失火有罰，若今民失火有杖罰。「野焚萊有罰」者，大司馬仲春田獵云「火弊」，鄭云：「春田主用火，因除陳生新。」則二月後擅放火則有罰也。

掌固，掌脩城郭、溝池、樹渠之固，頒其士庶子及其衆庶之守。樹謂枳棘之屬有刺者也。衆庶，民遞守固者也。鄭司農説樹以國語曰：「城守之木，於是乎用之。」○枳棘，居氏反。刺者，七賜反。遞守，劉待禮反，又待計反。

「掌固」至「之守」　云「掌脩城郭溝池」者，謂環城及皆有溝池。〔三〇〕云「樹渠」者，非直溝池有樹，兼其餘渠上亦有樹也。云「之固」者，摠城郭已下數事，皆是牢固之事也。云「頒其士庶子」者，〔三一〕即宫伯所云，士，謂卿大夫士之適子；庶子，其支庶。彼據宿衛王宫，此掌固所頒，亦據宿衛王宫而言。以其庶子不合城郭之處用之，以掌固是固守之官，故兼掌宿衛之事也。

注「樹謂」至「用之」　云「衆庶民遞守固者也」者，謂使守城郭之所，及要塞之處也。先鄭引國語者，案：楚語云「靈王爲章華之臺，伍舉諫爲臺樹，〔三二〕云瘠磽之地，於是乎爲之，城守之木，於是乎用之。」是其事。引之者，證城有守法。

設其飾器，兵甲之屬。今城郭門之器亦然。

注「兵甲」至「亦然」　鄭知經飾器是兵甲之屬者，以其掌器是防禦之器，故知是兵甲之屬也。云「今城郭門之器亦然」者，漢時城郭門守器所飾，亦若今城郭門傍所執矛戟，皆有幡飾之等，是也。

分其財用，均其稍食，財用，國以財所給守吏之用也。稍食，祿稟。

注「財用」至「祿稟」　云「財用」者，謂所用之財物分與之，明是以財所給守吏爲守事之用者也。云「稍食祿稟」者，所守之處，官及民合受官食，月祿稟者。所守之處，守月給米稟與之，〔三三〕故謂之稍食也。

任其萬民，用其材器。任謂以其任使之也。民之材器，其所用塹築及爲藩落。○塹築，七豔反。

注「任謂」至「藩落」　云「民之材器其所用塹築及爲藩落」者，對上文財用謂官之財物，此云民之材器，明材是材木，用爲楨榦，以掘塹築作所用，及不築處，即用材爲藩屏籬落以遮障也。

凡守者受灋焉，以通守政，有移甲與其役財用，唯是得通，與國有司帥之，以贊其不足者。凡守者，士庶子及他要害之守吏。通守政者，兵甲役財，難易多少，轉移相給也。其他非是，不得妄離部署。國有司，掌固也。其移之者，又與掌固帥致之。贊，佐也。○凡守者，劉收又反，注凡守者下有守同。難易，以豉反。妄離，力智反。

注「凡守」至「佐也」　云「凡守者，士庶子及他要害之守吏」者，此鄭還據上文士庶子及衆庶之守而言。云他要害者，謂城郭所守，是其常處，除此有要害之處，若殽、皐、河、漢要路之所，皆爲他要害也。云「通守政者，兵甲役財，難易多少，轉移相給」者，鄭據上文飾器而言，變材器言役材者，欲見材器是民役之材，非財用者。云「其他非是，不得妄離部署」者，此則釋經「惟是得通」之言，其餘非所通之外，皆不得離其本處也。

晝三巡之，夜亦如之，巡，行也。行守者，爲衆庶之解惰。○巡行，下孟反，下皆同。爲衆，于僞反。解惰，佳賣反。

「晝三」至「如之」　此乃掌固設法與所守之處，非是掌固自巡行之也。

夜三鼜以號戒。杜子春云：「讀鼜爲造次之造，謂擊鼓行夜戒守也。春秋傳所謂賓將趣者與，趣與造音相近，故曰終夕與燎。」玄謂鼜，擊鼜，警守鼓也。三巡之間，又三擊鼜。○鼜，音戚。造次，七報反，下同。者將趣，莊久反，劉祖侯反，杜七杜反。者與，音餘。相近，附近之近。與燎，音預。

「夜三鼜以號戒」　此乃掌固設法與所守之處，言「以號戒」者，使擊鼜者所以號呼，〔三四〕使戒守耳。

注「杜子」至「擊鼜」　引春秋者，案：昭二十年，衛侯如死鳥。齊侯使公孫青聘衛，賓將掫。注謂行夜。不作趣者，彼賈服讀字，與子春意異。云「故曰終夕與燎」者，亦是彼傳文。後鄭以「鼜擊鼜警守鼓」，不從子春造音者，子春已上有注「鼜讀爲憂戚之戚」，是戒守者使有憂戚，故謂此鼓爲鼜也。

若造都邑，則治其固，與其守灋。都邑亦爲城郭。

注「都邑亦爲城郭」　謂三等采地，言亦爲城郭者，但戒守爲城郭而言，故亦如上王國然也。

凡國都之竟有溝樹之固，郊亦如之。竟，界也。○之竟，音境，注及下同。

「凡國」至「如之」　此經爲上經而設，仍兼見王國而言，故國、都雙言之。言王國及三等都邑所在境界之上，亦爲溝樹以爲阻固，郊亦如之。若據王國有近郊、遠郊，亦有溝樹以爲固。〔三五〕

民皆有職焉。職，謂守與任。

「民皆有職焉」此亦兼上王國及都，合守之處，其民皆職任，使勞逸遞守也。

若有山川，則因之。山川，若殽、阜、河、漢。

「若有」至「因之」謂上諸有所造溝樹爲固之處，值有山川之處，則因之，不須別造。

注「山川」至「河漢」殽，謂若殽有二陵。阜，謂若東城阜。〔三六〕漢，謂若楚謂齊云：楚國漢水以爲池，河爲四瀆之險。又齊西有濁河，皆因之爲固可知。

司險，掌九州之圖，以周知其山林川澤之阻，而達其道路。周，猶徧也。達道路者，山林之阻則開鑿之，川澤之阻則橋梁之。○猶徧，音遍。

「司險」至「道路」序官注「國曰固，野曰險」。是掌固掌在國，城郭則司險掌畿外阻固，故云「司險」也。

注「周猶」至「梁之」云「山林之阻則開鑿之」者，謂若禹鑿龍門之類。「川澤之阻則橋梁之」者，謂若「十月車梁成」之類是也。

設國之五溝五涂，而樹之林，以爲阻固，皆有守禁，而達其道路。五溝，遂、溝、洫、澮、川也。五涂，徑、畛、涂、道、路也。樹之林，作藩落也。○洫，況域反。澮，古外反。畛，之忍反。

「設國」至「道路」 此五溝五涂，而言樹之林，以爲阻固，皆有守禁，則非遂人田間五溝五塗。但溝塗所作，隨所須大小而爲之，皆準約田間五溝五塗。其溝上亦皆有道路以相之湊，〔三七〕故以五溝五塗而言之也。

注「五溝」至「落也」 「遂溝」至「道路」，皆遂人文，故遂人云「夫間有遂，遂上有徑，十夫有溝，〔三八〕溝上有畛，百夫有洫，洫上有塗，千夫有澮，澮上有道，萬夫有川，川上有路」，是也。

國有故，則藩塞阻路而止行者，以其屬守之，唯有節者達之。有故，喪災及兵也。閉絶要害之道，〔三九〕備姦寇也。

「國有」至「達之」 國有故之時，恐有姦寇，故藩塞阻路而止行者。云「以其屬守之」者，謂使司險之下胥徒四十人之屬，守其要者其餘使其地之民爲守也。云「有節者達之」者，節謂道路用旌節也。

注「有故」至「姦寇」 鄭知有故是喪災及兵者，喪謂王喪，災謂水火，兵謂寇戎之等。有故使守愼，〔四〇〕惟此而已，故以此三事解之。

掌疆闕。

候人，各掌其方之道治，與其禁令，以設候人。〔四一〕道治，治道也。國語曰「候不在竟」，譏不居其方也。禁令，備姧寇也。以設候人者，選士卒以爲之。詩云：「彼候人兮，何戈與祋。」○道治，直吏反，注道治及下方治同。何戈，胡我反，又音河。與祋，都外反，劉睹律反。

「候人」至「候人」　言「各掌其方之道治與其禁令以設候人」者，以其上士六人，下士十有二人，徒百二十人，(四二)以道路多，故設官及徒亦多也。引國語者，案：周語，定王使單襄公聘于宋，遂假道於陳，以聘於楚。時候不在境，司空不視塗，膳宰不致餼，司里不授館。單子歸以告王曰：「陳侯不有大咎，國必亡。」(四三)言「譏」者，正謂陳侯不有大咎國必亡者也。詩云「彼候人兮，荷戈與祋」者，荷，揭也。(四四)祋，謂殳也。引此二者，證候人在道之事。鄭言「候人者選士卒以爲之」者，即徒百二十人，皆是甲士與步卒之内爲之也。

若有方治，則帥而致于朝；及歸，送之于竟。方治，其方來治國事者也。春秋傳曰「晉欒盈過周，王使候人出諸轘轅」，是其送之。○于朝，直遥反。轘轅，户關反。

注「方治」至「送之」　「方治，其方來治國事者也」者，謂國有事，不能自決，當決於王國。或有國事，須報在上，皆是也。引春秋者，案：襄二十一年「晉欒盈出奔楚，過周，周西鄙掠之。辭於行人，曰：『天子陪臣盈，得罪於王之守臣，將逃罪。罪重於郊甸，無所伏竄，敢布其死。昔陪臣書，能輸力於王室，若不棄書之力，亡臣猶有所逃。若棄書之力，將歸死於尉氏，惟大君命焉。』王使司徒禁掠欒氏者，歸所取焉，使候出諸轘轅。」彼云候，鄭君以義言之，故言候人也。

環人，掌致師，致師者，致其必戰之志。古者將戰，先使勇力之士犯敵焉。春秋傳曰：「楚許伯御樂伯，攝叔爲右，(四五)以致晉師。許伯曰：『吾聞致師者，御靡旌摩壘而還。』樂伯曰：『吾聞致師者，左射以菆，代御執轡，御下，掚馬掉鞅而還。』攝叔曰：『吾聞致師者，右入壘，折馘執俘而還。』」皆行其所聞而複之。○以菆，側留反，劉子侯反。掚馬，音兩，又音亮。掉，徒弔反，又奴孝反。鞅，於兩反。折，之設反，下同。馘，古獲反。執俘，音孚。

注「致師」至「復之」云「古者將戰，先使勇力之士犯敵焉」者，案：文十二年，秦伯伐晉，秦人欲戰，秦伯謂士會曰：「若何而戰？」對曰：「若使輕者肆焉，其可。」注云：「肆，突。言使輕鋭之兵往驅突晉軍。」隱九年，北戎侵鄭，公子突曰：「使勇而無剛者嘗寇而速去之。」注云：「勇則能往，無剛不耻退。」云「春秋傳」者，宣十二年左氏傳。晉楚交戰，楚許伯御樂伯已下，謂凡平兵車之法，射者在左，御者在中，戈盾在右。菆，矢之善者。掚，猶飾也。掉，猶正也。言「折馘執俘」者，死者取左耳，曰馘。生者曰俘。執，取之。云「皆行其所聞而復之」者，去時作言，及晉師，〔四六〕皆行其所聞之事而復反，此亦勇而無剛之人。引之者，證致師之事也。

察軍慝，慝，陰姦也。視軍中有爲慝者，則執之。○軍慝，他得反。

「察軍慝」案：莊二十五年左氏傳云：「惟正月朔，慝未作。」彼以慝爲陰氣，則此慝亦是陰姦也，欲陰私爲姦，取此軍之事，往彼言之，故察而執之。

環四方之故，卻其以事謀來侵伐者，所謂折衝禦侮。

注「卻其」至「禦侮」此則訓環爲卻，卻其以事謀來侵伐此國者也。云「所謂折衝禦侮」者，謂彼國來衝，能折服之。彼國來輕侮，能禦之。故云折衝禦侮也。

巡邦國，搏諜賊，諜賊，反閒爲國賊。○搏，音博，又房布反，劉音付。諜，音牒。反閒，閒厠之閒。

注「諜賊」至「國賊」云「巡邦國」者，謂巡諸侯邦之内，有諜賊，搏捉取之。〔四七〕言「諜賊」者，謂閒何北國之善惡，〔四八〕諜諜然傳道之。言「反閒」者，謂閒何反於彼言之也。此諜賊，即上軍慝之類，彼據王國，此據邦國，〔四九〕

故異言之。

訟敵國，敵國兵來，則往之與訟曲直，若齊國佐如師。

注「敵國」至「如師」　云「若齊國佐」者，成公二年，晉伐齊，晉師至袁婁，齊侯使國佐致賂，晉人不可，曰：「必以蕭同叔子爲質，而使齊之封内盡東其畝。」對曰：「蕭同叔子非他，寡君之母也。若以匹敵，則亦晉君之母也。今吾子布大命於諸侯，而曰：『必質其母以爲信。』其若王命何？」又曰：「先王疆理天下，物土之宜而布其利」，下云：「今吾子疆理諸侯，而曰『盡東其畝』而已。惟吾子戎車是利，無顧土宜，其無乃非先王之命也乎？」晉於是退師，是訟敵國之事，故引爲證也。

揚軍旅，爲之威武以觀敵。〔五〇〕詩云：「惟師尚父，時惟鷹揚。」

注「爲之」至「鷹揚」　引詩者，大雅文王詩。言大公爲大師，可尚可父。武王伐紂之時，大公奮其威武，惟如鷹之揚擊，是揚威武之事，故引爲證也。

降圍邑。圍邑欲降者，受而降之。春秋傳曰：「齊人降鄣」。○降圍，户江反，注同。降鄣，音章，劉諸讓反。

注「圍邑」至「降鄣」　案：公羊傳莊公三十年，「秋七月，齊人降鄣」。「鄣者何？紀人之遺邑也」。是紀入齊之時不俱至，後乃降。引之，證降是圍邑之事也。

挈壺氏，掌挈壺以令軍井，挈轡以令舍，挈畚以令糧。鄭司農云：「挈壺以令軍井，謂爲軍穿井，井成，挈壺縣其上，令軍中士衆皆望見，知此下有井。壺所以盛飲，故以壺表井。挈轡以令舍，亦縣轡于所當舍止之處，使軍望見，知當舍止于此。轡所以駕舍，故以轡表舍。挈畚以令糧，亦縣畚于所當稟假之處，令軍望見，知當稟假于此下也。畚所以盛糧之器，故以畚表稟。軍中人多，車騎雜會讙囂，〔五一〕號令不能相聞，故各以其物爲表，省煩趨疾，于事便也。」〔五二〕○畚，音本。爲軍，于僞反，下爲沃同。縣其，音玄，下皆同。令軍，力呈反。以盛，音成，下同。稟假，彼錦反，劉方鴆反。讙，呼端反。囂，五高反，一音許驕反。省煩，所景反。事便，婢面反。

「挈壺」至「令糧」 皆云「挈」者，謂結之於竿首挈挈然，故云挈也。先鄭注具，不復疏之也。

凡軍事，縣壺以序聚欜；凡喪，縣壺以代哭者。〔五三〕皆以水火守之，分以日夜。鄭司農云：「縣壺以爲漏，以序聚欜，以次更聚擊欜備守也。」玄謂擊欜，兩木相敲，行夜時也。代亦更也。禮，未大斂，代哭。以水守壺者，爲沃漏也。以火守壺者，夜則視刻數也。分以日夜者，異晝夜漏也。漏之箭，晝夜共百刻，冬夏之閒有長短焉。大史立成法，有四十八箭。○聚欜，音託。次更，音庚，下同。相敲，苦交反，又苦教反。行夜，下孟反。共百，如字。

注「鄭司」至「八箭」 先鄭云「懸壺以爲漏」者，謂懸壺於上，以水沃之，水漏下入器中，以没刻爲准法。云「以序聚欜，以次更聚擊欜備守也」者，先鄭意持更人擊欜。「玄謂擊欜，兩木相敲，行夜時也」者，謂行夜者擊之。案：脩閭氏「掌比國中宿互欜者」，先鄭云：「欜，謂行夜擊欜。」野廬氏云「若有賓客，則令守塗地之人聚欜之」。司農云：「聚欜之，〔五四〕聚擊欜以宿衛之也。」彼二注後鄭皆從先鄭，及至此注不從先鄭者，以野廬氏無夜行者，〔五五〕宿人自擊，故後鄭從之；此文與脩閭氏同有行夜者，故此不從先鄭。宿者自擊之，是以宫正云「夕擊欜而比之」，注云：「行夜以比直宿者。」先鄭云：「欜，戒守者所擊也。」是亦爲行夜者所擊也。云「代亦更也」，禮，未大斂，代哭」者，未殯已前，無問尊卑，皆哭不絶聲，大斂之後，〔五六〕乃更代而哭，亦使哭不絶聲。大夫以官，士親疏代哭，人君尊，又以壺爲漏，分更相代。云「分以日夜，異晝夜漏也」者，若冬至則晝短夜長，夏至則晝長夜短，二分則晝夜等。晝夜長短不同，須分之，故云異晝夜漏也。云「漏之箭，晝夜共百刻，冬夏之間有長短焉」者，馬氏云：「漏凡百刻，春秋分，晝夜各五十刻。冬至，晝則四十刻，〔五七〕夜則六十刻。夏至，晝六十刻，夜四十刻。」鄭行堯典云：〔五八〕「日中者，日見之漏，與不見者齊。日長者，日見之漏五十五刻，於四時最長也。夜中者，日不見之漏，與見者齊。日短者，日見之漏四十五刻，於四時最短。」此與馬義異。以其馬云「春秋分晝夜五十刻」，據日見之漏。若兼日未見、日没後五刻，晝五十五刻，夜四十五刻。若夏至晝六十刻，通日未見、日没後五刻，則晝六十五刻，夜三十五刻。一年通閏有三百六十五日四分日之一，四時之間，九日有餘校一刻爲率。云「大史立成法，有四十八箭」者，此據漢法而言，則以器盛四十八箭，箭各百刻，以壺盛水，懸於箭上，節而下之水，水淹一刻則爲一刻。四十八箭者，蓋取倍二十四氣也。

及冬則以火爨鼎水而沸之，而沃之。鄭司農云：「冬水凍，漏不下，故以火炊水，沸以沃之，謂沃漏也。」○火爨，七端反。

注「鄭司」至「漏也」　沃，如沃尸盥之沃，謂沸水稍熱，澆沃壺中使下也。

校勘記

〔一〕云以功大小爲差者　「以」下原脱「功」，「小」字原重，據阮本補刪。

〔二〕輔成王業若周公　阮校云，閩本「輔」上剜補「注」字，監、毛本從之，下「民功曰庸」疏同。

〔三〕繼王身而言　孫詒讓云，「繼」當爲「繫」之誤。下同。

〔四〕故以周公託之　「託」本或作「托」，孫詒讓云，「托」或「比」之誤。

〔五〕寇賊姦宄　「宄」，元、閩本同，阮本作「究」，誤。

〔六〕爾祖其從與享之是也　「與」原作「預」，據婺、建、岳、阮本改。

〔七〕亦從溝洫貢天子法　孫詒讓云，「天」字後人所加，溝洫貢子法，見匠人疏。

〔八〕言無國征　元、正、閩本同，阮本「征」作「正」。

〔九〕皆有物色及賈直　「直」原作「真」，據婺、建、岳、阮本改。

〔一〇〕若然祭義云大昕之朝奉種浴於川　閩本同，阮本「若」下無「然」，「川」下有「然」。案此及閩本是也。

〔一一〕以分國爲九州　「分」，原作「今」，據唐石經、婺、建、岳、阮本改。

〔一二〕容王與諸侯　婺、岳、阮本同，建本「王」作「工」。

〔一三〕市一夫之等　阮校云，「市」下當有「朝」字。元、正、閩本同。閩、監、毛、殿本「市」下有「朝」，當是。

〔一四〕從於獻酒之肉炙也　諸本及釋文同，惠校本「肉炙」作「炙肉」。賈疏述注同。

〔一五〕若燕行獻賓薦脯醢是也　阮本同。浦鏜云，「行」當「禮」字誤。

〔一六〕傳火曰爟　閩、監、毛、阮本同。阮校云，宋本「傳」作「傅」，是，「傅」即今附近之「附」。

〔一七〕故鄭云炙肉數多少也　阮本「肉」下有「也云」二字。

〔一八〕竄昌絹反　「絹」，阮本同，徐本、盧本作「鋭」。

〔一九〕葦包二是也　阮本「是」作「者」。阮校云，「二」當爲「一」。

〔二〇〕玄謂斝讀如嘏尸之嘏　漢讀考「讀如」作「讀爲」。

〔二一〕宰冢宰　建、阮本同。婺、岳本「冢」作「家」，疑誤。

〔二二〕謂四叚解之　阮本同。阮校云，宋本「叚」作「段」，當據正。

〔二三〕爾雅云祭山曰庪縣　「云」，惠校本同，閩、監、毛、阮本作「曰」；「庪縣」，毛本作「庋縣」，他本作「庪縣」，當以此本爲正。

〔二四〕遠郊門闢門　元、正、閩、阮本「闢」作「闕」，誤。

〔二五〕羔小羊也　「羔」，原作「羊」，據婺、建、岳、阮本改。

〔二六〕故兩職各共之也　「職」，原作「識」，據阮本改。

〔二七〕瀀羊飧饔積善之羊　釋文「飧饔」，作「食饔」，云「音嗣，本又作飧饔」。惠棟云，疏作「飧饔」，余本作「食饔」。婺、建、岳、阮本「善」作「膳」。

〔二八〕九月本黄昏心星伏在戌上　阮本同。阮校云，此本疏中引注無「黄」字，案上文亦無「黄」，此衍。孫詒讓云，左傳襄九年疏、御覽火部引此注并有「黄」字。阮説非。

〔二九〕焚萊之時　婺、岳、阮本同，建本「焚」作「禁」。

〔三〇〕謂環城及皆有溝池　阮本「及」下有「郭」，當是。

〔三一〕云頒其士庶子者　監、毛、殿本同，元、正、閩、閩、阮本脱「士」字。

〔三二〕伍舉諫爲臺榭　「伍」原作「五」，據阮本改。

〔三三〕月禄稟者所守之處守月給米稟與之　孫詒讓云，「禄稟者所守之處守月」九字爲衍文。

〔三四〕使擊鼜者所以號呼　元、正、閩、阮本「者」作「有」，疑誤。

〔三五〕亦有溝樹以爲固　阮本「樹」上有「遠」字，阮校云，「遠」蓋「遶」之譌。

〔三六〕臯謂若東城臯　孫詒讓云「城」當爲「成」。

〔三七〕其溝上亦皆有道路以相之湊　閩、阮本同，監、毛本「之」改「支」，阮校云，余本無「之」，是也。

〔三八〕十夫有溝　「有」字原脱，據阮本改。

〔三九〕閉絶要害之道　婺、岳、阮本同，建本「之」作「也」，疑誤。

〔四〇〕有故使守愼　愼，董本作「鎮」。

〔四一〕各掌其方之道治與其禁令以設候人　俞樾云，疑「候人」之「人」衍。

〔四二〕徒百二十人　阮本「百」下有「有」字。

〔四三〕陳侯不有大咎國必亡　「亡」原作「云」，據阮本改。

〔四四〕荷揭也　「揭」，阮本作「楬」，誤。

〔四五〕楚許伯御樂伯攝叔爲右　「御樂伯」三字原脱，據婺、建、岳、阮本補。

〔四六〕及晉師　宋本同，阮本「及」下有「至」字。

〔四七〕有諜賊搏捉取之　閩、閩、阮本「捉」作「提」，疑誤。

〔四八〕謂閒伺北國之善惡　阮本「北」作「此」，殆是。

〔四九〕彼據王國此據邦國　阮本「彼據」下無「王國以據」四字。

〔五〇〕爲之威武以觀敵　阮本同，阮校云，六經正誤作「揚威武以觀敵」。

〔五一〕車騎雜會讙囂　「騎」，原作「時」，據婺、建、岳、阮本改。

〔五二〕省煩趨疾于事便也　阮校云，通典作「省煩事便」，無下四字，文簡而義益明，今本蓋衍。釋文出「省煩」「事便」四字。孫詒讓云，通典約引，不足校此。

〔五三〕縣壺以代哭者　「哭」原作「器」，據婺、建、岳、阮本改。

〔五四〕司農云聚欜之　阮本「云」下無「聚欜之」三字。

〔五五〕以野廬氏無夜行者　阮本同。阮校云，「夜行」字當誤倒。

〔五六〕大斂之後　孫詒讓云，「大斂」當作「小斂」，代哭在小斂後殯前。

〔五七〕冬至晝則四十刻　「至」，原作「五」，據阮本改。

〔五八〕鄭行堯典云　「行」，當據阮本作「注」。

周禮注疏卷第三十六

射人，掌國之三公、孤、卿、大夫之位，三公北面，孤東面，卿、大夫西面。其摯，三公執璧，孤執皮帛，卿執羔，大夫鴈。〔一〕位，將射，始入見君之位。不言士者，此與諸侯之賓射，士不與也。燕禮曰：「公升，即位于席，西鄉，小臣納卿大夫，卿大夫皆入門右，北面東上。士立於西方，〔二〕東面北上。」大射亦云。則凡朝燕及射，臣見于君之禮同。○見君，賢遍反，下同。不與，音預。西鄉，許亮反。朝燕，直遥反，下文及注皆同。

「射人」至「夫鴈」　三公特北面者，君南面荅陽，臣之北面荅君，三公，臣中最尊，故屈之使北面，荅君之義。孤東面者，西方者賓位，以孤無職，尊而賓客之，故在西也。卿大夫西面者，以其皆有職，故在東，在東近君，居主位也。

注「位將」至「禮同」　知位是「將射始入見君之位」者，此射人唯論射事，〔三〕大射，諸侯禮亦然，故知將射見君始入見君之位也。云「不言士，此與諸侯之賓射，士不與也」者，無臣，〔四〕祭無所擇，不得自大射，得與君大射，故司裘職大射，不言士也。〔五〕案下文「士，豻侯二正」，則士得自行賓射，不得與君賓射矣。引燕禮者，欲見天子諸侯朝、燕、射三者位同之義。云「凡朝燕及射，臣見於君之禮同」者，以儀禮内，諸侯有燕朝及射朝，不見正朝。周禮内，天子有射朝與正朝，不見燕朝。諸侯射朝，與燕朝位同，則天子燕朝，亦與射朝位同。則諸侯正朝，亦與射朝位同。是天子諸侯三朝各自同。故鄭引儀禮，見天子諸侯互見爲義耳。

諸侯在朝，則皆北面，詔相其灋。謂諸侯來朝而未歸，王與之射於朝者，皆北面，從三公位，法其禮儀。○詔相，息亮反，下及相孤同。

「諸侯」至「其法」　案：司几筵云：「凡封國命諸侯，大饗射，王立扆前，南鄉。」司服云：「享先公，饗、射則鷩冕。」鄭注云：「饗，射，饗食賓客，與諸侯射也。」此云王與之射，言在朝當皮弁，又何得有扆？所以然者，彼二者據大射在學，故有著冕在扆之事。此賓射在路門之外朝，故與彼異也。

注「謂諸」至「禮儀」　云「從三公位」者，諸侯南面之尊，故屈之從三公位也。云「法其禮儀」者，謂在朝進退周旋拱揖之儀也。

若有國事，則掌其戒令，詔相其事。謂王有祭祀之事，諸侯當助其薦獻者也。戒令，告以齊與期。○以齊，側皆反。

注「謂王」至「與期」　知國事是王有祭祀之事者，以其諸侯來朝未歸，而有戒令詔相之事，大宗伯祭事皆云「詔相」，故知是祭祀之事。云「戒令，告以齊與期」者，齊謂散齊。期，謂祭日也。

掌其治達。謂諸侯因與王射及助祭，而有所治受而達之於王。王有命，又受而下之。○治逆，直吏反。

注「謂諸」至「下之」　如鄭注意，則治達之中，非直諸侯有治于王，王之有治，亦下達於諸侯也。

以射灋治射儀：王以六耦，射三侯，三獲三容，樂以騶虞，九節五正。諸侯以四耦，射二侯，二獲二容，樂以貍首，七節三正。孤卿大夫以三耦，射一侯，一獲一容，樂以采蘋，五節二正。士以三耦，射豻侯，一獲一容，樂以采蘩，五節二正。射法，王射之禮。治射儀，謂肆之也。鄭司農云：「三侯，虎、熊、豹也。〔六〕容者，乏也，待獲者所蔽也。九節，析羽九重，設於長杠也。

正，所射也。詩云：『終日射侯，不出正兮。』二侯，熊、豹也。豻侯，豻者，獸名也。獸有貙豻熊虎。」玄謂三侯者，五正、三正、二正之侯也。二侯者，三正、二正之侯也。一侯者，二正而已。〔七〕此皆與賓射於朝之禮也。考工梓人職曰：「張五采之侯則遠國屬。」遠國，謂諸侯來朝者也。五采之侯，即五正之侯也。正之言正也，射者內志正，則能中焉。畫五正之侯，中朱，次白，次蒼，次黃，玄居外。三正，損玄黃。二正，去白蒼而畫以朱綠。其外之廣，皆居侯中參分之一，中二尺。今儒家云：「四尺曰正，二尺曰鵠，鵠乃用皮，其大如正。」此說失之矣。大射禮豻作干，讀如「宜豻宜獄」之豻。〔八〕豻，胡犬也。士與士射則以豻皮飾侯，下大夫也。大夫以上與賓射，飾侯以雲氣，用采各如其正。九節、七節、五節者，奏樂以爲射節之差。言節者，容侯道之數也。樂記曰：「明乎其節之志，不失其事，則功成而德行立。」○射三侯，食亦反，下及注射侯、所射、射牲、射豕皆同。三獲，如字，劉胡伯反。五正，音征，下及注同。豻侯，五旦反，〔九〕劉音鴈，注同。肆之，劉餘二反，一音四。九重，直龍反。長杠，音江。有貙，勑誅反，下同。言正，音政，下志正、大射正同。能中焉，丁仲反，下文注射中、中侯同。去白，起呂反，下去扑同。之廣，古曠反。曰鵠，古毒反。下大夫，户嫁反，下天子同。以上，時掌反，下上曰、以上同。德行，下孟反。

注「射法」至「行立」 此則賓射在朝之儀。言「射法，王射之禮」者，此經兼有諸侯臣各在家與賓客射法，各自有官掌之，射人但作法與之耳。首云「射法」者，是射人所掌王射之禮，言「王射」，以別諸侯已下之射也。云「治射儀，謂肆之也」者，言「治」，則非是正射之語，謂若大宗伯云「治其大禮」，皆是習禮法，故鄭云「肆之」，肆則習也。先鄭云「三侯，虎熊豹」，後鄭不從。云「容者，乏也」者，此言容，儀禮大射、鄉射之等云乏，故云容者乏也。言容者，據唱獲者容身於其中，據人而言。云乏者，矢至此乏極不過，據矢而説也。云「九節，析羽九重，設於長杠也」者，若是析羽九重設於長杠，即是獲旌，當與三獲三容相依，何得輒在騶虞之下？既在騶虞詩下，明是歌之樂節，故後鄭不從也。云「二侯，熊豹也」者，後鄭亦不從也。云「豻侯，豻者，獸名也，獸有貙豻熊虎」者，此皆獸類，故舉言之也。「玄謂三侯者，五正、三正、二正之侯也」者，大射、賓射，侯數同。皆約大射云「大侯九十，糝侯七十，豻侯五十」而言。云「二侯者，三正、二正之侯也」者，謂七十、五十弓者也。云「一侯者，二正而已」者，據大夫士同一侯二正，五十弓而已。云「此皆與賓射於朝之禮也」者，案：鄉射記云：「於境，則虎中，龍旜。」謂諸侯賓射之禮，彼又云：「唯君有射國中，其餘臣則否。」注云：「臣不習武事於君側。」則臣皆不得在國射。若然，在朝賓射，唯有天子。而云「此皆與賓射於朝之禮」者，謂諸侯已下，賓射在己朝，不謂於天子朝行此賓射之禮也。云「考工梓人職曰：『張五采之侯則遠國屬。』」已下至「五正之侯也」，引之者，破先鄭以此五正之侯爲虎、熊、豹。但梓人有三等侯，云張皮侯〔一〇〕而棲鵠，及司裘云「虎侯、熊侯、豹侯」，皆大射之侯也。梓人又云：「張五采之侯，則遠國屬。」及此五正之等，皆賓射之侯也。梓人又云：「張獸侯，則王以息燕。」及鄉射記云「天子熊侯，白質」之等，皆燕射之侯也。三射各有其侯，而先鄭以皮侯釋正侯，非也。云「正之言正也，射者内志正則能中焉」者，此意取義於射義，司裘注更有一釋，正爲鳥名解之也。云「畫五正之侯，中朱」已下，皆以相剋爲次。向南爲首，故先畫朱。知三正去玄黄，二正朱緑者，皆依聘禮記繅藉而言。三采者，朱白蒼。二采者，朱緑也。云「其外之廣，皆居侯中參分之一」者，此亦約梓人云「參分其廣，而鵠居一焉」，彼據大射之侯。若賓射之侯，亦當參分其廣，正居一焉。九十步者，侯中丈八尺。七十步者，侯中丈四尺。五十步者，侯中一丈也。云「今儒家云：『四尺曰正，二尺曰鵠，鵠乃用皮，其大如正。』此說失之矣」者，賓射，射正；大射，射鵠。儒家以正、鵠爲一解，故鄭破之云「鵠乃用皮，其大如正」，不得爲一，故云此說失之矣。云「大射禮豻作干」者，見大射經作干侯，彼注亦破從豻。云「讀如『宜豻宜獄』之豻」者，此讀與彼音同。云「豻，胡犬也」者，謂胡地之野犬。云「士與士射則以豻皮飾侯，下大夫也。大夫以上與賓射，飾侯以雲氣」，知義如此者，此賓射，正用二采，而言豻侯，明於兩畔以豻皮飾之，故得豻侯之名。知大夫已上用雲氣者，鄉射記云「凡畫者丹質」，注云：「賓射之侯、燕射之侯，皆畫雲氣於側以爲飾，必先以丹采其地。」是賓射大夫已上，皆畫雲氣。其大射之侯，兩畔飾以皮，故鄭直言賓射、燕射。云「用采各如其正」者，其側之飾采之數各如正之多少也。云「九節、七節、五節者，奏樂以爲射節之差」者，九節者，五節先以聽。七節者，三節先以聽。〔一一〕五節者，一節先以聽。尊者先聽多，卑者少爲差，皆留四節以乘矢拾發。云「言節者，容道之數」者，謂若九節者侯道九十弓，七節者侯道七十弓，五節者侯道五十弓也。云「樂記曰：『明乎其節之志，不失其事，則功成德行立。』」者，證侯道遠近亦爲節也。〔一二〕此射義文，云樂記者，誤也。

若王大射，則以貍步張三侯。鄭司農云：「貍步，謂一舉足爲一步，於今爲半步。」玄謂貍，善搏者也，行則止而擬度焉，其發必獲，是以量侯道法之也。侯道者，各以弓爲度。九節者九十弓，七節者七十弓，五節者五十弓。弓之下制長六尺。大射禮曰「大侯九十，參七十，干五十」是也。三侯者，司裘所共虎侯、熊侯、豹侯也。列國之君大射亦張三侯，數與天子同。大侯，熊侯也。參讀爲糝。糝，雜也。雜者，豹鵠而麋飾，下天子大夫。○善搏，音博，劉音付。而擬，本文作儗同。度焉，待洛反。參七，讀爲糝，素感反。干五，與豻同，五旦反。

注「鄭司」至「大夫」 此射人主賓射兼主大射之事，故爲大射張侯也。先鄭云「貍步，謂一舉足爲一步，於今爲半步」者，此言於射張侯義無取，故後鄭不從，是以後鄭爲「貍，善搏物」解之。云「侯道者，各以弓爲度，九節者九十弓」已下者，案：鄉射記：「鄉侯五十弓，二寸以爲侯中。」〔一三〕彼據鄉射之侯一侯五十弓者而言。若大射三侯，云九十、七十、五十，亦是據弓爲數。弓之上制六尺六寸，中制六尺三寸，下制六尺。六尺與步相應，故鄭連引大射三侯，以義相會。諸侯三侯，用物雖不與天子同，侯道則同，但天子侯道無文，約同諸侯，故更引司裘天子三侯以會之。諸侯糝侯知「豹鵠而麋飾」者，以司裘云「諸侯熊侯、豹侯，卿大夫麋侯」，畿外不得純如天子，近侯已用豻，則大侯不得用虎侯。明大侯用畿內諸侯熊侯爲之，其中豹侯、麋侯，則諸侯兼此二侯乃稱糝。豹尊於麋，明以豹麋爲鵠，以麋爲飾耳。不純用豹麋者，下天子大夫故也。

王射，則令去侯，立于後，以矢行告。卒，令取矢。鄭司農云：「射人主令人去侯所而立于後也。以矢行告，射人主以矢行高下左右告于王也。大射禮曰：『大射正立于公後，以矢行告于公，下曰留，上曰揚，左右曰方。』杜子春說以矢行告，告白射事于王，王則執矢也。杜子春說不與禮經合，疑非是也。卒令取矢，謂射卒，射人令當取矢者使取矢也。」玄謂令去侯者，命負侯者去侯也。鄉射曰：「司馬命獲者執旌以負侯。」○告卒，子恤反，注同。

「王射」至「取矢」　此文承賓射大射之下，則王射射人皆令去侯立於後，以矢行告，卒，令取矢。〔一四〕

注「鄭司」至「負侯」　先鄭云「射人主令人去侯所」者，不辨其去侯之人，故後鄭增成其義。其負侯之人，是服不氏也。又引鄉射，直云司馬命負侯，不言官者，大夫士家無服不氏，家臣爲之故也。天子射人無其事，故引大射之等爲證也。

祭侯，則爲位。祭侯，獻服不，服不以祭侯。爲位，爲服不受獻之位也。大射曰：「服不侯西北三步，北面拜受爵。」

注「祭侯」至「受爵」　案大射禮，使服不氏負侯，將祭侯之時，〔一五〕先設位於侯西北，北面，服不氏於位受得獻訖，乃於侯所北面祭侯，故引大射受獻之位爲證也。

與大史數射中，射中，數射者中侯之筭也。大射曰：「司射適階西，釋弓，去扑，襲，進，由中東立于中南，北面視筭。」○史數，所主反，注同。去扑，普卜反，劉方遘反，說文父豆反。

注「射中」至「視筭」　數筭，大史數之，〔一六〕射人但視之耳，故引大射爲證。大射，諸侯禮謂之司射，天子謂之射人。司射恒執張弓搢扑，但今將視數筭，〔一七〕故適階西，釋去弓，并去扑，倚於階西，〔一八〕襲，乃適中南，北面視數筭也。

佐司馬治射正。射正，射之法儀也。

注「射正」至「儀也」　射之威儀，乃是禮之正，故名射儀爲射正也。司馬所主射儀，謂若命去侯，命取矢乘矢之等，皆當佐之。言「治」者，亦謂預習之類也。

祭祀，則贊射牲，相孤卿大夫之灋儀。烝嘗之禮有射豕者。國語曰：「禘郊之事，天子必自射其牲。」今立秋有貙劉云。○貙劉，力朱反，一音如字。

注「烝嘗」至「劉云」　鄭知「烝嘗之禮有射豕者」者，據逸烝嘗者禮而知。〔一九〕云「國語曰：『禘郊之事，天子必自射其牲』」者，據祭天之時，牲則犢也。若然，宗廟之祭，秋冬則射之，春夏否也。祭天則四時常射，天尊故也。是以司弓矢共王射牲之弓矢，此射人贊射牲也。諸侯已下則不射。楚語云「劉羊擊豕」而已。〔二〇〕云「今立秋有貙劉云」者，漢時苑中有貙劉，即爾雅貙似貍，劉，殺也。云立秋貙殺物，引之者，證烝嘗在秋，有射牲順時氣之法。

會同、朝覲，作大夫介，凡有爵者。〔二一〕作，讀如作止爵之作。諸侯來至，王使公卿有事焉，則作大夫使之介也。有爵者，命士以上。不使賤者。○夫介，劉古拜反，注及下同。

「會同」至「爵者」　作，使也。有會同朝覲，王使公卿有事於會同，則射人使大夫爲上介。使凡有爵者命士以上爲衆介也。

注「作讀」至「賤者」　鄭讀「作」如作止爵之「作」者，讀從特牲、少牢「三獻作止爵」。案：彼主人主婦二獻尸訖，賓長爲三獻尸，爵止。鄭注云：「欲神惠之均於室中。」使主人主婦致爵訖，三獻則賓長也。賓長作起前所所止之爵，使尸飲之。讀從者，取動作使之義也。

大師，今有爵者乘王之倅車。〔三〕倅車，戎車之副。○之倅，七内反，劉倉愛反。

注「倅車戎車之副」　大師，謂王出征伐，王乘戎路，副車十二，乘皆從王行，則使有爵者命士已上乘之。知「倅車，戎車之副」者，戎僕云「掌王倅車之政」，鄭云：「倅，車之副也。」

有大賓客，則作卿大夫從，作者，選使從王見諸侯。○夫從，才用反，注同。

注「作者」至「諸侯」　大賓客，不言會同，則是秋冬覲遇，并春夏受享在廟之時，從王見諸侯也。

戒大史及大夫介。戒，戒其當行者。覲禮曰：「諸公奉篋服，加命書于其上，升自西階，東面，大史氏右。」

注「戒戒」至「氏右」　此謂王有命，使三公命諸侯及衣服就館賜之時，則射人戒大史及大夫，與諸公爲介。注引覲禮者，證王使諸公就館賜侯氏之法。云「大史氏右」者，謂於西階東面之時，大史在公之右，命侯氏也。是以公羊傳曰：「命者何？加我服。錫者何？賜也。」

大喪，與僕人遷尸，作卿大夫掌事，比其廬，不敬者苛罰之。僕人，大僕也，僕人與射人俱掌王之朝位也。王崩，小斂、大斂，遷尸于室堂，朝之象也。檀弓曰：「扶君，卜人師扶右，射人扶左。君薨，以是舉。」苛謂詰問之。○比其，毗志反。苛罰，音何，又呼何反。朝位，直遥反，下皆同。

「大喪」至「罰之」　作大夫掌事者，謂王喪宜各有職掌。比其廬者，謂若宫正所云親者、貴者居廬，當比其本服親疏及貴賤。

注「僕人」至「問之」　知「僕人，大僕也」者，見大僕掌内朝，射人掌正朝，掌事是同，周禮又更無僕人職，故知是大僕。是以鄭云僕人與射人俱掌王之朝位也。云「王崩，小斂、大斂，遷尸於室堂」者，始死於北墉下，遷尸於南牖下。又云「小斂於户内」，是遷尸於室。小斂訖，遷尸於户外。又遷尸大斂，大斂於阼階。大斂訖，又遷尸於西階以入棺，是遷尸于堂也。云「朝之象也」者，君所在臣朝之，故云朝之象也。引檀弓者，證射人與僕人君之疾薨，皆是二人之事。彼鄭云「卜當爲僕」，即僕人也。

服不氏，掌養猛獸而教擾之。猛獸，虎豹、熊羆之屬。擾，馴也。教習使之馴服。王者之教，無不服。○擾之，而小反，馴也，劉音饒。熊羆，彼皮反。馴，似遵反，一音脣。

注「猛獸」至「不服」 猛獸云「之屬」者，兼有豺狼、貔貅之等，故云之屬。教馴之象天下皆服。王者之教，無不服故也。

凡祭祀，共猛獸。謂中膳羞者。獸人冬獻狼。春秋傳曰：「熊蹯不孰。」○熊蹯，音煩，掌也。

注「謂中」至「不孰」 上云「養猛獸」，則猛獸皆養之。此言祭祀所共，據堪食者，故鄭云謂中膳羞。中膳羞唯有熊、狼，故引獸人與春秋爲證。案：内則亦云狼臅膏可食也。春秋傳者，宣公二年，晉靈公之時，宰夫胹熊蹯不孰，殺之，趙盾諫之時也。〔二三〕

賓客之事則抗皮。鄭司農云：「謂賓客來朝聘，布皮帛者，〔二四〕服不氏主舉藏之。抗讀爲『亢其讎』之亢。」〔二五〕玄謂抗者，若聘禮曰「有司二人舉皮以東」。〔二六〕○抗皮，注亢同，苦浪反，劉公郎反。

注「鄭司」至「以東」 朝聘布皮帛者，案聘禮，行享禮之時，皮帛布於庭，使服不氏舉皮以東，抗即舉也，故引爲證也。讀爲「亢其讎」之亢者，讀從僖二十八年城濮之戰，子犯云：「背惠食言，以亢其讎。」引之者，取亢舉之義也。

後鄭引聘禮者，增成先鄭義。二人者，即服不氏也。

射則贊張侯，以旌居乏而待獲。 贊，佐也。大射禮曰：「命量人、巾車張三侯。」杜子春云：「待當爲持，書亦或爲持。乏讀爲匱乏之乏，持獲者所蔽。」玄謂待獲，待射者中舉旌以獲。○巾車，如字，劉居吝反。者中，丁仲反。

注「贊佐」至「以獲」　引大射者，證服不氏佐量人、巾車張侯之事。後鄭云「待獲，待射者中舉旌以獲」者，以大射禮唱獲者居乏之中，中則舉旌以宫，下旌以商者是也，故不從子春待爲持也。

射鳥氏，掌射鳥。 鳥謂中膳羞者，鳧、鴈、鴇、鴞之屬。○射鳥氏，食亦反，下射鳥同。鳧，音扶。鴈鴇，音保。鴞，于苗反。

注「鳥謂」至「之屬」　知「中膳羞」者，以上文猛獸有共祭祀，此下文云「祭祀，敺烏鳶」，烏鳶不中膳羞則敺之。此經直云射鳥，明是中膳羞者也。鄭知「鳧鴈鴇鴞」者，内則云：「舒鳧翠、鴈腎、鵠鴞胖。」此等去翠、腎、胖是可膳羞者也。云「之屬」者，兼有雉、鶉、鷃之等也。

祭祀，以弓矢敺烏鳶。[二七]**凡賓客、會同、軍旅，亦如之。** 烏鳶，善鈔盜，便汙人。○敺，起俱反。烏鳶，弋專反。善鈔，初教反，又初交反。便汙，婢面反，劉苻絹反。

「祭祀」至「如之」　賓客、會同敺烏鳶者，以其會同皆有盟詛之禮，殺牲之事，軍旅亦有斬牲巡陳之事，[二八]故須敺烏鳶。

射則取矢，矢在侯高，則以并夾取之。鄭司農云：「王射，則射鳥氏主取其矢。矢在侯高者，矢著侯高，人手不能及，則以并夾取之。并夾，鍼箭具。夾讀爲甲，故司弓矢職曰：『大射燕射共弓矢并夾。』」○并夾，音甲。著侯，直略反。鍼箭，其炎反，李其嚴反，沈云：「或作鉆。」

注「鄭司」至「并夾」　射皆三番，第一番唯有六耦，〔二九〕三耦誘射，〔三〇〕雖中不獲。第二、第三皆衆耦共射，皆釋獲。有取矢之法，先鄭引司弓矢職，直有大射、燕射，不言賓射，亦同大射、燕射也。

羅氏，掌羅烏鳥。烏謂卑居，鵲之屬。○卑居，音匹，又如字。

注「烏謂」至「之屬」　鄭知烏卑居者，見小弁詩云「弁彼鸒斯，歸飛提提」，注云：「鸒，卑居。卑居，雅烏。」云「鵲」者，即山鵲，卑居之類。云「之屬」者，兼有餘鳥也。〔三一〕

蜡，則作羅襦。作，猶用也。鄭司農云：「蜡，謂十二月，大祭萬物也。郊特牲曰：『天子大蜡，謂歲十二月，合聚萬物而索饗之。』襦，細密之羅。襦讀爲『繻有衣袽』之繻。」玄謂蜡，建亥之月，此時火伏，蟄者畢矣，豺既祭獸，可以羅罔圍取禽也。王制曰「豺祭獸，然後田」，又曰「昆蟲已蟄，可以火田」。今俗放火張羅，其遺教。○羅襦，女俱反，或音須，注繻同。索饗，色白反。衣袽，女居反，字又作袽。

注「作猶」至「遺教」　先鄭所云，其義得矣，後鄭增成之。言「蜡」者，直取當蜡之月，〔三二〕得用細密之罔，羅取禽獸，故後鄭云此時火伏。十月之時，火星已伏在戌，將蟄者畢矣。引王制者，證十月蜡祭後得火田，有張羅之事。云「今俗放火張羅，其遺教」者，漢之俗閒，在上放火，於下張羅承之，以取禽獸，是周禮之遺教。則知周時亦上放火下張羅也。

中春，羅春鳥，獻鳩以養國老，行羽物。春鳥，蟄而始出者，若今南郡黄雀之屬。是時鷹化爲鳩。鳩與春鳥變舊爲新，宜以養老助生氣。行謂賦賜。○中春，音仲。

注「春鳥」至「賦賜」　此文仲春行羽物，案：司裘職云：「仲秋獻良裘，王乃行羽物。」彼注云：「仲秋鳩化爲鷹，仲春鷹化爲鳩，順其始殺，與其將止，而大班羽物。」若然，則一年二時行羽物。但彼注云「此羽物，小鳥鶉雀之屬，鷹所擊者」，此注云「春鳥若今南郡黄雀之屬」，不同者，各舉一邊，互見其義。

掌畜，掌養鳥而阜蕃教擾之。阜，猶盛也。蕃，蕃息也。鳥之可養使盛大蕃息者，謂鵞鶩之屬。○阜蕃，音燔，注同。鵞，五何反。鶩，音木。

注「阜猶」至「之屬」　云「鳥之可養使盛大蕃息者謂鵞鶩之屬」者，鶩，即今之鴨，民間所畜，故云焉。

祭祀，共卵鳥。其卵可薦之鳥。○卵鳥，劉本作夘，音卵。

注「其卵可薦之鳥」　還謂上經鵞鴨之屬，其雛亦在焉。

歲時貢鳥物，鶚鴈之屬，以四時來。

注「鶚鴈」至「時來」　不言鵞鶩雞者，所畜非貢物，故以野鳥爲貢者也。

共膳獻之鳥。雉及鶉鴽之屬。○鶉，音純。鴽，音如。

注「雉及鶉鴽之屬」　此言堪膳而獻者唯有此等，是以内則及公食大夫上大夫二十豆，有雉兔鶉鴽。云「之屬」者，更有餘鳥也。

夏官司馬下

司士，掌羣臣之版，以治其政令，歲登下其損益之數，辨其年歲與其貴賤，周知邦國都家縣鄙之數，〔三三〕卿大夫士庶子之數，〔三四〕損益，謂用功過黜陟者。縣鄙，鄉遂之屬。故書版爲班，鄭司農云：「班，書或爲版。版，名籍。」○之版，音板。

「司士」至「之數」云「掌羣臣之版」者，謂畿内朝廷及鄉遂都鄙羣臣之籍。〔三五〕云「以治其政令」者，即損益之數辨其年歲貴賤之等是也。云「歲登下其損益之數」者，三年黜陟者是也。云「辨其年歲」者，知羣臣在任及年齒多少也。云「與其貴賤」者，大夫已上貴，士已下賤也。云「周知邦國都家」者，邦國，謂周之千七百七十三國也。都家，謂天子畿内三等采地，大都、小都、家邑是也。先邦國後都家者，尊諸侯故也。亦如大宰云「布治于邦國都鄙」，亦先邦國也。縣鄙者，謂去王國百里外六遂之中也。不言六鄉者，舉遠以包近。云「卿大夫士」者，即謂朝廷及邦國都家縣鄙之臣數，摠言之也。云「士庶子」者，亦如宫伯，卿大夫之子謂適子，庶子其支庶，宿衛王宫者也。云「之數」者，邦國已下摠結之也。

注「損益」至「名籍」云「損益謂用功過黜陟」者，即三年大比，以功過黜陟者也。云「縣鄙鄉遂之屬」者，縣鄙屬遂，故云之屬。其中兼鄉中之州黨，故鄉遂並言也。

以詔王治，告王所當進退。○王治，直吏反，下注治處同。

注「告王所當進退」　知詔王治是告王所當進退者，司士掌羣臣之數，只爲賞罰進退以勗勵之，故知告王治，唯謂進退之也。

以德詔爵，以功詔禄，以能詔事，以久奠食。德謂賢者。食，稍食也。賢者既爵乃禄之，能者事成乃食之。王制曰：「司馬辨論官材，論進士之賢者以告於王，而定其論，論定然後官之，任官然後爵之，位定然後禄之。」○奠食，音定。乃食，音嗣。其論，魯頓反，下同，又如字。任官，音壬。

「以德」至「奠食」　云「以德詔爵，以功詔禄」者，據賢者試功之後，其德堪用，乃詔王授之以正爵；有功，乃詔王授之以正禄也。云「以能詔事，以久奠食」者，奠，定也。據能者先試之以事，事成，乃定以稍食。其能堪用，乃後亦詔授之以正爵禄。

注「德謂」至「禄之」　云「德謂賢者」者，〔三六〕即大司徒云「以鄉三物教萬民而賓興之」。三物，謂六德、六行、六藝。有六德六行，即爲賢者。有六藝，即爲能者。鄉大夫云：「三年則大比，而興賢者、能者」。鄭云：「賢者，有德行者。能者，有道藝者」。云「食，稍食也」者，月給食，不併給，故云稍食也。云「賢者既爵乃禄之」者，以經先云「以德詔爵」，後云「詔禄」也。云「能者，事成乃食之」者，以經先云「詔事」，久乃定之以食也。此二者互見其事。自古以來，任之者皆試乃爵之。〔三七〕則賢者有先試之以事，乃後詔爵；能者既試有功，亦授之以爵。所以賢者先言正爵，能者先言試事者，欲見尊敬賢者，故先言正爵，卑退能者，先言試事，故鄭云賢者既爵乃禄之，能者事成乃食之也。引王制者，欲見能者須試乃授正爵之義。云「辨論官材」者，司馬使司士分辨其論官其材之法。云「論進士之賢者以告於王，而定其論」者，云進士者，謂學中之造士業成，可進受官爵，升之於司馬，則曰進士。司馬乃試論量，考知賢者，告王，乃定其論。云「論定然後官之」者，謂試官也。云「任官然後爵之」者，謂正爵也。云「位定然後禄之」者，謂正禄也。此即先試乃爵之事也。

唯賜無常。 賜多少由王，不如禄食有常品。

注「賜多」至「常品」　案：司勳云：「凡賞無常，輕重視功。」彼謂有勳勞，據功大小與之賞，此不據功，但時王有恩而賜之，故多少由王，不由功大小也。云「不如禄食有常品」者，案：王制「下士視上農夫食九人，中士倍下士，上士倍中士，大夫倍上士」之等，是禄有常品。上云以久奠食，稍食亦月月有常品也。

正朝儀之位，辨其貴賤之等。王南鄉；三公北面東上；孤東面北上；卿大夫西面北上；王族故士、虎士在路門之右，〔三八〕南面東上；大僕、大右、大僕從者在路門之左，南面西上。 此王日視朝事於路門外之位。王族故士，故爲士，晚退留宿衛者。未嘗仕，雖同族，不得在王宮。大右，司右也。太僕從者，小臣、祭僕、御僕、隸僕。○正朝，直遥反，注下皆同，後内朝、外朝、朝聘、朝覲、視朝、朝位之類放此，以意求之。南鄉，許亮反，下注同。大僕，音泰，下放此。宿衛，音夙，劉息就反。

「正朝」至「西上」　經所云「上」者，皆據近王爲上，不據陰陽左右也。

注「此王」至「隸僕」　云「此王日視朝事於路門外之位」者，對彼大僕職路寢庭有燕朝，朝士職庫門外有外朝而言也。但彼外朝，斷獄弊訟并三詢之朝，有諸侯在焉。諸侯既在西方右九棘之下，孤避之，在東方羣臣之位，西面也。其餘三公卿大夫等，仍與此位同也。云「王族故士，故爲士」者，此云故爲士，對新升試士未得正爵者爲新士，不得留宿衛也。云「晚退留宿衛」者，宿衛之人，皆不得與凡平羣臣同時出，故云晚退留宿衛。必知此故士是宿衛者，以其與虎士同位，明是宿衛者也。〔三九〕云「未常仕，雖同族，不得在王宮」者，〔四〇〕以經稱王族故士，〔四一〕明非仕者不得在王宮也。〔四二〕知大右是司右者，案：司右掌羣右，此云大右，是右中之大，明是司右也。知大僕從是小臣、祭僕之等者，以其云大僕從者，謂從大僕。案：大僕職下即有小臣、祭僕、御僕、隸僕等，皆是小臣已下者也。

司士擯，詔王出揖公卿大夫以下朝者。○士擯，必刃反。

注「詔王」至「朝者」　知擯是詔王出揖公卿大夫以下朝者，以其王迎諸侯，爲擯是大宗伯及小行人、肆師之等，非司士之職。此上文云公卿大夫士等朝事，下文云王揖，此中閒云司士擯，明爲詔王出揖之事也。

孤卿特揖，大夫以其等旅揖，士旁三揖，王還揖門左，揖門右。特揖，一一揖之。旅，衆也。大夫爵同者衆揖之。公及孤卿大夫始入門右，皆北面東上，王揖之乃就位。羣士及故士、大僕之屬，發在其位。羣士位東面，王西南鄉而揖之。三揖者，士有上中下。王揖之，皆逡遁，既，復位。鄭司農云：「卿大夫士皆君之所揖，禮、春秋傳所謂三揖在下。」○逡遁，七巡反，下音巡。

注「特揖」至「在下」　此皆先入應門右，北面。其士入應門，即就西方東面位，不待王揖。其大夫已上，皆待王揖乃就位也。云「特揖，一一揖之」者，對旅揖衆揖之也。孤得揖，乃就西方東面位。卿得揖，乃就東方西面位。大夫得揖，乃就卿後西面位。云「大夫爵同者衆揖之」者，序官有中大夫、下大夫。無問多少，但爵同者衆揖之。爵同中大夫，同得一揖。爵同下大夫，同得一揖。故云爵同者衆揖之也。云「公及孤卿大夫始入門右，皆北面東上」者，此王臣無正文，約燕禮、大射諸侯禮，卿大夫皆始入門右，北面東上，得揖乃就位，士發在其位，故知王臣亦然。是以鄭云：「王揖之乃就位。」若在外朝，士從東方西面也。云「羣士位東面，王西南鄉而揖之」者，但上經不見羣士位，鄭知羣士位東面者，亦約燕禮、大射諸侯之士西廂東面而知。且約故士、虎士宿衞者門西南面，明士不宿衞者東面可知。位既東面，明知旁三揖者西南鄉揖之。云「三揖者，士有上中下」者，序官文既有三等，故旁三揖耳。案：禮器「有以少爲貴者，諸侯視朝，大夫特，士旅之」。此云大夫旅，與彼不同者，彼諸侯臣少，大夫與卿同特揖，士乃旅揖之。此天子臣多，故大夫亦旅揖，亦是以少爲貴也。云「王揖之皆逡遁」者，約鄉黨而知。〔四三〕云「既復位」者，謂得揖乃皆復位也。若然，上文别三公位，及此經不言三公直言孤卿者，亦舉輕以明重，孤卿尚特揖，明三公亦特揖可知，故不見三公也。先鄭引春秋者，哀二年左氏傳：「初，衞侯遊於郊，子南僕。公曰：『余無子，將立女。』不對。他日又謂之，對曰：『郢不足以辱社稷，君其改圖。君夫人在堂，三揖在下，君命祇辱。』」注云：「三揖，卿、大夫、士。」引之者，證所揖尊畢不同。

大僕前，前正王視朝之位。

注「前正」至「之位」　鄭知前謂前正王視朝之位者，以大僕職云「王視朝，則前正位而退，入亦如之」。上文引大僕位在門左南面，今云前，明從本位前就王正視朝之位可知也。

王入，内朝皆退。王入，入路門也。王入路門，内朝朝者皆退，反其官府治處也。王之外朝，則朝士掌焉。玉藻曰：「朝服以日視朝於内朝，朝辨色始入。君日出而視之，退適路寢聽政，使人視大夫，〔四四〕大夫退，然後適小寢。」謂諸侯也。王日視朝皮弁服，其禮則同。〔四五〕

注「王入」至「則同」　王視朝訖，王入路門，於路寢聽事，其羣臣等各退向治事之處。云「王之外朝，則朝士掌焉」者，鄭欲見天子、諸侯皆有三朝之意。玉藻諸侯禮，云「朝于内朝」者，謂路門外朝爲内朝，對臯門内應門外朝爲外朝，通路寢庭朝爲三朝，〔四六〕故朝士職注云「周天子諸侯皆三朝」。外朝一，内朝二也。云「王日視朝皮弁服」者，司服職文，〔四七〕對諸侯視朝，朝服則玄冠、緇布衣、素裳、緇帶、素韠也。云「其禮則同」者，天子諸侯唯服别，其視朝之禮則同也。

掌國中之士治，凡其戒令。國中，城中。

注「國中城中」　云「國中之士治」者，謂朝庭之臣及六鄉之臣皆是，所有治功善惡皆掌之，以擬黜陟。此城中士，則卿大夫揔皆號爲士。若「濟濟多士，文王以寧」之類，但比同士，士既揔屬，〔四八〕則此一職士者，皆臣揔號。唯有作士適四方，〔四九〕使爲介士者，是單士，不兼卿大夫。故引石尚證又作六軍之士，是甲士，自餘皆臣之揔號耳。〔五〇〕

掌擯士者，膳其摯。擯士，告見初爲士者於王也。鄭司農云：「膳其摯者，王食其所執羔鴈之摯。」玄謂膳者，入於王之膳人。○告見，賢遍反。主食，如字，劉音嗣。

注「擯士」至「膳人」　此云「士」，亦是卿大夫士揔號爲士。云「擯士，告見初爲士者於王也」者，謂初得命爲卿大夫士，執摯見於王，司士擯相之，使得見王也。先鄭云：「膳其摯者，王食其所執羔鴈之摯。」後鄭增成其義也。云「膳者，入於王之膳人」，故其職云「凡祭祀致福，受而膳之，以摯見者亦知之」，是也。

凡祭祀，掌士之戒令，詔相其灋事；及賜爵，呼昭穆而進之。賜爵，神惠及下也。此所賜王之子姓兄弟。祭統曰：「凡賜爵，昭爲一，穆爲一，昭與昭齒，穆與穆齒。凡羣有司皆以齒，此之謂長幼有序。」○詔相，息亮反。昭穆，上招反，後同。長幼，丁丈反。

「凡祭」至「進之」　云「凡祭祀，掌士之戒令」者，謂羣臣有事於祭祀，皆掌其齊戒告令也。云「詔相其法事」者，謂告語并擯相其行禮之事。云「及賜爵」者，謂祭末旅酬無筭爵之時，皆有酒爵賜及之，皆以昭穆爲序也。

注「賜爵」至「序也」　鄭知「賜爵，神惠及下」者，祭統云：「祭有十倫之義，凡賜爵，昭爲一，穆爲一。」是神惠及下也。云「此所賜王之子姓兄弟」者，以其呼昭穆而進之。云昭穆，明非異姓，是同姓可知。姓，生也，子之所生則孫，及兄弟，皆有昭穆。引祭統，是諸侯法，明天子亦然。凡言昭穆在助祭之中者，皆在東階之前，南陳。假令祖行爲昭，子行爲穆，孫行還爲昭，曾孫行還爲穆。就昭穆之中，皆年長者在上，年幼者在下，故云「齒」也。

帥其屬而割牲，羞俎豆。割牲，制體也。羞，進也。

「帥其」至「俎豆」　此割牲兼羞俎豆，不言祭祀享食之事，則凡有割牲及進俎豆者，皆爲之。

注「割牲」至「進也」　言「割牲制體也」者，若據祭祀，則禮運云「腥其俎，孰其殽，體其犬豕牛羊」之類。鄭彼注云「腥其俎，謂豚解而腥之」，爲七體是也；[五二]「孰其殽，謂體解而爓之」，爲二十一體是也。「體其犬豕牛羊」，鄭云「謂分別骨肉之貴賤，以爲衆俎也」。更破使多，孰而薦之。若據饗，則左氏傳云「王饗有體薦，燕有折俎」，是也。

凡會同，作士從，賓客亦如之。作士從，謂可使從於王者。○士從，才用反，注并諸子職同。

注「作士」至「王者」　云「作士從」者，謂選可使從於王者。此士，亦謂卿大夫皆是也。

作士適四方使，爲介。士使，謂自以王命使也。介，大夫之介也。春秋傳曰：「天王使石尚來歸脤。」○使爲，色吏反，又如字，注士使、命使同。介，音戒。歸脤，上軫反。

注「士使」至「歸脤」　云「士使，謂自以王令使也」者，此即行夫職云「美惡而無禮者」，即有使士特使法，〔五二〕即使士與行夫等共行，是以引石尚之事爲證。云「介，大夫之介也」者，謂聘禮大夫爲次介，其餘皆士介。天子使大夫下聘諸侯，亦使士爲介。若使卿大夫，則射人作之，故射人云「有大賓客，作卿大夫從」。注云：「作者，使從王見諸侯。」彼雖不云會同，明會同亦與賓客同可知也。春秋者，左氏公羊皆有其事，故公羊云「石尚者何？天子之士也」，注云：「天子上士，以名氏通。」是也。

大喪，作士掌事。事謂奠斂之屬。○奠斂，力豔反。

注「事謂奠斂之屬」　始死則有奠，及至小斂、大斂、朝夕、朔月、月半、薦新、遷廟、祖奠、大遣奠等，皆是未葬已前，無尸，不忍異於生，皆稱奠。葬後反，〔五三〕日中而虞，有尸，即謂之爲祭。此經直云「事」，不云祭祀，明據奠斂之屬也。

作六軍之士執披。〔五四〕作，謂使之也。披，柩車行，所以披持棺者，有紐以結之，謂之戴。鄭司農云：「披者，扶持棺險者也。天子旁十二，諸侯旁八，大夫六，士四。」玄謂結披必當棺束，於束繫紐。天子諸侯載柩三束，〔五五〕大夫士二束。喪大記曰：「君纁披六，大夫披四，前纁後玄，士二披，用纁。」人君禮文，欲其數多，圍數兩旁言六耳，其實旁三。○執披，方寄反，注同。

注「作謂」至「旁三」　云「六軍之士」者，即六鄉之民，以其鄉出一軍，六鄉，故名六軍之士也。但鄭以天子千人，而云六軍者，以天子千人出自六軍，故號六軍之士，非謂執披有七萬五千人也。云「披，柩車行，所以披持棺」者，柩車則蜃車，云披者，車兩旁使人持之，若四馬六轡然，故名持棺者爲披也。云「有紐以結之，謂之戴」者，喪大記云「纁戴」者是也。先鄭云「披者，扶持棺險」者，先鄭意，蜃車行，恐逢道險者有傾覆，故云扶持棺險也。云「天子旁十二，諸侯旁八，大夫六，士四」者，無所依據，後鄭不從。「玄謂結披必當棺束，於束繫紐」者，謂蜃車兩旁皆有柳材，其棺皆以物束之，故云天子諸侯載柩三束，大夫士二束。彼喪大記不言天子，此言者，欲見天子無文，約與諸侯同也。「謂之戴」者，彼大記注云「戴之言值也」，所以連繫棺束與柳材使相值，〔五六〕因而結前後披也。披結於紐，〔五七〕故引喪大記「君纁披六」已下，其蜃車柳材，與中央棺束數等，人君三，大夫士二。大記云「君纁披六，大夫四披」者，皆是禮文，故圍數兩傍，言六言四也。士禮小，〔五八〕無文，故據一旁而言二。若然，然大夫亦圍數兩旁言四。〔五九〕直云「人君」者，據尊者而言也。

凡士之有守者，〔六〇〕令哭無去守。守官不可空也。○有守，劉手又反，下皆同。

注「守官不可空也」　此文承大喪之下。「令哭無去守」，則大夫士有使役守當，雖同爲夫子斬衰，不可廢事空官，故令哭不得去守也。

國有故，則致士而頒其守。故非喪則兵災。〔六一〕

注「故非喪則兵災」　知非喪者，以上文已言大喪，明此是兵災，非喪也。

凡邦國，三歲則稽士任，而進退其爵禄。任其所掌治。

注「任其所掌治」　此言「稽士任」，文承邦國，即是邦國之卿大夫士摠曰士也。據其所任治而進退其爵禄。但諸侯之臣，進退應是諸侯當國爲之。今於天子司士而言者，但司士作法與之，使諸侯自黜陟耳，非謂司士自黜陟也。

諸子，掌國子之倅，掌其戒令與其教治，辨其等，正其位。故書倅爲卒，鄭司農云：「卒讀如物有副倅之倅。〔六二〕國子，謂諸侯卿大夫士之子也。燕義曰：『古者周天子之官，有庶子官。』與周官諸子職同文。」玄謂四民之業而士者亦世焉。國子者，是公卿大夫士之副貳。戒令，致於大子之事。教治，脩德學道也。位，朝位。○之倅，七內反。教治，直吏反，注同。大子，音泰，下注同。

「諸子」至「其位」　云「掌國子之倅」者，倅，謂副代父，則國子爲副代父者也。

注「故書」至「朝位」　先鄭云「國子，謂諸侯卿大夫士之子也」者，王制云：「王大子、王子、羣后之大子、卿大夫元士之適子，皆造焉。」則王大子、王子亦曰國子。不言者，彼不據諸子職而言，故含有王大子、王子，亦以四術成之，故文王世子成王猶在學，學君臣、父子、長幼之禮也。此據諸子主國子，致與大子使用，〔六三〕故不得通王大子、王子也。引「燕義云『古者，周天子之官有庶子官。』與周官諸子職同文」者，彼燕義，本釋燕禮之事，但燕禮有庶子執燭及獻庶子之文，更不見餘義，故記人欲釋燕禮庶子之義，故取天子諸子職解庶子，諸庶俱訓爲衆。天子之諸子，諸侯之庶子，皆掌卿大夫士之適子，適子衆多，故云「諸」，或言「庶」，諸庶通名，故天子諸子爲庶子也。「玄謂四民之業而士者亦世焉」者，此齊語，桓公謂管仲曰：「成民之事若何？」管仲對曰：「民無使雜處。」公曰：「處士農工商若何？」管仲曰：「昔者聖王之處士就閑燕，處工就官府，處商就市井，處農就田野，少而習焉，其心安焉。」桓公曰：〔六四〕「士之子恒爲士，農之子恒爲農，工之子恒爲工，商之子恒爲商。」是四民之業爲世也。引之者，見士之子亦入倅色也。案：王制「大夫不世」，今亦有倅入世者，以大夫有功德，亦得世，故詩云「凡周之士，不顯亦世」也。云「國子者，是公卿大夫士之副貳」者，增成先鄭義。云「戒令，致於大子之事」者，即下文是也。云「教治，脩德學道也」者，云教，故知修德學道也。經云「辨其等」，謂才藝高下等級也。國子所學道德，即師氏職三德三行，并保氏六藝者是也。云「位，朝位」者，謂朝大子時，依父蔭高下爲列也。

國有大事，則帥國子而致於大子，唯所用之。若有兵甲之事，則授之車甲，合其卒伍，置其有司，以軍灋治之。司馬弗正。軍法：百人爲卒，五人爲伍。弗，不也。國子屬大子，司馬雖有軍事，不賦之。○卒伍，子忽反，前後注及下皆同。弗正，音征，下國正同。

「國有」至「弗正」云「大事」，下有兵甲之事，則此大事謂祭祀也，故左氏傳云：「國之大事，在祀與戎。」此經二事當之也。

注「軍法」至「賦之」軍法從五人爲伍，至萬二千五百人爲軍，有六節，今注直云百人與五人，略舉之耳。云「不賦之」，解經「正」爲賦稅，謂不賦田稅、泉稅者也。

凡國正弗及。

「凡國正弗及」上文云弗正，謂兵賦。此云「國正」，謂鄉遂之中所有旬徒力征之等，〔六五〕並不及也。

大祭祀，正六牲之體。正謂禮載之。〔六六〕

注「正謂禮載之」案特牲、少牢，移鼎入陳，即有一人鼎中上出牲體，〔六七〕一人在鼎西，北面，載之於俎。既言正六牲之體，明是此二事也。

凡樂事，正舞位，授舞器。位，佾處。

注「位佾處」云「凡樂事」者，則諸作樂有舞之處，皆使正舞人八八六十四人之位。并授舞者之器，文舞則授羽籥，武舞授干鍼之等。云「位，佾處」者，即謂天子八佾，諸公六佾，諸侯四佾之等也。

大喪，正羣子之服位。會同、賓客，作羣子從。從於王。〔六八〕

注「從於王」。云「大喪正羣子之服位」者，位，謂在殯宫外内哭位也。正其服者，公卿大夫之子爲王斬衰，與父同，故雜記大夫之子得行大夫禮故也。〔六九〕云「會同、賓客，作羣子從」者，作，使也，使國子從王也。

凡國之政事，國子存遊倅，使之脩德學道，春合諸學，秋合諸射，以攷其藝而進退之。遊倅，倅之未仕者。學，大學也。射，射宫也。王制曰：「春秋教以禮樂，冬夏教以詩書，王大子、王子、羣后之大子、卿大夫元士之適子、國之俊選皆造焉。」○適子，丁歷反。

「凡國」至「退之」。云「凡國之政事」者，謂國内有繇役之事皆是也也。〔七〇〕云「國子存遊倅，使之脩德學道」者，謂國有事時，此國子存遊暇無事之倅中，使脩德學道二事也。云「春合諸學」者，謂於大學之中使之學也。云「秋合諸射」者，使在射宫習射也。云「以考其藝」者，考校才藝長短。〔七一〕云「而進退之」者，才藝長，進與官爵。才藝短者，退之，使更服膺受業也。

注「游倅」至「造焉」。倅是副代，已是未在仕，復云游，游是游暇，亦是未仕之稱。云「學，大學也」者，周禮若言異代之學，則舉其學名，即成均、瞽宗之類。今此直言學，明是周之大學也。周禮文，大學在國中，〔七二〕即夏后氏東序，在王宫之左也。云「射，射宫也」者，射義云：「已射於澤，然後射於射宫。」射宫即國之小學，在西郊，則虞庠是也。王制曰「春秋教以禮樂，冬夏教以詩書」者，案：彼鄭注云：「春夏，陽也，詩樂者聲，聲亦陽也。秋冬，陰也，〔七三〕書禮者事，事亦陰也。因時順氣，於功易成也。」云「王大子、王子、羣后之大子、卿大夫元士之適子、國之俊選皆造焉」者，若王之子，得適庶俱在學。若羣后畿内諸侯已下，則庶子賤，不得在學，故皆云適子也。引之者，證貴賤皆在教科也。

司右，掌羣右之政令。羣右，戎右、齊右、道右。○齊右，側皆反。

注「羣右」至「道右」　知司右主此三右者，案：下文云車有五等，右唯三，故下注云「齊右兼玉路之右，戎右兼田右」等也。

凡軍旅會同，合其車之卒伍，而比其乘，屬其右。合、比、屬，謂次第相安習也。車亦有卒伍。○而比，毗志反，注同。其乘，繩證反。屬其，音燭，注皆屬同。〔七四〕

注「合比」至「卒伍」　右軍旅，據征伐。〔七五〕會同，謂時見曰會，殷見曰同。三者，皆合車之卒伍。云「合、比、屬，謂次第相安習也」者，皆謂教習使安隱也。云「車亦有卒伍」者，案：宣十二年傳云：「其君之戎，分爲二廣，廣有一卒，卒偏之兩。」司馬法曰：「二十五乘爲偏」。又云「以百二十五乘爲伍」，注：「伍重，故百二十五乘。」是其車之卒伍也。

凡國之勇力之士能用五兵者屬焉，掌其政令。勇力之士屬焉者，選右當於中。司馬法曰：「弓矢圍，〔七六〕殳矛守，戈戟助。凡五兵，長以衛短，短以救長。」○殳矛，音殊。

注「勇力」至「救長」　云「勇力之士屬焉者，選右當於中」者，但車右須得勇力之士，若選右不於中，何因屬司右？

故鄭爲此釋也。引司馬法曰「弓矢圍」者，圍城時也；「殳矛守」者，守城時也；「戈戟助」者，謂圍守皆用戈戟助之。云「凡五兵，長以衛短，短以救長」者，圍者以弓矢爲長，戈戟爲短。守者亦以戈戟爲短，以殳矛爲長。故云長以衛短，短以救長，使力相得也。此五兵據勇力之士所用，下注車之五兵，則無弓矢而有夷矛是也。

校勘記

〔一〕三公執璧孤執皮帛卿執羔大夫鴈　嫯、建、岳、阮本同，唐石經「鴈」上有「執」字。王引之引王念孫云，據唐石經，當有「執」字。

〔二〕士立於西方　嫯、建、岳、嘉靖本同，余、閩、阮本「立」作「位」。

〔三〕此射人唯論射事　元、監、毛、殿本同，正、閩、閩、阮本「唯」作「主」。

〔四〕無臣　案「無臣」上疑脱「士」字。

〔五〕故司裘職大射不言士也　元、殿本同，正、閩、閩、阮本「裘職」作「農云」，誤。

〔六〕三侯虎熊豹也　嫯、建、嘉靖本同，余、岳、阮本「虎熊豹」作「熊虎豹」。

〔七〕一侯者二正而已　建、岳、阮本同，嫯本「二」作「一」，非。

〔八〕讀如宜豻宜獄之豻　阮本及賈疏同，漢讀考作「讀爲」，云今本作「讀如」，誤。

〔九〕豻五旦反　「旦」原作「日」，據徐本、盧本及阮本改。

〔一〇〕云張皮侯　阮本「皮」下脱「侯」字。

〔一一〕七節者二節先以聽　阮本「二」作「三」，當是。

〔一二〕證侯道遠近亦爲節也　「道」字原脱，「亦」字原重，據阮本補删。

〔一三〕二寸以爲侯中　阮本「二」上有「弓」字，當從補。

〔一四〕王射至取矢　此文承賓射大射之下則王射射人皆令去侯立於後以矢行告卒令取矢　此三十四字原闕，據阮本補。

〔一五〕將祭侯之時　「侯」原作「使」，據阮本改。

〔一六〕數筭大史數之　阮本「筭」作「算」，非。下同。

〔一七〕但今將視數筭　阮本「筭」作「薄」，非也。

〔一八〕并去扑倚於階西　殿本同，元、正、閩、阮本「倚」作「向」，誤。

〔一九〕據逸烝嘗者禮而知　閩、閩、阮本「逸」誤作「乎」，「嘗」下無「者」字。

〔二〇〕楚語云劉羊擊豕而已　浦鏜云，「刲」誤「劉」。

〔二一〕會同朝覲作大夫介凡有爵者　俞樾云，疑「介」爲「戒」之誤。

〔二二〕今有爵者乘王之倅車　「今」字訛，當從諸本作「令」。

〔二三〕趙盾諫之時也　元、正、閩、阮本同，閩、監、毛、殿本「時」作「是」。疑「時」爲「是」之譌。

〔二四〕布皮帛者　婺、岳、阮本同，建本「布」作「而」，誤。

〔二五〕抗讀爲亢其鞬之亢　漢讀考「讀爲」作「讀如」。

〔二六〕有司二人舉皮以東　建、岳、阮本同。婺、嘉靖本「東」作「柬」，誤。

〔二七〕以弓矢歐烏鳶　岳、閩本同，婺、建、阮本「烏」作「鳥」，阮校云「烏」是。

〔二八〕軍旅亦有斬牲巡陳之事　元、正、閩、阮本「斬」作「較」，誤。

〔二九〕第一番唯有六耦　監、毛、殿本同，元、閩、阮本「唯」作「雖」。

〔三〇〕三耦誘射　元、監、毛、殿本同。正、聞、阮本「三」作「二」，誤。

〔三一〕兼有餘鳥也　阮本「鳥」作「烏」，孫詒讓以爲作「鳥」是。

〔三二〕直取當蜡之月　元、監、毛、殿本同，聞、閩、阮本「直」作「自」，疑誤。

〔三三〕周知邦國都家縣鄙之數　王引之云，「數」字衍。

〔三四〕卿大夫士庶子之數　阮本同。阮校云，疏引注「卿大夫士」，又有「士庶子」，是賈疏本作「卿大夫士士庶子之數」，此脱一「士」字，當據補。

〔三五〕謂畿内朝廷及鄉遂都鄙羣臣之籍　元、正、聞、阮本「之」作「名」。

〔三六〕云德謂賢者者　元、正、聞、阮本「者」字不重。

〔三七〕自古以來任之者皆試乃爵之　元、正、聞、阮本「來」作「事」。惠校本「來任」作「來事任」。

〔三八〕王族故士虎士在路門之右　于鬯云，「王族」與「故士」不當連讀。

〔三九〕明是宿衛者也　監、毛本同，閩、阮本無「明」字。

〔四〇〕云未常仕雖同族不得在王宫者　阮本同。阮校云，惠校本「常」作「嘗」，此誤。

〔四一〕以經稱王族故士　「族」，原作「故」，據阮本改。

〔四二〕明非仕者不得在王宫也　阮本「非」作「未」。

〔四三〕約鄉黨而知　監、毛、殿本同，元、正、聞、閩、阮本「黨」作「常」。鄉黨無此文，浦鏜云，當作「鄉射」。

〔四四〕使人視大夫　「大」，原作「禮」，據婺、建、岳、阮本改。

〔四五〕其禮則同　「禮」，原作「大」，據婺、建、岳、阮本改。

〔四六〕通路寢庭朝爲三朝　「三」原作「二」，據阮本改。

〔四七〕司服職文　元、殿本同，閩、闞、阮本「文」作「云」，疑作「文」是。

〔四八〕但比同士士既摠屬　元、正、閩、阮本同。浦鏜云：「比同」當「此司」之誤。

〔四九〕唯有作士適四方　元、監、毛、殿本同，正、閩、闞、阮本「士」作「事」，疑作「士」是。

〔五〇〕自餘皆臣之摠號耳　惠校、闞、阮本同，監、毛本「自」作「其」。

〔五一〕爲七體是也　「七」，原作「士」，據阮本改。

〔五二〕即有使士特使法　阮本「特」作「持」，疑誤。

〔五三〕葬後反　「反」，原作「及」，據阮本改。

〔五四〕作六軍之士執披　婺、建、岳本同，唐石經、阮本「士」作「事」。嚴可均云：疏兩舉經文作「士」。

〔五五〕天子諸侯載柩三束　婺、建、余、岳、嘉靖本同，闞、監、毛本「載」作「戴」，據疏，「戴」字似是。

〔五六〕所以連繫棺束與柳材相値　「値」，阮本作「植」，浦鏜云「値」誤「植」，是也，當據以正。

〔五七〕披結於紐　元、閩、阮本「紐」作「組」，疑誤。

〔五八〕士禮小　「士」，原作「古」，據阮本改。

〔五九〕然大夫亦圍數兩旁言四　阮本無「然」字，殆是。

〔六〇〕凡士之有守者　「凡」字原脱，據唐石經、婺、建、岳、阮本補。

〔六一〕故非喪則兵災　諸本同。阮校云：據疏語，此注祇當云「故謂兵災」；「非喪」之言，乃賈氏闡發鄭義語而竄入注中者。

〔六二〕卒讀如物有副倅之倅　漢讀考「讀如」作「讀爲」。

〔六三〕主國子致與大子使用　殿本同，元、正、閩、阮本「大」作「天」，疑誤。

〔六四〕桓公曰　以下亦管子語，「桓公曰」三字似誤記。

〔六五〕謂鄉遂之中所有旬徒力征之等　阮本「旬」作「旬」，當是。

〔六六〕正謂禮載之　「禮」，余、閩、監、阮本同，誤也。嘉靖本、毛本「禮」作「朼」，當據正。蓋「朼」誤爲「札」，遂改爲「禮」也。疏中標注同，大僕、御僕注作「匕載」。

〔六七〕即有一人鼎中上出牲體　元、阮本「上」作「匕」，當是。

〔六八〕從於王　浦鏜云，大司馬職疏引作「從從王」，是。阮校云，「從」字逗，「從王」爲句。孫詒讓云，司士作「士從」，注亦云「可使從於王」，則今本不誤，浦說非。

〔六九〕故雜記大夫之子得行大夫禮故也　阮本同。浦鏜云，下「故」字當衍。

〔七〇〕謂國內有繇役之事皆是也也　阮本「也」字不重，當據删。

〔七一〕考校才藝長短　元本、惠校本同。聞、閩、阮本「校」作「較」。

〔七二〕周禮文大學在國中　元、監、毛、殿本同，正、聞、閩、阮本「文」作「云」，疑作「云」是。

〔七三〕秋冬陰也　「陰」，原作「陽」，據阮本改。

〔七四〕注皆屬同　「皆」字訛，當作「比」，徐、盧本不誤。

〔七五〕右軍旅據征伐　阮本同。浦鏜云，「右」當「凡」字誤。

〔七六〕弓矢圍　阮校云，九經古義云「圍」當「圉」字之誤，古「圉」、「禦」通用，今司馬法作「禦」是也。

周禮注疏卷第三十七

虎賁氏，掌先後王而趨以卒伍。王出，將虎賁士居前後，雖羣行亦有局分。〔一〕○虎賁氏，音奔，劉方問反。先後，悉薦反，下户豆反，又皆如字。出將，子匠反。局分，扶問反。

「虎賁」至「卒伍」 鄭云「王出，將虎賁士居前後，雖羣行亦有局分」者，以經云卒伍，則是五人爲伍，百人爲卒。又案：序官云：「虎賁氏，下大夫二人，中士十有二人，府二人，史八人，胥八十人，虎士八百人。」是其雖羣行亦有局分，置卒伍是也。

軍旅、會同亦如之。舍則守王閑。舍，王出所止宿處。閑，梐枑。○梐，薄禮反。枑，户故反。

注「舍王」至「梐枑」 鄭云「舍，王出所止宿處」者，案：掌舍云：「掌王之會同之舍，則設梐枑再重。」杜子春以爲「行馬」。後鄭云：「行馬再重者，以周衛有外内列。」校人職：「養馬曰閑。」是其閑與梐枑，皆禁衛之物，故以閑爲梐枑釋之也。

王在國，則守王宮。爲周衛。

注「爲周衛」 在外守王閑爲周衛，明在國亦爲周衛也。

國有大故，則守王門，大喪亦如之。非常之難要在門。○之難，乃旦反。

注「非常」至「在門」　大故，謂兵災。大喪，謂王喪。二者皆是非常之難，須警備，故云「要在門」也。

及葬，從遣車而哭。遣車，王之魂魄所馮依。○葬從，才用反，下并節服氏從車、從尸車同。所馮，皮冰反。

注「遣車」至「馮依」　遣車者，將葬，盛所苞奠遣送者之車。其車内既皆有牲體，故云「王之魂魄所馮依」。遣車多少之數，天子無文。案：雜記云：「遣車視牢具。」鄭注云：「多少各如所苞遣奠牲體之數。」案：檀弓云：「國君七個，遣車七乘。大夫五個，遣車五乘。」鄭云：「諸侯不以命數，喪數略也。」士無遣車，大夫五乘，諸侯七乘，天子宜九乘。故鄭注雜記云：「天子大牢苞九个，遣車九乘。苞肉皆取大遣奠之牲體，天子大牢外，更用馬牲，皆前脛折取臂臑，〔二〕後脛折取骼，苞肉，各九个，〔三〕皆細分其體，以充數也。」

適四方使，則從士大夫。虎士從使者。○四方使，所吏反，注及下同。

注「虎士從使者」　天子有下聘諸侯法，大行人所云歲徧問之等，時則使虎賁從行也。

若道路不通有徵事，則奉書以使於四方。不通，逢兵寇若泥水。奉書，徵師役也。春秋隱七年冬，戎伐凡伯于楚丘以歸。

注「不通」至「以歸」　云「奉書，徵師役也」者，若兵寇則徵師，若泥水則徵役。引春秋者，案：左氏傳云：初，戎往朝周，周大夫皆發禮禮戎，唯凡伯不禮焉，後凡伯至魯，戎則要而伐之。故云「戎伐凡伯於楚丘以歸」，是其事也。

旅賁氏，掌執戈盾夾王車而趨，左八人，右八人，車止則持輪。夾王車者，其下士也。下士十有六人，中士爲之帥焉。○戈盾，常準反，又音允。夾王，古洽反，劉古協反，後放此。

注「夾王」至「帥焉」　知夾王車是下士十六人者，見序官云「旅賁氏，中士二人，下士十有六人」。此經左右十六人，故知是旅賁氏之下士也。中士是官首，明爲之帥也。

凡祭祀、會同、賓客，則服而趨。服而趨，夾王車趨也。會同、賓客，王亦齊服，服衮冕，則此士之齊服，服玄端。

注「服而」至「玄端」　知服而趨是夾王車者，約上文夾王車而趨，故知也。云「會同、賓客，王亦齊服，服衮冕」者，見下文節服氏云「掌祭祀朝覲衮冕」，鄭云「從王服」。朝覲服衮冕，則會同、賓客亦服衮冕，故覲禮「天子衮冕負黼扆」，是也。云「則此士之齊服、服玄端」者，若士助祭服爵弁，此爲會同，故齊服服玄端。

喪紀，則衰葛執戈盾。葛，葛絰。武士尚輕。○則衰，七雷反。

注「葛葛」至「尚輕」　臣爲王，貴賤皆斬衰。斬衰麻絰，至葬乃服葛。今王始死即服葛，故云「武士尚輕」。

軍旅，則介而趨。介，被甲。○則介，音戒。被甲，皮僞反。

注「介被甲」　在軍爲甲士著甲，餘有不服甲。〔四〕但此旅賁勇士衛王，故被甲而趨也。

節服氏，掌祭祀朝覲衮冕，六人維王之大常。〔五〕服衮冕者，從王服也。維，維之以縷。王旌十二旒，兩兩以縷綴連，旁三人持之。禮，天子旌曳地。鄭司農云：「維，持之。」〔六〕

注「服衮」至「持之」　云「服衮冕者從王服也」者，以其節服氏者，世能節王之衣服，明節服所服與王同，故云從王服也。云「維，維之以縷」者，以其言維，維是連綴之名，故知用縷連綴之也。云「王旌十二旒」者，巾車云：「玉路建大常十有二旒。」經云六人維之，明一畔有三人，三人維六旒，故知兩兩以縷連，旁三人持之。云「禮，天子旌曳地」者，禮緯文，引之者，若不遣維持之，則旒曳地故也。

諸侯則四人，其服亦如之。

「諸侯」至「如之」　依禮緯含文嘉云：〔七〕「天子旌九仞十二旒，〔八〕曳地。諸侯七仞九旒，齊軫。大夫五刃五旒，齊較。士三仞三旒，齊首。」〔九〕彼或異代法，故旒不依命數。周之諸侯之旌，皆交龍爲之。上公九旒，侯伯則七旒，子男則五旒。今揔云四人，則不得兩兩維之，但一畔有二人，分而維之，見威儀耳。云「其服亦如之」者，節服氏之服，亦與諸侯同。諸侯唯二王後與魯，得祭天服衮冕。其餘諸侯，唯得祭宗廟服玄冕。節服氏皆與君同服，故云「其服亦如之」。〔一〇〕

郊祀裘冕，二人執戈送逆尸從車。裘冕者，亦從尸服也。裘，大裘也。凡尸，服卒者之上服。從車，從尸車送逆之往來。春秋傳曰：「晉祀夏郊，董伯爲尸。」

注「裘冕」至「爲尸」　尸服與王同大裘，節服氏亦大裘，故二人皆裘冕執戈送逆尸。云「從車」者，送逆皆從尸車後。云「凡尸，服卒者之上服」者，案：士虞記云：「尸服卒者之上服。」云上服，如特牲士玄端也。不以爵弁服爲上者，祭於君之服，非所以自配鬼神，彼據臣，卒者上服以家祭上服，不得用助祭服。〔一一〕此據王，自然用卒者家祭上服，服大裘也。引春秋傳者，是外傳晉語文。

方相氏，掌蒙熊皮，黄金四目，玄衣朱裳，執戈揚盾，帥百隸而時難，以索室毆疫。蒙，冒也。冒熊皮者，以驚毆疫厲之鬼，如今魌頭也。時難，四時作方相氏以難却凶惡也。月令：「季冬，命國難。」索，廋也。○時難，乃多反，注同。毆疫，起俱反。魌頭，音欺。

注「蒙冒」至「廋也」 云「時儺四時」者，案月令唯有三時儺，是以月令季春云「命國儺」，以季春日歷大梁，有大陵積尸之氣與民爲厲，命有國者儺。仲秋云「天子乃儺」，時升建酉，〔一二〕亦有大陵積尸之氣，此月儺陽氣，陽氣至此不止，害將及人，唯天子得儺，諸侯亦不得。季冬云「乃命有司大儺」，言大，則及民庶亦儺。唯有此三時儺，鄭云四時者，雖三時亦得云四時，揔言之也。若然，此經所儺，據十二月大儺而言，是以鄭引季冬爲證也。鄉黨鄉人儺，郊特牲云「鄉人禓」，亦皆據十二月民庶得儺而言也。

大喪，先匶，葬使之道。○先匶，悉薦反，下音柩。之道，音導，下同。

注「葬使之道」 喪所多有凶邪，故使之導也。

及墓，入壙，以戈擊四隅，毆方良。壙，穿地中也。方良，罔兩也。天子之椁柏，黄腸爲裏，而表以石焉。國語曰：「木石之怪夔罔兩。」○入壙，苦晃反，又音曠。方良，上音网，〔一三〕下音兩，注同，又並如字。夔，求龜反。

注「壙穿」至「罔兩」　必破「方良」爲「罔兩」者，入壙無取於方良之義故也。云「天子之椁柏，黄腸爲裏，而表以石焉」者，欲見有罔兩之義，故引漢法爲證。古雖無言，漢亦依古而來。蓋周時亦表以石，故有罔兩也。云「國語」者，案：又檀弓云：「天子柏椁以端，長六尺。」言椁柏，則亦取柏之心黄腸爲椁之裏，故漢依而用之，而表之以石。國語「水之怪龍罔象，土之怪夔罔兩」，則知方良當爲罔兩也。

大僕，掌正王之服位，出入王之大命。服，王舉動所當衣也。位，立處也。出大命，王之教也。入大命，羣臣所奏行。

注「服王」至「奏行」　云「服，王舉動所當衣也」者，謂王吉服有九，隨事舉動而衣。大僕，親近王所之官，故王之衣服及位處，恐其不正，故皆正之也。云「位，立處也」者，王之起居無常，或起居行事之時多，以立爲正，故以立處言之也。云「出大命，王之教也」者，一日萬機，〔一四〕有其出者，皆是王之教也。云「入大命，羣臣奏行」者，謂羣臣奉行王命報奏者皆是也。

掌諸侯之復逆。鄭司農云：「復謂奏事也，逆謂受下奏。」

注「鄭司」至「下奏」　案：宰夫職云：「諸臣之復，萬民之逆。」先鄭云：「復，請也。逆，迎受王命者。」玄謂「復之言報也，反也，反報於王，謂朝廷奏事，自下而上曰逆，逆謂上書」。先鄭彼注與此不同者，先鄭兩解，故彼後鄭不從。至此注，先鄭於義是，故後鄭從之。此説先鄭云「復謂奏事」，即彼後鄭云「復謂朝廷奏事」，一也。此先鄭云「逆謂受下奏」，即彼後鄭云「自下而上曰逆，謂上書」，亦一也。

王眡朝，則前正位而退，入亦如之。前正位而退，道王，王既立，退居路門左，待朝畢。

注「前正」至「朝畢」　云「前正位而退，道王，王既立，退居路門之左，待朝畢」者，此即上司士所云「大僕前」，亦一也。大僕本位在路門之左，今進前正位訖，還退在本位，故云退居路門左也。云「待朝畢」者，欲入亦如之，王退入路寢聽事時，亦前正王位，却位立也。

建路鼓于大寢之門外，而掌其政。大寢，路寢也。其門外，則内朝之中，如今宫殿端門下矣。政，鼓節與早晏。

注「大寢」至「早晏」　此鼓所用，或擊之以聲早晏，或有窮遽者擊之以聲寃枉也，故建之於正朝之所也。云「大寢，路寢也」者，欲見在路寢門外正朝之處。云「其門外，則内朝之中」者，案：玉藻云：「視朝於内朝，羣臣辨色始入。」彼諸侯禮，天子亦然。若據文王世子，亦得謂之外朝，故文王世子云：「其朝於公，内朝，臣有貴者以齒，其在外朝則以官。」彼以路門外爲外朝者，對路寢庭朝爲外朝，其實彼外朝亦内朝耳。以其天子諸侯皆内朝二，外朝一。既以三槐九棘朝爲外朝一，明此内二者皆内朝也。

以待達窮者與遽令，聞鼓聲，則速逆御僕與御庶子。鄭司農云：「窮謂窮寃失職，則來擊此鼓，以達於王，若今時上變事擊鼓矣。遽，傳也。若今時驛馬軍書當急聞者，亦擊此鼓，令聞此鼓聲，〔一五〕則速逆御僕與御庶子也。大僕主令此二官，使速逆窮遽者。」玄謂達窮者，謂司寇之屬朝士，掌以肺石達窮民，聽其辭以告於王。遽令，郵驛上下程品。御僕、御庶子，〔一六〕直事鼓所者。大僕聞鼓聲，則速逆此二官，當受其事以聞。○與遽，其據反。窮寃，於元反。上變，時掌反。傳，張戀反，下文同。急聞，如字，劉音問。肺石，芳廢反。遽令，力呈反。郵驛，音尤。

「以待」至「庶子」　云「以待」者，大僕在王所，恒於路寢之中，若有窮者及遽令二者來擊此鼓，其御僕御庶子直在鼓所者，則入告大僕，大僕迎此二官，〔一七〕以所告之事白王。故云聞鼓聲則速逆御庶子也。

注「鄭司」至「以聞」　先鄭以「令」字下讀爲句，云大僕主令此二官，使速逆窮遽二者。後鄭不從者，若使御僕御庶子迎窮與遽，則二官自白王，不告于大僕，事何得在大僕職乎者？以是故後鄭以爲大僕聽其辭，自白王。後鄭以達窮是朝士者，以其朝士職有「在肺石達窮民」，〔一八〕窮民先在肺石，朝士達之，乃得擊鼓，故本之也。知御僕御庶子直事鼓所者，見御僕云「以序守路鼓」。云「御庶子」者，蓋以御僕有下士十二人，分之爲御庶子，揔名曰「御僕」也。

祭祀、賓客、喪紀，正王之服位，詔灋儀，贊王牲事。詔，告也。牲事，殺割匕載之屬。

注「詔告」至「之屬」　經三事，皆有法度威儀，故須大僕告之。云「牲事，殺割」者，言殺，據祭祀之時，王親自射牲，故司弓矢云「共王射牲之弓矢」，注云：「射牲，示親殺。」「殺牲非尊者所親，唯射爲可。」殺時大僕及射人、大宰等皆贊之。國語云「禘郊之事，天子必親自射牲」，彼據祭天。司弓矢云「凡祭祀」，言「凡」，語廣，則祭社稷、宗廟亦射牲也。知有割牲者，郊特牲云「君肉袒親割，敬也」，注云：「割，解牲體。」禮器云「君親割牲，夫人薦酒」，注云：「親割，謂進牲孰體時。」祭統亦云「君執鸞刀，羞嚌」。彼據諸侯，明天子亦然。云「匕載」者，案：易震卦彖云：「震驚百里，不喪匕鬯。」注云：「雷發聲百里者，諸侯之象。」人君於祭祀之禮，匕牲薦鬯而已，〔一九〕其餘不親。彼諸侯親匕，〔二〇〕明天子亦然，是以大僕得有贊牲之事。少牢不親匕，下人君故也。特牲親匕者，士卑不嫌也。

王出入，則自左馭而前驅。前驅，如今道引也。道而居左自馭，不參乘，辟王也。亦有車右焉。○參乘，繩證反。辟王，音避，劉苻亦反。

注「前驅」至「右焉」　云「王出入」者，謂朝覲、會同，并凡祭祀、巡狩、征伐皆是。大僕則在車左，不敢使人馭，自馭而前驅也。若使人馭，馭在中央，身無事，居左，大尊，故自馭也。知亦有車右者，以車右恐車傾覆，備非常，雖無尊者，亦宜有車右勇力者也。

凡軍旅田役，贊王鼓。注王通鼓，〔二一〕佐擊其餘面。

「凡軍」至「王鼓」 軍旅謂征伐，田役謂田獵。王皆親鼓，故大僕贊之。

注「王通」至「餘面」 云「王通鼓」者，謂王親將軍衆，待王擊乃擊之，謂若鼓人云「金鐸通鼓」之類也。云「佐擊其餘面」者，案：大司馬云「王執路鼓」。路鼓四面鼓，將居鼓下，則前面不得擊之，唯有三面。〔二二〕今之此大僕佐擊一面，戎右亦云「贊王鼓」，則亦擊一面，通王自擊一面，是三面也。若然，王與御者并戎右，已有三人，今更有大僕，則駟乘。案：文十一年：「侯叔夏御莊叔，緜房甥爲右，富父終生駟乘。」〔二三〕彼注云：「駟乘，四人共車。」與此同也。

救日月亦如之。日月食時。春秋傳曰：「非日月之眚不鼓。」〇之眚，色景反。

注「日月」至「不鼓」 云「亦如之」者，大僕亦贊王鼓，佐擊其餘面，但日食陰侵陽，〔二四〕當與鼓神祀同用雷鼓也。若然，月食當用靈鼓，但春秋記日食不記月者，以日食陰侵陽，象臣侵君，非常，故記之。月食，陽侵陰，象君侵臣，故不記。此云「救日月」，食明亦擊鼓救可知。〔二五〕云春秋者，左氏莊二十五年：「日有食之。鼓，用牲於社。」彼傳鼓與牲並譏之，以彼傳云：「唯正月之朔，慝未作，日月之食，〔二六〕於是乎用幣于社，伐鼓于朝。」若然，唯四月正陽之月乃擊鼓，彼四月不合擊鼓之月，〔二七〕天災有幣無牲，故亦譏之也。彼傳又云：「秋，大水。鼓，用牲于門。」亦非常。傳曰：「非日月之眚，不鼓。」若然，此言爲秋大水擊鼓，而故引之者，欲見日月食時，皆合擊鼓，與此文同也。

大喪，始崩，戒鼓，傳達于四方，窆亦如之。〔二八〕戒鼓，擊鼓以警衆也。故書戒爲駭。鄭司農云：「窆謂葬下棺也。春秋傳所謂日中而傰，〔二九〕禮記謂之封，皆葬下棺也。音相似。窆讀如慶封氾祭之氾。」〔三〇〕○窆，彼驗反，注之封音同，劉皆逋鄧反。而傰，補鄧反。氾祭，芳劒反。

注「戒鼓」至「之氾」　言「大喪」，謂王喪。始崩云戒鼓，謂擊鼓以警戒，警戒衆人。「傳達于四方」，謂以鼓聲相傳，聞達四方。窆葬之時，亦如始崩也。引春秋者，左氏昭公十二年傳云，葬鄭簡公，云：「毀之則朝而傰，不毀則日中而傰。」禮記謂之封者，喪大記與檀弓皆以下棺爲封字。云「音相似」者，字雖不同，皆作窆音。云「讀如慶封氾祭之氾」者，慶封，齊大夫，有罪來奔魯，魯以饗食之，祭先，遂覆豆以謂之氾祭，〔三一〕但彼氾字，只取廣氾之義。鄭意讀「窆」與「氾」爲音同，義則異也。

縣喪首服之灋于宫門。首服之法，謂免髽笄總廣狹長短之數。縣其書於宫門，示四方。○縣喪，音玄，注同。謂免，音問。髽，莊瓜反。

注「首服」至「四方」　鄭知首服之法是「免髽笄總廣狹長短之數」者，案：小宗伯已云「縣衰冠之式于路門之外」，注云「制色宜齊同」。彼云冠，專據男子，云衰則兼婦人。此云首服，明無衰與男子冠，直是婦人首服，故知唯有免髽笄總耳。但始死，將斬衰者，男子笄纚深衣，婦人麻髽并笄總，是以喪服斬衰章云：「女子子箭笄，〔三二〕髽衰三年。」將齊衰以下者，始死，男子免，婦人布髽也。云「廣狹長短」者，鄭注禮記云：「免，蓋象冠，廣一寸。」婦人笄，齊衰榛木，斬衰箭竹爲之也。云「縣其書於宫門，示四方」者，小宗伯云「懸于路門」，此宫門亦路門也。

掌三公孤卿之弔勞。王使往。○弔勞，力報反，下命勞、後弔勞皆同。

注「王使往」　此等皆王合親往，今使大僕者，或王有故不得親往，故使大僕也。

王燕飲，則相其灋。相左右。○則相，息亮反，注及下并御僕職同。

注「相左右」 此「燕飲」，謂與諸侯燕，若公三燕、侯伯再燕、子男一燕之等，或王與羣臣燕之等，皆是。其法，有主人酌酒獻賓，賓酢主人，主人酬賓，洗爵升降之法，皆左右相助王，故云「相其法」也。

王射，則贊弓矢。贊謂授之，受之。

注「贊謂授之受之」 此謂大射也。案：大射禮云：「大射正執弓，小臣授矢於公。既射，大射正受弓。」天子之禮，則大僕授受，其法與彼同。必知此禮大射禮者，見小臣職云「賓射掌事如大僕之法」，則知大射此大僕所掌者是也。其小臣所掌賓射，亦當授受可知。

王眡燕朝，則正位，掌擯相。燕朝，朝於路寢之庭。王圖宗人之嘉事，則燕朝。

注「燕朝」至「燕朝」 以其路寢安燕之處，則謂之燕朝。以其與賓客饗食在廟，燕在寢也。但與賓客及臣下燕時，亦有朝。鄭必以王圖宗人嘉事爲燕朝者，以其因燕而朝賓臣。燕禮已有成文。圖宗人嘉事者，朝不見，故鄭特見之。云「圖宗人嘉事」者，謂宗人冠婚嘉禮之等，皆曰嘉事。

王不眡朝，則辭於三公及孤卿。辭謂以王不視朝之意告之。春秋傳曰：「公有疾，不視朔。」

注「辭謂」至「視朔」 引春秋者，文十六年「公四不視朔」。時齊有會，公辭疾不往，遂不視朔。故傳曰：「公有疾，不視朔。」引之者，證不視朔亦是有故不視之意也。〔三三〕

小臣，掌王之小命，詔相王之小灋儀。小命，時事所勑問也。小法儀，趨行拱揖之容。

注「小命」至「之容」　大僕所云大命，及祭祀賓客詔相之者，〔三四〕是大。此小臣，大僕之佐，故掌其小者也。云「趨行拱揖之容」者，謂若趨以采薺，行以肆夏，天子揖同姓之等，皆有容儀，而詔相之。

掌三公及孤卿之復逆，正王之燕服位。謂燕居時也。玉藻曰：「王卒食，玄端而居。」

「掌三」至「服位」　諸侯是賓客，其復逆，大僕尊官掌之。三公孤卿，是臣在朝廷，故小臣掌也。

注「謂燕」至「而居」　云「燕服位」者，謂在路寢中聽事訖，適後小寢燕居之時，故引玉藻「卒食玄端而居」爲證。彼在路寢中食訖，退適燕寢，服玄端朱裳而居之。

王之燕出入，則前驅。燕出入，若今游於諸觀苑。○觀苑，古喚反。

注「燕出」至「觀苑」　此私燕出入，不要在燕寢中，故鄭引漢法游於諸觀苑證之。

大祭祀、朝覲，沃王盥。○盥，音管。

「大祭」至「王盥」　云「大祭祀、朝覲，沃王盥」者，大祭祀，天地宗廟皆是。〔三五〕王將獻尸，先盥手洗爵，乃酌獻，故小臣爲王沃水盥手也。

小祭祀、賓客、饗食、賓射掌事，如大僕之灋。賓射，與諸侯來朝者射。

「小祭」至「之灋」　祭祀云「小」，則賓客饗食皆蒙小字。若然，饗還爲小賓客者也。小賓客，謂諸侯遣臣聘問天子者也。賓射，對大射亦爲小也。

注「賓射」至「者射」　此云賓射，與射人所云諸侯在朝則皆北面者，一也。

掌士大夫之弔勞。〔三六〕凡大事，佐大僕。

「掌士」至「太僕」　大僕「掌三公孤卿之弔勞」，注「王使往」。此不言王使往，亦王使往可知。

祭僕，掌受命于王以眡祭祀，而警戒祭祀有司，糾百官之戒具。謂王有故不親祭也。祭祀有司，有事於祭祀者。糾謂校録所當共之牲物。

注「謂王」至「牲物」　知此上下是有故使人祭者，觀此文勢得知。故云「受命於王以眡祭祀，既祭，帥羣有司反命於王，以王命勞之」。明是王合祭，有故使人攝之者也。

既祭，帥羣有司而反命，以王命勞之，誅其不敬者。大喪，復于小廟。小廟，高祖以下也。始祖曰大廟。春秋僖八年「秋七月，禘于大廟」。

「大喪」至「小廟」　大喪，王喪也。王生時所有事之處，皆復。此祭僕復小廟，其夏采復大廟，其小寢大寢，〔三七〕下隸僕復也。

注「小廟」至「大廟」　其二祧不言復，亦應此祭僕復，但無寢耳。引春秋者，證魯以周公爲大廟，其餘爲小廟。

凡祭祀，王之所不與，則賜之禽，都家亦如之。鄭司農云：「王之所不與，謂非郊廟尊祭祀，則王不與也。則賜之禽，公卿自祭其先祖，則賜之禽也。」玄謂王所不與，同姓有先王之廟。○不與，音預，注同。

注「鄭司」至「之廟」　先鄭云「王之所不與，謂非郊廟尊祭祀，則王不與也」，後鄭不從者，案：司服六冕所祭，皆王合親，爲何有非郊廟王不與者乎？故不從之。先鄭以則賜之禽，謂卿大夫自祭其先亦賜之禽，後鄭不從者，卿大夫自祭其先，是其常事，何有王皆賜之禽也？故以爲同姓有先王廟者。若然，經都家謂畿内三等采地，則文云祭祀，是畿外同姓諸侯，魯衛之屬者也。

凡祭祀致福者，展而受之。臣有祭事，必致祭肉於君，所謂歸胙也。展謂録視其牲體數。體數者，大牢則以牛左肩臂臑折九个，少牢則以羊左肩七个，特牲則以豕左肩五个。○歸胙，存故反。臂臑，奴報反，字林人于反，又云羊矣反。〔三八〕折，之舌反。九个，古賀反，注同。

注「臣有」至「五个」　云「所謂歸胙」者，案左氏傳麗姬欲譖申生，謂申生曰齊姜欲食，使大子祭，祭訖，歸胙于公，姬置藥而饋公。是有歸胙之事也。云「體數者，大牢則以牛左肩臂臑折九个」已下，並禮記少儀文。凡祭祀，周人尚右，故右胖皆祭，故以左胖致人。祭言大牢，天子大夫已上。少牢，謂天子之士，彼注云羊豕不言臂臑，因牛序之可知。言肩臂臑折九个者，則一體折爲三段，則牲少體不得全，自外皆然，以人多故也。皆用前體者，前體貴，故先用也。

御僕，掌羣吏之逆及庶民之復，與其弔勞。羣吏，府史以下。

注「羣吏府史以下」　大僕掌諸侯復逆，小臣掌三公孤卿復逆，此官所云羣吏，對庶民，是府史以下。言「以下」，兼胥徒。若然，不見大夫士者，小臣孤卿中兼之矣。

大祭祀，相盥而登。相盥者，謂奉槃授巾與？登謂爲王登牲體於俎。特牲饋食禮：「主人降盥出，舉入乃上載。」〔三九〕○奉槃，芳勇反。爲王，于僞反。

注「相盥」至「上載」　上小臣云沃，此又云盥，明是奉盤授巾，以其少牢、特牲尸盥時，有奉盤授巾之事，故云也。以無正文，故云「與」以疑之也。云「登謂爲王登牲體於俎」者，以其文承祭祀之事，故引特牲「上載」，載，即登牲體於俎也。〔四〇〕

大喪，持翣。翣，棺飾也。持之者，夾蜃車。○持翣，所甲反。夾蜃，辰軫反，劉薄忍反。

注「翣棺」至「蜃車」　依喪大記注引漢禮，翣以木爲匡，廣三尺，高二尺四寸，方，兩角高，衣以白布。畫者，畫雲氣，謂之畫翣。畫之以黼，謂之黼翣之類，是也。天子用八，諸侯用六，大夫用四，士用二。在路夾蜃車兩旁，入壙則樹之四旁，故云「棺飾」也。

掌王之燕令，燕居時之令。

注「燕居時之令」　以御侍近臣，故使掌燕居時之令，施之於外也。

以序守路鼓。序，更。○序更，音庚。

注「序更」　此即大僕所云「速逆御僕與御庶子」者也。序更者，即上鄭云「直事鼓所」者也。

隸僕，掌五寢之埽除糞洒之事。五寢，五廟之寢也。周天子七廟，唯祧無寢。詩云「寢廟繹繹」，相連貌也。前曰廟，後曰寢。汜埽曰埽，埽席前曰拚。〔四一〕洒，灑也。鄭司農云：「洒當爲灑。」玄謂論語曰：「子夏之門人，當洒埽應對。」○之埽，素報反，注汜埽、洒埽同。除，如字，劉直庶反。糞，方問反。洒，所賣反，劉霜寄反。唯祧，勑彫反。曰拚，方問反，本又作坋同。灑也，所買反，劉霜寄反。

注「五寢」至「應對」　知「周天子七廟唯祧之無寢」者，此云五寢，下云小寢大寢，不言祧之有寢，明二祧無寢也。引詩云「寢廟繹繹」者，欲見前廟後寢，故云「相連之貌」也。案：爾雅釋宮云：「有東西廂曰廟，無曰寢。」寢廟大況是同，有廂無廂爲異耳。必須寢者，祭在廟，薦在寢，故立之。按昭十八年，鄭災，「簡兵大蒐，子大叔之廟在道南，其寢在道北」者，彼廟不在宮中，地隘，故廟寢別處也。云「汜埽曰埽，埽席前曰拚」者，謂埽地遠近之異名。及取論語者，〔四二〕所以證經洒埽之事也。五寢既隸僕埽除，其廟，案守祧注，皆宗伯埽除。

祭祀，脩寢。於廟祭寢，或有事焉。月令凡新物，先薦寢廟。

注「於廟」至「寢廟」　祭祀則在廟可知，復云脩寢者〔四三〕，寢或有事，不可非脩治之也。引「月令薦寢廟」者，欲見寢有事。彼薦只在寢，不在廟，連廟言者，欲見是廟之寢，非生人之寢故也。

王行，洗乘石。鄭司農云：「乘石，王所登上車之石也。」詩云：『有偏斯石，〔四四〕履之卑兮。』謂上車所登之石。」○乘石，如字，劉常烝反。上車，時掌反，下同。有扁，邊典反。

注「鄭司」至「之石」　引詩者，是小雅刺幽王之詩，言申后乘車履石與王同，故云「有扁斯石，履之卑兮」，謂履之上車與王同，故黜之也。

掌蹕宮中之事。〔四五〕宮中有事則蹕。鄭司農云：「蹕謂止行者，清道，若今時儆蹕。」○蹕，音畢。儆，字又作警，音景。

注「宮中」至「儆蹕」　宮中須警備，故有蹕宮中之事。

大喪，復于小寢、大寢。小寢，高祖以下廟之寢也。始祖曰大寢。

注「小寢」至「大寢」　以祭隸僕職卑位小，故使之復於小寢也。以其高祖已上廟稱小，〔四六〕始祖廟稱大，故寢亦隨廟爲稱也。

弁師，掌王之五冕，皆玄冕，朱裏，〔四七〕**延，紐。**冕服有六，而言五冕者，大喪之冕蓋無旒，不聯數也。延，冕之覆，在上，〔四八〕是以名焉。紐，小鼻在武上，笄所貫也。今時冠卷當簪者，廣袤以冠縰，〔四九〕其舊象與？○聯數，所主反。冠卷，起全反。當簪，莊林反。廣袤，音茂。冠縰，所買反，劉霜綺反。象與，音餘。

「弁師」至「延紐」　云「皆玄冕」者，古者績麻三十升布染之，上以玄，下以朱，衣之於冕之上下，云「延」者，即是上玄者。「紐」者，綴於冕兩旁，垂之，武兩旁作孔，以笄貫之，使得其牢固也。凡冕體，周禮無文。叔孫通作漢禮器制度，取法於周，今還取彼以釋之。案彼文，凡冕，以版廣八寸，長尺六寸，以此上玄下朱覆之，乃以五采繅繩貫五采玉，垂於延前後，謂之「邃延」。故玉藻云「天子玉藻，前後邃延，龍卷以祭」，是也。

注「冕服」至「象與」　云「冕服有六」者，案司服，祭祀六服，皆連冕言之。今此唯云五冕者，但此弁師所掌冕，以旒爲主，祭天用大裘取質，其冕亦當無旒爲質，故此不數之，唯有五冕耳，故云「王之五冕」也。云「延，冕之覆，在上」，案：玉藻注「延，冕上覆」，言雖不同，義則不異，皆以玄表覆之，在冕上也。以爵弁前後平，則得弁稱。冕則前低一寸餘，〔五〇〕得冕名，冕則俛也，以低爲號也。云「紐，小鼻在武上，笄所貫也者，若今時冠卷當簪者。〔五一〕廣袤以冠縰，其舊象與」者，古之紐武笄貫之處，若今漢時冠卷，當簪所貫者，於上下之廣，及隨縰之袤，以冠縰者貫簪之處，當冠縰之中央。〔五二〕云「舊象」者，是周冕垂紐於武貫笄之舊象。言「與」者，以無正文，故云與以疑之。

五采繅十有二就，皆五采玉十有二，玉笄，朱紘。繅，雜文之名也。合五采絲爲之繩，垂於延之前後，各十二，所謂邃延也。就，成也。繩之每一帀而貫五采玉，〔五三〕十二斿則十二玉也。每就閒蓋一寸。朱紘，以朱組爲紘也。紘一條，〔五四〕屬兩端於武。繅不言皆，有不皆者。此爲袞衣之冕十二斿，則用玉二百八十八。鷩衣之冕繅九斿，用玉二百一十六。毳衣之冕七斿，用玉百六十八。希衣之冕五斿，用玉百二十。玄衣之冕三斿，用玉七十二。○采繅，音早，司農云：「古藻字。」邃延，息遂反，劉詩遂反。斿，音留，下同。屬兩，音燭。鷩，必滅反。希衣，張里反，劉豬履反。

「五采」至「朱紘」　言「五采藻十有二」者，此據袞冕而言，謂合五采絲爲藻繩十二道，爲十二旒也。「就皆五采玉十有二」者，此各據一旒而言，玉有五色，以青赤黄白黑於一旒之上，以此五色玉貫於藻繩之上，每玉間相去一寸，十二玉則十二寸。就，成也。以一玉爲一成，結之，使不相并也。「玉笄朱紘」者，以玉笄貫之，又以組爲紘，仰屬結之也。

注「繅雜」至「十二」　云「繅，雜文」者，若水草之藻，有五采，故云雜文之名也。云「所謂邃延也」者，謂玉藻文。云「繩之每一帀而貫五采玉，十二斿則十二玉也」者，以其云就皆五采玉十有二，明十玉可知也。〔五五〕云「紘一條，屬兩端於武」者，謂以一條繩，先屬一頭於左旁笄上，以一頭繞於頤下，至向上，〔五六〕於右相笄上繞之。是以鄭注士冠禮云：「有笄者，屈組以爲紘，垂爲飾。無笄者，纓而結其絛。」彼有笄，據皮弁、爵弁。此五冕皆有笄，與彼同。此言屬於武者，據笄貫武，故以武言之，其實在笄。云「繅不言皆，有不皆」者，謂王之五冕，繅則有十二，有九，有七，有五，有三，其玉旒皆十二，故繅不言皆。有不皆者，則九旒已下是也。玉言皆，則五冕旒皆十二玉也。此經十二旒，據袞冕而言，是以鄭云「此爲袞衣之冕十二旒」，以其十二旒旒各十二玉，前後二十四旒，故用二百八十八。已下計可知。

諸侯之繅斿九就，〔五七〕瑉玉三采，其餘如王之事。繅斿皆就，玉瑱，玉笄。侯當爲「公」，字之誤也。三采，朱、白、蒼也。其餘，謂延紐皆玄覆朱裏，與王同也。出此則異。繅斿皆就，皆三采也。每繅九成，則九旒也。〔五八〕公之冕用玉百六十二。玉瑱塞耳者，故書瑉作璑。鄭司農云：「繅當爲藻，繅古字也，藻今字也，同物同音。璑，惡玉名。」○諸侯，依注，侯音公。瑉玉，本又作珉，亡貧反。玉瑱，吐練反。作璑，音無。

「諸侯」至「玉笄」　諸公云「繅九就」，〔五九〕又云「繅斿皆就」，作文與上言「繅十有二就，皆五采玉十有二」，繅玉別文，則繅有差降，玉無差降。此諸公繅玉同文，則唯有一冕而已，故鄭計一冕爲九旒，旒各九玉。據冕九旒，不別計鷩冕已下，以其一冕而已冠五服故也。已下侯伯子男，亦皆一冕冠數服也。王不言玉瑱，於此言之者，王與諸侯互見爲義，是以王言玄冕朱裏延紐及朱紘，明諸侯亦有之，諸公言玉瑱，明王亦有之，是其互有也。

注「侯當」至「玉名」　鄭知「侯」當爲「公」者，以下別見諸侯，又此經云「九就」，當上公以九爲節，故知是公也。知三采朱白蒼者，聘禮記「公侯伯繅藉三采，朱白蒼」，故知三采亦朱白蒼也。云「出此則異」者，異，謂天子朱紘，諸侯當青組紘之等，不得與王同也。云「繅斿皆就，皆三采也。每繅九成，則九旒也」者，此釋有一冕九旒之意也。云「璑，惡玉名」者，案：許氏說文：「璑，三采玉，〔六〇〕從玉無聲。」以其三采，又非璵璠，故云「惡玉名」也。說文又云：「珉，石之美者，從玉民聲。」如是，經云「瑉玉三采」，當以璑爲正，故先鄭從璑爲惡玉名也。

王之皮弁，會五采玉璂，象邸，玉笄。故書會作膾。鄭司農云：「讀如馬會之會，謂以五采束髮也。士喪禮曰：『檜用組，〔六一〕乃笄。』檜讀與膾同，書之異耳。說曰：『以組束髮乃著笄，謂之檜。』沛國人謂反紒爲膾。璂讀如綦車轂之綦。」玄謂會讀如大會之會。會，縫中也。璂讀如薄借綦之綦。〔六二〕綦結也。皮弁之縫中，每貫結五采玉十二以爲飾，謂之綦。詩云「會弁如星」，又曰「其弁伊綦」是也。邸，下柢也，以象骨爲之。○會五采，劉古外反，注同，井䯤、擿二字亦同，或一音户外反。玉璂，音其，本亦作琪。象邸，丁禮反。乃著，張略反。反紒，本又作紟，音計。如綦，音其，下同。縫中，扶用反，下同。如薄，劉芳惡反。下柢，丁禮反，劉音帝。

注「故書」至「爲之」　先鄭以會爲「五采束髮」，讀經以爲皮弁會五采，引士喪禮及沛國之事，後鄭皆不從，故以會謂縫中解之。先鄭讀從馬會，取會結之義。又讀「璂」如車轂綦之「綦」，直取音同，未知何義也。玄謂會如大會之會，漢歷有大會、小會，取會聚之義，故爲縫中。又云「璂讀如薄借綦之綦。綦，結也」者，漢時有「薄借綦」之語，故讀從之。亦取結義，薄借之語未聞。云「皮弁之縫中，每貫結五采玉十二以爲飾，謂之綦」者，天子以十二爲飾，約同冕旒也。引詩「會弁如星」者，衛詩，彼注云「會，謂弁之縫中，飾之以玉，皪皪而處，狀似星也」，與經義合，故爲證也。「又曰『其弁伊綦』是也」者，璂既爲玉，又得爲結，義得兩合耳。〔六三〕云「邸，下柢也」者，謂於弁内頂上，以象骨爲柢。

王之弁絰，弁而加環絰。弁絰，王弔所服也。其弁如爵弁而素，所謂素冠也。而加環絰，環絰者，大如緦之麻絰，〔六四〕纏而不糾。司服職曰：「凡弔事，弁絰服。」

注「弁絰」至「絰服」　云「弁絰，王弔所服也」者，司服文。又雜記云「凡弁絰，其衰侈袂」，故知弁絰是王弔服。云「其弁如爵弁而素」者，案：曾子問云：「麻弁絰。」鄭云：「麻弁絰者，布弁而加環絰也。」此不言麻者，皆素爲之，故云而素也。云「所謂素冠」者，詩云「庶見素冠兮」，彼素冠謂祥冠，與此雖義別，同是素爲之。云「而加環絰」者，謂先著素弁於下，乃上加環絰，故云加也。「環絰者，大如緦之絰」者，緦麻絰五服之輕者，弔服乃五服之外，故約同之。但緦之絰則兩股，此環絰以一股，纏之不糾，麤細同耳。引司服者，證弁絰是弔服之絰。〔六五〕

諸侯及孤卿大夫之冕、韋弁、皮弁、弁絰，各以其等爲之，而掌其禁令。各以其等，繅斿玉璂如其命數也。冕則侯伯繅七就，用玉九十八；子男繅五就，用玉五十，繅玉皆三采。孤繅四就，用玉三十二；三命之卿繅三就，用玉十八；再命之大夫藻再就，用玉八，藻玉皆朱緑。韋弁、皮弁則侯伯璂飾七，子男璂飾五，玉亦三采。孤則璂飾四，三命之卿璂飾三，再命之大夫璂飾二，玉亦二采。弁經之弁，其辟積如冕繅之就然。庶人弔者素委貌。一命之大夫冕而無斿，士變冕爲爵弁。其韋弁皮弁之會無結飾，弁經之弁不辟積。禁令者，不得相僭踰也。玉藻曰：「君未有命，不敢即乘服。」不言冠弁，冠弁兼於韋弁、皮弁矣。不言服弁，服弁自天子以下，無飾無等。○辟積，必亦反，劉博歷反，下同。

「諸侯」至「禁令」 「諸侯」者，上已言公，則此諸侯據侯伯子男。云「及孤卿大夫」者，此文既承諸侯之下，故鄭以爲諸侯之孤卿大夫解之也。既不別見天子之臣，文中可以兼之。上天子與公不言韋弁，此言之，亦是互見之義。云各以其等爲之，不言爵而言等，則依命數耳。〔六六〕

注「各以」至「無等」 云「各以其等謂藻斿玉璂如其命數也」者，經云「冕」，故云斿。經云「弁」，故云璂，如其命數，釋經云「等」也。侯伯子男之冕，亦據一冕如上公矣。侯伯子男繅玉皆三采者，亦約聘禮記「藻三采，朱白蒼」而言之。四命已下，皆據典命公之孤四命，公侯伯之卿三命，其大夫二命，子男之卿再命，大夫一命而言。二采朱綠，亦據聘禮記「聘臣藻皆二采朱綠」而言也。云「弁經之弁，其辟積如冕繅之就然」者，以其弔服非吉，故無飾，故辟積有數也。〔六七〕云「庶人弔者素委貌」者，此經不云庶人，鄭云此者，以有大夫已上，因言庶人，且欲從下向上，因推出士變冕爲爵弁之意也。云「一命之大夫冕而無旒」者，此亦無文，鄭知然者，凡冕旒所以爲文飾，一命若有，則止一旒一玉而已，非華美。又見一命大夫衣無章，士又避之，變冕爲爵弁。若一命大夫有旒，士則不須變冕爲爵弁，直服無旒之冕矣，故知一命大夫無旒也。若然，爵弁制如冕，但無旒爲異，則無旒之冕亦與爵弁不殊。得謂之冕者，但無旒之冕，亦前低一寸餘，故亦得冕名也。云「韋弁皮弁之會無結飾，弁經之弁不辟積」者，一命大夫及士，冕弁既無旒，故知無此等。云「禁令者，不得相僭踰」，而引玉藻「君未有命，不敢即乘服」者，彼諸侯之卿大夫聘於天子，天子賜之冕服，歸國告君，得君命乃服之，未得君命，則爲僭踰，故引爲證也。云「不言冠弁，冠弁兼於韋弁、皮弁矣」者，玄冠，緇布衣，緇帶，素韠，天子以爲田服，即諸侯及臣之朝服，亦皮弁之類。不言之者，兼於韋弁、皮弁也。云「不言服弁」，即衰絰喪服也。〔六八〕云「不言之者，自天子以下，無飾無等」者，則喪服自天子達士共一章是也。自此一經，揔苞諸侯及臣，不言天子之臣，但天子三公八命，卿六命，大夫四命，士三命以下，冕弁之屬，亦各以其等爲之可知。

司甲闕。此亦與冬官同時闕也。〔六九〕

司兵，掌五兵、五盾，各辨其物與其等，以待軍事。五盾，干櫓之屬，其名未盡聞也。等謂功沽上下。鄭司農云：「五兵者，戈、殳、戟、酋矛、夷矛。」〇干櫓，音魯。

「司兵」至「軍事」　言「各辨其物與其等」者，五兵五盾，各有物色與其善惡、長短、大小之等。云「以待軍事」者，案此下有舞者兵及歛五兵，直云「以待軍事」者，五兵五盾，以軍事爲主故也。

注「五盾」至「夷矛」　鄭云「五盾，干櫓之屬，其名未盡聞也」者，案：祭統云「朱干玉戚以舞大武」，秦詩云「蒙伐有苑」，注云「伐，中干」，左氏傳「建大車之輪以爲櫓，而當一隊」，則有朱干、中干及櫓，聞其三者，二者未聞，故云其名未盡聞也。云「等謂功沽上下」者，功，謂善者，爲上等；沽，謂麤惡者，爲下等也。必知有此法者，見稾人職云「書其等以饗工，乘其事，試其弓弩，以下上其食」，明兵盾亦當然。先鄭云「五兵者，戈、殳、戟、酋矛、夷矛」者，此謂車之五兵，故下注云「車之五兵，司農所云者」是也。

及授兵，從司馬之灋以頒之。及其受兵輸，亦如之；及其用兵，亦如之。從司馬之法，令師旅卒兩人數所用多少也。兵輸，謂師還有司還兵也。用兵，謂出給衛守。○卒兩，子忽反，下同。

注「司馬」至「衛守」　云「授兵從司馬之法」者，司馬主六軍，是一官之長，先受於王命，知多少，乃始出軍，故從司馬法以頒之。鄭知用兵是出給衛守者，以其既言授兵，下別言用兵，明是衛守之處須兵者也。

祭祀，授舞者兵。授以朱干玉戚之屬。

注「授以」至「之屬」　鄭知此兵是「朱干玉戚」者，祭統云：「朱干玉戚以舞大武。」則大武用朱干玉戚矣。又案：下司戈盾云：「祭祀，授旅賁殳、故士戈盾。」司兵尊於司戈盾，明所授兵據以大武朱干玉戚也。其司干所授者，又是羽籥之等，非干戚可知也。

大喪，廞五兵。故書廞爲淫。鄭司農云：「淫，陳也。淫讀爲廞。」玄謂廞，興作明器之役器五兵也。〔七〇〕士喪禮下篇有甲胄干笮。○廞，虚金反。興也，虚應反，下同。干笮，字又作筰，側白反，劉舟伯反。

注「故書」至「干笮」　先鄭一部之内，「廞」皆從「淫」，故云淫，淫爲陳。〔七一〕後鄭皆不從，皆以爲廞興解之者，〔七二〕見司服云「大喪，共其復衣服、斂衣服，〔七三〕掌其陳序」，圉人職云「凡賓客、喪紀，牽馬而入陳。廞馬亦如之」，此此言之，〔七四〕廞陳既別，則廞不得爲陳，以興象爲義也。云「興作明器之役器五兵也」者，案既夕禮，明器之用器有弓矢，役器之内，甲胄干笮。彼雖不具五兵，此既言五兵，明五者皆有也。故鄭引士喪禮下篇甲胄干笮爲證。言士喪禮下篇，即既夕禮也。言士喪禮下篇者，以其士喪論葬事，士喪與既夕二篇同有記，皆在既夕篇下，故二篇連言之也。案彼注，笮，謂矢服也。

軍事，建車之五兵。會同亦如之。車之五兵，鄭司農所云者是也。步卒之五兵，則無夷矛，而有弓矢。

「軍事」至「如之」　云「建車之五兵」者，凡器在車，皆有鐵器屈之，在車較及輿，以兵插而建之，故有出先刃、入後刃之事。

注「鄭司」至「弓矢」　云「鄭司農所云者是也」，〔七五〕即上文注是也。必知如先鄭義者，見考工記廬人云：「戈、殳、戟、酋矛、夷矛，乃云六建既備，車不反覆。」注：「六建，五兵與人也。」以是故從司農所云也。云「步卒之五兵，則無夷矛而有弓矢」者，即司右注引司馬法所云者是也。有弓矢，是能用五兵者。若前驅所建，則有四兵，故詩云：〔七六〕「伯也執殳，爲王前驅」，注引考工記車有六等之數，除軫與人四兵爲證，是也。

司戈盾，掌戈盾之物而頒之。分與受用。

注「分與受用」　「分與受用」者，即下文祭祀會同之等皆是。

祭祀，授旅賁殳、故士戈盾，〔七七〕授舞者兵亦如之。亦頒之也。故士，王族故士也，與旅賁當事則衛王也。殳如杖，長尋有四尺。

注「亦頒」至「四尺」　云「故士，王族故士」者，據司士而言。云「與旅賁當事則衛王」者，案：旅賁氏掌執戈盾而趨，此執殳者，以其與故士同衛王時，以爲儀衛，故不執戈盾。知「殳如杖」者，廬人所爲，不見有刃，故知如杖。知「尋有四尺」者，車有六等，云殳長尋有四尺，崇於人四尺也。〔七八〕

軍旅、會同，授貳車戈盾，建乘車之戈盾，授旅賁及虎士戈盾。乘車，王所乘車也。軍旅則革路，會同則金路。○乘車，繩證反，後乘馬、陪乘、參乘皆準此，注「王所乘車」依字讀。

「軍旅」至「戈盾」　軍旅會同皆貳車，貳皆有車右，故授之以戈盾。云「乘車之戈盾」者，王所乘車有車右，故建戈盾。「授旅賁氏及虎士戈盾」者，衛王故也。

注「乘車」至「則金路」　「軍旅乘革路，會同乘金路」，皆巾車文。會同則彼以賓，一也。

及舍，設藩盾，行則斂之。舍，止也。藩盾，盾可以藩衛者，如今之扶蘇與？○扶蘇與，音餘。

注「舍止」至「蘇與」　案掌舍，王行止，住不言設藩盾者，當宿衛之事，非止一重，除彼梐枑車宫之外，别有此藩盾之等也。云「如今扶蘇」者，舉漢法以況之也。

校勘記

〔一〕雖羣行亦有局分　婺、岳、阮本同，建本「局」作「肩」。

〔二〕皆前脛折取臂臑　阮本「折」作「拆」，誤，下同。

〔三〕後脛折取骼苞肉各九个　阮本「骼苞肉」作「胳肩斷」，惠校本「胳」作「骼」，阮校云，作「骼肩斷」是也。

〔四〕餘有不服甲　元、正、閩、閩本同，監、毛、殿、阮本「有」作「者」。

〔五〕六人維王之大常　「大」余、閩、監、阮本作「太」，誤，當從此本作「大」。

〔六〕維持之　「持」原作「侍」，據婺、建、岳、阮本改。

〔七〕依禮緯含文嘉云　「文」字原重，據阮本删一「文」字。

〔八〕天子旌九仞十二旒　「仞」原作「四」，據監、毛本改。原本「仞」作「刃」，下同。

〔九〕大夫五刃五旒齊較士三仞三旒齊首　孫詒讓云，公羊襄十八年徐疏引禮緯稽命徵、含文嘉作「大夫五刃七旒」「士三刃五旒」，似是，此蓋傳寫之異。

〔一〇〕節服氏皆與君同服故云其服亦如之　元、正、閩本同。阮本「云」下無「其服」二字。

〔一一〕不得用助祭服　「用」，原作「周」，據阮本改。阮本「得」作「言」。

〔一二〕時升建酉　阮本「升」作「斗」，疑作「斗」是。

〔一三〕方良上音网　「网」原作「罔」，據徐本、盧本及阮本改。

〔一四〕一日萬機　閩、監、毛本「機」改「幾」，誤。

〔一五〕令聞此鼓聲　「聲」，原作「擊」，據婺、建、岳、阮本改。

〔一六〕御僕御庶子　建、岳本同，婺本下「御」字闕。

〔一七〕則入告大僕大僕迎此二官　閩、阮本「大僕」二字不重。

〔一八〕以其朝士職有在肺石達窮民　浦鏜云，「石」誤「在」。汪文臺云，「以」誤「在」，是也。

〔一九〕匕牲薦鬯而已　阮本「薦」作「爲」，誤。

〔二〇〕彼諸侯親匕　「匕」，原作「上」，據阮本改。

〔二一〕注王通鼓　婺、建、岳、阮本皆無「注」字，疑衍。

〔二二〕唯有三面　「面」，原作「回」，據阮本改。

〔二三〕富父終生駟乘　元、正、閩本同，閩、監、毛、殿、阮本「生」作「甥」，與今左傳同。

〔二四〕但日食陰侵陽　「日」原作「月」，據阮本改。

〔二五〕食明亦擊鼓救可知　惠校本同，阮本「明」作「時」。盧文弨云，「食」上當脫「月」字。

〔二六〕日月之食　阮本同，閩、監、毛本作「日有食之」，此誤。

〔二七〕彼四月不合擊鼓之月　阮本同。浦鏜云，「六」誤「四」。或云「彼」下應有「非」。

〔二八〕窆亦如之　「窆」，釋義、嘉靖本同，是也。唐石經、諸本作「窆」，從「之」，非也。

〔二九〕春秋傳所謂日中而傰　「傰」，岳本同，此宋本釋文、葉鈔釋義同，疏中引左傳同，閩、監、毛本改「堋」。案説文有「倗」、「堋」無「傰」、「堋」，引春秋傳作「堋」，此本注疏當作「倗」、「堋」之假借。

〔三〇〕窆讀如慶封汜祭之汜　「汜」，諸本同，誤也。監本、葉鈔釋文作「氾」，是也。

〔三一〕遂覆豆以謂之汜祭　阮本「以」下有「祭」字，當是。

〔三二〕女子子箭笄　元、正、閩本同，監、毛、殿、阮本下「子」字作「竹」，誤。

〔三三〕證不視朔亦是有故不視之意也　「朔」，阮本作「朝」，阮校云「朝」是。

〔三四〕及祭祀賓客詔相之者　阮本「客」作「容」，誤。

〔三五〕天地宗廟皆是　監、毛、殿本同，元、正、閩、閩、阮本「皆」作「酌」，疑誤。

〔三六〕掌士大夫之弔勞　阮本同。浦鏜云，天官世婦疏引此注云「致禮同名爲弔」，此脱。

〔三七〕其小寢大寢　殿本同，元、正、閩、阮本無「其」字。

〔三八〕又云羊矣反　阮本無「云」字。徐本、盧本「云」作「音」，「矣」作「吴」。吴承仕引戴震説云，「又音羊矣反」乃説文「臂羊矢也」之譌。黄云，晉景公獳，晉世家及十二諸侯年表皆作「據」，則羊吴之音未必爲誤。

〔三九〕舉入乃上載　「上」，元、閩、監本同，建本作「止」，婺、余、岳、阮本作「匕」。阮校云，作「匕」是。疏云「上載」同。

〔四〇〕載即登牲體於俎也　阮本「載」作「匕」。

〔四一〕埽席前曰拚　葉鈔釋文「拚」本又作「坋」，同。阮校云：「坋」爲「坌」之假借字，説文「坌，埽除也」，俗作「拚」，非，拚訓撫手。

〔四二〕及取論語者　阮本「取」作「處」。阮校云：毛本「處」作「擄」，即「據」之俗寫，此誤。

〔四三〕復云脩寢者　「脩」，原作「薦」，據阮本改。

〔四四〕有偏斯石　婺、建、岳、嘉靖、阮本「偏」作「扁」。

〔四五〕掌蹕宮中之事　唐石經、諸本同，漢制考「宮中」作「宮門」。

〔四六〕以其高祖已上廟稱小　阮本同。阮校云：惠校本「上」作「下」，此誤。

〔四七〕皆玄冕朱裏　「朱裏」，原作「采裏」，據唐石經、婺、建、岳、阮本改。

〔四八〕延冕之覆在上　段玉裁云：皇侃本作「冕延之覆在上」。孫詒讓云：段據玉藻疏。

〔四九〕廣袤以冠縰　「縰」，原作「縱」，據婺、建、岳、阮本改。

〔五〇〕冕則前低一寸餘　「寸」字訛，當依阮本作「寸」。

〔五一〕若今時冠卷當簪者　阮本無若字。

〔五二〕當冠縰之中央　「央」，原作「史」，據阮本改。

〔五三〕繩之每一帀而貫五采玉　婺、岳、阮本同。建本「帀」作「市」，誤。

〔五四〕紘一條　婺、岳、阮本同，建本「紘」作「紱」，誤。

〔五五〕明十玉可知也　元、正、聞、阮本「十」下有「二」字，當是。

〔五六〕至向上　元、殿本同，正、聞、閩、阮本「向」作「句」，疑作「句」是。

〔五七〕諸侯之繅斿九就　唐石經原刻無「斿」字，後刮摩重刻時始增之。賈疏引經亦無「斿」，阮校云，此不當有

「斿」字。

〔五八〕每繅九成則九旒也　漢讀考云，此當云「每繅九成則九斿，斿，九玉也」，今本似脱誤。

〔五九〕諸公云繅九就　阮本同。阮校云，此句當作「云諸公之繅九就」。

〔六〇〕璑王采玉　阮本「王」作「三」，與說文合，當從之。

〔六一〕檜用組　婺、建、阮本同，建本「檜」作「擯」，從手，下同。

〔六二〕瑧讀如薄借綦之綦　阮校云，賈疏亦作「讀如」，漢讀考作「讀爲」。

〔六三〕義得兩合耳　孫詒讓云，「合」疑「含」之誤。

〔六四〕大如緦之麻絰　阮校云，當乙作「緦麻之絰」，故疏無「麻」字。孫詒讓云，「緦之麻絰」，於文可通，不必乙，雜記正義引亦同。

〔六五〕證弁絰是弔服之絰　上「絰」字原作「經」，據阮本改。

〔六六〕則依命數耳　「耳」，惠校本同，阮本作「矣」。

〔六七〕故辟積有數也　元、監、殿本同，閩、閩、阮本「數」作「就」。

〔六八〕不言服弁即衰絰喪服也　元、正、閩、阮本「服弁」二字重。

〔六九〕此亦與冬官同時闕也　阮本無此疏文。

〔七〇〕玄謂廞興作明器之役器五兵也　婺、建、岳、阮本「廞」下皆有「興也」二字。

〔七一〕故云淫淫爲陳　元、正、閩、阮本同。阮校云，此當衍一「淫」字。

〔七二〕後鄭皆不從皆以爲廞興解之者　下「皆」字阮本作「者」，屬上讀，非也。浦鏜正之。

〔七三〕共其復衣服斂衣服　孫詒讓云，「斂衣服」下當脱「廞衣服」一句，引此者證廞、陳文别。

〔七四〕此此言之　阮本作「以此言之」是也。當據改。

〔七五〕云鄭司農所云者是也　阮本無上「云」字。浦鏜云「也」下當脱「者」。

〔七六〕故詩云　「故」原作「反」，據阮本改。

〔七七〕祭祀授旅賁殳故士戈盾　俞樾云「故士」當爲「虎士」。

〔七八〕崇於人四尺也　「四」字原脱，據阮本補。

周禮注疏卷第三十八

司弓矢，掌六弓四弩八矢之灋，辨其名物，而掌其守藏與其出入。法，曲直長短之數。○其守，劉手又反，亦如字，下攻守同。藏，才浪反，[一]沈如字。

疏「司弓」至「出入」　此經與下爲目，辨其名物者，六弓八矢，各有名號物色，出入者，頒之受之。

注「法曲」至「之數」　「曲直」者，謂若「王弓弧弓合九成規」已下，或合七、合五、合三，是曲者合少，直者合多。「長短」者，弓人云：「弓之上制六尺六寸，中制六尺三寸，下制六尺。」是其長短也。

中春獻弓弩，中秋獻矢箙。弓弩成於和，矢箙成於堅。箙，盛矢器也，以獸皮爲之。○中春，音仲，下同。矢箙，音服，盛矢器也，以獸皮爲之。詩云：「象弭魚服。」盛矢，音成。

注「弓弩」至「爲之」　矢箙獸皮爲之者，案：詩云「象弭魚箙」，雖不言用獸，蓋魚之似獸者爲之。若然，此獸則魚，一也。[二]唯有國語云「檿弧箕箙」，[三]不用獸皮也。

及其頒之，王弓、弧弓以授射甲革、椹質者，[四]夾弓、庾弓以授射豻侯、鳥獸者，[五]唐弓、大弓以授學射者、使者、勞者。王、弧、夾、庾、唐、大六者，弓異體之名也。往體寡，來體多，曰王、弧。往體多，來體寡，曰夾、庾。往體來體若一，曰唐、大。甲革，革甲也。春秋傳曰：「蹲甲而射之。」質，正也。樹椹以爲射正。射甲與椹，試弓習武也。豻侯五十步，及射鳥獸，皆近射也。近射用弱弓，則射大侯者用王、弧，射參侯者用唐、大矣。學射者弓用中，後習強弱則易也。使者、勞者弓亦用中，遠近可也。勞者，勤勞王事，若晉文侯、文公受王弓矢之賜者。故書椹爲鞎，〔六〕鄭司農云：「椹字或爲鞎，非是也。圉師職曰：〔七〕『射則充椹質。』又此司弓矢職曰：『澤共射椹質之弓矢。』言射椹質自有弓，謂王、弧弓也。以此觀之，言鞎質者非。」○射甲，食亦反，下以意求之。椹質，張林反。夾弓，古洽反，劉古協反。庾弓，師儒相傳讀庾，本或作庾。〔八〕豻侯，音岸，又音鴈。使者，所吏反，注同。蹲甲，音存，劉才官反。參侯，素感反。則易，以豉反。爲鞎，户根反，一音魂，或胡本反，李音艮，一音居言反，又音很。

「及其」至「勞者」　此經六弓，強弱相對而言。王弧直，往體寡，夾庾曲，往體多，故四者自對先。自唐大往來若一，故退之在後也。

注「王弧」至「者非」　云「六者，弓異體之名也」者，即所引弓人之職，往體來體之等是也，此據體而言。若以色而言，即春秋、尚書所云彤弓、玈弓之等是也。〔九〕云「甲革，革甲也」者，欲見甲以革爲之，其實一物也。引春秋傳者，事在成十六年，楚之養由基善射之事。云「質，正也。樹椹以爲射正」者，謂若賓射之正然也。云「射甲與椹，試弓習武也」者，見圉人云「澤則共椹質」，是在澤宫中試弓習武也。云「豻侯五十步，及射鳥獸，皆近射也。近射用弱弓，則射大侯者用王、弧，射參侯者用唐、大矣」者，此據諸侯言之。若據天子，則用王弧射虎侯，用唐大射熊侯，用夾庾射豹侯也。云「學射者弓用中，後習強弱則易也」者，用中，謂唐大往來體如一，是中也。云「使者、勞者弓亦用中，遠近可也」者，使有遠有近皆可也。云「勞者，勤勞王事，若晉文侯」者，謂文侯之命賜之彤弓、玈弓是也。云「文公」者，謂僖二十八年，晉文公敗楚於城濮，襄王賜之以彤弓玈弓是也。

其矢箙皆從其弓。從弓數也。每弓者一箙百矢。

注「從弓」至「百矢」　云「從弓數也」者，以經云「矢箙皆從其弓」，故知從弓數也。云「每弓者一箙百矢」者，案：文侯之命及僖二十八年晉文公受弓矢，皆云「彤弓一，彤矢百」，雖是所賜之弓矢，射之弓矢約同之。案詩頌云「束矢其搜」，毛注云「五十矢爲束」。鄭從之。至此爲百矢者，無正文，鄭兩從不定也。

凡弩，夾庾利攻守，唐大利車戰、野戰。攻城壘者與其自守者相迫近，弱弩發疾也。車戰、野戰，進退非強則不及。弩無王弧，王弧恒服弦，〔一〇〕往體少者，使矢不疾。○利攻，如字，劉音貢。非強，其丈反，又其良反。

注「攻城」至「不疾」 云「攻城壘」者，城謂城郭，壘謂軍壁，若宣公十二年云「御靡旌摩壘而還」之類也。云「與其自守」者，即城壘也。云「弩無王弧，王弧恒服弦」者，案：上弓有六等，有王、弧，至此弩以有夾庾等四種，故云「弩無王弧」也。「恒服弦」者，若弓用則服弦，不用則弛。惟弩則用與不用，一張之後，竟不弛，故云恒服弦也。若然，恒服弦用弱者，以其強弓久不弛則就弦，弱則隨體不就弦也。又王弧往體少，使之恒服弦，則使矢不疾，故不用也。

凡矢，枉矢、絜矢利火射，用諸守城、車戰，殺矢、鍭矢用諸近射、田獵，矰矢、茀矢用諸弋射，恒矢、庳矢用諸散射。此八矢者，弓弩各有四焉。枉矢、殺矢、矰矢、恒矢弓所用也；絜矢、鍭矢、茀矢、庳矢弩所用也。

枉矢者，取名變星，飛行有光，今之飛矛是也，或謂之兵矢。絜矢象焉。二者皆可結火以射敵、守城、車戰。前於重後微輕，〔一一〕行疾也。殺矢，言中則死。鍭矢象焉，鍭之言候也。二者皆可以司候射敵之近者及禽獸，前尤重，中深，而不可遠也。結繳於矢謂之矰。矰，高也。茀矢象焉，茀之言刜也。二者皆可以弋飛鳥，刜羅之也。前於重，又微輕，行不低也。詩云：「弋梟與鴈。」恒矢，安居之矢也。庳矢象焉。二者皆可以散射也，謂禮射及習射也。前後訂，其行平也。凡矢之制，枉矢之屬五分，二在前，三在後；殺矢之屬叅分，一在前，二在後；矰矢之屬七分，三在前，四在後；恒矢之屬軒輖中，所謂志也。鄭司農云：「庳矢，讀爲人罷短之罷。」玄謂庳讀如痺病之痺，〔一二〕痺之言倫比。○枉，紆往反。絜，劉苦結反，又音結，一音戶結反，弩矢也。鍭，音候，劉音侯弩矢。矰，音增。茀，劉扶弗反，李一音孚忽反，一音敦，或音弗弩矢。庳，方二反，弩矢。散射，素旦反，〔一三〕注同。言中，丁仲反，下中深、射中同。結繳，章藥反。刜也，孚物反。後訂，李音亭，吕忱同，劉當定反。軒輖，音周，一音丁二反。痺病，方二反。倫比，方二反。

注「此八矢者」至「言倫比」　鄭知此八矢弓弩各有四者，以上文六弓四弩俱陳，於下摠列八矢，則知八矢爲弓弩所設，故鄭分之，四矢屬弓，四矢屬弩也。八矢兩兩相附，必知在上者屬弓，在下者屬弩者，此上文六弓在上，四弩在下，故還以在上配弓，在下配弩也。云「枉矢者，取名變星，飛行有光，今之飛矛是也」者，案：輈人云「弧旌枉矢，以象弧也」。案：孝經緯援神契云「枉矢射慝」。考異郵曰：「枉矢精狀如流星，蛇行，有尾見。」〔一四〕天文志曰「枉矢，狀大流星」，〔一五〕是其妖變之星，〔一六〕行時有光，故鄭云「枉矢者，取名變星，飛行有光」。漢時名此矢爲飛矛，故舉以爲説也。云「或謂之兵矢」者，矢人職文云「絜矢象焉」者，謂輕重象枉矢也。云「二者皆可結火以射敵、守城、車戰」者，故鄭矢人職注，以枉絜二矢，俱爲兵矢。云「前於重後微輕，行疾也」者，以殺矢三分一在前，二在後，是最重者也。此枉、絜二矢則五分二在前，三在後。云前於重又微輕。〔一七〕微輕，對已下矰矢、恒矢等爲最輕也。云「殺矢，言中則死」者，解稱殺矢之名，以其最重，中則死故也。云「鍭矢象焉」者，亦尤重者也。云「二者皆可以司候射敵之近者及禽獸」者，釋經用「諸近射田獵」之文。云「前尤重，中深，而不可遠也」者，以其三分一在前，二在後，故云尤重。中深，故殺名，不可遠，故用之近射也。云「結繳於矢謂之矰。矰，高也」者，繳則繩也，謂結繩於矢以弋射鳥獸者。言矰高者，欲取向上射飛鳥之義也。云「茀矢象焉」者，亦結繳爲射也。云「茀之言刜也，二者皆可以弋飛鳥，刜羅之也」者，解結繳以羅取而刜殺之義。云「前於重又微輕」者，此又對枉矢絜矢五分者是重，此於五分之重，又微輕於彼，以此矢七分故也。引詩者，證弋是取禽鳥之義也。云「恒矢，安居之矢也」者，案：弓人有「其人安」、「其弓安」、「其矢安」之文，則此恒矢軒輖訂，是安居之矢也。云「庳矢象焉，二者皆可以散射也者，謂禮射及習射」者，已上六矢，皆用之攻守及弋射，唯此矢云散射，明散射是禮射也。其禮射者，即大射、賓射、燕射之等皆是。〔一八〕其習，亦於此三射中爲之，故并言之也。云「前後訂，其行平也」者，以鍭矢七分，三在前四在後，則知此八分，四在前四在後，即行平也。云「凡矢之制枉矢之屬」至「四在後」，皆矢人職文。云「恒矢之屬軒輖中，所謂志也」者，既夕記云：「志一乘，軒輖中」，是也。先鄭云痺矢讀爲人罷短之罷，此依俗讀，於義無取。「玄謂痺讀爲痺病之痺，痺之言倫比」，倫比則與安居之義同也。〔一九〕此八矢六弓四弩不相配者，〔二〇〕以四矢配四弩，於義爲可，以四矢配六弓，其數參差，不可相當，故不得相配，但依六弓四弩與矢隨義相當而用之。

天子之弓合九而成規，諸侯合七而成規，大夫合五而成規，士合三而成規，句者謂之弊弓。體往來之衰也。往體寡來體多則合多，往體多來體寡則合少而圜。弊猶惡也。句者惡則直者善矣。○弊弓，婢世反，惡也，徐扶滅反。之衰，初危反。而圜，音圓。

「天子」至「弊弓」 案：上注而言而弧射大侯，〔二一〕夾庾射豻侯言之，則天子之弓，王弧也，以其往體寡，故合九成規。諸侯之弓，則唐大，以其往來體若一，故合七成規。大夫之弓，則夾庾，以其往體多，故合五成規也。士之弓，則六弓之外，句曲合三成規。云「句者謂之弊弓」者，但句之至極，無過合三，合三之外，雖别言句者，還指合三者而言耳。案天子諸侯三侯，士與大夫同射近侯，與大夫别侯之法。〔二二〕今以士合三，與大夫弓别者，以士與大夫尊卑次，暫以合三者託之于士，其實士無合三之弓也。

注「體往」至「善矣」 云「體往來之衰也」者，此皆據角弓及張不被弦而合之。〔二三〕從合九、合七、合五、合三，降殺以兩，故言衰也。云「往體寡來體多則合多」者，據王弧而言。云「往體多來體寡則合少而圜」者，據夾庾而說。不言唐大者，在此二者中間可知。

凡祭祀，共射牲之弓矢。射牲，示親殺也。殺牲，非尊者所親，唯射爲可。國語曰：「禘郊之事，天子必自射其牲。」

「凡祭」至「弓矢」　言「凡」，語廣，則天地宗廟皆有射牲之事。

注「射牲」至「其牲」　言「殺牲，非尊者所親，唯射爲可」者，案：禮記「君親制祭」，詩云「執其鸞刀，以啓其毛」，則射外兼爲，而言唯射者，彼亦示行之，非正制之耳。引國語者，欲見有射牲之事，彼據祭天而言。

澤，共射椹質之弓矢。鄭司農云：「澤，澤宫也，所以習射選士之處也。」射義曰：「天子將祭，必先習射於澤。澤者，所以擇士也。已射於澤，而后射於射宫，射中者得與於祭。」○得與，音預。

注「鄭司」至「於祭」　此所共弓矢，據王弧，故上云「王弓、弧弓以射甲革椹質」。引射義，欲見射椹質，是試弓習武在澤宫也。

大射、燕射，共弓矢如數并夾。如數，如當射者之數也。每人一弓乘矢，并夾矢箭也。○并夾，音甲，注同。乘矢，繩證反，四矢曰乘矢。矢箭，劉奴輒反，又女十反。

注「如數」至「箭也」　知每人四矢者，見大射、鄉射禮，皆人各乘矢也。云「并夾矢箭也」者，矢箭之言，出於漢時。

大喪，共明弓矢。弓矢，明器之用器也。士喪禮下篇曰：「用器弓矢。」

「大喪共明弓矢」　云「明器之用器也」者，明器中有用器、役器。役器中有甲胄、干笮，用器中有弓矢，故鄭還引用器爲證也。

凡師役、會同，頒弓弩各以其物，從授兵甲之儀。物，弓弩矢箙之屬。〔二四〕○物從，才用反。

「凡師」至「之儀」　言「師役」，據王巡狩、征伐而言，與會同異，頒弓弩則不殊也。

田弋，充籠箙矢，共矰矢。籠，竹箙也。矰矢不在箙者，爲其相繞亂，將用乃共之。○籠，魯東反。爲其，于僞反。

注「籠竹」至「共之」　田，謂四時田時。弋，謂弋鳧與鴈。云「充籠箙矢」者，籠箙皆盛矢物，及矢皆共之。云「共矰矢」者，謂矢之有繳者。云「矰矢不在箙」者，以其共增矢，在箙下別言之，故言不在箙也。

凡亡矢者，弗用則更。更，償也。用而棄之則不償。○則更，音庚，注同。

繕人，掌王之用弓、弩、矢、箙、矰、弋、抉、拾。鄭司農云：「抉者，所以縱弦也。拾者，所以引弦也。」詩云：「抉拾既次。」詩家說或謂抉謂引弦彄也，拾謂韝扞也。玄謂抉，挾矢時所以持弦飾也，著右手巨指。士喪禮曰：「抉，用正王棘若檡棘。」〔二五〕則天子用象骨與？韝扞著左臂裏，以韋爲之。○抉，古穴反，注同。彄也，苦侯反。韝，古侯反，劉云彄字之異者。扞，胡旦反。挾矢，子協反，一音户牒反。著右，丁略反，或直略反，下同。若檡，劉音澤，又音亦，一音徒洛反。骨與，音餘。

「繕人」至「抉拾」　此繕人所掌王王之用弓弩者，〔二六〕謂司弓矢選擇大善者入繕人，以共王用也。

注「鄭司」至「爲之」　先鄭所解抉拾，二家爲說，前非後是，故後鄭增成其義。引士喪禮者，欲見凶時有文，吉時無文，約出吉禮也，無正文，故云「天子用象骨與？」韝用韋，雖不言「與」，亦同疑可知。

掌詔王射，告王當射之節。

注「告王當射之節」　王射，先行燕禮，以大夫爲賓，賓與王爲耦。所告之事，亦如大射禮大射正告公之儀。

贊王弓矢之事，授之，受之。

注「授之受之」　案大射禮，大射正授弓，小臣授矢。天子禮，繕人授之受之。案：大僕識已授之受之，此又爲者，大僕尊，大僕贊時，此官助贊也。

凡乘車，充其籠箙，載其弓弩，充籠箙者以矢。

「凡乘」至「弓弩」　繕人惟主王所乘之車而言，凡乘車，則除革路之外，玉金象木之車，車皆有右，備制非常，皆充其籠箙及所載弓矢。〔二七〕

注「充籠箙者以矢」　以籠是盛矢器，今云充之，明所充實者，是矢可知也。

既射則斂之。斂，藏之也。詩云：「彤弓弨兮，受言藏之。」○弨兮，昌遥反。

注「斂藏」至「藏之」　所斂者，唯據王所乘車上有弓矢者，〔二八〕既射還斂取藏之，引詩，證既射弛而藏之義也。

無會計。亡敗多少不計。○無會，古外反，下大會同、後會計之類放此。

「無會計」　以其王所費損，故不會計之。

稾人，掌受財于職金，以齎其工。齎其工者，給市財用之直。○以齎，音咨，後皆同。

「稾人」至「其工」　「掌受財于職金」者，謂有罪人出贖之物，金罰、貨罰，〔二九〕故須財者往受之。

注「齎其」至「之直」　弓弩矢箙，皆是冬官百工造之，故云「齎其工者，給市材用之直」也。〔三〇〕

弓六物爲三等，弩四物亦如之。三等者，上中下人各有所宜。弓人職曰：「弓長六尺六寸，謂之上制，上士服之；弓長六尺三寸，謂之中制，中士服之；弓長六尺，謂之下制，下士服之。」弩及矢箙長短之制未聞。

「弓六」至「如之」 弓人唯云弓之長短，不言弩之長短，蓋當與弓同。但無正文，故注亦云「未聞」。〔三一〕

注「三等」至「未聞」 云「三等者，上中下人各有所宜」者，皆據凡人長短爲上中下士，非謂命數者也。此經唯言弓弩，不言矢箙，以下經有矢箙，因此弩并云未聞。案：矢人造矢云「五分其長而羽其一」，注云：「羽者，六寸。」其羽六寸，則矢長三尺，而此云矢未聞者，彼矢長三尺，約而言之，亦無正文。且弓之長短既不同，明矢亦當有差等，其矢之差等未聞，及箙亦未聞也。但弓六物爲三等不言「皆」者，下別言弩，故六弓不言皆。下矢八物皆三等言皆者，矢八物中兼有弩矢，故須言皆也。

矢八物皆三等，箙亦如之。春獻素，秋獻成。矢箙，春作秋成。

「矢八」至「獻成」 案司弓矢注，弓弩各有四矢，應作四等，而言三等，蓋據長短爲三等法。矢人注「矢長三尺」者，假設言之，弩既無長短之文，矢亦未聞長短也。若然，箙隨矢長，則弓之矢箙，與弓矢齊，弩之矢箙亦與弩矢齊。

注「矢箙春作秋成」 案：士喪禮，明器有獻素獻成，注云：「形法定爲素，飾治畢爲成。」此矢箙亦然。但矢既未聞，故箙亦未聞也。

書其等以饗工。鄭司農云：「書工功拙高下之等，以制其饗食也。」玄謂饗，酒肴勞之也。上工作上等，其饗厚；下工作下等，其饗薄。○勞之，力報反。

注「鄭司」至「饗薄」 案：下文自有下上其食，〔三二〕此文饗，據以酒肴饗之。〔三三〕先鄭以饗爲食，非，故後鄭不從。

後鄭不言中饗者，舉有上下，明有中可知也。

乘其事，試其弓弩，以下上其食而誅賞。鄭司農云：「乘，計也，計其事之成功也。故書試爲考。」玄謂考之而善，則上其食，尤善又賞之，否者反此。○試，其，音考，出注。下上，時掌反，注同。

注「鄭司」至「反此」　云故書試爲考，後鄭亦從考爲義也。

乃入功于司弓矢及繕人。功，成。

凡齎財與其出入，皆在槀人，以待會而攷之，亡者闕之。皆在槀人者，所齎工之財及弓弩矢箙，出入其簿書，槀人藏之。闕猶除也。弓弩矢箙棄亡者除之，計今見在者。○見在，賢遍反。

「乃入」至「闕之」　數事皆在槀人者，以槀人是弓矢官之主，故皆有簿書藏之也。

戎右，掌戎車之兵革使。使謂王使以兵，有所誅斬也。春秋傳曰：「戰於殽，晉梁弘御戎，萊駒爲右。戰之明日，襄公縛秦囚，使萊駒以戈斬之。」○革使，色吏反，注使謂同。

注「使謂」至「斬之」　戎右者，與君同車，在車之右，執戈盾，備制非常，并充兵中使役，〔三四〕故云「掌戎車之兵革使」，謂執兵着甲之使也。引春秋者，文二年左傳文。秦晉戰於殽，時因呼，萊駒失戈。引之者，證戎右以兵革使事。

詔贊王鼓。既告王當鼓之節，又助擊之。

注「既告」至「擊之」　大僕已贊王鼓，此亦同是助擊其餘面也。

傳王命于陳中。爲王大言之也。○傳王，直宣反，下注傳敦同。陳中，直慎反，劉直吝反。爲王，于僞反，下爲衆同。

會同，充革車。會同王雖乘金路，猶以革路從行也。充之者，謂居左也。曲禮曰：「乘君之乘車，不敢曠左。」

注「會同」至「曠左」　知會同王乘金路者，巾車云「金路以賓」，是也。此言充革車，故知猶以革路從。云「充之者，謂居左也」者，尊者左載，王既不乘，故戎右居左贊王處，是以引曲禮爲證。彼注云「君在，〔三五〕惡空其位」，是也。

盟，則以玉敦辟盟，遂役之。鄭司農云：「敦，器名也。辟，法也。」玄謂將歃血者，先執其器，爲衆陳其載辭，使心皆開辟也。役之者，傳敦血，授當歃者。○玉敦，音對，劉又都愛反，沈都迴反，注同。歃，所洽反，徐所輒反。

注「鄭司」至「歃者」　先鄭以辟爲法，此無取於法義，故後鄭爲開辟盟者之心。云「將歃血者，先執其器」者，凡盟，先割牛耳，盛於珠盤，以玉敦盛血，〔三六〕戎右執此敦血，爲陳其盟約之辭，使心開辟，乃歃之。

贊牛耳桃茢。鄭司農云：「贊牛耳，春秋傳所謂執牛耳者，故書茢爲滅，杜子春云『滅當爲厲』。」玄謂尸盟者割牛耳取血，助爲之，及血在敦中，以桃茢拂之，又助之也。耳者盛以珠盤，尸盟者執之，桃鬼所畏也。茢，苕帚，所以埽不祥。○桃茢，音烈，沈音例。盛以，音成。苕，音條。帚，之受反。

注「鄭司」至「不祥」　引春秋者，案：哀十七年，公會齊侯盟于蒙。孟武伯問於高柴曰：「諸侯盟，誰執牛耳？」季羔曰：「鄫衍之役，吴公子姑曹。」注云：「在七年」。「發陽之役，衛石魋。」注云：「發陽，鄭也，〔三七〕在十二年。」武伯曰：「然則彘也。」以其魯於齊爲小國故也。云「玄謂尸盟者割牛耳」者，尸盟即是小國也。云「桃鬼所畏也。茢，苕帚，所以埽不祥」者，殺牲取血，旁有不祥，故執此二者於血側也。

齊右，掌祭祀、會同、賓客前齊車，王乘則持馬，行則陪乘。齊車，金路，王自整齊之車也。前之者，已駕王未乘之時。〔三八〕陪乘，參乘，謂車右也。〔三九〕齊右與齊僕同車，而有祭祀之事，則兼玉路之右，然則戎右兼田右與？○齊右，側皆反，下齊車、齊僕皆同。王乘，劉繩證反，沈音繩。右與，音餘。

注「齊車」至「右與」　云「前之者，已駕王未乘之時」者，曲禮曰：「僕執策，立於馬前。」備驚奔，謂未乘時，此亦未乘之時，在馬前備驚奔也。云「陪乘」者，王與僕及車右爲參乘也。云「齊右與齊僕同車，而有祭祀之事，則兼玉路之右」者，齊僕同乘金路，唯可據齊時，今此經云祭祀不言齊，明是兼祭祀乘玉路時爲右可知也。以其王路有五，其右唯有齊右、道右，三者，〔四〇〕不見祀右及田右，祭祀時亦名齊，田與戰伐俱用兵，可以相通，故知齊右兼玉路右，戎右兼田右也。無正文，故云「與」以疑之也。

凡有牲事，則前馬。王見牲則拱而式，居馬前卻行，備驚奔也。曲禮曰：「國君下宗廟，式齊牛。」○則拱，居勇反。卻行，音却。

注「王見」至「齊牛」　云「王見牲則拱而式」者，凡男子立乘，前視五巂。若有敬事則式，式視馬尾，當須端拱，故云拱而式也。「居馬前卻行，備驚奔也」者，以其王既拱而式，是以齊右居馬前卻行，備驚奔故也。引曲禮曰「國君下宗廟，式齊牛」者，案：彼經云「國君式宗廟，下齊牛」，此所引不同者，但宗廟尊，宜下，將彼經爲誤，故鄭改之，依正而言也。

道右，掌前道車。王出入則持馬陪乘，如齊車之儀。道車，象路也。王行道德之車。〔四一〕

注「道車」至「之車」　齊右云「王乘則持馬」，此云「王出入則持馬」，文不同者，爲右之義不異。不同者，互換爲義故也。云「道車，象路也。王行道德之車」者，若言象，據飾爲名。言道，據行道爲稱。是以大司馬亦云道車。〔四二〕

自車上諭命于從車。自，由。○從車，才用反，下及注同，馭夫職放此。

「自車」至「從車」　案：馭夫「掌馭貳車從車」，彼注「貳車，象路之副。從車，戎路田路之副」。此所論從車，即彼貳車，與彼從車別，同名耳。

詔王之車儀。顧式之屬。

注「顧式之屬」　禮云：「式視馬尾，顧不過轂。」皆是車上威儀，故須詔之。齊右不云者，文不具。

王式則下，前馬，王下則以蓋從。以蓋從，表尊。

注「以蓋從表尊」　蓋有二種：一者禦雨，二者表尊。此則表尊之蓋也。

大馭，掌馭玉路以祀。及犯軷，〔四三〕王自左馭，馭下祝，登，受轡，犯軷，遂驅之。行山曰軷。犯之者，封土爲山象，以菩芻棘柏爲神主，既祭之，以車轢之而去，喻無險難也。春秋傳曰「跋涉山川」。自，由也。王由左馭，禁制馬，使不行也。故書軷作罰，杜子春云：「罰當爲軷。軷讀爲別異之別，〔四四〕謂祖道，轢軷、磔犬也。詩云：『載謀載惟，取蕭祭脂，取羝以軷。』詩家說曰：『將出祖道，犯軷之祭也。』聘禮曰：『乃舍軷，飲酒于其側。』禮家說亦謂道祭。」○犯軷，蒲末反，注跋涉同。下祝，之又反。菩，劉音負，一音倍。芻，初俱反。轢之，音歷。險難，乃旦反。別異，彼列反，下同。磔犬，陟格反。取羝，丁兮反。乃舍，音釋。

「大馭」至「驅之」　此據祭天之時，故有犯軷之事。云「及犯軷」者，出國門，封土爲山象，祭軷，王在左自馭，馭下祝，登，受取王手之轡，犯軷，遂驅之而出。

注「行山」至「道祭」　言「行山曰軷」者，謂水行曰涉，山行曰軷。云「封土爲山象」者，鄭注月令「祀行之禮，爲軷壇，厚三寸，〔四五〕廣五尺。」此道祭亦宜然。云「菩芻棘柏爲神主」者，謂於三者之中，但用其一以爲神主則可也。云「既祭之，以車轢之而去，喻無險難也」者，祭天在近郊，雖無險難，審慎故也。引「春秋傳曰」者，案：襄二十八年，子大叔云：「跋涉山川，蒙犯霜露，以逞君心。」是其山行曰軷之事也。子春讀「軷」爲別異之「別」者，蓋取軷訖行去之意。引聘禮大夫道祭者，無牲牢，酒脯而已。又於旁飲酒餞別，故云「飲酒於其側」也。

及祭，酌僕，僕左執轡，右祭兩軹，祭軓，乃飲。故書軹爲斬，軓爲範。〔四六〕杜子春云：「文當如此『左』不當重，重非是。」書亦或如子春言。又云：「斬當作軹，軹謂兩轊也。其或言軷，亦非是。」又云：「軓當爲軋，〔四七〕軋謂車軾前也。〔四八〕或讀斬爲簪笄之笄。」○兩軹，音紙。祭軓，音犯，注軓同。爲斬，劉音鷄。當重，直龍反。兩轊，音衛。軌當，媿美反，又音犯。

「及祭」至「乃飲」　此云「及祭，酌僕」者，即上文將犯軷之時，當祭左右轂末，及軾前，乃犯軷而去。酌僕者，使人酌酒與僕，僕，即大馭也。大馭則左并轡，〔四九〕右手祭兩軹，并祭軌之軾前三處訖，〔五〇〕乃飲，飲者，若祭末飲福酒，乃始轢軷而去。

注「故書」至「之笄」　云「謂兩轊」者，轊即轂末。云「軌當爲軋，軋謂車軾前也」者，案：少儀「祭左右軌范，乃飲」，注云「周禮『大馭祭兩軹，祭軌，乃飲』」，軌與軹，於車同謂轊頭也。範與范聲同，謂軾前也。」若然，此云軹，少儀作「軌」，軌與車轍之軌同名。此云軌，少儀云「范」，同是軾前也。

凡馭路，行以肆夏，趨以采薺。凡馭路，謂五路也。肆夏、采薺，樂章也。行謂大寢至路門，趨謂路門至應門。○采薺，才私反。

「凡馭」至「采薺」　樂師亦有此法，彼下有「車亦如之」，即上云行趨者。據步迎賓客法，此既馭路，亦云行趨者，此雖馭路，行趨遲疾，唯步迎賓客爲法，〔五一〕故雖車亦行趨也。

注「凡馭」至「應門」　此大馭唯馭玉路，而云「謂五路」者，大馭雖馭玉路，以經云「凡」，所含廣，則餘四路，亦准玉路爲法，故云五路也。若然，迎賓客唯乘金路，餘四路雖不用迎賓客，至於乘車，皆自內而出，自外而入，經路寢及門，故鄭據大寢爲正也。云「肆夏、采薺，樂章也」者，肆夏在鍾師，與九夏同是樂章可知。其采茨雖逸詩，既與肆夏同歌，明亦樂章也。知「行謂大寢至路門，趨謂路門至應門」者，爾雅云「堂上謂之行，門外謂之趨」，行雖在堂，亦人之行由堂始，故發堂至門皆謂之爲行，故云行謂大寢至路門，趨謂路門至應門也。鄭注樂師云：「及入應門、〔五二〕路門，亦如之。」此注不言，亦同於彼也。若然，應門外亦應有樂節，但無文，故鄭亦不言也。

凡馭路儀，以鸞和爲節。舒疾之法也。鸞在衡，和在軾，皆以金爲鈴。○爲鈴，音零。

注「舒疾」至「爲鈴」　鄭知「鸞在衡和在軾」者，鄭見韓詩傳云「升車則馬動，馬動則鸞鳴，鸞鳴則和應」，乘車先馬動，次鸞鳴，乃和應，明鸞近馬首，和更近後，故知鸞在衡和在軾也。且案秦詩云「輶車鸞鑣」，毛云「鸞在衡」，鄭云「鸞在鑣」，不從毛義者，鄭以田車鸞在鑣，乘車鸞在衡，此云鸞在衡，據乘車而言故也。云「皆以金爲鈴」者，鼓人掌四金，鈴則四金之類，故知用金爲之，乃可得有聲也。

戎僕，掌馭戎車。戎車，革路也。師出，王乘以自將。○自將，子匠反。

注「戎車」至「自將」　此云戎車，巾車云：「革路建大白以即戎。」故云「戎車革路也」。〔五三〕

掌王倅車之政，正其服。倅，副也。服謂衆乘戎車者之衣服。〔五四〕○王倅，七内反，副也，劉倉愛反。

注「倅副」至「衣服」　鄭注坊記云：「僕右恒朝服。」據非在軍時。若在軍，則服韋弁服。衆乘戎車者之衣服，謂此服也。言衆乘戎車者之服，則副車十二乘，及廣闕苹輕之倅，皆是也。

犯軷，如玉路之儀。凡巡守及兵車之會，亦如之。如在軍。

注「如在軍」　云「如在軍」者，謂如其犯軷。巡狩及兵車會，亦乘革路，若乘車之會，即乘金路也。

掌凡戎車之儀。凡戎車，衆之兵車也。書序曰：「武王戎車三百兩。」

注「凡戎」至「百兩」　云「凡」語廣，故知衆兵車即三百兩也。案：武王伐紂時，王自巡六師，則有六軍千乘，及諸戎狄，三分二諸侯，〔五五〕其車多矣。只有三百兩者，據在陳與紂戰者而言。〔五六〕

齊僕，掌馭金路以賓。以待賓客。○以賓，如字，劉方刃反。

注「以待賓客」　此經與下爲目，所待賓客，即下文是也。

朝、覲、宗、遇、饗、食皆乘金路，其灋儀各以其等爲車送逆之節。節，謂王乘車迎賓客及送相去遠近之數。〔五七〕上公九十步，侯伯七十步，子男五十步。司儀職曰「車逆拜辱」，〔五八〕又曰「及出車送」。○王乘車，如字。

注「節謂」至「車送」　受享於廟，則迎之。大行人云：「上公九十步，介九人，擯者五人，廟中將幣，三享。」鄭注云：「朝先享，不言朝，朝正禮，不嫌有等。」是春夏受贄於朝，無迎法，受享則有之。秋冬一受之於廟，亦無迎法，故郊特牲云「覲禮，天子不下堂而見諸侯」，是受贄受享皆無迎法。今言「朝覲宗遇饗食皆乘金路」者，謂因此朝覲宗遇，而與諸侯行饗食在廟，即有乘金路迎賓客之法也。云「上公九十步」已下，大行人文。彼據受享於廟，非饗食禮也。引之○者，〔五九〕欲見饗食迎賓與受享同。司儀所云，亦據受饗食之禮也。

道僕，掌馭象路以朝夕、燕出入，其灋儀如齊車。朝夕，朝朝莫夕。〔六〇〕○朝夕，直遥反，注朝夕同。朝朝，上如字，下直遥反。莫夕，音暮。

注「朝夕朝朝莫夕」　朝朝莫夕，在正朝來往，而言「燕」者，以其在宫中行事，皆稱燕。

掌貳車之政令。貳亦副。〔六一〕

注「貳亦副」　上文戎僕倅車云「副」，故此云「貳」，亦副也。

田僕，掌馭田路以田以鄙。田路，木路也。田，田獵也。鄙，循行縣鄙。○循行，下孟反。

注「田路」至「縣鄙」　云「田路，木路也」者，案：巾車云「木路建大麾以田」，故知田路即木路也。云「田，田獵也」者，據四時田也。云「鄙，循行縣鄙」者，謂在百里外六遂之中，王巡六遂縣鄙，則六鄉州黨巡之可知，舉遠以明近也。

掌佐車之政。佐亦副。

注「佐亦副」　天子尊，故戎車、田車之貳有別名。諸侯卑，戎車、田車之貳同曰佐，無倅名。是以檀弓云「戰於乘丘，公隊，佐車授綏」；少儀注亦云「朝祀之副曰貳，戎獵之副曰佐」也。

設驅逆之車，驅，驅禽使前趨獲。逆，衙還之使不出圍。○驅逆，如字，又起遇反，後同。逆衙，本又作御同。〔六二〕五嫁反。

注「驅驅」至「出圍」　案：王制云：「大夫殺，則止佐車，佐車止，則百姓田獵。」彼佐車，則此驅逆之車也。

令獲者植旌，以告獲也。植，樹也。○植旌，直吏反，樹也，又時力反。植樹，如字，一音豎。

注「以告」至「樹也」　案：山虞「植旗屬禽」，此官又云「植旌比禽」者，彼此共其事，故並見之。

及獻，比禽。田弊，獲者冬獻其禽。〔六三〕比，種物相從次數之。○比禽，毗志反，次也，注同。種物，章勇反，下同。數之，所主反。

注「田弊」至「數之」　大司馬「春火弊，夏車弊，秋羅弊，冬徒弊」。弊，止也。田止，百姓所得禽，大獸公之，小禽私之。公之者，獻於旌下。每禽擇取三十，其餘爲主皮之射而取之。故云「比種物相從次數之」也。

凡田，王提馬而走，諸侯晉，大夫馳。提猶舉也。晉猶抑也。使人扣而舉之、抑之，皆止奔也。馳，放不扣。〔六四〕○人扣，音口，下同。

「凡田」至「夫馳」　凡田，亦謂四時田。天子發，抗大綏。諸侯發，抗小綏。大夫下君，不得云綏。云大夫發，止佐車，其時有提馬晉馬之事。云提遲於馳，皆取尊者體促之義也。〔六五〕

馭夫，掌馭貳車、從車、使車。貳車，象路之副也。從車，戎路、田路之副也。使車，驅逆之車。

注「貳車」至「之車」　知貳車是「象路之副」者，以道僕云「掌貳車之政令」，故知之也。知從車是「戎路田路之副」者，見戎僕與田僕俱不言貳，田與戎俱是職煩，故知兼此二者也。不掌玉路、金路之副者，二者事暇，蓋車僕不共掌也。知使車是驅逆者，以使役勞劇之事，故知是驅逆之車也。

分公馬而駕治之。乘調六種之馬。〔六六〕

注「乘調六種之馬」　趨馬自主駕脫，故知此駕治者，是調習之也。

校人，掌王馬之政。政謂差擇養乘之數也。〔六七〕月令曰「班馬政」。

注「政謂」至「馬政」　此經與下爲目，下亦有邦國及家，而云「王馬」者，以尊爲主。鄭云「政謂差擇養乘之數也」者，經辯六馬，是差擇也。下云「凡頒良而養乘」，是養乘也。引月令者，謂季秋之令。彼注云：「馬政謂齊其色，度其力，使同乘。」引此職「凡軍事，物馬而班之」，皆是馬政，故引爲證也。

辨六馬之屬，種馬一物，戎馬一物，齊馬一物，道馬一物，田馬一物，駑馬一物。種謂上善似母者。以次差之，玉路駕種馬，戎路駕戎馬，金路駕齊馬，象路駕道馬，田路駕田馬，駑馬給宫中之役。

注「種謂」至「之役」　六者皆有毛物不同，故皆以物言之也。此六者，先善後惡，次第而言也。種馬「上善似母」者，以其言種，故知似母。但種類亦有似父，而言似母者，以母爲主也。知種馬駕玉路已下，差次如此者，以其言戎、道、田，以事爲名，則知戎馬駕戎路，道馬駕道車，田馬駕田路。以此而言，種馬最在上，〔六八〕駕玉路可知；駑馬最在下，五路之外給役可知。

凡頒良馬而養乘之。乘馬一師四圉；三乘爲皁，皁一趣馬；三皁爲繫，〔六九〕繫一馭夫；六繫爲廄，廄一僕夫；六廄成校，校有左右。駑馬三良馬之數，麗馬一圉，八麗一師，八師一趣馬，八趣馬一馭夫。良，善也。善馬，五路之馬。鄭司農云：「四匹爲乘。養馬爲圉，故春秋傳曰『馬有圉，牛有牧』。」玄謂二耦爲乘。師、趣馬、馭夫、僕夫，帥之名也。趣馬下士，御夫中士，則僕夫上士也。自乘至廄，其數二百一十六匹。易「乾爲馬」，此應乾之策也。至校變爲言成者，明六馬各一廄，而王馬小備也。校有左右，則良馬一種者，四百三十二匹，五種合二千一百六十匹。駑馬三之，則爲千二百九十六匹。五良一駑，凡三千四百五十六匹，然後王馬大備。詩云「騋牝三千」，此謂王馬之大數與？麗，耦也。駑馬自圉至馭夫，凡馬千二十四匹，與三良馬之數不相應，「八」皆宜爲「六」，字之誤也。師十二匹，趣馬七十二匹，則馭夫四百三十二匹矣，然後而三之。既三之，無僕夫者，不駕於五路，卑之也。○三乘，繩證反，注及下注乘匹同。〔七〇〕四圉，魚呂反。爲皁，才早反。趨馬，倉走反，劉沈清須反，下同。爲轂，音計，本又作繫。爲廄，九又反。八麗，依注，八皆音六。此應，應對之應。之筴，初革反。騋，音來。牝，頻忍反，劉扶忍反。數與，音餘，下禮與同。

「凡頒」至「馭夫」　言「頒良馬」，對下別言駑馬，養馬有多少不同，故別言良馬也。言養乘之者已下，皆四四爲耦，是因養而乘習之。〔七一〕

注「良善」至「之也」　云「善馬，五路之馬」者，據上文而言之也。「春秋傳曰」者，昭七年，楚芋尹無宇執人於王宫，言「馬有圉，牛有牧」，引之證養馬爲圉也。玄謂「師、趣馬、馭夫、僕夫，帥之名也」者，皆以寡領衆，故知主帥之名也。云「趣馬下士，馭夫中士，則僕夫上士也」，序官有趣馬下士，皁一人，徒四人；馭夫中士，二十人；無僕夫士數之文。以此文官尊者管卑者，馭夫既中士，明僕夫上士可知。〔七二〕云「自乘至廄，其數二百一十六匹。易『乾爲馬』，此應乾之筴也」者，案易，天一生水，北方。地二生火，南方。天三生木，東方。地四生金，西方。天五生土，中央。是謂陽無匹，陰無耦。龜取生數，一、二、三、四、五。蓍取成數，六、七、八、九、十。若然，東方、南方，生長之方，故七謂陽有匹，陰有耦。又地六成水北方，天七成火南方，地八成木東方，天九成金西方，地十成土中央，是爲少陽，八爲少陰。西方、北方，成熟之方，故九爲老陽，六爲老陰。不取十者，中央配四方故也。是以易之六爻，卦畫七八，爻稱九六。七八九六既配四方，故九六皆以四乘之。乾之六爻，以四乘九，四九三十六，六爻故二百一十六，是爲乾之筴也。云「校有左右，則良馬一種者，四百三十二匹」者，經云「六廄成校」，據一廂言之，王馬小備。下云校有左右，則十二廄爲十二閑，若據一廂一廄，爲二百一十六匹。據兩廂倍之，故四百三十二匹。種別四百三十二匹，五種計之，自然捴合二千一百六十匹。又蓋駑馬三良馬之數，〔七三〕三個四百三十二，則得千二百九十六匹。五良一駑，捴計自然凡三千四百五十六匹。對前小備，故云「然後王馬大備」也。詩云「騋牝三千」，此衛文公滅而復興，徙而能盛，計諸侯止合六閑馬，其三千是王馬之數。雖非禮制，國人美之，故鄭云王馬之大數。言大數者，不言四百五十六故也。言「與」者，約同王馬之數，故言與以疑之也。云「駑馬自圉至馭夫，凡馬千二十四匹，與三良之數不相應」者，依經「八」計之，得此千二十四匹。其三良馬有千二百九十六匹，故言不相當。若作六計，得千二百九十六匹，與三良馬數合，故破從六也。案此經乘馬一師四圉，三乘爲皁，皁一趣馬，三皁爲繫，繫一馭夫。案：序官云：「趣馬下士，皁一人，徒四十人。」即此以云皁一趣馬合，自師至馭夫，中士二十人，下士四十人，并之六十，正充此良馬之馭夫。又不見駑之馭夫者，或脱也。

天子十有二閑，馬六種；邦國六閑，馬四種；家四閑，馬二種。降殺之差，每廄爲一閑。諸侯有齊馬、道馬、田馬，大夫有田馬，各一閑，其駑馬則皆分爲三焉。○降殺，所界反。

注「降殺」至「三焉」。天子十二閑六種，義已在上。云「諸侯有齊馬、道馬、田馬，大夫有田馬，各一閑，其駑馬皆分爲三焉」者，以駑馬三良之數，上下同，故爲此解。趙商問：「校人職，天子有十二閑，六種，爲三千四百五十六匹。邦國六閑，馬四種，爲二千五百九十二匹。家四閑，馬二種，千七百二十八匹。商案：天子之卿，采地食小都，大夫食縣，不審所由當能共此馬數。〔七四〕故禮記家富不過百乘，謂其多也。司馬法論之，甸方八里，有戎馬四匹，長轂一乘。今大夫采地四甸，一甸税又給王，其餘三甸，纔有馬十二匹，今又就校人之職相校甚異何？」荅曰：「邦國六閑四種，其數適當千二百九十六匹。家有四閑二種，又當八百六十四匹。今子以何術計之乎？此馬皆君之所制爲，非謂民賦。畿内百里之國者居四都，五十里之國居四縣，二十五里之國居四甸，而引天子卿食小都，大夫食縣，欲何以難？」又司馬法：「甸有戎馬四匹，長轂一乘。此爲民出軍賦，〔七五〕無與於天子國馬之數。〔七六〕事條未理，而多紛紜。」趙商云「邦國二千五百九十二匹」者，謂三良，一良四百三十二匹，三良千二百九十六匹，駑三，其一種亦千二百九十六匹，故合爲二千五百九十二匹。家四閑馬二種，爲千七百二十八匹，謂良馬一種，四百三十二匹，駑馬一種三良馬一種，亦千二百九十六匹，并之千七百二十八匹，正合於數。鄭不從者，天子十二閑，分爲左右，一種馬分爲兩廏，故一種馬有四百三十二匹。諸侯及大夫直一廂，不分爲左右，則良馬唯有三廏，三良居三廏，其數六百四十八匹。駑馬亦三，其一種其數亦六百四十八匹，并之千二百九十六匹。家有二種，一良一駑，良居一廏，二百一十六匹，駑馬三之，爲六百四十八匹，并之爲八百六十四匹。故鄭氏云子以何術計之。

凡馬，特居四之一。欲其乘之性相似也。物同氣則心一。鄭司農云：「四之一者，三牝一牡。」

注「欲其」至「一牡」 云「欲其乘之性相似也」者，是使三牝各産其一，通牡爲四，共駕一車，取同氣一心之義。

春祭馬祖，執駒。馬祖，天駟也。孝經説曰：「房爲龍馬。」鄭司農云：「執駒無令近母，猶攻駒也。二歲曰駒，三歲曰駣。」玄謂執猶拘也。春通淫之時，駒弱，血氣未定，爲其乘匹傷之。○無令，力呈反，下令皆同。近母，附近之近。駣，徐音肇，劉音道，李湯堯反，沈徒刀反。爲其，于僞反，下爲蹄齧同。

注「馬祖」至「傷之」 馬與人異，無先祖可尋，而言祭祖者，則天駟也，故取孝經説「房爲龍馬」，是馬之祖。春時通淫，求馬蕃息，故祭馬祖。先鄭云「二歲曰駒，三歲曰駣」，爾雅文。云「玄謂春通淫之時，駒弱，血氣未定，爲其乘匹傷之」者，論語孔子云：「血氣未定，戒之在色。」馬亦如此，故引之而言也。案月令，仲夏「縶騰駒」，注云：「爲其牝氣有餘，〔七七〕相蹄齧。」彼牝氣有餘，相蹄齧，縶之。不爲駒弱者，縶有二種，此謂二歲者，彼據馬之大者，故不同也。

夏祭先牧，頒馬，攻特。先牧，始養馬者，其人未聞。夏通淫之後，攻其特，爲其蹄齧，不可乘用。鄭司農云：「攻特謂騬之。」○蹄齧，大計反，又音啼，後同。騬，音繒，又音繩。

注「先牧」至「駷之」　知「先牧」是養馬者，以其言先牧，是放牧者之先，知是始養馬者。祭之者，夏草茂，求肥充。云「攻特」者，夏通淫後，攻其特，爲其相蹄齧，不可乘用故也。

秋祭馬社，臧僕。馬社，始乘馬者。世本作曰：「相土作乘馬。」〔七八〕鄭司農云：「臧僕，謂簡練馭者，令皆善也。」玄謂僕，馭五路之僕。○臧僕，子郎反。相土，息亮反。

注「馬社」至「之僕」　「秋祭馬社」者，秋時馬肥盛，可乘用，故祭始乘馬者。秋而臧僕者，亦秋時萬物成，教之使善。

冬祭馬步，獻馬，講馭夫。馬步，神爲災害馬者。獻馬，見成馬於王也。馭夫，馭貳車、從車、使車者。講猶簡習。○見成，賢遍反，下同。從車，才用反。

注「馬步」至「簡習」　馬神稱步，謂若玄冥之步、〔七九〕人鬼之步之類。「步」與「酺」字異，音義同。云「獻馬，見成馬於王也」者，以秋時萬物成，亦獻成馬於王也。云「馭夫，馭貳車、從車、使車」者，馭夫文也。云「講猶簡習」者，亦謂秋時物成，講之使成也。

凡大祭祀、朝覲、會同，毛馬而頒之。毛馬，齊其色也。頒，授當乘之。○毛馬，如字，劉莫報反。

注「毛馬」至「乘之」　此三者，皆須馬從王。故知毛馬而頒之爲齊其色者。案：毛詩傳云：「宗廟齊豪，尚純也。戎事齊力，尚強也。田獵齊足，尚疾也。」爾雅亦云。雖據宗廟，至於田獵、軍旅，既尚疾尚力，亦尚色也。故下云「凡軍事，物馬而頒之」，是尚力也。詩云「四騵彭彭，武王所乘」，又云「四鐵孔阜，秦襄公以田」，是齊色不專據宗廟。

飾幣馬，執扑而從之。鄭司農云：「校人主飾之也。幣馬，以馬遺人，當幣處者也。聘禮曰：『馬則北面，奠幣于其前。』士喪禮下篇曰：『薦馬，纓三就，入門北面，交轡，圉人夾牽之，馭者執策立于馬後。」〇執扑，普卜反，劉方遺反。遺人，唯季反。

注「鄭司」至「馬後」　先鄭云以馬當幣處者，見經云「飾幣馬」，馬可飾，幣非可飾之物。又見下文「凡國之使者，共其幣馬」，注云「使者所用私覿」，則知此直以馬遺人，無幣。且王家遺人無庭實，故覲禮勞侯氏用璧，無庭實也。引聘禮者，案聘禮，此謂賓入境展幣時，布幕訖，皮則陳於幕上，馬則於幕南，北面，奠幣於其前，引之者，證彼則有幣有馬。引「士喪禮下篇」者，據將葬朝廟時陳設之事，馬爲擬乘車所駕，故薦之。「纓三就」者，謂馬鞅三成舒之。「入門北面」者，陳之於廟庭也。言「交轡」者，士兩馬，二人牽之。引之者，證馬有飾之事也。

凡賓客，受其幣馬。賓客之幣馬，來朝聘而享王者。

注「賓客」至「王者」　言賓客來朝享王者，大行人云「廟中將幣三享」者是也。使客來聘享王者，玉人職瑑、圭、璋、璧，宗以覜聘者也。

大喪，飾遺車之馬；及葬，埋之。〔八〇〕言埋之，則是馬塗車之芻靈。〇貍之，亡皆反，本亦作埋。

注「言埋」至「芻靈」　言「遺車」，則雜記注「天子九乘苞，大遣奠，牲體乘別，大牢，苞九个，入壙，藏之於椁内覸外」者。云「塗車之芻靈」者，案檀弓，孔子云「塗車芻靈，自古有之」，謂「爲俑者不仁」，俑，謂偶人所作，孔子善古而非周，則古以泥塗爲車，芻靈謂以芻草爲人馬神靈，至周塗車仍存，但刻木爲人馬，替古者芻靈。今鄭云塗車之芻靈，則是仍用芻靈，與檀弓違者，至周實用俑者，但鄭舉古之芻靈況周耳，非謂周家仍用芻靈也。

田獵，則帥驅逆之車。帥猶將也。

「田獵」至「之車」　驅逆之車，田僕設之，但校人主車馬，帥領田僕而已。

凡將事于四海、山川，則飾黃駒。四海，猶四方也。王巡守，過大山川，則有殺駒以祈沈禮與？玉人職有宗祝以黃金勺前馬之禮。○祈沈，直金反，劉直蔭反。

「凡將」至「黃駒」　謂王行所過山川，設祭禮之然後去，則殺黃駒以祭之，山川地神，土色黃，故用黃駒也。

注「四海」至「之禮」　云「四海，猶四方也」者，王巡守，唯至方岳，不至四海夷狄，故以四海爲四方。云「有殺駒以祈沈禮與」者，爾雅云：「祭山曰庪縣，祭川曰浮沈。」今鄭云「以祈沈」者，摠解過山川二事。言「與」者，爾雅據正祭，此則行過之，約與彼同，故云「與」以疑之也。引玉人職者，案：彼有大璋、中璋、邊璋，過大山川用大璋，過中山川用中璋，過小山川用邊璋。下云黃金勺，青金外朱中，此三璋之勺也。云「黃金勺」者，即彼三璋之勺也。云「前馬之禮」者，以黃金勺酌酒禮山川，在馬牲前之禮，引之者，證過山川設禮用馬牲之事也。

凡國之使者，共其幣馬。使者所用私覿。○使者，所吏反，注同。

注「使者所用私覿」　言「國之」，謂王使之下聘問諸侯。王行禮後，乃更以此幣馬，私與主君相見，謂之私覿。諸侯之臣，與君同行，不得私覿。若特聘則有之，則聘禮私覿是也。若然，上文飾幣馬，是以馬遺人法，非聘，故無私覿。前賓客來朝聘，不言私覿者，諸侯之臣於天子，不敢行私覿故也。

凡軍事，物馬而頒之。物馬，齊其力。

注「物馬齊其力」　上朝會言「毛馬」，鄭云「齊其色」。此軍事言「物馬」，鄭云「齊其力」。物即是色，而云齊力，當與上文互以見義，欲見皆有力有色也。

等馭夫之禄，馭夫，於趣馬、僕夫爲中，舉中見上下。

「等馭夫之禄」　掌養馬者，有趣馬、馭夫、僕夫三者，皆須等其禄，獨云馭夫，故鄭云舉中見上下。

宫中之稍食。師圉府史以下也。鄭司農云：「稍食曰稟。」〔八二〕

注「師圉府史以下」　上云馭夫之等，言士已上訖，故知此是師圉府史以下，中仍有胥徒之等也。

趣馬，掌贊正良馬，而齊其飲食，簡其六節。贊，佐也。佐正者，謂校人臧僕講馭夫之時。簡，差也。節猶量也。差擇王馬以爲六等。

注「贊佐」至「六等」　鄭云「佐正者，校人臧僕講馭夫之時」者，以其校人是養馬官之長，校人既有此諸事，而云佐正，明佐此二者可知。云差擇王馬六等，即上種、戎、齊、道、田、駑是也。

掌駕説之頒，用馬之第次。○駕説，始鋭反。

注「用馬之第次」　凡用馬當均勞逸，故駕説須依次第，即頒是第次之序，故知是用馬之第次也。

辨四時之居治，以聽馭夫。居謂牧庌所處。治謂執駒攻特之屬。○居治，直吏反，注同。牧庌，音雅，後同。

注「居謂」至「之屬」　云「辨四時之居治」者，謂二月已前，八月已後在廐，二月已後，八月已前在牧，故云四時也。

云「牧庌」者，放牧之處，皆有庌廡以蔭馬也。〔八二〕以趣馬下士，屬馭夫中士，故云聽馭夫。知治是「執駒攻特」者，以是校人之事，趣馬當佐之，明是此二事也。

巫馬，掌養疾馬而乘治之，相醫而藥攻馬疾，受財于校人。乘謂驅步以發其疾，知所疾處乃治之。相，助也。○相醫，息亮反，注同。

「巫馬」至「校人」　巫知馬祟，醫知馬疾，則以藥治之，祟則辨而祈之，二者相須，故巫助醫也。云「受財」者，謂共祈具及藥直。〔八三〕

馬死，則使其賈粥之，入其布于校人。布，泉也。鄭司農云：「賈謂其屬官小吏賈二人。粥，賣也。」○其賈，音嫁，注同，徐音古。粥之，音育，賣也。

牧師，掌牧地，皆有厲禁而頒之。頒馬授圉者所牧處。

注「頒馬」至「牧處」　圉人，掌養馬者，故圉人職云：「掌養馬芻牧之事。」言「厲禁」者，謂可牧馬之處，亦使其地之民遮護禁止，不得使人輒牧牛馬也。

孟春焚牧，焚牧地以除陳，生新草。

注「焚牧」至「新草」　孟春，謂夏之孟春，建寅之月，草物將出之時，焚燒牧地，除陳草生新草也。

中春通淫，中春，陰陽交、萬物生之時，可以合馬之牝牡也。月令季春「乃合累牛騰馬，遊牝于牧」，秦時書也。秦地寒涼，萬物後動。○中春，音仲，注同。累牛，力追反，劉音類。

注「中春」至「後動」 案月令，季春「乃合累牛騰馬，游牝於牧」，彼注云「此月可以合牛馬，繫在廄者。其牝欲游，則就牧而合之」。若然，彼不繫在廄，亦二月通淫，則與此經合矣。今此注以爲「月令秦時書，秦地寒涼，萬物動」，〔八四〕與彼注不同者，鄭君兩解，故彼此不同也。

掌其政令。凡田事，贊焚萊。焚萊者，山澤之虞。

「凡田事贊焚萊」 焚萊自是山澤之虞，當二月焚萊，除陳生新之時，則此官贊山澤之虞也。

廋人，掌十有二閑之政教，以阜馬、佚特、教駣、攻駒及祭馬祖、祭閑之先牧及執駒、散馬耳、圉馬。九者皆有政教焉。阜，盛壯也。詩云「四牡孔阜」。杜子春云：「佚當爲逸。」鄭司農云：「馬三歲曰駣，二歲曰駒。散讀爲中散大夫之散，謂聒馬耳，〔八五〕毋令善驚也。」玄謂逸者，用之不使甚勞，安其血氣也。教駣，始乘習之也。攻駒，騬其蹄齧者。閑之先牧，先牧制閑者。散馬耳，以竹括押其耳，頭動搖則括中物，後遂串習，不復驚。○佚特，音逸。散馬，素但反，注同。聒馬，古活反。毋令，音無，下力呈反，下使令同。括押，音甲。中物，丁仲反。不復，扶又反。

注「九者」至「復驚」 云「掌十有二閑之政」者，此文與下九者爲目，故鄭云「九者皆有政教焉」。引詩者，證阜爲盛義也。子春以「佚」爲「逸」，後鄭從之，增成其義。先鄭「散」讀爲中散大夫之「散」，取音同也。「謂恬馬無令善驚」，後鄭亦增成其義，後鄭云「閑之先牧，先牧制閑者」，以其通閑言之也。若然，上云夏祭先牧者，直是先養馬者，非制閑之人。

正校人員選。校人謂師圉也。正員選者，選擇可備員者平之。

注「校人」至「平之」　知校人是師圉者，凡言「正」者，以尊正卑。自趣馬已上，並上官，非庾人所正，故知所正者師圉。

馬八尺以上爲龍，七尺以上爲騋，六尺以上爲馬。大小異名。爾雅曰：「騋，牝驪牡玄，〔八六〕駒褭驂。」鄭司農説以月令曰「駕蒼龍」。

○以上，時掌反，下同。牡驪，茂後反，下力知反，絶句。牝玄，頻忍反，絶句。駒褭，奴了反，劉音繞，郭璞音同，劉義異鄭。

注「大小」至「蒼龍」　引爾雅所釋，釋詩「騋牝三千」，〔八七〕但詩直言牝不言牡，爾雅之意，以詩人美衛文公直牝有三千，其實兼有牡，故云騋中所有，牝則驪色，牡則玄色，〔八八〕兼有駒褭驂。〔八九〕引之者，證騋是馬色。先鄭引月令者，謂春之三月，天子聽朔及祀帝，皆駕蒼龍，順時色。引之，以證龍是馬也。

圉師，掌教圉人養馬，春除蓐、釁廄、始牧，夏庌馬，冬獻馬。射則充椹質，〔九〇〕**茨牆則翦闔。**蓐，馬茲也。馬既出而除之。新釁焉，神之也。春秋傳曰：「凡馬，日中而出，日中而入。」故字庌爲訝，〔九一〕鄭司農云：「當爲庌。」玄謂庌，廡也。廡所以庇馬涼也。〔九二〕充猶居也。茨，蓋也。闔，苫也。椹質、翦闔，圉人所習也。杜子春讀椹爲齊人言鈇椹之椹。椹質，所射者習射處。〔九三〕○除蓐，音辱。茨牆，在私反。翦闔，户臘反。爲訝，五嫁反。廡也，亡甫反。庇馬，必二反，又音祕。苫也，傷占反。鈇椹，方荷反。所射者，食亦反。

注「薦馬」至「射處」 圉師，即校人云「良馬乘一師四圉」者也。云「夏庌馬」者，即趣馬「辨四時之居」是也。云「冬獻馬」者，即校人冬獻馬，尊卑連事相成者也。春秋傳者，左氏莊二十九年「新延廄，書不時」。延廄當於馬時，〔九四〕故云「凡馬，日中而出，日中而入。」謂春分秋分時，今之孟春新延廄，故云不時也。云「圉人所習也」者，椹，取椹斬莝，則苫蓋之類也，皆圉人所習之事。子春云「椹質所射者習射處」者，案司弓矢云：「澤則共椹質之弓矢。」此云射則充椹質，皆謂澤宮中試弓習武時所充也。

圉人，掌養馬芻牧之事，以役圉師。役者，圉師使令焉。

注「役者」至「令焉」 乘馬一師四圉，四圉人受圉師之所使令焉。

凡賓客、喪紀，牽馬而入陳。賓客之馬，王所以賜之者。詩云：「雖無予之，〔九五〕路車乘馬。」喪紀之馬，啓後所薦馬。

注「賓客」至「薦馬」 雖同牽馬入陳，賓客與喪紀，所陳有異。何者？若據賓客，則在館，天子使人就館而陳之。若喪紀，則謂將葬朝廟時，既夕禮薦馬纓三就者是也。天子朝廟，亦當在祖廟中，陳設明器之時，亦遣人薦馬及纓，入廟陳之。此馬謂擬駕乘車，吉器最先者也。

廞馬亦如之。廞馬，遣車之馬。人捧之，亦牽而入陳。〇捧，衆家並扶恭反。

注「廞馬」至「入陳」　此遣車之馬，遣車則天子九乘，〔九六〕載所苞遣奠以入壙，皆人捧之。云「亦牽而入陳」者，亦於祖廟陳此明器也。但遣車及馬，各使人別捧，故上注云「行則解脱之」，是也。

校勘記

〔一〕藏才浪反　「浪」原作「張」，據徐本、盧本及阮本改。

〔二〕此獸則魚一也　元本同，正、閩、阮本「一」作「形」，疑誤。

〔三〕槷弧箕箙　元、正、閩、阮本同。阮校云，「箕」當作「其」。

〔四〕以授射甲革椹質者　阮校云，説文引此作「以射甲革甚質」，「甚」蓋古「椹」字。

〔五〕夾弓庾弓以授射豻侯鳥獸者　唐石經、諸本同。阮校云，釋文「庾弓，師儒相傳讀庾」，當本作「庚弓，師儒相傳讀庾」，故下云「本亦作庾」。于鬯云，「庾」當爲「庚」之誤。

〔六〕故書椹爲鞎　「鞎」，余嘉靖、閩、監、毛、阮本作「鞎」，阮以爲「鞎」爲「鞎」之訛。

〔七〕圉師職曰　「圉」字訛，當據阮本作「圉」。

〔八〕庾弓師儒相傳讀庾本或作庚　下「庾」字，徐本、阮本同，盧本作「庚」。段云，庾、庚二字疑當互易。

〔九〕尚書所云彤弓玈弓之等是也　「玈」，董本、毛本同，監本作「旅」，阮本作「施」。阮校云，古「玈」字多作「旅」，作「施」。

〔一〇〕王孤恒服弦　「弦」原作「強」，據婺、建、岳、阮本改。

〔一一〕前於重後微輕　婺、岳、阮本同，建本「於」作「放」。阮校云，程瑤田通藝録作「前於後重微輕」，謂其前於後殺鍭二矢之尤重者微輕也，轉寫譌互作重後。

〔一二〕庳矢讀爲人罷短之罷玄謂庳讀如痺病之痺　漢讀考「讀如」作「讀爲」，「痺病之痺」作「痹病之痹」，阮校云，說文有「痹」無「痺」。

〔一三〕散射素旦反　「旦」，徐本、阮本同，盧本作「但」，阮云盧本非。

〔一四〕枉矢精狀如流星蛇行有尾見　孫詒讓云，據輈人疏引考異郵當作「枉矢狀如流星，蛇行有毛見目」。

〔一五〕枉矢狀大流星　孫詒讓云「狀」，輈人疏作「類」。

〔一六〕是其妖變之星　監、毛本同，元、正、閩、阮本「妖」作「狀」，疑誤。

〔一七〕云前於重又微輕　孫詒讓云，「又」，當依注作「後」。

〔一八〕即大射賓射燕射之等皆是　「大」，原作「此」，據阮本改。

〔一九〕倫此則與安居之義同也　元、正本同。阮本「此」作「比」。

〔二〇〕此八矢六弓四弩不相配者　「配」，原作「酬」，據阮本改。

〔二一〕案上注而言而弧射大侯　殿本無「而言」二字。阮本下「而」字作「王」，當是。

〔二二〕與大夫別侯之法　孫詒讓云，「與」上當脱「無」字。

〔二三〕此皆據角弓及張不被弦而合之　孫詒讓云，「及」當爲「反」。

〔二四〕弓弩矢箙之屬　「弩」，原作「有」，據婺、建、岳、阮本改。

〔二五〕抉用正王棘若檡棘　「王」，婺本作「玉」，「檡」，婺、余、岳、嘉靖本同，與釋文合，閩、監、毛本作「擇」。

〔二六〕此繕人所掌王王之用弓弩者　據阮本此衍一「王」字，當删。

〔二七〕凡乘至弓弩繕人惟主王所乘之車而吉凡乘車則除革路之外玉金象木之車車皆有右備制非常皆充其籠箙

及所載弓矢　上四十九字原無，據阮本補。

〔二八〕唯據王所乘車上有弓矢者　阮本「唯」作「推」，誤。

〔二九〕金罰貨罷　阮本「罷」作「罰」，當是。

〔三〇〕給市材用之直也　「材」，阮本作「財」。

〔三一〕但無正文故注亦云未聞　監、毛、殿本同，元、正、閩、閩、阮本無「正」字。

〔三二〕案下文自有下上其食　「自」，原作「與」，據阮本改。

〔三三〕據以酒肴饗之　「以」，原作「比」，據阮本改。

〔三四〕并充兵中使役　元、正、閩、阮本同，毛本「兵中」作「兵革」。

〔三五〕彼注云君在　元、正、閩、閩、阮本同，浦鏜云：「存」誤「在」。

〔三六〕以玉敦盛血　阮本「玉」作「王」，誤。

〔三七〕發陽郥也　元、正、閩、閩、阮本同，殿本「也」作「地」。浦鏜云：「地」誤「也」。

〔三八〕已駕王未乘之時　建、岳本同，婺本「乘」作「成」。

〔三九〕陪乘參乘謂車右也　馮登府石經考異引蜀石經作「陪車參乘，謂居左也」，誤。

〔四〇〕其右唯有齊右道右三者　浦鏜云：「道右」下脱「戎右」二字。

〔四一〕王行道德之車　阮校云：疏云「言象據飾爲名，言道據行道爲稱」，然則此「德」字誤衍也。孫詒讓云：前齊車注云「王自整齊之車」，此云「王行道德之車」，文例正同，疏畧「德」字耳，阮説非。

〔四二〕是以大司馬亦云道車　孫詒讓云：大司馬無「道車」之文，疑當作「司常」。

〔四三〕及犯軷　漢讀考云：説文「軷出將有事於道，必先告其神，立壇四通，樹茅以依神爲軷，既祭犯軷，轢牲而行爲範軷，從車，犮聲」，「範，範軷也，從車笵省聲，讀與犯同。」按許君所見周禮作「範」，蓋故書也，「範」爲正字，則「犯」爲假借字，與今義迥異。

〔四四〕軷讀爲別異之別　漢讀考「讀爲」作「讀如」，云此字既定作「軷」，不當又易爲「別」，故下文稱詩禮作軷證之。阮校云，讀如「別」者，擬「軷」之音耳，非易其字。

〔四五〕爲軷壇厚三寸　元、正、聞、閩、阮本同。浦鏜云，「壤」誤「壇」，「二」誤「三」。孫詒讓云，禮記月令校勘記以爲作「壇」爲是。

〔四六〕軓爲範　漢讀考云，當作「軓爲軛」。

〔四七〕軓當爲軛　閩本作「軓當爲範」。蜀石經作「範當爲軓」，馮登府云，蜀石經是。漢讀考云，當作「軛當爲軓」。

〔四八〕軛謂車軾前也　婺、建、岳、嘉靖本作「軛謂車軾前也」。漢讀考云，「軛」當作「軓」，「軛」非「車軾前也」，詳考工記。

〔四九〕大馭則左并轡　元、殿本同，閩、監、毛、阮本「并」作「執」。

〔五〇〕并祭軓之軾前三處訖　「軓」，原作「軌」，阮本作「軌」，皆誤，據文意改。

〔五一〕行趨遲疾唯步迎賓客爲法　「唯」當作「准」，即「準」之俗，下云「亦准玉路爲法」。

〔五二〕及入應門　孫詒讓云，「及」當作「反」，據樂師注正。

〔五三〕革路建大白以即戎故云戎車革路也　阮本「即」下無「戎故云」三字。阮校云，補毛本重戎字，此誤脱。

〔五四〕服謂衆乘戎車者之衣服　馮登府引蜀石經「衆」誤「象」。

〔五五〕三分二諸侯　阮本同。阮校云，「分」下當脱「有」字。

〔五六〕據在陳與紂戰者而言　監、毛、殿本同，元、正、閩、閩、阮本「據」下無「在」字。

〔五七〕相去遠近之數　蜀石經作「相去遠近也」，馮登府云，「也」當作「之數」二字。

〔五八〕車逆拜辱　馮登府云，蜀石經「逆」作「迎」。

〔五九〕引之〇者　阮本同。疑「〇」當删。董本作「法」。

〔六〇〕朝夕朝朝莫夕　馮登府引蜀石經「朝」字不重。

〔六一〕貳亦副　閩、監、毛本同，阮本「貳」作「二」，下同。

〔六二〕逆衙本又作御同　馮登府引蜀石經「衙」作「禦」。

〔六三〕獲者冬獻其禽　婺、建、岳、阮本「冬」作「各」，當是。

〔六四〕馳放不扣　蜀石經「放」作「故」。馮登府云，作「故」義長。孫詒讓以爲作「故」非是。

〔六五〕皆取尊者體促之義也　殿本同，元、正、閩、阮本「取」作「使」。孫詒讓云「尊者體促」疑當作「尊者體舒卑者體促」，此有奪文。

〔六六〕乘調六種之馬　「調」，原作「彌」，據婺、建、岳、阮本改。

〔六七〕政謂差擇養乘之數也　蜀石經「數」作「政」，無「也」字。馮登府云，當作「數」。

〔六八〕以此而言種馬最在上　閩、阮本「而言」作「五者」。阮校云，監、毛本「五者」改「而言」，非，疏除駑馬計之，故五者。

〔六九〕三皁爲繫　唐石經、婺、建、岳、阮本同，釋文作「爲毄」，云「音計，本又作繫」。阮校云，按古文假借字，司門職亦云「牛牲毄焉」，周易「毄辭」，古不作「繫」。彭文瑞云，當從釋文作「毄」。

〔七〇〕乘下注乘匹同　「匹」原作「四」，據徐本、盧本及阮本改。

〔七一〕是因養而乘習之　元、正、聞、閩、阮本「而」作「馬」，疑作「而」是。

〔七二〕明僕夫上士可知　阮本「明」作「考」，疑誤。

〔七三〕又蓋駑馬三良馬之數　元、正、聞、閩本同，殿本「蓋」作「益」。浦鏜云，「益」是。

〔七四〕不審所由當能共此馬數　盧文弨云，詩定之方中正義作「何由能供此馬」，此「何」作「所」，誤。

〔七五〕此爲民出軍賦　盧文弨云，詩正義「爲」作「謂」，此誤。

〔七六〕無與於天子國馬之數　阮本「數」作「故」。

〔七七〕爲其牝氣有餘　孫詒讓云，「牝」當依宋本月令作「牡」，下同。

〔七八〕相土作乘馬　婺、岳、阮本同，余、嘉靖、毛本作「相士」，葉鈔釋文同。阮校云，「士」、「土」孰是，今不能定。

〔七九〕謂若玄冥之步　閩、阮本「冥」作「賓」。阮校云，監、毛本「賓」作「寘」，未詳。汪文臺云，「玄寘」，據族師注當作「蝝螟」，聲之誤也。

〔八〇〕及葬埋之　唐石經、婺、建、岳、阮本同。釋文「貍之」本亦作「埋」。阮校云，經當作「貍」，注當作「埋」，此類皆援注所改。

〔八一〕稍食曰稟　漢讀考作「稍食祿稟」。

〔八二〕皆有庌廐以蔭馬也　阮本「廐」作「廄」，疑作「廄」是。

〔八三〕謂共祈具及藥直　元、聞本同，正、阮本「具」作「其」。

〔八四〕萬物動　阮本「物」下有「後」，與注合。

〔八五〕謂聒馬耳　漢讀考云，「聒」當爲「栝」，自陸德明時已誤之。聒之適以驚之，云「毋令」，非理也。阮校云，段說非，聒之所以習之，令其不驚，凡豢禽獸，自有此法。

〔八六〕牝驪牡玄　余、閩、監本作「牡驪牝玄」，與釋文合。元、嘉靖、毛本、賈疏本與此同，説見下。

〔八七〕釋詩騋牝三千　元、監、毛、殿本同。正、閩、閩、阮本「釋」作「作」，疑誤。

〔八八〕故云騋中所有牝則驪色牡則玄色　毛、阮本同。閩、監本「牝」、「牡」字互改。阮校云，上文引詩「騋牝三千」，蓋賈疏本鄭注作「騋牝驪牡玄」，與釋文本不同。惠士奇云，賈讀爾雅不與郭景純同，然亦有理。

〔八九〕兼有駒褭驂　阮本「褭」作「褭」。

〔九〇〕射則充椹質　唐石經、婺、建、余、岳、嘉靖、阮本同。閩、監、毛本「充」作「克」。

〔九一〕故字庌爲訝　漢讀考云，「字」當作「書」，説文「庌，廡也，從广、牙聲」，引周禮夏官庌馬，許君從司農易字也。

〔九二〕廡所以庇馬涼也　「涼」，婺、建、岳、嘉靖本同，正、閩、阮本作「者」，疑作「涼」是。

〔九三〕椹質所射者習射處　漢讀考云，「習射處」之上脱「茨牆」二字。

〔九四〕延廄當於馬時　孫詒讓云，當作「新延廄當於馬出時」，此有脱文。

〔九五〕雖無予之　「予」，原作「子」，據婺、建、岳、阮本改。

〔九六〕此遣車之馬遣車則天子九乘　監、毛、殿本同。元、正、閩、閩、阮本「此」下無「遣車之馬」四字。阮校云，監、毛本衍。加藤虎之亮云，阮説非。

周禮注疏卷第三十九

職方氏，掌天下之圖，[一]以掌天下之地，辨其邦國、都鄙、四夷、八蠻、七閩、九貉、五戎、六狄之人民與其財用、九穀、六畜之數要，周知其利害。天下之圖，如今司空輿地圖也。鄭司農云：「東方曰夷，南方曰蠻，西方曰戎，北方曰貉狄。」玄謂閩，蠻之別也。國語曰：「閩，芈蠻矣。」四、八、七、九、五、六，周之所服國數也。財用，泉穀貨賄也。利，金錫竹箭之屬。害，神姦，鑄鼎所象百物也。爾雅曰：「九夷、八蠻、六戎、五狄，謂之四海。」○七閩，亡巾反，又音文，又亡千反。漢書音義服虔音近蠻，應劭音近文，鄭氏音旻。九貉，孟白反。六畜，許又反，下皆同。芈蠻，亡氏反，劉音如羊鳴近米，李云：「今周禮本或無此字，國語則有。」

「職方」至「利害」 此文與下爲目。云「辨其邦國」，據畿外諸侯，「都鄙」，據畿內采地。先邦國，尊諸侯也。云「四夷」者，據四方之夷，摠目諸方，以九貉當東夷之處。

注「天下」至「四海」 大司徒云「掌建邦之土地之圖」，注云：「地之圖若今司空郡國輿地圖。」此注不言郡國者，彼直掌九州。九州之內有邦國，故以郡國言之。此職方兼主夷狄，夷狄中，漢時不置郡國，惟置校尉掌之，故此注亦不言郡國也。先鄭云「東方曰夷」者，以經云四夷，即爲東夷也。然夷之數皆言九，於此獨言四，不得即以爲始此。不先言九夷者，以其已有四夷之名爲目，不可重言九夷，故先從南數之也。又云「北方曰貉狄」者，先鄭既以四夷爲東方夷，即以貉狄摠屬北方也。「玄謂閩，蠻之別也，國語曰『閩，芈蠻矣』」者，案鄭語：史伯曰

「蠻，芈蠻矣」，注云：「謂上言叔熊避難於濮蠻，隨其俗如蠻人也，故曰蠻。」彼不作閩者，彼蓋後人轉寫者誤。鄭玄以閩爲正。叔熊居濮，如蠻，後子孫分爲七種，故謂之七閩也。案經，閩雖與蠻七八別數，本其是一，俱屬南方也。云「四八七九五六，周之所服國數也」者，鄭志趙商問：「職方氏『掌四夷、八蠻、七閩、九貉、五戎、六狄之數』，注云：『周之所服國數。』禮記明堂位曰：『周公六年制禮作樂，朝諸侯於明堂，有朝位服事之國數，夷九、蠻八、戎六、狄五。』禮之事異，〔二〕未達其數？」鄭荅：「職方氏四夷，四方夷狄也。九貉即九夷，在東方。八蠻在南方，閩其別也。戎狄之數，或六或五，兩文異。爾雅雖有其數耳，〔三〕皆無別國之名校文甚明，故不定。」〔四〕若然，爾雅之數與明堂同，皆數耳，無別國之名校，其錯可知。今五六者，正是數耳，其事鄭不甚明之，未知何者是，故不定，一禮兩禮俱從，是以不著其錯誤。〔五〕案：詩序云「蓼蕭澤及四海」，注云：「九夷八狄七戎六蠻，謂之四海。」復與爾雅及禮皆不同者，蓼蕭，或後人轉寫者誤，當以爾雅與禮爲正也。云「財用，泉穀貨賄也」者，財用爲泉穀貨財，疏已備九賦者也。云「利，金錫竹箭之屬」者，案：下經其利有金錫竹箭之屬是也。云「害，神姦，鑄鼎所象百物也」者，宣三年，楚子問鼎之輕重，王孫滿對云「夏之方有德，遠方圖物，貢金九牧，鑄鼎象物，百物而爲之備，使民知神姦」，是也。引爾雅者，見數與此不同之意也。

乃辨九州之國，使同貫利。貫，事也。

「乃辨」至「貫利」　職方主九州之事，故須分別九州之國。貫，事也，使同其事利，不失其所也。

東南曰揚州，〔六〕其山鎮曰會稽，其澤藪曰具區，其川三江，其浸五湖，其利金錫竹箭，其民二男五女，其畜宜鳥獸，其穀宜稻。鎮，名山安地德者也。會稽在山陰。大澤曰藪。具區、五湖在吳南，浸，可以爲陂灌溉者。錫，鑞也。箭，篠也。〔七〕鳥獸，孔雀、鸞、鵁鶄、犀、象之屬。故書箭爲晉，杜子春曰：〔八〕「晉當爲箭，書亦或爲箭。」○會稽，古外反。澤藪，素口反。具區，起俱反。其浸，子鴆反，本亦作寖。爲陂，彼宜反。灌溉，古愛反。鑞也，音臘。篠也，素了反。鵁，音交。鶄，音精。

「東南」至「宜稻」　自此已下陳九州之事，揔爲三道陳之。先從南方起，蓋取尊其陽方。周改禹貢，以徐梁二州合之於雍青，分冀州地以爲幽并，東南曰揚州，次正南曰荆州，周之西南不置州，統屬雍州，即次河南曰豫州，爲一道也。次正東曰青州，次河東曰兗州，次正西曰雍州，爲二道。又次東北曰幽州，次河内曰冀州，次正北曰并州，爲三道。若禹貢治水則爲二道。又先從下起，與此異也。然既以徐梁二州合之於雍青，其二道則以冀、兗、青、徐爲一道，揚、荆、豫、梁、雍爲二道。云「其山鎮曰會稽」者，九州皆有鎮，所以安地德。一州之内，其山川澤藪至多，選取最大者而言，故鄭云曰其大者也。

注「鎮名」至「爲箭」　云會稽在山陰，自此以下所説山川之等，一則目驗而知，二則依地理志而説，又所曉處所，皆舉郡縣而言。云「會稽在山陰」，山陰，郡名。案夏本紀，大史公或言禹會諸侯於江南，計功而崩，因葬焉，命曰會稽。會稽者，會計也。皇覽曰：「禹冢在山陰會稽山，本苗山縣南七里。」越傳曰「禹到越，望苗山，會諸侯，爵有德，封有功者，更名苗山曰會稽山，因疾死，葬棺，冢壙深十尺，〔九〕高三尺，土階三寸三，周方畝。」吕氏春秋云：「禹葬會稽，不煩徒。」墨子曰：「禹葬會稽，衣衾三領，柏棺三寸。」〔一〇〕地理志云：「山上有禹井。」禹傳云：「一有羣鳥游田焉。」〔一一〕是説會稽之事也。云「大澤曰藪」者，案：澤虞職「大澤大藪」，注「水鍾曰澤，水希曰藪」，則澤藪別矣。今此云大澤曰藪爲一物解之者，但澤藪相因，亦爲一物，故云大澤曰藪也。云「具區、五湖在吳南」者，吳南，郡名，依地理志，南江自吳南，〔一二〕震澤在西。通而言之，亦得在吳南，具區即震澤，一也。云「浸可以爲陂灌溉」者，謂灌溉稻田者也。云「箭篠也」，箭一名篠，故禹貢云篠蕩，是一物二名也。云「鳥獸，孔雀、鸞、鵁鶄」者，解鳥也。云「犀、象」者，解獸也。驗時見有此鳥獸，故據言焉。案：禹貢云九江，今在廬江、尋陽南，皆東合爲大江。揚州所以得有三江者，江至尋陽南合爲一，東行至揚州入彭蠡，復分爲三道而入海，故得有三江也。

正南曰荆州，其山鎮曰衡山，其澤藪曰雲瞢，[一三]其川江漢，其浸潁湛，其利丹銀齒革，其民一男二女，其畜宜鳥獸，其穀宜稻。衡山在湘南。雲瞢在華容。潁出陽城，宜屬豫州，在此非也。湛，未聞。齒，象齒也。革，犀兕革也。杜子春云：「湛讀當爲人名湛之湛，湛或爲淮。」[一四]○雲瞢，亡貢反，劉亡鳳反，李一音亡雄反。潁湛，直減反，劉又音沈，李唐感反。

「正南」至「宜稻」　「其川江漢」者，楊州云三江不言漢，此荆州直言江不言三，兼云漢者，此州江未分爲三，故直云江，此州有漢水過焉，故江漢並言也。上文楊州云「其利金錫竹箭」，不云丹銀齒革，案：禹貢荆楊二州，俱云貢金三品，則二州通有金錫也。其民一男二女，多於楊州，其畜穀與楊州同。云「雲瞢在華容」者，案：禹貢荆州「雲土夢作乂」，得爲澤者，案：彼注云：「其中有平土丘，水去可爲作畎畝之治。」則此據有水之處，亦得爲澤也。云「潁出陽城，宜屬豫州，在此非也」者，鄭據地理志，故知合在豫州。又昭元年，王使劉定公勞趙孟于潁，亦在豫州，故破之。云「湛，未聞」者，據地理志無文，未知何處也。云「齒，象齒也」者，對則齒牙別，通而言之，牙亦得爲齒，故詩頌云「元龜象齒」，是牙、齒通也。云「革，犀兕革也」者，以其利則可貢，所貢之革，惟用爲甲，故函人有犀兕。春秋云「犀兕尚多」。子春云「湛讀當爲人名湛之湛」，俗讀也，湛或爲淮，不從也。

河南曰豫州，其山鎮曰華山，其澤藪曰圃田，其川滎雒，[一五]其浸波溠，其利林漆絲枲，其民二男三女，[一六]其畜宜六擾，其穀宜五種。華山，在華陰。圃田，在中牟。

滎，兖水也，出東垣，〔一七〕入于河，泆爲滎，滎在滎陽。波讀爲播，禹貢曰「滎播既都」。春秋傳曰：「楚子除道梁溠，營軍臨隨」，則溠宜屬荊州，在此非也。林，竹木也。六擾，馬、牛、羊、豕、犬、雞。五種，黍、稷、菽、麥、稻。〇華山，如字，劉胡化反。圃田，布古反。熒洛，户扃反。波溠，音詐，左傳音同，李莊加反，字林同。劉昨雖反，云與音大不同，故今從高貴公。絲枲，思似反。六擾，而少反，徐、劉音饒。中牟，上如字，下莫侯反，李中音仲，牟又無不反。泆爲，音逸。曰播，〔一八〕音波，下同。既都，張魚反，本或作豬。

注「華山」至「麥稻」 云「滎，兖水也」者，案：禹貢「濟出王屋，始出兖，東流爲濟，南渡河，泆爲熒」，春秋「戰于熒澤」是也。云「出東垣」者，地理志文也。云「波讀爲播」者，案：禹貢有播水，無波，故引禹貢爲證也。春秋者，左氏莊四年傳文。云「林，竹木也」者，地官山林別官故鄭注云：「竹木生平地曰林。」今許州見平地多林木，故云林竹木也。云「六擾，馬、牛、羊、豕、犬、雞」者，此與爾雅六畜及周禮六牲一也。必知五種是黍、稷、菽、麥、稻者，此州東與青州相接，青州有稻麥，西與雍州相接，雍州有黍稷，故知有此四種。但此九州不言麻與菽及苽，鄭必知取菽者，蓋以當時目驗而知，故添爲五種也。

正東曰青州，其山鎮曰沂山，其澤藪曰望諸，〔一九〕其川淮泗，其浸沂沭，其利蒲魚，其民二男二女，其畜宜雞狗，其穀宜稻麥。沂山，沂水所出也，在蓋。望諸，明都也，在睢陽。沭出東莞。二男二女，數等，似誤也，蓋當與兖州同二男三女。鄭司農云：「淮或爲睢，沭或爲洙。」〇沂山，魚祈反。淮泗，音四。沂沭，音述，李一音餘戍反。明都，禹貢作孟豬，今依書讀。睢陽，音綏。東莞，音管，劉音灌。爲洙，音殊。

注「沂山」至「爲洙」 鄭知「沂山沂水所出」者，沂水出沂山，水乃取名於山，故知沂水出焉。云「在蓋」者，蓋亦縣名，案：禹貢云「海、岱及淮惟徐州」，又云「淮沂其乂」。注云：「淮、沂，二水名。」地理志沂水出今大山蓋縣。」〔二〇〕不在青州者，周公以禹貢徐州地爲青故也。云「望諸，明都也」者，案：禹貢云：「導菏澤，〔二一〕被明都。」彼禹貢無望諸，故從明都。案春秋，宋藪澤有孟諸，明都即宋之孟諸者也。經有淮泗，不言者，以上來有江，及此淮，并下文河，鄭皆不言所在者，以四瀆之名，人皆知之，故略而不言也。案禹貢，淮出桐柏，泗水在魯國，出濟陰乘氏東，又至零陵入淮，〔二二〕行千二百一十里。〔二三〕沭出東莞，屬瑯琊，南至下邳入泗。云「二男二女數等，似誤也」者，若本有此數等，當言一男一女，明不作二男二女，青州西北與兗州相接，宜與兗州同二男三女也。

河東曰兗州，其山鎮曰岱山，其澤藪曰大野，其川河、泲，其浸盧、維，其利蒲、魚，其民二男三女，其畜宜六擾，其穀宜四種。岱山在博，大野在鉅野。「盧維」當爲「雷雍」，字之誤也。禹貢曰：「雷夏既澤，雍沮會同。」雷夏在城陽。四種，黍、稷、稻、麥。○大野，如字，劉音與。河泲，子禮反。盧維，上音雷，下於恭反。鉅野，音巨。雍沮，七餘反。

注「岱山」至「稻麥」　博與鉅野，皆郡縣之名，破盧維爲雷雍，地理志、禹貢無盧維，又字類雷雍，故破從之，引禹貢爲證也。知「四種黍、稷、稻、麥」者，以其東與青州相接，青州有稻麥，西與冀州相接，冀州有黍稷，故知也。

正西曰雍州，其山鎮曰嶽山，〔二四〕其澤藪曰弦蒲，〔二五〕其川涇、汭，其浸渭、洛，其利玉石，其民三男二女，其畜宜牛馬，其穀宜黍稷。嶽，吳嶽也，及弦蒲在汧。涇出涇陽，汭在豳地。詩大雅公劉曰「汭坰之即」。洛出懷德。鄭司農云：「弦或爲汧，蒲或爲浦。」○雍州，於用反，下注州名同。涇汭，如鋭反，李又而類反。在汧，徐口千反，劉苦見反，李一音空定反。在豳，彼貧反。汭坰，弓六反，詩作鞫。

注「嶽吳」至「爲浦」　雍州云「其利玉石」，藍田見有玉山，出玉石以爲利者也。「其穀宜黍稷」，見雍州宜麥，不言者，但黍、稷、麥並宜，以黍稷爲主。云「嶽，吴嶽也，及弦蒲在汧」者，案地理志，吴山在汧西，有弦蒲之藪，汧水出焉，西北入渭，渭出鳥鼠山也。云「汭在豳地。詩大雅公劉曰『汭坑之即』」。若然，汭爲水名，案：彼毛傳云「芮，水厓也」，箋云「芮之言内也，水之内曰隩，水之外曰鞫」。就澗水之内外而居，與此義違者，案：詩上云「夾其皇澗」，「遡其過澗」，故以芮鞫爲外内。今爲水名者，蓋周公制禮之時，以汭爲水名，汭即皇澗，名曰汭耳。猶禹貢大岳，至周爲霍山也。即「洛出懷德」者，〔二六〕此洛，即詩云「瞻彼洛矣」，一也，與禹貢「導洛自熊耳」者别也，以其彼洛出上洛，經王城至虎牢入河。

東北曰幽州，其山鎮曰醫無閭，其澤藪曰貕養，其川河泲，其浸菑時，其利魚、鹽，其民一男三女，其畜宜四擾，其穀宜三種。醫無閭在遼東，貕養在長廣，菑出萊蕪，時出般陽。四擾，馬、牛、羊、豕。三種，黍、稷、稻。杜子春讀貕爲奚。〔二七〕○貕養，音兮。般陽，步干反。

注「醫無」至「爲奚」 云「醫無閭在遼東」者，目驗知之。漢光武十三年，以遼東屬青州，二十四年，還屬幽州。云「貕養在長廣」者，長廣，縣名。地理志長廣屬徐州琅邪，有萊山，周時幽州南侵徐州之地也。知「三種，黍稷稻」者，西與冀州相接，冀州有黍稷，幽州見宜稻，故知三種黍稷稻也。

河内曰冀州，其山鎮曰霍山，其澤藪曰楊紆，〔二八〕其川漳，其浸汾潞，其利松柏，其民五男三女，其畜宜牛羊，其穀宜黍稷。霍山在彘。楊紆所在未聞。漳出長子，汾出汾陽，潞出歸德。〔二九〕○楊紆，於于反。汾，扶文反。潞，音路。長子，丁丈反，長子，縣名，屬上黨。

注「霍山」至「歸德」　其利松柏，霍山見有松柏出焉。云「霍山在彘」者，彘則厲王流于彘，後爲縣名，漢改爲永安縣。案：禹貢「既脩大原，至于岳陽。覃懷底績，至于衡漳」。注云「岳陽，大原之南，〔三〇〕漳水橫流入河」。地理志，大原，今爲郡名。大岳在河東縣彘東，名霍大山。覃懷爲縣名，屬河內，漳水出上黨。沾大黽谷，東北至安平、阜城入河，行千六百八十里。始是長子，即上黨也，汾陽、歸德，皆郡名。

正北曰并州，其山鎮曰恒山，其澤藪曰昭餘祁，〔三一〕其川虖池、嘔夷，其浸淶、易，其利布帛，其民二男三女，其畜宜五擾，其穀宜五種。恒山在上曲陽，昭餘祁在鄔，虖池出鹵城，嘔夷，祁夷與？出平舒，淶出廣昌，易出故安。五擾，馬、牛、羊、犬、豕。五種，黍、稷、菽、麥、稻也。凡九州及山鎮澤藪言曰者，以其非一，曰其大者耳。此州界，楊荆豫兖雍冀與禹貢略同，青州則徐州地也，幽并則青冀之北也，無徐梁。○虖，喚胡反，李呼哥反，又香刑反。池，徒多反，李如字。嘔夷，烏侯反，一音驅。在鄔，徐於據反，縣名屬太原，劉烏古反。鹵城，音魯。

注「恒山」至「徐梁」　上曲陽、鄔、鹵城、平舒、廣昌、故安皆案地理志知之。云「五擾，馬、牛、羊、犬、豕」者，六擾中雞爲緩，故去之。云「五種，黍、稷、菽、麥、稻也」者，若饋用六穀，則兼有苽，若民之要用，則去苽，故知是此五者。周公設經，六擾之內，三擾已上則言擾，二擾則指獸名，若三四不滿六者，從下次去之。六穀之內，三種已上即言種，二者則指穀名。云「凡九州及山鎮澤藪言曰者，以其非一，曰其大者耳」者，但一州之內，山川多少，各有其一，而言曰，故云曰其大者。云「此州界，楊荆豫兖雍冀與禹貢略同」者，不失本處，雖得舊處，猶有相侵入不得正，故云「略同」。若周之兖州，於禹貢侵青徐之地。周之青州，於禹貢侵豫州之地。周之雍豫，於禹貢兼梁州之地。周之冀州於禹貢小於禹貢時冀州，以其北有幽州、并州故知也。周之九州無徐梁，禹貢有徐梁，無幽并。爾雅云：「兩河間曰冀州，河南曰豫州，濟東曰徐州，河西曰雍州，漢南曰荆州，江南曰楊州，燕曰幽州，濟河間曰兖州，齊曰營州。」詩譜曰：「雍梁荆豫徐楊之民，咸被其化。」數不同者，禹貢所云堯舜法，爾雅所云似夏法，詩譜所云似殷法，亦與禹貢三代不同，是以州名有異。自古已來，皆有九州，惟舜時暫置十二州，至夏還爲九州，故春秋云「夏之方有德也，貢金九牧」，是也。但自神農已上有大九州，柱州、迎州、神州之等，〔三二〕至黄帝以來，德不及遠，惟於神州之内分爲九州，故括地象云「崐崘東南萬五千里名曰神州」是也。九州之内，所有山川，或有解出其處者，至如江河淮泗漢洛等，〔三三〕不釋所出者，此等皆禹貢有成文。如彼導洛自熊耳、導渭自鳥鼠、導河自積石、導江自岷山、導淮自桐柏、導漢自嶓冢，爲此，故不言也。至於禹貢雖言，義理不明者，此亦辨之。若禹貢「涇屬渭汭」，彼直言涇水入渭，不言導之所從，如此之類皆須釋其所出也。

乃辨九服之邦國，方千里曰王畿，其外方五百里曰侯服，又其外方五百里曰甸服，又其外方五百里曰男服，又其外方五百里曰采服，又其外方五百里曰衛服，又其外方五百里曰蠻服，又其外方五百里曰夷服，又其外方五百里曰鎮服，又其外方五百里曰藩服。服，服事天子也。詩云「侯服于周」。

「乃辨」至「藩服」　此言「九服」，仍除王畿爲數，故從其外已下爲九也。此九服之名，言「侯」者，侯之言候，爲王斥候。言「甸」者，甸之言田，爲王治田出税。言「男」者，男之言任也，爲王任其職理。「采」者，事也，爲王事民以供上。言「衛」者，爲王衛禦。言「蠻」者，近夷狄，蠻之言縻，以政教縻來之，自此已下皆夷狄。諸言「夷」者，以其在夷狄中，故以夷言之。言「鎮」者，以其入夷狄深，故須鎮守之。言「藩」者，以其最在外爲藩蘺，故以藩爲稱。蠻服，大司馬謂之要服，〔三四〕言「要」亦是要束爲義。自侯服已下，各舉一邊爲號，皆互而通也，其夷狄三服亦自互而相通，是以大行人揔謂之藩國，世一見也。

注「服服」至「于周」　此揔解「服」之意。引詩云「侯服于周」者，見諸侯皆服事于周之義，故稱服也。

凡邦國千里，封公以方五百里則四公，方四百里則六侯，方三百里則七伯，方二百里則二十五子，方百里則百男，以周知天下。以此率徧知四海九州邦國多少之數也。方千里者，爲方百里者百。以方三百里之積，以九約之，得十一有奇。云「七伯」者，字之誤也。周九州之界，方七千里，七七四十九，方千里者四十九，其一爲畿內，餘四十八。八州各有方千里者六。周公變殷湯之制，雖小國，地皆方百里。是每事言「則」者，設法也。設法者以待有功，而大其封。一州之中，以其千里封公，則可四；又以其千里封侯，則可六；又以其千里封伯，則可十一；又以其千里封子，則可二十五；又以其千里封男，則可百。公侯伯子男，亦不是過也。州二百一十國，以男備其數焉。其餘以爲附庸。四海之封，黜陟之功，亦如之。雖有大國，爵稱子而已。鄭司農云：「此制亦見大司徒職曰『諸公之地方五百里，諸侯之地方四百里，諸伯之地方三百里，諸子之地方二百里，諸男之地方百里』。」○此率，音律，又音類。徧知，音遍。有奇，紀宜反。亦見，賢遍反。

「凡邦」至「天下」　言「凡邦國」者，畿外要服已內有八州，州別置二百一十國，揔有千六百八十國，故云凡也。云「千里封公以方五百里則四公」者，八州，州別有千里之方六，取一千里以封公，又取一千里以封侯，又取一千里以封伯，又取一千里以封子，又取一千里以封男。一州揔取千里之方，充五等諸侯，其不滿二百一十國者，更取餘一千里方作男國者，備之使滿，餘剩地作附庸閒田，八州皆然，揔結之以周知天下。

注「以此」至「百里」　云「以此率」者，八州皆爲此法，故云以此率也。云「徧知四海九州邦國多少之數也」者，釋經「周知天下」也。云「方千里者，爲方百里者百，以方三百里之積，以九約之，得十一有奇」者，云方千里開方之，百里一截，縱横皆爲十截，十十而百，則得爲方百里者百。云「以方三百里之積以九約之」者，方三百里，三三而九，用爲方百里者九十九，爲十一伯，餘有方百里者一，不盡，故云十一有奇也。今經云「方三百里則七伯」，故言云七伯者字之誤也。以「十一」似七字，故云字之誤也。云「周九州之界方七千里」者，以先王之作土有三焉，若大平之時，土廣萬里，中國七千。中平之世，土廣七千，中國五千。衰末之世，土廣五千，中國三千。王制云「公、侯方百里，伯七十里，子、男五十里」，此是夏制，五等爵，三等受地，殷湯承之，合伯子男爲一，惟有公侯伯三等爵，三等受地，與夏同。武王伐紂，增以子男，爵地與夏同，以九州之界尚狹故也。至武王崩，成王幼，不能踐阼，周公攝政，六年致大平，制禮，成武王之意，斥大九州，九州方七千里，五等之爵，五等受地，則此經所云者是也。故云周九州之界方七千里。云「七七四十九，方千里者四十九，其一爲畿内，其餘四十八。八州各有方千里者六。「周公變殷湯之制，雖小國，地皆方百里」者，若然，殷三等爵，三等受地，地有百里、七十里、五十里。至周公無問有功無功，皆益滿百里，以其不滿百里不成國故也。〔三五〕既皆滿百里，其餘待有功，乃益之地。公有功，益滿五百里。侯有功，益滿四百里。伯有功，益滿三百里。子有功，益滿二百里。男有功，只得百里，更有功，乃更進之與子爵。云「是每事言『則』者，設法也。設法者以待有功，而大其封」者，必知不即封而言設法以待有功者，以其稱公者，惟有二王後，及東西大伯，今八州皆言方千里，封公則四公，八州豈有三十二公乎？明知五者皆是設法以待有功，乃大其封也。若無功，縱本是公爵，惟守百里地，謂若虞公、虢公，舊是殷之公。至周仍守百里國，以無功故也。故注王制云「是以周世有爵尊而國小，爵卑而國大」。云「一州之中，以其千里封公，則可四。又以其千里封侯，則可六。又以其千里封伯，則可十一。又以其千里封子，則可二十五。又其千里封男，則可百」。鄭云此者，欲計一州須滿二百一十國之意。云「公侯伯子男亦不是過也」者，五百里已下，若過五百里，則是特賜法，若魯衛之等是也。云「州二百一十國」者，此據王制文。彼下又云：「天子縣内九十三國，〔三六〕凡九州，千七百七十三國。」是通畿内外爲數，並是殷周國數也。〔三七〕既以州有千里之方六，已用五个千里方，爲前五等國數，以前公國已得四，侯六，伯十一，子二十五，男百，揔得一百四十六，於二百一十國，仍少六十四。鄭云「以男備其數」，必知以男備數者，若不以男備數，則餘千里者一，充數不足，何得更餘爲附庸。若然，則更取餘方一千里開方之，得百里之方百，於前侯國六，用千里方，仍有二百里方一，開方之，得四个男國。於前伯國十一，用千里方一，又得一个男國。得此五國，添前一百四十六，爲一百五十一，仍少五十九。更取餘千里方一開方之，得百里之方百，取五十九爲五十九國，添前百五十一，得二百一十國，餘仍殘百里之方四十一。鄭云「其餘以爲附庸」者，以附庸不滿百里故也。王制兼閑田而言，此直云爲附庸，文略不具。其實人作附庸即受之，無附庸則爲閑田，使大夫治之，以利民税，若周之畿内，四等公邑者也。云「四海之封黜陟之功亦如之」者，鄭以上經九服揔言，此經惟言要服已内九州，不言四海夷狄諸侯，故鄭兼見四海夷、鎮、藩。言黜陟之功亦如之者，亦皆有百里、二百里地，有功者進地，得與侯伯三百四百同，但不進爵耳。無功有過則退之。云「雖有大國，爵稱子而已」者，曲禮云：「其在東夷、北狄、西戎、南蠻，雖大曰子。」鄭注云「雖有侯伯之地，爵亦無過子，是以同名曰子」，是也。

凡邦國，小大相維。大國比小國，小國事大國，各有屬，相維聯也。○比小，毗志反，下文比小國并注同。

注「大國」至「聯也」 春秋之世，小國朝大國，大國聘小國，又有敵國自相聘，是以司儀公侯伯子男相爲賓，又相爲國客。故易比象云「先王以建萬國，親諸侯」。又王制云：「五國以爲屬，屬有長。十國以爲連，連有帥。三十國以爲卒，卒有正。二百一十國以爲州，州有伯。」彼雖是殷之諸侯，亦是各有屬相維聯之事也，故鄭據而言也。

王設其牧，選諸侯之賢者爲牧，使牧理之。

注「選諸」至「理之」 此則大宰云「建其牧」是也。〔三八〕案：大宗伯注并曲禮注，皆兼伯而言，此直言諸侯者，以侯爲主，無賢侯，乃兼伯可也。

制其職，各以其所能。牧監參伍之屬。用能，所任秩次。

注「牧監」至「秩次」 此則大宰云「設官分職」。彼下文又云「施典於邦國，而建其牧，立其監，設其參，傅其伍，陳其殷，置其輔」也。云「用能，所任秩次」者，稱其所任，則以次禄秩之。

制其貢，各以其所有。國之地物所有。

注「國之地物所有」 諸侯國無貢於王法，民間得税，大國半，次國三之一，小國四之一，皆市取當國所有以貢於王。即大宰「九貢」，小行人云「春入貢」及禹貢「厥篚厥貢」之類是也。故鄭云「國之地物所有」也。

王將巡守，則戒于四方，曰：「各脩平乃守，考乃職事，無敢不敬戒，國有大刑。」乃猶女也。守，謂國竟之内。職事，所當共具。○猶女，音汝。國竟，音境。共具，音恭，又九用反。

注「乃猶」至「共具」 職方氏既主四方諸侯，故至十二年王將巡守之時，先以文書戒敕于四方曰，各脩汝當國所守境内，待王之務，無得失所。又當考校汝所擬供王職事，若不敬戒，國有大刑。大刑，謂殺之也。

及王之所行，先道，帥其屬而巡戒令。先道，先由王所從道，居前，行其前日所戒之令。

注「先道」至「之令」　此謂王將發行之時，即在王前巡行前日所施戒令豫備之等，如前所施以不。

王殷國亦如之。殷猶衆也。十二歲王若不巡守，則六服盡朝，謂之殷國。其戒四方諸侯，與巡守同。○盡朝，直遥反。

注「殷猶」至「守同」　王有故，不巡守於方岳之下，則春東方盡來，夏南方盡來，秋西方盡來，冬北方盡來。王待之，亦各於其時。在國外爲壇，行朝覲盟載之法。云然，則王自在國外爲之，〔三九〕而云「亦如之」者，亦如上文戒令四方諸侯者。王殷國所在無常，或在畿内國城外即爲之，或向畿外諸侯之國行之，故有戒令之事也。

土方氏，掌土圭之灋，以致日景。致日景者，夏至景尺有五寸，冬至景丈三尺，其閒則日有長短。○日景，如字。

注「致日」至「長短」　案：玉人職「土圭尺有五寸以致日」。先鄭注大司徒，以爲於潁川陽城。夏日至晝漏半，立八尺之表，表北得尺五寸景，適與土圭等，則爲地中，以建王國也。冬至景丈三尺者，亦於潁川陽城晝漏半，立八尺表，表北得丈三尺景，亦爲地中。云「其閒則日有長短」者，謂冬至日極短，夏至日極長。其極長極短之閒，冬至後日漸長，夏至後日漸短。假令冬至日南至之後，日漸北之時，日行大分六小分四。大分者，一寸爲十分。小分者，十分寸之一分，又爲十分。但日景一寸，則於地千里。大分一爲百里，小分一則爲十里。則冬至後，日向南行六百四十里。但冬至丈三尺景，除本尺五寸外，加丈一尺五寸。從冬至至春分，晝夜等之時，則減五尺七寸半景。從春分到夏至，又減五尺七寸半景，則減盡丈一尺五寸。惟有尺五寸在，以爲夏至之景。南戴日下萬五千里，謂之地中。故云「其閒則日有長短」也。

以土地相宅，而建邦國都鄙。土地猶度地。知東西南北之深，而相其可居者。宅，居也。○相宅，息亮反，注同。度地，大洛反。之深，尸鴆反。

「以土」至「都鄙」 上經據建王國度地法，此經據封畿外及畿内都鄙。

注「土地」至「居也」 景一寸差千里，一分則百里，但封邦國都鄙，無過五百里已下，則取分，無取於寸。一分則百里，爲男國，亦爲大都。已上差之，二分則二分百里子國，〔四〇〕已外可知。若小都五十里，則爲小分五分，若大夫二十五里，則爲小分二分半。言「東西南北之深」者，景侵入爲深，地之遠近里數，侵入亦爲深也。言相宅者，既欲度景，先相所居，乃後度之。

以辨土宜土化之灋，而授任地者。土宜，謂九穀稙稺所宜也。土化，地之輕重糞種所宜用也。任地者，載師之屬。○稙，張力反。稺，直吏反。糞種，章勇反。

「以辨」至「地者」 既爲土方氏，非直度地相宅，亦當相地所宜，故須辨土宜并土化之法而授任地者，此謂以書作法授之。

注「土宜」至「之屬」 九穀之文，出於九職。言土宜，明是土地所宜，故以此解之。〔四一〕云「土化，地之輕重，糞種所宜用也」者，謂若草人職「掌糞種之法」。地有九種，輕重不同，其所用糞種，若用麋、用牛之等是也。云「任地者，載師之屬」者，載師掌任地事，下文廛里已下，皆是任地之事也。

王巡守，則樹王舍。爲之藩羅。

注「爲之藩羅」 謂若掌舍設梐枑之時，時則此官亦爲王於外周帀樹藩羅。〔四二〕

懷方氏，掌來遠方之民，致方貢，致遠物，而送逆之，達之以節。遠方之民，四夷之民也。諭德延譽以來之。遠物，九州之外無貢法而至者。達民以旌節，達貢物以璽節。

「懷方」至「以節」　既職名「懷方」，懷，來也，故來遠方之民，及致方貢之等。

注「遠方」至「璽節」　知「諭德延譽以來之」者，經直言「來遠方」，不言别有餘事，故惟曉諭以王之德美，又延引以王之美譽，以招來之。云「遠物，九州之外無貢法而至者」，此經上云「致方貢」，謂六服諸侯，又云「致遠物」，宜是藩國。是以大行人上云「侯服世一見，〔四三〕其貢祀物」之等，下文云「藩國世一見，各以貴寶爲贄」，文與此相當，故知義然也。知「達民以旌節，達貢物以璽節」者，達民則行道路，貢物即是貨賄，故掌節云「道路用旌節，貨賄以璽節」，是也。

治其委積、館舍、飲食。續食其往來。○續食，音嗣。

注「續食」至「往來」　案：遺人云：「十里有廬，廬有飲食。三十里有宿，宿有委。五十里有市，市有積。」司儀云：「遂行，如入之積。」是續食其往來也。

合方氏，掌達天下之道路，津梁相湊，〔四四〕不得陷絶。○相湊，采豆反，本或作湊。

「合方氏」至「道路」　官名「合方氏」，當使天下和合，故通達天下道路。

通其財利，茂遷其有無。

注「茂遷其有無」　案：尚書益稷云：「懋遷有無化居。」禹治水後，懋勉天下，徙有之無，易其居積，若材木徙川澤，魚鹽徙山林，是通其財利。

同其數器，權衡不得有輕重。

注「權衡」至「輕重」　施教設治之方，先須均其度量權衡，是以天子巡守，及王者新升，皆爲此事。故堯曰及舜典、明堂位，皆陳數器之等。鄭知此數器是權衡者，下别見度量，故知義然。

壹其度量，尺丈釜鍾不得有大小。

「壹其度量」　此云「壹」，即上「同」也。鄭云「不得有大小」者，案律曆志，以子穀秬黍中者九十黍，黄鍾之長千二百黍，其實一籥，合籥爲合，十合爲升，十升爲斗，十斗爲斛，百黍爲銖，二十四銖爲兩，十六兩爲斤，三十斤爲鈞，四鈞爲石。一黍爲一分，十分爲寸，十寸爲尺，十尺爲丈，十丈爲引。是五度五量，皆有大小也。

除其怨惡。怨惡，邦國相侵虐。

注「怨惡」至「侵虐」　合方氏欲使人和合，故除其邦國相怨惡，即相侵伐及相虐殺之等也。

同其好善。所好所善，謂風俗所高尚。○好善，呼報反，注及下同。高尚，如字，劉古到反。

注「所好」至「高尚」　案：孝經「樂以移風易俗」，既風、俗别言，(四五)則風俗異矣。風，謂政教所施，故曰上以風化下，又云「風以動之」，是也。俗，謂民所承襲，故曰「君子行禮，不求變俗」，是也。風所高，解好。俗所尚，解善也。

訓方氏，掌道四方之政事與其上下之志，道猶言也，爲王説之。四方，諸侯也。上下，君臣也。○爲王，于僞反，下同。

誦四方之傳道。傳道，世世所傳説往古之事也。爲王誦之，若今論聖德堯舜之道矣。故書傳爲傳，杜子春云：「傳當作傳，書亦或爲傳。」○之傳，直專反，注同。

［疏］「訓方」至「之志」　訓方氏訓四方美惡而向王言之，以其政事及君臣上下，皆有善惡。

「誦四方之傳道」　上所云政事及上下之志，知則向王道，未必誦之。此文，古昔之善道，恒誦之在口，王問則爲王誦之。以其善道可傳，故須誦之。

正歲，則布而訓四方，布告以教天下，使知世所善惡。

注「布告」至「善惡」　正歲，謂夏之建寅正月，則布告前所道所誦之事，教天下，使知世所善惡也。

而觀新物。四時於新物出則觀之，以知民志所好惡。志淫行辟，則當以政教化正之。○好惡，烏路反。行辟，下孟反，下匹亦反。

注「四時」至「正之」　此訓方觀新物，知民善惡之情，謂若王制云：「命市納賈，以知民之所好惡。志淫好僻，則當以政教化正之。」與此爲類，故鄭引以釋經也。

形方氏，掌制邦國之地域，〔四六〕而正其封疆，無有華離之地。杜子春云：「離當爲雜，書亦或爲雜。」玄謂華讀爲㼧哨之㼧，正之使不㼧邪離絶。○華離，華依注音㼧，苦蛙反。哨，劉羊售反，沈且笑反。㼧邪，似嗟反。

「形方」至「之地」　形方氏主知四方土地形勢，故使掌作邦國之地域大小形勢，又當正其封疆，勿使相侵。

注「杜子」至「離絶」　王者地有㼧邪離絶，遞相侵入不正，故令正之。㼧者，兩頭寬，中狹。邪者，謂一頭寬，一頭狹。云「㼧哨之㼧」者，投壺禮主人云「枉矢哨壺」，哨是不正之義，故讀從之。

使小國事大國，大國比小國。比猶親也。易比象曰：「先王以建萬國，親諸侯。」

「使小」至「小國」　此亦如上職方氏云「大小相維」，義同。注言「親諸侯」，使諸侯相親，遞相朝聘是也。

山師，掌山林之名，辨其物與其利害，而頒之于邦國，使致其珍異之物。山林之名與物，若岱畎絲枲，嶧陽孤桐矣。利，其中人用者。害，毒物及螫噬之蟲獸。○岱畎，古犬反，劉孤茗反，又孤善反。嶧陽，音亦。螫，音釋，劉呼洛反。噬，音逝。

「山師」至「之物」　此山師及下川師、原師等，皆是遥掌畿外邦國之内山川原隰之等，使出税珍異，以供王家也。

注「山林」至「蟲獸」　案：禹貢青州云「岱畎絲枲」，畎，谷也，岱山之谷有之。徐州云：「嶧陽孤桐。」孤，特也。嶧山之陽，特生之桐，中爲琴瑟。云「害毒物及螫噬之蟲」者，謂虺蛇蝮蝎之屬也。岱畎、嶧陽，是其名。絲枲、孤桐，是其物也。

川師，掌川澤之名，辨其物與其利害，而頒之于邦國，使致其珍異之物。川澤之名與物，若泗濱浮磬，淮夷蠙珠暨魚，澤之萑蒲。○蠙珠，薄田反，劉扶忍反，沈音嬪。暨魚，其器反，沈其氣反。萑蒲，音丸。

注「川澤」至「萑蒲」　徐州云「泗濱浮磬，淮夷蠙珠暨魚」，注云：「泗水涯，水中見石，可以爲磬。蠙珠，珠名。淮夷二水，出蠙珠與美魚。」

遼師，掌四方之地名，辨其丘陵、墳衍、遼隰之名。地名，謂東原、大陸之屬。○墳衍，房云反。

「遼師」至「之名」　爾雅釋地「高平曰原」，此雖以原爲主，除山林川澤四者，餘丘陵墳衍原隰六者皆主之。故云「辨其丘陵」已下也。案：鄭注大司徒云：「土之高者曰丘，大阜曰陵，水涯曰墳，下平曰衍，高平曰原，下濕曰隰，皆有名。」

注「地名」至「之屬」　尚書禹貢有「東原底平」、「大陸既作」，是地名也。

物之可以封邑者。（四七）物之，謂相其土地可以居民立邑。○相其，息亮反。

注「物之」至「立邑」　案：小司徒云「四井爲邑」，據田中。（四八）千室之邑，據城。二者皆須其物色善惡，然後封民。

匡人，掌達灋則、匡邦國而觀其慝，使無敢反側，以聽王命。法則，八法八則也，邦國之官府都鄙亦用焉。慝，姦僞之惡也。反側猶背違法度也。書曰：「無反無側，王道正直。」○其慝，他得反。猶背，音佩。

「匡人」至「王命」　匡，正也。所以正人，故掌通達法則於天下邦國，而觀其慝，使無慝惡，使無敢反側也。

注「法則」至「正直」　云「法則，八法八則」者，案：大宰云：「八法治官府」，「八則治都鄙」。謂王朝官府及畿内都鄙。今云以法則匡正邦國而觀其慝，即據諸侯下都鄙。外内雖殊，八法八則治官府都鄙即同，故治官府都鄙亦用焉。云「背違法度」者，〔四九〕則是違法則也。「書」者，洪範皇極之章。

撢人，掌誦王志，道國之政事，以巡天下之邦國而語之，道猶言也。以王之志與政事諭説諸侯，使不迷惑。○而語，魚據反。諭説，如字，劉尸鋭反。

「撢人」至「語之」　「誦王志」者，在心爲志，欲得使天下順從，若撢取王之此志，又道國之政事，用此二事以巡國而語之，使不迷惑而向王。〔五〇〕

使萬民和説而正王面。面猶鄉也。使民之心曉而正鄉王。〔五一〕○和説，音悦。猶鄉，許亮反，下同。

「使萬」至「王面」　以上二事，向諸侯説之，使諸侯化民，而萬民正向于王。

都司馬，掌都之士庶子及其衆庶、車馬、兵甲之戒令。庶子，卿大夫士之子。車馬兵甲，備軍發卒。

○其正，音征，本亦作政，音下同。〔五二〕

「都司」至「戒令」　此王都司馬，故序官注「都，王子弟所封及三公采地也。司馬主其軍賦」。故此云「掌都之士庶子」者。宫伯注云：「士，適子。庶子，其支庶。」此都之士庶子亦然。云「及其衆庶、車馬、兵甲之戒令」者，若王家有軍事，徵兵于采地都鄙，則都司馬以書致於士庶子，有此衆庶、車馬、兵甲之戒令，士庶子受而依行之。

以國灋掌其政學，政謂賦稅也。學，脩德學道。

注「政謂」至「學道」　云「政謂賦稅」者，正謂軍之賦稅，無田稅、泉稅之等。知學是脩德學道，此亦依國子而言，故知亦是脩德學道也。〔五三〕

以聽國司馬。〔五四〕聽者，受行其所徵爲也。國司馬，大司馬之屬皆是。

注「聽者」至「皆是」　都司馬所掌者，受大司馬之法而戒令，令使都之士庶子，所有徵爲，皆取國之大司馬之法。云「大司馬之屬皆是」者，經國司馬不云大，則小司馬、軍司馬、輿司馬，皆得稟其戒令。

家司馬亦如之。大夫家臣爲司馬者。春秋傳曰「叔孫氏之司馬鬷戾」。○鬷，子公反。戾，力計反。

注「大夫」至「鬷戾」　案：序官云：「家司馬，各使其臣以正於公司馬。」鄭云：「家，卿大夫采地。正，猶聽也。公司馬，國司馬也。卿大夫之采地，王不特置司馬，各自使其家臣爲司馬，主其地之軍賦，往聽政於王之司馬，〔五五〕其以王命來有事，則曰國司馬。」若然，是卿之小都，大夫采地，皆家自置司馬之明文。引春秋者，左氏昭二十五年，叔孫氏之司馬鬷戾言於其衆曰：「若之何？」莫對。又曰：「我，家臣也，不敢知國。」彼是諸侯卿家自置司馬。此王之卿大夫之家亦自置，引諸侯家法者，自置是同，故得引以況義也。

校勘記

〔一〕職方氏掌天下之圖　困學紀聞云，漢樊毅脩西嶽廟記作「戠方氏」。

〔二〕禮之事異　阮本同。殿本「禮」上有「兩」字。浦鏜云，「文」誤「之」。孫詒讓云，明堂位疏正作「文」。

〔三〕爾雅雖有其數耳　「雖」，監本同，閩毛本作「惟」，阮以爲作「惟」是。孫詒讓云，明堂位疏引作「爾雅雖有，與同皆數爾」，作「雖」是也。

〔四〕文甚明故不定　阮本同。殿本「文」作「未」。阮校云，下云「鄭不甚明之」，則此「文」爲「不」之譌。孫詒讓云，明堂位疏正作「不甚明」。

〔五〕是以不著其錯誤　孫詒讓云，「是」字閩本無。

〔六〕東南曰揚州　唐石經、婺、建、余、岳、嘉靖、阮本同，閩、監本「揚」作「楊」。阮校云，廣韻、太平御覽皆引作「楊州」。蓋州名字本從木，自開成石經定從手旁，後俱作「揚」。

〔七〕箭篠也　建、余、岳、嘉靖、阮本同。阮校云，「篠」，依説文當作「筱」，篠爲俗字。

〔八〕杜子春曰　阮本同。浦鏜云，「曰」字當依葛本作「云」。

〔九〕家壙深十尺　阮本作「深七尺」，與墨子文合。是也。

〔一〇〕柏棺三寸　阮本「柏」作「桐」，與今墨子同。

〔一一〕禹傳云一有羣鳥游田焉　阮本同。浦鏜云，「相」誤「禹」，「下」誤「一」。

〔一二〕吴南郡名依地理志南江自吴南　阮本「理」作「里」。盧文弨云，「自」當從漢志作「在」。阮校云，此十三字當作「吴者會稽郡屬縣名，依地里志南江在吴南」，下接「震澤在西」，今本譌特甚。

〔一三〕其澤藪曰雲瞢　阮本同。阮校云，説文「藪」字下言九州之藪作「雲夢」。

〔一四〕湛或爲淮　王引之云，疑「淮」爲「淫」之誤。

〔一五〕其川滎雒　「滎」，唐石經、婺、嘉靖、監、毛本同，建、余、岳、閩、阮本作「熒」，阮校云，作「熒」是。

〔一六〕其民二男三女　俞樾云，「二男三女」當作「三男二女」。

〔一七〕出東垣　婺、建、岳、阮本同。漢讀考云，地理志皆無「東」字。説文「沇水出河東垣東」，謂垣縣之東也，今本誤作「東垣」。

〔一八〕曰播　「曰」，徐本作「粲」，是也。當據改。

〔一九〕其澤藪曰望諸　「望諸」，書作「孟豬」。説文、爾雅作「孟諸」，漢志作「盟諸」。

〔二〇〕地理志沂水出今大山蓋縣　「沂」，原作「所」，據阮本改。

〔二一〕導柯澤　阮本「導」作「道」。「柯」，阮本同，阮校云，當從閩本作「荷」。

〔二二〕又至零陵入淮　孫詒讓云，「零陵」依漢志當作「睢陵」。

〔二三〕行千二百一十里　盧文弨云，漢志「二百」作「一百」。

〔二四〕其山鎮曰嶽山　王引之云，「嶽」下「山」字衍。

〔二五〕其澤藪曰弦蒲　漢讀考云，説文宋本、李燾本、汲古閣未改本皆作「弦圃」。

〔二六〕即洛出懷德者　阮本「即」作「云」，當是。

〔二七〕杜子春讀豯爲奚　漢讀考云，説文作「奚養」，從杜易字也。

〔二八〕其澤藪曰楊紆　唐石經、婺、建、阮本同。阮校云，宋本爾雅疏引作「其澤藪曰陽紆」，余、閩、阮本注中皆作「陽紆」。

〔二九〕潞出歸德　婺、岳、阮本同，建本「潞出」作「路在」。

〔三〇〕注云岳陽大原之南　孫詒讓云，「大原」，當據詩唐風譜疏引鄭禹貢注作「大岳」。

〔三一〕其澤藪曰昭餘祁　唐石經、婺、建、岳、阮本同。漢讀考云，徐鍇本説文作「昭余祁」，淮南作「燕之昭余」，無「祁」字。

〔三二〕柱州迎州神州之等　「柱」，阮本作「桂」，閩本作「杜」，疑作「柱」是。

〔三三〕至如江河淮泗漢洛等　監、毛、殿本同，元、閩、閩、阮本無「如」字。

〔三四〕大司馬謂之要服　孫詒讓云，「要服」出大行人，大司馬有蠻畿，無要服。

〔三五〕以其不滿百里不成國故也　「其」，殿本同，阮本作「有」。

〔三六〕天子縣内九十三國　阮本「天子」作「天下」，非。此本與王制文合。

〔三七〕並是殷周國數也　阮本同。阮校云，當從閩、監、毛本「周」作「州」。

〔三八〕此則大宰云建其牧是也　元、正、閩、閩、阮本「則」作「即」。

〔三九〕云然則王自在國外爲之　元、正、閩、閩、阮本「云」作「若」，當是。

〔四〇〕二分則二分百里子國　阮本無下「分」字，當是。

〔四一〕故以此解之　元、監、毛、殿本同，正、閩、閩、阮本「解」作「推」。

〔四二〕時則此官亦爲王於外周市樹藩羅　「市」，監、毛、殿本同，元、正、閩、閩、阮本誤作「市」。

〔四三〕是以大行人上云侯服世一見　阮本同。浦鏜云，「歲」誤「世」。

〔四四〕津梁相湊　婺、建、余、岳、嘉靖本同，閩、阮本「湊」作「奏」，與釋文合，阮校云，作「奏」是。

〔四五〕既風俗別言　元、正、閩、阮本「既風俗」三字重，疑誤。

〔四六〕形方氏掌制邦國之地域　「形」原作「刑」，據唐石經、婺、建、岳、阮本改。

〔四七〕掌四方之地名辨其丘陵墳衍邍隰之名物之可以封邑者　鄭注云，「物之」，則「物」字下屬。王引之云，「物」字當屬上讀，「物」下當有「地」字。

〔四八〕據田中　「中」，原作「占」，據阮本改。

〔四九〕背違法度者　「背」，原作「昔」，據阮本改。

〔五〇〕使不迷惑而向王　阮本「王」作「主」，疑誤。

〔五一〕使民之心曉而正鄉王　婺、岳、阮本同，建本「王」作「玉」，誤。

〔五二〕音下同　徐本、阮本同，盧本無「下」字。

〔五三〕故知亦是脩德學道也　阮本「脩」作「修」。

〔五四〕以國瀍掌其政學以聽國司馬　王引之引王念孫云，序官疏兩引此句，「聽」下皆有「於」字。

〔五五〕往聽政於王之司馬　元、監、毛、殿本同。「往」，閩本作「註」，阮本作「注」，閩本作「使」，疑作「往」是。

十三經注疏

周禮注疏

[漢]鄭　玄　注
[唐]賈公彦　疏
彭　林　整理

下

上海古籍出版社

二十人。遂士，主六遂之獄者。

注「遂士」至「獄者」　在此者，其職云「掌四郊」，四郊有六遂之獄故也。鄉士主六鄉之獄，遂士主六遂之獄，所以鄉士使上士，官尊而人少，遂士使中士，官卑而人多者，六遂去王遠，故官卑；以六遂在遠郊外，兼主公邑，地廣人衆，故官多。

縣士，中士三十有二人，府八人，史十有六人，胥十有六人，徒百有六十人。距王城三百里至四百里曰縣，縣士，主縣之獄者。

注「距王」至「獄者」　在此者，案：其職云「掌野」，謂掌三等公邑之獄。故鄭於縣士職注云：「二百里以外至三百里曰野，三百里以外至四百里曰縣，四百里以外至五百里曰都。郊外曰野，大揔言之。」故其職云掌野。其六遂之中，公邑之獄，遂士兼掌之矣。既三處獄並掌，而此注云「距王城三百里至四百里曰縣」，似不主三百里中與五百里中獄者，㈣縣在四百里中，故舉中以言，其實外内皆掌之耳。

方士，中士十有六人，府八人，史十有六人，胥十有六人，徒百有六十人。方士，主四方都家之獄者。

注「方士」至「獄者」　在此者，案：其職云「掌都家」，鄭彼注云：「都，王子弟及公卿之采地。家，大夫之采地。」此三等采地之獄，〔五〕采地在王城四方，故云「方士」也。是以鄭此注云「方士，主四方都家之獄者」也。

訝士，中士八人，府四人，史八人，胥八人，徒八十人。訝，迎也。士官之迎四方賓客。○訝士，五嫁反，迎也。

注「訝迎」至「賓客」　在此者，案：其職云「掌四方之獄訟」，非直迎賓客，以獄訟爲主，故亦以士言之也。〔六〕

朝士，中士六人，府三人，史六人，胥六人，徒六十人。朝士主外朝之法。○朝士，直遥反，卷内同。

注「朝士」至「之法」　在此者，案：其職云「掌建邦外朝之法」，左九棘、右九棘之事，以朝主爲詢衆庶，〔七〕讞疑獄，故屬秋官。但序官之法，秋官雖爲刑獄所施，至於防禁之屬，皆在秋官；又於賓客是主人所敬，故鄉飲酒坐賓於西北，象天地嚴凝之氣始於西南，盛於西北，是以賓客之事亦屬焉。云「朝士主外朝之法」者，天子諸侯皆三朝：内朝二，路門外與路寢庭是也；外朝一，此朝在臯門内、庫門外是也。

司民，中士六人，府三人，史六人，胥三人，徒三十人。司民主民數。〔八〕

注「司民」至「民數」　在此者，案：其職云「掌登萬民之數」，凡斷獄弊訟，必須知民年幾老幼，是以司民雖非刑獄，連類在此也。

司刑，中士二人，府一人，史二人，胥二人，徒二十人。

「司刑」至「十人」　在此者，案：其職云「掌五刑之法，以麗萬民之罪」，故其職在此。

司刺，下士二人，府一人，史二人，徒四人。刺，殺也。三訊罪定則殺之。○司刺，七賜反，殺也。三訊，音信。

注「刺殺」至「殺之」　在此者，案：其職云「掌三刺、三宥、三赦之法」，亦是刑獄之類，故在此。

司約，下士二人，府一人，史二人，徒四人。約，言語之約束。○司約，劉於妙反，一音如字，注同。約束，劉詩樹反，一音如字。

「司約」至「四人」　在此者，案：其職云「掌邦國及萬民之約劑」，亦是禁戒之事，故在此。

司盟，下士二人，府一人，史二人，徒四人。盟，以約辭告神，殺牲歃血，明著其信也。曲禮曰：「涖牲曰盟。」○約辭，於妙反。歃血，所洽反。

注「盟以」至「曰盟」　在此者，案：其職云「掌盟載之法」，亦是禁戒之事，故在此。

職金，上士二人，下士四人，府二人，史四人，胥八人，徒八十人。職，主也。

「職金」至「十人」　在此者，案：其職云「掌凡金玉之戒令」，又云「掌受金罰、貨罰」，亦是刑獄之事，故在此。

司厲，下士二人，史一人，徒十有二人。犯政爲惡曰厲。厲士主盜賊之兵器及其奴者。

注「犯政」至「奴者」　在此者，案：其職云「掌盜賊之任器」，又云「其奴，男子入于罪隸」，亦是刑獄之事，故在此也。云「犯政爲惡曰厲」者，厲是惡鬼殺厲之事，故以造惡爲厲也。云「厲士主盜賊之兵器」者，其職文也。

犬人，下士二人，府一人，史二人，賈四人，徒十有六人。○賈四人，音嫁，又音古。

「犬人」至「六人」　在此者，案：其職云：「凡祭祀，共犬牲。」犬是金畜，故五行傳云：「二曰言，言之不從，則有犬禍。」故連類在此。犬有兩義，案：說卦「艮爲狗」，艮卦在丑，艮爲止，以能吠守止人，則屬艮，以能言，則屬兌，兌爲言故也。

司圜，中士六人，下士十有二人，府三人，史六人，胥十有六人，徒百有六十人。鄭司農云：「圜，謂圜土也。圜土，謂獄城也。今獄城圜。司圜職中言『凡圜土之刑人也』，以此知圜謂圜土也。又大司寇職曰『以圜土聚教罷民』，故司圜職曰『掌收教罷民』。」○司圜，于權反。罷民，音皮，下同。

注「司圜」至「十人」　在此者，案：其職云「掌圜土之刑人」，亦刑獄之事，故在此。

注「鄭司」至「罷民」　先鄭所引皆當其義，故後鄭從之。但獄城圜者，東方主規，規主仁恩，凡斷獄以仁恩求出之，故圜也。

掌囚，下士十有二人，府六人，〔九〕**史十有二人，徒百有二十人。**囚，拘也。主拘繫當刑殺之者。

注「囚拘」至「之者」　在此者，案：其職云「掌守盜賊，凡囚者」。刑獄之事，故在此也。

掌戮，下士二人，史一人，徒十有二人。戮猶辱也，既斬殺又辱之。

注「戮猶」至「辱之」　在此者，案：其職云「掌斬殺賊諜而搏之」。刑罪之事，故在此。

司隸，中士二人，下士十有二人，府五人，史十人，胥二十人，徒二百人。隸，給勞辱之役者。漢始置司隸，亦使將徒治道溝渠之役，〔一〇〕後稍尊之，使主官府及近郡。

「司隸」至「百人」　在此者，案：其職云「掌五隸之法」，五隸皆是罪人，故在此。

注「隸給」至「近郡」　以隸是罪人爲奴僕，故知「給勞辱之役」也。又引「漢始置司隸」云云者，以漢時司隸官與周同，故舉以爲況也。

罪隸，百有二十人。盜賊之家爲奴者。

「罪隸」至「十人」　此中國之隸，言罪隸。古者身有大罪，身既從戮，男女緣坐，男子入於罪隸，女子入於舂槀，故注云「盜賊之家爲奴者」也。蠻隸已下，皆百二十人者，鄭云「凡隸衆矣，此其選以爲役員」者，謂隸中選取善者，以爲役之員數爲限。其餘衆者以爲隸民，故司隸職云「帥其民而搏盜賊，役國中之辱事」之等，是百二十人外，謂之民者也。

蠻隸，百有二十人。征南夷所獲。

閩隸，百有二十人。閩，南蠻之别。○閩隸，亡巾反，又音文。

夷隸，百有二十人。征東夷所獲。

貉隸，百有二十人。征東北夷所獲。凡隸衆矣，此其選以爲役員，其餘謂之隸民。〔一二〕○貉隸，孟百反。

布憲，中士二人，下士四人，府二人，史四人，胥四人，徒四十人。憲，表也。主表刑禁者。

注「憲表」至「禁者」 在此者，案：其職云「掌憲邦之刑禁」，故在此也。知憲不爲法，而爲表憲者，又案：其職云「正月之吉，執旌節以宣布于四方，而憲邦之刑禁」。明憲爲表懸，示人使知者也。

禁殺戮，下士二人，史一人，徒十有二人。禁殺戮者，禁民不得相殺戮。

「禁殺」至「二人」 在此者，案：其職云「掌司斬殺戮者，以告而誅之」，是禁民相殺戮之事，故在此也。

禁暴氏，〔一三〕下士六人，史三人，胥六人，徒六十人。

「禁暴」至「十人」 此亦謂禁民不得相陵暴。在此者，案：其職云「掌禁庶民之亂暴力者正」，亦是防禁之事，故在此也。

野廬氏，下士六人，胥十有二人，徒百有二十人。廬，賓客行道所舍。

注「廬賓」至「所舍」　在此者，案：其職云「掌達國道路」，又云「掌凡道禁」，亦是禁戒之事，故在此也。知廬是「賓客行道所舍」者，見遺人云「十里有廬，三十里有宿」，故知之也。

蜡氏，下士四人，徒四十人。蜡，骨肉腐臭，蠅蟲所蜡也。〔一三〕月令曰「掩骼埋骴」，此官之職也。〔一四〕蜡讀如狙司之狙。○蜡氏，讀爲狙，清預反，注同。蠅蟲，以繩反。掩骼，更白反。貍，亡皆反，本又作埋。骴，本又作胔，似賜反。

注「蜡骨」至「之狙」　在此者，案：其職云「掌除骴」，又云「凡國之大祭祀，禁刑者、凶服者」，亦是禁戒之事，故在此。引月令「掩骼埋骴」者，案：彼注「骨枯曰骼，肉腐曰骴」。掩亦埋，但骼骴不同，故別言也。言骼骴者，凡人物皆是。云「蜡讀如狙司之狙」者，俗有狙司之言，故讀從音也。若然，月令所云是春時，今不在春官者，彼月令爲春時陽，不欲陰之事，故在春，此取禁戒之事，故在秋也。

雍氏，下士二人，徒八人。雍，謂隄防止水者也。○雍氏，於勇反，劉如字，注同。隄防，丁兮反。

注「雍謂」至「者也」　在此者，案：其職云「掌溝瀆澮池之禁」，亦是禁戒之事，〔一五〕故在此也。

萍氏，下士二人，徒八人。 鄭司農云：「萍讀爲蛢，〔一六〕或爲萍號起雨之萍。」玄謂今天問萍號作萍。爾雅曰：「萍，苹，其大者蘋。」〔一七〕讀如「小子言平」之平。萍氏主水禁，萍之草無根而浮，〔一八〕取名於其不沈溺。○萍氏，音平，又蒲丁反。爲蛢，蒲丁反，爾雅云「蛢，蛂黄蛢」，郭注云「甲蟲大如虎豆緑色」。萍號，蒲丁反。萍苹，上音平，本亦作苹同。下蒲丁反。者蘋，音頻。

注「萍氏」至「八人」　在此者，〔一九〕案：其職云「掌國之水禁」，亦是禁戒之事，故在此也。

注「鄭司」至「沉溺」　先鄭讀「萍」爲「蛢」，取音同。云「或爲萍號起雨之萍」者，亦天問之文。〔二〇〕萍亦浮萍之草也。玄謂「今天問」者，離騷有天問篇，天不可問，故以天問爲名。此就足先鄭，音義同。引爾雅「苹，萍，其大者蘋」者，此以義相曉也。云「讀如『小子言平』之平」者，俗讀，取音同，皆取萍水草無根而浮不沈，禁人使不沈溺如萍也。

司寤氏，下士二人，徒八人。 寤，覺也，主夜覺者。〔二一〕○寤覺，音教，下同。

注「寤覺」至「覺者」　在此者，案：其職云「禦晨行者，禁宵行者、夜遊者」，是禁戒之事，故在此也。言「寤，覺也，主夜覺者」，凡人之寐卧恒在寢，得禁之者，人有夜寐忽覺而漫出門者，故謂之爲夜覺也。

司烜氏，〔二二〕下士六人，徒十有二人。 烜，火也。讀如衛侯燬之燬，故書燬爲垣，〔二三〕鄭司農云「當爲烜」。○司烜，音毁，注燬同，火也。爲垣，劉音袁。

注「烜火」至「爲烜」　在此者，案：其職云「掌取明火，又以木鐸脩火禁」，亦是禁戒之事，故在此也。云「讀如衛侯燬之燬」者，春秋左氏「衛侯燬滅邢」，詩云「王室如燬」，燬，火之别名也。

條狼氏，下士六人，胥六人，徒六十人。〔二四〕杜子春云：「條當爲滌器之滌。」玄謂滌，除也。狼，狼扈道上。○條狼氏，音滌，徒歷反，除也，注同。

「條狼」至「十人」　在此者，案：其職云「掌執鞭以趨辟」，凡誓僕及誓馭之等是禁戒之事，故在此也。

注「杜子」至「道上」　云「滌器之滌」者，讀從特牲、少牢滌祭器等之滌也。云「狼，狼扈道上」者，謂不蠲之物在道，猶今言狼藉也。

脩閭氏，下士二人，史一人，徒十有二人。閭謂里門。

注「閭謂里門」　在此者，案：其職云「掌比國中宿互㰥者」，亦是禁戒之事，故在此也。云「閭謂里門」者，爾雅云：「巷門謂之閭。」故知是二十五家之里門也。

冥氏，下士二人，徒八人。鄭司農云：「冥讀爲冥氏春秋之冥。〔二五〕」玄謂冥方之冥，以繩縻取禽獸之名。○冥氏，如字，又莫歷反。縻取，亡皮反。

「冥氏」至「八人」　在此者，案：其職云「掌設弧張，爲阱擭以攻猛獸」，是冥然使之不覺，亦是禁守之事，故在此。

注「鄭司」至「之名」　云「冥氏春秋」者，冥氏作春秋，書名，若晏子、呂氏春秋之類，取其音讀也。後鄭云「冥方之冥」，亦取音同。云「以繩縻取禽獸之名」者，解冥是冥然使不覺之意也。

庶氏，下士一人，徒四人。庶讀如藥煑之煑，驅除毒蠱之言。〔二六〕書不作蠱者，字從聲。○庶氏，依注音藥煑之煑，又章預反。毒蠱，音古。

注「庶讀」至「從聲」　在此者，案：其職云「掌除毒蠱」，是除惡之事，故在此也。云「庶讀如藥煑之煑」者，俗讀，意取以藥煑去病，去毒蠱亦如是。云「書不作蠱者，字從聲」者，除蠱者，庶是去之意，故爲庶不爲蠱也，是其取聲。

穴氏，下士一人，徒四人。穴搏蟄獸所藏者。○搏蟄，音博，劉音付。下直立反。

注「穴搏」至「藏者」　在此者，案：其職云「掌攻蟄獸」，〔二七〕是除猛惡之事，故在此也。云「穴搏蟄獸所藏者」，凡獸蟄皆藏在穴中，故以穴爲官名，使取蟄獸也。

翨氏，下士二人，徒八人。翨，鳥翮也。鄭司農云：「翨讀爲翅翼之翅。」○翨氏，音翅，失豉反，又吉豉反，鳥翮。

注「翨鳥」至「之翅」　在此者，案：其職云「掌攻猛鳥」，亦是除惡之義，故在此。云「翨，鳥翮也」者，羽本曰翮，凡鳥有羽翨者皆有翮，故云翨，鳥翮也。凡翼、翅皆作翅，不作翨，故破從之也。〔二八〕

柞氏，下士八人，徒二十人。柞，除木之名。除木者必先挍剥之。〔二九〕鄭司農云：「柞讀爲音聲唶唶之唶，〔三〇〕屋笮之笮。」○柞氏，側百反，注唶屋笮皆同。挍剥，古飽反。

疏「柞氏」至「十人」　在此者，案：其職云「掌攻草木」，亦是除惡之義，故在此。

注「柞除」至「之笮」　知柞是「除木之名」者，見詩云「載芟載柞」，芟是除草，明柞是除木也。云「除木者必先刊剥之」者，見其職云：「夏日至，令刊陽木而火之。冬日至，令剥陰木而水之。」是先刊剥之。先鄭讀「柞」爲「音聲唶唶之唶」者，讀從春秋行扈唶唶之唶。又爲「屋笮之笮」者，俗讀，皆從音同也。

薙氏，〔三一〕**下士二人，徒二十人。**書「薙」或作「夷」。鄭司農云：「掌殺草，〔三二〕故春秋傳曰：『如農夫之務去草，芟夷薀崇之。』又俗間謂麥下爲夷下，〔三三〕言芟夷其麥，以其下種禾豆也。」玄謂薙讀如鬀小兒頭之鬀。書或作夷。此皆翦草也，字從類耳。月令曰「燒薙行水」，非謂燒所芟草乃水之。〔三四〕○薙氏，李或作雉，〔三五〕同他計反，徐庭計反。去草，起吕反。芟夷，所銜反。薀崇，紆粉反，〔三六〕徐憂群反。鬀小，他計反。

疏「薙氏」至「十人」　在此者，案：其職云「掌殺草」，亦是除惡之義，故在此也。

注「書薙」至「水之」　先鄭從古書「薙」爲「夷」，故引古今而爲證也。春秋者，左氏傳隱六年，「夏五月，鄭伯侵陳。往歲鄭伯請成於陳，陳侯不許。五父諫曰：『親仁善鄰，〔三七〕國之寶也。』」又云「周任有言曰：『爲國家者，見惡如農夫之務去草，芟夷薀崇之。』」注云：「芟，刈。夷，殺。薀，積。崇，聚。」「玄謂薙讀如鬀小兒頭之鬀」者，俗讀也。

云「字從類耳」者，人髮之鬄從髮，薙草還草下爲之，故云類也。月令者，仲夏令，引之者，欲見薙草須燒之，又須水之意也。

硩蔟氏，下士一人，徒二人。 鄭司農云：「硩讀爲擿，蔟讀爲爵蔟之蔟，謂巢也。」玄謂硩，古字從石，折聲。〔三八〕○硩，音擿，他歷反，徐丈列反，沈勑徹反，李又思亦反。蔟氏，倉獨反。

「硩蔟」至「二人」　在此者，案：其職云「掌覆夭鳥之巢」，是除惡之類，故在此。

注「鄭司」至「折聲」　先鄭讀「硩」爲「擿」，後鄭不從者，先鄭意以爲杖擿破之，故從「擿」，後鄭意以石物等投擲爲義，故不從。先鄭又讀「蔟」爲爵蔟之「蔟」者，〔三九〕爵蔟是雀窠，後鄭從之。「玄謂硩，古字從石，折聲」者，以石投擲毁之，故古字從石，以折爲聲，是上聲下形字也。

翦氏，下士一人，徒二人。 翦，斷滅之言也，主除蟲蠹者。詩云：「實始翦商。」○蟲蠹，都路反。

注「翦斷」至「翦商」　在此者，案：其職云「掌除蠹物」，故鄭云「翦，斷滅之言也，主除蟲蠹者」，〔四〇〕故在此。引詩者，證翦是翦除。

赤犮氏，〔四一〕下士一人，徒二人。 赤犮猶言捇拔也，〔四二〕主除蟲豸自埋者。○赤犮氏，赤如字，一音采昔反。犮，徐音跋，畔末反，劉房末反。捇拔，上采昔反，徐呼陌反。下畔末反，劉房末反，或蒲八反。蟲豸，直氏反。

注「赤拔」至「埋者」　在此者，案：其職云「掌除牆屋」，注「除蟲豸藏逃其中者」，爾雅釋蟲云：「有足曰蟲，無足曰豸。」亦是除惡之義，故在此。言「赤犮猶言捇拔」者，捇拔，除去之也。〔四三〕

蟈氏，下士一人，徒二人。鄭司農云：「蟈讀爲蜮，蜮，蝦蟇也。〔四四〕月令曰『螻蟈鳴』，故曰『掌去鼃黽』。鼃黽，蝦蟇屬。書或爲『掌去蝦蟇』。」玄謂蟈，今御所食蛙也。字從虫，國聲也。蜮乃短狐與？○蟈氏，古獲反，注同，劉音或，又音國。爲蜮，劉音或，一音古獲反。蝦，音遐。蟇，音麻。螻，音樓。鼃，户媧反，又斛佳反。黽，莫幸反。食蛙，户蝸反，劉斛佳反，沈和佳反。蜮乃，音或。短狐與，音餘，下官與同。

「蟈氏」至「二人」　在此者，案：其職云「掌去鼃黽」，亦是除惡之義，故在此也。

注「鄭司」至「狐與」　先鄭以蟈爲蜮，又以蜮爲蝦蟇，後鄭不從，鼃黽，蝦蟇屬，是其類也。云「書或爲掌去蝦蟇」者，於義可也。「玄謂蟈，今御所食蛙也」者，蛙、蟈爲一物。云「字從虫，國聲也」者，國與蟈爲聲，所謂左形右聲者也。云「蜮乃短狐與」者，案：莊公十八年「秋，有蜮」，服云：「短狐，南方盛暑所生，其狀如鼈，古無今有。含沙射入人皮肉中，〔四五〕其瘡如疥，徧身中濩濩蜮蜮，〔四六〕故曰災，禮臣惑君則有。」〔四七〕案五行志，劉向以爲蜮生南越，由齊姜淫惑莊公，故生於魯。

壺涿氏，下士一人，徒二人。壺謂瓦鼓。涿，擊之也。故書「涿」爲「獨」。鄭司農云：「獨讀爲濁其源之濁，音與涿相近，書亦或爲濁。」〔四八〕○壺涿氏，陟角反，又音濁。相近，附近之近。

「壺涿」至「二人」　在此者，案：其職云「掌除水蟲」，亦是除惡之類，故在此也。

注「壺謂」至「爲濁」　壺乃盛酒之器，非可涿之物，故知是瓦鼓。必知是瓦者，雖無正文，考工記有陶人、旊人造瓦器，甌水蟲，非六鼓，故知瓦鼓也。先鄭雖讀涿爲濁，聲轉字誤，故爲濁，猶從涿爲義，故後鄭引之在下。「濁其源」，大玄經文也。

庭氏，下士一人，徒二人。

庭氏主射妖鳥，令國中絜清如庭者也。○主射，食亦反。絜清，才性反，又如字。

注「庭氏」至「者也」　在此者，案：其職云「掌射國中夭鳥」，〔四九〕亦是除惡之類，故在此也。

銜枚氏，下士二人，徒八人。

銜枚，止言語嚻讙也。枚狀如箸，横銜之，爲之繣結於項。〔五〇〕○嚻，五高反，一音許驕反，下同。讙，音歡。如箸，直慮反。爲繣，户卦反，又胡麥反。

注「銜枚」至「於項」　在者，案：其職云「大祭祀令禁無嚻」，亦是禁戒之事，故在此也。云「狀如箸，横銜之，爲之繣結於項」者，繣，謂以組爲之，繫著兩頭，於項後結之。

伊耆氏，下士一人，徒二人。

伊耆，古王者號。始爲蜡，以息老物。此主王者之齒杖。後王識伊耆氏之舊德，而以名官與？今姓有伊耆氏。○伊耆，巨之反。爲蜡，仕詐反。

「伊耆」至「二人」　在此者，案：其職云「掌共杖」，杖，老者所依，秋是長老之方，故在此。

注「伊耆」至「耆氏」　案：明堂位云：「土鼓、蕢桴、葦籥，伊耆氏之樂也。」鄭注亦云「伊耆氏，古天子有天下之號」。云「始爲蜡，以息老物」者，郊特牲文。引之者，取息老物，證伊耆供杖於老者之事故也。云「此主王者之齒杖，後王識伊耆氏之舊德，而以名官與」者，言後王識伊耆氏之舊德，則周家以前爲後王，至周又因之，故不指周而云後王也。

大行人，中大夫二人。

小行人，下大夫四人。

司儀，上士八人，中士十有六人。

行夫，下士三十有二人；府四人，史八人，胥八人，徒八十人。行夫，主國使之禮。○國使，所吏反。

「大行」至「行夫」　此四官在此者，皆主賓先嚴疑之事故也。〔五二〕亦謂別職同官，故四官各有職司，而共府史胥徒也。

注「行夫」至「之禮」　大行人、小行人、司儀，皆掌賓客之禮，不見注解，至行夫獨注之，以官獨多於餘官，以主國使之禮，至於美惡無禮皆使之，故官多於餘官也。

環人，中士四人，史四人，胥四人，徒四十人。環猶圍也。主圍賓客、任器，爲之守衛。○環人，户關反，劉户串反。

注「環猶」至「守衛」　在此者，案：其職云「賓客舍則授館，令聚欜」，亦是禁守之事，故在此也。云「主圍賓客之任器，爲之守衛」者，其職文也。

象胥，每翟上士一人，中士二人，下士八人，徒二十人。通夷狄之言者曰象。胥，其有才知者也。此類之本名，東方曰寄，南方曰象，西方曰狄鞮，北方曰譯。今揔名曰象者，〔五二〕周之德先致南方也。○才知，音智。狄鞮，丁兮反。曰譯，音亦。

注「通夷」至「方也」　在此者，案：其職云「掌四夷之國使，以傳賓主之語」，故亦連類在此也。云「此類之本名東方」已下，皆王制文。云「寄」者，賓主不相解語，故寄中國語於東夷，〔五三〕又寄東夷語於中國，使相領解。云「象」者，傳南方於國中，〔五四〕還象中國以傳之；與南方人語，則還象南方語而傳之。云「狄鞮」者，鄭彼注云「鞮之言知也」，雖不訓狄，狄即敵也，謂言語相敵，使之知也。云「北方曰譯」者，譯，即易，謂换易言語，使相解也。云「揔名曰象者」，四方别稱，經唯有一象，故云揔名曰象。云「周之德先致南方也」者，即詩序所云「文王之德，被於江漢」是也，又書序云「巢伯來朝」，注「巢伯，殷之諸侯，聞武王克商，慕義而來朝」，此皆致南方，故象得揔名也。

掌客，上士二人，下士四人，府一人，史二人，胥二人，徒二十人。

「掌客」至「十人」　在此者，其職云「掌賓客牢禮之陳」，亦是賓客嚴凝象秋，故在此。

掌訝，中士八人，府二人，史四人，胥四人，徒四十人。訝，迎也。賓客來，主迎之。鄭司農云：「訝讀爲『跛者訝跛者』之訝。」○跛者，波可反。

注「訝迎」至「之訝」　在此者，案：其職云「掌迎賓客」，故連類在此。先鄭云「『跛者訝跛者』之訝」，此公羊傳文。時晉使郤克聘齊，郤克跛，齊使跛者往御。御亦訝也，故讀從之也。

掌交，中士八人，府二人，史四人，徒三十有二人。主交通結諸侯之好。○之好，呼報反。

注「主交」至「之好」　在此者，案：其職云「掌九禁之難」，有禁戒之事，故在此也。

掌察，四方中士八人，史四人，徒十有六人。

掌貨賄，下士十有六人，史四人，徒三十有二人。

「掌察」至「掌貨」　在此者，蓋督察邦國之事，及掌邦國所致貨賄，但二官闕，不可強言也。

朝大夫，每國上士二人，下士四人，府一人，史二人，庶子八人，徒二十人。此王之士也，使主都家之國治，而命之朝大夫云。○國治，直吏反。

「朝大」至「十人」　在此者，案：其職云「掌都家之國治」，因有邦國賓客在秋，都家之治亦在此。

注「此王」至「夫云」　此云「每國上士二人」，是王朝之士。以其主采地之國治，事重，則名之曰朝大夫云。畿内三等采地，地雖有百里、五十里、二十五里，揔謂之國，若王制云九十三國也。云「庶子」者，蓋亦主采地之諸子。今在府史之下，蓋官長所自辟除也。

都則，中士一人，下士二人，府一人，史二人，庶子四人，徒八十人。都則，主都家之八則者也。當言每都，如朝大夫及都司馬云。

注「都則」至「馬云」　此官已闕，鄭知主八則者，大宰云「八則治都鄙」，此經云「都則」，故知則，八則也。

都士，中士二人，下士四人，府二人，史四人，胥四人，徒四十人。

家士，亦如之。都家之士，主治都家吏民之獄訟，以告方士者也。亦當言每都。

注「都家」至「每都」　在此者，此官雖闕，義理可言。以其稱士，則知主獄，故鄭云「都家之士，主治都家吏民之獄訟，以告方士者也」。必知王家不置都士，而云都家之士者，以其都司馬使王臣爲之，〔五五〕家司馬家自置司馬，以司馬主軍事重，故王置都司馬，〔五六〕此刑事輕於軍，故都家王皆不置都士，但已有方士主其獄，故使都家之士以獄告也。

大司寇之職，掌建邦之三典，以佐王刑邦國，詰四方，典，法也。詰，謹也。書曰：「王耗荒，〔五七〕度作詳刑，以詰四方。」○詰四，起吉反。旄荒，莫報反。度作，待洛反。

「大司」至「四方」　大司寇云「佐王刑邦國，詰四方」，不言「刑王國，詰畿内」者，王官不嫌不刑詰在内，故舉外以見内也。大宰云「以六典治邦國」，今此更言「建三典」者，彼六典自是六官之典，此三典自是刑之三典，與彼別，故司寇別施之。

注「典法」至「四方」　「典，法也」。案：大宰注「云典法，則所用異，異其名也」，故云典法也。引書者，呂刑篇文，「呂侯訓夏贖刑，王耄荒度作詳刑以詰四方」。謂周穆王年老耄亂荒忽，〔五八〕猶能用賢量度詳審之刑，以詰謹四方。引之者，證詰爲謹義也。

一曰刑新國用輕典，新國者，新辟地立君之國。用輕法者，爲其民未習於教。〔五九〕○爲民，于僞反。

注「新國」至「於教」 云「新國者，新辟地立君之國」者，謂若世衰，夷狄内侵，國君誅滅，聖人後作，日辟國百里，既攘夷狄，國空無主，民不獨治，須立君化之，則是「新辟地立君之國」者也。趙商問：「族師職此〔六〇〕『四閭爲族，八閭爲聯，使之相保相受，刑賞慶賞相及。』〔六一〕在康誥曰：『父不慈，子不孝，兄不友，弟不恭，不相及也。』族師之職，鄰比相坐；康誥之云，門内尚寬。不知書禮是錯，未達指趣。」〔六二〕荅曰：「族師之職，周公新制禮，使民相拱勑之法。〔六三〕康誥之時，周法未定天下，又新誅三監，務在尚寬，以安天下。先後量時，各有云爲，乃謂是錯也？」若然，言周公之時，未定天下，即是新國，更云新誅三監，假令周法先定，新誅之國亦是新國，故此云新辟地立君也。

二曰刑平國用中典，平國，承平守成之國也。用中典者，常行之法。

注「平國」至「之法」 云「平國，承平守成之國也」者，謂先君受封，後君承前平安，守持成立之國，民已被化，則用常行之法以治之。

三曰刑亂國用重典。亂國，篡弒叛逆之國。用重典者，以其化惡伐滅之。○篡，初患反。殺，音試，本亦作弒。

注「亂國」至「滅之」 云「亂國，篡弒叛逆之國」者，謂若州吁篡國，崔杼弒君，臧紇叛魯，此皆逆亂之國。如此之國，民起惡心，故於常法之外，爲惡者則當伐滅之也。

以五刑糾萬民：刑亦法也。糾猶察異之。

注「刑亦」至「異之」　此五刑，與尋常正五刑墨、劓之等別，刑亦法也。此五法者，或一刑之中而含五，或此五刑全不入五刑者。云「糾猶察異之」者，謂萬民犯五刑，察取與之罪，使別異善惡，則尚書畢命云「旌別淑慝，表厥宅里」，是也。

一曰野刑，上功糾力。功，農功。力，勤力。

注「功農」至「勤力」　以其言野，則國外若鄉大夫云〔六四〕「野自六尺」之類。既言在野爲功，故知功是農功，力，勤力也。

二曰軍刑，上命糾守。命，將命也。守，不失部伍。○糾守，劉音狩，注同。將命，子匠反。

注「命將」至「部伍」　以其在軍，梱外之事，將軍裁之，故知命是將命也。軍行必有部分卒伍，故云「不失部伍」也。

三曰鄉刑，上德糾孝。德，六德也。善父母爲孝。

注「德六」至「爲孝」　謂在鄉中之刑。大司徒云：「以鄉三物教萬民，一曰六德，知、仁、聖、義、忠、和。」既言在鄉，故知德是六德教民者，非教國子三德、咎繇九德者也。〔六五〕「善父母爲孝」，爾雅釋訓文。

四曰官刑，上能糾職。能，能其事也。職，職事脩理。

注「能能」至「脩理」　知「能是能其事。職，職事脩理」者，以其言官，官中見能、見職明知義然。

五曰國刑，上愿糾暴。〔六六〕愿，慤慎也。「暴」當爲「恭」字之誤也。○上愿，音願。劉又音原。糾暴，依注暴作恭。慤慎，苦角反。

注「愿慤」至「誤也」 知爲「恭」不作「暴」者，以其上四刑，皆糾察其善，不糾其惡，以類言之，故知是恭。 恭又似暴字，故云「字之誤也」。

以圜土聚教罷民，圜土，獄城也。聚罷民其中，困苦以教之爲善也。民不慜作勞，有似於罷。○罷民，音皮，注下皆同。不慜，音敏，劉亡覲反，尚書作慜，音敏，又作旻，皆訓強。

注「圜土」至「於罷」 此已下説罷民。云「教之」者，正謂夜入圜土，晝則役之司空，困苦則歸善，鄭云「困苦以教之爲善」。云「民不慜作勞，有似於罷」者，罷，爲困極罷弊，此圜土被囚而役，是不慜強作勞之民，有似罷弊之民也。〔六七〕

凡害人者，寘之圜土而施職事焉，以明刑恥之。害人，謂爲邪惡已有過失麗於法者。以其不故犯法，寘之圜土繫教之，庶其困悔而能改也。寘，置也。施職事，以所能役使之。明刑，書其罪惡於大方版，著其背。○寘之，之豉反，置也，又音示。爲邪，似嗟反，下同。著其，丁略反，一音直略反。

注「害人」至「其背」 云「害人，謂爲邪惡，已有過失麗於法者」，案：司救職云：「凡民之有袤惡者，〔六八〕三讓而罰，三罰而士加明刑，恥諸嘉石，役諸司空。」即此下文者是也。此謂語言無忌，侮慢長老，過淺，直坐之嘉石，不入圜土者也。彼下文又云：「其有過失者，三讓而罰，三罰而歸于圜土。」此謂抽拔兵劍，誤以傷人，罪重，不坐嘉石，〔六九〕徑入圜土，晝日亦役之司空，夜入圜土者也。 此罷民，本無故心，直是過誤，比入五刑者爲輕，〔七〇〕比坐嘉石者爲重，〔七一〕故云「已麗於法」。麗於法，乃入圜土者也。〔七二〕

其能改者，反于中國，不齒三年；反于中國，謂舍之還於故鄉里也。司圜職曰：「上罪三年而舍，中罪二年而舍，下罪一年而舍。」不齒者，不得以年次列於平民。

「其能」至「三年」 云「能改」，正謂在圜土不出，自思已過，是能改也。

注「反于」至「平民」　言「反于中國」者，虞書有「五宅三居」，彼不在中國，〔七三〕此則反還於故鄉里也。引司圜職已下，見舍之遠近。此所舍鄉，則玉藻所謂「垂緌五寸，惰游之士也」是也。

其不能改而出圜土者，殺。〔七四〕出謂逃亡。

「其不」至「者殺」　云「不能改」，正謂不能伏思已過而出圜土也。

以兩造禁民訟，入束矢於朝，然後聽之。訟，謂以財貨相告者。造，至也。使訟者兩至，既兩至，使入束矢乃治之也。不至，不入束矢，則是自服不直者也。必入矢者，取其直也。詩曰「其直如矢」。古者一弓百矢，束矢其百个與？〔七五〕○兩造，七報反，至也，注同。百个，古賀反。與，音餘。

「以兩」至「聽之」　此并下二經，論禁民獄訟，不使虛誣之事。言「禁」者，謂先令入束矢，不實則沒入官。若不入，則是自服不直，是禁民省事之法也。

注「訟謂」至「个與」　云「訟，謂以貨財相告者」，以對下文獄，是「相告以罪名」也。此相對之法。若散文則通，是以衛侯與元咺訟，是罪名亦曰訟。云「古者一弓百矢」者，尚書文侯之命，平王賜晉文侯，及僖二十八年，襄王賜晉文公，皆云「彤弓一，彤矢百」，故知一弓百矢。云「束矢其百个與」者，彼是所賜，此乃入官，約同之，故云「與」以疑之。泮水詩云「束矢其搜」，毛云：「五十矢曰束。」彼鄭從之者，彼或據在弓矢數，〔七六〕與受賜者異，故從毛傳也。

以兩劑禁民獄，入鈞金，三日乃致于朝，然後聽之。獄，謂相告以罪名者。劑，今券書也。使獄者各齎券書，既兩券書，使入鈞金，又三日乃治之，重刑也。不券書，不入金，則是亦自服不直者也。必入金者，取其堅也。三十斤曰鈞。○兩劑，子隨反。

「以兩」至「聽之」　此一經聽爭罪之事，與上聽訟有異，此則各遣持劑之書契，又入金不入矢。「三日乃致于朝」者，皆謂以獄事重於訟事，故鄭云重刑也。

注「獄謂」至「曰鈞」　云「獄謂相告以罪名者」，對前相告以財貨爲訟也。云「劑，今券書也」者，小宰：「聽賣買以質劑。」〔七七〕質人云：〔七八〕「大市以質，小市以劑。」鄭小宰注云：「簿書之最目，獄訟之要辭，皆曰契。」則劑謂券書者，謂獄訟之要辭，若王叔氏不能舉其契是也。「三十斤曰鈞」，律曆志文。

以嘉石平罷民，嘉石，文石也。樹之外朝門左。平，成也。成之使善。○文石，如字，劉音問。樹之，音樹。

注「嘉石」至「使善」　此嘉石、肺石在朝士職，朝士屬大司寇，故見之耳。云「嘉石，文石也」者，以其言嘉，嘉善也。有文乃稱嘉，故知文石也。欲使罷民思其文理，以改悔自脩。樹之外朝門左，朝士文也。

凡萬民之有罪過而未麗於灋，而害於州里者，桎梏而坐諸嘉石，役諸司空。重罪旬有三日坐，〔七九〕朞役；其次九日坐，九月役；其次七日坐，七月役；其次五日坐，五月役；其下罪三日坐，三月役。使州里任之，則宥而舍之。有罪過，謂邪惡之人所罪過者也。麗，附也。未附於法，未著於法也。木在足曰桎，在手曰梏。役諸司空，坐日訖，〔八〇〕使給百工之役也。役月訖，使其州里之人任之，乃赦之。宥，寬也。○桎，音質。梏，古毒反。未著，直略反，下附猶著皆同。

「凡萬」至「舍之」　云「未麗於法」，秖謂入圜土爲法，此坐嘉石之罷民未入圜土，差輕故也。云「害於州里者」，謂語言無忌，侮慢長老。云「桎梏而坐諸嘉石」者，謂坐時，坐日滿，役諸司空，則無桎梏也。此已下輕重有五節，皆就語言侮慢之中，斟酌爲輕重，分五等也。云「使州里任之」者，仍恐習前爲非而不改，故使州長里宰保任，乃舍之。以稍輕，入鄉則得與鄉人齒，〔八一〕亦無垂緌五寸之事也。鄭云「木在足曰桎，在手曰梏」，知者，〔八二〕無正文，見掌囚云「上罪梏拲而桎」，拲，謂兩手共一木，梏與拲連言，〔八三〕故知梏在手，桎在足也。廣雅云：「手閒之梏械，足閒之桎械。」〔八四〕亦是手曰梏，足曰桎。易志冷剛問：「大畜六四『童牛之梏，元吉。』注：巽爲木，互體震，震爲牛之足，足在艮體之中。艮爲手，持木以就足，是施梏。又蒙初六注云：『木在足曰桎，在手曰梏。』今大畜六四施梏于足，不審桎梏手足定有別否？」答曰：「牛無手，故以足言之。」

以肺石達窮民，肺石，赤石也。窮民，天民之窮而無告者。○肺石，芳廢反，肺石，赤石也。

注「肺石」至「告者」　云「肺石，赤石也」者，陰陽療疾法，肺屬南方火，火色赤，肺亦赤，故知名肺石是赤石也。必使之坐赤石者，使之赤心，不妄告也。云「窮民，天民之窮而無告者」，王制文。彼上文云：「少而無父者謂之孤，老而無子者謂之獨，老而無妻者謂之鰥，老而無夫者謂之寡。此四者，天民之窮而無告者也，皆有常餼。」

凡遠近惸獨老幼之欲有復於上而其長弗達者，立於肺石，三日，士聽其辭，以告於上，而罪其長。無兄弟曰惸。無子孫曰獨。復猶報也。上謂王與六卿也。報之者，若上書詣公府言事矣。長，謂諸侯若鄉遂大夫。○惸獨，其營反。其長，丁丈反，下及注同。上書，時掌反。

「凡遠」至「其長」　言「遠近」者，無有遠近，畿外畿内之民，皆有惸獨老幼之等。云「欲有復於上而其長弗達者」，謂長官不肯通達，審知其貧困者，故須復報於上，如此之類，是上窮民，即來立於石也。

注「無兄」至「大夫」　釋曰：鄭知惸是無兄弟者，王制已有孤獨鰥寡，不見惸，則惸是無兄弟可知也。是以尚書洪範亦云「無虐惸獨，而畏高明」，孔云：「惸，單無兄弟也。無子曰獨。」云「無子孫曰獨」者，案：王制唯云「老而無子曰獨」，今兼云孫者，無子有孫不爲獨，故兼云無孫也。鄭不釋經「老幼」者，老則無夫無妻，幼則無父，可知，故不釋也。知上是王與六卿者，六卿並知國政，皆得受冤怨，故兼六卿言之。云「長，謂諸侯若鄉遂大夫」者，冤訴之人，〔八五〕天下皆是，故長亦兼天下，故以畿外諸侯及畿內鄉遂大夫，皆得爲長也。若然，不言二等采地之主及三公邑大夫者，在長中可知，故舉外內以包之也。

正月之吉，始和布刑于邦國都鄙，乃縣刑象之灋于象魏，使萬民觀刑象，挾日而斂之。正月朔日，布王刑於天下，正歲又縣其書，重之。○乃縣，音玄，注及下同。挾日，子協反。

「正月」至「斂之」　釋曰：「正月之吉」者，謂建子之月，正月一日也。言「始和」者，大宰注「凡治有故，言始和者，若改造云爾」，其實不改也。云「布刑于邦國都鄙」者，正月和，即以此月布于天下。云「乃縣刑象之法于象魏」者，謂建寅正歲，邦國及都鄙并王家雉門，皆一時縣之。「斂之」者，天子斂藏於明堂，諸侯斂藏於祖廟，日月受而行之，〔八六〕謂之聽朔。

注「正月」至「重之」　釋曰：鄭云「天下」，即邦國都鄙也。云「正歲又縣其書，重之」，知正歲乃縣者，亦約小司寇知之也。

凡邦之大盟約，涖其盟書，而登之于天府，涖，臨也。天府，祖廟之藏。○盟約，於妙反。之藏，才浪反。

「凡邦」至「天府」　云「凡邦之大盟約」者，謂王與諸侯因大會同而與盟所有約誓之辭。云「涖其盟書，而登于天府」者，既其盟書，〔八七〕因即登此盟書于天府。

注「涖臨」至「之藏」　云「天府，祖廟之藏」者，天府職文。

大史、内史、司會及六官皆受其貳而藏之。六官，六卿之官也。貳，副也。○司會，古外反，下司會皆同。

「大史」至「藏之」　大史、内史、司會，掌事皆與六卿同，故皆有副貳盟辭而藏之，擬相勘當也。

凡諸侯之獄訟，以邦典定之；邦典，六典也。以六典待邦國之治。○之治，直吏反，下同。

注「邦典」至「之治」　云「邦典，六典也」者，案：大宰職「以典待邦國之治」，故邦國有獄訟之事來詣王府，還以邦典定之。

凡卿大夫之獄訟，以邦灋斷之；邦法，八法也。以八法待官府之治。○斷之，丁亂反，下注皆同。

注「邦法」至「之治」　案：大宰云「以八法治官府」，是以卿大夫有獄訟，還以邦之八法斷之。若然，大宰有「八則治都鄙」，此不言都鄙有獄訟，以八則斷之者，都鄙有獄訟，都家之士告于方士治之，故此不言也。

凡庶民之獄訟，以邦成弊之。邦成，八成也，以官成待萬民之治。故書「弊」爲「憋」。鄭司農云：「憋當爲弊。邦成，謂若今時決事比也。弊之，斷其獄訟也。故春秋傳曰『弊獄邢侯』。」○弊之，必世反，斷也，後訓斷者皆同。憋，劉芳滅反，又音卑設反。事比，必利反。

注「邦成」至「邢侯」　大宰云「以官成待萬民之治」，是以庶民有獄訟，還以邦成弊之。〔八八〕弊亦斷也，異其文耳。

云「邦成，八成也」者，則小宰云「一曰聽征役以比居，〔八九〕二曰聽師田以簡稽」已下是也。先鄭云「邦成，謂若今時決事比也」者，此八者，皆是舊法成事品式。若今律，其有斷事，皆依舊事斷之，其無條，取比類以決之，故云決事比也。春秋傳者，春秋左氏傳「晉邢侯與雍子爭鄐田，邢侯不勝，乃弊獄邢侯」，引之者，證弊爲斷，〔九〇〕義同也。

大祭祀，奉犬牲。奉猶進也。

「大祭」至「犬牲」　犬屬西方金，犬既當方之畜，故司寇奉進犬牲也。

若禋祀五帝，則戒之日，涖誓百官，戒于百族。戒之日，卜之日也。〔九一〕百族，謂府史以下也。郊特牲曰：「卜之日，王立于澤，親聽誓命，受教諫之義也。獻命庫門之內，戒百官也。大廟之內，戒百姓也。」

「若禋」至「百族」　禋之言煙，煙祀五帝，謂迎氣於四郊，及摠享五帝於明堂也。云「戒之日」者，謂前十日卜之日，卜吉，即戒之使散齊。云「涖誓百官」者，謂餘官誓百官之時，大司寇則臨之；云「戒於百族」者，大司寇親自戒之。其百官所戒者，當大宰爲之，是以大宰云：「祀五帝，前期十日，帥執事而卜日，遂戒。」故知大宰戒百官也。若然，大宰云：「祀五帝則掌百官之誓戒。」大宰雖云「掌百官誓戒」，戒則親爲之，誓則掌之而不親誓。何者？此司寇卑於大宰，此云涖誓百官，豈司寇得臨大宰乎？故知大宰掌之。餘小官誓之，司寇臨之也。注「戒之」至「姓也」　鄭知百族府史以下者，以其王之百姓，亦同大宰戒之，故知百族府史胥徒也。引郊特牲者，欲見百族非王之親，是府史以下也。云「獻命庫門之內戒百官也」者，王自澤宮而還入皐門，至庫門之內，大宰獻命，命，即戒百官。又於庫門內而東入廟門，〔九二〕庫門之內戒百姓。〔九三〕彼注云：「百姓，王之親也。」以親，故入廟，乃戒之。

及納亨，前王；祭之日，亦如之。納亨，致牲。○納亨，普庚反，劉普孟反，注同，下納亨放此。

「及納」至「如之」　釋曰：鄭云「納亨，致牲」者，謂將祭之晨。〔九四〕「祭之日」，謂旦明也。此二者，大司寇爲王引道，故云「亦如之」。

奉其明水火。明水火，所取於日月者。

注「明水」至「月者」　釋曰：司烜氏以陽燧取火於日中，以陰鑑取水於月中。明者，絜也。主人明絜，〔九五〕水火乃成可得，是明水火所取於日月者也。奉此水火者，水以配鬱鬯與五齊，火以給爨亨也。

凡朝覲、會同，前王。大喪，亦如之。大喪所前或嗣王。

「凡朝」至「如之」　釋曰：朝覲不言大，則四時朝也。會同，謂時見曰會，殷見曰同。此者皆司寇在王前爲導也。其大喪亦如之，亦導王也。

注「大喪」至「嗣王」　釋曰：知「嗣王」者，以經云大喪是王喪，復云前王，明是嗣王也。言「或」者，大喪或是先后及王世子，皆是大喪。若先后及世子大喪，則王爲正王也。既言前王，明以先后世子爲正，〔九六〕故云「或嗣王」也。凡大喪之禮有三。大宰云「大喪，贊贈玉含玉」，大司馬云「大喪，平士大夫」，〔九七〕此主謂王喪。〔九八〕大宗伯云：「朝覲會同，則爲上相，大喪亦如之。」注云：「王、后、世子。」及此「大喪亦如之」，二者容有先后及后、世子。又宰夫云：

「大喪、小喪，掌小官之戒令。」注云：「大喪，王、后、世子也。小喪，夫人以下。」然則大喪與小喪相連，則不容有王喪。

大軍旅，涖戮于社。 社，謂社主在軍者也。鄭司農説以書曰「用命賞于祖，不用命戮于社」。

注「社謂」至「于社」　鄭知「社，謂社主在軍者也」者，以其大軍旅非在國，故先鄭引書爲證，彼書，謂甘誓，啓與有扈戰于甘之野，誓士衆辭。社是陰，殺亦陰，賞是陽，祖是遷主亦陽，故各於其所。必於祖社主前者，尊祖嚴社之義也。

凡邦之大事，使其屬蹕。 屬，士師以下也。故書蹕作避，杜子春云：「避當爲辟，謂辟除姦人也。」玄謂蹕止行也。○趕，本亦作蹕，音畢，止行也。

注「屬士」至「行也」　云「凡邦之大事」者，言「凡」語廣，則國有大事，王動行，皆使其屬蹕。鄭知其屬是士師以下者，見士師職云：「諸侯爲賓，則帥其屬而蹕于王宮。」注云：「諸侯來朝，若饗食時」。士師云帥其屬，則士師以下上士、中士、下士皆蹕。知者，以此注云「士師以下」故也。

校勘記

〔一〕秋者道也　「道」，阮本作「遒」，當是。

〔二〕所掌邦刑　「所」，阮本作「使」，當是。

〔三〕刑期於無刑　「期」，原作「斯」，據阮本改。

〔四〕似不主三百里中與五百里中獄者　阮本無「與」字。

〔五〕家大夫之采地此三等采地之獄　上「地」字，監、毛、殿本同，元、閩、閩、阮本作「主」，阮校云，「地」「主」二字當并有。

〔六〕故亦以士言之也　殿本同，阮本脱「以」字。

〔七〕以朝主爲詢衆庶　「主」，元、監、殿本同，閩、閩、毛、阮本作「士」。疑作「士」是。

〔八〕司民主民數　「主」，婺、岳、阮本同，建本作「司」，非。

〔九〕府六人　「六」，婺、岳、阮本同，建本作「十」，疑作「六」是。

〔一〇〕亦使將徒治道溝渠之役　「役」，阮本作「徒」，疑非。

〔一一〕其餘謂之隸民　閩、阮本脱「民」字。

〔一二〕禁暴氏　「暴」，唐石經同，誤，此當用古字，作「虣」。

〔一三〕蠅蟲所蜡也　漢讀考云，據説文，「所蜡也」當作「所胆也」。

〔一四〕月令曰掩骼埋胔此官之職也　宋拓蜀石經「胔」作「骴」，「職」下無「也」。

〔一五〕亦是禁戒之事　「禁」，阮本作「楚」，誤。

〔一六〕萍讀爲蛢　阮校云，諸本同，按此當作「蛢」，讀爲「蓱」，因故書作蚊蟥之蛢，故司農讀從苹蓱之蓱。下云「或爲萍號起雨之萍」，則蓱萍字通也。此經當作「蛢氏」，後人援注改經，又易注蓱爲萍，則與下萍號爲一字矣。因此官義取蓱草之不沈溺，古經假借作「蛢」，故司農改讀「蓱」爲「萍」，若經本作「萍」，而易爲「蛢」，斷無此理也。

〔一七〕玄謂今天問萍號作萍爾雅曰萍蓱其大者蘋　阮校云，諸本同。段玉裁云，當作「今天問萍號作蓱」，王逸注本正作「蓱」，云「一作萍」。按：後鄭增成司農義，而意主蓱字，故引今天問「蓱號」、爾雅「苹蓱」以證之。

「萍蓱」當作「苹蓱」，釋文云「萍本亦作苹」，是也。「萍」、「蓱」乃一字，不得爲二名。

〔一八〕 萍氏主水禁萍之草無根而浮　阮校云，此二「萍」字皆當作「蓱」。司農爲「蓱」、爲「萍」兩讀，鄭君則取「蓱」字音，作讀如「平」。

〔一九〕 在此者　監、毛、殿本同，閩、阮本無此三字。

〔二〇〕 亦天問之文　阮校云，「亦」當誤衍。

〔二一〕 主夜覺者　阮校云，賈疏本同。漢讀考作「主覺夜者」，云賈公彦本誤作「夜覺」。

〔二二〕 司烜氏　阮校云，唐石經、諸本同。釋文「司烜，音毁，注烜同」。漢讀考作「司爟氏」，謂注「烜火也」，「鄭司農云當爲烜」，二「烜」字皆當作「爟」。

〔二三〕 故書爟爲垣　阮校云，諸本同。釋文「爲垣，劉音袁」。按「垣」當「烜」字之誤，經注「烜」字，皆從故書轉改也，蓋陸所據本已誤。

〔二四〕 條狼氏下士六人胥六人徒六十人　唐石經同。沈彤云，「六」并當作「八」。

〔二五〕 冥讀爲冥氏春秋之冥　阮校云，諸本同。漢書蕭該音義引作「讀如」，此擬其音，非改其義，作「讀爲」誤也。

〔二六〕 驅除毒蠱之言　阮校云，葉鈔釋文作「毒蠱」，本職同。下「書不作蠱」同，不更出校。

〔二七〕 掌攻蟄獸　「蟄」，原作「蟄」，據阮本改。

〔二八〕 故破從之也　「破」，元、惠校本同，聞、閩、監、毛、殿、阮本作「彼」。疑作「破」是。

〔二九〕 除木者必先挍剥之　「挍」，岳、嘉靖、元、阮本同，婺、建本作「校」。聞、閩、監、毛本作「刊」，疑作「刊」是。

〔三〇〕 柞讀爲音聲唶唶之唶　漢讀考云，「讀爲」當作「讀如」。

〔三一〕 薙氏　阮校云，唐石經、諸本同，釋文「薙氏，李或作雉同」。漢讀考經注「薙」皆作「雉」，謂淺人加艸於雉爲

「薙」，猶稻人加艸於夷爲「荑」也，此「雉」或作「夷」，爲同音同字。

〔三二〕鄭司農云掌殺草　漢讀考「云」下有「夷氏」二字。

〔三三〕又俗閒謂麥下爲夷下　惠校本同。婺、建、岳、阮本「又」下有「今」字，當是。「閒」，阮本誤作「問」。「下」，原作「丁」，據婺、建、岳、阮本改。

〔三四〕非謂燒所芟草乃水之　婺、建、岳、嘉靖本同。元、閩、閩、監、毛、殿本無「非」字，是。

〔三五〕薙李或作雉　「李」，徐本、盧本及阮本作「字」。

〔三六〕蘊崇紆粉反　「粉」，徐本、盧本及阮本作「粉」。

〔三七〕親仁善鄰　「仁」，殿本同，元、閩、閩、阮本作「人」。作「仁」是。

〔三八〕古字從石折聲　漢讀考云，「折」當作「析」，傳寫之誤。孫詒讓云，蜀石經作「硩」，誤。

〔三九〕先鄭又讀蔟爲爵蔟之蔟者　「讀」，監、毛、殿本同，元、閩、閩、阮本作「云」。疑作「讀」是。

〔四〇〕主除蟲蠹者　「蟲」，監、毛、殿本同。元、閩、閩本作「虫」，阮本作「蟲」。疑作「蟲」是。

〔四一〕赤犮氏　「犮」，原作「犮」，據唐石經、婺、岳、阮本改。

〔四二〕赤犮猶言捇拔也　「犮」字原脱，據婺、建、岳、阮本補。

〔四三〕捇拔除去之也　監、毛、殿本同。元、閩、閩、阮本無「捇」字，當是。

〔四四〕蟈讀爲蜮蜮蝦蟇也　阮校云，諸本同。按此當作「蜮讀爲蟈，蟈，蝦蟇也」。故下引月令「螻蟈鳴」證之。古文經當本作「蜮氏」，司農讀爲「蟈」，蓋「蜮」古文，「蟈」今文，故夏小正、周官作「域」，月令、吕覽作「蟈」。釋文「蟈氏，古獲反，劉音或」，劉昌宗本經當作「蜮氏」。

〔四五〕含沙射入人皮肉中　「入人」，監、毛、殿本同，元、閩、阮本作「人入」。阮校云，當作「人入」。

〔四六〕偏身中蒦蒦蜮蜮故曰災　浦鏜云「或或」誤「蜮蜮」，「爲」誤「曰」，從左傳疏校。

〔四七〕禮臣惑君則有　「臣」，閩、閩、殿、阮本作「曰」，誤。

〔四八〕書亦或爲濁　阮校云，監本「濁」誤「獨」。漢讀考作「書亦或爲涿」，云今本作「濁」，誤。

〔四九〕掌射國中天鳥　「天」，原作「夭」，據閩、監、毛、殿本改，阮本作「妖」，似非。

〔五〇〕枚狀如箸横銜之爲之繣結於項　阮本同。阮校云，大字本「繣」上無「之」，此衍。詩東山釋文引此注云「枚如箸横銜之於口，爲繣絜於項中」，「繣」上亦無「之」，「枚」下并無「狀」，今本皆衍。「結」作「絜」，古字也，當據以訂正。漢讀考云，顏氏漢書注引作「繣絜於項，云繣者，結礙也，絜繞也，爲結紐而繞項也。」勝於賈本、賈疏。

〔五一〕皆主賓先嚴疑之事故也　「先」，元、閩本同，「閩」、監、毛、殿、阮本作「客」。疑作「客」是。

〔五二〕今揔名曰象者　「今」，婺、建、岳本同，閩、監、阮本作「合」，誤。

〔五三〕故寄中國語於東夷　監、毛、殿本同，元、閩、閩、阮本脱「語」字。

〔五四〕傳南方於國中　「國中」，阮本作「中國」，當是。

〔五五〕以其都司馬使王臣爲之　「臣」，監、毛、殿本同，閩、閩、阮本作「自」，元本作「目」。疑作「臣」是。

〔五六〕故王置都司馬　「故」，原作「重」，據阮本改。

〔五七〕王耗荒　「耗」，蜀石經、元、阮本同，婺、岳、殿本作「旄」，建、嘉靖、閩、閩本作「耄」。阮校云，「耗」當作「秏」。

〔五八〕謂周穆王年老耄亂荒忽　監、毛、殿本同，元、閩、閩、阮本脱「年」字。

〔五九〕爲其民未習於教　阮校云，釋文出「爲民」二字，則陸本無「其」。

〔六〇〕族師職此　「此」，阮本作「曰」。
〔六一〕刑賞慶賞相及　「賞」，阮本作「罰」，疑作「罰」是。
〔六二〕未達指趣　「達」，阮本作「連」，似誤。
〔六三〕使民相拱勑之法　浦鏜云，「共」誤「拱」。孫詒讓云，族師疏引正作「共」。
〔六四〕則國外若鄉大夫云　「鄉」，監、殿本同，元、閩、闔、阮本作「卿」，誤。
〔六五〕咎繇九德者也　「繇」，元、閩、闔、阮本作「由」，非。
〔六六〕上愿糾暴　「愿」字原脱，據唐石經、婺、建、岳、阮本補。
〔六七〕有似罷弊之民也　「民」，監、毛、殿本同，闔、阮本作「人」。
〔六八〕凡民之有衺惡者　「衺」，原作「衮」，據阮本改。
〔六九〕不坐嘉石　「石」原作「右」，據阮本改。
〔七〇〕比入五刑者爲輕　「比」，原作「此」，據監、毛本改。
〔七一〕比坐嘉石者爲重　「比」，原作「此」，據阮本改。
〔七二〕乃入圜土者也　「乃」，監、毛、殿本同，元、閩、闔、阮本作「是」。
〔七三〕彼不在中國　「在」，原作「左」，據阮本改。
〔七四〕其不能改而出圜土者殺　「改」，原作「其」，據唐石經、婺、建、岳、阮本改。
〔七五〕束矢其百个與　「矢」字原脱，據婺、建、岳本改。
〔七六〕彼或據在弓矢數　「弓」，監本同，元、閩、闔、毛、阮本作「軍」。疑作「軍」是。
〔七七〕小宰聽賣買以質劑　阮本「宰」下有「云」字。

〔七八〕質人云　「質」，原作「貨」，據阮本改。

〔七九〕重罪旬有三日坐　王引之引王念孫云：「三」當爲「二」。

〔八〇〕坐日訖　「日」，原作「曰」，婺本同，誤，建、岳、阮本作「日」，是，從改。

〔八一〕入鄉則得與鄉人齒　「則」，阮本作「即」，疑作「即」是。「人」，原作「知」，據阮本改。

〔八二〕知者　「知」，原作「人」，據阮本改。

〔八三〕梏與拲連言　「梏」，原作「足」，據阮本改。

〔八四〕足閒之桎械　「足」，原作「梏」，據阮本改。

〔八五〕寃訴之人　「寃訴」，阮本作「訴寃」。

〔八六〕日月受而行之　孫詒讓云：「日月」當作「月月」，據大宰及大司徒疏校正。

〔八七〕既其盟書　阮本「既」下有「臨」字，殆是。

〔八八〕還以邦成弊之　「還」，惠校本同，正、閩、閩、阮本作「故」，疑作「還」是。

〔八九〕一曰聽征役以比居　「征」，聞本同，閩、監、毛、殿本作「政」，當是。

〔九〇〕證弊爲斷　「斷」，阮本作「憋」，似誤。

〔九一〕卜之日也　「卜」，原作「上」，據婺、建、岳、阮本改。

〔九二〕又於庫門内而東入廟門　監、毛、殿本同，元、正、聞、閩、阮本無「内」字。

〔九三〕庫門之内戒百姓　「庫」，阮本作「廟」，當是。

〔九四〕謂將祭之辰　阮本同。浦鏜云：「晨」誤「辰」。

〔九五〕主人明絜　「主」，阮本作「王」，誤。

〔九六〕明以先后世子爲正　「正」，監、毛、殿本同，元、正、閩、闔、阮本作「政」，非。

〔九七〕平士大夫　「平」，原作「晉」，據阮本改。

〔九八〕此主謂王喪　「此」，監、毛、殿本同，元、正、閩、闔、阮本作「贈」。「主」，元、正、闔本作「玉」，阮本作「王」。疑作「此主」是。

周禮注疏卷第四十一

小司寇之職，掌外朝之政，以致萬民而詢焉。一曰詢國危，二曰詢國遷，三曰詢立君。外朝，朝在雉門之外者也。國危，謂有兵寇之難。國遷，謂徙都改邑也。立君，謂無冢適選於庶也。鄭司農云：「致萬民，聚萬民也。詢，謀也。詩曰『詢于芻蕘』，書曰『謀及庶人』」。○之難，乃旦反。冢適，丁歷反。芻蕘，而招反。

「小司」至「立君」　外朝之職，朝士專掌。但小司寇既爲副貳長官，亦與朝士同掌之耳，故云「掌外朝之政」。以致萬民者，案下文，羣吏並在內，而此經獨云致萬民者，但羣吏在朝是常，萬民不合在朝，惟在大事及疑獄乃致之，故特言之也。

注「外朝」至「庶人」　外朝在雉門之外，則亦在庫門之外也。云「國危，謂有兵寇之難」者，謂鄰國來侵伐，與國爲難者也。云「國遷，謂徙都改邑也」者，謂王國遷徙，若殷之盤庚遷殷之類。若遷卿大夫都邑，不在詢限。云「立君，謂無冢適選於庶也」者，冢適雙言。案內則而言，謂適后所生，最長者爲冢。若無冢，適后所生次冢以下爲適，則適者非一。若無適，則於衆妾所生擇立之。衆妾所生非一，是以須與衆人共詢可否。此三者，皆採衆心，衆同乃可依用也。先鄭引詩及書者，證致萬民之意也。

其位：王南鄉，三公及州長、百姓北面，羣臣西面，羣吏東面。羣臣，卿大夫士也。羣吏，府史也。其孤不見者，孤從羣臣。卿大夫在公後。○南鄉，許亮反。州長，丁丈反。不見，賢遍反。

注「羣臣」至「公後」 案射人及司士，孤位皆西方東面北上，今此獨在東方西面，從羣臣之位者，孤無職，尊之如賓，恒在西。但此三詢之朝，即朝士所掌之位。案：朝士外朝云：「左九棘，孤卿大夫位焉，羣士在其後。右九棘，公侯伯子男位焉，羣吏在其後。面三槐，三公位焉，州長衆庶在其後。」以此故知孤從羣臣之位。三公北面者，案郊特牲：「君之南鄉，答陽之義也。臣之北面，答君也。」三公，臣中之尊，北面屈之，答君之意。知鄉大夫在公後者，以州長衆鄉之屬在公後，又二鄉公一人，鄉大夫亦在公後可知也。每鄉大夫皆别命卿爲之，六卿别也。

小司寇擯以叙進而問焉，以衆輔志而弊謀。擯，謂揖之使前也。叙，更也。輔志者，尊王賢明也。○賓以，必刃反，注同。叙更，音庚。

「小司寇」至「弊謀」 云「以叙進」者，案：小宰六叙皆先尊後卑，則此言以叙進，謂先公卿，以次而下。

注「擯謂」至「明也」 此既在朝立定而問之，明擯者無别相見之禮，故知以次一一揖之使前，問之。云「輔志者，尊王賢明也」者，專欲難成，捨己稽衆，聖人無心，以百姓心爲心，今能以衆輔成己志，是尊王賢明者也。

以五刑聽萬民之獄訟，附于刑，用情訊之。至于旬，乃弊之，讀書則用灋。附猶著也。故書附作付。訊，言也，用情理言之，冀有可以出之者。十日乃斷之。王制曰：「刑者侀也，侀者成也，一成而不可變，故君子盡心焉。」鄭司農云：「讀書則用法，如今時讀鞫已乃論之。」○訊之，音信。盡心，津忍反。讀鞫，九六反。

「以五」至「用灋」 云「附于刑，用情訊之」者，以囚所犯罪附於五刑，恐有枉濫，故用情實問之，使得真實。云「至于旬乃弊之」者，緩刑之意，欲其欽慎也。云「讀書則用法」者，謂行刑之時，當讀刑書罪狀，則用法刑之。

注「附猶」至「論之」　引王制云「刑者侀也」者，上刑爲法，下侀爲著，謂行法著人身體。又訓爲「成」者，意取一成不可變，死者不可復生，斷者不可更續，是其不可變也。故君子盡心焉，不可濫。此釋用情訊之也。漢時「讀鞫已乃論之」者，鞫，謂劾囚之要辭，行刑之時，讀已，乃論其罪也。

凡命夫命婦，不躬坐獄訟。爲治獄吏褻尊者也。躬，身也。不身坐者，必使其屬若子弟也。喪服傳曰：「命夫者，其男子之爲大夫者；命婦者，其婦人之爲大夫妻者。」〔二〕春秋傳曰：「衛侯與元咺訟，甯武子爲輔，鍼嚴子爲坐，士榮爲大理。」○爲治，于僞反。元咺，況阮反。鍼，其廉反。嚴子，劉音莊，左傳作莊，案漢書明帝名莊，改爲嚴。

注「爲治」至「大理」　古者取囚要辭，皆對坐，治獄之吏皆有嚴威，恐獄吏褻尊，故不使命夫命婦親坐。若取辭之時，不得不坐，當使其屬或子弟代坐也。引喪服傳者，喪服經有「大夫命婦」，子夏傳解之云：「大夫者，其男子之爲大夫者也。」今此云「命夫者，其男子之爲大夫者」，誤，當以彼爲正。云春秋傳者，左氏僖二十八年，衛侯坐殺弟叔武，元咺訴於晉，晉使人斷之。引之者，證命夫命婦不身坐獄訟之事。若然，元咺、甯子、鍼莊子，皆大夫得坐訟者。大夫身不得與士坐訟，若兩大夫，或代君，皆得坐，無嫌，以是衛侯不得坐，使莊子與元咺對坐也。若然，觀此文，命夫命婦，惟據大夫，不通士。案：內宰云：「佐后使治外內命婦。」先鄭云：「外命婦，卿大夫之妻。」後鄭云：「士妻亦爲命婦。」又閽人云「凡外內命夫命婦」，注：「內命夫，卿大夫士之在宮中者。」如是，士及士妻亦得爲命夫命婦者，彼皆據王臣而言。王之士有三命、二命、一命，皆得王命。此文兼諸侯臣，子男士則不命。以是此文命夫命婦惟據大夫爲文，不通士也。

凡王之同族有罪，不即市。鄭司農云：「刑諸甸師氏。禮記曰：『刑于隱者，不與國人慮兄弟。』」

注「鄭司」至「兄弟」　此因上論斷獄之事，故說「王之同族有罪，不即市」者，不與國人慮兄弟也。故先鄭云當「刑諸甸師氏」。故甸師云「王之同姓有辠，則死刑焉」，是也。必於甸師者，甸師掌耕耨王藉，其場上多屋，就隱處刑之。引禮記者，文王世子文。彼據諸侯法。云「刑于隱者」，謂就屋中。云「不與國人慮兄弟」者，若在市朝刑殺，國人見之，亦謀慮兄弟，是與國人慮兄弟，若不於市朝，是不與也。天子之禮亦然，故引爲證也。

以五聲聽獄訟，求民情。

「以五」至「民情」　案：下五事惟辭聽一是聲，而以五聲目之者，四事雖不是聲，亦以聲爲本故也。案：吕刑云：「惟貌有稽，在獄定之後。」則此五聽，亦在要辭定訖，恐其濫失，更以五聽觀之，以求民情也。

一曰辭聽，觀其出言，不直則煩。

注「觀其」至「則煩」　直則言要理深，虚則辭煩義寡，故云「不直則煩」。

二曰色聽，觀其顔色，不直則赧然。○赧，女板反。

注「觀其」至「赧然」　理直則顔色有厲，理虚則顔色愧赧。小爾雅云：〔二〕「不直失節，謂之慙愧。面慙曰赧，心慙曰恧〔三〕，體慙曰逡。」

三曰氣聽，觀其氣息，不直則喘。○則喘，昌兖反。

注「觀其」至「則喘」　虚本心知，氣從内發，理既不直，吐氣則喘。

四曰耳聽，觀其聽聆，不直則惑。○聽聆，音零。

注「觀其」至「則惑」 尚書云：「作德心逸日休，作僞心勞日拙。」觀其事直，聽物明審，其理不直，聽物致疑。

五曰目聽。觀其牟子視，不直則眊然。○牟子，莫侯反，劉無不反。眊然，莫報反，本又作旄同。

注「觀其」至「眊然」 目爲心視，視由心起，理若直實，視盼分明，〔四〕理若虚陳，視乃眊亂。

以八辟麗邦灋，附刑罰：辟，法也。杜子春讀麗爲羅。玄謂麗，附也。易曰：「日月麗于天。」〔五〕故書附作付，〔六〕附猶著也。

「以八」至「刑罰」 案：曲禮云「刑不上大夫」，鄭注云：「其犯法，則在八議。輕重，不在刑書。」若然，此八辟爲不在刑書，若有罪當議，議得其罪，乃附邦法而附于刑罰也。

注「辟法」至「著也」 以辟爲法，謂八者之法。子春讀「麗」爲「羅」，後鄭不從，謂麗，附也，破子春爲羅。若作羅，則入羅網，當在刑書，何須更議之也。後鄭以不在刑書，故須議，議訖，乃附邦法。易曰：「日月麗于天。」但天自然無形，而得附著者，天者自然之氣。日本在虚空，〔七〕而附自然之氣，故得爲附著也。

一曰議親之辟，鄭司農云：「若今時宗室有罪，先請是也。」

注「鄭司」至「是也」 「親」，謂五屬之内，及外親有服者，皆是議限。親不假貴，故親賢能及功勤。若貴亦不假餘賢能之等，各據一邊，則得入議。假令既有親，兼有餘事，亦不離議限。

二曰議故之辟，故謂舊知也。鄭司農云：「故舊不遺，則民不偷。」〔八〕○不偷，他侯反，徐吐豆反。

注「故謂」至「不偷」 此「故舊」，據王爲言，是以大宗伯注「故舊朋友，謂共在學者」。若伐木詩，亦是故友之類。先鄭引論語「故舊不遺，則民不偷」，言民不偷，上行下效，亦據人君而説，故引爲證議故也。〔九〕

三曰議賢之辟，鄭司農云：「若今時廉吏有罪，先請是也。」玄謂賢有德行者。○德行，下孟反。

注「鄭司」至「行者」 先鄭舉漢廉吏爲賢，後鄭足成，故言「賢有德行」者，謂若鄉大夫興賢者、能者。賢，即有六德六行者也。

四曰議能之辟，能謂有道藝者。春秋傳曰：「夫謀而鮮過，惠訓不倦者，叔向有焉，社稷之固也，猶將十世宥之，以勸能者。今壹不免其身，以棄社稷，不亦惑乎？」○夫謀，音扶。而鮮，息淺反。叔向，許亮反。

注「能謂」至「惑乎」 云「能謂有道藝者」，此即鄉大夫「興能者」，能，有道藝，若保氏云「掌養國子以道，而教之六藝」，是國子與賢者有德行兼道藝，若能者惟有道藝，未必兼有德也。引春秋傳者，左氏襄二十一年，叔向被囚，祁奚作此辭以諫晉侯，〔一〇〕使赦小罪，存大能。引之者，證以能議也。

五曰議功之辟，謂有大勳力立功者。

注「謂有」至「功者」 此即司勳所掌王功國功之等，皆入此功色，是以彼皆言功爲首也。

六曰議貴之辟，鄭司農云：「若今時吏墨綬有罪，先請是也。」

注「鄭司」至「是也」　先鄭雖引漢法墨綬爲貴，〔一一〕若據周，大夫已上皆貴也。墨綬者，漢法，丞相中二千石，金印紫綬；御史大夫二千石，銀印黄綬；〔一二〕縣令六百石，銅印墨綬，是也。

七曰議勤之辟，謂憔悴以事國。○謂憔，昨遥反。悴，秦醉反。

注「謂憔」至「事國」　案：詩云「或憔悴以事國」，自此已上七者，雖以王爲主，諸侯一國之尊，賞罰自制，亦應有此議法，是以議能。鄭引叔向之事，是其一隅也。惟「八曰議賓」，惟據王者而言，不及諸侯也。

八曰議賓之辟。謂所不臣者，三恪二代之後與？○之後與，音餘。

注「謂所」至「後典」　春秋襄二十五年傳云〔一三〕「虞閼父爲周陶正，而封諸陳，以備三恪」之言，郊特牲云「尊賢不過二代」之語，故鄭云「三恪二代之後」。案樂記云：「武王克殷及商，未及下車，而封黄帝之後於薊，封帝堯之後於祝，封帝舜之後於陳。下車，而封夏后氏之後於杞，投殷之後於宋。」〔一四〕此皆自行當代禮樂，常所不臣，爲賓禮之，故爲賓也。言「與」者，經直云賓，不斥所據，約彼同之，〔一五〕故云「與」以疑之也。

以三刺斷庶民獄訟之中：中謂罪正所定。○三刺，七賜反。斷庶，丁亂反，後皆同。

注「中謂」至「所定」　此經與下文爲目。但「三刺」之言，當是罪定斷訖，乃向外朝始行三刺。庶民已上，皆應有刺。直言「庶民」者，庶民賤，恐不刺。賤者尚刺，已上刺可知。云「中謂罪正所定」者，斷獄終始有三刺，刺則罪正所定，即當行刑，故云罪正所定也。

一曰訊羣臣，二曰訊羣吏，三曰訊萬民。刺，殺也，三訊罪定則殺之。訊，言也。

注「刺殺」至「言也」 云「羣臣」者，士已上。云「羣吏」者，府史、胥徒、庶人在官者。云「萬民」者，民間有德行不仕者。云「刺，殺，三刺罪定即殺之」，但所刺不必是殺，餘四刑亦當三刺。直言殺者，舉漢重者而言。〔一六〕其實皆三刺。是以下文云「聽民之所刺宥，以施上服下服之刑」，是兼輕重皆刺也。〔一七〕

聽民之所刺宥，以施上服下服之刑。宥，寬也。民言殺，殺之；言寬，寬之。上服，劓墨也。下服，宫刖也。○劓，魚器反。刖，音月，又五刮反。

注「宥寬」至「刖也」 墨劓施於面，故爲上服。宫刖施於下體，故爲下服。凡行刺〔一八〕，必先以物規之，如衣服，乃施刑，故言服也。

及大比，登民數，自生齒以上，登于天府。大比，三年大數民之衆寡也。人生齒而體備。男八月而生齒，女七月而生齒。○大比，毗志反，注同。以上，時掌反，下注同。數民，所主反。

注「大比」至「生齒」 小司寇至三年大案比之時，則使司民之官登上民數，自生齒已上皆登之，小司寇乃登於天府。云男八月、女七月而生齒者，案：家語本命：「男子八月生齒，八歲而齔齒。女子七月而生齒，七歲而齔齒。男子陽，得陰而生，得陰而落。女子陰，得陽而生，得陽而落。故男偶女奇也。」

内史、司會、家宰貳之，以制國用。人數定而九賦可知，國用乃可制耳。

注「人數」至「制耳」　内史掌八柄之等，司會主計會，冢宰所主兼設，故皆取副貳民數簿書。得民數，乃制國用，以其國用出於民故也。云「人數定九賦可知，國用乃可制」者，鄭偏據九賦而言，至九貢九功，亦可知也。

小祭祀，奉犬牲。奉猶進也。

「小祭祀」至「犬牲」　大祭祀，自大司寇奉犬牲。若小祭祀，王玄冕所祭，則小司寇奉進犬牲也。

凡禋祀五帝，實鑊水，納亨亦如之。納亨，致牲也。其時鑊水當以洗解牲體肉。〔一九〕○鑊水，户郭反。

「凡禋」至「如之」　云「禋祀五帝」者，祭天曰燔柴，即禋祀也，故云禋祀五帝。五帝所祀，謂四時迎氣，揔亨明堂，實鑊水以擬洗肉所用也。納亨亦如之。「納亨，致牲」，謂將祭，亨祭之晨，〔二〇〕實以水亨牲也。鄭知實鑊水爲洗解牲肉者，以下云「納亨亦如之」，是實鑊水亨煑肉，故知此是洗肉也。封人云「共其水槀」，亦謂洗牲肉也。

大賓客，前王而辟，鄭司農云：「小司寇爲王道，辟除姦人也，若今時執金吾下至令尉奉引矣。」○而辟，婢亦反，〔二一〕劉苻益反，一音匹亦反，沈音避，注同，後而辟皆放此。王道，音導。

注「鄭司」至「引矣」　下士師云：「諸侯爲賓，帥其屬蹕於王宫。」饗燕時，此小司寇爲王辟，亦謂於宫中饗燕，在寢及廟時也。云「若今時執金吾下至令尉奉引」者，漢時執金吾及令尉，爲帝奉引，猶如小司寇爲王導，故引以爲況。

后、世子之喪亦如之。

「后世」至「如之」　謂后、世子之喪，當朝廟之時，王出入，亦爲王而辟也。

小師，涖戮。小師，王不自出之師。

注「小師」至「之師」　謂「王不自出」，使卿大夫出軍，閫外之事，將軍裁之，軍將有所斬戮於社主前，則小司寇涖戮也。

凡國之大事，使其屬蹕。屬，士師以下。

注「屬士師以下」　此「國之大事」，即士師云「諸侯爲賓」是也。士師云「帥其屬」，則士師已下皆蹕，故此據而言之。

孟冬，祀司民，獻民數於王，王拜受之，以圖國用而進退之。司民，星名，謂軒轅角也。小司寇於祀司民而獻民數於王，〔一二〕重民也。進退猶損益也。國用，民衆則益，民寡則損。

「孟冬」至「退之」　前文「大比登民數於天府」，據三年大比而言。此則據年年民數皆有增減，於孟冬春官祭司民之時，小司寇以民數多少獻於王也。

注「司民」至「則損」　案星經，軒轅角有大民小民之星，是軒轅角也。云「國用，民衆則益，民寡則損」者，國家所用財物，由民上而來，是以國用多少，要由民衆寡，故民衆則益，豐用之。民寡則損，儉用之。

歲終，則令羣士計獄弊訟，登中于天府。上其所斷獄訟之數。

注「上其」至「之數」　羣士，謂鄉士、遂士已下皆是。必登斷獄之書於祖廟天府者，重其斷刑，使神監之。

正歲，帥其屬而觀刑象，令以木鐸，曰「不用灋者，國有常刑」。令羣士，羣士，遂士以下。

注「羣士」至「以下」　此所戒，應六官，各應其所掌。知羣士是遂士以下者，以其鄉士已入帥其屬中，遂士、縣士、方士、訝士等，雖是六十官之屬，以其主六遂以外漸遠，恐不在屬中，故經特云「令羣士」明羣士是遂士以下可知。

乃宣布于四方，憲刑禁。宣，徧也。憲，表也，謂縣之也。刑禁，士師之五禁。○宣徧，音遍。

注「宣徧」至「五禁」　此所宣布，則布憲所云者是也。此官主之，彼乃布之，事相成也。

乃命其屬入會，乃致事。得其屬之計，乃令致之於王。○入會，古外反，後要會之字皆放此。

注「得其」至「於王」　命其屬，謂命已下屬官，使入會計文狀來，乃致事與王。故云「乃」，乃，緩辭。

士師之職，掌國之五禁之灋，以左右刑罰，一曰宮禁，二曰官禁，三曰國禁，四曰野禁，五曰軍禁，皆以木鐸徇之于朝，書而縣于門閭。左右，助也。助刑罰者，助其禁民爲非也。宮，王宮也。官，官府也。國，城中也。古之禁書亡矣。〔一三〕今宮門有符籍，〔一四〕官府有無故擅入，城門有離載下帷，野有田律，軍有嚻讙夜行之禁，其觕可言者。○之灋，音法。以左右，音佐，下音又注左右助也同。徇之，似俊反。縣于，音玄。其觕，劉音粗，沈才古反。

「士師」至「門閭」　凡設五刑者，刑期于無刑，以刑止刑，以殺止殺。殺一人，使萬人懲，是欲不使犯罪，令於刑外豫施禁，禁民使不犯刑，是左右助刑罰，無使罪麗于民也。云「書而縣于門閭」者，爾雅云「巷門謂之閎」，〔二五〕則縣于處處巷門，使知之。

注「左右」至「言者」　云「宫，王宫也」者，謂皐門也。云「官，官府也」者，謂廬，官人聽事之門。〔二六〕云「國，城中」者，若王城十二門。云「古之禁書亡矣」者，謂在儀禮三千條内，而在亡中，故舉漢法以況之。云「離載下帷」者，謂在車離耦，耦載而下帷，〔二七〕恐是姦非，故禁之。云「觕可言」者，古之禁書具，不惟如此，〔二八〕故云觕可言也。

以五戒先後刑罰，毋使罪麗于民：一曰誓，用之于軍旅；二曰誥，用之于會同；三曰禁，用諸田役；四曰糾，用諸國中；五曰憲，用諸都鄙。先後猶左右也。誓誥於書，則甘誓、湯誓、大誥、康誥之屬。禁則軍禮曰「無干車」、「無自後射」，比其類也。〔二九〕糾、憲，未有聞焉。○曰誥，古報反。後射，食亦反。

「以五」至「都鄙」　「戒」與「禁」，謂典法則，亦是所用異，異其名耳，同是告語，使不犯刑罰。

注「先後」至「聞焉」　「先後猶左右也」者，皆是相助之義，異其名而已。云「甘誓」者，啓與有扈戰於甘之野，作甘誓。云「湯誓」者，湯將伐桀以誓衆。云「大誥」者，武王崩，周公作以成王，令以大義告天下，〔三〇〕以誅三監，以作誥。云「康誥」者，周公以成王命，封康叔於殷墟，誥康叔以治政之事，故作誥。云「之屬」者，仍有泰誓、費誓、召誥、洛誥之等，〔三一〕故言之屬也。凡誥，誓皆因大會乃爲之，故用之於軍旅，用之於會同也。云「禁則軍禮曰『無干車』、『無自後射』，比其類也」者，易比之九五曰「王用三驅，失前禽」。注云：「王因天下，顯習兵于蒐狩焉。驅禽而射之，三則已，發軍禮。〔三二〕失前禽者，謂禽在前來者，不逆而射，傍去又不射，惟其走者，順而射之，不中亦已，是皆所失。用兵之法亦如之，降者不殺，奔者不禁，背敵不殺，以仁恩養威之道。」若然，此不自後射，亦謂不中之後不重射。前敵不破，則有追法，春秋「公追戎於濟西」是也。

掌鄉合州黨族閭比之聯，與其民人之什伍，使之相安相受，以比追胥之事，以施刑罰慶賞。鄉合，鄉所合也。追，追寇也。胥讀如宿偦之偦，〔三三〕偦謂司搏盜賊也。○閭比，毗志反，下同。比追，如字，劉張類反。胥之，如字，劉思叙反，注偦同。司搏，音博，劉音付。

「掌鄉」至「慶賞」　士師掌鄉中合聚之法者，以爲有施刑罰也。云「州黨族閭比之聯」，即是鄉合之事。云「與其人民之什伍」者，此即因内政寄軍令之類。五家爲比，比即一伍也，二伍爲什，據追胥之時。云「使之相安相受」者，宅舍有故，使當比當閭，相受寄託，使得安穩也。云「以比追胥」者，以比什伍，〔三四〕使追胥二事也。云「以施刑罰慶賞」者，使鄰伍相及也。

注「鄉合」至「賊也」　云「追，追寇」者，即「公追戎於濟西」是也。「胥讀如宿偦之偦」者，時有夜宿逐賊謂之偦，即司搏盜賊是也。

掌官中之政令。大司寇之官府中也。

「掌官」至「政令」　士師所施政令，惟在當官，故鄭云「大司寇之官府中也」。

察獄訟之辭，以詔司寇斷獄弊訟，致邦令。「詔司寇」，若今白聽正法解也。〔三五〕「致邦令」者，以法報之。

「察獄」至「邦令」　獄訟辭訴，各有司存。謂若鄉士、遂士、縣士、方士，各主當司之獄訟，其有不決，來問都頭士師者，則士師察審，〔三六〕以告大司寇斷獄弊訟也。云「致邦令」者，此即所察獄訟斷訖，致與本官，謂之致邦令也。

掌士之八成：鄭司農云：「八成者，行事有八篇，若今時決事比。」○事比，必利反。

「掌士」至「八成」　「士之八成」，言士者，此八者，皆是獄官斷事成品式，〔三七〕士，即士師已下是也。

注「鄭司」至「事比」　先鄭云：「成者，行事有八篇，若今時決事比」者，即若小宰八成。凡言成者，皆舊有成事品式，後人依而行之。決事，依前比類決之。

一曰邦汋，鄭司農云：「汋讀如『酌酒尊中』之酌。國汋者，斟汋盗取國家密事，若今時刺探尚書事。」○邦汋，上灼反，注同。斟汋，之林反，下音灼。刺探，七亦反，又七賜反。

注「鄭司」至「書事」　云「汋讀如『酌酒尊中』之酌」者，俗讀之。「若今刺探尚書事」者，漢時尚書掌機密，有刺探尚書密事，斟酌私知，故舉受爲況也。〔三八〕

二曰邦賊，爲逆亂者。

注「爲逆亂者」　既云邦賊，罪無過此，故知爲逆亂，若崔杼、州吁之等。

三曰邦諜，爲異國反間。○邦諜，音牒。反間，間廁之間。

注「爲異」至「反間」　異國欲來侵伐，先遣人往間候，取其委曲，反來説之，其言諜諜然，故謂之邦諜。用兵之策，勿善於此，故孫子兵法云「興師十萬，日費千金，內外騷動，以爭一日之勝，而受爵祿金寶於人者，非民之將，故三軍之事，莫密於反間。殷之興也，伊摯在夏。周之興也，呂牙在殷。惟賢聖將能用間以成，此兵之要」者也。

四曰犯邦令，干冒王教令者。○干冒，音墨。

注「干冒」至「令者」 鄭云「干冒王教令者」，謂犯邦令，不肯依行。

五曰撟邦令，稱詐以有爲者。○撟邦，音矯。

注「稱詐」至「爲者」 「撟」，即詐也，故鄭云「稱詐以有爲者」，謂詐上命營搆僞物之類也。

六曰爲邦盜，竊取國之寶藏者。○寶藏，才浪反。

注「竊取」至「藏者」 謂若定八年，陽貨盜竊寶玉大弓以出奔之類是也。

七曰爲邦朋，朋黨相阿，使政不平者。故書朋作傰，鄭司農云：「傰讀爲朋友之朋。」〔三九〕○作傰，劉音崩，徐音朋，又補鄧反。

注「朋黨」至「之朋」 「朋」，謂朋黨。阿，曲相阿。違國家正法，擅生曲法，使政不平，以罔國法，故曰邦朋。

八曰爲邦誣。誣罔君臣，使事失實。

注「誣罔」至「失實」 謂若君臣相得，政教平美，其有佞臣，誣以惡事，致使善政失實者。

若邦凶荒，則以荒辯之法治之，鄭司農云：「辯讀爲風別之別。救荒之政十有二，而士師別受其數條，〔四〇〕是爲荒別之法。」玄謂「辯」當爲「貶」，聲之誤也。遭飢荒則刑罰、國事有所貶損，〔四一〕作權時法也。朝士職曰「若邦凶荒、札喪、寇戎之故，則令邦國、都家、縣鄙慮刑貶」。○荒辯，依注辯音貶。風別之別，皆彼列反，下傳別及注同。數條，所主反。

「若邦」至「治之」　凶荒，謂年穀不孰，民皆困苦，則以荒貶之法治之，不得用尋常之法。

注「鄭司」至「刑貶」　先鄭之言，義無所據，故後鄭不從。後鄭破辯爲貶，從朝士職之文也。朝士職「慮刑貶」者，彼注謂謀慮緩刑，〔四二〕減損國用，爲民困苦故也。

令移民、通財、糾守、緩刑。移民，就賤救困也。通財，補不足也。糾守，備盜賊也。緩刑，舒民心也。〔四三〕○紓民，音舒，本亦作舒。

注「移民」至「心也」　「移民，就賤」，謂可移者，將身往也。「通財，補不足」，謂不可移者，即於豐處，將財穀以補不足。

凡以財獄訟者，正之以傅別、約劑。傅別，中別手書也。約劑，各所持券也。故書別爲辯，鄭司農云：「傅或爲符。〔四四〕辯讀爲風別之別，若今時市買，爲券書以別之，各得其一，訟則案券以正之。」○傅別，音付，注同。約，於妙反，又如字。

注「傅別」至「正之」　此注云「傅別，中別手書也」，小宰注「爲大手書於一札，中字別之」，語異義同。此先鄭云「若今時市買，爲券書以別之，各得其一」，義與後鄭同，故引之在下。小宰注，先鄭云：「傅，著約束於文書。〔四五〕別，別爲兩，兩家各得其一。」後鄭不從先鄭，至此更爲一解，故從之。

若祭勝國之社稷，則爲之尸。以刑官爲尸，略之也。周謂亡殷之社爲亳社。○亳社，步各反。

注「以刑」至「亳社」　案鳧鷖詩，宗廟、社稷、七祀，皆稱公尸，不使刑官。今祭勝國之社稷，用士師爲尸，故鄭云「用刑官爲尸略之也」。云「周謂亡殷之社爲亳社」者，經云「勝國」，注爲亡殷，又云亳社者，據周勝殷謂之勝，據殷亡即云亡國，即郊特牲云「喪國之社必屋之」，是也。〔四六〕據地而言，即言亳社，春秋「亳社災」是也。

王燕出入，則前驅而辟。道王且辟行人。○道王，音導，下三公道、盜賊道同。

注「道王」至「行人」　「導王」，解前驅，且辟行人。解而辟，言燕出入，謂官苑皆是。〔四七〕

祀五帝，則沃尸及王盥，洎鑊水。洎，謂增其沃汁。○洎，其器反，或音冀。

注「洎謂」至「沃汁」　案特牲、少牢，尸尊，不就洗，入門北面，則以盤匜盥手。王，謂將獻尸時，〔四八〕先就洗盥。洎鑊水，增其沃汁，鑊在門外之東，亨牲之爨。言須鑊水，就爨增之。亨實鑊水，此官增之，示敬而已。此直言「祀五帝沃尸及王盥」，其餘冬至、夏至，及祭先王、先公所沃盥者，案：小祝職云「大祭祀，沃尸盥」，小臣職云「大祭祀朝覲，王盥」，〔四九〕如是，則冬至夏至及先王先公，小祝沃尸盥，小臣沃王盥。鬱人云「凡祼事沃盥」，惟在宗廟爲祼時。

凡刉珥，則奉犬牲。珥讀爲衈。刉衈，釁禮之事。用牲，毛者曰刉，羽者曰衈。○凡刉，音機，劉音奇。珥，而志反，注衈同。

注「珥讀」至「曰衈」　鄭爲「衈」者，珥是玉名，故破從衈，取用血之意。知刉衈是釁禮者，雜記云「成廟則釁之，門、夾室皆用雞，其衈皆祭於屋下」，彼雖不言刉，刉衈相將，故知是釁禮，知「用牲，毛者曰刉，羽者曰衈」者，雜記雞言衈，即毛曰刉可知。

諸侯爲賓，則帥其屬而蹕于王宮；謂諸侯來朝若燕饗時。

「諸侯」至「王宮」　士師言「帥其屬」，當官下云「屬」，上士已下皆是也。

注「謂諸」至「饗時」　經云「蹕于王宮」，饗在廟，燕在寢。言于王宮，故知燕饗時也。

大喪亦如之。

「大喪」至「如之」　大喪在宮中，謂朝廟，亦在宮中爲蹕也。

大師，帥其屬而禁逆軍旅者與犯師禁者而戮之。逆軍旅，反將命也。犯師禁，干行陣也。〔五〇〕○反將，子匠反。干行，户剛反。陳也，直刃反。

「大師」至「戮之」　「帥其屬」，〔五一〕亦謂上士已下。在軍而戮，亦謂戮於社主前。

注「逆軍」至「陣也」　「逆軍旅，反將命」者，王在軍自將，違王命，亦是反將命。王不在，梱外之事，將軍裁之，亦是反將命。「犯師禁，干行陣」者，干犯軍之行陳。案：昭元年，晉荀吴敗狄于大原，將戰，魏絳曰：「請皆卒，自我始。」〔五二〕荀吴之嬖人不肯即卒，斬以徇。襄三年，雞澤之盟，晉侯之弟揚干亂行於曲梁，魏絳戮其僕，魏絳曰：「軍事有死無犯爲敬。」此二者，是反將命于行陳之事也。

歲終，則令正要會。定計簿。○計簿，步古反。

注「定計簿」　「定計簿」者，年終將考之故也。

正歲，帥其屬而憲禁令于國及郊野。去國百里爲郊，郊外謂之野。

注「去國」至「之野」　「正歲，憲禁令」者，取除舊布新之義。言「于國及郊野」者，則自國至百里外皆憲縣之也。〔五三〕云「去國百里曰郊」，司馬法文。「郊外謂之野」，爾雅文。

鄉士，掌國中。鄭司農云：「謂國中至百里郊也。」玄謂其地則距王城百里內也。言掌國中，此主國中獄也，六鄉之獄在國中。

「鄉士」至「國中」　鄉士主六鄉之獄。言「掌國中」者，獄居近，六鄉之獄，皆在國中。

注「鄭司」至「國中」　先鄭云「謂國中至百里郊」，後鄭不從者，六鄉地雖在百里郊內，要言國中者，指獄而言，非通百里爲國中，故不從也。是以「謂其地則距王城百里內，言掌國中，此主國中獄也」。云「六鄉之獄在國中」，對六遂之獄在四郊者也。

各掌其鄉之民數而糾戒之，鄉士八人，言各者，四人而分主三鄉。

注「鄉士」至「三鄉」　鄭以四人分主三鄉者，若以八人共主六鄉，〔五四〕不得言「各」。既言各，則有部分，故以四人分主三鄉解之也。

聽其獄訟，察其辭，察，審也。

注「察審也」　鄉士主治獄訟之事，故云「聽其獄訟，察其辭」。言「審」者，恐人枉濫也。

辯其獄訟，〔五五〕**異其死刑之罪而要之，旬而職聽于朝。**辨，異，謂殊其文書也。要之，爲其罪法之要辭，如今劾矣。十日，乃以職事治之於外朝，容其自反覆。○今劾，户代反。反覆，芳服反，方士職注同。

「辯其」至「于朝」　云「辨其獄訟」者，辨，別也。獄，謂争罪。訟，謂争財事。既不同，文書亦異。云「異其死刑之罪」者，死與四刑，輕重不同，文書亦異。云「而要之」者，文書既得，乃後取其要辭。雖得要實之辭，罪定，仍至十日，乃後以斷刑之職，聽斷于外朝。

注「辯異」至「反覆」　云「要之，爲其罪法之要辭，如今劾矣」者，劾，實也。正謂棄虚從實，收取要辭爲定，容其自反覆，恐囚虚承其罪，十日不翻，即是其實，然後向外朝對衆更詢，乃與之罪。

司寇聽之，斷其獄、弊其訟于朝；羣士司刑皆在，各麗其灋以議獄訟。麗，附也。各附致其法以成議也。

「司寇」至「獄訟」　此即朝衆聽之事。獄言「斷」，訟言「弊」，弊亦斷，異言耳。云「羣士司刑皆在」者，所謂吕刑云「師聽五辭」，一也。恐專有濫，故衆獄官共聽之。云「各麗其法」者，罪狀不同，附法有異，當如其罪狀，各依其罪，不得濫出濫入，如此以議獄訟也。

注「麗附」至「議也」　所議者本欲得其實情，故須各致其法以成其議，致法行刑，當與議狀相依也。

獄訟成，士師受中。協日刑殺，肆之三日。受中，謂受獄訟之成也。鄭司農云：「士師受中，若今二千石受其獄也。中者，刑罰之中也。故論語曰『刑罰不中，則民無所措手足』。協日刑殺，協，合也，和也，和合支幹善日，若今時望後利日也。肆之三日，故春秋傳曰『三日棄疾請尸』，論語曰『肆諸市朝』。」玄謂士師既受獄訟之成，鄉士則擇可刑殺之日，至其時而往涖之，尸之三日乃反也。○汁日，音協，合也，本亦作協，下同。

不中，丁仲反。所措，七故反。

「獄訟」至「三日」　此經爲上議得其實，欲行刑之時，故云「獄訟成」。成，謂罪已成定。云「士師受中」者，士師當受取上成，〔五六〕定中平文書爲案。云「協日刑殺」者，謂鄉士當和合善日，行刑及殺之事。云「肆之三日」者，據死者而言。其四刑之類，行訖即放，不須肆之。

注「受中」至「反也」　云「若今二千石受其獄也」者，漢時受二千石禄稟郡守之等，受在下已成之獄。言「支幹善日」者，〔五七〕十二辰子丑之等是支，甲乙丙丁之等是幹，若言甲子、乙丑、丙寅、丁卯之類，皆以支配幹而言。云「若今時望後利日也」者，月大則十六日爲望，月小則十五日爲望。利日，即合刑殺之日是也。云「肆之三日」者，肆，陳也，殺訖陳尸也。云春秋傳者，襄二十二年「楚令尹子南寵觀起，楚人患之。子南之子棄疾爲王御士。王泣告棄疾，言子南罪，遂殺子南于朝」。注云：「子南，公子追舒。」「三日，棄疾請尸。」〔五八〕云論語者，憲問篇云：「公伯寮愬子路於季孫。子服景伯謂孔子曰：吾力猶能肆諸市朝。」注云：「大夫於朝，士於市。」公伯寮是士，止應云肆諸市，連言朝耳。引之者，皆證肆之三日之事也。玄謂「士師既受獄訟之成，鄉士則擇可刑殺之日，至其時而往涖之，尸之三日乃反也」者，乃反，謂收取其尸。鄭言此者，經云「士師受中，協日刑殺」，文無分別，恐是士師受中，還是士師刑殺，故須辨之。知非士師刑殺者，以其士師是司寇之考，摠攝諸士。所刑殺者，鄉士、遂士、縣士、方士各自往涖之。若一一遣士師自行，於理不可，是以鄭爲此解也。

若欲免之，則王會其期。免猶赦也。期，謂鄉士職聽于朝，司寇聽之日，王欲赦之，則用此時親往議之。

「若欲」至「其期」　所司折斷，已得實情，獄案既成，〔五九〕乃始就朝詳斷，王雖欲免，必無免法。但王者恩深愛物，庶欲免之，恐有濫行，理須親會者也。

大祭祀、大喪紀、大軍旅、大賓客，則各掌其鄉之禁令，帥其屬夾道而蹕。屬，中士以下。○夾道，古洽反，劉古協反。

注「屬中」至「以下」　此四者，六鄉皆有其事。大祭祀，若祭天、四時迎氣，即於四郊。大喪紀，當葬所經鄉道。〔六〇〕大軍旅，王出行所經過。大賓客，四方諸侯來朝，各由方而入。並過六鄉路。以是故各掌其鄉之禁令，當各帥其屬，夾道而蹕。知「屬」是「中士以下」者，鄉士身是上士，故云中士以下。

三公若有邦事，則爲之前驅而辟，其喪亦如之。鄭司農云：「鄉士爲三公道也，若今時三公出城，〔六一〕郡督郵盜賊道也。」〔六二〕○則爲，于僞反，遂士、縣士、訝士職同。

「三公」至「如之」　三公有邦事，須親自入鄉，則鄉士爲公作前驅引道，而辟止行人。云「其喪亦如之」者，謂公卿大夫之喪，死於此者，及葬，爲之前驅而辟。

注「鄭司」至「道也」　云「郡督郵盜賊道也」者，郵，謂郵行往來。盜賊，謂舊爲盜賊，即不良之人，故郡内督察郵行者，〔六三〕是盜賊之人。使之道，以況古鄉士爲道相類也。

凡國有大事，則戮其犯命者。

「凡國」至「命者」　「國有大事」，言「戮犯命者」，止謂征伐田獵之大事，故有犯命刑戮之事也。

遂士，掌四郊。鄭司農云：「謂百里外至三百里也。」玄謂其地則距王城百里以外至二百里。言「掌四郊」者，此主四郊獄也。六遂之獄在四郊。

注「鄭司」至「四郊」　先鄭云「百里外至三百里也」者，見縣士云「掌野」，去王城四百里曰縣，故曰小都任縣地。方士云「掌都家」，謂去王城五百里。既以鄉士所掌爲去王城百里內，惟有二百里、三百里二處在，當是此遂士掌之，故爲此解。後鄭不從。「玄謂其地則距王城百里以外，至二百里」者，後鄭意，六遂之地則在二百里中，但獄則不在二百里中，當在百里四郊上置之，亦若六鄉地在王城外，獄則在城中然。故更云「言掌四郊，此主四郊之獄。六遂之獄在四郊」也。

各掌其遂之民數，而糾其戒令，遂士十二人，言各者，二人而分主一遂。

注「遂士」至「一遂」　遂士十二人，序官文。亦如鄉士，若揔掌不分，不得云「各」，既言各掌，十二人有六遂，是二人分主一遂可知。

聽其獄訟，察其辭，辨其獄訟，異其死刑之罪而要之，二旬而職聽于朝。司寇聽之，斷其獄、弊其訟于朝；羣士司刑皆在，各麗其灋以議獄訟。獄訟成，士師受中。協日就郊而刑殺，各於其遂，肆之三日。「就郊而刑殺」者，遂士也。遂士擇刑殺日，至其時往涖之，如鄉士爲之矣。言「各於其遂」者，四郊六遂，遂處不同。

「聽其」至「三日」　此一經亦如鄉士獄成，就朝聽斷，事有異者，二句與鄉士別，以其去王城漸遠，恐多枉濫，故至二旬，容其反覆也。云「就郊而刑殺」者，鄉士之獄在國中，不須言「就」，此在郊，差遠，故云就郊也。言「各於其遂」者，六鄉之獄，并在國中，不得言「各」。六遂之獄，分在四郊之上，故須言各也。

注「就郊」至「不同」　鄭云「就郊而刑殺者，遂士也」者，經云「士師受中」，即云「協日就郊刑殺」，觀其文勢，亦恐士師刑殺，故云遂士也。云「遂處不同」者，六遂分置四郊之，外有六處，獄還六處置之，故云不同也。

若欲免之，則王令三公會其期。令猶命也。王欲赦之，〔六四〕則用遂士職聽之時，命三公往議之。

注「令猶」至「議之」　若會其期，皆在外朝。但民有遠近，故六鄉獄王自會其期，六遂獄差遠，使三公會其期也。云「令猶命」者，上文鄉士云「命」，此變命云「令」，令命義不殊，故云令猶命也。

若邦有大事聚衆庶，則各掌其遂之禁令，帥其屬而蹕。大事，王所親也。

注「大事」至「親也」　案：上鄉士在四郊內，有大祭祀、大喪紀等四事，事多，故須歷陳。此在四郊之外，無大祭祀、大喪紀，惟有大軍旅、大賓客出入所經，二者有聚衆庶之事，故揔云「大事聚衆庶」耳。此雖不言夾道，亦當夾道蹕也。

六卿若有邦事，則爲之前驅而辟，其喪亦如之。凡郊有大事，則戮其犯命者。

「六卿」至「命者」　若六鄉近，則使三公有邦事。此六遂差遠，邦事使六卿往。云「其喪亦如之」者，亦謂公卿大夫之喪，死於其中者，亦爲之前驅而辟也。　云「郊有大事」者，亦謂六遂之民從軍征伐、田獵，戮其犯命也。

縣士，掌野。

鄭司農云：「掌三百里至四百里，大夫所食。晉韓須爲公族大夫，食縣。」玄謂地距王城二百里以外至三百里曰野，三百里以外至四百里曰縣，四百里以外至五百里曰都。都縣野之地，其邑非王子弟、公卿大夫之采地，則皆公邑也，謂之縣，縣士掌其獄焉。言「掌野」者，郊外曰野，大摠言之也。獄居近，野之縣獄在二百里上，縣之縣獄在三百里上，都之縣獄在四百里上。

注「鄭司」至「里上」。先鄭意，遂士既主二百里、三百里，又案：載師職「小都任縣地」，縣地在四百里中，故云「掌三百里至四百里」。云「大夫所食」，云「晉韓須爲公族大夫，食縣」者，即載師職云「小都任縣地」，一也。案：昭五年，楚薳啓疆曰：「晉韓襄爲公族大夫，韓須受命而使矣。」注云：「襄，韓無忌子也，爲公族大夫。須，起之門子，年雖幼，已任出使。」如是，韓須不爲大夫，言受命而使，明時爲公族大夫，但年幼。或此注當爲韓襄。知食縣者，下有「十家九縣」，注云「韓氏七邑」，是也。「玄謂地距王城二百里以外至三百里曰野，三百里以外至四百里曰縣，四百里以外至五百里曰都」，鄭言此者，欲明此三處之中，有三等公邑，故更云「都，都縣野之地，其邑非王子弟、公卿大夫之采地，則皆公邑也」者，王子弟依三等臣分爲三處，公在五百里疆地，卿在四百里縣地，大夫在三百里稍地，給此三等采地之外，皆是公邑，故云則皆公邑。　案：載師注：「使大夫治此公邑之民，二百里、三百里，其大夫如州長。四百里、五百里，其大夫如縣正。」云「謂之縣，縣士掌其獄焉」者，主三等之獄，摠謂之縣士也。云「掌野者，郊外曰野，大摠言之」者，爾雅云「郊外曰野」者，非謂郊外二百里之中，縱四百及五百里，皆得謂之野。是以遂人亦云「掌野」。野，亦謂百里郊外至五百里，皆稱野。故鄭彼注及此注皆云郊外曰野，是大摠而言也。鄭言此者，欲見縣士云「掌野」，掌三百里外至五百里三處之獄，〔六五〕皆是野耳。云「獄居近」者，從鄉士掌國中已外，遂士掌四郊，皆據近而言，明此縣士三等獄，以次據近而置。云「野之縣獄在二百里上，縣之縣獄在三百里上，都之縣獄在四百里上」者，以三處獄皆名縣者，自三百里外有稍、縣、都，縣居中，故皆以縣獄爲名。〔六六〕言野縣都，據本爲稱。若然，云掌野，則三處揔名野。及歷言之，則惟三百里得名野者，以其以外四百里五百里有縣都之名，還指本號。三百里中地雖有稍名，〔六七〕縣士既言掌野，不得不存一野以爲獄名故也。案：載師云「公邑任甸地」，則二百里中，亦有公邑。縣士惟掌三百里已外，其二百里獄，遂士兼掌之矣。

各掌其縣之民數，糾其戒令，而聽其獄訟，察其辭，辨其獄訟，異其死刑之罪而要之，三旬而職聽于朝。司寇聽之，斷其獄、弊其訟于朝；羣士司刑皆在，各麗其灋以議獄訟。獄訟成，士師受中。協日刑殺，各就其縣，肆之三日。刑殺各就其縣者，亦謂縣士。

注「刑殺」至「縣士」　上鄉士遂士皆解分人各主之義，至此縣士，鄭雖不言，案序官，縣士三十有二人。縣獄既有三處，蓋三百里地狹人少，當十人，四百里、五百里地廣民多，當各十一人，以是，故得云「各掌其縣之民數」也。「三旬」者，亦是去王漸遠，故加至三旬，容其自反覆。云「亦謂縣士」者，亦以經文勢相連，恐士師刑殺，故須解之。

若欲免之，則王命六卿會其期。期亦謂縣士職聽之時。

注「期亦」至「之時」　以其差遠，故不使三公，而使六卿會其期也。

若邦有大役聚衆庶，則各掌其縣之禁令。若大夫有邦事，則爲之前驅而辟，其喪亦如之。凡野有大事，則戮其犯命者。野，距王城二百里以外，及縣都。

「若邦」至「命者」 直言「大役」，不言大事，又不言帥其屬而蹕者，則非王行征伐之事。謂起大役，役使民衆，故直各掌其縣之禁令而已。其喪，亦謂公卿大夫之喪，有死於此者。云「凡野有大事，則戮其犯命者」，謂有軍事於此而犯命者也。

注「野距」至「縣都」 上「掌野」雖已解野，今此文云「凡野」，恐有别義，故鄭詳言之。云「野，距王城二百里以外及縣都」者，若如此言，則不通二百里以内，故云距王城二百里以外。從野三百里，縣則四百里，都則五百里，還是縣士獄之所主三處也。

方士，掌都家。鄭司農云：「掌四百里至五百里，公所食，魯季氏食於都。」玄謂都，王子弟及公卿之采地。家，大夫之采地。大都在畺地，小都在縣地，家邑在稍地。不言掌其民數，民不純屬王。○畺地，居良反。

注「鄭司」至「屬王」 先鄭意，縣士既掌四百里中，〔六八〕故此方士掌五百里之中。云「公所食」者，謂載師所云「大都任疆地」者也。引「魯季氏食於都」者，謂諸侯大都與三公同。後鄭不從，謂「都，王子弟及公卿之采地。家，大夫之采地」者，欲見此經都是載師「大都任疆地，小都任縣地」，家是「家邑任稍地」。王子弟親者，與公同百里。稍疏者，與卿同五十里。更疏者與大夫同二十五里。引載師職「大都在疆地」以下爲證者，是不從先鄭之驗。若先鄭以采地惟在四百里、五百里之中，載師何得有三等之差乎？是以後鄭縣士自掌三等公邑之獄，方士自掌三等采地之獄。且縣士掌三等公邑之獄，親自掌之。若方士掌三等采地之獄，遥掌之。采地自有都家之士掌獄，有事上於方士耳。云「不言掌其民數，不純屬王」者，采地之民，雖在王畿之內，屬采地之主，類畿外之民屬諸侯，故云不純屬王。

聽其獄訟之辭，辨其死刑之罪而要之，三月而上獄訟于國。三月乃上要者，又變異之。○而上，時掌反，注下並同。朝言國，以其自有君，

注「三月」至「異之」　此則上文都家之士自治其獄，獄成，上王府，亦於外朝詳聽之事。云「三月」及言國「自有君異之」者，謂異於鄉士、遂士、縣士之等。

司寇聽其成于朝，羣士司刑皆在，各麗其灋以議獄訟。成，平也。鄭司農說以春秋傳曰：「晉邢侯與雍子爭鄐田，久而無成。」○鄐田，許六反，劉勑六反；或音勗。

注「成平」至「無成」　云春秋傳者，左氏昭公十四年之事，言晉邢侯是楚人，時在晉，故與雍子爭鄐田也。引之者，證成是獄成之事。

「司寇」至「獄訟」　上三處直言「司寇聽之」，此獨云「聽其成」者，成，謂采地之士所平斷文書，亦是異之類也。

獄訟成，士師受中，書其刑殺之成與其聽獄訟者。都家之吏自協日刑殺。但書其成與治獄之吏姓名，備反復有失實者。（六九）

注「都家」至「實者」　謂書其刑殺之成，及聽獄人名於上，亦是自有君，異於鄉士之等也。

凡都家之大事聚衆庶，則各掌其方之禁令。方士十六人，言各掌其方者，四人而主一方也。其方以王之事動衆，則爲班禁令焉。

「凡都」至「禁令」　都家云「大事聚衆庶」者，則下文「脩其縣法」是也。

注「方士」至「令焉」　方士十六人，序官文。若不分主，則不得云「各掌」，故知分之。

以時脩其縣灋，若歲終，則省之而誅賞焉。縣法，縣師之職也。其職，掌邦國都鄙稍甸郊野之地域，而辨其夫家人民田萊之數，及其六畜車輦之稽。方士以四時脩此法，歲終又省之，則與掌民數亦相近。○相近，附近之近。

注「縣法」至「相近」　縣師其職普掌天下，故云「邦國」，據畿外。都鄙，據畿內。〔七〇〕大都，五百里。小都，四百里。稍，據三百里。甸，據二百里。郊野據百里。偏天下矣。夫家，猶言男女。人民，據家之奴婢。云「與掌民數亦相近」者，上鄉士之等，皆言民數，惟方士不言，今此縣師云「夫家之數」，即與民數亦相近。言「相近」者，依縣師而知，故云相近也。

凡都家之士所上治，則主之。都家之士，都士、家士也。所上治者，謂獄訟之小事，不附罪者也。主之，告於司寇，聽平之。○上治，直吏反，注同，下有治並同。

注「都家」至「平之」　以序有都士家士，此云「凡都家之士」，明是彼都士、家士也。云「所上治者，謂獄訟之小事，不附罪者」，以其上文已有士師受中，爲附罪之大事，明此是小事。

訝士，掌四方之獄訟，鄭司農云：「四方諸侯之獄訟。」

注「鄭司」至「獄訟」　案：尚書呂刑云「四方司政典獄」，據諸侯爲言。此訝士亦云「掌四方獄訟」，又下文「諭罪刑于邦國」，皆言諸侯之事，故先鄭云「諸侯之獄訟」也。

諭罪刑于邦國。告曉以麗罪及制刑之本意。

注「告曉」至「本意」　諭爲曉，故云「告曉以麗罪」。罪者，謂斷獄附罪輕重也。云「及制刑之本意」者，聖人所作刑法，止爲息民爲惡，〔七一〕故云刑期無所刑，〔七二〕以殺止殺，是制刑之本意，以此二者告曉於諸侯。

凡四方之有治於士者，造焉。謂讞疑辨事，先來詣，乃通之於士也。士，主謂士師也。如今郡國亦時遣主者吏，詣廷尉議者。○造焉，七報反。謂讞，魚竭反。

注「謂讞」至「議者」　謂四方諸侯有疑獄不決，遣使來上王府士師者，〔七三〕故云「四方之有治於士者」。知士是士師者，以其士師受中，故知疑獄亦士師受之也。云「造焉」者，謂先造詣訝士，乃通之士師也。讞，白也，謂諮白疑辨之事。漢時獄官號廷尉也。

四方有亂獄，則往而成之。亂獄，謂若君臣宣淫、上下相虐者也。往而成之，猶呂步舒使治淮南獄。

注「亂獄」至「南獄」　云「君臣宣淫、上下相虐者」，謂若左氏傳宣九年，陳靈公與孔寧、儀行父，共淫徵舒之母夏姬，衷其衵服，以戲於朝。又，公曰「徵舒似汝」，對曰「亦似君」，泄冶諫，被殺。後徵舒射殺靈公，二子奔楚。楚爲討陳，殺徵舒。是君臣宣淫、上下相虐之事。云「往而成之，猶呂步舒使治淮南獄」者，案：前漢書儒林傳，呂步舒事江都相董仲舒，明春秋公羊，仕爲丞相長史，于時淮南王劉安與其大子遷謀反，漢武帝詔使宗正劉德與呂步舒窮驗其事。故注者引之。

邦有賓客，則與行人送逆之。入於國，則爲之前驅而辟，野亦如之。居館，則帥其屬而爲之蹕，誅戮暴客者。客出入則道之，有治則贊之。

送逆，謂始來及去也。出入，謂朝覲於王時也。春秋傳曰：「晉侯受策以出，入三覲。」〔七四〕入國入野，自以時事。○則道，音導。

注「送逆」至「時事」 云「送逆，謂始來及去也」者，以其訝士主以迎送諸侯，故從來至去，皆送迎之，禮也。知出入是朝覲於王者，以其言出入，與晉侯稱出入同，故引晉侯事。案：僖二十八年，襄王策命晉侯爲侯伯，晉侯「受策以出，出入三覲」。注云：「出入猶去來也。從來至去，凡三見王。」上公廟中將幣，三享，王禮再祼而酢，饗禮九獻，食禮九舉，三勞三問，出入三覲，爲行此禮，是出入爲朝覲。云「入國入野，自以時事」者，以其外國至此，入國須有親故相見之法，入野須有採取之宜，並是私事，故云時事也。

凡邦之大事聚衆庶，則讀其誓禁。

「凡邦」至「誓禁」 大事者，自是在國征伐之等。聚衆庶，非諸侯之事也。則訝士讀其誓命之辭及五禁之法也。

校勘記

〔一〕其婦人之爲大夫妻者 婺、建、岳、嘉靖、阮本「大夫」下有「之」字。蜀石經作「其大夫之妻也」。

〔二〕理虛則顔色愧赧小爾雅云 「虛」，宋本同，阮本作「曲」。「爾」字宋本脱。

〔三〕面慙曰赧心慙曰恧 「赧心」，原作「㥏」，據阮本改。

〔四〕視盼分明 「盼」，原作「盻」，不體，阮本作「盻」，此字石經作「盼」，據改。

〔五〕日月麗于天 「于」，蜀石經、婺、建、嘉靖本同，岳、阮本作「乎」。

〔六〕故書附作付 「付」字原脱，據婺、建、岳、阮本改。

〔七〕日本在虚空　元、正、閩、閩本「日」下有「月」字，當是。

〔八〕則民不愉　「愉」，閩、監、毛、阮本作「偷」，據宋本、葉鈔釋文作「愉」是也。説文無「偷」字，「偷」俗字。

〔九〕故引爲證議故也　「爲」，元、正、閩、阮本同，閩、監、毛、殿本作「以」，當是。

〔一〇〕祁奚作此辭以諫晉侯　元、正、閩、阮本「以」下脱「諫」字，閩、監、毛、殿本「諫」作「告」，似非。

〔一一〕先鄭雖引漢法墨綬爲貴　「雖」，監、毛、殿本同，正、閩、閩本作「推」，元本作「惟」，疑作「推」是。

〔一二〕銀印黄綬　「黄綬」，漢制考作「青綬」。孫詒讓云，漢書百官表亦作「青綬」。

〔一三〕春秋襄二十五年傳云　阮校云，惠校本同閩、監、毛本「云」作「有」，此誤。下郊特牲「有」同。

〔一四〕投殷之後於宋　阮本脱「投」字。

〔一五〕約彼同之　「彼」，阮本作「後」，疑誤。

〔一六〕舉漢重者而言　孫詒讓云，「漢重」疑誤，或當作「法重」。

〔一七〕聽民之所刺宥以施上服下服之刑是兼輕重皆刺也　此二十二字底本原脱，它本皆有，後人補刻時增之。「以」，監、毛、殿本同，元、正、閩、閩、阮本作「而」。

〔一八〕凡行刺　孫詒讓云，依司刺注，「刺」當作「刑」。

〔一九〕其時鑊水當以洗解牲體肉　盧文弨云，通考引此「時」作「實」，按疏云「鄭知實鑊水爲洗解牲肉者」，據疏本作「實」字。

〔二〇〕謂將祭享祭之晨　孫詒讓云，「享」當作「鄉」，「鄉祭之晨」本大宰「納亨」注。

〔二一〕辟婢亦反　「婢」原作「概」，據盧本、阮本改。

〔二二〕小司寇於祀司民而獻民數於王　蜀石經「於」作「作」，無「而」字。

〔二三〕古之禁書亡矣　「書」，蜀石經、婺、建、岳、嘉靖本同。閩、閩、阮本作「盡」，作「書」是。

〔二四〕今宫門有符籍　「符」，婺、建、岳、嘉靖本同，正、閩、閩、阮本作「簿」。阮校云，漢制考所引作「符」，當據正。

〔二五〕爾雅云巷門謂之閎　「閎」，元本同，正、閩、閩、阮本作「閭」。疑作「閎」是。

〔二六〕謂廬官人聽事之門　「官」，監、毛、殿本同，元、正、閩、閩、阮作「宫」。孫詒讓云，「官」字是。

〔二七〕謂在車離耦耦載而下帷　阮本同。阮校云，漢制考「耦」字不重，非。

〔二八〕古之禁書具不惟如此　「具不」，元、監、毛、殿本同，阮本作「其下」，誤。

〔二九〕比其類也　「比」，婺、建、嘉靖、阮本同，岳、監、殿本作「此」。阮校云，「比」字譌。孫詒讓云，蜀石經作「此」。

〔三〇〕周公作以成王令以大義告天下　「作以」，元、正、閩、阮本同，閩、監、毛、殿本作「輔相」。阮校云，作「輔相」是，則「令」字屬下讀。

〔三一〕仍有泰誓費誓召誥洛誥之等　「仍」，元、正、閩、閩本同，監、毛、殿、阮本作「乃」。作「仍」是也。

〔三二〕發軍禮　「發」，當作「法」，依左傳桓四年正義校改。

〔三三〕胥讀如宿偦之偦　漢讀考云，「讀如」當作「讀爲」。

〔三四〕以比什伍　「比」，原作「此」，據阮本改。

〔三五〕若今白聽正法解也　「白」，諸本同，建本作「曰」。蜀石經作「若今時百官聽政法解」九字。

〔三六〕則士師察審　「察審」，惠校本同，阮本作「審察」。

〔三七〕皆是獄官斷事成品式　孫詒讓云，「事成」當作「成事」，下文可證。「成事品式」，見大宰注、小宰疏。

〔三八〕故舉受爲況也　宋本同，阮本無「受」字。

〔三九〕倗讀爲朋友之朋　「倗」，婺、建、岳本同，阮本作「朋」。「讀爲」，蜀石經建本同，婺、岳、阮本作「讀如」，非。

〔四〇〕而士師別受其數條　「數」，婺、建、岳、阮本同，聞、閩、監、毛、殿本作「教」，阮校云，作「教」者誤。

〔四一〕遭飢荒則刑罰國事有所貶損　「則刑罰」，正、聞、閩、阮本作「不明判」，疑非。蜀石經誤倒，作「則罰刑」。

〔四二〕彼注謂謀慮緩刑　「緩」，原作「綬」，據阮本改。

〔四三〕糾守備盜賊也緩刑舒民心也　「備」，蜀石經、嘉靖、監、毛本同，岳、閩、阮本誤「衛」。「舒」，蜀石經、嘉靖、閩本作「紓」，當是。

〔四四〕傅或爲符　婺、建、岳本同，阮本「符」作「付」，疑非。

〔四五〕傅著約束於文書　「文」，阮本作「大」，誤。

〔四六〕即郊特牲云喪國之社必屋之是也　「喪」，元、閩、監、毛、殿本同，正、聞、阮本作「廢」。

〔四七〕言燕出入謂官苑皆是　「言」，元、監、毛、殿本同，正、聞、閩、阮本作「王」。「官」，正、聞、閩、阮本作「宮」，當是。

〔四八〕王謂將獻尸時　阮本「王」下有「盥」字，當是。

〔四九〕大祭祀朝覲王盥　阮本「王盥」上有「沃」字，與小臣文合，當據補。

〔五〇〕干行陣也　「干」，閩本同，蜀石經、阮本作「于」，非也。「陣」，蜀石經同，他本作「陳」，疑作「陣」是。

〔五一〕帥其屬　「其」字原重，據阮本刪。

〔五二〕魏絳曰請皆卒自我始　惠校本「絳」作「舒」。阮校云，按撿左傳，乃魏舒語。

〔五三〕則自國至百里外皆憲縣之也　「縣」，元、惠校本同，監、毛、殿、阮本作「禁」。

〔五四〕若以八人共主六鄉　「六」，諸本同，阮本作「三」，誤。

〔五五〕辯其獄訟　「辯」，嘉靖、閩、監、毛本、漢制考同。唐石經、蜀石經作「辨」，是也。

〔五六〕士師當受取上成　「上」，元、監、毛、殿本同，閩、閩、阮本作「士」。

〔五七〕言支幹善日者　「言」，阮本作「官」，疑誤。

〔五八〕棄疾請户　「户」字訛，當據阮本作「尸」。

〔五九〕獄案既成　「獄」，監、毛、殿本同，元、正、閩、閩、阮本作「狀」。

〔六〇〕當葬所經鄉道　元、正、閩、阮本無「鄉」字。

〔六一〕若今時三公出城　「三」，原作「二」，據婺、建、岳、阮本改。

〔六二〕郡督郵盜賊道也　漢讀考云，廣韻引釋名曰「督郵主諸縣罰負郵殿糾攝之」，此「盜賊」似衍字，郡督郵爲三公導，若鄉士爲三公導也。阮校云，賈疏本有「盜賊」二字，並曲爲之説。

〔六三〕故郡内督察郵行者　阮本同。阮校云，漢讀考「郡内」作「内郡」。

〔六四〕王欲赦之　「赦」，閩、阮本作「放」，誤。

〔六五〕掌三百里外至五百里三處之獄　孫詒讓云，「三百里」當作「二百里」。

〔六六〕故皆以縣獄爲名　阮本「名」下有「若」字。

〔六七〕三百里中地雖有稍名　「三」，元、閩、閩、監、毛、殿本同，阮本作「二」，誤。

〔六八〕縣士既掌四百里中　「四」，諸本同，阮本作「曰」，誤。

〔六九〕備反復有失實者　「復」，婺、建、岳、阮本作「覆」。

〔七〇〕故云邦國據畿外都鄙據畿内　監、毛、殿本同，元、正、閩、閩、阮本脱「畿外都鄙據」五字。

〔七一〕止爲息民爲惡　「止」，元、監、毛、殿本同，正、閩、閩、阮本作「正」。

〔七二〕故云刑期無所刑　阮校云，「所」當衍。加藤虎之亮云，大禹謨僞孔傳云「刑期於無所刑」，「所」字不必衍。

〔七三〕遣使來上王府士師者　監、毛、殿本同，元、正、閩、閩、阮本無「來」字。

〔七四〕晉侯受策以出入三覲　阮本「出」字重，與左傳文合，此本脱一「出」字，當補正。

周禮注疏卷第四十二

朝士，掌建邦外朝之灋，左九棘，孤卿大夫位焉，羣士在其後；右九棘，公侯伯子男位焉，羣吏在其後；面三槐，三公位焉，州長衆庶在其後。左嘉石，平罷民焉；右肺石，達窮民焉。樹棘以爲位者，取其赤心而外刺，象以赤心三刺也。槐之言懷也，懷來人於此，欲與之謀。羣吏，謂府史也。州長，鄉遂之官。鄭司農云：「王有五門，外曰臯門，二曰雉門，三曰庫門，四曰應門，五曰路門。路門一曰畢門。外朝在路門外，內朝在路門內。左九棘，右九棘，故易曰『係用徽纆，寘于叢棘』。」玄謂明堂位説魯公宮曰「庫門，天子臯門；雉門，天子應門」。言魯用天子之禮，所名曰庫門者，如天子臯門；所名曰雉門者，如天子應門。此名制二兼四，則魯無臯門、應門矣。檀弓曰：「魯莊公之喪，既葬，而絰不入庫門。」言其除喪而反，由外來，是庫門在雉門外必矣。如是，王五門，雉門爲中門，雉門設兩觀，與今之宮門同。閽人幾出入者，窮民蓋不得入也。郊特牲譏繹於庫門內，言遠，當於廟門，廟在庫門之內，見於此矣。小宗伯職曰：「建國之神位，右社稷，左宗廟。」然則外朝在庫門之外，臯門之內與？今司徒府有天子以下大會殿，亦古之外朝哉。周天子諸侯皆有三朝，外朝一，內朝二。內朝之在路門內者，或謂之燕朝。○州長，丁丈反，注同。罷民，音皮，司圜職同。外刺，七賜反，下同。纆，亡北反。示于，之豉反，又如字，本或作寘。叢棘，才公反。兩觀，古亂反。閽人，音昏。繹於，音亦，徐音夕。見於，賢遍反。內與，音餘，下國服與同。

注「樹棘」至「燕朝」。云「取其赤心而外刺」者，〔一〕據三詢三刺而言。〔二〕云「槐之言懷也者，懷來人於此，欲與之謀」，此亦據三詢而言也。云「州長，鄉遂之官」者，州長是鄉之官，兼言遂者，鄉之官既在此，明六遂之官亦在此，故言遂以苞之。先鄭云「王有五門，外曰臯門，二曰雉門，三曰庫門，四曰應門，五曰路門。路門一曰畢門」者，畢門之言，出自顧命，故顧命云「二人爵弁執惠，立於畢門之内」，是也。云「外朝在路門外，内朝在路門内」者，此後鄭皆不從。云「左九棘，右九棘，故易曰『係用徽纆，寘于叢棘』」者，證九棘之朝，斷罪人之朝也」。云「玄謂明堂位說魯公宮曰『庫門，天子臯門；雉門，天子應門』言魯用天子之禮，所名曰庫門者，如天子臯門；所名曰雉門者，如天子應門。此名制二兼四」，後鄭言此者，欲破先鄭以天子雉門在庫門外爲之。若然，魯作庫門，名曰臯門，其制則與天子臯門同，是制一兼二，庫門向外兼得臯門矣。魯作雉門，名曰應門，其制則與天子應門同，是亦制一兼二，則雉門向内，兼得應門矣。是魯制二兼四之事。魯之庫門既向外兼臯門，魯之雉門又向内兼應門，則天子庫門在雉門外，何得庫門倒在雉門内？此爲一明。〔三〕又引「檀弓曰：『魯莊公之喪，既葬，而絰不入庫門。』言其除喪而反，由外來，是庫門在雉門外必矣」者，時魯有慶父作亂，閔公遭莊公之喪，既葬之後，不得既虞變服，既葬而反，則除喪也。服吉而入，以服慶父之心故也。若庫門在内，雉門在外，應云「而絰不入雉門」，何得云「不入庫門」？故鄭云是庫門在雉門外必矣。上以制二兼四，推出庫門在雉門外，將爲未大明，更以絰不入庫門乃大明，故言必矣。云「如是，王五門，雉門爲中門」已下，更欲破先鄭外朝在路門外事。「雉門既爲中門，雉門設兩觀」，公羊傳文。「與今之宮門同」，舉漢以況周矣。云「閽人幾出入者，窮民蓋不得入也」者，若外朝在路門外、中門内，外朝有右肺石達窮民，中門既有閽人幾，則何得度中門入于路門乎？明外朝在中門外矣。又引郊特牲及小宗伯者，欲見庫門内、雉門外中間不得置外朝之事。何者？郊特牲譏繹于庫門内，〔四〕言遠，謂譏其大遠。云「當於廟」者，宜在廟門西，故云當於廟也。云「廟在庫門之内，見於此矣」者，欲見中門外有廟。又引小宗伯者，見社廟在中門外。既然，中門外有社稷宗廟在於左右，不得置外朝可知。云「然則外朝在庫門之外，臯門之内與」者，無正文，推量爲義，故云「與」以疑之也。舉漢法者，況義耳。云「天子諸侯皆有三朝，外朝一，内朝二」者，天子外朝一者，即朝士所掌者是也。内朝二者，司士所掌正朝，大僕所掌路寢朝，是二也。諸侯内朝二者，玉藻云：「朝于内朝。朝，羣臣辨色始入。君日出而視朝，退適路寢，使人視大夫，大夫退，然後適小寢。」彼亦路門外内二者爲内朝二。閔二年，季友將生，卜人云：「間于兩社，爲公室輔。」兩社，周社、亳社。是兩社在大門内、中門外，爲外朝。是諸侯外朝一，内朝二。三文疏已在射人。云「在路門内，或謂之燕朝」者，大僕云「掌燕朝之服位」，是也。

帥其屬而以鞭呼趨且辟。趨朝辟行人，執鞭以威之。○呼趨，本又作趍同，七須反，劉音清欲反。

「帥其」至「且辟」 「其屬」者，案序官「朝士，中士六人，府三人，史六人，胥六人，徒六十人」。云「帥其屬」，當是徒六十人爲之。〔五〕

禁慢朝、錯立、族談者。慢朝，謂臨朝不肅敬也。錯立族談，違其位僔語也。○僔語，徐子損反，劉才官反，李一音纂。

注「慢朝」至「語也」 朝士所禁，則無問貴賤皆禁之。〔六〕云「錯立族談」者，族，聚也。云「違其位」，解錯立。「僔」，亦聚也，聚語解族談也。

凡得獲貨賄、人民、六畜者，委于朝，告于士，旬而舉之，大者公之，小者庶民私之。俘而取之曰獲。委於朝十日，待來識之者。人民，謂刑人、奴隸逃亡者。司隸職曰：「帥其民而搏盜賊。」鄭司農云：「若今時得遺物及放失六畜，持詣鄉亭縣廷。大者公之，大物没入公家也。〔七〕小者私之，小物自畀也。」玄謂人民之小者，未齔七歲以下。○俘而，音孚。而搏，音博，又音付。放失，音逸，又如字。自畀，必二反。齔，初謹反，又敕謹反，劉測吝反，沈創允反，毁齒也。

注「浮而」至「以下」 經云「告于士」者，得物之人，告朝士，乃委之於朝。云「俘而取之曰獲」者，則得者非所俘也。

所俘即人民、六畜，其餘貨財之等稱得。云「人民，謂刑人、奴隸逃亡者」，謂所犯大罪，身死，男女幼者，没入縣官爲奴隸而逃亡者也，即司隸職所云者也。云「玄謂人民之小者，未齔七歲以下」者，案：家語本命：「男子七歲而齔齒，女子八歲而齔。」此言七歲，據男子，若女子則八歲，〔八〕皆刑人所生。諸處八歲是男，七歲是女。

凡士之治有期日，國中一旬，郊二旬，野三旬，都三月，邦國朞。期內之治聽，期外不聽。鄭司農云：「謂在期內者聽，期外者不聽，若今時徒論決，滿三月，不得乞鞫。」○之治，直吏反，下之治、以治及司民職王治並注同。國期，居其反。乞鞫，九六反，劉己目反。

「凡士」至「不聽」　云「凡士之治有期日」者，即上文鄉士聽訟於朝者。鄉士一旬，遂士二旬。期日，即上鄉士遂士之等，獄訟成，來於外朝職聽，遠近節之，皆有期日。云「國中」者，謂獄在國中，據鄉士。云「郊二旬」者，謂獄在郊，據遂士。云「野三旬」者，謂野之縣獄三處，皆是野。云「都三月」者，謂方士掌都家。云「邦國朞」者，謂訝士雖不云期日，差之，邦國當訝士所掌。云「期內之治聽，期外不聽」者，所以省煩息訟也。

凡有責者，有判書以治，則聽。判，半分而合者。故書判爲辨。鄭司農云：「謂若今時辭訟，有券書者爲治之。辨讀爲別，謂別券也。」玄謂古者出責之息，亦如國服與？〔九〕○爲治，于僞反，下爲治、爲民同。爲別，彼列反，下同。

注「判半」至「服與」　云「判，半分而合者」，即質劑傅別，分支合同，兩家各得其一者也。云「玄謂古者出責之息，亦如國服與」者，案：泉府云：「凡民之貸者，以國服爲之息。」彼謂貸官物之法。今此是私民，謂出責之法，〔一〇〕無正文，約與之同，故云「與」以疑之。若然，國服者，如地之出稅。依載師近郊十一之等，若近郊民取責，一歲十千出一千，遠郊二十而三者，二十千歲出三千，已外可知之。國服，依國民服事出税法，故名國服也。

凡民同貨財者，令以國灋行之。犯令者，刑罰之。鄭司農云：「同貨財者，謂合錢共賈者也。以國法行之，司市爲節以遣之。」玄謂同貨財者，富人畜積者，多時收斂之，乏時以國服之法出之，雖有騰躍，其贏不得過。〔一一〕此以利出者與取者，過此則罰之。若今時加貴取息坐臧。〔一二〕○共賈，上如字，下音古。畜積，勑六反；下子賜反，又如字。出者，尺遂反，劉勑類反，又如字。坐臧，才卧反。

「凡民」至「罰之」　云「同貨財者」，謂財主出債，與生利還生，〔一三〕則同有貨財。令以國法，國法即國服，爲之息利，〔一四〕故云「國法行之」。「犯令者」，違國法也。

注「鄭司」至「坐臧」　先鄭所解，無所依據，後鄭不從。故云「雖有騰躍，其贏」者，謂販易得利多少者爲騰躍其贏，謂其贏利騰踴，乘躍而出。〔一五〕故晉灼曰：「言市物賤，預買畜之，物貴而出賣之，故使物騰躍。」是其事。「以利出者與取者」，依常契獲利，取者又騰躍所贏，二者俱有利。物違國服，則爲犯令，得刑。

凡屬責者，以其地傅，而聽其辭。鄭司農云：「謂訟地畔界者，田地町畔相比屬，故謂之屬責。以地傅而聽其辭，以其比畔爲證也。」玄謂屬責，轉責使人歸之，而本主死亡，歸受之數相抵冒者也。以其地之人相比近，能爲證者來，乃受其辭爲治之。○地傅，音付，注同。凡屬，如字，或音燭，注同。町畔，徒頂反，又他頂反。比屬，毗志反，下及下文大比同。抵冒，丁禮反。

注「鄭司」至「治之」　先鄭見經有地，即以爲「訟地畔界」解之，後鄭不從。以其經稱「責」，地畔界不得名責。其云「地傅」者，先鄭皆以音附爲傅近讀之。云「玄謂屬責，轉責使人歸之」者，謂有人取他責，乃別轉與人，使子本依契而還財主。財主死亡者，轉責者或死或亡，後受責之人，〔一六〕見轉責者死亡，則詐言所受時少，是歸受之數相抵冒也。云「則以其地之人相比近，能爲證者來，乃受其辭爲治之」者，謂以其地相比近，委其事實，故引以爲證也。言能爲證者，則有不能爲證之法。地雖相近，有不知者，則不能爲證，乃不受其辭而不治之也。

凡盜賊軍鄉邑及家人，殺之無罪。鄭司農云：「謂盜賊羣輩若軍共攻盜鄉邑及家人者，殺之無罪。若今時無故入人室宅廬舍，上人車船，〔一七〕牽引人欲犯法者，其時格殺之，無罪。」○上人，時掌反，下文以上並注同。

注「鄭司」至「無罪」　盜賊並言者，盜，謂盜取人物。賊，謂殺人曰賊。鄉，據鄉黨之中。邑，據郭邑之內。家人者，先鄭舉漢賊律云「牽引人，欲犯法」，則言家人者，欲爲姦淫之事，故攻之。

凡報仇讎者，書於士，殺之無罪。謂同國不相辟者，將報之必先言之於士。○相辟，音避。

注「謂同」至「於士」　凡仇人，皆王法所當討，得有報仇者，謂會赦後，使已離鄉，其人反來還於鄉里，欲報之時，先書於士，士即朝士，然後殺之，無罪。

若邦凶荒、札喪、寇戎之故，則令邦國、都家、縣鄙慮刑貶。故書慮爲憲，貶爲窆。杜子春云：「窆當爲禁。憲謂幡書以明之。」玄謂慮，〔一八〕謀也。貶猶減也。謂當圖謀緩刑，且減國用，爲民困也。所貶視時爲多少之法。○爲窆，彼驗反。

「若邦」至「刑貶」　「凶荒」，謂年穀不孰。「札喪」，謂疫病及死喪。「寇戎」，謂鄰國交侵。「邦國」，據畿外。「都家」，謂畿內三等采地。「縣鄙」，謂六遂之內。不言六鄉，舉六遂，則六鄉亦在其中。云「慮刑貶」者，謂國有此事，則朝士當謀慮緩刑，自貶損之，不得仍依常法也。

注「故書」至「之法」　子春以爲憲與禁，後鄭謂「所貶視時爲多少之法」，此經所有之事重，民益困則所貶多。所有之事輕，民困不至甚，則所貶少。故云視時爲多少之法也。

司民，掌登萬民之數，自生齒以上皆書於版，辨其國中與其都鄙及其郊野，異其男女，歲登下其死生。登，上也。男八月女七月而生齒。版，今户籍也。下猶去也。每歲更著生去死。○猶去，起吕反，下同。更著，丁略反。

注「登上」至「去死」　云「辨其國中與其都鄙」者，國中據六鄉在城中者，都鄙，據三等采地。「及其郊野」者，郊，謂居鄉之民在四郊者。〔一九〕野，謂六遂及四等公邑。是偏畿内矣。云「男八月女七月而生齒」者，家語本命篇，疏已具於上。

及三年大比，以萬民之數詔司寇。司寇及孟冬祀司民之日獻其數于王，王拜受之，登于天府。内史、司會、冢宰貳之。以贊王治。鄭司農云：「文昌宫三能，屬軒轅角，相與爲體。近文昌爲司命，次司中，次司禄，〔二〇〕次司民。」玄謂司民，軒轅角也。天府，主祖廟之藏者。贊，佐也。三官以貳佐王治者，當以民多少黜陟主民之吏。○三能，吐才反。近文昌，附近之近。

「及三」至「王治」　云「及孟冬祀司民之日」者，謂司寇於春官，孟冬祭祀司民星之日，以與司寇爲節，此日司寇獻其民數于王。云「王拜受之，登于天府」者，重此民數，民爲邦本故也。云「内史、司會、冢宰貳之」者，以其内史掌八柄，司會掌天下大計，冢宰貳王治事，皆掌大事，故皆寫一通副貳民數藏之，所以贊助王之治民也。

注「鄭司」至「之吏」　先鄭云「文昌宫三能，屬軒轅角，相與爲體。近文昌爲司命，次司中，次司禄，次司民」。武陵太守星傳，文昌第一曰上將，第二曰次將，第三曰貴相，第四曰司命，第五曰司中，第六曰司禄。不見有司民。三台六星，兩兩相居，起文昌東南，别在大微，亦無司民之事，故後鄭不從。云「司民，軒轅角也」者，案：軒轅星有十七星，如龍形，有兩角，角有大民、小民，故依之也。云「黜陟主民之吏」者，即六鄉六遂大夫、公邑大夫、采地之主，皆是也。

司刑，掌五刑之灋，以麗萬民之罪。墨罪五百，劓罪五百，宫罪五百，刖罪五百，殺罪五百。墨，黥也，先刻其面，以墨窒之。劓，截其鼻也。今東西夷或以墨劓爲俗，古刑人亡逃者之世類與？宫者，丈夫則割其勢，女子閉於宫中，若今宦男女也。〔二二〕刖，斷足也。周改臏作刖。殺，死刑也。書傳曰：「決關梁、踰城郭而略盗者，其刑臏。男女不以義交者，其刑宫。觸易君命，〔二三〕革輿服制度，姦軌盗攘傷人者，其刑劓。非事而事之，出入不以道義，而誦不詳之辭者，〔二三〕其刑墨。降畔、寇賊、劫略、奪攘、撟虔者，其刑死。」此二千五百罪之目略也，其刑書則亡。夏刑大辟二百，臏辟三百，宫辟五百，劓墨各千，周則變焉，〔二四〕所謂刑罰世輕世重者也。鄭司農云：「漢孝文帝十三年，除肉刑。」〇劓，魚器反，李魚界反，又疑婢反。刖，音月，又五刮反，李五骨反。黥也，其京反。窒之，本又作涅同，乃結反，徐丁吉反，又丁結反。類與，音餘。斷足，丁管反。臏，頻忍反，徐方忍反，劉苻人反。攘傷，如羊反。降畔，户江反。撟虔，居兆反。

注「墨黥」至「肉刑」　案：尚書吕刑有劓、刵、椓、黥，是苗民之虐刑，至夏改爲黥，〔二五〕則黥與墨别，而云「墨黥」者，舉本名也。云「今東西夷或以墨劓爲俗，古刑人亡逃者之世類與」者，墨劓之人，亡逃向夷，詐云中國之人皆墨劓爲俗，夷人亦爲之，相襲不改，云墨劓爲俗也。言「與」者，無正文，鄭以意而言，故言與以疑之。云「若今宦男女也」者，即宫人婦女，及奄人使守内閤者也。〔二六〕云「刖，斷足也。周改臏作刖」者，臏，本亦苗民虐刑，咎繇改臏作腓，至周改腓作刖。書傳云臏者，舉本名也。云「男女不以義交者，其刑宫」者，以義交，謂依六禮而婚者。云「觸易君命」者，觸君命令不行，及改易之。云「革輿服制度」者，依典命，上公九命，國家、宫室、車旗、衣服、禮儀皆以九爲節。侯伯已下及卿大夫士，皆依命爲多少之節。是不革，今乃革之。革，改也，謂上僭也。制度，即宮室禮儀制度也。云「姦軌」者，案：舜典云「寇賊姦軌」，鄭注云：「强聚爲寇，殺人爲賊，由内爲姦，起外爲軌。」案：成十七年長魚矯曰：「臣聞亂在外爲姦，在内爲軌，御姦以德，御軌以刑。」鄭與傳不同。鄭欲見在外亦得爲軌，在内亦得爲姦，故反覆見之。或後人轉寫誤，當以傳爲正。云「降畔、寇賊、劫略、奪攘、撟虔者，其刑死」者，〔二七〕案呂刑云「寇賊、姦軌、奪攘、矯虔」，注云：「有因而盜曰攘。撟虔，謂撓擾。春秋傳『虔劉我邊垂』，謂劫奪人物以相撓擾也。」云「此二千五百罪之目略也」者，刑書已亡，以此書傳之文略言三五，故云罪之目略也。云「夏刑」以下，據呂刑而言。案呂刑「剕辟五百，宮辟三百」，今此云「臏辟三百，宮辟五百」，此乃轉寫者誤，當以呂刑爲正。云「周則變焉」者，夏刑三千，墨劓俱千，至周，減輕刑入重刑，俱五百，是夏刑輕，周刑重。云「刑罰世輕世重」者，呂刑文，故云「所謂」。先鄭云：「漢孝文帝十三年，除肉刑」者，案：文帝本紀，十三年，大倉令淳于公有罪，當刑，徙繫長安，無男，有五女，小曰緹縈，〔二八〕泣遂上書，〔二九〕上赦肉刑。所赦者，唯赦墨、劓與刖三者，其宮刑至隋乃赦也。案：文十八年，史克云，先君周公制禮，〔三〇〕曰「則以觀德」，作誓命，曰「毀則爲賊，竊賄爲盜，在九刑不忘」。言九刑者，鄭注堯典云：「正刑五，加之流宥、鞭、扑、贖刑，此之謂九刑者。」賈、服以正刑一，加之以八議。昭六年云「周有亂政，而作九刑」。而云周公作者，鄭志云：「三辟之興，皆在叔世。受命之王所制法度，時不行耳，世末政衰，隨時自造刑書，不合大中，故叔向譏之。作刑書必重其事，故以聖人之號以神其書耳。」若然，九刑之名是叔世所作，假言周公，其實非周公也。

若司寇斷獄弊訟，則以五刑之灋詔刑罰，而以辨罪之輕重。詔刑罰者，〔三一〕處其所應不，如今律家所署法矣。

注「詔刑」至「法矣」　司刑主刑書，若於外朝司寇斷獄之時，司刑則以五刑之法詔刑罰。刑罰並言者，刑疑則入罰故也。

司刺，掌三刺、三宥、三赦之灋，以贊司寇聽獄訟。刺，殺也。訊而有罪則殺之。宥，寬也。赦，舍也。○司刺，七賜反，下及注同。

注「刺殺」至「舍也」　此經與下爲目。云「贊司寇聽獄訟」者，專欲難成，恐不獲實，衆人共證，乃可得真，故須贊之也。〔三二〕云「訊而有罪則殺之」者，刑有五，一者是殺，餘皆訊之，獨言殺者，立官名刺，據重而言故也。

壹刺曰訊羣臣，再刺曰訊羣吏，三刺曰訊萬民。訊，言。

「壹刺」至「萬民」　此三刺之事所施，謂斷獄弊訟之時，先羣臣，次羣吏，後萬民，先尊後卑之義。

壹宥曰不識，再宥曰過失，三宥曰遺忘。鄭司農云：「不識，謂愚民無所識則宥之。過失，若今律過失殺人不坐死。」玄謂識，審也。不審，若今仇讎當報甲，見乙，誠以爲甲而殺之者。過失，若舉刃欲斫伐，而軼中人者。遺忘，若閒帷薄，忘有在焉，而以兵矢投射之。○遺忘，音妄，注同。不坐，才卧反，下同。而軼，待結反。中人，丁仲反。若閒，閒廁之閒。投射，食亦反。

注「鄭司」至「射之」　先鄭以爲「不識謂愚民無所識則宥之」，若如此解，則當入三赦惷愚之中，何得入此三宥之內，故後鄭不從也。云「過失，若今律過失殺人不坐死」者，於義是，故後鄭增成之。云「玄謂識，審也」者，不識即不審。云甲乙者，興喻之義耳。〔三三〕假令兄甲是仇人，見弟乙，誠以爲是兄甲，錯殺之，是不審也。

壹赦曰幼弱，再赦曰老旄，三赦曰惷愚。惷愚，生而癡騃童昏者。鄭司農云：「幼弱、老旄，若今時律令年未滿八歲，八十以上，非手殺人，他皆不坐。」

○老秏，本又作旄，同亡報反。惷愚，勑江反，又貞巷反，劉癡用反。癡騃，五駭反，李又五亥反，又吐在反。以上，時掌反。

注「惷愚」至「不坐」　「三赦」與前「三宥」所以異者，上三宥不識過失遺忘，非是故心，過誤所作，雖非故爲，比三赦爲重，據今仍使出贖。此三赦之等，比上爲輕，全放無贖。先鄭云「幼弱、老旄，若今時律令年未滿八歲，八十以上，非手殺人，他皆不坐」者，案：曲禮云：「八十九十曰耄，七年曰悼，悼與耄，雖有罪，不加刑焉。」與此先鄭義合。彼亦謂非手殺人，他皆不坐也。云「未滿八歲」，則未齔，是七年者。若八歲已齔，則不免也。

以此三灋者求民情，斷民中，而施上服下服之罪，然後刑殺。上服，殺與墨、劓。下服，宮、刖也。司約職曰：「其不信者，服墨刑。」凡行刑，必先規識所刑之處，乃後行之。

「以此」至「刑殺」　云「以此三法者求民情，斷民中」者，謂上三刺、三宥、三赦若不以此法，恐有入濫者，〔三四〕由用三法，故斷民得中。云「施上服下服之罪然後刑殺」者，先規畫可刑之處，乃行刑行殺也。

注「上服」至「行之」　古者雖有要斬、領斬，以領爲正，故殺入上服也。必先規識所刑之處，乃後行之。規識在體，若衣服在身，故名規識爲服也。

司約，掌邦國及萬民之約劑，治神之約爲上，治民之約次之，治地之約次之，治功之約次之，治器之約次之，治摯之約次之。此六約者，諸侯以下至於民，皆有焉。劑，謂券書也。治者，理其相抵冒上下之差也。神約，謂命祀、郊社、羣望及所祖宗也。夔子不祀祝融，楚人伐之。民約，謂征稅遷移，仇讎既和，若懷宗九姓在晉，殷民六族七族在魯、衛皆是也。地約，謂經界所至，田萊之比也。功約，謂王功國功之屬，賞爵所及也。器約，謂禮樂吉凶車服所得用也。摯約，謂玉帛禽鳥，相與往來也。〇司約，於妙反，後及注皆同。夔子，求龜反。之比，毗志反，又必二反。

注「此六」至「來也」　知「此六約，諸侯以下至於民」者，經云「掌邦國及萬民之約劑」，故知也。以諸侯爲主，中亦有王事，但王至尊，設約不及之耳。「神約，謂命祀、郊社、羣望及所祖宗也」者，凡命祀，皆天子命之也。郊者，謂若祭統成王命魯外祭則郊社。常平諸侯，直命祀社，故王制云「天子祭天地，諸侯祭社稷」，是常也。羣望，諸侯祭三望，故傳云「三代命祀，祭不越望」也。祖宗，諸侯五廟，下及士各有差，庶士庶人祭於寢也。云「夔子不祀祝融，楚人伐之」者，爲其違約不祀，故伐之，事在僖二十六年。云「民約，謂征稅」者，雖諸侯輸於王，萬民征稅是常，此稅要由民出，故曰民約。云「遷移」者，雖君亦有遷移法，若鄭遷於虢之屬是也。諸侯亦有和難之法，故曰「君之讎視父」是也。云「仇讎既和」者，謂若調人云「凡和難，父之讎，辟之海外」之屬是也。云「若懷宗九姓在晉，殷民六族七族在魯、衛皆是也」者，此止以遷移法，不似有仇讎也。定四年，祝佗云「分魯公以大路」，又云「殷民六族」，注云：「殷民，禄父之餘民，三十族六姓也。」「條氏、徐氏、蕭氏、索氏、長勺氏、尾勺氏。」又「分康叔以大路」，注云：「復如分周公，欲使康叔以化之。」又云「殷民七族，陶氏、施氏、繁氏、錡氏、樊氏、饑氏、終葵氏」，又云「分唐叔以大路」，又云「懷姓九宗，職官五正」，注云：「五正，五官之長。」是其遷移法也。以此觀之亦是和之使遷移耳。云「功約，謂王功國功之屬」者，民功謂若司寇云「野刑，上功糾力」及司馬云「進賢興功」是也。云「器約，謂禮樂吉凶車服所得用也」者，謂自天子以下達庶人，皆有之。禮器，籩豆俎簋之屬。樂器，鍾鼓竽笙之屬。吉服，祭服。吉車，巾車所云天子至庶人役車皆是。凶之車服，雜記云「端衰喪車無等」是也。云「摯約謂玉帛禽鳥相與往來也」者，案：大宗伯「以玉作六瑞，公執桓圭」已下是玉，又「以禽作六摯，孤摯皮帛，卿羔，大夫鴈，士雉，工商雞，庶人鶩」，皆執以相見，是往來也。

凡大約劑，書於宗彝；小約劑，書於丹圖。大約劑，邦國約也。書於宗廟之六彝，欲神監焉。小約劑，萬民約也。丹圖，未聞。或有彫器簠簋之屬，有圖象者與？春秋傳曰：「斐豹，隸也，著於丹書。」今俗語有鐵券丹書，豈此舊典之遺言。〔三五〕○者與，音餘。斐豹，音非，徐方眉反，劉方持反，沈芳尾反。

注「大約」至「遺言」　知大約劑是邦國者，上言「掌邦國及萬民之約劑」，有此二者，故大小據而言之。六彝之名，若司尊彝云雞、鳥、斝、黃、虎、蜼之等，以畫於宗廟彝尊，故知使神監焉。〔三六〕使人畏敬，不敢違之也。云「或有彫器簠簋之屬，有圖象者與」者，此鄭見時有人爲此說者，故云「或有」。案：梓人造器，有刻畫祭器，博庶物也。是圖象事亦有似，故云「與」以疑之。云「春秋傳曰『斐豹，隸也』」者，襄公二十三年文。

若有訟者，則珥而辟藏，其不信者服墨刑。鄭司農云：「謂有爭訟罪罰，刑書謬誤不正者，爲之開藏，取本刑書以正之。當開時，先祭之。」玄謂訟，訟約，若宋仲幾、薛宰者也。辟藏，開府視約書。不信，不如約也。珥讀曰衈，謂殺雞取血釁其戶。○辟藏，才浪反，注下皆同。爲之，于僞反。

「若有」至「墨刑」　「訟」，謂爭約劑不決者。云「則珥而辟藏」者，謂以血塗戶，乃開辟其戶，以出本約劑之書勘之。

注「鄭司」至「其戶」　司約所掌，唯約劑之書，先鄭以爲爭訟罪罰刑書，及以珥爲祭。後鄭皆不從，而「謂訟約若宋仲幾、薛宰」者，案：定元年正月，晉魏舒合諸侯之大夫于狄泉，將城成周。宋仲幾不受功，曰：「滕、薛、郳，吾役也。」〔三七〕薛宰曰：「宋爲無道，絕我小國於周，以我適楚，故我常從宋。晉文公爲踐土之盟，曰『凡我同盟，各復舊職』」。若從踐土，若從宋，亦惟命。」宋仲幾曰：「踐土固然。」又士彌牟曰：「子姑受功，歸，吾視諸故府。」仲幾曰：「縱子忘之，山川鬼神其忘諸乎？」此是訟約法，故引之爲證。云「殺雞」者，以雜記云「割雞，當門，〔三八〕其衈皆於屋下」，言衈，故知用雞也。

若大亂，則六官辟藏，其不信者殺。大亂，謂僭約，若吳、楚之君，晉文公請隧以葬者。六官辟藏，明罪大也。六官初受盟約之貳。○請隧，音遂。

注「大亂」至「之貳」　云「大亂，謂僭約」者，以其司約者主約，故知僭約也。既言「大亂」，明是若吳、楚之君僭稱王也。又如「晉文公請隧以葬」，亦是也。案：僖二十五年，晉文公納定襄王，乃請隧以葬。隧者，請掘地通路，上有負土。諸侯已下，上無負土，謂之羨塗。天子有負土，謂之隧。文公請之，欲行天子之禮，故對曰「未有代德，而有二王」，不許之也。明罪大止謂僭者也。云「六官初受盟約之貳」者，以大司寇云「凡邦之盟約，大史、司會及六官，〔三九〕皆受其貳而藏之」者，是也。

司盟，掌盟載之灋。載，盟辭也。盟者書其辭於策，殺牲取血，坎其牲，加書於上而埋之，謂之載書。春秋傳曰：「宋寺人惠牆伊戾坎用牲，加書，爲世子痤與楚客盟。」○子痤，才戈反。

「司盟」至「之灋」　盟時坎用牲，加書於牲上，以牲載書於上，謂之盟載也。

注「載盟」至「客盟」　云「載」者，正謂以牲載此盟書於上，故謂之載也。云「盟者書其辭於策」者，辭，即盟辭，若云「爾無我詐，我無爾虞」，「有違此盟，無克祚國」。盟辭多矣，以此爲本。云宋寺人之事，案：襄二十六年傳曰「宋寺人惠牆伊戾爲大子痤內師，無寵」。注云：「惠牆氏，伊戾名。」「秋，楚客聘於晉，過宋。大子知之，請野享之，公使往，伊戾請從之。至則飲用牲加書，〔四〇〕徵之，而聘告公曰：〔四一〕大子將爲亂，既與楚客盟矣」。鄭引此者，證坎用牲加書載之事也。

凡邦國有疑會同，則掌其盟約之載及其禮儀，北面詔明神。既盟，則貳之。有疑，不協也。明神，神之明察者，謂日月山川也。覲禮加方明于壇上，所以依之也。詔之者，讀其載書以告之也。貳之者，寫副當以授六官。○禮義，音儀。

「凡邦」至「貳之」　時見曰會，殷見曰同，若有疑則盟之。

注「有疑」至「六官」　云「有疑，不協也」者，不協之文，出於春秋。云「明神，神之明察」者，謂日月山川也。「覲禮加方明于壇上，所以依之也」者，案：覲禮云「方明者，木也。方四尺，設六色。」又云：「設六玉，上圭，下璧，南方璋，西方琥，北方璜，東方圭。」注云：「六色象其神，六玉以禮之。上宜蒼璧，下宜黄琮，而不以者，則上下之神，非天地之至貴者也。設玉者，刻其木而著之。」又云：「天子拜日於東門之外，反祀方明。」注引司盟職曰「北面詔明神」，言北面詔明神，則明神有象也。象者，其方明乎？又曰：「禮日於南門外，禮月與四瀆於北門外，禮山川丘陵於西門外。」又云「祭天燔柴，祭山丘陵升，祭川沈，祭地瘞」。注云「升沈，必就祭者也。就祭，則是王巡守及諸侯之盟祭也」，引郊特牲曰「郊之祭也，迎長日之至也，大報天而主日也」，宗伯職曰「以實柴祀日月星辰」，則燔柴祭天謂祭日也。柴爲祭日，則祭地瘞者，祭月也。日月而云天地，靈之也。王制曰「王巡守至于岱宗，柴」，是王巡守之盟，〔四二〕其神主日也。春秋傳曰「晉文公爲踐土之盟」，而傳云「山川之神」，是諸侯之盟，其神主山川也。月者，大陰之精，上爲天使，臣道莫貴焉，是王官之伯。會諸侯而盟，其神主月與，以此約之，故知明神是日月山川也。如是王會同四時各祀其神，及祀方明，則諸神皆及，故有六色、六玉之位焉。其盟亦然。云「詔之者，讀其載書以告之也」者，謂盟時以其載辭告焉。云「貳之者，寫副當授六官」者，大司寇職「凡邦之大盟約，涖其盟書，而登之于天府，大史、内史、司會及六官，皆受其貳而藏之」者是也。

盟萬民之犯命者，詛其不信者亦如之。盟詛者，欲相與共惡之也。犯命，犯君教令也。不信違約者也。春秋傳曰：「臧紇犯門斬關以出，乃盟臧氏。」又曰：「鄭伯使卒出豭，行出犬雞，以詛射潁考叔者。」○詛其，側慮反。與共，如字。惡之，烏路反。臧紇，恨發反，劉胡没反，沈胡謁反。使卒，子忽反。出豭，音加。行出，户剛反。詛射，食亦反。

「盟萬」至「如之」　凡言「盟」者，盟將來。「詛」者，詛往過。云「亦如之」者，亦如上文。

注「盟詛」至「叔者」　云「盟詛者，欲相與共惡之也」者，對神爲驗，是共惡之也。云「犯命，犯君教令也」者，以萬民無餘事，故知犯命謂犯君教令也。云「春秋傳曰」者，案：襄二十三年，季武子無適子，公彌長，而愛悼子，欲立之。訪於臧紇，紇爲立悼子，紇廢公鉏。〔四三〕後孟莊子疾，豐點謂公鉏：「苟立羯，請讎臧氏。」及孟孫卒，季孫至，入哭而出，曰：「秩焉在？」公鉏曰：「羯在此矣！」孟氏閉門告於季孫曰：〔四四〕「臧氏將爲亂，不使我葬。」季孫不信。臧孫聞之，戒。除於東門，甲從已而視之。孟氏又告季孫。季孫怒，命攻臧氏。臧紇斬鹿門之關以出，奔邾。季孫盟，是其事也。又曰「鄭伯使卒出豭，行出犬、雞，以詛射潁考叔者」，此隱公十一年，將伐許，子都與潁考叔争車。及許，潁考叔先登，子都自下射之，顛。師還，乃詛射潁考叔者，引之者，證詛是往過之事。若然，臧紇既出，乃盟臧氏者，以臧氏出後，盟後人，以臧氏爲盟首，亦是盟將來也。

凡民之有約劑者，其貳在司盟。貳之者，檢其自相違約。

「凡民」至「司盟」　此謂司約副寫一通，來入司盟，檢後相違約，勘之。

有獄訟者，則使之盟詛。不信則不敢聽此盟詛，所以省獄訟。○以省，所景反。

「有獄」至「盟詛」　此「盟詛」，謂將來訟者，先使之盟詛，盟詛不信，自然不敢獄訟，所以省事也。

凡盟詛，各以其地域之衆庶共其牲而致焉。既盟，則爲司盟共祈酒脯。使其邑閭出牲而來盟，已，又使出酒脯，司盟爲之祈明神，使不信者必凶。○則爲，于僞反，注同。

「凡盟」至「酒脯」　盟處無常，但盟則遣其地之民出牲以盟，並出酒脯以祈明神也。

職金，掌凡金、玉、錫、石、丹、青之戒令。青，空青也。

「職金」至「戒令」　此數種同出於山，故職金揔主其戒令。若然，地官卄人已主，又職金主之者，彼官主其取，此官主其藏，故二官共主之也。

受其入征者，辨其物之媺惡與其數量，楬而璽之，入其金錫于爲兵器之府，入其玉石丹青于守藏之府。爲兵器者，攻金之工六也。守藏者，玉府、内府也。鄭司農云：「受其入征者，謂主受采金玉錫石丹青者之租稅也。楬而璽之者，楬書其數量以著其物也。璽者，印也。既楬書揃其數量，又以印封之。今時之書有所表識，謂之楬櫫。」○楬而，音竭。璽之，音徒。守藏，劉音狩。以著，直略反，沈張慮反。揃其，音戩。表識，中志反，又如字，又音志。

「受其」至「之府」　此一經，揔陳受藏金玉之事。所送者，謂若荆揚貢金三品、雍州貢球琅玕之等，皆職金受而藏之，乃後分配諸府也。入兵器之府言「爲」者，攻金之工須造作，故云爲。守藏之府不造器物，故云「守」也。案：山海經云「有以金庭之山，多黄金。稷冀之山，多白玉。杻楊之山，其陽多赤金，其陰多白金。吉山，其陽多玉。青之之山，(四五)其陽多玉，其陰多青䨼。基之山，多沙石白金」，此類甚多，略言之矣。

注「爲兵」至「楬櫫」　云「爲兵器者，攻金之工六也」者，考工記文。彼云「築、冶、鳧、栗、段、桃，(四六)築氏爲削，冶氏爲戈戟，鳧氏爲鍾，栗氏爲量，段氏爲鎛，桃氏爲劍也」。云「守藏者，玉府、内府也」者，案：玉府云：「掌王之金玉玩好兵器，凡良貨賄。」内府云：「掌受九貢九賦九功之貨賄，良兵、良器。」故知守藏府是此二者也。先鄭云「主受采金玉錫石丹青者之租税也」者，案：山虞、澤虞等出税者，皆以當邦賦穀税之處，不虚取也。云「既楬書揃其數量」者，楬，即今之板書。揃，即今録記文書。謂以版記録量數多少并善惡，爲後易分别故也。

入其要。
要，凡數也。入之於大府。

「入其要」　職金既知量數，録要簿入大府。

掌受士之金罰、貨罰，入于司兵。
給治兵及工直也。貨，泉貝也。罰，罰贖也。書曰「金作贖刑」。○罰贖，常戍反，下同，一音蜀。

「掌受」至「司兵」　云「掌受士之金罰」者，謂斷獄訟者，有疑即使出贖。既言「金罰」，又云「貨罰」者，出罰之家，時或無金，即出貨以當金直，故兩言之。

注「給治」至「贖刑」　云「貨，泉貝也」者，漢書食貨志云「王莽時有貨布大泉及貨貝」，故知貨中泉貝兩有也。云「書曰」者，舜典文。吕刑云：「墨罰疑赦，(四七)其罰百鍰。」考工冶氏云：「戈戟重三鋝。」夏侯、歐陽説云：「墨罰疑赦，其罰百率，古以六兩爲率。」古尚書説，百鍰，鍰者，率也，一率十一銖二十五分銖之十三也，百鍰爲三斤。鄭玄以爲古之率多作鍰。鄭注冶氏云：「許叔重説文解字云：『鋝，鍰也。』今東萊稱，或以大半兩爲鈞，十鈞爲鍰，鍰重六兩大半兩。若然，鍰、鋝一也。」言大半兩，是三分兩之二。鄭意以此爲正，故不從諸家以六兩爲鍰。且古者言金，金有兩義。若相對而言，則有金銀銅鐵爲異。若散而言之，揔謂之金。是以考工記云「六分其金而錫居二」之等，皆是銅。是以禹貢揚州云「貢金三品」，孔以爲金銀銅，鄭以爲銅三色，是對散有異。但古出金贖罪，皆據銅爲金。若用黄金百鍰，乃至大辟千鍰，無濟之理。〔四八〕

旅于上帝，則共其金版，饗諸侯亦如之。鉼金謂之版，此版所施未聞。○金版，音板。鉼金，必領反。

注「鉼金」至「未聞」 「旅上帝」，謂祭五天帝於四郊及明堂。「饗諸侯」，謂若大行人上公三饗、侯伯再饗、子男一饗之等。此旅上帝及饗，二者皆設金版。鄭云「所施未聞也」。

凡國有大故而用金石，則掌其令。主其取之令也。用金石者，作槍雷椎椁之屬。○槍，七羊反。雷，劉音誄，沈云當爲礧，郎對反。椎椁，直追反，下宅耕反，本又作桴，劉云皆如字，劉亦誤。

「凡國」至「其令」 用金石而云「大故」，止謂寇戎，爲禦捍之器有用金石者也。

注「主其」至「之屬」 職金主受金，則所出之處故主其取金之令。云「金石者，作槍雷椎椁之屬」者，皆謂守城禦捍之具。

司厲，掌盜賊之任器、貨賄，辨其物，皆有數量，賈而楬之，入于司兵。鄭司農云：「任器、貨賄，謂盜賊所用傷人兵器及所盜財物也。入于司兵，若今時傷殺人所用兵器，盜賊贓，加責没入縣官。」○賈而，音嫁。

注「鄭司」至「縣官」 云「入於司兵」者，其任器多是金刃，所盜貨財，雖非金刃，以其賊物，亦入司兵，給治兵刃之用，故並入司兵也。先鄭云「若今時傷殺人所用兵器，盜賊贓，加責没入縣官」者，其加責者，即今時倍贓者也。

其奴，男子入于罪隸，女子入于舂槀。鄭司農云：「謂坐爲盜賊而爲奴者，輸於罪隸、舂人、槀人之官也。由是觀之，今之爲奴婢，古之罪人也。故書曰：『予則奴戮女。』〔四九〕論語曰『箕子爲之奴』，罪隸之奴也。故春秋傳曰：『斐豹，隸也，著於丹書，請焚丹書，我殺督戎。』恥爲奴，欲焚其籍也。」玄謂奴從坐而没入縣官者，男女同名。○舂槀，古老反。謂坐，才卧反，下同。戮女，音汝。

「其奴」至「舂槀」　云「男子入於罪隸」者，則司隸職中國之隸謂之罪隸百二十人者是也。云「女子入于舂槀」者，地官舂人、槀人是也。

注「鄭司」至「同名」　先鄭引尚書「予則奴戮女」及論語「箕子爲之奴」，皆與此經奴爲一，若後鄭義。尚書奴，奴爲子，若詩「樂爾妻奴」，奴即子也。後鄭不破者，亦得爲一義。云「春秋傳」者，左氏傳襄公二十三年云：「初，斐豹，隸也，著於丹書。欒氏之力臣曰督戎，國人懼之。斐豹謂宣子：『苟焚丹書，我殺督戎。』」引之者，證隸爲奴。云「玄謂奴男女從坐没入縣官」者，謂身遭大罪，合死，男女没入縣官。漢時名官爲縣官，非謂州縣也。

凡有爵者與七十者與未齓者，皆不爲奴。有爵，謂命士以上也。齓，毁齒也。男八歲女七歲而毁齒。○以上，時掌反。毁齒，況僞反，下同。

注「有爵」至「毁齒」　云「有爵，謂命士以上也」者，見典命公侯伯之士皆一命，天子之士皆三命，以下可知。云「男八歲、女七歲而毁齒」者，家語本命篇之文也。曲禮云：「悼與耄，雖有罪，不加刑焉。」是未齓不加刑，又不爲奴。若七十者，雖不爲奴，猶加其刑。至八十始不加刑，以其八十九十始名耄故也。

犬人，掌犬牲。凡祭祀，共犬牲，用牷物。伏、瘞亦如之。鄭司農云：「牷，純也。物，色也。伏謂伏犬，以王車轢之。瘞謂埋祭也。爾雅曰：『祭地曰瘞埋。』」○用牷，音全，本亦作全。〔五〇〕伏瘞，於例反，徐烏計反。轢之，音歷。

注「鄭司」至「瘞埋」　先鄭云「牷，純也」者，案：尚書微子云「犧牷牲用」，注云：犧，純毛，牷，體完具。彼牷與犧相對，是犧爲純毛，牷爲體完具，此無犧，故以全兼純也。〔五一〕云「伏謂伏犬，以王車轢之」者，此謂王將祭而出國，軷道之祭時，即大馭所云者是也。但軷祭之時，犬羊俱得，故生民詩云「取羝以軷」，是以聘禮注云：「其用牲，犬羊可也。」是其兩用也。云「瘞，謂埋祭也」者，謂祭地之時，故引爾雅爲證。若然，經云「用牷物」，既純毛，則牧人云「陽祀用騂牲，陰祀用黝牲」之類也。

凡幾、珥、沈、辜，用駹可也。故書駹作龍。鄭司農云：「幾讀爲庪。爾雅曰：『祭山曰庪縣，祭川曰浮沈。』大宗伯職曰：『以埋沈祭山川林澤，以罷辜祭四方百物。』龍讀爲駹，謂不純色也。」玄謂幾讀爲刉，珥當爲衈。〔五二〕刉衈者，釁禮之事。○用駹，亡江反。爲庪，九委反，劉居綺反。庪縣，音玄。罷辜，劉孚逼反。

「凡幾」至「可也」　「幾珥」言「凡」，則宗廟社稷壇廟新成者皆釁之，故云凡也。云「沈辜」者，沈，謂沈牲於水。辜，謂疈磔牲體以祭。云「用駹」者，駹，謂雜色牲，此則牧人云「毀事用駹」是也。云「可也」者，用純爲正，用駹亦可也。

注「故書」至「之事」　先鄭讀「幾」爲「庪」，雖引爾雅，後鄭不從。引大宗伯證沈辜，於義是也。云「玄謂『幾』讀爲『刉』」，從士師爲正。「珥」讀爲「衈」，從雜記爲正。云「釁禮之事」者，據雜記而知也。

凡相犬、牽犬者屬焉，掌其政治。相謂視擇，知其善惡。○凡相，息亮反，注同。政治，直吏反。

「凡相」至「政治」　犬有三種：一者田犬，二者吠犬，三者食犬。若田犬、吠犬，觀其善惡，若食犬，觀其肥瘦，故皆須相之。「牽犬」者，謂呈見之，故少儀云「犬則執緤」，是也。

司圜，掌收教罷民，凡害人者，弗使冠飾而加明刑焉，任之以事而收教之。能改者，上罪三年而舍，中罪二年而舍，下罪一年而舍。其不能改而出圜土者，殺。雖出三年不齒。弗使冠飾者，著黑幪，〔五三〕若古之象刑與？舍，釋之也。鄭司農云：「罷民，謂惡人不從化，爲百姓所患苦，而未入五刑者也，故曰凡害人者。不使冠飾，任之以事，若今時罰作矣。」〇著黑，丁略反。幪，莫公反，劉莫貢反。刑與，音餘。

「司圜」至「不齒」　此罷民入圜土者，不坐嘉石。朝士坐嘉石者，不入圜土。云「收教」者，謂入圜見收，使困苦改悔，是收教也。云「害人者」，謂抽拔兵劍，誤以傷人者也。云「明刑」者，以版牘書其罪狀與姓名，著於背，表示於人，是明刑也。

注「弗使」至「作矣」　「著墨幪，若古之象刑與」者，案：孝經緯云：「三皇無文，五帝畫象，三王肉刑。」畫象者，上罪墨象、赭衣雜屨，中罪赭衣雜屨，下罪雜屨而已。畫象刑者，則尚書象刑，直墨象，略言之，其實亦有赭衣雜屨。無文，故云「與」以疑之也。

凡圜土之刑人也不虧體，其罰人也不虧財。言其刑人，但加以明刑；罰人，但任之以事耳。鄭司農云：「以此知其爲民所苦，而未入刑者也。故大司寇職曰：『凡萬民之有罪過而未麗於法，而害於州里者，桎梏而坐諸嘉石，役諸司空。』又曰『以嘉石平罷民』。國語曰：『罷士無伍，罷女無家。』言爲惡無所容入也。」玄謂圜土所收教者，過失害人已麗於法者。

「凡圜」至「虧財」 云「刑人不虧體」，對五刑虧體者也。「其罰人不虧財」，對五刑疑出金爲罰，虧財者也。

注「言其」至「法者」 先鄭以坐嘉石共入圜土，二者爲一，其義不通，故後鄭不從。案：司寇職及司救職，皆上論嘉石之罪民，下别云圜土之罰民，分明兩事不同，故後鄭謂「圜土所收教者，過失害人已麗於法者」，與嘉石之罷民，是邪惡過淺，别也。

掌囚，掌守盜賊，凡囚者。上罪梏拲而桎，中罪桎梏，下罪梏，王之同族拲，有爵者桎，以待弊罪。凡囚者，謂非盜賊，自以他罪拘者也。鄭司農云：「拲者，兩手共一木也。桎梏者，〔五四〕兩手各一木也。」玄謂在手曰梏，在足曰桎。中罪不拲，手足各一木耳。下罪又去桎。王同族及命士以上，雖有上罪，或拲或桎而已。弊猶斷也。○梏，古毒反，張揖云：「参著曰梏，偏著曰桎」，説文云「梏，手械也」，所以告天，「桎，足械也」，所以質地。拲，劉云三家姜奉反，一家居辱反，漢書音義，韋昭音拱，云兩手共一木曰拲，兩手各一木曰梏，李奇音恐。而桎，之實反。以上，時掌反。

「掌囚」至「弊罪」 此謂五刑罪人，古者五刑不入圜土，〔五五〕故使身居三木，掌囚守之。此一經所云〔五六〕五刑之人，三木之囚，輕重著之，極重者三木俱著，次者二，下者一。王之同族及有爵，縱重罪，亦著一而已，以其尊之故也。云「待弊罪」者，禁而待斷之也。

注「凡囚」至「斷也」 云「凡囚者，謂非盜賊自以他罪拘者也」者，以其既言盜賊，乃别云凡囚，明凡囚中無盜賊。盜賊重，故爲罪人之首而言之也。先鄭云「拲者兩手共一木也」者，於義是，以其拲字共下著手，又與梏共文，故知兩手共一木，以桎與梏同在手則不可，故後鄭不從。而謂「在手曰梏，在足曰桎」，此無正文，宜以先言梏後言桎，〔五七〕故知義然。若然，中罪先言桎後言梏者，便文，不據先後也。

及刑殺，告刑于王，奉而適朝，士加明梏，以適市而刑殺之。告刑于王，告王以今日當行刑及所刑姓名也。其死罪則曰「某之罪在大辟」，其刑罪則曰「某之罪在小辟」。奉而適朝者，重刑，爲王欲有所赦，且當以付士。士，鄉士也。鄉士加明梏者，謂書其姓名及其罪於梏而著之也。囚時雖有無梏者，至於刑殺，皆設之，以適市就衆也。庶姓無爵者，皆刑殺於市。○爲王，于僞反。而著，丁略反，徐張慮反。

疏「及刑」至「殺之」　此經謂欲行刑之日。云「告刑於王，奉而適朝」者，王意欲有所免故也。云「以適市」者，據庶姓又無爵者也。若有爵及王同姓，即於甸師也。

注「告刑」至「於市」　經云「及刑殺，告刑于王」者，謂死罪、刑罪有二種，鄭知有姓名者，以其言某之罪，明當有姓名也。云「其死罪」已下，文王世子之文。云「且當以付士。士，鄉士也」者，凡囚，鄉士、遂士、縣士、方士各自有獄。推問之時，各於本獄之所，獄成上於王時，則使掌囚掌之。及欲刑殺，掌囚還付士。若然，上皆云士師受中協日刑殺，刑殺各於本獄之所。今此經云「以適市」者，此文止謂六鄉之獄在國中，推問在獄，行刑殺則在市。若遂士以下，自在本獄之處刑殺之，故此云「士，鄉士也」。若遂士已下，於此時掌囚亦當付士也。云「囚時雖有無梏者」，案上經，王之同族及有爵，囚時並無梏也。云「以適市就衆也」者，王制云：「刑人於市，與衆弃之。」彼雖據異代法，此六鄉之人，亦就衆在市也。云「庶姓無爵者，皆刑殺於市」，據下而知之也。此亦據六鄉之人也。

凡有爵者與王之同族，奉而適甸師氏，以待刑殺。適甸師氏，亦由朝乃往也。待刑殺者，掌戮將自市來也。文王世子曰：「雖親不以犯有司正術也，所以體異姓也。刑于隱者，不與國人慮兄弟也。」

注「適甸」至「弟也」 云「適甸師氏，亦由朝乃往也」者，〔五八〕上文庶姓等適市，文承適朝之下，彼此二者隔絶，恐不由朝，故鄭言之。必知此二者亦由朝乃往者，文王世子君之親有罪，雖然必赦之事，故知之。云「待刑殺者，掌戮將自市來也」者，凡行刑殺，協支幹善日，有罪者同而行，故待掌戮也。引文王世子者，欲見雖親有罪，亦當刑殺之事。彼注體爲連結，〔五九〕若直刑異姓，不刑同姓，異姓怨生，則有逃散之事。同姓亦有刑，則異姓歸心，故云「體異姓也」。

掌戮，掌斬殺賊諜而搏之。斬以鈇鉞，若今要斬也。殺以刀刃，若今棄市也。諜，謂姦寇反閒者。賊與諜，罪大者斬之，小者殺之。搏當爲「膊諸城上」之膊，字之誤也。膊，謂去衣磔之。○賊諜，音牒。而搏，注作膊，同普博反，磔也。鈇鉞，音斧。今要，一遥反。反閒，閒廁之閒。去衣，起吕反。

「掌戮」至「搏之」 自此經以至「刑盗于市」以下，皆據死罪而言。此經唯據「賊諜」二者而言。〔六〇〕二者雖同大罪，仍擇大重者斬之，稍輕者殺之，搏之則同也。

注「斬以」至「磔之」 知「斬以鈇鉞」者，鈇鉞是斬之物。案：魯語云：「温之役，晉人執衛成公。臧文仲言於僖公曰：「夫衛君始無罪矣。大刑有五，〔六一〕大刑用甲兵」，注云「諸侯逆命，征討之」。「其次用斧鉞」，注云「謂犯斬罪者」。「中刑用刀鋸」，注云「用刀以劓之，鋸以笮之」。如是刀中容棄市。「其次用鑽笮」，注云「鑽，額涅墨。笮，割勢，謂宫刑也」，「薄刑用鞭扑，以威民」。故大者陳之原野，小者致之市朝」。是用鈇鉞之事。成二年，齊侯圍龍，傾公之嬖人盧蒲就魁門焉，龍人殺而膊之城上，齊侯親鼓之，遂滅龍，是膊諸城上之事也。

凡殺其親者，焚之；殺王之親者，辜之。親，緦服以内也。焚，燒也。易曰「焚如，死如，棄如」。辜之言枯也，謂磔之。

注「親緦」至「磔之」「親」，謂五服。五服多，故云「凡殺其親」。據人之親與王之親，皆謂五服已内。知者，案：僖二十五年，衛侯燬滅邢。公羊傳曰：「何以名？絶。曷爲絶之？滅同姓也。」滅同姓尚絶之，況殺緦麻之親，得不重乎？以此而言，故知親謂緦已上也。易曰「焚如，死如，棄如」者，案離卦九四「突如其來如，焚如，死如，棄如。」注云：「震爲長子，爻失正，又互體兑，兑爲附決，注子居明法之家而無正，〔六二〕何以自斷其君父，不志也。突如，震之失正，不知其所如。又爲巽，巽爲進退不知所從。不孝之罪，五刑莫大焉，得用議貴之辟刑之，若如所犯之罪。〔六三〕焚如，殺其親之刑。死如，殺人之刑也。棄如，流宥之刑。」引之者，證焚如是殺其親之刑也。

凡殺人者，踣諸市，肆之三日。刑盗于市。踣，僵尸也。肆猶申也，陳也。凡言刑盗，罪惡莫大焉。○踣諸，皮北反，僵也。僵尸，居良反。

注「碚僵」至「大焉」　除上三者之外，皆陳尸於市，肆之凡三日也。

凡罪之麗於灋者，亦如之。唯王之同族與有爵者，殺之于甸師氏。罪二千五百條，上附下附，刑五而已。於刑同科者，其刑殺之一也。

「凡罪」至「師氏」　正刑有五科，條二千五百。麗，附也。上附下附，是罪附于法，法即五刑是也。云「亦如之」者，合入死者，亦踣之。合入四刑者，雖不踣，亦刑之在市，故摠言亦如之。云「唯王之同族與有爵者，殺之于甸師氏」者，謂不踣。踣者，陳尸使人見之。既刑於隱處，故不踣之。

注「罪二」至「一也」　云「罪二千五百條」者，司刑文。云「上附下附，刑五而已」者，禮記云「喪多而服五，罪多而刑五，上附下附」是也。云「於刑同科者，其刑殺之一也」者，事雖異，各有五百同科，及其同刑同殺一也。

凡軍旅田役斬殺刑戮，亦如之。戮謂膊焚辜肆。

注「戮謂」至「辜肆」　此云「軍旅田役斬殺刑戮」，皆使掌戮爲之。案士師「大師，帥其屬而禁逆軍旅，犯禁者而戮之」，鄉士云「凡國有大事，則戮其犯命者」，遂士亦云「凡郊有大事，則戮其犯命」。〔六四〕彼並不使掌戮者，此等皆權時之事，軍旅之閒，或有臨時即決，不假掌戮者也。是以戎右職云「掌戎車之兵革使」，注云：「使，謂王使以兵有所誅斬也。」引戰于殽，襄公縛秦囚，使萊駒以戈斬之是也。

墨者使守門，黥者無妨於禁御。○禁御，音禦。

「墨者」至「守門」　此人即閽人「掌守王中門之禁令」者是也。

劓者使守關，截鼻亦無妨，以貌醜遠之。○遠之，于万反。

「劓者」至「守關」　此則王畿五百里上，面有三關，十二關門，劓者守之。

宮者使守内，以其人道絶也，今世或然。

「宮者」至「守内」　此所守，則寺人之類，守正内五人之等是也。

刖者使守囿，斷足驅衛禽獸，無急行。○守囿，音又。斷足，丁管反。

「刖者」至「守囿」　此刖囿遊亦如之者，墨者守門，刖者於囿中驅禽獸者也。

髡者使守積。鄭司農云：「髡當作完，〔六五〕謂但居作三年，不虧體者也。」玄謂此出五刑之中而髡者，必王之同族不宫者，宫之爲翦其類，髡頭而已。守積，積在隱者宜也。○髡，苦門反。守積，子賜反，注同。

［疏］「髡者」至「守積」　先鄭以髡爲完，但居作三年，不虧體，以此爲圜土罷民解之。不從者，掌戮所掌皆虧體，獨以此爲不虧體，於義不可，故後鄭引文王世子解之也。「玄謂此出五刑之中而髡者，必王之同族不宫者」，此鄭亦無正文，若合宫者宫之。今案：文王世子據諸侯法，云「公族無宫刑，不翦其類」。王家同族犯淫罪者，亦當與諸侯同，不宫之，亦是不翦其類之色。案王同族犯餘罪，刑於甸師氏，刑於隱處。今同族既不宫，亦當於隱處罰之。〔六六〕此守積亦是隱處，故知髡者使守積，是王同族不宫者必矣。〔六七〕是以鄭云「守積，積在隱者宜也」。

司隸，掌五隸之灋，辨其物，而掌其政令。五隸，謂罪隸、四翟之隸也。物，衣服、兵器之屬。

［疏］注「五隸」至「之屬」　此與下爲目。云「物，衣服、兵器之屬」者，即下文云「使之皆服其邦之服，執其國之兵」，是也。

帥其民而搏盜賊，役國中之辱事，爲百官積任器，凡囚執人之事。民，五隸之民也。鄭司農云：「百官所當任持之器物，此官主爲積聚之也。」玄謂任猶用也。○而搏，音博。爲百，于僞反，注及下注同。

［疏］注「民五」至「用也」　云「五隸之民也」者，上序官五隸皆百二十員，員外皆是民，故云五隸之民也。云「任猶用也」者，用器，除兵之外，所有家具之器，皆是用器也。

邦有祭祀、賓客、喪紀之事，則役其煩辱之事。煩，猶劇也。士喪禮下篇曰：「隸人涅廁。」○涅廁，乃結反。

注「煩猶」至「涅廁」 引士喪禮下篇者，既夕禮文。云「涅廁」者，死者不復用，故窒涅示不用，引之者，證煩辱之事。不言祭祀賓客事者，以無文，意義可知也。

掌帥四翟之隸，使之皆服其邦之服，執其邦之兵，守王宮與野舍之厲禁。野舍，王行所止舍也。〔六八〕厲，遮例也。○厲遮，章奢反。例也，本文作列，同音烈。

「掌帥」至「厲禁」 云「服其邦之服，執其邦之兵」者，若東方南方衣布帛，執刀劍；西方北方衣氈裘，執弓矢。云「守王宮與野舍」者，即師氏職云「帥四夷之隸守王宮，野舍亦如之」者是也。

罪隸，掌役百官府與凡有守者，〔六九〕掌使令之小事。役，給其小役。○使令，上如字，劉色吏反。下力呈反，沈力政反。

注「役給」至「小役」 云「小役」者，止謂給其小小勞役之事，謂若大役非隸所共，故以小役解之。

凡封國若家，牛助，爲牽徬。鄭司農云：「凡封國若家，謂建諸侯、立大夫家也。牛助爲牽徬，此官主爲送致之也。」玄謂牛助，國以牛助轉徙也。罪隸牽徬之，在前曰牽，在旁曰徬。○牽徬，步浪反，注同。助轉，如字，劉張戀反。

注「鄭司」至「曰傍」　先鄭不解牽傍，故後鄭增成之。「玄謂牛助，國以牛助轉徙也」者，國家以官牛助諸侯及大夫家，運物往至任所。云「在前曰牽」者，謂車轅内一牛，前亦一牛，今還遣二隸，前者牽前牛，傍者御當車之牛，故據入而言牽傍也。

其守王宫與其厲禁者，如蠻隸之事。〔七〇〕

「其中」至「之事」　蠻隸之事在下文，故云「如蠻隸事」。

蠻隸，掌役校人養馬。其在王宫者，執其國之兵以守王宫。在野外，則守厲禁。○校人，户教反。

「蠻隸」至「厲禁」　云「掌役校人」者，爲校人所役使以養馬。案校人，良馬乘，一師四圉。不見隸者，蓋是雜役之中。「執其國之兵」，蠻隸、閩隸，俱是刀劍也。

閩隸，掌役畜養鳥而阜蕃教擾之，掌子則取隸焉。杜子春云：「子當爲祀。」玄謂掌子者，王立世子，置臣使掌其家事，而以閩隸役之。○阜蕃，扶元反，下注同。

「閩隸」至「隸焉」　云「掌役畜養鳥」者，謂若畜鳥氏掌畜猛鳥。〔七一〕「阜」，盛也。「蕃」，息也。使之盛大滋息，又教擾使從人意。〔七二〕

注「杜子」至「役之」　子春以子爲祀，後鄭不從者，司隸職祭祀、賓客、喪紀三者並言，此何得唯言其一，明存子解之，於義爲允。「玄謂王立世子，置巨使掌其家事」者，言掌家事者，〔七三〕若國事不使隸，今取隸，故以家事而言也。

夷隸，掌役牧人養牛馬，與鳥言。鄭司農云：「夷狄之人或曉鳥獸之言，故春秋傳曰：『介葛盧聞牛鳴，曰：是生三犧，皆用矣。』是以貉隸職掌與獸言。」

「夷隸」至「鳥言」　云「掌役牧人」者，爲牧人之所役使，牧牛牲。

注「鄭司」至「獸言」　經唯云「與鳥言」，不言獸，先鄭意，解鳥言者亦解獸言，故兼言之也。案：「僖二十九年，介葛盧聞牛鳴，曰是生三犧，皆用之矣。」注云：「言八律之音，聽禽獸之鳴，則知其嗜欲，死可知。〔七四〕伯益明是術，故堯舜使掌朕虞。至周失其道，官又在四夷。」若周未失道，官本不在四夷，無解鳥獸之語者，何周公盛明制禮，使夷隸、貉隸與鳥獸之言？然者，賈、服意誤，不與禮合，故爲此説。

其守王宫者與其守厲禁者，如蠻隸之事。

貉隸，掌役服不氏而養獸而教擾之，掌與獸言。不言皁藩者，猛獸不可服，又不生乳圈檻也。〇不生，如字，劉色敬反。乳，而樹反。於圈，求阮反。檻，户覽反。

「貉隸」至「獸言」　夷貉相近，是以亦解獸言。若然，夷隸既鳥獸之言俱解，則此貉隸解獸言，亦解鳥言，互見之也。

其守王宫者與其守厲禁者，如蠻隸之事。

校勘記

〔一〕取其赤心而外刺者　「刺」阮本作「棘」，誤。

〔二〕據三詢三刺而言　「三」，元、監、毛、殿本同。閩、閩，阮本作「王」。阮校云，「三」是也，「三詢」見小司寇。

〔三〕此爲一明　浦鏜云，「一」疑「大」譌。汪文臺云，下疏云「上以制二兼四，推出庫門在雉門外，將爲未大明，更以經不入庫門乃大明」，則此必不爲大明可知。

〔四〕郊特牲譏繹于庫門内　「特牲」，原作「特特」，據阮本改。

〔五〕當是徒六十人爲之　「當」，元、閩、監、毛、殿本同，正、閩，阮本作「者」，屬上讀，疑作「當」是。

〔六〕則無問貴賤皆禁之　「問」，監、毛、殿本同，元、正、閩、閩，阮本作「間」，疑作「問」是。

〔七〕大物没入公家也　「大」，阮本作「人」，誤。

〔八〕家語本命男子七歲而齔齒女子八歲而齔此言七歲據男子若女子則八歲　汪文臺云，此當作男子八歲女子七歲，與家語、小司寇疏合，下「若女子則八歲」當作「七歲」。孫詒讓云，汪説甚塙，則疏末「諸處八歲是男，七歲是女」爲後人校文，非賈疏原文。

〔九〕亦如國服與　「如」婺本作「責」，建、岳、元、正、閩，阮本「如」下有「其」字。疑「責」字誤，「其」字衍。

〔一〇〕謂出責之法　盧文弨云，「謂」疑衍。

〔一一〕雖有騰躍其贏不得過　阮校云，此本注缺，疏引「贏」作「嬴」。

〔一二〕若今時加貴取息坐臧　「臧」，婺、岳、阮本同，建本作「贓」。

〔一三〕與生利還生　孫詒讓云，下「生」字當作「主」。

〔一四〕爲之息利　閩本同，監、毛、殿本作「利息」。

〔一五〕乘躍而出　「乘」，宋本同，元、正、閩、阮本作「一」。疑作「乘」是。

〔一六〕後受責之人　「後」，阮本作「也」，誤。

〔一七〕上人車船　「船」，岳本同，婺、建本作「舡」。

〔一八〕玄謂慮　「玄」，原作「厷」，據婺、建、岳、阮本改。

〔一九〕謂居鄉之民在四郊者　「居」，阮本作「六」，當是。

〔二〇〕次司中次司禄　蜀石經、婺、建、岳、嘉靖、毛本同。元、正、閩、阮本脱「次司中」三字。

〔二一〕若今宦男女也　「宦」，婺、建、岳本同，閩、阮本作「官」。阮校云，作「官」誤。

〔二二〕觸易君命　「觸」，婺、建、岳本同，阮本作「謂」，下同。疑作「觸」是。

〔二三〕而誦不詳之辭者　蜀石經「詳」作「祥」。

〔二四〕周則變焉　孫詒讓云，「則」，嘉靖本同，蜀石經、阮本作「刖」，非也。

〔二五〕至夏改爲黥　據書呂刑，「黥」當爲「墨」。

〔二六〕及奄人使守内閤者也　「使」，元、監、毛、殿本同，正、閩、阮本作「獲」。疑作「使」是。

〔二七〕云降畔寇賊劫略奪攘撟虔者其刑死者　「略」，惠校本同，阮本作「掠」。

〔二八〕小曰緹縈　「緹」，監、毛、殿本同，正、閩、閩、阮本作「提」。當作「緹」是。

〔二九〕泣遂上書　「泣遂」，元、閩本同，閩、監、毛、殿、阮本作「遂泣」。

〔三〇〕先君周公制禮　監、毛、殿本同，元、正、閩、閩、阮本脱「先君」二字。

〔三一〕注詔刑罰者　「注」，原作「倍」，據阮本改。

〔三二〕故須贊之也　「須」，元、監、毛、殿本同，正、閩、閩、阮本作「謂」。疑作「須」是。

〔三三〕興喻之義耳　漢制考疊「之」字。

〔三四〕恐有入濫者　「入濫」，阮本作「濫入」。

〔三五〕豈此舊典之遺言　婺、岳本同。建本「言」下有「與」字，與漢制考合，阮校云，當據補。

〔三六〕故知使神監焉　阮本同，惠校本「使」作「欲」。

〔三七〕滕薛郳吾役也　「郳」，元、正、閩、殿本同，閩、監、毛、阮本作「鄉」，疑作「郳」是。

〔三八〕劀雞當門　阮校云，惠校本「雞」下有「門」，此脱。

〔三九〕凡邦之盟約大史司會及六官　阮校云，惠校本「之」下有「大」，「大史」下有「内史」二字，此脱。

〔四〇〕至則歈用牲加書　「歈」，阮本作「坎」。

〔四一〕而騁告公曰　「騁」，閩、殿本同，元、正、閩、阮本作「聘」。

〔四二〕是王巡守之盟　「王」，原作「主」，據阮本改。

〔四三〕紇廢公鉏　阮本同。阮校云，惠校本無「紇」。

〔四四〕孟氏閑門告於季孫曰　「閑」，阮本作「閉」。當是。

〔四五〕青乏之山　阮本同。阮校云，惠校本作「青丘」。

〔四六〕彼云築冶鳧栗叚桃　孫詒讓云，「叚」字訛，當作「段」，下「叚氏爲鏄」同。

〔四七〕墨罰疑赦　孫詒讓云，「墨罰」，吕刑作「墨辟」。

〔四八〕無濟之理　「濟」，監、毛、殿、阮本同，元、正、閩本作「齊」。阮校云，「濟」非。
〔四九〕故書曰予則奴戮女　「女」，嘉靖本同，釋文同，他本作「汝」，當據此本正。
〔五〇〕牷本亦作全　「本」原作「方」，據徐本、盧本及阮本改。
〔五一〕故以全兼純也　「全」，阮本作「牷」，殆非。
〔五二〕珥當爲衈　婺、建、岳、阮本同。阮校云，賈疏「當爲」作「讀爲」。
〔五三〕著黑幪　「黑」，婺、建、岳、嘉靖本同，元、正、閩、閩、阮本作「墨」。阮校云，作「黑」是。
〔五四〕梏梏者　「梏」，原作「梏」，據婺、建、岳、阮本改。
〔五五〕古者五刑不入圜土　「入」字原空闕，據阮本補。
〔五六〕此一經所云　「所」字原空闕，據阮本補。
〔五七〕宜以先言梏後言梏　「宜」，殿本作「直」。浦鏜云，「宜」當「直」字誤。
〔五八〕云適甸師氏亦由朝乃往也者　監、毛、殿本同，元、閩、閩、阮本脱「適」字。
〔五九〕彼注體爲連結　孫詒讓云，文王世子注無「體爲連結」之文，此「注」字疑衍。
〔六〇〕此經唯據賊諜二者而言　「唯」，阮本作「推」，誤。
〔六一〕大刑有五　阮本同。浦鏜云，「夫」誤「大」。
〔六二〕注子居明法之家而無正　孫詒讓云，「注」字當依丁傑輯鄭易注本删。
〔六三〕得用議貴之辟刑之若如所犯之罪　孫詒讓云，「若」當據丁傑輯本作「各」。
〔六四〕則戮其犯命　「則」，阮本作「刑」，誤。
〔六五〕髡當作完　「作」，婺、建、嘉靖本同，岳、元、正、閩、閩、阮本作「爲」。

〔六六〕亦當於隱處罰之　「罰」，諸本同，阮本作「罪」，疑非。

〔六七〕是王同族不宫者必矣　「宫」，諸本同，阮本作「言」，誤。

〔六八〕王行所止舍也　「行」，正、閩、阮本作「者」，誤。

〔六九〕罪隸掌役百官府與凡有守者　王引之云，此罪隸與下蠻隸、閩隸、夷隸、貉隸，職文有錯簡，當作「罪隸掌役百官府與凡有守者，掌使令小事，凡封國若家，（子則取隸焉）」；「蠻隸掌役校人養馬，其在王宫者，執其國之兵以守王宫，在野外則守厲禁」；「閩隸掌役（掌）畜養鳥而阜蕃教擾之，掌（與鳥言，其守王宫者與其守厲禁者如蠻隸之事）」；「夷隸掌役牧人養牛（牛助爲牽徬），其守王宫者，與其守厲禁者如蠻隸之事」。

〔七〇〕其守王宫與其厲禁者如蠻隸之事　「守王」，原作「中正」，據婺、建、岳、阮本改。浦鏜引王明齋曰「十四字宜置閩隸」。

〔七一〕謂若畜鳥氏掌畜猛鳥　「猛」，元、監、毛、殿本同，正、閩、閩、阮本作「禽」。孫詒讓云，「畜鳥氏」無此官名，疑當作「掌畜射鳥氏」。

〔七二〕又教擾使從人意　「使」字原脱，據阮本改。

〔七三〕言掌家事者　「事者」，原作「者事」，據阮本乙正。

〔七四〕則知其嗜欲死可知　孫詒讓云，「死」上當脱「生」字，詳李貽德賈服注輯述説。

周禮注疏卷第四十三

秋官司寇下

布憲，掌憲邦之刑禁。正月之吉，執旌節以宣布于四方，而憲邦之刑禁，以詰四方邦國及其都鄙，達于四海。憲，表也，謂縣之也。刑禁者，國之五禁，所以左右刑罰者。司寇正月布刑于天下，正歲又縣其書于象魏。布憲於司寇布刑，則以旌節出宣令之；於司寇縣書，則亦縣之于門閭及都鄙邦國。刑者，王政所重，故屢丁寧焉。詰，謹也，使四方謹行之。爾雅曰：「九夷、八蠻、六戎、五狄，謂之四海。」○以詰，起吉反，謹也。縣之，音玄，下同。

「布憲」至「四海」　云「掌憲邦之刑禁」者，此文與「正月」以下爲目。禁者，則士師之五禁，所以左右刑罰，故連刑言之也。云「正月之吉」者，此與大司寇職正月之吉事同。〔一〕大司寇布刑之時，此布憲亦布之於四方也。於司寇正歲縣之時，此布憲亦憲邦之刑禁，以詰四方邦國，以達于四海也。布憲爲司寇屬官，於刑禁爲重，故每事共丁寧之也。

注「憲表」至「四海」　云「國之五禁，所以左右刑罰者」，士師職文。知布憲所縣在門閭者，以其司寇所縣在雉門，不可共處。此經云「執旌節」，以爲行道之使，明在巷門之閭可知。云門閭，據在城內，經雖不云城內門閭，舉外以見內，有門閭可知。經先邦國後都鄙，注先都鄙後邦國者，以都鄙據畿內三等采地，經後言之者，尊邦國輕都鄙；

注先都鄙者，既見門閭，即先近後遠，乃及四海，故注先都鄙，見從近及遠之義也。引爾雅者，見刑禁遠至夷狄，名此夷狄爲四海者，海之言晦，晦慢禮儀也。〔二〕

凡邦之大事合衆庶，則以刑禁號令。

「凡邦」至「號令」　云「邦之大事合衆庶」者，謂征伐、巡守、田獵，皆是大事合衆庶也。以其是布禁之官，故於聚衆，每皆以刑禁號令也。

禁殺戮，掌司斬殺戮者，凡傷人見血而不以告者，〔三〕攘獄者，遏訟者，以告而誅之。司猶察也。察此四者，告於司寇罪之也。斬殺戮，謂吏民相斬相殺相戮者。傷人見血，見血乃爲傷人耳。鄭司農云：「攘獄者，距當獄者也。遏訟者，遏止欲訟者也。」玄謂攘猶卻也，卻獄者言不受也。

注「司猶」至「受也」　云「司猶察也」者，此禁殺戮之官，恒在民門〔四〕，私覘惡事，而告於上，執而與之罪也，故以司爲察也，知斬殺戮是「吏民相斬相殺相戮者」，以傷民云「不以告」，則相殺戮之等盡是不以告，明是吏民自相殺戮也。云「傷人見血，見血乃爲傷人耳」者，恐經傷人與見血事別，傷人見血連言者，是見血乃爲傷人。若不見血，不爲傷人也。若然，踠跌折支之等，不見血，豈得不爲傷人乎？然今言見血乃爲傷人者，〔五〕止爲蹉跌，及刃物麗歷，應見血之等，不爲餘事而言。先鄭云「攘獄者，距當獄者也」，後鄭不從者，此經皆謂未在官司，而先鄭云距獄，據在官而言，故不從也。云「遏訟者，遏止欲訟者也」者，有人見欺犯，欲向官所訟之，而遏止不使去也。「玄謂攘猶卻也，卻獄者言不受也」者，謂人有罪過，官有文書追攝，不肯受者。

禁暴氏，掌禁庶民之亂暴力正者，撟誣犯禁者，作言語而不信者，以告而誅之。民之好爲侵陵、稱詐、謾誕，此三者亦刑所禁也。力正，以力强得正也。○撟誣，居表反。好爲，呼報反，下文則爲，下注皆爲同。〔六〕謾誕，武諫反，一音亡半反，又免仙反，徐望山反，本或作慢，誕音但。

注「民之」至「正也」 云「民之好爲」者，此言爲下三事而發，皆是好爲。「侵陵」，釋經「亂暴力正者」也。「稱詐」，釋經「撟誣犯禁者」也。「謾誕」，釋經「作言語而不信者」也。謾誕謂浮謾虚誕也。

凡國聚衆庶，則戮其犯禁者以徇。凡奚隸聚而出入者，則司牧之，戮其犯禁者。奚隸，女奴男奴也。其聚出入有所使。

「凡國」至「禁者」 云「聚衆庶」者，謂征伐之等。云「凡奚隸聚而出入者」，謂國有煩辱之處，使奚隸，則有此出入而司牧之。

注「奚隸」至「所使」 案司厲「其奴，男子入于罪隸，女子入于舂稾」，是男子同坐爲奴。〔七〕天官酒人、漿人之等，皆名女奴爲奚，五隸又是男奴，故云「奚隸，女奴、男奴」。

野廬氏，掌達國道路，至于四畿。達，謂巡行通之，使不陷絶也。去王城五百里曰畿。○巡行，下孟反。

注「達謂」至「曰畿」 云「巡行」者，國之道路，使其地之人治之，野廬氏直巡行不通之處，使人治之，使無陷絶也。

比國郊及野之道路、宿息、井、樹。比猶校也。宿息，廬之屬，賓客所宿及晝止者也。井共飲食，樹爲蕃蔽。

注「比猶」至「蕃蔽」。此經所云，主爲賓客在道，須得供承守衛之事。「國郊」謂近郊、遠郊。「野」，謂百里外至畿。「宿」，謂十里有廬，三十里有宿，五十里有市。直言宿者，舉中言之，故云「廬之屬」以苞之。「息」，賓客晝止之處。「井、樹」者，賓客所須者也。

若有賓客，則令守涂地之人聚欜之，有相翔者誅之。〔八〕守涂地之人，道所出廬宿旁民也。相翔，猶昌翔觀伺者也。鄭司農云：「聚欜之，聚擊欜以宿衛之也。有姦人相翔於賓客之側，則誅之，不得令寇盜賓客。」〇聚欜，音託。得令，力呈反，下欲令同。

注「守涂」至「賓客」。「守涂地之人，道所出廬宿旁民也」者，道路之旁皆有民，當處有賓客止宿，即使聚欜之，不使失脱也。云「相翔，猶昌翔觀伺者也」者，謂昌狂翺翔，觀伺賓客。先鄭云「聚欜之，聚擊欜以宿衛之也」者，謂其地之人自聚擊欜，無行夜，故使宿衛自擊。宫正之等，使行夜者擊欜，校比直宿者，彼行夜者與此異也。

凡道路之舟車轚互者，叙而行之。舟車轚互，謂於迫隘處也。車有轘轅、坻閣，〔九〕舟有砥柱之屬。其過之者，〔一〇〕使以次叙之。〇轚互，音計，沈古的反。迫隘，烏賣反。環轅，户關反，本亦作轘同。坻閣，徐之爾反，劉都禮反。砥柱，音旨。

注「舟車」至「叙之」。云「轚互者」，謂水陸之道，舟車往來狹隘之所，更互相擊，故云轚互者。云「車有轘轅、坻閣」者，案襄二十一年，晉欒盈有罪，適楚，過於周，周西鄙掠之，告於周，使候出諸轘轅，〔一一〕是轘轅也。「坻閣」，道路之名也。云「舟有砥柱之屬」者，案禹貢：「導河積石，至于龍門，南至于華陰，東至於厎柱。」孔安國云：「厎柱，山

名。河冰分流，包山而過，山見水中，若柱然，〔一二〕在西虢之界。」是厎柱爲水之隘道者也。〔一三〕

凡有節者及有爵者至，則爲之辟。辟，辟行人，亦使守涂地者。

注「凡有」至「之辟」 云「凡有節」者，謂若諸侯之使，則有山國用虎節之等。若民自往來，則有道路用旌節之等。及有爵已上，皆爲之辟止行人，使無侵犯者也。

禁野之横行徑踰者。皆爲防姦也。横行，妄由田中。徑踰，射邪趨疾，越隄渠也。○射邪，食亦反，下似嗟反。隄渠，丁兮反。

注「皆爲」至「渠也」 言「横行」者，不要東西爲横，南北爲縱，但是不依道塗，妄由田中，〔一四〕皆是横也。「徑」，謂不遵道而射邪趨疾。踰，越也，謂越隄渠者也。

凡國之大事，比脩除道路者。比校治道者名，若今次金叙大功。〔一五〕

注「比校」至「大功」 「大事」，謂若征伐、巡守、田獵、郊祀天地，王親行所經，並須脩除道路，及脩廬，校比民夫，使有功效。故云「比校治道者名」也。云「若今次金叙大功」者，謂漢時主役之官，官名次金。叙，主以丈尺賦功，今俗本多誤爲「次叙大功」也。

掌凡道禁。禁，謂若今絶蒙大巾、持兵杖之屬。〔一六〕○兵杖，直亮反。

注「禁謂」至「之屬」 右時禁書亡，〔一七〕故舉漢法而言也。

邦之大師，〔一八〕則令埽道路，且以幾禁行作不時者、不物者。不時，謂不夙則莫者也。不物，謂衣服操持非此常人也。〔一九〕幾禁之者，備姦人内賊及反閒。○則莫，音暮。操持，七曹反。反閒，閒廁之閒。

注「不時」至「反閒」。不言「大事」而云「大師」，惟謂征伐者也。云「幾禁之者，備姦人内賊及反閒」者，内賊，謂賊在内起。反閒，謂外賊密來覘探，閒候國家，反彼論説。案孫子兵法云：「三軍之事，莫密於反閒」，是也。

蜡氏，掌除骴。曲禮：「四足死者曰漬。」〔二〇〕故書「骴」作「脊」。〔二一〕鄭司農云：脊讀爲漬，謂死人骨也。月令曰「掩骼埋胔」，〔二二〕骨之尚有肉者也。及禽獸之骨皆是。○蜡氏，清預反。骴，似賜反，注殰、胔皆同，殰又作漬。作脊，子亦反，李慈益反。掩骼，古百反。

注「曲禮」至「皆是」。曲禮者，彼謂四足之獸，相漸漬而有疫死。此「骴」，謂肉腐，義理有殊。引之者，直取音同，仍取四足死者即有肉腐之骴也。先鄭云「死人骨也」者，以人骨爲主，其中兼四足之骨也。月令者，彼據孟春，春是生氣，骨是死氣，爲死氣逆生氣，故埋之。此官在秋者，是陰，故屬秋。引之者，除骴是同故也。彼注云「骨枯曰骼，肉腐曰骴」，骴言埋，亦掩之，骼言掩，亦埋之，義無異，互言耳。故云「腐骨之尚有肉者也」，則肉腐曰骴，亦一也。云「及禽獸之骨皆是」者，即「四足曰漬」在其中。案詩云「行有死人，尚或殣之」，又下云「若有死於道路者，則令埋之」，令得有死人骨者，近道人見者，令埋之。其有死于溝壑者，蜡氏除之。

凡國之大祭祀，令州里除不蠲，禁刑者、任人及凶服者，以及郊野，大師、大賓客亦如之。蠲讀如「吉圭惟饎」之圭。圭，絜也。〔二三〕刑者，黥劓之屬。任人，司圜所收教罷民也。〔二四〕凶服，服衰絰也。此所禁除者，皆爲不欲見，人所薉惡也。○不蠲，古玄反，舊音圭，絜也。

惟饎，昌志反。罷民，音皮。服衰，七雷反。皆爲，于僞反，下爲其陷、爲其就禽同。所蔵，紆廢反，今本多作穢。惡也，烏路反。

注「蠲讀」至「惡也」　「大祭祀」，謂郊祭天地。「大賓客」，謂諸侯來朝。若據天地，其神位在郊，至郊而已。若賓客，則至畿，故兼言野。郊外曰野，大揔言也。云「蠲讀如『吉圭惟饎』之圭」者，毛詩云「絜蠲爲饎」，無此言。鄭從三家詩，故不同。云「刑者，黥劓之屬」者，之屬中含有宫刖也。云「任人，司圜所收教罷民也」者，經「任人」文承「刑者」之下，則罷民亦刑之類，是以司圜云「任之以事」是也。「凶服」，五服皆是，故曰「凶服，服衰絰也」。祭者皆齊，齊者絜静，不欲見穢惡也。

若有死於道路者，則令埋而置楬焉，書其日月焉，縣其衣服任器于有地之官，以待其人。有地之官，主此地之吏也。〔二五〕其人，其家人也。鄭司農云：「楬，欲令其識取之，今時楬櫫是也。有地之官，有部界之吏，今時鄉亭是也。」○置楬，音竭。縣其，音玄。

注「有地」至「是也」　此經主謂行人在路死者。云「有地之官，主此地之吏也」者，謂比閭族黨之等，〔二六〕皆有長吏，若比長、閭胥、里宰之輩皆是。若今時鄉亭治事之處，縣衣服任器等，仍使守掌，〔二七〕使不失也。

掌凡國之骴禁。禁謂孟春掩骼埋胔之屬。

注「禁謂」至「之屬」　「孟春」者，月令文也。

雍氏，掌溝瀆澮池之禁，凡害於國稼者。春令爲阱擭溝瀆之利於民

者，秋令塞阱杜擭。溝、瀆、澮，田間通水者也。池，謂陂障之水道也。害於國稼，謂水潦及禽獸也。阱，穿地爲塹，所以禦禽獸，其或超踰，則陷焉，世謂之陷阱。擭，柞鄂也。堅地阱淺，則設柞鄂於其中。秋而杜塞阱擭，收刈之時，爲其陷害人也。書棨誓曰：〔二八〕「敷乃擭，敜乃阱。」時秋也，伯禽以出師征徐戎。〔二九〕○澮池，古外反。爲阱，在性反，塹也。擭，胡化反，柞鄂也。謂陂，彼宜反。障，之尚反。爲塹，七豔反，本又作壍。柞，劉才伯反，戚在洛反。鄂也，劉五格反，戚五各反。棨誓，音祕。敷乃，音杜。敜乃，乃協反，又乃結反。徐戎，劉本作郐，音徐。

「雍氏」至「杜擭」　「掌溝瀆澮池之禁，凡害於國稼者」，溝瀆澮池，或田間通水，或在田外所須，本爲利民而造，其中有放溢奔流爲害者，則禁之。「凡害於國稼者」，謂水潦之等。「春令爲阱擭溝瀆之利於民者」，阱擭以取禽獸，溝瀆所以通水，是皆利於民，故春使爲之也。

注「溝瀆」至「徐戎」　云「溝、瀆、澮，田間通水者也」者，案遂人、匠人，惟有遂、溝、洫、澮、川，不見有瀆，此云瀆，亦田間通水者，但注瀆曰川，或可以川爲瀆，舉其類也。云「池謂陂障之水道也」者，詩云「彼澤之陂」，毛云：「澤障曰陂。」今云陂障之水道，謂障澤爲陂之時，於澤通水入陂之道曰池。云「阱，穿地爲塹」者，此則深爲，不須別設柞鄂，擭則堅地不可得深，故須柞鄂。柞鄂者，或以爲豎柞於中，向上鄂鄂然，所以載禽獸，使足不至地，不得躍而出，謂之柞鄂也。書棨誓者，彼云「魯侯伯禽宅曲阜，徐戎並興，伯禽往征」，有此塞阱杜擭之事，故引以爲證也。云「時秋也」者，彼不見時節，但此說在秋，明彼亦秋，故得有敷擭敜阱之事也。

禁山之爲苑、澤之沈者。爲其就禽獸魚鱉自然之居而害之。鄭司農云：「不得擅爲苑囿於山也。澤之沈者，謂毒魚及水蟲之屬。」〔三〇〕○爲苑，紆阮反，劉於願反。

注「爲其」至「之屬」　先鄭云「不得擅爲苑囿於山」，義雖與後鄭異，得爲一義，故引之在下。又云「沈者，謂毒魚及水蟲之屬」者，〔三一〕謂別以藥沈於水中，以殺魚及水蟲，不謂鴆，故不作鴆，作沈也。

萍氏，掌國之水禁。水禁，謂水中害人之處，及入水捕魚鼈不時。○捕魚，音步。

注「水禁」至「不時」　水中害人之處，或有深泉洪波，沙蟲水弩。云「捕魚鼈不時」者，案月令，春秋及冬取魚，夏不合取魚。夏取則不時，故云「不時」，皆禁之也。

幾酒，苛察沽買過多及非時者。〔三二〕○苛察，音何，又呼何反。沽買，音姑，又音故，下如字，一本作賣。

「幾酒」　萍氏幾酒者，酒亦水之類故也。不得非時，時，謂若酒誥「惟祀兹酒」，及鄉飲酒及昏娶爲酒食以召鄉黨寮友，是其時也。

謹酒，使民節用酒也。書酒誥曰：「有政有事無夷酒。」〔三三〕

「謹酒」　此戒謹慎於酒，故引酒誥。有政之大臣，有事之小臣，〔三四〕夷，常也，不得常飲，明如上文合飲時乃飲也。

禁川游者。備波洋卒至沈溺也。○波洋，音翔，又音羊。卒至，寸忽反。

「禁川游者」　「游」，謂浮游，不乘橋船，恐溺，故禁之也。

司寤氏，掌夜時。夜時，謂夜晚早，若今甲乙至戊。〔三五〕

注「夜時」至「至戌」　此文與下爲目，故注云「謂夜晚早」，甲乙則早時，戌亥則晚時也。

以星分夜，以詔夜士夜禁。夜士，主行夜徼候者，如今都候之屬。○行夜，下孟反，下行夜同。徼候，古弔反。

注「夜士」至「之屬」　云「以星分夜」者，若今時觀參辰知夜早晚，是以書傳云：「春昏張中，可以種稷。夏大火中，可以種黍菽。秋虛中，可以種麥。冬昴中，可以收斂蓋藏。」彼雖非分夜以詔夜士，亦是以星知早晚之類也。言「行夜徼候者」，若宮伯掌授八次八舍，注云「於徼候便也」，則行夜來往周旋，謂徼候者也。

禦晨行者，禁宵行者、夜遊者。備其遭寇害及謀非公事。禦亦禁也，謂遏止之，無刑法也。晨，先明也。宵，定昏也。書曰：「宵中星虛。」春秋傳曰：「夜中，星隕如雨。」○先明，悉薦反。星隕，于敏反。

注「備其」至「如雨」　晨亦得名旦，月令云「旦尾中」，亦得名曰明，案三光考靈耀云：「日入三刻爲昏，不盡三刻爲明。」昏亦得名星，故奔喪云「日行百里，不以夜行，惟父母之喪，見星而行，見星而舍」，明見星時即爲夜也如是。宵亦得名曰昏，昏參中是也，亦名曰夜，爾雅云「宵，夜也」。然則晨是明之首，不通於前，宵是昏之末，〔三六〕不通於後也。惟夜中之時，正一名耳。此云「禁晨行者禁宵行者」，謂在道路中。禮志云「男女夜行以燭」，謂在宮中也。晨行宵行者，惟罪人與奔父母之喪，若天子祭天之時，則通夜而行，故禮記云「汜埽反道，鄉爲田燭」。禁夜遊者，禁其無故游者。引春秋者，莊公七年，夏四月辛卯，「夜中，星隕如雨」是也。

司烜氏，掌以夫遂取明火於日，以鑒取明水於月，以共祭祀之明

齍、明燭，共明水。夫遂，陽遂也。鑒，鏡屬，取水者，世謂之方諸。取日之火，月之水，欲得陰陽之絜氣也。明燭以照饌陳，明水以爲玄酒。鄭司農云：「夫，發聲。明齍，謂以明水滫滌粢盛黍稷。」〔三七〕○夫遂，方苻反，或云司農音苻。明齍，音資，注作粢同。

注「夫遂」至「黍稷」 云「夫遂，陽遂也」者，以其日者太陽之精，取火於日，故名陽遂。取火於木，爲木遂者也。「鑒，鏡屬」者，詩云：「我心非鑒，不可以茹。」彼鑒是鏡，可以照物。此鑒形制與彼鑒同，所以取水也。云「取水者，世謂之方諸」者，漢世謂之方諸，言取水謂之方諸，則取火者不名方諸，別名陽遂也。明者，絜也，日月水火爲明水明火，是取日月陰陽之絜氣也。云「明燭以照饌陳」者，謂祭日之旦，饌陳於堂東，未明，須燭照之。云「明水以爲玄酒」者，鬱鬯五齊，以明水配；三酒，以玄酒配。玄酒，井水也。玄酒與明水別，而云明水以爲玄酒者，對則異，散文通謂之玄酒。是以禮運云「玄酒在堂」〔三八〕亦謂明水爲玄酒也。先鄭云「明水滫滌粢盛黍稷」者，滫，謂滫瀡，滌，謂蕩滌，俱謂釋米者也。

凡邦之大事，共墳燭庭燎。故書墳爲蕡。鄭司農云：「蕡燭，麻燭也。」〔三九〕玄謂墳，大也。樹於門外曰大燭，於門內曰庭燎，皆所以照衆爲明。○墳燭，苻云反。庭燎，力召反。爲蕡，扶云反，李一音婦輩反。

「凡邦」至「庭燎」 「大事」者謂若大喪紀、大賓客，則皆設大燭在門外，庭燎在大寢之庭。

「故書」至「爲明」 先鄭從故書蕡爲麻燭者，以其古者未有麻燭，故不從，是以禮記少儀云：「主人執燭抱燋。」鄭云「未爇曰燋」，是知未有麻燭也。後鄭云「樹於門外曰大燭」者，非人所執也。燕禮云：「甸人執大燭於庭」，不言樹者，彼諸侯燕禮，不樹於地，使人執。彼注云：「庭大燭，爲位廣也。」此言大燭，亦爲位廣，又樹之於地也。云

「於門内曰庭燎」者，於門内，在庭中，故謂之庭燎。庭燎與大燭亦一也。皆所以照衆爲明，是以詩庭燎云：「夜如何其，夜未央，庭燎之光，君子至止，鸞聲將將。」謂宣王待諸侯來朝之事。案郊特牲云：「庭燎之百，由齊桓公始也。」鄭云：「庭燎之差，公蓋五十，侯伯子男皆三十。」大戴禮文。其百者，天子禮。庭燎所作，依慕容所爲，以葦爲中心，以布纏之，飴密灌之，〔四〇〕若今蠟燭。百者，或以百根一處設之，或百處設之。若人所執者，用荆燋爲之，執燭抱燋，曲禮云「燭不見跋」，是也。

中春，以木鐸脩火禁于國中。爲季春將出火也。火禁謂用火之處及備風燥。○中春，音仲。爲季，于僞反，下爲葬、皆爲同。風燥，素早反，又素報反。

注「爲季」至「風燥」　云「爲季春將出火也」者，三月昏時大辰星在卯南見，是火星出，此二月未出，故云爲季春將出火也。

軍旅，脩火禁。邦若屋誅，則爲明竁焉。鄭司農云：「屋誅，謂夷三族。無親屬收葬者，故爲葬之也。三夫爲屋，一家田爲一夫，以此知三家也。」玄謂屋讀如其刑剭之剭。〔四一〕剭誅，謂所殺不於市而以適甸師氏者也。明竁，若今揭頭明書其罪法也。〔四二〕司烜掌明竁，則罪人夜葬與？○明竁，昌絹反。刑剭，徐音屋，劉音渥。葬與，音餘。

「軍旅」至「竁焉」　「屋誅」，謂甸師氏屋舍中誅，則王之同族及有爵者也。是以易鼎卦云：「鼎折足，覆公餗，其刑屋。」鄭義以爲餗，美饌；鼎三足，三公象；若三公傾覆王之美道，屋中刑之。與此同。云「爲明竁焉」者，明明刑以板書其姓名及罪狀，〔四三〕著於身竁壙中也。

注「鄭司」至「葬與」　先鄭以屋爲夫三爲屋者，謂夷三族解之。後鄭不從者，夷三族乃是戰國韓信等用商鞅連相坐之法，造三夷之誅，既亂世之法，何得以解大平制禮之事乎？鄭知罪人亦有明刑書於木者，見昭二年，鄭公孫黑作亂，子產數其罪云：「不速死，大刑將至。」七月壬寅，縊，尸諸周氏之衢，加木焉。注云：「書其罪於木，以加尸上而辜之，非禮，故書殺以惡黑。」知明刑者書可知。知夜葬者，以其司烜主明火，掌夜事，既令掌之，則罪人夜葬可知，故曾子問云「見星而行者惟罪人」，是夜葬之事也。

條狼氏，掌執鞭以趨辟。王出入則八人夾道，公則六人，侯伯則四人，子男則二人。趨辟，趨而辟行人，若今卒辟車之爲也。〔四四〕孔子曰：「富而可求，雖執鞭之士，吾亦爲之。」言士之賤也。○趨辟，七須反，下婢亦反，又音避，劉薄易反，徐扶亦反，注趨辟、辟行人同。今卒，子忽反，下衍卒同。辟車，必亦反，又婢亦反。

「條狼」至「二人」　案序官「條狼氏，〔四五〕下士六人，胥六人，徒六十人」。今云天子八人，少二人矣，蓋取胥徒中兼充也。

凡誓，執鞭以趨於前，且命之。誓僕右曰殺，誓馭曰車轘，誓大夫曰敢不關，〔四六〕鞭五百，誓師曰三百，誓邦之大史曰殺，誓小史曰墨。〔四七〕前，謂所誓衆之行前也。〔四八〕有司讀誓辭，則大言其刑以警所誓也。誓者，謂出軍及將祭祀時也。出軍之誓，誓左右及馭，則書之甘誓備矣。郊特牲説祭祀之誓曰：「卜之日，王立于澤，親聽誓命，受教諫之義也。」車轘，謂車裂也。師，樂師也。〔四九〕大史、小史，主禮之事者。〔五〇〕鄭司農云：「誓大夫曰敢不關，謂不關於君也。」玄謂大夫自受命以出，則其餘事莫不復請。○車轘，户串反，一音環。大史，音泰，注同。行前，户剛反。以警，京領反。復請，劉上音服，下音情。

「凡誓」至「曰墨」　誓自有大官，若月令，田獵，司徒北面以誓之。誓時此滌狼氏則爲之大言，使衆聞知，故云「且命之」。「誓僕右」者，僕，大僕，與王同車，故大僕職云「軍旅贊王鼓」，注云：「佐擊其餘面」。通右與馭及王四乘也。右，謂勇力之士，在車右，備非常。「誓馭」，謂與王馭車者也。

注「前謂」至「復請」　云「謂出軍及將祭祀時也」者，若且命以上，軍旅祭祀，同有此事。僕右四乘，校軍旅時。〔五一〕師與大史小史，皆據祭祀時。大夫敢不關，亦據祭祀須關君，是以鄭引甘誓證軍旅、引郊特牲證祭祀也。云「甘誓備矣」者，案甘誓云：「左不攻于左，汝不恭命；右不攻于右，汝不恭命；馭非其馬之正，汝不恭命。用命賞于祖，弗用命戮于社，予則孥戮汝。」是其備也。郊特牲者，王將祭之時，故云：「卜之日，王立于澤」，謂在澤宮也。澤宮者，擇士可與祭者之宮，親自聽有司誓命，此是受教諫之義也。云「車轘謂車裂也」者，春秋左氏傳云「轘觀起於四境」是也。師知是樂師者，以其下有大史、小史，皆掌禮，禮樂相將，〔五二〕故知師是樂師。大師，瞽人之長也。鄭司農云「誓大夫曰敢不關，謂不關於君也」，此先鄭義未足，故後鄭增成之。「玄謂大夫自受命以出，則其餘事莫不復請」，言此者，欲見受命出征，梱外之事，將軍裁之，不須復請，除此以外，其無不復請，皆須請於君，乃得行事。是以襄公十九年秋七月辛卯，齊侯環卒。晉士匄帥師侵齊，至穀，聞齊侯卒，乃還。公羊傳曰：「還者何？善辭也。何善爾？大其不伐喪也。此受命乎君而伐齊，則何大乎其不伐喪？大夫以君命出，進退在大夫也。」是其不復請君之事也。若穀梁，大夫雖在外，猶當復請于君，不敢專，故曰：「還者，事未畢之辭也。受命而誅生，死無所加其怒，不伐喪，善之也。善之則何爲未畢也？君不尸小事，臣不專大名，善則稱君，過則稱已，則民作讓矣。士匄外專君命，故非之也。然則爲士匄者宜奈何？宜墠帷而歸命乎介。」是其雖在外，不得專命之事也。

脩閭氏，掌比國中宿互㰓者與其國粥，而比其追胥者而賞罰之。

國中，城中也。粥，養也。國所游養，謂羡卒也。追，逐寇也。胥讀爲偦。故書互爲巨。鄭司農云：「宿謂宿衛也。巨當爲互，謂行馬，所以障互禁止人也。㰓謂行夜擊㰓。」〇掌比，毗志反，下同。宿互，如字，劉息就反。國粥，音育。其追，如字，劉張類反。爲胥，音胥，又息呂反。

「脩閭」至「罰之」　云「掌比國中宿互㯳者」，互，謂行馬，所以爲遮障，宿者所守衛。㯳者，謂宿復擊㯳持更也。云「與其國粥」者，謂國家粥養，未入正卒，且爲羨卒者。云「而比其追胥者」，使此羨卒追而逐寇，胥爲伺搏盜賊，二事也。

禁徑踰者，與以兵革趨行者，與馳騁於國中者。皆爲其惑衆。

「禁徑」至「中者」　以其職作脩閭，當脩理門閭，故禁此三者也。

邦有故，則令守其閭互，唯執節者不幾。令者，令其閭内之閭胥里宰之屬。

注「令者」至「之屬」　「邦有故」，謂有寇戎、大喪、札喪皆是，恐有姦非，則命各遣守閭里巷門。〔五三〕有執節公使者，不幾訶也。但言閭，惟據鄉内，注兼云里宰者，官名脩閭，以六鄉爲主，其實兼主六遂，故言里宰以包之也。

冥氏，掌設弧張。弧張，罿罦之屬，〔五四〕所以扃絹禽獸。○冥氏，音覓。罿，昌容反，劉上凶反。罦，音浮。以扃，古熒反。絹，古犬反，一音古縣反，翟氏注同。

注「弧張」至「禽獸」　弧，弓也，謂張弓以取猛獸。云「罿罦之屬」者，詩云：「雉罹于罿，雉罹于罦。」並是取禽獸之物。言「之屬」，仍有兔罝之等，皆是扃絹禽獸者也。

爲阱擭以攻猛獸，以靈鼓敺之。靈鼓，六面鼓。敺之，使驚趨阱擭。○敺之，丘于反，後同。

注「靈鼓」至「阱擭」　知靈鼓六面者，以鼓人云「靈鼓，鼓社祭」，〔五五〕晉鼓、鼖鼓等非祭祀之鼓，並兩面，路鼓祭宗廟，故知加兩面爲四面，地神尊於宗廟，加兩面爲六面，天尊於地神，〔五六〕加兩面爲八面，以此差之，知靈鼓六面鼓也。

若得其獸，則獻其皮、革、齒、須、備。鄭司農云：「須，直謂頤下須。備謂搔也。」○搔也，音爪。〔五七〕

「若得」至「須備」　猛獸有不得之法，故云「若」，以不定之言也。若得猛獸之時，猛獸之肉不堪人噉，故當「獻其皮革須備」也。皮，謂若虎豹熊羆。革，謂無文章者，去毛而獻之。齒，即牙也。須備，如先鄭所説，虎豹有須備，獻之以擬器物之用也。

庶氏，掌除毒蠱，以攻説襘之，嘉草攻之。毒蠱，蟲物而病害人者。〔五八〕賊律曰：「敢蠱人及教令者，棄市。」攻説，祈名，祈其神求去之也。〔五九〕嘉草，藥物，其狀未聞。攻之，謂燻之。鄭司農云：「襘，除也。」玄謂此襘讀如潰癰之潰。〔六〇〕○庶氏，章預反。毒蠱，音古。説襘，劉音潰，户内反。嘉艸，音草，本亦作草。教令，力呈反。求去，起吕反。燻之，許云反。

「庶氏」至「攻之」　「除毒蠱」，目言之。「攻説襘之」，據去其神也。「嘉草攻之」，據去其身者也。

注「毒蠱」至「之潰」　云「攻説，祈名」者，大祝六祈有類、造、襘、禜、攻、説，故知也。先鄭云「襘，除也」，後鄭增成其義，潰癰之潰，俗讀也。

凡敺蠱，〔六一〕**則令之比之。**使爲之，又校次之。

「凡敺」至「比之」　云敺之，止謂用嘉草燻之時，並使人敺之。既役人衆，故須校比之。

穴氏，掌攻蟄獸，各以其物火之。蟄獸，熊羆之屬冬藏者也。將攻之，必先燒其所食之物於穴外以誘出之，乃可得之。

注「蟄獸」至「得之」 知「熊羆之屬」者，鄭目驗而知猛獸之蟄，惟有熊羆之屬也。言以其物火之，明是燒其所食之物，誘之，使出穴外，乃可得也。

以時獻其珍異皮革。

「以時」至「皮革」 謂熊羆之皮革及熊蹯之等。

翨氏，掌攻猛鳥，各以其物爲媒而掎之。猛鳥，鷹隼之屬。置其所食之物於絹中，鳥來下則掎其脚。○而掎，居綺反，注同。鷹隼，息允反。

注「猛鳥」至「其脚」 云「各以其物爲媒」者，若今取鷹隼者，以鳩鴿置於羅網之下以誘之。〔六三〕云「鷹隼之屬」者，王制云「鷹隼擊，然後罻羅設」，易云「公用射隼於高墉之上」，隼，即謂之鶻者也。

以時獻其羽翮。○羽翮，户革反。

柞氏，掌攻草木及林麓。林，人所養者。山足曰麓。○柞氏，側百反。林麓，音鹿。

注「林人」至「曰麓」 此柞氏與薙氏治地，皆擬後年乃種田。但下有薙氏除草，此柞氏攻木，兼云草者，以攻木之處有草，兼攻之，故云草也。云「林，人所養者」，若林衡所掌者，未必人所養，此乃人所攻治以擬種殖，故知此林麓，人所養治者也。漆林之征，亦此類也。「山足曰麓」，爾雅文。林麓，謂麓上有林者也。此掌攻，與下文爲目也。

夏日至，令刊陽木而火之；冬日至，令剥陰木而水之。刊剥互言耳，皆謂斫去次地之皮。生山南爲陽木，生山北爲陰木。火之水之，則使其肄不生。○刊陽，苦干反。斫去，起吕反。其肄，以四反。

「夏日」至「水之」　「夏日至」，謂五月夏至之日爲之也。「令刊陽木而火之」，謂先刊削以去其皮，乃燒之。「冬日至」，謂十一月冬至之日爲之，剥陰木而水之，亦謂剥去其皮乃水。此文與下文相兼乃足也。必以夏刊陽木，冬剥陰木者，夏至之日則陰生，冬至陽生，陽木得陰而鼓，陰木得陽而發，故須其時而刊剥之也。山虞取其堅刃，冬斬陽，夏斬陰。此欲死之，故夏陽木，冬陰木。

注「刊剥」至「不生」　云「刊剥互言耳」者，謂削之亦剥之，剥謂剥去其皮，亦削之，故云互也。云「生山南爲陽木，生山北爲陰木」者，爾雅云：「山南曰陽，山北曰陰。」云「火之水之，則使其肄不生」者，斬而復生曰肄，若以水火，斬而不復重生，故云使其肄不生也。

若欲其化也，則春秋變其水火。化猶生也，謂時以種穀也。變其水火者，乃所火則水之，所水則火之，則其土和美。

注「比猶」至「和美」　此覆釋上文，此刊木，止欲種田生穀，〔六三〕故云若欲使前刊木生穀之時，〔六四〕則當以春秋變其水火也。變之者，前文云夏日至刊陽木火之者，至秋，以水漬之；前冬日至剥陰木以水之者，至後春以火燒之。如此，則地和美也。

凡攻木者，掌其政令。除木有時。

注「除木有時」　凡國家有欲攻木者，皆來取柞氏政令。所以取政令者，除木有時，如上冬夏者也。

薙氏，掌殺草。春始生而萌之，夏日至而夷之，〔六五〕秋繩而芟之，〔六六〕冬日至而耜之。故書萌作甍。杜子春云：「甍當爲萌，謂耕反其萌牙，〔六七〕書亦或爲萌。」玄謂萌之者，以茲其斫其生者。夷之，以鉤鎌迫地芟之也，若今取茭矣。含實曰繩。芟其繩則實不成孰。耜之，以耜測凍土剗之。○秋繩，音孕，以證反，含實也，注同。而芟，所銜反。甍，音萌。茲其，音基，茲其鉏也。鉤鎌，音廉。取茭，音交。剗之，初産反，劉側展反。

注「故書」至「剗之」　此薙氏所掌治地，從春至冬，亦一年之事，後年乃可種也。子春云「萌，謂耕反其萌牙」。後鄭不從者，此經云「殺草」，則是萌謂草始生出地之時，非是十一月草木萌動，其色赤，十二月牙，其色白，何得耕反其萌牙乎？以是不從子春之説也。「玄謂萌之者，以茲其斫其生者」，漢時茲其，即今之鋤也。云「夷之，以鉤鎌迫地芟之也，若今取茭矣」者，見今取茭草，亦於夏迫地取之，故舉爲況也。云「含實曰繩」者，秋時草物含實也。云「耜之，以耜測凍土剗之」者，耜廣五寸，謂耒頭金。冬時地凍，故以耜附測凍土剗之。如此春種，則地和美。

若欲其化也，則以水火變之。謂以火燒其所芟萌之草，已而水之，則其土亦和美矣。月令季夏，「燒薙行水，利以殺草，如以熱湯」。是其一時著之。

掌凡殺草之政令。

哲蔟氏，掌覆夭鳥之巢。覆猶毀也。夭鳥，惡鳴之鳥，〔六八〕若鴞鵩。○掌覆，芳復反，毀也，注同。夭鳥，音妖，後夭鳥同。若鴞，于驕反。鵩，音服。

注「覆猶」至「鴞鵩」　禮記云無覆巢者，謂非夭鳥者也。此官覆毀夭鳥之巢窠也。云「鴞鵩」者，鴞之與鵩，二鳥俱是夜爲惡鳴者也。

以方書十日之號，十有二辰之號，十有二月之號，十有二歲之號，二十有八星之號，縣其巢上，則去之。方，版也。日，謂從甲至癸。辰，謂從子至亥。月，謂從娵至荼。歲，謂從攝提格至赤奮若。星，謂從角至軫。夭鳥見此五者而去，其詳未聞。○縣其，音玄。從娵，徐、劉、沈並子須反。至荼，劉、沈音餘，李音舒，又音徒，案爾雅「正月爲陬」，即離騷所云「攝提貞于孟陬」，皆側留反，又子侯反。爾雅又云「十二月爲涂」，音徒，今注作娵荼二字是假借耳，當依爾雅讀。從攝提格至赤奮若，爾雅曰：「大歲在寅曰攝提格，在丑曰赤奮若。」

注「方服」至「未聞」　云「日謂從甲至癸」者，據十幹而言，「辰謂從子至亥」者，據十二支而說。「月，謂從娵至荼。歲，謂從攝提格至赤奮若」者，案爾雅釋天文，〔六九〕「太歲在寅曰攝提格，在卯曰單閼，在辰曰執徐，在巳曰大荒落，在午曰敦牂，在未曰協洽，在申曰涒灘，在酉曰作噩，在戌曰閹茂，在亥曰大淵獻，在子曰困敦，在丑曰赤奮若」是也。又云「正月爲陬，二月爲如，三月爲寎，四月爲余，〔七〇〕五月爲皋，六月爲且，七月爲相，八月爲壯，九月爲玄，十月爲陽，十一月爲辜，十二月爲除」是也。〔七一〕「星謂從角至軫」，右旋數之。

翦氏，掌除蠹物，以攻禜攻之，以莽草熏之，蠹物，穿食人器物者，蟲魚亦是也。攻禜，祈名。莽草，藥物殺蟲者，以熏之則死。故書蠹爲橐。杜子春云：「橐當爲蠹。」○蠹物，丁故反。以攻，如字，劉音貢。禜，音詠。莽草，亡蕩反，又莽草藥名。爲橐，劉古毛反，本或作橐，他各反。

「翦氏」至「熏之」　「以攻禜攻之」，據祈去其神，故以六祈而言之；「以莽草熏之」，〔七二〕據去其身也。

注「蠹物」至「爲蠹」　云「蟲魚亦是」者，餘蠹物穿食餘器物，至於蠹魚，惟見書内有白魚及白蠹食書，故云亦是也。

凡庶蠱之事。庶，除毒蠱者。〔七三〕蠱，蠹之類，或熏以莽草則去。○凡庶，章預反。

注「庶除」至「則去」　翦氏主除蠹物，其蠱毒，自是庶氏。〔七四〕今此云「凡庶蠱」者，同類相兼，左右而掌之。故鄭云「庶，除毒蠱者。蠱，蠹之類，或熏以莽草則去」，此鄭解翦氏兼掌蠱之意，以其翦氏有用莽草熏蠱，〔七五〕是以蠱毒亦使翦氏除之也。

赤犮氏，掌除牆屋，以蜃炭攻之，以灰洒毒之。洒，灑也。除牆屋者，除蟲豸藏逃其中者。〔七六〕蜃，大蛤也。擣其炭以坋之則走，淳之以灑之則死。故書蜃爲晨。鄭司農云：「晨當爲蜃，書亦或爲蜃。」○以蜃，市軫反。灰洒，色買反，劉霜寄反。蟲豸，直氏反。以坋，蒲悶反。淳之，之純反。

「赤犮」至「毒之」　赤犮氏掌除蟲豸自藏埋者，今不指其蟲豸之名，直云「除牆屋」者，以其蟲豸自埋藏，人所不見，故不指蟲而以牆屋所藏之處而已。爾雅「有足曰蟲，無足曰豸」。藏逃之類，有此二者。淳，即沃也，謂灑沃以汁則死也。「蜃炭」，地官掌蜃，以共蜃炭。蜃炭者，謂蜃灰是也。

凡隙屋，除其貍蟲，貍蟲，䗪肌蛷之屬。○貍蟲，莫皆反，劉莫拜反。䗪，章夜反。肌，居其反。求，本或作蛷，音求，劉音俱。

「凡隙」至「貍蟲」　禮記云「如駟之過隙」，隙，謂孔穴也。埋藏之蟲，在屋孔穴之中，故以「隙屋」言之。

注「貍蟲」至「之屬」　曰䗪肌蛷，〔七七〕皆是自貍之蟲也。

蟈氏，掌去鼃黽，焚牡蘜，以灰洒之，則死。牡蘜，蘜不華者。齊魯之間謂鼃爲蟈。黽，耿黽也。蟈與耿黽尤怒鳴，爲聒人耳去之。

○掌去，起吕反，注去之同。鼃，户媧反。黽，莫幸反。牡蘜，莫口反，下弓六反。爲聒，千僞反，下古活反，銜枚氏放此。

「蟈氏」至「則死」　掌去鼃黽，此又與下爲目也。〔七八〕

注「牡蘜」至「去之」　云「牡蘜，蘜不華者」，此則月令季秋云「蘜有黄華」，牝蘜也。〔七九〕云「齊魯之間謂鼃爲蟈」者，官號蟈氏及經無云蟈，故鄭以齊魯之言爲證，鼃即蟈，〔八〇〕故名蟈氏也。

以其煙被之，則凡水蟲無聲。〔八一〕杜子春云：「假令風從東方來，則於水東面爲煙，令煙西行，被之水上。」〔八二〕○煙被，皮義反，注同。假令，力呈反，注同。

「以其」至「無聲」　上文云「焚牡蘜，洒之則死」，此經云「以其煙」，明還用牡蘜之，煙，被之水上也。

壺涿氏，掌除水蟲，以炮土之鼓敺之，以焚石投之。水蟲，狐蜮之屬。故書炮作泡。杜子春讀炮爲「苞有苦葉」之苞。〔八三〕玄謂燔之炮之炮，〔八四〕炮土之鼓，瓦鼓也。焚石投之，使驚去。○炮土，步交反，注泡、苞同。狐蜮，音或。燔之，音煩。

注「水蟲」至「驚去」　云「水蟲，狐蜮之屬」者，蜮即短狐，一物，南方水中有之，含沙射人則死者也。言「之屬」者，水蟲衆矣，故云之屬以包之也。子春讀從詩「苞有苦葉」之「苞」者，取其聲同耳，不取義也。「玄謂燔之炮之炮」者，亦讀從詩，此取炮燒之義，故云「炮土之鼓，瓦鼓也」。云「焚石投之，使驚去」者，石之燔燒，得水作聲，故驚去也。

若欲殺其神，則以牡橭午貫象齒而沈之，則其神死，淵爲陵。神，謂水神龍罔象。故書橭爲梓，午爲五。杜子春云：「梓當爲橭，橭讀爲枯。枯，榆木名。書或爲樗。」又云：「五貫當爲午貫。」○牡橭，劉音怙，〔八五〕杜讀爲枯，云「枯，榆木名」也。劉亦音枯，案：如杜義則音姑，山榆也。爲梓，音子，本或作橭。爲樗，勑居反。

「若欲」至「爲陵」　云「以牡橭午貫象齒而沈之」者，案儀禮大射云「若丹若墨，度尺而午」，彼物，射者所履，記安足之處，十字爲之，今此亦然。「神謂水神，龍罔象也」。「橭讀爲『枯』，枯，榆木名」，以橭爲榦，穿孔，以象牙從横貫之爲十字，〔八六〕沈之水中，則其神死，淵爲陵，所謂「深谷爲陵」是也。

庭氏，掌射國中之夭鳥。〔八七〕若不見其鳥獸，則以救日之弓與救月之矢夜射之。〔八八〕不見鳥獸，謂夜來鳴呼爲怪者。獸，狐狼之屬。〔八九〕鄭司農云：「救日之弓，救月之矢，謂日月食所作弓矢。」玄謂日月之食，陰陽相勝之變也，於日食則射大陰，月食則射大陽與？○掌射，食亦反，下注同。嗚呼，喚故反，下文䚻呼同。大陰，音泰，下文同。陽與，音餘。

「庭氏」至「射之」　云「掌射國中之夭鳥」者，城郭之所，人聚之處，不宜有夭鳥，故去之。

注「不見」至「陽典」　云「獸，狼狐之屬」，不言鳥者，上文注鴞鸎已解也。「玄謂日月之食，陰陽相勝之變也」者，日之食，晦朔之間，月之食惟在於望。日食是陰勝陽，月食是陽勝陰，未至爲災，故云陰陽相勝之變也。所以救日月用弓矢射之者，鄭以意推量，「日食則射大陰」者，以陰侵陽，臣侵君之象，故射大陰是其常，不足可疑。月食是陽侵陰，君侵臣之象，陽侵陰非逆，既用弓，不得不射，若射當射大陽，以是爲疑，故云「月食則射大陽與」以疑之。

若神也，則以大陰之弓與枉矢射之。神，謂非鳥獸之聲，若或叫于宋大廟譆譆出出者。〔九〇〕大陰之弓，救月之弓，枉矢救日之矢與？不言救月之弓與救日之矢者，互言之。救日用枉矢，〔九一〕則救月以恒矢可知也。○譆譆，許其反。詘詘，劉音出，本亦作出。

「若神」至「射之」　「若神也」者，謂不見其身，直聞其聲，非鳥獸之神耳，則以大陰救月之弓與救日枉矢射之。

注「神謂」至「知也」　鄭知「神，謂非鳥獸之聲」者，見宋大廟有聲，非鳥獸之聲，既有聲又非鳥獸之聲，故知是神聲，若神降于莘之類是也。云「若或叫於宋大廟譆譆出出者」，左傳文。云「大陰救月之弓，枉矢救日之矢與」者，大陰之弓爲救月之弓，不言與，則不疑，不疑者，以其與經云「救日之弓」相對，彼言救日之弓，明此大陰之弓是救月之弓可知。若然，上言「救月之矢」，則此枉矢是救日可知。而言與以疑之者，但救日與大陰相對，故不疑，上言救月，此不言大陽之矢，直言枉矢矢名而已，故須疑之。云「不言救月之弓與救日之矢者」，互言之者，若此文云救月之弓與救日之矢，爲文自足，何假須互，〔九二〕既不須互，則上下二文全不見弓矢之名矣。是以互見其文，欲見有弓矢之名故也。互者，上文云救日，明大陰是救月，此文救月，是大陰，則上文救日是大陽也。又枉矢，見矢名不言救，明有救名；救月之矢，見救不見矢名，明亦有名，亦是互也。云「救日用枉矢，則救月以恒矢可知也」者，見司弓矢枉矢最在前，明救月矢當在枉矢之下，故知救月用恒矢可知。不用庳矢，以其庳矢弩所用故也。

銜枚氏，掌司囂。察囂讙者，〔九三〕爲其聒亂在朝者之言語。○司囂，五羔反，下同。讙者，呼九反。在朝，直遥反，下同。

注「察嚻」至「言語」　以銜枚不得語，是止讙嚻之官，故掌司察嚻讙之事。

國之大祭祀，令禁無嚻。令，令主祭祀者。

注「令令」至「祀者」　「國之大祭祀」，謂天地宗廟。令主祭祀之官，使禁止無得讙嚻，讙嚻則不敬鬼神故也。

軍旅、田役，令銜枚。爲其言語以相誤。

注「爲其」至「相誤」　軍旅、田役二者，銜枚氏出令，使六軍之士皆銜枚，止言語也。

禁嘂呼歎鳴於國中者，行歌哭於國中之道者。爲其惑衆相感動。鳴，吟也。○禁嘂，音叫。鳴吟，魚今反。

注「爲其」至「吟也」　此經四事，皆是在道爲之。「爲其惑衆」，釋嘂呼歌也。「相感動」，解歎鳴與哭也。云「鳴，吟也」者，以鳴與歎相連，則鳴是歎之類，故知鳴吟也。

伊耆氏，掌國之大祭祀共其杖咸；咸讀爲函。〔九四〕老臣雖杖於朝，事鬼神尚敬，去之。有司以此函藏之，既事乃授之。○爲函，音咸。去之，起呂反。

注「咸讀」至「授之」　下二文云授杖，此經惟言共杖函，止謂祭祀時，臣雖老，合杖，但爲祭祀尚敬，暫去之。去杖之時，共杖函盛之。祭祀訖，還與老臣柱之。老臣雖杖於朝，事鬼神尚敬，去之，謂七十有德，君不許致仕者也。王制云「七十杖於國，八十杖於朝」，謂得致仕者，與此異也。

軍旅，授有爵者杖。别吏卒，且以扶尊者。將軍杖鉞。○别吏，彼列反。卒，子忽反。杖鉞，直亮反，又音丈，下音越。

注「別吏」至「杖鉞」　此謂在軍之時。有爵，謂士以上。若然，自伍長下士、兩司馬中士、卒帥上士、旅帥下大夫、師帥中大夫等，並得杖。云「別吏卒」者，吏，則命士以上；卒，謂一乘車，步卒七十二人等。若然，甲士三人，亦是民之無爵，亦與步卒同無杖也。知「將軍杖鉞」者，今文泰誓「師尚父左杖黄鉞，右把白旄」，是將軍杖鉞之事也。

共王之齒杖。王之所以賜老者之杖。鄭司農云：「謂年七十當以王命受杖者，今時亦命之爲王杖。」〔九五〕玄謂王制曰：「五十杖於家，六十杖於鄉，七十杖於國，八十杖於朝。」

注「王之」至「於朝」　既「共王之齒杖」，明皆據王賜老者之杖而言，若不得王賜者，自杖之也。先鄭惟據七十，故後鄭增成之，引王制爲證也。

校勘記

〔一〕此與大司寇職正月之吉事同　閩、阮本「職」字空闕，閩、監、毛、殿本「寇」「正」二字直接。

〔二〕晦慢禮儀也　閩、監、毛本同，阮本「慢」作「漫」，浦鏜云「闇」誤「慢」。

〔三〕禁殺戮掌司斬殺戮者凡傷人見血而不以告者　于鬯云，「凡」字當在「斬」之上。

〔四〕恒在民門　「門」，元、正、閩本同，阮本作「間」。

〔五〕然今言見血乃爲傷人者　「然」，元、正、閩、阮本同，閩、監、毛、殿本作「若」。

〔六〕好爲呼報反下文則爲下注皆爲同　阮本同。徐本、盧本「呼報反」下有「下于僞反」四字，「文」字及「爲下」之「下」字皆無。

〔七〕是男子同坐爲奴　孫詒讓云，「男子同坐」疑當作「男女同坐」。

〔八〕有相翔者誅之　阮校云，嘉靖本，閩、監、毛本同，唐石經、大字本、岳本「者」下有「則」，當據以補正。石經考文提要引周禮訂義有「則」字。

〔九〕車有轘轅坻閣　阮本同。阮校云，釋文作「環轅」，云「本亦作轘，同」。按「轘」當依陸本作「環」，因注云「車有環轅」，故改從車旁也。段玉裁云，「坻」字，徐之爾反，則字作「坻」。

〔一〇〕其過之者　「過」，原作「迵」，據婺、建、岳、阮本改。

〔一一〕使候出諸轘轅　「使」，原作「便」，據阮本改。

〔一二〕若柱然　「柱」，原作「往」，據阮本改。

〔一三〕是厎柱爲水之隘道者也　「隘」，閩，閩、監、毛、殿本同，元、阮本作「溢」。疑作「隘」是。

〔一四〕安由田中　「田」，原作「曰」，據阮本改。

〔一五〕若今次金叙大功　阮校云，此注宜定爲「若今次叙丈功」。「金」與「叙」形之誤，「大」與「丈」亦形之誤。

〔一六〕謂若今絶蒙大巾持兵杖之屬　「大」，婺、岳、嘉靖本同，建、元、正、閩、阮本作「布」。阮校云，宋本作「大」，漢制考所引同，當據正。

〔一七〕右時禁書亡　「右」阮本作「古」。

〔一八〕邦之大師　唐石經「之」下有「有」字。

〔一九〕謂衣服操持非此常人也　「此」，婺、建、岳、阮本同。阮校云，錢鈔本、嘉靖本、毛本「此」作「比」，當據以訂正。

〔二〇〕曲禮四足死者曰漬　婺、建、岳、阮本同。阮校云，大字本「曲禮」下有「曰」，此脱；釋文「漬」作「殰」，云「又作漬」。

〔二一〕故書骴作脊　「脊」，婺、建、阮本作「脊」。

〔二二〕月令曰掩骼埋胔　婺、建、岳、阮本同。段玉裁云，「月令曰」上當有「玄謂」二字。阮校云，此引月令，當作「掩骼埋骴」，此作「胔」，是淺人據今本月令所改。

〔二三〕蠲讀如吉圭惟饎之圭圭絜也　婺、建、岳、阮本同。段玉裁云，「讀如」當作「讀爲」。

〔二四〕司圜所收教罷民也　婺、岳、阮本同，建本脱「教」字。

〔二五〕主此地之吏也　「此」，原作「比」，據婺、建、阮本改。

〔二六〕謂比閭族黨之等　「閭」，原作「間」，據阮本改。

〔二七〕仍使守掌　「掌」，原作「當」，據阮本改。

〔二八〕書粊誓曰　「粊」，原作「柴」，毛本同，非也。岳、嘉靖、閩、阮本皆作「粊」，釋文「粊誓音祕」。案唐前皆作「粊誓」，至衛包妄改爲「費誓」。

〔二九〕伯禽以出師征徐戎　阮校云，釋文「徐戎劉本作郐，音徐」。按今文尚書蓋作「郐戎」，鄭注本之。按「郐」字見説文。

〔三〇〕謂毒魚及水蟲之屬　婺、建、阮本同，岳本脱「及」字。

〔三一〕又云沈者謂毒魚及水蟲之屬者　「又」，惠校本同，阮本作「文」。阮校云，作「文」誤。

〔三二〕苛察沽買過多及非時者　阮本同。阮校云，大字本「買」作「賨」。按釋文，「沽買，一本作賣」，「賨」蓋「賣」之訛。

〔三三〕有政有事無夷酒　「夷」，婺、嘉靖本同，建、岳、阮本作「彝」。阮校云，作「夷」是。段玉裁云，尚書多作「彝酒」。

〔三四〕有政之大臣有事之小臣　二「臣」字聞、閩、監、毛、殿本同，阮本皆作「目」。疑作「臣」是。

〔三五〕若今甲乙至戌　孫詒讓云，「戌」當作「戊」，蜀石經不誤。

〔三六〕宵是昏之末　「末」，原作「來」，據阮本改。

〔三七〕明齍謂以明水滫滌粢盛黍稷　阮校云：「明齍」當作「明粢」。釋文於經云「明粢，音資，注作粢，同」。「滫」，阮本作「脩」，阮云「脩」、「滫」皆非，乃「溲」字之誤。

〔三八〕是以禮運云玄酒在堂　孫詒讓云，「堂」當依禮運作「室」。

〔三九〕蕡燭麻燭也　「燭」，婺、建、岳本同，元、聞、阮本作「蜀」，疑非。

〔四〇〕飴密灌之　孫詒讓云，「密」當作「蜜」。

〔四一〕玄謂臣讀如其刑剭之剭　漢讀考「讀如」作「讀爲」。孫詒讓云，蜀石經正作「爲」。

〔四二〕若今揭頭明書其罪法也　孫詒讓云，「揭」當作「楬」，蜀石經不誤。

〔四三〕明明刑以板書其姓名及罪狀　「明明」，阮本作「明用」，疑是。

〔四四〕若今卒辟車之爲也　婺、建、岳、阮本同。阮校云，大字本「今」下有「時」。孫詒讓云，蜀石經亦有「時」。

〔四五〕案序官條狼氏　「官」，阮本作「言」，誤。

〔四六〕誓大夫曰敢不關　俞樾云，「大」字衍。

〔四七〕誓邦之大史曰殺誓小史曰墨　王引之云，據説文，則二「史」字皆當作「事」。

〔四八〕謂所誓衆之行前也　「前」，婺、岳、嘉靖、阮本同，建本作「得」，誤。

〔四九〕師樂師也　蜀石經、嘉靖、毛本同，阮本「樂」下脱「師」字。

〔五〇〕主禮之事者　婺、建、岳、阮本無「之」字。

〔五一〕僕右四乘校軍旅時　「校」，殿本作「據」，浦鏜云「『據』誤『校』」。

〔五二〕禮樂相將　「將」，阮本作「埒」，誤。

〔五三〕則命各遣守閭里巷門　「閭里」，原作「閭閻」，阮本同，誤，據惠校本改。

〔五四〕弧張罿罦之屬　婺、岳、嘉靖本同，建本無「弧」字。

〔五五〕靈鼓鼓社祭　「社祭」，殿本同，正、閩、閩、阮本作「祭社」，疑作「社祭」是。

〔五六〕天尊於地神　元、閩、監、毛、殿、阮本同。阮校云「『天』下當脱『神』」。

〔五七〕搔音爪　「爪」原作「瓜」，據徐本、盧本及阮本改。

〔五八〕毒蠱蟲物而病害人者　婺、建、岳、嘉靖本同。阮校云，大字本作「蠱物而能病害人者也」，今本蓋脱二字。

孫詒讓云，蜀石經有「能」無「也」字。

〔五九〕祈名祈其神求去之也　下「祈」，婺、岳、嘉靖、阮本同，建本作「所」，疑作「祈」是。

〔六〇〕玄謂此禬讀如潰癕之潰　「癕」，原作「癃」，據岳、嘉靖本改。疏中同。

〔六一〕凡毆蠱　「毆」，閩、監、毛、阮本同，唐石經作「殹」，惠校本作「歐」，嘉靖本作「敺」，訛。阮校云「『敺』者，古文

「驅」，見説文馬部，『毆』『歐』皆非其義，唐石經已誤。

〔六二〕以鳩鴿置於羅網之下以誘之　「下」，元、阮本同，閩、閩、監、毛本作「中」。

〔六三〕止欲種田生穀　「止」，元、惠校本同，閩、閩、殿、阮本作「正」。孫詒讓以爲作「正」是也。

〔六四〕故云若欲使前刊木生穀之時　「生」，監、毛本同，元、閩、閩、阮本作「分」。

〔六五〕夏日至而夷之　漢讀考作「雉之」，注同，云司農從「夷」，鄭君從「雉」，月令「燒雉行水」注引「夏日至而雉

之」爲證，其明驗也。禮記正義引皇氏曰「夷音雉」，是皇侃時字雖誤，而音不誤，勝於陸德明矣。

〔六六〕秋繩而芟之　俞樾云，「繩」當作「䋲」，乃古「孕」字。

〔六七〕謂耕反其萌牙　「牙」，婺、建、岳、嘉靖、阮本同。阮校云，錢鈔本「牙」作「芽」，閩、監、毛本疏中同，此本疏并作「牙」，惠校本同。

〔六八〕惡鳴之鳴　下「鳴」字阮本作「鳥」，是也，當據改。

〔六九〕案爾雅釋天文　「案」，元、正、閩、阮本作「彼」。

〔七〇〕四月爲令　「令」，阮本作「余」，與爾雅合，是也。

〔七一〕十二月爲除是也　「除」，正本同，閩、監、毛、阮本作「涂」，與爾雅文合，是也。

〔七二〕以莽草熏之　「草」，阮本作「章」，誤。

〔七三〕庶除毒蠱者　「毒蠱」，婺、岳、阮本同，建本作「蠱毒」。

〔七四〕其蠱毒自是庶氏　「蠱」，阮本作「蠹」，疑非。

〔七五〕以其翦氏有用莽草熏蠱　「蠱」，閩、阮本作「蠹」，疑非。

〔七六〕除蠱豸藏逃其中者　「蠱」，婺、建、岳、阮本作「蟲」，疑作「蟲」是。

〔七七〕曰廬肌蛷　「曰廬」，元、殿本同，阮本作「以隙」，疑作「曰廬」是。

〔七八〕此又與下爲目也　「又」，阮本作「文」。

〔七九〕此則月令季秋云蘜有黄華牝蘜也　阮本「華」下有「是」字。

〔八〇〕鼁即蟈　「即」，阮本作「爲」。

〔八一〕則凡水蟲無聲　「蟲」，唐石經、蜀石經諸本同，阮本作「蠱」，當作「蟲」是。

〔八二〕被之水上　阮本同。阮校云，大字本「之」作「水」。按：疑作「被水上」，大字本、今本各衍一字。孫詒讓云，蜀石經正作「被水上」。

〔八三〕杜子春讀炮爲苞有苦葉之苞　「炮」，婺、建、岳、阮本同。建本「苦」誤「善」。漢讀考云，此「炮」當作「泡」。

〔八四〕玄謂燔之炮之炮　諸本同。阮校云，按「炮之」下當更有「之」字，毛氏居正、岳氏珂所據本並然。

〔八五〕榛劉音怙　「怙」，徐本、盧本及阮本作「沽」。

〔八六〕以象牙從横貫之爲十字　「横」，阮本作「榛」，阮校云，作「榛」誤。汪文臺云，「榛」不誤，謂從榛孔貫之，從如字。

〔八七〕庭氏掌射國中之夭鳥　俞樾云，「鳥」字衍。

〔八八〕則以救日之弓與救月之矢夜射之　唐石經、大字本、錢鈔本、岳本、嘉靖本同，閩、監、毛本脱「夜」字。顧炎武云，「夜」字衍。案有「夜」是也，汪文臺云，初學記二十一、御覽三百四十七引皆作「夜射之」。

〔八九〕獸狐狼之屬　「之」，字原脱，據婺、建、岳、阮本補。

〔九〇〕若或叫于宋大廟譆譆出出者　「出出」，婺、岳、阮本同，建本作「詘詘」。

〔九一〕救日用枉矢　「用」，婺、建、岳、阮本同，疏中引此亦作「用」。阮校云，大字本「用」作「以」，當據正。

〔九二〕何假須互　「假」，元、殿本同，閩、閩、監、毛、阮本作「暇」，疑作「假」是。

〔九三〕察睸讙者　「讙」，婺、建、岳、嘉靖本同，正、阮本作「讓」，閩、監、殿本作「攘」，疑作「讙」是。

〔九四〕咸讀爲函　婺、岳、阮本同，建本作「咸讀函也」。

〔九五〕今時亦命之爲王杖　盧文弨曰，續漢禮儀志作「玉杖」，「玉」字是也。禮儀志「養老」條中三老「冠進賢扶玉杖」，即此也。作「王杖」，不辭。杖飾以鳩，鳩以玉爲之，故曰「玉杖」。説文曰，「觰，杖耑角也」，是凡杖以角飾之，王之齒杖以玉飾之。汪文臺云，御覽玉部亦引作「玉杖」。

周禮注疏卷第四十四

大行人，掌大賓之禮及大客之儀，以親諸侯。大賓，要服以內諸侯。大客，謂其孤卿。○要服，於遥反，下文及注同。

「大行」至「諸侯」　此經與下經爲目。大賓言禮，亦有儀，大客言儀亦有禮。言禮，據其始爲本；言儀，據威儀爲先。云「以親諸侯」者，易云「先王以建萬國，親諸侯」，則朝聘往來是也。

注「大賓」至「孤卿」　言「要服以內諸侯」者，對要服已外爲小賓，下文云「九州之外，謂之蕃國，世壹見」是也。云「大客，謂其孤卿」者，謂還是大賓下孤卿，對小行人所云「小客則受幣聽其辭」者爲小客。言孤卿者，據大國得立孤一人，孤來聘；侯伯已下無孤，使卿來聘。不言大夫士者，殷聘使卿，時聘使大夫，士雖不得特聘，爲介來，亦入客中。故下云「諸侯之卿，其禮各下其君二等，大夫士亦如之」。是皆得爲客。但據大聘略據尊者而言也。此大賓大客尊卑異，[一]故言「及」以殊之。此賓客相對則別，散文則通。是以大司徒云「大賓客，則令野脩道委積」，賓亦名客；小司徒云「小賓客，令野脩道委積」，則客亦名賓，是賓客通也。

春朝諸侯而圖天下之事，秋覲以比邦國之功，夏宗以陳天下之謨，冬遇以協諸侯之慮。時會以發四方之禁，殷同以施天下之政，此六事者，以王見諸侯爲文。圖、比、陳、協，皆考績之言。王者春見諸侯則圖其事之可否，[二]秋見諸侯則比其功之高下，夏見諸侯則陳其謀之是非，冬見諸侯則合其慮之異同。六服以其朝歲，四時分來，更迭如此而徧。時會即時見也。無常期。諸侯有不順服者，[三]王將有征討之事，則既朝，王命爲壇於國外，合諸侯而發禁命事焉。禁，謂九伐之法。殷同即殷見也。王十二歲一巡守，若不巡守則殷同。殷同者，六服盡朝，既朝，王亦命爲壇於國外，合諸侯而命其政。政謂邦國之九法。殷同，四方四時分來，歲終則徧矣。九伐九法皆在司馬職。司馬法曰：「春以禮朝諸侯，圖同事；夏以禮宗諸侯，陳同謀；秋以禮覲諸侯，比同功；冬以禮遇諸侯，圖同慮；時以禮會諸侯，施同政；殷以禮宗諸侯，發同禁。」○春朝，直遥反，後皆同。以比，毗志反，注同。春見，徐賢遍反，戚如字，夏秋冬放此。更，音庚。迭，直結反。而徧，音遍，下文注皆同。時見，賢遍反，下殷見同。九伐，如字，劉扶發反。

「春朝」至「之政」　此六者，諸侯朝覲天子，春秋冬夏、時會殷同，各自相對爲文。春秋冬夏雖相對爲文，及其受之處所，則春夏爲陽，秋冬爲陰，以類同處。是以鄭注曲禮云「春夏受摯於朝，受享於廟，生氣，文也，故兩處受之；秋冬一受之於廟，殺氣，質也」，故一處受之。至於時會、殷同，自在國外，爲壇受之耳。

注「此六」至「同禁」　云「此六事者，以王見諸侯爲文」者，此六事者，有考績之事，故王下見諸侯爲文。大宗伯無事相見，故以諸侯見王爲文，故言「春見曰朝，夏見曰宗」之等也。云「圖、比、陳、協皆考績之言」者，事功謨慮禁政，是考校功績之語，故知是考績之言也。云「春見諸侯則圖其事之可否」者，以其事由春始，故圖事也。云「秋見諸侯則比其功之高下」者，秋時物成，故校比其功之高下，以行賞罰也。云「夏見諸侯陳其謀之是非」者，夏物盛大，形體皆異，可分別，故陳天下諸侯謀之是非。云「冬見諸侯則合其慮之異同」者，冬物伏藏，故合其慮之異同也。此四者皆因四時而爲名也。云「六服以其朝歲，四時分來，更迭如此而徧」者，云六服以其朝歲者，以下文依服數來朝，則有不朝之歲，故云以其朝歲也；四時分來更迭而徧者，假令侯服年年朝，春東方來，夏南方來，秋西方來，冬北方來；甸服二歲一見，亦春東、夏南、秋西、冬北；男服三歲一見，當朝之歲亦然；采服、衛服、要服皆然。四方四分，更互遞代來而徧。云「時會即時見也」者，大宗伯云「時見」，故云即時見也。云「無常期，諸侯有不順服者，王將有征討之事，則既朝，王命爲壇於國外，合諸侯而發禁命事焉」者，無常期者，假令一方諸侯，或一國或五國謀叛不順，王命餘諸侯並來，并兵衆而至，一則自明服，二則助王討之。云既朝者，諸侯有不當朝歲者，則就國外壇朝而已，是以司儀與覲禮有壇朝之法，若諸侯來者，次當朝之歲者，則於國內依常朝之法，既朝乃向外就壇，行盟載之禮也，故云既朝。既朝，當朝歲之諸侯也。云王命爲壇於國外，合諸侯而發禁命事焉者，司儀所云者是也。云「禁，謂九伐之法」者，大司馬所云九伐是也。云「殷同即殷見也」者，大宗伯云「殷見曰同」，故云即殷見也。云「王十二歲一巡守，若不巡守則殷同。殷同者，六服盡朝」者，鄭必知王不巡守即行殷同者，下文云「十有二歲，王巡守殷國」，殷國與巡守連文，明同是十二歲。君王巡守，何須殷同，明不巡守，乃殷同也。云「既朝，王亦命爲壇於國外，合諸侯而命其政」者，此時六服盡朝於壇，而云既朝者，是當朝歲者，在國朝，既朝乃更於壇朝，如時會然。若然，十二年唯衛服非朝之歲，則既朝者，侯、甸、男、采、要皆是也。云「殷同，四方四時分來，歲終則偏矣」者，春東方六服盡來，夏南方六服盡來，秋西方六服盡來，冬北方六服盡來，是歲終則偏矣。云「九伐九法皆在司馬職」者，案大司馬云「掌建邦之九法，以佐王平邦國，制畿封國，以正邦國」之等是也。九伐者，彼又云「以九伐之法正邦國，馮弱犯寡則眚之」之等是也。「司馬法曰」以下，彼四時春云事，夏云謀，秋云功，冬云慮，與此同，唯時會言施同政，殷同言發同禁」，二者與此不同者，欲見二者更互而有，故不同也。

時聘以結諸侯之好，殷覜以除邦國之慝，此二事者，亦以王見諸侯之臣使來者爲文也。時聘者，亦無常期，天子有事，諸侯使大夫來聘，親以禮見之，〔四〕禮而遣之，所以結其恩好也。天子無事則已。殷覜，謂一服朝之歲也。慝猶惡也。一服朝之歲，五服諸侯皆使卿以聘禮來覜天子，天子以禮見之，命以政禁之事，所以除其惡行。○之好，呼報反，注同。殷覜，通弔反。之慝，吐得反。使來，色吏反。惡行，下孟反。

注「此二」至「惡行」　云「此二事者」，言「亦」，亦上諸侯也。是「亦以王見諸侯之臣使來者爲文」。此亦對宗伯。

彼無考績之事，直相見，故云「時聘曰問，殷覜曰視」，以見王爲文。此有好慝之事，故以王下見爲文。云「時聘者，亦無常期」者，亦諸侯云時會也。云「天子有事，諸侯使大夫來聘，親以禮見之，禮而遣之，所以結恩好也」者，此謂時會之年，當方有諸侯不順服，當方諸侯來，餘方無諸侯不順之事，身不來，即大夫來聘天子，亦有兵至，助王討逆。云「天子無事則已」者，此聘來爲有事，〔五〕若王無事，則不來也。「殷覜謂一服朝之歲也」者，案宗伯注云：「一服朝，在元年、七年、十一年。」以其朝者少，聘者多，故亦得稱殷，殷、衆也。知亦「命以政禁之事」者，以其言除邦國之慝，大司馬九法九伐，平正邦國，所以除惡。既言除慝，明亦命以政禁者也。

間問以諭諸侯之志，歸脤以交諸侯之福，賀慶以贊諸侯之喜，致禬以補諸侯之裁。此四者，王使臣於諸侯之禮也。間問者，間歲一問諸侯，謂存省之屬。諭諸侯之志者，諭言語、諭書名其類也。交，或往或來者也。贊，助也。致禬，凶禮之弔禮禬禮也。補諸侯裁者，若春秋「澶淵之會，謀歸宋財」。○間問，間廁之間，注同。歸脤，上忍反。致禬，音會。澶淵，市然反。

「間問」至「之裁」　此經天子於諸侯之法，即下文云「王之所以撫邦國」已下是也。此云「之」者，以上二經已言諸侯見王之法，故先略言王施恩於諸侯之禮。

注「此四」至「宋財」　云「此四者，王使臣於諸侯之禮也」者，對上是諸侯及臣見王之禮，故云此以對彼。「間問者，間歲一問諸侯，謂存省之屬」者，案下文云「歲徧存，三歲徧覜，五歲徧省，七歲屬象胥，九歲屬瞽史，十有一歲達瑞節」，並是間歲之事，故鄭云之屬以包之。云「諭諸侯之志者，諭言語、諭書名其類也」者，彼仍有協辭命之等，故云其類也。云「交，或往或來者也」者，欲見臣有祭祀之事，亦得歸胙於王，故玉藻云「臣致膳於君，有葷桃茢」，亦歸胙於王也。案宗伯云，脤膰，本施同姓，尊二代之後亦得之。故僖二十四年，「宋成公如楚，還入鄭，鄭伯將享之，問禮於皇武子。對曰：『宋，先代之後也，於周爲客，天子有事膰焉，有喪拜焉。』」僖九年「王使宰孔賜齊侯胙，曰：『天子有事于文武，使孔賜伯舅胙。』」注云「周禮脤膰之禮，親兄弟之國，不以賜異姓。尊齊侯，客之若先代之後」，是其事也。此言脤，不言膰，文不具。云「致禬，凶禮之弔禮禬禮也」者，案宗伯云：「以禬禮哀國敗」，〔六〕此災亦云禬者，同是會合財貨，故災亦稱禬也。云「澶淵之會，謀歸宋財」者，此事見襄公三十一年左氏傳，彼以宋遭災，諸侯大夫謀歸宋財補不足，故取爲證補災之事也。案宗伯「賀慶之禮親異姓之國」，此云「諸侯」者，欲見庶姓諸侯有恩亦施及之故也。案宗伯，嘉禮有六，此唯施二者，但此二者可施與諸侯，其餘飲食、冠婚、饗燕，直制法行之，非歸與之禮，故不言也。若然，彼宗伯凶禮有五，此唯言弔禮，餘四者不言者，行人唯主弔法，餘禮蓋自有人主之，故此不言也。隱元年「宰咺來歸惠公仲子之賵」，服氏云：「咺，天子宰夫。」是宰夫主賻賵之事，是其別主之類也。

以九儀辨諸侯之命，等諸臣之爵；以同邦國之禮，而待其賓客。九儀，謂命者五，公、侯、伯、子、男也。爵者四，孤、卿、大夫、士也。

「以九」至「賓客」　此經與下爲目，下文有五等諸侯，次有孤執皮帛，次諸侯之卿，下其君二等，次有大夫士亦如之，是列五等四命等爵，故鄭云「命者五，公侯伯子男也，爵者四，孤卿大夫士也」。

上公之禮，執桓圭九寸，繅藉九寸，冕服九章，建常九斿，樊纓九就，貳車九乘，介九人，禮九牢，其朝位賓主之間九十步，立當車軹，擯者五人，廟中將幣三享，王禮再祼而酢，饗禮九獻，食禮九舉，出入五積，三問三勞。諸侯之禮，執信圭七寸，繅藉七寸，冕服七章，建常七斿，樊纓七就，貳車七乘，介七人，禮七牢，朝位賓主之間七十步，立當前疾，〔七〕擯者四人，廟中將幣三享，王禮壹祼而酢，饗禮七獻，食禮七舉，出入四積，再問再勞。諸伯執躬圭，其他皆如諸侯之禮。諸子執穀璧五寸，繅藉五寸，冕服五章，建常五斿，樊纓五就，貳車五乘，介五人，禮五牢，朝位賓主之間五十步，立當車衡，擯者三人，廟中將幣三享，王禮壹祼不酢，饗禮五獻，食禮五舉，出入三積，壹問壹勞。諸男執蒲璧，其他皆如諸子之禮。繅藉，以五采韋衣板，若奠玉，則以藉之。冕服，著冕所服之衣也。九章者，自山龍以下。七章者，自華蟲以下。五章者，自宗彝以下也。常，旌旗也。〔八〕斿，其屬幓垂者也。樊纓，馬飾也，以罽飾之，每一處五采備爲一就。就，成也。貳，副也。介，輔已行禮者也。禮，大禮饔餼也。三牲備爲一牢。朝位，謂大門外賓下車及王車出迎所立處也。王始立大門内，交擯三辭乃乘車而迎之，齊僕爲之節。上公立當軹，侯伯立當疾，子男立當衡，王立當軫與？廟，受命祖之廟也。饗，設盛禮以飲賓也。問，問不恙也。勞，謂苦倦之也。皆有禮，以幣致之。故書祼作果。鄭司農云：「車軹，軓也。〔九〕三享，三獻也。祼讀爲灌。再灌，再飲公也。而酢，報飲王也。舉，舉樂也。出入五積，謂餼之芻米也。前疾，謂駟馬車轅前胡下垂柱地者。」玄謂三享皆束帛加璧，庭實惟國所有。朝士儀曰：「奉國地所出物而獻之，〔一〇〕明臣職也。」朝先享，不言朝者，朝正禮，不嫌有等也。王禮，王以鬱鬯禮賓也。鬱人職曰：「凡祭祀賓客之祼事，和鬱鬯以實彝而陳之。」禮者使宗伯攝酌圭瓚而祼，王既拜送爵，又攝酌璋瓚而祼，后又拜送爵，是謂再祼。再祼賓乃酢王也。禮侯伯一祼而酢者，祼賓，賓酢王而已，后不祼也。禮子男一祼不酢者，祼賓而已，不酢王也。不酢之禮，聘禮禮賓是與。九舉，舉牲體九飯也。出入，謂從來訖去也。每積有牢禮米禾芻薪，凡數不同者，皆降殺。○繅，音藻。藉，在夜反，下及注同。九斿，音留，下同。樊纓，畔干反，下同。九乘，繩證反，下同。介九，音界，下及注同。車軹，之氏反，或居氏反。擯者，必忍反，後皆同。再祼，古亂反。而酢，才洛反。食禮，音嗣，下及注皆同。五積，子賜反，後皆同。三勞，老報反，下及注并小行人、司儀職放此。信圭，音申，後信圭同。衣版，於既反。著冕，丁略反。屬其，章玉反。幓，音衫。以罽，居例反。齊僕，側皆反。當軫與，音餘，下是與、步與皆同。以飲，於鴆反，下同。不恙，羊尚反。餽之，本又作饋，求位反，徐紀畏反。柱地，張矩反。九飯，扶晚反。降殺，色界反。

「上公」至「之禮」　此一經，摠列五等諸侯來朝天子，天子以禮迎待之法。云「上公之禮」至「三問三勞」，偏論上公之禮。但上公之禮一句，摠與下爲目。「執桓圭九寸，繅藉九寸」，此主行朝禮，於朝所執，其服則皮弁。若行三享，則執璧琮。自「冕服九章」已下至「將幣三享」，見行三享已前之事。自「王禮」已下至「三勞」，見王禮上公之禮。〔一二〕云「執桓圭九寸」者，以桓楹爲飾。「繅藉九寸」者，所以藉玉。「冕服九章」者，衮龍已下，衣五章，裳四章。「建常九斿」者，但對文，日月爲常，交龍爲旂，而云「常」者，常，摠稱，故號旂爲常也。「樊纓九就」者，樊，馬腹帶。纓，馬鞅以五采罽飾之而九成。「貳車九乘」者，案覲禮記云「偏駕不入王門」。鄭云：「在傍與已同曰偏，同姓金路，異姓象路，四衛革路，蕃國木路。」此等不入王門，舍於館，乘墨車龍旂以朝。彼據覲禮。覲禮天子不下堂而見諸侯，故諸侯不得申偏駕。今此春夏受贄在朝，無迎法，亦應偏駕不來。〔一三〕今行朝後，行三享在廟，天子親迎，並申上服，明乘金路之等。若不申上車，何得有樊纓九就之等，以此知皆乘所得之車也。但貳車所飾無文，未知諸侯貳車得與上車同否。但數依命，九乘、七乘、五乘。「介九人」者，陳於大門外，賓北面時，介皆西北陳之也。「禮九牢」者，此謂饔餼大禮，朝享後，乃陳於館，以數有九，故進之與介同在上。「其朝位，賓主之間九十步」者，上公去門九十步，王未迎之時，在大門内，與賓相去之數也。「立當車軹」者，軹，謂轂末。車轅北向，在西邊，亦去大門九十步。公於車東，東西相望，當轂末。「擯者五人」者，大宗伯爲上擯，小行人爲承擯，嗇夫爲末擯，其餘二人是士。「廟中將幣三享」者，此謂行朝禮在朝訖，乃行三享在廟，乃有此迎賓之法也。「王禮」者，此與下爲目，則自此已下皆王禮耳。「再祼而酢」者，大宗伯代王祼賓，君不酌臣故也。次宗伯又代后祼賓。祼訖，賓以玉爵酢王。是再祼而酢也。「饗禮九獻」者，謂後日王速賓，賓來就廟中行饗。饗者，亨大牢以飲賓，設几而不倚，爵盈而不飲。饗以訓恭儉。九獻者，王酌獻賓，賓酢主人，主人酬賓，酬後更八獻，是爲九獻。「食禮九舉」者，亦亨大牢以食賓，無酒，行食禮之時，九舉牲體而食畢。「出入五積」者，謂在路供賓，來去皆五積，視飧牽，但牽牲布之於道。「三問」者，案司儀，諸公相爲賓，云「主國五積三問，皆三辭，拜受，皆旅擯」。注云：「間闊則問，行道則勞，其禮皆使卿大夫致之。」若然，天子於諸侯之禮，亦當使卿大夫問之，亦有禮以致之，所行三處，亦當與三勞同處也。「三勞」者，案小行人，逆勞於畿。案覲禮云「至于郊，王使人皮弁用璧勞」。注云：「郊謂近郊。」其遠郊勞無文，但近郊與畿，大小行人勞，則遠郊勞，亦使大行人也。案書傳略説云：「天子太子年十八，授孟侯。孟侯者，四方諸侯來，迎於郊。」〔一三〕或可遠郊勞，使世子爲之，是以孝經注亦云「世子郊迎」。郊迎，即郊勞也。彼雖據夏法，周亦然。諸侯之禮者，餘文云「諸侯」者兼五等，而此諸侯，惟據單侯也。其禮皆降上公二等。又自擯者已下亦皆降殺。

注「繅藉」至「降殺」　云「繅藉，以五采韋衣版」者，案聘禮記云：「公侯伯三采，朱、白、倉。子男二采，朱、緑。」典瑞天子乃五采，此諸侯禮而言五采者，此注合三采二采而言五，非謂得有五采也。云「若奠玉，則以藉之」者，案覲禮「侯氏入門右，奠圭，再拜稽首」，此時奠玉則以藉之。若然，未奠之時，於廟門外，上介授時，已有繅藉矣。云「冕服，著冕所服之衣也」者，凡服皆以冠冕表衣，故言衣先言冕。鄭恐冕服是服此冕，故云著冕所服之衣也。云

「九章者，自山龍以下。七章者，自華蟲以下。五章者，自宗彝以下」，已具於司服。云「常，旌旗也」者，鄭欲見常與旌旗皆揔稱，非日月爲常者。云「斿，其屬幓垂者也」者，爾雅云「纁帛縿，練旒九」，正幅爲縿，謂旌旗之幅也，其下屬旒，故云屬縿垂者也。云「樊纓，馬飾也，以罽飾之，每一處五采備爲一就。就，成也」者，此云五采備，即巾車注五采罽，一也。此等諸侯皆用五采罽與繅藉異，以繅藉之上絢組，亦同五采也。云「三牲備爲一牢」者，聘禮致饔餼云「牛一、羊一、豕一爲一牢」，故知也。云「朝位，謂大門外賓下車及王車出迎所立處也」者，約聘禮，在大門外，去門有立位、陳介之所。云「王始立大門內」者，亦約聘禮。聘禮雖後亦不出迎，要陳擯介時，主君在大門內。云「交擯三辭乃乘車而迎之」者，王與諸侯行禮，與諸侯待諸侯同。案司儀云：「諸公相爲賓，及將幣，交擯三辭，車逆拜辱。」〔一四〕玄謂「既三辭，主君則乘車，出大門而迎賓」是也。必知天子待諸侯敵禮者，案下文，大國之孤，繼小國之君，不交擯，其他皆眡小國之君，則諸侯於天子交擯。交擯，是敵禮也。是以齊僕云「朝覲宗遇饗食，皆乘金路，其法儀，各以其等爲車送逆之節」，亦是敵禮，故鄭此即取之爲證也。言「王立當軫與」者，差約小向後爲尊，故疑云「與」也。云「廟，受命祖之廟也」者，此約覲禮。覲在文王廟，故覲禮云「前朝皆受舍于朝」，注云：「受舍，受次於文王廟門之外。」聘禮受朝聘於先君之祧，故知王受覲在受命祖廟，在文王廟，不在武王廟可知，是於受命祖廟也。云「饗，設盛禮以飲賓也」者，〔一五〕云盛禮者，以其饗有食有酒，兼燕與食，故云盛禮也。「問，問不恙也」者，恙，憂也，問賓得無憂也。云「皆有禮，以幣致之」者，案聘禮勞以幣，覲禮使人以璧，〔一六〕璧則兼幣，是有幣致之也。先鄭云「舉，舉樂也」者案襄二十六年左氏傳云：「將刑，爲之不舉，不舉，則徹樂。」後鄭易之以爲「舉牲體」者，但此經食禮九舉，與饗禮九獻相連，故以食禮九舉爲舉牲體。其實舉中可以兼樂，以其彼傳亦因舉食而言也。先鄭云「前疾，謂駟馬車轅前胡下垂拄地者」，謂若輈人「輈深四尺七寸，軾前曲中」是也。「玄謂三享皆束帛加璧庭實惟國所有」者，聘禮與覲禮，行享皆有庭實，鄭又引朝士儀，爲證貢國所有也。云「朝先享，不言朝者，朝正禮，不嫌有等也」者，案覲禮，行朝訖，乃行享。此經「冕服九章」以下，唯言享，不見朝禮，故鄭言之。云「朝正禮，不嫌有等」者，朝在路門外，〔一七〕正君臣尊卑之禮，不嫌有九十、七十、五十步之差等相迎之法，故云不嫌有等也。既無等，故不言之也。宗伯攝裸，王與后皆同拜送爵者，恭敬之事，不可使人代也。云「不酢之禮，聘禮禮賓是與」者，聘禮禮賓用醴。子男雖一裸不酢，與聘禮禮賓同。子男用鬱鬯，不用醴則別。約同之，故云「與」以疑之也。云「九舉，舉牲體九飯也」者，〔一八〕見特牲饋食禮，尸食舉，尸三飯，佐食舉幹，〔一九〕尸又三飯，舉骼及獸、魚，公食不云舉，文不具也。王日一舉，亦謂舉牲體，故知生人食有舉法，故爲「九舉，舉牲體」，不爲舉樂也。云「出入，從來訖去也」者，謂從來時有積，訖去亦有積，不謂從來訖去共五積，若然，來去皆五積也。知積皆有芻、薪、米、禾者，掌客積視飧牽，飧有米禾芻薪，明在道致積有可知。云「凡數不同者皆降殺」者，五等諸侯爲三等者，以依命數爲差故也。

凡大國之孤，執皮帛以繼小國之君。出入三積，不問，壹勞。朝位當車前。不交擯，廟中無相。以酒禮之。其他，皆眡小國之君。此以君命來聘者也。孤尊，既聘享，更自以其贄見，執束帛而已，〔二〇〕豹皮表之爲飾。繼小國之君，言次之也。朝聘之禮，每一國畢，乃前。不交擯者，不使介傳辭交于王之擯，親自對擯者也。廟中無相，介皆入門西上而立，不前相禮者，聘之介是與？以酒禮之，酒謂齊酒也，和之不用鬱鬯耳。其他，謂貳車及介、牢禮、賓主之間、擯者、將幣、裸酢、饗食之數。○無相，息亮反，注同，李息丈反。其摯，本又作贄，音至。見，賢遍反，下文壹見、而見之、朝見皆同。傳辭，直專反。齊酒，才計反。

「凡大」至「之君」　案典命，上公之國，立孤一人，侯伯已下則無，故云「大國之孤」也。趙商問：「大行人職曰『凡大國之孤執皮帛』，所尊衆多，下云『其他眡小國之君』，小國之君，以五爲節，〔二一〕今此亦五。下云『諸侯之卿各下其君二等以下』，注云：『公使卿亦七，侯伯亦五，子男三。』不審大國孤五而卿七何？」答曰：「卿奉君命，七介。孤尊，更自特見，故五介。此有聘禮可參之，未之思邪？反怪此更張擯介。又繼小國之君，非私覿也。」然則諸侯之大夫，以時接見天子，服緦衰於天子，或可有私覿，結其恩好，但無文耳。趙商又問：「大行人職曰：『孤出入三積。』此即與小國同，宜應視小國之君，〔三二〕何須特云三積，與例似錯。」答曰：「三積者，卿亦然，非獨孤也。故不在視小國之中。與例似錯，何所據也？」然則一勞者，亦是卿亦然，故須見之。若然，牢禮卿亦五，視小國君五牢同，其餘則異。案聘禮，腥牢無鮮腊，醯醢百甕，米百筥，禾四十車，薪芻倍禾。案掌客，饔餼五牢，米八十筥，醯醢八十甕，米二十車，禾三十車，薪芻倍禾。有此別，故在視小國之君中。然則孤聘天子，既以聘使受禮，又自得禮如是，孤法再重受禮矣也。

注「此以」至「之數」云「此以君命來聘者也」者，畿外之臣，不因聘，何以輒來？故知因君命來聘者也。知「孤尊，既聘享，更自以其贄見，執束帛而已」者，若行正聘，則執瑑圭璋八寸以行聘，何得執皮帛也？但侯伯已下臣來，直行公使執圭璋，無此更見法；以大國孤四命，尊，故天子別見之也。案宗伯云「孤執皮帛」，故云自以其贄見，執皮帛而已。云「豹皮表之爲飾」者，宗伯注云「天子之孤，飾摯以虎皮。公之孤飾摯以豹皮」也。云「繼小國之君，言次之也」者，謂行禮次在小國君之後。云「不使介傳辭交於王之擯」者，則諸侯行交擯者，使介傳於王擯，傳而下，又傳而上是也。云「親自對擯者也」者，則聘禮賓來在末介下，東面，上擯亦至末擯下，親相與言者是也。云「廟中無相，介皆入門西上而立，不前相禮者，聘之介是與」者，案聘禮，賓行聘之時，「擯者納賓，賓入門左，介皆入門左，北面西上」。注云：「隨賓入也，介無事，止於此。」是介入廟門西上不相者也。云是與者，彼諸侯法，約同天子禮，故云與以疑之也。云「以酒禮之，酒謂齊酒也」者，案聘禮，禮賓用醴齊，明此亦用醴齊。對文，三酒五齊別，通而言之，齊亦明酒，〔三三〕故云齊酒也。云「其他，謂貳車」至「之數」者，此其他中之數，一准上子男禮中，即孤之所用者也。若然，子男用鬯祼，孤用醴，今得入其他中者，祼，據小國君而言，以其孤用醴醴之，不酢，子男祼亦不酢，祼亦不酢同。故舉小國君祼而言，不謂孤用祼也。

凡諸侯之卿，其禮各下其君二等，以下及其大夫士皆如之。此亦以君命來聘者也。所下其君者，介與朝位、賓主之間也。其餘則自以其爵。聘義曰：「上公七介，侯伯五介，子男三介」，是謂使卿之聘之數也。朝位，則上公七十步，侯伯五十步，子男三十步與？○各下，户嫁反，注同。

注「此亦」至「步與」。云「各下其君二等」，則五等諸侯據上文三等命而言，上公以九，侯伯以七，子男以五。卿自各下其君二等，若公之卿以七，侯伯卿以五，子男卿以三也。云「及其大夫士皆如之」者，大夫又各自下卿二等。士無聘之介數，而言如之者，士雖無介與步數，至於牢禮之等，又降殺大夫。大行人首云「以九儀」，注云「九儀，謂命者五，爵者四」。爵者四中有士，故於此連言士。其於此經介與步數，則無士也。引聘義者，唯卿各下其君二等，仍不見大夫下卿二等。案聘禮云：「小聘使大夫，其禮如爲介，三介。」彼侯伯之大夫三介，則亦三十步。若上公大夫五介，五十步，子男大夫一介，一十步可知。鄭不言者，舉卿則大夫見矣，故不言之也。

邦畿方千里，其外方五百里謂之侯服，歲壹見，其貢祀物。又其外方五百里謂之甸服，二歲壹見，其貢嬪物。又其外方五百里謂之男服，三歲壹見，其貢器物。又其外方五百里謂之采服，四歲壹見，其貢服物。又其外方五百里謂之衛服，五歲壹見，其貢材物。又其外方五百里謂之要服，六歲壹見，其貢貨物。要服，蠻服也。此六服去王城三千五百里，相距方七千里，公侯伯子男封焉。其朝貢之歲，四方各四分趨四時而來，或朝春，或宗夏，或覲秋，或遇冬。祀貢者，犧牲之屬。故書嬪作頻。鄭司農云：「嬪物，婦人所爲物也。爾雅曰：『嬪，婦也。』」玄謂嬪物，絲枲也。器物，尊彝之屬。服物，玄纁絺纊也。材物，八材也。貨物，龜貝也。○嬪物，婢人反。絺，勑之反，劉豬履反。纊，音曠，徐、劉古曠反。

「邦畿」至「貨物」　此一經，見九州諸侯依服數來朝天子，因朝即有貢物。此因朝而貢，與大宰「九貢」及下小行人「春入貢」者別。彼二者是歲之常貢也。

注「要服」至「具也」　云「要服，蠻服也」者，職方云「蠻服」，要、蠻義一也。鄭計「七千里」者，欲見土廣萬里，中國七千里爲九州，有此貢法。下云「九州之外謂之蕃國」，「以其所貴寶爲摯」，無此貢法也。云「公侯伯子男封焉」者，對彼蕃國唯有子男，無五等也。案馬氏之義，六服當面各四分之，假令侯服四分之，東方朝春，南方宗夏，西方覲秋，北方遇冬。南方侯服亦然，西方、北方皆然，甸服已外皆然。是以韓侯是北方諸侯，而言入覲，以其在北方當方分之在西畔，故云覲。鄭答志云：「朝覲四時通稱，故覲禮亦云朝。」若然，鄭不與馬同。觀此注似用馬氏之義者，鄭既不與馬同，今所解云「四方各四分」者，謂四方諸侯六服，服各四分，趨四時而來。或朝春，據王城東方。或宗夏，據王城南方。或覲秋，據王城西方。或遇冬，據王城北方。大宰「四曰幣貢」，此中無幣貢者，因朝而貢，三享中已有幣，故不別貢幣也。大宰歲歲常貢，此依服數來朝，因朝而貢，數既有異，時又不同，故彼此物數不類也。玄謂「器物，尊彝之屬」者，案大宰云「器貢」，先鄭以爲宗廟之器，後鄭易之，以爲器貢銀鐵、石磬、丹漆，不從先鄭。此云器物，後鄭以爲尊彝之屬，與彼先鄭同者，彼是歲之常貢，不合有成器，故破之。此乃因朝而貢，得貢成器，故爲尊彝解之。知因朝得貢成器者，見昭十五年六月，大子壽卒。秋八月，穆后崩。十二月，晉荀躒如周，葬穆后，籍談爲介。以文伯宴，尊以魯壺，王責之分器。籍談歸，以告叔向。叔向曰：「王其不終乎！王一歲而有三年之喪二焉，於是乎以喪賓宴，又求彝器。」以此知因朝得貢成器。云「材物，八材也」者，據大宰云「飭化八材」也。云「貨物，龜貝也」者，貨是自然之物，故知龜貝謂若禹貢揚州納錫、大龜，厥篚、織貝。此注所貢絲枲，若青州鹽絺、岱畎絲枲，荆州厥篚玄纁之類。

九州之外謂之蕃國，世壹見，各以其所貴寶爲摯。九州之外，夷服、鎮服、蕃服也。曲禮曰：「其在東夷、北狄、西戎、南蠻，雖大曰子。」春秋傳曰：「杞，伯也，以夷禮，故曰子。」然則九州之外，其君皆子男也。無朝貢之歲，父死子立，[二四]及嗣王即位，乃一來耳。各以其所貴寶爲摯，則蕃國之君無執玉瑞者，是以謂其君爲小賓，臣爲小客。所貴寶見傳者，若犬戎獻白狼、白鹿是也。其餘則周書王會備焉。○見傳，上賢遍反，下直戀反，一音上如字，下直專反。

注「九州」至「備焉」　云「九州之外，夷服、鎮服、蕃服也」者，此經揔而言之，皆曰蕃，分爲三服，據職方而言也。云「曲禮曰：『在東夷、北狄、西戎、南蠻，雖大曰子』」，並引春秋者，欲見蕃國之內，唯有子男，無五等也。案僖二十七年，「杞桓公來朝，用夷禮，故曰子」。用夷禮猶曰子，況本在彼者也。案書序「武王既勝殷，巢伯來朝」，注云：「巢伯，南方之國，世一見者。夷狄得稱伯者，彼殷之諸侯，與周異也。」云「父死子立，及嗣王即位，乃一來耳」者，此經世中含二，父死子立，須得受王命，故須來；新王即位亦須來。故明堂位周公朝諸侯于明堂，四夷皆在四門之外。周公攝位，與新王同，況成王新即位也。云「各以其所貴寶爲摯，則蕃國之君無執玉瑞者」，既以貴寶爲摯，何得有別摯乎？是以禹會諸侯，執玉帛者萬國，唯謂中國耳。九州爲大賓大客，夷狄爲小賓小客。案周語，穆王初伐犬戎，祭公謀父諫，不聽，遂往征之，得四白鹿以歸。引之者，見是夷狄貴寶，此穆王征之而得，非自來者，亦以此爲贄也。云「周書王會備焉」者，王會，是書之篇名，謂王會諸侯，因有獻物多矣，故云備也。

王之所以撫邦國諸侯者，歲徧存，三歲徧覜，五歲徧省；七歲屬象胥，諭言語，協辭命；九歲屬瞽史，諭書名，聽聲音；十有一歲達瑞節，同度量，成牢禮，同數器，脩灋則；十有二歲王巡守殷國。撫猶安也。存、覜、省者，王使臣於諸侯之禮，所謂間問也。歲者，巡守之明歲以爲始也。屬猶聚也。自五歲之後，遂間歲徧省也。七歲省而召其象胥，九歲省而召其瞽史，皆聚於天子之宮，教習之也。故書「協辭命」作「叶詞命」。〔二五〕鄭司農云：「象胥，譯官也。叶當爲汁，〔二六〕詞當爲辭，書或爲叶辭命。」〔二七〕玄謂胥讀爲諝。王制曰：「五方之民，言語不通，耆慾不同，達其志，通其慾。東方曰寄，南方曰象，西方曰狄鞮，北方曰譯。」此官正爲象者，周始有越重譯而來獻，是因通言語之官爲象胥。〔二八〕云謂謂象之有才知者也。〔二九〕辭命，六辭之命也。瞽，樂師也。史，大史、小史也。書名，書之字也，〔三〇〕古曰名，聘禮曰「百名以上」。〔三一〕至十一歲又徧省焉。度，丈尺也。量，豆區釜也。〔三二〕數器，銓衡也。法，八法也。則，八則也。達、同、成、脩，皆謂齊其法式，行至則齊等之也。成，平也，平其僭踰者也。王巡守，諸侯會者各以其時之方，書曰「遂覲東后」是也。其殷國，則四方四時分來如平時。○屬象，徐、劉皆章東反，下及注同。作叶，音協。詞，音辭。譯官，音亦。爲汁，之十反，叶也，又音協。爲諝，思敘反。耆慾，市志反，下音欲，本多作欲。狄鞮，丁兮反。重譯，直龍反。才知，音智。以上，時掌反。齊其，子兮反。

「王之」至「殷國」　此經並是王撫諸侯之事，對上經皆是諸侯上撫王室之事。

注「撫猶」至「平時」　云「存、覜、省者，王使臣於諸侯之禮」者，亦對上諸侯朝王之禮也。云「所謂間問也」者，即上文云「間問以諭諸侯之志」者也。知歲謂從巡守之明歲爲始者，以其巡守已就撫諸侯訖，明以後年爲始也。云「屬猶聚也」者，州長職云「正月之吉，各屬其州之民而讀法」，故知屬爲聚也。云「自五歲之後，遂間歲徧省也」者，但經一歲與三歲、五歲云存、覜、省，至七歲、九歲、十一歲不云省。不言者，以五歲已言省，義可知，故直見其事意也，是以鄭皆連省而言也。云「皆聚於天子之宮，教習之也」者，既言屬，明聚於天子之宮，若不聚于天子之宮，焉得諭言語、諭書名、聽音聲之等乎？明是皆聚于天子宮教習之也。玄謂「胥」讀爲「諝」者，欲取諝爲有才智之意也。引王制曰「五方之民」者，謂四方與中國「言語不通，嗜慾不同，達其志，通其慾」，故云「東方曰寄」已下，疏已具於序官。云「辭命，六辭之命也」者，以辭命連言，明是大祝六辭之教命也。云「瞽，樂師也。史，大史、小史也」者，樂師與大史、小史，並是知天道者，故國語云：「吾非瞽史，焉知天道。」鄭上注瞽即大師是也。云「書名，書之字也，古曰名」，引聘禮記者，證古曰名，今世曰字。云「度，丈尺也」者，案律歷志「以子穀秬黍中者，一黍爲一分，九十黍，黄鍾之長。十分爲寸，十寸爲尺，十尺爲丈，十丈爲引。千二百黍爲龠，十龠爲合，〔三三〕十合爲升，十升爲斗，十斗爲斛」，又云「百黍爲銖，二十四銖爲兩。十六兩爲斤。三十斤爲鈞。四鈞爲石」，此直云丈尺，略言之也。云「量，豆區釜也」者，據左氏傳晏子云：「齊舊四量，豆、區、釜、鍾。四升爲豆，各自其四，以登于釜，釜十則鍾。」鍾爲六斛四斗。云「數器，銓衡也」者，即銖兩之等是也。云「法，八法也。則，八則也」者，據大宰云八法治宮府，八則治都鄙。諸侯國有都鄙官府，以此法則治之，故須脩之。云「達、同、成、脩，皆謂齎其法式」者，〔三四〕經瑞節、度量、牢禮、數器，下至法則等八者，皆天子法式之等，當豫脩治，使輕重大小方圓皆正，然後將以齊諸侯器物，故云「行至則齊等之」。云「平其僭踰者也」者，若牢禮云侯伯子男卿大夫士，依上文及掌客，多少皆有常，不得僭上，故云平其僭踰也。云「王巡守，諸侯會者各以其時之方」者，謂歲二月東方，五月南方之等。據春而言，故言書曰「遂覲東后」是也。並據虞書及王制而言，亦有同度量等事，故虞書云「脩五禮五玉」并「協時月正日」之等。云「殷國，則四方四時分來如平時」者，謂分四方，各遂春夏秋冬如平時。〔三五〕若六服盡來，即與平時別也。

凡諸侯之王事，辨其位，正其等，協其禮，賓而見之。王事，以王之事來也。詩云：「莫敢不來王。」孟子曰：「諸侯有王。」〔三六〕○賓而，劉云「應言擯」，小行人職同。

「凡諸」至「見之」 「王事」，謂諸侯朝王之事。「辨其位」，謂九十、七十、五十步之位。「正其等」，謂尊卑之等，謂冕服、旌旗、貳車之類，皆有等級。「協其禮」，謂牢禮饗燕積膳之禮，以此禮等賓，敬而見之也。

注「王事」至「有王」 引詩、孟子皆謂王是朝王之事也。

若有大喪，則詔相諸侯之禮。詔相，左右教告之也。○詔相，息亮反，注同。

注「詔相」至「之也」 「大喪」言若，見有非常之禍，諸侯爲天子斬，其□哭位，〔三七〕周旋、擗踊、進退，皆有禮法。「左右」，助也，須有助而告教之也。

若有四方之大事，則受其幣，聽其辭。四方之大事，謂國有兵寇諸侯來告急者。禮動不虛，皆有贄幣，以崇敬也。受之，以其事入告王也。聘禮曰：「若有言，則以束帛如享禮。」

注「四方」至「享禮」 云「四方之大事，謂國有兵寇」者，除兵寇之外，諸侯當國自爲大事者，非天子之急，不即告王，故知唯兵寇耳。引聘禮者，彼雖是諸侯自相告，告天子亦然，故引爲證也。彼注云「春秋臧孫辰告糴于齊，公子遂如楚乞師，晉侯使韓穿來言汶陽之田，皆是也。」

凡諸侯之邦交，歲相問也，殷相聘也，世相朝也。小聘曰問。殷，中也。久無事，又於殷朝者及而相聘也。〔三八〕父死子立曰世。

凡君即位，大國朝焉，小國聘焉。此皆所以習禮考義、正刑一德，以尊天子也，必擇有道之國而就脩之。鄭司農説殷聘以春秋傳曰「孟僖子如齊殷聘，禮也」。

注「小聘」至「禮也」　言「諸侯邦交」，謂同方嶽者一往一來爲交，謂已是小國朝大國，已是大國聘小國。若敵國則兩君自相往來。故司儀有諸公諸侯，皆言相爲賓是也。但春秋之世，有越方岳相聘者，是以秦使術來聘，吴使札來聘，時國數少，故然，非正法也。云「小聘曰問」者，聘禮文，故彼云「小聘曰問，不享」是也。大聘使卿，小聘使大夫也。云「殷，中也，久無事，又於殷朝者及而相聘也」者，聘義、王制皆云「三年一大聘」，此不言三年，而云殷者，欲見中間久無事，及殷朝者來及，亦相聘，故云殷，不云三年也。若然，聘義與王制皆云「比年一小聘」，此云「歲相問」，不云比年者，取歲歲之義也。「世相朝」者，謂父死子立曰世，是繼世之義也。云「凡君即位，大國朝焉，小國聘焉」者，左氏傳文，案文元年，公孫敖如齊，傳曰：「凡君即位，卿出並聘。」謂已卿往聘他，他卿來聘已，是揔語也。云大國朝焉，已是小國，已往朝大國。小國聘焉者，已是大國，使聘小國。云「此皆所以習禮考義、正刑一德，以尊天子也」者，禮記文。云「必擇有道之國而就脩之」者，謂差擇有道之國，亦先從近始，故云「親仁善鄰，國之寶也」是也。〔三九〕先鄭「説殷聘以春秋傳」者，案左氏昭公九年傳曰「孟僖子如齊殷聘，禮也」。案服彼注云：「殷，中也。自襄二十年，叔老聘於齊，至今積二十一年。〔四〇〕聘齊，故中復盛聘。」與此中年數不相當。引之者，年雖差遠，用禮則同，故引爲證也。

小行人，掌邦國賓客之禮籍，以待四方之使者。禮籍，名位尊卑之書。使者，諸侯之臣使來者也。○之使，色吏反，注同，後使者、使適、使之四方、竹使、使臣皆同。

注「禮籍」至「者也」 大行人待諸侯身，小行人待諸侯之使者。其邦之禮籍，則諸侯及臣皆在焉。云「禮籍，名位尊卑之書者」，〔四一〕名位尊卑，以解禮也；之書，以解籍也。云「使者，諸侯之臣使來者也」者，即時聘殷覜是也。

令諸侯春入貢，秋獻功，王親受之，各以其國之籍禮之。貢，六服所貢也。功，考績之功也。秋獻之，若今計文書斷於九月，其舊法。

注「貢六」至「舊法」 此云「貢」，即大宰九貢，是歲之常貢也。必使春入者，其所貢之物，並諸侯之國出稅於民，民稅既得，乃大國貢半，次國三之一，小國四之一，皆市取美物，必經冬至春，乃可入王，以是令春入之也。「秋獻功」者，物皆秋成，諸侯亦法秋，故秋獻之。云「各以其國之籍禮之」者，即上所掌禮籍，尊卑多少不同。故云各以其籍也。云「六服所貢」，對九州外之三服無此貢也。

凡諸侯入王，則逆勞于畿。鄭司農云：「入王，朝於王也。故春秋傳曰『宋公不王』，又曰『諸侯有王，王有巡守』。」

注「鄭司」至「巡守」 隱九年，宋公不王，不宗覲于王。鄭伯爲王左卿士，以王命討之，伐宋也。莊二十三年，夏，公如齊觀社，非禮。曹劌諫曰：「不可。諸侯有王。」注云「有王，朝於王」。「王有巡守，非是君不舉矣」是也。

及郊勞、眡館、將幣，爲承而擯。眡館，致館也。〔四二〕承猶丞也。王使勞賓於郊，致館於賓，至將幣，使宗伯爲上擯，皆爲之丞而擯之。○眡館，音視。〔四三〕

「及郊」至「而擯」 此經三事，皆爲承而擯也。

注「眡館」至「擯之」 云「眡館，致館也」者，聘禮及下司儀皆云致館，故同之也。云眡者，使卿大夫往眡，觀其可否。云致者，致使有之。云「王使勞賓於郊」者，謂王使大行人勞於郊也。「至將幣」者，謂至廟將幣三享。云「使宗伯爲上擯」者，唯謂將幣時，大宗伯爲上擯，於郊勞及眡館二者，不使大宗伯爲上擯者，以其使者或大行人，官卑，何得使大宗伯爲擯也。當別遣餘官爲上擯，小行人爲承擯。而言宗伯爲上擯者，取宗伯成文，爲將幣而言也。

凡四方之使者，大客則擯，小客則受其幣而聽其辭。擯者，擯而見之王，使得親言也。受其幣者，受之以入告其所爲來之事。○所爲，于僞反。

「凡四」至「其辭」　云「凡四方之使者」，此文與下爲目，則於大小客而言也。大客則擯者，大客，則大行人云「大客之儀」，一也。彼鄭云：「大賓，要服以內諸侯。大客，謂其孤卿。」則此大客，爲要服以內諸侯之使臣也。小客，謂蕃國諸侯之使臣也。

注「擯者」至「之事」　云「擯者，擯而見之，王使得親言也」者，則時聘殷覜之時，行旅擯，入見王，王與使之親言也。云「受其幣者，受之以入告其所爲來之事」者，蕃國諸侯雖子男，皆是中國之人，鄭義，此皆在朝之卿大夫有過，放之於四夷爲諸侯，卿爲子，大夫爲男，是以世一見。來時，王親見之。蕃國之使臣，本是夷人，不能行禮，故直聽其辭而已。

使適四方，協九儀。賓客之禮，朝、覲、宗、遇、會、同，君之禮也；存、覜、省、聘、問，臣之禮也。適，之也。協，合也。

「使適」至「禮也」　自此已下至「之禮」，皆是小行人使適四方之事。此言「使適四方」，與下爲目，使適四方，向諸侯之國，所至之國，則合九等之儀。九儀，則上大行人「九儀」，命者五，爵者四是也。云「賓客之禮」者，賓據命者五，客據爵者四，此稱賓客之例，非通稱也。云「朝覲宗遇會同，君之禮也」者，此即諸侯之賓，故云君之禮也。云「存覜省聘問，臣之禮也」者，存覜省三者，天子使臣撫邦國之禮。聘問二者，是諸侯使臣行聘時聘殷覜問天子之禮。其禮已備於上，小行人略言之也。

達天下之六節：山國用虎節，土國用人節，澤國用龍節，皆以金爲之；道路用旌節，門關用符節，都鄙用管節，皆以竹爲之。此謂邦國之節也。達之者，使之四方，亦皆齊法式以齊等之也。諸侯使臣行覜聘，則以金節授之，以爲行道之信也。虎、人、龍者，自其國象也。道路，謂鄉遂大夫也。都鄙者，公之子弟及卿大夫之采地之吏也。凡邦國之民遠出至他邦，他邦之民若來入，由國門者，門人爲之節；由關者，關人爲之節。其以徵令及家徙，鄉遂大夫及采地吏爲之節。皆使人執節將之以達之，亦有期以反節。管節，如今之竹使符也。其有商者，通之以符節，如門關。門關者與市聯事，節可同也，亦所以異於畿内也。凡節，有天子法式，存於國。

「達天」至「爲之」 此經亦是適四方之事。言「達天下之六節」者，據諸侯國而言。掌節所云，據畿内也。虎節、人節、龍節三者，據諸侯使臣出聘所執。旌節、符節、管節三者，據在國所用。

注「此謂」至「於國」 云「此謂邦國之節也」者，對掌節所掌者，兼主王國之節也。云「達之者，使之四方，亦皆齊法式以齊等之也」者，亦如上大行人達瑞節之等，使齊法式往就齊之。云「諸侯使臣行覜聘，則以金節授之」者，知是使臣行所執者，見掌節云「凡邦國之使節，山國用虎節」，故知此亦使臣所執也。諸侯身行，不須節，以其尊著，故不須也。案掌節云「守邦國者用玉節」，注云：「謂諸侯於其國中，玉節之制，如王爲之，以命數爲大小。」此不達玉節者，文略耳，亦達可知。云「道路謂鄉遂大夫也」者，案掌節注變鄉遂言道路者，容公邑大夫及小都大都之吏。

今此旌節中，何知不亦容都鄙之吏，而以都鄙吏在管節中者，彼都鄙用角節，文在上，當直是都鄙之主。此都鄙用管節，最在下，明都鄙吏在其中。若然，邦國之中，都鄙主及吏同用管節矣。知公之子孫亦有采地者，見禮運云「諸侯有國以處其子孫」，故知亦如王之子弟，以親疏食采也。云「凡邦國之民遠出至他邦，他邦之民若來入，由國門者，門人爲之節；由關者，關人爲之節」者，司關云「掌國貨之節，以聯門市」，故知所由之處，皆得授之節也。云「其以徵令及家徒，鄉遂大夫及采地吏爲之節」者，以其皆主民，故授民節也。云「皆使人執節將之以達之」者，比長云：「邦之民徙於郊，則從而授之。」明皆將送使達前所也。云「管節，如今之竹使符也」者，漢文本紀文帝六年九月「初與郡國守相爲銅虎符、竹使符」。〔四四〕應劭曰「竹使符，皆以竹箭五枚，長五寸，鐫刻篆書，第一至第五」，是也。云「其有商者，通之以符節，如門關。門關者與市聯事，節可同也」者，掌節云「貨賄用璽節，門關用符節」，各別。司關既言「掌國貨之節以聯門市」，門市節既相聯，此中無貨賄用璽節，明同用符節可知，故爲此解也。云「亦所以異於畿内也」者，畿内，貨賄用璽節，門關用符節，畿外同用符節，是異也。云「凡節，有天子法式，存於國」者，雖無正文，以意量，王者皆頒度量於天下，其節瑞之等，皆是法式，故知國國皆有瑞節法式也。

成六瑞：王用瑱圭，〔四五〕公用桓圭，侯用信圭，伯用躬圭，子用穀璧，男用蒲璧。

成，平也。瑞，信也。皆朝見所執以爲信。○瑱圭，劉吐電反，案王執鎮圭，瑱宜作鎮音。

「成六」至「蒲璧」。此亦通四方。若然，諸侯國無鎮圭，因言之。六瑞，玉人所造。典瑞之令，小行人直平知得失而已。不言達六瑞者，諸侯受命已得之，不令別作法式以齊，故不言達也。

合六幣：圭以馬，璋以皮，璧以帛，琮以錦，琥以繡，璜以黼。此六物者，以和諸侯之好故。合，同也。六幣，所以享也。五等諸侯享天子用璧，享后用琮，其大各如其瑞，皆有庭實，以馬若皮。皮，虎豹皮也。用圭璋者，二王之後也。二王後尊，故享用圭璋而特之。禮器曰「圭璋特」，義亦通於此。其於諸侯，亦用璧琮耳。子男於諸侯，則享用琥璜，下其瑞也。凡二王後、諸侯相享之玉，大小各降其瑞一等。及使卿大夫覜聘，亦如之。○琮，才宗反。琥，音虎。璜，音黄。之好，呼報反。

「合六」至「好故」 此亦小行人至諸侯之國也。此六者之中，有圭以馬，璋以皮，二者本非幣，云「六幣」者，二者雖非幣帛，以用之當幣處，故惣號爲幣也。此六言合，以兩兩相配，配合之義，故言合也。

注「合同」至「如之」 云「合，同」者，配合即是和同故也。云「六幣，所以享也」者，對上文六者是朝時所用也。云「五等之諸侯享天子用璧，享后用琮，其大各如其瑞」，玉人云「璧琮九寸，諸侯以享天子」，注云：「享，獻也。聘禮，享君以璧，享夫人以琮。」引此者，欲明君用琮，故覲禮享天子云「束帛加璧」，是其施于天子也。不言享后，文不具。言九寸，據上公而言。明侯伯子男皆如瑞。知子男享天子亦用璧琮者，覲禮惣稱侯氏用璧，明五等同也。云「皆有庭實，以馬若皮」者，案覲禮「三享皆束帛加璧，庭實唯國所有，奉束帛，匹馬卓上，九馬隨之，中庭西上」，是其以馬也。聘禮「奉束帛加璧享，庭實皮則攝之」，是其用皮也。聘禮記曰：「皮馬相間可」是也。知「皮，虎豹皮也」者，郊特牲云「虎豹之皮，示服猛也」，是享時所用，故知也。「用圭璋者，二王之後也，二王後尊，故享用圭璋而特之」者，案玉人「璧琮九寸，諸侯以享天子」。言九寸，則上公之禮，上公用璧琮，則圭璋是二王後明矣。言而特之者，唯有皮馬，無束帛可加，故云特。如是，皮馬不上堂，陳於庭，則皮馬之外，別有庭實可知。「其於諸侯，亦用璧琮」，知者，見玉人職云「瑑琮八寸，諸侯以享夫人」，明享君用璧亦八寸，(四六)是下享天子一寸。如是，明二王後相享，不可同於天子用圭璋，則用璧琮可知。言是兩公自相朝，二王後稱公，是於諸侯還同二王後可知。引禮器者，彼圭璋者，據朝聘時所行，無束帛，可知是圭璋特之義也。〔四七〕云「亦通於此」者，據朝聘之圭特，〔四八〕亦通此享用圭璋，故云亦通於此也。云「子男於諸侯，享用琥璜，下其瑞也」者，覲禮，子男已入侯氏用璧琮中，則此琥璜不知何用。二王後自相享，退入璧琮，則子男自相享，退用琥璜可知。且子男朝時用璧，自相享降一等，故用琥璜。云「凡二王後、諸侯相享之玉，大小各降其瑞一等」者，玉人云：「瑑琮八寸，諸侯以享夫人。」禮更無用八寸之法，明是上公九寸，降一等至八寸。上公既降一寸，明侯伯子男各降一等可知。二王後相朝，敵，無用相尊之法，明亦降一寸，其子男者，〔四九〕雖退入琥璜，亦降一寸可知。若然，知五等諸侯自相朝，圭璋亦如其命數，其相享璧琮等，則降一寸。知者，玉人云：「瑑琮八寸，〔五〇〕諸侯以享夫人。」據上公身，〔五一〕不云圭璋朝所執者，明圭璋自朝天子所執。故聘禮云「所以朝天子，圭與繅皆九寸」，上公之玉也。「問諸侯，朱綠繅八寸」，〔五二〕注云：「於天子曰朝，於諸侯曰問，記之於聘文互相備。」以此上公爲然，侯伯子男可知也。云「及使卿大夫覜聘，亦如之」，直言覜聘亦如之，不分別享與聘，則聘享皆降一寸同，故玉人云：「瑑圭璋八寸，璧琮八寸以覜聘。」此據上公之臣，圭璋璧琮皆降一等，其餘侯伯子男降一寸明矣。其子男之臣享諸侯，不得過君，用琥璜可知。〔五三〕

若國札喪，則令賻補之；若國凶荒，則令賙委之；若國師役，則令槁襘之；〔五四〕若國有福事，則令慶賀之；若國有禍裁，則令哀弔之。凡此五物者，治其事故。故書賻作傅，槁爲稾。鄭司農云：「賻補之，謂賻喪家，補助其不足也。若今時一室二尸，則官與之棺也。稾當爲槁，謂槁師也。」玄謂師役者，國有兵寇以匱病者也。使鄰國合會財貨以與之。春秋定五年「夏，歸粟於蔡」是也。宗伯職曰：「以襘禮哀圍敗。」禍裁，水火。〔五五〕○槁襘，苦報反，下音會。作稾，古老反。

「若國」至「事故」 此一經，據上下文皆據諸侯國。此文雖皆單言國，亦據諸侯而言。案宗伯云「以喪禮哀死亡」，此云「國札喪則令賻補之」，不同者，彼據弔葬致哀，此據設財物補其不足，相包乃具也。又此「國凶荒則令賙委之」，宗伯云「以荒禮哀凶札」，不同者，言哀凶札者，自貶損，故曲禮云「歲凶，年穀不登，君膳不祭肺」之類是也；此云賙委者，令他人以財賙委之，亦相包乃成也。宗伯嘉禮歸脤膰，此不見者，諸侯無自相歸脤膰法故也。但凶禮有五，唯不見恤禮，以義差之，當於師役中兼之。嘉禮有六，此唯言賀慶一者，其飲食、冠昏、賓射、饗燕之法，皆當國自行，非是相交通之物，故此不言之。其吉禮、牢禮、賓禮並不言者，〔五六〕天子頒之非所，以通行之事，故不言也。但此中札喪在喪禮中，宗伯荒札荒禮中者，〔五七〕欲見札而復荒，則與荒札同科，若札而不荒，自從喪禮也。注「春秋定五年『夏，歸粟於蔡』」者，案定四年秋，楚人圍蔡，故五年歸其粟。

及其萬民之利害爲一書，其禮俗政事教治刑禁之逆順爲一書，其悖逆暴亂作慝猶犯令者爲一書，其札喪凶荒厄貧爲一書，其康樂和親安平爲一書。凡此五物者，〔五八〕每國辨異之，以反命于王，以周知天下之故。慝，惡也。猶，圖也。○教治，直吏反。康樂，音洛。

「及其」至「之故」 此揔陳小行人使適四方，所採風俗善惡之事。各各條録，别爲一書，以報上也。此五者，上二條，條别善惡俱有，故利害逆順並言。「其悖逆」一條，專陳姦寇之事。「其札喪」一條，專陳凶禍之事。「其康樂」一條，專陳安泰之事。是方以類聚，物以羣分者也。

校勘記

〔一〕此大賓大客尊卑異　元、聞、閩、阮及惠校本同，監、毛、殿本「此」改「若」。

〔二〕王者春見諸侯則圖其事之可否　「圖」，原作「國」，據婺、建、岳、阮本改。

〔三〕諸侯有不順服者　婺、岳、阮本同，建本「諸」上有「於」字。

〔四〕親以禮見之　阮本同。阮校云，大字本「親」上有「王」。按：上注云「此六事者以王見諸侯爲文」，又「此二事者，亦以王見諸侯之臣使來者爲文」，故此云「王親以禮見之」，此「王」字當有。賈疏引注亦無之。孫詒讓云，蜀石經有「王」字。

〔五〕此聘來爲有事　「來」，阮本作「事」。

〔六〕以禬禮哀國敗　浦鏜云，「圍」誤「國」。孫志祖云，馬融本作「國敗」，賈疏據馬本引之。

〔七〕立當前疾　唐石經諸本同。説文「帆，車軾前也，从車，凡聲。周禮曰，立當前帆」。漢讀考云，「前帆」者，前乎帆也，亦以在帆衡之中爲節。蓋故書作「侯」，杜、衛、賈容有不得其説，易爲「帆」者，而許從之。禮説云，侯伯立當前侯，俗本誤爲「前疾」。論語鄉黨邢昺疏引周禮作「前侯」，云侯角立當前侯胡下，詩蓼蕭孔疏引大行人亦作「前侯」，蓋説文「疾」作「疾」，古文「矦」作「庆」相似易亂，故訛。嚴可均唐石經校文同此説。

〔八〕常旜旗也　「旗」，婺、建、岳、殿本同，元、正、聞、閩、阮本作「斿」，阮校云，作「旗」是。

〔九〕車軹軹也　漢讀考云，當云「車軹轊也」，乃合大馭注「軹謂兩轊也」，少儀注「軌與軹於事同謂轊頭也」，皆以此「軹」別於考工記「参分較圍去一以爲軹圍」之「軹」。大行人之「軹」故書當亦作「軒」。

〔一〇〕朝士儀曰奉國地所出物而獻之　建本同，婺、岳、阮本「出」下有「重」字。阮校云，宋本無「重」字。孫志祖云，以二語見大戴禮朝士篇，「士」疑當作「事」。盧文弨曰，「士」亦與「事」通。孫詒讓云，蜀石經作「朝事儀」。

〔一一〕見王禮上公之禮　「上」，殿本同，閩、閩、阮本作「注」，誤。

〔一二〕亦應偏駕不來　元、正、閩、閩、阮本同。阮校云，惠校本「不」作「而」，此誤。孫詒讓云，「不」字是也，偏駕不來即所謂不得申偏駕也，惠誤校。

〔一三〕授孟侯孟侯者四方諸侯來迎於郊　孫詒讓云，「授」當作「曰」，「來」下當補「朝」字，據詩豳譜正義引書傳補正。

〔一四〕車逆拜辱　「逆」，元、正、閩、閩本同，阮本作「迎」。

〔一五〕云饗設盛禮以飲賓也者　「饗」阮本作「享」。

〔一六〕覲禮使人以璧　「人」，原作「之」，據阮本改。

〔一七〕朝在路門外　「在」，惠校本同。監、毛、殿、阮本作「屬」，疑作「在」是。

〔一八〕云九舉舉牲體九飯也者　惠校本「牲」作「幹」。

〔一九〕佐食舉幹　「幹」，元本同，監、毛、殿、阮本作「肝」。疑作「幹」是。

〔二〇〕執束帛而已　婺、建、岳、阮本同。阮校云，賈疏本「束帛」作「皮帛」。孫詒讓云，賈述注仍作「束帛」。

〔二一〕小國之君以五爲節　惠校本同，元、正、閩、閩、阮本無「小國之君」四字。

〔二二〕宜應視小國之君　孔廣林云，「應」疑「云」之譌。

〔二三〕齊亦明酒　孫詒讓云，「明」疑「名」之誤。

〔二四〕父死子立　諸本同。阮校云，大字本上有「以」，賈疏本以下皆無。按：有者是。

〔二五〕故書協辭命作叶詞命　諸本同。漢讀考「叶」作「汁」，按釋文亦作「叶」。又春官大史注云「故書協作叶」，與此注相應。盧文弨曰，大戴禮作「叶辭令」。「辭」，婺、岳、嘉靖本同，建本作「辟」。

〔二六〕叶當爲汁　阮校云，諸本同。按「汁」當「協」之誤。大史注杜子春云「叶，協也」，司農改「叶」爲「協」，猶杜氏訓「叶」爲「協」也。釋文「叶音協」，正本此。

〔二七〕書或爲叶辭命　阮校云，諸本同。按「叶」當作「汁」，大史注云「書亦或爲汁」，是也。

〔二八〕是因通言語之官爲象胥　阮校云，大字本「因」下有「名」，按疑當作「是因通名言語之官爲象」，「通」字、「胥」字皆衍文。孫詒讓云，蜀石經亦作「因名」。

〔二九〕云誦謂象之有才知者也　大字本無「知」字。阮校云，大字本非是。

〔三〇〕書名書之字也　「之」，諸本同，建、殿本作「文」，与賈疏合。阮校云，賈疏非。

〔三一〕聘禮曰百名以上　「名」，諸本同，建本作「官」，誤。

〔三二〕豆區釜也　「豆」，諸本同。建本作「斗」。

〔三三〕十龠爲合　「十」，阮本作「合」，與律歷志合，是也。

〔三四〕皆謂賷其法式者　毛、阮本同，閩、監本「賷」作「齊」。

〔三五〕各遂春夏秋冬如平時　浦鏜云，「遂」疑「逐」字誤。

〔三六〕孟子曰諸侯有王　阮校云，六經正誤云「孟子無此」。小行人注引春秋傳「諸侯有王，王有巡守」，是也。傳寫誤作「孟子」。按：此見左氏傳莊二十三年。

〔三七〕諸侯爲天子斬其□哭位　「爲」，閩、監、毛本同，元、聞、阮本作「謂」。「其」下空闕之字，阮本作「有」。阮校云，阮本「子斬其」三字剜擠，文當有誤。

〔三八〕又於殷朝者及而相聘也　「而」，婺、岳本同，建本作「其」。疑作「而」是。

〔三九〕國之寶也是也　「寶」，原作「實」，據阮本改。

〔四〇〕至今積二十一年　浦鏜云，「一」衍字。

〔四一〕云禮籍名位尊卑之書者　此下原空闕七字，惠校本同。元、正、閩、閩、阮本無空闕。

〔四二〕眡館致館也　「眡」，婺、建、岳、阮本同。阮校云，「眡」，當作「視」。孫詒讓云，蜀石經正作「視」。

〔四三〕眡館音視　「眡」，徐本作「眡」，黄焯以爲是也。

〔四四〕文帝六年九月初與郡國守相爲銅虎符竹使符　浦鏜云，「二」誤「六」。

〔四五〕王用瑱圭　阮校云，釋文「瑱，劉吐電反」。案王執鎮圭，瑱宜作鎮音。按，天府「凡國之玉鎮」注「故書鎮作瑱，鄭司農云，瑱讀爲鎮」，此作「瑱」者從故書也。

〔四六〕明享君用璧亦八寸　「亦」，阮本作「琮」，當是。

〔四七〕無束帛可知是圭璋特之義也　孫詒讓云，「知」據上文疑當作「加」。

〔四八〕據朝聘之圭特　「據」，阮本作「彼」。

〔四九〕其子男者　「其」阮本作「見」。

〔五〇〕瑑琮八寸　「瑑」，阮本作「璧」，當是。

〔五一〕據上公身　「身」阮本作「會」，疑作「會」是。

〔五二〕朱緑繅八寸　「緑」原作「緣」，據阮本改。

〔五三〕用琥璜可知　「琥」，原作「琮」，據阮本改。

〔五四〕則令槁禬之　阮校云，釋文、唐石經皆作「槁禬」，諸本不同。

〔五五〕禍烖水火　婺、岳本同，建、阮本「禍」下有「謂」字，疑非。

〔五六〕其吉禮牢禮賓禮並不言者　浦鏜云，「軍」誤「牢」。

〔五七〕宗伯荒札荒禮中者　「札」，原作「禮」，據阮本改。

〔五八〕凡此五物者　唐石經、婺、建、岳、嘉靖本同，元、正、閩、閩、阮本脱「五」字。

周禮注疏卷第四十五

司儀，掌九儀之賓客擯相之禮，以詔儀容、辭令、揖讓之節。出接賓曰擯，入贊禮曰相。以詔者，以禮告王。○擯相，息亮反，此職内經注，除相爲賓、相朝、相授、相親、相隨、相待、相爲國客、相聘、相禮，皆同。

「司儀」至「之節」　此經揔與下諸侯文爲目。言「九儀」，是大行人九儀，命者五，爵者四，是儀容、辭令、揖讓之節，並見下文也。

注「出接」至「告王」　云「出接賓曰擯」者，即下文交擯而在門外是也。云「入贊禮曰相」者，下文及廟惟上相入是也。云「詔者，以禮告王」者，即下云「詔王儀」是也。

將合諸侯，則令爲壇三成，宫，旁一門。合諸侯，謂有事而會也。爲壇于國外，以命事。宫謂壝土以爲牆處，所謂爲壇壝宫也。〔一〕天子春帥諸侯拜日於東郊，則爲壇於國東。夏禮日於南郊，則爲壇於國南。秋禮山川丘陵於西郊，則爲壇於國西。冬禮月四瀆於北郊，〔二〕則爲壇於國北。既拜禮而還，加方明於壇上而祀焉，所以教尊尊也。覲禮曰「諸侯覲於天子，爲宫方三百步，四門，壇十有二尋，深四尺」是也。王巡守殷國而同，則其爲宫亦如此與？鄭司農云：「三成，三重也。爾雅曰：『丘一成爲敦丘，再成爲陶丘，三成爲昆侖丘。』謂三重。」○壝土，唯癸反，劉欲鬼反。爲與，音餘，下尺與同。三重，直龍反，下三重、重耳同。敦丘，音頓，沈又都門反。陶丘，徒力反。昆侖，力門反。

「將合」至「一門」　云「將合諸侯」者，合，會也，謂時見曰會。云「則令爲壇三成」者，謂封人爲壇三成。

注「合諸」至「三重」　云「有事而會也」者，春秋左氏傳文，但春秋時有事而會，不協而盟，是霸者法。引之者，時雖不同，爲有事而行會禮則同，故引以爲證。云「爲壇于國外，以命事」者，宫方三百步，明在國外也。言命事，則上大行人云「時會以發四方之禁」，禁即九伐，是其事也。云「宫謂壝土以爲牆處，所謂爲壇壝宫也」者，所謂掌舍，但掘地爲塹，壝土爲堳埒，當牆處，故云牆處也。云「天子春帥諸侯」，自此已下至「國北」，皆覲禮文，其爲壇之語，鄭加之耳。云「既拜禮而還，加方明於壇上而祀焉，所以教尊尊也」者，言教尊尊者，天子親自拜日禮月之等，是尊尊之法，教諸侯已下尊敬在上者也。引覲禮者，是見爲壇大小尺寸之法，據時會諸侯爲壇之法。云「王巡守殷國」者，謂巡守就方岳爲壇，殷國就王國左右爲壇，皆如時會。云「如此與」者，約同之，故云與以疑之。先鄭引爾雅者，見三成者三重，重高一尺。

詔王儀，南鄉見諸侯，土揖庶姓，時揖異姓，天揖同姓。謂王既祀方明，諸侯上介皆奉其君之旂置于宫，乃詔王升壇，諸侯皆就其旂而立。諸公中階之前，北面東上；諸侯東階之東，西面北上；諸伯西階之西，東面北上；諸子門東，北面東上；諸男門西，北面東上。王揖之者，定其位也。庶姓，無親者也。土揖，推手小下之也。〔三〕異姓，昏姻也。時揖，平推手也。衛將軍文子曰：「獨居思仁，公言言義，〔四〕其聞詩也，一日三復『白圭之玷』，是南宫縚之行也。夫子信其仁，以爲異姓。」謂妻之也。天揖，推手小舉之。○三復，音服，或芳服反。之玷，丁簟反，沈都念反。宫縚，吐刀反。之行，下孟反。

「詔王」至「同姓」　詔，告也。謂諸侯各就位立，王在壇亦立，司儀乃告王降壇，南向見諸侯，乃揖之。土揖庶姓已下，〔五〕先疏後親爲次。案隱十一年，「滕侯、薛侯來朝，争長」。云「周之宗盟，異姓爲後」，是先同姓，今此先庶姓、後同姓者，此經直據揖之儀容，從下至高，不據盟之先後也。

注「謂王」至「舉之」　云「謂王既祀方明，諸侯上介皆奉其君之旂置于宫，乃詔王升壇，諸侯皆就其旂而立」者，案觀禮云：「諸侯覲于天子，爲宫方三百步，四門，壇十有二尋，深四尺，加方明于其上。方明者，木也。方四尺，設六色，東方青、南方赤、西方白、北方黑、上玄、下黄，設六玉，上圭、下璧、南方璋、西方琥、北方璜、東方圭。上介各奉其君之旂置于宫，尚左，公侯伯子男皆就其旂而立。四傳擯。天子乘龍，載大旂，象日月升龍降龍，出，拜日於東門之外，反，祀方明。」注引朝事儀曰：「天子冕而執鎮圭，尺有二寸，繅藉尺有二寸，搢大圭，乘大路，建大常十有二旒，樊纓十有二就，貳車十有二乘，帥諸侯而朝日於東郊，所以教尊尊也。退而朝諸侯。」由此二者言之，已祀方明，乃以會同之禮見諸侯也。若然，觀禮上介奉君之旂置于宫，尚左，及公侯伯子男就其旂而立，并四傳擯者，並陳設其位，其立當在祀方明後，是以彼下文乃始云拜日之禮，反祀方明之事。故彼置旂于宫之下，注云：「置于宫者，建之，豫爲其君見王之位也。」是其未即立也。此鄭注依次第而言，故云「謂王既祀方明，諸侯上介皆奉其君之旂置于宫，乃詔王升壇，諸侯皆就其旂而立」也。云「諸公中階之前」至「諸男門西，北面東上」，皆明堂位周公朝諸侯之禮。觀禮注亦引之，證五等諸侯立位處所也，皆以近王爲上。云「王揖之者，定其位也」者，此約燕禮云：「卿大夫皆入門右，北面立，公降階揖之，卿得揖，東廂西面，大夫得揖，中庭少進北面，其位乃定。」此王揖，亦得揖乃定。有少别者，彼諸侯揖臣，臣皆北面，得揖就位；此五等立已在位，王揖之，逡巡而已，位乃定，是其别也。凡揖皆推手，至於揖即引手，爲異也。「衛將軍文子」者，此大戴禮文，引之，證有異姓之事也。案大戴禮云，衛將軍文子問子貢曰：「蓋受教者七十有餘人，聞之孰爲賢？」子貢對之，歷陳諸子之行，遂陳南宫縚之行。此乃子貢之辭，而云「衛將軍文子曰」者，此實子貢辭，篇名衛將軍文子，故引篇名耳。

及其擯之，各以其禮，公於上等，侯伯於中等，子男於下等。謂執玉而前見於王也。〔六〕擯之各以其禮者，謂擯公者五人，侯伯四人，子男三人也。上等、中等、下等者，謂所奠玉處也。壇三成，深四尺，則一等一尺也。壇十有二尋，方九丈六尺，〔七〕則堂上二丈四尺，每等丈二尺與？諸侯各於其等奠玉，降拜，升成拜，明臣禮也。既，乃升堂，授王玉。

○見王，賢遍反。

「及其」至「下等」　此即上四傳擯之時也。四傳擯，彼注云「公也，侯也，伯也，各一位，子男俠門而俱東上，亦一位」，是子男共爲位，故共一擯也。

注「謂執」至「王玉」　下云將幣，據三享，故知此文擯之據執玉見王也。云「擯之各以其禮者，謂擯公者五人，侯伯四人，子男三人也」者，大行人云公擯者五人已下，此云擯之各以其禮，是據擯爲數，不據餘禮也。云「上等、中等、下等者，謂所奠玉處也」者，上云「爲壇三成」，此言三等，明據三等壇奠玉處而言也。云「壇三成」者，據上文。云「深四尺」者，覲禮文。云「則一等一尺」已下，鄭君以意解之，無正文。一等爲一尺，發地一尺，上有三成爲三尺，揔四尺也。鄭注覲禮云「從上向下爲深」，故云深四尺。云「壇十有二尋」者，覲禮文。云「方九十六尺」者，尋八尺，計之所得九十六尺。云「則堂上二丈四尺，每等丈二尺與」者，並鄭以意解之，故云與以疑之。上二丈四尺爲堂，王立之處并祀方明之所。云「諸侯各於其等奠玉，降拜，升成拜，明臣禮也」者，公奠玉於上等，降拜於中等，侯伯奠玉於中等，降拜於下等，子男奠玉於下等，降拜於地。及升成拜，皆於奠玉之處。必知有降拜升成拜者，亦約燕禮，臣得君酬酒，皆降拜，君使小臣辭之，乃升成拜，明此王禮亦然。言成拜者，鄉於下拜之時，王使人辭，下拜之不成，故於升，乃更成前拜，故云成拜。是敬上之禮，故云明臣禮也。云「既，乃升堂，授王玉」者，禮法，禮敵並授，禮不敵者訝受。此行臣禮，則諸侯皆北面授之於堂上也。王既受玉，約聘禮亦當側授宰玉。此壇上無坫，不得取明堂位「崇坫亢圭」爲義也。

其將幣亦如之，其禮亦如之。將幣，享也。禮謂以鬱鬯祼之也。皆於其等之上。

「其將」至「如之」 云「將幣」者，即將幣三享，一也。但彼大行人據在廟，此據在壇。云「亦如之」者，璧以帛，琮以錦，如前公於上等之類。云「其禮亦如之」者，即大行人上公再祼而酢，亦如公於上等之類。

王燕，則諸侯毛。 謂以須髮坐也。朝事尊尊上爵，燕則親親上齒。鄭司農云：「謂老者在上也。老者二毛，故曰毛。」○諸侯毛，毛謂須髮也，劉本作毫，音毛。

注「謂以」至「曰毛」 此燕則公三燕，侯伯再燕，子男一燕。云「朝事尊尊上爵」者，依爵尊卑爲先後。云「燕則親親上齒」者，此乃不問爵之尊卑，取以年齒爲先後也。

凡諸公相爲賓， 謂相朝也。

注「謂相朝也」 云「相朝」，則是兩公自相朝，故下經云諸侯、諸伯、諸子、諸男相爲賓客，以禮相待，並是兩諸侯相朝之事也。

主國五積，三問，皆三辭拜受，皆旅擯；再勞，三辭，三揖，登，拜受，拜送。 賓所停止則積，間闊則問，〔八〕行道則勞。其禮皆使卿大夫致之，從來至去，數如此也。三辭，辭其以禮來於外也。積問不言登，受之於庭也。鄭司農云：「旅讀爲『旅於大山』之旅，謂九人傳辭，〔九〕相授於上下竟，問賓從末上行，介還受，上傳之。」玄謂旅讀爲鴻臚之臚，臚陳之也。賓之介九人，使者七人，皆陳擯位，不傳辭也。賓之上介出請，使者則前對，位皆當其末擯焉。三揖，謂庭中時也。拜送，送使者。○皆旅，如字，又音臚，力於反。傳辭，直專反，下除春秋傳皆同。末上，時掌反，下「上傳」、上車同。

注「賓所」至「使者」 云「賓所停止則積」者，謂遺人云「十里有廬，廬有飲食，三十里有宿，宿有委，五十里有市，市有積」是也。云「間闊則問」者，上注問，問不恙也。云「行道則勞」者，謂勞苦之。云「皆使卿大夫致之」者，案聘禮，遣卿行勞禮。臣來尚遣卿勞，明君來遣卿勞可知。此再勞，一勞在境，一勞在遠郊，皆使卿。其近郊勞，當主君親爲之也。其積問，當使大夫，故下句云「致飧如致積之禮」，注云：「俱使大夫，禮同也。」知致飧使大夫者，見聘禮「宰夫朝服設飧」。宰夫，即大夫。問亦小禮，明亦使大夫也。云「從來至去數如此也」者，五積、三問、再勞，來去皆有此數，故云數如此也。先鄭云「旅讀爲『旅於大山』之旅，謂九人傳辭，相授於上下竟，問賓從末上行，介還受，上傳之」者，此先鄭以爲旅擯與交擯同之。後鄭不從者，此臣禮，云「旅擯」，下文云「主君郊勞，交擯三辭」，明其別。旅直陳擯介，不傳辭，交則一往一來傳辭也。云「玄謂旅讀爲鴻臚之臚，臚陳之也」者，案爾雅釋詁云：「尸、旅，陳也。」釋言云：「豫、臚，叙也。」注云：「皆陳叙也。」後鄭不從旅大山之旅，從臚者，欲取叙義也。云「賓之介九人」者，自從公介九人之禮。云「使者七人」者，自從降二等之禮。云「皆陳擯位，不傳辭也。賓之上介出請，使者則前對，位皆當其末擯焉」者，此皆約聘禮，主君大門内迎聘賓之位也。云「三揖，謂庭中時也」者，如聘禮，入門揖、當曲揖、當碑揖是也。

主君郊勞，交擯，三辭，車逆，拜辱，三揖三辭，拜受，車送，三還，再拜。

主君郊勞，備三勞而親之也。鄭司農云：「交擯三辭，謂賓主之擯者俱三辭也。車逆，主人以車迎賓於館也。拜辱，賓拜謝辱也。」玄謂交擯者，各陳九介，使傳辭也。車逆拜辱者，賓以主君親來，乘車出舍門而迎之，若欲遠就之然。見之則下拜，迎謝其自屈辱來也。至去又出車，若欲遠送然。主君三還辭之，乃再拜送之也。車送迎之節，各以其等，則諸公九十步，立當車軹也。三辭重者，先辭辭其以禮來於外，後辭辭升堂。

「主君」至「再拜」　此當近郊勞，交擯三辭者，主君至郊，二有館舍，〔一〇〕賓在内。主君至館大門外，主君北面而陳此九介，去門九十步，東面。賓在大門内，於門外之東，亦陳九介，西面。不陳五擯者，非主君，從賓禮故也。「三辭」者，賓一辭，主君以禮來於外，「車迎拜辱」者，傳辭既訖，賓乘車出大門迎主君，至主君處下車，拜主君屈辱，自至郊也。「三揖」者，入門及當曲、當碑爲三揖。「三辭」者，辭讓升堂，拜受，賓再拜，乃受幣，主君亦當拜送，不言者，文略也。〔一一〕「車送」者，賓乘車出門就主君，若欲遠送之。「三還」者，主君賓送已，三還辭之。「再拜」者，賓見主君辭，遂再拜送主君也。

注「主君」至「升堂」　云「備三勞而親之也」者，大行人有「三問三勞」之文也。主君身自勞，是親之也。先鄭云「車逆，主人以車迎賓於館也。拜辱，賓拜謝辱也」。後鄭不從者，此直是備三勞，既來至國，〔一二〕何有輒迎賓於館乎？玄謂「各陳九介」者，以其在道，俱不爲主，故無五擯之事，故各陳九介也。云「立當車軹也」者，賓主俱立當軹，大行人文。云「後辭辭升堂」者，案鄉飲酒禮「主人取爵降洗，賓降，主人坐尊爵于階前，辭」。〔一三〕注云：「事同曰讓，事異曰辭。」禮，升堂是事同，不云讓而云辭者，此賓主敵者，主人之意，欲有受於庭之心，故從事異曰辭。是以下諸公之臣等升堂皆云讓，依事同曰讓，非敵。故聘義云「三讓而後傳命，三讓而後入廟門」，並事異，不云辭者，欲取致尊讓之意，變文耳。又彼記文，非正經，故不爲例也。

致館亦如之。

館，舍也。使大夫授之，君又以禮親致焉。

注「館舍」至「致焉」　鄭知使大夫授舍者，見聘禮云「大夫帥至館，卿致之」，以此知先遣大夫授館也。此大夫亦應是卿。云「亦如之」者，上主君郊勞，此親致館，明亦如之也。凡云致者，〔一四〕皆有幣以致之，致之，使若已有然也。

致飧如致積之禮。

俱使大夫，禮同也。飧，食也。小禮曰飧，大禮曰饔餼。○致飧，素尊反，下同。

注「俱使」至「饔餼」　上公飧五牢，賓始至之禮，欲致館後即言之。〔一五〕云「如致積之禮」者，積在道已致，故云如之。以其俱小禮，不使卿，故云「俱使大夫，禮同也」。云「飧，食也」者，以其芻薪米禾食之類，故云食也。云「小禮曰飧」者，聘禮，使宰夫設飧，禮物又少，故曰小。云「大禮曰饔餼」者，以其有腥有牽，〔一六〕芻薪米禾又多，故曰大。是以聘禮記云「聘日致饔」，注云「急歸大禮」，又以下文致饔餼亦在將幣後即致之也。

及將幣，交擯，三辭，車逆，拜辱，賓車進，荅拜，三揖三讓，每門止一相，及廟，唯上相入。賓三揖三讓，登，再拜，授幣，賓拜送幣。每事如初，賓亦如之。及出，車送，三請三進，再拜，賓三還三辭，告辟。

鄭司農云：「交擯，擯者交也。賓車進荅拜，賓上車進，主人乃荅其拜也。及出車送三請，主人三請留賓也。三進，進隨賓也。賓三還三辭告辟，賓三還辭謝，言已辟去也。」玄謂既三辭，主君則乘車出大門而迎賓，見之而下拜其辱，賓車乃前下荅拜也。三揖者，相去九十步，揖之使前也。至而三讓，讓入門也。相謂主君擯者及賓之介也。謂之相者，於外傳辭耳，入門當以禮詔侑也。介紹而傳命者，君子於其所尊，不敢質，敬之至也。每門止一相，彌相親也。君入門，介拂闑，大夫中棖與闑之間，士介拂棖，此爲介鴈行相隨也。止之者，絕行在後耳。賓三揖三讓，讓升也。登再拜授幣，授當爲受，主人拜至且受玉也。每事如初，謂享及有言也。賓當爲儐，〔一七〕謂以鬱鬯禮賓也。上於下曰禮，敵者曰儐。禮器曰：「諸侯相朝，灌用鬱鬯，無籩豆之薦。」謂此朝禮畢儐賓也。三請三進，請賓就車也。主君每一請，車一進，欲遠送之也。三還三辭，主君一請者，賓亦一還一辭。〔一八〕○授幣，依注，授音受。賓拜送，依注，賓音擯，下賓使者同。告辟，音避，劉薄歷反，注同。下客辟、三辟、趨辟放此。已辟，音避。詔侑，音又。拂闑，魚列反。中棖，直庚反。鴈行，户剛反。

［疏］「及將」至「告辟」。「及」，至也。至將幣，謂賓初至館，後日行朝禮之時。故云至將幣。幣即圭璋也。云「交擯，三辭，車逆，拜辱，賓車進，荅拜」者，此並在主君大門外，賓去門九十步，而陳九介，主君在大門外之東，陳五擯。上

擯入受命，出請事，傳辭與承擯，承擯傳與末擯，末擯傳與末介，末介傳與承介，承介傳與上介，上介傳與賓，賓又傳與上介，上介傳與承介，承介傳與末介，末介傳與末擯，末擯傳與承擯，承擯傳與上擯，上擯入告君。如是者三，謂之交擯三辭。諸交擯者，例皆如此也。車逆拜辱者，傳辭既訖，主君乘車出大門，至賓所下車，拜賓屈辱來此也。賓車進答拜者，賓初升車進就主君，主君下，賓亦下車，答主君拜也。「三揖」者，主君遥揖賓使前，北面三讓，入大門也。云「每門止一相」者，既入門，迴面東至祖廟之時，〔一九〕祖廟西仍有二廟。以其諸侯五廟，始祖廟在中，兩廂各有二廟，各别院爲之，則有二門，〔二〇〕門傍皆有南北隔牆，隔牆皆通門，故得有每門。若不然，從大門内即至祖廟之門，何得有每門，而云門止一相乎？故爲此解也。云「上相入」者，相入，即上擯上介，須詔禮，故須入。云「三揖」者，亦謂入門揖、當曲揖、當碑揖也。云「三讓，登」者，至階，主君讓賓，賓讓主君，如是者三，主君先升。云「再拜，授幣」者，授當爲受。賓主俱升，主人在阼階上北面拜，乃就兩楹間南面，賓亦就主君，賓授玉，主君受之，故云再拜受幣也。云「賓拜送幣」者，賓既授，〔二一〕乃退向西階上，北面拜送幣，乃降也。

注「鄭司」至「一辭」　先鄭云「賓車進苔拜，賓上車進，主人乃苔其拜也」，後鄭不從者，車逆拜辱，已是主人，今云車進苔，當是客，何得主人再度拜，故不從也。云「及出，車送三請，主人三請，留賓也」，後鄭亦不從者，行朝享禮賓訖，送賓出，禮既有限，何因更有留賓之事，故不從也。云「介紹而傳命者」，此聘義文。案彼介紹而傳命，謂聘者旅擯法。引證此交擯者，但紹，繼也，謂介相繼而陳，則交擯旅擯皆得爲紹，故此交擯亦得紹介而傳命也。案彼注「質，謂正自相當」，賓主不敢正自相當，故須擯介通情也。云「君入門，介拂闑，大夫中棖與闑之間，士介拂棖」者，玉藻文。君入門，不言所拂者，朝，君入由闑西，亦拂闑；不言之者，君特行，不與介連類，故不言也。介拂闑者，上介隨君後，與大夫士介自爲鴈行於後也。云「止之者，絶行在後耳」者，知不全入而爲絶行在後者，以聘禮介皆入廟門，門西，北面西上，故知此君介，亦入門門西，北面西上可知，故云絶行在後，後亦入廟也。云「登再拜授幣，授當爲受」者，欲見登再拜受玉者，主君止得爲受，不得爲授之義故也。云「拜至且受玉也」者，拜中含此二事故也。云「每事如初，謂享及有言也」者，案聘禮享夫人下云「若有言，束帛如享禮」是也。云「上於下曰禮，敵者曰擯」者，大行人云「王禮再祼而酢」之屬，是上於下曰禮。此諸侯云擯，是敵者曰擯也。云「禮器曰『諸侯相朝，灌用鬱鬯，無籩豆之薦』」，引之者，證擯亦用鬱鬯也。云「主君一請，賓亦一還一辭」者，則主君三請三進，共賓三還三辭，一一相將，但別言之耳。

致饔餼、還圭、饗食、致贈、郊送，皆如將幣之儀。此六禮者，惟饗食速賓耳。其餘主君親往。親往者，賓爲主人，主人爲賓。君如有故，不親饗食，則使大夫以酬幣侑幣致之。鄭司農云：「還圭，歸其玉也。故公子重耳受飧反璧。」玄謂聘以圭璋，禮也；享以璧琮，財也。已聘而還圭璋，輕財而重禮。贈，送以財，既贈又送至于郊。○還圭，音環，又音旋。饗食，音嗣，凡饗食皆同。

注「此六」至「于郊」　知「饗食速賓」者，案公食大夫禮，君親食之，君不親食，則以侑幣致之。聘禮云：「公於賓，壹食再饗，上介壹食壹饗，若不親食，致之以侑幣，致饗以酬幣。」以此知二者皆速賓也。云「其餘主君親往。親往者，賓爲主人，主人爲賓」者，見聘禮云「君使卿歸饔餼」，又云「賓迎于外門外」，〔二二〕又云「大夫東面致命，君使卿還玉于館，賓迎于外門外，不拜，帥大夫以入」。鄭君以此二者，知賓爲主人，主人爲賓，致贈郊送亦然，可知也。聘禮乃君於臣，此兩君敵，〔二三〕明主君親爲之矣。先鄭云公子重耳事，見僖公二十三年，公子重耳反國，「及曹，曹共公聞其駢脅，欲觀其裸。浴，薄而觀之。僖負羈之妻曰：『吾觀晉公子之從者，皆足以相國。若以相，夫子必反其國。反其國，必得志於諸侯。得志於諸侯，而誅無禮者，曹其首也。子盍蚤自貳焉。』乃饋盤飧，寘璧焉。公子受飧反璧」。是其事。引之者，證還圭之事。但彼反璧者，義取不貪寶意，非還圭，故後鄭不從也。「玄謂聘以圭璋，禮也」者，聘義云「以圭璋聘，重禮也」，謂行聘禮也。云「享以璧琮，財也」者，貢財貨時，用璧琮以致之，故云財也。云「已聘而還圭璋，輕財而重禮」者，還圭璋是重禮，璧琮不還，是輕財也。云「贈，送以財」者，聘禮「賓遂行，舍于郊，公使卿贈，如覲幣」。注云：「言如覲幣，見爲反報。」是贈，并送至于郊。

賓之拜禮：拜饔餼，拜饗食。鄭司農云：「賓之拜禮者，因言賓所當拜者之禮也。所當拜者，拜饔餼、拜饗食。」玄謂賓將去，就朝拜謝此三禮。三禮，禮之重者也。賓既拜，主君乃至館贈之，去又送之于郊。

注「鄭司」至「于郊」 先鄭所説是，後鄭增成其義。案聘禮，饔餼燕羞俶獻之明日，賓皆拜於朝，將去，又三拜乘禽于朝。彼臣，故盡拜謝。此賓之拜禮，在致贈郊送之下，則不及燕羞、俶獻、乘禽，以其君略小惠。將去，惟拜其大禮也。案聘禮「賓三拜乘禽於朝，遂行，舍于郊，公使卿贈」。若然，此致贈郊送，在拜禮後，今設文在前者，欲取如將幣之儀，故進文在前，其贈送合在後也。云「賓既拜，主君乃至館贈之，去又送之于郊」者，鄭以贈送之文在前，拜禮在後，恐疑顛倒，故此解之，是其次也。

賓繼主君，皆如主國之禮。鄭司農云：「賓繼主君，復主人之禮費也，故曰皆如主國之禮。」玄謂繼主君者，儐主君也。〔二四〕儐之者，主君郊勞、致館、饔餼、還圭、贈、郊送之時也。如其禮者，謂玉帛皮馬也。〔二五〕有饌陳之積者，不如也。若饗食主君及燕，亦速焉。○費，芳味反。

注「鄭司」至「速焉」 先鄭云「繼主君，復主人之禮費也」，後鄭不從者，主人禮費既多，非賓所能復。「玄謂繼主君者，儐主君也」者，案聘禮，君遣卿勞，及致館等，皆儐。儐者，報也。上注云敵者曰儐，故此報主君爲儐。云「儐之者，主君郊勞、致館、饔餼、還圭、贈、郊送之時也。如其禮者，謂玉帛乘馬也」者，案聘禮云「賓至于近郊，君使卿朝服用束帛勞」，又云「賓用束錦儐勞者，〔二六〕君使卿韋弁歸饔餼」，又云「大夫奉束帛」，又云「賓降，授老幣，出迎大夫」，注云「出迎，欲儐之」，「庭實設馬乘，賓降堂，受老束錦。〔二七〕賓奉幣西面，大夫東面，賓致幣」，是皆有儐法。

彼兩臣有儐，此兩公有儐可知也。若然，彼聘禮致館無儐者，彼君使卿致館，不以幣，故亦無儐，明此兩君致時有幣，合亦儐之也。彼聘禮賓不見有饗食速主君者，臣於君，雖他國，亦不敢速君。故禮記云「大夫饗君非禮」是也。此兩君即得，其燕食等，皆得速主君也。主君有故，不能親以侑幣酬幣致之，亦無儐。鄭彼注云：「以己本宜往。」還玉于館，及還享，雖無束帛文，亦當儐之矣。

諸侯、諸伯、諸子、諸男之相爲賓也各以其禮，相待也如諸公之儀。賓主相待之儀與諸公同也，饔餼饗食之禮則有降殺。○降殺，色界反，下豐殺、則殺及後殺禮皆同。

注「賓主」至「降殺」　五等諸侯，以命數分爲三等，其圭璋、饔餼、飧積、步數、擯介，〔二八〕皆有降殺，備於大行人、掌客。其進退升降揖讓之儀，一與公同，故云「如諸公之儀」。

諸公之臣相爲國客，謂相聘也。

「諸公」至「國客」　謂上諸公之臣，相聘往來爲國客，相待相送之儀，此法皆備於下文也。

則三積，皆三辭拜受。受者，受之於庭也。侯伯之臣不致積。

「則三」至「拜交」　此謂在道之禮，於路館致之，亦有束帛致之。云「三辭拜受」者，辭不受，三辭後受之，故云三辭拜受也。知「受之於庭」者，上諸公即云「登」，登，謂登堂，此不云登，故知受於庭也。知「侯伯之臣不致積」者，案聘禮以五介，又張旜，是侯伯之卿聘使者。經不云積，明侯伯之臣不致積可知。但不以束帛行禮致之，豈於道全無積乎，明有也。

及大夫郊勞，旅擯，三辭，拜辱，三讓，登，聽命，下拜，登受。賓使者如初之儀。及退，拜送。登聽命，賓登堂也。賓當爲擯。〔二九〕勞用束帛，儐用束錦。〔三〇〕侯伯之臣，受勞於庭。

「及大」至「拜送」　案聘禮，〔三一〕此亦近郊勞也。旅擯不傳辭，賓使各陳七介而已。云「三辭拜辱」者，賓從館内出於大門，拜使者辱命來於外。云「三讓」者，讓升堂。云「登，聽命」者，賓登堂聽使者傳主君之命也。云「下拜登受」者，賓聽命訖，下堂拜命訖，登堂受幣也。云「賓使者如初之儀」者，謂使傳命訖，禮畢出門，賓以束帛賓使者，如初行勞時之儀。前賓受幣，今使者受幣，受幣雖異，威儀則同，敬主君使者也。知「勞用束帛，儐用束錦」者，約聘禮郊勞知之。知「侯伯之臣受勞於庭」者，亦案聘禮賓是侯伯之臣，云「受於舍門内」，是不登堂也。

致館如初之儀。如郊勞也，不儐耳。侯伯之臣致館于庭。不言致飧者，君於聘大夫不致飧也。聘禮曰：「飧不致，賓不拜。」

注「如郊」至「不拜」　案聘禮，賓至，使大夫帥至館，卿致館。此公之臣亦當然。上云「郊勞」，此云「如初」，如初郊勞也。鄭知不儐者，聘禮致館無束帛，賓亦無儐，知此亦然也。〔三二〕云「侯伯之臣致館于庭」者，亦案聘禮知之。云「君於聘大夫不致飧也」，引聘禮「飧不致，賓不拜」者，案聘禮致館之下，即云「宰夫設飧」，即此致館。下不云致飧，故云君於聘大夫不致飧。如是，五等之臣皆無致飧也。

及將幣，旅擯，三辭，拜逆，客辟，三揖，每門止一相，及廟，唯君相入，三讓，客登，拜，客三辟，授幣，下，出，每事如初之儀。客辟，逡巡不荅拜也。唯君相入，客，臣也，相不入矣。拜，主君拜客至也。客三辟，三退負序也。每事，享及有言。○逡巡，七旬反。

「及將」至「之儀」　「及」，至也，謂賓在館至將幣。「將幣」，亦謂圭璋也。云「旅擯三辭」者，亦謂於主君大門外，主君陳五擯，〔三三〕客陳七介，不傳辭，故云旅擯也。云三辭者，前郊勞三辭，辭其以禮來於外；此三辭，辭其主君以大客禮當已。云「拜逆，客辟」者，謂三辭訖，主君遣上擯納賓，賓入大門，主君在大門内，南面拜，拜賓奉君命屈辱來見已。客辟不受拜者，使者奉君命來，不敢當拜，故逡巡辟君拜也。云「三揖」者，亦揖之使前。云「每門止一相」者，謂彌相親也。云「及廟，唯君相入」者，與前諸公少異。彼是兩君，故云唯上相入，則兩君擯介各有。上相亦不入，〔三四〕故據君而言也。云「三讓，客登」者，案聘義云：「三讓而後入廟門，三揖而後至階。」此不言者，文不具。客登者，主君與客俱登，據客而言，故云客登也。云「拜，客三辟」者，主君與客俱登訖，主君於阼階上北面拜，拜賓喜至此堂，并拜受幣。云客三辟者，三退負序，不敢當君拜。云「授幣」者，授玉與主君也。

注「客辟」至「有言」　云「客辟，逡巡不答拜也」者，釋上「拜逆，客辟」也。云「客三辟，三退負序也」者，案聘禮云「賓三退負序」，注云：「三退，三逡巡也。」不言辟者，以執圭將進授之。」此亦執圭將授，言辟者，儀禮是委曲行事，故以執圭將進，〔三五〕不得云辟，此周禮事未見，據大揔而言，故云辟無嫌。「三退負序」，聘禮文。云「每事，享及有言」者，亦約聘禮知之。

及禮、私面、私獻，皆再拜稽首，君荅拜。禮，以醴禮客。私面，私覿也，既覿則或有私獻者。鄭司農云：「說私面以春秋傳曰：〔三六〕『楚公子弃疾見鄭伯，以其良馬私面。』」

注「禮以」至「私面」　此三者，皆於聘日行之，故并言之。云「君答拜」者，雖是異國之臣，〔三七〕當空首拜也。知

「禮，以醴禮客」者，案聘禮，禮客用醴齊，異於君鬱鬯也。云「私面，私覿也」者，案聘禮「賓奉束錦請覿」，又云「問卿訖，賓面，如覿幣」，注云：「面亦見也，其謂之面，威儀質也。」彼不見有私獻，又於君謂之覿，於卿謂之面，覿面別。此云私面、私覿爲一者，以彼文兩見，則私覿據君，私面據卿。此文不見有私覿，直言私面，豈不見君，直見臣也。明此私面主於君，故以私面爲私覿也。彼無私獻，非常，故彼記云「既覿，賓若私獻，奉獻將命」，故此注云「既覿則或有私獻者」也。云春秋者，案左氏昭六年，「楚公子棄疾如晉，過鄭，見鄭伯如見王，以其乘馬八匹私面。見子皮如上卿，以馬六匹。見子產以馬四匹。見子大叔以馬二匹」。稱面者，以其面亦覿也。且過鄭非正聘，故以面言之。

出，及中門之外，問君，客再拜對，君拜，客辟而對；君問大夫，客對；君勞客，客再拜稽首，君荅拜，客趨辟。中門之外，即大門之内也。問君曰：「君不恙乎？」〔三八〕對曰：「使臣之來，寡君命臣于庭。」問大夫曰：「二三子不恙乎？」〔三九〕對曰：「寡君命使臣于庭，二三子皆在。」勞客曰：「道路悠遠，客甚勞。」勞介則曰：「二三子甚勞。」問君，客再拜對者，爲敬慎也。○客甚勞，如字，下甚勞、勞辱同。

注「中門」至「慎也」。賓來，主爲以君命行聘享，是以先行聘享訖，乃始行私相慰問之事。是以聘禮注云：「鄉以公禮將事，無由問也。」云「中門之外，即大門之内也」者，聘禮云：「及大門内，公問君。」故指彼云，即大門内也。案聘禮云「及大門内，公問君，賓對，公再拜」。注云：「賓至始入門之位，北面，將揖而出，衆介亦在其右，少退，西上，於此可以問君居處何如，序殷勤也。時承擯紹擯，亦於門東，北面東上，上擯往來傳君命，南面。」云「問君曰」已下，未知鄭君所出何文，或云是孔子聘問之辭，亦未得其實也。爾雅云：「恙，憂也。」

致饗餼如勞之禮，饗食還圭如將幣之儀。饗食，亦謂君不親，而使大夫以幣致之。

「致饔」至「之義」　云「致饔餼如勞之禮」者，同使卿，威儀進止，皆如上郊勞之禮。還以本圭，故云如也。

注「饗食」至「致之」　知「饗食」是「君不親」者，以其與還圭共文，同是致之，故知君不親，使大夫致之也。致饗及還玉，賓主皆是大夫。其將幣，主君與使臣行禮。「如將幣」者，蓋不盡如之，所如者，如旅擯、主人皮弁、賓皮弁襲、將幣同，自餘則別。是以聘禮「君使卿皮弁還玉于館，賓皮弁襲，迎于外門外，不拜，帥大夫以入，大夫升自西階，鉤楹，賓自碑内聽命，升自西階，自左，南面受圭，退，負右房而立」。是與將幣別之事也。

君館客，客辟，介受命，遂送，客從，拜辱于朝。君館客者，客將去，就省之，盡殷勤也。〔四〇〕遂送，君拜以送客。○客刄，本亦作從，同才用反。

「君館」至「于朝」　案聘禮云「公館賓，賓辟」，注云：「言辟者，君在廟内，敬也。」又云「上介聽命」，注云：「聽命於廟門中，西面，如相拜然也。」然則此中行事亦爾。鄭知君拜送者，見聘禮云「聘享，夫人之聘享，問大夫，送賓，公皆再拜」，是其有拜。此云「客從，拜辱于朝」者，聘禮曰「公退，賓從，請命于朝，公辭，賓退」是也。

明日，客拜禮賜，遂行，如入之積。禮賜，謂乘禽，君之加惠也。如入之積，則三積從來至去。○乘禽，繩證反，下乘皮同。

注「禮賜」至「至去」　案聘禮云館賓，〔四一〕下云「賓三拜乘禽於朝」，以此知禮賜是乘禽也。云「遂行，如入之積」，鄭云「如入之積，則三積從來至去」者，入與出各三積，故得以後如前。以此而言，諸侯言出入五積、四積、三積之類，入出各五、各四、各三者也。

凡侯伯子男之臣，〔四二〕**以其國之爵相爲客而相禮，其儀亦如之。**爵，卿也，大夫也，士也。

注「爵卿」至「士也」　諸侯之臣，言「爵相爲客而相禮」者，不離三等卿大夫士。鄭注掌客云「爵，卿也，則飧二牢，饔餼五牢。大夫也，則飧大牢，饔餼三牢。士也，則飧少牢，饔餼大牢也。此降小禮，豐大禮也。以命數則參差難等，略於臣，用爵而已」，以此三等相禮也。云「其儀亦如之」者，亦以三等相差，七十步七介，五十步五介，三十步三介，小聘使大夫，又降殺也。

凡四方之賓客禮儀、辭命、餼牢、賜獻，以二等從其爵而上下之。上下猶豐殺也。○上下，時掌反。

「凡四」至「下之」　上經云「爵」，鄭以卿大夫士三等解之。此經云「二等」，即與大行人云「諸侯之卿，各下其君二等，大夫士亦如之」，大夫下卿，士下大夫，降殺以兩解之同也。云「從其爵」者，以三等降殺，從三等而爲之。〔四三〕云「上下猶豐殺也」者，爵尊者禮豐，爵卑者禮殺，以二等爲豐殺也。

凡賓客，送逆同禮。謂郊勞、郊送之屬。

注「謂郊」至「之屬」　經云「送逆」，故知郊勞、郊送也。郊勞是逆，郊送是送，尊卑不同，此二者一也。

凡諸侯之交，各稱其邦而爲之幣，以其幣爲之禮。幣，享幣也。於大國則豐，於小國則殺。主國禮之，如其豐殺，謂賄用束紡，禮用玉帛、乘皮及贈之屬。○各稱，尺證反。束紡，芳往反。

「凡諸」至「之禮」　此一經，惟論享幣多少，及主國報禮輕重之事。言「交」者，兩國一往一來謂之交。言「各稱其

邦而爲之幣」者，據朝聘所齎享幣，大國多，小國少。云「以其幣爲之禮」者，據主國賄客，還依來者多少而報之。〔四四〕

注「幣享」至「之屬」　鄭知「幣」是「享幣」者，以其經云「稱其邦」，復云幣，明幣是享幣，不得據圭璋璧琮也。知是「賄用束紡，禮用玉帛、乘皮及贈之屬」者，案聘禮「還玉」之下云「賓裼迎，大夫賄用束紡」，〔四五〕注云：「所以遺聘君，可以爲衣服。」又云「禮，玉束帛乘皮」，注云：「禮，禮聘君也，所以報享也。」又云「遂行，舍于郊，公使卿贈，如覿幣」。記云「賄，在聘爲賄」，是其豐殺多少者也。

凡行人之儀，不朝不夕，不正其主面，亦不背客。謂擯相傳辭時也。不正東鄉，不正西鄉，常視賓主之前却，得兩鄉之而已。○不朝，如字，又直遥反。不背，音佩。東鄉，許亮反，下同。

注「謂擯」至「而已」　此經論司儀爲擯相之法。朝，謂日出時，爲正鄉東。夕，謂日入時，爲正鄉西。云「不正其主面，則亦不背客」，故鄭云「常視賓主之前却，得兩鄉之而已」，言此者，正謂司儀隨機旋轉，不常厥處者也。

行夫，掌邦國傳遽之小事、媺惡而無禮者。凡其使也，必以旌節。雖道有難而不時，必達。傳遽，若今時乘傳騎驛而使者也。美，福慶也。惡，喪荒也。此事之小者無禮，行夫主使之。道有難，謂遭疾病他故，不以時至也。必達，王命不可廢也。其大者有禮，大小行人使之。有故則介傳命，不嫌不達。○傳，張戀反，注同。遽，其庶反。其使，色吏反，注及下同。有難，乃旦反，注同。傳命，直宣反，象胥職同。

「行夫」至「必達」「行夫」者，以身自行於外。言美惡無禮者，無擯介而單行，謂之無禮也。云「必以旌節」者，道路用旌節故也。云「雖道有難而不時」者，無難者即依程至，秖由有難，故不時。云「必達」者，雖不時，必達於所往之處也。

注「傳遽」至「不達」云「美，福慶也」者，謂諸侯國有生男及嫁娶等。云「惡，喪荒也」者，謂民有死喪，及年穀不孰若諸侯薨之等。大事即使卿大夫，若春秋王使榮叔、宰咺之等，有禮，不使行夫也。云「他故」者，謂賊寇及水旱之等。云「必達，王命不可廢也」者，以其行夫下士三十二人，以人數多，縱有難，必達也。云「其大者有禮，大小行人使之」者，案大行人，雖不云身使之事，其間問，及王之所以撫諸侯之等，或身自行。小行人云「使適四方」，是身行之事也。

居於其國，則掌行人之勞辱事焉，使則介之。〔四六〕使謂大小行人也。故書曰夷使。鄭司農云：「夷使，使於四夷，則行夫主爲之介。」玄謂夷，發聲。○爲使，劉焉音夷。

注「使謂」至「發聲」先鄭以「夷使，使於四夷」。後鄭不從，以爲「夷，發聲」者，以經云「居則掌行人之勞辱事」，是行人所使，即云介，明還與行人爲介，文勢不容與行人別行，直四夷使，自使象胥，何得使行夫也？故不從之也。

環人，掌送逆邦國之通賓客，以路節達諸四方。通賓客以常事往來者也。路節，旌節也。四方，圻上。

「環人」至「四方」此「環人」與夏官「環」字雖同，義則異。彼環人主致師，此環人主環遶賓客，使不失脱，是其異也。

注「通賓」至「圻上」　云「通賓客以常事往來者也」者，謂朝覲會同者也。云「路節，旌節也」者，以其道路用旌節，故知路節旌節也。云「四方，圻上」者，至畿即入諸侯國，諸侯國自有通之者也。

舍則授館，令聚欜，有任器，則令環之。令，令野廬氏也。鄭司農云：「四方人有任器者，則環人主令殉環守之。」○殉環，徐音循，或辭俊反。

注「令令」至「守之」　「令，令野廬氏也」者，其職云「若有賓客，則令守涂地之人聚欜之」，故知令野廬也。

「舍則」至「環之」　「館」，則道上廬宿市所館舍。「任器」，謂賓客任用之器。

凡門關無幾，送逆及疆。鄭司農云：「門關不得苛留環人也。」玄謂環人送逆之，則賓客出入不見幾。○及疆，居良反。苛留，音何，又呼何反。

注「鄭司」至「見幾」　先鄭云「門關不得苛留環人也」者，以環人乃是執節之人，事不畏門關苛留，〔四七〕故後鄭以爲環人送逆之，則門關不得苛留賓客。

象胥，掌蠻、夷、閩、貉、戎、狄之國使，掌傳王之言而諭説焉，以和親之。謂蕃國之臣來覜聘者。○閩，亡巾反，又音文。貉，亡百反。國使，所吏反。

注「謂蕃」至「聘者」　蕃國之君世壹見，其臣得有覜聘者，彼雖無聘使法，有國事來，小行人受其幣，聽其辭，以中國覜聘況之耳，其實無覜聘也。

若以時入賓，則協其禮，與其辭，言傳之。〔四八〕以時入賓，謂其君以世一見來朝爲賓者。○壹見，賢遍反。

「若以」至「傳之」　云「協其禮」者，夷狄之君，雖不能行中國禮，及其行朝覲，亦當以禮和合之，使得其所也。云「與其辭，言傳之」者，但夷狄之君，本是中國卿大夫，〔四九〕有罪，使任於彼，計應言辭可知。而言協其辭言傳之者，〔五〇〕謂君外之衆，〔五一〕須譯語者也。

凡其出入送逆之禮節幣帛辭令，而賓相之。從來至去皆爲擯，而詔侑其禮儀。○而賓，音擯，下同。相之，息亮反，下同。

「凡其」至「相之」　夷狄無玉帛來向中國，而云「幣帛」者，謂王有賜與之者也。

凡國之大喪，詔相國客之禮儀而正其位。客，謂諸侯使臣來弔者。

注「客謂」至「弔者」　「大喪」言「凡」，則非王喪。若王喪，諸侯皆來，何得有使臣來、諸侯絶無來者？則大喪，王后世子也。或大喪王喪，不言諸侯者，餘官掌之，此象胥直掌臣也。又象胥本主夷狄之使，亦兼掌中國之使，故下有大事諸侯之等也。

凡軍旅會同，受國客幣而賓禮之。謂諸侯以王有軍旅之事，使臣奉幣來問。

注「謂諸」至「來問」　言「諸侯以王有軍旅之事，使臣奉幣帛來問」者，正謂禮動不虚，以爲相見之禮，以幣致其君命，非謂别有幣也。

凡作事，王之大事諸侯，次事卿，次事大夫，次事上士，下事庶子。〔五二〕作，使也。鄭司農云：「王之大事諸侯，使諸侯執大事也。次事卿，使卿執其次事也。次事使大夫，次事上士，下事使庶子。」

「凡作」至「庶子」　直言「上士」，不言中士，下士者，揔以王之三等之士皆曰上士，與王制所云「元士」同也。云「庶子」者，謂若宫伯所云「士庶子」之等，直云庶子，兼適子在其中也。

掌客，掌四方賓客之牢禮、餼獻、飲食之等數與其政治。政治，邦新殺禮之屬。○政治，直吏反，注同。

注「政治」至「之屬」　此經與下文爲揔目，其事並在下文。云「政治，邦新殺禮之屬」者，下文云「新國則殺禮」，殺禮類多，故云「之屬」以通之。

王合諸侯而饗禮，則具十有二牢，庶具百物備，諸侯長十有再獻。饗諸侯而用王禮之數者，以公侯伯子男盡在，是兼饗之，莫敵用也。諸侯長，九命作伯者也。獻公侯以下，如其命數。○侯長，丁丈反，注同。敵用，丁歷反。

注「饗諸」至「命數」　云「王禮之數者」，則十二牢是，故哀七年，吴來徵百牢，魯使子服景伯對曰：「周之王也，制禮，上物不過十二，以爲天之大數也。」上公以九爲節，則十二者是王禮之數也。云「以公侯伯子男盡在，是兼饗之」者，以經云「合」，則時會殷同是，盡在，於是兼饗，故用十二牢也。云「莫敵用也」者，若單饗一國，即有賓主之敵，則單用大牢。今兼饗諸侯，無一一相敵，故云莫敵用也。若曲禮云「大饗不問卜」，鄭云：「莫適卜也。」彼亦非一帝，揔饗五帝，莫適卜也。云「諸侯長，九命作伯者也」者，大宗伯云「九命作伯」，注云：「上公有功德者，加命爲二伯。」云「獻公侯以下，如其命數」者，大行人云「上公饗禮九獻，侯伯七獻，子男五獻」是也。

王巡守、殷國，〔五三〕則國君膳以牲犢，令百官百牲皆具。從者，三公眡上公之禮，卿眡侯伯之禮，大夫眡子男之禮，士眡諸侯之卿禮，庶子壹眡其大夫之禮。國君者，王所過之國君也。犢，繭栗之犢也。以膳天子，貴誠也。牲孕，天子不食也，祭帝不用也。凡賓客則皆角尺。令者，掌客令主國也。百牲皆具，言無有不具備。○從者，才用反，下注從賓同。繭栗，古典反。

「王巡」至「之禮」 「王巡守」則殷同，殷同則殷國也。〔五四〕王巡守至於四岳之下，當方諸侯，或所在經過，或至方岳之下。〔五五〕若殷國，或在王城，出畿外，在諸侯之國，所在之處，皆設禮待王，故巡守、殷國並言也。云「則國君膳以牲犢」者，膳，亦謂殷膳時也。云「令百官百牲皆具」者，此文與下爲目，百官，即三公已下是也。云「三公」者，明上公已下及侯伯子男禮，備於大行人及掌客。諸侯之卿及諸侯大夫禮，亦備於聘禮及公食大夫也。

注「國君」至「具備」 云「國君者，王所過之國君也」者，鄭偏舉一邊而言，所在亦須共待。云「犢，繭栗之犢也」者，王制云：「天地之牛，角繭栗。」郊特牲云：「天子適諸侯，諸侯膳用犢。」謂殷膳時特，與祭天之牲同用犢，則天子繭栗可知也。云「以膳天子，貴誠也，牲孕，不食也，祭帝不用也」者，皆郊特牲文。言此者，見天子牲與天同，貴誠慤，故用繭栗也。云「凡賓客則皆角尺」者，亦王制文。云「令者，掌客令主國也」者，以其掌客掌諸侯已下牢禮，故知掌客令也。

凡諸侯之禮：上公五積，皆眡飧牽，三問皆脩，羣介、行人、宰、史皆有牢；飧五牢，食四十，簠十，豆四十，鉶四十有二，〔五六〕壺四十，鼎簋十有二，〔五七〕牲三十有六，皆陳；饔餼九牢，其死牢如飧之陳，牽四牢，米百有二十筥，醯醢百有二十罋，車皆陳；車米眡生牢，牢十車，車秉有五籔，〔五八〕車禾眡死牢，牢十車，車三秅，芻薪倍禾，皆陳；乘禽日九十雙，殷膳大牢，以及歸，三饗、三食、三燕，若弗酌則以幣致之；凡介、行人、宰、史皆有飧饔餼，以其爵等爲之牢禮之陳數，唯上介有禽獻；夫人致禮，八壺、八豆、八籩，膳大牢，致饗大牢，食大牢；卿皆見，以羔，膳大牢。侯伯四積，皆眡飧牽，再問皆脩；飧四牢，食三十有二，簠八，豆三十有二，鉶二十有八，壺三十有二，鼎簋十有二，腥二十有七，皆陳；饔餼七牢，其死牢如飧之陳，牽三牢，米百筥，醯醢百罋，皆陳；米三十車，禾四十車，芻薪倍禾，皆陳；乘禽日七十雙，殷膳大牢，三饗、再食、再燕；〔五九〕凡介、行人、宰、史皆有飧饔餼，以其爵等爲之禮，唯上介有禽獻；夫人致禮，八壺、八豆、八籩，膳大牢，致饗大牢；卿皆見，以羔，膳特牛。子男三積，皆眡飧牽，壹問以脩；飧三牢，食二十有四，簠六，豆二十有四，鉶十有八，壺二十有四，鼎簋十有二，牲十有八，皆陳；饔餼五牢，其死牢如飧之陳，牽二牢，米八十筥，醯醢八十罋，皆陳；米二十車，禾三十車，芻薪倍禾，皆陳；乘禽日五十雙，壹饗、壹食、壹燕；凡介、行人、宰、史皆有飧饔餼，以其爵等爲之禮，唯上介有禽獻；夫人致禮，六壺，六豆，六籩，膳眡致饗；〔六〇〕親見卿皆膳特牛。積皆視飧牽，謂所共如飧，而牽牲以往，不殺也。不殺則無鉶鼎。簠簋之實，其米實于筐，豆實實于罋。〔六一〕其設，筐陳于楹內，罋陳于楹外，牢陳于門西。車米禾芻薪，陳于門外。壺之有無未聞。三問皆脩，脩，脯也。上公三問皆脩，下句云「羣介行人宰史皆有牢」，君用脩而臣有牢，非禮也。蓋著脫字失處且誤耳。飧，客始至，致小禮也。公侯伯子男飧皆餁一牢，其餘牢則腥。食者，其庶羞美可食者也。其設，蓋陳于楹外東西，不過四列。簠，稻粱器也。公十簠堂上六，西夾東夾各二也；侯伯八簠，堂上四，西夾東夾各二；子男六簠，堂上二，西夾東夾各二。豆，菹醢器也。公四十豆，堂上十六，西夾東夾各十二；侯伯三十二豆，堂上十二，西夾東夾各十；子男二十四豆，堂上十二，西夾東夾各六。禮器曰：「天子之豆二十有六，諸公十有六，諸侯十有二，上大夫八，下大夫六。」以聘禮差之，則堂上之數與此同。鉶，羹器也。公鉶四十二，侯伯二十八，子男十八，非衰差也。二十八，書或爲「二十四」，亦非也。其於衰，公又當三十，於言又爲無施。禮之大數，鉶少於豆，推其衰，公鉶四十二，宜爲三十八，蓋近之矣。則公鉶堂上十八，西夾東夾各十；侯伯堂上十二，西夾東夾各八；子男堂上十，西夾東夾各四。壺，酒器也，其設於堂夾，如豆之數。鼎，牲器也。簋，黍稷器也。鼎十有二者，餁一牢，正鼎九與陪鼎三，〔六二〕皆設于西階前。簋十二者，堂上八，西夾東夾各二。合言鼎簋者，牲與黍稷俱食之主也。牲當爲腥，聲之誤也。腥謂腥鼎也。於侯伯云「腥二十有七」，其故腥字也。諸侯禮盛，腥鼎有鮮魚、鮮腊，每牢皆九爲列，設于阼階前。公腥鼎三十六，腥四牢也；侯伯腥鼎二十七，腥三牢也；子男腥鼎十八，腥二牢也。皆陳，陳列也。飧門内之實，備于是矣。亦有車米禾芻薪。公飧五牢，米二十車，禾三十車；侯伯四牢，米禾皆二十車；子男三牢，米十車，禾二十車。芻薪皆倍其禾。饔餼，既相見致大禮也。大者，既兼飧積，有生，有腥，有孰，餘又多也。死牢如飧之陳，亦飪一牢在西，餘腥在東也。牽，生牢也。陳于門西，如積也。米横陳于中庭，十爲列，每筥半斛。公侯伯子男黍粱稻皆二行，公稷六行，侯伯稷四行，子男二行。醯醢夾碑從陳，亦十爲列，醯在碑東，醢在碑西。皆陳於門内者，於公門内之陳也。言車者，衍字耳。車米，載米之車也。聘禮曰：「十斗曰斛，十六斗曰籔，十籔曰秉。」每車秉有五籔，則二十四斛也。禾，稾實并刈者也。〔六三〕聘禮曰：「四秉曰筥，十筥曰稯，十稯曰秅。」每車三秅，則三十稯也。稯猶束也。米禾之秉筥，字同數異。禾之秉，手把耳；筥讀爲棟梠之梠，〔六四〕謂一穧也。皆陳，横陳門外者也。米在門東，禾在門西。芻薪雖取數于禾，薪從米，芻從禾也。乘禽，乘行羣處之禽，謂雉鴈之屬，於禮以雙爲數。殷，中也。中又致膳，示念賓也。若弗酌，謂君有故，不親饗食燕也。不饗則以酬幣致之，不食則以侑幣致之。凡介、行人、宰、史，衆臣從賓者也。行人主禮，宰主具，史主書，皆有飧饔餼。〔六五〕尊其君以及其臣也。以其爵等爲之牢禮之數陳，〔六六〕爵卿也，則飧二牢，饔餼五牢；大夫也，則飧大牢，饔餼三牢；士也，則飧少牢，饔餼大牢也。此降小禮，豐大禮也。以命數則參差難等，畧於臣，用爵而已。夫人致禮，助君養賓也。籩豆陳于户東，壺陳于東序。凡夫人之禮，皆使下大夫致之。於子男云膳視致饗，言夫人致膳於小國君，以致饗之禮，則是不復饗也。饗有壺酒，卿皆見者，見于賓也。既見之，又膳之，亦所以助君養賓也。卿見又膳，〔六七〕此聘禮卿大夫勞賓、饋賓之類與？於子男云「親見卿皆膳特牛」，見讀如「卿皆見」之見，言卿於小國之君，有不故造館見者，故造館見者乃致膳。鄭司農説牽云：「牲可牽行者也」，故春秋傳曰「餼牽竭矣」。秅讀爲「秅秭麻荅」之秅。〔六八〕○鉶，音刑。牲三十有六，依注，牲音星，下牲十有八、受牲禮同。二十筥，姜呂反。二十罋，烏弄反。五籔，素口反，劉色縷反。三秅，丁故反，或丈加反。乘禽，繩證反，下及注同。三食，音嗣，下食大牢、再食、壹食、注不食同。皆見，賢遍反，注下除相見、見讀皆同。皆飪，而甚反。西夾，古洽反，劉古協反，下同。非衰，初危反，下同。差也，初佳反，又初宜反。倍鼎，音裴。二行，户剛反，下六行、四行、二行皆同。從陳，子容反。稾實，古老反。并刈，必政反，又必盈反。曰總，本又作緵，子工反，李又音揔。手把，必馬反。棟梠，音呂。一穧，才計反。參差，初林反，下初宜反。不復，扶又反。勞賓，老報反。造館，七報反。秅秭，徐音姊，劉祖禮反。

注「積皆」至「之秏」　云「凡諸侯之禮」者，此一句與下爲惣目也。此一經，並是諸侯自相朝，主國待賓之禮。若然，天子掌客不見天子待諸侯之禮，而見諸侯自相待者，天子掌客自掌天子禮，則諸侯相待之禮無由得見。〔六九〕今以天子之官，輒見諸侯自相待，以外包内，天子待諸侯，亦同諸侯自相待可知。是以見諸侯相待之法也。云「上公五積，皆眡飧牽」者，公國自相朝，是上公待上公之禮，有五積皆視飧，〔七〇〕一積眡一飧，飧五牢，五積則二十五牢。言牽者，數雖眡飧，飧則殺，積全不殺，並生致之，故云牽。「侯伯四積」，亦皆眡飧牽，飧四牢，一積眡一飧，則一積四牢，摠十六牢，亦牽不殺，子男三積，積亦眡飧，飧三牢，一積三牢，三積九牢，亦牽之不殺也。必牽之不殺者，以其在道分置豫往，故不殺之，容至自殺也。既云「眡飧」，飧則有芻薪米禾之等，故鄭解積，皆依飧解之也。云「不殺則無鉶鼎」者，鉶鼎，即陪鼎是也。但殺乃有鉶鼎，不殺則無鉶鼎可知，侯伯子男皆然。鄭云「簠簋之實」已下，皆約公食大夫「親食則有簠簋之實」已下，皆飪在俎。若不親食，使大夫各以其爵，朝服以侑幣致之，則生往。今積既不殺，與公食生致同，故鄭皆約公食大夫解之也。云「其設，筐陳于楹内」者，彼云：「簋實實于筐，陳于楹内兩楹間，二以並，南陳。」云「罋陳于楹外」者，彼云：「豆實實于罋，陳于楹外，二以並，北陳。」云「牢陳于門西」者，彼云：「牛羊豕陳于門内西方，東上。」是鄭皆依公食大夫之文也。云「車米禾芻薪陳于門外」者，此約聘禮致饔餼之文。彼云「米三十車，設于門東，爲三列，東陳；禾三十車，設于門西，西陳；薪芻倍禾」。注云：「薪從米，芻從禾。」是其事也。侯伯子男積之簠豆米禾薪芻等，陳列亦與此同也。云「壺之有無未聞」者，以其酒不可生致，故云未聞。云「三問皆脩，羣介、行人、宰、史皆有牢」者，鄭云「三問皆脩，〔七一〕脩，脯也」，對文，脩是鍛脩，〔七二〕加薑桂捶之者，脯，乾肉薄者。散文，脩、脯一也。云「上公三問皆脩，下句云『羣介行人宰史皆有牢』，君用脩而臣有牢，非禮也」者，言非禮者，君尊用脩，臣卑用牢，故云非禮。云「蓋著脱字失處」，案下文，「凡介、行人、宰、史」皆在饗食燕下，此特在上。有人見下文脱此語，錯差著於此；更有人於下著訖，此剩不去，故云蓋著脱字失處也。云「且誤耳」者，下文皆云「凡介」，此云「羣介」，故云且誤耳。云「飧，客始至，致小禮也」者，案聘賓，「大夫帥至館，卿致館」，即云「宰夫朝服設飧」，是其客始至之禮。言小禮者，對饔餼爲大禮也。云「公侯伯子男飧皆飪一牢，其餘牢則腥」者，鄭言此者，下惟言腥，不言飪，此有鉶及鼎，皆爲飪一牢而言，以是經雖不言飪，須言飪之矣。云「其餘牢則腥」，腥之數，備於下也。云「食者，其庶羞美可食者也。其設，蓋陳于楹外東西，不過四列」者，前所陳，皆約公食大夫致食之禮。今案公食，「若不親食，庶羞陳于碑內」者，設飧之時，堂上皆有正饌，無容庶羞之處，楹外既空，不須向碑內及堂下，故疑在楹外陳之，十以爲列，故四列也；公食陳于碑內者，由饔陳于楹外，〔七三〕故在下也。必知爲四列，見公食云「庶羞東西不過四列」，故知也。云「簠，稻粱器也」者，見公食大夫簠盛稻粱。云「公十簠，堂上六，西夾東夾各二也。侯伯八簠，堂上四，西夾東夾各二。子男六簠，堂上二，西夾東夾各二」，鄭知此者，見聘禮致饔餼，堂上二簠，東西各二簠。今此公十，侯伯八，子男六，禮之道列，〔七四〕堂上之數與東西夾之數，堂上不多則等，鄭遂以意裁之，五等東西夾各二，以外置於堂上，故云公六、侯伯四、子男二也。〔七五〕聘禮設飧，鄭約致饔餼，今亦約致饔餼也。但聘禮設飧云西夾六，無東夾之饌者，蓋降於君禮故也。云「豆，菹醢器也」者，見公食大夫及特牲少牢豆，〔七六〕皆以豆盛菹醢，故知也。云「公四十豆，堂上十六」至「各六」，鄭以堂上豆數，取聘禮致饔餼於上大夫八豆，下大夫六豆，並是堂上豆數；又取禮器「天子之豆二十有六，諸公十有六，諸侯十有二」，謂侯伯子男同，則亦是堂上豆數可知。以此文公言四十，明十六在堂上，餘二十四豆，分之於東西夾；此侯伯言三十二，亦以十二爲堂上豆數，餘二十，分於東西夾各十。此子男云二十四，以十二爲堂上豆數，其餘十二，分爲東西夾各六。其堂上豆數，既約聘禮與禮器，〔七七〕東西多少，鄭以意差之可知。故云「以聘禮差之，則堂上豆數與此同」也。云「鉶，羹器也」者，鉶，器名，鉶器所以盛膷臐膮三等之羹，故爲鉶羹。云「公鉶四十二，侯伯二十八，子男十八，非衰差也」者，衰差之法，上下節級，似若九，若七，若五，校一節是衰差。今公四十二，侯伯二十八，子男十八，公於侯伯子男大縣絶，故云非衰差也。云「二十八，書或爲『二十四』，亦非也」者，侯伯若二十四，爲比公四十二。校十八；又以二十四比子男十八，校六，亦非其類，故云亦非也。云「其於衰，公又當三十，於言又爲無施」者，爲三十，亦非衰法，以其無所倚就，故云無所施也。云「禮之大數，鉶少於豆」者，案侯伯豆三十二，鉶二十八；子男豆二十四，鉶十八，是鉶少豆多。公食大夫豆六鉶四，是其鉶少於豆也。云「推其衰，公鉶四十二，宜爲三十八，蓋近之矣」者，子男十八，侯伯二十八，公三十八，以十爲降殺，是其衰也。言蓋者，無正文，故疑而云「蓋」也。〔七八〕云「公鉶堂上十八，西夾東夾各十，侯伯堂上十二，西夾東夾各八，子男堂上十，西夾東夾各四」，知如此差者，亦約聘禮致饔餼，兼以意準量而言。云「壺，酒器也」者，司尊彝有兩壺尊，春秋傳云「尊以魯壺」，皆以壺爲酒尊也，此所設亦約聘禮，但彼堂上八壺，東西夾各六壺，此壺與豆數同四十，故云「其設於堂夾如豆之數」也。云「鼎，牲器也」者，謂亨牲體之器。云「簠，黍稷器也」者，「鼎十有二」者，飪一牢，正鼎九與陪鼎三皆設于西階前」者，其陪鼎三，設于内廉。云「簠十二者，堂上八，西夾東夾各二」，知設如此者，約聘禮而知之也。牢鼎九者，謂牛、羊、豕、魚、腊、膚與腸、胃、鮮魚、鮮腊，陪鼎三者，膷、臐、膮也。云「合言鼎簠者，牲與黍稷俱食之主也」者，黍稷與衆饌爲主，牲與羞物爲主，是俱得爲食之主也。此五等諸侯，同簠十二。案聘禮致饔餼，堂上八簠，東西夾各六簠，揔二十簠。彼臣多，此君少者，禮有損之而益故也。云「牲當爲腥，聲之誤也」。腥謂腥鼎也。於侯伯云『腥二十有七』，其故腥字也」者，子男亦云牲十八是亦當爲腥，聲之誤也。云「諸侯禮盛，腥鼎有鮮魚、鮮腊，每牢皆九爲列，設於阼階前」者，此皆約聘禮設飧而言。案彼「飪一牢在西，鼎九；羞鼎三，腥一牢在東，鼎七」。致饔餼云「腥二牢，鼎二七，無鮮魚、鮮腊，設于阼階前，西面陳，如飪鼎，二列」。此云三十六，故知有鮮魚、鮮腊也。云「飧門内之實，備于是矣」者，鄭言此者，欲見門内既備，仍有車米之等也。〔七九〕是以云「亦有車米禾芻薪」也。云「公飧五牢，米二十車，禾三十車」，已下皆約饔餼死牢而言，以其饔餼云死牢如飧之陳，上公五牢死，侯伯四牢死，子男三牢死，皆如飧之陳，明此米禾數如此。云「芻薪皆倍其禾者」，亦約饔餼禮也。若然，案聘禮，米禾皆二十車者，〔八〇〕彼大夫禮，豐小禮，大夫飧二牢，故米禾皆眡之，米禾各二十車也。云「饔餼，既相見致大禮也」者，知既相見所致者，案聘禮記云「聘日致饔」，鄭云「急歸大禮」，是既相見致大禮也。云「大者，既兼飧積，有生，有腥，有孰，餘又多也」者，假令上公饔餼九牢，五牢死，四牢牽。上公五積，皆眡飧牽，則是一積五牢。言兼飧，死五牢與飧同。言兼積者，則兼不盡，正兼四耳，〔八一〕言兼積者，以其牽與積同，故云兼之也。侯伯子男皆兼積不盡。言餘又多者，謂米禾芻薪醯醢芻米之屬。〔八二〕云「死牢如飧之陳者，亦飪一牢在西，餘腥在東也」者，約聘禮知之也。云「牽，生牢也。陳于門西，如積」者，亦橫陳于門西而東上。云「米橫陳于中庭，十爲列，每筥半斛」，知然者，前飧之陳及積之陳，皆約聘禮致饔餼法。今於此文積在前已說，故以此饔餼向前如之，〔八三〕故云如積也。言如積，〔八四〕則亦如聘禮饔餼也。今此自米已下，還約聘禮致饔餼法。云「公侯伯子男黍粱稻皆二行，稷四行，公稷六行，侯伯稷四行，子男稷二行」者，彼云「米百筥，筥半斛，設于中庭，十以爲列，北上，黍粱稻皆二行，稷四行」。此以增稷，餘不增，故知公稷六行。子男米八筥，黍粱稻各二行，更得二即足，故知稷二行。云「醯醢夾碑從陳，亦十爲列，醯在碑東，醢在碑西」者，彼注云：「夾碑，在庭之中央也。〔八五〕醯在東，醯穀，陽也。醢肉，陰也。」言夾碑，故知從陳。然侯伯醯醢百甕，米百筥，上介筥及甕如上賓，士介四人，〔八六〕米百筥，比數多于子男，與侯伯等者。上公醯醢百二十甕，與王舉百二十甕同，故鄭志云此公乃二王後。如是王之上公，與侯伯俱同百甕，〔八七〕子男八十甕，其筥米皆同甕數。此是尊卑之差。至於聘禮，乃是臣法，自爲一禮，不相與，亦是損之而益。云「□於公門內之陳也。言車，衍字耳」者，言車，載米之車，不合在醯醢下言之。又案「侯伯子男醯醢」下皆無「車」字，故知衍字也。云「車米，載米之車也。聘禮曰：『十斗曰斛，十六斗曰籔，十籔曰秉』，〔八八〕每車秉有五籔，則二十四斛也。禾，稾實并刈者也」者，聘禮記文。云「筥讀爲棟梠之梠，謂一穧也者，時有棟梠之言，故讀從之，亦曰一穧，穧，即詩云「此有不斂穧」，穧即鋪也。〔八九〕

云「皆橫陳門外者也。米在門東，禾在門西」者，皆約聘禮致饔餼法。云「芻薪雖取數於禾」已下，〔九〇〕鄭以義言也。云「乘禽，乘行羣處之禽，謂雉鴈之屬」者，此禽謂兩足而羽者，不兼四足而毛，故云雉鴈。以其兼有鵝鶩之等，故云之屬。是以大宗伯「以禽作六摯」，有雉、鴈、雞、鶩之等也。云「於禮以雙爲數」者，即此九十、五十，及士中日則二雙，皆以雙爲數是也。云「殷，中也，中又致膳，示念賓也」者，此爲牢禮之外，見賓中間未去，〔九一〕恐賓慮主人有倦，更致此爵，〔九二〕所以示念賓之意無倦也。云「若弗酌，謂君有故，不親饗食燕也，不饗則以酬幣致之，不食則以侑幣致之」者，此皆約聘禮文，不言致燕者，饗食在廟燕在寢，禮惟言致饗食者，以合在廟嚴凝之事，不親即須致之。燕禮褻，不親酌，蓋不致也。云「凡介、行人」，鄭云「行人主禮，宰主具，史主書」者，案王制云「大史典禮，執簡記」，大史職亦云「執其禮事」，與此史主書行人主禮違者，大史在國，則專主書，故曲禮云「史載筆，士載言」。此云史，止謂大史之屬官，以其有爵等，故知也。云行人主禮者，主賓客之禮，大行人之類，是掌賓禮也。案聘禮云：「史讀書，宰執書，告備具于君。」又掌饌具，故公食大夫云「宰夫具饌于房」，是掌具也。云「爵卿也，則飧二牢，饔餼五牢」已下，皆約聘禮賓之卿、上介之大夫、士介四人，歸饔餼降殺而言也。云「此降小禮，豐大禮也」者，小禮，謂飧，飧則去君遠矣，并乘禽之等，皆是小禮也。大禮，謂饔餼，卿五牢，子男、卿與君等，是豐大禮也。云「以命數則參差難等，略於臣，用爵而已」者，依命，公侯伯卿三命，大夫再命，士一命；子男卿再命，大夫一命，士不命，并有大國孤一人四命。是從孤已下，通一命不命，有五等。若以此命數五等爲之，則參差難可等級，略於臣用爵而已，爵則有三等，易爲等級也。言略於臣用爵，則君不依爵而用命，即諸侯爵五等，命惟三等，大行人、掌客皆依命是也。云「夫人致禮，助君養賓也。籩豆陳于户東，壺陳于東序」至「下大夫致之」，知義然者，見聘禮致饔餼「下大夫韋弁，歸禮，堂上籩豆設於户東，東上，亦以並，東陳」。〔九三〕注「設於户東，辟饌位」，「壺設于東序，北上，南陳，醙黍清皆兩壺」，約此，故知之也。若然，不使卿者，案内宰云「致后之賓客之禮」，注：「謂之諸侯朝覲及女賓之賓客。」亦内宰是下大夫，王后尚使下大夫，況諸侯夫人乎？故知使下大夫也。云「於子男云膳視致饗」，言夫人致膳於小國君，以致饗之禮，則是不復饗也。饗有壺酒」者，公侯伯夫人致禮，則云八壺、八豆、八籩，與膳大牢、致饗大牢三者各别。於子男夫人，則云「膳視致饗」，〔九四〕鄭云「饗有壺酒」，則致膳無酒矣，故云饗有酒。若然，子男夫人於諸侯惟有二禮矣。聘禮夫人於聘大夫，直有籩豆壺，又不致饗，是其差也。「卿皆見者，見于賓也。既見之，又膳之，亦所以助君養賓也」者，言「亦」者，亦大夫也。〔九五〕云「卿既見又膳，此聘禮大夫勞賓餼賓之類與」者，案聘禮聘畢，賓即館，〔九六〕卿大夫勞賓，賓不見，大夫奠鴈再拜，上介受」，注云：「不言卿，卿與大夫同執鴈，下見於國君。周禮凡諸侯之卿見，朝君皆執羔。」「勞上介亦如之。」又云：「餼賓大牢，米八筐，上介亦如之。」此朝君有膳無勞餼，聘客有勞餼無膳，明此事相當，故云勞賓餼賓之類與。約同之，故云與以疑之。云「於子男云『親見卿皆膳特牛』」，見讀如『卿皆見』之見」者，上公侯伯直云「卿皆見以羔」，於子男即云「親見卿」，作文有異。此言親見卿，似朝君親自來見卿，有此嫌，故讀從上文「卿皆見」以兼之，明此見亦是卿見朝君。〔九七〕三卿之内，有見者有不見者，〔九八〕若故造館見，則致膳；若不故造館見，則不致膳。是以鄭云「言卿於小國之君，有不故造館見者，故造館見者乃致膳」也。先鄭説牽云：「牲可牽行者也，故春秋傳曰『餼牽竭矣』」者，案僖三十二年左氏傳云「杞子自鄭告于秦，曰：『鄭人使我掌其北門之管，若潛師以來，國可得也。』秦師將至鄭，鄭人知之，使皇武子辭焉：『吾子淹久於敝邑，惟是脯資餼牽竭矣。』」〔九九〕注「餼，死牢。牽，生牢」，引之，證牽亦生牢未殺者也。云「秅讀爲『秅秭麻荅』之秅」者，時有秅秭麻荅之言，故讀從之。秅，是束之揔名，如詩云「萬億及秭」，秭亦數之揔號。荅，是鋪名，刈麻者，數把共爲一鋪。言此者，見秅爲束之揔號之意也。

凡諸侯之卿、大夫、士爲國客，則如其介之禮以待之。言其特來聘問，〔一〇〇〕待之禮，如其爲介時也。然則聘禮凡所以禮賓，是亦禮介。

注「言其」至「禮介」　前文云「凡介行人宰史」，是從君之法。今言此者，見不從君而特來聘問者，亦有三等之爵，爵卿也，爵大夫也，爵士也。若大聘曰聘，卿爲賓，大夫爲上介，士爲衆介；小聘曰問，大夫爲賓，介皆士也，故歷言卿大夫也。〔一〇一〕云「待之禮如其爲介之時」者，則前注爵卿已下是也。云「然則聘禮凡所以禮賓，是亦禮介」者，此即聘禮致饔餼之時，賓與上介、衆介，皆別行於館者是也。

凡禮賓客，國新殺禮，凶荒殺禮，札喪殺禮，禍烖殺禮，在野在外殺禮。皆爲國省用愛費也。國新，新建國也。凶荒，無年也。禍烖，新有兵寇水火也。○皆爲，于僞反，下同。愛費，芳味反。

注「皆爲」至「火也」　云「國新，新建國也」者，謂若「刑新國用輕典」。鄭云「新辟地立君之國」，故云新建國也。云「凶荒，無年也」者，此則曲禮云「歲凶，年穀不登」者也。云「禍災」者，兵寇來侵爲禍，水火來害爲災也。云「在野在外殺禮」者，以其野外忽遽，禮物不可卒備，故亦殺之。

凡賓客死，致禮以喪用。死則主人爲之具而殯矣。喪用者，饋奠之物。

注「死則」至「之物」　若諸侯之君出行，則以三年之戒以椑從，死時，除棺之外，主人皆借之。〔一〇二〕若臣從者死，棺物皆共之。云「死則主人爲之具而殯矣」者，此乃在館權殯，還日以柩行。知者，聘賓死，〔一〇三〕以柩造朝是也。云「喪用者，饋奠之物」者，小斂特豚鼎，〔一〇四〕大斂特豚三鼎之類是也。

賓客有喪，唯芻稍之受。不受饗食，饗食加也。喪謂父母死也。客則又有君焉。芻，給牛馬。稍，人稟也。其正禮飧饔餼，主人致之則受。○芻稍，所教反，舊踈詔反。

注「不受」至「則受」　上文賓客身死，此文據爲賓客聘至彼國後，有喪來告者。云「惟芻稍之受」者，君行師從，卿行旅從，須得資給，故受芻稍也。云「不受饗食，饗食加也」者，二者並速賓於廟飲食之事，故自爲而不受之。聘禮亦云：「聘，君若薨于後，入境則遂受禮。」注云「受饔餼也」，「不受饗食」。云「喪謂父母死也」者，據正賓而言。若諸侯，正應母死，〔一〇五〕而有父者，或始封之君，舊爲卿大夫，容有父；或父有廢疾不立，已受位於祖，亦云有父也。云「客則又有君焉」者，謂介已下，非直有父母，又有君喪，以其俱三年，故聘禮「若有私喪，則哭于館，衰而居」。云「芻，給牛馬」者，從行之牛馬。云「稍，人稟也」者，師從旅從者須給稍，〔一〇六〕即月稟是也。「飧饔餼，主人致之，則受」者，以正禮，故受之；若饗食加，主人致之，亦不受也。

遭主國之喪，不受饗食，受牲禮。牲亦當爲「腥」，聲之誤也。有喪，不忍煎亨，正禮飧饔餼當孰者，腥致之也。○煎，子然反，劉子賤反。亨，普庚反，劉普孟反。

注「牲亦」至「之也」　「牲亦當爲『腥』」者，亦上文「公與子男腥三十有六」當爲「腥」是也。〔一〇七〕主人有喪，不忍煎亨，腥致之也。案聘禮「聘，遭喪，入境則遂也」，注云「遭喪，主國君薨也」。「主人畢歸禮」，注云：「賓所飲食，不可廢也。禮，謂饔餼饗食」，「賓惟饔餼之受」，注云：「受正，不受加。」饗食雖主人歸賓，賓不受其加。若饗，主人致之，亦應受，以其正受腥禮。

掌訝，掌邦國之等籍，以待賓客。等九儀之差數。

注「等九」至「差數」　九儀之差數，即大行人命者五，爵者四，以九、以七、以五爲差數是也。

若將有國賓客至，則戒官脩委積，與士逆賓于疆，爲前驅而入；官謂牛人、羊人、舍人、委人之屬。士，訝士也。既戒，乃出迎賓。

注「官謂」至「迎賓」　云「國賓客至」者，謂五等諸侯及其臣來朝聘。「至」，謂入畿内。至廬宿市，當共待之。以委積有牛羊豕、米禾芻薪之等，故知戒官者，謂牛人已下也。舍人掌給米稟，委人掌芻薪之委布於道，遺人道上十里有廬，廬有飲食，三十里有宿，宿有委，五十里有市，市有積之等是也。

及宿，則令聚欜；令，令野廬氏。○野廬，力於反。

注「令令野廬氏」　知令野廬氏，其職云「有賓客，令其地之民聚欜之」，故知也。

及委，則致積；以王命致于賓。

注「以王」至「于賓」　凡致禮于賓，無非王命，故知以王命。

至于國，賓入館，次于舍門外，待事于客；次，如今官府門外更衣處。待事于客，通其所求索。○求索，色白反。

注「次如」至「求索」　賓客至，王使卿致館。掌訝既爲賓客前驅入館，掌訝「次止于舍門外，待事于客」。于「次，如今官府門外更衣處」。舉漢法以況之，即今門外亦然。

及將幣，爲前驅；道之以如朝。○道之，音導，下文注道之、道賓、道王同。

注「道之以如朝」　「將幣」，謂至行朝聘之日。「道之以如朝」，謂至大門外之朝也。

至于朝，詔其位，入復。及退亦如之。鄭司農云：「詔其位，告客以其位處也。入復，客入則掌訝出復其故位也。客退，復入迎，爲之前驅至于館也。」玄謂入復者，入告王以客至也。退亦如之，如其爲前驅。○退復入迎，復，扶又反。爲之，于僞反，亦如字。

注「鄭司」至「前驅」　解諸侯外朝之法，有二稱解之，或解取閔公傳，季友將生「間于兩社，爲公室輔」。注云：「兩社，周社、亳社」，此二社在大門内，内門外，既云兩社爲公室輔，則外朝所在也。或解以爲聘禮，聘賓在外卒，以柩造朝，柩不可入公門，造朝，朝在大門外可知，是其兩解不同。驗此文云「于朝」者，即是大門外陳擯介之處，言朝，即外朝，在大門外，於義可矣。云「詔其位」者，謂告賓門外立位。云「入復」者，復，白也。白王賓已至位。云「及退亦如之」者，賓客行朝聘訖，出還館，謂之退，亦如前與之道至館。先鄭以入復爲掌訝詔客，自復已之故位。後鄭不從，以入復爲入白王，於義爲允也。

凡賓客之治，令訝，訝治之。賓客之治，謂欲正其貢賦理國事也。以告訝，訝爲如朝而理之。〔一〇八〕○之治，直吏反，注下同。訝爲，于僞反，下則爲同。

注「賓客」至「理之」　但諸侯之理，其事衆多。鄭以貢賦爲主，兼有理國事以該之。

凡從者出，則使人道之。〔一〇九〕從者，凡介以下也。人，其屬胥徒也。使道賓客之從者，營護之。○凡從，才用反，注同。

注「從者」至「護之」　「從者，凡介以下也」者，上掌客「凡介、行人、宰、史」從賓客來者，皆是從者也。知人是「其屬胥徒也」者，訝士即下士，下士使人，明使在下胥徒之等，故知胥徒也。云「營護之」者，使不得侵陵從者也。

及歸，送亦如之。如之者，送至於竟，如其前驅、聚櫜、待事之屬。○於竟，音境。

「及歸」至「如之」　來時訝爲之道，今歸又爲之道，及聚櫜待事，皆如前，故云「亦如之」。

凡賓客，諸侯有卿訝，卿有大夫訝，大夫有士訝，士皆有訝。此謂朝覲聘問之日，王所使迎賓客于館之訝。

注「此謂」至「之訝」 此訝，是諸侯朝覲、卿大夫士聘問之日，訝之入至朝聘之時。案聘禮記云「卿，訝，卿，大夫訝；大夫，士訝；〔一〇〕士皆有訝。賓即館，訝將公命」。注云：「使已還，〔一一〕待之命」，「又見之，以其摯」，注云：「訝將舍於館之外，宜相親也。」聘問之日亦使之訝者，但天子有掌訝之官，即館之訝，餘事皆掌主之，惟朝覲聘問之日使卿大夫訝。諸侯兼官，故大夫士爲訝，賓即館時，即爲之訝，與此掌訝不同也。

凡訝者，賓客至而往，詔相其事而掌其治令。○詔相，息亮反。

掌交，掌以節與幣巡邦國之諸侯及其萬民之所聚者，道王之德意志慮，使咸知王之好惡，辟行之。節以爲行信，幣以見諸侯也。咸，皆也。辟讀如辟忌之辟。使皆知王之所好者而行之，知王所惡者辟而不爲。○之好，呼報反，注下皆同。惡，烏路反，注同。辟行，音避，注同。

「掌交」至「行之」 案序官掌交，中士八人，今言「掌以節與幣巡邦國之諸侯及萬民之所聚者，道王之德意志慮，使咸知之」者，天下九州，千六百餘國，使皆周徧，必無徧理。今言之者，蓋是國有不和洽者，〔一二〕偏使之知也。

使和諸侯之好，有欲相與脩好者，則爲和合之。

注「有欲」至「合之」 下有結其交好爲朝聘，則此好謂使爲婚姻之好也。是以鄭云「有欲修好者則爲和合之」。

達萬民之説。說，所喜也。達者，達之于王若其國君。○之說，音悅，注同。

注「説所」至「國君」　掌交既巡民間，見民有喜説之事，王與國君未知，掌交通達于王及國君也。

掌邦國之通事而結其交好。通事，謂朝覲聘問也。

注「通事」至「問也」　言拜國通事，是兩國交通之事，惟有君臣朝覲聘問之事，結使交好，故以朝覲聘問解，則易云「先王建萬國親諸侯」也。

以諭九税之利，九禮之親，九牧之維，九禁之難，九戎之威。諭，告曉也。九税，所税民九職也。九禮，九儀之禮。九牧，九州之牧。九禁，九法之禁。九戎，九伐之戎。○之難，乃旦反。

注「諭告」至「之戎」　云「九税，所税民九職也」者，大宰云「以九職任萬民」，既任之，使之營種，因即税之。「三農生九穀」，税九穀；「園圃毓草木」，〔一一三〕税草木。九税，唯臣妾聚斂疏材者無税，揔言九税耳。〔一一四〕今掌交還以此九税之法告曉，使之任之、税之，故云九税，所税民九職也。云「九禮，九儀之禮」者，以其大行人、小行人、掌訝皆掌九儀之禮，以其專據諸侯國，不得以大宗伯九儀解此也。言之親，則朝聘是也。云「九牧之維」者，大司馬九法「建牧立監，以維邦國」，故云維。「九禁之難」者，大司馬設九法，使邦國有所畏難。云「九戎之威」者，大司馬設九伐，有所威刑，故言難、言威也。

掌察闕。〔一一五〕

掌貨賄闕。

朝大夫，掌都家之國治。都家，王子弟，公卿及大夫之采地也。主其國治者，平理其來文書於朝者。○國治，直吏反，注下同。

「朝大」至「國治」 都家同言國者，雖有百里、五十里、二十五里不同，皆謂之國，此則王制云「畿内九十三國」者也。云「國治」者，都家有文書來者，平理之也。

注「都家」至「朝者」 王子弟亦以親疏分置於三處食采地。公卿大夫者，公百里任疆地，卿五十里任縣地，大夫五十里任稍地。

日朝以聽國事故，以告其君長。國事故，天子之事當施於都家者也。告其君長，使知而行之也。君，謂其國君。長，其卿大夫也。○君長，丁丈反，注同。

注「國事」至「夫也」 云「日朝」者，朝大夫日日在朝，以聽受國事故，天子之事，以告采地之君長也。云「君，謂其國君。長，其卿大夫也」者，揔而言之，皆曰國治。〔一一六〕別而言之，惟三公及王子弟得稱國君，卿大夫揔稱長。是以司裘國君共熊侯、豹侯，卿大夫共麋侯，是其別稱也。

國有政令，則令其朝大夫。使以告其都家之吏。

注「使以」至「之吏」　上文據天子國事，遣朝大夫告君長，此經據天子政令，告朝大夫之事。

凡都家之治於國者，必因其朝大夫，然後聽之；唯大事弗因。謂以小事文書來者，朝大夫先平理之，乃以告有司也。大事者，非朝大夫所能平理。

「凡都」至「弗因」　此經據都家有事，上諸王府之事。

凡都家之治有不及者，則誅其朝大夫。不及，謂有稽殿之。○殿之，都練反。

注「不及」至「殿之」　都家治有不及，稽殿。「誅朝大夫」者，以其朝大夫專主都家，責其不能催促故也。

在軍旅，則誅其有司。有司，都司馬、家司馬。

注「有司」至「司馬」　言此者，見軍旅不干朝大夫之事。「都司馬」，王家之司馬，王臣爲之者。「家司馬」，卿大夫使家臣自置其司馬者也。諸言闕者，皆是因秦燔滅典籍，漢興購求不得也。

都則闕。

都士闕。

家士闕。

校勘記

〔一〕所謂爲壇壝宫也　諸本同。阮校云，大字本無「爲」，此衍。

〔二〕冬禮月四瀆於北郊　阮校云，大字本「月」下有「與」，諸本皆脱。孫詒讓云蜀石經有「與」字。

〔三〕土揖推手小下之也　「土」，原作「士」，據阮本改。

〔四〕公言言義　「言」，婺、建、岳、嘉靖本同，元、聞、閩、阮本作「善」。當作「言」是。

〔五〕土揖庶姓已下　「土」，原作「王」，據阮本改。

〔六〕謂執玉而前見於王也　諸本同。阮校云，釋文出「見王」二字，則「於」當爲衍文。

〔七〕方九丈六尺　「丈」，婺、建、岳、阮本作「十」。疑作「十」是。

〔八〕間闊則問　「闊」，婺、岳、嘉靖、阮本同，建本作「問」，誤。

〔九〕謂九人傳辭　「傳」，婺、岳、嘉靖、阮本同，建本作「賻」，誤。

〔一〇〕二有館舍　「二」，阮本作「郊」，當是。

〔一一〕不言者文略也　閩、監、毛、殿本作「不言省文也」，疑非。

〔一二〕既來至國　孫詒讓云，「來」當爲「未」。

〔一三〕主人坐尊爵于階前辭　「尊」，阮本作「奠」，當是。

〔一四〕凡云致者　「凡云」，阮本作「云凡」，疑非。

〔一五〕欲致館後即言之　孫詒讓云，「欲」疑當爲「故」。

〔一六〕以其有腥有牽　孫詒讓云，據天官外饔疏，「有腥」上當更有「有飪」二字。

〔一七〕賓當爲儐　婺、建、岳、阮本同。阮校云，大字本「儐」作「擯」，下並同。按疏中引注云「敵者曰擯」，釋文云「依注，賓音擯」，皆從手作「擯」。漢讀考云，以「賓」爲「儐」，古文假借也。聘禮少牢饋食「儐」字亦多作「賓」。依説文，「儐」、「擯」同，字皆訓「導」也，而鄭君説禮，「擯」爲導，「儐」爲禮賓，其分别與許不同。孫詒讓云，「儐」是，「擯」非，後疏引此注不作「擯」。

〔一八〕三還三辭主君一請者賓亦一還一辭　浦鏜云，「者」字當在「三還三辭」下。阮校云，釋文云「主君一請，賓亦一還一辭者」，引注「請」下無「者」，當如浦説。孫詒讓云，阮校「釋文」當作「疏」。

〔一九〕既入門迴面東至祖廟之時　浦鏜云，「而」誤「面」。

〔二〇〕則有二門　「二」，阮本作「一」，孫詒讓云，據聘禮疏義，當作「三」。

〔二一〕賓既授　「授」阮本作「受」，當是。

〔二二〕又云賓迎于外門外　「外」，元、殿本同，閩、闔、監、毛、阮本作「小」，今聘禮作「外」。

〔二三〕此兩君敵　「此」，阮本作「比」，誤。

〔二四〕儐主君也　「儐」，建本作「賓」，大字本作「擯」。

〔二五〕謂玉帛皮馬也　阮校云，賈疏引注作「謂玉帛乘馬也」，諸本作「皮」，誤。

〔二六〕又云賓用束錦儐勞者　「錦」，阮本作「帛」，誤。

〔二七〕受老束錦　「老」，元本同，正、閩、阮本作「者」，據聘禮，作「老」是。

〔二八〕其圭璋饗餼飧積步數擯介　「擯」，元、聞、閩、阮本同，婺、建、岳、嘉靖本作「儐」，當是。

〔二九〕賓當爲擯　「擯」，元、聞、閩、阮本同，婺、建、岳、嘉靖本作「儐」。

〔三〇〕儐用束錦　「儐」，婺、岳、嘉靖本同，大字本及聞、閩、殿、阮本作「擯」。

〔三一〕案聘禮　「聘」，元、殿本同，聞、阮本作「諸」，閩、監、毛本作「儀」，疑作「聘」是。

〔三二〕知此亦然也　「知」，原作「如」，據阮本改。

〔三三〕主君陳五擯　「擯」，阮本作「儐」。孫詒讓云，作「擯」是也。

〔三四〕上相亦不入　孫詒讓云，「上相」之上當脱「此」字。

〔三五〕故以執圭將進　「以」，阮本作「云」，當是。

〔三六〕鄭司農云説私面以春秋傳曰　阮校云，錢鈔本、嘉靖本、閩、監、毛本同誤也。大字本、岳本作「鄭司農説」，無「云」字，當據以删正。六經正誤所據本已衍。

〔三七〕雖是異國之臣　元、聞、阮本同，閩、監、毛、殿本「是」作「見」。

〔三八〕問君曰君不恙乎　「曰」，婺、岳、嘉靖、阮本同，建本作「白」。

〔三九〕問大夫曰二三子不恙乎　建、岳、嘉靖本同，婺本無「問」字。

〔四〇〕盡殷勤也　「殷」，婺、岳、嘉靖、阮本同，建本作「設」。

〔四一〕案聘禮云館賓　孫詒讓云，「云」當爲「公」。

〔四二〕凡侯伯子男之臣　「侯」，唐石經、婺、建、岳、嘉靖本同，阮本作「諸」，誤。

〔四三〕以三等降殺從三等而爲之　孫詒讓云，「三等降殺」，「三」當作「二」，言三等爵之中各有二等之降殺也。

〔四四〕還依來者多少而報之　「依」，原作「外」，據阮本改。

〔四五〕案聘禮還玉之下云賓裼迎大夫賄用束紡　「案」，閩、監、毛、殿本同，元、聞本作「按」，阮本作「據」，疑作「案」是。

〔四六〕則掌行人之勞辱事焉使則介之　王引之云，「焉」字當屬上讀，故書「使」前有「夷」字。

〔四七〕事不畏門關苛留　阮本同。浦鏜云，「事」疑「自」字誤。

〔四八〕則協其禮與其辭言傳之　于鬯云，「辭言」連讀誤，當以「辭」爲句，「言傳之」爲句。

〔四九〕本是中國卿大夫　「本」，元本同，閩、監、毛、殿本作「亦」，阮本原闕，據惠校本補作「不」，疑作「本」是。

〔五〇〕而言協其辭言傳之者　「而」，惠校本同，閩、監、毛本作「今」。

〔五一〕謂君外之衆　「君」，監、毛、殿本同，元、正、聞、閩、阮本作「若」，疑作「君」是。

〔五二〕次事上士下事庶子　王引之云，「上士」之「上」字衍。

〔五三〕王巡守殷國　唐石經諸本同。沈彤云，「國」當作「同」字之誤也。

〔五四〕殷同則殷國也　阮本同。阮校云，當作「殷國則殷同也」，賈疏本是「殷國」。汪文臺云，賈疏「王巡守則殷同」，謂殷同則此殷國也，不必改。

〔五五〕或至方岳之下　「至」，原作「互」，據阮本改。

〔五六〕上公鉶四十有二侯伯鉶二十有八子男鉶十有八　王引之，「四」當爲「三」，「二十有八」當爲「二十有四」，「十有八」當爲「十有六」，皆以「八」爲降殺。

〔五七〕鼎簋十有二　「簋」，唐石經，婺、岳、嘉靖本同，建本作「簠」，誤。

〔五八〕車秉有五籔　「秉」，唐石經，婺、建、岳、嘉靖本同，元、聞、閩、阮本作「乘」，作「秉」是。

〔五九〕三饗再食再燕　唐石經諸本同。浦鏜云，内宰、職金疏及覲禮注並作「再饗」，「三」字誤。孫詒讓云，郊特牲孔疏亦作「再饗」，又云「南或云侯伯亦三饗」誤，南蓋謂南朝本周禮。今本正襲南本之誤。汪云通典七四引亦作「再饗」。

〔六〇〕夫人致禮六壺六豆六籩膳眡致饔　于鬯云，「六」當「八」之誤。

〔六一〕豆實實于甕　「豆實」，婺、岳、嘉靖、阮本同，建本作「醯醢」，誤。

〔六二〕正鼎九與陪鼎三　阮校云，大字本、錢鈔本、嘉靖本、毛本同，閩、監本「陪」作「倍」，疏中仍作「陪」。按，釋文作「倍鼎」。

〔六三〕禾稾實并刈者也　阮校云，大字本、嘉靖本同誤。錢鈔本、閩、監、毛本「稾」作「稾」，當據正，釋文亦作「稾」，葉鈔本從木，非。

〔六四〕筥讀爲棟梠之梠　漢讀考作「讀如」，云「今本作『讀爲』誤」。

〔六五〕皆有飧饔餼　「飧」，婺、建、岳、嘉靖、阮本作「飱」，當是。

〔六六〕以其爵等爲之牢禮之數陳　浦鏜云，「陳數」字誤倒。

〔六七〕卿見又膳　阮校云，賈疏引注云「卿既見又膳」，諸本俱脱「既」字。

〔六八〕秅讀爲秅秭麻答之秅　「秭」，原作「秭」，據阮本改，全書同，不更出校。

〔六九〕則諸侯相待之禮無由得見　「由」，元、正、閩、閩本同，阮本作「出」，誤。

〔七〇〕有五積皆視飧　「視」，阮本作「眡」。

〔七一〕羣介行人宰史皆有牢者鄭云三問皆脩　孫詒讓云，「羣介」至「皆脩」十六字疑誤衍。

〔七二〕對文脩是鍛脩　「鍛」，元、閩、閩、惠校本同，殿本作「段」。阮校云，儀禮作「段脩」，當從。

〔七三〕由饔陳于楹外　孫詒讓云，「饔」字誤，當爲「甕」。

〔七四〕禮之道列　孫詒讓云，「道列」疑「通例」之誤。

〔七五〕子男二也　「二」，原作「一」，據阮本改。

〔七六〕見公食大夫及特牲少牢豆　諸本同。浦鏜云，「豆」當「禮」字之誤。

〔七七〕既約聘禮與禮器　「與」，殿本同，元、正、閩、閩，阮本作「爲」，作「與」是。

〔七八〕故疑而云蓋也　「云」，原作「生」，據浦、阮校改。

〔七九〕仍有車米之等也　「仍」，阮元作「乃」。

〔八〇〕案聘禮米禾皆二十車者　諸本同。浦鏜云，「三」誤「二」。

〔八一〕正兼四耳　「正」，阮本作「止」，疑非。

〔八二〕謂米禾芻薪醯醢芻米之屬　孫詒讓云，「芻米」重上，疑衍。

〔八三〕故以此饔餼向前如之　「如」，閩、監、毛、殿本同，閩、阮本作「知」。

〔八四〕言如積　「言」，阮本作「云」。

〔八五〕夾碑在庭之中央也　孫詒讓云，「庭」當據聘禮疏作「鼎」。

〔八六〕士介四人　「士」，阮本作「上」，疑是。

〔八七〕與侯伯俱同百饔　「同」，阮本作「用」，疑是。

〔八八〕十籔曰秉　「秉」，阮本作「車」，誤。

〔八九〕稍即鋪也　漢讀考「鋪」作「稍」，云「今本誤」。孫詒讓云，聘禮記疏及詩大田孔疏并作「鋪」，段氏改「稍」，非也。

〔九〇〕云芻薪雖取數於禾已下　「下」原作「不」，據阮本改。

〔九一〕見賓中間未去　「去」，監、毛、殿本同，元、閩、閩、阮本作「至」，孫詒讓云，據地官牛人疏，當作「中間未去」。

〔九二〕更致此爵　浦鏜云，「爵」當「膳」字訛。

〔九三〕東上亦以並東陳　孫詒讓云，此當據聘禮作「西上，二以並」。

〔九四〕則云膳視致饗　「膳視」，阮本誤倒，當據此本乙正。

〔九五〕言亦者亦大夫也　孫詒讓云，據文義「亦大夫」當作「亦夫人」，所謂「夫人致禮助君養賓」。

〔九六〕案聘禮聘畢賓即館　「畢」，阮本作「與」；「即館」阮本作「卿館」，非是。

〔九七〕明此見亦是卿見朝君　元、正、閩、閩、阮本無「卿」，疑脱。

〔九八〕有見者有不見者　元、正、閩、閩、阮本無下「有」，疑脱。

〔九九〕使皇武子辭焉吾子淹久於敝邑惟是脯資餼牽竭矣　阮本「焉」下有「曰」字，當是。

〔一〇〇〕言其特來聘問　「聘」，婺、建、岳、嘉靖本同，閩、閩、阮本作「爲」，疑作「聘」是。

〔一〇一〕故歷言卿大夫也　孫詒讓云，「大夫」下疑奪「士」字。

〔一〇二〕主人皆借之　孫詒讓云，「借」當爲「供」。

〔一〇三〕聘賓死　「聘」，元、監、毛、殿本同，正、閩、閩、阮本作「時」，疑作「時」是。

〔一〇四〕小斂特豚鼎　阮本「豚」下有「一」字，疑衍。

〔一〇五〕正應母死　「正」，諸本同，殿本作「止」，阮校云，「正」當「止」之誤。孫詒讓云，「正」不誤。

〔一〇六〕師從旅從者須給稍　惠校本同，阮本脱「者」字。

〔一〇七〕亦上文公與子男腥三十有六當爲腥是也　阮本同。盧文弨云，「腥」當作「牲」。

〔一〇八〕訝爲如朝而理之　「理」，婺、建本作「治」，釋文同。

〔一〇九〕則使人道之　孫詒讓云，「道」嘉靖本同，唐石經作「導」。

〔一一〇〕卿訝卿大夫訝大夫士訝　今聘禮記作「卿，大夫訝；大夫，士訝」，上「卿」字下無「訝卿」二字。

〔一一一〕使已還　「還」，閩、監、毛本同，阮本作「送」，阮校云，「還」誤，「送」當作「迎」。

〔一一二〕蓋是國有不和洽者　阮校云，閩、監本同，毛本「和洽」作「知治」。

〔一一三〕園圃毓草木　「毓」，阮本作「蔬」，誤。

〔一一四〕揔言九稅耳　「揔」，阮本作「故」。

〔一一五〕掌察闕　俞樾云，當以「掌察四方」爲職名。

〔一一六〕皆曰國治　「治」，阮本作「君」，當是。

周禮注疏卷第四十六

冬官考工記第六

〇鄭云：「此篇司空之官也，司空篇亡，漢興，購千金不得。此前世識其事者記録，以備大數爾。」

冬官考工記　鄭目録云：「象冬所立官也。是官名司空者，冬閉藏萬物，天子立司空，使掌邦事，亦所以富充家，〔二〕使民無空者也。司空之篇亡，漢興，購求千金，不得。此前世識其事者記録以備大數，古周禮六篇畢矣。古周禮六篇者，天子所專秉以治天下，諸侯不得用焉。六官之記可見者，堯育重黎之後，羲和及其仲叔四子，掌天地四時。夏書亦云『乃召六卿』。商周雖稍增改其職名，六官之數則同矣。」鄭義既然，今案：漢書藝文志云：「經禮三百，威儀三千。及周之衰，諸侯將踰法度，惡其害己，皆滅去其籍，孔子時而多不具。」故鄭注鄉飲酒云：「後世衰微，幽厲尤甚，禮樂之書，稍稍廢棄。孔子曰，吾自衛反魯，然後樂正雅頌各得其所，謂當時在者，而復重雜亂者也。惡能存其亡者乎？」以此觀之，冬官一篇其亡已久，有人遵集舊典，録此三十工以爲考工記，雖不知其人，又不知作在何日，要知在於秦前，是以得遭秦焚滅典籍，韋氏、裘氏等闕也，故鄭云前世識其事者記録以備大數耳。此記人所爲，雖不同周禮體例，亦爲序，致首末相丞，摠有七段明義。從「國有六職」至「謂之婦工」，言百工事重，在六職之内也。從「越無鎛」至「夫人而能爲弓車」，言四國皆能其事，不須置國工也。從「知者創物」至「此皆聖人所作」，言聖人創物之意也。從「天有時」至「此天時也」，言材雖美，工又有巧，不得天時則不良也。從「攻木之工」至「陶、旊」，言工之多少之數，及工别所宜也。從「有虞氏」至「周人上與」，論四代所尚不同之事也。從「一器而工聚者，車爲多」，言專據周家所尚之事也。

國有六職，百工與居一焉。百工，司空事官之屬。於天地四時之職，亦處其一也。司空，掌營城郭，建都邑，立社稷宗廟，造宮室車服器械，監百工者，唐虞已上曰共工。○與居，音預。監百，古銜反。以上，時掌反，凡言以上，放此。共工，音恭。

「國有」至「一焉」 此經與下文爲揔目。云「國有六職」者，謂國家之事，有六種職掌，就六職之中，百工與居其一分。六職，即下云「或坐而論道」至「治絲麻以成之」是也。

注「百工」至「共工」 云「百工，司空事官之屬」者，鄭據本而言。案：小宰職云：「六曰冬官，其屬六十，掌邦事。」此百工即其屬六十，言百者，舉大數耳。但爲其篇亡，故六十之官不見，記人以此三十工代之也。言百即據全，則三十工亦一也。云「於天地四時之職，亦處其一也」者，記人本意，以國有六職，據此下文「或坐而論道」已下，百工與居其一。鄭以此爲本。又以天地四時六職，天官冢宰、地官司徒之等，官主百工，亦居其一分。云「司空掌營城郭」已下，並此下文見有其事。案：匠人云：「營國方九里。」國中九緯、城隅之等，是營城郭都城之制。〔二〕及井方一里之等，是營都邑。左祖右社，是營社稷宗廟。夏后氏世室，殷人重屋之等，是營宮室也。車人云羊車柏車，是營車也。繪畫之事，是營服也。梓人、陶人之等，是營禮樂之器也。冶氏、矢人、弓人之等，是營械，械即兵器也。故鄭依而言之也。云「監百工者，唐虞以上曰共工」者，案大史公楚世家云：「共工作亂，帝使重、黎誅之。」又案舜典云：「帝曰：『疇若予工？』僉曰：『垂才。』帝曰：『俞，咨垂，汝共工。』」是唐虞已上曰共工者也。若然，唐虞以上皆曰共工，堯時暫爲司空。是以尚書舜典，二十八載後，咨四岳，欲置百揆。僉曰：「伯禹作司空。」注云：「初，堯冬官爲共工，舜舉禹治水，堯知有强法，〔三〕必有成功，改命司空，以官異之。禹登百揆後，更名共工。」是其事也。

或坐而論道，或作而行之，或審曲面埶，以飭五材，以辨民器，或通四方之珍異以資之，或飭力以長地財，或治絲麻以成之。言人德能事業之不同者也。論道，謂謀慮治國之政令也。作，起也。辨猶具也。資，取也，操也。鄭司農云：「審曲面埶，審察五材曲直方面形埶之宜以治之及陰陽之面背是也。〔四〕春秋傳曰：『天生五材，民並用之。』謂金、木、水、火、土也。」故書資作齊。杜子春云：「齊當爲資，讀如冬資絺之資。」〔五〕玄謂此五材，金、木、皮、玉、土。○面埶，音勢。以飭，音勑，下同。以辨，皮莧反，具也，注及下同。以長，丁丈反，下同。操也，七曹反。

「或坐」至「成之」　此六者，即上文之六職也。此皆舉其事，下文皆言其人以覆之。

注「言人」至「玉土」　言人德者，坐而論道是也。言人能者，作而行之是也。言人之事，審曲面勢是也。言人之業，通四方珍異，飭力以長地財，治絲麻以成之，三者是也。云「論道，謂謀慮治國之政令」，此即尚書成王周官云：「立大師、大傅、大保，茲惟三公，論道、經邦、燮理陰陽。」是謀慮治國之政令，使陰陽順叙也。先鄭云「審曲面埶，審察五材曲直方面形勢之宜以治之」者，謂若弓人，往體寡，來體多之類，皆是審察五材曲直方面形勢之宜也。云「及陰陽之面背是也」者，謂若下云「斬轂之道，必矩其陰陽」，是記其陰陽之面背也。云「春秋傳曰」，左氏襄二十七年，〔六〕宋西門之盟，欲弭諸侯之兵。云「天生五材，民並用之，廢一不可。」先鄭以五材，金、木、水、火、土。後鄭不從。子春以資讀如冬資絺之資，案：越語云：「句踐會稽之上，乃號令三軍，有助寡人謀而退吳者，吾與共知越國之政。大夫種進對曰：〔七〕『臣聞之，賈人夏則資皮，冬則資絺，旱則資舟，水則資車，以待之。〔八〕夫雖無四方之憂，然謀臣與爪牙之士，不可不養。今王既栖會稽之上，然後乃求謀臣，無乃後乎？』」是其事也。玄謂此五材，金、木、皮、玉、土者，言此以對彼之五材，金、木、水、火、土。若然，鄭知有皮、玉，無水、火者，以百工定造器物之人，水、火單用，不得爲器物，故不取之。知有皮、玉者，此三十工内，函人爲甲，韗人爲皋，陶造鼓，鮑人主治皮，又有玉人之等，故知有皮、玉，無水、火者也。

坐而論道，謂之王公。天子、諸侯。

注「天子諸侯」　以公爲諸侯者，公，君也。諸侯是南面之君，故知是諸侯也。若然，尚書三公云「論道經邦，燮理陰陽」，鄭不言者，三公有成文，不言可知。故夏傳注云：「坐而論道，謂之王公。」通職民，無正官名，是其義也。

作而行之，謂之士大夫。親受其職，居其官也。

注「親受」至「官也」　此即設官分職，治職、教職之等是也。

審曲面埶，以飭五材，以辨民器，謂之百工。五材各有工，言百，衆言之也。

「審曲」至「百工」　審察之名，用材之法，皆須察審其曲直形勢，然後飭五材。

注「五材」至「之也」　案：六官其屬止有六十，五材各有工，不過六十而已。以是言百者，衆言之也。

通四方之珍異以資之，謂之商旅。商旅，販賣之客也。易曰：「至日商旅不行。」○販，甫万反。

注「商旅」至「不行」　案：大宰九職注：「行曰商，處曰賈。」商旅，賈客也。行商與處賈爲客。此文無賈，直云「商旅」，商是販賣之人，故云「販賣之客」也。云「易曰」者，復卦彖辭文也。〔九〕是一日之中，商旅不行，餘日即行，是行曰商也。

飭力以長地財，謂之農夫。三農受夫田也。

注「三農受夫田」「飭」，勤也。「地財」，穀物皆是。勤力以長地財，謂之農夫。案：大宰云：「三農生九穀。」遂人云：「夫一廛田，百畝。」是三農受夫田也。

治絲麻以成之，謂之婦功。布帛，婦官之事。

注「布帛婦官之事」此記人所録衆工，本擬亡篇六十而作，唯百工一事而已，舉餘五者，欲重此百工，與五者爲類之意。若然，百工並是官，餘五者或非官，知然者，王公及士大夫、百工並官，其商旅、農夫、婦功，三者非官。據九職而言，三者皆是出税之色，故大宰云，三農生九穀，商賈阜通貨賄，嬪婦化治絲枲，出税，以當九功也。鄭云婦官，據典婦功爲婦官。此治絲麻者，婦官所統攝，故言婦官也。

粵無鎛，燕無函，秦無廬，胡無弓、車。此四國者，不置是工也。鎛，田器，詩云「庤乃錢鎛」，又曰「其鎛斯𨫼」。鄭司農云：「函讀如國君含垢之含，函，鎧也。」孟子曰：「矢人豈不仁於函人哉！矢人唯恐不傷人，函人唯恐傷人。」廬讀爲纑，〔一〇〕謂矛戟柄，竹欑柲，或曰摩鐧之器。〔一一〕胡，今匈奴。○粵無，音越。鎛，音博，田器也，注及後同。燕無，音烟。函，户南反，鎧也，後同。無廬，魯吴反，下皆同，本或作蘆。庤乃，直里反。錢，子淺反。斯𨫼，音趙，一音大了反。含垢，工口反。鎧也，苦代反。爲纑，音盧，下同。竹欑，才官反，李音纂。柲也，音祕，劉又音筆。摩鐧，力庶反。

「粵無」至「弓車」　此經與下經爲目。此粵，越國，乃是古之語辭之曰，即今之越字也。言無鎛、無函、無廬、無弓車，謂無此鎛官、函官之等也。

注「此四」至「匈奴」　鄭知此四國不置是官者，取下經覆解是不置之事。知「鎛，田器」者，越地多泥，用此鎛者多，故下云「夫人而能爲鎛」，故知鎛，田器。是以引詩云「偫乃錢鎛」，彼注云：「錢，銚。鎛，鎒。」又曰詩云「其鎛斯捎」，彼注：「捎，刺也。」引之者，證鎛爲田器，非鍾鎛者也。先鄭云「函讀如國君含垢之含」者，案：左氏宣公十四年，秋九月，楚子圍宋。十五年，宋人使樂嬰齊告急於晉，晉侯欲救之，伯宗曰不可，又曰：「川澤納汙，山藪藏疾，瑾瑜匿瑕，國君含垢，天之道也。」彼勸晉侯忍不救宋之事，引之，證含是含容之義也。引孟子者，證含是甲之意。云「廬讀爲纑」者，纑縷之纑，取細長之義也。云「謂矛戟柄，竹欑柲」者，案：下廬人云：「爲廬器，戈長六尺有六寸。」唯言及戟、矛柄之等，故知爲矛戟柄也。云「竹欑柲」者，漢世以竹爲之欑，欑，謂柄之入銎處。柲，即柄也。〔一二〕云「或曰」者，或有人解廬，磨鐧之器者，〔一三〕但柄須磨鐧使滑，故爲此釋。引之在下者，得爲一義故也。

粵之無鎛也，非無鎛也，夫人而能爲鎛也；燕之無函也，非無函也，夫人而能爲函也；秦之無廬也，非無廬也，夫人而能爲廬也；胡之無弓車也，非無弓車也，夫人而能爲弓車也。言其丈夫人人皆能作是器，不須國工。粵地塗泥，多草薉，而山出金錫，鑄冶之業，田器尤多。燕近强胡，習作甲胄。秦多細木，善作矜柲。匈奴無屋宅，田獵畜牧，逐水草而居，皆知爲弓車。○夫人，徐、劉方無反，沈音扶。草薉，音穢，劉云穢字之異者。燕近，附近之近。矜柲，其巾反，李其京反。畜牧，許又反，下音目，又音茂。

注「言其」至「弓車」　皆覆釋上文，言人人皆能，不須置國工之意。注「言其丈夫人人皆能作是器，不須國工」者，凡置官之法，所以教示在下，上行之，下効之。今一國皆能，不須教示，不置其官。闞石和鈞，王府則有，官民足用也。如鄭此讀，則夫人與君之夫人，同號讀之也。云「越地塗泥，多草薉，而山出金錫」者，目驗如是也。金工皆和錫，故兼錫而言也。云「秦多細木」者，亦目驗可知。云「矜柲」者，矜即前注「櫕」，一也。

知者創物。謂始閫端造器物，若世本作者是也。○知者，音智。創物，初亮反，依字作刱。始閫，音開。

注「謂始」至「是也」　此知者，即下文聖人，一也。運用謂之知，〔一四〕通物謂之聖，凡知聖，有若六德之知仁聖義之知聖，則據賢人已下。此言知聖，則濬哲文明之等也。引世本作者，無句作磬，儀狄造酒之等，皆非聖知。但聖佐知所爲，〔一五〕則皆由聖知而起，是以聖人之時，有此世本所作也。

巧者述之，守之世，謂之工。父子世以相教。

注「父子世以相教」　此「世」，謂若管子書云「工之子，商之子，四民之業」，皆云世者是也。

百工之事，皆聖人之作也。事無非聖人所爲也。

注「事無」至「爲也」　據世本作篇，多非聖人親爲，要君統臣功，故皆聖人統攝之也。

爍金以爲刃，凝土以爲器，作車以行陸，作舟以行水，此皆聖人之所作也。凝，堅也。故書舟作周，鄭司農云：「周當爲舟。」〔一六〕○爍金，徐、劉余灼反，義當作鑠，始灼反。

注「凝堅」至「作舟」　上經云「百工皆聖人所作」，此經言聖人所作之器，見其驗也。

天有時，地有氣，材有美，工有巧，合此四者，然後可以爲良。時，寒温也。氣，剛柔也。良，善也。○合此，如字，劉音閤。

注「時寒」至「善也」　此經已下，説作器之法須合天時地氣之義。將欲説已下不善之事，故先於此説四者和合乃善之意也。云「時，寒温也」者，謂若弓人春液角，夏治筋，秋合三材，冬定體之屬，是依寒温而作。

材美工巧，然而不良，則不時、不得地氣也。不時，不得天時。

橘踰淮而北爲枳，鸜鵒不踰濟，〔一七〕貉踰汶則死，此地氣然也。鸜鵒，鳥也。春秋昭二十五年「有鸜鵒來巢」。〔一八〕傳曰：「書所無也。」鄭司農云：「不踰濟，無妨於中國有之。貉或爲猨，謂善緣木之猨也。汶水在魯北。」○爲枳，吉氏反。鸜，徐、劉音權，公羊傳同，本又作鸛，左傳同，其俱反。鵒，音欲。踰濟，子禮反，四瀆水。貉，户各反，獸名，依字作貈。踰汶，音問，水名。爲猨，音袁。

注「鸜鵒」至「魯也」　左氏傳作「鸜鵒」，公羊傳作「鸛鵒」，此經注皆作鸜字，與左氏同。春秋昭二十五年，「有鸜鵒來巢」。傳曰：「書所無也。」先鄭云「不踰濟，無妨於中國有之」者，案：異義：「公羊以爲鸛鵒，夷狄之鳥，穴居，今來至魯之中國，巢居，此權臣欲自下居上之象。穀梁亦以爲夷狄之鳥來中國，義與公羊同。左氏以爲鸜鵒來巢，書所無也。彼注云：『周禮曰鸜鵒不踰濟，今踰，宜穴而又巢，故曰書所無也。』許君謹案：從二傳。」後鄭駮之云：「案春秋言『來』者甚多，非皆從夷狄來也。從魯疆外而至，則言來。鸜鵒本濟西穴處，今乃踰濟而東，又巢，爲昭公將去魯國。」今先鄭云「不踰濟，無妨於中國有之」，與後鄭義同也。云「貉或爲猨，謂善緣木之猨也」者，先鄭依或讀爲貉，〔一九〕別更爲一解。云「汶水在魯北」，汶陽田，或屬齊，或屬魯，是齊南魯北，故云魯北。

鄭之刀，宋之斤，魯之削，吴粤之劒，遷乎其地，而弗能爲良，地氣然也。去此地而作之，則不能使良也。○之削，如字，李思約、思詔二反。

注「去此」至「良也」　若據經所言，則鄭之刀，以此刀之鐵，移向宋而作斤；宋之斤，移向鄭而作刀，皆不得爲良，故指刀、斤、削、劒而言，皆地氣使然，故鄭云「去此地而作之，不能使良也」。

燕之角，荆之幹，妢胡之笴，〔二〇〕**吴粤之金、錫，此材之美者也。**荆，荆州也。幹，柘也，可以爲弓弩之幹。妢胡，胡子之國，在楚旁。笴，矢幹也。禹貢荆州貢櫄幹栝柏及箘簵楛。故書笴爲筍。〔二一〕杜子春云：「妢讀爲焚咸丘之焚，〔二二〕書或爲邠。妢胡，地名也。筍當爲笴，笴讀爲稾，謂箭稾。」〔二三〕○妢胡，扶云反。之笴，古老反，注作稾，同。矢幹，古旦反，或古旱反。櫄，勑倫反。箘，其隕反，李其轉反。簵，音路。楛，音户，尚書作楛，音同。爲邠，彼貧反。

「燕之」至「者也」　自此已下，説材之事也。

注「荆荆」至「箭稾」　云「荆，荆州也」者，案：禹貢荆州貢櫄幹栝柏，及箘簵楛，三邦底貢。注云：「櫄、幹、栝、柏，四木名。幹，柘幹。箘竹，簵風。楛，木類，周之始，肅慎氏貢楛矢石砮。此州中生簵風與楛者衆多，三國致之。」云「妢胡，在楚旁」者，定四年左氏云「頓子、胡子」者是也。若楚旁，則亦屬荆州，別言妢胡之笴者，荆，即楚也，以州言之。若然，妢胡得與楚別言也。子春云「妢讀爲焚咸丘之焚」者，左氏桓七年春二月己亥，焚咸丘。公羊云「焚之者何？樵之也。樵之者何？以火攻也。咸丘者何？邾婁之邑也」。云「笴讀爲稾，謂箭稾」者，即稾人職「掌笴槀」是也。

天有時以生，有時以殺，草木有時以生，有時以死，石有時以泐，水有時以凝，有時以澤，此天時也。言百工之事當審其時也。鄭司農云：「泐讀如再扐而後卦之扐，泐謂石解散也。夏時盛暑大熱則然。」○以泐，音勒。以澤，音亦，李音釋。再扐，音勒。後卦，如字，又俱賣反。解散，音蟹。

注「百工」至「則然」　云「百工之事當審其時也」者，弓人所云「四時」者是也。先鄭云「泐讀如再扐而後卦之扐」者，此扐謂揲著之法，故易云：「分之爲二以象兩，卦一以象三，揲之以四以象四時，歸奇於扐以象閏，五歲再閏，故再扐而後卦。」象其合集。

凡攻木之工七，攻金之工六，攻皮之工五，設色之工五，刮摩之工五，摶埴之工二。〔二四〕攻猶治也。摶之言拍也。埴，黏土也。故書「七」爲「十」，「刮」作「捖」。〔二五〕鄭司農云：「十當爲七。捖摩之工謂玉工也。捖讀爲刮，其事亦是也。」○刮摩，古八反。摶，李音團，劉音博。埴，時職反。言拍，普百反。黏土，女廉反。作捖，劉音刮，戚音完，李侯管反。

「凡工」至「工二」　此已下言工之頭數，并所作有殊。此經與下爲揔目。

注「攻猶」至「是也」　云「摶之言拍也。埴，黏土也」者，以手拍黏土以爲培，乃燒之。尚書禹貢云：「厥土赤埴墳。」注亦云：「埴，黏土者也。」先鄭云「捖讀爲刮」者，舌爲聲，刀爲形，左聲右形，刮摩之義，是故讀從之也。

攻木之工：輪、輿、弓、廬、匠、車、梓。攻金之工：築、冶、鳧、㮚、段、桃。攻皮之工：函、鮑、韗、韋、裘。〔二六〕設色之工：畫、繢、鍾、筐、㡛。〔二七〕刮摩之工：玉、楖、雕、矢、磬。搏埴之工：陶、旊。〔二八〕事官之屬六十，此識其五材三十工，略記其事耳。其曰某人者，以其事名官也。其曰某氏者，官有世功，若族有世業，以氏名官者也。廬，矛戟矜柲也。國語曰「侏儒扶廬」。梓，榎屬也。故書雕或爲舟。鄭司農云：「輪、輿、弓、廬、匠、車、梓，此七者攻木之工，官別名也。孟子曰『梓匠輪輿』。鮑讀爲鮑魚之鮑，〔二九〕書或爲鞄，蒼頡篇有『鞄䩼』。韗讀爲歷運之運。㡛讀爲芒芒禹迹之芒。〔三〇〕楖讀如巾櫛之櫛。旊讀爲甫始之甫。〔三一〕埴，書或爲植。」杜子春云：「雕或爲舟者，非也。」玄謂旊讀如放於此乎之放。○㮚，古栗字。段桃，徐丁亂反，劉徒亂反。韗，況万反，劉音運，本或作韗，同。畫繢，户對反，後同。筐，音匡。㡛，莫黄反。玉楖，側筆反。陶旊，甫罔反，又音甫。侏儒，音朱。榎屬，古馬反，字或作檟。爲鞄，匹學反，劉音僕。鞄䩼，如兖反，柔革工。芒芒，莫黄反，下同。放於，甫罔反，下同。

「攻木」至「陶旊」　上云其數，〔三二〕此給以事職之也。攻木之工七，輪人爲輪蓋，輿人爲車輿，弓人爲六弓，廬人爲柄之等，匠人爲宫室、城郭、溝洫之等，車人爲車，梓人爲飲器及射侯之等。攻金之工六，築氏爲削，冶氏爲戈戟，鳧氏爲鍾，㮚氏爲量，段氏爲鎛，桃氏爲劒。攻皮之工五，函人爲甲，鮑人主治皮，韗人爲鼓，韋氏、裘氏闕也。設色之工五，畫繢二者，別官同職，共其事者，畫、繢相須故也。鍾氏染鳥羽，筐氏闕，㡛氏主湅絲。刮摩之工五，玉人造圭、璋之等，楖氏闕，雕氏闕，矢人主造矢，磬氏爲磬。搏埴之工二，陶人爲瓦器，甑、甗之屬，旊人爲瓦簋。

注「事官」至「之放」　三十工於六十爲不備，記人録者，未必在六十工之內，直以數言之，充得三十工而已也。云

「其曰某人者，以其事名官也」者，匠人、梓人、韗人、鮑人之類是也。此等直指事上爲名也。云「其曰某氏」者，其義有二：一者，官有世功，則以官爲氏，若韋氏、裘氏、冶氏之類是也；二者，族有世業，以氏名官，若㮚氏、㮚氏之等是也。云「廬，矛戟矜柲也」者，方言：「戟三刃，持其柄，〔三三〕自關而西謂之杖。」又云：「矜，謂之杖。」云「國語曰：侏儒扶盧」者，晉語文公問胥臣，胥臣對曰：「戚施植鎛，蘧篨蒙璆，〔三四〕侏儒扶盧。」矛矜是也。云「梓，榎屬也」者，案：釋木云「槄，山榎」，〔三五〕注云：「榎、梓，二木名。」此云「梓榎爲一」者。釋木前言「槄，山榎」，後云「椅梓」，據此二文故云「屬」，非謂梓、榎爲一而云屬也。先鄭引孟子者，見孟子所云官名，與此同也。云「韗讀爲歷運之運」者，歷運，時語有正歷運之數，故讀從之，取其音同耳。云「𩋙讀爲芒芒禹迹之芒」者，襄四年左氏傳，魏絳請和諸戎，云：「芒芒禹迹，畫爲九州，經啓九道。」引之者，亦取音同。云「柳讀爲巾櫛之櫛」者，案：左氏僖二十二年，晉大子圉爲質於秦，將逃歸，謂嬴氏曰：「與子歸乎？」對曰：「子之欲歸，不亦宜乎？〔三六〕寡君之使婢子侍執巾櫛，以固子也，從子而歸，棄君命也。」引之者，證柳、櫛是一也。云「瓬讀爲甫始之甫」者，甫，訓爲始，故讀從之，於義無所取，故後鄭不從也。玄謂「瓬」讀如「放於此乎」之「放」者，案隱二年「無駭入極」，公羊傳曰「疾始滅也，始滅放於此乎」，〔三七〕是也。言作瓦器者亦相放。

有虞氏上陶，夏后氏上匠，殷人上梓，周人上輿。官各有所尊，王者相變也。舜至質，貴陶器，甒大瓦棺是也。禹治洪水，民降丘宅土，卑宫室，盡力乎溝洫，而尊匠。湯放桀，疾禮樂之壞而尊梓。武王誅紂，疾上下失其服飾而尊輿。○甒大，音武，下音泰。卑宫，如字，劉音婢。盡力，津忍反。溝洫，况域反。

注「官」至「輿」　云「官各有尊，王者相變也」者，此陶、匠、梓、輿，據上三十工，並是官名。又所尊上不同，故云官各有所尊，王者相變也。云「舜至質，貴陶器」者，案：禮記表記云：「虞夏之文，不勝其質；殷周之質，不勝其文。」謂上代質，後代文，若以文質再而復而言，則虞又當質，故云至質。瓦器又至質，故禮記郊特牲云「器用陶匏」。是祭天地之器，則陶器爲質也。以代當質，故用質器也。云「甒大瓦棺是也」者，喪禮兩甒醴酒。明堂位云：「泰，有虞氏之尊也。」檀弓云「有虞氏瓦棺」，是也。此據升爲帝時所上，不得取陶於河濱解此也。云「禹治洪水」者，〔三八〕昔鯀治水，九載績用不成。舜臣堯舉八愷，八愷中有禹，堯使之治水。大禹謨云「禹降水儆予」是也。云「民降丘宅土」者，禹貢文。云「卑宮室」者，論語文。言民下居平土，營農種作，故爲之治溝洫以通水，通水之官，匠人是，故夏上匠也。云「湯放桀」者，尚書云：「湯放桀於南巢。」云「疾禮樂之壞」者，桀之無道，民墜塗炭，法度靡措，是禮樂之壞也。梓人所以造作禮樂之器，故湯上之也。云「武王誅紂」者，尚書牧誓云：「甲子昧爽，戰於牧野。」是武王誅紂之事。紂之無道，臣下化之，無尊卑之差，失其服飾。但車服者，顯尊卑之差，故周公制禮，尊上於輿也。

故一器而工聚焉者，車爲多。周所上也。〔三九〕

「故一」至「爲多」 云「一器」者，車也。「而工聚」者，謂有輪人、輿人、車人，就職中仍有輈人，是一器工聚者車最多，多於餘官，以周所上故也。

車有六等之數：車有天地之象，人在其中焉。六等之數，法易之三材六畫。○六畫，音獲。

注「車有」至「六畫」 云「六等之數」，下文是也。云「車有天地之象」者，下文云「軫之方也，以象地；蓋之圜也，以象天」，是車有天地之象也。云「人在其中焉」者，在軫蓋之中也。〔四〇〕云「六等之數，法易之三材六畫」者，易説卦云：「立天之道，曰陰與陽。立地之道，曰柔與剛。立人之道，曰仁與義。兼三材而兩之，故易六畫而成卦。」兼三材者，天有陰陽，地有柔剛，〔四一〕人有仁義。三材六畫，一材兼二畫，故車之六等法之也。〔四二〕

車軫四尺，謂之一等；戈柲六尺有六寸，既建而迆，崇於軫四尺，謂之二等；人長八尺，崇於戈四尺，謂之三等；殳長尋有四尺，崇於人四尺，謂之四等；車戟常，崇於殳四尺，謂之五等；酋矛常有四尺，崇於戟四尺，謂之六等。此所謂兵車也。軫，輿後横木。崇，高也。八尺曰尋，倍尋曰常。殳長丈二。戈、殳、戟、矛皆插車輢。鄭司農云：「迆讀爲『倚移從風』之移，謂著戈於車邪倚也。酋發聲，直謂矛。」

○而迆，以氏反，後同。崇於，本亦作古崇字。殳長，音殊，下直亮反，後放此。酋矛，在由反，或且州反。皆捷，徐、劉初輒反，戚初洽反。車輢，於綺反，劉於寄反，車傍也，一音起寄反。倚移，於綺反，下以氏反，下放此。著戈，丁略反。邪倚，似嗟反。

「車軫」至「六等」　此經説車六等之數。此六等，軫一人一之外，兵有四等。此謂前驅車所建，故詩云「伯也執殳，爲王前驅」，彼注引此文爲證前驅，明此是前驅所建可知。

注「此所」至「謂矛」　云「此所謂兵車也」者，謂下兵車之輪崇者也。云「軫，輿後横木」者，即今之車枕一也。知「八尺曰尋」者，此經皆以四尺爲差，人長八尺，而殳長尋有四尺，崇於人四尺，則八尺之外，唯有四尺在，是尋長八尺可知。知「倍尋曰常」者，殳長丈二，而云「車戟崇於殳四尺」，則丈二之外有四尺，揔丈六尺，是倍尋曰常也。云「戈、殳、戟、矛皆插車輢」者，當皆以鐵圜範，邪置於輢之上下，乃插而建之。容出先刃入後刃言之，一則邪向前，一則邪向後，乃可得也。先鄭云「迆讀爲『倚移從風』之移」者，司馬長卿上林賦云「從風倚移」。〔四三〕云「酋發聲，直謂矛」，酋矛二丈者也。

車謂之六等之數。申言數也。

注「申言數也」 前已云之，今又言之。申，重也。重言數，詳審言之也。

凡察車之道，必自載於地者始也，是故察車自輪始。先視輪也。自，從也。

凡察車之道，欲其樸屬而微至。不樸屬，無以爲完久也；不微至，無以爲戚速也。樸屬，猶附著堅固貌也。齊人有名疾爲戚者。春秋傳曰：「蓋以操之爲已戚矣。」速，疾也。書或作「數」。鄭司農云：「樸讀如子南僕之僕。微至，謂輪至地者少，言其圜甚，著地者微耳。著地者微則易轉，故不微至無以爲戚數。」○其樸，普剥反，劉音僕，一音扶禄反。屬，章欲反，下及注同。戚速，徐、劉將六反，李音促，注同。附著，直略反，下同。以操，七曹反。作數，色角反，下同。則易，以豉反。

注「樸屬」至「戚數」 此已下，云造車有善惡高下大小之宜。云春秋傳者，案：公羊傳，莊公三十年冬，齊人伐山戎。傳云：「此齊侯也。其稱人何？貶。曷爲貶？司馬子曰：蓋以操之爲已蹙矣。」注云：「操，迫也。已，甚也。蹙，痛也。」鄭氏以蹙爲疾，與何休別。先鄭云「子男僕之僕」，哀二年左氏傳云：「初，衛侯游於郊，子南僕。」引之者，取音同也。

輪已崇，則人不能登也；輪已庳，則於馬終古登陁也。已，大也，甚也。崇，高也。齊人之言終古猶言常也。陁，阪也。輪庳則難引。○已庳，音婢。登阤，徐丈爾反，劉堂何反，李音他，輈人同。已大也，音泰，劉他餓反。阪也，音反。

注「已大」至「難引」　輪已崇，則過六尺六寸，軫即過四尺，大高，故人不能登也。輪已庳，則無六尺六寸，軫即無四尺，大下，則馬難引，常似上阪也。

故兵車之輪六尺有六寸，田車之輪六尺有三寸，乘車之輪六尺有六寸。〔四四〕此以馬大小爲節也。兵車，革路也。田車，木路也。乘車，玉路、金路、象路也。兵車、乘車駕國馬，田車駕田馬。○乘車，繩證反，後乘車皆放此。

「故兵」至「六寸」　上文云車大高、大下，不得所。今此經云須得所之意也。先言兵車者，重戎事故也。〔四五〕田獵、戰伐相類，即言田車以對兵車，〔四六〕後別言乘車之等也。

注「此以」至「田馬」　言「以馬大小爲節」者，馬高則車亦高，馬下則車亦下，一以馬之高下爲車之節度。云革路、木路、玉路等，皆據巾車而言也。云「國馬」者，據輈人云「國馬之輈」而言，國馬則校人所云種馬、戎馬、齊馬、道馬，四者是也。

六尺有六寸之輪，軹崇三尺有三寸也，〔四七〕加軫與轐焉四尺也。人長八尺，登下以爲節。此車之高者也。軫，輿也。鄭司農云：「軹，軎也。轐讀爲旃僕之僕，謂伏兔也。」玄謂軹，轂末也。此軫與轐并七寸，田車又宜減焉。乘車之軌廣，取數於此。軌廣八尺，旁出輿亦七寸也。○軹，音只，轂末也。轐焉，音卜，又音僕。軹軎，音衛。旃僕，之然反，下如字，又音卜。軌廣，古曠反，後放此。

「六尺」至「爲節」　此經論軫崇四尺，不高不下之節。上云「兵車、乘車，輪高六尺六寸」，軹是軸頭，處輪之中央，故崇三尺有三寸。加軫與轐，二者七寸，則得四尺。

注「此車」至「寸也」　云「此車之高者」，對田車是車之下者也。先鄭云「軹，軎也」者，物有二名耳。云「轐讀爲旃僕之僕」者，讀音同而未聞所出也。云「謂伏兔也」者，漢時名，今人謂之車屐是也。「玄謂軹，轂末也。此軫與轐并七寸」者，四馬車一轅，車軸上有伏兔，伏兔尾後上載車軫，軫始有車輿。則軸去地三尺三寸，上又兼伏兔及軫并七寸，車輿去地，摠四尺也。云「田車又宜減焉」者，田車軫崇三尺一寸半，減乘車寸半，加軫與轐，亦減乘車寸半，爲五寸半也。云「乘車之軹廣，取數於此」者，車輿六尺有六寸。軹廣，謂轊廣。轊廣八尺，則車輿外旁出輿兩相各七寸。七寸之數，取於軫轐七寸之數，故云取數於此也。

輪人爲輪，斬三材，必以其時。三材，所以爲轂輻牙也。斬之以時，材在陽，則中冬斬之；在陰，則中夏斬之。今世轂用雜榆，輻以檀，牙以橿也。○輻牙，音訝，下皆同。中冬，音仲，下中夏同。以橿，居良反。

注「三材」至「橿也」　輪人唯造車輪，輪之三材，唯轂輻牙，故鄭以此三者解之也。云「材在陽，中冬斬之」等，並據山虞文知之，鄭舉今世所用木爲此三者，未知周用何木也。

三材既具，巧者和之。調其鑿内而合之。○其鑿，在洛反，又曹報反。内，如鋭反，依字作枘。而合，音閤，又如字。

注「調其」至「合之」　鄭以調解和。鑿内，謂孔入轂入牙者，並須調，使得所也。

轂也者，以爲利轉也；輻也者，以爲直指也；牙也者，以爲固抱也。利轉者，轂以無有爲用也。鄭司農云：「牙讀如『跛者訝跛者』之訝，謂輪輮也。世間或謂之罔，書或作輮。」○輪輮，而久反，劉音柔，李而又反。

注「利轉」至「作輮」　云「輻也者，以爲直指也」者，入轂入牙，並須直指，不邪曲也。云「牙也者，以爲固抱也」者，使牢固抱曲。云「利轉者，轂以無有爲用也」者，案：老子道經云：「三十輻共一轂，當其無有，車之用。」注：「無有，謂空虛。轂中空虛，輪得行，輿中空虛，人居其上。」引之者，證轂爲由空乃得利轉之義也。先鄭讀「牙」爲「訝跛者」之「訝」者，訝，迎也。此車牙亦輮之，使兩頭相迎，故讀從之。

輪敝，三材不失職，謂之完。敝盡而轂輻牙不動。○輪敝，婢世反，徐、劉伏滅反。

「輪敝」至「之完」　謂之爲「職」者，轂輻牙各有職任，〔四八〕自相支持，雖盡不動，是不失職也。

望而眡其輪，欲其幎爾而下迆也；進而眡之，欲其微至也；無所取之，取諸圜也。輪謂牙也。幎，均致貌也。進猶行也。微至，至地者少也。非有他也，圜使之然也。鄭司農云：「微至，書或作『危至』。故書圜或作員，當爲圜。」○幎爾，莫歷反。諸圜，于權反。均致，直置反，下注積致同。

「望而」至「圜也」　「望而視」之，謂車停止時。云「幎爾」者，幎，均致貌。爾，助句辭。云「下迆」者，謂輻轂上轂下，〔四九〕兩兩相當，正直不旁迆，故云下迆也。

望其輻，欲其掣爾而纖；〔五〇〕進而眡之，欲其肉稱也；無所取之，取諸易直也。掣纖，殺小貌也。肉稱，弘殺好也。鄭司農云：「掣讀爲紛容掣參之掣。」〔五一〕玄謂如桑螵蛸之蛸。○掣，音蕭，又色交反，又音朔，李又所咸反。肉稱，尺證反，注同。易直，以豉反。纖殺，色界反，劉色例反，下同，一音如字。掣參，上色交反，又音蕭，劉音朔。下所林反。桑螵，戚毗昭反，劉平堯反。蛸，音蕭，又音消。

「望其」至「直也」　上經揔視輪，此經別視輻。〔五二〕下云「進而視之」，則上云「望其輻」，據任止時也。

注「掣纖」至「之蛸」　云「掣纖，殺小貌也」者，凡輻皆向轂處大，向牙處小。言掣纖，據向牙處小而言也。云「肉稱，弘殺好也」者，向轂爲稱，故爲弘殺。先鄭云「紛容掣參之掣」者，此蓋有文，今檢未得。「玄謂如桑螵蛸之蛸」者，讀從爾雅釋蟲「螳蜋螵蛸」，並取音同也。

望其轂，欲其眼也；〔五三〕進而眡之，欲其幬之廉也；無所取之，取諸急也。眼，出大貌也。幬，幔轂之革也。〔五四〕革急則裹木廉隅見。鄭司農云：「眼讀如限切之限。」○其眼，魚懇反。其幬，音幬，下同，劉又音濤，李一音持株反，或一音蹈。幔轂，莫于反。則裹，音果。隅見，賢遍反。限切，魚懇反，李如字，下同。切，音如字，李倉愛反。

「望其」至「急也」　凡轂初作時隱起，然後以革輓之，革急，裹木隱起見。〔五五〕幬，覆也，謂以革覆轂也。

注「眼出」至「之限」　先鄭讀「眼」如「限切」之「限」，亦是取急意。

眡其綆，欲其蚤之正也。蚤當爲爪，謂輻入牙中者也。鄭司農云：「綆讀爲關東言餅之餅，〔五六〕謂輪箄也。」玄謂輪雖箄，爪牙必正也。○其綆，依注音餅，李方善反，又姑杏反，玉篇云：「鄭衆音補管反。」其蚤，音爪，下同。言餅，必井反，劉本頃反。輪箄，劉薄歷反，李又方匹反，一音薄計反，下皆同。爪牙，劉音雅。

「眡其」至「正也」　凡造車輪皆向外箄，向外箄則車不掉。先鄭讀「綆」爲山東言餅之「餅」，依俗讀也。「玄謂輪雖箄，爪牙必正也」者，爪入牙中，鑿孔必正直不隨邪也。

察其菑蚤不齵，則輪雖敝不匡。菑，謂輻入轂中者也。菑與爪不相佹，乃後輪敝盡不匡刺也。鄭司農云：「菑讀如雜廁之廁，謂建輻也。泰山平原所樹立物爲菑，聲如胾，博立梟棊亦爲菑。匡，枉也。」○其菑，側吏反，注及下皆同。不齵，五溝反，一音隅。相佹，九委反。匡刺，洛割反，下同。如胾，側吏反。立梟，古堯反。

注「菑謂」至「枉也」　上視輻入牙中，此言察輻入轂中須得所之意也。凡植物於地中謂之菑，此輻入轂中似植物地中，亦謂之菑。言「菑蚤不齵」者，人之牙齒參差謂之齵，此三十輻入轂，與蚤入牙，一一相當，不相佹戾，亦是不齵也。如此，輪雖敝盡不匡刺。先鄭云「菑」讀如「雜廁」之「廁」者，讀從史游章「分別部居不雜廁」義，取不參差意也。云「博立梟棊」者，謂博戲時，立一子於中央，謂之梟棊。云「爲菑」，〔五七〕亦是樹立爲菑之義也。

凡斬轂之道，必矩其陰陽。矩，謂刻識之也。故書矩爲距，鄭司農云：「當作矩，謂規矩也。」

「凡斬」至「陰陽」　此欲斬轂之時，先就樹刻之，記識其向日爲陽，背日爲陰之處。必記之者，爲後以火養其陰故也。

陽也者積理而堅，陰也者疏理而柔，是故以火養其陰而齊諸其陽，則轂雖敝不藃。〔五八〕稹，致也。火養其陰，炙堅之也。鄭司農云：「稹讀爲奠祭之奠，〔五九〕藃當作秏。」玄謂藃，藃暴，陰柔後必撓減，幬革暴起。○稹理，之忍反，本又作積，〔六〇〕劉依司農音奠，一音真。不藃，李、戚好角反，劉呼報反。作秏，呼報反。藃暴，步角反，下同，劉步莫反，一音蒲報反。必撓，乃孝反。

注「稹致」至「暴起」　此轂若不以火養炙陰柔之處，使堅與陽齊等，後以革鞔，陰柔之處，木則瘦減，革不著木，〔六一〕必有暴起。若以火養之，雖敝盡，不藃暴也。

轂小而長則柞，大而短則摯。〔六二〕鄭司農云：「柞讀爲迫唶之唶，謂輻間柞狹也。摯讀爲槷，謂輻危槷也。」〔六三〕玄謂小而長則菑中弱，大而短則末不堅。○則柞，莊百反。則摯，讀爲槷，劉魚列反，戚魚結反。迫唶，莊百反。

「轂小」至「則摯」　此已下，論車須長短小大相稱之事。

注「鄭司」至「不堅」　先鄭讀「柞」爲「迫唶」之「唶」者，依俗讀之。以「摯」爲「槷」，後鄭從而就足之。玄謂「小而長則菑中弱」者，以轂小而長，則輻間柞狹，故菑中弱也。云「大而短則末不堅」者，謂轂大而短，即轂末淺矩，故轂末不得堅牢也。

是故六分其輪崇，以其一爲之牙圍。六尺六寸之輪，〔六四〕牙圍尺一寸。

「是故」至「牙圍」　以上文小大不得其所，此文制法，使得其所也。云「六尺六寸之輪，牙圍尺一寸」者，此據兵車、乘車而言。若田車之輪小，崇六尺三寸，計亦可知也。

參分其牙圍而漆其二。不漆其踐地者也。漆者七寸三分寸之一，不漆者三寸三分寸之二。令牙厚一寸三分寸之二，則内外面不漆者各一寸也。○令牙，力呈反，卷内皆同。厚一寸，胡豆反，後放此。

注「不漆」至「寸也」　就一尺一寸，且取九寸，三分分之，各得三寸，猶有二寸在。又一寸爲三分，二寸爲六分，三分分之，各得二分。若然，一分有三寸三分寸之二，二分揔得七寸三分寸之一，是漆之者也。餘一分者，三寸三分寸之二，是不漆者，故云「不漆者三寸三分寸之二」也。云「令牙厚一寸三分寸之二，則内外面不漆者各一寸也」者，無正文，以意解之，故云令牙厚一寸三分寸之二。餘二寸，分於外内面，故各一寸也。

椁其漆内而中詘之，以爲之轂長，以其長爲之圍。六尺六寸之輪，漆内六尺四寸，是爲轂長三尺二寸，圍徑一尺三分寸之二也。鄭司農云：「椁者，度兩漆之内相距之尺寸也。」〔六五〕○而中，丁仲反。詘之，丘勿反。度兩，待洛反，下度之同。

注「六尺」至「寸也」　上經不漆者，外内面各一寸，則兩畔減二寸，故漆内有六尺四寸也。中屈此六尺四寸，故轂長三尺二寸也。又以三尺二寸爲圍，圍三徑一，三尺得一尺；餘二寸，寸作三分爲六分，又徑二分，故徑一尺三分寸之二也。

以其圍之阞捎其藪。〔六六〕捎，除也。阞，三分之一也。鄭司農云：「捎讀爲桑螵蛸之蛸。〔六七〕藪讀爲蜂藪之藪，謂轂空壺中也。」〔六八〕玄謂此藪徑三寸九分寸之五。壺中，當輻菑者也。蜂藪者，猶言趨也，藪者衆輻之所趨也。〔六九〕○之阞，音勒。捎，音蕭。其藪，素口反，李一音倉豆反。轂空，音孔。趨也，七住反，又七須反，下同。

「以其」至「其藪」　車轂之法，其孔必大頭寬，小頭狹，當輻入處謂之藪，寬狹處中而已。云阞者，「三分之一也」

者，於前一尺三分寸之二，三分取一。捎，除也，以除空中當藪之處，使容車軸也。

注「捎除」至「趨也」 云「防，三分之一者」，凡言防者，分散之言，數亦不定。是以王制云：「祭用數之仂。」注以爲當年之什一，以其下有「喪用三年之仂」，遂以當年經用之什一言之。此下文賢是大頭穿，内徑四寸五分寸之二，此當藪處，於徑三分之一，爲徑三寸九分寸之五，大小相稱，故以防爲三分之一解之也。〔七〇〕讀爲「蜂藪」之「藪」，此亦依俗讀之。以蜂窠有孔藪然，此三十輻入轂處，亦藪然也。「玄謂此藪徑三寸九分寸之五」者，以轂徑一尺三分寸之二，今一尺取九寸，三分之，一得三寸，仍有一寸三分寸之二在。〔七一〕今以一寸者爲九分，寸之二爲六分，摠爲十五分，三分取一，得五分，故云徑三寸九分寸之五也。

五分其轂之長，去一以爲賢，去三以爲軹。鄭司農云：「賢，大穿也。軹，小穿也。」玄謂此大穿，徑八寸十五分寸之八，小穿，徑四寸十五分寸之四。大穿甚大，似誤矣。大穿實五分轂長去二也。去二，則得六寸五分寸之二。凡大小穿皆謂金也。今大小穿金厚一寸，〔七二〕則大穿穿内徑四寸五分寸之二，小穿穿内徑二寸十五分寸之四，如是乃與藪相稱也。○去一，起吕反，後去三、去二皆同。〔七三〕爲賢，如字，劉、李胡田反，注同。相稱，尺證反，下同。

「五分」至「爲軹」 上經言轂空壺中，此經言轂大小兩頭。

「鄭司」至「稱也」 云「玄謂此大穿，徑八寸十五分寸之八」者，經云「五分其轂之長，去一以爲賢」，即以轂長三尺二寸，徑一尺三分寸之二，而五分去一，一尺去二寸，得八寸；三分寸之二者，本三分寸，今爲十五分寸，即以二分者爲十分，去二分，得八分，故云大穿，徑八寸十五分寸之八也。云「小穿，徑四寸十五分寸之四」者，經云「去三」，一尺五分去三，去六寸，得四寸，三分寸之二，亦爲十五分寸之十，五分去三，〔七四〕去六分，得四分，故云小穿徑四寸十五分寸之四。云「大穿甚大，似誤矣」者，以其大穿與藪中及小穿，三者須相類，故鄭以五分去二爲允也。云

「今大小穿金厚一寸」者，無正文，以目驗知之，故云今也。大小穿，穿內皆以金，消去二寸，故各減二寸也。

容轂必直，陳篆必正，施膠必厚，施筋必數，幬必負幹，鄭司農云：「讀『容』上屬，〔七五〕曰『軹容』。」玄謂容者，〔七六〕治轂爲之形容也。篆，轂約也。幬負幹者，革轂相應，無贏不足。〔七七〕○陳篆，直轉反。必數，色角反，李色住反。轂約，烏孝反，又如字。

注「鄭司」至「不足」　先鄭讀「容」上屬，後鄭不從者，「軹」，轂末，無形容可見，其轂上則夏篆，夏縵，轂約，故不從也。云「幬負幹者，革轂相應」者，幬，覆也。謂以革覆轂，轂之木，隱著革，使之急，是革轂相應也。云「無贏不足」者，贏與不足，同蒙無字，若轂有耗瘦，不隱著轂，則革有贏而轂不足；著轂不耗，〔七八〕革轂相應，革無贏，轂亦無不足也。

既摩，革色青白，謂之轂之善。謂丸漆之，乾而以石摩平之，革色青白，善之徵也。○丸漆，如字，又胡喚反。

注「謂丸」至「徵也」　此謂以革輓轂訖，將漆之，先以骨丸之，待乾方以石摩平之，〔七九〕其色青白則善也。

參分其轂長，二在外，一在内，以置其輻。轂長三尺二寸者，令輻廣三寸半，則輻内九寸半，輻外一尺九寸。

注「轂長」至「九寸」　此經欲論置輻於轂，相去遠近之法。云「轂長三尺二寸」，上經文。「令輻廣三寸半」，知者，案上云「以圍之防捎其藪」，藪中三分徑一，轂徑既一尺三分寸二，今取一分作空中，空中徑三寸九分寸之五；兩畔得二分，有七寸九分寸之一，兩廂分之，一畔得三寸九分寸之五。下文云「量其鑿深以爲輻廣」，深三寸半，〔八〇〕故知輻廣三寸半也。依前所計言之，輻深實應三寸十八分寸之一，言三寸半，舉成數言也。若然，轂既長三尺二寸，輻居三寸半，餘有二尺八寸半，三分之，輻外得一尺九寸，輻内得九寸半也。

凡輻，量其鑿深以爲輻廣。廣深相應，則固足相任也。○量其，音良。下「量其藪」同。鑿，曹報反，又如字，後同。深，尸鴆反，下放此。

注「廣深」至「任也」　如上所計，則輻之廣深各有三寸半，是相應也。至上轂小而長，轂大而短，則不相應，故槷也。

輻廣而鑿淺，則是以大扤，雖有良工，莫之能固。扤，摇動貌。○大扤，五骨反，或五活反。

「輻廣」至「能固」　此及下經，論轂與輻不得所之意也。

鑿深而輻小，則是固有餘而强不足也。言輻弱不勝轂之所任也。○而强，其良反，劉其尚反。不勝，音升。

「鑿深」至「足也」　云「鑿深而輻小」者，謂轂大，〔八一〕故鑿得深，其輻則應大，是相稱。若輻小，則固有餘。固有餘，由轂大鑿深故也，而强不足，由輻小故也。

故竑其輻廣以爲之弱，則雖有重任，轂不折。〔八二〕言力相稱也。弱，菑也。今人謂蒲本在水中者爲弱，是其類也。鄭司農云：「竑讀如紘綖之紘，謂度之。」○故竑，獲耕反。

注「言力」至「度之」　云「言力相稱也」者，止謂輻廣與鑿深相稱。案：史游章云：「蒲蒻藺席。」謂取蒲之本在水者爲席，則此經「弱」，亦是輻入轂中者也。

參分其輻之長而殺其一，則雖有深泥亦弗之溓也。殺，衰小之也。鄭司農云：「溓讀爲黏，謂泥不黏著輻也。」○而殺，色界反，劉色例反，注同。之溓，依字，力簟反，依注音黏，女廉反。衰小，劉初危反，一音如字。黏著，直略反，下附著同。

「參分」至「溓也」　假令輻除入轂之中，其外長三尺，則殺一尺以向牙，以本麤末細，塗則向下利，故泥不黏著之也。

參分其股圍，去一以爲骹圍。謂殺輻之數也。〔八三〕鄭司農云：「股謂近轂者也。骹謂近牙者也。方言股以喻其豐，故言骹以喻其細。人脛近足者細於股，謂之骹。羊脛細者亦爲骹。」○爲骹，胡飽反，又下教反，李又苦教反。近轂，附近之近。人脛，刑定反。

注「謂殺」至「爲骹」　云「謂殺輻之數也」者，上經云「殺其一」者，據長短之中殺一分，此經參分殺一，據本麤末細而言。其輻近轂麤處謂之股，若人髀股；近牙細者，謂之骹，謂若人脚近踝之骹也。假令輻近轂處圍六寸也。〔八四〕先鄭云「方言股以喻其豐」者，方者，止謂方欲言股之時，此股喻其豐，非謂楊雄以異方之語不同方言也。〔八五〕股既喻豐，故言骹以喻其細，一切麤細相對，細處則言骹，謂士喪禮「綴足用燕几，骹在南」之類。〔八六〕云「羊脛細者亦爲骹」者，今人猶言之也。

揉輻必齊，平沈必均。揉謂以火槁之，衆輻之直齊如一也。平沈，平漸也。鄭司農云：「平沈，謂浮之水上無輕重。」○揉輻，而九反，又音柔，李又奴丑反，一音而又反。火槁，劉苦老反，沈居趙反。平漸，子廉反，下同。

注「揉謂」至「輕重」　云「揉謂以火槁之」者，曲者以火炙之，木則濡可揉戾使直。槁，就也。故云揉謂以火槁之也。云「衆輻之直齊如一也」者，謂以火槁之後，直不曲，故云直齊如一也。重者沈多，輕者沈淺，沈重者更去之，則平而輕重等也。

直以指牙，牙得，則無槷而固。〔八七〕得謂倨句鑿内相應也。鄭司農云：「槷，榝也。蜀人言榝曰槷。」玄謂槷讀如涅，從木熱省聲。〔八八〕○無槷，魚列反，依注音涅，乃結反，李一音素結反。倨句，音據。鑿内，如税反。榝也，素結反。

注「得謂」至「省聲」　云「得謂倨句鑿内相應也」者，〔八九〕以輻直者爲倨，以牙曲者爲句。輻牙雖有倨句，至於鑿内必正，正則爲得，得則若無槷而牢固也。先鄭讀「槷」爲「危槷」之「槷」，故更轉從「榝」也。後鄭讀槷即是槷。蘇結切。云「槷讀如涅」，謂涅物於孔中之涅。又解槷字，以其用木爲槷，故從木也。云「熱省聲」者，熱者去下火，取上與熱爲聲，可謂上聲下形，故云省聲也。

不得，則有槷，必足見也。必足見，言槷大也。然則雖得，猶有槷，但小耳。○足見，賢遍反，注同。

注「必足」至「小耳」　云「必足見，言槷大也」者，足乃據槷而言，言足見，故知槷大乃足見也。云「然則雖得，猶有槷，但小耳」者，上經云「無槷而固」，即是無槷。鄭必知上文有槷但小者，鄭更無異文，直以文勢反之可知。知然者，此經云「不得，則有槷，必足見」，言槷大，則知上經得不足見，無大槷，有小槷可知。故鄭云「雖得，猶有槷，但小耳」。鄭非直以文勢反之知有槷，以意量之，輻入牙中，無有不用槷而固者也。

六尺有六寸之輪，綆參分寸之二，謂之輪之固。輪箄則車行不掉也。參分寸之二者，出於輻股鑿之數也。○綆參，方穎反，下七南反，又音三。不掉，徒弔反。

注「輪箄」至「數也」　止由輪有箄，車不掉，不掉則得輪之固也。云「參分寸之二者，出於輻股鑿之數也」者，鑿牙之時，其孔向外侵三分寸之二，使輻股外箄，故云輻股鑿之數也。

凡爲輪，行澤者欲杼，行山者欲侔。杼，謂削薄其踐地者。侔，上下等。○欲杼，直吕反。欲侔，亡侯反，劉莫豆反。

注「杼謂」至「下等」　凡爲車之法，各順其所宜，是以行澤者欲杼，知是「削薄其踐地」者，下文云「是刀以割塗」，故知削薄之。行山欲上下等者，下文云「是摶以行石」，雖不動於鑿旁，恐石傷之，故欲上下等而得久長也。

杼以行澤，則是刀以割塗也，是故塗不附。附，著也。

侔以行山，則是摶以行石也，是故輪雖敝，不甐於鑿。摶，圜厚也。鄭司農云：「不甐於鑿，謂不動於鑿中也。」玄謂甐亦敝也。以輪之厚，石雖齧之，不能敝其鑿旁使之動。○是摶，徒丸反，李又丈轉反。不甐，本又作𨏈，音吝，李一音鱗。

注「摶圜」至「之動」　先鄭以甐爲動而不動於鑿中，後鄭以甐亦敝，不能敝於鑿旁，不從先鄭者，以其動者先動於旁，乃及於中，不可先動於中，故不從也。

凡揉牙，外不廉而内不挫，〔九〇〕旁不腫，謂之用火之善。廉，絶也。挫，折也。腫，瘣也。○不挫，作卧反，李又祖加反。瘣也，胡罪反。

「凡揉」至「之善」　此一經論用火揉牙，使之圓正之意。古者車輞，屈一木爲之，要當木善，火齊又得，乃可圓而得所也。

注「廉絶」至「瘣也」　凡屈木，多外廉絶理，内挫折中，旁腫負起。無此三疾，是用火之善也。

是故規之以眡其圜也，輪中規則圜矣。○中規，丁仲反，下同。

注「輪中規則圜矣」　謂論成，以繩規之，中規則不枉也。

萬之以眡其匡也，等爲萬蔞，以運輪上，輪中萬蔞，則不匡剌也。故書萬作禹。鄭司農云：「讀爲萬，〔九一〕書或作矩。」〔九二〕○萬之，姜禹反，李又音俱，注同。蔞，良主反，劉音流，下文同，李又里俱反。

注「等爲」至「作矩」　云「等爲萬蔞，以運輪上」者，見令車近萬蔞於輪一邊，置於輪上，是等爲萬蔞以運輪上也。輪一轉一帀，不高不下，中於萬蔞，則輪不匡剌。

縣之以眡其輻之直也，輪輻三十，上下相直，從旁以繩縣之，中繩則鑿正輻直矣。○縣之，音玄，後皆同。相直，音值。

注「輪輻」至「直矣」　此以輪側於一邊，輪輻三十，兩兩上下相直，從旁以繩縣之，兩兩中縣，則鑿正而輻直矣。

水之以眡其平沈之均也，平漸其輪無輕重，則斲材均矣。○則斲，陟角反。

注「平漸」至「均矣」　兩輪俱置水中，觀眂四畔入水均否，若平深均，〔九三〕則斲材均矣。

量其藪以黍，以眂其同也。黍滑而齊，以量兩壺，無羸不足，則同。

「量其」至「同也」　謂兩輪俱用黍量，眂其容受同不，齊同則無羸，亦無不足。鄭云「黍滑而齊」，則不取律曆志以黍爲度量衡之義也。

權之以眂其輕重之侔也。侔，等也。稱兩輪，鈞石同，則等矣。輪有輕重，則引之有難易。○難易，以豉反。

注「侔等」至「難易」　云「稱兩輪，鈞石同，則等矣」者，正以鈞石言之者，以其輪重，非斤兩所准擬，故以三十斤曰鈞，百二十斤曰石之言也。〔九四〕

故可規可萬、〔九五〕可水、可縣、可量、可權也，謂之國工。國之名工。

「故可」至「國工」　此一經揔結上文也。

輪人爲蓋，〔九六〕達常圍三寸，圍三寸，徑一寸也。鄭司農云：「達常，蓋斗柄下入杠中也。」○杠中，音江。

注「圍三」至「中也」　輪輻三十，蓋弓二十有八，器類相似，故因遣輪人造蓋。但蓋柄有兩節，此達常，是上節下入杠中也。

桯圍倍之，六寸。圍六寸，徑二寸，足以含達常。鄭司農云：「桯，蓋杠也。讀如丹桓宫楹之楹。」○桯圍，讀爲楹，音盈。

注「圍六」至「之楹」 此蓋柄下節麤大常一倍，向上含達常也。先鄭引丹桓宮楹之楹者，案：莊二十三年，爲迎姜氏，以爲華飾，故丹桓公廟之楹柱。引之，證此蓋柄之桯，楹柱之類也。

信其桯圍以爲部廣，部廣六寸。〔九七〕廣謂徑也。鄭司農云：「部，蓋斗也。」○信其，音申。部廣，古曠反，劉音經，下同。

「信其」至「六寸」 此言蓋之斗，四面鑿孔，内蓋弓者，於上部高隆穹然，謂之爲「部」。信，古之申字。舒申上桯圍六寸，〔九八〕以爲此部徑，部徑六寸也。

部長二尺，〔九九〕謂斗柄達常也。

注「謂斗柄達常也」 此「部」即「達常」。以此達常，上入部中，遂名此達常爲部，其實是達常也。

桯長倍之，四尺者二。〔一〇〇〕杠長八尺，謂達常以下也。加達常二尺，則蓋高一丈，立乘也。

注「杠長」至「乘也」 云「蓋高一丈，立乘也」者，人長八尺，蓋弓有宇曲之減二尺，得不障人目也。

十分寸之一謂之枚，〔一〇一〕爲下起數也。枚，一分。故書「十」與上「二」合爲「丯」字，杜子春云：「當爲四尺者二，十分寸之一。」○爲下，于僞反，下「爲雨」同。

注「爲下」至「之一」 云「故書十與上二合爲卄字」，則二十、三十、四十字，一字爲兩讀，因而有之。子春不從者，文理俱周，乃合於義，若以十合二爲卄，是則於文字得矣。若讀以分向下讀之，其義安在，故子春經爲正也。

部尊一枚，尊，高也。蓋斗上隆高，高一分也。

注「尊高」至「分也」　高者必尊，故尊爲高也。以隆高一分，故上文得名爲部也。

弓鑿廣四枚，鑿上二枚，鑿下四枚；弓，蓋橑也。廣，大也。是爲部厚一寸。〇弓鑿，才報反。蓋橑，音老，劉力報反。

注「弓蓋」至「一寸」　云「弓，蓋橑也」者，漢世名蓋弓爲橑子也。云「廣，大也」者，恐直以横廣四枚，上下不知其數，故訓廣爲大，明上下及横皆四分也。云「是爲部厚一寸」者，經兩四一二，故厚一寸也。必以孔上二枚、孔下四枚，以其弓下用力故也。

鑿深二寸有半，下直二枚，鑿端一枚。鑿深對爲五寸，是以不傷達常也。下直二枚者，鑿空下正而上低二分也。其弓菑則橈之，平剡其下二分而内之，欲令蓋之尊終平不蒙橈也。端，内題也。〇鑿空，音孔。弓菑，側吏反，劉音廁。撓之，乃教反。剡其，以冉反，又才冉反。

注「鑿深」至「題也」　此經説蓋斗之上鑿孔，内弓二十八孔之上下廣狹之義。云「鑿深對爲五寸，是以不傷達常也」者，前文云「部廣六寸，達常徑一寸，達常上入部中徑一寸」，則兩畔共有五寸在。今以弓鑿深二寸半，兩相各二寸半，是不侵達常，故云「不傷達常也」。云「下直二枚者，鑿空下正而上低二分也」者，直，正也。鑿孔下正者，上文鑿下四枚，今於内畔鑿下亦四枚，〔一〇二〕與外正平，故云平於下正也。云「而上低二分」者，前文鑿上二枚，〔一〇三〕今於内畔孔低二分，鑿上亦四枚，故云上低二分也。若然，部揔一寸，今鑿上鑿下俱四枚，已用八枚，其中唯有二枚在，故云「弓菑則橈」，橈，亦減也。弓外畔上下四枚，今於内畔減二枚，唯有二分剡去也。故云「平剡其下二分而内之」。云「欲令蓋之尊終平不蒙撓也」者，蓋尊外畔孔上二枚，及内畔上下俱四枚。若然，蓋弓向外頭仰，但以蓋弓三分，一分外爲宇曲，又以衣蒙之，則弓低，故蓋尊終平不蒙撓，又得吐水也。云「端，内題也」者，蓋斗外寬内狹，以是故蓋弓内端，削使狹爲題頭，故云端内題也。

弓長六尺，謂之庇軹，五尺謂之庇輪，四尺謂之庇軫。庇，覆也。故書庇作秘。杜子春云：「秘當爲庇，謂覆軫也。」玄謂軹，轂末也。輿廣六尺六寸，兩轂并六尺四寸，旁減軓內七寸，則兩軹之廣凡丈一尺六寸也。六尺之弓倍之，加部廣，凡丈二尺六寸。有宇曲之減，可覆軹，不及幹。○庇軹，方二反。輨，或作幹，俱音管。〔一〇四〕

注「庇覆」至「及幹」　此經説蓋有大小不定之事。云「輿廣六尺六寸」者，〔一〇五〕輿人文。云「旁減軓內七寸」者，七寸以承輿，故旁減軓內七寸。上云以其轂長，二在外，一在內，以置其輻，輻內九寸半，綆三分寸之二，金轄之間三分寸之一，輻又三寸半，揔尺四寸。以此計之，以七寸承輿，七寸爲軓，故云旁減軓內七寸也。云「兩軹之廣凡丈一尺六寸也」者，向計輿六尺六寸，并兩轂六尺四寸，揔一丈三尺，減尺四寸入輿下，其餘有丈一尺六寸也。〔一〇六〕云「六尺之弓倍之，加部廣，凡丈二尺六寸。有宇曲之減，可覆軹，不及幹」者，下文注云：「股面三尺幾半，通尊二尺，爲五尺近半，倍之，加部廣六寸，揔丈一尺六寸。」以幾半言之，則不整丈一尺六寸。經云「覆軹」，當允經中之數，故云可覆軹，不及幹也。

參分弓長而揉其一。〔一〇七〕參分之持長橈短，短者近部而平，長者爲宇曲也。六尺之弓，近部二尺，四尺爲宇曲。○近部，附近之近。

注「參分」至「宇曲」　云「三分之持長橈短，短者近部而平，長者爲宇曲也」者，弓長六尺，三分，一分有二尺。既云「參分弓長揉其一」，則揉其二尺近部者。故云三分之持長橈短，〔一〇八〕短者近部內而平，長者爲宇曲。鄭又覆言之「六尺之弓，近部二尺，四尺爲宇曲」。必橈近部二尺者，以其本鑿弓孔時，外畔弓上二枚，弓下四枚，內畔上下俱四枚，由弓頭仰，故須近部橈之使平，向下四尺持之爲宇曲吐水也。

參分其股圍，去一以爲蚤圍。蚤當爲爪。以弓鑿之廣爲股圍，則寸六分也。爪圍一寸十五分寸之一。○蚤圍，音爪。

注「蚤當」至「之二」　此言弓近蓋計復麤，〔一〇九〕近末頭細之意。云「股圍則寸六分也」者，上云「弓鑿廣四枚」，即以方圍之，四四十六，故圍寸六分。云「爪圍一寸十五分寸之二」者，一寸爲三十分，六分者爲十八分，通前揔四十八。取三十分，去十分，得二十分。十八分者，去六分，得十二分。以十二并二十，爲三十二分。三十分作寸，餘二分，是三十分寸之二。三十分寸之二，即是十五分寸之一，故云爪圍一寸十五分寸之一也。

參分弓長，以其一爲之尊。尊，高也。六尺之弓，上近部平者二尺，爪末下於部二尺。二尺爲句，四尺爲弦，求其股，股十二除之，面三尺幾半也。○幾半，音析。

注「尊高」至「半也」　云「以其一爲之尊」者，正謂近部二尺者，對末頭四尺者爲下，以二尺者爲高。云「爪末下於部二尺」者，正謂蓋杜并達常高一丈八尺，故四面宇曲，垂二尺也。云「二尺爲句，四尺爲弦，求其股」者，鄭欲解宇曲之減，減蓋之寬，覆軹不及幹之意。凡筭法，以蚤低二尺，即以低二尺者爲句，又以持長四尺爲弦，又蚤末直平者爲股。弦者四尺，四四十六，爲丈六尺，句者二尺，二二而四，爲四尺。欲求其股之直平者，筭法以句除弦，餘爲股，將句之四尺，除弦丈六尺，中除四尺，仍有丈二尺在，然後以筭法約之，廣一尺，長丈二尺，方之，丈二尺取九尺，三尺一截，相裨得方三尺，仍有三尺在，中破之爲兩股，〔一一〇〕各廣五寸，長三尺，裨於前三尺方兩畔，畔有五寸，兩畔并前三尺，爲三尺半。角頭仍少方五寸不合不整三尺半。幾，近也。言近半。

上欲尊而宇欲卑，上，近部平者也。隤下曰宇。○欲卑，音婢，下同。隤下，大回反。

「上欲」至「欲卑」　此言爲下而説也。「上」，謂近部二尺者。「宇」，謂持長四尺者也。

上尊而宇卑，則吐水疾而霤遠。蓋者，主爲雨設也。乘車無蓋。禮所謂潦車，謂蓋車與。○而霤，力又反。潦車，音老。車與，音餘。

注「蓋者」至「車輿」　云「蓋者，主爲雨設也。乘車無蓋」者，案：巾車五路皆不言蓋，以其建旌旗故無蓋，故彼云「及葬，執蓋，從車持旌」，鄭云：「王平生時，乘車建旌，雨則有蓋。」又道右職云：「王式則下，前馬，王下則以蓋從。」注云：「以蓋從，表尊。」非謂在車時，若今傘蓋者也。云「禮所謂潦車，謂蓋車輿」者，案：既夕禮云：「乘車載旜，道車載朝服，稾車載蓑笠」，注云：「今文稾爲潦。」此注云「禮所謂潦車」者，指儀禮今文而言也。鄭彼不從今文，〔二二〕此引之者，鄭兩解，故此從之。但潦車云「載蓑笠」，笠所以禦暑，蓑所以禦雨，雨時或設蓑，或設蓋，故疑是彼潦車，遂言與也。若然，蓋車，於天子當木路，故既夕注云：「稾，猶散也。散車，以田以鄙之車。」司常云：「斿車載旌。」注云：「斿車，木路也。王以田以鄙之車。」是木路與潦車爲一物，故知此則木路至於田獵，建大麾，無蓋，在國巡行，則或載旌，或設蓋也。

蓋已崇則難爲門也，蓋已卑是蔽目也，是故蓋崇十尺。十尺，其中正也。蓋十尺，宇二尺，而人長八尺，卑於此，蔽人目。

注「十尺」至「人目」　云「蓋十尺，宇二尺」者，據人長八尺，中人而言。若孔子及父，皆身長十尺，則蓋丈二者也。

良蓋弗冒弗紘，殷畝而馳不隊，謂之國工。隊，落也。善蓋者以横馳於壟上，無衣若無紘，而弓不落也。○殷畝，音隱。不隊，直類反，落也。

「良蓋」至「國工」　云「良蓋弗冒」，則無衣，不須言不紘。若言不紘，則有衣而不須紘也。云「殷畝而馳」者，據不冒、不紘兩者而言。

輿人爲車，輪崇、車廣、衡長，參如一，謂之參稱。稱猶等也。車，輿也。衡亦長容兩服。○參稱，尺證反，注同。

注「稱猶」至「兩服」　此輿人專作車輿。記人言車者，車以輿爲主，故車爲摠名。鄭爲輿者，此官實造輿，故從輿爲正。云「參如一」者，謂俱六尺六寸也。云「容兩服」者，服馬也。以其驂馬別有軜鬲引車，故衡唯容服也。

參分車廣，去一以爲隧。兵車之隧四尺四寸，鄭司農云：「隧謂車輿深也。讀如鑽燧改火之燧。」玄謂讀如邃宇之邃。○爲隧，雖遂反，注邃同，又音遂，注燧同。如鑽，作官反。

注「兵車」至「之邃」　隧，謂車輿之縱，凡人所乘車，皆取橫闊，以或參乘，或四乘，故橫則六尺六寸。此隧輿之縱，三分六尺六寸，取二分，取四尺四寸爲之。〔一二二〕不從先鄭者，車無取於鑽燧改火之義，故讀從「邃宇」之「邃」也。

參分其隧，一在前，二在後，以揉其式。兵車之式，深尺四寸三分寸之二。

注「兵車」至「之二」　鄭皆言兵車者，案：上文先言兵車，後言乘車，故據先而言，其實乘車亦同也。云「或深尺四寸三分寸之二」者，〔一二三〕以四尺四寸，取三尺，得一尺。又一尺二寸，三分之，取四寸，仍有二寸在，一寸爲三分，二寸爲六分，取一得二分，故云深尺四寸三分寸之二。云「以揉其式」者，式，謂人所馮依而式敬，故名此木爲式也。

以其廣之半爲之式崇，兵車之式高三尺三寸。

注「兵車」至「三寸」　車輿之廣六尺六寸，取半爲式之高，故知三尺三寸也。

以其隧之半爲之較崇。較，兩輢上出式者。兵車自較而下凡五尺五寸。故書較作榷，〔一二四〕杜子春云：「當爲較。」○之較，古學反。兩輢，於綺反，劉於既反，下同。作榷，音角。

注「較兩」至「爲較」　「較」，謂車輿兩相，今人謂之平鬲也。言「兩較」，謂車相兩旁豎之者。〔一二五〕二者既別，而云

「較，兩輢上出式者」，以其較之兩頭，皆置于輢上，二木相附，故據兩較出式而言之。〔一一六〕云「兵車自較而下凡五尺五寸」者，以其前文式已崇三尺三寸，更增此隧之半二尺二寸，故爲五尺五寸。案：昭十年，左氏傳云「陳、鮑方睦，遂伐欒、高氏。子良曰：『先得公，陳、鮑焉往？』遂伐虎門。公卜使王黑以靈姑銔率，吉，〔一一七〕請斷三尺而用之。」彼注云：「斷三尺，使至於較，大夫旗至較。」案：禮緯「諸侯旗齊軫，大夫齊較」，軫至較五尺五寸，斷三尺得至較者，蓋天子與其臣乘重較之車，諸侯之車不重較，〔一一八〕故有三尺之較也。或可服君誤。

六分其廣，以一爲之軫圍。軫，輿後横者也。兵車之軫圍尺一寸。

注「軫輿」至「一寸」　云「六分」者，謂輿廣六尺六寸。而六分取一，〔一一九〕故得尺一寸也。

參分軫圍，去一爲式圍；兵車之式圍，七寸三分寸之一。

注「兵車」至「之二」　謂參分前軫圍尺一寸而爲之。尺一寸，取九寸爲三分，去三寸得六寸；餘二寸各三分之，二寸爲六分，去二分，得四分；以三分爲一寸，餘一分。添前六寸，爲七寸三分寸之一也。

參分式圍，去一以爲較圍；兵車之較圍，四寸九分寸之八。

注「兵車」至「之八」　以式圍七寸三分寸之一，取六寸三分，去二寸，得四寸。切有一寸三分寸之一，以一寸者爲九分，一分者轉爲三分，并爲十二分，去四分，得八分，故云「較圍四寸九分寸之八」也。

參分較圍，去一以爲軹圍；兵車之軹圍，三寸二十七分寸之七。軹，輢之植者衡者也，與轂末同名。○植者，直吏反，下同。

注「兵車」至「同名」　以前較謂四寸九分寸之八，〔一二〇〕四寸取三寸，去一寸，得二寸；餘一寸，爲二十七分，餘八分，爲二十四分，并之爲五十一分，取三十，去十分，得二十分。又二十一者去七分，得十四，添前二十，爲三十四分。取二十七分爲一寸，餘有七分在，添前二寸，揔爲三寸二十七分寸之七也。云「與轂末同名」者，前云「覆軹不及軨」，注軹是轂末，此軹是車較下竪直者，及較下横者，直衡者並縱横相貫也。

參分軹圍，去一以爲轛圍。兵車之轛圍，二寸八十一分寸之十四。轛，式之植者衡者也。鄭司農云：「轛讀如繫綴之綴，謂車輿軨立者也。〔一二一〕立者爲轛，横者爲軹。書轛或作軨。」玄謂轛者，以其鄉人爲名。○轛，音對，又張歲反，李一音都回反。繫綴，張歲反。軨立，劉音領，又音零，下同。鄉人，許亮反。

注「兵車」至「爲名」　此轛形狀，一與前經軹同，但在式木之下，對人爲名耳。參分軹圍，分前三寸二十七分寸之七，取三寸，去一寸，得二寸；餘七分者，假令整寸，爲八十一分，此二十七分寸之七，爲二十一分，即是八十一分寸之二十一，三分之，去七分得十四分，故云「轛圍二寸八十一分寸之十四」也。云「轛式之植者衡者也」者，先鄭讀轛爲綴，又以轛軹爲一處解之，後鄭皆不從者，以其無所指歸，故以鄉人爲名，據前式下爲之也。

圜者中規，方者中矩，立者中縣，衡者中水，直者如生焉，繼者如附焉。治材居材如此乃善也。如生，如木從地生。如附，如附枝之弘殺也。○中規，丁仲反，下皆同。〔一二二〕弘殺，色界反。

注「治材」至「殺也」　凡作車之法，其材有圜者中于規，有方者中于矩，有直竪立者中于繩縣之垂者。衡，横也，横者中於水，無高下也。云「直者如生焉」者，如木之從地初生。云「繼者如附焉」者，材有大小相附着者，如本之枝柯，〔一二三〕本大末小之弘殺也。

凡居材，大與小無并，大倚小則摧，引之則絶。并，偏邪相就也。用力之時，其大并於小者，小者强不堪則摧也。其小并於大者，小者力不堪則絶也。○凡居，如字，舊音據。無并，如字，又必政反。偏邪，似嗟反。

「凡居」至「則絶」　上經言居材得所，此經言不得所之事。凡居材大與小無并之使偏邪；此汎説居材之法爲揔也。云「大倚小則摧」者，倚則并也。凡居材，當各自用力，若使大材倚并小材，小材强不堪大材所倚，則摧折矣。云「引之則絶」者，上文云居材大與小無并，已言大倚小則摧，未言小并大之事，則此「引之則絶」，據小并大而言也。若小并於大，大木振其小木力不堪則絶斷也。

棧車欲弇，爲其無革輓，不堅，易坼壞也。士乘棧車。○棧車，士板反，劉才産反。〔一二四〕欲弇，劉於驗反，又於檢反。爲其，于僞反。革輓，莫干反。易坼，以豉反，下勑白反。

「棧車欲弇」　棧車無革輓輿，易可坼壞，故當弇向内爲之。云「士乘棧車」者，巾車職文。

飾車欲侈。飾車，謂革輓輿也。大夫以上革輓輿。故書侈作移，杜子春云：「當爲侈。」

注「飾車」至「爲侈」　據大夫已上以革輓輿，不畏坼壞，故欲得向外侈也。云大夫以上者，則天子諸侯之車，以革輓輿及轂約也。但有異物之飾者，則得玉金象之名號。無名號者，直以革爲稱，革路、墨車之等是也。若木路，亦以革輓，但不添飾，〔一二五〕故以木爲號。孤卿轂上有篆飾，即以篆縵爲名也。案：殷傳云：「未命爲士者，不得乘飾車。」士得乘飾車者，後異代法也。

校勘記

〔一〕亦所以富充家　「充」，殿本同，元、正、閩、闕、阮本作「立」。「家」，諸本同，殿本作「室」。

〔二〕是營城郭都城之制　「都」，元本、惠校本同，正、閩、闕、殿本作「郡」，疑作「都」是。

〔三〕堯知有强法　孫詒讓云，叙引鄭書注較此詳備。「强法」乃「聖德」之誤。

〔四〕及陰陽之面背是也　「背」，原作「皆」，據婺、余、岳、嘉靖本改。疏引注同，不更出校。

〔五〕讀如冬資絺之資　婺、嘉靖、監、毛、殿本同，岳、元、正、閩、闕、阮本「絺」下有「綌」字。諸本疏中皆無「綌」字，疑衍。

〔六〕左氏襄二十七年　「左」，殿本同，元、正、閩、闕、阮本作「虞」，誤。

〔七〕大夫種進對曰　「種」，殿本同，元、正、閩、闕、阮本作「鍾」，非。

〔八〕以待之　孫詒讓云，「之」，越語作「乏」。

〔九〕復卦彖辭文也　孫詒讓曰，「彖」，當爲「象」。

〔一〇〕廬讀爲纑　漢讀考云，「纑」當作「籚」，若「纑」字，則當云「讀如」矣。釋文「廬」或作「籚」，正用注説易正文也。

〔一一〕摩鐧之器　阮校云，釋文亦作「摩鐧」，是也，賈疏作「磨鐧」，非。按説文「鐧」作「鑪」。

〔一二〕故知爲矛戟柄也　惠校本同，阮本無「矛」字。

〔一三〕或有人解盧磨鐗之器者　阮校云：惠校本同，閩、監、毛本「磨」作「摩」。「盧」字監本同，毛本作「盧」。

〔一四〕運用謂之知　閩本、惠校本同，監、毛、殿本「用」作「物」。

〔一五〕但聖佐知所爲　「但聖」，元、閩、監、毛本同，正、閩、阮本作「相理」，阮校云「但聖」誤。

〔一六〕周當爲舟　婺、建、岳、嘉靖本同，元、正、閩、阮本「爲」作「作」。

〔一七〕鸛鵒不踰濟　阮校云：「鸛」，唐石經諸本同，釋文本作「鸜」。徐、劉音權，是此經舊作「鸛」，鄭注所引據之左氏傳亦作「鸛」。賈疏本、唐石經作「鸜」，爲失其舊。說文鳥部云：「古者鴝鵒不踰泲」，不稱「周禮」，或據他書，考工記、春秋皆有二本不同，依說文別作「鴝」爲是也。

〔一八〕有鸛鵒來巢　「鸛」，婺、建、嘉靖本同，余、岳、元、正、閩本作「鴝」，與今本左傳異，疑此仍當作「鸛」。

〔一九〕先鄭依或讀爲貉　阮校云：「貉」當作「猨」。

〔二〇〕妢胡之笴　「笴」，諸本同，唐石經作「笱」，誤。嚴可均云：宋以前本作「笱」，今作「笴」者，涉後文「凡相笴」而改。

〔二一〕故書笴爲笱　漢讀考云：「笱」作「笴」，下同，云「可」與「句」相亂，如尚書「盡執抲」或作「執拘」。許叔重云，俗謂「苛之字，止句」。菏水，郡國志注作「荷水」，皆其類也。杜據儀禮「笴」字正「笱」爲字之誤。

〔二二〕妢讀爲焚咸丘之焚　漢讀考「讀爲」作「讀如」。

〔二三〕笴讀爲稾謂箭稾　二「稾」字原作「稾」，婺、建、嘉靖、阮本同，誤，從岳、殿本改。下同，不更出校。

〔二四〕摶埴之工二　「摶」，唐石經、岳、正、閩及釋文作「搏」，誤。

〔二五〕刮作捖　「捖」，諸本同。經義雜記云：說文無「捖」字。或說「捖」即「睆」，然「睆」爲「盰」之重文，意皆不合。說文有「刓」字，云「剸也，从刀元聲，一曰齊也」，義與此合，當是。

〔二六〕函鮑韗韋裘　唐石經、諸本同。阮校云：釋文「韗」或作「韗」，説文亦作「韗」，此當爲正字，讀若運，與鄭司農同。

〔二七〕畫繢鍾筐㡛　嚴可均云：「㡛」當作「㡆」，説文有「㡆」無「㡛」，五經文字「㡆又作㡛，見周禮」，則張參所見正本、又作本皆不從艸。孫詒讓云：「㡛」即「㡆」之别體，雖與説文不同，然釋文及賈疏本并已如是。

〔二八〕陶瓬　「瓬」，原作「旊」，唐石經、諸本同誤，從釋文、嘉靖本改。

〔二九〕鮑讀爲鮑魚之鮑　漢讀考云：「讀爲」當作「讀如」。

〔三〇〕韗讀爲歷運之運㡛讀爲芒芒禹迹之芒　漢讀考云：「讀爲」皆當作「讀如」。

〔三一〕瓬讀爲甫始之甫　漢讀考云：「讀爲」當作「讀如」。

〔三二〕上云其數　「云」，正、聞、阮本作「文」，疑作「云」是。

〔三三〕方言戟三刃持其柄　「持」，元、閩、監、毛、殿本同，正、聞、阮本作「特」。浦鏜云，此「枝」字之誤。

〔三四〕蘧蒢蒙璆　「蒢」，正、聞、阮本作「除」，今國語作「蒢」。

〔三五〕稻山櫝　「稻」，閩、監、毛、殿本同，元、正、聞本作「掐」，阮本作「稻」。當作「稻」是。

〔三六〕子之欲歸不亦宜乎　「不」，原作「一」，據阮本改。

〔三七〕始滅放於此乎　「放」，元、正、聞、閩，阮本作「人」，誤。

〔三八〕云禹治洪水者　元、正、聞、閩、阮本脱「云」字。

〔三九〕周所上也　「周」，婺、建、余、岳、嘉靖本同，閩、監、殿本作「由」，誤。

〔四〇〕在軫蓋之中也　「軫」，元本同，正、聞、閩、阮本作「車」，誤。

〔四一〕地有柔剛　阮本「柔剛」倒。

〔四二〕故車之六等法之也　阮本「法之」誤倒。

〔四三〕上林賦云從風倚移　阮校云，惠校本「從風倚移」作「倚移從風」，是。

〔四四〕乘車之輪六尺有六寸　于鬯云，「有六寸」三字衍。

〔四五〕重戎事故也　「戎」，原作「戍」，據阮本改。

〔四六〕即言田車以對兵車　阮本「對」作「繼」，疑非。

〔四七〕軹崇三尺有三寸也　戴震云，「軹」當作「軵」，音笄，下「去三以爲軹」同。詳考工記圖。

〔四八〕轂輻牙各有職任　「有」，元、正、閩、閩、阮本作「自」，誤。

〔四九〕謂輻轂上轂下　阮本「下」作「至」。阮校云，當作「輻上至轂」，衍一「轂」字，「至轂」誤倒。

〔五〇〕欲其掣爾而纖　説文：「掣，人臂貌，从手，削聲，周禮曰輻欲其掣尒。」

〔五一〕掣讀爲紛容掣參之掣　困學紀聞云，即上林賦「紛容箾蔘」。

〔五二〕此經別視輻　阮本「別」作「則」。

〔五三〕望其轂欲其眼也　唐石經諸本同。阮校云，説文引此，「眼」作「輥」，所讀與先後鄭異，「眼」與「輥」聲相轉。

〔五四〕幔轂之革也　建、岳、阮本同，婺本「也」作「急」。

戴震從説文。

〔五五〕革急裹木隱起見　「裹」，原作「裏」，據建、岳、阮本改。

〔五六〕綆讀爲闗東言餅之餅　漢讀考「讀爲」作「讀如」。

〔五七〕云爲菑　浦鏜云，當作「亦爲菑」。

〔五八〕則轂雖敝不蔽　「蔽」，原作「蔽」，據婺、建、岳、阮本改。

〔五九〕稹讀爲奠祭之奠　漢讀考「讀爲」作「讀如」，云漢時「奠」音如「震」。

〔六〇〕積本又作稹　下「稹」字，徐本、阮本同，盧本作「縝」。阮云，余本作「槙」，與集韻合，當據正。

〔六一〕革不著木　「革」原作「車」，據阮本改。

〔六二〕大而短則摯　「摯」，釋文、唐石經及各本并作「槷」，阮校云，唐石經非。孫詒讓云，「摯」、「槷」之是非，無由決定，今姑從石經。

〔六三〕摯讀爲槷謂輻危槷也　二「槷」字原作「埶」，據阮本改。

〔六四〕六尺六寸之輪　「之」原作「文」，據婺、建、岳、阮本改。

〔六五〕度兩漆之内相距之尺寸也　「兩」原作「而」，據婺、建、岳、阮本改。

〔六六〕以其圍之防捎其藪　「捎」，釋文、唐石經、各本同，匠人作「梢」，賈疏引此同。阮校云，從手、從木二字，説文皆有之，難以猝定。

〔六七〕捎讀爲桑螵蛸之蛸　漢讀考「讀爲」作「讀如」。

〔六八〕藪讀爲蜂藪之藪謂轂空壺中也　阮校云，九經古義云，説文「橾，車轂中空也，從木，喿聲，讀若藪」。然則「藪」本作「橾」，讀爲「藪」也。

〔六九〕蜂藪者猶言趨也藪者衆輻之所趨也　漢讀考云，「蜂藪者」作「藪者」，「藪者」作「蜂藪者」，今本互誤。

〔七〇〕故以防爲三分之一解之也　「解」，惠校本同，元、正、閩、阮本作「釋」。

〔七一〕一得三寸仍有一寸三分寸之二在　阮本「三寸」作「二寸」，「之二」作「之三」，均誤。

〔七二〕今大小穿金厚一寸　戴震云，「今」當作「令」，賈疏已誤。

〔七三〕去後去三去二皆同　「三」原作「一」，據盧本、阮本改。

〔七四〕五分去三　「三」原作「二」，據阮本改。

〔七五〕鄭司農云讀容上屬　盧文弨曰，「云」疑衍。

〔七六〕玄謂容者　漢讀考作「容轂者」，補一「轂」字。

〔七七〕無贏不足　「贏」，原作「嬴」，據婺、建、岳、阮本改。

〔七八〕著轂不耗　孫詒讓云，「著」，宜爲「若」。

〔七九〕待乾方以石摩平之　阮本「方」作「乃」，是也。

〔八〇〕深三寸半　惠校本上有「鑿」字。

〔八一〕謂轂大　「謂」，監、毛、殿本同，閩、閩、阮本作「欲」。

〔八二〕轂不折　阮校云，唐石經、諸本同。惠校本「折」一作「圻」，非。

〔八三〕謂殺輻之數也　婺、建本同，余、岳本「之」作「内」，阮校云，「内」是。

〔八四〕假令輻近轂處圍六寸也　孫詒讓云，「六寸」下疑奪「丘牙處圍四寸」六字。

〔八五〕非謂楊雄以異方之語不同方言也　惠校本「同」下有「謂之」。

〔八六〕謂士喪禮綴足用燕几骹在南之類　阮本「士」誤「云」，「几」誤「凡」。阮校云，「此當作士喪禮綴足用燕几，校在南」。文在既夕記，士喪禮之下篇也。

〔八七〕則無槷而固　「槷」原作「埶」，據唐石經改。注中同，不更出校。

〔八八〕從木埶省聲　「埶」原作「熱」，據嘉靖本改。下同，不更出校。阮校云，説文無「槷」字而有「槸」字，木相摩也，今正。

〔八九〕云得謂倨句鑿内相應也者　「相」原作「則」，據董本、阮本改。

〔九〇〕凡揉牙外不廉而内不挫　唐石經、諸本同。阮校云，説文引此，「揉」作「煣」，「廉」作「熑」，文選亦引作

「熑」。據此，周禮經注「廉」本作「熑」，「揉」亦當作「煣」。

〔九一〕鄭司農云讀爲萬　阮校云：「云」下當脱「禹」字。

〔九二〕書或作矩　「矩」原作「知」，據婺、建、岳、阮本改。

〔九三〕若平深均　浦鏜云：「沈」誤「深」。

〔九四〕百二十斤曰石之言也　浦鏜云：「之言」誤倒。

〔九五〕故可規可萬　唐石經、諸本同，惠校本「故」上有「是」。

〔九六〕輪人爲蓋　阮校云：唐石經、諸本皆提行，釋文不更書「輪人」字，蓋合上爲一節。

〔九七〕部廣六寸　俞樾云：當作「部廣六寸者二」。

〔九八〕舒申上程圍六寸　「舒」，殿本同，阮本作「館」，疑作「舒」是。

〔九九〕部長二尺　于鬯云：「二」當「四」之誤。

〔一〇〇〕桯長倍之四尺者二　王引之云：據鄭注當作「桯長四之，二尺者四」。

〔一〇一〕十分寸之一謂之枚　俞樾云：「十」當作「五」。

〔一〇二〕今於内畔鑿下亦四枚　「今」，閩、監、毛、殿本同，聞、阮本作「令」，誤。

〔一〇三〕前文鑿上三枚　「枚」，原作「故」，據阮本改。

〔一〇四〕輨或作幹俱音管　阮校云：余本、十行本、毛本「幹」作「斡」，當據正。

〔一〇五〕輿廣六尺六寸者　阮本「廣」作「席」。

〔一〇六〕其餘有丈一尺六寸也　「其」，原作「有」，據阮本改。

〔一〇七〕參分弓長而揉其一　阮校云：「揉」依説文當作「煣」。

[一〇八] 故云三分之持長橈短　「云」原作「充」，據阮本改。

[一〇九] 此言弓近蓋計復龘　諸本同，殿本「計復」作「部復」。阮校云，當作「弓近蓋部頭龕」。

[一一〇] 中破之爲兩股　「股」，阮本作「㪅」，殿本作「段」，當作「段」是。

[一一一] 鄭彼不從今文　「文」，原作「又」，據阮本改。

[一一二] 取四尺四寸爲之　「取」，阮本作「以」。

[一一三] 云或深尺四寸三分寸之二者　阮本同。浦鏜云，「式」誤「或」。

[一一四] 故書較作榷　「榷」，原作「摧」，據阮本改。

[一一五] 言兩較謂車相兩旁竪之者　孫詒讓云，「較」當爲「輢」。

[一一六] 故據兩較出式而言之　「故」，原作「改」，據阮本改。

[一一七] 使王黑以靈姑銔率吉　「銔」，原作「鉦」，據阮本改。

[一一八] 諸侯之車不重較　孫詒讓云，「諸侯之車」當作「諸侯之臣車」。

[一一九] 而六分取一　「分」，原作「寸」，據阮本改。

[一二〇] 以前較謂四寸九分寸之八　阮本同。浦鏜云「圍」誤「謂」。

[一二一] 謂車輿軨立　「輿」，原作「與」，據阮本改。

[一二二] 下皆同　「皆」原作「音」，據徐本、盧本及阮本改。

[一二三] 如本之枝柯　阮本「本」作「木」，是也。

[一二四] 棧士板反劉才産反　「士板反劉才産反」原作「士板劉才反反産」，據徐本、盧本及阮本乙改。

[一二五] 但不添飾　「添」，阮本作「漆」，當是。

周禮注疏卷第四十七

輈人爲輈。〔一〕輈，車轅也。詩云：「五楘梁輈。」○輈人，張留反，車轅也，方言云：「楚衛之間，轅謂之輈。」五楘，音木，本又作鞪，同。

「輈人爲輈」　於三十工無輈人之官，但車事是難，故車官別主此職也。云「詩云五楘梁輈」者，秦詩。引之者，證輈是車轅之事，彼注云：「楘，歷録也。梁輈，輈上句衡也。〔二〕一輈五束，束有歷録。」是也。

輈有三度，軸有三理。目下事度深淺之數。

注「目下」至「之數」　云「度深淺之數」者，「四尺七寸」之等是也。

國馬之輈深四尺有七寸，國馬，謂種馬、戎馬、齊馬、道馬，高八尺。兵車、乘車軹崇三尺有三寸，加軫與轐七寸，又并此輈深，則衡高八尺七寸也。除馬之高，則餘七寸，爲衡頸之間也。鄭司農云：「深四尺七寸，謂轅曲中。」○種馬，章勇反。齊馬，側皆反。〔三〕與轐，音卜，舊方木反，又音僕。

注「國馬」至「曲中」　知國馬謂種、戎、齊、道者，校人馬有六種，下文有田馬、駑馬，明此四者當國馬也。廋人云「馬八尺以上爲龍」，故鄭云「高八尺」。云「兵車、乘車軹崇三尺有三寸」者，上文云兵車輪崇六尺有六寸，軹崇三尺三寸，加軫與轐四尺是也。云「餘七寸，爲衡頸之間也」者，案下文注，衡圍一尺三寸五分寸之一，頸圍九寸十五分寸之九。并尺三寸與九寸爲二尺二寸。衡圍五分寸之一，於十五分寸之九，當得十五分寸之三，并頸圍十五分寸之九，爲十五分寸之十二。一寸復分之爲十五分，通前十五分寸之十二爲二十七，徑得十五分寸之九。此九分當爲馬頸低消之。先鄭云「深四尺七寸，謂輈曲中」者，此據與以上而言，故後鄭從之也。

田馬之輈深四尺，田車軹崇三尺一寸半，并此輈深而七尺一寸半。〔四〕今田馬七尺，衡頸之間亦七寸，則軫與轐五寸半，則衡高七尺七寸。〔五〕

注「田車」至「七寸」 鄭以上文田車輪崇六尺有三寸，軹崇三尺一寸半，并此輈深四尺，爲七尺一寸半，加軫與轐五寸半，〔六〕摠七尺七寸。駑馬高七尺，〔七〕則七寸亦衡頸之間消之也。知加軫與轐五寸半，不七寸者，亦約軹崇與兵車軹崇校寸半，明軫轐亦校寸半也。云「田馬七尺」者，亦約廋人「馬七尺曰騋」。〔八〕以其兵車乘車駕國馬，明田車騋馬也。以此約之，明役車駕駑馬也。

駑馬之輈深三尺有三寸。輪軹與軫轐大小之減率寸半也。則駑馬之車，軹崇三尺，加軫與轐四寸，又并此輈深，則衡高六尺七寸也。今駑馬六尺，除馬之高，則衡頸之間亦七寸。○之咸，本又作減，同洽斬反。率，寸，音類，又音律，下同。

注「輪軹」至「七寸」 鄭以田車之輪，下於兵車、乘車，軹崇及軫轐，皆校一寸半，則駑馬是六尺之馬，所駕之車又宜下，故知輪轐軫轐大小之減，〔九〕率例一寸半，與田車減兵車、乘車同也。是以鄭解駑之車，〔一〇〕皆減田車一寸半也。若然，衡頸之間同七寸，著車雖有高下，至於衡頸，不得不同，故下云「小於度謂之無任」。衡頸用力是同，是以不得有麤細。

軸有三理：一者以爲媺也，無節目也。

「軸有」至「媺也」　上文雖輈與軸並列，輈有三度已言，軸有三理未説，故於此重起端序耳。云「一者以爲美也」者，無節目，是軸之美狀也。

二者以爲久也，堅刃也。

三者以爲利也。滑密。

軓前十尺，而策半之。謂輈軓以前之長也。策，御者之策也。十或作七。合七爲弦，〔一一〕四尺七寸爲鉤，〔一二〕以求其股，股則短矣，「七」非也。鄭司農云：「軓，謂式前也。書或作軋。」〔一三〕玄謂軓是。軓，法也。謂輿下三面之材，輢式之所尌，持車正也。○軓前，劉音犯，注同。作軋，音犯。所尌，音樹。

注「謂輈」至「正也」　云「軓」，謂車式。〔一四〕「式前十尺」，謂輈曲中。「而策半之」，半之策則五尺矣。言策者，策以禦馬，欲取策與輈長短相准合度之意也。云「十或作七，合七爲弦，四尺七寸爲鉤，以求其股，股則短矣」者，七七四十九，四丈九尺。四四十六，丈六尺。七七四十九，又得四尺九寸。并之二丈九寸。筭法以句除弦，以二丈九寸除四丈九尺，仍有二丈八尺一寸在。然後以求其股，以二丈八尺一寸方之，爲五尺之方，五五二十五，用二丈五尺，爲方五尺也。餘有三尺一寸，皆以方一寸乘之，得三百一十寸，方之，三百寸，得廣六寸，長五尺。中分之，裨前五尺之方，一廂得三寸，角頭方三寸，三三而九。又用一寸之方九，餘有一寸之方一在。摠得方五尺三寸，餘方一寸。以此言之，則軓前惟有五尺三寸，〔一五〕不容馬，故云「股則短矣，七非也」。云「書或作軋。」玄謂軓是。軓，法也。謂輿下三面之材，輢式之所尌，持車正也」者，若然，經作「軓」字，〔一六〕不爲「軋」。先鄭以軓爲式前，後鄭從古書「軋」不從「軓」者，〔一七〕以軋爲法是定。雖有少儀「祭軓」，字爲車旁「凡」，與此古書車旁「巳」字雖異，同是式前，若作「軌」則不可，〔一八〕軌謂徹廣，轂末亦爲軌，〔一九〕故少儀云「祭左右軌」。軌即轂末。考工「經涂九軌」，軌即徹廣，是軌不定，故從軓也。

凡任木，目車持任之材。

注「目車持任之材」　此與下經爲目。「任木」，即下云「任正」以下是也。

任正者，十分其輈之長，以其一爲之圍，衡任者，五分其長，以其一爲之圍。小於度，謂之無任。任正者，謂輿下三面材、持車正者也。輈，軓前十尺與隧四尺四寸，凡丈四尺四寸。則任正之圍，尺四寸五分寸之二。衡任者，謂兩軛之間也。兵車、乘車衡圍一尺三寸五分寸之一。無任，言其不勝任。○與隧，雖遂反。兩軛，於革反。不勝，音升。

「任正」至「無任」　任正與衡任麤細不同者，各有所宜，故不同也。是以云「小於度，謂之無任」，無任，謂折壞不任用也。

注「任正」至「勝任」　名任正者，此木任力，車輿所取正。以其兩輢之所樹於此木，較，式，依於兩輢，故曰任正也。云「三面材」者，此木下及兩旁見面，其上面託著輿板，〔二〇〕其面不見，故云三面材也。云「輈，軓前十尺與隧四尺四寸，凡丈四尺四寸」者，以其經云「輈」，則軓前與下摠是輈，故鄭通計之。一丈得一尺，四尺得四寸，四寸者一寸爲五分，四寸爲二十分，〔二一〕得二分，故云「任正之圍尺四寸五分寸之二」。云「衡任者，謂兩軛之間也」者，服馬有二，一馬有一軛。軛者，厄馬領不得出。云兩厄之間，〔二二〕則當輈頸之處，費力之所者也。〔二三〕云「兵車、乘車衡圍一尺三寸五分寸之二」者，田車之衡，更無別文，亦應與兵車、乘車同。鄭特言此二者，都無正文。且據尊者而言，其田車之衡任，亦當同也。衡長六尺六寸，五尺得一尺，又以尺五寸得三寸，又以一寸者爲五分，得一分，故云衡圍一尺三寸五分寸之一也。

五分其軫間，以其一爲之軸圍。軸圍亦一尺三寸五分寸之一，與衡任相應。

注「軸圍」至「相應」 上輿人云「輪崇、車廣、衡長參如一」，則軫間即輿廣，與衡長俱六尺六寸。以六尺六寸五分取一，與衡任同，故軸圍亦一尺三寸五分寸之一，與衡任相應也。

十分其輈之長，以其一爲之當兔之圍。輈當伏兔者也，亦圍尺四寸五分寸之二，與任正者相應。

注「輈當」至「相應」 「當兔」，謂輿下當橫軸之處，亦通計輈之軓前及隧，摠計一丈四尺四寸，十分取一，故輈之伏兔之處，麤細之圍有一尺四寸五分寸之二，與相應也。

參分其兔圍，去一以爲頸圍。頸，前持衡者，圍九寸十五分分寸之九。〔二四〕

注「頸前」至「之九」 衡在輈頸之下，其頸於前向下，持制衡鬲之轅，〔二五〕故云「頸前持衡轅」者也。〔二六〕云「圍九寸十五分寸之九」者，以前當兔圍有一尺四寸五分寸二，〔二七〕今以一尺二寸三分之，去四寸，得八寸。又以一寸者分爲十五分，二寸爲三十分。〔二八〕又以五分寸二者爲六分，并三十分爲三十六分。三十分去十分，得二十分。六分者去二分，得四分。摠得二十四分。以十五分爲一寸，仍有九分在。添前八寸，摠九寸十五分寸之九也。

五分其頸圍，去一以爲踵圍。踵，後承軫者也，圍七寸七十五分寸之五十一。

注「踵後」至「十一」　輈後承軫之處，〔二九〕似人之足跡在後，名爲踵，故名承軫處爲踵也。還以上注九寸十五分寸之九計之，取五寸，去一寸，得四寸，仍有四寸九分在。一寸爲七十五分，四寸爲三百分。又以十五分寸之九者轉爲四十五分。三百分，五分去一，去六十分，得二百四十分。四十五分者，五九四十五，爲五分，分得九分，去一九，得三十六分。并前揔二百七十六分。還以七十五分納寸，〔三〇〕取二百二十五分，爲三寸。添前四寸爲七寸，餘有五十一。是以鄭云「圍七寸七十五分寸之五十一」也。

凡揉輈，欲其孫而無弧深。孫，順理也。杜子春云：「弧讀爲盡而不汙之汙。」玄謂弧，木弓也。凡弓引之中參，中參深之極也。揉輈之倨句，如二可也，如三則深，傷其力。○其孫，音遜，注同。無弧，音胡，杜音烏。不汙，李音烏，一音紆。

注「孫順」至「其力」　言揉者，以火揉，使曲也。「欲其孫」者，欲使順理揉之。云「無弧深」者，無得如弓之深，弓之深，大曲也。「玄謂弧，木弓也」者，見於三倉六弓，皆是角及張者也。〔三一〕易云「弦木爲弓」，是木弓也。云「凡弓引之中參，中參深之極也」者，弓之下制六尺，引之，引之三尺，是中參，深之極也。云「如二可也」者，六尺引二尺，若然，九尺得三尺，則是弓一尺得三寸三分寸之一。輈軓以前十尺，國馬之輈深四尺七寸，與二不相當者，通計一丈四尺四寸，并輿下數之，故得二也。二者，輈揔長丈四尺四寸，且取丈二尺得四尺，餘二尺四寸，復得八寸，揔爲四尺八寸，是國馬之輈猶不滿二之數也。言二，舉大而言。

今夫大車之轅摯，其登又難；既克其登，其覆車也必易。此無故，唯轅直且無橈也。大車，牛車也。摯，輖也。登，上阪也。克，能也。○今夫，音符。轅摯，竹二反，輖也。覆車，芳服反。必易，以豉反，下注之易、諭易同。輖也，音周，一音弔，或竹二反。上阪，時掌反，下登上同。

「今夫」至「橈也」 攻木之工有七：輪人、輿人造四馬車，自上以來所陳者是也。車人造大車、柏車、羊車，知駕牛車，〔三二〕自在下車人。今於此說大車者，但輈人造輈，主爲四馬車轅，因說駕牛者亦須曲橈之意，是以下文云「是故輈欲頎典」已下，還說四馬之轅也，此一經說牛車轅不橈之意。

注「大車」至「能也」 知「大車，牛車也」者，車人「大車、柏車皆牛車」，又下文云「縊其牛」，故知牛車也。

是故大車平地既節軒摯之任，及其登阤，不伏其轅，必縊其牛。此無故，唯轅直且無橈也。阤，阪也。故書伏作偪。杜子春云：「偪當作伏。」○必縊，一臂反，劉一計反。作偪，音逼。

故登阤者，倍任者也，猶能以登；及其下阤也，不援其邸，必緧其牛後。此無故，唯轅直且無橈也。倍任，用力倍也。故書緧作鰌。〔三三〕鄭司農云：「鰌讀爲緧」，關東謂紂爲緧。鰌，魚字。○不援，音袁。其邸，丁禮反。必緧，音秋。作緦，音秋，與緧同。

注「倍任」至「魚字」 云「故書緧作鰌，先鄭云鰌讀爲緧，關東謂紂爲緧」者，案：方言本紂〔三四〕自關而東，韓鄭汝潁而東謂之爲緻，或謂之爲曲綸，自關而西爲紂。云「鰌，魚字」者，破故書爲鰌也。字，猶名也。既鰌是魚名，明不從故書也。

是故輈欲頎典。頎典，堅刃貌。鄭司農云：「頎讀爲懇，典讀爲殄。〔三五〕駟車之轅，率尺所一縛，懇典似謂此也。」○欲頎，苦佷反。典，音殄，又勑殄反，〔三六〕注同。

注「頎典」至「此也」　此已下還説四馬車轅也。先鄭云「四馬之轅，率一尺所一縛」者，此即詩「五楘梁輈」，一也。

輈深則折，淺則負。 揉之大深，傷其力，馬倚之則折也。揉之淺，則馬善負之。○馬倚，於綺反。

注「揉之」至「負之」　「揉之大深」，則如上弧深。云「馬倚之則折也」者，馬不倚，深亦不折，故以馬倚之乃折。云「揉之淺，則馬善負之」者，輈直，似在馬背負之相似，故善負之。本或作「若負」，皆合義，不須改也。

輈注則利準，利準則久，〔三七〕**和則安。** 故書準作水。鄭司農云：「注則利水，謂轅脊上兩注，〔三八〕令水去利也。」玄謂利水重讀，似非也。注則利，謂輈之揉者形如注星，則利也。準則久，謂輈之在輿下者平如準，則能久也。和則安，注與準者和，人乘之則安。○利準，音水，又如字，下及注皆同。重讀，直用反，又直龍反。

注「故書」至「則安」　依後鄭讀，當云「輈注則利也，準則久也，和則安也」。利準不重讀。先鄭依故書準爲水解之，後鄭不從者，輈轅之上，縱不爲兩注，水無停處，故不從也。後鄭云「輈之揉者，形如注星，則利也」者，此無正文，亦是後鄭以意解之。輈之，謂形勢似天上注星，〔三九〕車之利也。云準則久者，準，平也。亦水之類，故以準爲平解之。云「輈之在輿下者，平如準」者，輈平，輿亦平，平則穩，故得長久也。云「和則安，注與準者和，人乘之則安」者，注謂轅曲中以前，準謂在輿下，前後曲直調和，則人乘之安穩。安知據人者，見下文云「終日馳騁，左不倦」，又云「終歲御，衣衽不敝」，是安據人可知也。

輈欲弧而無折，經而無絶。 揉輈大深則折也。經，亦謂順理也。

注「揉輈」至「理也」　云「輈欲弧而無折」者，案上文云「孫而無弧深」，此云「欲弧而無折」者，此欲得如弧，無使折，無使折，則不弧深，亦一也。此云「經而無絶」，即上文「欲其孫」，亦一也，故鄭云「經亦謂順理也」。

進則與馬謀，退則與人謀，言進退之易，與人馬之意相應。馬行主於進，人則有當退時。

注「言進」至「退時」 車是無情之物，人馬則有情，有情乃有謀，今言車與人、馬謀者，若下文「猶能一取」，皆是喻其利也。故鄭云「言進退之易，與人馬之意相應」。云「馬行主於進，人則有當退時」者，馬之進退，由人縱止，恐策及之，惟知其進，故云馬行主於進，人則有當退時。去住自由路遠則倦，故當有退時。

終日馳騁，左不楗，杜子春云：「楗當讀爲蹇。〔四〇〕左面不便，馬苦蹇；輈調善，則馬不蹇也。」書楗或作券。玄謂券今倦字也。輈和則久馳騁，載在左者不罷倦。尊者在左。○不楗，杜音蹇，鄭音倦。不便，婢面反。不罷，音皮。

注「杜子」至「在左」 子春意，據軍將乘車之法，將在中央，御者在左。〔四一〕楗爲蹇澁解之。四馬六轡，在御之手，而不在中央，而在於左，故云「左面不便，馬苦蹇。輈調善，則馬不蹇也」。云「書楗或作券」。玄謂券今倦字也」，〔四二〕以爲尋常在國乘車之法，尊在左，御者中央，故取上文和安解之。言「輈和則久馳騁，載在左者不罷倦。尊者在左」者，曲禮云：「乘君之乘車，不敢曠左，左必式。」注云：「君存，惡空其位，是尊者在左也。」

行數千里，馬不契需，鄭司農云：「契讀爲『爰契我龜』之契，需讀爲『畏需』之需。〔四三〕謂不傷蹄，不需道里。」○不契，苦結反，注同。需，音須，又乃亂反，注同。

注「鄭司」至「道理」 云「先鄭云契讀爲爰契我龜之契」者，詩之文也。「需」讀爲「畏需」之「需」，謂從易需卦之需。

終歲御，衣衽不敝，衽謂裳也。○衣衽，而甚反，又而鴆反。

注「衽謂裳也」 禮記深衣「續衽鉤邊」者，據在旁屬帶處。至於問喪云「扱上衽」，及曲禮云「苞屨扱衽不入公門」，此皆據深衣十二幅，要閒之裳皆是衽，故此注云「衽謂裳也」。

此惟輈之和也。和則安，是以然也。謂「進則與馬謀」而下。

注「和則」至「而下」　揔結上「進則與馬謀」已下四經。四者皆由輈和。

勸登馬力，登上也。輈和勸馬用力。

馬力既竭，輈猶能一取焉。馬止，輈尚能一前取道，喻易進。

良輈環灂，自伏兔不至軓七寸，軓中有灂，謂之國輈。伏兔至軓，蓋如式深。兵車、乘車式深尺四寸三分寸之二。灂不至軓七寸，則是半有灂也。輈有筋膠之被，用力均者則灂遠。鄭司農云：「灂讀爲灂酒之灂。〔四四〕環謂漆沂鄂如環。」〔四五〕○環灂，子召反，李音在學反。之被，皮寄反。沂鄂，魚斤反，下五各反。

注「伏兔」至「如環」　經云「自伏兔不至軓七寸」者，是從内向外之言。更云「軓中有灂」者，灂謂漆，則七寸外，軓内乃有灂。云「伏兔至軓，蓋如式深」者，伏兔銜車軸，在輿下，短不至軓，軓即輿下三面材是也。無伏兔處去軓遠近無文，以意斟酌。經云「自伏兔不至軓七寸」，明七寸之外，更有寸數，故鄭云伏兔至軓蓋如式深也。即引「兵車、乘車式深一尺四寸三分寸之二」爲證，此數即上云「隧四寸三分一在外，以揉其式」是也。若然，自伏兔至軓亦一尺四寸三分寸之二，如是，輈轅之深入式下，半一尺四寸三分寸二，有七寸三分寸一。〔四六〕直言「半有灂」者，據七寸。不言三分寸之一，舉全數而言也。言「用力均者則灂遠」者，用力均，謂軓前十尺，并入式下，曲直皆用力，則漆入式下七寸，是㵸遠也。先鄭讀㵸洒之㵸者，〔四七〕讀從士冠禮「若不醴，㵸用酒」之㵸也。云「環㵸謂漆沂鄂如環」者，指謂漆之文理也。

軫之方也，以象地也。蓋之圜也，以象天也。輪輻三十，以象日月也。〔四八〕**蓋弓二十有八，以象星也。**輪象日月者，以其運行也。日月三十日而合宿。

「軫之」至「星也」　此言摠結上車及蓋取象之意。云「軫之方也，以象地也」者，據輿方而言，不言輿言軫者，軫是輿之本，故舉以言之。云「蓋之圜也，以象天也」者，即上輿人所造者也。云「以象星」者，星則二十八宿，一面有七，角亢之等是也。若據日月合會於其處，則名宿，亦名辰，亦名次，亦名房也。若不據會宿，即指星體而言星也。

注「輪象」至「合宿」　云「輪象日月者，以其運行也」。日月三十日而合宿」者，輪乃運行之物，至於日，則一日行一度，一年一周天。月行十三度十九分度之七，一月一周天。又行一辰，遂及日而合宿，是日月亦是運行之物，故以輪象之。

龍旂九斿，以象大火也。交龍爲旂，諸侯之所建也。大火，蒼龍宿之心，其屬有尾，尾九星。○九斿，音留。宿之，音秀，下同。

注「交龍」至「九星」　自此以下爲上造車，車上皆建旌旂，故因説旌旂之義也。〔四九〕然此已下九斿、七斿、六斿、四斿之旌旗，皆謂天子自建，非謂臣下。知者，以此九七六四，不與臣下命相當故也。若臣下，則皆依命數。然天子以十二爲節，而今建九斿、七斿、六斿、四斿者，蓋謂上得兼下也。云「交龍爲旂，諸侯之所建也」者，皆司常文。此既非臣下所建，而鄭引司常者，蓋取彼交龍以釋此旂，因言諸侯亦建旂，非謂此經論諸侯事。云「大火，蒼龍宿之心」者，書大傳云：「夏，大火中，可以種黍菽。〔五〇〕及春秋，火出。」皆此大火，一也。東方木色蒼，東方七星畫爲龍，〔五一〕故曰蒼龍。日月季秋會於此星，則曰宿，角、亢、氐、房、心、尾、箕，次此言之，〔五二〕則曰心，故云大火，蒼龍宿之心也。云「其屬有尾，尾九星」者，是九斿所象也。言九斿若此，正謂天子龍旂，其上公亦九斿，若侯伯則七斿，子男則五斿，大行人所云者是也。

鳥旟七斿，以象鶉火也。鳥隼爲旟，州里之所建。鶉火，朱鳥宿之柳，其屬有星，星七星。

注「鳥隼」至「七星」　云「鳥隼爲旟，州里之所建」，司常職文。州長中大夫四命，里宰下士一命，皆不得建此七斿之旟。言州里建旟者，亦取彼成文以釋旟，非謂州里得建七斿也。云「鶉火，朱鳥宿之柳，其屬有星，星七星」者，南方七宿，畫爲鶉，畫爲鳥，火色朱，日月六月會于柳，故云宿之柳也。云「其屬有星，星七星」者，月令云「旦七星中」是也。不指七星言柳，乃云其屬有星者，當鶉火三星，柳爲首，故先舉其首，後言其屬也。若然，上心與尾別辰，心非尾之首，亦舉心後言其屬尾者，心爲大辰，雖非本辰，亦爲其首也。

熊旗六斿，以象伐也。熊虎爲旗，師都之所建。〔五三〕伐屬白虎宿，與參連體而六星。○象伐，如字，劉扶廢反。與參，色林反。

注「熊虎」至「六星」　云「熊虎爲旗，師都之所建」者，亦司常職文。云「伐屬白虎宿，與參連體而六星」者，西方六宿，〔五四〕畫其虎，金色白。孟夏日月會，則曰宿。〔五五〕參伐，六星爲上下，是連體也。師都，鄉遂大夫也。鄉大夫雖是六命，即得建六斿，遂大夫是中大夫四命，即不得建六斿。此亦謂天子所建也。

龜蛇四斿，以象營室也。〔五六〕龜蛇爲旐，縣鄙之所建。營室，玄武宿，與東壁連體而四星。○東辟，音壁。

注「龜蛇」至「四星」　「龜蛇爲旐，縣鄙之所建」者，亦司常職文。縣正雖是下大夫四命，鄙師上士三命，〔五七〕即不得建四斿，此亦謂天子自建也。云「營室，玄武宿」者，玄武，龜也。有甲能禦捍，故曰武，水，色玄。孟春日月會，故曰宿。云「與東壁連體而四星」者，營室是北方七宿，室在東，壁在西，西壁而言東壁者，據十月在南方，壁在東，故云東壁也。此星一名室壁，一名營室，一名水。春秋云「水昏正而栽」是也。一名定，「定之方中」是也。

弧旌枉矢，以象弧也。觀禮曰「侯氏載龍旂，弧韣」，則旌旗之屬皆有弧也。弧以張縿之幅，有衣謂之韣。又爲設矢象，弧星有矢也。妖星有枉矢者，蛇行，有毛目。此云枉矢，蓋畫之。○弧韣，音獨。張幓，所銜反，本又作縿，同。又爲，于僞反。

注「覲禮」至「畫之」。云「弧旌」者，弧弓也。旌旗有弓，所以張縿幅，故曰弧旌也。云「枉矢」者，就旌旗張縿弓上，亦畫枉矢於上。云「以象弧也」者，象天上弧星，弧星則矢星也。引覲禮「侯氏載弧韣」，而云「旌旗之屬皆有弧」者，案：司常云「全羽爲旞，析羽爲旌」，則無縿幅可張。而云「旌旗之屬皆弧」者，此二者無弧。而云「之屬」者，舉衆而言，謂若司常注云「九旗之帛皆用絳」，亦舉衆而言也。云「有衣謂之韣」者，韣，韜也。以衣韜其弓，謂之弓韜。月令「帶以弓韣」是也。云「又爲設矢象，弧星有矢也」者，天上弧星有枉矢，即引孝經緯「枉矢者，蛇行，有毛目，此云枉矢，蓋畫之」，知畫之者，以其弓所以張幅，幅非絃不可著矢，故畫於縿上也。〔五八〕案：孝經援神契云：「枉矢所以射慝謀輕。」〔五九〕考異郵曰：「枉矢狀如流星，蛇行，有毛目。」天文志曰：「枉矢類大流星，蛇行而蒼黑，長數尺。」〔六〇〕

攻金之工，築氏執下齊，冶氏執上齊，鳧氏爲聲，㮚氏爲量，段氏爲鎛器，桃氏爲刃。多錫爲下齊，大刃、削殺矢、鑒燧也。少錫爲上齊，鍾鼎、斧斤、戈戟也。聲，鍾、錞于之屬。量，豆、區、鬴也。鎛器，田器錢鎛之屬。刃，大刃刀劍之屬。○下齊，才細反，下及注皆同。

段氏，丁亂反。刃削，如字，李音笑，下同。鑒隧，音遂。錞于，音淳。豆區，烏侯反。鬴也，音輔。錢鎛，子淺反。

「攻金」至「爲刃」　此經與下爲目。云「築氏執下齊，冶氏執上齊」者，據下文六等言之，四分已上爲上齊，三分已下爲下齊。築氏爲削，在二分中，上仍有三分大刃之等，亦是下齊。若然，築氏於下齊三等之内，於此舉中言之。「鳧氏爲聲」，案鳧氏爲鍾，此言聲者，鍾類非一，故言聲以包之，故注云：「聲，鍾、錞于之屬。」「桃氏爲刃」，案：下文桃氏爲劒，此言刃，變言之者，亦是劒類非一，故注云：「刃，大刃刀劒之屬也。」

注「多錫」至「之屬」　云「多錫，爲下齊」者，據下文「參分其金而錫居其一，謂之大刃之齊」。云「削殺矢」者，即下文云「五分其金而錫居二，謂之削殺矢之齊」是也。云「鑒燧也」者，即下文「金錫半，謂之鑒燧之齊」是也。云「少錫爲上齊，鍾鼎、斧斤、戈戟也」者，即下文「四分其金而錫居一，謂之戈戟之齊」，已上皆是上齊。若然，鳧氏入上齊，桃氏入下齊。其㮚氏爲量，段氏爲鎛器，亦當入上齊中。云「量，豆、區、鬴也」者，左氏傳晏子云「齊舊四量，豆、區、釜、鍾。四升爲豆，四豆爲區，各自其四以登於釜，釜十則鍾」。云「鎛器，田器錢鎛之屬」者，詩云：「庤乃錢鎛。」注云：「錢銚鎛鎒是也。」云「刃，大刃刀劒之屬」者，桃氏爲劒及刃，皆大刃也。

金有六齊：目和金之品數。六分其金而錫居一，謂之鍾鼎之齊；五分其金而錫居一，謂之斧斤之齊；四分其金而錫居一，謂之戈戟之齊；參分其金而錫居一，謂之大刃之齊；五分其金而錫居二，謂之削殺矢之齊；金錫半，謂之鑒燧之齊。〔六一〕鑒燧，取水火於日月之器也。鑒亦鏡也。凡金多錫，則刃白且明也。〔六二〕○則忍，音刃。

「金有」至「之齊」　上文「築氏執下齊，冶氏執上齊」，今於此文戈戟之齊，在四分其金而錫居一之中，則此已上，六分其金與五分其金在上齊中，參分其金已下，爲下齊中可知。其斧斤在上齊，上齊中惟有冶氏造戈戟，則斧斤亦當冶氏爲之矣。

注「鑒燧」至「明也」　云「取水火於日月之器也」者，司烜氏職文。云「凡金多錫，則刃白且明也」者，據大刃已下削殺矢等鑒燧入且明之內。

築氏爲削，長尺博寸，合六而成規。今之書刀。〔六三〕

「築氏」至「成規」　鄭云「今之書刀」者，漢時蔡倫造紙，蒙恬造筆，古者未有紙筆，則以削刻字。至漢雖有紙筆，仍有書刀，是古之遺法也。若然，則經削，反張爲之，若弓之反張，以合九、合七、合五成規也。此書刀亦然。馬氏諸家等，亦爲偃曲却刃也。

欲新而無窮，謂其利也。鄭司農云：「常如新，無窮已。」

敝盡而無惡。鄭司農云：「謂鋒鍔俱盡，不偏索也。」玄謂刃也，脊也，其金如一，雖至敝盡，無瑕惡也。○鋒鍔，五各反。

冶氏爲殺矢，刃長寸，圍寸，鋌十之，重三垸。殺矢與戈戟異齊，而同其工，似補脱誤在此也。殺矢，用諸田獵之矢也。

鋌讀如「麥秀鋌」之鋌。鄭司農云：「鋌，箭足入稾中」者也。垸，量名，讀爲丸。〔六四〕○鋌，徒頂反。三垸，音丸。異齊，才細反。稾中，古老反。

注「殺矢」至「爲丸」　云「殺矢與戈戟異齊，而同其工」者，案：上文戟在上齊内，殺矢在下齊中，是異齊，今此同工，不可也。云「似補脱誤在此也」者，案：下矢人自造八矢，殺矢彼已有，此亦有，是彼脱漏，有人於彼補脱訖，更有人補於此，是誤在此也。云「殺矢用諸田獵之矢也」者，司弓矢職文。先鄭直云「垸，量名，讀爲丸」者，其垸是稱兩之名，非斛量之號。又讀爲丸，未知欲取何義，後鄭引之在下者，以其垸之度量，其名未聞，無以破之，故引之在下也。

戈廣二寸，内倍之，胡三之，援四之。戈，今句孑戟也，〔六五〕或謂之雞鳴，或謂之擁頸。内謂胡以内接柲者也，長四寸。胡六寸，援八寸。鄭司農云：「援，直刃也。胡，其孑。」○句子，古侯反，下句兵同。接柲，音祕。

「戈廣」至「四之」　「戈廣二寸」者，據胡寬狹。云「内倍之」者，據胡下柄入處之長。「胡三之」，據胡之長。援四之，據最上刺刃之長也。

注「戈今」至「其孑」　據此上下文，戈與戟别，而鄭云「戈，今句孑戟」，戈戟共爲一者，據漢法而言。漢時見胡横之句孑戟。云「或謂之雞鳴」者，以其胡似雞鳴故也。〔六六〕云「或謂之擁頸」者，以其胡曲，故謂之擁頸，有此數名也。云「内謂胡以内接柲」者，即柄也。

已倨則不入，已句則不決，長内則折前，短内則不疾，戈，句兵也，主於胡也。已倨，謂胡微直而邪多也，以啄人，則不入。已句謂胡曲多也，以啄人，則創不決。〔六七〕胡之曲直，鋒本必横，而取圜於磬折。前謂援也。内長則援短，援短則曲於磬折，曲於磬折則引之與胡並鉤。内短則援長，援長則倨於磬折，倨於磬折則引之不疾。○而邪，似嗟反。以啄，丁角反。必横，劉華孟反，又如字。磬折，之設反。

「已倨」至「不疾」　此經論戈之所用主於胡，故此經言胡之四疾之事。

注「戈句」至「不疾」　云「戈，句兵也」者，下文廬人云「句兵欲無彈」，鄭注云：「句兵，戈戟屬。」是戈爲句兵，以其有胡孑，故爲句兵也。云「主於胡也」者，以胡爲主，言此者，欲見此經戈不説援，專言胡之意也。此經「已」，皆爲大也。「已倨」，謂胡頭大舒，故云「胡微直而邪多也」。「已句，謂胡曲多」者，謂胡大横也。云「以啄人，則創不決」者，横則擁不割物，〔六八〕故創不決也。云「胡之曲直鋒，本必横，而取圜於磬折」者，胡孑横捷，微邪向上，不倨不句，似磬之折殺也。云「前謂援也」者，以其援在上，故云前。云「内長則援短」者，案：上文内倍之四寸，援曲之八寸，〔六九〕並有定數。若胡内長，則胡向上侵援，援無八寸，故云内長則援短，援短則曲於磬折。「曲於磬折」者，由胡向上近援，胡頭低。胡頭低，則胡曲於磬折也。胡既與援相近，故援共胡並鉤，並鉤則援折，故云折前也。云「内短則援長」者，胡内本四寸，今胡近下爲之，胡下無四寸，故胡上援，則長踰八寸矣，故云内短則援長也。云「援長則倨於磬折」者，以其由胡近下安之，則頭舒，頭舒則倨於磬折也。以頭舒，故引之不疾。

是故倨句外博。博，廣也。倨之外，胡之裹也。句之外，胡之表也。廣其本以除四病而便用也。俗謂之曼胡，似此。○而便，婢面反。曼胡，莫干反。

注「博廣」至「似此」　此經爲除上四疾而生此文，故云「是故」，謂起上義也。云「倨之外，胡之裹也者，句之外，胡之表」者，〔七〇〕倨謂胡上，句謂胡下，倨與句皆有外廣，故云倨之外胡之裹，謂胡下近本，增使廣。句之外，胡之表，謂於胡上近本，增之使廣。若然，則胡本上下俱寬，自然合於磬折，無上四疾而便用矣。云「俗謂之曼胡，似此」者，由胡外廣而本寬曼胡然，俗呼爲曼胡，似此經所云者也。案：莊公四年左氏傳：「楚武王荆尸，授師孑焉，以伐隨」，注云：「孑，句孑。凡戟而無刃。秦晉之間謂之孑，或謂之鏔。〔七一〕吳楊之間謂之伐。〔七二〕東齊秦晉之間，其大者謂之曼胡，其曲者謂之句孑曼胡。」〔七三〕

重三鋝。鄭司農云：「鋝，量名也。讀爲刷。」〔七四〕玄謂許叔重説文解字云：「鋝，鍰也。」今東萊稱或以大半兩爲鈞，十鈞爲環，環重六兩大半兩。〔七五〕鍰鋝似同矣，〔七六〕則三鋝爲一斤四兩。○三鋝，色劣反，又音劣，或音環。鍰也，户關反，又于眷反。萊稱，尺證反。

注「鄭司」至「四兩」　先鄭讀「鋝」爲「刷」，取音同。後鄭引許叔重説文解字云「鋝，鍰也」者，尚書呂刑有「墨罰疑赦，其罰百鍰，及大辟千鍰」，許氏以此「鋝」與尚書「鍰」爲一。云「今東萊稱或以大半兩爲鈞，十鈞爲環，環重六兩大半兩。鍰鋝似同矣」者，鋝鍰輕重無文，故王肅之徒皆以六兩爲鍰，是以鄭引許氏及東萊稱爲證也。云「大半兩爲鈞」者，凡數言大者，皆三分之二爲大，三分之一爲少。以一兩二十四銖，十六銖爲大半兩也。云「十鈞爲鍰」者，鍰則百六十銖，二十四銖爲兩，用百四十四銖爲六兩，餘十六銖爲大半兩，是鍰有六兩大半兩也。〔七七〕云「鍰鋝似同矣」者，此從許君之説。

戟廣寸有半寸，内三之，胡四之，援五之，倨句中矩，與刺重三鋝。戟，今三鋒戟也。内長四寸半，胡長六寸，援長七寸半。三鋒者，胡直中矩，言正方也。鄭司農云：「刺謂援也。」玄謂刺者，著秘直前如鐏者也。戟胡横貫之，胡中矩，則援之外句磬折與？○中矩，丁仲反，注同。與刺，七賜反，注同。著秘，直略反。鐏，徂悶反，劉祖悶反。折與，音餘。

注「戟今」至「折與」　鄭知此戟三鋒者，見此經言援、言胡、又言刺，又案：上文戈廣二寸，援及接秘長一尺二寸，胡長六寸，重三鋝。此戟廣寸半，援及接柲，亦長尺二寸，胡長六寸，狹於戈半寸，亦重三鋝。明知刺與援別，爲三鋒矣。云「三鋒者，胡直中矩言正方也」者，經云「倨句中矩」，鄭云「胡中矩」，則倨句不中矩，謂援爲磬折，故爲倨句也。先鄭云「刺謂援也」，後鄭不從者，經上言援及胡，下別言刺，明刺與援別，若不三鋒，輕於戈，不得同重三鋝也。「玄謂刺者，著柲直前如鐏者也」者，謂於援胡之横上中，使出者也。但長短無文，蓋與胡同六寸，乃可充三鋝之數也。云「戟胡横貫之」者，〔七八〕胡六寸，横貫三寸，直下三寸。云「胡中矩，則援之外句磬折與」者，援七寸半，亦以三寸爲横，稍舉之使不中矩，以四寸半者向上爲磬折，磬折向外，故云外句。言「與」者，以經直言倨句中矩，鄭以意分中矩，於胡以倨句，〔七九〕於援上爲磬折，故云與以疑之也。若然，讀經「倨句」上屬。必知三鋒胡向下者，三鋒皆向上者無用。故廬人注「句兵，戈戟屬」也。

桃氏爲劍，臘廣二寸有半寸。臘謂兩刃。○臘廣，力闔反，一音獵，李魯頰反。

注「臘謂兩刃」　此劍兩刃與今同，短則與今異。言「兩刃」者，兩面各有刃也。

兩從半之。〔八〇〕鄭司農云：「謂劍脊兩面殺趨鍔。」

注「鄭司」至「趨鍔」　謂劍刃兩面殺趨鍔，鍔即鋒，兩廂俱然，故云「兩」也。

以其臘廣爲之莖圍，長倍之。鄭司農云：「莖謂劍夾，人所握，鐔以上也。」玄謂莖在夾中者，莖長五寸。○之莖，户耕反。劍夾，古協反，又古洽反，下同。鐔，戚音淫，徐、劉音尋，一音徒南反。

注「鄭司」至「五寸」　二鄭意劒夾是柄，莖又在夾中，即劒鐔是也。倍上臘二寸半，故五寸也。

中其莖，設其後。鄭司農云：「謂穿之也。」〔八二〕玄謂從中以卻稍大之也。後大則於把易制。○於把，劉音霸，戚必雅反。易制，以豉反。

注「鄭司」至「易制」　先鄭云「穿之」，謂穿劒夾，内莖於中，故云「中其莖」。後鄭意，設訓爲大，故易繫辭云：「益長裕而不設」，鄭注云：「設，大也。周禮考工曰：『中其莖，設其後。』」故云從中以卻稍大之，後大則於把易制也。

參分其臘廣，去一以爲首廣，而圍之。首圍，其徑一寸三分寸之二。

注「首圍」至「之二」　此「首廣」，謂劒把接刃處之徑也。臘廣二寸半，參分去一，二寸，以一寸爲六分，二寸爲十二分，半寸爲三分，添十二爲十五分。三分去一得十分，取六分爲一寸，餘四分，名爲六分寸之四。六分寸之四，即三分寸之二，故云「一寸三分寸之二」也。〔八三〕而圍之者，正謂圜之，故廬人皆以圍爲圜之也。

身長五其莖長，重九鋝，謂之上制，上士服之。身長四其莖長，重七鋝，謂之中制，中士服之。身長三其莖長，重五鋝，謂之下制，下士服之。上制長三尺，重三斤十二兩。中制長二尺五寸，重二斤十四兩三分兩之二。下制長二尺，重二斤一兩三分兩之一。此今之匕首也。人各以其形貌大小帶之。此士謂國勇力之士，能用五兵者也。樂記曰：「武王克商，裨冕搢笏，而虎賁之士說劒。」○裨冕，婢支反，劉音卑。笏，音忽。虎賁，音奔。說劒，吐活反，劉詩悅反。

注「上制」至「說劒」　知「上制長三尺」者，以其言「五其莖長」。上文長倍之，莖長五寸，五其莖，長二尺五寸，并莖五寸，爲三尺也。已下皆如此計之可知。「重三斤十二兩」者，以其言九鋝，鋝別六兩大半兩，六九五十四，爲五十四兩；九鋝皆有大半兩，鋝別有十六銖，〔八三〕爲百四十四銖；二十四銖爲一兩，摠爲六兩，添前五十四爲六十兩。十六兩爲一斤，取四十八兩爲三斤，餘十二兩，故云重三斤十二兩。已外皆如此計之，亦可知也。云「此今之匕首也」者，漢時名此小劍爲匕首也。云「人各以形貌大小帶之」，解經上士、中士、下士，非謂三命爲上士之屬，宜以據形長者爲上，〔八四〕次者爲中，短者爲下士。云「此士謂國勇力之士，能用五兵者也」者，此司右文。彼不言勇力之士用劒而言勇力士者，以樂記說劒之事知之，故引之爲證也。武王克商，在軍皆韋弁。韋弁，兵服。克商還，皆裨冕，裨冕則五冕，各以尊卑服之，而助祭於明堂，「虎賁之士」，即勇力之士者也。

鳧氏爲鍾，兩欒謂之銑，故書欒作樂，杜子春云：「當爲欒，書亦或爲欒。銑，鍾口兩角。」〇兩欒，本又作鸞，力端反。之銑，先典反。

注「故書」至「兩角」 欒、銑一物，俱謂鍾兩角。古之樂器應律之鍾，狀如今之鈴，不圜，故有兩角也。

銑閒謂之于，于上謂之鼓，鼓上謂之鉦，鉦上謂之舞，此四名者，鍾體也。鄭司農云：「于，鍾脣之上袪也。鼓，所擊處。」〇之鉦，音征。上袪，丘書反，徐丘庶反。

注「此四」至「擊處」 云此四名爲鍾體，對下角衡非鍾體也。〔八五〕以于爲袪者，以鍾脣厚褰袪然，故謂之袪也。

舞上謂之甬，甬上謂之衡。此二名者，鍾柄。〇之甬，音勇。

鍾縣謂之旋，〔八六〕**旋蟲謂之幹。**〔八七〕旋屬鍾柄，所以縣之也。鄭司農云：「旋蟲者，旋以蟲爲飾也。」玄謂今時旋有蹲熊、盤龍、辟邪。〇之旋，如字，李信犬反。蹲熊，音存。盤龍，畔干反。辟邪，必亦反，下似嗟反。

注「旋屬」至「辟邪」　後鄭舉漢法，鍾旋之上，以銅篆作蹲熊，及盤龍、辟邪。辟邪亦獸名，古法亦當然也。

鍾帶謂之篆，篆閒謂之枚，枚謂之景。帶所以介其名也。介在于鼓鉦舞甬衡之間，凡四。鄭司農云：「枚，鍾乳也。」玄謂今時鍾乳俠鼓與舞，每處有九，面三十六。〔八八〕○之篆，直轉反。

注「帶所」至「十六」　云「帶所以介其名也」者，介，間也。言四處，則中二通上下畔爲四處也。舉漢法一帶有九，古法亦當然。鍾有兩面，面皆三十六也。

于上之攠謂之隧。攠，所擊之處攠弊也。隧在鼓中，窐而生光，有似夫隧。○之攠，音靡，劉亡奇反，又莫賀反。之隧，音遂。窐而，劉烏華反，徐於蛙反，又於圭反。似夫，音苻。

注「攠所」至「夫隧」　有二名者，攠，所擊之處攠弊，若禮記云「國家靡弊」是也。隧者，據生光而言，故引司烜氏「夫隧」。彼隧若鏡，亦生光。窐而生光者，本造鍾之時即窐，於後生光。

十分其銑，去二以爲鉦，以其鉦爲之銑閒，去二分以爲之鼓閒；以其鼓閒爲之舞脩，去二分以爲舞廣。此言鉦之徑居銑徑之八，而銑間與鉦之徑相應，鼓間又居銑徑之六，與舞脩相應。舞脩，舞徑也。舞上下促，以横爲脩，從爲廣。舞廣四分，今亦去徑之二分以爲之間，則舞間之方怕居銑之四也。舞間方四，則鼓間六亦其方也。鼓六，鉦六，舞四，此鍾口十者，其長十六也。鍾之大數，以律爲度，廣長與圜徑，〔八九〕假設之耳。其鑄之，則各隨鍾之制爲長短大小也。凡言間者，亦爲從篆以介之，鉦間亦當六。今時鍾或無鉦間。○從爲，子容反，下同。

「十分」至「舞廣」 此鍾從鼓鉦舞三處，上下爲十六，口徑十而言，故鄭云「此鍾口十者，〔九〇〕其長十六」。云「鍾之大數，以律爲度，廣長與圜徑，假設之耳」者，案：周語云：「景王將鑄無射，問律於伶州鳩。對曰：律所以立均出度，古之神瞽，考中聲而量量以制度，度律均鍾。」〔九一〕韋昭云：「均，平也。度律吕之長短，以平其鍾、和其聲也。」據此義，假令黄鍾之律長九寸，以律計身，倍半爲鍾，倍九寸爲尺八寸。又取半，得四寸半，通二尺二寸半，以爲鍾。餘律亦如是。其以律爲廣長與圜徑也。此口徑十，上下十六者，假設之，取其鑄之形，則各隨鍾之制爲長矩大小者，此即度律均鍾也。凡言閒者，亦爲從篆以介之，即所圖者是也。云「鉦間亦當六」，此經不言鉦間，故鄭言之，以其鼓間六，舞間四，鉦間方六可知，經不言者，可知故也。今時或無鉦間者，見此經無鉦間故也。

以其鉦之長，爲之甬長。并衡數也。○數也，色主反。

注「并衡數也」 知并衡數，以其衡不言其長，又以鉦長六爲甬長，大長不類，故并衡數也。

以其甬長爲之圍，參分其圍，去一以爲衡圍。衡居甬上，又小。

注「衡居甬上又小」 以自兩欒已上至甬，皆下寬上狹，衡又在甬上，故宜小於甬一分，故三分去一爲衡也。

參分其甬長，二在上，一在下，以設其旋。令衡居一分，則參分，旋亦二在上，一在下。以旋當甬之中央，是其正。〔九二〕

注「令衡」至「其正」 上文惟以其鉦之長爲甬長，并衡數，則未知衡與甬長短之定，故云令衡居一分。假令三分，甬居二，衡居一，一則於甬中央下有一分，上通衡有二分，故云「令衡居一分，則參分旋，亦二在上，一在下。以旋當甬之中央，是其正」。正，謂上有二分，下有一分也。

薄厚之所震動，清濁之所由出，侈弇之所由興，有說。說猶意也。故書侈作移。鄭司農云：「當爲侈。」○有說，徐始鋭反，注同。

注「説猶」至「爲侈」　此鍾薄厚之所震動，由鍾體薄厚出聲震動，有石有播也。云「清濁之所由出」者，清濁據聲，亦由鍾之厚薄。云「侈弇之所由興」者，由鍾口侈弇所興之聲，亦有柞有鬱。案典同，病鍾有十等，此但言薄厚、侈弇者，典同具陳，於此略言其意。言有意者，即下云「已厚」、「已薄」不得所之意是也。

鍾已厚則石，大厚則聲不發。○大厚，音泰，劉他賀反，下同。

注「大厚」至「不發」　典同亦云厚聲石。

已薄則播，大薄則聲散。

注「大薄」至「聲散」　典同云：「薄聲甄」，鄭云：「甄猶掉也。」與此聲播亦一也。以聲散則掉也。

侈則柞，柞讀爲「咋咋然」之咋，聲大外也。○則柞，側百反，注咋同。

注「柞讀」至「外也」　典同注云：「侈則聲迫筰，出去疾。」此聲大外，亦一也。

弇則鬱，聲不舒揚。

注「聲不舒揚」 典同注云：「聲鬱勃不出。」與此注「不舒揚」，亦一也。

長甬則震。鍾掉則聲不正。○鍾掉，徒弔反。

注「鍾掉則聲不正」 典同云「薄聲甄」，甄猶掉也。謂聲掉者，據鍾形薄，則聲掉，此不據鍾體，據甬長，縣之不得所，則鍾掉，故聲不正也。

是故大鍾十分其鼓閒，以其一爲之厚。小鍾十分其鉦閒，以其一爲之厚。言若此，則不石、不播也。鼓鉦之閒同方六，而今宜異，又十分之一猶大厚，皆非也。若言鼓外鉦外則近之，鼓外二，鉦外一。○則近，附近之近。

注「言若」至「外一」 云「鼓鉦之閒同方六」者，據上圜可知。言「今宜異」者，此鍾有大小不同，明厚薄宜異，不得同取六也。云「又十分之一猶大厚，皆非也」。若言鼓外鉦外則近之」者，鄭不敢正言是，故云近之。云「鼓外二，鉦外一」者，據上所圖，鼓外有銑閒，乃銑外有二閒，鉦外唯一閒，就外中十分之一，爲鍾厚可也。

鍾大而短，則其聲疾而短聞；淺則躁，躁易竭也。○短聞，音問，下同。易竭，以豉反。

鍾小而長，則其聲舒而遠聞。深則安，安難息。

「鍾大」至「短聞」 此二者，於樂器中，所擊縱聲舒而遠聞，〔九三〕亦不可。是以樂記云「止如槁木」，不欲遠聞之驗也。故鄭云深則安，安難息也。

爲遂，六分其厚，以其一爲之深而圜之。厚，鍾厚。深謂窐之也。其窐圜。故書圜或作圍，杜子春云：「當爲圜。」

「爲遂」至「圜之」 此遂，謂所擊之處，初鑄作之時，即已深而圜，以擬擊也。

㮚氏爲量，改煎金錫則不耗。消湅之精，不復減也。〔九四〕㮚，古文或作歷。玄謂量當與鍾鼎同齊。工異者，大器。○消湅，音練，下同。不復，扶又反。咸也，洽斬反，本亦作減。同齊，才計反。

注「消湅」至「大器」 言「改煎金錫」者，如重煎，謂之改煎也。「不耗」，耗，減也。故鄭云「消湅之精，不復減也」。「玄謂量當與鍾鼎同齊。工異者，大器」者，案：上文云「鳧氏爲聲，㮚氏爲量」，六等之中，云「六分其金而錫居其一，謂之鍾鼎之齊」，是上齊。中不言㮚氏爲量在上齊中。鄭以鳧氏爲鍾，鍾鼎在上齊之中，㮚氏爲量，量是鍾類，故知亦在上齊之中矣。故云量當與鍾鼎同齊也。云「工異者」，鳧氏爲鍾，不使鳧氏兼造量，器大，雖同齊，使別工爲之。

不耗然後權之，權，謂稱分之也。雖異法，用金必齊。○稱分，尺證反。

注「權謂」至「必齊」 云「稱分之也」者，謂稱金多少分之，以擬鑄器也。云「雖異法，用金必齊」者，法，謂模。假令爲兩箇甬，即爲兩箇模，是異法。用金必齊者，器之用金多少，必須齊均也。

權之然後準之，準，故書或作水，杜子春云：「當爲水。金器有孔者，水入孔中，則當重也。」玄謂準擊平正之，又當齊大小。

注「準故」至「大小」 子春從故書爲「水」，謂以水齊器。後鄭不從者，此金仍未鑄器，何得已有器以盛水也。後鄭以「準」爲「平」。前經已稱知輕重，然後更擊鍛金，令平正之，齊其金之大小也。

準之然後量之。鑄之於法中也。量讀如量人之量。

注「鑄之」至「之量」 此量，謂既準訖，量金汁以入模中，鑄作之時也。言「量讀如量人之量」者，夏官量人直以量地遠近及物多少，此量是量金少多之事，故讀從之也。

量之以爲鬴，深尺，内方尺而圜其外，其實一鬴；以其容爲之名也。四升曰豆，四豆曰區，四區曰釜。鬴，六斗四升也。鬴十則鍾。方尺，積千寸。於今粟米法，少二升八十一分升之二十二。其數必容鬴，此言大方耳。圜其外者，爲之脣。

注「以其」至「之脣」 言「量之以爲鬴」者，謂量金汁入模，以爲六斗四升之鬴。云「深尺，内方尺」者，此據模之形狀。云「圜其外」者，〔九五〕謂向下方尺者，鬴之形。向上謂之外。〔九六〕遶口圜之，又厚之以爲脣。云「其實一鬴」，受六斗四升也。云「以其容爲之名也」者，此量器受六斗四升曰釜，因名此器爲鬴，故云「以其容爲之名也」。云「四升曰豆」已下至「則鍾」，左氏傳昭三年，齊晏子辭。連引豆、區、釜、鍾者，以其四者皆量器之名也。云「方尺，積千寸」者，云方尺者，上下及旁，徑爲方尺，縱横皆十。〔九七〕破一寸一截，一截得方寸之方百，十截則得千寸也。又云「於今粟米法」者，筭術有筭粟爲米之法，故云粟米法也。筭法，方一尺，深尺六寸二分，容一石。如前以縱横十截破之，一方有十六寸二分，容一升；百六十二寸，容一斗；千六百二十寸，容一石。今計六斗四升爲釜，以百六十二寸受一斗，六斗各百爲六百；六斗各六十，六六三十六，又用三百六十；六斗又各二寸，二六十二，又用十二寸。摠用九百七十二寸，爲六斗。於千寸之内，仍有二十八寸在。於六斗四升曰鬴，又少四升，未計入。今二十八寸，取十六寸二分爲一升，添前爲六斗一升，餘有十一寸八分。又取一升，分爲八十一分，以十六寸二分，一寸當五分，十寸當五十分，又有六寸，五六三十，又當三十分，添前爲八十分，是十六寸當八十也。仍有十分寸之二當一分。都并十六寸二分，當八十一分。如是，十一寸八分，於八十一分，當五十九，更得八十一分升之二十二分，始得一升。添前爲六斗二升，〔九八〕復得二升，乃滿六斗四升爲鬴也。

其臋一寸，其實一豆；故書臋作脣，杜子春云：「當爲臋。謂覆之其底深一寸也。」○其臋，徒門反，徐、劉徒恩反。謂覆，芳服反。

「其臋」至「一豆」　此謂鬴之底著地者，故子春云：「覆之其底深一寸也。」

其耳三寸，〔九九〕**其實一升，**耳在旁可舉也。

「其耳」至「一升」　此鬴之耳在旁可舉，謂人以手指舉之處。云實一升，亦謂覆之所受也。

重一鈞；重三十斤。

注「重三十斤」　此據律歷志三十斤曰鈞，百二十斤曰石。

其聲中黄鍾之宫。應律之首也。○聲中，丁仲反。應律，應對之應。

注「應律之首也」　十二辰各有律，十二律以黄鍾爲初九，故擊鬴器之時，其聲中黄鍾之宫也。不直言中黄鍾之聲，而云之宫者，十二辰其變聲，〔一〇〇〕辰各有五聲，則子上有宫商角徵羽五聲具。今之所中者，中其宫聲，不中商角之等，故以宫言之也。

槩而不税。鄭司農云：「今百姓得以量而不租税。」〇槩而，古愛反。

注「鄭司」至「租税」 案：鄭志，趙商問：「㮚氏爲量，槩而不税，廛人職有税何？」答曰：「官量不税。」若然，此官量鎮在市司，所以勘當諸廛之量器以取平，非是尋常所用，故不税。彼廛人所税，在肆常用者也。

其銘曰：「時文思索，允臻其極。銘，刻之也。時，是也。允，信也。臻，至也。極，中也。言是文德之君，思求可以爲民立法者，而作此量，信至於道之中。〇思索，所白反，求也。允臻，側巾反。爲民，于僞反。

「其銘」至「其極」 自此至「維則」，是鬴器之上銘文。

注「銘刻」至「之中」 云「刻之」者，正謂在模上刻之，非謂在器乃刻。今之鍾鼎，爲文亦爾。

嘉量既成，以觀四國。以觀示四方，使放象之。〇以觀，古亂反，示也，又如字，注同。使放，方往反。

永啓厥後，兹器維則。」永，長也。厥，其也。兹，此也。又長啓道其子孫，使法則此器長用之。〇啓道，音導。

凡鑄金之狀，故書狀作壯，杜子春云：「當爲狀，謂鑄金之形狀。」

「凡鑄金之狀」此文與下爲目。自金與錫已下，㮚氏鑄冶所候煙氣，以知生熟之節。

金與錫，黑濁之氣竭，黄白次之；黄白之氣竭，青白次之；青白之氣竭，青氣次之，然後可鑄也。消湅金錫精麤之候。〔一〇一〕

段氏闕。

函人爲甲，犀甲七屬，兕甲六屬，合甲五屬。屬讀如灌注之注，謂上旅下旅札續之數也。革堅者札長。鄭司農云：「合甲，削革裏肉，但取其表，合以爲甲。」〇七屬，之樹反，下及注同。合甲，如字，舊音閤，注同。

注「屬讀」至「爲甲」云「屬讀如灌注之注」者，義取注著之意也。云「上旅下旅札續之數也」者，謂上旅之中及下旅之中，皆有札續。一葉爲一札，上旅之中，續札七節、六節、五節，下旅之中，亦有此節，故云札續之數也。云「堅者札長」者，〔一〇二〕即五屬者，〔一〇三〕以其堅壽年多，即下經「三百年」者也。

犀甲壽百年，兕甲壽二百年，合甲壽三百年。革堅者又支久。

凡爲甲，必先爲容，服者之形容也。鄭司農云：「容謂象式。」

注「服者」至「象式」　凡造衣甲，須稱形大小長短而爲之，故爲之人形容乃制革也。〔一〇四〕

然後制革。 裁制札之廣袤。

注「裁制札之廣袤」　上旅七節，六節，節數已定，更觀人之形容。長大則札長廣，短小則札短狹，故云「裁制札之廣袤」。廣即據横而言，袤即據上下而説也。

權其上旅與其下旅，而重若一， 鄭司農云：〔一〇五〕「上旅謂要以上，下旅謂要以下。」○謂要，於遥反，下同。

「權其」至「若一」　謂札葉爲旅者，以札衆多，故言旅，旅即衆也。先鄭云「上旅腰以上」，謂衣也，「下旅腰以下」，謂裳也。故春秋傳曰「棄其甲裳者也」。

以其長爲之圍。 圍謂札要廣厚。

注「圍謂札要廣厚」　此據一札之上，先量上下之長，乃以長。中央圍之一帀，如此，則長短廣狹相稱也。

凡甲鍛不摯則不堅，已敝則橈。 鄭司農云：「鍛，鍛革也。摯謂質也。鍛革大孰，則革敝無强，曲橈也。」玄謂摯之言致。〔一〇六〕○甲鍛，丁亂反。不摯，音至。大孰，音泰，劉菟餓反。言致，直置反，下同。

注「鄭司」至「言致」　先鄭以「摯」爲「質」，後鄭不從者，質即革之别名，非生孰之稱，故後鄭爲致，致，謂孰之至極也。

凡察革之道，眡其鑽空，欲其窓也；鄭司農云：「窓，小孔貌。窓讀爲『宛彼北林』之宛。」○其鑽，作官反。空，音孔，又如字，下同。其窓，於阮反，或云司農音鬱。

注「鄭司」至「之宛」　先鄭云「窓，小孔貌」者，革惡則孔大，革善則孔小，驗今亦然。讀如「宛彼北林」之「宛」者，以音讀之。

眡其裏，欲其易也；無敗蕘也。○其易，以豉反，下同。敗蕘，音穢，本或作穢。

眡其朕，欲其直也；鄭司農云：「朕謂革制。」○其朕，直忍反。

櫜之，欲其約也；鄭司農云：「謂卷置櫜中也。春秋傳曰：『櫜甲而見子南。』」○櫜之，音羔，劉古道反。謂卷，眷勉反，下文同。

「櫜之欲其約也」　先鄭引春秋者，案：昭元年左氏傳，鄭公孫黑與子南争徐吾犯之妹，適子南氏，子皙怒，既而櫜甲而見子南，欲殺之。彼以衣表著甲謂之櫜，〔一〇七〕與此别，引之者，彼以衣藏甲爲櫜，此亦以甲衣藏甲爲櫜，藏甲爲櫜相似，故引以爲證也。

舉而眡之，欲其豐也。豐，大。

「舉而」至「豐也」　此文與上經相對，舉之，正謂於櫜中取而舉之。

衣之，欲無齘也。〔一〇八〕鄭司農云：「齘謂如齒齘。」○衣之，於既反。齘，户界反。

注「鄭司」至「齒齘」　人之齒齘，前却不齊，札葉參差，與齒齘相似，故以齒爲喻。

眡其鑽空而窻，則革堅也；眡其裏而易，則材更也；眡其朕而直，則制善也；櫜之而約，則周也；舉之而豐，則明也；衣之無齘，則變也。周，密致也。明，有光燿。鄭司農云：「更，善也。變，隨人身便利。」○更也，音庚。便利，婢面反。

「眡其」至「變也」　此文歷序上文，於此揔結之也。

鮑人之事，鮑，故書或作「鞄」。鄭司農云：「蒼頡篇有鞄䩗。」○作鞄，匹學反，劉音樸。蒼頡，户結反。鞄䩗，人兗反。

「鮑人之事」　此文與下經爲揔目。先鄭取蒼頡篇從故書爲「鞄」字者，鮑乃從魚，此官治皮，宜從革，故玄引先鄭，於此取從革旁之義。

望而眡之，欲其荼白也；韋革，遠視之，當如茅莠之色。○荼白，音徒。茅莠，音酉，又音秀。

「望而」至「白也」　此官主革不主韋，韋自韋氏爲之，〔一〇九〕鄭云「韋革」者，夾句而言耳。荼，即茅莠也。

進而握之，欲其柔而滑也；謂親手煩撋之。○煩撋，人專反，劉而垂反，或如詢反。

卷而摶之，欲其無迆也；鄭司農云：「卷讀爲『可卷而懷之』之卷，摶讀爲『縳一如瑱』之縳。謂卷縳韋革也。迆讀爲『既建而迆之』之迆。無迆，謂革不齵。」○摶之，直轉反，或除面反，下同。縳一，直轉反。如瑱，他見反，本或作顛，音同。不齵，音虧，又許皮反。

注「鄭司」至「不辟」　先鄭云「可卷而懷之」，論語文。云「摶讀爲『縳一如瑱』之縳」者，案：昭二十六年左氏傳云「以幣錦二兩，縳一如瑱」。

眡其著，欲其淺也；鄭司農云：「謂郭韋革之札入韋革，淺緣其邊也。」玄謂韋革調善者鋪著之，雖厚如薄然。○其著，直略反，下「眡其著」同。之札，側八反，劉側列反。者鋪，普吳反，又音孚。著之，直略反，又丁略反。

察其線，欲其藏也。故書線或作綜。杜子春云：「綜當爲系旁泉，讀爲絤，謂縫革之縷。」○其線，思賤反，注絤同。

革欲其荼白而疾澣之，則堅；鄭司農云：「韋革不欲久居水中。」○澣之，户管反。

欲其柔滑而腥脂之，則需；故書需作劃。〔一一〇〕鄭司農云：「腥讀如『沾渥』之渥，劃讀爲『柔需』之需。謂厚脂之韋革柔需。」○而腥，於角反，劉音屋。則需，人兖反，注同。作劃，而髓反，又人兖反。沾渥，於角反。

注「鄭司」至「柔需」　先鄭據詩云「既沾既渥，生我百穀」。

引而信之，欲其直也。〔一一一〕信之而直，則取材正也；信之而枉，則是一方緩、一方急也。若苟一方緩、一方急，則及其用之也，必自其急者先裂。若苟自急者先裂，則是以博爲帴也。鄭司農云：「帴讀爲翦，謂以廣爲狹也。」玄謂翦者，如俴淺之俴，或者讀爲羊豬戔之戔。○信之，音身，劉音新，下皆同。爲帴，音踐，或山箭反。如俴，音踐，劉仕顯反。羊豬戔，劉音普見反，依字才丹反，字林昨善反。沈云：「馬融音淺，于寶爲殘，與周易戔戔之字同，亦音素千反，不知其義。」或云字則如沈釋，而羊豬戔之語未見出處。俗謂羊豬脂爲膍，音素干反，豈取此乎？案周禮注殘餘字本多作戔，宜依殘音。

注「鄭司」至「之戔」　先鄭讀「帴」爲「翦」者，翦亦是狹少之意。後鄭轉帴爲「俴」者，從小戎詩「小戎俴收」之俴，讀爲「羊豬戔」者，義亦同。案：彼小戎詩俴者，淺也。謂車深四尺四寸，其車廣六尺六寸，是廣深不得，是一方緩一方急，以博爲俴，以廣爲狹之喻。

卷而摶之而不迆，則厚薄序也；序，舒也。謂其革均也。

眡其著而淺，則革信也；信，無縮緩。

察其線而藏，則雖敝不甐。甐，故書或作鄰。鄭司農云：「鄰讀爲『磨而不磷』之磷。謂韋革縫縷没藏於韋革中，則雖敝，縷不傷也。」○不甐，音吝，或作鄰，音同，注同。

注「磨而不磷」　先鄭云「鄰讀爲磨而不磷之磷」者，論語孔子辭。

鞾人爲皐陶，鄭司農云：「鞾，書或爲鞠。皐陶，鼓木也。」玄謂鞠者，以皐陶名官也。鞠則陶，字從革。○鞾人，況万反，衆家並音運。爲鞠，音陶，徒刀反。

注「鄭司」至「從革」　先鄭知「皐陶，鼓木」者，以上言「爲皐陶」，下即云「長六尺有六寸」，鼓木之事，明皐陶即是長六尺六寸者，故知也。「玄謂鞠者，以皐陶名官」者，依先鄭從鞠爲鼓木，還以鞠爲鞠人之官，是皐陶官名也。「鞠」

即「陶」字，從革，若然，後鄭爲鞠人爲皐陶，〔一一二〕不取韗字爲官名。

長六尺有六寸，左右端廣六寸，〔一一三〕中尺，厚三寸，版中廣頭狹爲穹隆也。鄭司農云：「謂鼓木一判者，其兩端廣六寸，而其中央廣尺也。如此乃得有腹。」○爲穹，起弓反，下同。

注「版中」至「有腹」 先鄭以經論鼓木一判，更不言版數多少，而知得有腹者，以版兩端廣六寸，中廣一尺，自然有腹可知。

穹者三之一，鄭司農云：「穹讀爲『志無空邪』之空。謂鼓木腹穹隆者居鼓三之一也。」玄謂穹讀如「穹蒼」之穹。穹隆者居鼓面三分之一，則其鼓四尺者，版穹一尺三寸三分寸之一也。倍之爲二尺六寸三分寸之二，加鼓四尺，穹之徑六尺六寸三分寸之二也。此鼓合二十版。〔一一四〕○空邪，似嗟反。

注「鄭司」至「十版」 先鄭云「穹讀爲志無空邪之空」者，無所指斥，故後鄭讀從「穹蒼」之「穹」也。先鄭云「穹隆者居鼓三之一也」者，言猶未足，故後鄭增成。「玄謂穹讀如穹蒼之穹」者，謂從詩云「以念穹蒼」者也。云「穹隆者」，下至「合二十版」，此鄭所言。皆從二十版計之，乃得面四尺，及穹之尺數。經既不言版數，知二十版者，此以上下相約可知。何者？此鼓言版之寬狹，不言面之尺數，下經二鼓皆言鼓四尺，不言版之寬狹，明皆有鼓四尺，乃鼓版之廣狹也。若然，下二鼓皆云鼓四尺，明此鼓亦四尺，據面而言。若然，鼓木兩頭廣六寸，面有四尺，二十版，二六十二，長丈二尺，圍三徑一，是一丈二尺，得面徑四尺矣。以此面四尺，穹隆加三之一，三尺加一尺，其一尺者取九寸加三寸，其一寸者，爲三分，取一分并之，得一尺三寸三分寸之一也。此據一廂而言，倍之爲二尺六寸三分寸之二，乃知鼓面四尺，〔一一五〕摠爲六尺六寸三分寸之二也。

上三正。鄭司農云：「謂兩頭一平，中央一平也。」玄謂三讀當爲參。正，〔一一六〕直也。參直者，穹上一直，兩端又直，各居二尺二寸，不弧曲也。此鼓兩面，以六鼓差之，賈侍中云「晉鼓大而短」，近晉鼓也。以晉鼓鼓金奏。○上三，音參，七南反。近晉，附近之近。

注「鄭司」至「金奏」　先鄭據經云「三正」解之，亦得合義，但不定尺寸之數，雖言三平，恐平中有長短，故後鄭增成之。云「三當讀爲參。〔一一七〕正，直也。參直者，穹上一直，兩端又直，各居二尺二寸」，是三處尺數等，是爲參直也。云「不弧曲也」者，下皐鼓，倨句磬折，即弧曲不參直，故引證此，與彼異也。〔一一八〕云「此鼓兩面」者，下經二鼓，言四尺之面，此經不言四尺之面，故言之，對發祭祀三鼓四面已下。云「以六鼓差之」者，鼓人雷鼓祀天，靈鼓祭地，路鼓享鬼。下二鼓，據鼓人「賁鼓鼓軍事，皐鼓鼓役事」，惟此鼓，經不言其名，五鼓已配訖，惟有晉鼓當此鼓可知，故引賈侍中云「晉鼓大而短，近晉鼓也」。此後鄭所解也。云「晉鼓鼓金奏」者，鼓人文也。

鼓長八尺，鼓四尺，中圍加三之一，謂之鼖鼓。中圍加三之一者，加於面之圍以三分之一也。面四尺，其圍十二尺，加以三分一，四尺，〔一一九〕則中圍十六尺，徑五尺三寸三分寸之一也。今亦合二十四版，〔一二〇〕則版穹六寸三分寸之二耳。取大鼓謂之鼖。〔一二一〕以鼖鼓鼓軍事。鄭司農云：「鼓四尺，謂革所蒙者廣四尺。」○之賁，扶云反，本或作䵊，又作鼖，皆同。

注「中圍」至「四尺」　云「鼓四尺」者，謂鼓面也。云「中圍加三之一」者，謂將中央圍加於面之圍，三分之一也。〔一二二〕云「面四尺，其圍十二尺，加以三分一，四尺」者，添四面圍丈二尺爲十六尺，然後徑之，十五尺徑五尺，餘一尺，取九寸徑三寸，取餘一寸者破爲三分，得一分。摠徑五尺三寸三分寸一。此言中圍加三之一，與上穹三之一者異。彼據一相之穹，加面三之一，故兩相加二尺六寸三分寸二。此則於面四尺，摠加三分之一，則摠一尺三寸三分寸一。若然，此穹隆少校晉鼓一尺三寸三分寸之一也，〔一二三〕與彼穹隆異也。今一版亦合二十版者，此經云「鼓四尺」，若不二十版，亦不合此數也。「則版穹六寸三分寸二」者，此亦據一相而言。云「大鼓謂之鼖」者，鼖訓爲大，對晉鼓長六尺六寸而言，若對下文臯鼓長丈二尺，則彼又大矣。云「鼖鼓，〔一二四〕鼓軍事」者，鼓人文。

爲臯鼓，長尋有四尺，鼓四尺，倨句，磬折。以臯鼓鼓役事。磬折，中曲之，不參正也。中圍與鼖鼓同，以磬折爲異。

注「以臯」至「爲異」云「以臯鼓鼓役事」者，鼓人文。「磬折，中曲之，不參正也」者，磬折者，贏處近上，故不得參正也。

凡冒鼓，必以啓蟄之日。啓蟄，孟春之中也。蟄蟲始聞雷聲而動，鼓所取象也。冒，蒙鼓以革。

注「啓蟄」至「以革」云「啓蟄，孟春之中也」者，正月立春，節啓蟄中，故云中也。云「蟄蟲始聞雷聲而動」者，蟄蟲啓户，由聞雷聲，是鼓所取象，故以此時冒之。案：月令仲秋云「雷乃始收」，注：「雷乃收聲，在地中動内物。」則此云「孟春始聞雷聲而動」者，亦謂未出此地時，〔一二五〕故蟄蟲聞之而動。至二月，即雷乃發聲出地，蟄蟲啓户而出，故月令仲春云「日夜分，雷乃發聲，蟄蟲咸動，啓户而出」，是也。

良鼓瑕如積環。革調急也。〔一二六〕

注「革調急也」「瑕」與「環」，皆謂漆之文理，謂「革調急」故然。若急而不調，則不得然也。

鼓大而短，則其聲疾而短聞；鼓小而長，則其聲舒而遠聞。○短聞，音問，下同。

「鼓大」至「遠聞」　此乃鼓之病。大小得所，如上三者所爲，則無此病。

韋氏闕。

裘氏闕。

畫繢之事，雜五色，〔一二七〕東方謂之青，南方謂之赤，西方謂之白，北方謂之黑，天謂之玄，地謂之黄。青與白相次也，赤與黑相次也，玄與黄相次也。此言畫繢六色所象及布采之第次，繢以爲衣。

「畫繢」至「次也」　此一經言次，次畫於衣之事，畫繢並言者，言畫是摠語，以其繢繡皆須畫之。〔一二八〕言「繢」，則據對方而言，自「東方」已下是也。自言「東方謂之青」至「謂之黄」六者，先舉六方有六色之事，但天玄與北方黑，二者大同小異。何者？玄異雖是其一，〔一二九〕言天止得謂之玄天，不得言黑天。若據北方而言，玄黑俱得稱之，是以北方言玄武宿也。〔一三〇〕「青與白相次」已下，論繢於衣，爲對方之法也。

注「此言」至「爲衣」　鄭云「畫繢六色所象」者，解經「地謂之黄」已上文。云「及布采之第次」者，解經「青與白」已下文。云「繢以爲衣」者，案：虞書云：「予欲觀古人之象，日、月、星辰、山、龍、華蟲，作繢。」是據衣而言繢，〔一三一〕故鄭云繢以爲衣也。

青與赤謂之文，赤與白謂之章，白與黑謂之黼，黑與青謂之黻，五采備謂之繡。此言刺繡采所用，繡以爲裳。

注「此言刺繡采所用繡以爲裳」 此一經皆此方爲繡次。〔一三二〕凡繡亦須畫乃刺之，故畫繡二工，共其職也。云「繡以爲裳」者，案虞書云：「宗彝、藻、火、粉米、黼、黻，絺繡。」鄭云：「絺，紩也。」謂刺繡於裳，故鄭云刺以爲裳也。衣在上陽，陽主輕浮，故畫之；裳在下陰，陰主沈重，故刺之也。

土以黃，其象方，天時變。古人之象，無天地也。爲此記者，見時有之耳。子家駒曰：「天子僭天」，意亦是也。鄭司農云：「天時變，謂畫天隨四時色。」

「土以黃其」至「時變」 此乃六色之外，別增此天地二物於衣，故於下特言之也。

注「古人」至「時色」 鄭云「古人之象，無天地也」者，此據虞書日月已下，不言天地。云「爲此記者，見時有之耳」者，古人既無天地，若記者不見時君畫於衣，記人何因輒記之爲經典也。「子家駒曰『天子僭天』，意亦是也」者，案：公羊傳云：「昭公謂子家駒云：『季氏僭于公室久矣，吾欲殺之，何如？』子家駒曰：『天子僭天，諸侯僭天子。』」彼云僭天者，未知僭天何事，要此古人衣服之外〔一三三〕，別加此天地之意，亦是僭天，故云意亦是也。先鄭云「天時變，謂畫天隨四時色」者，天逐四時而化育，四時有四色，今畫天之時，天無形體，當畫四時之色，以象天地。〔一三四〕若然，畫土當以象地色也。

火以圜。鄭司農云：「爲圜形似火也。」玄謂形如半環然，在裳。○以圜，音環。

注「鄭司」至「在裳」 先鄭云「爲圜形似火也」，後鄭云「如半環然」，此亦與先鄭不別，增成之耳。孔安國以爲火字也，與此別也。知在裳者，虞書藻火已下皆在裳。

山以章。章讀爲獐，獐，山物也。在衣。齊人謂麇爲獐。○爲獐，音章。謂麇，俱倫反。

注「章讀」至「爲獐」 馬氏以爲獐，山獸，畫山者并畫獐。龍，水物，畫水者并畫龍。鄭即以獐表山，以龍見水。此二者各有一是一非。古人之象，有山不言獐，有龍不言水。今記人既有獐有水，止可畫山兼畫獐，畫龍兼畫水，何有棄本而遵末也。

水以龍。龍，水物，在衣。

鳥，獸，蛇。所謂華蟲也。在衣。蟲之毛鱗有文采者。

注「所謂」至「采者」 云「所謂華蟲也」者，所謂虞書云「山、龍、華蟲」。彼畫華蟲，次在龍下。此文亦次龍下，〔三五〕故知當華蟲也。言「華」者，象草華。言「蟲」者，是有生之揔號。言「鳥」，以其有翼。言「獸」，以其有毛。言「蛇」，以其有鱗。以首似鷩，亦謂之鷩冕也。故云「蟲之毛鱗有文采」也。虞書有十二章，於此惟言四章，又兼言天地，而不云日月星藻與宗彝者，記人之言，略說之耳。

雜四時五色之位以章之，謂之巧。章，明也。繢繡皆用五采鮮明之，是爲巧。

注「章明」至「爲巧」　此經揔結上文也。上有六色，此言五者，下別言素功，故言五。或可玄黑共説也。

凡畫繢之事，後素功。素，白采也。後布之，爲其易漬汙也。不言繡，繡以絲也。鄭司農説以論語曰〔一三六〕「繪事後素」。〔一三七〕○爲其，于僞反。易漬，以豉反。

鍾氏染羽，以朱湛丹秫三月，而熾之。鄭司農云：「湛，漬也。丹秫，赤粟。」玄謂湛讀如「漸車帷裳」之漸。熾，炊也。羽所以飾旌旗及王后之車。○朱湛，子潛反或子鴆反，又音鴆。丹秫，音述。漸車，子潛反，下漚漸同。

注「鄭司」至「之車」　染布帛者，在天官染人。此鍾氏惟染鳥羽而已，要用朱與秫則同，彼染祭服有玄纁，與此不異故也。案：染人云「春暴練，夏纁玄」，注云：「凡染，當及盛暑熱潤。」〔一三八〕始湛研之，三月而後可用。」若然，云「以朱湛丹秫三月，而熾之」，熾之當及盛暑熱潤，則初以朱湛丹秫，當在春日豫湛，至六月之時，即染之矣。玄謂「湛」讀如「漸車帷裳」之「漸」者，讀從衛詩也。云「羽所以飾旌旗及王后之車」者，司常云：「全羽爲旞，析羽爲旌。」自餘旌旗竿首，亦有羽旄，巾車有重翟、〔一三九〕厭翟、翟車之等，皆用羽是也。案：夏采注云：「夏采，夏翟羽色。禹貢徐州貢夏翟之羽，有虞氏以爲緌。後世或無，故染鳥羽象而用之，〔一四〇〕謂之夏采。」是此鍾氏所染者也。〔一四一〕

淳而漬之。淳，沃也。以炊下湯沃其熾，〔一四二〕烝之以漬羽，漬猶染也。○淳而，章均反，注及下同。

注「淳沃」至「染也」　上「熾」之，謂以朱湛丹秫三月，末乃熾之，即以炊下湯，淋所炊丹秫，取其汁以染鳥羽，而又漸漬之也。

三入爲纁，五入爲緅，七入爲緇。染纁者，三入而成。又再染以黑，則爲緅。緅，今禮俗文作爵，言如爵頭色也。又復再染以黑，乃成緇矣。鄭司農説以論語曰「君子不以紺緅飾」，又曰「緇衣羔裘」。爾雅曰：「一染謂之縓，再染謂之竀，〔一四三〕三染謂之纁。」詩云：「緇衣之宜兮。」玄謂此同色耳。染布帛者，染人掌之。凡玄色者，在緅緇之間，其六入者與？○爲纁，許云反。緅，側留反，劉祖侯反。又復，扶又反。以紺，古闇反。之縓，倉絹反，范倉亂反。之竀，敕貞反，本又作赬，亦作䞓。者與，音餘。

注「染纁」至「者與」 凡染纁玄之法，取爾雅及此相兼乃具。案：爾雅「一染謂之縓，再染謂之竀，三染謂之纁」，三入謂之纁，即與此同。此三者皆以丹秫染之，此經及爾雅，不言四入及六入，案士冠有「朱紘」之文，鄭云：「朱則四入與？」是更以纁入赤汁則爲朱。以無正文，約四入爲朱，故云「與」以疑之。云「論語曰『君子不以紺緅飾』者，淮南子云：「以涅染紺，〔一四四〕則黑於涅。」涅，即黑色也。纁若入赤汁，則爲朱；若不入赤而入黑汁，則爲紺矣。若更以此紺入黑，則爲緅。即此五入爲緅是也。〔一四五〕紺緅相類之物，故連文云君子不以紺緅飾也。若更以此緅入黑汁，即爲玄，則六入爲玄。但無正文，故此注與士冠禮注皆云「玄則六入與」。更以此玄入黑汁，則名七入爲緇矣。但緇與玄相類，故禮家每以緇布衣爲玄端也。云「禮俗文作爵，言如爵頭色」者，以其爵赤多黑少故也。

筐人闕。

㡛氏湅絲，〔一四六〕以涚水漚其絲七日，去地尺暴之。故書涚作湄。〔一四七〕鄭司農云：「湄水，温水也。」

玄謂涚水，以灰所泲水也。漚，漸也。楚人曰漚，齊人曰涹。○㡌氏，音茫。湅絲，音練，下同。涚水，書鋭反。漚絲，烏豆反，李又烏侯反。暴之，步卜反，劉步莫反，下同。作湄，劉音眉，一音奴短反。所泲，子禮反。曰涹，烏禾反，又於僞反，一音乃罪反。

注「故書」至「曰涹」　諸家及先鄭皆以涚水爲温水，後鄭獨不從者，禮有涚，齊謂泲酒爲涚，則此涚亦當泲灰汁爲涚，故不從温水也。云「齊人曰涹」者，亦是漚義。

晝暴諸日，夜宿諸井，七日七夜，是謂水湅。諸宿諸井，縣井中。

湅帛，以欄爲灰，渥淳其帛，實諸澤器，淫之以蜃。渥讀如繒人渥管之渥。〔一四八〕以欄木之灰，漸釋其帛也。杜子春云：「淫當爲涅，書亦或爲湛。」〔一四九〕鄭司農云：「澤器，謂滑澤之器。蜃謂炭也。〔一五〇〕士冠禮曰：『素積白屨，以魁柎之。』説曰：『魁，蛤也。』周官亦有白盛之蜃。蜃，蛤也。」玄謂淫，薄粉之，令帛白，蛤，今海旁有焉。○以欄，音練，李又來踐反，或音蘭。渥，烏豆反，與漚同，注渥菅同。以蜃，常軫反。繒人，似陵反。渥菅，古顔反。爲湛，子潛反。士冠，古亂反。白屨，九具反。以魁，苦迴反，又作𩲡。柎之，方于反。魁蛤，古盍反。粉之，如字，劉方問反。

注「渥讀」至「有焉」　鄭云「渥讀如鄫人渥菅之渥」者，〔一五一〕案：哀八年，吳伐魯，云「初，武城人或有因於吳竟田焉，拘鄫人之漚菅者，曰：『何故使吾水滋？』」是其事。引士冠禮曰「素積白屨，以魁柎之」者，謂皮弁服白布衣，而素積以爲裳，屨裳同色，故素積白白屨，故以蜃灰柎之也。

清其灰而盝之，而揮之，清，澄也。〔一五二〕於灰澄而出盝晞之，晞而揮去其蜃。○而盝，音鹿。而揮，音輝。去其，起呂反。

而沃之，而盝之；而塗之，而宿之。更渥淳之。〔一五三〕

明日，沃而盝之。朝更沃，至夕盝之。又更沃，至旦盝之。亦七日如漚絲也。○朝更，此一字張遥反，餘皆朝廷之朝。

晝暴諸日，夜宿諸井，七日七夜，是謂水湅。

注「晝暴」至「水湅」　湅帛湅絲皆有二法，〔一五四〕上文爲灰湅法，此文是水湅法也。

校勘記

〔一〕輈人爲輈　程瑶田云，「輈人」恐「輿人」之誤。

〔二〕梁輈輈上句衡也　阮本「輈」字不重。

〔三〕齊側皆反　「側」，原作「則」，據徐本、盧本及阮本改。

〔四〕并此輈深而七尺一寸半　婺、建、岳、阮、嘉靖本同。阮校云，據賈疏則「而」乃「爲」字之譌。

〔五〕則軫與轐五寸半則衡高七尺七寸　婺、建、岳、阮本同。阮校云，賈疏引此句，「則」作「加」，當據正。

〔六〕加軫與轐五寸半　「輿」，原作「興」，據阮本改。

〔七〕駑馬高七尺　諸本同。浦鏜云「田」誤「駑」。

〔八〕亦約庾人馬七尺曰駥　「庾」，原作「瘐」，據阮本改。

〔九〕故知輪轐軫轐大小之減　「輪轐」，閩、闔本同，監、毛、殿、阮本作「輪軹」，當是。

〔一〇〕是以鄭解駑之車　閩、闔、阮本同。監、毛、殿本「駑」下有「馬」字，當是。

〔一一〕合七爲弦　阮校云，「合」當「令」字之訛。九章盈不足有「假令」。

〔一二〕四尺七寸爲鉤　諸本同。阮校云：「鉤」當作「句」，輪人注云「三尺爲句」。

〔一三〕書或作軝　「軝」，建、岳、阮本同，婺本作「軓」。

〔一四〕云軓謂車式　「軓」，毛、殿本同，閩、閩、監、阮本作「軌」，當作「軓」是。

〔一五〕則軓前惟有五尺三寸　「軓」，原作軌，據阮本改。此節「軓」字皆同，不更出校。

〔一六〕經作軌字　「軌」，原作「軓」，據阮本改，下「先鄭以軌爲式前」同，不更出校。

〔一七〕不從軓者　「軓」，原作「軝」，據段校改。

〔一八〕若作軌則不可　「軌」，原作「軓」，據阮本改。本節以下六「軌」字同，不更出校。

〔一九〕轂末亦爲軌　「軌」，原作「軓」，據阮本改。

〔二〇〕其上面託著輿板　「著輿」，原作「箸與」，據阮本改。

〔二一〕四寸爲二十分　「二」，原作「三」，據阮本改。

〔二二〕云兩厄之間　阮本同。浦鏜云「軶」誤「厄」。

〔二三〕費力之所者也　「力」，原作「九」，據阮本改。

〔二四〕圍九寸十五分分寸之九　建、岳、阮本「分」字不重，婺本下「分」字空闕。

〔二五〕持制衡鬲之轅　「轅」，元、正、閩、閩、阮本作「輔」，疑作「轅」是。

〔二六〕故云頸前持衡轅者也　浦鏜云：「轅」衍字。

〔二七〕以前當兔圍有一尺四寸五分寸二　浦鏜云：「寸」下脱「之」。

〔二八〕二寸爲三十分　「寸」，原作「十」，據阮本改。

〔二九〕輈後承軫之處　阮本「輈」作「踵」，誤。

〔三〇〕還以七十五分納寸　「納」，聞本同，元、正、阮本作「約」，疑作「約」是。

〔三一〕皆是角及張者也　「及」，聞本同，閩、監、毛、殿、阮本作「反」。

〔三二〕知駕牛車　阮本「知」作「是」。

〔三三〕故書緧作鰒　阮校云，諸本同。釋文作「緵」，音秋，與「緧」同。漢讀考云，集韻「緧」、「緵」同，字本此，則陸本注無鰒魚字，三字與賈本異。

〔三四〕案方言本紂　阮本同，浦鏜云「車」誤「本」。

〔三五〕頎讀爲懇典讀爲殄　漢讀考云，「讀爲」皆當作「讀如」，故下仍云「頎」、「典」，不云「懇」、「殄」。

〔三六〕典朝殄反　「殄」，原作「珍」，據徐本、盧本及阮本改。

〔三七〕輈注則利準利準則久　阮校云，唐石經諸本同。惠士奇云，依注則「利準」二字衍。按，注云「利水重讀，似非也」，則司農於經文「利水」兩遍讀之耳，必不增經可知，注中「鄭司農云」下當有「利水重讀」四字，故後鄭辨之，云「利水重讀似非」。淺人於經既增重文，因删司農重讀之言矣。

〔三八〕謂輈脊上兩注　「兩」，婺、建、余、岳、嘉靖本同，閩、監、毛、阮本作「雨」，當是。

〔三九〕輈之謂形勢似天上注星　盧文弨曰，疑當作「謂輈之形勢」。

〔四〇〕楗當讀爲蹇　婺、建、岳、阮本無「當」字。

〔四一〕將在中央御者在左　惠校本同，阮本「央」作「故」，屬下讀，亦通。

〔四二〕玄謂券今倦字也　元、正、聞、閩、阮本脱「券」字。

〔四三〕需讀爲畏需之需　漢讀考云，「需」當作「耎」。

〔四四〕瀉讀爲瀉酒之瀉　漢讀考云，「讀爲」當作「讀如」。

〔四五〕環謂漆沂鄂如環　岳、阮本同，婺、建、嘉靖本「環」下有「濳」字。

〔四六〕半一尺四寸三分寸二有七寸三分寸一　閩、阮本同，監、毛、殿本二「分寸」下皆有「之」字，當是。

〔四七〕先鄭讀濳酒之濳者　正、聞、閩、阮本同，監、毛、殿本「濳」下有「爲」字，當是。

〔四八〕輪輻三十以象日月也　王引之云，「日」字衍。

〔四九〕故因説旌旂之義也　阮本「旂」作「旗」。

〔五〇〕可以種黍菽　阮本無「以」字。

〔五一〕東方七星畫爲龍　惠校本同，阮本「星」作「宿」。

〔五二〕次此言之　阮本「此」作「比」，當是。

〔五三〕師都之所建　漢讀考云，「師」當作「帥」。

〔五四〕西方六宿　阮本「六」作「七」，當是。

〔五五〕孟夏日月會則日宿　下「日」字，浦鏜云，「曰」誤「日」。

〔五六〕龜蛇四斿以象營室也　王引之云，「蛇」當作「旐」。

〔五七〕鄙師上士三命　阮本「上」作「士」，誤。

〔五八〕故畫於緣上也　監、毛、殿本同，聞、閩、阮本「故」作「以」。

〔五九〕枉矢所以射慝謀輕　孫詒讓云「輕」，開元占經、妖星占引援神契作「强」。

〔六〇〕蛇行而蒼黑長數尺　浦鏜云，「長數尺」，漢志作「望如有毛目然」。

〔六一〕謂之鑒燧之齊　諸本同。「燧」，葉鈔釋文作「隧」。阮校云，作「燧」，作「隧」，皆説文「𤋎」字之誤耳。其實此於𤈦燧無涉，秋官「夫遂」祗作「遂」是爲正字。

〔六二〕凡金多錫則刃白且明也　「刃」，婺本、賈疏本、嘉靖本同，釋文、建、岳本作「忍」。阮校云，此蓋陸本作「忍」，孔本作「刃」不同也，二字皆有堅意，此作「忍」爲長。

〔六三〕今之書刀　婺、建、岳、嘉靖本同，阮本「刀」作「刃」，誤，疏中同。

〔六四〕讀爲丸　漢讀考云，「讀爲」疑當作「讀如」。

〔六五〕戈今句孑戟也　「孑」，原作「子」，據婺本改。

〔六六〕以其胡似雞鳴故也　「胡」，原作「故」，據阮本改。

〔六七〕則創不決　「創」，原作「劒」，據婺、建、岳、阮本改。

〔六八〕横則擁不劀物　「劀」，惠校本同，元、閩本作「創」，閩、監、毛、殿本作「削」。

〔六九〕援曲之八寸　阮本同。浦鏜云「四」誤「曲」。

〔七〇〕云倨之外胡之裹也者句之外胡之表者　阮本「裹」作「裏」。阮校云，當作「云倨之外胡之裏也，句之外胡之表也者」。

〔七一〕秦晉之間謂之孑或謂之鏕　孫詒讓云，此以下皆方言文。「孑」，今本作「釨」，「鏕」作「鍞」。

〔七二〕吴楊之間謂之伐　阮校云，「伐」爲「戈」之誤。

〔七三〕其曲者謂之句孑曼胡　「孑」，原作「子」，據阮本改。孫詒讓云，「曼」，今本方言作「鏝」。

〔七四〕讀爲刷　漢讀考「讀爲」作「讀如」。

〔七五〕十鈞爲環環重六兩大半兩　諸本同。戴震以「環」爲「鍰」之誤。

〔七六〕鍰鋝似同矣　漢讀考云，當作「環鍰似同」。

〔七七〕是鍰有六兩大半兩也　阮本「鍰」作「鋝」，阮校云，此「鋝」亦「鍰」之誤。段玉裁云，「鋝」當作「環」。

〔七八〕云戟胡横貫之者　「胡横」，殿本同，元、正、聞、閩、阮本作「横胡」。

〔七九〕於胡以倨句　阮本「以」作「似」，當是。

〔八〇〕兩從半之　盧文弨曰，通考軍器門引「兩從半之」，并引疏云「劒面通廣二寸半，其兩從中分各一半也，從自脊中而分兩邊也」。今諸本脱此文。孫詒讓云，此林希逸考工記解説，通考誤引，不當據補。

〔八一〕鄭司農云謂穿之也　婺、建、余、岳、嘉靖本同，閩、監、毛本「云」下有「中」字。阮校云，「中」字當有。

〔八二〕故云一寸三分寸二也　元、聞、閩本同，監、毛、殿本「分寸」下有「之」字。

〔八三〕鋝别有十六銖　孫詒讓云，「别」疑「則」之誤，與下「斤别有十六銖」異。

〔八四〕宜以據形長者爲上　「宜」，元、聞本同，閩、監、毛、殿本作「直」。

〔八五〕對下角衡非鍾體也　阮校云，「角」爲「甬」之誤。

〔八六〕鍾縣謂之旋　王引之云，「旋」當作「環」。

〔八七〕旋蟲謂之幹　唐石經諸本同。程瑶田云「幹」當作「斡」。説文「斡，蠡柄也」，然則鍾柄亦得名斡也。阮校云，凡旋者皆得云斡。

〔八八〕每處有九面三十六　王引之云，「面三十六」當作「而三十六」，疏「面皆三十六」，「面」字亦當作「而」。

〔八九〕廣長與圜徑　諸本同。浦鏜云，「圍」誤「圜」，疏同。

〔九〇〕口徑十而言故鄭云此鍾口十者　阮本二「十」字均作「寸」，疑誤，下「口徑十」同。

〔九一〕考中聲而量量以制度度律均鍾　孫詒讓云，據周語下「量」字當作「之」，「度」字不重。

〔九二〕是其正　婺、建、岳、嘉靖本同，余、元、阮本「正」作「主」。疑作「正」是。

〔九三〕所擊縱聲舒而遠聞　元、閩、監、毛、殿本同，正、聞、阮本「遠聞」作「聞遠」。

〔九四〕消涷之精不復減也　「涷」，原作「湅」，據婺本改。

〔九五〕云園其外者　阮本「園」作「圜」，當是。

〔九六〕向上謂之外　阮本同。浦鏜云：「上」當「下」字訛。

〔九七〕縱橫皆十　「十」，原作「平」，據阮本改。

〔九八〕添前爲六斗二升　「六斗二升」，原作「六升一升」，據阮本改。

〔九九〕其耳三寸　唐石經諸本同。浦鏜云「一寸」訛「三寸」。阮校云，未聞其説。

〔一〇〇〕十二辰其變聲　「二」，原作「一」，據阮本改。

〔一〇一〕消涷金錫精麤之候　「涷」，原作「湅」，據阮本改。

〔一〇二〕云堅者札長者　阮本「堅」上有「革」字，與注同，當是。

〔一〇三〕即五屬者　阮本「即」作「則」。

〔一〇四〕故爲之人形容乃制革也　「之人」，元、閩、閩本同，監、毛、殿、阮本作「人之」。疑作「人之」是。

〔一〇五〕鄭司農云　「云」，原作「去」，諸本均作「云」，據改。

〔一〇六〕玄謂摯之言致　「言」，原作「致」，據婺、建、岳、阮本改。

〔一〇七〕彼以衣表著甲謂之櫜　「表」，元、閩、監、毛本作「衷」，閩、阮本作「裹」，疑作「裹」是。

〔一〇八〕欲無齘也　唐石經、婺、建、岳、阮本「欲」下有「其」字，此疑脱。

〔一〇九〕韋自韋氏爲之　阮本「自」作「目」。

〔一一〇〕故書需作劃　漢讀考作「故書耎作剽」。經及下準此。

〔一一一〕引而信之欲其直也　王引之云，此句當置於「欲其柔而滑也」之下。

〔一二〕後鄭爲鞫人爲皐陶　阮本同。浦鏜云，上「爲」疑「謂」字訛。

〔一三〕左右端廣六寸　「六」，原作「八」，據婺、建、岳、阮本改。

〔一四〕此鼓合二十版　「二十版」，原作「十二版」，據婺、建、阮本改。

〔一五〕乃知鼓面四尺　孫詒讓云，「知」當爲「加」。

〔一六〕正直也　「正」，原作「止」，據婺、建、岳、阮本改。

〔一七〕云三當讀爲參　「當讀」二字原倒，據阮本改正。

〔一八〕故引證此與彼異也　元、正、閩、闔、阮本「此」下有「爲」字。

〔一九〕加以三分一四尺　阮本同。浦鏜云，「分」下脱「之」字，疏同。

〔二〇〕今亦合二十四版　婺、建、嘉靖本同，岳、阮本無「四」字，當是。

〔二一〕取大鼓謂之鼖　「取」，婺、建、岳、阮本無，疑衍。

〔二二〕三分之二也　阮本「二」作「一」，疑作「一」是。

〔二三〕此穹隆少校晉鼓一尺三寸三分寸之一也　阮本同。浦鏜云「也」當「是」字訛，屬下句。

〔二四〕云鼖鼓　「鼓」，原作「竅」，據阮本改。

〔二五〕亦謂未出此地時　元、正、閩、闔、阮本無「此」字。

〔二六〕革調急也　諸本同。段玉裁曰，通典一百四十四曰「革鼓瑕如積環，革謂急也」。經傳革訓急者多矣，「調」字不可通，而疏曲爲之説。

〔二七〕雜五色　俞樾云，「五色」當爲「六色」。

〔二八〕以其繢繡皆須畫之　「畫」，原作「書」，據阮本改。

〔一二九〕玄異雖是其一　阮本「異」作「黑」。

〔一三〇〕是以北方言玄武宿也　「言」，惠校本同，阮本作「云」。

〔一三一〕是據衣而言繢　「而」，元、正、閩、閩本同，阮本作「如」。

〔一三二〕此一經皆此方爲繡次　「此」，正、閩、閩、阮本作「北」，元、監、毛、殿本作「比」，疑作「比」是。

〔一三三〕要此古人衣服之外　「此」，元、正、閩、閩、阮本作「在」，疑是。

〔一三四〕當晝四時之色以象天地　阮本同。浦鏜云，「地」當「也」字訛。

〔一三五〕此文亦次龍下　阮本「此」作「語」。元、閩、閩本「文」誤作「之」。

〔一三六〕鄭司農說以論語白　「白」，婺、建、阮本作「曰」，阮校云，岳、嘉靖本無「曰」，此衍。

〔一三七〕繪事後素　「繪」，原誤作「績」，婺、建、阮本作「繢」，岳本作「繪」，此從岳本改。

〔一三八〕凡染當及盛暑熱潤　浦鏜云，「石」誤「凡」。「熱」，原作「熟」，據阮本改。

〔一三九〕巾車有重翟　「重」，原作「車」，據阮本改。

〔一四〇〕故染鳥羽象而用之　「故」，原作「欲」，據阮本改。

〔一四一〕是此鍾氏所染者也　「是此」，閩、監、毛、殿、阮本作「此是」。

〔一四二〕以炊下湯沃其熾　阮校云，諸本同。賈疏云「以炊下湯淋所炊丹秫」。按上注云「熾，炊也」，此蓋謂以湯沃所炊丹秫也。漢讀考謂當云「沃其羽」。

〔一四三〕再染謂之竀　「竀」，釋文、婺、建、岳、阮本同。阮校云，今爾雅作「赬」，「竀」古假借字也。

〔一四四〕淮南子云以涅染紺　孫詒讓云，淮南子俶真訓作「以涅染緇」。

〔一四五〕即此五入爲緅是也　阮本「即」作「而」，浦鏜云「而」當「則」字誤。

〔一四六〕 㡛氏湅絲　「㡛」，原作「幌」，據唐石經正。周禮「㡛」作「㡛」。

〔一四七〕 故書涚作湄　漢讀考云：「湄」當作「渜」。

〔一四八〕 渥讀如繒人渥菅之渥　「繒」，諸本同，毛本改作「鄫」，與今本左傳同。「菅」，原作「管」，據阮本改。

〔一四九〕 杜子春云淫當爲涅書亦或爲湛　王引之引王念孫云：「涅」當爲「湛」之誤。

〔一五〇〕 蜃謂炭也　「炭」，婺、建、岳、阮本同，閩、監、毛本作「灰」，與賈疏同。

〔一五一〕 渥讀如鄫人渥菅之渥者　「菅」，原作「管」，據阮本改。

〔一五二〕 清澄也　「澄」，原作「登」，據婺、建、岳、阮本改。

〔一五三〕 更渥淳之　「渥」，原作「注」，據婺、建、岳、阮本改。

〔一五四〕 湅帛湅絲皆有二法　「皆」，惠校本同，閩、阮本作「蓋」，疑作「皆」是。

周禮注疏卷第四十八

冬官考工記下

玉人之事，鎮圭尺有二寸，天子守之；命圭九寸，謂之桓圭，公守之；命圭七寸，謂之信圭，侯守之；命圭七寸，謂之躬圭，伯守之。命圭者，王所命之圭也。朝覲執焉，居則守之。子守穀璧，男守蒲璧。不言之者，闕耳。故書或云「命圭五寸，謂之躬圭」。杜子春云：「當爲七寸。」玄謂五寸者，璧文之闕亂存焉。○信圭，音身。朝覲，直遥反，下皆同。

「玉人」至「守之」 云「玉人之事」者，謂人造玉瑞玉器之事，此一句揔與下諸文爲目，圭名鎮、名信、及躬，備於宗伯。

注「命圭」至「存焉」 云「命圭者，王所命之圭也」者，公羊傳云：「錫者何？賜也。命者何？加我服也。」於王以策命諸侯之時，非直加之以車服，時即以圭授之，以爲瑞信者也。「朝覲執焉」者，典瑞云「公執桓圭」以下「朝覲宗遇，會同于王，諸侯相見亦如之」，是也。云「居則守之」者，謂以爲鎮守者也，故云居則守之。子守穀璧，男守蒲璧，典瑞、宗伯、大行人俱有其文，於此不言之者，闕也。鄭云闕者，若韋氏、櫛氏之類，亦闕也。若然，經有鎮圭，案典瑞云：「王執鎮圭，繅藉五采、五就，以朝日。」鄭不言者，有典瑞可參，故直舉諸侯可知也。子春破故書五寸，當從經七寸，後鄭不從，以從故書爲五寸，五寸是璧文之闕亂存者，命圭是伯，五寸是子男，故亂存也。

天子執冒四寸，〔一〕**以朝諸侯。**名玉曰冒者，言德能覆蓋天下也。四寸者，方以尊接卑，以小爲貴。

注「名玉」至「爲貴」　鄭知「名玉曰冒，言德能覆蓋天下」者，案書傳云：「古者必有冒，言不敢專達之義。天子執冒以朝諸侯，見則覆之。」注云：「君恩覆之，臣敢進。」是其冒覆之事。案：孔注顧命云：「言冒，所以冒諸侯圭，以齊瑞信，方四寸，邪刻之。」不言冒以覆蓋天下者，義得兩含，故注有異。故書傳云「古者圭必有冒」，亦是冒圭之法也。此冒據朝覲諸侯時執之。詩殷頌云：「受小球大球，爲下國綴旒。」注云：「小球，尺二寸。大球，長三尺。與下國結定其心，如旌旗之旒。」彼據天子與諸侯盟會，故云結定其心，故執鎮圭，不執冒也。

天子用全，上公用龍，侯用瓚，伯用將。〔二〕鄭司農云：「全，純色也。龍當爲尨，尨謂雜色。」玄謂全，純玉也。瓚讀爲「餈𩜾」之𩜾。龍、瓚、將，〔三〕皆雜名也。卑者下尊，以輕重爲差。玉多則重，石多則輕，公侯四玉一石，伯子男三玉二石。○用龍，莫江反。用瓚，才旱反，下同，司農音讚。伯用將，如字，劉音陽。讀餈，之然反。𩜾，作旦反。下尊，遐嫁反。

注「鄭司」至「二石」　此經因天子已下執玉，遂説尊卑之玉，善惡不同。先鄭云「全，純色也。龍當爲尨，尨謂雜色」，後鄭以爲全，純玉也。純玉即純色，義無殊。「瓚」讀「餈𩜾」之「𩜾」者，醢人職有餈食，漢時有膏𩜾，今連言餈𩜾者，取雜意。云「龍、瓚、將，皆雜名」者，謂玉之雜名。此亦含雜色。必和後鄭玉雜中含色者，見鄭異義駁云〔四〕「玉雜則色雜」，則知玉全色亦全也。云「卑者下尊，以輕重爲差。玉多則重，石多則輕」，知者，見盈不足術曰：「玉方寸，重七兩。石方寸，重六兩。」云「公侯四玉一石，伯子男三玉二石」者，案禮緯云：「天子純玉，尺二寸，公侯九寸，四玉一石。伯子男三玉二石。」此注出於彼，但此經公與侯異，注及彼文公侯同，又彼伯子男同七寸，〔五〕皆與此經不同者，彼據殷法。但玉石多少與周同，故引之也。若然，公侯同四玉一石，而尨瓚異者〔六〕，蓋玉色有別也。

繼子男執皮帛。謂公之孤也。見禮次子男，贄用束帛，而以豹皮表之爲飾。天子之孤，表帛以虎皮。此説玉及皮帛者，遂言見天子之用贄。○見禮，賢遍反，下同。

注「謂公」至「用贄」　此公之孤。上不言子男，而此云「繼子男」者，以上文不見子男也。不見者，以子男與伯同用三玉二石，故空其文，見子男與伯等，以是得言以皮帛繼子男也。以大行人注言之，此亦是孤尊，更以其摯見也。知「諸侯孤飾贄以豹皮，天子之孤飾以虎皮」者，郊特牲云：「虎豹之皮，示服猛也。」二者皮中爲美，虎皮又貴，天子孤尊，故知義然也。

天子圭中必。必讀如「鹿車縪」之縪，謂以組約其中央，爲執之以備失隊。○中必，府結反，戚如字。鹿車縪，劉府結反，沈音畢，云劉音非也。案北俗今猶有，此語音如劉音，蓋古語乎，劉音未失。組約，如字，劉阿駮反。爲執，于僞反。失隊，直類反。

注「必讀」至「失隊」　上列天子及公侯伯之圭，於此獨言「天子圭中必」者，案聘禮記，五等諸侯及聘使所執圭璋，皆有繅藉及絢組，絢組所以約圭中央，恐失墜，即此「中必」之類。若然，圭之中必，尊卑皆有。此不言諸侯圭，舉上以明下可知。云「讀如鹿車縪之縪」者，俗讀之也。此縪、絢組一也。

四圭尺有二寸，以祀天。郊天，所以禮其神也。典瑞職曰：「四圭有邸，以祀天旅上帝。」○有邸，丁禮反，又音帝，下文同。

注「郊天」至「上帝」　此圭，典瑞直言所用禮神，不言尺寸，故此言之。此直言「尺二寸」，案典瑞注，先鄭云：「中央爲璧，圭著其四面，一玉俱成。」又云：「圭末四出。」若然，此尺二寸者，未知璧在中央，通兩畔，摠計爲尺二寸。

未知除璧之外，兩畔之圭各有一尺二寸。據下裸圭尺有二寸而言，則此四圭，圭别尺有二寸。仍未審以璧爲邸，邸徑幾許。禮既無文，不可强記也。〔七〕引典瑞者，證祀天爲夏正郊所感帝，兼國有故旅祭五帝之事，亦以此圭禮神也。

大圭長三尺，杼上，終葵首，天子服之。王所搢大圭也，或謂之珽。終葵，椎也。爲椎於其杼上，明無所屈也。杼，閷也。〔八〕相玉書曰：「珽玉六寸，明自炤。」○杼上，直吕反。之珽，他頂反。〔九〕椎也，直追反，下同。閷也，色界反，劉色例反，殺字之異者，本或作殺，下取殺、殺文同。相玉，息亮反。自炤，音照。

「大圭」至「服之」　言「大圭」者，以其長，故得大圭之稱。言「服之」者，以其搢於衣帶之間，同於衣服，故以服言之。

注「王所」至「自炤」　云「王所搢大圭也」者，典瑞云：「王搢大圭，執鎮圭，繅藉五采、五就，以朝日。」是也。云「或謂之珽」者，玉藻云：「天子搢珽，方正於天下也。」鄭云：「言珽然無所屈。」此注亦云「明無所屈」，皆對諸侯爲荼，大夫前屈後屈，故云無所屈也。云「終葵，椎也」者，齊人謂椎爲終葵，故云終葵，椎也。云「相玉書曰：珽玉六寸，明自炤」者，謂於三尺圭上，除六寸之下，兩畔殺去之，使已上爲椎頭。言六寸，據上不殺者而言。云「明自炤」者，玉體瑜不掩瑕，瑕不掩瑜，善惡露見，是其忠實。君子於玉比德焉，言忠實，故云明自炤也。引之者，證大圭者爲終葵，六寸已下杼之也。

土圭尺有五寸，以致日，以土地。致日，度景至不。夏日至之景尺有五寸，冬日至之景文有三尺。土猶度也。建邦國以度其地，而制其域。○度景，待洛反，此下注同。

「土圭」至「土地」　言「土圭」者，謂度土地遠近之圭，故云土圭。

注「致日」至「其域」　云「致日，度景至不」者，於地中立八尺之表，於中漏半，夏至日，表北尺五寸，〔一〇〕景與土圭等。冬至日，丈三尺，爲景至。若不依此，皆爲不至，故云度景至不也。但景至與不至，皆由君政得失而來。度之者，若不至，使君改德教也。云「夏日至之景尺有五寸，冬日至之景丈三尺」，皆通卦驗文。大司徒亦云「夏日至之景，尺有五寸」，謂之地中。云「土猶度也。建邦國以度其地，而制其域」者，此度地封諸侯，日景一分，地差百里，五等諸侯，直取五分景已下無取尺寸之義也。

裸圭尺有二寸，有瓚，以祀廟。裸之言灌也。或作「淉」，或作「果」。裸謂始獻酌奠也。瓚如盤，其柄用圭，有流前注。○裸圭，古亂反，注淉、果皆同。

「裸圭」至「祀廟」　鄭注小宰云：「唯人道宗廟有裸，天地大神至尊，不裸。」故此唯云「以祀廟」。典瑞兼云「以裸賓客」，此不言者，有典瑞，故作文略也。

注「裸之」至「前注」　讀「裸」爲「灌」者，取水灌之義。云「裸謂始獻酌奠也」者，小宰注云，裸，亦謂祭之，啐之，奠之。以其尸不飲，故云奠之。案司尊彝注，裸，謂始獻尸。郊特牲注云「始獻神也」者，以其裸入獻于尸，故云獻尸。灌圭爲降神，〔二〕故云獻神。三注雖曰不同，其義一也。云「瓚如盤，其柄用圭，有流前注」者，鄭注典瑞引漢禮，瓚盤大五升，口徑八寸，下有盤，口徑一尺。言「有流前注」者，案下三璋之勺，鼻寸，是也。言「前注」者，以尸執之向外，祭乃注之，故云「有流前注」也。

琬圭九寸而繅，以象德。琬猶圜也。王使之瑞節也。諸侯有德，王命賜之，使者執琬圭以致命焉。繅，藉也。○琬圭，於阮反。而繅，音早。王使，所吏反，下同。藉也，慈夜反。

「琬圭」至「象德」　典瑞云：「琬圭以治德，以結好。」此不言結好，此文略。彼云治德，據使者而言。此言象德，據圭體而說。彼不言有繅，此言有繅，亦是互見爲義。

注「琬猶」至「藉也」　云「諸侯有德，王命賜之，使者執琬圭以致命焉」者，若天王使毛伯來錫公命。公羊云：「錫者何？賜也。命者何？加我服也。」是諸侯有德，王使人賜命之事也。

琰圭九寸，判規，以除慝，以易行。凡圭，琰上寸半。琰圭，琰半以上，又半爲瑑飾。諸侯有爲不義，使者征之，執以爲瑞節也。除慝，誅惡逆也。易行，去煩苛。○琰，餘冉反。除慝，吐得反。易行，以豉反，又音亦，改也。行音下孟反，注同。以上，時掌反。瑑飾，直轉反。去，起吕反。煩苛，音何。

注「凡圭」至「煩苛」　知「凡圭，琰上寸半」者，禮記雜記文。〔一二〕知此「琰圭，琰半以上，又半爲瑑飾」者，以其言「判」，判，半也。又云「規」，明半以上琰至首，規半以下爲瑑飾可知。云「諸侯有爲不義，使者征之，執以爲瑞節也」者，此釋「除慝」，故引經云除慝，〔一三〕誅惡逆也。云「易行，去煩苛」者，此非惡逆之事，直政教煩多而苛虐，是諸侯行惡，故王使人執之以爲瑞節，易去惡行。

璧羨度尺，好三寸，以爲度。鄭司農云：「羨，徑也。好，璧孔也。爾雅曰：『肉倍好謂之璧，好倍肉謂之瑗，肉好若一謂之環。』」玄謂羨猶延，其袤一尺而廣狹焉。○璧羨，以善反，延也，又音賤，徑也。好三，呼報、呼老二反，璧孔也，注同。肉倍，柔又、柔育二反，下同。之瑗，于眷反，劉于願反。其袤，音茂。

注「鄭司」至「狹焉」　引爾雅，欲見此璧好三寸，好，即孔也。兩畔肉各三寸，兩畔共六寸，是肉倍好也。後鄭云「羨猶延，其袤一尺而廣狹焉」者，是羨爲不圜之貌，造此璧之時，應圜徑九寸。今減廣一寸，以益上下之袤一寸，則上下一尺，廣八寸，故云其袤一尺而廣狹焉。狹焉，謂八寸也。以爲度者，天子以爲量物之度也。

圭璧五寸，以祀日月星辰。禮其神也。圭，其邸爲璧，取殺於上帝。

注「禮其」至「上帝」　此圭璧，謂以璧爲邸，旁有一圭，故云「圭，其邸爲璧」也。云「取殺於上帝」者，案上文四圭以祀天。此日月星辰爲天之佐，故二圭，是取殺於上帝也。案典瑞云：「兩圭有邸，以祀地。璋邸射，以祀山川。」彼山川亦取殺於地，此不言者，文略。彼又有珍圭牙璋，此不言者，亦是文略，並玉人造之可知。

璧琮九寸，諸侯以享天子。享，獻也。聘禮，享君以璧，享夫人以琮。○璧琮，才宗反。

注「享獻」至「以琮」 案小行人，二王後享天子及后用圭璋，則此璧琮九寸，據上公。引聘禮者，欲見經云享天子用璧，享后用琮，此據上公九命。若侯伯當七寸，子男當五寸。

穀圭七寸，天子以聘女。納徵加於束帛。

注「納徵加於束帛」 自士已上，皆用玄纁束帛，但天子加以穀圭，諸侯加以大璋也。

大璋、中璋九寸，邊璋七寸，射四寸，厚寸，黄金勺，青金外，朱中，鼻寸，衡四寸，有繅，天子以巡守，宗祝以前馬。射，琰出者也。勺，故書或作「約」，杜子春云：「當爲勺，謂酒尊中勺也。」鄭司農云：「鼻，謂勺龍頭鼻也。衡，謂勺柄龍頭也。」玄謂鼻，勺流也。凡流皆爲龍口也。衡，古文横，假借字也。衡謂勺徑也。三璋之勺，形如圭瓚。天子巡守，有事山川，則用灌焉。於大山川，則用大璋，加文飾也。於中山川，用中璋，殺文飾也。於小山川，用邊璋，〔一四〕半文飾也。其祈沈以馬，宗祝亦執勺以先之。禮，王過大山川，則大祝用事焉。將有事於四海山川，則校人飾黄駒。○射四，食亦反，注反下注同。金勺，上灼反，注同。衡四，音横，注衡謂並同。祈沈，如字，劉居綺反，小爾雅曰：「祭山川曰祈。」沈案爾雅祭山曰庪縣，祭川曰浮沈。祈音九委反，今讀宜依爾雅音。大祝，音泰。校人，户教反。

「大璋」至「前馬」 此經説王巡守、出行、過山川禮敬之事。三璋，據爲勺柄，黄金勺以下，據爲勺頭。

注「射琰」至「黄駒」 「射，琰出者也」者，向上謂之出，謂琰半已上，其半已下爲文飾也。先鄭云「鼻，謂勺龍頭鼻」，後鄭增成其義。「衡，謂勺柄龍頭」，後鄭不從。玄謂「衡」，古文爲「横」，謂勺徑，破先鄭爲勺柄。云「三璋之勺，形如圭瓚」者，圭瓚之形，前注已引漢禮，但彼口徑八寸，下有盤徑一尺。〔一五〕此徑四寸，徑既倍狹，明所容亦少，但形狀相似耳。故云形如圭瓚也。知用灌者，以其圭瓚灌宗廟，明此巡守過山川用灌可知。「於大山川」已下至「半文飾」，皆無正文，鄭君以意解之。云「祈沈以馬」者，取校人飾黄駒，故知馬也。知「宗祝亦執勺以先之」者，即引大祝職云「王過大山川，則大祝用事焉。」是大祝用此經黄金勺之事也。云「將有事于四海山川，則校人飾黄駒」者，校人職文。引之者，見禮山川非直灌，亦有牲牢。以山川地神，故用黄駒也。大祝職云：「王過大山川，大祝用事。」不言中山川、小山川者，舉大者而言，或使小祝爲之也。

大璋亦如之，諸侯以聘女。亦納徵加於束帛也。大璋者，以大璋之文飾之也。亦如之者，如邊璋七寸，射四寸。

注「亦納」至「四寸」 鄭知「以大璋之文飾之」者，以其與上大璋同名，明以大璋之文飾之也。又知「如邊璋七寸，射四寸」者，以其天子穀圭七寸以聘女，諸侯不可過於天子爲九寸。既文承邊璋之下而言亦如之，明知如邊璋七寸，射四寸也。

瑑圭璋八寸，璧琮八寸，以覜聘。瑑，文飾也。覜，視也。聘，問也。衆來曰覜，特來曰聘。聘禮曰：「凡四器者，唯其所寶，以聘可也。」○以覜，吐弔反，視也。

「瑑圭」至「覜聘」　此謂上公之臣，執以覜聘用圭璋，〔一六〕享用璧琮於天子及后也。若兩諸侯自相聘，亦執之。侯伯之臣宜六寸，子男之臣宜四寸。

注「瑑文」至「可也」　云「瑑，文飾也」者，凡諸侯之臣覜聘，並不得執君之桓圭、信圭之等，直瑑爲文飾耳。云「覜，視也。聘，問也」者，案大宗伯云：「時聘曰問，殷覜曰視。」故據彼而言也。云「衆來曰覜，特來曰聘」者，衆來，則元年、七年、十一年，一服朝之歲，來者衆也。特來，則天子有事乃來，無常期者是也。引聘禮者，彼亦云圭、璋、璧、琮四器，故引以爲證。云所寶，謂不聘時寶之。

牙璋、中璋七寸，射二寸，厚寸，以起軍旅，以治兵守。二璋皆有鉏牙之飾於琰側。先言牙璋，有文飾也。○有鉏，劉李測魚反，沈徐加反。

注「二璋」至「飾也」　牙璋起軍旅，治兵守，正與典瑞文同。彼無中璋者，以其大小等，故不見也。牙璋起軍旅，則中璋亦起軍旅。二璋蓋軍多用牙璋，軍少用中璋。鄭知二璋皆爲鉏牙之飾者，以其同起軍旅，又以牙璋爲首，故知中璋亦有鉏牙。但牙璋文飾多，故得牙名而先言也。

駔琮五寸，宗后以爲權。駔讀爲組，以組繫之，〔一七〕因名焉。鄭司農云：「以爲稱錘，以起量。」○駔琮，音祖。爲稱，尺證反。錘，直僞反，劉直危反。

「駔琮」至「爲權」　此后所用，故五寸，降於下文天子所用七寸者也。

注「駔讀」至「起量」　「駔讀爲組」者，於義無取於駔，〔一八〕故從組，以其用組爲繫。言「因名焉」者，以組爲繫，名組琮。似以玉飾豆，即名玉豆。其類也。先鄭云「以爲稱錘，以起量」者，量自是升斛之名，〔一九〕而云爲量者，對文，量衡異。散文，衡亦得爲量，以其量輕重故也。

大琮十有二寸，射四寸，厚寸，是謂内鎮，宗后守之。如王之鎮圭也。射，其外鉏牙。

注「如王」至「鉏牙」　言「大琮」者，對上「駔琮五寸」爲大也。言「十有二寸」者，并角徑之爲尺二寸。言「射四寸」者，據角各出二寸，兩相并四寸。言「是謂内鎮」者，對天子執鎮圭爲内，謂若内宰對大宰爲内，内司服對司服爲内。王不言外者，男子居外，是其常。但婦人陰，則得内稱也。云「射，其外鉏牙」者，據八角鋒，故云鉏牙也。〔二〇〕

駔琮七寸，鼻寸有半寸，天子以爲權。鄭司農云：「以爲權，故有鼻也。」

「駔琮」至「爲權」　此天子以爲權，故有鼻。上后權不言鼻者，舉以見后亦有鼻可知。

兩圭五寸，有邸，以祀地，以旅四望。邸謂之柢。有邸，僢共本也。○之柢，音帝，劉作栢，户古反。僢，倡絹反。

「兩圭」至「四望」　此亦依典瑞所解，謂祀神州之神於北郊，及國有故，旅祭四望，以對四圭有邸祀天及旅上帝也。若天地自用黄琮。〔二一〕云「僢共本也」者，亦一玉俱成兩圭，足相對爲僢也。

瑑琮八寸，諸侯以享夫人。獻於所朝聘君之夫人也。

「瑑琮」至「夫人」　言「以享夫人」，則是諸侯自相朝，所用致享者也。五等諸侯朝天子，享用璧琮，不降瑞。若自相享，〔三〕降瑞一等。此八寸，據上公、二王後自相享，亦用璧琮八寸。侯伯當六寸。子男自相享，退用琥璜，降用四寸。經言諸侯，正是朝，注兼云聘者，其臣聘，瑑圭璋璧琮，亦皆降一等，與君寸數同，故兼言聘也。此經直言瑑琮，不言瑑璧以享君，文略可知也。

案十有二寸，棗㮚十有二列，諸侯純九，大夫純五，夫人以勞諸侯。純猶皆也。鄭司農云：「案，玉案也。夫人，天子夫人。」玄謂案，玉飾案也。夫人，王后也。記時諸侯僭稱王，而夫人之號不別，是以同王后於夫人也。玉案十二以爲列，王后勞朝諸侯皆九列，聘大夫皆五列，則十有二列者，勞二王之後也。棗㮚實於器，乃加於案。聘禮曰：「夫人使下大夫勞以二竹簋方，玄被纁裏，有蓋，其實棗烝㮚擇，兼執之以進。」○勞，力報反，注同。玄被，皮寄反。

「案十」至「諸侯」　「案十有二寸」者，謂玉案十有二枚。云「棗㮚十有二列」，案案皆有棗㮚，爲列十有二者，還據案十二爲數，不謂一案之上十有二也。

注「純猶」至「以進」　先鄭云「夫人，天子夫人」，後鄭不從者，勞諸侯以王后爲主，豈不見后，先見三夫人乎？故不從也。「玄謂案，玉飾案也」者，以其在玉人，故知以玉飾案也。云「記時諸侯僭稱王」者，春秋之世，吳、楚及越，僭號稱王，而吳、楚夫人不稱后，是夫人之號不別也。云「是以同王后于夫人也」者，周王與吳、楚同號王，故周王后號亦下同吳、楚之夫人也。云「案十有二以爲列」者，微破賈、馬，以此十二列，此聘禮「醯醢夾碑百罋，十以爲列。」云「王后勞朝諸侯皆九列，聘大夫皆五列，則十二列，勞二王之後也」者，以其經「夫人以勞諸侯」，文在下，揔結上文三者，故以此義推量之也。云「棗㮚實于器，乃加於案」者，此約聘禮，故即引聘禮爲證也。聘禮「五介入境張旜」，是侯伯之卿大夫聘者也。而主國夫人使下大夫勞賓，以二竹簋方者，簋法圓，今此竹簋方爲之者，此或棗㮚有案。引之者，證此棗㮚亦盛於竹簋者也。

璋邸射，素功，以祀山川，以致稍餼。邸射，剡而出也。致稍餼，造賓客納稟食也。鄭司農云：「素功，無瑑飾也。」餼或作氣，杜子春云：「當爲餼。」○造賓，七報反。

注「邸射」至「爲餼」云「以祀山川」者，謂四望之外，所有山川皆是。云「邸射，剡而出也」者，向上謂之出。半圭曰璋，璋首邪却之。今於邪却之處，從下向上，摠邪却之，名爲剡而出。云「致稍餼，造賓客納稟食也」者，謂賓客在館，主君使人造賓客納稟食，稟食則米者也。以其經云稍餼，稍稍致之，是食米曰稟者也。

楖人闕。○楖人，莊密反，本或作櫛。

雕人闕。○雕人，音彫，本亦作彫。

磬氏爲磬，倨句一矩有半。必先度一矩爲句、一矩爲服，而求其弦。既而以一矩有半觸其弦，則磬之倨句也。磬之制有大小，此假矩以定倨句，非用其度耳。○倨，音據。句，沈音鉤，注同，劉如字。先度，待洛反。

注「必先」至「度耳」　鄭云「必先度一矩爲句」者，據上曲者，一矩爲股。據下直者，而求其弦者，謂兩頭相望者。〔二三〕云「既而以一矩有半觸其弦」者，假令句股各一尺，今以一尺五寸觸兩弦，其句股之形，即磬之倨句折殺也。云「磬之制有大小」者，案《樂》云：「磬前長三律，〔二四〕二尺七寸；後長二律，尺八寸。」是磬有大小之制也。云「此假矩以定倨句，非用其度耳」者，謂此經倨句各一矩，并一矩有半，皆假設言之以定倨句。及其作磬，非用此度，自依律長短爲之也。

其博爲一，博謂股博也。博，廣也。

注「博謂」至「廣也」　鄭知此博是股廣在上者，以其下文因此博而云「股爲二」，〔二五〕明此博即股廣也。此上下云一、二、三者，此亦假一、二、三而爲長短廣狹，故不言尺寸也。

股爲二，鼓爲三。參分其股博，去一以爲鼓博；參分其鼓博，以其一爲之厚。鄭司農云：「股，磬之上大者。鼓，其下小者，所當擊者也。」玄謂股外面，鼓内面也。假令磬股廣四寸半者，股長九寸也，鼓廣三寸，長尺三寸半，厚一寸。○去一，起吕反。假令，力呈反，後皆同。

注「鄭司」至「一寸」　先鄭云「股，磬之上大者。鼓，其下小者」，以其股面廣，鼓面狹，故以大小而言也。「玄謂股外面也」者，以其在上，故以爲外。「鼓内面也」者，以其在下，故以爲内。言「假令」者，經直言一、二、三，不定尺寸，是假設之言也。若定尺寸，自當依律爲短長也。以四寸半爲法者，直取從此已下爲易計，非實法也。

已上則摩其旁，鄭司農云：「磬聲大上，則摩鑢其旁。」玄謂大上，聲清也。薄而廣則濁。○已上，時掌反，注同。大上，音泰，劉他賀反，下同。磨鑢，音慮。

注「鄭司」至「則濁」　先鄭直云「摩鑢其旁」，不言處所，故後鄭增成之。凡樂器，厚則聲清，薄則聲濁，今大上是聲清，故摩使薄，薄而廣則濁也。

已下則摩其耑。大下，聲濁也。短而厚則清。○其耑，音端，劉又音穿，本或作端。

注「大下」至「則清」　此聲濁由薄，薄不可使厚，故摩使短，短則形小，形小則厚，厚則聲清也。

矢人爲矢，鍭矢參分，茀矢參分，一在前，二在後。參訂之而平者，前有鐵重也。司弓矢職茀當爲殺。〔二六〕鄭司農云：「一在前，謂箭稾中鐵莖居參分殺一以前。」○鍭矢，音侯，劉音侯。茀矢，依注，音殺，色黠反，劉色例反，李音拂。參訂，音亭，劉當定反。稾中，古老反，下同。

注「參訂」至「以前」　云「參訂之而平者」，以其言參分一在前二在後，明據稱量得訂言之。云「前有鐵重也」者，〔二七〕若不前鐵重，何以參分得訂也。引司弓矢職者，彼鍭矢與殺矢相對，茀矢自與矰矢相對。此上既言鍭矢，明下宜有殺矢對之，故破此茀爲殺也。先鄭云「一在前，謂箭稾中鐵莖居參分殺一以前」者，後鄭意，直據近鏃鐵多，先鄭據長短，又以參分殺一，近鏃宜細，以其鏃長，近鏃雖殺猶重，與後鄭義合，故引之在下也。

兵矢、田矢五分，二在前，三在後。鐵差短小也。兵矢，謂枉矢、絜矢也。此二矢亦可以田。田矢，謂矰矢。○絜矢，苦結反，又音結。矰矢，音增。

注「鐵差」至「矰矢」　云「鐵差短小也」者，前參分一在前得訂，此五分二在前得訂，故知鐵差短小也。云「兵矢謂枉矢、絜矢也」者，以司弓矢職參之，下有七分，當茀矢矰矢，此五分，當枉矢絜矢也。云「田矢，謂矰矢」者，依鄭志。此云田矢謂矰矢，非謂經中田矢，正是下文七分者。若然，既非經之田矢，鄭言之者，欲見矰矢正田矢。此經二矢亦可以田，若然，經枉矢、絜矢非直爲兵矢，亦將田獵，故云此二矢亦可以田也。案鄭志，趙商問：「司弓矢注云：『凡矢之制，矰矢之屬，七分，三在前，四在後。』案矢人職曰：『田矢五分，二在前，三在後。』注云：『田矢，謂矰矢。』數不相應，〔二八〕不知所裁。」荅曰：「『田矢謂矰矢』，此先定，後云『此二矢亦可以田』。頃若少疾，此疏初在簇笴之間，屬録事得之，謹荅。」若然，鄭君本意，以矰矢爲田矢，非經田矢，自是尋常田矢。「此二矢亦可以田」，解經田矢是枉矢、絜矢，非直爲兵矢，此二者亦可以田也。此鄭云「田矢謂矰矢」，案司弓矢職，枉矢、絜矢言利諸田獵，茀矢、矰矢直言弋射，不言田獵，而云田矢者，弋射即是田獵也。案司弓矢職，枉矢、絜矢在前，後乃云鍭矢、殺矢，此矢人先言鍭矢、殺矢者，彼據事之重者爲先，以其枉矢、絜矢用諸戰伐是重，故在前，此據鐵輕重，重者在前，故不同也。

殺矢七分，三在前，四在後。鐵又差短小也。司弓矢職殺當爲茀。○綳，依注爲茀，劉苻弗反，李音拂。

注「鐵又」至「爲茀」　上經已破「茀」當爲「殺」，此殺固宜爲茀，與矰矢同七分，〔二九〕故亦引司弓矢證之也。此經直言茀矢，不言矰矢者，以其與茀矢同制，故略而不言也。言「鐵又差短小也」者，以其前五分二在前，此七分三在前，是差短小也。

參分其長而殺其一，矢稾長三尺，殺其前一尺，令趣鏃也。○而綳，本又作殺，色界反，注下皆同。令趣，七喻反，一音促。鏃也，子木反，或比木反。〔三〇〕

注「矢稾」至「鏃也」　案稾人注：「矢箙長短之制，〔三一〕未聞。」今此注云「矢稾長三尺」，彼以無正文，故云未聞。此云三尺者，約羽六寸，逆差之，故知三尺也。

五分其長而羽其一，羽者六寸。○而羽，于付反，注及下同。

以其笴厚爲之羽深，〔三二〕笴讀爲稾，謂矢幹，古文假借字。厚之數，未聞。○其笴，古老反，下相笴同。

水之以辨其陰陽，辨猶正也。陰沈而陽浮。○以辨，皮勉反，劉方勉反。

注「辨猶」至「陽浮」　就其浮沈刻記之。

夾其陰陽以設其比，夾其比以設其羽，夾其陰陽者，弓矢比在稾兩旁，弩矢比在上下。設羽於四角，鄭司農云：「比謂括也。」○夾其，古洽反，劉古協反。其比，毗志反，下及注同。

注「夾其」至「括也」　云「弓矢比在稾兩旁」者，以其弓豎用之，故比在稾之兩畔。云「弩矢比在上下」者，以其弩弓横用之，故比在稾上下。云「設羽於四角」者，無問弓之矢、弩之矢，比在兩旁上下，皆設羽於四角同也。

參分其羽以設其刃，刃二寸。

注「刃二寸」　知「刃二寸」者，以其言「參分其羽以設其刃」，不可參分取二分，作四寸刃，明知參分取一，得二寸爲刃，故知刃二寸。

則雖有疾風，亦弗之能憚矣。故書「憚」或作「但」。〔三三〕鄭司農云：「讀當爲『憚之以威』之憚，謂風不能驚憚箭也。」○能憚，音怛，都達反，李直旦反，注同，李又直丹反。

刃長寸，圍寸，鋌十之，重三垸。刃長寸，脱「二」字。鋌一尺。○鋌十，直頂反。三垸，音丸。

注「刃長」至「一尺」　知脱「二」字者，據上參分其羽，以設其刃，若刃一寸，則羽三寸，矢一尺五寸，便大短，明知脱「二」字也。

前弱則俛，後弱則翔。中弱則紆，中強則揚。羽豐則遲，羽殺則趮。言幹羽之病，使矢行不正。俛，低也。翔，迴顧也。紆，曲也。揚，飛也。豐，大也。趮，旁掉也。○則趮，音躁，子到反，旁掉也。沈又色到反。掉也，徒弔反。

是故夾而摇之，以眡其豐殺之節也。今人以指夾矢儛衛是也。〔三四〕○而摇，本又作摇，羊招反。

「是故」至「節也」　上經陳幹羽失所，今此經説知矢之羽病狀，故云「夾而摇之，以眡其豐殺之節也」。

橈之，以眡其鴻殺之稱也。撓搦其幹。〔三五〕○橈之，乃孝反。之稱，尺證反。搦其，女角反。

「橈之」至「稱也」　此經説知矢幹之病狀，此言「鴻」，即上文「強」是也。此言「殺」，即上文「弱」是也。

凡相笴，欲生而摶，同摶欲重，同重節欲疏，同疏欲桌。相猶擇也。生謂無瑕蠹也。摶讀如「摶黍」之摶，謂圜也。鄭司農云：「欲桌，欲其色如桌也。」○凡相，息亮反，注同。而摶，徒九反。瑕蠹，丁故反。

注「相猶」至「臬也」　云「生謂無瑕𧏙也」者，直言「欲生」，於義無所取，故以無瑕𧏙解之。無瑕，謂無異色。無𧏙，謂無𧏙孔也。云「摶讀如摶黍之摶」者，讀如爾雅釋鳥，黄鳥，摶黍也。此取其摶圜之義。先鄭云「欲臬，欲其色如臬也」者，觀經臬，義取堅實。先鄭云色如臬，即是堅實者。

陶人爲甗，實二鬴，厚半寸，脣寸。盆，實二鬴，厚半寸，脣寸。甑，實二鬴，厚半寸，脣寸，七穿。量六斗四升曰鬴。鄭司農云：「甗，無底甑。」○爲甗，魚輦反，又音言，〔三六〕劉魚建反，沈魚偃反，一音彦，甑也。二鬴，音輔。

注「量六」至「底甑」　「六斗四升曰鬴」，昭三年左氏傳，齊晏子辭。云「甗無底甑」者，對甑七穿，是有底甑。

鬲，實五㲉，厚半寸，脣寸。庾實二㲉，厚半寸，脣寸。鄭司農云：「㲉讀爲斛，㲉受三斗，〔三七〕聘禮記有斛。」玄謂豆實三而成㲉，則㲉受斗二升。庾讀如「請益與之庾」之庾。○鬲實，音歷。五㲉，音斛。

注「鄭司」至「之庾」　先鄭云「㲉讀爲斛，㲉受三斗」，又引「聘禮記有斛」者，案下旊人「豆實三而成㲉」，受斗二升，有成文。而先鄭讀「㲉」爲「斛」，斛受十斗。又云「㲉受三斗」，復引聘禮記有斛，其言自相亂，後鄭皆不從之也。「玄謂豆實三而成㲉」，出於下文，引之破先鄭㲉受三斗或十斗也。讀「庾」爲「請益與之庾」之「庾」者，讀從論語孔子、冉有辭。小爾雅「匊二升，二匊爲豆，豆四升，四豆曰區，四區曰釜，二釜有半謂之庾」者，庾本有二法，故聘禮記云「十六斗曰籔」，注云：「今文籔爲逾。」逾即庾也。案昭二十六年，申豐云「粟五千庾」，杜注云：「庾，十六斗。」以此知庾有二法也。

旊人爲簋，實一觳，崇尺，厚半寸，脣寸，豆實三而成觳，崇尺。崇，高也。豆實四升。○旊人，方往反。

「旊人」至「崇尺」　祭宗廟皆用木簋，今此用瓦簋，據祭天地及外神尚質，器用陶匏之類也。注云「豆實四升」者，晏子辭。案易損卦彖云：「二簋可用享。」四以簋進黍稷於神也。初與二直，〔三八〕其四與五承上，故用二簋。四，巽爻也，巽爲木。五，離爻也，離爲日。日體圜，木器而圜，簋象也。是以知以木爲之，宗廟用之。若祭天地外神等，則用瓦簋，故郊特牲云：「掃地而祭，於其質也，器用陶匏，以天地之性」，〔三九〕是其義也。若然，簋法圓。舍人注云：「方曰簠，圓曰簋。」〔四〇〕注與此合。孝經云：「陳其簠簋。」注云「内圓外方」者，彼發簠而言之。〔四一〕

凡陶旊之事，髻墾薜暴不入市。〔四二〕爲其不任用也。鄭司農云：「髻讀爲刮。薜讀爲藥黄蘗之蘗。暴讀爲剝。」玄謂髻讀爲跀。貇，頓傷也。薜，破裂也。暴，墳起不堅致也。○髻，音刮。貇，苦很反，頓傷也。薜，卜革反，劉薄駁反，破裂也，注同。暴，音剝，又音雹，或蒲到反，墳起也。爲其，于僞反。不任，音壬。爲跀，劉音月，或五刮反，一音兀，又五活反。墳起，扶粉反。堅致，直致反。〔四三〕

注「爲其」至「致也」　先鄭云「髻」讀爲「刮」，刮是亂刮摩之義，於「不任用」理無所取，〔四四〕故後鄭不從。「薜」，讀爲「藥黄蘗」之「蘗」，取音同。又以「暴」爲「剝」者，凡爲器，無剝破之義，故後鄭亦不從也。玄謂「髻」讀爲「跀」，跀，謂器不正欹邪者也。

器中膞，豆中縣。膞讀如「車輇」之輇。既拊泥而轉其均，封膞其側，以儗度端其器也。〔四五〕縣，縣繩正豆之柄。○器中，丁仲反，下同。膞，市專反，注輇同。中縣，音玄，後皆放此。既拊，音附，又方附反。封，音樹，本又作樹。儗度，疑紀反，下徒洛反。

注「膞讀」至「之柄」　云「『膞』讀如『車輇』之『輇』」者，讀從雜記「載以輇車」之輇，取音同也。云「封膞其側」者，案下文「膞崇四尺」，上下高四尺，無邪曲。轉其均之時，當擬度此膞宜與膞相應，其器則正也。「豆中縣」者，豆柄中央把之者，長一尺，宜上下直與縣繩相應，其豆則直。

膞崇四尺，方四寸。凡器高於此，則垺不能相勝。厚於此，則火氣不交，因取式焉。○則垺，芳苻反，又普回反。相勝，音升。

注「凡器」至「式焉」　「高於此」，謂崇四尺有餘也。「厚於此」，謂厚於方四寸。謂垺拊四畔各一寸也。垺厚，火氣不交，垺不孰，則易破者也。

梓人爲筍虡。樂器所縣，橫曰筍，植曰虡。鄭司農云：「筍讀爲竹筍之筍。」〔四六〕○爲簨，息允反，本又作筍，橫者曰筍。虡，音巨，植者曰虡。植曰，直吏反，又時力反。

「梓人爲筍虡」　此文與下文爲摠目耳，故下文重説爲筍虡之法也。

注「樂器」至「之筍」　樂器所縣於筍虡者，謂鍾、磬、鎛者也。先鄭筍讀爲竹筍之「筍」，筍，謂竹初生，則醢人筍菹者也。亦取音同也。

天下之大獸五：脂者，膏者，臝者，羽者，鱗者。脂，牛羊屬。膏，豕屬。臝者，謂虎豹貔螭，〔四七〕爲獸淺毛者之屬。羽，鳥屬。鱗，龍蛇之屬。○臝，力果反，下同。貔，音毗。螭，勑知反。

「天下」至「鱗者」　此文亦與下爲目，故下亦別列五者，所用不同也。注「脂牛」至「之屬」　知「脂是牛羊屬，膏，豕屬」者，下云二者祭宗廟以爲牲，故知也。鄭注內則云：「凝者曰脂，釋者曰膏。」「嬴」屬者，謂虎豹貔貅淺毛者之屬。案月令季夏亦云「其蟲嬴」，注云：「虎豹淺毛者。」「鱗，龍蛇之屬」者，月令春云「其蟲鱗」，注云：「龍蛇之屬也。」

宗廟之事，脂者、膏者以爲牲；致美味也。

「宗廟」至「爲牲」　上摠言，於此已下別言之者，欲分別可爲筍虡者也。

嬴者、羽者、鱗者以爲筍虡；貴野聲也。

「嬴者」至「筍虡」　此三者以爲筍虡，仍是摠言可以爲筍虡，以別於上云「爲牲」者耳。至下文，仍更簡別可爲筍，可爲虡，二者不同者也。

外骨、內骨，郤行、仄行、連行、紆行，以脰鳴者，以注鳴者，以旁鳴者，以翼鳴者，以股鳴者，以胷鳴者，(四八)謂之小蟲之屬，以爲雕琢。刻畫祭器，博庶物也。外骨，龜屬。內骨，鱉屬。郤行，螾衍之屬。仄行，蟹屬。連行，魚屬。紆行，蛇屬。脰鳴，鼃黽屬。注鳴，精列屬。旁鳴，蜩蜺屬。翼鳴，發皇屬。股鳴，蚣蝑動股屬。胷鳴，榮原屬。○郤行，羌略反，劉去逆反。仄行，音側。紆行，乙俱反，李又香于反。以脰，音豆，頸也。以注，陟又反，劉都豆反，一音之樹反。胷鳴，本亦作骨，又作胷，汙本作骨，云敝屁屬也。賈、馬作胃。賈云：「靈蠵也。」鄭云：「榮，原屬也。」不知榮原之屬以何鳴，作骨者，恐非也。沈云作胷爲得，亦所未詳，聶音胃，劉本作胷，音鹵。雕琢，丁角反。鼈屬，必滅反，本又作鱉。螾衍，上羊忍反，下如字。爾雅云：「螾衍入耳。」郭璞云「蚰蜒也。」案此蟲能兩頭行，是卻行。劉云或作衍蚓，衍音延，今曲蟮也。鼃，户蝸反。黽，莫幸反。蜩，音條，蟬也。蜺，五兮反，又五歷反，又五結反。蚣，思容反。蝑，思餘反，又思呂反。榮原，如字，原亦作螈，音同，又五丸反。

注「刻畫」至「原屬」　上云大鳥獸，或爲宗廟牲，或爲筍虡設。今此更別言「小蟲之屬」，以飾祭器者也。自「紆行」以上，不能鳴者，據行而言。自「脰鳴」已下，能鳴者，據鳴而言。云「以爲雕琢」者，以雕畫及刻爲琢飾者也。此注黿爲外骨，鼈爲内骨，案易説卦云「離爲鼈，爲蟹，爲龜」，注皆云「骨在外」。與此注違者，黿鼈皆外骨，(四九)但此經外骨内骨相對，以鼈外有内緣，故爲内骨也。云「卻行，螾衍之屬」者，案爾雅釋蟲「螾衍，入耳」。案方言云「螾衍」，(五〇)注云：「由延兩音，(五一)自關而東謂之螾衍。」引音云「仄行，蟹屬」者，今人謂之旁蟹，以其仄行故也。(五二)云「連行，魚屬」者，以其魚唯行相隨，故謂之連行也。云「紆行，蛇屬」者，紆，曲也。以其蛇行屈曲，故謂之紆行也。云「脰鳴，鼃黽屬」者，鼃黽，即蝦蟇也。脰，項也，以其項中鳴也。云「注鳴，精列屬」者，案釋蟲云：「蟋蟀，蛬。」注云：「今促織也，亦名青蛚。」方言：「楚謂之蟋蟀，或謂之蛬，南楚之間或謂之王孫。」云「旁鳴，蜩蜺屬」者，此即蟬也，蟬鳴在脅。云「翼鳴，發皇屬」者，案爾雅：「蛂，蟥蛢。」郭云：「甲蟲也，大如虎豆，綠色，今江東呼爲黄蛢。」即此發皇也。云「股鳴，蚣蝑動股屬」者，七月詩云：「五月斯螽動股。」陸機云：「幽州人謂之春箕，長而青角，長股，股鳴者。」云「胷鳴，榮原屬」者，此記本不同，馬融以爲胃鳴，干寶本以爲骨鳴。胃在六府之内，其鳴又未可以骨，爲狀亦難信，皆不如作胷鳴也。揚雄以爲蛇醫，或謂之榮原。

厚脣弇口，出目短耳，大胷燿後，大體短脰，若是者謂之臝屬，恒有力而不能走，其聲大而宏。有力而不能走，則於任重宜；大聲而宏，則於鍾宜。若是者以爲鍾虡，是故擊其所縣，而由其虡鳴。燿讀爲哨，頎小也。〔五三〕鄭司農云：「宏讀爲紘綖之紘，〔五四〕謂聲音大也。由，若也。」○弇口，於檢反。燿後，所教反，劉羊李羊肖反。〔五五〕爲哨，音稍，劉、李音與燿同，沈蘇堯反。頎小，音傾，李一音懇。

注「燿讀」至「若也」　云「燿讀爲哨，頎小也」者，哨與頎，皆是少小之義，故云哨頎小也。凡猛獸有力者，皆前麤後細，故云「大胷燿後」。先鄭讀「宏」爲「紘綖」之「紘」，讀從桓二年，臧哀伯云「衡紞紘綖」，取其音同耳。

鋭喙決吻，數目顧脰，小體騫腹，若是者謂之羽屬，恒無力而輕，其聲清陽而遠聞。無力而輕，則於任輕宜；其聲清陽而遠聞，於磬宜。若是者以爲磬虡，故擊其所縣，而由其虡鳴。吻，口腃也。顧，長脰貌。故書顧或作牼。鄭司農云：「牼讀爲『鬜頭無髮』之鬜。」〔五六〕○鋭喙，況廢反，一音昌鋭反。決，如字，又烏穴反。吻，劉無墳反，戚亡粉反。數目，劉音促，李粗角反。顧，苦顏反，又楷田反，李又古㹀反，又户弔反。遠聞，音問，下同。口腃，音權。作牼，劉苦顏反，又客田反，一音工定反。案左傳有華牼，音苦耕反。爲鬜，劉苦顏反，吕忱同云：「鬜，禿也。」或苦瞎反，一音枯曷反。

「鋭喙」至「虡鳴」　上既言鍾虡，此説磬虡，磬輕於鍾，故畫鳥爲飾。

注「吻口」至「之鬜」　云「吻，口腃」者，鳥乃喙長決物，食之時，別以近喙本決，〔五七〕故云決吻。鄭云吻，口腃也。

云「頎，長脰貌」者，脰，項也。謂長項貌。先鄭云「讀爲鬜頭無髮之鬜」者，時世有以無髮爲鬜，〔五八〕故讀從之，亦取音同也。此是鍾磬之虡，不言鎛虡，〔五九〕鎛虡與鍾同，以其鎛如鍾而大，獨在一虡爲異耳。

小首而長，摶身而鴻，若是者謂之鱗屬，以爲筍。摶，圜也。鴻，傭也。○摶身，徒丸反。傭，敕龍反。

「小首」至「爲筍」　上論鍾磬之虡，用鳥獸不同。此論二者之筍，同用龍蛇鱗物爲之也，故直云「爲筍」，不別言鍾之與磬，欲見二者同也。

凡攫閷援簭之類，必深其爪，出其目，作其鱗之而。謂筍簴之獸也。深猶藏也。作猶起也。之而，頰頌也。〔六〇〕

○凡攫，俱縛反，舊居碧反，李又九夫反。閷，色界反，劉色例反。援簭，上音袁，下音筮。頰頌，許慎口忽反，云秃也。劉古本反，李又其懇反，一音苦紇反，又音混。

「凡攫」至「之而」　此及下經，覆釋上文鍾虡之獸。云「攫閷」者，攫著則殺之。援簭則噬之。〔六一〕如此之類，「必藏其爪，出其目，又作其鱗之而」。鱗之而，謂動頰頌，此皆可畏之貌。

注「筍虡」至「頌也」　此説鍾虡云之獸，〔六二〕不言筍。鄭言筍者，筍虡相將之物，故連言之耳。云「鱗之而，頰頌也」者，舊讀「頌」字以沽罪反，謂起其頰頌。劉炫以爲於義無所取，當爲頰頌，音壺，〔六三〕讀之於義爲允也。

深其爪，出其目，作其鱗之而，則於眡必撥爾而怒。苟撥爾而怒，則於任重宜。且其匪色，必似鳴矣。匪，采貌也。故書撥作「廢」，匪作「飛」。鄭司農云：「廢讀爲撥，飛讀爲匪。以似爲發。」〔六四〕○撥爾，必末反，沈蒲末反。其匪，芳鬼反，注下同。

「深其」至「鳴矣」 此經重解上文之義。鄭云「匪，采貌」者，以其以色配匪，明匪是采貌也。先鄭云「以似爲發」者，〔六五〕以似非直實，〔六六〕故爲發，發，謂鳴聲發動者也。〔六七〕

爪不深，目不出，鱗之而不作，則必穨爾如委矣。苟穨爾如委，則加任焉，則必如將廢措，其匪色必似不鳴矣。〔六八〕措猶頓也。故書措作「唶」，杜子春云：「當爲措。」○穨爾，如字，李湯過反。廢措，七故反，注同。作唶，劉音錯，七洛反，又七故反。

「爪不」至「鳴矣」 此經説脂者、膏者，止可爲牲，不可以爲虡之義也。子春從措，不從唶者，唶置之義非措頓，故從措也。

梓人爲飲器，勺一升，爵一升，觚三升。獻以爵而酬以觚，一獻而三酬，則一豆矣。勺，尊升也。〔六九〕觚、豆，字聲之誤，觚當爲觶，豆當爲斗。○勺一升，上灼反，注同。觚三升，依注作觶，之豉反，下同。則一豆矣，依注作斗，舊音主，亦多口反，下一豆酒同。觚豆，音孤。

注「勺尊」至「爲斗」 爵制，今韓詩説：「一升曰爵，二升曰觚，三升曰觶，四升曰角，五升曰散。」古周禮説亦與之同。謹案：周禮「一獻三酬，當一豆，即觚二升，不滿豆矣」。鄭玄駁之云：「觶字，角旁支，〔七〇〕汝潁之間，師讀所作。今禮角旁單，〔七一〕古書或作角旁氏。角旁氏則與觚字相近。學者多聞觚，寡聞觗，寫此書，亂之而作觚耳。又南郡太守馬季長説，一獻而三酬則一豆，豆當爲斗，一爵三觶相近。」禮器制度云：「觚大二升，觶大三升。」是故鄭從二升觚，三升觶也。鄭云「觚、豆，字聲之誤」者，觶字爲觚，是字之誤；斗字爲豆，是聲之誤。

食一豆肉，飲一豆酒，中人之食也。一豆酒，又聲之誤，當爲「斗」。

凡試梓，飲器鄉衡而實不盡，梓師罪之。鄭司農云：「梓師罪也。衡謂麋衡也。曲禮『執君器齊衡』。」玄謂衡，平也。平爵鄉口酒不盡，則梓人之長罪於梓人焉。○鄉衡，許亮反，注同。之長，丁丈反。

注「鄭司」至「人焉」　先鄭云「梓師罪也」者，謂梓師身自得罪。後鄭不從者，梓師是梓官之長，不可自受罪，故爲梓師罪梓人也。先鄭云「衡謂麋衡也」者，麋即眉也。但器有大小，不可據上畔與眉平，故後鄭不從。據下畔，無問大小，皆得平也。引曲禮者，彼衡謂與心平，與此義異，引之者，雖於處不同，平義相似，故引之也。

梓人爲侯，廣與崇方，參分其廣而鵠居一焉。崇，高也。方猶等也。高廣等者，謂侯中也。天子射禮，以九爲節，侯道九十弓，弓二寸以爲侯中，高廣等，則天子侯中丈八尺。諸侯於其國亦然。鵠，所射也。以皮爲之，各如其侯也。居侯中參分之一，則此鵠方六尺。唯大射以皮飾侯。大射者，將祭之射也。其餘有賓射、燕射。○參分，方云反，注「參分下身居一分」同。而鵠，古篤反，注下同。所射，食亦反，下射三侯、下文射女同。

「梓人」至「一焉」　禮射有三，有燕射、賓射、大射。大射，射鵠。賓射、燕射，射侯。法亦與此同。

注「崇高」至「燕射」　云「高廣等者，謂侯中也」者，鄉射記云：「弓二寸以爲侯中，中則身也。」〔七二〕云「天子射禮，以九爲節」者，案射人及樂師皆云「天子以騶虞九節」，是也。云「侯道九十弓」者，此約大射禮「大侯九十弓」，天子九節，亦九十弓可知。云「弓二寸以爲侯中」者，鄉射記文。鄉侯五十弓，〔七三〕弓二寸以侯中，〔七四〕侯中一丈，則九十弓者，侯中丈八尺。云「諸侯於其國亦然」者，大射禮云「大侯九十，糝侯七十，豻侯五十」是也。但天子九十弓無文，約取畿外諸侯有九十、七十、五十弓，今此以天子至尊爲主，以諸侯亦如之。云「鵠，所射也」者，射義云：「爲人君者，以爲君鵠。爲人臣者，以爲臣鵠。」又云：「循聲而發，發而不失正鵠者，其唯賢者乎，是所射者也。」云「以皮爲之，各如其侯也」者，侯，謂以皮飾兩畔，其鵠之皮，亦與飾侯用皮同也。謂若虎侯，以虎皮飾侯側，其鵠亦用虎皮。其餘熊豹麋等亦然。云「居侯中參分之一」者，釋經「參分其廣而鵠居一焉」。云「則此鵠方六尺」者，以侯方丈八尺，三六十八，故知方六尺也。云「唯大射以皮飾侯」者，對賓射射正者，以五色飾侯之側爲雲氣也。燕射射獸侯者，亦畫雲氣，飾侯之側也。云「大射者，將祭之射也」者，射義說大射之事，云：「其容體比於禮，其節比於樂。而中多者，得與於祭。」是將祭而射，謂之大射也。其餘有賓射、燕射者，禮射者有此三也。賓射，射人所掌是也。燕射，燕禮所云是也。又鄉射記亦云燕射之事也。其餘更有鄉射，不言者，鄉射射采侯，則亦賓射也，故不別言也。

上兩个，與其身三，下兩个半之。鄭司農云：「兩个，謂布可以維持侯者也。上方兩枚，與身三，設身廣一丈，兩个各一丈，凡爲三丈。下兩个半之，傅地，故短也。」玄謂个讀若「齊人搚幹」之幹。上个、下个，皆謂舌也。〔七五〕身，躬也。鄉射禮記曰：「倍中以爲躬，倍躬以爲左右舌，下舌半上舌。」然則九節之侯，身三丈六尺，上个七丈二尺，下个五丈四尺。其制，身夾中，个夾身，在上下各一幅。此侯凡用布三十六丈。言上个與其身三者，明身居一分，上个倍之耳，亦爲下个半上个出也。个或謂之舌者，取其出而左右也。侯制上廣下狹，蓋取象於人也。張臂八尺，張足六尺，是取象率焉。○兩个，讀爲幹，古旦反，下及注同，李云大鄭依字。傅地，音附。搚幹，力荅反。亦爲，于僞反。象率，音類，本又作類，又音律。

「上兩」至「半之」　此經云「身」，即中上布一幅者是也。上兩个居二分，身居一分，故云「上兩个與其身三」，謂三分如等也。云「下兩个半之」者，〔七六〕謂半其出者也。一侯、二侯、三侯皆然，故不定侯名也。

注「鄭司」至「率焉」　先鄭意，身即與中爲一。謂方丈者，其上又加布一幅，長三丈，〔七七〕爲兩个。後鄭不從者，侯有中，有躬，有个三者，今先鄭唯有身，不見中，故不從之也。「玄謂『个』讀若『齊人搚幹』之『幹』」者，讀從公羊傳「桓公朝齊，齊侯使公子彭生搚幹而殺之」。是幹爲脅骨，故云搚幹之幹。此个亦與侯爲幹，故讀從之也。引鄉射記者，欲見有中、有躬、有舌三者。云「下个五丈四尺」者，其上兩个各出丈八尺，今此下个上出九尺，〔七八〕兩畔共減十八尺，故有五丈四尺。云「此侯凡用布三十六丈」者，古者布幅廣二尺二寸，二寸爲縫，皆以二尺計之。此侯是九十弓侯，侯中丈八尺，則九幅布，布長丈八尺。九幅九丈，幅有八尺，爲七丈二尺，添前爲十六丈二尺。上下躬各三丈六尺，即上下共爲七丈二尺。其上个七丈二尺，下个有五丈四尺，添前揔用布三十六丈也。其七十弓侯，侯中一丈四尺。其五十弓侯，侯中一丈。皆倍中以爲躬，倍躬以爲左右个，計之皆可知也。

上綱與下綱出舌尋，縜寸焉。綱所以繫侯於植者也。上下皆出舌一尋者，亦人張手之節也。鄭司農云：「綱，連侯繩也。縜，籠綱者。縜讀竹中皮之縜。舌，維持侯者。」○縜，于貧反，或尤粉反，劉侯犬反，一音古犬反。於植，直吏反。籠綱，鹿工反。

「上綱」至「寸焉」　綱以繫侯於植者也，植則在兩傍邪豎之也。必知邪豎之者，下个半上个，皆出舌尋，明知兩相皆邪向外豎之也。

張皮侯而棲鵠，則春以功；皮侯，以皮所飾之侯。司裘職曰：「王大射，則共虎侯、熊侯、豹侯，設其鵠。」謂此侯也。春讀爲蠢。蠢，作也，出也。天子將祭，必與諸侯羣臣射，以作其容體，出其合於禮樂者，與之事鬼神焉。○而棲，音西。則春，讀爲蠢，出允反，作也，出也。

「張皮」至「以功」　云「張皮侯」者，天子三侯，用虎、熊、豹皮飾侯之側，號曰皮侯。而棲鵠者，各以其皮爲鵠，名此爲鵠者，綴於中央，似鳥之棲，故云「而棲鵠」也。

注「皮侯」至「神焉」　「天子將祭」已下，皆取射義之意，以解此也。

張五采之侯，則遠國屬；五采之侯，謂以五采畫正之侯也。射人職曰：「以射法治射儀，王以六耦射三侯，三獲三容，樂以騶虞，九節五正。」下曰：「若王大射，則以貍步張三侯。」明此五正之侯，非大射之侯明矣。其職又曰：「諸侯在朝，則皆北面。」(七九)遠國屬者，若諸侯朝會，王張此侯與之射，所謂賓射也。正之方外如鵠，內二尺。五采者，內朱，白次之，蒼次之，黄次之，黑次之。其侯之飾，又以五采畫雲氣焉。○畫正，音征，下皆同。三獲，如字，下皆同，或音胡化反。

「張五」至「國屬」　此據賓射之侯言。「五采」是九十弓之侯。若七十弓者則三正，五十弓者則二正也。言「遠國屬」者，對畿內諸侯爲遠國。若以要服以內對夷狄諸侯，則夷狄爲遠國也。

注「五采」至「氣焉」　鄭引射人職賓射及大射二者，陰破賈、馬以此五采與上春以功爲一物，故云「非大射之侯明矣」。云「正之方外如鵠」者，唯云「參分其侯鵠居一焉」，不見賓射之侯，故云「如鵠」，亦當參分其侯，正居一焉。云「內二尺」者，中央畫朱方二尺，故司裘注引諸家方二尺曰正。以此二尺爲本，其外以白倉等充其尺寸，使大如鵠也。凡畫正，皆先以朱，次白，次青，次黄，次玄。以射是相克伐之事，故還以向南爲本，其次皆以相剋爲次。其三正者，去玄黄，二正者，又去白青，直以朱綠也。云「其侯之飾，又以五采畫雲氣焉」者，皮侯以皮爲飾其側，此正即畫，明其側亦以雲氣爲飾也。

張獸侯，則王以息燕。獸侯，畫獸之侯也。鄉射記曰：「凡侯，天子熊侯，白質；諸侯麋侯，赤質；大夫布侯，畫以虎豹；士布侯，畫以鹿豕。凡畫者丹質。」是獸侯之差也。息者，休農息老物也。燕謂勞使臣，若與羣臣飲酒而射。○謂勞，力報反。使臣，色吏反。

注「獸侯」至「而射」　此燕射之侯也。引鄉射記白質、赤質者，皆以白土、赤土塗之。大夫士言「布」，謂白布不塗。君畫一，臣畫二，取陽奇陰偶之義。畫虎熊豹，取君臣相犯。畫麋鹿豕者，取其君臣相養。「凡畫者丹質」，以周尚赤，故以赤爲質地也。云「息者，休農息老物也」者，謂十月農功畢，君臣飲酒，以休農止息之，老萬物也。云「燕謂勞使臣，若與羣臣飲酒而射」者，勞使臣，謂若四牡勞使臣之來。若與羣臣飲酒者，君臣閒暇無事而飲酒。云「而射」者，息老物及勞使臣，并無事飲酒，三者燕皆有射法。此燕射，以其事褻，天子已下，唯有五十步侯而已，無尊卑之別也。

祭侯之禮，以酒脯醢。謂司馬實爵而獻獲者于侯，薦脯醢折俎，獲者執以祭侯。○折俎，之設反。

「祭侯」至「脯醢」　鄭云「謂司馬實爵獻獲者于侯」已下，皆依大射而言。彼雖諸侯禮，天子射亦然。又此不辨大射、賓射、燕射，則三等射皆同。案大射，司馬正洗散，遂實爵，獻服不，服不侯西北三步，北面拜受爵，乃祭侯左右个及中。

其辭曰：「惟若寧侯，若猶女也。寧，安也。謂先有功德，其鬼有神。○猶女，音汝，下文并注同。

注「若猶」至「有神」　祭侯者，祭先有功德之侯。若射侯，則射不寧侯，有罪者也，下文「毋或」一經是也。舉有功以勸示，又舉有罪以懲之，〔八〇〕故兩言之也。

毋或若女不寧侯不屬于王所，故抗而射女。〔八一〕或，有也。若，如也。屬猶朝會也。抗，舉也，張也。○毋或，音無。

強飲強食，詒女曾孫諸侯百福。」詒，遺也。曾孫諸侯，謂女後世爲諸侯者。○強飲，其丈反，下同。詒曾孫，羊之反，又羊志反。遺也，唯季反。

廬人爲廬器，戈柲六尺有六寸，殳長尋有四尺，車戟常，酋矛常有四尺，夷矛三尋。〔八二〕柲猶柄也。八尺曰尋，倍尋曰常。酋、夷，長短名。酋之言遒也。酋近夷長矣。○廬人，力吳反，下同。戈柲，音祕。殳，音殊。酋矛，在由反。言遒，在由反，或子由反，沈慈有反。

注「祕猶」至「長矣」 凡此經所云柄之長短，皆通刃爲尺數而言。八尺曰尋，倍尋曰常，皆約上文車有六等之數，皆以四尺爲差而知之也。云「酋、夷，長短名，酋近夷長矣」，案上注以酋夷爲發聲，則無義例。至此而言長短，名爲義解之者，鄭意雖是發聲，夷爲長，故開口引聲而言之；酋爲短，故合口促聲而言之也。

凡兵無過三其身，過三其身，弗能用也，而無已，又以害人。人長八尺，與尋齊，進退之度三尋，用兵力之極也。而無已，不徒止耳。

注「人長」至「止耳」 此據極長者夷矛三尋而言。云「而無已，又以害人」者，已，止也。謂不徒止，又以害人。人，自己身也。

故攻國之兵欲短，守國之兵欲長。攻國之人衆，行地遠，食飲飢，且涉山林之阻，是故兵欲短；守國之人寡，食飲飽，行地不遠，且不涉山林之阻，是故兵欲長。言罷羸宜短兵，壯健宜長兵。○言罷，音皮。羸，劣皮反。

注「言罷」至「長兵」　案司馬法云：「弓矢圍，殳矛守，戈戟助。」此言攻國之兵欲短，則弓矢是也。守國之兵欲長，則殳矛是也。言「戈戟助」者，攻國守國，皆有戈戟以助弓矢殳矛，以其戈戟長短處中故也。

凡兵，句兵欲無彈，〔八三〕刺兵欲無蜎，是故句兵椑，刺兵摶。句兵，戈戟屬。刺兵，矛屬。故書彈或作但，蜎或作絹。鄭司農云：「但讀爲彈丸之彈，彈謂掉也。絹讀爲悁邑之悁，悁謂橈也。椑讀爲鼓鼙之鼙。」〔八四〕玄謂蜎亦掉也。謂若井中蟲蜎之蜎。〔八五〕齊人謂柯斧柄爲椑，〔八六〕則椑，隋圜也，摶，圜也。○句兵，劉俱具反，沈音鉤，下注同。無彈，徒旦反，注同。刺兵，七賜反，注同。無蜎，於全反，又於兖反，李又烏犬、烏玄二反，或巨兖反。兵椑，薄兮反，注鼙同。兵摶，徒丸反。謂掉，徒弔反。悁邑，烏玄反。謂橈，乃教反，下同。蟲蜎，巨兖反。隋，他果反。圜，音圓。

注「句兵」至「圜也」　以戈有胡孑，其戟有援，向外爲磬折，又胡刃向下，〔八七〕故皆得爲句兵也。先鄭云「『絹』讀爲『悁邑』之『悁』」者，猶如詩云「中心悁悁」，是悁邑之意，故以義讀之也。「『椑』讀爲『鼓鼙』之『鼙』」者，讀從樂記云「鼓鼙之聲」之鼙也。「玄謂蜎亦掉也」者，同是欲堅勁，不欲柔軟者也。「謂若井中蟲蜎之蜎」者，俗讀之。井中有蟲，蜎蜎擾擾然也。云「椑，隋圜」者，謂側方而去楞是也。

轂兵同強，舉圍欲細，細則校；刺兵同強，舉圍欲重，重欲傅人，傳人則密，是故侵之。改句言轂，容殳無刃。同強，上下同也。舉謂手所操。鄭司農云：「校讀爲『絞而婉』之絞。〔八八〕重欲傳人，謂矛柄之大者在人手中者。侵之，能敵也。」玄謂校，疾也。傳，近也。密，審也，正也。人手操細以轂則疾，操重以刺則正。然則爲矜，句兵堅者在後，刺兵堅者在前。○則校，古飽反，李又侯巧反。傳人，音附，下及注同。所操，七曹反。絞而，古飽反。爲矜，巨巾反，下同。

注「改句」至「在前」　云「改句言轂」者，上云句兵謂戈戟，此經云轂，是改句云轂，以殳長丈二而無刃，可以擊打人，故云轂兵也。云「同強，上下同也」者，謂本末及中央皆同堅勁，故云同強也。先鄭云「『校』讀爲『絞而婉』之絞」，「絞，疾也」者，案昭元年，虢之會，叔孫穆子見楚公子圍，曰：「美矣，君哉。」及退會，子羽謂子皮曰：「叔孫絞而婉」。注云：「絞，切也。」故讀從之，取切疾之義也。云「然則爲矜，句兵堅者在後」者，以句兵向後牽之，故云堅者在後也。云「刺兵堅者在前」者，以向前推之，故云堅者在前也。言此者，欲見句兵手執處欲得細，細則手執之牢也。刺兵執處欲得麤而勁，則手穩也。

凡爲殳，五分其長，以其一爲之被而圍之。參分其圍，去一以爲晉圍；五分其晉圍，去一以爲首圍。凡爲酋矛，參分其長，二在前、一在後而圍之。五分其圍，去一以爲晉圍；參分其晉圍，去一以爲刺圍。被，把中也。圍之，圜之也。大小未聞。凡矜八觚。鄭司農云：「晉謂矛戟下銅鐏也。刺謂矛刃胷也。」玄謂晉讀如「王搢大圭」之搢，〔八九〕矜所捷也。首，殳上鐏也。爲戈戟之矜，所圍如殳，夷矛如酋矛。○之被，皮義反，注同。去一，起呂反，下同。晉圍，如字，又音箭。把中，音霸。鐏也，存悶反，劉子悶反。所捷，初洽反。

注「被把」至「酋矛」　「凡爲殳，五分其長，以其一爲之被而圍之」者，殳長丈二尺，五分取一，則得二尺四寸，爲把處而圍之也。「參分其圍，去一以爲晉圍」者，後鄭云晉，謂矜所捷也，則殳於手把處亦有銅鐏，擬捷地豎之。言「參分其圍，去一以爲晉圍，又五分其晉圍，去一以爲首圍」者，鄭云圍之大小未聞，則二者皆未知麤細也。云首圍，謂在上頭，上頭宜稍細之也。矛云刺圍者，謂柄入刃處也。云「凡矜八觚」者，以經二者，近手皆云「圍之」，明不圜者爲八觚也。先鄭云「刺謂矛刃胷也」者，人胷當前，故以前爲胷，以其矛刃直前，故名矛刃胷也。玄謂晉讀如「王搢大圭」之「搢」者，讀從典瑞。云「王搢大圭，執鎮圭」，彼搢爲插，此晉亦插，故從之，是以云「矜所捷也」。云「首，殳上鐏也」者，殳下有銅鐏，取其入地。此殳首無，亦以上頭爲首，〔九〇〕而稍細之，以其似鐏，故鄭云首殳上鐏也。云「爲戈戟之矜，所圍如殳」者，以其上文云句兵，次云轂兵，注云改句言轂，容殳無刃。此文即云殳，以此互見言之，足明戈戟之體，與殳同也。知夷矛與酋矛同者，以其同是矛，但長短爲異，故知體亦同也。

凡試廬事，置而搖之，以眡其蜎也；灸諸牆，以眡其橈之均也；橫而搖之，以眡其勁也。置猶樹也。灸猶柱也。以柱兩牆之間，輓而內之，本末勝負可知也。正於牆，牆翌。○置而，如字，李直吏反。灸諸，音救。尌也，音樹。猶柱，知主反，下同。輓而，音晚。牆翌，所立反，本又作澀，又作歰同。

注「置猶」至「牆翌」　此經有三事：「置而搖之」，謂豎之於地上，以手搖之，以眡其蜎蜎然均否。「灸諸牆」，謂柱之兩牆，觀其體之強弱均否。「橫而搖之」，謂橫置於膝上，以一手執一頭搖之，以眡其堅勁以否也。〔九一〕

六建既備，車不反覆，謂之國工。六建，五兵與人也。反覆，猶軒輖。○反覆，芳服反，注同。軒輖，音周。

注「六建」至「軒輖」　知「六建，五兵與人」者，以其從上而下，廬人所造有柄者，戈戟殳與酋矛夷矛五兵而已。案上有六等，除軫與人四兵，此云六建，建在車上，明無軫，自取人與五兵爲六建，可知也。

校勘記

〔一〕天子執冒四寸　「冒」，說文引作「瑁」。

〔二〕侯用瓚伯用將　「伯用將」，說文引作「伯用埒」。

〔三〕瓚讀爲餍屑之屑龍瓚將　阮校云，釋文及賈疏均無「爲」字，今本有者衍文。「龍」當作「尨」。

〔四〕見鄭異義駁云　「異」原作「書」，據阮本改。

〔五〕又彼伯子男同七寸　「七」，阮本作「十」，疑誤。

〔六〕而尨瓚異者　「尨」，元、閩本同，閩、監、毛、殿、阮本作「龍」。

〔七〕不可強記也　浦鏜云，「記」當「說」字訛。

〔八〕杼繳也　阮校云，周禮經作「繳」，注當用「殺」字。今此諸本皆作「繳」，蓋淺人援釋文本改也。

〔九〕珽他頂反　「頂」原作「預」，據徐本、盧本及阮本改。

〔一〇〕於中漏半夏至日表北尺五寸　阮本同，浦鏜云「晝」誤「中」。

〔一一〕灌圭爲降神　「圭」，監、毛、殿本同，閩、阮本作「主」，疑作「主」是。

〔一二〕禮記雜記文　「文」，元、閩、監、毛、殿本同，正、閩、阮本作「云」，當作「文」是。

〔一三〕故引經云除慝　「云」，元本同，閩、閩、監、毛、殿、阮本作「文」。

〔一四〕用邊璋　「邊」原作「籩」，據婺本改。

〔一五〕下有盤徑一尺　阮本同。浦鏜云「盤」下脱「口」。

〔一六〕執以覜聘用圭璋　浦鏜云，當疊「聘」字。

〔一七〕以組繫之　「組」，原作「駔」，據婺、建、岳、阮本改。

〔一八〕於義無取於駔　「駔」，原作「組」，據阮本改。

〔一九〕量自是升斛之名　「升」，閩、閩、阮本同，元、監、毛、殿本作「斗」。

〔二〇〕故云鉏牙也　「鉏」，原作「但」，據阮本改。

〔二一〕若天地自用黄琮　浦鏜云「大」誤「天」。

〔二二〕若自相享　「若」，原作「右」，據阮本改。

〔二三〕謂兩頭相望者　阮本「謂」上有「弦」字，當是。

〔二四〕案樂云磬前長三律　阮本同。浦鏜云，三禮圖作「樂經云黄鍾磬前長三律」。

〔二五〕以其下文因此博而云股爲二　「股」，原作「殷」，據阮本改。

〔二六〕司弓矢職茀當爲殺　漢讀考云，「當」字衍文，下「殺矢七分」注同。

〔二七〕云前有鐵重也者　「云」，原作「士」，據阮本改。

〔二八〕數不相應　「相」，閩、監、毛本同，阮本作「當」，疑作「相」是。

〔二九〕與矰矢同七分　「矢」，原作「失」，據阮本改，下「矰矢」同。

〔三〇〕鏃或比木反　「比」，徐本同，盧本及阮本作「七」。段云，「比」當爲「此」之誤。

〔三一〕矢箙長短之制　「箙」，元本同，閩、閩、監、毛、殿本作「服」。

〔三二〕以其笴厚爲之羽深　唐石經、諸本同，漢讀考「笴」作「笱」，注及下「凡相笴」同。

〔三三〕故書憚或作但　「但」，各本同，阮校云，當據釋文作「怛」。

〔三四〕今人以指夾矢儛衛是也　「儛」，婺、建、余、岳、嘉靖本同，元、閩、閩、阮本作「撫」。

〔三五〕撓搦其幹　「撓」，婺本同，建、岳、阮本作「橈」。

〔三六〕甗又音言　「言」，徐本、盧本及阮本作「喑」。

〔三七〕觳讀爲斛觳受三斗　漢讀考云，「讀爲斛」當本是「或爲斛」，「斗」當作「豆」。

〔三八〕初與二直　孫詒讓云，陳刻張惠言校輯鄭易注云「初」字誤，當作「三」。

〔三九〕以天地之性　元、閩本同，閩、監、毛、殿本「以」下有「象」字。

〔四〇〕方曰簠圓曰簋　「簠」、「簋」二字阮本互易，各本舍人注同，當是。

〔四一〕注云內圓外方者彼發簋而言之　孫詒讓云，此鄭孝經注義，舍人疏引之尤詳。「發」疑當爲「據」，舍人疏引此注云「直據簋而言」。

〔四二〕髻墾　嚴可均云，「墾」當作「豤」。鄭注「頓傷也」，説文「豤，齧也」，齧故頓傷，誼相因也。説文無「墾」字。葉鈔釋文「墾」作「豤」。

〔四三〕致直致反　「致」，徐本、盧本及阮本作「吏」。

〔四四〕於不任用理無所取　元、正、閩、閩、阮本「於」作「故」，疑非。

〔四五〕以儗度端其器也　「儗」，婺、建、余、岳、嘉靖本同。監、毛本作「擬」，阮校云，依説文，則「擬度」字從手，「僭疑」字從人。

〔四六〕筍讀爲竹筍之筍　漢讀考「讀爲」作「讀如」。

〔四七〕謂虎豹貔螭　「螭」，婺、建、余、岳、嘉靖本同，閩、監、毛、殿本作「貍」。阮校云，釋文亦作「螭」。

〔四八〕以胷鳴者　「胷」，唐石經、婺、建、余、岳、嘉靖本同。釋文「胷鳴本亦作骨，又作脅」。干本作「骨」，賈、馬作「胃」，劉本「胷」，音鹵。經義雜記曰，説文，蠵，大龜也，以胃鳴者。孫詒讓云，經文當從「胷」，而義則當從賈疏説爲靈蠵。

〔四九〕鼃鼈皆外骨　「鼃」，阮本作「鼃」。

〔五〇〕案方言云蝖衍　孫詒讓云，方言「蝖」作「蚰」，此誤。

〔五一〕由延兩音　殿本同，元、正、閩、閩、阮本無「由」字。

〔五二〕以其仄行故也　惠校本同，元、正、閩、閩、阮本「仄」作「側」。

〔五三〕頎小也　余、閩、監、毛本同，嘉靖本「頎」作「頃」，釋文作「頃小」，云音「傾」字，阮校云，「頃」是，「頃」同「傾」，作「頎」則無義。

〔五四〕宏讀爲紘綖之紘　阮校云，此「讀爲」疑當作「讀如」，然禮記月令注亦云「閎讀爲紘」，詳漢讀考。

〔五五〕燿劉羊李羊肖反　徐本、盧本及阮本無上「羊」字。阮云，此當作「劉羊肖羊肖二反」，「李」蓋「肖」之誤。黄云，「羊」下或脱去「肖反」二字，不然，則「劉」下「羊」字爲衍文。

〔五六〕𨮿讀爲鬜頭無髮之鬜　元、閩、阮本「爲」字重，疑誤。

〔五七〕别以近喙本決　阮本「别」作「則」。

〔五八〕時世有以無髮爲鬜　「時世」，惠校本同，阮本作「時俗」。

〔五九〕不言鏄虡　「鏄」，原作「鎛」，據阮本改。

〔六〇〕之而頰頌也　王引之云，「頰頌」當作「頰毛」，據説文「頌」字於義不合。

〔六一〕援攬則噬之　「噬」，原作「筮」，據阮本改。

〔六二〕此説鍾虡云之獸　阮本同。浦鏜云：「云」當衍字。

〔六三〕當爲�頌音壺　「音壺」，原作小字并排。

〔六四〕以似爲發　阮校云：以此注改字例言之，應云「似當爲發」，此因賈疏有「先鄭以似爲發」之言，而據以易注，誤甚。

〔六五〕先鄭云以似爲發者　阮校云：惠校本同，誤也。閩、監本「云」字空缺，知其誤衍，而刊落之也。至毛本，則直作「先鄭以似爲發」。

〔六六〕以似非直實　阮校云：「直」爲「真」之誤。

〔六七〕謂鳴聲發動者也　「動」，阮本作「謂」，殆非，當據此本正之。

〔六八〕其匪色必似不鳴矣　唐石經、諸本同。漢讀考云：此節本云「其匪色必不似鳴」，今本「似不鳴」，誤。

〔六九〕勺尊升也　漢讀考作「尊斗也」，云「斗」與「枓」同，説文「枓，勺也」。今本作「尊升」，誤。

〔七〇〕觶字角旁支　「支」，經義雜記同，元、聞、闔、阮本作「友」，漢讀考作「辰」，云「角旁辰」，字見説文。

〔七一〕今禮角旁單　「角」，原作「用」，據阮本改。

〔七二〕中則身也　孫詒讓云「身」即鄉射記之「躬」，此誤。

〔七三〕鄉射記文鄉侯五十弓　阮本同。浦鏜云：「文」當「云」字訛。

〔七四〕弓二寸以侯中　孫詒讓云「以」下疑奪「爲」字。

〔七五〕皆謂舌也　「舌」，原作「古」，據婺、建、岳、阮本改。

〔七六〕云下兩个半之者　「者」，原作「諸」，據阮本改。

〔七七〕長三丈　「三」，原作「二」，據阮本改。

〔七八〕今此下个上出九尺　「上」，原作「止」，據阮本改。
〔七九〕則皆北面　「北」，原作「比」，據婺、建、岳、阮本改。
〔八〇〕又舉有罪以懲之　「舉」，原作「與」，據阮本改。
〔八一〕毋或若女不寧侯不屬于王所故抗而射女　阮校云，諸本同。說文引作「毋若不寧侯不朝于王所，故伉而射女」。按此注云，「或，有也。屬，猶朝會也。」許氏蓋以義引之，非經本文。大戴記投壺作「嗟爾不寧侯不朝於王所，故亢而射女」。
〔八二〕夷矛三尋　諸本同，唐石經「夷矛」作「矛夷」，疑誤。
〔八三〕句兵欲無彈　唐石經、諸本同。阮校云，說文引此「彈」作「僤」，當據正。
〔八四〕椑讀爲鼓鼙之鼙　漢讀考云，「讀爲」當作「讀如」。
〔八五〕謂若井中蟲蜎之蜎　諸本同。建本上「蜎」字作「悁」。漢讀考作「謂若井中蟲蜎蜎」，云各本衍一「之」字。阮校云，賈疏云「井中有蟲蜎蜎擾擾然也」。蓋賈本注作「蟲蜎蜎」，今疏引注語亦有「之」字。
〔八六〕齊人謂柯斧柄爲椑　漢讀考作「齊人謂柯爲椑」，云今本衍「斧柄」二字，蓋或箋於旁，因誤入也。
〔八七〕向外爲磬折又胡刃向下　阮本「又」作「人」，浦鏜云「人」當「入」字誤。
〔八八〕校讀爲絞而婉之絞　阮校云，賈疏引先鄭注，此下有「絞疾也」三字，云讀從之，取切疾之義，「疾也」蓋「切也」之誤。孫詒讓云，此疏兼釋後鄭「校，疾也」之注，非先鄭別有此注也。
〔八九〕讀如王搢大圭之搢　漢讀考「搢」皆作「晉」。
〔九〇〕此殳首無亦以上頭爲首　孫詒讓云，「亦」疑「刃」之誤。
〔九一〕以眡其堅勁以否也　「堅」，原作「豎」，據阮本改。

周禮注疏卷第四十九

匠人建國，立王國若邦國者。

注「立王」至「國者」　周禮單言國者，據王國；邦國連言，據諸侯。經既單言國，鄭兼言邦國者，以其下文有王及諸侯城制，明此以王國爲主，其中兼諸侯邦國可知。下文又有都城制，則此亦兼都城也。

水地以縣。於四角立植，而縣以水，望其高下。高下既定，乃爲位而平地。

注「於四」至「平地」　此經説欲置國城，先當以水平地，欲高下四方皆平，乃始營造城郭也。云「於四角立植，而縣」者，植，即柱也。於造城之處，四角立四柱而縣，謂於柱四畔縣繩以正柱。柱正，然後去柱，遠以水平之法，遥望柱高下，柱高下定，即知地之高下。然後平高就下，地乃平也，乃後行下以景正四方之事。

置槷以縣，〔一〕**眡以景。**故書槷或作弋，杜子春云：「槷當爲弋，讀爲杙。」玄謂槷，古文臬假借字。於所平之地中央，樹八尺之臬，以縣正之，眡之以其景，將以正四方也。爾雅曰：「在牆者謂之杙，在地者謂之臬。」○置槷，魚列反，注臬同。作弋，以職反，下杙同，劉杙音子則反。

「置槷」至「以景」　此經説既得平地，乃於中營治也。云「置槷」者，槷，亦謂柱也。云「以縣」者，欲取柱之景，先須柱正。欲須柱正，當以繩縣而垂之於柱之四角四中，以八繩縣之，其繩皆附柱，則其柱正矣。然後眡柱之景，故云

「眡以景」也。

注「故書」至「之臬」　「玄謂『槷』，古文『臬』假借字」者，今之槷，從木，埶聲之省者也。古之槷，爲臬法字，故尚書康誥云「女陳時臬」，臬法字，亦得爲槷柱之字，故云假借字也。云「於其所平之地中央，樹八尺之臬，以縣正之」者，天文志云「夏日至，立八尺之表」，通卦驗亦云「立八神，樹八尺之表」，故知樹八尺之臬，臬即表也。必八尺者，案考靈曜曰「從上向下八萬里，故以八尺爲法也」。彼云八神，此縣，一也。以於四角四中，故須八神，神即引也，向下引而縣之，故云神也。云「眡之以其景，將以正四方也」者，即下云「爲規，識日出、日入之景」是也。引爾雅「在牆者謂之杙，在地者謂之臬」者，證此臬是在地樹之者也。

爲規，識日出之景與日入之景。日出日入之景，其端則東西正也。〔二〕又爲規以識之者，爲其難審也。自日出而畫其景端，以至日入，既則爲規測景兩端之内規之規之交，乃審也。〔三〕度兩交之間，中屈之以指臬，則南北正。○爲其難，于僞反。度兩，待洛反。

注「日出」至「北正」　云「日出日入之景，其端則東西正也」者，謂於前平地之中央立表訖，乃於日出之時，畫記景之端，於日入之時又畫記景，以繩測景之兩端，則東西正矣。云「又爲規以識之者，爲其難審也」者，謂此經爲規識日出與日入之景者，爲景兩端長短難審，故爲規，規景也。云「自日出而畫其景端，以至日入」者，還是景之兩端耳。云「既則爲規測景兩端之内規之規之交〔四〕，乃審也」者，謂於中臬以繩規取景之兩端一帀，則景之遠近定，遠近定，則東西乃審。云「度兩交之間，中屈之以指臬，則南北正」者，兩交間，正謂兩景端之半，度景兩間，中屈之以指臬，則南北正。必中屈之者，於夏日至中漏半，〔五〕於臬南向北所度之處，於東西景端亦相當，故須中屈之也。

晝參諸日中之景，夜考之極星，以正朝夕。日中之景，最短者也。極星，謂北辰。○朝夕，如字。

「晝參」至「朝夕」 前經已正東西南北，恐其不審，猶更以此二者以正南北。言朝夕，即東西也。南北正，則東西亦正，故兼言東西也。

注「日中」至「北辰」 「日中景，最短者也」者，〔六〕大司徒云：「日至之景，尺有五寸。」以其在上臨下，故最短也。云「極星，謂北辰」者，當夜半考之。爾雅云：「北極謂之北辰。」辰，時也，天下取正焉，故謂之北辰。極，中也。以居天之中，故謂之北極也。

匠人營國，方九里，旁三門。營謂丈尺其大小。天子十二門，通十二子。

「匠人」至「三門」 案典命云：「上公九命，國家、宫室、車旗、衣服、禮儀，以九爲節。」侯伯子男已下，皆依命數。鄭云「國家謂城方，公之城蓋方九里，侯伯七里，子男五里」。此云九里者，案下文有夏殷，則此九里通異代也。并文王有聲詩箋差之，天子當十二里。此云九里者，注。由鄭兩解，故義有異也。疏備在典命也。鄭異義駁「或云周亦九里城」，則公七里，侯伯五里，子男三里，不取典命等注。

注「營謂」至「二子」 云丈尺，據高下而言。云大小，據遠近而説也。云「天子十二門，以通十二子」者，案孝經援神契云：「天子即政，置三公、九卿、二十七大夫、八十一元士，慎文命，下各十二子。」如是，甲乙丙丁之屬，十日爲母，子丑寅卯等十二辰爲子，故王城面各三門，以通十二子也。

國中九經九緯，經涂九軌。國中，城内也。經緯謂涂也。經緯之涂，皆容方九軌。軌謂轍廣，乘車六尺六寸，旁加七寸，凡八尺，是爲轍廣。〔七〕九軌積七十二尺，則此涂十二步也。旁加七寸者，輻内二寸半，輻廣三寸半，綆三分寸之二，金轄之間三分寸之一。○經涂，音塗。綆，方穎反。金轄，胡瞎反。

注「國中」至「之一」　言「九經九緯」者，南北之道爲經，東西之道爲緯。王城面有三門，門有三塗，男子由右，女子由左，車從中。先鄭云〔八〕「旁加七寸者，輻内二寸半」者，計轂在輻内九寸有餘，今言輻内有二寸半者，不加輿下覆轂者也。

左祖右社，面朝後市，王宫所居也。祖，宗廟。面猶鄉也。王宫當中經之涂也。○猶鄉，許亮反。

注「王宫」至「涂也」　言「王宫所居也」者，謂經左右前後者，據王宫所居處中而言之，故云王宫所居也。云「王宫當中經之涂也」者，案祭義注云：「周尚左。」桓二年，取郜大鼎，納於大廟。何休云：「質家右宗廟，尚親親。文家左宗廟，尚尊尊。」義與此合。案劉向別録云：「路寢在北堂之西，社稷宗廟在路寢之西。」又云：「左明堂辟廱，右宗廟社稷。」皆不與禮合，鄭皆不從之矣。

市朝一夫。方各百步。

注「方各百步」　案司市，市有三期，揔於一市之上爲之。若市揔一夫之地，則爲大狹。蓋市曹、司次、介次所居之處，與天子二朝皆居一夫之地，〔九〕各方百步也。

夏后氏世室，堂脩二七，廣四脩一。世室者，宗廟也。魯廟有世室，牲有白牡，此用先王之禮。脩，南北之深也。夏度以步，令堂脩十四步，其廣益以四分脩之一，則堂廣十七步半。

注「世室」至「步半」　鄭云「此用先王之禮」者，世室用此經夏法，白牡用殷法，皆是用先王之禮也。云「夏度以步」

者，下文云「三四步」，明此「二七」是十四步也。云「令堂脩十四步」者，言假令以此堂云二七約之，〔一〇〕知用步，無正文，故鄭以假令言之也。知「堂廣十七步半」者，以南北爲脩十四步，四分之，取十二步，益三步爲十五步。餘二步，益半步，爲二步半，添前十五步，是十七步半也。

五室，三四步，四三尺。堂上爲五室，象五行也。三四步，室方也。四三尺，以益廣也。木室於東北，火室於東南，金室於西南，水室於西北，其方皆三步，其廣益之以三尺。土室於中央，〔一一〕方四步，其廣益之以四尺。此五室居堂，南北六丈，東西七丈。

注「堂上」至「七丈」　云「五室象五行」者，以其宗廟制如明堂，明堂之中有五天帝、五人帝、五人神之坐，皆法五行，故知五室象五行也。〔一二〕東北之室言木，東南之室言火，西南之室言金，西北之室言水。五行先起東方，故東北方之室言木。其實東北之室兼水矣，東南之室兼木矣，西南之室兼火矣，西北之室兼金矣。以其中央大室有四堂，四角之室皆有堂，故知義然也。中央之室大一尺者，以其在中，號爲大室，故多一尺也。云「此五室居堂，南北六丈，東西七丈」者，以其大室居中，四角之室，皆於大室外接四角爲之。大室四步，四角室各三步，則南北三室十步，故六丈。東西三室六丈，外加四三尺，又一丈，故七丈也。

九階。南面三，三面各二。

注「南面三三面各二」　案賈、馬諸家，皆以爲九等階。鄭不從者，以周殷差之，夏人卑宮室，〔一三〕當一尺之堂爲九等階，〔一四〕於義不可，故爲旁九階也。鄭知南面三階者，見明堂位云：「三公中階之前，北面東上。諸侯之位，阼階之東，西面北上。諸伯之國，西階之西，東面北上。」故知南面三階也。知餘三面各二者，大射禮云：「工人士與梓人升自北階。」又雜記云：「夫人至，入自闈門，〔一五〕升自側階。」奔喪云：「婦人奔喪，升自東階。」以此而言，四面有階可知。

四旁兩夾，窻，窻助户爲明，每室四户八窻。○兩夾，古洽反，劉古協反。窻，初江反，一音怱。

疏注「窻助」至「八窻」　言「四旁」者，五室，室有四户，四户之旁皆有兩夾窻，則五室二十户、四十窻也。

白盛。蜃灰也。盛之言成也，以蜃灰堊牆，所以飾成宫室。○蜃灰，常軫反。堊墻，烏路反，又烏洛反。

疏注「蜃灰」至「宫室」　地官掌蜃掌供「白盛之蜃」，則此蜃灰出自掌蜃也。云「以蜃灰堊牆」者，爾雅云：「地謂之黝，牆謂之堊。」堊，即白蜃。堊之，使壁白也。

門堂，三之二。門堂，門側之堂，取數於正堂。令堂如上制，則門堂南北九步二尺，東西十一步四尺。爾雅曰：「門側之堂謂之塾。」○之塾，音孰，劉又音育。

疏注「門堂」至「之塾」　鄭云「令堂如上制」者，以上堂不言步，故此注亦云令。假令如上制，南北十四步，東西十七步半。今云「三之二」，謂三分取二分，以十四步取十二步，三分之，得八步。二步爲丈二尺，三分之，得八尺。以六尺爲一步，添前爲九步，餘二尺，故云「南北九步二尺」也。云「東西十一步四尺」者，十七步半，以十五步得十步，餘二步半，爲丈五尺，三分之，得一丈。以六尺爲一步，餘四尺，添前爲十一步四尺也。引爾雅「門側之堂謂之塾」者，證此經門堂爲塾之義也。〔一六〕尚書顧命「左塾右塾」，亦此類也。

室，三之一。兩室與門各居一分。

疏注「兩室」至「一分」　此室即在門堂之上作之也。言「各居一分」者，謂兩室與門，各居一分。鄭不言尺數，義可知，故略而不言也。

殷人重屋，堂脩七尋，堂崇三尺，四阿，重屋。重屋者，王宮正堂若大寢也。其脩七尋五丈六尺，放夏周，則其廣九尋七丈二尺也。五室各二尋。崇，高也。四阿若今四注屋。重屋，複笮也。○重屋，直龍反，下及注同。放夏，方往反。複笮，音福，下側白反。

注「重屋」至「笮也」　云「王宮正堂若大寢也」者，謂對燕寢側室非正，故以此爲正堂大寢也。言「放夏周」者，夏在殷前，可得言放，其周在殷後，亦言放者，此非謂殷人放周而爲之。鄭直據上文夏法，下文周法。言放，猶言約夏周者也。雖言放夏周，經云「堂脩七尋」，則其廣九尋。若周言南北七筵，則東西九筵，是偏放周法。而言放夏者，七九偏據周，夏后氏南北狹，東西長，亦是放之，故得兼言放夏也。云「四阿，若今四注屋」者，燕禮云：「設洗當東霤。」則此四阿，四霤者也。云「重屋，複笮也」者，若明堂位云：「復廟重檐。」〔一七〕鄭注云：「重檐，重承壁材也。」則此複笮，亦重承壁材，故謂之重屋。

周人明堂，度九尺之筵，東西九筵，〔一八〕**南北七筵，堂崇一筵，五室，凡室二筵。**明堂者，明政教之堂。周度以筵，亦王者相改。周堂高九尺，殷三尺，則夏一尺矣，相參之數。禹卑宮室，謂此一尺之堂與？此三者或舉宗廟，或舉王寢，或舉明堂，互言之，以明其同制。○度九，劉直路反，戚待洛反，下及注同。禹卑，如字，劉音婢。堂與，音餘。

注「明堂」至「同制」　此記人據周作説，故其文備於周，而略於夏殷，是以下文皆據周而説也。以夏之世室，其室皆東西廣於南北也。周亦五室，直言「凡室二筵」，不言東西廣，鄭亦不言東西益廣，或五室皆方二筵，與夏異制也。若然，殷人重屋，亦直云堂脩七尋，不言室，如鄭意，以夏周皆有五室十二堂，明殷亦五室十二堂。云「明堂者，明政教之堂」者，以其於中聽朔，故以政教言之。明堂者，明諸侯之尊卑。孝經緯援神契云：「得陽氣明朗，謂之明堂，以明堂義大，故所合理廣也。」〔一九〕云「周度以筵，亦王者相改」者，對夏度以步，殷度以尋，是王者相改也。云「周堂高九尺，殷三尺，則夏一尺矣」者，夏無文，以後代文而漸高，則夏當一尺，故云「相參之數」。禹卑宮室，謂此一尺之堂與」。言「與」者，以無正文，故言與以疑之也。云「此三者或舉宗廟，或舉王寢，或舉明堂，互言之，以明其同制」者，互言之者，夏舉宗廟，則王寢、明堂亦與宗廟同制也。殷舉王寢，則宗廟、明堂亦與王寢同制也。周舉明堂，則宗廟、王寢亦與明堂制同也。云「其同制」者，謂當代三者其制同，非謂三代制同也。若然，周人殯於西階之上，王寢與明堂同，則南北七筵，惟有六十三尺。三室居六筵，南北共有一筵，一面惟有四尺半，何得容殯者。案書傳云：「周人路寢，南北七雉，東西九雉，室居二雉。」則三室之外，南北各有半雉，雉長三丈，則各有一丈五尺，足容殯矣。若然，云同制者，直制法同，無妨大矣。據周而言，則夏殷王寢，亦制同而大可知也。

室中度以几，堂上度以筵，宮中度以尋，野度以步，涂度以軌。周文者，各因物宜爲之數。室中，舉謂四壁之內。

注「周文」至「之內」　云「周文者，各因物宜爲之數」者，對殷已上質，夏度以步，殷度以尋，無異稱也。因物宜者，謂室中坐時凴几，〔二〇〕堂上行禮用筵，宮中合院之內，無几無筵，故用手之尋也，在野論里數皆以步，故用步，涂有三道，〔二一〕車從中央，故用車之軌。是因物所宜也。云「室中，舉謂四壁之內」者，對宮中是合院之內。依爾雅，宮猶室、室猶宮者，〔二二〕是散文宮室通也。

廟門容大扃七个，大扃，牛鼎之扃，長三尺。每扃爲一个，七个二丈一尺。○大扃，古熒反。七个，古賀反，注及下同。

注「大扃」至「一尺」 知「大扃，牛鼎之扃，長三尺」者，此約漢禮器制度。

闈門容小扃參个，廟中之門曰闈。小扃，膷鼎之扃，長二尺。參个，六尺。○闈門，音韋，劉音暉。膷鼎，音香。

注「廟中」至「六尺」 云「廟中之門曰闈門」者，〔三三〕爾雅文。此即雜記云「夫人至，入自闈門」，是也。云「小扃，膷鼎之扃，長二尺」者，亦漢禮器制度知之。膷鼎，亦牛鼎，但上牛鼎扃長三尺，據正鼎而言，此言膷鼎，據陪鼎三，膷、臐、膮而説也。

路門不容乘車之五个，路門者，大寢之門。乘車廣六尺六寸，五个三丈三尺。言不容者，是兩門乃容之。兩門乃容之，則此門半之，丈六尺五寸。

注「路門」至「五寸」 下云「應門」，則此路門以近路寢，故特小爲之。經言「乘車」，知據輿廣六尺六寸者，案輿人云「輪崇、車廣、衡長，參如一」，鄭注云：「車，輿也。」故知此云車亦據輿也。云「言不容者，是兩門乃容之」者，若容兩个、三个、四个，正應云容乘車之兩个、三个、四个。若四个上復有餘分，應云四个，然後見其分數多少，今直云不容乘車之五个，明兩門乃容之，猶如上文云中地食者，其民可任者二家五人之類也。

應門二徹參个。正門謂之應門，謂朝門也。二徹之内八尺，三个二丈四尺。

注「正門」至「四尺」 云「正門謂之應門」者，爾雅文。以其應門内路門外有正朝，臣入應門至朝處，君臣正治之所，故謂此門爲應門。是以鄭云「謂朝門也」。

内有九室，九嬪居之；外有九室，九卿朝焉。内，路寢之裏也。外，路門之表也。九室，如今朝堂諸曹治事處。九嬪掌婦學之法以教九御。六卿三孤爲九卿。

注「内路」至「九卿」　内外，據路寢之表裏言之，則九卿之九室，在門外正朝之左右爲之，故鄭據漢法朝堂諸曹治事處，謂正朝之左右爲廬舍者也。云「九嬪掌婦學之法以教九御」者，九嬪職文。案内宰，王有六宫，九嬪已下分居之。若然，不得復分居九室矣。此九嬪之九室與九卿九室相對而言之，九卿九室是治事之處，則九嬪九室亦是治事之處，故與六宫不同。是以鄭引九嬪職掌婦學之法，則九室是教九御之所也。云「六卿三孤爲九卿」，孤同卿數者，以命數同故也。案昬義，以夏之九卿，謂三孤與六卿爲九，此云九卿，亦謂周之三孤六卿爲九卿。

九分其國以爲九分，九卿治之。九分其國，分國之職也。三孤佐三公論道，六卿治六官之屬。

注「九分」至「之屬」　云「九分其國，分國之職也」者，鄭恐九分其國分其地域，故云分國之職也。云「三孤佐三公論道，六卿治六官之屬」者，欲見分職爲九分之意。以其三公三孤無正職，天地四時正職，六卿治之，其餘非正職者，分爲三分，三公治之，三孤則佐三公者也。但三公中參六官之事，外與六鄉之教，〔一四〕書傳又云司徒公、司馬公、司空公，則三公六卿亦有職。此亦據夏而言，周則未見分爲九分也。

王宫門阿之制五雉，宫隅之制七雉，城隅之制九雉。阿，棟也。宫隅、城隅，謂角浮思也。雉長三丈，高一丈。度高以高，度廣以廣。○浮思，並如字，本或作罘罳，同。高一，古報反，後放此。度長，待洛反，下同。

注「阿棟」至「以廣」 云「王宫門阿之制五雉」者，五雉，謂高五丈。云「宫隅之制七雉」者，七雉，亦謂高七丈。不言宫牆，宫牆亦高五丈也。云「城隅之制九雉」者，九雉，亦謂九丈。〔二五〕不言城身，城身宜七丈。云「阿，棟也」者，謂門之屋，兩下爲之，其脊高五丈。〔二六〕鄭以「浮思」解「隅」者，〔二七〕案漢時云「東闕浮思災」，言災，則「浮思」者，小樓也。案明堂位云「疏屏」，注亦云：「今浮思也。刻之爲雲氣蟲獸，如今闕上爲之矣。」則門屏有屋覆之，與城隅及闕皆有浮思，刻畫爲雲氣并蟲獸者也。云「雉長三丈，高一丈。度高以高，度廣以廣」者，凡版廣二尺。公羊云：「五版爲堵，高一丈，五堵爲雉。」書傳云：「雉長三丈，度高以高，長以長，〔二八〕廣則長也。言高一雉則一丈，言長一雉則三丈。」引之者，證經五雉、七雉、九雉，雉皆爲丈之義。

經涂九軌，環涂七軌，野涂五軌。廣狹之差也。故書環或作轘，杜子春云：「當爲環。環涂，謂環城之道。」○環涂，如字，劉户串反。作轘，户關反。

注「廣狹」至「之道」 「環涂」，謂遶城道如環然，故謂之環也。「野涂」，國外謂之野，通至二百里內。以其下有都之涂三軌，言都，則三百里大夫家，涂亦三軌也，故知此野通二百里內也。不言緯者，以與經同也。

門阿之制以爲都城之制。都，四百里外距五百里，王子弟所封。其城隅高五丈，宫隅門阿皆三丈。

注「都四」至「三丈」 鄭云「都，四百里外距五百里，王子弟所封」者，則惟據大都而言，〔二九〕不通小都卿之采地。以司裘「諸侯共熊侯、豹侯，卿大夫共麋侯」，則卿不入諸侯中。此云都，據諸侯而言，〔三〇〕故不及小都也。大都，諸侯兼三公，直云「王子」，其言略，〔三一〕兼有三公可知。云「城隅高五丈」者，以上文王門阿五雉，今云「門阿之制爲都城制」，城制五雉。若據城身，則與下諸侯同，故知此城制據城隅也。云「宫隅門阿皆三丈」者，以下文畿外諸侯尊得申，爲臺門高五丈，此畿內屈，故宫隅門阿皆三丈也。〔三二〕

宫隅之制以爲諸侯之城制。諸侯，畿以外也。其城隅制高七丈，宫隅門阿皆五丈。禮器曰：「天子諸侯臺門。」

注「諸侯」至「臺門」　鄭知「諸侯，畿以外」者，上文都據畿内諸侯，故知此諸侯據畿以外也。引禮器者，欲見諸侯門阿得與天子同之意也。案異義古周禮説云：「天子城高七雉，隅高九雉。公之城高五雉，隅高七雉。侯伯之城高三雉，〔三三〕隅高五雉。都城之高，皆如子男之城高。」隱元年服注云：〔三四〕「與古周禮説同。」其天子及公城，與此匠人同，〔三五〕其侯伯以下，與此匠人説異者，此匠人云「門阿之制以爲都城之制」，高五雉，亦謂城隅也。其城高三雉，與侯伯等，如是，子男豈不如都乎？明子男城亦與伯等，是以周禮説不云子男及都城之高，直云「都城之高，皆如子男之城高」。有此匠人相參，以知子男皆爲本耳，亦互相曉，明子男之城，不止高一丈隅二丈而已。如是，王宫隅之制以爲諸侯城制者，惟謂上公耳。以此計之，王城，隅高九雉，城高七雉。上公之城，隅高七雉，城高五雉。侯伯已下城，隅高五雉，城高三雉。天子門阿五雉，則宫亦五雉，其隅七雉。上公之制，鄭云「宫隅門阿皆五雉」，則其宫亦五雉。都之制，鄭云「宫隅門阿皆三雉」，則其宫高亦三雉。何者？天子門阿與宫等，明知其餘皆等。惟伯子男宫與都等，其門阿蓋高於宫，當如天子五雉。何者？禮器云：「天子諸侯臺門，大夫不臺門。」〔三六〕以此觀之，天子及五等諸侯，其門阿皆五雉可知。都城據大都而言，其小都及家之城，都當約中五之一，家當小九之一，爲差降之數未聞也。

環涂以爲諸侯經涂，野涂以爲都經涂。經，亦謂城中道。諸侯環涂五軌，其野涂及都環涂野涂皆三軌。

注「經亦」至「三軌」　諸侯直云「經涂」，不言緯涂，緯涂亦與天子環涂同可知。諸侯及都皆不言環涂、野涂，文略，有可知，故鄭增成之也。知「諸侯環涂五軌，野涂三軌」者，以經涂七軌以下差降爲之，故知義然也。又知「都、環涂，野涂皆三軌」者，凡涂皆男子由右，女由左，車從中央，三者各一軌。則都之野涂，不得降爲一軌，是以遂人注云「路容三軌」，遥釋此也。云都之野涂與環涂同，以其野涂不得上於田間川上之路故也。

匠人爲溝洫，主通利田間之水道。○溝洫，况域反。

注「主通」至「水道」　古者人耕，皆甽上種穀，甽遂溝洫之間通水，故知「通利田間水道」。此文與下爲目，下别爲之耳。

耜廣五寸，二耜爲耦；〔三七〕一耦之伐，廣尺，深尺，謂之甽；〔三八〕田首倍之，廣二尺深二尺，謂之遂。古者耜一金，兩人併發之。其壟中曰甽，甽上曰伐。〔三九〕伐之言發也。甽，甽也。今之耜，岐頭兩金，象古之耦也。田，一夫之所佃百畝，方百步地。遂者，夫間小溝，遂上亦有徑。○之甽，古犬反。之隧，音遂，本又作遂。併發，步頂反。甽也，古犬反，與甽同，古今字也，劉古善反。所佃，音田，又音電。

「耜廣」至「之遂」　云耜謂耒頭金，〔四〇〕金廣五寸。耒面謂之庛，庛亦當廣五寸。云「二耜爲耦」者，二人各執一耜，若長沮、桀溺耦而耕。此兩人耕爲耦，共一尺，一尺深者，謂之甽。甽上高土謂之伐，伐，發也，以發土於上，故名伐也。此二人雖共發一尺之地，未必並發。知者，孔子使子路問津於長沮，長沮不對，又問桀溺。若並頭共發，不應别問桀溺，明前後不並可知。雖有前後，其甽自得一尺，不假要並也。

注「古者」至「有徑」　鄭云「古者耜一金」者，對後代耜岐頭二金者。云「兩人併發之」者，謂共爲一甽，謂二人並頭也。云「今之耜岐頭」者，至後漢，用牛耕種，故有岐頭兩脚耜，今之猶然也。〔四一〕但以牛種用二耜，則甽下布種，與古異也。云「田，一夫之所佃百畝，方百步地」者，遂人云：「夫一廛，田百畝。」彼雖爲溝洫法，一夫則與此同也。云「遂者，夫間小溝，遂上亦有徑」者，案遂人云：「夫間有遂，遂上有徑。」彼溝洫法，此井田法，雖不同，遂在夫間，遂上有徑則同。故云亦有徑也。案彼鄭云：「以南畝圖之，遂縱溝橫，洫縱澮橫，九澮而川周其外。」以彼遂在夫間，故以南畝，遂則縱矣。此井田，云田首倍之爲遂，以南畝圖之，遂即横也。

九夫爲井，井間廣四尺，深四尺，謂之溝；方十里爲成，成間廣八尺，深八尺，謂之洫；方百里爲同，同間廣二尋，深二仞，謂之澮。此畿內采地之制。

九夫爲井，井者，方一里，九夫所治之田也。采地制井田，異於鄉遂及公邑。三夫爲屋，屋，具也。一井之中，三屋九夫，三三相具，以出賦税。共治溝也。方十里爲成，成中容一甸，甸方八里出田税，緣邊一里治洫。方百里爲同，同中容四都，六十四成，方八十里出田税，緣邊十里治澮。采地者，在三百里、四百里、五百里之中。載師職曰：「園廛二十而一，近郊什一，遠郊二十而三，甸稍縣都皆無過十二。」謂田税也，皆就夫税之輕近重遠耳。滕文公問爲國於孟子，孟子曰：「夏后氏五十而貢，殷人七十而莇，(四二)周人百畝而徹，其實皆什一。徹者，徹也；莇者，藉也。龍子曰：『治地莫善於莇，莫不善於貢。』貢者，校數歲之中以爲常。」文公又問井田，孟子曰：「請野九一而莇，國中什一使自賦。卿以下必有圭田，圭田五十畝；餘夫二十五畝。死徙無出鄉，鄉田同井，出入相友，守望相助，疾病相扶持，則百姓親睦。方里而井，井九百畝，(四三)其中爲公田。八家皆私百畝，同養公田；公事畢，然後治私事，所以别野人也。」又曰：「詩云：『雨我公田，遂及我私。』惟莇爲有公田。由此觀之，雖周亦莇也。」魯哀公問於有若曰：「年饑，用不足，(四四)如之何？」有若對曰：「盍徹與。」曰：「二吾猶不足，如之何其徹也。」春秋宣十五年秋，初税畝。傳曰：「非禮也。穀出不過藉，以豐財也。」此數者，世人謂之錯而疑焉。以載師職及司馬法論之，周制，畿内用夏之貢法，税夫無公田。以詩、春秋、論語、孟子論之，周制，邦國用殷之莇法，制公田，不税夫。貢者，自治其所受田，貢其税穀。莇者，借民之力以治公田，又使收斂焉。畿内用貢法者，鄉遂及公邑之吏，旦夕從民事，爲其促之以公，使不得恤其私。(四五)邦國用莇法者，諸侯專一國之政，爲其貪暴，稅民無藝。(四六)周之畿內，稅有輕重。諸侯謂之徹者，通其率以什一爲正。孟子云：「野九夫而稅一，國中什一。」是邦國亦異外內之法耳。圭之言珪絜也。周謂之士田。鄭司農說以春秋傳曰「有田一成」，又曰「列國一同」。○二仞，音刃。之澮，古外反。園廛，直連反。莇，音助。校數，音教，下色主反，下此數者同。以別，彼列反。雨我，于付反。徹與，音餘。爲其，于僞反，下爲其、爲此同。藝也，音藝。其率，音律，又音類，下同。

「九夫」至「之澮」　井田之法，畎縱遂橫，溝縱洫橫，澮縱自然川橫。其夫間縱者，分夫間之界耳。無遂，其遂注溝，溝注入洫，洫注入澮，澮注自然入川，此圖略舉一成於一角，以三隅反之，一同可見矣。遂人云「夫間有遂」，以南畝圖之，則遂縱而溝橫。此不云夫間有遂，云田首倍之謂之遂，遂則橫而溝縱也。自餘洫、澮、川，依此遂溝縱橫，參之可知。但彼云「九澮而川周其外」，川則人造之，此百里有澮，澮水注入川，相去遠，故宜爲自然川也。自畎遂溝洫，皆廣深等，其澮廣二尋，深二刃，若以孔安國八尺曰刃，則澮亦廣深等。但度廣以尋，度深以刃，故別言之。若王肅依爾雅四尺曰刃，深二刃，八尺，與廣二尋不類。鄭以刃七尺淺於廣二尋二尺者，以涂爲大，故宜淺校二尺，與溝洫不得相類也。

注「此畿」至「一同」　「此畿內采地之制」者，對畿外諸侯亦制井田，與此同。云「九夫爲井，井者，方一里，九夫所治之田也」者，小司徒注：「似井字也。」云「采地制井田，異於鄉遂及公邑」者，案遂人云「夫間有遂，十夫有溝，百夫有洫，千夫有澮，萬夫有川」，方三十三里少半里，(四七)九而方一同，以南畝圖之，遂縱溝橫，洫縱澮橫，九澮而川周其外。若以九而方一同，則百里之內，九九八十一澮。此井田，則一同惟一澮，既溝澮稀稠不同，又彼溝洫法以爲貢子，就夫稅之，十一而貢。(四八)此則九夫爲井，井稅一夫，美惡取於此，不稅民之所自治，是溝洫、井田異也。小司徒注不云異於公邑者，據遂人成文。此兼云公邑者，據事實而說。云「三夫爲屋，屋，具也。一井之中，三屋九夫，三三相具，以出賦稅。共治溝也」者，一井有九夫，據南畝言之，則三夫並一屋，而三夫相具以出賦稅。井相具共治溝，〔四九〕以言三屋共一井，井間有溝，故共治溝也。云「方十里爲成，成中容一甸，甸方八里出田稅，緣邊一里治洫」者，司馬法有二法：有甸方八里，出長轂一乘；又有成方十里，出長轂一乘。言甸者，據實出稅者而言。云成者，據通治溝洫而說。爲有二種，故鄭細分計之。八里爲甸，出田稅。緣邊一里，并之則二里，治洫，以成間有洫，故使共治洫也。云「方百里爲同，同中容四都、六十四成」者，此據小司徒而言。彼經「四縣爲都」，注云：「方四十里，四都方八十里，旁加十里，乃得方百里爲一同。」今言六十四成者，據出田稅者言之，故云「方八十里出田稅，緣邊十里治澮」也。云「采地者，在三百里、四百里、五百里之中」者，據載師職而言。案彼云：「家邑任稍地，小都任縣地，大都任畺地」，是三百里外至畿五百里內。言此者，欲見三者采地之中，有此井田助法。又引載師職「園廛」之下者，欲見鄉遂及公邑之等，爲溝洫貢子法，與采地井田異。〔五〇〕云「輕近重遠耳」者，彼注云：「近者多役。」故輕稅也。滕文公問孟子「爲國」已下，至「以爲常」，皆孟子對文公之辭。自「文公又問井田」已下，至「雖周亦助」，案彼是文公使畢戰問，今以爲文公問者，畢戰，文公臣，君統臣功，亦得爲文公問也。云「夏后氏五十而貢，殷人七十而助，周人百畝而徹，其實皆什一。徹者，徹也。助者，藉也」者，並孟子對文公之辭。案彼趙岐注：「夏禹之世號后氏，〔五一〕后，君也。禹受禪於君，故夏稱后。殷、周順人心而征伐，故言人也。民耕五十畝，貢上五畝。耕七十畝，以七畝助公家。耕百畝者，徹取十畝以爲賦。雖異名而多少同，故曰皆什一也。徹，猶人徹取物。藉者，借也，猶人相借莇之者。」或有解者云：三代受地多少應同，今云夏后氏五十而貢，殷人七十，周人百畝者，據地有不易、一易、再易。并六遂上地不易，加五十畝。有四等，據授地之法。夏言五十而貢者，據一易之地，家得二百畝，常佃百畝，荒百畝，其佃百畝，常稅之，據二百畝爲稅百畝，爲五十而貢。殷人七十而莇者，據六遂上地百畝，有萊五十畝而言，百五十畝，稅一百畝，猶百畝稅七十五畝，〔五二〕舉全數言之，故云七十畝而莇也。

周人百畝而徹者，據上地不易者而言，百畝全税之，故云百畝而徹也。夏據一易之地，亦有上地不易。上地加五十畝者，殷據上地加萊，〔五三〕則亦有一易，及上地無萊者也。周言百畝而徹，則亦有上地有萊及一易者也。三代皆不言再易三百畝者，明皆有可知。以其云貢，貢子無莇法。殷人云莇，税并無貢法。周人云徹，貢莇兼有也。

云「龍子曰：『治地莫善於莇，莫不善於貢。』貢者，校數歲之中以爲常」者，案彼趙岐注：「龍子，古賢人也。言治地之賦，無善於莇者也。貢者，校數歲以爲常，類而上之，民供奉之，有易有不易，故謂貢爲莫不善之也。」孟子本爲「莫不善於貢」，今注有無「不」字者，蓋轉寫脱耳。文公又問，案彼文公使畢戰問孟子，孟子對此辭。上文公揔問爲國之法，故對莇、貢兼有此問井田之法，孟子云「請野九一而助，國中什一使自賦」者，彼注云：「九一者，井田以九頃爲數，而供什一，郊野之賦也。莇者，殷家税名，周亦用之，龍子所謂善於莇者也。〔五四〕時諸侯不行莇法，國中什一者，周禮『園廛二十而税一』，時行重賦，責之什一也。而，如也。自，從也。孟子欲請使野人如莇法，什一而税之，國中從其本賦，二十而税一，以寬之。」又云：「卿以下必有圭田，圭田五十畝，餘夫二十五畝。」注云：「古者卿以下至於士，皆受圭田五十畝，所以供祭祀。圭，絜也。上田故謂之圭田，〔五五〕所謂惟士無田，則亦不祭。言絀士無絜田也。井田之民，養公田者受百畝，圭田半之，故五十畝。餘夫者，一家一人受田，其餘老小有餘力者，受二十五畝，半於圭田，謂之餘夫也。受田者，田業多少，有上中下。〔五六〕周禮曰『餘夫亦如之』，亦如上中下之制也。王制曰『夫圭田無征』，謂餘夫圭田，皆不出征賦。時無圭田餘夫，孟子欲令復古，所以重祭祀利民之道也。」

云「死徙無出鄉」，注云：「死，謂葬也。徙，謂變土易居，〔五七〕平肥磽也。不出其鄉，易爲功。」云「鄉田同井，出入相友，守望相助，疾病相扶持，則百姓親睦」，注云：「同鄉之田，共井之家，各相勞也。出入相友，相友偶也。〔五八〕周禮大宰：『八曰友，以任得民。』守望相助，助察姦也。疾病相扶持，扶持其羸弱也。救其困急，皆所以教民相親睦之道。睦，和也。」但鄉遂爲溝洫法，而云「鄉田同井」者，此謂殷之助法，雖鄉亦爲井田，故云鄉田同井，以其孟子雜説三代故也。云「方里而井，井九百畝，其中爲公田。八家皆私百畝，同養公田。公事畢，然後治私事，所以別野人也」，注云：「方一里者，九百畝之地也，爲一井。八家各私得百畝，同共養其公田之苗。公田八十畝，其餘二十畝，以爲廬宅園圃，〔五九〕家二畝半也。『先公後私，『遂及我私』之義也。則是野人之事，所以別於士伍者也。」云鄭所引孟子證井田之法，則卿已下必有圭田及餘夫。其文既間在井田之中，則二者亦爲井田之法，故引之也。云「又曰詩曰」至「亦助也」，案彼是上文孟子對滕文公爲國之法，今退在此者，詩是周井田之法，故引之在下也。云「雖周亦助」者，是周兼夏、殷助貢也。云魯哀公，論語文。案彼注，「二」，謂十二而税，但哀公已行十二而税，有若亦知哀公十二，故抑之使從十一之正。而云「盍徹」，盍，何不也。徹，通也。謂十一之通税。哀公憂國，有若憂民故也。春秋者，〔六〇〕宣公欲厚斂，棄中央一夫之公田，就八家之私田以取之，故譏厚斂也。云「穀出不過藉」者，藉即借也，借民力所治公田是也。云「此數者，世人謂之錯」者，論語、孟子、春秋與詩，文義不同，故世人謂之錯而疑焉。云「以載師職及司馬法論之，周制，畿内用夏之貢法，税夫無公田」者，以世人疑之爲錯，故鄭以諸文辨之。案載師職云，從「國中園廛二十而一」及「甸、稍、縣、都無過十二」，皆據鄉遂，及四等公邑，皆用夏之貢法。云司馬法者，案左氏，〔六一〕杜、服所引司馬法云：「甸方八里，出長轂一乘。」鄭注論語引司馬法云：「成方十里，出長轂一乘。」鄭注小司徒引司馬法「成方十里，士十人，徒二十人」。並據郊遂之外及采地法，未見鄭所引證周之畿内之事，而云以司馬法論，必論周之畿内用夏之貢法者，但彼司馬法必論周之畿内用夏之貢法，非鄭虚言，但餘儕所不見耳。〔六二〕云「以詩、春秋、論語、孟子論之，周制，邦國用殷之莇法，制公田，不税夫」者，詩云「雨我公田」，公田是莇法。春秋「初税畝」，亦是莇法。論語云「盍徹乎」，徹是天下之通法，亦莇法也。孟子荅畢戰井田，引詩爲證，亦周之莇法。故揔云莇法不税夫也。云「貢者，自治其所受田，貢其税穀。莇者，借民之力以治公田」者，鄭重釋夏貢殷莇之事，皆取孟子爲義也。云「畿内用貢法者」至「恤其私」者，鄉遂公邑之内，皆鄰里比閭等治民之官，旦夕

從民事，因此促之，使先治公田，故不得恤其私。故爲貢法，不得有公田也。云「邦國用助法，諸侯專一國之政，爲
其貪暴，稅民無藝」者，藝，謂準法。宣公初稅畝，就井田上取民之所自治況爲貢法，有何準法，故爲井田，不爲貢
也。「周之畿内，稅有輕重」者，鄭云近者多役，故輕其稅。云「諸侯謂之徹者，通其率以什一爲正」者，謂郊外用
助，郊内用貢，故引孟子云「野九夫而稅一，國中什一」。此云野九夫而稅一，即彼云請野九一而助。此云國中什
一，即彼云國中什一使自賦。云九一而助者，一井九夫之地，四面八家各自治一夫，中央一夫，八家各治十畝，八
家治八十畝入公，餘二十畝，八家各得二畝半，以爲廬宅、井竈、葱韭，是十外稅一也。國内，據民住在城中，其地
即在郊内。郊外鄉遂之民，爲溝洫，爲貢法，言十一，亦十外稅一者也。漢書食貨志既有井田饒民二畝半之事，是
以宋均注樂緯、何休注公羊、趙岐注孟子，皆饒民。〔六三〕詩云「倬彼甫田，歲取十千」，〔六四〕鄭云：「井稅一夫，其田
百畝；通稅十夫，其田千畝。成稅百夫，其田萬畝。」不言饒民者，以經云「歲取十千」，校一成之内，舉全數而言，
鄭亦順經從整數而說，其實與諸家不殊也。云「邦國亦異外内」者，上云幾内畿外，據天子摠天下大判而言。此既
引孟子野與國中不同，是細而分之，邦國亦倣天子異外内也。云「圭之言珪絜也」者，謂有珪絜之德也。云「周謂
之士田」者，即載師「士田」是也。先鄭引春秋者，有田一成，〔六五〕事在哀元年，彼夏后相爲澆所滅，其子少康，奔虞
思爲庖正，有田一成，有衆一旅。據一成之地，有九百夫，宫室塗巷，三分去一，餘六百夫。上地家百畝，中地家二
百畝，下地家三百畝，通率三家受六夫之地，則一成六百夫，定受地有三百家。而云「有衆一旅，五百家」者，據上
地多，家亦多也。又曰「列國一同」者，事在襄二十五年。彼鄭子産適晉獻捷，晉人責之，何故侵小，子産對曰：
「昔天子之地一圻，列國一同，自是以衰，今大國多數圻矣。若無侵小，何以至焉？」是也。引之者，證經成與同之
事也。貢稅之法，古來皆什一，故孟子説三代，而云其實皆什一。是以公羊傳云：「古者什一而藉，多乎什一，大桀
小桀」，注云：「奢泰多取於民，比於桀也。」「寡乎什一，大貉小貉」，注云：「蠻貉無社稷、宗廟、百官、制度之費，稅

薄。什一者，天下之中正也。」「什一而行，頌聲作矣。」注云：「聖人制井田之法，而口分之，一夫一婦，受田百畝，以養父母妻子。五口爲一家，公田十畝，即所謂什一而税也。廬舍二畝半。〔六六〕凡爲田一頃十二畝半，八家而九頃，共爲一井，故曰井田。」孟子又云：「白圭曰：『吾欲二十而取一，何如？』孟子曰：『子之道，貉道也。欲輕之於堯舜之道者，大貉小貉也。欲重之於堯舜之道者，大桀小桀也。』」率指言先王。案典籍，萬世可道，什一供貢，下富上尊。〔六七〕若然，自古以來，貢與莇皆不得過什一者也。

專達於川，各載其名。達猶至也。謂澮直至於川，復無所注入。載其名者，識水所從出。

注「達猶」至「從出」　上澮水所入，更無注入，故云「直至於川」。〔六八〕云「識水所從出」者，據澮水出注入川處。諸澮既多，當各記水所出之處，著其名，使人言有所稱謂者也。

凡天下之地埶，兩山之閒必有川焉，大川之上必有涂焉。通其壅塞。〔六九〕○通雍，於勇反。

注「通其壅塞」　此言同閒有澮，澮水入川，其川是自然而有，又非平地而出，必因山閒有之。又大川不可輒越，巡川必當有涂，地勢然也。言「通其壅塞」者，川與涂皆是通其壅塞也。

凡溝逆地防，謂之不行；水屬不理孫，謂之不行。溝謂造溝。防謂脉理。屬讀爲注。孫，順也。不行謂決溢也。禹鑿龍門，播九河，爲此逆防與不理孫也。○地防，音勒。水屬，讀爲注，之樹反。理孫，音遜，注同。

注「溝謂」至「孫也」 經言「凡溝」，注云「謂造溝」，則此溝非謂廣深四尺在田間者。下云「梢溝三十里而廣倍」，當是人所造溝瀆引水者。故此鄭引鑿龍門播九河爲證，既不得逆地防，不理遜，水不行，當依地防理一順行，〔七〇〕水乃可爲之川也。禹鑿龍門播九河，事見尚書禹貢。

梢溝三十里而廣倍。謂不墾地之溝也。鄭司農云：「梢讀爲桑螵蛸之蛸。〔七一〕蛸謂水漱齧之溝。故三十里而廣倍。」〇梢溝，劉音簫，〔七二〕注蛸一音色交反。螵蛸，婢遥反。

注「謂不」至「廣倍」 此溝雖是不墾地之溝，與上異，亦是非田間者也。必使三十里得廣倍者，亦謂地勢而爲之，使水梢溝，故得三十里而廣倍也。先鄭云「梢讀爲桑螵蛸之蛸，蛸謂水漱齧之溝」，上云「梢其藪」，亦讀從螵蛸之蛸，同是梢齧之義，故同讀從之也。

凡行奠水，磬折以參伍。坎爲弓輪，水行欲紆曲也。鄭司農云：「奠讀爲停，〔七三〕謂行停水，溝形當如磬，直行三，折行五，以引水者疾焉。」〇奠水，音亭。磬折，之設反，〔七四〕後放此。

注「坎爲」至「疾焉」 言凡行停水者，水去遲，似停住，上由川直故也。〔七五〕是以曲爲之，〔七六〕因其曲勢，則水去疾，是以爲磬折以參伍也。云「坎爲弓輪」者，説卦文，謂坎所以行水，如弓輪，則水疾，〔七七〕故云「行水欲紆曲也。」

欲爲淵，則句於矩。大曲則流轉，流轉則其下成淵。

注「大曲」至「成淵」 凡川溝，欲得使教淵之深，當句曲於矩，使水勢到向上句曲尺，則爲廻漻，自然深爲淵，驗今皆然也。

凡溝必因水埶，防必因地埶。善溝者水漱之，善防者水淫之。漱，猶齧也。鄭司農云：「淫讀爲廞，謂水於泥土，留著助之爲厚。」玄謂淫讀爲淫液之淫。○爲廞，許金反。水漱，色救反，前注同。水淤，於據反。留著，直略反。淫液，音亦。

注「漱猶」至「之淫」　先鄭讀淫爲廞者，周禮之内云「廞」者，先鄭皆爲「淫」，淫爲陳，故此讀淫爲廞。先鄭餘處淫、廞既爲陳，於此不得爲淤泥解之，故後鄭不從也。是以後鄭以淫液之淫爲義，謂以淤泥淫液使厚也。

凡爲防，廣與崇方，其閷參分去一。崇，高也。方猶等也。閷者，薄其上。○其閷，色界反，劉又色例反，注下同。去一，起吕反。

注「崇高」至「其上」　凡爲堤防言廣與高等者，假令堤高丈二尺，下基亦廣丈二尺。云「其閷參分去一」者，三四十二，上宜廣八尺者也。

大防外閷。又薄其上，厚其下。

注「又薄」至「其下」　此文承上參分去一而云外閷，故云又薄其上，厚其下。雖不知尺數，但知三分去一之外，更去也。

凡溝防，必一日先深之以爲式。程人功也。溝防，爲溝爲防也。

注「程人」至「防也」　「程人功」者，將欲造溝防，先以人數一日之中所作尺數，是程人功法式，後則以此功程，賦其丈尺步數。言「深」者，謂深淺尺數，故下云「已爲式」，然後可以傅衆力。

里爲式，然後可以傅衆力。「里」讀爲「已」，聲之誤也。○里爲式，里讀爲已音，以出注。傅衆，音附。傅謂付之。

注「里讀」至「誤也」　必破「里」爲「已」者，里則於義無取，爲已則於義合，故從已也。

凡任，索約大汲其版，謂之無任。故書汲作「没」，杜子春云：「當爲汲。」玄謂約，縮也。汲，引也。築防若牆者，以繩縮其版。大引之，言版橈也。版橈，築之則鼓，土不堅矣。詩云：「其繩則直，縮版以載。」又曰：「約之格格，椓之橐橐。」○格格，音各。椓之，丁角反。橐橐，音託。

注「故書」至「橐橐」　引詩云「其繩則直，縮版以載」者，此大雅緜之篇文也。又曰「約之格格，椓之橐橐」者，謂斯干美宣王之詩。言築室百堵之時，有此約椓之事。彼注云：「格格，猶歷歷也。橐橐，用力也。」引之者，證索約，約亦繩縮之事也。

葺屋參分，瓦屋四分。各分其脩，以其爲峻。○葺屋，七入反，劉音集，又子入反。

注「各分」至「爲峻」　葺屋，謂草屋，草屋宜峻於瓦屋。云「各分其脩，以其一爲峻」者，案上堂脩二七言之，則此注脩，亦謂東西爲屋。則三分，南北之間尺數，取一以爲峻。假令南北丈二尺，草屋三分，〔七八〕取四尺爲峻，瓦屋四分，取三尺爲峻也。

囷、窌、倉、城，逆牆六分。〔七九〕逆猶卻也。築此四者，六分其高，卻一分以爲䋄。囷，圜倉。穿地曰窌。○囷，丘貧反。窌，劉古孝反，依字當爲窖，作窌，假借也。

注「逆猶」至「曰窌」　地上爲之，方曰倉，圜曰囷，穿地曰窌。卻牆六分者，六分其高，去一以爲䋄。假令高丈二尺，下厚四尺，則於上去二尺爲䋄，上惟二尺。其囷倉城，地上爲之，須爲此殺。其窌入地，亦爲此䋄者，〔八〇〕雖入地，口宜寬，則牢固也。

堂涂十有二分。謂階前，若今令甓裓也。〔八一〕分其督旁之脩，以一分爲峻也。爾雅曰：「堂涂謂之陳。」○令甓，上音零，下薄歷反。爾雅云：「瓴甋謂之甓。」郭璞云：「今甎甋。」裓也，音階。

注「謂階」至「之陳」　鄭云「若今令甓裓也」者，漢時名堂涂爲令甓裓。令甓則今之塼也。裓則塼道者也。云「分其督旁之脩」者，名中央爲督。督者，所以督率兩旁。脩，謂兩旁上下之尺數。假令兩旁上下尺二寸，則取一寸於中央爲峻。峻者，取水兩向流去故也。〔八二〕引爾雅者，釋宫文。即詩云「彼何人斯，胡逝我陳」，言涉堂涂。引之，證陳與此堂涂爲一也。

竇其崇三尺。宫中水道。○竇其，音豆。

注「宫中水道」　言爲竇通水，高不得過此。案禮記儒行云「蓽門圭竇」，〔八三〕則此竇一也。

牆厚三尺，崇三之。高厚以是爲率，足以相勝。○相勝，音升。

注「高厚」至「相勝」　云「高厚以是爲率」者，高恒兩倍於厚，不要厚三尺高九尺。〔八四〕假令厚六尺，高丈八尺，皆依此法，故云以是爲率，足以相勝也。

校勘記

〔一〕置槷以縣　「槷」，原作「埶」，據阮本改，下同。

〔二〕其端則東西正也　諸本同，岳本「則」作「在」，當是。

〔三〕既則爲規測景兩端之内規之規之交乃審也　阮本同，阮校云，此本及閩本疏中引注作「規交乃審也」，「之」字蓋涉上衍。

〔四〕既則爲規測景兩端之内規之規之交　阮本無下「之」字。

〔五〕於夏日至中漏半　阮本同，浦鏜云「晝」訛「中」。

〔六〕日中景最短者也者　阮校云，當作「云日中之景最短者也者」，脱「之」字。

〔七〕是爲轍廣　阮校云，説文無「轍」，當作「徹」。

〔八〕車從中先鄭云　阮本「先」作「央」，屬上句，是也。

〔九〕與天子二朝皆居一夫之地　「二」，阮本同，浦鏜云「三」誤「二」，董本正作「三」，是也。

〔一〇〕言假令以此堂云二七約之　「七」，原作「士」，據阮本改，下「堂廣十七步半」同。

〔一一〕土室於中央　「土」，原作「主」，據婺、建、岳、阮本改。

〔一二〕故知五室象五行也　「故」，原作「詃」，不體，據阮本改。

〔一三〕夏人卑宫室　「人卑」，元、閩、闆、阮本作「后氏」，疑作「人卑」是。

〔一四〕當一尺之堂爲九等階　「當」，監、毛、殿本同，元、閩、闆、阮本作「故」，疑作「當」是。

〔一五〕入自闈門　「闈」，原作「闡」，不體，據阮本改。

〔一六〕證此經門堂爲塾之義也　「堂」，原作「室」，據阮本改。

〔一七〕復廟重檐　阮本「檐」下有「屋」字，衍。

〔一八〕東西九筵　于鬯云，「九筵」當作「九仞」。

〔一九〕故所合理廣也　盧文弨曰，「合」疑「含」之誤。

〔二〇〕謂室中坐時凴几　「几」，原作「凡」，據阮本改。下「無几無筵」亦同。

〔二一〕涂有三道　「涂」，原作「徐」，據阮本改。

〔二二〕依爾雅宫猶室室猶宫者　阮本脱「雅」字。

〔二三〕云廟中之門曰闈門者　「者」，原作「有」，據阮本改。

〔二四〕外與六鄉之教　「鄉」，原作「卿」，據阮本改。

〔二五〕九雉亦謂九丈　阮本「九」上有「謂」字。

〔二六〕其脊高五丈　阮本「脊」作「呇」，不體，疑誤。

〔二七〕鄭以浮思解隅者　惠校本、閩、阮本同，監、毛本「解」改「釋」。

〔二八〕度高以高長以長　阮本下「高」字下有「度」字，是也。

〔二九〕則惟據大都而言　阮本「惟」作「推」，誤。

〔三〇〕據諸侯而言　阮本「據」作「按」。

〔三一〕直云王子其言略　阮本同。浦鏜云，「王子」下當脱「弟」字。

〔三二〕故宫隅門阿皆三丈也　閩、監、毛、殿本同，元、正、閩、阮「隅」字重，疑誤。

〔三三〕侯伯之城高三雉　阮本「三」作「二」，疑誤。

〔三四〕隱元年服注云　孫詒讓云，「云」字疑衍。

〔三五〕其天子及公城與此匠人同　「城與此」，阮本作「此與城」，疑誤。

〔三六〕大夫不臺門　「不」，原作「下」，據阮本改。

〔三七〕耜廣五寸二耜爲耦　説文引周禮作「枱廣五寸，二枱爲耦」。

〔三八〕廣尺深尺謂之甽　段玉裁曰，今説文「古文く」當作「籀文く」。「く」者古文也，「甽」者籀文也，「畎」者小篆也，く、巜皆古文。

〔三九〕畂上曰伐　諸本同。漢讀考「上」作「土」，云「各本譌」。

〔四〇〕云耜謂耒頭金　諸本同。阮本「謂」作「爲」。

〔四一〕今之猶然也　阮校云，惠校本無「之」，漢制考同，此衍。

〔四二〕殷人七十而莇　「莇」，余、嘉靖、阮本同，建、岳本作「助」，婺、閩本及此本「莇」、「助」錯見。孫詒讓云，莇，孟子作「助」，説文耒部作「耡」，莇即耡之俗。

〔四三〕方里而井井九百畝　建、岳、阮本同，婺、嘉靖本「井」字不重。疏引注同，不更出校。

〔四四〕年饑用不足　余、嘉靖本「饑」作「飢」，誤。

〔四五〕使不得恤其私　「恤」，原作「卹」，據阮本改。

〔四六〕税民無藝　阮校云，釋文作「埶也，音藝」，今本「埶」改「藝」，脱「也」，非。

〔四七〕方三十三里少半里　「三」，原作「二」，據阮本改。

〔四八〕又彼溝洫法以爲貢子就夫税之十一而貢　阮本同。浦鏜云「子」當「止」字誤。汪文臺云，「子」字不誤，當屬上文。子者細小之稱，溝洫法以十税一，故曰「貢子」，一對十爲子也。鄭司農小宰注稱責爲貸子，疏云貸而生子，亦此義。下文兩云「貢子」可證。

〔四九〕井相具共治溝　元、正、閩、閩，阮本「井」作「并」，疑作「井」是。

〔五〇〕爲溝洫貢子法與采地井田異　阮本同。浦鏜云，「子」當「之」字誤。浦説非，説詳上。

〔五一〕夏禹之世號后氏　「后」，原作「向」，據阮本改。

〔五二〕猶百畝税七十五畝　阮本「百」作「五」，誤。

〔五三〕殷據上地加萊　阮本「加」作「如」，誤。

〔五四〕龍子所謂善於莇者也　盧文弨曰，孟子注作「莫善」，此脱「莫」。

〔五五〕上田故謂之圭田　「上」，元、閩、閩本同，監、毛、殿、阮本作「士」。盧文弨曰，孟子注作「上田」。

〔五六〕田業多少有上中下　盧文弨曰，孟子注作「田萊」，此誤。

〔五七〕徙謂變土易居　阮校云，惠校本「變」作「爰」。盧文弨曰，元本孟子作「爰土」。孟康注漢書地理志「轅田」云，「三年爰土易居，古制也」。「爰」亦訓易，今本孟子作「受」，訛。

〔五八〕相友偶也　盧文弨曰，孟子注「偶」作「耦」。阮校云，耦者今字，偶者假借字。

〔五九〕以爲廬宅園囿　盧文弨曰，孟子注作「園圃」。

〔六〇〕春秋者　元、正、閩本同，監、毛、殿、阮本「者」作「譏」。

〔六一〕案左氏　閩、監、毛、殿本同。正、閩、阮本「案」作「辨」。

〔六二〕但餘儕所不見耳　孫詒讓云「餘」當作「余」。

〔六三〕趙岐注孟子皆饒民　阮本脱「注」字。阮校云，當作「趙岐注孟子，皆同饒民之説」。

〔六四〕歲取十千　阮本「千」作「于」，誤，下同。

〔六五〕有田一成　阮本無「有」字。

〔六六〕廬舍二畝半　「二」，原作「三」，據阮本改。

〔六七〕率指言先王案典籍萬世可道什一供貢下富上尊　阮本「道」作「通」。惠校本作「章指言先王按典禮萬世可遵」。「遵」與「尊」韻，此誤。阮校云，此章指在「白圭欲二十取一」章。今本作「先王典禮，萬世可遵」。

〔六八〕故云直至於川　阮本「直」作「專」，疑非。

〔六九〕通其壅塞　阮本同。阮校云，釋文「通雍，於勇反」，此衍「其」，「雍」改「壅」，非。

〔七〇〕當依地防理一順行　元、正、閩、闔、阮本無「一」字，疑衍。

〔七一〕梢讀爲桑螵蛸之蛸　諸本同。阮校云，釋文出「螵蛸」二字，疏云上「梢其藪」，亦讀從「螵蛸」之蛸，蓋此處無「桑」字。漢讀考作「讀如」。

〔七二〕梢溝劉音簫　「簫」，徐本、盧本及阮本作「蕭」。

〔七三〕奠讀爲停　諸本同。阮校云，余本「停」刊去「亻」旁，是也，説文有「亭」無「停」。

〔七四〕折之設反　「之」原作「乏」，據徐本、盧本及阮本改。

〔七五〕似停住上由川直故也　「上」，阮本作「止」，屬上讀。

〔七六〕是以曲爲之　監、毛、殿本同，元、正、閩、闔、阮本脱「之」字。

〔七七〕如弓輪則水疾　阮本「輪」字重。

〔七八〕草屋三分　「三」，原作「二」，據阮本改。

〔七九〕囷窌倉城逆牆六分　于鬯云，鄭本此處實無「牆」字。

〔八〇〕亦爲此網者　「者」，原作「智」，據阮本改。

〔八一〕謂階前若今令甓裓也　「甓」，釋文、婺、建、余、岳本同，嘉靖本作「辟」。阮校云，漢制考引此注及釋文作「令甓裓」，引疏作「令辟裓」，是賈本作「辟」也，古「甓」字多作「辟」，今金石猶有存者，與嘉靖正合。

〔八二〕取水兩向流去故也　「取」，原作「争」，據阮本改。

〔八三〕案禮記儒行云「蓽門圭窬」　孫詒讓云，「窬」，儒行作「窬」，左傳襄十年乃作「窬」。

〔八四〕不要厚三尺高九尺　孫詒讓云，「要」疑「定」之誤。

車人之事，半矩謂之宣，矩，法也。所法者，人也。人長八尺而大節三：頭也，腹也，脛也。以三通率之，則矩二尺六寸三分寸之二。頭髮皓落曰宣。〔一〕半矩，尺三寸三分寸之一，人頭之長也。柯欘之木頭取名焉。易巽爲宣髮。○謂之宣，如字，本或作寡，亦作宣。脛也，户定反。皓落，胡老反，本或作顥，音同。劉作皓，音灰。柯欘，古阿反。

注「矩法」至「宣髮」　言「車人之事」，謂車人爲造車之事，此與下爲揔目也。云「半矩謂之宣」者，以下文取此宣爲尺度，故先定宣之長短，如上「十分寸之一謂之枚」之類也。知「所法者，人也」者，以易云「巽爲宣髮」，則人頭名宣。又見下云「一柯有半謂之磬折」，與人帶已下四尺半爲磬折同，故知法人也。「人長八尺」已下，鄭欲推出宣之長短之數，以人長八尺，三分之，六尺各得二尺。其二尺又取尺八三分之，各得六寸。又以二寸，寸爲三分，爲六分，三分之，各三分寸之二，故云頭也，腹也，脛也。以三通率之，則二尺六寸三分寸之二也。云「頭髮皓落曰宣」者，以得謂宣去之義，人髮皓白則落墮，故云此者，解頭名宣意也。〔二〕云「半矩，尺三寸三分寸之一，人頭之長也」者，矩既二尺六寸三分寸之二，故減半爲人頭之長，有此數也。云「柯欘之木頭取名焉」者，下云「一宣有半謂之欘，一欘有半謂之柯」，柯欘皆從宣上取數，故云頭取名焉。頭取名焉，猶言取名於頭也。〔三〕云「易曰巽爲宣髮」者，案説卦云：「其於人爲宣髮。」注：「宣髮，取四月靡草死，髮在人體，猶靡草在地。」今易文不作「宣」作「寡」者，蓋宣寡義得兩通，故鄭爲宣不作寡也。引之者，證宣爲頭意也。

一宣有半謂之欘，欘，斲斤，柄長二尺。〔四〕爾雅曰：「句欘謂之定。」○之欘，張玉反，爾雅「句欘謂之定」，郭云斫也。句欘，音劬，又音淭。〔五〕之定，丁甯反，或音如字。

注「欘斲」至「之定」 一宣有半，得長二尺者，以一宣尺三寸三分寸之一，取半添之，一尺得五寸，三寸每寸三分得九分，并前一分爲十分，取半得五分，三分爲一寸，餘二分，摠爲六寸三分寸之二，〔六〕添前尺三寸三分寸之一，爲二尺也。「斲斤」即爾雅「句」一也。彼云「句欘謂之定」，〔七〕故知此欘，斲斤柄也。

一欘有半謂之柯，伐木之柯，〔八〕柄長三尺。詩云：「伐柯伐柯，其則不遠。」鄭司農云：「蒼頡篇有柯欘。」

注「伐木」至「柯欘」 知「長三尺」者，以其欘長二尺，云「一欘有半」，故知三尺。引詩者，伐柯詩之文也。先鄭引蒼頡者，蒼頡造文字，有篇名蒼頡。云「柯欘」，並是柄也。

一柯有半謂之磬折。〔九〕人帶以下四尺五寸。磬折立，則上俛。玉藻曰：「三分帶下，紳居二焉。」紳長三尺。○上俛，音免。

注「人帶」至「三尺」 此據人之所立磬折之儀。以上有宣及欘柯之長短，故因解人立磬折淺深也。〔一〇〕又下文造耒，亦以磬折之，故云之也。〔一一〕云「一柯有半謂之磬折」，據紳帶以下而言也。引玉藻者，案彼子游曰：「參分帶下，紳居二焉。」鄭注云：「三分帶下而三尺，〔一二〕則帶高於中也。」以其人長八尺，中則四尺，今云三分帶下，紳居二分，明帶上有一分，上三尺半，是帶下有四尺半可知也。

車人爲耒，庛長尺有一寸，中直者三尺有三寸，上句者二尺有二寸。鄭司農云：「耒謂耕耒。庛讀爲其顙有疵之疵，謂耒下岐。」玄謂庛讀爲棘刺之刺。刺，耒下前曲接耜。○耒，力對反，劉音誄，或良水反。庛，依注音刺，七賜反，李又似斯反。顙疵，似斯反。

「車人」至「二寸」 此車人既爲車，因使爲耒之田器也。庛者，耒之面。但耒狀若今之曲枚柄也。面長尺有一寸。

云「中直」者，〔一三〕謂手執處爲句，故謂庛上句下爲中直者，三尺有三寸也。「句」者，謂人手執之處，二尺有二寸也。

注「鄭司」至「接耜」　先鄭云「『庛』讀爲『其顙有疵』之『疵』」者，俗人謂顙額之上有疵病，故從之也。云「謂耒下岐」者，古法，耒下惟一金，不岐頭。先鄭云「耒下岐」，據漢法而言。其實古者耜不岐頭，是以後鄭上注亦云「今之耜岐頭」，明古者耜無岐頭也。「玄謂庛讀爲棘刺之刺」者，以其入地，故讀從刺也。云「刺，耒下前曲接耜」者，耜，謂耒頭金，〔一四〕故云下前曲接耜者也。

自其庛，緣其外，以至於首，以弦其內，六尺有六寸與步相中也。〔一五〕緣外六尺有六寸，內弦六尺，應一步之尺數。耕者以田器爲度宜。耜異材，不在數中。○緣其，如字，沈悅戰反。相中，如字，又丁仲反。應一步，應對之應。

「自其」至「中也」　云「自其庛，緣其外，以至於首」者，據庛下至手執句者，逐曲量之。云「以弦其內」者，據庛面至句下，望直量之，故云「以弦其內」。內，謂上下兩曲之內。云「六尺有六寸與步相中也」者，言逐曲之外，有六尺六寸，今弦其內，與步相中。中，應也，謂正與步相應。應一步之尺數。云「耕者以田器爲度宜」者，在野度以步，以人步或大或小，恐其不平，故以六尺之耒以代步，以量地也。云「耜異材，不在數中」者，未知耜金廣狹，要耒自長六尺，不通耜，若量地時，脱去耜而用之也。

堅地欲直庛，柔地欲句庛。直庛則利推，句庛則利發。倨句磬折，謂之中地。中地之耒，其庛與直者如磬折，則調矣。調則弦六尺。○利推，如字，李湯雷反。

「堅地」至「中地」　此「直庛」及「句庛」皆不六尺之度，惟中地之末合磬折者，乃六尺之度。故鄭云「中地之末，其庛與直者如磬折，則調矣」。調者，謂弦六尺，則餘句直者不合六尺可知也。

車人爲車，柯長三尺，博三寸，厚一寸有半，五分其長，以其一爲之首。首六寸，謂今剛關頭斧，柯其柄也。鄭司農云：「柯長三尺，謂斧柯，因以爲度。」

「車人」至「之首」　此車人謂造車之事。〔一六〕凡造作皆用斧，因以量物，故先論斧柄長短，及刃之大小也。

注「首六」至「爲度」　云「謂今剛關頭斧」者，漢時斧近刃，皆以剛鐵爲之，又以柄關孔，即今亦然，故舉漢法爲説也。

轂長半柯，其圍一柯有半。大車轂徑尺五寸。

注「大車」至「五寸」　鄭知此是大車者，此論轂輻牙，〔一七〕下柏車别論轂輻牙，又柏車轂長以行山，此車轂短以行澤，故知此是大車，平地載任者也。鄭知徑尺五寸者，以其圍一柯有半，四尺半，圍三徑一，故知徑一尺五寸也。

輻長一柯有半，其博三寸，厚三之一。輻厚一寸也。故書博或作搏，杜子春云：「當爲博。」〇或作搏，徒九反。

渠三柯者三。渠二丈七尺，謂罔也，其徑九尺。鄭司農云：「渠謂車輮，所謂牙。」〇謂牙，五嫁反，李五家反，下同，本或作迓。

注「渠二」至「謂牙」　云「渠二丈七尺」者，案上輻長一柯有半，兩兩相對，則九尺，尚有轂空壺中，於二丈七尺不合者，云輻長一柯有半，兩相九尺者，通計轂而言，其實輻無一柯有半也。云「所謂牙」者，謂下文云「牙圍」也。

行澤者欲短轂，行山者欲長轂，短轂則利，長轂則安。澤泥苦其大安，山險苦其大動。○大安，音泰，又菟餓反，下同。

注「澤泥」至「大動」　此釋長轂安，短轂危之事。

「行澤」至「則安」　此摠言大車、柏車所利之事。以大車在平地，并行澤，柏車山行，各有所宜也。

行澤者反輮，行山者仄輮，反輮則易，仄輮則完。故書仄爲側。鄭司農云：「反輮，謂輪輮反其木裏，需者在外。〔一八〕澤地多泥，柔也。側當爲仄。山地剛，多沙石。」玄謂反輮，爲泥之黏，欲得心在外滑。仄輮，爲沙石破碎之，欲得表裏相依堅刃。○反輮，人九反，劉音柔。仄輮，音側。則易，以豉反。耎者，人兖反。爲泥，于僞反，下同。

「行澤」至「則完」　此經言車牙所宜外內堅濡之事。

注「故書」至「堅刃」　此注後鄭增成先鄭之義。言「仄柔」者，堅者在外，柔者在內，以其取堅刃相成故也。

六分其輪崇，以其一爲之牙圍。輪高，輪徑也。牙圍尺五寸。

注「輪高」至「五寸」　輪崇九尺，六尺得一尺，三尺得五寸，故尺五寸也。

柏車轂長一柯，其圍二柯，其輻一柯，其渠二柯者三，五分其輪崇，以其一爲之牙圍。柏車，山車。輪高六尺，牙圍尺二寸。

「柏車」至「牙圍」　此柏車山行，故轂長輪崇又下，皆欲取安故也。「其輻一柯，其渠二柯者三」者，兩輻相對六尺。渠圍二柯者三，圍丈八尺，亦謂通轂空壺中，并數而言也。

注「柏車」至「二寸」　柏車，山車，對大車爲平地之車也。牙圍尺二寸者，以其輪崇六尺，五分取一，五尺取一尺，一尺取二寸，故尺二寸也。

大車崇三柯，綆寸，牝服二柯有參分柯之二，大車，平地載任之車，轂長半柯者也。綆，輪箄。牝服長八尺，謂較也。鄭司農云：「牝服，謂車箱。服讀爲負。」○綆寸，方穎反。牝服，步忍反，又扶死反，李扶緬反，服依注音負，詩音如字。輪箄，薄歷反。謂較，音角。

注「大車」至「爲負」　云「大車，平地載任之車，〔一九〕轂長半柯者也」，以其上文云轂長半柯，不言車名，故云轂長半柯者也。云「綆，輪箄」者，謂輪之四面外一寸則安。言牝服者，謂車較，〔二〇〕即今人謂之平鬲，皆有孔，內軨子於其中，而又向下服，故謂之牝服也。是以先鄭云牝服，謂車箱。服讀爲負。以衆軨所依負然也。

羊車二柯有參分柯之一，鄭司農云：「羊車，謂車羊門也。」玄謂羊，善也。善車，若今定張車。較長七尺。

注「鄭司」至「七尺」　先鄭云「羊車，謂車羊門也」者，其言無所當，故後鄭易之也。後鄭云「羊，善也。善車，若今定張車」雖舉當時漢法以曉人，漢世去今久遠，亦未知定張車將何所用，但知在宮內所用，故差小爲之，謂之羊車也。案此羊車較長七尺，下柏車較長六尺，則羊車大矣，而論語謂大車爲柏車、小車爲羊車者，以柏車皆說轂輻牙，惟羊車不言，惟言較而已，是知柏車較雖短，轂輻牙則長，羊車較雖長，轂輻牙則小，故得小車之名也。

柏車二柯。較六尺也。柏車輪崇六尺，其綆大半寸。

注「較六」至「半寸」 鄭云「柏車輪崇六尺，其綆大半寸」。知者，以大車輪崇九尺，綆一寸。此柏車輪崇六尺，三分減一。明柏車輪崇六尺三分減一，其綆亦宜三分減一，三分寸之二，三分寸之二即大半寸也。〔二一〕

凡爲轅，三其輪崇，參分其長，二在前，一在後，以鑿其鉤，徹廣六尺，鬲長六尺。鄭司農云：「鉤，鉤心。鬲，謂轅端，厭牛領者。」〇鬲長，沈於革反，劉音隔。厭牛，於甲反。

「凡爲」至「六尺」 云「凡爲轅」者，言「凡」，語廣，則柏車、大車、羊車皆在其中。輪崇雖不同，其轅當各自三其輪崇。假令柏車輪崇六尺，三之，爲轅丈八尺。大車輪崇九尺，三之，爲轅二丈七尺。但羊車雖不言輪崇，亦三之以爲轅也。「徹廣六尺」者，不與四馬車八尺者同徹。「鬲長六尺」者，以其兩轅，一牛在轅内，故狹。四馬車鬲六尺六寸者，以其一轅，兩服馬在轅外，故鬲長也。

弓人爲弓，取六材必以其時。取幹以冬，取角以秋，絲漆以夏，筋膠未聞。

注「取幹」至「未聞」 鄭知「取幹以冬」者，見山虞云：「仲冬斬陽木，仲夏斬陰木。」二時俱得斬，但冬時尤善，故月令仲冬云「日短至，伐木，取竹箭」，注云：「堅成之極時。」是知冬善於夏，故指冬而言也。云「取角以秋」者，下云「秋殺者厚」，故知用秋也。絲漆以夏者，〔二二〕夏時絲孰，夏漆尤良，故知也。「筋膠未聞」，必知六材據此六者，皆依下文而説也。

六材既聚，巧者和之。聚猶具也。○既聚，似主反，具也。

「六材」至「和之」　爲弓須此六材，故云「聚」。「巧」者，即此弓人之工者也。「和之」，謂春液角夏治筋之類是也。〔二三〕

幹也者，以爲遠也；角也者，以爲疾也；筋也者，以爲深也；膠也者，以爲和也；絲也者，以爲固也；漆也者，以爲受霜露也。六材之力，相得而足。○檍，於力反，一音意，劉又烏克反。檿桑，烏簟反。杻檍，女丑反。　箕服，音服。

注「六材」至「而足」　此一經主論六材在弓，各有所用，六材相得，乃可爲足也。

凡取幹之道七，柘爲上，檍次之，檿桑次之，橘次之，木瓜次之，荆次之，竹爲下。鄭司農云：「檍讀爲億萬之億。〔二四〕爾雅曰：『杻，檍。』又曰：『檿桑，山桑。』國語曰：『檿弧箕箙。』」

「凡取」至「爲下」　此經説弓幹善惡者也。

注「鄭司」至「箕箙」　引國語者，彼爲幽王寵褒姒以至亡國，故彼云「檿弧箕箙，寔亡周國」也。

凡相幹，欲赤黑而陽聲。赤黑則鄉心，陽聲則遠根。陽猶清也。木之類，近根者奴。○凡相，息亮反，下同。鄉心，許亮反。則遠，于万反，下遠於同。近根，附近之近。

注「陽猶」至「者奴」　此經説相幹善惡之法。

凡析幹，射遠者用埶，射深者用直。鄭司農云：「埶謂形埶。假令木性自曲，則當反其曲以爲弓，故曰審曲面埶。」玄謂曲埶則宜薄，薄則力少；直則可厚，厚則力多。○射遠，食亦反，下同。

注「鄭司」至「力多」　此説弓力多少之事。「凡析幹，射遠者用埶」者，弓弱則宜射遠，謂若夾庾之類。〔二五〕云「射深者用直」者，弓直則宜射深，謂若王弧之類也。此注後鄭增成先鄭之義，先鄭惟見隨木形埶而用之，後鄭則論厚薄力多少之法也。二鄭相兼乃具。

居幹之道，菑栗不迆〔二六〕，則弓不發。〔二七〕鄭司農云：「菑讀爲『不菑而畬』之菑。栗讀爲『榛栗』之栗。謂以鋸副析幹。迆讀爲『倚移從風』之移。謂邪行絶理者，弓發之所從起。」玄謂栗讀爲「裂繻」之裂。○菑，側巽反，又側其反，沈子巽反，劉音廁。栗，音烈，李又如字。不迆，羊氏反。不菑，側其反。畬，音餘。以鋸，音據。副析，普逼反，下星歷反。倚移，於綺反，下羊氏反，下同。邪行，似嗟反。裂繻，音須。

注「鄭司」至「之裂」　「居」，謂居處，解析弓幹之法，但菑栗皆謂以鋸剖析弓幹之時，不邪迆失理，則弓後不發傷也。先鄭云『菑』讀爲『不菑而畬』之『菑』，禮記坊記云〔二八〕「不菑畬」，此畬即耕，〔二九〕故爾雅云：「田一歲曰菑，二歲曰新田，三歲曰畬。」菑取彼義也。〔三〇〕云「栗讀爲榛栗之栗」者，詩云「樹之榛栗」，栗者，亦取破之義。「迆」讀爲「倚移從風」之「移」，讀從司馬相如上林賦云「倚移從風」。玄謂「栗」讀爲「裂繻」之「裂」者，讀從隱元年左氏傳「紀裂繻來逆女」。彼裂繻，字子帛，則爲裂破衣義。義亦與先鄭大同，皆取破義。但從裂繻之裂，勝從栗，以其栗是栗栗堅硬之意，於破義爲疏，故從裂也。

凡相角，秋閷者厚，〔三一〕春閷者薄；稺牛之角直而澤，老牛之角紾而昔。鄭司農云：「紾讀爲『抮縛』之抮，〔三二〕昔讀爲『交錯』之錯，謂牛角觕理錯也。」〔三三〕玄謂昔讀「履錯然」之錯。○秋閷，戚色黠反，劉色例反，下同。紾，劉徒展反，許慎尚展反，又徒展反，與注抮縛之抮同。角，絞縛之意。而昔，七各反，下同。抮縛，並與紾同。縛，又徒轉反。觕理，才苦反，又七奴反。錯然，七各反，李云鄭且若反。

注「鄭司」至「之錯」　上文已言幹詑，至此更宜「相角」。但以秋對春，以稺對老而言之。「秋閷者厚」，謂角厚肉少。「春殺者薄」，謂角薄肉多。稺牛之角直而澤，〔三四〕謂角直而潤澤。「老牛之角紾而錯」者，紾，謂理麤，錯然不潤澤也。先鄭云「紾」讀爲「抮縛」之「抮」者，未知讀從何文，蓋從俗讀。云「昔讀爲交錯之錯」者，讀從詩「獻酬交錯」。「玄謂昔讀履錯然之錯」者，〔三五〕讀從履卦爻辭。〔三六〕

疢疾險中，牛有久病則角裏傷。

注「牛有」至「裏傷」　以「疢疾」爲久病，故云「牛有久病」。險，傷也。中即裏。謂角裏傷也。

瘠牛之角無澤。少潤氣。○瘠牛，在亦反。

「瘠牛之角無澤」上云疢疾，謂久病，即此云「瘠」者，惟瘦瘠，〔三七〕非病，角則無潤澤也。

角欲青白而豐末。豐，大也。

注「豐大也」凡牛角善者，案下注云「本白，中青，末豐」。

夫角之本，蹙於剒而休於氣，〔三八〕是故柔。柔故欲其埶也。白也者，埶之徵也。蹙，近也。休讀爲煦。鄭司農云：「欲其形之自曲，反以爲弓。」玄謂色白則埶。○夫角，音扶，下皆同。戚於，子六反，注同，李又音促，又且六反。剒，乃老反，本又作腦。而休，音煦，下同。爲煦，況付反，劉音休，下同。

注「蹙近」至「則埶」此說角之埶也。言角之本近於剒，得和煦之氣於剒，是故柔。柔故欲其形之自曲，反是爲埶也。然可以爲弓，〔三九〕夫角色白者，則埶之徵驗也。

夫角之中，恒當弓之畏。畏也者必橈，橈故欲其堅也。青也者，堅之徵也。故書畏或作「威」，杜子春云：「當爲威。威謂弓淵。角之中央與淵相當。」玄謂畏讀如「秦師入隈」之隈。〔四〇〕○之畏，讀爲隈，烏回反，下同。

注「故書」至「之隈」此說角之堅也。子春從故書「威」，後鄭不從，而爲「隈」者，威，謂威儀，不得爲曲中，故從隈爲曲限之義。案僖二十五年秋，秦晉伐鄀，秦人過析限。鄭以爲入限。

夫角之末，遠於𠞰而不休於氣，是故脃。脃故欲其柔也。豐末也者，柔之徵也。末之大者，𠞰氣及煦之。○故脃，七歲反。

注「末之」至「煦之」　此說角欲豐末之意。云「角之末，遠於𠞰而不休於氣，是故脃。脃故欲其柔也。豐末也者，柔之徵也」，則末不豐者脃。末豐則柔，柔則不脃可知，故鄭云「末之大者，𠞰氣及煦之」。

角長二尺有五寸，三色不失理，謂之牛戴牛。三色：本白，中青，末豐。鄭司農云：「牛戴牛，角直一牛。」

「角長」至「戴牛」　[illegible]

凡相膠，欲朱色而昔。昔也者，深瑕而澤，紾而摶廉。摶，圜也。廉，瑕嚴利也。○而摶，徒丸反。

「凡相」至「摶廉」　上已相幹角，次及相膠。此云「欲朱色」，案下「鹿膠青白」已下，惟牛膠火赤，自餘非純赤，則牛膠爲善矣。「紾而摶廉」者，謂有紾理而摶圜，又廉瑕嚴利。

注「摶圜」至「利也」　膠之性段段皆摶圜也。廉瑕二者，俱是嚴利之狀。

鹿膠青白，馬膠赤白，牛膠火赤，鼠膠黑，魚膠餌，犀膠黄。皆謂煮用其皮，或用角。餌，色如餌。

注「皆謂」至「如餌」　云「煮用其皮，或用角」者，經惟鹿用皮亦用角，今人鹿猶用角，自餘皆用皮。云「餌，色如餌」者，時有餌之色，故從之也。

凡昵之類不能方。鄭司農云：「謂膠善戾。」〔四一〕故書昵或作樴，杜子春云：「樴讀爲不義不昵之昵，〔四二〕或爲䵒。䵒，黏也。」玄謂樴脂膏膱敗之膱，膱亦黏也。○凡昵，女乙反，又音職。作樴，音職。爲䵒，女乙反。爾雅云膠也。劉、沈並音刃。膱敗，音職，吕忱云膏敗也。

注「鄭司」至「黏也」 子春云「不義不昵」者，案隱元年，鄭大叔段爲不義，〔四三〕莊公曰：「不義不昵，厚將崩。」彼不昵爲不親兄，則昵爲親近不相捨離。〔四四〕後鄭以爲還從古書「樴」音，故轉爲脂膏敗膱之膱。若今人頭髮有脂膏者則謂之膱，膱亦黏也。

凡相筋，欲小簡而長，大結而澤。小簡而長，大結而澤，則其爲獸必剽，以爲弓，則豈異於其獸。剽，疾也。鄭司農云：「簡讀爲『撊然登陴』之撊。」玄謂讀如簡札之簡，謂筋條也。○必剽，芳妙反，戚芳昭反，或扶召反，後同。撊然，下板反，或胡簡反。登陴，婢支反，劉蒲佳反，又房卑反。

「凡相」至「其獸」 上已相角膠，次及相筋。言此筋之獸剽疾，爲弓亦剽疾，故云豈異於其獸也。

注「剽疾」至「條也」 先鄭云「簡」讀爲『撊然登陴』之「撊」者，讀從左氏傳也。義無所取。「玄謂讀如簡扎之簡，謂筋條也」。竹簡一片爲一扎，此筋條亦有簡別，故讀從之也。

筋欲敝之敝，鄭司農云：「嚼之當孰。」○敝之敝，婢世反，扶哲反。〔四五〕嚼之，才略反。

注「鄭司」至「當孰」 筋之椎打嚼齧，欲得勞敝，故云「嚼之當孰」也。

漆欲測，鄭司農云：「測讀爲惻隱之惻。」玄謂測讀如測度之測，測猶清也。○惻隱，本或作憄，同。測度，徒洛反。

「漆欲測」　先鄭云「測」讀爲「惻隱」之「惻」，此惻隱爲痛切之義，非漆之善狀，故後鄭以爲測度之測。測，清也，從水義，取漆爲良也。

絲欲沈。如在水中時色。

注「如在水中時色」　言「絲欲沈」，則據乾燥時色，還如在水湅之色，〔四六〕故云「如在水中時色」。

得此六材之全，然後可以爲良。全，無瑕病。良，善也。

注「全無」至「善也」　「全，無瑕病」者，幹、角、膠、筋、漆、絲六材，皆令善而無瑕病，然後爲善也。

凡爲弓，冬析幹而春液角，夏治筋，秋合三材。三材，膠、絲、漆。鄭司農云：「液讀爲醳。」○液角，音亦，下同。爲醳，音亦，劉沈音釋，下同。

注「三材」至「爲醳」　凡治弓材，各於其時。言秋合三材膠、漆、絲，則幹、角、筋須三材乃合，則秋是作弓之時，故至冬寒而定體也。鄭知三材是膠、漆、絲者，以經既言幹角及筋，六材之中惟少膠、漆、絲，故知三材謂此也。先鄭

「液」讀爲「醳」者，醳是醳酒之醳，亦是漬液之義，故讀從之也。

寒奠體，奠讀爲定。至冬膠堅，內之檠中，定往來體。○奠體，讀爲定，下同。檠中，音景。

注「奠讀」至「來體」 檠，謂弓檠。至寒膠堅而牢，故「內之檠中，定往來體」，則六弓往體來體多少者是也。

冰析灂。大寒中，下於檠中，復內之。○析灂，子召反。復內，扶又反。

注「大寒」至「內之」 十二月小寒節，大寒中，是冰盛之時，故以大寒解冰也。云「下於檠中，復內之」者，謂復如上寒奠體，〔四七〕內之於檠中相似。但上內爲定體而內，此爲析灂而內之，所爲有異，故別言也。

冬析幹則易，理滑致。○則易，以豉反。滑致，直致反，下言致同。

「冬析幹則易」 自此已下，重釋上文各以其時之意。

春液角則合，合讀爲洽。

夏治筋則不煩，煩，亂。

秋合三材則合，合，堅密也。○則合，讀爲洽。〔四八〕

寒奠體則張不流，流猶移也。

注「流猶移也」　體既定，則後用時雖張不流移，謂不失往來之體也。

冰析灂則審環，審猶定也。

注「審猶定也」　納之檠中，析其漆灂，其漆之灂環則定，後不鼓動。故冰析之也。

春被弦則一年之事。朞歲乃可用。○被弦，皮寄反。

注「朞歲乃可用」　通春被弦，則二年之事，而云一年者，據冰析灂已前爲一年，春被弦是用時，不數也。

析幹必倫，順其理也。

析角無邪，亦正之。○無邪，似嗟反。

蹶目必荼。鄭司農云：「荼讀爲舒，舒，徐也。目，幹節目。」○必荼，音舒，下同。

注「鄭司」至「節目」　案禮記學記云：「善問者如攻堅木，先其易者，後其節目。」是蹶目必徐之義也。

蹶目不荼，則及其大脩也，筋代之受病。脩猶久也。

「蹶目」至「受病」　「筋代之受病」者，以筋在弓，皆與幹爲力，(四九)必須筋幹相得。今弓幹有節目，用力不得其所，則幹不用力，故筋代幹受病，以其偏用力故也。

夫目也者必強，強者在内而摩其筋，夫筋之所由幨，恒由此作，摩猶隱也。故書筋或作薊。

鄭司農云：「當爲筋。幨讀爲『車幨』之幨。」玄謂幨，絶起也。○由幨，昌廉反，注同。

注「摩猶」至「起也」　此還重釋筋幹不得所之意。先鄭讀「幨」爲「車幨」之「幨」者，衛詩云「漸車帷裳」，昏禮亦云「婦車亦如之有裧」，〔五〇〕故讀從之。後鄭云「幨，絶起也」者，由絶起，則廉幨然也。

故角三液而幹再液。重醳治之，使相稱。〔五一〕○重醳，直龍反。稱，尺證反，下各稱同。

注「重醳治之使相稱」　或三液、再液不等者，角須三液，幹須再液，乃得相稱。

厚其帤則木堅，薄其帤則需，〔五二〕需謂不充滿。鄭司農云：「帤讀爲『襦有衣絮』之絮。〔五三〕帤謂弓中裨。」○其帤，女居反。則需，人兖反，下注罷需同。襦有，劉音須，沈音儒，本亦作繻。〔五四〕衣絮，本亦作帤，周易作袽，皆女居反。中陴，苻支反，又音卑。

注「需謂」至「中裨」　「需謂不充滿」者，需儒不進，〔五五〕故爲不充滿。謂「弓中裨」者，造弓之法，弓幹雖用整木，仍於幹上裨之，乃得調適也。

是故厚其液而節其帤。厚猶多也。節猶適也。

注「厚猶」至「適也」　多其液者，謂角幹，其裨須節適厚薄得所也。

約之不皆約，疏數必侔。不皆約，纏之徼不相次也。皆約則弓帤。侔猶均也。〔五六〕○疏數，音朔。必侔，莫侯反，或亡又反。徼不，音灼。

注「不皆」至「均也」　「約」，謂以絲膠横纏之，今之弓猶然。云不皆約，謂不次比爲之。疏數必侔，約之多少，須稀疏必均也。

斲摯必中，膠之必均。 摯之言致也。中猶均也。

「斲摯」至「必均」　斲幹厚薄，必調均爲之。施膠亦均，不得偏厚也。自此以下，説弓之隈裏施膠之事。云摩其角，謂幹不均而有高下，則摩其角。〔五七〕

斲摯不中，膠之不均，則及其大脩也，角代之受病。夫懷膠於内而摩其角，夫角之所由挫，恒由此作。 幹不均則角蹴折也。〔五八〕○由挫，子卧反。蹴折，子六反。

注「幹不」至「折也」　此揔釋經「角代之受病」，及「角之所由挫」二事者也。

凡居角，長者以次需。 當弓之隈也，長短各稱其幹，短者居簫。○之隈，烏回反。

注「當弓」至「居簫」　云「長短各稱其幹」，復云「短者居簫」，簫謂兩頭，則長者自然在隈内可知。

恒角而短，是謂逆橈，引之則縱，釋之則不校。 鄭司農云：「恒，讀爲裻絙之絙。」玄謂恒讀爲揯，揯，竟也。〔五九〕竟其角，而短于淵幹，〔六〇〕引之，角縱不用力，若欲反橈然。校，疾也。既不用力，放之又不疾。○恒角，古鄧反，又如字，下同。不校，古卯反，注及下同。爲裻，音督。絙，古鄧反，或古登反，沈又居肯反。爲揯，古鄧反。

注「鄭司」至「不疾」　竟角而短，謂施角竟滿兩畔，而上下短於隈者也。云「是謂逆橈」者，被弦引之時，以角寬而短，引之角縱，不用力，若欲反橈然，故云「引之則縱」也。「釋之則不校」者，角所以放矢，今角不用力，故釋放之不校疾也。

恒角而達，辟如終紲，〔六一〕非弓之利也。達謂長於淵幹，若達於簫頭。〔六二〕紲弓韠，角過淵接，則送矢太疾，〔六三〕若見紲於韠矣。弓有韠者，爲發弦時備頓傷。詩云「竹韠緄縢」。○辟如，音譬，下注「變辟」同，或房赤反。終紲，息列反，弓韠也。韠，音祕，又補結反。爲發，于僞反。緄，古本反，劉古冤反。縢，本又作縢，徒登反。

注「達謂」至「緄縢」　先鄭上讀爲裂繻之繻者，從俗也。此弓非直兩畔角滿，讀之爲桓角，而角又上下長於淵幹，如達於簫頭。若然，則「譬如終紲」，紲，謂弓韠，謂弓在韠中然，非弓之利。引詩云「竹韠緄縢」者，緄，繩。縢，繫約之也。以竹爲韠，發弦時，衤卑於弓之背上，又繩橫繫之，使相著。韠與弓爲力，備頓傷也。

今夫茭解中有變焉，故校；鄭司農云：「茭讀爲『激發』之激。〔六四〕茭，謂弓檠也。校讀爲『絞而婉』之絞。」玄謂茭讀如「齊人名手足掔爲骹」之骹。〔六五〕茭解，謂接中也。變，謂簫臂用力異。校，疾也。○茭，司農古歷反，鄭户卯反。解，户賣反，注同。茭讀，音交，下茭亦同。激發，古歷反。足掔，嗚唤反。骹之骹，户卯反。簫臂，如字，下文同。本或作辟，一音房赤反。

「今夫」至「故校」　記人别起義端，故言「今夫」。言「茭解中」，謂弓隈與弓簫角接之處。云「有變」者，即異也，謂弓簫與臂用力異。異者，引之則臂中用力，放矢則簫用力。既用力異，故絞，絞，謂矢去疾也。

注「鄭司」至「疾也」　先鄭讀「茭」爲「激發」之「激」者，當時有激發之語，故從俗讀之。云「茭謂弓檠也」者，此據用時，輒言弓檠，於義不合，後鄭不從之。云「絞讀爲『絞而婉』之絞」者，按昭元年左氏傳，虢之會，楚公子圍設服離衛，叔孫穆子曰：「楚公子美矣，君哉。」退會，子羽謂子皮曰：「叔孫絞而婉。」故讀從之。此後鄭增成其義。玄謂「茭」讀如「齊人名手足掔爲骹」之「骹」者，時齊人有名手足節掔間爲茭，取弓隈與簫角相接，名茭也。

於挺臂中有柎焉，故剽。挺，直也。柎，側骨。剽亦疾也。鄭司農云：「剽讀爲『湖漂絮』之漂。」〔六六〕○於挺，勑頂反，注同，或徒令反。有柎，方輔反，〔六七〕下同。爲湖，音胡。漂絮，匹妙反，下相預反。

注「挺直」至「之漂」　直臂中，正謂弓把處。「有柎焉」者，謂角弓於把處兩畔有側骨。骨堅強，所以與弓爲力，故剽疾也。先鄭云「剽讀爲『湖漂絮』之漂」者，時有此語，從俗讀之。

恒角而達，引如終紲，非弓之利。重明達角之不利。變譬言引，字之誤。○引如，引依注音譬。重明，直用反。

撟幹欲孰於火而無贏，撟角欲孰於火而無燂，引筋欲盡而無傷其力，鬻膠欲孰而水火相得，然則居旱亦不動，居濕亦不動。贏，過孰也。燂，炙爛也。不動者，謂弓也。故書「燂」或作「朕」，鄭司農云：「字從燂。」〔六八〕○撟幹，居兆反，劉枯老反，沈古了反。無燂，音潛，又音尋，或大含反。鬻膠，章呂反。

「撟幹」至「不動」　此一經，明料理幹、角、筋、膠四者，得所不得所之事。不言漆絲者，用力少，故不言也。

苟有賤工，必因角幹之濕以爲之柔。善者在外，動者在內，雖善於外，必動於內，雖善，亦弗可以爲良矣。苟，偷也。濕猶生也。○苟偷，吐侯反，或吐豆反。

「苟有」至「良矣」　此經説弓幹須外内皆善，不得外善内惡者也。

凡爲弓，方其峻而高其柎，長其畏而薄其敝，宛之無已，應。宛，謂引之也。引之不休止，常應弦，言不罷需也。峻謂簫也。鄭司農云：「敝讀爲『蔽塞』之蔽，謂弓人所握持者。」○其畏，烏回反。其敝，讀爲蔽，必世反，劉又博婿反。宛之，於阮反。已應，應對之應，注下皆同。不罷，音皮。

「凡爲」至「已應」　「方其峻」，峻，謂簫，簫宜方爲之。「而高其柎」，柎，把中，高對方，則此高者謂爲柎骨，宜高爲之，「長其限」，謂柎之上下，宜長爲之。「而薄其敝」，敝，謂人所握持，手蔽之處，宜薄爲之。有此四善，故引之無休止而應弦，故云「宛之無已」。應謂常用而不就弦也。

下柎之弓，末應將興。末猶簫也。興猶動也，發也。弓柎卑，簫應弦則柎將動。○柎卑，劉音婢。

注「末猶」至「將動」　言「下柎」者，謂把骨大下，爲之，由弓限下短，故簫應弦，則將動發也。

爲柎而發，必動於𦁝。𦁝接中。○於𦁝，色界反，劉色例反，注下同。

注「𦁝接中」　此重釋上文「末應將興」。若如上爲柎而發動，〔六九〕則接中亦動也。

弓而羽𦁝，末應將發。羽讀爲扈，扈，緩也。接中動則緩，緩簫應弦，則角幹將發。○而羽，讀爲扈，音户。

注「羽讀」至「將發」　破「羽」爲「扈」者，羽於弓義無所取，故破從扈也。必知此有緩義者，以其上文云「必動於𦁝」，故知此云羽𦁝者，當從緩𦁝。

弓有六材焉，維幹強之，張如流水；無難易也。○難易，以豉反，下同。

注「無難易也」　弓有六材，〔七〇〕惟以幹爲強者，以其幹外五材，當依幹而有，以幹爲本，故指幹爲強。「張如水流」者，以幹得所，以制五材，故張如水流無難易。無難易，則強弱得所也。

維體防之，引之中參；體，謂内之於檠中，定其體。防，深淺所止。謂體定張之，弦居一尺，引之又二尺。

注「體謂」至「二尺」　云「體謂内之於檠中，定其體」者，此亦謂内之檠中則往來體定，體定然後防之。防之者，鄭云「深淺所止」，若王弧之弓，往體寡，來體多，弛之乃有五寸，張之一尺五寸，張之一尺五寸。〔七一〕夾庾之弓，往體多，來體寡者，弛之一尺五寸，張之得五寸。唐弓、大弓，往來體若一者，弛之一尺，張之亦一尺。是防之深淺所止。云「謂體定張之，弦居一尺，引之又二尺」者，此據唐大中者而言，餘四者，弛之張之雖多少不同，〔七二〕及其引之皆三尺，以其矢長三尺，須滿故也。

維角定之，欲宛而無負弦。引之如環，釋之無失體，如環。負弦，辟戾也。負弦則不如環。如環亦謂無難易。鄭司農云：「定讀如掌距之掌，車掌之掌。」〔七三〕○定之，直庚反，或之亮反，又詩尚反，注同。沈云「或音堂」，非。辟戾，劉必亦反，衆家皆匹亦反。

注「負弦」至「之掌」　云「維角定之」，定，正也，謂置角於限中既正。云「欲宛而無負弦」者，引之弓體不辟戾故也。云「引之如環」者，亦由無負弦故也。〔七四〕云「釋之無失體，如環」者，謂放矢後無失體，得如環然。先鄭云「定」讀如「掌距」之「掌」，掌距取其正也。「車掌之掌」，謂車輢之木，亦取正也。

材美，工巧，爲之時，謂之參均。角不勝幹，幹不勝筋，謂之參均。〔七五〕量其力有三均。均者三，謂之九和。有三讀爲「又參」。量其力又參均者，謂若幹勝一石，加角而勝二石，被筋而勝三石，引之中三尺。假令弓力勝三石，引之中三尺，弛其弦，以繩緩擐之，〔七六〕每加物一石，則張一尺。故書勝或作稱，鄭司農云：「當言『稱』，謂之不參均。」〔七七〕玄謂不勝，無負也。○不勝，音升，下注同。有三，有讀爲又，三讀爲參。被筋，皮寄反。擐之，户串反，劉郭犬反。

注「有三」至「負也」 云「有三讀爲又參」者，〔七八〕以經上文已云參均，此云三均，故宜破三爲參也。〔七九〕上已二文參均，此文加一參均，當云又參均，故破「有」爲「又」也。云「量其力，又參均者，謂若幹勝一石，加角而勝二石，被筋而勝三石，引之中三尺」者，此言謂弓未成時，幹未有角，稱之勝一石。後又案角，勝二石，後更被筋，稱之即勝三石。引之中三尺者，此據幹、角、筋三者具，揔稱物三石，得三尺。若據初空幹時，稱物一石，亦三尺。更加角，稱物二石，亦三尺。又被筋，稱物三石，亦三尺。鄭又云「假令弓力勝三石，引之中三尺」者，此即三石力弓也。必知弓力三石者，當「弛其弦，以繩緩擐之」者，謂不張之，別以一條繩繫兩簫，乃加物一石，張一尺，二石，張二尺，三石，張三尺，則與前三幹角筋力各一石也。先鄭從古書爲「稱」者，欲以不稱爲不參均。後鄭不從者，此勝即彼負，此不勝即彼不負，故爲不勝解之。

九和之弓，角與幹權，筋三侔，膠三鋝，〔八〇〕絲三邸，漆三斞。上工以有餘，下工以不足。權，平也。侔，猶等也。角幹既平，筋三而又與角幹等也。鋝，鍰也。邸斞輕重未聞。○三侔，本又作桙，亦作桙，同莫侯反，侔等也。三鋝，色劣反，又音劣。三邸，丁禮反，或丁計反。

三斞，羊主反。鍰也，音環，又于卷反。

注「權平」至「未聞」　此説上九和之弓，輕重相參。不可妄爲加減之事。云「鋝，鍰也」者，尚書云「其罰百鍰」之等言鍰，此與治氏言鋝，鋝與鍰爲一物，皆是六兩大半兩也。「邸斞之輕重未聞」，經既無文，故云未聞也。

爲天子之弓，合九而成規。爲諸侯之弓，合七而成規。大夫之弓，合五而成規。士之弓，合三而成規。材良則句少也。○合九，如字，一音閤，下同。

注「材良則句少也」　此據角弓形不張而言。案下文及司弓矢，六弓爲三等，王弓弧弓，往體寡來體多，當此天子弓合九成規。唐弓大弓，往來體若一，當此諸侯弓合七成規。夾弓庾弓，往體多來體寡，當此大夫之弓合五成規。於彼六弓已盡，此別云士合三成規，則六弓之外，弊惡之弓。案大射與鄉射，大夫士同射五十步侯，又同用夾庾。無士用合三成規之弓者，〔八二〕於此言之者，六弓通弊弓有四等，故弊弓暫記士而言，其實士不用合三成規之弓也。材良則句少，據王弧及唐大已上而言也。

弓長六尺有六寸，謂之上制，上士服之。弓長六尺有三寸，謂之中制，中士服之。弓長六尺，謂之下制，下士服之。人各以其形貌大小服此弓。

「弓長」至「服之」　此以弓有長短三等，人亦有長短三等而言，取其弓與人相稱之事。此上士、中士、下士，以長者爲上士，次者爲中士，短者爲下士，皆非命士者，故鄭云「人各以其形貌大小服此弓」也。

凡爲弓，各因其君之躬志慮血氣。又隨其人之情性。

注「又隨」至「情性」 上文據人形爲弓，此據人性，故鄭云「又隨其人之情性」也。此亦與下文爲目，下别以躬與志相配而言也。躬，即身也，志慮據在心，血氣，據言與舉動也。

豐肉而短，寬緩以荼，若是者爲之危弓，危弓爲之安矢。骨直以立，忿埶以奔，若是者爲之安弓，安弓爲之危矢。言損贏濟不足。危、奔，猶疾也。骨直謂强毅。荼，古文舒假借字。鄭司農云：「荼讀爲舒。」○豐肉，如字，劉而樹反。忿埶，音勢。

注「言損」至「爲舒」 此經以下，説君之躬與志慮，弓之所宜者也。「危弓」，則夾庾弱者爲言。「安弓」，謂王弧之類强者而言。若然，危矢據恒矢，安矢據殺矢者也。言「損贏濟不足」者，言豐肉寬緩，是不足，則危弓濟之。危弓爲贏，則以安矢損之。骨直忿埶，是贏，則安弓損之。安弓是不足，則以危矢濟之。

其人安，其弓安，其矢安，則莫能以速中，且不深。故書速或作「數」，鄭司農云：「字從速。速，疾也。三舒不能疾而中，言矢行短也，中又不能深。」○中且，丁仲反，注及下同。作數，音朔。

注「故書」至「能深」 上文以安危損益，即於射事爲可。此三安而無損益，故不可。

其人危，其弓危，其矢危，則莫能以愿中。愿，慤也。三疾不能慤而中，言矢行長也。長謂過去。○以愿，音願，慤也，一音元。慤也，苦角反。

注「愿慤」至「過去」　此三危亦無損濟，故亦不可也。云「三疾不能慤而中，言矢行長也。長謂過去」者，〔八二〕危弓危矢，謂夾庾恒矢之等，皆射遠，兼人且危躁，故矢行長過去也。

往體多，來體寡，謂之夾臾之屬，利射侯與弋。射遠者用埶。夾庾之弓，合五而成規。侯非必遠，顧埶弓者材必薄，薄則弱，弱則矢不深中侯不落。大夫士射侯，矢落不獲。弋，繳射也。故書與作「其」，杜子春云：「當爲與。」○夾臾，古洽反，劉古協反，下音庾。〔八三〕利射侯，食亦反，注下除繳射、大射、小射、用射外，皆同。獲，劉胡檗反。繳射，諸若反。

注「射遠」至「爲與」　六弓兩兩相將，下文王弓不言弧弓，唐弓不言大弓，故言「之屬」。今此夾庾并言，亦云「之屬」者，夾庾雖並言，以夾庾其類非一，故亦云之屬也。云「射遠者用埶」者，謂審曲面埶，〔八四〕夾庾反張，多隨曲埶向外弱，則射遠，不能深，則近亦不深，故射近侯用之。故鄭云「侯非必遠，顧埶弓者材必薄，薄則弱，弱則矢不深中侯不落」者，謂弓射遠，以其材弱，縱射近，亦不深，故近侯矢但不落也。云「大夫士射侯，矢落不獲」者，案大射云：「中離、維綱、揚觸、梱復，君則釋獲，衆則否。」大夫士矢落侯不獲，故不得用，是唐大之等也。云「弋，繳射也」者，案司弓矢職云：「夾弓、庾弓，以授射豻侯、鳥獸者。」豻侯、鳥獸，則射侯與弋也。案彼注：「近射用弱弓，則射大侯者用王弧，射參侯者用唐大矣。」如是，君用王弧射大侯，大夫用唐大射參侯，士用夾庾射豻侯。若然，此大夫與士同用夾庾射近侯者，據天子之臣多，則三公、王子爲諸侯者射熊侯，卿大夫士同射豹侯也。若然，射七十步侯用唐大，其遠中侯亦不落也。

往體寡，來體多，謂之王弓之屬，利射革與質。射深者用直，此又直焉，於射堅宜也。王弓合九而成規，弧弓亦然。革謂干盾。質，木椹。天子射侯亦用此弓。大射曰：「中離，維綱，揚觸，梱復，君則釋獲，其餘則否。」○木椹，張林反。梱復，苦本反。

注「射深」至「則否」　言「王弓之屬」，則之屬中，弧弓及王弧之輩類也。云「利射革與質」，此即司弓矢職云：「王弓、弧弓以授射甲革椹質者。」亦一也。云「天子射侯，亦用此弓」，不言者，舉射革與質，有上文「弱弓射近」可參，故不言可知也。云「大射曰：〔八五〕中離，維綱，揚觸，梱復」，中謂中侯，離猶過也，麗也。〔八六〕維謂侯射與左右舌一幅，兩相及角，亦以綱維持之，而繫於柱。綱，謂左右舌上畔下畔，以一大綱繩，各繫於其柱上，以持侯。其綱皆出布幅一尋，謂之爲綱。「揚觸，梱復」者，矢高揚而過侯。彼注云「揚觸」者，謂中他物，揚而觸侯也。梱復，謂矢至侯，不著而還復。復，反也。如此五者，君則釋獲，其餘則否。則臣不得獲，惟中乃可釋獲。

往體來體若一，謂之唐弓之屬，利射深。射深用直。唐弓合七而成規，大弓亦然。春秋傳曰：「盜竊寶玉大弓。」

注「射深」至「大弓」　唐弓之外仍有大弓，故云「之屬」也。案司弓矢職云：「唐弓、大弓，以授學射者、使者、勞者。」此不言者，亦各舉一邊而言，兼有彼事可知。言「射深用直。唐弓合七而成規」者，則王弧之弓亦射深用直。唐大合七成規，則王弧之弓射深可知。引春秋者，定八年公羊傳文。彼以陽虎爲盜竊寶玉大弓。彼公羊云：「寶者何？璋判白，弓繡質。」引之者，證大弓同也。

大和無灂，其次筋角皆有灂而深，其次有灂而疏，〔八七〕其次角無灂。大和，尤良者也。

深，謂濺在中央，兩邊無也。角無濺，謂限裏。

「大和」至「無濺」　大和，謂九和之弓，以其六材俱善，尤良，故無漆濺也。「其次筋角皆有濺而深」者，筋在背，角在限，皆有濺。但深在其中央，兩邊無也。「其次有濺而疏」者，以上參之，此謂兩邊亦有，但疏之不皆有也。「其次角無濺」，謂限裏無濺，簫頭及背有之。

合濺若背手文。弓表裏濺合處，若人合手背，文相應。鄭司農云：「如人手背文理。」○若背，補内反，注同。

注「弓表」至「文理」　言「合濺」者，謂弓表裏濺漆相合之處，若人合手背，上文理相應。

角環濺，牛筋蕡濺，麋筋斥蠖濺。蕡，枲實也。斥蠖，屈蟲也。○角環，如字，又户串反。筋蕡，扶文反，注同。斥，音尺。蠖，枉縛反，又於郭反。枲實，絲子反。

注「蕡枲」至「蟲也」　此説弓表及弓裏濺文也。〔八八〕「角環濺」，謂限裏濺文如環然。「牛筋蕡濺」者，此説弓背用牛筋之漆，如麻子文。若用麋，其濺文如斥蠖文。云「蕡，枲實」者，枲乃牡麻無實，而云蕡，枲實，舉其類爾，若簞笥然也。「斥蠖，屈蟲」者，易云「尺蠖之屈，以求信」，是也。

和弓轂摩。和猶調也。轂，拂也。將用弓，必先調之，拂之，摩之。大射禮曰：「小射正授弓，大射正以袂順左右隈，上再下一。」○上再，時掌反。

注「和猶」至「下一」　引大射云「大射正以袂順左右隈」者，以左手横執之時，上隈向右，〔八九〕下隈向左，而上再下一拂去塵，乃授與君。〔九〇〕大射雖不言調，亦調可知也。

覆之而角至，謂之句弓。句於三體，材敝惡，不用之弓也。覆，猶察也，謂用射而察之。至猶善也。但角善，則矢雖疾而不能遠。○覆之，孚服反，注下皆同。句弓，劉九具反，沈音鉤。猶譱，音善，本又作善，下同。

注「句於」至「能遠」 此以下論弓有六材，角、幹、筋用力多，特言之。若三者全善，則爲尤良，若一善者爲敝，二善者爲次。今此先察一善者至，謂若餘幹筋不善，直角善，可以爲句弓。云「句於三體，材敝惡，不用之弓也」者，謂不入上三文所用之内。言「矢雖疾而不能遠」者，上云射遠用埶，埶是弱弓而射遠。〔九二〕但此句弓爲弱於彼，雖疾不能射遠也。

覆之而幹至，謂之侯弓。射侯之弓也。幹又善，則矢疾而遠。

注「射侯」至「而遠」 此察次弓，此非直角至，兼幹善，謂之射侯之弓。則上夾庾利近射與弋，言矢疾而遠，對上句弓疾而不遠，不及侯者也。

覆之而筋至，謂之深弓。射深之弓也。筋又善，則矢既疾而遠，又深。

注「射深」至「又深」 此弓三善者也。案上文唐大射深，則王弧三善亦射深可知，舉中以見上者也。

校勘記

〔一〕頭髮皓落曰宣　阮校云，葉鈔釋文作「晧落」，云「本或作顥，音同，劉作皓」。按「顥」是正字，説文曰，「顥，白皃。南山四顥，白首人也」。

〔二〕解頭名宣意也　阮本「名」作「各」，疑誤。

〔三〕故云頭取名焉頭取名焉猶言取名於頭也　阮本「頭取名焉」四字不重。

〔四〕欘斲斤柄長二尺　婺、嘉靖本同。建、余、岳本「斤」作「木」，阮校云，「木」字是，「柄」字連下讀。

〔五〕句又音淇　「淇」，徐本、盧本、阮本作「倶」。

〔六〕揔爲六寸三分寸之二　殿本同。閩、閩、監、毛、阮本「三」作「二」，疑誤。

〔七〕彼云句欘謂之定　「彼」，原作「從」，據阮本改。

〔八〕伐木之柯　「伐」，原作「付」，據婺、建、岳、阮本改。

〔九〕一柯有半謂之磬折　諸本同。程瑶田通藝録云，磬氏爲磬，倨句一矩有半，故曰「一矩有半謂之磬折」，此「矩」字譌「柯」。

〔一〇〕故因解人立磬折淺深也　「解」，原作「辭」，不體，據阮本改。

〔一一〕亦以磬折之故云之也　阮校云，「故」疑當作「度」。

〔一二〕三分帶下而三尺　「三尺」，原作「者天」，據阮本改。

〔一三〕云中直者　「中」，原作「下」，據阮本改。

〔一四〕謂耒頭金　「耒頭金」，原作「夫頭命」，據阮本改。

〔一五〕六尺有六寸與步相中也　于鬯云，「有六寸」三字衍。

〔一六〕此車人謂造車之事　浦鏜云，「謂」疑「爲」。

〔一七〕此論轂輻牙　「轂」，阮本作「載」，誤。

〔一八〕需者在外　婺、建、岳、嘉靖本同。殿本「需」作「耎」，與釋文同。阮校云，按賈疏，則賈本作「需」，訓爲「濡」。然賈亦用「濡」爲「耎」字。

〔一九〕云大車平地載任之車　「平」，原作「大」，據阮本改。

〔二〇〕謂車較　阮本「較」作「轂」，疑誤。

〔二一〕三分寸之二三分寸之二即大半寸也　阮本「三分寸之二」五字不重。

〔二二〕絲漆以夏者　「漆」，原作「練」，據阮本改。

〔二三〕謂春液角夏治筋之類是也　阮本無「是」字。

〔二四〕檍讀爲億萬之億　漢讀考「讀爲」作「讀如」。

〔二五〕謂若夾庾之類　「夾」，原作「來」，據阮本改。

〔二六〕菑栗不迆　孫詒讓云，「栗」當從嘉靖本作「㮚」。

〔二七〕則弓不發　唐石經諸本同。惠士奇云，「發」當爲「撥」，戰國策「弓撥矢句」。

〔二八〕禮記坊記云　阮本下「記」字誤作「起」。

〔二九〕此畬即耕　阮本「畬」作「菑」。

〔三〇〕菑取彼義也　孫詒讓云，「彼」當爲「破」，下「亦取破之義」可證。

〔三一〕秋綱者厚　阮校云，籀文「殺」字作「𣪠」，「㕦」即「殳」字，轉寫譌舛乃成「閃」字。籀文「殺」字見説文殳部中，籀文「役」字作「伇」，亦其證也。

〔三二〕 紾讀爲抮縳之抮　「縳」，釋文、婺、建、余、岳本同，嘉靖本作「縛」，誤。

〔三三〕 謂牛角觕理錯也　阮校云，說文無「觕」字，而古書多用之，蓋說文角部作「𧢲，角長也，從角爿聲，士角切」，引申用爲粗糙字，而轉寫者譌其體從牛旁。

〔三四〕 稺牛之角直而澤　阮本「牛」作「生」，誤。

〔三五〕 玄謂昔讀履錯然之錯者　上「錯」字原脫，據阮本補。

〔三六〕 讀從履卦爻辭　阮本「履」作「復」，疑誤。孫詒讓云，「履錯然」乃離初九爻辭。

〔三七〕 即此云瘠者惟瘦瘠　阮本同。浦鏜云，「即」疑「則」字誤。

〔三八〕 蹙於剆而休於氣　阮校云，唐石經、諸本同。葉鈔釋文「蹙」作「戚」，余本載音義同。釋文「剆」本又作「腦」。依說文當作「𡿺」。

〔三九〕 然可以爲弓　浦鏜云「然」下疑脫「後」。

〔四〇〕 玄謂㬮讀如秦師入隄之隄　阮校云，「讀如」當作「讀爲」。

〔四一〕 謂膠善戾　漢讀考云，「戾」當「麗」聲之誤也。凡附麗之物，莫善於膠。

〔四二〕 故書昵或作樴杜子春云樴讀爲不義不昵之昵　阮校云，此當經文作「凡樴之類」，注作「故書樴或作昵，杜子春云，昵讀爲不義不昵之昵」。

〔四三〕 鄭大叔段爲不義　「叔」，原作「弟」，據阮本改。

〔四四〕 則昵爲親近不相捨離　「則」，原作「叔」，據阮本改。

〔四五〕 敝扶哲反　徐本、盧本及阮本「扶」上有「徐」字。

〔四六〕 還如在水湅之色　「湅」，原作「涷」，阮本作「凍」，浦鏜云，「凍」當「湅」之誤，據浦鏜本改。

〔四七〕謂復如上寒奠體　阮本「如」作「加」，誤。

〔四八〕則合讀爲洽　阮本脱此五字。

〔四九〕皆與幹爲力　阮本「與」作「以」，疑誤。

〔五〇〕婦車亦如之有裧　「之」，原作「二」，據阮本改。

〔五一〕重醳治之使相稱　婺、建、岳本同，阮本無「使」字，疑脱。

〔五二〕薄其帤則需　阮校云，唐石經、諸本同，釋文「則需，人兖反」，下注「罷需」同。漢讀考據此「需」作「耎」。

〔五三〕帤讀爲襦有衣絮之絮　漢讀考作「衣絮之絮」，云此「讀爲」乃「讀如」之誤。

〔五四〕襦沈音偶本亦作䙞　「偶」，徐本、盧本作「儒」，阮本作「襦」；「䙞」，徐本、盧本及阮本作「褥」。段云：「偶」當「儁」之誤。

〔五五〕需儒不進　阮本「儒」作「襦」。浦鏜云，「襦」疑「懦」字誤。

〔五六〕不皆約纏之繳不相次也皆約則弓帤侔猶均也　漢讀考云，此注脱誤，疑當云「皆約，則弓帤侔，侔猶均也」。

〔五七〕云摩其角謂幹不均而有高下則摩其角　盧文弨曰，此疏釋下經，當在下節疏之首。

〔五八〕幹不均則角蹙折也　「折」，原作「析」，據婺、建、岳、阮本改。

〔五九〕玄謂恒讀爲柦柦竟也　「柦」，釋文及諸本同。漢讀考云，據説文當作「桓」。

〔六〇〕竟其角而短于淵幹　阮校云，「于」當作「於」，下注云「長於淵幹」作「於」可證。

〔六一〕辟如終紲　「辟」，唐石經、嘉靖本同。婺、閩、監、阮本作「譬」，建、余、岳本作「辟」。阮校云，釋文作「辟如」，云「音譬」，下注「變辟同，或房赤反」。然則不當作「譬」矣。

〔六二〕若達於簫頭　諸本同，婺本「簫」誤作「蕭」，下同，不更出校。

〔六三〕則送矢太疾　岳、阮本同，婺、建、嘉靖本「太」作「不」，當是。

〔六四〕茭讀爲激發之激　漢讀考云，「讀爲」當作「讀如」。

〔六五〕茭讀如齊人名手足掔爲骹之骹　「掔」，婺、建、岳、嘉靖本同，漢讀考作「掔」，當從之。下同，不更出校。

〔六六〕剽讀爲湖漂絮之漂　漢讀考云，「讀爲」當作「讀如」，擬其音也。

〔六七〕柎方輔反　「方」原作「万」，據徐本、盧本及阮本改。

〔六八〕字從㷭　漢讀考云，「字」宜作「當」。

〔六九〕若如上爲柎而發動　元、監、毛、殿本同。閩、阮本「柎」作「簫」，疑誤。

〔七〇〕弓有六材　「材」，原作「林」，據阮本改。下「幹外五材」同。

〔七一〕張之一尺五寸張之一尺五寸　阮本「張之一尺五寸」六字不重。

〔七二〕弛之張之雖多少不同　「少」，原作「步」，據阮本改。

〔七三〕党讀如掌距之掌車掌之掌　「掌」，諸本同。漢讀考云，四「掌」字皆爲「党」字之譌。

〔七四〕亦由無負弦故也　「負」，原作「貟」，據阮本改。

〔七五〕幹不勝筋謂之參均　諸本同。唐石經「之」下有「不」字，彭元瑞云，據先鄭云當有「不」字。阮校云，此蓋據司農説誤加，賈疏云，先鄭從古書爲稱者，欲以不稱爲不參均，後鄭不從，蓋經文本無「不」字也。

〔七六〕以繩緩擐之　「擐」，原作「檈」，據婺、建、岳、阮本改。

〔七七〕當言稱謂之不參均　「當」，原作「常」，據婺、建、岳、阮本改。漢讀考云，此注有脱字，應云「謂之參均，當言謂之不參均」，因兩「謂之」複而脱六字。

〔七八〕云有三讀爲又參者　「讀」，原作「續」，據阮本改。

〔七九〕故宜破三爲參也　「破」，原作「被」，據阮本改。

〔八〇〕膠三鋝　戴震云，「鋝」當作「鍰」，一弓之膠，三十四銖三十五分銖之十四。

〔八一〕無士用合三成規之弓者　阮校云，惠校本無「者」，此衍。

〔八二〕長謂過去者　阮本脱「過」字。

〔八三〕夾與下音庚　「庚」原作「同」，據徐本、盧本及阮本改。

〔八四〕謂審曲面埶　阮本「面」作「曲」，誤。

〔八五〕故不言可知也云大射曰　監、毛、殿本同。閩、阮本本無「云」字。

〔八六〕離猶過也麗也　諸本同。浦鏜云「獵」訛「麗」，從大射注校。

〔八七〕其次有瀸而疏　諸本同，唐石經「次」下有「角」字，誤衍。

〔八八〕此説弓表及弓裏瀸文也　監、毛、殿本同，元、閩、閩、阮本「文」作「故」，疑誤。

〔八九〕上限向右　「右」，原作「君」，據阮本改。

〔九〇〕乃授與君　「君」，原作「右」，據阮本改。

〔九一〕上云射遠用埶埶是弱弓而射遠　二「埶」字，原作「執」，據阮本改。

附録

四庫全書總目周禮注疏四十二卷提要

漢鄭玄注、唐賈公彦疏。玄有易注，已著録。公彦，洺州永年人。永徽中，官至太學博士，事蹟具舊唐書儒學傳。周禮一書，上自河閒獻王，於諸經之中，其出最晚，其真僞亦紛如聚訟，不可縷舉。惟横渠語録曰：「周禮是的當之書，然其閒必有末世增入者。」鄭樵通志引孫處之言曰：「周公居攝六年之後，書成歸豐，而實未嘗行。蓋周公之爲周禮，亦猶唐之顯慶開元禮，預爲之以待他日之用，其實未嘗行也。惟其未經行，故僅述大略，俟其臨事而損益之。故建都之制不與召誥、洛誥合，封國之制不與武成、孟子合，設官之制不與周官合，九畿之制不與禹貢合」云云。案此條所云，惟召誥、洛誥、孟子顯相舛異，至禹貢乃唐虞之制，武成、周官乃梅賾古文尚書，王制乃漢文帝博士所追述，皆不足以爲難，其説蓋離合參半。其説差爲近之，然亦未盡也。夫周禮作於周初，而周事之可考者不過春秋以後。其東遷以前三百餘年，官制之沿革，政典之損益，除舊布新，不知凡幾。其初去成、康未遠，不過因其舊章，稍爲改易。而改易之人，不皆周公也。於是以後世之法竄入之，其書遂雜。其後去之愈遠，時移勢變，不可行者漸多，其書遂廢。此亦如後世律令條格，率數十年而一脩，脩則必有所附益。特世近者可考，年遠者無徵，其增删之迹，遂靡所稽，統以爲周公之舊耳。迨乎法制既更，簡編猶在，好古者留爲文獻，故其書閲久而仍存。此又如開元六典、政和五禮，在當代已不行用，而今日尚有傳本，不足異也。使其作僞，何不全僞六官，而必闕其一，至以千金購之不得哉。且作僞者必剽取舊文，借真者以實其贋，古文尚書是也。劉歆宗左傳，而左傳所云禮經皆不見於周禮。儀禮十七篇，皆在七略所載古經七十篇中，禮記四十九篇，亦在劉向所録二百十四篇中。而儀禮聘禮賓行饔餼之物、禾米芻薪之數、籩豆簠簋之實、鉶壺鼎甕之列，與掌客之文不同。又大射禮天子、諸侯侯數、侯制，與司射之文不同。禮記雜記載子男執圭，與典瑞之文不同。禮器天子、諸侯席數，與司几筵之文不同。如斯之類，與二禮多相矛盾，歆果贋託周公爲此書，又何難牽就其文，使與經傳相合，以相證驗，而必留此異同，以啓後人之攻擊。然則周禮一書，不盡原文，而非出依託，可概睹矣。考工記稱「鄭之刀」，又稱「秦無廬」。鄭封於宣王時，秦封於孝王時，其非周公之舊典，已無疑義。南齊書稱文惠太子鎮雍州，有盜發楚王冢，獲竹簡書，青絲編，簡廣數分，長二尺有奇。得十餘簡，以示王僧虔。僧虔曰：「是科斗書考工記。」則其爲秦以前書，亦灼然可知。雖不足以當冬官，然百工爲九經之一，共工爲九官之一，先王原以制器爲大事，存之尚稍見古制。俞庭椿以下，紛紛割裂五官，均無知妄作耳。鄭注隋志作十二卷，賈疏文繁，乃析爲五十卷，新舊唐志竝同。今本四十二卷，不知何人所併。玄於三禮之學，本爲專門，故所釋特精。惟好引緯書，是其一短。歐陽脩集有請校正五經劄子，欲删削其書。然緯書不盡可據，亦非盡不可據，在審别其是非而已，不必竄易古書也。又好改經字，亦其一失，然所注但曰「當作某」耳，尚不似北宋以後，連篇累牘，動稱錯簡，則亦不必苛責於玄矣。公彦之疏，亦極博核，足以發揮鄭學。朱子語録稱「五經疏中，周禮疏最好」。蓋宋儒惟朱子深於禮，故能知鄭、賈之善云。

周禮注疏校勘記序

阮元

有杜子春之周禮，有二鄭之周禮，有後鄭之周禮。周禮出山巖屋壁間，劉歆始知爲周公之書而讀之，其徒杜子春乃能略識其字。建武以後，大中大夫鄭興、大司農鄭衆，皆以周禮解詁著，而大司農鄭康成乃集諸儒之成，爲周禮注。蓋經文古字不可讀，故四家之學皆主於正字。其云「故書」者，謂初獻於祕府所藏之本也；其民間傳寫不同者，則爲「今書」。有云「讀如」者，比擬其音也；有云「讀爲」者，就其音以易其字也；有云「當爲」者，定其字之誤也。三例既定，而大義乃可言矣。説皆在後鄭之注，唐賈公彦等作疏，發揮殊未得其肎綮。元於此經舊有校本，且合經、注、疏讀之，時闚見其一二，因通校經、注、疏之譌字，更屬武進監生臧庸，蒐校各本，併及陸氏釋文，元復定其是非。凡言周制、言漢學者，容有藉於此。其目録列於左方。阮元記。

故宫善本書影初編周禮疏五十卷題記

漢鄭玄注，唐賈公彦疏，宋兩浙東路茶鹽司所刊注疏之一。合疏於注，蓋自此始。紹興所刻，祇周易、尚書、周禮三經。紹熙間，三山黄唐提舉是路常平茶鹽公事，復取毛詩、禮記如式編刊，以廣未備，世遂通目爲黄唐本。岳珂九經三傳沿革例所舉之「越中注疏舊本」，亦即此也。分卷與今本不同，尚仍單疏之舊，標題周禮疏，賈公彦序不作大字，猶是單疏之式，由宋迄明，遞有修補，疑明初版入南雍，元西湖書院有周禮注疏書板，殆即此本，無收藏印記，原藏齋宫。

宋本周禮注疏跋

朱學勤

賈公彦周禮疏見於新舊唐志、晁、陳書目者，俱五十卷，今本併爲四十二卷，不知始於何時。此本刊自慶元間吴興沈賓之，不附音釋，尚是賈氏原書次第。其經注以田敏本爲據，疏則景德單行本。以岳倦翁説證之，所謂「越中舊本」者是已。沈氏刊是書時，九經三卷(原本如此——作者)俱有印本。以余所聞，曲阜孔氏有禮記，儀徵阮氏有左氏傳，此外俱已散佚，藏書家不著於録。然三禮之學，非疏不明，儀禮、禮記近有從宋本付雕者，獨周禮闕焉。今而後，三百六十屬庶不爲俗本所淆矣。同治三年七月既望，仁和朱學勤跋。

(結一廬遺文卷下)

周禮疏五十卷跋

王文進

唐賈公彦疏。宋紹熙浙東庾司刻本，存卷七、卷四十七、八。每半葉八行，行十五六七字。注雙行，二十二字至二十六字。白口，板心上記字數，下記刊工姓名，劉仁、徐亮、范堅、李寔、陳錫、孫中、章文、梁文、李祥、洪新、洪乘、朱明、鄭埜、朱允升、潘佑。宋諱避至「敦」字，有「晉府書畫」、「君子堂圖書記」、「君子堂」、「風流八詠之家」、「昜誼彦忠書記」、「吴興沈氏助義彦忠章」各印。（文禄堂訪書記卷一）

越本周禮疏(覆校本)跋

董康

周禮一書，上自河間獻王，於諸經中，最爲晚出。姬周一代典章制度，獨賴此篇以傳。雖賡續脩訂，不盡出於周公一人之手，而體大思精，條舉目張，要爲古今政治之史。東漢諸儒治此經者，始於劉歆。杜子春從歆受業，授鄭興父子。其後，賈逵、馬融並有解詁，而集大成者，厥惟鄭玄之注。唐賈公彦復爲此經作疏，博核詳贍，羽翼康成。於是周禮之學粲然昌明。宋刊周禮，傳世者有建安余仁仲萬卷堂單注本，字畫訛濫，頗爲阮芸臺所譏。至岳珂，三禮僅傳嘉靖徐氏翻雕本，然亦不多覯。此爲宋三山黄唐刊本，楮墨黝黑，行款疏朗，字體在歐褚之間，洵堪爲宋本之甲觀。自唐太宗詔諸儒撰五經正義，法周秦遺意，與經注别行。宋以來，京監、蜀本，皆省正文及注，而篇章散亂，覽者病焉。迨唐，始萃正經注疏，合爲一書，開書林之先河。阮文達校勘記載何義門康熙丙戌曾見内府藏宋板注疏本，當即指此刻。天禄深嚴，人間希得觀覽。文達校周禮時，尚以未覩此本爲憾，其珍祕可知。唐所刊五經，獨周禮最爲罕覯。此書以中祕所藏，得免劫燹，閲千餘年，復出于世，若有鬼神爲之呵護，亦可異矣。惟原書間有配頁，知是刻明季即鮮覯完本。德化木齋先生曾得周禮殘本，審其筆畫，知與兹刻同出一源。取校缺頁，往往而在。鼎革後，内府所藏，悉歸故宫博物院。爰商得主者，假得原書，付諸影刻，並以李氏舊藏參互校補，俾黄唐精槧，頓復舊觀，延津劍合，不可謂非平生一快事也。此書開雕於丙子春，殺青於庚辰嘉平，閲時五年，縻資三萬有奇。以潮中殷亦農、池宗墨、王厦材，河北高澤畬、張萬青諸君，醵資居其強半，餘則斥賣舊藏珎笈若干種，以足成之。助余校勘者，則同邑陶心如、閩中黄公渚也。書成，爰識其始末如此。庚辰冬十二月，董康跋。

宋婺州本周禮注題記

勞健

海源閣楊氏藏宋本四經、四史，因以名齋，此其一也。四經之毛詩，固殘缺不完，儀禮亦實非宋刻，惟禮記與此本，允稱鴻寶。禮記尚有張氏摹刻盛行於世。此則鄭氏單注，完帙僅傳，且爲黄顧諸老所未見，真希世祕笈矣。叔弢近年所收楊氏宋本甲觀，於集部則有陶、王摩詰；子部則有莊子、莊子全解新序；史部則有晉書。今更冠以此經，四部菁華，萃於一室，何啻王侯。宜其不恤爲之舉債而償重價也。此本舊傳北宋刻，然書中「慎」字固缺筆，各頁字體刀法，間微有剛柔方圓之異，或北宋刻而南宋補耶。第八卷末有闕佚，原裝附畫闌空紙三頁。叔弢屬爲據文禄堂新印影宋建本補完。約略依本書行款字數寫之，適滿一頁，卷尾應著「周禮卷第八」一行。本書是否别作一頁，或有經注字數、有木記，皆不可知，姑從闕疑。今夏，文禄堂影印宋建本周禮，庾樓作跋，嘗屬余代寫。庾樓跋中方致歎，海源閣婺本全帙今不知誰屬。豈意即在眼前。相隔不過三月，余竟獲親見，且爲鈔補舊闕。眼福墨緣，快幸何如。甲戌中秋，桐鄉勞健篤文識於唐山。

宋婺州本周禮鄭注十二卷五册跋

楊守敬

此合兩刊本爲一部，前後各六卷，後六卷附釋文，卷三末葉有「婺州市門巷唐宅刊」八字木記。此即岳倦翁刊正九經三傳沿革例所謂「婺州舊本」，海源閣楊氏有之，誇爲至寶。楹書隅録文引岳倦翁沿革例，「秋官司寤氏『掌夜時』，注：『夜時，謂夜晚早若今甲乙至戌。』疏又以『甲乙則早時，戌亥則晚時』實其説。惟蜀本作『戊』字。竊謂戊字爲是」云云。謂婺州本正作「甲乙至戊」，稱爲寶中之寶。是本所配「戊」字，已誤作「戌」，是後六卷遜於前六卷矣。

楊守敬跋　右宋槧本周禮，存天官、地官、春官六卷。（夏官、秋官、冬官以附釋音本補之。）不附釋音，避敬、殷、貞、徵、玄、匡、竟、恒、桓、讓等諱。第三卷後有「婺州市門巷唐宅刊」木記，大題在下，與唐石經合。第一卷末題經注字數，審其款式字體，雕印當在北宋末、南宋初。舊爲周櫟園、宋牧仲所藏，有兩家印記，今在章碩卿大令處。敬於光緒丙戌冬十二月赴碩卿嘉魚縣署，出示此本，余驚爲秘笈。竭兩日力，略爲校之，如天官太宰「九兩」注「疾病相扶」無「持」字；小宰八成「貸子」不作「貸子」；膳夫注「稍事謂非日中」，「謂」不作「爲」；腊人注，各本因疏衍二十五字，此不衍，與嘉靖本合；地官遂師，遂大夫不提行，以圍隔之；地官載師注「其大夫」不作「上大夫」、「下大夫」；媒氏注「行苦」不作「行沽」；遂師「抱磿」不作「磨」；遂大夫注「鎡其」不作「鎡基」；稻人「芟夷」不作「萬」；山虞「柔刃」不作「忍」；槁人注「不與饎人言者言其共至尊」，各本脱「者言」二字，岳本、嘉靖本遂改「其」爲「者」，而「共至尊」遂若不相接；又「潘瀾戔餘」，「戔」字偏右，據釋戔一本作「殘」，原刻必是殘字挖去歹旁，今各本無作殘者，足見此本根源之古；春官世婦注「亦用士人」不作「八人」；司干注「謂盾」不作「楯」；大宗伯注「五年而再殷祭」，「五」上無「率」字；「羣神之兆」不作「羣臣」；肆師注「匪以致饗」，「匪」字上空，原刻當是「篚」字，以經用古字注用今字例之，則「篚」字是；司尊彝注「罍臣」不作「罍神」，「涚拭勺」不作「挩」；大司樂注「鳥獸蹌蹌」不作「鎗鎗」、「牄牄」，與釋文一本合；小師「大予樂」不作「大子樂」，與後漢書注合；典同注「甄燿」不作「甄濯」，與賈疏合；詛祝注「鄭司農云載辭」，此本「云」字擠入，原刻無「云」字，則「載」爲「説」字之誤尚有迹可尋；「太史厎日」不作「底」；「或爲汁」不作「叶」；巾車注「聲旦警衆」，不作「聲且」。凡此，皆一字千金。其他勝今本處，不可勝紀，余已附校語籤帖於書眉。按周禮宋本今存於世者，惟余仁仲萬卷堂本、相臺岳氏本及錢保敬所藏殘本，然皆附釋音者。其不附釋音，唯明嘉靖繙宋本爲最佳。今以此本照之，十九與之合，間有勝嘉靖本者，余、岳二本遠不逮也。此雖殘本，若能並所補釋音翻雕餉世，誠經學鴻寶也。碩卿其有意乎，書以俟之。宜都楊守敬記。

又跋　右附釋音本周禮鄭注，亦周櫟園、宋牧仲所藏，存夏官、秋官、冬官六卷，蓋以補前六卷不附釋音本者。版式四周雙邊，當爲南宋之初刊本。北宋本無四周雙邊者。粗校一過，大抵與余仁仲萬卷堂本、相臺岳氏本互有出入，亦間有誤字，不及前本根源之古，而遠勝於十行、閩、監、毛注疏本。古本日亡，得此以證余本、岳本之源流，又足見十行、閩、監、毛誤字之所自，亦經學之瓌寶也。光緒丙戌十二月十三日，宜都楊守敬記於嘉魚官廨。

此本標題亦與唐石經合，獨冬官考工記「鄭氏注」下標「陸氏釋文」四字，與前數卷不一律，當是坊賈所爲。避諱之字，亦時有出入，不避殷、貞、徵等字。故知決非官本也。同日守敬又記。

按秋官大行人「歲相問也，殷相聘也」句，「殷」字亦缺末筆。

版式　首行題「周禮卷第幾」。卷分上下，上卷次行題「某官某某第幾」，下卷次行題「某官某某」。下隔三字或六字題「周禮」，又隔二字或四字題「鄭氏注」。前六卷半葉十三行，行二十五六字，小注三十五字左右，雙欄，版心白口，單魚尾，書名題「周禮幾」，頁下間記字數，並記刻工姓名。後六卷半葉十一行，行二十一、二字不等，大小字同，四周雙闌，版心白口，雙魚尾，書名題「周禮幾」，上記字數，大小分記，下記刻工姓名。

刻工姓名　前六卷有王珍、沈亨、高三、徐林、余竑、李才、卓宥諸人，餘爲王、正、徐、才、李、三、光、卓、仲、元、珪、丁各單字。後六卷僅有張惲一人，餘爲同、卜、張、文、吕、王、鼎、合、遇、陳、譽、辰、宏、吴、申、劉、震各單字。

宋諱　前六卷玄、眩、弦、敬、警、殷、匡、筐、恒、貞、頍、徵、讓、樹、豎、桓、完等字闕筆。後六卷僅避殷、玄、弦、匡、筐、恒、貞、桓、慎等字。

藏印　周櫟園藏書印　商丘宋犖收藏善本　臣筠　三晉提刑　緯蕭艸堂藏書記

（潘宗周寶禮堂宋本書録）

宋建本周禮鄭注題記

費念慈

光緒壬辰閏六月，武進費念慈叚讀，校於士禮居黄氏本上。同時所見單注本，一爲繆炎之前輩藏巾箱本，有重言無重意；一爲傳是樓藏纂圖互注本，槧印絶精，爲宗室伯羲前輩所得；一爲北宋婺州本，止餘六卷，腊人下疏語兩條尚未誤衍入注前，明嘉靖間三禮合刻本所從出，章碩卿故物，今不知誰屬矣。與此而四。此本失序跋，無刻書年月，避宋諱極謹，皆加墨圍。以行款考之，當是南宋建本。郘亭師於辛卯夏得于京師，命題數字，因并近日所見，牽連及之。癸巳四月十一日，念慈記。

宋建本周禮鄭注跋

張允亮

右宋槧周禮鄭注十二卷，附入釋文，并加句讀。宋諱識以圜圍，避至「慎」字止。字體峭勁，剞劂甚工。雖無序跋、牌記，審是孝廟時建安佳刻也。鄭君三禮注，今世通行者，儀禮有黄氏復嚴州本，禮記有張氏復撫州本，皆天水舊刊之至善者，惟周官一經，黄氏僅依明嘉靖徐氏本重雕，而別據紹興集古堂董氏及他宋刻殘本參校，以視二禮，美猶有憾。蓋此經宋槧，自重言互注本外，傳世完帙極希，故雖以當日三吴藏書之盛，復翁佞宋之癖，亦不能不降格以求耳。此本雖小小譌脱，間亦不免，而勝處與黄氏札記所舉，十九相合，實兼衆本之長，且有諸本皆誤此獨不誤者。又岳倦翁九經三傳沿革例謂地官鄉大夫「各憲之於其所治」句下，余本妄添「之」字，俗本多同，善本並無；秋官司寤氏「掌夜時」，注「若今甲乙至戊」，蜀本作「戊」字爲是，此本前句未衍「之」字，後句正作「戊」字，是不獨在今日爲僅存秘籍，即宋世亦允推善本，不得以其爲建刻而少之也。原書自錢唐汪氏入德化李氏木犀軒，昨歲爲文禄堂所得。主人王晉卿，精鑿別勤，搜訪今之陶蘊輝、錢聽默也。手記經眼書録，積稿盈尺。近有刊傳古籍之志，既景印祝充音注昌黎集，復以是書繼之，可謂知所先務。從此鄭氏三禮並有宋刻善本行世，而黄、顧諸老所未見之祕本，學者迺獲人手一編，以資講習，豈非藝林快事哉。卷首費跋羅舉各本，巾箱本余未之見，餘二本皆嘗寓目，婺本別有一全帙在聊城楊氏海源閣，惜不知今誰屬矣。甲戌長至，涇陽張允亮識。

右庚樓跋語，已寫寄王晉卿。又來書，有所乙定，即屬余代爲重寫上版。時夏至後七日也。桐鄉勞健書於天津。

宋建本周禮鄭注跋

趙萬里

周官一書，向以吳縣黃氏士禮居刊本爲最善。黃本自明復宋本出，顧以相臺岳氏本校之，黃本實未能盡饜人意。茲姑舉天官上下卷爲例，如太宰注「疾病相扶持」，黃本脱「持」字；小宰注「屬其六糾」，黃本「糾」作「引」；「要會謂計最之簿書」，黃本「謂」譌「諸」，（明復宋本亦作「謂」。）腊人經「賓客喪紀共其脯腊」，黃本脱「其」字；醫師注「身傷曰瘍」，黃本「傷」譌「瘍」；瘍醫注「劀刮去膿血」，黃本「劀」譌「刮」。此皆岳勝於黃本處。此本半葉十行，刊工體勢勁厚古拔，一望而知爲南渡後建安書肆風氣。凡岳本之勝於黃本，或明復宋本者，此本十九皆與之合。然則此本可與岳本相逕庭矣。顧岳本傳世無全帙，明時亦有復本考工記二卷，歧誤百出，疑當時別據一本補之，故前後雜出不倫。此本完好無缺，足正明復岳本考工記誤者不一而足，則此本殆又出明復岳本上矣。考兩宋胄監勘書，最謹嚴有度，故於字之顯然誤者亦仍之。黃本所從出之明復宋本，與南北宋監本爲一家子姓，故校字亦如其舊。至據諸本以觀其會通，則防自建本、蜀本，或其他私家刊本。相臺岳氏本後出，遂奄有諸本之勝，實則受建本影響最深。沿革例中所謂「建本有音釋注疏」，皆此類也。周官舊本最罕見，黃復翁所據校之紹興間集古堂董氏雕本久佚，其自藏之秋官二卷蜀大字本，亦流入海外，不復有珠還之望。余嘗見南渡初葉婺州市門巷唐宅雕本，及半葉十一行附釋音本，均殘脱不完。至互注本，世尚有之，然格調塵下無足道。世無南北宋監中經注本，而蜀本、婺本復多斷佚，則此本終當推甲觀矣。然則此本之刊傳，又豈可已哉。王君晉卿，篤志好古，於建本、浙本之流別，言之不爽毫髮，蓋今之陶蘊輝、錢景開也。有鑒於周官舊本之難覯，將以此本付諸寫影，余亦得摩挲研覈，眼明心快者累日。因略識此本與岳本之源流，以示晉卿，並以告世人，此本得後傳於世，實晉卿力也。海寧趙萬里。甲戌仲夏。

宋本周禮注跋

陳鱣

周禮注十二卷，宋刻小字本，附載音義。首題「纂圖互注周禮卷第」，次「天官冢宰第一」，夾注音義，下題「周禮」。越格題「鄭氏注」，又次經文起。前列周禮篇目，次列圖説，凡三十五。每葉二十四行，行二十一字，注行二十五字。缺秋官、冬官四卷，以余仁仲本補之，亦附音義，首題周禮卷第，次與纂圖本同，每葉二十行，行十七字，注行二十二字。余所見吾鄉吳氏拜經樓收藏宋刻巾箱本周禮纂圖互注，王蘭泉司寇有跋，大致與此刻同，而缺春夏二官。又見錢孫保舊藏宋本周禮注春官、夏官、冬官，余仁仲本天地二官別一宋本，秋官以俗本鈔補，俱未若斯本之佳。前有玉蘭堂印，又古吳王氏及辛夷館印，又季振宜藏書印，蓋始爲文衡山，繼爲王雅宜藏，後歸季滄葦者，皆鑒賞名家。延令宋版書目纂圖互注周禮十卷，疑即此。又經義考載周禮附音重言重意互注十二卷，引繆泳云：「元人所輯，並無證據，且與宋刻纂圖互注毛詩之目自相矛盾，此係宋刻無疑。」鄉以通行汲古閣本校之，經文天官大宰「一曰邦甸之賦」，不作「郊甸」；「乃縣治象之灋於象魏」，不作「之法」；小宰「斂弛之聯事」，不作「斂㢮」；「贊玉幣爵之事」，不作「贊王」；膳夫「羞用百有二十品」，不作「百二」；醫師「有疕瘍者」，不脱「有」字；地官序官林衡「胥十有二人」，不作「有一」；大司徒「則民不偷」，不作「不愉」；小司徒「以辨其貴賤老幼癈疾」，不作「廢疾」；黨正「壹命齒于鄉里」，不作「一命」；牛人「共其槁牛」，不作「犒牛」；充人「展人則告牷」，不作「告牲」；肆長「掌其戒禁」，不作「戒令」；草人「強㯺用蕡」，不作「彊㯺」；稻人「夏以水殄草而芟夷之」，不作「芟薙」；春官序官天府「徒二十人」，不作「三十」；小宗伯「賓客以時將贊果」，不作「贊祼」；典瑞「以恤凶荒」，不作「以卹」；世婦「凡王后有攈事」，不作「摻事」；大司樂「尸出入」，不作「屍出」；「王大食三宥」，不作「三侑」；小師「簫管弦歌」，不作「絃歌」，瞽矇同；磬師「凡祭祀」，不作「及祭」；鍾師「祴夏」，不作「裓夏」；典庸器「而設筍虡」，不作「筍簴」；「大祝一曰稽首」，不作「頓首」；都宗人「掌都祭祀之禮」，不作「宗祀」；夏官大司馬「及表乃正帥執事」，不作「師執事」；司弓矢「恒矢庳矢」，不作「痺矢」，「授兵甲之儀」，不作「兵至」；職方氏「東南曰揚州，其川熒雒」，不作「滎雒」，「其浸盧維」，不作「廬維」。余仁仲本秋官序官犬人「徒十有六人」，不作「十六」；「赤犮氏」不作「赤犮」；「銜枚氏」不作「御枚」；遂士「而糾其戒令」，不作「戒命」；庭氏「與救月之矢夜射之」，不作「矢射」；冬官矢人「參分其長而殺其一」，不作「而䊵」；「前弱則勉」，不作「則俛」。皆與唐石經合，其注之勝于今本尚多，茲不具述。余家藏宋刻纂圖互注詩書二經，今得此而三矣。

（經籍跋文）

明嘉靖覆宋岳本周禮注跋

葉德輝

明仿宋大字本三禮有二，一爲仿宋岳珂九經本，一爲嘉靖仿宋本，皆半葉八行，行十七字。岳本附釋音，與諸經同。嘉靖本不附釋音，每卷末多經注字數夾行。黄丕烈士禮居叢書内刻周禮一種，其儀禮則據宋嚴州本重雕。儀禮刻于嘉慶甲戌，周禮刻于嘉慶戊寅，蓋因坊本不善，爲家塾課本起見，故先後隨刻，未求一律也。據黄刻周禮札記序云：向聞萬卷堂余氏有單注本，在余友顧抱沖家，未及借校。近於同郡故藏書家，見有紹興間集古堂董氏雕本，後爲壽松堂蔣氏收得，遂假歸校勘，多所取正，因思刻以傳世。奈字體細小，兼多破體，取爲家塾課本，有所未宜。舊藏嘉靖本，字大悦目，未有經注字數，其出宋本無疑，仿此開雕，於經注訛舛之字，悉校宋刻正之。董本爲主，參以家藏之岳本、蜀大字本，又借諸家之小字本互注本，按此南宋坊刻纂圖互注本。校余氏本，集腋成裘，以期美備。至於嘉靖本之獨勝於各本者，其佳處不敢以他本易之，存其舊也。此刻係校宋本，非覆宋本，故改字特多，然必注明以何本改定，非妄作也。據此，則黄據明本，不盡與宋本相同，今取明覆岳本較之，亦不如岳本之善。兹略舉首一、二卷黄氏札記所載嘉靖本誤字互勘：如序官庖人注「裹肉曰苞」，嘉靖本「裹」誤「裏」；大宰注「六曰聽取予以書契」，嘉靖本「契」誤「挈」；又注周召毛耼，「耼」誤「聃」；膳夫注「水漿醴醯醫酏」，嘉靖本「醫」誤「醬」；腊人注「脯非豆實」，嘉靖本「非」誤「芋」；又注「主人亦一魚」下，嘉靖本誤空三格：若此類者，明覆岳本皆不誤也。亦有黄札以不誤爲誤者：序官醢人注「豆不盡于醢也」，黄云「經用古字，當作于，注用今字當作於，本書往往錯互，今但更正經文，而注中未及悉行訂正」；大宰注「繫聯綴也」，黄云「聯古字，連今字，注用今字當作連，本書注中作聯甚多，今悉訂正」，殊不知文字由篆籀而隸楷，通假甚多，六經刻本如此者正復不少，安得一一盡還舊觀。又太宰注「以時入于王府」，小宰經「贊王幣爵之事」，岳本、嘉靖本均作王，王即古玉字，岳氏九經三傳沿革例已言之，黄云「岳惑於注中助王之文，而忘太宰經文矣，董本作玉，今訂正」，若此類者，本非誤字，黄氏必執己見以相繩，未免涉于紛擾。吾擬據此本逐條駁正黄札之説，今約舉三數事言之，俾讀是書者知黄説之不盡可信而已。嘉靖本雖係八行十七字，卷末有經注字數，究不知所據宋本爲何本，或云即據岳本删去釋音，是明人依其版式重刻非别有宋本如此，理似近之。吾向收有儀禮，與黄刻所據周禮底本同，而其佳處多與嚴州本同，且有較嚴州本更善之處，不知周禮何以獨有乖舛之字，豈周禮所據獨非善本歟？然則岳本信可寶也已。丁巳夏五端陽後二日，葉德輝記。

（郎園讀書志卷一）